H.18013.

NOTICE
DES DIPLOMES,
DES
CHARTES ET DES ACTES
RELATIFS
A L'HISTOIRE DE FRANCE,

Qui se trouvent imprimés & indiqués dans les Ouvrages de Diplomatique, dans les Jurisconsultes & dans les Historiens, rangés dans l'ordre chronologique depuis l'année 23 de l'ère vulgaire jusqu'en 841.

Par M. l'Abbé DE FOY, Abbé de Saint-Martin de Séez & de la Garde-Dieu.

TOME PREMIER.

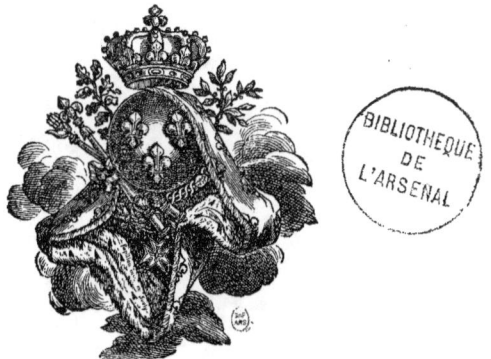

A PARIS,
DE L'IMPRIMERIE ROYALE.

M. DCCLXV.

AU ROI.

S IRE,

J'AI l'honneur de préſenter à VOTRE MAJESTÉ une Notice des Diplomes & des Ordonnances des premiers Rois de France, que j'ai entrepriſe par vos ordres. Le temps ſemble avoir reſpecté ces Actes précieux; réunis & rapprochés ſous un même point de vue, ils nous retracent les loix, les uſages, les mœurs & les vertus des premiers âges de la Nation. Quel tableau plus intéreſſant ! vos illuſtres prédéceſſeurs, SIRE, revivent dans ces monumens émanés de leur ſageſſe & de leur puiſſance. On voit ces Princes conſerver dans les Gaules l'auſtérité des mœurs des anciens Germains leurs ancêtres; on les voit hardis dans leurs projets, fermes & rapides dans leurs expéditions, triompher de la fierté Romaine, & élever le Trône des François ſur les débris de l'Empire des Céſars; on les voit avec admiration étendre en Héros leur puiſſance, maintenir en Politiques les prérogatives de leur Couronne, gouverner en Monarques absolus & régner en Pères.

Ce Recueil remet encore sous nos yeux les anciens Capitulaires, qui nous représentent ces Rois aussi bons que sages ; nous les voyons, SIRE, au sein de leur famille, au milieu de leurs Sujets, rendre la Justice, réformer les abus, honorer la Religion, protéger ses Ministres, élever des temples & des asiles à la piété, animer l'industrie & le génie, accueillir les Arts, récompenser le mérite & féconder toutes les provinces de leurs vastes États par leurs soins, par leurs bienfaits & souvent par leur présence. Ces traits, SIRE, qui caractérisent si avantageusement les premiers Fondateurs de la Monarchie, sont ceux qui distingueront votre règne dans les fastes de l'Histoire ; héritier de leur puissance, Vous l'êtes aussi de leurs vertus, mais on reconnoîtra sur-tout LOUIS LE BIEN-AIMÉ aux témoignages continuels de cette bonté prévenante & généreuse qui le fait régner dans le cœur de ses Peuples.

Je suis avec un très-profond respect,

SIRE,

DE VOTRE MAJESTÉ,

Le très-humble, très-obéissant
& très-fidèle sujet,
l'Abbé DE FOY.

AVERTISSEMENT.

M. Secousse, Avocat & Membre de l'Académie des Belles-Lettres, avoit commencé cet Ouvrage; ce Savant, qui s'étoit exercé fur presque toutes les parties de notre Histoire, avoit appris par l'expérience d'un travail de plus de quarante années, que si les secours dans ce genre font nombreux pour l'Écrivain, il lui reste encore un très-grand nombre de difficultés.

Les Bibliothèques font remplies de collections d'actes & de pièces que les Compilateurs du siècle dernier & du commencement de celui-ci ont publiés; les Auteurs sans doute, soit dans le genre ecclésiastique & civil, soit dans le genre politique, cherchent dans ces précieux recueils les matériaux qui peuvent servir de base à leurs ouvrages : ce n'est en effet que dans ces sources qu'il leur est permis de puiser les faits & l'histoire des temps passés; car à quoi servent la force & l'énergie de l'expression, si l'historien ne recueille pas dans les annales & les monumens de chaque siècle les évènemens qu'il raconte ! L'abondance des images qu'il présente, la vivacité de ses peintures font inutiles & déplacées, s'il feint des héros, s'il fait des fables; qui peut donc douter que nos Historiens, comme nos Jurisconsultes, pour mériter le titre d'écrivains utiles, doivent approfondir nos loix, développer nos usages, caractériser nos mœurs ! ils ne peuvent atteindre à ce but sans interroger, sans analiser les diplomes, les chartes & les ordonnances de nos anciens Rois. Ces monumens que l'ignorance & l'inertie avoient laissés ensévelis sous la poussière depuis, pour ainsi dire, la naissance de la Monarchie, font entre les mains de tout le monde, les éditions en font très-multipliées.

Mais le temps manque presque toujours; plus le projet est vaste, plus il a de branches, plus l'auteur est forcé de se livrer à de longues & pénibles recherches avant d'en commencer l'exécution. Le dessein de l'ouvrage de M. Secousse devoit abréger ce travail préliminaire : il promettoit plus de secours qu'un homme uniquement occupé de lecture ne peut s'en procurer au bout du terme le plus reculé. Ce Savant avoit projeté de recueillir le titre de tous les diplomes, de toutes les chartes,

AVERTISSEMENT.

de tous les actes relatifs à l'histoire civile & ecclésiastique de la France, qui sont imprimés dans les ouvrages de diplomatique, dans les Historiens, dans les Jurisconsultes; son but étoit de réunir ces actes & d'en former une Table sur le modèle de celle de Thomas Carte, & de la ranger dans l'ordre chronologique.

Le plan de cet Ouvrage, formé par un homme du mérite de M. Secousse, intéressoit toute la Littérature; il mérita d'être protégé de la Cour; les Ministres du Roi, également occupés de sa gloire & de ce qui peut honorer la Nation, favorisent les Lettres & accueillent ceux qui les cultivent, parce qu'ils savent que les Lettres illustrent le règne du Monarque, & portent à la postérité le nom des Mécènes. Ces Ministres aperçurent dans le projet de M. Secousse des vues capables de fixer l'attention de l'homme d'État. De tous les moyens imaginés pour connoître l'ancien domaine de la Couronne, l'étendue de ses fiefs, la multiplicité de ses droits honorifiques & utiles, on s'est avec raison toujours fixé aux terriers, soit généraux, soit particuliers. La Table de M. Secousse fut considérée par le Conseil comme d'une nécessité indispensable pour réussir dans ces grandes opérations : cette Table, en effet, indique un nombre infini de pièces éparses & presque inconnues, dans lesquelles on peut puiser des connoissances certaines sur ces objets.

La mort surprit M. Secousse, occupé de ce travail, & n'ayant encore recueilli qu'une partie des matériaux dont il devoit être composé. M. de la Curne de S.te-Palaye se chargea dans le moment de le continuer; le même goût pour l'Histoire de France, le même zèle pour les ouvrages de Littérature, marqués au coin de l'utilité publique, avoient uni sans rivalité ces deux Académiciens. M. de S.te-Palaye crut devoir rendre en quelque sorte un nouveau devoir à la mémoire de son ami, en finissant ce qu'il avoit commencé : mais ce travail, ébauché par M. Secousse, & continué sur le même plan, ne devoit être qu'une collection de titres seulement de tous les diplomes, de toutes les chartes, de tous les actes que l'on trouve dans les livres imprimés; on se bornoit à former une table simplement de ces titres, & à les placer dans un ordre chronologique relativement à la date qui leur a été assignée par les Auteurs qui les ont publiés.

Le genre d'étude auquel j'étois livré depuis long-temps pour parvenir à composer une nouvelle description historique & diplomatique de la France *, me rendoit cette table très-nécessaire. M. Secousse, qui avoit eu

---

* J'en présentai au Roi le *Prospectus* au commencement de 1757.

AVERTISSEMENT.

la bonté de diriger le plan de mon travail, m'en avoit déjà communiqué les premiers cahiers, & je penſois d'après lui que c'étoit principalement des pièces indiquées dans ſa table que je devois étayer les aſſertions de mon ouvrage. Combien d'anecdotes intéreſſantes! combien de faits particuliers propres à enrichir notre Hiſtoire & à conduire au dénouement de grands évènemens dont la cauſe n'eſt point encore connue, ſe trouvent dans ces actes de notre vieux temps! La moiſſon qu'ils pourroient fournir ſeroit aſſez abondante pour remplir les vides que l'on aperçoit dans toutes les Hiſtoires de France. Ce ſeroit, ſans contredit, une erreur de croire que l'on a tout dit; ce ſeroit de même un préjugé dangereux à tout Écrivain de conſidérer ces pièces comme remplies d'inutilités, & comme une perte de temps pour quiconque ſe livreroit à les étudier, à les dépouiller. Il y a long-temps que de bons critiques ont avancé que tous nos Hiſtoriens ſe ſont trop étendus ſur les détails des guerres que nos Rois des deux premières races ſe ſont faites entr'eux, ou qu'ils ont portées chez l'Étranger; que ces Écrivains ont traité avec trop peu d'étendue les divers intérêts qui déterminoient ces Princes à faire ces guerres; qu'ils ont écrit ſi ſuccinctement ſur les loix, ſur les coutumes, ſur les mœurs & ſur les différentes branches du commerce de ces temps reculés, que l'on ne peut guère regarder leurs ouvrages que comme des Mémoires qui peuvent ſervir à l'hiſtoire des cinq ou ſix premiers ſiècles de notre Monarchie.

Il faut donc convenir que nos Littérateurs, même les plus modernes, malgré le grand nombre de diſſertations qu'ils ont publiées, ſoit en les joignant à des corps d'hiſtoire, ſoit ſéparément, n'ont point épuiſé les ſujets, & qu'il reſte encore beaucoup de points à développer auſſi utiles que curieux. Avons-nous quelqu'Ouvrage où l'on trouve des idées bien nettes, des connoiſſances bien certaines de la manière dont les États s'aſſembloient ſous les deux premières races de nos Rois, ſous le nom de *Champ de Mars & de Mai!* Dans quelle forme étoient conçues les Lettres du Prince pour la convocation de ces aſſemblées fameuſes, où il eſt bien certain que l'on publioit les loix, mais il eſt encore douteux qu'elles y fuſſent faites; où il eſt également certain que l'on décidoit de la paix & de la guerre, mais il eſt incertain que les Évêques & les Abbés euſſent pour ces affaires purement civiles, le même droit de ſuffrage que dans celles qui concernoient la diſcipline eccléſiaſtique. Pluſieurs Auteurs ont publié des Traités du domaine de nos Rois, mais aucun n'a bien développé ni les différentes branches de ce domaine ſous les deux premières races, ni la manière dont chacune étoit adminiſtrée.

AVERTISSEMENT.

Quelques-uns ont écrit sur les dons gratuits que ces Princes levoient en temps de paix, & qui ressemblent assez à ce que nous appelons aujourd'hui impôts; sur les subsides qu'ils exigeoient en temps de guerre; la variété d'opinions de ces Auteurs, leurs incertitudes sur les mêmes points de notre Droit public, font sentir la nécessité d'analiser, d'étudier tous les actes des premiers âges de notre Monarchie. C'est sans contredit dans le développement de ces vieux monumens que l'on peut espérer de trouver des points fixes pour asseoir nos idées sur la servitude & l'affranchissement, qui étoient bien différens dans les Gaules gouvernées par les Francs, qu'ils ne l'avoient été lorsque cette grande région étoit sous l'empire des Romains; c'est encore dans ces sources que l'on peut trouver des notions justes des alleux & de l'origine des fiefs, sur lesquels les Historiens & les Jurisconsultes n'ont jusqu'à présent donné que des idées décousues, des conjectures hasardées; les uns paroissent avoir ignoré le vrai sens, la signification simple & naïve du mot *Alleux;* d'autres l'ont confondu avec le *Franc-alleux.* Quelques-uns ont fait remonter l'origine des fiefs jusqu'au temps des Romains; d'autres en ont fixé l'époque à l'extinction de la seconde race ou à la cessation de l'empire de Charlemagne dans ceux de ses descendans qui régnèrent en France & en Italie. La nature des Justices, le ressort des Juridictions de ces temps reculés, ne sont-elles pas encore pour le nôtre des questions enveloppées de ténèbres! De célèbres Jurisconsultes n'ont pas paru douter que l'Église, sous nos Rois des deux premières races, acquéroit librement des fonds; on trouve cependant plusieurs diplomes de ces Princes, qui semblent établir la question contraire; ces actes portent remise en faveur des Évêques ou des Abbés, de droits dûs au Fisc pour raison d'acquisitions de fonds de terres.

Il est vrai qu'un grand nombre des Ordonnances de nos anciens Rois sont des loix si différentes de celles sous l'empire desquelles nous vivons, qu'il semble qu'elles aient été faites pour un peuple d'une nation différente. Quelques-unes de ces loix autorisent les guerres privées; d'autres maintiennent l'usage étrange des Germains, de commettre la vérité & la justice au hasard des combats singuliers; presque toutes ne décernent que des peines pécuniaires pour les plus grands crimes; cependant on trouve dans ce Code antique de sages règlemens: les uns tendent à perpétuer les saines maximes des premiers Conciles tenus dans les Gaules; d'autres protégent nos libertés, & ont pour objet d'empêcher que le temps n'altère ces loix si équitables, dont l'esprit est de faire régner l'ordre établi par l'Être suprême entre les deux Puissances auxquelles nous obéissons.

AVERTISSEMENT.

Parmi ces Ordonnances, on en trouve encore dont le but est d'exciter la vigilance des propriétaires à cultiver les fonds de terre en fixant un terme pour la prescription, qui ne peut être que la peine de leur négligence & de leur trop peu d'affection au bien public; d'autres règlent l'ordre des successions; quelques-unes fixent les majorités : il y en a qui marquent les différences dans les états; celles-ci assignent des privilèges dans la vue d'exciter l'émulation de chaque particulier, afin de le rendre plus utile à la société, & que la société devienne plus heureuse. Toutes ces loix méritent d'être connues des Magistrats, & étudiées par les Jurisconsultes, parce que nos Rois en ont suivi l'esprit dans celles qu'ils ont faites depuis.

Enfin, quoique le plus grand nombre des diplomes de nos Rois de la première & de la seconde race, & les chartes des Évêques & des Seigneurs laïcs de ce même temps, ne concernent, pour ainsi dire, que l'établissement des Monastères; on sent en lisant ces monumens, que s'ils étoient développés & mis en œuvre par des mains habiles, ils fourniroient beaucoup pour l'histoire particulière de chacun de ces Princes, pour celle de plusieurs Monastères célèbres par le nombre étonnant de vertueux Solitaires qui y ont vécu pendant plusieurs siècles dans la plus étroite observance de la discipline monastique, & pour celle de plusieurs villes considérables qui se sont élevées dans le lieu même de ces Monastères : Tous ces actes nous apprendroient le goût, le génie de ces Princes, & le détail des grands biens dont ils ont doté ces lieux consacrés à la retraite; les privilèges multipliés qu'ils leur ont accordés, en caractérisant leurs vertus chrétiennes, leur amour & leur respect pour la religion, nous montreroient l'étendue de leur domination, la durée de leur règne, les villes où ils résidoient, le nom & les fonctions de leurs grands Officiers; tous ces diplomes, tous ces actes forment une source abondante où les Écrivains peuvent puiser la connoissance du temps & celle des lieux.

Cependant on ne pourroit considérer la table projetée par M. Secousse que comme un simple répertoire, qui auroit indiqué le titre de chaque pièce, avec le nom de l'Auteur & la page de l'ouvrage où elle est imprimée; mais qui doute que ce Savant n'eût porté ses vues plus loin, pour rendre ce travail plus parfait & plus utile, s'il n'avoit été déjà très-occupé à la composition du Recueil des Ordonnances de nos Rois de la troisième race? Le Glossaire françois, actuellement sous presse, auquel M. de Sainte-Palaye travailloit depuis long-temps, étoit désiré du Public avec trop d'empressement, pour lui permettre également de s'en distraire & de mettre en œuvre tous ces matériaux informes. Quel est en effet l'Écrivain exact

a iij

AVERTISSEMENT.

qui ne se soit pas aperçu, en consultant le recueil de ces pièces, que quelques Auteurs en ont imprimé sous des titres peu relatifs à ce qu'elles contiennent, que souvent ils ont assigné aux unes des dates peu convenables, & que quelquefois ils en ont donné de fausses, les jugeant authentiques!

Mais le titre d'une charte, quelque propre qu'il lui soit, ne peut apprendre à tout lecteur que d'une manière bien vague & très-imparfaite, ce que la pièce contient; il étoit par cette raison naturel d'étendre le projet de la table des chartes à la composition d'une notice, parce qu'une notice, en développant toutes les parties de la charte, instruit le lecteur : elle lui découvre si, non-seulement la charte renferme l'objet de ses recherches, mais encore elle présente une opinion sur le mérite de la pièce même; car dans un ouvrage de ce genre l'Auteur doit avoir pris pour guide la critique, dont les règles rapportent tout à la vérité la plus simple; ces règles défendent de se livrer à la vivacité de l'imagination, elles prescrivent de s'éloigner de l'esprit de système; si elles permettent quelquefois de proposer des conjectures sur des points que l'écoulement des siècles & le silence de l'Histoire rendent obscurs, elles défendent en même temps de donner ces conjectures pour des assertions; l'erreur & les chimères, sans cette austérité, prendroient souvent la place de la vérité. J'ai tâché enfin, dans ce travail, de m'approprier ces précieuses règles que Mabillon & ses illustres successeurs, nous ont tracées avec autant de précision que de sagacité : les principes de critique que ces Savans ont établis dans leurs ouvrages érudits, leur ont mérité d'être considérés comme les restaurateurs du savoir en ce genre; s'ils n'ont pas porté la lumière sur toutes les branches de nostre Histoire, ils tracent une route sûre pour mettre au jour ce qui reste encore enseveli dans l'oubli des temps : heureux si quelque succès peut porter le Public à juger que je dois à la reconnoissance plutôt qu'à l'admiration, le tribut de louanges que je rends à ces grands hommes!

M. le Comte d'Argenson, sous les auspices duquel presque tous les Savans formoient le dessein de leurs travaux littéraires, ne dédaignoit pas non plus de protéger les miens. Ce Ministre qui connoissoit le projet de la Table des chartes de M. Secousse, jugea que pour rendre cet ouvrage véritablement utile, il étoit nécessaire d'analiser chaque pièce, d'en faire la critique, d'en donner enfin la Notice: M. d'Argenson me fit l'honneur de me communiquer ses idées, en me chargeant d'en dresser un plan; il en rendit compte au Roi, qui l'agréa, & j'eus ordre d'exécuter l'ouvrage. Avant

AVERTISSEMENT.

de commencer l'impression de ce Volume, M. le Comte de S.ᵗ Florentin desira de voir un essai de mon travail, je le composai de quelques pièces de différens siècles, il fut imprimé au Louvre; & je le présentai au Roi en 1759, sous les auspices de ce Ministre.

M. Secousse s'étoit proposé de suivre l'ordre chronologique pour placer les pièces de sa Table, j'ai adopté cette idée pour ma Notice. Je n'avois à choisir qu'entre cet ordre & celui des matières : avant que de me déterminer pour ce premier, j'ai consulté des Savans, & aidé de leurs conseils, j'ai balancé les avantages avec les inconvéniens de l'un & de l'autre. L'ordre chronologique a semblé devoir procurer plus d'utilité aux personnes qui desireront de consulter ce Recueil, soit par rapport aux faits historiques, soit pour connoître plus aisément les différentes nuances des mœurs, des usages & des loix de chaque siècle. J'ai tâché de suppléer aux inconvéniens qui se rencontrent dans cet ordre, par une Table des matières, dans laquelle j'ai réuni sur chaque objet tout ce qui y a trait, tout ce qui est épars dans le Volume; j'ai joint à cette Table trois autres, l'une purement géographique, l'autre onomastique, & la dernière contient le nom des Auteurs où l'on trouve les pièces annoncées dans ce Volume.

Il n'est point entré dans le plan général de cet Ouvrage de fixer le terme où il aboutiroit; on a laissé à la sagesse & aux lumières du Ministère d'y mettre des bornes suivant le plus ou le moins d'utilité qu'il procurera : J'avois annoncé en 1759, dans mon *Prospectus,* que ce premier Volume comprendroit le règne de nos Rois des deux premières races, mais l'abondance de la matière m'a obligé de le finir au règne de Charles-le-Chauve; ce qui reste du règne de la seconde race est assez considérable pour en former un second Volume.

NOTICE

NOTICE DES DIPLOMES,
DES
CHARTES ET DES ACTES
RELATIFS
A L'HISTOIRE DE FRANCE.

PREMIER SIÉCLE
DE L'ÉRE CHRÉTIENNE.

Sans autre date.   *ANNÉE 23.*

*H*ERIMERI *Regis Francorum, Lex de negligentia Ducum, & eorum pœna.*   <small>Constitutiones imp. à Goldasto, tom. I, pag. 4.</small>

    Les Ampsuaires, les Chattes, les Bructères, les Chamaves & quelques autres tribus de Germains qui se réunirent pour dévaster l'empire florissant des Romains, ne sont connus dans l'Histoire sous le nom de *Francs,* que depuis l'an 242. Nous n'avons point de preuves non plus que le gouvernement de ces Peuples au delà du Rhin ait eu une forme décidée avant Pharamond l'un de leurs chefs, auquel ils donnèrent le titre de Roi au commencement du V.ᵉ siècle. D. Ruinart dans sa préface sur Grégoire de Tours, dit, que cet Historien ne décide point le titre que portoit à la fin du III.ᵉ siècle celui qui commandoit à chaque peuplade de ces Barbares, ou à toutes réunies, *Reges an tunc habuerint Franci, an vero Duces solummodo, aut, quovis alio nomine appellarentur, Principes, Subregulos, aut Regales, inquirit Gregorius, remque in medio relinquere videtur.* D. Ruinart applanit la difficulté, & fixe le temps d'Eugène le tyran vers l'an 392, avant lequel aucun Historien n'a donné le nom de Roi aux chefs des Francs. Ces raisons suffisent pour nous faire regarder cette constitution comme tout-à-fait fabuleuse.
    On peut encore remarquer comme une singularité qui jette des doutes sur l'existence de cette loi, le genre de supplice qu'elle prononce contre les traîtres à la patrie. Elle porte que ceux qui se feront rendus coupables de ce crime seront enterrés vifs. Tacite qui mérite plus de croyance, dit que la loi des Germains condamnoit ceux qui étoient convaincus de ce genre de trahison, à être accrochés à un arbre ; *proditores & transfugas arboribus suspendunt.* (*Tit. XII. de Mor. German.*)

Tome I.   A

NOTICE

SECOND SIÈCLE.

ANNÉE 142.

Sans autre date. **LETTRE** du Pape Pie à saint Vère évêque de Vienne, par laquelle il l'exhorte à souffrir les persécutions, à l'exemple des Apôtres St Pierre & St Paul. *Antiquités de Vienne, par le Lièvre, p. 65.*

Le Lièvre n'indique point le dépôt d'où il a tiré cette pièce qu'il place sous cette année, sans autre raison que parce que ce fut celle de l'élection de Pie I. Cette lettre, dont on révoque en doute l'authenticité, ne contient aucuns faits qui puissent nous décider à lui donner une date plus certaine. Il paroît étonnant que Grégoire de Tours ne parle point de ce St Vère, non plus qu'Eusèbe; toutes les choses que le Lièvre raconte de la mission de cet Évêque & de son martyre, ne paroissent avoir d'autre fondement que ces sortes de traditions, dont la fausseté se découvre en remontant à leur source, mais que l'ignorance & une pieuse crédulité donnent pour vérité constante. On trouve parmi les Souscripteurs des actes du premier Concile d'Arles, célébré en 314, le nom d'un *Verus* (Vère) évêque de Vienne; peut-être est-ce le seul de ce nom qui ait occupé ce siége; le Lièvre, privé dans le temps qu'il écrivoit des ressources que nous avons pour éclaircir les points difficiles de la Chronologie, aura aisément fait cette méprise d'environ deux cens ans.

ANNÉE 155.

Sans autre date. **LETTRE** du Pape Pie à saint Just évêque de Vienne, sur sa promotion à l'Épiscopat. *Antiquités de Vienne, par le Lièvre, p. 73.*

Le Lièvre a fait une faute considérable contre la Chronologie en plaçant cette pièce sous l'année 155, puisque le Pape Pie mourut le 11 de juillet de l'an 151. Cette lettre serviroit beaucoup pour établir une succession chronologique des évêques de Vienne, si on avoit des preuves de son authenticité.

ANNÉE 197.

Sans autre date. **LETTRE** du Pape Victor à saint Denys évêque de Vienne, contenant un éloge de cette ville. *Antiquités de Vienne, par le Lièvre, p. 75.*

Victor écrivit cette lettre la même année de sa mort. Ce Pape ne parle en aucune sorte de la ville de Vienne, bien loin d'en faire quelque éloge, comme le dit le Lièvre; il s'agit uniquement de la grande question sur la Pâque, qui divisoit l'église d'Orient de celle d'Occident; Victor instruit l'évêque de Vienne des décisions du Concile qu'il avoit assemblé à Rome sur ce sujet; on y avoit réglé que cette fête se solenniseroit, non pas le 14.e de la Lune, comme le vouloient les évêques d'Asie, mais le Dimanche après le 14. Ce Pape exhorte l'évêque de Vienne à se conformer à ce règlement.

QUATRIÉME SIÉCLE.

ANNÉE 309.

Sans autre date.

LEX *Francorum qua interdictum erat, ne quis promoveretur in Regem, priufquam quartum atque vicefimum compleviffet annum ætatis.*

Conftit. Imp.
a Goldafto, t. I,
pag. 4.

Au dire de Goldafte, cette loi fut portée à l'occafion d'un Clodomir que les Francs appelèrent au trône par préférence aux enfans de Clodion II Roi de ces peuples, parce que ces Princes étoient en bas âge lorfque leur père mourut. Mais fi Goldafte n'eft pas lui-même l'auteur d'un grand nombre des conftitutions dont il a formé fon recueil, on peut dire avec confiance qu'il ne les a pas tirées d'une meilleure fource. Celle-ci eft contredite par tous les Hiftoriens qui ont écrit des Francs en particulier, & en général des différentes nations qui habitoient la Germanie. L'Hiftoire ne préfente point de Rois de ces peuples, du nom de Clodomir, avant le VI.e fiècle ; elle ne parle que d'un Clodion père de Mérouée, que la tradition du temps de Grégoire de Tours annonçoit pour avoir été utile à fon peuple & très-illuftre parmi toute fa nation, *(lib. II, cap. 9)* & le commencement du règne de celui-ci ne remonte pas plus haut qu'à l'année 427. L'époque de Goldafte eft marquée par la défaite de toutes les tribus Germaniques, commandées par deux Rois ou Chefs dont les noms font tout-à-fait différens de Clodomir & de Clodion. Jufque-là ces barbares n'étoient entrés fur les terres de l'Empire que par pelotons ; chaque nation à fon tour avoit pris les armes ; prefque toûjours battus & jamais vaincus, ces peuples enfin fentirent qu'il étoit de leur intérêt commun de fe réunir ; les Chamaves alors qui occupoient le duché de Bergues, les Cherufques, les Bructères, dont le comté de la Marck étoit peuplé, les Saliens, les Lettes, les Attuaires & d'autres fe liguèrent ; toutes ces nations différentes conduites par Afcaric & Regaife deux de leurs Rois, forcèrent les barrières que les Romains avoient mifes fur les bords du Rhin ; mais à peine ces barbares eurent paffé ce fleuve que Conftantin les arrêta, les défit dans un feul combat, & fit prifonniers leurs Rois. Euménius dit *(ex panegyrico in Conftantinum, cap. 11)* que l'Empereur, pour rendre cette victoire plus mémorable, fit mourir ces deux Princes au milieu des fupplices. Cet èvènement arriva vers l'an 307. Les deux Rois connus que les Francs euffent alors, étoient Afcaric & Regaife, il faut donc porter à une autre époque le règne des Clodomir & des Clodion.

ANNÉE 314.

Sans autre date.

RESCRIPTUM *Conftantini Augufti, ad Epifcopos qui Synodo Arelatenfi interfuerant, ut ad fuas provincias revertantur.*

Conc. Antiq.
Gall. a Sirmon-
do, t. I, p. 9.

On décida dans ce Concile, compofé de trente-trois Évêques, la caufe de Cécilien évêque de Carthage, contre Majorin évêque Schifmatique, laquelle avoit été agitée dans le Concile de Rome tenu l'année précédente ; on y ftatua de plus fur plufieurs points de difcipline : les plus remarquables font, que deformais on célébreroit dans tout le Monde chrétien la fête de la Pâque le même jour, & que les Évêques & les Prêtres demeureroient pendant leur vie attachés aux Églifes pour lefquelles ils auroient été ordonnés.

L'Empereur convoqua ce Concile & en fixa l'ouverture au premier août de cette même année ; auffi-tôt qu'il en eut appris la fin, il envoya ce refcrit aux Évêques encore affemblés à Arles, par lequel il leur ordonne, conformément aux Canons, de fe retirer chacun dans le lieu de fa réfidence.

Tome I.   A ij

ANNÉE 319.

1.er JUILLET.

IMPERATOR Constantinus ad Antonium Marcellinum, Præsidem provinciæ Lugdunensis primæ.

Rec. des Hist. de Fr. tome I, page 746.

Donné à Cologne.

(Voyez la note de Dom Bouquet.) Ce Savant critique avec raison Godefroi, qui attribue cette Constitution à Constantin II, & prétend par cette raison, qu'elle est de l'année 312. Nous adoptons encore le sentiment de ce premier sur le lieu d'où cette loi doit être datée; car l'Empereur s'étant trouvé le même jour à Aquilée, ce qui se prouve par d'autres rescrits, il est hors de possibilité qu'il ait donné celui-ci à Cologne: ainsi on doit imputer cette erreur à quelque copiste infidèle qui aura écrit *Agrippinæ* pour *Aquileiæ*.

L'Empereur examinant le rôle des impositions de la seconde Lyonnoise, remarqua qu'il s'y trouvoit un grand nombre de non-valeurs. Ce Prince en demanda la cause; & sur ce qu'on lui répondit qu'il arrivoit souvent que des particuliers se trouvant pressés de besoin d'argent dans des circonstances, étoient obligés de vendre leurs meilleurs fonds, & qu'il arrivoit ensuite que n'ayant pas payé les impositions mises sur ces fonds, l'État perdoit leur cote, parce qu'ils ne se trouvoient plus en état de la payer; l'Empereur pour prévenir ces inconvéniens ordonna par cette Constitution, que les acquéreurs des fonds seroient tenus de payer les impositions auxquelles ils auroient été assujétis, si les propriétaires ne les avoient pas payées avant d'en faire la vente.

ANNÉE 322.

Sans autre date.

BULLE du Pape saint Silvestre, par laquelle il confirme l'église de Vienne dans ses priviléges de Primatie.

Antiquités de Vienne, par le Liévre, p. 107.

Le style de cette Bulle réclame contre son authenticité; l'Auteur qui l'a composée à cinq ou six siècles peut-être de l'âge dans lequel il l'a placée, n'a pas assez rapproché ses expressions du IV.e siècle, pour que l'on puisse s'y méprendre. Quoique les évêques de Vienne aient exagéré les droits de leur siège, sur-tout lorsque leurs contestations avec les évêques d'Arles renaissoient, ils n'ont cependant jamais prétendu à une Primatie qui s'étendît sur toutes les Gaules. Sans doute ils auroient opposé cette Bulle aux évêques d'Arles, lorsque ceux-ci vouloient restreindre, vers l'an 450, leur Métropole à un très-petit nombre de Suffragans. Ces raisons suffisent pour ne pas porter plus loin la critique de cette pièce.

ANNÉE 323.

Sans autre date.

RESCRIPTUM Clodomeri Regis Francorum, ad petita Thuringorum auxilia contra Suevos.

Constit. Imp. a Goldasto, t. I, p. 4.

Ce Rescrit est du même Clodomir, dont nous avons parlé à l'article de l'année 309. Si l'on pouvoit avoir quelques probabilités de l'authenticité de cette pièce, elle nous serviroit de guide pour reconnoître les régions que les Francs & les Thuringiens habitoient dans la Germanie. Ces derniers étoient en guerre avec les Suèves, autre nation barbare, & se sentant inférieurs en force à leurs ennemis, Genebaud leur Duc demanda des troupes aux Francs. Clodomir après avoir pris le conseil des Grands de sa nation, répondit aux Thuringiens qu'il ne pouvoit que leur offrir sa médiation, s'excusant, pour le refus de leur envoyer des secours, sur le trop grand éloignement qu'il y a entre son pays & le leur; *les Thuringiens,* dit-il, *habitent aux sources du Rhin, tandis que nous sommes placés aux embouchûres de ce fleuve.*

Année 327.

Sans autre date.

Bulle du Pape saint Silvestre, par laquelle il accorde à l'église de Trèves la primatie sur toutes les églises de la Gaule & de la Germanie.

Apologie de l'église de S.t Diez, p. 14.

Cette Pièce est insérée dans un petit livret, sans nom d'Auteur, & dans lequel on ne trouve que très-peu de citations. On peut cependant, avec quelque vrai-semblance, présumer que Sommier auteur de l'histoire de l'église de S.t Diez, est aussi celui de cet ouvrage ; mais quel crédit peut donner un particulier à une pièce telle que cette Bulle ; des Actes de ce temps & de la nature de celui-ci, pour mériter quelque croyance doivent être revêtus de sceaux ou de quelques autres caractères, & reposer dans des dépôts fermés à l'erreur & au mensonge.

Année 343.

30 Juin.

Impp. Constantius & Constans AA. ad Titianum Præfectum Galliarum.

Rec. des Hist. de Fr. tome I, page 747.

Donné à Trèves.

L'Empereur ordonne par cette Constitution, que personne dans les Gaules ne sera désormais exempt de payer la Capitation, excepté ceux qui seront actuellement employés pour les affaires de l'État.

Année 349.

27 Mai.

Imp. Constantinus A. ad Silvanum Com. & Magistrum equitum & peditum.

Rec. des Hist. de Fr. tome I, page 747.

Silvain étoit Franc, ce qui prouve, comme le remarque Ammien Marcellin, *(lib. XV, cap. 5)* que cette tribu de Germains avoit fait sa paix avec l'Empire, & que plusieurs parmi eux avoient déjà des habitations fixes dans différentes provinces des Gaules. Ce Silvain d'ailleurs n'étoit pas le seul sous le règne de Constance qui occupa des charges de l'Empire, il y eût plusieurs emplois dans l'ordre militaire & civil remplis dans ce même temps par des Francs, dont on trouve les noms dans la notice des Dignités.

Comme cette ordonnance concerne le Service militaire, elle fut adressée au Maître de la Cavalerie & de l'Infanterie : elle porte, *que les Officiers payeront au trésor royal une certaine somme d'argent pour chaque Soldat qui quittera en temps de guerre le service, soit par congé, soit par désertion.* C'étoit un excellent moyen d'engager l'Officier à ne pas perdre de vûe sa troupe d'un seul moment.

Année 358.

Sans autre date.

Lettre de Julien Proconsul & Gouverneur général des Gaules, dans laquelle il fait une description de la ville de Paris.

Traité de la Police, par de la Mare, tome I, page 85.

« Je passai l'hiver, dit ce Prince, dans ma chère ville de Lutèce ; elle est située au milieu d'une petite isle dans laquelle on entre par deux ponts de bois placés de côté & d'autre. Le fleuve qui l'environne est presque toûjours au même état, sans enfler ni diminuer considérablement, l'eau en est très-pure, & agréable à boire . . . . . l'hiver dans ce lieu est fort doux . . . . . il croît aux environs d'excellent vin, on commence aussi à y élever des figuiers, &c. »

Cette Capitale est demeurée bien des siècles après celui de Julien, sans s'agrandir ; nous apprenons par la description qu'Abbon en donne dans l'histoire du siège qu'elle soûtint en 885, qu'elle n'avoit encore alors que deux portes placées à la tête des deux ponts de bois, dont parle Julien.

NOTICE

ANNÉE 366.

6 DÉCEMBRE.

IMPP. Valentinianus, Valens & Gratianus AAA. ad Dagalaifum Magiftrum militum.

Rec. des Hift. de Fr. tome I, page 750.

Donné à Vervins en Vermandois.

Dom Bouquet remarque qu'il faut retirer du titre de cette loi le nom de Gratien, parce que ce Prince ne fut falué Empereur que l'année d'après celle-ci. Ce favant obferve encore qu'il ne faut chercher dans le mot *Verona in Galliis*, qui eft le lieu d'où cette ordonnance eft datée, ni la ville de *Verdun*, ni un autre lieu proche Reims & appelé *Vrigny*, comme quelques Auteurs l'ont interprété, mais qu'il eft vrai-femblable que ce *Verona* eft le même que le *Vironum* de la table de Peutinger, & le *Verbinum* de l'itinéraire d'Antonin, par conféquent *Vervins* en *Vermandois*.

Cette ordonnance porte qu'il continuera d'être permis aux foldats vétérans de commercer dans toute l'étendue des terres de l'Empire, avec exemption des impofitions mifes fur les autres fujets, & des droits de péage & autres que l'on payoit dans les douanes.

ANNÉE 367.

29 JANVIER.

IMPP. Valentinianus & Valens AA. ad Jovinum Magiftrum equitum.

Rec. des Hift. de Fr. tome I, page 750.

Donné à Reims.

Cette ordonnance regardoit principalement les Officiers auxquels la garde des frontières du côté du Rhin étoit confiée, ceux qui fervoient dans les deux Germanies, dans la Belgique première & la Sequanaife; elle porte défenfe aux Ducs & aux Comtes qui commandent dans ces quartiers, de prêter, fous quelque prétexte que ce foit, leurs chevaux pour conduire à la cour de l'Empereur, foit les Princes barbares, foit leurs Ambaffadeurs, lorfqu'ils paffent le Rhin & qu'ils viennent pour faire quelques traités. On voit par-là d'un côté, que les Romains vouloient que leurs troupes fuffent toûjours prêtes à marcher aux premiers ordres; & d'un autre côté qu'ils faifoient fréquemment des traités avec les différentes nations de l'Allemagne.

14 FÉVRIER.

IMPP. iidem ad Jovinum Magiftrum militum.

Rec. des Hift. de Fr. tome I, page 750.

Donné à Reims.

Cette loi annonce que l'humeur guerrière qui avoit fait des premiers Romains les vainqueurs de toutes les puiffances du monde, commençoit à dégénérer en molleffe dans leur poftérité. Après une ou deux campagnes, fous l'empire de Valentinien, on ne trouvoit plus parmi la jeuneffe à faire les recrues néceffaires: chacun cherchoit avec foin les moyens de fe difpenfer de porter les armes; il étoit ordinaire de trouver des vieux militaires, lefquels fous prétexte de parenté ou par bon office, enrôloient des jeunes gens qu'ils exemptoient par ce moyen du fervice. Ce fut pour remédier à cet abus que l'Empereur donna cette ordonnance, par laquelle il eft enjoint à tous foldats de préfenter à fon Officier, les hommes de recrue qu'il aura faits, fous peine de perdre fon grade.

3 JUIN.

IIDEM Imperatores AA. ad Florentium PF. P. Galliarum.

Rec. des Hift. de Fr. tome I, page 751.

Donné à Reims.

Dom Bouquet remarque que Godefroi, M. de Valois & le Père Lacarry, difputent pour favoir fi ce *Florentius* eft le même dont Ammien Marcellin loue la fermeté, & qui étoit Préfet du Prétoire des Gaules dès l'an 357. Ce qui eft certain, c'eft que cette conftitution donnée en 367, fut adreffée à un *Florentius* qui rempliffoit alors cette charge. L'Empereur par fon ordonnance, renvoie au Préfident de chaque province la décifion des conteftations qui furviendront à l'occafion des impofitions des tributs, prefcrivant un temps à ceux qui fe plaindront de la répartition pour fe faire décharger, & voulant qu'ils paient leur cote s'ils négligent de fe pourvoir dans le terme fixé.

ANNÉE 368.

22 NOVEMBRE.

IMPP. Valentinianus & Valens A A. ad Viventium P F. P. Galliarum.

Rec. des Hist. de Fr. tome 1, page 752.

L'Empereur déclare par cette loi, que les filles qui vivent dans le célibat, que les veuves qui font d'un âge assez décrépit pour ne plus espérer de pouvoir se remarier, & enfin tous les mineurs de vingt années sont exempts de payer la capitation.

ANNÉE 369.

20 FÉVRIER.

IMPP. Valentinianus, Valens & Gratianus, ad Viventium P F. P.

Rec. des Hist. de Fr. tome 1, page 753.

Donné à Trèves.

Valentinien donne cette année le titre d'Auguste à Gratien son fils, & l'associe à l'Empire.

Cette loi porte que les officiers préposés pour les travaux publics, ne contraindront plus desormais les cultivateurs pour aller à la corvée; qu'ils emploieront à ces travaux certains habitans des villes, comme cabaretiers, regratiers, frippiers & autres gens de cette espèce, qui ne laissent pas de faire des gains considérables, quoique la paresse soit inhérente à leur profession ; cette loi est d'une sagesse qui doit la faire adopter par tous les peuples policés.

1.er AVRIL.

IMPP. Valentinianus, Valens & Gratianus, ad Viventium P. P.

Rec. des Hist. de Fr. tome 1, page 753.

Donné à Trèves.

Le luxe & l'amour des plaisirs avoient fait de si grands progrès parmi les Romains dès le règne de Valentinien, que les Magistrats, semblables à ceux de notre siècle, que l'on appelle *petits-maîtres*, ne prenoient des charges que pour être décorés. Livrés à la plus molle paresse, ils fixoient leur séjour dans des maisons de plaisance, à la décoration desquelles ils mettoient tous leurs soins, & donnoient tout leur temps. Ce Prince pour arrêter ces desordres, publia cette loi, par laquelle il ordonne que les Magistrats auront desormais leur demeure fixe & permanente dans les villes, afin qu'ils soient à portée de rendre la justice ; leur défendant d'avoir de ces maisons de plaisance qui ne sont souvent que des lieux de débauches, sous peine d'être confisquées au profit de l'État.

ANNÉE 370.

17 JANVIER.

IMPP. Valentinianus, Valens & Gratianus A A A. ad Jovinum Magistrum militum.

Rec. des Hist. de Fr. tome 1, page 754.

Les Romains étoient tellement persuadés que les biens les plus précieux que les hommes eussent, étoient ceux que produit la terre, qu'ils faisoient sans cesse de nouvelles loix pour qu'elle ne demeurât jamais inculte : celle-ci porte que le Préfet du Prétoire sera attentif à faire distribuer aux vétérans les terres que l'absence de leur maître rend incultes, afin de les défricher & de les mettre en valeur.

ANNÉE 371.

11 FÉVRIER.

IMPP. Valentinianus, Valens & Gratianus A A A. ad Viventium P F. P.

Rec. des Hist. de Fr. tome 1, page 755.

Donné à Trèves.

L'usage de l'Église Gallicane, de ne point admettre à la participation des saints

Mystères les Comédiens, est autorisée par cette loi. *Si des personnes de cet état*, dit l'Empereur, *de l'un ou de l'autre sexe, étant à l'article de la mort, montrent de l'empressement pour recevoir les Sacremens, on les leur administrera, après cependant qu'ils en auront été jugés dignes par les Ministres de l'Église, & après que le Magistrat aura certifié du danger extrême de leur maladie ; mais qu'ils fassent attention, que s'ils échappent à la mort, nous leur défendons, après avoir participé aux Mystères, de retourner sur le théâtre.*

ANNÉE 376.

23 MAI.

IMPP. Valens, Gratianus & Valentinianus AAA. Antonio P.F.P. Galliarum.

Rec. des Hist. de Fr. tome I, page 757.

Les Romains sentoient combien l'éducation de la jeunesse étoit précieuse à l'État ; & ils croyoient qu'il étoit digne de l'attention des plus grands Princes de faire des réglemens sur ce sujet. Persuadés qu'ils étoient autant redevables de l'éclat brillant de leur empire, à l'étude des Lettres, à leur amour pour les Sciences, qu'à la force de leurs armes, ils couronnoient également & les succès des savans & la bravoure des guerriers. Toûjours l'homme de Lettres partagea avec le militaire l'estime de ce peuple dont nous admirons la sagesse. Si l'un & l'autre étoient d'une utilité égale à l'État, le Gouvernement répandoit dans cette proportion ses graces sur eux ; cette loi en est une preuve. L'Empereur ordonne au préfet des Gaules de faire distribuer annuellement de ses greniers des grains & d'autres denrées aux Professeurs de grammaire & d'éloquence qui enseignent à Trèves & dans toutes les autres Métropoles de cette province de l'Empire.

ANNÉE 379.

5 JUILLET.

IMPP. Gratianus, Valentinianus & Theodosius AAA. ad Hesperium P.F.P.

Rec. des Hist. de Fr. tome I, page 760.

Donné à Aquilée.

Comme les Églises n'étoient pas dans les premiers siècles du Christianisme assez richement dotées pour que les Clercs, uniquement occupés du service des autels, pussent en vivre, il leur étoit permis d'exercer des métiers, de s'appliquer aux arts, de cultiver le commerce : ce n'est pas qu'ils pratiquassent moins que de nos jours les vertus chrétiennes, & sur-tout la pauvreté. Ils portoient celle-ci dans le cœur par un détachement sincère des biens ; mais on pensoit alors que puisqu'il ne se trouvoit pas dans l'État assez de revenus consacrés à Dieu pour l'entretien des autels & des ministres, il étoit plus convenable & plus utile à la société, que les Clercs qui ne trouveroient pas dans leur patrimoine des ressources suffisantes pour vivre, fissent un commerce honnête pour y suppléer, que d'être à charge aux autres citoyens en leur arrachant à titre d'aumône une portion de leur bien. Cette loi nous apprend que ceux qui s'adonnoient au commerce jouissoient de certains priviléges que n'avoient pas les laïcs : *les Clercs*, dit l'Empereur, *dans l'Illyrie & l'Italie peuvent commercer jusqu'à dix sols sans payer l'imposition à laquelle sont assujétis tous les autres commerçans ; & ceux des Gaules peuvent porter leur commerce jusqu'à quinze sols, avec exemption de cette même imposition.*

ANNÉE 391.

27 MAI.

IMPP. Valentinianus II. Theodosius & Arcadius Richomeri Comiti & Magistro utriusque militiæ.

Rec. des Hist. de Fr. tome I, page 762.

Cette loi est purement de Police ; elle porte injonction aux Tribuns, sous des peines même afflictives, d'empêcher que l'on ne jette des ordures, qu'on n'abreuve & lave les chevaux dans les fleuves & rivières sur les rives desquels des légions camperont. Les abreuvoirs devoient être au dessous & dans un certain éloignement du camp. On observoit cette même police à l'égard des villes situées sur quelques rivières. Le Prince montre toute la sagesse de sa loi en annonçant le but qu'il se propose : *c'est*, dit-il, *afin d'un côté de pourvoir à la santé de ceux qui puisent dans le fleuve l'eau nécessaire pour leur boisson, & que d'un autre côté la modestie & la pudeur ne soient pas blessées par la vûe des hommes nus qui lavent & baignent les chevaux.*

ANNÉE 395.

ANNÉE 395.

Sans autre date.

RESCRIPTUM Dagoberti I Regis Francorum, Ducum, populique regni, ad Valentinianum Imperatorem Romanorum, tributa exigentem pro libertate Francorum.

Constit. Imp. a Goldasto, t. I, p. 4.

Nous ne connoissons parmi les Rois de France qui ont porté le nom de Dagobert, que ceux de la postérité de Clovis. Un fils de Clotaire II est le premier de ce nom, dont le règne ne commença que vers l'an 622; il est évident que ce Prince ne put envoyer cette délibération de ses États en 395: en admettant qu'un Prince du nom de Dagobert eût régné dans la Germanie sur une colonie de Francs, Goldaste auroit néanmoins fait une faute contre la Chronologie en plaçant cette pièce à cette époque, parce que l'Empereur Valentinien étoit mort dès l'an 392.

ANNÉE 397.

22 SEPTEMBRE.

EPISTOLA Synodica Concilii Taurinensis ad Episcopos Galliarum, de primatu Proculi Episcopi Massiliensis & de primatu Arelatensis & Viennensis.

Concil. Antiq. Galliæ a Sirmondo, tom. I, p. 27.
Rec. des Hist. de Fr. tome I, p. 774 & 775.

Cette lettre ne fut envoyée aux Évêques des Gaules qu'en 401, quatre ans après la célébration du Concile.

Il s'étoit élevé une contestation entre les évêques de Marseille, d'Arles & de Vienne, au sujet des droits & des priviléges de Métropolitain, dont chacun de ces Évêques prétendoit jouir sur l'autre. Le Concile décida la question & régla, que pour le bien de la paix, & ayant égard à la sainteté & au mérite particulier de Proculus, il continueroit, durant sa vie seulement, sans que cette prérogative passât à ses successeurs, d'exercer les droits de Métropolitain sur les Évêques de la seconde Narbonnoise. Le Concile fut guidé par les mêmes motifs dans le Jugement qu'il porta sur la contestation entre l'évêque d'Arles & celui de Vienne; il décida que ces deux villes avoient également le titre de Métropole, & que les Évêques continueroient chacun d'en exercer les droits dans leur province; ordonnant de plus, que pour les lieux qui étoient réclamés de part & d'autre, ils se les partageroient, en prenant ceux qui seroient dans leur voisinage & le plus à leur portée.

28 DÉCEMBRE.

IMPP. Arcadius & Honorius AA. Vincentio Præfecto Prætorii Gall.

Rec. des Hist. de Fr. tome I, page 762.

Donné à Milan.

Cette loi concerne l'ordre des jurisdictions que l'on doit observer dans les causes, à moins que les parties n'obtiennent de l'Empereur un arrêt d'attribution; la loi porte que dans les matières criminelles & civiles, le demandeur sera obligé de traduire sa partie devant son Juge naturel: s'il en arrive autrement, les parties aussi bien que le Juge seront punies, celui-ci pour connoître de l'affaire sera interdit de ses fonctions; le demandeur payera tous les dépens; & le défendeur, si c'est en matière civile, sera réputé débiteur; si c'est en matière criminelle, sera jugé coupable.

ANNÉE 399.

29 JANVIER.

IMPP. Arcadius & Honorius AA. Macrobio Pro-præfecto Hispaniarum, & Procliano Vic. quinque provinciarum.

Rec. des Hist. de Fr. tome I, page 763.

Donné à Ravennes.

Du temps d'Ammien Marcellin, (*lib. XV, cap. XI*) les Gaules étoient déjà partagées en deux gouvernemens: celui que l'on appela dans la suite les cinq Provinces n'étoit encore composé que de quatre; savoir des deux Aquitaines, de la Narbonnoise

Tome I.   B

& de la Viennoife. Peu de temps après il fut augmenté des Alpes maritimes, & Sextus Rufus nous en fait dans ce dernier état, une defcription bien exacte. (*in Breviario rerum gesta. pop. rom.*) Ce fut alors que l'on donna à ce gouvernement le nom des cinq Provinces qu'il a toûjours confervé, quoique dans la fuite il ait été compofé de fept. Mais comme les deux dernières dont on l'augmenta furent démembrées, l'une de la feconde Aquitaine, & que l'on appela *Novem-populanie*, & l'autre de la Narbonnoife qui s'appela *feconde Narbonnoife*; il eft évident que ce gouvernement renfermoit tous les pays compris dans les cinq Provinces avant qu'elles fuffent divifées en fept; c'eft ce qui a fait que le nom de cinq Provinces, *quinque provinciarum*, lui eft demeuré affecté dans les monumens publics. (*Voyez la note (a) de Dom Bouquet, page 763, tome I.*)

Cette loi a pour objet de détruire les reftes du Paganifme.

19 JUIN.

IMPP. Arcadius & Honorius AA. Vincentio Præfecto P. Gall.

Rec. des Hift. de Fr. tome I, page 764.

Donné à Milan.

Les Romains, plus que toute autre nation, furent attachés avec fcrupule à tous les principes de la juftice diftributive : on trouve dans cette loi des caractères d'équité & de fageffe qui doivent la faire adopter de la part des Souverains pour leur fervir de modèle. L'Empereur ordonne au préfet du Prétoire, qu'il apporte toute fon attention dans la confection du cadaftre des tributs & dans la répartition des charges publiques, de peur que les riches & les puiffans, ufant de leur crédit, ne s'en exemptent au préjudice des pauvres & des foibles.

ANNÉE 400.

29 JUIN.

IMPP. Arcadius & Honorius AA. Vincentio Præfecto P. Gall.

Rec. des Hift. de Fr. tome I, page 764.

Donné à Milan.

Cette loi annonce la confufion extrême dans laquelle fe trouvèrent les Gaules au commencement de ce fiècle; les irruptions des Barbares devenoient d'un côté plus fréquentes, & l'avidité portoit les officiers Romains à commettre d'un autre côté des concuffions énormes dans la levée des impôts. L'alarme fe répandoit par-tout; les villes devenoient défertes, & les campagnes demeuroient fans culture; une misère générale couvroit toute la furface de cette grande Province qui avoit été autrefois une des plus floriffantes de l'Empire. Honorius, pour arrêter le progrès de tous ces defordres, donna cette loi, par laquelle il ordonne que les habitans des villes y feroient rappelés, leur faifant défenfes de changer deformais de condition & de domicile. Mais nous apprenons par un autre refcrit de ce même Empereur, daté de 409, que fi les citoyens fortirent alors de leurs retraites pour retourner habiter les villes, leur fort n'en devint pas meilleur dans la fuite. *Plus un état eft defpotique*, dit un Auteur célèbre, (*l'Abbé Dubos, tome I, p. 189.*) *plus les talens du Prince qui le gouverne doivent être grands*: Honorius trop borné dans les fiens, faifoit un mauvais choix dans les perfonnes auxquelles il confioit une partie de fon pouvoir abfolu; fangfues méprifables ils rendoient le Prince odieux au peuple: ces citoyens qui avoient autrefois tenu à honneur de compofer le Sénat de leurs villes, & d'occuper toutes les charges du gouvernement municipal, dédaignoient tellement ces emplois, que chacun s'empreffoit à chercher des prétextes, foit pour s'en exempter, foit pour abréger le temps de leur exercice. Ce fut pour contraindre ceux qui étoient élûs Décurions de ne point fortir de leurs charges avant que les quinze années, pendant lefquelles ils devoient les exercer, fuffent révolues, que l'Empereur adreffa le refcrit dont je viens de parler, à Dardanus préfet des Gaules.

CINQUIÉME SIÉCLE.

ANNÉE 417.

22 MARS.

EPISTOLA *Zosimi Papæ ad Episcopos Galliæ, de privilegiis Ecclesiæ Arelatensis.*

Annal. Eccl.
Fr. Cointii, t. I,
p. 265.
Concil. Antiq.
Galliæ a Sir-
mondo, tom. I,
p. 42.
Epist. Roman.
Pontif. a Petro
Constant. tom. I,
col. 935.
Rec. des Hist.
de Fr. tome I,
p. 775.

Zosime accorde à l'évêque d'Arles le droit de donner, à l'exclusion de tout autre, *les lettres formées*, soit aux autres évêques des Gaules, soit aux simples Ecclésiastiques qui voudront faire le voyage de Rome : il retire à l'évêque de Vienne le droit d'ordonner les Évêques de sa province, l'attribuant à celui d'Arles ; & enfin il ordonne que les villes qui avoient été anciennement démembrées de cette Métropole pour être unies à celle de Vienne, lui seront au plus tôt restituées.

29 SEPTEMBRE.

EPISTOLA *Zosimi Papæ ad Hilarium Episcopum Arelatensem, de jure Metropolitani Arelatensis.*

Concil. Antiq.
Galliæ a Sir-
mondo, tom. I,
p. 45.

Cette lettre est pleine d'humeur, & les termes en sont durs. Zosime reproche à l'évêque de Narbonne d'avoir usé de mauvaise foi en défendant sa cause contre l'évêque d'Arles, & enfin il décide en faveur de ce dernier qu'il exercera, suivant, dit-il, qu'il avoit été anciennement réglé par les Papes ses prédécesseurs, tous les droits de Métropolitain dans la première Narbonnoise.

Même date.

EPISTOLA *Zosimi Papæ ad Episcopos provinciæ Viennensis & Narbonnensis II, ut Metropolitanum eorum agnoscant Arelatensem Episcopum.*

Concil. Antiq.
Galliæ a Sir-
mondo, tom. I,
pag. 44.
Epist. Roman.
Pontif. a Petro
Constant. tom. I,
col. 959.

Cette lettre est adressée en particulier aux évêques de la province de Vienne, & à ceux de la seconde Narbonnoise. Le Pape accuse l'évêque de Narbonne d'avoir surpris les Pères du Concile de Turin qui avoient décidé que l'évêque de Narbonne auroit les droits de Métropolitain dans la première & seconde Narbonnoise, tandis que l'évêque de Vienne jouiroit des mêmes droits dans sa province ; *mais afin*, dit le Pape, *de rétablir l'ordre ancien, & pour punir en même temps ces deux évêques de leur supercherie, nous décidons que l'évêque d'Arles aura desormais les droits de Métropolitain dans les provinces de Vienne & de la seconde Narbonnoise.*

ANNÉE 418.

17 AVRIL.

CONSTITUTION *des Empereurs Honorius & Théodose, par laquelle ils déférent la primatie des Gaules à la ville d'Arles, avec mandement à Agricola Préfet du Prétoire des Gaules, d'assembler tous les ans dans cette ville, depuis le 13 août jusqu'au 13 de septembre, les principaux Seigneurs & Officiers des sept provinces, pour traiter des affaires concernant le service de l'Empereur.*

Belgium Rom.
a Bucherio, pag.
458.
Hist. de Prov.
par Bouche, t. I,
p. 575.
Etablissement
des Francs dans
les Gaules, par
Dubos, tome I,
page 241.
Const. Imp. a
Goldasto, t. III,
pag. 1.
Rec. des Hist.
de Fr. tome I,
page 766.

Nous remarquons avec Dom Bouquet, que M.rs de Tillemont, Boucher, l'abbé Dubos, & d'autres Auteurs modernes qui citent cette constitution, ne l'ont point tirée du code Théodosien ; ils la rapportent d'après le Père Sirmond qui l'a imprimée dans ses notes sur Sidonius Apollinaris.

Le Père Pagi, aux années 401 n.° 36, & 402 n.° 32, ainsi que l'abbé Dubos

Tome I.   B ij

prétendent, avec raison, que cette constitution regarde purement l'ordre civil, & qu'elle n'a pû par cette raison, servir de titre pour appuyer les prétentions excessives que les évêques d'Arles ont voulu dans la suite faire valoir.

Le district des sept provinces étoit alors composé de la Viennoise, des deux Aquitaines, Bourges & Bordeaux, de la Novempopulanie, Auch, des deux Narbonnoises, Narbonne, Aix, & des Alpes maritimes, Embrun.

Goldaste attribue mal-à-propos cette constitution à l'Empereur Constantin.

Sans autre date.

ANNÉE 420.

HARANGUE *d'un Seigneur Franc dans l'assemblée de sa nation, pour l'élection d'un Roi.*

Histoire de Fr. par du Haillan, liv. I. p. 2.

Pharamond fut élû dans cette assemblée, & élevé sur le Pavois. Suivant du Haillan, on ne pourroit faire remonter plus haut qu'à cette époque l'établissement du gouvernement Monarchique parmi les Francs.

HARANGUE *d'un autre Seigneur Franc, dans la même assemblée, en faveur du Gouvernement républicain.*

Histoire de Fr. par du Haillan, liv. I. p. 6.

Cette harangue est une réponse à la précédente; du Haillan ne cite point les sources d'où il a tiré ces deux pièces.

9 FÉVRIER.

ANNÉE 422.

EPISTOLA *Bonifacii Papæ I. Hilario Narbonnensi Episcopo; ut nullus contempto Metropolitano, Episcopus ordinetur.*

Conc. ab Harduino, tom. I, col. 1240. Concil. Antiq. Galliæ a Sirmondo, tom. I, p. 49.

Les choses changèrent de face par rapport à l'évêque d'Arles après la mort du Pape Zosime: Boniface son successeur, moins passionné & plus judicieux, rendit aux Métropolitains les droits que l'on n'avoit pû détacher de leurs siéges sans une injustice criante. Patrocle évêque d'Arles, favori de Zosime, avoit depuis la mort de ce Pape ordonné un évêque pour l'église de Lodève; l'évêque de Narbonne, au préjudice duquel cette ordination avoit été faite, en porta ses plaintes à Rome; Boniface lui envoya ce Bref qui le rétablit dans ses droits avec défense aux Métropolitains de faire à l'avenir des ordinations hors de leur province.

Prosper assure dans sa Chronique que le crime avoit conduit ce Patrocle à l'épiscopat, & que son administration étoit un tissu d'horreurs par le commerce infame qu'il faisoit des ordres sacrés: *Infami mercatu sacerdotia venditare.*

Sans autre date.

ANNÉE 424.

LEGES *Salicæ Pharamundi primi Francorum Regis.*

Constit. Imp. a Goldasto, t. III, pp. 2, 15.

Suivant Goldaste, les Comices où le roi des Francs publia les Loix arrêtées par les chefs de sa nation, se tinrent à Saltzbourg dans le cercle de Bavière; mais cette opinion n'est appuyée sur aucun fondement. Après avoir comparé l'édition de cet Auteur avec plusieurs autres, nous pensons avec Eckart (*in Præfatione ad leg. sal.*) qu'il a copié celle de François Pithou, publiée à Paris en 1602 par Lindenbroge, & que n'ayant vû aucun manuscrit, le titre qu'il donne à ce Code, ainsi que la date de sa publication, sont de pure imagination.

9 JUILLET.

ANNÉE 425.

IMPP. *Theodosius Aug. & Valentinianus Cæs. Armatio V. inl. Præfecto Prætorii Galliarum.*

Donné à Aquilée.

Concil. Antiq. Galliæ a Sirmondo, tome I, page 54. Rec. des Hist. de Fr. tome I, page 767.

Cette Constitution regarde purement l'ordre ecclésiastique: elle contient cinq articles;

l'Empereur dans le premier rétablit les Églises & les Clercs dans la jouissance des priviléges que les Princes ses prédécesseurs leur avoient accordés, & que Jean le Tyran avoit considérablement diminués pendant son règne dans les Gaules. Dans le second, il ordonne que desormais les Clercs ne seront pas indistinctement & pour toutes sortes de causes traduits dans les Tribunaux séculiers : par le troisième il mande à l'évêque d'Arles de déposer les Évêques qui se trouveront infectés des erreurs du Pélagianisme, afin qu'après cette dégradation ils soient chassés des Gaules. Il bannit des villes de cette province, par le quatrième, les Hérétiques & les Schismatiques qui voudront persévérer dans leurs erreurs ; il déclare enfin par le cinquième, que les Payens & les Juifs seront desormais exclus des charges de Judicature & Militaires, & leur fait en outre défense d'avoir à l'avenir des esclaves Chrétiens.

Godefroi, dans ses notes, critique cette Constitution, prétendant que le tyran Jean n'a jamais exercé aucune autorité dans les Gaules ; mais ce sentiment, comme le remarque Dom Bouquet, est contredit par Prosper l'Aquitain : cet Auteur raconte dans sa Chronique *(ad ann. 424)* que ce Tyran pour se soûtenir dans la Septimanie, avoit fait entrer dans cette province par les soins d'Aëtius, un corps de troupes Barbares.

6 JUIN.

ANNÉE 445.

IMPP. *Theodosius & Valentinianus A A. Aëtio V. inl. Comiti & Magistro utriusque militiæ & Patricio.*

Donné à Rome.

Rec. des Hist. de Fr. tome I, page 768. Baronii Annal. t. XII, p. 897.

Cette Ordonnance fut donnée contre Hilaire évêque d'Arles, & l'Empereur chargea Aëtius Patrice & Général de la Cavalerie & de l'Infanterie de l'exécuter ; voici quel en fut le sujet.

Le Pape Léon réitéra les plaintes qu'il avoit portées dans différens temps à la cour de l'Empereur de plusieurs entreprises faites par Hilaire d'Arles sur les droits du saint Siége. Cet évêque prétendoit étendre les bornes de sa Primatie jusqu'au delà des Monts, & avoit en conséquence ordonné plusieurs évêques dans l'Italie : le Pape s'éleva contre ces excès & donna un Bref qui régloit les limites du territoire de l'évêque d'Arles ; mais ce Prélat méprisant le Pape & refusant de se soûmettre à son décret, l'Empereur rendit cette Ordonnance pour le contraindre : si les termes de cette Loi favorisent d'un côté les anciennes prétentions des Papes, même par rapport aux matières qui ne sont que de pure discipline, ils établissent d'un autre côté, d'une manière bien formelle l'autorité que les Princes & les Rois ont droit d'exercer sur le gouvernement extérieur & politique de l'Église. *Ne levis,* dit l'Empereur, *soliem inter Ecclesias turba nascatur, vel in aliquo minui religionis disciplina videatur, hoc perenni sanctione decernimus ..... illis Episcopis omnibusque pro lege sit, quidquid sanxit vel sanxerit Apostolicæ sedis autoritas. Ita ut quisquis Episcoporum ad judicium Romani antistitis evocatus venire neglexerit, per moderatorem ejusdem provinciæ adesse cogatur.*

AVRIL, sans quantième.

ANNÉE 450.

LETTRE des évêques de la province d'Arles, au Pape saint Léon, par laquelle ils le supplient de rétablir leur Métropole dans tous ses droits, attaqués par les évêques de la province de Vienne.

5 MAI.

RÉPONSE du Pape à cette lettre, dans laquelle il fixe les prétentions des deux Métropoles d'Arles & de Vienne.

Concil. Antiq. Galliæ a Sirmondo, tom. I, p. 89 & 91. Baronii Annal. t. VI, p. 125. Launoii Opera, vol. III, p. 480. Hist. de Prov. par Bouche, t. I, p. 587. Gallia Christ. sec. edit. tom. I, col. 583. Annal. Eccl. Franc. Cointii, tom. I, p. 262. Hist. de l'église de Vienne, par de Maupertuis, page 25. Rec. des Hist. de Fr. tome I, page 776.

Le Pape décida que desormais la province de Vienne seroit composée de cinq Églises cathédrales, savoir, Vienne, Valence, Tarentaise, Genève & Grenoble, & que celle d'Arles auroit pour suffragans les évêques de Marseille, d'Avignon, d'Orange, de Vaison, Carpentras, Cavaillon, Trois-châteaux, Die, Viviers & Toulon. L'état actuel de ces deux Métropoles fait voir combien on s'est éloigné dans la suite de ces premiers arrangemens.

B iij

ANNÉE 453.

Sans autre date.

EPISTOLA Synodica Leonis Archiepiscopi Bituricensis ad Episcopos provinciæ Lugdunensis tertiæ, de jurisdictione Episcopali seu Ecclesiastica.

Concil. Antiq.
Galliæ a Sir-
mondo, tom. I,
p. 118.
Gallia Chrift.
sec. edit. tom. I,
col. 7, & pr. p.
143.

Il avoit été décidé dans le Concile d'Angers, tenu au commencement de cette même année, auquel avoit présidé l'évêque de Bourges, que les Clercs qui porteroient désormais aux Tribunaux séculiers les causes qui étoient, suivant les Canons, du ressort des Juges ecclésiastiques, seroient excommuniés. L'évêque de Bourges fait part de cette décision dans sa lettre aux Évêques & aux Clercs de la province de Tours.

ANNÉE 462.

Sans autre date.

EPISTOLA Hilarii Papæ ad Episcopos Galliæ, de Hermete Rustici Narbonnensis Episcopi Diacono.

Gallia Chrift.
sec. ed. tom. VI,
col. 296.

Rustique, après avoir éprouvé la piété de Hermès son diacre, l'avoit ordonné évêque de Béfiers, vers l'an 456; mais ses diocésains l'ayant chassé de son siége, il se réfugia auprès de l'évêque de Narbonne, son ancien maître: quelques Auteurs disent que Hermès avoit effectivement beaucoup de piété, & que ce fut par cette considération que l'évêque de Narbonne le désigna pour lui succéder. Cependant cette désignation & les menées de Hermès, pour obtenir l'évêché de Narbonne, étant insolites & contraires à la disposition des Canons, elles déplurent beaucoup au Pape; le Pontife regarda, pendant quelques mois, Hermès comme un intrus; mais enfin les évêques des Gaules s'étant mêlés de son accommodement, le Pape leur manda par cette lettre qu'il approuvoit l'élection de Hermès, sous la condition néanmoins qu'il s'abstiendroit de consacrer les évêques de sa province, déférant cet honneur à l'évêque d'Uzès.

ANNÉE 464.

Sans autre date.

EPISTOLA Hilarii Papæ ad Leontium, Veranum & Victurum Episcopos, quibus Ingenui & Auxanii Episcoporum delegat causam, statuitque ut Cemelenensis Civitas & Nicænse Castellum, ad unius Episcopi regimen revertantur.

Concil. Antiq.
Galliæ a Sir-
mondo, tom. I,
pag. 135.

Léontius étoit évêque d'Arles, Veranus de Vence, on ignore le nom du siége de Victurus: le Pape commet ces trois Évêques pour juger sur les lieux les contestations d'Ingénuus évêque d'Embrun, & d'Auxanius évêque d'Aix; c'est sur l'autorité de M. de Marca & de M. de Tillemont que nous attribuons le siége d'Aix à Auxanius, car le Pape Hilaire ne nomme point dans sa lettre le lieu de son évêché. (*Concordia sacerd. & imp. lib. V. cap. 35. Comment. in Hist. Eccles. lib. XV. pag. 820.*)

Ces contestations rouloient sur la ville de Nice, l'évêque d'Embrun & celui d'Aix prétendoient également qu'elle dépendoit de leur Métropole; le Pape Léon l'avoit unie à celle de Cimiez, & par cet arrangement elle étoit sous la métropole d'Embrun; aussi-tôt que l'évêque d'Aix eut appris la mort de ce Pape, il alla trouver Hilaire son successeur, & lui surprit un bref qui désunissoit Nice de Cimiez, & permettoit à Auxanius d'y établir un Évêque; Ingénuus réclama contre ce bref, & enfin le Pape Hilaire rétablit les choses dans l'état où le Pape Léon les avoit mises, & unit pour toûjours les deux siéges de Nice & de Cimiez, ce qui a subsisté jusqu'en 1388, temps dans lequel ils ont été désunis par la cession que les Rois de France firent de Nice aux Comtes de Savoie.

DES DIPLOMES.

ANNÉE 471.

17 Avril.

CHARTA *donationis factæ Ecclesiæ Cornutianæ multorum bonorum.*

De re Diplom. a Mabill. *l.* VI, p. 462.

Cornette ou *Corneto*, cette ville est de l'état Ecclésiastique dans la province du Patrimoine située sur une colline près de la rivière de Marta; son évêché avant qu'il fût réuni à celui de *Monte-Fiascone*, relevoit immédiatement du saint Siége.

La plus grande partie des biens dont on fait donation à cette Cathédrale, par cette Charte, étoient situés dans l'évêché de Tivoli en Italie.

Cette Charte est intéressante, tant par son ancienneté que parce qu'elle contient plusieurs faits qui peuvent servir à développer quelques principes de notre ancien droit public.

ANNÉE 472.

Sans autre date.

EPISTOLA *Sidonii Apollinaris ad Perpetuum Turonum Episcopum, pro electione S. Simplicii in Episcopatum Biturigum.*

Concil. Antiq. Galliæ a Sirmondo, tom. I, p. 143. Gallia Christ. sec. edit. tom. II, col. 9. & seqq.

Sidoine raconte dans cette Lettre que le nombre des compétiteurs au siège de Bourges étoit grand, & que chacun d'eux ayant formé un parti considérable, l'élection n'auroit pû se faire sans trouble, si les plus sages d'entre les laïcs n'eussent engagé le peuple à remettre leur droit aux Prêtres & aux Clercs. C'est une preuve que tous les fidèles, Laïcs comme Ecclésiastiques, avoient encore également & sans distinction, dans le cinquième siècle, droit de suffrage dans les élections.

Le sort n'eut aucune part à la promotion de Simplicius; ses vertus, ses talens & sa naissance décidèrent en sa faveur des suffrages.

Sidoine ayant été élû au siége de Clermont dans cette même année, il paroît que l'on peut fixer la consécration de Simplicius au mois de novembre ou de décembre sans crainte d'erreur considérable.

ANNÉE 474.

1.er Mai.

TESTAMENTUM *Perpetui Turonensis Episcopi.*

Concil. Galliæ a de la Lande, pag. 36. Spicileg. d'Acheri, tom. III, p. 303, col. 1.

D'Acheri juge cette Charte très-authentique, & la vante comme le plus précieux monument du cinquième siècle qui soit venu jusqu'à nous. Tous les faits que cette pièce contient, cadrent effectivement, comme le remarque ce Savant, avec l'époque des fastes Consulaires & avec les choses que Grégoire de Tours a écrites de Perpetuus son prédécesseur.

Ce pieux Évêque, dont le patrimoine étoit considérable, partagea ses biens entre les Églises & les pauvres de son Diocèse; il légua singulièrement à sa Cathédrale des fonds de terre situés à Savonière, avec le lieu même de Bretigny & ses dépendances, deux endroits situés dans le diocèse de Tours.

ANNÉE 481.

Sans autre date.

LETTRE *de saint Remi évêque de Reims, au Roi Clovis I, par laquelle il le félicite sur son avènement au trône des Francs.*

Établissement des Francs, &c. par l'abbé Dubos, t. I, p. 621. Duchêne, t. I, p. 849.

M. l'abbé Dubos traduit cette Lettre dans des termes favorables à son système; il semble qu'un Auteur dont le sentiment seroit opposé à celui de ce savant Académicien pourroit sans faire violence au texte de cette pièce y trouver les mêmes avantages. Il s'en faut de beaucoup que le mot *beneficium*, par exemple, que l'abbé Dubos traduit par *bénéfice militaire*, n'ait point d'autres significations & ne puisse être pris dans un autre sens. Les Auteurs du moyen âge, & quelques Jurisconsultes des temps plus modernes, ont entendu par ce mot *toutes sortes de biens dont on n'avoit que l'usufruit*:

& la Couronne des Francs devenue déjà héréditaire dans les descendans de Clodion, n'étoit possédée par Clovis qu'en *usufruit*; de-là tous nos grands principes de notre droit public par rapport à l'inaliénabilité des biens de la Couronne, & du droit que les Princes du Sang ont de succéder au Trône qui s'étend jusqu'au dernier de la postérité la plus éloignée.

Dom Bouquet *(tome IV, page 51)* place cette Lettre sous l'année 507. Le père Sirmond *(tome I, page 175, Conc. Gall.)* sous l'an 506. Marlot sous l'an 502, *(Hist. de Reims, tome I, page 163.)*

29 DÉCEMBRE.

ANNÉE 482.

CHARTE *de la fondation de l'abbaye de Moutiers-Saint-Jean, par Clovis.*

Rec. de Pérard, tome I, page 1.

La date sous laquelle Pérard, de l'édition de Cramoisy en 1644, place cette fameuse Charte, est différente de celle à laquelle elle a été fixée par les autres Auteurs qui l'ont tirée de son recueil. Pérard a fait effectivement une faute d'inadvertance; car rapportant cette œuvre de piété à l'année du baptême de Clovis, il falloit en fixer l'époque à l'année 496. On peut donc convenir avec le Cointe, Dom Bouquet & d'autres, que Clovis encore Payen en 482 & fort jeune alors, ne songeoit guère à fonder des Monastères. Mais en étoit-il plus occupé en 496 ! C'est chose assez peu vrai-semblable. On découvre, au surplus, par les règles de la critique, tant de caractères de fausseté dans cette Charte, qu'au lieu d'attester le fait elle ne sert qu'à le rendre plus douteux. Celui qui frappe d'abord est la date de l'indiction, or l'usage des indictions ne s'est établi en France que dans un siècle bien éloigné de celui de Clovis : les plus versés dans la Diplomatique prétendent qu'avant Charlemagne aucun de nos Rois n'avoit encore adopté cette manière de compter le temps; leurs Diplomes sont en effet simplement datés du quantième du mois & de l'année de leur règne. N'est-il pas constant d'ailleurs, que cette partie du diocèse de Langres étoit du royaume de Gondebaud ? Quelle apparence que Clovis fonde un Monastère dans un pays étranger ! Voyez la continuation de mes observations sur cette Charte à l'article du 29 décembre de l'année 496, & au 23 février de l'année 516.

Sans autre date.

ANNÉE 490.

LEGES *Salicæ Clodovei I Regis Francorum.*

Constit. Imp. a Goldasto, t. III, p. 15.

On fit, suivant Goldaste, dans des Comices tenus à Aix-la-Chapelle, une seconde promulgation des Loix saliques dont Pharamond avoit formé le Code; Clovis y ajoûta quatorze articles qu'il fit approuver des Grands de la Nation dans une autre assemblée qui se tint à Thionville quelque temps après cette première. Mais nous avons lieu de croire que Goldaste n'avoit aucunes preuves de toutes ces anecdotes; ainsi nous n'adopterons point le sentiment de cet Auteur sur l'époque de la promulgation du code des Loix saliques par Clovis. Eckart plus sage, & après lui Dom Bouquet *(Rec. des Hist. de Fr. tome IV, page 120)* paroissent se renfermer sur ce point intéressant de notre Histoire, dans ce qu'on lit dans le prologue de ce Code: nous n'ouvrirons point un sentiment nouveau, faute de plus grands éclaircissemens. Les Francs, dit l'auteur du Prologue, étant encore Payens rédigèrent par écrit leurs Coûtumes & en firent un corps de Loix ; Clovis après sa conversion y fit des changemens en supprimant tout ce qui pouvoit être contraire à la nouvelle Religion. Les rois Childebert & Clotaire successeurs de Clovis, mirent ce Code dans un nouvel ordre ; ainsi nous pensons que Clovis ne publia ces Loix qu'après son baptême, & afin de nous rapprocher davantage du sentiment d'Eckart, nous en fixons l'époque au temps intermédiaire qui se trouve entre les conquêtes que ce Prince fit sur les Visigots & celui de sa mort.

Sans autre date.

ANNÉE 495.

DISCOURS *d'Arodius Conseiller de Gondebaud Roi de Bourgogne, à Clovis, pour l'engager à faire la Paix.*

Hist. des révolutions de Fr. par la Hode, part. I, page 5, col. 1.

Comme il s'agit du siége d'Avignon que Clovis poussoit vivement, il paroît que

M. de la Hode

M. de la Hode a fait un anachronifme de cinq ans en rapportant cet événement à l'année 495. La guerre entre les deux rois de Bourgogne, dont Grégoire de Tours & l'auteur des Geftes des rois François, racontent tous les détails, ne commence, fuivant les critiques, que dans l'année 500. Clovis qui tenoit le parti de Godégifèle l'un de ces Rois, battit Gondebaud qui étoit l'autre, fous les murs de Dijon : celui-ci dans le deffein de rallier fes troupes fe jeta dans Avignon qu'il regardoit comme une place de fûreté à caufe de fon éloignement des frontières du roi François ; mais Clovis brûlant de defir de donner à fon allié des preuves de fa fidélité & de fon courage, pourfuivit Gondebaud & forma le fiége d'Avignon ; Arodius alors fortit de cette place, & alla dans le camp de Clovis lui faire des propofitions de paix pour l'engager à lever le fiége. Tout ceci ne put donc arriver que fur la fin de l'année 500, & non pas en 495.

29 DÉCEMBRE.

Année 496.

Præceptum Chlodovei Regis, pro Monafterio Reomaenfi.

Donné à Reims.

Hift. Monaft. Reom. pag. 28. Éloges Hift. des Rois de Fr. &c. par le Père Labbe, p. 385. Rec. des Hift. de Fr. tome IV, page 615. Gallia Chrift. fec. ed. tom. IV, inftr. col. 125. Annal. Eccl. Franc. Cointii, tom. I, p. 173.

Nous ajoûtons avec le père Labbe aux obfervations que nous avons propofées à l'article du 29 décembre de l'année 482, contre l'authenticité de cette Charte, que Clovis ne put avoir aucun droit fur la Bourgogne qu'après la bataille qu'il gagna en 500, près Dijon, contre Gondebaud ; & quel droit encore Clovis put-il acquérir fur cette province après cet événement ! Les Hiftoriens contemporains nous apprennent que ce Prince combattoit contre Gondebaud pour Godégifèle fon frère, autre roi Bourguignon, & que Clovis figna la capitulation d'Avignon au moyen d'un tribut annuel en argent que Gondebaud promit de lui payer. Nous lifons enfuite dans ces mêmes Écrivains, que Gondebaud après fon accommodement avec Clovis vint affiéger fon frère dans Vienne ; qu'il s'en rendit le maître & réunit par la prife de cette place dans laquelle périt Godégifèle, les deux royaumes de Bourgogne.

Sans prétendre enfin donner à cette fimple note l'air de differtation, qu'il me foit cependant permis de propofer aux Savans qui connoiffent cette Charte les doutes que les termes mêmes de cette pièce paroiffent donner de fon authenticité. On y lit que Clovis prit fous fa protection le Monaftère du moine Jean la première année de la conquête que ce Prince fit fur les Gaulois, & de fa converfion à la foi de J. C. *primo noftro fufceptæ chriftianitatis atque fubjugationis Gallorum anno.* Or Clovis fut baptifé le 26 décembre de l'année 496 ; il donna cette Charte le 29 de ce même mois & de la même année : fur quoi je demande quel eft le pays habité par les Gaulois, ou dont les Gaulois Romains fuffent les maîtres, & que Clovis conquit depuis le commencement de cette année jufqu'au 29 décembre. M. l'abbé Dubos prévoyant cette objection répond que *c'étoit les Armoriques.* Mais ce Savant ne faifoit pas attention que la foûmiffion des Armoriques, fuivant le témoignage de Procope, ne doit être arrivée au plus tôt que l'année d'après la converfion de Clovis. Procope dit en termes précis, (*ex Hift. de bello Gotthico, lib. I, cap. XII*) que le motif qui porta les Armoriques & les foldats cantonnés à l'extrémité des Gaules qui tenoient encore pour les Romains, de traiter avec Clovis de préférence au roi des Vifigots, c'eft que ce dernier étoit Arien & l'autre Catholique. (Voyez la fuite de nos obfervations fur cette Charte, à l'article du 23 février de l'année 516.)

Sans autre date.

Epistola Aviti Viennenfis Epifcopi ad Chlodoveum Regem Francorum, gratulatoria de fufcepta ab eo fide & baptifmate.

Conc. Antiq. Gall. a Sirmondo, t. I, p. 153. Concil. Gall. a de la Lande, pag. 41. Annal. Eccl. Franc. a Cointio, tom. I, p. 143. Rec. des Hift. de Fr. tome IV, page 49. Hift. de l'Églife Gallicane, tome II, p. 235. Belgium Imp. a Bucherio, pag. 583.

Dom Bouquet remarque, d'après le Père Sirmond, que nos Hiftoriens avant que Marquard Freherd eût imprimé cette pièce, avoient fixé le temps du baptême de Clovis à la folemnité des fêtes de Pâques ; Hincmar de Reims étoit le premier tombé dans cette erreur : mais l'évêque de Vienne mande dans cette lettre, en termes précis, que cette cérémonie fe fit dans les fêtes de la Nativité de Notre Seigneur ; & comme il étoit contemporain, il eft certain que fon témoignage doit prévaloir fur celui de Hincmar.

Cette lettre contient les éloges que méritoit la foi de Clovis : le Prélat y relève avec délicateffe la bravoure que ce Prince montra dans la bataille de Tolbiac, qui fut l'occafion de fa converfion.

Tome I.   C

Epistola Theodorici Ostrogothorum Regis Chlodoveo, gratulantis de victoriâ reportatâ.

<small>Annales de Fr. par Taraud, p. 119.
Annales de Fr. par Belleforêt, tome I, page 24. fol. verso.
Annal. Eccl. Fr. Cointii, t. I, pag. 141.
Rec. des Hist. de Fr. tome IV, page 2.
Histoire d'Allemagne, par le Père Barre, t. I, page 573.</small>

Tous les Auteurs cités à la marge ont imprimé cette lettre d'après Duchêne, *(tome I, page 839)* lequel l'a tirée des ouvrages de Cassiodore, qui avoit rempli les premières charges à la cour du Roi Théodoric. Ce Prince en parlant de la bataille de Tolbiac, dit à Clovis, *que l'alliance qui est entre eux deux lui fait prendre beaucoup de part à la gloire que la défaite des Allemands a acquise à la nation des Francs*; comme le plus grand nombre des vaincus qui avoient échappé par la fuite aux armes de Clovis, s'étoient retirés en Italie & dans les provinces situées entre le Danube & les Alpes, qui étoient de la domination de Théodoric, ce Prince engage Clovis à ne plus poursuivre ces restes infortunés.

Sans autre date.

ANNÉE 497.

Litteræ gratulatoriæ Anastasii II Papæ, ad Clodoveum Regem Fr. de ejus regeneratione baptismo.

<small>Hist. de l'Égl. Gallicane, t. II, page 234.
Rec. des Hist. de Fr. tome IV, page 50.
Annal. Eccl. Fr. Cointii, t. I, pag. 194.
Concil. Gall. a de la Lande, pag. 42.</small>

Anastase qui avoit été élu à la Papauté l'année d'auparavant le baptême de Clovis, ne manqua pas d'inviter ce Prince à mettre sous sa protection la Religion chrétienne qu'il venoit d'embrasser. Nul autre Prince, en effet, dans l'Europe, n'étoit alors aussi puissant que Clovis; le bruit de sa valeur & de ses victoires le rendoit redoutable à tous les autres Rois: *Que l'Église de Jésus-Christ*, dit le Pape, *chante des Cantiques d'allégresse de posséder dans son sein le plus grand des Rois*; ces termes fournissent des armes d'une trempe meilleure pour attaquer le système de l'abbé Dubos, que ne sont celles dont il se sert pour le défendre; l'Italie étoit effectivement bien éloignée de penser, à la fin du V.ᵉ siècle, que Clovis n'étoit qu'un Officier des Romains, & qu'il tenoit précairement des Empereurs d'Orient les provinces qu'il gouvernoit dans les Gaules.

Litteræ consolatoriæ sancti Remigii ad Clodoveum de morte sororis Albofledis virginis.

<small>Annal. Eccl. Fr. Cointij, t. I, pag. 194.
Concil. Antiq. Gall. a Sirmondo, t. I, p. 155.
Hist. Eccl. Rem. tom. I, pag. 161.
Rec. des Hist. de Fr. tome IV, page 51.
Annales de Fr. par Taraud, p. 140.</small>

Grégoire de Tours qui rapporte cette lettre, dit qu'Alboflède mourut peu de temps après son baptême, *(non post multum temporis migravit ad Dominum, lib. II, cap. 31)* ce qui doit s'entendre dans l'année même du baptême, ou au moins dans la suivante; ainsi Marlot & Taraud se sont également trompés; le premier en fixant la lettre de saint Remi & la mort de cette Princesse à l'année 500, & l'autre à l'année 501, car il est certain qu'elle fut baptisée avec Clovis en 496.

Epistola Galliæ & Germaniæ Episcoporum ad Anastasium Papam II, qua Papam & Episcopos Italiæ monent ut sese missos faciant nec deinceps super eos tyrannidem exercere pergant.

<small>Constit. Imp. a Goldasto, tom. IV, part. III, pag. 48.</small>

Cette lettre est très-favorable aux libertés de l'Église Gallicane. Les Évêques qui la souscrivirent, & dont le nombre étoit grand, ne dissimulent pas que l'autorité des Conciles est bien supérieure à celle du Pape; on voit que les prétentions de ces Évêques ne tendoient pas moins qu'à s'établir chacun indépendant du siége de Rome, dans l'administration de leurs diocéses.

Nous ne garantissons pas cependant cette pièce pour être authentique, car Goldaste ne cite point le Concile parmi les Actes duquel il prétend qu'elle est insérée.

ANNÉE 498.

Sans autre date.

EPISTOLA Theodorici Regis Italiæ Alarico Regi Vifigothorum, qua monet illum ne moveat bellum cum adverfario donec tractetur pax inter eos.

EPISTOLA ejufdem Theodorici Gundibado Regi Burgundionum de eodem argumento.

EPISTOLA ejufdem Theodorici Regibus Herulorum, Guarnarum & Thoringorum de eodem argumento.

EPISTOLA ejufdem Theodorici Chlodoveo Regi Francorum eum exhortantis ad pacem cum Alarico.

Ann. Eccl. Fr. Cointii. t. I, p. 227, 28 & 29. Recueil des Hift. de Fr. tome IV, pp. 3 & 4.

Il s'agit dans ces quatre lettres de la guerre que Clovis fe difpofoit à faire à Alaric roi des Vifigots, dont l'exil & la mort de S.t Volufien évêque de Tours n'étoient que le prétexte. Alaric découvrit que ce Prélat entretenoit fecrètement des relations avec Clovis, & pour le punir de cette trahifon, il l'exila. Théodoric également allié de Clovis & d'Alaric, voulant prévenir la guerre fanglante que ces deux Princes alloient fe faire, leur propofa la médiation de Gondebaud roi de Bourgogne.

Cette dernière circonftance me porte à adopter le fentiment de Dom Bouquet qui rapporte tous ces événemens à l'année 498, & à rejeter également celui de M. l'abbé Dubos qui les place fous l'année 502, & celui de le Cointe & du père Pagi qui les reculent jufqu'à l'année 507. Quelle apparence, en effet, que Théodoric propofe à Clovis en 502 la médiation de Gondebaud, contre lequel ils avoient tous les deux figné un traité d'alliance en 500, & en vertu duquel ils firent l'un & l'autre une guerre fanglante à ce Prince, qui dura au moins deux ans ! Il feroit encore plus difficile de concilier le fentiment de le Cointe & du père Pagi, avec ce que Grégoire de Tours (*lib. II, cap. 35*) raconte de l'entrevûe que Clovis & Alaric eurent dans une ifle de la Loire, dans laquelle ces deux Princes fe jurèrent une amitié éternelle. Cette entrevûe, qui fut fans doute une fuite du fuccès de la médiation de Gondebaud, ne put abfolument avoir lieu en 507, puifque ce fut dans cette année que Clovis conquit tout le royaume des Vifigots dans les Gaules, après le gain de la fameufe bataille de Vouglé en Poitou, dans laquelle Alaric perdit la vie.

Sans autre date.

CHARTA fundationis Abbatiæ Miciacenfis in diœcefi Aurelianenfi.

Gallia Chrift. fec. ed. t. VIII, inftr. col. 479.

L'Auteur de l'hiftoire de l'Églife Gallicane a mal à propos rapporté cette Charte à l'année 497: les Auteurs de la nouvelle Gaule chrétienne ne font pas mieux fondés non plus à la dater de l'année 498: l'Auteur des chroniques de S.t Denys, & celui de la vie de S.t Mefmin, ne plaçant la fondation de ce Monaftère qu'après la révolte de Verdun, qui arriva vers l'an 510, on ne peut par conféquent, en admettant l'authenticité de cette Charte, qui ne porte aucune date dans le Cartulaire duquel elle a été tirée, lui en affigner d'autre que celle de 510.

Cette pièce ne me paroît être autre chofe que l'hiftoire de la fondation de ce Monaftère, que la tradition aura confervée jufque vers le IX.e ou X.e fiècle: quelque Moine, alors de cette Abbaye, pour affeoir d'une manière plus ftable fes poffeffions, aura compofé un Diplome de cette hiftoire ; on y lit que Clovis ayant fait venir de Verdun à Orléans Eufpicius évêque de cette première ville, avec Mefmin fon neveu, il leur donna le lieu de Micy pour y établir un Monaftère. Ce lieu de Micy étoit fitué fur le Loiret, & Clovis accorda au nouveau Monaftère que l'on y bâtit dans ce temps, le droit de pêche fur les deux rives de cette rivière, dans l'étendue de la feigneurie de Micy, ajoûtant pour fupplément de dot la donation de deux autres lieux nommés *Cumbiacum* & *Lumniacum*, avec les bois, les prairies, les terres & les ferfs qui en dépendoient : ce Prince enfin pourvut à tous les befoins de la vie de ces Moines, en leur permettant d'ailleurs de prendre une mefure de fel fur chaque bateau qui en feroit chargé remontant la Loire. Le Compositeur de la Charte, pour lui donner plus d'authenticité, n'a pas manqué d'y inférer qu'elle étoit donnée *au nom de la Sainte Trinité, & revétue du sceau de Clovis;* formules tout-à-fait inusitées sous la première race de nos Rois. *(Voyez à l'article de l'année 508, nos observations sur une autre Charte de Clovis, concernant la fondation de ce même Monastère.)*

OCTOBRE
sans quantième.

ANNÉE 500.

CHARTE *de Clovis Roi de France, pour la fondation de S.ᵗ Pierre-le-vif de Sens.*

Donné à Paris.

Éloges Hist. des Rois de Fr. &c. par le Père Labbe, p. 388. De vera Senonum origine Christ. a Mathoud, pag. 48 & 87. Annal. Eccl. Fr. Cointii, tom. II, pag. 49.

Cette pièce est tirée de l'histoire manuscrite des évêques de Sens. Il seroit contraire à la briéveté que nous nous sommes proposé dans ce travail, d'exposer tous les caractères de fausseté que l'on trouve dans cette pièce, & que le père Labbe & le Cointe ont discutés avec autant d'érudition que de précision; nous nous bornons ici à en faire remarquer deux des plus frappans, l'un regarde les biens donnés par la Charte, & l'autre les noms des personnes qui la souscrivirent.

Ces biens sont situés les uns en Bourgogne dans le territoire de Sens, d'autres dans l'Auvergne, le Limosin, le Quercy, le Périgord & le Gévaudan, provinces qui ne faisoient point encore partie des États de Clovis; peut-on trouver quelque vraisemblance à imaginer que ce Prince qui n'acquéroit alors dans les Gaules qu'à titre de conquête, possédât des fonds de terre dans des provinces où il n'avoit pas encore porté les armes? Si on ne peut pas admettre cette supposition, il seroit donc ridicule d'ajoûter quelque foi à cette Charte; mais afin de se convaincre pleinement de sa fausseté, examinons le nom des personnes qui la souscrivent.

On lit le nom de plusieurs Évêques, parmi lesquels se trouvent Médard évêque de Noyon, Germain de Paris, Oustril de Bourges: or il est certain, comme le remarque le Cointe, que ces trois personnages n'ont été promûs à l'Épiscopat que plusieurs années après l'époque de cette Charte; le diocèse de Noyon, uni alors à celui de Tournai, ne fut pas gouverné par S.ᵗ Médard avant l'année 532. Héraclius siégeoit à Paris, comme on le voit par le premier Concile d'Orléans, dans les dernières années du règne de Clovis, & n'eut même pas pour successeur immédiat S.ᵗ Germain, qui ne fut promû à l'Épiscopat que vers 549. Tetradius assista en 506 au Concile d'Agde, dès l'an 499 il gouvernoit l'Église de Bourges, S.ᵗ Oustril n'occupa ce siège qu'un siècle après. De ces dernières observations il faut enfin conclurre, que le faussaire de cette Charte étoit très-mauvais Chronologiste, & peu instruit des premiers temps de notre Histoire.

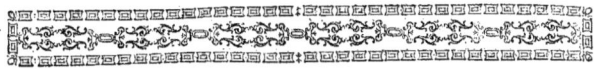

SIXIÉME SIÉCLE.

ANNÉE 501.

13 Octobre.

EPISTOLA *Symmachi Papæ ad Avitum Viennensem episcopum, qua causam de confusione ejus provinciæ se noluisse judicare absque instructione, asserit.*

Conc. Gall. a de la Lande, p. 45. Spicileg. d'Acherii, tom. III, p. 307, col. 1.

On voit par cette lettre qu'il s'en falloit de beaucoup que les contestations des évêques d'Arles & de Vienne, sur le droit de primatie que chacun de ces Prélats s'arrogeoit, eussent été terminées par le Concile de Turin, de l'année 403, & par le Jugement des Papes Léon & Hilaire ; chaque fois, au contraire, qu'un nouvel Évêque étoit promû à l'un de ces siéges, ces querelles renaissoient. Symmaque écrit à Avit qu'il ne doit pas trouver mauvais, avant de juger ce différend, qu'il instruise la cause & qu'il écoute les raisons d'Oonius évêque d'Arles, son adverse partie. (*Voyez la décision du Pape, à l'article du 13 novembre de l'an 513.*)

Sans autre date.

ANNÉE 508.

CHLODOVEI I *Fr. Reg. Diploma pro confirmatione fundationis Monasterii Miciacensis.*

De re Dipl. a Mabillonio, lib. 6, pag. 463. Rec. des Hist. de Fr. tome IV, page 616. Spicileg. d'Acherii, tom. III, p. 307, col. 2.

Clovis adresse ces lettres à Eusebius évêque d'Orléans, & lui commande de faire jouir en paix ce Monastère des biens de son fisc dont il l'avoit doté. Ce Prince, comme nous l'avons observé à l'année 498, avoit donné le lieu même de Micy avec toutes ses dépendances. Micy est entre la Loire & le Loiret, qui forment en cet endroit une péninsule. *Lieu charmant par la situation,* dit l'Auteur de la vie de S.t Mesmin, *qui offre à la vûe mille objets variés ; lieu enchanté par le repos que l'on y peut goûter, étant facile d'en fermer l'entrée aux importuns ; lieu admirable par la fertilité du terrein ; lieu rempli de tant de délices, qu'il semble que Dieu ne l'ait destiné que pour être habité par des Moines.* Ce beau séjour est présentement occupé par des Feuillans.

D'Acheri est le premier qui ait imprimé cette piéce, il dit l'avoir tirée d'un manuscrit de la bibliothéque de Corbie ; l'original ne porte aucune date, il est d'ailleurs dénué de tous les caractères qui peuvent en assurer l'authenticité. Quelle foi peut-on ajouter à un titre aussi informe ! D'Acheri cependant ne l'a point critiqué, non plus que les autres Auteurs qui l'ont imprimé d'après lui ; mais ils sont tous d'avis différens sur sa date ; maîtres de lui en assigner une, chacun a suivi son systême sur l'époque des événemens qui peuvent avoir quelque relation avec le temps de la fondation du Monastère. Tous conviennent que cet établissement ne peut avoir été fait qu'après la pacification des troubles de Verdun. Ainsi les Auteurs de la nouvelle Gaule chrétienne qui ont suivi le sentiment d'Aimoin, qui rapporte cet événement à l'année 497, se sont contentés de dater la Charte d'une manière vague, *vers* 498. Le Père Mabillon, dans sa Diplomatique, a écrit *vers* 508, & cet Auteur avoue dans ses Annales bénédictines, (*tome I, page 34*) que l'on ne peut assigner de date positive à cette piéce. Dom Bouquet trouvant dans Grégoire de Tours (*lib. II, cap. 40*) des preuves de l'erreur du père Pagi & de M. de Vallois, qui fixent la révolte de Verdun à l'année 499, porte cet événement à l'année 510, & ne laisse pas de dater cette piéce, qui devroit nécessairement être postérieure, de l'année 508. D'Acheri enfin, sans développer son sentiment, la date de 504. Après une aussi grande variété d'opinions sur la date d'une Charte dénuée d'ailleurs des caractères de vérité, qui rendent à la postérité les Actes respectables, peut-on être accusé de Pyrrhonisme en cette matière pour douter de l'authenticité de ces lettres !

ANNÉE 508.

Sans autre date.

TESTAMENTUM sancti Cæsarii Arelatensis episcopi. Baronii, Ann. t. VI, p. 593.

Cette pièce se trouve parmi les autres ouvrages de ce pieux Évêque. Il écrivit plusieurs Homélies, un livre de la Grace & du Libre arbitre, deux Règles monastiques, l'une pour des hommes, l'autre pour des femmes. Il mourut en 542.

EPISTOLÆ plures Theodorici Gothorum Italiæ Regis: duæ ad Gemellum Galliarum præfecti Vicarium: una Arelatensibus, Massiliensibus altera: ad Wandilonem sui exercitus ducem pro Avenionensibus, aliæ quoque plures Gallias spectantes. Rec. des Hist. de Fr. tome IV, pages 5, 10.

Théodoric pressé depuis long-temps par les Visigots peuples de sa nation, & gouvernés par des Princes de sa maison, de leur envoyer des secours pour s'opposer aux conquêtes du Roi des Francs, chargea *(Jornand. de bel. Got. cap. 47. & seq.)* le duc Ibbas du commandement de l'armée, qu'il fit marcher en deçà des Alpes. Cette armée joignit à temps celle des Visigots qui couvroit alors la ville d'Arles: ainsi réunis, ils attaquèrent les François qui faisoient leurs efforts pour s'emparer de cette place, dans le dessein de pénétrer dans la Provence, & les défirent entièrement, selon le témoignage des Historiens *(Jornand. ibid. cap. 58)*. Les lettres dont nous rendons compte, attestent cette victoire remportée sur les frontières de la Provence du côté du Languedoc: elles contiennent d'autres faits qui doivent nous rendre certains que lorsque ces événemens arrivèrent, les François n'avoient encore aucun droit sur la Provence, que cette province, au contraire, étoit dans la pleine puissance de Théodoric roi des Gots d'Italie.

CHARTE de Clovis I Roi de France, par laquelle ce Prince donne tous les fiscs qu'il possédoit dans le Gâtinois, à l'hermitage de Sainte Marie de Bethléem, & ordonne qu'on en rebâtira l'église plus grande que ci-devant. Hist. Eccles. Rem. a Marlot, tom. I, p. 163 & suiv.

Donné *in Antro Bethleemitico.*

Marlot semble, avec raison, douter de l'authenticité de cette Charte; car sans entrer dans la discussion de savoir si le Gâtinois étoit du royaume de Clovis ou de celui de Gondebaud, mille circonstances en prouvent d'ailleurs la fausseté. Les Historiens du temps de Clovis, & ceux qui ont suivi de près son règne, éclairent si bien toutes les actions de ce Prince, depuis la guerre qu'il déclara à Alaric au commencement de l'année 507, que nous pouvons le suivre sans le perdre de vûe jusqu'au temps de sa mort; & c'est d'après le témoignage respectable de ces Historiens, que j'assure que Clovis ne vint point dans le diocèse de Sens en 508, pour y doter un Monastère. Ce Prince passa cette année toute entière à se soûmettre les places que les Visigots tenoient encore & dans l'Aquitaine & dans la Gascogne; & quand même on pourroit supposer que Clovis prit sa route par le Gâtinois pour se rendre à Paris où il étoit appelé par les fâcheuses nouvelles qu'il reçut à la fin de l'année 508 du succès des expéditions des Ostrogots dans la Provence & dans la Narbonnoise première, ce Prince ne devoit-il pas être occupé d'affaires plus intéressantes pour le temps, que de la fondation d'un Monastère! On sait qu'il vint rapidement de Tours à Paris où Thierri son fils aîné l'attendoit, pour délibérer sur les moyens ou de continuer la guerre contre les Ostrogots, ou pour mettre au moins à couvert de leurs insultes les restes de la conquête faite sur les Visigots.

Mabillon, dans ses Annales bénédictines, *page 49, à l'article de ce Monastère,* connu aujourd'hui sous le nom de *Ferrières,* insinue qu'il prit naissance vers l'an 525. Cet habile Critique connoissoit sans doute la Charte rapportée par Marlot; s'il l'eût jugée authentique, il n'auroit pas dit qu'il n'y a rien de moins clair que l'époque précise de la fondation de ce Monastère, & que faute de monumens qui méritent quelque croyance, on ne peut indiquer le nom de son premier fondateur; il auroit au contraire attribué cet acte de piété à S.ᵗ Remi évêque de Reims, & à Clovis, comme le porte la Charte.

ANNÉE 510.

Sans autre date.

LETTRE circulaire de Clovis aux Évêques de ses États, concernant l'ordre qu'il avoit fait garder à ses troupes, étant sur le point d'entrer dans les provinces des Gaules, possédées par les Visigots.

*Constit. Imp. a Goldasto, tom. III, p. 618.
Établissement des Francs dans les Gaules, par l'abbé Dubos, t. II, p. 212.
Conc. Antiq. Gall. a Sirmondo, t. I, p. 176.
Ann. Eccl. Fr. Cointii, tom. I, pag. 258.
Conc. ab Harduino, tom. II, col. 1007.
Rec. des Hist. de Fr. tome IV, page 54.*

Tous les Historiens que nous citons à la marge ont différemment daté cette lettre, chacun relativement au système qu'il s'est formé sur l'époque de la guerre que Clovis fit aux Visigots; en sorte que le père Sirmond prétend que la lettre dont il s'agit est de l'année 507. Le Cointe affirme qu'elle est de l'année 508, & Dom Bouquet de l'année 510. Ce dernier sentiment paroît plus conforme aux événemens de ce temps, sur lesquels nous avons des points de certitude, comme la paix que Clovis fit avec Théodoric, qui étoit venu vers le milieu de l'année 508 au secours des Visigots; cette paix ne put se faire sans doute que dans le courant de l'année 509: or cette lettre annonce cette paix & paroît en être une suite, elle doit donc par cette raison être d'un temps postérieur.

Clovis écrivit aux Évêques qu'il avoit donné des ordres précis à ses Généraux, pour qu'il ne fût fait par les Soldats de son armée, aucun dégât dans les églises, recommandant principalement, que l'on ne fît aucune violence ni aux religieuses ni aux veuves, que l'on ne fît prisonniers non plus ni les clercs ni leurs enfans, leur marquant que si l'on n'avoit pas rempli ses intentions, il écouteroit les plaintes & feroit justice.

ANNÉE 511.

6 JUILLET.

EPISTOLA Synodi Aurelianensis ad Clodoveum I, de his quæ in hac Synodo gesta sunt.

*Conc. Antiq. Galliæ, a Sirmondo, tom. I, p. 177.
Ann. Eccl. Fr. Cointii, tom. I, pag. 279.
Hist. de l'Égl. Gallicane, t. II, p. 211.
Traité de l'origine de la Régale, par Audoul, page 375.
Baronii, Ann. t. VI, p. 586.
Histoire de Fr. par Daniel, t. I, page 74.
Conc. ab Harduino, tom. II, col. 1008.
Rec. des Hist. de Fr. tome IV, page 103.*

La préface de ce Concile porte qu'il fut assemblé par les ordres de Clovis. Il étoit composé de trente-un Évêques, parmi lesquels on en trouve plusieurs dont les diocèses étoient situés dans les provinces que Clovis avoit conquises en 508 sur les Visigots; preuve que ces peuples, malgré leur traité avec les Gots d'Italie & les puissans secours qu'ils en recevoient, ne conservoient plus dans les Gaules qu'une très-petite étendue de pays.

Les Évêques de ce Concile reconnurent dans la personne du Roi, le droit d'ajouter ou de retrancher aux décisions qu'ils firent, quoiqu'elles portent toutes sur les points de discipline. Ce droit a sans doute plus d'extension que le simple titre de *Protecteur des Canons*, auquel des Auteurs prévenus ou peu éclairés, ont voulu restreindre la part que nos Rois doivent avoir dans le gouvernement de l'Église Gallicane.

ANNÉE 512.

Sans autre date.

LITTERÆ Remigii Remensis episcopi ad Falconem episcopum, qua cum eo expostulat de invasâ suâ jurisdictione.

*Rec. des Hist. de Fr. tome IV, page 53.
Conc. Antiq. Gall. a Sirmondo, t. I, p. 205.
Hist. Ecclés. Rem. a Marlot, tom. I, p. 177.*

Saint Remi se plaint amèrement dans cette lettre, de Falco évêque de Tongres qui avoit ordonné un Prêtre pour l'église de Mouson, parce que ce lieu étoit du diocèse de Reims.

Dom Bouquet & Marlot ont imprimé cette pièce d'après Duchêne, & lui ont assigné pour date l'année 512: quoiqu'il y ait de l'incertitude à fixer cette date, ces deux Auteurs sont moins éloignés de la vérité que le P. Sirmond qui place cette lettre sous l'année 524, onze ans après la mort de l'évêque de Tongres.

ANNÉE 513.

13 NOVEMBRE.

EPISTOLA *Symmachi Papæ ad Episcopos Galliæ, quæ judicat controversiam inter Episcopos Arelatis & Viennæ.*

Rec. des Hist. de Fr. tome IV, page 54.
Concil. Antiq. Gall. a Sirmondo, t. I, p. 186.

Symmaque ordonne que l'ordre établi dans ces deux Métropoles en 450 par le pape Léon seroit observé. (*Voyez à l'article du 5 mai de l'année 450*).

ANNÉE 514.

11 JUIN.

SYMMACHI *epistola ad Cæsarium Arelatensem episcopum, de privilegiis Arelatensis ecclesiæ.*

Rec. des Hist. de Fr. tome IV, page 55.
Concil. Antiq. Gall. a Sirmondo, t. I, p. 187.
Ann. Eccl. Fr. Cointii, tom. I, pag. 267.

Le Cointe & Dom Bouquet sont d'avis différent sur l'étendue de la légation de Césaire évêque d'Arles: ce premier prétend qu'elle se bornoit aux États des Gots & des Visigots dans les Gaules & dans l'Espagne; le dernier soutient qu'elle s'étendoit encore sur la Viennoise & la Narbonnoise, deux provinces dont la plus grande partie étoit sous la domination des Bourguignons. Le sentiment de Dom Bouquet paroît préférable à celui de le Cointe.

Sans autre date.

BULLE *du Pape Hormisdas, par laquelle il établit saint Remi évêque de Reims, son Legat dans toute l'étendue des États de Clovis.*

Hist. Eccles. Rem. a Marlot, t. I, p. 165.
Concil. Gall. a de la Lande, pag. 47.
Rec. des Hist. de Fr. tome III, page 379.

On pourroit croire que cette Bulle est faite à plaisir, & peut-être après trois ou quatre siècles de la date qu'on lui a mal-habilement donnée: l'Auteur qui l'a fabriquée, peu versé dans notre Histoire, a fait vivre Clovis trois années de plus que ce Prince n'a vécu. La preuve de cet anachronisme se trouve dans les termes mêmes de la Bulle; *Vices*, dit le Pape, *nostras per omne regnum dilecti filii nostri Chludowici, quem nuper adminiculante superna gratiâ.... ad fidem cum gente integra convertisti, & sacri dono baptismatis consecrasti.... committimus*. La mort de Clovis arrivée en 511 pouvoit-elle être ignorée d'Hormisdas qui parvint à la Papauté à la fin de l'année 514; & s'il est hors de doute que ce Pape fût instruit au contraire de cet événement & du partage des États de ce Prince entre ses quatre enfans, comment peut-il établir Remi son Légat dans un Royaume qui ne subsistoit plus! D'ailleurs la date du baptême de Clovis est portée dans cette Bulle à un terme qui décelle l'ignorance de l'Auteur. Il s'étoit écoulé dix-huit ans depuis la conversion de Clovis jusqu'à l'élection d'Hormisdas: il est certain que l'on écrivoit encore le latin à Rome avec trop de pureté & de précision pour désigner par l'adverbe *nuper* un intervalle de dix-huit années; il signifioit alors comme présentement, *depuis peu, depuis quelques jours*.

ANNÉE 515.

30 AVRIL.

CHARTA *Sigismundi Burgondionum Regis, pro dotatione Monasterii Agaunensis.*

Gallia Christ. pr. edit. t. IV, p. 12.

Mabillon donne des raisons très-solides de l'authenticité de cette Charte. (*in annal. Bened. tom. I, pag. 27 & seqq.*) J'observe d'après ce Savant qu'il faut bien prendre garde de confondre comme le fait le Cointe, ce Monastère avec celui nommé *Tarnatense*. Ce dernier est Ternay sur le Rhône proche de Vienne; celui-ci est la fameuse abbaye d'*Agaune*, ou *St Maurice en Vallois* qui existoit dès le milieu du cinquième siècle. Le Roi Sigismond en augmenta les bâtimens & le dota richement. Cette Charte constate la plus grande partie des donations de ce Prince, elle est rapportée dans une Bulle du Pape Adrien I, de l'année 773.

ANNÉE 516.

DES DIPLOMES.

ANNÉE 516.

CHARTA *Clotharii I, qua confirmat fundationem Monasterii Reomaensis factam a Chlodoveo.*

Donné à Soissons.

<small>23 FÉVRIER.</small>

<small>Rec. de Pérard, page 3. Hist. Mon. Reom. pag. 74. Ann. Eccl. Fr. Cointii, tom. I, pag. 591. Gallia Christ. sec. edit. t. IV, instr. col. 127.</small>

Duchêne décide que cette Charte est fausse ; *(ad XV. app. p. 386)* les observations que je vais exposer appuieront en même temps le sentiment de ce Critique judicieux, & seront de nouvelles preuves de celui que j'ai ouvert sur la Charte de Clovis de 496, dont celle-ci paroît être une confirmation.

Clovis ne fut jamais Souverain du pays dans lequel ce Monastère est situé. Si ce pays échut à Clotaire après la destruction du royaume des Bourguignons, ce ne fut au plus tôt que vers l'an 534. Deux propositions dont les preuves feront autant de démonstrations de la fausseté de la Charte de Clovis & de celle-ci.

Il suffit de considérer la position du lieu de *Reomaus*, pour être convaincu que d'un côté il n'étoit point du gouvernement de Syagrius, & que d'un autre côté il devoit être enclavé dans le royaume de Bourgogne. *Reomaus* éloigné d'environ deux lieues de *Semur*, étoit dans le V.ᵉ & le VI.ᵉ siècle comme aujourd'hui compris dans le territoire de cette ville & du ressort de sa jurisdiction ; les villages d'*Athies*, de *Bar*, de *Fain-les-moutiers*, de *Chevigny-le-désert*, de *Tivauche* & de *Turlay* qui sont les plus anciens domaines de ce Monastère, étoient également des *villæ* du territoire de Semur, & situés dans le voisinage de *Reomaus* : or une foule de titres dont on ne peut contester l'authenticité, prouvent que non seulement le lieu de Semur avec tout son territoire étoit du royaume de Bourgogne, mais ils attestent encore qu'il étoit du domaine particulier des rois de Bourgogne ; Sigismond ne fit-il pas donation de la ville même de Semur au monastère d'Agaune ! donc cette portion du diocèse de Langres n'étoit pas du gouvernement de Syagrius, principe d'où il résulte qu'elle ne fut non plus jamais du royaume de Clovis, puisque ce Prince, durant sa vie, ne posséda dans cette partie des Gaules que les pays soûmis à cet Officier des Romains, sans faire aucune conquête sur les Bourguignons. Passons à la seconde proposition.

Si la sécheresse de quelques-uns de nos anciens Historiens, & le peu d'exactitude de quelques autres dans leurs récits nous laissent ignorer tantôt bien des détails, & souvent nous présentent des faits qui semblent remplis de contradictions, il y a cependant un grand nombre d'événemens sur l'époque desquels ils sont unanimement d'accord. Les guerres que les enfans de Clovis firent à plusieurs reprises aux rois de Bourgogne, la destruction des États de ces Rois infortunés sont des événemens frappans qui n'ont échappé à aucun Historien du temps, ils les ont tous rapportés à la même époque. Je conviens qu'il n'en est pas de même du partage que les Princes françois firent entre eux de leurs conquêtes : nous sommes sur ce point forcés de nous abandonner aux conjectures. Clotaire eût-il dans son lot le diocèse de Langres, le canton de Semur & par conséquent le lieu de *Reomaus* ! C'est une question très-indécise encore ; mais en admettant que ces pays échûrent à ce Prince, il est très-décidé qu'il ne put en être maître avant l'année 534. Marius *(ad hunc annum)* Procope, Grégoire de Tours *(lib. III, cap. XI)* Auteurs contemporains, les seuls que nous devions interroger sur l'histoire de ce temps, assurent que la guerre des Francs contre les Bourguignons ne finit qu'à cette époque ; la vérité de ces faits ainsi démontrée, la fausseté de la Charte paroît dans la plus grande évidence. Cette Charte datée de la cinquième année du règne de Clotaire, qui revient à l'année 516, suppose la domination de ce Prince établie dès ce temps dans le royaume de Bourgogne ; or il est constant que Clotaire ne put être maître de ces pays avant l'année 534, ce Diplome par conséquent est d'une date fausse. Que l'on ne dise pas avec l'Historien de ce Monastère, *(not. 87)* que Clotaire ne compte dans cette Charte les années de son règne que depuis l'établissement de son autorité dans cette portion du royaume de Bourgogne, ce raisonnement fourniroit une nouvelle preuve de la fausseté de la Charte de Clovis, puisque l'on inféreroit de-là, que les Francs n'ayant été maîtres de cette partie du diocèse de Langres, que vers l'année 538, Clovis ne put donc pas y fonder en 516 un Monastère. Comme ces deux Chartes se prêteroient un secours réciproque d'autorité, si l'une & l'autre portoient quelques caractères de vérité, par la même raison, la fausseté de l'une prouve celle de l'autre.

Tome I.   D

ANNÉE 517.

Sans autre date.

EPISTOLÆ *ab Avito Viennensi episcopo scriptæ sub nomine Sigismundi ad Imperatorem Anastasium cum Legatos ad ipsum mitteret.*

Rec. des Hist. de Fr. tome IV, pag. 55 & 56.

Deux lettres de Sigismond roi de Bourgogne à Anastase, l'une de 514, & l'autre de 517. Sigismond, par cette dernière, demande à l'Empereur d'Orient la dignité de Patrice, dont Gondebaud son père avoit été revêtu ; preuve que Gondebaud étoit mort alors.

ANNÉE 520.

Sans autre date.

ANSEMUNDI *& Ansleubanæ Charta in gratiam Remilæ filiæ suæ, pro conditione Parthenonis apud Viennam.*

De re Diplom. a Mab. lib. VI, pag. 463.

Ce Monastère fut mis sous l'invocation de S.ᵗ André Apôtre ; les biens dont on le dota par cette Charte étoient situés près d'une porte de la ville de Vienne, dans un lieu nommé *Martis-totum*.

ANNÉE 524.

Sans autre date.

DONATION *à l'église de saint Hilaire de Poitiers, par Clovis I Roi de France.*

Ann. d'Aquitaine, par Bouchet, 3.ᵉ partie, pages 41 & 43.

Si cette Charte n'est pas supposée, on doit la placer sous l'année 508 ; Clovis mort dès l'année 511, ne put la donner en 524. Ce Prince à son retour de ses expéditions sur les Visigots, dont on peut fixer la date à l'an 508, demeura quelques jours à Poitiers. Il paroît vrai-semblable que ce fut pendant son séjour dans cette ville, qu'il donna ce Diplome.

DECRETUM *Concilii Ilerdensis de Monachorum possessionibus.*

Sans autre date.

Annal. Bened. tom. I, p. 52.

Donné à Lérida en Catalogne.

On renouvela dans ce Concile tenu à Lérida, tous les Canons de discipline arrêtés dans les Conciles d'Agde & d'Orléans, & on ajoûta que les Évêques ne pourroient desormais conférer les Ordres sacrés à aucun Moine sans l'agrément de son Abbé, ni exiger une part dans les offrandes faites par les fidèles aux Monastères ; abrogeant à cet effet l'ancien usage fondé sur la Loi diocésaná, *Lege diœcesaná*. La cupidité, dit Mabillon, *avoit fait imaginer aux Évêques de lever une espèce de collecte sur toutes les offrandes que l'on faisoit aux Églises paroissiales & aux Monastères*, c'est ce que l'on appeloit Lex diœcesana.

ANNÉE 526.

8 JUIN.

CHARTE *de Childebert I, en faveur de l'abbaye de Saint-Calez, diocèse du Mans.*

Éloges Hist. des Rois de Fr. &c. par le père Labbe, p. 396. Ann. Eccl. Fr. Cointii, tom. I, pag. 297.

Donné à Opatinaco.

Ce Diplome porte confirmation d'une Charte par laquelle Innocent évêque du Mans avoit fait des donations à ce Monastère. On trouve ces deux Actes dans les *Vetera analecta* de Mabillon, *page 248* ; mais le Cointe juge que l'un & l'autre sont faux ; le père Labbe n'est pas d'un avis différent ; Mabillon dans ses Annales bénédictines *(tome VII, page 78, n.° XLV)* en porte le même jugement. Ces Critiques donnent pour preuve de leur sentiment, qu'Innocent n'étoit point encore évêque du

Mans en 526, ni la Cathédrale de cette ville sous l'invocation des saints martyrs Gervais & Protais, comme le portent ces deux Chartes.

De bons Auteurs prétendent qu'il faut lire *Captunaco* au lieu d'*Opatinaco* pour le palais dans lequel nos Rois de la première race ont donné des Diplomes. Dans ce cas ce seroit *Chattou-fur-Seine* où nous savons qu'effectivement Childebert avoit un palais.

Sans autre date. **EPISTOLA** Athalarici Regis Italiæ, qua renunciat se a Theodorico rege dum adhuc viveret regno donatum.

Rec. des Hist. de Fr. tome IV, page 10.

Cette lettre est adressée à Libérius préfet dans les Gaules pour les Gots d'Italie, homme dont Cassiodore & Ennodius évêque de Pavie parlent avec éloge. Athalaric lui fait part de son avénement au trône que Théodoric lui avoit destiné dès son vivant, & l'exhorte à maintenir ses sujets dans les Gaules sous son obéissance.

Athalaric incontinent après la mort de Théodoric son aïeul, conclut un traité avec Amalaric Roi des Visigots. Le Rhône au moyen de leurs conventions, fit dès ce moment la séparation des États de ces deux Princes: en sorte que les pays situés entre ce fleuve & les Alpes avec toute la Provence, furent du royaume des Gots d'Italie, tandis que toute la Septimanie avec la partie de l'Aquitaine que Théodoric avoit reprise sur les fils de Clovis, demeura à Amalaric.

Athalaric étoit trop jeune lorsqu'il écrivit cette lettre pour gouverner par lui-même. Amala-Sunthe sa mère fille de Théodoric & d'Ana-Flede princesse du sang de France, & veuve d'Eutharic qui descendoit de Thorismond l'un des Rois Visigots de la race des Aumales, prit la régence & gouverna l'Italie sous le nom de ce Prince; son règne ne dura que huit ans.

LITTERA Athalarici Regis Italiæ Senatui urbis Romæ, qua constat Theodoricum avum Athalarici sibi arrogasse electionem Felicis, qui succederet in Apostolicam sedem Joanni primo.

Ann. Eccl. Fr. Cointii, tom. II, p. 168.

Le Cointe remarque que les Rois d'Italie, successeurs de Théodoric, rendirent au Clergé de Rome le droit d'élire au souverain Pontificat, se réservant seulement de confirmer celui qui auroit été élû.

20 JANVIER.

ANNÉE 528.

PRÆCEPTUM Childeberti Regis, de dotatione Monasterii Anisolensis.

Rec. des Hist. de Fr. tome IV, page 617. Annal. Bened. tom. I, p. 78.

Par la règle que Mabillon lui-même a donnée dans sa Diplomatique, & adoptée depuis par Dom Bouquet, cette Charte porte des caractères qui la font présumer fausse, ou au moins interpolée. Le plus frappant, c'est qu'il est énoncé que cet Acte fut revêtu du sceau du Roi. Ces Critiques soutiennent, avec raison, que nos Rois de la première race n'étoient point dans l'usage de se servir de cette formule dans leurs Diplomes; nous n'en avons effectivement aucuns qui soient avoués, sans contradiction, pour authentiques, qui portent cette forme, dont l'usage ne commença que sous les Carlovingiens. Mabillon remarque de plus, que la date de cette Charte ne peut absolument cadrer avec les faits qu'elle contient, ce qui lui fait présumer qu'elle a été interpolée, & qu'au lieu de la quatrième année du règne de ce Prince, dans laquelle on lit qu'elle a été donnée, on doit lire la quatorzième. Il faut voir sur ce dernier objet de critique, la remarque de Dom Bouquet, *tome IV, page 618, note (b)*.

Cette Charte porte donation d'un lieu dans le voisinage duquel S.t Calez avoit jeté les premiers fondemens de son Monastère; c'étoit un fisc que l'on appeloit en langue Bretonne *Madvalle*, que les Latins ont interprété par *Bona-vallis*; les bornes du terrein que le Roi donne sont très-clairement énoncées dans la Charte; ce Prince déclare de plus qu'il met le Monastère & les Moines sous sa garde, pour raison de quoi, il fait défenses aux Juges de son fisc de connoître d'aucune cause qui concerne ce Monastère: mais cette défense est conçue dans des termes qui fournissent une nouvelle preuve que cette Charte est interpolée; car le Roi dans le préambule ne l'adresse ni à l'Évêque du lieu, ni à aucun Officier royal, & cependant il dit vers la fin, *Qua*

Tome I.   D ij

propter jubemus ut neque vos, neque succeſſores veſtri, nec aliquis de fidelibus noſtris; ne ſemble-t-il pas que l'on doive entendre ces mots, *neque vos, neque ſucceſſores veſtri* de l'Évêque diocéſain de la juriſdiction duquel le Roi exempte le Monaſtère! On doit donc préſumer que ces mots qui n'ont aucun rapport au contenu de la Charte y ont été ajoûtés, ou que l'on en a ſupprimé ceux qui en fixeroient le ſens.

ANNÉE 530.

Sans autre date.

TESTAMENTUM ſancti Remigii epiſcopi Remenſis.

Fait à Reims.

Flodoardi, Hiſt. lib. I. c. XVIII. Hiſt. Eccleſ. Rem. a Marlot, tom. I, p. 180. Bibliot. MS. a Labbé, tom. I, p. 806. Chiffletii Opera, tom. II, pag. 9. de Ampulla Remenſi. Miræi Opera Dipl. tom. I, p. 636. Annal. Eccl. Franc. Cointii, tom. I, p. 407.

Nous avons pluſieurs éditions du Teſtament de ce ſaint Évêque. Iſaac Pontanus *(origin. Fr. lib. V, cap. 111)* en a donné une d'après Barnabé Briſſon, qui contient un grand nombre d'articles qui ne ſe trouvent point dans celle que Marlot, le Cointe & d'autres ont imprimée ſur les manuſcrits des abbayes de S.t Remi, de S.t Nicaiſe & de S.t Thierri, ou d'après Flodoard. Mais Briſſon avoit ſans doute tiré cette pièce de l'ouvrage de George Colvenier, qui l'a imprimée à la ſuite de la vie de Flodoard dans ſon Hiſtoire de Reims; nous croyons que Colvenier avoit trouvé cette pièce dans quelques-uns de ces manuſcrits que Marlot & d'autres bons Auteurs rejettent comme étant ſans aucune autorité; ainſi nous nous bornerons à ne parler de cet Acte, que relativement à l'édition de Marlot.

Cet Hiſtorien appuyé de l'autorité de Hincmar, *(de geſtis ſancti Remigii, cap. XXII)* ſoûtient que cette pièce eſt très-authentique. Il ſeroit véritablement très-difficile d'en prouver la fauſſeté, le témoignage de Hincmar eſt comme un boulevart qui la met à couvert des coups que l'on voudroit lui porter.

Cet Acte porte que S.t Remi inſtitue ſon égliſe Cathédrale, l'évêque de Laon ſon neveu, & un autre de ſes neveux nommé *Agricola*, pour ſes légataires, à chacun deſquels il aſſigne la portion de l'héritage qui eſt le plus à ſa convenance. Les biens de patrimoine qu'il avoit dans le Portien, avec un grand nombre de ſerfs, des ornemens d'égliſe, des calices & un ciboire font le lot de ſa Cathédrale; celui de l'évêque de Laon étoit compoſé d'une vigne, d'un pré, & des ſerfs dont les habitations étoient ſituées dans ſon diocèſe; Agricola eut dans le ſien des fonds de terre & des ſerfs aux environs de la ville de Reims. Remi fait en outre pluſieurs legs particuliers, entre autres à Bénédicte Hilarie diaconeſſe, qu'il appelle ſa fille, à laquelle il donne une ſerfe, & une vigne contigue à celle qu'elle poſſédoit d'avance près Reims.

Marlot rejette l'opinion des Écrivains qui fixent la mort de ce ſaint Évêque ou à l'an 541, ou à l'an 543. Cet Auteur prétend concilier les époques de pluſieurs événemens relatifs à celui-ci, en l'attachant à la fin de l'année 530.

ANNÉE 531.

8 JUIN.

PRÆCEPTUM Childeberti Regis, de Monaſteriolo Sanctæ Mariæ apud Cenomanos.

Rec. des Hiſt. de Fr. tome IV, page 618.

Donné à Chattou-ſur-Seine.

Ce Monaſtère étoit de filles, il y en avoit auſſi un d'hommes ſous le même vocable dans cette ville; l'un & l'autre fondés au commencement du VI.e ſiècle, ne ſubſiſtent plus depuis le IX.e. Il eſt cependant important de connoître les Chartes des donations qui leur ont été faites, parce qu'il y a lieu de préſumer que leurs biens font aujourd'hui une portion de ceux de la menſe des Chanoines de l'égliſe Cathédrale du Mans, ou de l'Évêque. Ces mêmes biens ayant été offerts à Innocent évêque de cette ville, afin qu'il en dotât ces Monaſtères, l'un de ſes ſucceſſeurs les aura réclamés, après que les Normands ou les Sarraſins auront détruit les Monaſtères qui en jouiſſoient, & qui n'ont point été rétablis.

Mabillon, d'après lequel Dom Bouquet a imprimé cette Charte, rapporte à l'article des Geſtes des évêques du Mans *(Vetera analecta, fol. 249 & 250)* les deux Chartes de donations, dont celle-ci eſt une confirmation.

ANNÉE 532.

1.er MARS.

DECRETA Childeberti Franciæ Regis pro regimine regni; sequitur pactum pro tenore pacis dominorum Childeberti & Clotharii Regum.

Donné à Cologne.

Constit. Imp. a Goldasto, t. III, p. 115 & suiv. Rec. des Hist. de Fr. tome IV, page 111.

Pithou & Baluze ont imprimé cette pièce & la suivante ; Dom Bouquet d'après eux les a insérées dans sa collection, mais à une date bien différente de celle sous laquelle Baluze les a placées. Ce Savant pensoit que la première étoit de 595, & qu'il falloit, par cette raison, l'attribuer à Childebert II ; & que la seconde étant du même temps, il falloit l'attribuer à ce même Prince & à Clotaire II. Dom Bouquet croit avec plus de vrai-semblance, que l'une & l'autre sont de Childebert I & de Clotaire I. La seconde paroit être en effet une suite du partage que ces deux Princes firent en 531 du royaume de Clodomir leur frère, après avoir massacré ses enfans.

Goldaste qui a également imprimé ces pièces, a fait une faute grossière en plaçant la première sous l'année 538 ; cet Auteur l'attribuant, avec Dom Bouquet, à Childebert I ; elle ne peut être portée à d'autre époque qu'à l'année 532, puisqu'elle est datée de la vingtième année du règne de ce Prince, qui commença en 511.

Childebert, dans le champ de Mars, tenu à Cologne, publia cette ordonnance qui contient plusieurs articles.

Le premier roule sur les successions. Sa disposition porte, conformément au titre LXII de la Loi salique, *de Alodis*, que la représentation aura lieu entre les neveux & les oncles, pour partager la succession de l'aïeul.

Le second défend les mariages incestueux, & porte des peines contre les excommuniés qui négligent de se faire absoudre.

Le troisième établit la prescription de dix années. La loi porte que les mineurs seront néanmoins exceptés.

Les autres articles ont pour objet la défense du vol & de l'homicide. Ce sont les premières loix que nos Princes aient établies, qui portent peine de mort contre ce dernier crime : jusque-là les loix des Francs n'avoient prononcé que des amendes contre les coupables.

Sans autre date.

DECRETIO Chlotarii Regis, pro regimine regni.

Rec. des Hist. de Fr. tome IV, page 114.

Baluze attribue cette Constitution comme la précédente à Clotaire II, & la place par cette raison sous l'année 595. Dom Bouquet la croit de Clotaire I, & pense avec Eckart que c'est une suite de la précédente ordonnance. Cette dernière est divisée en dix-sept articles qui ne concernent que le droit de sauve-garde accordé aux églises, & les compositions pour plusieurs espèces de vols.

ANNÉE 535.

18 JUILLET.

EPISTOLA Agapeti Papæ I, ad Cæsarium episcopum Arelatensem, quod prædia juris Ecclesiæ nullo titulo alienari debeant.

Concil. Antiq. Galliæ a Sirmondo, tom. I, pag. 240. Baronii Annal. t. VII, p. 255. Rec. des Hist. de Fr. tome IV, page 57.

Agapet renouvelle dans ce Bref les dispositions du troisième Concile de Rome, célébré sous le Pape Symmaque. On y avoit décidé que desormais il ne seroit pas permis aux Clercs d'aliéner, pour quelque cause que ce soit, aucuns immeubles de leur Église, soit de petite ou de grande valeur. *Ut nulli*, disoit le Concile, *a præsenti die.... liceat prædium rusticum quantocumque fuerit vel magnitudinis vel exiguitatis, sub qualibet alienatione ad cujuslibet jura transferre.*

NOTICE

ANNÉE 535.

Sans autre date.

EPISTOLA *Synodi Arvernensis ad Theodebertum Regem, ut Clerici aliive qui regum aliorum dominio subjacent possessionibus quas in ejus regno jure obtinent non fraudentur.*

Concil. Antiq. Galliæ a Sirmondo, tom. I, p. 245. Conc. ab Harduino, tom. II, col. 1184.

Les Évêques de ce Concile supplient le Roi Théodebert par cette lettre de permettre aux Clercs & aux laïcs sujets d'un autre Prince, de jouir paisiblement des biens qui leur appartiennent & qui se trouvent situés dans l'étendue de son royaume; sous la condition de payer les droits aux Seigneurs dans la dépendance desquels ils seront enclavés; *ut securus quicumque proprietatem suam possidens debita tributa dissolvat Domino in cujus sortem possessio sua pervenit.* Il seroit fort important de développer ce que l'on entendoit alors par *debita tributa*, & en quoi ils consistoient.

LETTRE *de l'Empereur Justinien à Théodebert Roi d'Austrasie, pour l'engager de s'unir à lui contre les Gots d'Italie.*

Établissement des Francs dans les Gaules, par l'abbé Dubos, tom. II, p. 341.

L'honneur & la défense de la religion Catholique furent les plus forts motifs que l'Empereur d'Orient présenta au roi d'Austrasie dans cette lettre, pour l'engager de joindre ses forces aux siennes contre le Roi des Gots défenseur zélé de l'Arianisme; mais soit que Théodebert fût plus jaloux d'étendre ses frontières que de détruire des Hérétiques, soit que ce Prince reconnût que les intérêts de la religion n'étoient qu'un prétexte de la part de Justinien pour l'engager dans une guerre dont le succès pourroit dans la suite devenir funeste à la nation entière des Francs, il feignit en habile politique d'acquiescer aux propositions de l'Empereur: mais au lieu d'armer il envoya des Ambassadeurs en Italie qui se hâtèrent de conclurre un traité avec Witigès roi des Gots. Ce Prince céda à Théodebert les meilleures places de la Provence, sous la condition néanmoins qu'il lui fourniroit un subside de vingt-cinq mille hommes pendant que la guerre dureroit en Italie. Il est vrai que les succès des armes de l'Empereur effrayèrent la Cour d'Austrasie, & la portèrent sans scrupule à rompre le traité qu'elle avoit conclu avec les Gots, & à en faire un autre avec Justinien: par ce dernier, l'Empereur garantissoit la cession des places de la Provence que Witigès avoit faite à Théodebert; car c'est dans ce sens qu'il faut interpréter l'Historien qui nous a transmis tous ces détails. *Belli hujus initio, Gothi, ut in libris dixi superioribus, tota Galliæ parte sibi subdita Germanis cessérant, illis ac Romanis resistere se simul non posse rati; quod ne fieret adeo non impedire Romani potuerunt, ut Justinianus Augustus id confirmaverit; ne ab his barbaris, si hostiles animos induerent, turbarentur. Nec vero Franci Galliarum possessionem sibi certam ac stabilem fore putabant nisi illam Imperator suis litteris comprobavisset.* (*Procop. lib. III, de bello Goth. cap. XXXIII.*)

Ainsi ce ne fut pas, comme l'a imaginé M. l'abbé Dubos, la souveraineté sur la Provence dont Théodebert exigea la cession par son traité avec l'Empereur; il possédoit déja cette Province, & au même titre que Witigès duquel il la tenoit, & ses prédécesseurs l'avoient possédée: or qui peut douter que les Rois des Gots ne fussent depuis plus d'un siècle dans une entière indépendance de l'Empereur d'Orient, & qu'ils ne tinssent leurs États en pleine souveraineté! Cette lettre & d'autres que Justinien écrivit à Théodebert, avec la réponse de ce Prince, prouvent seulement qu'ils recherchèrent réciproquement l'alliance l'un de l'autre toutes les fois que leurs intérêts l'exigèrent.

ANNÉE 538.

1.er MARS.

EPISTOLA *Vigilii Pseudopapæ ad Cæsarium Arelatensem episcopum, qua respondet interrogationi sibi a Theodeberto Rege factæ, cujusmodi pænitentia possit illius purgare delictum qui cum uxore fratris sui præsumpserit inire conjugium.*

Baronii Annal. t. VII, p. 299. Rec. des Hist. de Fr. tome IV, page 59.

Baronius a mal-à-propos imaginé que cette pénitence étoit demandée pour Théodebert, tandis qu'il s'agissoit d'un particulier, sujet de ce Prince; Théodebert n'avoit

DES DIPLOMES. 31

point de frères, ainsi il ne pouvoit pas en épouser la veuve ou en ravir la femme.
Sur la question proposée, Vigile s'en rapporta à la prudence de l'évêque d'Arles, pour imposer la pénitence convenable.

8 JUIN.

PRÆCEPTUM Childeberti Regis, pro Monasterio Anisolæ.

Rec. des Hist. de Fr. tome IV, page 619.

Donné à Chattou-sur-Seine.

(Voyez la note de Dom Bouquet, sur la critique que le Cointe a faite de cette Charte.)

Clotaire confirme par ce Diplome l'acte par lequel S.ᵗ Calez reconnoissoit tenir en bénéfice de l'église cathédrale du Mans, le lieu nommé *Casa-cajani*, dans lequel il y avoit eu anciennement une église dédiée à S.ᵗ Pierre, & sur les ruines de laquelle il avoit bâti son Monastère. Cet Acte porte que S.ᵗ Calez étoit tenu de payer à l'Église cathédrale une redevance annuelle de quatre livres de cire, à l'Évêque une crosse, avec une paire de souliers, & aux Chanoines deux bouteilles d'excellent vin, avec une corbeille remplie d'œufs, dans le temps de Pâques.

Mabillon *(Annal. Bened. tom. 1, pag. 78)* prétend que ce Monastère soûtint un gros procès sous le règne de Charlemagne, contre l'évêque & les chanoines du Mans, à l'occasion de ces redevances, dont il fut affranchi dès ce temps.

Sans autre date.

EPISTOLA Leonis Senonensis episcopi ad Childebertum Regem ne in Meleduñi parochia suæ diœcesis, ubi nunquam fuit, novus fiat Episcopus.

Concil. Antiq. Galliæ a Sirmundo, tome I, page 258. Conc. ab Harduino, tom. II, col. 1423. Gallia Christ. pr. edit tom. I, pag. 616. Rec. des Hist. de Fr. tome IV, page 60.

Léon évêque de Sens, prétend dans cette lettre que Childebert ne peut pas établir un siége épiscopal à Melun sans l'agrément de Théodebert, parce que la ville de Sens chef-lieu du diocèse duquel dépendoit Melun, étoit du royaume de ce Prince. Nous apprenons de-là que le diocèse de Sens étoit de deux royaumes, de celui d'Austrasie & de celui de Paris.

Sans autre date.

ANNÉE 539.

LETTRE de Bélisaire Général de l'Empereur Justinien, à Théodebert Roi d'Austrasie, pour l'engager de retirer ses troupes d'Italie.

Mémoires de S.ᵗ Remi, tome I, page 234. Histoire de Fr. par Daniel, t. I, p. 136.

Ravenne s'étoit rendue à Bélisaire, toute l'Italie par cette dernière expédition étoit enfin entrée sous l'obéïssance de l'Empereur. Ce fut dans ces circonstances que son Général, n'ayant plus d'ennemis à combattre, pria le Roi d'Austrasie de rappeler son armée.

Sans autre date.

ANNÉE 542.

EPISTOLA Messiani discipuli sancti Cæsarii episcopi Arelatensis ad Viventium episcopum, in qua narrat apparitionem SS. Augustini & Hermetis, sibi factam & quomodo ecclesia sancti Hermetis constructa fuerit.

Annal. Bened. t. I, p. 683.

On ne sait pas précisément la date de cette lettre; il paroît qu'elle fut écrite après la mort de S.ᵗ Césaire, arrivée le 27 de septembre de l'an 542. Le miracle de l'apparition de ces deux Saints, fut l'occasion de la fondation de cette église.

ANNÉE 543.

18 OCTOBRE.

EPISTOLA *Vigilii Papæ ad Auxanium Arelatensem episcopum, quâ usum pallii quem postulabat, differat quoad certiorem faciat Imperatorem.*

<small>Concil. Antiq. Galliæ a Sirmondo, tom. I, p. 270. Ann. Eccl. Fr. Cointii, tom. II, pag. 564. Rec. des Hist. de Fr. tome IV, page 61.</small>

Le Pape avoit-il besoin de l'agrément de l'Empereur, pour donner le *pallium* à un Évêque qui n'étoit plus son sujet, car les rois Francs avoient alors, & à plusieurs titres, la souveraineté sur la Provence ! Mais on doit croire que le Pape joignit au pallium le titre de *Légat du Saint Siége*, & que cette légation s'étendant au delà de la Provence, sur des pays sans doute que les Gots n'avoient point cédés à Théodebert, & qui appartenoient à l'Empereur, le Pape, par cette raison, demanda l'agrément de ce Prince.

Césaire mourut en 542, & Auxanius fut élu à sa place dans la même année.

Sans autre date. CHARTA *Theodeberti Regis Austriæ, pro Monasterio Glanafoliensi condendo.*

<small>Ann. Eccl. Fr. Cointii, tom. I, pag. 632.</small>

Mabillon (*Acta SS. Ord. Bened. sæc. I, pag. 282*) raconte des particularités très-intéressantes concernant la fondation de ce Monastère, que l'on appelle présentement *Saint Maur-sur-Loire*. Le Roi donna le même jour deux Diplomes en faveur de ce pieux établissement ; l'un portant confirmation de la fondation du Monastère : ce Prince donne par l'autre, à l'Abbé & aux Moines, un de ses fiscs nommé *Boscus*, avec toutes ses dépendances, situé dans le voisinage même du Monastère.

ANNÉE 545.

22 MAI.

LITTERÆ *Vigilii Papæ ad Auxanium Arelatensem episcopum, quibus huic præsuli suas vices delegat in Gallia usumque pallii concedit.*

<small>Pontifices Arelat. p. 114. Hist. de Prov. par Bouche, t. I, p. 654. Ann. Eccl. Fr. Cointii, tom. I, pag. 687. Baronii, Ann. t. VII, p. 352. Concil. Antiq. Galliæ a Sirmondo, tom. I, pag. 271. Rec. des Hist. de Fr. tome IV, page 61.</small>

Dom Bouquet n'a inséré dans sa note sur cette lettre de Vigile à Auxanius, & sur celle de ce Pape aux évêques des Gaules écrite sur le même sujet, qu'une partie de l'observation que le Cointe fait sur l'étendue & les droits de la primatie de l'évêque d'Arles. Cet Auteur se borne à remarquer qu'il n'y avoit que les évêques du royaume de Childebert, & ceux que l'évêque d'Arles étoit dans l'usage de sacrer, soit qu'ils fussent des États de ce Prince, soit qu'ils dépendissent de quelqu'autre royaume, sur lesquels la légation de l'évêque d'Arles s'étendoit. A quoi nous ajoutons, d'après le Cointe & M. Godeau évêque de Vence, 1.° que Auxanius est le premier évêque des Gaules qui ait demandé au Pape le *pallium*. 2.° Que les droits de sa primatie ne portoient que sur trois objets.

Le premier regardoit les contestations qui pouvoient naître entre les Évêques dans l'étendue de la légation, dont le Pape attribuoit la connoissance à Auxanius, avec le pouvoir de les juger ; se réservant cependant les causes qui intéresseroient la Foi, ou quelque point important de discipline.

Le second portoit pouvoir d'assembler des Conciles.

Le troisième consistoit à donner seul, & à l'exclusion de tous autres, *les lettres formées*, soit aux Évêques, soit aux simples Clercs, lorsqu'ils entreprendroient le voyage de Rome. (*Annal. Eccl. Fr. Cointii*, tom. II, pag. 461.)

Sans autre date. LITTERÆ *Vigilii Papæ ad Auxanium Arelatensem episcopum, de cognoscenda causa Prætextati Episcopi qui Laïcum ante convenientem probationem sacris Ordinibus initiarat.*

<small>Ann. Eccl. Fr. Cointii, tom. I, pag. 689.</small>

Nous voyons par cette lettre, combien l'usage des interstices est ancien.

CHARTE

DES DIPLOMES. 33

ANNÉE 545.

CHARTE *du Roi Sigebert, faisant mention de la fondation de l'abbaye de Château-Landon, & de l'abbaye de Ferrières en Gâtinois.*

Donné à Paris.

Chapell.e de Bethléem, p. 137.

Sigebert ne commença de régner en Auſtraſie, qu'après la mort du roi Clotaire ſon père, arrivée à la fin de l'année 561. Comment ce Prince, qui n'eut point d'ailleurs dans ſon partage le dioceſe de Sens, put-il donner une Charte en 545! à peine étoit-il né en ce temps.

FUNDATIO *Cænobiorum ſancti Pauli & ſanctæ Eulaliæ in urbe Lugdunenſi, a Rege Childeberto & Ultrogotha Regina ipſius uxore.*

Gallia Chriſt. ſec. ed. tom. IV, col. 213.

Les Auteurs de la nouvelle Gaule chrétienne rapportent dans une note l'époque de ce double établiſſement ſans citer d'autorités: ils n'ont point non plus imprimé de Chartes pour ces deux fondations. Ils remarquent cependant que le Monaſtère de S.t Paul étoit occupé par des hommes, & celui de S.te Eulalie par des femmes. On les laiſſa périr, ſans doute; car on trouve des Actes qui prouvent qu'ils furent rétablis ſous le règne de Charlemagne, par Leidrad évêque de cette ville. On ſéculariſa dans le XI.e ſiècle le premier, qui depuis a toûjours été occupé par des Chanoines; le ſecond, après avoir appartenu aux Templiers, a paſſé à l'Ordre des Chevaliers de Malte, auquel il appartient encore aujourd'hui.

23 AOUST.

ANNÉE 546.

LITTERÆ *Vigilii Papæ Aureliano episcopo Arelatenſi vices ſuas in Gallia committentis, rogatu Regis Childeberti.*

Pontif. Aurel. p. 118, Rec. des Hiſt. de Fr. t. IV, p. 64 & 65. Conc. Antiq. Gall. a Sirm. t. I, p. 274 & 275. Ann. Eccl. Fr. a Cointio, t. II, p. 462 & 565. Baronii Ann. tom. VII, p. 370 & 371.

Sans autre date. LITTERÆ *aliæ ejuſdem Vigilii Papæ, ad Epiſcopos Galliæ, quibus Aurelianum Arelatenſem epiſcopum legatum ſuum declarat.*

Ces deux lettres portent en ſubſtance les mêmes choſes que celles qui concernent le vicariat d'Auxanius, prédéceſſeur d'Aurelian. Le Cointe remarque cependant que le *pallium* & le *vicariat* ne furent accordés à Aurelian, qu'après que le roi Childebert eut demandé l'un & l'autre au Pape; cela prouve que l'on regardoit alors ce vicariat ou la primatie, comme attaché à la perſonne de l'Évêque d'Arles, pluſtôt qu'à ſon ſiége.

28 MAI.

ANNÉE 547.

PRÆCEPTUM *Childeberti Regis, Daumero abbati Aniſolenſi conceſſum.*

Rec. des Hiſt. de Fr. tome IV, page 621.

Donné à Compiegne.

Childebert par ce Diplôme, prend ſous ſa garde & protection le monaſtère de S.t Calez, avec tout ce qui lui appartient préſentement, & ce qui pourra lui appartenir à l'avenir. *Ipſum Monaſterium cum omnibus rebus vel hominibus ſuis, Gaſindis, amicis ſuſceptis vel qui per ipſum Monaſterium ſperare videntur.*

Ce mot *Gaſindis* tire ſon étymologie du ſubſtantif teutonique *Geſind*, qui veut dire *Familiaris, famulus honoratior, Aulicus, Curialis, Palatinus.* On le trouve employé

Tome I. E

dans ce sens plusieurs fois au premier livre des Formules de Marculse. Il faut de-là conjecturer que les Abbés avoient des officiers laïcs dans l'intérieur de leurs Monastères qui n'étoient point serfs, puisqu'ils sont distingués ici de ceux appellés *hominibus*, qui est la même chose que *servis*.

Cette Charte est datée dans le Cartulaire de S.¹ Calez, duquel Dom Martène l'a tirée, de la XII.ᵉ année du règne de Childebert; mais comme cette date ne peut cadrer avec la mort de S.¹ Calez arrivée en 540, auquel Daumerus succéda, non plus qu'avec les différentes époques qui fixent le commencement du règne de ce Prince, soit qu'on le fasse commencer après la mort de Clovis, soit après celle de Clodomir; on doit présumer avec Dom Bouquet que le Copiste aura omis un X, lequel joint à XII seroit la XXII.ᵉ; ce qui seroit alors conforme à toutes les circonstances qui fixent la XXII.ᵉ année du règne de ce Prince à l'an 547.

Sans autre date.

ANNÉE 549.

ORDONNANCE de Childebert I Roi de France, en faveur de la Religion.

Hist. de l'Église Gallicane, t. II, p. 501.

Quoique l'on ne puisse pas assigner de date certaine à cette pièce, parce qu'elle est mutilée dans les anciens manuscrits, nous croyons cependant qu'il faut préférer le sentiment de Baluze & de Sirmond qui la placent sous l'année 554. (*Voyez la notice que nous en donnons à l'article de cette année.*)

29 AVRIL.

ANNÉE 550.

LITTERÆ Vigilii Papæ ad Aurelianum Arelatensem episcopum, ut Regi Childeberto I suggerat ut ad Regem Gothorum scribat ne quid in ecclesia Romana turbari sinat.

Baronii Ann. t. VII, p. 396. Concil. Antiq. Galliæ a Sirmondo, tom. I, p. 287.

Des intrigues de Cour avoient mis Bélisaire si mal dans l'esprit de l'Empereur Justinien, que ce Prince, sacrifiant ses propres intérêts à la haine qu'il prit pour ce Général, arrêta ses conquêtes en cessant de lui envoyer des secours. Bélisaire prit le parti alors d'abandonner l'Italie, & alla à Constantinople pour se justifier; Totila profitant de sa retraite, marcha à Rome dont il s'empara sans éprouver aucune résistance. Ce fut dans ces circonstances que le Pape Vigile écrivit à l'évêque d'Arles, afin d'engager Childebert de recommander l'honneur de la Religion & les intérêts de l'église de Rome, au roi des Gots.

Sans autre date.

MAPPINII episcopi Remensis epistola ad Nicetium episcopum Trevirensem, qua se excusat quod ad Synodum Tullensem à Theobaldo Rege indictam non venerit.

Rec. des Hist. de Fr. tome IV, page 68. Annal. Trevirenses, tom. I, p. 602, col. 2. Annal Eccl. Fr. Cointii, t. I, p. 773. Concil. Antiq. Galliæ a Sirmondo, tom. I, p. 292. Conc. ab Harduino, tom. II, col. 1453.

Il ne nous est parvenu aucun des Actes de ce Concile. Cette lettre, dont le père Sirmond & les autres Auteurs n'ont imprimé qu'un fragment, est la seule pièce qui en prouve la célébration. Elle nous apprend qu'il fut convoqué par les ordres de Théobalde roi d'Austrasie, pour arrêter les desordres que les mariages incestueux, alors très-fréquens, occasionnoient dans son royaume.

Sans autre date.

LETTRE de Mappinius évêque de Reims, à Villicus évêque de Metz.

Hist. Eccles. Rem. a Marlot, tom. I, p. 212. Hist. Eccles. Rem. a Marlot, tom. I, p. 214.

Mappinius après un long éloge de l'évêque de Metz, contenu comme il étoit alors d'usage dans des termes empoulés, termine sa lettre par dire au Prélat le sujet pour lequel il lui écrit. *Quapropter*, dit-il, *rogamus ut nobis caritas vestra indicare dignetur quantos solidos ad comparandos porcos in illis partibus dirigamus, quia constat nobis donum a vobis muneris loco collatum, si hoc beneficium nobis ordinantibus fuerit repertum.* Quelle différence les siècles ne mettent-ils pas dans les mœurs. Du temps de Mappinius, l'archevêque de Reims ne dédaignoit pas d'acheter des cochons pour les revendre; parce que nos Rois eux-mêmes dans leur loisir, se faisoient rendre compte de la basse-cour de leurs Châteaux, Pensons-nous mieux que les hommes de ces siècles reculés! La raison & nos usages seroient peut-être sur ce point d'avis différent.

ANNÉE 551.

Sans autre date.

CONFIRMATIO *Patrum Synodi Parisiensis, de exauctoratione Saffaraci episcopi Parisiensis gravissimo crimine accusati.*

Concil. Antiq. Galliæ a Sirmondo, tom. I, pag. 301. Hist. Eccl. a Gerardo du Bois, t. I, p. 77. Ann. Eccl. Fr. t. I, p. 779.

La cause de la déposition de cet évêque de Paris, & le temps dans lequel cet événement arriva, sont également incertains. On sait seulement que Saffaracus s'étoit livré à quelque crime, pour lequel le V.ᵉ Canon du Concile d'Orléans de l'année 549, avoit prononcé la déposition. Nous savons encore que les Comprovinciaux de cet Évêque instruisirent son procès, & le jugèrent provisionnellement. Ce fut pour revoir ce procès & faire confirmer le Jugement de Saffaracus, que Childebert fit assembler ce Concile; mais comme les Actes qui nous en ont été transmis ne portent aucunes notes chronologiques, nous ne pouvons lui assigner de date certaine. Le père Sirmond le place sous l'année 555, tandis que le père le Cointe & l'Historien de l'église de Paris, prétendent qu'il est de l'an 551.

ANNÉE 554.

Sans autre date.

CHILDEBERTI *Regis constitutio de abolendis reliquiis idololatriæ, & de festivitatibus caste observandis.*

Concil. Antiq. Galliæ a Sirmondo, tom. I, pag. 300. Rec. des Hist. de Fr. tome IV, p. 113. Francia Orient. ab Eckardo, t. I, p. 86.

Dom Ruinart a joint cette pièce à l'Appendix des ouvrages de Grégoire de Tours, & l'a imprimée sur un manuscrit de l'abbaye de Corbie. Dom Bouquet l'a donnée d'après Baluze *(tom. I, capitul. pag. 6)*.

Le Roi ordonne qu'à l'avenir s'il se trouve quelque esclave qui pratique des cérémonies payennes, ou qui trouble les Évêques ou les Prêtres dans l'exercice de leur ministère, il soit condamné à recevoir cent coups de verges; voulant que les personnes de condition libre qui se rendront coupables de ces mêmes crimes, soient condamnées à une prison de laquelle elles ne seront élargies, qu'après que les Prêtres auront jugé de la sincérité de leur repentir. Ce Prince fait de plus défense *aux Danseuses,* de courir les villes & les campagnes pendant la solemnité des fêtes de Noel & de Pâques. Ces danses ressembloient aux bacchanales de Rome payenne.

ANNÉE 555.

Sans autre date.

EDICTUM *Chlotarii I Francorum Regis, de tributo a bonis Ecclesiasticis exigendo.*

Constit. Imp. a Goldasto, t. I, pag. 10.

†Goldaste, suivant sa coûtume, ne cite point la source d'où il a tiré cet édit, c'est une assez bonne raison pour douter de l'authenticité de la pièce: en voici le précis dans les termes mêmes de cet Auteur.

Indicimus ut omnes Ecclesiæ regni nostri tertiam partem fructuum fisco dissolvant. Quod edictum omnes Episcopi consenserunt & subscripserunt.

(*Voyez la constitution de Chilpéric, de clericis Heri-bannitis, à l'article de l'année 580*).

ANNÉE 557.

3 FÉVRIER.

EPISTOLA *Pelagii Papæ primi ad Sapaudum Arelatensem episcopum, qua suum Vicarium in Gallia creavit & ei pallium misit.*

Gallia Christ. sec. edit, tom. I, col. 539. Concil. Antiq. Galliæ a Sirmondo, tom. I, pag. 307. Ann. Eccl. Fr. t. II, p. 565. Rec. des Hist. de Fr. tome IV, page 72.

On observe que Pélage se rendit plus difficile que n'avoient été ses prédécesseurs, pour accorder le pallium & le vicariat à Sapaudus évêque d'Arles. Ce Pape dans une lettre qu'il avoit précédemment écrite à Sapaudus, lui marque précisément qu'il exige de sa part qu'il lui députe un Clerc de son église, qui, muni d'une lettre, vienne lui demander le pallium & le vicariat. Le Pape Vigile s'étoit contenté d'une simple

Tome I. E ij

lettre du roi Childebert, par laquelle ce Prince demandoit les mêmes honneurs pour Auxanius évêque de ce siége.

Dom Bouquet paroît donner une trop grande extension à ces mots du bref de Pélage, *per universam Galliam*. Cet Auteur remarque, d'après le Cointe, *(tome II, page 464)* que le Pape ne restreint pas la légation de Sapaudus seulement au royaume de Childebert, mais qu'il l'étend à toutes les Gaules; plusieurs raisons portent à douter de la solidité de ce sentiment: on en tire une principale des termes mêmes du bref. Pélage dit qu'il observe à l'égard de la légation de Sapaudus, les usages établis par ses prédécesseurs: or le Pape Vigile & d'autres n'avoient donné ni le pallium ni la légation à aucun évêque d'Arles, qu'après que le roi de Paris leur avoit demandé l'un & l'autre; ainsi pour croire que Pélage eût étendu la légation de Sapaudus au delà du royaume de Paris, il auroit fallu que le roi de Soissons l'eût demandé; ce seroit certainement sans preuves que Dom Bouquet & le Cointe avanceroient ce fait.

13 AVRIL.

Epistola Pelagii Papæ ad Childebertum Regem, qua mittit confessionem fidei suæ.

Preuves des libertés de l'Église Gallicane, pr. partie, p. 10.
Ann. Eccl. Fr. t. I, p. 823.
Concil. Antiq. Gall. a Sirmondo, t. I, p. 310.
Corpus juris Canon. tom. I, p. 345.
Conc. ab Harduino, t. III, col. 331.
Baronii Ann. t. VII, p. 496.

Les termes de cette lettre sont remarquables. *Cum igitur etiam de pusillis ista forma præcepti sit, quanto nobis studio ac labore satagendum est ut pro auferendo suspicionis scandalo obsequium confessionis nostræ regibus ministremus; quibus nos etiam subditos esse sanctæ Scripturæ præcipiunt. Veniens etenim Rufinus vir magnificus legatus excellentiæ vestræ confidenter a nobis, ut decuit, postulavit, quatenus vobis aut beatæ recordationis Papæ Leonis tomum a nobis per omnia conservari significare debuissemus, aut propriis verbis nostræ confessionem fidei destinare, &c.*

Le Pape expose ensuite sa foi fondée sur la doctrine des quatre premiers Conciles œcuméniques, & sur celle du Pape Léon I contenue dans ses lettres.

Le père Hardouin a placé cette lettre sous une date qui ne cadre pas avec notre chronologie; Pélage n'ayant été élu à la papauté que dans le mois d'avril de l'année 555, ne put pas écrire cette lettre, comme le prétend ce Savant, en 554.

JANVIER, sans quantième.

Année 558.

Diploma Childeberti Regis, pro ecclesia Parisiensi.

Hist. Eccles. Par. a Gérard Dubois, tom. I, p. 82.
Rec. des Hist. de Fr. tome IV, page 621.
Alliance chronologique des Rois de France, &c. par le père Labbe, p. 398.

Gérard Dubois, d'après lequel Dom Bouquet a imprimé cette pièce, convient qu'elle a été interpolée dans quelques endroits. Il remarque singulièrement que dans un vieux cartulaire de l'église de Paris, elle étoit datée de la XXII.ᵉ année du règne de Childebert; faute que l'on doit attribuer au copiste qui aura oublié le chiffre L entre le X & le V. Cette date a été rétablie par une main étrangère. Cet Auteur néanmoins, ainsi que d'autres Critiques, repute cette pièce authentique.

Childebert donne par ce Diplome à l'église de Paris, le château de Celle situé près de Melun, appelé aujourd'hui *la Grande-Paroisse*, avec un autre lieu planté d'oliviers, situé en Provence, nommé aussi *Celle*.

6 DÉCEMBRE.

Charte de Childebert I Roi de France, contenant la fondation de l'abbaye de Saint-Vincent à Paris, appelée depuis Saint Germain-des-Prés.

Hist. de Paris, par Félibien, tom. III, p. 15, col. 2.
Hist. de l'abbaye de S.ᵗ Germain-des-Prés, par Bouillart, pr. partie, 1.
Ann. Eccl. Fr. tom. I, p. 842.
Gallia Christ. sec. edit. t. VII, instr. col 1.
Baronii Ann. t. VII, p. 509.
Rec. des Hist. de Fr. tome IV, page 622.

Childebert, suivant les meilleurs Critiques, jeta les premiers fondemens de ce Monastère incontinent après son retour de Sarragosse en 543; mais l'église que ce Prince fit bâtir ne fut entièrement finie qu'en 558. On en fit la dédicace le 23 de décembre de cette même année.

Le Cointe, adoptant le sentiment de Launoy, pense que cette Charte est fausse; Dom Bouquet, au contraire, la soûtient authentique. Le sentiment de ce dernier paroît préférable à celui de ses adversaires. *(Lisez sa note (f), tome IV, page 622.)*

Le Roi donne par ce Diplome à l'abbé & aux moines de ce Monastère, son fisc d'Issy, près Paris, avec toutes ses dépendances, ajoûtant à cette donation le droit de pêche dans la Seine, depuis l'embouchure de la petite rivière de Sèvre, jusqu'au pont Notre-Dame, avec l'oratoire de S.ᵗ Andeol, nommé depuis S.ᵗ André-des-Arcs, & son territoire.

ANNÉE 559.

17 MARS.

LETTRE de Clotaire I Roi de France, à sainte Radegonde, son épouse, par laquelle il lui permet de prendre le voile de Religieuse, avec la réponse de cette Princesse.

Histoire de Clotaire, par Bouchet, fol. recto & verso 42.

Donné à Tours.

On ne peut guère compter sur l'authenticité de ces deux lettres ; tout ce que nous avons de certain concernant l'histoire de cette pieuse Reine, ne se trouve que dans Grégoire de Tours & dans Fortunat. Les détails dans ces Écrivains, comme on le sait, sont courts, peu circonstanciés, & les temps y sont confondus. Vers l'année 529, Grégoire de Tours place la guerre que Clotaire fit à Hermenfroi roi de Thuringe ; dans ce même chapitre il raconte que Radegonde fille de ce Roi, se trouva au nombre des prisonniers que Clotaire fit ; que ce Prince quelque temps après l'épousa, & que cette Princesse s'étant dans la suite convertie à Dieu, elle quitta la Cour pour se retirer à Poitiers, où elle bâtit un Monastère & y prit l'habit de Religieuse. (*Hist. Fr. lib. III, cap. VII*) Cet Historien ne parle presque plus de cette Princesse depuis cette première époque, jusqu'à l'année 587, à laquelle il fixe sa mort. (*ibid. lib. IX, cap. II*) Fortunat en dit encore beaucoup moins. (*Voyez Mabillon, Acta SS. Ord. Bened. sæculo I.*)

Sans autre date. CONSTITUTION de Clotaire I, pour le bon ordre de ses États.

Hist. d'Allemagne, par le père Barre, t. II, page 82.
Rec. des Hist. de Fr. tome IV, page 115.
Concil. Antiq. Gall. a Sirmondo, t. I, p. 318.
Capitul. Reg. Fr. a Balu. t. I, col. 7.
Ann. Eccl. Fr. t. I, p. 858.
Conc. ab Harduino, t. III, col. 343.

Quelque temps après que Clotaire eut réuni à sa Couronne toute la Monarchie françoise, il donna cette ordonnance pour établir dans les provinces l'ordre & la discipline. Clovis n'avoit pas survécu assez de temps à ses conquêtes, pour donner aux différens peuples de ses États une forme de gouvernement qui fût convenable à chacun d'eux. A la mort de ce Prince, & durant le règne de ses enfans, l'Allemand, le Ripuaire & l'Alsatien étoient confondus avec le Gaulois, le Bourguignon, le Visigot & le Franc : ce n'est pas que chacune de ces Nations n'eut des loix ; mais les guerres & la mésintelligence entre les Princes qui gouvernoient ces différens peuples, avoient mis parmi eux le desordre & la confusion ; ainsi Clotaire eut pour objet dans cette ordonnance de pourvoir d'une manière stable aux besoins & à la tranquillité de tous ses sujets, en faisant des règlemens qui rétablissent la police générale, & en ordonnant que chaque Nation seroit desormais gouvernée suivant la disposition de ses loix particulières. Cette ordonnance contient treize articles ; par les onzième & douzième, le Roi remet aux églises le tribut qu'elles avoient accoutumé de payer, & confirme les donations que ses prédécesseurs & lui-même leur avoient faites.

Sans autre date. ## ANNÉE 560.

DECRETUM Clotharii I Francorum Regis, de electione & depositione Episcopi.

Constit. Imp. a Goldasto, t. I, p. 11.

Grégoire de Tours (*Hist. lib. I, cap. V & seqq.*) raconte fort au long les disputes que *Cautinus* & *Cato* eurent ensemble pour l'évêché de Clermont ; Clotaire les termina par ce jugement, qu'il a plu à Goldaste d'intituler *Édit*.

11 MARS.

ANNÉE 562.

BULLA Joannis Papæ III, qua multa privilegia concedit Monasterio sancti Medardi Suessionensis.

Abelardi & Heloissæ Opera, p. 1168.
Ann. Eccl. Fr. t. II, p. 21.
Hist. de Soissons, par Dormay, t. I, p. 192, & par Regnault, pr. fol. 1, recto.

Clotaire ayant appris la mort de S.t Médard évêque de Noyon, arrivée en 546, fit transférer sur le champ ses reliques à Crouy, où on les déposa dans un petit oratoire que l'on bâtit à la hâte. Ce Prince commença aussi-tôt l'église & le monastère qui subsistent de nos jours, situés près Soissons-sur-l'Aine ; Sigebert son fils finit l'un &

E iij

l'autre, & y déposa ensuite le corps du Saint. Ce Prince dota richement le Monastère dans lequel il mit des Moines, comme l'a soûtenu M. de Valois, contre des Auteurs qui prétendent que c'étoient des Clercs.

Cette bulle porte confirmation de la donation du lieu de Crouy, que Clotaire & Sigebert avoient faite à ce Monastère ; elle accorde de plus aux Abbés le droit de prédication dans leur église, de bénir le peuple pendant la célébration de la Messe, avec exemption pour eux & leurs moines de toute jurisdiction épiscopale, mettant tout le Monastère sous la garde spéciale du roi de France. Mais, comme l'observe le Cointe, cette bulle portant des caractères d'une faussété évidente, les Abbés de ce monastère ont eu sans doute de meilleurs titres, sur lesquels ils ont établi ces mêmes priviléges dont ils ont joui pendant plusieurs siècles.

Sans autre date.

PRÆCEPTUM *Chilperici Chlotarii Regis filii, Gallo Abbati Anisolensi concessum.*

Rec. des Hist. de Fr. tome IV, page 623.

Dom Bouquet a imprimé cette Charte après Dom Martenne, avec plusieurs lacunes ; elle porte confirmation des priviléges accordés au Monastère de S.t Calez par le Diplome de Childebert, donné le 28 de mai de l'année 547.

Sans autre date.

ANNÉE 563.

EPISTOLA *Nicetii Trevirensis Episcopi ad Chlodasvinsam Chlotarii Regis filiam, qua eam hortatur ut Alboinum maritum suum Longobardorum Regem, ad fidem Catholicam adducat.*

Rec. des Hist. de Fr. tome IV, page 76.
Ann. Eccl. Fr. t. II, p. 25.

Alboin étoit Arien. Nicétius recommande à cette Princesse de relire souvent au roi des Lombards, son mari, la lettre qu'il lui écrit, dans laquelle il établit solidement le mystère de la Sainte Trinité, dont la vérité, dit-il, est prouvée par une multitude de miracles qui se font opérés au tombeau de S.t Martin de Tours, & par ceux que Remi de Reims & Médard de Noyon, ont opérés au nom de Dieu en trois personnes.

21 AOUST.

ANNÉE 565.

PRIVILÉGE *accordé par saint Germain évêque de Paris, à l'Abbaye de S.t Vincent, à Paris.*

Fait à Paris.

Ann. Eccl. Fr. t. II, p. 63.
Hist. de Paris, par Félibien, t. III, p. 6, col. 2.
Histoire de S.t Germain-des-Prés, par Bouillart, pr. p. 2.
Antiquités de Paris, par Dubreuil, p. 331, par Malingre, p. 189.

Ce privilége porte exemption de la jurisdiction des évêques de Paris, permet aux Moines d'élire leur Abbé, d'avoir la disposition de leurs biens temporels, défend aux Évêques de cette ville de faire à l'avenir dans le Monastère des ordinations, des bénédictions & autres fonctions épiscopales sans en avoir obtenu l'agrément de l'Abbé ; on voit enfin par cette Charte, que l'intention de S.t Germain étoit que ses successeurs laissassent jouir desormais les Moines en paix de leurs possessions, sous la protection du Roi.

Launoy a critiqué cette pièce ; mais Dom Robert Quatremaire, Dom Mabillon & les Auteurs de la nouvelle Gaule chrétienne en ont soûtenu avec succès l'authenticité. Félibien & quelques Auteurs ont fait une faute de la dater de l'année 569 ; puisqu'il est certain qu'elle fut donnée dans la cinquième année du règne de Charibert, il faut nécessairement la rapporter à l'an 565.

Sans autre date.

DON *fait par saint Germain évêque de Paris, d'une maison & de plusieurs morceaux de terre, le tout situé à Vitry près Paris, à l'Abbaye de S.t Vincent.*

Histoire de l'abbaye de S.t Germain-des-Prés, par Bouillart, pr. p. 4.
Ann. Eccl. Fr. t. I, p. 683.

Bouillart & Mabillon ont extrait cette pièce du livre manuscrit de l'abbé Irminon. C'est le seul titre qui reste à cette Abbaye, des donations de biens que lui fit S.t Germain, qu'elle possède encore aujourd'hui à Vitry. Irminon vivoit sur la fin du règne de Charlemagne ; il avoit fait registre de tous les biens appartenans à son Abbaye, distinguant ceux destinés pour l'entretien des Moines de ceux qui étoient réservés à l'Abbé. Il y avoit donc dès ce tems une distinction de mense entre les Abbés & les Moines.

ANNÉE 565.

EPISTOLA *Niceti Trevirensis Episcopi, ad Justinianum Imperatorem, qua eum ab hæresi revocare conatur.*

<small>Rec. des Hist. de Fr. tome IV, page 78.</small>

Pagi croit que la mort de Justinien arriva avant que cette lettre lui parvînt, parce que Nicétius ne put la lui écrire qu'après que ce Prince eût publié son édit sur le Phantasiastime; cet édit cependant ayant paru dès le commencement de l'année 565, & l'Empereur n'étant mort que le 14 novembre de la même année, cet intervalle paroît assez long pour que ce Prince pût, depuis la publication de son édit jusqu'à sa mort, recevoir la lettre de l'évêque de Trèves.

L'erreur des Phantasiastes consistoit à croire que le corps de Jésus-Christ n'avoit jamais été susceptible d'aucune altération, qu'il n'avoit eu aucune des passions naturelles, comme la faim, la soif.

<small>Sans autre date.</small> **PRÆCEPTUM** *Chilperici Regis, pro Monasterio Anisolensi.*

<small>Vetera Analecta a Mabill. p. 253.</small>

Cette Charte confirme celle donnée le 8 juin de l'année 538, par Childebert, portant ratification d'un nouvel aveu rendu à l'Évêque & aux Chanoines de l'église du Mans, par l'abbé Gallus, dans les mêmes termes que celui que rendit St Calez en 538.

<small>Sans autre date.</small>

ANNÉE 566.

DECRETUM *Chariberti Francorum Regis, de electione & depositione Episcopi.*

<small>Constit. Imp. a Goldasto, t. I, page 11.</small>

Goldaste a copié mot pour mot dans Grégoire de Tours, (*lib. IV, cap. XXVI*) l'histoire de la déposition d'Émérius évêque de Saintes, à laquelle ce Compilateur donne le nom de constitution ou ordonnance.

Le fait est que, par respect pour la mémoire de Clovis qui avoit fait sacrer Émérius sans l'aveu de l'évêque de Bourdeaux son métropolitain, Charibert voulut qu'il conservât son évêché, & condamna Léontius évêque de Bourdeaux, à une amende de mille sols d'or, pour avoir fait déposer l'évêque de Saintes dans un Concile composé de ses comprovinciaux qu'il avoit assemblés à cet effet.

<small>8 Juin.</small>

ANNÉE 567.

PRÆCEPTUM *Childeberti I, de cellulâ sancti Martini intra Cenomannicam urbem constitutâ.*

<small>Rec. des Hist. de Fr. tome IV, page 626.</small>

Donné à Chatou-sur-Seine.

Mabillon a imprimé cette Charte dans ses Analectes, & il l'attribue à Théodebert; Dom Bouquet le critique avec raison : en effet, la ville du Mans ni son territoire n'ayant jamais été du royaume de Théodebert, il est contre toute vrai-semblance que ce Prince ait donné des Diplomes pour autoriser les établissemens que l'on y faisoit. Il y a plus, cette Charte étant datée de la septième année du règne de Théodebert, il faudroit pour faire cadrer toutes les époques la fixer à l'année 540, temps dans lequel *Principius* étoit évêque du Mans, & non pas *Domnole*, comme le porte cet Acte. Ces raisons décident Dom Bouquet à attribuer la Charte à Childebert I; d'autres raisons nous engagent à rejeter son sentiment, & à la donner à Chilpéric.

On lit dans les actes de Domnole, que ce Prélat fut élu à l'évêché du Mans à la fin du règne de Childebert, peu de temps auparavant celui de Chilpéric, *qui fuit tempore ultimo Childeberti, atque primo tempore Chilperici*. Or la septième année du règne de ce Prince, dans le royaume duquel Domnole se trouvoit après son élection à l'épiscopat, est celle de Chilpéric depuis la mort de Clotaire son père, & la première depuis celle de Caribert son frère, de la succession duquel il eut la ville du Mans. Dom Bouquet ne peut pas dire que cette septième année de règne peut être celle de Childebert, en comptant depuis la mort de Clodomir ; car cette époque est attachée à l'année 531, temps dans lequel *Innocentius* étoit évêque du Mans, & non pas Domnole. Toutes ces raisons nous ont portés à fixer cette Charte à l'année 567, pour faire cadrer sa date tant avec l'année du Prince qui l'a donnée, qu'avec le temps de l'épiscopat de Domnole.

Ce Diplôme porte confirmation de la donation que le prêtre *Euladius*, & une femme dévote nommée *Baudomella*, faisoient en commun des villages de *Moliniaco*, *Levaste*, *Popiliaco*, *Aciaco*, *Vericiaco* & *Potius-Apidus*, tous situés dans le territoire du Mans, à Domnole & à son église cathédrale, afin que ce Prélat en dotât un petit Monastère dédié à S.t Martin, qui étoit dans l'enceinte de la ville du Mans. Ce Monastère fut détruit vers le X.e siècle, & ses biens réunis à la cathédrale du Mans.

Sans autre date. EPISTOLA sanctæ Radegundis ad Episcopos Concilii Turonensis, ut confirment institutionem Congregationis suæ.

DECRETUM Episcoporum Turonensis Concilii, quo confirmatur Monasterium sanctæ Radegundis.

} *Conc. Antiq. Gall. a Sirmondo, t. I, pp. 345 & 348. Concil. ab Harduino, t. III. col. 369 & 371. Rerum Belg. chron. a Miræo, p. 117. Ann. Eccl. Fr. t. II, p. 123.*

Le père Sirmond & les autres Auteurs ont tiré cette lettre du IX.e livre de l'histoire de Grégoire de Tours, *chap. 41*, elle porte sur trois objets principaux.

Sainte Radegonde ayant adopté le même institut que celui que Césaire évêque d'Arles donna au Monastère que ce Prélat avoit fondé dans cette ville pour sa sœur, elle en demande la confirmation au Concile de Tours.

Cette pieuse Reine avoit désigné une de ses religieuses, nommée Agnès, pour lui succéder, & l'ayant fait bénir par S.t Germain évêque de Paris, elle supplie le Concile de confirmer son choix. C'est le premier exemple *d'une Coadjutrice pour succéder*.

Le troisième objet enfin de cette lettre regarde les donations que les rois Clotaire, Charibert, Gontran, Chilpéric, Sigebert & Radegonde elle-même avoient faites à ce Monastère, dont cette Princesse demande la confirmation à l'assemblée des Évêques.

Le Concile ne répondit qu'au premier article de la lettre ; il statua par ce décret que le monastère de S.te Radegonde seroit désormais gouverné, pour le temporel & le spirituel, conformément aux statuts de Césaire d'Arles.

Sans autre date. ## ANNÉE 569.

FORMULA cessionis Regiæ Ecclesiæ Remensi facta.

FORMULA confirmationis Regiæ, de cessione eidem Ecclesiæ factâ.

} *Ann. Eccl. Fr. Cointii t. II, p. 116.*

Le Cointe a tiré ces deux formules du premier livre du recueil de Marculfe, *chap. 14 & 15*. Dom Bouquet les a aussi imprimées dans son IV.e livre des hist. de France, *page 474*.

Il s'agit sans doute dans ces deux Actes des biens donnés & confirmés à l'église de Reims par le roi Sigebert, sous l'épiscopat de Mappinius. L'Historien de cette Église dit (*lib. II, cap. 20*) qu'il ne nous est parvenu aucuns titres de ces donations.

Sans autre date. ## ANNÉE 570.

CHARTA Desiderii Tolonensis episcopi, de Datherio Niciensi episcopo & Gratiano alio episcopo Tolonensi. *Gallia Christ. sec. edit. t. III col. 1273.*

Cette Charte contient une formule qui n'étoit point usitée dans le VI.e siècle, ce qui porte les Auteurs de la nouvelle Gaule chrétienne à la juger fausse ; si d'ailleurs on pouvoit en établir l'authenticité, elle fourniroit beaucoup de lumière pour fixer l'époque de l'entrée des Sarrasins dans la Provence, & pour établir une suite chronologique des évêques de Toulon.

ANNÉE 572.

ANNÉE 572.

6 MARS.

TESTAMENTUM *sancti Domnoli Cenomanensis episcopi, in gratiam Basilicæ Vincentii & Laurentii.*

<small>Concil. Antiq. Galliæ, à de la Laude, p. 57. Ann. Eccl. Fr. t. II, p. 129.</small>

Mabillon a aussi imprimé cette pièce dans son *Vetera Analecta*, nov. edit. p. 252. Parmi les lieux que Domnole donne à ce Monastère, il y en a plusieurs dont les noms sont si altérés, que la Charte ne peut être bien entendue que par des personnes du pays, & qui connoissent le local.

ANNÉE 573.

11 SEPTEMBRE.

CONSTITUTIO *Synodi Parisiensis ad Ægidium episcopum Remensem, qui Promotum in Dunensi castro episcopum consecrarat.*

<small>Conc. Antiq. Gall. a Sirmondo, t. I, p. 351 & 353. Conc. ab Harduino, tom. III, col. 403. Gallia Christ. sec. ed. t. VIII, col. 1098. Hist. Ecclef. Rem. a Marlot, tom. I, p. 218. Ann. Eccl. Fr. Cointii, tom. II, pag. 136.</small>

Lisez la requête rapportée à la page 1098 du VIII.ᵉ tome du *Nova Gallia Christiana*, que Pappole évêque de Chartres présenta aux Évêques assemblés dans le quatrième Concile de Paris, pour revendiquer les droits de son siége au préjudice desquels on avoit établi un évêque à Châteaudun. Ces Prélats écrivirent en même temps deux lettres, celle dont nous donnons la suscription adressée à l'évêque de Reims, par laquelle le Concile lui fait des reproches d'avoir trop aveuglément obéi au roi Sigebert, en sacrant Promotus qui n'étoit point son suffragant ; & une autre rapportée par le père Sirmond, adressée au roi Sigebert, par laquelle le Concile lui représente que ce seroit agir contre les Canons & les usages de l'Église Gallicane, que d'établir un siége épiscopal sans l'agrément de l'Évêque diocésain & du Métropolitain : cependant quoique le Concile non seulement désapprouvât l'ordination de Promotus, mais encore qu'il supprimât son nouvel évêché, Grégoire de Tours assure (*lib. VII, cap. 17*) qu'il s'y maintint pendant la vie du Roi qui le protégeoit, & que ce ne fut qu'après la mort de ce Prince que l'évêque de Chartres rentra dans ses droits.

Ainsi, quoiqu'il se trouvât dans ce Concile des Évêques des trois royaumes, l'affaire pour laquelle il fut principalement assemblé intéressoit plus particulièrement Sigebert roi d'Austrasie, que les rois de Bourgogne & de Neustrie ses frères. Sigebert avoit eu dans son lot de partage du royaume de Paris, après la mort de Charibert, Châteaudun, Vendôme, avec une partie du territoire d'Étampes & du pays Chartrain. Tous ces lieux étoient alors du diocèse de Chartres, qui étoit du royaume de Chilpéric ; Sigebert voulant en former un, en établit le siège à Châteaudun. Il paroît que les fautes que l'on fit contre les formalités prescrites pour ces sortes d'établissemens, furent ce qui porta principalement les Évêques à s'opposer à celui-ci.

12 OCTOBRE.

CONCORDIA *Bethæ Deo sacratæ cum Monasterio sancti Vincentii Cenomanensis.*

<small>Annal. Bened. t. I, p. 684.</small>

Fait à Sully-sur-Loire.

On lit à la fin de cette pièce, qu'elle fut donnée, *anno XI regni Theodorici* ; mais Mabillon soûtient que le copiste s'est trompé, & qu'il auroit dû écrire *Chilperici* au lieu de *Theodorici*. Ce Monastère, en effet, n'étoit pas encore fondé sous le règne de Thierri I, & il y avoit très long-temps que l'abbé *Patuinus* avec lequel Bethta fit cette transaction, étoit mort lorsque Thierri II parvint au trône ; par conséquent il n'y avoit point de Roi du nom de Thierri qui régnât dans le temps que cet Acte fut passé.

Le Monastère de S.ᵗ Vincent du Mans acquit par cette transaction la propriété de quelques fonds de terre situés à Sully-sur-Loire (*Soliacum*), & dans deux autres endroits du voisinage nommés *Bariacum* & *Brisçinum*.

Tome I.   F

ANNÉE 573.

Sans autre date.

EPISTOLA *Germani Parisiensis episcopi, ad Brunichildem Franciæ Reginam, ut Sigebertum Regem revocet a concilio belli quod fratri suo inferebat.*

Conc. Antiq. Gall. a Sirmondo, t. I, p. 355. Annales de Fr. par Taraud, p. 275. Rec. des Hist. de Fr. tome IV, page 80.

Dom Bouquet place cette lettre sous l'année 574, tandis que le plus grand nombre des Auteurs qui l'ont imprimée l'attribuent à l'année 573, ce dernier sentiment nous paroît préférable, parce qu'il cadre mieux avec l'époque des événemens qui précédèrent la guerre qui s'alluma entre les trois Rois qui partageoient alors la France.

Grégoire de Tours (*lib. IV, chap. 50*) raconte que S.ᵗ Germain évêque de Paris, ayant appris que le roi d'Austrasie irrité de la défaite de son armée en Poitou, avoit résolu d'en lever une dans les différens cantons de la Germanie pour venir combattre ses deux frères Gontran & Chilpéric ; ce saint Évêque écrivit alors cette lettre à la reine Brunehaut, pour engager Sigebert son mari de conclurre un traité avec le roi de Neustrie. S.ᵗ Germain ajoûtoit au motif du bien public, la crainte que lui donnoit pour les églises l'entrée des Barbares en France, presque tous payens encore & très-peu disciplinés ; ils auroient, sans aucun respect, dépouillé les Autels & vexé les Ecclésiastiques.

ANNÉE 575.

Sans autre date.

DOTATIO *Ecclesiæ Tornacensis a Rege Chilperico.*

Miræi, Opera Dipl. t. I, p. 6. Tornacum Civitas Nerviorum, p. 196. Ann. Eccl. Fr. t. II, p. 156.

On doit s'étonner que les Auteurs de la nouvelle Gaule chrétienne n'aient point imprimé cette pièce ; les notes chronologiques qu'elle porte font soupçonner à le Cointe qu'elle a été interpolée. Ce Critique l'a imprimée d'après Jean Cousin, avec quelques lacunes : elle porte donation en faveur de l'église de Noyon & de Tournai, qui ne formoient alors qu'un seul & même diocèse, de plusieurs droits de péages & pontages qui se percevoient au profit du Roi, dans plusieurs endroits sur l'Escaut.

ANNÉE 577.

31 Octobre.

TESTAMENTUM *sancti Aredii presbyteri & Pelagiæ in gratiam Monasterii sancti Martini Turonensis.*

Gallia Christ. pr. ed. tom. IV, p. 99.

Saint Yrier fit souscrire son testament par Pélagie sa mère, & le data de la XI.ᵉ année du règne de Sigebert, qui revient à l'an 571. Ainsi les frères Sainte-Marthe ont fait une faute de le placer sous l'année 577 ; mais l'erreur dans laquelle ces Auteurs ont donné vient de ce qu'ils ont imprimé cette pièce d'après un manuscrit interpolé qui se trouve dans un Cartulaire de l'abbaye de S.ᵗ Yrier-de-la-Perche, où elle est datée de la XVII.ᵉ année du règne de Sigebert : il étoit aisé cependant de s'appercevoir de cette faute, puisqu'il est constant par tous nos monumens que ce Prince n'a régné que quatorze ans. Mabillon a imprimé cette même pièce & l'a insérée parmi ses Analectes (*p. 208, nov. edit. I*) ; celui-ci l'a tirée d'un manuscrit moins défectueux que le premier, il est du Chartier de S.ᵗ Pierre-du-Vigeois.

Saint Yrier avoit mis sous la protection de S.ᵗ Martin le Monastère qu'il avoit fondé dans un lieu nommé ci-devant *Attanacum*, c'est la raison pourquoi il l'appelle dans son testament le monastère de S.ᵗ Martin ; dans la suite il prit le nom de son fondateur, c'est présentement une Collégiale de Chanoines, que l'on appelle *S.ᵗ Yrier-de-la-Perche*.

Ce saint Prêtre donna à son Monastère le lieu même d'*Attanacum*, où il l'avoit bâti, avec toutes les terres, les prés, &c. qui en dépendoient ; il joignit à ce legs la portion de bien qu'il avoit dans un canton appelé *Ager-Sisciacensis*, un oratoire sous l'invocation de S.ᵗ Médard, situé à *Exideuil*, une métairie avec des vignes, des prés & des bois proche *Meimac*, &c.

ANNÉE 577.

Sans autre date.

DISCOURS de Gontran Roi de Bourgogne, déclarant Childebert Roi d'Auſtraſie, ſon ſucceſſeur.

Hiſtoire de Fr. par Daniel, t. I, p. 257.

Ce diſcours eſt pathétique. *Je vous donne*, dit Gontran au jeune roi d'Auſtraſie, ſon neveu, *tout mon royaume. Deſormais le même bouclier nous couvrira vous & moi, & la même lance nous défendra:* Gontran avoit perdu depuis peu ſes deux fils, dont l'aîné s'appeloit Clodomir, & le cadet Clotaire. Ce Prince affectionnant plus le roi de Neuſtrie que celui d'Auſtraſie, ne voulut pas que ces deux Rois qui avoient un droit égal à ſa ſucceſſion la partageaſſent; dans ce deſſein il l'aſſura toute entière, de ſon vivant, à Sigebert par cette donation, qu'il fit en préſence des Grands de ſon royaume, dans une aſſemblée qu'il convoqua à Pontpierre ſur le Mouzon.

ANNÉE 579.

Mars, ſans quantième.

CHARTE par laquelle Godin, homme de conſidération, & Lantrude ſa mère, font une donation en faveur de l'égliſe de ſaint Benigne de Dijon.

Rec. de Pérard, page 5. Ann. Eccl. Fr. t. III, p. 638.

Actum Doverniaco.

L'héritage dont on fit donation à cette égliſe, étoit ſitué dans le Pertois. La Charte porte, *Donamus regiculam juris noſtri*; c'eſt-à-dire, *regiunculam vel prædium, nomine Albiniacum.*

Le Cointe n'a pas bien lu cette Charte, ſoit dans Pérard, ſoit dans le Chartulaire même de S.ᵗ Benigne; à la place de *Chilpéric*, ce Critique a ſubſtitué mal-à-propos *Childéric*, & par cette raiſon cette Charte ſe trouve placée dans ſes Annales ſous l'année 671; mais rien ne prouve mieux la mépriſe de cet Auteur, que les notes chronologiques de la pièce même. Elles portent, *Die veneris menſe martio in anno XVII regni domni noſtri Chilperici.* Or comment cet Acte auroit-il pû être fait dans la dix-ſeptième année du règne de Childéric, tandis qu'il eſt certain que ce Prince n'en régna même pas quatorze. C'eſt à cette première erreur qu'il faut attribuer la ſeconde dans laquelle le Cointe eſt tombé dans la critique qu'il fait de cette pièce. On trouve dans l'édition de Pérard, tout-à-fait conforme, ſuivant le témoignage de Mabillon, à la leçon du Chartulaire de ce Monaſtère, le nom de *Boloneus* qui en étoit abbé lorſqu'on fit cette donation; le Cointe prétend corriger Pérard & avance qu'il faut dire *Agilbertus*, parce que ce dernier, ſuivant la chronique du Monaſtère, (*Spicileg. d'Acherii*, t. II, p. 370) ſuccéda dans l'abbaye à Wichramne en 680. Mais quand il ſeroit vrai que *Boloneus* n'étoit point l'abbé de ce Monaſtère lorſqu'on lui fit cette donation, le Cointe ne pourroit faire cadrer les époques en plaçant même ſous Childéric, *Agilbert*; car d'un côté il eſt prouvé que ce Prince mourut en 674, & que d'un autre côté *Agilbert* ne put être élû qu'au commencement de 676.

Sans autre date.

MANDATUM Chilperici I Francorum Regis de Aſylis.

Conſtit. Imp. a Goldaſto, t. I, p. 11.

Ce reſcrit eſt adreſſé à l'évêque de Tours. Chilpéric ordonne à ce Prélat de chaſſer Mérovée ſon fils de l'égliſe de S.ᵗ Martin, où il s'étoit réfugié pour ſe ſouſtraire à la colère de ſon père. Ce Prince avoit quitté la cléricature en laiſſant croître ſa chevelure, & au mépris de l'Ordre de prêtriſe, il s'étoit marié à Brunehaut veuve du roi d'Auſtraſie. On peut bien croire que le peu de reſpect de Mérovée pour les Canons, n'étoit pas ce qui irritoit le plus ſon père contre lui.

Sans autre date.

ANNÉE 580.

LEX Canonica Chilperici I, adverſus Epiſcopos homicidas, adulteratores & perjuros.

Conſtit. Imp. a Goldaſto, t. I, pag. 1.

Goldaſte rapporte en ce peu de mots la diſpoſition de cette Loi. *Deprehenſus a ſacerdotio divellatur.*

NOTICE

ANNÉE 580.

DECRETUM *ejusdem Regis in Ecclesiasticos heribannitos.* <small>Constit. Imp. a Goldasto, t. I, p. 11.</small>

Voici l'édit dans les termes de Goldaste. *Chilpericus Rex de pauperibus & junioribus ecclesiæ vel basilicæ bannos jussit exigi pro eo quod in exercitu non ambulassent, nec exsolvissent publicam functionem.*
(*Voyez le Glossaire de Ducange sur le mot* Bannum).

ANNÉE 581.

<small>5 OCTOBRE.</small>

EPISTOLA *Pelagii II Papæ ad Aunacharium episcopum Autissiodorensem, qua Regum Francorum fidem orthodoxam commendat.* <small>Conc. Antiq. Galliæ, a Sirmondo, tom. I, p. 375.</small>

Le véritable sujet de cette lettre, étoit d'engager Aunacharius à détourner les rois d'Austrasie & de Bourgogne de faire aucun traité avec les Lombards.

ANNÉE 583.

<small>5 MAI.</small>

PRÆCEPTUM *Chilperici de fundatione Monasterii sancti Luciani Bellovacensis.* <small>Rec. des Hist. de Fr. tome IV, p. 624. Annal. Eccl. Fr. Cointii, tom. IV, p. 580. Ann. de Belleforêt, t. I, fol. 736, verso.</small>

Donné à Rouen.

Mabillon, d'après lequel Dom Bouquet a imprimé cette pièce, l'attribue avec raison à Chilpéric I, & non pas à Chilpéric II, comme le fait le Cointe. En effet, S.ᵗ Évroul qui fut le premier abbé de ce Monastère étoit contemporain de Frédegonde & de Chilpéric I; cette Abbaye subsistoit avant le règne de Daniel ou Chilpéric II, qui ne commença que vers l'an 718. Louvet dans son histoire du Beauvoisis attribue cette fondation à Childebert I roi de Paris, *comme le porte*, dit-il, *l'Obituaire de cette Abbaye;* mais il faut distinguer entre l'établissement du Monastère & la fondation de l'ancienne église dédiée à S.ᵗ Pierre & à S.ᵗ Lucien, sur les ruines de laquelle Chilpéric I en fit réédifier une nouvelle. La Charte porte qu'il y avoit des revenus attachés à cette ancienne église, qui provenoient de la libéralité des Princes ancêtres de Chilpéric; peut-être le roi Childebert étoit-il du nombre de ses premiers bienfaiteurs, & c'est sans doute la raison pour laquelle on le trouve nommé comme fondateur dans l'Obituaire.

Nous adoptons le sentiment de le Cointe & de Dom Bouquet sur les notes chronologiques de cette pièce, & nous pensons, avec ces Critiques, qu'elles ont été interpolées.

<small>Sans autre date.</small>

STATUTUM *Chilperici I, de summa Trinitate.* <small>Constit. Imp. a Goldasto, t. I, p. 11.</small>

Goldaste a composé cette ordonnance des termes mêmes de Grégoire de Tours, il fait dire à Chilpéric, après avoir énoncé les principaux articles du Symbole des Apôtres, *& sic volumus ut Archiepiscopi, Episcopi & reliqui Doctores Ecclesiarum credant ac doceant.* Grégoire de Tours (*lib. V, cap. 45*) dit que ce Prince avoit effectivement dressé une formule de Foi qui confondoit les personnes dans la sainte Trinité, & qu'il refusa de la souscrire parce qu'elle renouveloit les erreurs de *Sabellius*: que le Roi ne s'en étoit point rapporté à son avis: qu'il avoit consulté sur ce même sujet l'évêque d'Alby, & que ce Prince l'ayant également trouvé d'un sentiment contraire au sien, il avoit dans l'instant déchiré le projet de son édit, sans penser depuis à le faire publier.

ANNÉE 584.

<small>10 NOVEMBRE.</small>

PRÆCEPTIO *Guntranni Francorum Regis ad omnes Episcopos & judices regni sui de Die dominica observanda, &c.* <small>Const. Imp. a Goldasto, t. III, p. 634. Baron. Annal. t. VII, p. 694. Conc. Antiq. Gall. a Sirmondo, t. I, p. 390. Conc. ab Harduino, t. III, col. 467. Capit. Reg. Fr. a Baluzio, t. I.</small>

Le concile de Mâcon, assemblé par les ordres de ce Prince, avoit statué (*Canone II*) que tous les Fidèles célébreroient la solemnité des fêtes de Pâques pendant six jours, avec défense de vaquer à aucune œuvre servile. Gontran donna cet édit pour faire observer ce nouveau règlement.

Sans autre date.

ANNÉE 584.

EDICTUM Chilperici I, de litteris Alphabeto addendis.

Constit. Imp. a Goldasto, t. I, p. 12.

Addit Chilpericus, dit Goldaste, *litteras litteris nostris .... Quarum characteres subscripsimus, hi sunt* o. ↄ. п. z. *& misit epistolas in universas civitates regni sui, ut sic pueri docerentur, ac libri antiquitus scripti, planati pumice rescriberentur.* Dom Bouquet qui a imprimé les ouvrages de Grégoire de Tours, d'après le manuscrit de Corbie qu'il croit être le plus ancien, a imprimé ces caractères dans la forme qu'ils portent dans ce manuscrit, tels que nous les représentons ici Ω. ↄ. z. Δ; ce Savant remarque qu'ils eurent le même sort que ceux que l'Empereur Claude inventa, c'est-à-dire, que les uns & les autres périrent avec leur Auteur. L'intention de Chilpéric étoit d'ajoûter à l'alphabet Gaulois les lettres doubles des Grecs, & de représenter par un seul caractère ce qui ne s'exprimoit auparavant que par plusieurs.

Sans autre date.

FUNDATIO Abbatiæ sancti Marcelli diœcesis Cabilonensis, a Rege Gontranno facta.

Gall. Christ. sec. edit. t. IV, instr. col. 222. Hist. de Châlon-sur-Saône, par Perry, pr. p. 22. L'illustre Arbandale, t. II, p. 68. Rec. des Hist. de Fr. tome IV, p. 625.

Si les Auteurs de la nouvelle Gaule chrétienne n'ont imprimé cette Charte que d'après les ouvrages de quelques mauvais Compilateurs, ils ne devoient pas au moins lui donner, comme ils ont fait, une date contredite par une foule de bons Historiens. (en 577, suivant eux) Déja le roi Gontran avoit quitté la ville d'Orléans pour se rendre à Châlons où il fixa sa Cour, lorsque ce Prince fit bâtir près de cette ville l'église de S.t Marcel, dans laquelle il mit des Moines qui vivoient sous la même règle que ceux d'Agaune. Frédegaire nous donne l'époque précise de ce pieux établissement, *Anno*, dit-il, *vicesimo quarto regni divino amore tactus, ecclesiam beati Marcelli ubi ipse pretiosus requiescit in corpore, quæ in suburbano quidem Cabilonense sed in Sequanorum est territorio, mirifice & solerter ædificari jussit, ibique Monachos congregans Monasterium condidit ipsamque ecclesiam rebus plurimis ditavit.* Aimoin, l'auteur de la chronique de Flavigny, Hériman & d'autres fixent également dans la vingt-quatrième année du règne de Gontran la fondation de ce Monastère : c'est aussi à cette même époque que Dom Bouquet a rapporté la Charte que ce Prince en fit expédier, c'est-à-dire, l'an 584.

DISCOURS des Ambassadeurs de Frédegonde au Roi de Bourgogne, pour lui offrir le royaume de Paris vacant par la mort de Chilpéric.

Histoire de Fr. de Daniel, t. I, p. 278.

Frédegonde après l'assassinat de Chilpéric se sauva dans l'église cathédrale de Paris, & envoya des Ambassadeurs à Gontran pour réclamer son appui. Grégoire de Tours fait tenir ce discours à Frédegonde qu'elle adressa à ses Ambassadeurs avant leur départ vers Gontran. « Dites au Roi, mon seigneur, qu'il vienne se mettre en possession du royaume de son frère ; » *Veniat dominus meus & suscipiat regnum fratris sui* ; (*lib. VII, cap. 5*) mais il seroit bien contre la raison d'imaginer que Frédegonde offrit à Gontran le royaume de Soissons, tandis qu'elle avoit un fils de Chilpéric auquel la loi, secondant ses intérêts, assuroit la succession au trône. Il s'agissoit, sans doute, seulement de la régence pendant la minorité du jeune Roi, ou, tout au plus, de la portion du royaume de Charibert échue à Gontran, dont Chilpéric s'étoit emparé : Frédegonde afin de se concilier Gontran, lui en offroit la restitution.

28 NOVEMBRE.

ANNÉE 585.

TRACTATUS Pacis factæ inter Guntramnum & Childebertum Reges.

Corpus Fran. hist. veteris, par. 2, p. 201.

La conjuration des seigneurs d'Austrasie en faveur de Gondebaud, secrètement favorisée par la reine Brunehaut, hâta la conclusion de ce traité. Gontran pensa en bon politique, qu'il valoit mieux sacrifier une partie de ses États, que de risquer de les perdre en entier avec la vie. Ainsi, afin d'avoir moins d'ennemis à combattre, ce Prince fit sa paix avec Childebert son neveu, & pour la rendre durable il déclara, en présence de toute la Cour, qu'il le reconnoissoit pour l'unique héritier du royaume de Bourgogne, lui cédant dès-lors tous les États que Sigebert avoit hérités du roi Charibert, que lui Gontran avoit prétendu lui être dévolus. (*Greg. de Tours, lib. VII, cap. 32 & 33. Chron. Fredeg. cap. 7.*)

ANNÉE 586.

JUILLET, sans quantième.

CHARTA *donationis ex quâ constat de tempore fundationis Monasterii sancti Petri Lugdunensis.*

Gallia Christ. sec. edit. t. IV, instr. col. 1.

Mabillon a imprimé dans ses Annales bénédictines, (*t. I, p. 690*) une Charte qui donne une origine à ce Monastère beaucoup plus ancienne que celle que lui attribue cette donation. La Charte de Mabillon est le testament d'*Annemundus* évêque de Lyon, écrit vers l'an 653, dans lequel on lit qu'un homme d'une naissance illustre, nommé *Albert*, converti par S.' Irené, fit ce pieux établissement au commencement du III.ᵉ siècle ; mais Mabillon & d'autres Critiques doutent de l'authenticité de cette pièce, & ils fixent par cette raison le temps de la fondation du Monastère, à l'époque marquée dans l'Acte de la donation dont nous donnons ici la notice.

Cet Acte est de la XXVI.ᵉ année du règne de Gontran ; les Auteurs de la Gaule chrétienne auroient dû par cette raison le dater de l'an 586, & non pas de l'année 588.

Un particulier nommé *Girard*, & sa femme *Gimberge*, avoient fait prendre le voile dans ce Monastère à leur fille unique *Adaltrude* ; par cette considération, ils donnent, à perpétuité & en toute propriété aux Religieuses, une église avec les dîmes qui en dépendent, située dans le Lyonnois au territoire *Menthearense* ; ils joignent à cet article des vignes, des prés & quelques alleux situés aux environs de la ville de Lyon, avec cette clause néanmoins, *qu'eux & leur fille auront, leur vie durant, l'usufruit de ces biens.*

Les Donateurs, dans le préambule de cet Acte, désignent le Monastère par sa situation qu'ils fixent dans la ville de Lyon, bâti sur une langue de terre entre le Rhône & la Saône ; ils disent aussi qu'il a eu pour fondateur Godégisèle roi de Bourgogne, & sa femme Theudelinde. Godégisèle frère de Gondebaud vivoit du temps de Clovis, & ne fut roi de la Bourgogne cisjurane qu'à la fin du V.ᵉ siècle ; ainsi ce Monastère a plus de deux cens ans d'ancienneté de moins par cet Acte, que par le testament d'*Annemundus.*

Sans autre date. SANCTIO *Chilperici I Francorum Regis, contra regiorum mandatorum contemptores.*

EJUSDEM *Regis revocationes inofficiosarum donationum Episcopis & Ecclesiis factarum.*

Const. Imp. a Goldasto, t. I, p. 12.

Chilpéric, comme nous l'avons remarqué, étant mort à la fin de l'année 584, Goldaste a fait une faute de placer ces deux pièces sous cette année : elles sont, au plus tard, de 583.

Ecce, dit le Prince, dans le préambule de cet édit, *pauper remansit fiscus noster, ecce divitiæ nostræ ad ecclesias sunt translatæ ; nulli penitus nisi soli Episcopi regnant. Periit honor noster & translatus est ad Episcopos civitatum.*

C'est sans doute ce prétendu édit qui porte Grégoire de Tours à se déchaîner, peut-être avec trop de vivacité, contre Chilpéric, & à dire de ce Prince, *nullum plus odio habuit quam Ecclesias* (*lib. VI, cap. 46*). Il faut pourtant avouer que si Chilpéric parut jaloux du grand crédit que les Évêques avoient sur le peuple, & des grands biens dont les églises étoient déjà dotées, il ne laissa pas de montrer dans plusieurs occasions de l'amour pour la religion. Lui-même dota richement l'église de Tournay, il fut le fondateur du monastère de S.' Lucien de Beauvais, &c.

DIPLOMA *Childeberti II Regis, pro Monasterio Cellensi a Leobardo constructo.*

Ann. Eccl. Fr. t. II, p. 316.

Nous n'avons de certain sur l'existence de ce Diplome, que ce qu'on lit dans celui que Thierri de Chelles donna le premier de mai de l'an 724.

DES DIPLOMES.

Jodocus Coccius attribue la fondation de ce Monastère à Childebert I, le Cointe & Mabillon *(Annal. bened. t. I, p. 309)* ont réfuté avec succès le sentiment de cet Auteur; il demeure pour constant aujourd'hui, que Childebert III fut l'auteur de cet établissement vers l'an 686.

(Voyez la notice de la Charte de Thierri, à l'article de l'année 724, 1.er mai).

28 NOVEMBRE.

ANNÉE 587.

PACTUM *pacis inter Guntramnum Burgundiæ Regem, & Childebertum Austriæ Regem & Brunichildem Reginam, apud Andelaum; de divisione & limitibus regnorum.*

A Andelaw, dans la Basse-Alsace.

Constit. Imp. a Goldasto, t. I, p. 13.
Œuvres de Fauchet, fol. 134, R.°
Annales de Fr. par Taraud, p. 326.
Concil. Antiq. Gall. a Sirmondo, t. I, p. 392.
Capitul. Reg. Fr. a Baluzio, tom. I, col. 11.
Ann. Eccl. Fr. t. I, p. 329.
Franc. Orient. ab Eckardo, t. I, p. 136.
Sancti Gregorii Turon. edit. a Dom Bouquet, t. II, p. 343.

Il fut arrêté par ce traité, que Gontran réuniroit à la portion qu'il avoit eue dans le partage du royaume de Charibert, celle échûe au roi d'Austrasie, qui consistoit principalement dans un tiers de la ville de Paris, avec le Dunois, le Vendômois, partie du pays d'Étampes & du Chartrain; Gontran donna en échange les villes de Meaux, de Senlis, la Touraine, le Poitou, avec les villes d'Avranches, d'Aires-en-Gascogne, Conserans, Alby & Bayonne.

Ces deux Princes se jurèrent une union sincère, & convinrent encore que le royaume de celui des deux qui mourroit sans laisser d'enfans mâles, passeroit sous la domination du survivant; Gontran assurant néanmoins à sa fille Clotilde la propriété des biens qui avoient été distraits du fisc, pour lui former une dote. C'est le premier exemple d'aliénation du domaine de nos Rois.

TESTAMENTUM *sanctæ Radegundis, in gratiam parthenonis sanctæ Crucis Pictavensis ab ea conditi.*

Ann. Eccl. Fr. t. II, p. 323.
Annal. Bened. tom. I, p. 193.

Consultez Grégoire de Tours, lib. IX, cap. 40 & 43.

Cette lettre que l'on regarde comme un Acte testamentaire, parce que Ste Radegonde y fait des dispositions en faveur de son Monastère, & qui ne doivent être exécutées qu'après sa mort, se trouve souscrite de plusieurs Évêques dans l'histoire d'Aquitaine.

Sans autre date.

GUNTHCRAMNI *Regis Augusti sanctio in Parricidas regum.*

Constit. Imp. a Goldasto, t. I, p. 12.

Voici les termes de cette Loi, qui fut portée à l'occasion du meurtre du roi Chilpéric.

Gunthramnus Rex juravit omnibus optimatibus quod non modo ipsum Eberulfum cubicularium Chilperici Regis fratris sui interfectorem, verum etiam progeniem ejus ad nonam generationem deleret, ut per horum necem consuetudo auferretur iniqua ne reges amplius interficerentur. Factum Parisiis in conventu Principum tam ecclesiasticorum quam sæcularium.

Grégoire de Tours *(lib. V, cap. 21)* rapporte que cet infame parricide ayant appris l'arrêt de mort porté contre lui, se réfugia dans l'église de St Martin qui fut un asyle si respectable, que l'on n'osa l'en tirer pour le punir de son crime.

Sans autre date.

CHARTA *fundationis Monasterii Glanderiensis ab Arnoaldo.*

Histoire des évêques de Metz, par Meurisse, p. 95.

On appeloit anciennement ce Monastère *Saint Martin-aux-Chênes*, on le connoît aujourd'hui sous le nom de *Longeville*; Arnoald son fondateur, fut le père du grand Arnould évêque de Metz.

Meurisse assure avoir imprimé cette pièce d'après l'original que les moines de cette Abbaye lui confièrent.

ANNÉE 588.

MANDATUM Gunthcramni Regis in Ecclesiasticos heribannitos.

Sans autre date. *Constit. Imp. a Goldasto, t. I, p. 12.*

Cette ordonnance qui ne se trouve que dans la collection de Goldaste, porte que les Évêques & les autres ecclésiastiques qui négligeront de se rendre à l'armée dans le temps marqué, payeront une amende.

DECRETUM Gunthcramni Regis, de grassationibus militum.

Constit. Imp. a Goldasto, t. I, p. 12.

Les gens allant à la guerre formoient en ce temps des troupes de brigands plutôt que des soldats ; chacun avoit à peine quitté ses foyers qu'il se croyoit en pays ennemi ; l'édit du roi Gontran nous apprend qu'il n'est point de ravages que les hommes de guerre ne commissent ; ce Prince fit les plus sages règlemens pour établir une discipline, mais on sait combien peu ils furent observés.

CHILDEBERTI II Regis epistola ad Mauritium Imperatorem, quâ illi fœdus inter eos inire proponit.

DECEM & octo aliæ epistolæ, tam Childeberti & Brunechildis ad Mauritium vel ad Patriarcham Constantinopol. vel ad Imperatoris ministros, quam ad Childebertum & Brunechildem, tum Imperatoris, tum Patriarchæ, &c.

Recueil des Hist. de Fr. tome IV, p. 82.... 91.

Toutes ces lettres écrites de la cour d'Austrasie, avec les réponses de celle de Constantinople, justifient ce que les Historiens ont écrit depuis, du traité qui fut conclu cette année entre ces deux Puissances contre les Lombards d'Italie. On sait combien les suites de ce traité furent fâcheuses pour la cour d'Austrasie. A peine les ambassadeurs de l'Empereur Maurice eurent pris congé de Childebert, que ce Prince se hâta de lever une armée considérable de Suèves, de Belges & d'Allemands ; aussi-tôt on entra en campagne, & cette armée composée de Soldats dont le courage faisoit espérer les plus brillans succès, fut attaquée au delà des Alpes par Autaris qui commandoit en personne la sienne, & taillée en pièces ; Grégoire de Tours dit que la perte des Austrasiens fut si considérable, qu'on ne se souvenoit pas d'avoir vû une pareille défaite. *(lib. IX, cap. 25.)*

ANNÉE 589.

Sans autre date.

DECRETUM Gunthcramni Francorum Regis, ut Episcopi canes non alant in domibus suis.

Constit. Imp. a Goldasto, t. III, p. 635.

Le Roi, dans le préambule de cet édit, annonce les sentimens d'un cœur aussi humain que pénétré des principes du Christianisme. *La maison d'un Évêque,* dit-il, *doit être ouverte à tous les pauvres ; chacun sans choix ni distinction doit y trouver un asyle assuré contre la faim & les autres misères ; il seroit par cette raison contraire autant à l'humanité qu'à la religion, si un Prélat consommoit ses revenus à nourrir des oiseaux de proie, grand nombre de chiens, &c.*

ANNÉE 590.

ANNÉE 590.

MAI, sans quantième.

BULLE du Pape Grégoire le Grand, portant excommunication contre les usurpateurs des biens de l'église de Notre-Dame de Cambrai.

Chr. Cameraci. a Balderico, p. 197.

JUDICIUM Episcoporum qui Pictavis convenerant contra Chrodieldem, Basinam & socias, latum ad Guntramnum & Childebertum Reges.

Concil. Antiq. Galliæ a Sirmondo, tom. I, p. 405. Ab Harduino, t. III, col. 527.

Sainte Radegonde, comme nous l'avons observé, avoit désigné une de ses religieuses, nommée *Agnès*, pour lui succéder. Ce choix déplut sans doute à Chrodielde & à Basine, toutes les deux Princesses du Sang: car Chrodielde étoit fille de Charibert roi de Paris, & Basine de Chilpéric I. Il n'est point de mauvais traitemens que ces deux Religieuses ne fissent éprouver à leur Abbesse: elles remplirent la ville de Poitiers du scandale de leurs débordemens; le bruit en étant parvenu jusqu'à la cour des deux rois de Bourgogne & d'Austrasie, ces deux Princes assemblèrent à Poitiers un grand nombre d'Évêques de leurs royaumes, lesquels après avoir écouté & discuté les plaintes réciproques de l'Abbesse & des deux Religieuses, condamnèrent celles-ci à une pénitence rigoureuse, & rétablirent l'Abbesse dans toute son autorité.

Grégoire de Tours *(lib. X, cap. 16)* raconte tous les détails de cette histoire.

INTERROGATOIRE de Gilles évêque de Reims, complice de la conjuration de Frédegonde contre Childebert Roi d'Austrasie.

Histoire d'Allemagne, par le P. Barre, t. II, page 138.

Ce Prélat convaincu des crimes dont il étoit accusé, les avoua. Les Évêques le déposèrent; & en le livrant à la Justice séculière, ils demandèrent au Roi qu'il lui conservât la vie. Childebert en usa avec clémence, & se contenta d'exiler Gilles à Strasbourg où il demeura enfermé dans une étroite prison jusqu'à sa mort.

ANNÉE 593.

6 JUIN.

EPISTOLA Gregorii I, ad Virgilium episcopum Arelatensem, cui vices suas in regno Childeberti concedit, &c.

Rec. des Hist. de Fr. tome IV, page 12. Concil. Antiq. Gall. a Sirmondo, t. I, p. 412.

Le Pape dans sa lettre dit que le *pallium* & la légation lui étant également demandés par le roi Childebert, & par Virgile lui-même, il accorde à celui-ci l'un & l'autre, avec les mêmes droits dont ses prédécesseurs les évêques d'Arles avoient joui, n'étendant pas cependant la légation de Virgile au delà des limites du royaume d'Austrasie.

Sans autre date.

EPISTOLÆ plures Gregorii I Papæ, spectantes regimen Galliæ Ecclesiarum & de multis aliis argumentis.

Rec. des Hist. de Fr. tome IV, p. 12....36.

Dom Bouquet avertit dans une note *(a), (tome IV, page 12)* qu'il ne donne des lettres du Pape Grégoire le Grand, que celles que Duchêne a imprimées à la fin du 1.er volume de ses Historiens, *page 889*. Nous avons pensé, par rapport à nous, qu'il suffisoit d'en annoncer le recueil. Le père Sirmond & le Cointe en ont imprimé d'autres que l'on ne trouve point dans Dom Bouquet, nous annoncerons parmi celles-ci les plus intéressantes, & nous en donnerons des notices à l'article de leur date.

CHARTA pactionis factæ inter Childebertum & Clotarium Reges, pro pace inter ipsos.

Capit. Reg. Fr. a Baluzio, t. I, col. 15. Rec. des Hist. de Fr. tome IV, page 113.

Baluze & Dom Bouquet sont d'opinion différente sur ce traité. Le premier l'attribue à Childebert II & à Clotaire II, tandis que Dom Bouquet pense qu'il est de

Tome I. G

Childebert I & de Clotaire I. Nous nous déterminons plus volontiers pour le sentiment de Dom Bouquet, parce que Frédégaire & l'Auteur des Gestes disent qu'après la mort du roi Gontran arrivée dans cette année, il y eut une guerre fort animée entre Childebert II & Clotaire II, ces Princes étoient donc bien éloignés dans cette époque de conclurre un traité. (*Chron. Fred. cap. 14. Gesta Reg. Fr. cap. 36*) Celui-ci contient huit articles, qui ne roulent que sur la police que ces Princes formèrent le dessein d'établir d'une manière uniforme dans leurs États.

ANNÉE 594.

26 MAI.

PRIVILEGIUM Gregorii Magni Papæ, pro Monasterio sancti Medardi Suessionensis.

Ann. Eccl. Fr. Cointii, tom. II, p. 403. Launoii inquisitio privileg. S.t Med. Suess. p. 5.

Le Cointe, aidé de la critique de Launoi, démontre évidemment la fausseté de cette Charte. Comme nous n'avons point de réflexions à ajouter à celles de ces deux Savans, nous renvoyons le Lecteur à leurs dissertations.

Sans autre date.

DECRETUM Childeberti II Francorum Regis, de divisione hæreditatis inter Ingeltrudem & filiam ejus Berthegundem.

Constitutiones Imp. a Goldasto, tom. I, p. 14.

Berthcramne évêque de Bourdeaux, avoit institué Berthegonde sa nièce sa légataire universelle. Après la mort de ce Prélat, Ingeltrude sa sœur & mère de Berthegonde s'empara de tout l'héritage, & prétendit, au mépris du testament de l'Évêque, jouir seule de tous les effets de la succession ; on porta cette contestation au Roi, qui jugea qu'Ingeltrude donneroit à sa fille un quart tant des meubles que des immeubles de la succession.

DECRETUM Childeberti II Franc. Regis de Asylis.

Constit. Imp. a Goldasto, t. I, p. 14.

Le Roi veut que dèsormais les églises soient des asyles assurés pour tous les criminels, même pour les parricides.

ANNÉE 595.

Sans autre date.

DECRETIO Chlotarii Regis, pro diversis flagitiis & criminibus coercendis.

Capitul. Reg. Fr. a Baluzio, t. I, col. 19. Rec. des Hist. de Fr. tome IV, p. 114.

Eckart pense que cette ordonnance est le quatrième livre ajoûté à la Loi salique, dont le Code demeura dans cet état jusqu'au règne de Charlemagne ; cet Auteur, par cette raison, l'attribue à Clotaire I. Dom Bouquet adopte ce sentiment ; Baluze, au contraire, croit avoir de meilleures raisons pour l'attribuer à Clotaire II. La décision de cette question, peu intéressante en elle-même, ne peut être que le résultat de dissertations que la brièveté nécessaire dans nos Notices ne nous permet pas ; ainsi ne pouvant exposer les raisons qui nous porteroient à préférer l'un de ces sentimens plustôt que l'autre, nous laissons la liberté au Lecteur de choisir, sans lui proposer le nôtre.

Cette ordonnance contient dix-huit articles, dont dix-sept ne roulent que sur différentes espèces de vols, & pour lesquels la Loi prononce des peines proportionnées. Le dernier article porte que le Juge qui négligera de faire observer la présente ordonnance dans toutes ses parties, sera puni de mort.

OCTOBRE, sans quantième.

ANNÉE 596.

PRÆCEPTUM Gregorii I Papæ, de privilegiis Monasterio Massiliensi concessis.

Conc. Antiq. Gall. a Sirmondo, t. I, p. 426. Antiquités de Marseille, t. I, p. 258.

Ce monastère de Filles subsiste encore aujourd'hui à Marseille sous le nom de Saint-Sauveur, & sous la règle de S.t Benoît. De très-bons Auteurs prétendent que Dynamius préfet des Gaules sous le règne de Gontran, en fut le fondateur, ou au moins le bienfaiteur ; car suivant Mabillon, (*Annal. Bened. t. I, p. 246*) ce Monastère subsistoit sous la règle de S.t Cassien, lorsque Dynamius lui fit donation d'une maison qui lui étoit contiguë, quelque temps après la mort d'Eucharie sa femme.

DES DIPLOMES. 51

Enfin soit que ce fut Dynamius préfet, soit un autre du même nom, le Pape Grégoire dit dans le préambule de ce bref qu'il accorde aux prières de Dynamius & d'Aurélian, que les religieuses du monastère de S.t Cassien, après la mort de *Respecta* leur abbesse, auront la liberté d'en élire une autre qui sera choisie parmi elles: ce Pape, de plus, exempte l'Abbaye de la jurisdiction épiscopale; permettant néanmoins à l'Évêque de célébrer dans l'église pontificalement la messe à Noel & au jour de la Dédicace, avec le droit de choisir un Prêtre pour administrer les Sacremens aux religieuses, & leur dire la Messe pendant le cours de l'année.

Sans autre date.

ANNÉE 599.

LITTERÆ Gregorii Papæ I ad Siagrium episcopum Augustodunensem quibus illi mittit pallium, cum quibusdam aliis privilegiis.

Ann. Eccl. Fr. t. II, p. 460.... 469.

Le Cointe fait une savante dissertation sur l'usage du *pallium* que Grégoire accorda à Siagrius évêque d'Autun, & que les Papes ont continué à ses successeurs jusqu'à nos jours; mais le Pape ne permet à l'évêque d'Autun de porter cet ornement que dans son église, & lorsqu'il y célébrera les saints Mystères; il ajoûte à ce privilége celui de précéder tous les autres Suffragans de Lyon, & de tenir la place du Métropolitain en son absence. C'est à cette bulle qu'il faut sans doute remonter pour trouver la première origine des priviléges dont jouit encore aujourd'hui l'évêque d'Autun, pendant la vacance du siége de Lyon.

ANNÉE 600.

STATUTS Synodaux de l'église de Reims.

Hist. Eccles. Rem. a Marlot, tom. I, p. 237.

L'année dans laquelle *Sonnatius* évêque de Reims fit ces statuts, est tout-à-fait incertaine; on ne connoît de l'histoire de ce Prélat, sinon qu'il gouverna cette Métropole dans l'intervalle de l'année 600 à 640.

Nous donnons le sommaire de ces statuts parce qu'ils servent à prouver combien l'usage de célébrer dans l'Église les fêtes des Apôtres & de la Vierge, est ancien. Ces statuts contiennent vingt-un articles & roulent principalement sur les devoirs des Pasteurs, l'administration des Sacremens & la célébration des Fêtes. Celles dans lesquelles on s'abstenoit alors de toute œuvre servile dans ce Diocèse, outre le Dimanche, étoient la Nativité de Notre-Seigneur, sa Circoncision, l'Épiphanie, le jour de l'Annonciation, de la Résurrection, de la Pentecôte, de la nativité de S.t Jean-Baptiste, la fête de S.t Pierre & S.t Paul, l'Assomption de la Vierge, sa Nativité, & la fête de S.t André apôtre.

Tome I. G ij

SEPTIÉME SIÈCLE.

ANNÉE 601.

LITTERÆ *Gregorii Papæ I ad Reginam Bertham, ut spretis idolis ad Fidem christianam Adilbertum maritum ejus & totam gentem Anglorum adducat.*

Ann. Eccl. Fr. t. II, p. 485.

Berta ou Adilbert étoit fille de Charibert I roi de Paris. Nous apprenons par cette lettre que le Pape Grégoire lui écrivit, que cette Princesse avoit épousé Adilbert ou Édilbert roi d'Angleterre, que ce Prince & toute la nation Angloise étoient encore au commencement du VII.ᵉ siècle enveloppés des ténèbres de l'idolatrie, & que cette pieuse Reine contribua beaucoup à la conversion du Roi son mari, & de toutes les isles Anglicanes. Berta ne survécut point à Adilbert; elle lui laissa un fils nommé *Eadbald*, qui succéda au trône, & épousa sa belle-mère seconde femme de son père. (*Beda, lib. IX, epist. 59*).

NOVEMBRE, sans quantième.

ANNÉE 602.

EPISTOLA *Gregorii Papæ I Brunichildi Reginæ, de privilegiis ecclesiæ sancti Martini Augustodunensis & Monasterii monialium necnon & xenodochii ejusdem urbis, &c.*

Ann. Eccl. Fr. t. II, p. 545. Concil. Antiq. Galliæ a Sirmondo, tom. I, pag. 463.

Le Pape marque à Brunehaut, par cette lettre, qu'il a accordé les privilèges qu'elle lui avoit demandés pour ces trois Monastères dont elle étoit la fondatrice. Le Cointe rapporte *à la page 547 du tome II*, ce privilège, qui porte confirmation des biens dont ces Monastères avoient été dotés, avec exemption de la jurisdiction épiscopale, les mettant sous la garde & protection spéciale du Roi.

Celui de S.ᵗ Martin étoit occupé par des hommes, il est encore possédé aujourd'hui par des moines de S.ᵗ Benoît : suivant le témoignage de Sulpice Sévère, (*lib. 1, de vitâ sancti Martini, cap. 13*) son église subsistoit avant que Brunehaut, secondée de Siagrius évêque d'Autun, y établît des Moines. Elle avoit été bâtie du temps de S.ᵗ Martin même, à l'occasion d'un miracle que ce grand Évêque fit dans ce lieu, & mise sous l'invocation de S.ᵗ Pierre & S.ᵗ Paul. Brunehaut y fut inhumée.

Celui que l'on nomme aujourd'hui *S.ᵗ Jean-le-Grand*, étoit, comme présentement, occupé par des filles. Il existoit long-temps avant Brunehaut. On avoit anciennement construit dans ce lieu un oratoire dédié à la Vierge, sur les ruines d'un ancien temple consacré à Cybèle ; (*Mabill. Annal. Bened. tom. I, pag. 204*) Ce Monastère portoit encore le nom de Sainte Marie, lorsque sous le règne de Gontran Chrodielde s'y réfugia, après avoir quitté le monastère de Sainte Croix de Poitiers.

Le troisième est *Saint Andoche*, qui fut dans son origine un Monastère hospitalier occupé par des hommes ; il ne paroit pas qu'il existât avant les temps de Brunehaut, ainsi cette Reine doit en être considérée comme la première fondatrice. Il passa à des religieuses de l'Ordre de S.ᵗ Benoît vers le commencement du IX.ᵉ siècle. Elles le conservent encore aujourd'hui. (*Mabil. Annal. Bened. tom. I, pag. 204*).

INSTRUMENTUM *translationis sancti Treverii Monachi.*

Ann. Eccl. Fr. t. II, p. 554.

Le Cointe a imprimé cet Acte d'après les Bollandistes, il se trouve au 16 de janvier dans cet immense recueil. Saint Trivier étoit moine anachorète, vivant sous le règne de Godomar roi de Bourgogne. Il fut enterré dans un lieu nommé *Prisciniacum*; au bout de soixante & dix ans, une religieuse d'un monastère appelé *Ansilla*, situé dans le voisinage, eut une révélation dont l'objet étoit de transférer les reliques de ce Saint dans un lieu plus honorable. *Secondinus* évêque de Lyon, averti de cette révélation, fit la translation du Saint & le plaça dans une église de cette ville. C'est-là peut-être le seul endroit où il soit fait mention du monastère *Anfilla. Prisciniacum*, que l'on connoît présentement sous le nom de *Bregnies, Brignois* ou *Brigais*, devint célèbre parce qu'il fut le lieu du martyre de St Didier évêque de Vienne, sous Thierri II.

ANNÉE 606.

18 JANVIER.

TESTAMENT de Warré, fondateur de l'Abbaye de Flavigny.

Fait à Semur en Auxois.

Hist. de Bourgogne, par Dom Plancher, t. I, pr. p. 1, col. 1.

Dom Plancher n'est point d'accord avec lui-même sur la date de cette pièce. A l'article des preuves justificatives de son Histoire, il la place sous le règne de Thierri II, à l'année 606, & dans le courant de cette même Histoire, *page 108*, il en éloigne l'époque de plus d'un siècle ; *ce Monastère*, dit-il, *étoit déjà fondé en l'année 722, lorsque le vénérable Warré son fondateur, fit son premier testament*. En effet, Mabillon (*dans ses Annales Bened.*) prouve par de solides raisons que cet Acte n'est que de la première année du règne de Thierri de Chelles, qui revient à l'an 720.

Ce testament intéresse le Chapitre de la collégiale de *Saulieu* ; c'étoit anciennement un Monastère que Warré fonda à peu près dans le même temps que Flavigny. Il fait, par cet Acte, donation à l'un & à l'autre de plusieurs fonds de terre situés en Bourgogne. Nous ne parlons pas de deux autres Monastères nommés dans ce testament, parce qu'ils ne subsistent plus, & que nous ignorons les possesseurs actuels des biens que Warré leur légua.

ANNÉE 607.

Sans autre date.

LITTERÆ Adonis Viennensis episcopi ad Viennensem Ecclesiam martyrium sancti Desiderii copiosè describentes.

Ann. Eccl. Fr. t. II, p. 578.

Le Cointe remarque que Jonas qui a parlé du martyre de St Didier, dans la vie de St Colomban, s'est trompé sur la date de cet événement. Il dit que l'exil de Colomban & la mort de l'évêque Didier, arrivèrent dans le même temps ; Frédégaire (*cap. 32 & 36*) plus exact dans sa narration & marquant les époques, les place à deux ans de distance l'un de l'autre. Adon décrit dans cette lettre, adressée à son Clergé, la vie & les miracles du saint Prélat, & finit par dire qu'il succéda dans le siége de Vienne, à Vérus ; & qu'ayant reproché à Brunehaut ses crimes, cette Princesse en fut tellement irritée, qu'elle le fit assassiner dans un lieu du diocèse de Lyon, situé sur la rivière de Chalone. Frédégaire ajoûte à ce récit, que Brunehaut fut portée à cette détestable action par les conseils d'Aridius évêque de Lyon.

ANNÉE 610.

NOVEMBRE, sans quantième.

CHARTE de saint Faron évêque de Meaux, en faveur de l'abbaye de Faremoutier.

Histoire de Meaux, par Duplessis, t. I, p. 720.

Nous n'avons rien à ajoûter à la critique savante que l'Auteur de l'histoire de Meaux fait de cette Charte, dont il démontre visiblement la fausseté. Quoiqu'on ne sache pas précisément l'année de la fondation de ce Monastère, il est néanmoins constant qu'il ne subsistoit pas en 610, puisque sa fondatrice ne reçut le voile des mains de Gondoalde évêque de Meaux, que vers l'an 615, & qu'elle ne fit cet établissement qu'après s'être consacrée à Dieu.

G iij

ANNÉE 613.

16 AVRIL

DIPLOMA Dagoberti I Franc. Regis, pro fundatione Monasterii Haselacensis in diœcesi Argentoratensi.

Donné à Haslac en Alsace.

Ann. Eccl. Fr. t. III, p. 768.
Dagobertus Argent. Episc. fundator, a Coccio, p. 158.
Mém. sur les trois Dagoberts, p. 72 & 93.

Dagobert n'ayant commencé à régner en Austrasie que dans l'année 622, on ne peut guère placer cette Charte avant l'année 623. Il faudroit même, suivant Mabillon, (*Annal. Bened. tom. I, pag. 533*) lui donner une date encore plus récente. Ce Savant pense que le monastère d'Haselac, dont il s'agit, ne fut fondé que vers l'an 676 par Dagobert II, & non pas par Dagobert I. Le Cointe n'est pas d'un avis différent sur l'époque de la fondation du Monastère, mais il pense de plus que cette Charte, imprimée pour la première fois par Coccius, est fausse, & nous convenons que la critique de cet Auteur est fondée sur des raisons bien solides. Le Cointe ne disconvient pas cependant que ce Monastère ne tienne de la libéralité du roi Dagobert II, les lieux de *Kirchaim*, de *Marly*, avec des terres situées aux environs de Saverne, qui étoient du domaine royal ; mais ce Savant croit que la vérité de ces donations a été constatée par un autre Acte que celui-ci.

ANNÉE 615.

27 MARS

TESTAMENTUM Bertranni episcopi Cenomanensis.

Fait au Mans.

Ann. Eccl. Fr. t. II, p. 681, & seqq.

Cette Charte intéresse singulièrement l'église cathédrale du Mans, l'abbaye de la Couture située dans cette ville, & fondée par le Testateur, celle de S.t Vincent dans le même diocèse, l'église cathédrale de Paris, l'abbaye de S.t Germain-des-Prés, la cathédrale de Metz, celle de Tours. Cet Évêque fait des legs si considérables à toutes ces Églises, qu'il paroît avoir été un des plus riches particuliers de son temps. On trouve cette pièce dans son entier dans Mabillon, *Vetera analecta, nov. edit. pag. 255.*

18 OCTOBRE

CONSTITUTIO Clotharii II Franciæ Regis, super omnem plebem in Synodo Parisiensi facta.

Donné à Paris.

Capitul. Reg. Fr. a Baluzio, t. I, col. 21.
Concil. Antiq. Galliæ a Sirmondo, tom. I, pag. 474.
Preuves des libertés de l'église Gallicane, sec. partie, p. 66.
Conc. ab Harduino, tom. III, col. 554.
Ann. Eccl. Fr. t. II, p. 674.

On a donné le nom de Concile à cette assemblée, & c'est le cinquième de Paris dans lequel le Roi publia cette ordonnance ; elle contient vingt-quatre articles ou canons, le quatorze & le quinze nous manquent. Le quatrième est un des plus anciens titres sur lequel l'Église Gallicane puisse appuyer le droit de juger ses clercs, en matière civile, c'est-à-dire, d'avoir un Prétoire, & d'exercer une jurisdiction ordinaire & contentieuse.

EPISTOLA Clotharii II Arnulpho Mettensi episcopo, cui suadet ut Episcopatum non deserat.

Const. Imp. a Goldasto, t. III, p. 637.

Arnould avoit envoyé à Clotaire II la démission de son évêché, après avoir formé le dessein de se retirer dans un Monastère ; le Roi lui marque par cette lettre, que bien-loin d'accepter sa démission & de lui nommer un successeur, il lui enjoint de garder son évêché & de continuer à donner, tant aux ecclésiastiques qu'aux laïcs de son diocèse, l'exemple des vertus qu'il se proposoit de pratiquer dans la retraite. Ceci est une preuve que rien n'a été moins constant en France, que l'usage des élections aux évêchés.

ANNÉE 620.

4.e Mars.

CHARTE de la fondation de l'Abbaye de Remiremont, par Romaric comte d'Advent.

Hist. des Évêques de Metz, par Meurisse, p. 97. Monarchie sainte de France, t. II, p. 26. Antiquités de la Vôge, p. 51.

Mabillon rejette absolument cette Charte, & juge qu'elle est tout-à-fait supposée. La critique de ce Savant est appuyée de raisons très-solides; le Lecteur pourra juger par lui-même la question en lisant tant la vie de St Romaric, imprimée par cet Auteur dans le second siècle des vies des Saints de son Ordre, qu'une lettre imprimée à Paris en 1687, qu'il écrit à un de ses amis, touchant le premier institut de cette fameuse Abbaye.

Nous observons sommairement que St Romaric au lieu d'être Comte, comme le porte la Charte, étoit simple moine de Luxeuil, & qu'il fonda premièrement ce Monastère sur une montagne dans un lieu désert & inhabité, où il y avoit encore quelques ruines d'un vieux château que l'on avoit appelé *Habundi-castrum*; que long-temps après le premier établissement de Romaric, les Hongrois ayant ruiné le pays, ce Monastère fut rétabli & bâti nouvellement dans la plaine en deçà de la Moselle, où on le voit situé encore aujourd'hui.

Sans autre date.

CHARTA Clotharii II, pro Monasterio sancti Dionysii.

Donné à Estrépagny.

Histoire de l'Abbaye de St Denys, par Félibien, pr. p. 1. Annal. Bened. t. I, p. 685.

Cette Charte, dont Félibien & Mabillon n'ont imprimé qu'un fragment, est une confirmation d'une donation de biens situés à Paris, qu'un particulier nommé *Jean*, avoit faite à ce Monastère; mais plusieurs réflexions portent à soupçonner cet Acte de fausseté.

1.° La souscription du Roi, *in Christi nomine Rex*. Cette formule étoit tout-à-fait inusitée sous nos Rois de la première race.

2.° Dagobert est le premier qui ait fait quelque séjour à Estrépagny.

3.° On ne peut pas dire que la pièce a seulement été interpolée, & qu'elle est de Clotaire III, parce que l'abbé Dadon, à la prière duquel on dit qu'elle fut accordée, étoit mort plusieurs années avant que ce Prince régnât.

ANNÉE 621.

22 Novembre.

CHARTA sancti Eligii episcopi Noviomensis, pro Monachis cœnobii Solemniacensis.

Gallia Christ. sec. edit. tom. II, instr. col. 185.

Saint Éloi s'étoit acquis beaucoup de considération à la cour de Dagobert; ce Prince lui donna pour jouir en alleu, un de ses fiscs nommé *Solignac*, avec toutes ses dépendances, situé dans le Limosin sur la Briance, dans une vallée agréable, à deux lieues de Limoges. Éloi consacra ce riche présent pour une œuvre de piété; il bâtit dans ce lieu un Monastère dans lequel il mit, sous la conduite de St Remacle, des Religieux qui suivoient la règle de St Colomban, & leur donna Solignac avec toutes ses dépendances, se réservant seulement un denier de cens. Ce Monastère occupé présentement par des Bénédictins de la Congrégation de St Maur, prit le nom du lieu où il fut bâti & s'appela *Solignac*.

ANNÉE 622.

1.er Mai.

LITTERÆ Dagoberti I Modoaldo Trevirensi episcopo concessæ pro cella sancti Mauritii Toleiani.

Stemmata Lotharingiæ ac Barri Ducum, pr. fol. 2, recto.

Donné à Metz.

Mabillon nomme ce Monastère dans ses Annales bénédictines, *Theolegiense, Doleiense, Tabuleiense*. Il est connu aujourd'hui sous le nom de Tholey, & est occupé par des Bénédictins. Il est situé sur une montagne dans le bailliage de Sarelouis, près de Saint-Vandel.

56 *NOTICE*

Ce Diplome que Rosières a tiré d'un Cartulaire de l'abbaye même de Tholey, est revêtu de trop de formalités & rempli d'expressions trop modernes pour être du temps de Dagobert. Quoi qu'il en soit de son authenticité, il porte que le Roi le donna, à la prière de l'évêque de Trèves, à la juridiction duquel il soûmit ce Monastère.

A N N É E 6 2 3.

28 MAI.

TESTAMENTUM *Leodebadi sancti Aniani Aurelianensis Abbatis.*

Ann. Eccl. Fr. t. III, p. 589. Hist. Fr. script. par Duchesne, t. IV. p. 59.

Cette pièce est la Charte de la fondation de l'abbaye de S.t Benoît-sur-Loire. Léobalde échangea avec le Roi le lieu d'Attigny, qui lui étoit échû de la succession de son père, pour un autre lieu nommé *Floriacus.* C'est dans ce dernier que ce saint Abbé bâtit un Monastère que l'on appela dans les premiers temps, *le monastère de S.t Pierre,* du nom de l'ancienne église de ce lieu, dédiée à cet Apôtre. Dans la suite on y transféra les reliques de S.t Benoît, & c'est depuis cette époque qu'il en a porté le nom.

Mabillon place la fondation de ce Monastère sur la fin du règne de Clovis II, il faudroit dans ce cas dater cette Charte de l'année 655 ou 656.

MAI, sans quantième.

LETTRE *de Dagobert I, touchant la fondation du Monastère de Weissembourg.*

Vie de Saint Rieule, par Charles Jaulnay, p. 271.

Donné à Weissembourg.

Jaulnay a sans doute puisé cette pièce dans les Œuvres de Jean Trithème *(imprimées in-folio à Francfort, en 1601)* que nous regardons comme un Compilateur de fables, dont cette pièce augmente le nombre dans son Recueil; en effet, les termes de cette Charte, inusités sous la première race de nos Rois, & le peu de rapport de sa date avec les années du règne de Dagobert, sont des preuves de la fausseté dont nous la soupçonnons. Dagobert associé au trône en 622, ne commença que dans cette année à régner en Austrasie. Il faudroit cependant faire remonter le commencement de ce règne à une époque éloignée de plus de vingt années, pour que la date de cette Charte pût cadrer avec le temps du règne de ce Prince. Il n'est donc pas possible que cette pièce soit en même temps de l'an de Notre-Seigneur 623, & du règne de Dagobert la 23.e, si ce Prince ne commença à régner qu'en 622.

Cette Abbaye fut sécularisée en 1496, par le Pape Alexandre VI, & unie à perpétuité à l'évêché de Spire en 1540. La ville de Weissembourg, dans laquelle elle est située, est à quatre milles d'Allemagne de Haguenau, & à deux de Philisbourg.

19 JUILLET.

DIPLOMA *Dagoberti in gratiam Ecclesiæ sancti Petri Trevirensis.*

Stemmata Lotharingiæ at Barri Ducun, pr. fol. 1, recto. Miræi Opera Diplom. t. I, p. 242. Annal. Trevir. tom. I, p. 351, col. 1.

Dagobert confirme à cette église la propriété du Monastère que l'on appeloit alors S.t *Maximin,* & qui portoit anciennement le nom de S.t *Hilaire.*

On peut prouver par ce Diplome que le duc Arnould, tige de nos Rois de la seconde race, étoit du Sang de ceux de la première.

21 NOVEMBRE.

DIPLOMA *Dagoberti in favorem Modoaldi Trevirensis Archiflaminis, pro cella sancti Eucharii ac rebus Ecclesiæ divi Petri Trevirensis.*

Stemmata Lotharingiæ ac Barri Ducun, pr. fol. 1, verso.

Le Roi met par ce Diplome les biens appartenans à la cathédrale de Trèves sous sa protection spéciale, & en confie la garde & la défense au duc Arnould. C'est-là un des premiers exemples de l'*Avouerie.*

A N N É E 6 2 4.

ANNÉE 624.

Sans autre date.

REGULA Donati Vesuntionensis episcopi, pro Monasterio Jussanensi monialium.

Annal. Bened. tom. I, p. 325.

Ce Monastère situé dans la ville même de Besançon, avoit été mis sous l'invocation de la Vierge, par Flavia mère de Donatus, sa fondatrice. La Règle que ce saint Évêque composa pour les Religieuses qui l'habitoient, fut tirée partie des réglemens de S.t Césaire, partie de ceux de S.t Colomban & de S.t Benoît.

ANNÉE 625.

24 NOVEMBRE.

INSTRUMENTUM Lonegisili de constructione Monasterii Buxiacensis, diœcesis Cenomanensis.

Annal. Bened. tom. I, p. 330.

Saint Longis prêtre & moine, Allemand de nation, après plusieurs longs pélerinages se fixa dans la ville du Mans, & obtint d'Hadoin, qui en étoit alors évêque, le lieu de *Buxières* (le *Cointe* dit *la Boisselière*. *Annal. Eccl. Fr* t. II, p. 769) dépendant de sa cathédrale, situé dans le Saônois; notre Saint y fonda un Monastère & le soûmit pour toûjours à la jurisdiction des évêques du Mans. C'est présentement une Église paroissiale, dans laquelle il y a un Prieuré dépendant de l'abbaye de S.t Vincent du Mans.

Mabillon a imprimé dans son *Vetera analecta*, p. 266, cette Charte, à laquelle il a joint un Diplome de Clotaire II, par lequel ce Prince confirme la donation de l'évêque du Mans & l'établissement de S.t Longis.

Sans autre date.

INSTRUMENTUM quo patet donatio multorum prædiorum ab Alano viro nobili facta fuerit Ecclesiæ Cenomanensi.

Ann. Eccl. Fr. Cointii, tom. II, pag. 770.

Cette donation fameuse, & qui tenoit un peu du miracle, avoit été faite sans doute avant la fondation du monastère de Buxières; car comme le remarque le Cointe, l'Évêque donna par la même Charte le lieu de *Lucdunum* qu'il avoit eu du pieux Alain, & celui de *Buxidum* où le Monastère fut bâti. Enfin l'Historien qui nous a transmis cet acte de religion, dont notre siècle ne fournit guère d'exemples, assure que cet Alain & sa femme, plus fidèles que n'avoient été Ananias & son épouse Saphira, donnèrent sans aucune réserve à l'évêque du Mans, non seulement tout leur bien, mais même leur personne, sous la condition, cependant, que les Prêtres de la cathédrale donneroient à leur corps la nourriture, & qu'ils gagneroient pour Dieu leur ame. Beaucoup d'autres gens d'église, dit cet Auteur, avoient essayé de faire un semblable contrat avec Alain & sa femme : l'abbé de S.t Martin de Tours étoit un de ceux qui s'étoit donné plus de mouvement pour persuader ces bonnes gens ; mais l'esprit de Dieu qui les guidoit dans leurs pélerinages, les ramena au Mans leur patrie, & leur inspira d'enrichir de leurs dépouilles l'église des S.ts Gervais & Protais, préférablement à une autre. La métairie d'*Évron*, dans laquelle l'évêque Hadoin bâtit dans la suite un Monastère, étoit du nombre des douze dont Alain fit cette donation.

ANNÉE 627.

20 AVRIL.

DONATION des villages de Patry, Matry & Milly, faite par Théodetrude à l'Abbaye de Saint-Denys.

Histoire de l'Abbaye de S.t Denys, par Doublet, p. 653. Histoire de la même Abbaye, par Félibien, pr. page 4.

Doublet se trompe dans son calcul, en fixant cette Charte à l'année 629. Elle est datée de la XLIII.e année du règne de Clotaire; il faut, par cette raison, la rapporter, comme fait Dom Félibien, à l'année 627.

Ces trois villages, que la pieuse Théodetrude ou Théodille donna par cet Acte au monastère de Saint-Denys, sont d'un revenu considérable. Le premier est situé dans le Chambly, proche de Nogent-sur-Oise ; le second se trouve dans le Limosin, aux environs de Limoges ; & le troisième dans le territoire de la ville de Beauvais.

Tome I.   H

ANNÉE 627.

30 SEPTEMBRE.

DIPLOMA Dagoberti I, pro Ecclesia Wormatiensi.

Ann. Eccl. Fr. t. II, p. 787. Gallia Christ. sec. edit. tom. V, instr. col. 451.

Donné à Mayence.

Cette Charte porte : *Ideo omnes Dei fideles & nostri præsentes & futuri recognoscite, qualiter omnes res juris nostri in pago Landemburgensi, & quidquid ad nostram urbem ambulare visum est & omne quod ad fiscum nostrum hactenus pertinebat (excepto stipe & comitatu) ex eo nihil dimittentes, tradidimus totum ex integro.... ad basilicam sancti Petri Apostoli quæ est in Wormatia civitate constructa.* On doit entendre par cette réserve, *stipe & comitatu*, la Justice haute, moyenne & basse.

24 OCTOBRE.

CONFIRMATIO donationis Elariaci ecclesiæ sancti Benigni Divionensis, a Rege Chlotario II.

Rec. de Pérard, page 6. Ann. Eccl. Fr. t. III, p. 545. Rec. des Hist. de Fr. tome III, page 545.

Donné à Maslay, près Sens.

Le roi Gontran avoit autrefois donné au monastère de St Benigne, le lieu nommé Elariacus, Laré, & Clotaire confirme par ce Diplome cette donation. Laré est présentement un Prieuré conventuel de l'Ordre de St Benoît, appartenant à la congrégation de St Maur. (*Voyez son histoire dans le premier tome des Annales Bénédictines, pages 174 & 471*) Mabillon remarque dans le IVe livre de sa Diplomatique, *page 300*, que Pérard auroit dû attribuer cette Charte à Clotaire III, plustôt qu'à Clotaire II, & la placer à une autre date que 627. En effet, soit que cette pièce soit de Clotaire II, soit qu'elle appartienne à Clotaire III, elle ne peut être de l'année 627. Si c'est Clotaire II, il faut dater la pièce de 592. Si c'est Clotaire III, il faut fixer cette époque à l'an 663.

Sans autre date.

ANNÉE 628.

DIPLOMA Dagoberti I, pro Monasterio sancti Dionysii.

Annal. Bened. tom. I, p. 685.

Cette Charte est la confirmation d'un partage fait entre deux Particuliers, de biens qui leur étoient échûs de la succession de leurs parens. Comme cet Acte de partage n'intéresse en aucune sorte les moines de St Denys, on ne voit pas pourquoi Mabillon a écrit que le Diplome qui le ratifie avoit été donné en faveur de cette Abbaye.

30 JUILLET.

ANNÉE 629.

INSTITUTIO mercati in oppido sancti Dionysii, a Rege Dagoberto I.

Hist. de Saint Denys, par Doublet, p. 655.

Donné à Compiegne.

Doublet donne dans son Histoire une notice des droits dont le Roi permit à cette Abbaye de faire la levée dans les jours de marchés, qu'il établit à Saint-Denys par cette Charte.

Sans aucune date.

LITTERÆ Herchenefredæ ad filium suum Desiderium Regis Thesaurarium, de morte Rustici fratris ejus.

Ann. Eccl. Fr. t. II, p. 807.

Herchenefrède, la plus tendre de toutes les mères, écrit à Didier son fils Trésorier de Dagobert, pour lui annoncer la mort de Rusticus son frère, évêque de Cahors, & pour l'engager d'obtenir du Roi que ses meurtriers fussent punis. *Usez*, dit-elle à Didier, *de tout votre crédit à la Cour, pour que je sois vengée de la mort de mon cher fils ; que le châtiment pour un forfait si horrible, soit un exemple mémorable.* Plusieurs personnes de considération avoient eu part, sans doute, à l'assassinat de ce Prélat; car sa mort causa beaucoup d'émotion à la Cour. Le Roi prit connoissance de l'affaire, & il condamna les plus coupables à mourir d'une mort honteuse, d'autres à être décapités, d'autres en furent quitte pour l'exil, quelques-uns furent réduits & leur postérité à la servitude.

Année 630.

8 Avril.

LETTRES de Dagobert, par lesquelles ce Prince nomme Didier, son Trésorier, à l'évêché de Cahors.

AUTRES lettres de Dagobert, adressées à Sulpice Archevêque de Bourges, par lesquelles il mande à ce Prélat de sacrer Didier, nommé à l'évêché de Cahors.

Recueil des Hist. de Fr. tome III, p. 529, 530. Ann. Eccl. Fr. t. II, p. 807, 808. Gall. Chr. sec. ed. t. II, col. 17. Conc. Gall. a de la Lande, p. 64. Gall. Chr. pr. ed. t. II, fol. 462.

Quoique ces dernières lettres ne portent aucune date, nous pensons qu'il est vraisemblable qu'elles sont de la même année, & peut-être du même mois que les précédentes.

Nous ne discuterons point l'opinion des frères Sainte-Marthe, qui datent ces lettres de l'année 635, non plus que celle du père Labbe qui les place sous l'année 637. Il est constant d'un côté, que la mort de Rusticus étant arrivée, suivant Frodoard, à la fin de la VII.ᵉ année du règne de Dagobert, & que Didier, d'un autre côté, l'ayant remplacé dans ce siège au commencement de la VIII.ᵉ année du règne de ce même Prince, ces deux événemens se sont suivis, l'un fixé à l'année 629, & l'autre à l'année 630.

Nous observons seulement que le Roi nomme de sa pleine autorité Didier, son trésorier, pour succéder à son frère dans l'évêché de Cahors, *(Qua de re præsenti auctoritate decernimus, ut sæpedictus Desiderius episcopatum in Caturcina urbe præsentialiter suscipiat & ..... teneat)* & que ce Prince dans ses lettres à Sulpice, lui marque qu'ayant choisi Didier pour occuper cet évêché, il lui ordonne d'assembler ses comprovinciaux pour le sacrer & le mettre en possession. *(Quia talis nostra devotio manet, ut eos quos moribus ornatos .... perspicimus .... hos ad Episcopale culmen provehere debemus .... petentes ut ad eum benedicendum properare debeatis.)* Ne semble-t-il pas que Dagobert étoit bien persuadé que la nomination aux évêchés étoit un droit de sa Couronne! ce Prince, en effet, & un grand nombre d'autres de cette première race & de la seconde, en ont usé tant de fois sans aucune réclamation de la part du Clergé, qu'il est plus facile de soutenir la thèse qui l'établit, que celle des élections qui le détruit.

Juillet, sans quantième.

CAPITULARIA Dagoberti I, sive leges Francorum, Ripuariorum, Alamannorum & Bajuvariorum.

Capitul. Reg. Fr. a Baluzio, tom. I, col. 27, & seqq. col. 55 & 91. Ann. Eccl. Fr. t. III, p. 51... 59.

Dagobert après avoir fait travailler à la rédaction d'un nouveau Code des anciennes loix, suivant lesquelles se gouvernoient les différens peuples soûmis aux Princes françois, le publia. Le père Barre remarque dans son second tome de l'histoire d'Allemagne, *page 192*, que l'on ne peut fixer l'époque précise de cette publication. Le Cointe ne trouvant non plus aucuns indices dans les monumens anciens qui portent à constater la date de cet événement, l'a placé à la fin de l'article qui termine l'histoire de ce Prince. Pour nous, nous croyons trouver dans la préface de ce nouveau Code, des preuves suffisantes pour assigner l'année 630 pour date de cette publication. Dom Ruinart *(in præfat. dans Dom. Bouquet, t. II, p. 79)* autorise notre sentiment.

Le système de nos Jurisconsultes modernes, puisé dans les monumens mêmes de l'Antiquité, ne porte pas à adopter la notice que le père Barre donne de ces différentes loix. Nous n'avons point de sentimens à ouvrir sur cette matière, nous nous bornons simplement à conseiller aux Lecteurs de ne point se dispenser d'étudier dans les sources, & de consulter souvent les recueils de Baluze & d'Eckard.

15 Janvier.

Année 632.

DONATIO villæ Iticiniscoam Monasterio Dionysiano, per Dagobertum I Reg. Fr.

De re Diplom. a Mab. p. 465. Hist. de l'Abbaye de Saint Denys, par Félibien, pr. p. 5. Annal. Bened. tom. I, p. 685.

Donné à Clichy.

La forêt d'Écouen, & le lieu même d'Écouen, étoient de toute ancienneté du

Tome I.   H ij

Domaine royal ; des particuliers avoient tenu l'un & l'autre pendant long-temps à titre de bénéfice, & étant rentrés dans la main du Roi, ce Prince en dispose par cette Charte, à titre de donation, en faveur de l'abbaye de S.ᵗ Denys.

Année 632.

10 Avril.

CHARTA Dagoberti I, pro multis ecclesiis in honorem sancti Dionysii ab ipso constructis & Monasterio ipsius sancti Dionysii in Francia subjectis.

Ann. Eccl. Fr. t. II, p. 860.

Donné à Paris.

Le Roi dit dans cette Charte, qu'il a bâti l'église principale de Doe en Anjou, sur les frontières du Poitou, avec deux autres églises dans le même lieu, qu'il les a dotées & soûmises au monastère de S.ᵗ Denys. La première étoit sous l'invocation de cet apôtre de la France, les deux autres sous celle de S.ᵗ Jean & de S.ᵗ Léger. Mais le Cointe prouve par de solides raisons, que l'on ne doit avoir aucun égard à cet Acte, parce qu'il est d'une fausseté évidente. Bien-loin, en effet, que Dagobert pût fonder une église sous l'invocation de S.ᵗ Léger, c'est que cet Évêque n'étoit pas né alors ; il est au moins constant, qu'il n'a été promû à l'épiscopat que du règne de Clotaire III, neveu de Dagobert : il en est de même de Clovis II, fils du Roi dont la Charte est souscrite : ce Prince n'est venu au monde qu'après. Les Métropolitains, enfin, n'ont pris que plus d'un siècle après celui-ci, le titre d'*Archevêque*, la Charte néanmoins est adressée aux Prélats sous cette qualité, &c.

26 Mai.

CHARTE de Dagobert I Roi de France, en faveur de l'Abbaye de Saint Denys.

Histoire de S.ᵗ Denys, par Doublet, page 657.

On peut, sans crainte de se tromper, soupçonner de fausseté plus des trois quarts des Chartes données par le roi Dagobert en faveur du monastère de S.ᵗ Denys, que Doublet a imprimées, & celle-ci, au jugement de M. de Valois (*rerum Franc. lib. XVIII, pag. 18 & 19*) & de Dom Bouquet (*Rec. des Hist. de France, t. II, p. 580*) est sans contredit du nombre de celles qui inspirent plus de doute, tant par rapport à l'histoire du cerf, que ces Savans regardent comme fabuleuse, qui y est rapportée, que par rapport au droit d'Asyle pour toutes sortes de crimes, sans excepter ceux de lèze-majesté, qu'elle accorde dans toute l'étendue du territoire de Saint-Denys. S'il m'est permis d'ouvrir mon sentiment sur ce qui peut avoir donné lieu de composer toutes ces pièces, je dirai que quelqu'un, d'un zèle indiscret pour les intérêts de ce Monastère, se sera imaginé de consigner dans des Actes auxquels il aura tâché d'imprimer des caractères d'authenticité, les faits absurdes & fabuleux que l'on trouve dans le livre des Gestes de ce Prince.

20 Juin.

COMMUTATIO aliquot prædiorum inter Theodilanam matronam & Audigiselum optimates.

De re Dipl. a Mabillonio, lib. VI, p. 464.

Les biens qui firent l'objet de ce contrat d'échange étoient situés dans le Limosin, & Mabillon croit que l'une des deux dames nommée *Théodetrude*, est la même que celle qui fit une donation au monastère de S.ᵗ Denys, le 20 avril de l'année 627.

4 Septembre.

CHARTA Ermenberti, pro ecclesia sancti Benigni Divionensis.

Rec. de Pérard, page 7.

Ermenbert donne à ce Monastère trois métairies nommées *Masciacum*, *Posciacum* & *Fontem-lagnis*, situées *in pago Latiscinse*.

9 Octobre.

CHARTA seu testamentum Burgundofaræ seu Faræ Eboriacensis abbatissæ, fundationis Monasterii Eboriaci confirmatoria.

Histoire de Meaux, par Duplessis, t. II. p. 1. Ann. Eccl. Fr. Cointii, tom. II, pag. 861. Vie de sainte Fare, p. 193. Gallia Christ. sec. ed. t. VIII, aux pr. col. 547.

Fait au Monastère de Faremoutiers.

Sainte Fare donne des fonds de terre situés à Champeau dans le diocèse de Paris, à Louvre en Parifis, d'autres aux environs de Chelles, d'autres dans un lieu nommé *Dulgo-Faiacus*, que Mabillon dit être *Fay*, & encore à Poincy, dont le territoire s'étend jufque dans un fauxbourg de la ville de Meaux.

Année 632.

Charte de Dagobert I Roi de France, pour l'abbaye de Maubec en Berry.

Éloges Hift. des Rois de Fr. avec l'hiftoire des Chanceliers, par le P. Labbe, p. 413.

Mabillon ne rapporte dans fes Annales bénédictines, qu'à l'année 635 la fondation de ce Monaftère, & ce Savant n'a marqué nulle part que Dagobert eût donné aucun Diplome en fa faveur.

Epistola Defiderii Cadurcenfis epifcopi ad Paulum Virdunenfem epifcopum, quem invitat ad dedicationem ecclefiæ Monafterii quod conftruxerat.

Rec. des Hift. de Fr. tome IV, page 40. B. Ann. Eccl. Fr. Cointii, tom. II, p. 852. Annal. Bened. tom. I, p. 359. Ann. Trevir. tom. I. p. 346, col. 1.

Saint Gery eft le nom que l'on donne à ce Monaftère, dont Didier évêque de Cahors ne fut que le reftaurateur & bienfaiteur, car il fubfiftoit long-temps avant fon Pontificat.

Mabillon rapporte les donations faites à ce Monaftère, *à la page citée de fes Annales.*

4 Avril.

Année 633.

Charta Dagoberti Francorum Regis, pro ecclefia fancti Maximini Trevirenfis.

Donné à Mayence.

Ann. Eccl. Fr. Cointii, t. III, pag. 6. Hiftoire de Lorraine, par Dom Calmet, t. II, pr. col. 70. Miræi Opera Diplom. tom. I, 1.1

Ce Diplome, que Dom Calmet place fous l'année 632, confirme les priviléges accordés à cette Cathédrale, par les rois d'Auftrafie prédéceffeurs de Dagobert, & renouvelle les droits de jurifdiction que l'évêque de Trèves exerçoit fur les monaftères de S.ᵗ Mathias & de S.ᵗᵉ Marie d'Horreen.

Sans autre date. **Pactum** quod Monachi Honoriacenfis cœnobii Abbati fuo faciebant.

Annal. Bened. t. I, p. 363.

Les moines de Lérins n'étoient pas les feuls qui juraffent à leur Abbé une obéiffance auffi aveugle que celle que contient cette formule. Mabillon remarque que la Règle de S.ᵗ Ifidore affujétiffoit les Moines qui l'obfervoient, à une obéiffance femblable envers leurs Abbés.

Sans autre date.

Année 634.

Fundatio Monafterii fancti Juliani Autiffiodorenfis, per Palladium epifcopum Autiffiodorenfem.

De re Diplom. a Mab. p. 465.

C'étoit un Monaftère de filles: Palladius le dota de trois héritages que lui avoit donnés le roi Dagobert, l'un appelé *Mitiganna*, fitué dans le territoire de Sens, le fecond *Vincelle-fur-Yonne*, le troifième *Tracy*. Ces deux derniers font aux environs d'Auxerre. Il y ajoûta de fon propre fonds Rully & Clamecy.

10 Avril.

Année 635.

Charta Dagoberti Regis, pro Monafterio fancti Dionyfii.

Donné à Paris.

Hiftoire de S.ᵗ Denys, par Doublet, page 669.

Ce Diplome porte donation en faveur du monaftère de S.ᵗ Denys, des villages de Vaux en Berry, fitué fur le Cher, & d'Argentières dans la même province. Mais la

H iij

ANNÉE 635.

22 AVRIL.

FUNDATIO Monasterii Virginum Moguntini facta, per Bilehildem Franconicam.

Franc. Orient. ab Eckardo, t. I, pag. 221. Ann. Eccl. Fr. Cointii, t. IV, pag. 827.

La Charte porte que Bilehilde bâtit ce Monastère sur un fonds de terre qu'elle avoit acheté de son oncle Rigibert, archevêque de Mayence, pour douze épées & autant de chevaux noirs. Ce prix, singulier à la vérité, est pour Eckard une preuve décisive de la fausseté de cette Charte, parce que, dit-il, ces armes étoient d'autant plus inutiles à l'Archevêque, qu'il étoit dès-lors défendu par les Canons, aux Clercs d'en porter & d'aller à l'armée. Cette raison n'est pas concluante ; l'histoire des siècles postérieurs nous fournit plusieurs exemples d'Abbés & d'Évêques à la tête des armées, faisant la fonction de Généraux, armés d'épées & de lances. S'il se trouvoit d'ailleurs des Prélats, dans ce temps, que la fidélité aux Canons empêchât de porter des armes, ils n'étoient pas moins tenus d'en fournir à leurs *Hommes*, lorsqu'ils les envoyoient à l'armée. J'adopte d'ailleurs tous les autres points de critique que ce Savant fait de cette pièce.

18 JUILLET.

CHARTA Dagoberti Regis, de commutatione villæ Sarclitas nuncupatæ, cum Ferreolo Augustodunensi episcopo contra aliam villam ab ipso facta, pro cœnobio sancti Dionysii.

Donné à Clichy.

Ann. Eccl. Fr. Cointii, t. III, pag. 23. Histoire de St Denys, par Doublet, page 669.

La Charte porte que Dagobert avoit donné en échange de Saclé à l'évêque d'Autun, un lieu situé en Provence dans le territoire de Marseille, nommé *Amica;* Saclé ou Sarclay est situé sur la Guine, dans la châtellenie de Châteaufort. Comme cette Charte fut donnée la XIVe année du règne de Clovis, Doublet la porte à l'année 646.

1.er AOUST.

CHARTA Dagoberti Regis, de donatione villæ quæ vocatur Aqua-Putta, cœnobio sancti Dionysii ab ipso facta.

Donné à Clichy.

Ann. Eccl. Fr. Cointii, t. III, pag. 24. Histoire de St Denys, par Doublet, page 670.

Aqua-Putta, est le village de Putteaux dans l'élection de Paris. Il doit paroître singulier de voir revivre dans cette Charte Dodon abbé de ce monastère, mort en 630, auquel le roi Dagobert fait cette donation en 635. Celui qui l'a composée n'avoit pas sans doute sous ses yeux une suite chronologique des Abbés de ce monastère, aussi exacte que celle que Félibien a placée à la tête de son histoire de cette Abbaye.

1.er SEPTEMBRE.

CHARTA Dagoberti Regis, pro Monasterio sancti Dionysii.

Donné à Espinay.

Histoire de St Denys, par Doublet, page 673.

Celle-ci porte donation en faveur de ce Monastère, du village de Giurette (*villa de Giurettis*) en Berry, avec toutes ses dépendances.

1.er OCTOBRE.

CONFIRMATIO fundationis Monasterii Resbacensis a Dagoberto Rege.

Histoire de Meaux, par Duplessis, t. II, page 3. Annal. Bened. tom. I, p. 687.

Saint Ouen obtint du roi Dagobert un fisc situé sur un ruisseau nommé *Rebais*, pour y fonder un Monastère qui devoit servir d'asyle principalement aux Pèlerins. Ce Prince, après avoir résolu l'établissement, donna ce Diplome pour le confirmer, & accorda de plus aux Moines la liberté d'élire un d'eux pour leur Abbé, les affranchissant de toute juridiction, même de celle de l'Évêque diocésain. Ce Monastère, situé dans le diocèse de Meaux, prit le nom de *Jérusalem*, dans les premiers temps de sa naissance, il s'est appelé depuis *Rebais*, du nom du ruisseau sur lequel il est bâti.

ANNÉE 635.

OCTOBRE,
sans quantième.

CHARTA donationis Dagoberti Regis, Monasterio Sandionysiano factæ, de villa Tibernione, &c.

Ann. Eccl. Fr. Cointii, t. III, page 23.
Histoire de St Denys, par Doublet, page 658.

Cette Charte porte donation à ce Monastère de la châtellenie de Thoury, avec les villages de Tyvernon & Rouvray dans l'Orléanois, ensemble des villages de Monarville & du Valvasçois dans le territoire d'Étampes. Doublet date cette Charte de la VIIIe année du règne de Dagobert. *Voyez la critique de le Cointe.*

OCTOBRE,
sans quantième.

CHARTA Dagoberti Regis, pro Monasterio sancti Dionysii.

Donné à Clichy.

Histoire de St Denys, par Doublet, page 671.

Le Roi donne par ce Diplome au monastère de St Denys, le lieu nommé *Malliacus* situé en Berry, dépendant de son fisc, éloigné de la rivière du Cher de deux lieues ; Doublet croit que c'est *Maillay*, mais ce bourg est à plus de quinze lieues du Cher. Cette erreur vient peut-être d'un copiste, lequel auroit écrit *Caro* pour *Crosa*, il auroit dû dire la Creuse, de laquelle le bourg de Maillet, que l'on écrivoit anciennement Maillay, n'est en effet distant que de trois lieues.

ANNÉE 636.

1.er
MAI.

CHARTA Dagoberti I Franciæ Regis, pro fundatione Elnonensis Monasterii.

Donné à Paris.

Annal. Eccl. Franc. Cointii, tom. III, p. 89.

Saint Amand évêque de Tournai obtint du roi Dagobert le lieu où il fonda ce Monastère, qui s'appela d'abord *Elno*, & qui a pris depuis le nom de son fondateur : Dagobert donna ce Diplome pour confirmer cet établissement ; mais Mabillon pense que le copiste l'a interpolé, & qu'il est de la fin du règne de ce Prince.

30
JUILLET.

CHARTA Dagoberti Regis, confirmantis Monasterio sancti Dionysii bona apud Bituricos & Lemovicos sita.

Donné à Compiegne.

Ann. Eccl. Fr. Cointii, t. III, page 36.
Histoire de St Denys, par Doublet, page 672.

Le Cointe critique avec succès cette pièce & la suivante. Ce Savant en démontre la fausseté d'une manière évidente & avec tant de précision, qu'à moins de le copier nous ne pouvons rien dire dans cette note de plus concis ; ce qui nous détermine à renvoyer le Lecteur à la page du livre de cet Auteur, citée à la marge.

1.er
NOVEMBRE.

CHARTA Dagoberti Regis, pro cœnobio sancti Dionysii.

Donné à Clichy.

Ann. Eccl. Fr. Cointii, t. III, page 36.
Histoire de St Denys, par Doublet, page 671.

Dagobert détache de son fisc les lieux de Nots & Pechereau, (*Pascellarius*, Doublet dit *Peschelles*) situés en Berry, celui-ci dans l'élection de Châteauroux, & l'autre dans l'élection de la Châtre, & les donne par ce Diplome au monastère de St Denys.

TESTAMENT de Dagobert I Roi de France.

Hist. de l'Abbaye de St Germain-des-Prés, par Bouillard, pr. page 4.
Franc. Orient. ab Eckardo, t. I, p. 205.
Concil. Gall. a de la Lande, page 64.

L'Auteur de l'histoire de St Germain, & Eckard, ont imprimé cette pièce d'après deux manuscrits différens. Les variantes sont en si grand nombre que l'on est porté à croire que ce Prince fit deux testamens, & que celui d'Eckard est antérieur de quatre ou cinq années à celui que l'on trouve dans le Chartulaire de l'abbaye de St Germain-des-Prés. Le Roi par ce dernier donne au monastère de St Vincent le lieu nommé *Coulaville*; celui nommé *Dravernum*, dans la Brie, au monastère de St Pierre, à présent Ste Geneviève ; & *Grand-champ* eu Gâtinois, au monastère de Ste Colombe de Sens.

ANNÉE 636.

Sans autre date.

PRÆCEPTUM *Dagoberti, pro Monasterio Anisolensi.* Rec. des Hist. de Fr. tome IV, p. 632.

Ce Diplome porte confirmation de l'hommage & des redevances dont les abbés de St Calez étoient tenus envers l'évêque & les chanoines de la cathédrale du Mans.

ANNÉE 637.

Sans autre date.

EPISTOLA *Abbonis Metensis episcopi ad Desiderium Cadurcensem episcopum de donationibus ecclesiis Metensibus factis per Dagobertum I Franciæ Regem.* Annal. Trevir. t. I, p. 346. Rec. des Hist. de Fr. tome IV, page 46.

Il s'agit d'une métairie considérable appelée *Rotovollo*, que Dagobert avoit achetée d'un certain *Severus*. Ce Prince la légua ensuite à Abbon évêque de Metz, pour l'entretien du luminaire des églises de cette ville, se réservant néanmoins cinquante sols de rente annuelle. Abbon écrit à Didier qu'il prie de vouloir bien se servir de son crédit à la Cour, pour faire ratifier par le Roi cette espèce de donation, & en obtenir le Diplome ; *car il vaut encore mieux*, dit Abbon, *partager en quelque sorte avec lui le revenu de cette métairie, que de n'en rien avoir.*

INSTRUMENTUM *de translatione reliquiarum sancti Firmini Ambianensis episcopi ad municipium Pinquiniacum.* Annal. Eccl. Cointii, t. III, p. 47.

Le Cointe a imprimé ce morceau de l'histoire du règne de Dagobert, d'après Doublet & d'Achery. Ces deux derniers assurent l'avoir tiré d'un manuscrit fort ancien.

Il nous apprend plusieurs particularités sur l'irruption que les Huns, nation féroce & sanguinaire, firent dans les Gaules sous le règne de ce Prince. Les Flamands s'étant joints à ces barbares, ils engagèrent dans leur révolte les peuples de la Picardie ; Dagobert apprenant ces fâcheuses nouvelles, leva à la hâte une armée & marcha vers la Normandie, où il apprit que les ennemis avoient pénétré. Les deux armées se rencontrèrent près la forêt de Lyons, & en étant venues aux mains, il se donna un combat dans lequel les François firent un horrible carnage des Huns ; ce qui échappa fut dispersé. Mais Dagobert voulant punir les Picards marcha avec son armée à Amiens : les habitans de cette ville transférèrent, dans cette circonstance, les reliques, de leur Évêque à Péquigny, où le Roi alla les prendre, après s'être rendu maître d'Amiens : il vint ensuite les placer avec pompe dans l'église du monastère de St Denys.

ANNÉE 638.

16 Avril.

CHARTA *Dagoberti I Francorum Regis, donantis S. Landelino prædium vallare ad ibi extruendum Monasterium.* Miræi Opera Diplomat. t. I, p. 489.

Ce Monastère, qui ne subsiste plus depuis plusieurs siècles, étoit du diocèse de Cambrai, & situé près de celui de Laubes, qui avoient l'un & l'autre St Landelin pour fondateur. On connoissoit celui-ci sous le nom de *Waslaiense* ou *Guaslarense Monasterium in pago Templatensi.*

1.er Mai.

DONATIO *a Dagoberto fundi inter Scarpam & Elnonem fluvios, facta S. Amando Trajectensi episcopo ad ædificandum Monasterium.* Miræi Opera Diplomat. t. I, p. 123. Gallia Christ. pr. ed. tom. IV, p. 37, col. 1.

Donné à Paris.

Il est hors de doute que Dagobert donna à St Amand le terrein sur lequel ce saint Évêque bâtit ce Monastère ; mais la Charte de cette donation est au moins interpolée, suivant le témoignage de Mabillon. *Locum penitus incultum*, dit ce Savant, *silvisque obsitum a Dagoberto rege obtinuit Amandus, testante Milone monacho ; extatque hac de re apud Miræum Diploma, datum anno regni Dagoberti undecimo, sed vitiatum.* (Annal. Bened. tom. I, pag. 372, n.° 59).

ANNÉE 638.

DES DIPLOMES. 65

ANNÉE 638.

29 JUILLET. CHARTE du Roi Dagobert I, par laquelle il ôte à tous Prélats toute jurisdiction sur l'Abbaye de St Denys.

Donné à Paris.

Histoire de St Denys, par Doublet, page 659.

Cette Charte fut donnée dans une assemblée nombreuse d'Évêques qui la souscrivirent. Elle est datée de la Xe année du règne de Dagobert : en comptant depuis la mort de Clotaire, c'est l'an 638.

30 JUILLET. DON de plusieurs terres & autres biens, fait à l'Abbaye de St Denys, par Dagobert I.

Donné à Compiegne.

Histoire de St Denys, par Doublet, page 672.

Plusieurs autres raisons plus sensibles encore que la donation portée par ce Diplome, d'une étendue incroyable de pays, font douter de son authenticité. La première est le nom de l'abbé *Leobasare*, auquel cette donation fut faite. Or, suivant Mabillon, il n'y eut jamais d'abbé de St Denys de ce nom. Ce Critique soutient même *(Annal. Bened. t. I, p. 500)* que tous les Diplomes dans lesquels on le trouve nommé, sont faux. Une seconde raison aussi décisive, c'est qu'il n'est pas vrai que Dagobert ait résidé ni tenu aucune assemblée dans tout le courant de cette année à Compiegne, d'où il date cette Charte.

15 SEPTEMBRE. DON de plusieurs villages, fait à l'Abbaye de St Denys, par Dagobert I.

Donné à Clichy.

Histoire de St Denys, par Doublet, page 676.

Ces villages sont Acuçay, Cosdon, Grenvillers, Moyenvillers, Gelles & Averçay, tous situés dans le territoire de Beauvais ; & à la page 677 du même Historien, on trouve la Charte d'une autre donation du bourg & prieuré de Reuilly, faite à cette même Abbaye par ce Prince, vers le 1.er septembre de cette même année ; mais suivant la régle de Mabillon, cette dernière Charte doit être soupçonnée de fausseté, parce que l'abbé *Leobasare* y est nommé.

1.er OCTOBRE. DON du bourg d'Estrepagny, fait à l'abbaye de St Denys, par Dagobert I.

Donné à Sauriciagore.

Histoire de St Denys, par Doublet, page 674.

L'année du règne de ce Prince n'est point marquée dans cette Charte, je l'ai placée sous cette année parce qu'il paroît que l'abbé Aigulphe qui y est nommé, vivoit encore. Le lieu de *Sauriciagore*, où elle fut donnée, est inconnu à Mabillon & à M. de Valois.

Sans autre date. CHARTE de Dagobert, par laquelle il accorde à saint Ouen un lieu dans une forêt, où il avoit trouvé une image de la Croix, pour y bâtir un Monastère.

Hist. Eccles. Rem. a Marlot, t. I, p. 265.

Cette Charte, dont le style & les souscriptions prouvent assez la fausseté, a acquis cependant une sorte d'authenticité par la copie que Charles le Bel en fit faire en 1325, & à laquelle ce Prince voulut que l'on ajoûtât foi comme à l'original même. On trouve cette copie dans les Archives de l'abbaye de St Corneille de Compiegne. Ce Monastère fut bâti dans la forêt de Cuise ; dans la suite on en a fait un Prieuré dépendant de St Médard de Soissons ; l'église & les bâtimens étant tombés en ruine, ses revenus ont été réunis à cette Abbaye.

Tome I.   I

ANNÉE 638.

CHARTE, *par laquelle Dagobert rend à perpétuité serfs ecclésiastiques, tous les descendans des serfs qui appartenoient à l'Abbaye de Saint Denys.*

Histoire de S.t Denys, par Doublet, page 660.

Comment se peut-il que le roi Dagobert ait donné cette Charte la X.e année de son règne, qui revient à l'an 638, à la prière de Cunaud abbé de S.t Denys, tandis que cet Abbé mourut au plus tard en 632 ! cette Charte, au surplus, ne contient que des choses qui étoient de droit commun ; ce n'étoit point une faveur que le Roi accordoit à l'abbaye de S.t Denys, car les serfs ecclésiastiques étoient de même condition que ceux qui appartenoient aux laïcs, & ne pouvoient être affranchis que par les Seigneurs ecclésiastiques, dans la seigneurie desquels ils étoient ; leurs enfans comme ceux des autres serfs, naissoient également serfs. Par l'article CXCIX de la Coûtume de Bourbonnois, dont la disposition est conforme à la 29.e formule du II.e livre de Marculfe, nous voyons que le Droit commun en France, étoit que les enfans qui naissoient d'un père serf, étoient de la même condition que le père. Cette Charte, comme beaucoup d'autres, paroît avoir été fabriquée par un Moine aussi indiscret qu'ignorant.

Sans autre date. **CHARTE** *de Dagobert I, par laquelle il s'oblige lui & ses successeurs, de ne plus tenir sa Cour plénière en l'Abbaye de S.t Denys.*

Histoire de S.t Denys, par Doublet, page 661.

Donné à Clichy.

Cette Charte a deux objets ; le premier est la renonciation que le Roi fait pour lui & ses successeurs, de tenir sa Cour plénière, *les jours de Fêtes seulement*, à Saint-Denys, de peur de troubler le service Divin ; le second est la donation que ce Prince fait aux moines de ce Monastère, de la ville de Saint-Denys avec toutes ses dépendances, *dans la forme & de la même manière que Constantin donna la ville de Rome au Pape saint Silvestre*, suivant les termes de la Charte.

Par rapport au premier objet, nous remarquons, d'après Mabillon, qu'il paroît effectivement que Dagobert avoit un palais bâti tout près de la basilique & du monastère de S.t Denys, où ce Prince faisant sa résidence la plus ordinaire, pouvoit bien y tenir des Assises. On ignore l'époque de la destruction de ce palais, nous ne trouvons même dans aucun de nos Historiens, le temps dans lequel on en ait encore vû des ruines.

Sur le second objet, nous assurons, avec confiance, que si le monastère de S.t Denys n'avoit pas de meilleur titre que cette Charte, sur lequel il puisse appuyer son droit de propriété du lieu & de la seigneurie de Saint-Denys, il devroit craindre d'être évincé de l'un & de l'autre. La fable de la donation de la ville de Rome, par Constantin, au pape saint Silvestre, ayant été imaginée au plus tôt au commencement du IX.e siècle, il est d'une conséquence nécessaire que cette Charte qui fait mention de cette prétendue donation, est postérieure, faite par conséquent trois ou quatre siècles après celui de Dagobert.

AUTRE *Charte de ce Prince, par laquelle il donne à ce même Monastère le bourg de Reuilly, avec vingt-deux villages situés dans le Berry.*

Histoire de S.t Denys, par Doublet, page 677.

Donné à Orléans.

La date de cette Charte, son style, & le nom de l'abbé Leobasare, comme je l'ai déjà observé, sont des preuves de sa fausseté. Dagobert n'ayant régné que seize ans, en comprenant les six années avant la mort de Clotaire, comment cette Charte peut-elle être datée de la XXV.e année du règne de ce Prince ?

Année 638.

Charte de la fondation de l'Abbaye de Saint Maur-des-Fossés, par Clovis II.ᵉ Roi de France.

Fait à Paris.

Le Roi fait donation par cette Charte, des fossés & des ruines de l'ancien château des *Bodets*, avec le lieu où il étoit bâti, & de la Varenne-Saint-Maur à Blidegifille diacre de l'église de Paris, pour y fonder un Monastère, lequel s'est appelé jusqu'au IX.ᵉ siècle *S.ᵗ Pierre-des-Fossés*. *Voyez Dubreuil sur l'étymologie & l'histoire du* Castrum Bagaudarum.

Antiquités de Paris, par Dubreuil, p. 1177. Hist. de Paris, par Félibien, tome III p. 20, col. 1. Gallia Christ. sec. edit. t. VII, instr. col. 2. Ann. Eccl. Fr. Cointii, t. III, pag. 82.

Année 640.

15 FÉVRIER.

Diploma Regis Chlodovei II, pro Monasterio Barbarensi (les masures de l'isle Barbe) prope Lugdunum.

Donné à Laon.

Le Cointe a imprimé cette Charte d'après le Laboureur.
Le Roi fait donation à Licinius abbé de ce Monastère, & aux moines qui l'habitent sous la règle de S.ᵗ Benoît, de plusieurs églises situées dans le territoire de Troyes, sur la rivière nommée *le Lez*. Mais le Cointe prouve la fausseté de cette Charte, par des raisons qui portent la plus intime conviction.

Hist. Ecclés. Parif. a Gérard Dubois, tom. I, p. 171. Rec. des Hist. de Fr. tome IV, page 663. Ann. Eccl. Fr. Cointii, t. III, pag. 125.

7 MAI.

Acte par lequel Blidegifille Diacre de l'Église de Paris, met Babolène en possession du terrein qu'il avoit obtenu de Clovis II, en 638, pour fonder le Monastère de Saint Pierre-des-Fossés, & des fonds de terre que ce Prince & Blidegifille avoient assignés pour sa dot.

Cette Charte fut signée de plusieurs Évêques, dans le nombre desquels on trouve Aubert de Paris, Annebert de Sens, Agomar de Senlis, Argon d'Orléans. Outre la varenne, des bois, des prés, des moulins & le droit de pêche dans la Marne, dont cette Charte porte donation: on lit encore, *Buinaria aecem*. Je crois que le *Buinaria* étoit une mesure de terre labourable, comme si l'on disoit aujourd'hui dix arpens, dix boisselées, dix mines, &c.

L'église & le monastère étoient déjà bâtis lorsque Blidegifille leur assigna cette dot. Babolène qui y avoit conduit une colonie de Moines sortis de Luxeuil, en fut le premier Abbé.

Hist. Ecclés. Parij. a Gérard Dubois, tom. I, p. 172. Histoire de la ville de Paris, par Félibien, t. III, p 21. Gallia Christ. pr. edit. t. IV, p. 626, col. 1.

Sans autre date. **Fundatio** Monasterii Casegonguidinensis, in Ducatu Luxemburgensi a Sigeberto.

Duchêne, Dom Martène, Mabillon & Dom Bouquet ont tous imprimé cette Charte sans lui assigner de date: Miray a tort de la placer sous l'année 640; étant adressée à Grimoald maire du Palais, elle doit être postérieure à l'année 642, puisque ce Seigneur n'obtint cette place que dans cette année.

Ce monastère est présentement un prieuré appelé *Cougnon*, situé sur la rivière de Somoy, & non pas *Semoy*, comme l'appelle Mabillon, entre Chigny & Bouillon.

Miræi Opera Diplom. t. III, pag. 1. Rec. des Hist. de Fr. tome IV, page 634. Ann. Eccl. Fr. Cointii, t. III, pag. 190. Histoire de Lorraine, par Dom Calmet, pr. edit. t. IV, pr. col. 257.

Præceptum Regis, pro cœnobio Longoretensi.

Ce Monastère s'appela dans les premiers temps du nom du lieu dans lequel il fut fondé *Longoret*: ce lieu est situé sur la Claise en Berry dans la Breinne, on l'a nommé dans la suite S.ᵗ Cyran, du nom de son fondateur.

Le Cointe observe que ce Diplome a été interpolé en plusieurs endroits, ce qui est sensible par le nom de Dagobert dont on a rempli les lacunes, & auquel on l'attribue: mais ce Prince étoit mort alors, il ne peut être que de Clovis II.

Ann. Eccl. Fr. Cointii, t. III, pag. 232.

Tome I. I ij

Sans autre date.

ANNÉE 641.

JOHANNIS *Papæ IV privilegium, pro sanctimonialibus cujusdam cœnobii beatæ Mariæ vel sanctæ Columbæ atque sanctæ Agathæ in Gallia.*

Annal. Bened. t. I, p. 687.

Mabillon prétend qu'il y avoit, suivant l'usage d'alors, deux monastères compris dans cette bulle, sous le nom de S.te Marie & S.te Colombe, l'un d'hommes & l'autre de femmes; mais il n'ose décider positivement le lieu où ils étoient situés, il conjecture seulement qu'ils pouvoient être à Vienne en Dauphiné.

Cette bulle porte exemption de la juridiction de l'Évêque diocésain.

PRIVILEGIUM *Johannis Papæ IV, pro Monasterio Luxoviensi.*

Annal. Bened. tom. I, p. 689.

Cette Bulle fut accordée au monastère de Luxeuil, à la prière de Clovis le jeune, elle porte exemption de la juridiction de l'Évêque diocésain.

ANNÉE 642.

6 FÉVRIER.

TESTAMENTUM *Hadoindi Cenomanensis episcopi.*

Fait au Mans.

Ann. Eccl. Fr. Cointii, t. III, p. 135. Baronii Ann. t. VIII, p. 440. Vetera Anal. Mabill. p. 267.

Ce testament étant daté de la v.e année du règne de Clovis, il semble qu'il devroit être placé à l'année 643.

Hadoinde, évêque du Mans, légua plusieurs villages à son église cathédrale, qu'il déclare avoir acquis des deniers provenans de la vente qu'il avoit faite de son patrimoine. Un de ces villages est nommé *Aresa*; il légue aussi au monastère de S.t Pierre-de-la-Couture, un autre village nommé *Iscomediaco*, & un autre nommé *Pratellus*, au monastère de S.t Vincent, & des fonds de terre à plusieurs églises de son diocèse.

15 MAI.

PRIVILEGIUM *Audoberti Parisiensis episcopi, pro Monasterio Fossatensi.*

Fait à Paris.

Ann. Eccl. Fr. Cointii, t. III, p. 137.

Cette Charte se trouve indiquée dans la vie de S.t Babole ou Babolène abbé de S.t Maur: le Cointe rapporte le passage de l'Historien, mais la pièce ne se trouve nulle part. On dit que cette Charte, donnée par Audobert ou Aubert évêque de Paris, portoit une ample exemption de la juridiction épiscopale, en faveur de l'abbé & des moines de S.t Maur.

Sans autre date.

CHARTA *Chludovici II Regis, pro Monasterio sancti Dionysii.*

Histoire de S.t Denys, par Félibien, pr. page 5. Rec. des Hist. de Fr. tome IV, page 637.

Félibien & Dom Bouquet ne donnent qu'un fragment de cette Charte, lacéré en plusieurs endroits. Dom Bouquet l'a placé mal-à-propos dans son recueil, à l'année 653. La reine Nanthilde l'ayant souscrite, on ne peut en porter la date plus loin qu'en 642, attendu que cette Princesse mourut dans le courant de cette année. Félibien fait une faute plus considérable dans la notice qu'il en donne, *à la page 21 de son Histoire de Saint Denys;* il prétend que ce Diplome porte confirmation de la donation de Crouy, en faveur de ce Monastère: les lacunes de cette pièce empêchent d'en voir l'objet dans son étendue, c'est une confirmation à la vérité, mais il ne s'agit nullement de Crouy. Voici les termes. *Quondam per sua epistola ..... in loco noncopanté Cotiraco quæ est super fluvium Isera in pago Camiliacense pro .... geneturis nostri Dagoberti regis manebus robor .... firmar .... preces ..... cujus petitione .... hoc ei, &c.* Il faut nécessairement remplir la lacune qui se trouve après *epistola*, du mot *scripta* ou *data*, & on lira ensuite que la Charte, dont celle-ci est une confirmation, avoit été donnée à Crouy, où Clotaire & Dagobert avoient un palais. Comment peut-on soupçonner, en effet, que Clotaire eût donné à S.t Denys, un lieu que ce même Prince avoit rendu fameux par l'établissement qu'il y avoit fait du monastère de S.t Médard, & en faveur duquel il avoit détaché de son fisc la plus grande partie de ce territoire!

ANNÉE 644.

Sans autre date. LITTERÆ *Sigiberti Regis ad Desiderium episcopum Cadurcensem, de Synodo se inconsulto habita in regno suo.*

Concil. Galliæ a de la Lande, pag. 65.
Ann. Eccl. Fr. Cointii, t. III, p. 182.
Capitul. Reg. Franc. a Baluz. t. I, p. 143.
Preuves des libertés de l'Église Gallicane, sec. partie, p. 3.

Toute la Monarchie françoise n'étoit alors que sous la domination de deux Princes, Sigebert II & Clovis II, les fils de Dagobert. Ce premier régnoit en Austrasie, & cette lettre nous apprend que toute la métropole de Bourges étoit dans les limites de ce royaume. Ce Prince écrit sans aigreur, mais avec fermeté, à Didier évêque de Cahors, & lui ordonne de défendre, de sa part, à l'évêque de Bourges, de convoquer desormais des conciles ou des assemblées sans son agrément, lui mandant de plus, qu'il n'appartient qu'à lui de juger de la nécessité de faire ces sortes d'assemblées.

PRÆCEPTUM *Chlodovei II Francorum Regis, pro sancti Dionysii Monasterio.*

Annal. Bened. t. I, p. 686.
Rec. des Hist. de Fr. tome IV, p. 638.

Mabillon ne donne qu'un fragment de cette Charte, encore est-il sans date & avec des lacunes ; il paroît que c'est la confirmation d'une donation de deux villages faite à ce Monastère par une pieuse dame nommée *Amalthilde.*

OCTOBRE,
sans quantième.

DIPLOMA *Chlodovei II, pro Abbatia sancti Dionysii.*
Donné à Clichy.

Hist. de l'Abbaye de S.t Denys, par Doublet, p. 681.

Ce Prince fait donation à ce Monastère, par ce Diplome, des églises & des villages de Not, Monrousav, de Peleun, Argentie, Vaux, Saint Martial-du-Saulzay, Courçay, Chasemays & Mosac, situés en Berry, avec toutes leurs dépendances.

Il confirme à ce même Monastère, la donation que le roi Dagobert son père lui avoit faite des villages de Nogent au pays de Limoges, Parçay, Neuilly, Pandentigny, Paschelles & Anglas, lesquels villages avoient été confisqués sur les enfans de Sadragesille duc d'Aquitaine, parce qu'ils avoient eu la bassesse de ne pas venger la mort de leur père, assassiné par des scélérats. Mais le nom & l'histoire de ce Duc n'étant connus que de Doublet, & le mot *Archiepiscopus* que l'on trouve dans cette Charte, étant tout-à-fait inusité dans les VII.e & VIII.e siècles, sont des raisons très-fortes pour faire soupçonner de fausseté cette pièce.

26 AOUST.

ANNÉE 646.

CHARTE *de la fondation de l'Abbaye d'Horréen, à Trèves.*

Histoire de Lorraine, par Dom Calmet, tome II, pr. col. 252.
Hist. de Luxembourg, par Bertholet, t. II, pr. p. 21, col. 2.

L'Auteur des Annales de Trèves semble avoir placé cette Charte sous l'année 633, parce que le roi Dagobert confirme, par un Diplome daté de cette même année, les droits de jurisdiction que l'évêque de Trèves exerçoit sur les religieuses qui l'occupoient. Il paroît cependant que ce Monastère existoit dès l'année 590 ; mais Dom Calmet est tombé dans une méprise plus grande encore en plaçant cette pièce sous l'année 646 ; car en 646, bien loin que ce fut la seconde année du règne de Dagobert en Austrasie, c'étoit la IX.e année du règne de Sigebert II fils de Dagobert qui étoit mort dès l'année 638. Bertholet place, avec encore moins d'apparence de raison, cette pièce sous le règne de Dagobert II en 686, car ce Prince mourut, au plus tard, en 679.

Sans autre date. **DIPLOMA** *Clodulphi in gratiam Renoldi Abbatis & fratrum Monasterii sancti Dionysii, in Metheloch ad Sarram amnem siti.*

Stemmata Lotharingiæ ac Barri Ducum, pr. fol. 2, verso.

Si cette Charte est vraie, elle donne une grande antiquité à l'origine fabuleuse des premiers Rois de notre nation ; car ce Clodulphe fils du duc Arnould, s'y intitule Prince du Sang illustre des rois de France, qui tirent leur origine des fameux Troyens.

I iij

Année 646.

Testamentum B. Aldegundis.

Miræi Opera Diplom. t. III, p. 557.

Sainte Aldegonde est la fondatrice des Chanoinesses de Maubeuge ; Mabillon prétend qu'elles ont vécu cloîtrées & voilées sous la règle de S.t Benoît, de même que celles de Remiremont, jusqu'à la III.e année du règne de Louis le Pieux.

Sans autre date.

Année 647.

Epistola Sigiberti Regis ad Desiderium Cadurcensem episcopum, ut pro eo fundat preces.

Annal. Eccl. Franc. Cointii, t. III, p. 204.

Le Roi marque à Didier que ses peuples jouissent de tous les avantages d'une paix profonde, & que les Nations barbares, voisines de ses États, sont avec ses sujets dans un commerce qui assure la tranquillité ; tout ceci nous sert à fixer l'époque du commencement & de la fin de la guerre que ce Prince fit à Radulphe roi des Thuringiens. Il paroit qu'il faut, par rapport à cet événement, prendre un sentiment qui tienne le milieu entre celui de l'Auteur des chroniques de S.t Denys, qui place cette guerre qui ne fut que de petite durée, à l'année 640, & celui du moine de Gemblours qui la recule jusqu'à l'année 648.

6 Septembre.

Année 648.

Charta donationis Adroaldi, pro constructione Monasterii Sitivensis.

Ann. Eccl. Fr. Cointii, p. 229. Miræi Opera Diplomat. t. I, pag. 7. Gallia Christ. pr. ed. tom. IV, p. 171, col. 1. Gallia Christ. sec. edit. t. III, instr. col. 109.

Actum Ascio villâ dominicâ.

Malbranche *(lib. III, cap. 27, de Morinis)* dit que ce lieu *Ascium*, qui étoit du Domaine royal, est le petit bourg situé sur la rivière d'Aa, que l'on nomme aujourd'hui *Aix*.

Adroald né dans le Paganisme, fut converti par Aumer évêque des Morins ; en reconnoissance de ce bienfait, Adroald offrit de donner à Aumer un village nommé *Sithieu*, pour y bâtir un Hôpital ; mais l'Évêque ayant représenté à Adroald qu'il seroit plus agréable à Dieu de consacrer ce riche héritage pour l'établissement d'un Monastère, Adroald y consentit & donna par cette Charte ce lieu au moine Bertin, qui y fonda effectivement le Monastère qui s'appela de son nom, *S.t Bertin*, & dans lequel on a établi en 1559 la cathédrale de Saint-Omer.

Testamentum Desiderii Cadurcensis episcopi.

Ann. Eccl. Fr. Cointii, t. III, p. 227.

Mabillon prouve dans sa Dissertation sur le sacre & le temps de la mort de Didier, que ce Prélat fit son testament la XVI.e année du règne de Sigebert, qui revient à l'année 654. *(Voyez Vetera Analecta, novæ edit. fol. 520, & Annal. Bened. tom. I, fol. 431, n.° 33.)* Il fit son Église cathédrale sa légataire universelle, lui léguant, *Quidquid ex parentum successione, quidquid regio munere, quidquid propria comparatione adquisisset.*

Privilége du Pape Jean IV, qui exempte le Monastère de Remiremont de la jurisdiction de l'Ordinaire, & le soûmet à la sienne.

Hist. de Lorraine, par Dom Calmet, t. IV, pr. col. 253 & 254.

Dom Calmet donne deux éditions différentes de cette pièce, l'une d'après un manuscrit qu'il dit avoir plus de six cens ans d'ancienneté, & l'autre est tirée du *Vol. Remiremont, coté 742, page 154* de la bibliothèque Séguier.

ANNÉE 650.

Sans autre date.

FONDATION des Monastères de Stavelot & Malmédy, par Sigebert roi d'Austrasie.

Histoire de Luxembourg, par Bertholet, t. II, pr. p. 17, col. 1.
Rec. des Hist. de Fr. tome IV, page 634.

Ce Prince, par cette Charte, accorde à S.ᵗ Remacle un lieu situé sur le ruisseau de Varchinne, pour y fonder le monastère de Malmédy, & lui assigne l'espace de douze milles de terrein aux environs. Celui de Stavelot fut fondé dans le même temps, & eut une dot égale. Mabillon avance que l'on voyoit encore les ruines d'un temple consacré à Diane, dans le lieu même où S.ᵗ Remacle bâtit Malmédy. Ces deux Monastères, conformément aux termes de la Charte de leur fondation, ont été constamment gouvernés jusqu'à présent par un seul Abbé.

Sans autre date.

EPISTOLA commendatitia Rauracii Nivernensis episcopi ad Desiderium Cadurcensem episcopum, pro Mommolo & Garimundo.

Rec. des Hist. de Fr. tome IV, page 44.

Il paroît par cette lettre que l'église de Nevers avoit des biens situés dans le diocèse de Cahors, singulièrement dans un lieu nommé *Curtecella*.

DONATIO villæ Genniniaci sancto Remaclo episcopo Trajectensi in dotem abbatiæ Stabulensis a Grimoaldo majore palatii.

Miræi Opera Diplom. t. III, p. 281.

C'est sans doute la donation que Grimoald fit à ce Monastère du lieu appelé *Genniniacus*, qui fait dire par modestie au roi Sigebert, que le Maire du palais de ce nom est le fondateur du monastère de Stavelot. Voyez au 1.ᵉʳ de février dans les Bollandistes, p. 235, col. 1.

EPISTOLA Martini Papæ ad Amandum Trajectensem episcopum, quem dissuadet ne episcopatum abdicet, &c.

Concil. Antiq. Galliæ a Sirmondo, tom. I, p. 488.

Cette lettre est une réponse que le Pape Martin fit à S.ᵗ Amand, qui lui avoit marqué ne pouvoir plus supporter le poids de son ministère, par le débordement dans lequel le Clergé de son diocèse étoit tombé; à quoi le Pape répond, que S.ᵗ Amand au lieu d'abdiquer l'épiscopat, doit au contraire demeurer dans son siège, afin que par son exemple & ses prédications, il puisse rappeler à la vertu ceux qui s'en étoient éloignés; il lui marque de plus, qu'il lui envoye les actes du Concile tenu à Rome contre les Monothélites, afin de les faire confirmer par les évêques de France, &c.

ANNÉE 651.

19 JANVIER.

CONCESSIO libertatis & immunitatis Monasterio Blandiniensi a Martino Papa.

Miræi Opera Diplomat. t. I, p. 333.
Ann. Eccl. Fr. Cointii, t. III, p. 360.

Ce monastère est S.ᵗ Pierre de Gand, fondé par S.ᵗ Amand évêque d'Utrecht, vers l'an 631, & bâti au sommet d'une montagne appelée *Blandinium*, dont il prit le nom *Blandiniense*, sur les ruines d'un temple dédié à Mercure.

14 FÉVRIER.

IMMUNITAS concessa Monasterio Elnonensi in diœcesi Tornacensi a Papa Martino.

Miræi Opera Diplomat. t. I, p. 334.
Ann. Eccl. Fr. Cointii, t. III, p. 361.

Saint Amand fonda ce Monastère à peu près dans le même temps que celui de S.ᵗ Pierre de Gand, & lui donna son nom, ainsi qu'à la ville qui s'y est formée depuis.

24 DÉCEMBRE.

DIPLOMA Clodulphi, in gratiam Augusti Abbatis & fratrum cœnobii Toleïani.

Stemmata Lotharingiæ ac Barri Ducum, pr. fol. 3, recto.

Ce Seigneur donne à ce Monastère un village nommé *Mercervillam*.

ANNÉE 652.

14 FÉVRIER.

Epistola Adalſindæ abbatiſſæ fratri ſuo Valdaleno quâ ſe ipſam & quidquid poſſeſſionis erat ſuo Monaſterio Dornatiaco, Beſuenſibus tradit.

Guiberti abbatis Opera, pag. 612, col. 1.
Annal. Bened. t. I, p. 442.
Ann. Eccl. Fr. Cointii, t. III, p. 442.
Spicileg. d'Acherii, tom. II, p. 402.
Alliance chron. t. II, p. 428.
Eloges hiſtoriques des Rois de France, avec l'hiſt. des Chanceliers, par le P. Labbe, p. 428.

Adalſinde, fondatrice de ce Monaſtère, étoit fille d'Amalgarius qui gouvernoit la Bourgogne ſous le règne de Dagobert I; dans le même temps qu'elle fit cet établiſſement, ſon frère fonda celui de Bèze, & comme elle éprouva des vexations après la mort de ſon père, pour s'en garantir elle unit ſon Monaſtère à celui de ſon frère, plus en état qu'elle & ſes religieuſes de ſe défendre contre les hommes ambitieux qui faiſoient des efforts pour envahir ſes biens. Son Monaſtère étoit bâti tout proche de la ville de Beſançon, de laquelle il n'étoit ſéparé que par le Doux.

1.er JUILLET.

Privilegium Landerici Pariſienſis epiſcopi, pro cœnobio ſancti Dionyſii.

Ann. Eccl. Fr. Cointii, t. III, p. 339.
Hiſt. Eccleſ. Pariſ. a Duboiſ, t. I, p. 180.
Conc. ab Harduino, t. III, col. 985.
Concil. Antiq. Gall. a Sirmondo, t. I, p. 495.

M. de Valois, Launay, le Cointe & Gérard Dubois ont écrit de ſavantes critiques ſur cette pièce; M. de Valois la croit ſuppoſée en entier, les autres penſent qu'elle eſt au moins interpolée en beaucoup d'endroits; le mot *circada* qui y eſt inſéré & que l'on ne trouve pour la première fois qu'au IX.e ſiècle, dans une lettre de Hincmar à Louis le Bègue, paroît juſtifier le ſentiment de M. de Valois. Les Évêques & leurs Archidiacres n'ont en effet commencé à exiger des Curés & des Monaſtères un droit de viſite, qu'après le partage qu'ils ont fait avec leurs clercs des biens de l'Égliſe matrice, ce qui n'eſt arrivé que dans le IX.e ſiècle.

De cette viſite qui s'appeloit *circumitio*, comme on lit dans les Capitulaires de Charlemagne & de Charles le Chauve, on a formé le mot *circada*, dont le ſynonyme eſt *vectigal*.

Sans quantième.

Causa tenorque Lirinenſis privilegii in Arelatenſi concilio ſub Ravennio epiſcopo.

Ann. Eccl. Fr. Cointii, t. III, p. 345.

Le concile d'Arles termine enfin les conteſtations entre Théodorus évêque de Marſeille & Fauſtus abbé de Lérins, qui excitoient depuis long-temps un grand ſcandale dans toute la France méridionale. Les Moines étoient alors diviſés en deux claſſes, les clercs compoſoient la première, les laïcs étoient dans la ſeconde, car en ce temps on pouvoit être moine & laïc tout à la fois; le Concile adjuge une pleine juriſdiction ſur ces derniers à l'Abbé, & défère à l'Évêque le droit d'ordonner les clercs, avec défenſe à l'Abbé d'admettre dans ſon Monaſtère d'autres clercs externes pour y célébrer les ſaints Myſtères, ſans l'agrément de l'Évêque.

ANNÉE 653.

15 MAI.

Præceptum Sigiberti filii Dagoberti Francorum Regis, in favorem Modoaldi Trevirenſis Archiepiſcopi, pro cellis beatorum Eucharii, Hilarii, ac rebus eccleſiæ divi Petri Trevirenſis.

Stemmata Lotharingiæ ac Barri Ducum, pr. fol. 3, recto.
Hiſtoire de Lorraine, par Dom Calmet, tome II, pr. col. 257.
Annal. Trevir. tom. I, p. 354, col. 2.

Donné à Aix-la-Chapelle.

Nous remarquons, avec Dom Calmet, que la date de l'année de l'Incarnation de Jéſus-Chriſt, que porte cette Charte, fait douter de ſon authenticité, parce que cette date n'a été en uſage que plus d'un ſiècle après la date que l'on a donnée à cette pièce.

Année 653.

22 Juin.

CHLODOVEI junioris Diploma quo Monasterii sancti Dionysii libertatem confirmat.

De re diploma. à Mab. lib. VI, p. 406.
Hist. de Saint Denys, par Doublet, p. 682.
Hist. de Saint Denys, par Félibien, pr. p. 5.
Rec. des Hist. de Fr. tome IV, page 636.

Donné à Clichy.

La leçon de cette Charte dans Mabillon, est plus conforme à l'original que dans Doublet. Le P. Sirmond, au second tome de ses Conciles, & le Cointe, au troisième tome de ses Annales, l'ont imprimée comme on la lit dans Mabillon : tous ces Critiques la jugent authentique, le Cointe pense cependant que l'on y a ajouté dans la suite les souscriptions des Evêques ; cette critique est favorable à la Charte de Landri évêque de Paris, car ce Diplome en rapporte la disposition & la confirme.

DIPLOMA Chlodovei junioris, pro Monasterio sancti Dionysii.

Hist. de Saint Denys, par Félibien, p. 6.
Rec. des Hist. de Fr. tome IV, page 638.

Félibien & Dom Bouquet ont imprimé cette pièce sans lui assigner de date, parce que l'original est mutilé en tant d'endroits qu'ils n'y ont sû aucune note chronologique ; il seroit par cette raison presque impossible de pouvoir en donner une notice exacte & bien détaillée.

Il me semble que c'est le jugement que le Roi rendit en personne sur une contestation entre Vandebert abbé de Saint-Denys, & l'évêque de Rouen, au sujet de la possession d'un village que le Roi adjugea au monastère de Saint-Denys ; la première lettre du nom de la personne qui défendoit le monastère étant un V, il est naturel de remplir la lacune du mot *Vandebertus ;* cette conjecture détermine à placer la Charte vers l'an 653 ou 654, parce que ce Vandebert avoit dès ce temps succédé dans le gouvernement du monastère de Saint-Denys à l'abbé Aigulfe.

Sans autre date. **DIPLOMATA duo Sigiberti Franciæ Regis, pro Monasteriis Stabulensi & Malmundariensi.**

Ann. Eccl. Fr. Cointii, t. III, p. 634.
Histoire de Luxembourg, par Bertholet, t. II, pr. p. 18, col. 1.
Rec. des Hist. de Fr. tome IV, p. 634 & 635.

On doit, sans contredit, regarder le roi Sigebert comme l'unique fondateur des deux monastères de Stavelot & Malmédy, quoique ce Prince semble dire que ce dernier devoit son existence à Grimoald son maire du palais. Aussi Sigebert donna par le premier de ces deux Diplomes les lieux qui ont donné leur nom aux deux Monastères, à S.t Remacle pour les y fonder ; ce Prince choisit l'endroit de la forêt des Ardennes le plus désert pour ce pieux établissement, *afin,* dit-il, *que les Moines puissent plus aisément éviter le commerce des femmes.* Il ajoûte à cette première dot, par ce second Diplome, la donation de plusieurs droits de péage qui se payoient au fisc, dans quelques endroits du Berri & de la Touraine.

TESTAMENTUM Leodegarii Eduorum episcopi, pro ecclesia sancti Nazarii.

Miræi Opera Diplomat. t. I, p. 335.
Ann. Eccl. Fr. Cointii, t. III, p. 581.
Rec. de Pérard, page 3.

Pérard & le Cointe démontrent évidemment la fausseté de cette pièce. *Voyez leur critique dans les endroits cités de leurs ouvrages, dans lesquels ils l'ont imprimée.*

Sans autre date. **PRÆCEPTUM quod fecit S. Annemundus, pro Monasterio sancti Petri puellis Lugduno civitate.**

Autun chrétien, par Saunier, page 21.
Gallia Christ. à Roberto, pr. part. page 201, col. 1.
Annal. Bened. tom. I, p. 690, col. 2.

Mabillon *(à la page 425 du premier tome de ses Annales)* donne une trop grande extension aux termes de cette Charte ; S.t Annemond dit, qu'il donne à ce Monastère l'église de S.t Pierre, située dans le diocèse de Genève, avec les fonds de terre qui lui appartiennent, situés dans le village & aux environs de la Tour-du-Pin, dans le Viennois, & non pas *le lieu même de la Tour-du-Pin ;* il y joint des métairies dans le village de *Dolomieux,* avec la paroisse & la forêt de *Bregou.*

Tome I. K

ANNÉE 655.

Sans autre date.

PRIVILEGIUM *Eugenii Papæ I, pro Monasterio Agaunensi.*

Ann. Eccl. Fr. Cointii, t. III. p. 412.
Gall. chr. pr. edit. tom. IV, p. 14, col. 2.

Cette année fut l'époque de plusieurs grands événemens. Clovis II mourut vers le mois de septembre; on fixe au 16 de ce même mois la mort du Pape Martin I, arrivée dans la Chersonèse de Thrace, où l'Empereur Constant l'avoit exilé. Eugène lui succéda dans le moment, comme il paroît par la date de cette bulle donnée au monastère d'Agaune, qui avoit alors pour abbé *Stagirus*. Le Pape confirme les donations & les priviléges que les rois Bourguignons & François avoient accordés à cette abbaye.

ANNÉE 656.

Sans autre date.

FUNDATIO *Abbatiæ Monialium Hasteriæ in comitatu Namurcensi à Widerico comite.*

Miræi Opera Diplom. t. III, page 2.
Antiquit. Brabantiæ, a Grammaye, parte 10, p. 67, col. 2.
Antiquités de la Gaule Belgique, par Wassebourg, tom. I, fol. 156, verso.

Le monastère de Hatières est situé dans le diocèse de Namur, vis-à-vis celui de Walcourt sur l'autre rive de la Meuse. Miray dit, avec Grammaye, qu'il fut d'abord fondé pour des Religieuses, Fisenus soûtient que ce fut pour des Clercs. Il est certain que ce Monastère, soit qu'il fût pour des Hommes, soit qu'il appartînt à des Femmes, doit son origine au comte Wideric qui le fit bâtir, & le dota du lieu même de Hatières avec tous les héritages qui en dépendoient. Il passa un siècle après sa naissance dans la possession des Laïcs; car nous voyons que le comte Wigeric, père d'Adalberon évêque de Metz, l'avoit eu de la succession de son père.

ANNÉE 657.

Sans autre date.

CHARTA *quâ sanctus Autbertus Cameracensis episcopus prædium, Vallare Monasterio extruendo destinatum in suam protectionem suscipit.*

Miræi Opera Diplom. tom. I, p. 490.

Mabillon *(Annal. Bened. tom. I, pag. 427 & 428)* a écrit l'histoire de Landelin fondateur de ce monastère, nommé *Wastariense*. Les Auteurs de la Nouvelle Gaule chrétienne, *(tom. III, col. 77)* rapportent cet établissement à l'année 657.
Ces Auteurs disent, d'après Mabillon, que l'on ne connoît qu'un seul abbé de ce monastère, nommé *Dado*. Il fut détruit vers la fin du X.ᵉ siècle. Landelin, jeune homme distingué par sa naissance, car il étoit allié à la Maison royale, consacra la plus grande partie de ses biens pour la fondation de plusieurs Monastères, du nombre desquels étoit celui-ci; on le nomma *Walers*, d'une rivière qui arrosoit le terrein où il étoit situé dans la Thiérache, à quatre ou cinq lieues de Moustiers en Faigne. Autbert évêque de Cambrai approuva, par cette Charte, les pieuses dispositions de Landelin.

Sans autre date.

DIPLOMA *Clotarii III Regis, pro Monasterio Insulæ Germanicæ in suburbio Tricassinæ urbis.*

Ann. Eccl. Fr. Cointii, t. III, p. 447.
Rec. des Hist. de Fr. tome IV, page 638.
Gallia Christ. pr. edit. t. IV, p. 235.
Prompt. Anti. Trec.a Camuzat, fol. 19.

Moustiers-la-Celle près Troies, est appelé communément *Cellense*, & quelquefois *Insula Germanica*, du lieu où il fut bâti qui portoit ce nom.
Clotaire confirme à Frodobert, par ce Diplome, la donation que Clovis son père avoit faite à ce Monastère, d'un champ de terre détaché du fisc, dont la mesure étoit de *decem Bonnaria*; cette terre étoit contigue au Monastère.

13 Octobre.

PRIVILEGIUM *Monasterio sancti Petri Senonensis ab Emmone Senonensi metropolita concessum.*

Ann. Eccl. Fr. Cointii, tom. V, p. 285.
Acta SS. Ben. sec. III, part. 2, p. 613.
Annal. Bened. t. I, p. 450.

Cet Évêque exempte les Moines de la jurisdiction ordinaire, & leur laisse la liberté de l'élection d'un Abbé, auquel il se réserve le droit de donner la *Bénédiction*, ou *l'Ordination*, comme on parloit alors.

ANNÉE 657.

DÉDICACE de l'Église du Monastère que S.t Tron avoit fondé dans le diocèse de Liége.

Hist. des évêques de Metz, par Meurisse, page 134.

Cette Abbaye prit le nom de son fondateur, qui la donna aux évêques de Metz; la ville qui s'est élevée dans la suite autour de ce Monastère, s'est également appelée S.t Tron; elle a appartenu aussi à ces Prélats jusqu'en 1227; alors, suivant la chronique d'Alberic, Jean d'Aspremont évêque de Metz, l'échangea pour le village de *Maidières*, avec l'évêque de Liége.

26 AOUST.

ANNÉE 658.

PRIVILEGIUM Emmonis Senonensis pro Monasterio sanctæ Columbæ.

Annal. Bened. t. I, p. 448.

L'évêque de Sens exempte, par cette Charte, l'abbé & les moines de ce Monastère de sa jurisdiction, & laisse aux Moines la liberté de l'élection de leur Abbé.

AOUST, sans quantième.

PRÆCEPTUM Chlotharii III Francorum Regis, pro Monasterio Besuensi (Beze-fontaine) in diœcesi Lingonensi.

Donné à Nismes.

Ann. Eccl. Fr. Cointii, t. III, p. 544. Alliance chronologique, t. II, p. 429. Spicileg. d'Acherii, tom. II, p. 402, col. 2.

Le Roi confirme, par ce Diplome, toutes les possessions de ce Monastère; les noms des terres, des villages, des métairies & des églises qu'il possédoit alors y sont énoncés; c'est ce qui rend la pièce intéressante: les dates cependant qu'elle porte de l'indiction & de l'année de l'Incarnation, étant inusitées alors, on doit présumer qu'elle a été interpolée; c'est la même que celle que l'on trouve ci-après au mois d'août de l'année 664; on ne l'annonce sous cette époque, que parce qu'elle porte dans ses notes chronologiques, l'année de l'Incarnation DCLVIII.

NOVEMBRE, sans quantième.

CHLOTHARII III Regis, diploma pro Monasterio sancti Dionysii.

Annal. Bened. t. I, p. 694. Rec. des Hist. de Fr. tome IV, page 639.

Cette Charte paroît être un jugement rendu dans un plaid que le Roi tint dans son palais de Choisy proche Compiegne, dans lequel on adjuge aux moines de Saint-Denys les portions du village de Toury & de quelques autres dont on leur disputoit la possession. Il y a un si grand nombre de lacunes dans cette pièce que l'on n'en peut donner une notice plus détaillée.

Sans autre date.

CHLOTHARII III præceptum pro Monasterio S. Dionysii, adversus Beracharium Episcopum Cenomanensem.

Annal. Bened. tom. I, p. 639. Rec. des Hist. de Fr. tome IV, page 639.

Cette pièce, aussi remplie de lacunes que la précédente, manque de notes chronologiques; c'est également un jugement rendu dans un plaid, que Mabillon & Dom Bouquet croient avoir été tenu dans le même temps que le précédent. L'évêque du Mans produisoit le titre de la donation qui avoit été faite à son père des villages de Toury, d'Estampes, d'Estival, & de plusieurs autres; l'Agent des moines de Saint-Denys soûtenoit l'invalidité de ce titre; Chadoalde comte du Palais, remplissant les fonctions du Ministère public, fit un rapport favorable aux Moines, auxquels la possession des lieux contestés fut adjugée.

CHLOTHARII III præceptum pro Monasterio sancti Dionysii.

Annal. Bened. t. I, p. 693. Rec. des Hist. de Fr. tome IV, page 640.

Ces Historiens ont imprimé cette Charte avec plusieurs lacunes, & ne lui ont assigné aucune date, parce que l'original est sans notes chronologiques. Ce sont des lettres de

Tome I. K ij

76   *NOTICE*

confirmation accordées à Vandebert, Abbé de S.¹ Denys, de la possession dans laquelle étoit son monastère des villages de Sergé au Maine, de Tours en Beauce, d'Aguifi, de Coudun, de Grandvillé, de Moinvillé, & de Gelles dans le Beauvoisis.

1.ʳ FÉVRIER.

ANNÉE 660.

CONFIRMATIO commutationis variorum locorum inita inter sanctum Mummolenum Noviomensem episcopum, & sanctum Bertinum abbatem de Sit-Diu a Clotario.

Rec. des Hist. de Fr. tome IV, page 643. Miræi Opera Diplom. t. II, page 925. De re Diplom. a Mab. p. 605.

Donné à Crecy en Ponthieu.

Ce Diplome est de Clotaire III; ce Prince confirme l'échange fait entre Mommole évêque de Noyon, & S.¹ Bertin. Ce dernier reçut les villages nommés *Vallis, Tumninium, Imbragum, Inglindonum* & *Selerciacum*, & donna à l'Évêque ceux nommés *Vausune* & *Lauvardiaca*; la Charte porte que ces villages étoient situés dans différens pays, les uns dans le Coutantin & le Noyonnois, d'autres dans le Cambresis & le Vermandois.

Dom Bouquet critique Folcuinus, d'après lequel on a imprimé cette Charte, sur ce que cet Auteur l'a placée sous l'année 660, étant donnée la vi.ᵉ du règne de Clotaire. Cette date n'est pas effectivement exacte; mais Dom Bouquet se trompe aussi en assignant l'année 662; il est certain que c'est 661.

23 DÉCEMBRE.

PRÆCEPTUM Clotharii III Regis, pro Corbeiensi Monasterio.

Ann. Eccl. Fr. Cointii, t. III, page 494. Gallia Christ. sec. edit. tom. X, instr. col. 281. Concil. Antiq. Gallia a Sirmondo, tom. I, page 500. Conc. ab Harduino, tom. III, col. 1010.

La reine Bathilde, mère de Clotaire III, avoit fondé ce Monastère; ce Prince confirme, par ce Diplome, cet établissement, & ratifie la dot considérable, en fonds de terre, que cette Princesse lui avoit assignée. Outre le lieu de Corbie, avec tout son territoire, que Bathilde avoit donné, on trouve dans cette Charte le nom de treize ou quatorze villages, sur lesquels Clotaire donne de plus aux Moines, toute justice.

BULLE du Pape Jean IV, en faveur du monastère de S.ᵗ Faron de Meaux.

Rec. des Hist. de Fr. tome IV, page 642. Histoire de Meaux, par Duplessis, t. I, page 656.

Nous n'avons rien à ajoûter à la critique judicieuse que Dom Duplessis fait de cette pièce.

Sans autre date.
PRÆCEPTUM Childerici II, pro Monasterio sancti Gregorii in Alsatia.

Annal. Bened. t. I, p. 457. Rec. des Hist. de Fr. tome IV, page 641.

Ce monastère s'appela d'abord *Monasteriolum confluentis*, de la situation de ses bâtimens au confluent de deux ruisseaux, dont l'un porte le nom de *Bertiembach*, & l'autre de *Wachine* en Alsace dans un valon proche Colmar. Son église ayant été mise sous l'invocation de S.ᵗ Grégoire Pape, on l'a appelé depuis *Munster en Gregorientald*. Childéric en fut le fondateur, & le dota de son fisc par ce Diplome; Mabillon n'en a imprimé que ce fragment qui ne contient qu'un préambule, le surplus, c'est-à-dire le nom des lieux dont ce Prince fit donation, la date, &c. manquent dans le manuscrit original.

18 MAI.

ANNÉE 661.

PRIVILEGIUM Sithiensibus Monachis concessum ab episcopo Audomaro.

Annal. Bened. t. I, p. 455.

Saint Omer, après avoir fini le monastère de S.ᵗ Bertin, bâtit dans le voisinage sur l'éminence une autre église, à laquelle il joignit quelques arpens de terre qu'il destina pour être un cimetière & le lieu de sa sépulture, ainsi que celle des Moines de son monastère. Cette église fut mise sous l'invocation de la Vierge; à quelque temps de là ses revenus ayant accrus, on y établit quarante Moines pour la desservir; dans le IX.ᵉ siècle, ces Moines furent sécularisés & formèrent une collégiale de Chanoines, & enfin en 1559 cette Collégiale fut érigée en évêché ; telle est l'origine de cette ville qui prit le nom de saint Omer fondateur de cette église, à laquelle elle doit sa naissance.

Cette Charte exempte le cimetière & l'église nouvellement fondés, de la juridiction de l'évêque de Térouanne.

ANNÉE 661.

1.er Aoust.

DIPLOMA Childerici II Francorum Regis, pro Barisiacensi Monasterio in diœcesi Laudunensi.

Rec. des Hist. de Fr. tome IV, page 645.
Ann. Eccl. Fr. Cointii, t. III, page 512.
Annal. Bened. tom. I, p. 460.

Barisy, situé près Coucy, appartenoit au fisc. Childéric le donna, par ce Diplome, avec toutes ses dépendances, pour y bâtir un Monastère. Saint Amand y en établit effectivement un, dont on trouve la Charte dans le livre de Mabillon, *Acta Sanct. sæculo II, pag. 1004*. Ce Monastère n'est aujourd'hui qu'un Prieuré dépendant de l'abbaye de S.t Amand.

Dom Bouquet place cette pièce sous l'année 662.

23 Décembre.

CHLOTARII III Regis, præceptum pro Monasterio Corbeiensi.

Concil. Antiq. Galliæ a Sirmondo, tom. I, pag. 501.
Rec. des Hist. de Fr. tome IV, page 643.

Donné à Estrepagni, dans le Vexin près Gisors.

Le Roi, par ce Diplome, exempte les moines de Corbie de tous les impôts que l'on payoit au fisc, soit pour faire voiturer au Monastère les denrées qu'il faisoit venir du dehors, soit pour les voyages que les Moines, ou leurs Officiers, iroient faire aux environs & au loin ; car alors les personnes, comme les bêtes de somme & les charrettes, payoient au Roi & aux Seigneurs sur les terres desquels ils passoient, des droits de péage, de pontage, de rotage, de garde & autres, que nous appelons aujourd'hui, en termes génériques, droits de voierie.

Sans autre date.

FONDATION de l'abbaye de Senones, par Childéric II, en faveur de Gondebert, ci-devant archevêque de Sens.

Histoire de Lorraine, par Dom Calmet, tome II, pr. col. 258.
Annal. Bened. t. I, p. 692.
Rec. des Hist. de Fr. tome IV, page 641.

Mabillon est porté à croire que ce Gondebert ne fut que Chorévêque de Sens. Dom Calmet a imprimé cette Charte d'après Mabillon ; celui-ci en avoit eu l'original de l'abbé de Moyenvic, & il déclare qu'il ne portoit aucune date ; c'est sans raison que Dom Calmet le rapporte à l'année 670, plustôt qu'à 661. Il paroit bien par ce Diplome, que Gondebert avoit déjà bâti son monastère lorsque Childéric le dota ; mais rien n'empêche que Gondebert n'eût fait cet établissement quelques années avant 661. Au reste ce Prince donna à Gondebert l'espace de dix ou douze lieues de terrein autour de son Monastère, & en marqua les limites par ce Diplome. L'Empereur Othon III le confirma par un autre daté de la XIII.e année de son règne, qui revient à l'an 949.

ANNÉE 662.

2 Avril.

DIPLOMA Dagoberti II Francorum Regis, pro ecclesia Argentinensis Monasterii.

Ann. Eccl. Fr. Cointii, t. III, page 748.
Dagobertus Argent. episcop. fundat. a Coccio, page 143.

Le miracle que fit Arbogaste évêque de Strasbourg, en ressuscitant le jeune Sigebert, fils du roi Dagobert, mort d'une blessure que lui avoit fait un sanglier étant à la chasse, excita la dévotion de Dagobert envers l'église de Strasbourg, & le porta à lui donner la plus grande partie des biens immenses dont jouit cette cathédrale. Elle reçut de la libéralité de ce Prince, dont il fit expédier ce Diplome, *Tres curtes optimas & electas quas ita*, dit le Prince, *discerneham a cæteris, ut præssent cunctis, &c.* Nous pensons que ce Diplome a été interpolé en plusieurs endroits ; mais nous ne le jugeons pas faux, comme fait le Cointe.

ANNÉE 662.

Sans autre date.

PRIVILEGIUM *Nivardi episcopi cœnobio Altivillarensi* (Hautvilliers) *concessum.*

_{Annal. Bened. t. I, p. 467. Ann. Eccl. Fr. Cointii, t. III, page 527. Gallia Christ. sec. edit. tom. X, instr. col. 1. Hist. Eccles. Rem. a Marlot, t. I, p. 277.}

On doit regarder l'évêque de Reims comme le premier fondateur de ce monastère. Il donna en effet, par cette Charte, au moine Berchaire le lieu appelé dès ce temps *Altum-villare*, qu'il avoit acquis de deux de ses frères, dans lequel l'église & le monastère furent bâtis; il le dota ensuite du village de Dify & de plusieurs fonds de terre situés aux environs; il s'en déclare, par cette même Charte, le défenseur, & en confie le gouvernement aux évêques de Reims ses successeurs, laissant néanmoins aux Moines la liberté d'élire leur Abbé.

ANNÉE 663.

4 Juillet.

CHARTA *donationis Berchario abbati factæ, pro Monasterio Dervensi a Childerico II Rege.*

Donné à Compiegne.

_{Gallia Christ. pr. edit. t. IV, p. 326, col. 2. Ann. Eccl. Fr. Cointii, t. III, page 642. Prompt. Antiq. Tricass. a Camuzat, fol. 80. Rec. des Hist. de Fr. tome IV, page 645. Pagius ad ann. 663, n.° 10.}

Le père Pagi & le Cointe disputent sur la date de cette Charte; ce premier prétend qu'il faut la rapporter à la III.ᵉ année du règne de Childéric en Austrasie. Le second soûtient au contraire que ce Prince ne la donna que la troisième année de son règne sur toute la Monarchie. Voyez ces Critiques.

Le Roi donne un lieu à l'abbé Berchaire pour y bâtir un monastère; ce lieu étoit situé sur les confins du territoire de la ville de Ransi en Champagne, dans une grande forêt appelée *Dervum*, d'où ce monastère s'est appelé *Monasterium Dervense*, Montier-en-Der.

ANNÉE 664.

15 Aoust.

CHARTA *sancti Amandi, pro cœnobio Barisiacensi* (Barisy) *in diœcesi Laudunensi.*

Fait à Laon.

_{Ann. Eccl. Fr. Cointii, t. IV, page 863. Acta SS. Bened. sæcul. II, page 1094.}

Barisy dans le diocèse de Laon, est situé près de Coucy. Childéric II détacha ce lieu de son domaine & le donna à S.ᵗ Amand avec toutes ses dépendances en 661, dans le dessein que l'on y fonderoit un Monastère. S.ᵗ Amand remplit les intentions de ce Prince, & rendit en 664 par cette Charte à André, abbé du nouveau Monastère, le don qu'il avoit reçu du Roi. Plusieurs seigneurs de la Cour & un archidiacre de l'église de Laon, contribuèrent par de riches présens en fonds de terre à cet acte de piété. Barisy n'est plus qu'un prieuré simple dépendant de l'abbaye de Saint-Amand.

Mabillon a imprimé dans ses Annales Bénédictines (*t. I, p. 460*) un fragment de la charte de Childéric, qui est souscrite d'une Reine nommée *Himnechilde*: quelques Savans ont pensé que cette Princesse étoit la femme de Childéric; d'autres prétendent qu'au lieu de *Himnechilde*, il faut lire dans l'original *Balthilde*, qui étoit la mère du Roi. Ce dernier sentiment paroît le plus probable, car ce Prince étoit trop jeune alors pour être marié.

Aoust, sans quantième.

DIPLOMA *Chlotarii III, quo cuncta bona Monasterio Besuensi collata confirmat.*

Donné à Nîmes.

_{Rec. des Hist. de Fr. tome IV, page 647.}

Le Roi donna cette charte à la recommandation de Sichelin, Duc dans la Bourgogne. Toute cette province étoit alors si fort agitée des guerres fomentées par les Maires du palais des rois de Neustrie & d'Austrasie, que les Monastères étoient sans cesse exposés à être pillés par les soldats. Pour prévenir ou réparer la perte que celui de Bese pourroit faire de ses titres, s'il arrivoit que l'on brûlât les bâtimens ou que l'on pillât son trésor, l'Abbé fit faire un terrier ou description des biens appartenans à son monastère, & après l'avoir fait autoriser par le Duc, il en demanda au Roi une charte de confirmation : c'est l'objet de celle-ci, qui est d'autant plus intéressante pour ce monastère, que l'on y trouve le nom des villages & des pièces de terre qu'il possédoit alors.

Sans autre date.

ANNÉE 664.

DIPLOMA *Childerici Regis II, quo confirmat fundationem Monasterii Nantuacensis, nuperrimè factam a sancto Amando.* *Hist. de Bresse & Bugey, par Guichenon, pr. p. 213.*

Donné à Paris.

Guichenon fait une longue dissertation sur l'étymologie du nom du lieu où Saint Amand fonda ce monastère. « Les Savans, dit cet Auteur, disputent sur l'origine de *Nantua;* quelques-uns veulent que ce lieu ait pris son nom du ruisseau qui l'arrose, que l'on appeloit *Nant;* d'autres soutiennent qu'il s'est appelé *Nantua*, de la colonie des *Antuates*, dont parlent César & Pline ». Guichenon adopte ce dernier sentiment, qui paroît en effet plus vrai-semblable que le premier; car le mot *Nant* étant dans le langage du pays un terme générique qui signifie *ruisseau*, il s'ensuivroit qu'une grande partie des lieux arrosés par des ruisseaux devroit s'appeler *Nant* ou *Nantua*.

La Légende de ce monastère, dans laquelle il est marqué que S.t Amand son fondateur mourut en 661, fait naître une difficulté sur la chronologie, que Guichenon applanit avec beaucoup de sagacité. La Lettre que quelques anciens Auteurs soutiennent que le Pape S.t Grégoire le Grand écrivit au roi Childéric, pour porter ce Prince à accorder le lieu de Nantua où le saint évêque d'Utrecht avoit dessein de bâtir ce monastère, forme une autre difficulté qu'il est impossible de résoudre; car, comment concilier des époques aussi éloignées que la mort de ce Pape, arrivée en 604, & le règne de Childéric II, qui ne commence qu'en 660 ! Guichenon donne de très-bonnes raisons pour prouver que cette Lettre est supposée, & que l'on ne doit par conséquent y avoir aucun égard.

Mais que répondre à Mabillon *(Annal. Bened. t. I, p. 373 & 461)* qui prétend que Guichenon a confondu le monastère de *Nantua* en Bugey avec un autre appelé *Nantense* situé dans le diocèse de Lavaur, & que toutes les choses que les historiens racontent de la fondation d'un monastère faite par S.t Amand évêque d'Utrecht, regardent celui appelé *Elnonense* & non pas le *Nantua* dont il est ici question ! Mabillon persuadé de la solidité des raisons sur lesquelles il appuie son sentiment, taxe de fausseté & la lettre de S.t Grégoire & le diplome de Childéric II : *spuria sunt instrumenta quæ Gregorio Magno & Childerico Regi adscribuntur apud Guichenonem.* Nous conseillons au lecteur d'ouvrir les ouvrages de ces deux Savans, avant que de se décider pour l'un ou l'autre sentiment.

18 AOUST.

ANNÉE 665.

PRÆCEPTUM *Chlotarii III Francorum Regis, pro Monasterio Besuensi.* *Ann. Eccl. Fr. Cointii, t. III, p. 566. Rec. des Hist. de Fr. tome IV, page 649.*

D. Bouquet place cette charte sous l'année 666. Le Roi confirme le choix que l'abbé & les moines de ce monastère avoient fait d'un Avoué pour soutenir leurs droits, & l'autorise à défendre en justice toutes leurs causes ; *ut omnes causas ipsius monasterii ex nostro permissu licentiam habeat prosequi.* Jérôme Bignon observe, dans une note sur le premier livre des Formules de Marculfe, *chap. 21*, qu'il n'a été permis pendant plusieurs siècles en France, qu'au Roi de plaider par procureur.

1.er MARS.

ANNÉE 667.

PRÆCEPTUM *Childerici II, pro Cenomannensi ecclesia sancti Gervasii.* *Rec. des Hist. de Fr. tome IV, p. 649.*

Ces Lettres sont adressées à Didon, évêque de Poitiers, parce que le lieu nommé *Ardunum*, de la justice duquel le Roi fait don à l'église Cathédrale du Mans, étoit situé dans le Poitou.

ANNÉE 667.

6 SEPTEMBRE.

DIPLOMA *Childerici II Francorum Regis, pro cœnobiis Stabulenſi & Malmundarienſi.*

Donné à Utrecht.

Ce Diplome porte confirmation des donations faites à ces deux Monaſtères, & ordonne qu'il ſera fait un meſurage & bornage des bois d'Amblef entre eux & le Roi, afin que l'on puiſſe connoître ceux qui appartiennent aux Moines ; le Roi les exempte de la viſite de ſes foreſtiers & des droits qu'ils étoient accoûtumés de payer.

Ann. Eccl. Fr. Cointii, t. III, page 593. Miræi Opera Diplom. t. III, page 282. Hiſtoire de Luxembourg, par Bertholet, t. II, pr. p. 19, col. 1. Ces deux derniers portent cette Charte à l'année 672, & l'année 668.

Sans autre date. **PRÆCEPTUM** *Childerici II pro Monaſteriis Stabulenſi & Malmundarienſi.*

Le Roi confirme par ce Diplome, la donation que le roi Sigebert, ſon aïeul, avoit faite à Malmédy & à Stavelot, du bourg de Germiny, ſitué dans le dioceſe de Reims, avec les moulins, les vignes, les prés & les bois qui en dépendoient ; il paroît par-là, que ces deux Monaſtères jouiſſoient en commun & par indivis, des biens dont on les avoit dotés.

D. Martenne qui a copié cette piece ſur l'original, remarque qu'une main étrangère & oiſive *(manus otioſa)* y a ajoûté des notes chronologiques tout-à-fait fauſſes.

Dom Bouquet à l'année 668, t. IV, p. 650. Rec. des Hiſt. de France.
Rec. des Hiſt. de Fr. tome IV, page 650.

ANNÉE 670.

28 FÉVRIER.

CHARTE *de Childéric II, par laquelle il affranchit l'abbaye de Saint-Denys de toute Juriſdiction temporelle.*

Donné à Compiegne.

Le Roi s'explique d'une manière bien préciſe ſur les différens droits que ſes officiers étoient accoûtumés de percevoir ſur les biens de ce Monaſtère, & dont il l'exempte pour l'avenir ; en ſorte que par l'énoncé de cette Charte il ſemble que l'abbaye de S.' Denys obtint dans cette époque la haute, moyenne & baſſe juſtice dans l'étendue de ſon territoire, dont elle a joui depuis. Conſultez Ducange, aux mots *Fredum* & *Fidejuſſores*.

La première année du règne de Childéric, ſous laquelle ce Diplome eſt daté, revient, ſuivant nos plus habiles Chronologiſtes, à l'année 670, parce qu'il faut entendre ce règne dans la Neuſtrie.

Ann. Eccl. Fr. t. III, p. 803. Hiſtoire de Saint-Denys, par Doublet, page 684.

10 MARS.

LITTERÆ *Chrotildis, pro fundatione Monaſterii Brogarienſis* (Bruyère-le-Château) *in pago Stampenſi.*

Chrotilde donna le lieu même de Bruyère-le-château avec toutes ſes dépendances. Ce fut au temps de ſa fondation un monaſtère de filles ; c'eſt préſentement un prieuré ſimple, dépendant de S.' Florent de Saumur.

Annal. Bened. t. I, p. 501. De re Diplom. a Mab. p. 468.

29 JUILLET.

CHARTA *donationis Monaſterio ſancti Dionyſii, a Childerico II.*

Le Roi donne par cette charte à l'abbaye de S.' Denys le village de Viplaix en Bourbonnois, avec toutes ſes dépendances : mais cette piece eſt une de celles qui porte plus de caractères de fauſſeté ; d'un côté l'abbé Aigulfe, ſuivant cette piece, a accepté la donation faite en 670, tandis qu'il eſt certain qu'il étoit mort dès l'an 657 ; & d'un autre côté pluſieurs Prélats ont ſigné cette charte en prenant le titre d'Archevêques, qui n'a été en uſage que près de deux ſiecles après celui-ci.

Hiſt. de Saint-Denys, par Doublet, p. 685.

ANNÉE 670.

ANNÉE 670.

TESTAMENTUM Vigilii Autifiodorenfis epifcopi, feu Charta fundationis Beatæ Mariæ parthenonis extra portam urbis Autifiodorenfis.

Annal. Bened. tom. I, p. 694.

Ce monaftère fondé au-delà des murs de la ville d'Auxerre, s'eft appelé par cette raifon *Notre-Dame de la Dehors*; & quoiqu'il foit aujourd'hui dans l'enceinte des murs, il a néanmoins retenu fon ancien nom. Les Moines en furent chaffés dans le neuvième fiècle; des Chanoines leur fuccédèrent; fous l'épifcopat de Hugues de Mâcon les Prémontrés s'en emparèrent, & il leur eft demeuré. Vigilius fon fondateur lui donna les vignes qui étoient aux environs de fes bâtimens, & celles que l'on trouvoit fur le grand chemin de Sens en paffant par la porte de Paris: il ajoûta à cette donation des prés fur la petite rivière de Belche, des terres dans le canton de Coulange-fur-Yonne, le village de Pouilly fitué fur la Loire dans l'Auxerrois, avec une partie du village de Flogny dans le Tonnerrois, & le village entier appelé *le Doux*, qui confine au territoire d'Autrain.

ANNÉE 671.

18 MARS.

DONATIO facta monafterio Marcolenfi ab Huntberto abbate.

Fait à Maroilles.

Miræi Operâ Diplomat. t. I, pag. 9.
Annal. Eccl. Cointii, t. III, pag. 629.

Quelques Auteurs, trompés par la fimilitude des noms, ont attribué le premier établiffement de ce monaftère à Humbert; mais Maroilles exiftoit avant que Humbert en fût abbé: il dit lui-même, fuivant Balderic (*lib II, c. 32*), que Rodobert l'avoit fondé & doté du lieu même de Maroilles, fitué dans le Haynault fur la rivière d'Hefpres, dans le territoire de Famars au diocèfe de Cambrai. Balderic n'a dit que ce qui fe lit dans cette charte; Humbert dit expreffément qu'il donne au monaftère de Maroilles dont Rodobert fut le fondateur, la portion qui lui étoit échûe de la fucceffion de fon aïeule, du lieu de Maifières fitué fur l'Oife dans le diocèfe de Laon. Ainfi Humbert ne fut que le bienfaiteur, & non le fondateur de cette abbaye.

27 AOUST.

PRÆCEPTUM Childerici II, de Arduno-curte pro ecclefia Cenomannica.

Donné au Mans.

Rec. des Hift. de Fr. tome IV, page 651.

Ces Lettres font confirmatives de celles accordées le 1.er mars de l'an 667, fans autre difpofition.

Nous remarquons que Childéric a daté fes Diplomes relativement aux lieux qu'ils concernoient & au temps depuis lequel fon règne y étoit établi; en forte que ce Prince compte dans cette charte la XI.e année de fon règne, parce que le Maine étoit compris dans l'Auftrafie où il régnoit depuis onze ans; tandis que nous avons vû qu'il ne compte que la première année de fon avènement à la Couronne en 670 dans une Charte pour S.t Denys, à caufe que ce monaftère étoit dans la Neuftrie, fur laquelle il ne commença à régner que dans cette année, après que les Seigneurs eurent fait defcendre Thierri II de fon trône pour le reléguer dans le monaftère même de S.t Denys.

Sans autre date.

PRIVILEGIUM Numeriani Archiepifcopi Trevirenfis, pro Sancto Deodato epifcopo & abbate Vallis Galileæ.

Annal. Bened. tom. I. p. 696.
Hiftoire de Lorraine, par Dom Calmet, tome II, pr. col. 259.

Ce monaftère, appelé du nom de fon fondateur S.t Dié-en-Vofge, fut bâti dans un lieu nommé *Juncturæ* vers l'an 667; un homme de confidération appelé *Hunon*, donna le fonds de terre fur lequel ce faint Évêque fit ce pieux établiffement. Cette charte, dont on n'a qu'un fragment, porte exemption de la jurifdiction épifcopale en faveur des Moines de cette abbaye.

Tome I. L

ANNÉE 672.

30 AOUST.

CHARTA *donationis Monasterio Dervensi, a Berchario ipsius Abbate factæ.*

Ann. Eccl. Fr. t. III, p. 642.

Bercaire pour rendre cette donation plus stable, dit dans la Charte, que le Roi étoit présent lorsqu'il consacra au Seigneur pour l'utilité des moines de l'abbaye de Montierender la plus considérable portion des biens qu'il avoit hérités de ses parens. Il est très-difficile de désigner la situation en particulier des différens objets légués, quoiqu'ils soient tous dénommés dans la Charte ; peut-être aucuns de tous ces héritages n'ont conservé jusqu'à présent le nom qu'ils portoient alors. Ainsi de crainte de tomber dans les fautes que l'on reproche souvent & avec raison à ceux qui s'abandonnent trop aux conjectures, aux étymologies & aux ressemblances, nous nous bornons à dire que ces biens étoient situés au-delà de la Loire, comme la Charte le porte.

Sans autre date. **DONATIO** *variorum prædiorum Monasterio sancti Vedasti, a Theodorico III Francorum Rege.*

Miræi Opera Diplomat. t. I, pag. 126.

Le Roi confirme ce privilége fameux qui occasionna une guerre si sanglante à la fin du XI.ᵉ siècle entre Rotard évêque de Cambrai & Fulrad abbé de S.ᵗ Waast. Ce privilége que Vendicus évêque d'Arras avoit accordé à Hatta prédécesseur de Fulrad, portoit l'exemption la plus ample de la jurisdiction épiscopale en faveur de son Monastère.

ANNÉE 673.

4 MARS.

PRÆCEPTUM *Childerici II, pro Monasterio in valle Gregoriana in Alsatia.*

Rec. des Hist. de Fr. tome IV, page 652.

Le Roi donne par ce Diplome au monastère de Munster en Grégoriental tous les impôts *(fœda & functiones)* que les habitans des villages de Monsensesham & d'Onemhaim avoient accoûtumé de payer annuellement au Fisc. Sous l'expression générale d'impôts pour ce temps, il faut relativement au nôtre entendre la haute justice & tous les droits qui y sont attachés.

21 OCTOBRE.

PRÆCEPTUM *Theoderici III Regis, pro Monasterio Fontanellensi.*

Rec. des Hist. de Fr. tome IV, p. 652.

Donné à Arelauno Palatio *en Normandie, proche la forêt de Bretot* où Roulot, *appelée anciennement* Brotonne.

Dom Bouquet qui a imprimé ce Diplome d'après Mabillon, remarque qu'il est rappelé dans des lettres de Philippe le Long, données en 1319. Cette dernière source est un garant de l'authenticité de la pièce, & dissipe les doutes que seroient naître les formules qu'elle porte, inusitées sous la première race de nos Rois.

Thierri donne à Condedo moine de Fontenelle (Saint Vendrille) l'isle de Belcinnaca (Belcinac), située près la forêt de Bretot en Normandie, avec les champs, les prés & le petit bois adjacent. Condedo y fit bâtir deux églises, l'une qu'il dédia à la Vierge, & l'autre aux Apôtres S.ᵗ Pierre & S.ᵗ Paul, avec des cellules pour les Moines qui desservoient ces basiliques. Trois ans après cet établissement, Condedo donna son nouveau Monastère, avec l'isle & toutes les donations qu'il avoit reçues, tant du roi Thierri, que d'un homme de considération nommé Schiward, au monastère de Fontenelle ; l'Abbé Ansbert accepta le don, & la Charte fut souscrite par Waratton maire du Palais ; en sorte que ce Monastère devint dès-lors une *celle* & dépendance de celui de Fontenelle ; il fut détruit dans la suite, parce que la Seine inonda l'isle ; cette rivière ayant retiré ses eaux, & laissé depuis un certain nombre d'années l'isle à sec, il paroit que l'abbé de Fontenelle seroit fondé à en réclamer la propriété.

ANNÉE 673.

22 NOVEMBRE.

JUSSUM *Martini Austriæ Mosellanicæ ducis, in gratiam Erardi abbatis & fratrum cœnobii Toleiani.*

Stemmata Lotharingiæ ac Barri Ducum, pr. fol. 3, verso.

Donné à Linck au comté de Flandre.

Dedit villam suam de Loegeapem cum decimis.

Sans autre date.

CHARTA *Agarni seu Auvarni Caturcensis episcopi, de insigni dono quod fecit Monasterio Moissiacensi.*

Gallia Christ. sec. edit. tom. I, instr. p. 36.

Voyez à l'année 783 la notice de cette Charte, dont la date a sans doute été interpolée dans le manuscrit que les Auteurs de la nouvelle édition de la Gaule chrétienne ont suivi.

ANNÉE 674.

1.er JANVIER.

DON *fait par le comte de Volfaude, de la terre de Condé, à l'abbaye de Saint-Mihiel.*

Histoire de Lorraine, par Dom Calmet, t. I, pr. col. 260.

De l'aveu de Dom Calmet même, les premiers fondemens de ce Monastère ne furent jetés qu'en 709. Comment auroit-il pû recevoir des donations en 674!

1.er MARS.

PRIVILEGIUM *immunitatis concessum abbatiæ Vedastinæ a sancto Vindiciano Cameracensi episcopo.*

Miræi Opera Diplom. tom. I, pag. 126. Ann. Eccl. Fr. Cointii, t. IV, pag. 124.

L'évêque de Cambrai, dans le diocèse duquel étoit alors ce Monastère, exempte pour toûjours l'abbé & les moines de la jurisdiction épiscopale: mais le Cointe a prouvé par tant de raisons solides la fausseté de cette Charte, qu'elle ne peut avoir été adoptée que dans des temps où l'ignorance accréditoit toutes les prétentions excessives des Monastères. Dans notre siècle, plus éclairés & moins faciles à séduire par des dehors souvent trompeurs, nous nous rapprochons le plus qu'il est possible de l'ordre premier, en rétablissant le droit commun pour l'ordre des jurisdictions.

2 MARS.

PRÆCEPTUM *emunitatis Theoderici III Regis, pro ecclesia Cenomanica.*

Vetera Anal. Mab. p. 274.

Donné à Kiersy.

Thierri accorda ce Diplome à Bérard évêque du Mans, portant confirmation des priviléges & immunités que les Rois ses prédécesseurs avoient accordés, tant à l'Église cathédrale de cette ville, qu'aux Monastères & aux autres Églises qui étoient soûmises à la jurisdiction des évêques du Mans.

11 JUIN.

PRÆCEPTUM *Theoderici III Regis, concessum Siviardo abbati Anisolensi.*

Rec. des Hist. de Fr. tome IV, p. 654 & 700.

Dom Bouquet a imprimé cette Charte avec des lacunes, l'année du règne de Thierri est en blanc; je ne vois point que ce Savant ait pû avoir d'autres raisons pour fixer la date de cette pièce à la seconde année du règne de ce Prince, que la conséquence qu'il auroit dû tirer de la concession d'une autre Charte de ce même Prince, datée du mois de mars de cette même année, à Bérard évêque du Mans, portant, comme celle-ci, confirmation des priviléges & immunités que les rois Childebert, Dagobert & Childéric avoient accordés, tant à l'église cathédrale du Mans, qu'au monastère de S.t Calez; mais au lieu d'attribuer cette seconde Charte comme nous faisons à Thierri III, Dom Bouquet pense qu'elle est de Thierri de Chelles; c'est une méprise bien évidente, car lorsque Thierri de Chelles est parvenu au trône, Bérard avoit déjà eu deux successeurs dans l'évêché du Mans, Aiglibert qui avoit siégé trente-quatre ans, & Herlemand vingt-six. La note *(a)* de Dom Bouquet, *page 700*, paroît de peu de considération.

Tome I. L ij

ANNÉE 674.

Sans autre date.

PRÆCEPTUM Theoderici III Regis, pro Monasteriis Stabulensi & Malmundariensi.

<small>Rec. des Hist. de Fr. tome IV, page 653.</small>

Le Cointe a imprimé également cette pièce, (au tome IV de ses Annales, p. 28). Duchesne & Dom Bouquet l'ont imprimée d'après Dom Martenne (tom. II, ampl. collect. col. 12). Dom Bouquet donne les variantes des deux leçons.

Cette Charte porte confirmation des donations en fonds de terres, & des priviléges que les rois Sigebert & Childéric avoient accordés à ces deux Monastères.

Sans autre date.

CHARTA donationis Karissimæ Monasteriis sancti Aredii & Rosolii.

<small>Ann. Eccl. Fr. Cointii, t. III, pag. 712.</small>

Karissima petite nièce du côté maternel de St Yrier, fondateur de ces deux monastères, étoit fille d'Eudes duc de Bourgogne. Cette pieuse Dame fait en quelque sorte son légataire universel Ebroïn abbé de St Yrier de-la-Perche, c'est le premier de ces deux Monastères, auquel elle lègue le second qui est Montier-Rauseille, lequel lui appartenoit sans doute à titre même de propriété, comme il étoit d'usage alors. Elle ajoute à ce premier legs la donation de deux cens métairies & de trois cens borderies, *ducentis mansis & trecentis bordariis*. Nous rapportons les termes mêmes de la Charte, de peur que l'on ne nous accuse de méprise ; car cette donation est effectivement si considérable, que l'on a peine à la croire.

Le Cointe & Mabillon sont peu d'accord sur la date de cette pièce ; le premier donne d'excellentes raisons pour n'avoir aucun égard aux notes chronologiques que l'on lit à la fin ; & guidé par des vrai-semblances & par un calcul du temps de la fondation de ce Monastère avec celui où vivoit la donatrice, il croit qu'il est plus raisonnable de dater la Charte de cette année 674 que de l'année 751, comme le fait Mabillon (*Annal. Bened. t. II, p. 153*). Celui-ci ne donne aucunes raisons pour appuyer son opinion.

PRIVILEGIUM Papæ Adeodati, pro Monasterio sancti Martini Turonensis.

<small>Jura sancti Martini Turon. ecclesiæ, p. 3.
Recueil sur St Martin de Tours, pag. 1.
Conc. Antiq. Gall. a Sirmondo, t. I, p. 507.
Ann. Eccl. Baronii, t. VIII, ad annum 676.
Ann. Eccl. Fr. Cointii, t. III, pag. 708.
De statu sancti Martini Turon. pag. 40.</small>

Tous les Auteurs que nous citons à la marge ont imprimé cette pièce d'après Papyre Masson, qui le premier l'a publiée après l'avoir tirée d'un Cartulaire de St Martin de Tours ; & il est constant qu'aucun de ces auteurs n'a pû lui assigner de date certaine, parce que l'original est sans notes chronologiques. Le Cointe l'a placée au hasard sous cette année ; s'il s'est trompé, son erreur n'est pas considérable, parce que le Pape Dieu-donné n'a siégé que quatre ans. Ce privilége confirme celui de Chrotbert évêque de Tours. Ce dernier exemptoit le monastère de St Martin de la jurisdiction épiscopale.

ANNÉE 675.

2 Juillet.

CARTA Bertecarii episcopi de Cabariaco villa in Aquitania.

<small>Abbaye de Marmoutier, page 184.
Preuves des libertés de l'église Gallicane, IVe partie, p. 201.
Gallia christ. pr. edit. tom. I, pag. 741.
Conc. ab Harduino, t. III, col. 1007.</small>

Il paroît par cette Charte, qu'en considération de ce que les évêques du Mans avoient donné en bénéfice le village de Cavignac, situé dans le territoire de Bordeaux au-delà de la Dordogne, aux nommés Hunald & Dieudonnée sa femme, l'un & l'autre font donation à l'église du Mans de quelques héritages qu'ils avoient, situés dans le même lieu de Cavignac.

11 Aoust.

CHARTA munificentiæ Dagoberti II Regis, erga Monasterium Weissemburgense.

<small>Ann. Eccl. Fr. Cointii, t. III, pag. 747, ad calcem.
Vetera Anal. Mab. p. 274.
Rec. des Hist. de Fr. tom. IV, page 654.</small>

Ce Prince fait don au monastère de Weissembourg dans la basse Alsace, situé sur la rivière de Lauter, des Bains chauds que les empereurs Antonins & Adrien avoient fait construire aux environs de Spire.

Ce monastère, que Dagobert Ier avoit fondé, fut sécularisé en 1496, & sa prevôté réunie à perpétuité à l'évêché de Spire en 1540. Le territoire dépendant de cette prevôté forme un petit pays appelé le *Mundar*; sa ville principale est *Lauterbourg*; il est situé près de Weissembourg sur la rivière de Lauter, & s'étend depuis la montagne jusqu'au Rhin.

6 DÉCEMBRE.

ANNÉE 675.

PRÆCEPTUM Theoderici III Regis, de Monasterio Tussiaco.

Rec. des Hist. de Fr. tome IV, p. 655. Vetera Anal. Mab. p. 277.

Donné à Compiegne.

Le Roi adjuge par ce Diplome la propriété & toute jurisdiction sur ce Monastère, à Aiglibert évêque du Mans, contre les prétentions de deux Seigneurs nommés Ulfald & Ingobert.

Ce Monastère étoit occupé alors par des filles, & avoit été fondé vers l'an 658, par une pieuse dame nommée Loppa. Elle donna pour cet établissement un village situé sur l'Huisne dans le Maine, nommé *Tussiacum*, qui a donné son nom *Tussé* au Monastère; il est présentement occupé par des Bénédictins de la congrégation de St Maur, & forme un Prieuré conventuel sous la dépendance de l'abbaye de St Vincent du Mans.

5 MARS.

ANNÉE 676.

PRÆCEPTUM Theoderici III Regis, quo confirmat privilegium ab Aigliberto Episcopo Cenomannensi Monasteriolo Sanctæ Mariæ concessum.

Rec. des Hist. de Fr. tome IV, p. 656.

Donné à Compiegne.

Domnole évêque du Mans avoit fondé ce Monastère, & l'avoit doté de biens dépendans de sa cathédrale; ce Prélat, par cette raison, avoit établi que l'Abbé & les Moines seroient soûmis pour le temporel, comme pour le spirituel, aux Évêques de cette ville. Aiglibert l'un de ses successeurs ratifia par une Charte ces dispositions, & en obtint du Roi Thierri la confirmation par ce Diplome.

Ce Monastère étoit bâti sur la Sarte au-delà des murs de la ville du Mans, & étoit en même temps une espèce d'hôpital dans lequel on recevoit les pauvres malades; il est détruit depuis bien des siècles, & ses biens ont été sans doute réunis à la Cathédrale de cette ville, de laquelle ils avoient été distraits.

4 SEPTEMBRE.

PRÆCEPTUM Theoderici III Regis, pro Monasterio Besuensi.

*Spicileg. d'Acherii, tom. H, pag. 403.
Ann. Eccl. Fr. Cointii, t. III, pag. 775.
Histoire de Luxembourg, par Bertholet, t. II, p. 20.
Rec. des Hist. de Fr. tome IV, page 657.*

Adalric duc dans la Champagne, possédoit de grands biens dans cette province; Ebroin Maire du palais de Neustrie, si connu par les troubles qu'il excita pendant les règnes de Thierri & de Dagobert, obligea la haute Noblesse par ses injustices à s'expatrier; le duc Adalric fut un de ceux que cet indigne Ministre persécuta avec plus de fureur: pour éviter la mort il fut obligé de se réfugier en Austrasie; Ebroin lui fit un crime de la retraite, & porta le Roi à l'en punir par la confiscation de ses biens; Ebroin s'en fit adjuger la meilleure partie, & le Roi disposa par cette Charte du surplus en faveur du monastère de Bèze.

23 OCTOBRE.

CHARTA Theoderici III Regis super hoc quod D. Bertinus in Attinio fisco comparavit.

*De re Diplom. a Mab. p. 606.
Miræi Opera Diplom. t. II, pag. 926.*

Donné à Compiegne.

Thierri III par ce Diplome confirme les donations qui avoient été faites par ses prédécesseurs au monastère de St Bertin, de biens dépendans du Fisc; & il exempte en outre les Moines des redevances & du service ordinaire, qui étoient dûs au Roi pour des terres de cette nature.

ANNÉE 677.

1.ᵉʳ Aoust.

DIPLOMA Dagoberti II Regis, donationes Sigiberti Regis sui patris Stabulensi & Malmundariensi Monasteriis factas confirmantis.

Ann. Eccl. Fr. Cointii, t. III, pag. 778.
Hist. de Luxembourg, par Bertholet, t. II, pr. p. 20, col. 2.
Rec. des Hist. de Fr. tome IV, page 657.

Il s'agit principalement du village de *Germigny* en Champagne, avec le vignoble situé aux environs, & des moulins sur la *Suippe*, donnés à ces deux monastères par le roi Sigebert, dont Dagobert accorde par son Diplome une confirmation.

ANNÉE 678.

26 Aoust.

DIPLOMA Dagoberti II Regis, pro Monasterio puellari Horreensi Treviris.

Ann. Eccl. Fr. Cointii, t. III, pag. 793.
Henschenius de tribus Dagob. lib. II, cap. 10.

Donné à Trèves.

Au lieu de porter cette Charte à l'année 676, comme l'a fait Duchesne, nous la plaçons sous l'année 678, parce que nous adoptons les corrections que le Cointe a faites dans sa date, qui a sans doute été interpolée dans l'original même.

Irmine fille de Dagobert II & de Mecthilde, veuve d'un Comte nommé Herman, est la fondatrice de ce monastère. Cette Princesse consacra à ce pieux établissement une partie de la dot qu'elle avoit reçue de son mari ; car, suivant la loi des Germains, c'étoit le mari qui dotoit l'épouse. Le Roi confirme par ce Diplome toutes les donations de sa fille en faveur de ce monastère, auxquelles il en ajoûte d'autres de plusieurs terres considérables qu'il détache de son Fisc. L'abbaye d'Oeren fut par ce moyen très-riche dès sa naissance.

12 Septembre.

THEODERICI III Regis, de villis Sancitho, Muntecellis, &c. Chainoni diacono Dionysiano concessis.

Rec. des Hist. de Fr. tome IV, page 658.
Histoire des contestations sur la Diplomatique du P. Mabillon, page 157.
De Veteribus Regum Francorum Diplomat. a Girmon. t. I, pag. 79.
Histoire de l'Abbaye de S.ᵗ Denys, par Félibien, pr. p. 8.
De re Diplom. a Mab. p. 469.

Donné à Morlac.

Cette Charte étant donnée la v.ᵉ année du règne de Thierri, Dom Bouquet auroit dû la placer sous l'année 678, & non pas sous l'année 677, parce que ce Prince n'a compté les années de son règne que depuis celle dans laquelle il fut rétabli sur son trône.

Ce Diplome porte donation de quelques métairies au monastère de Saint-Denys, situées dans le territoire de Maisoncelle, de Sancy & d'Aunoy en Brie proche Meaux.

15 Septembre.

CHARTE du Roi Thierri, par laquelle il permet à Chramlin évêque d'Ambrun, déposé dans un Synode, de conserver ses biens.

Rec. des Hist. de Fr. tome IV, page 658.
De Veteribus Regum Francorum Diplomat. a Girmon. t. I, pag. 306.
De re Diplom. a Mab. p. 469.

Donné à Morlac.

Le roi Thierri, après avoir terminé la guerre que lui fit Dagobert roi d'Austrasie, convoqua ce synode pour juger l'évêque d'Ambrun accusé de trahison ; ce Prélat ayant été trouvé coupable, les Évêques le déposèrent ; & par grace, le Roi non seulement se contenta de le reléguer au monastère de S.ᵗ Denys, mais encore il le laissa maître de disposer tant de son mobilier que de son patrimoine ; au lieu de confisquer l'un & l'autre, comme cela se pratiquoit dès ce temps.

ANNÉE 679.

3 MARS.

CHARTA Theodorici Francorum Regis, pro Monasterio sancti Dionysii.

Ann. Eccl. Fr. Cointii, t. III, pag. 802. Histoire de S.t Denys, par Doublet, page 686.

Donné à Pontion.

On contestoit, sans doute, au monastère de S.t Denys la validité de l'acquisition qu'il avoit faite d'une terre située en Picardie, nommée *Baudrinus*, dans le petit pays du Chamblíois, arrosé de l'Oise. Conrodobald comte du palais de Thierri, ayant écouté le dire des parties & pris en communication le contrat de vente de cette terre, fit son rapport, sur lequel on prononça dans ce plaid cet arrêt qui déclare la vente faite suivant la loi, & en adjuge en conséquence la propriété pour toûjours aux moines de S.t Denys.

9 AVRIL.

CHARTA Goylæ, pro ecclesia sancti Benigni Divionensis,

Rec. de Pérard, page 8.

Fait à Bagna-Villa.

Cette Charte se trouvant datée dans le cartulaire de S.t Benigne, de la XIV.e année du règne de Thierri, Pérard a fait une faute en la plaçant à l'année 679. Si l'on compte les années du règne de ce Prince depuis son premier avénement au trône, la XIV.e reviendroit à l'année 684, parce que cet événement arriva en 670. Si au contraire on ne compte que depuis son rappel au trône, la XIV.e année de son règne est l'an 687, parce qu'il demeura trois ans dépouillé de la royauté, & enfermé dans le monastère de S.t Denys.

Les biens que cette pieuse dame, nommée *Goëlane*, donna par cette Charte à S.t Benigne, étoient situés dans le petit pays de Bèze, au diocèse de Langres. Leurs noms sont désignés dans la pièce. (*Voyez à l'année 734*) Le Cointe & Mabillon rapportent cette Charte à cette dernière date.

MAI, sans quantième.

DONATIO facta Monasterio Moissiacensi ab Nizezio & Ermentrude ejus uxore.

Annal. Bened. tom. I, p. 686.

Fait à Moissac.

Ces deux personnages pleins de piété vendirent à Léotade abbé de Moissac, des fonds de terre considérables situés dans le Touloufain, dans l'Agénois & dans l'ancien diocèse d'Eause, & remirent en pur don à ce même Monastère le prix qu'ils en reçurent. Tous ces biens sont clairement désignés dans cette Charte, avec leur nom & leurs bornes.

Sans autre date.

DIPLOMA Martini ducis Austriæ Mosellanicæ, quo donat Monasterio sancti Eucharii villam suam Retingen.

Stemmata Lotharingiæ ac Barri Ducum, pr. fol. 3, verso.

Donné à Trèves.

Mabillon compte ce Monastère dans le nombre des plus anciens des Gaules ; il étoit situé hors les murs de Trèves, tout près d'une église que les premiers chrétiens de cette ville avoient bâtie en l'honneur de S.t Euchaire l'un de leurs apôtres. Cette église avoit été brûlée vers le milieu du V.e siècle. Cyrille évêque de Trèves, en ce temps, la fit réédifier & bâtit un Monastère d'hommes, dans l'église duquel il transféra de l'ancienne, dont on vient de parler, les reliques de S.t Euchaire. C'est pourquoi le nouveau monastère prit le nom de ce Saint, qu'il a conservé jusqu'au X.e siècle ; étant tombé en ruine, Egbert évêque de Trèves le rétablit & lui donna le nom de S.t Mathias, parce qu'il mit dans l'église des reliques de cet Apôtre. (*Annal. Bened. tom. I, p. 154.*)

Le duc Martin qui fit cette donation, étoit fils de S.t Cloud & neveu de S.t Arnould. Pépin, souche des Carlovingiens, étoit son frère paternel. Martin fut Maire du palais d'Austrasie ; il avoit épousé Berthe duchesse de Bavière.

ANNÉE 680.

1.er JUIN.

CONCESSIO *immunitatis a vectigalibus sancto Bertino abbati de Sithiu, a Chlodoveo II facta.*

Miræi Opera Diplom. t. II, pag. 928.

Clovis II mourut dans les premiers jours de l'année 656, ainsi en admettant même l'authenticité de cette pièce, elle auroit au moins été interpolée dans sa date ; le Cointe & Dom Bouquet ne l'ont point imprimée ; Mabillon, à la connoissance duquel nous ne devons pas douter qu'elle ne soit parvenue, n'en a fait aucune mention, ni dans ses Annales Bénédictines, ni dans les Actes des Saints de son Ordre : le silence de ces Auteurs nous porte à croire que cette Charte est supposée.

30 JUIN.

THEUDERICI *Regis Francorum, placitum de villa Bactilione-valle, in pago Belvacensi.*

Donné à Compiegne.

Rec. des Hist. de Fr. tome IV, page 659.
De re Dipl. a Mab. p. 470.

Cette pièce prouve que la loi de la prescription de trente années étoit déjà en vigueur dans notre Droit ; de plus, nous remarquons par cette Charte, deux usages singuliers du temps, le premier est le serment que les parties dans ce procès firent sur la chapelle du Roi, dans laquelle il y avoit des reliques de S.t Martin ; cette chapelle étoit sans doute portative, comme le remarque Mabillon. Le second est l'expédition de cet arrêt daté de Luzarche près Senlis, tandis que le plaid dans lequel la cause avoit été jugée, s'étoit tenu à Compiegne. Nos Rois portoient, sans doute, toûjours avec eux les registres de leur Conseil, & ils avoient apparemment un palais à Luzarche.

Sans autre date.

INSTRUMENTUM *Regis Dagoberti ejusque mortis genus, tempus & auctores breviter complectens.*

Annal. Bened. t. I, p. 551.

Mabillon a tiré cette pièce du XXXI.e chapitre de la vie de S.t Wilfrède évêque d'Yorck, écrite par Eddius Stephanus moine de Cantorbéry, contemporain de ce Prélat & du roi Dagobert.

Dom Clémencé dans l'art de vérifier les dates, prévient le lecteur de ne pas confondre Dagobert II, celui dont il s'agit ici, avec un autre Prince de ce nom, que l'on honore comme Saint à Stenay, tandis que Mabillon & Dom Bouquet assurent que c'est le même ; Dom Clémencé ne propose aucunes raisons pour appuyer son opinion. Mabillon, au contraire, en donne plusieurs, & elles paroissent assez bonnes pour faire préférer son sentiment.

EPISTOLA *Vindiciani Atrebatensis & Cameracensis episcopi, ad Papam Joannem V ut confirmet privilegia ac possessiones suæ ecclesiæ.*

Miræi Opera Diplomat. t. IV, p. 1.

RESCRIPTUM *Joannis V Papæ, quo confirmat privilegia & possessiones ecclesiæ Atrebatensis.*

Miræi Opera Diplomat. t. IV, p. 2.

La date de ces deux pièces péche contre la chronologie ; car Jean V ne fut promû à la Papauté que le 23 juillet de l'année 685.

Sans autre date.

ANNÉE 681.

CHARTA *confirmationis bonorum de Stabulense & Malmundariense a Theodorico Francorum Rege.*

Ann. Eccl. Fr. Cointii, t. IV, pag. 28.
Miræi Opera Diplom. t. III, pag. 282.

Ce Diplome est le second que Goduin obtint du roi Thierri III, portant confirmation des biens légués à ces deux Monastères, tant par les Rois que par des particuliers. Ce dernier a une disposition plus étendue, le Roi non seulement ratifie tous les Diplomes & toutes les Chartes de donations faites aux deux Monastères, mais il confirme encore l'Abbé qui les gouvernoit tous les deux, ainsi que les Moines, dans la pleine jouissance des priviléges & des exemptions que les rois Sigebert son aïeul, & Childéric son frère leur avoient accordés.

ANNÉE 681.

ANNÉE 681.

Sans autre date.

THEODERICI III Regis præceptum, quo confirmat electionem Eremberti abbatis Corbeiensis.

<small>Rec. des Hist. de Fr. tome IV, page 660. Concil. Antiq. Galliæ, à Sirmondo, tom. I, pag. 505. Gallia christ. sec. ed. t. X, pr. col. 281.</small>

Cette pièce prouve que les élections étoient de pures concessions de la part de nos Rois, au moins pour les Abbayes qu'ils avoient fondées. Celle-ci porte confirmation de l'élection de l'abbé de Corbie, & annonce, d'une manière positive, que les Moines ne jouissoient de ce droit que par la faveur de nos Rois ; encore étoient-ils obligés d'envoyer à la Cour l'acte de l'élection, qui n'avoit lieu qu'en vertu des lettres de confirmation que le Prince accordoit ou refusoit, suivant qu'il l'avoit agréable.

Nous avons suivi l'opinion de Mabillon, *(Annal. Bened. tom. I, p. 565)* qui place cette élection sous cette année, tandis que Sirmond, & d'autres Auteurs prétendent qu'elle est de l'an 670.

ANNÉE 682.

1.ᵉʳ FÉVRIER.

PRIMARIUM instrumentum de conditione Monasterii Grasellensis ab Aredio Episcopo Vasionensi in suburbano civitatis Vasionum.

<small>Annal. Bened. tom. I, p. 571 & 698.</small>

Ce Monastère qu'Arédius évêque de Vaison fonda sous l'invocation de la S.ᵗᵉ Vierge & des S.ᵗˢ Apôtres, dans un lieu nommé Graselle, situé à l'extrémité d'un fauxbourg de cette ville, fut mis par Pierre, l'un de ses successeurs, en 1060, sous la dépendance de l'abbaye de S.ᵗ Victor de Marseille. C'est présentement un Prieuré qui est encore dépendant de cette même Abbaye.

23 OCTOBRE.

PRIVILEGIUM Theoderici III Regis, super hoc quod Domnus Bertinus in Attinio fisco comparavit.

Donné à Compiegne.

<small>Rec. des Hist. de Fr. tome IV, p. 661. Mabill. de re Dipl. p. 606.</small>

Le Roi, par ce Diplome, affranchit de toutes redevances & de tous les devoirs de vassalité le monastère de S.ᵗ Bertin pour les fonds de terres qu'il a acquis & qu'il acquerra à l'avenir dans l'étendue du territoire de son fisc d'Attigni.

Sans autre date.

BULLA qua Leo II Papa, privilegia & bona confirmat Horreensis Benedictinarum monasterii.

<small>Miræi Opera Diplomat. t. I, pag. 243. De tribus Dagobertis, ab Henschenio, pag. 118.</small>

Ce Monastère avoit alors pour abbesse, Modesta, celle-ci succéda immédiatement à Irmina fille du roi Dagobert II, qui en avoit été la fondatrice. Ce Monastère & les Religieuses sont confirmés dans la jouissance des biens dont la princesse Irmina les avoit dotés, & dans les privilèges que le Roi son père leur avoit accordés.

ANNÉE 683.

9 FÉVRIER.

PRIVILEGIUM Theoderici III Regis Francorum, pro Ebersheimensi seu Novientensi Monasterio, diœcesis Argentoratensis.

<small>Gall. Christ. sec. edit. t. V, instr. col. 457. Rec. des Hist. de Fr. tome IV, page 662.</small>

Ce monastère est connu aujourd'hui sous le nom de *Ebersheim* ou *Eberfminster* dans l'évêché de Strasbourg en Alsace, situé sur la rivière d'Ill entre Schélestat & Benfeld. Le Roi par son Diplome confirme la donation qu'il lui a faite d'un lieu appelé *Hiltesheim*, & l'exempte des droits & des devoirs dont il étoit tenu envers le fisc & les officiers du Roi.

Tome I.   M

ANNÉE 683.

23 Février.

PRÆCEPTUM *Theodorici III Franciæ Regis*, pro *Monasterio Dervensi*.

Donné à Compiegne.

Annal. Eccl. Franc. Cointii, t. V, p. 151. Spicileg. d'Acheri, tom. III, p. 317, col. 1. Rec. des Hist. de Fr. tome IV, page 662.

Le roi Thierri confirme par ce Diplome les donations & les priviléges que le roi Childéric & ses prédécesseurs avoient accordés à ce Monastère, il exempte singulièrement des droits de voierie.

D'Acheri date ce Diplome de l'année 687, quoique Thierri ne fût que dans la x.ᵉ année de son règne lorsqu'il le donna. Cet Auteur a certainement fait une faute en ce point contre la chronologie.

ANNÉE 685.

8 Février.

CHARTA *fundationis Monasterii puellaris Hunulficurtis & cessionis ejusdem Monasterii Bertino abbati de Sithiu*.

De re Diplom. a Mab. p. 607. Gall. Chr. sec. edit. tom. III, instr. c. 26.

Ce monastère fondé d'abord pour des Religieuses, est l'abbaye d'Honecourt, présentement occupée par des Bénédictins. (*Lisez le n.° 41 du XVII.ᵉ livre des Annales Bénédictines, tome I, page 572.*)

Cette Charte, que Mabillon a tirée des ouvrages de Folquin, porte qu'Hamalfride, homme d'une très-grande considération avoit fondé ce Monastère, & qu'Ariana sa fille en avoit été la première abbesse. Hamalfride, du consentement de sa fille, soûmit ce Monastère à S.ᵗ Bertin alors abbé de Sithiu. Au moyen que ces sortes de soûmissions étoient de pures donations, les Monastères d'hommes se sont aisément mis dans la suite des temps en possession de ceux des femmes.

27 Mars.

PRIVILEGIUM *Theodorici III Francorum Regis*, cudendæ monetæ Aigliberto Cenomanensi episcopo.

Donné à Compiegne.

Ann. Eccl. Fr. Cointii, t. IV, pag. 126. Choppini Opera, t. IV, p. 118. Rec. des Hist. de Fr. tome III, page 663. Mabill. Vetera anal. pr. edit. t. III, p. 200.

Aiglibert, évêque du Mans, étoit archi-chapelain du Roi, ou grand-maître de la Chapelle, & la Charte porte qu'en cette qualité il avoit toute jurisdiction sur les clercs de la chapelle du Roi. Le droit de battre monnoie dans la ville du Mans est accordé par ce Diplome, non seulement à ce Prélat, mais à tous ses successeurs.

1.ᵉʳ Mai.

CHARTA *Reoli Remensis archiepiscopi*, pro conditu parthenonis Gaugiaci.

Fait à Compiegne.

Annal. Bened. tom. I, p. 701.

Ce monastère portoit le nom de *Viqueville, Episcopi-villa* dans le Pertois, sur la Marne.

L'évêque Réole détacha du domaine de son Église ce lieu, & le donna à l'abbé Berchaire pour y fonder le monastère de filles qui y a subsisté pendant plusieurs siècles, à cette condition que s'il arrivoit que ces Religieuses vinssent un jour à se déplaire dans ce monastère & qu'elles l'abandonnassent, le lieu de *Gaugeac* avec le monastère appartiendroit à l'abbaye de Hautvilliers. Ce qui fut prévû alors est arrivé, & l'abbé d'Hautvilliers jouit de Viqueville ou Gaugeac.

Sans autre date.

PRÆCEPTUM *Theodorici III Regis*, pro *Vedastino Monasterio*.

Ann. Eccl. Fr. t. IV, p. 124.

Le lieu où est bâti le célèbre monastère de S.ᵗ Wast s'appeloit anciennement *Nobiliacus, pro sui nobilitate*, dit Alcuin. Les biens dont il jouit dès les premiers temps de sa fondation étoient considérables, & il faut croire qu'à l'exemple des autres Monastères, les Moines qui occupoient celui-ci n'ont pas manqué de demander aux Rois & aux Évêques des Chartes de confirmation de leurs possessions; mais ces monumens fragiles

DES DIPLOMES.

par eux-mêmes, ou font péris par le temps ou par les événemens que produit la révolution de plusieurs siècles ; en sorte qu'il est très-rare de trouver dans les archives des Actes de ces siècles reculés. Sans contredit il vaudroit mieux avouer la perte de ces titres que d'en présenter de l'espèce de ce Diplome que l'on attribue au roi Thierri, dont la simple lecture décèle la mauvaise foi & l'ignorance du faussaire ; car le style, les expressions, la forme, sont des preuves certaines qu'il a été composé plus de quatre ou cinq siècles après celui dans lequel ce Prince régnoit. Comme nous ne pouvons rien ajoûter à la savante critique que le Cointe fait de cette pièce, nous y renvoyons le Lecteur.

ANNÉE 686.

30 OCTOBRE.

PRÆCEPTUM *Theoderici III Regis, de Latiniaco villa Monasterio Sancti Dionysii concessa.*

Rec. des Hist. de Fr. tome IV, p. 664. Hist. de S. Denys, par Félibien, pr. p. 9. De re Diplom. a Mab. p. 471.

Donné à Compiegne.

Mabillon doute duquel des deux endroits nommés Lagny, dont l'un est situé en Brie, & l'autre dans le Parisis, il est ici question. Nous décidons, avec Félibien & Dom Bouquet, qu'il s'agit de Lagny-le-Sec. C'est celui-ci dont il est parlé dans le partage des biens de cette Abbaye fait vers l'an 862.

Cette Charte, suivant les apparences, n'est qu'une confirmation de la donation que Dagobert I avoit faite de ce même lieu au monastère de S.t Denys, vers l'an 641. Lisez le 49.e article des Gestes de Dagobert *(dans la collection de Dom Bouquet, t. II, p. 594).*

Mabillon & Dom Félibien se trompent évidemment en plaçant cette Charte sous l'année 690. La preuve de cette erreur est que Berchaire, Maire du palais, vivoit, comme le porte la Charte, lorsque Thierri fit cette concession. Or Berchaire fut assassiné par les Soldats qui prirent avec lui la fuite après la bataille de Testri, qui se donna sur la fin de 687. Donc la Charte est de 686, & non de 690.

Ce lieu étoit de toute ancienneté dépendant du fisc ; mais comme la Charte le porte, il avoit été donné à plusieurs Maires du Palais, après la mort desquels il étoit rentré dans le fisc. Les Rois avoient sans doute attaché des terres de leur domaine aux premières charges de l'État, ou bien ils donnoient aux grands Officiers l'usufruit de ces terres pour leur tenir lieu de gages ; & lorsque ces emplois venoient à vaquer, ces terres rentroient au fisc.

ANNÉE 687.

1.er AVRIL.

DIPLOMA *Theoderici III Regis, Bertino Monasterium de Hunicurte confirmantis.*

Rec. des Hist. de Fr. tome IV, p. 665. Gallia Christ. sec. edit. t. III, pr. col. 28.

Donné à Kiersy.

Ce Diplome confirme la donation qu'Amalfride avoit faite à S.t Bertin, le 8 février 685, du monastère d'Honecourt dans le Cambresis, situé sur l'Escault, qu'il avoit fondé pour Ariana sa fille.

Ce Diplome, daté de la quatorzième année du règne de Thierri, ne peut être placé que sous l'année 687. Supputation si aisée, & dont les Chronologistes conviennent si unanimement, qu'il faut croire que c'est méprise ou faute d'impression dans le troisième volume du *Gallia Christiana*, dans lequel cette Charte se trouve datée de l'année 677.

FUNDATIO & dotatio abbatiæ Audoini in Arduenna a Pipino Heristalio.

13 NOVEMBRE.

Miræi Opera Diplom. t. II, pag. 1125.

Donné au Palais de Jopil sur la Meuse.

Ce lieu, situé aux confins du pays de Liége dans les Ardennes, s'appeloit autrefois *Andainum* ou *Andagium*, d'où l'on a nommé le monastère que l'on y a établi, *Andaginum*. Miray est le seul Auteur qui l'ait appelé *Audoinum* ; depuis la translation des reliques de S.t Hubert dans son église, il a pris le nom de cet évêque de Tongres, & s'est appelé *Fanum, seu monasterium Sancti Huberti*. Un Auteur très-ancien a écrit qu'il fut d'abord occupé par des Chanoines ; mais les bois au milieu desquels il étoit bâti, & l'éloignement d'aucun lieu habité en rendoient la situation si désagréable, que les Chanoines tardèrent peu à l'abandonner : il tomba en ruine ; Walkand évêque de Liége

Tome I. M ij

le rétablit au commencement du IX.ᵉ siècle, & le donna à des moines de S.ᵗ Benoît qui l'ont constamment occupé jusqu'à présent. Mabillon ne place l'époque de sa fondation qu'en l'année 706. *(Annal. Bened. tom. II, pag. 16.)* Cette Charte nous paroît d'une fausseté trop évidente pour nous faire rejeter l'opinion de ce Savant, lequel convient d'ailleurs que Pépin II & sa femme Plectrude secondèrent par la donation du lieu d'*Andaginum*, le zèle du moine Bérégise qui fit ce pieux établissement.

Sans autre date.

ANNÉE 687.

THEODERICI III Regis præceptum pro Tunsonis Valle.

Annal. Bened. tom. I, p. 702. Rec. des Hist. de Fr. tome IV, page 665.

Ce Diplome porte confirmation d'un échange fait entre Landebert, abbé du monastère de S.ᵗ Germain-l'Auxerrois, & Magnoalde, abbé du monastère de Toussonval. Cette Charte est remplie de lacunes, & ne porte aucunes notes chronologiques. Les noms des souscripteurs, connus par d'autres actes de ce temps, déterminent cependant à la placer à cette époque.

Il est difficile de fixer le lieu où étoit situé cet ancien Monastère, dont on ignore l'époque de la destruction. Mabillon pense que c'est dans le même endroit précisément où est le Val-sur-Oise près Beaumont. Nous sommes portés d'autant plus à adopter la conjecture de ce Savant, que dans l'acte de la translation des Moines de Cîteaux, qui vinrent du diocèse d'Orléans s'établir au Val en 1125 & y fonder une Abbaye, le lieu est nommé *Vetus Monasterium*; le nouveau fut sans doute alors bâti sur les ruines de l'ancien qui n'étoient pas encore totalement détruites.

Le Val est sorti de l'ordre de Cîteaux, & est occupé présentement sous le titre de Prieuré par les Feuillans.

20 FÉVRIER.

ANNÉE 690.

DON de la Seigneurie de Flavigny, à l'Abbaye de Saint Arnould de Metz, par Geoffroy, Duc.

Hist. des Évêques de Metz, par Meurisse, p. 110.

Donné à Metz.

Cette Charte est évidemment fausse, de quelque source que Meurisse l'ait tirée. Ce Geoffroi s'intitule Duc & fils de Drogon. Meurisse prétend qu'il étoit Duc de Saxe; les Saxons n'étoient encore alors, tout au plus, que tributaires des Rois d'Austrasie, & continuoient d'être gouvernés par des Princes de leur nation. Quoique Pépin leur eût déjà fait la guerre avec succès, l'histoire ne dit en aucun endroit que leur pays fût soumis ni à Thierri, ni même à Clovis III son successeur. Ainsi il est constant que ce Geoffroi n'étoit point Duc des Saxons. Il n'étoit pas non plus fils de Drogon. Tous les Historiens de ce temps ne donnent que deux fils à ce Seigneur, qu'il eut de son mariage avec la fille de Varaton, Hugues & Arnoul; le premier, suivant les chroniques de Metz & de Fontenelle, fut en même temps évêque de Rouen, de Paris & de Bayeux, & Abbé de Fontenelle & de Jumiège; Arnoul étoit l'aîné, & mourut vers l'an 723, dans la prison où Charles Martel son oncle, l'avoit fait renfermer. Mais la date de cette pièce est suffisante pour en démontrer la fausseté. En 690, Drogon n'étoit peut-être pas encore marié, ou s'il l'étoit, il ne pouvoit y avoir au plus qu'un an; car il épousa Austrude, veuve de Berchaire, dont la mort n'arriva que l'année 688 après la bataille de Testri; ainsi quand on supposeroit que ce Geoffroi auroit été fils de Drogon & Duc de Saxe, il demeureroit toûjours pour constant, qu'étant né au plus tôt en 689, il seroit ridicule de dire qu'il a fait une donation en 690.

20 FÉVRIER.

CHARTE de donation de Pépin Maire du palais, à l'église de S.ᵗ Arnould de Metz.

Abb. de S.ᵗ Arnould de Metz, page 184. Ann. Eccl. Fr. Cointii, t. IV, pag. 262. Rec. des Hist. de Fr. tome IV, page 666. Hist. des évêques de Metz, par Meurisse, page 109.

Donné in villa Hielsio.

Pépin II donne par cette Charte le lieu nommé *Narroy*, dans le territoire de Vaivre, sur les bords de la petite rivière appelée l'Alsat, entre la Meuse & la Moselle. Le Cointe & Dom Bouquet disputent sur la date de cette pièce : le sentiment de ce dernier nous a paru préférable.

ANNÉE 690.

Sans autre date.

CHARTA Vandemiris & Uxoris ejus de donationibus factis pluribus Monasteriis & Ecclesiis.

Fait à Chambly-l'Auberger.

<small>De re Diplom. a Mab. p. 472. De Veteribus Regum Francorum Diplomat. a Germon. t. I, pag. 310.</small>

Vandemire, par cette Charte, fait des donations à l'église cathédrale de Paris, alors sous l'invocation de S.t Étienne, au monastère de S.t Vincent, présentement S.t Germain-des-Prés, à l'église de S.t Germain-l'Auxerrois, & à plusieurs autres églises du diocèse de Paris.

La plupart des biens légués par cette Charte, sont situés dans le territoire d'Estampes & dans celui d'Orléans.

Sans autre date.

TESTAMENT d'un Seigneur, en faveur de l'Abbaye de Saint Denys.

<small>Histoire de S.t Denys, par Félibien, pr. p. 10.</small>

Félibien a imprimé cette Charte d'après l'original écrit sur l'écorce. Mais la vétusté & d'autres accidens que le temps a fait éprouver à cette pièce, l'ont rendue presque inutile; elle est mutilée en un grand nombre d'endroits & illisible dans plusieurs autres, en sorte que la copie de Félibien est remplie de lacunes importantes. Le nom du Testateur manque, la date de l'acte est en blanc; cependant par les choses que l'on en peut lire, on voit que ce Seigneur légua au monastère de S.t Denys les lieux de Tourly & d'Artis-la-ville situés dans le Vexin; & que l'église de S.t Martin de Chaufy, également située en Normandie, & dépendante de ce Monastère, étoit la sépulture de ses ancêtres. Ce Seigneur fait un legs par cette même Charte aux Moines, pour l'entretien du luminaire de leur église.

DON de la seigneurie de Mareuil fait par Drogon duc de Bourgogne, à l'abbaye de S.t Arnould de Metz.

Donné à Metz.

<small>Abb. de S.t Arnould de Metz, page 186. Ann. Eccl. Fr. Cointii, t. IV, pag. 459. Hist. des évêques de Metz, par Meurisse, page 110.</small>

Ce Drogon étoit fils de Pépin II & de Plectrude, suivant Frédegaire & l'Annaliste de Metz, & non pas d'Alpaïde, comme le dit Meurisse; il fut duc de Bourgogne & comte de Champagne en même temps. Les meilleurs Critiques fixent sa mort à l'année 708. Il fut enterré dans l'église du monastère de S.t Arnould.

ANNÉE 691.

1.er Juin.

CHLODOVEI III præceptum, quo Bertino Abbati a Vectigalibus immunitatem concedit.

<small>De re Diplom. a Mab. p. 607. Rec. des Hist. de Fr. tome IV, page 667.</small>

Ce Diplome porte confirmation des privilèges & immunités que les Rois Clovis II, Clotaire, Childéric & Thierri II avoient accordés à l'Abbé & aux Moines de Sithiu, sans y en ajoûter de nouveaux.

12 Aoust.

CHARTE de Clovis III, contenant la confirmation de la vente faite à l'abbé de S.t Denys, de quelques fonds de terre.

Donné à Chattou.

<small>Histoire de l'Abbaye de S.t Denys, par Félibien, pr. p. 11. Acta SS. Bened. sæcul. III, part. 2, p. 616. De re Diplom. a Mab. p. 473.</small>

Cette Charte donnée à Chattou-sur-Seine, est proprement la sentence rendue dans un plaid que Clovis tint dans son palais, qui maintient Croteaire économe de S.t Denys, dans la jouissance de Buxey dans le Hurepoix, & de plusieurs autres lieux, dont les noms sont inconnus, situés dans le même territoire.

M iij

NOTICE

ANNÉE 691.

15 Décembre.

DONATIO *terræ Lobiensis & Silvæ de Forestella S. Ursmaro abbati Lobiensi, a Pipino Heristallo.*

Miræi Opera Diplom. t. II, pag. 1126.

Donné à Léipsick.

Pépin donne avec la forêt plusieurs métairies & des terres adjacentes situées dans le voisinage de l'abbaye de Laubes, fondée par Dagobert II, & met ce Monastère sous sa garde spéciale. Mais l'intitulé de la Charte & les notes chronologiques, trop multipliées pour le temps, jettent beaucoup de doute sur l'authenticité de cette pièce.

Sans autre date.

CHARTA *qua Pipinus senior concedit ecclesiæ sancti Petri Kambracensis terram suam inter Elimontem & Salicurtem in pago Atrebatensi.*

Histoire de Cambrai, par Carpentier, t. II, pr. p. 4.

A la première lecture de cette pièce, les personnes les moins instruites dans la Diplomatique la jugeroient fausse; les Actes de ce temps ne portoient point la formule, *In nomine S. & individuæ Trinitatis*, ils n'étoient point datés par indiction, & Pepin le vieux ne s'est pas non plus servi dans les Chartes que nous trouvons souscrites de lui, de cette formule *Principatus nostri*, pour marquer l'année de son exercice dans la charge de Maire du palais. Mais rien ne décèle mieux l'ignorance du faussaire, que la date qu'il a donnée à cette pièce : il ne savoit pas que Pépin le vieux étoit mort dès l'an 639, plus de dix ans avant la naissance de Thierri III. Ce mauvais Historien avoit ouï dire qu'un Pépin avoit fait cette donation à l'église de Cambrai, en action de grace d'une victoire signalée qu'il avoit remportée sur ce Prince, & confondant ce Pépin avec un autre de ce nom, il s'est mépris en attribuant cette victoire à Pépin le Vieux, tandis que ce fut Pépin d'Héristal qui la remporta. On ne connoît pas non plus les souscripteurs de cette Charte, singulièrement ceux auxquels il donne le titre de duc de Lorraine & de duc de Metz.

PRÆCEPTUM *Theodorici III Francorum Regis, pro Monasterio Corbeiensi.*

Annal. Eccl. Franc. Cointii, t. IV, p. 249.

Ce Prince donna cette Charte la même année de sa mort. Il ne régna que vingt-un ans, en comprenant le temps qu'il demeura dans l'abbaye de S.t Denys. Thierri étoit si foible, que Pépin Maire du palais se rendit maître du gouvernement; à peine conserva-t-il assez d'autorité pour faire des œuvres de piété, qui étoient devenues son unique occupation. Il ne fit point de donations au monastère de Corbie, l'un des plus célèbres qui fussent alors en France, mais il rendit aux Moines, par ce Diplôme, la liberté d'élire leur Abbé. Cette pièce contient des dispositions qui pourroient la faire regarder comme une espèce d'investiture; car le Roi, après avoir ratifié l'élection d'Erembert à cette abbaye, dit qu'il lui donne, dès ce moment, le gouvernement & l'administration tant du spirituel que des choses temporelles, &c.... *Habeat potestatem de tota congregatione ipsius Monasterii.... vel de eorum rebus & possessionibus mobilibus & immobilibus, &c.*

ANNÉE 692.

15 Février.

PRIVILEGIUM *a Berthoendo Catalaunensi episcopo, monasterio Dervensi datum.*

Spicileg. d'Acherii, tom. III, p. 317, col. 2.

Cette Charte fut donnée dans un synode tenu à Reims, & souscrite par les Évêques qui y assistèrent. Elle porte exemption de la juridiction épiscopale pour l'abbaye de Montier-en-Der, & fait mention d'un Monastère de filles situé à Fligny, à deux lieues environ de Montier-en-Der, auquel l'évêque de Châlons accorde la même exemption.

ANNÉE 692.

5 MAI.

PLACITUM *Chlodovei III Francorum Regis, pro Monasterio San-Dionysiano ubi de lite Chainonis abbatis hujus Monasterii contra Ermenoaldum abbatem.*

Donné à Saint-Cloud.

Rec. des Hist. de Fr. tome IV, page 668. Ann. Eccl. Fr. Cointii, tom. V, pag. 275. Acta SS. Bened. sæcul. III, p. 2, p. 617. Histoire de l'abbaye de S.t Denys, par Félibien, pr. p. 1. De re Diplom. a Mab. p. 473.

Il paroît que les Évêques étoient sous la première race en possession de juger les procès entre les Ecclésiastiques, soit séculiers, soit réguliers; car il est dit dans ce Jugement que la cause avoit été déjà jugée par l'évêque de Paris, & en conséquence les parties avoient fait une transaction, par laquelle elles se soûmettoient à la justice du Roi si les clauses n'en étoient pas remplies dans les temps convenus. On a donné cette pièce seulement dans la vûe d'éclaircir l'ordre ancien des Jurisdictions, car elle n'intéresse aujourd'hui en aucune sorte l'abbaye de S.t Denys.

5 JUIN.

PRÆCEPTUM *Chlodovei III Francorum Regis, de Monasterii San-Dionysiani immunitate a Teloneis & aliis vectigalibus.*

Donné à Saint-Cloud.

Ann. Eccl. Fr. Cointii, tom. V, pag. 276. Acta SS. Bened. sæcul. III, pr. 2, p. 618. Histoire de l'abbaye de S.t Denys, par Félibien, pr. p. 12. De re Diplom. a Mab. p. 474. Rec. des Hist. de Fr. tome IV, page 669.

Le Roi, par ce Diplome, confirme à ce Monastère l'exemption de toutes sortes d'impôts, accordée par les rois Dagobert, Sigebert, Clotaire, Childéric & Thierri son père, & déclare que ces Lettres vaudront pour toûjours, sans que les Moines soient désormais dans l'obligation d'en obtenir de nouvelles chaque année, à quoi les officiers du Domaine prétendoient les assujétir.

25 JUIN.

PRÆCEPTUM *Chlodovei III Francorum Regis, pro monasteriis Stabulensi & Malmundariensi diœcesis Trajec.*

Donné à Namur.

Ann. Eccl. Fr. Cointii, t. IV, pag. 286. Histoire de Luxembourg, par Bertholet, t. II, pr. p. 22, col. 2. Rec. des Hist. de Fr. tome IV, page 669.

Dom Bouquet place cette Charte à la même date de mois sous l'an 694, & le Cointe à l'année 693.

Cette pièce porte confirmation d'un échange fait entre Childéric II & S.t Remacle, de fonds de terre, les uns dépendans du fisc, & les autres des monastères de Stavelo & Malmédy.

1.er SEPTEMBRE.

PRÆCEPTUM *Chlodovei III, Ibboleno abbati Anisolensi concessum.*

Donné à Compiegne.

Rec. des Hist. de Fr. tome IV, page 670.

Ce Diplome porte confirmation des priviléges & immunités acccordés anciennement à ce Monastère, par les rois Gontran, Dagobert I, Clovis II, Clotaire III & Thierri III. *(Voyez aux années 636 & 674).*

1.er NOVEMBRE.

PLACITUM *Chlodovei III Francorum Regis, pro Monasterio San-Dionysiano, de Nocido super fluvium Isaræ in pago Camiliacensi.*

Donné à Luzarches.

Ann. Eccl. Fr. Cointii, tom. V, pag. 274. Acta SS. Bened. sæcul. III, part. 2, p. 617. Histoire de l'abbaye de S.t Denys, par Félibien, pr. p. 13. De re Diplom. a Mab. p. 474. Rec. des Hist. de Fr. tome IV, page 671.

Noisy fut reconnu dans ce plaid pour être de l'ancien domaine du monastère de S.t Denys.

Ce lieu est situé sur l'Oise auprès de Chambli.

ANNÉE 692.

Sans autre date.

CONFIRMATIO *Chlodovei III Francorum Regis, de privilegio Aredii Vasensis episcopi, pro Monasterio Grasellensi.*

Rec. des Hist. de Fr. tome IV. page 673. Annal. Bened. tom. I, p. 700, col. 2.

Ce Diplome porte confirmation de la Charte donnée par Aredius évêque de Vaison, le 1.er février de l'année 682, pour la fondation de ce même Monastère.

Mabillon a imprimé cette pièce sans notes chronologiques, & c'est pour ne pas s'éloigner de son sentiment sur la date de la Charte d'Aredius, que nous avons placé celle-ci sous la première ou seconde année du règne de Clovis III.

ANNÉE 693.

28 FÉVRIER.

CHLODOVEI *III Francorum Regis placitum de Baldanecurte in pago Belvacensi.*

Donné à Valenciennes.

Hist. de l'Abbaye de Saint Denys, par Félibien, pr. p. 13. De re Diplom. a Mab. p. 475. Acta SS. Bened. sæcul. III, part. 2, p. 619. Ann. Eccl. Fr. t. V, p. 277. Rec. des Hist. de Fr. tome IV, page 672.

Cette Charte est intéressante parce qu'elle contient la forme des procédures usitées en ce temps pour les causes jugées par forclusion; on y voit aussi le nom des Officiers qui avoient séance à la cour du Roi, représentée aujourd'hui, suivant quelques Savans, par le Parlement de Paris, l'ordre & le rang qu'ils gardoient.

Cette terre, dont le nom nous est tout-à-fait inconnu, fut adjugée à l'économe de S.t Denys.

ANNÉE 694.

13 DÉCEMBRE.

CHILDEBERTI *III præceptum de Napsiniaco villa, in pago Bituricensi Monasterio sancti Dionysii concessa.*

Donné à Compiegne.

Histoire de l'abbaye de S.t Denys, par Félibien, pr. p. 14. De re Diplom. a Mab. p. 476. De Veteribus Regum Francorum Diplomat. a Germon. t. I, pag. 319. Rec. des Hist. de Fr. tome IV, page 673.

Le roi Clovis II avoit eu de l'évêque de Lyon ce lieu nommé *Napsiniacum*, en échange d'un autre appelé *Villa-Orbana*, lequel après avoir été possédé en bénéfice par quelques particuliers, fut détaché du Domaine royal & donné par cette Charte au monastère de S.t Denys, par Childebert.

Je croirois que l'article de cette Charte pour lequel Mabillon demande une attention singulière, & qu'il nous auroit mieux interprété que personne, doit s'entendre ainsi.

« Le Roi étoit accoûtumé de donner annuellement trois cens sols pour l'entretien du
» luminaire de ce Monastère, laquelle somme étoit payée par son Trésorier, & au moyen
» de cette donation, le Roi déclare que les Moines ne seront plus reçûs à demander le payement de ces trois cens sols ».

ANNÉE 695.

8 AVRIL.

CHILDEBERTI *III Francorum Regis præceptum de Tusonis vallis Monasteriolo.*

Donné à Saint-Cloud.

De re Diplom. a Mab. p. 477. Histoire de l'abbaye de S.t Denys, par Félibien, pr. p. 15. Rec. des Hist. de Fr. tome IV, page 675.

Ce Monastère étoit situé dans le Chamblois. Childebert, par ce Diplome, l'exempte de toute jurisdiction séculière & des impôts qu'il payoit, destinant ces sommes pour le luminaire.

(*Voyez la note sur la Charte de Thierri III, à l'année 687, sans autre date*).

ANNÉE 695.

28 MAI.

CHARTA donationis *Leotheriæ* sororis sancti Ebbonis, pro Monasterio sancti Petri apud Senones.

<small>Acta SS. Bened. sæculo III, part. 2, p. 615. Ann. Eccl. Fr. t. V, p. 235.</small>

Léothéria donne par cette Charte au monastère de S.t Pierre de Sens, dont son frère étoit alors abbé & qui fut depuis évêque de Sens, une métairie & les autres fonds de terre qu'elle possédoit dans les lieux *Retiaco* & *Pauliaco*, situés dans le territoire du *Pagus Latiscensis*. Cette donation est faite sous la condition que les Moines enseveliront son corps dans leur monastère.

23 DÉCEMBRE.

CHILDEBERTI III placitum de Hordinio in pago Belvacensi Monachis Dionysianis vindicato.

Donné à Compiegne.

<small>Histoire de l'abbaye de S.t Denys, par Félibien, pr. p. 15. De re Diplom. a Mab. p. 477. Rec. des Hist. de Fr. tome IV, page 674.</small>

Un des vassaux du Roi, nommé *Ibbon*, avoit engagé à l'abbé de S.t Denys, du temps des guerres de Thierri III contre Dagobert II, une terre dans le Beauvoisis nommée *Hordinium*, pour une somme de six cens sols, sous la condition que l'Abbé en deviendroit propriétaire, si Ibbon ne remboursoit pas la somme prêtée dans un temps dont on convint. Le remboursement ne se fit point ; Ibbon mourut, & son fils réclama la terre; l'abbé de S.t Denys soûtint qu'en vertu du contrat fait entre lui & son père, il avoit acquis la propriété de la terre ; la cause fut portée au plaid du Roi. Les parties entendues & lecture faite de l'acte, le Roi déclara l'abbé de S.t Denys propriétaire incommutable de la terre.

On remarque qu'il est dit dans la Charte, que Ibbon ne voulant pas aller à la guerre, emprunta cette somme de six cens sols pour laquelle il avoit composé avec le Roi.

ANNÉE 696.

5 MARS.

TESTAMENTUM Ansberti Eduensis episcopi.

<small>Gallia Christ. sec. edit. t. IV, instr. col. 43. Annal. Bened. tom. I, p. 702, col. 2.</small>

Cette pièce intéresse singulièrement les chanoines de la cathédrale d'Autun, auxquels leur évêque Ansbert fit plusieurs legs considérables par ce testament.

6 MARS.

AGERADI episcopi Carnutensis privilegium pro Monasterio Sanctæ Mariæ, infra muros urbis cujusdam, secus Ligerim sito.

Donné à Chatou.

<small>De re Diplom. a Mab. p. 478.</small>

Les lacunes avec lesquelles Mabillon a imprimé cette Charte, empêchent que l'on puisse indiquer positivement la situation de la ville où étoit ce Monastère ; ce Savant après avoir proposé ses conjectures, (*page 605 de ses Annales bénédictines, liv. XVIII, n.° 40*) se borne à dire que cette ville étoit alors du diocèse de Chartres.

La Charte porte exemption de la jurisdiction épiscopale.

Sans autre date.

TESTAMENTUM Ephibii abbatis de Geneciaco villa.

<small>Spicileg. d'Acheri, tom. III, p. 318. col. 2.</small>

Comme on ne trouve dans aucun monument le nom du Monastère dont Éphibius étoit abbé, Mabillon semble porté à croire que le mot *Abbas* étoit le nom d'une dignité de la cathédrale de Vienne, de laquelle cet Éphibius étoit pourvû.

Il légua par ce testament, qu'il fit souscrire d'un grand nombre de Sénateurs de Vienne, la terre de Gensac à la cathédrale de cette ville, avec d'autres fonds de terre situés dans l'Angoumois, qui lui venoient de l'héritage de ses parens.

BULLA Sergii Papæ I, Heroni Lingonum præsuli, in gratiam Monachorum sancti Benigni Divionensis.

<small>Spicileg. d'Acheri, tom. II, p. 369, col. 2. Ann. Eccl. Fr. Cointii, t. IV, pag. 336.</small>

Wlchram abbé de S.t Étienne de Dijon, s'étoit plaint au Pape de différentes entreprises que les Clercs de la ville faisoient sur son abbaye, & singulièrement d'attirer à

Tome I.

ANNÉE 697.

<small>14 MARS.</small>

CHILDEBERTI III Francorum Regis, placitum de Nocito villa ad Tunſonis valiis Monaſterium pertinente.

Donné à Compiegne.

<small>Hiſt. de l'Abbaye de S.t Denys, par Félibien, pr. p. 17. De re Diplom. a Mab. p. 479. Rec. des Hiſt. de Fr. tome IV, page 676.</small>

On voit que Clovis III jugea dans un plaid qu'il tint à Luzarches en 692, que la terre de Noiſy appartenoit inconteſtablement à l'abbaye de S.t Denys. Dans celui ci Childebert juge que la jouiſſance en demeurera à l'abbé de Touſſonval, contre les prétentions de Drogon, fils de Pépin d'Hériſtal. Sans doute que le monaſtère de Touſſonval ayant été fondé par Charderic abbé de S.t Denys, il étoit par cette conſidération ſous la dépendance de cette abbaye, & Chainon qui en étoit abbé, avoit détaché de ſon domaine Noiſy & l'avoit donné ou à perpétuité ou à titre de bénéfice, à Magnoald abbé de Touſſonval.

<small>3 AVRIL.</small>

CHARTE de Childebert III Roi de France, en faveur de l'abbaye d'Argenteuil.

Donné à Compiegne.

<small>Hiſt. de Paris, par Félibien, tome III, p. 23, col. 2. Rec. des Hiſt. de Fr. tome IV, page 677. Annal. Bened. t. VI, p. 656.</small>

Le Roi donne, par ce Diplome, à Leudeſinde abbeſſe d'Argenteuil & à ſon monaſtère la portion de la forêt nommée *Carmoletus*, qui appartenoit au fiſc. Vrai ſemblablement cette forêt s'étendoit juſqu'à Sèvres, & occupoit tout le terrein qui ſe trouve entre Saint-Cloud & Auteuil; le bois de Boulogne eſt ce qui en reſte.

<small>28 AVRIL.</small>

ACTE, par lequel Ibbolen abbé de S.t Caley reconnoît tenir en bénéfice des évêques du Mans, ſon Monaſtère.

Fait au Mans.

<small>Vetera Anal. Mab. p. 273.</small>

Voyez la notice de la Charte de Childebert I, du 8 juin de l'année 538.

<small>Sans autre date.</small>

DOTATIO abbatiæ Lobienſis a Pipino Heriſtallio Majore palatii.

Donné à Leipſick.

<small>Miræi Opera Diplom. t. III, pag. 283.</small>

L'abbaye de Laubes ou Lobbes dans le dioceſe de Cambrai, fut fondée par Landelin moine & diſciple de S.t Autbert évêque de Cambrai, & bâtie ſur un terrein appelé *Laubacum* qui lui a donné ſon nom, près les rives de la Sambre, à quatre lieues de Bains en Hainault. Mabillon & le Cointe ſont de ſentimens différens ſur le temps de cette fondation. Ce premier la fixe entre 637 & 639, & le ſecond la recule juſqu'en 654. Le ſentiment de le Cointe paroît fondé ſur des raiſons moins ſolides que celui de Mabillon. (*Voyez Annal. Bened. tom. I, & Annal. Eccl. Fr. tom. IV*).

Pépin confirme à ce Monaſtère la donation que Hidulphe duc de Lorraine lui avoit faite des villages de *Moutiers* & de *Bains*, dont le territoire eſt circonſcrit dans cette Charte, & les bornes déſignées.

<small>Sans autre date.</small>

CHARTA Childeberti III Francorum Regis, confirmativa donationis ab Ephibio abbate eccleſiæ Viennenſi factæ.

<small>Spicileg. d'Acherii, tom. III, p. 219, col. 1. Rec des Hiſt. de Fr. tome IV, page 678.</small>

Le Roi confirme, par ce Diplome, le teſtament ou la donation d'Éphibius, faite à l'égliſe de Vienne l'année précédente, & affranchit Caïolde évêque de cette cathédrale, des droits qu'il devoit au fiſc pour raiſon de ce legs.

ANNÉE 697.

CHARTA *Gammonis de puellari Monasterio apud* Lemausum.

Annal. Bened. tom. I, p. 704, col. 2.
Hist. de l'Abbaye de S.t Germain-des-Prés, par Bouillard, pr. page 6.

Mabillon remarque que celui qui a copié sur l'original cette pièce, n'a pas bien lu le nom des deux derniers souscripteurs. Le mot *Miles* qui y est répété deux fois fait d'ailleurs présumer que la pièce a été interpolée en cet endroit; car le *Miles* n'a été en usage que deux ou trois siècles après.

Cette Charte est le titre de la fondation de ce Monastère, qui fut mis pour le spirituel & le temporel sous la dépendance de l'abbé de S.t Germain-des-Prés. Il prit le nom du lieu où il fut bâti. *Lemausum, Limeux*, dit l'Historien de S.t Germain-des-Prés, dans le diocèse de Bourges. *Le Mans*, suivant le Pouillé du père Labbe, dans le même diocèse; Mabillon dit *Limeux*, dans le diocèse de Paris; les termes de la Charte portent à croire que c'est *Limeux* ou *le Mans*. C'est présentement une paroisse dont la Cure est à la présentation de l'abbé de S.t Germain.

ANNÉE 698.

3 MARS.

PRÆCEPTUM *Childeberti III Regis, de Comitatu Cenomannico.*

Rec. des Hist. de Fr. tome IV, page 678.

Donné à Valenciennes.

Childebert confirme à Herlemond le privilége que Clotaire III & la reine Bathilde sa mère, avoient accordé à Bérard évêque du Mans, son prédécesseur. Les Comtes ou les Ducs, envoyés précédemment dans ce diocèse, y avoient sans doute exercé de grandes exactions sur le Clergé au lieu de rendre la justice; sur les plaintes que l'on en porta au roi Clotaire, ce Prince ordonna qu'à l'avenir, le Comte ou le Duc de ce canton seroit choisi par l'Évêque & le Clergé du diocèse.

3 MARS.

PRÆCEPTUM *emunitatis a Childeberto III Rege, factæ Herlemundo episcopo ecclesiæ Cenomannensis.*

Rec. des Hist. de Fr. tome IV, page 679.

Donné à Valenciennes.

Herlemond obtint le même jour du roi Childebert ce second Diplome, qui porte confirmation de celui que Childéric II avoit accordé à l'évêque Bérard son prédécesseur. Childéric, ou quelqu'autre roi de Neustrie, avoit donné en bénéfice à l'église du Mans, un village dépendant du fisc nommé *Ardunum*, situé dans le Poitou, & Childéric au lieu de percevoir la redevance annuelle dûe pour ce bénéfice, l'avoit donnée pour l'entretien du luminaire de cette Cathédrale.

1.er NOVEMBRE.

DONATIO *medietatis oppidi Epternaci Monasterio ejusdem nominis ab Irmina Dagoberti filia.*

Miræi Opera Diplom. tom. I, pag. 243.
Ann. Eccl. Fr. Cointii, t. IV, p. 348 & 351.
Ann. Trevir. tom. I, p. 359, col. 2.
Hist. de Luxembourg, par Bertholet, t. II, pr. p. 23, col. 2.
Histoire de Lorraine, par Dom Calmet, tome I, pr. col. 261.

Fait à Trèves.

Dom Calmet porte au 1.er décembre de cette même année cette Charte, par laquelle *Irmina* abbesse d'Oeren proche Trèves, fait ce legs au monastère d'Epternac, fondé nouvellement par Willibrod évêque d'Utrecht.

Ce legs consistoit dans la moitié du lieu même d'Epternac, qui étoit échu à Irmina de la succession du roi Dagobert son père; donation qu'elle fait, dit cette Princesse, à condition que ce Monastère sera désormais un hospice pour les Moines qui iront en pélerinage, & une retraite pour les Pauvres.

Tome I.

ANNÉE 700.

9 NOVEMBRE.

DIPLOMA *Cuneperti Longobardorum Regis, pro instauratione Monasterii sancti Fridiani Luxensis.*

Donné à Pavie.

Annal. Bened. t. I, p. 707.

Saint Vincent & Saint Fridien de Luques. Faulus Maire du palais de Cunibert roi des Lombards, obtint de ce Prince ce Diplome portant confirmation d'une donation de plusieurs décimes, qu'il avoit faite à ce Monastère, dont il étoit le restaurateur. Pavie dans le Milanais étoit alors la capitale du royaume des Lombards, en Italie.

Sans autre date. **TESTAMENTUM** *cujusdam viri illustris qui matrem Iddanam habebat & conjugem Chramnetrudem, pro cœnobio cujusdam pagi Vilcassini.*

Annal. Bened. tom. I, p. 706.

Les premières lignes de cette Charte étant mutilées dans l'original, on ne peut en fixer la date, ni indiquer le lieu où étoit situé le Monastère dont il s'agit, non plus que son nom & celui du testateur. Les fragmens de la pièce nous apprennent seulement le nom de la mère & de l'épouse du testateur, que ce Monastère étoit situé dans le Vexin, que quelques biens qui faisoient l'objet du legs étoient aussi dans le Vexin, & quelques autres dans le territoire d'Évreux & d'Étampes. Étoit-ce à Artie, ville alors considérable du Vexin, que ce Monastère étoit situé ? Étoit-ce à Chaumont, où il y avoit autrefois une Abbaye qui n'est plus maintenant qu'un petit Prieuré ? Mabillon lui-même, après bien des recherches, n'a osé rien décider sur ce sujet. Le testateur lègue en outre le village de Tourly au monastère de S.t Denys en France, & donne quelques serfs à celui de Chausy ; il choisit l'église de ce dernier pour sa sépulture. Chausy, situé dans le Vexin, est présentement un Prieuré dépendant de l'abbaye de S.t Vandrille.

Sans autre date. **PREMIÈRE** *fondation du Monastère de la Charité-sur-Loire, tirée d'un MS. de la Bibliothèque du Roi.*

Éclaircissemens sur l'histoire de France, par M. le Beuf, tome I, page 381.

Lisez dans le même tome de l'ouvrage de M. l'abbé le Beuf, page 376, la notice qu'il donne du manuscrit qui porte la première époque de l'établissement de ce Monastère. Ce manuscrit est du XIV.e siècle, & nous pensons avec M. l'abbé le Beuf, que les choses que l'Auteur écrit touchant cette fondation, sont pour la pluspart fabuleuses.

CONCESSIO *privilegiorum & immunitatum Monasterio de Sithiu a Chilperico.*

Miræi Opera Diplom. t. II, pag. 929.

Chilpéric confirme toutes les Chartes accordées à ce Monastère par les rois Clotaire, Thierri & Childéric son père, & par ses cousins Clovis & Childebert ; il donne de plus à ce Monastère la justice du lieu de Sithiu, & pleine franchise à ses hommes.

Comme il est indubitable que cette Charte soit d'un autre que de Chilpéric II, il est certain que Miray s'est trompé en la datant de l'année 700. Ce Prince ne fut appelé au trône qu'en 715, par conséquent cette Charte datée de la III.e année de son règne, doit être placée sous l'année 717. Dom Bouquet la date de 718.

HUITIÉME SIÈCLE.

ANNÉE 701.

20 JANVIER.

CHARTA commutationis Armonii Virodunensis episcopi, quorumdam bonorum suæ ecclesiæ cum Pipino Heristallio ejusque conjuge Plectrude.

Ann. Eccl. Fr. Cointii, t. IV, pag. 384.
Histoire de Lorraine, par Dom Calmet, tome I, pr. col. 262.
Rec. des Hist. de Fr. tome IV, page 680.

La Charte porte qu'Anglebert archidiacre de Verdun fut une des parties contractantes, ce qui prouve que les biens que Pépin reçut par cet échange furent détachés du domaine de cette Cathédrale, & que ceux qu'il donna y furent réunis.

ANNÉE 702.

25 FÉVRIER.

PLACITUM Childeberti III, de Monasterio Lemauso in gratiam cœnobii sancti Germani prope Parisios.

Donné à Kiersy.

Rec. des Hist. de Fr. tome IV, page 680.
Ann. Eccl. Fr. Cointii, tom. V, pag. 279.
Gallia Christ. sec. edit. t. VII, col. 4, instr.
De re Diplom. a Mab. p. 480.
Histoire de l'abbaye de S.t Germain-des-Prés, pr. p. 8.
Acta SS. Ben. sæc. III, part. 2, p. 620.

Ce plaid dans lequel le monastère de Limours fut jugé être de la dépendance de S.t Germain-des-Prés, fut tenu à Kiersy. Adagulde fille de Gammond, qui l'avoit fondé & l'avoit mis sous la dépendance de l'abbé de S.t Germain, prétendoit en faire casser l'acte & le rendre indépendant. Il paroît par cet arrêt qu'après les assignations que les parties se donnèrent, toute la procédure de cette affaire se borna au Parlement (ou Plaid) à lire l'acte de Gammond, & comme on le trouva en bonne forme, on prononça sommairement qu'il seroit exécuté dans tout son contenu.

Ce Monastère ayant été détruit dans le IX.e siècle, ses biens furent réunis à ceux de S.t Germain qui possède encore aujourd'hui, suivant le témoignage de son Historien, Villeneuve-sur-Cher & Bretigny, deux villages contenus dans l'acte de Gammond.

(*Voyez la note sur la Charte de Gammond à l'année 697, sans autre date*).

ANNÉE 704.

Sans autre date.

PRÆCEPTUM Childeberti III Regis, pro Monasterio Andegavensi SS. Sergii & Bacchi.

Gallia Christ. pr. edit. t. IV, p. 820, col. 2.
Rec. des Hist. de Fr. tome IV, page 681.
Ann. Eccl. Fr. Cointii, t. IV, pag. 441.

Dom Bouquet place cette Charte sous une date incertaine, parce que l'original ne porte aucune note chronologique. Nous n'avons rien trouvé dans l'examen des pièces concernant ce Monastère, qui puisse nous déterminer à en donner une fixe à celle-ci. Mabillon assure de plus, qu'il n'est point de Monastère dont l'histoire soit plus obscure que celle de celui-ci, puisqu'on ignore absolument l'époque de sa fondation. Le premier monument qui nous reste où il soit fait mention de son existence est Diplome, par lequel on voit seulement qu'il existoit sous le règne de Thierri III, & même sous celui de Clovis II son père, puisqu'il confirme ceux que ces Princes lui avoient accordés; ils portoient comme celui-ci, que l'Abbé seroit tenu, à un certain jour de l'année, de payer au trésor royal, pour toute imposition & redevance, douze sols d'argent, pour les villages nommés *Marentius, Silviliacus, Taunucus, Noviliacus, Senona* & *Genestannus*, qu'il tenoit en bénéfice du Roi, avec défenses aux collecteurs & autres officiers du fisc, de rien exiger de plus.

ANNÉE 705.

Sans autre date.

EPISTOLA Domni Faroaldi ducis, domino Pontifici directa Johanni pro Farsensi Monasterio.

Annal. Bened. t. II, p. 756.

Faroalde duc de Spolette demande au Pape Jean VII, qu'il lui plaise de donner une bulle par laquelle Sa Sainteté confirme toutes les donations qu'il avoit faites au monastère de Farfe, fondé depuis quelques années. Mabillon assure que le Pape donna le 30 juin de l'année suivante, la bulle que demandoit le duc de Spolette.

ANNÉE 706.

12 MARS.

DONATIO Solemii Monasterio sancti Dionysii, a Childeberto III.

Donné à Maumaques.

Miræi Opera Diplomat. t. I, pag. 244.
Ann. Eccl. Fr. Cointii, t. IV, pag. 447.
Hist. de Saint Denys, par Doublet, p. 688.
Rec. des Hist. de Fr. tome IV, page 682.

Ce Diplome donné à Maumaques près Noyon, porte concession d'un village nommé *Solesmes*, dans le territoire de *Famars* proche Valenciennes, faite au monastère de St Denys, avec un petit oratoire de Ste Croix qui étoit dans son voisinage.

Mabillon avoue n'avoir jamais vû qu'une copie de cette Charte; mais ce qui le détermine à ne point douter de son authenticité, c'est le jugement en original, qui est parvenu jusqu'à nous, que Pépin rendit le 17 août de l'an 749, dans lequel cet oratoire de Ste Croix fut déclaré appartenir à l'abbé de St Denys, contre les prétentions de l'abbé de Maroilles en Haynault.

13 MAI.

DIPLOMA quo Pipinus Major-domûs, & Plectrudis uxor ejus concedunt luculentas possessiones quas habebant Epternaci, Willibrordo episcopo Ultrajectino & Monasterii Epternacensis abbati.

Donné à Guemond.

Ann. Eccl. Fr. Cointii, t. IV, pag. 446.
Annal. Bened. tom. II, p. 16.
Annal. Trevir. tom. I, p. 360, col. 2.
Histoire de Lorraine, par Dom Calmet, tome II, pr. col. 84.
Histoire de Luxembourg, par Bertholet, t. II, p. 167, (note u) & pr. pag. 27, col. 1.

Guemond sur la Sare entre Sare-albe & Saarbruck, ce n'étoit alors qu'un simple château.

Pépin confirme, par cette Charte, toutes les donations faites à ce Monastère, tant par ceux de sa maison que par d'autres personnes, & met sous sa défense l'Abbé & les Moines.

27 JUIN.

CHARTE d'Arnould fils de Drogon duc de Bourgogne, par laquelle il donne la seigneurie de Fleurie ou Fleury à l'abbaye de St Arnould de Metz.

Miræi Opera Diplom. t. II, pag. 805.
Rec. des Hist. de Fr. tome IV, page 683.
Ann. Eccl. Fr. Cointii, t. IV, pag. 456.
Hist. des évêques de Metz, par Meurisse, page 111.
Abb. de St Arnould de Metz, page 188.

Le Cointe rapporte, *à la page 459 du même tome*, la Charte de Godefroi second fils de Drogon, en faveur de ce Monastère dont nous avons fait la critique au 20 de février de l'année 690. Celle-ci porte que Drogon étoit mort lorsqu'Arnould la donna ; ce qui est faux, parce que Drogon ne mourut qu'en 708. Elle est datée de l'an 706, la Xe année du règne de Childebert ; ce qui ne cadre pas encore avec la vérité, car la Xe année du règne de ce Prince revient à l'an 704.

Sans autre date.

FONDATION du monastère d'Herford, par le roi Dagobert.

Origine de la Maison de France, par du Bouchet, pr. page 69.
Trithemii Annales, pag. 59.

Il s'en faut de beaucoup que l'abbaye d'Herford (*Herifordense* ou *Herivordense*) ait une origine aussi ancienne que le prétendoit *le faiseur* de cette Charte. L'époque de sa fondation ne remonte pas plus haut qu'à l'année 822, à peu près dans le même temps de l'établissement de la nouvelle Corbie ; on trouve dans les Annales de Paderborn (*page 115*) un Diplome de Louis le Pieux, qui confirme l'établissement que Wala avoit fait depuis peu de ce Monastère de filles auxquelles il avoit donné le même institut, suivant lequel se gouvernoient les religieuses de Notre-Dame de Soissons.

Le fabricateur de cette Charte, enfin, ne peut l'avoir attribuée qu'à Dagobert III. Et comment ce Prince auroit-il pû la donner en 706, tandis qu'il ne commença à régner qu'en 711 ! le pays de Ravensbourg d'ailleurs, dans lequel est située cette Abbaye, ne dépendoit-il pas de l'Austrasie, dont Pépin étoit alors Souverain ?

L'abbesse de ce Monastère, quoique protestante, est comptée aujourd'hui parmi les Princes de l'Empire.

ANNÉE 708.

20 DÉCEMBRE.

CHARTA *Volfandi* ou *Wolfoaldi comitis qua dat villam Marsupiaci, Sigibaudo episcopo Metensi.*

Miscellanea Baluzii, t. IV, pag. 409.
Histoire de Lorraine, par Dom Calmet, t. IV, p. 267.

Cette Charte est l'acte d'échange que Sigebaud évêque de Metz fit d'une terre appelée *Massoupe*, du nom de la petite rivière qui prend sa source dans cet endroit, avec le comte Wlfoade pour une autre terre située sur la Moselle, nommée *Vinciacum in pago Sugentense*.

ANNÉE 709.

8 AVRIL.

CHILDEBERTI III *placitum de Childriciago & Taxmedis villis in pago Tellao.*

De re Diplom. a Mab. p. 482.
Rec. des Hist. de Fr. tome IV, page 683.

Donné à Crecy en Ponthieu.

Cette Charte est une preuve que nos Rois de la première race jugeoient en personne dans les plaids qu'ils tenoient, les causes des particuliers, même en première instance, & que les Comtes du palais y faisoient les fonctions d'Avocats généraux ou de Rapporteurs. Les biens, dont la vente fut déclarée bonne & valable par ce Jugement, étoient situés *in pago Tellao,* canton de la Normandie qui fait partie du pays de Caux.

CHARTE *du comte Wlfoade, pour la fondation de l'abbaye de Saint-Mihiel.*

Hist. de Lorraine, par Dom Calmet, tome I, pr. col. 264.
Ann. Eccl. Fr. Cointii, t. IV, pag. 495.
Miscellanea Baluzii, t. IV, pag. 403.
Annal. Bened. t. II, p. 691.

Fait à Saint-Mihiel.

Ce Wlfoade est le même que celui qui fit un échange l'année précédente avec l'évêque de Metz, & bien différent de Wlfoade Maire du palais de Childéric II. Ce dernier mourut en 580, tandis que l'autre vivoit encore en 752.

Ce Monastère étoit déja bâti dans un lieu nommé *Castellio,* sur une colline aux pieds de laquelle la petite rivière de Massoupe prend sa source, & son église étoit dédiée à St Michel, avant que Wlfoalde comte de ce pays le dotât. Du consentement de sa femme Adalsinde, il lui donna, par cette Charte, la terre de Woinville dans le territoire de Verdun, la plus grande partie du village de Bilée, à une lieue & demie du Monastère, des terres à Menonville & à Chauvancourt, avec les villages de Bouxières, de Vic, de Trognon, & une source d'eau salée à Marsal. Ce Monastère changea de position dans le Xe siècle, Smaragde qui en étoit alors abbé, le transféra de la montagne dans le vallon où on le voit à présent.

ANNÉE 710.

13 DÉCEMBRE.

PLACITUM *coram Childeberto III, pro mercato sancti Dionysii.*

Sancti Gregorii Turonensis, Op. col. 1384.
De re Diplom. à Mab. p. 482.
Histoire de l'abbaye de St Denys, par Félibien, pr. p. 18.
Rec. des Hist. de Fr. tome IV, page 684.

Donné à Maumaques.

Le Roi maintient le monastère de St Denys dans la jouissance des droits qui se levoient au profit du Domaine royal, sur les différentes marchandises que l'on vendoit au marché de ce lieu, & que les rois Childéric, Thierri & Clovis III avoient accordés à ce Monastère par plusieurs Diplomes.

ANNÉE 710.

14 DÉCEMBRE.

CHILDEBERTI III *placitum de Farinario Cadolaici in villa Latiniaco prope Vernum.*

Donné à Maumaques.

De re Diplom. a Mab. p. 483. Histoire de l'abbaye de S.t Denys, par Félibien, pr. p. 19. Rec. des Hist. de Fr. tome IV, page 685.

Le Roi jugea dans ce plaid que le Moulin qui faisoit l'objet du procès entre l'abbé de S.t Denys & Grimoald Maire du palais, étoit une dépendance de la terre de Lagny-le-Sec qui appartenoit à ce Monastère, & non pas du château de Vern, dont jouissoit Grimoald comme Maire du palais. Ce Moulin étoit situé sur un étang dans la vallée de Chailly, que l'on appelle aujourd'hui *Chaalis.*

ANNÉE 711.

10 FÉVRIER.

DIPLOMA *Childeberti III Francorum Regis, de quodam placito ipsius Regis, de Maur-curte in pago Pinciascensi.*

Donné à Maumaques.

Rec. des Hist. de Fr. par Dom Bouquet, tome VIII, p. 676.

Un particulier nommé *Siclande*, & sa femme *Dinane*, avoient hérité de leurs parens d'une portion du village de Morcourt *ou* Mauricourt dans le Pincerais, & après l'avoir vendu à *Ragnesinde*, homme de distinction, ils prétendoient en jouir, soutenant qu'ils n'en avoient pas reçu le prix. Ingobert faisant, à la place de Ratbert, les fonctions de Comte du palais, fit les informations usitées, & le Roi jugea sur son rapport que Ragnesinde avoit payé le prix de la terre, & que par conséquent il en demeureroit le possesseur.

20 JUIN.

DONATIO *de Alphen sancto Wilibrordo Ultrajectensi episcopo, ab Engilberto franco-salio facta.*

Fait à Thille-la-ville au comté de Namur.

Miræi Opera Diplom. t. III, pag. 286.

Engelbert donne à l'évêque d'Utrecht, XI *casatas cum sala & curticlo cum silvis, pratis, &c. & Watrischafo*, situées à *Alphen* gros village de Hollande entre Leyde & Volde.

Ce *Casatus* étoit un manoir duquel dépendoit une certaine quantité de terre que le *casatus* ou serf faisoit valoir; il prenoit ordinairement du produit ce qu'il falloit pour le faire vivre avec sa famille, & rendoit le surplus au maître. *Sala* signifie dans cet endroit *la maison du Seigneur, le château*. *Curticlum* peut s'entendre du lieu où on rendoit la Justice, ou d'une métairie. *Watrischafo* est un courant d'eau dans une certaine étendue.

21 OCTOBRE.

CHARTA *donationis factæ monasterio sancti Petri Senonensis, ab Ingoara sorore sancti Ebbonis Senonum episcopi.*

Fait à Sens.

Ann. Eccl. Fr. Cointii, tome IV, pag. 505, & tom. V, p. 234. Acta SS. Bened. sæcul. III, part. 2, p. 616.

Le Cointe critique cette Charte, & prétend que si elle n'est pas fausse, elle a au moins été interpolée dans plusieurs endroits, Mabillon la juge authentique & sans avoir souffert aucune altération *(Annal. Bened. tom. II, pag. 32.)*.

Cette pieuse dame donne à Chrodelin abbé de S.t Pierre de Sens, la portion qu'elle avoit dans un village nommé *Fontanus*, dans le Tonnerrois, avec deux autres lieux situés dans l'Auffois, appelés *Pauliacum* & *Bagnolum*.

ANNÉE 712.

ANNÉE 712.

18 JANVIER.

PRÆCEPTUM *Dagoberti III Regis, quo confirmat immunitates Monasterii Anisolensis.*

Rec. des Hist. de Fr. tome IV, page 686.

Ce Diplome porte confirmation des priviléges & immunités que les rois Childebert I, Clotaire, Dagobert, Clovis II, &c. avoient accordés à ce Monastère, sans en ajoûter de nouveaux.

Dom Bouquet a imprimé cette pièce d'après Dom Martenne, sous une date d'année incertaine : nous la fixons à l'année 712, parce qu'il étoit d'usage que les Évèques & les Abbés demandassent ces sortes de Chartes aux Rois aussi-tôt qu'ils étoient parvenus au trône. Cette même raison nous décide à placer le Diplome suivant à la même date. Ce sont sans doute des notes chronologiques qui sont contenues dans les deux lignes qui sont à la fin de cette pièce dans son original, que Mabillon dit que l'on ne peut lire, parce que le parchemin est usé.

Sans autre date. **PRÆCEPTUM** *Dagoberti III Regis, quod fecit super precariam de Monasterio Anisolæ Ibboleno abbati.*

Vetera Anal. a Mabill. pag. 273. Rec. des Hist. de Fr. tome IV, page 687.

Le Roi ratifie par ce Diplome l'aveu que l'Abbé Ibbole avoit rendu à Bérard II, évêque du Mans, le 28 avril de l'année 697.

Sans autre date. **IBBONIS** *Turonensis archiepiscopi privilegium pro Monasterio sancti Martini.*

Annal. Bened. t. II, p. 693. De re Diplom. ab eod. p. 487.

Mabillon dit avoir tiré cette Charte d'un manuscrit du IX.ᵉ siècle de la bibliothèque de M. de Thou.

Elle confirme aux Moines de Saint Martin, les mêmes priviléges & exemptions que Chrotbert son prédécesseur leur avoit accordés. Ce Prélat les exempte absolument de sa juridiction, se réservant de bénir les autels du Monastère, de conférer les Ordres aux Moines, & de leur envoyer les saintes Huiles. Il leur fait de plus, remise des cens & des honoraires qu'ils avoient payés jusqu'à présent tant à ses prédécesseurs qu'à lui.

Cette pièce n'intéresse guère aujourd'hui l'ordre de S.ᵗ Benoît, car il y a plus de huit cens ans que ses Moines ne desservent plus l'église de S.ᵗ Martin ; mais elle peut être utile aux Chanoines leurs successeurs.

ANNÉE 713.

1.ᵉʳ JANVIER.

TESTAMENTUM *Domni Herlemundi Episcopi Cenomannensis.*

Vetera Anal. Mab. p. 282.

Donné à Jupil sur la Meuse.

Herlemond I, par cette Charte, détache du domaine de son Église cathédrale, du consentement des Chanoines, & même de celui des laïcs habitans de la ville du Mans, le village d'Artis, situé sur le Loir dans le territoire du Mans, pour doter un Monastère hospitalier, qu'il fonda dans l'enceinte de cette ville. L'église fut mise sous l'invocation de S.ᵗ Ouen. Mabillon dit que ce Monastère, après sa destruction, a formé le Séminaire qui subsiste aujourd'hui dans cette même ville, sous le nom de S.ᵗ Ouen.

2 MARS.

PRÆCEPTUM *emunitatis quod fecit Dagobertus III Rex, Herlemundo Episcopo Cenomannensi de cellulis & villulis sui Episcopii.*

Vetera Anal. Mab. p. 282. Rec. des Hist. de Fr. tome IV, p. 688.

Donné à Maumaques dans le diocèse de Noyon, proche le Bac-à-Bery.

Quoiqu'il ne soit fait mention dans ce Diplome, que des principaux Monastères de ce diocèse, & singulièrement de celui de S.ᵗ Calez, le Roi cependant accorde à tous les autres qui formoient ensemble le nombre de trente-deux, les mêmes priviléges & immunités qu'à celui-ci.

Tome I.

ANNÉE 713.

10 MARS.

PRÆCEPTUM emunitatis a Dagoberto III Rege Francorum, factæ Herlemundo episcopo Cenomannensi de villa Arduno.

Vetera Anal. p. 284.
Rec. des Hist. de Fr. tome IV. p. 688.

Donné à Maumaques.

L'Église du Mans tenoit en bénéfice du domaine du Roi le lieu nommé *Ardunum*, situé dans le Poitou, pour lequel l'Évêque de cette ville devoit originairement au fisc des redevances, Herlemond présenta à Dagobert deux Chartes des rois Childeric II & Childebert III, qui portoient exemption & remise de ces redevances, & de tous autres droits & impositions. Il obtint ce Diplome qui confirme les deux Chartes de Childeric & de Childebert.

Sans autre date. *BULLE du Pape Constantin à S.t Édoalde archevêque de Vienne, en lui envoyant plusieurs Reliques.*

Antiquités de Vienne, par le Lièvre, p. 179.

L'église cathédrale de Vienne étoit avant le pontificat d'Édoalde sous l'invocation des sept Machabées, ce Prélat la dédia de nouveau à S.t Maurice. On voit par cette Bulle que le Reliquaire d'argent que le Pape envoya à cet Évêque contenoit une parcelle de l'éponge précieuse, quelques morceaux de la tunique de Notre-Seigneur, deux ou trois anneaux des chaînes de S.t Pierre, quelques instrumens du martyre des sept Machabées, avec des cendres de S.t Jean-Baptiste.

ANNÉE 714.

2 MARS.

DONATION du Monastère de Svestre à l'abbaye d'Epternack, par Pépin d'Héristal.

Histoire de Lorraine, par Dom Calmet, t. I, pr. col. 267.
Miræi Opera Diplom. t. III, page 266.
Rec. des Hist. de Fr. tome IV, page 689.

Actum Bagoloso villa publica.

Cet ancien Monastère est situé dans le duché de Juliers, & est aujourd'hui une collégiale de Chanoinesses; on l'appelle *Susteren*, ainsi que la petite ville qui s'est élevée dans son voisinage. Pépin l'avoit fondé pour servir d'hospice aux Pélerins. Il est douteux si ce Seigneur le soûmet, par cette Charte, à l'abbaye d'Epternack ou aux évêques d'Utrecht, parce que Willibrod étant abbé d'Epternack & évêque d'Utrecht, la Charte ne porte point sous laquelle des deux qualités Pépin le donne à Willibrod.

AVRIL, sans quantième.

ADONIS abbatis Charta quâ basilicæ sancti Remigii, Altrum, Crisciacum & alia donat.

Annal. Bened. t. II, p. 694.

L'original de cette Charte étoit sur un parchemin si usé que nous avons lieu de croire que c'est la raison des lacunes qui sont dans la copie que Mabillon en a imprimée. Le récit de Frodoard (*lib. II, cap. 11*) des largesses de l'abbé Adon en faveur de son abbaye, est d'ailleurs une bonne preuve de l'authenticité de cette Charte, par laquelle cet Abbé donne entre autres choses à ce Monastère deux villages, l'un appelé *Autrey* dans le pays de Vôge, situé sur un ruisseau du même nom qui se perd dans la petite rivière de Bar; & le second *Crecy* proche Bruyères, sur une petite rivière qui se joint à l'Aisne au dessus de Vousier.

ANNÉE 715.

30 MARS.

CHARTA donationis ab Ermenoara factæ Monasterio sancti Benigni Divionensis villæ Rusiaci.

Ann. Eccl. Fr. Cointii, t. IV, page 561.
Rec. de Pérard, page 9.

Fait à Ruffec en Franche-comté.

Cette Charte est de l'année 735, date à laquelle Pérard la rapporte: son sentiment est conforme à celui de Mabillon; (*Annal. Bened. tom. II, pag. 43*) les raisons

DES DIPLOMES.

de le Cointe qui la fixe à cette année, paroiffent trop foibles pour nous déterminer en fa faveur.

Ermenoara lègue au monaftère de S.t Benigne, dont Bobbolène étoit alors abbé, des fonds de terre fitués dans le pays de Bèze au diocèfe de Langres, à condition néanmoins, que fi dans la fuite des temps l'Évêque de ce fiége fouffroit que quelqu'un dépouillât ce Monaftère de la jouiffance de ces mêmes fonds, ils retourneroient de plein droit aux héritiers naturels de la teftatrice.

ANNÉE 715.

25 MAI.

CHARTE de Charlemagne, confirmative des droits & des biens du Monaftère de S.t Vincent fur le Vulturne.

Rerum Ital. fcript. a Murator. t. I, part. 2, p. 349.
Hift. Fr. fcript. par Duchefne, t. III, p. 673.

On doit trouver fort fingulier que le chroniqueur de ce Monaftère, qui n'a compofé fon ouvrage que deux fiècles environ après celui de Charlemagne, ait ignoré le temps dans lequel ce Prince a commencé fon règne. Charlemagne partagea avec Carloman la Monarchie françoife, & ne commença à gouverner qu'en 768 : après la mort de Carloman arrivée à la fin de décembre de l'année 771, Charlemagne régna feul. Notre Chronologifte n'a donc même pas donné l'air de vrai-femblance à la Charte qu'il a compofée, & qu'il a mal-habilement attribuée à Charlemagne cinquante-trois ans avant qu'il régnât.

24 JUIN.

CHARTA Hugonis facerdotis & Arnulphi ducis fratrum, pro Monafterio SS. Apoftolorum prope Mettas.

Abb. de S.t Arnould de Metz, page 149.
Ann. Eccl. Fr. Cointii, t. IV, pag. 457.
Hift. des évêques de Metz, par Meuriffe, page 112.
Annal. Bened. t. II, p. 695.

Donné à Metz.

On donne mal à propos, dans cette Charte, à Hugues le titre de *Primicier de Metz, Metenfis Primicerius.* L'Annalifte de Metz & l'Auteur de la chronique de Fontenelle font les feuls qui ont parlé de ce Prélat, l'un & l'autre fe bornent à dire qu'il fut évêque de Rouen, de Paris & en même temps de Bayeux. Comment d'ailleurs Hugues put-il, de concert avec fon frère Geoffroi, faire cette donation en 715, tandis qu'il eft dit dans la Charte, par laquelle Arnould fait une autre donation à ce même Monaftère le 27 juin de l'année 706, que ce Geoffroi étoit déjà mort. Nous avons prouvé au furplus à l'article du 20 février de l'année 690, que Drogon n'eut que deux fils Arnould & Hugues.

C'eft ce même Monaftère qui depuis a pris le nom de S.t Arnould : Hugues lui donne, par cette Charte, le village de Vigy fitué dans le pays Meffin ; il déclare que cet héritage lui vient de Drogon fon père, qui l'avoit eu de Pépin fon aïeul.

ANNÉE 716.

1.er JANVIER.

CHARTA Wolfandi comitis dantis villam Condati Monafterio fancti Michaëlis in pago Virdunenfi.

Mifcellanea Baluzii, t. IV, pag. 410.

Fait à la Neuville-fur-Orne.

Le comte Wolfoade donne, par cette Charte, au monaftère de Saint Mihiel le village que l'on appelle aujourd'hui *Condé fur Mofelle*, fitué dans le duché de Bar. L'Abbé de cette abbaye en eft encore préfentement Seigneur foncier & Patron de la cure.

28 FÉVRIER.

DIPLOMA Chilperici II Francorum Regis, quo immunitates Monafterio fancti Dionyfii conceffas confirmat.

Acta SS. Bened. fæcul. III, part. 2, p. 620.
Ann. Eccl. Fr. Cointii, tom. V, p. 280.
Gall. Chrift. fec. edit. t. VII, inftr. col. 5.
De re Diplom. a Mab. p. 484.
Hift. de l'abb. de Saint Denys, par Félibien, pr. p. 19.
Rec. des Hift. de Fr. tome IV, page 690.

Donné à Compiegne.

Chilpéric confirme, par ce Diplome, les priviléges & les immunités de ce Monaftère dans la même étendue que les Rois fes prédéceffeurs les avoient accordés.

Tome I.   O ij

ANNÉE 716.

5 MARS.

DIPLOMA *Chilperici II Francorum Regis, de immunitate teloniorum pro Monasterio sancti Dionysii.*

Donné à Compiegne.

Le Roi accorde par ce Diplome au monastère de S.t Denys, l'exemption des droits de sortie & entrée pour les marchandises qu'il faisoit venir de Marseille, & des péages & autres impositions que l'on payoit dans différens endroits sur la route de cette ville à Saint-Denys.

Acta SS. Bened. sæcul. III, part. 2, p. 621. Histoire de l'Abbaye de S.t Denys, par Félibien, pr. p. 20. De re Diplom. à Mab. p. 485. Rec. des Hist. de Fr. tome IV, page 691.

7 MARS.

DIPLOMA *Chilperici II Francorum Regis, de quibusdam rebus Monasterii sancti Dionysii.*

Donné à Compiegne.

On adjuge dans ce plaid au monastère de S.t Denys la moitié du lieu appelé *Bacivum*, (peut-être Baisieu près Corbie) avec toutes ses dépendances, contre les prétentions d'un nommé *Friulfe*, qui prétendoit en hériter de son beau-père Édron; mais le moine Martin, prévôt de S.t Denys, ayant communiqué à Varnon Comte du palais, le contrat d'acquisition que ce Monastère avoit faite de ce fonds de terre, sur le rapport de Varnon la Cour du Roi jugea en faveur du moine Martin.

Acta SS. Bened. sæcul. III, part. 2, p. 622. Histoire de l'abbaye de S.t Denys, par Félibien, pr. p. 21. De re Dipl. à Mab. p. 485. Rec. des Hist. de Fr. tome IV, page 691.

16 MARS.

CHILPERICI II Regis Francorum, *præceptum de centum vaccis cœnobio Dionysiano persolvendis a fisco.*

Donné à Compiegne.

Cette Charte est une confirmation de celles de Clovis II, de Childéric II, de Thierri III, de Clovis III, de Childebert III & de Dagobert III, par lesquelles ces Princes donnoient annuellement à ce Monastère cent vaches à prendre sur le fisc du Maine. Dagobert I avoit fait le premier, vers l'an 635, la donation de ces vaches. *(Gesta Dagob. Dom Bouquet, t. II, p. 589, n.º 37.)*

Il paroît que le Cointe a fait une faute de dater cette pièce du 10 de ce mois, Mabillon qui l'a imprimée d'après l'original, l'a datée du 16. Cette Charte a fourni à le Cointe la matière d'une généalogie bien suivie de Chilpéric II & de Clovis III, qu'il a insérée dans le V.e tome de ses Annales, page 284.

Histoire de l'abbaye de S.t Denys, par Félibien, pr. p. 21. De re Diplom. à Mab. p. 486. Ann. Eccl. Fr. Cointii, t. IV, pag. 578, & tom. V, p. 282. Acta SS. Bened. sæcul. III, part. 2, p. 623. Rec. des Hist. de Fr. tome IV, page 692.

18 MARS.

CHARTA *Hedeni Thuringiæ ducis, quâ res suas Hamelburgi sitas sancto Wilibrordo Ultrajectensi episcopo donat.*

Eckard & les autres Auteurs ont imprimé cette Charte d'après Dom Martenne & Durand qui l'ont insérée dans leur ample collection; ceux-ci l'avoient tirée du Cartulaire d'Epternack.

Heden *ou* Heten duc de Thuringe donne des biens situés à *Hamelbourg*, ville dans le cercle du Haut-Rhin sur les frontières de la Franconie, pour l'entretien de plusieurs Prêtres auxquels l'évêque Willibrod donna la commission d'annoncer l'Évangile dans cette partie de l'Allemagne encore payenne en ce temps.

Franc. orient. ab Eckardo, t. I, p. 322. Histoire de Lorraine, par Dom Calmet, tom. II, pr. col. 268. Histoire de Luxembourg, par Bertholet, t. II, pr. p. 28, col. 1.

25 MARS.

PRÆCEPTUM *Chilperici II Regis, pro Monasterio Fontanellensi.*

Donné à Compiegne.

Benigne, abbé de Fontenelle, présenta à Chilpéric plusieurs Diplomes des rois Clovis II, Clotaire III, Thierri III ses aïeux & oncles, & de Childéric II son père, portant confirmation des différentes donations que ces Princes avoient faites à ce Monastère des biens du fisc, & notamment d'une partie de la forêt de Jumièges, & obtint de ce Prince celui-ci, qui confirme & ratifie toutes les dispositions des autres.

Rec. des Hist. de Fr. tome IV, p. 693.

ANNÉE 716.

29 AVRIL

DIPLOMA Chilperici II Regis, pro cœnobio Corbeiensi.

Donné à Compiegne.

Rec. des Hist. de Fr. tome IV, p. 693.
Ann. Eccl. Fr. t. IV, p. 479.
Concil. Gall. a de la Lande pag. 72.

Sébastien, abbé de Corbie, présenta à Chilpéric un Diplome de Clotaire III, le suppliant de lui en accorder la confirmation. Chilpéric fit aussi-tôt expédier celui-ci, qui porte que le régisseur de son fisc de Fosses (peut-être est-ce le lieu qui porte encore aujourd'hui le même nom, situé à six lieues de Paris, sur les bords de la forêt de Chantilly; cette conjecture est appuyée d'une Charte du XIII.e siècle, qui prouve que Philippe Auguste possédoit la moitié de la seigneurie de Fosses : peut-être aussi & avec non moins de vrai-semblance est-ce du régisseur du domaine de Fos en Provence, dont Chilpéric II parle ici ; car ce lieu également nommé *Fossas*, est dans une situation bien plus à portée que Fosses près Paris, de fournir les denrées desquelles le Roi fait don au monastère de Corbie,) sera tenu de donner à l'économe de cette Abbaye chaque année, dix mille livres d'huile, trente barrils de Garus, (sauce délicate, faite avec les entrailles d'un poisson de mer nommé Garus) trente livres de poivre, cent cinquante livres de graine de cumin, deux livres de clou de gérofle, cinq livres de canelle, deux livres de fleur de lavande, trente livres de *corto*, (j'ignore ce que signifie le corto) cinquante livres de dattes, cent livres de figues séches, cent livres d'amandes, cent livres de pistaches, cent livres d'olives, cinquante livres *d'hidrio*, (la signification de ce mo m'est inconnue) cent cinquante livres de pois chiches, vingt livres de ris, dix livres d'orpin ou orpiment, dix peaux de *seoda*, (je ne connois point le seoda) dix peaux d'agneaux, cinquante bouts de cervelats. Et le même régisseur du domaine sera tenu de fournir des vivres aux hommes & aux chevaux que l'abbé de Corbie enverra pour le transport de ces provisions dans son Monastère ; savoir, un muid de vin, deux muids de bière, dix livres de lard, vingt livres de vin cuit, douze livres de cassio, (c'est de la casse purgative ou un aromate) vingt livres de pois, un chevreau, onze poulets, dix moutons, deux livres d'huile, un barril de courbouillon de Garus, une once de poivre, deux onces de cumin, avec le sel, le vinaigre, le persil, les oignons, & le bois nécessaires tant pour chauffer les voituriers, que pour leur cuisine.

Ce détail singulier nous fait présumer que les moines de Corbie faisoient abstinence dès ce siècle, & nous remarquons de plus, que les redevances que les Bénéficiers du fisc devoient, ainsi que tous les impôts, se payoient en fruits de la terre.

DÉCEMBRE, sans quantième.

SCHEDULA cum relliquiis sanctæ Mariæ Magdalenæ inventa.

Rec. des Hist. de Fr. tome III, page 640. B.

Dom Bouquet dit que Charles d'Anjou comte de Provence & de Naples voulant faire mettre ces précieuses reliques dans une châsse, trouva en 1279 cette scédule dans le tombeau de marbre où elles furent renfermées en 716, lorsque les Sarazins menaçoient de fondre sur la Provence.

DONATION de Bollane faite à l'abbaye d'Epternack, par le duc Arnould.

Actum Castro Bedense.

Histoire de Lorraine, par Dom Calmet, tome I, pr. col. 268.
Histoire de Luxembourg, par Bertholet, t. II, pr. p. 87, col. 2.

Cet Arnould étoit fils de Drogon, & petit-fils de Pépin d'Héristal.
Dom Calmet ajoute en note sur cette Charte, que Charles Martel confirma cette donation par une autre Charte datée du 23 février de la v.e année du règne de Clotaire. Cet Auteur se trompe, il veut sans doute dire que la Charte de Charles Martel est de la v.e année du règne de Chilpéric II ; car il n'a point régné de Princes du nom de Clotaire pendant le ministère de ce Maire du palais.

ANNÉE 717.

28 FÉVRIER.

PRÆCEPTUM Chilperici II Francorum Regis, pro Monasterio San-Dionysiano cui tradit silvam, Roveritum nomine, prope Sequanam in agro Parisiensi.

Donné à Compiegne.

Ann. Eccl. Fr. Cointii. t. IV, pag. 589.
Histoire de l'abbaye de S.t Denys, par Félibien, pr. p. 22.

Cette forêt s'appeloit alors *de Rovray*, & depuis on l'a nommée *la forêt de Saint-Cloud.* Le forêtier ou le premier garde de cette forêt nommé *Lobicinus*, étoit serf, sans doute; car il fait partie de la donation à laquelle le Roi joint l'habitation du forêtier & les terres dépendantes du fisc qu'il cultivoit, à Clichy-le-vieux; Félibien donne une extension trop grande à la Charte, elle ne porte point, comme il le dit, (*livre I, page 36*) que le Roi donna *le vieux Clichy* ou *la maison de Clichy*, ce qui voudroit dire la seigneurie & le château du vieux Clichy. *Cum mansus*, dit la Charte, *quod in Clippiaco tenere videtur* (Lobicinus) *vel terras ad ipsius mansus aspicientes.* Ceci ne fait qu'une portion du fisc de Clichy.

Histoire de S.t Denys, par Doublet, page 689.
Rec. des Hist. de Fr. tome IV, page 694.

24 AVRIL.

PRÆCEPTUM Chilperici II Francorum Regis, confirmantis privilegium Monasterii Fossatensis in agro Parisiensi.

Donné à Paris.

Annal. Bened. tom. II, p. 49.
Gallia Christ. sec. edit. t. VII, col. 6, instr.
De re Diplom. a Mab. p. 486.
Rec. des Hist. de Fr. tome IV, page 695.
Ann. Eccl. Fr. t. IV, p. 593.

Cette Charte est une confirmation du privilége que d'autres Rois prédécesseurs de Chilpéric avoient accordés aux Moines de S.t Maur-des-Fossés, d'élire leur Abbé.

Le père Labbe (*dans son Mélange curieux, &c.*) attribue mal à propos cette piece à S.t Maur-sur-Loire; le Cointe a fait la même faute.

8 JUIN.

DIPLOMA Chilperici II Francorum Regis, quo Monasterio Metensi sancti Arnulphi ad Mosam confert villam **Marte** nuncupatam, cum magnis redditibus.

Donné à Compiegne.

Ann. Eccl. Fr. Cointii. t. IV, pag. 593.
Histoire de Lorraine, par Dom Calmet, tom. I, pr. col. 269.
Abb. de S.t Arnould de Metz, p. 177.
Rec. des Hist. de Fr. tome IV, page 696.
Hist. des évêques de Metz, par Meurisse, page 144.

Dom Calmet place cette Charte vers l'an 720. Sa date est positive, *datum anno secundo regni nostri.* La seconde année du regne de ce Prince revient certainement à l'an 717.

Le Cointe traduit en françois *villa Martis*, & dit que c'est *Martille*; ce lieu n'est pas connu des Géographes.

Sans autre date.

ANNÉE 718.

PRÆCEPTUM Chilperici II Regis, de emunitate coenobii Sithiensis.

Mabill. de re Dipl. p. 608.
Rec. des Hist. de Fr. tome IV, page 696.

Mabillon doute beaucoup de l'authenticité de cette piece qu'il a tirée du recueil de Folquin moine de cette Abbaye, qui vivoit vers le milieu du X.e siecle. *Voyez la notice que ce Savant donne du Recueil de Folquin dans le III.e livre de sa Diplomatique, chapitre V, article IV, & sa note au bas de la page 608 au VI.e livre.*

Voyez à l'article de l'année 700, sans autre date, la notice de cette piece.

ANNÉE 719.

3 MARS.

PRÆCEPTUM *Chilperici II Francorum Regis, quo concedit Herlemundo Cenomannensi episcopo, ut nullus officio, vel ducis, vel comitis in Cenomannica fungeretur præter eum quem Cenomannensis episcopus, sacerdotes & incolæ regionis ad id muneris elegissent.*

Annal. Eccl. Cointii, t. IV, pag. 615.

Donné à Valenciennes.

Voyez au 3 de mars de l'année 698, la notice que nous avons donnée de cette Charte ; la critique de le Cointe ne nous paroissant fondée sur aucune raison solide, nous avons préféré le sentiment de Mabillon & de Dom Bouquet. Le Cointe, en effet, n'a pas fait attention d'un côté qu'il y a eu deux évêques du Mans du nom d'Herlemond, & d'un autre côté que l'Auteur des Gestes des Prélats de cette ville place les premières années de l'épiscopat de notre Herlemond, sous un Roi nommé *Childebert* qu'il dit fils du roi Thierri, ce qui ne peut convenir absolument qu'à Childebert III, & non pas à Chilpéric II.

15 MAI.

LITTERÆ *Pontificiæ per quas Gregorius Papa II, Winfrido apostolatum, seu curam Evangelii apud quascumque gentes errore infidelitatis detentas prædicandi commisit.*

Ann. Eccl Fr. Cointii, t. IV, pag. 611. Joan. Avertini annal. Boiorum, pag. 166.

Winfrid, cet homme le plus célèbre de son siècle dont la politique égala le zèle, étoit Anglois & de basse extraction. Il prit l'habit de Moine dès l'âge de sept ans, & commença à prêcher à trente-deux ; le pape Grégoire en lui donnant ce bref d'Apôtre, le nomma *Boniface*, il fut dans la suite archevêque de Mayence, & après sa mort mis dans le catalogue des Saints. Voyez le II.ᵉ tome des Annales Bénédictines, lib. XIX & XX, & Eckard de rebus Franciæ orientalis, lib. XXI, art. XIII.

1.ᵉʳ SEPTEMBRE.

ORDONNANCE *de Charles Martel, pour la restitution de quelques biens aux Monastères de Stavelot & de Malmédy.*

Hist. de Luxembourg, par Bertholet, t. II, pr. p. 28, col. 2.

Donné à Chanville.

Plaid tenu par Charles Martel, dans lequel on ordonna que les monastères de Stavelot & Malmédy rentreroient dans la jouissance de deux héritages nommés *Tosino & Silvestri* qui avoient été donnés en bénéfice, & dont les détenteurs étoient morts.

JUIN, sans quantième.

ANNÉE 720.

CHARTA *solutionis censuum pagi Arduni Herlemundo episcopo Cenomannensi.*

Vetera Anal. Mab. p. 284.

Fait au Mans.

Nous avons remarqué ailleurs, que ce *Pagus Ardunus* étoit situé dans le Poitou, & qu'il avoit été détaché du fisc & donné à l'Église cathédrale du Mans. Hadingan, Vidame de l'Évêque de cette ville, pour le *Pagus Ardunus*, assigna tous les particuliers qui tenoient des terres de ce domaine, ou à cens, ou en bénéfice, afin qu'ils eussent à fournir à l'évêque Herlemond, de nouvelles déclarations pour constater leurs redevances ; les Censitaires & les Bénéficiers obéirent, & cette Charte contient l'état de la redevance de chacun d'eux.

ANNÉE 720.

Sans autre date.

DIPLOMA *Theoderici IV, quo regimen monasterii Honaugiensis nuper conditi Benedicto Tubano confert.*

<small>Coccius Jodocus, dans son livre *Dagobertus rex Argentinensis*, p. 131.</small>

Ce Monastère fut fondé par Adalbert duc dans cette partie de l'Allemagne; il étoit situé à Honow sur le Rhin au dessus de Strasbourg, & fut d'abord occupé par des moines Écossois. On en mit l'église sous l'invocation de S.t Michel; dans le IX.e siècle des Chanoines séculiers prirent la place des Moines, comme il paroît par une Charte de l'empereur Charles le Gros. Ses biens sont maintenant réunis à la collégiale de S.t Pierre de Strasbourg.

CHARTA *Ebroïni comitis, pro sancto Willibrordo primo Ultrajectensium episcopo.*

Fait à Raynaren en Hollande.

<small>Miræi Opera Diplom. t. III, pag. 560.</small>

Il ne faut pas confondre cet Ébroin avec le Maire du palais de ce même nom. Celui-ci étoit fils du comte Eudes, employé dans le ministère par Charles Martel. Il donne par cette Charte à l'évêque Willibrorde ou à l'église de S.t Pierre & S.t Paul gouvernée par ce Prélat, *tres Casatos cum uxoribus & infantibus in suâ villâ vocatâ Nitre; in Doensbrug medietatum silvâ & portiones de silvâ Millengen.* Tous ces lieux sont situés dans le duché de Gueldres au quartier de Zutphen, sur les rives de la rivière d'Issel.

ANNÉE 721.

1.er JANVIER.

CHARTA *Caroli Martelli, qua dotat ecclesiam Ultrajectensem.*

Donné à Héristal.

<small>Miræi Opera Diplomat. t. I, pag. 491.
Ann. Eccl. Fr. Cointii, t. IV, pag. 683.
Ann. Brabantiæ ab Haræo, t. I, p. 30.
Rec. des Hist. de France, t. I, page 699.</small>

Il paroît par cette Charte que l'église cathédrale d'Utrecht, dont Willibrod étoit évêque, commença dès-lors à posséder de grands biens; Charles, comme Souverain, lui donna tout ce qui appartient au fisc dans cette ville, avec plusieurs terres situées dans les environs. Cette église étoit occupée en ce temps par des Moines, qui vivoient comme porte la Charte, *Cœnobitali ordine.*

18 JANVIER.

TESTAMENTUM *Wideradi abbatis Monasterii Flaviniacensis.*

<small>Histoire de Bourgogne, pr. p. 1, col. 1, t. I.
Ann. Eccl. Fr. Cointii, t. IV, p. 680.
ned. sæcul. III, part. 1, p. 683.
Corps de sainte Reine, p. 87.</small>

Widrad issu d'une famille illustre de Bourgogne, fit deux testamens; le premier que nous plaçons à cette époque vers la 1.re année du règne de Thierri de Chelles, & le second sous le IV.e du règne de Childebert III. Widrad avoit déjà fondé depuis quelques années ce Monastère, lorsqu'il légua par ce premier testament des biens aux Abbayes de S.t Andoche, de S.te Reine & de S.t Ferreol; à condition que les Abbés de ces trois monastères seroient les défenseurs de celui de Flavigny. M. l'abbé le Beuf (*Éclaircissemens, tome I, page 28*) pense que ce monastère de S.t Ferreol étoit situé dans un village à une lieue d'Autun, dont l'église est encore aujourd'hui sous l'invocation de ce Saint.

3 MARS.

PRÆCEPTUM *Theodorici IV Francorum Regis, pro Monasterio Sithivensi.*

Donné à Soissons.

<small>Ann. Eccl. Fr. Cointii, t. IV, pag. 649.
Rec. des Hist. de Fr. tome IV, p. 697 & 698.</small>

Dom Bouquet a imprimé, d'après Mabillon, deux Diplomes de ce même Prince donnés la même année de son règne, celui-ci à Soissons, & l'autre à Coblentz. Ces deux pièces sont tirées du Recueil de Folquin, & confirment toutes les dispositions de la Charte de Chilpéric II de l'année 718. *Voyez ma note sur cet article.*

ANNÉE 721.

ANNÉE 721.

5 MARS.

CARTA emunitatis a Theodorico IV Rege concessa Herlemundo episcopo Cenomannensi, pro villâ Arduno.

Donné à Kiersy.

Vetera Anal. Mab. p. 285. Rec. des Hist. de Fr. tome IV, page 701.

Cette Charte porte confirmation de tous les priviléges & immunités que les rois Childebert, Dagobert & Chilpéric avoient accordés à l'église du Mans pour le domaine nommé *Ardunum*.

L'homme illustre nommé dans cette Charte *Charivius*, étoit sans doute l'économe ou le défenseur de l'église du Mans ; c'est lui, suivant les termes de cette pièce, qui présente à Thierri les Diplomes des Rois ses prédécesseurs, & qui en demande, au nom de l'évêque du Mans, la confirmation : cela sent bien le Baron ou le protecteur. Dom Bouquet croit que ce Charivius étoit fils de Rothguaire comte du Mans, dont il est parlé au commencement du XVI.e chapitre des Gestes des Évêques de cette ville.

Sans autre date.

LETTRE du Pape Grégoire II à Charles Martel, pour lui demander du secours contre les Lombards.

Hist. des révolutions de France, par la Hode, part. I, p. 47, col. 2.

Cette Lettre est de Grégoire III, & doit être placée à une autre date. Voyez à l'année 739.

ANNÉE 722.

23 JUIN.

DONATIONS faites à l'abbaye de Pruim près Trèves, par Bertrade.

Fait à Pruim.

Histoire de Lorraine, par Dom Calmet, tome IV, pr. col. 269. Hist. de Luxembourg, par Bertholet, t. II, pr. p. 29, col. 2.

Avec un peu de critique Dom Calmet auroit rejeté cette Charte, parce qu'elle est évidemment fausse ; mais puisqu'il l'a adoptée il auroit au moins dû la placer ou sous l'année 720 ou 721, puisqu'elle est datée de la I.re année du règne de Thierri IV.

Les pères de l'abbaye de Pruim, suivant Dom Calmet, disent que cette Bertrade étoit l'aïeule de Bertrade femme de Pépin ; & c'est sans doute, parce qu'on lit dans cette Charte que Caribert ou Héribert son fils fait avec elle cette donation, & que les Annales de S.t Bertin disent que Bertrade femme de Pépin étoit fille d'un autre Caribert comte de Laon. Nous n'entreprenons point une critique exacte de tous ces faits ; il nous suffit d'observer que les pères de Pruim, Mézerai & quelques autres Historiens auroient dû savoir que cet article de la généalogie de Bertrade a été inféré par un copiste aussi téméraire qu'ignorant, dans les Annales de S.t Bertin. Bertrade étoit fille d'un Seigneur du canton de Trèves, nommé *Héribert*, comme parlent les termes de la Charte de la première fondation de cette Abbaye faite en 763, par Pépin & cette Princesse sa femme ; il résulte de là que tous ces points d'histoire étant peu éclaircis dans les temps où on faisoit volontiers de fausses Chartes, les Auteurs de celle-ci, peu instruits dans la Chronologie, l'auront datée de quarante & un ans avant que le Monastère existât, & ils auront pris Bertrade sa fondatrice pour être la mère d'Héribert, tandis qu'elle étoit sa fille.

Sans autre date.

EPISTOLA Gregorii Papæ II, ad Carolum ducem Majoremdomûs Regiæ Francorum, quâ illi Bonifacium commendat.

Concil. Antiq. Galliæ a Sirmundo, tom. I, pag. 512. Baronii ann. tom. IX, p. 32. Ann. Eccl. Fr. Cointii, t. IV, pag. 694. Rec. des Hist. de Fr. tome IV, page 91.

On voit par cette lettre, que Charles Martel étoit regardé incontestablement comme Souverain de la France orientale, & de tous les pays qui avoient formé le royaume d'Austrasie. Il n'y a point de meilleure preuve du désordre général qui régnoit alors dans toute l'Europe. Chaque siècle depuis la chûte de l'empire des Romains, avoit produit, dans cette partie du monde, les révolutions les plus surprenantes ; la force continuoit toujours d'être le seul titre qui donnât des trônes, & la seule voie pour se les conserver.

Le Pape, après avoir conféré l'épiscopat à Boniface, lui donne des lettres pour Charles, par lesquelles il rend à ce Prince des témoignages de la vertu & du zèle de Boniface, le priant d'agréer la mission qu'il lui a donnée pour annoncer la foi à certains peuples de l'Allemagne, qui étoient encore dans les ténèbres du paganisme.

Tome I.

ANNÉE 722.

CAROLI *Majoris-domûs epistola generalis de suscepto in tuitionem episcopo Bonifacio.* Ann. Eccl. Fr. Cointii, t. IV, pag. 704.
Constitutiones imper. a Goldasto. tom. I, pag. 14.
Concil. Antiq. Galliæ a Sirmundo, tom. I, pag. 517.
Rec. des Hist. de Fr. tome IV, page 92.

Charles Martel agréa la mission de Boniface, & il lui fit expédier ces lettres dans lesquelles il prend le titre d'*Illustris & benè cupiens vester*, les adressant aux Évêques, aux Ducs, aux Comtes, & à tous les autres Officiers de tous les Ordres de ses États, mandant aux uns & aux autres qu'il autorisoit le ministère de Boniface, & qu'ils eussent à lui procurer tous les secours dont il auroit besoin pour le remplir.

Goldaste & le Cointe placent ces lettres de Charles Martel à l'année 724, rien ne prouve qu'elles ne puissent pas être d'une date antérieure.

ANNÉE 723.

1.er MARS.

CONFIRMATIO *per Theudericum Calensem privilegiorum Dionysianis concessorum.* De re Diplom. a Mab. p. 488.
Rec. des Hist. de Fr. tome IV, page 702.

Donné à Valenciennes.

Ces Lettres portent confirmation des privilèges & immunités accordés à ce Monastère par les rois prédécesseurs de Thierri. Nous en avons rapporté un grand nombre de Diplomes placés sous différentes époques, auxquels on peut avoir recours. Celui-ci ne contient rien de particulier, sinon que le Roi n'accorde à l'abbé Berthoald, cette Charte, que sous la condition que ses Moines reprendront la psalmodie perpétuelle, dont l'usage avoit été interrompu dans ce Monastère depuis quelque temps.

21 JUIN.

CHARTÆ *quatuordecim pro Monasterio Honaugiensi.* Annal. Bened. tom. II, p. 695 & suiv.
(Honow en Alsace.)

1.^a *Donatio insulæ Honaugiæ, facta a Borono* (neveu du duc Albert fondateur de ce Monastère) *facta anno III regni Theodorici sub die XI Kalendas julii.*

19 SEPTEMBRE.

2.^a *Alia donatio ejusdem insulæ ab Haicone* (frère du duc Albert) *facta anno III ejusdem regni, sub die XV Kal. octobris.*

11 DÉCEMBRE.

3.^a *Alia donatio ejusdem insulæ, a Lintfrido & Eberhardo* (fils du duc Albert) *anno III ejusdem Regis, III Idus decembris.*

ANNÉE 726, AVRIL.

4.^a *Alia donatio a prædicto Borono anno VI regni Theodorici, mense aprilis.*

ANNÉE 747, 19 MAI.

5.^a *Alia donatio ab Hugone,* (de la famille du duc Adalbert) *anno VI Childerici regis, die IV Kalendas junias.*

ANNÉE 748, 12 OCTOBRE.

6.^a *Alia donatio a Bodalo,* (fils de Hugues qui fit la précédente) *anno VII ejusdem Regis, XII octobris die.*

7.^a *Confirmatio omnium ejusdem Monasterii possessionum a Pippino rege facta.* (Sans aucune date.)

ANNÉE 769, MARS.

8.^a *Alia confirmatio, &c. Carolomanni regis anno II ejusdem regni, mense martio.*

ANNÉE 777, JANVIER.

9.^a *Alia confirmatio Karoli Magni, &c. mense januario, anno X ejus regni.*

ANNÉE 780, 4 JUIN.

10.^a *Præceptum Karoli Magni pro instrumentis amissis, anno XIII regni, X Idus junias.*

ANNÉE 781, 17 OCTOBRE.

11.^a *Diploma ejusdem de immunitate a Teloneis, anno XIV regni, XVI Kal. novembris.*

12.ᵃ *Mandatum ejufdem Regis de reſtitutione ablatorum facienda.*

13.ᵃ *Et Placitum ejufdem Regis de eodem argumento Monaſterio.*
(Tous les deux fans aucune date.)

ANNÉE 777, 22 JUIN.

14.ᵃ *Donatio Beati Abbatis hujus Monaſterii eidem Monaſterio facta anno X regni D. Caroli Imperatoris, XI Kal. julias.*

29 AOUST.

ANNÉE 723.

CHARTA *emptionis Erkembodi epiſcopi Morinenſis pro Monaſterio Sitivenſi, de pluribus villis.*

Fait à Saint-Bertin.

Ann. Eccl. Fr. Cointii, t. IV, pag. 699.
De Morinis a Malbrancq. t. I, p. 570.

Quoique Erkembod eût fuccédé à Ravenger depuis un an dans l'évêché de Térouanne, il ne laiſſa pas de conferver fon monaſtère de S.ᵗ Bertin auquel il donna, par cette Charte, les fonds de terre qu'il avoit acquis d'un particulier nommé *Rigobert*.

Sans autre date. JURAMENTUM *Gregorio Papæ II ab epiſcopo Bonifacio antea Winfrido præſtitum.*

Ann. Eccl. Fr. Cointii, t. IV, pag. 692.

Cet Acte n'eſt point un ferment de fidélité ou un vœu de pure obéiſſance ; c'eſt une profeſſion de foi faite entre les mains du Souverain Pontife, dans l'égliſe du Vatican, afin de la rendre plus folemnelle. Le Cointe en critique principalement la date, & la juge avancée de quelques années.

1.ᵉʳ MAI.

ANNÉE 724.

PRÆCEPTUM *Theodorici IV Francorum Regis, pro cellâ Leobardinâ.*

Donné à Metz.

Ann. Eccl. Fr. Cointii, t. II, pag. 316.
Dagob. Argen. fond. a Coccio, p. 56, & t. IV, p. 733.
Rec. des Hiſt. de Fr. tome IV, page 703.

Dom Bouquet remarque qu'un copiſte ignorant a interpolé cette Charte dans fa date, en ajoûtant à fes notes chronologiques ces mots, *Anno Dominicæ incarnationis* DCCXXIV, *indictione* III. Il eſt vrai que l'uſage, comme nous l'avons déjà remarqué, de dater les Actes publics de l'année de l'incarnation & de l'indiction, ne s'étant établi que vers le règne de Charlemagne ou même de Louis le Débonnaire, il eſt aiſé de voir que ceux qui portent ces notes avant ce temps, ou font faux ou, au moins interpolés. Mais ce copiſte mérite-t-il tous les reproches que Dom Bouquet lui fait ? Nous penfons que fon calcul n'eſt pas répréhenſible dans tous les points ; nous le blâmons, avec Dom Bouquet, par rapport à l'indiction, parce que rapportant la v.ᵉ année du règne de Thierri à l'an 724, on doit compter indiction VII, & non pas III. Mais nous croyons auſſi, contre le fentiment de ce Savant, que la v.ᵉ année du règne de ce Prince doit revenir à cette année 724, à laquelle le copiſte l'a rapportée. Il s'agit, pour décider cette queſtion, de favoir dans quel mois on commençoit l'année fous le règne de nos Rois des deux premières races. Nous convenons que ce commencement a varié, parce qu'on diſtinguoit deux fortes d'années, l'une Solaire & l'autre Lunaire ; mais il eſt certain que Grégoire de Tours & les autres Hiſtoriens de ce temps commençant l'année le plus fouvent ou à Pâques ou au 25 de mars, on court moins de rifque de fe tromper en fuivant l'uſage le plus conſtant ; ainſi Chilpéric étant mort au mois de décembre de l'année 720, & Thierri lui ayant fuccédé tout auſſi-tôt, on doit rapporter la première année du règne de ce dernier à la même année 720, & par conféquent la v.ᵉ à l'année 724.

Ce Monaſtère, fitué à une lieue de Saverne dans le dioceſe de Straſbourg, s'étoit d'abord appelé du nom de *Leobardus* fon premier fondateur. Il étoit prefque tombé en ruine lorſque *Maurus* en prit le gouvernement : ce dernier le rétablit, & on l'appela dès-lors *Mauri-Monaſterium*, d'où lui vient le nom de *Maurmunſter* qu'il porte encore aujourd'hui. Thierri confirme, par ce Diplome, la donation que Childebert II avoit faite à l'abbé *Leobardus*, d'une étendue confidérable de terrein dépendant du fifc, fitué aux environs du Monaſtère.

Tome I. P ij

ANNÉE 724.

4 MAI.

EPISTOLA *Gregorii II Papæ, ad Bonifacium episcopum Moguntinum, partim gratulatoria quod plerosque paganorum ad Christum perduxisset, partim exhortatoria ut in cœpto verbi ministerio constanter insisteret.*

Ann. Eccl. Fr. Cointii, t. IV, pag. 712.

Cette Lettre & toutes celles du pape Grégoire à Boniface, donnent beaucoup de lumière pour éclaircir l'Histoire ecclésiastique de l'Allemagne.

Grégoire nomme *Hesperie*, la partie occidentale de l'Allemagne dans laquelle Boniface avoit commencé de prêcher.

ANNÉE 725.

3 MARS.

PLACITUM *Theoderici IV Regis, pro Monasterio Sancti Dionysii de villâ Baudrino.*

Histoire de St Denys, par Doublet, page 686.

Dom Bouquet, appuyé du sentiment de Mabillon, attribue cette Charte à Thierri de Chelles, tandis que Doublet & le Cointe la donnent à Thierri III fils de Clovis II. Nous adoptons les raisons qui ont déterminé Dom Bouquet: on les trouve exposées, en peu de mots, dans la note *(b)* de la page 704 de son quatrième volume.

Thierri tint ce plaid à Ponthion, dans lequel Godobald, abbé de St Denys, obtint un jugement contre un particulier nommé *Erment*, héritier de deux autres particuliers nommés *Nordebert* & *Gonthier*. Erment, en cette qualité, réclamoit le village de Bauran, situé sur l'Oise au territoire de Beaumont; Godobald produisit le contrat de vente que Nordebert & Gonthier lui avoient faite de ce lieu; les parties ayant communiqué leurs pièces à Comrodobald Comte du palais, on jugea sur son rapport que l'abbé de St Denys demeureroit propriétaire du village.

Ce lieu de Bauran a été sans doute dans la suite détaché du monastère de St Denys, pour en doter un de filles qui y subsiste encore présentement; il dépend du Paraclet.

9 JUILLET.

DIPLOMA *donationis Caroli Majoris-domûs, filii Pippini, pro ecclesiâ Ultrajectinâ.*

Donné à Héristal.

Ann. Eccl. Fr. Cointii, t. IV, pag. 742.
Miræi Opera Diplom. tom. I, pag. 10.
Rec. des Hist. de Fr. tome IV, page 699.

Les biens que Charles Martel donne, par cette Charte, à l'église d'Utrecht, étoient situés dans un lieu nommé *Marithaime;* c'étoit la terre d'Elst, laquelle avoit été confisquée sur un Seigneur nommé *Eborand*, & que Childebert avoit ensuite donnée à Pépin d'Héristal.

Sans autre date.

TESTAMENTUM *Willibrordi episcopi Ultrajectini.*

Ann. Eccl. Fr. Cointii, t. IV, pag. 743.
Histoire de Lorraine, par Dom Calmet, t. I, pr. col. 726.
Miræi Opera Diplomat. t. I, pag. 11.

Willibrord dispose de tous ses biens en faveur du monastère d'Epternac dont il étoit le fondateur; biens qu'il n'avoit acquis, comme il le dit, que par des donations que lui avoient faites des Francs libres, *(Franci ingenui)* dans le nombre desquels étoient Pépin d'Héristal & Charles Martel. Nous connoissons dans l'état des biens légués *Bucholt*, qui forme aujourd'hui une petite ville près Anvers, le village de *Vogelaire* près la même ville, *Boschot* dans le même canton, *Poppel* entre Herental & Bolduc, *Alphen* à trois milles de Breda, & *Diessen* à un mille d'Hilvaribec. L'abbé de Tongerlo, dans le diocèse de Bolduc, ordre de Prémontré, possède ces trois derniers villages, dont il paye un cens à l'abbé d'Epternac.

ANNÉE 726.

12 JUILLET.

CONFIRMATIO Regis Theoderici IV, de donatione factâ Pirminio abbati pro construendo Monasterio Morbacensi in Alsatia.

Annal. Bened. tom. II, p. 77 & 700. Rec. des Hist. de Fr. tome IV, page 706.

Donné à Gondreville.

Il ne faut pas s'étonner, dit Mabillon, si l'abbé Pirminius mit son Monastère de Morbac sous l'invocation de S.t Léger; la raison est qu'Éberard qui donna le lieu où il fut construit, & des revenus pour en faire vivre les Moines, étoit neveu de ce saint Évêque. Thierri, par cette Charte, permet à Éberard de doter ce Monastère qui a été pendant long-temps du diocése de Strasbourg; il est maintenant de celui de Bâle.

20 OCTOBRE.

CHARTA donationis Rohingi ejusque conjugis Bebelinæ pro ecclesiâ Ultrajectinâ.

Ann. Eccl. Fr. Cointii, t. IV, p. 742. Miræi Opera Diplom. tom. I, pag. 10.

Actum Weimodo villa regia.

Le Cointe a imprimé cette Charte d'après Miray, & comme lui il l'a placée sous l'année 726; comme on la trouve cependant datée de la VI.e année du règne de Thierri de Chelles, il semble qu'il seroit plus exact si on la rapportoit à l'année 725, car ce Prince monta sur le trône dans le même moment que Chilpéric II mourut, ce qui arriva dans le courant de l'année 720.

Rodhingue comte, & Bebeline sa femme, donnent par Acte à Willibrord l'église d'un lieu que l'on appelle aujourd'hui *Borchkerke*, qui étoit situé dans l'ancienne ville d'Anvers; cette église avoit été fondée par S.t Amand, & étoit venue par je ne sais quelle voie dans le patrimoine du comte Rodhingue; il ajoûte à cette donation la confirmation d'une donation qu'il avoit précédemment faite à cette même église d'un alleu nommé *Boorn* situé aux environs d'Anvers, avec toutes ses dépendances; cette derniére donation fut faite pour l'entretien du luminaire de l'église de Borchkerke, & pour fournir l'encens que l'on y brûloit.

Sans autre date.

CHARTA altera Rohingi ejusque uxoris Bebelinæ pro eâdem ecclesiâ Ultrajectinâ.

Ann. Eccl. Fr. Cointii, t. IV, pag. 742.

Le Cointe n'a imprimé qu'un fragment de cette Charte, sans date, sans souscription, & il nous assure qu'elle se trouve dans cet état dans le Cartulaire de l'abbaye d'Epternac. On lit dans ce fragment que le comte Rodhingue & Bebeline sa femme, dont il est parlé dans l'acte précédent, firent à l'évêque d'Utrecht une nouvelle donation d'une métairie située aux environs d'Anvers, dans le petit pays de *Ryen*, échûe à Rodhingue de la succession de son père, & la moitié d'une autre avec partie de toutes ses dépendances, située également dans le voisinage d'Anvers, en un lieu nommé *Viinechem*, cette derniére provenant de la succession de sa mère.

ANNÉE 727.

13 MAI.

PRIVILEGIUM Monasterio Murbacensi concessum a Widegerno Argentoratensi Episcopo.

Annal. Bened. tom. II, p. 70 & 12.

Donné à Strasbourg.

Cette Charte mérite tout-à-fait de fixer l'attention, autant par sa forme que par les choses qu'elle contient; l'Évêque de Strasbourg, contre l'usage de ce temps, renonce à tous les droits de sa jurisdiction sur le monastère de Morbac, se désistant non seulement de la part qu'il devoit avoir dans l'élection de l'Abbé, mais même acquiesçant dès ce moment au choix qu'il plairoit aux Moines de faire d'un Évêque pour benir les autels du Monastère, conférer les Ordres aux Moines, & y consacrer les saintes Huiles; la forme n'est pas moins singulière, car l'Évêque exigea que les Chanoines de sa cathédrale & les principaux habitans de la ville la souscrivissent. Ce Prélat imaginoit-il n'avoir que le simple exercice des droits que l'on regarde aujourd'hui comme faisant essentiellement partie de la jurisdiction épiscopale, duquel exercice il ne pouvoit se départir que du consentement des autres Ecclésiastiques & des Laïcs de sa communion, à la société desquels ces mêmes droits auroient en quelque sorte appartenu!

Sans autre date.

ANNÉE 727.

CHARTA Eberhardi comitis pro dotatione Monasterii Morbacensis.

Annal. Bened. tom. I, p. 792.

Fait à Remiremont.

Le lieu où ce monastère fut bâti s'appeloit *Vivarium peregrinorum*, il a pris depuis le nom de la petite rivière de Morbac ou Murbac sur laquelle il est situé.

Le Comte Eberard, du consentement d'Émeltrude sa femme & du Duc Leuthfrede son frère, donne au monastère qu'il a bâti sur son terrein, la plus grande partie de ses biens situés dans l'Alsace; Dieu lui ayant retiré depuis peu son fils, ce Seigneur dit qu'il reçoit cette affliction comme une peine de ses fautes; cette même piété le porte à faire l'Église de Jésus-Christ héritière de ses biens, c'est pourquoi il institue l'Abbé Romain & les Moines qu'il gouvernoit dans le monastère de Murbac ses légataires universels. On trouve dans cette Charte, le nom des villages & des métairies qui font l'objet de cette riche dot.

Sans autre date.

ANNÉE 730.

DECRETUM Theodorici IV Franciæ Regis & Caroli Martelli Majoris-domûs, de rebus Ecclesiasticis in necessitates publicas erogandis.

Constitutiones Imp. à Goldasto, t. III, p. 648.

Ce Decret porte, que de l'avis des Évêques & des Grands de la nation, il a été ordonné qu'aux desirs du peuple il seroit desormais permis aux gens d'église de démembrer une portion de leurs biens ecclésiastiques & de les aliéner ; à la charge par les laïcs auxquels ils seroient donnés, d'entretenir les lieux, & de payer annuellement à l'église de laquelle ils seroient détachés, les dîmes & un cens, afin qu'il restât mémoire que ces biens avoient été de son patrimoine.

CHARTE, par laquelle Thierri IV confirme la donation faite à l'abbaye de St. Germain-des-Prés, par un particulier nommé Gautier.

Histoire de l'abbaye de St. Germain-des-Prés, pr. p. 8.

Gautier & Gode sa femme avoient fondé un Monastère de filles, situé en Berry sur la Creuse vers Argenton, & l'avoient richement doté. L'un & l'autre le soûmirent, tant pour le spirituel que pour le temporel, à l'abbé de St. Vincent, lui donnant le droit d'en nommer les Abbesses après le décès de Gode, supposant qu'elle s'en fît nommer Abbesse si elle survivoit Gautier son mari. Le lieu d'Argenton, qui forme aujourd'hui une ville assez considérable & dans laquelle il y a un Prieuré de l'Ordre de St. Benoît, fit partie de la dot de ce Monastère. Toutes ces dispositions sont rapportées & confirmées dans la Charte de Thierri.

Nous adoptons le sentiment de l'Auteur de l'Histoire de l'abbaye de St. Germain & sa Critique, & nous pensons comme lui, que Mabillon s'est trompé en attribuant cette Charte à Thierri I. (*Annal. Bened. tom. I, pag. 542*).

1.ᵉʳ AVRIL.

ANNÉE 732.

TESTAMENTUM Adelæ filiæ Dagoberti Regis, pro Monasterio suo Palatiolum dicto.

Annal. Eccl. Franc. Cointii, t. IV, p. 790. Histoire de Lorraine, par Dom Calmet, tome IV, des pr. col. 272. Hist. de Luxembourg, par Bertholet, t. II, pr. p. 25, col. 1. Acta SS. Bened. sæcul. III, pr. I, p. 532.

Ce Monastère fondé vers l'an 620 par Madoalde évêque de Trèves, s'appela *Palatiole* ou *Palz*, parce qu'il fut bâti sur les ruines d'un vieux château, situé au bord de la Moselle. Le lieu même, nommé dans cette Charte *Palatiole*, avoit appartenu au fisc, & avoit fait partie de la dot d'Adele fille de Dagobert II roi d'Austrasie ; car cette Princesse le lègue à ce monastère dont elle étoit Abbesse, avec toutes ses dépendances.

ceci est une nouvelle preuve que la loi des apanages n'étoit point établie sous cette première race, & que les filles de Rois disposoient à leur gré des biens détachés du domaine royal qui avoient formé leur dot.

Ce Monastère est aujourd'hui occupé par des Chanoines séculiers & forme une Collégiale.

ANNÉE 734.

5. MAI.

PRÆCARIUM factum a Theutsindo abbate Fontanellensi bonorum hujus Monasterii in gratiam Ratharii comitis.

<small>Ann. Eccl. Fr. t. IV, p. 853. Ex Chronol. Font. a Dacher. edit. tom. II, p. 272.</small>

Le Chronographe de S.t Vandrille déplore l'état misérable dans lequel l'abbé Teutsinde mit ce Monastère par sa mauvaise administration; « Ce tyran, dit-il, au lieu de maintenir ce Monastère dans sa première splendeur, en occasionna la ruine en réduisant les Moines à un très-petit nombre, au lieu de trois cens qu'ils étoient. Non seulement il ne défendit point les droits de cette Abbaye contre les hommes avares qui envahirent ses biens, mais lui-même en aliéna les plus considérables; le détail en seroit trop long, il me suffit, continue l'Écrivain, d'exposer *le Bail emphytéotique* que Teutsinde fit à un certain comte nommé *Rathier*, de plusieurs terres de grands revenus, pour une redevance modique ». Cette Charte est le bail dont il s'agit.

Sans aucune date.

CHARTA donationis Goylanæ pro Monasterio sancti Benigni Divionensis.

<small>Ann. Eccl. Fr. Cointii, p. 835. Rec. de Pérard, page 8.</small>

Mabillon *(Annal. Bened.)* qui a adopté le sentiment de le Cointe, dispute avec Pérard sur la date de cette Charte. Ce dernier soûtient qu'elle a été donnée dans la XIV.e année du règne de Thierri III fils de Clovis le jeune, & il la place, par cette raison, sous l'année 679. Mabillon, au contraire, soûtient qu'elle est de la XIV.e année du règne de Thierri de Chelles. (peut-être par cette raison faudroit-il la placer à l'année 733) Mabillon ajoûte aux raisons de le Cointe, que Pérard a mal lu le nom de l'Abbé qui a souscrit cette pièce, & qu'au lieu de *Godinus,* comme le nomme le Chronographe de ce Monastère, il a lu *Goinus.* Au reste Goyliane, cette pieuse dame, lègue à S.t Benigne plusieurs héritages, dont on trouve les noms dans la Charte, situés dans le canton de Bèze. *(Voyez à l'année 679).*

ANNÉE 735.

30 AVRIL.

CHARTA quâ Ermenoara dat Sancto Benigno Ruffiacum villam.

<small>Rec. de Pérard, page 9.</small>

S'il est vrai que cette Charte soit d'un temps postérieur à la mort de Thierri de Chelles, comme le portent ses notes chronologiques, Pérard fait une faute considérable de la dater de l'année 735, puisque ce Prince mourut au mois d'avril de l'année 737. Ainsi ces mots *defuncto domno Theodorico & electo Karolo Majore-domûs,* semblant annoncer la tranquillité du gouvernement de Charles Martel dans l'interrègne, nous croyons que cette Charte est du mois d'avril de l'année qui suivit celle de la mort de Thierri, par conséquent de l'année 738.

Quoique ce sentiment soit différent de celui de Mabillon, *(Annal. Bened. tom. II, pag. 103, n.º 39)* nous ne prétendons pas le donner comme meilleur que celui de ce Savant. Nous laissons au lecteur la liberté de choisir entre les deux. Mabillon soûtient que la date de cette Charte du mois d'avril après la mort de Thierri, est une preuve que cet événement est arrivé avant ce même mois, mais que l'un & l'autre sont de la même année; il dit de plus, que ces mots, *electo Karolo Majore-domûs,* annoncent que la nation des Francs, tant d'Austrasie que de Neustrie, proclama Roi Charles Martel, qui affecta cependant de ne jamais prendre ce titre pompeux.

Tous les événemens de ce temps nous représentent bien sous une autre face, la conduite que Charles Martel tint à la mort du Roi Thierri. Qui peut douter que l'objet des vûes de ce Maire du Palais, ne fût de s'assurer par la possession du Trône, celle de l'autorité qu'il avoit usurpée, si les circonstances en eussent été favorables! il n'auroit pu sans doute s'en présenter de plus heureuses que le vœu & les cris de la nation; mais cette nation opprimée depuis long-temps à cause de la foiblesse de ses Rois, étoit néanmoins inviolablement attachée au serment qui la lioit à ses Princes légitimes; effrayée de la puissance de Charles Martel, & redoutant pour elle-même le succès de ses conquêtes au delà du Rhin & sur les Sarrasins, elle n'osa réclamer contre les moyens

NOTICE

qu'il proposa pour rétablir l'ordre & la tranquillité dans les provinces; ce moyen fut sans doute de lui donner la régence du Royaume, jusqu'à ce que le fils de Chilperic II, l'unique héritier du Trône qui restoit, eût atteint un âge assez avancé pour prendre les rênes du gouvernement. On applaudit, & voilà tout ce que signifie le mot *electus*.

5 MAI. ANNÉE 739.

TESTAMENTUM Abbonis Patricii pro fundatione & dotatione Monasterii Novaliciensis in valle Segusianâ.

Gall. Christ. sec. edit. tom. I, col. 457.
Annal. Bened. t. II, p. 109.
Vita SS. Ben. saeculo III, ad hunc annum a Mabill.

Telles sont les notes chronologiques que porte cette pièce, *sub die tertio nonas maias, anno vicesimo primo, gubernante industrissimo nostro Karolo regna Francorum, indictione septima*. Mabillon a critiqué avec succès le Cointe, qui place cette Charte sous le règne de Charlemagne; (*Lisez les Dissertations de ce savant Bénédictin, dans les deux endroits cités à la marge de ses Annales bénédictines, & dans le recueil de la vie des Saints de son Ordre*).

Il reste pour constant que le Patrice Ebbon fonda l'an 739, sous la régence de Charles Martel, un Monastère dans un village du Piémont, nommé *Novalèze*, situé au pied des Alpes & du mont Cénis, sur la grande route de Turin à Chambéry. Ce Monastère donné d'abord aux moines de St. Benoît, est présentement occupé par des Feuillans. Nous sommes redevables aux savantes recherches de M. Lancelot, de la découverte de presque tous les noms des lieux où étoient situés les biens dont Ebbon dota ce Monastère. On en trouve dans le marquisat de Suze, dans le pays de Morienne, dans le Lyonnois, le Mâconnois, le Viennois, le Graisivaudan, dans le comté d'Arles, dans les diocèses de Vence, de Digne, de Marseille, de Toulon, d'Apt, de Riez & de Tarentaise. (*Voyez la Notice de M. Lancelot que l'on a placée dans le livre de la Diplomatique du Père Mabillon, à la page 647*).

Sans autre date. ANNÉE 740.

EPISTOLA Gregorii Papæ III ad Carolum Martellum Majorem-domûs Regiæ Francorum, pro suscipiendâ sanctæ Romanæ ecclesiæ deffensione contra Reges Longobardorum.

EPISTOLA Gregorii Papæ III ad Carolum Martellum Majorem-domûs Regiæ Francorum, pro deffendendâ Romanâ ecclesiâ adversus Longobardorum Reges.

Conc. Antiq. Gall. a Sirmondo, t. I, pag. 525 & 527.
Epist. Pontif. Roman. a Gretsero, p. 13 & 16.
Origine de la Maison de Fr. par du Bouchet, pr. p. 78, 80.
Rec. des Hist. de Fr. t. IV, p. 92 & 93.
Hist. des rév. de France, par la Hode, p. 47.
Baronii Ann. t. IX, p. 126.
Hist. de Fr. par Daniel, t. I, p. 485.
Histoire de l'église Gall. t. IV, page 269.

Le père Sirmond place ces deux Lettres sous l'année 739, & Dom Bouquet les met sous l'année 741. Il est évident que ce premier s'est trompé; car la cause principale pour laquelle Grégoire écrivit la première lettre, n'étoit pas arrivée en 739. Nous ne croyons pas non plus le calcul de Dom Bouquet juste, parce qu'il ne paroît pas possible que depuis le commencement de 741, jusqu'au mois d'octobre de cette même année, dans lequel moururent le Pape & Charles Martel, il y ait eu un temps suffisant pour plusieurs événemens qui auroient dû arriver nécessairement dans l'intervalle. En effet, la guerre que Luitprand roi des Lombards fit aux ducs de Spolette & de Benevent ne commença que vers l'an 740. Ces deux Princes trop foibles pour faire face à Luitprand, se réfugièrent à Rome & se mirent sous la protection du Pape. Luitprand les demanda au Pape, & sur le refus que ce Pontife fit de les livrer, Luitprand confisqua le patrimoine de St. Pierre dans le territoire de Ravenne, & ravagea les terres du Pape aux environs de Rome. Dans cette fâcheuse circonstance, Grégoire écrivit successivement ces deux lettres à Charles Martel, afin de l'engager à prendre sa défense. Mais Charles Martel qui avoit des traités avec les Lombards, qu'il étoit de ses intérêts de ne point rompre, parut peu sensible à ceux de l'église de Rome; le Pape alors, suivant le témoignage de tous les Historiens, voyant que les motifs de piété ne touchoient nullement le duc des François, intéressa sa politique en flattant son ambition par des Ambassadeurs qu'il lui envoya, chargés de sa part & de celle des Romains de lui offrir de se soûmettre à sa domination, & de le reconnoître pour Consul & Patrice s'il vouloit les défendre; Charles Martel reçut favorablement ces propositions; mais sa mort & celle du Pape, qui arriva peu après, déconcerta tous ces projets.

ANNÉE 741.

ANNÉE 741.

17 SEPTEMBRE.

CHARTA *donationis Caroli Majoris-domûs, filii Pippini, pro Monasterio sancti Dionysii, cui concedit villam Clippiacum.*

Donné à Kiersy.

Rec. des Hist. de Fr. tome IV, page 707.
Hist. de Saint Denys, par Doublet, p. 690.
Ann. Eccl. Fr. Cointii, tom. V, pag. 46.
Hist. de l'Abbaye de Saint Denys, par Félibien, pr. p. 22.

Il y avoit dans les environs de Paris deux endroits nommés *Clichy*, tous les deux étoient du Domaine royal ; le premier surnommé le haut Clichy, *Clippiacum superius* étoit situé près la forêt de Livry ; Dagobert avoit donné celui-ci au monastère de St Denys, dès l'an 635. *(Gesta. Dagob. n.° 37, dans Dom Bouquet, tome II, page 589)* L'autre s'appeloit Clichy-le-vieux, *Clippiacum vetus*, ou Clichy-la-Garenne ; on ne sait pas précisément ce qui lui avoit fait donner ce surnom. Tous nos Rois de la première race faisoient quelque séjour dans le Palais qu'ils avoient dans ce dernier ; ils y ont tenu des assemblées dans différens temps, Dagobert y célébra ses noces avec Gomatrude son épouse, de même qu'avec Nantechilde sa seconde femme ; Clichy ne cessa d'appartenir au Roi, que par l'usurpation de Charles Martel. Ce Maire du palais s'en désaisit au lit de la mort, & le donna, par cette Charte, au monastère de St Denys, avec les terres, les prés, les bois, les vignes, les meubles & les serfs de l'un & de l'autre sexe qui en dépendoient ; Charles Martel mourut à Kiersy le 22 octobre de cette année, âgé d'environ cinquante ans.

ANNÉE 742.

21 AVRIL.

RECESSUS *comitiorum Ratisponensium a Carlomanno Francorum Principe celebratorum, pro reformatione Religionis.*

Constit. Imp. a Goldasto, t. I, p. 15, & t. III, p. 117.
Epistolæ sancti Bonifacii, pag. 110.
Capitul. Reg. Fr. a Baluzio, t. I, col. 145.
Preuves des libertés de l'église Gallicane, IIe partie, p. 4.

Goldaste a imprimé deux exemplaires de ce Capitulaire ; le premier contient douze articles, on le trouve dans le premier tome de ses Constitutions impériales, *page 15*. Le second n'en contient que sept ; celui-ci est placé dans le troisième tome de ce même livre, *page 117*. L'un & l'autre traitent des mêmes choses, & si le second contient moins d'articles que le premier, c'est que dans celui-ci les objets sont plus divisés : plusieurs se trouvent, au contraire, réunis dans le même article dans le second exemplaire.

Ce Capitulaire fut le résumé des délibérations d'une assemblée des Évêques & des Grands de la nation Austrasienne, tenue à Ratisbonne. Carloman, dont l'autorité étoit déja affermie dans cette partie de la Monarchie françoise, le publia en son nom sous le titre de Duc & Prince des François ; l'objet principal que Carloman s'étoit proposé en convoquant cette espèce de Concile, étoit de réformer les abus que la licence des longues guerres avoit causés, sur-tout dans le Clergé ; *J'ai fait assembler*, dit Carloman, parlant en Souverain, *les Grands de ma Cour & les Évêques, afin qu'ils me donnassent des conseils pour rétablir la loi de Dieu & la discipline ecclésiastique dont on a violé toutes les règles sous les règnes précédens, & afin d'empêcher que le Peuple chrétien conduit par de faux Pasteurs ne s'égare*. Telles furent les décisions de cette assemblée sur les principaux objets ; que les évêques de la Germanie s'assembleroient tous les ans ; que l'on rendroit à chaque église les biens qui lui appartenoient ; que les Clercs & les Moines n'iroient plus desormais ni à la chasse ni à la guerre, qu'il leur étoit en conséquence défendu de porter des armes ; cependant de peur que les Soldats fussent privés des Sacremens, que le Prince allant à la guerre auroit dans son armée un ou deux Évêques, & que chaque Colonel auroit un Prêtre dans son régiment ; que les Prêtres ou les Diacres qui seroient convaincus d'adultère ou d'avoir séduit des filles, seroient déposés ; que les Évêques & les Magistrats veilleroient, avec une attention égale, à abolir toutes les pratiques qui entretenoient dans l'esprit du Peuple le souvenir du paganisme, &c.

Tome I.   Q

NOTICE

JUILLET,
sans quantième.

ANNÉE 742.

TESTAMENTUM *Manigundis Longobardæ pro erectione puellaris Monasterii Cairatensis in Galliâ Cisalpina.*

Annal. Bened. t. II, p. 704.

Mabillon remarque qu'il a imprimé une autre Charte de cette même Manigonde, dans laquelle elle prend le titre de Reine ; comme elle étoit Lombarde de nation, peut-être étoit-elle fille ou petite-fille de quelque Prince descendant du fameux Alboin roi de ces Barbares, qui le premier quitta la Pannonie vers l'an 569, pour venir fondre sur l'Italie & y fonder un nouveau Royaume. *(ex Marii Aventic. chron.)* Quelle que fut enfin cette Manigonde, elle bâtit sous la XX.ᵉ année du règne de Luitprand un monastère de Religieuses à Cairati dans le Milanois, sur la rivière d'Olona, & le dota du lieu même de Cairati avec toutes ses dépendances. La fondatrice dit dans cet Acte, que son Monastère sera à perpétuité sous la garde & jurisdiction de l'évêque de Pavie, auquel l'Abbesse donnera tous les ans à la fête de Noël deux chandelles de la valeur de quatorze deniers, avec une certaine quantité de vin, & du pain dont le poids est déterminé ; sous cette condition néanmoins que s'il arrivoit que ce Prélat voulût exiger du Monastère un honoraire plus considérable que celui fixé par la Charte, l'Abbesse pourroit dans ce cas se soustraire à sa jurisdiction, & se mettre sous celle de l'évêque de Milan, auquel elle seroit tenue de payer le même honoraire, & si enfin ce dernier montroit la même avidité que l'évêque de Pavie, Manigonde laisse à l'Abbesse la liberté de se mettre sous la jurisdiction de l'Évêque qu'elle jugera à propos de choisir, avec la clause expresse de s'en tenir à l'honoraire tel qu'elle l'a fixé.

1.ᵉʳ
MARS.

ANNÉE 743.

DECRETA *comitiorum Liptinensium a Carolomanno Francorum Principe celebratorum pro conservatione Religionis christianæ.*

Concil. Antiq. Galliæ a Sirmondo, tom. I, p. 540.
Hist. Eccles. Rem. a Marlot, tom. I, p. 291.
Constit. Imp. a Goldasto, t. III, pag. 118.
Annales de Belleforêt, t. I, p. 133, recto.
Capit. Reg. Fr. a Baluzio, t. I. p. 149.

Carloman convoqua à Lestines près Binchs en Hainault cette assemblée, dans laquelle on confirma tous les articles arrêtés dans celle de Ratisbonne de l'année précédente, sans rien ajoûter aux Décrets concernant la discipline ecclésiastique. On se contenta de faire quelques nouveaux règlemens par rapport aux biens dépendans des églises ; on en avoit beaucoup pris aux Cathédrales & aux Abbayes pour subvenir aux frais de la guerre, & afin de les dédommager, Carloman ordonne que les détenteurs actuels de ces biens rendront annuellement un sol valant douze deniers, par chaque métairie à la Cathédrale ou à l'Abbaye à qui elles appartiennent ; il veut qu'à la mort du détenteur, l'église rentre en possession de son héritage, pourvû toutefois que les nécessités de l'État ne subsistent plus, se réservant d'annuller ou de proroger ces espèces d'aliénations, & même d'en créer de nouvelles si les circonstances l'exigent ; ordonnant néanmoins que dans cette conjoncture ses Officiers se gardent bien de réduire à une trop grande indigence les Ministres des autels.

Cette dernière disposition est fort sage, car il est évident que l'intention du Prince étoit que l'on ne prît aux églises que le superflu ; sans doute les Ecclésiastiques pensoient dès ce temps que le vœu de servir les Autels ne dispensoit pas ceux qui y étoient attachés des devoirs de citoyen ; comme ils savoient que le Prince se réservoit toûjours une sorte de propriété des biens qu'il permettoit que l'on retirât du commerce, pour les consacrer au culte de la Religion & à l'entretien de ses Ministres, ils ne réclamoient point contre les prétentions du Souverain, chaque fois que les besoins de l'État exigeoient qu'il les fît valoir.

10
MARS.

ANNÉE 744.

CAPITULARE *Childerici II & Pippini Majoris-domûs in comitiis Suessionum.*

Conc. Antiq. Gall. a Sirmondo, t. I, p. 543.
Capitul. Reg. Fr. a Baluzio, t. I, col. 155.
Preuves des libertés de l'Eglise Gallicane, sec. partie, p. 4.
Constit. Imp. a Goldasto, t. III, p. 649.
États généraux, par Savaron, p. 150.

Pépin, à l'exemple de Carloman son frère, pensa qu'il devoit montrer beaucoup de zèle pour la Religion, afin de se concilier le suffrage des François. Dans cette vûe ce Prince ne traita, pour ainsi dire, que des affaires ecclésiastiques, dans l'assemblée de Mars qu'il convoqua cette année à Soissons. On y arrêta dix articles qui forment le Capitulaire qu'il publia. Le premier article ordonne le rétablissement de la discipline ; dans le second se trouve la condamnation d'un évêque régionnaire nommé *Adalbert*, convaincu d'hérésie ; afin d'augmenter le nombre des Auditeurs, lorsqu'il dogmatisoit dans les champs & dans les prairies, il y plantoit des croix ; sa principale erreur étoit d'enseigner que l'on pouvoit sans péché commettre des adultères, & se livrer à la fornication toutes les fois que l'on en trouvoit l'occasion : dans le troisième article on approuve l'ordination de deux Archevêques, c'est la première fois que l'on donne ce nom aux Métropolitains ; les autres articles concernent la correction des mœurs.

Le Cointe porte mal-à-propos à l'année suivante la célébration de ce Concile.

ANNÉE 744.

23 AVRIL.

CHARTA *Childerici III pro abbatiâ de Sithiu*.

Donné à Crecy en Ponthieu.

Miræi Opera Diplom. t. II, pag. 929.

Waimar abbé de St Bertin, obtint de Childéric ce Diplome portant confirmation de celui du roi Thierri, par lequel ce Prince exemptoit ce Monastère de la jurisdiction des Officiers royaux, & l'affranchissoit de tous droits, même pour les biens qu'il tenoit du Fisc.

22 JUIN.

EPISTOLA *Zachariæ Papæ ad Bonifacium archiepiscopum de duobus Pseudoprophetis in Franciâ deprehensis.*

Concil. Antiq. Galliæ a Sirmondo, tom. I, pag. 546.

Boniface, en sa qualité de Légat dans les Gaules, avoit présidé au concile de Soissons. Après qu'il fut célébré, Boniface en envoya les actes au pape Zacharie qui ratifia par cette Lettre tout ce que l'on y avoit décidé. Les deux faux Prophètes, dont il approuve le Jugement, étoient l'évêque Adalbert, & un prêtre Écossois nommé *Clément*, qui enseignoit les mêmes erreurs que cet Évêque. (*Voyez ci-dessus du 10 mars de cette même année*).

JUILLET, sans quantième.

DIPLOME *de Childéric III, pour les immunités des Monastères de Stavelot & de Malmédy.*

Hist. de Luxembourg, par Bertholet, t. II, pr. p. 36, col. 1.

Anglinus abbé de ces deux Monastères, présenta au Roi les privilèges d'exemption de toute jurisdiction ecclésiastique & séculière que les Rois avoient précédemment accordés en faveur de ces Monastères, & il en obtint la confirmation. Childéric en ajoûta de nouveaux, celui d'élire un Abbé parmi les Moines des deux Monastères, & d'aliéner les biens qui avoient été détachés du Domaine royal, pour doter ces Monastères si le bien & l'arrangement de leurs affaires l'exigeoient.

5 NOVEMBRE.

EPISTOLA *Zachariæ Papæ ad Bonifacium episcopum Moguntiensem, cui suas vices non in Bajoaria solum, sed per Galliam omnem delegat.*

Concil. Antiq. Gall. a Sirmondo, t. I, p. 547.

Zacharie ne borne pas la légation de Boniface à la Bavière & aux autres cantons de l'Allemagne où il avoit été envoyé par le Saint Siége pour annoncer l'Évangile, il étend encore sa primatie sur toutes les Gaules. *Sed etiam omnem Galliarum provinciam . . . . nostra vice . . . . si repereris contra christianam sentire Religionem, vel Canonum instituta . . . studeas reformare.* Comme nous ne voyons point que les évêques d'Arles ou de Vienne aient réclamé contre la légation de Boniface, dont le Pape Zacharie étendit les droits plus loin que n'avoient fait ses prédécesseurs par rapport à ces autres Métropolitains ; nous tirons, du silence de ces Prélats, une nouvelle preuve que cette dignité étoit d'un côté attachée à la personne, & non au siége, & que d'un autre côté les Papes étendoient, à leur gré, plus ou moins ces droits.

Tome I.   Q ij

ANNÉE 744.

CAPITULARE Childerici III, de diversis capitibus ad regimen regni pertinentibus.

Capitul. Reg. Fr. a Baluzio, tom. I, col. 151.

Baluze n'indique point le lieu où se tint cette assemblée, il ne décide pas non plus d'une manière bien positive que ce fut dans cette année.

On y publia ce Capitulaire qui contient vingt-huit articles. Nous ne rendons compte que des plus intéressans. Il est ordonné par le second article que l'on fera des prières pour les Morts pendant trente jours, à compter de celui de leur décès; & il est défendu d'enterrer deux cadavres dans la même fosse. Le quatrième défend aux Clercs de friser leurs cheveux. Le sixième défend aux Laïcs l'entrée du Sanctuaire des églises; il n'est pas permis par le onzième aux Clercs d'instituer pour leurs légataires, autres que les églises auxquelles ils sont attachés. Les affranchis de l'un & l'autre sexe ne pourront desormais, par le quinzième, ester en Justice. Le dix-huitième porte que dans les jugemens il y aura quatre personnes, *accusator, defensor, testis & judex*. Le vingtième condamne les faux monnoyeurs à avoir une main coupée. Le vingt-troisième ordonne la sanctification du dimanche, & condamne celui qui dans ce saint jour attelera deux bœufs, de perdre celui qui tient la droite du joug.

ANNÉE 745.

30 MAI.

TESTAMENTUM posterius venerabilis Vidradi abbatis Flaviniacensis.

Acta SS. Bened. sæcul. III, part. 1, p. 688. Histoire de Bourgogne, par Dom Plancher, pr. tom. I, p. 4.

Fait à Autun.

Waré ne fut point abbé de Flavigni; dans le temps même qu'il fonda ce Monastère, il en donna le gouvernement à un certain Magoald qui le tenoit encore en cette année. Ce n'est pas que Waré ne fût abbé; au lieu de n'avoir le gouvernement que d'un Monastère, il retint jusqu'à sa mort celui de trois autres qu'il avoit fondés comme celui-ci, desquels nous avons parlé en rendant compte de son premier testament à l'année 721.

Waré ne fait, par ce second testament, de legs qu'au seul monastère de Flavigny, auquel il donne *ipsum castrum Flaviniacum cum agro Bornacense; similiter curtem quæ vocatur Cadoniacus*, dont Thierri III avoit fait don à Corban son père; *& Gissiacum; aliam curtem quæ vocatur Darciacus, Anciacum & Agoniacum vel Pruiniacum & Luguniacum. Similiter in pago Ternodrense curtem quæ vocatur Blaciacus & Marcœmania. In pago Duismense, Andrate, Montecellis. In pago Avalinse, Cassaniola, Cappas, vel Degantiaco & Cassiaco, cum ipso Oratorio & Palatiolo, seu Govilis & Prumanis, vel Antonem, Angleias, Balderias. In pago Belnisse, Sinevineas & Matronecum. In pago Athoariorum, Flexo & Blandoneco. In pago Amaverum, Macerias & Fraxino, seu Cariniaco & Cassellas, & in Gransone vel salinas portionem suam. Cum domibus, edificiis, Mancipiis, &c.* En ce temps Pépin régnoit sous le nom de Childéric; mais il paroît que malgré l'anéantissement de l'autorité du Roi, & l'immense crédit de ce Maire du palais, on flottoit encore dans l'incertitude de la perte de l'un, & du succès de l'entreprise de l'autre; Waré, dans ce doute, ne s'adresse ni à Childéric ni à Pépin pour l'exécution des dispositions de son testament, il en demande simplement la confirmation *à celui qu'il plaira à Dieu de choisir pour monter sur le trône de Bourgogne*.

EDICTUM Carolomanni & Pippini, quo Moguntinum Pontificem depositum declarant.

Constit. Imp. a Goldasto, t. I, pag. 15.

Pépin rempli d'ambition formoit les plus grands desseins; ce Prince prévoyoit par cette raison plus que Carloman son frère, dont le génie étoit borné, & qui ne se sentoit de goût que pour une vie privée, combien il leur étoit important de s'attacher Boniface, autant accrédité à la cour de Rome que parmi les évêques de France. Boniface n'avoit point encore eu de siége, quoiqu'il fût évêque depuis long temps; mais Pépin voulant se le rendre favorable, fit assembler un Concile en Austrasie, & lui donna la commission de poursuivre la déposition de l'archevêque de Mayence. Sous prétexte que ce Prélat avoit commis un homicide, & qu'au mépris des Canons il alloit à la chasse avec des chiens & des oiseaux ; Boniface parla avec tant de force dans ce Concile contre les excès de l'archevêque de Mayence, que les Évêques, d'une voix unanime, prononcèrent sa déposition. Pépin & Carloman ordonnèrent par ce Decret l'exécution de ce jugement, & Boniface tarda peu à se voir titulaire de ce siége auquel on transféra de celui de Worms la dignité de Métropolitain. Dès-lors l'archevêque de Mayence eut pour suffragans les évêques d'Utrecht, de Cologne, de Tongres (depuis Liége,) de Worms, de Spire, de Strasbourg, de Constance, de Coire, d'Ausbourg, & plusieurs autres de la Bavière & de la Hesse.

Année 746.

7 Avril.

CHARTA quâ Robertus Hasbaniæ comes, Lamberti filius, quinque villas Donck, Halen, Schaffen, Velpen & Meerhout, donat monasterio Benedictino sancti Trudonis.

Miræi Opera Diplomat. t. I, pag. 493.

L'Auteur de l'Histoire du monastère de Saint-Tron, d'après lequel Aubert Miray a imprimé cette Charte, assure que de son temps on en voyoit encore l'original bien conservé & dans son entier.

Ce Monastère fondé vers l'an 662, par un particulier nommé *Tron*, d'une famille distinguée & possédant de grandes richesses, fut bâti dans un lieu appelé *Villa Sarchinio*, c'est pourquoi on le trouve nommé dans les anciens Actes, *Monasterium Sarchiniense*. Ce lieu est situé dans le pays de Liége, dans le canton de Hasbaye. Depuis cet établissement il s'est formé une ville dans ce lieu, qui est devenue la capitale du canton. Pendant près d'un siècle, ce Monastère fut gouverné par des Prieurs. Grimo, qui reçut de Robert, comte dans ce pays, la donation contenue dans cette Charte, est le premier qui ait pris la qualité d'Abbé.

Le premier des lieux que le comte Robert donne à l'abbaye de Saint-Tron, appelée dès ce temps du nom de son fondateur, est situé au pays de Liége & lui appartient encore aujourd'hui ; le second est présentement une petite ville du Brabant, & le chapitre de Liége nomme à la Cure ; le troisième est dans le diocèse de Malines, il est encore du domaine de S.t Tron ; le quatrième est dans le Brabant, le cinquième est proche du fort Nassau, aussi dans le Brabant.

Charles Martel ayant soupçonné de trahison S.t Eucher évêque d'Orléans, l'exila en 732 au monastère de S.t Tron, Wiric, qui en étoit Abbé en 1169, trouva dans l'église de ce lieu les reliques de ce saint Évêque, & les ossemens du comte Robert avec ceux de la comtesse sa femme, il renferma dans une châsse les uns & les autres.

25 Juillet.

CHARTA quâ Felix presbyter Nanthario abbati Sithivensi cellam transcripsit quam in honorem beatissimæ Mariæ, sancti Michaëlis, sancti Joannis & aliorum sanctorum construxerat in loco dicto Rochashem.

Ann. Eccl. Fr. Cointii, tom. V, pag. 168. De Morinis, a Malbranch. t. I, p. 580.

Fait au Monastère de Saint Bertin.

Le Monastère fondé par le prêtre Félix qu'il soûmet à celui de S.t Bertin, étoit hospitalier ; le lieu de *Rochashem* où il étoit situé, nous est tout-à-fait inconnu ; peut-être est-ce Roxem, bourgade du territoire de l'ancienne ville de *Thorout* dans la Flandre, située au midi d'Ostende, dont elle n'étoit qu'à quatre lieues en allant à Courtrai.

15 Aoust.

CHARTE de Carloman, pour la restitution de Lethernau aux monastères de Stavelot & de Malmédy.

Hist. de Luxembourg, par Bertholet, t. II, pr. p. 37, col. 2.

Donné à Dunville.

La terre de Lethernau avoit été léguée à ces deux Monastères par Pépin père de Charles Martel, après la mort duquel Charles Martel s'étoit mis en possession de la terre ; l'abbé Anglinus la réclama & produisit l'acte qui constatoit cette donation ; après l'avoir examiné & l'ayant trouvé en forme, on jugea dans ce plaid que la donation étoit légitime, & que les Moines seroient maintenus desormais dans la possession & jouissance de la terre.

ANNÉE 746.

DONATION de Carloman aux Monastères de Stavelot & de Malmédy.

Hist. de Luxembourg, par Bertholet, t. II, pr. p. 38, col. 2.

Donné in villa Wafidio.

Carloman, avant sa retraite au mont Cassin, fit beaucoup d'œuvres pieuses ; il donna à ces deux Monastères, *villam nuncupatam Lenione cum omnibus appenditiis suis in pago Conduftrinfe, Caldina, Mefonia, Warfpio & Barfina, nec non & Rhudis, Pranote, Holma & Haift, in Gnoldo manfo, Solania, fimiliter & villam quæ vocatur Wadalino cum omnibus appenditiis, Rudis, Olifma, Serario, Palatiolo & Brabante,* à cette condition néanmoins, que l'abbé Anglinus & son neveu jouiroient, leur vie durant, de l'usufruit de ces biens, qu'ils reconnoîtroient tenir en bénéfice de ces Monastères. Tous ces héritages étoient situés dans le Condrotz, pays de l'évêché de Liége, qui s'étend vers la Meuse entre la ville de Liége & le comté de Namur.

22 MARS.

ANNÉE 747.

CHARTA sancti Bonifacii Moguntini episcopi, de finibus Monafterii Fuldensis.

Franc. Orient. ab Echardo, t. I, pag. 475.

Fait au Monastère de Fulde.

Cette abbaye du diocèse & de la province de Wurtzbourg, présentement l'une des plus fameuses de l'Allemagne, doit sa naissance à S.ᵗ Boniface archevêque de Mayence. Ce Prélat plein de zéle pour la propagation de l'état Monastique forma le dessein de bâtir un Monastère dans le lieu le plus solitaire de la forêt de Bucône vers le Haut-Rhin. Dans cette vûe Boniface chargea le moine *Sturmius*, qu'il appeloit son hermite, de parcourir la forêt peu défrichée alors, & de l'informer du lieu où il pourroit exécuter son dessein. Sturmius après de longues journées arriva enfin près d'un torrent nommé *Grezzibach,* lieu où aucun mortel n'avoit peut-être encore pénétré ; la situation inspiroit une espèce d'horreur ; c'étoit un vallon entouré de ronces & d'épines, couvert de chênes touffus dont le sommet sembloit toucher aux nues, & ne permettoient jamais à la lumière d'y pénétrer ; Sturmius instruisit aussi-tôt Boniface de la découverte. Boniface, sans hésiter, y fit sur l'heure creuser des fondations, & les bâtimens du nouveau Monastère furent poussés avec une si grande promptitude, que l'ouvrage commencé en 743, fut fini en 744. Ce terrein appartenoit à Carloman, Boniface eut peu de peine à l'obtenir de ce Prince ; plusieurs seigneurs d'Auftrafie contribuèrent aussi à cette œuvre de piété par de riches donations, cette Charte en contient une description exacte ; cette solitude ne fut d'abord habitée que par sept ou huit Moines ; au bout d'un siècle le nombre en fut porté à plus de trois cens, & tous les environs tardèrent peu à être défrichés ; le canton tira son nom de la forêt, on l'appela le pays de Buchaw ; la rivière de Fulde qui l'arrosoit donna le sien au Monastère & à la ville qui s'y établit dans la suite. L'Abbé en est Souverain, ainsi que de tout le canton de Buchen, divisé aujourd'hui en treize Bailliages. Ce Prélat, qui est régulier, prend le titre de Prince du Saint Empire. Son territoire est borné au septentrion par la Basse-Hesse, il a au ponent la Haute-Hesse, il confine au midi à la Franconie, & s'étend vers le levant jusqu'au comté de Henneberg.

11 FÉVRIER.

ANNÉE 748.

PIPPINI Majoris-domûs sub Childerico III, placitum quo Manfus apud Marolium situs cœnobio Dionysiano vindicatur.

De re Diplim. a Mab. p. 489.

Donné à Vern proche Lagny-le-Sec.

Il est à remarquer que quoique Pépin eût usurpé l'autorité royale, jusqu'à oser intituler les Chartes & les Diplomes de son nom, ils étoient cependant datés du règne de Childéric.

DES DIPLOMES. 127

Pépin tenant ce plaid, adjugea au monaſtère de S.ᵗ Denys les biens ſitués à Mareuil ſous Marly, qu'une dame nommée *Chriſtienne* réclamoit comme héritière d'un particulier appelé *Witgaud.* Rotgaire, avoué de S.ᵗ Denys, produiſit l'acte de la donation que Witgaud avoit faite de ces biens au Monaſtère; Chriſtienne fut en conſéquence déboutée de ſa demande.

ANNÉE 749.

5 NOVEMBRE.

BULLE *du Pape Zacharie, confirmative des priviléges accordés à l'abbé de S.ᵗ Denys, par Landry évêque de Paris.*

Antiquités de Paris, par Dubreuil, p. 1142.
Hiſtoire de S.ᵗ Denys, par Doublet, page 445.
Antiquités de Paris, par Bonfons & Dubreuil, fol. 96, verſo.

Il doit paroître étonnant que Dom Félibien n'ait point imprimé cette Bulle dans ſa nouvelle Hiſtoire de l'abbaye de S.ᵗ Denys, & qu'il n'ait point non plus parlé du privilége des Fonts baptiſmaux que le pape Zacharie accorda à ce Monaſtère par ce même acte. En conſéquence de ce privilége, dit Doublet, on fit faire une grande cuve de porphyre, qui exiſtoit encore de ſon temps, dans laquelle on venoit, la veille de Pâques & de la Pentecôte, baptiſer les enfans des Rois & des grands Seigneurs. Nous ne trouvons rien dans cette Bulle qui porte à en rejeter l'authenticité.

Sans autre date. **EPISTOLA** *Zachariæ Papæ ad Epiſcopos Franciæ, de concordiâ & pace inter Pippinum & Griphonem conciliandâ, &c.*

Ann. Eccl. Fr. Cointii, t. V, p. 228.
Rec. des Hiſt. de Fr. t. III, p. 673. E.

EPISTOLA *Zachariæ Papæ ad Griphonem fratrem Pippini Majoris-domûs, quâ ipſi commendat Clericos & Monachos qui ſunt in Thuringiâ.*

Conc. Antiq. Galliæ a Sirmondo, tom. I, p. 575.
Origine de la Maiſon de Fr. par Dubouchet, pr. p. 90.

Griphon, comme le diſent tous les Hiſtoriens, étoit le plus jeune des trois fils de Charles Martel, & d'un autre lit que Carloman & Pépin. Sa mère s'appeloit *Sonnichilde*. Ce jeune Prince peu content du partage que Charles Martel avoit fait de ſon vivant entre lui & ſes frères, s'étoit joint incontinent après ſa mort, à Odilon duc de Bavière dans le deſſein de faire la guerre à Carloman & à Pépin; ceux-ci prévinrent les ſuites de cette ligue en ſe ſaiſiſſant du jeune Griphon; ils le renfermèrent dans la foreteresse de Neufchâtel.

Pluſieurs années s'étoient écoulées, & Pépin devenu maître des trois royaumes par la retraite de Carloman, crut qu'il en impoſeroit à Griphon; dans cette idée il lui rendit ſa liberté & le rappela auprès de lui. Mais Griphon peu ſatisfait de vivre dans un état privé, ſe retira bruſquement de la Cour, & s'enfuit dans la Saxe où il avoit ſecrètement formé un parti. Ce fut tandis que dura la guerre que ſe firent ces deux frères, que le pape Zacharie écrivit ces deux Lettres; par la première il exhorte les Évêques à réconcilier Pépin & Griphon, & à engager ce premier d'obliger les moines de Saint Benoît-ſur-Loire de reſtituer à ceux du Mont Caſſin les reliques de S.ᵗ Benoît qu'ils retenoient depuis plus de cent ans. Il exhorte dans la ſeconde Griphon, dans le cas où il plairoit à Dieu de le faire Souverain des États pour leſquels il combattoit, *ut ſi tibi Deus poteſtatem donaverit,* de protéger l'Égliſe & ſes Miniſtres.

On trouve dans pluſieurs Auteurs du IX.ᵉ ſiècle, l'hiſtoire de ce Prince infortuné. Aucuns cependant ne nous ont tranſmis les raiſons que Charles Martel ſon père eut de l'exclure du partage de ſes États, qu'il fit de ſon vivant entre Pépin & Carloman ſes deux autres fils. Cette exhérédation porta Griphon à prendre les armes auſſi-tôt que ſon père fut mort, il s'empara de Laon où il fut aſſiégé, pris & enſuite enfermé, comme nous venons de le dire, dans la tour de Neufchâtel en Ardenne; Eginhard qui raconte l'hiſtoire de ce Prince, dit que Pépin l'ayant chaſſé de la Thuringe & de la Bavière, où il avoit enſuite porté la révolte, le fit priſonnier & le conduiſit dans la Neuſtrie où il lui donna douze Comtés qui formoient un Duché, *Griphonem more Ducum XII comitatibus donavit.* Ces mots ſont bien remarquables, & il faut convenir que nos Auteurs modernes ſont bien peu d'accord ſur leur ſignification. Eginhard raconte le reſte de l'hiſtoire tragique de ce Prince.

Concil. Antiq. Gall. a Sirmondo, t. I, p. 576.

EPISTOLA *Bonifacii archiepiſcopi Moguntini ad Zachariam Papam, de Monaſterio Fuldenſi quod conſtruxerat.*

Miræi Opera Diplomat. t. I, pag. 640.
Franc. Orient. ab Eckardo, t. I, p. 499.

Eckard a imprimé la réponſe du Pape à la ſuite de cette lettre, cet Auteur critique les deux pièces, & soûtient qu'elles sont supposées. Boniface demandoit à Zacharie, par la lettre qu'il lui écrivit, de recevoir sous la protection du Saint Siège le monastère de Fulde qu'il venoit de fonder; à quoi le Pape répond, par un Bref, qu'il reçoit sous sa jurisdiction immédiate le monastère de Fulde, faisant défense expresse à tout Évêque de contrevenir à ce règlement.

ANNÉE 750.

1.er JANVIER.

PRÆCEPTUM *Pippini Majoris-domûs regni, pro Domnolo episcopo Matisconensi.*

Donné à Metz.

Gall. Chr. sec. edit. tom. IV, instr. col. 263. Ann. Eccl. Fr. Cointii, tom. V, pag. 77. Éloges historiques des Rois de France, avec celle des Chanceliers, par le P. Cellier, p. 443. Alliance chronologique, t. II, p. 443.

Quoique Pépin ne prenne dans ce Diplome que la qualité de Maire du palais, il parle cependant en Roi. *Nous croyons,* dit-il, *qu'il est intéressant pour notre gloire, & pour obtenir de Dieu qu'il protége notre royaume, d'accorder des priviléges aux Églises, &c.* En effet, Domnole évêque de Mâcon lui ayant représenté que par la négligence du Garde des archives de son église, la Charte d'exemption des péages & de tous les autres droits que l'on payoit au Domaine, avoit été brûlée, il supplie ce Prince de lui en accorder une nouvelle; Pépin fit expédier celle-ci portant les mêmes priviléges.

17 AOUST.

VINDICATIO *plurium prædiorum Dionysiano cœnobio per Pippinum Majorem-domûs Chilperici.*

Donné à Attigny.

De re Diplom. a Mab. p. 489. Annal. Eccl. Franc. Cointii, t. V, p. 255. Rec. des Hist. de Fr. tome IV, page 715.

Ce plaid se tint à Attigny, les fonds de terre avec la chapelle de la Croix à la restitution desquels l'abbé de Maroilles fut condamné envers le monastère de S.t Denys, étoient situés dans le Hainault, & avoient anciennement appartenus au fisc : ils étoient des dépendances du fief de Solême.

Dom Bouquet place cette pièce sous l'année 749, il n'a point suivi Mabillon d'après lequel il l'a imprimée, ce dernier la rapporte à l'année 750.

27 SEPTEMBRE.

CHARTA *fundationis Monasterii de Arnulfi-Auga ab Heddone episcopo Argentino.*

Gallia Christ. sec. edit. tom. V, instr. col. 458.

Saint Pyrmin marqué dans le martyrologe Romain pour avoir été chorévêque de Trèves, fut aussi le fondateur de ce Monastère. On l'appela dans les premiers temps *Arnolfesaw,* du nom d'une isle du Rhin dans la basse Alsace, où il fut d'abord établi. Nous verrons dans la suite les causes qui obligèrent de le transférer dans un autre lieu en deçà du Rhin, appelé *Schwarzach,* & situé comme en premier lieu dans le diocèse de Strasbourg. Il a conservé jusqu'à présent son premier nom.

Rothard, comte sur cette frontière, dota richement ce Monastère, dans le temps même que S.t Pyrmin le fonda, vers l'an 727; cette Charte que les Auteurs du *Gallia Christiana* ont imprimée avec quelques lacunes, est attribuée à Heddo évêque de Strasbourg. C'est le même Prélat qui est nommé *Dato* ou *Doto,* dans le catalogue des Monastères associés à celui d'Agaune. Par cet Acte Heddo accorde beaucoup de priviléges aux moines de Schwarzach, & confirme toutes les donations de Rothard, qui consistent dans un grand nombre de serfs des deux sexes, dans des prés, des vignes, des terres labourables & des églises, le tout situé vers les rives du Rhin.

Sans autre date.

PRÆCEPTUM *Pippini Majoris-domûs, quo multa prædia restituuntur Monasterio San-Dionysiano.*

Histoire de S.t Denys, par Félibien, pr. p. 23. Rec. des Hist. de Fr. tome IV, page 716.

Tous les Auteurs qui ont imprimé cette pièce, l'ont placée sous l'année 750; comme il paroît certain qu'elle est d'un temps antérieur à celui dans lequel Pépin tint un plaid à Attigny le 17 août de l'an 750, je pense qu'elle doit avoir été donnée au plus tard dans l'année 749.

L'abbé Fulrad profitant de son crédit auprès de Pépin, obtint ce Diplome afin de faire rentrer au monastère de S.t Denys les biens que cette Abbaye avoit perdus, tant par la négligence de quelques-uns de ses Abbés, que par le malheur des temps. Dans cette vûe Pépin nomma deux Commissaires, Guichinge & Clodion, pour aller sur les lieux désignés dans la requête de Fulrad, afin d'obliger les usurpateurs de

restituer

DES DIPLOMES.

restituer au Monastère les biens qu'ils détenoient injustement ; parmi ces lieux nous connoissons la Croix dans le Hainault, dépendance de la seigneurie de Solesmes, Sacy, Asnières & Abbecourt dans le Beauvoisis, Lignerole dans la Brie, Brenneval dans le canton de Tellau : il y en avoit encore dans plusieurs endroits du Vimeux, de l'Amiennois, jusquè dans le Brabant. Ce fut donc en vertu de ces lettres que l'on condamna sur le rapport des Commissaires, dans le plaid d'Attigny, que nous avons placé au 17 d'août de cette année, l'abbé de Maroilles à restituer à celui de S.t Denys la chapelle de la Croix avec plusieurs domaines.

ANNÉE 751.

1.er MARS.

VINDICATIO *plurium prædiorum cœnobio Dionysiano per Pippinum Regem.*

Donné à Verberie.

De re Diplom. a Mab. p. 491. Rec. des Hist. de Fr. tome V, page 697.

Les fonds de terre qui furent adjugés au monastère de S.t Denys dans ce plaid, étoient situés dans le Maine. *Villa Abaciacum in pago Cenomannico*, avec quelques autres *in pago Matriacensi*. Dom Bouquet interprète dans la table chronologique de son V.e volume, le mot *Abaciacum*, pour la terre d'Abacy, & *Sibriacum* pour celle de Sibry, cette dernière située dans le pays de Madrie. Tous nos Géographes modernes ignorent absolument la situation & le nom que portent aujourd'hui ces lieux anciens.

25 AVRIL.

PRÆCEPTUM *Pippini Regis impetratum a Sigobaldo abbate Anisolensis cœnobii.*

Donné à Héristal.

Apud Martenium, tom. I. Ampliss. collect. col. 26.

Ce Diplome est daté de la première année du règne de Pépin, & placé par Dom Bouquet à l'année 752, parce que ce Savant a adopté le calcul de l'Annaliste de Fulde qui rapporte à cette année l'élévation de ce Prince au trône. Mabillon (*De re Diplom. lib. II, pag. 193*) a rejeté cette chronologie, & a compté avec Aimoin les années du règne de Pépin depuis 751. Nous adoptons ce dernier sentiment comme plus aisé à concilier avec une foule d'événemens qui ont précédé & suivi l'époque du détrônement de Childéric, & nous fixons, par cette raison, la date de cette pièce à l'année 751.

Pépin par ces lettres évoque à son Conseil toutes les causes du monastère de S.t Calez, & prend Sigobalde, qui en étoit alors abbé, & ses successeurs sous sa protection & garde spéciale.

AVRIL, sans quantième.

CHARTA *fundationis Monasterii Sanctimonialium Gregorii prope muros civitatis Reatinæ.*

Donné à Ravennes.

Mus. Ital. t. I, p. 50.

Loup duc de Spolette, & Hermelinde sa femme fondèrent ce monastère de filles dans un fauxbourg de Riéti en Italie dans l'Ombrie, ils le dotèrent richement ; on lit dans cette Charte, que l'intention des fondateurs étoit en faisant ce pieux établissement, d'assurer une retraite aux filles de distinction de France & de Lombardie qui seroient nées sans bien. L'abbé de Farfe fut désigné & ses successeurs pour gouverner ce Monastère, laissant néanmoins la liberté aux Religieuses d'élire leur Abbesse, après la mort de Domnoline qui en fut la première, par le choix du duc & de la duchesse de Spolette.

20 JUIN.

PIPPINI *Majoris-domûs placitum de vico Curborio, Fulrado abbati Dionysiano evindicato, adversus Raganam abbatissam Septemolæ.*

Donné à Attigny.

Histoire de l'abbaye de S.t Denys, par Félibien, pr. p. 24. De re Diplom. a Mab. p. 490. Rec. des Hist. de Fr. tome IV, page 716.

Mabillon, dans ses Annales, *tome II, page 148*, appelle *Septem-mola* le monastère dont Ragane, la partie adverse des moines de S.t Denys, étoit Abbesse ; ce Savant ne parle que dans ce seul endroit de ses Annales de ce Monastère, sans nous en

Tome I. R

indiquer la situation ni le nom françois. On jugea donc dans ce plaid, contre Ragane, que le lieu nommé *Curborius* appartenoit légitimement à l'abbaye de St Denys. Ce village étoit situé dans le canton de *Tellau*, que nous croyons faire partie présentement du pays de Caux.

ANNÉE 751.

4 NOVEMBRE.

PRIVILEGIUM Zachariæ Papæ Fuldenſi Monaſterio conceſſum.

Acta SS. Ben. ſæc. III, part. 2, p. 80. Annal. Bened. t. II, p. 156. Franc. Orient. ab Eckardo, t. I, p. 500. Concil. Antiq. Galliæ a Sirmondo, tom. I, page 582.

Le Pape accorda cette Bulle à la prière de Boniface apôtre de l'Allemagne & fondateur de ce Monaſtère, auquel la rivière de Fulde a donné ſon nom, parce qu'il eſt bâti ſur ſes rives dans le territoire de Buchen. Cette Bulle met le monaſtère de Fulde immédiatement ſous la juriſdiction du Saint Siége, & l'exempte de celle de l'ordinaire.

DÉCEMBRE, ſans quantième.

PLACITUM inſigne ducis Luponis pro cœnobio Farfenſi, de Monaſterio Claudiani presbyteri.

Miræi Opera Diplom. tom. I, pag. 640. Ann. Eccl. Fr. Cointii, tom. V, pag. 259.

Donné à Spolette.

Le monaſtère du prêtre Claudien étoit ſitué *in Terentiano pago*, canton du Tirol, & ſous l'invocation de la Ste Vierge & de St Michel.

Annal. Bened. tom. II, p. 154.

Cette pièce eſt très-curieuſe ; on y trouve la forme des jugemens, la manière d'inſtruire les procès, & ce que la Loi des Lombards preſcrivoit pour la validité des Actes publics. Claudien plaidoit contre ſes frères & ſes neveux, & ſoûtenoit la donation qu'il avoit faite autrefois à l'abbaye de Farfe, d'un petit Monaſtère qu'il avoit fondé & doté de ſon patrimoine. Ses collatéraux prétendoient, au contraire, hériter de ces mêmes biens après la mort de Claudien, en vertu d'une autre donation que Claudien leur en avoit faite ; on ordonna la lecture de ces deux Actes, & comme ce dernier n'avoit point été écrit par un homme public & qu'il n'étoit ſouſcrit d'aucun témoin, il fut rejeté comme nul, & la première donation jugée valide.

ZACHARIÆ Papæ epiſtola ad Bonifacium archiepiſcopum, quâ Moguntinam ſedem in Metropolim erigit.

Miræi Opera Diplom. tom. I, pag. 641.

Le Pape aſſigna pour Suffragans de la nouvelle Métropole, les évêques de Tongres, de Cologne, de Vorms, de Spire & d'Utrecht.

BULLE du Pape Zacharie, qui permet aux François de dépoſer le roi Chilpéric III, & de mettre Pépin à ſa place.

Joannis Aventini, Annal. Boiorum, pag. 174.

Aimoin, *lib. IV, cap. 61*, dit que Pépin après s'être aſſuré du ſuffrage de l'évêque Boniface, envoya des Ambaſſadeurs au pape Zacharie, avec de riches préſens. Fulrad abbé de St Denys & Burchard évêque de Wurtzbourg furent chargés de cette importante affaire. Ils devoient, ſuivant leurs inſtructions ſecrettes, propoſer au Pape s'il n'étoit pas plus à propos de donner le titre de Roi à celui qui étoit chargé de tout le fardeau du gouvernement, que de le laiſſer à un Prince fainéant qui n'avoit de la Royauté que le nom. Le Pape répondit que tout conſidéré il convenoit de donner le titre de Roi à celui qui étoit dépoſitaire de l'autorité royale ; c'eſt de cette réponſe dont on a compoſé ſans doute cette Bulle ; mais je crois que l'ambaſſade ſe fit vers la fin de l'année 750, car il eſt certain que Pépin fut proclamé Roi, & ſacré par l'évêque Boniface au commencement de l'année 751.

PIPPINI epiſtola ad Bonifacium archiepiſcopum, quâ privilegia Monaſterii Fuldenſis confirmat.

Concil. Gall. a de la Lande, pag. 77. Rec. des Hiſt. de Fr. tome V, page 425.

Donné à Attigny.

Pépin confirme par cette lettre les priviléges que le pape Zacharie avoit accordés à ce Monaſtère, par ſa Bulle du 4 novembre de cette même année.

ANNÉE 752.

21 AVRIL.

CAPITULAIRE de Carloman, pour le rétablissement de la discipline ecclésiastique, arrêté dans une assemblée des Grands de la Nation, à laquelle assista l'évêque Boniface en qualité de Légat du Pape.

<small>Richerii deffenf. libelli de ecclef. potest. tom. II, pag. 326.</small>

Ce Prince avoit abdiqué le gouvernement l'an 746, & s'étoit retiré dans un Monastère à Rome; ainsi on lui attribue mal-à-propos ce Capitulaire, à moins qu'on ne le place, comme a fait Baluze, au plus tard vers l'an 744 *(tom. I, col. 151).*

5 MAI.

CHARTA Pippini Regis quâ concedit Monasterio Epternacensi ecclesiam Cromiæ & decimas silvæ Contellæ.

Donné à Compiegne.

<small>Annal. Trevir. p. 371. col. 2. Ann. Eccl. Fr. Cointii, tom. V, pag. 463. Hist. de Lorraine, par Dom Calmet, tome I, pr. col. 273. Histoire de Luxembourg, par Bertholet, t. II, pr. p. 39, col. 2. Miræi Opera Diplomat. t. I, p. 641.</small>

Pépin accorda par cette Charte au vénérable Albert & à son monastère d'Epternack, la paroisse & tous les biens dépendans de l'église de Crome, avec une partie du bois de Contelle, situé dans le voisinage de ce lieu. Pépin joignit à cette donation, par ce même Diplome, une exemption très-ample de tous les impôts que l'Abbaye payoit au fisc.

Nous n'avons garde de rejeter cette pièce comme fausse; mais ses différentes dates se contredisent si évidemment, qu'il est sensible qu'elle a été au moins interpolée. On ne peut en effet concilier la III.ᵉ année du règne de Pépin avec l'an 752, *data anno incarnationis Dominicæ DCCLII regni nostri III*. Je crois que ces notes ont été ajoûtées plusieurs siècles après celui de Pépin, & par un Auteur qui ne savoit pas que du temps de ce Prince on ne se servoit pas de la formule, *Incarnationis Dominicæ, &c.* dont l'usage ne s'est introduit que long-temps après.

23 MAI.

PRÆCEPTA duo Pippini Regis pro Ultrajectensi sancti Martini ecclesiâ.

Donné à Verberie.

<small>Ann. Eccl. Fr. Cointii, t. IV, p. 403, 405. Rec. des Hist. de Fr. tome V, page 698. Miræi Opera Diplomat. t. I, pag. 494.</small>

Dom Bouquet n'a donné que le titre de l'une de ces deux pièces que l'on trouve toutes entières dans les Annales de le Cointe, & au fol. 35 & 36 de l'Histoire des évêques d'Utrecht, composée par Jean de Beka & Guillaume Heda, publiée en 1643 par Gisselbert Loppius de Wanrea, Jurisconsulte. Aubert le Mire n'en a non plus imprimé qu'une. Ces deux Diplomes portent confirmation des biens & des privilèges de cette Cathédrale, que Charles Martel & Carloman avoient richement dotée.

24 MAI.

EPISTOLA Stephani Papæ II Proculo archiepiscopo Viennensi, cui declarat se principibus Francorum scripsisse pro restauratione ecclesiæ Viennensis.

<small>Baronii Annal. t. IX, p. 210.</small>

Baronius rapporte plusieurs lettres du pape Paul, dans les tomes IX & XI, concernant les desastres que les Sarazins firent éprouver à l'église de Vienne.

18 JUILLET.

CHARTA quâ Pippinus exemptionem a Teloneo abbatiæ sancti Dionysii confirmat.

<small>Hist. de l'Abbaye de S.ᵗ Denys, par Félibien, pr. p. 24. Ann. Eccl. Fr. Cointii, tom. V, pag. 406. Rec. des Hist. de Fr. tome V, page 699.</small>

On trouve dans cette pièce tous les différens droits de voierie & de péage que l'on payoit au Domaine royal sous les deux premières races de nos Rois, dont les Comtes faisoient la levée dans leur district.

Félibien raconte fort au long dans son Histoire de l'abbaye de S.ᵗ Denys, le sujet qui porta l'abbé Fulrad à solliciter ce Diplome qu'il a imprimé comme le Cointe & Dom Bouquet d'après Doublet; celui-ci l'avoit tiré, sans doute, du même Cartulaire dans lequel il avoit pris le Diplome de Dagobert I.ᵉʳ de l'année 630, dont ce dernier n'est qu'une confirmation. Mais comme le Cointe l'observe fort bien, on doit beaucoup

Tome I.   R ij

douter de l'authenticité du Diplome de Pépin, lorsque l'on démontre évidemment la fausseté de celui de Dagobert ; il faut croire que la même plume les a composés tous les deux ; l'Auteur pensoit que ces deux pièces se prêteroient mutuellement des secours pour s'accréditer. *(Voyez nos remarques à l'année 630).*

26 AOUST.

ANNÉE 752.

PRÆCEPTUM *Pippini Regis, pro Monasterio Soricinii.*
Donné à Aix-la-Chapelle.

Capitul. Reg. a Baluzio, t. II, col. 1391.

On croit, dit Mabillon, *(Annal. Bened. tom. II, pag. 439)* que Pépin fonda le monastère de Soreze, mais cette opinion n'est appuyée d'aucun fondement solide, *sed desunt, quæ id probent, litteræ genuinæ.* Ce Diplome n'étoit donc pas venu à la connoissance de ce Critique ; car la pièce ne porte aucune note qui puisse la faire soupçonner de fausseté. Il ne paroît pas non plus, comme le croient quelques Auteurs, *(Hist. de Lang. tom. I, pag. 483)* que cette Abbaye fondée long-temps avant Pépin, eut été détruite par les Sarazins, & qu'il n'en fut que le restaurateur ; les termes mêmes de ce Diplome en fixent au contraire la première époque de l'établissement à la seconde année du règne de ce Prince, *placuit nobis propter amorem Dei ... construere Monasterium in pago Tolosano juxta castrum quod dicitur Verdiminus cui Soricinii rivulo vocabulum constat indici Soricinii, in honorem Dei & ejus genitricis perpetuæ Virginis Mariæ & omnium Sanctorum, secundum quod eadem Dei genitrix nobis visa est præcepisse .... data anno Christo propitio secundo D. Pippini regis, indictione 7.ª*

Quelque Copiste a sans doute ajouté l'indiction ; car outre qu'il n'étoit pas d'usage encore de s'en servir, c'est que l'on comptoit indiction 5.ᵉ en 752. Ainsi Pépin rempli de zèle pour la Religion, voulut donner des marques de sa piété dans un pays soûmis depuis peu à sa domination ; les Sarazins qui en avoient chassé les Gots, étoient à leur tour à la veille de perdre toutes leurs conquêtes en deçà des Monts ; le Touloussain & presque toute la Septimanie étoit au pouvoir des François : les Sarazins forcés de reculer leurs frontières jusqu'à Narbonne, Pépin les y avoit poursuivis, & ce Prince étoit occupé à faire le siège de cette place, lorsqu'il apprit la révolte des Saxons. Cet événement l'obligea de passer en Allemagne, s'étant arrêté quelque temps à Aix-la-Chapelle, il y donna ce Diplome, par lequel il dote le Monastère qu'il fonde sur la petite rivière de Sor dans le Touloussain, d'un fonds de son fisc appelé Villepinte, *Villa-pinta,* avec toutes ses dépendances, &c.

Cette Abbaye que l'on appeloit autrefois *Notre-Dame de la Sanhe* ou *de la Paix,* a pris le nom de *Soreze,* de la rivière sur laquelle elle est située, à l'entrée de la plaine de Revel, au pied de la montagne noire qui fait partie de la chaîne des Cevennes. Elle étoit du diocèse de Toulouse avant qu'il fut divisé, elle est présentement de celui de Lavaur, & n'en est éloignée que de cinq lieues du côté du midi.

SEPTEMBRE, sans quantième.

CHARTA *donationis Attanensi Monasterio sancti Aredii, olim ordinis sancti Benedicti.*

Gallia Christ. pr. edit. t. IV, pag. 99.

Carissima fille d'Eude comte de Bourges, fit donation aux moines de S.ᵗ Yrier-de-la-Perche du monastère de Montier-Rauseille, à condition qu'ils enseveliroient son corps dans un tombeau qu'elle avoit acheté de Gilbert comte de Narbonne, & qu'ils le placeroient dans l'église de Montier-Rauseille ; cette dame stipula encore, par ce même Acte, que les Moines de ce dernier Monastère payeroient à ceux de S.ᵗ Yrier, le jour de la fête de S.ᵗ Julien, une redevance annuelle de dix sols.

4 NOVEMBRE.

CONFIRMATIO *civitatum de Tungris, Colonia, Wormatia, Spiratia & Trajectis, sedi Moguntinæ a Zacharia Papâ.*

Gallia Christ. pr. edit. tom. I, pag. 348.

Ce Pape étant mort dès le 14 mars de cette année, cette Charte doit être datée de l'année précédente.

Nous avons vû plus haut à l'année 751, la Bulle d'érection en Métropole de l'évêché de Mayence, dont celle-ci est une confirmation.

ANNÉE 752.

Sans quantième.

DONATION du lieu de Dombasle, faite à l'abbaye de Gorze, par le roi Pépin.

Histoire de Lorraine, par Dom Calmet, tome I, pr. col. 273.

Dombasle est un bourg du pays Messin, situé sur la Meuse, dans le diocèse de Verdun. Quoique ce lieu ne soit plus du domaine de l'abbaye de Gorze, il peut se faire cependant qu'il en ait été autrefois, & ç'aura été sans doute pour suppléer à la parte du titre qui en assuroit la propriété à cette Abbaye, que quelque Moine aura composé cette Charte; Meurisse l'a imprimée dans son Histoire des évêques de Metz, page 166, & je crois que Dom Calmet l'a tirée de cette source; on y lit que ce fut à la prière de Chrodegang évêque de Metz & fondateur de cette Abbaye, que le roi Pépin fit cette donation; le compositeur oubliant cette circonstance, met au nombre des souscripteurs de cette Charte, Angelram aussi évêque de Metz, mais qui n'occupa ce siége qu'après Chrodegang, & à plus de dix ans de la date de cette pièce.

Sans autre date.

BONIFACIUS brevi se moriturum præsagiens, Pippino Regi discipulos per Fulradum commendat, ac præcipue Lullum, quem sibi successorem designat.

*Francia Orient. ab Eckardo, t. I, p. 515.
Rec. des Hist. de Fr. tome V, page 483. A.
Annal. Bened. t. II, p. 158.
Concil. Antiq. Galliæ, à Sirmondo, tom. II, pag. 8.
Ann. Eccl. Fr. Cointii, tom. V, pag. 424.*

Cette Lettre est une marque du grand crédit que Fulrad avoit à la cour de Pépin, elle prouve encore que l'usage étoit alors que nos Rois nommoient aux évêchés; Boniface accablé d'années & d'infirmités, prie Fulrad d'engager le Roi de nommer après sa mort Lullus son chorévêque à l'évêché de Mayence. Ce Lullus étoit Hessois, & avoit été présenté dès son enfance, par Wigbert abbé de Gleftingaburg, à l'évêque Boniface qui se l'étoit attaché. Pépin, à la prière de l'abbé de S.ᵗ Denys, nomma Lullus pour succéder à Boniface. Dom Bouquet rapporte *(à la même page du tome V)* la lettre de remerciment que ce Prélat écrivit au Roi, au commencement de l'année 753.

Sans autre date.

PRÆCEPTUM Pippini Regis, pro Morbacensi Monasterio.

Rec. des Hist. de Fr. tome V, page 698.

Pépin donna ce Diplome à Baldebert abbé de Morbac, par lequel il exempte les biens & les serfs de ce Monastère tant de la jurisdiction des Officiers royaux, que des tributs & autres charges qu'il étoit accoutumé de payer au fisc. Ce Prince lui confirme de plus toutes les donations que lui avoit faites le comte Éberhard son fondateur, avec les legs qu'il avoit reçus dans différens temps des Rois & de quelques personnes pieuses.

Comme cette pièce manque de notes chronologiques, Dom Bouquet ne s'est déterminé, sans doute, à la placer au commencement de l'année 753, que parce que l'usage de ce temps étoit de demander ces sortes de Diplomes aux Princes lorsqu'ils parvenoient au trône. Nous ne nous écartons point du sentiment de ce Savant, en plaçant la pièce à l'année 752; cette différence dans cette date ne provenant que du temps du couronnement de Pépin, que Dom Bouquet fixe, comme je l'ai déjà observé, à une année plus tard que nous ne faisons.

CAPITULARE Pippini Regis, de diversis capitibus ad ecclesiam & regnum pertinentibus.

Donné à Verberie.

*Capitul. Reg. Fr. à Baluzio, t. I, col. 161.
Origine de la Maison de France, par Dubouchet, pag. 97.*

Ce Capitulaire contient vingt-un articles, qui roulent presque tous sur le fait du Mariage comme sacrement & comme contrat civil. *Si un Prêtre*, dit le troisième article, *a épousé sa nièce, qu'il se sépare d'elle & qu'il soit dégradé; nous défendons en outre qu'elle passe à un second mariage.*

Baluze a imprimé, d'après Reginon, un autre Capitulaire à la suite de celui-ci qui fut, comme le précédent, arrêté dans une assemblée tenue à Verberie. Ce dernier contient neuf articles, qui ont pour objet de statuer divers genres de peines pour les personnes de différentes conditions, qui commettroient des incestes & des adultères.

ANNÉE 753.

MARS, sans quantième.

RÈGLEMENS faits dans une assemblée générale du mois de mars, convoquée à Metz par Pépin, pour réformer plusieurs abus qui s'étoient introduits pendant les guerres précédentes dans les Royaumes de sa domination.

Constit. Imp. Goldasto, t. III, p. 118.
Hist. d'Allemagne, par le P. Barre, t. II, p. 300.
Concil. Antiq. Galliæ a Sirmondo, tom. II, pag. 5.

Ce Capitulaire ne contient que huit articles dans le père Sirmond ; le père Barre en a donné neuf, & il les a tous traduits ; mais nous croyons qu'il a interprété le second d'une manière peu convenable.

Il s'agit dans le premier article de peines pécuniaires & afflictives pour ceux qui seront désormais trouvés coupables d'inceste ; le second condamne aux mêmes peines les Officiers *laïcs* de l'église, & non pas les *Clercs*, comme l'a entendu le père Barre, *de ecclesiasticis viris*, dit le Capitulaire, *qui supra dicta facinora commiserint, si bona persona fuerit perdat honorem suum : minores vero vapulentur*.

Lorsque les Auteurs de la basse latinité ont parlé des Ecclésiastiques en général, ils les ont nommés *Clerici*, & non pas *Ecclesiastici* ; de plus, on ne trouve point d'exemple que ces mots *bona persona* veuillent dire, dans ce sens, des Prêtres, des Diacres, & même des Évêques ; le *bona persona* doit s'entendre ici des personnes libres & laïques qui tenoient des bénéfices, *honorem*, de l'église pour le salaire de leur office, par conséquent les *Minores* étoient des bas officiers, lesquels étant serfs, étoient condamnés, quoiqu'ils appartinssent à l'église, aux mêmes peines que ceux qui appartenoient aux laïcs.

Les Auteurs cités à la marge dans lesquels on trouve ce Capitulaire, sont d'opinion différente sur la date que l'on doit lui donner. Le père Barre & le père Sirmond l'ont rapporté à cette année 753, tandis que Goldaste l'a placé sous l'année 755. Baluze, appuyé de l'autorité des Annales de Metz, l'a fixé à l'année 756, nous l'indiquons aussi sous cette dernière époque.

Nous observons de plus, que ces différentes éditions diffèrent beaucoup entre elles. Goldaste n'a imprimé que sept articles du Capitulaire, le père Sirmond huit, le père Barre neuf, on en trouve dix dans Baluze.

(*Voyez une Charte de Chrodegang évêque de Metz, à l'année 763, sur le bona persona*).

Sans autre date. **PIPPINI** *Regis præceptum, pro Taberniaci in pago Parisiaco villæ confirmatione.*

Donné à Verberie.

De re Diplom. a Mab. p. 493.
Rec. des Hist. de Fr. tome V, page 701.

Le village de Taverny, avec toutes ses dépendances, avoit été donné anciennement au monastère de S.t Denys, par un homme de considération nommé *Gontald* ; dans la suite des temps ce domaine étoit passé dans la main des laïcs, soit en bénéfice, soit purement à bail. Le dernier qui en avoit joui à ce titre étoit Theudbert chambellan de Pépin, (*Gasindus noster Theudbertus*, dit la Charte) ses héritiers, sans doute, en disputoient la propriété à Fulrad alors abbé de S.t Denys ; le Roi pour juger cette contestation, se fit représenter les titres des deux parties, les Moines ayant produit une suite de baux, il fut prouvé que le Domaine avoit constamment été tenu précairement ; par conséquent le Monastère ne s'étoit jamais dépouillé de la propriété, ce qui détermina Pépin, par ce Diplome, à l'y maintenir.

Sans autre date. **EPISTOLÆ** *duæ Stephani II* vel *III Papæ, prima ad Pippinum Regem, secunda ad proceres Francorum.*

Conc. Antiq. Galliæ, a Sirmondo, tom. II, p. 9 & 10.
Ann. Eccl. Fr. Cointii, tom. V, p. 415 & 416.

Pour bien entendre ces deux Lettres, il faut lire la vie de ce Pape, écrite par Anastase le Bibliothécaire ; car elles ne contiennent que des assurances de sentimens de gratitude de la part d'Étienne envers le roi Pépin & les grands Seigneurs de son royaume, sans en dire le sujet. Il faut donc savoir qu'Étienne fit un traité de paix, quelque temps après son élection à la papauté, avec Astolphe roi des Lombards, que ce Prince ne tarda guère à rompre. La campagne, dont Rome étoit la capitale, la Pouille & la Calabre étoient des provinces comprises dans l'exarchat de Ravenne, c'étoient les seules qu'Astolphe eût à conquérir pour être maître de toute l'Italie ; le Pape craignoit, avec raison, que les Lombards n'y portassent leurs armes ; le succès de leurs entreprises paroissoit d'autant plus certain, que depuis la défaite d'Eutychès dernier Exarque, la cour de Constantinople n'avoit envoyé aucunes troupes en Italie. Le Pape dans cette position avoit fait supplier Astolphe de renouveler le traité d'alliance que le pape Zacharie son prédécesseur avoit fait avec lui; il étoit sans doute stipulé dans l'un des articles de ce traité, que les évêques de Rome demeureroient les maîtres de la campagne comme ils l'avoient été du temps des Exarques. Les circonstances ne permettant pas à Astolphe de faire autrement, il renouvela effectivement le traité; mais quatre mois après ce Prince entra à main armée dans cette province, il s'empara de Narny l'une des meilleures places de l'État ecclésiastique, & fit dire au Pape & aux Romains qu'ils se soûmissent à son obéissance volontairement, que chacun lui payât par tête un écu d'or de tribut annuel, sans quoi il iroit brûler Rome. Étienne alors informa la cour de Constantinople de la situation des affaires, & demanda en vain du secours; l'Empereur au lieu de faire entrer une puissante armée en Italie, se contenta d'envoyer un Héraut à Astolphe, pour le sommer de rendre Ravenne & tout ce qu'il avoit usurpé; Astolphe méprisa le Héraut & les menaces de l'Empereur, & poursuivit ses conquêtes. Le Pape, dans cette détresse, eut recours au Roi des François, comme avoient fait Grégoire II, Grégoire III & Zacharie ses prédécesseurs: il fit parvenir secretement une lettre à Pépin, par laquelle il l'informoit de ce qui se passoit en Italie, & le prioit de lui envoyer des Ambassadeurs qui l'engageassent de sa part de se rendre à sa Cour. Pépin répondit aux desirs du Pape, & chargea Droctegan abbé de Jumièges, d'aller à Rome assurer Étienne qu'il étoit prêt de prendre les armes pour le délivrer de la tyrannie des Lombards, & qu'il le recevroit dans ses États avec la distinction qui lui étoit dûe; les lettres, dont il s'agit, contiennent les remercîmens que ces marques de protection méritoient. On sait que cette première ambassade fut suivie d'une seconde plus solemnelle, Pépin envoya à Rome Chrodegang évêque de Metz, & le duc Autchaire, avec commission d'accompagner sous bonne escorte le Pape, & de l'amener avec eux à sa Cour.

Telle fut l'occasion des guerres des François dans l'Italie, & celle de la souveraineté que les Papes y ont exercée depuis environ mille ans.

27 JUILLET.

Année 754.

Bulle du Pape Étienne II ou III, faisant mention de sa guérison miraculeuse en l'église de S.t Denys près Paris, & de la cérémonie de l'onction du roi Pépin, de Charles & Carloman ses enfans, & de la reine Bertrade.

Rec. de 1567 & 1568, page 298.
Idem. Anvers, 1568, p. 168.
Ann. de Belleforêt, tom. I, fol. 142, verso.
Baronii, Ann. t. IX, p. 214.
Annal. Eccl.
« *Cointii, t. V,*
« *pag. 436.*
« *Bzovii Ann.*
« *tom. I, col.*
« *1640.*
« *Fr. Orient.*
« *ab Eckardo,*
« *t. I, p. 533.*

Le Pape atteste sa guérison, par ce Bref, & rend compte de toutes les particularités du miracle; « Les Médecins, dit-il, m'avoient condamné à mourir, c'en étoit fait si je n'eusse eu recours à la prière; dans ce dessein je me fis porter à l'église du monastère de S.t Denys, dans lequel j'étois tombé malade, & m'étant mis en oraison sous les cloches, je reconnus à leurs habits S.t Pierre, S.t Paul & S.t Denys, lesquels se tenoient devant l'Autel & s'entretenoient ensemble; Saint Pierre jeta les yeux sur moi, & dit aux deux autres: Voyez Étienne notre frère qui prie pour être guéri; à quoi S.t Paul répondit, il sera dans un instant exaucé; s'étant tourné vers S.t Denys il lui dit, que par vos mérites Étienne recouvre la santé; à l'instant S.t Denys accompagné d'un Prêtre & d'un Diacre, qui marchoient à ses côtés, vint à moi tenant un encensoir d'une main & portant dans l'autre une palme, & m'adressa la parole: La paix soit avec vous, mon frère, me dit-il, que votre crainte se dissipe, vous ne mourrez qu'après votre retour à Rome, levez-vous & soyez guéri; cet Autel que vous voyez en face de nous, vous le consacrerez au nom des apôtres S.t Pierre & S.t Paul. » Le Pape ajoûte qu'il a attesté toutes ces merveilles au Roi & aux Seigneurs de sa Cour, ne tenant aucun compte des discours des personnes dont il étoit accompagné dans l'église pendant son oraison, qui l'accusoient de délire ou de radotage; j'exécutai en outre, dit-il, tout ce qui m'avoit été prescrit; *implevi quæ jussa sunt mihi.*

Ces dernières paroles terminent le Bref; en sorte qu'il paroit effectivement que le Pape consacra un Autel dans cette église; mais c'est d'Anastase & d'une lettre que l'on dit que Louis le Pieux écrivit à Hilduin, que nous apprenons que ce Pape sacra, comme on lit dans des anciens Cartulaires de S.t Pierre de Sens & de S.t Germain-des-Prés, *mare Judæorum*, le roi Pépin, Bertrade sa femme, Charles & Carloman leurs enfans. On ne voit point dans ce Bref, ni que le Pape reçut ordre de sacrer le Roi, ni qu'il fit cette cérémonie; c'est donc d'après la narration d'Anastase & la lettre de Louis le Pieux, que l'Annaliste de S.t Bertin, celui de Metz, de Fulde & d'autres ont placé dans leurs écrits ce fait si important pour notre Histoire.

ANNÉE 754.

29 JUILLET.

PRÆCEPTUM *Pippini Regis, donantis Monasterio sancti Dionysii Castellum ad montem sancti Michaëlis in pago Virdunensi.*

Histoire de S.t Denys, par Félibien, preuv. page 25.
Rec. des Hist. de Fr. tome V, page 702.
Histoire de Lorraine, pr. t. IV, p. 274.

Donné à Compiegne.

Quoique cette pièce soit d'un latin fort corrompu, elle n'en est pas moins importante : elle nous trace la manière dont on instruisoit le procès des grands Seigneurs ; peut-être a-t-elle servi de base à l'établissement du droit que les Pairs ont d'être jugés par d'autres Pairs.

Pépin dit que le comte Vulfoade ayant été accusé de haute trahison, pour avoir fait élever une forteresse dans laquelle il avoit dessein de tenir une garnison ennemie, (ces ennemis étoient sans doute ceux qui étoient demeurés fidèles à l'infortuné Childéric,) il fut cité au jugement des Francs, *ad Francorum judicium propter hoc missus est ad Caulas.* Convaincu du crime dont il étoit accusé, il donna au Roi sa forteresse pour racheter la vie qu'il devoit perdre. *Quem (locum alecum) pro sua vita nobis dedit.* Pépin unit ensuite, conformément aux ordonnances, ce château à son Domaine, & en disposa par ce Diplome en faveur du monastère de S.t Denys, *ideo per præsentem præceptionem nostram ordinamus, ut sicut constat quod nos per justitia & lege Francorum ipso loco & castello adquesivimus .... ita nostris & futuris temporibus ipse Abbas .... vel Congregacio sancta ipsum locum habeant.*

Il y avoit une église desservie alors par des Clercs, comprise dans les dépendances du château de Vulfoade, que Pépin comprit aussi dans cette donation. Cette église est aujourd'hui l'abbaye de Saint-Mihiel. Dom Calmet *(Hist. de Lorraine, tome I, col. 471)* a fait une faute en qualifiant cette église d'Abbaye lorsque Pépin la donna à Fulrad ; ce n'est que long-temps après qu'elle a eu ce titre, & qu'elle a appartenu à des Moines.

Sans autre date. **EPISTOLA** *sancti Bonifacii ad Stephanum Papam, de donatione castelli Trajecti facta Coloniensi ecclesiæ per Dagobertum Franciæ Regem.*

Franc. Orient. ab Eckardo, t. I, p. 519.

Boniface dit dans cette lettre, qu'il est vrai que le roi Dagobert avoit anciennement donné à l'évêque de Cologne l'église d'Utrecht ; mais sous la condition que ce Prélat y établiroit des Prêtres, & qu'il prêcheroit l'Évangile aux Frisons habitans de ce pays qui étoient encore payens. L'évêque de Cologne n'ayant point rempli cette condition, Boniface soutenoit que les successeurs de ce Prélat n'étoient pas fondés à faire valoir la donation de Dagobert ; il alléguoit de plus, que le pape Sergius avoit érigé cette église en évêché en faveur de Willibrod ; que depuis la mort de ce premier Évêque il en avoit été ordonné d'autres, & qu'il n'y avoit point de raisons pour supprimer ce siége. Quoique nous n'ayons point la réponse du Pape à cette lettre, nous avons cependant lieu de penser, comme le remarque Eckard, qu'elle fut favorable aux prétentions de Boniface, car il y a eu constamment depuis ce temps un évêque à Utrecht.

ANNÉE 755.

JUIN, sans quantième.

PRÆCEPTUM *Pippini Regis quo fundationem Monasterii Fuldensis a Carolomanno fratre incohatam, ac ejus immunitates, secundum Zachariæ Papæ decretum iterato confirmat.*

Baronii Annal. t. IX, p. 235.
Rec. des Hist. de France, t. V, page 425.
Gallia Christ. sec. edit. tom. V, instr. col. 443.
Ann. Eccl. Cointii, tom. V, pag. 480.
Franc. Orient. ab Eckardo, t. I, p. 553 & seqq.

Donné à Attigny.

Pépin confirme par ce Diplome la bulle du pape Zacharie, donnée le 4 novembre de l'année 751 ; mais si cette bulle n'est pas d'une authenticité mieux prouvée que ce Diplome, les moines de Fulde ne peuvent, avec avantage, appuyer leur droit sur ces deux pièces pour jouir des priviléges qu'elles contiennent.

Sans entrer dans une discussion aussi grande que l'ont fait Launoy & Eckard pour critiquer la Bulle & le Diplome ; je remarque, en deux mots, que cette dernière pièce est

est évidemment fausse. Celui qui l'a composée la date ainsi, *Data mense junio, anno primo regni nostri*. Or si l'on compte la première année du règne de Pépin de son élévation au trône, par le cri seulement des François, c'étoit l'année 750 ou 751, & Carloman son frère vivoit encore, puisqu'il vint en France du temps que le pape Étienne y étoit. Le Diplome cependant porte que ce Prince étoit mort, *Carlomannus germanus noster beatæ memoriæ*. Si, au contraire, on date depuis le couronnement de Pépin par le pape Étienne, c'étoit l'année 755, effectivement ; mais il y avoit plus d'un an que l'archevêque Boniface avoit été martyrisé, ainsi Pépin ne pouvoit pas lui adresser son Diplome, *Pippinus rex Francorum a Bonifacio archiepiscopo & legato Germanico*. Burchard évêque de Wurtzbourg ne pouvoit pas non plus le souscrire, puisqu'il y avoit deux ans qu'il étoit mort. ✝ *Signum Burghardi episcopi*.

Année 755.

11 Juillet.

CAPITULARE Pippini Regis, de reformatione Ecclesiasticæ disciplinæ.

Fait à Ver ou Verneuil-sur-Oise.

Ann. Eccl. Fr. Cointii, tom. V, p. 529 & seqq.
Capitul. Reg. a Baluzio, t. I, col. 167.
Concil. Antiq. Gal. a Sirmondo, t. II, p. 27.

Le lecteur se décidera pour l'un ou l'autre des deux sentimens suivans, ou pour celui de M. de Valois, au mot *Vernum*, adopté par Mabillon, *(Annal. Bened. tom. II, pag. 176)* & par Dom Germain *(De re Diplom. Mabill. lib. IV, pag. 335)* ou de M. l'abbé le Beuf, sur le mot *Vernum*, qui est le lieu où Pépin tint l'assemblée dans laquelle on arrêta ce Capitulaire. M. de Valois & ses partisans soutiennent que c'est *Verneuil-sur-Oise* ; l'abbé le Beuf *(Recueil de divers écrits pour servir d'éclaircissemens à l'Histoire de France, tom. I, pag. 88)* prétend que c'est *Ver*, village près Senlis, qui étoit la situation du palais de *Vern* ou *Vernum*, fameux sous les deux premières races de nos Rois.

Deux raisons ont déterminé M. Baluze à placer les actes de ce Concile parmi les Capitulaires de nos Rois ; la première, parce que les Évêques s'assemblèrent par l'ordre de ce Prince, dans son palais, *(ideoque gloriosissimus atque Deo religiosus illuster vir Pippinus rex Francorum universos partes Galliarum episcopos aggregari fecit ad concilium Vernis Palatium publicum. In præfat. hujus Concil.)* la seconde, parce que les trente articles ou canons que l'on y fit, n'ayant d'autre objet que des matières de pure discipline, il est à présumer que le Roi présida, suivant l'usage d'alors, à toutes les séances du Concile ; & que d'un autre côté les Canons ne furent publiés qu'avec son agrément & sous son autorité. Ces raisons suffisent pour regarder ces décisions comme loix de l'État.

Nous nous bornons à rendre compte de la disposition des canons de ce Concile qui nous ont paru les plus intéressans.

Le second porte que les Évêques ne s'écarteront point des règles canoniques qui leur prescrivent d'obéir à leur Métropolitain ; le troisième ne met point de distinction entre les Moines exempts ou non exempts, sur lesquels l'Évêque diocésain doit avoir même la jurisdiction correctionnelle. Combien de Monastères, cependant, avoient déjà obtenu des diplomes de nos Rois, des bulles des Papes & des chartes des Évêques, qui les exemptoient de la jurisdiction de l'Ordinaire ! le sixième porte que l'Évêque ne permettra aux Abbesses de son diocèse de sortir de leur Monastère, que dans le cas où le Roi leur ordonneroit de venir à sa Cour ; le quinzième défend les Mariages clandestins ; le dix-septième, sans dire si les Évêques seront élus par le Clergé ou nommés par le Roi, décide que trois mois après la mort d'un Évêque, les Comprovinciaux sacreront son successeur ; les Ecclésiastiques du second ordre, sont condamnés par le trentième, à recevoir la bastonnade s'ils viennent porter des plaintes à la Cour contre leur Évêque s'ils sont Séculiers, ou contre leur Abbé s'ils sont Moines.

Le père Sirmond a donné une édition imparfaite de ce Concile, n'ayant imprimé que vingt-cinq canons, tandis qu'il y en a trente.

Juillet, sans quantième.

TESTAMENTUM Walprandi Luccensis episcopi, in gratiam ecclesiæ sancti Martini, &c.

Annal. Bened. t. II, p. 170.

L'église cathédrale de Lucques étoit dédiée à S.t Martin, en faveur de laquelle Walprand légua par le testament qu'il fit avant de partir pour la guerre qu'Astolphe eut à soutenir contre le roi Pépin, une partie de ses biens. Il en assura une autre partie à l'hôpital que l'évêque Taleperian son prédécesseur avoit établi au delà des murs de cette ville, & une autre portion au monastère de S.t Fridian, fondé par

Tome I. S

Faulus Maire du palais de Flavius Cunipert roi des Lombards. En quelle qualité l'évêque de Lucques alla-t-il à l'armée avec Aſtolphe ! commandoit-il un corps de troupes, faiſoit-il les fonctions d'Aumônier auprès du Roi ! c'eſt ce que nous ne ſavons point; il ſe contente de dire qu'ayant eu ordre d'Aſtolphe d'aller avec lui à l'armée, il fit ſon teſtament avant de partir. *Quia ex juſſione D. noſtri Aiſtulſi regis directus ſum in exercito ambulandum cum ipſo. Unde ſic diſpenſare prævidi, &c.*

ANNÉE 755.

8 NOVEMBRE.

PRÆCEPTUM *Pippini I Franciæ Regis, quo multa privilegia concedit Monaſterio Figiacenſi.*

Spicileg. d'A-chieri, tom. III, p. 319, col. 1.
Gallia Chriſt. ſec. edit. tom. I, col. 171.

Le Cointe *(tom. V, pag. 386, ad ann. 752)* n'a imprimé qu'un fragment de ce Diplome, qui ne mérite, dit-il, aucune conſidération, *nullâ in exiſtimatione poni debent litteræ*; & cela fondé ſur ce qu'on lit dans cette pièce que Pépin ayant transféré ce monaſtère du lieu de *Jonantis*, où il avoit été anciennement établi, à Figeac, le pape Étienne avoit aſſiſté à la conſécration de la nouvelle égliſe que l'on avoit bâtie dans cette dernière ſituation. Or, dit le Cointe, le pape Étienne n'alla jamais dans le Quercy, par conſéquent cette Charte eſt fauſſe. Mabillon *(Annal. Bened. tom. II, pag. 402)* n'en porte pas un jugement ſi décidé, il ſe borne à dire qu'il n'oſeroit aſſurer l'authenticité de la pièce dans toutes ſes parties, *quæ Diplomata & ſi omninò ſincera & genuina præſtare nolim, ea tamen penitus non eſſe rejicienda exiſtimo*. Il y a effectivement lieu de penſer qu'elle a été interpolée dans quelques endroits ; je ſoupçonne, par exemple, que les notes chronologiques avec leſquelles d'Acheri l'a imprimée, ont été ajoutées par un Copiſte qui a fait une faute eſſentielle, il la date de l'an de l'incarnation de Notre-Seigneur 755ᵉ, indiction IX ; on comptoit, au contraire, dans cette année, indiction VIII. Mais ſi l'on trouve, comme l'affirment les Auteurs de la Nouvelle Gaule chrétienne, *(tom. I, col. 171, n.° 2)* dans les archives de l'hôtel de ville de Figeac, une Charte de Philippe-le-Bel, qui confirme nommément celle de Pépin, c'eſt un préjugé favorable pour ſon authenticité, c'eſt une preuve que l'abbaye de Figeac poſſédoit avant le XIII.ᵉ ſiècle, tous les biens dont Philippe le Bel lui donna un nouveau titre de propriété.

EPISTOLÆ *plurimæ Stephani Papæ II vel III, ſeu Pippino ſoli, ſeu huic Regi & filiis Carolo & Carolomanno, aliæ ut opem ferant adverſus Aiſtulfum Longobardorum regem ſibi & eccleſiæ Romæ; aliæ ejuſdem Pontificis ad ſupra dictos principes quibus gratias agit pro tuitione ab eis acceptâ adverſus ipſummet Aiſtulfum.*

Rec. des Hiſt. de France, t. V, p. 485 & ſuiv.
Conc. Antiq. Gall. a Sirmondo, t. II, p. 19, 22 & 34.
Ann. Eccl. Fr. Cointii, tom. V, pag. 456, 458, 470 & 477 & 537.
Epiſt. Roman. Pontif. a Gretſero, p. 17, 24, 44, 53, 64, 57, 70 & 71.
Origine de la Maiſon de France, par Dubouchet, pr. p. 168, 174, 179 & 181.
Preuves des libertés de l'égliſe Gallicane, 1.ʳᵉ partie, p. 1.

Ces lettres ſont datées par les différens Auteurs cités à la marge, des années 754, 755 & 756, ſans citation ni de mois ni de quantième.

On ſait que Pépin ayant enfin conclu un traité avec Aſtolphe au mois de ſeptembre de l'année 756, ce Prince repaſſa les monts & laiſſa Fulrad abbé de S.ᵗ Denys, pour prendre poſſeſſion, en ſon nom, des places que le roi des Lombards étoit convenu de lui remettre. Pépin ordonna en même temps à Fulrad, ſuivant Anaſtaſe le Bibliothécaire, d'aller à Rome & de mettre ſur l'Autel de la confeſſion de S.ᵗ Pierre, l'acte de donation qu'il faiſoit de l'exarchat de Ravenne, de la Pentapole & de l'Émilie au pape Étienne & à ſes ſucceſſeurs. Le Cointe rapporte les premières lignes d'une inſcription fort ancienne qu'il dit que l'on a trouvée à Ravenne, qui atteſte cette donation. *(Annal. Eccl. Fr. tom. V, pag. 484.)*

Sans autre date. **BULLA** *Stephani Papæ II vel III, quâ Monaſterium Fuldenſe in ſuam ſuſcipit protectionem.*

Franc. Orient. ab Eckardo, t. I, p. 546.
Concil. Gall. a de la Lande, pag. 78.
Bſonii Annal. t. I, col. 1648.
Ann. Eccl. Fr. Cointii, tom. V, p. 480.

Le Cointe penſe que le Pape adreſſa cette lettre à Sturmion abbé de Fulde, à peu près dans le même temps que l'on aſſure que Pépin donna ſon Diplome du mois de juin de cette année, pour ce même Monaſtère. Cette conjecture paroît aſſez vraiſemblable ; nous ne trouvons rien non plus qui empêche que l'on admette la pièce pour authentique : elle porte que le Pape l'exempte de toute autre juriſdiction que du Saint Siége, tant pour le ſpirituel que pour le temporel.

ANNÉE 755.

Sans autre date.

BULLA Stephani Papæ II vel III, pro Figiacensi Monasterio.

Gallia Christ.
sec. edit. tom. I,
instr. p. 43.

Les Auteurs de la nouvelle Gaule chrétienne, prétendent que cette bulle est du pape Étienne II *ou* III, tandis que le moine de Figeac qui a recueilli tous les actes qui concernent ce Monastère, l'attribue à Urbain II; ce dernier sentiment est dénué de toute raison. Sous le pontificat d'Urbain II, ce n'étoit certainement pas un Pépin qui régnoit en France, Philippe I.er monta sur le trône en 1060, & il y demeura jusqu'en 1108, Urbain II siégea dans cet intervalle, ayant été élu en 1088, & étant mort en 1099, ainsi on a raison de rejeter l'opinion du moine de Figeac; mais ses Critiques ont eux-mêmes fait une faute en assignant à cette bulle l'année 755 pour date; car on ne doit avoir aucun égard aux notes chronologiques avec lesquelles on l'a imprimée. Peut-on, en effet, concilier la VII.e indiction avec l'année 755, puisqu'il est certain, au contraire, que l'on comptoit dans cette année indiction VIII. Cette erreur, jointe au contenu de la bulle qui se ressent du siècle dans lequel l'ignorance accréditoit les pieuses rêveries, nous porte à douter beaucoup de son authenticité.

ANNÉE 756.

3 AVRIL.

PRÆCEPTUM Pippini Franciæ Regis, Constramno abbati, pro cœnobio sancti Dionysii concessum.

Donné à Soissons.

Histoire de
S.t Denys, par
Doublet, page
697.
Ann. Eccl. Fr.
Cointii, tom. V,
p. 557.

Mabillon rejette *(Annal. Bened. tom. II, pag. 148)* la correction que le Cointe fait aux notes chronologiques de cette pièce, que ce dernier croit avoir été seulement interpolée, & il paroît que Mabillon n'étoit pas éloigné de taxer la Charte en entier de fausseté; c'est en effet le seul monument dans lequel on trouve un abbé de S.t Denys du nom de Constran, *Constramnus*. Mais supposé que ce Constran ait été effectivement abbé de ce Monastère, il est au moins certain qu'il ne le fut point du règne de Pépin. Fulrad élu en 750, la même année que Pépin monta sur le trône, gouverna cette Abbaye jusqu'en 784, seize ans après la mort de ce Prince. D'ailleurs le Droit commun d'alors, en France, étant qu'un Seigneur suivoit son serf quelque part où il allât, il étoit inutile que le Roi donnât ce Diplome particulier pour confirmer le monastère de S.t Denys dans la jouissance de ce droit.

23 MAI.

PRIVILEGIUM Chrodegandi Metensis episcopi monasterio Gorziensi concessum.

Fait à Compiegne.

Ann. Eccl. Fr.
Cointii, tom. V,
pag. 562.
Conc. ab Har-
duino, t. III,
col. 2007.

Paul diacre, Auteur contemporain, nous a appris que Chrodegand avoit jeté les premiers fondemens de cette fameuse Abbaye. *(in Gestis episc. Metens.)* Ce Prélat ayant assisté au Concile que Pépin convoqua cette année à Compiegne, il présenta aux Évêques de l'assemblée cette Charte, pour leur faire approuver son établissement. Tous les Évêques la souscrivirent. Elle porte que Chrodegand ayant bâti, du consentement du roi Pépin & de celui des Chanoines de sa cathédrale, un Monastère dans un lieu nommé *Gorze*, au pays de Charpeigne, il l'a doté des biens dont il avoit acquis la propriété, à condition qu'il seroit occupé par des moines de S.t Benoît, qui seroient à perpétuité soûmis aux évêques de Metz ses successeurs, auxquels il donne de plus le droit de confirmer l'Abbé que les Moines éliroient parmi eux.

10 AOUST.

DIPLOMA Pippini Regis pro Monasterio Nantuacensi.

Donné à Attigny.

Hist. de Bresse
& Bugey, par
Guichenon, pr.
p. 213.
Rec. des Hist.
de France, t. V,
page 702.

Guichenon a tiré cette pièce du Cartulaire du prieuré de Nantua, & l'a imprimée avec quelques lacunes peu considérables.

Pépin adresse son Diplome aux Évêques, aux Comtes, aux Ducs, aux Abbés, en général à tous Gens de justice, soit ecclésiastiques ou laïcs, & à ses autres Officiers

Tome I.   S ij

employés pour la levée des impôts, & leur défend de faire aucun acte de leur office dans l'enceinte de ce Monastère & dans les lieux qui sont de son domaine, accordant à Syagrius qui en étoit abbé alors, & à ses successeurs, le droit de régir sous son autorité royale, ce Monastère & ses dépendances, tant pour le civil & le temporel, que pour le spirituel.

Bardillo scripsit, il faut lire *Baddilo*, *Badilon* ou *Baddilon*, étoit alors Chancelier de Pépin, & il expédia ce Diplome.

Mabillon *(Annal. Bened. tom. I, pag. 373 & 461)* avoue l'authenticité de ce Diplome, & sans fixer de date à la fondation de ce Monastère, ni désigner son fondateur, il prétend que Syagrius est le premier abbé de Nantua que nous connoissions.

ANNÉE 756.

21 DÉCEMBRE.

CHARTA *donationis a Podalo factæ Monasterio San-Gallensi.*

Annal. Eccl. Cointii, tom. V, pag. 598.

On peut voir dans Goldaste *(rerum Alamannicarum, tom. III)* cette pièce dans son entier, dont le Cointe n'a imprimé qu'un fragment.

Sans autre date. **CAPITULARE** *Pippini Regis, de diversis capitibus.*

Arrêté à Metz.

Capit. Reg. Fr. a Baluzio, t. I, col. 177.

Baluze n'affirme pas que l'assemblée dans laquelle on dressa ce Capitulaire se tint à Metz, aussi il dit qu'il ne l'a daté de ce lieu, que parce que d'anciens Auteurs l'ont écrit avant lui. Il est au surplus constant que cette assemblée se tint dans le courant de l'année 756, pendant laquelle Pépin s'abstint d'aller à la guerre, dans le dessein de parcourir les différentes provinces de ses États, pour y rétablir l'ordre & remettre les loix en vigueur : *Anno Dominicæ incarnationis DCCLVI*, dit l'Annaliste de Metz, *Pippinus princeps interiora regni sui pacifice ordinans tam in Ecclesiasticis rationibus, quam & in publicis negociis & privatis, in nullam partem exercitum duxit.*

(*Voyez* au mois de mars de l'année 753).

ANNÉE 757.

27 FÉVRIER.

EPISTOLA *Stephani Papæ III vel II ad Fulradum abbatem, quâ multa privilegia concedit Monasterio sancti Dionysii.*

Histoire de St Denys, par Félibien, pr. p. 26. Ann. Eccl. Fr. Cointii, tom. V, pag. 551. Concil. Antiq. Galliæ a Sirmondo, tom. II, pag. 38. Histoire de St Denys, par Doublet, page 447.

Le Cointe remarque que le père Sirmond a retranché quelques phrases de cette lettre qu'il a imprimée d'après Doublet, c'est ce qui détermine cet Annaliste à donner une double édition de cette pièce, telle qu'elle se trouve dans les deux ouvrages de Doublet & du père Sirmond.

Nous observons encore que le Cointe a adopté le sentiment de Doublet sur un certain *Chillard*, qu'il dit avoir été abbé de St Denys, entre Amalbert & Fulrad ; c'est une erreur, Mabillon *(Annal. Bened. tom. II, pag. 148)* prouve évidemment que Fulrad succéda immédiatement à Amalbert, & cela en 750 ; ainsi il ne faut point, comme dit le Cointe, changer l'adresse de cette bulle, qui porte entre autres priviléges que le Pape accorde au monastère de St Denys, d'avoir un Évêque particulier pour conférer les ordres aux Religieux de cette maison, pour y consacrer les saintes Huiles, & faire la bénédiction des Autels.

Sans autre date. **STEPHANI** *Papæ II vel III præceptum de Hospitali & domo Romæ Fulrado abbati sancti Dionysii concessis.*

Concil. Antiq. Galliæ a Sirmondo, tom. II, pag. 38. Ann. Eccl. Fr. Cointii, tom. V, pag. 557. Histoire de S.t Denys, par Félibien, pr. p. 27.

Fulrad, abbé de St Denys, ayant bien mérité de la cour de Rome, par son zèle pour les intérêts du Pape, reçut de ce Pontife cette dernière marque de sa reconnoissance. Étienne, par ce Diplome qu'il fit expédier sans doute au commencement de cette année, puisqu'il mourut le 26 avril, donna à l'abbé Fulrad un hospice dans Rome, situé près l'église de St Pierre, occupé ci-devant par un moine nommé *Ratchis*, avec une maison & ses dépendances, dont un autre moine nommé *Nazare* avoit joui;

cette donation faite néanmoins sous la condition qu'après la mort de Fulrad, l'église de S.t Pierre rentreroit dans la jouissance de l'hospice comme étant de son domaine, ainsi que le monastère de S.t Étienne, *Cata Galla Patricia*, rentreroit à ce même titre dans la jouissance de la maison, avec ses dépendances.

L'Historien de S.t Denys remarque que l'on trouve dans le même Cartulaire, duquel il a tiré cette pièce, un autre Diplome du pape Adrien I, par lequel ce Pontife donne en bénéfice aux abbés de S.t Denys ce même hospice, sous la redevance annuelle d'un sol d'or envers l'église de S.t Pierre.

ANNÉE 757.

Sans autre date.

Avis du pape Paul I au roi Pépin, de son élévation au Pontificat, avec promesse d'amitié & de fidélité.

Preuves des libertés de l'église Gallicane, p.r partie, p. 10.
Concil. Antiq. Galliæ a Sirmondo, tom. II, pag. 40.
Ann. Eccl. Fr. Cointii, tom. V, pag. 590.

Le siége de Rome vaqua trente-deux jours, après lequel temps Paul diacre, frère du pape Étienne, fut élu à sa place. Les termes de la lettre que le nouveau Pape fit remettre à Pépin par ses Ambassadeurs, sont remarquables. *Quoniam*, dit-il, *nos pro certo agnoscas excellentissime & a Deo protecte noster post Deum auxiliator & defensor Rex, quod firmi & robusti usque ad animam & sanguinis nostri effusionem, in ea fide & dilectione & caritatis concordia, atque pacis fædere quæ præfatus beatissimæ memoriæ D. & Germanus meus sanctissimus Pontifex vobiscum confirmavit, permanentes & cum nostro populo permanebimus usque ad finem.*

LITTERÆ plures Pauli Papæ I ad Pippinum regem, quibus auxilium poscit adversus Græcos, tum adversus Desiderium Longobardorum regem qui Exarchatum & Ravennam invadere conabatur; & aliæ quibus gratias agit pro tuitione acceptâ.

Rec. des Hist. de France, t. V. p. 500 & suiv.
Concil. Antiq. Galliæ a Sirmondo, t. II, p. 45, 48, 50, 55 & 56.
Ann. Eccl. Fr. Cointii, tom. V, pag. 592, 594, 597, 600, 617, 624, 679, 680, 689 & 700.

Ces lettres sont datées par ces divers Auteurs, des années 757, 758, &c. jusqu'à l'année 767 inclusivement, sans citation de mois, ni de quantième.

Sans autre date.

CHARTA qua Chrodegandus Metensis episcopus, Gorziensis Monasterii dotem auget.

Epist. Pontif. Rom. a Gretsero, p. 76, 81, 92, 98, 101, 107, 113, 115, 118, 122, 128, 131, 132, 135, 139, 144, 146, 148, 149, 153, 156, 158, 159, 161 & 163.
Origine de la Maison de France, par Dubouchet, pr. p. 186, 187, 191, 192, 194, 196, 199, 201, 203 & 207.
Chiffletii Op. t. I, p. 455.

Cette Charte tirée du Cartulaire de l'abbaye de Gorze, paroît interpolée dans ses notes chronologiques; car Pépin étant monté sur le trône dans l'année 750, la VII.e de son règne revient à l'année 756, & non pas 757 comme la Charte le porte.

Chrodegand donne à ce Monastère, dont il étoit le fondateur, un domaine avec ses dépendances, nommé *Montem-vivonem*, situé dans le pays de Charpeigne. Chifflet à cette occasion explique ce que l'on doit entendre par *terra indominicata* ou *in dominico*, & *terra in beneficio*.

Suivant cet Auteur, *terra indominicata* étoit un domaine donné à ferme, pour le loyer duquel le fermier rendoit annuellement au maître une certaine redevance; le bénéfice différoit en ce que le fonds étoit en quelque sorte aliéné, pour lequel le bénéficiaire étoit tenu envers son Seigneur seulement, d'un cens annuel; c'est de ces bénéfices, ajoûte cet Auteur, que se sont formés dans la suite les Fiefs. Il faut consulter le Glossaire de Ducange, aux mots *Dominicate*, *Dominicatura*, *Feudum* & *Beneficium*.

ANNÉE 758.

11 FÉVRIER.

PIPPINI regis Diploma pro monasterio Fuldensi.
Donné à Orléans.

Annal. Bened. t. II, p. 193.

Mabillon n'a imprimé qu'un fragment de ce Diplome, par lequel Pépin & Charles son fils font en commun la donation d'un fisc nommé *Omenestas*, situé dans le territoire de *Moynecgowe*, au monastère de Fulde. Mabillon, dans ce même endroit de ses Annales, fait un état sommaire des biens que ce Monastère possédoit en Allemagne, à la fin du VIII.e siècle; il n'y avoit point de canton dans cette partie la plus vaste de l'Europe,

S iij

où il ne se trouvât quelques fonds de terre qui lui appartinssent. Dans la Saxe il possédoit trois mille métairies, il en avoit un nombre égal dans la Thuringe, autant dans la Hesse, autant dans le Palatinat, & enfin autant répandues dans la Bavière & dans la Souabe, formant en somme le nombre de quinze mille. On auroit peine, sans doute, à croire sur le simple récit d'un Auteur des faits de cette nature; mais ces possessions sont attestées par un si grand nombre de Diplomes, de Chartes & d'Actes, qu'il n'est pas permis de douter qu'elles n'aient appartenu à ce Monastère.

30 OCTOBRE.

ANNÉE 758.

CHARTE de Pépin en faveur de l'abbaye de S.t Denys, contre le comte Gérard qui usurpoit un droit appartenant à cette Abbaye.

Donné à Compiegne.

Histoire de l'abbaye de S.t Denys, par Félibien, pr. p. 28. De re Diplom. a Mab. p. 493. Rec. des Hist. de France, t. V, page 703.

Gérard, comte de Paris, prétendoit qu'en cette qualité il devoit percevoir toutes les impositions mises sur les marchandises que l'on portoit vendre au marché de S.t Denys; Fulrad abbé de ce Monastère, présentoit un Diplome du roi Dagobert qui portoit concession de ces droits à ce Monastère, & en vertu duquel il en réclamoit la jouissance. Pépin dans ce plaid jugea la cause en faveur de Fulrad.

Mabillon fait une remarque très-intéressante sur cette pièce; elle donne occasion à ce Savant de développer les formes judiciaires usitées dans ce temps, & en quoi consistoient principalement les fonctions des *Missi*; il paroit que ces Officiers ne jugeoient jamais les causes; ils remplissoient au contraire les fonctions du ministère public.

10 JUIN.

ANNÉE 759.

PRÆCEPTUM Pippini regis a Nectario abbate Anisolensi impetratum.

Donné à Verberie.

Rec. des Hist. de France, t. V, page 704. Ampliss. coll. tom. I, col. 27.

Pépin confirme ce Monastère dans tous les priviléges & franchises que les rois d'Austrasie lui avoient accordés, l'exemptant de plus avec ses hommes & ses serfs, non seulement de la jurifdiction des Juges ordinaires, mais encore de la visite & révision des *Missi dominici*; Charles fils aîné de Pépin, par une dévotion singulière que ce jeune Prince avoit pour S.t Calèz fondateur de cette Abbaye, s'en étoit déclaré l'Avoué & le Protecteur; le Roi, par ce même Diplome, approuve les intentions de Charles.

Wimard, Chancelier, expédia ce Diplome.

JUIN, sans quantième.

PRÆCEPTUM Pippini regis pro monasterio Fuldensi.

Donné à Attigny.

Rec. des Hist. de France, t. V, page 704. Franc. Orient. ab Eckardo, t. I, p. 554 & 570.

Pippinus hoc anno mense junio Attiniaci existens monasterio Fuldensi villam quæ dicitur Thininga, sitam in pago Rezi super Fluvio qui vocatur Agira donavit, &c. Hitherius in vice Baddilone recognovit. Data, &c.

Les Géographes Allemans, que cette pièce intéresse singulièrement, connoîtront mieux que nous les lieux & la rivière qui y sont énoncés, ainsi de peur de tomber dans quelque erreur, je n'entreprendrai point d'en désigner la situation, non plus que d'en indiquer le nom moderne. J'observe seulement qu'Eckard après avoir examiné scrupuleusement la Charte, la soutient authentique; jugement bien différent de celui que ce Savant porte de la pièce que j'ai placée au mois de juin de l'année 755.

ANNÉE 760.

17 JUIN.

PRÆCEPTUM *Pippini Francorum regis pro ecclesiâ Trevirensi, cujus possessiones confirmat.*

Ann. Eccl. Fr. Cointii, tom. V, pag. 622.

Donné à Zulpich. (Souche pour les François).

Pépin après l'assemblée de Compiegne, tenue au commencement de cette année, alla en Allemagne pour rétablir dans cette partie de ses États l'ordre & la police que la révolte des Saxons & des Bavarois avoient détruits : s'étant rendu de Jopil où il avoit passé les fêtes de Pâques à son palais de Zulpich, qui s'appeloit du temps de Clovis *Tolbiac*, il y apprit que Waifre duc d'Aquitaine avoit pris les armes & qu'il marchoit vers la Bourgogne ; cette nouvelle détermina Pépin à se rendre promptement en Neustrie ; avant son départ il donna ce Diplome, par lequel il confirme toutes les riches donations que les rois de France avoient faites à la cathédrale de S.t Pierre de Trèves, & l'exempte des impôts & des péages que l'on avoit accoûtumé de payer au fisc.

SEPTEMBRE, sans quantième.

CHARTA *donationis villæ de Blangiaco ecclesiæ Brivatensi facta per Gideonem.*

Capit. Reg. Fr. a Baluzio, t. II, col. 1392.

Nous croyons qu'il y a erreur dans les chiffres de la date de cette Charte, ou que Baluze a fait une faute en la plaçant sous cette année. Voici sur quoi je fonde cette critique. Tous les Historiens d'après l'Annaliste de Metz & d'autres monumens très-anciens, fixent à l'an 745 la retraite du duc Hunold dans le monastère de l'isle de Ré, époque de la succession de Waifre son fils dans le duché d'Aquitaine. Or comment concilier la XII.e année du règne de Waifre, qui est la date que porte la Charte, avec l'année 760. Cette XII.e année du règne de ce Prince revient certainement à l'année 756 ; mais s'il y a erreur dans le chiffre, Baluze auroit dû le faire remarquer au Lecteur.

Gédéon seigneur Aquitain, avoit enlevé à l'église de Brioude une métairie située dans la Limagne d'Auvergne, par les mauvais conseils de son Souverain le duc Hunold ; touché dans la suite du repentir de cette injustice, il la répara en restituant par cette Charte, à l'église de Brioude, cette métairie, & en lui donnant pour les non-jouissances une autre métairie qui est peut-être Blanzat en Limousin, ou Blanzac en Rouergue.

Sans autre date.

EPISTOLA *sive mandatum Pippini regis ad Lullum episcopum Moguntiensem, pro faciendis universæ precibus.*

Capit. Reg. Fr. a Baluzio, t. I, col. 185.
Ann. Eccl. Fr. Cointii, tom. V, p. 632.
Constit. Imp. a Goldasto, t. III, pag. 120.
Traité de la Police, par de la Marre, t. II, p. 309.

Pépin seul jouissoit dans une paix profonde, de tous ces grands États dont la conquête rend encore fameux Clovis & ses enfans, & qui avoient été tant de fois partagés dans leur postérité. L'Estre suprême qui donne & retire à son gré les Couronnes, avoit peut-être guidé Pépin dans le haut dessein qu'il forma de mettre sur sa tête celle du malheureux Childéric. Doit-on dans ce doute regarder Pépin comme un usurpateur, comme un sujet rebelle ! qui osera le juger. Ce Prince joignit à presque toutes les vertus morales, une piété digne des plus grands Saints, il respecta toutes les pratiques de la Religion, il honora ses Ministres ; attribuant ses conquêtes & le rétablissement de l'ordre dans ses États, moins à la force de ses armes & à la prudence de ses conseils, qu'à la faveur du Ciel, il s'acquitta religieusement envers Dieu de la reconnoissance qu'exigeoient de si grands bienfaits ; cette lettre est une preuve que ce Prince rapportoit tout à Dieu ; il en écrivit, sans doute, de semblables à tous les Évêques de son royaume, par lesquelles il leur ordonnoit de faire chanter dans leurs diocèses des Litanies, & de faire faire des aumônes en action de grace pour les moissons abondantes, & d'autres faveurs que son peuple avoit reçues du Ciel dans le cours de cette année.

ANNÉE 761.

11 FÉVRIER.

DONATIO *Villaris in pago Belnensi, ecclesiæ sancti Benigni Divionensis a Rocholeno.*

Rec. de Pérard, page 9.

Fait à Chausse en Picardie.

Riccolene & Ermena sa femme, donnèrent par cette Charte au monastère de S.t Étienne de Dijon, la seigneurie de Villars avec ses dépendances, située dans le diocèse d'Autun, au pays de Beaune; ces pieuses gens étoient sans doute Picards, ou au moins ils demeuroient en Picardie; car le lieu d'où ils datent l'acte de cette donation est certainement *Chaussé* dans le diocèse de Laon, *Cadussa*, c'est le même dont Charlemagne fit donation au monastère de S.t Denys en 867.

Il faut observer que la IX.e année du règne de Pépin tomboit à l'an 759, par conséquent Pérard a fait une faute de rapporter cette Charte, qui porte cette date, à l'année 761.

7 MAI.

CHARTA *pro Monasterio San-Galli.*

Ann. Eccl. Fr. Cointii, tom. V, pag. 641.

Le Cointe n'a imprimé qu'un fragment de cette pièce, elle se trouve dans son entier dans le recueil cité par cet Auteur.

13 AOUST.

PIPPINI *præceptum pro constructione & dotatione Monasterii Prumiensis.*

Miræi Opera Diplom. t. III, pag. 3. Annal. Bened. t. II, p. 705. Histoire de Lorraine, par Dom Calmet, t. IV, col. 277. Hist. de Luxembourg, par Bertholet, t. II, pr. p. 40, col. 1. Rec. des Hist. de France, t. V, page 705.

Donné à *Trisgodros*. (*Trisgodios* villâ.)

Le préambule de ce Diplome est remarquable par le style & par le grand nombre de citations de passages de l'ancien & du nouveau Testament. Pépin débute ainsi « Puisqu'il est hors de doute que c'est par la volonté toute-puissante de Dieu que » nous sommes arrivés au trône, la plus juste reconnoissance nous porte à nous occuper des choses qui peuvent le plus contribuer à remplir les vûes de sa divine providence ». Le Roi se retrace ensuite le Tabernacle orné par Moyse, le Temple élevé par Salomon: l'exemple de ces grands Rois excite sa piété pour le culte de la Religion; reconnoissant d'ailleurs que c'est de la pure libéralité de Dieu qu'il tient tous les grands biens qu'il possède, il pense qu'il est juste de lui en consacrer la meilleure partie, puisqu'en effet les biens de ce monde ne peuvent nous être utiles qu'autant qu'ils nous procurent des moyens de mériter auprès de Dieu, *sed illum tantum,* dit ce Prince, *ad animæ salutem credimus proficere, quæque devota mente de rebus transitoriis Domino videmur distribuere;* enfin la reine Bertrade pénétrée de pareils sentimens, concourt avec le Roi son mari à bâtir de nouveau ce Monastère, dont Bertrade son aïeule avoit posé les premiers fondemens dès l'an 720. Cette Princesse donne un alleu qu'elle avoit eu de la succession d'Héribert son père, à quoi Pépin ajoûte des terres situées *in pago Charos villa* & ailleurs, avec trois églises bien dotées, savoir, celle de S.t Médard sur le Rhin, *in pago Altrepio,* celle de S.t Pierre de Casseach, & celle de S.te Marie dans le pays de Lome, sur la Meuse.

Nous conjecturons que Pépin tira une colonie de Moines du monastère de S.t Faron de Meaux, pour occuper celui de Pruin.

Baddilon expédia ce Diplome; mais nous ne connoissons point le lieu où il fut donné, cette Charte étant peut-être la seule qui soit datée de *Trisgodios*, il sera échappé aux Historiens Allemans d'en faire la recherche.

Sans autre date.

EPISTOLA *Pauli Papæ I ad Pippinum Franciæ regem, de mensa Papæ donata ab ipso Pippino.*

Concil. Antiq. Galliæ a Sirmondo, tom. II, pag. 51.

Je ne connois point d'endroits de l'Histoire où il soit parlé de cette table dont Pépin avoit fait présent au pape Étienne II, pour être placée à Rome dans l'église de S.t Pierre; cette lettre écrite par le successeur de ce grand Pontife, contient des remercîmens dont la mort empêcha sans doute Étienne de s'acquitter envers ce Prince; le Pape y rend compte aussi de la bénédiction qu'il fit de cette table, en présence des Ambassadeurs du Roi: cérémonie qu'il rendit auguste par les hymnes & les cantiques que l'on chanta, autant pour honorer la religion de Pépin, que dans la vûe d'intéresser le Ciel pour la personne & les peuples soûmis à ce Prince. Le Pape dit qu'il plaça

cette

ANNÉE 762.

13 MARS.

TESTAMENTUM Heddonis Argentoratensis seu Strasburgensis episcopi.

Fait à Strasbourg.

Ann. Eccl. Fr. Cointii, tom. V, pag. 643. Origine de la Maison d'Alsace, &c. par le P. Vignier, page 73.

Hatton comte d'Hasbourg, aïeul de l'Évêque qui fit ce testament, avoit jeté, vers la fin du VII.e siècle, les premiers fondemens de l'abbaye de Eshein-Munster, qui subsiste encore de nos jours. Wigger évêque de Strasbourg finit ce pieux établissement, & après y avoir placé une colonie de Moines de l'Ordre de S.t Benoît, il le nomma *Cella Monachorum*; Hatton étant informé du délabrement des affaires de cette Abbaye, occasionné principalement par la négligence des successeurs de Wigger, forma le dessein de les rétablir. Les termes de cette Charte nous donnent occasion de remarquer, en passant, que les Auteurs de la nouvelle Gaule chrétienne paroissent avoir fait une faute considérable en faisant succéder immédiatement Hatton à Wigger: cette Charte semble dire qu'il y eut au moins deux Évêques sur le siége de Strasbourg entre ces deux derniers, puisque Hatton accuse de négligence les successeurs de Wigger, par rapport à ce Monastère, *antecessorum negligentia penitus desolatum erat*.

Hatton enfin rétablit cette Abbaye dans ses anciens droits, & lui donna des biens considérables répandus dans toutes les parties de la haute & basse Alsace, ce Prélat lègue entre les autres domaines, *duas Hubas cum casis, vineis, Mancipiis*; il faut lire Ducange au mot *Huba*, & la note du père le Cointe, *tome III, page 770, n.º 20*. Il me semble que le *Huba* dans cet endroit revenoit à ce que nous entendons aujourd'hui par *Ferme, Village* ou *Terre*, on ne doit pas le restreindre à la signification du mot *Mansus*.

Cette Abbaye a pris le nom de son restaurateur & s'appelle *Eshein-Munster*, elle est située dans la basse Alsace, à l'entrée de la forêt noire sur le Rhin.

19 JUIN.

CHARTA donationis Bagonis presbyteri, pro cœnobio sancti Benigni Divionensis.

Donné à Dijon.

Ann. Eccl. Fr. Cointii, tom. V, pag. 649. Rec. de Pérard, page 10.

Les biens que Bagon donne par cette Charte, sont situés *in pago Oscariensi*, dans les villages nommés *Isiodoro, Ipsalas & Alziriaco*.

Ce Pagus étoit arrosé de la rivière d'Ouche, & on l'appeloit de son nom *Oscara, Oscariensis*: je ne connois point les lieux de ce pays, nommés *Isiodorum, Ipsalas & Alziriacum*; cette Charte contient encore quelques expressions inconnues à nos Glossateurs. *Mansum & Arcolas*, ce dernier mot ne se trouve point dans Ducange; on pourroit le soupçonner un diminutif d'*Arca* ou *Arcæ*, & par corruption ou par une faute de copiste, on a écrit *Arcolas* au lieu d'*Arcellas*; pourquoi même ne liroit-on pas *Accolas*? *Mansum & Accolas*, la métairie avec le laboureur: ce dernier me semble plus naturel.

JUIN, sans quantième.

PRÆCEPTUM Pippini regis pro monasterio Juncellensi.

Donné à Ponthion.

Cap. Reg. Fr. a Baluzio, t. II, col. 1393.

Cette Abbaye est située dans les montagnes du diocèse de Béziers, sur les frontières du Rouergue & du pays de Lodève, à deux lieues de cette dernière ville du côté du nord-ouest, & environ à huit de Béziers vers le nord de cette ville. Elle étoit anciennement connue sous le nom de S.t Pierre de Lunas, *sancti Petri in Lunate*. La ressemblance de ce nom *Lunate* avec *Lutevensis & Lunellum*, a fait tomber Catel & M. de Valois chacun dans une erreur particulière. Catel a cru que ce Diplome regardoit l'église de S.t Pierre de Lodève, & M. de Valois celle de Lunel; les frères Sainte-Marthe rapportent dans le catalogue des évêques de Béziers une autre Charte du roi Pépin qui décide absolument la méprise de ces deux Auteurs. On y lit que ce Prince donna au monastère de S.t Pierre situé dans la vallée de Lunas, le lieu de Joncelle, à la prière de Benoît qui en étoit abbé. Ce Diplome avec celui dont nous rendons compte,

Tome I.   T

justifie encore l'opinion de Dom Vaissette sur l'ancienneté de ce Monastère ; cet Historien pense qu'il existoit long-temps avant Pépin, & qu'ayant été détruit par les Sarazins, ce Prince n'en fut que le restaurateur ; il paroît, en effet, que lorsqu'il éprouva les fureurs de ces infidèles, il étoit situé dans la vallée de Lunas, & que Pépin le fit réédifier dans le territoire de Joncelle. Les biens dont ce Prince augmenta sa dot, par cette dernière Charte, étoient situés dans son voisinage, & leurs noms & leurs bornes y sont clairement énoncés. Pépin ajoûte à cette dernière donation beaucoup de priviléges qui n'ont plus lieu présentement.

Sans autre date.

ANNÉE 762.

PRÆCEPTUM Pauli Papæ quo donat Pippino regi monasterium sancti Silvestri in Monte Soracte, cum tribus aliis ei subjacentibus.

Epist. Pontif. Rom. a Gretsero, pag. 73. Annal. Eccl. Franc. Cointii, t. V, p. 646.

Les trois monastères soûmis à celui de S.ᵗ Silvestre, étoient le monastère de S.ᵗ Étienne, de S.ᵗ André & de S.ᵗ Victor, situés comme ce premier sur le Monte-di-Sant-Oreste dans l'État ecclésiastique. Le Pape les donne tous les quatre à Pépin, suppliant ce Prince d'en prendre les Moines & les biens sous sa protection. Pépin acquit, par ce Diplome, le droit d'en nommer les Abbés.

25 MAI.

ANNÉE 763.

DONATION de Vanou & quelques autres terres faite à l'abbaye de Gorze, par Chrodegand évêque de Metz.

Histoire de Lorraine, par Dom Calmet, t. I, col. 276, aux preuves. Hist. des évêques de Metz, par Meurisse, page 167.

Donné à Metz.

Il paroît certain que cette Charte a été interpolée dans les notes chronologiques avec lesquelles Meurisse & Dom Calmet l'ont imprimée ; le compte de l'indiction & le nombre d'épactes sous lesquelles on la date ne se rapportent point à l'année. On comptoit en effet en 763 indiction I, épacte III, tandis que cette pièce porte indiction VII, épacte XXIII. L'erreur des années du règne de Pépin est plus sensible encore ; tous les Auteurs comptent que cette année 763 est ou la XII.ᵉ ou la XIII.ᵉ ; elle est marquée au contraire dans cette Charte la IV.ᵉ Ces remarques porteront peut-être des Critiques plus rigides que nous à douter de l'authenticité de toute la pièce.

12 JUILLET.

CHARTA fundationis cœnobii Laureshamensis diœcesi Wormaciensi a Williswinda.

Franc. Orient. ab Eckardo, t. I, p. 580. Ann. Eccl. Fr. Cointii, tom. V, pag. 652. Miræi Opera Diplomat. t. I, pag. 642. Germaniæ rerum script. a Frehero, tom. I, pag. 56.

Fait à Laurisham.

Les deux premiers Auteurs cités à la marge ont tiré cette pièce de la chronique du monastère même de Laurisham, que Markard Freher a le premier publié. Cette chronique commence à cette année 763, & finit à l'année 1179.

Chrodegand évêque de Metz, fondateur ou au moins restaurateur, reçut la donation que cette pieuse dame nommée *Williswinde*, fit de concert avec le comte *Cancor* son fils, du village de Hagenheim situé dans le territoire de Worms ; elle dit que ce village lui venoit de la succession de son père Adhelle.

17 JUILLET.

CHRODARDI comitis Charta de venditione Fulrado abbati Dionysiano facta.

Franc. Orient. ab Eckardo, t. I, p. 582. De re Diplom. à Mab. p. 494. Histoire de l'Abbaye de S.ᵗ Denys, par Félibien, pr. p. 29.

Fait à Marlen en Saxe.

Les biens vendus étoient *in Ducatu Alamannorum*, dans cette partie que nous appelons aujourd'hui le Brisgaw. Voici le nom des lieux où ils étoient situés, *in Marcas Binubhaime sibi Romaninchora, in Tontarinchova, in Gotones-villare, in Valahpah, in Hooltingas & Agimotingas, in Binushaim, in Eppalinchova*. Il seroit à désirer que Mabillon ou quelques Savans d'Allemagne eussent fait quelques recherches sur ces lieux, dont les noms tout-à-fait barbares ont sans doute changé.

Cette vente est faite à Fulrad abbé de S.t Denys, moyennant *solidus probus apensates numerum quinque millia*, c'est-à-dire, cinq mille sols de bonne monnoie & bien comptés, car c'est tout ce que veut dire le mot *apensates*. Mais celui qui a rédigé la Charte a oublié de dire l'espèce des sols, étoient-ils d'or ou d'argent ! le sol d'or valoit quarante deniers d'argent, monnoie de France. Si la curiosité porte le lecteur à vouloir être instruit de la valeur des monnoies de ces temps reculés, par comparaison avec notre siècle, il pourra consulter le traité de M. le Blanc.

JANVIER,
sans quantième.

ANNÉE 764.

PRIVILÉGE accordé par le roi Pépin à l'abbaye de S.t Maximin de Trèves.

Donné à Mayence.

Ann. Eccl. Fr. Cointii, tom. V, pag. 687.
Histoire de Lorraine, par Dom Calmet, tome I, pr. col. 281.
Hist. de Luxembourg, par Bertholet, t. II, pr. p. 44, col. 2.

Pépin confirme, par ce Diplome, l'Abbé & les Moines de cette abbaye dans la jouissance des priviléges que les Rois ses prédécesseurs leur avoient accordés, il prend de plus le Monastère sous sa protection spéciale, & permet aux Moines d'élire leur Abbé.

Celui qui gouvernoit en ce temps cette Abbaye s'appeloit *Utilrad*, il paroît étonnant que Mabillon qui donne une suite chronologique de tous les Abbés de son Ordre dans ses Annales, n'ait point nommé celui-ci. Il paroît encore plus étonnant que Miray date cette Charte de l'année 761.

3
AOÛT.

CHARTE du roi Pépin, par laquelle il accorde plusieurs immunités à l'abbaye de Pruim.

Donné à Marlen en Saxe.

Hist. de Luxembourg, par Bertholet, t. II, pr. p. 45, col. 2.

C'est principalement l'affinité du mot *Maslarium*, lieu où fut donné ce Diplome, avec *Mareleium, Mareleia* ou *Mareligium*, qui m'a porté à penser que ces noms désignoient le même lieu ; on peut présumer d'ailleurs qu'il y a faute dans la leçon du mot *Maslarium*. Cette Charte est la seule où il se trouve écrit, seroit-elle la seule que Pépin & ses descendans eussent donnée dans ce palais ! on doit croire, ce me semble au contraire, qu'un copiste mal-habile n'aura pas bien lu, & qu'il aura écrit *Maslarium* au lieu de *Mareleium*, palais fameux sous cette seconde race, dans lequel nos Rois donnèrent plusieurs Chartes qui sont parvenues jusques à nous.

Pépin adresse celle-ci aux Évêques, aux Abbés, à ceux d'entre eux qui étoient ou qui seroient sans doute départis dans les provinces, en qualité de Commissaires pour la justice & pour les affaires de police & de finance, (c'étoient-là, selon mon avis, les *Missi dominici*) aux Ducs, aux Comtes, aux Domestiques, aux Vicaires, aux Centeniers, par laquelle il leur défend d'exercer desormais aucun acte de jurisdiction sur le monastère de Pruim, ni de lever sur les biens de sa dépendance aucun impôt.

25
MAI.

ANNÉE 765.

CHARTE par laquelle Chrodegand donne à l'abbaye de Gorze une grande quantité de biens situés en Alsace.

Fait à Metz.

Histoire de Lorraine, par Dom Calmet, t. I, col. 281, aux pr.
Hist. des évêques de Metz, par Meurisse, p. 167.
Chiffletii Opera, t. I, p. 455.
Histoire des Chanceliers de France, par Duchêne, p. 47.

Cette pièce est aussi curieuse qu'intéressante. Chifflet la donne comme contenant des exemples des différentes natures de possessions sous la seconde race de nos Rois ; nous y trouvons, par cette raison, tous les devoirs des vassaux envers leur Seigneur ; on y découvre la solution des questions féodales les plus importantes ; on voit le droit exclusif que les Seigneurs avoient de tenir dans leurs fermes un taureau, un verrat, un bélier, pour obliger sans doute leurs vassaux d'y amener les femelles de ces animaux pour être couvertes, pour lequel on payoit une somme ; le mot *Anceingia, Ancinia, Anzinga, Accingia, Encengia* interprété par les Auteurs, tantôt pour des corvées ou des journées de travail dont les serfs ou les colons étoient tenus envers leur Seigneur, tantôt pour une mesure de terre qui consistoit dans un certain nombre de perches, est pris dans cette Charte pour cette dernière acception. On distingue dans cette pièce les *Advocati* d'avec les *Ministeriales*, ces premiers ont été remplacés par le Procureur fiscal, & les autres par le Bailli; on y trouve la franchise entière des Alleux par l'opposition aux terres pour lesquelles il étoit dû un droit au Seigneur dans le cas de vente ou de mutation; la briéveté que je me suis prescrite dans mes notes, ne me permet pas une plus longue analyse de cette Charte, qui ne pourroit d'ailleurs être bien faite que par un Jurisconsulte habile.

ANNÉE 766.

JUILLET, sans quantième.

PRÆCEPTUM *Pippini Francorum regis, quo monasterio sancti Dionysii villam Exonam restituit.*

Rec. des Hist. de France, t. V, page 706.

Donné à Orléans.

Clotaire I.er avoit détaché de son fisc la terre d'Essone, située près Corbeil dans le territoire de Paris, & en avoit fait don au monastère de S.t Denys; Clovis II ratifia cette donation peu après qu'il fut parvenu au trône; on ne sait comment quelqu'un de mauvaise foi s'empara dans la suite de cette terre; il paroit même qu'elle étoit rentrée au Domaine, car Pépin dit dans ce Diplome qu'un certain comte nommé *Rauchon*, la tenoit du Fisc en bénéfice lorsque l'abbé Fulrad la réclama; enfin cet Abbé ayant produit au Conseil les titres qui justifioient son droit sur cette terre, le Roi donna ce Diplome, par lequel il ordonne que l'abbé & les moines de S.t Denys seront rétablis dans la propriété & jouissance d'icelle & de tous ses droits.

25 NOVEMBRE.

DON *fait par Adalard à l'abbaye de S.t Denys, de tout ce qu'il possédoit dans le territoire de Beauvais & d'Amiens.*

Histoire de l'abbaye de S.t Denys, par Félibien, pr. p. 29. De re Diplom. a Mab. p. 495.

Fait à Anse dans le Lyonnois.

Cet Adalard étoit peut-être celui qui fonda le nouveau monastère de Corbie en Allemagne, il étoit proche parent de Charlemagne; ou peut-être étoit-ce le brave Adelard comte de Chaalons, lequel tenant le parti du Roi battit sur les bords de la Loire Chilping comte d'Auvergne, qui refusoit de se soûmettre à Pépin; l'un ou l'autre avoit un Chancelier nommé *Aresrède*, qui expédia cette Charte : elle est datée d'un lieu nommé *Ansoaldo-villare*; plusieurs raisons, jointes à la proximité de ce nom avec *Ansa* sur la Saône, m'ont porté à croire que c'étoit ce dernier.

15 DÉCEMBRE.

TESTAMENTUM *Tellonis episcopi Curiensis in gratiam monasterii Disertinensis.*

Annal. Bened. tom. II, p. 707.

Fait à Coire.

Ce Monastère est connu aujourd'hui sous le nom de *Disentis*, il est occupé par des Bénédictins, & situé à la descente des Alpes dans le diocèse de Coire capitale des Grisons.

Tellon, évêque de cette ville, doit être considéré comme le fondateur de ce Monastère à cause des grands biens qu'il lui donna par cette Charte; ce bon Prélat avoit si fort à cœur que sa dernière volonté fût exécutée, qu'il renchérit de beaucoup sur les imprécations usitées alors contre les infracteurs; *que celui*, dit-il, *qui portera quelque atteinte à cet Acte, encoure après sa mort les peines attachées aux sept genres de damnation, & qu'il paye dès ce monde vingt livres pesant d'or & d'argent.* Mabillon assure avoir imprimé cette pièce sur l'original que l'on voyoit de son temps dans les archives de ce Monastère.

ANNÉE 767.

31 MARS.

DONATION *faite au monastère de St Antonin en Rouergue, par le roi Pépin.*

Histoire de Languedoc, t. I, pr. col. 23.

Donné à Saint-Antonin.

Cette pièce est une simple notice de la Charte qui porte donation en faveur du monastère de St Antonin, de celui de St Pierre situé en Quercy, sur la rivière d'Aveiron. Dom Vaissette critique cet Acte comme contenant des anachronismes & des faits contraires à l'Histoire. Il est effectivement vrai que les deux évêques de Reims & de Bourges, dont on trouve les noms parmi les Souscripteurs de cette pièce, ne sont pas ceux qui occupoient en ce temps ces deux siéges. Tilpin successeur d'Abel étoit sur celui de Reims, & non pas, comme on lit dans la Charte, Ildobald qui ne fut jamais Évêque de ce siége: il en est de même de Bourges; c'étoit Landoarius successeur de Berlanus, qui gouvernoit alors cette église, & non pas Aimarus, comme le dit la Charte, &c.

23 SEPTEMBRE.

CHARTE *du roi Pépin, par laquelle il rend à Fulrad abbé de St Denys, plusieurs biens que cet Abbé lui avoit remis entre les mains.*

Histoire de Saint-Denys, par Félibien, pr. page 30.
De re Diplom. a Mab. p. 495.
Rec. des Hist. de France, par Dom Bouquet, t. V, p. 708.

Donné à Saint-Denys.

Fulrad bâtit des Monastères dans les lieux où étoient situés les biens que lui rendit Pépin, & il les légua par testament à son abbaye de St Denys. Cette Charte porte que ces biens étoient dans l'Alsace, & Fulrad qui en jouissoit comme d'un patrimoine, étant tombé dangereusement malade, les avoit donnés à Pépin; mais ce Prince les rendit à Fulrad étant revenu en bonne santé.

Le père Gerberon critique cette pièce, *(De Veter. Reg. Fr. Dipl. t. I, p. 293, de l'édition de 1706)* ses argumens pourroient tout au plus prouver que ce Diplome a été interpolé, & non pas supposé comme il le prétend. Nous le jugeons avec Dom Bouquet *(note a, tome V, page 708)* de l'année 768, parce qu'il est certain que Pépin passa encore l'année entière de 767 dans l'Aquitaine, pour finir la guerre contre les Gascons.

Sans autre date.

CHARTE *du roi Pépin, en faveur de l'abbaye de Notre-Dame de Limoges.*

Hist. de saint Martial, par Saint-Amable, t. II, p. 239.

Le père de Saint-Amable ne prétendoit pas, sans doute, que l'on regardât comme authentiques toutes les pièces qu'il a insérées dans les trois volumes in-folio qu'il a imprimés de l'histoire de St Martial. Plusieurs en effet, dont celle-ci est du nombre, portent tant de caractères de fausseté, qu'il falloit être aussi peu versé dans la critique que l'étoit cet Auteur, pour en faire le moindre cas; l'ignorance des deux derniers siècles faisoit adopter pour vérité les fables & les pieuses rêveries des précédens.

Sans autre date.

CONSTANTINI *papæ Neophyti epistola ad Pippinum regem, de obitu Pauli papæ, quâ postulat ut in gratia ipsius Pippini permanere possit sicuti antecessores sui fecerant.*

Epist. Pontif. Roman. a Gretsero, p. 337 & 340.
Ann. Eccl. Fr. Cointii, tom. VII, p. 394.
Recueil des Hist. de Fr. par D. Bouquet, tome V, pages 534 & 535.
Origine de la Maison de Fr. par du Bouclet. pr. p. 209, 211.
Ann. Baronii, ad ann. 767, n.° 7.

EPISTOLA *Constantini papæ Neophyti ad Pippinum regem, in qua continetur quod a populo Romano per violentiam electus fuisset, & sede Apostolatus intrusus, postulat tamen ut in gratia ejusdem Pippini permanere possit.*

Quoiqu'il fût très-notoire que Constantin n'étoit qu'un intrus, Pépin néanmoins le regarda comme canoniquement élu à la papauté, & il lui envoya en conséquence deux Ambassadeurs pour le complimenter sur son exaltation ; les deux Lettres que nous donnons ici de cet antipape sont des réponses à celles de Pépin, & il est digne de remarque comme Constantin félicite de son côté, dans des termes empoulés, Pépin sur son avénement au trône des François, qui en étoit, comme on sait, l'usurpateur. Mais son règne fut plus long & plus heureux que celui de ce Pape ; car la faction qui l'avoit mis sur la chaire de S.t Pierre, quoiqu'il ne fût que laïc, s'étant dissipée par la mort de Toton duc de Nepi son frère, le Clergé avec le Peuple le déposa & mit à sa place Étienne III *ou* IV. Ce Constantin régna à peine treize mois. On le renferma dans un Monastère où il mourut après avoir pris l'habit de Moine.

ANNÉE 767.

DECRETUM *Pippini Franciæ regis, contra errores Græcorum de processione Spiritus Sancti & adoratione imaginum.*

Constitutiones imper. a Goldasto. tom. I, pag. 16.

Pépin convoqua cette assemblée à Gentilly, dans laquelle on décida, suivant le père Sirmond, (*Concil. Gall.* t. II, p. 60) deux questions également importantes pour la cour & l'église de Constantinople ; la première regardoit la foi ; on décida que l'on devoit ajoûter au Symbole le *Filioque*, & que les images des Saints méritoient un culte ; il s'agissoit dans la seconde du parti que la cour de France étoit ultérieurement déterminée de prendre au sujet de l'exarchat de Ravenne & de quelques autres provinces que l'Empereur ne cessoit de réclamer ; on déclara, d'une voix unanime, que le Pape seroit maintenu dans la jouissance de ces biens ; les ambassadeurs Grecs très-mécontens de cette double décision, attendirent à peine la fin de l'assemblée pour s'en retourner.

JUILLET,
sans quantième.

ANNÉE 768.

DIPLOMA *Pippini regis, quo immunitates monasterio sancti Hilarii Pictaviensis ab anterioribus regibus concessas confirmat.*

Rec. des Hist. de France, par Dom Bouquet, t. VIII, p. 677.

Donné à Poitiers.

La guerre contre les Gascons, qui duroit depuis neuf ans, finit enfin cette année ; ces peuples sentant que le joug des François seroit moins dur que celui que Waifre leur duc leur imposoit, se rendirent, & Waifre fut tué par ses propres Soldats. Pépin tout couvert de gloire, car il avoit commandé son armée en personne, quitta la Gascogne après y avoir établi des Gouverneurs, & prit sa route par Poitiers pour retourner en France. Bertin abbé du monastère de S.t Hilaire, obtint de ce Prince, dans le séjour qu'il fit dans cette ville, ce Diplome, qui confirme non seulement les priviléges que les Rois avoient accordés à cette Abbaye, mais même qui exempte de tous impôts les biens destinés pour l'entretien du luminaire de l'église & pour celui des Moines. Mabillon (*Annal. Bened.* t. II, p. 213) remarque à cette occasion, que cette église ne fut occupée par des Chanoines que bien long-temps après cette époque.

23
SEPTEMBRE.

CHARTES *qui confirment l'immunité des biens appartenans à l'abbaye de S.t Denys, & renouvellent les priviléges de ce Monastère.*

*Rec. des Hist. de France, par Dom Bouquet, t. V, p. 709 & 710.
Histoire de l'abbaye de S.t Denys, par Félibien, pr. p. 31.
Antiquités de S.t Denys, par Doublet, pages 700 & 701.
Ann. Eccl. Fr. Cointii, tom. V, pag. 716.*

Donné à Saint-Denys.

Si nous réputons pour authentiques les trois Chartes que Doublet, Félibien & Dom Bouquet ont imprimées de Pépin sous cette même date, il faut croire que ce Prince employa à ces actes de piété tous les momens que les douleurs d'une hydropisie affreuse, dont il mourut le lendemain, lui laissèrent de libres. Ces actes, au surplus, ne présentant aucuns caractères de fausseté, nous ne porterons pas plus loin les réflexions critiques que la circonstance de la maladie de Pépin peut faire naître.

Mabillon, comme nous l'avons remarqué, en a placé une mal-à-propos au 23 de septembre de l'année précédente. Il nous reste à donner la notice des deux autres.

Par la première, Pépin affranchit les biens dépendans du monastère de S.t Denys, de tous les impôts que l'on payoit au Fisc; par la seconde, il confirme la fameuse Charte de Landri évêque de Paris, portant exemption en faveur de ce Monastère de la jurisdiction de l'Ordinaire.

SEPTEMBRE, sans quantième.

ANNÉE 768.

DON de la forêt Yveline, & de plusieurs autres terres, fait à l'abbaye de S.t Denys, par Pépin.

Donné à Saint-Denys.

Histoire de l'Abbaye de S.t Denys, par Félibien, pr. p. 30. Ann. Eccl. Fr. Cointii, tom. V, pag. 714. Rec. des Hist. de France, par D m Bouquet, tome V, p. 707. Antiquités de Saint - Denys, par Doublet, page 699.

Ce Diplome est le dernier que Pépin donna, car il mourut le 24 de ce même mois & de la même année.

Quel que fût le motif de ce Roi dans toutes les pieuses donations qu'il fit, elles prouvent au moins qu'il étoit généreux & reconnoissant envers les Ecclésiastiques desquels il avoit reçu de grands services; car on ne trouve dans aucun monument que ce fut à titre de restitution ou de réparation pour tous les dommages que Charles Martel avoit faits aux églises, comme quelques Écrivains modernes l'ont avancé. Pépin enfin donne par ce Diplome au monastère de S.t Denys, lieu qu'il a designé pour être sa sépulture, la forêt d'Yveline, qui confinoit, suivant les termes de l'Acte, aux villages de *Sernay,* de *Rambouillet,* d'*Hermeray,* d'*Attainville,* de *Bourdonné,* de *Condé,* de *Montfort,* de *Couvières;* la distance qui se trouve entre tous ces lieux fait concevoir l'immensité de terre que couvroit cette forêt. Pépin excepte cependant de cette donation les cantons de bois faisant partie de cette même forêt, qu'il avoit précédemment donnés aux monastères de S.t Germain-des-Prés, de S.t Benoît-sur-Loire, de S.t Maur-des-Fossés, de Notre-Dame d'Argenteuil, & aux églises de S.t Pierre de Poitiers & de Notre-Dame de Chartres. Mais le Diplome de cette dernière donation n'est pas venu jusqu'à nous. Le Roi ajoute au legs qu'il fait de la forêt Yveline en faveur du monastère de S.t Denys, les villages de *Couvières,* de *Puifieux,* de *Villarceaux,* de *Villers,* & quelques autres dont les noms nous sont tout-à-fait inconnus.

Sans autre date.

EPISTOLÆ duæ Stephani Papæ IV vel III ad Fulradum abbatem, quibus multa privilegia concedit monasterio sancti Dionysii.

Hist. de Saint Denys, par Félibien, pr. p. 27. Ann. Eccl. Fr. Cointii, tom. V, p. 725 & suiv. Hist. de Saint Denys, par Doublet, p. 449.

Doublet n'a imprimé qu'une de ces deux Lettres, celle par laquelle le Pape accorde l'usage du Dalmatique à six Diacres du monastère de S.t Denys; on les trouve toutes les deux dans les Annales de le Cointe; cet Auteur a imprimé la dernière d'après le père Labbe; par celle-ci le Pape permet à l'abbé Fulrad de se servir pendant la célébration de l'Office divin, de certains ornemens dont il semble que l'usage étoit réservé aux Évêques, *(udonis ac subtalaris calceamentum & super sellam equi tanti mappulum)* le Pape restreint tellement ce privilége à la personne de Fulrad, qu'il ordonne que de peur que les abbés de S.t Denys ses successeurs ne s'arrogent le droit de porter ces ornemens, on en revêtira Fulrad après sa mort, avec lesquels il sera inhumé.

13 JANVIER.

ANNÉE 769.

DON du monastère de S.t Dié en la forêt de Vôge, à l'abbaye de S.t Denys, par Charlemagne.

Donné à Aix-la-Chapelle.

Hist. de Saint-Denys, par Doublet, p. 704. Histoire de l'abbaye de S.t Denys, par Félibien, pr. p. 32. Histoire de Lorraine, par Dom Calmet, t. I, pr. col. 284. Ann. Eccl. Fr. Cointii, tom. V, p. 739. Rec. des Hist. de France, par Dom Bouquet, t. V, p. 712.

Doublet a placé cette Charte au même quantième de mois de l'an 768.

Incontinent après la mort de Pépin, Charles & Carloman ses deux fils se firent sacrer, Charles à Noyon, & Carloman à Soissons. Ce premier commença son règne par cet acte de piété, en détachant de son domaine le monastère de S.t Dié pour le donner à l'abbaye de S.t Denys; car il est dit dans la Charte que Charles donne cette église à Fulrad abbé de S.t Denys, pour en jouir dans la suite comme le roi Pépin en avoit joui. Cette donation est faite à condition que Fulrad entretiendra vingt-cinq Moines à S.t Dié, pour y chanter des Pseaumes la nuit & le jour, & sous la considération que Charles désigne sa sépulture à S.t Denys.

NOTICE

ANNÉE 769.

JANVIER,
sans quantième.

CHARTE *de Carloman, par laquelle il confirme les priviléges de l'abbaye de S.t Denys.*

Donné à Samoucy.

*De Veteribus Regum Francorum Diplomat. a Germon. t. I, pag. 331.
De re Diplom. a Mab. p. 496.
Histoire de l'abbaye de St Denys, par Félibien, pr. p. 32.
Rec. des Hist. de France, par Dom Bouquet, t. V, p. 713.*

Il ne s'agit dans ce Diplome que de l'exemption de certains droits pour les personnes qui alloient au marché de Saint-Denys, ou seulement à la solemnité de la fête de ce Saint, que l'on payoit au fisc, & dans l'exemption desquels ce Monastère fut maintenu dans la suite contre les prétentions des comtes de Paris.

1.er FÉVRIER.

CHARTE *de Charlemagne, contenant les priviléges & exemptions qu'il accorde à l'Église cathédrale de Metz.*

Hist. des évèques de Metz, par Meurisse, page 184.

Angelran évêque de Metz, ne manqua pas, suivant l'usage d'alors, de présenter à Charlemagne, aussi-tôt qu'il fut parvenu au trône, les Diplomes que les Rois avoient accordés à cette église pour les faire confirmer; en effet, l'objet de celui-ci est de maintenir cette Cathédrale dans la jouissance de l'exemption de la juridiction des Officiers royaux, portant en outre défense de lever aucun impôt sur les biens & les hommes de son domaine. Nous avons cependant lieu de croire que ceci n'est pas proprement une exemption, c'est plutôt une déclaration de la part du Roi, que cette église jouiroit du droit commun, qui étoit que tout Seigneur rendoit par lui-même ou par des Officiers, la justice dans l'étendue de sa seigneurie, dans laquelle personne autre que lui ne levoit ni impôts ni tributs, c'est ce que les termes de la Charte semblent dire. *Sed in eorum privatas audientias agentes ipsius ecclesiæ unicuique, de reputatis conditionibus directum facerent & ab aliis simulque perciperent veritatem, &c.*

16 MARS.

DIPLOMA *Caroli Magni pro monasterio Corbeiensi.*

Donné à Orreville sur l'Authie.

*Apud Martenium, tom. I, ampl. collect. col. 31.
Rec. des Hist. de France, par Dom Bouquet, t. V, p. 715.*

Hado, abbé de Corbie, présenta à Charlemagne des lettres des rois Childéric, Thierri, Clovis, Childebert, Dagobert & Pépin, portant donation de plusieurs fonds de terre que ces Princes avoient détachés de leur domaine en faveur de ce Monastère, & supplia le Roi de vouloir bien lui en accorder des lettres de confirmation, ainsi que des priviléges & immunités dont ces Princes avoient gratifié cette Abbaye; Charlemagne fit expédier ce Diplome qui remplit toutes les vûes de l'abbé Hado.

22 MARS.

PRÆCEPTUM *Carlomanni regis pro cœnobio Monasteriensi.*

Donné à Attigny.

Rec. des Hist. de France, par Dom Bouquet, t. V, p. 715.

Restoin, abbé de Munster en Grégoriental, supplia le roi Carloman d'exempter son Monastère des droits que l'on étoit accoutumé de payer au fisc lorsque l'on faisoit des acquisitions dans l'étendue de la seigneurie du Roi, soit que l'on acquît directement du Roi, soit que ce fût de quelqu'un de ses vassaux; Carloman fit expédier à cet effet ce Diplome.

Ceci ressemble soit au profit des fiefs qui se sont introduits à la fin du siècle suivant, comme quint & requint, lods & ventes, soit au droit d'amortissement établi pour les biens acquis par les gens de main-morte.

MAI, sans quantième.

PRÆCEPTUM *Caroli Magni regis, quo donationes monasterio sancti Albini Andegavensis a Pippino factas confirmat.*

Donné à Mornac.

*Rec. des Hist. de France, par Dom Bouquet, t. V, p. 717.
Ann. Eccl. Fr. Cointii, tom. V, pag. 740.
Apud Sammarthanos, t. IV, Gallia Christ. pag. 24.*

Gontier se présenta à Charlemagne aussi-tôt après son avénement au trône, pour obtenir la confirmation de toutes les donations & des priviléges que les Rois avoient accordés à son Monastère.

DES DIPLOMES.

Ce Diplome est intéressant pour cette Abbaye, parce qu'il contient le nom des domaines qu'il possédoit alors, & l'étendue de son droit de pêche dans la Loire.

On peut douter si ce Gontier, qui gouvernoit alors cette Abbaye, étoit Moine, car suivant les termes de la Charte, le Monastère étoit occupé alors par des Clercs & des Chanoines.

ANNÉE 769.

MAI, sans quantième.

KAROLI Magni capitulare primum.

Donné à Worms.

Capitul. Reg. Fr. a Baluzio, t. I, col. 189. Constit. Imp. a Goldasto, t. III, p. 132 & suiv.

Pépin avoit déjà changé l'ordre des temps réglé sous la première race, pour la tenue des États. Ces assemblées, dont les Francs avoient apporté l'usage de la Germanie, ne se tinrent plus sous cette seconde race qu'au mois de mai : auparavant elles étoient fixées au mois de mars, ce qui faisoit qu'on les appeloit *Champ de Mars*, comme on dit dans la suite *Champ de Mai*.

Cette ordonnance ou capitulaire, est la première que Charlemagne donna après son avénement au trône, dans l'assemblée générale des Grands qu'il tint à Worms ; elle contient dix-huit articles. Le premier porte défense aux Évêques & aux Clercs d'aller désormais à l'armée en qualité de combattans ; il règle que les Prêtres qui seront nommés pour faire la campagne, ne seront employés que pour dire la Messe, faire des prières & administrer les sacremens. Il faut conclure que les Clercs jusqu'à ce temps avoient porté les armes, & qu'ils avoient fait en personne le service attaché à leurs bénéfices ou fiefs ; les autres articles de cette ordonnance roulent sur différens points de discipline & de police.

Goldaste a mal-à-propos placé ce Capitulaire sous l'année 770.

JUILLET, sans quantième.

PRIVILEGIUM Karoli Magni pro immunitate cœnobii Sithiensis.

Donné à Orreville sur l'Authie.

De re Diplom. a Mab. lib. VI, pag. 610. Rec. des Hist. de France, par Dom Bouquet, t. V, p. 717.

Hardrad, abbé de Sithiu ou de S.t Bertin, présenta à Charlemagne des lettres de plusieurs Rois ses prédécesseurs, portant des priviléges & des immunités tant pour les biens & les serfs de ce Monastère, que pour les Moines, & supplia le Roi de lui en accorder la confirmation. Charlemagne fit expédier sur le champ ce Diplome, dont le contenu répond favorablement la requête de Hardrad.

NOVEMBRE, sans quantième.

PRÆCEPTUM Carlomanni regis, de immunitate ecclesiæ Argentoili.

Donné au Palais de Ponthion.

Rec. des Hist. de France, par Dom Bouquet, t. V, p. 718.

Dom Bouquet remarque que l'original de ce Diplome fut trouvé dans une tour du prieuré d'Argenteuil, par le célèbre M. l'abbé Fleuri titulaire de ce bénéfice.

Carloman accorde à la prière d'Éliane abbesse de ce Monastère, la confirmation des priviléges & des immunités dont les Rois ses prédécesseurs, & principalement Pépin, l'avoient gratifié ; faisant défense à ses Officiers d'y exercer à l'avenir aucun acte de jurisdiction, ni de lever sur les biens qui en dépendoient aucune taxe ni impôt.

DÉCEMBRE, sans quantième.

DIPLOME par lequel Charlemagne confirme au monastère de S.t Denys la donation du roi Pépin, de la forêt Yveline, avec les villages de Faverolles, Norontes & autres.

Donné à Samouci.

Antiquités de S.t Denys, par Doublet, page 705.

Ce Diplome contient des dispositions particulières qui ne sont point dans celui de Pépin.

Charlemagne, par exemple, dit qu'il permet aux Moines de faire chasser à la grosse bête dans la forêt, & destine à des usages assez singuliers les cerfs & les chevreuils que l'on y prendra. Il veut que la peau de ces animaux serve à couvrir les livres du Monastère, & que la chair soit servie aux Moines convalescens afin de rappeler leur goût ; il semble par-là que les Moines ne mangeoient alors que des mets maigres.

Tome I.   V

154 *NOTICE*

Il donne en outre les droits de péage & autres que les Officiers du fisc levoient sur les voyageurs & les marchands qui passoient par cette forêt pour aller dans les villages de Faverolles, Norontes & autres contenus dans la donation.

Nous ne répondons en aucune sorte de l'authenticité de cette pièce; Dom Bouquet, le Cointe & Mabillon l'attribuent à Carloman, & la placent sous l'année 771.

Sans autre date.

ANNÉE 769.

CHARTE de Charlemagne en faveur de l'abbaye de Gorze.

Histoire de Lorraine, par Dom Calmet, tome I, pr. col. 283.

Ce Diplome porte confirmation des priviléges & des statuts accordés aux moines de ce Monastère, fondé en 748 par Chrodegand évêque de Metz. Charlemagne confirme en outre la donation du village de Noviant sur Moselle, que le roi Pépin fit à cette Abbaye le jour de la dédicace de son église en 761.

Sans autre date. **EPISTOLÆ** plures *Stephani papæ III*, tum ad *Carolum* tum ad *Carlomannum* reges, tum ad utrumque de variis modo *Longobardorum* historiam, modo *Beneventani* ducatûs præcipue spectantibus.

Concil. Antiq. Gall. a Sirmondo, t. II, p. 66 & suiv.
Epist. Rom. Pontif. a Grettero, pag. 179 & suiv.
Baronii Ann. tom. IX.
Origine de la Maison de Fr. par Dubouchet, dans les preuves.
Rec. des Hist. de Fr. par Dom Bouquet, t. V, p. 537 & suiv.

Comme les lettres de ce Pape ne regardent qu'indirectement l'histoire de France, & qu'aucunes ne contiennent ni privilége pour des Abbayes, ni confirmation de Chartes, nous avons pensé qu'il suffisoit de les annoncer en gros, & d'indiquer les Auteurs où on les trouveroit.

FUNDATIO abbatiæ Brantosmi Ord. sancti Benedicti, diœcesis Petragoricensis, a Carolo Magno Imperatore.

Gallia Christ. sec. edit. t. II, col. 1490.

Reginon, la chronique de Mallesais & Mabillon sont d'opinion différente sur le temps de la fondation de ce Monastère; ce premier qui a été suivi par les frères Sainte-Marthe en fixe l'époque à l'année 779. Le second la place sous Pépin I.er roi d'Aquitaine, & enfin Mabillon à cette année 769. Les Auteurs du nouveau *Gallia Christiana* ont adopté le sentiment de ce dernier, c'est en effet le plus probable.

Ce monastère est appelé dans plusieurs monumens anciens, *Monasterium sancti Sicarii*, parce que l'église fut mise sous l'invocation de ce Saint.

FONDATION de l'abbaye de Charroux, par le comte Rotger.

Gallia Christ. pr. edit. t. IV, p. 220, col. 2.
Annal. Bened. tom. II, p. 711,

Charlemagne avoit rétabli le royaume d'Aquitaine dès l'année 778, & il en investit Louis l'aîné de ses fils, qu'il fit couronner à Rome en 781. Mais ce Prince étoit alors trop jeune pour résider dans son royaume; Charlemagne pourvut au gouvernement en nommant des comtes & des ducs dans les provinces. Roger seigneur Franc, s'étoit distingué dans la guerre contre les Gascons, Charles assuré d'ailleurs de sa fidélité, lui donna le gouvernement ou le comté (qui est la même chose) de Limoges. C'est le fondateur de Charroux. C'est le même qui donna la v.e année du règne de Louis en Aquitaine, le lieu de Charroux en Poitou, sur la Charente, dans un canton appelé le pays de Briou, pour y bâtir un Monastère, & des biens considérables pour former sa dot, situés dans le Poitou, dans l'Angoumois, dans l'Auvergne, dans le Limosin & ailleurs; ce sont les termes de cette Charte, que la comtesse Eufrasia épouse du comte Roger souscrivit. Ainsi les frères Sainte-Marthe ont fait un anachronisme de quatorze ou quinze ans, en plaçant cette Charte sous l'année 769. Il faut, comme Mabillon, fixer sa date à l'année 785.

PRÆCEPTUM Carlomanni regis pro Grandi-vallensi monasterio.

Apud Labbeum in Miscell. curios. p. 450.
Ann. Eccl. Fr. Cointii, tom. V, pag. 745.
Rec. des Hist. de France, t. V. page 716.

On appelle aujourd'hui ce monastère *Granfel* ou *Munsterthal*, il est situé dans la Haute-Alsace.

Charlemagne adresse ce Diplome aux Évêques, aux Ducs, aux Abbés, aux Comtes,

DES DIPLOMES.

aux Centeniers, aux *Missi* & à tous les autres Officiers royaux chargés du ministère public, qu'il appelle *Domestici* & *Vicarii*, & déclare qu'il confirme tous les priviléges accordés à ce Monastère par les Rois ses prédécesseurs, leur défendant en conséquence d'exercer aucun acte de jurisdiction sur les biens, sur les moines, non plus que sur les hommes, *(litos)* les colons & les agens *(ministeriales)* de l'Abbaye, l'affranchissant en outre de tous droits & impôts envers le Fisc.

JANVIER,
sans quantième.

ANNÉE 770.

GRIMULFRIDI & *Adalvaræ ejus filiæ Charta donationis abbatiæ sancti Dionysii, de variis prædiis in pago Belvacensi.*

De re Diplom.
a Mab. p. 497.
Histoire de
l'abbaye de S.t
Denys, par Féli-
bien, pr. p. 33.

Fait à Estaules.

La plupart des biens que ce particulier nommé *Grimalfroi*, & *Adalvarane* sa fille donnèrent par cette Charte au monastère de S.t Denys, étoient situés au village d'Estaules dans le Beauvoisis, près Montdidier; le reste étoit dans d'autres lieux du même canton, dont les noms nous sont inconnus, tels que *Betlinovillare, Bagtlonevallo;* il y en avoit encore *in pago Selnectense,* peut-être est-ce le territoire de Senlis.

1.er
MARS.

PRÆCEPTUM *Caroli Francorum regis in gratiam ecclesiæ Ultrajectensis, quo donationes eidem ecclesiæ a suis prædecessoribus factas confirmat.*

Ann. Eccl. Fr.
Cointii, tom. V,
pag. 750.

Donné à Aix-la-Chapelle.

Ce Diplome ne contient aucune disposition particulière pour cette Cathédrale ; Grégoire qui en étoit alors évêque, demanda, comme il étoit d'usage alors, à Charlemagne la confirmation des biens donnés & des priviléges accordés tant par Pépin que par les autres Rois. Charlemagne fit expédier ces lettres dans la forme ordinaire.

MARS,
sans quantième.

PRÆCEPTUM *Caroli Francorum regis pro cellâ sancti Stephani prope muros Andegavenses, quam concedit ecclesiæ sancti Mauritii Andegavensis.*

Ann. Eccl. Fr.
Cointii, tom. V,
pag. 750.
Gallia Christ.
pr. edit. t. II,
pag. 115.

Donné à Héristal.

Mauriole évêque d'Angers, obtint comme tous les autres Évêques, un Diplome de Charlemagne après son avénement au trône, portant confirmation des biens & des priviléges accordés à son église par les Rois; celui-ci contient cependant une disposition particulière, c'est la confirmation du don que les prédécesseurs de ce Prince avoient fait à cette Cathédrale d'un monastère sous l'invocation de S.t Étienne, situé dans un fauxbourg de cette ville. Ce Monastère est tout-à-fait inconnu à Mabillon *(Annal. Bened. t. II, p. 220. n.º 33)* & aux autres Savans dans notre antiquité. Ils ne connoissent d'ancien Monastère situé hors des murs de cette ville, que celui de S.t Aubin, & ce monastère étoit dans ces premiers temps sous l'invocation de la S.te Vierge & de S.t Germain évêque d'Auxerre. Celui dont il s'agit fut sans doute détruit par les Normands sous la postérité de Charlemagne, & comme les biens avoient été réunis à ceux de la Cathédrale, les bâtimens n'ayant point été rétablis, on en aura perdu la mémoire.

MARS & MAI,
sans quantième.

KAROLOMANNI *duo Diplomata, unum pro monasterio Honaugiensi, alterum pro Prumiensi.*

Rec. des Hist.
de France, par
Dom Bouquet,
t. V, p. 720.
Annal. Bened.
t. II, p. 698.
Apud Marte-
nium, t. I, ampl.
collect. col. 32. l.

Donné à Thionville.

Dom Bouquet a imprimé tout au long le premier de ces deux Diplomes, il n'a donné qu'un fragment du second que l'on trouve en entier dans l'amplissime collection de Dom Martène ; l'un donné à Thionville, l'autre dans une Maison royale, dont le nom nous est inconnu, elle est appelée *Brocmagad.* Tous les deux portent confirmation

Tome I. V ij

NOTICE

des biens & des priviléges accordés aux Moines de ces deux monastères, par les Rois prédécesseurs de Carloman.

Ce premier monastère connu sous le nom de *Honow*, situé dans la Basse-Alsace, a été sécularisé & transféré à Strasbourg; il forme aujourd'hui la collégiale de St Pierre-le-Vieux de cette ville.

ANNÉE 770.

1.er JUIN.

CHARTA *quâ Cancor comes Rhenensis ejusque conjux Angila Laurishamense monasterium dotant.*

German. rerum script. a Frehero, t. I, p. 57. Miræi Opera Diplom. tom. I, pag. 643. Ann. Eccl. Fr. Cointii, tom. V, pag. 766.

Fait à l'abbaye de Laurisham.

Ce Comte avoit déjà fait l'année 763 une donation à ce même Monastère, de concert avec Wilswinde sa mère; il lui fit cette seconde du consentement d'Angila sa femme, qui consistoit en plusieurs fonds de terre avec une forêt, le tout situé dans les Marches du pays de Birstat en Allemagne.

Miray a joint à cette piéce quelques notes historiques qu'il a tirées de la chronique de cette Abbaye; il remarque qu'elle fut d'abord habitée par des moines de St Benoît que l'on fit venir de l'abbaye de Gorze; mais je ne crois point, comme cet Auteur l'insinue, qu'il ne faille fixer l'époque de sa fondation qu'à cette année, je crois, au contraire, qu'elle remonte plus haut; quoi qu'il en soit, on lit dans la chronique de ce Monastère que dès le IXe siècle il eut alternativement des Abbés réguliers & commendataires, jusqu'au temps de l'empereur Fréderic II; ce Prince ayant appris que les Commendataires avoient aliéné la plus grande partie des biens de l'Abbaye, il la donna à Sigefroi archevêque de Mayence pour la rétablir; à quelque temps de là ce Prélat, après avoir fait rentrer l'Abbaye dans la jouissance de quelques-uns de ses domaines, en chassa les Bénédictins & y établit des moines de Cîteaux; mais les Bénédictins assaillirent le Monastère dans une nuit, ils en chassèrent, à main armée, les Cisterciens & se remirent en possession de leur ancienne Maison; le succès de cette expédition n'eut pas les suites que les vainqueurs s'en promettoient; Sigefroi à peine instruit de l'affaire, obtint du pape Innocent IV un bref qui dépouilloit les Bénédictins de l'Abbaye, & en transféroit la propriété aux Prémontrés: alors il fallut des gens armés pour mettre le bref à exécution, les Bénédictins souffrirent une espèce de siége, ce ne fut que par la famine qu'ils sortirent du Monastère dont ils avoient fait une place fortifiée. Les Prémontrés y sont demeurés jusqu'en 1555. Fréderic comte Palatin, qui de luthérien se fit calviniste, s'empara des biens & du Monastère, dont on voyoit encore au commencement du siècle dernier quelques restes de bâtimens; mais les Soldats y mirent le feu dans la campagne de 1621. Il n'en reste aujourd'hui aucune trace.

29 JUIN.

CHARTA *Caroli Magni pro monasterio sancti Luciani Bellovacensis.*

Mém. du pays, ville, comté, &c. de Beauvais & Beauvoisis, par Loisel, p. 242.

Cette piéce peu importante, car elle ne contient qu'une simple confirmation des biens & des priviléges de ce Monastère, a été négligée par les savans Mabillon & Dom Bouquet; nous ne prétendons pas pour cela la juger supposée; mais Loisel n'indiquant point le dépôt d'où il l'a tirée, il y a lieu de présumer que ces Critiques habiles, qui l'ont certainement connue, ne l'ont pas trouvé marquée à un bon coin.

CHARTA *Widilonis quâ Amblulfum filium suum in monasterio Novaliciensi offert.*

Ann. Eccl. Fr. Cointii, tom. V, pag. 767.

Cet Amblulf devint abbé du monastère de Novalèse; on croit qu'il succéda à Frodoïn; il étoit d'une naissance illustre, Widilon son père l'offrit solemnellement dans le même temps à peu près que Charlemagne confia aux soins de Frodoïn un de ses fils naturels nommé *Hugue*, auquel Louis-le-Débonnaire fit prendre la tonsure & l'habit de Moine, après la mort de Charlemagne. Mais comme la formule dont se servit Widilon pour consacrer son fils qui n'étoit encore qu'au berceau, est une des plus anciennes de celles qui sont venues jusqu'à notre temps, nous en donnons ici la substance. On la trouve tout au long dans Duchêne, *tome II, page 254*, il l'a imprimée d'après le chronologiste de ce Monastère.

.... *Idcirco ego Widilo hunc filium nostrum* .... *altaris palla manu meâ involutâ, ad nomen sancti Petri & sancti Andreæ .... tibi Warnari .... trado coram testibus regulariter vivendum. Ita ut ab hac die non liceat illi collum desub jugo regulæ excutere .... & ut hæc nostra traditio inconvulsa permaneat promitto cum jurejurando coram Deo & Angelis ejus quia nunquam per me ..... egrediendi de Monasterio nunquam tribuam occasionem.*

Ce Warnarius, qui reçut le vœu de Widilon, étoit Prieur du Monastère, l'Abbé étoit sans doute absent pour lors.

ANNÉE 770.

DONATION des villages de Faux & de Jouy à l'abbaye de Gorze, par Angelram évêque de Metz.

DONATION de Varangeville ou de Saint-Nicolas, faite à l'abbaye de Gorze par Angelram évêque de Metz.

Donné à Fontaines, (diocèse de Langres.)

Histoire de Lorraine, par Dom Calmet, tome I, pr. col. 285, 288.
Histoire des évêq. de Metz, par Meurisse, p. 174, 176.
Annal. Eccl. Cointii, t. V, p. 746, 748.

Le Cointe, avec beaucoup plus d'apparence de raison, a placé ces deux Chartes sous l'année 769, car on lit dans leurs notes chronologiques qu'elles furent données la première année du règne de Carloman. Quelle a donc été la raison de Dom Calmet d'assigner à la première l'année 770, & à la seconde l'année 780 ! on est sans doute tenté de croire que cet Auteur s'est trompé.

L'Évêque qui fait cette double donation, dit que c'est du consentement des clercs de son Église cathédrale; la raison est que l'Évêque & les Chanoines possédoient en commun les biens appartenans à la Cathédrale, & qu'ils en furent détachés pour augmenter la dot de ce Monastère.

ANNÉE 771.

1.er JUILLET.

PRÆCARIA Grimberti S. Madalveo episcopo Virdunensi oblata.

Cap. Reg. Fr. a Balurio, t. II, col. 824.
Sirmondi Opera varia, tom. III, col. 411.

Rien ne ressemble plus aux inféodations, dont il faut cependant convenir que l'usage ne s'introduisit que plus d'un siècle après Charlemagne, que l'espèce de donation portée par cet Acte, en voici la substance : Grimbert donne des héritages à la cathédrale de Verdun, qu'il possédoit en alleu, après quoi il reçoit de cette église ces mêmes héritages pour les posséder en toute propriété & les transmettre à sa postérité, mais sous une redevance de vingt livres pesant d'huile qu'il s'oblige & les siens de payer annuellement à l'église ; il déclare en outre, que s'il néglige ou refuse expressément de payer la redevance stipulée, ou qu'il réclame son ancienne possession allodiale, il se soûmet à la loi qui le condamne, dans ce cas, de déguerpir les héritages.

JUILLET, sans quantième.

CHARTA Caroli Magni pro abbatiâ de Sithiu.

Donné à Andriac.

De re Diplom. a Mab. p. 610.
Rec. des Hist. de France, par Dom Bouquet, t. V, p. 717.
Miræi Opera Diplomat. t. I, pag. 495.

Le plus grand nombre des Savans pense qu'au lieu de lire dans l'original de ce Diplome *Andiacum,* pour le lieu où il fut donné, il faut *Andriacum.* Ce premier étoit bien un palais de nos anciens Rois; mais comme il étoit dans l'Angoumois, & qu'il paroît certain que Charlemagne ne passa pas la Loire dans cette année, il est naturel de croire que c'est Andriac, autre Palais royal situé sur l'Authie en Artois.

Cette Charte donnée la première année du règne de Charlemagne, n'est pas de l'année 771, comme le croit Aubert le Mire, elle doit être placée sous l'année 768, ou au plus tard 769. Elle porte confirmation des biens & des priviléges accordés à cette Abbaye par les prédécesseurs de Charlemagne.

ANNÉE 771.

1.ᵉʳ SEPTEMBRE.

CHARTA *Caroli Magni quâ multas exemptiones tribuit ecclesiæ Trevirensi.*

Donné à Héristal.

Annal. Trevir. tom I, p. 380. col. 2.

Ce Diplome porte confirmation des donations & des priviléges accordés à cette église par les Rois prédécesseurs de Charlemagne. Il ne contient aucune autre disposition.

DÉCEMBRE, sans quantième.

CHARTA *Carlomanni regis quâ villas Faberolas & Norontem monasterio Dionysiano confert.*

Donné à Samoucy.

De re Diplom. a Mab. p. 645. Ann. Eccl. Fr. Cointii, tom. V, pag. 783.
Rec. des Hist. de France, par Dom Bouquet, t. V, p. 721.

Carloman mourut deux ou trois jours après avoir fait ce legs au monastère de S.ᵗ Denys, car tous les Critiques rapportent unanimement la mort de ce Prince au 4 de décembre de cette même année.

Mais quelle apparence que le Roi un ou deux jours avant de mourir donna des Diplomes; il y a bien lieu de croire que celui-ci est le même que celui que Doublet attribue à Charlemagne, que nous avons placé au mois de décembre de l'année 769. En effet Mabillon autorise cette conjecture, (*Annal. Bened. t. II, p. 229, n.° 52*) & il reproche à Doublet de l'avoir mal-à-propos placé à cette date, tandis qu'il doit être de l'année 774. Mais ce Savant alors avoit oublié non seulement qu'il avoit attribué dans l'appendix de sa Diplomatique, cette même pièce à Carloman, mais encore qu'il l'avoit placée sous l'année 771.

ANNÉE 772.

MARS, sans quantième.

PRÆCEPTUM *Caroli Magni Franciæ regis pro Laureshamensi cœnobio.*

Donné à Thionville.

Ann. Eccl. Fr. Cointii, t. VI, pag. 2.

Charlemagne après avoir célébré les fêtes de Pâques à Héristal, partit pour Worms dans le dessein d'y tenir une assemblée, il passa par Thionville, & Gondeland abbé de Laureshaim *ou* Lorch, étant venu faire sa cour au Roi dans ce lieu, obtint ce Diplome qui affranchit ce Monastère de toutes impositions. Mabillon remarque que le manuscrit d'après lequel le Cointe a imprimé cette pièce a été altéré, & qu'au lieu de Hitier Chancelier alors, dont Rado faisoit les fonctions, on lit Rindbert. (*Annal. Bened. tom. II, pag. 222, n.° 38*).

MAI, sans quantième.

PRÆCEPTUM *Caroli Magni, de libertate monasterii sancti Michaëlis.*

Donné Drippione in palatio publico.

Apud Mabill. veterub. analect. p. 354, nov. edit. & 401, t. II, pr. edit.
Rec. des Hist. de France, par Dom Bouquet, t. V, p. 722.

Ce Diplome confirme l'Abbé & les Moines de ce monastère dans la jouissance des biens qui leur avoient été légués, & les exempte tant pour le présent que pour l'avenir, de toute charge, tribut & imposition quelconque.

Aucun de nos Géographes françois ne connoît le palais nommé *Drippio*, duquel Charlemagne date ces lettres.

Ce Monastère est celui dont nous avons déjà parlé sous le nom de *Vieux-Moutiers* ou *Saint-Mihiel* dans le diocèse de Verdun, situé sur la Massoupe.

1.ᵉʳ JUIN.

BULLE *d'Adrien I, touchant le ressort des causes de l'abbaye de S.ᵗ Denys au Saint Siége.*

Histoire de Saint-Denys, par Doublet, pag. 450.

Quoique Doublet prétende que l'original de cette Bulle soit écrit sur une écorce d'arbre, je ne la juge pas plus authentique par cette raison, qu'un grand nombre d'autres pièces du recueil de cet Historien. Il suffit en effet de s'arrêter aux premières

DES DIPLOMES. 159

lignes de celle-ci pour fentir qu'elle eft fuppofée. Comment concilier des faits atteftés par une foule d'Actes, tels que la mort de l'abbé Fulrad arrivée en 784, avec cette bulle qui lui donne pour fucceffeur Magenaire douze ans avant fa mort ?

Année 772.

1.ᵉʳ JUILLET.

Privilegium Adriani papæ pro cœnobio fancti Dionyfiani.

Ann. Eccl. Fr. Cointii, t. VI, pag. 295. Hift. Ecclef. Par. a Dubois, t. I, p. 276.

C'eft la confirmation du fameux privilége du pape Étienne III, qui permet à l'Abbé & aux Moines de cette abbaye d'avoir un Évêque particulier, & leur accorde le droit de l'élire.

20 OCTOBRE.

Immunitas conceffa omnibus villis ab abbatia fancti Vincentii dependentibus, a Carolo Magno.

Rec. des Hift. de France, par Dom Bouquet, t. V, p. 722. Hiftoire de l'abbaye de S.ᵗ Germain-des-Prés, pr. p. 11.

Donné à Hériftal.

Lantfroi, abbé de S.ᵗ Germain, fe préfenta comme les autres Abbés à Charlemagne nouvellement parvenu au trône, & obtint ce Diplome qui maintient fon Abbaye dans la jouiffance de fes biens, qui s'étendoient, dès ce temps, autant au delà de la Loire qu'en deçà, & qui la confirme dans la jouiffance des priviléges & des immunités dont les Rois fes prédéceffeurs l'avoient gratifiée. Nous avons déjà remarqué que c'étoit la coûtume en ces temps-là de faire ratifier, fous chaque nouveau règne les donations que l'on tenoit de la libéralité des Rois, & nous favons que l'on en ufoit ainfi pour fe mettre à couvert des recherches des officiers du Roi. Cet ufage peut accréditer la maxime de l'inaliénabilité du domaine de la Couronne.

Sans autre date.

Litteræ Adriani Papæ I ad Tilpinum Remenfem archiepifcopum, quibus pallium ei tranfmifit cum privilegio Metropolitano.

Rec. des Hift. de France, par Dom Bouquet, t. I, p. 593. Hift. Ecclef. Rem. a Marlot, tom. I, p. 313. Ann. Eccl. Fr. Cointii, t. VI, p. 16 & 108. Concil. Antiq. Gallia a Sirmondo, tom. II, pag. 73. Gallia Chrift. pr. edit. tom. I, pag. 480. Gall. Chrift. fec. edit. tom. X, inftr. col. 1 & col. 2.

Tous les Auteurs qui ont imprimé cette bulle, l'ont tirée de l'hiftoire de Frodoard. Le Pape fe plaint amèrement, fur le rapport fans doute de Tilpin, des ufurpations que les laïcs avoient faites fur les biens de l'églife de Reims pendant la vacance de ce fiége ; Charles Martel ayant en effet négligé d'y nommer après la dépofition de Rigobert, on avoit profité de cette vacance pour s'emparer des meilleurs fonds ; la dépofition de ce Prélat fait encore un nouveau fujet de plainte de la part du Pape ; car il dit que cet Évêque fut chaffé fans avoir été convaincu d'aucun crime, ni confulté le Saint Siége ; Adrien enfin exhorte l'évêque Tilpin à mettre tout fon zèle pour réparer ces dommages, & le confirme dans tous les droits dont fes prédéceffeurs ont joui.

Dom Bouquet & les Auteurs du *Gallia Chriftiana*, placent cette Bulle vers l'an 775.

Decretum Caroli Magni de purgatione Sacerdotum.

Conftit. Imp. a Goldafto, t. III, pag. 134.

Baluze n'a rien imprimé de ce qui fut arrêté dans l'affemblée que Charlemagne tint cette année à Worms, & tous les Hiftoriens ne parlent que de la guerre contre les Saxons qui y fut décidée. Goldaft a-t-il de bons garans de l'authenticité de ce Decret ! c'eft fur quoi on ne peut porter de jugement, car il ne cite point fes Auteurs. Voici au furplus ce que contient cette pièce. Charlemagne révoque un decret qu'il avoit précédemment fait, par lequel il avoit ordonné que les Clercs feroient à l'avenir jugés fur l'audition des témoins, & ce Prince dit qu'il ignoroit, lorfqu'il avoit porté cette loi, la conftitution du pape Grégoire qui ordonne beaucoup plus de formalités ; fur quoi Charlemagne prononce que tout bien confidéré, il renvoie les caufes des Clercs aux Évêques, pour être jugées fuivant les Canons.

ANNÉE 773.

Sans autre date.

CHARTE de Charlemagne en faveur du monastère de Kempten.

Monarchie de France, t. II, p. 444 & 445.

Ce Diplome porte confirmation des biens & des privilèges que les Rois prédécesseurs de Charlemagne avoient accordés à ce Monastère.

Hildegarde femme de Charles Martel & aïeule de Charlemagne l'avoit richement doté, Audeguaire moine de Luxeuil l'avoit fondé & en fut le premier Abbé. Il s'appelle en latin *Campodunum*, il est situé dans la Souabe sur la rivière d'Yler, près de l'État de l'évêque d'Ausbourg, à douze mille de Constance vers le levant. L'Abbé est régulier, électif & Prince du Saint Empire.

CONCESSION faite à Charlemagne par le pape Adrien, du pouvoir d'élire un Pape, de la dignité de Patrice, & du droit d'investiture des Archevêchés & Évêchés.

Constit. Imp. a Goldasto, t. I, pag. 16.
Preuves des libertés de l'église Gallicane, pr. partie, p. 3.

Tous les Savans conviennent unanimement que le Concile dans lequel Gratien & Goldaste prétendent que ce Decret fut arrêté, est supposé; il n'en est fait mention que dans l'ouvrage de Sigebert moine de Gemblours; mais Mabillon, le Cointe, Miray & d'autres attestent, ainsi que Baronius, que c'est quelqu'un qui, pour soûtenir le parti de l'empereur Henri IV, a ajoûté le Decret en question à la chronique de Sigebert. Nous adoptons d'autant plus volontiers le sentiment de tous ces Savans, qu'après avoir scrupuleusement examiné les monumens les plus intéressans de nos deux premières races, ce que nous avons résumé de plus avantageux pour appuyer les prétentions des Empereurs d'occident, c'est qu'il est bien vrai que les Papes n'entroient point en possession de leur temporel, qu'ils n'eussent été agréés & confirmés par Charlemagne & ses successeurs, comme ils l'avoient été par les empereurs de Constantinople, & même par les exarques de Ravenne; ce n'étoit donc que pour jouir du temporel seulement, que nous avons vû les Papes nouvellement montés sur la chaire de S.t Pierre, faire confirmer leur élection par Louis-le-Débonnaire, Charles-le-Chauve, &c. usage qui se pratiquoit encore sous Othon I.er

ANNÉE 774.

19 FÉVRIER.

PRÆCEPTUM Caroli Magni pro monasterio Anisolensi.

Donné devant Pavie.

Apud Martenium, t. I, ampl. collect. col. 35.
Rec. des Hist. de France, par Dom Bouquet, t. V, p. 723.

Charlemagne faisoit le siége de Pavie, lorsque Mérold évêque du Mans & Rabigaud abbé de S.t Calez vinrent le supplier de confirmer, par un Diplome, un échange qu'ils avoient fait de biens dépendans de leurs églises, comme étant plus à la portée de l'un & de l'autre. Les noms de ces domaines & des cantons où ils étoient situés nous sont tout-à-fait inconnus. Nous savons seulement, comme le portent ces lettres, qu'ils étoient dans le Maine; le village de *Sabonarias, in condita Labrocinse* fut échangé de la part de l'Évêque, contre les villages nommés *Curte-Bosane* & *Monte-Ebretamno, in condita Siliacense* que l'Abbé donna.

1.er SEPTEMBRE.

PRÆCEPTUM Caroli Francorum regis, pro ecclesiâ Trevirensi.

Ann. Eccl. Fr. Cointii, t. VI, pag. 82.

Eckard (*De rebus Franc. Orient. tom. I, pag. 635*) critique cette pièce, & nous pensons avec ce Savant qu'elle est supposée dans tout son contenu. La formule initiale *In nomine Dei, &c.* dont l'usage ne s'introduisit que sous Louis le Débonnaire, la note de l'indiction qu'il ne paroît pas que Charlemagne eût encore adoptée, le monogramme dans la forme qu'on le voit dans le manuscrit, qui ne fut pas établi avant l'empereur Henri II, la souscription du chancelier Ercambaud, tandis qu'alors Hitier occupoit cette charge, sont les principales raisons sur lesquelles Eckard appuie son jugement.

Wiomad, évêque de Trèves, obtint de Charlemagne ce Diplome, par lequel ce Prince confirme les donations que Pépin & les autres Rois avoient faites à cette
Cathédrale

DES DIPLOMES.

Cathédrale & aux Monaſtères qui en dépendoient, comme celui de S.ᵗ Maximin, de S.ᵗᵉ Marie d'Horréen, la celle de S.ᵗ Paulin & l'égliſe de S.ᵗ Martin dans le *pagus Meginenſis*. Ce Diplôme porte en outre exemption des droits que cette Cathédrale payoit au fiſc pour ſes biens-fonds, leſquels, dit la Charte, ſont ſitués tant au delà qu'en deçà du Rhin & de la Loire : *Tam ultra quam citra Rhenum & Ligerim.*

14 SEPTEMBRE.

ANNÉE 774.

CHARTA donationis Caroli Magni abbatiæ ſancti Dionyſii, pro conſtructione monaſterii ſancti Hippolyti in Alſatiâ.

Donné à Duren.

<small>Rec. des Hiſt. de France ; par Dom Bouquet, t. V, p. 725. Hiſtoire de l'abbaye de S.ᵗ Denys, par Doublet, page 707. Hiſt. de l'Abbaye de S.ᵗ Denys, par Félibien, pr. p. 34. Ann. Eccl. Fr. Cointii, t. VI, pag. 84.</small>

Cette ville de Duren eſt le *Marcodurum* des Anciens ; on l'appelle préſentement *Dure* : elle eſt ſituée ſur la Roure au cercle de Weſtphalie, dans le duché de Juliers. Charlemagne y avoit un palais.

Fulrad abbé de S.ᵗ Denys & fondateur de celui de S.ᵗ Hippolyte en Alſace, obtint de Charlemagne ce Diplôme, par lequel ce Prince fait don à ce dernier Monaſtère d'une forêt appelée *Marca*, & d'une grande étendue de pays propre aux pâturages, arroſée d'une rivière appelée *Laimaha*, avec le droit de pêche ſur les deux rives.

24 SEPTEMBRE.

CAROLI MAGNI præceptum pro monaſterio Fuldenſi.

Donné à Duren.

<small>Rec. des Hiſt. de France, par Dom Bouquet, t. V, p. 726.</small>

Dom Bouquet n'a imprimé qu'un fragment de ce Diplôme qu'il croit ſuppoſé dans ſon entier, parce que Charlemagne ne s'y intitule pas Roi des Lombards. Il eſt vrai que depuis le couronnement de ce Prince qui ſe fit probablement vers la fin du mois de juin de cette année, il joint dans tous les Diplômes qui ſont reconnus de lui le titre de Roi des Lombards à celui des Francs. Tous ſes Actes commencent par cette formule, *Carolus gratia Dei Rex Francorum & Longobardorum vir iluſter*. On trouve cette pièce tout au long, *apud Joh. Frid. Schannat in prob. diœceſis Fuld. n.° 40*.

NOVEMBRE, ſans quantième.

DIPLOMA Aragici ducis Beneventani, pro ſanctæ Sophiæ monaſterio.

Donné à Benevent.

<small>Ann. Eccl. Fr. Cointii, t. VI, pag. 70.</small>

Le père le Cointe ne donne qu'un fragment de ce Diplôme, lequel, dit-il, eſt très-long ; il en indique un autre de ce même Prince & pour le même Monaſtère ; on trouve l'un & l'autre dans le VIII.ᵉ tome d'Ughellus *in epiſc. Benevent*.

Arigiſe établi duc de Benevent dès l'an 772, donna par le Diplome daté du mois de novembre de cette année, un hôpital gouverné par des femmes, au monaſtère de S.ᵗᵉ Sophie, occupé par des moines de S.ᵗ Benoît. Ces deux Maiſons étoient dans la ville de Benevent. L'abbé de S.ᵗᵉ Sophie devint dès-lors le ſupérieur ou l'adminiſtrateur de cet Hôpital. Arigiſe ajoute par ce même acte une ſeconde donation en faveur des moines de S.ᵗᵉ Sophie, d'une égliſe de S.ᵗ Pierre & S.ᵗ Paul, & de pluſieurs métairies dont la ſituation eſt déſignée dans la Charte, mais dont les noms nous ſont inconnus.

DÉCEMBRE, ſans quantième.

CAROLI MAGNI Diploma pro monaſterio Dionyſiano.

Donné à Samoucy.

<small>Antiquités de S.ᵗ Denys, par Doublet, page 705. Rec. des Hiſt. de France, par Dom Bouquet, t. V, p. 726. De re Diplom. Mabill. in nova append. ad ſec. edit. p. 645.</small>

Charlemagne confirme à l'abbé Fulrad, par ce Diplôme donné la première année de ſon règne en Lombardie, les villages de Faverolles & Noronte, dont le roi Pépin ſon père avoit gratifié le monaſtère de S.ᵗ Denys, avec une partie de la forêt Yveline.

Le Cointe qui a imprimé cette Charte d'après Doublet, l'a comme lui placée ſous l'année 771. Cette erreur vient de ce qu'il s'eſt gliſſé une faute dans la date du manuſcrit que Doublet a copié, *Datum anno primo*. Dans les manuſcrits corrects on lit *Datum anno ſeptimo & primo regni noſtri*. Doublet & le Cointe n'ont entendu par cette date la première année du règne de Charlemagne, après la mort de ſon frère Carloman. Ils pouvoient néanmoins corriger aiſément cette faute par la ſouſcription de Charlemagne qui s'intitule Roi des Lombards ; étant certains que Charlemagne ne s'étoit point rendu maître de la Lombardie en 771, ils devoient entendre la première année du règne de ce Prince, ſous laquelle il eſt marqué que ce Diplôme fut donné, de ſon règne pour les Lombards, & déſigner par conſéquent l'année 774. (*Voyez au mois de décembre des années 769 & 771*).

Tome I.   X

ANNÉE 774.

Sans autre date. EPISTOLA *versibus Hadriani Papæ I ad regem Carolum Magnum, de obsidione qua civitatem Papiam cingebat.*

Ann. Eccl. Fr. Cointii, t. VI, pag. 46.
Concil. Antiq. Galliæ a Sirmondo, tom. II, pag. 117.

Cette Lettre étoit une pièce d'éloquence pour le temps où elle fut composée, chaque vers commence par une lettre de l'adresse.

Domino excellentissimo filio Carolo Magno Regi, Hadrianus Papa.

Avec beaucoup d'emphase qui étoit le sublime du temps, le Pape célèbre les vertus de Charlemagne, & chante ses conquêtes sur le roi Didier.

Charlemagne en partant de Rome pour aller devant Pavie que son armée tenoit toûjours bloquée, reçut du Pape cette pièce de vers, avec le code des Canons dont se servoit l'église de Rome; ce furent les présens que le Pontife & le Clergé de cette ville firent à ce Prince, duquel ils venoient de recevoir des biens immenses; car Charlemagne dans le premier voyage qu'il fit à Rome, donna autant au Pape qu'avoit fait le roi Pépin son père, à différentes fois.

Le père Sirmond recule cet événement au troisième voyage que Charlemagne fit à Rome en 787. Le sentiment de le Cointe qui le fixe à cette année, paroît préférable.

Sans autre date. EPISTOLA *Caroli Magni ad Offam regem Merciorum, de Longobardis & Saxonibus a se Carolo devictis.*

Rec. des Hist. de France, par Dom Bouquet, t. V, p. 620.
Capit. Reg. Fr. a Baluzio, t. I. col. 193, 194.

Il paroît par cette Lettre que Charlemagne vivoit dans une grande intelligence avec cet Offa, l'un des rois Anglo-Saxons; car le sujet pour lequel il lui écrit est uniquement de l'informer de ses conquêtes en Italie, & sur Witichind duc des Saxons.

Suivant une chronique, qui a été imprimée pour la première fois par Duchêne, sur un manuscrit de la bibliothéque de M. de Thou, *(au tom. III, script. Fr. pag. 358)* l'Angleterre étoit divisée en quatre royaumes vers le milieu du VIII.e siècle. *Sunt enim in Anglia quatuor regna; regnum Merciorum, regnum Vest-Saxonum, regnum Cantuariorum, regnum Norta-Nimbrorum.* Ces trônes mal affermis subsistèrent peu de temps; les Rois se firent la guerre, & ces Nations s'étant détruites entre elles, une seule demeura maîtresse de toute l'isle, *sed regnum Vest-Saxonum aliis subjugatis permansit usque ad Normannos.*

Sans autre date. SERMENT *de fidélité prêté à Charlemagne, par Didier roi des Lombards.*

Hist. générale de France, par Duplex, tome I, page 322.

La prise de Pavie où s'étoit réfugié Didier roi des Lombards, avec Anse sa femme & une de leurs filles, dont les Historiens ne disent point le nom, fut le terme du royaume que ces peuples avoient fondé en Italie vers l'an 568. Vérone s'étoit déjà rendue; Adalgise fils de Didier & présomptif héritier du trône, qui s'étoit jeté dans cette place après la déroute des *Cluses*, l'abandonna, se voyant hors d'état d'en soûtenir plus long-temps le siége, & se réfugia à Constantinople. Ce Prince infortuné passa deux ou trois ans à solliciter inutilement l'Empereur de lui donner des troupes pour recouvrer les États de son père; ne trouvant plus de ressource que dans sa valeur, il revint en Italie, & quelques mécontens s'étant joints à lui, il entra dans la Calabre, par préférence à une autre province, espérant de trouver moins de résistance de la part des habitans de celle-ci. Mais le Pape attentif aux moindres mouvemens qui pouvoient le troubler dans la jouissance de la plus belle portion des dépouilles du roi des Lombards, envoya le duc Théodore son neveu avec une forte armée au devant d'Adalgise, ce Prince dans le premier choc fut tué, & tous les gens de son parti à l'instant dissipés. Le roi Didier son père n'avoit pas essuyé un meilleur sort; tous les Historiens du temps disent unanimement que le roi des François, après l'avoir fait prisonnier à Pavie, lui fit couper les cheveux; traitement plus honteux dans ces temps pour un Roi, que le dernier supplice; & qu'après l'avoir conduit en France avec sa femme & sa fille, il les condamna à un exil perpétuel. Quelques Auteurs modernes ont dit, sur le témoignage d'Hépidanus moine de S.t Gale, que Charlemagne avoit forcé ce malheureux Prince à prendre l'habit de Moine dans l'abbaye de Corbie, & qu'il y étoit mort. Par rapport à la reine Anse, les Auteurs n'en disent plus un mot depuis son arrivée en France, ils gardent le même silence sur la Princesse sa fille. On pourroit croire que cette Princesse étoit *Desiderate* qui avoit été mariée à Charlemagne, & qu'il avoit répudiée. Ce détail fait assez sentir que la pièce rapportée par Duplex, qui contient le prétendu serment de fidélité du roi Didier, ne mérite aucune attention. Le serment

DES DIPLOMES. 163

de fidélité d'un Roi détrôné, relégué dans le cloître & couvert d'un froc, pouvoit-il ajoûter à la gloire de son vainqueur, ou lui faire un nouveau titre pour lui assurer ses conquêtes.

Sans autre date.

ANNÉE 774.

LITTERÆ plures Hadriani papæ, tum ad Carolum Magnum, tum ad alios de diversis.

Nous ne donnerons qu'un petit nombre des lettres du pape Adrien, nous nous bornons, par plusieurs considérations, à indiquer les Recueils & les autres ouvrages où on les a imprimées. La première est que le plus grand nombre de ces lettres n'intéressent que très-peu l'Histoire ecclésiastique & civile de France; la seconde est que nous étant proposé de ne donner que des Actes, des Diplomes & des Chartes, nous nous écarterions de ce dessein en insérant dans cet ouvrage toutes les lettres des Papes, des Rois & des Évêques. Ainsi le Lecteur, que la curiosité portera à vouloir lire les lettres du pape Adrien I.er, peut ouvrir le V.e tome de la collect. des Historiens de France de Dom Bouquet, page 537 & suivantes; Epist. Pontif. Rom. a Gretsero, pag. 211; Annal. Eccl. Fr. Cointii, t. VI, & parcourir tout le volume; le tome II des Conciles du père Sirmond; le IX.e tome des Annales de Baronius.

1.er JANVIER.

ANNÉE 775.

EPISTOLA Hadriani papæ, qua confirmat Bertherio Viennensi episcopo jus ipsius ecclesiæ.

Apud Labbeum, tom. I; bibliothecæ mss. pag. 109. Rec. des Hist. de France, par Dom Bouquet, t. V, p. 595. Hist. de orig. Burg. a Petro sancto Juliano, pag. 272.

Le père Pagi (ad ann. 787, n.° 20) avance que cette lettre est supposée, & il le prouve par la formule de la date de laquelle il prétend que le Pape ne s'est jamais servi, en marquant, comme on le trouve dans cette lettre, les années du règne de l'empereur Constantin, & celles du patriciat de Charlemagne. Dom Bouquet moins sévère ne taxe pas la lettre de fausseté, mais il convient que la formule y a été ajoûtée. Cette pièce n'est au surplus qu'une lettre circulaire du Pape à tous les Métropolitains des États de Charlemagne, par laquelle il leur annonce qu'il a fait jurer ce Prince sur le tombeau des apôtres S.t Pierre & S.t Paul, qu'il les rétabliroit dans leurs droits dont ils étoient privés depuis près de quatre-vingts ans; il ajoûte dans celle-ci à l'évêque de Vienne, qu'il va rentrer dans la jouissance des priviléges qui lui avoient été accordés par le pape Leon.

22 JANVIER.

PRÆCEPTUM Caroli Magni pro Angelramno episcopo Metensi.

Rec. des Hist. de France, par Dom Bouquet, t. V, p. 727.

Donné à Kierfy.

Angelram évêque de Metz, présenta à Charlemagne les Diplomes que ses prédécesseurs & lui avoient obtenus des Rois, qui confirmoient son Église & les Monastères qui en dépendoient, dans la propriété & pleine jouissance de tous leurs biens qu'ils avoient acquis, à titre de donation ou autrement, avec exemption de la jurisdiction des Juges royaux, & des droits que l'on payoit au fisc. Charlemagne confirme par cette Charte la disposition de ces différens Diplomes, avec quelque exception cependant. *Illud addi placuit scribendum*, dit ce Prince, *ut de tribus causis, de hoste publico, hoc est de banno nostro, quando publicitus promovetur, & wacta vel pontes componendum, illi homines bene ingenui qui de suo capite bene ingenui immunes esse videntur, qui super terras ipsius Ecclesiæ, vel ipsius Pontificis, vel Abbatis sui commanere noscuntur; si in aliquo exinde de his tribus causis negligentes apparuerint, exinde cum judicibus nostris deducant rationes; sed non amplius nec minus.* Ainsi le Roi excepte trois cas de l'exemption de la jurisdiction des Officiers royaux, au tribunal desquels il veut que les hommes libres qui demeurent sur le territoire de l'église de Metz, portent les causes qui y auront rapport; savoir, les contestations qui naîtront à l'occasion des compositions que ces hommes libres auront faites 1.° pour s'exempter d'aller à la guerre, 2.° de faire le guet dans les places, 3.° de payer le droit de péage établi pour le passage sur des ponts dans le domaine du Roi.

Voyez les Glossaires de Henri Spelman & de Ducange, aux mots Bannum, Wacta, Wactæ, Guetta, Pontalicum, Pontagium, Pontaicum, Pontonagium, &c.

Tome I. X ij

ANNÉE 775.

25 FÉVRIER.

Don du bourg de Luzarches à l'abbaye de S.t Denys, par Charlemagne.

Rec. des Hist. de France, par Dom Bouquet, t. V, p. 729. Histoire de S.t Denys, par Doublet, page 710. Histoire de l'abbaye de S.t Denys, par Félibien, pr. p. 34.

Donné à Saint-Denys.

Pépin avoit commencé à faire rebâtir l'église de S.t Denys, Charlemagne la finit, & le jour que l'on en fit la dédicace, ce Prince s'y rendit avec toute sa Cour; en mémoire de cette cérémonie, il fit don à ce Monastère, par ce Diplome, du village de Luzarches en Parisis, avec l'église qui étoit sous l'invocation de S.t Côme & de S.t Damien, & du lieu de Messy situé dans le diocèse de Meaux.

5 MARS.

CHARTA cessionis Ansegaudi in gratiam monasterii sancti Benigni Divionensis.

Rec. de Pérard, page 10. Ann. Eccl. Fr. Cointii, t. VI, pag. 98.

Fait à Dijon.

Waldric abbé de S.t Benigne de Dijon, reçut cette donation; c'est le même qui fut quelques années après évêque de Langres. Les fonds que ce particulier légua par cette Charte, étoient situés dans le petit pays de Bèze au diocèse de Langres, *(in pago Atoariorum in loco nuncupante in villa Sancto-colonica sive Bargas.)* Ansegaud fit signer cet Acte par ses fils & ses neveux.

Tous les Géographes sont d'accord sur le nom & la situation du *pagus Atoariorum*, c'est, comme nous venons de le dire, le petit pays de Bèze; mais il s'en faut de beaucoup, malgré le travail & les recherches des Savans, que nous connoissions tous les autres *Pagi* de cette province, & cette quantité prodigieuse de lieux dont les chroniques & les cartulaires sont remplis, qui faisoient anciennement des villages considérables. Il faut convenir que les noms des uns & des autres sont d'une barbarie à ne pouvoir être rapprochés de ceux qu'ils portent présentement. Quel est, par exemple, le Géographe qui a fixé la situation, & qui a dit le nom moderne du village de *Sancto-colonica* ou *Bargas*, dans lequel étoit situé la métairie qu'Ansegaud donna par cette Charte!

14 MARS.

DIPLOMA Caroli Magni de immunitate cœnobii Dionysiani.

PRÆCEPTUM Caroli Magni de immunitate monasterii San-Dionysiani.

PRÆCEPTUM Caroli Magni de nundinis sancti Dionysii.

Antiquités de S.t Denys, par Doublet, p. 708, 709 & 711. Annal. Eccl. Fr. Cointii, t. VI, p. 90. Rec. des Hist. de France, par Dom Bouquet, t. V, p. 729, 730 & 731. Histoire de S.t Denys, par Félibien, pr. p. 37.

Donné à Kiersy.

Le Cointe & Dom Bouquet ont imprimé ces trois Diplomes d'après Doublet; celui-ci prétend les avoir publiés d'après les manuscrits originaux. Les deux premiers ont été donnés le même jour; comme le dernier ne porte aucunes notes chronologiques, nous ne pouvons lui assigner de date certaine; Dom Bouquet, sans une raison trop sensible, l'a rapporté à cette année; n'en ayant aucune pour critiquer ce sentiment, nous laissons le Diplome à l'époque sous laquelle Dom Bouquet l'a placé.

Le Roi par le premier de ces Diplomes, affranchit les officiers & les valets du monastère de S.t Denys, de payer pour eux & pour les marchandises qu'ils feront venir, soit par terre ou par eau, destinées pour la consommation du Monastère, de tous droits de péage & de douane.

L'abbé Fulrad ayant présenté à Charlemagne les Chartes de ses prédécesseurs, qui confirmoient ce même Monastère dans la jouissance des priviléges que ces Princes lui avoient successivement accordés, ainsi que dans la propriété des biens qui lui avoient été légués, soit par les Rois eux-mêmes, soit par des particuliers, obtint par ce second Diplome, les mêmes graces. Charlemagne étend cette confirmation aux biens que ce Monastère tenoit de la libéralité, situés dans la Lombardie & dans la Valteline. La Valteline étoit une petite province dépendante du royaume de Didier, elle fait aujourd'hui partie du pays des Grisons.

Le Roi confirme enfin par ce troisième Diplome, le Monastère dans la jouissance

DES DIPLOMES. 165

des droits de péage & de douane qu'il levoit sur toutes les marchandises que l'on portoit vendre au marché de S.¹ Denys, de la manière & dans la forme qui avoient été fixées par le roi Pépin, dans le jugement qui fut rendu par ce Prince sur la contestation qui s'étoit mue à ce sujet entre Grimoald Maire du palais, & les Moines de ce monastère. Charlemagne ordonne en outre que s'il naît à l'avenir des contestations sur le même sujet, c'est-à-dire, que s'il se trouve des particuliers qui refusent de payer les droits fixés par les anciens réglemens, la cause sera instruite par ses *Missi* ou par un Comte.

ANNÉE 775.

PRÆCEPTUM *Caroli Magni pro monasterio Morbacensi.*

4 AVRIL.

Rec. des Hist. de France, par Dom Bouquet, t. V, p. 732.

Donné à Kiersy.

Dom Bouquet n'a publié qu'un fragment de ce Diplome d'après un manuscrit tiré des archives de l'abbaye de Murbach. Ce Diplome fut donné à la prière du vénérable Amicho abbé de ce Monastère, par lequel le Roi confirme les Moines dans la jouissance des biens & des immunités que ses prédécesseurs leur avoient accordés.

PRÆCEPTUM *Caroli Francorum regis pro monasterio Flavinianensi.*

3 MAI.

Rerum Ital. a Muratorio, part. II, p. 360, col. 2.
Rec. des Hist. de France, par Dom Bouquet, t. V, p. 732.
Ann. Eccl. Fr. Cointii, t. VI, pag. 92.

Donné à Thionville.

Le Cointe ne fait qu'indiquer cette pièce. Hugues de Flavigny l'a rapportée tout au long dans sa chronique, connue sous le nom de *Chronicon Virdunense*. Elle porte exemption en faveur du monastère de Flavigny, de plusieurs droits de péage que les marchands payoient au Fisc pour toute espèce de denrées.

Ce Monastère étoit situé *in Alsensi pago*, dans l'Azois, petit pays compris dans le diocèse d'Autun, il commence un peu au delà de Troies, en tirant vers Bar-sur-Aube.

PRÆCEPTUM *Caroli Magni pro monasterio Farfensi seu Acutiano.*

25 MAI.

Rec. des Hist. de France, par Dom Bouquet, t. V, p. 733.
Apud Chesnium, tom. III, script. Franc. pag. 652.
Rer. Ital. a Murat. tom. II, parte 2, p. 350.

Dom Bouquet renvoie aux recueils de Duchêne & de Muratori, pour lire ce Diplome dont il n'a imprimé qu'un fragment. Ces deux premiers Auteurs l'ont publié d'après la chronique de ce même Monastère, connue sous le nom de *Chronicon Farsense*.

Le Roi accorde, par cette Charte, aux moines de cette Abbaye les mêmes priviléges & immunités dont jouissoient les monastères de Lerins, d'Agaune & de Luxeuil, qui consistoient principalement dans l'exemption de la jurisdiction de l'Évêque diocésain, & dans la liberté d'élire leur Abbé.

PRÆCEPTUM *Caroli Francorum regis, pro monasterio sancti Dionysii.*

26 JUIN.

De re Diplom. a Mab. p. 497.
Hist. de l'abb. de Saint Denys, par Félibien, pr. pag. 35.
Rec. des Hist. de France, par Dom Bouquet, t. V, p. 733.
De re Diplom. a Germondo, t. II, p. 329.

Donné à Kiersy.

Le bourg de Taverny dans l'isle de France, étoit dès-lors du domaine de ce Monastère, & c'étoit le seul de cette province qui lui avoit été usurpé; car cette Charte ne semble confirmer que les domaines dans la jouissance desquels ce Monastère étoit rentré en vertu de lettres du roi Pépin; il s'étoit trouvé, suivant ce Diplome, d'autres biens usurpés dans le Brabant, dans la Brie, dans le Mulcien, dans le Beauvoisis, dans le Vexin, dans le Vimeu, dans l'Amiennois, &c.

Voyez la critique que le père Germond fait de ce Diplome, tome II, page 242 de son livre cité à la marge.

X iij

ANNÉE 775.

28 JUILLET.

CAROLI MAGNI *placitum quo adversus Herchenradum seniorem episcopum Parisiensem Placicium monasterium in pago Pinciacense monasterio sancti Dionysii adscribitur.*

Donné à Duren dans le duché de Juliers.

Rec. des Hist. de France, par Dom Bouquet, t. V, p. 734. De re Diplom. à Mab. p. 498. Hist. Eccles. Parif. a Gerardo du Bois, tom. I, pag. 264. Histoire de l'abbaye de S.t Denys, par Félibien, pr. p. 36.

Placicium est le village de Plaisir situé dans la forêt de Saint Germain-en-Laye, où il y avoit alors un Monastère sous l'invocation de la Vierge & de S.t Pierre. Herchenrad évêque de Paris, soûtenoit qu'il appartenoit à sa cathédrale, en vertu d'une donation qui lui en avoit été faite par un Franc nommé *Aderald*; Fulrad appuyoit sa réclamation de ce même Monastère en faveur de son Abbaye, d'une autre donation faite par un autre Franc nommé *Hagadée*; la cause parut si douteuse, que Charlemagne ordonna dans ce plaid que l'on auroit recours au jugement de la Croix pour la décider. Ce jugement s'exécuta dans la chapelle du Roi. L'athléte de Fulrad plus fort & plus nerveux que celui de l'évêque de Paris, fit perdre à celui-ci son procès.

Duren situé entre Cologne & Aix-la-Chapelle, étoit une ancienne ville du territoire des Francs ripuaires; on y voyoit encore dans le dernier siècle des restes du palais que les Rois de ces peuples y avoient bâti long-temps avant le règne de Clovis.

NOVEMBRE, *sans quantième.*

PRIVILÉGE *de l'empereur Charlemagne, accordé à l'abbaye de Pruim.*

Donné à Thionville.

Rec. des Hist. de France, par Dom Bouquet, t. V, p. 736. Apud Martenium, t. I, ampl. collect. col. 38. Hist. de Lorraine, par Dom Calmet, tome I, pr. col. 286. Hist. de Luxembourg, par Bertholet, t. II, pr. p. 45 & suiv.

Bertholet (*Hist. de Luxembourg, pr. p. 45 & 46*) a imprimé deux Chartes de ce même Prince, du nombre desquelles est celle-ci; mais il a fait une faute contre la chronologie en plaçant cette pièce sous l'année 776, car la VIII.e année du règne de Charlemagne dans la France & la II.e en Italie, revient, après un compte fort juste, à l'an 775.

Charlemagne de retour d'une seconde expédition contre les Saxons, alla visiter l'abbaye de Pruim fondée par le roi Pépin son père, au pays d'Eciffel dans l'Allemagne. Assuerus qui en étoit alors Abbé, présenta à Charlemagne les Diplomes de Pépin, par lesquels ce Prince avoit fait à son Monastère de riches donations, & obtint celui-ci qui en contient la confirmation, avec des immunités & de nouveaux priviléges.

NOVEMBRE, *sans quantième.*

DON *fait par Charlemagne au monastère de Solone, de plusieurs métairies situées dans le pays Messin.*

Donné à Thionville.

Antiquités de S.t Denys, par Doublet, page 712. Rec. des Hist. de France, par Dom Bouquet, t. V, p. 736. Histoire de l'abbaye de S.t Denys, par Félibien, pr. pag. 37. Ann. Eccl. Fr. Cointii, tom. VI, pag. 96.

Ce Monastère est le même que le prieuré de Notre-Dame de S.t Privat, situé entre Vic & Château-Salins. Il dépendoit alors de l'abbaye de S.t Denys; l'abbé Fulrad l'avoit fondé vers l'an 757. Il fut cédé dans la suite à l'abbé de S.t Mihiel. Nous verrons au commencement du siècle suivant, des Diplomes qui en confirment la jouissance à ce dernier Abbé; mais cette cession ne se fit que sous la condition que l'abbé de S.t Mihiel payeroit annuellement à celui de S.t Denys une redevance de cinq marcs d'argent. En 1602 ce prieuré fut uni à la primatiale de Nancy.

On lit bien dans cette Charte les noms des villages où étoient situées les métairies que Charlemagne détachoit de son patrimoine pour en faire donation à titre d'aumône à ce Monastère, mais ces noms tels que *Eadallugo, Wastingas, Ermerago, Almingas,* sont si barbares, qu'il paroît impossible de désigner les mêmes lieux sous leurs noms modernes.

NOVEMBRE, *sans quantième.*

DIPLOMA *quo Carolus Magnus donat monasterio sancti Bonifacii Fuldensi monasteriolum Holzkirchense.*

Donné à Duren.

Rec. des Hist. de France, par Dom Bouquet, t. V, p. 736. Franc. Orient. ab Eckardo, t. I, p. 638 & 639.

Le monastère de Holzkiricha, dont nous ne savons pas le nom allemand, étoit situé *in pago Vualdraffim*, & avoit été fondé par un particulier nommé *Troandus*.

Ce Troandus après en avoir joui pendant le reste de sa vie, comme d'un bien à lui appartenant, le légua par testament à Charlemagne. Ce Prince le donna ensuite, par ce Diplome, à Sturmion abbé de Fulde.

Dom Bouquet a seulement imprimé de cette pièce la formule initiale avec les notes chronologiques, & renvoie pour le reste *Apud Joha. Frider. Schannat, in traditionibus Fuldensibus, pag. 24.* On trouve dans ce même Auteur, *pages 23 & 30*, deux autres Diplomes de Charlemagne pour ce même Monastère, mais ils sont sans notes chronologiques.

ANNÉE 775.

PRÆCEPTUM *Caroli Magni pro Turonensi sancti Martini monasterio.*

Donné à Thionville.

Apud Martenium, t. I, ampl. collect. col. 33.
Rec. des Hist. de France, par Dom Bouquet, t. V, p. 737.

Les deux Auteurs dans lesquels on trouve cette pièce l'ont imprimée sans date, parce que le manuscrit d'après lequel ils l'ont publiée, n'en porte sans doute aucune. Quelle raison a donc pû les déterminer de lui assigner l'année 775 plustôt qu'une autre ! c'est sans doute parce que Charlemagne ayant passé quelques jours de cette année à Thionville où il donna un Diplome pour le monastère de Flavigny, ils ont présumé que ce Prince donna en même temps celui-ci pour le monastère de S.t Martin. C'est une foible raison, elle nous fait cependant préférer le sentiment de ces Savans à celui de Mabillon, qui place cette même pièce sous l'année 783, parce qu'il n'en donne aucune. (*Annal. Bened. tom. II. pag. 265*).

Hitier chancelier de France, abbé en même temps de S.t Martin de Tours, obtint du Roi ce Diplome qui confirme l'assignation que l'abbé Autland son prédécesseur avoit faite de certains fonds pour l'entretien particulier du réfectoire des moines de cette Abbaye. Voici le nom des lieux où ces fonds étoient situés, il paroît intéressant pour les Chanoines de cette cathédrale, successeurs des Moines, d'en faire la recherche.
Luggegalus, Curciacus, Lupiacus, Magittus, Catuntius, Tauciacus, Loona, Vobridius, Albiniacus, Mazoyalus, Pocientiacus, Castanelus, Camiliacus, Brionnus, Novientus, Genestolalus, Caniacus, Alnetus, Cadriacus, Merila, Delfincus, Parriciacus, Prisciniacus, Cassiacus, Sadobria, Membriolas, Spicarias, Ortlucus, Screonas, Solustriacus, Lausiacus, Axedus, Belcontus, Trinicrobrus, Baionvillare, Nova-villa, Noëntus, Blasina, Pociacus, Tassiniacus, Brigogalus, Crucilia, Bladalaicus, Dociacus, Melciacus, Angularis-portus, Restis, Antoniacus.

27 JANVIER.

ANNÉE 776.

CHARTA *donationis ab Egremaro uxoreque ejus Evâ, monasterio sancti Benigni Divionensis factæ.*

Fait à Buxières proche Bar-sur-Seine.

Annal. Eccl. Cointii, tom. VI, pag 117.
Rec. de Pérard, pag. 11.

Les biens donnés par cette Charte, sont situés *in fine & villa Norviense*, ce lieu est certainement dans le duché de Bourgogne, mais nous en ignorons le nom moderne, s'il existe encore.

3 JUIN.

PRÆCEPTUM *Caroli Magni de institutione monachorum Cormaricensium.*

Eccl. Turon. a Maan, p. 237.

Donné à Tours.

Deux raisons qui paroissent bien plausibles nous portent à juger que cette Charte est supposée; la première est qu'il ne paroit pas que le monastère de Cormeri ait été fondé avant l'année 790 ou même 791; la seconde, c'est qu'il est certain que Charlemagne ne vint point à Tours dans tout le courant de l'année 776, il en passa la moitié dans différentes contrées de l'Allemagne, & le reste dans l'Italie. Il étoit le 17 de juin à Loredo petite ville de l'État de Venise, peut-on présumer qu'il fût le 3 de ce même mois à Tours!

ANNÉE 776.

17 JUIN.

DIPLOMA *Caroli Francorum regis, Paulino Grammaticæ magistro concessum.*

Donné à Loredo en Italie.

Rec. des Hist. de France, par Dom Bouquet, t. V, p. 737. Ann. Eccl. Fr. Cointii, tom. VI, pag. 108.

Cette Charte se trouve dans les Bollandistes *D. 11 jan. in vita S. Paulini,* n.° 8, le Cardinal Baronius la rapporte aussi dans ses Annales *ad ann. 802, t. IX, n.° 13.*

Paulin le Grammairien fut fort recommandable auprès de Charlemagne, ce Prince ami des Arts & des Lettres, protégeoit ceux qui les cultivoient; par cette raison il donna, en toute proprieté, à Paulin des biens considérables qui avoient été confisqués sur un certain Waldandus pour crime de félonie; les termes de ce Diplome sont honorables pour Paulin. *Valde venerabili Paulino artis Grammaticæ magistro.*

18 AOÛT.

CHARTE, *par laquelle Assuerus abbé de Pruim donne à son Monastère la terre de Caciac en Anjou.*

Fait à Pruim.

Histoire de Lorraine, par Dom Calmet, t. I, p. col. 287. Hist. de Luxembourg, par Bertholet, t. II, pr. p. 47, col. 2.

Cette Charte est datée de la IXe année du règne de Charlemagne, qui revient, comme le dit Dom Calmet, à l'année 776. Ainsi Bertholet s'est trompé en plaçant cette pièce sous l'année 777.

Assuerus fut le premier abbé de ce Monastère, fondé, comme nous l'avons remarqué, par Pépin père de Charlemagne, dans les Ardennes au pays de Bidburg. Cet Assuerus étoit-il Franc & de la province d'Anjou? nous n'avons rien de certain sur son origine ni sur sa patrie; nous ignorons également la situation de la terre de *Caciac*, qui peut bien avoir changé de nom depuis la donation que ce pieux Abbé en fit à son abbaye de Pruim. Nous connoissons un autre *Caciacum*, dont il est parlé dans la chronique de Bèze, & c'est Cheffey *ou* Saucy en Bourgogne; mais celui-ci est *in pago Andegavo*, c'est en Anjou qu'il faut le chercher.

Sans autre date.

CHARTE *de Charlemagne qui confirme à Gundeland l'abbaye de Lauresham, contre Heimricus qui s'en disoit investi par le comte Cancor son père.*

PRIVILÉGES *accordés par Charlemagne à l'abbaye de Lauresham.*

Donné à Héristal.

In chron. Lauresham. German. rerum script. a Frehero, t. I, p. 59 & 97. Rec. des Hist. de France, par Dom Bouquet, t. V, p. 738. Ann. Eccl. Fr. Cointii, t. VI, p. 111. Ann. Bened. t. II, p. 234 & 235. German. rerum script. a Frehero, t. I, p. 59 & 60.

L'Auteur de la chronique de Lauresheim, comptoit les années du règne de Charlemagne depuis la mort de Carloman; car quoiqu'il place ces deux Actes sous l'année 776, il les rapporte à la VIIIe du règne de ce Prince.

Charlemagne de retour de son expédition contre les Saxons, s'arrêta à Héristal où il passa les fêtes de Noel de cette année. Il y tint un plaid à l'occasion d'un procès entre un seigneur Allemand nommé *Hemery,* & Gundeland abbé de Lauresheim. Hemery réclamoit cette Abbaye, & prétendoit que Cancor son père lui en avoit donné l'investiture après l'avoir fondée; Gundeland qui tenoit cette Abbaye de la libéralité de Chrodegand évêque de Metz, produisoit une Charte de Cancor, signée de Wilsvinde sa mère, par laquelle l'un & l'autre avoient donné à ce Prélat le Monastère, & écartoit par cet Acte les prétentions d'Hemery, qui n'étoient d'ailleurs appuyées d'aucun titre. La première de ces deux pièces est le jugement que le Roi rendit, par lequel il confirme la Charte de Cancor & adjuge en conséquence le Monastère à Gundeland. Ce Prince donna dans le même temps un Diplome qui est la seconde pièce, par lequel il exempte ce Monastère de la jurisdiction de ses Officiers, lui accorde toute espèce de franchise & la liberté d'élire son Abbé.

ANNÉE 777.

ANNÉE 777.

7 JANVIER.

PRÆCEPTUM *Caroli Magni pro monasterio Fuldensi.*

Donné à Héristal.

Apud Johann. Frider. Schannat in traditionibus Fuldensi, pag. 27. Rec. des Hist. de France, par Dom Bouquet, t. V, p. 738.

Sturmion abbé de Fulde, obtint de Charlemagne, par ce Diplome, des biens qui faisoient partie de son patrimoine, *res proprietatis suæ Hamalumbure in pago Salecgavio super fluvio Sala, cum omni integritate, &c. tam in terris . . . vineis, &c.* Ces métairies situées dans la Franconie, portent aujourd'hui le nom d'Aeschenbach, de Dippach, d'Erthel dans le territoire d'Hanselbourg, sur la rivière de Saul.

Les Historiens remarquent qu'il y avoit alors très-peu de cantons dans l'Allemagne où il y eût des vignes, & qu'il en est parlé pour la première fois dans cette Charte; on ne faisoit, pour ainsi dire, en ce temps d'usage de vin que pour le sacrifice de la Messe.

7 JUIN.

PRÆCEPTUM *Caroli Francorum regis pro ecclesiâ Ultrajectinâ.*

Donné à Nimegue.

Rec. des Hist. de France, par Dom Bouquet, t. V, p. 738. Ann. Eccl. Fr. Cointii, tom. VI, pag. 126.

Le Roi donne à perpétuité à cette Cathédrale, par son Diplome, le village de Luesden avec toutes ses dépendances, situé *in pago Flechite* sur la rivière d'*Heini*. Il est remarqué dans la Charte, que Wigger comte dans ce pays, avoit tenu autrefois ce domaine en bénéfice; peut-être la Cour lui en avoit-elle abandonné les revenus pour lui tenir lieu d'appointemens; nous avons trouvé plusieurs exemples d'arrangemens semblables; l'un ou l'autre prouve au moins que ce village appartenoit originairement au fisc. Le Roi joint à cette première donation les bois qui sont sur l'une & l'autre rive de la rivière d'*Heini*, avec l'église de Duerstede, la pêche & tous les droits établis sur la rivière de Leck, sous la dénomination générale de *Ripaticum.*

Voyez Ducange au mot Ripaticum, Ripagium, &c.

3 NOVEMBRE.

CHARTA *donationis a Leotaldo & Dadâ germanâ suâ monasterio sancti Benigni Divionensis factæ, plurium mansorum in villâ Sancto-Colonica & in pago Atoariorum.*

Fait à Dijon.

Ann. Eccl. Fr. Cointii, tom. VI, p. 34. Rec. de Pérard, page 11.

Waldric abbé de S.ᵗ Bénigne, reçut cette donation faite en toute propriété & sans aucune condition aux Chanoines qui desservoient pour lors cette église, & à leurs successeurs. Les biens qui en faisoient l'objet étoient situés dans le pays de Beze, dans un lieu appelé *Sancto-Colonica* ou *Bergis.* Nous avons déjà remarqué que les lieux qui portoient ces deux noms, nous sont tout-à-fait inconnus.

Pérard place cette Charte sous l'année 778.

Sans autre date.

CONSTITUTIO *Caroli Magni de privilegiis nobilium Francorum & Germanorum, subactis Saxonibus.*

Donné à Paderborn.

Constit. Imp. à Goldasto, t. III, pag. 120.

Charlemagne partit en effet de Nimegue sur la fin de l'automne, & alla passer quelque temps à Paderborn. Nous lisons bien dans les annales Loiseliennes, dans celles de S.ᵗ Bertin & de Metz, que ce Prince tint vers ce temps une assemblée dans cette ville, & qu'après y avoir reçu les soûmissions du plus grand nombre des chefs des Saxons, une grande multitude de ces barbares reçûrent le baptême. *Ibique multitudo Saxonum baptisati sunt & secundum morem illorum omnem ingenuitatem & alodum manibus ductum fecerunt, si amplius mutassent, secundum malam consuetudinem eorum.* Ces peuples, suivant cet Écrivain, accoûtumés à ne point observer les traités qu'ils faisoient avec Charlemagne leur vainqueur, lui engagèrent pour cette fois leurs biens & leur liberté s'ils ne lui demeuroient pas fidèles; c'est tout ce que nous savons de bien précis sur ce qui se passa dans ces comices. De-là nous inférons que Goldaste a fabriqué l'ordonnance qu'il prétend que Charlemagne y publia.

Tome I.   Y

ANNÉE 777.

CHARTE de Charlemagne, confirmative des priviléges du monastère de Solone, contre l'évêque de Metz.

Donné à Aix-la-Chapelle.

Rec. des Hist. de France, par Dom Bouquet, t. V, p. 739. Histoire de Lorraine, par Dom Calmet, tome I, pr. col. 287. De re Diplom. a Mab. p. 499.

Cette ancienne Abbaye étoit sous la jurisdiction immédiate de l'abbé de S.t Denys, & l'évêque de Metz ne pouvoit y conférer les ordres aux Moines, & y faire aucunes fonctions sans sa permission. Charlemagne lui confirma la possession de ce droit par ce Diplome. Nous verrons dans la suite que Louis-le-Débonnaire donna cette Abbaye du consentement de l'abbé de S.t Denys, à celle de S.t Mihiel. C'est présentement un Prieuré dépendant de cette dernière Abbaye.

TESTAMENTUM Fulradi abbatis monasterii sancti Dionysii.

Donné à Héristal.

Ann. Eccl. Fr. Cointii, tom. VI, pag. 131. Histoire de l'abbaye de S.t Denys, par Félibien, pr. p. 38. Hist. Ecclés. Par. du Bois, t. I, p. 268. Acta SS. Bened. sæcul. III, part. 2, p. 341.

L'édition de cette pièce que l'on trouve dans les *Acta SS.* de Mabillon, est différente de celles que le Cointe & Gérard du Bois ont imprimées.

L'abbé Fulrad sentant approcher la fin de sa carrière, voulut la terminer par une action qui prouvât à la postérité le zèle qu'il avoit montré pour l'augmentation & la gloire de son Monastère. Les Moines alors avoient la faculté d'hériter de leurs parens, d'acquérir des biens, & la liberté d'en disposer; ceux qui étoient échûs à l'abbé Fulrad de la succession de ses père & mère, n'étoient pas moins considérables que ceux qu'il avoit reçûs de la libéralité du roi Pépin & de Charlemagne; bien-loin de faire passer cette riche succession à ses collatéraux, il paroît par cet Acte, qui fut le testament de ses dernières volontés, qu'ils n'y eurent pas la moindre part; il la transmit dans son entier à son monastère de S.t Denys, & en destina les biens pour la subsistance des Moines, pour la dépense des hôtes & des pélerins, pour des aumônes que l'on feroit désormais aux pauvres, aux veuves, aux orphelins, & enfin pour l'entretien du luminaire de l'église. La situation de la plus grande partie de ces biens est désignée dans cet Acte. Il y en avoit *in Alisacius,* (dans l'Alsace) *in Mordinavia,* (dans le Mortnau) *in Brisegavia,* (dans le Brisgaw). *In Saloniense, Scarponense, Calmontense, Blesince, Rosalinse, &c.*

19 JANVIER.

ANNÉE 778.

CHARTA fundationis cœnobii B. Mariæ de Crassâ.

Donné à Compiegne.

Rec. des Hist. de France, par Dom Bouquet, t. V, p. 741. Gallia Christ. sec. edit. t. VI, instr. col. 411.

Nebridius archevêque de Narbonne, fonda cette Abbaye située dans le diocèse de Carcassonne. Elle est appelée dans les monumens anciens *Notre-Dame d'Orbieu,* parce que le lieu appelé *Novalias,* où elle fut bâtie, étoit arrosé de la petite rivière d'Orbieu, *Orobio,* & que Nebridius en mit l'église sous l'invocation de la Vierge. Ce Nebridius ou Nisridius ayant obtenu de plusieurs Seigneurs des environs, le lieu où il avoit établi depuis quelques années ce Monastère, avec des terres labourables, des prés & des vignes pour sa dot, supplia Charlemagne de lui accorder ce Diplome qui porte confirmation de toutes ces donations.

27 MARS.

EXEMPTIO a Teloneo per totum regnum concessa abbatiæ sancti Vincentii a Carolo Magno.

Donné à Héristal.

Rec. des Hist. de France, par Dom Bouquet, t. V, p. 742. Ann. Eccl. Fr. Cointii, tom. VI, pag. 162. Capit. Reg. Fr. a Baluzio, t. I, col. 195. Constit. Imp. a Goldasto, t. III, p. 122. Histoire de l'abbaye de S.t Germain-des-Prés, pr. p. 12.

L'Auteur de l'Histoire de l'abbaye de S.t Germain-des-Prés, que nous citons ici, semble s'être mépris en datant cette Charte de l'année 778, l'époque des XI.e & V.e années du règne de Charlemagne, sous laquelle elle fut donnée, marque nécessairement la 779.

L'abbé Robert présenta au Roi les Diplomes que ce Monastère avoit obtenus des prédécesseurs de ce Prince, pour être confirmés. Charlemagne accorda celui-ci, qui

DES DIPLOMES.

maintient le Monastère dans la jouissance de ses immunités, dont l'étendue paroît fort ample. On voit en effet par cette pièce, que les moines de cette Abbaye, ou leurs domestiques, pouvoient aller faire leurs provisions de toutes sortes de denrées dans toute l'étendue du Royaume, sans payer au fisc les droits & les péages établis alors. Le Roi ajoûte la cession en propre du droit de péage de Villeneuve-Saint-George, qui avoit été perçû jusqu'à ce temps au profit de Gérard comte de Paris.

ANNÉE 778.

20 AVRIL.

LITTERÆ *Caroli Magni Francorum regis ad sanctum Autpertum, in gratiam sancti Vincentii ad Vulturnum.*

Ann. Eccl. Fr. Cointii, tom. VI, pag. 150.
Acta SS. Ben. sæc. III, part. 2, pag. 264.
Hist. Fr. script. a Duchêne, tom. III, p. 677.
Rerum Ital. a Muratorio, t. I, part. 2, p. 360, col. 2.

Le manuscrit que les Auteurs que nous citons ont publié, porte l'année de l'indiction & celle de l'incarnation ; comme l'usage de dater ainsi les Actes n'a été adopté par nos Rois que dans le siècle suivant, nous ne craignons point de dire que l'on a interpolé ce Diplome dans les notes chronologiques. Enfin comme on y trouve cette date, *Anno regni nostri decimo & quarto*, nous pensons qu'il doit être placé sous cette année, parce que nous interprétons le *decimo* du règne de Charlemagne sur la Monarchie françoise, & le *quarto* sur la Lombardie.

Autpert, suivant cette Charte, étoit lecteur du Roi, peut-être même en étoit-il le prédicateur ; c'étoit un bel esprit du temps, il composa plusieurs ouvrages, entr'autres un Commentaire sur l'Apocalypse auquel il donna pour titre, *Speculum parvulorum*. Charlemagne qui aimoit les Lettres avoit récompensé les talens de son Orateur en le nommant à cette Abbaye, *Authpertus Orator noster Abbas sancti Vincentii a nobis illuc destinatus*. Cet Autpert fit confirmer, par ce Diplome, ceux que les rois Lombards avoient accordés à son Monastère. On lit de plus dans cette pièce une longue description des biens que possédoit cette Abbaye, auxquels Charlemagne en ajoûta d'autres, situés comme les précédens dans le duché de Benevent.

OCTOBRE, dans quantième.

PRÆCEPTUM *Caroli Magni, quo omnes Dionysiani monasterii confirmat immunitates & donationes quascumque ipsi factas.*

Donné Goddingâ villâ.

Rec. des Hist. de France, par Dom Bouquet, page 740.
Histoire de l'abbaye de S.t Denys, par Félibien, preuv. page 39.
De re Diplom. a Mab. p. 500.

Nous apprenons par ce Diplome, de quelle manière les biens de ce Monastère s'accrûrent à un point excessif en peu de temps. Charlemagne & ses successeurs permirent que ceux qui y embrassoient l'état Monastique y portassent leur bien, ainsi que ceux qui s'y vouoient pour être serfs le reste de leur vie. C'est la disposition de ce Diplome, qui porte en outre confirmation de tous les privilèges & immunités accordés ci-devant par les Rois prédécesseurs de Charlemagne, à cette Abbaye.

Nous avouons, avec Dom Germain, que le nom & la situation de ce lieu *Goddinga villa*, où Charlemagne donna ce Diplome portent avec soi beaucoup d'obscurité ; ce Savant frappé par la ressemblance des noms, pense que ce pourroit bien être *Ville-Godin* ou *Ville-Gaudin*, lieu situé dans le territoire de Challon-sur-Saône. Cette conjecture paroîtroit mieux fondée si Mabillon & les autres Historiens de son Ordre plaçoient cette Charte sous l'année 779, comme nous croyons qu'elle doit être rapportée ; parce que nous savons que Charlemagne après avoir célébré à Héristal les fêtes de Pâques de cette année 779, vint en France & y demeura presque jusqu'à la fin. Mais si l'on fixe la date de cette pièce à l'année 778, il est certain qu'au mois d'octobre Charlemagne étoit encore en Allemagne combattant les Saxons ; ce seroit donc alors au delà du Rhin qu'il faudroit chercher le *Goddinga villa*, & non pas en Bourgogne.

Tome I. Y ij

ANNÉE 779.

MARS, sans quantième.

CAPITULARIA jussu Caroli Francorum regis cum Decretali precum tempore famis.

Donné à Duren.

Annal. Bened. t. II, p. 245. Rec. des Hist. de France, par Dom Bouquet, t. V, p. 646. Capit. Reg. Fr. a Baluzio, t. I, col. 195. Concil. Antiq. Gallia a Sirmondo, tom. II, pag. 84. Ann. Eccl. Fr. Cointii, tom. VI, p. 158 & seqq. Traité de la Police, par de la Marre, t. II, p. 336, col. 2.

Il s'est glissé une faute dans le préambule de ce Capitulaire; au lieu d'écrire *Maio*, on a dit *Martio*; car il est certain que Charlemagne tint cette année l'assemblée des États à Duren sur la fin du mois de mai, & non pas à Héristal, comme le disent Mabillon & Dom Bouquet. Il est étonnant que Baluze & les autres Auteurs ne se soient pas aperçus de cette erreur.

Ce Capitulaire contient vingt-trois articles, dont le plus grand nombre roule sur la discipline ecclésiastique. Le huitième a une disposition remarquable. Il porte que les églises ne seront plus désormais un asyle pour les criminels qui auront commis des crimes, pour lesquels la Loi a prononcé la peine de mort.

Goldaste fait un double emploi de ce Capitulaire, il l'a imprimé sous l'année 778, & le répète sous l'année 780.

Le père Sirmond a imprimé ce même Capitulaire en vingt-quatre articles.

30 AVRIL.

CONFIRMATION des immunités & franchises de l'abbaye de S.t Marcel de Châlons, par Charlemagne.

Donné à Héristal.

Conc. ab Harduino, tom. III, col. 2025. Constit. Imp. a Goldasto, t. III, pag. 120. Gallia Christ. pr. edit. tom. II. Orig. de Bourg. par Saint-Julien, page 446. Ann. Eccl. Fr. Cointii, tom. VI, pag. 165. Histoire de Challon-sur-Saône, par Perry, pr. p. 28. Ann. Eccl. Fr. Cointii, tom. VI, pag. 165. Gallia Christ. sec. edit. t. IV, instr. col. 223.

Wigbald, faisant les fonctions de Radon chancelier de Charlemagne, expédia ce Diplome que ce Prince accorda à la prière du *magnifique* Hubert évêque de Châlons & abbé de S.t Marcel de cette ville; ce Diplome confirme cette Abbaye dans toutes les immunités & priviléges qui lui avoient été accordés par les Rois prédécesseurs de Charlemagne, & porte en outre que si quelque Comte ou autre Officier royal trouble cette église dans la jouissance des priviléges portés par cette Charte, il payera six cens sols d'amende, dont quatre cens applicables au trésor de l'Abbaye, & les deux cens autres à la chapelle du Roi.

Mabillon (*Annal. Bened. tom. II, pag. 246*) remarque que cette église étoit occupée alors par des Prêtres séculiers qui y sont demeurés jusqu'au X.e siècle, & qu'alors des moines de Cluny s'en emparèrent.

3 MAI.

CHARTA Caroli Magni quâ confirmat ecclesiæ Aquisgranensi villas a Proavo suo Pippino donatas.

Donné à Héristal.

L'illustre Orbandale, t. II, part. 7, p. 69. Rec. des Hist. de France, par Dom Bouquet, t. V, p. 742. Rec. des Hist. de France, par Dom Bouquet, t. V, p. 743. Mitræi Opera Diplomat. t. I, pag. 496.

Charlemagne confirme par ce Diplome toutes les donations que Pépin d'Héristal & sa femme Plectrude ses aïeuls avoient faites à l'église de S.te Marie d'Aix-la-Chapelle; car le *Novum Castellum* désigne cette ville. Einhard, alors abbé, représenta au Roi que les titres de ces donations étant pour la plupart perdus, lui & ses Moines avoient à craindre d'être troublés & même dépouillés des biens qu'ils tenoient de la libéralité de ses illustres ancêtres, pour quoi il le supplioit de lui accorder ce Diplome. Les lieux où étoient situés ces biens sont désignés dans la Charte. Les plus considérables étoient à Frasne & à Vilvorde dans le Brabant.

22 JUILLET.

PRÆCEPTUM Caroli Magni pro monasterio Novaliciensi.

PRÆCEPTUM aliud ejusdem Caroli Magni pro monasterio Laureshamensi.

Rec. des Hist. de France, par Dom Bouquet, t. V, p. 744.

Dom Bouquet n'a imprimé de ces deux pièces qu'il a tirées des cartulaires des monastères de Novalèze & de Lauresheim, que la formule initiale, le nom de l'Officier qui les a expédiées à la place du chancelier Radon, avec leurs notes chronologiques. Nous présumons que ces deux pièces n'ont point été connues de Mabillon ni d'Eckard, parce que ces deux Auteurs n'en ont fait aucune mention. Nous ne pouvons non plus en rendre de compte, attendu que nous n'avons point les Cartulaires où elles se trouvent sans doute dans leur entier.

ANNÉE 779.

15 Octobre.

INSTRUMENTUM *quo limites inter Wirceburgensem civitatem & Heidengsfedam constituuntur per Eberhardum missum Caroli Magni.*

Franc. Orient. ab Eckardo, t. I, p. 674.

Actum in pago Waltsazzi.

Eberhard nommé par le Roi Commissaire pour établir les limites du territoire de la ville de Wurtzbourg sur le Mein, capitale de la Franconie, fit une enquête ; c'est la pièce que nous annonçons. Elle contient les droits des anciens & des plus notables habitans de cette ville. Eckard reproche à un Auteur d'avoir voulu insinuer, par malice, que cet acte contenoit les limites, non pas du territoire de la ville de Wurtzbourg, mais même du diocèse ; si le sentiment de cet Auteur eût été fondé sur de bonnes raisons, Eckard, tout habile qu'il étoit, n'auroit pas même pû donner un air de vrai-semblance au système qu'il établit dans son livre intitulé *Francia Orientalis;* ce système, comme on sait, est de dire que le duché de Franconie est attaché à l'évêché de Wurtzbourg depuis le temps du roi Pépin.

Sans autre date.

DIPLOME *de Charlemagne qui confirme de nouveau tous les priviléges & donations qu'il avoit accordés à l'abbaye de S.t Nazaire de Lauresheim.*

Rerum German. scriptores a Frehero, t. I, p. 61 & 101. Ann. Eccl. Fr. Cointii, tom. VI, pag. 172.

Helmeric abbé de ce Monastère, représenta au Roi que par plusieurs accidens les moines de cette Abbaye avoient perdu la plus grande partie de leurs titres & papiers, qu'il supplioit en conséquence Sa Majesté de vouloir bien lui accorder un Diplome qui confirmât son Monastère dans la jouissance & possession des biens & des priviléges qui lui avoient été anciennement accordés ; Charlemagne voulant traiter favorablement Helmeric, donna ce Diplome qui porte qu'il tiendra lieu au monastère de Lauresheim de tous autres titres, diplomes & chartes pour les biens & les priviléges que les Rois ses prédécesseurs lui ont accordés.

ANNÉE 780.

22 Février.

JUDICIUM *Missorum dominicorum Caroli Magni pro restituenda sancti Victoris Massiliensis monasterio villa Caladio.*

Ann. Eccl. Fr. Cointii, tom. VI, pag. 183. Gallia Christ. sec. edit. tom. I, instr. pag. 106.

Fait à Digne.

Caladium, dont il est question dans cette pièce, est le lieu de Chandol situé dans le diocèse de Digne ; c'est la raison pourquoi les *Missi* tenant leur plaid à Digne, l'évêque de Marseille qui réclamoit la propriété de ce lieu de Chandol pour le monastère de S.t Victor, vint plaider dans cette ville. Ce procès est accompagné de circonstances tout-à-fait intéressantes.

Un certain Antener patrice de Marseille, plein de malice & d'ambition, pour se procurer de grands biens avoit retiré par violence du trésor de l'abbaye de S.t Victor toutes les Chartes des donations qui avoient été faites aux Moines, & les avoit fait malicieusement brûler, après avoir forcé l'Abbé de jurer qu'il n'en restoit aucunes ni dans le Monastère ni dans aucun autre endroit. Mais l'Abbé croyant que l'injustice & l'impiété de ce procédé lui permettoient de faire un faux serment, retira adroitement quelques pièces & les cacha dans sa manche, pour quoi il est fort loué dans le préambule du jugement des *Missi. Sed ipse Abbas tunc temporis fuit magnus, quando ipsas Cartas quas de Adaltrude Mauronius episcopus ibidem præsentavit, pro bono studio & pro bono ingenio in sua manica ipsa Adaltrudes absconsas habuit quando ipsas alias Cartas super altario ipso misit & ibi sacramentum dedit, & sic juravit quod amplius exinde in tota Massilia Cartæ non adessent de illa ratione sancti Victoris, nisi quantum super ipso altario continebatur. Et ipsas Cartas quæ ibidem fuerunt Antener ipsas totas in sua præsentia incendio concremari jussit.* Après que le perfide Antener se fut retiré, l'Abbé remit dans le trésor de l'Abbaye les Chartes qu'il avoit sauvées de l'incendie ; Antener, d'un autre côté, se mit en possession des biens du Monastère ; mais Charlemagne ayant envoyé à quelques années de là ses *Missi* en Provence, les moines de S.ᵗ Victor prièrent Mauronte évêque de Marseille, de porter des plaintes aux Missi des vexations d'Antener, & de réclamer par-devant eux le domaine de Chandol, dont le titre avoit été du nombre de ceux que l'Abbé avoit sauvés de l'incendie. L'action intentée, Antener qui croyoit que ce titre avoit été brûlé, opposa aux Moines la maxime que, nulle propriété sans titre. Mais l'Évêque ayant produit le titre, les Missi firent jurer, suivant la forme de ce temps, des témoins sur l'authenticité de la pièce, & requirent ensuite les Juges de réintégrer le Monastère dans la possession & jouissance de Chandol; le tribunal composé des Juges ordinaires, qui étoient les Échevins, les Rachimburges & les Bons-hommes firent droit sur le réquisitoire des Missi, & prononcèrent cette sentence qui dépouille Antener de Chandol, & l'adjuge aux Moines.

A N N É E 7 8 0.

1.ᵉʳ MAI.

PRIVILEGIUM Caroli Magni imperatoris, monasterio Attanensi concessum.

Gallia Christ. pr. édit. tom. IV, pag. 100. Alliance chronologique, t. II, pag. 450.

Donné à Saint Yrier-de-la-Perche.

Les frères Sainte-Marthe ont tiré cette pièce du cartulaire de S.ᵗ Martin de Tours, & le père Labbe qui l'a aussi publiée d'après les frères Sainte-Marthe, l'a jugée d'une fausseté évidente. Nous adoptons le jugement de ce savant Jésuite. Nous avons déjà remarqué que tous les Actes du règne de ce Prince comme ceux de ses prédécesseurs, & ceux des Rois de presque toute la seconde race qui portoient cette formule comme celui-ci, *In nomine Domini nostri Jesu Christi, &c.* étoient au moins interpolés; mais on fait dire de plus dans celui-ci à Charlemagne qu'il étoit Empereur, *totius imperii Romani quamvis indignus Imperator*, ce qui n'est pas croyable, car ce Prince ne fut revêtu de cette dignité que long-temps après cette époque; il est encore dit dans ce Diplome que Charlemagne en allant cette année en Espagne, passa par ce Monastère; ceci n'est pas moins contraire à la vérité, car il est certain que Charlemagne ne quitta l'Allemagne que pour aller en Italie, où il demeura jusqu'au commencement de l'année suivante.

Pépin, suivant cette Charte, avoit substitué des Chanoines aux Moines dans cette Abbaye, parce que ceux-ci manquoient des choses nécessaires à la vie, n'ayant dans les environs ni vivres ni étangs qui pussent leur fournir du poisson, Charlemagne confirme cet arrangement, & les priviléges que son père avoit accordés à ces Chanoines.

9 JUIN.

DONATIO villæ Lisidunæ Cathedrali ecclesiæ Ultrajectinæ a Carolo Magno.

Miræi Opera Diplomat. t. I, p. 245.

Donné à Nimegue.

Charlemagne trouva heureuse la situation de Nimègue, arrosée par le Vahal, & Eginhard nous apprend qu'il y fit bâtir un Palais où il alloit en hiver se reposer des fatigues de la guerre. Ce Prince étant en pleine paix y passa une partie de l'été de cette année & y donna ce Diplome, par lequel il accorde à l'église cathédrale d'Utrecht, en considération du vénérable Alberic qui en étoit évêque, le village de Leusden situé sur un petit bras du Rhin, appelé le canal d'Aeymenberch, *in pago Flehite*, avec toutes ses dépendances, pour en jouir à titre de propriété & dans l'étendue que le comte Wigger en avoit joui, simplement à titre de bénéfice. A quoi il ajoute toute cette étendue de forêts qui borde ce canal, une église dans le voisinage d'Utrecht, cent perches de terre, dont la situation n'est point désignée, avec le droit appelé *Ripaticum*, qui se percevoit dans les villages d'une petite isle que formoit alors un bras du Rhin, & une rivière appelée en latin *Lecca*.

Sans autre date.

CAPITULA septem quæ Carolus Francorum rex addidit Legi salicæ.

Ann. Eccl. Fr. Cointii, t. VI, p. 175.

Le Cointe remarque que Charlemagne ajoûta trois capitulaires à la Loi salique. Celui-ci en est un des trois qui contient sept articles, mais il ne porte point de date; les Savans présument seulement qu'il est de la fin de ce siècle, & que les deux autres sont du commencement du siècle suivant.

Le premier article de ce Capitulaire prescrit aux Juges de tous les Tribunaux de rendre promptement, & par préférence à tous autres, la justice aux gens d'église, aux veuves & aux orphelins; les autres articles traitent de plusieurs objets qui regardent la police.

ANNÉE 780.

BULLE du pape Adrien I, par laquelle il confirme le don de la Valteline, fait par Charlemagne, à l'abbaye de S.t Denys.

Histoire de l'abbaye de S.t Denys, par Félibien, pr. pag. 40.

Ce Pape défend en outre, par cette même Bulle, à l'Évêque diocésain d'exercer aucune jurisdiction sur les églises & les peuples de la Valteline, compris dans la donation que le Roi & Hildegarde sa femme avoient faite à l'abbaye de S.t Denys.

ANNÉE 781.

20 AVRIL.

AFFRANCHISSEMENT de tous les biens de l'abbaye de S.t Denys, par Charlemagne.

Donné à Aix-la-Chapelle.

Histoire de S.t Denys, par Doublet, page 713.

Charlemagne partit de l'Allemagne pour l'Italie avec la Reine, ses enfans & toute sa cour sur la fin de l'année 780. Il passa les fêtes de Noel à Pavie, il alla de là à Rome où il célébra la Pâque qui arriva, cette année 781, le 15 avril. Ce fut dans cette solemnité que le pape Adrien baptisa les deux jeunes Princes fils de Charlemagne, Pépin & Louis, & qu'il les sacra, le premier roi d'Italie, & le second roi d'Aquitaine. Ces faits sont constatés par toutes nos Annales, rien de plus certain. Si de là nous ne concluons pas que la Charte de Doublet est supposée, il faut au moins convenir qu'elle est altérée dans sa date; car il est évident que Charlemagne étant le 15, & peut-être le reste du mois d'avril à Rome, il ne pouvoit pas se trouver le 20 à Aix-la-Chapelle; il y a plus, c'est que nos Annales disent que ce Prince alla de suite de Rome à Milan, où Thomas archevêque de cette ville fit la cérémonie du baptême de la princesse Giselle fille de Charlemagne. Tous ces *alibi* bien prouvés portent à croire que cette Charte ne mérite pas plus de croyance qu'un grand nombre d'autres dont Doublet a grossi son Recueil.

25 MAI & 8 JUIN.

DIPLOMATA duo Caroli Magni pro Apollinari Regiensis ecclesiæ episcopo.

Donné à Pavie.

Rec. des Hist. de France, par Dom Bouquet, t. V, p. 744.

Dom Bouquet n'a imprimé que la formule initiale avec les notes chronologiques de ces deux Diplomes; on les trouve dans Ughel, *Italiæ Sacræ*, tom. V, col. 1560. L'un & l'autre confirment les priviléges accordés par les rois de Lombardie à l'église cathédrale de Reggio, ville d'Italie, capitale du duché de ce nom, dans les États du duc de Modène.

DÉCEMBRE, sans quantième.

PRÆCEPTUM Caroli Magni pro monasterio Fuldensi.

Donné à Kiersy.

Apud Joh. Frederic. Schannat in tradit. Fuld. pag. 34. Rec. des Hist. de France, par Dom Bouquet, t. V, p. 747.

Dom Bouquet n'a imprimé que la formule initiale avec les notes chronologiques de cette pièce: elle fut expédiée par *Widolaic* abbé de S.t Vandrille, qui faisoit les fonctions du chancelier Radon.

Le Roi donne, par ce Diplome, à l'abbaye de Fulde un fonds de terre situé dans la Silésie, *Campum Hunefeld*. Car il y a bien de l'apparence que c'est Hundsfeld au duché d'Ols en Silésie, lieu devenu depuis fameux par la bataille que Boleslas duc de Pologne y gagna en 1109, sur l'empereur Henri V.

Sans autre date.

DECRETA Caroli Francorum regis, pro regno Longobardorum.

Donné à Pavie.

Ann. Eccl. Fr. Cointii, tom. VI, p. 191 & suiv.

Le père Sirmond a imprimé ce Capitulaire d'après un autre manuscrit que le Cointe, & il marque les variantes des deux éditions.

NOTICE

Tous les articles de cette ordonnance sont intéressans. Nous ne rapporterons cependant que la disposition du sixième & du septième. Le Roi défend par le premier de donner le voile de Religieuse aux filles avant qu'elles aient atteint l'âge dans lequel la raison puisse leur faire connoître toutes les obligations de l'état Monastique. *Salvâ*, cependant dit la Loi, *canonica authoritate*.

Le second ordonne que les commis du Fisc n'obligeront aucun particulier de passer sur des ponts ou dans des bacs, pour lesquels il y a des droits de péage établis, s'ils peuvent se frayer d'autres chemins.

Le Cointe donne à la suite de cette ordonnance tous les articles du code de la loi des Lombards.

ANNÉE 781.

PRÆCEPTUM Caroli Francorum regis pro monasterio S. Juliæ Brixiensis.

Ann. Eccl. Fr. Cointii, tom. VI, pag. 213.

Donné à Milan.

Charlemagne exempte, par ce Diplôme, ce Monastère de toute imposition, l'affranchit de la jurisdiction des Officiers royaux, & le confirme dans toutes ses possessions.

Radoard abbesse de ce Monastère, appelé alors *S.te Julie*, & depuis *Montier-neuf*, avoit succédée immédiatement à Ansiperge fille de Didier. Cette Princesse s'y étoit retirée, & en étoit devenue Abbesse dans le temps que Charlemagne conquit la Lombardie.

AVRIL, sans quantième.

ANNÉE 782.

PRÆCEPTUM Caroli Magni pro Turonensi sancti Martini monasterio.

Apud Marten. t. I, ampliss. collect. col. 42.
Rec. des Hist. de France, par Dom Bouquet, t. V, p. 747.

Donné à Kiersy.

Cette Charte se trouve datée dans quelques manuscrits, de la IX.e année du règne de Charlemagne en Italie. Dom Bouquet prétend que c'est une faute de copiste, & qu'il faut lire de la VIII.e ; cependant, comme le quantième du mois n'est point marqué, il paroît très-difficile de pouvoir assigner la VIII.e année du règne de ce Prince, qui revient à l'an 781, plustôt que la IX.e qui revient par conséquent à l'an 782. La raison est que, Pâque tombant dans ces deux années au mois d'avril, on ne peut savoir si la Charte fut donnée avant ou après cette fête. Dom Bouquet présumoit que l'année du règne de Charlemagne dans la France étant exactement indiquée dans cette pièce, il falloit corriger celle du règne de ce Prince en Italie, parce que les deux dates ne peuvent se concilier ; mais rien ne désigne que la faute tombe sur l'une de ces deux années, plustôt que sur l'autre.

Hitier abbé de S.t Martin, que Charlemagne avoit employé dans des négociations importantes, supplia ce Prince de confirmer, par un nouveau Diplôme, toutes les donations & les priviléges que les Rois ses prédécesseurs avoient accordés à son Monastère ; le Roi sentant qu'il étoit autant de sa munificence que de sa piété de confirmer les graces que ses prédécesseurs avoient accordées dans la vûe de Dieu aux églises, fit expédier ce Diplôme à Hitier, par lequel il confirme tous ceux qui avoient été précédemment accordés à son Monastère, ajoûtant, que si quelques-uns de ses Officiers royaux venoit à le troubler dans la jouissance de ses priviléges, il veut qu'ils soient condamnés à payer une amende de six cens sols d'or le plus pur ; dont les deux tiers seront applicables au profit du Monastère, affectant l'autre tiers à sa Chapelle.

Gallia Christ. pr. edit. tom. I, pag. 367.

3 JUIN.

JUGEMENT des Commissaires du roi Charlemagne, en faveur de Daniel archevêque de Narbonne, contre Milon comte de Narbonne.

Mémoire de Languedoc, par Catel, p. 742.
Hist. de Languedoc, tome I, preuv. col. 24.
Gallia Christ. sec. edit. t. VI, instr. col. 1.
Annal. Eccl. Franc. Cointii, t. VI, p. 222.
Capitul. Reg. Fr. à Baluzio, t. II, col. 1394.

Daniel, archevêque de Narbonne, étoit allé en pélerinage à Jérusalem ; le comte Milon, pendant l'absence de ce Prélat, se mit en possession de plusieurs villages & autres biens appartenans à cet Évêque, & soûtenoit que le Roi les lui avoit donnés en bénéfice ; l'Avoué de l'église de Narbonne les réclama, & comme le Comte ne put prouver ni par titres ni par témoins le don du Roi, les Juges, sur le réquisitoire des Commissaires (*Missi*), condamnèrent Milon à restituer.

Cette

Cette pièce est fort intéressante pour l'archevêque de Narbonne, parce que l'on y trouve les noms de plus de cinquante villages qui sont de l'ancien domaine de son église ; elle répand encore beaucoup de lumière sur la manière de ce temps d'instruire les procès, sur la forme des jugemens, & sur l'office des *Missi dominici*.

Les frères Sainte-Marthe disent qu'ils ont imprimé cette pièce d'après l'original qu'ils ont tiré des archives de l'église de Narbonne, dans la layette des Vicomtes, n.° 255.

26 SEPTEMBRE.

ANNÉE 782.

PRÆCEPTUM Caroli Francorum regis, pro ecclesiâ Mutinensi.

Donné à Worms.

Rec. des Hist. de France, par Dom Bouquet, t. V, p. 748. Ann. Eccl. Fr. Cointii, tom. VI, pag. 226.

Le Cointe critique Sigonius (*lib. IV, de regn. Ital. ad ann.* 787) pour avoir imprimé cette pièce sous une autre date que celle-ci, & sur ce qu'il prétend qu'elle fut donnée à Verone, au lieu de Worms. En effet, il paroît d'un côté certain que Charlemagne passa toute l'année 782 dans la Saxe & en Allemagne, & d'un autre côté on ne peut donner à cette pièce une date plus reculée que celle-ci.

Geminianus, évêque de Modène, vint trouver le Roi en Allemagne, & obtint ce Diplome qui exempte sa Cathédrale des impôts qu'elle payoit ci-devant au Fisc, & la confirme dans la possession de ses biens.

Il ne faut pas confondre ce Geminianus avec le saint Évêque de ce nom, qui est le patron de cette Cathédrale, & qui vivoit dans le IV.e siècle.

OCTOBRE, sans quantième.

DIPLOME de Charlemagne, qui confirme l'échange fait entre l'abbé de S.t Denys en France, & l'abbesse de S.t Pierre de Metz.

Donné à Héristal.

Histoire de l'abbaye de S.t Denys, par Félibien, pr. p. 40. De Veteribus Regum Francor. Dipl. a Germon. t. I, p. 347. De re Diplom. a Mab. p. 501. Histoire de Lorraine, par Dom Calmet, tome I, pr. ccl. 290.

Les biens que l'abbesse de S.t Pierre échangea étoient situés près Compiegne, & ceux que Fulrad abbé de S.t Denys donna, étoient dans les environs de Charpeigne en Lorraine.

Le Lecteur jugera du mérite de la critique que le père Gerberon fait de cette pièce *(page 256)* ; ce Jésuite dit que le style barbare & les expressions dures de ce Diplome ne sentent nullement le règne de Charlemagne, sous lequel les Belles-Lettres & les Arts commencèrent à renaître ; à quoi il ajoute que la date du jour manque à la pièce contre l'usage de ce temps. Mais ces deux raisons sont-elles suffisantes pour prouver la fausseté du Diplome !

16 DÉCEMBRE.

PLACITUM sub Carolo Magno habitum in quo Sonarciaga villa pagi Tellau Dionysiano monasterio vindicatur.

Donné à Kiersy.

De re Diplom. a Mab. p. 501.

Ce canton que l'on appelle indifféremment *Talleu, Talleu* & *Tellau*, est enclavé dans le pays de Caux. Le village qui faisoit l'objet du procès, appelé *Sonarciaga* ou *Sonargiaca*, étoit dans ce *pagus* : le comte Riferon s'en étoit emparé, & se l'étoit fait adjuger par une sentence rendue par ses Échevins *(Escapinios)*, ceci revient à une sentence qu'un Seigneur haut-justicier feroit rendre par son Bailli & son Procureur fiscal ; mais le monastère de S.t Denys, véritable propriétaire de cette terre, la fit réclamer par Adon son avoué au plaid général tenu en présence des officiers du Roi, & comme cet Adon en produisit le titre, que le comte Riferon ne put contredire, le Tribunal adjugea la terre au Monastère, *quam sanctus Dionysius*, comme on lit dans ce jugement, *per suum brachium conquisivit*. Ces mots sont tout-à-fait énigmatiques, à moins, comme le soupçonne Mabillon, que cette terre n'ait été donnée à S.t Denys par Clovis le jeune, pour expier le crime que ce Prince avoit commis en prenant un bras des reliques de ce Saint.

Tome I.

ANNÉE 782.

Sans autre date.

CONCESSIO *musivorum & marmorum palatii Ravennatis Carolo Magno, pro construendâ basilicâ Aquisgranensi ab Adriano papâ.*

<small>Miræi Operâ Diplom. tom. I, pag. 643.</small>

Les colonnes de marbre & les mosaïques dont le Pape fit des présens au Roi pour orner la basilique qu'il avoit fait bâtir en 795 à Aix-la-Chapelle, étoient des débris du palais des rois de Lombardie.

ANNÉE 783.

13 MARS.

CHARTE, par laquelle la reine Hildegarde donne Bouxières à l'abbaye de S.t Arnould de Metz.

Donné à Metz.

<small>Hist. des évêques de Metz, par Meurisse, page 182. Histoire de Lorraine, par Dom Calmet, t. I, pr. col. 292. Abb. de S.t Arnould de Metz, page 205. Monarchie sainte de France, t. II, p. 446.</small>

Les imprécations prononcées dans cette Charte, la formule & les dates sont des choses qui déposent contre son authenticité. Nous ne la jugeons pas cependant supposée dans son entier; il peut se faire que toutes ces choses aient été ajoûtées par quelque copiste indiscret. Au reste nous remarquons que les biens dont la reine Hildegarde fait donation au monastère de S.t Arnould de Metz, avoient fait partie de la dot qu'elle avoit reçue de Charlemagne. Cet usage ancien des Germains, qui étoit que le mari dotât sa femme, avoit été apporté dans les Gaules lorsque les Francs y fondèrent cette Monarchie; il y subsistoit encore du temps de Charlemagne.

25 MARS.

CHARTA *insignis donationis factæ monasterio* **Milize** *nuncupato ab Einhilde prima abbatissâ & conditrice.*

<small>Ann. Eccl. Fr. Cointii, tom. VI, pag. 244.</small>

Fait au Monastère de Milize.

Einhilt ou Einhilde première abbesse & fondatrice de ce Monastère, étoit du Sang de Charlemagne; cette Charte est le testament de cette Princesse, par lequel elle lègue à ses Religieuses tous ses biens de patrimoine avec son mobilier; elle comprend dans ce legs sa bibliothèque *composée*, dit-elle, *de plusieurs volumes contenant le nouveau & l'ancien Testament, avec quelques écrits des saints Pères.*

Si l'on compte les années du règne de Charlemagne depuis la mort de Carloman son frère, il faut relativement à la date de cette Charte, *anno regni Caroli regis sexto decimo*, la placer sous l'année 784.

1.er MAI.

CHARTE de Charlemagne contenant la donation de la seigneurie de Cheminont, à l'abbaye de S.t Arnould de Metz.

<small>Rec. des Hist. de France, par Dom Bouquet, t. V, p. 748. Hist. des évêques de Metz, par Meurisse, page 179. Abb. de S.t Arnould de Metz, page 200. Histoire de Lorraine, par Dom Calmet, t. II, pr. col. 116.</small>

Donné à Thionville.

Quoique cette Charte porte un grand nombre de caractères de fausseté, Mabillon & Dom Bouquet ne la jugent pas cependant en entier supposée; toutes les choses étrangères au temps dans lequel elle a été donnée, comme les imprécations, l'année de l'incarnation du Sauveur, l'indiction que l'on y trouve auront été sans doute ajoûtées par un copiste du XII.e ou XIII.e siècle. On peut donc néanmoins regarder comme certain, que cette pièce est le titre de la donation que Charlemagne fit au monastère de S.t Arnould de la terre de Cheminont avec ses dépendances, en mémoire de la reine Hildegarde sa femme morte depuis peu de jours, & qui avoit été ensevelie dans l'église de cette Abbaye; sous la condition cependant que l'on feroit brûler, à perpétuité, une lampe devant le tombeau de cette Princesse, & que les Moines célébreroient des messes & réciteroient des pseaumes pour le repos de son ame. Le Roi ajoûte *que, dans la vûe de conserver à ce Monastère la terre dont il lui fait donation, il défend à l'Abbé & à ses successeurs de la donner jamais, soit à bail emphytéotique*, comme il étoit d'usage, *soit en bénéfice.* Ces deux espèces d'aliénations furent sans doute les premières causes des usurpations que l'on fit dans la suite sur les églises, des grands biens dont on les avoit enrichies avec autant de zèle que de profusion.

ANNÉE 783.

30 MAI.

DIPLOMA Caroli Magni pro sancto Evurtio (Saint Euverte).

Gallia Christ. sec. ed. t. VIII, instr. col. 480.

Charlemagne étant à Orléans, l'évêque Agius le supplia de donner à l'église de S.t Euverte, située au delà des murs de cette ville, les villages de Senely dans l'Orléanois, & de Baudreville en Beauce. Ce que le Roi accorda. Les Auteurs du *Gallia Christiana*, cités à la marge, auroient dû se concilier avec la date de cette Charte, & ne pas placer la première année de l'épiscopat d'Agius en 843, temps dans lequel régnoit Charles-le-Chauve, & non pas Charlemagne.

2 JUIN.

CHARTA donationis a Vulfrico clerico Divionensi sancti Benigni monasterio factæ plurimarum in pago Divionensi rerum & in villa Dusmensi sitarum cum omnibus appendiciis.

Ann. Eccl. Fr. Cointii, tom. VI, pag. 241. Rec. de Pérard, page 12.

Fait à Dijon.

Waldric gouvernoit encore dans cette année cette église en qualité d'Abbé, & David en étoit le syndic ou le procureur *Custôs*.

Wifric dit qu'il avoit hérité de son père nommé *Fulcaire*, les biens qu'il donne par cette Charte; ils étoient situés dans le territoire de Dijon, *in villa Dusmensi* seu *in disso*. Nous ne connoissons point ces lieux.

Wifric donne la portion de son héritage avec toutes ses dépendances, dans le nombre desquelles il y avoit *Exiis & Regressis*; on trouve, comme le marque Ducange, ces deux expressions dans un grand nombre de Chartes de ces siècles reculés, mais ce Savant a oublié de nous donner leur signification. Nous pensons que c'étoit un droit, que l'on payoit aux propriétaires des pacages, où les habitans d'un village menoient paître leurs bestiaux. Ce droit se perçoit encore dans plusieurs provinces du Royaume, soit par le seigneur, soit par des particuliers, lorsque la commune n'a pas droit de pâcage.

Sans autre date.

CHARTA donationis pro monasterio Musciacensi facta ab Aguarino episcopo Cadurcensi.

Annal. Benedict. t. II, p. 267.

Mabillon juge cette Charte très-authentique, & en relève beaucoup le mérite par rapport à son utilité pour établir la chronologie des évêques de Cahors & des abbés de Moissac.

Afin de donner toute l'authenticité possible à cette Charte, dit l'évêque de Cahors, *nous avons la précaution de la faire revêtir du sceau du Roi*. Le royaume d'Aquitaine rétabli pour la seconde fois par Charlemagne, avoit alors pour monarque Louis fils de ce Prince; il étoit dans la seconde année de son règne.

Avarnus ou Aguarnus évêque de Cahors, *par la grace de Dieu*, donne enfin au monastère de Moissac une portion de ses héritages, avec quelques biens qu'il avoit reçus de la libéralité des Rois, & qu'il avoit précédemment unis au patrimoine de son Église cathédrale; dans le nombre se trouve l'église de S.t Pierre avec ses dépendances, située sur la rivière d'Avaron dans le Quercy, dans un lieu nommé *Biolis*; Une autre église de S.t Martin dans le Toulousain, située à Mulzacq sur le Tarn; la chapelle de S.t Pierre, avec le lieu même où reposoient les reliques de S.t Rustic martyr, évêque de Cahors, aussi situés dans le Toulousain; à cette donation le Prélat en ajoute une autre moins réelle, mais bien singulière, c'est le pouvoir de recevoir toutes sortes de legs que voudront faire à ce Monastère les personnes pieuses & de bonne volonté; *cette dernière est faite*, dit-il, *avec la permission du Roi*. Ce qui prouve que dans presque tous les temps on a eu besoin en France de l'attache du Roi, pour faire des fondations ou des donations aux églises, parce que les biens légués changeoient, pour ainsi dire, de nature, en ce qu'ils étoient censés ne plus rentrer dans le commerce.

Tome I.

Z ij

ANNÉE 784.

23 MARS.

EDICTUM Caroli Magni de disciplina Ecclesiastica & officio Episcoporum.

Donné à Aix-la-Chapelle.

Constit. Imp. a Goldasto, t. IV, part. 1, p. 6.

Cette constitution a tout l'air d'avoir été fabriquée cinq ou six siècles après celui de Charlemagne, comme plusieurs autres contenues dans le recueil de Goldast. Suivant les Annales d'Éginhard, le Roi entra cette année en campagne de très-bonne heure, & ne tint point d'assemblée ou de champ à Aix-la-Chapelle; en suivant la marche de ce Prince, décrite par les Historiens de ce temps, le Roi étoit en Saxe dans le mois de mars, ainsi il ne put pas, de ce même mois, dater cette ordonnance d'Aix-la-Chapelle; mais la formule de l'année de l'incarnation & de l'indiction avec laquelle Goldast a imprimé cette pièce, est une nouvelle preuve de sa fausseté.

Sans autre date. **EPISTOLA** Caroli Magni ad Fulradum abbatem sancti Dionysii, cui mandat ut ad locum de Stasfurt cum armatis ad ipsum veniat.

Franc. Orient. ab Eckardo, t. I, pag. 692.

Cette lettre étoit circulaire; le Roi en adressa une pareille à tous les évêques & abbés de ses États qui lui devoient le service militaire & des dons. Stasfurt situé dans la principauté d'Alberstad, étoit le quartier d'assemblée; on peut voir par cette Charte, en quoi consistoit le service militaire que les gens d'église devoient au Roi. Les Évêques & les Abbés devoient faire suivre des fourgons chargés d'habits & de vivres pour les hommes qu'ils étoient obligés de fournir, avec toutes sortes d'outils propres à couper les forêts pour s'ouvrir des passages, comme des coignées, des doloires, des tarières, des scies, des bêches, des pêles de fer, & tout autre instrument de guerre. Chaque cavalier devoit être armé d'un bouclier, d'une lance, d'un sabre, d'une bayonnette, d'un arc & d'un carquois rempli de flèches.

Sans autre date. **ADRIANI** papæ epistola de immunitate cœnobii Dionysiani.

De re Diplom. ti Mab. p. 492.

Mabillon a tiré cette pièce d'un manuscrit de la bibliothèque de M. de Thou; mais elle est interpolée en tant d'endroits, & le style en est d'ailleurs si diffus, qu'il est presque impossible de désigner sur quel objet elle porte. On voit seulement que quelqu'un contestoit des priviléges accordés à l'abbé de S.t Denys par les Papes, & que celui-ci confirme par cette lettre.

ANNÉE 785.

25 SEPTEMBRE.

INSTRUMENTUM donationis quam Lullus Moguntinensis archiepiscopus Fuldensi monasterio præsente Carolo rege contulit.

Fait à Mayence.

Ann. Eccl. Fr. Cointii, tom. VI, pag. 262.

Le Cointe soutient que si cette Charte n'est pas fausse, elle est au moins altérée dans sa date; il prouve ce fait par plusieurs Diplomes authentiques & par l'Histoire. Ces monumens indiquent que Charlemagne ne put se trouver un seul jour à Mayence dans tout le courant de ce mois: or Lullus disant que ce Prince étoit présent lorsqu'il fit cette donation, il faut donc que cet acte ait été fait ou dans un autre mois ou dans une autre année. Charlemagne étoit en effet le premier de septembre de cette année à Héristal, & il se trouva à Duren le 24 de ce même mois.

Les biens que l'archevêque Lullus donne au monastère de Fulde, étoient des acquisitions qu'il avoit faites, ils étoient situés *in villa Forgalaha quæ sita est in pago Thuringiæ super fluvium Untruth*. Cette donation est faite néanmoins, *à condition que S.t Boniface son prédécesseur & fondateur de ce Monastère, partagera avec lui la place qu'il occupe dans le Ciel.*

ANNÉE 785.

8 OCTOBRE.

CHARTA insignis donationis factæ monasterio Fuldensi a Willibaldo Eystettensi episcopo.

Fait à Fulde.

Annal. Eccl. Franc. Cointii, t. VI, p. 262. Acta SS. Bened. sæcul. III, part. 2, p. 391.

Pangolf gouvernoit alors ce monastère en qualité d'Abbé. L'Évêque, par cette Charte, fait donation de *Novem colonias in arealis & terris arduriis*. Le Cointe, avec raison, entend par *colonia, mansus*, ce qui revient à une métairie, & *terris arduriis*, c'est *terra aratoria*, terre labourable, défrichée. Ce Prélat joint à cette donation vingt familles de serfs dont les noms sont énoncés dans la Charte, avec ceux des métairies qu'ils cultivoient.

ANNÉE 786.

26 JANVIER.

CHARTA fundationis Verdunensis episcopatus per Carolum Magnum, data Moguntiæ.

Donné à Mayence.

Annal. Trevirenses, tom. II, p. 559, col. 2.

Lullus archevêque de Mayence, porta Charlemagne à établir cette cathédrale, qui fut mise dans le même moment sous la dépendance de cette Métropole ; on lit dans ce Diplome que Charlemagne ayant vaincu les Saxons, il réduisit leur pays en province, à la manière des Romains, *more Romanorum*.

Cet évêché fut établi *in loco qui vocatur Fardium super Aleram Fluvium in pago qui dicitur Sturni*, on en dédia l'église cathédrale à la Vierge. Il falloit alors, comme aujourd'hui, le concours des deux Puissances pour des établissemens de ce genre ; on en trouve la preuve dans la teneur de cet Acte, dans lequel Charlemagne dit, *ex præcepto summi pontificis Adriani*.

Le premier, ANNÉE 786, MAI, sans quantième.

Le second, Sans date d'année ni de mois.

Le troisième, ANNÉE 812, sans autre date.

DIPLOMATA tria Caroli Magni pro monasterio Neustadiensi.

Franc. Orient. ab Eckardo, t. I, p. 705 & seq.

Neustat est du cercle de la Franconie, dans le diocèse de Wurtzbourg sur la Sala. Eckard taxe ces trois Diplomes de fausseté ; les raisons de ce Savant nous paroissent si solides que, loin de rejeter son sentiment, nous l'adoptons. Eckard en effet, parlant d'après Mabillon & beaucoup d'autres hommes célèbres dans la Diplomatique, présente pour première preuve de la fausseté de ces Actes, la formule initiale qu'ils portent, *In nomine Dei omnipotentis Patris, Filii & Spiritus Sancti, Carolus superna favente clementia Francorum rex*. Au jugement de tous les Savans, Charlemagne ne s'est jamais servi de l'invocation de la sainte Trinité dans ses Diplomes ; ce Prince, d'ailleurs, jusqu'au temps où il reçut la Couronne impériale, a pris, depuis l'année 774, le titre de Roi de Lombardie & celui de Patrice, *Francorum & Longobardorum Rex ac Patricius Romanorum*.

La seconde preuve que présente notre Critique se trouve dans le récit même des Actes. Celui qui les a composés fait dire dans le premier à Charlemagne qu'il étoit allé plusieurs fois à la chasse dans les environs de ce Monastère dans le courant de l'année 785 : or, suivant toutes les chroniques & l'histoire de ce temps, ce Prince entra dans la Saxe au commencement du printemps, il en partit à la fin de l'automne, & se rendit à Attigny, sans s'arrêter, où il passa l'hiver. Le compositeur de ces Actes ajoûte de plus que Bertrade avoit fait donner, dans cette même année 785, cette abbaye à Magnigaud, chose assez difficile à faire, car cette Princesse étoit morte dès l'an 783.

Le récit du second Diplome en annonce de même la fausseté ; on y parle du pape Zacharie, de Boniface archevêque de Mayence, & de Burchard évêque de Wurtzbourg, comme s'ils vivoient encore, tandis que le premier étoit mort dès l'an 752, le second en 753, & le troisième l'année suivante. On dit enfin dans le troisième Diplome, que Gertrude cette pieuse Princesse, honorée comme Sainte dans plusieurs monastères de l'Allemagne, étoit sœur de Charlemagne, tandis qu'il est certain qu'elle n'étoit que sa nièce, Carloman l'avoit eue de son mariage avec Gerberge.

Année 786.

1.er JUILLET.

PRIVILEGIUM *monasterio sancti Dionysii Parisiensis ab Hadriano Papa I, ut proprium & liceat habere episcopum.*

<small>Rec. des Hist. de France, par Dom Bouquet, t. V, p. 596. Concil. Antiq. Galliæ a Sirmondo, tom. II, pag. 112. Conc. Eccl. ab Harduino, tom. III, col. 2021. Ann. Eccl. Fr. Cointii, tom. VI, pag. 295. Histoire de l'Abbaye de S.t Denys, par Félibien, pr. p. 41.</small>

On a employé cette même Charte sous deux époques différentes, parce que l'édition que le père Sirmond en a donnée, porte une autre date que celle de Doublet dans son livre des Antiquités de S.t Denys. Ce premier qui a été suivi par les Auteurs cités à la marge, en fixe la date à la XV.e année du pontificat d'Adrien I, qui revient à l'an 786, & l'autre la place sous la première année du pontificat de ce même Pape, qui répond à l'an 771. Mais le Cointe soûtient la fausseté du privilège à l'une ou à l'autre date, par des raisons si solides que l'on est forcé d'adopter son sentiment.

26 JUILLET.

PRÆCEPTUM *Caroli Magni pro monasterio Anianensi apud Aurelianos.*

<small>Ann. Eccl. Fr. Cointii, tom. VI, pag. 321.</small>

Il paroît que cette église n'étoit plus occupée par des Moines, lorsque Charlemagne accorda cette Charte de privilège & de confirmation des biens qui lui avoient été légués. Fulco abbé qui l'obtint présidoit à des Chanoines, *Canonicis perpetuo possidendas... Canonicos inibi Deo famulantes, &c.* S.t Aignan, Fleury & S.t Lifard de Meun, avoient été, dans les siècles précédens, les trois plus fameux Monastères du diocèse d'Orléans.

5 NOVEMBRE.

PRÆCEPTUM *Caroli Magni Francorum regis, quo concedit villam Madriolas nuncupatam in pago Meledunense sitam monasterio sancti Germani prope Parisios.*

Donné à Worms.

<small>Rec. des Hist. de France, par Dom Bouquet, t. V, p. 749. Ann. Eccl. Fr. Cointii, tom. VI, pag. 312. Hist. de l'abbaye de S.t Germain-des-Prés, pr. p. 42.</small>

Marolles, de l'ancien domaine de la Couronne, avoit été donné en bénéfice à vie au comte Autbert, sans doute pour lui tenir lieu de gages; le Roi après la mort de ce comte, détacha cette seigneurie de son domaine, & la donna par ce Diplome, à perpétuité, au monastère de S.t Germain-des-Prés; il joignit à cette donation le port d'Azy, avec le rivage sur les deux bords de la Seine entre Melun & Sens, & tous les droits de voieries & de péages que l'on pouvoit y percevoir; exemptant en outre l'Abbé & les Moines de ce monastère de tous droits & impôts pour la seigneurie de Marolles, dont ils devenoient propriétaires par la libéralité du Roi.

Sans autre date.

CONSTITUTIO *Caroli Magni de Metallifodinarum privilegio comitibus Glichensibus concesso.*

Donné à Porténau.

<small>Constit. Imp. a Goldasto, t. I, pag. 17.</small>

Ces Lettres patentes sont évidemment supposées, & l'Auteur qui les a composées étoit aussi peu instruit de notre Histoire que mauvais Géographe. Il fait dire à Charlemagne que la mine qu'il accorde est une marque de la munificence impériale, *imperiali nostra authoritate & munificentia,* tandis que ce Prince ne fut revêtu de la dignité impériale que quatorze ans après la date de ces lettres; il dit pour donner plus d'autorité à ces mêmes lettres, le Prince les fit sceller de son grand sceau; on ne trouve point que Charlemagne en ait jamais eu deux, l'un grand & l'autre petit; il prétend enfin que ces lettres furent données à Port-de-None, ou Portenau, comme disent les Allemands, en France, *ad Portum-Naonis in Francia;* tandis que cette ville est en Italie dans le Frioul, présentement dépendante de l'État de Venise, & qui dépendoit du temps de Charlemagne de l'ancien royaume de Lombardie.

Sans autre date.

EPISTOLA *Adriani papæ ad Carolum Magnum de restauranda sancti Petri Romæ ecclesia.*

<small>Rec. des Hist. de France, par Dom Bouquet, t. V, p. 569.</small>

Nous apprenons, par cette lettre, la révolte d'Asagife duc de Benevent, & sa défaite qui tarda peu.

Le Pape se plaint d'ailleurs au Roi de la négligence de ses Officiers à faire conduire à Rome les poutres & les grosses pièces de bois que Sa Majesté lui avoit accordés pour rétablir l'église de S.ᵗ Pierre, avec mille livres d'étain, & pareille quantité dont Hitier son Chancelier lui avoit fait présent pour servir à la couverture de cette même église; en conséquence, il engage le Roi d'envoyer un Commissaire (*Missum idoneum*) avec ordre de faire rendre à Rome les bois nécessaires à la reconstruction de cette église ; par rapport à l'étain, le Pape exhorte le Roi d'ordonner à tous ses comtes d'Italie d'en faire transporter à Rome chacun au moins cent livres.

Cette lettre nous donne occasion de remarquer que le principal office des Comtes en Italie, étoit comme en France, de s'occuper des affaires de finance & de police, sans juger les causes & les affaires contentieuses, à moins qu'ils n'eussent une commission particulière ; les fonctions de ces Comtes ressemblent beaucoup à celles des Commissaires ou Intendans pour le Roi, qui sont maintenant départis dans les provinces du Royaume.

Année 786.

CAPITULARE *Caroli Magni imperatoris & Pippini Cæsaris de quibusdam causis ad regnum pertinentibus.*

Constitutiones Imp. à Goldasto, t. III, p. 135.

Donné à Pavie.

On peut remarquer que les fils naturels de nos Rois sous la seconde race, jouissoient encore du droit qu'avoient ceux de la première, qui étoient de partager la Couronne avec les légitimes.

L'expression *Cæsaris*, par rapport à Pépin, est impropre. Ce Prince avoit été quelques années auparavant couronné Roi des Lombards, & il en portoit le titre, *Rex* ou *Princeps Longobardorum*.

Ce Capitulaire contient dix-sept articles, les uns concernent la discipline ecclésiastique, les autres le gouvernement civil. Il fut arrêté dans une assemblée tenue à Pavie, où présida sans doute Charlemagne, quoique Pépin son fils fût sacré & reconnu pour Roi d'Italie ; c'est la raison pourquoi ce Capitulaire fut publié sous le nom de ces deux Princes.

PERMISSION *accordée à l'abbé de Flavigny, par le roi Charlemagne, de bâtir le monastère de Corbigny.*

Histoire de Bourgogne, par Dom Planchet, tom. I, pr p. 5. Acta SS. Bened. sæcul. III, part. 1, p. 642. Ann. Eccl. Fr. Cointii, tom. VI, pag. 316.

Dom Planchet a fait la même faute que celui qui a rédigé le cartulaire de Flavigny. Ce dernier a mal lu, sans doute, le manuscrit de cette Charte qui doit porter *datum anno XVIII* au lieu de *VIII*, sans quoi on pourroit taxer la pièce de fausseté. Comment, en effet, Charlemagne auroit-il pû accorder cette permission, *à la prière de Théodulfe évêque d'Orléans*, en 776 ou 777, comme le dit Dom Planchet, tandis qu'il est certain que Théodulphe fut sacré évêque d'Orléans au plus tôt en 786 ? Il ne faut au surplus compter que pour très-peu de chose le sentiment de Dom Planchet sur la date de cet événement, à cause de la contradiction évidente qui se trouve dans le récit que cet Auteur en fait dans le courant de son Histoire, page 109, avec la date qu'il assigne à cette pièce ; il place l'un sous l'année 776, & l'autre en 798. Mais comme Mabillon *(Annal. Bened. t. II, p. 335)* & le Cointe regardent cette pièce comme très-authentique, il faut admettre la correction que nous proposons, & lui assigner cette année pour date. Ce ne fut cependant pas l'époque de l'établissement de l'abbaye de Corbigny située dans le Morvant, au diocèse d'Autun ; il fut reculé jusque sous le règne de Charles le Chauve.

EPISTOLA *Adriani Papæ I ad Carolum Magnum, qua concedit Ermemberto Bituricensi archiepiscopo usum Pallii.*

Gallia Christ. sec. edit. tom. II, instr. col. 1. Gallia Christ. pr. edit. tom. I, pag. 149. Concil. Antiq. Galliæ à Sirmondo, tom. II, pag. 115. Ann. Eccl. Fr. Cointii, tom. VI, pag. 315.

L'usage qui s'étoit anciennement établi à Rome de ne donner le *Pallium* aux Métropolitains, qu'après que le Roi l'avoit demandé, subsistoit encore sous cette seconde race ; car le Pape dit dans ce bref qu'il a reçu la lettre de Charlemagne, par laquelle il le prie d'accorder cet honneur à Erembert, parce qu'il est évêque de la ville de Bourges, qui est la Métropole de l'Aquitaine.

Ce Bref ne peut pas répandre beaucoup de lumière sur la question qui s'est élevée tant de fois entre ce Prélat & l'archevêque de Bourdeaux, par rapport au titre de Primat des Aquitaines; on lit dans ce Bref, en parlant de la ville de Bourges, *Metropolis in Aquitania*. Comme on connoissoit fort bien à Rome la division de cette province en deux Aquitaines, on auroit pû dire *Metropolis Aquitaniarum*.

Année 786.

Bulla Adriani papæ ubi episcopum nominandi in ecclesia sancti Martini Turonensis ab abbate necnon a sancta Congregatione religiosorum facultas datur.

<small>Gallia Christ.
pr. edit. t. IV,
pag. 612.
Ann. Eccl. Fr.
Cointii, tom. VI,
pag. 295.</small>

Le Cointe a imprimé cette Bulle d'après Mousnier, & a donné les variantes de l'édition des frères Sainte-Marthe, qui sont de peu de considération; Launoy a aussi imprimé cette piéce & il la juge supposée; le Cointe fait une longue & savante dissertation pour appuyer ce sentiment; nous ne portons point de jugement dans cette cause, le lecteur pourra, s'il veut se décider, lire Launoy & le Cointe, nous nous bornons à applaudir à la qualification que Launoy donne aux deux cartulaires de S.t Martin, que l'on appelle *Livre blanc* & *Livre noir*; ce Savant dit que ce sont des recueils de fables, *pancharta fabularum*; nous avons en effet trouvé un grand nombre de Diplomes & de Chartes tirés de ces recueils, qui ne portent aucuns caractères d'authenticité.

Adrien, par cette Bulle, renouvelle le privilége du pape Dieu-donné, par lequel il accordoit à ce Monastère le droit d'avoir un Évêque élu & choisi par l'Abbé & les Moines, pour leur conférer les Ordres & benir les saintes Huiles, ordonnant aux évêques de la province de Tours de le consacrer après son élection, exemptant en outre le Monastère de toute jurisdiction de l'Évêque diocésain.

<small>Sans autre date.</small> *Caroli Magni imperatoris Augusti & Pippini Cæsaris capitulare.*

<small>Constit. Imp. a
Goldasto, t. III,
pag. 135.</small>

Donné à Pavie.

Charlemagne n'avoit point encore reçû la Couronne impériale en 786, ainsi Goldaste fait une faute de lui donner la qualité d'Empereur dans le titre de ce Capitulaire.

Ce Prince ayant appris que le nombre des mécontens en Italie augmentoit chaque jour, que le duc de Benevent se préparoit à la guerre, prévint les troubles que les uns & les autres occasionneroient, & partit de l'Allemagne faisant marcher devant lui une armée nombreuse sous le commandement de Pépin son fils. Il se trouva à Florence aux fêtes de Noel, où il célébra cette solemnité; ce fut sans doute dans le courant du mois de mai suivant qu'il tint à Pavie une assemblée, après avoir tout pacifié tant dans le duché de Benevent que dans le reste de l'Italie. On fit dans cette assemblée ce Capitulaire qui contient dix sept articles, les uns concernent, suivant l'usage accoûtumé, la discipline ecclésiastique, les autres contiennent des règlemens pour le gouvernement politique & civil. Les plus remarquables sont, le quatrième qui ordonne que les différentes nations de l'Italie seront gouvernées chacune suivant leurs loix particulières; le septième qui prescrit aux Comtes de porter au plaid les causes pour y être jugées; le neuvième qui ordonne qu'une fille dont le père auroit de son autorité privée affranchi ses serfs, soit reçûe à partager avec les autres héritiers, dans le tiers seulement de la succession, après la mort du père. Il semble que l'on doive conclurre de la disposition de cet article, que les filles, suivant la loi des Lombards, étoient exclues de la succession du père au moyen d'une dot qu'il leur donnoit de son vivant.

<small>24
Mars.</small>

Année 787.

Præceptum Caroli Francorum regis, pro monasterio sancti Vincentii super fluvium Vulturnum.

<small>Ann. Eccl. Fr.
Cointii, tom. VI,
pag. 333.
Rec. des Hist.
de France, par
Dom Bouquet,
t. V, p. 750.</small>

Donné à Capoue.

Paul abbé de ce Monastère, obtint par ce Diplome plusieurs priviléges, au nombre desquels est le droit que ces Moines auront deformais d'élire leur Abbé.

Nous

Nous trouvons dans cette pièce le nom de deux offices établis par les Lombards, & que Charlemagne conserva en Italie après se l'être soûmise, ce sont les *Castaldii* & les *Auctionarii*. Ces premiers étoient des Gouverneurs de ville ou des Maires; les *Auctionarii* étoient, ce semble, des espèces de Surintendans du commerce, les uns & les autres étoient amovibles; le pape Adrien se plaignant à Charlemagne d'un certain Reginalde, dit dans sa lettre à ce Prince, *Reginaldo dudum in castello felicitatis castaldio*.

Année 787.

31 Mars.

Præceptum Caroli Francorum regis pro ecclesiâ Beneventanâ.

Donné à Capoue.

Ann. Eccl. Fr. Cointii, t. VI, pag. 334.
Rec. des Hist. de France, par Dom Bouquet, t. V, p. 750.

Ce Diplome est une simple confirmation des droits, des privilèges & des biens de cette église; Charlemagne l'accorda à la prière du vénérable David qui en étoit alors évêque.

15 Juin.

Charte, par laquelle Angelram évêque de Metz donne à l'abbaye de S.ᵗ Nabor ou S.ᵗ Avold, quelques biens situés en Alsace.

Histoire de Lorraine, par Dom Calmet, t. I, pr. col. 293.

Ce Monastère situé dans le diocèse de Metz, & dont les fondemens existoient dès le V.ᵉ siècle, fut doté richement par Sigobalde évêque de Metz, en l'année 727. Il s'appeloit alors *Hilariacense*, du nom de S.ᵗ Hilaire auquel il étoit dédié, ou *Nova cella*. La translation des reliques de S.ᵗ Nabor ou S.ᵗ Avold, que l'on y fit de Rome vers l'an 763, lui fit changer son ancien nom, il prit celui de ce Saint qu'il a conservé jusqu'à présent.

On observe que l'Abbé & les Moines de cette abbaye étoient, suivant cette Charte, en possession de rendre la justice à leurs vassaux & d'exercer la police; il est dit que si desormais les paysans ou vassaux font quelques dommages dans les biens du Monastère, & qu'ils refusent de le réparer en étant avertis par le comte Wolmere, qui est en même temps l'Avoué du Monastère, sur les plaintes qu'il rendra à l'Abbé & aux Moines, l'Abbé contraindra les paysans de comparoître devant lui pour être jugés, réservant les deux tiers des dépens & des dommages & intérêts à l'Abbé & aux Moines, & l'autre tiers à l'Avoué.

27 Juillet.

Diploma Caroli Magni pro monasterio Anianensi.

Gallia Christ. sec. ed. tom. VI, instr. col. 341.
Rec. des Hist. de France, par Dom Bouquet, t. V, p. 751.

Benoît avoit fondé ce Monastère l'an 782, dans un lieu situé sur la petite rivière d'Aniane dont il prit le nom, il le dota de son propre fonds. Ce Monastère tarda peu à devenir très-riche par les donations que lui firent plus de trois cens Moines qui y prirent l'habit en moins de dix ans. Benoît son fondateur, Visigot de nation, s'appeloit Wittiza, il étoit fils du comte de Maguelone; il est regardé comme le restaurateur de l'Ordre monastique; Charlemagne qui l'avoit connu dès sa jeunesse, parce qu'il avoit été envoyé à la cour du roi Pépin pour être élevé parmi les pages de la Reine, l'honoroit d'une estime particulière; ce Prince lui en donna des marques par ce Diplome, par lequel il approuve l'établissement de ce Monastère, le confirme dans la jouissance des biens dont Benoît l'a doté, lui permet de recevoir tous les legs que les personnes de piété feront à l'avenir en sa faveur; défend à tous Évêques, Abbés, Comtes, Vicomtes, Vicaires, Centeñiers, Juges & tous autres ses Officiers d'exercer aucun acte de juridiction sur les biens, sur les Moines & les vassaux qui en dépendent, non plus que d'exiger des impôts & tributs, le prenant en outre sous sa protection & garde spéciale.

Ce Monastère, occupé présentement par les Bénédictins de la congrégation de S.ᵗ Maur, a été le plus célèbre de la Septimanie: il fut bâti dans une vallée étroite du diocèse de Maguelone, à deux lieues des rives de l'Éraut. Les Calvinistes le détruisirent vers le milieu du XVI.ᵉ siècle; il a été rebâti depuis dans une campagne des plus agréables du Languedoc, à demi-lieue de Gignac & à cinq de Montpellier, dans le diocèse de cette ville.

ANNÉE 787.

Août, sans quantième.

PLACITUM *Hildiperti ducis Spoletani, pro monasterio Farfensi.* Annal. Bened. t. II, p. 713.

Donné à Spolette.

Les biens que le duc de Spolette donne par cette Charte au monastère de Farfe, avoient été confisqués sur Rabenno, comte de Formignano dans la Marche d'Ancône, sujet de ce Prince. Nous apprenons à l'occasion de cette donation un point fort curieux de la loi des Lombards, suivant laquelle se gouvernoit alors toute l'Italie. Un particulier nommé *Hermenfroi*, avoit ravi la femme du comte Rabenno; ce Comte traduisit le ravisseur & sa femme par-devant le duc de Spolette, qui déclara en forme de jugement que la loi des Lombards permettoit dans ce cas à Rabenno d'ôter la vie aux deux coupables; Rabenno touché de compassion leur fit cependant grace, mais sa femme prit le voile de Religieuse : à quelques années de là Rabenno la rappela du cloître & vécut avec elle comme avant son infidélité; mais rencontrant un jour Hermenfroi dans la rue il l'assassina; la Charte porte que ce meurtre fut commis de la part du comte Rabenno, sans aucun sujet : *postea vero peccatis imminentibus, eum simpliciter occidit*. Ayant une fois pardonné, le Comte n'étoit plus en effet en droit de faire revivre le crime & d'en tirer la vengeance autorisée par la loi; pour quoi, dit le duc de Spolette dans son Diplome, Rabenno fut dépouillé, suivant le droit, de tous ses biens, dont il applique une moitié à l'abbaye de Farfe. Mabillon *(Annal. tom. II, pag. 280)* ajoûte que Charlemagne confirma dans la suite, par un autre Diplome, cette donation.

Sans autre date.

EPISTOLA *Caroli Magni Francorum regis ad abbatem Fuldensem Baugulfum, pro instaurandis in regno litterarum studiis.* Concil. Antiq. Galliæ a Sirmondo, tom. II, pag. 121. Capitul. Reg. Fr. a Baluzio, t. I, pag. 202. Annal. Bened. tom. II, p. 278.

Mabillon, d'après le père Sirmond, a donné cette lettre comme le modèle de celles que Charlemagne écrivit à tous les évêques & abbés de ses États, sur le même sujet. L'ignorance avoit fait de si grands progrès dans les Gaules depuis la chûte de l'empire des Romains, que la plupart des Prêtres & presque tous les Moines, dont le nombre étoit prodigieux dans ce siècle, savoient à peine lire & écrire, les personnes les plus distinguées des autres états n'étoient pas plus instruites. Charlemagne, vainqueur de presque toutes les nations Germaniques, maître par la force de ses armes de l'Italie & de l'Espagne, crut qu'il manqueroit quelque chose à la gloire de son règne, s'il ne donnoit aux Arts & aux Lettres une marque signalée de sa protection ; ce Prince, en conséquence, écrivit cette lettre en forme d'ordonnance, par laquelle il veut que désormais les Évêques & les Abbés établissent des Colléges & y fassent enseigner les Lettres.

ANNÉE 788.

15 MARS.

PRÆCEPTUM *Caroli Magni quo monachis Sithiensibus concedit venationem in suis ipsorum silvis.* Rec. des Hist. de France, par Dom Bouquet, t. V, p. 752.

Donné au Monastère de Sithiu.

Nous accordons par ces présentes, dit Charlemagne, à M. Landel abbé de Sithiu & à ses successeurs la permission de faire chasser dans les forêts qui appartiennent à ce même Monastère ; défendant en conséquence à nos Officiers d'inquiéter, en aucune sorte, ceux que ledit Abbé ou ses Moines enverront à la chasse, ou d'exiger d'eux quelque somme d'argent pour cette cause.

On pourroit inférer de là que nos Rois des deux premières races s'étoient réservé dans toute l'étendue des terres de leur domination le droit de chasser à la grosse bête ; que ce droit, par conséquent, est purement royal, & que c'est par concession si nous trouvons que des particuliers en ont joui ; mais comment interpréter le LI.ᵉ article de la loi Salique & le XXXV.ᵉ du code de cette même Loi, publié par Charlemagne, de la disposition desquels on peut tirer une induction tout-à-fait contraire !

ANNÉE 788.

23 MARS.

CHARTE *du comte Nebelong I, en faveur du monaſtère de la Croix S.t Ouen.*

Origine de la Maiſon de France, par Dubouchet, p. 222.

Ce Nebelong I.er du nom étoit du Sang royal, comme Charlemagne il deſcendoit du vieux Pépin d'Hériſtal; ſon père Childebrand, ſuivant Frédegaire, étoit frère de Charles Martel, & peut-être Alpaide, ſeconde femme de Pépin, étoit-elle leur mère commune. La poſtérité de Nebelong s'eſt perpétuée juſqu'à la fin du XIII.e ſiècle.

Lorſque ce Prince fit donation, par cette Charte, du village de Cailly au monaſtère de la Croix-S.t-Ouen, lequel a été ſous le règne de Charles le ſimple uni à celui de S.t Germain-des-Prés, il étoit comte de Madrie. Le village de Cailly étoit ſitué auſſi dans le diſtrict de ce comté, de même que le monaſtère de la Croix-S.t-Ouen. Dubouchet a donné une carte topographique de ce comté, que nous n'oſons aſſurer être exacte dans tous ſes points. Le comté de Madrie, ſuivant cette carte, comprenoit cet eſpace de terre qui eſt renfermé entre les rivières de Seine, d'Eure, d'Iton & d'Avre, il étoit borné à l'orient par le territoire de Poiſſy, duquel il étoit ſéparé par les rivières de Madrie & de Villepreux, & du territoire de Paris par celle de la Nigelle. Il avoit à l'occident le pays d'Évreux, la Seine le ſéparoit au couchant du Vexin, il confinoit du côté du midi au Perche & au pays Chartrain.

27 JUIN.

CHARTA *epiſcoporum Galliæ de publicatione Concilii Narbonnenſis, in quo pagum Reddenſem & Auſonenſem archiepiſcopatui Narbonenſi pertinere judicatum eſt.*

Mémoires de Languedoc, par Catel, p. 743. Ann. Eccl. Fr. Cointii, tom. VI, pag. 464.

Le comté de Raſez étoit compris depuis pluſieurs ſiècles dans le dioceſe de Narbonne, ainſi que celui d'Auſſonne ou de Vic ; mais comme juſqu'à Charlemagne, l'étendue d'un comté avoit formé un dioceſe, il ſembla que le pays de Raſez & d'Auſſonne que ce Prince venoit de détacher du comté de Narbonne pour en faire des Gouvernemens particuliers, ne devoit plus être par cette raiſon du dioceſe de Narbonne; les Évêques de la province aſſemblés en concile à Narbonne jugèrent autrement, & réglèrent, par cette Charte, que les deux comtés continueroient d'être du dioceſe de Narbonne ; c'eſt pourquoi les Évêques de cette métropole ſe ſont dits dans de vieux Actes, *Archevêques de Narbonne & de Raſez;* vers la fin du IX.e ſiècle on a rétabli l'évêché d'Auſſonne qui avoit été détruit pendant plus de deux cens ans ; cette ville ſituée dans la Catalogne ou Marche d'Eſpagne, fut donc en même temps le chef-lieu d'un comté, & demeura néanmoins ſoûmiſe à l'évêque de Narbonne, le pays de Raſez n'eſt point ſorti de la dépendance de ces Prélats, car ils tiennent encore préſentement un Official à Limoux qui en eſt la ville capitale.

14 JUILLET.

PRÆCEPTUM *Caroli Magni Francorum regis de tributo provinciarum.*

Conſtit. Imp. a Goldaſto, t. III, pag. 137.

Donné à Spire.

Cette ordonnance ne regarde que la Saxe, elle porte que le Roi victorieux des Saxons a réduit leur pays en province, & les a aſſujétis comme les autres nations de ſes États à payer la dixme de leurs fruits aux Évêques & aux autres Miniſtres des égliſes qu'il a établis dans cette province.

DIPLOMA *Caroli Magni Francorum regis pro fundatione Bremenſis eccleſiæ.*

Capit. Reg. Fr. a Baluzio, t. I, col. 245. Acta SS. Bened. ſæcul. III, part. 2, p. 402. Baronii ann. t. IX, p. 420. Ann. Eccl. Fr. Cointii, t. VI, pag. 367. Corpus hiſt. a Georg. Eckardo, t. II, col. 104.

Donné au palais de Spire.

Charlemagne, ſuivant les termes de ce Diplome, établit donc un ſiége épiſcopal dans la ville de Brême, qui a été transféré à Hambourg dans le ſiècle dernier ; cette ville d'Anſéatique qu'elle a été juſqu'en 1646, eſt demeurée, depuis cette époque juſqu'à préſent, ſous la puiſſance de l'Empereur, le duché auquel elle a donné ſon nom & dont elle eſt la capitale, appartient néanmoins au roi de Suède.

Willehadus (ſi ce Diplome eſt authentique) fut le premier Évêque de ce ſiége, mais le Cointe soûtient qu'il contient plusieurs faits qui pourroient absolument le faire rejeter comme supposé; il est certain au moins, suivant ce Critique, que l'on en a altéré la date, & qu'au lieu de le placer sous l'année 781, comme fait Mabillon, il faut lui assigner l'année 788.

Année 788.

15 Juillet.

Diploma Loheri ducis Austriæ Mosellanicæ ac Moselant conferentis fratribus monasterii beati Mauritii, in Toteio villam suam Bettingen.

Donné à Andernach.

Stemmata Lotharingiæ ac Barri Ducum, pr. fol. 5, verso.

Ce duc de la Lorraine mosellane étoit un Prince que les Historiens de ce temps nous peignent pour s'être rendu célèbre par ses vertus & par ses crimes; il fit alliance avec les Lombards en épousant Térence fille d'Astolphe roi de ces peuples, & prit part dans les persécutions qu'ils firent à l'Église & aux papes Étienne II & III; il eut aussi quelques démêlés avec Charlemagne, avec lequel il tarda peu à faire sa paix. Il se livra à des pratiques de pénitence dans sa vieillesse, & fit, comme il dit dans cette Charte, des œuvres de piété pour se réconcilier avec Dieu. Nous remarquons de plus, que les filles des rois de Lombardie portoient le titre de *Reines*, *Terentia reginæ Longobardorum uxoris nostræ, &c.* comme celles des rois de France.

16 Octobre.

Præceptum Loheri ducis Austriæ Mosellanicæ ac Mosellant de donatione villæ Beringen, in gratiam monasterii sancti Eucharii juxta mænia urbis Trevirensis.

Donné à Andernach.

Stemmata Lotharingiæ ac Barri Ducum, pr. fol. 5, verso.

Ce Prince fit cette donation sous la condition que les moines de S.t Paulin & S.t Eucharie offriroient leurs prières pour ses péchés, ceux de la duchesse Térence sa femme, & pour ses fils Ferric, Charles, Cunon, Hugues, Étienne, Boniface & Lambert, & pour Hermangarde, Clotilde, Anne & Gertrude ses filles.

Sans autre date.

Decretum Caroli Magni imperatoris Augusti & ordinum Imperii, in rebelles Imperii & lesæ-majestatis reos, Thassilonem Boïorum regem & socios ejus, latum in comitiis Ingelheimensibus.

Constit. Imp. a Goldasto, t. I, pag. 17.

Goldaste a copié d'après quelque Annaliste peu exact, l'histoire de la révolte de Tassillon duc de Bavière, & suivant sa maxime il en a fait un Decret. Cet Annaliste & Goldaste ont donné mal-à-propos le titre d'Empereur à Charlemagne en 788, puisque ce Prince ne reçut la Couronne impériale que douze ans après : au surplus ce qui nous intéresseroit véritablement, ce seroit que Goldaste nous eût donné le Decret que Charlemagne rendit dans l'assemblée des Grands tenue à Ingelheim, où Tassillon comparut, & fut condamné, suivant la loi des Francs, à être décapité pour crime de lèze-majesté; il y a bien de l'apparence que ces Actes ont été inconnus à Goldaste de même qu'à nous. Éginhard dans la vie de Charlemagne & dans les Annales qu'on lui attribue, ainsi que l'Annaliste de Metz & les grandes chroniques de S.t Denys, nous apprennent de plus que le Decret de Goldaste, que Tassillon neveu de Pépin le Bref avoit été envoyé par ce Prince dans la Bavière pour la gouverner au nom du Roi, avec le titre de Duc, que ce Seigneur s'étoit révolté contre Charlemagne son souverain, & qu'il avoit formé une ligue avec les Huns & les Avares, qu'il fut puni de ce crime, & que Charlemagne ne fit plus gouverner cette province par des Ducs, parce qu'ils avoient sans doute trop de crédit, & qu'il mit à leur place des Comtes. Ceci est bien éloigné du sentiment de quelques Auteurs qui ont cru que Tassillon avoit eu la Bavière en Souveraineté.

ANNÉE 788.

CONSTITUTIO Caroli Magni de emendatione librorum & officiorum Ecclesiasticorum.

<small>Hist. d'Allemagne, par le P. Barre, t. II, pag. 398.
Capitul. Reg. Fr. a Baluzio, tom. I, col. 203.
Francia Orient. ab Eckardo, t. I, p. 719.
Constit. Imp. a Goldasto, t. III, p. 136.</small>

Charlemagne, dans ce Capitulaire, dit qu'il a chargé le diacre Paul de recueillir dans les saintes Écritures & dans les ouvrages des Saints Pères des leçons, des hymnes & des versets convenables aux offices & aux différens temps dans lesquels on doit les chanter, que Paul a exécuté ce dessein en deux volumes, & qu'après les avoir examinés & approuvés, il a jugé à propos de les envoyer à tous les évêques & abbés de ses États, afin qu'ils les fassent lire & chanter dans leurs églises.

CAPITULARE Bajuvariorum de diversis capitibus.

Donné à Ratisbonne.

<small>Capitul. Reg. a Baluzio, t. I, col. 207.</small>

Ce Capitulaire fut sans doute publié après que Charlemagne eut changé cette province de Gouverneur. Il contient huit articles. Le septième a une disposition qui paroît avoir donné lieu aux bourgeoisies établies sous la troisième race, il porte que celui qui aura été affranchi doit composer avec le Roi pour une somme de quarante sols pour être sous sa garde, s'il ne s'avoue d'aucun autre Seigneur. Le huitième défend aux Évêques de recevoir dans leurs diocèses les Clercs, à moins qu'ils n'aient des *exeat* de leurs diocésains.

DONATIONES plurimæ a Waluramno factæ monasterio Fuldensi.

<small>Franc. Orient. ab Eckardo, t. I, p. 729.</small>

Eckard place sous cette année 788 plusieurs Chartes, quoique de dates différentes, portant donation de plusieurs héritages avec un grand nombre de serfs, faite au monastère de Fulde ; il ne donne qu'une simple notice de ces Chartes, qu'il dit avoir tirée d'un vieux manuscrit qui n'a jamais été imprimé ; l'objet de ce Savant est de critiquer l'abbé Trithème sur la généalogie de Roban ; Eckard prouve effectivement, contre le sentiment de Trithème, par ces Actes, que cet homme si célèbre qui d'abord fut moine à Fulde, ensuite abbé de ce Monastère, & enfin archevêque de Mayence, étoit natif de cette ville, que son père s'appeloit Walram & sa mère Valdrade, &c.

ANNÉE 789.

<small>23 MARS.</small>

CAPITULARIA Caroli Magni de diversis capitibus ad Ecclesiam pertinentibus.

Donné à Aix-la-Chapelle.

<small>Constit. Imp. a Goldasto, t. III, p. 125.
Cap. Reg. Fr. a Baluzio, t. I, col. 209, 241, 243, 245, 249.
Conc. Antiq. Gall. a Sirmondo, t. II, p. 129.
Ann. Eccl. Fr. Cointii, tom. VI, p. 372 & seq.</small>

Le père Sirmond, Baluze & le père Labbe ont donné ce Capitulaire d'après le manuscrit de Metz, & ils y ont joint un autre Capitulaire de l'année 802, comme s'ils eussent été donnés l'un & l'autre dans le même temps. C'est une faute, il faut les séparer ; dans le premier Charlemagne prend le titre de Roi, dans le second il prend celui d'Empereur, ce qui prouve, comme le remarque le père le Cointe, que ces deux Capitulaires sont de date différente.

Celui que nous plaçons sous cette année contient quatre-vingt-deux articles, qui concernent presque tous la discipline ecclésiastique & la réformation des mœurs des laïcs. Le Roi dit dans le préambule qu'il adresse cette ordonnance aux Évêques, & qu'il les exhorte à la faire exécuter, conjointement avec ses *Missi*, qu'il envoie dans les provinces à ce sujet.

Voyez à l'année 802 les deux Capitulaires que le père Sirmond & les autres Auteurs ont placés sous cette date.

ANNÉE 789.

Juin, sans quantième.

CHARTA *Grimoaldi ducis Beneventani pro Trasulpho nobili viro, rogatu Davidis episcopi Beneventani.*

Ann. Eccl. Fr. Cointii, t. VI, pag. 415.

Donné à Benevent.

Un droit semblable à celui du centième denier qui se perçoit actuellement en France, étoit établi chez les Lombards lorsqu'il arrivoit des mutations en ligne collatérale; car la disposition de cette Charte, donnée par Grimoald duc de Benevent, la seconde année de son règne, porte exemption en faveur d'un particulier, de ce droit, que ses Officiers étoient dans le cas de lever sur les biens dont il venoit d'hériter de ses parens.

28 Septembre.

PRÆCEPTUM *Caroli Magni pro Trutmanno comite in Saxonia constituto.*

Capit. Reg. Fr. a Baluzio, t. I, col. 249. Franc. Orient. ab Eckardo, t. I, pag. 736.

Donné à Dortmand en Westphalie.

Eckard dit qu'il a tiré cette pièce de l'ouvrage de Misbonius sur les annales du moine Witichind, & de celui de Strangefolius sur les annales de la Westphalie; c'est aussi de ces mêmes sources que Baluze l'a sans doute tirée. Ces deux premiers Auteurs assurent l'avoir imprimée sur l'original qui est dans les archives de Dortmand; mais Eckard, avant d'en faire la critique, dit que tous les Savans qui ont fait des recherches dans les villes de cette partie de l'Allemagne, n'ont point trouvé d'Actes de date plus ancienne que le XII.ᵉ siècle, & que lui-même s'est informé d'un grand nombre de particuliers, habitans de Dortmand, s'ils connoissoient la Charte, que tous lui ont répondu qu'ils n'en avoient jamais entendu parler. Eckard passe ensuite à l'examen de la pièce; il observe 1.° que la formule initiale, *In nomine sanctæ & individuæ Trinitatis*, étoit inusitée sous le règne de Charlemagne. 2.° Que les Saxons n'ont été affranchis du tribut que Charlemagne leur imposa, après les avoir entièrement subjugués, que vers l'an 803, temps dans lequel il soûtient que ces peuples commencèrent à payer la dixme aux églises. 3.° Que Trutmannus est qualifié vers le milieu de la Charte de *Virum illustrem*, & qu'à la fin il est traité de simple affranchi. 4.° Que les Diplomes de Charlemagne n'étoient point signés de son Chapelain, comme celui-ci, mais du Chancelier. 5.° Enfin que Hildebalde qui a signé cet Acte avec le titre de Chapelain & Archichapelain, n'a eu cette dignité que quelques années après 789. Toutes ces raisons déterminent Eckard à juger la pièce fausse & entièrement supposée; nous en portons le même jugement par les mêmes raisons, desquelles nous exceptons cependant celle qui concerne l'établissement de la dixme, parce que Charlemagne obligea tous les possesseurs de fonds de la payer aux églises, dans l'établissement de plusieurs évêchés qu'il fit dans la Saxe en 787 & 788.

Ce Diplome expédié en forme de brevet, établit Trutman comte dans le cercle de la Westphalie. Il paroît que ses fonctions étoient bornées comme celles des autres Comtes au simple ministère public..... *Comitem ordinamus ut resideat in curte ad campos in mallo publico ad universorum causas audiendas vel recta judicia terminanda, iisque advocatum omnium presbyterorum in tota Saxonia fideliter agat superque vicarios & scabinos quos sub se habet diligenter inquirat & animadvertat ut officia sua sedulo peringant*, rien, il faut en convenir, ne ressemble plus aux fonctions des Procureurs généraux de nos Parlemens.

Sans autre date.

DIPLOMA *Caroli Magni Francorum regis pro Novaliciense monasterio.*

Ann. Eccl. Fr. Cointii, tom. VI, pag. 434.

Donné à Pavie.

Ce Diplome porte confirmation des biens que le patrice Abbon & le roi Pépin avoient légués au monastère de Novalèse. On y lit encore que Charlemagne l'accorda à la sollicitation de Frodin qui possédoit alors cette Abbaye, & par considération pour le jeune prince Hugues son fils qui y avoit pris l'habit de Moine. Mais le Cointe remarque que cette dernière circonstance est une preuve que cette pièce est supposée, parce que Hugues fils du second mariage de Charlemagne, n'étoit pas encore né en 789, bien loin d'avoir embrassé l'état Monastique. Ce Critique observe encore comme un caractère de fausseté qui se trouve dans cette pièce, le titre de *Grand* que Charlemagne y prend, *ego Carolus Magnus*.

ANNÉE 789.

CHARTA Caroli Francorum regis pro monasterio Carrosensi.

<small>Ann. Eccl. Fr. Cointii, tom. VI, pag. 437.</small>

Cet Acte est le seul où il soit fait mention de David qui fut le second abbé de ce monastère, on ignore par cette raison le temps précis dans lequel il succéda à Dominique qui en avoit été le premier abbé, de même que le temps de sa mort. Mais comme on ne trouve aucune date à l'original de ce même Acte, on ne peut non plus lui en assigner une certaine, c'est sur de foibles conjectures que le Cointe l'a placé à cette époque. Il ne contient d'ailleurs rien qui puisse porter à le soupçonner de fausseté, il porte confirmation des donations que le comte Roger avoit faites à ce Monastère, avec exemption de la jurisdiction des Officiers royaux.

<small>MARS, sans quantième.</small>

ANNÉE 790.

PRÆCEPTUM Caroli Magni pro Massiliensi sancti Victoris monasterio.

Donné à Worms.

<small>Rec. des Hist. de France, par Dom Bouquet, t. V, p. 752. Apud Martenium, t. I, ampl. collect. col. 46.</small>

Charlemagne accorde par ce Diplome aux Moines de ce monastère, une pleine & entière jurisdiction sur leurs hommes & dans tous leurs domaines, exemptant les uns & les autres, à perpétuité, de celle des Officiers royaux.

<small>12 AVRIL.</small>

CARTA Offæ regis Merciorum pro monasterio sancti Dionysii.

Donné in tomæ Pordig.

<small>Antiquités de Saint-Denys, par Doublet, p. 719 & suiv. Ann. Eccl. Fr. Cointii, tom. VI, pag. 460. Concil. Antiq. Gallia a Sirmondo, tom. II, pag. 158. Cap. Reg. Fr. a Baluzio, t. I, col. 255.</small>

Maginaire abbé de St Denys, envoya le moine Nadelhard à la cour d'Offa, l'un des rois Anglo-Saxons, appelés *Merciens*, pour solliciter la confirmation d'une donation que deux frères ses sujets nommés *Agonauvala* & *Sigrin* avoient faite à ce Monastère, de plusieurs fonds de terre situés au port de Lundenuvic. Ce Prince, en considération de la guérison miraculeuse qu'il avoit obtenue depuis peu d'une maladie par l'intercession de St Denys, accorda par ce Diplome, non seulement la confirmation que l'envoyé de Maginaire sollicitoit, mais même il fit don à ce Monastère des cens & des rentes que ces mêmes fonds lui devoient annuellement. Il y a apparence que l'usage des bénéfices pour un temps ou à toûjours, étoit établi en Angleterre comme en France; il semble même que depuis le renversement de l'empire des Romains, toutes les différentes nations de l'Europe qui avoient des loix écrites, suivoient les mêmes principes de gouvernement.

<small>27 AVRIL.</small>

PLACITUM pro ecclesiâ sancti Hilarii Pictaviensis.

Fait à Poitiers.

<small>Histoire des comtes de Poitou rois de Guyenne, par Besly, p. 17 de la Préface.</small>

Les *Missi* du roi d'Aquitaine adjugèrent à l'église de St Hilaire, dans ce plaid, des alleux situés *in pago Adracinse in villâ quæ dicitur Pinodilla*.

<small>sans quantième.</small>

CHARTA confirmationis Caroli Magni regis, de donatione Petri Mediolanensis archiepiscopi monasterio Ambrosiano factâ.

Donné à Plaisance.

<small>Rec. des Hist. de France, par Dom Bouquet, t. V, p. 753. Ann. Eccl. Fr. Cointii, t. VI, pag. 448.</small>

Il paroît, comme le remarque le Cointe, que l'on a interpolé les notes chronologiques de ce Diplome, & qu'au lieu de Plaisance, où on a écrit qu'il fut donné, il faut dire que ce fut à Worms. Les annales Nazariennes, celles de Moissac, de Metz & d'autres écrits de ce temps marquent effectivement que Charlemagne célébra cette année les fêtes de Noel & de Pâques dans cette dernière ville, il ne pouvoit donc pas être au mois d'avril en Italie.

Ce Diplome confirme la fameuse Charte que Pierre archevêque de Milan avoit donnée l'année précédente en faveur de ce Monastère, par laquelle ce Prélat, après avoir détaché du domaine de sa Cathédrale des biens considérables pour en doter cette Abbaye, avoit fait cette donation, sous la condition que les Abbés & les Moines demeureroient à perpétuité sous la jurisdiction de son siège, & que les Moines ne pourroient élire pour leur Abbé qu'un membre de sa Cathédrale.

ANNÉE 790.

3 Juin.

PRÆCEPTUM *Caroli Magni pro monasterio Cormaricensi.* *Histoire de Marmoutier & de S.t Martin, page 239.*

Le Roi permet à Allain successeur d'Hitier, de mettre un plus grand nombre de Moines dans le monastère de Cormery, acheté, dit le Diplome, & donné à S.t Martin par le même Hitier.

Mais comment Allain pourroit-il être le successeur d'Hitier dans ce Monastère en 790, tandis que ce même Hitier ne bâtit cette Abbaye qu'en 791, comme il paroît par sa Charte reconnue pour authentique, & datée de la XXIII.e année du règne de Charlemagne. Il y a plus, c'est qu'il est certain qu'Allain ne succéda à Hitier dans l'abbaye de S.t Martin qu'en 796. Ce ne fut donc que vers ce temps ou quelques années après qu'Allain put finir l'établissement du monastère de Cormery, commencé par Hitier; ceci est prouvé non seulement par la Charte de Hitier, mais encore par la Chronique imprimée par Duchêne, *tome III, page 357*, sur un manuscrit de la bibliothèque de M. de Thou. *Anno regni Caroli XXII adhuc erant monachi Hiterio abbate apud sanctum Martinum. Albinus abbas monachos constituit apud Cormaricum quem Histerius abbas predecessor dederat.* Ainsi en admettant l'authenticité du Diplome de Charlemagne, il faut au moins convenir qu'il a été interpolé dans la formule initiale qui commence par ces mots, *In nomine Domini Jesu Christi*, contre l'usage de ce temps, de même que dans sa date; peut-être au lieu de *Anno regni XXII*, faudroit-il *XXXII*. Dom Badier auteur de l'histoire de Marmoutier, qui a imprimé cette Charte, auroit dû s'apercevoir de la nécessité de la correction.

9 Juin.

CHARTE *de Charlemagne portant donation à l'abbaye de Pruim de plusieurs héritages.* *Histoire de Lorraine, par Dom Calmet, tome IV, pr. col. 294.*

Donné à Mayence.

Les biens dont Charlemagne fait donation au monastère de Pruim, par ce Diplome, avoient été confisqués pour le Fisc sur un Comte dans l'Alsace nommé *Alpad*, pour crime de félonie; la plus grande partie étoit située à Longane, à Henriche, à Angresgowe, à Saverne & sur le bord du Rhin.

Hist. de Luxembourg, par Bertholet, t. II, pr. p. 48, col. 2.

Rec. des Hist. de France, par Dom Bouquet, t. V, p. 753.

Apud Martet. I, ampl. collect. col. 45.

Ercambolt, faisant pour Radon chancelier, expédia ce Diplome.

31 Août.

DIPLOME, *par lequel Charlemagne confirme la vente de plusieurs terres situées dans le Brisgaw, faite à l'abbaye de S.t Denys par le comte Rodard.*

Rec. des Hist. de France, par Dom Bouquet, t. V, p. 753.

Histoire de l'abbaye de S.t Denys, par Félibien, pr. p. 42. De re Diplom. à Mab. p. 502.

Donné à Cusstein.

Ce palais nommé *Cusstein*, en latin *Capsistanium*, comme on lit dans les annales Saxonnes à l'année 795, étoit situé dans un fauxbourg de Mayence sur le Mein, il en restoit encore des ruines dans le XVI.e siècle, & le lieu où il étoit bâti s'appelle aujourd'hui par corruption *Castheim*.

On lit dans cette Charte que les biens donnés & vendus à l'abbaye de S.t Denys, étoient situés dans le Brisgaw, & que divers particuliers les avoient autrefois usurpés sur le fisc du temps de Pépin, que les officiers du Roi les avoient réclamés, & que Charlemagne, par amour pour la religion, consentoit que le monastère de S.t Denys en demeurât propriétaire; mais que sa volonté étoit qu'il reconnût, par ce Diplome, les tenir de sa libéralité.

ANNÉE 790.

ANNÉE 790.

_{Août, sans quantième.}

CHARTE de Charlemagne, en faveur de St Maximin de Trèves.

Donné à Paderborn.

_{Histoire de Lorraine, par Dom Calmet, tome IV, pr. col. 295. Ann. Eccl. Fr. Cointii, tom. VI, pag. 700.}

Le Cointe place ce Diplome sous l'année 799, quoiqu'il soit écrit dans l'original qu'il fut donné la XIe année du règne de Charlemagne ; ce Critique croit que c'est une faute de copiste, & que l'on doit ajoûter deux XX à celui qui y est, ce qui fera alors la XXXIe année qui revient à l'an 799. Cette question est à décider entre Dom Calmet & le Cointe.

Le Diplome fut accordé à la prière de Verinolphe abbé de ce Monastère, par lequel le Roi met les Moines & l'Abbaye sous sa protection spéciale, & permet que les Moines élisent à l'avenir leur Abbé.

_{16 SEPTEMBRE.}

CONFIRMATION des biens de l'abbaye de St Denys.

Donné à Duren.

_{Antiquités de Saint-Denys, par Doublet, page 717.}

Ce Diplome porte confirmation de tous les biens situés en Alsace, légués à ce Monastère, tant de la part des Rois prédécesseurs de Charlemagne que de la part des particuliers, & singulièrement de l'abbé Fulrad ; le Roi accorde en outre à cet Abbé & à ses successeurs la permission de faire des échanges ou des acquisitions, soit en fonds de terre, soit en serfs, dans toute l'étendue de sa domination. Mais comment Charlemagne put-il donner ce Diplome, à la sollicitation de Fulrad, dans l'année 790 ou 798, tandis qu'il est certain que l'abbé Fulrad étoit mort dès l'année 784 ! je donne l'alternative de ces deux années 790 ou 798, parce que Doublet a imprimé cette pièce sous l'une ou l'autre de ces dates, de cette manière, *Anno XXII & octavo regnante, &c.* Il paroît hors de doute que ce Diplome est supposé dans son entier.

_{21 SEPTEMBRE.}

DIPLOMA Caroli Magni regis quo confirmat abbati Jurensi jurisdictionem & possessionem supra monasterium seu cellam sancti Lupicini, pro quibus lis erat mota inter dictum abbatem & archiepiscopum Vesontionensem; ab eodem quoque Diplomate idem Carolus rex donat prædicto monasterio sancti Lupicini sylvam quæ vocatur Juris.

Donné à Reims.

_{Ann. Eccl. Fr. Cointit, tom. VI, pag. 441. Rec. de Pérard, page 12. Annal. Bened. t. III, p. 96.}

Les tenans & aboutissans de ce bois sont clairement énoncés dans la Charte.

Mabillon, dans ses Annales Bénédictines, *tome II, page 294,* donne de très-bonnes raisons pour attribuer cette Charte à Charles le Chauve plutôt qu'à Charlemagne. Sa date seroit alors de l'année 862. Il paroît en effet impossible que Charlemagne ait pu se trouver le 21 septembre à Reims & le 22 dans la Saxe, comme il paroît par le Diplome suivant.

_{22 SEPTEMBRE.}

PRÆCEPTUM Caroli Magni regis pro Turonensi sancti Martini monasterio.

Donné à Cufstein.

_{Apud Marten. t. I, ampliss. collect. col. 48.}

Les biens situés dans le Brisgaw, dont Charlemagne accorde la confirmation au monastère de St Martin, avoient été usurpés sur le fisc, de même que ceux dont il est parlé dans le Diplome du 31 août dernier ; les particuliers qui s'étoient emparés de ces fonds les avoient rendus à Hitier abbé de St Martin ; & de peur que les officiers du Domaine ne les réclamassent un jour, le Roi les donne en franche aumône, par ce Diplome, au monastère de St Martin de Tours.

Tome I. Bb

NOTICE

ANNÉE 790.

Sans autre date. *DIPLOMA Caroli Magni pro erectione Universitatis Parisiensis.*

Hist. Universi-tatis Parisiensis, tom. I, pag. 96.

On a appliqué l'ordonnance de Charlemagne de l'an 787, pour l'établissement des Écoles publiques dans toutes les villes principales de ses États, à l'Université de Paris, & mal-à-propos on a défiguré cette ordonnance en lui donnant la forme d'un Diplome particulier ; ce n'est pas que Charlemagne ne doive bien être considéré comme le fondateur de cette célèbre Université, car il paroît hors de doute que ce fut en conséquence de l'ordonnance dont nous venons de parler, que le concile de Paris de 829, décida qu'il y auroit desormais des Écoles publiques dans trois villes du Royaume, & comme Paris étoit la capitale, on ne doute pas que l'Université de cette ville ne remonte à cette époque.

Sans autre date. *LEX Longobardica a rege Pippino variis sanctionibus aucta.*

Ann. Eccl. Fr. Cointii, tom. VI, p. 449 & seq.

Charlemagne eut de son mariage avec Hildegarde princesse de la nation des Suèves, un fils qu'il appela en naissant *Carloman*; le pape Adrien en sacrant ce jeune Prince roi d'Italie, l'an 781, lui donna le nom de *Pépin* qu'il ne quitta plus. L'Italie jouissant d'une paix profonde, Pépin s'occupa dans le courant de cette année des affaires du dedans de son royaume, & commença par revoir le Code des loix que Charlemagne son père avoit formé quelque temps après qu'il eut conquis la Lombardie. Ce Code étoit divisé en trois livres, Pépin fit des additions à quelques articles de chacun de ces livres ; nous remarquons l'addition à l'article 47 du second livre, sur le port des armes. Ce Prince fait défense à toutes personnes d'assister desormais au Champ de mai ou au Plaid en temps de paix avec ses armes. Cette addition fait voir que les Francs commençoient à quitter leurs anciens usages qu'ils avoient apportés de la Germanie, pour adopter ceux des Romains.

Sans autre date. *CHARTE de Charlemagne, par laquelle il confirme les donations, faites par Carloman, à l'abbaye d'Epternach.*

Hist. de Luxenbourg, par Bertholet, t. II, pr. p. 49, col. 2. Hist. de Lorraine, par Dom Calmet, t. IV, pr. col. 249.

Bernerad, abbé d'Epternach, représenta à Charlemagne que l'on avoit perdu le titre de donation de plusieurs métairies situées *in pago Bledense*, au lieu nommé *Droise*, & un hospice, *Officinus*, avec toutes leurs dépendances, faite à ce Monastère par Carloman son frère, & demanda à ce Prince qu'il lui plût de lui accorder un Diplome qui tint lieu du titre perdu, en confirmant son Monastère dans la propriété de ces biens ; Charlemagne fit expédier ce Diplome, dont la disposition remplit les desirs de l'abbé Bernerad.

Sans autre date. *CHARTE de donation de plusieurs biens à l'église de Vienne, par Charlemagne.*

Antiquités de Vienne, par le Lièvre, page 191.

Cette pièce ressemble plus à une Chronique qu'à une Charte, & l'on voit qu'elle a été écrite long-temps après les événemens dont elle fait mention ; on n'y trouve au surplus qu'un très-petit détail sur la réédification de cette Cathédrale qui avoit été totalement ruinée ; il est marqué simplement que Charlemagne la dota, sans dire le nom ni la situation des biens : cette pièce enfin est de peu d'importance.

Sans autre date. *DECRETUM Caroli Magni ut servi Dei neque in hostem pergant, neque armaturam bajulent.*

Constit. Imp. a Goldasto, t. III, pag. 137.

Charlemagne exempte, par ce Decret, les Clercs d'aller à l'armée & de porter les armes, & permet à un Prince ou à un Général d'armée de se faire accompagner d'un ou au plus de deux Évêques avec leurs Chapelains, & accorde un seul Prêtre qui fera les fonctions d'Aumônier, à chaque Commandant de troupes.

ANNÉE 791.

3 JANVIER.

PRÆCEPTUM Caroli Magni pro Cremifanenſi ſanɛti Salvatoris monaſterio.

Rec. des Hiſt. de France, par Dom Bouquet, t. V, p. 755.

Donné à Worms.

Dom Bouquet ne fait qu'indiquer cette Charte, on la trouve dans ſon entier dans les annales de Chremſmunſter; c'eſt en faveur de ce Monaſtère que Charlemagne l'accorda.

7 FÉVRIER.

CHARTA Itherii abbatis monaſterii S. Martini Turonenſis, de fundatione cœnobii Cormaricenſis.

Annal. Bened. t. II, p. 714. Eccl. Turon. hiſt. a Maono, pag. 237. Ann. Eccl. Fr. Cointii, t. VI, pag. 469.

Fait à Tours.

Lorſque Ithier, abbé de S.t Martin de Tours, fonda l'abbaye de Cormery en Touraine, il paroît qu'il y avoit dès-lors une Celle où habitoient quelques Moines; car par cette Charte il leur confirme les biens qui leur avoient été donnés ancienne-ment. Ithier ne fit donc qu'accroître cette Celle, ſans doute qu'il en augmenta les bâtimens, ainſi que le nombre des Moines auxquels il donna des biens ſitués en Poitou, dans les villages appelés *Intoniacum*, *Bragonnum* & *Arciacum*, d'autres ſitués en Touraine, *in loco Paternaco*, d'autres dans le Blaiſois, le Dunois & l'Anjou; mais la plûpart de peu d'importance, ce qu'il déſigne par ce diminutif *Reicolas*.

26 MARS.

CHARTA Caroli Magni pro abbatiâ Bertinianâ in Artheſio.

Miræi Opera Diplomat. t. I, pag. 497.

Donné à S.t Bertin.

Nous avons donné la notice d'une Charte en faveur de l'abbaye de S.t Denys, qui a une diſpoſition ſemblable à celle-ci, l'une & l'autre portent permiſſion aux Moines de ces deux Monaſtères de faire chaſſer à la groſſe bête dans leurs propres forêts; ce qui nous confirme de plus en plus que cette eſpèce de chaſſe étoit un droit réſervé, dès ce temps, au Roi ſeul.

MAI, ſans quantième.

CHARTE, par laquelle Belto évêque de Langres, donne au monaſtère de S.t Étienne de Dijon, les dixmes de pluſieurs lieux ſitués dans les environs de Dijon.

Rec. de Pérard, page 47. Gall. Chriſt. ſec. edit. t. IV, inſtr. col. 128.

Les lieux où ſont ſituées ces dixmes, ſont ainſi nommés dans la Charte, *Cupiaco*, *Tremoledo*, Saint-Germain de *Cortarno*, Saint-Martin *Campanienſi*, Saint-Martin de *Quintiniaco*, *Marciliaco*, *File-caſtello*.

Les Auteurs de la Gaule chrétienne datent cette Charte de l'année 794.

Sans autre date.

REMONTRANCES d'un ſeigneur Danois à l'aſſemblée de ces Peuples, pour les diſſuader de faire la guerre à Charlemagne.

Hiſtoire de Fr. par du Haillan, liv. III, p. 171.

Witikind prince Saxon, après avoir été dépouillé de ſes États par Charlemagne, s'étoit retiré en Danemarck, & excitoit les Danois à faire la guerre aux François. Les Danois que Witikind avoit perſuadés, propoſèrent dans une aſſemblée de la Nation, de prendre les armes & de faire une deſcente en Allemagne; l'un d'eux repréſenta que la puiſſance de Charlemagne inſpiroit une ſi grande terreur qu'ils ne pouvoient ſe promettre de ſuccès, & qu'il étoit d'ailleurs injuſte de déclarer la guerre à un Prince dont on n'avoit aucun ſujet de ſe plaindre. Ce Danois fut écouté, & les projets de Witikind demeurèrent ſans effet.

Sans aucune date.

EPISTOLA Caroli Magni ad Faſtradam reginam conjugem de victoriâ Avaricâ.

Ann. Eccl. Fr. Cointii, tom. VI, pag. 460. Concil. Antiq. Galliæ, à Sirmondo, tom. II, pag. 158. Capit. Reg. Fr. a Baluzio, t. I, col. 255.

Charlemagne rend compte à la reine Faſtrade, par cette lettre, de la victoire que l'une de ſes armées commandée par Pépin ſon fils, avoit remportée ſur les Huns & les

Avares, & il lui marque qu'il a fait chanter des Litanies pendant trois jours confécutifs en action de grace, la priant d'en faire chanter de même dans ſes États, en faiſant obſerver l'ordonnance que ſon Clergé qui l'accompagnoit à l'armée avoit donnée. Cette ordonnance portoit que toute perſonne, à qui la ſanté le permettroit, s'abſtiendroit pendant trois jours de manger de la chair & de boire du vin ; que celles qui pour cauſe de maladie ou de foibleſſe d'âge ne pourroient ſoûtenir cette abſtinence, donneroient chaque jour un ſol d'aumône ou moindre ſomme relativement à leurs facultés ; que chaque Prêtre célébreroit une meſſe, à moins qu'il ne fût malade ; & que les Clercs marcheroient nus pieds pendant trois jours chantans chacun cinquante pſeaumes ; le Roi ajoûte qu'il ne preſcrit à la Reine aucun acte de piété pour marquer à Dieu la reconnoiſſance de la victoire ſignalée qu'il a remportée ſur ſes ennemis, comptant qu'elle s'acquittera de ce devoir de la manière que ſa ſanté délicate lui permettra.

Rec. des Hiſt. de France, par Dom Bouquet, t. V, p. 623. Franc. Orient. ab Echardo, t. I, pag. 745.

ANNÉE 792.

25 FÉVRIER.

DON fait par Charlemagne à Cotallus de Craon, de la baronnie de Centelles.

Hiſt. de Sablé, par Ménage, page 112.

Quelque part où ſe trouve cette Charte, elle eſt évidemment fauſſe ; celui qui l'a fabriquée fait dire, en homme peu inſtruit de l'Hiſtoire, à Charlemagne qu'il donne la baronnie de Centelles en Eſpagne dans le royaume de Valence, à Coteile de Craon, pour le récompenſer de ſes ſervices & des fortes dépenſes qu'il a occaſionné la guerre des Viſigots. Premièrement, Charlemagne ne poſſédoit point alors cette partie de l'Eſpagne, qui a formé depuis le royaume de Valence ; ſecondement, on ne connoiſſoit point les Baronnies encore en ce temps. Troiſièmement, Charlemagne n'a jamais fait la guerre aux Viſigots, le royaume de ces peuples, en Eſpagne, étoit fini dès l'an 712. Roderic leur dernier Roi, en perdant la fameuſe bataille de la Guadelette le 17 juillet de l'an 712, laiſſa Tarik chef des Sarazins maître de toutes les Eſpagnes ; le petit nombre de Viſigots qui échappèrent dans ce combat à la fureur de ces infidèles, ſe diſperſèrent & allèrent au loin chercher de nouvelles habitations, en ſorte que depuis cette époque, il n'a plus été queſtion de Viſigots en Eſpagne ; on trouve d'ailleurs dans cette pièce des expreſſions & des tours de phraſe, comme le mot *nobilis, anno a nativitate Domini, &c.* qui n'étoient point en uſage du temps de Charlemagne. Enfin le Généalogiſte qui a fabriqué cette pièce dans le deſſein de faire deſcendre la ſeconde branche de la maiſon de Craon des ducs de Bourgogne, ſans recourir à des menſonges auſſi groſſiers, pouvoit trouver à cette famille une origine aſſez illuſtre dans les comtes de Nevers qui ſont ſa ſouche, pour en faire une des plus anciennes maiſons du Royaume.

28 AOÛT.

PRÆCEPTUM Caroli Magni pro monaſterio Farfenſi.
Donné Ragenisburg civitati.

Rec. des Hiſt. de France, par Dom Bouquet, t. V, p. 755.

Dom Bouquet a ſimplement indiqué cette pièce, on la trouve entière dans la chronique de l'abbaye de Farfe, imprimée par Muratori, *parte II, tom. II, ſcript. Ital. p. 442.*

Sans autre date.

LEX Bajoariorum a Carolo rege, duobus ſupra viginti ſanctionibus aucta.

Ann. Eccl. Fr. Cointii, tom. VI, pag. 486.

Taſſillon étoit déjà relégué dans un Monaſtère, & Charlemagne avoit diviſé la Bavière en pluſieurs Gouvernemens, lorſqu'il fit cette addition au code Bavarois. Il paroît que l'uſage n'étoit pas alors de publier toutes les ordonnances de nos Rois dans les Parlemens *ou* Champs de Mai, ceci en eſt un exemple ; Charlemagne ajoûte vingt-deux articles à la loi des Bavarois, il n'en fait publier que huit, & charge ſimplement ſes *Miſſi* de faire exécuter les quatorze autres.

ANNÉE 793.

MARS, ſans quantième.

DIPLOMA Caroli Francorum regis, pro Johanne qui Saracenos in pago Barcinonenſi profligaverat.
Donné à Aix-la-Chapelle.

Ann. Eccl. Fr. Cointii, t. VII, p. 342. Capit. Reg. Fr. à Baluzio, t. II, col. 1400. Hiſt. de Languedoc, tome I, pr. col. 29.

Dans Baluze & dans l'hiſtoire de Languedoc, par Dom Vaiſſette, cette Charte eſt placée à l'année 795. Le Cointe l'attribue mal-à-propos à Charles le Chauve.

ANNÉE 793.

20 JUILLET.

PRÆCEPTUM Caroli Magni quo Aniani abbatis rogatu monasteria sancti Johannis & sancti Laurentii, in suam tuitionem suscipit & villam Caunas eidem attribuit.

Donné à Francfort.

Rec. des Hist. de France, par Dom Bouquet, t. V, p. 755. De re Diplom. a Mab. p. 503. Hist. de Languedoc, tome I, pr. col. 28. Capit. Reg. Fr. a Baluzio, t. II, col. 1399.

Ces deux Monastères étoient nouvellement fondés, le premier appelé *Sancti Johannis in Extorio*, situé dans un lieu appelé *Busintis* sur la rivière d'Argent-double, & nommé depuis *Caunes*; le second *Sancti Laurentii in Olibegio*, vulgairement appelé *Citou*, présentement *Saint Chignan*; celui-ci dans le diocèse de Saint-Pons, & l'autre dans celui de Narbonne. Charlemagne ne donna pas à Anien le lieu de Caunes, mais il confirma la donation que le comte Milon en avoit faite à cet Abbé.

Dom Bouquet prétend que quelque copiste a altéré les dates de cette pièce; pour concilier les deux époques du règne de Charlemagne en France & en Italie, cet Auteur pense qu'il faut placer cette Charte à l'année 794.

3. AOÛT.

CHARTA Ludovici regis Aquitaniæ, qui postea pius dictus est, pro Nobiliaci monasterio.

Donné au Mont-joui.

Gallia Christ. sec. edit. t. II, instr. col. 346.

Mabillon soutient, avec beaucoup de vrai-semblance, qu'il faut fixer l'époque du rétablissement de ce Monastère à la date de ce Diplome. Sous l'année 777 nous avons placé un Jugement rendu dans un plaid tenu à Poitiers, qui prouve que ce Monastère n'étoit alors qu'une Celle où il n'y avoit qu'un ou deux Moines; Aton abbé de S.ᵗ Hilaire y en mit un plus grand nombre, & obtint du roi d'Aquitaine, dont il étoit parent par la reine Hildegarde femme de Charlemagne, ce Diplome, qui porte confirmation des biens que les évêques de Poitiers & Atton lui-même avoient donnés à ce Monastère appelé *Noaillé*, du nom du lieu *Nobiliacus* où il étoit situé.

Les Savans sont d'opinion différente sur le nom & la situation du Palais où fut donné ce Diplome, nommé dans différentes Chartes *Jocundiacum, Jocuntiacum, Jogentiacum & Jucundiacum*; Dom Germain soutient que c'est *Mont-joui* en Limosin tout auprès de Limoges; M. de Valois dit que c'est *Joac*, situé également dans le Limosin, Mabillon prétend que c'est *Jogunsac*, situé sur la Vienne aussi en Limosin. Le sentiment de Dom Germain nous paroit mériter la préférence.

Sans autre date.

CAPITULARE Pippini Italiæ regis.

Capit. Reg. Fr. a Baluzio, t. I, col. 533, 541.

Ce Capitulaire contient trente-huit articles, il y en a très-peu dont on ne trouve la disposition dans le code de la loi des Lombards. Le dernier article traite du service militaire que tous les fidèles doivent au Roi; mais Baluze l'a imprimé avec un si grand nombre de lacunes, qu'il est très-difficile d'en savoir le contenu dans son entier. *Voyez les notes de cet Auteur, tom. II, col. 1076, sur les autres articles de ce Capitulaire.*

Sans autre date.

PLACITUM pro monasterio Nobiliacensi de cella Jaciaco.

Annal. Bened. t. II, p. 716.

Rien de si incertain, disent tous les Auteurs, que l'époque de la fondation de ce Monastère; tous les Actes qui le concernent & qui précèdent la Charte du roi d'Aquitaine, ou sont sans date ou en ont une si difficile à fixer, que Mabillon les place fort au hasard. Celui-ci daté de la XIII.ᵉ année du règne de Charlemagne, est rangé par ce Savant sous l'année 793, tandis qu'il place sous l'année 777 un autre Acte qui porte comme celui-là la XIII.ᵉ année du règne de ce même Prince.

Quoi qu'il en soit de la date de cette pièce, elle contient le Jugement rendu dans un Plaid tenu à Poitiers en présence du comte Abbon. Ce n'étoit alors qu'une Celle sous la dépendance de S.ᵗ Hilaire de Poitiers, Jepron abbé de ce dernier Monastère parut dans ce Plaid, & réclama en cette qualité le lieu appelé *Jaciacum* qu'un particulier avoit usurpé; la sentence porte que la restitution de ce lieu seroit faite au monastère de Noaillé.

ANNÉE 794.

31 Mars.

PRÆCEPTUM *Caroli Magni pro Dulcissimo Cenetensi episcopo.*

Rec. des Hist. de France, par Dom Bouquet, t. V, p. 755.

Donné à Francfort.

Dom Bouquet a seulement indiqué cette Charte, on la trouve tout au long, *tom. V. Italiæ sacræ, novæ edit. col. 174. apud Ughellum.*

Cette ville appelée *Ceneda* par les Italiens, est le *Ceneda Agathia* ou *Ceneda Acedum,* située sur une colline près de la source de Mattegan & du Soligo dans l'État de Venise, au territoire de Trévisanne; l'Évêque est suffragant du Patriarche d'Aquilée.

MAI, sans quantième.

DIPLOMA *Caroli Francorum regis, pro monasterio Neostadiensi in diœcesi Wirceburgensi.*

Annal. Eccl. Cointii, tom. VI, pag. 532.

On trouve dans ce Diplome l'abrégé de l'histoire de ce Monastère; on y lit que le lieu où Charlemagne le bâtit s'appeloit *Rorlacha* ou *Neuwenstadt,* que c'étoit le rendez-vous de chasse de ce Prince, lorsqu'il prenoit ce délassement dans la forêt de *Speshart,* le long de laquelle passoit la rivière de *Mayna.* Burchard évêque d'Angleterre y conduisit une colonie de Moines; Maingaud auquel Charlemagne donna ce Monastère à la prière de la reine Bertrade sa mère, en fut le premier Abbé. L'église fut mise sous l'invocation du Sauveur & de la S.te Vierge, & le Roi donna aux Moines la liberté d'élire leur Abbé, & dota ce Monastère d'une partie de la forêt de Speshart.

Nous avons déjà parlé de ce Diplome à l'article de l'année 785; mais nous croyons devoir placer ici la critique que le Cointe, appuyé du sentiment de Duchesne en fait. Ces deux Savans soûtiennent que cet Acte est d'une fausseté évidente; ils disent premièrement que la date qu'il porte ne s'accorde point avec aucune des manières usitées dans les Actes authentiques de marquer les années du règne de Charlemagne, soit en France, soit en Italie. Secondement, que la reine Bertrade étoit morte plusieurs années avant 794, que Burchard l'étoit aussi, & que Mingaud bien-loin d'être Abbé alors de ce Monastère, avoit succédé à Burchard dans l'épiscopat. Cette critique paroît si judicieuse que le lecteur adoptera sans peine le sentiment de nos deux Savans.

Sans autre date.

CAPITULARE *Caroli Magni de diversis capitibus.*

Concil. Antiq. Galliæ a Sirmondo, tom. II, pag. 192.
Ann. Eccl. Fr. Cointii, tom. VI, pag. 511 & seq.
Capit. Reg. Fr. a Baluzio, t. I. col. 261.
Rec. des Hist. de France, t. V, page 650.

Donné à Francfort.

Ce Capitulaire contient cinquante-quatre articles, Dom Bouquet n'en a imprimé que le I.er, le II & le III, le LIII & le LIV.

Tous les articles de cette ordonnance portent sur des objets intéressans. Il est dit dans le premier que Charlemagne fit faire trois expéditions des lettres de pardon & de rémission qu'il accorda à Tassillon & à ses enfans; l'une fut déposée dans le trésor du Roi qui étoit dans son palais (on croit cependant que le Roi portoit ce trésor avec lui par-tout où il alloit). La seconde fut donnée à Tassillon, il l'emporta dans le monastère de Jumeige où il retourna, car c'étoit dans ce Monastère où il avoit été relégué six ans auparavant après l'assemblée d'Ingelheim; la troisième fut déposée dans les archives de la chapelle du Roi; mais il est observé dans cet article, que Charlemagne ne pardonna à Tassillon le scandale que son crime de rébellion si souvent répété, avoit occasionné, qu'après non seulement l'aveu que Tassillon en fit dans cette assemblée, mais encore après avoir renoncé pour lui & pour ses enfans, dans la forme usitée dans ce temps, à toutes ses possessions dans la Bavière; *necnon omnem justitiam & res proprietatis quantum illi aut filijs vel filiabus suis in ducatu Bajoariorum legitime pertinere debuerant, surpivit atque projecit.*

Je crois que l'on ne raisonneroit pas juste si l'on entendoit par ces mots *justitiam & res proprietatis,* le duché de Bavière; c'étoit un Gouvernement, un pur Office. Il s'agissoit de fonds de terre que Tassillon possédoit dans ce duché & qui pouvoient être considérables, car ce Seigneur fils d'Hiltrude sœur du roi Pépin, & cousin germain de Charlemagne, avoit hérité de grands biens tant du chef de son père, que de celui de cette Princesse sa mère. Mais ce qui doit paroître singulier aux Savans dans notre Droit public, c'est qu'il semble que Charlemagne ne put se mettre en possession des biens de patrimoine de Tassillon, qui avoient été confisqués au fisc pour son crime de félonie, qu'après un consentement de la part de Tassillon donné par un Acte authentique.

DES DIPLOMES.

Le second article fixe le prix des grains, & porte qu'il ne sera pas plus haut dans un temps de disette que dans une année d'abondance. Le troisième porte qu'une certaine monnoie nouvellement frappée aura cours par tout le royaume. Le cinquième ordonne la résidence aux Évêques; on peut voir la disposition des autres articles dans Baluze, & consulter ses notes *au tome II, col. 1044 & suivantes*.

Le père Sirmond, qui le premier a publié ce Capitulaire d'après un manuscrit de S.ᵗ Remi de Reims, l'a imprimé en cinquante-six articles, les deux que l'on ne trouve point dans Baluze, sont les Canons qui concernent l'hérésie de l'évêque d'Urgelle, & la décision du Concile tenu dans cette ville, sur le culte des images.

ANNÉE 794.

CONSTITUTIO *Caroli Magni contra hæresim Elipandinam & Felicianam.*

CAPITULARE *Caroli Magni de non adorandis imaginibus.*

EDICTUM *Caroli Magni de summâ Trinitate & fide Catholicâ.*

Const. Imp. a Goldasto, t. I, p. 19, 23, & t. II, p. 1 & 2.

Ces trois pièces contiennent le précis de ce qui fut décidé dans l'assemblée de Francfort touchant les matières de religion; on dit qu'il s'y trouva des Évêques de tous les États de la domination de Charlemagne, au nombre de trois cens; qu'il y avoit un nombre plus grand de Seigneurs laïcs, & que le Roi fit l'ouverture du Concile par un discours très-éloquent qu'il prononça tantôt debout, tantôt assis; il finit par inviter les Évêques à dresser une censure dogmatique contre les erreurs de Félicien évêque d'Urgelle, & d'Élipand son apologiste archevêque de Tolède; on trouve dans l'histoire d'Allemagne du père Barre, *tome II, page 420 & suivantes*, un détail circonstancié de tout ce qui se passa dans cette assemblée de relatif aux pièces que nous annonçons dans Goldast.

Sans autre date. SYNODICA *Concilii Francofordiensis ab episcopis Galliæ & Germaniæ ad præsules Hispaniæ missa.*

Concil. Antiq. Galliæ a Sirmondo, tom. II, pag. 175.

Les Évêques du Concile réfutent dans cette lettre l'hérésie de l'évêque d'Urgelle, sur les mystères de la Trinité & de la Divinité de Jésus-Christ, & exposent leur foi qui est conforme au symbole des Apôtres, aux décisions des Conciles œcuméniques, & à la doctrine des Pères de l'Église.

MARS, sans quantième.

ANNÉE 795.

DIPLOMA *Caroli Magni quo cuidam Johanni locum concedit in pago Narbonensi, Fontes dictum.*

Donné à Aix-la-Chapelle.

Capit. Reg. Fr. a Baluzio, t. II, pag. 1400. Histoire de Languedoc, par Dom Vaissete, t. I, pr. p. 27. Rec. des Hist. de France, par Dom Bouquet, t. V, p. 778.

Dom Vaissette croit que celui à qui Charlemagne fit donation, par ce Diplome, de la terre de Foncouverte (*Fontes*) au diocèse de Narbonne, est le même à qui Louis roi d'Aquitaine donna en 798 le comté d'Aussonne dans la Marche d'Espagne, il s'appeloit Jean Borrel, & étoit, suivant les apparences, Visigot d'origine. Ce Jean Borrel étoit père de Sunifred comte d'Urgel, qui fit la tige des marquis de Gothie; nous verrons à l'année 829 une Charte de confirmation de cette même terre de Foncouverte, donnée par Charles le Chauve en faveur de Sunifred. C'est ce dernier Acte dont l'authenticité est prouvée, qui porte Dom Bouquet à ne pas rejeter le premier. Ce Savant observe que les dates de celui-ci ne peuvent cadrer avec les années du règne de Charlemagne en France & en Italie; que ce Prince n'étoit point au mois de mars de l'année 793 à Aix-la-Chapelle, que l'invocation *In nomine Patris & Filii, &c.* étoit inusitée du temps de Charlemagne; mais Dom Bouquet n'avoit qu'à placer cette pièce sous l'année 795, & il auroit aplani les difficultés qu'il oppose, ou, pour mieux dire, elles ne se seroient pas présentées; par rapport à la formule, il est aisé de voir que c'est une addition de copiste.

Borrel commandoit un petit corps d'armée qu'il avoit pouffé jufqu'à une ou deux lieues de Barcelonne où il rencontra le gros de l'armée des Sarazins; il en tua un grand nombre & mit le refte en fuite; il fit un butin confidérable fur ces infidéles. Après cette expédition Borrel vint trouver le roi d'Aquitaine & lui préfenta un beau cheval, plufieurs cuiraffes (*Brunia*) & une épée d'acier venant de l'Inde (*Spatam Indiam*) dont le fourreau étoit couvert de lames d'argent (*cum tecâ de argento parata*). Ces préfens étoient des dépouilles des ennemis. Le Roi d'Aquitaine pour récompenfer ce Général de ce préfent & de la victoire qu'il avoit remportée, détacha du fifc la terre de Foncouverte, & la lui donna & à fa poftérité, avec toutes fes dépendances. Charlemagne confirme cette donation par ce Diplome.

Le favant Ducange remarque que l'on trouve dans plufieurs Diplomes les mots *Brunoa, Brunia, Bronia*, qui fignifient le mot latin *Lorica*; je crois que ces noms viennent du mot Gaulois *Bron*, dont on fe fert encore en baffe Bretagne, qui fignifie indifféremment la poitrine, les mamelles, l'eftomac, le deffous de la gorge, &c. dont on aura compofé dans les premiers fiècles de l'établiffement des Francs, *Bronia*, pour dire une cuiraffe, chofe qui couvre ces parties du corps.

Août, fans quantième.

ANNÉE 795.

COMMUTATIO inter Moroaldum Farfenfem & Ufualdum fancti Salvatoris abbatis.

Annal. Bened. t. II, p. 713.

Cet Acte eft le premier où nous trouvons que l'on ait donné le titre de *Patrice* à Pépin roi d'Italie.

Ces deux Abbés travaillant avec le même zèle à tout ce qui pouvoit être de plus utile à leurs Monaftères, firent cet échange de biens qui étoient plus à la portée de l'un & de l'autre. Ces deux Monaftères étoient en Italie, le premier S.te Marie de Farfe, le fecond S.t Laurent proche Rieti en Ombrie, au duché de Spolette. Mabillon femble avoir fait une faute fur la fituation de ce dernier, il dit *page 297, n.° 8, in monte Amiato prope Clufinum Etruriæ urbem*; *Clufinum* eft *Chiufi* en Tofcane dans l'État de Sienne, & la Charte porte *quod fitum eft in territorio Reatis loco qui vocatur Letenandus*, ce *Reatis* eft fûrement Rieti en Ombrie, comme nous venons de le dire.

Sans autre date.

DON de la terre de Ridrefelde en Angleterre, avec les ports de Haftingues & Perenifol, à l'abbaye de S.t Denys, par le duc Berthauld.

Hift. de Saint Denys, par Doublet, p. 717.

Il n'y a pas un mot de vrai-femblance dans tout le contenu de cette Charte, c'eft une fable faite par quelqu'un très-ignorant dans l'Hiftoire; Fulrad abbé de S.t Denys, que l'Auteur de cette pièce fait vivre dans cette année, étoit mort dès l'an 750; ce n'étoit pas non plus la XXXI.e année du règne d'Offa, ce Prince étant monté fur le trône des Merciens en 757, la XXXI.e année de fon règne revient à l'an 788 & non 795. On ne fe fervoit pas non plus en ce temps de cette formule, *Actum Dominicæ incarnationis*, pour dater les Actes.

Sans autre date.

FORMA Judiciorum tempore Caroli Magni.

Annal. Bened. t. II, p. 316.

Mabillon a imprimé cet Acte d'après un manufcrit fans nom d'Auteur & fans date; ce qui porte ce Savant à le placer fous cette année ou environ, c'eft que les perfonnages qui y font nommés, comme Fardulphe le Lombard abbé de S.t Denys, le comte Lambert, &c. vivoient en ce temps.

Un particulier nommé *Wanilon*, ferf ou homme de corps de l'abbaye de S.t Denys, refufa le fervice en cette qualité, & offrit d'affirmer avec ferment qu'il étoit libre. Le comte Lambert ayant été inftruit de l'affaire, ordonna que les parties comparoîtroient devant les Juges & que l'on apporteroit les reliques de S.t Denys, fur lefquelles Wanilon jureroit. Ces reliques étoient un doigt du faint Martyr enchâffé dans une main d'or. Comme Wanilon étoit un parjure, il s'opéra en préfence des Juges un miracle; Wanilon voulant pofer fa main fur la relique, le reliquaire s'éloigna; ce qui fit perdre le procès à Wanilon.

Il y a lieu de croire que cet Acte eft le même que celui rapporté par Doublet dans fes Antiquités, *page 716*, un copifte ignorant en a défiguré les noms propres, & y a gliffé les anachronifmes & les autres fautes que la critique y fait apercevoir.

ANNÉE 796.

ANNÉE 796.

17 DÉCEMBRE.

PRÆCEPTUM Caroli Magni de omnibus rebus ecclesiæ Cenomannicæ.

Donné à Aix-la-Chapelle.

Vetera Anal. Mab. novæ edit. pag. 293.

Cette Charte est fameuse & très-intéressante pour l'église du Mans ; il paroît que Francon qui gouvernoit alors cette Cathédrale, à la prière duquel Charlemagne l'accorda, jouissoit d'une grande considération à la cour de ce Prince. Cette piéce contient trois dispositions principales. La première a pour objet de confirmer l'Évêque & son église dans la jouissance & possession de tous ses biens, dont il y a un détail fort long tant en Monastères, Celles, métairies, qu'en fonds de terre & serfs. La seconde porte que lorsque chaque particulier de ce diocèse qui tient des bénéfices dépendans du Fisc, viendra à décéder sans laisser d'enfans mâles, ou sans avoir eu la précaution de les recommander au Roi, ces bénéfices seront dévolus à cette Cathédrale. Sur quoi je remarque que les bénéfices n'étoient pas encore héréditaires, & que cette recommandation, à laquelle les fils, à la mort de leurs pères, étoient assujétis, n'étoit autre chose qu'une nouvelle concession du bénéfice, sans laquelle le bénéfice retournoit au Fisc. Le Roi défend enfin par la troisième disposition aux Comtes, à tous ses autres Officiers, & à tout particulier quelconque, de traduire par les voies ordinaires en Justice réglée les Vassaux, les Intendans & les Juges particuliers des terres dépendantes de cette église ; ordonnant que leurs causes seront terminées à l'amiable par-devant des Arbitres ou par l'Évêque, il condamne en outre à une amende de cent sols quiconque contreviendroit à cette ordonnance. *Insuper & illud in hoc præcepto inserere jussimus, ut nullus judex aut Comes, aut aliquis liber homo aut quælibet persona prædictæ ecclesiæ Ministros, vel Advocatos in mallo publico accusare præsumat, sed prius conveniat Ministros rerum & judices villarum atque hominum, a quibus læsus est, ut ab eis familiarem & justam accipiat justitiam, quam si accipere non voluerit, tunc conveniat Episcopum, &c.*

Sans autre date.

RESCRIPTUM Caroli Magni de Peregrinis & Mercatoribus.

Rec. des Hist. de France, par Dom Bouquet, t. V, p. 627. Constit. imp. a Goldasto, t. III, pag. 141.

Ce rescrit prouve que la cour de France continuoit d'être en bonne intelligence avec celle d'Offa un des rois d'Angleterre. Charlemagne après avoir reçu, de la part de ce Prince, des réponses très-satisfaisantes au sujet des Canons arrêtés dans le concile de Francfort qu'il lui avoit envoyés, lui fit part de cette ordonnance en forme de lettre ; elle porte dans le premier article des règlemens pour les pélerins, tant étrangers que régnicoles, qui passeront par les États de Charlemagne pour aller aux tombeaux des Apôtres. Le Roi pour faciliter le commerce étranger, promet dans un autre article sa protection à tous marchands de quelque Nation qu'ils soient, les assurant que ses Officiers n'exerceront contre eux aucune vexation ; & dans le cas où ils auroient quelque juste sujet de plainte, il leur permet de s'adresser à son Conseil, afin qu'ils obtiennent prompte & bonne justice.

PRÆCEPTUM Caroli Francorum regis, pro monasterio sancti Martini Turonensis cujus omnia privilegia & bona confirmat.

Ann. Eccl. Fr. Cointii, t. VI, pag. 590.

Ce Diplome porte confirmation de tous les priviléges & exemptions d'impôts & droits royaux que cette église, occupée dès-lors par des Chanoines, comme le remarque Mabillon, payoit au Fisc pour les biens qu'elle possédoit dans l'Austrasie, dans la Neustrie, dans la Bourgogne, dans l'Aquitaine & dans la Provence.

Le Cointe place uniquement par conjecture cette piéce sous cette époque, car elle ne porte aucune date ; le nom d'Alcuin que l'on trouve dans la Charte, & à la sollicitation duquel elle fut accordée, autorise le sentiment de ce Savant, parce que Alcuin étoit abbé depuis peu de cette église.

Tome I.   C c

NOTICE

ANNÉE 796.

Sans autre date.

EPISTOLA *Caroli Magni ad Leontium papam, de ejus electione.*

Rec. des Hist. de France, par Dom Bouquet, t. V, p. 625.

Cette lettre est une réponse de la part de Charlemagne à une autre lettre que ce Prince avoit reçue du pape Leon à l'occasion de son élection, & il faut avouer que cette lettre contient beaucoup moins de choses que le père Pagi *(ad ann. 796, n.° 4)*, M. de Marca *(de concordiâ sacerd. & imper. lib. III, cap. 11)* & le père le Cointe *(ad ann. 796, n.° 26)* n'y en ont aperçûes. Je conviens avec ces illustres Savans, que le contenu de cette réponse indique que le pape Leon avoit fait part de son ordination au Roi, & qu'il paroît qu'il étoit tenu de ce devoir envers le Roi, à plusieurs titres; les termes de la lettre de Charlemagne sont précis sur ce point, *Gavisi sumus seu in electionis unanimitate, seu in humilitatis nostræ obedientiâ & in promissionis ad nos fidelitate.* Charlemagne étoit de tous les Princes chrétiens le plus zélé protecteur de la Religion: l'église de Rome ne devoit voir dans ce Prince qu'un généreux bienfaiteur: il unissoit à ces titres ceux de Patrice & de roi de Lombardie: le Pape à cet égard devoit une sorte d'hommage & un serment de fidélité à Charlemagne, pour les biens immenses dont ce Pontife devenoit l'usufruitier par son élection à la Papauté, & sur lesquels ce Prince avoit conservé la souveraineté.

Voilà une partie essentielle des choses que m'indique cette lettre; mais je suis bien loin de conclurre de ses termes, comme le fait le père Pagi, que le pape Leon & le Roi avoient changé dans cet instant leur patriciat en domination, & qu'à la souveraine jurisdiction ils avoient ajoûté la propriété & le domaine de la ville de Rome, que les empereurs de Constantinople avoient conservés jusqu'à cette époque. Il suffit de lire la lettre 59 du pape Hadrien *(in codice Carolino)* pour voir combien ce raisonnement porte à faux. Ce Pape conjure Charlemagne dans cette lettre, écrite en 775, de lui envoyer du secours pour défendre Rome & toute l'Italie qui étoient menacées d'une prochaine invasion; il lui marque que la cour de Constantinople envoyoit une armée nombreuse commandée par Adalgise fils de Didier, pour cette expédition : si l'Empereur avoit comploté avec le fils du roi des Lombards détrôné, d'attaquer l'Italie & d'en surprendre la capitale, en 775, il n'est donc pas vrai qu'il eût conservé jusqu'en 796 le domaine de cette ville.

Je ne trouve point non plus dans les termes de cette lettre, que Charlemagne demandât au pape Leon de confirmer son Patriciat. Le Roi ne tenoit point de la libéralité d'aucun Pape cette dignité, parce qu'elle n'étoit pas au pouvoir du Pape, mais à la disposition du Sénat & du Peuple. Il suffit de se rappeler l'histoire des temps qui précédèrent le règne de Charlemagne, pour ne pas confondre le gouvernement spirituel & civil de la ville de Rome dans la seule personne du Pape. L'Empereur menaçant les Romains d'assiéger leur capitale, le pape Grégoire & le Sénat s'assemblèrent pour délibérer sur ce qu'il convenoit de faire dans la conjoncture; on décida de recourir à Charles Martel aïeul de Charlemagne. La cause étoit commune entre l'Église & l'État; mais le Pape & le Sénat en se réunissant offrirent à ce Prince ce qui étoit au pouvoir de chacun d'eux; Grégoire dépositaire du spirituel envoya les clefs de S.t Pierre avec les chaînes de cet Apôtre, tandis que les mêmes Ambassadeurs présentèrent à Charles Martel, de la part du Sénat & du Peuple, le decret qui d'un côté déclaroit l'Empereur d'orient déchû de sa souveraineté sur la ville de Rome, & appeloit d'un autre côté à la défense des Romains, le Prince des François. *Legationem beatissimi Gregorii papæ ab apostolicâ sede directam suscepit* (Carolus Martellus) *qui sibi claves venerandi sepulchri principis Apostolorum Petri, ejusdemque pretiosa vincula cum muneribus magnis delatis obtulerunt.... Epistolam quoque decreto Romanorum principum sibi prædictus præsul Gregorius miserat, quod sese populus Romanus relictâ Imperatoris dominatione ad suam defensionem & invictam clementiam convertere voluisset.* (*Annal. Metens. ad hunc ann.*) On ne peut rien de plus précis ; en vain voudroit-on opposer la formule de Paul diacre (insérée dans son histoire des Lombards). En la prenant à la lettre, il est vrai qu'elle porte que le Pape revêtissoit le Roi des ornemens du Patriciat, qu'il lui mettoit la couronne d'or sur la tête; mais cette cérémonie ressembloit à celle du couronnement de nos Rois ; leur naissance les appelle au trône, & le Sénat de Rome leur déféroit le Patriciat.

C'est pourquoi Charlemagne se borne seulement à recommander au Pape les intérêts & l'honneur de l'Église, les droits & la prééminence de son siége, & le maintien de l'autorité que donnoit à lui Charlemagne, le titre de Patrice, *ut ex mutuâ conlatione conseratis quidquid ad exaltationem sanctæ Dei ecclesiæ, vel ad stabilitatem honoris vestri, vel Patriciatus nostri firmitatem necessarium intelligeretis.*

DES DIPLÔMES.

Sans autre date.

ANNÉE 796.

EPISTOLÆ plures *Caroli Magni regis & postea Imperatoris ad diversos & de diversis rebus.*

Rec. des Hist. de France, par Dom Bouquet, t. V, p. 620 & suiv.

Dom Bouquet a imprimé d'après le livre intitulé *Codex Carolinus*, toutes les lettres de Charlemagne, & un grand nombre de celles écrites à ce Prince par les Papes & par d'autres personnes. Nous avons choisi dans le recueil de ce Savant celles qui nous ont paru les plus intéressantes, & nous renvoyons à ce recueil pour les autres.

L'opinion la plus commune est que Charlemagne prit lui-même le soin, vers l'an 791, de former un recueil des lettres que les papes Grégoire III, Zacharie I, Étienne II, Paul I, l'antipape Constantin, Étienne III & Hadrien I lui avoient écrites, il y ajoûta dans la suite celles que lui écrivirent d'autres Papes. Gretserus, Jésuite, a le premier publié ce recueil en 1613, sous le titre de *Codex Carolinus*. André Duchêne l'a imprimé dans le III.e tome, *script. Francic*. Le père le Cointe & après lui le père Pagi ont inséré chacun dans le corps de leurs ouvrages le plus grand nombre de ces lettres, à la date qu'ils ont cru devoir leur assigner.

Il y a à Vienne en Autriche dans la Bibliothèque impériale, un autre manuscrit du *Codex Carolinus*; quelques Savans, dont Eckard est du nombre, ont marqué les variantes qui se trouvent dans la leçon de ce manuscrit, & dans celle du manuscrit de Gretserus.

17 FÉVRIER.

ANNÉE 797.

PRÆCEPTUM *Caroli Magni pro monasterio Prumiensi.*

Donné à Aix-la-Chapelle.

Rec. des Hist. de France, par Dom Bouquet, t. V, p. 758.

Dom Bouquet s'est contenté d'imprimer la formule initiale & les dates de cette pièce, qui ne contient à la vérité rien d'intéressant. On la trouve tout au long *apud Martenium, tom. I, ampliss. collect. col. 51.*

31 MARS.

DIPLOMA *Caroli Magni regis quo Theodoldum comitem absolvit a suspicione lezæ majestatis, eidemque bona propria restituit.*

Donné à Aix-la-Chapelle.

Rec. des Hist. de France, par Dom Bouquet, t. V, p. 758. Acta SS. Bened. sæcul. III, part. 2, p. 623. De re Diplom. a Mab. p. 504. Hist. de l'Abbaye de S.t Denys, par Félibien, pr. p. 43.

Charlemagne rend, par cette Charte, au comte Théodald les biens qu'il avoit fait confisquer sur un soupçon de trahison, & il paroît par le même Acte que ceux qui furent convaincus d'avoir eu part à la conjuration, furent punis du dernier supplice, & que leurs biens furent acquis au Fisc.

Voici ce qui donna lieu à cette conjuration, & comment elle fut découverte. Charlemagne avoit alors quatre garçons. Pépin, surnommé le Bossu, fils d'Himiltrude, que les Historiens du temps appellent *Concubine*, étoit l'aîné. De la reine Hildegarde étoient nés trois autres Princes, Charles comte du Mans, & présomptif héritier du royaume, Pépin roi d'Italie & Louis roi d'Aquitaine. Charlemagne n'avoit que des filles de son mariage avec Fastrade qui vivoit alors. On dit que cette Princesse étoit fière & pleine d'ambition. Elle avoit indisposé, par ses hauteurs, la plûpart des seigneurs de la Cour, qui lui firent sentir leur mécontentement ; le Roi écouta trop facilement les plaintes qu'elle lui en porta ; par foiblesse il punit avec trop de sévérité ceux qui avoient déplu à la Reine. La conduite du Roi dans cette occasion fit une sensation sur les esprits d'autant plus grande, qu'elle étoit opposée à la douceur naturelle de son caractère ; mais loin d'inspirer de la crainte, elle porta les mécontens à former la plus cruelle conjuration. Pépin le Bossu leur parut propre à faire réussir leur dessein. Ce Prince vivoit à la Cour sans beaucoup de considération. La Reine le méprisoit, & le Roi son père lui montroit peu d'amitié. Le partage que Charlemagne avoit fait de ses États entre ses trois autres fils, faisoit craindre, avec raison, à celui-ci de demeurer dans un état privé. Les mécontens, sans avoir égard à sa naissance, lui persuadèrent aisément que son aînesse lui donnoit des droits à la Couronne. Les temps passés leur fournirent plusieurs exemples que les fils de nos Rois, quoique bâtards, avoient partagé la Souveraineté avec les légitimes ; il est vrai qu'ils ne jouissoient pas de cet avantage,

Tome I.   C c ij

que quand le père les appeloit à la succession; mais comme Charlemagne n'avoit pas paru jusqu'alors disposé à suivre l'exemple de ses prédécesseurs, c'étoit une raison de plus pour augmenter le mécontentement de Pépin, en sorte qu'il entra aisément dans la conjuration. Tuer le Roi, les trois autres Princes & la Reine, mettre ensuite Pépin sur le trône, c'étoit où aboutissoit les desseins des conjurés. Le complot fut formé & conduit avec autant de prudence que de discrétion, & lorsque le parti fut assez considérable, on suggéra à Pépin un prétexte pour aller trouver le Roi qui tenoit à Ratisbonne une fameuse assemblée. Ce Prince fut accompagné d'un grand nombre de Seigneurs qui étoient du complot; Charlemagne en avoit auprès de lui plusieurs qui étoient aussi entrés dans la conjuration; les uns & les autres se réunirent & s'assemblèrent pendant la nuit dans une église pour y prendre leurs dernières mesures; heureusement pour le Roi, un pauvre Prêtre de la nation des Lombards, nommé *Fardulfe*, s'étoit retiré dans un coin de cette église, parce qu'il n'avoit point d'asyle: il ne fut aperçu de personne, & ayant tout entendu il courut au Roi lui-même & lui découvrit tout le mystère. Sans perdre de temps Charlemagne fit arrêter Pépin & ses complices; le Parlement, alors assemblé, instruisit le procès des accusés. Pépin fut condamné à perdre la vie, suivant la loi des Francs: mais le Roi lui fit grace, & se contenta de le reléguer dans le monastère de Pruim où il prit l'habit de Moine. Les autres coupables subirent différens supplices proportionnés à la part qu'ils avoient eue dans la conjuration; les uns eurent la tête tranchée, d'autres furent pendus, on creva les yeux à un grand nombre, quelques autres furent exilés & leurs biens confisqués. Le comte Théodald étoit du nombre de ces derniers; mais le Roi ayant reconnu son innocence, il lui accorda, cinq ans après, ce Diplome par lequel il lui rend la liberté avec ses biens. Le prêtre Lombard ne demeura pas long-temps sans récompense, l'abbaye de S.ᵗ Denys vint à vaquer par la mort de Maginaire, le Roi la lui donna. *Chron. Moissia. Annal. Egi. chron. de S.ᵗ Denys, liv. III, chap. 1.*

Année 797.

28 AVRIL.

Diploma Caroli Magni quo cellam Forestensem monasterio Centulensi restituit.

Donné à Aix-la-Chapelle.

Acta SS. Ord. Bened. part. 1, sæc. IV, p. 102. Rec. des Hist. de France, par Dom Bouquet, t. V, p. 759.

On trouve dans cette pièce l'abrégé de l'histoire de l'abbaye de Forêt-Moutiers, située dans la forêt de Cressi en Ponthieu entre Abbeville & S.ᵗ Valery. Il paroît que la fondation de cette Abbaye se fit en même temps que celle de S.ᵗ Riquier. Ces deux Monastères furent gouvernés dès leur naissance par le même Abbé. Je ne sais dans quel temps ni par quel événement cette administration avoit changé. Charlemagne la rétablit comme elle avoit été dans son origine, & déclara par ce Diplome que Angilbert & ses successeurs abbés de S.ᵗ Riquier seroient en même temps abbés de Forêt-Moutiers. Depuis plusieurs siècles ces deux Abbayes sont séparées pour la seconde fois, & gouvernées chacune par un Abbé.

28 AOÛT.

Charta Caroli Magni qui constituit Hildericum missum suum ad cognoscendas ubique causas monasterii Farfensis.

Rerum Italicar. scriptores a Muratorio, t. II, part. 2, col. 442.

Charlemagne donne ces lettres patentes par lesquelles il commet Hilderic pour faire restituer à l'abbaye de Farfe ses biens qui lui avoient été usurpés, & pour connoître de toutes les causes de ce Monastère.

28 DÉCEMBRE.

Capitulare Saxonum datum a Carolo Magno.

Donné à Aix-la-Chapelle.

Rec. des Hist. de France, par Dom Bouquet, t. V, p. 651. Cap. Reg. Fr. a Baluzio, t. I, col. 275. Ann. Eccl. Fr. Cointii, tom. VI, pag. 617. Franc. Orient. ab Eckardo, t. I, pag. 780.

Dom Bouquet n'a imprimé que le préambule de ce Capitulaire. Il remarque, d'après Witichind historien Allemand, que les Saxons étoient divisés en trois peuples; les Orientaux, les Angraires & les Occidentaux. Les autres Auteurs que nous citons ont donné le Capitulaire dans tout son entier qui contient onze articles. Le Cointe l'un de ces Auteurs l'a imprimé d'après Holstenius, qui le premier l'a publié sur un manuscrit très-ancien, mais il observe que Holstenius avoit fait une faute en le plaçant sous l'année 794.

Le plus grand nombre des articles de ce Capitulaire roule sur les compositions que Charlemagne décide être désormais pour ces différentes nations Saxonnes, les mêmes que celles qui sont réglées depuis long-temps pour les Francs ; ces Saxons étoient par l'article III divisés en trois classes, ou pour mieux dire il y avoit parmi ces peuples trois états; les nobles, *nobiliores*, les libres ou affranchis, *ingenui*, les colons ou serfs attachés à la glebe, *liti*. Les Savans sont très-peu d'accord entr'eux pour fixer la condition de ces *liti*, que l'on trouve dans la loi Salique comme dans la loi des Frisons & des Saxons, différens des nobles & des affranchis, ils étoient, suivant moi, dans un état moyen, qui tenoit de la servitude & de la liberté. *Voyez Ducange aux mots* Litus, Lidus, Ledus.

Sans autre date.

ANNÉE 797.

CAROLI MAGNI *imperatoris Augusti edictum de hoste & pugnâ, atque armis Sacerdotibus prohibitis.*

Constit. Imp. &
Goldasto, t. III,
pag. 142.

Nous avons déja annoncé quelques règlemens sur l'exemption personnelle du service militaire en faveur des Ecclésiastiques. Celui-ci rappelle la disposition des anciens sans y rien ajoûter; le Roi d'un côté dispense les Évêques, les Abbés & les autres Ecclésiastiques d'aller en personne à la guerre, parce que les Canons leur défendent de porter les armes ; mais il leur ordonne d'un autre côté de fournir la quantité d'hommes armés qu'ils devront suivant le ban qui sera réglé au Champ de Mai, leur enjoignant pendant la campagne de faire des prières & chanter des litanies, pour implorer le secours du Ciel en faveur des combattans.

27 MAI.

ANNÉE 798.

DIPLOMA Leonis Papæ III *pro monasterio San-Dionysiano cujus privilegia & bona confirmat.*

Antiquités
de l'abbaye de
S.t Denys, par
Doublet, page
720.
Ann. Eccl. Fr.
Cointii, tom. VI,
p. 644.
Hist. Ecclés.
Par. a Dubois,
t. I, p. 292.

Une bulle de plus ou de moins dans les archives de l'abbaye de S.t Denys, sembloit aux Moines des temps reculés, une chose qui méritoit assez d'attention pour les porter à en composer, lorsqu'ils imaginoient n'en avoir pas un nombre suffisant. Ces sortes d'Actes, de peu d'utilité présentement, étoient considérés dans les siècles passés comme des titres dont personne n'osoit attaquer l'autorité. Nous ne prétendons pas sur ce principe diminuer le respect dû à tout ce qui est émané des Souverains Pontifes, ni insinuer au lecteur que les Moines faisoient de faux titres dans le dessein de se maintenir ou dans l'indépendance des Évêques & des Officiers royaux, ou pour se conserver des possessions injustes & usurpées. Il est bien à croire que ces sortes de pièces dont on trouve un grand nombre dans le livre de Doublet, n'ont été mises au jour que long-temps après qu'elles ont été faites. Une vieille tradition portoit que les Monastères ne pourroient jouir d'aucuns priviléges, ni posséder de biens qu'ils ne fussent donnés ou confirmés par des Papes. Ce préjugé semble excuser l'indiscrétion de quelques Moines, lesquels ne trouvant pas dans leurs Chartriers de bulles de certains priviléges dont jouïssoient leurs Monastères, se sont empressés d'en composer; celle-ci pour être de quelque utilité à l'abbaye de S.t Denys, auroit dû avoir d'autres objets que ceux qu'elle présente. Elle confirme des priviléges accordés par les Chartes de plusieurs évêques de Paris, ratifiés par des Diplomes de presque tous les prédécesseurs de Charlemagne, autorisés enfin par un si grand nombre d'autres bulles des Papes, reconnues pour authentiques, qu'en la comptant pour rien, il restera encore assez de monumens qui prouvent que l'abbaye de S.t Denys a joui, plus qu'aucun autre Monastère, d'un grand nombre de priviléges. Le Cointe & l'Historien de l'église de Paris remarquent dans l'adresse & dans la souscription de cette pièce, deux caractères qui démontrent évidemment qu'elle est supposée. Fardulfe étoit abbé de S.t Denys en 798, & avoit succédé à Maginaire, celui-ci à Fulrad, mort le 17 des kalendes d'août de l'année 784. C'est cependant à l'abbé Fulrad que cette bulle est adressée, quatorze ans après sa mort. Le pape Leon souscrit en marquant les années de son pontificat ; cet usage ne s'est introduit que plusieurs siècles après celui-ci. Les Papes, avant Leon, & long-temps après lui, datoient des années du règne des Empereurs d'orient, du consulat de Charlemagne, ensuite de son empire & de celui de ses successeurs.

ANNÉE 798.

Sans autre date.

LIBELLUS tractatui Legis Salicæ adscriptus a Carolo Magno.

Rec. des Hist. de France, par Dom Bouquet, t. IV, p. 203. Capitul. Reg. Fr. a Baluzio, t. I, col. 281. Constit. Imp. a Goldasto, t. III, pag. 144.

Nous avons remarqué, d'après le Cointe, à l'article *Sans autre date, de l'année 780*, que Charlemagne, dans différens temps de son règne, ajoûta trois Capitulaires au code de la Loi salique; nous en avons placé un sous cette année 780; nous attachons celui-ci qui est le second, à cette époque, parce que nous le trouvons daté de l'année 798 dans la collection de Baluze. Goldast n'a imprimé de celui-ci que quelques lambeaux, encore sont-ils défigurés & sans aucune date. Nous placerons le troisième, avec le même Baluze, sous l'année 803. Nous annonçons celui-ci sans prologue comme cet Auteur l'a imprimé, différent en cela de l'édition de Pithou qui y en a joint un.

Ce Capitulaire contient soixante-douze chapitres, lesquels sont divisés en plusieurs articles.

Les quatorze premiers chapitres traitent des mêmes choses que ceux du code que l'on attribue à Clovis : les compositions sont les mêmes, Charlemagne retranche seulement quelques expressions barbares, ils sont aussi écrits dans un meilleur latin; le reste des chapitres est placé dans un autre ordre; Charlemagne en renferme quelquefois deux dans un; il change les titres de la pluspart, mais chaque chapitre contient la même disposition que les chapitres de la première loi. Partant les mœurs n'ayant point changé dans ce long intervalle depuis Clovis jusqu'à Charlemagne, il ne faut pas s'étonner si les loix & la forme du Gouvernement étoient aussi, à peu de chose près, les mêmes.

Sans autre date.

DIPLOMA Caroli Magni regis pro ecclesiâ sancti Emmerani Pontificis Aquitaniæ.

BULLA Leonis Papæ III pro eâdem ecclesiâ sancti Emmerani.

Ann. Eccl. Fr. Cointii, t. III, p. 249. & 250.

Nous donnerons dans ce même article l'analyse des deux pièces qui regardent le monastère de S.t Emmeran situé, du temps de Charlemagne, proche les murs de Ratisbonne. Par la première, Charlemagne met ce Monastère sous la protection spéciale des Empereurs & des Rois, l'exempte de la jurisdiction des Évêques, accordant aux Abbés la plus grande liberté de se gouverner tant pour le temporel que le spirituel, comme bon leur semblera, confirmant tous les legs que le roi Pépin son père & ses aïeux avoient faits à cette Maison, l'obligeant néanmoins à payer annuellement une redevance de sept écus d'or à l'église de S.t Pierre de Rome. Le pape Léon confirme par sa bulle toutes les pieuses dispositions du Diplôme de l'empereur Charlemagne.

Le Cointe juge ces deux pièces supposées. *Quelle apparence*, dit ce Savant, *que Charlemagne mette un Monastère, situé en Allemagne au milieu de ses États, sous la protection des Empereurs d'orient*; cette réflexion, toute simple qu'elle est, forme une objection très-forte contre l'authenticité du Diplôme; ainsi la fausseté du Diplôme est la preuve de celle de la Bulle, car on ne peut admettre que l'on osa sous les yeux du Roi même, falsifier sa signature, celle de son Chancelier, les apposer à un Diplôme & le présenter en même temps au Pape pour en avoir la confirmation. Le Cointe remarque encore que Charlemagne est qualifié dans cette bulle d'*Imperator Augustus*. Ce Prince ne prit cependant la Couronne impériale que deux ans après.

EPISTOLA Leidradi Lugdunensis archiepiscopi de restauratione monasteriorum sancti Georgii, & sancti Petri Lugdunensis monialium.

Annal. Bened. t. II, p. 337.

Leidrad rétablit l'église d'une ancienne Abbaye de filles qui étoit sous l'invocation de S.te Eulalie, sans rebâtir le Monastère, & cette église sous le titre de S.t George devint une paroisse; quant à celle de S.t Pierre, qui s'appeloit S.t Paul avant sa réédification, elle sert encore aujourd'hui au Monastère de filles connu sous ce nom, à Lyon.

ANNÉE 799.

23 JANVIER.

BULLA Leonis Papæ III pro ecclesiâ de monte Eresburg, per Carolum Magnum ædificatâ.

Rerum Germ. hist. a Meibonio, t. II, p. 21. Baronii Annal. t. IX, p. 449. Ann. Eccl. Fr. Cointii, t. VI, pag. 694. Vita Pontif. Rom. ab Oldoino, t. I, col. 750.

 Charlemagne avoit renversé le temple d'une fameuse idole nommée *Irminsul*, bâti sur le haut de la montagne d'Eresburg dans la Saxe, & ce Prince avoit élevé sur ses ruines un Monastère auquel le pape Leon confirme, par cette Bulle, les priviléges & les biens que ce Prince lui avoit donnés. Ces priviléges consistoient à affranchir les Moines de tous impôts, & notamment de la dixme, de ne point tenir de garnison pour le Roi, & de tenir en franche aumône tous les biens qui formoient la première dot de leur Monastère.

 On croit que cette fausse divinité, dont le culte étoit très-accrédité dans toute la Saxe, étoit le dieu Mars, car ce mot *Irminsul* ou *Ermunsul* est composé de trois syllabes du Saxon, *Er-mun-ful*, qui signifient en latin *Martis columna tutelaris*. D'Irminsul s'est formé Eresburg, qui veut dire *Mons Martis*.

MARS, sans quantième.

CARTA Atonis episcopi Santonensis pro monasterio Nobiliacensi.

Ann. Eccl. Fr. Cointii, t. VIII, pag. 160. Acta SS. Ord. Bened. sæc. IV, parte 1, p. 421.

 Aton n'étoit que diacre quand il fut pourvû de l'évêché de Saintes en 798, par Louis roi d'Aquitaine. Depuis plusieurs années il étoit abbé de S.t Hilaire de Poitiers. Noaillé n'étoit qu'une celle ou prieuré qui dépendoit de cette Abbaye. On en avoit mis l'église sous l'invocation de S.t Julien; l'évêque Aton fit venir une colonie de moines de S.t Hilaire son abbaye, car il paroit qu'il la conserva après sa nomination à l'évêché de Saintes, & il les plaça à Noaillé; il en augmenta, par cette raison, les bâtimens & ajoûta des biens considérables à ceux dont on avoit formé la dot du Prieuré; c'est pourquoi Aton est considéré comme le fondateur de cette Abbaye; le moine Hermenbert en fut le premier abbé. Cette Charte fixe l'époque de cet établissement. Ce fut, suivant cet Acte, une restitution qu'Aton fit au monastère de Noaillé; car les biens qu'il lui donna avoient été autrefois détachés de sa manse pour être unis à celle de l'abbaye de S.t Hilaire; *reddendo conjonximus*, dit-il dans cette Charte, *& adhærere fecimus, quorum sunt vocabula, unum quod dicitur Jouaurenna & est inter Atona & alveum cludræ, & aliud colnago quod est in Briosensi pago*. Hermenbert & ses Moines s'engagèrent, par reconnoissance de ce bienfait, de célébrer à perpétuité une messe & de chanter une fois tous les ans un pseaume pour l'évêque Aton.

13 JUIN.

CHARTA Chiselæ, Caroli Magni sororis, quâ monasterio Dionysiano multa confert prædia quæ a parentibus acceperat.

Franc. Orient. ab Eckardo, t. I, p. 790. De re Diplom. a Mab. lib. VI, pag. 503. De Veteribus Regum Francorum Diplom. a Germondo, t. I, pag. 352. Rec. des Hist. de France, par Dom Bouquet, t. V, p. 760.

Donné à Aix-la-Chapelle.

 Les héritages dont Chisele fit donation au monastère de S.t Denys, étoient situés dans le territoire d'Arras, d'Amiens & de Cambrai; ils avoient été détachés du Domaine pour former une partie de la dot de cette Princesse sœur unique du Roi. On pourroit joindre beaucoup d'autres exemples à celui-ci de donations faites, soit à des églises, soit à des particuliers, sous nos deux premières races, de biens du Domaine royal: ce qui prouve que la loi de l'inaliénabilité de ce Domaine n'est pas aussi ancienne que l'établissement de la Monarchie, comme quelques Jurisconsultes du siècle dernier l'ont avancé.

 Le père Germond critique cette Charte, mais ses objections paroissent dépourvûes de tout fondement. « J'ai bien de la peine à croire, dit ce Savant, que les trois fils de Charlemagne fussent au mois de juin à la Cour de leur père, & s'ils n'y étoient pas, comme il paroit que les Historiens du temps l'insinuent, augurant que Pépin étoit retourné en Italie & Louis en Aquitaine, c'est une preuve de la fausseté de cette Charte, qui porte la signature de ces Princes ».

 Je ne connois point les Historiens dont le père Germond appuie son sentiment, mais en est-il qui puissent balancer l'autorité de l'Auteur du Poëme, que quelques-uns attribuent à Alcuin? il est certain que cet Auteur, quel qu'il soit, étoit témoin oculaire de toutes les choses qu'il écrit, & il dit que Charlemagne avoit appelé d'Aquitaine le roi Louis avec une partie de ses troupes, au commencement du printemps de cette année 799; que ce Prince après avoir joint le Roi son père à Aix-la-Chapelle, assista avec lui à la Diète générale du royaume, tenue à Fremesheim sur le Rhin, qu'il l'accompagna dans son expédition contre les Saxons, & qu'il ne retourna en Aquitaine qu'après la St Martin. Le père Germond ne paroît pas douter que Charles l'aîné des fils de Charlemagne ne fût à la Cour de son père; n'y a-t-il pas bien de l'apparence que Pépin s'y rendit aussi d'Italie avec des troupes, comme le roi d'Aquitaine son frère, & que ces trois Princes accompagnèrent Charlemagne dans la Saxe ? cette conjecture est appuyée sur le récit que fait l'Auteur du Poëme dont nous venons de parler, de la réception que Charlemagne fit au pape Léon, immédiatement après l'expédition contre les Saxons; ce Pontife vint à la cour de Charlemagne au commencement de l'hiver, il consacra l'église de Paderborn, nouvellement bâtie, & le Roi avoit envoyé au devant de lui Pépin son fils. *Hinc jubet exemplo Pippinum occurrere magno Pastori.*

Ainsi la signature de ces trois Princes, bien-loin d'imprimer à cette Charte un caractère de fausseté, lui donne, au contraire, celui d'une authenticité que les objections de notre savant Critique ne paroissent pas devoir faire révoquer en doute.

13 JUIN.

ANNÉE 799.

DIPLOMA *Caroli Magni donationes factas monasterio Dionysiano a Gisla sorore sua confirmantis.*

Donné à Aix-la-Chapelle.

Antiquités de St Denys, par Doublet, page 721.
Rec. des Hist. de France, par Dom Bouquet, t. V, p. 761.

Ce Diplome est une nouvelle preuve de l'authenticité du précédent. Le père Germond n'auroit certainement pas critiqué le premier s'il eût connu le second, à moins que le nom de l'abbé Fulrad que l'on y trouve, n'eût été pour ce Savant une raison suffisante pour juger le dernier supposé comme le premier; mais il est aisé de reconnoître dans ce nom une faute de copiste, lequel aura écrit *Fulradus* au lieu de *Fardulfus;* car je conviens que l'abbé Fulrad étoit mort dès l'an 784, & que l'abbaye de St Denys avoit été donnée, vers l'an 797, au prêtre Fardulfe Lombard de nation.

Ces deux pièces expédiées le même jour, & souscrites par deux Chanceliers différens, nous indiquent que la Princesse, sœur unique du Roi, avoit une Maison composée d'Officiers comme celle du Roi, Winerad étoit le nom du chancelier de Ghisèle, *Wineradus cancellarius jussu a prædictæ domnæ Ghiselæ scripsi & subscripsi.* Ercambaud étoit dans ce même temps chancelier de France; Genez signa pour lui ce Diplome, *Genesius ad vicem Ercambaldi scripsit & recognovit.*

Charlemagne confirme enfin la donation, portée par la Charte, de sa sœur en faveur de l'abbaye de St Denys, & cette confirmation est énoncée dans des termes & dans une forme qui font sentir la différence qu'il faut mettre dans les donations faites à l'Église de biens détachés du Domaine royal, d'avec celles de biens appartenans à des particuliers; les Rois confirmoient purement & simplement les Chartes de donations des particuliers; ici le Roi non seulement confirme la disposition de la Princesse, mais il fait une nouvelle donation des mêmes biens; & afin que cette donation, tant de la part de sa sœur que de la sienne, soit irrévocable, il dit qu'elle est faite à titre d'aûmone; *cujus petitionem pro divino intuitu denegare noluimus, sed in eleemosinâ nostrâ ita nos concessisse & in omnibus confirmasse cognoscite.*

Les biens donnés étoient situés, comme nous l'avons observé dans le précédent article, dans l'Artois, dans le Vermandois, l'Amiennois & le Cambresis; il paroît que c'étoit des villages entiers avec toutes leurs dépendances, qui consistoient principalement dans les églises de chaque lieu; ces villages sont ainsi nommés dans ce Diplome, *villam nuncupatam Puciales sitam in pago Adrapatensi ... infra pagum ipsum Gundbodocurte, Portinevillare, Berninocurte, Linarias & Hodricio. In pago vero Vermandensi Jumagrastuilla, & in pago Ambianensi, Fricionecurte & Magnenocurte: nec non in pago Cameracensi doco qui dicitur Walin.* Nous ignorons absolument les noms modernes de tous ces lieux.

JUIN, sans quantième.

DIPLOMA *Caroli Magni quo Cellam-novam confirmat monasterio Anianensi.*

Donné à Aix-la-Chapelle.

Acta SS. Ord. Bened. sæc. IV, parte 1, p. 222.
Rec. des Hist. de France, par Dom Bouquet, t. V, p. 761.
Histoire de Languedoc, par Dom Vaissete, t. I, pr. p. 29.

Nous avons remarqué plus haut que Benoît d'Aniane jouissoit d'une grande considération auprès de Charlemagne; ce Prince l'employa dans plusieurs affaires importantes; il l'avoit joint à Léidrad archevêque de Lyon & à Nebridius nouvellement pourvu de l'archevêché de Narbonne, pour aller tenir un Concile à Urgel; au sujet des erreurs de Félix évêque de cette ville; après la célébration de ce Concile, Benoît

DES DIPLOMES.

se rendit à la Cour pour rendre compte au Roi de ce qui s'étoit passé; Charlemagne donna dans cette occasion à ce personnage distingué, de nouvelles marques de sa bienveillance en confirmant, par ce Diplome, son monastère d'Aniane dans la possession de plusieurs terres incultes qui avoient été détachées ci-devant du Fisc; le lieu de Juvignac que l'on appeloit plus anciennement *Fontagricole*, étoit compris dans ces terres; il est situé sur la rivière de Lero, appelée aujourd'hui *la Mousson*, à une lieue au couchant de Montpellier; Benoît avec ses Moines y avoient bâti un petit Monastère qu'ils appelèrent *Celle-neuve*.

Charlemagne confirma, par ce même Diplome, l'abbaye d'Aniane dans la possession d'un terrein inculte appelé *Porcarias*, que des Comtes du pays & d'autres particuliers lui avoient donné. Ce terrein est situé entre l'Étang & la Mer, dans la presqu'isle de Cette.

Ce Diplome porte en outre confirmation, à cette même Abbaye, d'un autre petit Monastère bâti par les soins de Benoît, dans les environs de Montpellier; il s'appeloit *Asogrado* ou *Sogrado*, du nom du lieu où il étoit situé; Léidrade archevêque de Lyon en avoit fixé les limites avec celles de l'abbaye d'Aniane & du petit prieuré de *Celle-neuve*, par des croix de marbre qu'il avoit fait planter l'année précédente, en exerçant la commission de *Missus* dans la Septimanie.

ANNÉE 799.

28 OCTOBRE.

CARTA donationis a Gaione viro prædivite monasterio Scheleshdorfensi factæ.

Ann. Eccl. Fr. Cointii, tom. VI, pag. 708.

Ce monastère s'appeloit *Slechdorf* lorsqu'on lui fit cette donation, il est situé dans la Bavière. On en mit l'église sous l'invocation de S.t Tertulien martyr, dans les premiers temps de sa fondation, parce qu'un Moine nommé *Reginbert*, y déposa les reliques de ce Saint, qu'il avoit obtenues du pape Adrien Ier; on l'a dédiée depuis à S.t Denys, & le Monastère en porte présentement le nom.

Aton qui en étoit abbé, & évêque en même temps de Frising ou Freisingen, reçut cette riche donation; les biens dont elle étoit composée formoient l'héritage entier que le donateur avoit reçu de ses père & mère; il se réserva seulement un manoir avec ses petites dépendances, qu'il reconnut tenir en bénéfice de ce même Monastère.

20 DÉCEMBRE.

CARTA donationis Theudaldi comitis factæ cænobio Dionysiano.

De re Diplom. à Mab. p. 505. Hist. de Saint Denys, par Félibien, pr. p. 43.

Fait à Bruyères-le-Châtel.

La plus grande partie des biens que le comte Théodalde donna au monastère de S.t Denys, par cette Charte, ainsi que les familles serfs, étoient situés à Bruyères dans le canton d'Étampes.

Mabillon remarque que le nom des mères des serfs est énoncé dans cet Acte, de préférence à celui des pères, parce que c'étoit la mère qui décidoit l'état des enfans, & non pas le père.

Ce Savant & Dom Félibien placent cette Charte à deux différentes dates, le premier sous cette année 799, & l'autre à l'année 797. Je pense qu'elle seroit mieux à l'année 798, cela seroit plus conforme aux notes chronologiques de la pièce, *Data XIII kal. januarii, anno XXX*, d'autant mieux que suivant la remarque que Mabillon fait dans plusieurs autres endroits, la XXX.e année du règne de Charlemagne revient à l'année 798.

Sans autre date.

CAPITULUM a Carolo Magno datum adversus eos a quibus contumeliam patiebatur, quasi Episcopos & Sacerdotes ad pugnam ire idcirco vetuisset, ut honor eis minueretur.

Conc. Antiq. Galliæ, a Sirmondo, tom. II, p. 232 & suiv. Constit. Imp. a Goldasto, t. III, pag. 142. Ann. Eccl. Fr. Cointii, tom. VI, pag. 696.

Donné à Paderborn.

Goldast a joint cette ordonnance à celle de l'année 797 & en a fait le second article; il paroît cependant que ce sont deux pièces différentes & qu'il faut détacher. Celle-ci ne fut donnée probablement qu'à l'occasion des murmures que l'autre excita. En effet, le Roi dit dans le préambule de cette dernière, que mal-à-propos & par un esprit tout-à-fait diabolique, on l'a soupçonné de vouloir donner atteinte aux droits du Clergé, de diminuer ses priviléges & d'usurper ses biens, parce que, conformément à la discipline des Canons, il avoit défendu par ses précédentes ordonnances aux Évêques & aux Prêtres de porter les armes & d'aller à l'armée; mais que pour détruire ce soupçon si mal fondé, il veut que tout le monde sache qu'il protége également & les personnes & les biens du Clergé, qu'il défend, par cette raison, qu'aucun Évêque ou Prêtre aliène ceux de son bénéfice, & les donne aux laïcs à d'autre titre qu'à bail emphytéotique, ordonnant qu'à l'expiration de toute espèce de baux ils soient renouvelés.

On doit conclurre des murmures excités par cette première ordonnance de Charlemagne, que l'on regardoit encore comme faisoient les anciens Francs, les personnes deshonorées qui ne portoient pas les armes.

Sans autre date.

Année 799.

Capitulum aliud Caroli Magni de Presbyteris criminosis & de Chorepiscopis.

Capit. Reg. Fr. a Baluzio, t. I, col. 32.
Concil. Antiq. Gallia a Sirmondo, tom. II, pag. 230.

Le père Sirmond joint ce Capitulaire au précédent. Il me semble qu'il faut au contraire les séparer; comme ils portent sur des objets différens, on peut croire que ce sont deux ordonnances différentes rendues à peu près dans le même temps. Baluze n'a rien imprimé de la première, il n'a donné de celle-ci que ce qui concerne les Chorévêques.

Le Roi dit que par rapport aux Prêtres accusés de grands crimes, mais dont on n'a aucunes preuves, n'ayant point trouvé dans les ordonnances de ses prédécesseurs de loix qui réglassent dans ce cas la forme des procédures, il a consulté le pape Leon III avant d'en porter une nouvelle; en conséquence il ordonne, conformément au sentiment de ce Pontife, que le Prêtre qui sera accusé soit renvoyé au Synode pour que son procès y soit instruit, & que les Évêques le jugent.

Le Roi avoit de même consulté le Pape touchant l'affaire des Chorévêques. Il y en avoit un si grand nombre de répandus dans tous les états de ce Prince, & il en résultoit tant d'abus, principalement par les ordinations qu'ils faisoient sans choisir les sujets & sans l'agrément des Évêques diocésains, que le Roi, pour le bon ordre, défendit par cette même ordonnance d'en établir à l'avenir, déclarant d'ailleurs illicites toutes les ordinations qu'ils feroient.

Epistola Pauli diaconi ad Carolum Magnum cui vocabularium suum nuncupat.

Annal. Bened. tom. II, p. 717.

L'ouvrage que Paul diacre dédia au roi Charlemagne, est un abrégé de celui de Festus Pompeius; cet abrégé contient une énumération sommaire des noms des portes de la ville de Rome, de ceux des rues & des voies qui y conduisoient, avec un autre abrégé des cérémonies que les Payens pratiquoient dans leurs sacrifices.

Mabillon semble s'être mépris en plaçant sous cette année cette lettre, car c'est l'époque de la mort du diacre Paul. Charlemagne l'avoit exilé vers l'an 790; depuis ce temps il ne parut plus à la Cour, il faut croire, par cette raison, que cet ouvrage fut dédié & présenté au Roi long-temps avant 799.

Mabillon donne une petite notice des ouvrages de cet Auteur, qui mérite, sans contredit, d'être placé dans le premier rang des Écrivains de son siècle. Le premier ouvrage que ce savant Moine publia, est une histoire des évêques de Metz, qu'il composa à la prière d'Angelram qui occupoit ce siége en ce temps; il publia ensuite une histoire des peuples Lombards & de leur établissement en Italie, qu'il divisa en six livres; un abrégé de la vie de S.ᵗ Grégoire le Grand; un supplément à l'histoire des empereurs Valentinien & Valens, écrite par Eutropius; quelques Homélies, & l'abrégé enfin du livre de Festus Pompeius, dont nous venons de parler.

Paul étoit moine du Mont-Cassin; je n'ai trouvé dans aucun Auteur la raison pourquoi Charlemagne après l'avoir honoré d'une confiance particulière, l'y exila; il y mourut. Hilderic son disciple, & qui fut dans la suite abbé de ce Monastère, composa en vers assez mauvais, une épitaphe qu'il plaça sur le tombeau de son maître. Cette épitaphe commence par ce premier vers,

Paulus levita, doctor præclarus & insons.

L'Auteur fait sans doute une application du mot *insons* à l'exil de Paul, prétendant qu'il étoit innocent des fautes dont on l'avoit accusé auprès du Roi.

Année 799.

Præceptum Caroli Magni de immunitate Carrosensis monasterii.

Hist. des comtes de Poitou, par Besly, p. page 155.
Rec. des Hist. de France, par Dom Bouquet, t. V, p. 762.

Personne ne conteste l'authenticité de ce Diplome, on ne pourroit disputer que sur sa date; les conjectures de Mabillon *(Annal. Bened. tom. II, p. 339, n.° 82)* nous paroissent assez bien fondées pour placer la pièce sous cette année, & pour croire qu'elle a été donnée à Aix-la-Chapelle dans le même temps que Charlemagne fit présent à Roger comte dans le Poitou, d'une portion de la vraie Croix qu'un Moine lui avoit apportée de la part du patriarche de Jérusalem. Le moine Ademar a écrit que le comte Roger avoit déposé dans l'église de l'abbaye de Charroux, cette précieuse relique; il en étoit le fondateur, comme nous l'avons observé ailleurs, c'est à ce titre qu'il demanda au Roi ce Diplome, & sous cette considération qu'il l'obtint; il porte une exemption générale de toutes impositions en faveur de ce Monastère, & un affranchissement pour les Moines, les hommes & les biens, de la Justice des Officiers royaux.

Année 800.

27 MAI.

Bulle du pape Leon III, en faveur de l'abbaye de St Denys.

Antiquités de St Denys, par Doublet, page 452.

Cette pièce ne paroît pas plus authentique que beaucoup d'autres que nous avons taxées de fausseté; quoique Doublet prétende avoir publié celle-ci d'après l'original écrit sur une écorce d'arbre, il paroit certain qu'elle a été composée dans le XVe siècle par un moine Gascon; toutes les syllabes où les Latins mettent la lettre *b*, il les écrit avec la lettre consonne *v*, *deveremus* pour *deberemus*, *havere* pour *habere*, *stavilita* pour *stabilita*, &c. Il est certain encore que les Papes du temps de Leon III ne datoient point leurs Actes de l'année de leur pontificat, comme cette bulle est datée. Au surplus cette pièce ne contient rien de bien important; elle porte une confirmation de priviléges accordés à cette Abbaye, par les rois de France & par les Papes prédécesseurs de Leon III.

2 & 3 JUIN.

Præceptum Caroli Magni pro monasterio Cormaricensi.

Præceptum aliud ejusdem Regis pro eodem monasterio.

Donné à Tours.

Capit. Reg. Fr. a Baluzio, tom. II, col. 1041.
Annal. Eccl. Franc. Cointii, VI, p. 714.
Rec. de Hist. de France, par Dom Bouquet, t. V, pag. 764 & 765.

Le Cointe n'a imprimé que le second de ces deux Diplomes, Baluze n'a donné que le premier; on trouve l'un & l'autre dans la collection de Dom Bouquet.

Nous remarquerons plus bas ce qui occasionna le voyage que Charlemagne fit à Tours; pendant le séjour de ce Prince dans cette ville, Alcuin abbé de St Martin en obtint ces deux Chartes. Le Roi accorde par la première aux moines de Cormery, d'avoir deux bateaux sur les rivières de Loire, de Vienne, sur la Sarte & l'Indre, pour conduire dans leur Monastère le sel & toutes les denrées & provisions nécessaires à la vie, sans payer au Fisc aucun impôt ni droits de douane.

Le Roi confirme par la seconde Charte, Alcuin, en qualité d'abbé de St Martin, dans la possession du monastère de Cormery; nous avons remarqué qu'Hitier, prédécesseur d'Alcuin, l'avoit fondé dans son héritage, & qu'après l'avoir doté de son bien de patrimoine, il en avoit fait donation à perpétuité à St Martin dont il étoit abbé.

25 DÉCEMBRE.

Privilegium Leonis III papæ Angilberto abbati Centulensi concessum.

Annal. Bened. tom. II, p. 348.

Angilbert abbé de St Riquier, n'avoit pas sans doute quitté le Roi dans tous les voyages qu'il avoit faits depuis les fêtes de Pâques qu'il passa dans cette Abbaye; il le suivit même à Rome, & obtint du pape Leon cette bulle le même jour que ce Prince fut sacré Empereur.

Cette bulle porte que le Pape, à la prière de Charlemagne *Auguste*, & du consentement de Jessé évêque d'Amiens, exempte le monastère, les moines & les biens

Tome I.   D d ij

de S.t Riquier de la jurifdiction de l'Évêque diocéfain, laiffant les uns & les autres fous la garde & pleine difpofition de l'Abbé.

La date de cette bulle, *data octavo kalendas januarii, indictione nonâ*, indique l'année 801, parce que la neuviéme indiction tomboit à cette année 801 ; mais cette date n'eft que pour les François, lefquels commençoient en ce temps l'année à Noel, & ce jour étoit le premier de l'année 801. Mais il doit paroître étonnant qu'à Rome, & pour cette fois feulement, on adopta notre manière de compter ; car l'année Romaine commençoit au premier de janvier, & conféquemment tous les Hiftoriens placent le facre de Charlemagne à l'an 800 ; ainfi je fuis porté à croire qu'il y a faute dans la date de l'indiction fous laquelle on a placé cette bulle, & qu'au lieu d'*indiction IX*, il faut lire *indiction VIII*.

Sans autre date.

ANNÉE 800.

Edictum Caroli Magni de honore & adjutorio præstandis Episcopis a Comitibus & judicibus.

Cap. Reg. Fr. a Baluzio, t. I, col. 325. Rec. des Hist. de France, par Dom Bouquet, t. V, p. 766.

On préfume que le Roi avant de partir d'Aix-la-Chapelle pour venir en France, publia cette ordonnance ; depuis quelque temps les Évêques & les Prêtres nouvellement établis dans la Saxe & dans quelques autres régions de l'Allemagne, fe plaignoient des vexations que de temps en temps les Comtes & les autres Officiers leur faifoient éprouver ; le Roi, dont les foins fe portoient principalement pour faire honorer la Religion & fes Miniftres, donna cette ordonnance, afin que fon abfence n'occafionnât pas de plus grands défordres.

En effet, les Comtes & les Juges des lieux établiffoient des Prêtres pour defservir les églifes, fans les préfenter à l'Évêque diocéfain pour en obtenir l'inftitution Canonique ; fouvent dans des matières purement fpirituelles, ils entreprenoient fur la jurifdiction des Évêques ; fouvent ils refufoient de payer la dixme & les redevances des biens emphytéotiques dépendans des églifes : le Roi, pour arrêter le cours de ces injuftices, ordonne que l'article XIII du Capitulaire de l'année 779 & l'article XXIII du Capitulaire de 794, feront exécutés dans tout leur contenu, fous la peine pour ceux qui y contreviendront d'être cités & jugés par fon Confeil, où il préfide en perfonne.

Sans autre date.

Capitulare de villis Fisci, seu Karolo Magno regi pertinentibus.

Cap. Reg. Fr. a Baluzio, t. I, col. 331. Rec. des Hist. de France, par Dom Bouquet, t. V, p. 652.

Comme il eft beaucoup parlé de la Reine dans cette ordonnance, Baluze juge que le Roi la publia au commencement de cette année, avant fon départ d'Aix-la-Chapelle ; car cette Princeffe mourut à Tours au mois de juin de cette année.

Cette ordonnance contient foixante-dix articles : elle concerne uniquement l'adminiftration des domaines du Roi. Au lieu de ne donner qu'une notice fommaire de chacun de ces articles, nous croyons que le Lecteur nous faura quelque gré de tenter de lui en donner une traduction. Les chofes qu'ils contiennent font très-propres à faire connoître les mœurs & les ufages de ce temps, & les différentes branches du domaine de nos anciens Rois.

ART. I. Nous ordonnons que tous les fruits que l'on recueille dans nos Domaines nous foient réfervés avec foin, & qu'ils ne foient confommés que par Nous & les perfonnes qui compofent notre Maifon.

ART. II. Nous recommandons à nos premiers Officiers de donner à ceux qui font attachés à notre fervice, toutes les chofes néceffaires à la vie, afin qu'ils ne reffentent jamais la mifère.

ART. III. Nous faifons défenfe aux Intendans de nos domaines, d'employer à leur fervice particulier les perfonnes deftinées à cultiver nos terres, d'exiger d'elles aucunes corvées ni des préfens de chofes de grand prix, comme un cheval, un bœuf, une vache, &c. leur permettant néanmoins de recevoir une gourde, quelques légumes, des fruits, des poulets & des œufs.

ART. IV. Nous voulons que fi quelques-uns de nos domeftiques font atteints & convaincus de vol ou de négligence, ils foient condamnés à payer l'amende prononcée pour les vols en matière grave, & que pour le délit ils foient fuftigés comme la Loi le porte ; s'il arrivoit cependant que le voleur fût en même temps accufé & convaincu d'homicide ou d'incendie, nous ne reftreignons pas la peine du délit à la fuftigation, il payera à notre Fifc l'amende portée en pareils cas. Si ces mêmes domeftiques commettent des vols dans le domaine de quelque particulier, la partie léfée fe pourvoira

DES DIPLOMES.

pour obtenir la composition, suivant qu'il est porté par la loi. S'il se trouve quelques Francs employés dans nos domaines & qu'ils tombent dans les susdits cas, ils seront jugés conformément à leur loi, pour la restitution des choses volées, & par rapport au délit ils payeront l'amende à notre Fisc, soit en bétail, soit en argent *(a)*.

ART. V. Lorsque le temps de la moisson sera arrivé, nous enjoignons à nos Intendans d'être attentifs à faire couper les blés dans le temps propre, à faucher & sécher les foins, à vendanger dans la maturité des raisins, à préparer ensuite la terre pour les semences dans la saison convenable. S'il arrivoit que l'un de nos Intendans fût absent du domaine dont le soin lui est confié, il choisira parmi les autres domestiques qu'il commande, le plus fidèle & le plus intelligent, & il le députera vers nous pour prendre nos ordres, afin que la moisson & la culture des terres ne souffrent pas de son absence.

ART. VI. Nous enjoignons à nos susdits Intendans de payer aux églises qui sont dans nos domaines, la dixme de tous les fruits; leur faisons défense expresse de la payer à d'autres églises, à moins qu'elles n'aient titre de possession ancienne. Défendons d'ailleurs que toutes les églises dépendantes de nos domaines soient desservies par d'autres Prêtres & d'autres Clercs que ceux qui seront tirés de notre Chapelle, ou qui nous auront appartenus comme serfs.

ART. VII. Recommandons expressément à nos susdits Intendans, lorsqu'ils auront reçû de nous leur mission, d'en remplir avec exactitude & soin tous les objets; ils auront attention à compter *les nuits* de leur service si quelques circonstances exigent qu'ils en emploient un plus grand nombre que celui qui sera déterminé par nous *(b)*.

ART. VIII. Aussi-tôt que nos Intendans auront reçû de nous leur mission dans le temps des vendanges, chacun ira dans le domaine qui lui sera indiqué pour reconnoître les vignes qui en dépendent, il fera ensuite les préparatifs nécessaires pour façonner le vin, il aura attention de le faire mettre dans des vaisseaux propres, & il veillera à ce qu'il n'arrive aucun accident; par rapport aux vins étrangers dont nous jugerons à propos de leur ordonner de faire achat, ils auront soin de les faire conduire dans nos maisons. S'il arrive que nous leur donnions ordre d'en acheter au delà de ce que l'on consomme ordinairement dans chacune de nos maisons de campagne, qu'ils aient soin de nous en faire instruire, afin que nous puissions leur faire savoir sur ce sujet ce qu'il nous plaît; ils seront attentifs à nous faire réserver, pour l'arrière-saison, des raisins de nos vignes qu'ils laisseront attachés aux ceps *(c)*. Nous leur recommandons d'ailleurs de faire conduire dans nos celliers le vin de redevance que les tenanciers des terres dépendantes de nos Domaines nous doivent annuellement.

ART. IX. Nous ordonnons que chacun de nos Intendans aura dans la métairie dont nous lui confierons l'administration, des mesures étalonnées sur celles de notre Palais, pour le vin & pour toutes les espèces de grains.

ART. X. Nous enjoignons à tous nos premiers Officiers, ainsi qu'à nos Forestiers, à ceux de nos Écuyers dont l'office est de nous élever des chevaux, à ceux à qui nous confions le soin de nos celliers, à nos gens d'affaires *(d)* chargés de la manutention & exploitation de nos métairies, à nos Receveurs des droits de douane & à tous autres de nos Officiers auxquels nous donnons des terres de notre Domaine pour leur salaire, de nous en payer exactement le cens: nous recommandons au surplus à chacun de nos susdits Officiers de remplir avec soin & fidélité les fonctions de son emploi; & afin qu'ils puissent y vaquer plus librement & y donner toute leur attention, nous leur ordonnons de charger un Domestique particulier ou Vicaire, de faire valoir pour eux les terres ou le bénéfice que nous attachons à leurs emplois.

ART. XI. Nous défendons expressément à nos Intendans d'exiger, pour leur usage particulier ou pour faire manger à leurs chiens, ni pain ni légume de nos serfs employés à la culture de nos métairies & à la garde de nos forêts.

ART. XII. Nous défendons pareillement à nos Intendans de recevoir aucun hôte dans nos maisons de campagne.

ART. XIII. Nous recommandons à nosdits Intendans de prendre tout le soin convenable de nos étalons & de les changer de haras, de peur que le trop long séjour qu'ils

---

(a) Il paroît certain que Clovis & ses successeurs réduisirent à une espèce de servitude tous les Gaulois Romains, sans distinction, après la conquête de leur pays. L'article IV de cette Ordonnance nous porte à croire que la condition de ces anciens Naturels n'étoit point encore changée du temps de Charlemagne. Le Franc, quel qu'il fût, étoit libre & gouverné par une loi différente de celle des autres habitans qui étoient serfs de naissance.

(b) Nous croyons que les Intendans changeoient tous les ans de destination; la récolte étant faite, ils venoient à la Cour rendre compte de leur gestion; l'année suivante le Roi leur donnoit de nouvelles commissions; ils étoient payés par jour, & le temps que devoit durer leur séjour dans les Domaines royaux étoit fixé, c'est ce qui fait dire au Roi, *qu'ils auront soin de tenir registre des nuits* (car l'on comptoit encore par nuit, suivant l'ancien usage des Germains) *qu'ils employeront au delà du temps marqué*.

(c) C'est ce qu'on appelle en Poitou *Moussine*; on fait un faisceau de plusieurs branches de vigne auxquelles on laisse les raisins attachés, & on le suspend au plancher. Cette manière de conserver les raisins est ancienne, comme on le voit par cette Ordonnance, puisqu'elle étoit usitée du temps de Charlemagne.

(d) Decani, doit s'entendre ici comme s'il y avoit, *Procuratores Villarum*.

D d iij

leur laisseroient faire dans le même lieu ne les fît périr. Et lorsqu'il s'en trouvera de mauvais ou de trop vieux .... *la suite manque (a)*. Si un étalon vient à mourir, nos Intendans nous en feront avertir dans le tems convenable, afin que nous puissions le remplacer.

ART. XIV. Que nos Intendans apportent enfin tout le soin qu'exigent nos haras: qu'après avoir sevré les poulains & les poulines, ils les séparent, pendant un temps convenable, des autres chevaux, & qu'ils jugent par eux-mêmes du temps où il convient de les réunir à tout le troupeau.

ART. XV. Nous leur ordonnons de nous amener dans le Palais où nous nous trouverons au jour de la saint Martin d'hiver, tous nos poulains de quelque âge qu'ils soient, afin qu'après avoir entendu la Messe nous les passions en revûe.

ART. XVI. Nous enjoignons à nos susdits Intendans de faire avec exactitude tout ce qu'il nous plaira de leur ordonner, ainsi que la Reine, soit par nous-mêmes, soit par le ministère de notre Sénéchal ou de notre Bouteiller, soit de tel autre Officier de notre Palais. Si quelqu'un d'eux manque par négligence à remplir nos ordres, nous lui défendons de boire du vin depuis le moment où nous lui aurons notifié que sa faute nous est connue, jusqu'à ce qu'il se présente devant nous ou devant la Reine pour en obtenir le pardon. Lorsqu'il nous plaira de l'envoyer en ambassade, de l'employer à l'armée, ou de lui donner quelqu'autre commission, il notifiera les ordres qu'il avoit reçus de nous ou de la Reine aux Officiers inférieurs qui gouvernent sous lui, & si quelqu'un d'eux manque à y obéir avec l'attention qui est dûe, nous lui ordonnons de faire le chemin à pied pour se rendre à notre Palais lorsque nous l'aurons mandé, & qu'il s'abstienne pendant la route de boire du vin & de manger de la chair. Lorsqu'il nous plaira de l'entendre, il proposera les raisons qui l'auront porté à faire de telles fautes, & si nous le jugeons coupable, il recevra en coups de bâton la peine qu'il mérite, ou de telle autre manière qu'il nous plaira & à la Reine d'ordonner.

ART. XVII. Quoiqu'il arrive que nous confions aux soins d'un seul Intendant l'administration de plusieurs de nos métairies, il aura cependant dans chacune de celles qu'il gouvernera, un homme qui ne sera occupé que des abeilles.

ART. XVIII. Nos Intendans feront élever des poulets & des oies dans nos moulins, & ils en proportionneront le nombre à la quantité de farine que fera chaque moulin.

ART. XIX. Nous fixons au nombre de cent au moins les poules, & de trente les oies, que nos Intendans feront élever dans les basse-cours de nos principales métairies; par rapport aux borderies, on ne pourra pas y élever moins de quarante poules & de douze oies.

ART. XX. Que nos Intendans soient attentifs à conserver toutes les espèces de fruits, afin d'en fournir abondamment notre table pendant toute l'année .... (*Il y a ici une lacune*. Je croirois, par les mots qui restent, que le Roi faisoit défense de donner de ses fruits à qui que ce fût, à moins qu'à quelques Officiers qu'il envoyoit trois ou quatre fois l'année pour visiter ses Domaines & pour lui rendre compte de la gestion de ses Intendans).

ART. XXI. Nous enjoignons à chacun de nos Intendans, dans nos maisons de campagne, d'entretenir les viviers & de les agrandir, si faire se peut; & s'il se trouve quelques-unes de nos maisons où il n'y en ait point, de choisir un lieu propre pour y en creuser.

ART. XXII. Ceux de nos Tenanciers qui auront planté des vignes dans les terres qu'ils tiennent de nous, apporteront annuellement à nos Intendans au moins trois ou quatre paniers de raisins *(b)*.

ART. XXIII. Nous ordonnons à nos Intendans de cultiver, dans chacune de nos maisons de campagne, des endroits commodes pour faire paître des vaches, des brebis, des chèvres, des boucs, & pour engraisser les cochons. Nous leur permettons d'avoir, pour leur usage particulier, autant de vaches qu'ils voudront, & de les faire paître dans nos pacages sous la garde de nos vachers; par ce moyen notre service ne souffrira point. Ils auront attention de ne point faire manger à nos chiens de la chair de bœuf, de vache ou de cheval qui fût galeux ou qui soit mort de langueur, ils ne leur serviront que la chair de ceux que quelque accident auroit rendu boiteux, & par-là hors d'état de servir. Dans ce cas qu'ils remplacent promptement le bœuf, la vache ou le cheval qui sera mort, afin que les travaux ordinaires ne soient point interrompus.

ART. XXIV. Nos susdits Intendans auront soin d'avoir dans nos métairies, tant en viandes qu'en fruits, tout ce qui est nécessaire pour le service de notre table; que le tout soit excellent, & que ce qu'ils nous envoient soit bien choisi. Nous voulons qu'ils

---

(a) Il est aisé de remplir cette lacune. Le Roi ordonne sans doute que dans ce cas, l'étalon trop vieux sera réformé & remplacé par un plus jeune.

(b) Coronas de racemis, qui vineas habuerint, von minus tres aut quatuor habeant. Le roi Louis VIII fit don & remise à l'abbaye d'Homblieres, par sa Charte datée de l'an 1223, d'un panier de raisin que l'Abbé & les Moines lui devoient annuellement; *coronam de racemis quam annuatim debebant Abbas & Conventus*. D'après cet exemple, je n'ai pas cru pouvoir donner un autre sens à ma traduction; le Lecteur jugera si j'ai bien rencontré.

mangent pendant tout le courant de l'année du pain de froment semblable à celui qu'ils nous serviront, & que leurs méts soient également bons & bien choisis.

Art. XXV. Nous les chargeons d'avertir tous nos serfs & vassaux de leur district lorsqu'il nous plaira de régaler aux kalendes de septembre *(a)*.

Art. XXVI. Chacun de nos Intendans n'aura dans son district que l'étendue de terrein qu'il pourra parcourir dans un jour.

Art. XXVII. Nous ordonnons que quelques-uns de nos Domestiques veillent continuellement dans nos fermes, & qu'il y ait toûjours du feu, afin de prévenir ou de remédier aux accidens qui pourroient arriver. Nous défendons à nos *Missi*, de même qu'aux autres Officiers que nous envoyons en ambassade, de prendre leur nourriture dans nos maisons de campagne qu'ils trouveront sur leur route, à moins qu'ils n'en aient eu l'ordre de nous ou de la Reine; mais notre intention est que chaque Comte & tous autres Officiers, lesquels sont accoûtumés, suivant l'ancien usage, d'éberger & de fournir à nos susdits *Missi* & Ambassadeur, les chevaux & autres commodités nécessaires pour leur voyage, continuent de leur procurer à l'avenir ces mêmes secours.

Art. XXVIII. Nous assignons à nos Intendans le jour du Dimanche des Rameaux de chaque année, pour nous apporter, suivant l'état qui nous en aura préalablement été présenté, le produit en argent de nos fiscs *(b)*.

Art. XXIX. Nos Intendans seront attentifs à faire rendre la justice à tous les gens employés à la culture de nos terres dans le lieu de leur résidence, afin qu'ils ne perdent pas leur temps à venir nous trouver pour la recevoir. Et s'il arrive qu'un de nos serfs soit obligé de plaider au loin, celui qui lui commande comparoîtra pour lui & sollicitera en son nom la justice qui lui est dûe; s'il ne peut pas l'obtenir, il ne sera pas pour cela déplacer le serf, mais il nous en fera prévenir par lui-même ou par quelqu'un qu'il enverra vers nous.

Art. XXX. Nous ordonnons que nos Intendans n'emploieront en aucun autre travail ceux qui seront destinés pour notre service; ils auront de même l'attention de ne point donner d'autre occupation à ceux que l'on choisira parmi les Domestiques qui servent dans la maison & dans les champs, pour conduire à l'armée les fourgons que nous y enverrons.

Art. XXXI. Lorsque la moisson sera totalement finie, nos Intendans disposeront les fruits & les dénrées accoûtumées pour ceux qui nous fournissent des chevaux pour l'armée & pour ceux qui perçoivent les droits de notre fisc, & ils les leur délivreront dans le temps convenable; ils nous rendront compte en même temps si les uns & les autres remplissent bien leurs devoirs.

Art. XXXII. Que nos Intendans apportent la plus grande attention à ne faire semer que le meilleur blé, soit qu'ils le prennent dans nos greniers, soit qu'ils le tirent d'ailleurs.

Art. XXXIII. Après que les blés nécessaires pour la semence auront été mis à part, ainsi que ceux que nous sommes accoûtumés de donner, nos Intendans attendront nos ordres pour garder ou vendre ce qui restera de la récolte.

Art. XXXIV. Nos Intendans apporteront toute leur attention à faire préparer & saler le lard qu'ils nous fourniront, de même qu'à faire boucaner le cochon salé, à faire les cervelas, les andouilles, le vin, le vinaigre, le sirop de mûres, le vin cuit, le garus, la moutarde, le fromage, le beurre *(c)*, l'orge, la bière, l'hydromel, le miel, la cire; que toutes ces choses soient faites avec soin & propreté.

Art. XXXV. Nous voulons qu'il y ait toûjours dans nos troupeaux un fonds de moutons & de cochons gras, & que l'on tienne dans chacune de nos métairies au moins deux bœufs engraissés, afin que dans le besoin & lorsque nous l'ordonnerons on puisse les conduire à notre Palais.

Art. XXXVI. Les Officiers de nos forêts garderont avec soin nos bois, & lorsque le temps d'émonder sera arrivé, ils émonderont les arbres qui bordent les chemins, de peur que la trop grande ombre ne nuise aux champs; ils seront attentifs à ne pas permettre que l'on coupe des arbres où il doit y en avoir pour la décoration ou autrement; ils prendront garde que personne ne tue ou ne nuise aux bêtes fauves de nos forêts. Ils éleveront pour notre service particulier, des faucons & des éperviers. Par rapport à nos Intendans, ils leveront avec exactitude les cens qui nous font dûs, & s'ils envoient leurs cochons dans nos bois à la glandée, ils en payeront la dixme, afin

(a) Aussi-tôt que la moisson étoit faite, le Roi, comme tous les autres Seigneurs, rassembloient dans le mois de septembre tous leurs vassaux, serfs & mansionnaires, & ils leur donnoient un grand festin. Cet usage se pratique encore dans quelques-unes de nos Provinces.

(b) Nous n'avons point trouvé que les tenanciers du Roi lui dussent, pour les terres qu'ils tenoient de lui, des redevances en argent. Celui dont il s'agit ici venoit sans doute du produit de la vente de quelques denrées que le Roi avoit de surabondantes, ou de la recette des droits de péage & de douane qui se percevoient ordinairement en argent, dans l'étendue de chaque Fisc.

(c) Bracios. Ce mot doit s'entendre de l'espèce de grain que l'on emploie pour faire de la bière.

de donner l'exemple & de montrer que notre intention est que personne n'en soit exempt.

Art. XXXVII. Cet article se trouve équivalemment dans le cinquième.

Art. XXXVIII. Cet article se trouve de même équivalemment dans les dix-huit & dix-neuf.

Art. XXXIX. Nous ordonnons à nos Intendans de recevoir avec soin les poulets & les œufs que nos Tenanciers & nos Métayers nous doivent annuellement, & de les faire vendre lorsque nous ne les consommerons pas.

Art. XL. Il est de la dignité de nos maisons royales, que nos Intendans y élèvent des layes, des paons, des faisans, des anetes *(a)*, des pigeons, des perdrix & des tourterelles.

Art. XLI. Nous ordonnons que nos susdits Intendans entretiendront avec soin les bâtimens de toutes nos métairies & les haies vives dont elles sont renfermées ; ils tiendront de même en bon état & ils feront approprier les bergeries, les cuisines, les boulangeries & les pressoirs, afin que nos Officiers puissent, commodément & avec propreté, faire chacun les choses de leur office.

Art. XLII. Nos Intendans meubleront toutes les chambres de nos métairies, dans lesquelles ils placeront des lits garnis de couvertures, de lits de plumes & de draps *(b)*, des banquettes pour se mettre à table, des marmites & autres ustensiles de cuisine, de cuivre, de plomb, de fer & de bois, une crémaillère, des crémaillons, des trépieds, des scies, des coignées, une doloire, des terrières, des maillets, toutes les choses enfin nécessaires & d'usage, en sorte que l'on ne soit pas obligé d'en aller emprunter autre part. Nos Intendans apporteront le même soin d'entretenir d'armes nos métairies, & que les Colons & autres, en revenant de la guerre, les rapportent, & qu'elles soient replacées dans la chambrée.

Art. XLIII. Les Colons de chacune de nos métairies fourniront, suivant l'usage, à nos manufactures du lin & de la laine, avec du pastel, de la garance, du vermillon & autres drogues nécessaires pour la teinture, ainsi que les cardes, l'huile, le savon & toutes les choses dont on se sert pour préparer & fabriquer des toiles & des étoffes.

Art. XLIV. *(c)*.

Art. XLV. Nos Intendans auront attention d'entretenir, chacun dans leur district, les meilleurs Artistes, comme Serruriers, Taillandiers, Orfèvres, Cordonniers, Sculpteurs & Ciseleurs, Charpentiers, Fourbisseurs, Parmentiers, de bons Oiseleurs, des faiseurs de savon, des Brasseurs & des faiseurs de cidre & de poiré, des Pâtissiers, des Boulangers, des hommes qui fassent des filets pour la chasse, & beaucoup d'autres ouvriers qu'il seroit trop long de détailler ici.

Art. XLVI. Nous enjoignons à nos susdits Intendans d'entretenir le parc de chacune de nos maisons, d'en faire émonder les arbres & de faire réparer les brèches qui se feront aux murs, afin d'éviter la dépense de les refaire en entier; ils auront la même attention pour tous les bâtimens de la métairie.

Art. XLVII. Nos Intendans recevront les Chasseurs & les Fauconniers, dont le service est attaché auprès de notre personne, lorsque nous ou la Reine leur donnerons ordre d'aller dans nos maisons de campagne chasser pour nous, ou lorsque notre Sénéchal ou notre Bouteiller leur ordonnera de notre part.

Art. XLVIII. Nous recommandons à nos susdits Intendans de préparer les pressoirs & d'empêcher que l'on y foule la vendange avec les pieds, voulant que cet ouvrage soit fait avec plus de propreté.

Art. XLIX. Cet article est compris dans la disposition du quarante-unième.

Art. L. Nos Intendans sauront le nombre de poulains qui doit être dans chaque écurie, & combien chaque Poulinier doit en garder. Ils tiendront pareillement la main à ce que chaque Poulinier, qui sera de condition libre & auquel nous aurons donné des terres en bénéfice pour son salaire, en vive sans autres gages ; il en sera de même de nos Fiscalins *(d)*. Par rapport aux uns & aux autres à qui nous n'aurons point donné de bénéfices, on leur donnera toutes les choses nécessaires à la vie, du produit de la métairie.

Art. LI. Nous enjoignons de plus à nos Intendans d'avoir l'œil sur les Semeurs, de peur qu'il ne s'en trouve quelques-uns de voleurs, qui cachent sous terre *(e)* une

(a) Anetes. Ce sont des espèces de canards sauvages, oiseaux aquatiques.

(b) Nous jugeons par la disposition de cet article, que les métairies royales ressembloient beaucoup aux habitations que nous avons présentement dans l'Amérique.

(c) Une lacune & des abréviations nous empêchent d'entendre cet article dans son entier.

(d) Les Fiscalins étoient en général tous ceux qui étoient employés à cultiver les fiscs ou métairies du Roi. Je crois, comme le pensoit le savant du Cange, qu'il y en avoit de deux conditions, de libres & de serfs. Voyez le *Glossaire* de cet Auteur, aux mots *Fiscus* & *Fiscalini*.

(e) Cet article nous donne lieu d'observer que les Francs, avant de sortir de la Germanie, étoient voleurs par inclination, & qu'ils sembloient encore, du temps de Charlemagne, avoir plus de penchant pour ce vice que pour d'autres. Ils avoient aussi apporté de la Germanie l'usage de creuser des souterrains pour serrer leurs récoltes.

partie

partie des blés destinés pour la semence, car sans ce soin la moisson seroit souvent très-peu abondante; ils auront en outre attention que l'on ne fasse aux blés quelque autre préjudice.

ART. LII. Nous voulons que nos Intendans rendent en toute chose pleine & entière justice à tous nos Fiscalins, de quelque condition qu'ils soient.

ART. LIII. Nous leur enjoignons de veiller à ce que tous ceux qui seront attachés au service de nos métairies, ne soient point adonnés au vol ni au sortilège.

ART. LIV. Que chacun d'eux soit appliqué à l'ouvrage qui lui est confié, & qu'il ne s'en détourne point pour aller dans les marchés perdre son temps.

ART. LV. Nous voulons que nos Intendans tiennent deux regitres, qu'ils écrivent dans l'un toutes les choses qu'ils auront envoyées pour notre consommation, ou qu'ils auront fournies en vertu de nos ordres; ils écriront dans l'autre tout ce qu'ils auront dépensé pour la métairie; ils nous présenteront ensuite un bref état de toutes les denrées qui leur resteront.

ART. LVI. Cet article est compris équivalemment dans la disposition du LII.ᵉ

ART. LVII. Si quelques-uns de nos Officiers inférieurs ont quelques plaintes à faire, touchant notre service, de celui qui les commande, nous faisons défense à qui que ce soit de les empêcher de venir jusqu'à nous demander justice; mais notre Intendant étant informé du sujet qui amènera ceux de nos susdits Officiers inférieurs à notre Palais, il en instruira leur supérieur & lui ordonnera de se rendre également auprès de nous, afin qu'après avoir entendu les raisons des uns & des autres, nous puissions les juger sur le champ pour nous éviter l'ennui de leurs remontrances. Nous voulons au surplus chaque fois que les uns & les autres viendront à notre Cour, être informé du sujet qui les y aura appelés.

ART. LVIII. Nous obligeons nos Intendans à nourrir à leurs dépens les meutes de jeunes chiens qu'il nous plaira d'envoyer dans leur habitation. Nous imposons la même obligation aux premiers Officiers qui gouvernent sous les ordres de nos susdits Intendans, comme les Doyens, les Céleriers, les Portiers, à moins qu'il ne nous plaise ou à la Reine d'ordonner, par extraordinaire, que l'on prendra leur nourriture sur le produit de nos métairies; dans ce dernier cas notre Intendant chargera un homme de ce soin, & il disposera une quantité de blé suffisante, afin que ce valet de chiens ne soit pas obligé d'en aller chercher chaque jour au grenier.

ART. LIX. Nous chargeons nos Intendans de nous fournir annuellement trois livres de cire & soixante-huit livres de savon. L'Intendant de la terre où nous nous trouverons avec notre Cour, à la fête de la S.ᵗ André & à la mi-carême, nous fournira six livres de cire dans chacun de ces deux jours.

ART. LX. Nous enjoignons à nos Intendans d'avoir égard à la fidélité de nos Officiers pour les faire monter aux grades dans l'administration de nos Domaines, & non pas à leurs richesses.

ART. LXI. Nos Intendans feront conduire à notre Palais l'orge nécessaire pour faire la bière que nous y consommons, & les maîtres Brasseurs s'y rendront en même temps pour la façonner.

ART. LXII. Nous ordonnons à nos susdits Intendans de nous présenter tous les ans, à Noel, leurs livres de régie, dans lesquels ils auront écrit, dans des articles distincts & séparés, le profit qu'ils auront fait sur les bœufs, le produit des grains de nos métairies & des terres détachées, des cens, des amendes & des compositions, des permissions de chasser à la grosse bête dans nos forêts, de nos moulins, de l'usage dans nos bois & dans nos pacages, des péages sur nos ponts & dans nos bacs, de l'affranchissement des serfs de chaque *Centaine* * & de ceux qui étoient attachés à nos fiscs, des droits établis dans nos marchés, du produit de nos vignes & des droits sur les vins, de nos foins, de la vente du bois de corde & des fagots, de la glaise & autres matériaux de nos carrières, de la vente des légumes, du millet & du panis, de la laine, du lin & du chenevis, des différentes espèces de fruits, des grosses & petites noix, du produit des arbres greffés, des abeilles, de la pêche dans nos rivières, de la vente des cuirs, des peaux & de la chair des différentes espèces d'animaux, du miel, de la cire, de l'oing, du savon, des sirops de mûres, des vins cuits, de l'hydromel, du vinaigre, de la bière, des vins vieux & nouveaux, des poulets, des œufs, des oies, des canards, des ouvrages faits par nos Artistes, compris dans l'article XLV de notre présente ordonnance.

ART. LXIII. Et afin que nos Intendans ne trouvent pas trop onéreux le susdit état, nous enjoignons aux Officiers inférieurs, chargés sous leur direction de l'administration de nos fiscs, de leur en fournir un, chacun dans leur district, dans le même

---

* *Centaine.* Ce mot a différentes acceptions. Il est souvent pris dans les plus anciens monumens pour une partie du territoire d'un Comté: car le Comté étoit divisé en *Pagus*, & le *Pagus* en *Centaine*; la Centaine avoit ses Juges ou Gouverneurs qui étoient sous la disposition du Comte. *Centena* signifie encore une Seigneurie, l'étendue d'un Fief.

détail. Il convient au surplus que nos Intendans aient une connoissance aussi entière de toutes les différentes branches de nos revenus, que celle que prend chaque particulier de son domaine.

ART. LXIV. Que nos fourgons destinés pour l'armée soient en bon état, & que nos litières soient couvertes d'assez bon cuir, & si bien cousues, que l'on puisse dans le besoin s'en servir comme d'un bateau pour passer une rivière. Nous ordonnons en outre de charger douze muids de farine sur ceux qui seront destinés pour en voiturer, & autant de muids de vin sur d'autres. Les conducteurs de ces fourgons seront armés d'une épée, d'une lance, d'un carquois & d'un arc.

ART. LXV. Nos Intendans auront soin de faire pêcher nos rivières, d'en vendre le poisson à notre profit, & de les repeupler ensuite, en sorte qu'elles soient toûjours empoissonnées ; s'il arrive cependant qu'il nous plût d'aller passer quelque temps dans l'une de nos maisons de campagne, nos Intendans réserveroient pour notre usage le poisson que l'on auroit pêché, & ne le vendroient pas.

ART. LXVI. Nos Intendans nous tiendront compte des chèvres, des boucs, de leurs troupeaux, ainsi que de leurs cornes & de leurs peaux. Ils nous fourniront tous les ans des chevreaux gras. *Et per singulos annos niusaltos crassos nobis inde adducant (a)*.

ART. LXVII. Ils nous rendront également des terres qu'ils ne mettront pas en valeur, & des serfs qu'ils acquerront, s'ils n'ont pas de lieux où ils puissent les placer.

ART. LXVIII. Nous enjoignons à chacun de nos susdits Intendans de faire relier de cercles de fer les tonneaux de vin qu'ils destineront pour l'armée ou pour notre Palais, & de ne pas se servir d'outres.

ART. LXIX. Nous voulons que dans tous les temps de l'année on chasse le loup, & que l'on nous rende non seulement compte de la quantité que l'on en aura pris, mais même que l'on en présente les peaux ; au mois de mai de chaque année on tendra des piéges, & on fera une chasse particulière pour les louveteaux.

ART. LXX. Nous ordonnons que l'on cultive dans nos jardins toutes sortes de plantes, de légumes & de fleurs, des lys, des roses, du fenu-grec, du baume, de la sauge, de la rue, de l'auronne, des concombres, des citrouilles, des calebasses, des haricots, du cumin, du romarin, du carvi, des pois chiches, de la scille, du glayeul, de la serpentine, de l'anis, des coloquintes, des tournesols *(b)* **, des laitues, de la poivrette, de la roquette blanche, du cresson-alenois, de la bardanne, du pouliot, de l'ache, du persil, de la livèche **, de la sabine, de l'anet, du fenouil, de la chicorée *, du dyptame, de la moutarde, de la sariette, de la mante romaine, de la mante ordinaire & de la mante sauvage *ou* du pouliot sauvage *ou* herbe aux chats *, des pavots, des poirées, du cabaret, de la guimauve *, de la mauve, des panais *, de la blette *, des choux **, des porreaux, des raves, des échalottes, des oignons, de l'ail *, des cardons, des grosses fèves *, de la coriandre, du cerfeuil *, de la toute-bonne. Nous recommandons en outre aux Jardiniers d'avoir dans leurs maisons du *barba-jovis*.

Par rapport aux arbres, nous voulons que le jardinier cultive des pommiers de toute espèce, de même que des pruniers, des cormiers, des nésliers, des poiriers de différentes espèces, des châtaigniers, des pêchers de toutes les espèces, des coignassiers, des aveliniers, des amandiers, des mûriers, des lauriers, des figuiers, des noyers, des cerisiers de différentes espèces, &c. ***.

(a) Un Savant croit que ce mot *Niufaltos* pourroit être un mot grec latinisé, & qu'il y avoit dans l'original *Neutulos*, les plus jeunes ; en grec *Nιυϕαλτος*.

(b) Les endroits marqués d'étoiles sont des noms de plantes & d'arbres qui me sont inconnus, & dont je n'ai pu donner la traduction ; j'ai consulté les Dictionnaires de Tournefort & de l'Émery, sans succès ; j'ai consulté des Savans dans l'Histoire Naturelle, ils jugent que ces noms sont défigurés, & par cette raison inintelligibles.

Sans autre date.

ANNÉE 800.

CAPITULARE Charoli Magni de ministerialibus palatinis.

Capit. Reg. Fr. a Baluzio, t. I, col. 342. Rec. des Hist. de France, par Dom Bouquet, t. V, p. 657.

Il paroît vrai-semblable que Charlemagne donna cette ordonnance dans le même temps que la précédente ; cette conjecture nous porte à la placer sous la même date. Celle-ci est particulière pour les Officiers qui servoient près de sa personne dans son Palais ; Baluze & les autres Auteurs qui l'ont publiée d'après lui, n'en ont imprimé que cinq articles, & tous disent que le manuscrit sur lequel ils l'ont copiée est si gâté, qu'ils n'ont pu en lire davantage. J'ajoûte que les lacunes des IIᵉ, IIIᵉ & Vᵉ articles que l'on trouve dans l'imprimé de Baluze & de Dom Bouquet, m'empêchent d'en donner une notice bien détaillée.

Le Roi ordonne, par le premier article, à tous les Officiers commensaux, de faire une perquisition exacte dans l'intérieur du Palais, afin de voir s'il ne s'y glisse pas des hommes inconnus ou des femmes de mauvaise vie, & il veut dans le cas où on en trouveroit, que l'on s'en saisisse & qu'il en soit averti.

Le second article porte la même ordonnance adressée au Gouverneur du château d'Aix-la-Chapelle, & aux autres Gouverneurs & Concierges des autres Maisons royales.

Par le troisième le Roi défend à tous ses Officiers de donner asyle dans son Palais à tous malfaiteurs, comme voleurs, homicides, adultères, & aux femmes de mauvaise vie.

Il ordonne par le quatrième, aux mêmes Officiers, dans le cas où l'un d'eux verroit dans son Palais deux particuliers en querelle, de les pacifier, s'il le peut, & dans le cas où il ne les pacifieroit pas, le pouvant, de payer la moitié du dommage qui en résultera.

Il paroît que le Roi veut par le cinquième, que celui de ses Officiers qui introduira un étranger dans son Palais, soit tenu de payer le dommage qu'il y fera.

Sans autre date.

ANNÉE 800.

PRÆCEPTUM Caroli Magni pro monasterio sancti Martini Turonensis.

Donné à Loudun en Poitou.

Apud Martenium, t. I, Thesaur. Anecdot. col. 13.
Rec. des Hist. de France, par Dom Bouquet, t. V, p. 763.

Ce Diplome ne porte aucune date, mais comme Charlemagne n'y prend que le titre de roi de France & des Lombards, qu'il fut accordé à Alcuin qui étoit encore abbé de S.t Martin de Tours au commencement du IX.e siècle, qu'il fut enfin donné à Loudun; nous croyons par ces raisons que l'on peut sans une erreur bien considérable, le placer à cette époque.

Nous interprétons donc *Castrum Laudunum*, par Loudun, ville où de tout temps il y a eu une forteresse ; car il ne s'agit certainement pas de Laon appelé *Laudunum Clavatum*. Nos Rois n'ont fait aucun séjour dans ce lieu avant Charles le Simple ; des circonstances particulières qui lient à ce temps les voyages que Charlemagne fit dans plusieurs provinces du royaume, nous portent d'ailleurs à ne douter nullement qu'il ne s'agisse de Loudun.

Dès l'année 787 des pirates Saxons & Danois sortis de la Norvège avoient commencé à infester les côtes d'Angleterre (*Chron. Anglo-Saxonicum a Weloco ad hunc ann.*) ; ils parurent vers l'an 793 sur celles de France (*Altfridus, lib. II, cap. 3*), mais ils n'y firent point de dégât ; ce sont ces mêmes peuples qui étoient alors idolâtres & fort cruels, que nous connoissons sous le nom de Normands. Au commencement de cette année 800, ils se remirent en mer & descendirent dans quelques-uns de nos ports ; ils tentèrent de pénétrer dans l'intérieur du royaume par les bouches de la Seine & de la Loire. Charlemagne étant informé de ces pirateries, partit d'Aix-la-Chapelle dans les premiers jours du mois de mars & se rendit très-précipitamment à Paris ; il forma dans l'instant le dessein de visiter les côtes de Normandie, de Picardie, de passer de là dans la Touraine & de remonter jusqu'à Nantes ; il se trouva à Pâques à S.t Riquier où il célébra cette solemnité ; de là il alla à Boulogne, y fit rétablir la tour d'Ordre que Jules César y avoit élevée, donna des ordres pour la construction d'une flotte, dont les chantiers furent établis à Saint-Josse ; il fit bâtir quelques forts dans d'autres petits ports, & après avoir mis enfin toute la côte en état de défense, il reprit la route de Paris & en partit peu de jours après pour la Touraine ; il passa à Orléans sans s'y arrêter & alla jusqu'à Tours, où la Reine qui l'avoit accompagné dans ce pénible voyage, tomba malade & mourut peu de jours après : elle fut inhumée dans l'église de S.t Martin, le 4 du mois de juin. Le nom de cette Princesse étoit *Liudgarde*, Charlemagne l'avoit épousée en quatrième noces. Cet événement fit sans doute changer de dessein au Roi, car il ne paroit pas qu'il alla jusqu'à Nantes, comme il se l'étoit d'abord proposé ; mais il est bien à croire qu'il voulut s'assurer par lui-même, étant à portée de le faire, de l'état des places fortifiées dans la partie de cette province la plus voisine de la Loire, & qu'il alla par cette raison à Loudun, *ad Castrum Laudunum*. Ce lieu n'est éloigné de Saumur que de cinq lieues ; la situation en est agréable, & Charlemagne l'ayant trouvé plus propre qu'un autre pour dissiper la tristesse que lui occasionnoit la mort de la Reine, il y passa quelques jours ; l'abbé de S.t Martin de Tours l'y avoit accompagné : ce Prince l'honoroit de sa confiance, il obtint par cette raison, avec facilité, ce Diplome, dans lequel le Roi dit qu'il a lû toutes les Chartes de donation accordées par les Rois ses prédécesseurs, en faveur de ce Monastère, qu'il le confirme dans la jouissance de tous ses biens répandus dans l'Austrasie, la Neustrie, la Bourgogne, l'Aquitaine & la Provence ; qu'il lui renouveloit toutes les exemptions de péages, de douanes & autres droits que l'on payoit au Fisc ; défendant aux Comtes, aux Domestiques, aux Grafions, aux Vicaires, aux Tribuns, & à tous autres ses Officiers tant de Justice que de Finance, d'exercer sur les Moines & les hommes de

Tome I.   E e ij

cette Abbaye, aucun acte de jurisdiction ou de lever aucun impôt, sous peine de payer une amende de six cens sols de l'or le plus pur, dont les deux tiers seroient applicables à ce Monastère, & l'autre tiers pour l'entretien de la chapelle du Roi.

Le nom du Chancelier qui expédia ce Diplome, ou de celui qui faisoit à sa place, n'est point écrit.

Sans autre date.

ANNÉE 800.

FORMULE du serment fait par le pape Léon III, en présence de Charlemagne, des Évêques & des Grands de la France & de l'Italie, par lequel il se justifie des crimes dont on l'avoit accusé.

Francia Orientalis ab Eckardo, t. II, p. 2.
Histoire de la Monarchie françoise, par Sorel, t. II, p. 253.

On ne sait point au juste sur quoi portoit l'accusation que l'on avoit formée contre le Pape; après beaucoup de mauvais traitemens qu'il essuya de la part des Romains, il s'adressa à Charlemagne pour avoir justice; ses accusateurs portèrent de même leurs plaintes au Roi, & enfin ce Prince se détermina vers la fin de l'automne à aller à Rome, pour être plus à portée de pacifier les troubles que ces querelles avoient occasionnés dans cette capitale. Le Roi fit assembler les Évêques & les Grands des royaumes de France & d'Italie dans l'église de S.¹ Pierre, il ordonna que les accusateurs du Pape comparussent, & cependant par respect pour *le Chef des Pasteurs & le Vicaire de Dieu*, le Roi & les Grands ne voulurent pas discuter la cause ni porter de jugement, mais le Pape ensuite monta en chaire, & ayant mis le livre des saints Évangiles sur sa tête, il dit à l'assemblée, *que le sujet du voyage du Roi à Rome étoit pour entendre ses accusateurs, ses défenses & juger la cause; mais que le Roi ne voulant pas la juger, il juroit, avec serment, qu'il étoit innocent des crimes dont on l'accusoit*, &c. Ceci prouve que Charlemagne étoit regardé comme Souverain à Rome, même par le Pape, avant le rétablissement de l'empire d'Occident, qui se fit quelques jours après celui de cette assemblée, dans la personne de ce Prince.

DONATIO cœnobii Mileze & quinquaginta quinque prædiorum monasterio Fuldensi ab Emehildâ.

De Morinis, &c. à Malbrancq, t. II, p. 170.

Hemehilt ou Emehilde étoit une des filles de Charlemagne; l'acte par lequel cette Princesse fit cette donation au monastère de Fulde, ne paroît pas d'une authenticité bien évidente; on ne datoit point en ce temps en France de l'an de l'incarnation, comme Emehilde date cette Charte; on n'y lit nulle part non plus la souscription du Roi qui étoit présent & qui consentit la donation de sa propre main, comme la donatrice le dit dans le corps de l'Acte. Au reste cette pièce ne seroit que d'une médiocre utilité à l'abbaye de Fulde, quand même on n'en contesteroit point l'authenticité; car elle n'indique ni le nom ni la situation des biens dont la Princesse fait donation, on y lit seulement le nom du petit monastère de Mileze, qu'Emehilde avoit elle-même bâti & fondé.

ENUMERATIO donationum abbatiæ Fuldensi factarum.

Miræi Opera Diplom. t. III, pag. 5.

Suivant Aubert le Mire, cet écrit est de l'an 800, il est d'un Moine de cette abbaye, qui fit un sommaire ou inventaire des Chartes de donations faites à son Monastère, seulement par des particuliers, depuis l'an 744 qui est l'époque de sa fondation. Cet inventaire comprend soixante-quatorze articles, on n'y parle en aucune sorte des Chartes données par le roi Pépin, non plus que de celles de Boniface archevêque de Mayence, son fondateur.

CAROLI MAGNI jusjurandum pro defensione Ecclesiæ Apostolicæ præstitum Romæ in coronatione ejus.

Corp. Diplom. tom. I, parte 1, pag. 1.
Constit. Imp. à Goldasto, t. II, pag. 5.
Istoria della città d'Avignone, t. II, p. 271.
Ann. Eccl. Fr. Cointii, t. VI, pag. 748.

Cet Acte est si précis, & contenu en si peu de mots, que nous croyons devoir le donner tout au long tel que Goldast & les autres l'ont imprimé.

In nomine Christi spondeo atque polliceor ego Carolus imperator coram Deo & beato Petro Apostolo, me protectorem ac defensorem fore hujus sanctæ Romanæ ecclesiæ in omnibus utilitatibus, quatenus divino fultus fuero adjutorio, prout sciero poteroque.

Nous ne garantissons en aucune sorte cette pièce pour être authentique, nous observons au contraire, qu'Éginhart dans ses Annales & dans la vie de Charlemagne, non plus que tous les autres Écrivains du temps, & même ceux qui ont copié leurs ouvrages, n'ont rien écrit qui ressemble à ce serment. Celui sans doute de tous les Écrivains de ce temps qui avoit le plus d'intérêt de transmettre à la postérité ce serment, & d'en établir l'usage, étoit Anastase le Bibliothécaire; personne d'ailleurs n'a raconté plus en détail l'histoire du couronnement de Charlemagne, cet Auteur cependant ne dit pas un mot du serment; Sigonius *(lib. IV, ad ann. 801)* est le premier qui en ait parlé. Il est bien probable aussi qu'il l'a imaginé.

Année 800.

Sans autre date.

CHARTA de societate precum inter monasteria San-Gallense & Augiense facta.

Ann. Eccl. Fr. Cointii, tom. VI, pag. 756.

Les deux abbés Werdon & Walton conviennent par cet Acte, pour eux & au nom de leur communauté, & font une société & union de prières, & stipulent qu'à la mort de chaque Moine de l'un & l'autre Monastère, les autres Moines qui le survivront célébreront pour le défunt trois Messes, & que l'on récitera le jour de l'inhumation du corps le pseautier des Morts. Le septième jour après la mort, on récitera seulement trente pseaumes; le trentième tous les Prêtres diront chacun une Messe, & ceux qui ne seront pas Prêtres réciteront cinquante pseaumes. Tous les premiers jours du mois on chantera, à perpétuité, dans les deux Monastères, les vigiles des Morts avec mémoire en général des frères défunts, on nommera seulement le dernier qui sera mort. Au 17 des kalendes de septembre chaque Prêtre célébrera trois Messes, & les autres réciteront le pseautier.

On prouve par cet Acte que les Prêtres étoient encore dans l'usage, du temps de Charlemagne, de célébrer chaque jour plusieurs messes.

E e iij

NEUVIÉME SIÉCLE.

ANNÉE 801.

27 FÉVRIER.

PRIVILEGIUM *a Charolo Magno indultum monasterio Acutiano.*

Hist. Fr. scriptor. a Duchêne, t. III, p. 657.

Donné à Aix-la-Chapelle.

Ingoalde abbé de Farfe présenta à l'Empereur deux Diplomes d'Astolphe & de Didier rois de Lombardie, par lesquels ces Princes avoient mis ce Monastère sous leur protection & garde spéciale, suppliant Sa Majesté de lui accorder la même grace. Charlemagne voulant traiter favorablement Ingoalde, lui accorda ce Diplome, par lequel il déclare qu'il met non seulement cette Abbaye sous sa garde & protection, mais encore qu'il affranchit ses hommes & ses serfs de la jurisdiction des Officiers royaux, *Homines ejusdem Monasterii, tam Ingenuos quam Servos, Libellarios, Aldiones & Aldianos, seu Clericos vel Cartulatos aut Offertos*, affranchissant de même tous ses biens situés tant en Lombardie que dans le duché de Spolette & dans d'autres parties de l'Italie, de tous droits & tributs qui se levoient au profit du Fisc, & afin que les Moines de ce Monastère soient moins troublés dans la jouissance de ces immunités, le Roi condamne à une amende de six cens livres d'or (*sciat se compositurum auri obrizi librorum DC. summâ ad partem præfati Monasterii*), au profit de l'Abbaye, chacun de ses Officiers qui contreviendra à son Diplome.

Libellarius. Ces Affranchis étoient distingués de ceux que l'on affranchissoit à l'église; le maître donnoit une Charte, un Acte de l'affranchissement de ces premiers; on les appeloit, par cette raison, *Libellarii* ou *Cartulati*; ils jouissoient de plus de considération que les Affranchis de l'autre espèce.

Aldiones & Aldianes. Ceux-ci n'étoient connus sous ce nom qu'en Italie. On lit dans la loi des Lombards, *lib. III, tit. 20. Aldiones vel Aldiæ, vivunt in Italia qua Fiscalini vel Liti vivunt in Francia*, ils étoient donc assimilés à nos Fiscalins ou Lites, ce qui revient aux Métayers. Ils s'engageoient pour un temps à cultiver un bien de campagne, ou à défricher seulement un champ ou à quelqu'autre travail rural; ils n'appeloient pas le maître de ce bien de campagne *Dominus*, leur Seigneur, comme les serfs, mais *Patronus*, leur Patron, qui n'avoit point sur eux, comme sur les serfs, droit de vie & de mort. Ils pouvoient avoir été ses serfs, mais ils avoient été affranchis par une Charte, *per Chartam, non in ecclesia*, dit la loi.

Offertos, on sait ce que c'est que les *Oblats*.

Aurum obrizum, c'est l'or le plus pur, l'or que nous appelons or jaune ou or mâle.

Nous pensons que l'on a altéré la date de cette pièce, qu'au lieu de l'indiction XIV, il faut indiction IX; un copiste aura fait aisément cette faute, ainsi que celle de dater d'Aix-la-Chapelle au lieu de Rome, où il paroit certain que Charlemagne étoit encore au mois de février de cette année, tous les Annalistes écrivent que ce Prince partit de cette capitale dans les premiers jours du printemps; après son couronnement, qu'il passa à Spolette, à Ravenne, à Pavie, & qu'ayant parcouru toutes les provinces de l'Italie, il se rendit à Aix-la-Chapelle. La pièce suivante est une nouvelle preuve de la nécessité de la correction.

4 MARS.

DIPLOMA *Caroli Magni imperatoris, quo litem pro limitibus inter episcopos Aretinum & Senensem componit.*

Ann. Eccl. Fr. Cointii, tom. VI, pag. 761.

Donné à Rome.

Aribert évêque d'Arezzo, se plaignoit depuis long-temps au Pape & à Charlemagne des entreprises que Radobert évêque de Sienne faisoit sur son siége; le Pape examina les raisons de part & d'autre, & jugea la cause; ce Jugement rétablit les anciennes limites de ces deux diocèses, & le Diplome de Charlemagne le confirme.

ANNÉE 801.

17 MAI.

CHARTA *Charoli Magni imperatoris, concedentis cœnobio sancti Filiberti ut advocatus ejus in omnibus tribunalibus recipiatur.*

Hist. de l'abbaye de Tournus, par Chifflet, pr. p. 190.

Donné au palais de Baisieu en Picardie.

Il ne faut pas confondre le monastère de Noirmoutiers en bas Poitou, avec celui de Tournus en Bourgogne, que l'on trouve appelés communément l'un & l'autre dans les anciens Historiens, *monasterium sancti Filiberti*. Ce premier fut établi vers l'an 677, par S.t Filibert moine de Jumiège, dans l'isle appelée *Herensis insula*. Ermentaire moine de cette Abbaye, qui vivoit dans le VIII.e siècle, a écrit l'histoire de sa fondation & la vie du Fondateur, dans sa chronique. C'est encore de cette Abbaye dont Ademar & Hugues de Flavigny parlent dans leurs chroniques, mais c'est aussi mal-à-propos qu'ils disent que Charlemagne en jeta les premiers fondemens; il en fut seulement le restaurateur & lui donna, à ce que l'on croit, des biens considérables; ce Diplome, que nous jugeons authentique, prouve au moins qu'il s'intéressoit à la conservation de ses biens, puisqu'il permet à son Avoué de réclamer ses droits & de plaider ses causes dans les Plaids qui se tiennent dans toute l'étendue de ses États. Le second Monastère avoit été établi à Tournus dès le milieu du VI.e siècle, dans l'église de S.t Valerien martyr, & ne s'est cependant appelé le monastère de S.t Filibert, qu'après l'année 871, époque de la donation que Charles le Chauve en fit aux moines de Noirmoutiers, qui étoient errans depuis vingt ans; les Normands les avoient chassés de l'isle, après avoir pillé leur Monastère.

Dom Germain, dans la Diplomatique de Mabillon, *liv. IV*, au mot *Basu*, critique le père Chifflet, & soûtient que ce Diplome doit être attribué à Charles le Chauve & non pas à Charlemagne; nous croyons que le sentiment du Bénédictin est préférable à celui du Jésuite; on en trouve la preuve dans la manière dont est daté le Diplome. *Ego Auducher Notarius, ad vicem Gozelini recognovi & subscripsi. Datum VI, kalendas junii, indictione VIII, anno XXXVI regni, &c. & imperii ejus anno primo. Actum Basu, &c.* Tout ceci cadre à merveille avec l'histoire du règne de Charles le Chauve. Audacher étoit notaire de ce Prince, & Gozelin fut son chancelier; Charlemagne n'eut point de Notaire ni de Chancelier de ce nom. La XXXVI.e année de son règne tombe précisément à l'année 875, dans laquelle on comptoit indiction VIII.e & qui fut la première de son empire.

Nous annoncerons sous l'année 875 ce Diplome, & nous l'attribuerons avec Dom Germain & Dom Bouquet à Charles le Chauve.

MAI, sans quantième.

CHARTA *Bettonis Lingonensis episcopi pro canonicis sancti Stephani Divionensis.*

Gall. Christ. sec. edit. t. IV, col. 522.

Betton évêque de Langres, donne par cette Charte aux chanoines de S.t Étienne de Dijon, plusieurs églises situées dans le district de cette ville, avec les dixmes & les fonds de terre qui en dépendoient. Ces églises sont ainsi nommées dans la Charte, *de Topiaco, Tremoleto, Nobiliaco, Neirone, Sancto Martine,* (sans surnom) *Quintiniaco*. Ces lieux sont présentement connus sous le nom de Touchey, de Tremolois, Neuilly, Noirons, Quetigny.

25 OCTOBRE.

PRÆCEPTUM *Caroli Magni imperatoris pro monasterio Grassensi.*

Ann. Eccl. Fr. Cointii, tom. VI, pag. 770.

Donné à Luz en Languedoc.

Cette Charte est ainsi datée, *Datum Elidione villâ*. Je conviens que c'est purement par analogie que je traduis ce nom de lieu *Elidio*, en celui de Luz. Ce dernier appelé dans les Itinéraires & dans les Auteurs du Moyen âge, *Elusio*, peut bien être le même nommé dans la Charte *Elidio*; peut-être, d'un autre côté, a-t-on ainsi appelé l'ancienne Euse *ou* Eause, nommée par les Latins *Elusa;* il paroit au moins probable que le lieu *Elidio* est l'un ou l'autre; mais je suis bien éloigné de croire que Charlemagne se soit trouvé en 801 ou 802 dans l'un ou l'autre de ces endroits, ce qui me porte à soupçonner la Charte de fausseté; car nous savons que ce Prince se rendit d'Italie à Aix-la-Chapelle sur la fin de l'automne de 801, & nous sommes également certain qu'il ne sortit point de l'Allemagne dans le courant de toute l'année 802.

Quoi qu'il en soit, la Charte porte que Charlemagne confirma, à la prière de Nebridius *ou* Ninfred archevêque de Narbonne & fondateur de cette Abbaye, tous les biens qui formoient sa dot; les plus considérables sont appelés *villa Buxiniantus, villa Palairacus, villa Civiniacus.* Il est fait mention aussi de quelques métairies situées aux environs de Narbonne & de Carcassonne.

Sans autre date.

ANNÉE 801.

DECRETUM *Caroli Magni imperatoris, pro foro ecclesiastico per totum imperium.*

Baronii Annal. t. IX, p. 511.

Cette pièce ne porte aucuns caractères d'authenticité; le père Sirmond, Baluze, Dom Bouquet & quelques autres Savans qui l'ont sans doute connue, n'en ont fait aucun cas; le style trop empoulé, la construction des mots trop symmétrisée, les tours de phrases recherchés, toutes ces choses présentent un siècle moins barbare que n'étoit encore celui de Charlemagne. Ce n'est pas que nous prétendions y trouver telle qu'elle est, l'élégance de Cicéron, mais on parloit alors avec beaucoup moins de pureté, comme le prouvent une infinité d'Actes dont on ne peut critiquer la vérité. Ne pourroit-on pas présumer que ce sont quelques articles qui furent arrêtés dans le synode que Charlemagne tint à Aix-la-Chapelle au mois d'octobre, après son retour d'Italie, qui auront donné occasion à un Écrivain indiscret des derniers siècles de composer ce Decret; Charlemagne informé que les frais pour les procès dont on appeloit à sa personne & qui se jugeoient par les officiers de son Conseil, étoient si excessifs, que les personnes peu aisées souffroient beaucoup d'injustices, parce qu'ils ne pouvoient, sans courir les risques d'une ruine totale, appeler à la cour du Roi des sentences des Juges ordinaires, régla dans cette assemblée que deformais il n'enverroit plus d'Officiers, que leur pauvreté obligeoit de vexer le peuple, & qu'il seroit commis à leur place des Archevêques, des Évêques & des Abbés, avec des Ducs & des Comtes, pour juger sur les lieux les causes susceptibles d'appel à sa Cour ; *Recordatus misericordiæ suæ de pauperibus qui in regno suo erant, & justitias suas pleniter habere non poterant, noluit de infra palatio pauperiores vassos suos transmittere ad justitias faciendas propter munera, sed elegit in regno suo Archiepiscopos, & Episcopos & Abbates, cum Ducibus & Comitibus qui jam opus non habebant super innocentes munera accipere, & ipsos misit . . . . ut ecclesiis, viduis & orphanis, & pauperibus & cuncto populo justitiam facerent.* (*Annal. Lambeciani & Moissiac. ad ann. 802*).

Ainsi les Évêques furent établis par le Roi, Commissaires seulement, pour juger, conjointement avec les Ducs & les Comtes, les causes de quelques particuliers en matière civile. Si dans la suite les Évêques ont appuyé leurs prétentions sur ce Decret, pour attirer à leur Auditoire d'autres causes que celles qui regardent le spirituel, c'étoit un abus; car il seroit ridicule, & contre la vérité des faits, de dire que Charlemagne a attribué aux prétoires des Évêques la connoissance, soit par appel, soit en première instance, des affaires temporelles.

EPISTOLA *Caroli Magni imperatoris ad Pippinum regem filium suum, pro ecclesiastica immunitate & pro legum observatione in Italia.*

Ann. Eccl. Fr. Cointii, t. VII, pag. 29.
Baronii Ann. t. IX, p. 512.
Concil. Gall. de la Lande, pag. 92.
Constitutiones Imp. a Goldasto, t. IV, part. 1, pag. 9.
Cap. Reg. Fr. a Baluzio, t. I, col. 461.
Rec. des Hist. de France, par Dom Bouquet, t. V, p. 629.

Dom Bouquet a imprimé cette Lettre d'après Baluze, qui la place sous l'année 807, le Cointe d'après Baronius, la Lande & Goldast peut-être d'après Sigonius, en ont fixé l'époque à l'année 801; il est certain, au moins, qu'on la trouve sous l'année 802 dans l'histoire d'Italie, par Sigonius; mais aucuns de ces Auteurs n'ont donné la preuve de leur sentiment. Nous remarquons de plus, que les éditions de cette pièce sont différentes dans ces Auteurs; il y a dans celle de Baluze & de Dom Bouquet une disposition finale qui fixe les compositions des Prêtres libres ou serfs; il n'en est pas question dans l'édition des autres Collecteurs.

Enfin Charlemagne écrit à Pépin son fils, roi d'Italie, qu'il a appris que ses officiers de Justice & autres vexoient les Ecclésiastiques par des rétributions qu'ils exigeoient injustement; qu'ils contraignoient les serfs des Monastères d'hommes & de filles, & ceux attachés au service des Hôpitaux, de cultiver leurs champs & de les servir dans leurs maisons, sur quoi il l'exhorte de réprimer ces injustices; il lui marque de plus, qu'il lui est encore revenu que l'on doutoit que quelques articles qu'il avoit ajoutés précédemment

précédemment à la loi des Lombards, fuſſent émanés de ſon autorité, & que ſous ce prétexte on refuſoit d'exécuter ce qui y étoit ordonné; il recommande de même à ce Prince de notifier que ces articles ſont véritablement des loix, & qu'en conſéquence il les faſſe exécuter.

Sans autre date.

ANNÉE 801.

CONSTITUTIO Caroli Magni imperatoris, de capitulis quibuſdam legi Longobardorum addendis.

Conſtit. Imp. a Goldaſto, t. III, p. 146.
Capit. Reg. Fr. a Baluzio, t. I, col. 345.
Rec. des Hiſt. de France, par Dom Bouquet, t. V, p. 658.

Quelques Savans, comme le père Sirmond, prétendent que Charlemagne étant encore à Rome dans le printemps de cette année, y publia cette addition au code des Lombards ; d'autres, d'après la chronique de Moiſſac, ſoûtiennent que ce Prince donna cette nouvelle ordonnance à Ravenne dans le mois de juin auſſi de cette année ; c'eſt peut-être cette double opinion qui a porté Baluze & Dom Bouquet à placer la Lettre, dont nous avons parlé dans l'article précédent, à une année poſtérieure à celle-ci, parce que Charlemagne recommande l'exécution de certains articles qu'il avoit ajoûtés à la loi des Lombards ; mais, d'un côté, cette ordonnance n'eſt pas la première addition que ce Prince ait faite à la loi des Lombards : il en publia une en 793, & il ſuffiroit, d'un autre côté, que la Lettre dont il s'agit fût écrite à la fin de cette même année, pour que les Auteurs d'une opinion contraire fuſſent autoriſés à dire, que quand il s'agiroit de cette dernière ordonnance on n'en pourroit rien conclurre contre eux, parce que dans le mois de décembre Charlemagne pouvoit fort bien ſe plaindre de ce que l'on n'exécutoit pas une loi qu'il avoit publiée au mois de mai ou de juin.

Quoi qu'il en ſoit du temps dans lequel cette Lettre fut écrite, perſonne ne doute que Charlemagne publia cette ordonnance dans le courant de cette année ; elle contient huit articles précédés d'un grand préambule. Dom Bouquet s'en eſt tenu à imprimer ſeulement le préambule.

Le premier regarde les donations entre vifs ; il eſt défendu à quiconque de faire donation de ſes biens, & de ſe réſerver autre choſe que l'uſufruit pendant ſa vie ; le Rôi abroge, par cette diſpoſition, celle de l'ancienne loi du code des Lombards, par laquelle il étoit permis au donateur de ſe réſerver la faculté de rentrer en poſſeſſion des biens donnés, en ſorte qu'il pouvoit une ſeconde fois en diſpoſer, ſoit par vente, par échange ou par telle autre eſpèce d'aliénation.

Le ſecond regarde le ban, & porte que ſi quelqu'un, après la publication qui en ſera faite, ne ſe rend en armes au lieu indiqué où doit ſe raſſembler toute l'armée, il payera la même amende portée par la loi des Francs, c'eſt-à-dire, ſoixante ſols.

Le troiſième concerne les deſerteurs, qui ſeront punis comme criminels de léze-majeſté, c'eſt-à-dire, que ſi quelqu'un quitte l'armée & s'en retourne chez ſoi ſans une permiſſion expreſſe du Roi, il perdra la vie, & ſes biens ſeront acquis au Fiſc.

Le quatrième traite des peines purement pécuniaires contre les voleurs ; le cinquième fixe la compoſition pour les mutilations de membres principaux, que la barbarie des temps portoit quelquefois les maîtres de faire à leurs ſerfs ; le ſixième règle l'état des *Aldions* en Italie, & le fixe à celui des *Lites* parmi les Francs ; le ſeptième condamne le particulier qui ſera témoin d'un vol, & qui n'en avertira pas les Juges, à payer le dommage ou le prix de la choſe volée ; le huitième, enfin, établit une différence entre les Francs, les Allemands, les Eſpagnols, les Lombards & les Romains, par rapport aux ſerfs fugitifs ; il eſt dit que le droit de réclamation pour ces trois premières Nations ne ſera point ſoûmis à la preſcription, & que par rapport aux deux dernières, ce droit de réclamation continuera à ſubſiſter de la manière qu'il eſt anciennement établi.

On trouve dans la collection de Baluze, *tome I, col. 349*, un extrait du code des Lombards en quarante-neuf articles ; à la colonne 357 du même tome une ordonnance de Charlemagne qui renvoie au jugement des Évêques les Prêtres & les Diacres qui ſeroient ſurpris à faire quelque choſe contre l'ordre public, & à la même colonne les Actes en vingt-deux articles du Concile que Charlemagne fit aſſembler cette année à Aix-la-Chapelle. Les plus remarquables de ces articles ſont, le premier qui enjoint à tous les Prêtres de faire des prières pour la perſonne de l'Empereur & pour la famille Impériale ; le douzième qui défend aux Prêtres d'exiger aucune ſomme d'argent pour adminiſtrer le Baptême & les autres Sacremens ; le treizième attache, juſqu'à la mort, les Prêtres aux égliſes pour leſquelles ils ont été ordonnés ; le dix-ſeptième établit la poſſeſſion de trente années en faveur de l'Égliſe ; nous ne croyons pas aujourd'hui qu'il fût au pouvoir d'aucun Concile de faire une légiſlation ſemblable à celle contenue dans ce dernier article.

ANNÉE 802.

16 AVRIL.

PRÆCEPTUM Caroli Magni imperatoris de abbatiâ sancti Carilefi, quam reddit Franconi episcopo Cenomannensi.

Donné à Aix-la-Chapelle.

Vetera Anal. Mab. nova edit. pag. 293. Rec. des Hist. de France, par Dom Bouquet, t. V, p. 766.

Je ne sais ni la cause ni l'époque où les moines de S.t Calez avoient commencé à se mettre dans l'indépendance de l'évêque du Mans ; mais Francon qui occupoit ce siège du temps de Charlemagne, réclama ses droits sur ce Monastère, & obtint de ce Prince cette Charte, confirmative de plusieurs Diplomes des rois de France ses prédécesseurs, qui soûmettoient cette Abbaye à la jurisdiction des évêques du Mans.

Quoiqu'il ne soit pas écrit que cette Charte fut donnée à Aix-la-Chapelle, nous ne laissons pas de la dater de ce lieu, parce que la pièce suivante y fut donnée, & qu'il paroît certain que Charlemagne y passa tout le mois d'avril. Genez, notaire du Roi, expédia celle-ci, à la place d'Erchambaud qui étoit alors chancelier.

26 AVRIL.

PRÆCEPTUM ejusdem Caroli Magni pro ecclesiâ Cenomannicâ.

Donné à Aix-la-Chapelle.

Vetera Anal. Mab. nova edit. pag. 294. Rec. des Hist. de France, par Dom Bouquet, t. V, p. 767.

On trouve dans cette pièce des choses bien intéressantes pour l'église du Mans, c'est un dénombrement des dixmes & des domaines que cette Cathédrale possédoit anciennement ; mais nous ne connoissons pas assez bien le local pour donner une notice de cette Charte, aussi détaillée que nous le desirerions. Au lieu de nous laisser aller aux conjectures & à la ressemblance que paroissent avoir plusieurs noms de lieux anciens avec les modernes, nous préférons d'inviter quelques savans Géographes à en faire la recherche ; nous remarquons cependant que, suivant cette pièce, on étoit persuadé du temps de Charlemagne, que le pays des anciens *Diablintes* étoit dans le diocèse du Mans.

Le même Genez qui expédia la Charte précédente, à la place du chancelier Erchambaud, signa également celle-ci.

5 MAI.

JUGEMENT en faveur de l'abbaye de Caunes.

Fait à Narbonne.

Histoire de Languedoc, t. I, pr. p. 30.

Cette pièce semble être un aveu ou reconnoissance plustôt qu'un Jugement. Il peut bien se faire que les moines de Caunes eussent cité devant les Juges qui tenoient un plaid, le particulier nommé *Pinaud*, pour l'obliger à reconnoître qu'il tenoit en bénéfice de leur Monastère, le lieu de Rissel situé dans le territoire même de Caunes, tandis qu'il prétendoit le posséder en alleu ; Pinaud comparut, & il paroît qu'il ne contesta pas devant les Juges ; il rendit simplement l'aveu ou reconnoissance dans la forme que l'exigeoient les Moines, & promit, par cet Acte, de payer deformais la redevance stipulée par les titres que produisirent ses parties ; c'est tout ce que porte la pièce.

Ce plaid se tint à Narbonne, & Cixilane viguier ou vidame du comté, y présida : ce ne fut que vers la fin du siècle suivant, comme le remarque l'historien du Languedoc, que les successeurs de Cixilane prirent le titre de *Vicomtes*.

Sans autre date.

CAPITULA data a Carolo Magno Missis dominicis.

Rec. des Hist. de France, par Dom Bouquet, t. V, p. 658. Capit. Reg. Fr. a Baluzio, t. I. col. 361 & suiv.

Quelques Savans croient, d'après les Annales publiées par Lambecius, que Charlemagne tint une assemblée générale à Aix-la-Chapelle, au mois de mars de cette année, dans laquelle on publia ce Capitulaire & celui qui le suit, avec la formule du serment de fidélité que l'Empereur exigea de la part de tous ses sujets, excepté les enfans qui n'avoient pas atteint l'âge de douze ans.

PREMIER CAPITULAIRE.

Ce premier Capitulaire contient quarante-un articles ; le treizième article est remarquable, il regarde les officiers que les Évêques, les Abbés & les Abbesses commettoient pour exercer leurs justices, *de Advocatis, Vicedominis & Centenariis, Episcoporum, Abbatum*

& *Abbatiſſarum*. Et l'ordonnance porte, *ut Epiſcopi, Abbates atque Abbatiſſæ, Advocatos atque Vicedominos, Centenarioſque legem ſcientes & juſtitiam diligentes, pacificoſque & manſuetos habeant, &c.* Ceci prouve que, par rapport aux terres que les Rois avoient détachées du Fiſc en faveur de l'Égliſe, la donation en avoit été faite avec la juſtice, puiſque les Eccléſiaſtiques étoient obligés d'avoir des Procureurs fiſcaux, des Vidames & d'autres Officiers pour l'exercer dans l'étendue de la ſeigneurie. L'exemption que nos Rois accordoient aux Monaſtères, d'être jugés par les Officiers royaux, ſuppoſe néceſſairement d'autres Juges qui devoient connoître, au moins en première inſtance, de leurs cauſes, de celles de leurs vaſſaux & de leurs ſerfs ; ce qui eſt une nouvelle preuve que les Gens d'égliſe poſſédoient des Juſtices territoriales, & qu'elles étoient exercées par des Officiers dont les fonctions étoient les mêmes que celles des Officiers de juſtices qui appartenoient aux Laïcs ; il paroît encore certain que les Officiers de juſtices appartenantes aux Eccléſiaſtiques étoient toûjours laïcs.

Le quatorzième article traite de l'union & de la concorde qui doit régner entre les Évêques, les Abbés & les Abbeſſes avec les Comtes, afin que la juſtice ſoit mieux adminiſtrée ; *ut Epiſcopi, Abbates atque Abbatiſſæ, Comiteſque unanimiter invicem ſint conſentientes legem ad judicium juſtum terminandum, &c.* Au premier coup d'œil il ſembleroit que la diſpoſition de cet article ſeroit contraire à celle du précédent, en ce que le Roi paroît ſuppoſer dans celui-ci, que les Gens d'égliſe exerçoient par eux-mêmes leurs juſtices, mais il faut entendre ceci tout autrement. Les Abbeſſes n'ont jamais tenu de plaids en perſonne ; l'article XX de ce même Capitulaire leur preſcrit rigoureuſement la clôture ; il auroit cependant fallu qu'elles ſortiſſent à leur gré de leur Monaſtère pour aller dans chaque territoire qui leur appartenoit rendre la juſtice, ſi elles l'euſſent exercée par elles-mêmes ; car il paroit hors de doute que la juſtice avoit la même étendue que la terre ou le domaine, & que l'on adminiſtroit la police & la juſtice aux hommes & aux ſerfs de ce domaine ſans ſortir du territoire, ce que les Abbeſſes ne pouvoient faire par elles-mêmes ; mais comme les Comtes étoient des Officiers royaux qui avoient la grande main dans tout leur diſtrict, que leur fonction principale étoit la ſurveillance afin que la juſtice fût également bien adminiſtrée, tant par les officiers du Roi que par ceux des particuliers, il étoit néceſſaire qu'il régnât pour le bon ordre, un concert entre eux & les Seigneurs juſticiers ; ſi un Vidame, un Centenier ou autre Officier d'une juſtice étoit ignorant ou prévaricateur, le bien public auroit ſouffert ſi le Seigneur ſe fût oppoſé à ſa deſtitution, que le Comte n'auroit pas manqué de réclamer.

Le trente-deuxième article & le trente-ſept roulent ſur les homicides ; on en étoit quitte encore alors pour une ſomme d'argent lorſque l'on avoit tué ſon père, ſon frère, ſon ennemi ; cette loi ne fixe pas la quotité de la ſomme, le tarif étoit réglé par la loi Salique, mais l'Empereur défend aux parens du mort de tirer vengeance auſſi-tôt que l'homicide aura payé ſa compoſition ; il ordonne par rapport aux parricides & aux fratricides, ou aux homicides de quelques proches parens, qu'outre la compoſition, l'accuſé ſe préſente à l'Évêque pour recevoir une pénitence ; ordonnant que s'il refuſoit de s'y ſoûmettre, il ſoit exhérédé. Mais à qui un frère qui tuoit ſon frère unique, qui n'avoit point d'enfans, dans la vûe de réunir ſur ſa tête toute la ſucceſſion du père & de la mère, payoit-il la compoſition ? je n'ai trouvé nulle part la déciſion de cela.

Le trente-neuvième ſtatue ſur le vol des bêtes fauves dans les forêts du Roi. Tout le contenu de cette loi eſt aſſez bizarre : elle ne prononce aucune peine contre le Comte, le Centenier ou autre Officier ſubalterne qui aura commis un vol de cette eſpèce, le Roi l'oblige, ſeulement dans ce cas, de comparoître devant lui pour rendre raiſon de ſon vol, & condamne à payer la compoſition, le ſerf ou tout particulier libre, ſans qu'on lui faſſe aucune remiſe.

Le Roi termine ce Capitulaire par une profeſſion de foi, qui eſt une eſpèce de paraphraſe du ſymbole des Apôtres, qu'il exhorte tous ſes ſujets d'adopter.

SECOND CAPITULAIRE.

Ce ſecond Capitulaire, tel que Baluze l'a imprimé, ne contient que vingt-deux articles, qui répètent, pour ainſi dire, les mêmes choſes que ceux du précédent ; le dix & le onzième articles contiennent quelques diſpoſitions pour les Francs bénéficiers, & pour les Saxons auxquels le Roi donnoit des bénéfices en France.

Baluze a imprimé à la ſuite de ces deux Capitulaires, une double formule du ſerment de fidélité dont nous avons parlé plus haut, on la trouve auſſi dans Eckard (*Francia Orientalis, t. II, p. 12*) ; l'une & l'autre contiennent eſſentiellement les mêmes choſes, il nous ſuffit de rapporter la première, que nous traduiſons ainſi :

« Je promets que je ſerai fidèle, de ce jour & à l'avenir, au très-pieux Empereur « Charles, fils du roi Pépin & de la reine Bertrade, & que je le ſervirai ſincèrement « & ſans artifice, pour la gloire de ſon règne, ainſi que par le droit un homme eſt «

» obligé d'être fidèle à son Seigneur; qu'ainsi Dieu me soit en aide, & les reliques des Saints qui sont en ce lieu ».

Aussi-tôt que l'assemblée des États fut finie, Charlemagne nomma des *Missi* pour chaque département, & leur donna les deux Capitulaires pour les faire exécuter, & la formule du serment pour le faire prêter dans les provinces. Magnus, archevêque de Sens, & le comte Godefroi eurent dans leur district l'Orléanois, une partie de la Picardie, la Champagne, la Bourgogne & la Franche-comté; Fardulfe, abbé de S.t Denys, & Étienne comte de Paris, allèrent dans les petits pays qui composent présentement l'Isle de France, dans le Chartrain & le Pincerais. Magenaire, archevêque de Rouen, & le comte Madelgaud remplirent la même commission dans la Normandie & le Maine. Flodoard dans son histoire de Reims *(lib. 11, cap. 18)*, & quelques vieux manuscrits de l'abbaye de S.t Gal suppléent à celui-ci, en nommant les autres Commissaires & les provinces du reste des États de Charlemagne où ils furent départis.

Sans autre date.

ANNÉE 802.

DIPLOMA Caroli Magni imperatoris, pro ecclesiâ sancti Vincentii Matisconensis.

Ann. Eccl. Fr. Cointii, tom. VI, pag. 803.

Liudvar, évêque de Mâcon & archi-chancelier de Charlemagne, porta cet Empereur à faire donation à sa Cathédrale de l'église & du village de S.t Gengoult de Chissy, avec une autre église de S.t Martin, dont la situation n'est pas désignée.

Le Cointe a imprimé cette pièce d'après Pierre de Saint-Julien, qui l'a insérée dans ses antiquités de la ville de Mâcon, *lib. 11*. Ce premier rapporte à la suite de ce Diplome, l'extrait d'un autre Diplome, sans date, donné par ce même Prince, à la sollicitation de Wicard successeur de Liudvar dans le siége de Mâcon & dans la charge d'Archi-chancelier. Celui-ci confirme les donations faites par le précédent.

EPISTOLA Paulini patriarchæ Forojulii ad Carolum Magnum, de ulciscenda nece Grandensis episcopi per ducem Venetorum interfecti, & de gestis in concilio Altinensi.

Baronii Ann. t. IX. p. 517. Conc. ab Harduino, tom. IV, col. 965. Miscellanea Baluzii, t. VII, pag. 6. Ann. Eccl. Fr. Cointii, tom. VI, pag. 808.

Il faut lire l'histoire d'Italie de Sigonius *(ad annum 802)*, & la nouvelle histoire de Venise par M. Logier, pour bien développer tous les points d'histoire dont cette Lettre ne parle que d'une manière très-obscure. La brièveté que je me suis prescrite dans mes notices, ne me permet pas de longs détails; je me borne sur ce sujet à dire que la république de Venise n'eut qu'un siège épiscopal dans les premiers temps, pour tous les pays qui formèrent ses États; ce siège fut établi à Olivola en 774, on le transféra dans la suite à Grado, il fut enfin établi sous le titre de *Patriarchale* à Venise, en 1451. Le duc de Venise pour se venger de quelques injures qu'il prétendoit avoir reçues de l'évêque de Grado, prit le parti violent de le faire jeter du haut d'une tour fort élevée. Le patriarche du Frioul, dont le siége étoit à Udine, ayant appris ce meurtre assembla un Concile, dans lequel on décida que l'on réclameroit la puissance de Charlemagne pour punir la violence de ce Duc. C'est la substance de cette Lettre.

CAPITULARIA duo de diversis capitibus data a Carolo Magno.

Donné à Aix-la-Chapelle.

Ann. Eccl. Fr. Cointii, tom. VI, pag. 405. Capit. Reg. Fr. a Baluzio, t. I, col. 242 & suv. Concil. Antiq. Galliæ a Sirmondo, tom. II, p. 156 & 157.

J'ai annoncé ces deux Capitulaires dans ma note sur celui de l'année 789, en exposant les raisons qui m'ont porté à préférer le sentiment de le Cointe à celui de Baluze & du père Sirmond, sur l'époque à laquelle ils doivent être placés.

Ce premier Capitulaire contient seize articles, dont le plus grand nombre concerne la discipline monastique. Le Roi défend par le onzième article de recevoir aucun novice à faire profession, avant que le temps de probation préscrit par la règle de S.t Benoît soit révolu. Il défend encore par le quinzième aux Abbés d'exiger aucune somme d'argent de ceux qui se présenteront pour prendre l'habit de Moine.

Le second Capitulaire renferme vingt-un articles, dont les uns contiennent des règlemens pour l'administration de la justice, & d'autres regardent purement la discipline ecclésiastique. Le Roi défend aux Comtes, par le premier article, d'aller à la chasse on de se trouver à quelque festin le jour marqué pour tenir le plaid ; le Roi explique le motif de sa loi, il dit que c'est afin que les Comtes puissent se livrer, sans aucune distraction, à entendre la veuve & l'orphelin, & que par ce moyen la justice leur soit plus promptement rendue. La disposition de ce règlement est une nouvelle preuve que les Comtes étoient chargés du ministère public.

Le second article contient une formule du serment de fidélité que les grands Seigneurs & les grands Officiers de la Couronne étoient tenus de prêter au Roi & aux Princes ses enfans. Ce serment est différent de celui que les *Missi* furent chargés de faire prêter à tous les sujets de l'Empereur.

Le troisième porte défense aux Évêques de permettre aux Abbesses de sortir de leur Monastère, sans l'agrément du Roi.

Le dixième fait défense, à qui que ce soit, de jurer desormais par le nom de S.[1] Étienne martyr, & par celui du Roi & des fils de France.

Le dix-neuvième enjoint aux *Missi* de veiller avec soin sur les Fiscs royaux, afin que les biens qui en sont détachés & donnés en bénéfice soient bien entretenus, & leur ordonne d'en informer le Roi.

Année 803.

24. Février.

Placitum *Carcassonæ habitum, in quo Ermenardus restituit monasterio sancti Hilarii Carcassonensis, Nitolarias cellam in pago Ruscinonensi.*

Annal. Bened.
t. II, p. 364.
De re Diplom.
a Mab. p. 505.

Le plus grand nombre des Critiques prétendent que cette Charte est de l'an 883, la III.ᵉ année du règne de Charles le Gros. Ce sentiment est prouvé par les noms des Souscripteurs qui vivoient effectivement dans cette année 883, comme Acfred comte de Bourges, Willeran évêque de Carcassonne, & d'autres ; ainsi il ne faut point avoir d'égard aux raisons que Mabillon donne dans sa note sur cette pièce, qui l'ont déterminé à l'attribuer au règne de Charlemagne, plustôt qu'à celui de Charles le Chauve ou de Charles le Gros ; car enfin parce que le Monastère dont il s'agit, étoit fondé sous le règne de Louis le Pieux : donc ce plaid qui intéresse ce même Monastère a été tenu sous Charlemagne : c'est à mon avis très-mal conclurre ; la raison la plus apparente de l'erreur de Mabillon, c'est que, comme les Journalistes de Trévoux *(décembre 1727, pages 2174 & suiv.)* il aura confondu le comte Acfred, Egfrid *ou* Wifred qui est le même nom ; avec un autre Wifred I.ᵉʳ du nom, qui pouvoit être du temps de Charlemagne, car il ne mourut que vers l'an 838.

Nous donnerons la notice de cette pièce au 24 février de l'année 883.

13 Juin.

Præceptum *Caroli Magni imperatoris pro monasterio Acutiano.*

Donné à Aix-la-Chapelle.

Ann. Eccl. Fr.
Cointii, t. VI,
pag. 814.
Hist. Franc.
script. par Duchêne, tom. III,
pag. 653.
Rerum Ital.
script. a Muratorio, t. II, parte
2, col. 358.
Rec. des Hist.
de France, par
Dom Bouquet,
t. V, p. 769.

Dom Bouquet a corrigé les fautes de date avec lesquelles Duchêne a imprimé cette pièce ; Dom Bouquet a suivi en ce point le sentiment de le Cointe, qui avoit avant lui fixé dans cette pièce la manière de compter les différens règnes de Charlemagne, afin d'en accorder la date avec tous les Chronologistes.

Benoît abbé de ce Monastère, connu sous le nom de Farfe, obtint de l'Empereur ce Diplome, portant confirmation tant des biens qu'il avoit acquis que de ceux qui lui avoient été donnés. L'abbaye de Farfe est située, comme on lit dans cette Charte, *in territorio Sabinensi in loco qui dicitur Acutianus.* Ce territoire forme présentement une province assez considérable d'Italie dans l'État ecclésiastique, on l'appelle la Sabine, elle est arrosée du Tibre.

13 Août.

Diploma *Caroli Magni quo patriarchæ Gradensi Fortunato immunitatem concedit.*

Donné au palais de Saltz.

Corps Diplom.
tom. I, partie 1,
p. 2, col. 1.
Ann. Eccl. Fr.
Cointii, tom. VI,
p. 817.
Hist. Mediani
in monte Vosago,
p. 159.
Franc. Orientalis, ab Eckardo,
tom. II, pag. 20
& 21.

Ce Fortunat avoit succédé sans doute à cet évêque de Grado, que le duc des Vénitiens avoit fait jeter l'année précédente du haut d'une tour : Charlemagne étoit fort intéressé à favoriser les Prélats & les autres Ecclésiastiques de cette isle, attendu qu'ils s'étoient soustraits à l'obéissance de l'Empereur d'orient, pour se mettre sous la puissance du nouvel Empereur d'occident; point de doute que cette défection n'eût occasionné le mauvais traitement que le duc des Vénitiens, qui tenoit obstinément le parti des Grecs, fit éprouver au prédécesseur de Fortunat; Fortunat lui-même fut obligé, vers la fin de cette année ou au commencement de l'autre, de prendre la fuite: Charlemagne le reçut à sa Cour, & lui donna quelque temps après, *en bénéfice*, l'abbaye de Moyenmoutiers en Vôge, comme nous l'apprend une chronique ancienne de ce même monastère. Charlemagne donne dans ce Diplome à Fortunat le titre de Patriarche, *Venerabili Fortunato Gradensi patriarchæ, sedis sancti Marci evangelistæ & sancti Hermagoræ episcopi*, & il confirme à son Église cathédrale ou patriarchale, tous les biens tant en fonds de terre qu'en serfs & colons qu'elle possédoit dans l'Istrie, dans la Romagne-Florentine, dans la Lombardie & ailleurs, l'exempte en outre d'impôts & de la juridiction des Officiers royaux; nous venons d'observer comme le pauvre Fortunat ne jouit d'aucuns de ces avantages, parce qu'il fut obligé de quitter son siège.

Hoding faisant pour le chancelier Erchambaud, expédia ce Diplome.

ANNÉE 803.

17 NOVEMBRE.

PRÆCEPTUM Caroli Magni imperatoris pro ecclesiâ Comensi.

Ann. Eccl. Fr. Cointii, tom.VI, pag. 820. Corp. Diplom. t. I, partie 1.re, p. 2, col. 2.

Donné à Ratisbonne.

L'évêque de Come dans le Milanois, obtint de l'Empereur ce Diplome, portant confirmation des biens de sa cathédrale, à quoi le Prince ajoûte la donation du comté de Chiavenne situé dans le pays des Grisons, sur les frontières du Milanois.

L'Empereur demeura pendant toute cette campagne à son palais de Saltz, plus à portée par-là d'être instruit des événemens de la guerre qu'il faisoit alors aux Saxons, & en partit vers la fin de l'automne pour se rendre à Aix-la-Chapelle où il se trouva aux fêtes de Noel; il prit sa route par la Bavière, & s'arrêta quelques jours à Ratisbonne où il donna ce Diplome. *Annales Loeseliani, ad hunc ann.*

19 DÉCEMBRE.

PRÆCEPTUM Caroli Magni imperatoris pro ecclesiâ Osnabrugensi.

In monum. Paderbor. p.325. Ann. Eccl. Fr. Cointii, tom.VI, pag. 824.

Après que Charlemagne eut encore une fois vaincu les Saxons, ses premiers soins se portèrent non seulement à rétablir les églises que ces Peuples trop attachés à l'idolâtrie avoient détruites, à rétablir les Évêques dans leurs siéges, mais encore à en créer de nouveaux; en multipliant ainsi les premiers Pasteurs, ce Prince pensoit qu'il seroit plus aisé de contenir cette Nation indocile sous son obéissance & de l'empêcher de retourner à ses premières erreurs; car il fut écrit & accepté par les Chefs des Saxons dans le premier article de paix qu'ils conclurent à la fin de cette campagne avec l'Empereur, qu'ils abandonneroient pour toûjours le culte des idoles, pour embrasser le christianisme. Dans cette considération, Charlemagne préférant les intérêts de la religion aux siens, affranchit par le second article de ce traité, toute la Saxe de payer desormais au Fisc ni cens ni tribut, il fut seulement fait réserve de la dixme que l'on continueroit de payer fidélement aux églises. Le troisième article portoit que les Saxons promettroient l'obéissance aux instructions des Évêques; l'Empereur accorda par le quatrième pleine franchise & toute liberté aux Saxons, de quelque condition & état qu'ils fussent, leur promettant de les faire gouverner suivant leurs loix, par ses Comtes & par ses Missi. Le cinquième portoit enfin, que toute la nation des Saxons seroit incorporée à celle des Francs pour n'avoir desormais qu'un même Roi, & vivre dans une paix profonde. Ces articles ayant été respectivement signés de l'Empereur & des chefs des Saxons, comme je l'ai déjà dit, ils prêtèrent ensuite à Charlemagne & aux Princes ses enfans le serment de fidélité, dans la forme dont nous avons donné une formule à l'article de l'année précédente. C'est-là l'époque de la transplantation d'un grand nombre de Saxons dans la France, auxquels Charlemagne donna en bénéfice & à perpétuité, des terres considérables; c'est à cet événement encore, que les plus habiles Critiques attachent l'établissement d'un siège épiscopal à Osnabruck. L'Empereur en dota richement la cathédrale qu'il fit mettre sous l'invocation des S.ts Crepin & Crepinian, parce qu'il avoit déposé dans l'église où le siège fut érigé, des reliques de ces deux martyrs. Il accorda en outre à l'Évêque toute justice sur les hommes serfs & libres dépendans de son église, *omne regale vel seculare judicium super suos servos & Liddones, Malman & Mundman*, faisant défense à ses Ducs, Comtes, Missi & *Sculteti*, d'exercer sur eux aucun acte de jurisdiction.

Il faut interpréter en cet endroit ces deux mots *Malman* ou *Maalman* & *Mundman* suivant la dialecte Saxonne, car ils signifient tout autre chose en Allemand & en Anglois. Ainsi il s'agit ici, par *Malman*, de domestiques attachés au service personnel, & on doit entendre le mot *Mundman*, par ceux qui *se recommandoient;* ces derniers sont le type des Fiefs. Par rapport aux *Sculteti*, c'étoit des Baillis royaux.

Sans autre date.

ANNÉE 803.

CAPITULARIA Caroli Magni de diversis capitibus ad disciplinam ecclesiasticam pertinentibus, de purgatione Sacerdotum, de lege Salicâ auctâ, de causis admonendis, de lege Ripuariorum, &c.

Cap. Reg. Fr. a Baluzio, t. I, col. 379 & suiv. Ann. Eccl. Fr. Cointii, tom. VI, p. 821 & suiv. Rec. des Hist. de Fr. par Dom Bouquet, t. V, p. 661 & suiv.

Donnés à Aix-la-Chapelle.

L'arrivée de Paulin patriarche d'Aquilée, à la cour de Charlemagne, fournit à ce Prince une occasion d'assembler à Aix-la-Chapelle plusieurs synodes. Nous ne pouvons cependant affirmer si ce Patriarche se trouva à tous ceux que l'Empereur tint dans le courant de cette année, parce que nous ne savons pas leur date fixe, & que nous ignorons d'ailleurs le temps que ce Prélat demeura à Aix-la-Chapelle.

Il paroît par les Actes du premier, que l'on y traita purement des matières ecclésiastiques. L'Empereur le publia sous la forme d'un Capitulaire. Il contient sept articles.

PREMIER CAPITULAIRE, (suivant l'ordre de Baluze).

Il est fait défense dans le premier article aux Ecclésiastiques d'aliéner les fonds de leurs églises; comme ces fonds ne sont autre chose que le vœu des fidèles, le prix des péchés & le patrimoine des pauvres, les Ecclésiastiques, qui n'en sont que les dépositaires & les administrateurs, doivent les conserver dans toute leur intégrité.

On recommande dans le second article, d'observer fidèlement la discipline des Canons sur l'élection des Évêques.

On fait défense, par le troisième à quiconque d'usurper ou de retenir les biens appartenans à l'église, sous peine d'être puni comme parricide & sacrilége.

Les quatrième & cinquième proscrivent tous les Chorévêques, & déclarent nulles les ordinations qu'ils pourroient avoir faites, parce qu'ils ne peuvent donner, dit le premier article, ce qu'ils n'ont pas; *Quoniam quod non habuit quis eorum dare non potuit; nam Episcopi non erant, quia nec ad quamdam civitatis Episcopalem sedem titulati erant, nec canonice a tribus Episcopis ordinati.* Ceci décide la question sur l'état de ces Chorévêques. Quelques Savans prétendent qu'ils avoient le caractère ou l'ordre d'Évêque; d'autres soûtiennent, au contraire, qu'ils n'étoient que de simples Prêtres. Dans des temps plus reculés que le siècle de Charlemagne, & principalement dans l'orient, je crois que les Chorévêques étoient effectivement Évêques, & qu'ils conféroient les ordres de Diaconat & de Prêtrise. Le treizième Canon du concile d'Ancire leur permet de conférer ces Ordres majeurs, avec l'agrément de l'Évêque diocésain; mais il est certain qu'en occident & dès le VIII.e siècle, les Chorévêques n'étoient que de simples Prêtres que les Évêques associoient cependant à leur ministère, auxquels ils donnoient quelque jurisdiction sur les Prêtres de la campagne. *Corepiscopus & Archidiaconus sunt tanquam duæ manus & duæ alæ quibus Episcopus volat. Cano. Arabici Nicænæ sino, cap. VIII.* C'est sans doute à ces Chorévêques, qu'ont succédé en France les Doyens ruraux & les Archiprêtres.

Ce que nous observons ici est pour les Chorévêques en général; car il y avoit du temps de Charlemagne des Évêques, dont les Suffragans ou Coadjuteurs ayant l'ordre épiscopal, se nommoient comme les autres, *Chorévêques*. Ce qui avoit précédemment donné occasion à Charlemagne de faire des règlemens pour ces Chorévêques, de l'une & de l'autre espèce; c'est que les uns conféroient les Ordres sans l'agrément de l'Évêque diocésain, & que les autres s'ingéroient, sans avoir caractère, de les conférer également. Ce quatrième article du Capitulaire regarde ces derniers.

Le sixième article défend aux Prêtres, aux Diacres & aux Sous-Diacres qui auront été ordonnés par les Chorévêques, de faire aucune fonction de ces Ordres, parce que leur ordination est nulle.

Le septième traite de la forme que l'on doit observer dans les procès des Prêtres accusés de crimes, & dont l'Empereur renvoie l'information & le jugement aux Évêques.

L'Empereur ajoûta deux articles à ce Capitulaire quelque temps après qu'il fut publié. Le premier paroît être une interprétation du dernier article. Ce Prince ordonne, par celui-ci, que les Prêtres accusés de crimes comparoîtront au Synode, avec les témoins & les accusateurs, & que s'ils sont jugés coupables, ils seront suspens de leurs fonctions. Dans le précédent il avoit laissé au gré des Évêques de prononcer la peine; peut-être lui représenta-t-on que pour éviter des abus, il devoit le décerner.

Ce second article fut arrêté dans une assemblée particulière que l'Empereur tint à Aix-la-Chapelle, après l'assemblée générale qu'il avoit convoquée à Worms; Charlemagne se rétracte dans celui-ci de ce qu'il avoit ordonné dans le précédent article, & reconnoît que le jugement des Prêtres appartient aux Évêques.

SECOND CAPITULAIRE.

Ce Capitulaire est une addition à la loi Salique, & ne regarde, par conséquent, que les Francs & les autres peuples des États de Charlemagne, auxquels il avoit accordé l'avantage de vivre sous cette même loi. Il contient onze articles. Le premier fixe la somme des compositions pour ceux qui tueront des Évêques, des Prêtres, des Diacres, des Sous-Diacres & des Moines; le second statue sur l'amende ou la composition que quiconque doit payer pour le dommage commis dans un lieu de franchise. Il paroît que ce droit de Franchise n'étoit accordé qu'aux Gens d'église; « Si quelqu'un, dit » la loi, commet un vol, un homicide ou quelqu'autre crime, & qu'il se retire après » dans *une Franchise*, le Comte en étant instruit réclamera le criminel, & mandera à l'Évêque ou à l'Abbé, ou à leur Vidame de le rendre ». L'article décerne ensuite une amende pour le premier, le second & le troisième refus, & autorise le Comte à rompre la franchise, & à entrer dans le lieu où se sera retiré le criminel pour le prendre & se saisir de sa personne. Ceci prouve bien évidemment que les Comtes étoient chargés du ministère public.

Le troisième article conserve le droit de franchise pour quelque cas que ce soit, non seulement aux églises, mais même aux porches des églises, en sorte qu'il est fait défense à qui que ce soit de faire aucune violence à un criminel qui se réfugiera sous le porche d'une église.

Le quatrième prononce une amende de quinze sols contre celui qui aidera de ses conseils ou autrement, un particulier qui fait un mauvais procès à un autre.

Le cinquième prononce la peine de mort contre quelqu'un qui tuera son père, sa mère, ses aïeux, ses oncles ou quelqu'autre parent proche, dans le cas où il voudroit éviter la servitude, que l'un de ses parens réclameroit, & à laquelle il seroit en droit de l'assujétir. Ceci prouve que l'usage de vendre sa liberté & de se faire serfs, établi parmi les Nations d'au-delà du Rhin, comme Tacite le dit dans son traité des mœurs des Germains, subsistoit encore en France du temps de Charlemagne.

Le sixième traite des donations en faveur des églises, que la loi veut être faites desormais en présence de témoins irréprochables; cet article contient une disposition particulière pour les donations entre vifs; il est dit que si quelqu'un partant pour l'armée fait donation de tous ses biens, la donation sera nulle si le donateur au retour de la campagne trouve mort son donataire; il est même dit que dans le cas de mort de la part du donateur, ses biens retourneront à ses héritiers, si durant la campagne le donataire meurt.

Le septième traite de l'affranchissement des serfs; le huitième de la servitude dans laquelle un homme libre se constitue; le neuvième des amendes que l'on doit payer au Fisc; le dixième prononce une peine pécuniaire ou corporelle, au gré de celui qui est dans le cas, contre celui qui portera une seconde fois devant les Juges une cause jugée; le onzième enfin statue sur la qualité des témoins.

Ces onze articles furent envoyés à Étienne comte de Paris, il les proposa dans une assemblée de tous les États qui se tint dans cette capitale, & après avoir été lus publiquement, acceptés & signés des Échevins, des Évêques, des Abbés & des Comtes, ils furent insérés au code de la loi Salique, pour être à l'avenir gardés & observés.

TROISIÈME CAPITULAIRE.

Ce troisième Capitulaire fut arrêté & publié, de même que le précédent, à Aix-la-Chapelle, & dans cette même année, peut-être aussi dans la même assemblée; il ne contient dans quelques manuscrits que vingt-neuf articles; dans quelques autres trente-trois & trente-quatre. Nous ne parlerons que de ceux qui contiennent des choses remarquables.

Le premier ordonne que l'on ne bâtira d'églises que par proportion à la grandeur des lieux, & que dans ceux où l'on jugera qu'il y en a un trop grand nombre, on démolira celles que l'on trouvera n'être pas nécessaires.

Le second défend d'admettre les Clercs à l'ordre de Prêtrise, avant de leur avoir fait subir un examen; il prescrit encore aux Prêtres d'être réservés & circonspects dans les excommunications, & de n'en prononcer aucune sans cause grave.

L'Empereur

L'Empereur donne, par le troifième, le pouvoir à fes *Miffi* de nommer les Échevins & les autres officiers de Juftice, & leur enjoint d'infcrire leurs noms, & de les lui remettre au retour de leur commiffion. Ceci doit s'entendre des Juftices royales ou des Juftices attachées aux Fifcs; car les Juftices particulières étoient exercées par des Officiers qui ne dépendoient pas du Roi.

Le fixième prefcrit aux officiers de Police, c'eft-à-dire, aux Comtes, de faire arrêter les pélerins, les vagabonds, les gens fans domicile, parce que le Prince veut être informé qui ils font & où ils vont.

Il eft fait défenfe aux marchands, par le feptième, de porter la rondache & la cuiraffe. *(Bauga & Brunias).*

Le feizième porte défenfe de contraindre qui que ce foit à boire malgré foi. Ceci eft une preuve que les Francs confervoient encore le goût de l'ivrognerie, que leurs pères avoient apporté de la Germanie.

Le dix-huitième ajourne à la cour du Roi, le particulier qui aura coupé le poil de l'épaule droite de fon chien. Cet article paroîtra fans doute ou bien puérile ou d'une grande fingularité à ceux qui, comme moi, en ignorent l'hiftoire.

Le vingt-deuxième défend de jurer par la tête du Roi, ou par celle des Princes fes fils.

QUATRIÈME CAPITULAIRE.

Ce Capitulaire fut arrêté comme les précédens à Aix-la-Chapelle, dans le courant de cette année, & inféré dans le code des Ripuaires. Il contient douze articles. Les deux premiers règlent les compofitions pour les mutilations faites aux perfonnes de différens états. La compofition pour cent coups de bâton donnés à un régiffeur du domaine du Roi, étoit réglée à cent fols; rien ne prouve mieux la barbarie du fiècle. Le troifième oblige celui qui devra la compofition & qui ne pourra la payer ni fournir de répondans ou des cautions, de fe donner en otage jufqu'à ce qu'il ait payé. Le feptième prononce fur la manière d'inftituer les héritiers; le huitième & le neuvième règlent que les biens des Affranchis foit par le denier, foit par une Charte, ne pourront paffer à leur poftérité, par droit d'héritage, qu'à la troifième génération. Le dixième défend de faire aucun ferment, à moins que ce ne foit dans une églife ou fur des reliques.

CINQUIÈME CAPITULAIRE.

Je ne peux indiquer auquel des deux codes de la loi Salique ou de celle des Ripuaires ce cinquième Capitulaire fut ajoûté; il paroit contenir des difpofitions qui font également analogues à l'une & à l'autre loi; Baluze & les autres Savans n'ont formé fur la matière de mon doute aucunes conjectures, comme ils ont trouvé le Capitulaire dans les deux vieux manufcrits de la bibliothèque du Vatican & de S.t Vincent de Metz, ils l'ont publié fans aucune annotation. Il contenoit originairement vingt-deux articles, mais Baluze n'en a imprimé que quatorze, les huit autres manquent dans les manufcrits qu'il a lus. La lacune fe trouve après le troifième article jufqu'au douzième. Le deuxième & le vingt-unième me paroiffent les plus dignes de remarque. Il eft défendu par l'un aux Marchands orfèvres, Lapidaires, Maquignons & autres de faire leur commerce pendant la nuit, c'étoit fans doute pour éviter les fraudes qui pouvoient plus aifément fe faire; & permis aux Hôteliers & aux Traiteurs de tenir boutiques ouvertes en tout temps, & de vendre la nuit comme le jour leurs marchandifes; il eft enjoint par l'autre article à tous ceux qui voudront bâtir une chapelle, d'en obtenir auparavant l'agrément de l'Évêque diocéfain, & de la doter de fonds affez confidérables pour qu'elle puiffe être deffervie par des Chanoines.

SIXIÈME CAPITULAIRE.

Baluze a publié ce Capitulaire, de même que le précédent, d'après deux manufcrits qu'il a tirés de la bibliothèque du Vatican & de S.t Vincent de Metz. Celui-ci contient huit articles qui font des décifions d'autant de queftions propofées au Confeil du Roi, par un Comte ou un *Miffus*.

La première queftion a pour objet de décider auquel des deux maîtres d'une colonne ou d'un ferf appartiennent les enfans qui naiffent de leur mariage. Le Roi avant de prononcer fait une autre queftion par comparaifon, & demande à l'interrogateur, « Si votre ferf époufoit la ferve de votre voifin, ou fi le ferf de ce voifin époufoit votre « ferve, auquel des deux de vous ou de votre voifin appartiendroient les enfans de l'un « ou de l'autre mariage; jugez d'après cela, dit le Roi, vous-même la queftion, *car il* « *n'y a que deux états, celui de liberté & celui de fervitude* ». Ceci eft bien digne de remarque; les colons quoique plus diftingués que les ferfs familiers, étoient néanmoins ferfs, & du temps de Charlemagne encore, il n'y avoit dans toute la maffe des habitans des villes & de la campagne que des libres & des ferfs; par conféquent les enfans du mariage, dont on fait la question, appartenoient au maître du serf, puisque la colonne étoit serve.

Le Roi décide dans la seconde question, qu'il faut juger chacun suivant sa loi, en sorte que les peuples régis par la loi Romaine seront jugés par le droit Romain, & les Francs par la loi Salique.

Que de choses curieuses & intéressantes ne pourroit-on pas dire sur cet article ! mais je craindrois en tentant de les développer de passer les bornes de la briéveté que je me suis prescrite, je me contente d'inviter quelque savant Jurisconsulte, singulièrement l'Auteur du Droit public de France, éclairci par les monumens de l'Antiquité, de publier les recherches, les discussions & les réflexions qu'il a sans doute faites sur cette matière importante.

La troisième question roule sur les serfs qui acquièrent la liberté par le secours de faux témoins; le Roi décide qu'ils doivent rentrer dans la servitude aussi-tôt que la fausseté du témoignage est reconnue. Cette question regarde les serfs que l'on appeloit *Denariales*, plustôt que les *Chartarii* ou *Chartularii*.

Le Roi déclare par rapport à la quatrième question, qu'il l'a décidée ailleurs ; comme il s'agit d'amende pour ceux qui étant ajournés à la cour du Roi, une fois, deux fois, jusqu'à trois, lesquels refusoient de comparoître, je crois que le Roi renvoie à l'article V du quatrième Capitulaire.

Il s'agit dans la cinquième question des Évêques, des Abbés & des vassaux du Roi qui refuseroient de même de comparoître à sa Cour, sur quoi le Roi décide que le Comte inscrira leurs noms, afin de les ajourner au Plaid général ; ce Plaid général se tenoit une fois l'année, il a été représenté postérieurement par la convocation des États.

Le Comte propose dans la sixième question, si l'on exigera le péage & les autres droits de voyerie pour le passage sur des ponts anciennement bâtis; le Roi trouve la question déplacée, parce qu'il avoit déjà notifié ses intentions sur ce sujet, & répète que l'on percevra ces droits par-tout où il est d'usage & de coûtume ancienne de les lever. Ce Comte pensoit, sans doute, que le Roi ayant eu le temps d'être remboursé des frais de la construction des ponts anciens, il ne devoit plus exiger de droits pour en permettre le passage.

Je n'entends ni la question ni la réponse du septième article, j'invite le savant Auteur, dont j'ai parlé ci-dessus, à développer l'une & l'autre.

La réponse à la huitième question décide que l'on ne pouvoit avoir d'objet indéterminé dans les lettres d'affranchissement, c'est-à-dire, qu'un maître en affranchissant son serf ou sa serve, ne pouvoit affranchir les enfans qui naîtroient de l'un ou de l'autre, parce que, dit la loi, *nesciunt utrum habere debeant an non.* « En sorte, que
» s'il vient à naître des enfans de ces affranchis après la mort du maître, ils seront serfs,
» parce que le doute de leur naissance a empêché le maître d'avoir une intention qui
» eût un objet déterminé dans l'acte d'affranchissement qu'il a donné au père ou à la mère, ou à tous les deux. »

SEPTIÈME CAPITULAIRE.

Ce Capitulaire contient treize articles, dont les uns traitent de la discipline ecclésiastique & les autres de la police civile ; il est défendu par le troisième de rien retrancher des biens que les particuliers tiennent du Roi ou de l'Église à titre de bénéfice, pour se l'approprier. Il est très-recommandé par le onzième d'observer les ordonnances royaux, qui défendent de se livrer aux œuvres serviles les jours de Dimanche ; le treizième fait défense à quiconque d'assister à aucune cérémonie payenne. Je crois que ce dernier article regardoit principalement les Saxons qui étoient, pour la plupart, retournés au culte des faux Dieux, après leur dernière révolte arrivée au commencement de ce siècle.

HUITIÈME CAPITULAIRE.

Ce Capitulaire fut arrêté dans l'assemblée générale tenue à Worms, vers la fin de cette année ; Baluze & les autres Savans n'en ont imprimé que ce qui concerne la discipline ecclésiastique ; le premier article contient une requête adressée au Roi par le peuple, dans laquelle Sa Majesté est très-humblement suppliée de dispenser désormais les Évêques, les Prêtres & les Clercs d'aller à la guerre ; disant que souvent il arrivoit que quelques-uns de ces Évêques étoient blessés mortellement, que c'étoit autant de crimes qui pouvoient attirer la colère du Ciel sur le Roi & sur son peuple ; qu'il étoit plus conforme à la volonté de Dieu & à la raison de laisser ces Prélats dans leurs diocèses, qui s'appliqueroient pendant la campagne à faire des vœux & des prières pour la prospérité des armes du Roi.

Le second article contient la réponse de l'Empereur, qui accorde avec des sentimens pleins de piété & d'affection pour son peuple, tout ce qui lui est demandé par la requête ; *Nous serons*, dit ce Prince, *toujours disposé à faire pour la plus grande gloire de Dieu, toutes les choses qui seront les plus convenables à tous les Ordres de notre royaume.* Comme le service militaire étoit une charge personnelle, que tous les citoyens en état de porter les armes étoient obligés de remplir, il n'étoit pas au pouvoir du Roi d'en dispenser à son gré tout un ordre entier de ses sujets ; nous renvoyons le Lecteur à beaucoup de bons ouvrages que l'on a écrits vers le milieu de ce siècle, sur cette matière.

Sans autre date.

ANNÉE 803.

EPISTOLA Domni Albini ad Condidum & Nathanaelem de Clerico qui in ecclesiam sancti Martini confugerat.

EPISTOLA altera Charoli Magni ad Albinum Magistrum & ad Congregationem sancti Martini monasterii, de eodem Clerico.

Capit. Reg. Fr. à Baluzio, t. I, col. 413. Recueil des Hist. de Fr. par D. Bouquet, tome V, pages 619 & 628.

Ces deux Lettres prouvent combien Charlemagne étoit instruit des droits de sa Couronne, & de ceux des Évêques en matière de correction.

Voici les faits : un Clerc du diocèse d'Orléans avoit été cité devant Théodulphe son évêque pour cause de scandale, occasionné, suivant les apparences, par sa vie trop licencieuse. L'Évêque lui fit son procès & le condamna à la prison. Ce Clerc rompit ses fers & se réfugia à S.t Martin de Tours ; comme ce Monastère jouissoit du droit de franchise, le fugitif pensa que son Évêque le réclameroit vainement, il s'imagina être desormais à l'abri de toutes poursuites. L'Évêque en écrivit au Roi qui donna une ordonnance, qui portoit que dans ce cas le monastère de S.t Martin ne pouvoit jouir du droit d'asyle, & qu'en conséquence les Moines seroient tenus de rendre à l'Évêque son prisonnier ; il paroît que l'ordonnance fut adressée à l'Évêque, & qu'il partit avec une escorte nombreuse pour se rendre à S.t Martin ; il est bien à croire aussi que le Prélat avant toute chose, fit part aux Moines des ordres du Roi ; mais il est certain qu'ils n'y eurent aucun égard, car l'Évêque voulant avoir son prisonnier, & les Moines refusant de le rendre, il arriva une grande émeute ; les satellites du Prélat firent mine de vouloir user de force, ils furent repoussés & maltraités ; la démarche de l'évêque d'Orléans, peut-être dans cette occasion trop peu réfléchie, ne fut suivie que d'un très-grand scandale. Cependant les Moines craignant le crédit de Théodulphe, prévinrent les plaintes qu'il étoit naturel de penser qu'il feroit à la Cour ; & pour se justifier devant le Roi du mépris qu'ils paroissoient avoir fait de ses ordres, ils intéressèrent, avec beaucoup d'adresse, Charlemagne lui-même de cette manière. L'Empereur sans doute, dit Alcuin dans sa lettre, ne savoit pas que ce Clerc vexé par un Jugement injuste de son Évêque, en avoit appelé à Sa Majesté ; les disciples d'Alcuin, alors abbé de S.t Martin, qui remplissoient à la Cour les fonctions de Bibliothécaires, de Maîtres de langues, peut-être professoient-ils ou l'Éloquence ou la Philosophie, ne manquèrent pas de faire valoir toutes les raisons d'excuses, & singulièrement cette dernière que leur Abbé leur avoit suggérée dans sa lettre. Mais l'Empereur n'en adopta aucunes ; bien-loin d'admettre la comparaison que faisoient les Moines de l'apôtre saint Paul avec ce Clerc, il fait voir avec beaucoup de sagacité la différence de l'une & l'autre cause ; « Saint Paul, dit Charlemagne, fut accusé devant « les Princes des Prêtres, mais avant d'être jugé il forma son appel à l'Empereur ; ce « Clerc, au contraire, a été accusé & jugé par son Évêque avant de former son appel, « ainsi son jugement doit être exécuté par provision ; c'est pourquoi nous voulons que « nos ordres soient exécutés, & en conséquence le Clerc soit rendu sans délai à son « Évêque, nous recevrons ensuite son appel, & nous ordonnerons à l'Évêque de le faire « comparoître à notre audience pour l'entendre. Il me paroît d'ailleurs bien surprenant, « continue l'Empereur, que vous ayez préféré d'écouter les prières de ce scélérat à obéir « à mes ordres. Sachez que le bruit trop bien fondé de votre vie licencieuse est venu « jusqu'à moi ; que je n'ignore pas que tantôt vous vous faites appeler Chanoines, tantôt « Moines, & que quelquefois vous prétendez n'être ni l'un ni l'autre.... Cependant « quoique vous affectiez de ne pas reconnoître mon autorité, gardez-vous bien, soit que « vous vous prétendiez Chanoines, soit que vous vous disiez Moines, de manquer de « comparoître à notre plaid pour rendre compte de votre conduite, le jour que notre « *Missus* vous indiquera de notre part ».

Tome I. G g ij

ANNÉE 804.

FÉVRIER, *sans quantième.*

CHARTA fundationis monasterii Palnatensis apud Petrocorios.

Annal. Bened. t. II, p. 717.

Ce monastère appelé indifféremment Paunac, Palnat & Paunat, étoit situé près Limeil dans le diocèse de Périgueux. Un riche particulier nommé David, de ce même canton, le fonda conjointement avec Bénédictine sa femme, par cette Charte, ils le soûmirent à l'abbé & au monastère de S.ᵗ Martial de Limoges ; cela n'empêcha pas cependant qu'il n'eût un Abbé particulier : Adalgise le gouvernoit sous ce titre lorsque les Normands le ravagèrent, en 849. *(Annal. Bened. & Hist. des comtes de Toulouse, par Catel, page 70 & suiv.)* Frotaire, évêque de Périgueux, le rétablit vers la fin du siècle suivant ; il continua d'être gouverné par des Abbés jusque dans le XV.ᵉ siècle, alors on en fit un Prieuré simple, dont la collation est demeurée à l'abbé de S.ᵗ Martial de Limoges.

NOVEMBRE, *sans quantième.*

PRÆCEPTUM Caroli Magni Augusti imperatoris, pro monasterio Sanctæ Mariæ de Organo.

Ann. Eccl. Fr. Cointii, t. VII, pag. 14. Corp. Diplom. tom. I, parte 1, p. 2, col. 2.

Ce Monastère situé dans un fauxbourg de Vérone, étoit gouverné par l'abbé Guadelbert lorsque Charlemagne lui accorda ce Diplome, par lequel ce Prince exempte des droits de douane les denrées & autres choses nécessaires à la vie, que les Moines feront venir par bateaux ou dans des navires. Il accorde de plus à l'Abbé le droit de réclamer les biens du Monastère par-tout où il pourra en découvrir, & confirme les échanges & les acquisitions que les prédécesseurs de Guadelbert ont pû faire depuis la fondation du Monastère.

14 & 15 DÉCEMBRE,

DEUX Actes de donation faite à l'abbaye de Gellone, par le duc Guillaume son fondateur.

Histoire de Languedoc, par Dom Vaissette, t. I. pr. col. 31. Gallia Christ. sec. edit. t. VI, instr. col. 263. Ann. Eccl. Fr. Cointii, t. VII, p. 13 & 689.

Le Cointe fait quelques remarques critiques sur la date du premier de ces Actes, & corrige les fautes que Catel & les frères Sainte-Marthe ont faites dans l'édition qu'ils en ont donnée.

Guillaume duc de Toulouse assigne pour dot de ce Monastère qu'il avoit fondé depuis peu, par l'Acte du 14 décembre, des fonds de terre situés dans les diocèses de Lodève, de Maguelone, d'Alby & de Rodez, & par l'Acte du 15 du même mois, il le met sous la dépendance de celui d'Aniane, duquel il avoit fait venir une colonie de Moines pour l'habiter.

Cette Abbaye s'appelle présentement S.ᵗ Guillain-du-Désert ; on la nomma, dans les premiers temps de sa fondation, Gellone, du nom de la vallée où elle est située. De tous les bâtimens que le duc Guillaume y fit construire, il en subsiste encore l'église.

20 DÉCEMBRE.

PRÆCEPTUM Caroli Magni imperatoris Augusti, pro ecclesiâ Osnabrugensi.

Donné à Aix-la-Chapelle.

Miræi Opera Diplom. tom. I, pag. 16. Ann. Eccl. Fr. Cointii, t. VI, pag. 826. Capitul. Reg. Fr. a Baluzio, t. I, col. 417.

Baluze a publié ce Diplome avec le monogramme de Charlemagne & son sceau ; ces caractères ne rendent pas la pièce d'une authenticité plus certaine : l'un & l'autre peuvent avoir été imités ; nous avons déjà remarqué avec les meilleurs Critiques, que tous les Actes de nos Rois qui ont précédé Louis le Pieux peuvent être soupçonnés de fausseté, ou tout été au moins interpolés lorsqu'ils commencent comme celui-ci par la formule *In nomine sanctæ & individuæ Trinitatis, &c.* cependant nous ne rejetons pas absolument celui-ci, parce que nous ne trouvons que la formule dont je viens de parler, qui puisse en rendre l'authenticité susceptible de quelques doutes.

Charlemagne fait par ce Diplome donation à Wihon évêque d'Osnabruck, & à sa Cathédrale, d'une forêt considérable située dans le canton d'Osnabruck, pour être possédée à perpétuité en pleine propriété, & aux mêmes droits & réserves que le Roi lui-même possède toutes ses forêts. L'Empereur établit, par ce même Diplome, une double école dans cette Cathédrale, voulant que deformais on enseigne aux Clercs les deux langues Latine & Grecque.

Amalbert, notaire, expédia cet Acte à la place du chancelier Erchambaud.

ANNÉE 804.

Sans autre date.

CAPITULARE Caroli Magni imperatoris, octo in capitula distinctum, cum ejus admonitione ad Presbyteros duodecim comprehensâ capitibus.

Concil. Antiq. Galliæ a Sirmondo, tom. II, pag. 252.
Cap. Reg. Fr. a Baluzio, tom. I, col. 415.
Ann. Eccl. Fr. Cointii, t. VI, p. 836 & seq.

Donné à Salz.

Le palais de Salz situé sur la rivière de *Sal*, étoit dans la Franconie. C'étoit le quartier d'assemblée que Charlemagne indiquoit à ses troupes toutes les fois qu'il se trouvoit dans le cas de faire la guerre aux Saxons. Il s'y rendit cette année pour cette raison au commencement du printemps; il y publia pendant son séjour, & à différentes fois, les trois Capitulaires dont nous allons rendre compte.

Le premier de ces Capitulaires contient huit articles, & est suivi d'un règlement purement de discipline ecclésiastique adressé aux Prêtres, qui en contient douze.

Le premier article enjoint aux Évêques de veiller attentivement à ce que les églises soient réparées & bien entretenues.

Le second prescrit encore aux Évêques de prendre les mesures nécessaires pour que les églises paroissiales soient suffisamment dotées, & que les biens & les dixmes qui leur ont été anciennement légués, leur soient restitués, si on les en a dépouillées pour en enrichir les Évêchés ou les Abbayes.

Le troisième permet à quiconque de bâtir sur son fonds une église, après en avoir obtenu l'agrément de son Évêque, pourvû toutefois qu'il la dote suffisamment, & que ce ne soit pas de biens dépendans du patrimoine des anciennes églises.

Le quatrième enjoint aux Évêques, chacun dans leur diocèse, de faire dans les temps marqués par les Canons, des ordinations.

Le cinquième défend aux Clercs comme aux Laïcs l'entrée dans les Monastères de filles, excepté les cas de nécessité qui seront jugés par l'Évêque; il enjoint en outre aux Prêtres de se retirer aussi-tôt après qu'ils auront célébré la Messe dans ces Monastères.

Le sixième & le septième défendent également de mettre des enfans de l'un & de l'autre sexe dans les Monastères de filles, sous le prétexte de former leur éducation; ils laissent néanmoins la liberté aux Religieuses de recevoir les filles, même dans l'âge le plus tendre, pourvû que leurs parens les consacrent à Dieu & les destinent à prendre le voile.

Le huitième défend à toute personne de mettre des armes en dépôt dans les Monastères de filles. Il permet cependant de leur en donner à titre d'aumône.

Les douze articles du règlement sont fort courts; le premier recommande aux Prêtres l'étude des saintes Écritures, & leur ordonne de croire au mystère de la sainte Trinité; le second les oblige d'apprendre par cœur tout le Pseautier; le troisième leur enjoint de savoir de même par mémoire les prières, oraisons & formules pour l'administration du Baptême; le quatrième leur prescrit l'étude des Canons; le cinquième leur ordonne d'apprendre le chant; le sixième leur défend d'habiter avec des femmes, à moins qu'elles ne soient leur mère, leurs sœurs ou leurs tantes; le septième leur défend de manger dans les cabarets; le huitième leur recommande la modestie, & leur prescrit la pratique des vertus opposées à l'avarice, à l'intempérance & à la paresse; le neuvième leur enjoint de garder le jeûne le jour de la scène de Notre-Seigneur; le dixième défend aux Prêtres d'administrer le Baptême à qui que ce soit hors le temps de Pâques & de Pentecôte, excepté aux infirmes; le onzième défend à tous les Clercs en général, sous la peine de dégradation, de confier le saint Crême aux Laïcs, sous quelque prétexte de nécessité que ce soit; le douzième, enfin, enjoint aux Prêtres de se rendre exactement au Synode, sous les peines portées par les Canons.

Sans autre date.

CAROLI MAGNI imperatoris Capitulatio de partibus Saxoniæ.

Inter monumenta Paderbornensia ad hunc ann.
Ann. Eccl. Fr. Cointii, tom. VI, pag. 838.

Ce Capitulaire fut publié quelques mois après le précédent; car il paroît vrai-semblable qu'il ne fut arrêté qu'après la guerre, que la révolte de quelques cantons de la Saxe avoit obligé l'Empereur de porter cette année, dans cette province. Cette guerre, comme le remarquent tous nos vieux Historiens, fut la dernière que Charlemagne fit aux Saxons; il la termina dans cette seule campagne. Les Holsates, proches voisins des Danois, étoient les plus mutins des Saxons; Godefroi roi de Danemark, Prince fort attaché à l'idolatrie, les protégeoit, & envoya pour les soûtenir dans cette circonstance une armée navale sur la côte, tandis qu'il se mit à la tête de sa cavalerie; à l'approche néanmoins de l'armée de Charlemagne, Godefroi recula bien avant dans ses terres

& fit rentrer sa flotte dans ses ports. Les Holsates alors, ainsi que les autres rebelles, se voyant sans secours mirent les armes bas & demandèrent à capituler ; Charlemagne épargna leur sang, mais se défiant de leur fidélité, il leur fit abandonner, pour toujours, leur patrie, & les transplanta dans la Flandre & dans la Suisse. Ces peuples furent remplacés dans les cantons qu'ils habitoient au delà de l'Elbe, par les Sclavons Abodrites. Ce fut pour maintenir ce qui resta de Saxons dans cette province, que Charlemagne publia ce Capitulaire, qui n'est qu'une addition aux loix que ce Prince avoit déjà données à ces peuples depuis qu'il s'étoit rendu maître de leur pays. Mézeray dit que l'Empereur établit dans cette occurrence un Conseil en Saxe qui avoit la forme d'une Inquisition, auquel il donna pouvoir de châtier les mutins, spécialement ceux qui retourneroient aux pratiques de l'idolatrie ; cet Historien ajoûte que cette espèce d'Inquisition a duré en Westphalie jusqu'au XVe siècle. Ce Capitulaire divisé en trente-trois articles traite en effet principalement des matières de religion, & prononce différentes peines contre ceux qui retourneront au culte des faux Dieux, ou qui demeureront simplement attachés à quelques superstitions du Paganisme.

La disposition de plusieurs de ces articles nous donne occasion de remarquer qu'il y avoit parmi les Saxons, trois états bien distingués ; les Nobles, les Affranchis, les Serfs attachés à la Glebe. Art. XX. *Si quis ad fontes, aut arbores vel Lucos, votum fecerit, aut aliquid more Gentilium obtulerit & ad honorem Demonum concederit, si Nobilis fuerit solidos LX, si Ingenuus XXX, si Litus XV. Si vero non habuerint unde præsentialiter persolvant, ad Ecclesiæ servitium donentur usquedum ipsi solidi solvantur.* Ces différentes amendes établissent trois conditions différentes ; le Noble ou le libre d'extraction étoit condamné à payer soixante sols, tandis que l'Affranchi ou l'homme issu d'une famille d'Affranchis ne payoit que trente sols, & le Serf attaché à la glebe, ou le Colon, ne payoit pour le même cas que quinze sols. Mais aussi la naissance mettoit alors la seule différence entre les citoyens, les emplois supposoient bien le plus de mérite dans ceux qui les occupoient, mais les richesses ne procuroient d'autre avantage à ceux qui en accumuloient que le plus d'aisance. Dans un point de vûe de la morale chrétienne tous étoient égaux, parce qu'en effet il n'y a point d'acception de personnes devant Dieu ; on trouve cette moralité dans la peine de la servitude au profit de l'Église, à laquelle le Noble, comme l'Affranchi & le Serf, sont également condamnés, jusqu'à ce qu'ils payent en argent l'amende fixée par la loi.

Année 804.

Capitulare aliud additum legi Saxonum a Carolo Magno imperatore Augusto.

Ann. Eccl. Fr. Cointii, tom. VI, p. 840 & suiv.

Nous regardons ce dernier Capitulaire, divisé en vingt-deux articles, comme un supplément au précédent, & nous pensons qu'il fut publié à peu près dans le même temps. On y trouve la distinction des trois états dans la fixation des compositions que les Nobles, les Affranchis & les Serfs doivent payer pour différentes espèces de crimes, comme les mutilations de membres, les homicides, les incendies, le rapt, le vol, &c. un des articles traite de la dot des femmes, & il porte une disposition différente pour la haute & basse Saxe.

Epistola Alcuini ad Odvinum de ceremoniis Baptismi.

Ann. Eccl. Fr. Cointii, t. VII, pag. 25.

Nous voyons par cette lettre qu'Alcuin écrivit à un Prêtre de ses amis, que les cérémonies que l'on observoit dans ces siècles reculés pour l'administration du Baptême, différoient très-peu de celles qui sont présentement en usage. Alcuin propose un Adulte pour exemple, & il dit qu'après avoir reçu sa profession de foi, il faut que le Prêtre fasse sur lui des exorcismes, qu'il lui oigne, avec le saint Crême, la poitrine, les épaules & la tête, qu'il lui donne la communion sous les deux espèces, & qu'un Évêque lui confère ensuite le sacrement de la Confirmation.

Alcuin fut un des hommes des plus célèbres de son siècle. Il étoit Anglois : il prit l'habit de Moine dans l'âge le plus tendre, & y persévéra ; il ne voulut jamais être promû à l'ordre de Prêtrise, par humilité ou pour quelqu'autre motif ; il ne prit que l'ordre de Diacre. Il voyagea étant encore jeune en France ; son mérite tarda peu à le faire connoître, le Roi se l'attacha & lui donna tout-à-la-fois deux Abbayes fameuses, celle de Ferrières & de St Loup de Troies. Il en eut par la suite une troisième, celle de St Martin de Tours, où il établit une fameuse École : il y mourut le jour de la Pentecôte qui arrivoit cette année le 19 de mai. Plusieurs Historiens lui attribuent l'institution de la fête de tous les Saints, & d'avoir fixé cette solemnité au 1.er de novembre. Duchêne & le père Chifflet ont imprimé les ouvrages de ce savant & pieux Abbé.

ANNÉE 804.

Sans autre date.

CONSTITUTIO *Caroli Magni de regiâ imperii Transalpini sede, de judicio imperiali, &c.*

Constit. Imp. a Goldasto, t. II, pag. 7.

Cette pièce se trouve vidimée dans la constitution des empereurs Frédéric I & II, & nous rapporterons l'une & l'autre à l'année 1244. Nous examinerons alors si celle-ci est de Charlemagne ou de Charles le Chauve, ou de Charles le Gros. Elle fixe l'époque de la translation du siège de l'empire d'occident de Rome à Aix-la-Chapelle.

ANNÉE 805.

2 Août.

CHARTA *donationis a Nevelongo, pro monasterio S. Dionysii.*

Fait à Les.

Antiquités de S.t Denys, par Doublet, page 724. Histoire de Saint - Denys, par Félibien, pr. page 45.

Ce Nebelong étoit comte de Madrie, le même que celui dont nous avons parlé au 25 mars de l'année 788. Il étoit sans doute fort vieux, lorsqu'à la prière de l'abbé Fardulfe il fit cette donation au monastère de S.t Denys. La Charte porte que ce Seigneur donne & lègue, à perpétuité, tous ses biens de patrimoine situés *in pago Hasbanlo in loco qui vocatur Hasca super fluvium Lachara*, pour l'entretien du luminaire de l'église & pour la subsistance des Moines.

Nous croyons que le *pagus Hasbanius* est cette contrée des Pays-Bas que l'on appeloit anciennement la *Hasbaie*, & que l'on nomme présentement le comté de *Hasbain*, ou, comme on dit dans le pays, le comté de *Haspengon*. La partie orientale de ce comté se trouve enclavée dans le pays de Liège entre le Brabant & la Meuse, la partie occidentale est dans le Brabant au quartier de Louvain, du côté de Hannuye & de Tillemont; je doute que l'abbaye de S.t Denys ait conservé les biens dont elle acquit la propriété par cette Charte. On lit qu'elle fut donnée dans un lieu nommé *Les*, dont nous ignorons tout-à-fait la situation. *Actum villa Les publice.*

23 MAI.

CHARTA *donationis cujusdam Liudgeri & Addonis ejus filii, pro ecclesiâ Mimigardevordensi.*

Ann. Eccl. Fr. Cointii, t. VII, pag. 41.

Charlemagne avoit fondé depuis peu l'évêché de Mimigerneford dans la Saxe, & l'avoit mis dans le même temps sous la métropole de Cologne; nous rapportons ces deux événemens à l'année 802. Liudgher, dont les Bollandistes & Mabillon parlent avec éloge à cause de sa grande piété & de sa science, en fut le premier Évêque; ce fut sans doute un de ses parens, & du même nom, qui fit cette donation à sa Cathédrale.

MAI, sans quantième.

PRÆCEPTUM *Caroli Magni Francorum regis, pro monasterio sancti Michaëlis ad Mosam.*

Ann. Eccl. Fr. Cointii, t. VII, pag. 43.

Actum Drippione.

Mabillon, ainsi que le Cointe, ont tiré cette pièce de la chronique de Saint-Mihiel. Ce dernier la place sous cette année, parce qu'elle n'étoit pas venue plus tôt à sa connoissance; nous en avons rendu compte au mois de Mai sans quantième de l'année 772.

Sans autre date.

TRANSUMPTUM *privilegii concessionis & donationis a Carolo Magno & Leone III, abbatiæ Trium-Fontium ad Aquas Salvias factæ, de civitate Ansidonia cum pluribus aliis locis.*

Corp. Diplom. tom. I, parte 1, p. 3, col. 1.

Ce Diplome se trouve dans l'Italie sacrée d'Ughelli, *tom. I, tit. Ostiens. episcop.* col. 65, & cet Auteur l'avoit sans doute publié d'après le monument fort ancien conservé dans le monastère même de Trois-fontaines. Ce monument est une grande lame d'airain, sur laquelle la Charte est écrite en lettres onciales, ce qui en prouve l'authenticité de la manière la plus évidente.

Ce titre a deux objets, celui d'une donation & celui d'un privilége. L'Empereur donne le comté d'Ansidonia près du mont Argentaro au pays de Sienne, avec la seigneurie des isles de Giglio & de Gianuti; le Pape confirme cette donation & ajoute le privilége de l'exemption de la jurisdiction de l'Évêque diocésain. L'abbaye n'a

240 *NOTICE*

conservé que le privilége; quelques Auteurs prétendent que l'Abbé céda aux Siennois lorsqu'ils se gouvernoient en république, le comté d'Ausidonia avec les deux seigneuries de Giglio & de Gianuti, ce qui est certain c'est que le comté & les isles sont aujourd'hui, ainsi que le Siennois, du domaine du Grand Duc de Toscane, en sorte que les Moines ne possédent présentement aucuns des domaines légués par ce Diplome; ils continuent d'être immédiats du Saint-Siége, & exercent la jurisdiction presque épiscopale dans le lieu même de Trois-fontaines, dans la ville d'Orbitelle, dans l'isle de Giglio, Pouzano & Saint-Oreste; cette Abbaye est sortie depuis plusieurs siècles de l'Ordre de S.' Benoît, & est présentement occupée par des Moines de l'Ordre de Cîteaux; elle est située en Italie à trois milles de Rome, dans la campagne de Rome.

Année 805.

Sans autre date. *Charta renovationis seu confirmationis testamenti Abbonis Patricii, pro cœnobio Novaliciensi a Carolo Magno.*

Rerum Ital. script. a Muratorio, tom. II, parte 2, col. 744. De re Diplom. a Mab. p. 507. Ann. Eccl. Fr. Cointii, tom. VI, p. 422 & seq.

Ce testament que Mabillon rapporte tout au long à la suite du Diplome de Charlemagne, est du temps de Charles Martel, comme nous l'avons observé au 5 de mai de l'année 739.

Frodin, abbé de ce Monastère, fit représenter à l'Empereur qu'il n'avoit que l'original de cette pièce qui commençoit d'être usé par la nécessité où l'on avoit été plusieurs fois de produire ce titre important devant les Comtes & dans les plaids: que pour en prévenir la perte qui causeroit un grand dommage au Monastère, ni lui ni les Moines n'ayant pas osé en faire de copie, il supplioit Sa Majesté d'ordonner que l'on en fît une, à laquelle il voulût bien apposer son sceau pour la rendre de la même authenticité que la pièce originale; l'Empereur sentant la justice de la demande de l'abbé Frodin, ordonna qu'il seroit fait une copie du testament par ses Secrétaires d'État qu'il appeloit *Fideles Notarios infra Palatium*, à laquelle il fit mettre son sceau de plomb. C'est une copie de cette même Charte, écrite il y a environ six cens ans, que M. d'Hérouval trouva dans le trésor de la cathédrale de Grenoble qu'il communiqua à Mabillon. M. Lancelot qui connoissoit parfaitement bien cette pièce, s'occupa, étant en Dauphiné, de la recherche des lieux où étoient situés les biens légués par ce testament; nous croyons que le Lecteur nous saura quelque gré de donner ici la nomenclature de ces lieux.

Cravasca, Cervasque, au delà du Mont Cénis, proche Pignerol.

Promaciano, Permacieus, proche Beaume de Trancy.

Lastadio, Stado, vers la petite ville d'Aiguebelle.

Camundis, Chamoux,
Lucemone, Lanebourg,
Corvalico, Bessan, } Tous ces lieux sont situés dans la vallée de Maurienne.
Petracava, Aussoix,
Trebocis, Termignon,

Orbano, Orbassan, dans la vallée de Suze, sur le chemin qui conduit à Turin.

Cicimiano, Cumiane, à cinq milles de Pignerol, sur la gauche.

Venoxio, Venaux, proche Novalèze.

Raude, Roulet, sur la gauche de Pignerol.

Oviliano, Avigliane ou Veillane, dans la vallée de Suze.

Velaucis, Vesilio, proche Novalèze.

Cammite superiore, Caramagne supérieure.

Cammite subteriore, Caramagne inférieure.

Brosolis, Bruzols, sur la rive gauche du Doux, sur le chemin qui conduit de la vallée de Suze à Turin.

Rogationis, Raconis.

Fano-Borgonis, il y a dans la Charte, *Tanno-Borgonis*, Château-Bourgon.

Galisiaca, Galise, montagne proche de Novalèze, appelée communément, *Val d'Yene*.

Tollatecus, Tosola ou Teico, sur les frontières du Milanois.

Dubiasca, Bessia, en Piémont.

Birisio, Abriez, dans le comté de Tarentaise.

Fontana, Foncouverte dans la vallée de Maurienne, ou Fontaine proche Moutiers en Tarentaise.

Nanosces. Ce lieu a changé son ancien nom, on l'appelle présentement, *Saint-Julien*.

Bonosco, Bramen.

Brogis, le Bourget.

Missottano, Modane, distant de six lieues de Saint-Jean de Maurienne.

Obleciacis, le bourg Saint-André, cependant douteux.

Albiadis, } Canton des Alpes appelé *du Til* ou *Saint-*
Bausetis, } *Michel de la Porte*.

Briscosis, la montagne de Saint-Julien.

Amalicione, Armeillon, sur une rivière appelée *Area*.

Dans le Graisivaudan.

Olonna, Oulle.

Missoriano, Misoen.

Piniaco, Pinet.

Corenuum, Corenc.

Aravardo, Allevard.

Miscasiana, peut-être *Miseriacum*, Saint-Martin de Misère, sur la rive droite de l'Isère.

Mezatico, Mezage, proche Vizille.

Cambe, Champ bourg, au confluent du Drac & de la Romance.

Quinciaco, Quincieu.

Viennatico, Vinay.

Dans

Dans le Viennois.

Maconiaco, Masco, petit village.
Bacconiaco, Bason, peut-être Baccociaco, Bossensieu.
Blaciaco, la Blache ou Blanieu.
Bornaco, Saint-Jean de Bournay.
Bassiaco, Bossieu.
Amblariaco, Amblerieu.
Senorio, Serres.

Dans le Mâconnois ou la Matesine, canton qui fait partie du haut Graisivaudan, il est appelé ici Matascensis pagus.

Mura-Maracena, la Mure.
Carnaco, } Ces deux endroits sont tout-à-fait
Æbasciaco, } inconnus.

Dans le Briançonnois.

Aquisiana, Cesane.
Annevasea, Nevache.
Agrecianis, La Grave.
Exoratianis, Oulx.
Aquislevas, Aigliers.
Valle-Gerentonis, La val-Louise.
Saliaris, La Sale.
Ingenua, il faut lire Genua, le Mont Genèvre.
Vendamum, le Veyer.
Mulliaricus, Moline.
V. Villa, Ville-vieille.
Jutole ou Vitole, le Vilaret.
Ralis, Rollières.
Valle-Moccense, le Val de Monts.
Brunico, Bernez.
Albariosco, Arbarel, dans le marquisat de Saluces.
Solia, Celle, près la ville de Saluces.

Dans le Gapençois.

Talarna, Talard.
Calaico, le Caire.
Allionicos, Salignac.
Venavella, Vaumeil.
Kalart, Clairet.
Altana, Autane, aujourd'hui du diocèse de Sisteron.
Curenno, Curnier, du même diocèse.
Galisco, le Glaysil.
Ancilla, Ancelle, dans la plaine de Saure.
Alpe-Cassanda, les Casses de Faudou.
Opaga, Picyga.
Subtus-ripas, Sourives, proche Sisteron.
Bonis, le plan de Boung.
Craviosco, Chardavon.
Valerigniaca, Valerne.
Roma, Romette, c'est aujourd'hui un Prieuré considérable.
Laquatico, Quet ou Eyguyan.
Crariis, Creyers.
Savelis, Savel sur le Drac.
Artonosco, il faut peut-être lire Aranosco, l'Aragne.

Nobridio, Nibles.
Glasia, Glaise.
Pentus, Pennes.
Bullone, Ballous.
Maurovilla, Mervel.
Radanone, Rosans.
Crono-Luciano, le Cros de Durbon, proche le village de Luzi.
Latiomaus, Laye.

Dans le Venaïssin.

Quonaone, Queylane, sur la petite rivière de l'Eyque.
Doliana, Dolan ou Dolane, du diocèse de Carpentras.
Placiano, Pleysian.

Dans le canton de Marseille.

Pero, Peyrolles.
Centronis, Centron, village à la source de l'Isere.

Dans le pays d'Arles.

Anglarias, peut-être Ayglarias, Aygalières.
Vivario, Castelveyre.
Salines in Viu, Salines in Alterneto, Costorosco, Leonio, ce sont des noms tout-à-fait inconnus présentement.

Dans le diocèse de Riez.

Verdacellis, la Verdière ou Varages.

Dans le Dyois.

Cassies, Cassières, dans la jurisdiction du Perse.
Besedone, Besaudun.
Ambillis, Ambel ou Monestier d'Ambel.
Riaciosco, Roissas.
Derauso, Saint-Jean d'Herans.

Dans le district d'Apt.

Variates, Pierrevert.
Attanisco, l'Aigne, du diocèse de Cavaillon.
Quossis, Quoye.
Pecciano, Pernes.
Torrido, le Tor.
Lavariosum, Lavargs.

Dans le Graisivaudan.

Pino, la Tour-du-Pin.
Juglisione, Gleisolles, dans la vallée de Barcelonnette.
Braccio, Braz.
Memiana, Mamers.
Crispiaco, Crespol.
Abrici, les Abrets, proche Vienne.
Macciano, Massieu, dans le même canton.
Licentiaco, Lems, dans le diocèse de Gap.
Cassaniola, Saint-Jean de Chassanies.
Ciconiola, Sigayer.
Lavarisco, Eure ou Leure, dans le diocèse de Sisteron, où il y a présentement une Abbaye.
Comario, Comiers, dans le diocèse de Grenoble.

Ce testament contient une donation de plusieurs autres héritages, mais on ignore le nom que portent aujourd'hui les lieux où ils étoient situés.

Tome I.   Hh

Sans autre date.

ANNÉE 805.

CAPITULARIA tria Caroli Magni, de diversis causis ecclesiasticis & civilibus.

Donné à Thionville.

Cap. Reg. Fr. a Baluzio, t. I, col. 421, 435. Ann. Eccl. Fr. Cointii, t. VII, p. 43 & suiv. Hist. de Luxembourg, par Bertholet, t. II, p. 299 & suiv. Constit. Imp, a Goldasto, t. III, pag. 149.

Le Cointe donne les variantes des différentes éditions des deux premiers Capitulaires, il y joint ses notes très-savantes pour l'intelligence de plusieurs articles, auxquelles nous engageons le Lecteur d'avoir recours; nous ne conseillons pas de même de lire ces Capitulaires dans le recueil de Goldast, car il les a publiés d'après des manuscrits très-imparfaits.

Charlemagne partit d'Aix-la-Chapelle vers la fin de juillet de cette année pour se rendre à Thionville où il fit un séjour de près d'un an; ce Prince, dans le restant de cette année, y publia trois Capitulaires ou Ordonnances.

Le premier de ces Capitulaires contient seize articles, qui tendent tous à maintenir la discipline ecclésiastique. Le premier ordonne qu'on lise distinctement les leçons dans l'église; le second que tous les Clercs apprennent le chant Grégorien, & que l'on se serve des Chantres de l'école de Metz pour l'enseigner; le troisième, que les copistes écrivent exactement les livres, & que les Évêques, les Abbés & les Comtes aient chacun un secrétaire; le quatrième, que les autres sciences que les Ecclésiastiques apprennent, soient conformes à la discipline des Canons; le cinquième, que tous apprennent les règles du Comput, que l'on cultive par-tout la Médecine, & que l'on exerce de bonne heure les enfans que l'on destine pour cet Art; le sixième, que ceux qui perçoivent les dixmes fassent soigneusement réparer les églises, afin qu'on y fasse exactement & avec décence l'Office, que l'on ait attention de n'y pas bâtir une trop grande quantité d'Autels & qu'elles soient bien pourvûes de luminaire; le septième, que ceux qui se font Moines apprennent bien la règle avant que d'être employés à gouverner les biens du dehors, nous leur défendons d'ailleurs expressément de s'immiscer à juger les affaires des séculiers; le huitième, que ceux qui se font Moines dans la vûe de s'affranchir de la servitude, & qui dans le Monastère ne suivent pas la règle, opteront désormais, voulant que dans le cas où ils ne seroient pas fidèles aux pratiques de la discipline régulière, ils retournent au siècle & rentrent dans leur premier état de servitude; le neuvième, que tous les Clercs, indistinctement, vivent à l'avenir suivant la règle des Chanoines, ou suivant l'institut des Moines; le dixième, que les Laïcs qui se consacrent aux Monastères apprennent bien la règle avant de prendre des emplois; le onzième, que l'on n'attache pas au service de l'intérieur des Monastères un trop grand nombre de serfs de l'un & de l'autre sexe, de peur que les campagnes demeurent sans culture; le douzième, que les Congrégations de piété ne soient pas multipliées ni trop nombreuses, voulant que l'on n'y admette que des personnes qui pourront donner de bons exemples & de sages conseils; le treizième, que suivant la règle on ne châtie les frères qui feront des fautes, que dans un esprit de charité; le quatorzième, que l'on ne donne le voile de Religieuse aux jeunes filles que l'on élève dans les couvens, que dans l'âge où elles puissent connoître toutes les obligations de leur état, de peur que l'on ne soit obligé de les leur faire quitter, suivant que les Canons le prescrivent, lorsqu'elles se trouvent sans vocation dans l'âge de maturité; le quinzième, que les Laïcs n'exercent point auprès des Évêques les offices d'Archidiacres ni de Prevôts dans les Monastères; le seizième, enfin, que l'on fasse une exacte recherche des incestueux, & qu'on les juge sans partialité.

Baluze donne deux éditions du second Capitulaire, la première contient vingt-cinq articles, la seconde n'en contient que vingt-quatre; il y a quelques articles dans la première qui traitent de choses dont il n'est pas mention dans la seconde; nous remarquerons ceux qui paroîtront mériter le plus d'attention, & nous indiquerons l'édition.

ART. IV. Nous ordonnons que dans un temps de disette, ou lorsque les saisons paroîtront tout-à-fait contraires aux moissons, on fasse des prières publiques sans attendre nos ordres sur ce sujet, & nous défendons dans ce cas d'augmenter le prix des grains & de les exporter hors du royaume.

ART. VII. Nous permettons aux Marchands de trafiquer dans les pays & régions dénommés au présent article, leur défendant néanmoins de porter vendre dans les pays étranger des armes, sous peine de confiscation de toutes leurs marchandises, dont la moitié sera appliquée à notre fisc, & l'autre moitié au profit de notre *Missus* & du dénonciateur, par portion égale.

ART. XV. Comme nous avons appris qu'un grand nombre de nos sujets s'engageoient dans l'état ecclésiastique, soit par des motifs de cupidité, soit pour se dispenser de porter les armes, ou de nous rendre ou à l'État d'autres services, soit parce qu'ils se laissent séduire par ceux qui desirent leurs biens, nous défendons même à ceux de condition libre de se vouer au service des Autels, sans en avoir auparavant obtenu de nous la permission.

Ce n'est pas qu'alors les Ecclésiastiques & même les Moines cessassent d'être capables de tous les effets civils par la susception des Ordres majeurs ou l'émission des vœux ; les uns & les autres au contraire pouvoient hériter & tester ; mais comme ils n'avoient point de postérité, les Monastères & les Collatéraux montroient, comme aujourd'hui, beaucoup d'empressement pour se faire faire des donations.

Première édition. ART. XX. Par-tout où le Cens royal se trouvera légitimement établi, nous ordonnons qu'il soit payé, & que l'on en fasse la levée soit sur les hommes, soit sur les biens.

Cet article renferme beaucoup de difficultés ; nous devons regretter qu'il ait échappé, comme beaucoup d'autres, aux méditations de Baluze & des autres Savans qui ont donné des notes pour faciliter l'intelligence de nos usages antiques. Ces notes, sans contredit, sont remplies de la plus profonde érudition, mais le plus grand nombre ne nous sont que d'une utilité médiocre, car il faut en convenir, elles s'étendent beaucoup sur les mots & se taisent sur les choses. Que faut-il en effet entendre ici par *Censûs regalis*, que l'on doit lever *de propria persona hominis*, ou *de rebus*. Ducange, au mot *Censûs*, rapporte l'article du Capitulaire. Cela prouve qu'il le connoissoit, mais comme il ne donne aucune note, cela fait en même temps que son Glossaire, au moins pour cet article, nous est inutile ; le *Censûs* étoit-il général, & tous les sujets du Roi dans les différentes conditions devoient-ils le payer ? pour quelques-uns il auroit ressemblé à la capitation, *de propria persona hominis*, pour d'autres on pourroit le comparer à la taille réelle, *de rebus;* mais peut-on dire qu'il n'y avoit que les hommes qui possédoient des fonds de terre, ou seulement des meubles, qui payassent le *Censûs* ? il paroit qu'il étoit perçû sur ceux qui n'avoient de biens ni de l'une ni de l'autre espèce. Enfin ce *Censûs* n'étoit-il dû que par les hommes du Roi, que l'on appeloit *homines Fiscales, Regii, de Corpore, Commendati, Casati, Exercitales, Franci, Romani, Vassalli, Clientes*, &c ! & ces hommes devoient-ils un double cens, l'un pour leur personne, & l'autre pour les terres qu'ils cultivoient ? l'article VIII du Capitulaire de Charles le Chauve, de l'année 865, semble l'insinuer ; le *Censûs* imposé sur les terres pouvoit aisément se lever en nature, mais celui qui étoit payé par des hommes qui ne cultivoient point d'héritages, devoit sans doute se percevoir en argent. Comment l'imposition s'en faisoit-elle ? n'y avoit-il qu'une quote pour toute une famille, ou chaque particulier composant sa famille avoit-il sa quote ? un homme d'État trouveroit sans doute dans la solution de ces questions quelque chose de plus que de l'érudition.

ART. XXII. Nous ordonnons que les hommes de condition libre qui épouseront une fiscaline, ne perdront, à cause de la disproportion de ce mariage, aucunes prérogatives de leur naissance, en conséquence ils seront admis à partager l'héritage de leurs pères, ils pourront plaider & défendre en leur nom leurs causes, & jurer en Justice comme témoins ; il en sera de même d'une fille libre qui épousera un fiscalin.

J'ai écrit dans une note sur l'article L de l'ordonnance de Charlemagne, placée sous l'année 800, qu'il paroissoit, suivant le sentiment de Ducange, qu'il y avoit des Fiscalins de condition libre & de condition serve : cela peut être en donnant une grande étendue à la signification du mot *Fiscalin*. C'est-à-dire que le Franc qui tenoit en bénéfice ou à cens des terres du Fisc, pouvoit absolument être appelé *Fiscalin* ; mais ici il s'agit de restreindre ce mot à sa véritable signification, il faut l'entendre des serfs qui étoient employés dans les fiscs du Roi, & quoique plusieurs eussent des emplois fort honorables, ils ne jouissoient cependant d'aucunes des prérogatives de la condition libre ; en sorte que nous jugeons par la disposition de cet article, que les serfs, même ceux du Roi, n'avoient rien en propre, qu'ils ne pouvoient plaider en leur nom, ester en justice, &c.

Première édition. ART. XXIII. Nous ordonnons qu'il sera fait quatre parts égales du produit des dixmes, une sera assignée pour l'Évêque, une pour les Prêtres, une pour les Pauvres, & la dernière pour les Fabriques.

Quelques Auteurs ont écrit, considérant les revenus immenses de plusieurs Évêques, qu'ils avoient mis dans leurs lots au temps où ils partagèrent avec le bas Clergé les revenus de leurs églises, deux ou trois portions des dixmes. Quoi qu'il en soit, nous remarquons que dans tous les temps les Canons, comme les ordonnances royaux, ont affecté une portion considérable des revenus des bénéfices pour l'entretien des Autels, & les réparations des églises & des bâtimens en dépendoient.

Le troisième Capitulaire contient seize articles qui traitent des mêmes choses que les deux précédens, c'est en effet la même ordonnance que Charlemagne fit expédier à Jesse évêque d'Amiens, l'un de ses *Missi*, pour qu'il la publiât & la fit exécuter dans l'étendue de son district.

ANNÉE 805.

Sans autre date.

CAPITULARE aliud Caroli Magni imperatoris, de honore Episcoporum & Sacerdotum.

Donné à Thionville.

Capit. Reg. Fr. a Baluzio, t. I, col. 437. Constitutiones Imp. a Goldasto, t. III, p. 149. Hist. d'Allemagne, par le P. Barre, t. II, pag. 487.

Comme il n'est parlé dans cette ordonnance que du respect qui est dû aux ministres de l'Église, il y a lieu de croire que Charlemagne la rendit principalement pour la Saxe, où les peuples par leur attachement au culte des faux Dieux, montroient peu de considération pour les Évêques & pour les Prêtres: elle contient cependant des maximes que l'on ne sauroit trop mettre sous les yeux de tout le monde indifféremment, nous en donnerons, par cette raison, une simple traduction.

Nous ordonnons que tous nos sujets, depuis le plus petit jusqu'au plus élevé, obéissent à leurs supérieurs Ecclésiastiques, soit du premier, soit du second ordre, comme à Dieu même, dont ils sont les ministres & les interpretes dans l'Église. Car il ne nous paroît pas croyable que l'on refuse d'obéir à Dieu & à ses ministres dans les choses spirituelles, & que l'on puisse nous demeurer fidèles & exécuter les choses que nos Officiers ordonnent de notre part. N'est-il pas écrit dans les Livres sacrés qu'il faut plustôt craindre celui qui peut condamner aux flammes éternelles le corps & l'ame, que celui qui ne peut que pendant une courte vie vous priver de vos biens, &c. C'est pourquoi, appuyé de l'autorité des divines Écritures, nous voulons que chacun soit soûmis à tous les Ministres des autels, & que selon ses forces il les aide dans les fonctions de leur ministère, soit pour exciter la vigilance de ceux qui négligent leurs obligations, soit pour infliger des peines aux méchans & aux pécheurs endurcis. Que ceux qui leur refuseroient l'obéissance convenable sachent qu'ils seront dépouillés des biens qu'ils possèdent dans nos États, quand même ils seroient nos propres enfans, qu'ils ne possèderont jamais de charge à la Cour, & qu'ils n'auront desormais aucune communication avec nous, ni avec ceux qui approchent de notre personne; c'est par cette soûmission envers les Pasteurs, que nous jugerons de la fidélité que nos sujets nous doivent; s'ils observent avec exactitude le contenu de notre ordonnance, ils se montreront également fidèles à Dieu & à nous. S'ils y sont réfractaires, non seulement nous les croirons infidèles, & comme tels ils seront notés d'infamie; mais leurs biens seront confisqués & eux condamnés à l'exil.

STATUTS de l'église de Vienne en Dauphiné, arrêtés par Volfere archevêque de cette cathédrale, & confirmés par Charlemagne.

Histoire de l'église de Vienne, par de Maupertuis, p. 106.

Maupertuis assure avoir publié cette pièce d'après un manuscrit des Archives de l'église de Vienne; mais peut-on croire que ce manuscrit soit bien ancien? il n'y a pas d'apparence qu'on puisse le croire d'un temps plus reculé que le XIII.e ou le XIV.e siècle; nous croyons au moins pouvoir juger qu'il n'est pas du siècle de Charlemagne; sous le règne de ce Prince on ne distinguoit pas les dignités des personnats & des offices; on n'avoit pas non plus imaginé d'attacher aux cathédrales des Chevaliers, car on ne connoissoit pas encore les Chevaliers, ces raisons nous paroissent suffisantes pour douter de l'authenticité de ce manuscrit.

ANNÉE 806.

20 JANVIER.

PRÆCEPTUM Caroli Magni imperatoris, pro monasterio Prumiensi.

Donné à Thionville.

Rec. des Hist. de France, par Dom Bouquet, t. V, p. 771.

Dom Bouquet a publié ce Diplome d'après Dom Martène & Durand, (in ampliss. collect. tom. I, p. 59) dans lequel Charlemagne dit, que par amour pour la religion & pour faire honneur au feu roi Pépin son père, qui avoit rétabli ce Monastère, il donne à Tancrade, qui en étoit alors abbé, & aux Moines, une métairie dépendante de son fisc, située *in villa Walemaresthorpf*.

ANNÉE 806.

5 AVRIL.

PRÆCEPTUM Caroli Magni imperatoris, pro monasterio Beatæ Mariæ de Crassâ.

Mémoires de l'histoire de Languedoc, par Catel, p. 745. Annal. Bened. tom. II. p. 376.

Donné à Narbonne.

Mabillon critique les notes chronologiques de cette pièce, & juge, avec raison, que les unes & les autres ne peuvent se concilier. Je n'ajoûterai rien aux remarques de ce Savant sur cet article, j'observe seulement qu'il n'est pas à croire que l'Empereur fût cette année au mois d'avril à Narbonne; car il est certain qu'il demeura jusqu'à la fin de février à Thionville, qu'il s'embarqua sur la Moselle pour Nimègue où il passa le carême & y célébra la Pâque, qui arrivoit cette année le 12 avril; où est la vrai-semblance que ce Prince après avoir passé la plus grande partie du carême en Allemagne, allât sans raison, infirme & âgé comme il étoit, dans le fond du Languedoc, où il ne paroît pas qu'il pût séjourner plus d'un jour, pour retourner à Nimègue passer le temps paschal? ainsi il n'est point vrai que cette Charte ait été donnée cette année à Narbonne, par Charlemagne.

Ce Diplome porte que Nebridius abbé du monastère de la Grasse, obtint de Charlemagne pour la subsistance de ses Moines la vallée de Borre dans le comté de Narbonne, avec les églises de S.t Félix, de S.t Nazaire & de S.te Candide, que Charlemagne joignit à cette donation toutes les dépendances de ces trois églises, & qu'il affranchit le tout des impôts, taxes & redevances.

Ce Nebridius, si connu dans l'histoire de ce temps, avoit conservé son Abbaye après avoir été nommé à l'archevêché de Narbonne.

9 AVRIL.

BULLE du pape Léon III, qui confirme tous les priviléges de l'église de S.t Martin de Tours.

De statu sancti Martini Turon. pag. 136.

Comme nous avons déjà fait quelques remarques sur les priviléges de cette église, & que nous avons plusieurs Chartes à placer dans ce siècle & dans ceux qui le suivent, où ils sont plus détaillés que dans cette bulle, nous nous bornons à l'indiquer simplement.

13 JUIN.

CHARTA Caroli Magni quâ prædia plurima ecclesiæ sancti Dionysii largitur.

De Morinis, &c. a Malbranq. t. II. p. 159.

Donné à Aix-la-Chapelle.

Malbranq a fait une faute de placer ce Diplome sous cette année, nous en avons donné une notice à l'article de l'année 799 au 13 de juin qui est sa véritable date.

OCTOBRE, sans quantième.

CHARTA emptionis ruralis domûs, jugerum, prati, &c. a Nantario abbate Sitivensi pro eodem monasterio.

De Morinis & Morinorum, &c. a Malbr. t. II. p. 152.

Actum Hebrona.

L'abbé Nantaire acheta donc cette maison de campagne, avec toutes ses dépendances, pour accroître les revenus de son monastère de Sithiu, d'un particulier nommé Erthaire, sous la condition néanmoins que le vendeur jouiroit durant sa vie & celle de ses enfans, des biens vendus; ce qui nous porte à croire que Nantaire les acquit pour un prix médiocre. Ces biens étoient situés *in pago Iseretio ab Isera flumine sic appellato*. Cette rivière étoit sans doute l'Isère que l'on appelle présentement la Brêle, & que l'on trouve nommée dans le Lexicon de Hofman, *Phrudis*; elle sépare la Normandie de la Picardie & va se perdre dans la Manche au dessous de la ville d'Eu. Par rapport au lieu où cet acte fut passé, il m'est tout-à-fait inconnu, & je n'ai trouvé que ce seul endroit où il en soit parlé.

ANNÉE 806.

Sans autre date.

TESTAMENTUM *primum Caroli Magni imperatoris, quo regnum inter filios partitur.*

Publié à Thionville.

Capit. Reg. Fr.
a Baluzio, t. I.
col. 439.
Baronii Ann.
t. IX, p. 532.
Hist. générale
de France, par
Dupleix, t. I,
p. 389.
Hist. de Luxembourg, par
Bertholet, t. II,
p. 304 & suiv.
Ann. Eccl. Fr.
Cointii, t. VII,
pag. 60.
Constit. Imp. a
Goldasto, t. I,
p. 145.
Trois-états du
comté de Flandre, p. 12.
Franc. Orientalis, ab Eckardo,
t. II, p. 41.
Rec. des Hist.
de France, par
Dom Bouquet,
t. V, p. 771.

Cette pièce fameuse que Pithou a mal-à-propos critiquée *(in præfat. ad XII. script. Coætan. hist. Franc.)* a été aussi mal-à-propos intitulée dans l'Annaliste de Metz & dans Reginon, *Imperator divisione factâ in tres partes imperium suum partius est in tres filios;* parce que Charlemagne se réserva l'empire & ne divisa que les royaumes qu'il avoit eus de la succession de Pépin son père, avec les différentes conquêtes qu'il avoit faites depuis sa mort. Cependant ce partage ne devoit avoir lieu que dans le cas où ses enfans le survivroient, car il ne se dépouilla d'aucune portion de ses États durant sa vie. Enfin cet acte des dernières volontés de Charlemagne étant clos, & ayant reçu toutes les formes en usage alors & dont il étoit susceptible, comme la publication dans une assemblée générale des États & la signature des Grands du royaume, il fut clos par le sceau de l'Empereur, & Éginard eut la commission honorable de le porter à Rome pour le faire confirmer par le Pape. On se rappellera que par respect pour l'Église on faisoit confirmer autrefois tous les Actes civils, soit par le Pape, soit par les Évêques; mais nous avons lieu de penser que néanmoins on regardoit, dans le temps même où cet usage avoit lieu, cette confirmation comme une pure formalité qui n'auroit pas rendu les Actes nuls dans le cas où ils n'en auroient pas été revêtus; toutes ces considérations nous portent à ne point applaudir au raisonnement de Bellarmin qui prétend d'un côté que Charlemagne partagea l'empire entre ses enfans, & que d'un autre côté le consentement du Pape étoit nécessaire pour que le partage fût valide, *parce que ce Prince,* dit-il, *tenoit l'empire de la libéralité du Pape;* ce sentiment renferme une double erreur, car j'ai déjà remarqué dans plusieurs époques du règne de ce Prince, qu'il étoit contre la vérité de dire qu'il tenoit l'empire d'autres mains que de celles du Sénat & du peuple de Rome; peut-être même pourroit-on prouver qu'il joignoit à ce titre de possession celui de conquête; j'ai même observé que Charlemagne se réserva l'empire, & qu'il ne partagea entre ses enfans que ses royaumes.

Charlemagne voulant donc prévenir les dissentions que la division de ses États pourroit faire naître après sa mort entre ses enfans, en régla lui-même le partage, se réservant néanmoins la liberté de faire à l'avenir les changemens qu'il lui plairoit, & en fit dresser cet Acte, qui porte, outre le partage, des règlemens dont l'Empereur ordonne à ses enfans l'exécution après sa mort. Telles furent les limites que la disposition de cet Acte mit entre les États de ces trois Princes.

L'Aquitaine & la Gascogne formèrent le royaume de Louis, en exceptant la Touraine de l'Aquitaine; on y joignit les provinces que borde la Loire du côté de l'occident, les pays qui s'étendent jusqu'aux Pyrénées, ceux conquis en Espagne, & ceux qui se trouvent depuis la ville de Nevers jusqu'au Rhin, comme l'Alsace, le territoire d'Avalon, celui de Challon-sur-Saône, le Mâconnois, le Lyonnois, la Savoie, le pays de Maurienne, de Tarentaise, le mont Cénis, le val de Suze, toutes les villes & contrées situées le long des Alpes jusqu'à la mer, & depuis là jusqu'en Espagne, en ajoutant ces grandes provinces qui avoient fait partie de l'ancien royaume des Bourguignons & des Visigots, comme la Provence, le Languedoc *ou* Septimanie, & la Gothie.

Ce que Charlemagne s'étoit réservé de ses conquêtes en Italie fut le partage de Pépin, avec la plus grande partie de la Bavière, les pays de l'Allemagne situés sur la rive méridionale du Danube, & ce qui est entre ce fleuve & le Rhin, toutes les contrées ensuite qui s'étendent depuis le Rhin jusqu'aux Alpes vers l'orient & le midi, le duché de Coire dans la Suisse, & le pays de Turgau situé entre le lac de Constance à l'orient, & celui de Zurich à l'occident.

Les États de Charles furent composés de la France en deçà de la Loire, de la Touraine, du surplus de la Bourgogne & du restant de l'Allemagne, de la Neustrie, de l'Austrasie, de la Thuringe, du Nortgaw dans la Bavière, de la Saxe, & de cette partie de la Frise qui s'étend jusqu'à l'embouchûre de l'Escaut.

Chacun de ces trois royaumes comprend, sans contredit, une aussi grande étendue de pays qu'il s'en trouve présentement en Europe sous la domination du Roi, ce qui doit donner une grande idée de la puissance de Charlemagne l'un de ses prédécesseurs. Il est néanmoins bien à croire que par les changemens qui sont arrivés depuis le IX.e siècle, il y a autant d'hommes & autant de terres cultivées dans la France, qu'il y avoit de l'un & de l'autre dans toute l'étendue des États immenses de Charlemagne : ce qui mettroit une sorte d'égalité entre les forces & les richesses du Roi & celles de ce Prince.

Charlemagne, sage, prévit jusqu'aux dissentions que la mort de l'un des trois frères pourroit occasionner entre les deux autres qui lui survivroient, c'est pourquoi, en supposant que l'un d'eux mourût sans postérité masculine, il disposa en cette manière de la succession; il régla que si Louis & Pépin survivoient Charles, ils partageroient son royaume dans la même égalité qu'il avoit été partagé après la mort du roi Pépin son père, entre lui & son frère Carloman, assignant la portion qui lui étoit échue à Louis, & celle de Carloman à Pépin. Si, au contraire, Pépin mouroit le premier & sans postérité, il divisa de même, par portion égale & par convenance, la succession entre Charles & Louis, donnant à Charles le duché d'Aoste dans la Savoie, la plus grande partie du Piémont, le canton de Verseilles dans le Milanois, tout le pays qui est arrosé par le Tésin jusqu'au duché de Modène, la ville même de Reggio, celle de Modène & son territoire qui confine au patrimoine de St Pierre, avec le duché de Spolette; la Toscane & toutes les provinces restantes du royaume de Pépin devoient faire le partage de Louis. Si, enfin, Charles & Pépin survivoient Louis, la Provence, le Languedoc & tous les pays de son royaume qui s'étendoient de ce côté jusqu'à l'Espagne, devoient appartenir à Pépin; la Gascogne & l'Aquitaine étoient destinées à Charles; *mais*, ajoûte Charlemagne, *que si, au contraire, l'un de ces trois Princes laisse en mourant un fils, je veux que les deux oncles de cet enfant le laissent en possession de la succession de son père, supposé que le Peuple l'élise pour régner.*

Cette dernière disposition n'a point échappé à M. l'abbé de Vertot, il s'en est habilement servi pour appuyer son système contre le sentiment du père Daniel & d'autres Auteurs; il en a présenté avec beaucoup de sagacité le sens naturel, ses conséquences paroissent justes. Mais comme je n'entreprends point de décider la question, & qu'il n'entre pas dans mon plan de la traiter, je me borne à inviter le Lecteur de lire les Dissertations de ces Savans, avant que d'adopter un sentiment.

Le règlement que Charlemagne inséra dans ce même Acte, est relatif à ses dispositions testamentaires, il contient quinze articles; le premier porte que pour entretenir la paix & l'union qui doivent régner entre ces trois Princes, ils se secoureront mutuellement dans les guerres qu'ils auront à soûtenir au dedans ou au dehors de leurs royaumes, & que pour étendre leurs frontières ils ne se feront respectivement aucunes usurpations; le second, que chacun d'eux ne recevra, pour quelque cause que ce soit, les transfuges du royaume de l'un des trois frères; le troisième & le quatrième portent qu'ils ne permettront pas aux hommes libres, non plus qu'aux serfs sujets d'un d'eux, de former un établissement & d'acquérir des bénéfices dans le royaume de celui des trois qui ne seroit pas son Souverain; le cinquième laisse le choix aux hommes libres, après la mort de l'un des trois Princes, de devenir sujets de l'un ou de l'autre des deux qui le survivront; le sixième fait défenses aux trois Princes de faire des acquisitions de meubles & d'immeubles dans les États les uns des autres; le septième permet les mariages entre les sujets des uns & des autres de ces trois Princes; le huitième porte que pour les otages que des pays assujétis à l'empire ont donnés pour la sûreté des tributs qu'ils doivent payer, celui des trois frères, dans le royaume duquel ils se trouveront à la mort de Charlemagne, ne les renversa pas dans leur patrie sans l'agrément des deux autres frères; le neuvième, que s'il arrive des contestations entre les trois Princes pour les limites de leurs royaumes, ils ne prendront point les armes, ni même n'auront point recours au duel pour les décider, mais que l'affaire sera discutée pour être jugée civilement, ou que l'on aura recours au jugement de la Croix; par le dixième, Charlemagne recommande à ses trois fils les intérêts de la Religion, la défense de l'Église & de protéger ses Ministres; par le onzième, il les engage de réparer promptement tout ce qu'ils pourront faire de mal contre les choses qu'il leur prescrit; par le douzième, il ordonne que les Princesses ses filles auront le choix de se retirer dans l'un des trois royaumes qu'il leur plaira, recommandant que si l'une d'elle veut prendre le voile de Religieuse, son frère, dans le royaume duquel le couvent qu'elle aura choisi, s'y fasse vivre avec l'aisance & d'une manière convenable à sa naissance, leur défendant, d'un autre côté, de s'opposer en aucune sorte aux mariages qu'elles voudront contracter s'ils se trouvent sortables (il paroît surprenant que Charlemagne, dans cette circonstance, n'assigne point de dot à ces Princesses, & qu'il ne charge point ses fils de leur en donner); le treizième article porte une disposition qui prouve encore la barbarie du siècle de Charlemagne, & combien la Nation étoit attachée à ses préjugés antiques, « Nous voulons, dit l'Empereur, dans le cas où quelques-uns de nos petits-fils nés ou à naître seront accusés de quelques crimes, que leur procès leur soit fait dans les formes, & que sans cause juste & sans preuve on ne les condamne pas à mourir, ou à être mutilés ou avoir les yeux crevés, défendant en outre de leur couper les cheveux contre leur plein gré ». On se rappellera que les Romains appeloient les rois des Francs, *Reges criniti,* les Rois à longue chevelure, & c'étoit une loi d'État parmi ces Barbares, qui subsistoit encore, comme on le voit, du temps de Charlemagne, que les Princes du Sang royal conservassent leurs longs cheveux, si bien que c'étoit donner l'exclusion au trône à celui que l'on tondoit.

Les quatorzième & quinzième articles portent en substance que, malgré toutes ces dispositions dont l'Empereur recommande à ses fils la plus scrupuleuse exécution après sa mort, il se réserve néanmoins, tant qu'il plaira à Dieu de lui conserver la vie, la pleine puissance sur l'empire & sur ses royaumes, « afin, dit-il, que les Princes nos » fils bien aimés, de même que notre peuple, nous rendent l'obéissance que les enfans doivent à leur père, & les sujets à leur Empereur & à leur Roi ».

L'assemblée étant séparée, les Princes prirent congé de leur père; Pépin retourna en Italie, Louis en Aquitaine, & Charles eut le commandement de l'armée que l'Empereur envoya cette année dans la Bohème contre les Sclavons qui s'étoient révoltés; Charlemagne de son côté tarda peu à quitter Thionville, il s'embarqua vers la fin de l'hiver sur la Moselle, qui se perd dans le Rhin, & alla passer le carême & les fêtes de Pâques dans son palais de Nimègue.

Année 806.

Capitularia data a Charolo Magno imperatore Augusto, pro regimine regni.

Donné à Thionville.

Capit. Reg. Fr. a Baluzio, t. I, col. 445 & suiv. Rec. des Hist. de France, par Dom Bouquet, t. V, p. 675.

Le Cointe place ces trois Capitulaires sous des dates différentes; il y a lieu de croire cependant que Charlemagne ne fut pas seulement occupé dans la grande assemblée qu'il avoit convoquée à Thionville de régler le partage de ses États, il ne négligea pas sans doute, dans cette circonstance, de donner des ordonnances sur les abus qui régnoient dans les provinces, & dont les *Missi* lui avoient rendu compte.

Le premier de ces Capitulaires contient huit articles, & l'Empereur ordonne que l'on en fera une addition au code de la loi Salique. Chacun de ces articles fixe la somme des compositions pour différens crimes.

Le second Capitulaire fut remis aux *Missi* pour le publier & le faire exécuter chacun dans leur département. Celui-ci ne contient que six articles. Le premier défend à quiconque le port des armes offensives & défensives dans le lieu de sa résidence, & même lorsqu'il va au plaid; la disposition du second article fait pressentir un usage du temps qui doit piquer la curiosité, mais que je ne crois pas qu'il soit aisé de satisfaire. « Si » quelqu'un, dit l'ordonnance, reçoit chez lui un voleur, quand même il seroit son père, » son frère, &c. après avoir entendu *la Messe dite à l'honneur de St Jean*, s'il est Franc, » il doit jurer avec douze autres Francs ses pairs, qu'il ne le connoissoit pas pour être » voleur, & s'il ne peut faire ce serment, nous ordonnons qu'il soit lui-même réputé voleur ». Le troisième article établit une police admirable pour la sûreté des acquisitions que l'on peut faire dans les foires & marchés, mais qui géneroit cependant le commerce, il est défendu d'acheter un cheval, un bœuf ou autre chose de qui que ce soit, à moins qu'on ne connoisse le vendeur, son pays, son domicile, ou son maître si on achette d'un serf. Les autres articles de ce Capitulaire regardent l'ordre que les *Missi* doivent observer dans les plaids qu'ils vont tenir dans les provinces.

Le troisième Capitulaire contient huit articles, & les *Missi* eurent ordre de les publier avant le commencement de l'année suivante, afin qu'à commencer du premier janvier, il fût exécuté par tout l'empire; car l'année civile commença vers ce temps au premier de janvier.

Les quatre premiers articles regardent des points généraux de discipline ecclésiastique & de police civile, traités plus en détail dans les ordonnances précédentes: Le cinquième article règle que desormais on suivra la disposition de la loi des Bavarois dans tout l'empire, pour la punition des voleurs, des homicides, des adultères & des incestueux. Le sixième ordonne que par rapport aux choses usurpées, celui qui les réclamera ne s'en mettra en possession qu'après que la cause aura été discutée par-devant les *Missi*, & qu'il sera intervenu sentence. Le septième fait défense de se plaindre à la cour du Roi des sentences des *Missi* & autres Juges inférieurs, autrement que par la voie d'appel. Le huitième regarde l'ordre judiciaire que les *Missi* doivent observer dans la Bavière.

Capitulare aliud Caroli Magni imperatoris de rebus civilibus, & aliud de rebus ecclesiasticis.

Donné à Nimègue.

Cap. Reg. Fr. a Baluzio, t. I, col. 45 1 & suiv. Ann. Eccl. Fr. Cointii, t. VII, pag. 70. Rec. des Hist. de France, par Dom Bouquet, t. V, p. 677.

Le Cointe a imprimé le premier de ces deux Capitulaires en dix-huit articles; Baluze l'a divisé en dix-neuf; Dom Bouquet a copié exactement Baluze; nous ne remarquerons que ceux qui ont quelque rapport à notre Droit public, actuellement en vigueur.

Le

Le quatrième article ordonne que les *Miſſi* ou Commiſſaires départis dans les provinces, feront exactement leurs viſites dans les Monaſtères d'hommes & de femmes, & qu'ils s'informeront ſi les règlemens y ſont obſervés, ſi les égliſes ſont bien entretenues de réparations & d'ornemens, &c.

Le cinquième preſcrit aux Évêques, aux Abbés & aux Abbeſſes d'avoir un ſoin particulier du tréſor de leurs égliſes, & de veiller ſur la conduite de ceux à qui on en confie la garde; « car, dit l'Empereur, il nous eſt revenu que des marchands Juifs, & autres, ſe vantoient d'acheter, quand ils le vouloient, des vaſes ſacrés & des ornemens précieux, des Tréſoriers des égliſes ».

Le ſixième recommande aux *Miſſi* de rendre également, & ſans acception de perſonne, la juſtice dans leurs plaids, défend de chaſſer les gens mariés & domiciliés des lieux où ils ſe feront établis, & ordonné de renvoyer les ſerfs fugitifs & les voleurs dans le lieu de leur habitation.

Les ſeptième & huitième défendent aux Comtes, & à tous particuliers, de démembrer les bénéfices royaux, de ſe les approprier en tout ou partie, de les vendre; & par rapport aux bénéfices qu'ils font valoir pour le compte du Roi, il leur eſt également défendu d'en retirer les ſerfs & les colons qui y ſont attachés, & de les employer à des travaux étrangers.

Le dixième ordonne que les domiciliés & propriétaires de biens feront tenus, en commun, de nourrir les pauvres de leur canton, avec défenſe aux pauvres d'aller mendier ailleurs, & aux habitans de leur rien donner.

Le dix-huitième défend à quiconque de profiter, par avarice & pour faire un gain honteux, du temps de la moiſſon pour acheter des blés & des vins, lorſque ces denrées ſont à bas prix, & d'en faire des magaſins pour les vendre très-cher dans une autre ſaiſon.

Le dix-neuvième enjoint aux Évêques, aux Abbés & Abbeſſes, aux Comtes & aux autres Officiers royaux, de nourrir, pendant tout le cours de cette année, qui eſt de la plus grande diſette, les pauvres tant de leurs métairies ou alleux, que ceux des domaines qu'ils tiennent en bénéfice, & défend à ceux qui feront des magaſins de blé, de le vendre à autre prix que celui qui eſt fixé par la préſente ordonnance.

Le Tarif porte que le boiſſeau d'Avoine ſera vendu 2 deniers.
Le boiſſeau d'Orge.............. 3
Le boiſſeau de Mouture............ 3
Le boiſſeau de Seigle............. 4
Le boiſſeau de Froment............ 6

Je ſens qu'il ſeroit très-curieux de dire à quel compte de notre monnoie reviendroit le denier du temps de Charlemagne, mais je doute qu'on puiſſe le ſavoir au juſte; le denier, dont il s'agit ici, étoit une monnoie d'argent; dont quarante, juſqu'à Pépin & Charlemagne, avoient valu le ſol d'or; Pépin rendit une ordonnance que Charlemagne confirma, par laquelle le denier d'argent augmenta ſi conſidérablement, qu'il n'en fallut plus que douze pour valoir le ſol d'or. Il ſeroit encore bien intéreſſant de ſavoir ce qui occaſionna un ſi grand changement, mais je n'ai rien lû dans les Hiſtoriens du temps qui puiſſe même nous le faire ſoupçonner.

Le ſecond Capitulaire contient vingt-trois articles qui concernent tous la diſcipline eccléſiaſtique. Le plus grand nombre renouvelle la diſpoſition des Canons ſur la néceſſité d'aſſembler fréquemment des Synodes, & ſur les règles que l'on doit ſuivre dans les Ordinations. Le dixième article défend aux Évêques de changer de ſiége, à moins que ce ne ſoit en vertu d'un decret des Comprovinciaux aſſemblés. Le vingt-unième défend de ſanctifier les fêtes, même ſolemnelles, (*Feſtivitates præclaræ*) dans les campagnes; c'étoit ſans doute de peur que la culture des terres en ſouffrît. La diſpoſition du vingt-troiſième article porte qu'un Clerc dans un ordre inférieur, n'accuſera point un autre Clerc conſtitué dans un ordre ſupérieur; que pour condamner un Évêque il faut ſoixante & douze témoins, que le Pape ne peut être jugé par perſonne; que pour juger un Prêtre, il faut quarante-quatre témoins, & trente-ſept pour un Diacre de l'égliſe de Rome, s'il eſt Cardinal (*Diaconus in Cardine conſtitutus urbis Romæ*). C'eſt, je crois, la première fois qu'il eſt parlé de cet office, comme étant une prééminence qui n'étoit pas cependant alors dans un degré de conſidération à beaucoup près égal à celui dans lequel on l'enviſage aujourd'hui. Néanmoins on connoiſſoit plus anciennement les *Preſbyteri Cardinales*, ainſi que les *Diaconi*; l'office même de ces derniers eſt appelé *Diaconiæ*. Spelman, au mot *Cardinalis*, dit dans ſon Gloſſaire que le pape S.ᵗ Évariſte établit, vers l'an 112 de Notre-Seigneur, des Prêtres & des Diacres-Cardinaux dans quelques égliſes de Rome, ce qui paroît difficile à croire, parce que le pape Évariſte fut martyriſé le 8 octobre de l'année 108. Il ajoûte que le pape Fabien confirma cet arrangement en 240, mais cela eſt dit ſans preuves.

ANNÉE 806.

Sans autre date.

KAROLI MAGNI imperatoris Augusti, constitutio de Sacerdotum purgatione.

Constit. Imp. a Goldasto, t. III, p. 148.

Goldast s'est trompé de date par rapport à cette ordonnance, à moins que Charlemagne n'en ait fait renouveler la publication ; j'en ai donné une notice à l'année 799.

Sans autre date. **DONATION** du comte Guillaume, à l'abbaye de Gellone.

Histoire de Languedoc, par Dom Vaissette, t. I, pr. col. 33.

Le comte Guillaume après avoir fondé cette Abbaye y embrassa, vers l'an 805, la vie monastique, & lui fit dans cette année cette riche donation ; savoir, l'église de St Paragoire, le village de Seyras, le lieu de Creyssels en Rouergue, St Geniez de Leuz, les villages de Brunaut, d'Estaignole, d'Agré, de Graixamaire, de l'Exite, de Feissal, de Castries, de la Balme, de Reys, de Launas, de Cussy en Rouergue, de Gabriach, de Madières, de la Reigne, tous situés en Languedoc dans le diocèse de Lodève, dans le voisinage de l'Abbaye qui a pris dans la suite le nom de St *Guillem du Désert*.

Juliofrede, abbé de ce Monastère, fait mention de ces donations dans son testament, que nous placerons sous l'année 812.

ANNÉE 807.

7 Avril.

PRIVILEGIUM a Ludovico rege Aquitanorum monachis Cormaricensibus concessum.

Rec. des Hist. de France, par Dom Bouquet, t. VI, p. 453. Capit. Reg. Fr. a Baluzio, t. II, col. 1401.

Donné à Casseneuil dans l'Agenois.

Après la séparation de la fameuse assemblée de Thionville, les fils de l'Empereur se retirèrent chacun dans leur royaume ; Louis vint en Aquitaine & alla, sans s'arrêter, à son palais de Casseneuil, le plus proche qu'il eût des frontières de l'Espagne, pour y recevoir les soûmissions des peuples de Pampelune & de la Navarre, lesquels s'étoient soustraits l'année précédente à sa domination pour se mettre sous celle des Sarrazins. Fridegise alors abbé de St Martin de Tours, soit qu'il eût suivi le Roi qui passa par Tours en revenant des Pays-Bas, soit qu'il fût venu le trouver à Casseneuil, obtint de ce Prince, pendant le séjour qu'il fit dans ce palais, ce Diplome en faveur de l'abbaye de Cormery. Ce Monastère dépendoit en ce temps de celui de St Martin, & étoit gouverné par un Prevôt ou Prieur qui rendoit compte de son administration à l'abbé de St Martin. Le Roi, par ce Diplome, accorde aux moines de Cormery de faire voiturer toutes les denrées & les autres choses nécessaires à la vie, par deux ou plus grand nombre de bateaux, dans toute l'étendue de son royaume, sans payer de péages & autres droits de voierie.

Albo expédia ces lettres, dans l'absence d'Élizachar alors chancelier d'Aquitaine.

28 Avril.

PRÆCEPTUM Caroli Magni imperatoris pro Prumiensi monasterio.

apud Martenn ampliss. collect. t. I, col. 60. Rec. des Hist. de France, par Dom Bouquet, t. V, p. 774.

Donné à Aix-la-Chapelle.

Amalbert expédia ce Diplome, faisant pour le chancelier Erchambaud.

Tancrède, abbé de Pruim, représenta à l'Empereur la modicité des revenus de son Abbaye pour le nombre des Moines qui accroissoit chaque jour, & obtint de la libéralité de ce Prince des fonds de terre situés *in pago Andecavino in loco Laniaco*. Tacite *(lib. III, Annal.)* appelle les peuples de l'Anjou dans les Gaules, *Andecavi* ; je n'ose cependant assurer qu'il s'agisse ici de cette province, d'autant mieux que le *Locus* appelé *Laniacus*, semble indiquer ou Lanieux dans le Bugey, ou Lagny dans l'isle de France.

Le comte Hugues & l'abbé Tancrède s'étoient rendus adjudicataires des biens d'un certain Godebert, que l'on avoit confisqués au profit du Domaine royal pour crime d'inceste, & l'Abbé obtint, par ce même Diplome, la confirmation de l'acquisition qu'il avoit faite en faveur de son Monastère. Ces biens étoient situés *in pago Rodonico in locis Stivale, Caucina, Turicas & Villâ novâ* ; j'ignore absolument la situation du pays *Rodonicus*, & le nom que portent aujourd'hui les lieux désignés.

ANNÉE 807.

21 MAI.

DIPLOMA Pippini regis Italiæ, quo restaurat cœnobium sancti Zenonis in urbis suburbio Veronensi.

Ann. Eccl. Fr. Cointii, t. VII, pag. 96.

Rotald évêque de Vérone contribua beaucoup à cet acte de piété, en détachant de sa Cathédrale des biens pour augmenter ceux de ce Monastère. Il avoit été détruit dans les dernières guerres, on en avoit usurpé le patrimoine, les Moines s'étoient dispersés, en sorte que le roi Pépin le rétablit en le fondant de nouveau ; ce Prince néanmoins dit dans son Diplome, que son aïeul Pépin & Charlemagne son père avoient autrefois confirmé par des Chartes ce Monastère, dans la possession des biens de sa première dot.

7 AOÛT.

DIPLOMA Caroli imperatoris Augusti, pro ecclesiâ Wirceburgensi.

Franc. Or. ab Eckardo, t. II, pag. 51.

Eckard n'a donné qu'un extrait de ce Diplome, qu'il dit être tout entier & en original dans les archives de l'église de Wurtzbourg capitale de la Franconie. Cette pièce porte confirmation d'un échange que Agilwarde évêque de cette ville, avoit fait avec Audulfe comte dans ce canton. Eckard a traduit en Allemand tous les noms latins des lieux où étoient situés les biens de cet échange réciproque.

Aldric expédia ce Diplome, faisant pour le chancelier Erchambaud.

OCTOBRE, sans quantième.

CARTA emptionis pro monasterio Sithiensi.

Actum Bebrona.

Annal. Bened. t. II, p. 381.

Mabillon a tiré l'extrait de cet Acte du Cartulaire de l'abbé Folquin, qu'il a imprimé dans sa Diplomatique, page 605.

Nanthaire étoit alors abbé du monastère de Sithiu en Artois, & avoit sous sa dépendance la petite abbaye nommée *Bebrona*, qui étoit gouvernée par un Prevôt ou Prieur qui s'appeloit Ébrogère. Ce Prieur acquit au profit de sa maison, sous le bon plaisir de l'abbé Nanthaire, d'un certain Erlhaire, des fonds situés dans un village du canton nommé *Issericus*. Mais qu'est devenue cette abbaye de *Bebrona* ? existe-t-elle aujourd'hui ? où est-elle située ? qu'est-ce que le *pagus Issericus* ou *Isseretius* ? car on le trouve appelé de ce dernier nom dans d'autres Chartes. Je n'assure rien ni sur l'Abbaye ni sur le *pagus*. On lit dans le martyrologe d'Adon, aux kalendes de juillet. *In territorio Lugdunensi, loco qui vallis Velbronna vel Bebronna nuncupatur, deposito beatissmi Domitiani abbatis: qui primus illic Eremiticam vitam exercuit et ... Monasterium instituit.* Ce lieu est situé dans la Bresse près du Mont-jura, & s'appelle présentement S.t Rembert, il s'y est formé une petite ville. Peut-être S.t Ragnebert, qui y conduisit une nombreuse colonie de Moines, étoit-il du monastère de Sithiu, raison pourquoi il aura mis sous la dépendance des abbés de Sithiu, son abbaye de Bebrona ; peut-être s'agit-il d'un autre Monastère nommé comme celui-ci, *Bebrona*, & situé dans le voisinage de S.t Bertin ; encore une fois, je n'ose rien décider. J'ai les mêmes raisons de doute sur le *pagus Issericus*, qui pouvoit porter ce nom, parce qu'il étoit arrosé de l'Isère ou de l'Oise, deux rivières que les Latins appellent *Isara*.

28 DÉCEMBRE.

CHARTE de Louis roi d'Aquitaine, depuis le Débonnaire, en faveur de l'abbaye de S.t Guillem du Désert.

Donné à Toulouse.

Rec. des Hist. de France, par Dom Bouquet, t. VI, p. 453. Ann. Eccl. Fr. Cointii, t. VII, pag. 692. Histoire de Languedoc, par Dom Vaissette, t. I, pr. p. 34. Acta SS. Ord. Bened. sæc. IV, 1.re part. p. 90.

D'Achery, le Cointe & Mabillon ont placé cette Charte dans leurs collections une année plus tard que le nouvel historien du Languedoc & Dom Bouquet, cette différence vient de ce que les uns & les autres comptoient différemment les années du règne de Louis.

Guillaume s'étoit retiré de la cour de Charlemagne, où il s'étoit acquis beaucoup d'estime, pour se livrer à la prière dans le monastère de Gellone, dont il étoit le fondateur. Ce Seigneur avoit rempli, avec distinction, l'office de duc d'Aquitaine ou de Toulouse, & le Diplome que le roi Louis accorda, à sa prière, à cette Abbaye, nous apprend qu'il y avoit déjà pris l'habit de Moine. Juliofrede gouvernoit cette maison sous le titre d'Abbé. Le Roi donc, en considération des services que Guillaume avoit rendus à l'État, augmenta les biens de son Monastère par la donation de plusieurs terres situées dans les diocèses de Béfiers & de Lodève ; le domaine nommé *Miliacus*, compris dans cette donation, étoit dans ce premier diocèse, ainsi que la seigneurie & l'église de S.ᵗ Pargoire, avec deux villages appelés *Miliciano* & *Campaniano*, dont le comte Gotzelme, Commissaire dans cette province, avoit marqué les limites avec des croix gravées sur la pierre. Les autres fonds de terre, dont la Charte fait mention, étoient situés dans le diocèse de Lodève ; le Roi donna un pacage d'une grande étendue situé dans le canton de Castries, il y joignit l'église de S.ᵗ Martin & ses dépendances, avec le village nommé *Magarantiatis*, & l'église de S.ᵗ Félix. Louis, au surplus, confirma par ce Diplôme toutes les donations que le duc Guillaume lui-même avoit faites d'une partie considérable de son patrimoine à ce Monastère, & approuva d'avance toutes celles qu'on lui feroit à l'avenir.

Nous rapporterons au XII.ᵉ siècle, à l'article de l'année 1262, une Charte du roi Louis VII, qui confirme celle-ci.

Sans autre date.

ANNÉE 807.

CAPITULARE Caroli Magni imperatoris de bello & officio Capitaneorum, Comitum & Missorum.

Donné à Aix-la-Chapelle.

Ann. Eccl. Fr. Cointii, t. VII, pag. 98.
Capit. Reg. Fr. à Baluzio, t. I, col. 458.

Quoique ce Capitulaire ne soit daté que de l'année, dans le manuscrit de S.ᵗ Vincent de Metz, que Baluze a imprimé pour la première fois, il paroît cependant qu'on peut assurer que Charlemagne le publia dans l'assemblée qu'il tint à Aix-la-Chapelle au mois de mai. Ce Prince, en effet, partit de cette ville au commencement de juin pour se rendre à Ingelheim, où il passa tout l'été & l'automne ; il revint à Aix-la-Chapelle à Noël, & n'y tint alors aucune assemblée. Nous savons d'ailleurs que Godefroi roi de Danemarck fit entrer deux armées nombreuses en Allemagne, & que l'Empereur ayant appris son dessein, fit marcher à sa rencontre son fils Charles. Les deux premiers articles du Capitulaire annoncent ces préparatifs de guerre, qui furent certainement réglés dans l'assemblée du mois de mai.

Dans le premier article, l'Empereur ordonne que tous ceux qui tiennent des bénéfices dépendans du Fisc, seront tenus d'aller à la guerre.

Le second oblige également de porter les armes, tout homme libre qui possède trois métairies, & à plus forte raison celui qui jouit de quatre ou de cinq. Mais si deux frères ou deux particuliers quelconques, possèdent en commun quatre métairies, un des deux seulement sera tenu de s'enrôler, l'autre demeurera pour cultiver les métairies. Il y a lieu de présumer que les moins riches, ayant moins de serfs, étoient par cette raison dispensés d'aller à la guerre, tandis que les riches tenoient dans leurs domaines un assez grand nombre de serfs, pour que la culture des terres ne souffrit point de leur absence. Le produit de la terre étoit regardé alors comme le bien le plus solide, & la ressource la plus abondante dans tous les événemens ; c'est par cette raison que le Gouvernement portoit sa principale attention sur les cultivateurs ; leurs travaux produisoient les véritables richesses ; tous les moyens que l'on indiquoit pour augmenter le produit des biens de la campagne, n'étoient pas considérés, comme des choses de peu d'importance, & auxquelles il ne seroit pas raisonnable de ne pas préférer les moyens d'augmenter l'or.

Le troisième article enjoint aux Officiers des vivres de se trouver dans le lieu indiqué où l'armée doit s'assembler, avec le nombre de fourgons & autres voitures ordonné ; chargeant au surplus les *Missi*, chacun dans leur district, de l'exécution du contenu.

Le quatrième prescrit aux Comtes d'observer scrupuleusement les ordonnances qui concernent la guerre, soit qu'elle se fasse au dedans de l'empire, soit qu'on la porte au dehors. Il leur est en outre expressément défendu de manquer à faire tenir les plaids dans les temps marqués, sous prétexte d'aller à la chasse ou de prendre quelqu'autre délassement. L'Empereur, pour engager les Comtes à l'exactitude sur cet article, leur propose son exemple ; « de même, dit-il, que rien ne nous détourne de tenir les » assemblées ordinaires avec nos Comtes, nous voulons qu'ils tiennent, avec la même » exactitude, les plaids dans leur district, afin que la justice soit rendue dans le temps » où chacun a droit de l'attendre ».

Le cinquième règle les Troupes nationales qu'il faudra faire marcher, relativement aux pays où se portera la guerre.

Le sixième enjoint aux Comtes, dans la Frise, aux inspecteurs des Haras & aux autres officiers du Roi, de se rendre au lieu où l'armée doit se rassembler, avec toutes les choses nécessaires pour faire la campagne, armes & vivres.

Le septième & dernier article traite de l'obligation imposée aux Commissaires départis dans les provinces (Missi), de veiller à l'entretien des bénéfices royaux, & à celui des bâtimens, des églises & des biens qui en dépendent. Il leur est même enjoint de faire célébrer l'office divin avec la décence convenable, & de faire pourvoir les églises de luminaires & d'ornemens nécessaires.

ANNÉE 808.

26 MAI.

DIPLOMA Caroli Magni imperatoris pro ecclesiâ Placentiæ.

Donné à Aix-la-Chapelle.

Rec. des Hist. de France, par Dom Bouquet, t. V, p. 774. Ann. Eccl. Fr. Cointii, t. VII, pag. 109.

Le Cointe a tiré ce Diplome de l'histoire ecclésiastique de Plaisance, par Pierre-Marie Campi, chanoine de cette Cathédrale, & celui-ci l'a publié d'après Ughelli, dans son Italie sacrée, *tome V, col. 1552.*

Charlemagne affranchit, par ces Lettres, les biens de la cathédrale de Plaisance nouvellement fondée, des impôts que le Fisc levoit, & exempte tout son territoire & ses vassaux de la jurisdiction des Officiers royaux. Ces impôts étoient levés en Italie par des employés qui sont nommés dans ce Diplome, *Arimannis*. Ce qui signifie, si je ne me trompe, *vir Martius* ou *Militaris*. Ces employes étoient sans doute des bas Officiers vétérans, auxquels le Roi donnoit pour récompense, à l'exemple des Romains, quelques fonds de terre en bénéfice, & de petits droits sur les impôts qu'ils étoient chargés de lever pour le Fisc.

Amalbert expédia ce Diplome, faisant pour Erchambauld. Le Cointe dit que ce Notaire du palais se nommoit *Altefrede* au lieu d'*Amalbert*.

AOÛT, sans quantième.

DIPLOME de l'empereur Charlemagne, en faveur de S.t Maximin de Trèves.

Histoire de Luxembourg, par Bertholet, t. II, pr. p. 51.

Bertholet a tiré cette pièce de l'ouvrage de Zyllesius, qui a pour titre, *Def. Abb. imp. S.t Max.* & il remarque que Charlemagne n'y prenant pas le titre d'*Empereur*, cet Auteur s'est trompé en la datant de cette année, il ajoûte à cette critique, qu'il croit que la Charte est de 779. Pour moi, je serois tenté de croire qu'elle est absolument fausse; car il est bien certain, d'un côté, qu'il y a une altération dans la date, & qu'elle commence, d'un autre côté, par une formule dont Charlemagne n'a jamais fait usage. Mabillon, d'ailleurs, & d'autres Savans ne comptent point au nombre des Abbés de ce monastère, *Werinolfe*, comme il se trouve nommé dans la Charte ; pour moi, je pense qu'*Helisachar*, chancelier de Louis roi d'Aquitaine, avoit alors cette abbaye. Quoi qu'il en soit, Charlemagne dit dans ces lettres, qu'à l'exemple du feu roi Pépin son père, il met cette Maison sous sa garde & protection spéciale, qu'il accorde aux Moines la liberté d'élire desormais leur Abbé, soit qu'ils le tirent du nombre des Moines de la maison, soit qu'ils le choisissent par tout ailleurs ; il affranchit en outre tous ses domaines de la Justice royale, & défend à ses Officiers de tenir des plaids dans le territoire du Monastère, sans l'agrément de l'Abbé.

11 OCTOBRE.

CARTA Lebtrudis viduæ, pro monasterio de Sithiu.

Fait à Guines en Picardie.

Hist. généalogique de la Maison de Guines, pr. p. 4. Annal. Bened. t. II, p. 381.

Cette pieuse dame nommée *Lebtrude*, étoit veuve, suivant Duchêne, du seigneur de Guines qui lui laissa trois enfans. Pour moi, je pense qu'elle avoit seulement des biens-fonds dans ce lieu, mais qu'elle n'en étoit pas seule propriétaire ; les termes de la Charte portent qu'elle donna tout ce qui lui appartenoit dans le lieu de Guines au territoire de Boulogne, c'est-à-dire, une métairie avec les bâtimens du maître & du colon, des prés, des pâturages, l'usage des eaux, enfin tout ce qu'elle possédoit ès ce canton. Ces biens étoient sûrement un alleu, mais il pouvoit y avoir d'autres alleux dans le même lieu ; la donatrice l'indique, *rem meæ proprietatis in loco nuncupante Guisna*. Il résulte, enfin, que Duchêne ne peut, d'un côté, conclurre de cet acte que la seigneurie de Guines étoit dans la Maison des premiers comtes de ce nom, & qu'elle passa, d'un autre côté, par cette donation, au pouvoir de l'abbé de S.t Bertin. Néanmoins la dame Lebtrude ne donna pas *gratis* ses héritages de Guines au monastère de S.t Bertin, ce fut sous la condition que l'abbé Nanthaire & les Moines lui donneroient & à ses enfans, *en bénéfice à vie*, des fonds de terre situés dans un autre lieu appelé *Ecloum*, au même territoire de Boulogne. Ce qui fut fait. Les noms des trois enfans de Lebtrude, ainsi exprimés, indiquent qu'elle avoit une fille & deux garçons, Hildeberta étoit sans doute une demoiselle, Nitlleb & Erpfunid étoient deux garçons ; l'histoire ne fait plus aucune mention de ces trois personnages; la donation que fit leur mère de ses biens de Guines, & ceux qu'ils prirent seulement à vie du Monastère, nous donne lieu de penser qu'ils avoient résolu de vivre dans le célibat.

Sans autre date.

Année 808.

VARIA Capitula Caroli Magni imperatoris, hoc anno data.

Capitul. Reg. Fr. a Baluzio, t. I, col. 463. Ann. Eccl. Fr. Cointii, t. VII, pag. 112. Rec. des Hist. de France, par Dom Bouquet, t. V, p. 679.

Baluze a publié trois Capitulaires donnés cette année par Charlemagne, sur un manuscrit ancien de l'abbaye de St Vincent de Metz; mais il ne donne que les titres des articles du premier & troisième Capitulaires. J'ai peine à croire que ces Capitulaires soient le recueil choisi de loix que Charlemagne fit faire, suivant quelques Historiens, par des Commissaires pour les Saxons. Plusieurs articles de ces ordonnances ont une disposition qui ne peut regarder en aucune sorte ces peuples. Je me bornerai, par rapport au premier & au troisième de ces Capitulaires, à exposer seulement les titres. Le premier en contient treize, le troisième dix.

Titres du premier Capitulaire.

1. Des Larrons & Voleurs.
2. Des faux Témoins.
3. Des Parjures.
4. Des Fugitifs.
5. De ceux que l'on pend pour des fautes légères.
6. Des Monnoies.
7. De la forme & de l'espèce des Habillemens. (Cette loi étoit somptuaire. Sans doute qu'elle indiquoit l'étoffe dont il étoit permis de faire les mantelets & les sayes ou pourpoints. J'interprète *Roccis* pour un manteau, les Allemands les appeloient Rock, & c'étoit le *Vestis superior* qu'ils portoient par-dessus le *Sagum*).
8. Des tributs que l'on doit payer dans les marchés qui se tiennent dans les lieux où il y a des Palais royaux.
9. De la vigilance avec laquelle les Comtes & les Marquis doivent garder les frontières & les ports de Mer.
10. Des flottes dont l'Empereur a ordonné la construction.
11. Que tout ce qui est prescrit par les ordonnances soit scrupuleusement observé, ainsi que les choses que les Officiers royaux ordonnent en conséquence.
12. Que personne de ceux qui doivent se trouver à la seconde assemblée que le Roi tient, ne manque de s'y rendre, après que le temps sera indiqué.
13. Ce que doivent faire les Commissaires & les Comtes, par rapport aux vassaux & aux serfs des Princes & Princesses qu'ils n'osent contraindre à exécuter les ordonnances.

Titres du troisième Capitulaire.

1. De l'union & de la paix dans lesquelles les citoyens d'un même canton doivent vivre.
2. Des règlemens que doivent suivre les Moines & les Chanoines.
3. Des Faux témoignages & des Parjures.
4. De ceux qui tâchent de s'affranchir par fraude.
5. De la fausse Monnoie.
6. Des serfs que l'on a achetés dans les marchés, & qui y ont été conduits par leurs parens.
7. Des Dixmes & des Nones. (Toutes les terres dépendantes des églises & données en bénéfice, dévoient ces deux espèces de dixmes, savoir, comme nous l'exprimons aujourd'hui, la neuvième & la dixième gerbe. *Nonæ*, dit Ducange, *jure colonario*, *Decimæ jure Ecclesiastico*. Ce qui est confirmé par un grand nombre d'autres Capitulaires, & par le Canon 13 du concile de Toul de l'année 855.
8. Des Voleurs, & des peines portées contre eux par les ordonnances.
9. De ceux qui doivent travailler par corvées aux ouvrages du palais de Verberie.
10. De la défense de chasser dans le parc du palais d'Attigny, où il y a grand nombre de bêtes fauves.

Second Capitulaire.

Ce second Capitulaire contient sept articles. Le premier enjoint aux Officiers qui commandent sur les frontières, & qui sont absens de leur poste, de se tenir toûjours prêts à marcher, afin de s'y rendre aussi promptement que la nécessité peut l'exiger; le second porte que l'on tiendra la main pour arrêter le brigandage des voleurs, & que les Officiers seront en même temps plus circonspects que par le passé, afin de ne pendre aucune personne accusée de crime, qu'en conséquence d'un jugement; « car » s'il arrive deformais, dit l'ordonnance, que quelqu'un soit pendu sans cause, sans un » jugement, & que mort s'ensuive, celui qui l'aura exécuté composera pour la vie du » pendu avec ses parens. Si, au contraire, le pendu est décroché de la potence avant » qu'il expire & qu'on le rappelle à la vie, comme il avoit été exécuté sans cause & sans » forme, ses biens ne seront point confisqués au profit du Fisc, & ce sera à lui-même » que la composition sera payée. Si quelqu'un, en outre, pend sans cause & sans jugement » le serf d'autrui, si la mort s'en est ensuivie, il en payera à son maître le prix. Si le » serf, au contraire, ne meurt pas du supplice, le prix de sa personne lui sera payé, &

DES DIPLOMES. 255

il acquerrera dès ce moment la liberté ». Je pense qu'il manque quelque chose à cet article, & les copistes ont omis de transcrire toute la disposition ; car il s'ensuivroit, dans ce dernier cas, que le maître du serf souffriroit un dommage par la perte de son serf qui devient libre, sans recevoir aucune indemnité ; il y a lieu de croire que la loi portoit que le prix du serf seroit doublement payé, une fois au maître qui le perdoit puisqu'il devenoit libre, & une fois au serf lui-même, par forme de dédommagement.

Le troisième article porte que personne ne s'ingérera à envoyer des témoins sans en être requis, & ordonne aux Comtes de choisir parmi les plus honnêtes gens de chaque canton pour témoigner ; de prendre leur serment, recommandant à chacun, dans le cas, d'affirmer ce qu'il croira le plus conforme à la vérité.

Le quatrième article renouvelle la disposition des ordonnances précédentes sur les Parjures, & ordonne que le faux Témoin perdra une main s'il n'a pas de quoi payer la composition.

Le cinquième fixe le prix des vêtemens, & défend de vendre la saye ou le pourpoint doublé, plus de vingt sols, & dix sols celui sans doublure. Le mantelet fait de peaux de martes & de loutres, plus de trente sols, & ceux de peaux de fouines, plus de dix sols (Ces derniers animaux sont appelés *Sismusinum* ou *Cisinum*, c'est par conjecture que je dis Fouines ou Belettes, car je n'en ai trouvé la signification françoise ni dans Ducange, ni dans les dictionnaires de l'Histoire Naturelle). Et si quelqu'un, continue l'ordonnance, vend ou achète ces choses un plus haut prix qu'il n'est fixé ici, qu'il soit condamné à payer quarante sols d'amende.

Le sixième défend à qui que ce soit de retenir un serf fugitif, sous peine de soixante sols d'amende, & ordonne de le renvoyer à son maître. (*Bannum dominicum*, sont les mots qui expriment l'amende, le *Bannum* simple étoit de vingt sols, le *Bannum dominicum*, pour l'ordinaire, de soixante, quelques Capitulaires le fixent à quarante ; mais soit qu'il appartienne au Roi ou à un particulier, il est indifféremment appelé *Bannum dominicum*, je pense que dans ce cas, la loi l'adjuge au maître du serf).

Le septième, enfin, défend que l'on batte monnoie ailleurs que dans le palais du Roi, & ordonne que les deniers qui y sont frappés, appelés *Denarii Palatini*, soient reçus dans le commerce, & aient cours dans toute l'étendue du royaume.

ANNÉE 808.

EPISTOLÆ duæ Caroli Magni imperatoris ad Garibaldum Leodiensem episcopum.

Apud Martenium in ampliss. collect. t. VII, pag. 19.
Recueil des Histoires de France, par D. Bouquet, t. V, p. 630.

Nous apprenons par ces deux lettres différens usages & l'autorité que le Roi exerçoit sur le ministère des Évêques. « Nous croyons, dit Charlemagne, dans la première, devoir vous rappeler que nous vous avons enjoint & aux autres Prélats, dans notre dernière assemblée, de gouverner le peuple qui vous est confié & l'enseigner suivant l'esprit des saints Canons ; c'est pourquoi vous défendrez que l'on n'administre le Baptême, même aux enfans, à moins qu'ils ne sachent par cœur l'Oraison dominicale avec le symbole des Apôtres, & nous voulons que vous ou vos Prêtres leur fassiez répéter, afin d'éviter le scandale qui est arrivé dernièrement à la fête de l'Épiphanie. Nous avons trouvé plusieurs adultes à qui on étoit disposé de conférer ce Sacrement, qui n'étoient nullement instruits, nous avons empêché en conséquence qu'on le leur administrât...... Enfin, nous vous recommandons de nouveau de remplir, dans l'exactitude & avec la fidélité convenables, toutes les obligations de votre ministère, & de tenir des synodes avec les Prêtres de votre diocèse ». Ce n'étoit que depuis quelques années que l'on baptisoit aux Rois, précédemment on n'administroit ce Sacrement qu'à Pâques & à Noel.

La seconde lettre ordonne des jeûnes, des prières & des aumônes pour les calamités présentes, comme la famine, la peste & la guerre ; dans les jours de jeûne, le Roi défend de boire avant l'heure fixée pour prendre le repas.

ANNÉE 809.

Sans autre date.

ACTUM præstariæ pro monasterio Saviniaco.

Annal. Bened. t. II, p. 386.

Le monastère de Savigny situé dans le Lyonnois sur les frontières de la Bresse, a une origine bien plus ancienne que le sixième siècle de Charlemagne ; mais cette Maison ayant essuyé la fureur des Sarrazins, qui la pillèrent, les Moines l'abandonnèrent, & elle demeura déserte pendant plusieurs siècles, en sorte qu'il n'est resté aucun monument qui puisse indiquer au juste l'époque de sa fondation ; on sait seulement par un de ses Abbés, nommé *Ponce*, qui fit faire, dans le XII.ᵉ siècle, une collection des Chartes de cette abbaye, qu'elle exiſtoit du temps de Charlemagne, & c'eſt l'acte le plus ancien que l'on ait pû recueillir. Mabillon n'en rapporte qu'un extrait; je ne l'aurois pas inſeré dans cette collection, parce que c'eſt une piéce bien imparfaite, ſi je n'avois voulu parler des premiers temps où le monaſtère de Savigny nous eſt connu.

La formule de cet Acte reſſemble à une inféodation, & véritablement c'en eſt une, c'eſt ce qui me fait dire que nos grands Juriſconſultes ſe ſeroient évité le travail pénible qu'ils ont fait, ſans un ſuccès bien apparent, pour fixer le temps où les Fiefs ont commencé, pour dire ce qui a donné lieu à un changement ſi ſingulier & ſi contraire à l'eſſence des poſſeſſions en France, s'ils avoient porté leur attention à développer les Chartes des IX.ᵉ & X.ᵉ ſiècle. En effet, cet Acte porte qu'un particulier nommé *Wandalbert*, donne, de concert avec Hundrade ſa femme, à Adalbert abbé de Savigny, des fonds de terre ſitués à . . . . . . & par le même Acte, Wandalbert & ſa femme reçoivent de l'abbé de Savigny, ces mêmes fonds, ſous une redevance annuelle. Avant cette première donation, ces biens étoient purement allodiaux, c'eſt-à-dire, qu'ils n'étoient d'aucune eſpèce de bénéfices, les propriétaires les poſſédoient quittes & francs de toute redevance, ils ne relevoient d'aucune ſeigneurie, de quelque peu d'importance qu'ils fuſſent, ſoit par la petiteſſe de leur territoire, ſoit par la modicité de leurs revenus, ils formoient eux-mêmes une ſeigneurie. Ces biens ne changèrent point de nature dans l'inſtant qu'ils reſtèrent dans les mains de l'abbé de Savigny, ils demeurèrent pour ce moment dans la même indépendance, ce ne fut que la rétroceſſion que l'abbé en fit aux anciens propriétaires, ſous la charge d'un cens & avec d'autres conditions, qui en changea la nature; dès-lors ils furent dans la ſeigneurie du Monaſtère, par le défaut de la part des détempteurs, de remplir les conditions ſous leſquelles ces biens étoient donnés, le Monaſtère acquéroit le droit de les réunir à ſon domaine & d'en diſpoſer à ſon gré. Voilà, à parler vrai, faire un Fief.

Ces fonds de terre étoient ſitués dans des lieux nommés *Noliacum* & *Biboſcum*; l'un & l'autre de ces endroits me ſont tout-à-fait inconnus. On trouve dans la notice de Valois & dans le martyrologe de l'abbé Chatelin, un lieu nommé *Bibiſcum*, c'eſt *Vivis* près le lac de Genève; mais peut-être ce *Bibiſcum* n'eſt pas le même que le *Biboſcum* de la Charte.

Année 809.

Epistola Leonis III papæ ad Carolum Magnum, respondens tribus propositis quæstionibus.

Concil. Galliæ a de la Lande, pag. 100.

Charlemagne n'avoit pas un moment de vuide, & quoique ce ne ſoit pas le lieu où je doive rendre compte de l'uſage qu'il faiſoit du temps, je crois que je peux cependant dire qu'il donnoit à la lecture des Livres ſaints & de l'Hiſtoire, celui qu'il n'employoit pas aux affaires; le génie vif & pénétrant de ce Prince ſe portoit aiſément aux choſes les plus abſtraites; il ſavoit néanmoins le retenir dans les matières qui intéreſſoient les myſtères de la Religion, de peur de s'égarer. Ainſi, liſant un jour les évangiles de S.ᵗ Matthieu & de S.ᵗ Marc, & l'épître de S.ᵗ Paul aux Corinthiens, trois paſſages le fixèrent & lui firent naître des difficultés dont il demanda au Pape la ſolution. « Que vous ſemble, diſoit-il au Pape, de ce paſſage dans S.ᵗ Matthieu !
» *Et veniens Nazareth habitavit ibi, ut adimpleretur quod dictum eſt per Prophetas, quoniam*
» *Nazarenus vocabitur*. Et de celui-ci de l'évangile de S.ᵗ Marc ! *Initium evangelii Jeſu*
» *Chriſti filii Dei ſicut ſcriptum eſt in Iſaia propheta, ecce mitto Angelum meum qui præ-*
» *parabit vitam tuam ante te*. Et enfin de ce troiſième tiré de l'épître de S.ᵗ Paul aux
» Corinthiens ! *Si enim cognoviſſent, nunquam Dominum gloriæ crucifixiſſent; ſed ſicut*
» *ſcriptum eſt, quod oculus non vidit, nec auris audivit, nec in cor hominis deſcendit, quæ*
» *præparavit Deus diligentibus ſe* ».

La réponſe du Pape me paroît ſèche & peu ſatisfaiſante.

Sans autre date. ### Epistola Caroli Magni imperatoris ad Leonem III papam, de processione Spiritus Sancti.

Concil. Gall. a de la Lande, pag. 100.

Donné à Aix-la-Chapelle.

Cette lettre eſt fort ſavante, elle fut écrite au nom de l'Empereur par Smaragdus abbé de S.ᵗ Mihiel, & Charlemagne la fit rendre au Pape dans une célèbre ambaſſade qu'il lui envoya à ce deſſein; les ambaſſadeurs étoient l'évêque de Worms, l'abbé de Corbie, & Jeſſe évêque d'Amiens. Elle contient la doctrine des évêques de France, ſur le myſtère de la Trinité; l'Empereur avoit convoqué une aſſemblée nombreuſe

pour

pour discuter des questions sur ce point de notre foi, qui s'étoient élevées à l'occasion d'un moine Grec venu à la cour de Charlemagne; il avoit trouvé mauvais qu'au symbole des Apôtres que l'on chantoit à la chapelle du Roi, on ajoûtât le *Filioque*. Sur quoi, Charlemagne voulut soûmettre au jugement du Pape la doctrine de ses Évêques & celle du moine Grec. On peut voir la réponse du Pape dans les Annales Bénédictines de Mabillon, *tome II, page 387 & suiv.* Théodulfe, évêque d'Orléans, publia à cette occasion un Traité théologique sur la Trinité, & le dédia à Charlemagne.

Sans autre date.

ANNÉE 809.

CAPITULARIA duo a Carolo Magno imperatore data. *Cap. Reg. Fr. a Baluzio, tom. I, p. 466 & seq.*

Charlemagne publia, dans cette assemblée dont nous venons de parler, les deux Capitulaires que Baluze a imprimés sur deux manuscrits très-anciens, le premier est de S.t Vincent de Metz, l'autre de la bibliothèque du collège de Navarre, à Paris.

Le premier contient trente-sept articles, je ne rendrai compte que de ceux qui auront quelques dispositions particulières & différentes des ordonnances déjà publiées.

Le onzième article est intitulé *De Meziban*; c'est-à-dire, du bannissement. Mais il ne s'agit que de ceux qui ont été condamnés à cette peine pour cause de vol; il est ordonné à chaque Comte, en particulier, d'écrire à un autre Comte son voisin, lorsqu'il fera bannir de son comté un voleur, que dans le cas qu'il se retire dans l'étendue de son district, il fasse défense à qui que ce soit de le recevoir, sous peine, pour ceux de condition libre, de quinze sols d'amende, & de cent vingt coups de bâton pour ceux de condition serve, & d'avoir en outre la moitié de la tête rasée. Il faut sans doute que ce bannissement fût toûjours hors du royaume.

Il est ordonné, par le seizième article, aux témoins qui se rendront aux plaids pour jurer, d'y venir à jeun, leur faisant défense de témoigner avec serment, ayant bû & mangé. Il est enjoint en outre aux Juges, avant de les faire jurer en commun, de les interroger chacun en particulier.

Le vingt-unième renvoye les Prêtres au Juge ecclésiastique, pour être dégradés s'ils se trouvent coupables d'avoir profané le saint Crême, & aux Juges laïcs, pour avoir le poing coupé.

Le vingt-deuxième ordonne que les Magistrats de chaque canton, appelés Juges, Vidames, Prevôts, Avoués, Centéniers, Échevins, seront élûs, de concert avec le Comte, par le peuple, & que l'on choisira des hommes qui sont d'une probité reconnue.

Le vingt-sixième ordonne que les traditions se feront en présence des témoins, pour éviter les contestations que la mauvaise foi peut faire naître lorsqu'elles se font en secret. On sait que les traditions des immeubles se faisoient ordinairement *per festucam*, on n'en écrivoit point d'actes.

Le trentième porte, que si ceux qui auront été condamnés à mort pour crimes, & auxquels on aura accordé la grace, ont dans la suite des procès, la justice leur sera rendue, soit qu'ils soient demandeurs, soit qu'ils soient défendeurs, pourvû cependant que le sujet du procès ne roule pas sur des biens qu'ils possédoient avant d'être condamnés à mort, car toutes leurs possessions ont été acquises au Fisc, suivant la loi des Francs, par la sentence qui les a jugés. Il sera néanmoins permis à ces criminels graciés de faire des acquisitions dont ils jouiront en toute propriété; mais ils ne pourront ni tester en Justice, ni parvenir à la place d'Échevins. Si cependant ils étoient appelés à serment pour la décision d'un procès, & que l'une des parties les accusât de faux témoignage, ils pourront, pour se justifier, offrir à la partie le combat des armes.

Le second Capitulaire ne contient que seize articles, je me bornerai de même, par rapport à celui-ci, à ne parler que d'un article, dont on ne trouve pas la disposition dans les autres Capitulaires.

ART. VIII. Dans l'article dix-huit du précédent Capitulaire, il est défendu, conformément aux ordonnances, de tenir marché les jours de Dimanche; ici on excepte les lieux où ils ont coûtume de se tenir, suivant l'ancien usage.

21 MARS.

ANNÉE 810.

CARTA donationis loci Lumberiensis monasterio S. Tiberii. *Annal. Bened. t. II, p. 306.*

Fait à Béziers.

Cette Charte est le premier titre de la fondation du monastère de Lombez, qui fut occupé dans les premiers temps par des Bénédictins, qui passa dans le XII.e siècle

Tome I. K k

à des Chanoines réguliers de S.t Augustin, & qui fut enfin sécularisé à la fin du XIV.e siècle, après que le pape Jean XXII y eut érigé un évêché.

Raymond, surnommé *Rasinel*, successeur de Guillaume dans le duché d'Aquitaine, donna par cet acte à l'abbaye de S.t Tibéri, le lieu de Lombez situé dans le Toulousain, avec la seigneurie de Posquières & l'église de Notre-Dame dans le diocèse de Nîmes. Atilion, alors abbé de S.t Tibéri, envoya de son monastère quelques Moines pour régir ce nouveau domaine de Lombez. Ceux-ci trouvant le lieu commode pour y bâtir un Monastère, en obtinrent l'agrément, soit d'Atilion, soit de quelques-uns de ses successeurs, car on ne sait pas au juste l'époque de cet établissement; il est seulement prouvé par l'Histoire, que la donation de Lombez aux moines de S.t Tibéri, leur donna lieu d'y bâtir un monastère, dont l'Abbé & les Moines sont demeurés sous la dépendance de celui de S.t Tibéri, jusqu'à ce que les Chanoines réguliers les en aient chassés. Ainsi, on ne peut fixer à une plus ancienne date qu'à cette année, le commencement de l'église de Lombez; Mabillon, cependant, en place l'époque à l'année 793, mais Dom Vaissete (*Hist. de Languedoc*, tome I, page 704, n.° 12) a prouvé, ce me semble, par de si bonnes raisons, qu'il s'étoit trompé, que j'ai cru pouvoir placer cette Charte sous une autre année qu'on ne la trouve dans les Annales composées par ce Savant.

ANNÉE 810.

1.er MAI.

DIPLOMA Caroli Magni imperatoris, concedentis Oldrado archiepiscopo Mediolanensi omnia jura regalia apud Mediolanum.

Ann. Eccl. Fr. Cointii, t. VII, pag. 144.

Donné à Tortone dans le Milanois.

L'Empereur dit dans cette Charte, qu'il restitue à la cathédrale de Milan les biens, les droits & les privilèges que Constantin le Grand lui avoit autrefois accordés; en conséquence, qu'il la rétablit dans l'état où elle étoit sous le pontificat de S.t Ambroise, de manière que l'Archevêque jouira desormais de tous les droits de la Souveraineté dans la ville & le territoire de Milan, voulant d'ailleurs que les Comtes & les Vicomtes obéïssent à ce Prélat, & prennent ses ordres pour l'administration de la Justice.

Le Cointe critique cette Charte & la regarde, avec raison, comme une fable assez mal controuvée; car premièrement, il est certain que Charlemagne, dans tout le courant de cette année, ne sortit point de l'Allemagne, il n'est donc pas vrai qu'il donna cette Charte à Tortonne. Secondement, elle est adressée à Oldradus évêque de Milan, c'est une autre fausseté; l'Évêque d'alors s'appeloit *Odelpertus*. Il faut remarquer en outre, que les Diplomes de Charlemagne, comme je l'ai déjà dit plusieurs fois, ne sont point datés comme celui-ci, de l'année de l'incarnation de Notre-Seigneur, & qu'ils ne portent point la formule, *In nomine sanctæ & individuæ Trinitatis*. Enfin, quelle apparence, comme l'observe le Cointe, que Charlemagne se désaisisse en faveur d'un Evêque, de la souveraineté d'une place forte & dont le territoire étoit fort étendu; son fils, le roi d'Italie, n'auroit certainement pas manqué de faire des représentations sur un démembrement aussi considérable de ses États. Il est de fait, au surplus, que si les archevêques de Milan ont eu quelques prétentions à la souveraineté de cette ville & de son territoire, l'Histoire ne dit nulle part qu'ils en aient joui un instant.

12 AOÛT.

PRÆCEPTUM Caroli Magni, quo immunitatis privilegium a Pippino patre Novientensi monasterio concessum confirmat.

Gallia Christ. nova edit. t. V, instr. col. 461. Rec. des Hist. de France, par Dom Bouquet, t. V, p. 775.

Donné à Verden en Saxe.

Le monastère d'Ébersminster fondé depuis près de deux siècles par un seigneur nommé *Adalric*, fils d'un Duc des Allemands, conjointement avec Berswinde sa femme, avoit conservé jusqu'à Charlemagne tous les biens de sa première dot, qui lui avoient été confirmés par le Diplome de Thierri III, en 683. Beaucoup d'autres Princes lui avoient accordé d'autres Diplomes depuis le roi Thierri, & notamment Pépin père de Charlemagne. C'étoient les privilèges contenus dans ce dernier, dont l'abbé Thibault demandoit singulièrement la confirmation à l'Empereur; il s'agissoit de maintenir les biens légués par le duc Adalric, dans l'affranchissement des impôts & dans l'exemption de la juridiction des Officiers royaux; ces biens étoient situés sur les bords du Rhin

DES DIPLOMES.

dans le Brifgaw, in *Sulzha*, in *Egensheim*, in *Sigolthesheim*, in *Burcheim*, in *Lagelenheim*, in *Grazenheim*, in *Hundensheim*, in *Northusen*, in *Hollasvilre*. Les Allemands connoissent sans doute tous ces lieux; Charlemagne en fait le dénombrement sous ces noms, pour lesquels il accorda à l'abbé Thibault, par ce Diplome, les immunités qu'il demandoit.

Ibbon expédia ces lettres, faisant pour le chancelier Erchambaud.

ANNÉE 810.

Sans autre date.

DONATION faite à l'abbaye d'Aniane, par Auffinde, abbeffe.

Hiſtoire de Languedoc, t. I, pr. p. 35.

Les fonds de terre donnés par cet Acte, étoient pour la plupart situés dans le territoire de Nîmes, près le château d'Andufe. Les deux Avoués de l'Abbeffe nommés *Trudon* & *Salomon*, firent en son nom la donation à Bernard alors abbé d'Aniane. Les Historiens n'ont point trouvé de monumens qui aient pû leur indiquer la situation précise du Monaſtère dont Auffinde étoit abbeffe; ils croient néanmoins qu'il étoit dans le diocèse de Nîmes, & ils ajoûtent qu'il y a bien des siècles qu'il eſt détruit; ils en ignorent absolument le nom.

Sans autre date.

LITTERÆ *Caroli Magni imper. ad Nicephorum orient. imper. de mutua pace inter se servanda.*

*Ann. Eccl. Fr. Cointii, t. VII, pag. 148.
Baronii Ann. t. IX. p. 575.
Rec. des Hiſt. de France, par Dom Bouquet, t. V, p. 631.*

Charlemagne avoit fait un traité d'alliance avec Nicephore, il y avoit cinq ou six ans. Il le renouvela dans une occasion que la mort de Pépin son fils, roi d'Italie, lui fournit. Ce Prince étant décédé le 8 de juillet de cette année, les Ambaſſadeurs que Nicephore lui avoit envoyés vinrent trouver Charlemagne, & lui remirent les lettres dont leur Maître les avoit chargés pour Pépin. L'objet de cette ambaſſade étoit aussi de renouveler les anciens traités entre la cour du roi d'Italie & celle de Conſtantinople. Charlemagne reçut ces Ambaſſadeurs avec beaucoup de bonté, & conclut avec eux le traité qu'ils étoient chargés de négocier avec les Miniſtres de Pépin; tout étant ainsi réglé, Charlemange écrivit cette lettre à Nicephore, par laquelle il lui marque la ſatisfaction qu'il reſſent de la bonne intelligence qui règne entre eux, & dont ce nouveau traité reſſerrera les nœuds. Il chargea de cette lettre ces Ambaſſadeurs mêmes, & les congédia après les avoir retenus, suivant les apparences, très-peu de temps à sa Cour, car ils étoient arrivés sans doute en Italie vers la fin de juillet, puisqu'ils trouvèrent le Roi mort; ils se rendirent de là à Aix-la-Chapelle, & partirent avant Noël pour retourner à Conſtantinople, ce qui eſt prouvé par cette lettre datée de cette année, dont ils furent les porteurs.

LITTERÆ *Ebroini Bituricenſis archiepiſcopi ad Magnum archiepiſcopum Senonenſem, pro Dodoberto presbytero ut in ejus parochia manere poſſit.*

*Concil. Antiq. Galliæ a Sirmondo, tom. II, pag. 665.
Ann. Eccl. Fr. Cointii, t. VII, pag. 156.
Gallia Chriſt. ſec. edit. t. II, inſtr. col. 2.*

Cette Lettre eſt une de celles que l'on appeloit *Lettres formées*. La formule eſt à peu près semblable à celle d'un *Exeat*, avec atteſtation de vie & de mœurs que les Évêques d'aprésent font dans l'uſage de donner aux Prêtres qui ſortent de leurs diocèſes pour aller s'établir dans un autre. Les Évêques ſe ſervoient de caractères grecs pour leur ſignature & pour la date de ces Lettres, de peur qu'elles ne fuſſent contrefaites; c'eſt ce qui leur faiſoit donner le nom de Lettres formées, *Quia*, dit le Cointe, *ſub certâ formâ conceptæ eſſent iſtæ Litteræ*. L'uſage en avoit été établi dans le concile de Nicée. Le Cointe dans l'endroit cité de ses Annales, rapporte une très-ancienne formule d'une *Lettre formée* d'Atticus évêque de Conſtantinople, dont les termes ſont les mêmes que celle de l'archevêque de Bourges.

Sans autre date.

EPISTOLA *Dungali recluſi ad Carolum Magnum, de duplici Solis eclipſi eodem hoc anno facta.*

Spicileg. d'Acherii, tom. III, novæ edit. pag. 324 & ſeq.

La lettre de ce Dungale, moine reclus, eſt une eſpèce de traité d'Aſtronomie, qui doit piquer la curioſité des hommes de notre ſiécle qui s'occupent de cette ſcience. Charlemagne qui trouvoit le temps de cultiver les Lettres, ſans rien prendre de celui qu'exigeoient les grandes affaires, ſe livroit quelquefois aux calculs aſtronomiques,

Tome I.   K k ij

croyant avoir aperçu dans le courant de cette année deux éclipses de Soleil, & ne pouvant trouver la solution d'un phénomène aussi singulier, il consulta le reclus Dungale, dont la réputation étoit célèbre; l'Empereur lui écrivit, & chargea Woldon abbé de S.ᵗ Denys de lui remettre sa lettre; celle-ci est la réponse de Dungale.

ANNÉE 810.

CAPITULARIA a Carolo Magno imperatore, hoc anno commonita.

Ann. Eccl. Fr. Cointii, t. VII, pag. 151. Capit. Reg. Fr. a Baluzio, t. I, p. 474.

Donné à Aix-la-Chapelle.

La mort de Pépin roi d'Italie, arrivée au mois de juillet de cette année, porta Charlemagne à convoquer une Diète générale à Aix-la-Chapelle, vers la fin du mois de novembre suivant. Ce Prince jugeant qu'il étoit intéressant pour le bien public que ce trône ne demeurât pas vacant, fit venir auprès de lui Bernard son petit-fils & fils du feu roi Pépin, dans le dessein de le faire reconnoître Roi d'Italie; ce fut en effet par la proclamation de ce jeune Monarque, que se fit l'ouverture de cette célèbre assemblée, où se trouvèrent un très-grand nombre de Seigneurs, d'Évêques & d'Abbés de tous les États de Charlemagne. On croit que le nouveau Roi n'attendit pas la fin de la Diète pour s'en retourner en Italie; la révolte de Grimoald duc de Benevent, dont la mort de Pépin avoit fourni l'occasion, l'obligea de partir promptement. Ainsi Bernard guidé par les conseils de son auguste aïeul, alla commencer son règne par le triomphe qu'il remporta sur les Beneventins.

Charlemagne publia trois Capitulaires dans cette même assemblée, le premier contient dix-huit articles, le second seize, le troisième cinq seulement. Baluze les a imprimés tous les trois d'après le manuscrit ancien de l'abbaye de S.ᵗ Vincent de Metz. Je rendrai compte des articles les plus intéressans du premier & du troisième, nous n'avons du second que les titres des articles.

Premier Capitulaire.

ART. II. Les Vicaires & les Centeniers, c'est-à-dire, les Juges inférieurs, ne jugeront point en dernier ressort & sans appel, les causes qui concerneront toute propriété & la liberté des serfs, à moins que nos *Missi* ne se trouvent au Jugement, ou que nos Comtes n'aient pris connoissance de l'affaire.

Il faut conclurre de la disposition de cet article, qui doit s'appliquer à tous les Tribunaux inférieurs, à toutes les Justices particulières, qu'avant la révolution des inféodations & l'usurpation des Comtes & des Ducs, il n'y avoit que les causes qui concernoient la police qui ne fussent point sujettes à l'appel aux Juges royaux; ainsi quoique la Justice fût patrimoniale & inhérente à l'alleu d'un Franc, il étoit 1.° obligé d'exercer cette justice dans l'étendue de son territoire, conformément aux ordonnances du royaume. 2.° Ses jugemens n'étoient pas souverains en toutes sortes de causes.

ART. XI. Que nos *Missi* s'informent, avec exactitude, si tous ceux qui pouvoient aller à la guerre après la publication du ban, y ont été, afin de faire payer l'amende à ceux qui auront été réfractaires à l'ordonnance; s'il s'en trouve qui n'aient pas de quoi payer, nos *Missi* les obligeront à donner caution, & ils ne transigeront en aucune sorte avec les délinquans, sans que nous en soyons informés.

ART. XII. Ceux qui se seront retirés de l'armée pendant la campagne, seront conduits sous bonne escorte auprès de notre personne.

Du temps que Tacite écrivoit l'histoire des mœurs des Germains, les aïeux de la Nation françoise, la lâcheté étoit parmi eux le crime le plus atroce; celui qui s'en étoit rendu coupable étoit traîné sur une claie dans la boue & jeté ensuite à la voierie; il falloit combattre, il falloit obéir au Général, qui, pendant la guerre, avoit droit de vie & de mort; la lâcheté & la poltronnerie ne trouvoient point d'excuses. C'étoient encore les mœurs du siècle de Charlemagne.

ART. XVI. Parmi le peuple, les anciens de chaque canton veilleront avec soin sur la conduite de leurs jeunes gens, & leur inspireront de la docilité afin qu'ils s'accoûtument de plus en plus à obéir à nos ordonnances.

De vulgari populo. Ai-je bien entendu ces mots! ne signifieroient-ils pas *de omnibus*, car il n'y avoit alors que trois états, les Francs ou les Libres, les Affranchis & les Serfs. Aucun Franc, riche ou pauvre, n'étoit compris dans ce que nous appelons aujourd'hui *le peuple*, il étoit de la condition la plus distinguée, il étoit du premier état. Pourquoi la loi auroit-elle excepté ce Franc! Comme les autres il étoit sujet du Roi; si l'objet politique du Prince étoit non seulement de civiliser ses sujets, mais encore d'en faire de bons foldats en leur rendant de bonne heure le caractère fouple, l'efprit docile, afin d'obéir fans peine & promptement au commandement, il n'y a point de doute que le Franc ne fût compris dans l'ordonnance. Je foûmets mes réflexions aux Savans.

ANNÉE 810.

Troifième Capitulaire.

ART. I. Les Intendans (*Miffi*) rempliront leur commiffion avec la dignité qui convient à des officiers du Roi, & exécuteront fidèlement les ordres qu'ils auront reçus. S'ils rencontrent quelques difficultés qui les empêchent de remplir leur miffion en quelque point, ils en informeront le Roi.

ART. II. Tout ce que les Intendans commanderont de la part du Roi, ils le feront exécuter. Ils auront attention de ne point fe faire aider dans leur miniftère, par des hommes de baffe condition, ils ont pour l'ordinaire peu d'élévation dans l'efprit, & ils abandonnent toûjours fans pudeur les chofes qu'ils ont entreprifes; mais ils s'affocieront au contraire des hommes capables de fentiment, & qui fe piquent de ne rien entreprendre fans réflexion.

ART. III. Lorfqu'ils recevront des plaintes de la part des pauvres & des miférables, ils avertiront jufqu'à trois fois leurs Seigneurs de leur faire juftice, & fi après la troifième monition, juftice n'eft pas rendue, ils fe transporteront fur les lieux, & par autorité ils la feront rendre.

ART. V. Les Intendans rendront exactement compte au Roi, de ceux qui s'oppofent à ce que la juftice foit rendue. Ils feront payer, avec la même exactitude, l'amende à ceux qui dans les plaids font des menées pour faire gagner de mauvais procès, quand même de tels hommes feroient les vaffaux du Roi, ou des Princes, ou de quelques grands Seigneurs.

16 MAI.

ANNÉE 811.

PRÆCEPTUM Caroli Magni pro ecclefiâ Aquileienfi.

Donné à Aix-la-Chapelle.

Apud Ughellum, Italiæ facræ, t. V, col. 36, novæ edit.

Dom Bouquet n'a donné qu'un extrait de cette pièce qu'il a tirée d'Ughelli, dans l'ouvrage duquel on la trouve toute entière. Elle contient une confirmation des priviléges que les rois Lombards avoient accordés à cette Cathédrale fameufe autrefois. Elle étoit patriarchale; la ville étant ruinée, le fiége épifcopal a été transféré à Udine petite ville du Frioul.

Rec. des Hift. de France, par Dom Bouquet, t. V, p. 775.

1.er DÉCEMBRE.

PRÆCEPTUM Caroli Magni, quo confirmat donationem a fe factam cuidam comiti nomine Bennit.

Donné à Aix-la-Chapelle.

Franc. Orientalis, ab Echardo, tom. II, p. 68.

Ce Bennit étoit fils du comte Amalung, qui tiroit fon origine d'une des races les plus anciennes & les plus diftinguées parmi les Saxons. Lui-même dans les anciennes guerres s'étoit acquis beaucoup de réputation; mais ayant été fans doute un de ceux qui avoient figné le traité que fa Nation avoit fait avec Charlemagne, & ayant préféré dans une nouvelle révolte, de demeurer fidèle à l'Empereur, il avoit été obligé de quitter fes parens & d'abandonner fa patrie. Amalung fe refugia, dans cette circonftance, avec fon fils Bennit, qui étoit alors fort jeune, dans un canton de l'Allemagne entre le Vefer & la rivière de Fulde; Charlemagne l'ayant appris, détacha de fon domaine & donna à ce Comte, pour récompenfer fon zèle & fon attachement, une partie de la forêt de Bucône à défricher. Cette donation fut fans doute à la charge d'un cens, & feulement pour la vie d'Amalung; car il eft dit dans ce Diplome, que Bennit demanda à l'Empereur, pour lui & fa poftérité, la propriété de ce même fonds de terre, ce que Charlemagne lui accorda. Voilà un des premiers exemples des bénéfices à vie, devenus enfuite héréditaires; ce fut encore dans ce changement de bénéfices rendus héréditaires, que, fuivant mon opinion, un grand nombre de Fiefs, fur-tout ceux qui relevoient immédiatement de la Couronne, prirent naiffance. Car qui doute que les Seigneurs de la poftérité du comte Bennit, n'aient été vaffaux & hommes liges des rois d'Allemagne, à caufe des terres qu'ils poffédoient dans le canton de Buchen, & qu'ils tenoient de Charlemagne, en vertu de la donation portée par ce Diplome.

Suavius expédia ces lettres, faifant pour le chancelier Erchambaud.

ANNÉE 811.

1.er DÉCEMBRE.

PRÆCEPTUM Caroli Magni imperatoris, pro monasterio Fuldensi.

Rec. des Hist. de France, par Dom Bouquet, tome V, p. 776.

Donné à Aix-la-Chapelle.

On se rappellera que Carloman & Pépin avoient donné pour dot à ce Monastère, lorsque l'archevêque de Mayence le fonda, la plus grande partie de la forêt immense de Bucône; ces mêmes Princes & Charlemagne depuis lui avoient donné à différentes reprises, beaucoup d'autres terres; Ratgarius, alors abbé de Fulde, demanda à l'Empereur ce Diplome, par lequel il voulût bien confirmer toutes ces différentes donations. Charlemagne le lui accorda.

Suavius, le même qui expédia les précédentes lettres, signa également celles-ci, faisant pour le chancelier Erchambaud.

Dom Bouquet n'a donné qu'un extrait de cette pièce, on la trouve tout au long, *Apud Johan. Frid. Schannat. in traditionibus Fuldensi. pag. 107.*

Sans autre date.

CHARTA donationis factæ ecclesiæ Parisiensi, a Stephano comite & Amaltrudâ ejus uxore.

Hist. Ecclef. Par. a Gerardo Dubois, tom. I, pag. 304.

Fait à Bonneuil-sur-Marne.

Étienne comte de Paris, de concert avec la comtesse Amaltrude sa femme, donna à Inchade évêque de Paris, & à sa cathédrale, une église & des métairies avec leurs dépendances, situées à Sucy en Brie, à Noisy, à Moulines & à Buxières; cette donation est faite sous la condition que les Chanoines de cette cathédrale célébreront à perpétuité dans leur église, tous les jours trois Messes pour le repos de l'ame du Comte & de la Comtesse. Il est encore stipulé dans cette Charte, que le tiers des biens donnés seront destinés pour la fabrique de cette église, & les deux autres tiers pour le réfectoire des Chanoines.

Le comte Étienne étoit un des Seigneurs du royaume qui jouissoit de la plus grande considération à la cour de Charlemagne; son emploi de Comte de Paris étoit aussi d'une grande importance. Il passoit une grande partie de l'été à Bonneuil, le Roi, sans doute, lui avoit donné à vie, & pour lui tenir lieu de gages, cette terre, car elle étoit du domaine royal; nous ne voyons pas en effet depuis Clotaire II, qui tint dans le palais qu'il avoit dans ce lieu, une fameuse assemblée en 617, qu'elle ait été aliénée.

EPISTOLA Caroli Magni imperatoris ad Archiepiscopos, pro conservatione Religionis.

Franc. Or. ab Eckardo, t. II. p. 110.

Il paroît que Charlemagne écrivit des lettres circulaires à tous les Métropolitains sur le même sujet, celle-ci est adressée à Odilbert archevêque de Milan; il lui représente toute l'attention qu'il doit apporter dans l'exercice de son ministère, & avec quel soin il doit veiller à ce que ses Suffragans & les Prêtres remplissent le leur avec scrupule; il lui ordonne ensuite de répondre aux questions qu'il lui fait sur les cérémonies du Baptême par rapport à un Adulte; « pourquoi, dit-il, le fait-on en premier lieu Cathécumène, & qu'est-ce que Cathécumène, &c! vous nous instruirez sur toutes ces choses, & vous me marquerez si vous les observez dans l'administration de ce Sacrement ».

TESTAMENTUM Caroli Magni imperatoris.

Fait à Aix-la-Chapelle.

Annal. Bened. t. II, p. 397. Ann. Eccl. Fr. Cointii, t. VII, pag. 159. Cap. Reg. Fr. a Baluzio, t. I, p. 487. Baronii Annal. t. IX, p. 591. Fr. Orient. ab Eckardo, t. II, p. 64. Miræi Opera Diplom. t. III, pag. 286.

Tous les Auteurs que je cite, dans les ouvrages desquels on trouve cette pièce, l'ont imprimée d'après Éginard, qui l'a rapportée à la fin de la vie de Charlemagne. Il est bien probable aussi que cette même pièce que l'on a trouvée dans un vieux manuscrit de la bibliothèque de Moissac, avoit été extraite de l'ouvrage d'Éginard. Cet Historien nous apprend que Charlemagne chargea les Évêques, les Abbés & les Comtes qui souscrivirent son testament, de le faire exécuter.

Ce testament porte des legs qui doivent être remis à tous les Métropolitains des États de Charlemagne, ce qui donne occasion à le Cointe de faire un très-grand nombre de savantes remarques sur l'état des Métropoles, du temps de ce Prince. Ces Métropoles sont désignées au nombre de vingt-une, savoir; Rome, ensuite Ravenne, Milan, Frioule, Grado, Cologne, Mayence, Saltzbourg, Trèves, Sens, Besançon, Lyon, Rouen, Reims, Arles, Vienne, Tarentaise, Embrun, Bordeaux, Tours & Bourges. Le Cointe propose ensuite la question pourquoi il n'est pas fait mention de trois autres Métropoles établies en France long-temps avant Charlemagne, qui sont Euse, présentement Auch, Narbonne & Aix en Provence; ce Critique résout la difficulté avec autant de clarté que de sagacité.

<small>*Rec. des Hist. de France, par Dom Bouquet, t. V, p. 102. Concil. Antiq. Galliæ a Sirmondo, tom. II, pag. 264. Scriptor. veter. Germaun. tom. I, pag. 13.*</small>

Sept de ces Métropolitains signèrent ce testament, Hildebald archevêque de Cologne, Riculfe de Mayence, Arnou de Saltzbourg, Wolfaire de Reims, Bernoin de Besançon, Laidrade de Lyon, Jean d'Arles. Les Évêques étoient au nombre de quatre, Théodulphe évêque d'Orléans, Jessé d'Amiens, Hetton de Bâle, Waltgaud de Liége. Les Abbés se trouvent également au nombre de quatre, Fridogise abbé de S.t Martin de Tours, Adalung de Lauresham, Angilbert de S.t Riquier, Hirminon de S.t Germain-des-Prés. Les Comtes sont au nombre de quinze, mais plusieurs nous sont inconnus, ainsi que les comtés de quelques autres. Valach, comte, fils de Bernard & petit-fils du Maire du palais de Charles Martel, signa le premier. Méginaire ensuite, celui-ci avoit un comté dans l'Aquitaine, mais j'ignore le canton; Audulf comte dans la Bavière; Étienne comte de Paris, ce comté contenoit le territoire de Paris, le Mulcien, le territoire de Melun, de Provins, d'Étampes, le pays Chartrain & le Pincerais. Roch comte du Frioul; Burchard *comes stabuli imperatoris*, peut-être cette dignité revient-elle à celle de grand Écuyer. Méginard comte; Hatton comte de Mayence & de Worms; Richwin comte; Eddon comte; Erchangaire comte dans l'Allemagne, il sortit des Princes souverains de la postérité de celui-ci. Geralth comte, le même que l'on vit dans la suite Moine & Lévite dans le monastère de la nouvelle Corbie. Bera comte de Barcelonne; Hildegern comte; Roculf comte.

Le testament du très-glorieux & très-pieux Empereur Charles, dit Éginard, commençoit par ces mots, *In nomine Domini Dei omnipotentis Patris, Filii & Spiritûs Sancti*. Ce Prince, toûjours auguste, disposa de cette sorte de ses trésors & de l'argent qu'il avoit dans ses coffres, usant de cette sage précaution pour s'assurer non seulement que les pauvres ne seroient point frustrés de la part que chaque bon chrétien doit leur donner dans ses possessions; mais encore pour éviter les querelles & les dissensions, que le partage pourroit faire naître entre les Princes ses enfans. Dans cette vûe enfin il fit une masse totale de son or & de son argent, de ses pierreries & de ses habits royaux, dont il fit d'abord trois parts égales. Il prit deux de ces parts qu'il subdivisa en vingt-une, chacune desquelles étoit destinée à une Métropole; l'Empereur mit son cachet sur chaque part, avec une étiquette, voulant qu'elle ne fût délivrée qu'après sa mort, & ordonnant de plus que chaque Métropolitain partageroit de même également en trois la portion qui lui étoit destinée, voulant qu'il en donnât deux parts à ses Suffragans, & qu'il se réservât pour lui la troisième.

A la troisième portion restante de la totalité de ce mobilier, l'Empereur joignit toute sa vaisselle, avec beaucoup de vases précieux de différens métaux, ses armes, toute sa garde-robe, les rideaux de son lit, les couvertures, les tapis, des *feutres*, des harnois de chevaux avec les caparaçons; ce troisième lot fût destiné pour être employé aux dépenses de sa Maison pendant le temps qui lui restoit à vivre, ordonnant que l'on fît quatre parts de ce qui resteroit à sa mort, dont l'une seroit ajoûtée aux vingt-une portions assignées aux Églises métropolitaines; la seconde part seroit partagée entre ses héritiers; la troisième distribuée aux pauvres, & la quatrième répartie entre tous les officiers de sa Maison, serfs ou serves.

L'Empereur ne disposa en aucune sorte de sa Chapelle, qui étoit d'un prix considérable; car il avoit ajoûté beaucoup d'ornemens & de vases sacrés, à ceux dont Pépin son père l'avoit enrichie: il la laissa en entier à son successeur; il n'en usa pas de même par rapport à sa bibliothèque, qui étoit pour le temps très-nombreuse; il veut qu'elle soit vendue, & que le prix en soit distribué aux Pauvres.

Il y avoit dans son trésor, parmi les choses précieuses, trois tables d'argent & une d'or très-grande & d'un poids considérable. Sur la première, qui étoit carrée, étoit gravé le plan de la ville de Constantinople; il donna celle-ci à l'église de S.t Pierre de Rome. Sur la seconde, qui étoit ronde, étoit le plan de la ville de Rome; il donna celle-là à l'église de Ravenne; la description de tout l'Univers représenté en trois orbes, se voyoit sur la troisième; il la réserva avec celle d'or, qui étoit probablement unie, pour être ajoûtée à la part des pauvres & de ses héritiers.

Éginard ajoûte que le roi Louis, fils de Charles, lui ayant succédé à l'Empire, par la volonté toute-puissante de Dieu, fit exécuter scrupuleusement, & avec promptitude, toutes les dispositions du testament de son père.

ANNÉE 811.

Sans autre date.

CAPITULARIA Caroli Magni imperatoris, de diversis capitibus.

Donné à Aix-la-Chapelle.

Rec. des Hist. de France, par Dom Bouquet, t. V, p. 682. Capit. Reg. Fr. à Baluzio, t. I. p. 478.

Baluze a imprimé trois Capitulaires, que l'on croit que Charlemagne publia dans la même assemblée où il proposa son testament; ce Prince y lut aussi la lettre circulaire adressée à tous les Archevêques, dont nous avons parlé plus haut.

PREMIER CAPITULAIRE.

Ce premier Capitulaire a plustôt la forme d'un Mémoire que celle d'une Ordonnance; l'Empereur y détaille les abus auxquels il se propose de remédier, & il veut, dit-il, prendre pour y parvenir l'avis de chaque Évêque, Abbé & Comte en particulier, ce qui le porte à leur proposer séparément toutes ces questions, au nombre de neuf.

Il demande dans la première, quelles peuvent être les raisons de parti & de mésintelligence qui empêchent que ses Officiers, soit dans leur Gouvernement, soit lorsqu'ils commandent ses armées, ne s'aident pas réciproquement de leurs conseils & de leurs forces, principalement lorsque le service du Roi & le bien de l'État l'exigent.

Il demande dans la seconde, pourquoi ces sortes de procès par le moyen desquels les citoyens cherchent à se dépouiller mutuellement de leur bien, sont si fréquens.

Dans la troisième, il demande pourquoi on reçoit sans scrupule un serf fugitif.

Il propose, par la quatrième, qu'on lui dise pourquoi les Gens d'église & les Officiers royaux sont toujours peu d'accord sur les limites de leur jurisdiction, & pourquoi ils se forment réciproquement des obstacles dans l'exercice de leur ministère; il faut, ajoûte l'Empereur, examiner attentivement la cause de ce desordre, & décider d'une manière positive jusqu'où le pouvoir des Évêques doit s'étendre dans les choses civiles, & de même quel est le terme du ministère du Comte ou d'un autre Officier laïc, dans les choses qui intéressent le gouvernement ecclésiastique.

Il ordonne dans la cinquième, que l'on expose clairement les obligations que tout chrétien contracte par le Baptême, & les choses auxquelles il renonce.

Il propose dans la sixième, de décider si quelque négligence à remplir quelques-unes de ces obligations, annulle la promesse que l'on a faite.

Les trois dernières questions ont pour objet les moyens d'exciter la croyance en Dieu, d'inspirer la crainte des châtimens pour ceux qui négligent ses préceptes, & d'engager les Évêques à instruire les Fidèles par leurs prédications, mais par l'exemple d'une foi vive qui leur fasse pratiquer de bonnes œuvres, & qui montre en eux des mœurs pures & de la vertu.

Enfin, de tout ceci il résulte que du temps de Charlemagne, le Gouvernement avoit à réformer des abus que des siècles postérieurs ont vû renaître; c'est-à-dire, il y a 950 ans, les gens de guerre étoient jaloux les uns des autres; sans pudeur ils sacrifioient à leur intérêt particulier celui de l'État; il régnoit un grand desordre dans les armées, parce que l'Officier qui négligeoit la discipline militaire ne pouvoit la faire observer par le soldat. L'honneur de la Nation, ce préjugé puissant qui avoit rendu les Francs victorieux des Romains; l'amour de la patrie qui leur avoit fait conserver leurs conquêtes, commençoient a devenir des chimeres pour leurs descendans. Les Gouverneurs de provinces, les Comtes, les *Missi* qui remplissoient les mêmes fonctions que nos Intendans, vexoient le peuple, s'enrichissoient, ne faisoient point exécuter les ordonnances: les Gens d'église, peu occupés de leur ministère, ne songeoient qu'à accroître leurs biens & leur autorité, trouvant toûjours leur jurisdiction resserrée dans des bornes trop étroites; on voyoit de grands scandales occasionnés par leurs débats avec les Officiers royaux, plus attentifs de leur côté à conserver quelques droits de peu d'importance, qu'à rendre la justice avec le scrupule & la promptitude que l'on a droit d'attendre d'eux. Il y avoit enfin de mauvais Chrétiens, des Athées en grand nombre, des Évêques qui ne prêchoient jamais, quelques autres qui prêchoient beaucoup, mais qui pratiquoient peu les maximes qu'ils enseignoient.

SECOND CAPITULAIRE.

Le second Capitulaire a de même que le premier la forme d'un Mémoire, qui contient, comme le précédent, des observations sur d'autres abus auxquels l'Empereur propose à l'assemblée de remédier. Celui-ci contient treize articles.

Premier article. Charlemagne dit qu'il rappellera l'obligation d'observer pendant trois jours le jeûne qu'il avoit ordonné l'année précédente, afin de mériter à chacun que Dieu lui ouvre ses voies & l'y conduise.

Second

Second article. Il faut que nous nous informions des Évêques eux-mêmes, & des Abbés, de quelle manière ils vivent, & comment ils se comportent dans leur ministère; afin d'être plus à portée de corriger dans la conduite de chacun d'eux, ce que nous y trouverons de contraire aux règles.

Troisième article. Nous interrogerons encore les Évêques & autres Ecclésiastiques sur l'application qu'ils doivent donner à apprendre les saintes Écritures, & à les enseigner à ceux qui sont confiés à leurs soins.

Quatrième article. Nous interpellerons encore les Évêques de nous dire de bonne foi, ce que l'on entend parmi le Clergé, *par quitter le siècle*, & quel est le caractère distinctif de ceux qui ont quitté le siècle, d'avec ceux qui ne l'ont pas quitté! S'il n'y a de différence entre ces deux états que celle que mettent les armes & le mariage légal!

Cinquième article. Nous demanderons au Clergé, si celui-là est censé avoir quitté le siècle, qui cherche à accroître son bien par toutes sortes de voies & de ruses; soit en persuadant que l'on doit se détacher des biens temporels pour mériter ceux du Ciel, soit en effrayant par le portrait des peines de l'enfer! s'il est enfin dans l'ordre de séduire les gens simples & peu instruits, & de les dépouiller de leurs biens au nom de Dieu ou de quelque grand Saint; de frustrer par ce larcin les héritiers légitimes, & d'obliger un grand nombre de personnes, par la misère extrême à laquelle ils se trouvent réduits, de se livrer au vol & à d'autres crimes!

Sixième article. Nous demanderons encore aux Évêques, comment on peut dire que celui-là a quitté le siècle, qui forme non seulement dans son cœur des desirs de concupiscence sur les biens d'autrui, mais qui séduit à prix d'argent des faux témoins pour le dépouiller; qui prend à son service un Avoué, un Intendant sans pudeur, sans vertu, qui ne rougit aucunement de la manière dont il acquiert du bien à son Maître, qui s'inquiète bien plus de la quantité!

Septième article. Nous demanderons ce que l'on doit penser de ces personnages, qu'un zèle indiscret rend vagabonds, qui courent de provinces en provinces portant avec eux des reliques de Saints, & exhortant les Fidèles, au nom de Dieu, de leur donner leurs biens pour bâtir des églises; ces sortes de gens, qui s'autorisent pour l'ordinaire du suffrage des Évêques, prétendent en imposer par ces actions de zèle pour la religion, & qui ne sont dans le vrai qu'un prétexte spécieux pour se faire un parti & devenir puissans.

Huitième article. Nous ne cessons d'être surpris de voir que ceux qui prétendent avoir quitté le siècle, soient attachés aux biens, aux emplois du siècle: ils nous instruiront comment le Clergé peut allier toutes ces choses contraires.

Neuvième article. Nous nous adresserons singulièrement aux Ecclésiastiques pour savoir les obligations que le sacrement de Baptême impose à tout Chrétien; nous leur ordonnerons de nous expliquer clairement ce que c'est que *Satan*, & celui qu'ils appellent *notre Ennemi*, & ce que c'est que ses œuvres & ses pompes, auxquelles nous renonçons en recevant le Baptême.

Dixième article. Nous demanderons de même aux Ecclésiastiques, qu'ils nous indiquent les Canons ou les ouvrages de quelques Pères de l'Église, qui permettent de faire prendre l'habit de Moine ou la tonsure cléricale à quelqu'un malgré soi; nous leur ordonnerons également de nous faire voir dans quel endroit de l'Évangile, Jésus-Christ, ou ses Apôtres, ont prêché qu'il falloit remplir le Clergé régulier & séculier de gens de la lie du peuple, & les y enrôler contre leur gré & sans aucune vocation.

Onzième article. Nous demanderons aux Évêques & aux Abbés, s'il est plus honorable & plus utile à la religion d'avoir un Clergé nombreux, que bien choisi & composé uniquement de personnes vertueuses.

Douzième article. Nous ordonnerons aux Abbés de nous dire quelle étoit la règle que suivoient les Moines dans les Gaules, avant que S.t Benoît y eût établi la sienne; car nous savons que S.t Martin, qui vivoit long-temps avant S.t Benoît, étoit Moine, & gouvernoit une maison de Moines.

Treizième article. Nous ferons enfin rendre compte de quelle manière les Religieuses vivent dans leur cloître.

Mes réflexions sur ce Mémoire se bornent à remarquer, que c'est mal-à-propos que quelques Écrivains de ce siècle, ont accusé S.t Bernard d'avoir été le premier à engager, par ses prédications, les Fidèles à se dépouiller de leurs biens pour en fonder des Monastères & en doter des églises, puisque Charlemagne se propose d'arrêter les abus que de semblables prédications occasionnoient pendant son règne.

Tome I.   L l

ANNÉE 811.

TROISIÈME CAPITULAIRE.

Ce troisième Capitulaire n'est encore qu'un Mémoire, dont l'objet tend à rétablir l'ordre dans les Jurisdictions & dans la manière de lever les Milices. Il paroît que les Comtes, les Évêques & les Abbés s'étoient également plaints de plusieurs obstacles qui les empêchoient d'exercer leur jurisdiction, les Évêques & les Abbés sur les Clercs & sur les Moines, les Comtes sur le peuple de leur district : le peuple de son côté avoit porté à l'Empereur ses gémissemens occasionnés par les vexations des Évêques, des Abbés, des Comtes & des autres Officiers de justice. Si quelqu'un s'avisoit de vouloir leur résister & leur reprocher leur injustice, d'un côté ils cherchoient à le faire tomber dans quelque faute pour lui faire payer une grosse amende; & ils l'obligeoient d'un autre côté à aller à la guerre; ils le persécutoient enfin au point de le forcer à vendre tout ce qu'il possédoit, & le réduisoient ainsi à la plus grande misère; les Comtes s'autorisoient encore de l'obligation où ils étoient de tenir compte des amendes aux *Missi*, & se plaignoient de la difficulté d'en faire le recouvrement, par les rebellions de ceux qui devoient les payer. Il y avoit enfin des cantons entiers qui prétendoient les uns être exempts d'aller à la guerre lorsque l'Empereur faisoit publier son ban, parce qu'ils étoient du royaume d'Italie ou du royaume d'Aquitaine; d'autres qui disoient qu'ils ne devoient marcher, que lorsque leur Seigneur les conduisoit.

Ce sont ces désordres, ces abus contre lesquels Charlemagne fit sans doute, dans cette assemblée, des règlemens sages & pleins de justice, nous devons regretter qu'ils ne soient pas parvenus jusques à nous. Le passé est, pour l'ordinaire, un exemple utile pour le présent.

ANNÉE 812.

8 MARS.

CAROLI MAGNI imp. Aug. placitum adversus Tingulfum, qui post noctes indictas non comparuerat.

De re Diplom. a Mab. p. 512. Franc. Orientalis, ab Echardo, t. II, p. 68.

Donné à Aix-la-Chapelle.

Mabillon a imprimé le premier cette pièce, d'après un manuscrit qu'il a tiré de la bibliothèque de S.t Denys: peut-être ce manuscrit est-il l'original de la pièce même; elle paroît avoir tous les caractères qui peuvent en assurer l'authenticité, les Savans ne l'ont point critiquée; elle contient des choses très-curieuses & très-utiles pour éclairer l'histoire de notre ancien Droit public; elle porte en substance, qu'un particulier, nommé *Salacus*, avoit ajourné un autre particulier, appelé *Tingulfe*, pour répondre sur des faits qui ne sont pas exprimés dans ce Jugement; mais on voit que l'ajournement avoit été signifié à trois fois différentes, & dans les délais portés par les ordonnances; que Tingulfe n'ayant point comparu à la cour du Roi, où il avoit été assigné, ni personne chargé de sa défense, il fut jugé par forclusion & sans appel. Le dernier délai étoit fixé à quarante-deux nuits.

L'usage de compter par nuits, & non par jours, avoit été pratiqué parmi les Francs, avant qu'ils passassent le Rhin pour s'établir dans les Gaules; il s'est perpétué long-temps après Charlemagne, on le suivoit encore dans le XII.e siècle, suivant la remarque de Godefroi abbé de Vendôme, dans sa lettre 24, à un autre Godefroi évêque de Chartres, où il dit, *in hoc tamen non noctes secundum consuetudines Laïcorum, sed secundum instituta Canonum inducias postulamus.*

Pour cette fois, je trouve que les Comtes firent l'office de Juges dans cette cause: douze signèrent la sentence, & on y lit que le Roi, aidé de leur assistance & avec d'autres Assesseurs, prononça le Jugement. Mais sept de ces douze Comtes sont simplement appelés Comtes, *Comites*, & les cinq autres sont qualifiés de Comtes du Palais ou Palatins, *Comites Palatii*; mais en quoi consistoit la différence entre ces deux espèces de Comtes? peut-on croire, tout naturellement, que ces premiers n'étoient appelés simplement Comtes, que parce qu'ils n'exerçoient pas ordinairement à la Cour leur office, & que la raison contraire faisoit nommer les autres Comtes du Palais? ces derniers paroissent avoir eu les mêmes fonctions sous les deux premières races de nos Rois; elles furent bien différentes sous la troisième, on peut consulter sur ce point curieux de notre Histoire, les savantes dissertations de Ducange, dans son Joinville; je ne crois pas cependant qu'il faille adopter son opinion, principalement par rapport aux Comtes du Palais sous les deux premières races; car quoiqu'ils paroissent, dans cette circonstance, avoir fait la fonction purement de Juges, nous trouvons dans mille autres, qu'ils n'étoient chargés que du ministère public: ils étoient, à proprement parler, les Procureurs généraux de la cour du Roi. Voici comme Hincmar en parle, *Comitis Palatii inter cætera pene innumerabilia, in hoc maxime sollicitudo erat, ut omnes legales quæ alibi ortæ propter æquitatis judicium Palatium aggrediebantur, juste ac rationabiliter determinaret, seu perverse judicata ad æquitatis tramitem reduceret.* De ord. Palatii, cap. 21.

Je n'admets pas l'opinion du père Mabillon, sur la qualité de l'Officier qui expédia cette sentence. Il se nommoit Edelbert ; ce Savant remarque bien qu'il n'étoit pas du nombre des Notaires ou Secrétaires ordinaires de l'Empereur, mais il n'étoit pas non plus, comme il paroît le croire, le Secrétaire d'un Comte du Palais. Il est bien plus conforme à l'idée que nous devons avoir de ce Tribunal souverain que nous appelons la cour du Roi, de croire qu'il y eut un Officier particulier qui expédioit & signoit les Jugemens, ce qui revient à l'office des Greffiers de nos Parlemens ; cet Édelbert, dans ce cas, ou étoit le Greffier de la cour de Charlemagne, ou en remplissoit les fonctions.

26 MARS.

ANNÉE 812.

CHARTA Johannis episcopi Sistaricensis pro conditu monasterii de Baulis.

De re Diplom. a Mab. p. 614. Annal. Bened. t. II, p. 404.

Ce Monastère situé dans le diocèse de Sisteron, prit le nom de la montagne sur laquelle il fut bâti, & s'appella *de Baux*. Une lettre du pape Urbain II nous apprend qu'il étoit dans le XI.ᵉ siècle soûmis à l'abbaye de Psalmodi en Languedoc. Jean évêque de Sisteron, l'avoit fondé au commencement de son épiscopat, & quelques années après il le dota des églises paroissiales de Notre-Dame, de S.ᵗ Étienne, de S.ᵗ Martin & de S.ᵗ Saturnin, toutes situées dans le voisinage de la montagne de Baux, qu'il tenoit de la libéralité de Charlemagne, avec un champ considérable planté d'oliviers & beaucoup d'autres dépendances ; c'est sans doute par cette raison qu'il est marqué dans cet Acte, que cette donation a été faite du consentement de l'Empereur. Le premier Abbé de ce Monastère, dans lequel il y eut dès son origine douze Moines, s'appeloit *Ademare*.

2 AVRIL.

PRÆCEPTUM Karoli Magni imperatoris, pro Hispanis qui confugerant in Gothiam & Septimaniam.

Donné à Aix-la-Chapelle.

Capit. Reg. Fr. a Baluzio, t. I, p. 499. Ann. Eccl. Fr. Cointii, t. VII, pag. 193. Franc. Or. ab Eckardo, t. II, p. 69. Histoire de Languedoc, t. I, pr. col. 36. Rec. des Hist. de France, par Dom Bouquet, t. V, p. 776.

Je remarque, d'après Mabillon, que le nom de Charlemagne, depuis cette époque, se trouve écrit dans tous les Diplomes que nous avons de ce Prince, par la lettre K. Cela prouveroit, à mon avis, que ceux-ci ou les autres écrits par les lettres C, H, sont des originaux, car cette différence de lettres vient des copistes & non pas de Charlemagne, dans lequel nous ne pouvons supposer de raisons pour avoir varié dans la manière d'écrire son nom.

Dom Vaissete dit avoir imprimé ce Diplome sur un manuscrit qu'il a tiré des archives de l'église de Narbonne : Baluze, avant cet Historien, l'avoit publié après l'avoir tiré du même dépôt.

Les Espagnols, que cette pièce intéresse, étoient Gots d'origine ; plûtôt que de tomber au pouvoir des Sarrasins, un très-grand nombre prit la fuite lorsque ces infidèles fondirent sur leur pays ; ils passèrent les monts & vinrent demander à Charlemagne des habitations dans ses États. L'Empereur reçut ces étrangers & leur donna à perpétuité des terres incultes dépendantes du Fisc, dans les marches d'Espagne & dans le Languedoc ; depuis quinze années environ qu'ils avoient fixé leur demeure dans ces cantons, ils avoient défriché & mis en valeur la plus grande partie de ces terres. Déjà ils étoient enviés par les anciens habitans de ces provinces ; plus appliqués à l'Agriculture, leurs champs que l'on avoit vûs il y avoit quelques années couverts de ronces & d'épines, rapportoient plus que les anciennes terres en valeur ; cet avantage, qui n'étoit cependant que le fruit de leurs travaux, excita la jalousie de leurs voisins, & portoit ceux-ci chaque jour à usurper leurs héritages. Les Comtes & les Marquis d'un autre côté exerçoient de grandes vexations sur ces réfugiés ; ils les contraignoient à payer le tribut & le cens, dont ils ne tenoient point compte, sans doute, au trésor royal, car Charlemagne avoit donné ces terres libres & affranchies de tous impôts. C'étoit beaucoup, suivant ce Prince, d'accroître le nombre des cultivateurs, il étoit de sa politique de les protéger, d'augmenter par-là la population, qui faisoit, comme elle feroit encore aujourd'hui, la plus grande richesse de l'État. Toutes ces injustices furent portées à un si grand excès, que les plaintes de ces nouveaux habitans parvinrent jusqu'à la cour de l'Empereur. Alors Charlemagne, qui s'étoit réservé l'empire sur les royaumes de ses fils, donna cette ordonnance, par laquelle il charge l'archevêque d'Arles, nommé Jean, son *Missus*, de rapporter l'affaire devant le roi d'Aquitaine, pour être discutée & jugée, enjoignant aux Comtes & aux Marquis de s'y trouver pour répondre sur les chefs d'accusation portés contre eux, ordonnant au surplus & par provisiou, que ces Espagnols seront maintenus dans la franchise & les priviléges qui leur ont précédemment été accordés.

Les noms de ces Comtes & de ces Marquis se trouvent énoncés dans l'ordonnance; quelques savans Critiques en développant d'autres Actes anciens, ont reconnu ces mêmes noms, & par-là ont désigné les pays & les cantons où commandoient ces Officiers. Ils se trouvent au nombre de huit, Bera, qui est le premier, étoit suivant ces Auteurs, comte de Barcelonne; Gaucelme comte de Roussillon; Ermangarius marquis du Lampurdan, la capitale de ce pays s'appeloit Ampurias; il y avoit eu autrefois un Évêque, dont le diocèse étoit alors uni à celui de Gironne. Odilon comte de Bezalu; Ademar comte de Narbonne; Leibulse comte de Carcassonne; Gisclafred comte de Béziers; Erlin marquis de Gironne. Nous apprenons par ce détail que d'un côté le royaume d'Aquitaine comprenoit tous ces pays, & d'un autre côté nous connoissons les pays où étoient situées les terres que Charlemagne donna à ces Espagnols.

MAI, sans quantième.

ANNÉE 812.

PRÆCARIA *canonicorum Viennensium, in gratiam Silvii & Didanæ conjugum.*

Capit. Reg. Fr. a Baluzio, t. II, col. 1403.

Fait à Vienne en Dauphiné.

Baluze a tiré cette pièce du cartulaire de l'église de Vienne, il a remarqué qu'il y avoit une faute dans la date; le copiste ou même le clerc qui en dressa l'original omit un chiffre X, puisqu'au lieu d'écrire la XXXXIV.ᵉ année du règne de Charles, & la 12.ᵉ de son empire, il n'a mis que la XXXIV.ᵉ

Cet Acte paroît être purement & simplement un bail de plusieurs héritages que possédoit la cathédrale de Vienne, situés dans le territoire de cette ville & dans le Lyonnois, passé pour cinq ans, au profit de Silvius & de Didane son épouse, moyennant trois sols d'argent. Le terme de cette redevance fut fixé au jour & fête de S.ᵗ Maurice. Si quelque Savant trouve que le terme de *Bail* soit trop moderne, & qu'il juge qu'il faille dire que ces héritages furent donnés en bénéfice pour cinq années, au moyen d'une redevance annuelle de trois sols d'argent, je passe condamnation sur l'expression; mais cependant il est bien rare de trouver des héritages donnés en bénéfice pour un terme aussi court que celui de cinq ans, & par un Acte de la forme de celui-ci; car il contient des clauses que l'on ne trouve point dans les Chartes de bénéfices; il est expressément stipulé dans celle-ci que les preneurs seront renouveler tous les cinq ans le *Præcaria*. Cette clause étoit d'ailleurs d'une sage précaution contre les usurpations qui étoient fréquentes en ce temps, & auxquelles les bénéfices à vie ou à perpétuité donnoient lieu.

Cette pièce peut être de quelque utilité à l'église de Vienne, si les lieux où étoient situés les héritages dont il y est parlé sont connus; elle constate une possession ancienne qui avoit pour origine une donation légitime; car il est énoncé qu'elle les tenoit de la libéralité d'un de ses Archevêques nommé *Orsus*, & du prêtre Aldo son frère; les uns étoient donc situés *in pago Vellaus in loca nuncupantes in Turmaciaco, & in Fiscali, & in Buxarolas & in Bataliaco*, ceux-ci avoient été légués par l'archevêque Orsus, les autres qu'Aldo son frère avoit aussi donnés, étoient situés *in pago Lugdunense in curte cui vocabulum est in Doxaiaco.*

30 JUIN.

KAROLI MAGNI *privilegium, quo villas & prædia confirmat quæ Momiana neptis ejus Remigianis concessit.*

Hist. Metrop. Remensis, à Marlot, tom. I, pag. 321.

Donné à Liége.

Marlot a publié cette pièce d'après un manuscrit que le père Pichart moine & bibliothécaire, sans doute, de S.ᵗ Remi de Reims, lui communiqua de bonne foi, dit-il, *quod bona fide mihi exihuit*; cette bonne foi n'influe en rien sur le mérite de la Charte; elle pourroit, tout au plus, excuser les reproches que l'on seroit en droit de faire au Bénédictin d'avoir produit un titre d'une faussete aussi évidente que celle que tout le contenu de celui-ci fait apercevoir. Marlot cependant ne le juge pas avec cette sévérité, il n'y a vû que des anachronismes, dont il répare le vice, en disant qu'ils y ont été ajoûtés après coup; le Lecteur jugera, d'après ma critique, s'il y a quelque sûreté à adopter le sentiment de cet Auteur. Voici le contenu de la pièce en substance.

Charlemagne donna ce Diplome, à la recommandation de Tilpin archevêque de

Reims, en faveur du monastère de S.t Remi, par lequel il confirme la donation de plusieurs héritages que lui avoit faits la princesse Momiana sa nièce, & ratifie la cession de la forêt de Waure, que le comte Angelbert tenoit en fief de l'Empire, *Feodo Imperiali erat*, qui avoit de même été léguée à ce Monastère par ce Seigneur, avec un grand nombre de villages; lequel Diplome fut expédié par le notaire Segbin, faisant pour Luitward évêque de Vercelles, archi-chancelier, le 2 des kalendes de juillet, l'an de l'incarnation de Notre-Seigneur 812, indiction 6, la 46.e année du règne de Charles Auguste, & la 13.e de son empire, donné à Liége.

1.° Depuis longues années l'archevêque Tilpin étoit mort, le Cointe fixe cet événement à l'an 800. Les Auteurs de la nouvelle Gaule chrétienne disent qu'il arriva l'an 794, Marlot lui-même assure que ce Prélat passa de cette vie dans une meilleure, l'an 795. Flodoard accrédite le sentiment de ce dernier Auteur, il marque à cette époque la succession de Wolfaire à Tilpin dans le siége de Reims, *Tilpinum sequitur Wulfarius, cap. 18*. Ainsi il demeure pour constant qu'il y avoit au moins douze ans que Tilpin étoit mort en 812, par conséquent Charlemagne ne put pas accorder dans cette même année ce Diplome, à la considération de ce Prélat.

2.° Cette princesse Momiane ou Momiana, ressemble bien aux princesses des Romans, peut-être n'a t-elle existé que dans l'imagination du Titrier. Consultons nos Historiens généalogistes, nous trouvons que Pépin eut six enfans de Berthe sa femme, savoir, Charlemagne, Carloman, Pépin, & trois princesses nommées Rothaide, Adelaïde & Gisèle; je sais qu'un très-mauvais Historien allemand (Volphang Lazius) a prétendu que Pépin avoit eu une seconde femme, & beaucoup d'enfans de ce mariage; mais c'est une fable, puisque la reine Berthe survécut le roi Pépin; rien donc de plus certain que ce Prince ne fit qu'un mariage & qu'il n'eut que six enfans. Or, pour que notre princesse Momiane fût nièce de Charlemagne, il faudroit qu'elle eût été fille ou de ses frères ou de ses sœurs. Carloman, suivant le plus grand nombre des Historiens, n'eut que deux fils, l'Auteur anonyme de la généalogie de Hugues Capet, lui donne une fille, mais il la nomme Berthe, & dit qu'elle fut mariée à Witichind duc de Saxe; Pépin, autre frère de Charlemagne, mourut en bas âge, ainsi que ses sœurs Rothaide & Adelaïde; Gisèle vécut, mais elle se consacra à Dieu dès sa plus tendre jeunesse, & elle mourut abbesse de Chelles. Ainsi Momiana inconnue dans toute notre Histoire, ne fut point la nièce de Charlemagne.

3.° Peut-on dire que le comte Angilbert ou tout autre, *tint en Fief* une forêt en 812, lorsque le Fief & le terme qui l'exprime n'ont été connus que plus d'un siécle après cette époque! nous trouvons, il est vrai, dans quelques anciennes Chartes le mot *Fevum*, singulièrement dans une de l'empereur Charles le Gros, mais de bons Critiques doutent de l'authenticité de cette pièce.

4.° Il n'y eut point sous le règne de Charlemagne d'archi-chancelier; Liutward qui est nommé dans ce Diplome, exerçoit cette charge sous l'empereur Charles le Gros, comme le remarque Marlot.

5.° Les actes de Charlemagne ne sont point datés de l'an de l'incarnation de Notre-Seigneur.

6.° En 812 on comptoit indiction 5.e & non pas 6.e, on comptoit la 44.e année du règne de Charlemagne, & non pas la 46.e, on comptoit la 12.e de son empire, & non la 13.e

7.° Enfin, Charlemagne n'avoit point de palais à Liége, & il paroît certain qu'il demeura tout le courant de cette année à Aix-la-Chapelle.

Année 812.

15 Août.

Charta concambitionis inter Ricolfum archiepiscopum Moguntiæ & Ratgarium abbatem Fuldensem.

Franc. Orientalis, ab Eckardo, t. II, p. 75.

L'archevêque de Mayence fut, comme nous allons le voir, un des Commissaires nommés par Charlemagne, pour juger l'affaire de l'abbé de Fulde avec ses Moines; ce Prélat se transporta dans cette Abbaye, c'est ce qui donna occasion à l'échange qu'il fit avec Ratgaire abbé de ce Monastère. Cet acte, dont Eckard ne donne qu'un extrait, peut être de quelque utilité aux chanoines de Mayence, ainsi qu'à l'abbé de Fulde, on le trouve tout au long dans le cartulaire de cette Abbaye.

ANNÉE 812.

31 Août.

DIPLOMA *Caroli Magni imperatoris, pro monasterio S. Dionysii cui plurimas dat & reddit possessiones.*

Donné à Soissons.

<small>Ann. Eccl. Fr. Cointii, t. VII, pag. 9. Antiquités de la Maison de France, par le Gendre de St Aubin, p. 224. Antiquités de St Denys, par Doublet, page 727.</small>

Il seroit bien inutile d'entrer dans quelque détail sur les héritages, les églises & le grand nombre de villages que le Titrier de cette Charte fait léguer à St Denys par Charlemagne, parce que ce titre est un de ceux que Doublet a recueillis dont la fausseté soit la plus évidente; il paroit étonnant que M. Legendre de Saint-Aubin en ait fait quelque cas; avec un peu de critique cet Auteur moderne devoit s'apercevoir que cette pièce ne pouvoit ni nuire ni servir à la preuve de son système. Je remarquerai sommairement les caractères de fausseté les plus frappans qui se présentent au premier coup d'œil.

Premièrement, l'Empereur dit qu'il a été porté à augmenter les biens de ce Monastère, par le conseil & par l'avis de son fils Louis le Pieux, qu'il a désigné pour être Roi, *consilio & voluntate filii mei Ludovici Pii jam in Regem destinati*. Assurément le surnom de Pieux n'a jamais été donné à cet Empereur, ni du règne de Charlemagne son père, ni par ce Prince; que signifient ces mots *in Regem destinati*? Louis depuis long-temps régnoit en Aquitaine, il avoit véritablement reçu l'onction royale, il n'étoit pas seulement désigné pour être Roi, puisqu'il l'étoit alors effectivement; mais comme Charles le fils aîné de Charlemagne étoit mort, & que Louis le dernier des fils de l'Empereur, étoit désigné pour lui succéder à l'empire, Charlemagne auroit dit naturellement *ad Imperium destinati*. Secondement, l'auteur de la Charte fait dire à l'Empereur qu'il a ordonné à Fulrad abbé de St Denys, de lui représenter & au pape Léon qui étoit présent à l'assemblée qui se tenoit alors à Soissons, les anciens Diplomes & les Chartes de ce Monastère pour les confirmer; mais on remarquera qu'il n'y eut point dans cette année d'assemblée ou de concile à Soissons, que le pape Léon III ne sortit point de l'Italie, ni Charlemagne d'Aix-la-Chapelle, & que l'abbé Fulrad étoit mort il y avoit près de trente ans. Troisièmement, le plus grand nombre des Prélats qui souscrivirent cette Charte étoient également morts, les uns depuis plus de vingt ans, les autres depuis environ dix. Quatrièmement, enfin, on comptoit dans cette année 812, la XLIVe du règne de Charlemagne en France, indiction 5, la 12.e de son empire, & non pas la 11.e; jamais non plus les Diplomes de nos Rois n'étoient datés des années du pontificat des Papes, bien-loin de là, c'étoient les bulles, les lettres des Papes que l'on datoit des années du règne des Empereurs.

Octobre, sans quantième.

CAPITULARE *Karoli Magni de libero homine in hostem bannito, de his qui regales habent honores, & de causarum & litium terminis.*

Donné à Boulogne-sur-Mer.

<small>Capit. Reg. Fr. a Baluzio, t. I, col. 493. Ann. Eccl. Fr. Cointii, t. VII, pag. 195. Rec. des Hist. de France, par Dom Bouquet, t. V, p. 684.</small>

Le titre de ce Capitulaire tel que Baluze l'a publié, de même que les autres Auteurs qui l'ont fidèlement copié, présente deux difficultés; le lieu où on dit qu'il fut donné forme la première, car il est bien certain que Charlemagne ne vint point dans aucun temps de cette année à Boulogne-sur-Mer; la date de l'indiction 6 qu'on lui a assignée fait la seconde; mais par rapport à la première, peut-être est-ce une omission de la part de Baluze dans la leçon des manuscrits qu'il a consultés, il y a sans doute *Bononiæ publicatum*; Charlemagne tint dans l'automne de cette année une célèbre assemblée, dans laquelle il arrêta ce Capitulaire avec quelques autres, lesquels furent publiés par ses *Missi* dans les villes principales de leurs départemens, & sans doute que l'on aura écrit que celui-ci fut publié à Boulogne, autrement il faudroit convenir ou que ce Capitulaire n'est pas de Charlemagne, ou que les dates qu'il porte sont toutes absolument fausses. En adoptant le tempérament que je propose, on se bornera à rectifier seulement la date de l'indiction, au lieu de 6 on dira indiction 5, comme je l'ai observé plus haut.

Cette ordonnance contient onze articles. Le premier porte que lorsque le ban sera publié, tout homme libre sera tenu de se rendre à l'armée, sous peine de soixante sols d'amende; si ses facultés ne lui permettent pas de payer cette somme, il deviendra serf du Roi, & demeurera dans cet état jusqu'à ce qu'il ait payé, voulant néanmoins que s'il décède avant d'avoir satisfait à cette obligation, *il meure libre*, c'est-à-dire, que ses enfans héritent sans être tenus de payer l'amende.

Le second porte défense aux Comtes de lever aucune taxe avant d'en avoir reçu les ordres du Roi, qui leur feront notifiés par le ministère des *Missi*; & lorsque les Comtes auront enfin reçû les ordres de lever quelques taxes, soit pour le guet, soit pour le droit de gîte, soit pour ceux qui s'exempteront d'aller à la guerre, il leur est également fait défense de prendre pour leur payement des fonds de terre ou des serfs, ordonnant que toutes ces taxes seront levées en espèces d'or ou d'argent, ou par évaluation en vêtemens, en armes, en chevaux ou en bestiaux.

Le troisième condamne à l'abstinence du vin & de la chair les vassaux du Roi, pour autant de jours qu'ils différeront ou de joindre l'armée après que le rendez vous aura été fixé & publié, ou de se rendre au plaid lorsqu'ils y auront été ajournés.

Le quatrième porte peine de mort pour celui qui quittera l'armée durant la campagne.

Le cinquième prononce que tout vassal du Roi qui refusera d'aller à la guerre, perdra son bénéfice.

Le sixième porte défense à quiconque d'engager son camarade de boire jusqu'à l'enivrer lorsqu'ils sont à l'armée, & condamne celui qui se sera laissé aller à cet excès, à ne boire que de l'eau jusqu'à ce qu'il se montre repentant de sa faute.

Le septième fait défense aux Officiers du palais attachés au service de la personne du Roi, qui ont des bénéfices, de retenir auprès d'eux les serfs employés à la culture de ces bénéfices, & leur enjoint, dans le cas où ils en auroient quelques-uns, de les renvoyer à la campagne lorsque le Comte dans le district duquel se trouveront les bénéfices, partira pour faire son département.

Le huitième renouvelle les anciennes ordonnances sur les provisions de vivres que chaque Militaire étoit tenu de faire lorsque l'on publioit le ban; il porte que ceux qui marcheront des bords du Rhin pour joindre le rendez-vous dans un lieu sur la Loire, seront tenus d'avoir des vivres pour trois mois, à compter du jour de leur arrivée au rendez-vous, & de même pour ceux qui partiront d'en deçà de la Loire pour aller au rendez-vous marqué sur le Rhin. Lorsque la guerre sera portée en Saxe, les confins de la *Libania* * du côté du Rhin seront le terme du rendez-vous, & partant les trois mois pour lesquels ils feront de même provision de vivres, ne commenceront que du jour qu'ils arriveront dans la *Libania*. Si on fait la guerre en Espagne, les Pyrénées seront le rendez-vous pour ceux qui habitent au delà de la Loire, & les trois mois ne commenceront pour ceux-ci, que lorsqu'ils y seront arrivés.

La disposition du neuvième article est à peu de chose près la même que celle du premier; l'objet est le même, comme par le premier, le Roi oblige par celui-ci tous les hommes libres d'aller à la guerre, sous peine de soixante sols d'amende, ce qui fait le *plenum Heribannum*; il exempte cependant, par cet article, deux hommes de ceux qui sont attachés à chaque Comte & à chaque Seigneur, les obligeant de payer autant de fois soixante sols, que les uns & les autres retiendront d'hommes au delà des deux pour lesquels il y a exemption. Il n'est pas besoin de grands raisonnemens pour faire sentir toute la sagesse, toute l'équité de ce règlement. Sans doute il pourroit servir de modèle à notre Gouvernement, pour retrancher le nombre excessif de domestiques qui inondent la capitale; ce vice est le principe de la dépopulation des campagnes, & la cause que nos troupes ne sont jamais complètes en temps de guerre. Ces deux points sont dignes de l'attention du Ministère.

Le dixième fait défense aux Évêques, aux Abbés & aux Abbesses d'armer d'un bouclier & d'une épée un étranger, ou de lui vendre ou donner ces sortes d'armes, sans une permission de l'Empereur. Si les *Missi* trouvent au surplus dans les Évêchés & les Abbayes, un plus grand nombre de boucliers & d'épées qu'il n'en faut pour armer leurs hommes, les Évêques & les Abbés, ainsi que les Abbesses, seront cités devant le Roi pour répondre sur faits & articles.

Le onzième ordonne aux Capitaines de vaisseaux de se tenir prêts à partir avant que l'ordre de mettre à la voile soit donné, & de monter chacun le navire dont le commandement lui est destiné.

* J'ai consulté de bons Géographes, comme M. d'Anville & d'autres Savans, sur ce pays, ils en ignorent, comme moi, la situation & le nom actuel.

OCTOBRE, sans quantième.

ANNÉE 812.

JUDICATUM in synodo Divionensi de Parochiis restituendis.

Rec. de Pérard, pag. 59.

Fait à Dijon.

Il faut corriger la faute qu'un copiste ignorant a sans doute glissée dans cet Acte, il y a mal-à-propos ajouté le chiffre X au V pour la date de l'indiction, j'ai déjà observé que dans cette année on comptoit *indictio quinta*.

Cette pièce est beaucoup plus intéressante qu'elle ne le paroît à la première lecture, voici ce qu'elle contient en substance. Garnier ayant depuis peu succédé à Agrimus dans l'évêché de Langres, vint tenir un grand synode à Dijon dans l'église de S.t Étienne; les Chanoines de sa cathédrale le suivirent dans cette ville & assistèrent au synode, avec les Abbés du diocèse & les Prêtres qui desservoient l'église de S.t Étienne. Trois Curés ou Pasteurs se présentèrent à l'assemblée, portant des plaintes contre un autre Pasteur qui avoit acheté à prix d'argent, contre la disposition des Canons, *(qui ultra Canonicæ rectitudinis lineam digitum extendens)* des villages dépendans de leurs paroisses pour les réunir à la sienne, & qui en outre de son autorité privée, avoit fait démolir des églises anciennes où se faisoit sans doute le service Divin pour quelques-uns de ces villages; on fit comparoître l'accusé, & ayant ouï les parties & la cause avant été discutée, le comte Manassés donna des conclusions, suivant lesquelles l'Évêque prononça que les choses seroient rétablies comme elles étoient auparavant *(consulente etiam & cohortante venerabili comite domno Manassé qui præsens erat)*. Le jugement ne fut signé que de l'Évêque, des Chanoines & des autres Prêtres.

Sur quoi j'observe, premièrement, que quoique les églises paroissiales fissent alors partie du patrimoine des Laïcs, il n'étoit pas à leur pouvoir de démembrer leur district, ou ce que nous appelons présentement la paroisse; c'est-à-dire, que ces églises entroient dans le commerce, qu'elles se vendoient ou se donnoient pour dot; néanmoins les Laïcs à qui elles appartenoient, ne pouvoient sans le concours des deux Puissances, d'une paroisse en faire deux par l'établissement d'une nouvelle, ni en augmenter une autre par le démembrement d'une ou de plusieurs.

Secondement, que les officiers du Roi prenoient connoissance de tout ce qui tenoit à l'observation des Canons; qu'ils les faisoient exécuter, & empêchoient que l'ordre public fût troublé par le mépris de la discipline; le comte Manassés ne fut sans doute appelé dans ce synode, que parce que cette cause intéressoit le Roi comme protecteur de l'Église, comme défenseur des Canons; chargé du ministère public, le Comte fit en cette occasion tout ce que feroient les Procureurs généraux de nos Parlemens ; ceux-ci prendroient connoissance de l'affaire, ils donneroient des conclusions; le Comte remplit ce ministère: nos Procureurs généraux ne signeroient pas l'arrêt qui interviendroit, parce qu'ils ne sont pas Juges, le Comte ne signa pas, par cette même raison, ce Jugement.

26 NOVEMBRE.

Année 812.

Præceptum Caroli Magni pro monasterio S. Martini in Bajoaria.

Donné à Aix-la-Chapelle.

Ann. Eccl. Fr. Cointii, t. VII, pag. 208.
Rec. des Hist. de France, par Dom Bouquet, t. V, p. 777.

On appelle aujourd'hui ce monastère l'abbaye de Nider-Altaich, il se nomme aussi en latin *Altahæ* & *Altahense inferius*, il est situé dans la basse Bavière près les rives du Danube. Il fut compris dans la fameuse ordonnance de Louis le Pieux, de 817, au nombre de ceux qui ne devoient à l'État que des dons sans milice.

Un Comte dans la Bavière représenta à Charlemagne l'extrême pauvreté de ce Monastère, & obtint de ce Prince ce Diplome, par lequel il lui fit donation d'un village considérable composé de quarante métairies ou habitations; ce village étoit fort à la portée du Monastère; la Charte dit qu'il étoit situé dans le même canton à l'embouchure d'une rivière avec le Danube, appelée *Bioela*.

Le Comte critique avec raison les dates sous lesquelles Grewoldus l'a imprimé dans son Livre intitulé, *Metrop. Salisburg.* tom. II, pag. 9. mais il est aisé de voir que ce sont dans les manuscrits des fautes de copistes.

Sans autre date.

Testamentum seu Charta Juliofredi abbatis de donationibus monasterio Gellonensi factis a sancto Willelmo Principe totius Galliæ.

Annal. Bened. t. II, p. 718.

Guillaume, fondateur de ce Monastère, mourut au mois de mai de cette année ou de la suivante, au plus tard; il y a bien de l'apparence que ce fut dans les premiers jours qui suivirent cette mort, que Juliofred abbé aura constaté par cet acte toutes les donations que ce Seigneur avoit faites à cette Maison, afin d'en conserver la mémoire à la postérité; car l'abbé & les frères du Monastère connoissoient trop la modestie de leur bienfaiteur, pour ne pas craindre de la blesser en exposant à ses yeux tout ce que sa piété l'avoit porté à faire pour eux: ainsi je n'adopte point le sentiment de Dom Vaissete, qui place cette pièce sous l'année 806.

Ce

Ce titre de Prince de toute la Gaule est un peu enflé ; Guillaume étoit fils d'un seigneur nommé *Théodoric*, qui exerçoit l'emploi de Duc dans la Saxe ; après la disgrace de Chorson duc d'Aquitaine, Charlemagne donna cette place importante à Guillaume ; mais la générosité de ce Seigneur, qui égaloit celle d'un Prince, ne pouvoit être célébrée par Juliofrede, quoique cousin de Charlemagne, dans des termes trop magnifiques. Il est dit dans cet Acte que Charlemagne & Louis son fils avoient détaché de leur domaine royal tous les objets que nous allons décrire, pour les consacrer à ce Monastère par considération pour Guillaume ; savoir, l'église de S.t Paragoire avec toutes ses dépendances, le lieu de Seyras avec l'église dédiée à S.t Saturnin, un autre village dans le même canton & l'église sous l'invocation de S.t Félix, le prieuré de Creyssels en Rouergue, l'église de S.t Geniez de Lenz, les villages de Brunaut, Estaignoles, Os, Agré avec le bois qui en dépend, Graixamaire, l'Exite, Feyssal, Castries avec l'église de S.t Martin & ses dépendances, la Balme, Reys & une autre église de S.t Martin avec plusieurs autres villages de ce canton, dont les noms nous sont présentement inconnus, plusieurs métairies situées à Launas, à Cussy en Rouergue, à Gabriach, à Madières, à Lavaigne, & beaucoup de vignes dans les meilleurs cantons du Languedoc, dont les noms anciens sont exprimés dans cet Acte, mais que je ne peux désigner parce que j'ignore ceux qu'ils portent présentement.

Sans autre date.

Année 812.

Supplex libellus, monachorum Fuldensium Carolo imperatori porrectus.

Franc. Or. ab Eckardo, t. II, pag. 71.

Tandis que Charlemagne tenoit un plaid au mois de mai de cette année à Aix-la-Chapelle, douze des Moines de l'abbaye de Fulde saisirent cette occasion pour lui présenter cette requête en forme de plainte, contre Ratguaire leur abbé. Il faut savoir que ce Ratguaire étoit d'une naissance illustre, & que comme il est assez ordinaire aux grands Seigneurs, il comptoit pour peu de chose ses Moines, & négligeoit les pratiques de la discipline régulière ; si bien que Ratguaire occupé depuis son élection à faire élever des bâtimens de la plus grande magnificence, forçoit les Moines de travailler aux ouvrages les plus pénibles, à remuer les terres, à transporter des matériaux ; on ne faisoit plus dans le Monastère aucunes des prières ordonnées par les constitutions du fondateur Boniface archevêque de Mayence ; souvent on négligeoit d'aller à la Messe ; Ratguaire avoit porté ces excès au point de supprimer de son autorité un grand nombre de fêtes, afin que ses ouvrages fussent moins interrompus : cet Abbé, d'humeur altière & un peu féroce, s'irritoit chaque fois que ses Moines lui faisoient des représentations ; si l'un d'eux montroit le moindre mécontentement, il étoit sur le champ puni avec sévérité, & tous manquoient des choses les plus nécessaires à la vie ; les jours de jeûnes étoient les seules pratiques régulières que Ratguaire fît observer avec scrupule dans son Monastère. Ces Moines ne pouvant plus soûtenir le poids d'un joug aussi dur, se révoltèrent enfin, *facta est*, disent les Historiens de ce temps, *conturbatio non minima*. Et ayant avisé aux moyens de s'affranchir de cette captivité, ils se fixèrent à recourir au Roi ; on dressa un Mémoire, & douze d'entre eux furent députés à la Cour pour le présenter. Ce Mémoire qui comprend vingt articles est très-détaillé, & contient beaucoup de choses curieuses sur la discipline régulière & les usages anciens des Moines de cette maison.

Ils supplient l'Empereur, dans le premier article, de rétablir l'usage de faire des prières pour le Roi, la Famille royale, leur Fondateur & Bienfaiteurs dans certains jours de la semaine, & singulièrement tous les premiers de chaque mois.

Par le second, ils demandent que ceux qui sont Prêtres aient la liberté de célébrer la sainte Messe plus souvent que par le passé, & qu'il leur soit accordé un temps suffisant chaque fois pour s'y préparer ; que ceux d'entre les frères qui seront promûs à l'Ordre du Sacerdoce, soient éprouvés & sur la doctrine & sur les mœurs.

Par le troisième, que bien-loin de ne pas déférer aux Saints l'honneur qui leur est dû, les frères soient desormais exacts à remplir à l'Église dans le culte qu'elle leur décerne, en célébrant dès la veille l'office qui leur est consacré, & que dans de certaines fêtes solemnelles, comme le jour de l'assomption de la Vierge, la fête de S.t Pierre & S.t Paul, des saints Étienne & Laurent martyrs, & des autres Saints de la Germanie, les frères s'abstiennent de toute œuvre servile, pour occuper tout le temps du jour à lire à l'église des leçons & des pseaumes.

Par le quatrième, que les Frères ne méprisent point desormais de suivre l'usage établi par leurs prédécesseurs, de manger avant le dîné les eulogies. Mabillon remarque sur cet article, que chaque Moine à la Messe du chœur offroit un pain, que l'on en consacroit quelques-uns pour la communion, que les autres étoient seulement bénis,

& que l'usage étoit que ceux qui n'avoient pas communié, mangeoient avant de se mettre à table ces pains qui étoient de pures eulogies.

Par le cinquième, que l'on ait desormais plus de soins charitables pour les malades & pour les vieux, qu'on leur donne la vie & les vêtemens, & que l'on ne tourne pas en risée leurs foiblesses, qu'il leur soit permis d'avoir un bâton pour se soûtenir & marcher plus aisément, & un marche-pied pour les plus décrépits, afin qu'ils puissent faire les génuflexions qui sont d'usage. Ils supplient le Roi, avec une nouvelle instance, de défendre qu'à l'avenir on ne chasse hors du Monastère ces derniers par mépris pour leur vieillesse ou pour autres causes, & qu'on ne les relègue pas dans des Celles tenues par des Frères laïcs, de peur qu'ils ne meurent sans confession & sans viatique.

Par le sixième, que l'on observe tous les devoirs de l'hospitalité envers tous les hôtes.

Par le septième, que l'on n'admette aucun Novice à la profession, qu'après le temps de probation prescrit.

Par le huitième, le neuvième & le dix-septième, ils demandent que l'on n'use d'aucun moyen de ruse, ni de séduction ou de violence, pour faire prendre l'habit & la tonsure de Moine à qui que ce soit, libre ou serf, mais que l'on n'y admette que des personnes de bonne vie & de sens rassis.

Par le dixième, que l'on donne au moins à chaque Moine sa vie & le vêtement, suivant les constitutions de S.t Benoît.

Par le onzième, que la forme du gouvernement de la Maison soit une, & que tous obéissent aux mêmes Supérieurs.

Par le douzième, que les bâtimens superflus soient détruits, & que le temps que les Frères doivent donner aux lectures de piété & aux ouvrages utiles, ne soit pas consommé en inutilités.

Par les treizième & quatorzième, que l'usage établi par la règle de S.t Benoît de recevoir & laver les pieds aux voyageurs, soit observé avec scrupule.

Par le quinzième, que tout soit en commun dans le Monastère. Cet article se trouve tout au long dans la règle de S.t Benoît.

Par le seizième, que tous les offices du Monastère soient remplis par des Frères; les ouvrages, disent-ils, seront alors mieux faits que par des laïcs ou par de mauvais valets; que ce soit des Frères qui fassent la boulangerie, que d'autres cultivent les jardins, d'autres soient occupés à la brasserie, d'autres à la cuisine, & que d'autres enfin conduisent la culture des terres.

Par le dix-huitième, que l'Abbé lui-même soit assujéti à la correction, suivant les règlemens de leur fondateur S.t Boniface, & qu'il ne s'ingère pas à vouloir exercer sa jurisdiction sur d'autres Monastères.

Par le dix-neuvième, que chaque jour desormais tous les Frères réunis fassent avant la Messe du chœur la procession autour du Monastère, en mémoire de la Passion, suivant l'usage des temps anciens, en faisant précéder la croix, de même que dans les jours de jeûne dans lesquels on chantera des litanies; les jours de Dimanche on fera cette procession en mémoire de la Résurrection, comme il est ordonné par le statut de nos Évêques diocésains; ce qui prouve, comme l'observe Mabillon, que cette Abbaye n'étoit pas encore entièrement exempte de la jurisdiction de l'Ordinaire.

Par le vingtième enfin, ils demandent que leur Abbé remplisse tous ses devoirs, qu'il vive avec eux dans l'union & la charité que ses prédécesseurs ont fait régner dans ce Monastère, & ils finissent en suppliant Charlemagne de vouloir bien interposer son autorité, pour qu'il leur soit fait droit sur tous ces objets, pour lesquels ils ont souvent, mais toûjours en vain, fait des représentations à leur Abbé. L'Empereur ayant pris connoissance de l'affaire, nomma deux Archevêques & deux Évêques pour aller sur les lieux la terminer. Les annales du Monastère disent que l'Abbé promit tout ce que les Commissaires voulurent, mais qu'il ne tint rien, que les desordres recommencèrent peu de temps après, & qu'ils furent enfin portés à un si grand excès, que l'on fut obligé de déposer l'abbé Ratguaire, en 817.

Année 812.

Capitularia duo data hoc anno ab imper. Aug. Charolo Magno.

Ann. Eccl. Fr. Coinsii, t. VII, pag. 229. Capitul. Reg. Fr. a Baluzio, t. I, col. 489, 495.

Cette première ordonnance contient des règlemens pour les *Missi*, lorsqu'ils doivent assembler l'armée. Elle comprend neuf articles.

Il est ordonné par le premier, que tout homme libre qui cultive quatre métairies, soit qu'elles lui appartiennent en propre, soit qu'il les possède à titre de bénéfice, sera obligé d'aller à l'armée & de se joindre à son Seigneur. Qu'à celui qui n'en possède que trois, on en joindra un dans le village qui n'en aura qu'une pour faire une tête, que les deux ne représenteront qu'un homme; que ce dernier contribuera pour les frais de la campagne, & payera à l'autre qui ira à l'armée par proportion avec sa métairie; ainsi de celui qui n'en a que deux & celui qui n'en a qu'une; c'est-à-dire, que quatre hommes possédant chacun une métairie, ne faisoient qu'une *tête*, comme trois dont un en possédoit deux, & comme deux dont un en possédoit trois.

Le second porte que les *Missi* feront une recherche exacte de ceux qui sans exemption n'ont point été à la guerre l'année dernière, afin de leur faire payer, conformément aux ordonnances, l'amende en plein, c'est-à-dire, soixante sols.

Le troisième enjoint aux mêmes *Missi*, que dans le cas où le délinquant s'excuseroit sur les défenses qu'il auroit eues de la part du Comte, du Vicaire ou des Centeniers du canton, ou même de la part d'un Avoué, d'un Évêque ou d'un Abbé, ils prennent une connoissance exacte du fait, & de faire payer l'amende à celui de ces Officiers qui aura fait les défenses.

Le quatrième permet à chaque Comte d'exempter quatre hommes, deux pour servir sa femme, s'il est marié, ou pour conduire sa maison, & deux pour le servir, sans ajoûter un plus grand nombre, quelque étendu que soit son district : les Évêques & les Abbés ne pourront de même exempter que deux laïcs de ceux qui sont à leur service, & qui doivent, suivant les ordonnances, aller à la guerre.

Le cinquième porte une disposition égale au troisième, & ordonne que les Évêques & les Abbés, ainsi que ceux qui tiennent des bénéfices du Fisc, payeront l'amende pour ceux qu'ils auront mal-à-propos exemptés, & que ceux qui auront au contraire donné de l'argent pour obtenir, contre la disposition des ordonnances, cette exemption, payeront en outre l'amende de leurs propres deniers.

Le sixième enjoint aux *Missi* de s'informer avec exactitude sur les lieux d'où il est revenu au Roi que des Comtes avoient exigé de l'argent, sous prétexte d'exempter d'aller à l'armée, ceux qui n'étoient dans le cas que de contribuer aux frais de la campagne de leur voisin, auquel ils n'ont été associés aux termes du premier article de la présente ordonnance, & d'en rendre compte au Roi.

Le septième donne commission aux mêmes *Missi* qui seront chargés de l'exécution de cette ordonnance, de faire en même temps le recouvrement des amendes.

Le huitième porte qu'il sera fait quatre exemplaires de la présente ordonnance, qu'il en sera remis un à chaque *Missus* envoyé dans les provinces, un à tous les Comtes, un aux *Missi* qui seront employés à l'armée, & que le dernier sera déposé à la Chancellerie.

Le neuvième article exempte de l'amende du ban tous ceux qui ont été employés au service de la personne du Roi pendant la campagne précédente, de même que ceux que le Roi retiendra à l'avenir pour la même cause.

LA SECONDE ORDONNANCE a pour objet principal de nouveaux règlemens pour accélérer le jugement des procès en matière civile, avec évocation de certaines affaires à la Cour du Roi; elle contient treize articles.

Le premier porte que l'on poursuivra devant les Pairs de chaque canton, dans la forme ordinaire, le jugement de tous les procès qui se sont élevés entre les particuliers, depuis la mort du roi Pépin père de l'Empereur, jusqu'à ce jour, le Roi défendant que l'on en intente pour des causes qui remonteroient au delà de cette époque, à moins que l'on n'en soûmette le jugement à son Conseil.

Comme Charlemagne avoit rendu pendant son règne plusieurs ordonnances qui changeoient la disposition des anciennes, son amour pour la justice le portoit à empêcher que ces nouvelles loix ne fournissent aux prétextes à l'injustice; son intention étant de ne leur donner aucun effet rétroactif, il vouloit s'assurer que les Actes faits suivant la disposition des ordonnances alors en vigueur, eussent, comme il étoit de toute équité, leur entière exécution.

Le second évoque à la Cour du Roi toutes les causes, même en première instance, des grands Seigneurs, des Évêques & des Abbés, s'ils ne peuvent les terminer par accommodement & à l'amiable; déclarant que celles des pauvres & du peuple seront jugées à l'ordinaire sur les lieux ; il porte défense en outre *aux Comtes du Palais* de s'attribuer la connoissance de toutes les affaires qui seront évoquées à la Cour du Roi, restreignant leur ministère à faire juger celles des personnes d'un ordre inférieur.

Le troisième défère aux *Missi* & aux Comtes le choix des témoins, & non aux parties, afin d'éviter les injustices qui résultoient de l'affirmation des faux témoins, qui juroient, pour de l'argent, tout ce que les parties vouloient.

Le quatrième défend aux Centeniers de connoître des causes criminelles, ou qui concerneront la liberté & la restitution des fonds de terre ou des serfs, attribuant les causes de ce genre aux Échevins pour n'être jugées que par eux, sur les conclusions des *Missi* ou des Comtes.

Le cinquième & le sixième enjoignent aux *Missi* de prendre un état exact lorsqu'ils feront leur département, du produit de tous les bénéfices royaux, & de la quantité d'hommes qui y sont employés, d'examiner de quelle manière ces bénéfices sont

Tome I. Mm ij

gouvernés, & si le gain a fourni à quelques Bénéficiers le moyen d'acquérir en propre quelques fonds de terre.

Le septième prescrit aux mêmes *Missi* de décrire le nombre des bénéfices, tant ceux qui appartiennent aux Évêques, aux Abbés & aux Abbesses, aux Comtes, à tous les grands vassaux de la Couronne, que ceux qui dépendent du Domaine royal.

Le huitième ordonne que les *Missi* feront par an quatre départemens, en hiver au mois de janvier, au printemps en avril, en été au mois de juillet, en automne au mois d'octobre ; que les Comtes tiendront à l'ordinaire leurs plaids, & qu'ils conviendront avec les *Missi* d'un lieu où ils se réuniront, pour tenir ensemble un plaid à chaque département des *Missi*.

Le neuvième enjoint aux *Missi*, non seulement de réformer dans leurs départemens tout ce qu'ils trouveront de contraire aux ordonnances, mais encore d'en faire un état afin d'en rendre compte au Roi.

Les dixième, onzième & douzième prescrivent aux mêmes *Missi* de l'exactitude dans l'emploi dont ils sont chargés, de lever les cens, les redevances, les amendes & autres droits dûs au Roi, & de tenir un état de ceux que des particuliers usurperoient pour les donner à des églises, ou pour se les approprier.

Le treizième porte que ces mêmes Officiers, pour tenir les sujets du Roi dans l'obéissance qu'ils lui doivent, exigeront, suivant les anciennes coûtumes, le serment de fidélité.

7 JANVIER.

Année 813.

Divisio bonorum, quam fecit Braidingus Benedicto abbati de monasterio Aniano.

Annal. Bened. t. II, p. 718.

Mabillon a publié cette pièce d'après l'authentique qu'il a tirée des archives de l'abbaye d'Aniane.

Braidingue seigneur natif du diocèse de Nîmes, fils de Theobrand & d'Adasiane, pour racheter quelques-uns de ses péchés & ceux de ses père & mère, ainsi que ceux de Folchet son frère & de Rotrude sa femme, donna à titre d'aumône à l'abbé & aux moines d'Aniane ; premièrement, sa maison seigneuriale située dans la ville de Nîmes, qu'il avoit héritée de son père, avec toutes les métairies qui en dépendoient, les bâtimens, les arbres fruitiers & autres, les chemins qui y conduisoient, le droit de guet & de garde qu'il avoit dans cette terre, les champs, terres labourables, les eaux, les jardins, les vignes, & les terres en outre qu'il tenoit à cens & rente, & tout autre fonds de terre qui pouvoit lui appartenir, situé au dedans des murs de ladite ville, avec les maisons, prés, terres labourables, &c. terres entourées d'eau, appelées communément des *Ouches (Oglatis terris)*, terres incultes *(Garricis)*, terres en bénéfice ou à bail *(Concidis)*, terres à cens & rentes *(Mestalibus)*, toutes les choses enfin dont il jouissoit à titre d'acquêt, de donation ou autrement, situées dans deux fauxbourgs de cette ville de Nîmes, l'un appelé *Rutiliano*, & l'autre *Arcuelles*.

Secondement, il donne au même Monastère une autre maison seigneuriale qu'il avoit habitée autrefois au village d'Aimargues situé le long de la côte, avec toutes ses dépendances, y joignant les fonds qu'il avoit donnés par présent de nôce à feue son épouse, avec ceux qui lui étoient échûs par succession durant leur mariage ; lesquels fonds elle lui étoient laissés en mourant par *Fidei-commis*, en présence de témoins irréprochables, pour les donner à titre d'aumône, par une Charte, comme il le faisoit par la présente, au monastère & à l'abbé d'Aniane.

Enfin ce Braidingue donna à ce Monastère, par cette même Charte, beaucoup d'autres terres situées dans les diocèses de Nîmes, de Maguelonne, d'Uzès & dans le Gévaudan, dont les noms me sont tout-à-fait inconnus, avec déclaration toutefois de celles qui étoient assujéties à quelques usages & servitudes, & qui avoient des eaux communes pour abreuver les bestiaux du canton, *excepto odatos exaga & regressa*.

9 MAI.

Præceptum Karoli Magni pro Adalrico seu Asig Saxone.

De re Diplom. a Mab. p. 512. Rec. des Hist. de France, par Dom Bouquet, t. V, p. 777.

Donné à Aix-la-Chapelle.

Asig *ou* Adalric fils d'un autre Adalric duc Saxon, supplia l'Empereur avec d'autant plus de confiance de lui accorder ce Diplome, que le comte Bennit, aussi Saxon, en avoit obtenu un deux ans auparavant dans la même circonstance & pour les mêmes causes. Adalric étoit demeuré fidèle aux traités que sa Nation avoit faits avec l'Empereur, & loin de prendre les armes dans la dernière révolte que quelques mécontens avoient excitée, il avoit préféré, comme le père du comte Bennit, d'abandonner sa patrie &

ses biens. Il s'étoit également retiré dans un lieu de la forêt de Bucône, appelé pour lors *Wluisangar*, & Charlemagne lui avoit donné en bénéfice, pour récompenser sa fidélité, un espace de terrein de deux lieues de long, sur autant de large & de huit de tour *(duas leugas in longum, & duas in latum, & sex in circuitu*. Je crois que l'on s'est trompé, peut-être Mabillon n'a-t-il pas bien lû, il est évident qu'au lieu de *sex*, il faut *octo*). Adalric étant mort, les Commissaires du Roi réclamèrent ce bénéfice pour le réunir au Fisc; mais Asig ayant représenté à l'Empereur les services de son père & la cause de sa retraite en Allemagne, le Prince lui accorda, par ce Diplome, pour lui & ses héritiers ce même bénéfice, auquel on avoit donné le nom de *Bivang* en langue Saxonne.

Hithier diacre, faisant pour le chancelier Hieremie, expédia ce Diplome.

Année 813.

24 Mai.

Testament d'un seigneur de Septimanie, en faveur de l'abbaye de Septimanie d'Aniane & de Conque.

Histoire de Languedoc, t. I, pr. col. 38.

Dom Vaissete pense que Dadila qui fit ce testament étoit comte de Nîmes, son père s'appeloit Grégoire, il n'en est parlé que dans cette Charte.

Nous devons croire que ce Dadila étoit un seigneur des plus riches de la Septimanie, par les terres considérables qu'il possédoit en divers pays, & singulièrement dans les diocèses de Nîmes, d'Uzès & de Maguelonne, dans le Rouergue, le Gévaudan & le Vélay; Dadila enfin dispose, par cet Acte de sa dernière volonté, de la totalité de ses biens, & commence par ses serfs desquels il fait donation à un de ses parens nommé *Ingulfrede*, excepté ceux qu'il avoit ci-devant donnés à Angurline sa petite-fille, ainsi que ceux qu'il laissoit pour le service d'Ermegunde sa femme ; & lorsqu'il parle de ses Affranchis, il recommande qu'on les fasse jouir de tous les priviléges de la liberté, & qu'ils soient autant considérés que s'ils étoient fils d'Affranchis. Il dispose ensuite, en faveur de l'abbaye de Psalmodi, des biens situés à Salignac & à Salignelles, qu'il avoit hérités d'une de ses filles nommée *Dadane*, qui avoit été mariée & qui étoit morte sans postérité. Ces deux endroits sont situés dans l'ancien diocèse de Maguelonne; ce qui restoit de la succession de Dadane, il en fit un legs en faveur de sa seconde fille nommée *Paulette*, laquelle, suivant les apparences, n'étoit pas mariée; il lègue ensuite sa terre de *Petronico* située dans le diocèse d'Uzès, à l'abbaye d'Aniane, avec celle appelée *Paccionaco*, & le lieu nommé *Marionaltus* dans le diocèse de Rhodès; il donne en outre à l'abbaye de Conque la terre de Gresse *(Gressa)* avec toutes ses dépendances, sans en désigner la situation, non plus que du lieu appelé *Vetulla*, où il avoit des biens de la succession de Grégoire son père, qu'il légua aussi à la même Abbaye. Dadila dit ensuite qu'il se réserve de nommer quelqu'un pour distribuer fidèlement aux Pauvres & aux Prêtres le prix des aiguières d'or, dont le très-pieux Empereur Charles lui avoit fait présent, ce qui prouve qu'il avoit été dans une grande considération à la cour de ce Prince. Il donne ensuite l'usufruit de tous les biens légués à ces Abbayes, ainsi que du reste de son mobilier, qui consistoit en beaucoup de vaisselle d'or & d'argent & d'autres métaux, dans les meubles d'usage alors, dans un cheval, dans les armes dont il se servoit journellement, comme ses épées, ses lances, ses cuirasses, ses boucliers *(Ecus)*, à sa femme Ermegunde, pourvû toutefois qu'elle demeure dans sa viduité; voulant qu'après qu'elle sera morte, celui qu'il se réserve de nommer distribue le prix de tout ce mobilier aux prêtres, aux pauvres, aux orphelins & aux veuves. Dadila laisse à ses collatéraux le surplus de ses biens, excluant cependant du droit de succéder, celui d'entre eux qui voudra se pourvoir contre la disposition de son présent testament. Dans le nombre des Souscripteurs on lit Jean évêque, ce Jean étoit, suivant les apparences, évêque de Nîmes. Dom Vaissete le conjecture ainsi, & après lui les Auteurs de la nouvelle Gaule chrétienne. Il paroit certain que Dadila ne laissa point d'enfans mâles, car il n'en est aucunement parlé dans ce testament.

24 Juin & 16 Septembre.

Diplomata duo Rotaldi Veronensis episcopi pro eadem ecclesiâ.

Ann. Eccl. Fr. Cointii, t. VII, p. 269 & 270.

On trouve ces deux Chartes tout au long dans l'Italie sacrée d'Ughelli, *tome V*. Le Cointe, qui n'en rapporte qu'un extrait, les taxe l'une & l'autre de fausseté. Si ces deux pièces trouvoient quelques défenseurs éclairés qui pussent, contre le sentiment de le Cointe, prouver leur authenticité, elles nous feroient d'un grand secours pour fixer d'une manière certaine l'époque du commencement du règne, en Italie, de Bernard fils de Pépin, & petit-fils de Charlemagne.

ANNÉE 813.

JUILLET, sans quantième.

CHARTA fundationis monasterii B. M. de Ovarra a Bernardo comite.

Annal. Bened. t. II, p. 405.

Mabillon a tiré cette Charte de la collection des conciles d'Espagne, par le cardinal Daguire, *tome III.* Cette pièce est curieuse, & peut être très-utile pour établir la suite chronologique des comtes de Ribagorza & des comtes d'Auzonnes. Voici ce qu'elle porte. Bernard comte de Ribagorza en Catalogne dans les marches d'Espagne, de concert avec la comtesse Tota son épouse, fille de Galinde comte d'Arragon, & de l'aveu de leurs fils Raimond & Borel, fonde un monastère de l'Ordre de S.t Benoît, dans le lieu même de Ribagorza, près les rives de la Ségre, auquel il donne pour dot des alleux, dont les Sarrazins avoient dépouillé les Chrétiens habitans de ce pays, lorsque ces Infidèles s'en étoient rendus les maîtres, & dont à leur tour ils avoient été chassés. Il ne faut pas confondre ce Bernard & la comtesse Tota son épouse, avec un autre Comte de ce nom, & dont la femme s'appeloit aussi Tota ; ce dernier étoit comte de Besalu, & ne vivoit qu'à la fin du X.e siècle.

20 AOÛT.

DECRETUM Federici in gratiam Rogeri abbatis & Fratrum monasterii Methelochiensis.

Stemmata Lotharingiae ac Barri Ducum, pr. fol. 6, verso.

Donné à Trèves.

Ludolphe, archevêque de Trèves, avoit fondé ce Monastère sous l'invocation de S.t Denys, & on lui donna le nom du lieu où il est situé appelé Methlok *ou* Mithlach sur la Sarre, entre Sarbruck & Trèves.

Frédéric duc de la Lorraine Mosellane donna, par cette Charte, à Roger abbé de Methlock, & aux Moines, une terre appelée Gedfeit avec toutes ses dépendances, sous la condition que l'on feroit à perpétuité dans ce Monastère des prières pour lui & pour la duchesse Félicité sa femme, comtesse de Salm, & pour leurs enfans ; savoir, Sadiger, Valcand, Ferri, Martin, & trois filles, Élisabeth, Anne & Ælide.

On connoît par cette Charte, dont les Critiques ne doutent nullement de l'authenticité, les alliances & la postérité du duc Fédéric qui étoit du sang de Charlemagne, fils de Lothaire duc de la Mosellane & comte de Bouillon ; sa mère s'appeloit Térence & étoit fille d'Astolphe roi des Lombards. Il se maria à Félicité fille du comte de Salm, qui portoit aussi, suivant l'usage d'alors, le titre de Comtesse, comme les filles de Rois s'appeloient Reines ; Saliger son fils aîné lui succéda dans son duché ; Valcand son second fils fut évêque de Liège, Ferri le troisième fut simple Moine dans le monastère de Trèves, & Martin le quatrième fut Prêtre. Élisabeth sa fille aînée épousa Seguin comte de Guines, Anne fut religieuse à Cologne, Ælide épousa Albon comte de Poitiers & de Tours. Fédéric du reste fut un Prince des plus braves de son temps, & des plus attachés au service de Charlemagne, il se distingua dans plusieurs batailles & singulièrement à la malheureuse journée de Roncevaux.

SEPTEMBRE, sans quantième.

CAPITULARIA octo Karoli Magni imperatoris de diversis causis.

Ann. Eccl. Ph. Cointii, t. VII, pag. 278. Capit. Reg. Fr. a Baluzio, t. I. col. 502, 531. Rec. des Hist. de France, par Dom Bouquet, tom. V, p. 686, 693.

Les trois premiers Capitulaires sont certainement de cette année, & on peut croire que Charlemagne les publia dans la fameuse assemblée qu'il tint au mois de septembre à Aix-la-Chapelle ; les cinq autres sont aussi de ce Prince, mais d'un temps incertain ; les meilleurs Critiques après beaucoup de recherches & de travail, n'ont pû parvenir à en fixer la date ; dans cette incertitude, j'ai cru devoir les placer à la fin de cette année qui est la dernière du règne de Charlemagne.

Dans cette assemblée se trouvèrent tous les Prélats, les Abbés, les Ducs & les Comtes des États de Charlemagne ; ce Prince ayant résolu d'associer à l'Empire son fils Louis roi d'Aquitaine, convoqua tous les Grands pour rendre la cérémonie de son couronnement plus auguste & plus solemnelle. Cette cérémonie se fit un dimanche dans la chapelle que Charlemagne avoit fait bâtir à Aix. L'Empereur avoit quelques jours auparavant déclaré ses intentions dans un Conseil, & avoit recueilli les suffrages des Prélats, des Abbés, des grands Seigneurs & des premiers Officiers ; tous applaudirent & s'écrièrent que cette inspiration venoit de Dieu. Ce jour que Charlemagne attendoit avec impatience, & que Louis voyoit approcher avec crainte, car ce Prince étoit modeste & il sentoit tout le poids du gouvernement d'un grand Empire, ce jour enfin arriva. Charles revêtu de ses habits impériaux, la Couronne en tête, partit à pied de fon palais & fe rendit à fa chapelle, fon fils marchoit à fes côtés; ils étoient fuivis de tous les Grands, chacun dans fon rang. Les deux Empereurs étant entrés dans la chapelle, s'approchèrent du grand Autel richement paré, & fur lequel Charlemagne avoit fait mettre une couronne d'or femblable à la fienne. L'un & l'autre fe profternèrent, & après une prière affez longue qu'ils firent féparément, ils fe relevèrent, & Charlemagne parla de la forte à haute voix à Louis : « Je vous avertis, mon fils, que le plus facré de vos devoirs fera toûjours d'aimer Dieu, de refpecter fa puiffance & d'obferver avec fidélité fes commandemens. Le rang où il vous élève aujourd'hui vous donne le titre honorable de Protecteur de fon Églife, vous devez en cette qualité veiller pour qu'elle foit bien gouvernée, vous devez la défendre contre les violences des hommes pervers. Vous avez des frères & des fœurs en bas âge, vous avez des neveux & d'autres parens, n'oubliez jamais que vous êtes obligé de les aimer & de leur accorder les graces qu'ils ont droit d'attendre de vous comme leur Prince & leur parent; honorez les Évêques comme vos pères, chériffez vos peuples comme vos enfans; employez votre autorité pour faire rentrer dans la voie du falut les méchans qui s'en feront écartés. Protégez les Monaftères, faites foulager les Pauvres, faites choix pour vos Miniftres d'hommes qui craignent Dieu, & qui foient incapables de fe laiffer corrompre par des préfens. Ne difgraciez aucuns de vos Officiers fans une caufe grave & après une mûre délibération : que toutes vos actions enfin portent le caractère d'un Prince qui eft irrépréhenfible aux yeux de Dieu & des hommes ».

Charlemagne termina ce difcours en demandant à Louis s'il étoit difpofé à fuivre les avis qu'il venoit de lui donner lorfqu'il gouverneroit feul; Louis répondit qu'il regardoit ces avis comme des ordres, & qu'il efpéroit que Dieu lui feroit la grace de les exécuter avec fidélité. Charlemagne alors dit à Louis de prendre la Couronne impériale pofée fur l'Autel & de fe la mettre lui-même fur la tête. On célébra enfuite la Meffe, après quoi les deux Empereurs retournèrent au palais fuivis de toute la Cour dans le même ordre qu'elle étoit venue. Louis ayant demeuré quelques jours auprès de fon père, s'en retourna en Aquitaine. *(Thega. de Geft. Lud. Pii. imp. cap. 6)*.

Nous avons cependant lieu de penfer que Charlemagne profita de cette occafion très-propre à procurer à fon fils une grande connoiffance des affaires. Il le fit fans doute affifter à toutes les féances des États, & il ne lui permit de prendre congé qu'après que l'affemblée fut finie. Le premier Capitulaire qui y fut publié, contient des règlemens fur la difcipline eccléfiaftique. Charlemagne, l'année précédente, avoit ordonné qu'il feroit célébré des conciles à Arles, à Mayence, à Reims, à Tours & à Challon-fur-Saône, on avoit apporté à cette affemblée les actes de ces différens Conciles pour les faire approuver; après que Charlemagne s'en fut fait rendre compte, il jugea à propos de former une ordonnance en vingt-huit articles de Canons qu'il choifit parmi tous ceux de ces Conciles. On en trouve la totalité des Actes dans la collection du père Sirmond, *page 266 & fuivantes*. Baluze a défigné le Concile duquel chaque article de l'ordonnance fut compofé. Je remarquerai ceux qui m'ont femblé les plus intéreffans.

Le fecond porte défenfe aux Laïcs feigneurs de paroiffes, de chaffer les Prêtres des Cures après qu'ils les y auront nommés, & d'y fubftituer d'autres Prêtres. Cette difpofition annonce que l'on penfoit à rendre ces emplois des titres perpétuels tels qu'ils le font aujourd'hui; je doute que l'on y eût fongé avant cette époque.

Le troifième, dans la vûe d'effacer jufqu'au foupçon de fimonie, défend aux Seigneurs laïcs d'exiger la plus petite chofe, même à titre de préfent, pour les Cures qu'ils nommeront.

Le douzième permet aux Évêques de vendre les ornemens & les chofes précieufes du tréfor des églifes, pour en diftribuer le prix aux Pauvres.

Le vingtième ne permet d'inhumer dans l'églife que les Évêques, les Abbés, & ceux parmi les Prêtres qui mourront en odeur de fainteté.

Le vingt-deuxième défend aux Comtes, aux Vicaires, aux Centeniers, aux Juges d'ufer de violence ou de rufe pour acquérir le bien des particuliers, & fur-tout de ceux qui font pauvres, & ordonne que fi quelques-uns de ces Officiers publics font dans le cas deformais de faire de telles acquifitions, le marché fe clora au plaid & en préfence de l'Évêque.

Le vingt-quatrième oblige tout Eccléfiaftique qui poffède un bénéfice, d'entretenir les bâtimens de l'églife & de fournir les ornemens néceffaires.

Le vingt-feptième enjoint aux Comtes & aux autres officiers dans l'Auftrafie, de faire les perquifitions néceffaires pour découvrir la vérité d'une accufation faite contre les Prêtres de cette grande province, qui portoit que moyennant une fomme d'argent ils révéloient la confeffion des voleurs.

SEPTEMBRE,
sans quantième.

ANNÉE 813.
SECOND CAPITULAIRE.

Le préambule de ce Capitulaire porte que Charles le sérénissime Empereur ayant convoqué à Aix-la-Chapelle les Évêques, les Abbés, les Comtes, les Ducs & tous ses vassaux, il publia du consentement & de l'aveu de toute l'assemblée cette ordonnance, qui contient des dispositions particulières pour tous ses sujets de différentes Nations qui vivoient sous la loi Salique, la loi Romaine & la loi Bourguignone.

L'ordonnance contient vingt articles, je me bornerai à remarquer ceux qui me paroîtront renfermer une disposition relative à notre Droit public du temps présent, ou qui nous apprennent quelque trait de notre Histoire ancienne.

ART. IV. Ceux qui tiennent des bénéfices dépendans du Fisc seront tenus de les améliorer; il est expressément enjoint aux *Missi* d'y veiller avec soin.

Comment ces Bénéficiers pouvoient-ils améliorer leurs bénéfices? ce n'étoit sans doute que par leur application à les cultiver; l'industrie & le génie de l'Agriculture pouvoient leur présenter diverses manières de préparer la terre pour la rendre plus féconde & plus utile. Il se présentoit une vaste étendue de terrein rempli de ronces & d'épines; il s'agissoit de le défricher, de pratiquer des écoulemens aux eaux, ou d'y en conduire pour l'arroser s'il étoit sec, sa position décidoit de l'un ou de l'autre; il falloit considérer la qualité du sol, essayer différentes espèces de semences. Toutes ces choses fixoient d'une manière toute particulière l'attention du Ministère sous le règne de Charlemagne, parce qu'alors l'Agriculture sembloit être la source la plus assurée des véritables richesses, les seules peut-être qui peuvent procurer les autres ou en tenir lieu.

ART. V. Nous défendons aux Vicaires & aux Centeniers d'acheter des biens en fonds de terre, ou des familles serves de toutes les personnes attachées à notre service. Il est en outre enjoint à ces mêmes Vicaires & Centeniers de réclamer & d'unir au domaine du Roi les successions dont les héritiers seront hors du royaume.

Le texte de la première partie de l'article porte, *a servo Regis mancipia ne emant*. Il me semble que le mot *Servus* ici ne doit pas s'entendre d'un Serf proprement dit, qui ne pouvoit avoir rien en propre, & ne pouvoit par conséquent faire d'acquisitions. On parloit sans doute de quelqu'un libre ou affranchi attaché au service du Roi, dans son palais ou dans ses fiscs. Le mot *Mancipia* doit avoir dans cette circonstance la double signification que je lui donne, parce que les terres & les serfs entroient également dans le commerce, & que l'on avoit la même raison pour empêcher les abus qui pouvoient résulter des acquisitions que ces Officiers feroient des uns & des autres; Ducange donne dans son Glossaire pour synonymes de *Mancipium*, les substantifs *villa, mansus, tenementum*; il dit encore que le mot *Mancipium* se prend souvent pour *familier*, & ce Savant donne des exemples de l'un & de l'autre.

La seconde partie de l'article prouve qu'en France le droit d'aubaine & le droit de déshérence remontent à des temps bien reculés; ce premier droit ne peut être établi d'une manière plus précise que par la disposition de cet article, *De hereditate foris heredibus si extiterit ad opus nostrum recipiatur*. Mais peut-être donnai-je dans cet endroit à l'adverbe *Foris* une signification trop étendue! il ne paroîtroit pas contraire au sens naturel de toute la phrase de le restreindre à la seule expression *dehors, hors*, & alors il faudroit sous-entendre *la Communauté*, & rappeler à la disposition de cette loi celle du dixième paragraphe du titre XV de la coûtume de Franche-comté, *De manu mortuâ servisque*; *Gens de main-morte*, dit la Coûtume, *ne peuvent succéder les uns aux autres, sinon tandis qu'ils sont demeurans en commun*.

ART. VI. Si les Serfs qui auront été affranchis par une Charte, viennent à décéder avant que nous leur ayons donné la Charte, nous déclarons que leurs biens nous sont acquis, nous voulons qu'ils soient unis à notre Domaine; défendons en conséquence aux Comtes & aux Vicaires de s'en approprier la plus petite partie.

J'ai observé précédemment de combien de manière se faisoient les affranchissemens; les Ingénus *Chartulaires* jouissoient d'une sorte de considération que l'on n'accordoit pas aux autres espèces d'Affranchis. Cependant ces Affranchis par une Charte, étoient comme les autres Affranchis obligés de se recommander & de se choisir un Patron, lorsque le Maître n'en assignoit pas un par sa Charte d'affranchissement ou d'ingénuité; c'est ainsi que les familles d'Affranchis ne pouvoient dérober à la postérité les marques certaines de leur ancienne servitude. Les Maîtres qui affranchissoient leurs serfs ou par des motifs de piété ou par reconnoissance des services qu'ils en avoient reçûs; les mettoient, par leur Charte, le plus souvent sous la protection d'une Église cathédrale ou sous celle d'une Abbaye, ils les assujétissoient en outre à une redevance annuelle envers cette église, qu'ils étoient obligés de payer dans un jour de fête indiqué. L'église, par ces sortes d'affranchissemens, acquit pendant deux ou trois siècles un nombre infini

de

de Cenfitaires. C'eſt peut-être ſur le modèle de cette eſpèce de Clientelle, que ſe formèrent dans les temps poſtérieurs les Bourgeoiſies.

ART. VII. S'il y a conteſtation entre cohéritiers au ſujet du partage d'une ſucceſſion, & que le Roi donne commiſſion à un de ſes *Miſſi* pour prendre connoiſſance du procès & pour le juger, nous ordonnons que la dixième partie de l'héritage ſera acquiſe au fiſc du Roi.

La diſpoſition de cet article préſente une double queſtion difficile à réſoudre. Le Roi dans ce cas exigeoit-il la dixième partie des biens des héritages comme amende ou comme le ſalaire de ſon *Miſſus*, ce qui reviendroit aux épices & vacations des Juges de notre temps ! Si c'étoit une amende, quoique forte, le motif du Roi étoit bien louable ; la crainte de la payer portoit les parties à ſe concilier entre elles ; les loix ſimples alors, dégagées des obſcurités & des verbiages dont nos Commentateurs les ont depuis enveloppées, préſentoient avec clarté à chacun le droit qu'elles lui donnoient ; il falloit aimer la chicane ou être de mauvaiſe foi, ce qui me ſemble ſynonyme, pour former des conteſtations ; c'eſt pourquoi il étoit de la juſtice & de la ſageſſe du Roi de condamner à une amende les perſonnes proceſſives.

Si au contraire ce dixième étoit un droit de Juſtice, c'eſt-à-dire, une fixation de ce que le Roi jugeoit que les particuliers devoient au *Miſſus* pour diſcuter leur droit, régler leurs prétentions & procéder aux partages, il avoit ſans doute bien balancé le prix de ce dixième avec les peines du Magiſtrat ; on doit regretter, autant que toute autre choſe, que cette loi ne ſoit plus en vigueur ; un plaideur aujourd'hui feroit une groſſe erreur de calcul, de ne ſouſtraire pour les frais qu'un quart de la valeur de l'objet pour lequel il engageroit un procès. Ce dixième qu'il en coûtoit dans ce cas, du temps de Charlemagne, étoit pour le fiſc, parce que les officiers du Roi avoient alors des appointemens ou des bénéfices qui leur en tenoient lieu.

ART. VIII. Nous ordonnons que chaque Vicaire aura dans ſon diſtrict deux Louvetiers.... nous nous réſervons la peau de tous les loups qu'ils prendront.

Comme près de moitié de la France, & plus que la moitié de la partie auſtrale étoit alors couverte de forêts où il y avoit une quantité énorme de loups ; il étoit de la ſageſſe du Gouvernement de s'occuper de la chaſſe de ces animaux cruels qui cauſoient les plus grands déſordres.

ART. IX. Lorſqu'il s'agira d'aller en guerre, chaque Comte fera publier le ban, & avertira que ceux qui doivent marcher & qui ne ſe trouveront pas au rendez-vous, payeront ſoixante ſols d'amende. Lorſque les guerriers de chaque comté ſeront réunis, le Comte les paſſera en revûe, & il aura ſoin qu'ils ſoient armés d'une lance, d'un écu, d'un arc avec deux cordes, & douze flèches. Nous enjoignons également aux Évêques, aux Comtes & aux Abbés, de faire en ſorte que leurs hommes ainſi armés & munis en outre d'une cuiraſſe & d'un caſque, ſoient vêtus à la légère, & qu'ils ſe trouvent au camp le jour qui leur ſera indiqué.

Il eſt étonnant que l'ordonnance ne parle point d'épées ; cette eſpèce d'arme étoit cependant d'uſage du temps de Charlemagne, & nous avons vû qu'il eſt ordonné, par les précédens Capitulaires, à chaque combattant d'en avoir une.

ART. X. Nous ordonnons que la farine, le vin, le cochon ſalé & toutes les autres proviſions pour la bouche du Roi, ſeront conduites à l'armée ſur des fourgons, ainſi que celles pour les Évêques, les Comtes, les Abbés & les grands Seigneurs ; on voiturera de même les haches, les doloires, les terrières, les frondes & les Frondeurs ſur des fourgons, & les maréchaux du Roi ſeront chargés de faire conduire pour le ſervice des Frondeurs, vingt ſommes de pierres, ſi l'on juge que cette quantité ſoit néceſſaire ; chaque Comte aura en réſerve les deux tiers des fourrages qui ſe recueillent dans l'étendue de ſon comté, ainſi que des ponts ſolides & de bons bateaux.

Les Évêques, dont il eſt parlé dans cet article, ainſi que les Abbés, étoient ceux que quelques offices attachoient à la Cour & auprès de la perſonne du Roi ; car il avoit été publié différentes ordonnances ſous Pépin & du règne même de Charlemagne, qui exemptoient le Clergé du ſervice militaire.

Parmi les machines qu'il eſt ordonné de conduire à l'armée, il y en a une appelée *Mola*, je prie les Savans de vouloir bien dire ce que c'eſt ; les Gloſſaires ne m'ont pas donnés ſur ce mot de notions aſſez claires pour haſarder mon ſentiment. On demandera peut-être de quelle utilité pouvoient être des *terrières* ! Le père Daniel l'a fort bien remarqué dans ſa Milice françoiſe ; ces outils étoient emmanchés d'une longue perche, & on s'en ſervoit dans des ſièges pour percer des murs, afin de faire brèche plus aiſément.

Les maréchaux du Roi (*Marſcalci* ou *Mareſcalci*), étoient ſous Charlemagne des officiers ſubordonnés au grand Écuyer, & leurs fonctions ſe bornoient à avoir ſoin des chevaux & des équipages du Roi ; ils étoient encore alors, ſuivant mon avis, les mêmes que ceux dont il s'agit dans le titre XI de la loi Salique, *de ſervis Mancipiis furatis*, & dans le titre LXXIX de la loi des Allemands.

ART. XI. Chaque Comte aura une priſon dans un lieu de ſon comté ; les Juges & les Vicaires, chacun dans leur diſtrict, auront des potences.

Tome I. N n

ART. XIII. Nous défendons aux Vicaires de suspendre, pour des présens qu'on leur feroit, l'exécution des criminels condamnés à mort en présence du Comte. Si quelque Vicaire contrevient à la présente ordonnance, nous voulons qu'il subisse la même peine que celle à laquelle le voleur aura été condamné; nous déclarons en conséquence que le Comte ni le Vicaire ne pourront accorder de grace à ceux que les Échevins auront jugés & condamnés à mort, &c.

Les Vicaires *ou* les Viguiers étoient des officiers inférieurs aux Comtes, ils exerçoient sous leurs ordres le ministère public dans le canton ou dans la viguerie; c'étoient encore les Viguiers qui faisoient la levée des cens & des amendes pour le Roi; comme Officiers chargés du ministère public, ils faisoient exécuter les Jugemens; peut-être étoient-ils eux-mêmes les exécuteurs.

Ici on trouve une distinction bien formelle entre les Officiers qui jugeoient & les Comtes. Ces derniers étoient chargés de provoquer les Jugemens, d'instruire les procès, de faire des réquisitoires, mais ils ne jugeoient pas; ceux qui jugeoient sont appelés tantôt Juges, *Judices,* tantôt Échevins, *Scabini.*

SEPTEMBRE, sans quantième.

ANNÉE 813.
TROISIÈME CAPITULAIRE.

Cette ordonnance contient quarante-six articles, & elle a pour titre :
ÉTAT des choses dont l'Empereur doit recommander l'exécution.

Le premier article porte que les Ecclésiastiques seront traités en tout & de la même manière que les Francs. C'étoit sans doute montrer pour le Clergé beaucoup de considération, car la Nation franque jouissoit de plus de priviléges que toutes les autres des États de Charlemagne. Le Franc étoit alors dans un degré de distinction qui peut être comparé avec celui d'un homme de qualité de notre siècle.

Les sept articles suivans fixent le prix de la composition & la somme de l'amende envers le Roi, pour le meurtre d'un Franc, d'un Affranchi, d'un Lide, d'un Serf, d'un Comte, d'un *Missus dominicus*, & d'un Étranger de quelque pays qu'il soit.

L'ordonnance n'adjuge point de composition pour la famille du Franc, ce qui étoit sans doute une marque de distinction; elle en fixe deux, une de six cents sols au profit du Roi, c'étoit une somme considérable, & une de deux cents pour les frais de Justice.

La composition de l'Affranchi qui sera payée à sa famille, est de deux cents sols, & l'amende envers le Roi, du tiers seulement de cette somme.

La composition d'un Colon *(Lidi)* qui sera payée au Seigneur, est de cent sols, & l'amende envers le Roi, du tiers de cette somme.

La composition d'un Serf qui sera payée à son Maître, est de cinquante sols, & l'amende envers le Roi, du tiers également de cette somme.

La composition d'un Comte ou d'un *Missus dominicus,* qui aura été tué dans son comté & remplissant les fonctions de sa commission, sera d'une amende envers le Roi d'une somme triple, relativement à celle fixée pour les personnes d'une naissance égale à la sienne, *(in tres Weregildos sicut sua nativitas est)*; c'est-à-dire, que si le Comte ou le *Missus* étoit Franc, l'amende étoit de dix-huit cents sols, & ainsi des autres conditions.

Il n'y avoit pour l'assassinat d'un Étranger, qu'une amende envers le Roi, dont la somme étoit fixée à six cents sols.

Les IX, X, XI, XII & XIII.e articles traitent de la forme des affranchissemens, & du droit qu'un Maître qui affranchit son serf, retient sur le pécule qu'il avoit avant son affranchissement; cette expression, *per Hantradam,* que l'on trouve dans le X.e & le XI.e article, doit s'entendre du *Manumissio in Ecclesia.* Cette sorte d'affranchissement se faisoit à l'église dans le Sanctuaire, avec serment, & on en conservoit l'acte dans le trésor de l'Abbaye ou de la Cathédrale.

Les XIV & XV.e articles regardent les formes judiciaires.

Les quatre articles suivans fixent la somme de la composition que payera celui qui, sans cause, aura lié avec des cordes les mains & les pieds d'un Franc, qui lui aura arraché les cheveux, qui l'aura battu avec effusion de sang, qui aura renversé sa cabanne, qui lui aura coupé une main, un pied, ou arraché un œil.

Les trois autres articles suivans règlent les compositions en pareil cas pour un Affranchi, pour un Lide & pour un Serf.

Le XXIII.e condamne un voleur à payer neuf fois le prix de la chose volée, & à une amende en outre envers le Roi, de quatre sols. *(Quidquid involavit novem geldos componere faciat.*

Les XXIV, XXV, XXVI, XXVII, XXVIII & XXIX.e fixent les compositions & les amendes pour différentes espèces de vols.

Le XXX.e condamne celui qui fera un faux serment en jurant fur des reliques, à avoir le poing coupé ou à compofer au profit du Fifc pour la quatrième partie de fon bien.

Le XXXI.e porte que celui qui agira contre le droit en toute occafion, payera au Fifc une amende de quatre fols. Cette difpofition paroît trop vague pour être de rigueur.

Les XXXII, XXXIII, XXXIV, XXXV, XXXVI & XXXVII.e regardent la difcipline militaire, & fixent les compofitions pour ceux qui ne fe trouvent pas au camp le jour marqué par la publication du ban, & pour ceux qui quittent leur pofte ou qui ne fe rendent pas à celui que le Comte ou un autre Officier affigne.

Le XXXVIII.e règle à quatre fols la compofition de celui qui ne fe rendra pas au plaid, après y avoir été appelé par le Comte.

Le XXXIX.e condamne à l'amende de pareille fomme, celui qui aura fermé une voie publique.

Le XL.e règle les fucceffions des biens paternels & maternels parmi les Francs; il eft dit, *que fi un Franc a deux fils, ils partageront par égale portion les biens paternels, en bois, en terre, en serfs & en bétail; fi le même Franc a une fille, elle aura feule les biens de la fucceffion de fa mère*. La difpofition de cette ordonnance eft certainement plus précife que la loi Salique, pour exclurre les filles de la fucceffion des biens paternels, & elle eft plus favorable à l'application que les Jurifconfultes en font à la fucceffion au trône des Francs.

Les deux articles fuivans règlent les délais par nuits, pour comparoître au plaid fur des affignations données par le Comte aux Affranchis & aux Lides.

Les quatre derniers fixent des compofitions pour différens crimes.

incerti anni.

ANNÉE 813.

QUATRIÈME CAPITULAIRE.

Cette ordonnance qui ne porte aucune date, paroît cependant poftérieure aux dernières guerres que Charlemagne fit aux Saxons; le cinquantième article qui enjoint aux Comtes & aux *Miffi* de tenir la main à ce que les bénéfices que l'on avoit donnés en France à ceux de cette Nation fuffent bien tenus, me porte à penfer qu'elle a été publiée vers l'an 805; car ce ne fut qu'en 804 que l'on força les plus mutins parmi ces peuples à s'expatrier, & à venir habiter en France les cantons qu'on leur affigna.

Cette ordonnance contient cinquante-neuf articles, je ne rendrai compte que des plus intéreffans; ils portent prefque tous des règlemens de la difcipline eccléfiaftique.

ART. VI. Il eft défendu aux femmes d'entrer dans le Sanctuaire des églifes.

ART. XIII. Les conteftations qui furviendront entre les Clercs, feront jugées par les Évêques, & non par les Juges laïcs.

ART. XVII. Les Clercs conftitués dans l'ordre eccléfiaftique qui tomberont dans quelque faute, feront jugés par des Eccléfiaftiques, & non par des Laïcs.

La difpofition de ces deux articles eft un double titre qui autorife l'établiffement des Officialités; il ne s'agit dans le premier que des caufes perfonnelles entre Clercs, & dans le fecond il s'agit des fautes que les Canoniftes ont depuis comprifes fous le terme générique de *Délit commun*.

ART. XIX. Il eft défendu d'ordonner les Diacres avant qu'ils aient atteint l'âge de vingt-cinq ans, & de recevoir les filles à la profeffion de Religieufe avant qu'elles aient le même âge.

ART. XXII. Une femme répudiée ne pourra paffer à un fecond mariage du vivant de fon mari, ni le mari du vivant de fa femme.

Je ne penfe pas qu'il s'agiffe ici de la répudiation établie à Rome par la loi des Douze tables & par le code Théodofien, non plus que du divorce autorifé également par le Droit romain; car dans l'un & l'autre cas, les hommes & les femmes redevenoient libres & pouvoient paffer, par cette raifon, à un nouveau mariage. Il ne s'agit pas non plus de ces mariages que nos Loix eccléfiaftiques & civiles déclarent nuls, lorfque les Juges en ont prononcé la nullité, les deux parties ont de même recouvré la liberté, & elles peuvent, chacune de leur côté, en contracter un nouveau; la difpofition de cet article ne peut donc avoir pour objet qu'une féparation de corps feulement, fans rupture de liens.

ART. XXIV. Un Diacre ne pourra être ordonné Prêtre avant qu'il ait atteint l'âge de trente ans.

ART. XXVI. Un Évêque ne pourra admettre un ferf dans l'ordre de la Cléricature, s'il n'en a obtenu auparavant l'agrément de fon Maître.

ART. XXXVII. Il eft défendu aux Prêtres, aux Diacres & à tous autres Eccléfiaftiques, de porter des armes offenfives ni défenfives.

Ceci prouve que les Eccléfiaftiques étoient alors abfolument & perfonnellement exempts du fervice militaire, dans toute l'étendue des États de Charlemagne.

Tome I.

ANNÉE 813.

CINQUIÈME CAPITULAIRE.

incerti anni.

Celui-ci paroît d'une date postérieure au précédent; il contient quatorze articles, je remarquerai, comme dans les premiers & dans ceux qui suivront, les articles les plus intéressans.

ART. III. Les biens ecclésiastiques étant les vœux des Fidèles offerts au Seigneur, le prix des péchés & le patrimoine des pauvres, nous desirons par ces raisons non seulement de les conserver, mais encore de les améliorer & de les augmenter; en conséquence, nous défendons que dans aucun temps, ni sous notre règne, ni sous celui d'aucuns de nos successeurs, ils soient divisés ni aliénés.

ART. VI & VII. Nous voulons que les priviléges & les immunités que nous avons accordés tant aux églises qu'aux Ecclésiastiques, soient conservés dans toute leur intégrité.

ART. VIII. Nous ordonnons que ceux qui dépouilleront les églises d'ornemens, avec violence ou autrement, & qui feront quelque injure grave aux Ecclésiastiques, soient regardés comme des sacriléges & punis du dernier supplice; en conséquence, nous déclarons que les Évêques ne pourront prendre connoissance de tels crimes, ni juger ceux qui en seront accusés.

ART. XII. Nous déclarons que l'on doit considérer comme des choses consacrées à Dieu même, non seulement ce qui est destiné pour le sacrifice des Autels & les offrandes des Fidèles, mais encore les biens en fonds de terre, en serfs, que la piété des Chrétiens a affectés à l'entretien des églises & des Prêtres, & que toutes ces choses conséquemment sont à la disposition des Ecclésiastiques, &c.

SIXIÈME CAPITULAIRE.

incerti anni.

Ce Capitulaire contient treize articles dans la collection de Baluze. Le père Sirmond en a donné les deux premiers dans le second tome de ses Conciles. Le premier article fait le chapittre V du titre II, & comme lui nous l'avons placé sous l'année 799. Goldast & le père le Cointe l'ont rapporté à la même date. Le second article forme dans la collection du père Sirmond le premier chapitre du titre V. C'est une ordonnance qui défend à tous les sujets de l'Empereur, indistinctement, d'envahir les biens ecclésiastiques, de faire aucune injure aux Prêtres, de se livrer aux crimes d'adultère, de sodomie, &c. sous la peine de la confiscation de ses biens, & de demeurer dans une étroite prison, jusqu'à une entière satisfaction & un amendement sincère. Le père Sirmond ne parle pas du troisième article, qui porte que les Évêques ont la pleine administration des biens de l'Église, & qu'il n'est pas permis par conséquent, à qui que ce soit, d'en disposer sans leur agrément. L'Empereur déclare nulles, dans le quatrième, toutes les donations de ces mêmes biens, que des particuliers pourroient obtenir de lui & des Rois ses successeurs. Les autres articles traitent des mêmes choses que le précédent Capitulaire, & ils ont une disposition semblable.

SEPTIÈME CAPITULAIRE.

incerti anni.

Ce Capitulaire contient douze articles & traite principalement des matières civiles, le dernier article m'a paru seul intéressant; il porte défense aux Comtes de lever le ban ou toute autre amende qu'un homme libre devra payer pour n'avoir pas été à la guerre, à moins qu'ils ne soient envoyés avec le titre de *Missus*, ou de la part de l'Empereur, ou de la part du roi d'Aquitaine son fils, & qu'ils n'aient une commission expresse. Cette disposition prouve qu'il y avoit une différence entre l'office du *Missus* & celui du Comte, que les emplois des *Missi* étoient bien supérieurs à ceux des Comtes, & qu'il arrivoit que dans des circonstances la Cour donnoit le titre de *Missus* à un Comte.

HUITIÈME CAPITULAIRE.

incerti anni.

Ce dernier Capitulaire ne traite que de la discipline ecclésiastique; il ne contient que neuf articles qui se trouvent répétés dans une infinité d'autres ordonnances, dont j'ai rendu compte.

Sans autre date. DIPLOMA *Karoli Magni imper. confirmantis donationem factam a sorore sua Gertrude monasterio Neostadiensi.*

Ann. Eccl. Fr. Cointii, t. VII, pag. 280.

Donné à Newstadt.

Le Cointe a imprimé cette pièce d'après Duchêne; de bons Critiques doutent de son authenticité: le Cointe la juge absolument fausse. Si par indulgence on convient qu'elle peut contenir quelques faits vrais que la tradition aura conservés jusqu'au temps où quelque indiscret aura eu la témérité de les rédiger dans la forme d'un Diplome, il faut convenir que cet Auteur étoit peu instruit de l'Histoire, & qu'il ne connoissoit pas la généalogie de la Maison royale. Cette Princesse appelée Gertrude, & qui est en effet honorée dans ce Monastère comme bienfaitrice, n'étoit pas sœur de Charlemagne, peut-être étoit-elle de la famille de Pépin ; mais l'unique sœur qui restât alors à Charlemagne s'appeloit Gisèle, & elle étoit abbesse de Chelles près Paris. J'ajoûte que Charlemagne ne sortit pas dans tout le courant de cette année d'Aix-la-Chapelle, par conséquent cette Charte est mal datée de Newstadt en Franconie, dans le diocèse de Wurtzbourg. On peut consulter le Cointe qui relève beaucoup d'autres caractères de fausseté dans cette Charte.

Sans autre date.

Année 813.

Diploma Karoli Magni imper. conferentis monasterio Augiensi ulmam regalem villam, atque constituentis in eadem villa Adelbertum advocatum & defensorem Monachorum.

Ann. Eccl. Fr. Cointii, t. VII, pag. 281.

Hetton évêque de Bâle étoit alors abbé de ce Monastère, que l'on trouve nommé dans les anciens monumens, tantôt *Augiense*, tantôt *Insulense* ; sa situation dans une petite isle appelée *Sinteleohesuna*, lui avoit fait donner ce dernier nom ; cette isle est en Allemagne dans la Souabe près le lac de Zell, à un mille au dessous de Constance ; cependant le Monastère est appelé communément Richenaw *ou* Reichenaw, il a été uni en 1540 à l'évêché de Constance.

Charlemagne avoit une estime toute particulière pour Hetton, ce fut à la considération de ce saint Évêque, qu'il détacha du Domaine royal cette seigneurie pour la donner à son Monastère. Il établit, par le même Diplome, le comte Adelbert qu'il traite de son parent, l'Avoué de l'Abbé & des Moines, leur laissant cependant, après la mort d'Adelbert, la liberté de se choisir un autre Avoué, & de destituer même Adelbert s'il prévariquoit dans son office. Ce que Charlemagne nomme *Baimund*, *(quod vulgo Bahmund dicitur)* cette expression est composée de deux mots, *Bal*, qui signifioit parmi les anciens Francs, faux, *falsus*, & de *Mundius*, qui désignoit un tuteur, un défenseur.

Charlemagne fixe l'honoraire d'Adelbert & de ses successeurs pour l'Avouerie du Monastère, *in super statuimus*, dit la Charte, *atque jubemus quicquid placitando acquirit tertia parte sibi retenta duas Abbati reddat.* S'agit-il des dépens des procès pour la défense desquels l'Avoué comparoissoit aux Plaids ! ou bien seroit-il question des biens recouvrés par les soins & la vigilance de l'Avoué, desquels Charlemagne adjuge un tiers à l'Avoué ! il me semble que l'on ne peut entendre ici cette expression *placitando*, que de l'une ou de l'autre de ces manières.

Mais le Cointe critique ce Diplome ; la manière dont on le trouve daté, & la formule (*In nomine sanctæ & individuæ Trinitatis*) dont il est intitulé, portent ce Savant à le taxer de fausseté. Pour moi, je croirois qu'il a été seulement interpolé, & que la formule, ainsi que la date, sont des additions qu'un copiste indiscret y aura faites.

Præceptum Karoli Magni imperatoris, pro monasterio sancti Dionysii.

Ann. Eccl. Fr. Cointii, t. VII, pag. 282. Antiquités de Saint-Denys, par Doublet, pag. 725. Hist. Ecclés. Paris. par Gérard Dubois, t. I, p. 313.

Ce Diplome contient un amas de faussetés & d'extravagances si mal cousues & si peu conformes à l'Histoire, que le Cointe & Gérard Dubois le rejettent comme supposé, mais des Critiques beaucoup moins éclairés que ces deux Savans, en démontreroient aisément la fausseté. Quelle apparence, en effet, que Charlemagne, comme le dit cette pièce, ait déposé sa Couronne impériale sur l'autel de S.' Denys, afin de montrer en la reprenant ensuite, qu'il ne la tenoit que de ce saint martyr ; qu'il ait eu intention d'assujétir à cette cérémonie tous ses successeurs, & qu'il les ait enfin obligés de payer à ce Monastère une somme d'argent annuellement en forme de tribut. Il seroit trop long de s'arrêter à toutes les autres ridiculités de cet écrit, il suffit de remarquer les caractères principaux de fausseté qui se présentent au premier examen.

Premièrement. Tous les Historiens conviennent que Charlemagne demeura constamment, comme je l'ai déjà observé, à Aix-la-Chapelle pendant tout le cours de cette année. Par conséquent il ne vint pas à S.' Denys déposer & reprendre sa Couronne.

Secondement. Le plus grand nombre de ceux que l'on dit avoir souscrit cette Charte étoient morts, les uns dix ans, les autres six ans avant sa date; Tilpin, par exemple, l'un des souscripteurs, archevêque de Reims, étoit mort dès le mois de septembre de l'année 800. L'auteur de la Charte la fait souscrire par Gosbert archevêque de Bourges, tandis que du règne de Charlemagne il n'y eut point de Prélat sur ce siége qui portât ce nom; Jean, comme ce Titrier le dit encore, n'étoit pas le nom de l'Evêque qui siégeoit alors à Lyon, il s'appeloit Leidrade, &c.

Sans autre date.

ANNÉE 813.

CONSTITUTIO Karoli Magni imper. ut litem habentes sive petitor, sive possor, si Antistitum judicium elegerint ad eos dirigantur.

Constitutiones Imp. a Goldasto, t. III, p. 151.

Que cette ordonnance soit effectivement de Charlemagne, ou qu'elle n'ait jamais existé que dans le recueil de Goldast, il n'est pas moins vrai de dire qu'elle a un objet très louable en soi, & qu'elle suppose des vûes d'équité dans le Prince qui tendroient à procurer la justice à ses sujets par des voies aussi promptes que peu coûteuses; il s'agit de la voie d'arbitrage: lorsque des parties étoient en contestation, & que de leur gré elles avoient soûmis au jugement de l'Evêque la décision de leur procès, cette loi porte qu'il ne sera plus permis à l'une des deux parties de décliner l'arbitre pour plaider dans les formes devant le Juge ordinaire. On obtenoit par-là un Jugement prompt que les longueurs des procédures, qui commencèrent à s'introduire dès ce temps, recule nécessairement; on évitoit des frais, & comme les parties instruisoient sans doute elles mêmes leur affaire, & qu'elles la plaidoient devant l'Evêque, il étoit plus aisé de connoître celle des deux qui avoit droit. Mais cette sentence arbitrale étoit-elle sans appel? & l'Evêque pouvoit-il être arbitre dans toutes sortes de causes? l'ordonnance se tait sur ces deux points qui piquent également la curiosité.

EPISTOLA Ledradi Lugdunensis archiepiscopi ad Karolum Magnum imper. qua illi rationem reddit omnium quæ gessit in episcopatu a promotione sua.

Concil. Gall. a de la Lande, pag. 102.

Cette lettre intéresse d'une manière toute particulière l'Histoire ecclésiastique de la ville de Lyon. Leydrade qui en étoit archevêque sur la fin du règne de Charlemagne, lui rend compte des églises qu'il a réédifiées, des Monastères qu'il a rétablis, des écoles qu'il a fondées dans cette ville, depuis qu'il a plu à Sa Majesté Impériale de le nommer à ce siége. « J'ai établi, dit Leydrade, des écoles où l'on enseigne le chant, & maintenant on psalmodie dans ma Cathédrale & on fait le service Divin suivant le rit de votre Chapelle impériale. D'autres Clercs étudient dans une autre école les saintes Ecritures, & plusieurs sont en état de les interpréter; j'ai rebâti la principale église dédiée à S.t Jean; j'ai fait recouvrir à neuf celle de S.t Etienne; j'ai rétabli celles de S.t Nicète, de S.te Marie; j'ai rebâti les deux Maisons épiscopales, à l'une desquelles j'ai fait ajoûter un premier étage, dans le dessein de supplier votre Majesté de vouloir bien y loger si elle passoit par cette ville. J'ai bâti un cloître pour les Clercs, & il est si bien disposé que les logemens de tous sont dans la même enceinte & sous une seule clef. L'église de S.te Eulalie, où il y avoit autrefois un monastère de Religieuses sous le titre de S.t George, étoit tombée en ruine, de même que l'église de S.t Paul, le monastère de S.t Pierre, fondé par S.t Anemond martyr & évêque, qui est occupé présentement par des Religieuses, l'Abbaye royale de l'Isle-barbe, &c. tous ces monumens étoient enfévelis sous leurs ruines, je les ai fait tous réédifier ». Cette lettre n'est pas favorable au système des élections; on ne peut exprimer d'une manière plus précise que Charlemagne avoit nommé Leydrade à l'archevêché de Lyon, que par ces mots, *ad regimen ecclesiæ Lugd. destinare voluistis*, & dans un autre endroit de la même lettre, *secundum jussionem vestram, sæpedictam ecclesiam suscepi*.

ACTE par lequel le comte Bera soûmet l'abbaye d'Alet, qu'il avoit fondée, au pape Leon III & à l'église de Rome.

Hist. de Lang. t. I, col. 37. Gallia Christ. novæ edit. t. VI, instr. col. 101.

Bera fils de Guillaume, sans doute comte de Toulouse, avoit fondé ce Monastère dans un lieu de son patrimoine, nommé *Alet*, situé sur la rivière d'Aude dans le pays de Rasez. Ce Seigneur, avant que l'on fît la dédicace de l'église, le soûmet à perpétuité, par cette Charte, de concert avec la comtesse Romille son épouse, à l'église de Rome, sous la condition que le Pape lui enverroit des reliques des apôtres S.¹ Pierre & S.¹ Paul, & en reconnoissance de la protection que les Papes accorderoient à l'Abbé & aux Moines, il les assujétit à payer à l'église de Rome, de trois ans en trois ans, une redevance d'une livre pesant d'argent. Telle est l'origine de l'abbaye d'Alet, qui fut érigée en Évêché dans le XIV.ᵉ siècle.

FÉVRIER,
sans quantième.

ANNÉE 814.

PLACITUM Spoleti habitum ab Adalhardo Misso Caroli Magni in quo abbas Farfensis res Leonis Reatini, suo monasterio evincit.

Rerum Italic.
a Muratorio;
t. II, parte 2,
col. 361.
Franc. Or. ab
Eckardo, t. II,
p. 85.

Charlemagne, quelque temps avant de mourir, avoit envoyé en Italie Adalhard abbé de Corbie, pour exercer l'office de *Missus* dans le duché de Spolète. Mais comment peut-il se faire que l'Empereur nommât des Officiers pour rendre la justice en Italie, tandis que Bernard son petit-fils y régnoit ! je ne prétends point décider la question ; mais ce n'est pas le premier exemple de souveraineté que Charlemagne ait exercée dans les États dont il avoit donné l'investiture à ses enfans ; nous avons vû que ce Prince avoit de même nommé, quelques années avant celle-ci, des Commissaires pour faire justice aux Espagnols réfugiés dans l'Aquitaine, qui se plaignoient des Comtes de ce royaume ; ainsi qu'il me soit permis seulement de dire, qu'il semble naturel que les rois d'Italie & d'Aquitaine ne furent que de simples administrateurs de ces royaumes, sous l'autorité de l'Empereur leur père.

Ce fut donc dans la ville même de Spolète, qu'Adalhard tint le plaid général. Benoît abbé de Farfe *ou* Farfa, y fit juger un procès que lui faisoient les gendres de Léon riche habitant de la ville de Rieti dans l'Ombrie, qui avoit fait des legs considérables à cette Abbaye ; ses parens prétendoient faire annuller la donation ; l'acte, par ce Jugement, fut au contraire déclaré valide, & conséquemment l'abbé de Farfe maintenu dans la jouissance des biens légués.

Cette abbaye de Farfe subsiste encore aujourd'hui ; elle est située sur la rivière de même nom dans la Sabine, à treize milles de Rome dans l'État ecclésiastique, elle relève immédiatement du Saint Siége.

Le plaid n'étoit pas encore fini, lorsqu'Adalhard apprit que Charlemagne étoit mort. La nouvelle de cet événement tarda peu à se répandre dans toute l'Europe ; Éginard, Tegan & d'autres Auteurs du temps, disent que personne ne l'apprit sans répandre des larmes. Parmi les Écrivains modernes, il n'en est pas jusqu'au plus petit qui n'ait osé crayonner le portrait de ce Prince. Il fut grand en tout, & bien supérieur à ce qu'en ont écrit les meilleurs Historiens ; la noble simplicité que l'on trouve dans l'épitaphe qui fut écrite sur son tombeau, paroît indiquer qu'il joignoit la modestie aux autres vertus qui font les bons Rois & les Héros ; c'étoit, dit Mézeray, travailler pour la gloire de Charles, & parler d'une manière conforme aux sentimens de ce grand Prince, de ne point charger son tombeau d'un long discours. On éleva sur ce tombeau un arc couvert de lames d'or, sur lequel on écrivit ces mots : *Sous ce tombeau est le corps de Charles, grand & orthodoxe Empereur, qui agrandit glorieusement le royaume des François, & le gouverna heureusement pendant quarante-sept ans. Il mourut septuagénaire, l'an de l'incarnation* DCCCXIV, *indiction* VII, *le 5 des kalendes de février.*

Nous fixons donc la mort de ce Prince au 28 janvier de l'an 814, la 46.ᵉ année après la mort de Pépin son père, la 43.ᵉ après celle de Carloman son frère, la 40.ᵉ après la conquête du royaume de Lombardie, & la 14.ᵉ depuis le rétablissement de l'Empire d'occident dans sa personne. Mais il ne m'est pas aussi aisé de fixer les années de sa vie, quoiqu'il soit dit septuagénaire, ce qui semble indiquer qu'il étoit au moins dans la soixante & dixième année ; les Historiens sont sur ce point d'opinion différente. Le Cointe prétend qu'il ne vécut que soixante-sept ans, Cordemoy, Daniel & Eckard disent soixante & douze, Mézeray soixante, le père Barre tient pour soixante & onze.

Dans le moment que Charlemagne ferma les yeux, les premiers Officiers du palais s'assemblèrent avec les grands Seigneurs qui se trouvèrent alors à la Cour, & députèrent Rampon comte de Girone, vers le roi d'Aquitaine. Ce Prince tenoit l'assemblée générale des États de son royaume au palais de Doué en Anjou, lorsque Rampon lui notifia la mort de l'Empereur son père. Il tarda peu à partir, car nous apprenons d'une lettre d'Hincmar archevêque de Reims, à Louis le Bègue, que le trentième jour après la mort de Charlemagne, Louis arriva à Aix-la-Chapelle, *qui trigesimo die post mortem patris sui venit aquis.* Ce fut sans doute le lendemain de son arrivée, ou peu de jours après, qu'il fut reconnu une seconde fois Empereur: ainsi nous fixerons le commencement de son règne après la mort de son père, au 28 de février de cette année. Je ne prétends pas cependant insinuer qu'il y eût dans l'intervalle de ces trente jours un interrègne; car outre que le Royaume & la Couronne impériale étoient héréditaires, Louis, du vivant de son père, avoit été couronné Empereur; mais comme il ne prit les rênes de l'Empire, & qu'il ne gouverna seul qu'après son arrivée à Aix-la-Chapelle, je fixe par cette raison, à cette époque, le commencement de son règne.

Mabillon, Eckard & d'autres Savans ont donné des copies des sceaux de Charlemagne, ils portoient presque tous cette légende: *Christ, prenez sous votre protection Charles Roi des François*, & depuis son avènement à l'Empire, on mit simplement, *Charles, Empereur.* ✠ XPE PROTEGE CAROLVM REG: FRANCOR. Ce Prince se servit après qu'il fut couronné Empereur, d'un plus petit sceau, qui étoit quelquefois de plomb & quelquefois d'or, suivant l'importance des cas pour lesquels il le faisoit apposer à ses Diplomes. La légende de ce petit sceau est différente du premier. *Voyez* Eckard, *in Franc. orient. tom. II, pag. 91.*

Charlemagne fit frapper durant son règne plusieurs sortes de monnoies. Avant qu'il fut Empereur, aucunes n'ont porté son effigie; il y avoit seulement d'un côté le nom du Prince, *Karolus*; sur le revers de la pièce on lisoit en abrégé, *Roi des François*, R. F. Sur le revers de quelques autres on trouve ODARICVS, *Odaric*, c'est le nom du Monétaire; les Savans remarquent que ce fut le dernier qui mit son nom sur les monnoies de nos Rois. Sur le revers de quelques autres pièces encore, on trouve le nom du lieu où la monnoie fut frappée. Après la conquête du royaume des Lombards, Charles fit frapper des monnoies à Rome & dans d'autres villes d'Italie; d'un côté de celles-ci on voit l'effigie de Charlemagne vêtu des ornemens de Patrice, ayant en tête un cercle d'or orné de pierreries, portant dans la main droite une épée & une pique dans la gauche, & pour nom pour légende, CAROL... on avoit mis sur le revers le monogramme de Rome, avec le nom de S.t Pierre pour légende, ✠ S. C. S. PETRVS. Après qu'il fut couronné Empereur, les monnoies qu'il fit frapper portoient d'un côté son effigie, sans avoir de barbe au menton, différentes en cela de celle du son sceau, & la tête ceinte d'une couronne de laurier, à la manière des Empereurs d'orient, avec cette légende, DN. KARLVS IMP. AVG. REX F. ET L. c'est-à-dire, *Notre seigneur Charles Empereur auguste, Roi des François & des Lombards.* Sur le revers de la pièce on voyoit le portail d'une église, avec cette inscription, *la Religion chrétienne.* ✠ PISTIANA. RELIGIO. *Voyez* Eckard, *ibid. page 92.*

Adalhard fils du duc Bernard & parent de Charlemagne, abbé de Corbie, celui dont nous avons parlé au commencement de cet article, composa un livret sur l'ordre du palais de ce Prince, & sur le rang & les fonctions de ses Officiers; Hincmar archevêque de Reims, en a emprunté jusqu'aux expressions dans la fameuse lettre *de Ordine Palatii*, adressée aux évêques de France. Je rendrai compte dans le temps convenable de cette pièce importante; je me borne ici à ne rapporter que ce qui regarde les Officiers du palais de Charlemagne.

Le premier de ces Officiers, & celui qui avoit le pas sur tous les autres, étoit l'Apocrisiaire, *Apocrisiarius* ou l'Archi-chapelain. Sous la première race de nos Rois, il paroît que l'on appeloit à la Cour des Évêques de leurs diocèses pour remplir cette charge; sous la seconde race, elle fut occupée alternativement par des Évêques, par des Prêtres, & quelquefois par des Diacres. Tous les Clercs de la chapelle du Roi étoient sous les ordres de l'Archi-chapelain; il présidoit aux offices de la Chapelle, il avoit la garde du trésor & des ornemens; il jugeoit toutes les causes des Ecclésiastiques du royaume, qui étoient portées à la cour du Roi; il décidoit toutes les difficultés sur les matières de la discipline Monastique & Canoniale. S'il y avoit des cas où il fût important que le Roi par lui-même prît connoissance de l'affaire & la jugeât, l'Archi-chapelain renvoyoit au tribunal du Roi: si l'affaire exigeoit un secret de nature à n'être révélé qu'au Roi, il falloit néanmoins s'adresser dans ce cas à l'Archi-chapelain, & alors il prévenoit le Roi. Nos Rois de la troisième race n'ont point eu d'Officiers ecclésiastiques que l'on puisse comparer avec l'Archi-chapelain sous les deux premières races.

Le second Officier en dignité étoit le Chancelier; cet office a été souvent réuni à celui d'Archi-chapelain. Le Chancelier présentoit au Roi les requêtes qui lui étoient adressées, il donnoit par fois les réponses pour le Roi, & faisoit expédier les Diplomes & les Chartes. Le Chancelier avoit sous ses ordres les Notaires du Palais; ces derniers expédioient les diplomes, les chartes & les arrêts de la cour du Roi; on choisissoit toûjours des hommes sages, discrets & désintéressés pour remplir ces places, dont il paroît que le nombre n'étoit pas fixé.

Le Comte du Palais tenoit le troisième rang; toutes les choses qui concernoient la police au dedans du Palais & dans l'étendue de tout le Royaume, étoient de son ressort; il provoquoit sur ce point les règlemens & il les faisoit exécuter; toutes les causes d'appel à la cour du Roi, & celles même qui par leur nature y étoient portées

portées en première instance, étoient d'abord discutées par le Comte du Palais, elles n'étoient jamais jugées qu'à sa réquisition & après avoir donné son avis. Le détail de son district étoit d'ailleurs très-étendu dans l'intérieur du Palais, il revoyoit les comptes de tous les Officiers inférieurs, en sorte que nous pouvons le comparer au Procureur général du Parlement, au Contrôleur général des Finances, & même au Grand-maître de la Maison du Roi.

Le Camerier *ou* le Chambellan étoit compté le quatrième dans le nombre des grands Officiers; il étoit chargé, lorsque la Reine n'en prenoit pas le soin, de distribuer les présens du Roi aux Ambassadeurs étrangers; il distribuoit de même aux Officiers d'armée, les dons que le Roi leur faisoit annuellement en vivres & en denrées; les ornemens royaux étoient sous sa garde.

Venoient ensuite trois autres Officiers qui avoient entre eux le même rang, le Sénéchal, le Bouteiller & le grand Écuyer, ce dernier est appelé *Comes stabuli*. Nous pouvons comparer le Sénéchal au premier Maître d'hôtel & à un Pourvoyeur général; il commandoit à tous les autres bas Officiers de la bouche & de la chambre, qui sont nommés *Actores regis*. Le Bouteiller avoit soin des caves du Roi, le grand Écuyer, des écuries.

Le Maréchal-des-logis du Roi recevoit ses ordres de ces trois derniers Officiers, il tenoit le premier rang après eux, & s'appeloit *Mansionarius*. L'un de ces trois Officiers le prévenoit du temps dans lequel le Roi avoit résolu de faire quelque voyage, soit qu'il allât dans ses domaines qui étoient alors très-nombreux, soit qu'il allât à la guerre; l'emploi du *Mansionarius* consistoit à faire préparer les lieux où le Roi & sa Cour couchoient, afin qu'il y fût reçu d'une manière convenable.

Le Roi avoit quatre Veneurs, dont chacun portoit le nom d'un Royaume qui lui étoit assigné pour département. Le veneur d'Austrasie, le veneur de Neustrie, le veneur de Bourgogne & le veneur d'Aquitaine: ces quatre Officiers, avec un cinquième qui tenoit le même rang, & que l'on appeloit le Fauconnier, avoient la surintendance des forêts du Roi, & commandoient les équipages de chasse.

Adalhard nomme un grand nombre de bas Officiers qui servoient la personne du Roi dans l'intérieur du Palais, sous les ordres de ces premiers Officiers: le Capitaine de la porte du Palais, le Garde du trésor royal, & le Garde des armes du Roi étoient de ce nombre.

Le Roi avoit auprès de sa personne un grand nombre de ses vassaux qui étoient toûjours en armes, que l'on appeloit *Milites palatini*. Ils composoient sa garde, les grands Seigneurs qui les commandoient, se nommoient *Capitanei;* les uns & les autres avoient pour toute solde, la table.

Le Roi avoit un Conseil pour juger les causes d'évocation, & pour statuer sur les affaires d'État qui n'étoient pas de nature à être portées au champ de Mai ou aux Plaids généraux, ou pour d'autres affaires qui demandoient de la célérité. Le chef de ce Conseil étoit l'Apocrisiaire *ou* l'Archi-chapelain: les autres personnes qui y étoient appelées se nommoient simplement *Consiliarii Regis*, les Conseillers du Roi.

Nous avons parlé ailleurs des *Comites Palatini;* il semble que ces Officiers étoient des substituts du Comte du Palais. Les *Missi* exerçoient leurs emplois dans les provinces & à l'armée; lorsqu'ils étoient employés dans les provinces, leurs fonctions revenoient à celles de nos Intendans; lorsqu'ils avoient ordre d'aller à l'armée, ils réunissoient aux fonctions des Intendans d'armées, celles des Commissaires des guerres. Les *Comites* rendoient, chacun dans leur district, aux *Missi* compte de leur administration. Ces Comtes veilloient à ce que la justice fût rendue dans les seigneuries du Roi & dans celles des Seigneurs particuliers; ils étoient principalement chargés de la police, & faisoient d'ailleurs la levée des tributs, des impositions & des cens que les vassaux & les Bénéficiers devoient au Roi. Nous remarquerons dans les temps convenables, combien ces offices changèrent vers la fin de cette seconde race.

24 AVRIL.

ANNÉE 814.

Trois Diplomes de l'empereur Louis le Débonnaire, en faveur de l'abbaye d'Aniane.

Donné à Aix-la-Chapelle.

Rec. des Hist. de France, par Dom Bouquet, tome VI, p. 455 & suiv.
Hist. de Languedoc, tome I, pr. col. 40 & 41.

Dom Vaissete n'a imprimé que les deux premiers Diplomes, dont je vais rendre compte, & il les date autrement que Dom Bouquet. Il place le premier au 8 des kalendes de mai, & le second dans le même mois, sans déterminer le jour, avant les kalendes de mai, *ante kalendas mayas*. Dom Bouquet assigne à ces trois pièces la même date, savoir, le 23 avril ou le 9 des kalendes de mai. Il paroît étonnant que

Tome I. O o

l'historien de Languedoc qui a recueilli toutes les pièces authentiques qui pouvoient intéresser cette province, n'ait pas joint aux deux premières qu'il a données, cette troisième que Mabillon avoit déjà imprimée. Y a-t-il faute dans les dates que Dom Bouquet assigne à ces Diplomes ? il semble qu'on ne puisse pas en douter ; quelle apparence que l'Empereur signe le même jour trois Chartes pour le même Monastère ; quelqu'affection que ce Prince eût pour Benoît qui en étoit alors abbé, & qu'il avoit amené d'Aquitaine avec lui ! On doit penser qu'il auroit trouvé ce Moine trop indiscret de lui demander tant de graces à la fois.

Celle de ces trois Chartes que Dom Vaissete place la première, est la seconde dans le recueil de Dom Bouquet, elle porte confirmation des priviléges que Charlemagne avoit accordés à ce Monastère : ils consistoient principalement à ne payer aucun impôt au Fisc, ni aucuns droits pour les biens qui étoient donnés à cette Maison ou qu'elle pouvoit acquérir, à être sous la protection spéciale du Roi, & à continuer aux Moines la libre élection de leur Abbé.

La seconde contient une exemption de tout droit de douane, de passage, de péage & autres droits de voyerie, pour les personnes & les biens de ce même Monastère, dans toute la Septimanie, la Provence, la Bourgogne & le reste du Royaume.

La troisième porte donation en faveur de cette Abbaye, de celle de Gellone avec toutes ses dépendances, fondée par le duc Guillaume & qu'il avoit donnée ensuite à Charlemagne ; cette Charte de Louis le Débonnaire n'est, à proprement parler, que l'acte par lequel ce Prince met sous la dépendance du monastère d'Aniane, celui de Gellone, appelé aujourd'hui *Saint Guillem du Désert*. L'Empereur, par cette même Charte, confirme toutes les donations qu'il avoit faites à cette dernière Maison, par son Diplome du 28 décembre de l'année 807, lorsqu'il n'étoit que roi d'Aquitaine : à quoi il ajoute en faveur de l'abbaye d'Aniane de nouvelles libéralités, consistant dans des terres incultes situées dans le diocèse de Montpellier, entre la Mer & le grand Étang, avec le droit de pêche, dans l'usage de la forêt qui bordoit l'Étang, dans une métairie appelée *Sita*, située dans le diocèse d'Agde, & dans des salines du diocèse de Narbonne, le tout dépendant & appartenant ci-devant au Domaine royal ; ordonnant en outre, par cette même Charte, aux régisseurs de ses Fiscs dans cette province, de donner chaque année aux Moines de l'abbaye d'Aniane, six tonneaux d'huile d'olive.

Le premier de ces Diplomes est signé du notaire Faramond, faisant pour le chancelier Élisachar. Les deux autres sont signés du diacre Durand, qui étoit également notaire du Palais. L'Empereur, étant roi d'Aquitaine, avoit eu pour Chancelier cet Élisachar qui étoit abbé de S.t Riquier : lorsqu'il fut parvenu à l'Empire, il lui en donna la Chancellerie.

31 MAI.

ANNÉE 814.

DIPLOMA Ludovici imper. pro monasterio Duserinsi.

Donné à Aix-la-Chapelle.

Rec. des Hist. de France, t. VI, page 457.
Hist. de l'abb. de Tournus, par Chifflet, pr. p. 260.
Ann. Eccl. Fr. Cointii, t. VII, pag. 320.

Ce Diplome porte confirmation de tous les biens que possédoit le monastère de Donzère, & accorde aux Moines la liberté d'élire leur Abbé : l'Empereur leur accorde en outre l'exemption de la juridiction des Officiers royaux, ainsi qu'à leurs serfs & à leurs vassaux.

Ce Monastère, suivant les Auteurs de la nouvelle Gaule chrétienne, étoit anciennement une Celle de l'abbaye de S.t Vandrille, elle fut fondée vers l'an 680, par Lambert archevêque de Lyon, qui y fit venir des Moines de S.t Vandrille. Il n'est pas aisé de faire cadrer cette anecdote avec ce que dit le père Chifflet ; cet Auteur prétend que l'abbaye de Donzère étoit sous la dépendance de celle de Tournus.

L'abbaye de Donzère étoit située sur les bords du Rhône, les uns disent dans le diocèse d'Orange, d'autres prétendent qu'elle étoit dans celui de S.t Paul-Trois-châteaux ; les Sarrazins la ruinèrent presque en entier au commencement du règne de Pépin père de Charlemagne, elle subsista encore long-temps après celui de l'empereur Louis le Débonnaire ; on n'en trouve aucune trace depuis le XII.e siècle.

Le chancelier Élisachar expédia lui-même ce Diplome.

ANNÉE 814.

11 Juillet.

PRÆCEPTUM *Ludovici imperatoris, quo dat villam Miscaria dictam monasterio sancti Severini Burdegalensis.*

Histoire des comtes de Poitou & des rois de Guyenne, par Besly, p. 17. Rec. des Hist. de France, par Dom Bouquet, t. VI, p. 458.

Donné à Aix-la-Chapelle.

Contre l'usage, l'Empereur ne nomme point dans son Diplome l'abbé de ce Monastère, à la sollicitation duquel il accorda sans doute aux Moines, le domaine appelé *Miscaria*, situé dans la Saintonge; ce Prince ajoûte par ce même Diplome, à cette première grace, l'exemption de payer au Fisc les tributs & les impôts accoutumés, & celle de la jurisdiction des Officiers royaux.

Cette abbaye de St Severin située dans un fauxbourg de la ville de Bordeaux, étoit, sans contredit, l'une des plus anciennes des Gaules. Grégoire de Tours en parle comme d'un Monastère qui existoit depuis long-temps. Nous marquerons dans la suite de ce recueil, l'époque de sa ruine, le temps dans lequel des Chanoines réguliers de St Augustin le firent réédifier & l'occupèrent, & enfin l'année de la sécularisation de ces Chanoines réguliers. C'est depuis ce dernier état une Collégiale.

1.er Août.

PRÆCEPTUM *Ludovici imperatoris, quo confirmat concambium inter abbates Nonantulæ & Monasterii-novi.*

Annal. Bened. tom. II, p. 409.

Donné à Aix-la-Chapelle.

Pierre abbé de Nantola, avoit échangé trois métairies dépendantes de son Monastère, pour une terre plus à sa portée, avec Rodulphe ou Raoul abbé de Montier-neuf; ces deux Abbés, de concert, sollicitèrent ce Diplome qui confirme cet échange.

L'abbaye de Nonantola subsiste encore, elle est située dans une petite ville d'Italie à laquelle elle a donné son nom, dans le duché de Modène sur les confins du Boulonnois: pour l'abbaye de Montier-neuf fondée sous l'invocation du Sauveur du Monde, elle étoit située dans la ville de Brixen dans le Tirol, au pied des monts de Bruner, & elle a été érigée en Évêché vers le XIIe siècle.

20 Août.

DIPLOMA *Ludovici imperatoris, pro Francone Cenomanensi episcopo.*

Vetera Anal. Mabil. pr. edit. t. III, p. 270, nov. edit. p. 296. Rec. des Hist. de France, par Dom Bouquet, t. VI, p. 459.

Donné à Aix-la-Chapelle.

L'église du Mans avoit perdu les titres de toutes ses possessions par plusieurs accidens, le Chartrier avoit été depuis peu incendié, & le petit nombre de Diplomes & de Chartes que l'on avoit autrefois sauvés de la fureur des Sarrazins, avoient été consumés dans les flammes. Francon le vieux se plaignoit encore à l'empereur Louis le Débonnaire, duquel il obtint ce Diplome, que ses prédécesseurs par négligence en avoient laissé périr plusieurs autres. Ce Prince, pour réparer toutes ces pertes, confirme cette Cathédrale dans la possession de tous les biens qui lui avoient été légués jusqu'à ce jour, tant par les Rois que par des particuliers.

Cette Charte n'est signée que de l'Empereur. Il est néanmoins marqué qu'elle fut scellée, ce qui ne se fit que par le ministère d'un Notaire du Palais qui l'expédia sans doute. Les raisons de cette singularité ne laisseroient pas, ce semble, que d'intéresser, il seroit à souhaiter que quelque Savant voulût bien nous les apprendre.

25 Août.

DIPLOMA *Ludovici imperatoris pro Anisolensi monasterio.*

Rec. des Hist. de France, par Dom Bouquet, t. VI, p. 460.

Donné à Aix-la-Chapelle.

Aussi-tôt que Louis fut parvenu au trône & qu'il gouverna seul, le plus grand nombre des Monastères du royaume sollicitèrent, suivant l'usage d'alors, des Diplomes, afin de continuer de jouir des priviléges, des immunités & des donations qui leur avoient été accordés par les précédens Rois; Adalgise, abbé de St Calez, vint à la Cour pour ce sujet, & obtint par ce Diplome la confirmation de toutes les Chartes dont les aïeux de l'empereur Louis avoient gratifié ce Monastère.

Le chancelier Élisachar expédia lui-même ce Diplome.

Tome I.   O o ij

ANNÉE 814.

2 SEPTEMBRE.

PRÆCEPTUM Ludovici imperatoris pro Hildegrino episcopo Halberstadensi.

Donné à Aix-la-Chapelle.

<small>Rec. des Hist. de France, par Dom Bouquet, t. VI, p. 460.</small>

Dom Bouquet n'a donné que la date de cette Charte que l'on trouve en entier dans Léibnits *(tom. II, script. Brunsvic. pag. 111)*. Ce dernier en imprimant cette pièce a laissé subsister quelques fautes qui se trouvoient dans le manuscrit, d'après lequel il l'a publiée; Dom Bouquet propose dans ses notes les corrections qu'il croit nécessaires.

Halberstad est situé dans le cercle de la basse Saxe sur la petite rivière de Hotheim; cette ville est la capitale de la Principauté de ce nom. Quelques Auteurs prétendent que Charlemagne transféra à Halberstad, en 781, le Monastère qu'il avoit fondé à Osterwick, & qu'à la prière du pape Hadrien, il érigea en même temps ce Monastère en un siège Épiscopal. D'autres Auteurs rapportent cet établissement à l'année 783, & véritablement ce sentiment paroît plus conforme à la chronique de cette église. Hilderin, qui en étoit le premier Évêque, obtint ce Diplome qui porte confirmation de toutes les donations & de tous les priviléges que Charlemagne avoit accordés à cette Cathédrale.

9 SEPTEMBRE.

PRÆCEPTUM Ludovici imperatoris pro Bettone episcopo Lingonensi.

Donné à Aix-la-Chapelle.

<small>Gallia Christ. novæ edit. t. IV, inter instr. col. 129.
Rec. des Hist. de France, par Dom Bouquet, t. VI, p. 461.</small>

Dom Bouquet a publié cette pièce d'après les Auteurs de la nouvelle édition de la Gaule chrétienne, & ceux-ci assurent l'avoir imprimée sur l'original.

On lit dans cette Charte que les Sarrazins avoient fait autrefois une irruption dans le pays de Langres, qu'ils avoient saccagé & brûlé cette ville, que les Diplomes & les Chartes qui constatoient les priviléges, les immunités & les possessions de la Cathédrale furent enveloppés dans l'incendie, & que pour réparer la perte de ces titres précieux, les derniers prédécesseurs de l'empereur Louis avoient accordé aux évêques de Langres de nouvelles Chartes; Betton évêque de ce siége obtint de ce Prince la même grace.

Cette pièce contient sommairement l'énumération des biens dont jouissoit alors cette Cathédrale. Il y est cependant marqué que la forteresse *ou* citadelle de la ville même de Langres, appartenoit aux Évêques, ainsi que le château de Dijon dans lequel étoit le monastère de S.ᵗ Étienne, avec le château de la ville de Tonnerre qui est, dit la Charte, le chef-lieu du comté, *Castrum Tornotrense, caput videlicet comitatûs*.

Le chancelier Élisachar expédia lui-même ce Diplome.

9 SEPTEMBRE.

DIPLOMA Ludovici imperatoris pro Hildebaldo episcopo Matisconensi.

<small>Gallia Christ. novæ edit. t. IV, inter instr. col. 264.
Rec. des Hist. de France, t. VI.</small>

Une pieuse dame nommée *Austrude*, & qui avoit pris le voile de Religieuse, avoit autrefois remis entre les mains de Charlemagne un domaine considérable appelé Rosières *(Rosarias)* situé dans le Lyonnois, avec intention que ce Prince en fît don à la cathédrale de Mâcon. Il paroît que l'on avoit négligé durant le règne de Charlemagne de faire cette rétrocession; Hildebalde alors évêque de Mâcon en instruisit l'empereur Louis, & cette terre de Rosières s'étant trouvée au nombre des Fiscs, ce Prince, pour acquitter le vœu de la pieuse Austrude & l'obligation de Charlemagne son père, s'en désaisit & la légua avec toutes ses dépendances, par cette Charte, à la cathédrale de Mâcon.

Le lieu de Rosières est peut-être le même que celui que l'on appelle aujourd'hui *Rouzières*, c'est un château fortifié, avec un fief situé en Lyonnois dans la paroisse de Ternand. Peut-être aussi est-ce l'un ou l'autre de ces lieux nommés présentement Rouziers, tous les deux dans le Forès & du diocèse de Lyon, l'un près de Montbrison & l'autre de Roanne.

Année 814.

1.er Octobre.

PRÆCEPTA duo Ludovici imperatoris, pro monasteriis *Stabulensis & Malmundariensis.*

Donné Cispiaco Palatio, dans les Ardennes.

<small>Hist. de Luxembourg, par Bertholet, t. II, p. 32 & suiv. Rec. des Hist. de France, par Dom Bouquet, t. VI, p. 462. Apud Marten. tom. II, ampliss. collect. col. 21. & seq.</small>

Wironde abbé de Stavelot & de Malmédi, obtint de la piété de l'Empereur, comme beaucoup d'autres Évêques & Abbés, des dons & des privilèges. Louis dans le même jour fit expédier deux Diplomes en faveur de ces deux monastères unis de Stavelot & Malmédi ; le premier porte exemption des droits de péage, de douane & autres pour les hommes & les voitures appartenantes à ces deux Abbayes, qui leur conduiront les denrées & les autres choses nécessaires à la vie ; le second confirme ces deux mêmes Abbayes dans la jouissance des dixmes que les Rois prédécesseurs de Louis leur ont accordées, avec le droit d'usage dans la forêt voisine.

Dom Bouquet s'est contenté d'annoncer ces deux Diplomes, & d'indiquer qu'on les trouvoit en leur entier dans l'amplissime collection des pères Martène & Durand.

Nous devons regretter que nos Géographes modernes dédaignent de s'exercer sur le moyen âge de notre Histoire. L'utilité dont nous seroient les résultats de leurs recherches, pourroit bien cependant les dédommager de l'admiration que leur attire le premier coup d'œil sur leurs dissertations sur les trois Arabies, & sur des pays encore plus éloignés de nous & avec lesquels nous avons moins de commerce. Leurs succès à rechercher les limites, & à fixer le district des anciens Comtés, à circonscrire les *pagi,* à désigner un nombre infini de lieux, dont la barbarie des XI & XII.e siècles principalement ont défiguré les noms, à travailler enfin le livre du père Germain inféré dans la diplomatique de Mabillon, où il traite trop succinctement des palais de nos anciens Rois, nous rendroient leurs ouvrages intéressans ; nous connoîtrions, par exemple, la situation de ce palais de Louis le Débonnaire, appelé *Cispiacum,* qu'ils ignorent comme nous, malgré leurs grands travaux.

3 Novembre.

DIPLOMA Ludovici imperatoris pro *Majori monasterio.*

Donné à Aix-la-Chapelle.

<small>Rec. des Hist. de France, par Dom Bouquet, t. VI, p. 468.</small>

Hierémie alors abbé de Marmoutiers, se présenta, comme les autres, à l'Empereur, pour obtenir une Charte de confirmation en faveur de son Monastère, des droits, des privilèges & des immunités qu'il tenoit de la libéralité des Rois ses prédécesseurs ; Louis reçut favorablement cet Abbé & lui accorda ce Diplome, par lequel il le met & tous les biens de sa dépendance sous sa protection spéciale, & le maintient dans la jouissance de tous ses privilèges, &c.

Le chancelier Élisachar signa ce Diplome.

19 Novembre.

DIPLOMA Ludovici imperatoris pro monasterio *Grassensi.*

Donné à Aix-la-Chapelle.

<small>Histoire de Languedoc, t. I, pr. col. 41. Rec. des Hist. de France, par Dom Bouquet, t. VI, p. 463.</small>

Attala abbé de la Grasse, représenta au nouvel Empereur les Diplomes que Charlemagne avoit accordés en faveur de son Monastère, & obtint celui-ci qui le confirme dans ses privilèges & immunités, & le maintient en outre dans la jouissance de trois Prieurés *ou* Celles, dont les revenus étoient considérables ; le premier est S.t Couat situé sur la rivière d'Aude dans le diocèse de Carcassonne, le second est S.t Pierre de Cabrespine dans ce même diocèse, situé sur la rivière de Clamon ; le troisième est le prieuré de la Palme dans le diocèse de Narbonne vers la mer, sur les bords de l'étang de la Palme ; l'Empereur ajoute à ces graces, en faveur de cette abbaye, celle d'élire un autre Abbé au gré des Moines, après la mort d'Attala ; le tout néanmoins aux conditions que l'on fera continuellement dans le Monastère des prières pour le Roi & la Famille royale, & pour la prospérité de tout l'Empire.

28 Novembre.

DIPLOMA Ludovici imperatoris pro *Christiano episcopo Nemausensi.*

Donné à Aix-la-Chapelle.

<small>Miscellanea Baluzii, t. IV, p. 42. Histoire de Languedoc, t. I, pr. col. 43. Gallia Christ. nov. edit. t. VI, instr. col. 165. Rec. des Hist. de Fr. tome VI, page 464.</small>

Christian évêque de Nîmes sollicita auprès de l'Empereur ce Diplome, qui porte confirmation de tous les privilèges & immunités que Charlemagne & les Rois ses prédécesseurs avoient accordés à cette église; il déclare en outre que deux petits Monastères *ou* Celles sont du domaine & sous la dépendance de cet Évêque, & il le confirme dans ces mêmes droits. Le premier de ces Monastères est S.ᵗ Étienne de Tornac situé dans le diocèse d'Alais, & présentement Prieuré conventuel dépendant de l'abbaye de Cluny; le second s'appeloit de S.ᵗ Pierre, il étoit situé dans la vallée Flavienne, ses biens, suivant Dom Vaissete, ont été réunis à ceux de l'abbaye de S.ᵗ Gilles.

Le chancelier Élisachar signa ce Diplome.

ANNÉE 814.

1.ᵉʳ DÉCEMBRE.

DIPLOMATA duo Ludovici imperatoris pro monasterio sancti Dionysii.

Antiquités de S.ᵗ Denys, par Doublet, page 731.
Ann. Eccl. Fr. Cointii, t. VII, pag. 322.

Donné à Aix-la-Chapelle.

Hilduin abbé de S.ᵗ Denys obtint de l'Empereur ces deux Diplomes qui furent expédiés le même jour; le premier porte que Louis confirme tous les privilèges & les immunités que les Rois ses prédécesseurs avoient accordés à ce Monastère, & qu'il le maintient singulièrement dans l'exemption de la jurisdiction de ses Officiers & de celle de l'évêque de Paris. L'Empereur, par le second Diplome, confirme ce même Monastère dans la jouissance des droits qu'il étoit accoutumé de percevoir sur toutes les marchandises que l'on conduisoit tant par eau que par terre à Saint-Denys, le jour de la foire qui s'y tenoit tous les ans à la fête de ce Saint, & dans lesquels les Moines avoient été maintenus sous le précédent règne, contre les prétentions de deux comtes de Paris, Sonichilde & Gerfroid.

Histoire de l'abbaye de S.ᵗ Denys, par Félibien, prem. page 45.
Rec. des Hist. de France, par Dom Bouquet, t. VI, p. 465.

Le chancelier Élisachar signa ces deux Diplomes.

Félibien, d'après Doublet, s'est trompé en plaçant ces deux Diplomes sous l'année 815.

29 DÉCEMBRE.

DIPLOMA Ludovici imperatoris pro Nifridio archiepiscopo Narbonensi.

Ann. Eccl. Fr. Cointii, t. VII, pag. 323.
Histoire de Languedoc, t. I, pr. col. 44.

Donné à Aix-la-Chapelle.

Nefridius *ou* Nebridius archevêque de Narbonne, fondateur du monastère de la Grasse, & qui avoit été employé par Charlemagne en qualité de *Missus*, jouissoit à la cour de Louis de la même considération; il en obtint aisément, par cette raison, ce Diplome, qui renouvelle les privilèges de sa Cathédrale & ceux du monastère de S.ᵗ Paul situé hors des murs de Narbonne, qui étoit sous sa dépendance, affranchissant l'un & l'autre des impôts & autres droits qui se payoient au Fisc, & les mettant de nouveau sous sa protection spéciale.

Gallia Christ. novæ edit. t. VI, instr. col. 4.
Rec. des Hist. de France, par Dom Bouquet, t. VI, p. 469.

Durand, diacre & notaire du Palais, expédia ce Diplome, faisant pour le chancelier Élisachar.

29 DÉCEMBRE.

PRÆCEPTUM Ludovici imperatoris, pro Apollinari abbate monasterii sancti Anthymi in diœcesi Senensi.

Rec. des Hist. de France, par Dom Bouquet, t. VI, p. 470.

Donné à Aix-la-Chapelle.

Il faut bien distinguer ce Monastère d'un autre du même nom. Tous les deux sont en Italie, mais situés dans des cantons différens; celui dont il s'agit avoit été fondé par Charlemagne dans le diocèse de Sienne au comté de Chiusi en Toscane, dans un lieu appelé *Vallis-Stantia*. Le pape Pie II l'unit à perpétuité à la cathédrale de Montalcino. L'empereur Louis, par ce Diplome, fit à Apollinaire qui en étoit alors abbé, & aux Moines, la donation de plusieurs fonds de terre situés dans le voisinage. L'autre Monastère de S.ᵗ Anthème étoit dans la Sabine à vingt milles de Rome, sur la petite rivière de Corrèse: celui-ci étoit d'une fondation plus ancienne que le premier, il fut aussi plus célèbre; il est totalement détruit depuis plusieurs siècles.

Dom Bouquet ne fait qu'indiquer cette Charte, on la trouve tout au long dans l'Italie sacrée d'Ughelli, *tome III, col. 623.*

Le chancelier Élisachar signa ce Diplome.

ANNÉE 814.

Sans autre date.

DIPLOMA Ludovici imperatoris, pro ecclesiâ cathedrali Burdigalensi.

<small>Ann. Eccl. Fr. Cointii, t. VII, pag. 321.</small>

Le Cointe a tiré cette pièce d'une histoire de l'église de Bordeaux, publiée par Jérôme Lopesius. Ce Critique n'assure pas positivement qu'elle soit de cette année, mais il ne croit pas qu'elle soit d'une date bien éloignée ; la difficulté de pouvoir en assigner une certaine, vient de ce que Lopesius l'a imprimée sans notes chronologiques, & que l'on ignore parfaitement où est l'original.

Sichaire archevêque de Bordeaux étant allé faire sa cour au nouvel Empereur, lui présenta les Diplomes que ses prédécesseurs & lui avoient obtenus en faveur de cette Cathédrale, du feu empereur Charlemagne, & en ayant demandé la confirmation, il l'obtint aisément de la piété de ce Prince qui ajoûta dans cette Charte une entière exemption de la jurisdiction des Officiers royaux, un affranchissement des péages, des douanes & autres droits pour tous les membres de cette église, & pour les deux monastères de S.t Romain de Blaye & de S.t Severin de Bordeaux, dans la jouissance desquels il maintient l'archevêque Sichaire. Ceci semble prouver que ces deux Monastères étoient alors les seuls dans ce diocèse qui fussent sous la dépendance de l'archevêque.

Sans autre date.

DIPLOMA Ludovici imperatoris, pro monasterio Crassensi.

Donné à Aix-la-Chapelle.

<small>Histoire de Languedoc, t. I, pr. col. 45. Rec. des Hist. de France, par Dom Bouquet, t. VI, p. 464.</small>

Dom Vaissete a imprimé ce Diplome sans date, parce qu'elle est effacée dans l'original d'après lequel il l'a publié. Peut-être celui-ci est-il du même jour que celui dont j'ai rendu compte au 19 novembre de cette année. L'empereur Louis l'accorda comme le précédent, aux prières d'Attala abbé alors de la Grasse. Ce dernier porte exemption en faveur de ce Monastère, des droits de péage, de douane & de voyerie pour toutes les voitures qui y conduiront par terre les denrées & ses autres choses nécessaires à la vie ; les bateaux & les vaisseaux qui seront chargés pour ce Monastère seront également affranchis, par ce Diplome, de tous les droits que l'on étoit accoutumé alors de payer dans les ports.

Durand, diacre, expédia ce Diplome pour le chancelier Élisachar.

ANNÉE 815.

1.er JANVIER.

ORDONNANCE de l'empereur Louis, en faveur des Espagnols réfugiés dans la Septimanie.

Donné à Aix-la-Chapelle.

<small>Rec. des Hist. de France, par Dom Bouquet, t. I, p. 470. Apud Chesnium, tom. II, script. Franc. p. 321. Cap. Reg. Fr. t. I, col. 549. Ann. Eccl. Fr. Cointii, t. VII, p. 339. Baronii Ann. t. IX. p. 633. Constit. Imp. a Goldasto, t. IV, pag. 9.</small>

Il n'avoit été fait pour ces étrangers aucun règlement depuis l'ordonnance que Charlemagne donna en leur faveur, l'an 812, tandis que Louis régnoit en Aquitaine ; ce Prince s'étoit aperçu de l'embarras où se trouvoient les Comtes & les Marquis, pour faire exécuter les différentes ordonnances du royaume dans les cantons habités par ces réfugiés. Charlemagne, en leur donnant des terres dans ses États, ne s'étoit point assez expliqué dans le Diplome par lequel il les adoptoit pour ses sujets. Un des premiers soins de Louis, après son avènement à l'Empire, fut de régler la condition & l'état de ces étrangers naturalisés. C'est l'objet de cette ordonnance, elle contient sept articles. Elle est adressée aux Comtes & aux autres officiers de l'Aquitaine, de la Septimanie, de la Provence & de l'Espagne ; c'est une preuve que ces étrangers étoient répandus dans toutes nos provinces méridionales ; car il s'agit ici du Roussillon, des cantons d'Empurias, de Barcelonne & de Girone, compris sous le mot générique d'Espagne ; ces différens pays n'en étoient, dans le vrai, que les marches ou les frontières, c'est ce que les Auteurs appellent *marca Hispanica* ou *limes Hispanicus*.

L'Empereur dit donc dans le préambule de cette ordonnance, que ces étrangers ayant abandonné leur patrie & leurs biens pour éviter la servitude & les fers des Sarrazins, ils s'étoient réfugiés dans ses États ; que voulant les traiter favorablement il les mettoit sous sa protection spéciale, & leur accordoit, comme à ses autres sujets régnicoles, toute liberté sous les conditions néanmoins ci-après déduites.

ARTICLE I. Nous voulons que les susdits Espagnols soient tenus, comme nos autres sujets, d'aller à la guerre & d'y servir sous le Comte de leur district ; nous ordonnons en outre qu'ils lui obéiſſent dans tout ce qu'il leur commandera pour le bien de notre ſervice, les aſſujétiſſant à faire le guet, au droit de gîte, & à fournir les chevaux & les voitures néceſſaires à nos Comtes, à nos *Miſſ.* à nos Ambaſſadeurs, & aux Princes de notre Sang, lorſque les uns & les autres voyageront dans les pays des ſuſdits réfugiés. Nous défendons en même temps à nos Comtes & à nos autres Officiers de lever aucun cens ſur les biens & terres que poſſèdent ces étrangers.

On peut, d'après la diſpoſition de cet article, fixer le petit nombre d'objets qui compoſoient les revenus de nos Rois de cette ſeconde race, qui n'étoient pas différens des revenus des Rois de la première. Les terres patrimoniales & celles de la Couronne, que l'on ne diſtinguoit peut-être pas alors, étoient dans ces heureux temps, la branche principale de la finance; leur produit fourniſſoit bien au delà de ce qui étoit néceſſaire & pour la conſommation de la table du Roi & de ſa Maiſon, & pour le ſalaire des Officiers qui les faiſoient valoir; la ſeconde branche de cette finance antique conſiſtoit dans les cens & redevances annuelles des terres détachées du Fiſc, & données les unes en bénéfice pour un temps limité, les autres en bénéfice à vie, & même quelques-unes en bénéfice héréditaire, telles que les terres poſſédées par les Eſpagnols, dont il eſt parlé dans cette ordonnance. La troiſième branche étoit formée des péages des droits de douane & de voyerie; cette dernière branche reſſemble un peu à une de celles de la finance de notre temps: la ſeule différence, c'eſt qu'alors les droits de voyerie faiſoient l'objet d'une recette conſidérable, tandis qu'ils ſont négligés aujourd'hui, & que les droits de douane étoient très-modiques, tandis qu'ils ſe montent préſentement à de très-groſſes ſommes. Cependant au premier coup d'œil il ſemble qu'il ſeroit très-avantageux pour le bien de l'État, que les choſes à cet égard fuſſent rétablies ſur l'ancien pied ; car ſi d'un côté on obligeoit les ſujets du Roi de payer des droits même plus forts que ceux que lèvent quelques Officiers de judicature, ſous le prétexte de faire la police de la voyerie, & deſquels ils ne rendent aucun compte au Domaine ; cette police, ſur-tout pour les grands chemins, ſeroit mieux faite, les villes plus décorées, l'air que l'on y reſpire plus ſalubre, &c. le commerce, tant intérieur qu'extérieur, deviendroit d'un autre côté beaucoup plus floriſſant en diminuant les droits de douane. Le droit de gîte étoit une quatrième branche de la finance. Les exemptions d'aller à la guerre, les amendes prononcées contre ceux qui n'y alloient pas ſans avoir obtenu d'exemption, & en général toutes les amendes portées par les ordonnances pour tous les cas de forfaitures & autres; les confiſcations pour les félonies faiſoient une cinquième branche. Toutes ces amendes & tous ces droits ſe payoient en argent ; le total ne formoit qu'une ſomme modique, mais le Roi avoit alors plus beſoin d'hommes que d'argent, car les armées, quoique plus nombreuſes qu'à préſent, n'étoient point ſoudoyées, chaque combattant étoit obligé de ſe munir, au moins pour trois mois, des vivres dont il avoit beſoin, le Roi n'étoit obligé de pourvoir qu'à ſa dépenſe perſonnelle lorſqu'il faiſoit campagne, & à celle de ſes Généraux.

Art. II. Les ſuſdits réfugiés ſeront juſticiables du Comte pour toutes les cauſes majeures, comme l'homicide, le rapt, l'incendie, le pillage, les mutilations de membres, le vol, le larcin; nous laiſſons à leurs Échevins la connoiſſance des cauſes civiles & de police.

Il y a lieu de croire que cette ordonnance a ſervi de baſe à celles que nos Rois dans la ſuite ont publiées ſur les cas royaux, dont ils ont attribué la connoiſſance privativement à leurs Officiers.

Art. III. Nous permettons à ces réfugiés de recevoir parmi eux les étrangers de quelques nations qu'ils ſoient, & de partager avec eux les biens qu'ils tiennent de notre libéralité, à quelque titre qu'ils leur en accordent la jouiſſance, ſous la condition néanmoins que ces nouveaux hôtes ſeront aſſujétis, comme les naturaliſés, aux mêmes loix, & ſingulièrement à la diſpoſition de cette préſente ordonnance.

Art. IV. S'il arrivoit que par inconſtance ou autrement quelqu'un de ces nouveaux hôtes abandonnât le pays, les biens qu'il poſſédoit retourneront à celui de qui il les avoit reçus.

Art. V. Si quelques-uns des ſuſdits Eſpagnols réfugiés font des dons au Comte de leur canton, par reconnoiſſance des bons traitemens qu'ils en auront reçûs, nous lui permettons de les recevoir, mais nous lui défendons d'en exiger à tout autre titre & pour autres cauſes que celles portées par la préſente ordonnance ; voulant que ces naturaliſés, ainſi que ceux qui pourront, pour les mêmes raiſons, ſe réfugier dans nos États & auxquels nous accorderons de même des terres, les cultivent & ſe bâtiſſent des maiſons, ſans payer au Fiſc aucun cens ni redevance.

Cet article confirme la diſpoſition de l'ordonnance proviſoire de Charlemagne, de l'an 812.

Art. VI. Nous permettons à tous ceux des ſuſdits Eſpagnols qui voudront ſe recommander de nos Comtes, de le faire dans la manière accoutumée ; nous autoriſons également les ſuſdits réfugiés à ſe mettre ſous la clientelle de quiconque leur donnera des bénéfices à cette condition, & nous voulons qu'ils rendent les devoirs de droit à ceux qu'ils auront reconnus pour leurs Seigneurs.

Il faut convenir que ces recommandations simples, & purement pour la perſonne, tenoient beaucoup de la vaſſalité ; mais rien n'a plus de reſſemblance avec nos Fiefs que la tradition des bénéfices ſous la condition des droits que ſe réſervoient les Seigneurs ; ceux qui recevoient ces bénéfices étoient tenus à l'hommage, de même que les vaſſaux le rendent préſentement à leurs Suzerains. Charlemagne avoit trouvé cette manière de poſſéder des biens, établie avant ſon règne ; peu de temps après être parvenu au trône, Taſſilon duc ou gouverneur de Bavière, vint lui faire hommage pour des bénéfices qu'il avoit reçûs du roi Pépin, *ibique Taſſilo venit dux Bajoariorum in vaſſatico ſe commendans per manus.* (*Annal. Franc. ann. 788.*) Ainſi le mot Fief & la féodalité ont été ſous la troiſième race de nos Rois, des expreſſions nouvelles ; mais ce qu'ils ſignifioient eſſentiellement n'étoit point nouveau.

Art. VII. Nous ordonnons qu'il ſera fait trois copies de la préſente ordonnance, dont l'une ſera envoyée à l'Évêque dans le diocéſe duquel ſe trouveront les ſuſdits réfugiés, une au Comte, & la troiſième aux réfugiés, voulant que l'original ſoit dépoſé dans les archives de notre Palais, afin d'y avoir recours en cas de beſoin.

Le diacre Durand expédia l'ordonnance, faiſant pour le chancelier Éliſachar.

1.er JANVIER.

ANNÉE 815.

DIPLOMA Ludovici imperatoris, pro quodam Johanne fideli ſuo.

Donné à Aix-la-Chapelle.

Rec. des Hiſt. de Fr. tome VI, page 472.
Capit. Reg. Fr. a Baluzio, t. II, col. 1405.
Ann. Eccl. Fr. Cointii, t. VII, pag. 341.
Hiſtoire de Languedoc, t. I, pr. col. 45.

Baluze qui a publié le premier cette pièce, l'a tirée d'un cartulaire de l'égliſe de Narbonne. Dom Bouquet l'a imprimée ſans remarques. Je renvoie le Lecteur à celles de le Cointe.

J'ai fait une faute à l'article de l'année 795, en rendant compte de la Charte placée au mois de mars ſans quantième ; le titre que Dom Vaiſſete a donné à cette pièce dans les preuves de ſon Hiſtoire de Languedoc, m'a conduit dans l'erreur ; j'ai cru, d'après cet Auteur, que le lieu appelé *Fontes* dans la Charte, étoit Font-couverte ; tandis que c'eſt un autre lieu nommé *Font-joncouſe* dans le pays de Corbières. C'eſt de ce dernier, dont il s'agit également dans ce Diplome, par lequel l'Empereur confirme à ce même Officier nommé Jean, la donation que Charlemagne lui en avoit faite avec les mêmes franchiſes, & pour être poſſédée héréditairement. Ce Prince y joint une autre terre ſituée dans le même canton qu'il appelle *villare Cella-Carbonilis,* dont il n'eſt pas parlé dans la Charte de Charlemagne. Peut-être Jean avoit-il acquis de quelques particuliers cette dernière, & comme il paroît qu'il poſſédoit en *alleu* toutes ſes terres, il étoit néceſſaire que l'Empereur énonçât au moins les principales dans la Charte, par laquelle il maintenoit Jean dans cette poſſeſſion libre & exempte de cens & de toute redevance, ce qui eſt exprimé par ces termes de la Charte, *abſque ullum cenſum vel alicujus inquietudine.*

Dom Vaiſſete prétend que cette exemption d'impôts, cette franchiſe en un mot, eſt ſingulièrement déſignée par cette expreſſion *apriſio* pluſieurs fois répétée dans le Diplome. « Cette poſſeſſion, dit l'Hiſtorien, eſt appelée *Apriſio*, terme qui ſignifie une eſpèce d'alleu poſſédé héréditairement en toute liberté, & ſur lequel le Roi n'avoit d'autre droit que celui que lui donnoit ſa Souveraineté, & le vaſſal d'autre ſervitude que celle de l'hommage, ce qui étoit bien différent des fiefs ou bénéfices qui étoient alors en uſage, & qu'on ne donnoit qu'à vie & ſous certaines charges ».

Je conviens que l'on ne peut donner une définition plus exacte de l'alleu que celle de Dom Vaiſſete, mais je n'adopte pas ſon ſentiment ſur la ſignification du terme *Apriſio;* ce terme paroît au contraire être générique, & ſignifier dans un ſens étroit une terre jadis en friche & miſe en valeur. Dom Bouquet lui donne une ſignification plus particulière ; il dit que l'on exprimoit par ce ſubſtantif un champ partagé par le ſort entre pluſieurs, *ager in ſortem datus,* ſoit que ce champ eût toûjours été en valeur, ſoit qu'après l'avoir défriché, les cultivateurs le partageaſſent entre eux. Mais on ne peut mieux exprimer des terres incultes que le fait Charlemagne dans la Charte, par laquelle il confirme, en 795, la donation que Louis ſon fils roi d'Aquitaine avoit faite à ce Jean, du lieu de Font-joncouſe, *villare,* dit ce Prince, *eremum ad laborandum quem dicunt Fontes.* Ainſi ce ſeroit trop reſtreindre la ſignification de ce terme que l'on trouve fréquemment dans les anciennes Chartes, que de l'appliquer aux alleux ſeulement, ou aux terres partagées entre co-propriétaires ; il ſignifioit toutes ſortes de terres, ſoit allodiales, ſoit en bénéfice, à vie ou héréditaire, qui avoient été en friche & que l'on avoit miſes en valeur ; c'eſt pourquoi on ſe ſervoit du terme *Apriſio* pour exprimer ces terres, lorſque le vaſſal en faiſoit hommage au Seigneur, ou lorſque le Seigneur en confirmoit la propriété au vaſſal, parce que le vaſſal avoit pû ſe réſerver

Tome I.   P p

la jouissance d'une partie, & distribuer à des Colons ou à des Affranchis une autre partie à titre de bénéfice ; le tout étoit compris sous le terme *Aprisio* ou *Aprisiones*.

Le diacre Durand, notaire du Palais, expédia ce Diplome à la place du chancelier Élisachar.

ANNÉE 815.

8 JANVIER.

PRÆCEPTUM *Ludovici imperatoris pro monasterio Miciacensi*.

Cap. Reg. Fr. a Baluzio, t. II, col. 1406.
Rec. des Hist. de France, par Dom Bouquet, t. VI, p. 472.
Ann. Eccl. Fr. Cointii, t. VII, pag. 343.

Druétesinde abbé du monastère de S.t Mesmin de Micy près Orléans, jouissoit d'une grande considération auprès de l'Empereur : il obtint de ce Prince ce Diplome, par lequel il exempte à perpétuité de tous droits de douane & de voyerie, trois bateaux, dont les Moines pourront se servir pour faire conduire à leur Monastère les choses nécessaires à la vie, par les rivières de Loire, du Cher, de la Vienne, de la Sarte, de la Mayenne & de l'Allier.

On trouve encore dans cette Charte deux autres rivières, *Taunucum* & *Lidum*, mais j'ignore absolument le nom qu'elles portent présentement, peut-être ces noms sont-ils corrompus.

11 JANVIER.

PRÆCEPTUM *Ludovici imperatoris quo datur Eginhardo villam Michelenstadii, & villam Mulinheimii superioris videlicet & inferioris*.

Donné à Aix-la-Chapelle.

Rerum Germanicarum script. a Frehero, t. I, p. 105.
Ann. Eccl. Fr. Cointii, t. VIII, p. 109.
Corp. Diplom. tom. I, parte 1, pag. 6.
Rec. des Hist. de France, par Dom Bouquet, t. VI, p. 473.

Le Cointe se borne dans ses notes critiques sur cette Charte, à observer que l'on a mis des dates qui ne cadrent pas avec l'époque certaine du commencement du règne de l'empereur Louis ; mais les fautes de cette nature sont ordinairement attribuées aux copistes, & lorsque ce sont les seules que l'on trouve dans les Actes, on ne les en regarde pas moins comme authentiques.

L'Empereur secondant la piété d'Éginhard, lui donna, & à Imma son épouse, les villages de Michlinstau & de Mulinheim, pour remplir le dessein qu'il avoit formé de fonder un Monastère dans ces lieux reculés dépendans du diocèse de Mayence. Ce dernier village étoit double, l'un s'appeloit le haut Mulinheim & l'autre le bas Mulinheim ; ce fut dans celui-ci qu'Éginhard, de concert avec sa femme, fonda le Monastère ; il lui assigna pour dot les autres villages, les terres & les serfs dont l'Empereur lui fit la donation par cette Charte.

Telle fut l'origine de ce Monastère, dont on ignore absolument le temps de la destruction. Éginhard en fut en même temps le Fondateur & le premier Abbé ; nous placerons à sa date l'acte de donation qu'il en fit dans la suite à l'abbaye de Lauresheim.

19 JANVIER.

DIPLOMA *Ludovici imperatoris, quo confirmat privilegia Viennensis ecclesiæ*.

Ann. Eccl. Fr. Cointii, t. VII, pag. 343.
Cap. Reg. Fr. a Baluzio, t. II, col. 1404.
Rec. des Hist. de France, par Dom Bouquet, t. VI, p. 473.

L'Empereur accorda ce Diplome aux sollicitations de Bernard archevêque de Vienne, ce Prince y confirme toutes les Chartes des Rois ses prédécesseurs en faveur de cette église, & la met, avec tous ses biens, sous sa protection spéciale ; il ordonne en outre que le petit monastère de S.t Symphorien qui avoit été usurpé sur cette Cathédrale, lui sera restitué avec toutes ses dépendances, ainsi qu'un village appelé *Fassana*, que les officiers du Fisc retenoient mal-à-propos ; l'Empereur assigne les revenus de ce village pour servir à la subsistance des pauvres & pour donner l'hospitalité aux pélerins. Ce Prince enfin informé de la modicité des revenus des Chanoines de cette église, augmenta leurs revenus par la donation portée par cette même Charte, de deux petits monastères appelés *Monasterium superius* & *Monasterium medianum*, tous les deux sous l'invocation de S.t André, de S.t Nicète & de tous les Saints, affranchissant en outre les dépendances de ces Monastères, de même que tous les autres biens de l'ancien patrimoine de cette église, de toutes sortes d'impositions, de cens, de tributs, & de la jurisdiction des Officiers royaux.

DES DIPLOMES.

ANNÉE 815.

3 FÉVRIER.

PRÆCEPTUM Ludovici imperatoris pro monasterio Prumiensi.

Donné à Aix-la-Chapelle.

<small>Histoire de Luxembourg, par Bertholet, t. II, pr. p. 55.</small>

Ce Diplome porte confirmation de celui que Charlemagne avoit accordé à cette Abbaye au mois de novembre de l'an 775. Tancrède alors abbé de Pruim, sollicita ce dernier.

12 FÉVRIER.

PRÆCEPTUM Ludovici imperatoris pro monasterio Carrofensi.

Donné à Aix-la-Chapelle.

<small>Gallia Christ. pr. edit. t. IV, p. 222, col. 1. Ann. Eccl. Fr. Cointii, t. VII, pag. 354. Histoire des comtes de Poitou, par Besly, page 164. Rec. des Hist. de France, t. VI, page 474.</small>

Besly a publié le premier cette Charte, sur l'original qu'il a tiré du trésor de l'abbaye de Charroux.
Justus abbé de ce Monastère présenta, suivant l'usage d'alors, les Diplomes de donations, de priviléges & d'immunités accordés par les prédécesseurs de l'Empereur, & en obtint la confirmation par celui-ci. L'Empereur accorde de plus aux Moines la liberté d'élire desormais leur Abbé.
Le chancelier Élisachar expédia ce Diplome.

22 FÉVRIER.

PRÆCEPTUM Ludovici imperatoris pro monasterio Anianensi.

Donné à Aix-la-Chapelle.

<small>Histoire de Languedoc, t. I, pr. col. 4C. Rec. des Hist. de France, t. VI, page 475.</small>

L'Empereur confirme, par cette Charte, des échanges que Benoît abbé de ce Monastère avoit faits avec plusieurs particuliers. Les biens qui avoient fait l'objet de ces échanges ne sont point désignés dans la pièce. Ce Prince permet en outre aux successeurs de l'abbé Benoît, & aux Moines, de faire à l'avenir tous les échanges qu'ils croiront convenables & utiles au Monastère, pourvû toutefois que les Actes en soient authentiques, c'est-à-dire, qu'ils soient souscrits par les *bons Hommes*. Les bons Hommes, *boni Homines*, étoient les Juges de chaque canton, ils représentoient dans les campagnes les Échevins, *Scabini*, dans les villes.
Le diacre Durand, notaire du Palais, expédia le Diplome à la place du chancelier Élisachar.

28 FÉVRIER.

PRÆCEPTUM Ludovici imperatoris pro monasterio Dervensi.

Donné à Aix-la-Chapelle.

<small>Rec. des Hist. de France, t. VI, page 476.</small>

Hauto abbé de Montier-en-Der, vint à la Cour solliciter, comme les autres Abbés, un Diplome du nouvel Empereur; Louis lui accorda celui-ci qui confirme tous ceux obtenus des Rois ses prédécesseurs, maintenant l'Abbé & les Moines de ce monastère dans les mêmes franchises & immunités, que celles que Pépin & Charlemagne leur avoient successivement accordées.
Le diacre Durand, notaire du Palais, expédia ce Diplome à la place du chancelier Élisachar.

23 MARS.

PRÆCEPTUM Ludovici imperatoris pro monasterio Gorziensi.

Donné à Aix-la-Chapelle.

<small>Hist. des évêques de Metz, par Meurisse, page 185. Histoire de Lorraine, par Dom Calmet, tome IV, pr. col. 298. Rec. des Hist. de France, t. VI, page 477.</small>

Cette Charte est un arrêt de la cour du Roi; la forme & les termes méritent la plus grande attention. Voici la contestation sur laquelle l'Empereur le prononça.
Un riche particulier nommé *Théodemare*, avoit fait autrefois une donation de plusieurs métairies avec leurs dépendances, situées dans le petit pays de Charpaigne en Lorraine, à l'abbaye de Gorze; Optarius abbé de ce Monastère, donna dans la suite

Tome I.   P p ij

ces mêmes biens en bénéfice à vie à Hortman comte dans cette partie de l'ancien royaume d'Austrasie, sous une redevance en argent ou en cire, payable à la fête du martyr S.t Gorgonne, fixée au 9 de septembre. Il fut sans doute dressé un Acte de ces conventions réciproques; mais je ne sais pour quelles raisons Mangulphe évêque de Metz, & abbé en même temps de Gorze, troubla le comte Hortman dans la jouissance de ce bénéfice: rien n'indique dans la Charte que l'affaire fut d'abord jugée sur les lieux, & qu'elle ne fut apportée à la cour du Roi que par appel; peut-être etoit-elle de nature à être jugée en première instance au Conseil du Roi; peut-être aussi les parties, à cause de leurs qualités, avoient-elles leurs causes commises devant le Roi. Il seroit aussi utile que curieux, que quelques Savans s'exerçassent sur cette double question. Enfin l'affaire fut portée à la cour du Roi; le prononcé de l'arrêt porte que le Roi, sur les représentations ou conclusions de Matfrid comte du Palais, & de l'avis de son Conseil, (*suggerente Madefrido ..... captato fidelium nostrorum Consilio annuimus*) ordonne que l'Acte du bénéfice consenti par l'abbé Optarius prédécesseur de Mangulphe, en faveur du comte Hartman, sera exécuté; que le Comte en conséquence jouira, sa vie durant, des fonds de terre, en payant annuellement la redevance stipulée, & qu'après sa mort le monastère de Gorze rentrera de plein droit, & sans aucune contradiction, dans la jouissance des mêmes fonds de terre.

Matfrid étoit comte d'Orléans, mais il exerçoit en même temps l'office de Comte du Palais, sinon, il fut nommé par le Roi Commissaire pour prendre connoissance de l'affaire & donner son avis.

Le diacre Durand, notaire du Palais, expédia cet arrêt à la place du chancelier Élisachar. Je l'ai daté d'Aix-la-Chapelle, parce qu'il paroit par d'autres Actes que l'Empereur demeura constamment dans cette ville jusqu'au mois d'octobre.

Année 815.

27 MARS.

INSTRUMENTUM de concordia inter episcopum Wiceburgensem & abbatem Fuldensem.

Franc. Or. ab Eckardo, t. II, pag. 121.
Ann. Eccl. Fr. Cointii, t. VII, pag. 356.

Fait à Rezbac sur le Mein.

Cet Acte porte transaction entre Wolfsgarius évêque de Weissembourg, & Ratguaire abbé de Fulde. L'un & l'autre conviennent, du consentement de leurs Chanoines & de leurs Moines, des bornes qui seront placées pour séparer leurs territoires, & se font mutuellement un abandon de leurs prétentions respectives sur quelques portions de dixmes qui étoient prétendues dans ces lieux différens.

Le Cointe n'a imprimé qu'un extrait de cette Charte, Eckard en a donné une notice très-détaillée; on la trouve tout au long dans l'ouvrage de Jean Pistorius, intitulé *Traditiones Fuld. lib. 2.°*, elle est également intéressante pour les évêques de Weissembourg & pour les abbés de Fulde.

21 MAI.

PRÆCEPTUM Ludovici imperatoris pro monasterio Anianensi.

Ann. Eccl. Fr. Cointii, t. VII, pag. 694.
Rec. des Hist. de Fr. par Dom Bouquet, t. VI, page 478.

Donné à Aix-la-Chapelle.

L'Empereur fait donation, par cette Charte, à Senegilde abbé d'Aniane, d'un petit monastère nommé *Caseneuve*, que le comte Guillaume avoit autrefois fondé sous l'invocation de la Vierge, & lequel étoit d'abord situé sur la rivière de Cèze dans le canton d'Uzès, près un château appelé *Planitium*. Peu de temps après l'établissement de ce Monastère, Guillaume le donna à Charlemagne qui en jouit durant sa vie; ce fut ce même Prince qui le transféra dans un lieu voisin que l'on appelle *Goudargues*, parce que les Moines représentèrent que le lieu n'étoit pas commode. Cette dernière situation avoit mis le Monastère dans le voisinage, suivant la Charte, du château de Montcalm; celui-ci, de même que le château de Planitium, ne subsistent plus, le Monastère est depuis long-temps réduit en un Prieuré simple, qui est demeuré à la collation de l'abbaye d'Aniane.

Le diacre Durand, notaire du Palais, expédia cette Charte pour le chancelier Élisachar.

ANNÉE 815.

MAI, sans quantième.

INSTRUMENTUM quo constat res haud paucas monasterio Besuensi restitutas fuisse.

Annal. Eccl. Franc. Cointii, t. VII, p. 359.

Cet Acte est une sentence ou un jugement qui fut rendu à la poursuite de Betton évêque de Langres, en faveur de l'abbaye de Fontaine-Baise, en vertu duquel ce Monastère rentra dans la jouissance de plusieurs biens usurpés. Hildegarde étoit comte dans cette partie de la Bourgogne; il paroît qu'il fut requis de la part de l'évêque de Langres, d'interposer son ministère, afin d'obtenir le jugement dans le plaid que ses Échevins tenoient dans le lieu appelé *Montagniacus villa*. L'Évêque ne comparut point en personne au plaid, ce fut *Burgoar* son Avoué; la cause étoit entre ce Prélat & les héritiers d'un particulier nommé *Aldo*. Les Actes étoient alors beaucoup plus rares que présentement, le nombre des Officiers publics étoit aussi beaucoup moins grand; la plus grande partie des contrats ne se rédigeoient point par écrit, la possession constante, prouvée par témoins, étoit une preuve certaine de la propriété: c'est pourquoi l'Avoué de l'Évêque présenta, pour soutenir le droit du Monastère, neuf témoins, lesquels n'étant point récusés par les parties adverses, furent ouïs. Cependant avant de juger, le comte Hildegarde requit que les témoins se transporteroient sur les lieux, & qu'en présence d'un particulier nommé *Balacterius*, & qualifié de *vir illuster*, ils reconnoîtroient les limites jusqu'où ils avoient juré que s'étendoit le patrimoine du Monastère; ce Balacterius étoit un Officier public, & sans doute substitut du Comte: sa commission remplie, il remit à Hildegarde l'acte de récolement, qui ressemble à une enquête, & les Juges après en avoir pris communication, rendirent ce Jugement. *Tunc ipsi Scabinei unanimiter judicaverunt.* Le Comte ne jugea pas, mais il remplit son office en exerçant le ministère public, comme font présentement, en pareil cas, les Procureurs généraux du Roi & leurs Substituts.

2 JUIN.

PRÆCEPTUM Ludovici imperatoris, pro monasterio Blandiniensi propè Gandavum.

Donné à Aix-la-Chapelle.

Miræi Opera Diplom. tom. I, pag. 131. Rec. des Hist. de France, par Dom Bouquet, t. VI, p. 479.

Éginhard, abbé de S.t Pierre de Gand, présenta à l'Empereur les Diplomes d'immunités & de privilèges que Charlemagne & les rois de France ses prédécesseurs avoient accordés à ce Monastère, suppliant ce Prince de vouloir bien lui en accorder la confirmation. L'Empereur voulant traiter Éginard aussi favorablement que tous les autres Abbés, lui accorda cette grace par ce Diplome, sous la condition néanmoins, que pour la remise qu'il faisoit à ce Monastère des droits qui étoient dûs au fisc à l'avénement du Roi au trône, les Moines feroient des prières pour sa Personne, pour toute la Famille royale & pour la prospérité de l'Empire.

Quelques Historiens prétendent qu'Éginhard eut quatre abbayes en même temps, qu'il avoit en outre l'évêché d'Utrecht, & qu'il fut Chapelain de l'empereur Louis: il avoit rempli l'office de Chancelier sous Charlemagne.

Ce Diplome fut expédié par le chancelier Élisachar lui-même.

2 & 11 JUIN.

PRÆCEPTA duo Ludovici imperatoris pro monasterio sancti Michaëlis.

Histoire de Lorraine, par Dom Calmet, t. IV, col. 296 & 297.

L'Empereur accorda dans ce même mois deux Diplomes à Smaragde abbé du monastère de S.t Mihiel; ce Prince confirme, par le premier, tous les Diplomes des Rois ses prédécesseurs, donnés à cette Abbaye, & renouvelle ses privilèges & ses immunités; il le maintient, par le second, dans le droit d'exiger de tous ses Bénéficiaires la dixme de leurs bénéfices, les obligeant à réparer & à entretenir les maisons dépendantes de leurs bénéfices.

Ces bénéfices n'étoient pas des *Titres*, ce que nous appelons aujourd'hui *Bénéfices*; c'étoient des terres, des fermes dépendantes de ce Monastère qui étoient tenues par des Laïcs, précairement ou en bénéfice, & pour lesquelles on payoit annuellement une redevance; sans doute que sa redevance des bénéfices dépendans de cette Abbaye, étoit fixée à la dixième partie des fruits.

La première de ces Chartes est datée d'Aix-la-Chapelle, & la seconde d'une maison de plaisance nommée *Scodonis-villa*, (*Palatio Regio*) située apparemment près d'Aix-la-Chapelle; car nous avons d'autres Chartes de ce Prince, datées de cette ville le 15 de ce mois.

ANNÉE 815.

10 JUIN.

PRÆCEPTUM Ludovici imperatoris pro ecclesiâ Viennensi.

Donné à Aix-la-Chapelle.

Capit. Reg. Fr. a Baluzio, t. II, col. 1407. Ann. Eccl. Fr. Cointii, t. VII, pag. 345. Rec. des Hist. de France, par Dom Bouquet, t. VI, p. 479.

L'Empereur accorda cette Charte à Bernard archevêque de Vienne, par laquelle il permet à ce Prélat l'usage de cinq bateaux sur le Rhône & sur la Saône, sans payer les droits de douane & autres qui se levoient en ce temps sur les rivières au profit du Fisc. Ces bateaux alloient dans différens ports charger des denrées & les autres choses nécessaires à la vie, qui étoient destinées pour les Chanoines de la cathédrale de Vienne.

Ibbon, notaire du Palais, expédia ces lettres, faisant pour le chancelier Élisachar.

10 JUIN.

PRÆCEPTUM Ludovici imperatoris pro monasterio sancti Vincentii ad Valturnum.

Rerum Ital. script. a Muratorie, t. I, parte 2, p. 390.

Ce Monastère étoit situé sur la rivière appelée *il Volturno*, dans le royaume de Naples; le Diplome que Josué, qui en étoit encore abbé en 819, obtint de l'empereur Louis, confirme tous ceux que Charlemagne & les rois Lombards avoient accordés aux Moines de cette abbaye, sans ajoûter de nouveaux priviléges.

Le père Mabillon place cette Charte au 11 de janvier de l'an 819. (*Annal. Bened. tom. II, pag. 459*).

15 JUIN.

DIPLOMA Ludovici imperatoris pro ecclesiâ Vivariensi.

Donné à Aix-la-Chapelle.

Annal. Eccl. Franc. Cointii, t. VII, p. 345. Rec. des Hist. de France, par Dom Bouquet, t. VI, p. 479.

L'Empereur accorda ce Diplome à l'église de Viviers, à la considération de Thomas qui en étoit alors évêque, il ne contient qu'une simple confirmation des possessions, des immunités & des priviléges de cette Cathédrale.

18 JUIN.

DIPLOMA Ludovici imperatoris pro monasterio sancti Maxentii.

Donné à Aix-la-Chapelle.

Rec. des Hist. de France, par Dom Bouquet, t. VI, p. 480.

Tetbert abbé de S.t Maixant en Poitou, obtint ce Diplome, par lequel l'Empereur accorda à ce Monastère toutes les immunités dont jouissoient alors toutes les abbayes du Royaume, & permit en outre aux Moines d'élire désormais un d'entre eux pour leur Abbé, après la mort de Tetbert.

24 JUIN.

DIPLOMA Ludovici imperatoris pro monasterio sancti Michaëlis ad Mosam.

Donné à Compiegne.

Ann. Eccl. Fr. Cointii, t. VII, pag. 728.

Smaragde abbé de S.t Mihiel, jouissoit de la plus grande considération auprès de l'Empereur; il obtint ce Diplome de ce Prince, par lequel il détache de l'abbaye de S.t Denys le prieuré de Salone, pour être uni, avec ses dépendances, à celle de Saint-Mihiel. Cette réunion a subsisté pendant plusieurs siècles; il fut uni en 1602 à la collégiale de Nancy, par la bulle de Clément VIII qui érigea cette église en Primatiale. Ainsi le Diplome de l'empereur Louis I n'intéresse présentement que les Primats de Nancy; ils y trouveront le nom & la situation des biens qui formèrent la première dot du prieuré de Salone.

Mais le père le Cointe fait une critique très-judicieuse des notes de chronologie avec lesquelles on a imprimé cette pièce; ce Savant propose des corrections qui ne doivent pas non plus, ce me semble, être admises relativement au séjour constant que nous savons que l'Empereur fit à Aix-la-Chapelle dans les deux premières années de son avénement à l'Empire: ainsi rejetant d'un côté la date sous laquelle on a imprimé cette pièce, & ne pouvant d'un autre côté concilier la correction que propose le Cointe avec le lieu où elle fut donnée, puisqu'il est certain que Louis ne vint point à Compiegne ni en 814, ni 815; je crois pouvoir assurer que la pièce a été interpolée & qu'elle est d'un temps postérieur à cette année. Elle ne contient aucuns faits, elle n'indique rien qui ait pû m'aider dans les recherches qui m'auroient conduit à lui assigner une date certaine.

22 JUILLET.

ANNÉE 815.

PRÆCEPTUM Ludovici imperatoris pro ecclesiâ Augustodunensi.

Donné à Paderborn.

Histoire de Bourgogne, par Dom Plancher, t. I, pr. p. 5. Gallia Christ. pr. edit. tom. II, p. 36. Novæ ed. t. IV, instruan. col. 45. Rec. des Hist. de France, par Dom Bouquet, t. VI, p. 481.

Moduin alors évêque d'Autun, supplia l'Empereur, comme le firent les autres Évêques du royaume, de lui accorder à son avénement au trône, une Charte de confirmation pour les possessions, les immunités & les priviléges dont jouissoit son église; l'Empereur lui accorda celle-ci qui contient toutes ces dispositions, & ratifie en outre les autres Chartes que Charlemagne & les rois de France ses prédécesseurs avoient données en faveur de cette Cathédrale.

Le diacre Durand, notaire du Palais, expédia ce Diplome pour le chancelier Élisachar.

4 AOÛT.

DIPLOMA Ludovici imperatoris pro monasterio Farfensi.

Donné à Francfort.

Rerum Italic. script. a Muratorio, t. II, parte 2, col. 364. Ann. Eccl. Fr. Cointii, t. VII, pag. 347. Apud Chesnium, script. Fr. t. III, p. 654. Rec. des Hist. de France, par Dom Bouquet, t. VI, p. 482.

Benoît abbé de Farfe présenta à l'Empereur le Diplome de confirmation des biens & des priviléges de ce Monastère, que l'un de ses prédécesseurs avoit obtenu de Charlemagne, & le supplia de lui en accorder un nouveau. Nous avons déjà remarqué qu'il étoit d'usage alors que les Abbés & les Évêques demandassent au Roi à son avénement au trône, des Diplomes de l'espèce de celui-ci, par lesquels ils se faisoient confirmer dans la jouissance & possession des biens & des immunités qu'ils tenoient de la libéralité des Rois. L'Empereur suivit l'usage & accorda à Benoît cette Charte qui confirme celle de Charlemagne, & porte concession en outre d'un privilége assez singulier. Il est dit que les enfans qui naîtront désormais d'un serf appartenant à ce Monastère, marié avec une fille libre vivante sous la loi des Lombards avant son mariage, au lieu d'appartenir au Fisc comme il étoit de droit (ce sont les termes de la Charte), ils feront partie du domaine du Monastère. L'Empereur maintient de plus l'Abbé & les Moines dans l'exemption de la juridiction de l'Évêque diocésain, & accorde aux Moines la liberté d'élire un Abbé après la mort de Benoît.

Le diacre Durand expédia ce Diplome pour le chancelier Élisachar.

9 SEPTEMBRE.

DIPLOMA Ludovici imperatoris pro Hildebaldo episcopo Matisconensi.

Gallia Christ. novæ edit. t. IV, instr. col. 264.

L'Empereur fait donation, par ce Diplome, à la cathédrale de Mâcon, dans la personne d'Hildebalde qui en étoit alors évêque, de plusieurs fonds de terre situés dans le Lyonnois, dans un lieu nommé *Resières*. Il avoit eu ces terres de la succession de Charlemagne, auquel une religieuse nommée *Austrude*, en avoit fait donation par acte authentique (*per Cartulam delegavit donationis*).

Dom Plancher écrit dans son Histoire de Bourgogne, (*tome I, page 113, art. X*) que l'empereur Louis donna la première année de son règne à Domnole évêque de Mâcon, une Charte de confirmation des priviléges & des immunités de cette église; nous avons placé cette Charte à sa date précise, qui est le 9 de septembre de l'an 814, mais nous n'avons eu garde de dire qu'elle fut accordée à Domnole, attendu que cet Évêque étoit mort dès l'an 769, ce fut à Hildebalde qu'elle fut donnée, & entre cet Évêque qui siégeoit au commencement de 814 & Domnole, on compte quatre Évêques, savoir, Ledvard, Wichard, Gundulphe & Adelran.

25 SEPTEMBRE.

CHARTA Ermegundis in gratiam cænobii Psalmodiensis.

De re Diplom. a Mab. p. 615. Gallia Christ. sec. edit. t. VI, instr. col. 167.

Non seulement cette Charte est une ratification de la part d'Ermegonde du testament de Dadila son mari, en faveur du monastère de Psalmody, mais c'est encore une espèce de bail à vie que fait cette dame des mêmes biens légués par son mari. Nous avons placé au 24 mai de l'année 813 ce testament, par la lecture duquel on peut voir que les biens dont il s'agit étoient situés dans les territoires de Nîmes & d'Uzès.

Ermegonde, suivant la disposition testamentaire de Dadila, devoit jouir sa vie durant de tous ces biens ; cependant on lit dans cette Charte, qu'après la mort de son mari elle pria les Moines de les lui donner en bénéfice sous une redevance annuelle de douze livres de cire, sans comprendre la dixme, qu'elle payeroit au jour de S.t Pierre qui étoit le patron de l'église de l'Abbaye. Les Moines ayant acquiescé à la demande d'Ermegonde, elle avoit joui des biens, mais il n'avoit été rien écrit ; ceci est l'acte de leurs conventions, auxquelles on ajoûta que, si Ermegonde manquoit de payer sa redevance au jour marqué, elle s'obligeoit à quarante sols d'amende envers le Monastère, & les Moines de leur part s'obligent au payement de la même amende, dans le cas où ils voudroient rompre le bail à fief ou en bénéfice.

Je dis le *Bail à fief*, car il me paroît certain que les Fiefs n'ont pas eu d'autre origine que ces sortes de tenemens. Le propriétaire de l'alleu le donnoit purement & simplement, & le recevoit souvent par le même acte du donateur en fief ; la seule différence c'est que sous Louis le Débonnaire & sous le règne de son fils Charles le Chauve, excepté quelques exemples, les rétrocessions n'étoient qu'à vie, au lieu que dans la suite elles furent héréditaires.

25 OCTOBRE.

Année 815.

Præceptum Ludovici imperatoris pro monasterio Fontanellensi.

Rec. des Hist. de France, par Dom Bouquet, t. VI, p. 482.

Donné à Nimègue.

Trasaire, abbé de S.t Vandrille, obtint de l'Empereur ce Diplome de confirmation des priviléges & des immunités que Charlemagne & les rois de France ses prédécesseurs avoient accordés à son Monastère.

Le diacre Durand, notaire du Palais, expédia ces lettres à la place du chancelier Élisachar.

11 NOVEMBRE.

Præceptum Ludovici imperatoris pro monasterio Insulæ-Barbaræ.

Rec. des Hist. de France, par Dom Bouquet, t. VI, p. 483.

Donné à Aix-la-Chapelle.

L'Empereur, par ce Diplome, accorde à Campion abbé de l'Isle-Barbe, l'exemption des droits de douane & de voierie pour trois bateaux qui pourront désormais naviger sur la Saône, sur le Rhône & sur le Doux pour les provisions de ce Monastère ; faisant défense à qui que ce soit, dans le cas où quelques-uns seroient naufrage, de les rançonner sur la rive des rivières où ils échoueront, ordonnant aux Officiers de police de punir suivant la rigueur des ordonnances, les personnes qui contreviendroient à la présente défense, & de les contraindre de payer le dommage qu'ils auroient fait aux conducteurs des bateaux. *Quod si aliter alicubi factum fuerit, Magistri locorum illorum qui rem publicam procurare noscuntur, absque aliqua dilatione legaliter hoc emendare studeant.*

Dom Bouquet paroît douter de l'authenticité de cette pièce, les raisons que donne ce Savant me paroissent bien foibles, je rejette même celle qui lui semble la plus forte, qui est que l'Empereur ne pouvoit pas être, selon lui, le 11 de novembre de cette année à Aix-la-Chapelle, qui est le lieu d'où est daté cette Charte. Y a-t-il si loin de Nimègue où nous savons que l'Empereur étoit le 25 octobre, pour ne pouvoir pas se trouver le 11 novembre suivant à Aix-la-Chapelle ! mais je pense au contraire, que ce Prince étoit de retour dans les premiers jours de novembre à Aix-la-Chapelle, car nous lisons dans l'annaliste de Lauresheim, qu'il passa l'hiver entier dans cette ville. Je ne prétends pas cependant justifier toutes les expressions de la Charte & affirmer son authenticité ; les Officiers publics, de police, de finance & autres, étoient appelés communément *Missi, Comites, Duces, Vice-domini, Vicarii, Centenarii, Telonearii ;* c'est la première fois que je les trouve désignés pour ce temps sous ce mot générique qui me paroît tout-à-fait inusité, *Magistri locorum qui rem publicam procurare noscuntur.* Cette construction est plus moderne que le règne de Louis le Débonnaire ; peut-être a-t-on ajoûté à cette pièce les trois ou quatre dernières lignes avec les souscriptions & la date. Ceci paroît d'autant plus probable que les Critiques & les Historiens ne sont point d'accord sur l'année sous laquelle il faut la placer ; je la rapporterai, par cette raison, à l'article de l'année suivante.

Année 815.

ANNÉE 815.

19 NOVEMBRE.

PRÆCEPTUM Ludovici imperatoris pro monasterio sancti Zenonis Veronensis.

Donné à Aix-la-Chapelle.

Rec. des Hist. de France, par Dom Bouquet, t. VI, p. 483.

Dom Bouquet n'a donné que le titre de cette pièce, on la trouve tout au long dans l'Italie sacrée d'Ughelli, *tom. V, col. 601.* Le Cointe en critique la date.

Ce Monastère, dont on ignore absolument l'origine & le commencement, avoit été presque anéanti dans la guerre que Charlemagne fit aux Lombards. Pépin roi d'Italie, de concert avec Rotalde évêque de Véronne, le rétablit & le dota de nouveau; il le choisit pour être le lieu de sa sépulture: Mabillon assuroit que les moines de S.ᵗ Vanne, qui l'occupent présentement, montroient de son temps le tombeau de ce Prince. Austrebert en étoit abbé dans les premières années du règne de Louis le Débonnaire, il en obtint ce Diplome qui confirme toutes les donations de Pépin, celles du comte Anselme, & la jouissance d'un petit monastère dédié à S.ᵗ Pierre, *constructum in Mauratica;* l'Empereur accorde de plus aux Moines la liberté d'élire leur Abbé, sous la condition néanmoins de payer cinquante sols chaque année au jour de la fête de S.ᵗ Zenon, aux évêques de Véronne.

3 DÉCEMBRE.

PRÆCEPTUM Ludovici imperatoris pro monasterio Psalmodiensi.

Donné à Aix-la-Chapelle.

Rec. des Hist. de France, par Dom Bouquet, t. VI, p. 484.
Hist. de Languedoc, t. I, pr. col. 47.
Gallia Christ. sec. edit. t. VI, instr. col. 167.

Théodemire abbé de ce Monastère, celui qui fut un des plus zélés défenseurs du culte des Images contre Claude évêque de Turin, & duquel Jonas évêque d'Orléans son contemporain parle avec éloge, obtint de l'Empereur ce Diplome, par lequel ce Prince exempte les moines & les hommes de cette Abbaye de la jurisdiction des Officiers royaux, & des droits de douane, de péage & autres que l'on payoit alors au Fisc. Ce Prince accorde de plus aux Moines la liberté de choisir un d'entre eux pour succéder à l'abbé Théodemire après sa mort.

Dom Bouquet a publié cette Charte d'après un manuscrit qu'il a tiré du trésor de l'église d'Alais; la leçon est différente de celui sur lequel l'historien du Languedoc & les auteurs de la nouvelle Gaule chrétienne ont imprimé cette même pièce. Ce dernier manuscrit appartient au chapitre de la collégiale de Psalmody. Dans le premier la Charte est datée du 3 de décembre, dans le second elle est datée du 5. Les autres variantes n'intéressent point le fond des choses.

8 DÉCEMBRE.

PRÆCEPTUM Ludovici imperatoris pro monasterio Montis-Olivi.

Donné à Aix-la-Chapelle.

Ann. Eccl. Fr. Cointii, t. VII, p. 311.
Capit. Reg. Fr. a Baluzio, t. II, col. 1408.
Histoire de Carcassonne, par Bouges, p. 501.
Histoire de Languedoc, t. I, pr. col. 48.
Rec. des Hist. de France, par Dom Bouquet, p. 485.

Olemond abbé de Montolieu, obtint de l'Empereur pour son Monastère ce Diplome, par lequel il confirme les immunités, les priviléges & les biens que Charlemagne & les Rois ses prédécesseurs avoient, par différentes Chartes, accordés à cette Abbaye: Olemond l'avoit rebâtie, après quoi il la *recommanda* à Charlemagne qui la mit sous sa protection spéciale, & promit de la défendre contre les méchans & les usurpateurs. L'Empereur Louis I lui accorda la même grace & au petit monastère de S.ᵗ Martin situé sur la rivière de Lampi, qui dépendoit de Montolieu.

Il ne faut pas croire que cette *recommandation* fut une simple prière adressée à celui duquel on imploroit la protection; on se dessaisissoit en quelque sorte de la propriété de la chose recommandée, & on la recevoit ensuite sous la condition mutuelle d'une défense générale de la part du protecteur, & d'une redevance de la part du protégé. Ce qui est exprimé par la formule des recommandations, *in manus, in vassaticum se commendavit.* Il y a lieu de croire que ces recommandations sont encore une autre origine des Fiefs; elles furent certainement la plus commune des Bourgeoisies.

Mabillon, Baluze, Dom Bouquet & Dom Vaissete placent cette pièce avec plus de vrai-semblance sous cette année, que ne font les père Pagi & le Cointe sous l'année précédente. Si ces deux derniers eussent fait attention que l'indiction depuis long-temps commençoit en France aux kalendes de septembre, ils se seroient aperçus de la faute du copiste, lequel au lieu de marquer indiction IX, a mis indiction VIII.

Le diacre Durand expédia cette Charte, faisant pour le chancelier Élisachar.

Tome I.   Q q

ANNÉE 815.

20 Décembre.

PRÆCEPTUM Ludovici imperatoris pro ecclesiâ Viennensi.
Donné à Aix-la-Chapelle.

Ann. Eccl. Fr. Cointii, t. VII, pag. 360.
Rec. des Hist. de France, par Dom Bouquet, t. VI, p. 486.

L'Empereur donna cette Charte, à la prière de Bernard archevêque de Vienne, par laquelle il restitue à cette cathédrale une terre avec toutes ses dépendances, située dans le territoire de Vaison. Cette terre appelée *Dalforjana*, étoit sans doute de l'ancien patrimoine de cette église, & quelque Comte sous les règnes précédens s'en étoit emparé au nom du Roi, & l'avoit régie avec les autres Fiscs. Il faut encore présumer que l'archevêque Bernard présenta quelques titres qui constatoient les droits de son église sur cette terre, en vertu desquels l'Empereur s'en dessaisit.

Mabillon rapporte dans ses Annales Bénédictines, *tome II, p. 421. n.° 36*, à la fin de l'article de cette année, des fragmens d'une autre Charte de ce Prince, par laquelle il restitue à cette même église plusieurs Monastères qui lui avoient été usurpés.

Le diacre Durand expédia cette Charte pour le chancelier Élisachar.

Sans autre date.

PRÆCEPTUM Ludovici imperatoris pro monasterio sancti Hilarii Carcassonensis.

Histoire de Carcassonne, par Bouges, p. 502.
Capit. Reg. Fr. à Baluzio, t. II, col. 1409.
Ann. Eccl. Fr. Cointii, t. VII, pag. 455.

L'Empereur confirme ce Monastère dans la jouissance de ses privilèges & immunités, & ratifie la donation qu'il lui avoit faite autrefois d'un lieu nommé *Salas*, dont l'église étoit sous l'invocation de la S.te Vierge. Il confirme encore Monellus, qui étoit alors abbé de S.t Hilaire, dans le droit de régir & gouverner deux autres petits Monastères, dont l'un s'appeloit *Garelian* & l'autre *S.t Martin*, & accorde aux Moines d'élire dorénavant leurs Abbés après la mort de Monellus.

LITTERÆ Alcuini abbatis sancti Martini Turonensis, de Xenodochio ad Duodecim pontes in pago Tricassino ad Sequanam.

Acta SS. Bened. sæculo IV. part. 1, p. 177.

Quoique cette Charte ne porte aucune note chronologique, les Auteurs cités à la marge n'auroient pas dû, comme ils font, la placer sous cette année. Alcuin, suivant le plus grand nombre des Critiques, mourut le jour de la Pentecôte de l'année 804. Il est constant, par conséquent, qu'il ne put écrire le titre de la fondation de cet hôpital en 815. Le contenu de cette Charte indique d'ailleurs que Charlemagne vivoit lorsqu'Alcuin fit cet établissement; toutes ces considérations me portent à penser que cet Acte doit être daté vers l'an 802 ou 803, car Alcuin donne à Charlemagne le titre d'*Empereur*.

Le lieu où fut fondé cet oratoire dédié à la S.te Vierge, & qui étoit en même temps un hôpital pour les Pélerins, s'appeloit *Duodecim pontes*; Mabillon dit dans ses Annales qu'il s'appelle aujourd'hui simplement *Pontes*. Alcuin le dota de biens qu'il avoit reçus de la libéralité de Charlemagne. Ce Prince y ajoûta la terre de Marmeriville dans le territoire de Reims; un particulier nommé *Leotardus*, & qualifié de *vir nobilis*, augmenta dans le même temps la dot de cette Maison de deux métairies situées dans le même canton, l'une appelée *Ferroco*, & l'autre *Marniaco*; ce titre fait encore mention de plusieurs donations en faveur de cet Hôpital, qui est présentement un Prieuré simple dépendant de l'abbaye de Cormery.

ANNÉE 816.

10 Février.

DIPLOMA Ludovici imperatoris, pro Hispanis qui ad eum confugerant.
Donné à Aix-la-Chapelle.

Apud Chesnium, tom. II, script. Fr. pag. 322.
Histoire de Languedoc, par Pierre Andoque, p. 228.
Rec. des Hist. de France, par Dom Bouquet, t. VI, p. 486.

L'Empereur donna ces lettres en interprétation de l'ordonnance qu'il avoit rendue le 1.er de janvier de l'année précédente, en faveur des Espagnols réfugiés dans ses États.

Ces lettres portent que les principaux d'entre ces Espagnols qui avoient été députés à la Cour sous le règne de Charlemagne, pour solliciter un Diplome de confirmation des concessions que ce Prince leur avoit faites, s'étoient saisis des originaux de ce

Diplome & de quelques autres qui concernoient leur établissement en France, & qu'ils s'en servoient pour opprimer les plus foibles, & pour envahir les terres qu'ils avoient eu la peine de défricher. L'Empereur ayant été instruit de cet abus, & voulant que ces nouveaux hôtes conservassent entre eux l'égalité, ce qui est exprimé par ces termes des lettres de Charlemagne, *ils seront Pairs*, y pourvut par cette nouvelle ordonnance, par laquelle il maintient indistinctement tous ces réfugiés dans la possession héréditaire des terres qu'ils avoient obtenues du Fisc, sous l'obligation seulement d'un service militaire, proportionné à l'étendue du domaine de chacun d'eux, ainsi qu'il est exprimé dans le Diplome de Charlemagne. L'Empereur confirma de plus ces étrangers dans la possession des terres incultes qu'ils avoient prises des Comtes & de quelques autres vassaux du Roi, & qu'ils avoient défrichées, mais dont ces derniers prétendoient les dépouiller à leur gré; ordonnant néanmoins qu'ils rempliroient les clauses & conditions sous lesquelles ils avoient reçu ces terres. Ces lettres portent en outre que tous les autres Espagnols qui viendroient dans la suite se réfugier dans le Royaume, jouiroient des mêmes priviléges que leurs compatriotes qui y étoient déjà établis; & pour prévenir l'abus auquel l'oubli de lever des copies des Diplomes précédens avoit donné lieu; l'Empereur ordonne qu'outre l'original de celui-ci, qui demeurera déposé dans les archives de son Palais, il en sera envoyé un exemplaire dans les villes de Narbonne, de Carcassonne, d'Elne, d'Ampurias, de Barcelonne, de Gironne & de Béziers; ce qui prouve que ces réfugiés avoient leurs établissemens dans ces différens diocèses.

Arnalde, notaire du Palais, expédia ces lettres pour le chancelier Élisachar.

ANNÉE 816.

10 FÉVRIER.

PRÆCEPTUM Ludovici imperatoris pro ecclesiâ Matisconensi.

Donné à Aix-la-Chapelle.

Gallia Christ. novæ edit. t. IV, instr. col. 265. Rec. des Hist. de France, par Dom Bouquet, t. VI, p. 487.

Hildebalde évêque de Mâcon obtint de l'Empereur ces lettres, qui autorisent ce Prélat à exiger de tous ceux qui tenoient des bénéfices de son église, les dixmes & les autres redevances auxquelles ils étoient assujétis; ces lettres portent en outre que lesdits Bénéficiers feront tenus de réparer & d'entretenir les maisons & bâtimens dépendans de leurs bénéfices.

10 MARS.

PRÆCEPTUM Ludovici imperatoris pro monasterio sancti Germani Autissiodorensis.

Donné à Aix-la-Chapelle.

Capit. Reg. Fr. a Baluzio, t. II, col. 1411. Ann. Eccl. Fr. Cointii, t. VII, pag. 363. Rec. des Hist. de France, par Dom Bouquet, t. VI, p. 488.

Alegrecus, abbé de S.t Germain d'Auxerre, représenta à l'Empereur que Pépin son aïeul & d'autres rois de France avoient accordé à ce Monastère l'exemption de péage, de douane & de tous droits de voierie pour quatre bateaux destinés à apporter aux Moines de cette abbaye, par la Loire & par d'autres rivières navigables, le sel & les denrées nécessaires à la vie; Alegrecus supplia Louis de vouloir bien confirmer son Monastère dans la jouissance de ces priviléges, ce que ce Prince lui accorda par cette Charte.

26 MARS.

DIPLOMA Ludovici imperatoris pro monasterio S. Meyenni.

Donné à Aix-la-Chapelle.

Mémoires pour servir de preuves à l'hist. de Bretagne, tome I, page 225. Rec. des Hist. de France, t. VI, page 489.

Ce Monastère est situé en Bretagne dans le diocèse de S.t Malo. Il fut fondé vers l'an 600 par le Saint dont il porte le nom, & doté par Juthael *ou* Hoel III, qui prenoit alors le titre de Roi de Bretagne. Le nom de ce Saint est Meen, il étoit Anglois; il vint dans l'Armorique avec S.t Samson, qui fut dans la suite archevêque de Dôl. L'abbaye de S.t Meen, comme il paroit par ce Diplome, fut détruite sur la fin du VIII.e siècle, & ses titres sous incendiés. Helogar qui en étoit en ce temps abbé, se retira à la cour de Charlemagne; il obtint dans la suite de ce Prince la permission de le rebâtir, & une Charte qui le rétablissoit dans la jouissance des biens qu'il possédoit avant sa destruction. Helogar vivoit encore en cette année, car il supplia l'empereur Louis de lui accorder ce Diplome, qui porte confirmation de la Charte de Charlemagne.

Les Normands, vers la fin de ce siècle, ravagèrent une seconde fois l'abbaye de S.t Meen; Hinguetin abbé de S.t Jacut, la rétablit vers l'an 1008. En 1643, la

Année 816.

14 Avril.

Præceptum Ludovici imperatoris pro ecclesiâ Cameracensi.

Histoire de Cambrai, t. II. pr. p. 4.
Miræi Opera Diplom. t. II, pag. 930.

L'Empereur confirme par cette Charte celles que le roi Pépin, Charlemagne & ses autres prédécesseurs avoient accordées en faveur de la cathédrale de Cambrai, & déclare qu'il la met sous sa protection spéciale.

Le diacre Durand l'expédia, faisant pour le chancelier Élisachar.

Charpentier a fait une faute, & Aubert le Mire après lui une autre, en plaçant cette Charte sous l'année 817. La troisième du règne de Louis & l'indiction IX tombent & concordent avec l'année 816.

2 Mai.

Præceptum Ludovici imperatoris pro monasterio Fuldensi.

Rec. des Hist. de France, par Dom Bouquet, t. VI, p. 490.

Donné à Aix-la-Chapelle.

Dom Bouquet n'a donné que le titre & la date de cette pièce, on la trouve en son entier dans l'ouvrage de Raslerus, *in Append. ad Vindicationem contra Vindicias*, page 30.

Candidus, Raban & d'autres Auteurs de ce temps, nous ont appris qu'il arriva dans cette année une sédition dans ce Monastère; les Moines ne pouvant plus supporter les mauvais traitemens de Ratguaire leur abbé, se révoltèrent : l'Empereur l'ayant appris nomma des Commissaires qui se transportèrent sur les lieux; ils déposèrent en quelque sorte l'Abbé, & nommèrent un Prieur & des Doyens pour gouverner, en attendant qu'il plût à Louis d'en ordonner autrement *(Decanos cum præposito ordinarunt)*. Ces troubles n'arrivèrent sans doute que vers la fin de cette année : car cette Charte par laquelle l'Empereur confirme ce Monastère dans tous ses privilèges & immunités, fut accordée à la sollicitation de l'abbé Ratguaire.

Le diacre Durand expédia cette Charte pour le chancelier Élisachar.

2 Juin.

Præceptum Ludovici imperatoris, pro monasterio Sancti Michaëlis in pago Virdunensi.

Vetera Anal. Mab. pr. edit. t. II, p. 408.
Annal. Bened. t. II, p. 427.
Rec. des Hist. de France, t. VI, page 490.

Donné à Aix-la-Chapelle.

Smaragde, abbé de St Mihiel, obtint pour son Monastère ce Diplome, qui lui confirme les immunités & les privilèges que lui avoient accordés Charlemagne & les Rois ses prédécesseurs. Louis permit à quelques années de là à Smaragde de changer la situation de cette Abbaye, & de la transférer sur la Meuse où elle est présentement.

10 Juin.

Præceptum Ludovici imperatoris pro monasterio sancti Vincentii ad Vulturnum.

Rec. des Hist. de France, par Dom Bouquet, t. VI, p. 491.
Ann. Eccl. Fr. Cointii, t. VII, p. 364.
Annal. Bened. t. II, p. 425.

Donné à Aix-la-Chapelle.

Josué, abbé de St Vincent sur le Voltorno au royaume de Naples, présenta à l'Empereur plusieurs Diplomes des rois Lombards & de Charlemagne, par lesquels ces Princes maintenoient ce Monastère dans la jouissance des biens dont il avoit été doté, & en obtint par cette Charte la confirmation. Ce Josué, suivant le chronographe de l'Abbaye, étoit allié de l'Empereur, l'impératrice Hermengarde l'avouoit pour son proche parent. Cette considération avoit porté l'Empereur à lui faire de riches présens pour l'aider à bâtir une nouvelle église; les travaux en furent poussés avec la plus grande vivacité, en moins de quatre ans elle fut finie; le pape Paschal en fit la dédicace au commencement de l'année suivante. On prétend qu'elle subsiste encore.

ANNÉE 816.

15 JUIN.

DIPLOMA Ludovici imperatoris pro ecclesiâ Vivariensi.
Donné à Aix-la-Chapelle.

Episcopi Vivarienses, a Joan. Colomb, p. 62.

L'Empereur confirme par ce Diplome les priviléges & les immunités de cette église, qui consistoient, comme ceux de presque toutes les Cathédrales, dans l'exemption des impôts & des tributs, & dans celle de la jurisdiction des Juges royaux.

20 JUIN.

DIPLOMATA duo Ludovici imperatoris pro monasterio Fossatensi.
Donné à Aix-la-Chapelle.

Annal. Bened. t. II, p. 721. Rec. des Hist. de France, par Dom Bouquet, tome VI, p. 491 & 492. Gallia Christ. sec. edit. t. VII, instr. col. 7. Hist. Ecclef. Paris. a Gerard Dubois, tom. I, p. 323 & 324. Ann. Eccl. Fr. Cointii, t. VIII, p. 228.

Les auteurs du *Gallia Christiana* & Mabillon n'ont imprimé que le premier de ces deux Diplomes, l'un & l'autre sont cependant avoués pour authentiques par le père Mabillon.

Begon qui avoit succédé à Étienne dans le comté de Paris, & qui fut le restaurateur du monastère de S.ᵗ Maur-des-Fossés, obtint de l'Empereur ces deux Diplomes. Ce Prince, par le premier, reçoit sous sa garde & met sous sa protection spéciale les biens & les hommes de cette Abbaye, affranchissant le tout des droits & des tributs qui étoient perçus pour le Fisc, accordant en outre aux Moines l'exemption de la jurisdiction des Officiers royaux, & la liberté d'élire desormais un Abbé. Le second est adressé aux Ducs, aux Comtes, aux Centeniers, aux Telonaires & aux Actionnaires, (ces derniers étoient des commis préposés pour la levée des impôts, & des droits de douane & de voyerie). L'Empereur, par celui-ci, affranchit de tous droits d'entrée & de sortie les hommes & les charrettes qui voitureront pour ce Monastère, dans toute l'étendue du Royaume, les denrées & les autres choses nécessaires à la vie.

Le diacre Durand expédia ces deux Diplomes, faisant pour le chancelier Élisachar.

13 JUILLET.

PRÆCEPTUM Ludovici imperatoris pro monasterio sancti Michaëlis ad Mosam.
Donné à Thionville.

Rec. des Hist. de France, par Dom Bouquet, t. VI, p. 493. Miscellanea Baluzii, lib. IV, pag. 422.

L'Empereur ordonne par ces lettres que tous les Bénéficiaires qui tenoient en bénéfice de ce Monastère, soit les biens qui lui avoient été légués par les Rois ou par des particuliers, soit ceux qu'il avoit acquis, fussent tenus d'en payer exactement les redevances convenues, & d'en entretenir avec soin les bâtimens.

27 JUILLET.

CHARTA emptionis ab Erlegaudo abbatis S. Benigni Divionensis.
Fait à Dijon.

Rec. de Pérard, page 13.

Il me semble que Pérard auroit dû placer cette piéce sous l'année précédente, puisqu'elle est datée de la seconde du règne de l'empereur Louis.

L'abbé Erlegaud acquit par ce contrat de deux particuliers nommés *Airard & Zacharie*, deux journaux de terre de leur domaine situés dans le canton *Oscarense*, confinans au territoire de la ville de *Cratmulnense*. Cette acquisition fut faite moyennant le prix de douze sols d'argent, qui furent payés comptans.

Quoique l'on ne connoisse point aujourd'hui cette ville de Cratmulnense *(oppidum Cratmulnense)*, d'autres tenans exprimés dans ce contrat pourroient indiquer la situation de ces deux journaux. Dès l'an 762, ce Monastère possédoit d'autres fonds dans le canton *Oscarense*, j'en ai remarqué la situation à cette époque ; mais il paroit surprenant qu'il n'en soit point parlé dans le cartulaire de cette Abbaye ; peut-être ces anciennes possessions avoient-elles été aliénées quand il fut rédigé, ou peut-être la donation faite en 762 étoit-elle personnelle à l'Abbé de ce temps, de même que l'acquisition de l'abbé Erlegaud ; car il est stipulé dans le contrat que l'acquéreur & ses héritiers pourront vendre, échanger, donner & disposer comme bon leur semblera des deux journaux, *tam tu quam hæredes tui*. Ceci prouve que les Moines avoient des biens propres.

ANNÉE 816.

4 Août.

PRÆCEPTUM Ludovici imperatoris pro monasterio Acutiano.

Donné à Francfort.

Hist. Franc. script. a Quesnio, t. III, p. 654.

L'Empereur avoit fait droit à la requête que Benoît abbé de Farfe lui avoit présentée dès l'année précédente, sur la distraction qu'il demandoit, que les officiers qui régissoient le Domaine, fissent de la portion qui appartenoit à son Monastère dans les biens d'un riche particulier nommé *Majorien*, d'avec le surplus qui avoit été confisqué pour crime d'infidélité sur un des enfans de ce Majorien; mais Benoît avoit négligé d'en faire expédier le Jugement, Godoalde son successeur le sollicita & l'obtint aisément. Ce Jugement porte donc que les biens que Majorien & deux de ses fils avoient légués à ce Monastère lui seront restitués, & que ceux d'un troisième fils de ce Majorien, dont il n'avoit point disposé, demeureront acquis au Fisc pour peine d'avoir porté les armes contre l'Empereur dans l'armée du duc de Benevent.

22 Août.

DIPLOMATA duo pro monasterio Morbacensi.

Donné à Aix-la-Chapelle.

Apud Martenium, tom. I. Thesor. Anecd. col. 18 & 19.
Rec. des Hist. de France, par Dom Bouquet, tome VI, p. 494 & 495.

Ces deux Diplomes contiennent précisément la même disposition que ceux que l'Empereur avoit accordés le 20 juin de cette année en faveur de S.t Maur-des-Fossés; on peut recourir à la notice que j'en ai donnée.

Le diacre Durand expédia de même ceux-ci.

28 Août.

PRIVILEGIUM a Ludovico imperatore, indultum Adalocho Argentinensi episcopo.

Donné à Aix-la-Chapelle.

Ann. Eccl. Fr. Cointii, t. VII, pag. 481.
Gallia Christ. sec. edit. tom. V, instr. col. 462.
Rec. des Hist. de France, par Dom Bouquet, t. VI, p. 505.

Les auteurs de la nouvelle Gaule chrétienne placent mal-à-propos cette pièce sous cette année 816; l'indiction ne commençant qu'au 1.er de septembre, on comptoit encore au mois d'août de cette année indiction IX, par conséquent l'indiction X dans le mois d'août revient à l'année 817. C'est à cette date que le Cointe & Dom Bouquet la rapportent.

L'Empereur confirme, par ce Diplome, ceux que Charlemagne & un grand nombre d'autres Rois ses prédécesseurs avoient anciennement accordés aux évêques & à la cathédrale de Strasbourg, par lesquels ils les maintenoient dans la propriété d'un fonds de terre appelé *Stilla*.

Le diacre Durand expédia ce Diplome pour le chancelier Élisachar.

2 Septembre.

PRÆCEPTUM Ludovici imperatoris, pro monasterio Sancti Michaëlis in pago Virdunensi.

Donné à Aix-la-Chapelle.

Ann. Eccl. Fr. Cointii, t. VII, p. 727.
Annal. Bened. t. II, p. 427.
Rec. des Hist. de France, par Dom Bouquet, t. VI, p. 495.

Le Cointe remarque que quelque copiste aura fait une faute en datant ce Diplome d'Aix-la-Chapelle; il paroît certain que l'Empereur étoit dans ce temps à Reims, où il attendoit le Pape qui s'y rendit effectivement dans le courant de ce mois; cela est d'ailleurs conforme à l'annaliste de Lauresham.

Louis affranchit, par ces lettres, de tous droits de péage, de douane & de voyerie, les bêtes de somme & les charrettes qui conduiroient les provisions nécessaires pour le monastère de S.t Mihiel.

27 Septembre.

CHARTA seu judicium quo confirmantur Erlegaudo abbati sancti Benigni Divionensis, res sitæ Bargis.

Rec. de Pérard, page 14.

L'abbé Erlegaud pour assurer à son Monastère la propriété incommutable des fonds de terre que deux particuliers nommés *Dodalenus* & *Dodo* lui avoient légués, non seulement en fit confirmer les Chartes dans un plaid tenu à Dijon; mais il requit encore que Hildiernus qui étoit comte alors dans ce canton, fît une sorte d'enquête, &

que l'on entendît des témoins qui juraſſent que l'abbaye de S.t Benigne avoit poſſédé conſtamment, & à juſte titre, ces fonds de terre, depuis le règne de Pépin père de Charlemagne. Les Échevins firent droit à la requête de l'abbé Erlegaud; & l'enquête & l'audition des témoins, au nombre de neuf, ſe firent par le miniſtère du comte Hildiernus, ſur quoi les Échevins rendirent ce Jugement qui déclare l'Abbaye propriétaire des biens en queſtion ; le lieu où ils étoient ſitués eſt encore connu aujourd'hui ſous le nom de Barges, *Bargis*, éloigné de Dijon de deux lieues.

ANNÉE 816.

15 OCTOBRE.

PRÆCEPTUM Ludovici imperatoris pro monaſterio Anianenſi.

Donné à Compiegne.

Hiſtoire de Languedoc, t. I, pr. col. 49. Rec. des Hiſt. de France, par Dom Bouquet, t. VI, p. 496.

L'Empereur autoriſe, par ces lettres, l'Avoué de l'abbaye d'Aniane à pourſuivre par les voies de droit tous les détempteurs des biens uſurpés ſur ce Monaſtère, & il ordonne de plus, (ce qui eſt bien à remarquer) que l'on ſuive les formes du Droit romain, pour contraindre les ſerfs fugitifs à rentrer dans les domaines dépendans de l'Abbaye.

Le diacre Durand expédia ces lettres, faiſant pour le chancelier Fridugiſe. Ce Fridugiſe étoit Anglois d'origine & Chanoine régulier ; l'Empereur avoit partagé entre lui & Éliſachar l'office de Chancelier, il lui donna en même temps l'abbaye de S.t Martin de Tours, il eut en outre dans la ſuite celle de S.t Bertin.

25 OCTOBRE.

PRÆCEPTUM Ludovici imperatoris pro Andegavenſi S. Mauricii eccleſiâ.

Donné à Samoucy près Laon.

Gallia Chriſt. pr. edit. tom. II, p. 116. Rec. des Hiſt. de France, par Dom Bouquet, t. VI, p. 496.

L'Empereur ratifie, par ce Diplome, tous les privilèges & les immunités dont Benoît alors évêque d'Angers lui préſenta les Diplomes que Charlemagne & les rois de France ſes prédéceſſeurs avoient accordés à cette Cathédrale ; il lui conſerve de plus l'exemption de tous droits de douane & autres, pour trois bateaux que l'Évêque & les Chanoines pourront mettre ſur la Loire.

Le diacre Durand expédia ce Diplome faiſant pour le chancelier Éliſachar.

1.er NOVEMBRE.

DIPLOMA Ludovici imperatoris, quo Dervenſem abbatiam eccleſiæ Remenſi attribuit.

Donné à Reims.

Ann. Eccl. Fr. Cointii, t. VII, pag. 369. Annal. Bened. t. II, p. 757. Rec. des Hiſt. de France, par Dom Bouquet, t. VI, p. 497.

Quatre jours après la mort du pape Léon, Étienne IV lui ſuccéda, & dans l'inſtant il fit part à l'Empereur de ſon élection, le priant de la confirmer ; quelques jours après il ſupplia ce Prince de lui permettre de venir en France pour traiter avec lui des affaires qui intéreſſoient la Religion. L'Empereur y conſentit, & indiqua la ville de Reims pour le lieu de leur entrevûe ; il s'y rendit dès les premiers jours du mois d'août, le Pape y arriva à peu près dans le même temps ; l'Empereur déſirant d'être couronné avec l'impératrice Hermengarde, dans l'égliſe de S.t Remi où les Rois ſes prédéceſſeurs avoient reçû la foi, indiqua pour cette auguſte cérémonie le 29 de ce même mois. Le Pape célébra dans ce jour la Meſſe, après laquelle il fit le couronnement de l'Empereur & de l'Impératrice : ce fut en mémoire de cet événement que l'Empereur donna, par ce Diplome, à l'évêque & aux chanoines de la cathédrale de Reims, l'abbaye de Montier-en-Der, ſituée dans le canton de Blaiſe ſur la rivière de Voire, pour rebâtir leur égliſe, avec un terrein où il y avoit une mine de plomb, dans un canton appelé *le Laumais* proche Namur, il y ajoûta encore le village de Germiny. Il faut cependant obſerver que l'Empereur ne donna du champ où étoit la mine, que trente perches en carré ; la perche, ſuivant la teneur de cet Acte, avoit trente pieds de long.

Adalulphe, diacre & notaire du Palais, expédia ce Diplome faiſant pour le chancelier Fridugiſe.

ANNÉE 816.

8 NOVEMBRE.

PRÆCEPTUM Ludovici imperatoris pro Prumiensi monasterio.

Donné à Compiegne.

Apud Martenium, tom. I, ampliss. collect. pag. 66.
Rec. des Hist. de France, par Dom Bouquet, t. VI, p. 498.

Ce Diplome ne porte précisément qu'une confirmation des priviléges & des immunités qui avoient été accordés à l'abbaye de Pruim par les Rois prédécesseurs de l'Empereur. Le diacre Durand l'expédia, faisant pour le chancelier Élisachar.

11 NOVEMBRE.

PRÆCEPTUM Ludovici imperatoris pro monasterio Insulæ-Barbaræ.

Donné à Aix-la-Chapelle.

Rec. des Hist. de France, par Dom Bouquet, t. VI, p. 483.
Annal. Bened. t. II, p. 428.
Mesures de l'Isle-barbe, par Papire Masson, t. I, p. 45.

Il y a faute dans la date de ce Diplome ou dans celle du suivant, car l'Empereur ne put pas se trouver le 11 de ce mois à Aix-la-Chapelle où il est marqué qu'il donna cette Charte, & le 17 du même mois à Compiegne dont la suivante est datée. Ou c'est une méprise du copiste, ou la Charte pour l'Isle-Barbe est d'une autre année ; car il paroit certain que ce Prince demeura en France toute cette année, & qu'il ne retourna en Allemagne qu'au commencement de la suivante.

Ce Diplome fut accordé à Campio abbé de ce Monastère ; il porte confirmation des priviléges & immunités que les Rois prédécesseurs de Louis avoient accordés à cette Abbaye, & renouvelle l'exemption des droits de douane & de voyerie pour quatre bateaux, dont les Moines pourront se servir pour faire conduire leurs provisions sur la Saône, le Rhône & le Doux.

17 NOVEMBRE.

PRÆCEPTUM Ludovici imperatoris, pro monasterio Amiatino in territorio Clusino.

Donné à Compiegne.

Annal. Bened. t. II, p. 426.
Ann. Eccl. Fr. Cointii, t. VII, pag. 375.
Rec. des Hist. de France, par Dom Bouquet, t. VI, p. 498.
Apud Ughellum, tom. III, Italiæ sacræ, pag. 672.

Ce Monastère, dont j'ignore le nom françois, étoit situé dans le territoire de Chiusi en Toscane, & avoit pour abbé Andoalde lorsque l'Empereur lui accorda ce Diplome. Bernard régnoit en Italie ; mais cet Abbé le regardant sans doute comme feudataire de l'empire, crut devoir recourir à l'autorité de l'Empereur pour faire confirmer les priviléges & les immunités de son Monastère. Il supplia en outre l'Empereur d'accorder à ses Moines la liberté d'élire desormais leur Abbé ; le Diplome porte la confirmation que demandoit Andoalde avec la liberté de l'élection d'un Abbé, sous la réserve néanmoins que les Moines avant de procéder à l'élection, en demanderoient l'agrément au roi Bernard.

Sans autre date.

PRÆCEPTUM Ludovici imperatoris pro ecclesiâ Aurelianensi.

Ann. Eccl. Fr. Cointii, t. VII, p. 373.
Cap. Reg. Fr. a Baluzio, t. II, col. 1410.
Rec. des Hist. de France, par Dom Bouquet, t. VI, p. 499.

L'Empereur accorda ce Diplome à la recommandation de Théodulfe, qu'il qualifie d'Archevêque, parce que, suivant Dom Bouquet, on donnoit ce titre à tous les Évêques qui avoient le *Pallium*. Théodulfe avoit reçû cet ornement du pape Étienne IV, à l'occasion du voyage qu'il fit cette année en France. L'Empereur avoit envoyé à sa rencontre Hildebalde archevêque de Cologne, Jean archevêque d'Arles, & Théodulfe évêque d'Orléans ; le Pape, par considération pour l'Empereur, donna le *Pallium* à ce dernier.

Ce Diplome porte confirmation des priviléges & des immunités que les rois de France avoient accordés dans différentes occasions à la cathédrale d'Orléans, qui étoit dès ce temps sous l'invocation de la S.te Croix. Ce Prince met en outre l'Évêque & les Chanoines de cette église sous sa protection spéciale.

ANNÉE 816.

Année 816.

Sans autre date.

PRÆCEPTA duo Ludovici imperatoris, pro monasterio sancti Aniani Aurelianensis.

Ann. Eccl. Fr. Cointii, t. VII, p. 372.

Dom Bouquet dans le VI.ᵉ tome de ses Historiens, *page 499, note* (b), annonce ces deux Diplomes & ne leur assigne point de date ; il pense seulement qu'ils furent donnés avant l'année 818, parce que Théodulfe ayant été soupçonné d'avoir eu quelque part dans la révolte de Bernard roi d'Italie, fut exilé à Angers : cette raison me porte à les placer sous cette année, & il y a bien de l'apparence que l'Empereur les accorda dans le même temps que le précédent.

Théodulfe évêque d'Orléans avoit en outre, l'abbaye de S.ᵗ Aignan de cette ville ; le premier de ces deux Diplomes qu'il obtint de l'Empereur en faveur de ce Monastère, porte confirmation des immunités & des priviléges que les rois de France avoient accordés aux Abbés & aux Chanoines de cette collégiale. Dès ce temps ce n'étoit plus des Moines qui desservoient cette église ; on lit dans la Charte, *Canonici*, mais je n'ai rien trouvé dans l'Histoire d'assez certain pour me porter à fixer l'époque de l'introduction des Chanoines.

L'Empereur accorde par le second Diplome, l'exemption des droits de douane, de péage & de voyerie, tant pour six bateaux chargés de sel & d'autres denrées pour la consommation de ce Monastère, que pour toutes les voitures par terre qui seront employées à ce même usage.

Le Cointe a publié ces deux pièces d'après le Cartulaire de cette église, recueilli par Hubert qui en étoit chantre & chanoine.

PRÆCEPTUM Ludovici imperatoris pro monasterio sancti Hilarii Carcassonensis.

Rec. des Hist. de France, par Dom Bouquet, t. VI, p. 500. Cap. Reg. Fr. a Baluzio, t. II, col. 1409.

L'Empereur, par ce Diplome, confirme les immunités & les priviléges que Charlemagne avoit accordés à ce Monastère, à la prière de Nampion qui en étoit alors abbé ; il le met de plus sous sa garde & protection spéciale, avec deux Celles de sa dépendance, dont l'une s'appeloit *Garelianus*, l'autre *de S.ᵗ Martin*, & un village nommé *Salas* situé dans le voisinage du Monastère. Monellus qui avoit succédé dans cette abbaye à Nampion, sollicita ce Diplome, & obtint que ses Moines auroient après sa mort, & dans la suite, la liberté d'élire leur Abbé.

PRÆCEPTUM Ludovici imperatoris pro monasterio sancti Michaëlis ad Mosam.

Ann. Eccl. Fr. Cointii, t. VII, p. 727.

Ce Diplome est signé des deux empereurs Louis & Lothaire, & ne porte aucune date. Le Cointe pense cependant qu'il fut donné à peu près dans le même temps qu'un autre pour ce même Monastère, que j'ai placé au 2 de septembre de cette année.

L'Empereur, par celui-ci, accorde aux Moines la liberté d'élire désormais leur Abbé ; ils commencèrent à user de ce privilége après la mort de Smaragde qui les gouvernoit encore en cette année.

EPISTOLA Eginhardi abbatis ad Hermengardem imperatricem, cui purgat accusationem de se factam.

Annal. Bened. t. II, p. 427. Rec. des Hist. de France, par Dom Bouquet, tome V, p. 385, & tome VII, page 579.

Cette Lettre, suivant Mabillon, est la soixante-deuxième d'Éginhard, & doit être placée sous cette année. Dom Bouquet dit au contraire, que cette lettre n'est point d'Éginhard, qu'elle ne fut point adressée à Hermengarde femme de Louis le Débonnaire, & qu'elle fut écrite environ l'année 841.

En admettant l'opinion de Mabillon, c'est-à-dire, en attribuant cette lettre à Éginhard, elle nous indique que cet ancien ministre de Charlemagne avoit été accusé par Louis l'un des fils de l'empereur Louis le Débonnaire, de fomenter la discorde dans la Famille royale ; cette accusation étoit sans fondement : ce jeune Prince né jaloux, tâcha de perdre Éginhard pour se venger de ce qu'il s'étoit mis sous la puissance de Lothaire son frère roi de Bavière, de préférence à la sienne. Ainsi cette lettre prouve la jalousie qui porta les fils de Louis le Débonnaire à se révolter contre leur père, & à le détrôner, avoit commencé les maux & les troubles qui faillirent à renverser toute la Monarchie.

Dom Bouquet pense que cette lettre est d'un Seigneur dont il ne dit pas le nom, qui étoit demeuré fidèle à l'Empereur, après même que ses fils l'eûrent détrôné; que ce Prince étant mort, ce Seigneur s'étoit attaché à Charles le Chauve; qu'il en avoit reçu des reproches d'Hermengarde femme de l'empereur Lothaire, & qu'il se justifioit auprès de cette Princesse.

Sans autre date.

ANNÉE 816.

CAPITULARE additum legi Salicæ jussu Ludovici imperatoris.

Ann. Eccl. Fr. Cointii, t. VII, pag. 380.

Donné à Aix-la-Chapelle.

Ce Capitulaire fut publié dans l'assemblée que l'Empereur tint au mois de juillet de cette année à Aix-la-Chapelle; il contient six articles qui furent ajoutés au code de la loi Salique. On le trouve dans l'édition de Lindembroge, c'est d'après cet Auteur que le Cointe l'a imprimé.

Premier article. Il sera permis desormais aux parties de récuser réciproquement leurs témoins sur le soupçon d'infidélité; s'il arrive que les deux parties dans un procès récusent mutuellement leurs témoins, elles en choisiront un de chaque côté, pour qu'ils se battent ou au couteau ou au bâton, réputant parjure celui qui sera vaincu. Pour punition de ce crime, on lui coupera la main droite; ses autres conjurateurs étant de même réputés parjures, composeront pour le même supplice qu'ils ne subiront pas, s'ils peuvent payer le prix de la composition. Il sera adjugé les deux tiers du prix de cette composition à la partie adverse, & l'autre tiers au Comte. Si les deux parties sont des Clercs, on aura recours dans ce cas au jugement de la Croix, présumant que la timidité, la foiblesse & le peu d'usage que les personnes attachées au service de l'Église ont des armes, ne leur permettent pas de s'exposer à un combat singulier. Les témoins dans tous les cas, c'est-à-dire, soit que la cause soit entre laïcs ou entre des ecclésiastiques, soit qu'il s'agisse de la liberté ou de la servitude de l'une des parties, ne pourront absolument être produits s'ils ne sont domiciliés dans l'étendue du comté où les biens qui ont donné lieu au procès, se trouveront situés.

Second article. Il est ordonné que si quelqu'un est traduit, pour quelque cause que ce soit, dans un tribunal hors de son district, il sera jugé suivant la Coûtume du lieu de son domicile, & non pas suivant celle du lieu du tribunal. Si l'une des parties demande son renvoi, la loi expose les cas où il sera accordé; s'il s'agit, par exemple, de la liberté ou de la servitude de l'une des parties, si le fils soûtient que le bien dont sa partie adverse veut le dépouiller, est l'héritage de son père.

Troisième article. Toutes les compositions ordonnées par la loi Salique entre les Francs, n'excéderont pas douze deniers, & celle d'un Saxon ou d'un Frison en faveur d'un Franc, demeurera fixée à quarante.

Quatrième article. On observera, avec scrupule, la disposition de la loi Salique pour juger les contestations qui naîtront sur l'état des personnes & sur les successions. Par rapport aux autres causes civiles, on mettra au ban, après la seconde monition que fera le Comte, les biens de la partie qui refusera de comparoître au Plaid.

Les assignations pour comparoître devant les Juges étoient données au nom du Comte; & ce ban n'étoit autre chose qu'une saisie des biens qui demeuroient sous les mains de la Justice jusqu'à ce que la partie comparût; peut-être après certains délais la Justice ordonnoit-elle la vente de ces biens, adjugeant une partie du prix à la partie plaignante, par forme de dommage & d'indemnité.

Cinquième article. Il est ordonné que les biens de celui qui aura été accusé de quelque crime, & qui aura négligé de se présenter au Plaid dans le courant de l'année, à commencer du jour où ses biens auront été mis au ban, demeureront confisqués au profit du Roi; s'il y a une partie civile, le Comte & les Juges régleront les dommages qui lui seront dûs, & ils seront pris sur le mobilier de l'accusé; dans le cas où le mobilier ne suffiroit pas pour en payer le montant, le surplus sera pris sur les immeubles. Si même les dommages sont fixés à une somme équivalente au prix des meubles & des immeubles, la loi, dans ce cas, adjuge le tout à la partie plaignante. La disposition de cet article s'étend plus loin encore: elle suppose que l'accusé jouit par indivis, avec ses cohéritiers, de tous les biens de la succession de leurs père & mère, alors il est dit que le Comte appellera les cohéritiers, afin de faire procéder au partage, disposant de la portion qui écherra à l'accusé, comme il est dit ci-dessus.

Sixième article. La loi déclare que le temps des délais des assignations, qui étoit fixé à quarante nuits, ne sera de rigueur que dans les causes qui concerneront l'état des personnes & les successions. Elle laisse à la prudence du Comte pour les autres causes, de prolonger les délais, enjoignant au surplus à cet Officier chargé du ministère public, de ne pas vexer les pauvres en les citant au Plaid trop fréquemment pour des choses peu importantes.

Année 816.

CAPITULARE aliud additum legi Salicæ jussu Ludovici imperatoris.

Ann. Eccl. Fr. Cointii, t. VII, p. 566.

Le Cointe pense que ce second Capitulaire, qui contient douze articles, fut également publié à Aix-la-Chapelle dans le courant de cette année, mais dans une autre assemblée que cette première. Je ne rendrai compte que des articles qui me paroîtront intéressans.

Premier article. Il est ordonné que les Maîtres dont les Serfs se réuniront en troupe & commettront des homicides, des meurtres ou quelques autres dommages, payeront au Fisc une amende de quarante sols, pour les punir de leur négligence à les contenir.

Cette amende étoit sans doute en sus du dédommagement que les Maîtres de ces Serfs étoient tenus, suivant la disposition des anciennes ordonnances, de payer aux personnes qui en recevoient quelques torts.

Second article. Il est enjoint aux officiers du Roi de rechercher avec soin les biens dépendans du Fisc qui ont été usurpés, & de les y réunir après en avoir acquis les preuves par le témoignage d'hommes sans reproches, leur défendant d'exiger sur ce sujet le serment de qui que ce soit.

Troisième article. Il est ordonné que les Serfs fugitifs seront rendus à leurs Maîtres aussi-tôt qu'ils les réclameront, quand même ils se seroient réfugiés dans un domaine Royal.

Quatrième article. Il est expressément enjoint aux *Missi* d'informer le Roi du nom des Marquis dont l'office est de garder les frontières, qui se trouveront avoir des bénéfices ou des biens patrimoniaux éloignés de leur marquisat, ou même quelques emplois à la Cour qui les empêcheroient de veiller à ce que les Plaids soient exactement tenus dans leur district, afin que le Roi puisse prendre les mesures convenables pour les faire résider dans leur Marquisat, & qu'il les oblige d'y faire tenir les Plaids qui est la partie essentielle du devoir de leur charge.

Cinquième article. Les Comtes qui seront préposés à la garde d'un port de mer ne seront pas dispensés d'exercer le ministère public : il leur est en conséquence enjoint d'avoir auprès d'eux les Échevins du canton, afin de tenir le Plaid & afin que la justice soit rendue.

Sixième article. Il sera fixé un temps pour être reçu à réclamer les choses qui seront perdues ou volées, à l'occasion des incendies qui arriveront.

Dixième article. Les officiers de l'Empereur informeront Pépin son fils, roi d'Aquitaine, qu'il charge expressément un de ses *Missi*, de faire faire des levées sur la rivière de Loire & de les entretenir.

EPISTOLÆ plures Ludovici imperatoris ad archiepiscopos tum Galliæ tum Germaniæ, de Concilio nuper habito Aquis-Grano.

Capitul. Reg. Fr. a Baluzio, tom. I, col. 557 & seq.
Fr. Orient. ab Eckardo, t. II, p. 133 & seq.
Conc. Galliæ a Sirmondo, t. II, p. 426 & seq.
Conc. ab Harduino, tom. IV, col. 1176 & seq.
Rec. des Hist. de France, par Dom Bouquet, tome VI, p. 333 & suiv.
Miræi Opera Diplom. tom. I, pag. 17.
Constit. Imp. a Goldasto, t. IV, pr. part. p. 12.

Le relâchement dans lequel étoit tombé le Clergé séculier depuis plus d'un siècle & demi, avoit attiré l'attention de Charlemagne. Ce Prince étant informé que Chrodegand évêque de Metz avoit fait de nouveaux réglemens pour rétablir celui de son diocèse, avoit résolu d'en faire adopter l'usage par les autres évêques de ses États, mais il mourut avant d'exécuter ce dessein. Son fils qui n'eût pas moins à cœur les intérêts de la Religion, fit assembler cette année un Concile national à Aix-la-Chapelle, & proposa de faire une collection exacte de tout ce qui étoit marqué dans les Canons, dans les Saints Pères & dans le recueil de l'évêque Chrodegand, sur la vie & les devoirs des Chanoines & des Chanoinesses, d'en former un corps de discipline & d'y soumettre tous les Chanoines & les Chanoinesses du Royaume. Amalaire diacre de l'église de Metz fut chargé de ce travail; pour le faciliter, l'Empereur lui fit donner communication des livres de sa bibliothèque ; la collection fut présentée aux évêques du Concile, & ayant été approuvée, l'Empereur en fit faire des copies qu'il envoya à tous les Métropolitains avec ces lettres circulaires, par lesquelles il leur marque de tenir la main à l'exécution de ces règlemens, « afin, dit-il, que quand nous enverrons nos Commissaires

» pour informer de l'exécution de nos ordres, nous n'ayons qu'à nous louer du zèle des
» Évêques ; car nous nous ferons rendre un compte exact de ceux qui auront obéi, en
» faisant bâtir des cloîtres pour les Chanoines de leurs cathédrales, des hôpitaux pour
les pauvres, & en assignant aux uns & aux autres des revenus suffisans ». Ces règlemens
pour les Chanoines sont au nombre de cent quarante-quatre ; les choses qui y sont
recommandées le plus expressément, c'est de demeurer dans la même maison, de manger
en commun dans un réfectoire, de coucher dans le même dortoir, d'observer le silence,
& de célébrer l'office aux heures marquées par les Canons. Les règlemens pour les
Chanoinesses ne sont qu'au nombre de vingt-huit ; on y recommande principalement
la clôture, on y prescrit la manière dont les Abbesses doivent corriger leurs religieuses,
on recommande aux Abbesses d'éviter avec soin le commerce des hommes, &c. Tous
ces règlemens se trouvent dans la collection du père Sirmond, *tome II, page 329 &
suivantes;* ils ont été observés dans la plûpart des cathédrales & des collégiales de France
jusqu'à la fin du XI.ᵉ siècle. Pierre Damiens s'éleva contre cette discipline & en critiqua
dans son vingt-quatrième opuscule le plus grand nombre des articles. Par l'un de ces
règlemens, la quantité de pain que chaque Chanoine devoit manger chaque jour étoit
marquée ; c'est de là que vient sans doute l'usage qui s'observe encore présentement à
la cathédrale de Paris, de distribuer journellement à chaque Chanoine & aux autres
Officiers de l'église une certaine quantité de pain, que l'on appelle *le pain de Chapitre.*

Année 816.

Capitulare Ludovici imperatoris, sancitum pro utilitate totius ecclesiæ.

Capit. Reg. Fr. a Baluzio, t. I, p. 561.
Concil. Antiq. Galliæ a Sirmondo, tom. II, pag. 428.
Constitutiones Imp. a Goldasto, t. III, p. 164, 220.

L'Empereur, outre les règlemens dressés par les évêques du Concile, jugea à propos de rendre une ordonnance qui prescrit l'exécution de ces règlemens, & qui contient quelques dispositions particulières. Elle est divisée en vingt-neuf articles, je ne rendrai compte que des plus intéressans.

L'Empereur, par le second article, rend au Clergé la liberté d'élire les Évêques, & par le cinquième, aux Moines d'élire leurs Abbés.

Il défend par le sixième de conférer aux serfs appartenans à des laïcs, les Ordres sacrés, à moins qu'ils n'aient été affranchis par leurs Maîtres. Par rapport aux serfs qui appartiennent aux églises, l'Empereur déclare qu'auparavant de les élever aux Ordres, il veut qu'ils soient affranchis au coin de l'Autel.

Le septième article défend au Clergé de recevoir des donations faites au préjudice des enfans & des proches parens.

Le onzième enjoint aux Évêques d'établir un Prêtre en titre pour desservir chaque église.

Le douzième déclare que les dixmes des paroisses nouvelles que l'on établira, appartiendront à l'église du lieu.

Le vingt-septième supprime le jugement de la Croix.

J'observe que les Auteurs sont d'opinion différente sur la date de l'assemblée d'Aix-la-Chapelle, les annales de Fulde la fixent au mois d'août, d'autres Écrivains la mettent au mois de juillet ; cette diversité de sentiment m'a porté à placer sous cette année seulement, sans date de mois, les règlemens & les ordonnances qui y furent publiés.

Année 817.

17 Février.

Diploma Ludovici imperatoris pro episcopo Bathavensi.

Donné à Aix-la-Chapelle.

Ann. Boyorum a Joanne Aventino, p. 185.

L'Empereur détacha de son Fisc des biens considérables, & en dota par ce Diplome l'évêque de Batembourg ; la Charte fixe le nombre des métairies portées par cette donation, à cent, *centum prædiorum.*

Cette ville de Batembourg des Provinces-unies des Pays-Bas, est située dans le duché de Gueldre sur la Meuse: elle fut autrefois la capitale des peuples anciennement appelés *Bataves;* ils tiroient leur origine des Cattes qui habitoient le pays qui est entre le Rhin, le Vahal & la Meuse, c'est ce que l'on appeloit *l'isle des Bataves.*

DES DIPLOMES. 317

ANNÉE 817.

5 MARS.

CHARTA *Dodonis pro Erlegaudo abbati sancti Benigni Divionensis.* Rec. de Pérard, page 14.

Trois particuliers, qui étoient frères sans doute, & que la Charte nomme *Dodo, Amalbardus* & *Eraglus*, possédoient en commun des biens situés *in Bargas*, lieu appelé *Barges*, éloigné de Dijon de deux lieues; ils en firent donation par cet Acte au monastère de S.t Benigne de cette ville, & à Erlegaud qui en étoit alors abbé. Ces biens consistoient dans un pré qui avoit trente perches & cinq pieds de long, sur cinq perches & un pied & demi de large, avec un champ de terre labourable dans le même canton; les bornes de l'un & de l'autre sont désignées dans la Charte, les personnes qui connoîtront le local, pourront en faire l'application à l'état actuel. « Si quelques-uns de nos héritiers, disent les donateurs, ou toute autre personne osent tenter de faire casser la « présente donation, non seulement nous voulons que leur mauvaise intention soit sans « succès; mais encore nous les condamnons à payer deux onces d'or en forme de dommage, « qui se partageront entre l'Abbé du monastère & les Receveurs du Fisc ».

Cette disposition est singulière: cependant le grand nombre d'Actes de ce temps, semblables à celui-ci, nous prouve que c'étoit l'usage d'alors; mais je n'ai trouvé qu'une ou deux Chartes qui constatent que de telles dispositions eussent eu leur exécution, encore avoit-il fallu un Jugement pour contraindre les personnes qui étoient dans le cas, à payer l'amende stipulée: ce qui nous fait croire que c'étoit une peine purement comminatoire.

14 AVRIL.

PRÆCEPTUM *Ludovici imperatoris pro Cameracensi ecclesiâ.* Histoire de Cambrai, par Carpentier, t. II, pr. p. 4. Ann. Eccl. Fr. Coimii, t. VII, pag. 363.

Donné à Aix-la-Chapelle.

Suivant mon calcul, cette pièce étant datée de la III.e année de l'empire de Louis I, sous l'indiction IX, devroit être placée sous l'année 816. Ainsi je pense que Carpentier a fait une faute de la dater de 817.

L'Empereur confirme, par ce Diplome, toutes les immunités & les priviléges que les Rois ses prédécesseurs ont dans différens temps accordés à cette Cathédrale.

Le diacre Durand expédia ce Diplome, faisant pour le chancelier Élisachar.

5 MAI.

DIPLOMA *Ludovici imperatoris pro monasterio Soriciniensi.* Chron. Eccl. d'Auch, pr. 2.e partie, p. 42. Rec. des Hist. de France, par Dom Bouquet, t. VI, p. 501.

Donné à Aix-la-Chapelle.

On trouve quelques mots françois répandus dans cette Charte, que Dom Bouquet croit y avoir été ajoûtés par le Rédacteur de la chronique du Monastère, qui vivoit bien des siècles après celui-ci; ces mots que Dom Bouquet appelle du françois, ne sont cependant que des noms de lieux dont la sonance paroît assez gothique pour être du temps de Louis le Pieux, & même d'un siècle plus reculé.

L'Empereur, par cette Charte, fait donation en pure aumône au monastère de Sorèze, & à Bertrand qui en étoit Abbé, de plusieurs villages & églises avec leurs dépendances, situés dans le territoire d'Auch. Ces biens avoient été acquis au Fisc, je ne sais à quel titre; on lit seulement dans la Charte, que le comte Arecate les avoit remis à l'Empereur, avec un état de leur consistance. C'étoient le village nommé *Bizentia*, avec les églises de Notre-Dame & de S.t Jean, & le petit canton de *Peyrault*; le village de *Montlieu* avec ses dépendances; le village d'*Exartigas* & ses dépendances; le village de *Vaccaria*, avec l'église de S.t Jean; le village de *Marcillanum*, avec l'église de S.t Martin; un moulin sur la rivière de *Gers*; des terres au territoire de *Dagny*, & dans les villages d'*Alamanni* & de *Modolingo*, avec toutes leurs dépendances.

Le diacre Durand expédia ce Diplome, faisant pour le chancelier Élisachar.

23 MAI.

COMPOSITIO *inter Vadaldum Massiliensem episcopum & Onaldum, &c. pro monasterio sancti Victoris.* Antiquités de Marseille, t. I, p. 310. Gallia Christ. sec. edit. tom. I, instr. p. 106.

Cette pièce, qui est d'un style très-barbare, a été tirée du grand cartulaire de S.t Victor de Marseille. C'est un acte d'admodiation ou un bail à la vie des preneurs

R r iij

& de leur postérité, jusqu'à la seconde génération inclusivement. Vadalde évêque de Marseille, qui gouvernoit alors l'abbaye de S.ᵗ Victor, le passa du consentement de son Clergé ; les terres qui en font l'objet, étoient situées dans un territoire appelé aujourd'hui *Soulemont*, dans le diocèse d'Arles sur la Durance ; ce bail est fait sous les conditions que les preneurs défricheroient les terres, qu'ils planteroient des vignes dans celles qui y seroient propres, qu'ils mettroient les autres en labour, & qu'ils rendroient annuellement au Monastère la moitié de la recolte. Il est encore stipulé dans cet Acte, que si l'une des parties contractantes manque à remplir ces conditions, elle payera à l'autre une somme numéraire de deux livres en argent ; l'Évêque donne en outre la faculté à Onalde & à Rodolane sa femme, ainsi qu'à Adalaire & à Bonelde sa femme, qui sont les preneurs, de céder les terres à qui bon leur semblera, sous les mêmes conditions & la même redevance qu'ils les prennent.

Les limites & les bornes de ces terres sont désignées dans la Charte ; leur consistance y est aussi énoncée sous ces termes : *Habet ipsam terram in uno fronte dextros 2 3, & in fronte dextros 1 6*. Qu'étoit-ce que cette mesure nommée *dextros* ! & à quelle mesure de notre temps revient-elle ? Ducange, au mot *dextri*, dit qu'il est beaucoup parlé de cette mesure dans les statuts de la ville de Marseille. Le *dextri*, suivant cet Auteur, contenoit quinze pans ; on aura peine à croire que cette interprétation puisse s'appliquer au *dextri* de cet Acte ; auroit-il valu la peine de diviser un aussi petit champ qu'auroit été celui-ci, pour en planter une partie en vigne, & semer du blé dans l'autre ! Ce champ n'auroit eu, suivant Ducange, que trois cents quarante-cinq pans de long, sur deux cents quarante de large ; le tout ne reviendroit pas à un arpent de notre mesure. Je préférerois la version des anciens statuts de la ville d'Arles, rapportée par le même Ducange au mot *dextrum*, le *dextri* ou le *dextrum*, qui me semble revenir au même, y est interprété pour un arpent. Ainsi notre champ aura eu vingt-trois arpens de long sur seize de large, espace suffisant pour être destiné partie en vigne, partie en labour.

10 JUILLET.

ANNÉE 817.

CAPITULARE Ludovici imperatoris de vita & conversatione Monachorum ; tum notitia monasteriorum quæ Regi militiam, dona vel solas orationes debent.

Donné à Aix-la-Chapelle.

Launoii assert. inquisit. in privileg. S. Medardi, pag. 67. Capit. Reg. Fr. a Baluzio, t. I, col. 579 & seq. Concil. Gall. a de la Lande pag. 104. Constit. Imp. a Goldasto, t. III, p. 220. Rec. des Hist. de France, par Dom Bouquet, t. VI, p. 407. Annal. Bened. t. II, p. 436. Script. Franc. Duchêne, t. II, p. 323.

Nous avons vû les règlemens que l'Empereur fit dresser dans l'assemblée de l'année précédente, pour rétablir la discipline parmi le Clergé séculier : les Moines n'avoient pas moins besoin de réforme ; le scandale qu'un très-grand nombre donnoient, étant parvenu jusqu'à la Cour, Louis s'empressa d'y remédier ; il chargea de travailler à ce grand ouvrage, le fameux abbé d'Aniane, Benoît, lequel s'étant associé quelques autres Moines gens de bien, ils dressèrent de nouveaux statuts & les présentèrent à l'Empereur qui les approuva, & les publia dans la tenue des États de cette année. Mais comme l'Auteur de la vie de l'abbé d'Aniane s'explique d'une manière plus précise qu'aucun autre Historien, sur les motifs de l'Empereur pour donner de nouvelles règles de conduite aux Moines de son temps, je vais rapporter ce qu'il en a écrit. *Sicut una omnium erat professio, fieret quoque omnium salubris una consuetudo, jubente Imperatore, aggregatis cœnobiorum patribus una cum quam pluribus Monachis per plures resedit dies (Benedictus). Omnibus ergo simul positis regulam ab integro discutiens, cunctis obscura dilucidans, dubia patefecit, priscos errores abstulit, utiles consuetudines affectusque confirmavit. Judicia igitur regulæ cunctaque dubia ad proficuum deducta effectum quas minus regula pandit consuetudines, assentientibus cunctis protulit, de quibus etiam capitulare institutum Imperatori confirmandum præbuit ut omnibus in regno suo positis Monasteriis observare præciperet ; cui protinus Imperator assensum præbuit*. (Ardo in vita sancti Benedicti Anianensi).

L'Empereur ayant donc pris l'avis des différens Ordres qui composoient l'assemblée, approuva les nouveaux statuts pour la réforme des Moines & donna une ordonnance, par laquelle il enjoignoit à tous les Monastères de son royaume de s'y conformer desormais. Ces statuts sont au nombre de quatre-vingts, dont la plupart se trouvent dans la règle de S.ᵗ Benoît. L'abbé d'Aniane & Arnould abbé de Noirmoutiers, furent nommés Commissaires par l'Empereur pour aller faire la visite dans toutes les Abbayes du royaume, & y faire recevoir les nouveaux règlemens.

L'Empereur prit occasion de-là de faire dresser un état des Monastères de l'empire, & de publier une ordonnance dans laquelle il fixoit les redevances que chaque Abbaye devoit au Fisc. C'étoit un moyen très-sage pour éviter les abus des Moines & des Comtes ; ceux-ci prétendoient que beaucoup de Monastères refusoient de rien payer

DES DIPLOMES.

au Fifc, & qu'un plus grand nombre payoient beaucoup moins qu'ils ne devoient; les Abbés, de leur côté, ne manquoient pas de crier à la vexation, & fatiguoient l'Empereur de leurs plaintes contre fes officiers; l'Empereur fit trois claffes de toutes les Abbayes, il mit dans la première claffe celles qui lui devoient des contributions & des hommes de milice; il plaça dans la feconde celles qui ne lui devoient que des contributions; la troifième fut compofée des Monaftères qui ne devoient que des prières pour fa profpérité & pour le bonheur de l'État. Je préfume que le Lecteur verra avec plaifir l'énumération de tous ces Monaftères rangés dans la claffe que l'Empereur affigna à chacun.

PREMIÈRE CLASSE.

Des Monaftères qui doivent à l'Empereur des Dons gratuits & des Hommes de milice.

L'abbaye de St Benoit-fur-Loire, diocèfe d'Orléans.
L'abbaye de Ferrières, diocèfe de Sens.
L'abbaye de Nefle-la-Repofte, diocèfe de Troies.
L'abbaye de St Faron de Meaux.
L'abbaye de Corbie, diocèfe d'Amiens.
L'abbaye de Notre-Dame de Soiffons (de Filles).
L'abbaye de Stavelot, diocèfe de Liége.
L'abbaye de Favernay, diocèfe de Befançon, qui étoit alors occupée par des Filles.
L'abbaye de St Claude, préfentement Évêché.
L'abbaye de Novalèze, au pied du Mont-Cénis.

Abbayes au de-là du Rhin.

St Nazaire de Lauresham, diocèfe de Worms.
L'abbaye de Sckutern, diocèfe de Strafbourg.

Abbayes fituées en Bavière.

L'abbaye de Manfée, diocèfe de Saltzbourg.
L'abbaye de Tegnaufer, diocèfe de Frifing.

SECONDE CLASSE.

Des Abbayes qui ne devoient que des Dons gratuits.

L'abbaye de St Mihiel, diocèfe de Verdun.
L'abbaye de la Baulme, diocèfe de Befançon (de Filles).
L'abbaye de Saint-Seine, diocèfe de Dijon.
L'abbaye de Nantua, diocèfe de Lyon.

Abbayes au de-là du Rhin, en Alface.

L'abbaye de Swarzach, diocèfe de Strafbourg.
L'abbaye de Fulde, diocèfe de Mayence.
L'abbaye de Fritzlar, diocèfe de Paderborn.

Abbayes en Allemagne.

L'abbaye de Clehenwanc, préfentement inconnue.
L'abbaye de Frahelinwanc, également inconnue.
L'abbaye appelée *Nazaruda*, de même inconnue.
L'abbaye de Kempten, dans le diocèfe d'Aufbourg.

Abbayes dans la Bavière.

L'abbaye d'Altenmunfter, diocèfe de Frifing.
L'abbaye de Nider-Altaich *ou* Celle d'Oder-Altaich, on ne fait laquelle des deux.
L'abbaye de Crems-Munfter, diocèfe de Paffaw.
L'abbaye de Mafce, dans le même diocèfe.
L'abbaye de Buren, diocèfe de Frifing.

TROISIÈME CLASSE.

Des Abbayes qui ne doivent que des Prières.

L'abbaye de Moutiers, diocèfe d'Auxerre, préfentement Prieuré dépendant de St Germain-d'Auxerre.
L'abbaye de St Maur-des-Foffés, près Paris, préfentement unie à l'Archevêché de cette ville, & à la Collégiale de St Louis du Louvre.
L'abbaye de Lure, diocèfe de Befançon.
L'abbaye de Munfter en Grégoriental, diocèfe de Bâle.
L'abbaye de Maurmunfter, diocèfe de Strafbourg.
L'abbaye d'Ébersheim, même diocèfe.
L'abbaye de Plidenfeld, diocèfe de Spire.
L'abbaye de Savigny, diocèfe de Lyon.
L'abbaye de Cruas, diocèfe de Viviers.
L'abbaye de Donzère, diocèfe d'Orange.
L'abbaye de Lorwin, préfentement inconnue.

Abbayes au de-là du Rhin.

L'abbaye de Schewanc, } inconnues.
L'abbaye de Sculturbura, }

Abbayes dans la Bavière.

L'abbaye de Berch, inconnue.
L'abbaye de Metten.
L'abbaye de Scovenauva, } inconnues.
L'abbaye d'Alofeburch, }
L'abbaye de Wefbruch.

Abbayes dans l'Aquitaine.

L'abbaye de Nermoutiers, diocèfe de Luçon.
L'abbaye de St Maixant, diocèfe de Poitiers.
L'abbaye de Charroux, même diocèfe.
L'abbaye de Brantome, diocèfe de Périgueux.
L'abbaye de St Savin, diocèfe de Poitiers.
L'abbaye de Ste Croix de Poitiers, (de Filles).
L'abbaye de la Règle à Limoges, (de Filles).
L'abbaye de Maffay, diocèfe de Bourges.
L'abbaye de Menat, diocèfe de Clermont.
L'abbaye de Manlieu, même diocèfe.
L'abbaye de Conques, diocèfe de Rhodès.
L'abbaye de St Antonin, même diocèfe.
L'abbaye de Moiffac, diocèfe de Cahors.

Abbayes du Languedoc ou Septimanie.

L'abbaye de St Gilles, diocèfe de Nîmes.
L'abbaye de Pfalmody, même diocèfe.
L'abbaye d'Aniane, diocèfe de Montpellier.
L'abbaye de St Tibéri, diocèfe d'Agde.
L'abbaye de Villemagne, diocèfe de Béfiers.
L'abbaye de Joncelles, même diocèfe.
L'abbaye de Caunes, diocèfe de Narbonne.
L'abbaye de Montaulieu, diocèfe de Carcaffonne.

L'abbaye de Cabrières, diocèse de Béfiers.
Notre-Dame de la Graffe, diocèse de Carcaffonne.
L'abbaye de S.t Chignan, diocèse de S.t Pons.
L'abbaye de S.te Eugénie, diocèse de Narbonne.
L'abbaye de S.t Hilaire, de Carcaffonne.
L'abbaye de Valefpire, diocèse d'Elne.

Abbayes du Touloufain.

L'abbaye de S.t Papoul, préfentement Évêché.
L'abbaye de Sorèze, diocèse de Lavaur.

L'abbaye du mas d'Afille, diocèse de Pamiers.
L'abbaye de Venerque, diocèse de Touloufe, préfentement détruite.

Abbayes de la Gafcogne.

L'abbaye de Serres, diocèse d'Auch.
L'abbaye de Simorre, même diocèse.
L'abbaye de Peffan, même diocèse.
L'abbaye de S.t Sixte, même diocèse.
L'abbaye de S.t Savin, de Tarbes.

Plufieurs de ces Monaftères ne fubfiftent plus ; quelques-uns ont été totalement détruits & font préfentement inconnus ; on en a réuni d'autres ou à des Évêchés ou à d'autres Abbayes ; quelques-uns ont été fécularifés & forment aujourd'hui des Collégiales.

Mabillon fe fait cette queftion embarraffante, pourquoi nous ne trouvons point comprifes dans cet état les plus fameufes Abbayes du royaume, comme S.t Denys, S.t Martin de Tours, S.t Germain-des-Prés, S.t Médard de Soiffons, S.t Vandrille, Fefcamp & quelques autres affez riches pour fournir & des hommes de milice & un don gratuit, & où la ferveur, le recueillement, la régularité régnoient affez pour faire efpérer les plus grandes faveurs du Ciel de l'efficacité des prières des Moines ! Mabillon ne donne point de folution à ce problème ; pour moi, je ferois porté à croire que la faveur & le crédit que les Abbés de ces groffes abbayes avoient à la Cour, font la véritable caufe des exemptions du don gratuit & des hommes de guerre dont il paroît qu'elles jouiroient ; par rapport aux prières, les Abbés ne manquèrent pas d'affurer que jour & nuit leurs Moines étoient accoûtumés de prier pour l'Empereur, pour fa famille, & pour la profpérité de l'empire, ainfi qu'il étoit inutile de leur en faire une obligation ; quoique le fiècle fût dévot, on n'y regarda pas de fi près pour cette contribution purement fpirituelle, on en crut les Abbés fur leur parole.

10 JUILLET.

ANNÉE 817.

Charta divifionis imperii inter Lotharium, Pippinum & Ludovicum filios Ludovici imperatoris.

Cap. Reg. Fr. a Baluzio, t. I, pag. 573.
Rec. des Hift. de France, par Dom Bouquet, t. VI, p. 405.

Les pratiques de piété ne s'accordent pas toûjours, dit Mézeray, avec la vie active du Gouvernement, c'eft pourquoi l'empereur Louis auroit été encore meilleur Abbé ou Évêque, qu'il n'étoit bon Roi ; beaucoup de bons Hiftoriens croient que ce fut principalement pour fe livrer à la retraite, & ne s'occuper que des chofes qui euffent trait à la difcipline eccléfiaftique, que ce Prince avoit formé le deffein de partager fes États entre fes trois enfans, fils de l'impératrice Hildegarde qui vivoit encore. Le repentir qu'il montra dans la fuite de cette démarche, les traitemens indignes auxquels elle l'expofa de la part de fes fils dénaturés, les troubles dont tout l'Empire fut agité depuis ce moment fatal jufqu'à celui de la mort de ce Prince, font des preuves de la juftesse du raifonnement de Mézeray.

L'Empereur propofa donc dans cette même affemblée, après y avoir réglé ce qui concernoit la difcipline monaftique, de fe choifir parmi fes trois enfans un fucceffeur à l'Empire, & de donner les royaumes de Bavière & d'Aquitaine aux deux autres ; mais afin de remplir cet important deffein dans les vûes de la Providence, il ordonna un jeûne de trois jours, & que tout le monde feroit des aumônes proportionnées à fes richeffes. L'Empereur difoit à l'affemblée, qu'au moyen de ces actes de piété il avoit lieu d'efpérer que Dieu l'éclaireroit dans fon choix, & que c'étoit un moyen fûr pour que le fort tombât fur celui à qui le Ciel lui-même avoit deftiné l'Empire. Il faut cependant convenir qu'il ne parut pas par la conduite que Lothaire tint durant fon règne, que le Ciel eût approuvé fon élévation ; c'étoit auffi, fuivant tous les Hiftoriens, beaucoup moins pour obtenir des graces qui puffent infpirer à Louis celui des trois Princes auquel il donneroit l'Empire, qu'il avoit ordonné & les prières & le jeûne, que pour autorifer dans le public le choix qu'il avoit intérieurement fait de Lothaire. Cependant Pépin & Louis crurent, dans ce premier moment, ou feignirent de croire que le Ciel avoit infpiré leur père, ils ne montrèrent aucun mécontentement de la préférence qu'avoit eue leur frère aîné ; car alors le droit d'aîneffe n'étoit pas encore établi, ni pour les Rois, ni pour les particuliers ; ces deux Princes reçûrent avec reconnoiffance le royaume que Louis leur affigna. Voici le précis de l'Acte de partage qui fut dreffé & publié dans cette diète.

L'Empereur dit dans le premier article, qu'il veut que Pépin ait pour lui l'Aquitaine,

proprement

proprement dite, la Gafcogne, toute la marche de Touloufe & quatre Comtés; favoir, celui de Carcaffonne dans la Septimanie, & ceux d'Autun, d'Avalon & de Nevers; ces trois derniers Comtés avoient fait partie de l'ancien royaume de Bourgogne.

Le partage de Louis fut réglé dans le fecond article, il eut le royaume de Bavière & une partie de la Germanie vers le levant, avec les villes de Luttraof & d'Ingolftadt dans le Norgau. Peut-être demandera-t-on pourquoi l'Empereur ne comprenoit pas ces deux villes dans le royaume de Bavière, puifqu'elles avoient été poffédées par Taffilon qui avoit eu la Bavière fous Pépin & Charlemagne! c'eft que Louis I donnant le royaume de Bavière dans l'étendue que Taffilon en avoit joui & comme Charlemagne l'avoit donné, il falloit que, voulant y ajouter les deux villes en queftion, il les énonçât nommément, parce que Taffilon n'en avoit joui qu'à titre de bénéfice.

Le refte de la Monarchie avec l'Empire fut réfervé pour Lothaire, auquel fon père donna le titre d'*Empereur* en fe l'affociant.

Par la difpofition de trois autres articles, l'Empereur veut que Pépin & Louis regardent, après fa mort, Lothaire comme leur Suzerain; qu'ils n'entreprennent aucune guerre fans fon agrément; qu'ils ne reçoivent ni n'envoyent des Ambaffadeurs aux Puiffances étrangères qu'avec fon aveu; qu'ils ne concluent aucun traité fans fon confentement; qu'ils lui rendent compte de leur adminiftration; que tous les ans ils fe rendent aux diètes qu'il indiquera, ou qu'ils y envoyent des Ambaffadeurs dans le cas où ils ne pourroient pas y venir en perfonne; qu'ils lui apportent enfin les dons annuels, fuivant l'ufage

L'Empereur défend dans le neuvième article, à qui que ce foit, de tenir des bénéfices que d'un feul de fes enfans, afin d'éviter les divifions que l'ufage contraire pourroit faire naître; Charlemagne avoit permis le contraire par fon partage de l'année 806, mais il en étoit réfulté des inconvéniens; en effet le particulier qui auroit tenu des bénéfices de deux Princes, n'auroit été, en quelque forte, le vaffal ni de l'un ni de l'autre; mais il permet à tous particuliers de poffeder dans les États des uns & des autres de fes trois enfans, des biens propres & héréditaires, chacun fuivant fa loi; ceci prouve que les biens *propres* étoient alors abfolument des *alleux*, pour lefquels on ne devoit hommage à qui que ce foit.

Louis déclare dans le treizième article, que lorfque fes deux fils puînés auront atteint l'âge de fe marier, fon intention eft que ni l'un ni l'autre ne faffe d'alliance fans le confentement de Lothaire leur frère aîné; il recommande enfuite également à tous les deux de ne pas prendre de femmes étrangères pour leurs époufes.

Dans le cas de mort de l'un des trois, & s'il laiffe des enfans mâles, l'Empereur, à l'imitation de Charlemagne fon père, ne veut pas que fes États foient partagés entre fes deux autres frères; il ordonne au contraire par le quatorzième article, qu'il fera remplacé fur le trône par celui de fes enfans que le peuple élira, *fed potius populus pariter conveniens, unum ex eis, quem Dominus voluerit, eligat*. Il exhorte, au furplus, celui à qui la Royauté fera déférée, de faire un état convenable à fes autres frères.

Le quinzième article porte que dans le cas où Pépin ou Louis viendroient à décéder fans laiffer de poftérité, leur Royaume appartiendra, fans aucun partage, à Lothaire leur frère aîné; l'Empereur règle par la difpofition de l'article fuivant, que s'il vient à mourir avant que fes deux fils puînés aient atteint l'âge requis par la loi des Ripuaires pour gouverner, la régence de leur Royaume foit dévolue à leur frère aîné. Il falloit, fuivant cette loi, être âgé de quinze ans *(titre 81)* pour monter fur le trône *.

L'Empereur règle que la fuzeraineté fur le royaume d'Italie appartiendra à Lothaire pour en ufer ainfi que Charlemagne & lui-même ont fait. Il ordonne d'ailleurs, que fi Lothaire venoit à décéder fans enfans mâles nés de mariage légitime, le Peuple faffe l'élection d'un de fes frères pour lui fuccéder à l'Empire, & cependant il fe réferva, fa vie durant, & fur fes enfans & fur les États qu'il leur donnoit, la fuprême autorité qu'il avoit avant le partage.

Le Cointe dans le VIIe tome de fes Annales à l'article de cette année, fait une longue critique de cette pièce qu'il regarde comme fuppofée. Après avoir mûrement examiné la pièce en elle-même, & les caractères de fauffeté que ce Savant a cru y apercevoir, je la crois au contraire très-authentique; mais comme je n'ai rien à ajouter aux réponfes que Dom Vaiffete donne pour la juftifier, je renvoie le lecteur à la differtation de cet Hiftorien, *tome Ier de l'hiftoire de Languedoc*, note *94*, page *741*.

* M. le Préfident Hénault a dit : *Dans la première & feconde race, le Roi n'étoit majeur qu'à vingt-deux ans.* Quatrième édition de l'Abregé chron. de l'Hift. de Fr. p. 225.

NOTICE
ANNÉE 817.

16 JUILLET. **PRÆCEPTUM** *Ludovici imperatoris pro Canonicis ecclesiæ sancti Stephani Lemovicensis.*

Donné à Aix-la-Chapelle.

Rec. des Hist. de France, par Dom Bouquet, t. VI, p. 501. Gallia Christ. 2.ᵉ edit. t. II, instr. col. 164.

Ce Prince confirme, par ce Diplome, la donation que Rimbert évêque de Limoges avoit faite depuis peu aux Chanoines de sa cathédrale, d'un petit Monastère sous l'invocation du Sauveur du Monde. Cette Celle étoit située dans un village nommé *Carentonago*, dans le territoire de Limoges; un chanoine de cette cathédrale nommé *Mathusala*, l'avoit fondée & ensuite léguée avec toutes ses dépendances à l'évêque Rimbert; il est dit dans la Charte que Rimbert, avant que de la donner à sa cathédrale, en avoit beaucoup augmenté les biens.

Le diacre Durand expédia ce Diplome, à la place du chancelier Élisachar.

Même date. **PRÆCEPTUM** *Ludovici imperatoris, pro ecclesiâ cathedrali sancti Stephani Lemovicensis.*

Donné à Aix-la-Chapelle.

Rec. des Hist. de France, par Dom Bouquet, t. VI, p. 502.

L'évêque Rimbert obtint de l'Empereur ce second Diplome, le même jour qu'il lui accorda le précédent. Ce Prince, par celui-ci, confirme cette Cathédrale & les Évêques dans la jouissance des priviléges & immunités que Charlemagne & les Rois ses prédécesseurs leur avoient accordés, & il les met sous sa protection spéciale. Ces priviléges & ces immunités consistoient principalement à ne payer au Fisc aucun tribut pour tous les biens acquis, ni aucun droit pour ceux que cette église acquerroit, soit par donation ou autrement, & à exempter les hommes de l'Église & ceux de l'Évêque de la jurisdiction des Officiers royaux.

Le diacre Durand expédia ce Diplome, faisant pour le chancelier Élisachar.

Même date. **PRÆCEPTUM** *Ludovici imperatoris pro Crudatensi monasterio.*

Donné à Aix-la-Chapelle.

Histoire de Languedoc, t. I, pr. p. 50. Rec. des Hist. de France, par Dom Bouquet, t. VI, p. 503.

Le lieu où le comte Éribert fonda cette Abbaye, vers l'an 804, s'appeloit *Crudatus*, il a été francisé depuis & on a nommé le monastère, *l'abbaye de Cruas*. Ce lieu qui dépendoit originairement du Fisc, est situé dans le Vivarais sur le Rhône. Du temps que l'Empereur étoit roi d'Aquitaine, il permit au comte Éribert d'y bâtir une église, d'y réunir des Moines, & il assigna même pour leur subsistance une assez grande étendue de terrain, qui étoit alors en friche. Éribert mourut, Elpodiorus son fils lui succéda dans le comté de Viviers, & protégea l'établissement de son père; outre des donations de son propre fonds que ce Seigneur fit au Monastère, il obtint de l'Empereur ce Diplome, qui confirme l'Abbé & les Moines dans la paisible propriété de tous les fonds qui avoient été detachés du domaine royal pour former leur dot, & sur lesquels on avoit bâti l'église & le monastère. L'Empereur les mit en outre sous sa protection spéciale, & leur accorda les priviléges & les immunités dont jouissoient les autres Monastères de la province. Le premier abbé de Cruas s'appeloit Bonalde, il vivoit encore lorsque l'Empereur donna cette Charte.

L'auteur de la nouvelle histoire de Languedoc assure qu'il y a dans les archives de la ville de Montpellier, un *vidimus* de cette Charte de l'an 1307.

Cap. Reg. Fr. a Baluzio, t. II, col. 1414.

24 JUILLET. **PRÆCEPTUM** *Ludovici imperatoris pro monasterio Solemniacensi.*

Donné à Aix-la-Chapelle.

Rec. des Hist. de France, par Dom Bouquet, t. VI, p. 504. Ann. Eccl. Fr. Cointii, t. VII, pag. 470.

L'Empereur confirme par ce Diplome ceux de Pépin son aïeul & de Charlemagne son père, que Aigulphe abbé de ce Monastère lui présenta; il en maintient les Moines dans les mêmes franchises & immunités que ces Princes leur avoient accordées, & leur fait remise en outre des tributs & des impositions qu'ils étoient accoutumés de payer au Fisc, dans l'intention que les sommes à quoi se montoient ces droits, seroient employées désormais pour l'achat du luminaire de l'église de l'abbaye, & pour servir de supplément aux aumônes que l'on étoit obligé de faire aux pauvres.

Durand expédia la Charte, à la place du chancelier Élisachar.

ANNÉE 817.

28 Août.

PRÆCEPTUM *Ludovici imper. pro ecclesiâ Argentoratensi.*
Donné à Aix-la-Chapelle.

<small>Rec. des Hist.
de France, par
Dom Bouquet,
t. VI, p. 505.</small>

Adaloch évêque de Strasbourg, présenta à l'Empereur la Charte de donation que Charlemagne avoit faite autrefois à cette cathédrale, d'une petite chapelle située sur un ruisseau nommé *Stilla*, & qui en avoit pris le nom, & en obtint la confirmation par ce Diplome.

Le diacre Durand expédia ce Diplome, faisant pour le chancelier Élisachar.

30 Août.

PRÆCEPTUM *Ludovici imperatoris pro monasterio sancti Germani a Pratis.*
Donné à Aix-la-Chapelle.

<small>Annal. Bened.
tom. II. p. 427.
Histoire de
l'abbaye de S.t
Germain-des-
Prés, pr. p. 13.
Rec. des Hist.
de France, par
Dom Bouquet,
t. VI, p. 505.</small>

L'auteur de l'histoire de l'abbaye de S.t Germain-des-Prés ne faisant pas attention que l'indiction commençoit au premier septembre, a fait une faute en plaçant cette Charte sous l'année 816. Comme elle est du mois d'août, indiction X, elle doit être nécessairement attribuée à l'année 817, ainsi que le remarque Dom Bouquet.

L'Empereur fait donation, par ce Diplome, à Hirminon abbé de S.t Germain-des-Prés, & aux Moines, du droit de pêche dans un gor de la rivière de Seine que Charles Martel avoit fait faire à Ruel, & dont ce Prince, Pépin son fils & Charlemagne avoient joui en propre ; cette donation est faite néanmoins sous la condition que les abbayes de S.t Denys & de S.t Pierre (présentement S.te Geneviève) continueront d'user du droit qu'elles ont de pêcher une nuit dans l'année en cet endroit, qui s'appeloit, suivant les apparences, *Vannes*, car on l'a nommé depuis, *Charlevannes*, du nom de Charles Martel.

Le diacre Durand expédia la Charte, faisant pour le chancelier Élisachar.

Même date.

DIPLOMA *Ludovici imperatoris pro cœnobio sancti Martini Turonensis.*
Donné à Aix-la-Chapelle.

<small>Cap. Reg. Fr.
a Baluzio, t. II,
col. 1412.
Rec. des Hist.
de France, par
Dom Bouquet,
t. VI, p. 506.
Ann. Eccl. Fr.
Cointii, t. VII,
pag. 474.</small>

L'Empereur dit dans le préambule de ce Diplome, que le vénérable Fridugise abbé de S.t Martin de Tours, lui a présenté des Chartes d'immunités que les anciens Rois des François, & nommément son aïeul Pépin & Charles son père, avoient accordées aux Moines de cette abbaye ; que ces Princes en avoient, par un privilége spécial, exempté des impôts & des tributs ordinaires les biens, soit ceux qui étoient situés dans l'Austrasie, dans la Neustrie, dans la Bourgogne, dans l'Aquitaine, dans la Provence, dans l'Italie ; soit ceux qu'elle possédoit dans d'autres États de leur domination ; l'Empereur dit ensuite que voulant traiter favorablement l'abbé Fridugise & ses Clercs, non seulement il confirme, par son Diplome, ceux de ces illustres prédécesseurs, mais encore qu'il ajoûte à cette grace la donation en faveur de ce Monastère, des deux tiers de l'amende de six cents sols de l'or le plus fin, à laquelle il condamne quelque personne que ce soit qui troublera l'Abbé & les clercs de cette abbaye dans la jouissance de leurs priviléges, affectant l'autre tiers à son Fisc. Ce Prince enfin, pour donner des marques sensibles de sa dévotion envers S.t Martin, qu'il appelle son Patron, ordonne qu'en vertu de son Diplome, tous les biens qui auront été usurpés sur le patrimoine de cette abbaye, par la négligence des Abbés ou par des procès injustes, lui soient restitués.

Le chancelier Élisachar expédia lui même ce Diplome, dont l'original se voit encore, suivant Dom Bouquet, au trésor de S.t Martin de Tours.

Si l'on prend le mot *Clerici* dans le sens rigoureux, cette Abbaye n'étoit plus occupée par des Moines ; nous avons vû à l'article de l'année 803, que Charlemagne dans une réponse qu'il faisoit à Alcuin abbé de ce Monastère, reprochoit aux Moines leur vie licencieuse & l'incertitude de leur état, se disant tantôt Chanoines, tantôt Moines. Depuis cette époque, sans doute, ils avoient abdiqué toutes les pratiques Monacales, & ils s'étoient sécularisés. On observoit alors beaucoup moins les formes qu'on ne fait à présent : car nous ne croyons pas que les moines de S.t Martin aient demandé un bref à Rome pour se séculariser.

Baluze a lû un autre manuscrit que celui d'après lequel Dom Bouquet a imprimé cette pièce, il y a quelques différences peu importantes dans les éditions de ces deux Savans.

Tome I.   S s ij

ANNÉE 817.

30 Août.

DIPLOMA aliud Ludovici imperatoris pro eodem cœnobio sancti Martini Turonensis.

Apud Marteninn, ampliss. collect. tom. I, col. 65.
Rec. des Hist. de France, par Dom Bouquet, t. VI, p. 508.

Donné à Aix-la-Chapelle.

L'Empereur fit expédier le même jour cette seconde Charte, par laquelle il confirme le privilége que le feu empereur Charles son pére avoit accordé à l'abbé Vulfard prédécesseur de Fridugise. Ce privilége consistoit dans l'exemption des droits de douane & de voierie pour les charrettes & les bêtes de somme qui voitureroient les choses nécessaires à la vie, pour la consommation de ce Monastère.

Le diacre Durand expédia cette Charte, faisant pour le chancelier Élisachar.

Octobre, sans quantième.

PRECARIA Bertfredi abbatis Melundensis.

Annal. Bened. t. II, p. 722.

Fait au Monastère de Molome.

Cet Acte est de l'année 815, la seconde de l'empire de Louis I. Mabillon n'en a parlé qu'à l'époque de 817, c'est ce qui m'a occasionné la faute de ne l'avoir pas placé dans mon recueil à l'article de sa date.

Cette Charte est le *bail* d'un bénéfice à vie fait à deux particuliers copropriétaires de fonds de terre situés dans le canton de Tonnerre au village de Chenay, par Bertefred abbé de Molome, conjointement avec ses Moines. Ce qui doit paroître singulier dans cet Acte, c'est que ces particuliers possédant en toute propriété ou en alleu ces mêmes fonds de terre, en aient fait don purement & simplement à ce Monastère, & que dans le même temps, ou peu après, ils les prennent ensuite à bail à vie, avec obligation de leur part d'une redevance annuelle envers le Monastère. Je l'ai précédemment observé, c'est de ces sortes de donations & de rétrocessions que se sont formés en France la plus grande partie des Fiefs.

Ces fonds de terre consistoient en vignes & en terres labourables. La mesure des terres labourables n'est pas marquée dans l'Acte, celle des vignes est exprimée sous ces mots, *Ancinias de vinea duas*. Mais je pense que le copiste a mal lû l'original, & qu'il y a *uncias* ou *unciatas*, au lieu d'*ancinias*. L'once de terre est une mesure connue en Angleterre & en Italie, elle étoit d'usage sans doute alors en Bourgogne; elle revient à la douzième partie d'un arpent composé de cent perches.

La redevance est fixée en cire, & le temps dans lequel on doit la payer est le jour de la St Pierre d'été. Devons-nous en croire Ducange sur l'interprétation du mot qui exprime la quantité de cire? l'Acte porte *deneratas de cerâ duas*. Ce Savant dit au mot *denerata*, que l'on doit entendre *de la cire pour la valeur de deux deniers*.

Cette Abbaye, que le Cointe croit avoir été fondée dès le ve siècle, fut réformée vers la fin du xe; les Normands la ruinèrent dans le siècle suivant: lorsqu'Étienne de Nicey abbé de Tonnerre la rebâtit, on en dédia l'église à St Martin, elle avoit été, jusqu'à l'époque de sa destruction, sous l'invocation de St Pierre.

20 Novembre.

PRÆCEPTUM Ludovici imperatoris ad dilatanda claustra Canonicorum Tornacensium.

Ann. Eccl. Fr. Cointii, t. VII, pag. 472.
Rec. des Hist. de France, par Dom Bouquet, t. VI, p. 509.

Donné à Aix-la-Chapelle.

Le Cointe a tiré cette Charte de l'histoire de Jean Cousin, & Dom Bouquet l'a imprimée d'après Aubert le Mire, *in notitia ecclesiarum Belgii, cap. 28*, & d'après Foppensius, *in supplem. ad Diplomata Miræi, pag. 1127*. Mais le Mire ne faisant pas attention que l'indiction XI, sous laquelle cette pièce est datée, commençoit au 1.er de septembre, l'a mal-à-propos attribuée à l'année 818.

Wendilmar évêque de Tournai, ayant représenté à l'Empereur que l'ancien cloître étoit trop petit pour y faire habiter en commun tous les Chanoines de son église, ainsi qu'il avoit été ordonné par le Capitulaire de l'année précédente, le supplia de lui accorder une certaine quantité de terrein situé proche sa cathédrale, pour en bâtir un plus grand. L'Empereur alors nomma des Commissaires pour aller sur les lieux examiner le plan de l'évêque de Tournai; ces commissaires furent Irmion *ou* Irminon abbé de St Germain-des-Prés de Paris, le comte Ingobert & le comte Hortman. Leur rapport fut favorable sans doute au projet de Wendilmar; car Louis donna en pure aumône, par ce Diplome, pour bâtir un nouveau cloître, deux cents dix perches de terrein, savoir; quatre-vingt-quatre qu'il détacha de son Fisc, & qu'il faisoit valoir;

quatre-vingt-quatorze, qu'il avoit donnés en bénéfice à un particulier nommé *Werinfrede*, & trente-deux dont le comte Hruoculf jouissoit, faisant partie des terres dont il avoit l'usufruit pour appointement de son emploi de Comte. Car c'est ainsi que je pense que l'on doit interpréter ces mots, *quem Hruocuffus comes in ministerium habet*. Peut-être objectera-t-on que le *ministerium* doit s'entendre simplement du comté, & alors il faudroit donner un autre sens à la phrase, & dire que ces trente-deux perches *étoient dans le district du comte Hruoculf*. Mais ceci seroit contre toute vrai-semblance. Les deux cents dix perches appartiennent toutes au Fisc, & certainement on doit supposer qu'elles formoient un seul champ, une continuité de terrein contigu à l'église ; un terrein dispersé n'auroit pas été propre pour remplir l'objet de Vendilmar ; peut-être proposera-t-on une autre difficulté, en disant que la ville de Tournai étoit divisée en plusieurs Comtés, & que les trente-deux perches dont il s'agit, se trouvoient enclavées dans le comté de Hruoculf. Mais je réponds que cette dernière supposition se fait gratuitement & sans preuves, l'histoire de ce temps ne présente point d'exemple de villes divisées en plusieurs comtés.

Faramond expédia ce Diplome, à la place du chancelier Élisachar.

22 DÉCEMBRE.

Année 817.

Charta judicii pro episcopo Gerundensi ob villam cui nomen Baschara.

Capit. Reg. Fr. a Baluzio, t. II, col. 1416.

Il n'est point vrai que Nebridius fut évêque de Girone, comme le dit celui qui rédigea ce Jugement. Nebridius étoit archevêque de Narbonne & métropolitain de l'évêque de Girone, qui se nommoit alors Wagbalde. Il ne doit cependant pas être étonnant de trouver le nom de Nebridius dans cet Acte, parce que ce Prélat étoit *Missus* ou Commissaire pour le Roi dans les marches d'Espagne, & il présida, suivant les apparences, au plaid dans lequel ce Jugement fut rendu. Il s'agissoit d'une terre appelée *Baschara*, dont un particulier disputoit la propriété à l'évêque de Girone. Après que les témoins produits par l'avoué de l'Évêque eurent juré, suivant la forme des procédures de ce temps, & qu'ils eurent affirmé que le feu Ragonfrede Comte du Palais, avoit mis ce Prélat en possession de cette terre, on jugea qu'il en demeureroit propriétaire. Cette *mise en possession* par un Comte & par d'autres officiers du Roi, fait présumer que la terre avoit été détachée du domaine du Roi, & donnée par Charlemagne à cette cathédrale ; ou peut-être étoit-ce un autre Jugement rendu par des Commissaires du Roi, auquel avoit assisté le comte Ragonfrede, qui avoit, contre les prétentions de quelque autre particulier, maintenu l'Évêque dans la jouissance de cette terre ; on ne peut aisément décider sur cette alternative par les termes de cette pièce, car ils sont fort obscurs & d'un latin très corrompu.

Cet Évêché fut mis sous la métropole de Narbonne en 755, par Pépin le Bref, dans le même temps que le Gouverneur pour les Sarrazins rendit la place à ce Prince. Quoique dans la suite ces Infidèles eussent secoué le joug des François, ils laissèrent néanmoins la liberté de l'exercice de la Religion chrétienne ; ce ne fut même, suivant de bons Historiens, qu'au grand nombre de Chrétiens qui s'y trouvèrent lorsque Charlemagne en fit le siège, vers l'an 785, que l'on dut sa reddition, parce que bien loin de défendre la place, ils la livrèrent. Cette ville, bâtie sur le Ter, l'une des mieux fortifiées de celles qui étoient alors situées dans les marches d'Espagne, est enclavée aujourd'hui dans la Catalogne, & l'Évêque est sous la métropole de Tarragone.

Sans autre date.

Epistola Hetti Trevirensis archiepiscopi ad Frotarium Tullensem episcopum.

*Concil. Gall. a de la Lande, pag. 104.
Rec. des Hist. de France, par Dom Bouquet, t. VI, p. 195.*

Bernard, roi d'Italie étoit fils du frère aîné de Louis, & prétendoit que l'Empire lui seroit restitué après la mort de son oncle ; mais s'en voyant déchû par l'inauguration de Lothaire son cousin, il prit les armes & déclara la guerre à l'Empereur. Ce fut pour servir dans cette guerre, que Hettus écrivit à Frotaire son suffragant, afin qu'il avertit les Abbés, les Abbesses, les Comtes & tous les autres vassaux de l'Empereur, de tenir prêts à marcher au premier ordre, les hommes de milice qu'ils devoient ; c'est ainsi qu'il faut interpréter quelques autres lettres de ce même archevêque, adressées à des Abbés, & même à des Abbesses, par lesquelles il leur ordonne *d'aller à la guerre*, nous savons que dès le règne de Pépin, les Gens d'église étoient exemptés personnellement du service militaire, & de tous temps les Abbesses n'y furent point assujéties ; mais les Évêques, comme les Abbés & les Abbesses, furent obligés à envoyer à la guerre un nombre d'hommes fixé par des ordonnances & de les entretenir pour l'ordinaire pendant trois mois. Ils en donnoient le commandement à un de leurs vassaux.

ANNÉE 817.

Sans autre date.

CHARTA *donationis factæ monasterio Nantuadis.*

Annal. Bened. t. II, p. 437.

Cette abbaye de Nantua autrefois très-fameuse, est présentement un Prieuré simple sous la dépendance de Cluny. Un particulier nommé *Ansemond*, lui donna par cette Charte, conjointement avec Cécile sa femme, une terre appelée *Telarciacum in agro Vironensi*, avec plusieurs autres fonds de terre situés dans le Lyonnois, dans le Mâconnois & dans l'Auxerrois, sans autre désignation. Godelfade en étoit alors abbé, quoiqu'il ne fût que diacre.

DONATION *faite à l'abbaye du Mas d'Azil.*

Histoire de Languedoc, t. I, pr. col. 51.

Voici ce que Dom Vaissete rapporte, d'après Mabillon, *(in Annal. Bened. t. II, p. 440)* de ce Monastère & de la Charte de donation dont il s'agit ici. L'origine de l'abbaye du Mas d'Azil ne nous est guère mieux connue que celle de S.ᵗ Papoul. Ce que nous savons de certain, c'est que ce Monastère dont l'église étoit dédiée sous l'invocation de S.ᵗ Étienne, subsistoit sous l'empire de Charlemagne, & que du temps de Louis le Débonnaire (dans la IV.ᵉ année de son empire), un seigneur appelé Ébolatus (*Ebolatus dictus nobilis*), de concert avec Vérone son épouse & ses deux fils, fit donation à Ararius abbé du Mas d'Azil & successeur de Calastus, d'un lieu nommé *Silva Angra*, avec toutes les habitations situées dans ce même lieu, *(damus locum & villam vel villas quæ ibidem sunt constructas)* & l'église de S.ᵗ Pierre où reposoient les reliques de S.ᵗ Rustique martyr. Ce Rustique avoit été évêque de Cahors, & les habitans de cette ville le firent mourir sous le règne de Dagobert I.

L'abbaye du Mas d'Azil étoit alors située dans le comté de Toulouse sur un petit ruisseau appelé *Jerles*, voisin de la Garonne. C'est sans doute le même sur lequel il y a aujourd'hui une paroisse de S.ᵗ Rustique, dans le voisinage de la baronnie de Castelnau d'Estrettefons. Cette Abbaye, qui subsiste encore, est comprise présentement dans le pays de Foix, & la petite rivière sur laquelle elle est située qui s'appeloit autrefois *Jerles*, porte présentement le nom de *Rize*. L'abbaye étoit du temps que cette Charte fut donnée, dans le diocèse de Toulouse, elle est actuellement dans celui de Rieux.

DIPLOMA *Ludovici imperatoris*, *qua donationes factas ecclesiæ Romanæ ab avo Pippino & a patre Charolo confirmat, & statutum dat de modo eligendi Romanum episcopum sive Papam.*

Capit. Reg. Fr. a Baluzio, t. I, col. 591.
Hist. générale de France, par Dupleix, t. I, page 421.
Concil. Antiq. Gal. a Sirmondo, t. II, p. 443.
Conc. ab Harduino, tom. IV, col. 1236.
Ann. Eccl. Fr. Cointii, t. VII, pag. 385.
Hist. univ. Parif. t. I, p. 147.
Constit. Imp. a Goldasto, t. II, pag. 11.
Baronii Ann. t. IX, p. 669.
Bzovii Annal. t. II, p. 20.

Baronius, suivant le Cointe, a mal-à-propos fixé ce Diplome au 10 de juillet de cette année. Il paroit en effet qu'il fut donné un ou deux mois plus tard.

Voici ce que dit Mézeray sur l'élection du pape Paschal. « Étienne mourut à Rome
» le 25 janvier de l'an 817, & le Clergé élut Paschal. Celui-ci connoissant la mollesse
» de l'Empereur, osa encore s'installer dans la Chaire pontificale sans attendre son agrément,
» & pourtant il lui en fit des excuses par une ambassade expresse. Quoique l'Empereur
» ne s'en contentât pas trop, il donna néanmoins les Actes qu'il falloit pour sa confir-
» mation. Mais il fit réprimande aux Romains, & les admonéta de ne plus retomber
» dans de semblables attentats. Si néanmoins l'on en croit les Auteurs Italiens, Paschal
» fit tant auprès de lui, qu'il lui relâcha le droit qu'il avoit, comme Empereur, de
» confirmer les Papes ». Je ne connois point les autorités sur lesquelles Mézeray a fondé ce récit, peut-être s'en est-il rapporté au témoignage de Pasquier.

« Cettui Paschal, dit cet Historien, *liv. III. p. 154.* prit le premier la hardiesse
» de jouir de la Papauté sans attendre le consentement du Débonnaire, lequel en fit
» plainte par ses ambassades ; mais le Pape connoissant le Prince avec qui il avoit à
» démêler ce fuseau, leur fit réponse qu'il ne falloit point tirer en perpétuelle consé-
» quence les loix qui avoient été introduites par la nécessité du temps, & sut si bien
» pallier ses excuses, (joint que le cœur généreux des autres Rois manquoit grandement
» en cettui) que non seulement le Débonnaire prit en payement ces paroles, mais, qui
» plus est, quelques-uns disent qu'il lui relâcha par une libéralité inepte, il renonça au droit de
» confirmation des Papes ».

Soit que le père Daniel n'ait pas jugé authentiques & les autorités de Pasquier & le Diplome, qui a été, suivant Mézeray, publié par des Italiens sous le nom de l'empereur Louis I ; soit qu'il ait craint de blesser les prétentions des Papes, ou qu'il n'ait pas voulu entrer dans la discussion de cette question, qui est de savoir si le droit de confirmer les Papes appartenoit à Louis comme Roi de France ou comme Empereur d'occident, cet Historien n'a pas voulu, suivant l'expression de Pasquier, démêler *le fuseau*, il a mieux aimé laisser dans son histoire le grand vuide que forme le silence qu'il a gardé sur la mort du pape Étienne, sur l'élection de Paschal, sur les mécontentemens que l'Empereur eut de n'avoir pas été consulté, sur les Ambassadeurs qu'il reçut de Rome à ce sujet, &c. cependant le plus grand nombre de ces faits sont constatés par les Annales d'Éginhard, & c'est dans cette source que Pasquier a sans doute puisé ceux qu'il rapporte. Voici ce qu'on lit dans Éginhard, *ad hunc an.* de l'édition de Dom Bouquet, *t.* VI de ses Historiens de France, *p. 177.*

Interea Stephanus Papa tertio postquam Romam venerat mense, sed nondum exacto, circiter VIII, kal. feb. diem obiit. Cui Paschalis successor electus, post completam solemniter ordinationem suam & munera & excusatoriam Imperatori misit epistolam; in qua sibi non solum nolenti, sed etiam plurimum renitenti, Pontificatus honorem velut impositum asseverat. Missa tamen alia legatione, pactum quod cum prædecessoribus suis factum erat, etiam secum fieri ac firmari rogavit. Hanc legationem Theodorus Nomenclator & detulit & ea quæ petierat impetravit.

Le père Barre, réunissant l'autorité des Annales d'Éginard & celle de l'Auteur de la vie de Louis le Débonnaire, (de l'édition de Dom Bouquet, *tome* VI de ses Historiens de France, *page 101*) dit dans son histoire d'Allemagne « que Paschal ayant été élevé sur le siége de S.t Pierre sans avoir attendu ni demandé le consentement de l'Empereur, écrivit à la Cour qu'on lui avoit fait violence & qu'on l'avoit installé malgré lui. Cette lettre ne satisfit pas le Prince, elle fut suivie quelque temps après d'une célebre ambassade, dont un seigneur nommé Theodore le Nomenclateur, étoit le chef. Il fit des présens magnifiques à Louis & à ses Ministres, on se contenta de mander au Clergé & au Sénat, qu'ils se souvinssent à l'avenir de la soûmission qu'ils devoient à l'Empereur, & qu'ils prissent garde de ne rien faire qui blessât son autorité. Théodore obtint de lui la confirmation des traités précédens ; ce Prince ratifia les donations que son père & son aïeul avoient faites au Saint Siége, *tom.* II, *pag.* 530, *ann.* 817 ».

Ce récit n'est pas tout-à-fait conforme à la teneur du Diplome ; « nous permettons aux citoyens de Rome, dit le Prince, après qu'ils auront rendu les honneurs de la sépulture à leur Pontife lorsqu'il viendra à décéder, de procéder suivant les Canons à l'élection de son successeur ; & lorsque celui que le suffrage de tous les Romains aura placé sur la Chaire de S.t Pierre, sera consacré, ils nous enverront des Ambassadeurs, *& à nos successeurs les Rois de France*, pour nous prier de faire de nouveaux traités d'alliance & d'amitié avec le nouveau Pape, ainsi qu'il s'est pratiqué du temps de notre bisaïeul Charles, de notre aïeul Pépin, & de Charles notre père ».

C'est par ce même Diplome que Louis confirme toutes les donations que ses aïeux avoient faites à l'église de Rome ; le détail en est fort long. On trouve dans cette Charte une nomenclature des villes enclavées dans la Toscane, dans le petit pays de la Campagne au duché de Milan, toutes les places de l'exarchat de Ravennes, celles de la Pentapole, la Sabine, les isles de Corse, de Sardaigne & de Sicile, la basse Calabre, avec la plus grande partie du royaume de Naples. Toutes ces villes, tous ces pays dont plusieurs forment aujourd'hui des royaumes, avoient été donnés, suivant cet Acte, aux Papes par les rois de France. Mais cet acte est-il bien authentique ! j'ignore le dépôt où reposoit l'original, je ne connois point non plus de Savans dans la Diplomatique qui en aient soûmis l'examen aux règles de la critique : je ne me permettrai point, par toutes ces raisons, de le juger ; je me borne à remarquer qu'il paroît d'un côté contre l'usage de Louis le Débonnaire, de faire souscrire ses Diplomes, comme celui-ci l'est, par tous ses enfans, & par d'autres Officiers que le Chancelier ou un Notaire du palais ; & d'un autre côté que Pépin étant parti, suivant l'auteur de la vie de l'Empereur, pour s'opposer aux entreprises des Gascons, aussi-tôt que son père l'eût fait proclamer roi d'Aquitaine dans l'assemblée d'Aix-la-Chapelle, il ne paroît pas possible que ce Prince ait pû se trouver à la Cour de son père vers la fin de l'automne, & qu'il soit vrai, par conséquent, qu'il ait signé ce Diplome avec ses autres frères.

Année 817.

Duo Diplomata Ludovici imperatoris pro ecclesiâ Remensi.

L'Empereur accorde, par cette première Charte, à Ebbon archevêque de Reims & aux Chanoines de sa cathédrale, les murs, les fossés & une porte de la ville proche le cloître, pour y rebâtir une église plus grande & plus commode que l'ancienne. Il fait don, par cette même Charte, à l'Évêque & aux Chanoines des redevances qu'ils étoient tenus de lui payer annuellement dans son palais d'Aix-la-Chapelle, & leur permet de changer la situation des rues, & de fermer celles qui feroient quelques obstacles au plan des bâtimens qu'ils avoient dessein d'élever.

Rec. des Hist. de France, par Dom Bouquet, t. VI, p. 510. Hist. ecclesiæ Remensis, t. I, p. 375 & seq. Gallia Christ. nova edit. t. X, instr. col. 5.

Par la seconde Charte Louis ordonne que restitution sera faite à cette Cathédrale de deux églises avec leurs dépendances, l'une sous le titre de S.t Siste & l'autre sous celui de S.t Martin, situées toutes les deux dans les fauxbourgs de la ville de Reims, avec des fonds de terre dans d'autres lieux de ce diocèse, & la ville toute entière d'Épernay, laquelle avec ces églises avoit été autrefois usurpée sur le domaine de cette Cathédrale.

AVRIL,
sans quantième.

ANNÉE 818.

NOTITIA facta in mallo publico in Augustoduno civitate de libertate cujusdam servi.

Rec. de Pérard, page 36.

Fait à Autun.

Cette pièce est d'une latinité tout-à-fait barbare, & par cette raison très-difficile à entendre. Elle contient une forme de procédures & un Jugement en matière de servitude. Un homme libre nommé *Fredelus*, assigna devant le comte Théodoric un certain *Maurinus*, pour le faire condamner en qualité de Serf, à cultiver son bénéfice appelé *Patriciacum*; ce Maurinus se prétendoit affranchi; les parties comparurent au Plaid, qui étoit tenu dans l'absence du Comte par le Vicomte & par les Échevins de la ville d'Autun; suivant l'usage d'alors, le demandeur produisit pour titres & pièces des témoins, lesquels jurèrent dans l'église de S.t Jean où on avoit accoutumé de prendre le serment des témoins chaque fois que l'on tenoit le Plaid, qu'ils connoissoient ce Maurinus pour être Serf, & pour être le fils de Madalenus aussi Serf, que l'un & l'autre étoient encore dans la servitude à la mort de l'empereur Charles, & qu'ils n'avoient nulle connoissance de leur affranchissement. Sur quoi les Échevins prononcèrent leur Jugement, qui condamnoit Maurinus à rentrer dans la servitude.

26
JUIN.

PRÆCEPTUM Pippini Aquitaniæ regis pro monasterio Moissiacensi.

Rec. des Hist. de Fr. par Dom Bouquet, t. VI, page 663.
Histoire de Languedoc, t. I, pr. col. 91.

Donné à Castillon en Médoc.

Ranguaire abbé de Moissac, présenta à Pépin roi d'Aquitaine les Diplomes d'immunités que lui & ses prédécesseurs avoient obtenus des empereurs Charles & Louis I en faveur de ce Monastère, & en demanda la confirmation; Pépin la lui accorda par cette Charte, & déclara de plus qu'il mettoit sous sa protection spéciale une petite Celle dépendante de Moissac, appelée *Marcillac*; elle étoit située dans le Querci sur la rivière de Selle, & on en avoit mis l'église sous l'invocation des S.ts Apôtres.

Il y a différence d'opinion entre Mabillon & Dom Martène sont confrère, sur la date de cette pièce & du Prince qui la donna. Il faut observer que le manuscrit original n'existe plus depuis le XIV.e siècle. Aimeric de Peyrat qui étoit abbé de Moissac en 1372, en tira une copie, & il dit que cet original en ce temps étoit très-difficile à lire, à cause que l'écriture étoit très-ancienne. Ainsi Dom Mabillon & Dom Martène n'ont vû que des copies de cette pièce; la plus fidèle est sans doute celle de Peyrat, car les autres n'ont été faites que sur celle-ci; mais lequel des deux de Mabillon ou de Martène a publié la Charte sur la copie de l'abbé Peyrat ! je n'en sais absolument rien. Mabillon dit avoir bien lû le manuscrit, dans lequel il est marqué que le Diplome fut donné *le 6 des kalendes de juillet, la V.e année après la mort du sérénissime Charles Empereur*; ce qui détermine ce Savant à attribuer la pièce à Pépin I, & à la placer sous cette année; Dom Martène a lû au contraire *la V.e année après la mort du sérénissime Empereur Louis*; c'est la raison qui le détermine à dire que la Charte est de Pépin II, & partant à la placer sous l'année 845. Les auteurs du *Gallia Christiana* & le nouvel historien de Languedoc ont adopté l'opinion de Dom Martène: Dom Bouquet a préféré celle de Mabillon.

27
JUILLET.

DIPLOMATA duo Ludovici imperatoris pro monasterio Flaviacensi.

Rec. de Pérard, page 46.
Rec. des Hist. de France, par Dom Bouquet, t. VI, p. 511 & 512.

Donné à Orléans.

Adalgand, abbé de Fleury *ou* S.t Benoît-sur-Loire, obtint de l'Empereur, dans le séjour qu'il fit à Orléans, ces deux Diplomes en faveur de son Monastère; le premier contient les mêmes privilèges que ceux que ce Prince accorda à l'abbaye de Cruas, par sa Charte que j'ai placée au 16 de juillet de l'année précédente; le second porte confirmation

confirmation des priviléges & des immunités que les prédécesseurs de l'Empereur avoient accordés à cette Maison.

On lit dans le poëme d'Ermenoldus Nigellus, dans les annales d'Éginhard & dans la vie de l'empereur Louis I, une longue description de la révolte des Bretons, de la défaite de Murman leur chef qui s'étoit fait proclamer Roi de Bretagne, & enfin la relation de la paix que ce Prince donna aux rebelles, les otages qu'il en reçut, & comme se défiant de l'indocilité de ces peuples, il donna, pour les contenir, la garde des frontières de la province au comte Gui, & le gouvernement de la ville de Vannes à Nominoé, lequel se révolta lui-même dans la suite & prit également le nom de Roi; l'Empereur partit d'Aix-la-Chapelle pour cette expédition vers les premiers jours de juin de cette année; il passa à Paris où Hilduin abbé de S.t Denys vint lui offrir ses présens; il prit de là sa route par Orléans, le comte Matfrède vint le recevoir à Vitry, lieu situé dans la forêt d'Orléans, où quelques Auteurs pensent que nos Rois de la première & seconde race avoient un Palais: s'étant ensuite avancé à Orléans, Jonas évêque de cette ville vint au devant de lui & l'accompagna au monastère de S.t Aignan, où ce Prince fit une cerémonie, dont quelques Auteurs modernes n'ont fixé l'usage que deux ou trois siècles après celui-ci. Ermenoldus dit que ce Prince visita la ville d'Orléans, qu'il y reçut des présens, & qu'il y prit la *Croix*.

mox dictam visitat urbem,
Se Crucis armari munere quærit ope. Vers. 280.

Peut-être l'Empereur reçut-il la Croix des mains de Durand qui étoit alors abbé de S.t Aignan: ce qui est certain, c'est que ce fut pendant le séjour qu'il fit à Orléans, qu'Adalgaud en obtint les deux diplomes dont il s'agit ici, après quoi il prit sa route pour la Bretagne, par Angers.

Le diacre Durand expédia ces deux diplomes, faisant pour le chancelier Élisachar.

ANNÉE 818.

7 AOÛT.

DONATION de la terre de Seignan, faite par un Prêtre nommé Sanche, au monastère de Simorre.

Chron. d'Auch, pr. de la seconde partie, p. 8.

Tout ce que nous savons de l'origine de cette Abbaye, c'est qu'elle existoit dès l'an 816, puisque nous la trouvons dans l'état des monastères de Gascogne, qui fut dressé par ordre de l'Empereur, en 817. Comme c'est la première fois qu'il en soit fait mention, il y a lieu de croire qu'elle a été fondée vers la fin du règne de Charlemagne. Elle est située dans le diocèse d'Auch sur la Gironne dans le voisinage de l'abbaye de Sarramon, qui n'étoit autrefois qu'une Celle dépendante de Sorrèze.

17 AOÛT.

DIPLOMA Ludovici imper. pro monasterio Magnilocensi.

Donné à Angers.

Rec. des Hist. de France, par Dom Bouquet, t. VI, p. 513.
Preuves des libertés de l'église Gallic. 4.e part. page 201.
Annal. Bened. t. II, p. 446.

L'Empereur fit quelque séjour sans doute à Angers, en passant par cette ville pour son expédition de Bretagne; Heimon abbé de Manlieu en Auvergne, vint y trouver ce Prince & en obtint ce Diplome de priviléges & d'immunités semblables à celles qui avoient été accordées au monastère de S.t Benoît-sur-Loire & à beaucoup d'autres.

Le diacre Durand expédia ce Diplome, à la place du chancelier Élisachar.

7 OCTOBRE.

PRIVILEGIUM concessum monasterio sancti Marcelli Cabilonensis, a Joanne papâ.

Hist. de Châlon-sur-Saône, par Perry, pr. p. 32.
L'illustre Orbandale, t. II, pr. p. 70.

Cette bulle est d'un pape nommé Jean; elle porte confirmation des biens de l'abbaye de S.t Marcel de Châlons (qui n'est plus qu'un prieuré dépendant de l'abbaye de Cluni) avec défense aux rois de France, à leurs Comtes & à tous autres Officiers royaux, d'exercer aucun acte de jurisdiction sur les Frères de ce monastère, & de lever aucun impôt ou taxe sur leurs biens. Cette bulle est adressée à Dieudonné ou Adeodat abbé ou doyen alors de ce monastère. Mais peut-on réputer cette charte pour authentique avec un aussi grand nombre de contradictions que nous trouvons, & dans le fond de la pièce, & dans les dates!

Je dis en premier lieu, suivant le témoignage de Mabillon, que sous le règne de Louis le Débonnaire, il n'y eut point d'abbé ou de doyen de S.t Marcel, du nom de Dieudonné, *Adeodatus*, comme porte la bulle; Hucbert étoit doyen de cette église vers la fin du règne de Charlemagne, & je ne doute pas qu'il ne le fût encore en 818. Cette église étoit occupée depuis long-temps par des Prêtres féculiers, elle n'a été restituée aux Moines que dans le dixième siècle; S.ᵗ Maiole abbé de Cluny y introduisit des Moines de sa réforme.

Je dis en second lieu, qu'il n'est pas possible de faire cadrer l'indiction XII, sous laquelle cette bulle est datée, avec la VI.ᵉ année du pontificat d'aucun Pape nommé Jean. Ce n'est pas Jean I.ᵉʳ, l'abbaye n'étoit pas encore fondée en 526, époque de la mort de ce Pape. Ce n'est pas Jean II, il ne gouverna l'Église que trois ans; ni Jean III, l'indiction XII tombe sur la v.ᵉ année du pontificat de celui-ci. Ce n'est pas non plus Jean IV, il ne siégea que deux ans. C'est encore moins Jean V, puisqu'il ne vécut qu'un an après son élection. Jean VI ne demeura que cinq ans sur la chaire de S.ᵗ Pierre; Jean VII, successeur immédiat de celui-ci, ne siégea que cinq ans. Aucun Pape du nom de Jean ne nous peut plus rapprocher de l'année 818, qui est la date que l'Historien qui a imprimé cette bulle lui donne, que Jean VIII; mais ce Pape ne fut élû qu'en 872, & la VI.ᵉ année de son pontificat tombe sur l'indiction X. Je conclus de tout ceci ou que la bulle est supposée, ou que le Copiste a fait une faute en l'attribuant à un Pape du nom de Jean.

Année 818.

23 Octobre.

Diploma Ludovici imperatoris pro ecclesiâ Andegavensi.

Gallia Christ. pr. edit. tom. II, pag. 116.

Donné à Angers.

L'Empereur étoit de retour de Vannes où il avoit établi son Quartier général dans l'expédition qu'il fit cette année en Bretagne, lorsqu'il donna ce Diplome; il fit un plus long séjour à Angers qu'il ne se l'étoit proposé, la maladie de l'impératrice Hermengarde & sa mort qui arriva, suivant les chroniques de Moissac & de S.ᵗ Bertin, le 3 d'octobre, engagea ce Prince d'y passer presque le mois entier. Il fit faire des obsèques à cette Princesse avec la plus grande pompe; elle fut inhumée dans l'église Cathédrale.

Benoît évêque de cette ville, obtint par ce Diplome, pour lui & pour ses Chanoines, l'exemption de tous les droits de douane & de voyerie, pour trois bateaux destinés à leur transporter par la Loire toutes les provisions & les autres choses nécessaires à la vie.

20 Novembre.

Præceptum Ludovici imperatoris pro Windilmaro episcopo Tornacensi concessum.

Miræi Opera Diplom. tom. I, pag. 336, & t. II, p. 1127. Gallia Christ. novæ edit. t. III, instr. col. 43.

Donné à Aix-la-Chapelle.

Incontinent après les obsèques de l'impératrice Hermengarde, l'Empereur partit d'Angers pour se rendre à Aix-la-Chapelle; il prit sa route, suivant les Historiens du règne de ce Prince, par Rouen & par Amiens, il passa encore à Hériftal où il reçut les ambassadeurs du nouveau duc de Benevent qui s'appeloit *Sico*, ce Duc envoyoit présenter à l'Empereur des excuses de l'assassinat de son prédécesseur le duc Grimoald, auquel il avoit eu la plus grande part; Louis donna encore audience avant de partir de son palais d'Hériftal, aux ambassadeurs des Ducs des Esclavons & des Dalmates; ces deux Nations venoient de rompre leurs traités d'alliance avec les Bulgares, & pour être en état de soûtenir la guerre qu'ils prévoyoient que cette rupture leur occasionneroit, ils avoient imaginé de se mettre sous la protection de l'empereur Louis, & de le reconnoître en quelque sorte pour leur Suzerain. L'Esclavonie fait présentement la plus grande partie du royaume de Hongrie; la Bulgarie a eu depuis le XIII.ᵉ siècle des Rois particuliers, elle a été jointe ensuite à la Hongrie, depuis cens an environ elle fait partie des États du Turc. La Dalmatie s'étend le long du golfe de Venise. Ce pays étoit compris autrefois dans le royaume de Bosnie, il est présentement partagé entre l'État de Venise & la république de Raguse. Enfin il paroît que la marche de l'Empereur fut beaucoup moins lente que quelques Historiens contemporains le prétendent, ou la date de cette Charte est fausse, car nous voyons partir ce Prince à la fin d'octobre des frontières de la Bretagne, traverser plusieurs provinces, demeurer plusieurs jours à Hériftal & se trouver le 20 de novembre à Aix-la-Chapelle. Il est certain que cela paroît impossible, mais il faut croire qu'Aubert le Mire, & après lui les Auteurs de la nouvelle Gaule chrétienne qui ont placé ce Diplome sous cette année, n'ont pas suivi la marche de l'Empereur; cette discussion & la date de l'indiction m'ont déterminé à préférer l'opinion de Dom Bouquet qui attribue cette pièce à l'année précédente, à l'article de laquelle je l'ai placée.

ANNÉE 818.

4 Décembre.

DIPLOMA Ludovici imperatoris pro monasterio Anianensi.
Donné à Aix-la-Chapelle.

Rec. des Hist. de France, par Dom Bouquet, t. VI, p. 514. Ann. Eccl. Fr. Cointii, t. VII, p. 695. Histoire de Languedoc, t. I, pr. col. 53.

Benoît n'étoit plus depuis quelque temps abbé d'Aniane, il s'étoit démis, & l'Empereur, à sa recommandation, avoit nommé un Moine de la Maison, appelé *George*.

Louis fit don, par ce Diplome, à l'abbé George & à ses Moines d'un autre petit Monastère de son patrimoine, que Charlemagne ou lui-même avoient fondé dans un fauxbourg de la ville d'Arles, & auquel on avoit assigné pour dot des biens situés dans les diocèses d'Orange & d'Avignon, qui avoient été détachés du Fisc. L'église de ce Monastère étoit sous l'invocation de S.ᵗ Martin, & il étoit appelé le monastère de S.ᵗ Martin.

Faramond Notaire du palais expédia cette Charte, faisant pour le chancelier Fridugise.

Dom Bouquet & Dom Vaissete placent cette Charte à deux dates différentes. Ce premier pour faire cadrer la VI.ᵉ année du règne de Louis I.ᵉʳ avec l'année 817, dit qu'il faut fixer le commencement de ce règne à l'année 813, ce qui n'est pas exact; Dom Vaissete, d'un autre côté, porte cette Charte à l'année 818, mais il fait une correction à la date de l'indiction, l'original porte indiction X, ce qui ne peut cadrer avec la VI.ᵉ année du règne de Louis Iᵉʳ, c'est pourquoi ce Savant propose de lire indiction XII. De tout ceci je conclus que cette pièce a été altérée dans ses notes chronologiques.

Sans autre date.

DIPLOMA Ludovici imperatoris pro cænobio S. Antonini.

Rec. des Hist. de France, par Dom Bouquet, t. VI, p. 511.

Il y a eu dans les Gaules deux monastères de S.ᵗ Antonin, vers le X.ᵉ siècle, l'un dans le Touloufain, l'autre dans l'Aquitaine, c'est ce qu'il faut bien distinguer. Celui d'Aquitaine se trouve dans l'état que l'Empereur fit dresser en 817, & par conséquent c'est de ce dernier dont il s'agit dans ce Diplome. L'autre situé dans le Touloufain est d'une date plus nouvelle, il paroît qu'il ne fut fondé que vers le commencement du X.ᵉ siècle, par les premiers comtes de Carcassonne, il étoit surnommé *Fredelas*; depuis Roger comte de Foix ayant apporté, à la fin du XI.ᵉ siècle, des Reliques d'Apamée ville de Syrie, & les ayant placées dans l'église du monastère de Fredelas, on donna ce lieu, & à la ville qui commença dès ce temps à s'y former, le nom d'Apamée, *Apamea*, & depuis elle s'est appelée par corruption, *Apamia*, en françois, Pamiers; c'est dans cette abbaye de S.ᵗ Antonin de Fredelas, que l'on a établi le siége épiscopal de cette ville.

L'autre abbaye de S.ᵗ Antonin d'Aquitaine située sur les frontières du Rouergue, du Querci & de l'Albigeois, qui fut peut-être fondée dès le VI.ᵉ siècle, subsiste encore aujourd'hui, & appartient aux Chanoines réguliers de la congrégation de France.

La Charte dont je donne ici la notice, est rapportée dans une autre de Pépin roi d'Aquitaine, datée de 831. Quoique cette pièce ne porte aucune date, il est cependant visible qu'elle doit être placée au plus tard dans cette année, & avant le mois d'octobre; car l'Empereur dit qu'il la fit expédier à la prière de l'impératrice Hermengarde sa femme : or cette Princesse, comme je l'ai observé plus haut, étant morte à Angers dans les premiers jours d'octobre de cette année, il faut par conséquent que la date de cette pièce précède l'époque de la mort de cette Princesse.

Enfin, on lit, dans cette Charte, que l'impératrice Hermengarde ayant fait don, en pure aumône, au monastère de S.ᵗ Antonin de plusieurs fonds de terre en vignes, en prés, situés dans un lieu nommé *Pociolos*, avec les Serfs qui les cultivoient & les maisons qu'ils habitoient, supplia l'Empereur de confirmer sa donation, ce que l'Empereur fit par ce Diplome.

Sans autre date.

PRÆCEPTUM Ludovici imperatoris, de vitâ & tonsurâ Monachorum minoris Britanniæ.

Mémoires pour servir de preuves à l'histoire de la Bretagne, t. I, col. 228. Ann. Eccl. Fr. Cointii, t. VII, pag. 487. Rec. des Hist. de France, par Dom Bouquet, t. VI, p. 513.

Cette ordonnance est une preuve de la part que nos Rois ont toûjours cru qu'ils devoient prendre dans le gouvernement de l'Église Gallicane, pour les choses qui concernent la Discipline.

Louis le Débonnaire étant dans son camp qu'il avoit assis à Brisiac sur la petite rivière d'Ellé en Bretagne, Martmonoc abbé de Landevenech vint avec plusieurs de ses Moines lui rendre des devoirs; ce Prince surpris de l'habit & de la large tonsure de l'Abbé & des Moines, leur demanda quelle Règle ils suivoient dans leur Monastère; l'Abbé répondit qu'ils suivoient les pratiques des moines d'Écosse, qui étoient probablement l'ancienne règle de S.ᵗ Colomban; l'Empereur désapprouva cet usage & donna cette ordonnance,

Tome I.   T t ij

par laquelle il enjoint aux Moines de ce monastère de se conformer desormais à la règle de St Benoît adoptée dans tous les monastères des Gaules. *Placuit nobis ut sive de vitâ seu etiam de tonsurâ cum universali ecclesiâ, Deo dispensante, nobis commissâ concordarent, & ideo jussimus ut & juxta regulam S. Benedicti patris viverent, &c. Signum Lhudovici serenissimi Imperatoris.*

Année 818.

CAPITULARE Ludovici imper. de disciplinâ ecclesiasticâ.

Constit. Imp. a Goldasto, t. III, pag. 225.

Baluze n'a point imprimé ce Capitulaire, il fut publié sans doute dans une assemblée que l'Empereur tint au mois de décembre à Aix-la-Chapelle à son retour de la Bretagne. Il contient soixante-dix-neuf articles. Je ne remarquerai que les plus intéressans.
Le quatrième défend de célébrer les saints Mystères dans des maisons particulières. Le huitième condamne à la pénitence dans un Monastère, les Clercs qui seront surpris dans une sédition ou dans une assemblée tumultueuse, ayant les armes à la main. Le quatorzième défend aux Prêtres, sous peine d'excommunication, de quitter l'église à laquelle ils ont été attachés par leur ordination, pour en aller desservir une autre. Le seizième décerne aux Évêques l'administration du temporel de leurs Cathédrales. La disposition du dix-septième article est bien remarquable: Si quelque Ecclésiastique, dans quelque degré qu'il soit constitué, meurt sans avoir fait de testament, & qu'il ne se présente point d'héritiers, nous adjugeons tous ses biens à l'église à laquelle il est attaché, nous voulons qu'il en soit de même de toutes les Religieuses. Le vingt-troisième article condamne à la pénitence publique, seulement les pécheurs publics. Le vingt-cinquième défend aux Prêtres d'une même église d'en partager entre eux les biens, l'Empereur veut qu'ils les gouvernent en commun, parce qu'ils vivent en commun. Par le vingt-sixième, l'Empereur défend que l'on répète le sacrement de la Confirmation. Le trentième défend de faire aucune aliénation des biens de l'Église, sous les peines d'exil pour le Tabellion, *Tabellio*, qui en passera l'acte, & de dégradation de sa charge pour le Magistrat qui l'approuvera. C'est la première fois que j'ai trouvé le mot *Tabellio*, pour désigner l'Officier qui écrit les Actes publics. Le trente-unième déclare, contre le sentiment de plusieurs Théologiens de ce temps, que la confession des péchés faite à Dieu seul ne suffit pas, qu'il faut y joindre celle faite aux Prêtres. Le quarante-deuxième défend aux Prêtres de se trouver aux concerts de musique, aux jeux des Histrions & à tout autre spectacle. Le quarante septième condamne une Diaconesse qui se marie à perdre les revenus qu'elle tire des biens de l'église qu'elle dessert, & confisque au profit du Roi ceux du particulier qui l'aura séduite. Le quarante-huitième fixe l'âge de trente ans pour qu'un Diacre puisse être promû à l'ordre de Prêtrise, & ordonne qu'il demeurera, *in Episcopio*, ce qui revient aux Séminaires de notre temps, avant de se présenter à l'ordination pour apprendre les choses de son ministère, & pour donner des preuves de ses bonne vie & mœurs. Le cinquante-cinquième charge les Évêques de faire exécuter les legs de piété qui se feront, & d'obliger les héritiers du Testateur à remplir scrupuleusement ses intentions. Le cinquante-sixième enjoint aux Comtes & aux Juges de ne pas admettre à témoigner des personnes viles & de basse condition, parce que pour l'ordinaire ces sortes de personnes ou pour les repas d'un jour, ou pour quelque chose de moins encore, ne se font aucun scrupule de faire un faux serment. Le cinquante-huitième défend aux Catholiques de donner à bail emphytéotique ou à autres conditions, leurs biens aux Juifs, aux Payens, même aux Hérétiques. Le soixante-cinquième enjoint aux Évêques de visiter régulièrement une fois l'année leur diocèse, & d'avertir le Roi ou ses Officiers des crimes dont la punition n'est pas de leur compétence, afin que justice en soit faite. Le soixante-neuvième déclare que les Incestueux seront déchûs du droit de succéder à leurs parens.

Sans autre date. ## PRÆCEPTUM Ludovici & Lotharii imperatores, pro monasterio Sancti-Michaëlis ad Mosam.

Ann. Eccl. Fr. Cointii, t. VII, pag. 727.

Donné à Aix-la-Chapelle.

Les empereurs Louis Ier & Lothaire accordent, par ce Diplome, aux Moines de l'abbaye de Saint-Mihiel la pleine liberté d'élire un Abbé après la mort de Smaragde qui l'étoit alors; & dans la suite de le choisir parmi les Frères de ce même Monastère, pourvû toutefois qu'il s'en trouve de capables de cette place.
Tous ces Diplomes particuliers portant permission d'élire des Abbés, prouvent cependant que l'Empereur n'avoit pas généralement rendu les élections libres.

ANNÉE 819.

3 JANVIER.

DONATIO Sunifredis Comitis ad ecclesiam Urgellensem.

Marca Hispanica, col. 766.

Ce Sunifred étoit Goth d'origine ; il étoit comte dans la Marche d'Espagne & avoit dans son département les villes de Gironne & d'Urgel, dont il prend par cette Charte le titre de comte. Il eut ensuite le marquisat de Gothie ; & fut commissaire pour le Roi dans la Septimanie ; il devint la tige des Comtes héréditaires de Barcelonne.

Ce Seigneur, après avoir obtenu l'agrément de l'Empereur, donne par cette charte en pure aumône à l'église cathédrale d'Urgel un muy, ou comme on disoit anciennement, une *muyée* de terre, *modiatam unam ex terrâ arabili*. Je crois qu'on doit entendre par cette mesure, autant de terre qu'un muid de bled peut ensemencer. Ce champ étoit situé dans un fauxbourg de cette ville.

11 JANVIER.

PRÆCEPTUM Ludovici imperatoris pro monasterio sancti Vincentii ad Vulturnum.

Donné à Aix-la-Chapelle.

Rec. des Hist. de France, par Dom Bouquet, t. VI, p. 515. Ann. Eccl. Fr. Cointii, t. VIII, pag. 190.

Josué, abbé de ce monastère, présenta à l'Empereur les Diplomes d'immunité que les ducs & les rois Lombards, ainsi que Charlemagne, lui avoient dans différens temps accordés, & en obtint par celui-ci la confirmation.

9 MARS.

DIPLOMA Ludovici imperatoris, quo confirmat fundationem monasterii Bellæ-cellæ, & illud subjicit abbatiæ Anianensi.

Donné à Aix-la-Chapelle.

Annal. Eccl. Franc. Cointii, t. VII, p. 695. Histoire de Languedoc, t. I, pr. col. 52. Rec. des Hist. de France, par Dom Bouquet, t. VI, p. 515.

Wlfarius, comte dans l'Albigeois, donna à Benoît, abbé d'Aniane vers l'an 812, une terre considérable, située sur la rivière d'Agout, aux environs de Castelnau de Brassac, pour y fonder un monastère. Dans ce temps même Benoît fit jeter dans ce lieu les fondemens d'une église & d'un monastère que l'on nomme Belle-celle ; l'acte de fondation portoit que Benoît enverroit une colonie de Moines au nombre de douze pour occuper ce nouveau monastère (ce qui fut exécuté) & que les Abbés seroient élus & choisis par les Moines d'entre les religieux de cette maison, tant qu'il s'en trouveroit quelqu'un digne de cette place ; & que dans le cas où il ne s'en trouveroit pas, on le tireroit de l'abbaye d'Aniane ; que l'abbé d'Aniane n'exerceroit aucun acte de jurisdiction sur les moines & sur l'abbé de Belle-celle, que dans le cas où celui-ci négligeroit de maintenir l'ordre & la discipline.

Ce fut cette fondation, avec la donation du comte Wlfarius & les règlemens dont je viens de rendre compte, que Benoît fit confirmer par ce diplome de l'Empereur. Le diacre Durand l'expédia, faisant pour le chancelier Élisachar.

Cette abbaye, qui fut célèbre dans le dixième & le onzième siècle, ne subsiste plus depuis l'établissement d'un siège épiscopal à Castres. Les biens ont en partie formé la manse de l'évêque de cette ville.

15 MARS.

DIPLOMA Ludovici imperatoris pro ecclesiâ Magalonensi.

Donné à Aix-la-Chapelle.

Histoire de Languedoc, t. I, pr. col. 52. Gallia Christ. sec. edit. t. VI, instr. col. 342. Rec. des Hist. de France, par Dom Bouquet, t. VI, p. 516.

Gariel a imprimé dans son Catalogue des évêques de Maguelonne, *p. 52 & suivantes*, deux chartes de l'empereur Louis I, données le même jour en faveur de cette église. Le Cointe, d'après cet auteur, a publié ces deux pièces dans ses Annales.

L'Empereur, par la première de ces Chartes, qui est celle qu'on trouve dans le Recueil de D. Bouquet, ordonne que le lieu appelé Villeneuve, situé aux environs de Montpellier, que le comte Robert avoit tenu en bénéfice, seroit rendu à cette église, comme faisant partie de son ancien domaine. Ce même Prince prend sous sa protection spéciale cette Cathédrale par la seconde Charte, & confirme tous les privilèges & les immunités qui lui avoient été précédemment accordées.

Le diacre Durand expédia ces deux Diplomes, faisant pour le chancelier Élisachar.

T t iij

NOTICE

ANNÉE 819.

16 MARS.

PRÆCEPTUM Ludovici imperatoris pro Arnulpho Herenfi abbati.

Rec. des Hift. de France, par Dom Bouquet, t. VI, p. 516. Ann. Eccl. Fr. Cointii, t. VII, pag. 19. Hift. de l'abbaye de Tournus, aux preuves, par Juenin, p. 79, & par Chifflet, p. 191.

Les Normands avoient déjà menacé de faire quelque defcente vers les côtes de la Bretagne & de l'Aunis. Arnoul, abbé de Nermoutiers, pour ne pas fe trouver fans afyle, dans le cas où ces pirates viendroient fondre fur fon iſle, bâtit vers l'an 816 un monaſtère près le lac de Grand-lieu, dans un endroit appelé *Die*, fitué dans l'ancien comté d'Herbauge au diocèſe de Nantes; & comme ce lieu étoit éloigné de la rivière de Boulogne, il obtint de l'Empereur, par ce Diplome, la permiſſion de faire paſſer un bras de cette rivière fous les murs de ce nouveau monaſtère, fous la condition cependant qu'il bâtiroit un pont à l'endroit du chemin royal qui feroit coupé par le canal.

Le diacre Durand figna cette Charte, faifant pour le chancelier Éliſachar. Eckard fe trompe en difant que ce Miniſtre fe retira fans doute de la Cour dans ce temps-là, parce que cet acte eſt le dernier qu'il fit expédier. Je vais en rapporter un autre figné de ce Chancelier, qui eſt d'une date poſtérieure à celui-ci. (*Franc. orient. tom. II, p. 153.*)

Ce monaſtère de Grand-lieu n'eſt plus qu'un prieuré dépendant de l'Abbaye de Tournus.

8 AVRIL.

DIPLOMA Ludovici imperatoris pro monaſterio Conchenſi.

Donné à Aix-la-Chapelle.

Rec. des Hift. de France, par Dom Bouquet, t. VI, p. 517. Ann. Eccl. Fr. Cointii, t. VII, pag. 507. Capit. Reg. Fr. a Baluzio, t. II, p. 1416. Annal. Bened. t. II, p. 401.

On trouve dans cette Charte une hiſtoire abrégée de la fondation de l'abbaye de Conques, dont Mabillon fixe l'époque vers le milieu du ſiècle précédent, fous le règne de Pepin. (*Annal. Bened. tom. II, p. 214, n.° XVII.*)

L'Empereur prend par ce même acte fous fa garde fpéciale ce monaſtère, & lui fait donation de pluſieurs églifes avec les biens qui y étoient attachés; il eſt marqué que ces églifes étoient du domaine de l'Empereur; *de rebus noſtris quiddam delegavimus, eccleſiam videlicet de Cermangis, & eccleſiam quæ nominatur Campus-hiacus, & eccleſiam ſancti Chriſtophori in Montiniaco conſtructam.... Simili modo & eccleſiam de Garcanga, cum curte de Gammaleria. Iterum alteram eccleſiam ad portum Acri, ſub honore ſancti Saturnini conſtructam.... Necnon eccleſiam ſancti Salvatoris in Cicerniaco, & alias duas eccleſias, unam in Burnacello, & alteram in Rucenniaco..... Aliam quoque eccleſiam in Ruhiſtā.* Il y ajoûta un lieu où s'étoit retiré un des fondateurs de cette abbaye nommé *Dado*, & où probablement il y avoit une Celle: ce lieu eſt appelé dans la Charte *Grande-Vabrum*. Le nom qu'il porte maintenant, ainſi que celui de toutes ces églifes, qui forment aujourd'hui, fuivant les apparences, des paroiſſes, m'eſt inconnu; la recherche en feroit aiſée aux habitans du Querci, car tous ces lieux font fitués dans cette province.

Le diacre Durand expédia cette Charte, faifant pour le Chancelier Éliſachar.

Ce monaſtère, qui avoit été totalement ruiné en 732 par les Sarraſins, fut rétabli par l'empereur Louis, lorſqu'il n'étoit que roi d'Aquitaine.

13 AVRIL.

PRÆCEPTUM Ludovici imperatoris pro Einardo, abbate Gandenſis monaſterii ſancti Bavonis.

Donné à Aix-la-Chapelle.

Miræi Opera Diplomat. t. I, pag. 18. Ann. Eccl. Fr. Cointii, t. VII, pag. 508. Franc. Or. ab Eckardo, t. II, pag. 153. Rec. des Hift. de France, par Dom Bouquet, t. VI, p. 518.

Aubert-le-Mire aſſure avoir publié cette Charte avec deux autres des empereurs Charles le Chauve & Othon II, fur les originaux que l'évêque de Gand lui a communiqués. Ce Savant donne la raiſon pour laquelle ce monaſtère a conſervé ces actes précieux, quoiqu'il ait été, comme beaucoup d'autres, pillé par les Normands. C'eſt que les Moines de S.ᵗ Bavon de Gand apprenant que ces barbares venoient fondre fur la Belgique, ils prévinrent leur arrivée en prenant la fuite. Ils fe retirèrent d'abord à S.ᵗ Omer, emportant avec eux les Reliques du monaſtère & les Chartes de leur tréſor; de-là ils allèrent à Laon, & enfin après avoir été errans environ cent ans, ils retournèrent à Gand. Les Normands étoient alors les maîtres de la Normandie en vertu du traité que leur Chef avoit fait avec Charles le Simple, & ils ne faifoient plus de ravages dans le reſte de l'empire.

Ce monastère fut occupé par des Prêtres séculiers dans les premiers temps de fondation; on y mit environ un siècle après des Moines de saint Benoît. En 1537 le pape Paul III en fit des Chanoines réguliers à la sollicitation de l'Empereur Charles-quint. Comme ce monastère étoit situé à l'embouchûre de la Lis dans l'Escaut, & que Charles-quint trouva ce lieu propre pour y élever une citadelle, il transféra cette collégiale dans l'église de saint Jean, qui prit le nom de saint Bavon. Philippe II, roi d'Espagne, obtint en 1559 une bulle d'érection de cette collégiale en cathédrale.

Éghinard étoit abbé de S.t Bavon lorsque l'empereur Louis le Pieux lui accorda ce Diplome, par lequel il maintient ce monastère dans tous les privilèges & dans les immunités que les Rois ses prédécesseurs lui avoient accordées en différens temps.

Le Diplome n'est signé que de l'Empereur.

Année 819.

12 SEPTEMBRE.

CHARTA Einhardi & Immæ conjugis ejus, quâ Cellam Michlenstat cænobio Laureshamensi tradunt.

Ann. Eccl. Fr. Cointii, t. VIII, p. 110.
Annal. Bened. t. II, p. 453.

Éghinard & Imma sa femme donnent par cette charte à l'abbaye de Laureshâm une Celle dont l'Empereur actuellement régnant les avoit gratifiés. Cette Celle étoit située *in pago Plumgowe, in silvâ Odonewaldi, super fluvium Mimilungum.* Cette donation est faite néanmoins sous la réserve que les donateurs font de l'usufruit de la Celle leur vie durant & pendant celle *d'un de leurs enfans seulement, si quelques-uns les survivent.*

Le Cointe critique cette charte, de même que celle que j'ai placée au 11 Janvier de l'année 815. Cet Annaliste prétend que le premier de ces actes est douteux, & que le second est certainement supposé; il prouve cette dernière thèse par le contenu même de la Charte. Éghinard, dit-il, annonce qu'il lui peut naître encore des enfans de son mariage avec Imma; *filios quoque si nos habere contigerit, unus ex eis in eâdem possessione nobis jure precario succedat.* Ce sont les termes de la Charte: or, dit le Cointe, comment se pouvoit-il qu'Éghinard pût insérer une telle clause dans cet acte, tandis que depuis trois ans il étoit abbé de S.t Vandrille, & que depuis plus de temps encore il avoit l'abbaye de S.t Bavon de Gand. Quand même il n'eût pas été veuf alors, il auroit sans doute, en entrant dans l'état monastique, fait vœu de célibat; ainsi il n'est pas vrai qu'il ait fait l'acte de cette donation avec réserve d'usufruit de la Celle pour l'un de ses enfans à naître.

Mais Mabillon a entendu les termes de cette clause dans un autre sens que le Cointe; il a supposé que l'on avoit sous-entendu la condition de la survivance des fils au père qui étoient déjà nés, & non pas à naître. *Et post eorum obitum,* dit ce Savant, *unus ex filiis, si quis fuerit superstes.* Cette interprétation ne fait pas violence au texte; la vrai-semblance porte à l'admettre: car c'est sans preuves que le Cointe dit qu'Éghinard alors n'avoit qu'un fils de son mariage avec Imma: il est vrai que l'Histoire ne parle que de ce fils, qui étoit déjà dans un monastère; mais sur combien d'autres personnages de plus de considération encore que ne pouvoient être les enfans d'Éghinard, l'Histoire ne se tait-elle pas! Au surplus, nous ne voyons nulle part qu'Imma se fût retirée dans le couvent & qu'elle y eut fait le moindre acte d'une célibataire; elle pouvoit fort bien habiter avec son mari, quoiqu'il eût des abbayes & qu'il fît les fonctions d'abbé. Éghinard avoit eu pour récompense de la part de l'empereur Louis ces deux abbayes, pour les services qu'il avoit rendus à Charlemagne; & comme il étoit très-savant pour ce temps dans l'Écriture sainte & dans la discipline des Canons; que le goût de la dévotion qui régnoit d'ailleurs à la cour, portoit tous les Grands Seigneurs à se mêler du gouvernement des Moines, il ne me paroît point étonnant qu'Éghinard, quoique laïc & vivant maritalement avec sa femme, ne s'ingérât dans les fonctions d'abbé, & qu'il ne se bornât pas à régir & à percevoir seulement les revenus de ses abbayes, comme firent en pareil cas les laïcs dans le siècle suivant.

28 SEPTEMBRE.

DECRETUM Frederici, ducis Austriæ Mosellanicæ ac Mosellanæ, conferentis fratribus sancti Eucharis juxta mœnia civitatis Trevirensis villam suam Selingen.

Stemmata Lotharingiæ ac Barri Ducum, pr. fol. 6, verso.

Fait à Trèves.

Ce Frédéric étoit parent de l'Empereur: Charlemagne lui avoit donné le duché d'Austrasie au-delà de la Moselle. Nous apprenons par cet acte qu'il se maria deux fois: sa première femme se nommoit la comtesse Félicité; elle étoit fille du comte de

Salm. Il eut de ce mariage un grand nombre d'enfans des deux sexes: l'aîné s'appela Sadiger, & lui succéda dans le duché de la Lorraine Mosellane. Sa seconde femme s'appeloit Anne, & elle étoit fille du duc de Bavière. Il ne paroît pas qu'il eut d'enfans de ce second mariage.

1.er NOVEMBRE.

ANNÉE 819.
ACTA confecrationis ecclefiæ Urgellenfis.
Fait à Urgel.

Marca Hifpanica, p. 761.

Urgel étoit une des places les plus importantes des marches d'Espagne; Sunifred en étoit comte, & Sifebut évêque. Les Sarrafins, fur la fin de la première race, avoient ruiné la ville & détruit la Cathédrale & les autres églifes; il n'y reftoit pas une feule trace de chriftianifme lorfque Charlemagne en fit la conquête. Ce Prince affigna des fonds pour y rebâtir une nouvelle églife Cathédrale, qui ne fut finie que cette année. Le jour de fa dédicace fut affigné au premier novembre, jour de la fête de tous les Saints. On en dreffa cet acte, par lequel l'évêque Sifebut en outre fait déclaration de tous les biens qui compofoient l'ancienne dot de cette églife, & auxquels il en ajoûte de nouveaux par une donation inférée dans ce même acte. Le tout *fous l'autorité & le bon plaifir*, dit la Charte, *du féréniffime feigneur Louis empereur & augufte, gouvernant par le choix de Dieu l'empire des Romains, roi des Francs & des Lombards*.

Cet acte eft foufcrit de Sifebut évêque, du comte Sunifred & de Dotalia archiprêtre. Si l'original porte d'autres foufcriptions, M. de Marca les a fupprimées. Il y a lieu de croire que l'archevêque de Narbonne, qui étoit alors métropolitain d'Urgel, & grand nombre d'autres évêques affiftèrent à cette cérémonie & qu'ils fignèrent cet acte; il feroit utile pour l'hiftoire de connoître leur nom.

Sans autre date.
PRÆCEPTUM quo Ludovicus imperator Ethingho, Hruotmaro, & Thancmaro res injuftè ablatas reftituit.
Donné à Ingelheim.

Rec. des Hift. de France, par Dom Bouquet, t. VI, p. 518.

D. Bouquet n'a imprimé que le titre de cette Charte, fans lui affigner d'autre date que celle de l'année. Il marque qu'elle fut donnée le IX des kalendes, fans dire le mois. Cette pièce fe trouve dans fon entier *apud Schatenum, lib. 2 Annalium Paderborn. p. 65*. Elle a été tirée des archives de l'abbaye de Corbie en Saxe. Elle fut mife dans ce dépôt fans doute pour prouver la propriété des biens dont Tancmarus, abbé de ce monaftère, fit donation à fes Moines vers l'an 879; il les avoit hérités de fon père, auquel l'empereur Louis le Débonnaire les fit reftituer; je ne fais pourquoi les Officiers du domaine les retenoient dans leur régie; peut-être ce Tancmarus étant Saxon, ainfi que le comte Hromarus & l'autre particulier nommé dans la Charte, s'étoient-ils trouvés tous les trois enveloppés dans une révolte fous le règne de Charlemagne, & pour punition de ce crime leurs biens avoient été confifqués; étant dans la fuite rentrés dans leur devoir & donnant des marques de fidélité & d'attachement au fervice de l'Empereur, ce Prince, dont le caractère étoit bienfaifant & débonnaire, aura fait rentrer ces particuliers dans leurs anciennes poffeffions. Mais toutes ces chofes ne font que de pures conjectures.

Sans autre date.
DIPLOMA Ludovici imperatoris pro ecclefiâ Autiffiodorenfi.
Donné à Aix-la-Chapelle.

Rec. des Hift. de France, par Dom Bouquet, t. VI, p. 518. Apud Martenium, tom. I, ampliff. collect. pag. 68.

D. Bouquet n'a pas marqué le mois dans lequel cette Charte fut donnée; le nom étoit fans doute effacé dans l'original.

L'Empereur confirme la donation qu'Angelhelme, évêque d'Auxerre, fait aux Chanoines de fa Cathédrale du village de Pourain, avec toutes fes dépendances, defquelles il excepte cependant quatre domaines qu'il appelle, *Nancereolum, Linderiacum, Lupinum, Riveum*; l'abbé le Beuf prétend que ces lieux font connus aujourd'hui fous les noms de Nancré, Lindry, Lupin & Rio. (*Mémoires concernant l'hiftoire d'Auxerre, p. 174, tome I.*)

Le diacre Durand expédia ce Diplome, faifant pour le chancelier Fridugife.

ANNÉE 819.

ANNÉE 819.

DIPLOME *des empereurs Louis I.ᵉʳ & Lothaire, par lequel ils restituent le prieuré de N. D. d'Argenteuil aux moines de Saint-Denys.*

Antiquités de S.ᵗ Denys, par Doublet, page 736.

Ce Monastère, situé sur la Seine à deux lieues de Paris, étoit fameux autrefois par le grand nombre de Pèlerins que la robe sans couture de Notre-Seigneur, qui y repose, y attiroit. On dit que ce furent les empereurs Louis le Débonnaire & Lothaire son fils qui donnèrent à ce Monastère cette précieuse relique. L'Histoire gagneroit, sans doute, à éclaircir la vérité des faits de cette nature ; mais il convient quelquefois de ne pas soûmettre à la Critique & à la discussion tous les objets d'une pieuse crédulité.

Ce monastère d'Argenteuil fut fondé sous le règne de Clotaire III, vers l'an 660. Tout ce que les Historiens ont écrit de cette œuvre de piété faite par un particulier nommé *Hermenric*, de concert avec sa femme Mumane, ainsi que de la donation qu'ils firent de cette maison à l'abbaye de S.ᵗ Denys, ils l'ont puisé dans cette Charte où il est parlé pour la première fois du monastère d'Argenteuil. Il fut occupé par des hommes jusqu'au règne de Charlemagne. Mais comment entra-t-il dans le domaine de ce Prince ; car la Charte porte qu'il le donna en bénéfice à sa fille Théodrade, & que l'empereur Louis, frère de cette Princesse, lui en confirma la jouissance à ce titre ! c'est une chose très-difficile à développer. Cette Charte ajoûte que la donation d'Argenteuil, par Charlemagne à Théodrade, étoit sous la condition qu'elle n'en auroit que l'usufruit, suivant la loi des Bénéfices, & qu'après la mort de cette Princesse, le Monastère rentreroit au pouvoir des moines de S.ᵗ Denys ; c'est cette disposition que les empereurs Louis & Lothaire confirment par cette Charte, qu'ils donnèrent à la prière également de Théodrade, & d'Hilduin alors abbé de S.ᵗ Denys & archi-chapelain de l'Empire. Cette Charte demeura sans aucun effet, car jusqu'au temps de la fameuse Héloïse abbesse de ce Monastère, il fut occupé depuis Théodrade par des femmes.

Le diacre Durand expédia le Diplome, faisant pour le chancelier Fridugise.

DIPLOMA *Ludovici imperatoris, quo confirmat commutationem de quibusdam mancipiis factam ab Hilduino abbate S. Dionysii, cum quodam Garumno.*

De re Diplom. à Mab. p. 526.

Donné à Aix-la-Chapelle.

Mabillon annonce dans une note ce Diplome sans le publier, l'original se trouve sans doute dans les archives de S.ᵗ Denys.

CAPITULARIA *Ludovici imperatoris hoc anno publicata.*

Rec. des Hist. de France, par Dom Bouquet, t. VI, p. 416 & suiv.
Cap. Reg. Fr. t. I, p. 598 & suiv.
Constit. Imp. a Goldasto, t. III, p. 231 & suiv.

On lit dans les annales attribuées à Éginard & dans presque tous les Historiens du temps de Louis le Débonnaire, que ce Prince tint une diète très-nombreuse dans son palais d'Aix-la-Chapelle, dans les premiers jours de janvier de cette année ; que l'on y arrêta plusieurs Capitulaires qui furent ajoûtés au code de la loi Salique, que l'on y publia quelques règlemens concernant la discipline ecclésiastique, & qu'incontinent après la diète finie, l'Empereur s'occupa d'un second mariage ; que ce Prince après avoir considéré les filles d'un très-grand nombre de Seigneurs, se fixa à Judith fille de Guelfe duc de Bavière *, Princesse d'une beauté admirable. *Accepit filiam Welfi ducis*, dit Tegan, *qui erat de nobilissimâ stirpe Bavarorum, & nomen virginis Judith, quæ erat ex parte matris nobilissimi generis Saxonici, eamque reginam constituit, erat enim pulchra valde.*

PREMIER CAPITULAIRE.

Sans autre date.

Ce premier Capitulaire contient vingt-un articles. Je ne remarquerai que ceux qui me paroîtront les plus intéressans.

Le premier article traite des compositions pour des meurtres commis à son corps défendant, dans les églises ou sous les porches des églises. La loi fixe, dans ce cas, la composition à six cents sols, & oblige en outre le meurtrier de se soûmettre à la pénitence prescrite en pareil cas par les Canons. Si le meurtre est commis ou sans cause ou pour une cause légère, le coupable composera pour sa vie. Cette composition étoit d'une somme beaucoup plus considérable que cette première. Si le meurtre

---

* Mézeray prétend que le père de Judith s'appeloit Hilpon, & qu'il étoit comte d'Altorf & duc de Bavière.

Tome I.   V u

est commis par un Serf, & qu'il dise que c'est à son corps défendant, on lui fera subir l'épreuve de l'eau bouillante pour découvrir la vérité du fait. Si sa main en est brûlée, il sera puni de mort : si au contraire il retire sa main intacte de l'eau bouillante, son Maître composera en faveur de l'église pour la peine du meurtre, sinon il abandonnera le Serf à l'église.

Si le meurtrier est un Serf appartenant ou à une église ou au Roi, ou qu'il soit libre & qu'il tienne un bénéfice de l'un ou de l'autre, son Maître, pour la première fois qu'il commettra ce crime, composera; s'il récidive, il sera puni de mort. S'il est libre, ses biens ne seront point confisqués, ils passeront à ses héritiers.

La loi distingue deux sortes de porches des églises. Les uns étoient consacrés & il y avoit des autels sur lesquels reposoient des reliques : la composition pour les crimes commis sous cette première espèce de porches, étoit égale à celle pour les crimes commis dans les églises, parce que le respect devoit être le même ; ces porches faisoient en quelque sorte partie de l'église, c'étoit sans doute ce que nous appelons aujourd'hui la nef. Les porches de la seconde espèce n'étoient point consacrés, & la composition pour les crimes que l'on y commettoit, étoit égale à celle pour les lieux exempts & privilégiés, comme les Monastères & autres endroits auxquels le Roi accordoit des sauve-gardes.

Le second article fixe la composition pour de mauvais traitemens, avec effusion de sang, faits dans l'église, même à un simple clerc, à une somme triple de celle fixée pour un laïc ; il est dit que les deux tiers de cette composition appartiendront au clerc qui aura été maltraité, & l'autre tiers à l'église ; que l'accusé payera en outre au Fisc l'amende réglée par les ordonnances en pareil cas, & qu'il servira en qualité de Serf celui à qui sera dûe la composition, jusqu'à ce qu'il la lui ait entièrement payée.

Le troisième article porte que lorsque le Comte sera tenir le Plaid, il commencera par écouter les veuves, les orphelins & les pauvres ; si les uns & les autres ne peuvent se procurer le nombre des témoins nécessaires, ou qu'ils ignorent la loi, le Comte viendra à leur secours, & commettra d'office *un Avocat* qui défendra leur cause.

Le quatrième article condamne à une amende envers le Roi, de trois fois soixante sols, celui qui épousera une veuve avant que les trente jours de sa viduité soient expirés. S'il est prouvé qu'il a fait violence à la veuve pour avoir son consentement, outre l'amende envers le Roi, il payera à la veuve la même somme en forme de dédommagement, & il se séparera d'elle sans pouvoir à l'avenir contracter avec elle un nouveau mariage.

Le sixième traite des donations entre-vifs : comme on n'en dressoit point alors d'acte, & que la tradition des choses données se faisoit en même temps que la donation : il est ordonné soit que la donation se fasse en faveur d'une église, ou qu'elle soit de particulier à particulier, qu'elle sera faite en présence de témoins irréprochables qui habitent dans le comté, & qui suivent la loi du canton où sont situés les biens donnés ; si le donateur est employé à l'armée, ou qu'il soit au service de la personne du Roi, ou enfin absent pour toute autre cause, & qu'il ne puisse trouver dans le moment des témoins domiciliés dans le canton où sont situés les biens dont il dispose, il donnera à leur place des garans, pour que sa donation ait son exécution par la tradition & par l'investiture des choses données. Il est ajouté que les héritiers du donateur ne seront reçus dans aucun temps à réclamer contre des donations faites dans cette forme, & que si les biens donnés sont possédés par indivis entre le donateur & ses cohéritiers, il sera procédé à la diligence du Comte au partage de ces biens.

Le huitième article ordonne que le montant des compositions sera payé dans la monnoie ou dans les choses équivalentes portées par la loi, & défend de donner en compensation un oiseau de chasse ou une épée, parce que, dit l'ordonnance, ces deux choses portent souvent à faire un faux serment de la part de celui qui les donne, sans scrupule il affirme qu'elles sont d'un plus grand prix qu'elles ne valent dans le fait.

Je présume que l'on pouvoit en effet beaucoup enfler le prix de ces deux choses, en disant que l'oiseau étoit bien dressé, & que l'épée étoit d'un acier bien trempé.

Le neuvième article porte, que si une femme est ravie à son mari, son père ou celui que la loi établit son défenseur, la réclamera & poursuivra le ravisseur, qui payera les compositions au mari & à la femme, réglées par les loix, & sera tenu de restituer tous les effets qu'il aura soustraits du ménage. Si le père ou le défenseur de la femme ont contribué au ravissement, & que par cette raison ils négligent de poursuivre ce délit, le Comte, dans ce cas, sera reçû à le poursuivre, & le père ou le défenseur payera les mêmes compositions que le ravisseur ; la loi condamne en outre ce dernier à une amende envers le Roi de six cents sols, & à un exil pour autant de temps qu'il plaira au Roi de le prescrire.

Cet article a quelque chose de bien singulier ; sa disposition ne ressemble ni au Droit romain, ni aux loix suivant lesquelles nous sommes actuellement gouvernés. Il semble que les femmes demeuroient toûjours sous la puissance & sous la garde de leur père ou de leur tuteur, quoiqu'elles fussent mariées.

Le quinzième article règle que dans le cas où un homme libre sera accusé de vol, lequel aura des biens en propre, sa partie l'assignera devant le Comte, & il sera cru à son serment pour la première fois. Si au contraire il n'a point de biens en propre avant d'être reçu à faire serment sur l'accusation portée contre lui, il sera tenu de donner caution. Mais s'il est accusé de ce crime une seconde fois, & que sa partie produise deux ou trois témoins, il sera tenu, pour se justifier, de se battre contre l'un des témoins, avec un bâton & son bouclier.

Si on accuse de vol un Serf, son Maître sera tenu du serment pour lui ; dans le cas où le Maître avoueroit le vol, il pourra, à son choix, livrer son Serf au supplice, ou payer ce qui est prescrit par la loi en pareil cas.

Le seizième article porte que celui qui méprisera les ordres que le Roi lui adressera pour recevoir ses *Missi* & les héberger, ses biens situés dans le lieu de sa demeure seront confisqués, ou il sera condamné à fixer son domicile dans ce même lieu, autant de temps qu'il plaira au Roi de l'y laisser, pour y recevoir & donner le gîte aux *Missi* & aux autres officiers du Roi qui y passeront pour aller remplir quelques commissions.

Si dans tout autre cas un homme libre méprise les ordres du Roi, il sera tenu de se rendre à la Cour pour recevoir telle peine qu'il plaira au Roi de lui imposer; si cet homme libre a quelque charge ou qu'il tienne un bénéfice du Roi, il en sera dépouillé. Si c'est un Serf, il sera attaché nu à un poteau pour y être fouetté, après quoi il aura la tête rasée.

Le vingt-unième article défend de donner la tonsure aux garçons & le voile de religieuse aux filles malgré les parens ou leurs tuteurs, sous peine de payer aux parens, si le garçon ou la fille sont mineurs, le triple de la composition réglée par la loi. Si au contraire le garçon ou la fille sont majeurs, & que malgré eux & par violence on les ait constitués dans l'état ecclésiastique, ils recevront par eux-mêmes le prix de leur composition. L'article ajoûte qu'il convient d'avoir la plus grande liberté dans le choix que l'on fait de l'état ecclésiastique & du Cloître.

Sans autre date.

ANNÉE 819.
SECOND CAPITULAIRE.

Ce second Capitulaire ne contient que neuf articles, & il fut, comme le précédent, ajoûté au code de la loi Salique.

Il est ordonné par le second article, que chaque Comte sera accompagné dans les diètes de douze Échevins de son comté, s'ils se trouvent au nombre de douze ; sinon qu'il suppléera ce qu'il en manquera, par les plus honnêtes gens & par ceux qui, au défaut d'Échevins, en remplissent l'office ; le Comte se fera accompagner désormais à toutes les diètes des avoués des Évêques, des Abbés & des Abbesses de son comté.

La disposition de cet article me porte à croire que ces diètes étoient beaucoup plus nombreuses que ne furent dans la suite les États qui les remplacèrent. Ces Échevins étoient des hommes de loi & les Juges ordinaires de chaque canton ; Charlemagne les appelle dans sa Charte pour les Espagnols réfugiés, *des Pairs*. C'étoit sans doute pour consulter les Échevins dans ses délibérations, que l'Empereur ordonne qu'ils assisteront aux diètes ; c'étoit pour faire des représentations, que ce Prince les obligeoit, ainsi que les avoués des gens d'Église, de se trouver dans les assemblées où on statuoit sur des règlemens de police & en matière civile, afin que l'on ne mît rien dans les ordonnances qui fût contre le droit d'un chacun. Cette précaution si sage fermoit la voie aux remontrances & aux réclamations, pour ne pas exécuter les édits & les ordonnances.

ART. V. Nous ordonnons que nos Comtes auront toute liberté dans leurs Plaids de requérir & faire toutes les autres choses de leur ministère, & faisons défense à qui que ce soit de les troubler ; voulons que dans le cas où nosdits Comtes feroient quelque injustice & contreviendroient à nos ordonnances, la personne lésée se pourvoie par-devant nous, afin d'obtenir justice contre le Comte contre lequel elle aura des griefs. *Et nos illi de eodem Comite faciamus justitiam.*

Il étoit donc permis dès-lors de prendre les Juges à partie, lorsqu'ils ne rendoient pas la justice ; mais ce qu'il seroit important de savoir & sur quoi l'article de l'ordonnance ne s'explique pas, ce sont les cas où cette prise à partie étoit permise. *Et si,* dit la loi, *aliter fecerit quam juste, ad quem factum illud pertinet veniat in præsentiam nostram & nos illi de eodem Comite faciamus justitiam.* Ces termes sont bien généraux, il me paroît cependant qu'il faut les restreindre aux seuls cas royaux, c'est-à-dire, aux cas dans lesquels le Comte, comme exerçant le Ministère public, étoit la seule ou la principale partie.

ART. VII. Nous ordonnons qu'il sera fait une recherche exacte des particuliers qui habitent les places & les villes que le roi Pépin notre aïeul a conquises, lesquels pendant les sièges ont non seulement porté les armes, mais qui ont fait les derniers efforts pour empêcher la reddition de la place & qui ne se sont soûmis que contre leur gré, voulant que ceux qui se trouveront dans ce cas, soient dépouillés de la propriété de leurs biens.

Tel étoit le droit de la guerre d'alors, il semble que la défense des places étoit abandonnée aux seuls hommes de guerre, & qu'il étoit contre le droit des Gens que les citoyens prissent les armes pour se défendre; peut-être aussi faudroit-il donner une moindre extension aux termes de cette loi. On pourroit supposer qu'il ne s'agit que des particuliers qui, après que la garnison s'étoit rendue prisonnière de guerre ou qu'elle avoit abandonnée la défense de la place, faisoient encore de la résistance & montroient de la répugnance à se mettre sous la puissance du Roi. Dans ce cas ces particuliers pouvoient être traités comme des rebelles, & le vainqueur étoit en droit, comme il le seroit encore aujourd'hui, de les punir par la privation de leurs biens, tandis, comme le dit ce même article de l'ordonnance, que le Prince laisseroit leurs autres concitoyens paisibles possesseurs de leurs biens, parce que sans murmure ils auroient cédé à la force & se seroient soûmis au vainqueur, sans recourir à une résistance désapprouvée par la raison & par le droit de la guerre.

Sans autre date.

ANNÉE 819.
TROISIÈME CAPITULAIRE.

Ce Capitulaire contient douze articles, il fut publié pour interpréter quelques points obscurs de l'ancienne loi Salique, au code de laquelle l'Empereur ordonna qu'il seroit joint:

TITRE Ier *de la loi Salique*, De Mannire, *c'est-à-dire, des Assignations ou Ajournemens.*

ART. I. Il fut réglé par cette ordonnance qu'il y auroit quarante nuits de délai pour les assignations, supposé que le Comte devant lequel les parties devoient comparoître, tînt son Plaid aussi-tôt après ce délai; sinon que le délai sera prolongé jusqu'au premier Plaid: on accordera pour le premier défaut de comparoître sept autres nuits, & le second & dernier défaut ne sera pas compté par nuits, il expirera au temps dans lequel le Comte tiendra son Plaid.

La disposition de ce premier article de la loi Salique étoit trop dure, elle ne donne qu'un seul défaut, encore la partie assignée étoit-elle obligée d'apporter un *Exoine*, sinon pour la faute de n'avoir pas comparu au Plaid sur la première assignation, elle étoit condamnée à une amende de six cents deniers qui faisoient quinze sols; cette loi cependant avoit été revûe avec soin par Charlemagne, & ce Prince en avoit, par de nouvelles dispositions, adouci la sévérité de plusieurs articles; car nous n'avons pas lieu de douter que l'ordonnance de Louis le Débonnaire n'ait eu pour objet d'interpréter & de modifier l'ouvrage même du feu Empereur son père. Le manuscrit que Baluze a imprimé est celui de Schilter, qui appartient présentement au Roi, & ce manuscrit, suivant du Tillet, Pithou, Goldast, Lindinbrog & Bignon, est le code corrigé par Charlemagne.

TITRE XI *de la loi Salique*, De Servis vel Mancipiis furatis.

Cet article portoit que celui qui tuera le Serf d'un autre, ou qui le vendra ou l'affranchira, payera quatorze cents deniers d'amende qui valent trente-cinq sols, sans compter le prix du Serf, suivant l'estimation qui en sera faite & les frais, *excepto capitale & delaturâ*.

ART. II. L'ordonnance de Louis le Débonnaire laisse subsister la disposition des deux premiers objets de cette loi, elle interprète seulement ce qui concerne l'affranchissement, qu'elle déclare nul, ordonnant que le Serf, dans ce cas, rentrera dans la servitude & sous le pouvoir de son ancien Maître.

TITRE XIV *de la loi Salique*, De raptu Ingenuorum.

La loi porte que si un homme libre épouse la Serve d'un Libre, il perdra sa condition & deviendra le Serf du Maître de son épouse.

ART. III. C'est ainsi que l'ordonnance interprète cette loi qui n'avoit rien prononcé sur le mariage qu'une fille libre pouvoit contracter avec un Serf; il est dit qu'il a été jugé équitable de rendre la condition égale, en sorte que la femme libre perdra son état de liberté par son mariage avec un Serf, & que sa personne & ses biens viendront au pouvoir du Maître de son mari.

L'ordonnance va plus loin, elle applique cette disposition même à un Franc libre d'extraction qui épouseroit une Serve.

Dans ce même titre de la loi Salique il est dit dans un autre article, que si quelqu'un épousoit une femme, son mari vivant encore, il seroit condamné à une amende de huit mille deniers qui font deux cents sols.

Art. IV. L'ordonnance confirme purement & simplement la disposition de cet article de la loi Salique.

Année 819.

Titre XXVI de la loi Salique, De negligentiis parvulorum. *(Codice Regio XXXIII.)*

Si un enfant au-dessous de l'âge de douze ans commet quelque dommage, on ne pourra le contraindre qu'à la restitution de la chose, sans pouvoir l'obliger à payer des dommages & intérêts, non plus que les frais de la procédure.

Art. V. L'ordonnance s'explique ainsi sur ce titre, & dit: Si un enfant qui n'auroit pas atteint l'âge de douze ans, a volé ou retient injustement quelque chose; celui à qui la chose appartient, pourra traduire devant le Comte l'enfant, qui pourra être assigné & condamné à la restitution de la chose, sans frais ni dommages & intérêts. Si quelqu'un étoit dans le droit d'intenter une action à un enfant sur la succession des biens de son père & de sa mère, il ne pourra le faire valablement que lorsque l'enfant aura atteint l'âge de douze ans.

Art. VI. L'ordonnance, par supplément, ajoûte que si un Franc ou une femme libre se réduisoient de leur plein gré à la servitude, la donation qu'ils auroient faite, pendant leur état de liberté, de leurs biens en faveur d'une église, ou même d'un particulier, seroit bonne & valable, pourvû que la donation ne fût contraire en rien à la loi; & que les enfans qu'ils avoient eu en légitime mariage durant leur liberté, seroient & demeureroient libres.

Titre XXXVI de la loi Salique, De homicidiis servorum, vel expoliationibus. *(Codice Regio LVIII.)*

Art. VII. Si un Serf tue un homme libre, il sera livré aux parens du défunt pour le payement de la moitié de la composition, & le maître du serf payera l'autre moitié; il lui sera cependant permis de se pourvoir en justice pour y faire valoir ses défenses & pour ne pas payer sa composition. *Aut si legem intellexerit, poterit se obnallare ut leodem non solvat.*

Et comme la loi ne met aucune différence entre le Serf & le Bénéficiaire appartenant à l'église ou à un laïc, les Serfs ou les Bénéficiaires des ecclésiastiques qui se trouveront dans le cas susdit seront donnés pour à-compte de la composition comme les autres serfs; si cependant leurs Maîtres veulent se pourvoir en justice pour ne pas payer la seconde moitié de la composition, l'affaire sera portée directement à la cour du Roi.

Le privilége de plaider en pareil cas à la cour du Roi étoit uniquement accordé aux Ecclésiastiques: car lorsqu'il s'agissoit ou de la réclamation d'un Serf ou de sa vie entre laïcs, la cause étoit jugée en dernier ressort par les Juges des lieux.

Titre XLVI de la loi Salique, De reiposse. *(Codice Regio LXXVIII.)*

On sera curieux sans doute de savoir l'explication de ce mot barbare, *reiposse*; il me semble qu'il faut là-dessus s'en rapporter aux glossateurs Allemands, sur-tout à Eckard, qui savoit parfaitement bien la langue Teutonique. Ce Savant prétend donc que l'on ne peut trouver d'interprétation plus naturelle à ce mot composé, que dans cette périphrase, *le prix de l'achat d'une femme veuve pour cause de mariage*. Il faut savoir que suivant la loi Salique, le mari donnoit aux parens de la future épouse une somme d'argent; comme l'épouse passoit en quelque sorte au pouvoir de son mari, le mariage étoit un véritable contrat d'acquisition. Lorsque l'épouse devenoit veuve, elle retournoit sous la puissance de ses parens, & c'étoit d'eux de qui le mari l'acquéroit quand elle passoit à un second mariage: ainsi la loi traite dans ce titre du mariage des veuves, du prix qu'elles seront vendues à leur second mari, & des formes que l'on observera pour contracter validement un second mariage. Ces formes étoient fort gênantes; il falloit, avant la célébration des noces, que le futur époux requît deux Officiers de justice, pour qu'ils assemblassent un Plaid: ces Officiers étoient le *Tumzinus* & le Centenaire. Ce Tumzinus pouvoit être comparé à un Procureur du Roi, & le Centenaire à tout juge, soit Bailli ou autre. Ces deux officiers devoient être assistés de trois Pairs, qui devoient être armés de chacun un bouclier, & ce Sénat décidoit si la monnoie, que le futur donnoit pour le prix de son épouse, étoit de bon alloi. Dans ce cas, les Juges prononçoient qu'on pouvoit passer à la célébration des noces; celui qui, au mépris de cette loi, se marioit sans avoir observé ces formalités, étoit condamné à deux mille cinq cents deniers d'amende, qui valoient soixante-deux sols.

ART. VIII. L'ordonnance de Louis le Débonnaire abroge tout ce cérémonial, & oblige seulement le mari d'obtenir le consentement des parens de la future: je pense cependant qu'on laissa subsister l'obligation de la part du mari de donner aux parens de l'épouse la somme stipulée par la loi.

Année 819.

Titre XLVII de la loi Salique, De eo qui villam alterius occupaverit.
(Codice Regio XVI.)

La loi Salique ne s'expliquoit d'une manière précise que sur les invasions par la voie des armes & par la force: elle condamnoit avec raison à une très-grosse amende le particulier qui venoit avec violence chasser un propriétaire de son habitation, tuer ses chiens & faire d'autres excès. L'ordonnance étend cette disposition même à des prétextes honnêtes, que la ruse & l'avarice pourroient suggérer à quelqu'un, afin de s'emparer ou du champ ou de la maison de son voisin.

ART. IX. Il a été jugé que personne, sous le prétexte de prendre le plaisir de la promenade, ne pourroit retenir la maison ou le champ de qui que ce soit pendant une ou plusieurs années; & que le détempteur seroit tenu de rendre l'un & l'autre toutes les fois que le propriétaire les réclameroit, ou de déduire en justice les raisons pour lesquelles il prétendroit les retenir, s'il faisoit refus de les rendre.

Titre L de la loi Salique, De affatomie ou affetumiæ.
(Codice Regio LXXX.)

Ce titre traite de la manière d'instituer un héritier, car c'est par corruption que l'on a écrit affatomie ou affetumiæ, à la place du terme consacré par l'usage, adramire, qui étoit significatif de la chose. Voici comment elle se pratiquoit; le donateur jetoit dans le sein du donataire un fétus de paille, ce que l'on pouvoit exprimer en latin par ces deux mots, ramum mittere, d'où on a formé cette expression composée, adramire. C'est ainsi que se faisoit l'institution, sans aucun acte ni verbal ni par écrit.

ART. X. L'ordonnance confirme purement & simplement cette disposition pour tous ceux qui vivent sous la loi Salique.

ART. XI. Il a été statué que chaque fois qu'un Serf, qui produira une Charte d'affranchissement, ne pourra prouver qu'elle a été donnée par celui qui avoit droit, son Maître, dans ce cas, sera reçû à taxer la Charte de faux.

ART. XII. Il a été statué de même, que dans une action intentée sur le possessoire, on entendroit les témoins du demandeur, avant que le défendeur proposât ses moyens de défense, &c.

Quatrième Capitulaire.

Ce quatrième Capitulaire ne contient que huit articles; je rendrai compte de ceux qui me paroîtront intéressans. Le premier porte que le Maître d'un Serf sera en droit de le reclamer par-tout où il se sera enfui, & que celui qui l'aura recelé sera tenu de le rendre, sans rien prétendre pour le temps qu'il l'aura gardé; il seroit même contraint d'en payer le prix à son Maître, si après avoir été reclamé par lui, il s'enfuyoit de sa maison.

Il est décidé par le second, que les donations ou les ventes ne changent point les choses de nature, en sorte que la redevance à laquelle un champ aura été assujéti ou envers le Roi ou envers une église, quoiqu'il sorte des mains de celui sur lequel cette redevance a été constituée, est également dûe par le nouveau propriétaire, à moins qu'il ne justifie d'un affranchissement.

Le troisième décide que le Bénéficiaire perdra son bénéfice, si étant dépéri par sa négligence, il ne le rétablit dans le courant de l'année, après en avoir été averti par le Comte.

Le quatrième porte que les terres censuelles, qui auront été léguées aux églises ou unies au domaine du Roi, ne pourront être tenues par qui que ce soit à d'autre titre, à moins que ce ne soit par le fils ou par le neveu du donateur, encore l'un ou l'autre seront-ils tenus d'obtenir une sentence qui les décharge de la redevance. Mais, ajoûte l'article, il faudra considérer l'état des colons qui cultiveront ces terres, s'ils ont des biens en propre ou des bénéfices, & dans le cas où ils seront dépourvûs de l'un & de l'autre, il faudra en user avec humanité à leur égard, & ne pas exiger à la rigueur toute la redevance dont les terres auront été chargées; il seroit même convenable de leur donner une portion de ces terres en bénéfice, afin de leur procurer des secours pour vivre.

Les terres cenfuelles, *terræ cenfales*, étoient bien différentes de celles que l'on appeloit *terræ tributariæ*. Ces premières étoient données pour un temps à des colons qui rendoient au propriétaire une redevance plus ou moins forte, foit en argent, foit en nature; le temps de la tenue ou du bail étant expiré, le propriétaire difpofoit à fon gré de fa terre, où en continuant de la faire cultiver par les mêmes colons, que l'on appeloit *adfcripti glebæ*, ou en la donnant à d'autres. Les terres d'une autre nature ne devoient qu'une efpèce d'impofition, qui avoit pû dans le principe être volontaire & confentie de la part du propriétaire, ou en faveur d'une églife, ou en faveur du Roi.

Il eft ordonné par le cinquième article, que les dixmes feront exactement payées aux églifes, & il eft enjoint aux Comtes & aux *Miffi* de veiller, de concert avec les Évêques & les Abbés, à ce que les églifes foient réparées & entretenues aux dépens de ceux qui en perçoivent les revenus.

L'Empereur ordonne, par le dernier article, à tous les *Miffi* d'établir fur les lieux, de l'avis des Évêques & des Comtes, des Commiffaires pour veiller à la fûreté des ponts & à leur entretien.

Année 819.

Cinquième Capitulaire.

L'Empereur tint dans l'automne de cette année une feconde diète dans fon palais d'Ingelheim, où il y a lieu de croire qu'il publia ce Capitulaire & le fuivant.

Celui-ci, qui contient vingt-neuf articles, eft adreffé aux *Miffi*; ce font des règles particulières de conduite, ou des ordonnances pour l'exercice de leurs charges.

Art. IV. Il eft enjoint aux *Miffi*, chacun dans leur département, de fupprimer les nouveaux droits de voyerie que l'on auroit établi fur les grands chemins, qui font libres & fans obftacles, où il n'y a ni marais, ni rivière, ni ponts, ni autre chofe qui exige de l'entretien; & par rapport aux anciens droits, ils en rendront compte à l'Empereur, qui flatuera par lui-même ce qu'il jugera convenable.

Art. VII. Les *Miffi* auront foin de faire affigner un terrein convenable aux Chanoines des cathédrales qui n'auront pas de cloître, pour y en bâtir.

Art. XII. Les *Miffi* feront exécuter avec foin les ordonnances contre les faux monnoyeurs, les voleurs, les homicides, les parjures & les faux témoins.

Art. XIX. Il eft défendu aux Évêques, aux Abbés & Abbeffes d'avoir pour leur avoué un Centenaire.

Cette difpofition eft très-fage; ce Centenaire étoit un homme public, dont l'office étoit de juger les procès de fa centaine ou canton; il affiftoit aux Plaids du Comte, c'eft pourquoi il eft appelé dans cet article *Centenarius Comitis*. Il fe devoit tout entier aux devoirs de fa charge, & ne pouvoit, fans rifquer de les négliger, s'occuper des affaires & de la défenfe des Évêques ou des Abbés. Ce qui formoit d'ailleurs une incompatibilité entre ces deux emplois, c'eft que les Abbés, comme les Évêques & les Abbeffes, pouvoient avoir des procès qui devoient être jugés par le Centenaire; dans ce cas, il auroit été juge & partie. Pour éviter ces inconvéniens, il étoit donc bien fage au Prince de défendre à ces Officiers de juftice de prendre les emplois des particuliers.

Art. XXI. Il eft enjoint aux *Miffi* d'avertir les Comtes, les Vicaires & les Centeniers qu'il leur eft défendu par les loix de recevoir de qui que ce foit des préfens pour rendre la juftice.

Art. XXIX. La dépenfe des *Miffi* fera fixée de cette manière, en obfervant la dignité de ceux à qui fera confié cet emploi: fi le *Miffus* eft Évêque, il aura par jour quarante pains, trois agneaux, trois rations de vin, un cochon de lait, trois poulets, quinze œufs & quatre rations de fourrage pour fes chevaux; s'il n'eft qu'Abbé, ou Comte, ou un Officier de notre palais, il aura trente pains, deux agneaux, deux rations de vin, un cochon de lait, trois poulets, quinze œufs & trois rations de fourrage pour fes chevaux: fi c'eft un des vaffaux du Roi, (qui pouvoit fort bien être Serf) il n'aura que dix-fept pains, un agneau, un cochon de lait, une ration de vin, deux poulets, dix œufs, & deux rations de fourrage pour fes chevaux.

Cette quantité de vivres, affignée chaque jour pour chacun des *Miffi*, fait préfumer qu'ils étoient accompagnés dans leurs tournées d'un grand nombre de domeftiques. C'étoit auffi des emplois très-importans. Il nous refte à favoir à quelle mefure de notre temps pourroit revenir celle du vin & des fourrages, réglée par cette ordonnance pour chaque *Miffus*; mais je n'ai rien lu qui puiffe nous en donner une idée bien jufte.

Sixième Capitulaire.

Ce dernier Capitulaire eft, comme le précédent, deftiné à l'inftruction des *Miffi*, & il femble en être un fupplément. Il contient onze articles, dont la difpofition porte injonction aux *Miffi* de faire obferver les anciens Canons & les nouveaux règlemens de discipline aux Évêques, aux Abbés & à tous les autres ordres de l'état ecclésiastique. Le dixième article prouve qu'en effet l'Empereur s'étoit dépouillé du droit de nommer les Prélatures, & qu'il l'avoit confié au Clergé, qui en usoit par la voie de l'élection: il est enjoint qu'aussi-tôt que les Prélats auront été canoniquement élus, ils soient sacrés ; ce qui pouvoit se faire beaucoup plus promptement alors qu'à présent, parce que l'on ne demandoit point l'attache de la cour de Rome pour la validité de l'élection ni pour la consécration des Évêques, ni pour la bénédiction des Abbés. Il étoit d'ailleurs très-sage de mettre le plus petit intervalle entre l'élection & la consécration des Évêques, parce que les Églises sont toûjours mieux gouvernées par leurs Pasteurs que par de simples administrateurs.

ANNÉE 820.

11 JANVIER.

PRÆCEPTUM Ludovici imperatoris, pro monasterio sancti Vincentii ad Vulturnum.

Hist. Franc. script. par Duchêne, tom. III, p. 684.

Donné à Aix-la-Chapelle.

Comme ce Diplome fut donné dans la sixième année de l'empereur Louis I, je l'ai placé sous l'année précédente & à la même date du mois. J'ajoûte à la notice que j'ai donnée de cette pièce, que Josué, abbé de ce monastère, vivoit encore en cette année, parce que l'Empereur accorda le Diplome à sa prière : il mourut, suivant Mabillon, à la fin de cette année ; Epiphanius lui succéda. (*Annal. Bened. tom. II, p. 459.*)

30 JANVIER.

PRÆCEPTUM Ludovici imperatoris pro Prumiensi monasterio.

Apud Martenium, tom. I, ampliss. collect. pag. 69. Rec. des Hist. de France, par Dom Bouquet, t. VI, p. 519.

Donné à Aix-la-Chapelle.

L'Empereur confirme par cette charte les immunités & les privilèges de l'abbaye de Pruim & lui fait quelques donations.

Le diacre Durand expédia le Diplome, faisant pour le chancelier Fridugise. Ce Chancelier étoit chanoine séculier ; il eut deux abbayes en même temps, celle de saint Martin de Tours & celle de saint Bertin. Il obtint cette dernière abbaye d'autorité, l'Empereur le nomma sans prendre le suffrage des Moines, dont il paroît que Fridugise faisoit peu de cas. Cette abbaye de saint Bertin étoit double ; dans la première maison il y avoit près de cent Moines, dans la seconde soixante ; Fridugise fit de celle-ci une Collégiale de trente Chanoines séculiers, & il chassa trente Moines environ de l'autre.

5 FÉVRIER.

CHARTA quâ Erlegaudus abbas dat sancto Benigno Divionensi quidquid possidebat in villâ Curmulnense, in centenâ Oscarense.

Rec. de Pérard, page 15.

Actum Curmulnense.

S'il est vrai que cette Charte soit de la VI.e année de l'empire de Louis le Débonnaire, Pérard a fait une faute de la placer sous l'an 820, parce que la VI.e année du règne de ce Prince dans l'Empire, tombe à l'année 819.

Erlegaud donne des fonds de terre, en prés, en vignes & en terres labourables qu'il avoit acquis, aux Prêtres, aux Diacres, aux Lecteurs & aux Chantres de son abbaye de saint Benigne de Dijon ; ces biens étoient situés dans le canton arrosé de la rivière d'Ouche, qui s'appeloit par cette raison, *centena*, ou *pagus Oscarensis vel Oscarensis*, ou même *Uscarensis ;* le village nommé *Curmulnense*, dans lequel ils étoient enclavés, m'est tout-à-fait inconnu.

Mabillon (*Annal. Bened. tom. II, p. 442*) en rendant compte de cette Charte, s'étonne qu'il n'y soit point parlé *des Moines*, d'autant mieux que plus d'un siècle après celui-ci, cette abbaye étoit encore occupée par des Moines ; il soupçonne que la discipline ayant été beaucoup relâchée dans cette maison pendant le gouvernement d'Erlegaud, les Moines auront eu honte de leur état, & qu'ils se feront simplement qualifiés de Prêtres, *Presbyteris*, comme il est dit dans la Charte.

.ANNÉE 820.

ANNÉE 820.

11 FÉVRIER.

CHARTA quâ Wilgarius presbyter dat sancto Benigno Divionensi quiquid habebat apud villam Bargas, in pago Atoariorum.

Rec. de Pérard, page 15.

Fait à Dijon.

Pérard a fait la même faute de date pour cette Charte que pour la précédente.

Quoique ce Wilgarius, qui fit cette donation, ne prenne que le titre de Prêtre, *presbyter*, il pouvoit fort bien être *moine* de cette même Abbaye, par les raisons que j'ai exposées dans le précédent article. J'ai donné une infinité d'exemples que les Abbés, & même les simples, Moines héritoient de leurs parens & disposoient à leur gré de leurs biens; il n'est donc pas surprenant que Wilgarius donne à ce monastère tous les fonds de terre venans de la succession de ses pères, qui consistoient en prés, en vignes, en terres labourables & en maisons; ils étoient situés dans le pays de Bèze du diocèse de Langres, dans les villages nommés *Sanctocolonicas* & *Bargas* (Barges) lieux où cette Abbaye avoit déjà d'autres biens.

20 FÉVRIER.

DIPLOMA Ludovici imperatoris pro ecclesiâ Wirceburgensi.

Franc. Orientalis, ab Eckardo, t. II, p. 160.

Donné à Aix-la-Chapelle.

Deux particuliers avoient autrefois légué à l'église de Wurtzbourg des fonds de terre situés dans le canton de Badanawgh, qui confinoient au territoire des deux villages d'Eichesfeld & de Gibulestat; Raoul comte dans ce pays, sous je ne sais quel prétexte, s'en étoit dans la suite emparé. Wolfgaire, évêque de Wurtzbourg, étant instruit de cette usurpation, recourut à l'autorité de l'Empereur pour rentrer dans la jouissance de ces biens. Ce Prince, à la requête de Wolfgaire, chargea ses *Missi* dans ce département, de vérifier les faits que cet Évêque lui exposoit; ces *Missi* étoient Bernaire évêque de Worms, & le comte Ermenfroid. Leur rapport s'étant trouvé favorable aux prétentions de l'évêque de Wurtzbourg, l'Empereur ordonna par cette Charte que les biens en question seroient restitués à cette Cathédrale.

Le diacre Durand expédia ce Diplome, faisant pour le chancelier Fridugise.

7 MARS.

DIPLOMA Ludovici imperatoris pro monasterio Cormaricensi.

Gallia Christ. pr. edit. t. IV, pag. 299. Rec. des Hist. de France, par Dom Bouquet, t. VI, p. 519. Ann. Eccl. Fr. Cointii, t. VII, pag. 522. Annal. Benedi t. II, p. 458.

Donné à Aix-la-Chapelle.

Jusqu'à l'époque de ce Diplome le monastère de Cormeri n'avoit été qu'une Celle sous le titre de S.t Paul, qui dépendoit de l'abbaye de S.t Martin de Tours. Fridugise érigea cette Celle en Abbaye, dans laquelle il régla qu'il y auroit désormais cinquante Moines, parmi lesquels on en éliroit un pour Abbé, avec l'agrément de celui de S.t Martin. Fridugise fit ratifier ces arrangemens par l'Empereur, lequel confirma en outre les donations que Hitier & Alcuin, prédécesseurs de Fridugise, avoient faites à la Celle de Cormeri.

Jusqu'au concordat de François I.er & du pape Léon X, on a observé dans cette Abbaye la disposition de ce Diplome; chaque fois que l'Abbé mouroit, les Moines alloient déposer sa crosse dans l'église de S.t Martin & demandoient au Chapitre l'agrément de procéder à l'élection d'un nouvel Abbé, lequel étant élû alloit prendre sa crosse sur le tombeau de saint Martin, en signe d'obéïssance & de dépendance du Chapitre dont il prêtoit le serment. Jacob est le nom du premier abbé de ce Monastère, il fut élû parmi les Moines qui l'occupoient n'étant encore qu'une Celle.

Le diacre Durand expédia ce Diplome, faisant pour le chancelier Fridugise.

Les frères Sainte-Marthe ont mal lû cette pièce dans l'original, & il y a par cette raison beaucoup de fautes dans leur imprimé; elle est correcte dans le Cointe & dans Dom Bouquet.

ANNÉE 820.

12 MARS.

DIPLOMA Ludovici imperatoris pro monasterio Anianensi.

Donné à Aix-la-Chapelle.

Histoire de Languedoc, t. I, pr. col. 54. Rec. des Hist. de France, t. VI, page 520.

L'Empereur confirme, par ce Diplome, celui du 4 décembre de l'année 818, & ajoûte une nouvelle donation, par celui-ci, en faveur de la même abbaye d'Aniane, d'une terre considérable appelée *Massacia*, qui étoit du domaine Royal.

Le diacre Durand expédia ce Diplome, faisant pour le chancelier Fridugise.

27 AVRIL.

PRÆCEPTUM Ludovici imperatoris pro ecclesiâ Placentinâ.

Donné à Aix-la-Chapelle.

Rec. des Hist. de France, par Dom Bouquet, t. VI, p. 521. Ann. Eccl. Fr. Cointii, t. VII, pag. 529.

Podo évêque de Plaisance présenta à l'empereur Louis plusieurs Diplomes des rois Lombards Hilprand, Astolphe & Didier, lesquels portoient des donations de biens & des concessions de priviléges en faveur de cette Cathédrale. Charlemagne avoit déjà confirmé par une Charte tous ces Diplomes: cependant Podo se plaignoit que l'on n'y avoit point eu égard, & que d'injustes possesseurs retenoient un Monastère nommé *Gravascus*, qui appartenoit à son église. L'Empereur nomma des Commissaires pour s'instruire de la vérité des faits, c'étoient l'évêque Adalaon, dont j'ignore le nom du siége, & le comte Arlmannus. Le rapport de ces Commissaires ayant été favorable à Podo, l'Empereur lui accorda ce Diplome, par lequel il ordonne que le Monastère en question lui sera restitué; il confirme en outre les priviléges & les immunités de son église.

Adalulphe expédia cette Charte, faisant pour le chancelier Fridugise.

Le Cointe & Dom Bouquet ont imprimé cette Charte d'après Ughelli, tom. V. *Ital. sacr.* pag. 1555.

28 AVRIL.

PRÆCEPTUM Ludovici imperatoris, de Monachis fugitivis revocandis monasterii Farfensis.

Donné à Aix-la-Chapelle.

Rerum Ital. script. a Muratorio, tom. II, par. 2, col. 578. Annal. Bened. t. II, p. 722. Rec. des Hist. de France, par Dom Bouquet, t. VI, p. 521.

Les Moines de l'abbaye de Farfe ayant presque tous pris la fuite, pour je ne sais quelle raison, Ingoald qui en étoit alors Abbé, s'en plaignit à l'Empereur, & obtint cette ordonnance qui enjoint à tous ces apostats de retourner dans leur Monastère & d'y reprendre la vie régulière. L'ordonnance est adressée aux Ducs, aux Comtes, aux Juges & aux autres Officiers, & l'Empereur leur commande de la faire exécuter, sous peine pour celui qui y contreviendra, d'être cité à sa Cour pour en rendre raison à son Conseil.

L'Église n'avoit alors pas plus qu'aujourd'hui de territoire & de force coactive, les choses en elles-mêmes n'ont point changé à cet égard; mais les Jurisconsultes ultramontains ignoroient sans doute les principes de la puissance spirituelle & de la temporelle, & ne connoissoient pas dans le XIII.e siècle les maximes du IX.e qui étoient accréditées en Italie autant que par-tout ailleurs.

26 JUILLET.

PRÆCEPTUM Ludovici imperatoris pro monasterio Fuldensi.

Donné au palais d'Ingelheim.

Rec. des Hist. de France, par Dom Bouquet, t. VI, p. 521.

L'église de cette fameuse Abbaye avoit été rebâtie en entier, & l'abbé Eigil en avoit fait faire la consécration l'année précédente par Heistolse archevêque de Mayence; ce fut en considération de cette réédification, que l'Empereur fit à l'abbé Eigil des donations, par cette Charte, & qu'il renouvela les priviléges & les immunités de son Abbaye.

Le diacre Durand expédia ce Diplome. Le nom du Chancelier ne s'y trouve pas.

ANNÉE 820.

17 SEPTEMBRE.

PRÆCEPTUM Ludovici imper. pro monasterio Arulensi.

Donné au palais de Vern ou Verneuil-sur-Oise.

Marca Hispanica, p. 766. Rec. des Hist. de France, par Dom Bouquet, t. VI, p. 522.

L'Empereur, par ce Diplome, met fous fa protection immédiate le monastère de S.te Marie d'Arles dans le Valespir, du diocèse d'Elne en Roussillon, à la prière de Castellanus qui en étoit alors Abbé, & ce Prince accorde en outre aux Moines la liberté de l'élection de leurs Abbés.

Le diacre Durand expédia ce Diplome, faisant pour le chancelier Fridugise.

21 SEPTEMBRE.

PRÆCARIUM Olibæ Carcassonnensis comitis, pro monasterio Grassensi.

Histoire de Carcassonne, par Bouges, p. 504. Hist. de Languedoc, t. I, pr. col. 55.

Oliba comte de Carcassonne & Elmetrude sa femme, avoient donné de leur fonds à l'abbaye de la Grasse un alleu que l'on appeloit *Favarias*, situé dans le val de Daigne au diocèse de Carcassonne. Cette terre étoit sans doute à leur portée & il leur faisoit plaisir d'en jouir, car quelque temps après cette donation, le Comte & la Comtesse vinrent en suppliant demander à Adalric abbé de ce Monastère, de la leur donner en bénéfice pour vingt-deux années; l'Abbé la leur accorda, & il en fut dressé cet Acte qui porte que le Comte rendroit à l'abbé Adalric annuellement pour ce bénéfice, vingt sols, & que dans le cas où il négligeroit de payer cette redevance, il feroit tenu d'une composition du double de la redevance.

Cet Acte est signé du comte Oliba & de deux autres personnages, que l'historien du Languedoc croit être les enfans du Comte, de la comtesse Elmetrude & de plusieurs témoins. Paschal lévite & moine, fans doute de la Grasse, rédigea l'Acte; il n'y avoit alors, pour ainsi dire, que les Moines & les Prêtres qui fussent lire & écrire; ils tenoient lieu, par cette raison, d'Officiers publics.

27 SEPTEMBRE.

DIPLOMA pro confirmatione commutationis ab Hilduino abbate San-Dionysiano.

De re Diplom. a Mab. p. 526 (ad Notitiam).

L'Empereur confirme, par cette Charte, dont Mabillon n'a imprimé qu'un extrait, un échange fait entre Hilduin abbé de S.t Denys, & un particulier nommé *Theodoarius*. Celui-ci avoit des biens situés à Massy en Brie, il les donna en échange de ceux que Hilduin avoit dans le village de Grées dans le canton de Paris. *Apud Gressum in Parisiaco*. Je ne connois point de lieu *Gressum*, j'en ai trouvé un du même nom dans l'Auteur de la vie de S.t Almer, situé sur la rivière de Braye dans le Maine, où ce Saint, qui étoit disciple de S.t Calez, bâtit un Oratoire vers le milieu du VI.e siècle, *Gressus ad Brigiam*. Ce n'est aussi que l'ortographe de ces deux noms, qui est la même, qui me porte à donner le nom de *Grées* en françois à celui dont j'ignore la situation.

Le diacre Durand expédia cette Charte, faisant pour le chancelier Fridugise.

19 OCTOBRE.

PRÆCEPTUM Ludovici imperatoris pro Inchado Parisiensi episcopo.

Donné à Aix-la-Chapelle.

Hist. Eccles. Parisiensi a Gerardo Dubois, t. I, p. 326. Capitul. Reg. Fr. a Baluzio, t. II, col. 1418.

L'Empereur confirme, par ce Diplome, ceux que Pépin & Charlemagne avoient accordés aux évêques de Paris. C'est-là véritablement le titre du Bailliage de ces Prélats dans cette capitale; outre que le Prince les confirme dans toutes leurs possessions, il accorde à l'évêque Inchade, & à ses successeurs, l'exemption de la jurisdiction des Officiers royaux dans l'étendue de l'isle, & lui permet de faire rendre la justice tant aux Serfs de cette Cathédrale qu'aux autres particuliers libres qui demeurent dans l'enceinte de l'isle, qui est bornée d'un côté à la grande rue qui conduit à S.t Germain-l'Auxerrois, & d'un autre côté à celle de S.t Médéric. Il faut cependant observer que les officiers de l'Évêque, que la Charte appelle *Missus* & *Advocatus*, feront assujétis à venir aux Plaids du comte de Paris, rendre compte de leur administration touchant les choses qui concerneront la police générale.

Cette concession de Justice portoit un affranchissement général de cens, de tribut, d'impôt & de service militaire en faveur des hommes ou vassaux de l'église de Paris,

Tome I.   X x ij

avec réserve néanmoins du ressort & de l'appel des sentences des officiers de l'Évêque aux officiers du Roi.

Le diacre Durand expédia ce Diplome, faisant pour le chancelier Fridugise.

22 OCTOBRE.

ANNÉE 820.

DIPLOMA pro confirmatione commutationis ab Hilduino abbate San-Dionysiano.

De re Diplom. a Mab. p. 526 (ad Notitiam).

Donné au palais de Servais (Silviaco).

Cette Charte, dont Mabillon n'a donné qu'un extrait, est la confirmation d'un échange que Hilduin abbé de S.t Denys avoit fait avec un particulier nommé *Hairard*, de biens situés dans un lieu appelé *Bagernæ* dans le Chambliois, canton du Beauvoisis, entre Beaumont & l'Isle-Adam.

Le diacre Durand expédia ce Diplome, faisant pour le chancelier Fridugise.

Mais comment concilier la date de cette Charte avec la précédente? On ne peut pas croire qu'elles soient de la même année l'une & l'autre, parce qu'il ne paroît pas possible que l'Empereur se soit trouvé en Allemagne le 19 octobre, & que le 22 il fut en France sur les frontières de la Picardie; ainsi ou Mabillon a mal lû l'original de cette Charte, qui est sans doute d'une date postérieure de deux ou trois années à celle qu'il lui assigne, ou Dom Germain a erré en prétendant que le palais de *Silviaco*, où l'Empereur donna cette Charte, est *Servais* près la Fère; peut-être y avoit-il dans le voisinage d'Aix-la-Chapelle un lieu de ce nom.

29 OCTOBRE.

PRÆCEPTUM Ludovici imperatoris pro ecclesiâ Parisiensi.

Rec. des Hist. de France, par Dom Bouquet, t. VI, p. 522.
Ann. Eccl. Fr. Cointii, t. VII, pag. 535.
Cap. Reg. Fr. a Baluzio, t. II, col. 1419.
Hist. eccl. Paris. a Gerardo Dubois, tom. I, pag. 325.
Histoire de la ville de Paris, par Félibien, t. V, col. 596.

Donné à Querci.

Sous le règne de Pepin I.er les archives de l'église de Paris furent brûlées par la négligence de celui à qui le soin en étoit confié; c'est pourquoi nous n'avons point de chartes, qui intéressent l'histoire de cette Cathédrale, plus anciennes que le règne de Charlemagne. Afin de réparer la perte causée par cet incendie, Herchenrad le vieux supplia Charlemagne de lui accorder un Diplome qui maintînt son église dans la possession & dans la jouissance de tous ses biens, dont il donna un état: nous n'avons point ce Diplome, mais il paroît par celui-ci que Charlemagne l'accorda. Inchade le présenta à Louis le Débonnaire, & en obtint par celui-ci la confirmation, mais sans aucun détail.

Le diacre Durand expédia ce Diplome, faisant pour le chancelier Fridugise.

L'Empereur étoit venu passer l'automne toute entière à Querci, où il tint l'assemblée des États; il y chassa pendant toute cette saison, suivant l'usage de nos Rois, après quoi il retourna passer l'hiver à Aix-la-Chapelle. *Imperator post actum Carisiaci conventum, autumnalemque venationem ex more completam, Aaquas reversus est.* (Ex Annal. Egin. ad hunc ann.)

2 DÉCEMBRE.

LITTERÆ donationis Sigefridi factæ monasterio sancti Emmerani.

Annal. Bened. t. II, p. 458.

S.t Emmeran de Ratisbonne étoit un monastère considérable; Baturic en étoit Abbé & Évêque de cette ville en même temps, mais il avoit un coadjuteur pour l'abbaye; Sigefroi la gouvernoit avec le titre d'Abbé: ces exemples de deux titulaires d'abbaye tout-à-la fois sont rares dans ce temps. Sigefroi se dépouilla de ses biens patrimoniaux en faveur de ce monastère, & lui légua par cette Charte deux seigneuries qu'il nomme *Mezihildam* & *Bobilam*.

Sans autre date.

CHARTA Ludovici imperatoris pro monasterio sancti Benigni Divionensis.

Ann. Eccl. Fr. Cointii, t. VII, pag. 532.

L'Empereur adressa cette Charte à Amade, comte dans la Bourgogne & à ses autres officiers, par laquelle il leur enjoint de contribuer aux dépenses de la reconstruction d'une église qu'Erlegand, abbé du monastère de S.t Benigne de Dijon, méditoit de faire; le Prince ordonne cependant que cette contribution n'aura lieu que par rapport à ceux qui tiennent en bénéfice des biens de cette abbaye.

ANNÉE 821.

8 Février.

DIPLOMA Ludovici imperatoris pro monasterio Indensi.
Donné à Aix-la-Chapelle.

Rec. des Hist. de France, par Dom Bouquet, t. VI, p. 523. Apud Martenium, tom. I, ampliss. collect. pag. 76. Mart. Opera Diplom. t. III, pag. 288.

L'Empereur accorde par ce Diplome aux Moines de ce monastère une exemption générale de tous les droits de péage & de voierie pour leurs hommes & pour toutes les denrées destinées pour leur consommation. Benoît d'Aniane vivoit encore & étoit abbé de ce monastère; il n'est pas douteux que ce fut à sa considération que l'Empereur accorda cette grace.

L'Empereur avoit bâti cette abbaye près son palais d'Aix-la-Chapelle, afin d'être à portée de consulter aisément Benoît d'Aniane, qui n'avoit pas voulu fixer son séjour à la Cour. On appela d'abord cette Abbaye *monasterium Indense*, du nom de la petite rivière d'Inde sur laquelle elle étoit située. On en mit l'église sous l'invocation de S.t Corneil pape, & elle s'est appelée par cette raison dans la suite *Cornelii monasterium*, & en allemand *Cornelis munster*.

Le diacre Durand expédia ce Diplome, faisant pour le chancelier Fridugise.

31 Mars.

PLACITUM pro Monasterio Caunensi.

Histoire de Languedoc, t. I, pr. col. 55. De ce Diplom. a Mab. p. 513.

Ce plaid fut tenu à Narbonne par Agilbert, vidame de cette ville, & les témoins firent leur serment dans l'église de S.t Julien martyr, car il étoit alors d'usage de jurer sur des Reliques ou dans un lieu où il y en avoit. Ce procès étoit entre les héritiers d'un particulier nommé Adalald, & Jean abbé de Caune. Cet Adalald en mourant avoit légué à ce monastère des vignes situées dans l'isle de Lec au territoire de Narbonne, entre la mer & les étangs, & ses héritiers contestoient le legs; l'abbé de Caune, représenté par le prêtre Mancio son Avocat, plaida sa cause au plaid que le Vidame & les juges tinrent dans ce mois, & il fut ordonné que l'Abbé produiroit trois témoins qui jureroient que le legs avoit été fait, comme l'Avocat de l'Abbé le prétendoit: les témoins attestèrent avec serment le fait, & les Juges prononcèrent cette sentence, par laquelle l'abbé de Caune fut maintenu dans la jouïssance des vignes léguées. C'est ainsi que cette Charte est datée: *Latæ condiciones sub die pridie kalendas abriles, anno octabo imperante domno nostro gloriosissimo Ludoviheco imperatore:* viennent ensuite les signatures des témoins, du Commissaire qui prit leur serment dans l'église, & celles des Juges & du Greffier qui écrivit la sentence; celle du Vidame ne s'y trouve point, parce qu'il n'étoit pas juge, elle est seulement intitulée de son nom, parce qu'il tenoit le plaid & qu'il provoquoit tous les jugemens qui s'y rendoient.

2 Avril.

PRIVILÉGE de l'empereur Louis I.er pour le monastère de S.t Maximin de Trèves.
Donné à Glare. (Longolano.)

Histoire de Lorraine, par Dom Calmet, tome IV, pr. col. 299.

Élisachar, qui avoit été autrefois chancelier, étoit devenu Abbé de ce monastère; ce fut à sa considération que l'Empereur confirma un Diplome de Charlemagne en faveur de cette abbaye, & qu'il maintint par celui-ci les Abbés, les Moines & leurs hommes dans la franchise de toutes sortes d'impôts & dans l'exemption de la jurisdiction des Officiers royaux.

Le diacre Durand expédia cette Charte, qui fut donnée dans un lieu appelé alors *Longolanum* ou *Longolarium*; il est situé dans les Ardènes au voisinage de S.t Hubert, dans le diocèse de Liège; on l'appelle présentement Glare. Plusieurs auteurs soûtiennent que Clotaire II y avoit bâti le palais qui subsistoit encore du temps de Louis le Débonnaire & où ce Prince venoit chasser.

16 Juillet.

PRÆCEPTUM Ludovici imperatoris pro quodam Fulquino fideli suo.
Donné à Aix-la-Chapelle.

Rec. des Hist. de France, par Dom Bouquet, t. VI, p. 523. Apud Martenium, ampliss. collect. tom. I, pag. 78. Francia orientalis ob Eckardo, t. II, p. 165.

Ce Fulquin, en faveur duquel l'Empereur donna cette ordonnance, étoit sans doute un Franc & distingué dans l'État; il demeuroit dans l'évêché de Paderborn au canton nommé *Angaria* ou *Engrisgoë*. Fulquin, suivant les apparences, étoit célibataire & n'avoit que des parens très-éloignés. Partant pour la guerre contre les Esclavons, peuples très-féroces & qui vouloient s'établir dans la Pannonie, il avoit mis en dépôt, entre les mains d'un tréforier de l'Empereur, fes effets mobiliers; de retour de la guerre, Fulquin réclama fes effets, & fur les difficultés que le Tréforier faifoit de les lui rendre, il obtint cette Ordonnance qui porte qu'ils lui feront reftitués.

Faramond l'un des notaires du Palais expédia l'Ordonnance, faifant pour le chancelier Fridugife.

28 JUILLET.

ANNÉE 821.

PRÆCEPTUM Ludovici imperatoris pro monasterio Altahensis inferioris.

Rec. des Hift. de France, par Dom Bouquet, t. VI, p. 524. Ann. Eccl. Fr. Cointii, t. VII, pag. 577.

On appelle ce monaftère S.t Maurice *ou* Nider-Altaich, il eft dans la Bavière; l'Empereur déclare, par ce Diplome, qu'il en prend l'Abbé & les Moines fous fa protection fpéciale, & qu'il fe réferve la connoiffance de tous les procès qu'ils pourroient avoir à l'avenir, qui ne pourroient pas être jugés fur les lieux commodément & fans beaucoup de frais.

Sigebert notaire du Palais expédia ce Diplome, faifant pour le chancelier Fridugife.

AOÛT, fans quantième.

PLACITUM a Missis Ludovici imperatoris habitum pro monasterio Farfensi.

Rerum Italic. fcript. a Muratorio, t. II, partie 2, col. 373.

Fait à Norcia dans l'Ombrie.

Cette pièce eft fort longue, parce qu'elle rapporte dans un grand détail toutes les circonftances & les incidens de ce procès; il s'agiffoit d'une donation qu'un particulier nommé *Paul & Taffila* fa femme avoient faite au monaftère de Farfe de biens confidérables, que fuivant les apparences ils avoient eu en bénéfice du domaine Royal; peut-être cette donation n'étoit-elle pas dans fon principe bien régulière, parce que ce Paul n'étant point propriétaire de ces biens, il eft évident qu'il ne pouvoit en difpofer à titre de donation; mais l'abbé de Farfe avoit eu l'adreffe d'obtenir de l'Empereur un Diplome, lequel ratifiant cette donation devenoit un titre inconteftable de propriété pour le Monaftère; cependant le duc de Spolète ignorant que ce Diplome exiftoit, avoit revendiqué les biens & les avoit réunis au Fifc; Ingoalde alors abbé de Farfe les réclama, & traduifit le Duc devant les *Miffi* de l'Empereur qui tenoient leur Plaid à Norcia; l'affaire ayant été difcutée & défendue par Andulphe avoué de l'Abbaye, les Commiffaires prononcèrent ce jugement qui rétablit l'Abbé & les Moines dans la propriété des biens dont il s'agit : le comte Aledrand, Adelard & Léon font les noms de ces *Miffi* ou Commiffaires.

2 SEPTEMBRE.

PRÆCEPTUM pro Casto abbate monasterii Visbechensis in episcopatu Monasteriensi.

Rec. des Hift. de France, par Dom Bouquet, t. VI, p. 524. Apud Schatennun, lib. 11. Annal. Paderborn, pag. 67.

Donné à Aix-la-Chapelle.

Ce Monaftère n'eft plus qu'une paroiffe appelée *Visbeke*; il étoit fitué dans l'évêché d'Ofnabruck, la paroiffe dépend préfentement de l'évêché de Munfter. C'eft le même dont il eft parlé dans la chronique de Saxe à l'année 822; l'Auteur décrivant les bienfaits de l'empereur Louis I.er & de fes enfans en faveur de la nouvelle Corbie, dit que Louis le jeune, c'eft-à-dire, roi de Bavière, dans les États duquel étoit ce Monaftère, le donna à cette Abbaye.

Les Auteurs lui donnent différens noms, ils l'appellent tantôt *Visbechense monasterium*, tantôt *Visbike*, & très-fouvent *Fisbechense*; l'Empereur, par ce Diplome, met fous fa protection fpéciale ce Monaftère, à la confidération de Caftus qui en étoit alors abbé.

Mais la date & le nom du chancelier Élifachar, que l'on trouve dans la foufcription, fait douter de l'authenticité de cette pièce. On n'a jamais daté *V.º nonas septembris*. Peut-être eft-ce une faute de copifte, au lieu de *V.º* on pourroit croire qu'il y avoit dans l'original *IV.º*; d'un autre côté, il y avoit plus de deux ans que le chancelier Élifachar étoit retiré de la Cour.

Sans autre date.

EPISTOLA Ludovici imperatoris ad monachos Anianenses.

Cap. Reg. Fr. a Baluzio, t. I, col. 623. Rec. des Hift. de France, t. VI, pag. 335. Annal. Bened. tom. II, p. 474.

Baluze ne donne pas une date certaine à cette lettre, Dom Bouquet, d'après le fentiment de Mabillon, la fixe à l'année 822. Je me décide pour l'année 821, parce

que nous avons une Charte du mois d'août de 822, par laquelle il paroît que Tructefinde, dont il est parlé dans cette lettre, étoit déjà abbé d'Aniane.

Voici le sujet de cette lettre : George abbé de ce Monastère étoit mort quelques mois après le fameux Benoît fondateur & premier abbé d'Aniane ; les Moines en avoient instruit aussi-tôt l'Empereur & lui avoient demandé sans doute, par la même lettre, la permission de procéder à l'élection d'un nouvel Abbé. On a lieu de croire que l'Empereur accorda cette permission, mais qu'il donna ordre néanmoins à Nebridius archevêque de Narbonne & à Agobard archevêque de Lyon, d'assister, en qualité de ses Commissaires, à cette élection ; ce furent en effet, suivant les termes de la lettre de ce Prince, ces deux Prélats, qui qualifie de ses *Missi*, qui lui présentèrent l'Acte de l'élection de Tructefinde & qui lui en demandèrent la confirmation, après lui avoir rendu compte de la manière dont les choses s'étoient passées dans l'assemblée. Ceci prouve que quoique Louis le Débonnaire eut, dit-on, rétabli les élections, il n'avoit pas laissé de se réserver le droit de les confirmer, qui suppose celui de les rejeter, & d'y envoyer des Commissaires pour y maintenir l'ordre, pour empêcher les cabales & pour faire observer les Canons. *Proxime accidit Agobardum archiepiscopum ad nostram devenisse præsentiam, indicans nobis, quomodo eo præsente & Nibridio archiepiscopo, sine mora omnes pari consensu Tructesindum super vos elegissetis Abbatem: cui facto, quia rationabile nobis videbatur, adsensum præbere non distulimus.*

Année 821.

Præceptum Ludovici imperatoris pro monasterio S. Aniani Aurelianensis.

Ann. Eccl. Fr. Cointii, t. VII, p. 572.

L'Empereur confirme, par ce Diplome, celui de Pépin son aïeul, qui exemptoit des droits de péage, de douane & de voierie six bateaux appartenans au monastère de S.t Aignan d'Orléans, destinés à transporter par la Loire & par d'autres rivières, les choses nécessaires à la vie des Clercs de ce monastère.

Charta ingenuitatis data ab Eginardo abbate sancti Servatis.
Fait à Utrecht.

Rec. des Hist. de France, par Dom Bouquet, t. VI, p. 657.

Il paroît, suivant la teneur de ces lettres, qu'on n'étoit point affranchi pour être Moine ; c'est-à-dire, que la profession de Moine & l'émission des vœux n'affranchissoient point un Serf ; car Éginard abbé de S.t Servat d'Utrecht donna ces lettres d'affranchissement à Meginfroid serf & moine de cette Abbaye, que la Communauté avoit jugé digne d'être promu aux Ordres sacrés; mais il falloit être libre pour pouvoir être admis dans la Cléricature : l'affranchissement d'un Serf destiné pour entrer dans le Clergé se faisoit au coin de l'Autel du côté de l'Épître, en présence de plusieurs Prêtres & de laïcs de condition libre. Par cet affranchissement on acquéroit tous les droits de citoyen Romain, *per Ecclesiastici atque Imperialis decreti auctoritatem, civem Romanum statuo*, le Moine affranchi acquéroit un pécule & la liberté d'en disposer à son gré, *& de peculiare, quod habet, aut quod abhinc assequi potuerit faciat secundùm Canonum auctoritatem liberè quidquid voluerit ;* enfin ces lettres d'affranchissement s'appeloient *Manumissio*, parce que, suivant Isidore, *liv. IX*, le Préteur qui affranchissoit l'esclave chez les Romains, lui donnoit un soufflet, c'étoit par l'action de la main que l'affranchi sortoit de la servitude, ce qui est très-bien exprimé par le verbe *Manumittere ;* ces lettres, en France, étoient signées non seulement du Maître qui affranchissoit son Serf, mais des témoins qui étoient présens à l'affranchissement, ce qui faisoit une espèce de cérémonie.

Fundatio cœnòbii Vezeliacensis.

Bibliot. Cluniacensis notæ, pag. 55.

Duchêne qui a imprimé le manuscrit duquel ce fragment a été tiré, dit qu'il étoit très-imparfait, & que c'est uniquement par considération pour Camuzat, homme célèbre qui le lui avoit communiqué, qu'il l'a publié. On ne peut en effet être moins exact que l'Auteur du manuscrit, sur les faits & sur la chronologie. *Du temps de Charlemagne*, dit-il, *vers l'an 821, Gérard de Roussillon comte de Nevers fonda, de concert avec Berthe sa femme, le monastère de Vézelai, &c.*

Qui ne sait pas qu'en 821 l'empereur Louis régnoit, & non pas Charlemagne son père qui étoit mort il y avoit sept ou huit ans !

Gérard de Roussillon, qui est véritablement le fondateur de ce Monastère, ne vivoit pas non plus du temps de Charlemagne, il ne parut que sous Charles le Chauve, & c'est sous ce Prince qu'il fit cet établissement, vers l'an 867.

Gérard de Roussillon étoit comte de Provence & ne fut jamais comte de Nevers; dans le même temps que vivoit ce Gérard de Roussillon, Charles le Chauve donna le comté de Nevers avec celui d'Auxerre à Robert marquis d'Angers. *(Annal. Bertiniani ad ann. 865.)*

Je rendrai compte à l'article de l'année 867, du véritable titre de la fondation de cette Abbaye.

Année 821.

DIPLOMA Ludovici imperatoris pro monasterio S. Sulpitii Bituricensis.

Rec. des Hist. de France, par Dom Bouquet, t. VI, p. 525.

Ramnincus abbé de S.t Sulpice de Bourges, présenta à l'Empereur plusieurs Diplomes des Rois ses prédécesseurs, qui contenoient, chacun séparément, différens priviléges, & supplia ce Prince de lui accorder cette Charte, dans laquelle il voulût bien les confirmer & les réunir; l'Empereur, dont la piété alloit toûjours en croissant, accorda cette grace à Ramnincus, & ajoûta même encore de nouveaux priviléges aux anciens; les uns & les autres consistoient principalement dans l'exemption des droits de voierie, de péage & de ban qui étoient généralement dûs au Fisc, ainsi que dans l'affranchissement de la jurisdiction des Officiers royaux. Ce Monastère tenoit de la libéralité d'un des prédécesseurs de Louis, un certain droit qu'il faisoit lever dans les marchés de la ville de Bourges, & dont le produit avoit été affecté pour la véture des Moines; ce Prince confirma ce droit & la destination ancienne.

CAPITULARE Ludovici imperatoris, de diversis ad Fiscum aspicientibus.

Cap. Reg. Fr. a Baluzio, t. I, col. 621.

Donné à Thionville.

L'Empereur, suivant Éginard, *(Vita Lud. cap. 34)* tint trois assemblées des États cette année, l'une à Aix-la-Chapelle au mois de février, dans laquelle il fut arrêté que l'on feroit la guerre aux Sarrasins, la seconde à Nimègue au 1.er de mai, dans laquelle l'Empereur fit confirmer le partage qu'il avoit fait de ses États en 817, entre ses fils, la troisième à Thionville au 15 octobre, ce fut dans cette dernière que Louis fit couronner solennellement Empereur Lothaire son fils aîné; on y publia en outre cette ordonnance ou Capitulaire qui contient cinq articles.

Le premier traite des Péages. Il y est fait défenses de percevoir à l'avenir ce droit ailleurs que dans les lieux où se tiennent des marchés, & où il y a un commerce ouvert de toutes les choses nécessaires à la vie & d'un usage commun; par le second, l'Empereur exempte tous les officiers de sa Maison des droits de bacs & autres que l'on percevoit sur des ponts; il est défendu par le troisième d'exiger un plus fort droit que celui qu'il est d'usage de payer pour le passage sur des ponts, sous le prétexte qu'ils ont été réédifiés ou raccommodés; l'Empereur défend également, par le quatrième, à ses officiers & à tous autres, de contraindre un homme libre ou Franc d'aller à la corvée pour réparer les murs ou les haies dont ses forêts & les parcs des Maisons royales sont fermées, sans néanmoins, ajoûte l'Empereur, que la présente défense puisse être appliquée aux autres ouvrages publics, auxquels tous les Sujets, sans exception, sont assujétis suivant la coûtume ancienne; il est enfin ordonné, par le cinquième article, de regarder comme loi de l'État les Capitulaires publiés l'année précédente, & qui ont été joints au code de la loi Salique.

8 FÉVRIER.
PRÆCEPTUM Ludovici imperat. pro ecclesiâ Mutinensi.

Rec. des Hist. de France, par Dom Bouquet, t. VI, p. 503. Ann. Eccl. Fr. Cointii, t. VII, p. 784.

Donné à Aix-la-Chapelle.

Le Cointe dit que l'Empereur passa les fêtes de Noel de cette année à Francfort-sur-le-Mein & qu'il y demeura jusqu'à la fin du mois de mars de l'année suivante; je pense que ce Savant s'est trompé, ce séjour de l'Empereur à Francfort jusqu'au mois de mars n'est marqué nulle part; suivant Tegan l'un des historiens de ce Prince, il paroît bien qu'il passa les fêtes de Noel à Francfort, mais il ne marque point le temps qu'il y demeura, ni l'époque de son départ; partant cette Charte est bien datée d'Aix-la-Chapelle où il est certain que l'Empereur étoit au mois de février. Mais Dom Bouquet

Bouquet pour faire cadrer la date de l'indiction avec l'année du règne de l'Empereur, juge qu'il y a faute dans le chiffre IX qui marque la IX.ᵉ année du règne de cet Empreur; en effet, il n'est pas possible de concilier la date de l'indiction 1.ʳᵉ qui se trouve dans ce Diplome avec la IX.ᵉ année du règne de ce Prince, l'indiction 1.ʳᵉ revient à l'année 823 qui est la X.ᵉ de ce règne, ces raisons déterminent le savant Bénédictin à substituer le chiffre X dans la Charte au chiffre IX, avec lequel le Cointe l'a publiée, & à la placer par conséquent sous l'année 823.

Adeodat *ou* Dieudonné évêque de Modène, dans un âge alors trop avancé pour venir à la Cour, députa un prêtre de son Clergé nommé *Julien*, pour y venir solliciter ce Diplome, par lequel l'Empereur confirme toutes les donations que les anciens rois Lombards, & Charlemagne, avoient faites à cette Cathédrale. Louis accorda de plus au clergé de Modène, par ce même Diplome, la liberté d'élire son Évêque après la mort d'Adeodat.

Le diacre Durand expédia cette Charte, faisant pour le chancelier Fridugise.

19 MARS.

ANNÉE 822.

DIPLOMA Ludovici imperatoris pro Anianensi monasterio.
Donné à Aix-la-Chapelle.

Histoire de Languedoc,t. I, pr. col. 58. Rec. des Hist. de France, par Dom Bouquet, t. VI, p. 526.

Tructesinde, abbé d'Aniane, se plaignit à l'Empereur que les officiers du Fisc & autres, troubloient chaque jour ses Moines dans la jouissance des privilèges & des franchises que ce Prince leur avoit accordés; sur quoi l'Empereur donna cette Ordonnance qu'il adresse aux Comtes, aux Vicaires, aux Centeniers & à tous ses autres Officiers, tant de la Provence, que de la Septimanie & de l'Aquitaine, par laquelle il déclare que les privilèges d'immunité & de sauve-garde accordés à cette Abbaye, s'étendent, sans distinction, sur toutes les personnes & les biens qui lui appartiennent, quelque part qu'ils soient situés, & défend en conséquence à ses Officiers de les restreindre, comme ils le prétendoient, aux églises & aux lieux réguliers du Monastère: l'Empereur ordonne de plus, que quiconque violera ces privilèges dans des lieux enclos de murs ou de haie, payera soixante sols d'amende; & si le lieu n'est point fermé, on payera l'amende & le dommage, suivant qu'il est ordonné par la loi du pays; *secundùm legem quæ in loco tenetur multandus est*. Ceci prouve que l'on se gouvernoit dans toutes les provinces méridionales suivant la loi des Visigots, dans tous les cas où les ordonnances n'y dérogeoient pas expressément.

20 MARS.

DIPLOMA Ludovici imperatoris pro eodem monasterio Anianensi.
Donné à Aix-la-Chapelle.

Histoire de Languedoc,t. I, pr. col. 59. Rec. des Hist. de France, par Dom Bouquet, t. VI, p. 527.

L'Empereur fit par ce second Diplome de riches donations à cette même abbaye d'Aniane; car je n'interprète pas cette Charte comme Dom Vaissette, qui prétend qu'elle porte seulement confirmation de biens dont ce Monastère avoit ci-devant la jouissance; je crois au contraire que Louis en détacha la meilleure partie de son Fisc, pour les donner *en pure aumône*, & nommément le monastère de Gellone, dont il se regardoit non-seulement comme le protecteur & le défenseur, mais même comme le propriétaire, par la donation que le duc Guillaume en avoit faite autrefois à Charlemagne; c'est ainsi que ce Prince s'explique: *Placuit nobis..... aliquid ex rebus tradere nostris, id est, quandam Cellulam nuncupatam Gellonis, sitam in pago Ludovense*, &c.

L'Empereur joignit donc à la donation qu'il fit de la petite Celle de Gellone avec toutes ses dépendances, en faveur du monastère d'Aniane, le domaine appelé *Magaranciate*, situé dans le diocèse de Lodève, avec des pâturages nommés *Castra-pastura*; de plus un de ses Fiscs au diocèse de Béziers, qui est nommé *Miliacus*, avec l'église de S.ᵗ Paragoire & un autre domaine appelé *Miliciano*; il donna encore le château de Montcalm, situé dans l'ancien diocèse de Maguelonne, sur l'étang de l'Eraut, & confirma la donation faite ci-devant à ce Monastère de l'église de S.ᵗ Hilaire par Charlemagne; Louis donna encore toute l'étendue de pêche dans l'étang de l'Eraut que Charlemagne s'étoit réservée, avec la quantité de terres situées dans ce même canton que l'on faisoit valoir au profit du Roi; *(illos segos cum ipsâ piscatoriâ, quantumcumque in eodem loco idem genitor noster quondam ad suum habebat opus.)* Cet étang étoit bordé d'une forêt qui appartenoit au Roi; Louis accorda aux Moines de ce Monastère & à tous ses Vassaux & ses Serfs l'usage dans cette forêt & le droit d'y mener paître leurs bestiaux, sans néanmoins, ajoûte le Prince, que cette concession puisse préjudicier au même droit d'usage & de pâture que le comte d'Agde & les habitans de cette ville ont d'ancienneté dans cette forêt. L'Empereur donne enfin son fisc de *Cette* dans le comté d'Agde, ses Salines situées dans le comté de Narbonne au canton appelé *Ad-signa*, desquelles le comte Leibulf, étant Commissaire du Roi dans ce pays, avoit autrefois marqué les bornes, avec le petit monastère de St Martin, situé dans la ville d'Arles, & les dépendances qu'il avoit dans le comté de cette ville & dans le territoire d'Avignon; le domaine dépendant du fisc nommé *Morenatus*, dans le comté d'Orange, & le village appelé *Massiaca*, avec toutes ses dépendances.

Lesquelles donations sont faites, comme je l'ai déjà observé, en franche aumône, c'est-à-dire, avec exemption de toutes charges de cens, redevances & exercice de justice de la part des Officiers royaux.

L'Empereur, vers la fin de ce Diplome, dit que dans les années où la récolte des olives sera abondante, il veut que les Intendans de ses domaines de Provence & de Languedoc soient chargés de donner à ce même Monastère dix tonneaux d'huile, & six seulement lorsque la récolte sera médiocre, lesquels seront conduits dans la ville d'Arles & remis aux gens-d'affaires de ce Monastère.

Le diacre Durand expédia ce Diplome, faisant pour le chancelier Fridugise.

Année 822.

2 Avril.
Præceptum Ludovici imperatoris pro ecclesiâ Paderbornensi.

Ann. Eccl. Fr. Cointii, t. VII, pag. 585.
Fr. Orient. ab Eckardo, t. II, p. 170.
Rec. des Hist. de France, par Dom Bouquet, t. VI, p. 528.

Donné à Aix-la-Chapelle.

Badurad, évêque de Paderborn, obtint ce Diplome en faveur de sa Cathédrale, par lequel l'Empereur met tous les Ecclésiastiques & les hommes de cette église sous sa protection immédiate, avec exemption de la jurisdiction des Officiers royaux, & de payer au Fisc les tributs accoûtumés.

21 Avril.
Bulla Paschalis papæ pro restauratione monasterii Figiacensis.

Gallia Christ. sec. edit. tom. I, instr. col. 43.

Les fautes contre la Chronologie que l'on remarque dans cette Bulle, le style correct & la latinité épurée dont des témoins qui déposent contre son authenticité. Mabillon, d'après des actes moins susceptibles de critique, a parlé du rétablissement de cette Abbaye, & en a fixé l'époque à l'année 817, la quatrième du règne de l'empereur Louis le Pieux; ce fut en effet dans cette année que mourut le pape Étienne, & que Paschal lui succéda; ce dernier, dans la même année de son élévation à la Papauté, donna l'habit de moine à Aymard, & le bénit en même temps abbé de Figeac. Il faudroit, suivant les notes chronologiques de la Bulle, reculer la mission d'Aymard en Querci pour rétablir cette Abbaye, à l'année 820, parce qu'elle en fixe l'époque à la quatrième année du pontificat du pape Paschal. L'Auteur du *Gallia Christiana* a fait de son côté une faute contre la Chronologie, en rapportant cette Bulle à l'année 822; car, comme je viens de l'observer, la quatrième année du pontificat du pape Paschal Ier revient à l'an 820.

Quoi qu'il en soit, je remarquerai d'après Mabillon (*Annal. Bened. tom. II, pp. 402 & 428*) que cette Abbaye, fondée par nos Rois de la première race, dont on ne sait pas précisément l'époque, étoit située dans les premiers temps de son établissement dans un lieu assez mal sain, nommé *Valle-Jonantis*. L'humidité, causée par la chûte de plusieurs ruisseaux qui se réunissoient dans ce vallon, occasionna la ruine du Monastère: Pépin le Bref en étant instruit, le transféra dans un bois voisin appelé *Figiacum*, d'où il a pris le nom qu'il conserve aujourd'hui. Ce Monastère nombreux alors & florissant, par la discipline qu'Anastase, qui en étoit abbé, y faisoit observer, tarda peu à déchoir de cette splendeur: je ne sais par quel évènement les Moines tout-à-coup tombèrent dans un si grand relâchement, qu'ils quittèrent leur habit pour en prendre de séculiers, ils n'observèrent plus aucun règlement, le plus grand nombre apostasia, en sorte qu'au commencement du règne de Louis le Débonnaire, petit-fils de Pépin, le Monastère étoit désert, & les Seigneurs voisins s'en étoient, pour ainsi dire, partagé tous les biens. Ainsi soit que ç'ait été en vertu de cette Bulle ou d'une autre, Mabillon assure que le pape Paschal Ier chargea un certain Aymard, homme entreprenant sans doute & fertile en ressources, de rétablir cette Abbaye, & pour y parvenir plus aisément, il la lui donna en titre.

Cependant quoique j'aie assuré que Mabillon dans ses notes sur ce Monastère avoit parlé d'après des autorités plus certaines que cette Bulle, je ne canonise pas également tout ce qu'il en a écrit; j'ai peine à croire en particulier que le Pape ait nommé à cette Abbaye; ce seroit le seul exemple pour ce temps, & pour ne pas le révoquer en doute, il faudroit qu'il fût appuyé sur des faits bien constatés, sur des titres qui fussent avoués par les meilleurs Critiques.

Année 822.

16 MAI. *DIPLOMA Ludovici imperatoris pro ecclesiâ Avenionensi.*
Donné à Vienne en Dauphiné.

Ann. Eccl. Fr. Cointii, t. VII, p. 589.

Le Cointe a tiré cette pièce de l'histoire de l'église d'Avignon par Nouguier; mais il remarque que cet Auteur s'est trompé en l'attribuant à Louis le Débonnaire; il soûtient au contraire, & avec raison, qu'elle est de Louis roi d'Italie, fils de Bozon, & par conséquent d'un temps bien plus moderne; car Hermangarde, mere de Louis roi d'Italie, n'étoit que la petite-nièce de Louis le Débonnaire. Le Cointe appuie son sentiment de l'autorité d'Honoré Bouche, auteur de l'histoire de Provence *(liv. VI, section 1.re)*; & ce que dit cet Historien est fondé sur une espèce de démonstration, parce que d'un côté on ne peut faire cadrer les notes chronologiques de cet Acte avec les années du règne de l'empereur Louis I.er, & que d'un autre côté il est constaté par les Historiens du temps & par des Chartes très-authentiques, que ce Prince étoit le 14 & le 18 de ce mois à Aix-la-Chapelle, d'où il faut conclurre qu'il ne put être le 16 à Vienne en Dauphiné pour y faire expédier ce Diplome. Ainsi il faut regarder comme un mensonge la formule dont un copiste a intitulé cet Acte, & bien loin de l'attribuer à l'Empereur Louis I.er, il faut croire, s'il est d'ailleurs authentique, qu'il est du roi Louis fils de Bozon.

Enfin cet Acte porte qu'un village nommé Bédarrid *(Bittoritam nomine)* situé dans le Comtat, avec toutes ses dépendances & plusieurs Églises, sera restitué à la cathédrale d'Avignon, pour que les Évêques en jouissent deformais en toute propriété.

18 MAI. *PRÆCEPTUM Ludovici imperatoris, quo confirmat auctoritatem archiepiscopi Senonensis in quædam Monasteria illius Diœceseos.*
Donné à Aix-la-Chapelle.

Annal. Bened. t. II, p. 476. Rec. des Hist. de Fr. par Dom Bouquet, t. VI, page 529. Ann. Eccl. Fr. Cointii, t. VII, pag. 586. Capit. Reg. Fr. a Baluzio, t. II, p. 1420.

Il ne s'agit ici que de trois Monastères d'hommes situés dans la ville même de Sens, qui étoient ceux de S.t Pierre, de S.t Jean & de S.t Remi: il y en avoit trois autres, S.te Colombe, également occupé par des hommes, mais qui avoit été réformé il y avoit quelques années par Benoît d'Aniane & duquel il ne s'agit point ici, & les deux autres étoient de femmes, l'un sous l'invocation de S.t Hilaire, & l'autre de S.t Mémin; des trois premiers il n'en subsiste plus que deux, celui de S.t Jean & celui de S.t Pierre, que l'on appelle vulgairement S.t Pierre-le-vif, ils sont tous les deux aux Bénédictins de la Congrégation de S.t Maur. Celui de S.t Remi a été détruit, l'on en a réuni la mense abbatiale à la Maison des Prêtres de la Mission, & celle des Moines à l'abbaye de S.t Pierre-le-vif.

Il paroit enfin par la teneur de ce Diplome, que les Moines de ces trois Monastères avoient été reduits à une extrême pauvreté par quelques-uns des prédécesseurs de Hiérémie, alors archevêque de Sens: ces Prélats, grands dissipateurs des biens de l'Église, abusant de l'autorité qu'ils avoient dans ces temps sur les Monastères de leur diocèse, s'étoient approprié la majeure partie des biens de ces trois Abbayes; Hiérémie plus régulier & plus judicieux, leur restitua ce qui en restoit, & pour prévenir un pareil inconvénient de la part de ses successeurs, il rendit un Decret, qui portoit que les Archevêques de ce Siège n'auroient plus desormais sur ces Monastères que la jurisdiction spirituelle: mais afin de rendre ce decret stable, il supplia l'Empereur de l'approuver & de le confirmer par un Diplome; c'est ce que fit ce Prince par celui-ci. Le diacre Durand l'expédia, faisant pour le chancelier Fridugise.

29 JUIN. *DIPLOMA Ludovici imperatoris pro sancti Amandi monasterio.*
Actum Stratellâ villâ.

Ann. Eccl. Fr. Cointii, t. VII, pag. 656. Rec. des Hist. de France, par Dom Bouquet, t. VI, p. 530. Acta SS. Ord. Bened. sæc. IV, part. I, p. 66.

L'Empereur accorda ce Diplome à Adelerde, abbé de S.t Amand, sur le compte qu'Aldride, qui avoit été nommé Commissaire, lui rendit de l'état de cette Abbaye. Louis non-seulement en confirma l'Abbé & les Moines dans la jouissance des biens

356   NOTICE

qu'ils possédoient, mais encore il leur en donna, par cette même Charte, d'autres considérables, qu'il destine à être employés à la vie, au vêtement, à la chaussure & aux autres usages des Moines. Ces biens étoient situés dans le Brabant, dans l'Ostrevant & dans un autre pays appelé *Menpiscus* (le Tournaisis, *Tornacensis*;) il y joint quelques marais vers les bords de la mer en Flandre, avec le village de Barify, situé dans le Launois. De tous les lieux qui forment l'objet de cette donation, je ne connois que ce dernier & le village de Bassarode, situé dans le Brabant.

Le diacre Durand expédia le Diplome, à la place du chancelier Fridugise.

14 Août.

ANNÉE 822.

DIPLOMA Ludovici imperatoris pro monasterio Anianensi.

Donné à Corbeni en Launois.

Rec. des Hist. de France, par Dom Bouquet, t. VI, p. 531. Histoire de Languedoc, t. I, pr. col. 61.

Cette Charte fait voir qu'après la mort d'Arnauld comte de Béfiers, les Officiers du Fisc s'emparèrent indistinctement de tous ses biens; mais Tructesinde, abbé d'Aniane, ayant informé l'Empereur que ce Comte, avant de mourir, avoit fait donation à cette Abbaye du lieu de Cecion, qu'il avoit acquis de ses propres fonds, ce Prince en confirmant cette donation, ordonna que ce bien seroit restitué à l'abbé Tructesinde.

Il résulte de cette Charte une nouvelle preuve que les Comtes n'étoient encore alors que de simples Officiers amovibles, auxquels le Roi donnoit l'usufruit de quelques-uns de ses domaines, pour leur tenir lieu d'appointemens; car les Officiers du Fisc ne s'emparèrent de tous les biens du comte Arnauld immédiatement après sa mort, que parce qu'ils présumoient que tous ceux dont il jouissoit durant sa vie appartenoient au domaine du Roi: mais comme il fut prouvé que l'héritage dont il avoit disposé en faveur de l'abbaye d'Aniane étoit une acquisition qu'il avoit faite de ses deniers, le Roi en donna la main-levée.

Cette Charte fournit un autre exemple de la pleine souveraineté, que l'Empereur exerce dans un Royaume dont il avoit donné l'investiture à Pépin son fils; d'où il faut conclure que Pépin n'avoit que la simple administration de ce Royaume, comme Louis l'avoit eue du vivant de Charlemagne.

Hirminmarus, diacre, expédia ce Diplome, faisant pour le chancelier Fridugise.

11 Septembre.

PRÆCEPTUM Ludovici imperatoris, pro monasterio Balneolensi.

Donné à Attigni.

Rec. des Hist. de France, par Dom Bouquet, t. VI, p. 532. Cap. Reg. Fr. a Baluzio, t. II, col. 1424.

Suivant le calcul des meilleurs Chronologistes, les dates que Baluze a assignées à cette pièce & à la suivante sont très-justes; Dom Bouquet en s'éloignant du sentiment de cet Auteur, semble avoir fait des fautes. Premièrement, parce que l'Indiction I.re, que portent les deux pièces, tombe à l'année 823, qui est celle sous laquelle Baluze les a placées. Secondement, parce qu'elles sont datées l'une & l'autre de la dixième année de l'empire de Louis, qui revient à cette même année 823; car il est certain que ce Prince ne compta le temps de son règne dans l'Empire qu'après la mort de Charlemagne son père; évènement que les Auteurs de tous les temps ont fixé au mois de février de l'année 814.

Le monastère de S.t Étienne de Banioles, situé dans le diocèse de Gironne en Catalogne, ne datoit pas d'un temps fort ancien; il paroit par ce Diplome qu'il avoit été fondé vers le milieu du règne de Charlemagne, par les libéralités d'un particulier nommé *Bonil*, avec l'agrément du comte Odilon. Mercoralis, à l'élection duquel Nebridius archevêque de Narbonne avoit assisté en qualité de Commissaire de l'Empereur, n'en étoit que le second Abbé; ce fut à sa prière que le comte Rampon supplia Louis d'agréer que Mercoralis mit ses Moines & tous les biens dépendans de l'Abbaye sous sa protection Impériale, & qu'*il se recommandât de lui & des Rois ses successeurs*. L'Empereur y consentit & fit expédier ce Diplome, par lequel il affranchit les biens & les Moines de l'Abbaye de tous les droits *de coûtume* que l'on payoit alors, soit aux *Sénieurs*, soit aux Officiers du Roi, déclarant qu'il prend sous sa garde spéciale le Monastère, & accordant en outre aux Moines d'élire desormais leur Abbé.

Le diacre Durand expédia ce Diplome, faisant pour le chancelier Fridugise.

DES DIPLOMES. 357

ANNÉE 822.

28 SEPTEMBRE.

DIPLOMA pro monasterio sanctæ Christianæ, apud Insubres, propè Olonam Palatium.

Rec. des Hist. de France, t. VI, page 532. Cap. Reg. Fr. a Baluzio, t. II, col. 1422.

Donné au Palais de Cispiaco dans les Ardenes.

La petite rivière d'Olona, en Lombardie, dans le duché de Milan, avoit donné son nom à un Palais que les Rois Lombards avoient bâti sur ses bords, & à un Monastère d'hommes, fondé dans le voisinage avant le règne de Charlemagne. Ce Prince avoit accordé grand nombre de priviléges & d'immunités à cette Abbaye, & l'avoit mise en outre sous sa protection spéciale: Pierre, qui en étoit abbé, en présenta le Diplome à Louis le Débonnaire, & en obtint par celui-ci la confirmation.

Le diacre Durand expédia cette Charte, faisant pour le chancelier Fridugise.

SEPTEMBRE, sans quantième.

CHARTA commutationis inter ecclesiam Laudunensem, & monasterium Conchense.

Capit. Reg. Fr. a Baluzio, t. II, col. 1423.

Fait à Aix-la-Chapelle.

Pour bien entendre cet Acte d'échange, il faut savoir qu'il y avoit en Auvergne, près Moulins, un petit Monastère qui dépendoit de l'abbaye de Conques; un Seigneur du pays tenoit en bénéfice des fonds de terre dépendans de la cathédrale de Laon & qui étoient fort à la portée des Moines de cette petite Abbaye; d'un autre côté l'Abbé de Conques possédoit des terres & des vignes dans deux autres cantons de l'Auvergne appelés *Sonnate* & *Anticiaco*, qui convenoient aux Chanoines de Laon & au Particulier qui tenoit d'eux un bénéfice: les choses étant ainsi, Anastase abbé de Conques, Stabilis évêque de Laon & Bertrand bénéficiaire de cette Cathédrale, firent entr'eux les échanges, suivant qu'il leur fut réciproquement & plus avantageux & plus convenable; tous les trois ensuite se rendirent à la Cour, & firent approuver leurs arrangemens de l'Empereur, comme il est porté par cette Charte.

15 OCTOBRE.

DIPLOMA Ludovici imperatoris pro monasterio Prumiensi.

Rec. des Hist. de France, par Dom Bouquet, t. VI, p. 532. Apud Martenium t. I amplis. Collect. p. 79.

Donné à Héristal.

Le diacre Durand, faisant pour le chancelier Fridugise, expédia ce Diplome, dans lequel il ne s'agit que de quelques priviléges dont l'Empereur accorda la confirmation à ce Monastère.

1.er NOVEMBRE.

DIPLOMA Ludovici imperatoris pro ecclesiâ sancti Victoris Massiliensis.

Rec. des Hist. de France, par Dom Bouquet, t. VI, p. 532.

Donné à Isenbourg.

Théodbert, évêque de Marseille, présenta à l'Empereur un Diplome de Charlemagne son père, qui portoit concession en faveur du monastère de S.t Victor de cette ville, des droits que l'on percevoit au profit du Fisc sur le sel & sur toutes les autres marchandises qui débarquoient à un port appelé *Léonio*, avec les droits de douane que l'on faisoit payer aux navires venant d'Italie, qui mettoient à l'ancre sous les murs de l'église de ce Monastère. L'Empereur accorda à Théodbert, par ce Diplome, la confirmation de ce double droit.

Mais en quelle qualité l'évêque de Marseille sollicita-t-il cette grace! Il y a lieu de présumer qu'il étoit Abbé de ce Monastère; car on ne voit point d'ailleurs qu'il fût compris dans le domaine de l'Évêché.

Nos Rois de la seconde race avoient un palais à Isenbourg, sur les fondemens duquel on croit que le château que l'on voit dans cette ville a été bâti. Isenbourg est le chef-lieu d'un comté. Cette place est située en Vétéravie, sur la rivière de Seyn, à trois lieues de Coblentz, du côté du nord.

Yy iij

ANNÉE 822.

19 & 20 DÉCEMBRE.

PRÆCEPTA duo Ludovici imperatoris pro ecclesiâ Wirceburgensi.

Fr. Orient. ab Eckardo, t. II, p. 177 & 178.

Donné à Francfort.

Wolfguaire, évêque de Wultzbourg, obtint de l'Empereur deux Diplomes, l'un qui porte confirmation des immunités & des priviléges que Charlemagne son père avoit accordés à son Église, & l'autre qui ratifie la donation de plusieurs Églises & de quelques Celles que ce même Prince avoit faite à cette Cathédrale.

Le diacre Durand, faisant pour le chancelier Fridugise, expédia ces deux Diplomes.

25 DÉCEMBRE.

PRÆCEPTUM Ludovici imperatoris pro ecclesiâ Wirceburgensi.

Fr. Orient. ab Eckardo, t. II, pag. 179.

Donné à Francfort.

L'Empereur, par ce troisième Diplome en faveur de la cathédrale de Wultzbourg, confirme des échanges que l'Évêque avoit faits avec Wicbalde comte de ce pays. Il est dit dans le préambule de la Charte, que l'Évêque & le Comte ayant obtenu l'agrément de l'Empereur pour faire ces échanges, ils espèrent qu'il voudra bien les ratifier par un Diplome ; *dedit Wolfgarius (episcopus,) per Regiam sibi datam licentiam, de rebus S.ti Salvatoris.* Ce qui prouve que l'on ne pouvoit alors, pas plus qu'aujourd'hui, aliéner les biens de l'Église sans le concours de l'autorité Royale.

On trouve dans Eckard les noms modernes que portent les lieux qui furent réciproquement échangés, avec des indications sur leur situation.

Sans autre date.

PRÆCEPTUM Ludovici imperatoris pro commutatione quorumdam prædiorum inter Hilduinum abbatem sancti Dionysii, & Hildulfum.

Rec. des Hist. de France, par Dom Bouquet, t. VI, p. 533. De re Diplom. a Mab. p. 543. Histoire de l'abbaye de S.t Denys, par Félibien, pr. p. 47.

Hilduin, abbé de S.t Denys, & dès-lors Archichapelain de l'Empereur, échangea au profit du prieuré de S.t Privat de Salone, dépendant de son Abbaye, quelques fonds de terre situés dans le territoire de Reims & arrosés par la petite rivière d'Ausonce, avec un homme de distinction nommé Hildulf, qui demeuroit dans le pays Messin. Celui-ci donna à Hilduin d'autres fonds de terre plus à la portée des Moines de Salone : ils étoient situés dans le canton de Charpeigne, qui confine à un autre petit pays appelé le Saunois, & attenans à d'autres héritages, que l'abbé Fulrad, prédécesseur d'Hilduin, avoit achetés en 782 de l'abbesse de S.t Pierre de Metz. On lit dans la Charte le nom des villages où étoient les biens qui furent échangés de part & d'autre ; ceux qui appartenoient précédemment à l'abbé Hilduin étoient aux villages de *Watcurte*, de *Dodiniaca*, d'*Inguriaca* & de *Frucolinga*: ceux d'Hildulf étoient dans les lieux nommés *Sigramnocurte* & *Silcinaga*; ces noms sont fort barbares & je n'ai trouvé dans aucuns de nos Géographes ceux que ces mêmes lieux, s'ils existent encore, portent présentement.

Hirminmarus diacre, faisant pour le chancelier Fridugise, expédia les lettres de confirmation de cet échange.

CHARTE d'Acheus en faveur de S.t Étienne de Dijon.

Rec. de Pérard, page 47.

Fait à Dijon.

Acheus étoit diacre de cette Église, & il donne par cette Charte aux Prêtres & aux autres Clercs qui la desservoient, plusieurs fonds de terre avec une vigne : mais comme cette pièce est interpolée en plusieurs endroits, on ne peut désigner la situation de la plus grande partie de ces biens ; on voit seulement qu'il y avoit dans le nombre un champ enclavé dans l'enceinte des murs de la ville même de Dijon ; les terres auxquelles il confinoit sont dénommées dans l'Acte.

Pérard a eu sans doute de bonnes raisons pour placer cette pièce sous cette année, car elle ne porte aucune date.

ANNÉE 822.

EPISTOLA Ludovici imperatoris ad monachos Anianenses super electionem Tructesindi in abbatem.

Rec. des Hist. de France, par Dom Bouquet, t. VI, p. 335. Histoire par Dom Vaissette, t. I, pr. col. 56. Annal. Bened. t. II, p. 474. Ann. Eccl. Fr. Cointii, t. VII, p. 641. Gallia Christ. sec. edit. t. VI, instr. col. 342.

Il paroît par cette Patente, qu'Agobard archevêque de Lyon & Nebridius de Narbonne assistèrent en qualité de Commissaires pour l'Empereur à l'élection de l'abbé d'Aniane ; sur leur rapport, qui portoit que cette élection avoit été faite suivant les Canons, l'Empereur la confirma, & maintint les Moines dans le droit qui leur avoit été précédemment accordé d'élire leur Abbé, sans cependant se départir de celui d'y envoyer des Commissaires.

Quoique cette Lettre ne porte point de date, il ne paroît pas cependant difficile de fixer le temps dans lequel elle fut écrite. George, successeur immédiat de Benoît, mourut à la fin de l'année 821 : Tructesinde, qui succéda à George, fut nécessairement élû au commencement de l'année suivante, puisque l'Empereur accorda à son Monastère, sur les représentations qu'il fit en qualité d'Abbé, une Charte datée du 19 mars de cette année ; ainsi il paroît certain que cette Lettre est du mois de janvier ou du mois de février de cette même année, & non pas de l'année précédente, comme le croit Baluze.

CAPITULARE Ludovici imperatoris in Attiniacensi conventu editum, in XXIX distinctum capitula.

Ann. Eccl. Fr. Cointii, t. VII, pag. 593, 633 & suiv. Concil. Antiq. Gal. a Sirmondo, t. II, p. 448. Capit. Reg. Fr. a Baluzio, t. I, p. 631. Rec. des Hist. de France, par Dom Bouquet, t. VI, p. 430.

Il paroît vrai-semblable, contre le sentiment de le Cointe, que ce Capitulaire fut publié dans la fameuse assemblée d'Attigni, tenue au mois d'août de cette année, & non pas à Aix-la-Chapelle en 825 : Baluze ni le père Sirmond n'ont point attribué à Louis le Pieux celui que le Cointe assigne pour cette année, ils ont suivi l'opinion de Hincmar archevêque de Reims, qui l'attribue à Charlemagne.

Ce fut dans cette assemblée d'Attigni que l'Empereur donna un spectacle jusqu'alors inconnu à l'Univers. Ce Prince y parut couvert d'un cilice, s'avouant publiquement coupable des plus grands crimes, pour lesquels il s'imposa la pénitence la plus humiliante. Les scrupules & la foiblesse d'esprit lui faisoient considérer comme des crimes la mort de Bernard son neveu, roi d'Italie, & celle de ceux qui avoient eu la plus grande part à sa révolte : le bien de l'État cependant & la raison même exigeoient que Bernard & les rebelles fussent sévèrement punis.

Charlemagne avoit laissé trois enfans naturels, Drogon, Hugues & Thierri, qu'il avoit expressément recommandés à Louis son fils aîné & son successeur à l'Empire ; ce Prince avoit gêné la vocation de ses trois frères, en leur faisant embrasser l'état ecclésiastique ; quoiqu'il ne fût pas des mœurs de ce temps d'exclure les bâtards de la succession de leurs pères d'une manière aussi précise que nos loix l'ont réglé depuis, des raisons d'État sembloient néanmoins exiger que ces trois Princes ne vécussent pas dans le monde. Quel trouble n'auroient-ils pas pu occasionner, s'ils eussent prétendu au partage de la succession de Charlemagne ! Peut-être n'avoit-on pas totalement oublié les maux que la Monarchie avoit autrefois éprouvés, par sa division entre plusieurs Rois, & on sentoit depuis long-temps l'avantage qu'elle fut réünie sur une même tête : le Conseil de l'Empereur décida sans doute par cette double raison, qu'il convenoit de faire tonsurer ces trois Princes : mais la conscience de l'Empereur lui reprochoit cette action & rien ne pouvoit calmer ses alarmes. Il fit donc sortir ses trois frères de leur Monastère, & étant arrivés à Attigny, il leur fit prendre séance dans l'assemblée, où se prosternant à leurs genoux les yeux baignés de larmes, il leur demanda pardon ; il leur fit ensuite les instances les plus sincères pour les engager de rentrer dans le monde & de demeurer à sa Cour, mais ils préférèrent de retourner dans leur retraite ; Drogon fut élû l'année suivante évêque de Metz, Hugues à quelque temps de-là eut l'Abbaye de S.t Quentin, qui depuis a été sécularisée, Thierri mourut peu après. L'Empereur rappela encore quelques Seigneurs de sa Cour qu'il avoit exilés sur des soupçons seulement, & enfin il fit tout ce qu'une conscience timide & scrupuleuse peut inspirer pour faire le bien & réparer jusqu'aux apparences du mal : *deinde*, dit l'Auteur de la vie de ce Prince, *omnibus quibus aliquid læsuræ intulisse videbatur (reconciliari studuit.)* Ce fut dans ce même esprit qu'il publia ce Capitulaire, qui contient vingt-huit articles.

Le premier & le second article forment un préambule dans lequel l'Empereur dit que Charlemagne son père & les autres Rois ses prédécesseurs ont toujours considéré comme le devoir le plus essentiel de protéger l'Église & ses Ministres ; que c'est pour imiter ces Princes, qui sont si dignes d'exemple, qu'il s'est formé un plan de gouvernement appuyé sur trois principes cardinaux, qui sont de faire rendre à la Religion le respect qui lui est dû & de concourir à tout ce qui peut être utile à sa gloire; de maintenir au-dedans & au-dehors de l'Empire la paix, & de faire rendre la justice à tous ses sujets sans acception de personnes.

Dans le troisième article il prévient les Évêques, les *Missi*, les Ducs, les Comtes, & tous ses autres Officiers, qu'il va donner à chacun de ces ordres séparément les avis convenables; & d'abord il commence par les Évêques. Il leur rappelle dans le quatrième & le cinquième article avec quelle pureté de sentimens, avec quel désintéressement ils doivent prendre le ministère sacré de l'épiscopat, & combien ils doivent apporter de soins après l'avoir reçu pour en remplir les obligations; il les exhorte à veiller avec attention sur la conduite des Prêtres & singulièrement sur celle des Ecclésiastiques auxquels ils confient une portion de leur ministère, les exhortant d'ailleurs à lui rendre compte de la résistance que pourront faire les Abbés, les Abbesses, les Comtes & ses autres Officiers à obéir à ce qu'ils leur prescriront de conforme aux Canons & aux loix, afin qu'il puisse par son autorité faire ce qui est au-delà de leur pouvoir; il leur enjoint d'ailleurs de tenir la main à ce que les Archidiacres ne prennent rien, non plus qu'eux-mêmes, des fonds des Églises qui sont destinés pour le luminaire & les réparations, qu'ils aient au contraire l'attention d'examiner si les Curés & les Pasteurs emploient avec scrupule ces fonds à ces usages; l'Empereur finit enfin par recommander aux Évêques d'établir des écoles publiques dans les endroits de leur diocése où il est convenable qu'il y en ait.

Il exhorte, dans le sixième article, les Comtes à concourir avec les Évêques à tout ce qui peut contribuer à l'utilité de l'Église & à l'honneur de la religion; il leur enjoint d'ailleurs de remplir tous les devoirs de leur place avec équité, avec exactitude, & il leur recommande principalement de protéger les veuves, les orphelins & les pauvres, leur faisant des défenses expresses de recevoir de présens de qui que ce soit, de peur de violer la justice qu'ils doivent rendre sans acception de personnes.

L'article sept est destiné à tous les Laïcs, de quelqu'ordre qu'ils soient; il leur remet devant les yeux le respect qu'ils doivent aux Évêques & aux autres Ministres de l'Église, & il leur recommande d'observer les jeûnes qu'ils leur prescrivent, de sanctifier le saint jour du dimanche, & de s'abstenir dans ce jour de faire aucun commerce & de tenir des plaids, conformément aux ordonnances qui leur sont souvent notifiées par les Comtes.

L'Empereur enjoint, dans le huitième article, à tous les Abbés, & singulièrement à ceux qui sont de fondation royale, d'être soûmis à la jurisdiction spirituelle des Évêques diocésains, voulant qu'ils obéissent à leurs ordonnances pour tout ce qui peut intéresser la discipline & la foi.

Dans le plus grand nombre des autres articles, l'Empereur se rappelle la disposition des Capitulaires qu'il a précédemment publiés, & il en ordonne de nouveau l'exécution.

Il veut, dans le vingt-quatrième article, que les Évêques, les Comtes & ses autres Officiers reçoivent les ordonnances qui leur seront envoyées par son Chancelier, comme si elles leur étoient adressées par lui-même, & qu'ils les fassent exécuter; il ordonne en conséquence à son Chancelier de tenir registre de ceux à qui il en adressera, afin qu'il puisse savoir si elles seront exécutées.

Il désigne, dans le vingt-cinquième article, les lieux de la résidence de ses *Missi*, avec leurs noms & l'étendue de leur département. Le premier département est celui de Besançon, dont les *Missi* sont Himnibus évêque de Lausanne, & le comte Monogolde; le second est Mayence, & les *Missi* sont Heistulfe archevêque de ce siège, & Ruotbert comte; le troisième est Trèves, & les *Missi* Hetton archevêque de ce siège, & Adalbert comte; le quatrième est Cologne, & les *Missi* Hadalbold archevêque de cette ville, & Eimond comte; le cinquième est Reims, qui est composé de ce diocése & de ceux de Châlons-sur-Marne, de Soissons, de Senlis, de Beauvais & de Laon, & les *Missi* sont Elbon archevêque de cette ville, & lorsque les infirmités ou d'autres causes l'empêcheront de remplir cet office, Rotade évêque de Soissons le remplacera, avec le comte Rotfroid; le sixième sera composé des quatre autres diocéses de cette Métropole, qui sont Noyon, Amiens, Térouaine & Cambrai, les *Missi* seront Ragenaire évêque de Noyon, & le comte Bérenger; le septième est Sens, & les *Missi* sont Hiérémie archevêque de cette ville, & le comte Donat; le huitième est Rouen, & les *Missi* sont Gilbert archevêque de cette ville, & le comte Ingobert; le neuvième est Tours, & les *Missi* sont Landran archevêque de cette ville, & le comte Robert; le dixième département enfin est Lyon, qui est composé de cette Métropole & de celles de Tarentaise & de Vienne, & les *Missi* sont Albéric évêque de Langres, & le comte Richard.

Il seroit à desirer que quelque Savant voulût nous apprendre pourquoi l'Empereur ne parle point dans cette occasion de ses *Missi* dans l'Aquitaine ni dans toute la France méridionale.

Dans les trois derniers articles, l'Empereur donne des instructions aux *Missi* auxquels

il a

il a assigné des départemens dans l'article précédent : les pouvoirs de ces *Missi* étoient très-étendus, & il paroît qu'ils connoissoient également de toutes les causes judiciaires en matière de police, de finance, &c. On portoit à leur tribunal, dans leurs plaids généraux, tous les appels des Juges ordinaires, & même ils réformoient, lorsqu'il y avoit lieu, les jugemens rendus dans les plaids des Comtes : souvent le Roi leur renvoyoit des causes portées à sa Cour; *& quando aliquis ad nos necessitatis causâ reclamaverit, ad eos possimus relatorum quærelas ad definiendum remittere;* il y avoit cependant des cas pour lesquels on étoit obligé de se pourvoir à la Cour du Roi, je serois porté à croire que c'étoit lorsqu'on ne vouloit pas obéir aux jugemens des *Missi*, ou eux-mêmes demandoient au Roi des ordonnances pour faire exécuter leurs sentences, ou les Parties les faisoient confirmer pour pouvoir les faire exécuter sans réclamation & sans opposition : *& si talis causa fuerit, quæ per eorum admonitionem emendari non possit, per eos ad nostram notitiam deferatur.*

Année 822.

Capitulare pro reverentiâ Episcopis, Sacerdotibus & aliis Clericis debitâ.

Capit. Reg. Fr. a Baluzio, t. I, col. 626 & suiv.

Donné à Tribur près Mayence.

Les Évêques assemblés l'année précédente à Thionville, au nombre de trente-deux, se plaignirent des mauvais traitemens que plusieurs Prélats & des Clercs avoient reçus de quelques Seigneurs de Gascogne & des Marches d'Espagne; ils firent sur ce sujet des règlemens par lesquels on renouveloit la disposition des anciennes ordonnances : on ajouta même des compositions plus fortes que celles qui étoient stipulées par la loi Salique pour les mutilations de membres, pour la vie & pour des injures avec effusion de sang, faites aux Évêques & aux Clercs. L'Empereur fit examiner ces règlemens, & ne les publia, après y avoir mis le sceau de son autorité, que dans l'assemblée qu'il tint sur la fin de cette année à son palais de Tribur. Lothaire y assista, & le Capitulaire fut publié au nom des deux Empereurs.

14 JANVIER.

Année 823.

Charta Berthæ, sororis Ludovici imperatoris, de villâ Bernogillo.

Mabill. de re Dipl. p. 514. Rec. des Hist. de France, par Dom Bouquet, t. VI, p. 661.

Fait à Compiegne.

Berthe, fille de Charlemagne & sœur de l'empereur Louis le Débonnaire, donne par cette Charte à Hilduin abbé de Saint-Médard de Soissons & Archichapelain, le village de Verneuil-sur-Oise dans le territoire de Noyon, affectant le revenu de cette terre pour le luminaire d'une église qui étoit dans l'enceinte de l'abbaye de Saint-Médard, & pour le dîner des Moines le jour qu'ils célébreroient l'Anniversaire du feu empereur Charles son père. Cette Princesse prit par cette même Charte le lieu de Cucheri en bénéfice, à vie seulement, de l'abbé Hilduin, & s'obligea envers son Monastère de payer une redevance annuelle de onze sols, au jour & fête de saint Médard.

Mabillon *(Annal. Bened. t. II, p. 287)* prétend que Berthe n'avoit pas le voile de Religieuse, parce qu'elle avoit des biens en propre, dont elle disposa par cet acte, & il croit par cette raison qu'elle étoit mariée à Angilbert Grand-maître de la maison de Charlemagne. La conséquence de Mabillon ne paroît pas juste; car j'ai rapporté une infinité d'exemples qui prouvent qu'alors les Princes & les grands Seigneurs ne laissoient pas de conserver leurs biens de patrimoine & en acquéroient d'autres, dont ils disposoient à leur gré, quoiqu'ils fussent Moines : ainsi cette Berthe, qui étoit l'épouse d'Angilbert, pouvoit bien ne pas être la fille de Charlemagne; d'autant mieux qu'Éghinard assure que Charlemagne étoit attaché à ses filles d'une manière si singulière, qu'il ne voulut jamais permettre qu'elles se mariassent : mais Mabillon replique que Nithard abbé de Corbie, fils d'Angilbert, se dit dans son Histoire fils de Berthe, laquelle étoit fille de Charlemagne; à quoi je réponds que ce que Nithard écrit sur ce sujet, ne prouve rien, parce que Berthe put prendre le voile de Religieuse en même-temps que son mari Angilbert prit l'habit de Moine dans l'abbaye de Corbie, l'un & l'autre se permirent mutuellement de vivre dans le célibat : au surplus tous les Historiens de ce temps écrivent que les filles de Charlemagne avoient à la Cour des intrigues amoureuses, ce qui pourroit faire croire que ce Nithard auroit été un fils naturel de la princesse Berthe, laquelle se fit Religieuse après la mort de l'Empereur son père.

Tome I.   Z z

ANNÉE 823.

10 FÉVRIER.

DIPLOMA Ludovici imperatoris pro ecclesiâ Mutinensi.

Donné à Aix-la-Chapelle.

<small>Rec. des Hist. de France, par Dom Bouquet, t. VI, p. 534.</small>

Dom Bouquet n'a donné qu'un sommaire de cette pièce, que l'on trouve tout au long dans l'Italie sacrée d'Ughelli, *tome II, p. 117*: il s'agit de quelques priviléges dont l'évêque de Modène obtint la confirmation par ce Diplome, que le diacre Durand expédia, faisant pour le chancelier Fridugise.

16 MAI.

DONATIO Remigio, Avenionensi episcopo, per Ludovicum imperatorem.

Donné à Vienne.

<small>Istoria della citta d'Avignone, t. II, p. 314.</small>

On a mal-à-propos attribué ce Diplome à l'empereur Louis le Débonnaire; les frères Sainte-Marthe & François Nouguier (*dans son Histoire chronologique des évêques & archevêques d'Avignon*) ont fait cette méprise; voici la preuve de leur erreur: Premièrement, l'évêque d'Avignon du nom de Remi n'a été sur ce siège que près d'un siècle après la mort de Louis le Débonnaire; secondement, ce Prince n'est peut-être jamais venu à Vienne en Dauphiné, d'où ce Diplome est daté; il est au moins très-certain qu'il n'y étoit pas dans le mois de mai de cette année; troisièmement, l'empereur Louis le Débonnaire n'eut point de Chancelier ni d'Archichancelier qui s'appelât Alexandre, ni de notaire du Palais qui s'appelât Warnier, du nom desquels cette pièce est souscrite. Le Cointe à l'année 822 & Honoré Bouche (*dans son Histoire de Provence*) prouvent invinciblement que ce Diplome est de Louis, roi de Provence & de Bourgogne, fils de Bozon, qui établit le siège de son royaume à Vienne en Dauphiné; comme cette pièce est datée de la neuvième année du règne de ce Prince, je la placerai à l'année 909.

4 JUIN.

LOTHARII Imperatoris filii Ludovici Diploma pro episcopo Comensi.

Donné à Vérone.

<small>Corp. Diplom. t. I, partie 1.ʳᵉ, p. 7.
Ann. Eccl. Fr. Cointii, t. VII, pag. 663.
Apud Ughellum, Italia sacra, t. V.</small>

Lothaire prend le titre d'Auguste & de fils de l'invincible empereur Louis, dans la souscription de ce Diplome; *Lotharius Augustus, invictissimi domini imperatoris Ludovici filius*. Ce Prince avoit été couronné Empereur & nommé Auguste à Rome par le pape Paschal aux fêtes de Pâques de cette même année, qui tomboient le 5 avril, ainsi que nous le lisons dans les annales de Lauresham; *in sancto Paschali die apud S.ᵗᵘᵐ Petrum regni coronam, & Imperatoris, & Augusti nomen accepit*. Paul diacre, le continuateur de l'Histoire des Lombards, ajoûte que Lothaire recouvra par son couronnement & en vertu du titre d'Auguste, la puissance que les Empereurs d'Occident avoient sur la ville de Rome; ce fut de cette époque que ce Prince commença à compter les années de son empire, quoiqu'il eût été inauguré & associé à son père dès l'an 817.

Léon, évêque de Come dans le duché de Milan, ayant représenté à Lothaire que sa Cathédrale n'avoit plus de titres ni d'actes qui pussent constater la propriété de ses domaines, les uns ayant été perdus par négligence & les autres consumés dans un incendie, le supplia de vouloir bien réparer cette perte par un Diplome; l'Empereur accorda celui-ci, par lequel il confirme ce Prélat & son Église dans la possession de tous les biens dont ils jouissoient.

12 JUIN.

DIPLOMA Ludovici imperatoris pro monasterio Gregoriano.

Donné à Francfort.

<small>Rec. des Hist. de France, par Dom Bouquet, t. VI, p. 534.
Annal. Bened. t. II, p. 724.</small>

L'Empereur fait donation *en pure aumône*, par cette Charte, à Godefroi abbé de Munster en Grégoriental & à ses Moines, d'une partie de sa forêt de Colmar; les bornes sont énoncées dans cette pièce.

Hirminmarus diacre expédia le Diplome, faisant pour le chancelier Fridugise.

ANNÉE 823.

DIPLOMA *Ludovici imperatoris pro monasterio Sanctæ-Gratæ in diœcesi Urgellensi.*

Donné à Francfort.

21 JUIN.

Marca Hispanica, p. 767. Rec. des Hist. de France, par Dom Bouquet, t. VI, p. 535.

Possedonius évêque d'Urgel profita du séjour de Matfred son ami à la Cour, pour solliciter ce Diplome; ce fut en effet Matfred, qui étoit comte dans les marches d'Espagne, qui présenta à l'Empereur les Chartes que les prédécesseurs de ce Prince & lui-même étant roi d'Aquitaine, avoient accordées à ce Monastère, & il obtint celle-ci qui confirme les précédentes & porte en outre exemption de toute jurisdiction en faveur de l'Abbé & des Moines, accordant à ces derniers la liberté d'élire leur Abbé.

Ce Matfred est le même qui fut disgracié quatre ans après avec un autre comte nommé Hugues; tous les deux commandoient sur les frontières sous les ordres de Bernard duc de Septimanie: les Sarazins firent une irruption dans ce pays; l'Empereur l'ayant appris, fit lever promptement une armée; mais il fut prouvé que les comtes Hugues & Matfred en retardèrent par leur négligence la marche, ce qui donna le temps aux ennemis de faire beaucoup de dégât. L'Empereur fit venir l'un & l'autre à la diète qu'il tint à Aix-la-Chapelle, & après avoir discuté l'affaire, il les dépouilla de leurs emplois & les exila; mais Matfred, dont le caractère étoit inquiet & vindicatif, se lia dans la suite avec Lothaire, & eut la plus grande part dans la révolte contre l'Empereur son père. *(Nithard, Hist. lib. 1.)*

Le monastère de S.te Grate ne subsista pas long-temps après cette époque, car nous trouvons dans une Charte du mois d'août de l'an 1062, qu'un particulier nommé Bernard fit donation à Godefroi évêque d'Urgel, d'une église située dans le lieu où étoit autrefois l'abbaye de S.te Grate; les Sarazins sans doute ou les Normands avoient détruit cette maison.

Le diacre Durand expédia ce Diplome, faisant pour le chancelier Fridugise.

21 JUIN.

DIPLOMA *Ludovici imperatoris pro Masonis monasterio.*

Donné à Francfort.

Rec. des Hist. de France, par Dom Bouquet, t. VI, p. 535. Annal. Premontr. pr. t. II, col. 264.

Cette Charte est très-intéressante pour ce Monastère; on l'appelle présentement Masmunster ou Moisevaux, il est occupé par des Chanoinesses & est situé dans le diocèse de Basle au pied du mont de Vosge, sur la frontière de la haute Alsace, dans la vallée de S.t Grégoire, sur la petite rivière de Tolder dans le Sundgau.

Il avoit été fondé vers l'an 720, dans le même temps que celui de Murbach, par un Seigneur que l'Empereur qualifie de Prince, *à quodam Principe viro nobili*; ce qui veut dire, un homme noble & qui possédoit de grands biens. Il étoit, suivant les termes de cette Charte, frère du duc Lutfred & d'Éberard, Mabillon le nomme Liulwin *(Annal. Benedict. tom. II, pag. 58)* & étoit fils d'Adalbert duc d'Alsace. Ce Monastère, qui étoit dès-lors occupé par des femmes, fut richement doté dès les premiers temps de son établissement; Louis le Débonnaire, en confirmant par ce Diplome les anciens privilèges de cette maison, fait l'énumération des biens qu'elle possédoit alors, & il continue de les affranchir des corvées & de toutes les autres charges envers le Fisc. On peut voir par-là l'étendue de son ancien domaine.

Il paroît enfin que ce Monastère étoit dans la plus grande considération auprès de l'Empereur; ce Prince veut que quiconque osera le troubler dans la jouissance de ses immunités soit condamné à l'exil, ou qu'après avoir réparé le dommage qu'il aura causé à l'Abbesse ou à ses vassaux, il paye une amende au Fisc de trente livres d'or le plus fin. Le privilège le plus notable dont il paroît que cette Maison jouissoit, est d'avoir un Avoué qui jugeoit les causes de tous les vassaux & des Serfs dépendans du Monastère. Cet Avoué, qui ressembloit beaucoup aux Baillis d'à présent, devoit une fois l'année tenir un plaid général dans le lieu appelé Gowenheim, & la Charte lui adjuge un tiers des amendes & des épices des procès, attribuant à l'Abbesse les deux autres tiers. Cependant l'Empereur voulut que l'on sût que ce Monastère tenoit tous ces privilèges & toutes ces immunités de la libéralité de ses prédécesseurs & de sa piété, & pour en conserver la mémoire, il oblige l'Abbesse de payer, pour tenir lieu peut-être du droit de gîte, au Roi des Romains, ou à celui de ses successeurs qui tiendra l'Empire, la somme de douze écus par chaque métairie appartenante à l'Abbaye chaque fois que ce Prince viendra à Basle. *Constituimus ut quotiescumque Rex vel Imperator Romanus Basileam veniat, quælibet hoba vel mansus ad servitium ejus XII nummos persolvat.*

364   *NOTICE*

Les Glossateurs ont différemment interprété le mot *hoba*, quelques-uns ont dit que c'étoit une certaine quantité de terres, ou en labour, ou en prés, ou en bois, lesquelles réunies formoient ce que nous appelons aujourd'hui *canton* ou *climat*, que plusieurs *hoba* ou cantons composoient une habitation, appelée *mansus*, & dans notre manière présente de parler, métairie ou ferme; le plus grand nombre de ces écrivains soûtient au contraire que *hoba* & *mansus* sont synonymes: les termes de la Charte semblent justifier ce dernier sentiment.

Siméon diacre expédia ce Diplome, faisant pour le chancelier Fridugise.

JUIN, sans quantième.

ANNÉE 823.
DONATIONIS Charta pro ecclesiâ Uceticensi.
Fait à Usez.

Histoire de Languedoc, t. I, pr. col. 61.

Je remarque, avec Dom Vaissette, que quoique nous n'ayons aucune connoissance des Comtes d'Agde & d'Usez pendant ce siècle, cette Charte prouve cependant que ces deux pays étoient gouvernés par des Comtes, car les biens qu'un particulier nommé Rainald, de concert avec Agilburge sa femme, donne à Amelius évêque d'Usez, étoient situés dans les Comtés d'Agde & d'Usez, *in comitatu Agatense, & in comitatu Usetico* : peut-être même ce Rainald étoit comte d'Usez. Cette pièce prouve de plus que l'ancien usage qui permettoit aux laïcs de posséder & de mettre dans le commerce des églises, & les biens dont elles étoient dotées, subsistoit encore dans ce temps; Rainald en effet donne à l'Évêque & à la Cathédrale d'Usez l'église avec les dixmes de S.t Martin de Caux, dans le comté d'Agde.

27 JUILLET.

PRÆCEPTA duo Ludovici imperatoris pro Novæ-Corbeiæ monasterio.
Donné à Ingelheim.

Acta SS. Ord. B.ned. part. 1, sæc. IV, p. 524. De re Diplom. a Mab. p. 5 &. Ann. Eccl. Fr. Cointii, t. VII, p. 669 & 670. Rec. des Hist. de France, par Dom Bouquet, t. VI, p. 536.

L'Empereur, par le premier de ces deux Diplomes, détacha des domaines de son Fisc, & les donna en dot au monastère de la Nouvelle-Corbie en Saxe, dont le fameux Adhalard étoit venu faire l'établissement; & par le second Diplome, il lui accorda les mêmes priviléges & immunités dont jouissoient les Monastères de France; c'est-à-dire, qu'il exempte celui-ci de la juridiction des Officiers royaux, & qu'il accorde aux Moines la liberté d'élire leurs Abbés.

Je crois cependant que toutes ces élections, dont Charlemagne & Louis le Débonnaire avoient, plus qu'aucuns de leurs prédécesseurs, donné la liberté aux Monastères, se faisoient néanmoins dans la même forme que celles que j'ai rapportées à l'article des années précédentes de deux abbés d'Aniane; c'est-à-dire, que pour l'ordinaire le Roi envoyoit des Commissaires qui présidoient à l'élection, & qu'il se réservoit toûjours le droit de la confirmer.

Le diacre Durand expédia ce Diplome, faisant pour le Chancelier Fridugise.

18 Août.

DIPLOMA Ludovici regis Bajoariorum pro Altaico inferiori.
Donné Heilicobrunao Palatio.

Annal. Bened. t. II, p. 487. Ann. Eccl. Fr. Cointii, t. VII, pag. 667.

Gosbald, abbé du monastère nommé la *Basse-Altaich*, situé dans la Bavière, tenoit depuis long-temps du Fisc, à titre de bénéfice, le lieu appelé Ingolstat, avec les Serfs & les autres dépendances de ce domaine; la redevance annuelle à laquelle cet Abbé & ses Moines étoient assujétis pour ce bénéfice les génoit sans doute, & il leur sembla utile de s'en affranchir; pour remplir ce dessein, Gosbald représenta au jeune Louis roi de Bavière, que le nombre des Moines étoit tellement augmenté dans son Monastère, qu'il ne pouvoit plus, avec ses revenus modiques, leur donner la vie & l'habit; que cette pauvreté devoit exciter le zèle d'un si grand Prince pour l'honneur de la religion, & qu'il ne pouvoit rien faire qui fût plus agréable à Dieu que de donner à titre d'aumône & en toute propriété à son Monastère le bénéfice d'Ingolstat avec ses dépendances; le Roi fut touché du pathétique de ce discours, & fit donation à Gosbald & à ses Moines, par ce Diplome, du lieu d'Ingolstat.

Année 823.

29 AOÛT.

DIPLOMA Ludovici imperatoris pro Tancrado abbate Prumiensi.

Donné à Coblents.

Rec. des Hist. de France, t. VI, page 537. Apud Marten. t. I, amplissim. Collect. p. 80.

Dom Bouquet ne donne que les dates de cette pièce, & il renvoie à l'amplissime Collection de Dom Martène où elle se trouve tout au long. Elle ne contient rien d'intéressant. L'Empereur confirme les privilèges de cette Maison, qui étoient les mêmes que ceux de tous les autres Monastères.

Le diacre Durand expédia ce Diplome, faisant pour le chancelier Fridugise.

11 SEPTEMBRE.

PRÆCEPTUM Ludovici imperatoris pro monasterio Balneolensi.

Donné à Atigni.

Capit. Reg. Fr. a Baluzio, t. II, col. 1424. Annal. Bened. t. II, p. 487.

Ce Monastère, appelé S.ᵗ Étienne de Banioles, situé dans les Marches d'Espagne au diocèse de Gironne, voulut, comme presque tous les autres Monastères de ce temps, se mettre sous la garde & protection du Roi. Mercoralis, qui en étoit alors Abbé, eut recours au crédit de Rampon comte de Gironne pour solliciter à la Cour ce Diplome; Rampon le demanda en effet à Louis le Débonnaire & l'obtint; il porte que l'Empereur exempte l'Abbé & les Moines de tous les impôts que l'on payoit alors au Fisc, qu'il les met & leurs biens sous sa garde spéciale, & qu'il leur permet d'élire desormais leurs Abbés.

Le diacre Durand expédia cette Charte, faisant pour le chancelier Fridugise.

NOVEMBRE, sans quantième.

CHARTA Rodulphi comitis & Aigæ conjugis, quâ concedunt filio suo Rodulpho Curtem nuncupatam Bellomontem.

Histoire généalog. de la Maison de Turenne, par Justel, pr. p. 6. Acta SS. Bened. sæculo IV, part. 2, p. 157.

Justel conjecture que ce Raoul étoit Comte de Turenne & du Querci, parce qu'il prend dans cette Charte le titre de Comte & parce qu'il possédoit de grands biens dans ces deux pays: Mabillon semble ne pas douter de ce fait; dans l'histoire abrégée de Raoul fils de ce Comte, il le qualifie positivement de Comte de Cahors ou de Querci; *Rodulfus ejusdem nominis patre, Cadurcorum Comite* (Annal. Bened. tom. II, p. 615). Mabillon cependant ne rapporte point d'autres titres, pour prouver son sentiment, que cet Acte, dans lequel Raoul prend simplement le titre de Comte, sans exprimer le nom du Comté. Cette opinion par conséquent n'est appuiée que d'une conjecture, mais qui paroît très-probable.

Il étoit d'usage alors sans doute de doter ses Clercs & les filles qui prenoient le voile de Religieuses; c'est peut-être cette ancienne coûtume que les Évêques de France ont fait revivre par le titre clérical qu'ils exigent pour ceux qui prennent l'ordre de Sous-diacre & qui n'ont point de bénéfice. En effet, le comte Raoul & la comtesse Aigue sa femme font donation, par cette Charte, au jeune Raoul leur fils qu'ils ont engagé dans la Cléricature, & à Imnène leur fille qu'ils avoient vouée dans un Monastère de Religieuses, des biens de leur patrimoine; ils donnent à Raoul la terre & seigneurie de Beaumont en Limosin, & à Inmène, pour jouir en commun avec son frère, les églises de S.ᵗ Project dans le Querci, de S.ᵗ Paul d'Estival avec la terre située dans le Limosin, de S.ᵗ Genez & de Sarrazac dans le Querci.

Sans autre date.

LUDOVICI & Lotharii imperatorum Præceptum pro monasterio sancti Dionysii.

De re Diplom. a Mab. p. 515. Histoire de l'abbaye de S.ᵗ Denys, par Félibien, pr. p. 48.

Cette pièce est remplie de lacunes; l'original étant très-usé, Mabillon ni Félibien n'ont pû y lire plusieurs mots, ils ont cependant imprimé les deux premières syllabes d'un qui suffisent pour indiquer certainement le mot entier. Ce mot est intéressant pour le fond de la pièce, & il prouve, contre le sentiment de Félibien, que la redevance dont il s'agit avoit été établie par le droit, & non sur un prétexte auquel une pure libéralité des Moines de ce Monastère avoit donné lieu. Voici les termes qui précédent & qui suivent ce mot. *Vir venerabilis Hilduinus monasterii S.ᵗⁱ Dionysii abbas, sacrique* palatii nostri Archicapellanus, nostræ innotuit Celsitudini, quòd cujusdam antecessorum nostrorum tempore, occasione pro indigentiâ vini interveniente, ab eo qui tunc temporis Rempublicam gubernabat, de præc....... necessitatis & indigentiâ ex monasterio Sancti-Dionysii ad Vern-villam nostram præberentur. Ne paroit-il pas certain que la fin de ce mot *de præc*, est *de præcepto?* Par conséquent on doit présumer que dans un temps de disette de vin, les moines de S.t Denys en ayant peut-être seuls beaucoup récolté, ou en ayant beaucoup de vieux, le Surintendant de la maison du Roi aura représenté qu'il convenoit de changer en vin, pour cette année de disette, des redevances en d'autres denrées que le monastère de S.t Denys payoit annuellement au Fisc, soit pour des terres qu'il tenoit en bénéfice, soit pour quelqu'autre cause; sur quoi le Roi aura rendu une Ordonnance, *Præceptum*, pour obliger les Moines de S.t Denys de lui payer en nature deux cents tonneaux de vin, & de les conduire à sa maison de Vern ou Verneuil. Cette Ordonnance, qui ne devoit avoir lieu peut-être que pour cette année de disette qu'aucune conjecture n'a pû me conduire à fixer, aura été exécutée jusqu'au temps des empereurs Louis & Lothaire; leurs Officiers & ceux de leurs prédécesseurs auront continué de se faire payer de cette redevance; *pro lege & debito censu ab actoribus regiis teneri videretur (Hilduinus)* ; ces expressions assurément supposent un droit établi & non pas une simple coûtume, à laquelle une pure libéralité a donné naissance. Ainsi ce fut donc au contraire une pure libéralité, de la part des empereurs Louis & Lothaire, d'affranchir par ce Diplome le Monastère du payement de cette redevance annuelle.

Adalulf expédia cette Charte, faisant pour le chancelier Fridugise.

3
JANVIER.

ANNÉE 824.
DIPLOMA Lotharii imperatoris pro Leone, episcopo Comensi.
Donné à Compiegne.

Corp. Diplom. tom. I, parte I, pag. 7, col. 2. Ann. Eccl. Fr. Cointii, t. VII, pag. 686.

Léon, évêque de Come en Italie dans le Milanois, dont j'ai parlé ci-dessus, obtint du jeune empereur Lothaire ce Diplome, qui porte confirmation en faveur de ce Prélat & des Prêtres de sa Cathédrale, des biens & des privilèges que les rois Lombards & les rois de France leur avoient autrefois accordés. Ce Prince ratifie en outre un Jugement qui avoit été rendu il y avoit quelques années en faveur de cette Cathédrale, qui reclamoit des fonds de terre situés dans la Valteline au duché de Milan, contre les prétentions de Valton abbé de S.t Denys.

16
FÉVRIER.

CHARTA donationis pro monasterio Fuldæ.

Franc. Or. ab Eckardo, t. II, pag. 193.

Eckard n'a imprimé que les dates de cette pièce, il l'indique dans l'ouvrage de Pistorius *(Trad. Fuld. lib. II, pag. 536)*. Elle contient une donation faite par un particulier *(Nigdoz)*, en faveur du monastère de Fuldes, de tous les biens qu'il possédoit dans un terroir appelé *Thurpfilum, situé juxta ripam fluminis Moin in regione Slavorum.* Ce pays est maintenant enclavé dans le diocèse de Wrtzbourg sur le Mein.

16
MARS.

PRÆCEPTUM Ludovici imperatoris pro ecclesiâ Ultrajectinâ.
Donné à Aix-la-Chapelle.

Rec. des Hist. de France, par Dom Bouquet, t. VI, p. 537. Ann. Eccl. Fr. Cointii, t. VII, p. 687. Miræi Opera Diplomat. t. I, pag. 498.

Ce Diplome est imprimé dans Aubert-le-Mire & dans les autres auteurs, qui l'ont publié d'après Guillaume Héda *(Éloge de Rixfrede évêque d'Utrecht)* avec la signature de l'ancien chancelier Élisachar. C'est sans doute une infidélité de la part d'un Copiste qui aura par ignorance substitué le nom de ce chancelier à celui de Fridugise, croyant qu'il étoit encore, en 824, en place, tandis qu'il y avoit cinq ou six ans qu'il étoit retiré de la Cour. Cette erreur, à laquelle Aubert-le-Mire n'a point fait attention, l'a engagé dans une autre; car sachant qu'Élisachar n'étoit plus chancelier dans cette année, il a rapporté à l'an 814 la XI.e année du règne de Louis le Débonnaire, de laquelle le Diplome est daté, en faisant commencer ce règne à l'époque de l'avènement de ce Prince au royaume d'Aquitaine; mais ce Savant devoit recourir à un autre expédient pour concilier ces dates, plustôt que d'altérer le texte de cette pièce; car on lit dans le préambule : *Ludovicus, divinâ ordinante Providentiâ, Imperator Augustus*, & non pas *Rex* simplement; de même que dans la date, *data XVII kalendas Aprilis anno XI Christo propitio imperii domini Ludovici*, &c. & non pas *regni*. Il s'agit donc de l'empire

DES DIPLOMES. 367

de Louis le Débonnaire, dont la XI.e année revient à l'an 824, & non pas de son règne en Aquitaine; par conséquent on pourroit même croire que ces deux mots, *Elisachar recognovit*, ont été ajoutés à cette pièce; il est au moins certain que l'on ne doit y avoir aucun égard.

Pépin & Charlemagne avoient successivement accordé des immunités & de grands privilèges aux évêques & à la cathédrale d'Utrecht; ils avoient exempté leurs biens de la dixme que l'on levoit pour le Fisc sur les terres labourables, avec tous les autres droits, tant de douane que de voierie sur toutes sortes de denrées & de choses que l'on mettoit dans le commerce; ces Princes avoient en outre mis les Vassaux & les Serfs de cette Église sous leur garde spéciale, & les avoient affranchis des contributions que l'on payoit, soit en nature, soit en argent pour nourrir les *Missi* du Roi & ses Ambassadeurs dans leurs voyages. Ces contributions sont appelées *Fredum* & *Conjectum*; Aubert-le-Mire dit qu'en langue Teutonique ce *conjectum* est ce que l'on appelle *Verschat*; du Cange au contraire le nomme *Geschot*; cette différence vient de ce que l'un ou l'autre a mal lu la pièce originale, car le mot Teutonique y est exprimé; quoi qu'il en soit, l'Empereur confirme par ce Diplome l'évêque d'Utrecht, qui se nommoit alors Rixfrède, & son église dans la jouissance de ces immunités & de ces privilèges.

28 AVRIL. ANNÉE 824.

FUNDATIO Ecclesiæ in villâ Sentolatu, diœcesis Viennensis, facta per Lempteum & Agiloïm uxorem suam.

Ann. Eccl. Fr. Cointii, t. VII, pag. 729.

Quoique l'Acte de la fondation de cette église n'ait point de date, je ne crois pas cependant qu'il doive être placé à une autre époque; parce qu'il paroit probable qu'il est de la même année dans laquelle on en fit la dédicace; car il étoit assez d'usage anciennement d'écrire les actes de dotation des églises dans le même temps qu'on les consacroit; & comme on voit que la dédicace de celle-ci se fit le 12 des kalendes de l'année bissextile, dont les lettres dominicales étoient C B, sous l'épiscopat d'Agobard archevêque de Lyon, on ne peut se tromper que de très-peu de temps en plaçant à la même date l'acte de la fondation.

Le Cointe a tiré cette Charte d'un manuscrit qu'il dit que M. Vion d'Hérouval lui avoit prêté, & qui avoit appartenu ci-devant à Nicolas Chorier, auteur de l'Histoire du Dauphiné.

On lit dans cette Charte qu'un particulier nommé Lempteus fonda, de concert avec sa femme Agiloïs, une église dans un lieu de leur domaine appelé *Sentolatus*, dans le diocèse de Vienne, avec l'agrément de Barnard archevêque de Vienne, & d'Agobard archevêque de Lyon; qu'Audir corévêque de Lyon en fit la dédicace, sous l'invocation des apôtres saint Pierre & saint Paul, & qu'ils donnèrent pour dot le village nommé *Subricas*; les fondateurs se réservèrent néanmoins sur cette église le cens qu'ils appellent *honorem* pour eux & leurs héritiers, ainsi que le droit de pourvoir à la desserte, qui est exprimé par ce mot *patrocinium*; c'est ce que nos Jurisconsultes modernes appellent *droit de patronage*. Ils donnèrent de plus & affectèrent spécialement à cette église la dixme sur le restant des biens qu'ils possédoient actuellement dans ce lieu, avec celle sur les biens qu'ils pourroient acquérir dans la suite.

Le nom latin de tous les villages & hameaux sur lesquels cette dixme se levoit se trouve dans cette pièce, mais j'ignore celui sous lequel ils sont présentement connus, ainsi que la paroisse même appelée alors *Sentolatus*. J'ignore de même pourquoi on demanda l'agrément de l'archevêque de Lyon pour faire une fondation dans le diocèse de Vienne; cette dernière église ne fut jamais sous la dépendance de l'autre; seroit-ce parce que le corévêque de Lyon en fit la dédicace? mais alors ce n'étoit pas pour la fondation qu'il falloit le *licet* de l'archevêque de Lyon, c'étoit tout au plus pour qu'il permit que son Corévêque se transportât dans un diocèse étranger & qu'il y fît une consécration, de l'agrément de l'Évêque diocésain.

30 JUIN. DIPLOMA Ludovici imperatoris pro Glonnensi sancti Florentii monasterio.

Donné à Compiègne.

Rec. des Hist. de France, par Dom Bouquet, t. VI, p. 527. Annal. Bened. t. II, p. 739.

Ce Diplome est daté de la XI.e année de l'empire de Louis I.er, sous l'indiction XII; & comme ces deux époques ne peuvent cadrer, Mabillon a cru qu'il y avoit faute dans les années du règne de l'empereur, & il a ajouté un X à XI, ce qui fait la XXI.e année, laquelle revient à l'indiction XII. Cependant l'Empereur n'étoit point à Compiegne au mois de juin de l'année 834, qui revient à la XXI.ᵉ année de son règne: après avoir été rétabli sur le trône, vers la mi-carême, ce Prince partit de S.ᵗ Denys & alla passer les fêtes de Pâques à Aix-la-Chapelle; il demeura tout l'été en Allemagne, il passa le mois de juin à Wormes & aux environs de cette ville, s'occupant tantôt à la chasse & tantôt à la pêche; ainsi le sentiment de Dom Bouquet sur la correction qu'il convient de mettre aux notes chronologiques de cette pièce, me paroît préférable à celui de Mabillon: il faut, suivant ce premier, laisser subsister la XI.ᵉ année du règne de l'Empereur, & supprimer l'X à l'indiction, il restera indiction 11, qui revient à l'année 824, la XI.ᵉ de l'empire de Louis I.ᵉʳ

L'Empereur dit dans ce Diplome qu'il avoit envoyé en Italie Flosbert abbé, avec tous les Moines de son monastère, & que les ayant rappelés en France, il leur a fait don d'un Monastère appelé Glonne ou S.ᵗ Florent, situé sur la Loire dans le Poitou, pour y vivre suivant les pratiques & la discipline monastique de l'Ordre de saint Benoît; que moyennant les vœux & les prières que l'abbé Flosbert & ses Moines, ainsi que leurs successeurs, ne cesseroient jamais de faire pour l'Empereur & sa postérité, & pour le bien du Royaume, il prenoit sous sa garde & sous sa protection spéciale le Monastère & tous ses Vassaux, les affranchissant de tous les impôts dont ils étoient ci-devant tenus envers le Fisc.

Mabillon est fort incertain de la cause pour laquelle l'Empereur avoit envoyé cet Abbé avec ses Moines en Italie; je l'ignore de même que ce Savant; comme il ne dit rien du Monastère que cet abbé Flosbert occupoit avant son départ pour l'Italie, il laisse croire que c'étoit le même que S.ᵗ Florent; les termes cependant du Diplome portent à croire que c'en étoit un autre, car l'Empereur ne dit point qu'il le lui restitue, il dit simplement qu'il lui en fait don & à ses Moines.

Le diacre Siméon expédia cette Charte, faisant pour le chancelier Fridugise.

13 Aoûᴛ.

Année 824.

Stemmata Lotharingiæ ac Barri Ducum, pr. fol. 7, recto.

LITTERÆ Ludovici imperatoris in gratiam Vocvandi, archiflaminis Trevirensis, pro Cellis ac rebus ecclesiarum beatorum Hilarii, Eucharii & Petri Trevirensis.

Donné à Metz.

Il s'agit ici de l'abbaye de S.ᵗ Maximin de Trèves, qui s'appeloit anciennement le Monastère de S.ᵗ Hilaire. L'Empereur par ces Lettres confirme l'archevêque de Trèves dans la possession de cette Abbaye, & lui fait restitution de l'église de S.ᵗ Pierre dont Charlemagne lui avoit fait donation. Ce Prince donne en même temps l'avouerie de ces deux églises à Sadiger, fils du Duc d'Austrasie, qu'il qualifie de son cousin. Mais il y a bien des choses à considérer avant de statuer sur l'autenticité de ces lettres. Car premièrement l'Empereur vint-il au mois d'août de cette année à Metz? il n'y a guère d'apparence; il étoit à Compiegne au mois de juin, le 16 du mois d'août suivant il y étoit encore, il ne paroît guère possible que le 13 il fût à Metz, doù ces Lettres sont datées. Secondement, l'année 824 ne peut cadrer avec la XV.ᵉ année ou de son empire ou de son règne: *Datæ Metis idibus augusti anno Dominicæ Incarnationis DCCCXXIIII, imperii ac regni nostri anno XV.* Cette formule est l'unique que j'aie vûe dans les Actes de ce Prince; tous portent, *Christo propitio,* & aucuns, *anno Dominicæ Incarnationis;* il ne lie pas non plus les années de son règne comme roi d'Aquitaine aux années de son empire après la mort de Charlemagne. Troisièmement, le sieur des Rosières, qui a publié cette pièce, ajoûte que l'original de ces Lettres étoit muni de deux sceaux, l'un d'or, qui étoit celui de l'Empereur, sur lequel il y avoit un écu divisé en deux; dans la première partie il y avoit une aigle à deux têtes, la seconde étoit semée de lis. Cette circonstance bien loin de fournir une preuve de l'autenticité de la pièce, déposeroit contre; car, de l'aveu de tous les Savans, ni Charlemagne, ni Louis, ni Lothaire, après le rétablissement de l'empire d'occident & sa réunion au royaume des François, ne mirent sur leurs monnoies ni sur leurs sceaux l'aigle Romaine; il n'est pas moins certain que ces Princes n'ont point porté de lis non plus sur leurs écus. Ainsi, supposé que ce sceau ait existé tel que le sieur des Rosières le décrit, il a été dessiné trois ou quatre siècles après celui de Louis le Débonnaire & par un auteur peu versé dans notre histoire. Le second sceau étoit celui de Sadiger, duc de Lorraine; c'étoit également un écu, sur une face il y avoit une croix & sur l'autre un rubis ou escarboucle. De bons auteurs prétendent que cette croix, qui fait l'écusson de la maison illustre de Lorraine, n'a pas d'origine plus ancienne que les premiers

DES DIPLOMES. 369

premiers temps des Croifades; ainfi ce fecond fceau n'eft pas une meilleure preuve de l'authenticité de la pièce que le premier.

Au furplus cette critique n'intéreffe le contenu de cette Charte, qu'en fuppofant qu'elle foit écrite de la même main que les notes chronologiques qu'elle porte; le fond de la pièce peut être très-autentique, & un copifte indifcret peut y avoir ajouté les dates; les fceaux qui y font joints indiquent que cette infidélité peut être du XII ou XIII.ᵉ fiècle.

16 AOÛT.

ANNÉE 824.

DIPLOMA Ludovici imperatoris pro monafterio fancti Michaëlis in pago Virdunenfi.

Donné à Compiegne.

Rec. des Hift. de France, par Dom Bouquet, t. VI, p. 538. Apud Mabil. tomo II, veter. Annal. pr. edit. p. 406.

Dom Bouquet a imprimé cette pièce à la page 493 du même volume où elle fe trouve à la page 538. Cette première édition eft d'après Mabillon, qui l'a publiée fans notes chronologiques; la feconde eft d'après *Mart. Rethelois, tom. II, Chron. Ord. S. Bened. in Append. p. 81,* avec des notes chronologiques.

Ces Lettres portent qu'Hilduin, abbé de S.ᵗ Mihiel, préfenta à l'Empereur l'Acte d'un échange que fon prédéceffeur l'abbé Smaragde avoit fait de quelques héritages fitués dans le canton de Bar-le-Duc, avec des particuliers nommés Adhalard, Rodald & Adalric, tous les trois frères fans doute, contre un pré fitué dans le canton de Verdun, proche Goddinville; Hilduin fupplia ce Prince de confirmer cet échange par un Diplome, ce que l'Empereur lui accorda.

AOÛT, fans quantième.

CHARTA donationis pro monafterio fancti Dionyfii ab Amalrico & Senegunde.

Antiquités de Saint-Denys, par Doublet, pag. 738.

Je crois que Doublet s'eft trompé en plaçant cette Charte fous le règne de Louis le Débonnaire: on ne fe fervoit point d'une formule femblable à celle que l'on trouve à cette pièce pour dater les Actes des particuliers dans la IX.ᵉ ou la X.ᵉ année du règne de ce Prince; on ne fuivoit pas non plus l'ortographe que nous avons adoptée depuis pour écrire fon nom; on difoit: *Anno regnante Hludovico Augufto* ou *Imperatore*, & non pas, *Ludovico Rege;* d'ailleurs le nom du donateur, qui étoit fuivant les apparences un Comte, eft totalement inconnu dans les Hiftoriens de ce temps, de même que celui de plufieurs perfonnes qui foufcrivirent la donation. Toutes ces confidérations me portent à croire que cet Acte eft du règne de Louis IV, dit d'Outre-mer, pluftôt que de celui de Louis le Pieux; du temps de Louis d'Outre-mer vivoient encore les comtes Amalric, Hecfred & Godefroi ou Gozefrid. Ce premier, qui fit par cette Charte, de concert avec Sénégonde fa femme, la donation du village de Mancini dans la Brie au monaftère de S.ᵗ Denys, étoit comte & avoit affifté à un fameux Jugement qui avoit été rendu en faveur de l'abbaye de Prom par l'empereur Charles le Simple, quelques années avant que Louis d'Outre-mer parvînt au trône; Hecfred, comte dans la Bourgogne, qui figna la donation d'Amalric, en fit une dans le même temps au monaftère de Cluni; on fait enfin que Godefroi comte de Chartres, ainfi que beaucoup d'autres de ceux dont on trouve les noms dans cet Acte, étoient contemporains d'Amalric, & ne pouvoient par conféquent l'être de l'empereur Louis le Débonnaire.

NOVEMBRE, fans quantième.

CHARTA donationis Rodulphi comitis Turenenfis Rodulpho & Emmenæ filiis fuis.

Hift. Tutel- lenfis a Baluzio, col. 307.

Raoul, comte de Turenne, donne par cette Charte des églifes & des fonds de terre fitués tant dans le Limofin que dans le Querci, à Raoul fon fils & à Immène fa fille, qui avoient l'un & l'autre embraffé l'état monaftique; il confent de plus que les Religieufes du monaftère de fa fille héritent de fes biens après qu'elle fera morte, fous la condition néanmoins qu'elles prendront quelqu'un de fa maifon pour être leur avoué.

Les biens que le comte de Turenne donne à Raoul fon fils, qui fut depuis arche- vêque de Bourges, étoient les villages de Beaumont & de Catinac, & une très-grande étendue de pêche dans la Dordogne. Immène étoit Religieufe du monaftère de S.ᵗᵉ Geniez en Querci près Caffillac; il lui donna par convenance des églifes dans le diocèfe de Cahors & des fonds de terre fitués dans le même pays; *Ecclefiam fancti Projecti martyris, conftructam in orbe Catorcino in loco qui nuncupatur Blanguris, fimul cum ipfa valle fuifque appendiciis, & aliam villam quæ vocatur Afiniacus, cum manfiunculis, quæ vel in*

Tome I. Aaa

370 NOTICE

Aurelaico, vel in Galiaco atque in Fabricas; il leur donna en outre la terre d'Eſtival en Limoſin pour en jouir en commun, voulant qu'elle demeurât en toute propriété au ſurvivant des deux. Immène fut abbeſſe de St Geniez.

Cette Charte eſt la même que celle que j'ai placée à l'article de l'année précédente, & ſur laquelle j'ai propoſé quelques réflexions.

Sans autre date.

ANNÉE 824.

DIPLOMA Lotharii imperatoris pro Ingoaldo, Farfenſis monaſterii abbate.

Hiſt. Script. Fr. a Cheſnio, t. III, p. 659. Rerum Ital. ſcript. a Murat. part. 2, t. II.

Quoique l'empereur Louis le Débonnaire parle dans les premières lignes de ce Diplome, il doit être attribué cependant à Lothaire ſon fils, & il eſt hors de doute que le préambule indique qu'il faut placer la pièce ſous cette année, quoiqu'elle ne porte aucune date dans le manuſcrit duquel elle a été tirée.

Après l'aſſemblée que Louis tint cette année à Compiegne, il fit partir Lothaire ſon fils pour l'Italie, afin d'y rétablir l'ordre & de réformer les abus qu'une longue abſence du Souverain pouvoit avoir occaſionnés; *Lotharium filium imperii ſocium Romam mittere decrevit, ut vice ſuâ ſanctus ea quæ rerum neceſſitas flagitare videbatur. (Annal. Eginh. ad hunc ann.)* En effet, l'Empereur n'avoit point été en Italie depuis ſon avènement au trône, & Lothaire n'y avoit fait qu'un très-petit ſéjour en 822; ainſi l'Empereur s'étant fait rendre compte, dans l'aſſemblée de Compiegne, de divers ſujets de plaintes que tous les Ordres du royaume lui avoient précédemment adreſſés, il chargea ſon fils d'aller en Italie pour faire exécuter les règlemens qui furent arrêtés dans l'aſſemblée, & donna à cet effet une Ordonnance dont le préambule eſt répété au commencement de ce Diplome; l'empereur Lothaire s'y explique en ces termes: « Après avoir, dit-il, fait
» notre prière au tombeau des ſaints Apôtres, pour remplir les intentions de l'Empereur
» notre auguſte père & pour obéir à ſes ordres, nous avons écouté les plaintes de tous ceux
» à qui on avoit fait quelque injuſtice, parmi leſquels s'eſt préſenté Ingoald, abbé de S.^{te}
» Marie de Farfe, diſant que les précédens Papes avoient dépouillé ſon Monaſtère de ſes
» anciens privilèges, & que non contens d'avoir uſurpé avec violence une partie de ſes biens,
» ils l'avoient aſſervi à leur payer un tribut pour ceux qui lui reſtoient; ſur quoi nous
» lui avons demandé qu'il nous repréſentât des titres qui prouvaſſent ſes privilèges &
» les poſſeſſions qu'il réclamoit: ledit Ingoald nous a mis à l'inſtant ſous les yeux des
» Diplomes des anciens rois des Lombards, & pluſieurs de notre aïeul Charles le ſéréniſſime
» empereur & de l'invincible empereur Louis notre auguſte père, qui juſtifioient les plaintes
» & les réclamations dudit Ingoald; lui faiſant droit, nous ordonnons par ces préſentes
» que ſon Monaſtère demeurera à toûjours ſous notre garde & protection ſpéciale, &
» que ſes biens lui ſeront reſtitués, l'affranchiſſant de toute juriſdiction ».

Jamais aſſurément aucun Souverain ne fit d'Acte qui prouvât plus clairement ſa puiſſance & la plénitude de ſa ſouveraineté, que le jugement de l'empereur Lothaire en cette occaſion; ainſi les auteurs Italiens qui font remonter plus loin que cette époque la ſouveraineté des Papes, ſont dans la plus grande erreur.

Sans autre date.

CHARTA commutationis Mancipiorum inter Theodradam abbatiſſam monaſterii ſanctæ Mariæ Argentogilenſis, & Einhardum abbatem.

De re Diplom. a Mab. p. 515.

Donné à Argenteuil.

Il paroît probable que l'Abbé qui fit cet échange étoit le fameux Éghinard, qui avoit pluſieurs abbayes, & entr'autres celle de St Vandrille. Cet Abbé fit donc un échange avec l'abbeſſe d'Argenteuil dont on écrivit cet Acte. Cet échange étoit de Serfs; l'Abbeſſe donna un Prêtre nommé Gulfocus, *homine aliquo nomine Gulfoco presbytero;* & elle reçut en échange de l'abbé Éghinard deux autres hommes nommés Imboldus & Vulframnus, mais qui étoient laïcs; on voit par-là que s'il ne s'agiſſoit que des perſonnes, un Prêtre alors étoit eſtimé valoir deux Laïcs, car l'Abbeſſe ne donna rien en contre-échange: cependant l'opinion commune eſt que depuis pluſieurs ſiècles la Cléricature affranchiſſoit, comment par conſéquent ſe peut-il faire que ce Gulfocus fût encore ſerf après avoir reçû l'ordre de prêtriſe, & que l'Abbeſſe à qui il appartenoit le mit dans le commerce en qualité de ſerf? car les termes de la Charte ſont précis. . . . . *convenit inter Theodradane nobiliſſima abbatiſſa. . . . . . & inter venerabilem Einhardum abbatem . . . . . conſentientes, ut mancipia inter ſe commutare vel excambiare deberent.* Mabillon fait remarquer cet échange comme une choſe fort ſingulière, mais cela ne ſuffit pas pour notre instruction. Je propose aux Savans une opinion sur cette difficulté; je pense que la Cléricature en effet affranchissoit, mais cet affranchissement étoit purement personnel, & rien n'empêchoit qu'un Serf affranchi par la Cléricature ne continuât à cultiver le même bien qu'il cultivoit avant son affranchissement; ainsi ce sera moins la personne du prêtre Gulfocus qui aura fait l'objet de l'échange, que la métairie ou l'héritage qu'il tenoit de son pére qui avoit été serf, suivant les apparences, & qui appartenoit à l'abbesse d'Argenteuil.

Sans autre date.

ANNÉE 824.

LITTERÆ Frotharii episcopi Tullensis ad Ludovicum imperatorem, de discordiâ inter Abbatem & Monachos Medeolacensis monasterii.

Ann. Eccl. Fr. Cointii, t. VII, pag. 732.

Il paroît que dans tous les temps les Abbés de ce Monastère, situé dans le diocèse de Trèves, & que l'on appelle *Médeloc* ou *Mitlach*, ont vécu dans la discorde avec leurs Moines; des motifs d'intérêt étoient alors la cause de leur mésintelligence, mais le Roi, auquel les Moines s'adressoient pour leur faire rendre justice, aussi-tôt qu'il étoit informé du trouble, rétablissoit les choses dans l'ordre.

Du temps de Fortunat abbé de Médeloc, ses Moines mécontens de ce qu'il leur refusoit les choses nécessaires à la vie, en portérent leurs plaintes au Roi, lequel nomma à l'instant des Commissaires pour examiner l'affaire, & pour ensuite lui en rendre compte : ces Commissaires furent le même Frothaire évêque de Toul qui a écrit cette Lettre, avec Smaragde, abbé de Saint-Mihiel. Le Roi ayant été informé des justes plaintes des Moines, ordonna que ces Commissaires leur assigneroient une partie des biens de l'Abbaye pour fournir à leurs besoins. L'Ordonnance du Roi eut son exécution, & Fortunat s'y soûmit tant qu'il vécut; après sa mort le moine Ismond lui succéda, & d'autorité s'empara de cette portion, assignée par le Jugement des Commissaires pour la subsistance des Moines, qu'il traita plus durement encore que n'avoit fait son prédécesseur : les Moines alors eurent recours à Frothaire pour engager leur Abbé à les traiter plus humainement; Frothaire accepta la médiation; l'Abbé promit de remplir envers ses Moines les devoirs de sa place, il s'engagea même de tenir les arrangemens faits sous son prédécesseur, mais il ne fut fidèle à aucun de ses engagemens. Frothaire rend compte au Roi dans cette Lettre de la suite de cette discussion; il lui marque que les Moines sont venus se trouver une seconde fois, pour le prier de leur permettre d'aller à la Cour y porter leurs plaintes, mais qu'il a cru devoir instruire Sa Majesté du sujet de leur voyage, & la prévenir sur toutes les choses qui pouvoient éclairer sa sagesse dans cette affaire.

Le Cointe se fait sur cette Lettre une objection, & se demande « pourquoi les Moines de ce monastère s'adressérent-ils plutôt à Frothaire qui n'étoit point leur évêque, qu'à Hettius archevêque de Trèves dont ils étoient les diocésains! C'est, répond-il, parce que Hettius, avant d'être promû à l'épiscopat, avoit été Abbé de ce monastère, & que les Moines craignoient qu'il ne prît le parti d'Ismond par préférence au leur ». Cette raison me paroît bien foible; il semble plutôt que c'est parce que Frothaire ayant été autrefois nommé Commissaire par le Roi pour règler un semblable différend, il étoit naturel qu'ils s'adressassent à lui pour obtenir du Roi qu'il fît exécuter, par rapport à leur nouvel Abbé, l'Ordonnance qui avoit été rendue contre Fortunat.

LUDOVICI imperatoris Epistola Badurado, Paderbornensi episcopo, in gratiam monasterii Corbeïensis in Saxoniâ.

Rec. des Hist. de France, par Dom Bouquet, t. VI, p. 337.

Badurad, comme je l'ai observé plus haut, étoit *Missus* du Roi, & avoit pour département la Saxe, il étoit en outre évêque de Paderborn, mais c'est en qualité de *Missus*, dont les fonctions pourroient être comparées à celles des Intendans de nos jours & Commissaires départis dans les provinces, que cette Lettre lui est adressée, par laquelle le Roi lui ordonne de faire connoître ou signifier à certains Comtes de ce pays le Diplome des priviléges qu'il lui a plu d'accorder au monastère, aux hommes & vassaux de la Nouvelle-Corbie, afin qu'ils s'y conforment à l'avenir & qu'ils ne les contraignent pas desormais d'aller à la guerre, puisqu'ils en sont exempts, sous les peines d'encourir sa disgrace.

Ceci est une preuve que les gens d'Église ne recouroient pas alors au droit divin pour prouver leurs immunités & leurs priviléges; comme ils reconnoissoient les tenir de la libéralité & de la piété du Souverain, c'étoit à lui ou à ses Officiers qu'ils s'adressoient pour s'y faire maintenir lorsqu'on vouloit les en dépouiller.

Tome I.   A a a ij

NOTICE

ANNÉE 824.

CONSTITUTIO *Lotharii imperatoris pro Populo Romano, & Juramentum fidelitatis Imperatoribus ab eodem Populo præstitum.*

Donné à Rome.

<small>Corp. Diplom. tom. I, pr. part. p. 8, col. 1.
Franc. orient. ab Eckardo, t. II, p. 189.
Rec. des Hist. de France, par Dom Bouquet, tome VI, p. 106 en note, & p. 410.
Capit. Reg. Fr. a Baluzio, t. I, col. 647, & t. II, col. 317.
Ann. Eccl. Fr. Cointii, t. VII, p. 697 & suiv.
Hist. d'Allemagne, par le P. Barre, t. II, pag. 556.</small>

« Que l'on se garde bien, dit le Cointe, de se laisser tromper par les termes de cette Ordonnance & par quelques autres semblables, & de croire que les Rois de France soient demeurés les Souverains de Rome après la donation formelle que Louis le Débonnaire avoit faite de cette Ville & du Duché au pape Paschal & à ses successeurs en 817 ». Je me suis déjà expliqué sur les doutes bien fondés que l'on pouvoit avoir sur l'authenticité de l'Acte de cette fameuse donation, mais en admettant que la donation est vraie, doit-il s'ensuivre que l'empereur Louis le Débonnaire se soit dépouillé en faveur des Papes, par cet Acte, de la souveraineté de Rome & de toutes les places qu'il donna au Saint-Siége; je pense que pour éviter une grande erreur, c'est cette proposition qu'il faut bien se donner de garde de croire, & non pas celle de le Cointe. Cette Ordonnance de l'empereur Lothaire & celle que Louis le Débonnaire avoit publiée dans l'assemblée de Compiegne, avec une infinité d'autres postérieurement rendues par les successeurs de ces Princes & exécutées sans réclamation de la part ni du Sénat ni des Papes, prouvent invinciblement que Charlemagne & ses premiers successeurs se réservèrent la souveraineté sur les riches donations qu'ils firent aux Souverains-Pontifes. Les donations de ces Princes en faveur de l'église de Rome étoient dans la forme de toutes celles qu'ils faisoient à des églises particulières; ils donnoient le plein domaine des fonds de terre, des Villes mêmes qu'ils consacroient au culte des Autels & à la subsistance des Ministres de la religion; ils donnoient en pure aumône tous ces biens, c'est par cette raison qu'ils ne se réservoient ni tribut ni cens; ils ajoûtoient la plûspart du temps aux donations de cette espèce, la cession de la Justice & le droit même de lever les impôts que l'on percevoit au profit du Fisc dans l'étendue du canton qui étoit donné; par cette raison ils exemptoient de la jurisdiction de leurs Officiers royaux & les Ministres de l'Église & leurs Vassaux, & ils les prenoient d'ailleurs sous leur garde spéciale; mais ils se réservoient, sur les uns & sur les autres comme sur leurs biens, la *grande-main*, le ressort & l'appel; ces droits assurément constituent la souveraineté la plus entière & la plus pleine: que l'on se borne donc à dire, que dans les temps postérieurs à ceux-ci, & par l'accord tacite ou formel des Empereurs ou des Rois, les Papes ont acquis la souveraineté sur le patrimoine de leur siége, personne ne doit réclamer contre cette proposition; mais l'Ordonnance de Lothaire & le serment de fidélité que les Romains lui prêtèrent, sont des preuves démonstratives que les Papes n'exerçoient à cette époque aucune souveraineté, même dans la ville de Rome.

Il faut se rappeler ce que j'ai dit un peu plus haut à l'article du monastère de Farfe, du sujet du voyage que Lothaire fit à Rome au mois d'août de cette année; ce que j'ajoûte ici pour l'intelligence de l'Ordonnance dont je vais rendre compte, est tiré de la vie de Louis le Débonnaire écrite par un Historien qui vivoit à la Cour de ce Prince; mais dans la crainte de ne pas rendre avec assez de précision le passage, je préfère de rapporter le texte. *Intereà*, dit cet Écrivain, *cùm Lotharius, ut prædictum est, a patre missus Romam venisset, libentissimè atque clarissimè ab Eugenio Papâ susceptus est. Cùmque de his quæ acciderant quereretur, quare scilicet hi, qui Imperatori & Francis fideles fuerant iniquâ nece peremti fuerant, & qui superviverent ludibrio reliquis haberentur; quare etiam tantæ querelæ adversùs Romanorum Pontifices Judicesque sonarent; repertum est quòd quorumdam Pontificum vel ignorantiâ vel desidiâ, sed & Judicum cæcâ & inexplicabili cupiditate, multorum prædia injustè confiscata fuerint. Ideoque reddendo quæ injustè erant sublata, Lotharius magnam Populo Romano lætitiam creavit. Statutum est etiam, juxta antiquum morem, ut ex latere Imperatoris mitterentur, qui judiciariam exercentes potestatem, justitiam omni populo, tempore quo visum foret Imperatori, æquâ lance penderent. Quæ cùm rediens filius patri retulisset, tamquam amator æquitatis & cultor veritatis magno perfusus est gaudio, eo quòd oppressis iniquè relevatio succurreret pietatis.* (Ex Astro. in vitâ Lud. imp. tit. XXXVIII *de l'édition de D. Bouquet.*)

Mézerai dit que l'autorité des François à Rome incommodoit fort le pape Paschal, & qu'il fit décapiter dans l'intérieur de son palais Théodore, Primicier de l'Église, & Léon, Nomenclateur, son gendre, parce qu'ils étoient trop affectionnés aux empereurs Louis & Lothaire; c'est de ces meurtres dont parle l'Historien que je viens de citer. Il y eut sans doute dans le même temps beaucoup d'autres fidèles sujets du Roi qui eurent un pareil sort, & beaucoup d'autres que le Pape, pour la même cause, fit dépouiller de leurs biens: cette espèce de révolte avoit occasionné des maux sans nombre & un grand desordre parmi les Officiers de Justice. L'Empereur, dont le caractère étoit doux & timide, ne se décidoit point sur le parti qu'il devoit prendre pour punir les coupables; il hésitoit encore lorsqu'il apprit & la mort de Paschal & les troubles que la concurrence de deux contendans à la Papauté occasionnoit; il commença par prendre les mesures convenables pour éviter le schisme, en faisant donner l'exclusion à Zizime rival d'Eugène; ce dernier étant paisible possesseur, alors Louis envoya Lothaire son fils à Rome, qui y rétablit son autorité, avec l'ordre, la police & la justice, en publiant l'Ordonnance dont il s'agit. Elle contient neuf articles; quelques auteurs, comme Sigonius & le cardinal Baronius, ont jugé à propos de supprimer les deux premiers dans leurs éditions.

ART. I. Nous ordonnons que tous ceux qui sont sous la spéciale protection du Pape & sous la nôtre, y demeurent en toute liberté, sous peine de mort pour ceux qui oseront les troubler dans leurs priviléges; nous ordonnons pareillement à tous les citoyens de Rome d'avoir pour le Pape toute l'obéissance qui lui est justement dûe, & de reconnoître les Officiers qu'il établit pour rendre la justice.

ART. II. Nous faisons défenses d'exercer dans la suite les pillages que l'on avoit coûtume de faire tant du vivant du Pape que durant la vacance du siége de Rome, sous peine d'être punis suivant la rigueur des Ordonnances, voulant que les dommages qui ont été faits précédemment soient réparés, conformément à la loi.

ART. III. Nous défendons aussi, sous peine d'exil, à tout particulier, de quelqu'état qu'il soit, de troubler desormais l'élection du Pape, qui doit être faite seulement par ceux auxquels les Constitutions des S.ts Pères donnent le droit de suffrage.

ART. IV. Voulons que chaque année des Commissaires qui seront nommés par le Pape & par Nous, nous fassent le rapport de la manière dont les Ducs & les Juges administrent la justice & s'ils tiennent la main à l'exécution de notre présente Ordonnance; nous ordonnons également que l'on instruise les Papes des troubles qui pourroient être occasionnés par la malversation des Ducs & des Juges, afin qu'ils puissent rétablir l'ordre par leurs Officiers, ou qu'ils s'adressent à Nous pour que nous puissions y pourvoir.

ART. V. Ordonnons que le Sénat & le Peuple Romain nous informent de la loi sous laquelle ils veulent desormais vivre, afin que nos Officiers puissent veiller pour qu'ils s'y conforment, & nous leur déclarons que s'ils violent celle qu'ils auront adoptée, ils seront également soûmis à la correction du Pape & à la nôtre.

ART. VI. Voulons que nos Commissaires remettent au plus tôt le Pape & toutes les églises de Rome en possession des biens ecclésiastiques qui sont injustement retenus, & même sous le prétexte du consentement des anciens Papes.

ART. VII. Faisons défenses d'exercer aucuns pillages sur les frontières de nos États.

ART. VIII. Ordonnons à tous les Ducs, aux Juges & à tous autres Magistrats de se présenter devant Nous pendant notre séjour à Rome, parce qu'il est important que nous en sachions le nombre & que nous soyons informés de leurs noms, afin d'être en état de leur donner des avis sur les devoirs de leurs charges.

ART. IX. Nous déclarons de nouveau, que quiconque desirera d'être agréable à Dieu & à Nous, il doit avoir pour le Pape une obéissance & un respect infini.

Lothaire joignit à cette Ordonnance la formule du serment qui suit, & enjoignit qu'on le fit prêter au Sénat & à tous les Citoyens de Rome.

Je N. promets sincèrement & sans fraude, par le Dieu tout-puissant, sur les saints Évangiles, sur cette Croix de Notre-Seigneur & par la confession de saint Pierre, que je serai toute ma vie fidèle aux seigneurs Louis & Lothaire, sauf la foi que j'ai promise au seigneur Pape. Je ne consentirai pas non plus que l'élection du Pontife de ce siége se fasse autrement que selon les Canons, ni que celui qui aura été élu soit consacré avant qu'il ait fait en présence du Peuple Romain & de l'Ambassadeur de l'Empereur le serment du feu pape Eugène I.er

Paul diacre nous a transmis cette dernière pièce dans le supplément de son Histoire des Lombards; Freher est le premier qui l'ait imprimée, *inter Scriptor. Hist. Franc. genuinos.*

3 JANVIER.

ANNÉE 825.

DIPLOMA Ludovici imperatoris de quâdam commutatione inter Leibulfum comitem, & Notonem archiepiscopum Arelatensem.

Donné à Aix-la-Chapelle.

Rec. des Hist. de France, par Dom Bouquet, t. VI, p. 540. Histoire de Languedoc, t. I, pr. col. 52.

Noton archevêque d'Arles ayant fait un échange avec Leibulse comte de cette Ville, supplia l'Empereur de vouloir bien l'approuver & d'en faire expédier un Diplome, ainsi

Aaa iij

qu'il étoit d'usage : l'Empereur se fit rendre compte de l'Acte de cet échange, & après avoir connu qu'il étoit utile à l'Église, il le confirma par ces Lettres.

Le comte Leibulfe tenoit déjà en bénéfice de l'église d'Arles les biens qu'il acquit par son échange, mais il voulut les avoir en propriété ; ils consistoient dans plusieurs églises, dans des terres labourables, en vignes, en prés, &c. le tout étoit situé dans une isle que l'on a nommée depuis l'Isle de la Camargue, proche la ville d'Arles : il donna à l'Archevêque en échange le lieu & l'église d'Argence, deux Celles, des vignes & un grand espace de terrein sur lequel on a bâti depuis la ville de Beaucaire ; c'est sans doute la raison pour laquelle les archevêques d'Arles ont été regardés pendant plusieurs siècles comme seigneurs d'Argence & de Beaucaire.

Le diacre Durand expédia cette Charte, faisant pour le chancelier Fridugise.

ANNÉE 825.

17 Février.

PRÆCEPTUM Ludovici & Lotharii imperatorum pro S.ti Maximini ad Ligerim monasterio.

Ann. Eccl. Fr. Cointii, t. VII, pag. 736.
Rec. des Hist. de France, par Dom Bouquet, t. VI, p. 544.
Annal. Bened. t. II, p. 493.
Spicileg. d'Acherii, tom. III, p. 329, col. 2.
Titres de l'Abbaye de S.t Mémin, part. 2, p. 19.

Donné à Aix-la-Chapelle.

Jonas évêque d'Orléans, dans la dépendance duquel étoit le monastère de S.t Mémin-sur-Loire, avoit travaillé avec succès pour y rétablir la discipline monastique. Ce Prélat jugeant que les Moines, dont le nombre étoit considérable, n'avoient pas des revenus suffisans pour vivre, détacha du patrimoine de son Église deux métairies pour augmenter leur dot ; ces métairies sont nommées en latin *Quasellæ* & *Castaneum* ; j'ignore le nom qu'elles portent présentement : il leur céda en outre le droit qu'il avoit de nommer l'Abbé, en sorte que cette place commença dès-lors à être élective. Jonas fit dresser l'Acte de ces donations, & supplia les empereurs Louis & Lothaire de les confirmer ; ces Princes en conséquence donnèrent ce Diplome qu'ils signèrent & auquel ils firent apposer leur sceau.

1.er Avril.

PRÆCEPTUM Pippini Aquitaniæ regis pro monasterio S.tæ Crucis Pictaviensis.

Rec. des Hist. de France, par Dom Bouquet, t. VI, p. 663.
Ann. Eccl. Fr. Cointii, t. VII, pag. 737.
Histoire des Comtes de Poitou, par Besli, p. 22 de la préface sur la généalogie.

Donné à la forêt de Molières.

Besli se trompe en portant cette pièce à l'année 826 ; comme elle est datée de la XI.e année du règne de Pépin, il est évident qu'elle est de l'année 825, parce que ce Prince monta sur le trône d'Aquitaine en 814.

Gerberte abbesse de S.te Croix de Poitiers & les sœurs du roi Pépin le supplièrent d'accorder à ce Monastère un Diplome par lequel il voulût bien le confirmer dans le droit de tenir deux marchés, l'un dans un bourg situé aux environs de Poitiers, nommé *Caiaca*, & l'autre dans un bourg situé en Angoumois & appelé *Fulchrodo*. Ce Prince non-seulement accorda cette grace par ce Diplome, mais encore il fit don & remise à l'Abbesse & aux Religieuses de tous les droits & impositions qu'elles payoient annuellement au Fisc, & les affranchit de la juridiction des Officiers royaux.

Il est hors de doute par la date de cette Charte, que les Rois d'Aquitaine avoient en ce temps un palais dans la forêt de Molières, laquelle depuis ce temps a toûjours été du domaine du Roi.

31 Mai.

DIPLOMA Ludovici imperatoris pro monasterio Anisolensi.

Rec. des Hist. de France, par Dom Bouquet, t. VI, p. 545.
Annal. Bened. t. II, p. 494.

Alboin, abbé de S.t Calez, obtint ce Diplome en faveur de son monastère, par lequel l'Empereur accorda aux Moines la liberté d'élire desormais leur Abbé, & les prit sous sa protection spéciale.

Le diacre Durand expédia ce Diplome, faisant pour le chancelier Fridugise.

31 Mai.

CHARTA Lotharii imperatoris, quâ confirmat duas Massas monasterio Farfensi a Papâ concessas.

Rerum Italic. Script. a Muratorio, tom. II, part. 2, col. 382.

Donné au Palais d'Olonna dans le Milanois.

Le Pape Eugène II avoit donné depuis peu à l'abbaye de Farfe deux métairies, appelées *Pompeiana* & *Bagai*, avec réserve d'une pension annuelle & viagère ; Ingoald abbé de ce monastère supplia Lothaire de lui accorder la confirmation de ce legs par un Diplome ; ce que ce Prince fit par celui-ci.

Lothaire revenoit d'Italie à Aix-la-Chapelle, & il prit sa route par le Milanois: le palais d'où il data cette Charte étoit sans doute situé sur la rivière appelée Olone, qui lui avoit donné son nom, *Olonna palatium*, & qui arrose ce duché.

Il semble que l'on ne peut mieux interpréter ces mots *duas massas*, que par ce que nous appelons aujourd'hui métairie. *Massa, massum, masa, masada*, ont la même signification dans une infinité d'Actes du IX.e & du X.e siècle, que les mots *mansus* & *mansa*; ces *mansus*, ainsi que le *massa*, désignent une certaine quantité de terres réunies dans un cadastre & cultivées par un même colon ou métayer; d'où vient que l'on trouve dans de vieilles Chartes, *massus, meitarius* & *tertiarius*, c'est ce qui désigne le colon ou le métayer, qui prend ou la moitié ou le tiers du produit de la terre, pour le prix de l'avoir cultivée. On dit même dans bien des cantons du Royaume, un mas de terre, *massus terræ*, ce qui signifie une certaine quantité de terres labourables dont on peut former une métairie. *Voyez le glossaire de du Cange, au mot* MASSA.

JUIN 3

ANNÉE 825.

PRÆCEPTUM *Ludovici imperatoris, quo confirmat commutationem de quibusdam rebus inter Hildebaldum episcopum Matisconensem, & Warinum comitem.*

Donné à Aix-la-Chapelle.

Histoire généalogique de la Maison d'Auvergne, par Justel, pr. p. 6.
Histoire de Bourgogne, par Dom Planchet, t. I, pr. p. 6, col. 2.
Gallia Christ. pr. edit. t. III, p. 678; & sec. edit. t. IV, inter instr. col. 266.
Histoire généalogique de la Maison de Vergi, pr. p. 7.
Biblioth. Cluniac. Notæ, col. 13.
Annal. Eccl. Franc. Cointii, t. VII, p. 747.
Rec. des Hist. de France, par Dom Bouquet, t. VI, p. 546.

Je remarque que l'Auteur de l'Histoire de Bourgogne, à la page citée, a imprimé un extrait de l'Acte même d'échange fait entre l'évêque de Mâcon & le comte Warin, qui fut confirmé par le Diplome que j'annonce à cet article: cet Acte se trouve équivalemment dans le contenu du Diplome, car, ainsi qu'il se pratique encore aujourd'hui en la Chancellerie, on inséroit dès le temps de nos Rois de la première race, toute la teneur de la requête dans les Chartes ou Lettres qu'ils accordoient.

Les Historiens présument que ce Warin étoit comte d'Auvergne, le même qui eut ordre de la part de l'Empereur, en 819, de marcher avec Bérenger duc de Toulouse, contre Loup Centule duc des Gascons qui s'étoit révolté. Ce Comte acquit donc par cet échange, de Hildebald évêque de Mâcon & de son Chapitre, le lieu de Cluni, dont Charlemagne avoit autrefois fait donation à la cathédrale de Mâcon; il eut encore une autre terre, située dans le Nivernois, avec toutes ses dépendances, qui est nommée *Optannacus*: il donna, de concert avec Albane son épouse, à l'Évêque & au Chapitre de Mâcon la terre de Génuilli, située dans le Mâconnois, avec la terre & l'église de Chaudes-Aigues, située dans le Nivernois, & une autre seigneurie en Auvergne nommée *Lituanias*. Comme cet échange étoit favorable à l'évêque Hildebald, l'Empereur que sa piété rendoit attentif à tout ce qui pouvoit contribuer au bien de l'Église, le confirma par ce Diplome. Hilduin abbé de S.t Denys, Archichapelain du Palais ou Grand-aumônier de l'Empereur, y avoit mis son attache auparavant; car, comme je l'ai déjà observé, il étoit de la charge des Archichapelains d'examiner les requêtes, & principalement celles qui intéressoient les Ecclésiastiques, avant qu'elles parvinssent au Roi.

Cette terre de Cluni fut léguée par le testament de la comtesse Albane au comte Guillaume son frère, parce qu'elle n'eut point d'enfans de son mariage avec le comte Warin, & ce Guillaume, surnommé le Pieux, y fonda le Monastère qui y existe aujourd'hui.

Cependant Mabillon rapporte une Charte (*seculo* IV.o *Bened. p. 75*) qui prouve que tandis que Hildebald évêque de Mâcon étoit encore propriétaire du lieu de Cluni, il y avoit fondé une Collégiale, qui étoit desservie par des Prêtres séculiers; qu'il y avoit deux églises, que la principale étoit sous l'invocation de S.t Pierre, & l'autre dédiée à la Vierge, & que cet Évêque les avoit bien dotées.

Le diacre Durand expédia ce Diplome, faisant pour le chancelier Fridugise.

JUIN 4

PRÆCEPTUM *Ludovici imperatoris, quo confirmat donationes factas ecclesiæ Brivatensi, a Berengario comite.*

Donné à Aix-la-Chapelle.

Ann. Eccl. Fr. Cointii, t. VII, pag. 748.
Rec. des Hist. de France, par Dom Bouquet, t. VI, page 547.
Cap. Reg. Fr. a Baluzio, t. II, col. 1426.
Spicileg. d'Acheri, tom. III, p. 328, col. 2.

L'Empereur avoit donné le comté de Brioude en Auvergne à Bérenger; peut-être ce Bérenger étoit-il le neveu de Bérenger duc de Toulouse & fils du comte Bérenger que Pépin avoit employé dans l'armée qu'il envoya contre Waifre duc des Gascons en 767. Ce qui est certain, c'est qu'il paroit que ce Bérenger avoit quelque Comté avant que Louis le Débonnaire lui eût donné celui de Brioude, & qu'il possédoit de grands biens en Auvergne. Il fit une donation à l'église de S.t Julien de ce lieu, de plusieurs fonds de terre, exprimés dans la Charte par ces mots, *centum mansa*, & dont la situation n'est point désignée; il y a cependant lieu de croire que ces terres étoient en Auvergne & dans le voisinage de Brioude. L'église de cette Collégiale avoit été ruinée par les Sarazins, ses biens usurpés, & les Clercs qui la desservoient tous dispersés; ce Comte la fit rééditier & y établit trente-quatre Chanoines avec un Abbé, qu'il leur permit d'élire. Après avoir fait tous ces actes de piété, il supplia l'Empereur d'en vouloir bien confirmer la Charte; l'Empereur ratifia en effet par ce Diplome toutes les dispositions du comte Bérenger, & affranchit ce Chapitre de tous devoirs de vassalité envers tout autre Seigneur que le Roi, assujétissant les Chanoines à lui présenter annuellement & aux Rois de France ses successeurs, un cheval, une épée & une lance. Le comte Bérenger doit être regardé comme le restaurateur de cette Église.

ANNÉE 825.

25 JUILLET.

DIPLOMA Ludovici & Lotharii imperatorum, pro Adalardo, abbate Corbeïensi.

Rec. des Hist. de France, par Dom Bouquet, t. VI, p. 547. Apud Martenium, tom. I, ampliss. collect. col. 81.

Donné à Aix-la-Chapelle.

Dom Bouquet a corrigé, sur un manuscrit très-ancien, quelques fautes & des omissions qui se trouvent dans l'édition de Dom Martène.

Les empereurs Louis & Lothaire exemptent par ce Diplome Adalard le Vieux, abbé de Corbie en France, & tous les Moines avec leurs Vassaux & leurs Serfs, de la jurisdiction des Officiers royaux; ils affranchissent les biens de ce Monastère de tous les droits que l'on avoit accoûtumé de payer au Fisc pour des acquisitions, des tributs & des impôts ordinaires, & ils accordent en outre aux Moines la liberté d'élire desormais leurs Abbés.

Le nom du Notaire du Palais qui expédia ce Diplome, faisant pour le chancelier Fridugise, est en blanc.

18 DÉCEMBRE.

DIPLOMA imperatorum Ludovici & Lotharii pro Ribodone, abbate Senoniensi.

Rec. des Hist. de France, par Dom Bouquet, t. VI, p. 548. Annal. Bened. t. II, p. 725.

Donné à Aix-la-Chapelle.

Le père Mabillon a placé cette Charte à l'année 826, ainsi que celle pour le monastère de Farfe, que j'ai mise au 31 du mois de mai de cette année; l'indiction IV, dont celle-ci est datée, indique qu'elle est de 825; parce que, comme je l'ai déjà observé, l'indiction commençoit alors aux kalendes de septembre. (*Annal. Bened. tom. II, pp. 505 & 506.*)

Un particulier nommé Wichodus avoit fondé une Celle dans un lieu du pays de Vosges appelé *Aluuini mons super fluvium Prusia*, & en avoit fait don à l'Évêque & à la Cathédrale de Metz, Ricbod, abbé de Sénone & neveu de ce Wichodus, avoit obtenu de l'évêque de Metz en bénéfice à vie cette Celle; mais pour que l'Acte, par lequel l'évêque de Metz avoit détaché cette Celle du domaine de son Église, fût exécuté, il étoit nécessaire d'en obtenir la confirmation de l'Empereur; car ces bénéfices à vie étoient une sorte d'aliénation, qu'il étoit alors très-défendu de faire pour les biens d'Église. Les empereurs, par considération pour Ricbod, leur fidèle sujet, agréent par ce Diplome la donation en bénéfice à vie de la Celle en question, sous la condition qu'après la mort de cet Abbé elle retournera de plein droit au domaine de l'église de Metz.

Hirminmarus, notaire du Palais, expédia ce Diplome, faisant pour le chancelier Fridugise.

22 DÉCEMBRE.

DIPLOMA Pippini Aquitaniæ regis pro monasterio S.ti Maxentii apud Pictavos.

Rec. des Hist. de France, par Dom Bouquet, t. VI, p. 664.

Donné à Angeoc en Angoumois.

Bernard II comte de Poitiers, qui fut dans la suite marquis de Gothie, avoit eu en bénéfice de l'empereur Louis un lieu situé dans le Poitou appelé *Ticiacus*; ce bénéfice

bénéfice étoit sans doute à vie, car ce Seigneur supplia le roi Pépin d'agréer qu'il s'en démît en faveur de Rainard, abbé de S.t Maixent; Pépin non-seulement consentit à la cession du bénéfice en faveur de ce monastère, mais encore il lui en donna la propriété par ce Diplome.

ANNÉE 825.

Sans autre date. **TESTAMENTUM** *Spaneldis matronæ, monasterio Caunensi sua bona legantis.* De re Diploit, à Mab. p. 516.

Cette Charte ne porte aucune date, c'est sur la foi de Mabillon & d'après sa critique, que je la place sous cette année. Le nom de la Testatrice ne nous est pas plus connu que les biens de son legs; elle n'en désigne aucuns: sans marquer les lieux où ils sont situés, elle dit qu'elle les donne tous, tant ceux qu'elle possédoit alors, que ceux qu'elle pourroit acquérir à l'avenir, au monastère de Caunes dans le diocèse de Narbonne, dont Jean étoit Abbé.

EPISTOLA *Episcoporum in Conventu Parisiensi congregatorum, ad imperatores Ludovicum & Lotharium, de cultu Imaginum.* Rec. des Hist. de France, par Dom Bouquet, t. VI, p. 338. Baronii, Ann. t. IX, p. 944. Ann. Eccl. Fr. Cointii, t. VII, p. 761. Concil. Gall. a de la Lande, pag. 109.

Ce fut à l'occasion des disputes entre les Évêques d'orient sur le culte des Images, & à la prière de Michel empereur de Constantinople, que Louis & Lothaire assemblèrent un Concile. Les lettres circulaires de ces Princes aux Évêques l'indiquent au 1.er de Novembre. Il fut en effet célébré dans le courant de ce mois à Paris; Agobard, archevêque de Lyon, en rédigea les Actes dont le sommaire est, que l'Église Gallicane, conformément à la doctrine des Pères, juge qu'il est bon d'exposer dans les églises les images des Saints, pour l'édification des Fidèles. Halitgarius, évêque de Cambrai, & Amalarius, corévêque de Metz, furent députés du Concile pour en présenter les Actes, avec cette Lettre, aux Empereurs, qui étoient alors à Aix-la-Chapelle.

ORDINATIO *Ludovici imperatoris de benedictione & exorcismo tum aquæ calidæ aut frigidæ, tum ipsius hominis, in quâ manus, vel totum corpus, ad judicium mittitur.* Constit. Imp. a Goldasto, t. III, pag. 254.

J'ignore absolument la raison qui a déterminé Goldaste à placer cette Ordonnance sous cette année plustôt que sous une autre, car la pièce ne porte aucune date, & rien ne désigne, d'ailleurs, qu'elle doive être attribuée à Louis le Débonnaire. A cette Ordonnance sont joints des exorcismes & des bénédictions tant de l'eau chaude & de l'eau froide, que des accusés qui doivent en faire l'épreuve; & il est dit que cette épreuve se fera dans l'église en présence du Peuple, qu'aussi-tôt après que les accusés y auront été conduits, on célébrera une Messe qui sera chantée, que les accusés feront leur offrande, qu'ils y recevront la communion, mais que le Prêtre avant de la leur donner, les conjurera dans ces termes: *Adjuro vos homines, per Patrem, & Filium, & Spiritum sanctum, & per vestram christianitatem quam suscepistis, & per unigenitum Dei Filium, & per sanctam Trinitatem, & per sanctum Evangelium, & per illas sanctas Reliquias quæ sunt in istâ ecclesiâ, ut non præsumatis ullo modo communicare, neque accedere ad altare, si hoc fecistis, aut consensistis, aut scitis qui hoc egerit.* Si chacun garde le silence, le Prêtre doit s'approcher de la table de la Communion, & il la donnera à ceux qui vont souffrir l'épreuve; mais le Prêtre usera de cette formule en la leur administrant: *Corpus hoc & sanguis Domini nostri Jesu-Christi sit tibi ad probationem hodie, ad laudem & gloriam nominis sui, & ad Ecclesiæ suæ utilitatem.* Après la fin de la Messe, le Prêtre fera transporter dans le lieu destiné pour les épreuves, l'eau-bénite, & on y marchera processionnellement en chantant des Litanies; lorsqu'on y sera arrivé, le Prêtre donnera à boire aux accusés de l'eau dans laquelle ils vont être submergés, & il se servira de cette formule : *Hæc aqua Domini fiat tibi ad probationem hodie, per Dominum nostrum Jesum-Christum, qui est verus judex & justus.* Le Prêtre ensuite conjurera de nouveau cette eau, après quoi il fera deshabiller les accusés, auxquels il donnera l'Évangile & le Christ à baiser, il les aspergera, & dans le moment même il les jetera dans l'eau; *& projiciat eos statim per singulos in aquâ.* L'Ordonnance ajoûte que les accusés & le Prêtre doivent être à jeun pour cette cérémonie.

Tome I.   Bbb

Ceci est l'épreuve de l'eau froide; on ne mettoit qu'une main dans l'eau, lorsqu'il s'agissoit de l'épreuve de l'eau chaude: les exorcismes & les autres formalités étoient absolument les mêmes; on dit que la non-brûlure manifestoit l'innocence de l'accusé, & que s'il surnageoit dans l'eau froide, il étoit de même jugé innocent.

ANNÉE 825.

CAPITULARE Ludovici imperatoris Aquis promulgatum.
Donné à Aix-la-Chapelle.

Ann. Eccl. Fr. Cointii, t. VII, p. 738.

Baluze a placé ce Capitulaire sous l'année 822, & j'en ai rendu compte à cette époque; le Cointe pense qu'il ne fut publié que dans l'assemblée générale des États que l'Empereur tint cette année à Aix-la-Chapelle: ce sentiment est appuyé de l'autorité de Luitolfe ou l'Astronome, auteur de la vie de Louis le Débonnaire. *(D. Bouquet, tome VI, p. 87.)* Je vais rendre compte des articles les plus importans, suivant l'édition du père le Cointe.

ART. II. L'Empereur dit qu'il regarde, dans un Roi, comme les trois points cardinaux d'une administration sage & heureuse, de maintenir la foi dans son intégrité, de faire rendre aux Ministres de la religion l'honneur qui leur est dû, & de procurer la justice sans partialité à tous ses sujets.

ART. IV. Il est enjoint aux Évêques d'instruire avec le même zèle & sans aucune différence tous leurs diocésains, par l'exemple de leur piété & par des prédications; il leur est en outre ordonné de porter directement à l'Empereur leurs plaintes, lorsque les Comtes ou les autres Officiers royaux apporteront quelqu'obstacle dans l'exercice de leur ministère épiscopal.

ART. V. Il est encore enjoint aux Évêques & aux Archidiacres de veiller sur la conduite des Prêtres qui desservent des Églises particulières, & d'établir des écoles pour faire instruire les Clercs & les Laïcs, ainsi qu'ils s'y étoient engagés dans l'assemblée d'Attigni de l'année 822.

ART. VI. Cet article est uniquement pour les Comtes; toutes les choses que l'Empereur leur ordonne, intéressent d'une manière si précise le ministère public, qu'il paroît qu'ils n'avoient pas, pour l'ordinaire, d'autres fonctions.

ART. VIII. Il est ordonné aux Abbés de se gouverner par le conseil de leurs Évêques diocésains. Nous trouvons dans cet article, comme le remarque le Cointe, deux espèces d'Abbés, les uns qui professoient la vie monastique & qui vivoient dans la retraite & hors du commerce du monde; les autres qui étoient séculiers & qui tenoient la première place dans des Collégiales, telles qu'étoient les Chapitres de Brioude, de S.ᵗ Martin de Tours, de S.ᵗ Agnan d'Orléans, &c.

ART. XIII. Il est enjoint expressément aux Comtes d'instruire exactement le Roi des Causes qui intéresseront ses droits & son domaine, afin qu'il puisse donner des ordres pour qu'elles soient jugées promptement. Le ministère des Comtes, dans cette partie, se bornoit à instruire les causes.

ART. XXI. Il est ordonné à tous les sujets du Roi de payer fidèlement aux Églises la dixme de tous les fruits de la terre, laissant aux Évêques le choix de la recevoir en nature ou de l'apprécier en argent.

ART. XXIV. Il est enjoint aux Archevêques, aux Comtes, aux Évêques & aux autres Officiers royaux de ne mettre à exécution aucunes Ordonnances ou Règlemens, à moins qu'ils ne leur soient adressés par le Chancelier.

ART. XXVI. L'Empereur règle les choses que les *Missi* doivent faire, chacun dans son département: il paroît que l'objet principal du ministère de ces Officiers supérieurs étoit de veiller sur la conduite des Comtes & des Évêques, d'écouter dans les Plaids généraux ou assemblées, qu'ils tenoient dans les villes principales de leur département, les plaintes que l'on portoit contr'eux, de réformer les jugemens des Tribunaux ordinaires, & de juger les causes dans lesquelles les parties auroient eu des dénis de justice.

ART. XXVII. L'Empereur enjoint par cet article aux *Missi* de publier de nouveau dans leurs plaids les Ordonnances du Royaume.

Il fut réglé dans cette même assemblée que les Reliques de S.ᵗ Hubert évêque de Liége, qui reposoient dans la Cathédrale de cette ville depuis quatre-vingt-dix-huit années, seroient transférées dans le monastère qui porte présentement le nom de ce Saint, & qui s'appeloit alors *Monasterium Andainense* ou *Andaginense*: il étoit occupé par des Chanoines ou des Clercs quelque temps auparavant cette translation: à peine ces Reliques y furent-elles placées, que l'église de S.ᵗ Lambert de Liége devint presque déserte; le plus grand nombre des Clercs, & principalement ceux qu'on qualifioit alors de Nobles, coururent au monastère de S.ᵗ Hubert & s'y firent Moines. Les Nobles étoient des familles Franques & libres d'origine.

ANNÉE 826.

26 AVRIL.

DIPLOMA Ludovici imperatoris pro ecclesiâ Leodiensi.
Donné à Aix-la-Chapelle.

Ann. Eccl. Fr. Cointii, tom. V, pag. 628.

L'Empereur fait donation par ce Diplome à la Cathédrale de Liége, dont Fulcarius étoit alors évêque, d'une terre appelée *Brochem* avec toutes ses dépendances. Mais le Cointe prétend que l'on ne doit avoir aucun égard à cette pièce, parce qu'elle est entièrement supposée: je conviens avec cet Auteur que les dates en sont altérées; la XIII.e année de l'empire de Louis tomboit à l'indiction IV, & non pas VIII, comme le porte ce Diplome; mais cette erreur ne suffit pas seule, pour rejeter un Acte, s'il n'a d'ailleurs d'autres caractères de fausseté; le Cointe lui-même en a reconnu un très-grand nombre pour authentiques dont les dates ne peuvent se concilier: ces sortes de fautes, pour l'ordinaire, sont attribuées aux Copistes, qui sont presque toûjours ignorans & peu exacts.

18 MAI.

DIPLOMA Pippini regis Aquitaniæ pro monasterio sancti Filiberti.
Donné à Pierrefite en Poitou.

Hist. de l'abbaye de Tournus, aux preuves, par Juenin, pr. p. 80, & par Chifflet, pr. p. 199. Rec. des Hist. de France, par Dom Bouquet, t. VI, p. 664.

Pépin dit qu'il ratifie par ce Diplome celui que son père, n'étant encore sans doute que roi d'Aquitaine, avoit accordé à ce monastère: ce dernier porte que l'abbé Hildebold & les Moines de l'abbaye de Nermoutiers, autrement appelée de S.t Filibert, auront desormais six bateaux francs de tous droits de péage, de douane, de pontage, &c. avec lesquels ils pourront voiturer & conduire, soit à leur Monastère, soit ailleurs, toutes espèces de marchandises & de denrées qu'ils jugeront à propos, par les rivières de Loire, de l'Allier, de la Vienne, de la Dordogne & de la Garonne.

Saxbodus, diacre & Notaire du Palais expédia ce Diplome, & il y a lieu de croire que ce fut pour le chancelier Aldric. Quoique son nom ne se trouve pas dans ce Diplome, ainsi que dans quelques autres que ce Prince donna avant celui-ci, on pourroit dire cependant que la Chancellerie n'étoit pas vacante, & qu'elle étoit au contraire remplie par cet Aldric, lequel fut le premier qui occupa cette place sous le règne de ce Prince.

Il faut se rappeler que les Moines des siècles reculés entreprenoient aisément de longs voyages, & qu'ils marchoient toûjours en troupes, portant avec eux grand nombre de Reliques & singulièrement celles de leur Fondateur: ainsi, lorsque fatigués de courir, la fertilité du terrein ou le bon accueil d'un hôte dévot les engageoit à faire séjour, souvent ils appeloient le lieu où ils s'arrétoient du nom de leur Monastère, souvent il y bâtissoient une Chapelle, où il se faisoit, pour l'ordinaire, pendant leur séjour quelque miracle; & cette Chapelle, qui dans la suite est devenue un gros Prieuré, se nommoit aussi du même nom que le Monastère: en sorte que les Moines de Hermoutiers *ou* Nermoutiers, que les courses des Normands ont rendus errans pendant plus d'un siècle, suivoient cet usage, & appeloient leurs retraites pendant ces pénibles voyages, du nom de leur Monastère; c'est pourquoi on ne sait précisément si c'est pour l'Abbaye située dans l'isle de Nermoutiers, ou pour le prieuré de *Deas* que Hildebold obtint ce Diplome; car ce Prieuré, ainsi appelé du nom du lieu où ces Moines le bâtirent, & situé dans le bas Poitou, aux confins de la Bretagne dans le comté d'Herbauge, se nommoit aussi, dès l'année 825, le monastère de S.t Filibert, *monasterium S.ti Filiberti.*

20 JUIN.

PRÆCEPTUM Ludovici & Lotharii imperatorum pro Novæ-Corbeiæ monasterio in Saxoniâ.
Donné au palais d'Ingelheim.

Ann. Eccl. Fr. Cointii, t. VII, p. 786. Rec. des Hist. de France, par Dom Bouquet, t. VI, p. 549.

Les deux Empereurs firent donation par ce Diplome au monastère de la Nouvelle-Corbie dans la Saxe, d'une Chapelle que Charlemagne avoit fondée & richement dotée, dans son palais de Hérisbourg.

Le diacre Durand expédia ce Diplome, faisant pour le chancelier Fridugise.

Tome I.

ANNÉE 826.

1.er AOÛT.

DIPLOMA Ludovici & Lotharii imperatorum pro S.^{ti} Aniani monasterio, diœcesis S.^{ti} Pontis.

Donné à Querci.

<small>Rec. des Hist. de France, par Dom Bouquet, t. VI, p. 549. Gallia Christ. sec. edit. t. VI, instr. col. 73. Histoire de Languedoc, par Dom Vaissette, t. I, pr. col. 64. Annal. Bened. t. I, p. 498.</small>

Durand, diacre & notaire du Palais, fonda ce Monastère dans un lieu appelé alors Holotian *(Holotianus)* dans le pays & sur la rivière de Vernosoubre, dans l'ancien diocèse de Narbonne. L'Empereur avoit détaché de son domaine cette terre & l'avoit donnée à Durand; celui-ci la rendit à l'Empereur & lui fit en même temps donation du Monastère qu'il y avoit bâti, avec les autres biens dont il l'avoit doté. D. Bouquet prétend que c'étoit la forme en usage alors pour mettre les Monastères sous la protection immédiate du Roi & sous sa garde: nous avons cependant un nombre infini d'exemples de Monastères affranchis des impôts & de tous les droits que le Fisc levoit alors sur les biens des Laïcs & des Ecclésiastiques, & exemptés de la jurisdiction des Officiers royaux, mis comme celui-ci sous la garde & sous la protection du Roi, sans que pour cela il ait été besoin de lui en faire donation; sa qualité de Souverain & de Protecteur de l'Église suffisoit pour qu'il pût accorder ces priviléges aux Monastères & aux Cathédrales. Mais quel étoit donc l'objet du diacre Durand de faire au Roi la donation de cette Abbaye? On sait qu'alors les Abbayes, comme les Églises paroissiales, étoient mises dans le commerce, qu'elles faisoient partie des biens des Laïcs, qui les vendoient, les échangeoient & les donnoient en dot à leurs enfans: ainsi par cette donation le Roi est devenu propriétaire du Monastère dont il s'agit, qui appartenoit auparavant en propre au diacre Durand. Dans la suite des temps la piété des Rois, plus éclairée qu'alors, les a fait renoncer à cette propriété, & ils ont continué seulement à protéger d'une manière spéciale les Monastères & les Églises qu'ils avoient fondées, dotées & acquises.

Enfin l'Empereur fit expédier ce Diplome, par lequel il accepte la donation que le diacre Durand lui fait de ce Monastère & en approuve la fondation. Il l'exempte par ce même Acte de tous droits & impôts, & accorde aux Moines la liberté d'élire leur Abbé.

Cette Abbaye fut mise sous l'invocation de saint Aignan évêque d'Orléans; on l'a appelée dans le langage du pays St Chignan: elle est dans le diocèse de St Pons-de-Tommières, située dans une vallée fort agréable, au voisinage d'une petite Ville à laquelle elle a donné son nom.

Hirminmarus, notaire du Palais, expédia ce Diplome, faisant pour le chancelier Fridugise.

27 OCTOBRE.

DIPLOMA Ludovici & Lotharii imperatorum pro monasterio S.^{ti} Gregorii in Alsatiâ.

Donné à Ingelheim.

<small>Rec. des Hist. de France, par Dom Bouquet, t. VI, p. 551.</small>

Gotfroid abbé de Munster en Grégoriental, dans le diocèse de Strasbourg, obtint des empereurs Louis & Lothaire ce Diplome, par lequel les Princes confirment toutes les immunités & les priviléges que Charlemagne & d'autres Rois avoient précédemment accordés à ce Monastère, & ils permettent en outre aux Moines d'élire desormais leur Abbé.

Le diacre Durand expédia ce Diplome, faisant pour le chancelier Fridugise.

Sans autre date.

DIPLOMA Ludovici imperatoris pro cœnobio Schwarzach, in diœcesi Argentoratensi.

Donné à Férosfeld.

<small>Rec. des Hist. de France, par Dom Bouquet, t. VI, p. 550.</small>

Il y a eu deux Monastères de ce nom; le premier fondé dans le VIIIe siècle par le comte Ruthard, dans le diocèse de Strasbourg, sur la rive gauche du Rhin; l'établissement de l'autre ne se fit qu'un siècle après & dans le diocèse de Wirtzbourg: il s'agit ici du premier, qui s'appela dans le temps de sa fondation, le Monastère d'*Arnolfesaw*. Mais ayant été incendié, & les Moines d'ailleurs souffrant beaucoup des vexations du comte Rotelin, dans le district duquel ils étoient, Bernalt évêque de Strasbourg & Wido abbé du Monastère vinrent faire des représentations à ce sujet à l'Empereur, & obtinrent de ce Prince l'agrément de le faire réédifier de l'autre côté du Rhin. Bernalt donna le terrein, qui étoit de son propre fonds, & demanda néanmoins que l'Abbé & les Moines demeurassent propriétaires des biens de la première dot de l'Abbaye. L'Empereur voulut, à l'occasion de cet évènement, que le Monastère quittât son premier nom, & il lui donna celui de Schwarzach.

Le Diplome finit ainsi : *Datum anno domini imperatoris Ludwici XIII. Ferosfeld.* Ce nom, quoiqu'il me soit absolument inconnu, me semble le nom d'un lieu, & c'est sans doute celui où l'Empereur donna ce Diplome; c'étoit peut-être une maison de plaisance dans le voisinage d'Ingelheim où l'Empereur alloit se récréer, car il est certain qu'il passa tout l'automne de cette année à Ingelheim.

Année 826.

Epistola Ludovici imperatoris ad Cæsaraugustanos.

Rec. des Hist. de France, par Dom Bouquet, t. VI, p. 379. Ann. Eccl. Fr. Cointii, t. VII, pag. 791.

M. de Marca pense que cette Lettre est adressée aux Comtes & aux Gouverneurs de Mérida en Espagne; le Cointe soûtient au contraire que c'est aux Comtes & aux Gouverneurs de Sarragosse : je préfere le sentiment de ce dernier, parce qu'il est plus conforme à l'histoire de ce temps ; ainsi je crois qu'il s'agit dans cette Lettre de la révolte d'Aizon comte dans la marche d'Espagne, lequel ayant envoyé à Cordoue demander des troupes à Abderam, gouverneur en Espagne pour les Sarazins, ravagea, avec le renfort qu'il reçut, toutes les marches de ce Royaume qui appartenoient alors aux François; il prit Barcelonne & Gironne, & de-là alla mettre le siège devant Sarragosse, dont il se rendit maître après une longue défense. L'Empereur ayant appris cet évènement, fit parvenir cette Lettre aux habitans de cette Ville, par laquelle après avoir déploré leur malheur d'être tombés au pouvoir des Sarazins, il leur marque qu'il enverra au printemps de l'année suivante, une armée pour les délivrer de la servitude & chasser ces Infidèles de toutes les marches : il leur promet en outre, qu'il leur laissera la liberté de se mettre sous sa puissance, & que s'ils veulent, par reconnoissance, l'avouer pour leur Souverain, il les exemptera de tous tributs, & les laissera les maîtres de choisir la loi sous laquelle ils voudront desormais vivre.

Capitulare Ludovici imperatoris, de rebus præcipuè ecclesiasticis.

Donné à Ingelheim.

Ann. Eccl. Fr. Cointii, t. VII, p. 786. Cap. Reg. Fr. a Baluzio, t. I, col. 647. Rec. des Hist. de France, par Dom Bouquet, t. VI, p. 437.

L'Auteur de la vie de Louis le Débonnaire dit que ce Prince arriva à Ingelheim le 1.er des kalendes de juin de l'année DCCCXXVI, & que pendant le séjour qu'il fit dans ce Palais, il tint une assemblée ou un plaid général de tous les États, ainsi qu'il l'avoit indiqué auparavant, qu'il y régla avec son zèle accoutumé beaucoup de choses utiles à la religion, & qu'il y reçut & congédia les Ambassadeurs de la Cour de Rome, & des Moines que Dominique abbé de Montolieu avoit députés à sa Cour.

Ce Capitulaire contient sept articles. Le premier concerne la police du Royaume & prescrit des peines afflictives pour des malfaiteurs, lesquels étant accusés & convaincus d'avoir exercé avec violence des rapines chez un vassal du Roi, ne pourront payer ni la composition ni l'amende portées par la loi : il est en outre ordonné, que si ces malfaiteurs ont commis ces sortes de crimes en public, ils seront obligés de se soûmettre à la pénitence publique, conformément à la discipline des Canons ; si au contraire il n'y a point de témoins de leurs crimes, ils s'en rapporteront à la prudence des Prêtres pour faire la pénitence convenable. Mais s'ils ont fait des vols de biens d'église, la Loi porte en outre qu'ils seront regardés comme des infames & des sacriléges, jusqu'à ce qu'ils aient restitué, & satisfait à tout ce qui est prescrit en pareil cas par les Ordonnances.

Le second article porte des peines contre ceux qui auront tué ou maltraité, par des fractures ou des mutilations de membres, des Prêtres, des Diacres & des Moines: l'Empereur renouvelle sur ce sujet la disposition des anciennes Ordonnances, insérées dans le Code de la loi Salique, & ajoûte aux peines qu'elles prononcent pour ces sortes de crimes, la défense de jamais porter les armes & de se marier, avec la peine de se confiner pour la vie dans le Cloître, pour y faire la pénitence la plus austère.

Il est ordonné par le troisième article, que celui qui causera quelque dommage à un Évêque, ou dans ses biens, ou dans sa réputation, payera la même composition que pour sa vie, & qu'après avoir payé au Fisc la triple amende fixée pour ce même délit dans un Laïc, le surplus de ses biens sera confisqué & uni pour toûjours aux biens de l'église du Prélat : dans le cas où le coupable n'auroit pas assez de bien pour payer au Fisc la triple amende, il est condamné par la présente Ordonnance à la servitude au profit du Roi, jusqu'à ce qu'il ait satisfait au payement de cette amende.

Si quelqu'un, dit le quatrième article, a ravi une Religieuse & qu'il ait habité avec elle, les biens de l'un & de l'autre seront confisqués au profit du monastère de la Religieuse; l'un & l'autre en outre seront pour ce crime condamnés à mort: si la Religieuse a été violée, les biens seulement du violateur seront acquis au Monastère. Mais s'il arrivoit que le Comte, dans le département duquel un crime de cette nature seroit commis, négligeât d'en poursuivre la vengeance, après en avoir été requis par l'Évêque, nous le condamnons à payer au Fisc une amende d'une somme égale à celle de la composition pour sa vie, à se soûmettre en outre à la pénitence publique, à perdre son emploi & à être dégradé.

Il est enjoint par le cinquième article aux Comtes de faire emprisonner les blasphémateurs, & de les retenir dans les fers jusqu'à ce que par une pénitence publique, ils aient satisfait à l'horreur de ce crime, & que l'Évêque les ait réconciliés avec l'Église dans la forme prescrite par les Canons.

Le sixième porte défenses à qui que ce soit de faire célébrer la Messe dans une Chapelle domestique, à moins que l'Évêque n'en ait donné la permission & après qu'il aura béni la Chapelle; cette défense est faite sous la peine de confiscation au profit du Roi, de la maison dans laquelle sera la Chapelle: il est en outre enjoint aux Comtes de tenir la main à la présente Ordonnance, sous peine d'être privés de leur emploi & d'être condamnés à la pénitence publique.

Il est enjoint, par le septième article, à tous les Officiers & Magistrats de maintenir les Églises & les Clercs dans la jouissance paisible des immunités & des privilèges qui leur ont été accordés tant par les prédécesseurs de l'Empereur que par lui-même.

13 JANVIER.

ANNÉE 827.

DIPLOMA Pippini regis Aquitaniæ pro monasterio Sancti-Maxentii.

Rec. des Hist. de France, par Dom Bouquet, t. VI, p. 665.

Donné à Casseneuil dans l'Agenois.

Il paroît par ce Diplome que les Rois prédécesseurs de Pépin avoient anciennement donné en bénéfice ce Monastère aux Comtes du pays; que ce Prince avoit jugé à propos de retirer une partie des biens dépendans de ce Monastère des mains du Comte qui le tenoit actuellement en bénéfice; qu'il les avoit rendus à l'Abbé & aux Moines pour en jouir quittes & francs de tous droits & sous la garde & protection spéciale du Roi; mais que les besoins de l'État exigeant que les Comtes & d'autres particuliers qui tenoient en bénéfice l'autre portion des biens de ce Monastère, les gardassent encore à ce titre, il ordonnoit par ces présentes Lettres que tous ces détempteurs en payassent exactement la dixme aux Moines jusqu'à ce que les affaires du Royaume pussent lui permettre ou à ses successeurs, de les faire restituer au Monastère.

Nous ne trouvons que très-peu d'exemples dans notre ancienne Histoire, que l'on ait pris aux Églises le fonds même de leur patrimoine pour la part qu'elles devoient aux contributions des charges de l'État. Car il ne faut pas confondre le droit que nos Rois ont toûjours exercé sur les Églises en levant des impôts & des subsides pour le soûtien de l'État, avec la nomination que quelques-uns ont faite de Laïcs aux Abbayes, sous le prétexte de récompenser leurs services militaires; cette nomination étoit un abus de leur autorité: mais les principes de notre droit public, tirés du droit naturel, autorisoient, suivant les circonstances, cette forme de faire contribuer les Ecclésiastiques.*

Candidus, notaire du Palais, expédia ce Diplôme, faisant pour le chancelier Aldric. (Dom Bouquet croit qu'il y a faute dans la signature du Notaire, & qu'au lieu de *Candidus*, il faut lire *Saxbodus*.)

12 FÉVRIER.

DIPLOMA Ludovici & Lotharii imperatorum pro monasterio Dervensi.

Rec. des Hist. de France, par Dom Bouquet, t. VI, p. 552. Acta SS. Ben. sæc. III, part. 2, pag. 630. Ann. Eccl. Fr. Cointii, t. VII, pag. 817. Cap. Reg. Fr. a Baluzio, t. I, col. 649.

Donné à Aix-la-Chapelle.

Les guerres, du temps de Charles Martel, avoient forcé l'Abbé & les Moines de ce Monastère, que l'on appelle aujourd'hui *Montier-Ender*, à prendre les armes pour défendre leur vie & leurs biens; mais cette espèce d'apostasie, que la nécessité excusoit alors, fit perdre insensiblement à ces Moines le goût de la retraite & de la discipline, en sorte que depuis près d'un siècle ils vivoient dans la plus grande dissipation; le

Cointe prétend qu'ils menoient la vie des Chanoines. Hauto leur Abbé, homme régulier & attaché aux devoirs de son état, forma le dessein de réformer cette Communauté, en faisant réparer les lieux réguliers & en y rappelant les Moines, qui s'étoient partagés les biens de l'Abbaye: il présenta à cet effet à l'Empereur une Requête, & ce Prince nomma des Commissaires pour examiner le plan de Hauto, & pour ensuite lui en rendre compte; Ebbon archevêque de Reims & quelques autres Évêques de sa Métropole furent les Commissaires: après avoir examiné le tout, ils dirent à l'Empereur que le lieu où étoit situé ce Monastère, étoit très-propre pour la retraite, & que l'on y trouvoit tout ce qui convenoit à la vie régulière. En conséquence de cet avis, l'Empereur donna ce Diplome, par lequel il ordonne que la discipline monastique sera rétablie dans cette Abbaye, & que l'on y observera la règle de saint Benoît.

Le diacre Durand expédia ce Diplome, faisant pour le chancelier Fridugise.

25 MAI.

ANNÉE 827.

DIPLOMA Ludovici & Lotharii imperatorum pro Audone, abbate monasteriorum Stabulensis & Malmundariensis.

Rec. des Hist. de France, par Dom Bouquet, t. VI, p. 553. Apud Martenium, tom. II, ampliss. collect. pag. 24.

Audon, abbé des Monastères de Stavelo & Malmedi, demanda à la Cour du Roi la décision d'une contestation qu'il avoit avec Albric fameux Financier de ce temps, qui étoit un des régisseurs des domaines du Roi. Il s'agissoit du droit d'usage dans une forêt royale prétendu de la part de l'abbé Audon. Cette forêt est nommée *Astanetum*, située entre deux petites rivières que l'on appelle *Tailernion* & *Dulnoson*; peut-être cette forêt dépendoit-elle d'une terre ou domaine royal appelé *Astenidum* ou *Satanacum*; car *Astanetum* ou *Astenidum* semblent avoir la même signification; ce dernier est connu pour avoir été (*Stenai*-sur-la-Meuse) un palais de nos Rois des deux premières races.

Le Roi s'étant fait rendre compte de l'affaire, nomma deux Commissaires auxquels il ordonna de se transporter sur les lieux, & d'examiner la vérité des raisons & du droit de part & d'autre; Jaston comte du Palais étoit le nom d'un de ces Commissaires, & Wirnit gouverneur des Pages étoit l'autre (*Wirnitum magistrum Parvulorum nostrorum*). Tous les deux de retour dirent au Roi qu'ils avoient pris communication des Diplomes de plusieurs de ses prédécesseurs, qui avoient accordé dans cette forêt aux moines de Stavelo & Malmedi le droit d'usage réclamé par l'abbé Audon; que les anciens Régisseurs du Fisc ne s'y étoient jamais opposés, qu'ils avoient au contraire reconnu que les Moines jouissoient de toute ancienneté de ce droit. Sur cet exposé l'Abbé & les Moines furent maintenus par ce Diplome dans la jouissance de ce droit, qui consistoit à mener paître dans la forêt des bestiaux & à prendre pour leur chauffage du bois nécessaire. Cette Charte porte en outre défenses non-seulement à Albric, qui étoit la partie adverse de l'abbé Audon, mais à tous les Régisseurs du domaine ses successeurs & aux autres Officiers royaux de troubler les Moines & l'Abbé de ces Monastères dans ce droit.

Hirminmarus notaire du Palais expédia ce Diplome, faisant pour le chancelier Fridugise. *Actum Tectis* ou *Trectis palatio*; ce Palais étoit situé dans le pays de Liége & avoit pris son nom d'une rivière appelée *Tectum*, nommée dans le pays *Teu*, qui coule entre Franchimont & Freipont; il entra dans le partage de Louis roi de Germanie fils de Lothaire, & on trouve dans un Diplome de l'année 908 que ce Prince en avoit fait donation dans la suite à l'église de Liége. (*Apud Miræum in codice donat. piar. c. 25*).

8 JUIN.

CHARTA dotis quam Folradus constituit Helegrinæ sponsæ suæ.

Cap. Reg. Fr. a Baluzio, t. II, col. 1427.

Cet Acte n'est pas un contrat de mariage, c'est une donation pour cause de mariage faite de la part du mari à l'épouse, & il faut observer qu'en ce point l'usage des Germains ne les avoit point suivi dans les Gaules; les épouses ne donnoient à leurs maris, le jour de leurs noces, ni bœufs, ni armes, ni autre chose, comme les anciens Francs l'avoient pratiqué avant de passer le Rhin; les épouses recevoient seules au contraire de leurs maris une dot. Ainsi cette Charte est l'Acte par lequel un homme, après avoir été fiancé, constitue à son épouse une dot. *Dum non est incognitum qualiter per voluntatem Dei, vel parentum quondam tuorum, te desponsavi & carnali conjugio sociari dispono, propterea dono tibi........ in honore pulchritudinis tuæ, in die nuptiali dotem dignam.* L'amour plus ou moins vif que le mari avoit pour l'épouse, le plus ou moins de charmes qu'il lui trouvoit, étoient la mesure de la dot & en fixoient le prix: il paroît que les loix n'avoient rien ſtatué ſur ce point. C'eſt cette liberté dans le mari de donner à ſa future épouſe en dot autant de biens qu'il lui plairoit, qui doit nous empêcher de confondre *la dot* avec ce que nous appelons préſentement *le douaire*, ce qui étoit appelé par les Saxons & les autres peuples d'au-delà du Rhin, *Morganegiba* ou *Morgingab*, & par les Lombards d'Italie, *donum matutinale*: les loix avoient réglé que ce douaire ne pourroit être au plus que de la quatrième partie des biens du mari: ſi cette raiſon ne ſuffiſoit pas pour nous aſſurer que ces deux choſes étoient bien diſtinctes, liſons Grégoire de Tours *(lib. IX, cap. 20)*; cet Hiſtorien rapportant les articles du Traité d'Andlau, fait entre les rois Gontran, Childebert ſon neveu & la reine Brunehaut, dit qu'il fut convenu que cette Princeſſe auroit en toute propriété le Querci, qui avoit fait partie des biens que Chilpéric avoit aſſignés tant pour la dot que pour le douaire de ſa femme Galſvinde ſœur de Brunehaut: *De civitatibus verò, hoc eſt, Burdegala, Lemovica, Cadurco, Bevarno & Begarra, quas Gaileſvindam germanam dominæ Brunichildis tam* IN DOTE *quàm in* MORGANEGIBA, *hoc eſt, matutinali dono, in Franciam venientem certum eſt acquiſiſſe.*

Ainſi la dot étoit différente du douaire: le douaire n'étoit aſſigné que le lendemain matin du jour dans lequel les noces avoient été célébrées, & c'eſt ce qui lui avoit fait donner le nom de *donum matutinale*, PRÉSENT DU MATIN: la dot au contraire étoit fixée & conſtituée par un Acte qui précédoit la conſommation du mariage; l'épouſe acquéroit la propriété de l'un & de l'autre; du vivant du mari elle pouvoit, ſuivant la loi Salique, en diſpoſer, & ſes parens en héritoient ſi elle ne laiſſoit point d'enfans. Canut, ce fameux roi Danois, qui vers l'an 1017 uſurpa le trône d'Angleterre, changea cette diſpoſition du Code de preſque toutes les nations du nord, & régla que ſi une femme ne gardoit pas pendant un an ſa viduité, les héritiers de ſon mari ſeroient reçûs à reclamer ſa dot & le douaire qu'elle en avoit reçû: *Et ſit omnis vidua ſine marito duodecim menſibus; eligat poſteà quem velit: & ſi inter unius anni ſpatium maritum eligat, perdat morgangivam ſuam & onnem pecuniam quam ex priori marito habebat.* (Apud Henricum Spelmannum, *verbo* MORGANGIVA.)

Folrad, qui fit cet Acte, ſuivit le droit commun d'alors, & promit de donner en toute propriété dans le jour de ſes noces, à titre de dot, à Hélégrine des terres, des maiſons, &c. Il paroît cependant, ſuivant les termes de cette Charte, que la donation ne pouvoit avoir lieu qu'après que le mariage ſeroit conſommé, en ſorte que ſi un accident eût privé l'époux de la vie auſſi-tôt après la célébration du mariage, ou que quelques autres cauſes de droit euſſent empêché le mari de connoître ſa femme, la donation de la dot n'avoit pas lieu, elle étoit nulle de droit; à deux fois différentes il eſt répété dans cet Acte, *Si nos Deus carnali conjugio ſociari voluerit, in die nuptiali tibi dono, trado atque tranſcribo ad poſſidendum, ut quidquid ex inde facere volueris, &c.*

ANNÉE 827.

4. AOÛT.

DIPLOMA *Ludovici imperatoris, quo donat Cauciacum S.to Medardo Sueſſionenſi.*

Donné à Soiſſons.

Gallia Chriſt. ſec. edit. t. X, inſtr. col. 95. Rec. des Hiſto. de France, par Dom Bouquet, t. VI, p. 539.

Mabillon & Dom Bouquet ont fait une faute contre la chronologie en plaçant cette pièce à l'année 828; comme elle eſt datée du mois d'août indiction V, elle doit néceſſairement être attribuée à l'année 827.

L'Empereur avoit tenu les États à Compiegne au mois de mai de cette année, & y avoit reçu les dons gratuits accoûtumés, il paſſa en France les deux ſaiſons de l'été & de l'automne, s'occupant à chaſſer tantôt dans la forêt de Querci, tantôt dans celle de Compiegne; l'impératrice Judith l'avoit accompagné dans ce voyage. Le moine Odilon dans l'Hiſtoire de la tranſlation de quelques Corps ſaints de Rome en l'égliſe de S.t Médard de Soiſſons, *(capite 41)* raconte que l'Empereur & Judith ſa femme attirés par les miracles que ces nouvelles Reliques faiſoient dans cette Égliſe depuis leur tranſlation, y vinrent en pélerinage & qu'ils y firent pluſieurs actes de piété & offrirent de riches préſens aux Moines; qu'un jour tandis que l'on célébroit la Meſſe, lorſque l'on fut à l'offertoire, l'Empereur offrit un calice d'or avec la patène d'un prix conſidérable, ſur lequel étoit le chiffre du feu Empereur ſon père; que ce Prince donna en outre un livre des Évangiles écrit en lettres d'or & couvert de lames de ce précieux métal; & qu'enfin ayant appris que les revenus de la Fabrique de cette Abbaye étoient modiques, il lui avoit fait donation, pour les accroître, du prieuré de S.t Étienne de Choiſi, ſitué dans le dioceſe de Noyon, ſur l'Aine. Ce Diplome conſtate le plus grand nombre de ces faits, & ſingulièrement la donation du Prieuré, dont le Prince affecte ſpécialement les revenus pour l'entretien du luminaire de l'Abbaye, & pour fournir aux beſoins

des perſonnes

DES DIPLOMES.

des personnes qui y vont en pélerinage. Cette disposition devoit avoir lieu dans tous les temps, car l'Empereur défend expressément à Hilduin alors abbé de St Médard & à ses successeurs, de jamais distraire de la manse de son Abbaye ce Prieuré pour le donner en bénéfice ou pour en disposer à tout autre titre : *Non habeant potestatem prædictum monasterium Cauciacum vel appendicia ejus cuilibet in beneficium aut in usum meriti dare.*

ANNÉE 827.

26 SEPTEMBRE.

DIPLOMA Ludovici & Lotharii imperatorum pro monasterio S.^{ti} Maxentii.

Donné à Compiègne.

Rec. des Hist. de France, par Dom Bouquet, t. VI, p. 553.

Ce Diplome est le même mot pour mot que celui que j'ai attribué à Pépin roi d'Aquitaine, & que j'ai placé au 13 de janvier de cette même année; je serois porté par cette raison à croire que la date & la formule initiale de l'un ou de l'autre ont été changées par quelques copistes, & que dans le fait il n'a existé qu'un seul original de cette Charte, qui fut donnée ou par les empereurs Louis & Lothaire ou par Pépin. Car si la Charte de Pépin étoit en effet originale & authentique, les Empereurs en auroient ratifié la disposition par des expressions qui annonceroient dans la leur, qui est d'une date postérieure, qu'ils l'auroient connue : si au contraire il y a faute dans la date de celle de Pépin, & s'il est vrai qu'elle soit postérieure à celle des Empereurs, celle-ci confirmeroit la précédente, & cette confirmation y seroit énoncée ; mais comme ces deux Chartes semblent être une copie exacte l'une de l'autre, sans qu'il y ait mention respective des Princes auxquels elles sont attribuées, il y a lieu de croire que c'est la même pièce qui aura été attribuée, au gré des copistes, aux empereurs Louis & Lothaire, ainsi qu'à Pépin roi d'Aquitaine.

27 SEPTEMBRE.

DIPLOMA Pippini Aquitaniæ regis pro monasterio Crassensi.

Donné à Ausonne dans les marches d'Espagne.

Hist. de Languedoc, t. I, pr. col. 66.
Rec. des Hist. de France, par Dom Bouquet, t. VI, p. 666.
Histoire de Carcassonne, par Bouges, p. 505.

Pépin accorda ce Diplome à Agilis, abbé de la Grasse, par lequel il confirme la donation qu'Oliba, comte de Carcassonne, avoit faite depuis peu à ce Monastère, d'une maison & de plusieurs fonds de terre situés dans le territoire de Carcassonne, aux villages nommés *Musagellum* & *Musiacum*; ce Prince fait encore remise, à titre d'aumône, à l'Abbé & aux Moines de cette Abbaye, des droits qui étoient dûs au Fisc pour cette mutation.

Saxbodus, diacre, expédia ce Diplome pour le chancelier Aldric.

10 NOVEMBRE.

DIPLOMA Ludovici & Lotharii imperatorum pro monasterio S.^{ti} Dionysii.

Donné à Querci.

De re Diplom. a Mab. p. 516.
Rec. des Hist. de France, par Dom Bouquet, t. VI, p. 554.
Histoire de l'abbaye de St Denys, par Félibien, pr. p. 48.

Félibien ne faisant pas attention que l'indiction commençoit aux kalendes de septembre, a mal à propos placé cette Charte sous l'année 828, parce qu'elle est datée indiction VI ; ainsi la critique de cet Historien sur la date de cette pièce n'est d'aucune considération.

Ce Diplome porte confirmation d'un échange fait entre Hilduin abbé de St Denys & de St Médard de Soissons, & un particulier nommé Fuleric ; celui-ci avoit des terres labourables aux environs de Paris, situées dans un lieu appelé *Vols* ; comme elles étoient à portée de l'abbé Hilduin, il les lui échangea pour pareille quantité d'autres terres aussi labourables situées dans l'Anjou dans un canton nommé *Vatlena.*

On lit dans cette Charte, *De terrâ absâ bonuaria quindecim*, &c. ce mot *absa* ne peut pas, ce me semble, être pris ici pour une mesure, comme du Cange l'interprète, il signifie terre en valeur ; le mot *bonuaria* est au contraire celui qui désigne la quotité & la mesure.

Meginarius, notaire du Palais, expédia ce Diplome, à la place du chancelier Fridugise.

Tome I.   C c c

ANNÉE 828.

16 FÉVRIER.

DIPLOMA Ludovici & Lotharii imperatorum pro Miciacensi monasterio.

Donné à Aix-la-Chapelle.

Rec. des Hist. de Fr. par Dom Bouquet, t. VI, page 554.

Non caret nævis hoc pragmaticum, dit Mabillon en rendant compte de cette pièce *(Annal. Bened. tom. II, p. 588.)* Ce jugement, quoique défavorable, ne me paroît pas assez précis. Dom Bouquet a fort bien remarqué que ce Savant n'avoit pas relevé toutes les fautes que l'on trouve dans les notes chronologiques & dans l'énoncé de la Charte: le Cointe la critique aussi, mais ce dernier ne me paroît pas non plus avoir aperçu tous les caractères de fausseté que l'on y trouve après un examen réfléchi. Je ne répéterai point la critique que ces Savans en ont faite; je me borne à observer que cette pièce confirmant les Chartes de Clovis en faveur de ce Monastère, dont j'ai démontré la fausseté aux années 498 & 508, ainsi que celles des premiers successeurs de ce Prince desquelles nous n'avons aucune connoissance, ce n'est point hasarder un jugement que de dire qu'elle est entièrement supposée.

26 FÉVRIER.

PRÆCEPTUM Ludovici & Lotharii imperatorum pro monasterio S.ti Dionysii.

Donné à Aix-la-Chapelle.

De re Diplom. a Mab. p. 626 (ad Notitiam).

Mabillon donne une simple notice de ce Diplome, qui porte que les empereurs Louis & Lothaire confirmèrent un échange qu'Hilduin abbé de S.t Denys avoit fait avec un particulier nommé Lantfrède. Celui-ci donna à Hilduin des biens situés dans le Beauvoisis dans un lieu appelé *Huldonis-curtis*, & ceux qu'il eut en échange étoient dans les environs de Paris, au village de Beloi, à quatre lieues de cette ville.

Adalulf, diacre, expédia cette Charte, faisant pour le chancelier Fridugise.

10 MARS.

PRÆCEPTUM Pippini Aquitanorum regis pro monasterio S.ti Martini Turonensis.

Donné à Aix-la-Chapelle.

Rec. des Hist. de France, par Dom Bouquet, t. VI, p. 666. Histoire des Comtes de Poitou, par Besli, p. 21. Ann. Eccl. Fr. Cointii, t. VII, pag. 843.

Des particuliers avoient anciennement légué un village situé près de Clermont en Auvergne, appelé *Marciagus*, à l'abbaye de S.t Martin de Tours, & en avoient affecté les revenus pour l'entretien de l'Abbé & des Moines. On ne sait point la date de ce legs, on ignore également le nom & la patrie de ces bienfaiteurs; mais dans la suite Itier abbé de ce Monastère donna ce village en bénéfice à Erlald Sénéchal du Roi; Alcuin & Fridugise ses successeurs ratifièrent la donation, & ce dernier obtint en outre de l'empereur Louis le Débonnaire des lettres qui la confirmoient, sous la condition néanmoins qu'après la mort du Sénéchal, le Monastère rentreroit de plein droit & sans aucunes formalités, dans la jouissance de ce domaine. Erlald étant mort, le chancelier Fridugise demanda à Pépin roi d'Aquitaine cette Charte, qui ordonne l'exécution des lettres de l'empereur son père.

Saxbodus, diacre & notaire du Palais, expédia ce Diplome, faisant pour le chancelier Aldric.

18 AVRIL.

PERMUTATIO terrarum inter Leotgis vicecomitem, & Albericum episcopum Lingonensem.

Fait à Dijon.

Rec. de Pérard, page 17.

On peut présumer que ce *Leotgis* étoit vicomte de Dijon; il échangea par cette Charte, avec l'évêque de Langres, des terres labourables, & en reçut de ce Prélat, qui étoient situées dans le même canton, *in centenâ Oscarense, in fine Cadriacense;* mais celles qu'ils acquirent l'un & l'autre par cet Acte étoient sans doute plus à la convenance de chacun d'eux. Les terres du Vicomte, suivant la Charte, étoient en plusieurs petites pièces; *peciolas duas de terrâ culturale..... & aliam peciolam;* celles de l'Évêque étoient de même coupées, mais les unes & les autres sont bien désignées par des bornes & des confronts; les noms me sont tout-à-fait inconnus: les Parties contractantes s'obligent de faire ratifier l'échange chacune par ses *Pairs*, & se soûmettent à l'amende d'une livre d'or envers le Fisc dans le cas où l'une des deux troubleroit l'autre.

DES DIPLOMES. 387

27 JUILLET.

ANNÉE 828.

PERMUTATIO *terrarum, facta inter Erlebertum, & Seraphim.*

Fait à Dijon.

Rec. de Pérard, page 16.

Erlebert étoit abbé de S.t Bénigne de Dijon ; il est encore appelé Corévêque, c'étoit sans doute de Langres : Séraphim avec lequel il fit l'échange porté par cette Charte, étoit abbé de Bèze ; celui-ci donna des héritages situés près la ville de Dijon & dans le voisinage ; ces cantons sont appelés, *Dompnipotrense, Longoniana, Canavense, Marzillerias, Fremolense, Pontanense, Praviso, Distense :* les biens que l'abbé Erlebert lui donna en échange, étoient plus à sa portée & ils avoisinoient ceux du Monastère dans le canton même de Bèze : ils étoient situés aux villages appelés *Lacus* & *Verona.* Cet Acte fut fait sous les mêmes clauses & conditions que le précédent.

Il semble que Pérard a fait une faute contre la chronologie de placer cette pièce sous cette année ; comme elle est datée de la XIV.e année du règne de l'empereur Louis, elle doit être attribuée à l'année 827.

6 SEPTEMBRE, ou 8 OCTOBRE.

LITTERÆ *Pippini regis Aquitaniæ pro monasterio Montis-Olivi.*

Donné au monastère de S.t Martial de Limoges.

Rec. des Hist. de France, par Dom Bouquet, t. VI, p. 667. Capitul. Reg. Fr. a Baluzio, tom. VII, pag. 846. Ann. Eccl. Fr. Cointii, t. VII, pag. 846.

Vilafred abbé de Montolieu présenta à Pépin une Charte de l'Empereur son père, qu'il avoit donnée, étant roi d'Aquitaine, en faveur de ce Monastère, & le supplia de lui en accorder une semblable. Cette Charte portoit que le Roi prenoit sous sa garde les Moines & les biens de l'Abbaye, afin d'empêcher les méchans de leur faire aucun tort. Pépin non-seulement confirma, par ce Diplome, cette grace à Vilafred, mais encore il exempta son Monastère & ses biens de la jurisdiction des Officiers royaux, & il permit aux Moines d'élire desormais leur Abbé.

Candidus, diacre, expédia ce Diplome, faisant pour le chancelier Aldric. D. Bouquet croit qu'au lieu de Candidus, il faut lire Saxbodus. Pourquoi Candidus n'auroit-il pas été un des Notaires du Palais, aussi-bien que Saxbodus !

Cette Charte est ainsi datée dans Baluze, qui l'a imprimée sur l'original, VIII idus, sans nom de mois. Mais comme elle est donnée à Limoges, je crois qu'on peut la placer dans le mois de septembre ou d'octobre, parce que Pépin passa par cette Ville vers ce temps, en revenant de Lyon pour aller en Aquitaine. Après que l'Empereur eut tenu vers le mois de juillet de cette année l'assemblée d'Ingelheim, il résolut d'envoyer Lothaire secourir Pépin son frère contre les Sarazins, qui avoient déjà surpris plusieurs places dans les marches d'Espagne ; cependant ces deux Princes, afin de concerter leurs opérations, eurent une entrevûe à Lyon, après laquelle Pépin retourna dans l'Aquitaine. Ce fut donc vers le mois de septembre ou d'octobre que soit en allant, soit en revenant de Lyon, ce Prince passa par Limoges, & étant logé au monastère de S.t Martial, il y donna ce Diplome. (*Vitâ Lud. ad hunc ann.* dans D. Bouquet, tom. VI, p. 109.)

Sans autre date.

DIPLOMA *Ludovici imperatoris pro restauratione ecclesiæ S.ti Benigni.*

Rec. des Hist. de France, par Dom Bouquet, t. VI, p. 557. Annal. Bened. t. II, p. 516.

Il y a bien de l'apparence que Pérard ou Mabillon ont fait des fautes contre la chronologie, en datant de l'année 828 les Chartes qui concernent cette Abbaye qui sont placées à cet article ; je croirois volontiers que ce Diplome de Louis le Débonnaire est d'une date antérieure à la Charte du 27 juillet de cette année ; parce qu'il est certain qu'Erlegaud ni Erlebert ne furent point abbés de S.t Benigne tous les deux dans cette année ; peut-être y avoit-il trois ou quatre ans qu'Erlebert avoit succédé à Erlegaud.

Il paroit enfin par cette Charte que l'abbé de S.t Benigne voulant faire des réparations considérables à l'église de son Monastère, il obtint des lettres de l'Empereur par lesquelles ce Prince enjoint au comte de Dijon & à tous ses Officiers qui tenoient des biens en bénéfice dépendans de cette Abbaye, de contribuer pour leur portion aux dépenses de ces réparations.

Tome I. Ccc ij

ANNÉE 828.

DIPLOMA Ludovici imperatoris pro Burdegalensi S.ti Andreæ ecclesiâ.

Rec. des Hist. de France, par Dom Bouquet, t. VI, p. 557.

Sichaire, archevêque de Bordeaux, présenta à l'empereur Louis des Diplomes de Charlemagne & de quelques autres Rois de France ses prédécesseurs, par lesquels ces Princes accordoient des priviléges & des immunités à sa Cathédrale, il en obtint la confirmation par celui-ci. Ces immunités consistoient à laisser sous la jurisdiction de l'archevêque de cette Ville les monastères de Baye & de S.t Séverin, & à affranchir les biens de sa Cathédrale & de ces Monastères des impôts que les Laïcs payoient au Fisc, & les Vassaux & les Serfs appartenans à ces églises, de la jurisdiction des Officiers royaux.

PRÆCEPTUM Pippini Aquitaniæ regis pro monasterio S.ti Hilarii in diœcesi Carcassonnensi.

Ann. Eccl. Fr. Cointii, t. VII, pag. 847.
Capit. Reg. Fr. a Baluzio, t. II, col. 1429.

Leonius, abbé de Saint-Hilaire au diocèse de Carcassonne, obtint de Pépin roi d'Aquitaine ce Diplome, par lequel il confirme les priviléges & les immunités de ce Monastère & le maintient dans la jouissance de deux Celles, dont l'une est appelée *Garelianus*, & l'autre de S.t Martin, avec un village nommé *Salas*, dont l'église étoit sous l'invocation de la sainte Vierge. Pépin ajouta à ces graces celle de permettre aux Moines de cette Abbaye d'élire desormais leur Abbé.

EPISTOLÆ tres Frotharii episcopi Tullensis, de electione archiepiscopi Senonensis.

Ann. Eccl. Fr. Cointii, t. VII, pp. 71 & 72.
Rec. des Hist. de France, par Dom Bouquet, t. VI, p. 392 & 393.

Ces Lettres prouvent que Hiérémie, archevêque de Sens, mourut ou à la fin de l'année précédente ou au commencement de celle-ci. La première est adressée à Hilduin, abbé de Saint-Denys & Grand-aumônier ou Archichapelain de l'Empereur; la seconde à Éghinard, abbé de Saint-Bavon de Gand; & la troisième à l'impératrice Judith. Il est parlé dans toutes les trois de l'élection d'un successeur à Hiérémie.

Par la première de ces Lettres Frothaire rend des actions de graces au Grand-aumônier de s'être bien voulu intéresser auprès de l'Empereur pour l'église de Sens, & d'avoir obtenu, contre l'espérance de tout le Clergé de cette Métropole, la permission de faire une seconde élection, puisque la première n'avoit pas été agréable à la cour; Frothaire marque encore que malgré que celui sur lequel le choix est tombé ait toutes les qualités nécessaires pour remplir cette place, il ne peut pas lui dissimuler qu'il n'a pas été agréé des Commissaires de l'Empereur, mais qu'il le prie de faire suspendre le jugement du Prince jusqu'à ce qu'il lui ait envoyé un courrier.

Les deux Lettres suivantes ont pour objet d'engager Éghinard & l'Impératrice de faire agréer le sujet qui avoit été élu par le Clergé & rejeté par les Commissaires de l'Empereur.

On doit conclurre de ces lettres, premièrement, qu'aussi-tôt qu'un siége devenoit vacant par la mort de l'Évêque, le Clergé étoit tenu d'en avertir le Roi; secondement, que l'on ne pouvoit procéder à l'élection d'un nouvel Évêque qu'après en avoir obtenu la permission du Roi; troisièmement, que le Roi envoyoit des Commissaires sur les lieux pour assister à l'élection, qui y maintenoient l'ordre, & qui peut-être avoient droit de suffrage; quatrièmement enfin, que toute l'Église Gallicane reconnoissoit dans le Roi une plénitude de puissance, un droit attaché à sa Couronne de confirmer ou de rejeter celui qui avoit été élû. Je ne vois pas que ces droits, dont le Prince qui favorisa le plus le Clergé & Rome fit usage, puissent accréditer le système de la liberté & de l'indépendance dans les élections; il faut croire qu'ils ont été inconnus aux Auteurs qui ont prétendu que nos Rois, jusqu'au Concordat, n'avoient aucun pouvoir ou très-peu dans cette partie du gouvernement extérieur de l'Église; il est vrai que le plus grand nombre des monumens de l'antiquité fournit alternativement des exemples de nominations aux Évêchés & aux Abbayes par nos Rois & d'élections par le Clergé à ces mêmes dignités; mais la manière dont ces élections étoient faites, ce qui les précédoit & ce qui les suivoit, sont autant de preuves qu'elles étoient des concessions, & que le Clergé en tenoit précairement le droit de la part de nos Rois.

ANNÉE 828.

EPISTOLA Agobardi ad Proceres palatii imperatoris Ludovici Pii contra Præceptum ipsius Imperatoris de baptismo non conferendo Judaïcis mancipiis.

Rec. des Hist. de France, par Dom Bouquet, t. VI, p. 362.

Les Juifs étoient tolérés en France sous la première & la seconde Race ; ils s'occupoient, comme ils font encore, principalement du commerce ; mais il paroît qu'ils étoient gouvernés alors différemment des autres sujets du Roi ; qu'il y avoit des réglemens de police particuliers pour ceux de cette nation qui demeuroient & qui commerçoient dans l'intérieur du royaume, & qu'il y avoit à la cour un Ministre ayant la surintendance de toutes les choses qui les concernoient. Évrard occupoit cette place sous le règne de l'empereur Louis le Débonnaire. Ces infidéles n'étoient pas moins qu'aujourd'hui ennemis du nom Chrétien : autant qu'ils le pouvoient, leurs Serfs & leurs Esclaves professoient le Judaïsme ou étoient payens. On avoit cependant tenu la main à l'exécution du XVI.e Canon du premier Concile de Mâcon, célébré en 581, par lequel il étoit défendu à aucun Chrétien de servir les Juifs, & permis à leurs Serfs ou à leurs Esclaves qui voudroient recevoir le baptême, de s'affranchir en payant au Maître douze sols. Dans le temps où on pouvoit le moins s'y attendre, il parut une Ordonnance de l'empereur Louis le Débonnaire, qui défendoit aux Prêtres d'administrer ce Sacrement aux Serfs des Juifs sans en avoir obtenu l'agrément de leurs Maîtres : mais ce Prince étoit d'une piété si épurée, que nous avons lieu de croire qu'Évrard, ayant le département des affaires des Juifs, surprit à sa religion cette Ordonnance. Aussi-tôt qu'elle fut publiée, Agobard archevêque de Lyon se rendit à la cour pour tâcher de la faire révoquer, mais nous apprenons par une première Lettre de ce Prélat qu'il écrivit en 821 ou 822 à Adhalard abbé de Corbie & premier Ministre de l'empereur, à Wala son frère & au chancelier Élisachar, qu'après être demeuré fort long-temps à la Cour, il avoit été obligé de retourner dans son diocèse sans aucun succès ; Évrard avoit traversé toutes ses démarches, & soutenoit avec opiniâtreté son ouvrage. « Donnez-moi, leur dit Agobard dans cette première lettre, un conseil sur la conduite que je dois tenir en « attendant que des circonstances plus favorables puissent faire entendre mes cris du Prince ; « tous les jours il se présente des Serfs Juifs pour recevoir le baptême ; quel parti prendre ? « si j'ordonne à mes Prêtres de les administrer, je désobéis au Roi & à la loi, je m'expose « d'ailleurs à être poursuivi par les Juges séculiers & à payer des amendes ; je crains d'un « autre côté de manquer au devoir de mon ministère, & de me rendre coupable devant « Dieu, si j'obéis à une loi si contraire à la charité ». *Si enim petentibus baptismum Judæis aut Servis eorum negamus, timeo damnationem divinam ; si damus, timeo offensionem humanam & tam infestas læsiones domûs nostræ.*

Qu'arriva-t-il sur ce sujet depuis l'année 822 jusqu'à l'année 826 ? C'est ce que nous ne savons pas bien positivement. Agobard & les autres Évêques de France se soûmirent-ils à l'Ordonnance, la rejettèrent-ils ? on doit croire plûtôt qu'ils usèrent de quelques tempéramens, par le moyen desquels ils purent en secret remplir les devoirs de leur ministère, en gardant le silence extérieurement, & en respectant les volontés du Prince, pour éviter le scandale & le désordre qui sont des suites nécessaires de la désobéissance aux loix. Cette seconde Lettre nous apprend qu'en 828 l'Ordonnance n'étoit pas encore révoquée, car Agobard se plaint au Chancelier, au Grand-aumônier & à l'abbé Wala, des peines rigoureuses que les Officiers de justice avoient fait subir à une femme Juive qui avoit reçu le baptême contre la disposition de l'Ordonnance ; ce Prélat les engage par les motifs les plus touchans, d'user de leur crédit pour engager l'Empereur à révoquer cette loi, que les Prêtres ne peuvent reconnoître sans violer en quelque sorte les préceptes de l'Évangile, & qu'ils ne peuvent mépriser sans déplaire au Prince : deux extrémités fâcheuses qu'Agobard expose en ces termes une seconde fois : *Inter duo versamur pericula. Si enim Præceptum illud observamus, neglectis ecclesiasticis regulis, Deum offendimus : si has sequimur, Imperatoris indignationem veremur, maximè cum Magister infidelium Judæorum* (Evrardus) *incessanter nobis comminetur se Missos de palatio adducturum qui pro istiusmodi rebus nos judicent & distringant.* Il paroît donc qu'Évrard n'en vouloit pas démordre, & qu'il poursuivoit avec chaleur les Prêtres réfractaires à l'Ordonnance par les voies judiciaires, en saisissant leur temporel & en leur faisant payer des amendes. Enfin Agobard, cet homme, l'un des plus célèbres de son siècle & qui ne feroit pas moins l'honneur du nôtre, pensoit que le bien même de la Religion exigeoit des Ministres de l'Église de régler quelquefois leur zèle sur les circonstances ; il se bornoit par cette raison à demander alors que l'on obtînt seulement de l'Empereur qu'il fût permis aux Prêtres de baptiser les Juifs qui d'eux-mêmes se préfenteroient fans qu'on allât les prêcher dans leurs maifons & les arracher à l'infidélité malgré leurs parens. *Nec hoc dicimus, quòd eis filios vel servos eorum violenter auferendos esse sentiamus, sed ut venientibus ad fidem ab infidelibus licentia non negetur.*

Année 828.

Epistolæ duæ imperatorum Ludovici & Lotharii Clero Gallicano & Proceribus regni.

Rec. des Hift. de France, par Dom Bouquet, t. VI, p. 343 & 344. Preuves des libertés de l'églife Gallic. 4.e part. page 75. Conc. ab Harduino, tom. IV, col. 1280. Baronii Ann. t. IX, p. 801. Conftit. Imp. a Goldafto, t. II, pag. 15. Capit. Reg. Fr. a Baluzio, t. I, col. 653 & 657.

L'Empereur favoit tous les defordres qui régnoient dans ses États, mais il ne fe doutoit pas de la caufe, & il ignoroit de même les moyens d'y remédier; c'eft que de jour en jour fon autorité s'affoibliffoit, & l'anarchie croiffoit à mesure. Wala l'un de ses Miniftres les plus accrédités avoit propofé l'année précédente d'envoyer des Commiffaires dans toutes les provinces pour reconnoître les abus & pour donner enfuite leur avis fur les moyens de les réformer. L'expérience de cet abbé de Corbie dans le maniement des affaires fit adopter fon opinion; l'Empereur auffi-tôt fit partir des *Miffi* pour les provinces, & Wala lui-même fut du nombre. Au printemps de cette année l'Empereur tint une affemblée à Aix-la-Chapelle à laquelle ces *Miffi* fe trouvèrent & rendirent compte de leur commiffion ; mais Wala exagéra fi fort toutes les chofes fur lefquelles il y avoit à réformer, & il en préfenta les moyens d'une exécution fi difficile & fi longue, que l'on ne put dans cette affemblée prendre aucunes réfolutions. L'Empereur remit à un temps plus favorable ce grand ouvrage, & pour y parvenir, il commença par indiquer quatre Conciles qui fe tiendroient en même temps à Mayence, à Paris, à Lyon & à Touloufe ; il en donne avis par ces deux Lettres, dont la première eft adreffée aux Comtes & aux Seigneurs, & la feconde aux Archevêques & aux Évêques. Il leur marque en outre qu'il a fait obferver un jeûne général dans fes États pour tâcher de fléchir la colère du Seigneur ; il ajoûte qu'il auroit bien défiré pouvoir examiner en détail cette année, dans une affemblée générale, tous les objets de réforme qu'il s'étoit propofé de faire ; mais que les mouvemens des ennemis ayant porté fon attention à lever des troupes pour les repouffer, il s'étoit borné à prendre dans cette affemblée particulière des mefures propres pour remplir fon deffein dans une affemblée générale qu'il tiendroit l'année fuivante ; il invite enfin les grands Seigneurs, les Comtes & les Évêques de faire des mémoires inftructifs fur les différentes efpèces d'abus qui s'étoient introduits dans le gouvernement & fur les moyens de les corriger, & il les prévient qu'il donnera une fois la femaine dans fon palais une audience publique pour écouter tous ceux qui auront des avis à donner fur ce fujet.

Capitulare imperatorum Ludovici & Lotharii.

Rec. des Hift. de France, par Dom Bouquet, t. VI, p. 438. Cap. Reg. Fr. a Baluzio, t. I, p. 654.

Ce Capitulaire eft l'Ordonnance par laquelle l'Empereur indique la célébration des quatre Conciles dont j'ai parlé plus haut. Il eft ordonné dans le préambule aux Évêques d'examiner dans les différens ordres de l'État ce qui doit être réformé ; mais l'Empereur leur enjoint de tenir très-fecrets les mémoires qu'ils drefferont, & pour s'affurer de la difcrétion de leurs Secrétaires, il leur recommande de leur faire prêter ferment de ne révéler à perfonne ce qu'ils auront rédigé par écrit. Il affigne pour tenir ces Conciles le temps qui fuit immédiatement l'octave des fêtes de la Pentecôte ; & il veut que l'infpection de fes *Miffi* précède, ordonnant qu'ils partiront pour leur département auffi-tôt après l'octave de Pâques ; enfuite il prefcrit les matières qu'il veut que l'on difcute dans chacun de ces Conciles, & fur lefquelles il demande l'avis des Évêques. Il propofe également à fes *Miffi* différens points, de l'examen defquels il les charge, avec ordre de lui donner des inftructions.

Il faut obferver que fi cette Ordonnance eft également adreffée aux Évêques & aux Comtes, & fi l'Empereur demande indiftinctement leurs avis fur des matières qui font au moins mixtes, c'eft qu'en ce temps les Comtes & les premiers Officiers du Roi entroient dans les Conciles, parce qu'on y traitoit également & des matières qui concernoient le dogme & la difcipline eccléfiaftique, & que l'on y faifoit des règlemens de police fur des matières purement civiles.

Ainfi dans le cahier qui contient les matières que les Évêques doivent traiter, on trouve en même temps des chofes qui concernent le miniftère des *Miffi*.

ANNÉE 829.

13 JANVIER.

DIPLOMA Ludovici & Lotharii imperatorum, quo approbant partitionem bonorum monasterii S.^{ti} Germani a Pratis, ab Hilduino abbate factam inter se & Monachos.

Donné à Aix-la-Chapelle.

Annal. Bened. t. II, p. 321. Histoire de l'abbaye de St Germain-des-Prés, pr. p. 14. Ann. Eccl. Fr. Cointii, t. VIII, p. 47. Rec. des Hist. de France, par D.m Bouquet, t. VI, p. 559.

Hilduin, Grand-aumônier de l'Empereur & abbé de St Germain-des-Prés, recevoit chaque jour de nouvelles plaintes de la part des Moines de différens Monastères contre leurs Abbés : ceux-ci, que le droit des Canons & les Constitutions monastiques n'établissoient que simples administrateurs des biens de l'Abbaye, purs économes, avec l'obligation de dispenser à chaque Moine toutes les choses nécessaires à la vie, exerçoient pour la pluspart un empire tyrannique sur leur Monastère, ils s'en appropioient tous les biens, & il s'en falloit de beaucoup qu'ils donnassent à leurs Moines même le simple nécessaire ; nous avons vû qu'en pareil cas les Moines réclamoient l'autorité du Roi, j'ai rapporté des Ordonnances qui régloient ce que l'Abbé devoit donner aux Moines : ce fut pour éviter à ceux de St Germain-des-Prés de semblables contestations, que l'avarice de quelques-uns de leurs Abbés pourroit un jour occasionner, qu'Hilduin fit un partage entr'eux & lui de la manse commune des biens de l'Abbaye. Ce partage avoit la forme d'une Transaction, & pour la rendre stable à perpétuité, l'Abbé la fit approuver & confirmer par ce Diplome : elle portoit, que pour entretenir les cent vingt Moines qui étoient alors dans cette Maison, Hilduin s'obligeoit de leur fournir annuellement pour leur nourriture quatre cents quarante muids de blé pur froment, & cent quatre-vingt pour les hôtes ; deux mille muids de vin ; cent quatre-vingt muids de légumes, en pois, fèves, lentilles, &c. cent soixante fromages ; vingt muids de graisse, ou cinquante porcs gras ; quatre muids de beurre ; sept septiers de miel, & deux livres de cire par mois ; cent muids de sel, avec la volaille & les œufs que la Communauté pourroit consommer dans les fêtes de Noël & de Pâques ; s'obligeant en outre d'augmenter la quantité de toutes ces provisions de bouche, par proportion avec le nombre des Moines, qui pourroit s'accroître, sans pouvoir rien retrancher sur la quotité des provisions stipulées, dans le cas où le nombre des Moines, tel qu'il étoit fixé à cette époque, viendroit à diminuer : pour l'entretien des habits & pour les autres besoins de la Communauté & des malades, Hilduin assigna les terres suivantes, dont il laissa, avec toutes leurs dépendances, la propriété & l'administration aux Moines ; savoir, Antoni, la Celle, Maroles près Montereau, Cachant, Nogent-l'Artaud, Espinay-sur-Orge, Valenton, Émant, & la forêt ou les bois d'Otte. Il fut dit que le reste de tous les biens dépendans de l'Abbaye seroient le partage de l'Abbé ; & l'Empereur ajoûta dans son Diplome, qu'il se réservoit à aux Rois de France ses successeurs la connoissance de toutes les contestations qui pourroient naître entre les Abbés & les Moines de cette Abbaye, à l'occasion de la présente Transaction.

Il faut observer qu'il s'en falloit de beaucoup que le muid de blé d'alors fût une mesure égale à celle du muid d'à-présent ; suivant un Auteur contemporain, le muid ne pesoit que quarante-quatre livres ; il en étoit de même du muid des autres denrées.

JANVIER, sans quantième.

PLACITUM Romæ habitum a Missis imperatorum Ludovici & Lotharii, pro monasterio Farfensi, contra Gregorium papam.

Fait à Rome.

Annal. Bened. t. II, p. 736. Fr. Orient. ab Eckardo, t. II, pag. 236. Droits de l'Empire, par Murctori, pag. 473. Rerum Ital. script. ab eodem, tom. II, part. 2, col. 375.

« On ne peut, dit Eckard, apporter de meilleure preuve de la fausseté de l'opinion de quelques demi-Savans sur la souveraineté des Papes à Rome sous le règne des rois de France Empereurs, que cette Sentence ». En effet, Louis le Débonnaire fit tenir à Rome dans le palais de Latran un Plaid général par Joseph archevêque de Tours & le comte Léon ses *Missi* dans l'Italie. Le Prince dans ce Plaid, auquel présidèrent ses deux Officiers, avoit pour objet de juger les Causes qui ne pouvoient être portées que par-devant eux, & de recevoir les appels des Sentences des Juges ordinaires. Toute la Magistrature de Rome y assista, c'est-à-dire, les Pairs & les Bons-hommes. L'Abbé de Farfe, représenté par son Avoué, y donna une requête, tendante à ce que le pape Grégoire IV fût condamné à restituer à son Monastère des biens que les papes Étienne,

Paschal & Eugène avoient usurpés sur lui. La requête fut répondue, & on ajourna le Pape pour se défendre; son Avoué nia le fait, & soûtint que l'église de Rome avoit une possession immémoriale: les Juges rendirent une Sentence interlocutoire, qui ordonnoit que l'Abbé de Farfe justifieroit par titres & par témoins de son droit; l'Abbé présenta aussi tôt des Diplomes & des Chartes de donations faites à son Monastère de ces biens, & produisit des témoins qui jurèrent de l'authenticité de ces pièces: le Pape fut de nouveau interpelé, mais n'ayant que de mauvaises raisons à opposer à l'Abbé, les *Missi* le condamnèrent, par cette Sentence, à restituer les biens réclamés.

FÉVRIER, sans quantième.

ANNÉE 829.

PRÆCEPTUM Ludovici & Lotharii imperatorum pro confirmatione concambii inter Flodegarium episcopum Andegaviæ, & Winneradum militem.

Donné à Aix-la-Chapelle.

Capit. Reg. Fr. a Baluzio, t. II, p. 1430.
Rec. des Hist. de France, par Dom Bouquet, t. VI, p. 560.
Ann. Eccl. Fr. Cointii, t. VII, p. 847.

Il paroît par ce Diplome que le village nommé *Chamberliacum* appartenoit à l'église d'Angers. Flodegaire, alors évêque de cette Cathédrale, ou son prédécesseur, avoient donné ce village en bénéfice à vie seulement, à une femme nommée Berte; ce fut la raison pourquoi l'Évêque & un homme noble nommé Winnerade demandèrent à cette Dame son consentement, pour échanger un Serf habitant de ce village, contre deux autres Serfs qui appartenoient à Winnerade: comme cet échange étoit utile à l'Église, les Empereurs le ratifièrent par ce Diplome. Méginaire notaire du Palais l'expédia, faisant pour le chancelier Fridugise.

22 JUIN.

DIPLOMA imperatorum Ludovici & Lotharii, quo donant monasteriolum S.ti Stephani cænobio Farfensi.

Donné à Aix-la-Chapelle.

Rerum Italic. script. a Muratorio, t. II, parte 2, col. 383.
Hist. Franc. script. par Duchêne, tom. III, p. 658.
Rec. des Hist. de France, par Dom Bouquet, t. VI, p. 560.

Louis & Lothaire font donation par ce Diplome à l'abbaye de Farfe d'un petit Monastère dont l'église étoit sous l'invocation de S.t Étienne martyr, située près la ville de Chieti au royaume de Naples. Ce Monastère est donné en toute propriété avec ses dépendances, *cum cellulis, territoriis, casis......... amassariciis, aldiariciis, bouilliciariis, vaccariciis,* &c. toutes ces expressions barbares signifient, ce me semble, tous les instrumens & les outils nécessaires pour le labour & la culture des terres, & même on pourroit interpréter les deux dernières aussi-bien par les *étables* à bœufs & à vaches, que par les *charrues*, le *joug*, &c.

Le diacre Durand expédia cette Charte, faisant pour le chancelier Fridugise.

10 AOÛT.

DIPLOMA Pippini Aquitaniæ regis pro monasterio S.ti Germani a Pratis.

Histoire de S.t Germain-des-Prés, pr. p. 15.
Rec. des Hist. de France, par Dom Bouquet, t. VI, p. 669.

Il paroît que les Commis chargés de percevoir les droits du Fisc inquiétoient Hilduin abbé de S.t Germain, à l'occasion des biens situés dans l'Aquitaine, qui appartenoient à son Monastère; ils avoient été légués par Charlemagne: Louis le Débonnaire, soit du temps qu'il étoit roi d'Aquitaine, soit depuis son avènement à l'empire, avoit confirmé ce legs; mais Hilduin avoit négligé de faire ratifier toutes ces Chartes par Pépin; peut-être étoit-il dû quelques droits au Fisc pour les biens qui en avoient été distraits & donnés aux Églises, même en pure aumône; peut-être les Régisseurs du Domaine royal prétendoient-ils que ces biens n'avoient été donnés qu'en bénéfice pour un temps, & que jugeant le terme fini, ils étoient en droit de les réclamer: quoi qu'il en soit, Pépin par ce Diplome confirme le monastère de S.t Germain-des-Prés dans la pleine jouissance & entière possession de ces mêmes biens, & exempte Hilduin & ses successeurs de payer à ses Officiers les droits accoutumés. Le nom de ces terres est exprimé dans le Diplome; *villas....... quæ infra ditionem regni nostri consistunt, quarum hæc sunt vocabula, Vernogilus, Sixiacus, Lixiniacus, Noveridus, Castliacus, Quinciacus, Villa-Bustana.* De tous ces lieux je ne connois que Verneuil & Quincei, situés en Poitou.

ANNÉE 829.

DES DIPLOMES. 393

ANNÉE 829.

28 SEPTEMBRE.

CHARTA Sadigeri, ducis Austriæ Mosellanicæ, pro monasterio S.ti Dionysii Toleïani.

Stemmata Lotharingiæ ac Barri Ducum, pr. fol. 7, verso.

Donné à Metz.

Sadiger étoit fils de Frédéric & lui avoit succédé dans les duchés de l'Austrasie Mosellane & de Bouillon en 847; il épousa Mathilde d'Alsace, fille du comte de Hainaut, de laquelle il eut une nombreuse postérité. Ce Seigneur étoit regardé comme un des plus sages & des plus braves Capitaines de son temps; Louis le Débonnaire le fit Général de sa cavalerie, & il le servit avec fidélité & utilement dans la guerre qu'il eut à soûtenir contre ses enfans. Ce Duc fit par cette Charte donation à un Monastère situé sur la Sarte, & appelé tantôt S.ti Dionysii, tantôt S.ti Mauritii, d'une petite Ville qu'il nomme Menegesburg, qui lui venoit de son aïeul, lequel étoit du même sang que le grand Arnould évêque de Metz; ce qui prouve que Sadiger étoit de la même maison que Charles Martel, père de Charlemagne.

30 SEPTEMBRE.

DIPLOMA Ludovici imperatoris pro fideli suo Sunifredo.

Rec. des Hist. de France, par Dom Bouquet, t. VI, p. 561. Histoire de Languedoc, t. I, pr. col. 66.

Donné au Palais de Tribur.

L'Empereur confirme par cette Charte, en faveur d'un de ses vassaux nommé Sunifred, la donation du lieu de Foncouverte, situé au diocèse de Narbonne, que Charlemagne avoit faite à Borel son père.

Il paroit, suivant la remarque de l'Historien du Languedoc, que Borel est le même que celui à qui l'Empereur, n'étant encore que Roi d'Aquitaine, avoit donné en 798 le comté d'Ausonne dans la marche d'Espagne, & que Sunifred son fils est celui à qui Charles le Chauve donna le marquisat de Gothie, ayant auparavant le comté d'Urgel. Mais il faut bien se garder de confondre ce Sunifred, marquis de Gothie ou duc de Septimanie, qui succéda à Bernard, que l'on croyoit amant de l'impératrice Judith femme de Louis le Débonnaire, avec un autre Seigneur de ce même nom; ce dernier fit la tige des premiers Comtes héréditaires de Barcelonne, & étoit surnommé *Wifred* le Velu: ce qui pourroit occasionner cette méprise, c'est qu'il paroît que ces deux Seigneurs de ce nom vivoient dans le même temps.

Ce Diplome est daté ainsi: *Anno Christo propitio XVI imperii domini Ludovici serenissimi Imperatoris, regni Lotharii VIII.* Les Historiens inférent de-là que la conjuration que Lothaire & les mécontens avoient formée, étoit déjà découverte, & que l'Empereur ayant éloigné son fils d'auprès de lui, avoit jugé à propos de lui retirer le titre d'Auguste & d'Empereur, puisque l'on compte seulement dans ce Diplome les années de son règne en Italie.

Méginarius notaire du Palais expédia cette Charte, faisant pour le chancelier Fridugise.

19 NOVEMBRE.

PLACITUM in quo terminatur lis inter Adalramum, archiepiscopum Salisburgiensem, & Reginarium, Bataviensem episcopum.

Ann. Eccl. Fr. Cointii, t. VIII, pag. 104.

Fait à Régensburg ou Ratisbonne.

Adalram, archevêque de Saltzbourg, prétendoit étendre les limites de son diocèse au-delà des montagnes appelées *Montes Comageni,* sous le prétexte que son Prédécesseur y avoit le premier annoncé l'Évangile: Réginaire, évêque de Passaw, faisoit de son côté valoir sa possession, & prétendoit retenir ces régions dans son diocèse, parce qu'elles étoient actuellement soûmises à sa jurisdiction: Louis, roi de Bavière, fit venir ces deux Prélats à Ratisbonne, où il tenoit alors sa Cour, & après les avoir entendus l'un & l'autre, il jugea leur différend en partageant également & donnant à chacun, suivant sa convenance, les lieux qui faisoient la matière du procès.

Sans autre date.

PRÆCEPTUM Ludovici imperatoris, pro monasterio S.ti Andreæ Suredensis.

Rec. des Hist. de France, par Dom Bouquet, t. VI, p. 562.

Le monastère de Sorèze étoit dans l'ancien diocèse d'Elne; la rivière de Sur, sur laquelle il est situé, lui a donné son nom, ainsi qu'à la petite Ville qui s'y est formée

Tome I. Ddd

394 NOTICE

depuis; ce lieu s'appeloit plus anciennement *Taciduin*; il est dans le haut Languedoc, enclavé dans le Lauragais, près de la Montagne-noire, du diocèse de Lavaur. Ce Monastère autrefois connu sous l'invocation de saint André, comme il paroît par ce Diplome, est présentement sous celle de la Vierge; mais ce lieu, où est située depuis le siècle même de Charlemagne l'abbaye de Sorèze, n'est pas le même où elle fut d'abord établie; peut-être fut-elle dès sa naissance ruinée par les Sarazins, & quelque temps après transferée à Sorèze, car l'Empereur par ce Diplome, accordé à Sisegut qui en étoit Abbé alors, à la prière du comte Gaucelme, approuve cette translation; il confirme d'ailleurs l'Abbaye, par cette Charte, tant dans la jouïssance des biens de son ancien patrimoine, que de ceux qu'elle avoit nouvellement acquis, & lui accorde les mêmes immunités & les mêmes privilèges dont jouïssoient les autres Monastères du Languedoc; il cède nommément aux Moines le droit d'élire desormais leur Abbé.

Ce Gaucelme étoit comte de Roussillon & frère du fameux duc Bernard; il défendoit Challon-sur-Saône lorsque Lothaire la prit d'assaut en 834: cette place fut livrée au pillage, ensuite brûlée, & Gaucelme avec deux autres Officiers généraux eurent la tête tranchée. (*Vita Ludovici Pii, & Annales Bertiniani ad ann. 834.*)

Sans autre date.

ANNÉE 829.

CHARTA quâ Inchadus, episcopus Parisiensis, dat Canonicis Ecclesiæ suæ plures villas.

Ann. Eccl. Fr. Cointii, t. VIII, pag. 75.
Hist. Eccles. Parisiens. a Gerardo Dubois, t. I, p. 349.

Incade, évêque de Paris, saisit l'occasion du Concile, qui se célébroit dans son Église, pour donner au grand nombre d'Évêques qui y assistèrent, un exemple de justice & d'obéissance aux Ordonnances du royaume. Très-peu de Prélats s'étoient mis jusqu'alors en peine d'exécuter celles qui portoient que l'on établiroit des Écoles dans les Cathédrales, & que les Évêques feroient une distraction de la manse totale des biens de leur Église pour bâtir des cloîtres à leurs Chanoines & pour leur procurer d'ailleurs plus d'aisances; jusque-là les Évêques & les Chanoines avoient joui en commun de tous les revenus de la Cathédrale, mais il arrivoit souvent que quelques Évêques se les approprioient, & en disposoient de manière qu'il n'en restoit pas aux Chanoines pour fournir aux besoins de la vie les plus nécessaires. Incade déclara au Concile, qu'il avoit résolu d'affecter des biens aux Chanoines de son Église pour les faire vivre, dont les Évêques ses successeurs n'auroient en aucune sorte la disposition; qu'il croyoit devoir en user ainsi pour mettre principalement les Chanoines à couvert des mauvais traitements que beaucoup d'Évêques faisoient éprouver aux leurs. Il en fit écrire l'Acte, car il y est énoncé que ce Prélat ne put l'écrire lui-même, parce qu'il étoit devenu aveugle.

Voici donc les terres qui furent distraites de la manse totale de l'église de Paris, & qui formèrent la première manse particulière des Chanoines: *Quasdam villas cum earum redditibus eorum stipendiis dedimus vel delegavimus, quarum nomina hæc sunt: Andresiacum* (Andresi), *Heleriacum* (Urcines, dont la paroisse a été transferée à Vélisi près le parc de Meudon), *Aureliacum* (Orli), *Civiliacum* (Chevilli), *Castanedum* (Châtenai), *Balneolum* (Bagneux), *Laiacum* (Lai), *& Steovilla* (Iteville), *cum universis quæ pertinent ad eas; insuper & fundus.... videlicet Sulciacum*, avec des terres situées à Suci, que le comte Étienne & la comtesse Amaltrude son épouse avoient autrefois léguées à cette Cathédrale; cette dernière donation est faite néanmoins sous la condition que le tiers des fruits qui proviendroient des terres de Suci, seroit employé au luminaire de la Cathédrale; Incade oblige en outre ses Chanoines à payer à perpétuité la dixme de tous les biens qu'il leur donne par cette Charte, à l'hôpital de S.t Christophe, où il dit qu'ils étoient accoûtumés d'aller à un certain jour de l'année laver les pieds des pauvres qui s'y trouvoient; les Historiens (*Hist. eccl. Paris. t. II, p. 481*) disent qu'en ce temps il y avoit deux églises réunies à l'hôpital de S.t Christophe, l'une destinée pour le service des Pauvres, & l'autre dans laquelle étoit le *Baptistaire*; dans la suite vers le règne de Philippe-Auguste, elles furent séparées; celle de l'Hôpital & l'Hôpital lui-même formèrent le premier établissement de l'Hôtel-Dieu dans le lieu où il est présentement; on a détruit l'autre église depuis quelques années.

Incade fit souscrire cette Charte du plus grand nombre des Prélats qui assistèrent au Concile.

EPISTOLA Episcoporum in concilio Parisiensi congregatorum ad Ludovicum & Lotharium imperatores.

Baronii Ann. t. IX, p. 809.
Concil. Antiq. Gal. a Sirmondo, t. II, p. 542.
Ann. Eccl. Fr. Cointii, t. VIII, pag. 66.
Rec. des Hist. de France, t. VI, page 345.

Nous apprenons par le préambule des Actes de ce Concile, qui sont les seuls des quatre Conciles qui furent tenus cette année dans l'empire qui nous soient parvenus, le nom des Métropoles dont les Évêques le composèrent ; ces Métropoles sont Reims, Sens, Tours & Rouen.

Le Concile étant fini, les Évêques en envoyèrent à l'Empereur les Actes, & lui écrivirent cette Lettre, par laquelle ils le prient de vouloir bien en prendre lecture & les approuver ensuite.

Sans autre date.

ANNÉE 829.

CAPITULARE Ludovici imperatoris, promulgatum Wormatiæ.

Donné à Worms.

Capit. Reg. Fr. a Baluzio, t. I, col. 662.
Ann. Eccl. Fr. Cointii, t. VIII, pag. 82.
Rec. des Hist. de France, par Dom Bouquet, t. VI, p. 440.

L'Empereur tint cette diète, suivant Baluze & D. Bouquet, vers la fin de juillet de cette année ; le père Daniel, & après lui le père Barre, ont, ce me semble, fait une faute d'écrire qu'elle fut tenue l'année précédente, car il est certain que ce fut dans ce Parlement, comme disent les Chroniques de S.t Denys, que l'on rendit compte à l'Empereur de ce qui s'étoit passé dans les quatre Conciles qu'il avoit ordonné, dans l'assemblée d'Aix-la-Chapelle de l'année 828, d'assembler à Mayence, à Paris, à Lyon & à Toulouse ; or il ne paroît pas vrai-semblable que depuis le mois de mars, qui est le temps où se finit la diète d'Aix-la-Chapelle, ces quatre Conciles aient pû s'assembler, tenir de nombreuses séances, comme il paroît par les Actes de celui de Paris, & enfin se clore avant la fin de juillet ou le commencement d'août ; car c'est dans ce mois que l'Empereur tint à Worms la diète dont il s'agit, suivant Éghinard. (*Annales ad hunc annum.*)

Ce fut dans cette diète que l'Empereur déclara qu'il avoit résolu de former des États à Charles le plus jeune de ses fils, qu'il avoit eu de son mariage avec Judith : *Alio anno venit Wormatiam, ubi & Karolo suo filio qui erat ex Judith Augustâ natus, terram Alamannicam, & Rethiam, & partem aliquam Burgundiæ . . . . . . tradidit ; . . . . . inde indignati alii filii sui.* (Tegan.) Bernard, Grand-chambellan & premier Ministre, étoit fort attaché aux intérêts de l'Impératrice ; tous les deux s'étoient absolument rendus les maîtres de l'esprit de l'Empereur, & leur parti avoit jusque-là prévalu à la cour sur celui des Princes fils de l'Empereur d'un premier lit. Rien ne montra plus le crédit de Judith, que le Diplome que l'Empereur présenta à signer aux Seigneurs qui assistèrent à cette diète, par lequel il créoit, en faveur du jeune Charles, un Royaume, composé de l'Allemagne, de la Réthie & d'une partie de la Bourgogne. Ce royaume étoit fort étendu, car par l'Allemagne on entendoit toutes les provinces situées entre le Rhin, le Mein, le Nècre & le Danube ; la Réthie comprenoit tout le pays des Grisons, & la partie de la Bourgogne dont il s'agit, étoit le pays de Genève & des Suisses, ce que l'on a depuis appelé Bourgogne Transjurane. Judith & Bernard avoient gagné le suffrage du plus grand nombre des Seigneurs de la diète, & malgré les réclamations des autres, le Diplome fut publié & signé ; les Princes ne purent alors dissimuler leur mécontentement, ils quittèrent brusquement la cour de l'Empereur leur père, & dès ce moment ils formèrent de concert le dessein de le détrôner, de tondre le nouveau Roi d'Allemagne, de faire mourir Bernard & Judith, & de se partager tout l'Empire.

On publia en outre dans cette diète quatre Ordonnances, qui furent dressées sur les mémoires des *Missi*, qui avoient été envoyés dans les provinces pour prendre une connoissance détaillée de tous les abus, & sur ce qui avoit été réglé par les Évêques dans les quatre Conciles provinciaux. LA PREMIÈRE ORDONNANCE contient dix articles.

Le premier article porte, que toutes les personnes qui s'ingéreront désormais de déplacer de leur autorité privée des Curés, ou qui en établiront sans le consentement de l'Évêque, ainsi que celles qui refuseront d'obéir en chose juste, tant à l'Évêque qu'aux *Missi* du Roi, seront poursuivies devant les Juges royaux, pour être condamnées à payer soixante sols d'amende, ou pour en être déchargées, si le cas y échoit, ou subir toute autre plus grande peine (*aut aliam harmiscaram sustineant*).

Le second enjoint aux particuliers qui trouveront des églises dans les héritages qu'ils auront à se partager, de les entretenir & d'y faire célébrer l'Office divin, sinon de les remettre à l'Évêque.

Le troisième porte injonction aux Évêques & aux *Missi* de faire une exacte recherche des églises qui sont actuellement en ruine, & de considérer si c'est par la faute des propriétaires, & dans ce cas, de les contraindre à les rétablir, laissant à leur prudence de ne point faire réédifier celles qui ne seroient que modiquement dotées, & qui seroient situées dans des lieux où il y en auroit beaucoup d'autres, ou de les faire reconstruire plus petites qu'elles n'étoient ci-devant.

Par le quatrième article les Comtes & les *Missi* sont autorisés à condamner les particuliers à faire restitution à chaque église des cens & autres redevances qu'ils auroient exigés injustement sur les biens qui leur ont été légués. Il me semble que l'on doit inférer de la disposition de cet article, que les églises alors n'avoient de biens en toute propriété, que ceux qu'on leur donnoit en franche aumône, & que les autres dont elles avoient seulement la jouissance, n'étoient que de purs bénéfices sans propriété, pour lesquels les gens d'Église, comme les laïcs, payoient aux propriétaires les redevances stipulées par les contrats.

Il est enjoint par les cinquième & sixième articles aux *Missi* & aux Comtes de faire payer les arrérages des dixmes & autres charges à tous les particuliers qui tiennent des bénéfices dépendans tant du domaine royal que des églises, & de les avertir que s'ils ne sont pas désormais exacts à payer les redevances, ils perdront leurs bénéfices, ainsi qu'il est porté par les Ordonnances.

Le septième article porte, que s'il se trouve quelques particuliers qui fassent refus de se soûmettre à la disposition des deux précédens, ils seront ajournés à la cour du Roi, s'ils sont ou ses Vassaux ou ses Serfs ; par rapport aux autres, ils seront traduits devant leurs Juges naturels.

Le huitième admet la prescription de trente années en faveur de l'Église, sans aucune réclamation de la part des propriétaires, & ne les reçoit point à la preuve par témoins ; cette prescription étoit déjà établie en faveur du Roi.

Le neuvième enjoint, sous les peines portées par les Ordonnances, à ceux qui tiennent des bénéfices dépendans des églises, de cultiver les terres, d'entretenir les bâtimens & d'y faire les réparations nécessaires.

Le dixième porte, que ceux qui ont négligé de cultiver les terres qu'ils tiennent en bénéfice du domaine royal, lesquels par cette raison n'ont pû en payer la dixme, & parce que d'ailleurs ils ont pris d'autres terres des particuliers, ils soient tenus de payer les arrérages de trois années de cette dixme.

LA SECONDE ORDONNANCE contient quinze articles. Le premier traite des bénéfices royaux, & renvoie à la disposition de l'article III du Capitulaire de l'année 819.

Les articles second, troisième & quatrième établissent de nouveaux réglemens par rapport aux Échevins, de l'exécution desquels les *Missi* & les Comtes sont chargés.

Le cinquième déclare nuls tous les Actes d'échange faits par les Ecclésiastiques des biens d'Église, à moins qu'ils ne prouvent qu'ils sont avantageux & utiles à leurs bénéfices.

Le douzième abolit l'épreuve de l'eau froide.

Le treizième enjoint aux Comtes de faire mettre bas les armes à tous les Vassaux du Roi, onze nuits après leur retour de chaque campagne.

Le quatorzième porte, que les *Missi* & les Comtes feront savoir, chacun dans leur département, que le Roi a résolu de consacrer un jour dans chaque semaine pour juger en personne les procès de ses sujets.

LA TROISIÈME ORDONNANCE contient huit articles. Le premier traite des homicides, & renvoie à la disposition de l'article I.ᵉʳ du Capitulaire de l'année 819.

Le second article condamne celui qui tuera ses proches parens, pour jouir plus promptement de leurs biens, à en être privé ; il confisque en outre au profit du Roi ceux qu'il possède, & l'assujétit à la pénitence publique.

Le troisième assujétit de même à la pénitence publique & fait défense de jamais porter les armes, à celui qui, du vivant de sa femme, en aura épousé une seconde, ou qui l'aura tuée sans aucune cause raisonnable. Il est enjoint aux Comtes de faire arrêter & de mettre aux fers celui qui sera réfractaire à la présente Ordonnance, & de le retenir en prison jusqu'à ce qu'ils en aient informé le Roi.

LA QUATRIÈME ORDONNANCE contient sept articles. Le premier fixe les vivres que l'on doit donner aux *Missi* lorsqu'ils font leur département.

Le second règle qu'ils le commenceront tous les ans après l'octave de Pâques, & que les Évêques tiendront leur synode après l'octave de la Pentecôte.

On trouve dans plusieurs autres Capitulaires dont j'ai précédemment rendu compte, la même disposition que celle des autres articles de cette dernière Ordonnance, ainsi que des articles des deux précédentes dont je n'ai point parlé.

19 MARS.

ANNÉE 830.

PRÆCEPTUM *Ludovici imperatoris pro monasterio* Sitdiu.

Donné à l'abbaye de S.ᵗ Bertin.

Mabillon dans sa Diplomatique, & après lui Aubert-le-Mire, & Dom Bouquet dans son Recueil des Historiens de France, ont imprimé cette pièce sans lui assigner de

Miræi Opera Diplom. t. II, pag. 930.
De re Diplom. à Mab. p. 612.
Rec. des Hist. de France, t. VI, page 568.

date, parce qu'avant eux le moine Folquin, d'après lequel Mabillon l'a publiée, l'a inférée dans son Cartulaire sans aucune note chronologique. Mabillon cependant ayant lû depuis les Annales de Metz, où l'on voit que l'Empereur vint à S.t Bertin au commencement du carême de cette année, a jugé que ce fut pendant le séjour que ce Prince fit dans ce Monastère, qu'il y donna ce Diplome. Cette conjecture paroît vrai-semblable & je l'adopte ; mais où ce Savant a-t-il vû que ce fut le XIV des kalendes d'avril que l'Empereur accorda cette Charte, comme il le dit dans ses *Annales Bénédictines*, n.° 40, pag. 529 ? je l'ignore tout-à-fait, & il a oublié de nous indiquer l'endroit.

L'Empereur étant donc parti d'Allemagne pour faire marcher une armée vers la Bretagne, passa par la Picardie & l'Artois, & s'arrêta, comme dit l'Annaliste de Metz, dans les principaux Monastères de ces deux provinces, pour y vaquer quelque temps à la prière ; tandis que ce Prince étoit dans celui de S.t Bertin, Fridugise chancelier de France & abbé de ce monastère, profita de cette circonstance pour obtenir ce Diplome en faveur de ses Moines. Il porte confirmation de tous ceux qui avoient été accordés à cette Abbaye, tant par Charlemagne que par les autres Rois ses prédécesseurs, & maintient spécialement l'Abbé & les Moines dans une exemption générale de tous droits & redevances envers le Fisc, & de toutes les charges publiques auxquelles plusieurs autres Monastères étoient assujétis. L'une de ces charges publiques est exprimée en ces termes dans la Charte, *foderum exigendum* ; c'est-à-dire, que le Monastère sera desormais exempt de contribuer pour l'étape & le fourrage des Troupes : en ce temps les armées les plus nombreuses ne coûtoient aucune solde au Roi, il ne leur donnoit non plus ni les munitions, ni les fourrages ; les Seigneurs ecclésiastiques & laïcs fournissoient chacun leur contingent d'hommes & de vivres ; le monastère de S.t Bertin sans doute ne devoit que l'étape & le fourrage, sans être obligé de lever des hommes.

Le diacre Durand expédia ce Diplome, faisant pour le chancelier Fridugise.

Année 830.

3 Avril.

Præceptum Ludovici imperatoris pro monasterio Centulensi.

Spicileg. d'Achevii, tom. II, p. 309.
Rec. des Hist. de France, par Dom Bouquet, t. VI, p. 562.
Ann. Eccl. Fr. Cointii, t. VIII, pag. 121.

Donné au Monastère de S.t Valleri.

Du monastère de S.t Bertin l'Empereur vint à celui de S.t Riquier, & il accorda à ce dernier un Diplome d'immunités comme au premier ; mais il ne fut expédié que dans le monastère de S.t Valleri, qui fut la première station que ce Prince fit après avoir quitté S.t Riquier.

L'Empereur dit dans sa Charte, que les biens de cette Maison étant uniquement destinés pour la vie & l'entretien des Moines, il les exempte par cette raison de toutes les charges publiques, & singulièrement des dons annuels & de l'obligation de fournir des hommes de milice, ce qui est exprimé par ces mots, *aut lidimonium, aut hostilicium*: mais comme on n'étoit assujéti à toutes ces charges que par proportion à ses richesses, & que chaque domaine ou terre étoit taxé suivant son produit, l'étendue de la seigneurie & le nombre des Vassaux, l'Empereur fait l'énumération des terres appartenantes à l'abbaye de S.t Riquier, & dit nommément que chacune jouira de toutes les immunités accordées à la totalité de la manse du Monastère : comme ces terres forment l'ancien domaine de cette Abbaye, il seroit important ou à l'Abbé ou aux Moines de faire des recherches pour savoir leur nom moderne & leur situation ; elles sont désignées dans la Charte sous des noms latins & un peu barbares ; *Cinini-curtem cum Bronoïlo, Adulfi-curtem, Valles, Drusciacum, Novam-villam, Attegiam, Sidrutem, Niviellam, Verculf, Concilium, Rocconis-montem, Maris.*

Il faut observer que les noms des personnes joints à ces expressions, *curtis, villa, mons*, désignent ceux des premiers propriétaires des villages & des seigneuries ; c'est-là véritablement l'étymologie de ces noms.

Le diacre Durand expédia ce Diplome, faisant pour le chancelier Fridugise.

10 Juin.

Præceptum Ludovici imperatoris pro monasterio S.ti Vincentii ad Vulturnum.

Rerum Italic. Script. a Muratorio, part. 2, p. 790.

L'Empereur confirme, par ce Diplome, tous les priviléges que les Rois Lombards & Charlemagne son père avoient accordés à l'Abbé & aux Moines de ce Monastère.

ANNÉE 830.

3 Août.

DIPLOMA *Ludovici imperatoris pro monasterio Herensi S.ti Philiberti.*

Rec. des Hist. de France, par Dom Bouquet, t. VI, p. 563.

Donné au Palais de Servais.

Les Moines de l'abbaye de Nermoutiers représentèrent à l'Empereur que les Normands, qui piratoient depuis long-temps sur les côtes de Bretagne & du bas Poitou, leur avoient causé beaucoup de dommages, & que pour se défendre à l'avenir de leurs insultes, ils le supplioient de leur permettre de faire bâtir un château avec des fortifications, leur dessein étant de se faire garder tant par leurs Vassaux que par leurs Serfs; mais comme ces Barbares faisoient des descentes dans le temps où on s'y attendoit le moins, il étoit d'une sage précaution que les Moines eussent une garde ordinaire & habituelle, ce qui feroit un service très-onéreux à leurs Vassaux; en cette considération, ils demandent encore à l'Empereur qu'il veuille bien affranchir leurs hommes de tous impôts & de tout service public: l'Empereur accorda par cette Charte tous ces priviléges, sous la condition néanmoins que les Moines payeroient au Fisc annuellement une redevance de six livres pesant d'argent.

La Charte est donnée au nom des deux Empereurs & signée de ces deux Princes; il y a par-là lieu de croire que les troubles occasionnés par la conjuration formée contre Louis le Débonnaire, & dont il avoit appris les premières nouvelles au monastère de S.t Bertin dans le mois de mars de cette année, étoient dissipés, & qu'il avoit rétabli Lothaire son fils dans la dignité d'Auguste, après lui avoir pardonné sa trahison.

Hirminmarus, diacre & notaire du Palais, expédia le Diplome, faisant pour le chancelier Fridugise.

13 Août.

DIPLOMA *Ludovici & Lotharii imperatorum pro monasterio Carrosensi.*

Ann. Eccl. Fr. Cointii, t. VIII, pag. 132.
Rec. des Hist. de France, par Dom Bouquet, t. VI, p. 566.

Donné à Samouci.

L'Empereur Louis dit dans ce Diplome, qu'il fait donation, à la prière de Lothaire Auguste son fils, de biens dépendans de son Fisc au monastère de Charroux en Poitou, dont Gombaud étoit alors Abbé: ces biens étoient trois villages avec les églises & toutes leurs dépendances; le premier étoit situé dans le Beauvoisis, & on le nommoit *Fraxinedus;* le second étoit dans le territoire de Reims, & on le nommoit *Dominicavilla;* le troisième étoit dans la Brie aux environs de Meaux, & il est appelé *Montihiaco:* cette donation est faite sans aucune charge ni sous aucune réserve, elle doit être par conséquent considérée comme en pure aumône.

Le diacre Durand expédia le Diplome, faisant pour le chancelier Fridugise.

6 Octobre.

DIPLOMA *Ludovici regis Bajoariorum pro Althaico inferiore monasterio.*

Ann. Eccl. Fr. Cointii, t. VIII, pag. 152.

Donné à Régensburg.

Le roi de Bavière accorda ce Diplome aux Moines de ce monastère, appelé *Nider-Altaich*, à la prière de Gosbald leur abbé; il confirme la donation que Charlemagne leur avoit faite de plusieurs domaines situés dans l'ancien pays des Avares. Après que Charlemagne eut enfin subjugué ces peuples, aussi féroces & peut-être aussi indociles qu'étoient les Saxons, il réunit à sa Couronne tout le pays qu'ils habitoient, & réduisit à la servitude les naturels qu'il y laissa, car il en transféra le plus grand nombre dans d'autres cantons de l'Allemagne; ce Prince, après la réunion de ce pays au Fisc, détacha quelques villages, dont les noms & les limites sont désignés dans cette Charte, & en fit don à cette Abbaye.

Adaleold diacre expédia ce Diplome, faisant pour le chancelier Gosbald. Le Roi lui donne le titre dans cet Acte de Grand-chapelain de son Palais; cela prouve que ces deux grands offices de la Couronne, la Grande-aumônerie & la Chancellerie se trouvoient, comme du temps de Charlemagne, encore réunis dans la même personne.

DES DIPLOMES. 399.

11 NOVEMBRE.

ANNÉE 830.

DIPLOMA *Ludovici & Lotharii imperatorum pro Forojulienſi parthenone S.^{tæ} Mariæ.*

Donné à Nimègue.

<small>Annal. Bened. t. II, p. 737. Rec. des Hiſt. de France, par Dom Bouquet, t. VI, p. 567.</small>

Maxence, Patriarche d'Aquilée dans le Frioul, obtint des empereurs Louis & Lothaire, par ce Diplome, la réunion du Monaſtère de Filles ſous l'invocation de ſainte Marie, à ſon égliſe Cathédrale; ce Monaſtère étoit ſitué près les murs d'Aquilée dans un lieu appelé *Vallis.*

Le diacre Durand expédia ce Diplome, faiſant pour le chancelier Fridugiſe.

19 NOVEMBRE. **DIPLOMA** *Ludovici imperatoris pro monaſterio Sancti Zenonis, in diœceſi Veronenſi.*

Donné à Aix-la-Chapelle.

<small>Annal. Eccl. Franc. Cointii, t. VIII, p. 168.</small>

Le Cointe prétend que ce Monaſtère avoit été détruit par un incendie vers l'an 815, ce qui détermine ce Savant à croire qu'il faudroit placer ce Diplome au plus tard ſous l'année 814: mais en admettant cet incendie arrivé en 815, n'eſt-il pas très-poſſible que l'on ait rebâti ce Monaſtère après cet évènement; l'eſpace de quinze années qui ſe trouve entre l'incendie ſuppoſé en 815 & la date de cette Charte, forme un temps bien ſuffiſant pour ſe rétabliſſement. Il paroît au contraire, par les termes de la Charte, que l'incendie dont parle le Cointe, n'arriva pas en 815; il régnoit en Italie un Prince du nom de Pépin, lorſque ce Monaſtère éprouva ce fâcheux accident: or ce Pépin ne peut être que Pépin fils de Charlemagne, dont tous les Hiſtoriens fixent la mort à l'année 810; ainſi ce fut vers cette année 810, & non pas 815, que le Monaſtère fut incendié.

Quoi qu'il en ſoit, Rotalde évêque de Vérone fut engagé par Auſterbet Abbé de cette Abbaye, de ſolliciter auprès de l'Empereur ce Diplome, par lequel ce Prince confirme toutes les donations faites à cette Maiſon par Pépin le Bref ſon aïeul. Ces donations conſiſtoient principalement dans une Celle nommée *Monaſteriolum Mauratica,* ſituée dans le comté de Vérone, avec toutes ſes dépendances, qui avoit appartenue en propre au roi Pépin; l'Empereur fit, par cette même Charte, une donation nouvelle à cette Abbaye d'un village appelé *Oſtilia,* ſitué également dans le comté de Vérone, avec deux égliſes dans le même canton, dont l'une étoit ſous l'invocation de ſaint Laurent, & l'autre ſous celle des ſaints martyrs Firmin & Ruſtique, avec les dixmes, les terres, les jardins & autres dépendances, & beaucoup d'autres biens en fonds de terre, ſitués dans le pays de Trente, dans le Mantuan, dans le Plaiſantin, dans le Parmeſan & dans d'autres cantons de l'Italie; toutes ces donations faites néanmoins ſous la condition que l'Abbé & les Moines de cette Abbaye payeront à l'évêque de Vérone une redevance annuelle, au jour de la fête de ſaint Zénon, cinquante ſols d'argent: il eſt en outre ſtipulé que l'Évêque abandonnera aux Moines la liberté d'élire leur Abbé, & qu'il n'exercera ſur le Monaſtère aucune ſorte de juriſdiction.

Cette ſomme de cinquante ſols eſt ainſi exprimée dans la Charte, *viginti mancuſos,* & enſuite ces *viginti mancuſos* ſont évalués en ces termes, *viginti aut quinquaginta ſolidos argenti;* cette disjonctive *aut* ne peut s'interpréter ici pour la prépoſition *cum,* c'eſt comme s'il y avoit *id eſt :* le *mancuſus* ou *manculus* étoit une monnoie d'or ou d'argent, un *manculus* d'argent valoit deux ſols & demi d'argent: manculus vient du mot *manca* ou *marca.*

20 NOVEMBRE. **CHARTA** *donationis ab Alberico Lingonenſi epiſcopo, in gratiam monaſterii Beſuenſis.*

Fait à Langres.

<small>Ann. Eccl. Fr. Cointii, t. VIII, pag. 163. Spicileg. d'Acherii, tom. II, p. 406, col. 1. Concil. Galliæ a de la Lande, pag. 139.</small>

Il ſe tenoit un Concile provincial à Langres, Agobard archevêque de Lyon y préſidoit, Bernard archevêque de Vienne y aſſiſta, avec le plus grand nombre des Évêques de ces deux Métropoles; Albéric évêque de Langres ſaiſit cette occaſion pour rendre plus authentique la Charte qu'il avoit précédemment formé le deſſein de donner en faveur de l'abbaye de Bèze-fontaine. Ce Monaſtère avoit été preſque entièrement détruit par les guerres des temps paſſés, & depuis plus d'un ſiècle il n'en exiſtoit plus que des ruines. Albéric, Prélat rempli de zèle, en rétablit les bâtimens, *avec l'agrémen*t *de l'Empereur*, & y rassembla un grand nombre de Moines; mais les mêmes malheurs qui avoient fait périr le Monastère, avoient également occasionné la perte des biens dont il avoit été anciennement doté; en sorte que ce n'auroit été faire que la moitié d'une bonne œuvre de réédifier les bâtimens & d'y placer des Moines, il falloit leur donner de quoi vivre; Albéric consomma l'œuvre en restituant à cette Maison les biens que les évêques de Langres ses prédécesseurs lui avoient usurpés, & en lui faisant donation de plusieurs fonds de terre qu'il avoit achetés de ses deniers. Les seigneuries que ce Prélat détacha du domaine de son Siège, pour les restituer à ce Monastère, sont ainsi désignées dans cette Charte, *Pauliacum* (Pouliac;) *Bellenavumvicum*; avec l'église dont saint Étienne étoit patron; l'église de S.*t* Seine (*Sancti Sequani*); l'église du village appelé *Mormiaco*; l'église de Vérones, qui étoit sous l'invocation de saint Maurice (*in valle Veronâ*); l'église du village appelé *Villa-Beria*, dont le patron étoit saint Laurent; il restitua enfin les vignes situées dans le territoire de Dijon, que le duc Amalguaire, fondateur de ce Monastère, lui avoit autrefois léguées; il ajoûta de plus d'autres vignes, situées dans un village nommé *Fiscinis*, & d'autres dans les villages de Fixei en Bourgogne (*Fisciaco*) & de Marsenai-la-côte, ou Marsenai-les-bois aussi en Bourgogne (*in villâ Marcennaco*). Albéric fit cependant toutes ces donations sous la condition que Séraphim alors abbé de Bèze-fontaine & ses successeurs, avec les Moines, vivroient éternellement sous la jurisdiction des évêques de Langres.

Les Prélats du Concile, les Corévêques, deux Abbés, sept Prêtres, quatre Diacres & plusieurs Laïcs de distinction signèrent cette Charte, & Albéric en obtint la confirmation de l'Empereur.

Sans autre date.

Année 830.

Præceptum Ludovici imperatoris, quo confirmat donationes factas monasterio Besuensi ab Alberico, episcopo Lingonensi.

Spicileg. d'Acherii, tom. II, p. 405, col. 1. Concil. Gall. a de la Lande, pag. 139. Rec. des Hist. de France, par Dom Bouquet, t. VI, page 565. Ann. Eccl. Fr. Cointii, t. VIII, p. 162.

Albéric, évêque de Langres, présenta à l'empereur Louis la Charte par laquelle il avoit fait depuis peu des donations au monastère de Bèze-fontaine, & supplia ce Prince de la confirmer par un Diplome; l'Empereur non-seulement ratifia les donations, mais encore toutes les autres dispositions de la Charte d'Albéric.

J'observe que l'on trouve dans le Diplome des biens & des églises donnés par Albéric, qui ne sont pas énoncés dans la Charte, ce sont des omissions sans doute que l'on doit attribuer à quelque copiste.

Præceptum Ludovici imperatoris pro abbatiâ Novaliacensi ou Nobiliacensi.

Ann. Eccl. Fr. Cointii, t. VIII, pag. 159.

Aton, qui n'avoit encore que l'ordre de Diacre, étoit néanmoins Abbé de ce Monastère, que l'on appelle Noaillé; il est situé dans le Poitou sur la petite rivière de Miozon, nommée en latin *Miltio fluviolus*; Aton jouissoit d'une grande considération à la Cour de l'Empereur, il obtint de ce Prince ce Diplome, par lequel il confirme toutes les donations que Charlemagne & les évêques de Poitiers avoient faites autrefois à cette Abbaye.

Aton fut dans la suite Archevêque de Sens, & il conserva néanmoins l'abbaye de Noaillé.

Præceptum Ludovici imperatoris pro monasterio Carrofensi.

Rec. des Hist. de France, par Dom Bouquet, t. VI, p. 567.

L'Empereur accorda peut-être ce second Diplome à Gombaud, abbé de Charroux, en même temps que celui que j'ai placé au 13 août de cette année; & si D. Bouquet l'a trouvé dans le Cartulaire de cette Abbaye, sans aucune note chronologique, c'est que le copiste aura omis de transcrire celles qui étoient probablement au bas de la pièce. Je présume encore que le même copiste aura fait une méprise, au lieu d'écrire *Carentonam fluvium*, il a mis *Ligerim*; car il est bien plus naturel de penser que ce Monastère étant situé sur la Charente, les Moines faisoient venir par bateaux les denrées qu'ils achetoient pour leur consommation, sur cette rivière qui est navigable,

plutôt

plutôt que par la Loire, dont ils sont très-éloignés; ainsi c'est à la Charente que je crois qu'il faut appliquer le privilége que l'Empereur accorda par ce Diplome aux Moines de Charroux, de faire naviger sur cette rivière & sur la mer trois bateaux sans payer aucuns droits de douane ni de pontage, ni autres dans tous les ports & les villes où ils iroient acheter ou vendre des denrées.

Année 831.

7 Janvier.

Diploma Ludovici imperatoris pro Marcoardo Prumiensi abbate.

Donné à Aix-la-Chapelle.

Rec. des Hist. de France, par Dom Bouquet, t. VI, p. 569. Apud Martenium, t. I, ampl. Collect. p. 85.

L'Empereur confirme par ce Diplome un échange que Marcoard, abbé de Pruim, avoit fait avec un particulier nommé Lindolde, conjointement avec sa femme Jermbirga, dont il avoit été dressé un Acte par-devant les Juges des lieux (*Bonorum-hominum*); les noms des villages où étoient situés les biens des deux parties, sont désignés dans ce Diplome; ils peuvent encore être connus aujourd'hui par les Allemands.

Le diacre Durand expédia ce Diplome, faisant pour le chancelier Fridugise.

18 Janvier.

Diploma Ludovici imperatoris pro Barisiaco cellâ.

Donné à Aix-la-Chapelle.

Ann. Eccl. Fr. Cointii, t. VIII, pag. 172. Acta SS. Ord. Bened. sec. IV, parte I, p. 67. Rec. des Hist. de France, par Dom Bouquet, t. VI, p. 569.

Le prieuré de Barisi, situé dans le diocèse de Laon, étoit alors dans la main d'un Laïc; probablement il en jouissoit à titre de bénéfice & il le tenoit du Roi; ce particulier nommé Léo, découvrit que du temps de Pépin le Bref, un Intendant des domaines du Roi avoit usurpé un bois sur ce Prieuré, & l'avoit uni à la forêt du Roi dans le voisinage de laquelle il se trouvoit situé; ce bois s'appeloit le Bois de la Colombière. Léo connoissant la piété & la justice de l'Empereur, lui présenta avec confiance une requête par laquelle il réclamoit le bois, & exposoit la manière & l'époque de l'usurpation qui en avoit été faite: l'Empereur chargea un de ses Vassaux nommé Hagan, dont il connoissoit la probité, de vérifier les faits contenus dans la requête de Léo; ils se trouvèrent sans-doute dans l'exactitude, car ce Prince, sur le rapport du Commissaire, fit expédier ce Diplome, par lequel il restitue au prieuré de Barisi le bois de la Colombière, & reconnoît qu'il avoit été usurpé & distrait par injustice du domaine de ce bénéfice; il fait en même temps défense à tous Commis & Préposés pour la régie du Fisc, de troubler les détempteurs du Prieuré dans la jouissance du bois.

Le diacre Durand expédia le Diplome, faisant pour le chancelier Fridugise.

31 Janvier.

Diploma Ludovici imperatoris, quo donat villas monasterii Rotnacensis Isernam & Thorensesam, Hildefrido viro nobili.

Miræi Opera Diplom. tom. I, p. 247. Rec. des Hist. de France, par Dom Bouquet, t. VI, p. 569.

Cette Charte semble porter plutôt une confirmation qu'une donation; on y lit que Luitfred père de Hildefrid avoit tenu en bénéfice durant sa vie, les biens que l'Empereur permet à Hildefrid de posséder au même titre; & comme ces biens dépendoient d'un Monastère, il y a lieu de croire que l'Abbé en avoit renouvelé le bail à vie à Hildefrid après la mort de son père, & que Judith s'intéressant pour ce particulier, qui étoit un de ses Vassaux, obtint de l'Empereur son mari cette Charte, qui confirme tous les arrangemens convenus entre l'Abbé & Hildefrid.

Le Monastère duquel dépendoient ces biens, dont la cense d'Isérie, proche la ville d'Ath dans les Pays-bas, faisoit partie, est présentement une Collégiale de Chanoines; il fut fondé par saint Amand évêque de Tongres; dans la suite il s'y forma un village, c'est présentement une ville considérable, qui a pris son nom de Roncen en flamand & Renai en françois, de celui de l'ancien Monastère appelé *Rodenacum* ou *Rotnacum*: cette Ville est enclavée dans le comté de Flandres & du diocèse de Malines.

Méginaire, notaire du Palais, expédia ce Diplome, faisant pour Théoton. Quelques Auteurs pensent que ce Théoton n'est pas le même que celui qui étoit abbé de Marmoutiers.

Théoton n'étoit sans doute que Vice-chancelier, car Fridugise exerça jusqu'à sa mort l'office de chancelier.

Tome I.   E e e

Année 831.

1.ᵉʳ Février.

Placitum Ludovici imperatoris de seditionibus Compendiensi & Niumagensi.

Donné à Aix-la-Chapelle.

Ann. Eccl. Fr. Cointii, t. VIII, pag. 172.

« L'imbécillité du sexe, dit Mézerai, ne permettant pas aux femmes de gouverner elles-mêmes, il faut qu'elles se confient à quelqu'un qu'elles croient habile ». C'est ainsi que cet Historien, qui ne connoissoit ni la reine d'Angleterre, ni la reine de Suède, ni beaucoup d'autres femmes aussi propres à gouverner que ces Princes, dont l'histoire propose l'exemple à la postérité, parloit de Judith, femme de l'Empereur Louis, & de Bernard ; ce ne fut point d'ailleurs l'envie de s'emparer du gouvernement qui porta cette Princesse à appeler à la Cour le comte de Barcelonne, & à engager l'Empereur de le faire son premier Ministre ; ce fut pour l'aider à former un parti qui pût faire tête à celui de Lothaire, de Pépin & de Louis ses beaux-fils. Ces trois Princes, mécontens du nouveau partage que l'Empereur leur père avoit fait de ses États, par lequel il avoit formé un Royaume au petit Charles, qu'il avoit eu de son second mariage avec Judith, vouloient ou de gré ou de force le faire rompre. Ce fut-là le véritable sujet du mécontentement des trois Princes, ce qui causa tant de desordres dans l'État, ce qui porta ces enfans dénaturés à vouloir détrôner leur père, se proposant ensuite, ou de faire mourir leur jeune frère, ou de l'enfermer dans un Monastère. Je ne ferois que répéter ce que nous trouvons écrit dans les Historiens connus, si je retraçois tout ce qui arriva aux assemblées de Compiegne & de Nimègue, qui furent tenues l'année précédente ; il me suffit de rappeler que Bernard s'étoit enfui en Espagne ; que Judith avoit été forcée de prendre le voile de Religieuse dans le monastère de S.ᵗᵉ Radegonde de Poitiers (lequel est occupé présentement par des Chanoines) ; que le moine Gombaud eut l'adresse de diviser les trois frères ; que par ce moyen leur parti fut dissipé par celui de Judith ; qu'ils se reconcilièrent ensuite avec leur père ; que Lothaire, l'aîné & celui qui avoit eu la plus grande part à la rébellion, en fut puni, l'Empereur le déclarant déchû de son association à l'empire ; que ce Prince, avec le seul titre de Roi, retourna en Italie, Pépin dans l'Aquitaine & Louis en Bavière ; & qu'enfin l'Empereur toûjours épris de la beauté de Judith & ne pouvant vivre sans elle, la fit revenir à la Cour. Mais il auroit été contre les Canons & contre les loix de l'État que cette Princesse rentrât dans la jouissance des droits d'épouse, sans avoir été déclarée innocente des crimes qui l'en avoient fait déchoir. Ce fut donc pour satisfaire à ce que les Canons & les Loix exigeoient en pareil cas, que l'Empereur convoqua à Aix-la-Chapelle une assemblée, composée d'Évêques & des Grands de la Nation : l'ouverture de cette assemblée se fit le 1.ᵉʳ de février ; les Évêques dans la première séance se firent donner toutes les preuves de la violence que les fils de l'Empereur avoient faite à Judith pour prendre le voile dans le monastère de S.ᵗᵉ Radegonde : ils déclarèrent en conséquence qu'elle n'étoit en aucune sorte tenue de garder le célibat. Judith se présenta à l'assemblée dans la seconde séance, demandant à haute voix, que s'il y avoit quelqu'un qui eût des preuves du crime d'adultère, dont elle avoit été accusée, il pouvoit les lui objecter ; & comme tout le monde garda un profond silence, Judith fut reçue à se purger par serment ; *conjugis honore non est dignatus, donec se legali præscripto modo, ab objectis purgaret.* C'est ainsi que l'Annaliste de Metz, d'après l'Auteur de la vie de Louis le Débonnaire, s'énonce sur la conduite que ce Prince tint pour n'être pas soupçonné d'un amour trop aveugle pour Judith sa femme. On trouve encore dans ces mêmes Auteurs le nom de ceux qui avoient eu part à la conjuration avec le détail des peines auxquelles ils furent condamnés.

14 Février.

Charta Angilberti Mediolanensis archiepiscopi pro Ambrosiano monasterio.

Ann. Eccl. Fr. Cointii, t. VIII, p. 179.

Le Cointe a publié cette Charte d'après Ughelli, qui l'a imprimée dans son Catalogue des Archevêques de Milan. *(Tom. IV. Ital. sacr.)*

Angilbert, archevêque de cette Métropole, confirme par cette Charte le Monastère de S.ᵗ Ambroise, situé dans cette Ville, dans la jouissance des biens que ses prédécesseurs & lui-même lui avoient légués, & accorde aux Moines d'élire leur Abbé après la mort de Gaudentius qui l'étoit alors, se réservant néanmoins pour lui & pour ses successeurs, le pouvoir d'exercer, tant sur l'Abbé que sur les Moines, tous les droits de la jurisdiction épiscopale.

ANNÉE 831.

25 FÉVRIER.

DIPLOMA Pippini regis Aquitaniæ pro monasterio Cormaricensi.

Donné à Aix-la-Chapelle.

Capit. Reg. Fr. a Baluzio, t. II, col. 1431.
Ann. Eccl. Fr. Cointii, t. VIII, p. 178.
Rec. des Hist. de France, par Dom Bouquet, t. VI, p. 670.

Baluze a attribué ce Diplome au monastère de St Martin de Tours, parce qu'alors celui de Cormeri étoit totalement sous sa dépendance, & peut-être l'Abbé étoit-il tenu de rendre compte des revenus à l'abbé de St Martin.

Pépin dit, dans le préambule de son Diplome, que c'est à la prière de Fridugise, chancelier de l'Empereur & abbé de St Martin de Tours, qu'il accorde au monastère de Cormeri d'avoir deux bateaux sur les rivières de Loire, de Vienne & de Charente, avec exemption de droits de douane, de péage & autres, pour faire conduire toutes les provisions nécessaires à la vie des Moines.

Le diacre Saxbodus expédia ce Diplome, faisant pour Ébroin, chancelier.

3 MARS.

DIPLOMA Ludovici imperatoris pro monasterio S.^{ti} Andreæ Viennensis.

Donné à Aix-la-Chapelle.

Ann. Eccl. Fr. Cointii, t. VIII, pag. 177.
Cap. Reg. Fr. a Baluzio, t. II, col. 1432.
Rec. des Hist. de France, par Dom Bouquet, t. VI, p. 579.

Ce Diplome n'est pas placé ici à sa date, à moins que quelque Copiste ne se soit trompé dans la souscription du nom du Chancelier qui le fit expédier; mal-à-propos peut-être a-t-il écrit Élisachar, car Fridugise l'avoit remplacé dès la fin de l'année 819: ainsi supposé que toutes les dates de la pièce soient exactes, c'est le nom de Fridugise qu'il faut substituer à la place de celui d'Élisachar; si au contraire c'est effectivement Élisachar qui ait fait expédier le Diplome, tandis qu'il remplissoit l'office de Chancelier, c'est une preuve que les dates qu'on lit à la fin de la pièce y ont été mal-à-propos ajoûtées, puisqu'elles sont fausses; mais je ne fais pas précisément celles qu'il faudroit leur substituer: Bernard étoit dès-lors sur le siége de Vienne, comme on le voit par le Diplome, mais qui fait l'époque juste du commencement du pontificat de ce Prélat! quelques Auteurs peu exacts dans la chronologie, comme le Lièvre, disent qu'il succéda à Volsère, au commencement du règne de Louis le Débonnaire; ainsi cette Charte auroit été donnée vers les années 814 ou 820, qui sont les deux époques du commencement du règne de Louis le Débonnaire, & de la retraite du chancelier Élisachar.

Ce Diplome porte que l'archevêque Bernard présenta à l'Empereur des Chartes, par lesquelles il paroissoit qu'un particulier, nommé Ansemond, avoit fondé, de concert avec Ansleubane son épouse & Rémilie leur fille, le monastère de St André, & qu'ils l'avoient donné à l'église de St Maurice, qui est la Cathédrale de Vienne; que ces Fondateurs avoient obtenu des rois Thierri & Gontran des Diplomes de confirmation de la fondation & dotation du Monastère, & de la donation qu'ils en avoient faite à cette Cathédrale; que depuis des gens ambitieux & pleins d'injustice avoient usurpé ce Monastère. L'Empereur ayant vû tous ces faits bien constatés par des actes authentiques, ordonne que la restitution du Monastère sera faite à l'archevêque Bernard, pour que ce Prélat & ses successeurs en jouissent en toute propriété, affranchissant en outre tous les biens qui en dépendoient de tous droits & redevances envers le Fisc, & les Serfs & les Vassaux de la justice royale dans le ressort de laquelle ils se trouveroient domiciliés.

3 MARS.

DIPLOMA Ludovici imperatoris pro ecclesiâ cathedrali S.^{ti} Mauritii Viennensis.

Donné à Aix-la-Chapelle.

Ann. Eccl. Fr. Cointii, t. VIII, pag. 178.
Cap. Reg. Fr. a Baluzio, t. II, col. 1432.
Rec. des Hist. de France, par Dom Bouquet, t. VI, p. 570.

Il paroît par ce Diplome, que le village nommé en latin *Epao* étoit de l'ancien domaine de l'église de Vienne en Dauphiné, & qu'Abbon, comte de cette Ville, avoit tenu en bénéfice ce village & les églises qui y étoient situées. On présume que l'Acte par lequel ces biens avoient été donnés en bénéfice à ce Comte, avoit été ratifié & autorisé, suivant l'usage d'alors, par un Diplome du Roi, car l'Empereur dit dans celui-ci qu'Abbon avoit tenu *de sa munificence royale* ce bénéfice; ces mots étoient purement de style; mais Bernard, archevêque de cette Métropole, voulant assurer à son église la propriété de ce village par un nouveau titre, obtint de l'Empereur ce

Tome I.   E e e ij

NOTICE

Diplome, par lequel le Prince déclare que le comte Abbon n'avoit joui du village pendant fa vie qu'à titre de bénéfice, ainfi que des églifes de S.t André & de S.t Romain qui en dépendoient, déclarant en conféquence que l'Archevêque étoit rentré de droit, après la mort du comte Abbon, dans la jouiffance de ces biens, & que lui & fes fuccesseurs pouvoient en difpofer comme de chofes qui leur appartenoient.

Il y a quelques autres difpofitions dans cette Charte, mais les lacunes avec lefquelles les Auteurs l'ont publiée, m'empêchent de pouvoir en rendre compte.

Le diacre Durand expédia ce Diplome, faifant pour le chancelier Fridugife.

ANNÉE 831.

10 MARS.

DIPLOMA Ludovici imperatoris pro monafterio Cormaricenfi.

Donné à Aix-la-Chapelle.

Annal. Bened. t. II, p. 545. Rec. des Hift. de France, par Dom Bouquet, t. VI, p. 571.

Il eft dit dans ce Diplome, que Fridugife, Chancelier & abbé de S.t Martin de Tours, comme fondateur du monaftère de Cormeri, y avoit rétabli la régularité & avoit fait rebâtir l'églife, & qu'à ces bonnes œuvres il ajoûta la donation d'un village nommé Brunois (*Brunomium, qui tunc vocabatur Mardoni*), fitué dans la Touraine, qu'il détacha du domaine de fon abbaye de S.t Martin; Jacob, alors abbé de Cormeri, reçut cette donation, & follicita conjointement avec le chancelier Fridugife ce Diplome, par lequel l'Empereur confirme la donation du village & déclare qu'il demeurera à toûjours & en toute propriété à l'Abbé & aux Moines de Cormeri.

1.er AVRIL.

DIPLOMA Ludovici imperatoris pro monafterio S.ti Vincentii propè Vulturnum.

Donné à Aix-la-Chapelle.

Ann. Eccl. Fr. Cointii, t. VIII, p. 189. Hift. Franc. Script. a Chefn. t. III, p. 686. Rec. des Hift. de France, par Dom Bouquet, t. VI, p. 572.

Ce Monaftère, fitué dans l'évêché de Venafro en Italie, fut fondé par le duc Loup fous le règne de Didier, l'un des rois Lombards; Epiphanius qui en étoit abbé fous celui de l'empereur Louis le Débonnaire, obtint de lui ce Diplome, par lequel il ratifie toutes les donations qui avoient été faites à cette Abbaye.

20 MAI.

DIPLOMA Ludovici imperatoris pro ecclefiâ cathedrali Tungrenfi.

Donné au palais d'Herftal.

Rec. des Hift. de France, par Dom Bouquet, t. VI, p. 572.

Dom Bouquet n'a donné que l'intitulé & les dates de ce Diplome, & renvoie au Livre des geftes des évêques de Tongres, où il fe trouve tout au long.

J'obferve que le fiége de l'évêché de Tongres, qui a été dans la fuite transféré à Liége, ne l'étoit pas encore du temps de Wolcade, à la confidération duquel Louis le Débonnaire accorda ce Diplome en faveur de fa cathédrale, & que ce Wolcade, évêque de Liége ou Tongres, eft le même que celui qui affifta en cette qualité à la diette que l'Empereur tint à Aix-la-Chapelle en 816, dans laquelle ce Prince fit dreffer de nouvelles conftitutions ou ftatuts pour les Chanoines & Chanoineffes.

Le notaire Hirminmarus expédia ce Diplome, faifant pour le chancelier Fridugife.

6 JUIN.

DIPLOMA Ludovici imperatoris pro ecclefiâ Argentoratenfi.

Donné à Ingelheim.

Gallia Chrift. novæ edit. t. V, inftr. col. 462. Rec. des Hift. de France, par Dom Bouquet, t. VI, p. 572.

L'Empereur accorde, par ce Diplome, à Bernald, évêque de Strafbourg, & aux Chanoines de cette Cathédrale, une exemption générale de tous droits de douane & de voieries pour toutes les provifions de bouche & autres qu'ils jugeront à propos de faire venir, tant par mer que par terre & fur les rivières de l'intérieur de fon royaume; l'Empereur excepte cependant de cette franchife les lieux de Duerftède, l'Éclufe & S.t Joffe fur mer, où il y avoit des bureaux de douane.

Hirminmarus, notaire du Palais, expédia ce Diplome, faifant pour le chancelier Fridugife.

ANNÉE 831.

9 JUIN.

DIPLOMA Ludovici imperatoris pro monasterio Fabariensi.

Annal. Bened. tom. II, p. 546.

Donné à Ingelheim.

Ce Monastère est appelé *Pfefers*, & est situé dans le canton de Coire en Suisse : Jean qui en étoit abbé sous le règne de Louis le Débonnaire, se plaignit à ce Prince des vexations qu'il éprouvoit depuis long-temps de la part du comte Roderic ; ce Prince envoya des Commissaires sur les lieux pour vérifier les faits, & donna en conséquence ce Diplome, pour réprimer le comte Roderic & l'obliger à restituer les biens & les droits qu'il avoit usurpés sur cette Abbaye. Mabillon ne rapporte qu'un extrait de ce Diplome, qu'il dit être tout au long dans un livre intitulé : *De antiquitatibus monasterii Fabariensis in Rucantiâ*.

Hirminmarus, notaire du Palais, expédia ce Diplome, faisant pour le chancelier Fridugise.

JUIN, sans quantième.

INSTRUMENTUM de primordiis & fundatione monasterii Rothonensis.

Ann. Eccl. Fr. Cointii, t. VIII, p. 296.

Ce Monastère, bâti sur la Vilaine, à l'endroit où se perdent dans cette rivière deux gros ruisseaux, dont l'un s'appelle l'Aoust & l'autre en latin *Adnis*, est situé en Bretagne dans le diocèse de Vannes ; le lieu où il fut fondé lui a donné son nom & l'on a continué à l'appeler Redon. Un saint Prêtre, archidiacre de Vannes, nommé Convoyon, fit cet établissement vers l'an 822, & s'y retira avec cinq autres pieux Ecclésiastiques, dans le dessein de mener une vie plus évangélique, sous la règle de saint Benoît, qu'ils y établirent pour eux & pour ceux qui leur succéderoient : Ralville, comte de Vannes, contribua en 831 à cette œuvre de piété, en assignant par cette Charte des fonds pour la subsistance de ces nouveaux Solitaires ; nous verrons dans la suite cette Charte confirmée par un Diplome de Louis le Débonnaire.

18 AOÛT.

PRÆCEPTUM Ludovici Bajoariæ regis pro monasterio S.ti Emmerani.

Ann. Eccl. Fr. Cointii, t. VIII, p. 183.

Il s'agit ici du monastère de S.t Emmeran, fondé vers l'an 764 par Théodon duc de Bavière, & situé sur les bords du Danube, près la ville de Ratisbonne.

Baturic avoit fait un legs de biens considérables en fonds de terres à ce Monastère, & s'en étoit réservé la jouissance sa vie durant ; à cette première disposition il en avoit ajouté une autre, qui étoit qu'après sa mort l'usufruit de ces mêmes biens passeroit à son ami Erchamfred, diacre & chapelain du roi de Bavière, en sorte que l'abbaye de S.t Emmeran ne devoit jouir du legs qu'après la mort & de Baturic & d'Erchamfred ; ce dernier obtint du Roi, par ce Diplome, la confirmation de la donation & de toutes les conditions sous lesquelles l'évêque de Ratisbonne l'avoit faite.

Adalaldod, diacre & notaire du Palais, expédia ce Diplome pour le chancelier Gosbald.

4 NOVEMBRE.

DIPLOMA Ludovici imperatoris pro monasterio S.ti Martini Turonensis.

Ann. Eccl. Fr. Cointii, t. VIII, pag. 183. Annal. Bened. t. II, p. 451. Rec. des Hist. de France, par Dom Bouquet, t. VI, p. 573.

Donné à Thionville.

L'Empereur tint cette année trois assemblées ou diettes, la première à Aix-la-Chapelle, dans laquelle j'ai remarqué que Judith fut relevée des vœux qu'elle avoit faits dans le monastère de S.te Radegonde de Poitiers, & déclarée innocente des crimes qu'on lui avoit imputés ; la seconde à Ingelheim, dans laquelle l'Empereur fit grace à beaucoup de Seigneurs, lesquels ayant été accusés d'avoir part à la conjuration, avoient été exilés ; & la troisième à Thionville, où Bernard, après avoir été rappelé des marches d'Espagne où il s'étoit enfui, se justifia, suivant la loi des Francs, des crimes dont il avoit été accusé ; l'usage d'alors étoit de se battre contre l'accusateur ; Bernard d'un air imposant & assuré, se présenta au milieu de l'assemblée, & dit à haute voix qu'il étoit prêt à se battre contre celui qui l'accuseroit ; tout le monde garda le silence, Bernard jura qu'il étoit innocent, & il fut cru.

Ce fut dans cette dernière assemblée que l'Empereur accorda ce fameux Diplome aux Chanoines de S.' Martin de Tours, à la prière de l'impératrice Judith. Cette Princesse avoit lieu d'être satisfaite des services que le chancelier Fridugise, alors abbé de ce Monastère, lui avoit rendus pendant les troubles de l'année précédente, & mécontente sans doute de l'archevêque de Tours, elle porta l'Empereur à affranchir de la juridiction épiscopale l'abbaye de S.' Martin; l'Empereur permet, par ce même Diplome, aux Chanoines de se gouverner & pour le spirituel & pour le temporel, suivant leurs statuts & constitutions particulières, & leur accorde le droit d'élire deformais leur Abbé, en leur enjoignant de faire choix d'une personne aussi distinguée par ses mœurs, par sa science & par sa probité, que par la noblesse de sa naissance; dans le cas cependant où le Chapitre ne trouveroit pas dans son corps un sujet qui réunît toutes ces qualités, l'Empereur se réserve pour lui & pour ses successeurs le droit de le nommer.

Hirminmarus, notaire du Palais, expédia ce Diplome, faisant pour le chancelier Fridugise.

Comme il paroît certain que les moines de S.' Martin avoient quitté l'habit & le genre de vie des Moines, pour adopter ceux des Chanoines dès l'an 818, comme le remarque Mabillon *(Annal. Bened. tom. II, p. 450, n.° 87)*, j'ai interprété le mot *Fratres*, sous lequel ils sont désignés dans ce Diplome, par celui de Chanoines. Par rapport au *Monasterium*, on a continué encore à s'en servir pendant plusieurs siècles pour désigner l'Abbaye & ce que nous appelons aujourd'hui le Chapitre.

Sans autre date.

Année 831.

Instrumentum recensionis omnium Centulensis monasterii possessionum.

Spicileg. d'A-cherii, tom. II, p. 310.
Annal. Bened. t. II, p. 539.

Tandis que l'ancien chancelier Élisachar, abbé de S.' Riquier, étoit encore en exil, je ne sais en quel lieu ni pour quelle cause, l'Empereur rendit une Ordonnance pour obliger les Moines de cette Abbaye à lui donner une déclaration exacte de tous leurs biens tant meubles qu'immeubles; je n'ai point vû cette Ordonnance, mais il en est fait mention dans la déclaration ou le recensement que les Moines fournirent.

Cet Acte est intéressant & curieux: les Moines commencent par fournir un état des ornemens d'église & des vases sacrés, qui étoient en grande quantité & dont la plus grande partie étoit d'or enrichie de pierreries: ils passent ensuite à l'inventaire de leur Bibliothèque, très-bien composée & fort nombreuse pour le temps; on y comptoit deux cents cinquante-six volumes; « ce sont dans nos livres, dit le Moine rédacteur de la déclaration, que nous trouvons les véritables richesses du cloître; c'est dans la lecture & dans le travail que le cœur & l'esprit puisent une nourriture solide »; sur la porte de la Bibliothèque on avoit écrit cette sentence: *Ama scientiam, & vitia non amabis*: cette maxime est pour tous les temps.

Pour les fonds de terre, ils produisirent le registre ou livre de recette, & y joignirent un dénombrement des métairies & autres biens-fonds dont ils étoient propriétaires; ils les rangent en deux classes, ceux dont ils jouissoient, & ceux qu'ils avoient donnés en bénéfice; il seroit à desirer de savoir les noms que les uns & les autres portent présentement: *Buniacus, Vallis, Drusiacus, Nova-villa, Gaspanna, Guibrentium, Bagordas, Curticella, Crux, Civinocurtis, Haidulfi-curtis, Maris, Nialla, Langradus, Alteia, Rochonis-mons, Sidrunis, Concilio, Buxudis, Ingoaldi-curtis*; partie de ceux de cette première classe étoient tenus en bénéfice, soit par des particuliers, dont les redevances étoient portées dans le livre général de la recette, soit par des gens de guerre, à qui le revenu tenoit lieu d'appointemens pour garder le monastère & veiller à la conservation des autres biens: les Moines jouissoient de tous les revenus des biens de la seconde classe, qui sont: *Pontias, Altisgnico, Tillino, Durcaptum, Abbatis-villa, Foresle-monasterium, Majocch, S.tus Medardus, Alliacus, Longa-villa, Altvillaris, Rebellis-mons, Valerias.*

Ils donnent ensuite l'état des Celles qui dépendoient de S.' Riquier, & un dénombrement de leurs Vassaux, avec le nom des hommes de milice qu'ils avoient fournis dans la dernière guerre. Mais quel pouvoit être le dessein de l'Empereur en exigeant de cette Abbaye une déclaration si entière & si exacte de tous ses biens! le Chroniqueur ne dit rien qui puisse nous le faire entrevoir; je présume que ce pourroit être pour savoir si ce Monastère contribuoit autant qu'il le devoit & par proportion aux autres Abbayes & avec ses biens, aux charges de l'État; nous ignorons de même ce que fit la Cour après que l'Empereur eut reçu la déclaration.

ANNÉE 831.

Sans autre date.

TESTAMENTUM *Fridugisi cancellarii & abbatis Fontanellensis & S.^{ti} Martini Turonensis.*

Annal. Bened. t. II, p. 540.

Le Chancelier Fridugise tomba en paralysie vers la fin de cette année, & il fit à cette occasion son testament, par lequel il lègue aux moines de St Vandrille, dont il étoit l'Abbé depuis huit ans, une somme considérable d'argent; il paroît par les termes de ce legs, que dès ce temps la manse de l'Abbé étoit séparée de celle des Moines: Fridugise affectionnoit sans doute ce Monastère plus que celui de St Martin de Tours, dont il étoit également Abbé, car il fait des legs particuliers pour les valets de St Vandrille & pour les vieux Domestiques hors d'état de service qui étoient à l'infirmerie. Il légua en outre à cinquante-trois autres Monastères d'hommes & de femmes des sommes d'argent proportionnées au nombre de personnes qui étoit dans chacun de ces Monastères & relativement à ses besoins. Il disposa ensuite en faveur des gens de sa maison de quarante livres pesant d'argent, & chargea un certain Berteningue, l'un de ses exécuteurs testamentaires, de distribuer aux pauvres ce qui lui resteroit de biens au jour de son décès. Hildeman évêque de Beauvais, le fameux Adhalard abbé de Corbie, Berteningue & Gerlon laïcs, & Landon moine de St Vandrille furent les exécuteurs de ce testament.

Il résulte un total d'une somme considérable de l'addition de tous les legs portés par ce testament; ce qui prouve que les Réguliers alors pouvoient avoir des biens en propre, & que les loix leur permettoient d'en disposer.

ANNÉE 832.

22 JANVIER.

PRÆCEPTUM *Synodale aliquot Galliæ Episcoporum, quo Ludovici imperatoris Sanctionem de Monachis in Dionysiano asceterio restitutis confirmant.*

De re Diplom. a Mab. p. 518.

Fait à Paris.

PARTITIO *bonorum monasterii Dionysiani inter abbatem Hilduinum, & Monachos.*

Ibid. p. 519. Histoire de l'abbaye de St Denys, par Félibien, pr. p. 49.

Pour bien entendre ces deux pièces, dont Mabillon n'a imprimé que des fragmens, il faut lire l'analyse que lui-même en a donnée dans ses annales Bénédictines, & l'histoire de l'abbaye de St Denys.

Le temps, qui n'épargne rien, a tellement usé le vélin de la première pièce, sur lequel on écrivit l'Ordonnance que les Évêques assemblés au Synode de Paris rendirent pour réformer les Moines de cette Abbaye, qu'il n'a pas été possible d'en lire de suite plus de deux lignes, les lacunes fréquentes en coupent le sens à chaque instant; ce qui reste d'entier fait conjecturer qu'Hilduin, Abbé de ce Monastère & Grand-aumônier de France, s'y retira après avoir été rappelé de l'abbaye de Corbie en Saxe, où il avoit été exilé après l'assemblée de Ninègue de l'année 830, & qu'il s'occupa à faire revivre la régularité dans cette maison; que pour exécuter ce dessein, il obtint de l'Empereur des Lettres qui permettoient aux Évêques qui se trouvoient alors à Paris, de s'assembler à St Denys pour travailler à cet ouvrage; qu'en effet ces Prélats se rendirent dans cette Abbaye & qu'ils y tinrent des conférences pendant plusieurs jours: on voit encore par ce qui reste de cette pièce, qui est le procès-verbal de tout ce que firent les Évêques, que plusieurs Moines vivoient même dans cette maison, sans porter l'habit de Religieux & sans observer aucunes règles de l'état monastique; que plusieurs autres prétendant n'avoir point fait de vœux, étoient rentrés dans le monde, & vivoient les uns comme des Ecclésiastiques séculiers, & les autres portant des habits de Laïcs : il paroît enfin que les Évêques firent revenir au Monastère le plus grand nombre de ceux qui avoient apostasié, & qu'ils y remirent en vigueur les règlemens & les statuts de l'ordre de St Benoît.

Mais dans quel temps cette assemblée se tint-elle? on ne peut en assigner la date positive; peut-être fut-elle tenue dès l'année précédente: dans le doute, j'ai suivi l'opinion de Mabillon, qui l'a placée immédiatement avant le partage qu'Hilduin fit entre lui & ses Moines des biens de l'Abbaye; parce qu'on a lieu de croire que ce pieux Abbé jugea que l'avarice de quelques-uns de ses prédécesseurs & la tyrannie qu'ils avoient exercée sur leurs Moines, avoient été la principale cause des abus que l'on venoit de réformer, & que pour les éviter, le moyen le plus assuré étoit d'assigner à ces Religieux des biens qui pussent fournir à tous les besoins de la vie.

Mais l'Acte qui constate ce partage n'est guère moins mutilé que le Procès-verbal dont je viens de parler; on lit cependant encore dans ce dernier, que l'abbé Hilduin, après avoir mis sous les yeux de l'Empereur les motifs du projet qu'il avoit formé, de partager entre ses Moines & lui les biens de l'Abbaye, obtint de ce Prince la permission de le consommer par cet Acte, par lequel il s'oblige d'abord de fournir à la Communauté deux mille cent boisseaux de blé (l'espèce n'a pû se lire); plus, quatre-vingt-dix boisseaux de seigle pour la nourriture des Valets; plus, du vin pur (la quotité n'a pû se lire); avec des légumes de toutes espèces, du beurre, du miel & la volaille que l'on consommeroit depuis Pâques jusqu'à Noël; l'Abbé désigne les villages ou fermes sur lesquelles il assigne toutes ces redevances, comme *Touri* en *Beauce*, *Vitri*, *Rouvrai*, *St Denys*, *Liancourt*, *Champigni*, *Gonesse*, *Goussainville*, *Fontenai*, *Cormeilles*, *Ormesson*, *Tremblai*, & beaucoup d'autres dont les noms me sont inconnus, & quelques autres que l'on ne peut lire: l'Abbé assigne ensuite des redevances en argent, pour acheter des vêtemens & fournir aux autres besoins de ses Moines, à prendre sur d'autres terres, mais les noms de quelques-unes sont également illisibles, & j'ignore le nom moderne de quelques autres; celles que tout le monde connoît sont *Mours*, *Franconville*, *Maflers*, *Bailleul*, *Villers-le-bel*, *Villepinte*, *Merville*, &c.

Ce partage fut souscrit par Aldric archevêque de Sens, Ebbon archevêque de Reims, Otgaire archevêque de Mayence, Drogon évêque de Metz, Witgaire évêque de Turin, Erchanrade évêque de Paris, Jonas évêque d'Orléans, Héribald évêque d'Auxerre, & Tractaire, dont on ignore le siége.

ANNÉE 832.

FÉVRIER. 2

NOTITIA *revestitoria pro monasterio Arulensi, in diœcesi Helenensi.*

Marca Hispanica, col. 769.

Fait à Elne.

Babilanus abbé de ce Monastère, connu, comme je l'ai déjà remarqué, sous le nom de Ste Marie d'Arles dans le Valespire, fit faire une enquête par-devant Salomon évêque d'Elne & les Juges ordinaires, pour fixer les bornes des biens dépendans de son Abbaye; la procédure fut instruite & suivie par le ministère de Bérenger, comte de Valespire : il est marqué dans cet Acte que l'on observa les formes prescrites par la loi des Visigots; ce qui prouve que nos Rois de la première Race avoient laissé vivre les peuples dont ils avoient fait la conquête, suivant le droit établi par leurs anciens Maîtres, & que ceux de la seconde, jusqu'à Louis le Débonnaire, avoient laissé subsister cette même forme d'administration.

FÉVRIER. 5

DIPLOMA *Ludovici imperatoris pro fideli suo Aginulfo.*

Rec. des Hist. de France, par Dom Bouquet, t. VI, p. 574.

Donné à Aix-la-Chapelle.

« La munificence, dit Louis le Débonnaire, étant le caractère de la dignité impériale, » dont les Rois nos augustes prédécesseurs nous ont donné l'exemple, en comblant de biens » & d'honneurs ceux de leurs sujets dont la fidélité leur a été connue, il nous a plu » par ce même motif de donner à Aginulfe des marques de notre satisfaction de ses » services, en le gratifiant de plusieurs fonds de terre, que nous détachons de notre Fisc » pour l'en rendre propriétaire. C'est pourquoi nous lui faisons donation par ces présentes, » premièrement, de quatre métairies, situées au village de Ligni dans le pays de Hasbaigne, » consistant en terres cultivées & incultes avec toutes leurs dépendances; secondement, » de sept autres métairies, situées au village d'*Isca* dans le Brabant, également avec toutes » leurs dépendances; troisièmement, de six autres métairies au village de *Beiss* dans le » canton de Namur, avec toutes leurs dépendances; quatrièmement, d'une autre petite » métairie dans le même canton, située au village de *Vulpilion;* le tout à perpétuité & » pour en jouir en toute propriété & aux mêmes droits que nous en avons joui. C'est » pourquoi nous avons donné ce Diplome, signé de notre main, portant la présente » donation en faveur dudit Aginulfe notre vassal ».

Hirminmarus, notaire du Palais, expédia ces Lettres, faisant pour le chancelier Fridugise.

Cette

Cette donation ne reſſemble point à une inféodation ; l'époque de la naiſſance des Fiefs doit être reculée à un autre règne ; elle n'a pas non plus les caractères d'un bénéfice, ſoit à vie, ſoit pour un temps limité ; car il eſt dit dans la Charte que le donataire diſpoſera à ſon gré des biens qui lui ſont donnés ; cette donation étoit pure & ſimple & entre-vifs ; la manière dont le nouveau propriétaire devoit poſſéder ces biens étoit de même pure & ſimple, c'eſt-à-dire, qu'il a dû les poſſéder *allodialement*, parce que l'Empereur les lui avoit donnés en toute propriété : les alleux ou les biens allodiaux ne relevoient de perſonne, & n'étoient chargés ni de cens, ni de redevances.

ANNÉE 832.

16 FÉVRIER.

PRÆCEPTUM Ludovici imperatoris pro monaſterio Dervenſi.

Donné à Aix-la-Chapelle.

Annal. Bened. t. II, p. 737. Ann. Eccl. Fr. Cointii, t. VIII, pag. 201. Rec. des Hiſt. de France, par Dom Bouquet, t. VI, p. 574.

Le Cointe & Mabillon remarquent que ce Monaſtère étoit rentré depuis peu à l'ordre de S.ᵗ Benoît, par la réforme qu'Haudon, qui en étoit alors abbé, y avoit introduite ; il y avoit près d'un ſiècle qu'il étoit occupé par des Chanoines. Peut-être les Moines laſſés d'obſerver la régularité & ſecouant le joug de la vie monaſtique, s'étoient-ils d'eux-mêmes érigés en Chanoines ; S.ᵗ Martin de Tours & quelques autres Monaſtères fourniſſent de pareils exemples.

Haudon enfin après avoir rétabli la régularité dans ſon abbaye de Moutier-Ender, ſupplia l'Empereur d'approuver par un Diplome ſa réforme, & de confirmer les règlemens qu'il avoit tirés de la règle de S.ᵗ Benoît, ſuivant leſquels les Moines de cette maiſon devoient deſormais être dirigés ; l'Empereur qui ſaiſiſſoit avec avidité toutes les occaſions de donner des marques de zèle & de protection à l'état Monaſtique, fit en effet expédier ce Diplome, par lequel non ſeulement il confirme tous les règlemens propoſés par l'abbé Haudon, mais il fait encore donation à cette Abbaye en toute propriété d'une terre qu'il détacha de ſon Fiſc, ſituée dans le comté de Brienne ; cette terre s'appeloit *Dodiniana-curtis* ; il y avoit douze métairies qui en dépendoient, & elle avoit été tenue juſqu'alors en bénéfice par un Vaſſal de l'Empereur, nommé Hiſembert.

29 MARS.

DONATIO facta parthenoni S.ᵗⁱ Petri de Yſodio a comite Childebrando.

Gallia Chriſt. ſec. edit. t. IV, inſtr. col. 46.

Le comte Childebrand fait donation, par cette Charte, au monaſtère d'Yſeure, de tous les fonds de terre qu'il poſſédoit *in fieſſum*, dans le diſtrict ou la ſeigneurie même d'Yſeure ; l'Abbeſſe d'alors s'appeloit Amalberg : ce Monaſtère ſubſiſte encore aujourd'hui ; il eſt au-delà des murs de la ville de Moulins en Bourbonnois.

Cette pièce, que je crois très-authentique, contient deux mots qui peuvent fournir aux Savans une ample matière de diſſerter ; quelques-uns ſe ſont déjà exercés ſur l'objet, mais il faut convenir qu'ils ont fait bien peu de progrès dans la recherche de la vérité. *In fieſſum* ſont ces mots précieux ; les uns ne manqueroient pas d'en tirer avantage pour prouver l'établiſſement des Fiefs avant le règne de Charles le Chauve, & d'autres, d'une doctrine toute oppoſée, interpréteroient ce mot *fieſſum*, comme le fait du Cange, d'*une propriété ſimple, un alleu*. Il eſt vrai que cette expreſſion eſt peu uſitée pour le temps, & que dans l'uſage commun on ſe ſervoit d'autres termes pour déſigner la *propriété ;* quelle eſt donc la racine de ce mot ! quelle eſt ſon étymologie ! que ſignifioit-il ! du Cange avoue de bonne foi qu'il l'ignore. Il eſt cependant conſtant qu'il ne pouvoit ſignifier *le fief* ſous ſa véritable acception, car il paroit prouvé que les Fiefs n'exiſtoient pas alors, & que l'on n'a imaginé cette eſpèce de poſſeſſion que ſur la fin de ce ſiècle ; pour moi, je préſume que *fieſſum* eſt le même que *feudum*, c'eſt ce que l'on appeloit dans ce temps en France *beneficium Advocatiæ*, & en Italie, où l'on ſuivoit encore la loi des Lombards, *feudum Caſtaldiæ*. Toutes ces expreſſions ſignifioient la même choſe, & déſignoient des biens tenus en bénéfice d'un monaſtère ou d'une égliſe quelconque, dont les revenus étoient abandonnés pour le ſalaire de celui qui la gardoit ; ces biens en bénéfices donnés à cette fin, ont formé dans la ſuite les *Vidamies*: ainſi en admettant mon hypothèſe, le comte Childebrand étoit le Gardien des religieuſes d'Yſeure, & il leur rend les biens qu'il tenoit en bénéfice de leur Monaſtère pour ſon droit de garde.

Tome I.   F f f

ANNÉE 832.

16 JUIN.

DIPLOMA Ludovici imperatoris pro monasterio Corbeiæ-Novæ.

Donné à Francfort.

L'Empereur avoit appris que Pépin son fils, roi d'Aquitaine, toûjours mécontent, projetoit d'exciter de nouveaux troubles: pour en prévenir les suites, il prit la résolution de venir en France & de tenir les États à Orléans, où il manda Pépin; son dessein étoit de le faire arrêter. La Cour, dans cette vûe, avoit quitté dès le mois de mai Aix-la-Chapelle; l'Empereur dirigeant sa marche vers Paris, passa par Salz, ce palais dont Charlemagne faisoit ses délices; il vint de-là à Francfort; l'impératrice Judith l'accompagna, Warin abbé de la Nouvelle-Corbie étoit aussi du voyage; ce Warin étoit fils du duc Erchambert, issu de la maison des Pépins, & par conséquent parent de l'Empereur: pendant le séjour que ce Prince fit à Francfort, l'abbé de Corbie obtint ce Diplome, par lequel il lui donne & à ses Moines, le droit de pêche dans le Weser, qui étoit ci-devant tenu en bénéfice par le comte Abbon.

Hirminmarus, notaire du Palais, expédia ce Diplome, faisant pour Théoton, chancelier. Fridugise s'étoit totalement retiré de la Cour, sans doute depuis quelques mois, car on ne trouve plus aucuns Diplomes signés de lui.

Franc. Orientalis, ab Eckardo, t. II, p. 258.
Rec. des Hist. de France, par Dom Bouquet, t. VI, p. 575.
Annal. Paderborn, lib. II, p. 90, apud Schat.
* *Antiquités de S.t Denys, par Doublet, page 740.*
Ann. Eccl. Fr. Cointii, t. VIII, p. 205 & 209.
De re Diplom. a Mab. p. 392.
Histoire de l'Abbaye de S.t Denys, par Félibien, p. 52 & 53.

26 AOÛT.

* DIPLOMATA duo Ludovici imperatoris pro monasterio S.ti Dionysii.

Donné au monastère de S.t Denys.

Le premier de ces deux Diplomes est une Ordonnance, par laquelle l'Empereur enjoint aux Moines de l'Abbaye de S.t Denys d'exécuter le reglement dressé par les Évêques qui s'étoient assemblés au commencement de cette année, pour réformer cette maison. Le second est une ratification du partage que l'abbé Hilduin avoit fait avec ses Moines, & dont j'ai rendu compte au 22 janvier de cette année.

Hirminmarus expédia ces deux Diplomes, faisant pour le chancelier Théoton.

Annal. Bened. t. II, p. 549.
Capit. Reg. Fr. a Baluzio, t. I, col. 675.
Gallia Christ. sec. edit. t. VII, col. 353.
Mémoires du Clergé, par le Mire, tom. IV, col. 733.
Rec. des Hist. de France, par Dom Bouquet, t. VI, p. 575 & 579.

4 OCTOBRE.

DIPLOMA Ludovici imperatoris pro Adalberto, fideli suo vassallo.

Donné au palais de Joac, près Limoges.

Cette Charte justifie l'opinion de plusieurs Historiens, qui ont avancé que l'Empereur dépouilla Pépin son fils du royaume d'Aquitaine, dans l'assemblée des États tenue à Orléans dans le mois de septembre de cette année: rien en effet ne prouve mieux l'autorité que l'Empereur y exerçoit au mois d'Octobre, que la donation qu'il fit du lieu de *Fontaines*, situé dans le diocèse de Toulouse; le lieu dépendoit du Fisc; & le diocèse de Toulouse étant compris dans le royaume d'Aquitaine, il est sensible qu'il n'appartenoit qu'au Souverain de disposer avec aliénation du domaine royal. L'Empereur, suivant les termes de ce Diplome, donna en toute propriété à Adalbert ce fonds, en considération de ses bons services & de sa fidélité. J'aurai occasion de remarquer ailleurs & avec quelque détail, que Louis le Débonnaire donna ce royaume d'Aquitaine à Charles son quatrième fils, qu'il avoit eu de Judith.

Le diacre Durand expédia ce Diplome, faisant pour le chancelier Théoton.

Rec. des Hist. de France, par Dom Bouquet, t. VI, p. 581.
Histoire de Languedoc, t. I, col. 67.

14 NOVEMBRE.

DIPLOMA Ludovici imperatoris pro monasterio S.ti Martini Turonensis.

Donné à Tours.

L'Empereur revenant d'Aquitaine pour retourner en Allemagne, passa par Tours; l'ancien chancelier Fridugise, qui s'étoit retiré depuis quelque temps dans le Monastère de S.t Martin, dont il étoit abbé, présenta une requête à ce Prince, par laquelle il réclamoit plusieurs terres que ses prédécesseurs avoient mal-à-propos données en bénéfice, dont le revenu étoit spécialement destiné pour la Communauté, ce qui empêchoit,

Rec. des Hist. de France, par Dom Bouquet, t. VI, p. 522.

DES DIPLOMES. 411

difoit-il, qu'il ne pût donner aux Frères (alors des Chanoines) toutes les chofes dont ils avoient befoin, tant pour la vie que pour leurs habillemens : l'Empereur jugeant la réclamation de Fridugife tout-à-fait jufte, fit expédier ce Diplome, par lequel il ordonne que l'Abbé & les Moines rentreront en jouiffance des terres dont il s'agit, & que par rapport à quelques autres, qui étoient également données à d'autres particuliers en bénéfice, les détempteurs feront tenus deformais de donner au Monaftère le tiers des volailles que l'on y élevera, avec un tiers des œufs; ordonnant en outre que les Frères prennent le tiers de toutes les offrandes qui feront faites au tombeau de faint Martin, excepté cependant des étoffes & des autres chofes de cetten ature, propres à orner ce précieux monument.

Hirminmarus, notaire, expédia ce Diplome, faifant pour le chancelier Théoton.

14 NOVEMBRE.

ANNÉE 832.

DIPLOMA Ludovici imperatoris pro Majori-monafterio.

Rec. des Hift. de France, par Dom Bouquet, t. VI, p. 523.

L'Empereur aimoit Judith fon époufe avec tant de tendreffe, qu'il étoit de la plus grande attention à faire tout ce qui pouvoit lui plaire & la rendre agréable à fes Sujets, en accordant toutes les graces que cette Princeffe lui demandoit : pour que l'on connût fes fentimens pour elle & que l'on fût fon crédit auprès de lui, il voulut conftamment que l'on écrivît fon nom dans les Diplomes qu'il accordoit à fa recommandation; celui-ci en eft une preuve. Une pieufe Dame, nommée Ode, femme du duc Éodon, avoit autrefois légué au monaftère de Marmoutiers la terre de Chambon dans le Blaifois, avec toutes fes dépendances; Théoton, chancelier, abbé alors de ce Monaftère, fupplia l'impératrice Judith de vouloir bien folliciter un Diplome, par lequel l'Empereur confirmeroit ce legs, & ordonneroit que les revenus de cette terre feroient principalement deftinés pour les vêtemens des Moines de fon Abbaye : Judith reçut favorablement la requête de l'abbé Théoton, elle follicita le Diplome, & l'Empereur fit écrire que c'étoit à fa confidération qu'il l'accordoit.

Hirminmarus, notaire, l'expédia, faifant pour le chancelier Théoton.

29 DÉCEMBRE.

DIPLOMA Ludovici imperatoris pro abbatiâ S.ti Vincentii apud Cenomannos, & pro cellulis S.ti Albini & S.ti Audoëni.

Donné au Mans.

Ann. Eccl. Fr. Cointii, t. VIII, p. 344.
Rec. des Hift. de France, par Dom Bouquet, t. VI, p. 584.

Suivant l'Annalifte de Metz, l'Empereur, après avoir fait un féjour affez long à Tours, en partit pour fe rendre au palais de Reft en Anjou, de-là il vint au Mans, où il célébra les fêtes de Noel, après quoi il partit pour fe rendre en droiture en Allemagne. Ce récit prouve que la critique que le Cointe fait des dates de cette Charte, porte à faux; cet Auteur prétend qu'il s'eft gliffé une faute dans l'énoncé de l'indiction, & qu'au lieu du chiffre X, il faut XII, ce qui feroit indiction XII; par conféquent la Charte feroit de l'année 834 : pour prouver ce fentiment, il avance qu'Aldric, dont il eft parlé dans le Diplome, ne fut élu évêque du Mans qu'en 834. Mabillon réfute cette raifon d'une manière fenfible (*Annal. Bened. t. II, p. 553*), & prouve qu'Aldric ayant fuccédé dans ce fiege immédiatement à Francon le jeune, qui mourut le 6 de novembre de cette année, il paroît certain que le fiege étoit rempli au 29 décembre fuivant. Au furplus la Charte dont je rendrai compte après celle-ci, & de laquelle le Cointe avoue l'authenticité, prouve qu'Aldric étoit évêque du Mans dès l'année 832. De tout ceci il faut conclurre que le récit de l'Annalifte de Metz cadrant avec le contenu du Diplome, le Cointe auroit dû dire, qu'il faut fubftituer au chiffre X de l'indiction, le chiffre XI, parce que l'indiction fe renouveloit aux kalendes de feptembre. D. Bouquet n'a point remarqué cette faute.

Les Officiers du domaine prétendoient exercer des droits fur le monaftère de S.t Vincent, fitué hors des murs de la ville du Mans, & fur deux Celles qui étoient dans l'enceinte de cette même Ville, avançant que le Monaftère & les Celles étoient fous la défenfe ou recommandation du Roi; l'évêque Aldric s'y oppofa, difant que de tout temps le Monaftère & les Celles avoient été fous la dépendance de fon églife Cathédrale : l'Evêque, non plus que les Officiers du domaine, ne purent produire de titres pour appuyer leurs prétentions réciproques; l'Empereur, dans ce cas, ordonna une enquête & commit un de fes Vaffaux, nommé Gui, pour entendre les dépofitions & recevoir le ferment des perfonnes dont on prendroit le témoignage : le compte que Gui rendit de fa commiffion fut favorable aux prétentions de l'Evêque, & l'Empereur

Tome I.   Fff ij en conséquence donna ce Diplome, par lequel il le maintient & ses successeurs, dans le droit d'exercer toute jurisdiction & justice sur les trois Monastères, avec défense à ses Officiers d'y former à l'avenir aucune opposition.

Hirminmarus, notaire du Palais, expédia le Diplome, faisant pour le chancelier Théoton.

31 Décembre.

ANNÉE 832.

DIPLOMA Ludovici imperatoris pro ecclesiâ cathedrali Cenomannensi.

Ann. Eccl. Fr. Cointii, t. VIII, pag. 346. Rec. des Hist. de France, par Dom Bouquet, t. VI, p. 584.

Donné au Mans.

Aldric évêque du Mans, conjointement avec les Chanoines de sa Cathédrale, représenta à l'Empereur que les Abbés des Monastères & des Celles de leur fondation & qu'ils avoient dotés, ainsi que les détempteurs d'un très-grand nombre de métairies qu'ils avoient données en bénéfices, refusoient de leur payer les redevances auxquelles tous ces biens étoient assujétis (*census, decimas & nonas*), & de contribuer en outre aux réparations & à l'entretien de l'église cathédrale & du cloître où l'Évêque & les Chanoines habitoient en commun; sur quoi l'Empereur fit expédier ce Diplome, par lequel il ordonne que tous ceux dont se plaint Aldric, tant les Moines que les Bénéficiaires, payeront annuellement les redevances stipulées par les Actes de fondation, par rapport aux Monastères, & par les contrats de biens donnés en bénéfice par rapport aux autres.

Cette pièce est intéressante pour l'église du Mans, parce que l'on y trouve le nom de vingt Monastères, & celui d'un plus grand nombre de métairies, dont les redevances anciennes ont été, suivant les apparences, converties dans le douzième siècle en dixmes.

Le notaire Hirminmarus expédia ce Diplome, faisant pour le chancelier Théoton.

Sans autre date.

LITTERÆ Formatæ Constantiensis episcopi, ad Strasburgensem episcopum, pro Annone clerico Constantiensi.

Ann. Eccl. Fr. Cointii, t. VIII, p. 213.

Ces Lettres sont dans la même forme que celles dont j'ai donné une formule dans l'article du siècle précédent: la signature de l'Évêque diocésain, le nom de l'Évêque auquel elles sont adressées & la date sont en caractères grecs. Ces Lettres ressemblent beaucoup à celles que les Évêques de notre siècle appellent *Exeat*.

Sans autre date.

DIPLOMA Ludovici Bajoariorum regis pro ecclesiâ S.ti Stephani Pataviensis.

Ann. Eccl. Fr. Cointii, t. VIII, p. 203.

Donné à Osterhoven.

Le Cointe a tiré du premier tome de l'Histoire des évêques de Passaw, publié par Hundius, ce Diplome, par lequel Louis, roi de Bavière, fait donation à Réginaire, évêque de cette Cathédrale, de fonds de terre situés dans l'ancien pays des Avares, dans un lieu nommé *Lytha*, à la source de la rivière de Schonprunn.

VETUS Narratio de origine & privilegiis monasterii S.ti Antonini in diæcesi Ruthenensi.

Cap. Reg. Fr. a Baluzio, t. II, col. 1434.

Je crois qu'il n'est fait mention de ce Monastère dans toute l'histoire qu'une seule fois; on le trouve dans l'état des Monastères d'Aquitaine que Louis le Débonnaire se fit présenter en 817, pour fixer les subsides que chacun devoit à l'État.

Au surplus, cette pièce est peu importante; c'est un narré, mal cousu, des biens que Pépin le Bref, faisant la guerre aux Sarazins dans nos provinces méridionales, fit à cette Abbaye, située dans le Rouergue, & qui n'appartient plus à l'ordre de S.t Benoît depuis bien des siècles; Mabillon n'en a rien écrit dans ses Annales Bénédictines, non plus que les Auteurs de la nouvelle Gaule chrétienne: l'Auteur a terminé cette brève Histoire par la Charte de Louis le Débonnaire que j'ai placée à l'année 818, & à laquelle il n'assigne point de date; mais comme il y est parlé de l'impératrice Hermangarde, il faut qu'elle soit antérieure à cette année, parce qu'il y en avoit plus de dix que cette Princesse étoit morte; cette raison auroit dû déterminer Baluze à placer cette pièce sous une année qui eût précédé cette mort.

ANNÉE 833.

8 JANVIER.

DIPLOMA Ludovici imperatoris, quo villam Brogilum & Novam-villam restituit Aldrico, episcopo Cenomannensi.

Donné à Bèze.

Ann. Eccl. Fr Cointii, t. VIII, p. 223. Rec. des Hist. de France, par Dom Bouquet, t. VI, p. 587.

Venturn est, dit Mabillon (dans ses annales Bénédictines, tome II, p. 554) *ad lubricum Franciæ historiæ locum, ad annum scilicet noni sæculi tricesimum-tertium, nigro notandum lapillo, utpotè Ludovici Augusti exauctoratione infamem.* C'est très-bien exprimer cette peine secrète que tous nos Écrivains ont sentie, lorsqu'ils en sont venus à raconter l'évènement de la déposition de l'empereur Louis, arrivée dans le courant de cette année; cette époque est marquée par tant de traits de perfidie, que l'histoire en deshonore notre Nation. Ce Prince, né pour le bonheur de l'humanité, n'avoit cessé de s'occuper de celui de ses peuples depuis qu'il régnoit; d'un cœur droit & tendre, d'un caractère doux & affable, d'un accès aisé, aimant ses enfans autant que lui-même, & ses sujets comme ses enfans, attentif à faire rendre la justice, punissant le crime pour l'exemple, magnifique dans ses bienfaits, religieux jusqu'au scrupule; voilà le Prince contre lequel ses sujets prirent les armes, & que ses enfans, impies & dénaturés, firent descendre de son trône pour le couvrir d'un sac & le reléguer dans une cellule étroite de Moine. De tous les ordres de l'État, les gens d'Église étoient sans contredit ceux qui devoient à l'Empereur & plus de fidélité & plus d'attachement; il fonda plus de monastères, il dota plus d'églises, il accorda plus de priviléges aux Évêques & aux Abbés, que n'avoient fait jusqu'alors tous ses prédécesseurs; il avoit honoré les uns & les autres des premières places de sa Cour; cependant ce fut dans l'intrigue des Moines & dans l'ambition des Prélats que les fils de ce trop bon Prince trouvèrent les moyens sûrs de faire réussir leurs desseins ambitieux. Mais il seroit contre mon objet de tracer toutes les horreurs de cette conjuration.

Pépin venoit d'être dépouillé de son royaume d'Aquitaine, & Louis le Débonnaire qui le donna à Charles son quatrième fils, après lui avoir fait prêter le serment de fidélité par le plus grand nombre des Seigneurs, se mit en route vers les premiers jours de janvier pour retourner en Allemagne: il avoit appris le peu de succès que Baldric son Général avoit eu dans la dernière campagne contre les Sclaves de Siléfie & de Bohème; sentant que sa présence étoit nécessaire pour préparer les opérations de la campagne prochaine, il ne demeura plus en France. Dans son voyage il s'arrêta quelques jours dans un lieu nommé Bèze; Aldric évêque du Mans l'y avoit accompagné; pendant ce séjour Aldric trouva le moment de lui représenter que les Régisseurs du Fisc avoient usurpé sur son église deux domaines, l'un appelé le Breuil & l'autre Neuville, & qu'ils les avoient données depuis peu en bénéfice à un des vassaux du Roi appelé Hérembert: l'Empereur nomma des Commissaires pour examiner la vérité de cet exposé, & le compte qu'ils lui rendirent étant favorable à Aldric, l'Empereur fit sur le champ expédier par Hirminmarus, notaire du Palais, ce Diplome, par lequel il ordonne que l'on restituera à l'église du Mans les biens dont il s'agit, faisant en outre défense à ses Officiers de troubler l'évêque Aldric & ses successeurs dans la jouissance dans laquelle il le rétablit.

20 JANVIER.

DIPLOMA Ludovici imperatoris, quo Mintriacum in pago Parisiensi, donat monasterio S.ti Dionysii.

Donné au palais de Vern.

Histoire de l'abbaye de S.t Denys, par Félibien, pr. p. 56. Rec. des Hist. de France, par Dom Bouquet, t. VI, p. 588. De re Diplom. a Mab. p. 521. Francia orientalis ab Echardo, t. II, p. 260.

L'Empereur continuant sa marche vers l'Allemagne, passa par son palais de *Vern*; Hilduin abbé de S.t Denys obtint l'agrément d'y venir lui faire sa cour: depuis deux ans il étoit relégué dans son Monastère; on l'avoit privé de son office de Grand-aumônier, à cause de la part qu'il avoit eue dans les troubles arrivés deux ans auparavant; l'Empereur cependant le reçut avec bonté, & lui donna des marques de sa facilité à pardonner: en effet, ce Prince pour montrer qu'il avoit oublié l'offense de l'abbé Hilduin, fit donation par ce Diplome à l'abbaye de S.t Denys, du village de Mitri, situé dans l'Isle de France, proche Dammartin. Il est stipulé dans cet Acte que les revenus de cette terre seront principalement affectés pour donner à dîner à l'Abbé & aux Moines de cette Abbaye le jour de la Purification, le jour que l'Église célèbre le martyre des saints Apôtres saint Pierre & saint Paul, le jour de la fête de saint

Sébastien, & les jours dans lesquels on célébrera l'anniversaire de l'Empereur & de l'impératrice Judith, après la mort de l'un & de l'autre.

Hirminmarus, notaire, expédia ce Diplome, faisant pour le chancelier Théoton.

JANVIER, sans quantième.

ANNÉE 833.

CHARTA Odacearis episcopi Lemovicensis pro suâ Cathedrali ecclesiâ.

Gallia Christ. sec. edit. t. II, col. 165.

Odoacre, évêque de Limoges, donne par cette Charte à son église Cathédrale une terre située dans le district appelé *Tornensi*, avec l'église qui avoit pour patron saint Sébastien martyr: la terre est nommée *Ramnaco*; l'évêque Odoacre l'avoit achetée d'un homme noble qu'il appelle Hiatafred. Cette donation est faite néanmoins de la part d'Odoacre avec réserve de l'usufruit pour lui sa vie durant, & pour un de ses cousins ou de ses amis, tel qu'il le désignera dans son testament; il s'oblige, à cause de cette réserve, de payer tous les ans, à la fête de saint Étienne martyr, trois sols de cens aux Chanoines de sa Cathédrale, & assujétit son Légataire futur à la même redevance.

Il paroît qu'il n'y avoit alors dans cette Cathédrale que trois Dignitaires; l'Évêque les nomme ainsi, le Prevôt (*Præpositus*), le Trésorier (*Archiclavus*), le Doyen (*Decanus*).

1.ᵉʳ FÉVRIER.

DIPLOMA Pippini Aquitaniæ regis pro monasterio Mauziacensi.

Donné à Clermont.

Gallia Christ. sec. edit. t. II, col. 108.
Ann. Ecclef. Franc. Cointii, tom. VIII, p. 229.

Si ce Diplome est authentique, il est certain que l'abbaye de Mauzac en Auvergne est un des plus anciens Monastères des Gaules; on y lit que Thierri, lequel ne peut être que Thierri III, roi de Neustrie & de Bourgogne, ratifia par une Charte la fondation que Calmilius sénateur Romain en avoit faite, de concert avec Namadia sa femme; l'un & l'autre avoient légué à ce Monastère des biens considérables; Pépin assure avoir vû la Charte de Thierri: mais que de choses font soupçonner de fausseté celle de Pépin!

Premièrement, le Cointe prétend qu'il y a erreur dans les dates; en effet, si on ne corrigeoit pas l'année du règne de Pépin, qui y est marquée pour être la vingt-quatrième, on ne pourroit faire cadrer cette date avec l'indiction XI.ᵉ sous laquelle elle est placée; car on comptoit indiction I.ʳᵉ dans la vingt-quatrième année du règne de ce Prince, qui revient, selon notre manière présente de compter, à l'année 838. C'est donc pour rapprocher ces deux époques, que le Cointe a dit qu'il falloit substituer quelques chiffres dans la date & en effacer d'autres, en sorte qu'au lieu de *anno regni XXIV*, il faut, suivant ce Critique, écrire *anno regni XIX*.

Secondement; parmi le nombre des Chanceliers de Pépin, il ne paroît pas qu'aucun ait porté le nom d'*Aldebert*, dont cette Charte est signée. En 838 Hermoldus exerçoit cet office, & il avoit sous ses ordres pour notaire du Palais, Isaac clerc, *Isaacus clericus*; dans la pièce dont je rends compte, il y a simplement un *Y. diaconus*, on ne peut pas dire que ce soit le notaire Isaac, il ne prend dans tous les autres Diplomes qu'il a expédiés, que le titre de Clerc, *Clericus*, & non pas celui de Diacre, *Diaconus*. Mais comment le père le Cointe, qui semble n'avoir trouvé dans cette Charte qu'une faute dans les chiffres qui indiquent l'année du règne de Pépin, n'a-t-il pas remarqué que le nom du Chancelier qui se trouve au bas de la pièce, laisse une difficulté que l'on ne peut résoudre en fixant la date à l'année 833! celui qui remplissoit cette place en cette année ne portoit pas plus le nom d'*Aldebert* que celui qui l'occupoit en 838; tout le monde convient que le nom de cet Officier, dans la dix-neuvième année du règne de ce roi d'Aquitaine, étoit *Dodon*, & le Notaire qui expédioit sous ses ordres les Diplomes & les Ordonnances de ce Prince, s'appeloit Dugise & non pas Isaac, ou tout autre dont la première lettre du nom est un *Y*.

Troisièmement; il est dit dans ce Diplome que Pépin rétablit ce Monastère à la considération de Lantfrède, qui en étoit alors abbé: mais comment le Cointe ne s'est-il pas aperçu que cette circonstance seule suffisoit pour ne point attribuer cette Charte à Pépin roi d'Aquitaine, fils de Louis le Débonnaire, puisqu'il y a des preuves certaines que ce Lantfrède étoit mort il y avoit près de quatre-vingts ans! le Cointe pouvoit tout au plus présumer que le Diplome étoit de Pépin le Bref, sous le règne duquel on trouve un Lantfrède abbé de Mauzac; peut-être auroit-il été plus aisé à ce Critique de concilier les dates de l'année du règne de ce dernier Pépin avec l'indiction, que de tenter des corrections pour attribuer la Charte à Pépin fils de Louis le

DES DIPLOMES. 415

Débonnaire: mais le Cointe auroit trouvé la même difficulté par rapport au nom du Chancelier & du notaire du Palais sous Pépin le Bref, comme sous Pépin I.ᵉʳ roi d'Aquitaine, car ce premier n'eut jamais de Chancelier du nom d'Adelbert, ni de Notaire qui s'appelât Isaac, ou dont le nom commençât par un *I* ou un *Y*, comme il est marqué dans cette Charte.

Enfin ne doit-il pas paroître contre la vrai-semblance qu'un Sénateur Romain vienne avec sa femme au fond de l'Auvergne pour y fonder un Monastère, dans un temps où Rome n'avoit aucune relation avec les François! les Lombards vers la fin du VII.ᵉ siècle, qui est l'époque à laquelle il faut placer la fondation de ce Monastère, étoient souverains de toute l'Italie, & nous ne voyons pas qu'ils aient même envoyé d'Ambassadeurs aux Rois des François depuis le Traité qu'ils firent avec Dagobert I.ᵉʳ vers l'an 631; nos Rois n'eurent point de guerre non plus avec ces peuples depuis cette époque jusqu'au règne de Pépin le Bref. L'histoire de cette fondation paroît tout-à-fait fabuleuse, & le Diplome de Pépin entièrement supposé. Je présume que l'histoire de la translation des Reliques de saint Austremoine, qui n'a été écrite elle-même que près d'un siècle après celui où elle fut faite, aura fourni à quelque Moine oisif & ignorant, l'occasion de composer dans le XII ou XIII.ᵉ siècle cette Charte; je ne doute pas que l'intention de ce faiseur de titres n'ait été d'attribuer celui-ci à Pépin le Bref; il dit même, d'après le compositeur de la translation des Reliques, que le Roi étoit à Clermont lorsqu'il a donné le Diplome: mais ces deux Auteurs sont démentis sur ce fait par des Historiens contemporains & dignes de foi. Éghinard écrit positivement dans ses Annales, que Pépin passa les fêtes de Noël & de Pâques à Querci, qu'il demeura dans ce Palais sans en sortir tout le temps qui se trouve entre ces deux solemnités, occupé des préparatifs de la guerre qu'il devoit faire cette année dans l'Aquitaine & dans la Saxe: *Dilatâque in futurum expeditione, illo anno domi se continuit (Pippinus), hiemavitque in villâ Carisiaco, atque in eâ Natalem Domini & sanctum Pascha celebravit.* Si Pépin ne quitta pas pendant tout l'hiver son palais de Querci, il n'est donc pas vrai qu'il vint à Clermont & qu'il y donna ce Diplome; c'est un caractère de fausseté de plus dans cette pièce, de la trouver datée de cette ville.

Année 833.

5 MARS.

Præceptum Ludovici imperatoris pro ecclesiâ Helenensi.

Marca Hispanica, col. 770.

Donné à Aix-la-Chapelle.

Ramno, évêque d'Elne, obtint en faveur de sa Cathédrale ce Diplome de Louis le Débonnaire, par lequel il met sous sa garde spéciale les biens de cette Église, les affranchit de toutes les redevances que l'on avoit accoûtumé de payer au Fisc, & exempte les Chanoines & leurs hommes de la jurisdiction des Officiers royaux.

Hirminmarus expédia ce Diplome, faisant pour le chancelier Hugues.

Le nom du chancelier Hugues, qui se trouve au bas de cette pièce, me fait convenir avec M. de Marca, qu'il y a faute dans la date, mais je n'adopte pas sa correction. Mal-à-propos cet habile Critique place cette Charte sous cette année, puisqu'il est constant que Hugues ne succéda à Théoton dans l'office de Chancelier, que vers la fin de l'année 834. Ce Hugues étoit frère naturel de l'Empereur, il étoit abbé de S.ᵗ Bertin & de S.ᵗ Quentin.

1.ᵉʳ & 8 JUIN.

Diplomata duo Ludovici imperatoris pro monasterio Novæ-Corbeïæ.

Annal. Eccles. Franc. Cointii, tom. VIII, p. 247.
Rec. des Hist. de France, par Dom Bouquet, t. VI, p. 590.

Donné à Worms.

Dom Bouquet n'a fait qu'indiquer ces deux Diplomes. Ils se trouvent tout au long dans le livre intitulé: *Annales Paderbornenses, a Schatenio, p. 91.*

L'Empereur apprenant que Lothaire avoit passé les Alpes & qu'il entroit en France avec une armée, que Louis roi de Bavière levoit de son côté des troupes, & que Pépin soulevoit toute l'Aquitaine, ne douta plus que pour sa sûreté il ne dût se mettre en défense. Dans cette vûe il partit d'Aix-la-Chapelle vers la fin du Carême, & se rendit à Worms où il tint plusieurs assemblées entre Pâques & la Pentecôte, faisant les préparatifs nécessaires pour combattre ses enfans; il étoit encore à Worms dans le mois de juin, comme il paroît par ces deux Diplomes, qu'il accorda à Warin, abbé de la Nouvelle-Corbie.

Par le premier il donne à ce Monastère le droit de battre monnoie, & par le second il assigne à ce même Monastère un lieu où les Moines pourront aller chercher tout le sel nécessaire pour leur consommation.

Hirminmarus, notaire du Palais, expédia le premier de ces Diplomes, faisant pour le chancelier Théoton, & Méginaire, autre notaire du Palais, expédia le second.

10 JUIN.

Année 833.

DIPLOMA Ludovici imperatoris pro Senonensi S.tæ Columbæ monasterio.

Rec. des Hist. de France, par Dom Bouquet, t. VI, p. 590.

Fait à Worms.

Ce Diplome est une confirmation de ceux de Clotaire II, de Dagobert I.er son fils, & de Charlemagne. Louis dit que Sulpice, abbé de ce Monastère, lui présenta celui de Charlemagne, qui portoit que ces deux Rois de la première Race ayant fait donation à cette Abbaye de deux villages nommés Cerci & Grand-champ, ce Prince confirmoit les Moines dans la possession paisible de ces domaines, & qu'il les mettoit en outre, avec tous leurs autres biens, sous sa protection spéciale; que voulant imiter son auguste père, il accordoit par ce Diplome la même grace à l'Abbé & aux Moines; ordonnant en outre qu'ils seroient à l'avenir exempts de toutes charges envers le Roi, & de tous les impôts qu'on levoit au profit du Fisc.

Méginaire expédia ce Diplome, faisant pour le chancelier Théoton.

25 AOÛT.

PRÆCEPTUM Ludovici imperatoris, quo cœnobium Glannofoliense Fossatensi subjicit.

Annal. Bened. t. II, p. 557. Hist. eccl. Paris. a Gerardo Dubois, tom. I, pag. 358. Cap. Reg. Fr. a Baluzio, t. II, col. 1436. Rec. des Hist. de France, par Dom Bouquet, t. VI, p. 591.

Donné à Aix-la-Chapelle.

Je remarque, d'après Mabillon & Dom Bouquet, qu'il s'est glissé une faute dans la date de cette pièce; un Copiste inattentif aura écrit le mois de septembre, *VIII kalendas septembris*, peut-être pour le mois d'avril, *aprilis*; car il est certain que Louis le Débonnaire n'étoit point au mois d'août de cette année à Aix-la-Chapelle; ce malheureux Prince étoit alors renfermé dans une cellule du Monastère de S.t Médard de Soissons: trop crédule, il s'étoit fié à ses enfans & se rendit dans leur camp le jour de la S.t Jean, qui arrive le 24 juin; & parce qu'ils violèrent le droit des gens dans sa personne, en le retenant prisonnier, les Historiens ont appelé le lieu où ces Princes avoient assis leur camp, *Campus mentitus*, le Champ du mensonge: ainsi il est contre toute vrai-semblance que l'Empereur, qui étoit au mois d'août suivant enfermé à S.t Médard sous une garde étroite, ait pû donner un Diplome; mais comme il ne partit pour Worms que vers la fin de mars, il put bien donner cette Charte à Aix-la-Chapelle dans les derniers jours de ce mois. Cependant le nom du chancelier Hugues que l'on trouve dans cette pièce forme une autre difficulté, car ce Chancelier, comme je l'ai déjà observé, ne succéda à Théoton qu'en 834; ceci ne s'accorderoit pas ni avec l'indiction, ni avec l'année du règne de l'Empereur, qui sont l'une & l'autre exactement marquées dans le Diplome. Cette observation est de Dom Bouquet, ce Savant en fait une troisième, il remarque que l'Empereur n'étoit point dans l'usage de se servir d'imprécations dans ses Diplomes, semblables à celles que l'on trouve dans celui-ci. Pour lever ces difficultés, il dit que toutes ces choses ont été ajoûtées à la pièce: comme en effet cette Charte ne porte aucuns caractères de fausseté, on peut adopter le sentiment de ce laborieux Compilateur. Le Cointe en soûtient également l'authenticité, & il dit que la faute que l'on aperçoit dans sa date vient de la témérité d'un certain Moleric, lequel n'ayant pû lire dans l'original le nom du mois, a hasardé celui d'août.

Le Monastère de Glanfeuil ou de S.t Benoît-sur-Loire, étoit presque détruit, les bâtimens étoient tombés en ruine, les biens usurpés & les Moines dispersés; le comte Rorigon le rétablit & engagea Engilbert, abbé de S.t Maur-des-Fossés près Paris, d'y conduire une colonie de Moines, d'y rétablir la règle & d'en prendre le gouvernement; toutes ces choses ayant été faites, Rorigon supplia l'Empereur de les ratifier par un Diplome, & d'ordonner que desormais le Monastère de Glanfeuil seroit sous la conduite & l'obéissance d'Engilbert & de ses successeurs les abbés de S.t Maur-des-Fossés.

Glorius, notaire du Palais, expédia ce Diplome, faisant pour le chancelier Hugues.

Année 833.

ANNÉE 833.

6 OCTOBRE.

LITTERÆ *Pippini Aquitaniæ regis pro monasterio Magnilocensi.*

Donné à Pierrefite.

Rec. des Hist. de France, par Dom Bouquet, t. VI, p. 671.

Valois ni Mabillon ne parlent point de ce lieu de Pierrefite, où les rois d'Aquitaine avoient un palais; il y a en Limosin deux endroits de ce nom, un dans le haut Languedoc, un dans le Poitou, un dans le Berri; toutes ces provinces étoient enclavées dans le royaume d'Aquitaine : mais dans lequel de ces lieux étoit situé ce palais? je l'ignore.

Le roi d'Aquitaine confirme, par ce Diplome, les priviléges & les immunités du Monastère de Manlieu en Auvergne, dont Aimond étoit alors abbé, & ratifie la donation qu'il avoit faite précédemment à cette Abbaye, de deux terres appelées *Dendaüs* & *Buxogilus*, que les comtes Landri, Gerbert & Bérenger avoient autrefois tenues en bénéfice du Fisc.

Dugise, notaire du Palais, expédia ce Diplome, faisant pour le chancelier Dodon.

18 DÉCEMBRE.

DIPLOMA *Lotharii Italiæ regis & imperatoris pro Wimaro vassallo suo.*

Donné au palais de Gardine (Gardina), proche Aix-la-Chapelle.

Rec. des Hist. de France, par Dom Bouquet, tom. VIII, pag. 365. Marca Hispanica, col. 770.

Baluze place cette Charte sous l'année 834; il semble qu'il y a erreur, parce que l'indiction XI, dont elle est datée, indique l'année 833; mais ce n'est pas la plus grande difficulté que présente l'analyse de cette pièce, soit que l'on en fixe l'époque à l'année 834, soit que l'on admette le sentiment de Dom Bouquet, qui l'attribue à l'année 833. Comment en effet se peut-il que Lothaire, qui ne fut jamais Souverain en Aquitaine, ait pû disposer des fonds de terre appartenans à cette Couronne & situés dans l'intérieur de ce royaume; car il est dit dans ce Diplome que le lieu donné par Lothaire & nommé Villeneuve, *Villa-nova*, étoit enclavé dans l'étendue du comté de Roussillon; or ce comté fut réuni au duché de Gothie par Pépin le Bref, vers l'an 756, après qu'il en eut fait la conquête sur les Sarazins; ce même arrangement subsistoit encore du temps de Charles le Chauve, & peut-on douter que le duché ou marquisat de Gothie ne fût du royaume d'Aquitaine? Mais sur quoi se fonder, pour dire que ce lieu de Villeneuve appartînt au domaine de la couronne d'Aquitaine? on en trouve des preuves sensibles dans la Charte même : on y lit que Charlemagne avoit autrefois donné *en bénéfice* au père de Wimar ces fonds de terres, qui étoient alors incultes; par conséquent ils appartenoient au domaine royal; il est visible par cette raison, qu'il n'y avoit que le roi d'Aquitaine qui pût en disposer & les donner en toute propriété; ce n'étoit pas Lothaire, puisque par le partage qu'il fit avec ses frères après avoir détrôné Louis le Débonnaire, vers la fin de l'année 833, les provinces dont il accrut ses États étoient en-deçà de la Loire, & que l'Aquitaine resta à Pépin dans les limites qu'il l'avoit possédée ci-devant : le changement qui arriva en 834, après que l'Empereur fut rétabli sur son trône, n'en apporta aucun par rapport à l'Aquitaine, Louis la rendit à Pépin son fils dans la même étendue qu'il la lui avoit donnée en 817. Toutes ces raisons concourent à inspirer beaucoup de doutes sur l'authenticité de ce Diplome; on y lit au bas le nom de Drudtemir, soûdiacre qui étoit notaire du Palais, & celui d'Hermenfroid qui étoit chancelier.

29 DÉCEMBRE.

PRÆCEPTUM *Ludovici imperatoris pro eodem Wimaro quo supra.*

Donné à Aix-la-Chapelle.

Marca Hispanica, col. 771.

Il seroit bien difficile de concilier tout ce que nous savons des Auteurs contemporains sur l'histoire de cette année, & même sur celle du règne de Louis le Débonnaire, avec les faits contenus dans cette pièce; il y a un moment que nous avons vû ce Wimar, en faveur duquel il paroît qu'elle fut donnée, au nombre des vassaux de Lothaire, quoique suivant les apparences, il fût né Aquitain & sujet de Pépin; ce fut pour récompenser sa fidélité & son attachement au service de Lothaire, que ce Prince lui donna en toute propriété des fonds que son père n'avoit possédés qu'en bénéfice; je

Tome I.   Ggg

viens de rendre compte de la Charte de cette donation, datée du 18 de ce mois; qui croira qu'onze jours après, l'Empereur, qui avoit pour ennemi Lothaire son fils, fasse une autre donation à ce même Wimar, & pour les mêmes causes de fidélité & d'attachement à son service? J'ai en outre déjà remarqué que depuis le mois de juin de cette année, l'Empereur ne put ni donner des Diplomes, ni faire aucun acte de souveraineté, parce qu'il avoit été déposé dans le mois de juillet, & qu'il fut détenu jusqu'à la fin de l'automne, dans une espèce de prison au Monastère de S.t Médard de Soissons.

Les biens que l'Empereur donne, par cet Acte, à Wimar, étoient situés dans le Valespire; c'étoit une terre nommée *Vicus Sirisidum*, dont les domaines confinoient à l'orient, *a parte orientali*, à un lieu, &c. au midi, *a parte meridianâ*, à un autre lieu; au couchant, *ab occidentali*, à un autre lieu; au nord, *a septentrione*, &c. Ce Diplome est sans contredit le seul que j'aie vû dans les Rois de la première & de la seconde Race dans lequel on se soit orienté pour désigner ou placer des bornes; on trouve ordinairement dans tous les Actes de ce vieux temps, le nom des propriétaires des champs ou celui des champs mêmes qui confinoient à la terre dont il étoit fait une donation ou un échange, pour désigner sa situation, quelquefois ni l'un ni l'autre ne sont énoncés dans ces Actes; ainsi ces expressions, inusitées du temps de Louis le Débonnaire, suffiroient pour me porter à taxer la pièce de fausseté.

La souscription du chancelier Élisachar, que l'on trouve au bas de cette pièce, est enfin une dernière preuve qu'elle est supposée; il y avoit plus de dix ans que cet Abbé n'exerçoit plus cet office. Le nom du notaire du Palais qui l'expédia, est désigné par ces deux lettres H. D. cependant le nom d'aucun des Officiers qui étoient sous les ordres de ce Chancelier ne commençoit par ces deux lettres, tels que *Durandus, Adalulfus, Faramundus, Sigibertus, Simeo, Hirminmarus, Meginarius*.

Sans autre date.

Année 833.

Charta Aldrici archiepiscopi Senonensis, de abbatiâ S.ti Remigii ad Vallilias transferendâ.

Ann. Eccl. Fr. Cointii, t. VIII, pag. 279.
Conc. ab Harduino, tom. IV, col. 1370.
Spicileg. d'Acherii, tom. I, p. 593, col. 1.
Annal. Bened. t. II, p. 560.

Fait à Sens.

« Ou cette Charte a été donnée, dit Mabillon, pendant la déposition de Louis le » Débonnaire, ou après sa mort, parce que l'archevêque de Sens la date du règne de » l'empereur Lothaire »: les raisons qui établissent cette alternative sont également solides; mais il a échappé une difficulté à Mabillon que fait naître l'énoncé de la Charte même: vers la fin il est dit que l'archevêque Aldric fait la translation des Reliques, *du consentement de l'empereur Louis & de Charles*, de l'ancienne église de S.t Remi dans la nouvelle de Vareilles: ceci fait une contradiction, puisqu'on lit au commencement de la Charte qu'elle est donnée sous l'empire de Lothaire, & plus bas, que Louis & Charles règnent. Peut-être Aldric s'étoit-il muni dès l'année précédente de lettres de l'empereur Louis le Débonnaire qui lui permettoient cette translation, qu'il ne fit que vers la fin de cette année, dans le temps que l'Empereur, & Charles le plus jeune de ses fils, étoient détenus prisonniers dans des cellules. Le Cointe résout autrement cette difficulté; il dit que cette Charte est composée de deux pièces, la première, suivant cet Auteur, finit à ces mots, *sempiternas cogatur luere pœnas*: & celle-ci est du temps de la déposition de Louis le Débonnaire. La seconde commence à ces autres mots qui suivent, *Corpora etiam Sanctorum*, & cette dernière est postérieure à l'autre au moins d'un an; elle ne fut donnée qu'après le rétablissement de ce Prince sur son trône: cette jonction n'affoiblit point, suivant le Cointe, l'authenticité de ces deux pièces, elle décèle seulement l'ignorance de celui qui des deux n'en a fait qu'une.

Il se tint donc à Sens un Concile, auquel Aldric archevêque de ce siège présida; il y assista des Évêques des Métropoles de Sens, de Reims, de Tours, de Narbonne, de Vienne, de Besançon & de Mayence. Aldric présenta à ces Prélats cette Charte, par laquelle il transfère le monastère de S.t Remi, situé dans l'un des fauxbourgs de la ville de Sens, dans un lieu nommé *Vareilles*, qui en est éloigné d'environ quatre lieues; cette Abbaye s'est depuis appelée du nom de ce lieu: Aldric dit que les bâtimens étoient tombés en ruine, les biens usurpés, & les Moines dissipés; qu'il l'a fait rebâtir à neuf à Vareilles; qu'il en a recouvré les biens & les a réunis à ce lieu, & qu'il y a établi une quantité suffisante de Moines, qui y vivront desormais sous la règle de S.t Benoît. Il fait toutes ces choses, dit-il, par un pur motif de piété & sans vûe d'intérêt, assujétissant l'Abbé & les Moines envers lui & ses successeurs à la plus petite redevance, qui est de lui donner annuellement *un cheval, avec une lance & un bouclier; & dans le cas où lui ou ses successeurs seroient obligés d'aller à la guerre, le Monastère sera tenu d'ajoûter deux fourgons, un tonneau de vin, un de farine, avec dix moutons.*

On trouve dans cette pièce le nom des métairies & des autres fonds de terre qui faisoient alors le patrimoine de cette Abbaye.

Cette Charte fut souscrite d'Aldric archevêque de Sens, Landran archevêque de Tours, Bartholomée archevêque de Narbonne, Jonas évêque d'Orléans, Rainard évêque de Rouen, Rotualde évêque de Soissons, Aldric évêque du Mans, Carvilt évêque de Bayeux, Raoul évêque de Lisieux, Ercanrad évêque de Paris, Étienne évêque de Bourges, Altuad évêque de Genève, Adalhelinus évêque de Châlons-sur-Marne, Regnier évêque d'Amiens, Élie évêque de Troies, Hubert évêque de Meaux, Alduin évêque de Verdun, Delric évêque de Basle, Faucon évêque de Worms, Tugrin évêque d'Albi, Atton évêque de Nantes, Gerfied évêque de Nevers, Facond évêque de ***, Boson abbé de S.ᵗ Benoît-sur-Loire, Adrevalde abbé de Novalèze, Déidon abbé de S.ᵗ Remi de Reims, Christian abbé de S.ᵗ Germain d'Auxerre, Bernoin évêque de Chartres, Ragnemond abbé de S.ᵗ Calez, Ingelnon évêque de Séez, Fava évêque de Challons-sur-Saône.

Année 833.

Charta Hilduini abbatis S.ᵗⁱ Dionysii, pro Monachis hujusce monasterii.

Histoire de l'abbaye de S.ᵗ Denys, par Félibien, preuv. page 55.

Hilduin termina le grand ouvrage de la réforme de son abbaye de S.ᵗ Denys par y rétablir l'office continuel de jour & de nuit, c'est ce que l'on appelle *Officium perenne*. Dans cette vûe, il détacha des biens de sa manse un village nommé *Ermedonis*, & le donne par cette Charte aux Moines; il régla qu'en cette considération il y en auroit toûjours huit qui psalmodieroient au Chœur, lesquels après un certain temps seroient relevés par huit autres, en sorte que l'on célébreroit dans l'église de cette Abbaye un Office éternel, chanté suivant le rit Romain: il stipule encore dans cette Charte, qu'après sa mort on fera tous les jours mémoire de lui, tant aux Messes qu'aux autres Offices.

Sans autre date. **Lettre** du pape Gregoire IV, en réponse aux Évêques de France, par laquelle ce Pontife leur fait des reproches de ce qu'ils ne déféroient pas aveuglément à son sentiment & au projet qu'il avoit formé d'excommunier l'Empereur, à l'occasion du nouveau partage que ce Prince avoit fait de ses États.

Rec. des Hist. de France, par Dom Bouquet, t. VI, p. 352. Annal. Franc. Cointii, t. VIII, p. 249. Histoire de Lyon, par Menestrier, p. 231.

Lothaire & les rois de Bavière & d'Aquitaine, mécontens de partager avec Charles leur jeune frère, la monarchie, formèrent le dessein de détrôner leur père & de tondre Charles, moyen, suivant les loix de ce temps, de l'exclurre du trône. Pour exécuter plus sûrement ce dessein perfide, ils mirent dans leur parti le plus d'Évêques & de Moines qu'il leur fut possible; Lothaire qui connoissoit le Pape d'alors très-zélé pour les intérêts de son Siége, ne douta nullement qu'il ne favorisât ses vûes, par l'espérance qu'il concevroit naturellement d'accroître son pouvoir à la faveur des troubles; en effet, ce Pape sans balancer accepta la proposition que Lothaire lui fit de venir en France; & sans en demander l'agrément à l'Empereur, il se mit en route & écrivit aux Évêques qu'il venoit pour réformer les abus qui dominoient à la Cour de l'Empereur, pour rétablir la paix & l'union qui devoient régner entre le père & les enfans, & enfin pour forcer l'Empereur, même par les voies des censures de l'Eglise, s'il en étoit besoin, de rompre le nouveau partage qu'il avoit fait de ses États. Nous ne savons pas positivement quelle fut la réponse que les Évêques de Neustrie firent au Pape, mais on peut présumer qu'elle fut favorable à son projet, parce qu'ils étoient entrés presque tous dans la conjuration; mais nous apprenons par cette réponse que le Pape fit à celle des Évêques de Germanie & d'Austrasie, que ces Prélats étoient demeurés attachés au parti de l'Empereur, & qu'après avoir exposé à Gregoire, avec fermeté, qu'il manquoit à la fidélité qu'il devoit lui-même à Louis le Débonnaire, ils lui marquoient ne s'il prétendoit méconnoître les droits & la souveraineté de ce Prince, & lancer dans l'intérieur de ses États des excommunications, il devoit craindre qu'ils ne le déposassent.

Tome I.

On doit penser que le Pape & les Évêques de Germanie & d'Austrasie avoient mis un peu trop de vivacité les uns & les autres dans les Lettres qu'ils s'écrivirent ; mais celle-ci contient des faits avoués par le Pape lui-même, qui sont aussi défavorables aux opinions des jurisconsultes Ultramontains, que favorables aux défenseurs de nos libertés.

Sans autre date.

ANNÉE 833.

EPISTOLA *Agobardi Lugdunensis archiepiscopi, ad imperatorem Ludovicum Pium, de divisione Imperii inter filios.*

Rec. des Hist. de France, par Dom Bouquet, t. VI, p. 367.

Agobard fait pressentir à l'Empereur les troubles dont la Monarchie est menacée, par le mécontentement que ses trois enfans montroient du nouveau partage qu'il avoit fait en faveur de Charles son quatrième fils. Mais les termes de sa Lettre ne paroissent pas assez ménagés : quelque bonnes que fussent les vûes de cet Évêque, il ne devoit pas sortir des bornes de sa qualité de sujet ; au reste son objet devoit être d'approfondir la question, Si l'obligation du serment pour le premier partage entre les trois fils de l'Empereur étoit absolue ou relative ; Agobard loin d'entrer dans la discussion du fond de l'affaire, discourt vaguement sur ce qui précéda le partage de 817 & sur les inconvéniens de celui de 829. Quelles pouvoient être en effet les bonnes raisons d'Agobard pour prétendre que ce serment lioit tellement l'Empereur, qu'il ne pouvoit plus faire de changemens dans le partage de ses États ! Il est bien évident que ce serment, à tous égards, étoit conditionnel. Quoi donc ! ce serment pouvoit-il être préjudiciable au jeune Charles, qui n'étoit pas né encore, & donnoit-il à ses frères un droit de l'exclurre de la succession paternelle ! Puisque le trône se partageoit alors, la division que Louis le Débonnaire en fit l'année 817, n'étoit que provisoire, la naissance subséquente d'autres héritiers légitimes l'annulloit de droit. Il est hors de doute qu'Agobard étoit trop éclairé pour ne pas sentir combien tous ses raisonnemens portoient à faux ; mais il savoit qu'il parloit à un Prince dont la bonté du cœur exceloit sur toutes ses autres qualités : dans cette confiance, & dissimulant sa haine pour Judith, il lui exagéroit les maux que ce second partage occasionneroit, au lieu de lui donner des conseils pour repousser l'injustice de ses fils, qui prenoient les armes contre lui.

ACTA *impiæ ac nefandæ exauctorationis Ludovici Pii imperatoris.*

Rec. des Hist. de France, par Dom Bouquet, t. VI, p. 243. Concil. Antiq. Gal. a Sirmondo, t. II, p. 560. Ann. Eccl. Fr. Cointii, t. VIII, pag. 265. Constit. Imp. a Goldasto, t. II, pag. 16.

Le Concile dans lequel Louis le Pieux, ce malheureux & trop bon Prince, fut déposé, se tint à Compiegne au mois d'octobre ; Agobard y présida. Je n'ai rien à ajouter au compte que Mézerai, Daniel & le père Barre ont rendu de ce qui se passa dans cette tumultueuse assemblée, dont on trouve le précis dans cette pièce : il me suffit de dire qu'Ebbon archevêque de Reims & quelques autres Évêques, prostituèrent ce que la Religion & l'honneur ont de plus sacré, à la passion de régner des fils aînés de Louis le Débonnaire.

ANNÉE 834.

9 Avril.

PLACITUM *in quo bona monasteriis S.ti Hilarii Pictaviensis & Nobiliaci restituuntur.*

Histoire des Comtes de Poitou, &c. par Besli, preuves, pag. 23.

Annus insequens, dit Mabillon (annales Bénédictines, t. II, p. 563) *tricesimus-quartus præcedentis infamiam & dedecus abolevit, restituendo in tronum Ludovico Augusto, qui tam injustè solio deturbatus fuerat.* Le crime ne demeure pas long-temps caché ni impuni. La manière dont Lothaire en usa avec ses frères dès qu'il eut usurpé le trône de l'Empire, décela les motifs d'une ambition outrée qu'il avoit cachée du voile spécieux de son amour pour la justice & pour le bien public. Lothaire loin d'augmenter les royaumes de ses frères & de partager avec eux la dépouille de leur père commun & de leur jeune frère, s'empara de tout l'héritage, & exigea avec hauteur des sermens de fidélité de leur part : ces mauvais traitemens, suivant Nithard, furent la première source de division entre ces trois Princes ; des vûes d'intérêt détachèrent Pépin & Louis du parti de Lothaire : *Nam Pippinus,* dit cet Historien fidèle, *& Lodhuwicus videntes quòd Lodharius universum imperium sibi vindicare, illosque deteriores efficere vellet, graviter ferebant.*

Cependant l'Empereur étoit toûjours le prisonnier de son fils, qui l'avoit transféré de St Médard de Soissons à Aix-la-Chapelle, où il étoit sous une garde sévère. Le roi de Bavière se plaignit à Lothaire des traitemens indignes que l'on faisoit souffrir à leur père, & fit demander par ses Ambassadeurs que l'on en usât plus humainement envers ce malheureux Prince. Lothaire n'eut aucun égard aux prières de son frère, sa passion effrénée de régner l'avoit rendu insensible aux sentimens de la nature & sourd à la voix de la raison & de la justice. Toûjours inquiet & défiant, il apprit que Louis, peu satisfait de la réponse qu'il lui avoit fait faire, levoit des troupes; il craignit d'être surpris, alors il quitta son palais d'Aix-la-Chapelle & se rendit à Paris, traînant toûjours son malheureux père avec lui, chargé de chaînes & entouré de gardes cruels.

En effet, Louis forma le premier le dessein de délivrer l'Empereur & de le rétablir sur son trône; il fit négocier à la Cour du roi d'Aquitaine son frère un Traité d'alliance contre Lothaire, & tandis qu'on en régloit les articles, il leva une armée considérable, composée de Bavarois, d'Austrasiens, de Saxons, d'Allemands, & des Francs qui habitoient au-delà de la Forêt-Charbonnière. Pépin eut à peine appris les dispositions du roi de Bavière, qu'il leva de son côté une armée d'Aquitains & de Neustriens. Ces deux Princes, dans lesquels les malheurs de l'Empereur avoient fait renaître tous les sentimens de l'attachement que des enfans doivent à leur père, marchèrent avec promptitude. Lothaire étoit venu de Paris à Compiegne, où il tenoit une assemblée lorsqu'il fut informé des mouvemens de ses deux frères; se sentant trop foible pour leur faire face, il prit le parti de décamper & laissa son prisonnier. Les Historiens (*Annales Bertiniani*) fixent la retraite de ce Prince au 28 février. Les Évêques & les Seigneurs qui avoient été convoqués pour la diète, dont le plus grand nombre sans doute s'étoit déjà vivement repenti d'avoir participé à la déposition de Louis le Débonnaire, proposèrent unanimement de ne point attendre l'arrivée des Rois d'Aquitaine & de Bavière pour le rétablir sur le trône; dès le jour qui suivit celui de la fuite de Lothaire ils conduisirent Louis à l'abbaye de St Denys; les Évêques le reconcilièrent avec l'Église, & il reprit le sceptre & la couronne impériale. L'Empereur partit peu de temps après pour Aix-la-Chapelle, où il célébra les fêtes de Pâques; il y fit venir aussi-tôt l'impératrice Judith, qui étoit demeurée depuis la journée du Champ du mensonge dans un couvent à Tortone, & son jeune fils Charles, qui n'étoit pas sorti de l'abbaye de Pruim. Après tous ces évènemens & beaucoup d'autres, que Mézeraï & Daniel ont très-bien décrits, l'Empereur rétablit ses trois fils chacun dans son royaume & leur ordonna de s'y retirer. Il paroît cependant par ce Plaid & par quelques autres Actes de ce temps, que Pépin avoit conservé un parti considérable dans l'Aquitaine, & que le plus grand nombre des Évêques & des Seigneurs le regarda toûjours comme Roi, quoique l'Empereur son père lui eût retiré au commencement de l'année précédente la Couronne, pour la donner au jeune Charles.

On lit dans le procès-verbal de ce Plaid, qu'Agnarius, *Missus* du roi Pépin, présidant les Juges d'un certain district, reçut une requête de Gratien, Avoué du monastère de Noaillé, qui étoit alors une dépendance de l'abbaye de St Hilaire de Poitiers, dans laquelle il se plaignoit qu'un seigneur de ce canton nommé Agnaldus, très-proche parent du *Missus*, s'étoit emparé à main armée d'un lieu nommé *Cavadado*, appartenant au monastère de Noaillé, & d'un bois du domaine de St Hilaire. Les parties furent entendues & reçues, suivant l'usage d'alors, à faire la preuve par témoins des dits & contredits; mais Agnaldus ayant été convaincu des excès dont il étoit accusé, fut condamné à restituer la métairie & le bois usurpés, & à des dommages & intérêts envers ces deux Monastères, pour les mauvais traitemens que leurs hommes avoient reçus de sa part; il obtint néanmoins du temps pour payer la somme d'argent à laquelle les dommages furent fixés; le premier jeudi du mois de mai suivant fut le terme que les Juges réglèrent.

On confirma encore, dans ce même Plaid, un échange qu'un particulier nommé *Ingelgerius* avoit fait, du lieu appellé *Canago*, situé *in pago Briosinse*; mais il n'est point écrit comment s'appeloit la personne avec qui cet échange fut fait, ni ce qu'elle donna; on ne sait pas non plus le nom du lieu où se tint le Plaid.

AVRIL, sans quantième.

ANNÉE 834.

EPISTOLA *Gregorii IV papæ ad Episcopos & alios Dei Fideles per Galliam constitutos, de dignitate privilegii monasterii Floriacensis.*

Donné à Rome.

Miscellanea Baluzii, t. II, pag. 145.
Ann. Eccl. Fr. Cointii, t. VIII, pag. 333.

L'endroit d'où le Pape écrit cette Lettre n'y est pas marqué, mais il est certain qu'elle ne fut écrite dans aucun lieu ni de la France ni de l'Allemagne; suivant Nithard, le Pape s'en étoit retourné en Italie avant même que Lothaire eût conduit son père à Compiegne pour le faire déposer dans l'assemblée qu'il y convoqua vers le mois d'août de la précédente année; cet Historien nous donne à entendre que le Pape eut honte de protéger une conjuration aussi atroce, & que pour se donner l'air de la désapprouver, il quitta l'armée de Lothaire l'instant d'après qu'il eut fait prisonnier l'Empereur son père; ainsi cette Lettre fut incontestablement écrite de Rome, après le retour du voyage que Gregoire avoit fait en France.

Mais qui croira que l'Empereur, qui n'eut d'entretien dans son camp avec le Pape que pendant tout au plus un jour, lui demandât des priviléges pour le monastère de Fleuri *ou* S.t Benoît-sur-Loire! il ne dut être question entre l'Empereur & le Pape, qui affectoit dans cette circonstance le rôle de médiateur entre lui & ses enfans, que des affaires de l'État les plus importantes. L'Empereur sans doute n'étoit occupé qu'à justifier l'impératrice Judith son épouse du crime d'adultère, dont les enfans du premier lit la chargeoient; il ne pensoit qu'à prouver la justice du dernier partage de ses États, auquel il avoit admis le jeune Charles, & contre lequel les Conjurés réclamoient. Peut-on enfin imaginer que l'Empereur aura perdu de vûe tous ces grands objets, pour s'occuper d'un Monastère & pour demander au Pape la confirmation de priviléges qu'il n'appartenoit alors qu'au Roi d'accorder!

Pour moi, je pense que cette Bulle a été, comme grand nombre d'autres, composée plusieurs siècles après la date qu'on lui a assignée: mais si on la soûtient authentique, je ne puis m'empêcher de dire que le Pape avance des choses contraires à la vraisemblance dans le préambule; ce fut donc d'ailleurs par ressouvenir que le Pape accorda ces Lettres huit ou neuf mois après que l'Empereur, suivant lui, l'en eut supplié; car il dit positivement que Louis le Débonnaire lui demanda ce privilége lorsqu'il se rendit auprès de sa personne.

Au surplus, il n'y a pas lieu de croire que ce Monastère ait dans aucun temps joui de priviléges plus grands ou autres que ceux que Charlemagne ou Louis le Débonnaire lui-même avoient accordés à l'Abbé & aux Moines; ainsi cette Bulle doit être réputée comme non avenue.

15 MAI.

Année 834.

PRÆCEPTUM *Ludovici imperatoris, de Paganis ad Christianitatem invitandis, & de institutione Hammaburgensis archiepiscopatûs.*

Donné à Aix-la-Chapelle.

Capit. Reg. Fr. a Baluzio, t. I, col. 681.
Origines de Hambourg, p. 121.
Acta SS. Ord. Bened. sæc. IV, part. 2. p. 121.
Ann. Eccl. Fr. Cointii, t. VIII, pag. 317.
Rec. des Hist. de France, par Dom Bouquet, t. VI, p. 593.

Le Cointe a recueilli plusieurs éditions de ce Diplome dont il a donné les variantes, avec de savantes remarques.

L'Empereur raconte, dans le préambule de cette Charte, les soins que Charlemagne prit pour convertir à la foi les différentes nations barbares qui habitoient aux extrémités de la Saxe; il dit que ce Prince y envoya Amalaire, archevêque de Trèves, qui y jeta les premiers fondemens d'une Église, qu'il dota, & dont la desserte fut confiée alors à un seul Prêtre nommé Héridac; que l'intention de Charlemagne avoit été d'en fonder plusieurs autres dans cette même région & d'y établir un Évêque, mais que la mort avoit prévenu toutes ces œuvres de piété; que pour ces considérations, & desirant comme l'avoit fait son auguste père, contribuer à la plus grande gloire de Dieu, il créoit à Hambourg, ville principale de canton, un archevêque nommé Anschaire, qu'il avoit fait sacrer par Drogon évêque de Metz, dans une assemblée d'Évêques où étoient Ebbon archevêque de Reims, Hetton archevêque de Trèves & Otguaire archevêque de Mayence. Ce canton, dont Hambourg étoit la capitale, contenoit le pays qui a depuis formé le duché de Holstein.

L'Empereur ajoûte qu'il fait cet établissement de son propre mouvement & de son autorité, & que le nouvel Archevêque a reçu également sa mission & de l'église de Rome & de sa puissance impériale; *tam nostrâ quàm sanctæ Romanæ ecclesiæ Sedis auctoritate, hanc Deo dignam in gentibus commisimus legationem, ac proprii vigoris adscribere decrevimus dignitatem.*

Drogon ne consacra pas seul l'archevêque Anschaire, il eut pour coopérateurs Helmgaud évêque de Verdun, & Willeric évêque de Brême.

Outre beaucoup de terres dont l'Empereur dota cette nouvelle Cathédrale, il lui donna encore un Monastère, & en exempta les biens & les hommes de toutes les charges publiques.

ANNÉE 834.

15 MAI.

PRÆCEPTUM Ludovici imperatoris pro monasterio Novæ-Corbeïæ in Saxoniâ.

Rec. des Hist. de France, par Dom Bouquet, t. VI, p. 594. Annal. Paderborn. lib. II, p. 95, apud Schatenium.

Dom Bouquet n'a imprimé que les dates de cette pièce.

Warin abbé de ce Monastère obtint de l'Empereur, par ce Diplome, des fonds de terre qui dépendoient ci-devant du domaine de la Couronne; ils étoient situés *in Angariis* & *in Logni*, & leurs noms étoient *Sulbichi* & *Hemlion*: les Géographes Allemands peuvent s'exercer avec quelque succès à un travail qui peut conduire à découvrir ces lieux, dont les noms me paroissent barbares.

Hirminmarus, notaire du Palais, expédia ce Diplome, faisant pour le chancelier Théoton.

18 JUIN.

CHARTA pro monasterio Rhedonensi, in minori Britanniâ.

Ann. Eccl. Fr. Cointii, t. VIII, pag. 349.

Nominoé, qui donna cette Charte, ne prend que le titre de *Missus imperatoris Ludovici* : je crois cependant qu'il étoit Gouverneur de toute la province; il avoit succédé dans cette place, depuis environ un an, à Ratwil.

Ce Seigneur donne, par cet Acte, à l'Abbé & aux Moines de S.t Mélaine de Rennes, une langue de terre appelée *Ros*, située entre deux rivières, dont l'une est nommée *Ultone* & l'autre *Vifnoio*, avec un tiers des domaines dépendans de l'ancienne église de *Bain*, qui étoit dans le canton de *Spiluc*: ces domaines confinoient d'un côté aux héritages d'un particulier nommé *Vetinicort*, & d'un autre côté au petit village appelé *Mutfin*; Nominoé ajoûta à cette donation les bois, les prés, les eaux & toutes les autres dépendances de ces domaines.

3 JUILLET.

DIPLOMA Ludovici imperatoris pro cœnobio Campidonensi.

Donné à Aix-la-Chapelle.

Rec. des Hist. de France, par Dom Bouquet, t. VI, p. 595. Apud Rossenrum, in append. ad vindication. contra vindicias, pag. 26.

Dom Bouquet n'a imprimé que le titre & les dates de cette pièce, qui n'intéresse que l'abbaye de Kempten dans la Souabe; elle ne peut donner aucun éclaircissement pour notre Histoire.

20 JUILLET.

DIPLOMA Ludovici imperatoris pro monasterio Prumiensi.

Donné à Thionville.

Rec. des Hist. de France, par Dom Bouquet, t. VI, p. 595. Apud Martenium, ampliss. collect. tom. I, pag. 90.

Dom Bouquet n'a imprimé non plus de cette pièce que le titre & les dates. On la trouve toute entière dans l'amplissime Collection citée à la marge.

L'Empereur, étant accompagné de deux de ses fils, Pépin & Louis, s'étoit mis à la tête d'une armée nombreuse pour s'opposer aux entreprises de Lothaire: ce Prince se voyant enfin le plus foible, fit demander la paix à l'Empereur son père; Louis le Débonnaire la lui accorda & reçut sa soûmission; il fit grace à tout le reste des Conjurés qui étoient demeurés attachés à Lothaire, & il le renvoya aussi-tôt en Italie; après quoi l'Empereur, se trouvant alors à Orléans, licencia ses troupes & congédia ses deux autres fils, Pépin & Louis. Il se mit aussi-tôt en route pour retourner en Allemagne, il passa à Paris & dirigea sa marche par Thionville; pendant le séjour qu'il fit dans ce Palais, Marcoard abbé de Pruim vint lui faire sa cour, & obtint ce Diplome, par lequel l'Empereur confirme la donation qu'un de ses vassaux nommé Bateric avoit faite à ce Monastère, tandis qu'il y étoit Novice, d'un village appelé *Madalbodi-sperarium*: il est dit dans cette Charte, que l'Empereur avoit autrefois fait donation à Bateric du village dont il s'agit.

19 AOÛT.

DIPLOMA Ludovici imperatoris pro ecclesiâ Lingonensi.

Donné à Langres.

Rec. des Hist. de France, par Dom Bouquet, t. VI, p. 595. Gallia Christ. sec. edit. t. IV, instr. col. 130.

Sans doute que l'Empereur allant à Thionville, passa par Langres, où il accorda ce Diplome à Albéric, qui étoit alors évêque de cette ville; mais suivant les apparences,

NOTICE

il ne fut expédié que quelque temps après, c'est ce que le notaire du Palais auroit dû remarquer; car le 20 juillet l'Empereur se trouva à Thionville, alors il alloit à Aix-la-Chapelle; on ne peut pas présumer qu'il soit revenu sur ses pas, & que voulant continuer sa route pour l'Allemagne, il soit revenu de Thionville à Langres; il en sera certainement arrivé tout le contraire; l'Empereur se sera peut-être trouvé dans les premiers jours de juillet à Langres, où il aura accordé ce Diplome, mais les Commis de la Chancellerie n'ayant pas eu le temps de l'expédier dans le moment, auront différé jusqu'au 19 août, & quoique cette expédition ait été faite ailleurs, ils l'auront datée de Langres & l'auront mise sous le quantième du mois qu'elle aura été délivrée, au lieu de la placer à la date du jour & du mois qu'elle avoit été accordée. Les Critiques jugeront si mes conjectures peuvent avoir quelque fondement.

Albéric, pour se conformer aux décrets de plusieurs Conciles & en exécution des Ordonnances du royaume, avoit établi des Écoles publiques & privées dans sa ville épiscopale; il avoit de même fait bâtir un cloître pour les Chanoines de sa Cathédrale & leur avoit formé une manse séparée de la sienne, qu'il avoit distraite de la totalité du domaine de son Église, dont jusqu'à présent il avoit joui en commun avec eux: ce Prélat présenta à l'Empereur cet Acte de partage & en demanda la confirmation par un Diplome. Il porte que deformais les Chanoines disposeront & jouiront par eux-mêmes de deux métairies, qui étoient situées dans l'enceinte des murs de la ville même de Langres; d'un village entier, avec l'église & ses dépendances, appelé *Marciliacum*, dans le district de cette ville; le lieu nommé *Hurbaniacum*, avec réserve cependant des portions de ce village qui avoient été ci-devant léguées aux églises de S.t Amable & de S.t Ferréol; douze métairies, dans un lieu nommé *Radalenis-pons*; le village appelé *Curtis-Gregorii*; une métairie dans le lieu de *Ciddennaco*; une autre *in Prinniaco-villâ*; six *in Villâ-Helnone*, dans le pays appelé *Boloniense*; plusieurs fonds de terre *in locis Succonicus, Brigendonis atque Salcis, in pago Belnense*; treize métairies dans le village appelé *Girriaco*, avec l'église; & dans un autre, nommé *Godoleni-curtis*, dépendant du même canton, sept autres métairies; neuf, avec une église, situées *in centenâ Hoscarincœ, in villâ Fiscinis*, avec une vigne appelée *Rantas*; une autre métairie *in loco Spernaco*.

Voilà quels furent les biens qui formèrent la première manse de la Cathédrale de Langres: il est très-intéressant pour ce Chapitre de savoir les noms que portent présentement tous ces lieux & ces cantons.

ANNÉE 834.

1.er SEPTEMBRE.

CHARTA Sadigeri, ducis Austriæ Mosellanicæ, pro Fratribus monasterii S.ti Eucharii.

Stemmata Lotharingiæ ac Barri Ducum, pr. fol. 7, verso.

Donné à Trèves.

Le monastère de S.t Euchaire étoit situé près les murs de la ville de Trèves: Sadiger, duc de l'Austrasie Mosellane, fait don à l'Abbé & aux Moines, par cette Charte, d'un village nommé *Gerlingen*, avec toutes ses dépendances, à la charge de faire des prières pour ses prédécesseurs, pour lui-même, pour la Duchesse son épouse, Mathilde comtesse d'Alsace, pour ses enfans, &c.

Le comté d'Artois étoit sans doute alors réuni au comté d'Alsace, c'est-à-dire, que ces deux comtés étoient occupés ou remplis par le même Officier; car cette Mathilde en 829 prend le titre de comtesse d'Artois: or comme alors les filles des Rois prenoient le nom de Reines du royaume de leur père, les filles de Ducs & de Comtes le nom de Duchesses & de Comtesses des duchés & des comtés dont leur père avoient le gouvernement, on peut croire que cette dame prend tantôt le nom de comtesse d'Alsace, tantôt celui de comtesse d'Artois, parce que son père avoit ces deux comtés.

16 NOVEMBRE.

DIPLOMA Ludovici imperatoris ratum habentis privilegium Aldrici, archiepiscopi Senonensis, pro abbatiâ S.ti Remigii.

Spicileg. d'Acherii, tom. I, p. 594. Conc. ab Harduino, tom. IV, col. 1373.

Donné à Aix-la-Chapelle.

L'Empereur confirme, par ce Diplome, toutes les dispositions de la Charte que l'archevêque de Sens donna l'année précédente en faveur de l'abbaye de Varéilles.

Comme cette pièce est sous l'indiction XIII, d'Acheri la date de l'année 835; mais ce Savant

DES DIPLOMES. 425

ce Savant ne faifoit pas attention que l'indiction commençoit alors, comme je l'ai déjà remarqué, au 1.er de feptembre.

Hirminmarus, notaire du Palais, expédia ce Diplome, faifant pour le chancelier Hugues.

Ce Hugues étoit fils naturel de Charlemagne; j'ai remarqué ailleurs que Louis le Débonnaire l'avoit forcé de prendre la tonfure & de fe retirer dans un Cloître; il avoit, lorfqu'il fut nommé Chancelier, les abbayes de S.t Quentin & de S.t Bertin; il fuccéda dans cet office à Théoton abbé de Marmoutiers, qui fut tué au commencement de cette année dans une bataille que l'armée de Lothaire donna à celle de l'Empereur fon père. Les Abbés alloient donc quelquefois dans ce temps en perfonne à la guerre; il y a lieu de croire que ce Théoton commandoit, dans l'affaire où il fut tué, un plus grand corps de troupes que ne pouvoient former les fubfides qu'il devoit en qualité d'abbé de S.t Martin de Tours & de Marmoutiers.

21 NOVEMBRE.

ANNÉE 834.

DIPLOMA Ludovici imperatoris pro fideli fuo Adalberto.

Donné à Attigni.

Rec. des Hift. de France, par Dom Bouquet, t. VI, p. 596.

Dom Bouquet n'a donné que le titre & les dates de cette pièce; on la trouve tout au long *apud Rafterum, in Append. ad vindication. contra vindicias*, p. 31.

Cet Adalbert eft le même en faveur duquel l'Empereur donna un Diplome le 4 octobre de l'année 832.

24 NOVEMBRE.

PRÆCEPTUM Pippini Aquitanorum regis pro monafterio S.ti Hilarii Pictavienfis.

Actum in Nerifio ou Nervifio palatio.

Rec. des Hift. de France, par Dom Bouquet, t. VI, p. 672. Hiftoire des Comtes de Poitou, par Befli, pag. 24. Ann. Eccl. Fr. Cointii, t. VIII, pag. 325.

Le roi d'Aquitaine donna ce Diplome à la confidération de Fridebert fon Grand-aumônier, qui étoit évêque de Poitiers & abbé de S.t Hilaire; il confirme tous les priviléges & les immunités que Charlemagne & Louis le Débonnaire avoient accordés à ce Monaftère, & il ajoûte pour nouvelle grace, que s'il fe fait des mariages entre les Serfs & les Serves des métairies dépendantes de cette Abbaye, il permet que leurs enfans demeurent attachés à celle dont leurs père & mère cultivent la terre; *Concedimus etiam ut fi qui ex familiâ fratrum ad illorum villas pertinentes, de cæteris beneficiis S.ti Hilarii, aut vir uxorem, aut uxor virum in conjugio acceperit, proles eorum non dividantur, fed ibi permaneant.* Il faut conclurre de-là, que les Serfs faifoient partie d'une feigneurie; que leurs enfans tenoient à la terre dont ils dépendoient; que le confentement que le maitre d'un Serf lui donnoit pour contracter un mariage, ce qui en faifoit d'ailleurs la légitimité, n'empêchoit pas que les enfans qui en naiffoient n'appartinffent par égale portion à la terre dont le père & la mère faifoient partie. Le lieu de la naiffance n'établiffoit pas le droit de propriété fur les enfans des Serfs, c'étoit la propriété de la terre à la culture de laquelle le père ou la mère étoient attachés.

27 NOVEMBRE.

DIPLOMA Ludovici imperatoris pro Rothonenfi monafterio.

Donné à Attigni.

Rec. des Hift. de France, par Dom Bouquet, t. VI, p. 597. Preuves de l'hiftoire de Bretagne, par D. Maurice, t. I, col. 270.

L'Empereur tint l'affemblée des États à la fin de l'automne à Attigni; Convoion, abbé de Redon y alla, & peut-être, contre le fentiment de D. Maurice, Auteur de la nouvelle Hiftoire de Bretagne, accompagna-t-il dans ce voyage Nominoé; car l'Empereur dit que c'eft à la prière de ce Seigneur qu'il accorde à l'abbé de Redon ce Diplome; ainfi pour affurer que Nominoé ne fe trouva pas à cette affemblée, qu'il y envoya un repréfentant nommé Vorvoret, & que Vorvoret appuya la demande de l'abbé de Redon au nom de Nominoé, comme le dit D. Maurice, il faudroit de ces faits fuffent écrits quelque part, & fur-tout dans les monumens de l'autorité defquels ce Savant s'appuie; mais rien n'indique ni dans les actes de Bretagne ni dans le Diplome tout ce qu'il avance. Je conviens au fond qu'il eft très-peu important, pour l'authenticité & pour le contenu de la pièce, que Nominoé l'ait follicitée en perfonne, ou par un député nommé Vorvoret, ou autrement; mais c'eft précifément dans des chofes indifférentes qu'un Hiftorien doit être fcrupuleux fur les faits & fur fes citations, quand il aime

Tome I.   H h h

la verité & quand il desire d'inspirer de la confiance à ses Lecteurs pour les choses graves & importantes.

Ce Diplome confirme toutes les donations que le comte ou duc Nominoé avoit faites en faveur de cette Abbaye; l'Empereur en outre accorde aux Moines & à l'Abbé le lieu même de *Bain*, où ce Monastère avoit été bâti, qui dépendoit du domaine royal, avec un village nommé *Lant-degon*, qui étoit situé dans le voisinage.

Il faut sans doute que cette Abbaye ait été dans la suite transférée dans un autre endroit, car D. Bouquet remarque qu'il y a présentement à Bain une Église paroissiale à la place de l'ancien Monastère.

Hirminmarus expédia ce Diplome, faisant pour le chancelier Hugues.

2 Décembre.

Année 834.

PRÆCEPTUM Ludovici imperatoris pro ecclesiâ cathedrali Girundensi.

Donné à Attigni.

Rec. des Hist. de France, par Dom Bouquet, t. VI, p. 597. Marca Hispanica, col. 772.

Ce Diplome est très-intéressant pour l'évêque & les chanoines de la cathédrale de Girone, non pas à cause des priviléges que l'empereur Louis le Débonnaire accorde à cette Église, mais parce que l'on y trouve une énumération de tous les biens qui lui appartenoient alors; le détail que je pourrois en faire ne seroit que sous des noms qui ne peuvent être connus que par les personnes du pays, je me borne par cette raison à leur indiquer seulement la Charte; elle fut sollicitée par Wimar, qui étoit en ce temps évêque de cette Cathédrale, & expediée par le notaire Hirminmarus, faisant pour le Chancelier Hugues.

Sans autre date.

NOTITIA Hincmari Remensis archiepiscopi, de villâ Novilliaco.

Rec. des Hist. de Fr. par Dom Bouquet, t. VI, page 216.

Il faut remonter plus loin que le temps de Louis le Débonnaire pour bien entendre ce que Flodoard a écrit, d'après Hincmar, touchant les droits que l'église de Reims avoit sur ce lieu, qu'ils appellent l'un & l'autre *Novilliacum* ou *Nobiliacum*: mais il convient, avant toutes choses, de fixer la situation de ce lieu, & de le distinguer de beaucoup d'autres qui portent le même nom. Ce n'est point le *Vicus-Noviliacus* dont parle Gregoire de Tours (*lib. X, cap. 31, de vigiliis*), celui-ci est Neuilli-le-noble; ni le *Noviliacus ad hederam*, Neuilli-le-Lierre, tous les deux dans la Touraine; ce n'est pas non plus le *Noviliacus ad pontem petreum*, Neuilli-pont-pierre; ni le *Noviliacus ad Bramnam amnem*, Neuilli-la-Branle sur les confins de l'Anjou; ce n'est pas enfin le *Nobiliacus in agro Parisino*, Neuilli près Paris; mais il paroit certain que c'est *Noviliacum in agro Urcensi*; Neuilli-St-Front, situé sur l'Ouche, aux confins de la Champagne & de la Bourgogne.

Flodoard écrit donc dans son Histoire, que Carloman, frère de Charlemagne, fit donation, quelques jours avant sa mort, de Neuilli-St-Front avec toutes ses dépendances à l'église de Reims, dont le siége étoit occupé alors par l'Archevêché Turpin ou Tilpin, & qu'à quelque temps de-là, Charlemagne confirma cette donation par un Diplome; mais que ce Prince ayant mis sous sa main tout le temporel de l'archevêché de Reims, lorsqu'il vaqua à la mort de Turpin, il en détacha le village de Neuilli-St-Front, & le donna en bénéfice, à vie seulement, à Anschaire Saxon, à la charge de payer annuellement à l'église de Reims la redevance qui fut stipulée; qu'Anschaire étant venu à mourir, ce domaine étoit rentré à l'église de Reims, qui depuis en avoit joui pendant trente-sept ans; qu'au bout de ce temps l'Empereur Louis, fils de Charlemagne l'avoit de nouveau donné en bénéfice à vie à un de ses vassaux nommé Donat, & que ce Donat voulant avoir la propriété de la meilleure partie de cette seigneurie, se fit aider du faux témoignage d'un certain Begon, l'un des Régisseurs du domaine royal, qui attesta que la seigneurie appartenoit au Fisc, & obtint par cette fraude une Charte de l'Empereur en 834, par laquelle ce Prince lui donnoit partie de cette seigneurie en toute propriété, comme appartenant au domaine de la Couronne; ce Donat avoit en même temps le comté de Melun, mais l'Empereur ayant découvert qu'il avoit favorisé le parti de Lothaire, il le dépouilla, pour le punir de son infidélité, & du comté de Melun & de la seigneurie de Neuilli; ce Prince ensuite donna en bénéfice Neuilli à Athon, qui avoit été Capitaine des Gardes de la porte, sous le règne de Charlemagne son père.

Ce trait d'histoire me donne lieu de remarquer que nos Rois de la seconde Race jouissoient des revenus des Évêchés pendant qu'ils vaquoient; je ne décide point le nom que l'on donnoit à ce titre, si on l'appeloit Régale ou autrement, j'observe seulement le fait.

ANNÉE 834.

Sans autre date.

EDICTUM Ludovici imperatoris, de electione Episcoporum.

Corp. Diplom. tom. I, pr. part. p. 8, col. 2.

Rien n'assure l'authenticité de ces Lettres; elles ont été pour la première fois imprimées par Goldast dans son recueil des Constitutions Impériales, mais on sait de combien de pièces supposées cet Auteur a grossi son ouvrage. Il s'agit dans celle-ci d'un serment que l'Empereur exige de la part des principaux habitans des villes, sur les mœurs & la science des Évêques avant qu'il confirme leur élection & avant qu'ils soient sacrés par le Métropolitain de la province.

ANNÉE 835.

4 JANVIER.

PRÆCEPTUM Ludovici imperatoris pro Duserensi monasterio.

Donné à Thionville.

Ann. Eccl. Fr. Cointii, t. VIII, p. 351. Rec. des Hist. de France, par Dom Bouquet, t. VI, p. 598.

Voici ce que les Écrivains du temps nous apprennent des choses les plus intéressantes qui se passèrent dans l'assemblée générale des États, que l'Empereur tint cette année à Thionville, à la fête de la Purification, & dans laquelle il donna ce Diplome.

Tous les Évêques d'Allemagne & de France furent spécialement convoqués; on s'étoit proposé d'y faire le procès à ceux qui avoient excité & favorisé la conjuration; ce dessein ayant transpiré, ceux qui se sentirent coupables prirent différens partis. Le Cointe les divise en trois classes; il met dans la première ceux qui, au lieu de se rendre à la diète, s'enfuirent en Italie. Sur quoi Baronius, grand partisan des chimériques prétentions de quelques Papes, remarque que l'on n'osa dans la diète discuter la cause de ces Évêques, & encore moins prononcer de Sentence contr'eux, parce que la Cour de Rome étoit, dit-il, saisie de leur cause. Il est aisé de faire sentir combien ce raisonnement porte à faux. Premièrement, on n'a point de preuves que pour aucune espèce de délit on se fût encore avisé ni de dire, ni de croire en France, qu'il fallût citer les Évêques, non plus que les autres Sujets du Roi, à la Cour du Pape. Secondement, dans l'affaire présente, ces Évêques coupables de rébellion, de félonie, d'infidélité, &c. ne pouvoient avoir d'accusateurs que la Nation ou l'Empereur lui-même; Baronius a-t-il lû les Actes de cette prétendue procédure que la Nation ou l'Empereur poursuivoient à Rome contre ces Évêques! quelques Historiens du temps ont-ils écrit que l'Empereur ou la Nation aient, avant ou après l'assemblée de Thionville, demandé au Pape justice de leur révolte, dont leur fuite étoit une nouvelle preuve! Baronius auroit raisonné juste s'il eût dit deux choses; la première, que les Évêques se retirèrent à Rome, parce que le Pape Grégoire IV ayant pris avec eux le parti de Lothaire contre l'Empereur son père, ils pouvoient se promettre à Rome l'impunité de ce crime; la seconde, que l'Empereur voyant qu'ils avoient abandonné leurs sièges, les méprisa: leur fuite rassuroit ce Prince contre la crainte qu'ils n'excitassent de nouveaux troubles dans l'État.

Le Cointe forme la seconde classe, des Évêques qui, au mépris des ordres de l'Empereur, demeurèrent dans leurs diocèses & ne se rendirent point à l'assemblée: Agobard archevêque de Lyon fut du nombre de ceux-ci; mais ayant été cité une seconde fois à la diète qui se tint au mois de mai à Cremieux, & enfin une troisième fois à l'assemblée de Thionville en 836, il fut jugé & déposé; il s'enfuit alors en Italie. *Quo facto, Agobardus Lugdunensis archiepiscopus, qui evocatus venire distulit, cùm ter esset evocatus ad satisfactionem, ab Ecclesiæ semotus est præsulatu, cæteris, ut diximus, in Italiam fugientibus.*

Ebbon, archevêque de Reims, fils d'un affranchi, dont les intrigues avoient plus servi à son élévation que son propre mérite, fut le seul qui comparut à l'assemblée; ses Confrères le portèrent à se démettre de son siège, après avoir avoué publiquement son crime. Quelques Auteurs prétendent que l'Empereur le fit enfermer dans le monastère de Fulde, où il mourut; d'autres soutiennent qu'il s'enfuit en Italie, & qu'après la mort de l'Empereur, il fut, comme Agobard, rétabli dans son siège: ce qu'il y a de certain, c'est que Foulques, abbé de S.t Remi, gouverna long-temps l'église de Reims en qualité de Corévêque. Il y eut d'autres Prélats, comme Bernard archevêque de Vienne, Hildeman évêque de Beauvais, qui furent accusés aussi, mais il n'y a rien de bien certain sur le jugement qui fut prononcé contr'eux. (Dans D.

Bouquet, t. VI, p. 85; *ex Tegani opere, de geſtis Lud. imp. p. 117; in vitâ Lud. imper. ab Aſtron. pag. 197; in annal. Bertin. ad annum DCCCXXXV.*

Tandis donc que l'Empereur tenoit ſon Parlement à Thionville, Hildegiſe abbé de Donzère obtint de lui ce Diplome, par lequel il ratifie la donation que le comte Varnier avoit faite à cette Abbaye d'un héritage appelé *Maſteces*, ſitué dans le diocèſe & aux environs de Saint-Paul-trois-châteaux. Le Comte avoit été marié deux fois, la donation étoit du temps de ſon premier mariage; il épouſa en ſecondes noces une Serve dépendante de ce Monaſtère, elle refuſa ſans doute de ratifier cette donation, & l'Abbé craignant pour l'avenir quelque procès pour ſes repriſes matrimoniales, ou pour autres cauſes, prit le parti de faire confirmer cette donation par l'Empereur; *metuens ne connexio ejuſdem ancillæ de eiſdem rebus ſibi aliquid contrarietatis inferre poſſit, noſtram humiliter expetivit miſericordiam, ut,* &c.

Hirminmarus expédia le Diplome, faiſant pour le chancelier Hugues.

ANNÉE 835.

24 JANVIER.

PRÆCEPTUM *Lotharii Italiæ regis pro monaſterio Mediolanenſi Ambroſiano.*

Ann. Eccl. Fr. Cointii, t. VIII, pag. 372.

Donné à Pavie.

Lothaire donne, par ce Diplome, au monaſtère de S.ᵗ Ambroiſe de Milan, une terre appelée *Lemonta*, ſituée dans le voiſinage de cette ville; la reine Hermengarde ſon épouſe le porta à faire cette donation, pour honorer la mémoire d'un frère à elle nommé Hugues, qui avoit choiſi ſa ſépulture dans l'égliſe de cette Abbaye.

Druētemirus, notaire du Palais, expédia ce Diplome, faiſant pour le chancelier Égilmar.

12 MARS.

PRÆCEPTUM *Pippini Aquitaniæ regis pro S.ᵗⁱ Juliani Brivatenſis eccleſiâ.*

Spicileg. d'Acherii, tom. III, p. 329.

Le roi Pépin accorda ce Diplome aux Chanoines de Brioude, à la prière de l'évêque de Clermont, par lequel ce Prince les exempte de la juriſdiētion des Officiers royaux, leur permet de choiſir leur Avoué, & évoque devant le Comte du Palais toutes leurs cauſes; il les exempte en outre de tous les droits de douane & de voierie que l'on payoit alors au Fiſc.

5 MAI.

PRÆCEPTUM *Lotharii Italiæ regis pro monaſterio Mediolanenſi Ambroſiano.*

Ann. Eccl. Fr. Cointii, t. VIII, pag. 373.

Donné à Pavie.

Angilbert, archevêque de Milan, avoit donné en 831 une Charte en faveur de ce Monaſtère, par laquelle il maintient l'Abbé & les Moines dans la jouïſſance de tous leurs biens; ce Prélat en fait un dénombrement dans ſa Charte: Lothaire confirme cet Aēte par ſon Diplome.

Le Cointe a tiré cette pièce, ainſi que celle du 24 janvier de cette même année, de l'*Italie ſacrée* d'Ughelli; il fait quelques remarques critiques ſur les notes chronologiques de cette dernière.

25 MAI.

DIPLOMA *Ludovici imperatoris pro monaſterio Prumienſi.*

Rec. des Hiſt. de France, par Dom Bouquet, t. VI, p. 599. Apud Marten. t. I, ampliſſim. Colleēt. p. 93.

Aētum Albulſi-villâ.

Ce Diplome prouve que l'Empereur tint au mois de mai à Worms l'aſſemblée qu'il y avoit indiquée l'année précédente, car le lieu d'où il le date étoit une maiſon de plaiſance qui lui ſervoit de rendez-vous de chaſſe; elle étoit ſituée à deux mille d'Allemagne de Worms, on l'appelle maintenant *Albsheim*. Cette aſſemblée ou ce Parlement ne fut que pour les provinces de Germanie; l'Abbé de Pruim, nommé Marcward, s'y trouva, & l'Empereur fit donation à ſon Abbaye, par ce Diplome, de pluſieurs fonds de terre de ſon domaine, ſitués aux environs de Worms, & de l'égliſe même du lieu où étoit ſon château d'*Albsheim*.

ANNÉE 835.

20 Juin.

PRÆCEPTUM Ludovici imperatoris pro ecclesiâ Urgellensi.

Marca Hispanica, col. 774.

Donné à Lyon.

Le père Pagi, Dom Bouquet & Eckard prétendent qu'un Copiste a fait des fautes contre la chronologie dans les dates de cette pièce, mais ces Auteurs ne s'accordent point sur les corrections qu'ils croient nécessaire d'y-faire; Dom Bouquet dit qu'au lieu du mois de décembre, sous lequel Baluze l'a placée, il faut la dater du mois de mai; les autres soûtiennent qu'elle fut donnée dans le mois de juin; cette dernière opinion me paroît la plus probable, car il est certain que l'Empereur passa dans le courant de ce mois à Lyon, allant à Cremieux, où il tint une assemblée des États. Baluze a encore laissé dans cette pièce des fautes dans les noms du Chancelier & du Notaire du Palais qui l'expédièrent; je les rétablirai conformément à l'histoire.

Ce fut donc pour traiter des affaires de l'Italie, de celles de tout le Languedoc & des marches d'Espagne, que l'Empereur convoqua une assemblée à Cremieux dans le Lyonnois: Possidonius évêque d'Urgel s'y rendit, & représenta à ce Prince, que d'un côté il y avoit dans son diocèse un grand nombre de brigands qui l'empêchoient de remplir les devoirs de son ministère, & que d'un autre côté, des gens peu religieux & remplis d'ambition, avoient profité des derniers troubles occasionnés par la guerre, pour dépouiller son siége de la propriété de plusieurs églises paroissiales; il se plaignoit encore qu'un Comte du pays retenoit en bénéfice, contre la disposition des Canons, une église paroissiale nommée *Livia*: l'Empereur, pour rémédier à tous ces abus & pour rétablir l'ordre dans ce diocèse, donna ce Diplome, par lequel il fait défense de troubler l'Évêque dans ses fonctions, & enjoint à ses Officiers de le faire jouir des biens, qui étoient légués à sa Cathédrale, & de toutes les immunités & privilèges que Charlemagne lui avoit accordés; il ordonne en outre au Comte qui retenoit injustement la paroisse de *Livia* en bénéfice, de la restituer.

Hirminmarus, notaire, expédia le Diplome, faisant pour le chancelier Hugues.

24. Juin.

DIPLOMA Ludovici imperatoris, quo beneficia quædam restitui jubet ecclesiæ Cenomannicæ.

Rec. des Hist. de France, par Dom Bouquet, t. VI, p. 347 & 599.
Ann. Eccl. Fr. Cointii, t. VIII, pag. 378.
Miscellanea Baluzii, t. III, lib. 3, p. 166.

Donné à Cremieux.

Aldric, évêque du Mans, se plaignit à l'Empereur que les Officiers du Fisc s'étoient emparés de plusieurs domaines appartenans à son église, que ses prédécesseurs avoient autrefois donnés en bénéfice. Ces biens étoient alors tenus par des Vassaux du Roi, nommés Germond, Berthad, Vulfard, Bodon & ses consorts. Le nom & la situation de ces terres ne sont point désignés dans cette Charte. L'Empereur chargea l'ex-chancelier Élisachar, abbé de S.t Aubin d'Angers, de S.t Riquier & de Jumiège, avec Gui, comte du Mans, tous les deux ses *Missi*, de vérifier les faits énoncés dans la requête de l'évêque du Mans, & leur rapport ayant été favorable à ce Prélat, l'Empereur ordonna, par ce Diplome, que les bénéfices lui fussent restitués. Dom Bouquet a imprimé dans son Recueil une Lettre, sur ce sujet, de Louis le Débonnaire à l'évêque du Mans.

Hirminmarus, notaire du Palais, expédia ce Diplome, faisant pour le chancelier Hugues.

17. Juillet.

CHARTA Milonis Montani comitis Aptensis, quâ abbatiam S.ti Martini, ad preces Sendradi episcopi, ecclesiæ Aptensi donat.

Gallia Christ. sec. edit. tom. I, instr. p. 74.

Cette Charte ne paroît pas être plus ancienne que le temps des Romans; l'Entousiaste qui la composa mit trop de symmétrie & de fredonnemens dans ses phrases, il se servit d'expressions qui sentent trop l'hyperbole pour faire prendre le change. Le *Milon Montan* que ce cerveau creux fait comte d'Apt, de Glandève & de Sénez, n'a peut-être jamais existé; il est au moins bien certain que son nom ne se trouve dans aucun Historien ni dans aucun Acte du règne ni de Louis le Débonnaire, ni de Charles le Chauve; cette Charte enfin me semble un pur roman ou fable, que quelque Moine

Provençal, faisant le métier des *Trouvers*, aura composé dans le XII ou XIII.ᵉ siècle, pour donner une origine ancienne aux Comtes d'Apt. Quel est le Magistrat, le Gouverneur ou le Consul que ce faiseur de titres appelle Simmaque le jeune, & sous le Consulat duquel il date cette Charte! *Anno*, dit-il, *a Verbo Dei carnem sumente octingentesimo trigesimo-quinto, regnante Carolo Ludovici filio, Simmacho juniore Præfecturæ fascibus insulato, indictione undecimâ*. Il n'est pas heureux non plus dans son calcul de l'indiction avec l'année de l'ere Chrétienne; car au mois de juillet de l'année 835 on comptoit indiction XIII, & non pas XI comme il le dit; le Charles qui régnoit en Provence, suivant cet Auteur, ne pouvoit être que Charles le Chauve fils de Louis le Débonnaire ; mais son erreur est manifeste : l'Empereur, le moment d'après son rétablissement sur le trône, rendit le royaume d'Aquitaine, dont la Provence faisoit partie, à Pépin; il est vrai que ce Prince en avoit été dépouillé en 833, & que l'Empereur l'avoit donné à Charles, mais celui-ci n'en jouit & ne se fit appeler roi d'Aquitaine qu'après la mort de Pépin, qui n'arriva que le 13 Décembre de l'année 838.

Il paroîtra peut-être étonnant que les Auteurs de la nouvelle Gaule chrétienne aient inséré dans leur recueil un Acte aussi évidemment supposé que celui-ci ; mais je réponds pour ces Savans qu'ils n'en garantissent pas plus l'authenticité que de beaucoup d'autres que l'on trouve dans leur ouvrage ; ils auroient été d'ailleurs obligés d'interrompre la suite chronologique des évêques d'Apt, s'ils eussent rejeté cette pièce, car c'est la seule qu'ils produisent pour prouver que Seudarde occupa ce siège entre Gérald I.ᵉʳ & Paul I.ᵉʳ

ANNÉE 835.

21 JUILLET.

PRÆCEPTUM Ludovici imperatoris pro monasterio Anianensi.

Donné à Cremieux.

Annal. Eccl. Franc. Cointii, t. VIII, p. 379. Histoire de Languedoc, t. I, pr. p. 67. Rec. des Hist. de France, par Dom Bouquet, t. VI, p. 600.

Ermenald, abbé d'Aniane, obtint de l'Empereur durant l'assemblée de Cremieux ce Diplome, par lequel il donne l'*avouerie* de cette Abbaye à un de ses Vassaux nommé Maurin ; celui qui avoit cette commission auparavant étoit mort depuis peu ; les principales fonctions de ces Officiers sont énoncées dans cette pièce ; mais je me répéterois si j'en faisois ici le détail : je me borne à remarquer que l'Empereur réserve à son Conseil privé la connoissance de toutes les affaires contentieuses suivies par cet Avoué, dans lesquelles il éprouvera des dénis de justice.

L'Empereur accorde beaucoup d'autres privilèges à cet Avoué, & singulièrement celui de réclamer les Serfs fugitifs de cette Abbaye par-tout où ils seroient, dérogeant au droit Romain qui admettoit en leur faveur la prescription de trente années ; c'est-à-dire, suivant la glose du savant Godefroi, *ad legem VII Cod. tit. de Act. certo tempore finiendis*, que le Maître d'un Serf qui s'étoit sauvé de sa maison ou de sa campagne, n'étoit plus reçu à le réclamer, après le nombre révolu de trente années, & que celui chez lequel le Serf s'étoit réfugié, en acquéroit la propriété par la prescription.

Hirminmarus, notaire du Palais, expédia ce Diplome, faisant pour le chancelier Hugues.

27 JUILLET.

DIPLOMA Ludovici imperatoris pro Cabilonensi S.ᵗⁱ Marcelli ecclesiâ.

Donné à Cremieux.

Rec. des Hist. de France, par Dom Bouquet, t. VI, p. 601.

Cette Charte justifie le sentiment de Mabillon, qui a avancé que dès le VIII.ᵉ siècle cette Abbaye étoit occupée par des Chanoines ; Warin, comte de Châlons, *avou* ou défenseur de cette maison, demande à l'Empereur qu'il confirme les Chanoines qui l'occupoient, dans la jouissance & propriété des biens dont ses auteurs & lui-même leur avoient fait donation : ces biens sont ainsi désignés : *Videlicet villam quæ dicitur Floriacus, sitam in pago Magnimontense, & in pago Cabilonense, in loco qui dicitur Boseronti, mansos XII*. L'Empereur fit expédier en conséquence ce Diplome, qui porte la confirmation que le comte Warin sollicitoit. Le notaire Hirminmarus le signa, faisant pour le chancelier Hugues.

Le nom du lieu où Louis le Débonnaire donna ce Diplome n'a pû se lire, mais il y a lieu de croire que c'est Cremieux, ou cet endroit appelé *Lucovilla* dans le Lyonnois, où il s'arrêta en quittant Cremieux pour retourner à Aix-la-Chapelle.

ANNÉE 835.

29 JUILLET.

DIPLOMA Ludovici imperatoris pro Monachis S.ᵗⁱ Germani Autissiodorensis.

Donné Lucovillâ.

Acta SS. Bened. sæculo IV, part. 2, p. 576. Ann. Eccl. Fr. Cointii, t. VIII, pag. 392. Rec. des Hist. de France, par Dom Bouquet, t. VI, p. 602.

Christian, abbé de S.ᵗ Germain d'Auxerre, représenta à l'Empereur que le Diplome que ce Prince avoit autrefois accordé à l'abbé Dieudonné son prédécesseur, qui permettoit aux Moines de cette Abbaye d'élire leur Abbé, étoit perdu, & le supplia de lui en accorder un nouveau, qui maintînt ses Moines dans la jouissance de ce privilége. L'Empereur voulant traiter favorablement l'abbé Christian, fit expédier sur l'heure cette Charte, par laquelle il renouvelle le privilége qu'il avoit précédemment accordé à cette Abbaye.

13 AOÛT.

DIPLOMA Ludovici imperatoris pro immunitate cœnobii Sithiensis.

Donné à Aix-la-Chapelle.

De re Diplom. a Mab. p. 613. Rec. des Hist. de France, par Dom Bouquet, t. VI, p. 602.

Mabillon a tiré ce Diplome du Cartulaire formé par Folquin, moine de cette Abbaye, qui vivoit dans le X.ᵉ siècle.

L'Empereur dit que par une considération particulière pour Hugues son frère naturel, abbé de ce Monastère & archinotaire de son Palais (c'est-à-dire, Chancelier de l'Empire) il confirme & ratifie toutes les immunités & les priviléges que ses prédécesseurs, & nommément Charlemagne, avoient accordés aux Abbés & aux Moines de cette Abbaye.

Hirminmarus, notaire du Palais, expédia ce Diplome, faisant pour le chancelier Hugues.

24 AOÛT.

PRÆCEPTUM Ludovici imperatoris, quo villas quasdam cœnobio Floriacensi restitui jubet.

Donné au palais de Circiaco dans les Ardènes.

De re Diplom. a Mab. p. 522. Ann. Eccl. Fr. Cointii, t. VIII, pag. 382. Rec. des Hist. de France, par Dom Bouquet, t. VI, p. 604.

Il paroît certain, comme le remarque D. Bouquet, que Mabillon n'a pas bien lû dans l'original de cette pièce le nom du lieu où elle fut donnée; comment ce Savant justifieroit-il que ce lieu est Choisi près Compiegne, ou Choisi-le-Temple en Brie, comme l'insinue Eckard! car on ne peut pas croire que l'Empereur fût le 13 de ce mois à Aix-la-Chapelle, où il donna le Diplome dont je viens de rendre compte en faveur de l'abbaye de S.ᵗ Bertin, & le 24 du même mois à Choisi près Compiegne; Ainsi la correction qu'il me semble que l'on pourroit faire dans la leçon de ce nom de lieu, ne seroit pas de dire *Cusiaco*, au lieu de *Circiaco*, mais bien *Cispiaco*. Voici sur quoi je fonde mon sentiment: tous les Historiens nous apprennent que nos Rois de la seconde Race avoient un palais de ce nom dans les Ardènes, où ils alloient ordinairement en Automne; nous lisons dans les Annales d'Éghinard, que Louis le Débonnaire y passa cette saison de l'année 822 pour chasser: cependant il pourroit se faire que l'Empereur eût deux châteaux dans les Ardènes, que le nom de l'un fût *Circiaco*, & celui de l'autre *Cispiaco*.

Pépin, père de Charlemagne, avoit fait donation au monastère de S.ᵗ Benoît-sur-Loire d'une terre considérable appelée Sonchamp (*Socampus*); cette terre avoit de grandes dépendances; c'étoit les villages de *Mairouville*, de *Sainville*, d'*Arbouville*, d'*Évrinville*, de *Chacouville* & de *Frouville*, ils avoient fait partie de la donation : un des Vassaux du Roi tenoit en bénéfice Sonchamp & ses dépendances; après que la donation lui fut notifiée, il paroît bien qu'il déguerpit le chef-lieu & que les Moines en eurent dès ce moment la jouissance sans contradiction, mais le Vassal, nommé Gislhaire, retint les dépendances; elles étoient encore dans les mains de ses héritiers en 835, lorsque Boson abbé de ce Monastère les réclama, comme faisant partie de la donation de Pépin. L'Empereur, dans cette circonstance, nomma deux Commissaires pour vérifier les faits; Jonas évêque d'Orléans & le comte Hugues eurent cette commission; sur leur rapport, qui fut favorable aux prétentions de l'abbé Boson, l'Empereur ordonna par ce Diplome, que la restitution de tous ces villages seroit faite à cette Abbaye.

Hirminmarus, notaire du Palais, expédia ce Diplome, faisant pour le chancelier Hugues.

ANNÉE 835.

11 SEPTEMBRE.

DIPLOMA Ludovici imperatoris pro Prumiensi monasterio.

Donné à l'abbaye de Pruim.

Apud Martenium, tom. I, ampliss. collect. pag. 94.
Rec. des Hist. de France, par Dom Bouquet, t. VI, p. 605.

L'Empereur ratifie par ce Diplome un échange de fonds de terre que Marcward, abbé de Pruim, avoit fait avec un particulier nommé Ébhérard.

Hirminmarus, notaire du Palais, expédia ce Diplome, faisant pour le chancelier Hugues.

1.ᵉʳ NOVEMBRE.

DIPLOMA Pippini Aquitanorum regis pro monasterio Malasti.

Donné au palais de Doué en Anjou.

De re Diplom. a Mab. p. 523.
Histoire de Languedoc, t. I, pr. col. 69.
Rec. des Hist. de France, par Dom Bouquet, t. VI, p. 673.

Je n'ai rien à ajoûter à la notice que Dom Vaissette donne de ce Diplome, ainsi je répéterai ici ce que ce Savant a écrit dans son histoire de Languedoc.

« Pépin avoit assisté à la diète de Cremieux, & après son retour dans ses États, où
» il passa l'hiver, il alla au palais de Doué en Anjou, situé à la gauche de la Loire.
» Willafred, abbé de *Malaste* ou de Montolieu au diocèse de Carcassonne, vint l'y
» trouver, & le pria, du consentement d'Oliba comte de Carcassonne, de confirmer
» son Monastère dans la possession de la terre de *Magnianae*; cette terre étoit située
» dans le pays Toulousain sur la petite rivière de Fiscau, Godoalde, *Envoyé* du comte
» Guillaume, en avoit anciennement réglé les limites. Ce Prince lui accorda sa demande
» & fit expédier pour cela ce Diplome, dans lequel il prend d'ailleurs ce Monastère
» sous sa protection.
» Il paroît cependant, par cet Acte, que ce fut moins une grace que Pépin accorda
» à ce Monastère, qu'une restitution qu'il lui fit de cette terre, dont il s'étoit auparavant
» emparé, & qu'il exécutoit en cela les décrets de l'assemblée de Thionville, pour la
» restitution des biens usurpés sur les églises & sur les monastères d'Aquitaine. Ce Diplome
» fait voir d'un autre côté, que le comté de Carcassonne, qui avoit été séparé de la
» Septimanie par le partage de l'an 817, dépendoit toûjours du royaume d'Aquitaine,
» & que, quoiqu'il eût été uni dès-lors au marquisat de Toulouse, il étoit cependant
» gouverné par un Comte particulier.
» Le comte Guillaume, dont il est fait mention dans cette Charte, est sans doute le même
» que le fondateur de l'abbaye de Gellone, ce qui prouve qu'il avoit dans le Toulousain
» une autorité supérieure à celle des Comtes, puisque c'est en son nom que ses *Envoyés*
» y avoient exercé leurs fonctions ».

Il semble que cette dernière réflexion de Dom Vaissette sur le comte Guillaume, tend à insinuer que ce comte Guillaume étoit propriétaire du comté de Toulouse, ou qu'il y avoit exercé des droits de souveraineté; ce seroit une grande erreur de la part de cet habile Historien. Charlemagne destitua Chorson du duché ou comté de Toulouse vers l'an 790, & le donna à Guillaume; ce dernier ne l'eut qu'au même titre que Chorson, l'un & l'autre ne furent que de simples Officiers amovibles, qui remplissoient, suivant les circonstances, tantôt l'office de *Missi* avec commission particulière du Roi, tantôt l'office de Comte & de Duc, & dans ce dernier emploi, ils commettoient des Officiers subalternes pour faire leurs fonctions lorsqu'ils ne pouvoient se transporter sur les lieux & que leur présence étoit plus nécessaire ailleurs; c'est de ces Officiers subalternes dont il est parlé dans ce Diplome & qui sont nommés *Missi;* dans un temps peu éloigné de celui-ci, on les nomma communément Vicomtes, *Vicecomites*.

17 NOVEMBRE.

PRÆCEPTUM Ludovici imperatoris pro monasterio S.ᵗⁱ Remigii ad Vallilias translato.

Donné à Aix-la-Chapelle.

Spicileg. d'Acherii, tom. I, p. 594, col. 2.
Rec. des Hist. de France, par Dom Bouquet, t. VI, page 605.

Aldric, archevêque de Sens, avoit transféré pour de bonnes raisons le monastère de S.ᵗ Remi de Sens à un lieu nommé Vareilles, ainsi qu'il est prouvé par l'Acte de cette translation, que j'ai placé sous l'année 833; c'est cet Acte que l'Empereur ratifie par ce Diplome, & dont il ordonne l'exécution par tous les successeurs de ce Prélat. Il est dit dans ce Diplome, que Rothsa, femme de Méginaire comte de Sens, avoit autrefois légué cette terre de Vareilles à l'Abbaye de S.ᵗ Remi: ceci est conforme à la Chronique de S.ᵗ Pierre-le-Vif, écrite par un Moine qui vivoit vers la fin du XII.ᵉ

XII.ᵉ siècle ; cet Auteur dit que la comtesse Rothla mourut le 5 des kalendes d'août l'an 834, & qu'elle fut enterrée dans la basilique de S.ᵗ Maurice à Vareilles, terre de son domaine, & dont elle avoit fait donation depuis long-temps au monastère de S.ᵗ Remi.

Mais la leçon de Dom Bouquet est différente de celle de Luc d'Acheri sur le lieu où Aldric donna sa Charte de translation & de privilèges : Dom Bouquet dit dans son édition de ce Diplome, *in urbe Wangionum*, à Worms ; l'autre Bénédictin dit, *in urbe supradictâ*, c'est-à-dire *à Sens* ; sans doute ces deux Savans ont eu deux manuscrits différens, cette dernière leçon paroît préférable.

Hirminmarus, notaire du Palais, expédia ce Diplome, faisant pour le chancelier Hugues.

Sans autre date.

ANNÉE 835.

CESSION, faite par l'empereur Louis le Débonnaire au Pape, du droit de Souveraineté dans la ville de Rome.

Monarchia S.ᵗ Romani imperii, t. III, p. 100. Brutum Fulmen papæ Sixti V, Nahum. p. 103. Protestation de Henri, roi de Navarre, contre la Bulle de Sixte V, partie I.ʳᵉ page 166.

Il est peu d'Écrivains Ultramontains, soit Canonistes, soit Jurisconsultes, & sans en excepter même quelques Historiens, de peu de considération à la vérité, qui n'aient imprimé cette Charte ; les uns l'ont placée sous l'année 817, comme Baronius ; d'autres, comme Volaterranus (*lib. Georg. III*) prétendent qu'elle fut donnée en 835 ; & pour donner plus de poids & plus d'authenticité à cette pièce, ce dernier affirme l'avoir publiée d'après l'original, qui est précieusement conservé au Vatican. Mais pour dire ce que je pense de l'édition de cet Auteur, il paroît vrai-semblable qu'ayant appris par tradition que Louis le Débonnaire avoit fait cette prétendue donation, il en aura composé à sa manière une Charte ; mais il faut convenir qu'il ignoroit parfaitement la suite chronologique des Papes ; car Paschal, auquel il dit que cette donation fut faite en 835, étoit mort dès le mois de février de l'année 824. Comme je n'ai point proposé de sentiment sur cette Charte à l'article de l'année 817, si le Lecteur veut parfaitement s'instruire avant d'en prendre un, il doit lire la critique que les Auteurs cités à la marge ont faite de cette pièce.

EPISTOLA Ludovici imperatoris ad Hilduinum abbatem S.ᵗⁱ Dionysii, de colligendis in unum corpus iis quæ in Græcorum, Latinorum, &c. historiis de S.ᵗᵒ Dionysio passim scripta repererat.

RESPONSIO Hilduini abbatis ad Ludovicum imperatorem, quâ ei quæcumque memoria librique præ manibus habiti suppeditârunt de S.ᵗᵒ Dionysio, simul collecta transmittit.

Concil. Antiq. Gal. a Sirmondo, t. II, p. 629. Ann. Eccl. Fr. Cointii, t. VIII, p. 393. Baronii Annal. t. IX, p. 831. Constit. Imp. a Goldasto, tom. I, p. 188. Rec. des Hist. de France, par Dom Bouquet, t. VI, p. 347.

On remarque dans cette première Lettre plusieurs fautes contre la chronologie, des faits touchant le roi Dagobert généralement désavoués par tous les Historiens, plusieurs anecdotes fabuleuses sur l'apparition de saint Jean hermite après la mort de ce Prince, & très-peu de vrai-semblance dans le reste du contenu de la Lettre. Comme la Réponse n'est pas moins ridicule, on a lieu de croire qu'elles ont été toutes les deux supposées & écrites par le même Auteur, qui vivoit probablement trois ou quatre siècles après celui de Louis le Débonnaire.

PRÆCEPTUM domini Ludovici imperatoris, de divisione regni sui inter filios.

Fait à Lyon.

Ann. Eccl. Fr. Cointii, t. VIII, pag. 362. Apud Chesn. t. II Scriptor. Franc. p. 327. Rec. des Hist. de France, t. VI, page 411. Capit. Reg. Fr. a Baluzio, t. I, col. 685.

Les sentimens sont bien partagés sur l'époque & le lieu où se fit ce partage ; Baronius, Goldaste, les pères Daniel & Barre le reculent jusqu'à l'année 837, & disent qu'il fut réglé dans l'assemblée de Querci ; Baluze soutient qu'il fut fait la même année, mais

Tome I. Iii

NOTICE

à Aix-la-Chapelle; le Cointe & Dom Bouquet le rapportent à cette année 835, mais ce premier croit que ce fut dans l'assemblée tenue à Thionville, & l'autre donne de bonnes raisons pour croire que ce fut à Lyon.

L'Empereur, par ce dernier partage, anéantit, pour ainsi dire, celui de l'année 817; il augmenta beaucoup les lots des rois de Bavière & d'Aquitaine, en reconnoissance des services qu'ils lui avoient rendus pour le rétablir sur son trône; cet accroissement fut pris sur ce qui avoit formé le lot de Lothaire, qui ne fut point appelé dans ce partage, & auquel il ne demeura que le royaume d'Italie; le reste des États de l'Empereur forma le royaume de Charles, le plus jeune de ses fils, qui réunit dans la suite toute la Monarchie, & que l'on a appelé Charles le Chauve.

Cet Acte a quatorze articles. Le premier contient la même disposition que le quatorzième article du partage de l'année 817.

L'Empereur recommande, dans le second article, à ses enfans de ne point faire d'usurpations les uns sur les autres, & de se secourir mutuellement dans le cas où ils auroient des guerres à soûtenir contre des Princes étrangers.

Le troisième, le quatrième & le cinquième article, sont conformes aux sept, huit & neuvième du partage de Charlemagne de l'année 806.

Le sixième est absolument semblable au cinquième article du partage de Charlemagne.

L'Empereur veut, par le septième, qu'aucun des trois Rois ne fasse d'acquisitions de fonds de terre, ou autres immeubles dans les États les uns des autres; ils pourront seulement commercer les choses qui sont susceptibles de transport, comme l'or, l'argent, les pierreries, les armes, les étoffes & les Serfs qui ne sont attachés à aucun fonds de terre.

Les huit, neuf, dix, onze, douze & treizième articles contiennent la même disposition que les septième, huitième, neuvième & dixième du partage de Charlemagne.

Après tous ces arrangemens préliminaires, l'Empereur vient à fixer les provinces qui doivent composer les États de chacun de ses trois fils, & il leur assigne des limites par cet article, qui est le quatorzième & dernier.

Il donne le royaume d'Aquitaine à Pépin l'aîné des trois, & il dit que la Loire & la Seine borneront ce royaume du côté de la Neustrie; il ajoute cependant à ce partage vingt-huit pays ou petites provinces situées au-delà de la Seine respectivement à l'Aquitaine, dont il ne nomme que quatre, qui sont le Châlonnois, la Brie, l'Amiénois & le Ponthieu.

Il donne à Louis le royaume des Bavarois, composé de la Bavière, de la Thuringe, du pays des Ripuaires, des Attoaires, de la Saxe, de la Frise, des Ardènes, du pays d'Hasbaigne, du Brabant, de la Flandre, le pays de Gueldres, le Mélantois, le Hainaut, l'Ostrevant, l'Artois, les évêchés de Térouane, de Boulogne, de Cambrai, le Vermandois & le canton de S.t Josse-sur-mer.

Les États de Charles furent composés de l'Allemagne, de l'ancien royaume de Bourgogne, excepté les provinces que l'Empereur en avoit distraites pour augmenter le partage de Pépin, de la Provence, du haut & bas Languedoc, du pays de Vaivre, du canton de Voosi-sur-Aîne, du pays entre la Meuse & la Bar, le Portien, l'archevêché de Reims, le Laonois, tout le pays arrosé par la Moselle, & ce qui forme aujourd'hui l'électorat de Trèves.

Ce partage doit nous paroître bizarre, car ces Princes ne pouvoient communiquer à plusieurs de leurs provinces, sans passer sur les États les uns des autres: mais il me semble d'ailleurs que l'Empereur ne remplissoit pas entièrement ses vûes, qui étoient de prévenir par ce partage, ainsi réglé de son vivant, les discussions qu'il auroit pû occasionner entre ses enfans après sa mort; car il laisse à décider auquel l'Empire sera dévolu; Lothaire ayant été réduit au seul royaume d'Italie & étant déchû de son association à l'Empire, il ne pouvoit plus y prétendre: cependant Louis le Débonnaire ne nomme point dans ce partage, qui fut le dernier, celui des Princes à qui il veut qu'il soit déféré.

10 JANVIER.

ANNÉE 836.

PRÆCEPTUM Ludovici imperatoris pro Rotberto, fideli suo.

Donné à Aix-la-Chapelle.

Rec. des Hist. de France, par Dom Bouquet, t. VI, p. 606. Apud Martenium, tom. I, ampliss. collect. pag. 95.

L'Empereur satisfait des services signalés de Robert, l'un des plus illustres de ses Vassaux, lui fit donation, par ce Diplome, de plusieurs terres considérables qu'il détacha de son Fisc, situées *in ducatu Ribuarense*, c'est-à-dire, dans l'ancien royaume des Ripuaires, pays de l'Allemagne situé sur la rive droite du Rhin.

Plusieurs Savans pensent que ce Robert est le même que celui à qui on a donné le surnom de Fort, & qui fait la souche de nos Rois de la troisième Race; il fut dans la suite duc & marquis de France, comte d'Anjou, d'Orléans, de Blois, d'Autun, d'Auxerre & de Nevers, & en même temps abbé de S.t Martin de Tours. Il fut assez grand Seigneur & d'une assez bonne maison, pour épouser Adelaïde, fille de l'Empereur. Il étoit, suivant les apparences, originaire de l'évêché de Trèves; l'Auteur de la vie de saint Jacques hermite, qui fonda un petit Monastère dans le diocèse de Bourges, dans un lieu où il s'est formé depuis une petite ville nommée la Chapelle-Dan-Gillon, dit que ce Seigneur étoit de la race royale; *vir potens & nobilis, & Regum Francorum genere ortus erat.*

Le notaire Hirminmarus expédia ce Diplome, faisant pour le chancelier Hugues.

4 FÉVRIER.

ANNÉE 836.

PRÆCEPTUM Ludovici imperatoris pro Rabano abbate Fuldensi.

Rec. des Hist. de France, par Dom Bouquet, t. VI, p. 606.

Donné à Aix-la-Chapelle.

Dom Bouquet indique seulement cette pièce & il en donne les dates; elle se trouve en entier *apud Raslerum, in append. ad vindicationem contra vindicias, p. 32.*

16 FÉVRIER.

PRÆCEPTUM Ludovici imperatoris pro monasterio Miciacensi propè Aureliam.

Ann. Eccl. Fr. Cointii, t. VIII, pag. 418. Gallia Christ. sec. edit. t. VIII, instr. col. 481. Titres de l'abbaye de S.t Mémin, II.e part. p. 1.

Donné à Aix-la-Chapelle.

Le Cointe & Dom Bouquet ont taxé de fausseté cette pièce; c'est avec la plus grande raison, les preuves du sentiment de ces savans Critiques sont de la plus grande évidence: « Comment, disent-ils, se peut-il faire que Hiérémie archevêque de Sens, qui mourut l'année 828, ait pû approuver en 836 les dispositions de Jonas évêque d'Orléans, en faveur du Monastère de S.t Mémin! il est également ridicule de supposer que l'Empereur ait fait souscrire un Diplome en 836, pour ratifier l'acte de Jonas, par le chancelier Fridugise, qui étoit mort dès l'an 834 ». Ces Savans ont remarqué beaucoup d'autres vices dans cette pièce, qui suffiroient pour la rendre suspecte suivant les règles de la critique.

5 MARS.

PRÆCEPTUM Ludovici imperatoris pro ecclesiâ Helenensi.

Marca Hispanica, col. 773. Rec. des Hist. de France, par Dom Bouquet, t. VI, p. 606.

Donné à Aix-la-Chapelle.

M. de Marca, Dom Vaissette & Dom Bouquet pensent qu'il s'est glissé des fautes dans les notes chronologiques de cette pièce, mais ils sont peu d'accord sur les corrections; il me paroît cependant que le sentiment de Dom Bouquet mérite la préférence, & qu'il faut, comme lui, fixer la Charte à cette époque, parce qu'elle est souscrite du chancelier Hugues, qui remplissoit cet office sous la XXIII.e année du règne de Louis le Débonnaire, qui revient à l'an 836. Ainsi le nom de l'Évêque dont il est parlé dans cette pièce & l'indiction, paroissent être les seules corrections qu'il soit nécessaire d'y faire; au lieu de *Ramno* ou *Fulmo*, il faut lire *Salomon*, & substituer l'indiction XIII à l'indiction XIV.

L'Empereur met sous sa garde spéciale, par ce Diplome, qu'il accorde à la prière de Salomon évêque d'Elne, tous les biens de cette Cathédrale, & la confirme dans le droit de percevoir, par moitié avec le Fisc, les droits de voierie, de marché, de pâturages & d'*espaves*. C'est ainsi que je pense qu'il faut interpréter ce dernier droit, énoncé dans la Charte par ce mot *rosica;* cette expression, ainsi que celles-ci *rafiga, rafega, raffega,* doivent, suivant du Cange, s'entendre du droit que le Roi ou les Seigneurs hauts-justiciers exercent sur les marchandises & sur les débris des navires qui ont fait naufrage, & que les eaux jettent sur le bord des rivières ou de la mer.

7 MARS.

PERMUTATIO terrarum inter ecclesiam S.ti Benigni, & Leotaldum.

Rec. de Pérard, page 18.

Cet échange fut fait entre un prêtre nommé Léotald, le Doyen & les Chanoines de S.t Benigne de Dijon; le nom des pièces de terres qui en furent l'objet réciproque, avec les bornes, les limites & leur situation, sont désignées dans cet Acte; les parties contractantes se soûmettent, dans le cas où l'une d'elles voudroit ne pas tenir toutes les clauses de l'échange, à payer, en forme d'amende, deux onces d'or au Fisc, & le double de la valeur de la pièce de terre pour laquelle on fera naître la contestation.

Cette amende envers le Fisc est une chose assez singulière, car il ne paroît pas que ce fût sous l'autorité du Roi, ou sous celle des Officiers d'une justice royale que cet Acte fut passé; les contestations qui pouvoient naître pour l'exécution qui devoit s'ensuivre, ne devoient pas non plus être portées devant un Juge royal; comme il s'agissoit d'action réelle, les parties contractantes avoient pour Juges naturels leurs *Pairs*.

Année 836.

12 Mars.

Litteræ *Pippini regis Aquitaniæ, quibus bona S.ti Juliani Brivatensis confirmat.*

Rec. des Hist. de France, par Dom Bouquet, t. VI, p. 674.
Ann. Eccl. Fr. Cointii, t. VIII, pag. 423.

Le roi d'Aquitaine, dans le royaume duquel étoit enclavée la ville de Brioude en Auvergne, exempte l'abbé & les chanoines du chapitre de S.t Julien de cette ville, de la jurisdiction des Officiers royaux, & évoque par-devant le Comte du Palais toutes les causes que l'Avoué de ce Chapitre aura à défendre: Pépin exempte, par ce même Diplome, ce Chapitre de tous impôts & de toutes les charges publiques que l'on payoit au Fisc.

17 & 22 Mars.

Diplomata *tria Ludovici imperatoris pro ecclesiâ Cenomannensi.*

Donné à Aix-la-Chapelle.

Ann. Eccl. Fr. Cointii, t. VIII, p. 424.
Rec. des Hist. de France, par Dom Bouquet, t. VI, p. 607 & 608.
Miscellanea Baluzii, l. III, p. 34 & 36.

L'Empereur donna dans ce mois trois Diplomes en faveur de l'église du Mans, le premier le 17, & les deux autres le 22; il paroît cependant que celui du 17 & le premier des deux autres ont la même disposition, s'ils sont différens de dates & si l'on trouve quelques variantes dans l'énoncé, ces différences peuvent être attribuées à des Copistes; dans l'un & dans l'autre il s'agit d'un petit Monastère dédié à la Vierge & à S.t Pierre, situé au-delà des murs de la ville du Mans, sur les bords de la Sarte; l'Empereur en fait donation, avec tous les biens qui en dépendoient, par la Charte du 17, à Aldric évêque du Mans, & par la seconde Charte, il soûmet à la jurisdiction de ce Prélat ce même Monastère; ces deux dispositions reviennent à la même chose, ou plûtôt, c'est une même disposition énoncée dans des termes différens.

Le notaire Hirminmarus expédia les deux Chartes, faisant pour le chancelier Hugues.

L'Empereur rend à l'évêque du Mans, par ce troisième Diplome, le droit de faire battre monnoie, lequel avoit été accordé aux prédécesseurs de ce Prélat par plusieurs rois de France, & qui leur avoit été retiré, à cause des besoins de l'État, par Pépin & Charlemagne; cette concession est faite néanmoins sous la condition que l'évêque du Mans veillera soigneusement pour que sa monnoie soit de bon aloi.

Le notaire Hirminmarus expédia également ce troisième Diplome.

23 Mars.

Diploma *quartum pro ecclesiâ Cenomannensi impèratoris Ludovici.*

Donné à Aix-la-Chapelle.

Ann. Eccl. Fr. Cointii, t. VIII, p. 427.
Miscellanea Baluzii, l. III, pag. 94.
Rec. des Hist. de France, par Dom Bouquet, t. VI, p. 610.

L'Empereur confirme, par ce quatrième Diplome, ceux de ses prédécesseurs qui affranchissoient le petit monastère de S.te Marie, dont j'ai parlé dans le précédent article, de toutes impositions & de toutes charges publiques, lui accordant en outre l'exemption de la jurisdiction des Officiers royaux; ce Prince fait en conséquence, par cette même Charte, défense aux Comtes & à ses autres Officiers de troubler ce Monastère dans la jouissance de ses priviléges & de ses immunités.

Le notaire Hirminmarus expédia ce Diplome, faisant pour le chancelier Hugues.

22 Mars.

Præceptum *Ludovici Bajoariæ regis pro Altahensi monasterio.*

Ann. Eccl. Fr. Cointii, t. VIII, p. 450.

Le roi de Bavière accorde, par ce Diplome, à Gosbald, évêque de Wurtzbourg

& abbé du monastère d'Altaich, ainsi qu'à ses successeurs, abbés de cette même Abbaye, la faculté de faire des échanges de biens, tant immeubles que meubles, pourvû néanmoins qu'ils soient utiles au Monastère.

On prouve par cette Charte d'un côté, que les biens ecclésiastiques étoient, dès la seconde Race de nos Rois, administrés sous leur autorité, & que d'un autre côté il falloit leur agrément pour retirer du commerce des biens laïcs & les joindre au patrimoine des églises déja fondées, ou pour en doter d'autres que l'on établissoit. J'ai remarqué dans un autre article de cet ouvrage, que l'on trouvoit des exemples que l'on payoit au Fisc un droit qui revenoit au droit d'amortissement actuellement en usage, lorsque les Gens d'église acqueroient des biens pour les joindre à d'autres biens ecclésiastiques.

2 AVRIL.

ANNÉE 836.

DIPLOMA Ludovici imperatoris pro Senonensi S.^{tæ} Columbæ monasterio.

Donné à Aix-la-Chapelle.

Rec. des Hist. de France, par Dom Bouquet, t. VI, p. 610. Ann. Eccl. Fr. Cointii, t. VIII, pag. 428.

Supplicius, abbé de Ste Colombe de Sens, présenta à l'Empereur un état de tous les biens que possédoit son Monastère, & le supplia de vouloir bien, en les lui confirmant, les affranchir de tout impôt & des autres droits dûs au Fisc; l'Empereur en conséquence fit expédier ce Diplome, dans lequel on trouve l'énumération suivante des domaines dépendans de cette Abbaye, *Villa quæ dicitur Morus, villa Sarmassia, villa Tauriaci, villa Patricii, villa Longa-aqua;* de ces principaux domaines dépendoient des métairies qui sont ainsi nommées, *Gromenvilla, Aurofi-villa, Messeriaci-villa, Canapi-villa, Coriaci-villa, Gavunciaci-villa, Floxi-villa, Curtennis-villa, Spiriaci-villa, Abonis-villa, Bandrici-villa, Paciaci-villa, Luponis-villa, Syncleriaci-villa, Regniaci-villa;* il faut y joindre deux hospices, des prés, des vignes, avec les terres labourables qui étoient contiguës au Monastère.

Le nom du Notaire & celui du Chancelier qui expédia ce Diplome, n'ont point été imprimés.

18 AVRIL.

PRÆCEPTUM Ludovici regis Bajoariæ pro ecclesiâ Pataviensi.

Actum Ostrenhovâ.

Annal. Eccles. Franc. Cointii, tom. VIII, p. 401.

Le roi de Bavière donne, par cette Charte, à l'église cathédrale de Passaw, à la prière de Réginaire qui en étoit évêque, des fonds de terre situés dans le pays des Avares, dans un lieu nommé en allemand *Kirchbach*. Le comte Ratbod avoit ci-devant donné au nom du Roi ces mêmes biens en bénéfice au corévêque de cette Cathédrale, appelé Annon, le Roi lui en continua la jouissance sa vie durant; il accorda la même grace au neveu d'Annon, en sorte que les Chanoines de cette Cathédrale n'acquirent, par cette donation, que la propriété de ces héritages, & la jouissance en fut reculée après la mort des Annon oncle & neveu.

Adalleoüs diacre, expédia cette Charte, faisant pour le chancelier Grimoald.

Ces Avares, dont il est parlé ici, étoient Scythes d'origine; ils quittèrent leur pays dans le même temps que les Huns, autres peuples Scythes. Ces premiers vinrent s'établir dans la Dace orientale, tandis que les autres s'emparèrent de la Pannonie, qui commença dès-lors à s'appeler de leur nom, *Hongrie*. La Dace, ou l'ancien pays des Avares, est arrosé au midi du Danube; il est présentement divisé en plusieurs petites provinces, qui sont la Valachie, la Moldavie, la Podolie.

Par rapport au pays de Passaw, séparé de ces provinces par le Danube, il est situé dans la basse Bavière, sa ville capitale lui a donné son nom; l'Évêque est souverain; il est suffragant de Saltzbourg.

Cette Charte prouve que Charlemagne avoit poussé les frontières de son empire jusqu'aux extrémités de l'Europe; car son petit-fils ne possédoit des biens dans le pays des Avares, que parce que Charlemagne en avoit fait la conquête.

15 MAI.

PRIVILÉGE accordé, par Louis le Débonnaire, à l'abbaye de Longueville.

Donné à Worms.

Histoire de Lorraine, par Dom Calmet, tome IV, pr. col. 300.

Dom Calmet étoit trop bon critique pour ne pas s'apercevoir que cette Charte étoit manifestement fausse; pourquoi donc l'a-t-il imprimée! pourquoi ne l'a-t-il pas au contraire rejetée! c'est faute d'attention sans doute : un Auteur jaloux d'inspirer de la confiance, fait choix des autorités dont il appuie ses faits historiques. Rien ne pourroit plus le décréditer, que de donner des preuves douteuses de son récit; la vérité doit éclairer l'histoire, tout ce qui est fabuleux ne doit point y trouver de place.

Nous ne trouvons point de Chartes de Louis le Débonnaire dont la formule soit semblable à celle-ci, ce Prince usoit de ces termes, *Ludovicus, divinâ ordinante* ou *propitiante Providentiâ, Imperator Augustus*, & après son rétablissement sur le trône, il se servoit de cette expression, *repropitiante*; il n'a pris le titre dans aucuns de ses Diplomes, d'Empereur des Romains, *Romanorum Imperator Augustus*, comme il est marqué dans celui de Dom Calmet.

On lit dans cette Charte, que les biens dont l'Empereur ordonne la restitution en faveur de ce Monastère, avoient été légués par *Bodegisle*, père de saint Arnould, évêque de Metz, *a domino Bodagislo, patre beati Arnulfi Metensis episcopi, ecclesiæ Glanderiensi collatis*. Les Historiens ne nomment point le père de ce saint Évêque Bodegisle *ou* Bodegisile. Meurisse, auteur de l'histoire des évêques de Metz, ainsi que Pithou, dans sa généalogie du même saint Arnould, appellent son père *Arnoald*, ils disent que ce Seigneur étoit d'Aquitaine.

L'Empereur étoit assez sage pour proposer à son Conseil son avis lorsque l'importance des choses l'exigeoit, mais le faisoit-il lorsqu'il ne s'agissoit que d'un privilége ou d'une donation en faveur d'un Monastère! nous avons lieu de croire qu'il faisoit ces sortes de bonnes œuvres de son propre mouvement, & qu'il ne mettoit pas la chose en délibération dans son Conseil, comme il est écrit dans cette Charte, pour la restitution dont il s'agit; *consilium Principum imperii super hoc quæsivimus*: & quand d'ailleurs l'Empereur auroit pris l'avis des Grands de la nation sur cette affaire, s'il eût voulu qu'il en eût été fait mention dans son Diplome, on l'auroit exprimé par d'autres termes; il n'y a point d'exemples qui prouvent que l'on ait jamais fait usage de semblables expressions dans les Chartes de ce Prince.

Non seulement il est écrit dans cette pièce que l'Empereur prit l'avis des Princes de l'empire pour faire la restitution en question, ce qui est tout-à-fait ridicule, mais ce fut encore, dit le fabricateur de la Charte, du consentement de l'impératrice Gruignarde, de ses fils Lothaire César, Pépin & Louis, avec celui d'Angelram son archichapelain & évêque de Metz.

L'Empereur n'eut que deux femmes, la première nommée *Hermengarde*, qui mourut en 818, & la seconde appelée *Judith*, qui lui survéquit; celle des deux dont le nom approche le plus de Gruignarde, est l'impératrice Hermengarde, mais comme il y avoit dix-huit ans qu'elle étoit morte en 836, elle ne donna certainement pas son consentement à la restitution que l'Empereur fit par ce Diplome ; Angelram, qui fut chancelier sous le règne de Charlemagne & Grand-aumônier de ce Prince, ne remplit ni l'un ni l'autre de ces offices sous Louis le Débonnaire, & comme l'impératrice Hermengarde, il mourut l'année 818, ainsi il n'eut pas plus de part que cette Princesse à la restitution.

Enfin le lieu d'où l'on a daté cette Charte & le peu de rapport que les dates que l'on y a mises ont entr'elles sont de nouvelles preuves de la fausseté de ce & de l'ignorance de celui qui l'a composée, qui ne lui a même pas donné l'air de vraisemblance.

Voici comme Dom Calmet l'a imprimée: *Actum Wormatiæ idus maii ann. Do. Incar. octingentesimo trigesimo-sexto, indictione VII, Ludovico piissimo anno consecrationis ejus octavo in regno Francorum imperante.*

L'Empereur étoit donc, suivant ces notes, à Worms le 15 de mai de cette année; ce fait est contredit par tous les Historiens du temps; Tégan & l'Annaliste de S.¹ Bertin écrivent que l'Empereur passa tout l'hiver & les premiers jours du printemps à Aix-la-Chapelle, & qu'il ne quitta ce palais que pour se rendre dans les premiers jours de mai à Thionville, où il tint une diète.

On ne peut, suivant aucun compte, concilier l'année 836 avec l'indiction VII; on comptoit en cette année nécessairement ou indiction XIV ou indiction XV: pour les années du règne de l'Empereur, l'erreur n'est pas moins manifeste, car l'année 836 étoit la XXIII.ᵉ de l'empire de ce Prince, & non la VIII.ᵉ

Je ne m'arrête pas à relever beaucoup d'autres caractères de fausseté que porte ce Diplome, je crois en avoir assez remarqué pour que personne ne puisse s'y laisser tromper.

ANNÉE 836.

24 Août.

DIPLOMA *Ludovici imperatoris pro Fulberto fideli suo.*

<small>Rec. de Pérard, page 15. Rec. des Hist. de France, par Dom Bouquet, t. VI, p. 611.</small>

L'Empereur fait donation, par ce Diplome, à l'un de ses vassaux nommé Fulbert, d'une terre qu'il détacha de son domaine; elle étoit située dans le pays de Bèze sur l'Ouche, aux confins du Challonnois, elle s'appeloit *Aziriaca-villa*. Ce Fulbert étoit fils du comte Fulbert, qui avoit été tué l'année précédente dans un combat qui se donna près la Charité-sur-Loire, entre l'armée de l'Empereur, & celle des rebelles qui tenoient encore le parti de Lothaire. C'étoit ainsi que Louis le Débonnaire étoit prompt à récompenser les services & la fidélité de ses sujets; l'ingratitude, dont ce Prince avoit éprouvé toute l'horreur, n'avoit point altéré la sensibilité naturelle de son ame; son cœur toûjours droit & toûjours facile à s'attendrir, ne lui permettoit jamais de suspendre ses bienfaits, & encore moins de douter de la reconnoissance.

Sans autre date.

CHARTA *Frotharii Tullensis episcopi, pro restitutione Monachorum in cœnobio S.ti Apri.*

<small>De re Diplom. a Mab. p. 524. Histoire de Lorraine, par Dom Calmet, t. IV, col. 301.</small>

Frothaire, évêque de Toul, avoit obtenu des Lettres de l'Empereur, comme il le dit dans cette Charte, qui lui permettoient de rétablir le monastère de S.t Curé, situé dans un fauxbourg de cette ville. Depuis plus d'un siècle cette Abbaye étoit tombée en ruine, les biens en avoient été usurpés, soit par des Laïcs, soit par quelques-uns des Moines, qui s'étoient sécularisés d'eux-mêmes; il ne restoit de ce Monastère, lorsque Frothaire parvint à l'épiscopat, que l'église & des ruines de bâtimens. Ce Prélat en fit construire de nouveaux, il y mit une colonie de Moines de l'ordre de S.t Benoît, & fit restituer à cette maison la plus grande partie de ses biens; il y en ajoûta d'autres, dont il fit donation par cette Charte, se réservant pour lui & pour ses successeurs de confirmer l'élection de l'Abbé, avec le plein exercice de la jurisdiction épiscopale: il assujétit en outre l'Abbé & les Moines à donner au jour & fête de saint Curé, patron de l'Abbaye, un repas aux évêques de Toul, un cheval du prix de trente sols, ou trente sols en monnoie, un bouclier, une lance, deux paires de brodequins, deux soubrevestes, & un fourgon attelé de bœufs chaque fois que les Prélats iront à la guerre, obligeant néanmoins ces Évêques de rendre au Monastère les bœufs après la campagne faite, à moins qu'ils ne périssent durant la campagne.

Le nom & la situation des biens restitués à l'Abbaye, avec ceux que Frothaire légua, sont désignés dans la Charte. Elle fut souscrite de Frothaire & de tous les Chanoines de la cathédrale de Toul, ce qui fait présumer que cette fondation fut faite des biens de la manse de cette Église.

Sans autre date.

CHARTE *par laquelle Bertrand, comte dans la Gascogne, restitue le monastère de la Réole-sur-Garonne à l'Ordre de S.t Benoît.*

<small>Histoire de Béarn, par M. de Marca, p. 210, note III.</small>

Cette pièce ne porte aucune date, mais M. de Marca pense qu'elle est de cette année, parce que le comte Bertrand qui avoit usurpé ce Monastère, vivoit du temps de Louis le Débonnaire & de Pépin son fils Roi d'Aquitaine, & qu'il y a lieu de présumer qu'il le restitua à des Moines en exécution de l'Ordonnance qui fut publiée dans l'assemblée d'Aix-la-Chapelle, tenue dans le courant de cette année.

Cette Abbaye étoit anciennement appelée *Squirs*, dans des temps postérieurs on la nomma la Réole; Bertrand, comte de Bazas, rendit donc à l'Église ce Monastère, & en investit l'abbé Adasius, du consentement de sa femme Berthe, & de ses enfans, Guillaume, Ausbert, Arnaud & Bernard; déclarant que son intention étoit que l'Abbé & les Moines vécussent deformais suivant la règle de saint Benoît, & que leurs biens fussent sous la protection du Roi & affranchis de tous impôts.

ANNÉE 837.

9 Mars.

PRIVILEGIUM Ludovici imperatoris Hohemburgensi parthenoni concessum.

Gallia Christ. sec. edit. t. V, inter instr. col. 463.

Donné à Aix-la-Chapelle.

Ce Monastère, situé au sommet d'une montagne à quelques lieues de Strasbourg, a porté différens noms; on l'appela *Hohemburc* dans les premiers temps de son établissement, du nom du château dans lequel un Comte du pays nommé *Æthicus* le fonda vers l'an 667 : il étoit alors occupé par des filles, & sainte Odile fille de ce Comte en fut la première Abbesse; après sa mort, il prit son nom, & on l'appela *Mons S.tæ Othiliæ* ou *Odiliæ*; c'est encore ainsi qu'on le nomme présentement, *Mont S.te Odile.*

Le relâchement s'étant introduit dans cette Abbaye, comme dans un très-grand nombre d'autres d'hommes & de filles vers le XII.e siècle, les Religieuses alors quittèrent le cloître & vécurent comme des Chanoinesses, observant néanmoins quelques pratiques de l'ordre de S.t Benoît. La dissipation des biens de cette maison fut la suite nécessaire de ce premier desordre; ils se trouvèrent vers le milieu du XVI.e siècle réduits presqu'à rien; le nombre des Chanoinesses étoit diminué à proportion : Gregoire XIII alors pape unit ce qui restoit de cette manse à l'évêché de Strasbourg; l'un des Évêques de ce siége a cependant rebâti, vers le commencement du siècle dernier, l'église & les lieux claustraux de cette Abbaye, & lui a rendu une partie de ses anciens domaines; mais au lieu d'y établir des filles, il y a introduit des Prémontrés de l'étroite observance, qui la possèdent encore aujourdhui.

L'impératrice Judith, qui protégeoit cette maison, sollicita ce Diplome, & obtint que l'Empereur la prît sous sa protection & confirmât toutes les immunités & tous les priviléges que Charlemagne lui avoit autrefois accordés.

1.er Avril.

DONATIO facta ecclesiæ Cenomannensi per Aldricum, ejusdem ecclesiæ episcopum.

Ann. Eccl. Fr. Cointii, t.VIII, pag. 479.

Fait au Mans.

L'évêque du Mans, nommé Aldric, fait donation par cette Charte, du consentement du vénérable Landran son Métropolitain & de plusieurs de ses conprovinciaux, aux Chanoines de sa Cathédrale de l'ancien Palais épiscopal de cette ville, pour y bâtir un cloître, afin qu'ils y habitent en commun à l'avenir : ce Prélat dit dans cet Acte, « qu'ayant » formé le dessein de donner en outre à ses Chanoines quelques fonds de terre, il a demandé » pour cet effet l'agrément de l'Empereur Louis le Débonnaire; que ce Prince ayant » bien voulu le lui accorder, il leur donne en conséquence, & lègue le lieu appelé » Buxières *(Buxarias)*, situé à deux lieues environ de la ville du Mans, avec un bois-fûtaie appelé *Sylva-Fulicionis*, qui étoit dans le même canton ». Ces donations ne furent cependant pas gratuites de la part du Prélat, quoiqu'il ne fit en cela qu'exécuter les Ordonnances du royaume; Aldric assujétit, par le même Acte, ses Chanoines à des prières pour le salut de son ame; il stipula que le XI des kalendes de juillet, le V des ides de novembre, le XII des kalendes de janvier, jour de la dédicace de la Cathédrale, chaque Prêtre de son Chapitre célébreroit pour lui une ou plusieurs Messes, suivant que sa piété l'inspireroit, & que chaque Clerc réciteroit cinquante Pseaumes, le tout à perpétuité; il veut en outre que les fruits qui proviendront de cette terre de Buxières soient distribués par égale portion dans chacun de ces trois jours de fêtes à chaque membre de son Chapitre.

Cet Acte fut signé de grand nombre d'Évêques & de tous les Chanoines du Chapitre.

Même date.

DONATIO ejusdem Aldrici episcopi Cenomannensis, pro monasterio S.ti Salvatoris.

Ann. Eccl. Fr. Cointii, t.VIII, p. 479 & 484.

Ce Prélat fit le même jour une autre donation au monastère de S.t Sauveur, situé près la ville du Mans, dans un lieu que l'on appeloit autrefois, le Breuil *(Brogilus)*, d'un village nommé *Salvarias*, avec toutes ses dépendances, d'un bois situé dans une isle de la Sarte, de deux moulins sur cette rivière, d'une vigne & d'un pré attenant le Monastère, d'un autre village nommé *Appiacus* & de la moitié d'un autre appelé *Canon*;

Canon ; il joignit à tous ces objets plusieurs fonds de terre situés dans d'autres villages, dont les noms me sont aussi inconnus que ceux de ces premiers. Le Prélat stipula que les Chanoines de sa Cathédrale viendroient le jour de la dédicace de l'église de ce Monastère, y célébrer l'office canonial, & que chaque Prêtre seroit tenu de dire une Messe pour le repos de son ame.

Les mêmes Évêques qui signèrent la précédente Charte, signèrent aussi celle-ci, excepté Jonas évêque d'Orléans. Comme il se trouvoit alors dans la ville du Mans beaucoup d'autres Évêques que ceux de la Métropole de Tours, il y a lieu de penser que l'on y tint un Concile, dont les Actes auront sans doute péri, car nous ne les trouvons dans aucune collection.

18 AVRIL.

ANNÉE 837.

PERMUTATIO *terræ inter Albericum episcopum Lingonensem, cum quodam Adalramno, pro ecclesiâ S.^{ti} Benigni Divionensis.*

Rec. de Pérard, page 20.

L'évêque de Langres, sous l'autorité duquel étoient administrés les biens de l'église de St Étienne de Dijon, permit cet échange entre les Chanoines de cette Collégiale, & un particulier nommé Adalram. Celui-ci donna un champ situé au dedans des murs de la ville même de Dijon, de l'étendue de cinq perches & dix pieds de long, sur cinq perches & six pieds de large ; ce champ étoit entre les églises de St Étienne & de St Benigne & bordoit la grande rue ; il donna en outre trois autres pièces de terre situées à Pierrefite ; les bornes & les limites sont désignées dans la Charte, mais les noms des lieux où elles étoient placées, me sont inconnus : le Chapitre de son côté, donna au nom d'Albéric une petite pièce de terre à Adalram, située aussi dans la ville de Dijon, avec d'autres héritages dans un canton nommé *Tremolense*. Les bornes & les limites de ces dernières terres sont également énoncées dans l'Acte.

Lequel échange est fait pour être observé de bonne foi par les parties, se soûmettant, dans le cas où l'une ou l'autre voudroit le rompre, à une amende de trois onces d'or au profit du Fisc, & à payer à l'autre partie le double de la valeur des héritages.

10 MAI.

BAIL *pour vingt années de la terre de* Favarias, *fait à Richilde, veuve d'Oliba, comte de Carcassonne, par l'abbé de la Grasse.*

Histoire de Languedoc, t. I, pr. col. 70. Histoire de Carcassonne, par Bouges, p. 508.

Le 21 septembre de l'année 820, ce comte Oliba & sa femme Elmétrude avoient fait donation à l'abbaye de la Grasse de cette terre, appelée *Favarias*, & par une conduite assez bizarre, ils la prirent dans le même temps à bail pour vingt-deux années. Ceci prouve que le comte Oliba avoit été marié deux fois, car sa Veuve, qui prit ce même bail seulement pour vingt années en 837, s'appeloit Richilde : le Comte depuis ce temps étoit mort, Adalric, abbé de ce Monastère, qui avoit reçu la donation d'Oliba en 820, ne vivoit plus aussi en cette année 837 ; ce fut avec Agilane son successeur que Richilde, seconde femme du comte Oliba, renouvela, mais à des conditions différentes, le bail ou bénéfice de la terre de *Favarias* ; le Comte & sa première femme n'en rendoient annuellement que vingt sols, il fut stipulé dans cet Acte que Richilde sa seconde femme en rendroit quarante ; les autres clauses sont les mêmes.

15 JUIN.

DIPLOMA *Ludovici imperatoris pro monasteriolo constructo in loco qui vocabatur* Broïolo, *ab Aldrico episcopo Cenomannensi.*

Donné à Gondreville.

Miscellanea Baluzii, t. III, pag. 80. Rec. des Hist. de France, par Dom Bouquet, t. VI, p. 612. Ann. Eccl. Fr. Cointii, t. VIII, p. 493.

La Charte porte que l'église de ce Monastère fut mise sous l'invocation du Sauveur du monde, de la Vierge, des Martyrs saint Gervais, saint Protais & saint Étienne, & de tous les Saints : L'Évêque avoit doté cette Abbaye le 1.er avril de cette année, des biens de son évêché ; mais pour que cette donation eût lieu, il falloit que le Prélat en obtînt la confirmation de l'Empereur. Aldric avoit encore stipulé dans la Charte de cette fondation, que les Moines de cette Abbaye ne pourroient élire leur Abbé sans son consentement & sans celui des évêques du Mans ses successeurs. L'Empereur, par ce Diplome, ratifia toutes les dispositions de ce Prélat.

Hirminmarus, notaire du Palais, expédia ce Diplome, faisant pour le chancelier Hugues.

Tome I. Kkk

ANNÉE 837.

16 JUIN.

DIPLOMA Ludovici imperatoris pro monasterio Cormaricensi.

Donné à Thionville.

<small>Rec. des Hist. de France, par Dom Bouquet, t. VI, p. 613. Apud Martenium, tom. I, Thes. anecdot. col. 28.</small>

Lorsque l'abbé Ithier rebâtit le monastère de Cormeri, il le dota d'un village avec toutes ses dépendances, nommé *Cosciacus* ; peut-être les Abbés de Cormeri avoient-ils négligé d'obtenir des Lettres du Roi qui ratifiassent cette donation, ou peut-être celles qu'ils avoient obtenues étoient-elles perdues ; ce qui est certain, c'est qu'Odoacre, abbé de ce Monastère, pour se procurer une jouissance assurée de ce village, représenta l'acte de donation qu'Ithier en avoit faite autrefois à l'abbaye de Cormeri, & obtint de l'Empereur ce Diplome qui le confirme.

Le notaire Hirminmarus, faisant pour le chancelier Hugues, expédia ces Lettres.

18 JUIN.

DIPLOMA Ludovici imperatoris pro ecclesiâ Cenomannensi.

Donné à Thionville.

<small>Miscellanea Baluzii, t. III, p. 70. Rec. des Hist. de France, par Dom Bouquet, t. VI, p. 614. Ann. Eccl. Fr. Cointii, t. VIII, p. 494.</small>

Ce Diplome ne porte que la ratification de la donation qu'Aldric évêque du Mans avoit faite, le 1.er avril de cette année, du lieu de Buxières à sa Cathédrale, & de l'ancien Palais épiscopal, où il bâtit un cloître & des maisons pour loger ses Chanoines.

Hirminmarus, faisant pour le chancelier Hugues, expédia ces Lettres.

20 JUILLET.

DONATIO pro monasterio Sarchinii.

Fait à S.t Tron.

<small>Ann. Eccl. Fr. Cointii, t. VIII, pag. 510.</small>

Sarchinense monasterium, ou *S.ti Trudonis monasterium* ; c'est aujourd'hui une ville d'Allemagne du diocèse de Mastricht ; elle a pris son nom du Monastère de S.t Tron, qui a donné lieu à son établissement, comme beaucoup d'autres Monastères ont occasionné la fondation de plusieurs autres Villes. Celle-ci est devenue la capitale d'un petit pays appelé la Hasbaigne.

Un comte du pays, nommé Hodbert, fit donation par cet Acte à ce Monastère de plusieurs fonds de terre, situés dans son voisinage, avec toutes leurs dépendances, dans le nombre desquelles on trouve, *cum Warescapiis* ; du Cange croit que c'est la même chose que *Waterscapum* ou *Wariscapium*, & ce Savant interprète en latin ces expressions barbares par *Aquæductus*, ce qui signifie en françois, le droit de conduire des eaux pour arroser des prés, ou pour rafraîchir des étangs.

30 AVRIL & 6 SEPTEMBRE.

INSTRUMENTA de Causâ Aldrici episcopi Cenomannensis, adversùs Abbatem & Monachos monasterii S.ti Carilefi seu Anisolæ, coram Imperatorem evindicatâ & judicatâ.

<small>Miscellanea Baluzii, t. III, p. 114 & suiv. Ann. Eccl. Fr. Cointii, t. VIII, pag. 501.</small>

L'Auteur de l'histoire des évêques du Mans rapporte toutes les pièces d'un procès fameux entre Aldric évêque de cette Ville, & Sigismond abbé de S.t Calez, qui fut jugé cette année. Voici quel en étoit le sujet. L'Évêque prétendoit que cette Abbaye étoit sous sa jurisdiction & qu'il devoit en avoir la garde, parce que, disoit-il, ses prédécesseurs, de concert avec les Chanoines de sa Cathédrale, l'avoient fondée & dotée. Sigismond soûtenoit au contraire qu'elle étoit sous la dépendance immédiate du Roi ; mais il n'appuyoit ses prétentions d'aucuns titres valables : il produisoit seulement une Lettre du roi Pépin, père de Charlemagne, par laquelle il paroissoit que ce Prince avoit pris ce Monastère sous sa protection, & qu'il s'en étoit déclaré le défenseur ; mais on savoit que Pépin n'avoit donné cette Lettre à Sicbalde, alors abbé de cette Abbaye, que pour se venger de Gaucelin, évêque du Mans, qui avoit excité, dans une circonstance, les habitans de cette ville à se révolter contre ce Prince : l'évêque Aldric avançoit même que Pépin, avant de mourir, avoit réparé cette sorte d'injustice, en faisant promettre avec serment à son fils Charles de rendre & restituer ce Monastère à Francon, l'un de ses prédécesseurs dans cet évêché.

Cette contestation avoit fait beaucoup de bruit dans la province avant d'être portée devant l'Empereur; les amis communs de l'évêque Aldric & de l'abbé Sigismond avoient tenté plusieurs fois, mais inutilement, de les concilier; ce dernier rejetoit avec hauteur toutes les voies d'accommodement. Après tous ces bons procédés, Aldric s'adressa à l'Empereur & lui demanda justice. Ce Prince renvoya l'instruction & le jugement de l'affaire par-devant des Commissaires, qui furent Ébroin évêque de Poitiers, Erchanrade évêque de Paris; le comte Rorigon, Altmar sénéchal de l'impératrice Judith & officier en même temps du Conseil, avec d'autres Vassaux de l'Empereur; mais il paroit que ces Commissaires étoient d'ailleurs très-occupés des affaires publiques, & que n'ayant pû se mettre en état de juger celle-ci aussi promptement que l'Empereur le desiroit, il la leur retira, & ordonna aux deux Parties de produire devant lui leurs titres, voulant la faire juger dans un Plaid qu'il indiqua à Aix-la-Chapelle.

Ainsi on signifia à l'évêque du Mans & à l'abbé de S.t Calez l'Ordonnance de l'Empereur; l'Évêque y satisfit, & se rendit au Plaid; l'Abbé n'y parut point; l'Empereur alors lui écrivit pour lui en faire des reproches, & lui ordonna de se trouver à un autre Plaid qu'il avoit indiqué pour le temps qui suit immédiatement les fêtes de Pâques; mais l'Abbé désobéit encore: il fut cité une troisième fois, & méprisa de comparoître; il négligea même d'envoyer son Avoué pour l'excuser ou pour répondre en son nom: l'Empereur attendit encore quinze jours, dans l'espérance que cet Abbé enfin se rendroit à ses ordres; mais voyant qu'il persistoit dans sa désobéissance, il prit l'avis de son Conseil sur ce qu'il devoit faire dans cette circonstance; on lui répondit d'une voix unanime, les Ecclésiastiques comme les Laïcs, que l'évêque Aldric ayant produit des titres qui établissoient incontestablement son droit sur cette Abbaye, ils jugeoient que l'Abbé Sigismond & ses Moines devoient rentrer sous la dépendance de ce Prélat; ces titres étoient des Chartes de plusieurs Rois de France, lesquelles prouvoient que les évêques du Mans avoient fondé & doté ce Monastère, & qu'ils en avoient eu constamment la garde; des témoins d'une probité connue avoient, suivant les loix d'alors, juré que ces Chartes étoient authentiques; ces témoins juroient encore qu'il ne s'étoit pas écoulé trente ans depuis que les abbés de S.t Calez s'étoient retirés de la vassalité des évêques du Mans, pour se mettre sous celle du Roi; par conséquent que l'abbé Sigismond étoit non-recevable dans le moyen de prescription qu'il alléguoit.

« Nous avons scrupuleusement examiné, disoit le Conseil de l'Empereur, sur quel « fondement les Moines de ce Monastère soûtiennent être sous votre garde, & nous « vous apportons le témoignage d'hommes vrais & vertueux, même celui de vos propres « Vassaux, qui déposent le contraire; & en effet, (ajoûtoit le Conseil, si le Monastère « dont il s'agit eût été dans votre mouvance & sous votre garde, les biens en auroient « été régis ou suivant la loi Salique, ou suivant celle des Ripuaires, les Colons & les « Serfs qui en cultivent les terres, ne partageroient pas la récolte avec les Moines, « comme ils le font: ainsi tous ces moyens considérés, nous jugeons qu'il est selon les « loix divines & humaines de rétablir l'évêque du Man- dans les droits que les titres lui « donnent sur ce Monastère; & nous vous supplions de faire exécuter notre jugement, « contre lequel l'abbé Sigismond ne peut, suivant les loix, réclamer, parce qu'il a négligé « de comparoître en votre présence après les trois monitions accoûtumées: mais pour « rendre votre Majesté plus certaine de la vérité de tout ce que nous disons, & pour « qu'elle reste convaincue que notre jugement est appuyé de l'autorité des loix, nous vous « prions d'ordonner que l'on fasse lecture en votre présence des Canons & des Capitulaires « dont la disposition a trait à l'affaire dont il s'agit ».

Alors on lut, par l'ordre de l'Empereur, plusieurs Canons tirés des decrets des papes Boniface, Célestin & Innocent, avec quelques Constitutions des empereurs Romains, & un article du Code des loix Saliques; après quoi, les Évêques, les Comtes & les *Missi*, qui composoient le Conseil, reprirent la parole, & dirent qu'ils persistoient de plus en plus dans leur opinion, & qu'ils ratifioient le jugement qu'ils avoient prononcé, par lequel l'évêque Aldric devoit être rétabli, & ses successeurs maintenus dans la jouissance des droits qu'il réclamoit sur le monastère de S.t Calez.

On écrivit ce jugement, & l'Empereur le fit exécuter par des Commissaires qu'il nomma à cet effet; Foulque comte du Palais, Ardouin & Godefroi comtes, & Folcrade vassal de l'Empereur eurent cette commission; ils se transportèrent au Mans pour donner l'investiture de l'Abbaye à l'évêque Aldric, en faisant sonner les cloches de l'église, & en l'y faisant entrer par la principale porte & par celle du Monastère; le tout en présence de témoins.

Celui qui rédigea toute cette procédure, dit que l'impératrice Judith assista à ce jugement avec son fils le roi Charles; il nomme ensuite tous les Archevêques, les Évêques, les Comtes, les Abbés, & un très-grand nombre de Vassaux de l'Empereur, qui signèrent l'arrêt.

Les Moines de cette Abbaye, mécontens de ce jugement, apostasièrent & emportèrent furtivement les vases sacrés du Monastère, avec les livres & les meubles les plus précieux; aussi-tôt que l'Empereur en fut informé, il commit Jonas, évêque d'Orléans, avec Henri, abbé de S.t Mihiel, pour inftruire cette affaire; il fit expédier des Lettres patentes à ce deffein: les premières portent que ces Commiffaires feront reftituer, avec célérité à cette Abbaye les chofes volées; les fecondes, qu'ils obligeront les Moines à rentrer dans leur Monaftère. Ces dernières portent en outre que les Commiffaires citeront au prochain Synode qui fe tiendra à Quierci, les Moines, s'ils n'obéïffent à la fentence qu'ils prononceront. L'évènement juftifia la fageffe de cette précaution; car les Moines refuférent de reftituer ce qu'ils avoient volé, & continuèrent leur vie vagabonde; leur Abbé avoit été dépofé; & refufant de fe foûmettre à la jurifdiction & d'être fous la garde de l'évêque du Mans, ils vivoient fans Supérieur & dans la plus grande indépendance: ils obéïrent cependant à la citation, & ils comparurent au Synode de Quierci. Sigifmond, leur ancien Abbé, s'y trouva auffi, & fe réuniffant à fes Moines, ils fe préfentèrent tous à l'Empereur, implorans fa juftice contre l'évêque Aldric, qui les avoit, difoient-ils, inhumainement chaffés de leur Monaftère; mais l'Empereur ne voulut pas les entendre, ni que l'affaire fût inftruite en fa préfence; il en renvoya la difcuffion aux Évêques de l'affemblée, & les chargea de la juger.

Les Évêques faifis de la caufe, entendirent d'abord Aldric, auquel ils demandèrent s'il étoit vrai qu'il fe fût emparé de tous les biens de ces Moines, & qu'il les eût enfuite chaffés de leur Monaftère. Aldric répondit que non feulement il n'étoit pas vrai qu'il les eût expulfés de leur Monaftère, mais qu'il ignoroit qui pouvoit avoir commis cette injuftice. Après ce premier interrogatoire, on mit fur le bureau tous les titres que l'évêque du Mans avoit produits au Plaid d'Aix-la-Chapelle; mais Drogon, évêque de Metz, Grand-aumônier de l'Empereur, & Préfident de cette affemblée, prit la parole, & dit qu'il étoit inutile de relire toutes ces pieces, qui avoient été fcrupuleufement examinées au Plaid d'Aix-la-Chapelle, où cette affaire avoit été vûe & difcutée avec foin; qu'il ne s'agiffoit préfentement que de conftater le fait de l'expulfion des Moines hors de leur Monaftère, & que c'étoit à quoi fe bornoit la commiffion que l'Empereur leur avoit donnée. L'avis de Drogon fut adopté de toute l'affemblée: on prit conféquemment toutes les mefures néceffaires pour vérifier l'accufation portée par les Moines contre leur Évêque; mais on en découvrit fans peine la fauffeté: on vit que ce Prélat n'avoit eu aucune part à l'évafion des Moines, non plus que qui que ce foit; le libertinage & l'amour de l'indépendance les avoient également portés à quitter le cloître, & à fecouer le joug de leur règle. L'affemblée jugea alors que la caufe feroit finie, en ordonnant aux Moines de retourner où leurs vœux les appeloient; le Préfident les fit venir, & leur commanda de rentrer dans leur Monaftère, & de reprendre les exercices de piété, les jeûnes & la prière, pour fervir Dieu fous la garde & l'obéïffance d'Aldric, leur évêque & leur fénieur; mais loin d'obéïr à une fentence fi pleine d'équité, ces Moines s'en offensèrent, & répondirent avec infolence qu'ils avoient réfolu de ne plus retourner dans leur Monaftère. Les Évêques furpris d'une réfiftance fi décidée aux ordres de l'Empereur, à l'autorité du Synode & aux bons avis qu'on leur avoit donnés en particulier, firent apporter le livre de la règle de S.t Benoît, on en lut à haute voix les chapitres qui traitent de l'obéïffance & de l'humilité; l'affemblée jugea convenable en outre de faire apporter le code des Canons, & de faire lire le decret du concile de Calcédoine (cap. VIII), qui prononce l'excommunication contre les Moines qui refufent d'exécuter les ordonnances des Évêques, fous la jurifdiction defquels ils font. Après cette double lecture, le Préfident de l'affemblée interrogea de nouveau les Moines, & leur demanda s'ils reconnoiffoient leur erreur, & fi en conféquence ils vouloient fe foûmettre à la jurifdiction de leur Évêque, ils répondirent qu'ils perfiftoient dans leur première réfolution: les Évêques alors les jugèrent fuivant la rigueur des loix; ils les excommunièrent, & les livrèrent à l'évêque du Mans, pour leur faire fubir telle peine qu'il croiroit convenable; déclarant en outre que l'arrêt qui avoit réintégré ce Prélat dans tous fes droits; & fur les Moines & fur le Monaftère, avec toutes fes dépendances, étoit conforme à la difpofition des Canons & aux loix du royaume.

L'Empereur confirma ce Jugement, en le faifant exécuter; les Moines rentrèrent dans leur Monaftère, & fubirent la pénitence que l'évêque du Mans leur impofa: ce ne fut pas cependant la fin du procès, quoiqu'il femble qu'il n'y eût pas lieu, de la part des Moines, de revenir contre des jugemens dans lefquels on avoit auffi fcrupuleufement obfervé les formes, que difcuté le fond de l'affaire; ils les renouvelèrent fous le règne de Charles le Chauve.

ANNÉE 837.

19 OCTOBRE.

DIPLOMA Ludovici imperatoris pro monafterio Anianenfi.

Donné à Aix-la-Chapelle.

L'Empereur n'étant que roi d'Aquitaine, avoit donné en *bénéfice* à Benoît, abbé

Hiftoire de Languedoc, t. I, pr. col. 70.
Gallia Chrift. fec. edit. t. VI, inftr. col. 344.
Ann. Eccl. Fr. Cointii, t. VIII, p. 466.
Rec. des Hift. de France, par Dom Bouquet, t. VI, p. 615.

& fondateur du monastère d'Aniane, le village de Cauſſenas, avec ſes dépendances, ſitué dans le diocéſe de Lodève. Ermenalde, ſucceſſeur de Benoît, ſe rendit à Aix-la-chapelle pour obtenir de ce Prince la confirmation de cette donation. Louis fit à cet effet expédier ce Diplome, dont la diſpoſition ne change rien à la premiere donation de ce village; l'Empereur en ratifie l'acte en ces termes: « Nous voulons & ordonnons que le ſuſdit Ermenalde, abbé d'Aniane, & ſes ſucceſſeurs, jouiſſent, *notre vie durant*, & ſans trouble, du village que nous avons précédemment donné en bénéfice à ce Monaſtère ».

Telle étoit la différence des *bénéfices* en faveur des égliſes & des particuliers; les biens donnés à ce titre à des particuliers rentroient, après leur mort, aux donateurs ou à leurs héritiers; mais comme les gens d'égliſe ne meurent point, les bénéfices ne duroient que pendant la vie des donateurs.

Hirminmarus, notaire du Palais, expédia ce Diplome, faiſant pour le chancelier Hugues.

21 OCTOBRE.

ANNÉE 837.

DIPLOMA Ludovici imperatoris pro monaſterio Anianenſi.

Donné à Aix-la-Chapelle.

Rec. des Hiſt. de France, par Dom Bouquet, t. VI, p. 615. Hiſtoire de Languedoc, t. I, pr. col. 71. Ann. Eccleſ. Franc. Cointii, tom. VIII, p. 467. Acta SS. Ord. Bened. ſæc. IV, partei, p. 223.

Le Cointe place ce Diplome & le précédent ſous l'année 836; parce qu'il compte les années de l'empire de Louis le Débonnaire du temps où Charlemagne l'aſſocia au trône, & non pas de l'époque, où il commença à gouverner ſeul après la mort de ſon pere.

Ermenalde, abbé d'Aniane, obtint de l'Empereur ce ſecond Diplome deux jours après le premier, par lequel ce Prince confirme ce Monaſtère dans la propriété & dans la jouiſſance de tous les biens dont les Rois ſes prédéceſſeurs & les ſimples Fidèles lui avoient fait donation juſqu'à ce jour; il ſoûmet en outre à perpétuité, par ce même Acte, le monaſtère de Gellone à celui d'Aniane.

J'ai donné, dans l'analyſe d'une autre Charte en faveur de cette Abbaye, le détail des biens en fonds de terre, des monaſtères & des égliſes de ſa dépendance dont on trouve l'énumération dans celle-ci. J'obſerverai ſeulement que le nouvel Hiſtorien du Languedoc remarque qu'il eſt fait mention dans cette dernière Charte de quelques pâturages ſitués ſur les confins du Rouergue & du dioceſe de Nîmes dans les Cévennes, dont les limites avoient été autrefois réglées par deux Comtes qui faiſoient dans ce pays les fonctions de *Miſſi*; l'un s'appeloit Ragambald & l'autre Fulcoald: « ce dernier, dit D. Vaiſſette, fut la tige des Comtes héréditaires de Toulouſe »; c'eſt ce qui ſeroit véritablement digne de remarque, ſi ce Savant avoit pû établir ſur des titres bien authentiques une ſuite non interrompue de ces grands Seigneurs, à commencer par ce Fulcoald; mais tout ſon ſyſtême n'eſt appuyé que ſur des conjectures. « Frédelon, dit cet Hiſtorien, & Raimond I.er ſon frère, qui ſe ſuccédérent dans le comté de Toulouſe depuis l'an 849, étoient fils d'un ſeigneur appelé Fulguald; ainſi Fulcoald ou Fulguald comte de Rouergue, eſt ſans doute le même que le père de ces deux Comtes de Toulouſe, à qui il dut tranſmettre ce comté. »

Ainſi D. Vaiſſette ſuppoſe premièrement que Fulcoald & Fulguald ſont le nom du même homme; ſecondement, que cet homme étoit comte propriétaire du Rouergue, & par cette raiſon comte auſſi de Toulouſe; troiſièmement, qu'il étoit le père des deux frères qui ſe ſuccédérent dans le comté de Toulouſe; quatrièmement, que ces deux frères héritèrent ce comté de leur père. Cependant dans un ſyſtême de généalogie tout eſt de rigueur, & les ſuppoſitions ne ſont jamais admiſes; mais quand il ſeroit bien prouvé que ce Fulcoald ſeroit le même que celui qui eſt nommé ailleurs Fulguald & qui étoit comte de Rouergue, on ne pourroit en rien conclurre, fût-il certain encore qu'il eût été auſſi comte de Toulouſe; parce qu'il eſt contre la vérité que les comtés, les duchés & les marquiſats fuſſent alors héréditaires: ce Fulcoald ne put donc pas tranſmettre à ſes enfans une propriété qu'il n'avoit pas; car s'il eſt vrai qu'il fût comte de Rouergue & même de Toulouſe, il ne rempliſſoit ces places que par commiſſion, de même que celle de *Miſſus*. Pour établir par conſéquent une généalogie certaine & bien ſuivie des anciens Comtes héréditaires de Toulouſe, il ne faut pas remonter ſi loin que le regne de Louis le Débonnaire; Charles le Chauve ſon fils eſt le premier de nos Rois qui ait introduit dans le gouvernement l'uſage de faire ſuccéder le fils au père dans les comtés.

Année 837.

Sans autre date.

CHARTA Aldrici, episcopi Cenomannensis, pro suâ ecclesiâ. *Ann. Eccl. Fr. Cointii, t. VIII, p. 496.*

Aldric, évêque du Mans, ratifie par cette Charte toutes les donations qu'il a faites durant son épiscopat, tant aux Chanoines de sa Cathédrale, qu'à plusieurs Monastères de son diocèse.

Cette pièce est fort longue, parce qu'elle contient tout le détail des donations de ce Prélat ; elle est par cette raison de quelque considération pour la Cathédrale du Mans & pour plusieurs Abbayes de ce diocèse, & elle mériteroit bien que quelque Savant de ce Clergé en fît le dépouillement, & qu'il appliquât les noms de lieu anciens que l'on y trouve en grand nombre, à ceux que ces mêmes lieux portent présentement.

TESTAMENTUM Everardi comitis, qui fundavit Cisoniensem ecclesiam in diœcesi Tornacensi. *Miræi Opera Diplomat. t. I, pag. 19. Châtelains de Lille, p. 35. Franc. orient. ab Eckardo, t. II, p. 609.*

Actum Musiestro in comitatu Tarvisiano. (Peut-être, *de Térouane*).

Aubert-le-Mire & Eckart sont d'une opinion bien différente sur la date de cette pièce : ces deux Auteurs conviennent qu'elle est de la XXIV.ᵉ année de l'empereur Louis, mais ce premier la place sous Louis le Débonnaire, & par cette raison il l'attribue à cette année 837. Eckart au contraire soûtient qu'il s'agit de Louis II, fils de Lothaire & petit-fils de Louis le Débonnaire, dont la XXIV.ᵉ année de l'empire tombe à l'an 867. Le sentiment de ce dernier me semble préférable, parce qu'il paroît que le comte Éberard étoit très-vieux lorsqu'il fit ce testament ; qu'il avoit alors quatre fils & trois filles de son mariage avec Gisèle fille de Louis le Débonnaire, & qu'il est douteux s'il épousa cette Princesse du vivant de l'Empereur son père.

Mais l'autorité sur laquelle Aubert-le-Mire & Eckart se fondent pour avancer que le comte Éberard épousa Gisèle fille de Louis le Débonnaire, est la même qui a fait dire à D. Bouquet que cette Princesse avoit épousé un autre comte nommé Conrad. D. Bouquet a imprimé, d'après Muratori, le passage de l'Historien cité par le Mire & par Eckart, & ces deux derniers l'ont publié sur un manuscrit ; ainsi le différend est entre ceux-ci & Muratori : celui-ci a lû ainsi le passage d'André Agnellus prêtre de Ravènes, dans son histoire des Évêques de cette ville, *Ad Carolum verò plus fertilem & opimam partem largivit, & Giselam filiam suam tradidit marito Conrado nomine ;* c'est dans le nom de l'époux de cette Princesse que la leçon d'Eckart est différente, *& filiam Giselam suam tradidit marito Eurado nomine.* On croit en effet que Louis le Débonnaire eut un autre gendre nommé Conrad, mais celui-ci avoit épousé la princesse Adelaïde, fille du premier mariage de l'Empereur avec Hermengarde ; Gisèle étoit du second mariage avec Judith. Muratori ignoroit peut-être que l'Empereur eût une fille nommée Adelaïde, & c'est ce qui aura occasionné son erreur, en lisant *Conrado* pour *Eurado.*

Le comte Éberard possédoit de grands biens, & il étoit plein de piété ; il avoit fondé à Cisoing une église avant de faire son testament ; il la fit desservir par des Séculiers qui embrassèrent la règle des Chanoines Réguliers de saint Augustin en 1129 ; ce Seigneur a été placé au nombre des Saints. Il mourut en Italie dans le Frioul dont il étoit comte, mais Unroch, l'un de ses fils, transféra son corps en Flandre, & il le fit inhumer dans l'église de Cisoing, où on célèbre sa fête le 16 de décembre.

Lorsque le comte Éberard mourut, il avoit sept enfans, quatre garçons & trois filles. Il donne à l'aîné, appelé Unroch, par son testament, le comté de Frioul & tous les biens qu'il avoit en Allemagne : le second, nommé Bérenger, qui devint roi d'Italie & ensuite empereur, eut en partage le comté d'Anappe, situé dans la châtellenie de Lille, avec d'autres terres dans cette même province ; il donna à Adhalard, son troisième fils la terre de Cisoing & la garde de l'église qu'il y avoit fondée, lui recommandant de ne jamais la dépouiller d'aucune des choses dont il l'avoit dotée ; il ajoûta à l'héritage d'Adhalard deux autres terres appelées *Canfin* & *Summin :* le quatrième, appelé Raoul, eut pour son partage la seigneurie de Vitri, située entre Arras & Douai, avec d'autres terres situées dans les Pays-bas.

Éberard mit une clause dans ce testament qui fait présumer qu'il partagea ses quatre fils également. « Si, dit-il, il arrivoit dans la suite qu'un roi soit d'Italie, de France » ou d'Allemagne, dans les États desquels sont situés mes biens, venoit à dépouiller par » injustice l'un de mes quatre enfans mâles, mon intention est que ses frères le dédom- » magent, & que chacun contribue également à lui faire un lot, en sorte que l'un ne se » trouve pas avoir un plus gros héritage que l'autre. »

Il donna aussi des dotes à ses trois filles, mais beaucoup moins considérables que l'héritage de ses fils : l'aînée s'appeloit Ingeltrude, la puinée Judith, & la derniere Helwich ; les biens qui formèrent leur partage étoient situés dans les Pays-bas & en Allemagne.

Éberard partage ensuite son mobilier entre tous ses enfans ; la partie la plus considérable consistoit en armes, en équipages de cheval, & en quelques vases d'or & d'ivoire, avec un chalumeau d'or pour communier sous l'espèce du vin. Il divisa aussi ses Livres, qui formoient pour le temps une bibliothèque considérable : il donna à l'aîné le recueil des Pseaumes ; le livre de saint Augustin *de verbis Domini* ; le code des Loix des Francs, celui des Ripuaires, avec celui des Lombards, des Allemands & des Bavarrois ; un Traité de l'art militaire ; un livre intitulé, *de diversis sermonibus*, qui traitoit des Prophètes, Élie & Achab ; un Traité de l'utilité de la Pénitence ; un recueil des Constitutions & des Édits des Empereurs romains ; un livre d'Isidore, intitulé, *Synonima* ; les quatre Évangélistes ; un Traité sur les Bêtes, & la Cosmographie d'Éthicus.

Bérenger, son second fils, eut un autre recueil des Pseaumes, & celui-ci étoit sur du vélin écrit en lettres d'or, avec deux livres de saint Augustin *de Civitate Dei & de verbis Domini* ; une Histoire des Papes & une des Francs ; un Traité sur l'Écriture sainte d'Isidore, de saint Fulgence & de saint Martin ; un Livre de l'ancienne Loi, intitulé, *Ephrem* ; un autre exemplaire du *Synonima* d'Isidore, avec un autre ouvrage de ce genre, intitulé, *Librum glossarum, & explanationis, & dierum*.

La portion d'Adhalard, son troisième fils, fut uniquement composée de Livres de piété ; il eut un troisième exemplaire du Pseautier, celui dans lequel Ébérard faisoit journellement ses lectures ; un Commentaire des Épîtres de saint Paul ; un troisième exemplaire du livre de saint Augustin *de verbis Domini*, & son Traité sur le prophète Ézéchiel ; un Livre de méditations sur les Évangiles & sur les Actes des Apôtres, écrit en lettres d'or ; la Vie de saint Martin ; le Code d'Anien ; l'ouvrage de Paul Orose, divisé en sept livres ; un Traité ou Sermon de saint Augustin & de saint Jérôme sur ce passage de l'apôtre saint Jacques, *Qui totam legem servavit, & in uno offenderit, factus est omnium reus*.

Raoul, le dernier de ses fils, eut un autre Pseautier avec son Commentaire ; c'étoit le livre qui servoit à l'usage de la comtesse Gisèle sa mère, avec quelques Traités sur l'Écriture sainte, intitulés, *Smaragdum, Collectaneum & Fulgentium* ; il y joignit le Missel dont on se servoit journellement pour célébrer la Messe dans sa chapelle ; un second exemplaire de la vie de saint Martin ; un traité de la Physionomie, par Lopi, Médecin, & une Chronologie des premiers Rois des Francs.

Il donna à Ingeltrude sa fille aînée, un recueil de vies des saints Pères, avec un Traité de la doctrine de saint Basile ; un Apollonius, & un troisième recueil des Synonimes d'Isidore.

Judith, sa seconde fille, eut un Missel & un sermon de S.t Augustin sur l'ivresse, un recueil des Loix des Lombards, avec le livre du moine Alcuin, dédié au comte Gui.

Le partage d'Helwich, sa troisième fille, fut composé uniquement de livres de piété ; elle eut un Missel, avec un livre contenant l'histoire de la Passion, écrite par les quatre Évangélistes ; un recueil de Prières avec des Pseaumes, & un petit Traité sur la prière.

Éberard légua aussi à Gisèle sa femme, deux volumes ; le premier étoit un Traité des quatre Vertus cardinales ; & le second, le livre de saint Augustin, intitulé *Enchiridium*.

Après toutes ces dispositions, Éberard ajoûte que, s'il revient en santé, il lègue dès-à-présent aux pauvres des lieux où sont ses terres, la moitié des biens qu'il acquerra, à compter de ce jour, à quelque titre que ce soit, tant en meubles qu'immeubles, chargeant Unroch, son fils aîné, d'en faire la distribution.

Cet acte est précieux pour l'Histoire, & les meilleurs Critiques le réputent authentique ; on en conserve l'original dans le trésor de l'abbaye de Cisoing.

Sans autre date.

ANNÉE 837.

DONATIO facta cœnobio Cisoniensi propè Insulas, a Walgerido sacerdote.

Miræi Opera Diplomat. t. 1, pag. 644.

Fait à Cisoing.

J'ai remarqué dans l'analyse du testament du comte Éberard, que la collégiale de Cisoing avoit été fondée par ce Seigneur ; il permit qu'un de ses vassaux, nommé Walguaire, qui étoit prêtre & riche de patrimoine, fît le legs porté par cette Charte, en faveur de cette église. Le Mire présume que le prêtre Walguaire fit cette œuvre de piété environ vers l'an 837, parce qu'il est dit dans cet acte que le comte Éberard vivoit encore : il paroît d'ailleurs qu'il y avoit à cette époque peu de temps que cet établissement étoit fait.

Les biens que Walguaire légua, étoient situés dans le Tournaisis, dans un canton appelé alors *Wernet-linigus*, & dans un autre pays nommé *Pastensis*, au village de *Holteum*. Walguaire stipula par cet acte, qu'il faisoit cette donation, sous la condition qu'il auroit une place de Chanoine dans cette église, sa vie durant, s'il lui plaisoit de venir l'occuper, & qu'on lui donneroit tous les jours deux portions égales à celles des Chanoines, & cinq sols en argent annuellement pour s'entretenir d'habits.

Flodoard écrit dans son histoire de Reims, que le comte Éberard plaça les reliques du pape saint Calixte martyr, qu'il avoit apportées de Rome, dans l'église de Cisoing, qu'il avoit fondée, & qu'il la mit sous l'invocation de ce Saint; qu'après la mort du comte Éberard, son fils Raoul hérita de ce Monastère, dont il jouit tant qu'il vécut; que, prêt à mourir, il en fit donation à la cathédrale de Reims, & que Hucbold, mari d'une des sœurs de Raoul, fit tous ses efforts pour faire casser cette donation, mais qu'il n'avoit pu réussir. L'église de Reims est demeurée propriétaire de cette Collégiale jusqu'au pontificat de l'archevêque Rainald, lequel y établit, en 1129, des Chanoines réguliers de l'ordre de S.t Augustin; avant cette dernière époque, on avoit commencé à bâtir beaucoup de maisons dans le voisinage de cette Collégiale; il s'y est depuis & successivement formé la ville que l'on voit aujourd'hui, & qui a pris l'ancien nom du lieu où Éberard avoit fait cette fondation: cette ville, aujourd'hui considérable, est une des quatre principales Baronnies de la châtellenie de Lille.

Sans autre date.

ANNÉE 837.

Cap. Reg. Fr. a Baluzio, t. I, col. 689.

CAPITULARE Ludovici imperatoris, pro Longobardis.

Les cinq articles que Baluze a imprimés de ce Capitulaire, ont été tirés du code de la Loi des Lombards. Ce Savant ne lui a point assigné de date positive; mais s'il est vrai que Louis le Débonnaire le publia vers ce temps, on peut présumer que ce fut dans l'assemblée des États qu'il tint en 838, au mois de septembre, à Quierci. Cette assemblée fut plus nombreuse, plus solennelle que celles qui avoient été tenues l'année précédente à Aix-la-Chapelle, à Thionville & à Quierci. L'Empereur manda à celle-ci les rois d'Aquitaine & de Bavière, avec tous les Grands de la Nation; son dessein étoit de faire confirmer le nouveau partage qu'il avoit fait depuis peu de ses États, par lequel il avoit réglé les provinces qui devoient composer le royaume de Neustrie, qu'il donnoit à Charles, le plus jeune de ses fils. Ce fut dans cette même assemblée que l'Empereur fit prêter serment de fidélité à ce nouveau Roi, par les Évêques, par les Comtes & par les Abbés de son royaume, après qu'il lui eut mis la couronne sur la tête, & qu'il lui eut donné la ceinture militaire. Comme il étoit alors en usage que nos Rois ne publiassent leurs Capitulaires ou Ordonnances que dans l'assemblée des États, composée des grands Vassaux, des Évêques, des Comtes & des Abbés, on doit présumer que c'est plustôt dans celle-ci où l'Empereur donna le Capitulaire dont il s'agit, que dans les assemblées de l'année précédente, où on ne traita, pour ainsi dire, que de l'affaire de l'évêque du Mans avec les moines de l'abbaye de S.t Calez.

Le premier article de ce Capitulaire annulle toutes les promesses par écrit qu'un père ou un mari, de condition libre, auroit faites de vendre sa femme & ses enfans pour être serfs; déclarant que s'il se trouvoit quelqu'un dans la servitude en vertu de semblables obligations, il pourroit rentrer dans son premier état de liberté; ordonnant qu'à l'instant on déchirât les cédules.

Cet usage de vendre ses enfans & soi-même venoit de la Germanie, & il paroît, par ce Capitulaire, qu'il subsistoit encore du temps de Louis le Débonnaire; Tacite dit que ces peuples aimoient tellement le jeu, qu'après avoir perdu tout ce qu'ils avoient de biens, ils se jouoient eux-mêmes, & devenoient serfs de ceux que la fortune favorisoit.

Le second article prescrit aux Évêques, aux Abbés & à tous les ordres Ecclésiastiques, de faire choix pour leurs avoués, d'hommes de probité, qui soient humains & point avares: l'Empereur veut que les Juges inférieurs, comme les Centeniers, les Tribuns & les Vicaires, aient les mêmes qualités; s'ils s'en trouve qui aient les vices contraires, il ordonne qu'ils soient dépouillés de leur office.

Il est ordonné aux Comtes par le troisième article, de faire battre avec la dague ou le bâton, deux témoins qui, dans un procès, auront juré, l'un l'affirmative, & l'autre la négative sur le même fait; condamnant celui qui sera convaincu de fausseté, à avoir la main droite coupée.

Cet article fait voir combien les mœurs de notre Nation étoient encore barbares dans le VIII.e siècle; car on croyoit que la vérité étoit pour le plus fort des combattans.

Il est défendu par le quatrième article aux Laïcs, d'accuser un Clerc d'aucun crime: il est également défendu à qui que ce soit, d'appeler un Clerc en témoignage contre

un

un Laïc. L'Empereur fait encore défenses aux simples Clercs, comme aux Diacres & aux Prêtres, d'entrer dans le lieu où les Juges laïcs rendent la justice, & d'y plaider eux-mêmes leurs causes.

Cette dernière disposition étoit très-sage & suivant l'esprit des Canons, qui défendent aux Clercs, non seulement de ne pas tremper leurs mains dans le sang, mais de fuir les lieux & les occasions où on en répand. L'article trois fait voir que les sentences d'alors étoient souvent précédées de quelque meurtre : en effet, il pouvoit arriver qu'un Clerc eût un procès dans lequel le Comte requît le combat d'un de ses témoins avec un de sa partie adverse ; alors il auroit été indécent que le Clerc eût assisté à cette étrange procédure : c'est la raison du Droit commun d'alors, qui enjoignoit à tous les Clercs, même aux Évêques, d'avoir des avoués, qui plaidoient & défendoient leurs causes devant les Tribunaux laïcs.

Le cinquième & dernier article du Capitulaire ordonne que tous les ordres Ecclésiastiques seront régis suivant le droit Romain ; en conséquence, que tous les baux emphythéotiques des biens Ecclésiastiques, qui se trouveront préjudiciables à l'Église, seront cassés, sans que les Clercs, qui posséderont les bénéfices desquels ces biens dépendent, soient tenus de payer aucuns dommages-intérêts.

Ceci prouve qu'il falloit une loi expresse de nos Rois, pour que le droit Romain eût quelque vigueur dans leurs États, & que cependant ils en adoptoient la disposition, dans les cas sur lesquels la loi Salique ou leurs Capitulaires n'avoient pas statué.

4 FÉVRIER.

ANNÉE 838.

PRÆCEPTUM Lotharii Italiæ Regis pro monasterio S.^{tæ} Christinæ, in diœcesi Vercellensi.

Donné au palais d'Olonna dans le Milanois.

Cap. Reg. Fr. a Baluzio, t. II, col. 1438.
Ann. Eccl. Fr. Cointii, t. VIII, pag. 530.

Ce Monastère, qui est présentement uni au collége des Allemands à Rome, étoit situé dans le Milanois, & avoit été fondé par quelque roi Lombard ; mais on ne sait pas le temps : Mabillon pense que cette Abbaye est la même que celle dont Louis le Débonnaire confirma les priviléges en 822, & ce sentiment est d'autant mieux fondé qu'il est fait mention dans ce diplome de Lothaire, de celui de son père, & même d'un de Charlemagne. Ce dernier ratifie les deux premiers, qui accordoient à l'Abbé & aux Moines une entière exemption de la juridiction des Officiers royaux, avec immunité des impôts & de toutes espèces de droits que l'on payoit au Fisc.

Drutemire, sous-diacre & protonotaire, expédia ce Diplome, faisant pour le chancelier Agilmar.

DIPLOMATA Ludovici imperatoris pro Cathedrali ecclesiâ Cenomannicæ urbis.

22 MARS, 17 & 23 AVRIL. } . . . . *Donné à Aix-la-Chapelle.*

7 SEPTEMBRE. . . . . *Donné à Querci.*

Annal. Eccl. Franc. Cointii, t. VIII, p. 523 & suiv.
Rec. des Hist. de France, par Dom Bouquet, t. VI, p. 617 & suiv.
Apud Baluzium, lib. III Miscellan. pag. 93, 96, 101, 103, 155, 176.

On voit par tous ces Diplomes, combien Aldric évêque du Mans, étoit en faveur auprès de Louis le Débonnaire ; ce Prince en accorda six dans le courant de cette année, à la sollicitation de ce Prélat, en faveur de son église cathédrale ; le premier le 22 mars, les deux suivans le 17 & le 23 avril, & les trois autres le 7 de septembre.

L'Empereur, par le premier Diplome, donné à Aix-la-Chapelle, restitue à l'église du Mans une terre appelée *Lugdunum*, située dans le Maine, dont il y a lieu de croire que Pépin le Bref son aïeul, s'étoit emparé pour des besoins d'État, & qu'il avoit donnée en bénéfice à quelques-uns de ses Officiers, pour leur tenir lieu ou d'appointemens ou de récompenses. Bauzelebeg comte & marquis dans la Saxe, tenoit encore à ce même titre cette terre, & il est dit dans cette Charte, que ce fut à sa prière & de son consentement que l'Empereur la rendit à l'évêque & aux Chanoines du Mans.

Hirminmarus expédia ce Diplome, faisant pour le chancelier Hugues.

Le second Diplome concerne une autre terre appelée *Bonalla*, qui étoit située également dans le comté du Maine, au canton nommé *pagus Carmicensis*. Cette terre, comme la précédente, avoit été prise pour la même cause, sans doute, par le Roi, & donnée en bénéfice ou à un Comte du pays ou à quelqu'autre Officier, sous la condition cependant de payer annuellement à l'église du Mans une certaine redevance ; ceci est prouvé par l'ordonnance de l'Empereur, du 31 décembre de l'an 832, par laquelle il est enjoint à tous ceux qui tiennent en bénéfice, de la part du Roi, des terres dépendantes de l'église du Mans, d'en payer à l'Évêque & aux Chanoines, les dixmes &

Tome I. LII

les autres redevances. Cette terre de *Bonalla*, ainsi que celle appelée *Lugdunum*, & les autres, pour la restitution desquelles l'Empereur donna des Diplomes, sont dénommées dans cette Ordonnance.

Le comte Adalbert tenoit en bénéfice cette terre de *Bonalla*, & ce fut à sa prière & réquisition que l'Empereur en restitua la jouissance aux Chanoines du Mans; non seulement cet Adalbert étoit comte, mais il étoit encore ou ministre d'État ou membre du conseil privé de l'Empereur : c'est ainsi qu'il est qualifié dans le Diplome, *Adalbertus comes & Consiliarius noster*. Tous les Comtes n'avoient pas cette dernière qualité.

Hirminmarus expédia ce Diplome, faisant pour le chancelier Hugues.

Le troisième Diplome concerne une autre terre appelée *Tridentem*, & située dans le canton même de la ville du Mans; elle étoit tenue par un certain Bavon vassal de l'Empereur, & elle lui avoit été donnée, ou à son père, en bénéfice comme les précédentes; il est dit que ce Bavon en payoit exactement à l'église du Mans les dixmes; mais craignant que dans la suite des temps on ne pensât qu'elle avoit été aliénée, il vouloit, pour prévenir cette injustice, la restituer à l'église : il supplia en conséquence l'Empereur de faire expédier ce Diplome; l'Évêque & les Chanoines du Mans rentrèrent ainsi dans la jouissance de cette terre.

Hirminmarus expédia ce Diplome, faisant pour le chancelier Hugues.

Le quatrième Diplome contient une simple confirmation du testament d'Aldric, évêque du Mans; ce Prélat, pour empêcher, dit-il, que sa succession à son décès ne soit expoliée, comme il arrive souvent aux Gens d'église, vouloit, de son vivant, sous le bon plaisir de l'Empereur, & du consentement de son métropolitain Ursmar, archevêque de Tours, disposer de ses biens & les partager entre les églises Collégiales, les Paroisses, les Monastères de son diocèse & les Chanoines de sa Cathédrale.

On ne sait en quel temps précisément Aldric fit ce testament; Baluze l'a imprimé sans date (*lib. III. Miscellaneorum, pag. 82*), mais on doit présumer que ce ne fut que peu de temps avant qu'il en obtînt de l'Empereur la confirmation par ce Diplome. Hirminmarus, notaire du Palais, l'expédia, comme les précédens, faisant pour le chancelier Hugues.

L'Empereur confirme, par ce cinquième Diplome, tous les droits de l'évêque du Mans sur le monastère de S.t Calez, dans lequel il rapporte toutes les Chartes des Rois ses prédécesseurs & le Jugement qui avoit été rendu l'année précédente en faveur d'Aldric, contre l'Abbé & les Moines de cette Abbaye.

Hirminmarus expédia encore ce Diplome, faisant pour le chancelier Hugues.

Aldric obtint enfin ce sixième Diplome, en faveur de cette même abbaye de S.t Calez, par lequel l'Empereur confirme tous les privilèges qui avoient été anciennement accordés à cette maison, & la maintient dans l'exemption de la justice des Officiers royaux & dans la franchise des droits & des impôts qu'elle payoit ci-devant au Fisc.

Hirminmarus expédia ce Diplome, à la place du chancelier Hugues, comme il avoit fait les autres.

ANNÉE 838.

28 MARS.

LITTERÆ *Pippini regis Aquitaniæ pro Andegavensi S.ti Mauritii ecclesiâ.*

Gallia Christ. pr. edit. t. II, pag. 117.
Rec. des Hist. de France, par Dom Bouquet, t. VI, p. 674.

Donné à Caremptas. (Peut-être, à Tonnai-Charente dans la Saintonge).

Charlemagne avoit autrefois accordé à la Cathédrale d'Angers la moitié de tous les droits de douane & de péage que l'on payoit au Fisc pour les marchandises qui entroient dans le port de cette Ville & qui se débitoient dans les marchés des environs. Dodon, alors évêque de ce siège, en présenta le Diplome à Pépin, le suppliant de vouloir bien le confirmer; ce que fit ce Prince, par cette Charte, sous la condition que l'Évêque & les Chanoines de cette Cathédrale offriroient à perpétuité des prières à Dieu pour sa santé & pour la prospérité de la Maison Royale.

Isaac, clerc & notaire du Palais, expédia ce Diplome, faisant pour le chancelier Hermold.

23 AVRIL.

LITTERÆ *Pippini Aquitaniæ regis pro Gemeticensi monasterio.*

Rec. des Hist. de France, par Dom Bouquet, t. VI, p. 675.

Donné in Caseno. (Peut-être, Caseneuil dans l'Agénois.)

Pépin, pour des besoins de l'État, s'étoit emparé de beaucoup de terres appartenantes tant aux Cathédrales qu'aux Monastères : mais l'Empereur son père ayant rendu une

Ordonnance vers l'an 836, après que les guerres que ses enfans lui faisoient furent totalement finies, par laquelle il leur enjoignoit de restituer aux Ecclésiastiques tous les biens qu'ils leur avoient pris, ces Princes, chacun dans leurs États, firent des restitutions de ce genre. Pépin retenoit encore en cette année au monastère de Jumiéges une métairie située dans le comté de Tours en Poitou, & six habitations de Serfs dans l'Anjou; il restitua le tout par ce Diplome, déclarant n'y avoir aucun droit, & faisant défenses à ses sujets de troubler à l'avenir l'Abbé & les Moines de cette Abbaye dans la jouissance de ces biens.

Isaac, diacre & notaire du Palais, expédia ce Diplome, faisant pour le chancelier Hermold.

Dans le Diplome donné par Pépin le 28 mars de cette année, le notaire Isaac ne prend que le titre de clerc, *clericus ;* comme on le trouve qualifié de diacre dans celui-ci, peut-être est-ce une faute de copiste.

Année 838.

7 JUIN.

Præceptum *Ludovici imperatoris pro Tettâ, abbatissâ monasterii Herivordiensis, in Saxoniâ.*

Rec. des Hist. de France, par Dom Bouquet, t. VI. p. 620.

Donné à Nimègue.

L'Empereur convoqua une diète à Nimègue au mois de mai, dans le dessein de prendre des mesures convenables pour s'opposer aux Normands, qui infestoient depuis quelques années plusieurs ports d'Allemagne: on y résolut de construire des vaisseaux & d'équiper une flotte considérable, pour chasser ces Pirates. L'Empereur mena son fils Charles, couronné depuis peu roi de Neustrie, à cette diète, & y appela Louis roi de Bavière, l'un de ses autres fils. Comme il étoit encore à Nimègue, Tetta, abbesse de Herford en Saxe, vint le trouver, & lui représenta que sa Maison étoit trop pauvre pour faire subsister le grand nombre de Religieuses qui y avoient pris le voile. L'Empereur saisit avidement cette occasion de donner des marques de sa piété, il fit sur l'heure expédier ce Diplome, par lequel il fait don, en pure aumône, au Monastère de Tetta, de plusieurs églises, avec les dixmes, le tout dépendant de son domaine: ces églises étoient aussi situées dans la Saxe, mais j'ignore le nom des cantons; la Charte porte: *In pago qui dicitur Bursibant, in villâ quæ dicitur Remi, & aliam ecclesiam in pago qui dicitur Schoppingus, in villâ Wattringas, & aliam in eodem pago, in villâ Stocheim.*

Le notaire Hirminmarus expédia ce Diplome, faisant pour le chancelier Hugues.

Dom Bouquet n'a publié que la formule & les dates de cette pièce; on la trouve toute entière dans les *Annales de Paderborn par Schatenius, lib. II, pag. 115.*

14 JUIN.

Præceptum *Ludovici imperatoris pro monasterio Campidonensi.*

Donné à Nimègue.

Ce Diplome est une confirmation de celui de l'an 834. Dom Bouquet n'en a publié que les formules & les dates; on le trouve tout au long *apud Raslerum, in Append. ad vindicationem contra vindicias, p. 27.*

29 JUIN.

Litteræ *Pippini regis Aquitaniæ pro fideli suo Heccardo.*

Rec. de Pérard, page 24. Rec. des Hist. de France, par Dom Bouquet, t. VI. p. 677.

Actum Vandilogilo in Aquitaniâ.

Pépin fait donation pure & simple, par cette Charte, à l'un de ses vassaux nommé Heccard, du lieu de Parsi, situé dans le territoire d'Autun; on croit que cet Heccard étoit comte d'Autun.

Albéric, clerc & notaire du Palais, expédia ce Diplome, faisant pour Isaac, lequel succéda à Hermold dans la place de chancelier; cet Isaac avoit été auparavant notaire du Palais.

Tome I. LLl ij

452 NOTICE

JUIN,
sans autre date.

ANNÉE 838.

DIPLOMA Pippini regis Aquitaniæ pro Juncellensi monasterio.

Rec. des Hist. de France, par Dom Bouquet, t. VI, p. 676.

Actum Pontiagonis villâ regiâ.

Cette Charte est datée du mois de juin de cette année, sans que le quantième du mois y soit marqué ; mais il paroît certain que si elle est de Pépin roi d'Aquitaine, ce Prince la donna avant le 29, parce qu'Isaac, faisant encore les fonctions de notaire du Palais, l'expédia.

Je pensois que cette pièce étoit différente de celle que j'ai placée à l'année 762, en suivant l'opinion de Baluze, mais c'est exactement la même, & elle contient mot à mot les mêmes dispositions ; il ne s'agit plus que de savoir lequel de ces deux Savans a raison, de Dom Bouquet ou de Baluze. Dom Mabillon & Dom Vaissette prétendent que ce fut Pépin le Bref qui rétablit ce monastère de Joncelles ; la Charte, dont il s'agit, cadre à cette opinion & semble en être le fondement ; il y est en effet énoncé que le roi Pépin le dota de nouveau & le fit réédifier, à la prière de Benoît qui en étoit abbé : *quia adiens nostri Culminis serenitatem Benedictus abbas S.^{ti} Petri Juncellensis monasterii, quod est situm in territorio Beterrensi, petiit ut ipsum monasterium restitueremus, & de nostris regalibus viris augeremus.* Baluze soutient que ce roi Pépin est celui qui est surnommé le Bref & père de Charlemagne ; mais je ne vois d'autre raison qui puisse accréditer ce sentiment, que la mention faite de ce Monastère dans l'état que Louis le Débonnaire fit dresser en 817 de tous ceux du Royaume qui étoient tenus envers le Fisc à quelques redevances, soit en argent, soit en prières, ce qui suppose que ce Monastère existoit ; mais il faut en même temps présumer qu'il étoit bien pauvre & qu'il ne possédoit encore aucunes terres de donation royale, puisque l'Empereur déclare qu'il ne doit à l'État que des prières : l'abbé Benoît n'avoit donc pas encore reçu du Roi tout le canton qui est entre la source des rivières de l'Allier & d'Orbe, avec d'autres terres dont il est parlé dans la Charte. Ce sont sans doute ces considérations qui ont principalement déterminé Dom Bouquet à attribuer la pièce à Pépin fils de Louis le Débonnaire. Ce Savant a peut-être encore appuyé son sentiment du nom des Officiers de Chancellerie qui expédièrent la Charte ; il a lû dans le manuscrit de St Germain-des-Prés, d'après lequel il a publié cette pièce, le nom d'Isachar notaire du Palais, & celui d'Hermold chancelier, lesquels furent en effet Officiers de Pépin roi d'Aquitaine, & non pas de Pépin le Bref. Baluze s'est servi d'un autre manuscrit tiré des archives de l'abbaye de Joncelles même, & a lû, comme Dom Bouquet, le nom du notaire Isachar ; la leçon du nom du chancelier est un peu différente, ce dernier manuscrit porte *Hermoler* ; mais ce dernier nom a été corrompu, & certainement il ne veut pas dire autre chose qu'*Hermold*. La date de l'année est différente aussi dans les deux manuscrits ; les deux Éditeurs y ont mis des corrections relatives à leurs sentimens : toutes ces variations dans les noms propres, dans les dates & dans la manière d'écrire le nom du lieu où cette pièce fut donnée, me portent à n'avoir que très-peu d'égard aux inductions que l'on pourroit en tirer pour favoriser le sentiment de l'un de ces Éditeurs plustôt que celui de l'autre, elles me font présumer que les dates, le nom des Officiers & celui du lieu où la pièce fut donnée, sont des fautes ou des additions faites par des copistes.

20 JUILLET.

CHARTA donationis ab Hotberto monasterio Sarciniensi.

Miræi Opera Diplom. tom. I, pag. 499.

Fait à St Tron.

Le Mire propose le nom du comte *Robert*, au lieu de *Hotbert* qui fit cette donation ; peut-être a-t-il raison, car on ne connoît point, dans l'histoire de ce temps, de Comte ni aucun Seigneur du nom de *Hotbert*; ainsi il y a lieu de croire qu'il s'agit du comte Robert, surnommé le Fort, qui fut la tige de nos Rois de la troisième Race : ce Seigneur possédoit de grands biens, ses terres les plus considérables étoient dans le pays de Liége. Il fit donation, par cette Charte, au monastère de St Tron, situé dans ce diocèse, d'une seigneurie, avec les Serfs, les colons & toutes ses autres dépendances : cette seigneurie étoit dans un lieu appelé *Hasnoch*, arrosée d'une rivière nommée *Merbate*, & enclavée dans le canton d'Hasbaye. J'ai rapporté à l'article de l'année 746 une Charte de donation faite à ce même Monastère par un comte de ce pays aussi nommé Robert ; mais ce dernier étoit fils d'un comte nommé Lambert, tandis que le père de Robert le Fort s'appeloit Théodebert.

ANNÉE 838.

1.ᵉʳ SEPTEMBRE.

LITTERÆ Pippini regis Aquitaniæ pro monasterio Cormaricensi.

Rec. des Hist. de France, par Dom Bouquet, t. VI, page 677.

Actum Cervario Foresté.

Le monastère de Cormeri étoit situé dans la partie du comté de Tours à la gauche de la Loire, & enclavé par cette raison dans le royaume d'Aquitaine. Ce fut pour obtenir de Pépin la confirmation des biens de cette Abbaye qu'Otacher, qui en étoit abbé, sollicita ce Diplome. J'ignore le canton du Poitou où il y a lieu de croire qu'ils étoient situés, de même que le nom qu'ils portent présentement; voici celui qu'ils ont dans cette Charte: *villas quæ vocantur Antoniacus, Matsdomnus, Ercuicus, Cusciacus.*

Albéric, clerc & notaire du Palais, expédia ce Diplome, faisant pour le chancelier Isaac.

3 SEPTEMBRE.

LITTERÆ Pippini regis Aquitaniæ pro monasterio Crassensi.

Histoire de Languedoc, par Dom Vaissette t. I, p. 73.
Rec. des Hist. de France, par Dom Bouquet, t. VI, p. 678.

Donné à S.ᵗ Martin en Campagne.

Pépin se rendoit à la diète de Quierci, où l'Empereur son père l'avoit mandé, lorsqu'il accorda ce Diplome à Agila abbé de la Grasse. Le lieu d'où ce Prince data cette Charte est situé dans la Touraine, dans un pays plat, appelé par cette raison *Campagne;* il s'étend depuis Montrichard & Bléré jusqu'à Montrésor. Peut-être nos anciens Rois avoient-ils un palais dans ce lieu de S.ᵗ Martin, & Pépin y séjournant, l'abbé de la Grasse, qui l'accompagnoit dans son voyage, obtint en faveur de son Monastère que ce Prince en confirmât les priviléges & les biens, entr'autres ceux qui étoient situés dans le canton de Carcassonne, & dont l'ancien chancelier Élisachar & le comte Oliba, Envoyés de l'Empereur dans cette province, avoient marqué les limites. Pépin, par cette même Charte, confirma encore cette Abbaye dans la propriété de trois petits monastères; l'un s'appelle aujourd'hui S.ᵗ-Couat, & est situé sur la rivière d'Aude aux confins des diocèses de Carcassonne & de Narbonne, dont les comtes Dellon & Giselafred son fils avoient aussi réglé les bornes; le second étoit le prieuré de S.ᵗ Pierre de Cabrespine, le troisième étoit le prieuré de la Palme, du diocèse de Narbonne. Il ratifia encore les donations que les Espagnols réfugiés avoient faites à cette Abbaye des biens qui faisoient partie de ceux que Charlemagne avoit accordés à ces étrangers. Pépin enfin accorde aux Moines de cette Abbaye la liberté d'élire deformais leur Abbé, & se réserve, ou aux Comtes de son Palais, la connoissance des procès qu'ils auront à l'avenir.

Le clerc Albéric, notaire du Palais, expédia ce Diplome, faisant pour le chancelier Isaac.

Dom Vaissette assure que l'original de cette pièce est à la Bibliothèque du Roi, avec deux *Vidimus* ensuite, l'un du pape Gregoire IX, de l'an 1228; & l'autre du roi Charles VI, de l'an 1383.

25 NOVEMBRE.

LITTERÆ Pippini regis Aquitaniæ pro monasterio Solemniacensi.

Rec. des Hist. de France, par Dom Bouquet, t. VI, p. 679.

Actum Nerisio.

Pépin affranchit, par ce Diplome, le monastère de Solignac de toute jurisdiction, tant civile qu'ecclésiastique, & ordonne que les Moines ne seront soûmis deformais qu'à leur Abbé.

Albéric, clerc & notaire du Palais, expédia ce Diplome, faisant pour le chancelier Isaac.

Dom Bouquet a imprimé cette pièce avec des lacunes, & ce Savant s'est borné, dans la critique qu'il en a faite, à dire que le style n'en étoit pas correct: je vais plus loin, & je pense que la pièce est supposée; le tour des phrases, la construction, les expressions sont totalement différentes de celles des autres Chartes de ce Prince, & même du siècle où il vivoit; par quelle singularité le notaire Albéric, qui rédigeoit les Diplomes de Pépin, & qui a suivi la même formule dans tous ceux que nous avons de ce Roi, se seroit-il servi d'une formule particulière pour celui-ci?

Je n'admets pas non plus le sentiment de Dom Vaissette sur le temps de la mort de ce même Prince. « Après l'assemblée de Quierci, dit cet Historien, l'Empereur prit la route d'Aix-la-Chapelle, Charles, appelé depuis le Chauve, s'en alla dans le duché du Maine, pour prendre possession de cette partie de ses États, & Pépin retourna en Aquitaine. Celui-ci peu de temps après mourut à Poitiers, le 13 décembre de la même année 838, & fut inhumé dans l'église du monastère de S.te Radegonde de la même ville ». Il faut, ce me semble, plus sur sa chronologie que sur les faits mêmes, suivre le plus grand nombre des Auteurs, & préférer les contemporains; c'est ce que Dom Vaissette n'a pas fait; il s'en est uniquement rapporté, sur l'époque de cet événement, aux Annales de S.t Bertin, qui sont contredites par celles de Fuldes, par la Chronique d'Herman & par l'Histoire de Pierre le Bibliothécaire; ces derniers, au lieu de fixer le décès de ce Prince au mois de décembre, le placent au mois de novembre de cette même année; ils n'en marquent point le jour.

Pépin avoit été couronné roi d'Aquitaine en 817, & s'étoit marié peu de temps après à Engilberge, fille de Théodebert comte de Madrie; il eut plusieurs enfans de ce mariage, quatre lui survécurent, deux garçons & deux filles; l'aîné se nommoit aussi Pépin; il ne lui succéda que dans une partie de ses États, dont Charles le Chauve son oncle tarda peu après la mort de Louis le Débonnaire à le dépouiller; le second s'appeloit Charles, on le tondit & il fut relegué dans le monastère de Corbie, d'où il sortit pour être archevêque de Mayence; les deux Princesses se marièrent, l'une épousa Gérard comte d'Auvergne, & l'autre Rathier comte de Limoges.

Sans autre date.

Année 838.

SOCIETATIS conventio Remigianorum monachorum, cum Sandionysianis Parisiensibus.

Histoire de l'abbaye de S.t Denys, par Félibien, pr. p. 58. Annal. Bened. t. II, p. 607. Ann. Eccl. Fr. Cointii, t. VIII, pag. 537. Spicileg. d'Acherii, tom. III, p. 333, col. 2. Hist. Ecclesiæ Remensis, a Marlot, t. I, pag. 383.

Avant que les Moines se fussent mis en congrégation, ils n'avoient entr'eux aucune liaison, la Règle sous laquelle ils vivoient étoit la seule chose qui leur fût commune; ils demeuroient attachés pendant toute leur vie aux Maisons où ils faisoient profession; les biens d'un Monastère étoient distincts & séparés des autres Monastères du même Ordre, chaque Abbé gouvernoit & administroit sa Maison sans être tenu d'aucun compte; la charité chrétienne & commune étoit le seul lien qui fût alors entr'eux, soit qu'ils fussent du même Ordre, soit qu'ils fussent d'un Ordre différent. L'établissement des Congrégations & des Généraux d'Ordre, qui s'est fait depuis, a apporté le changement que nous voyons dans ce régime; & je pense que les associations de prières & de bonnes œuvres, dont on voit quelques exemples dès la fin du VIII.e siècle, ont donné lieu à ce changement. L'association des moines de S.t Denys avec ceux de S.t Remi de Reims, est un Acte fameux, & le plus grand nombre de nos Historiens ecclésiastiques en font mention; il fut signé dans le courant de cette année, mais les Auteurs qui l'ont publié, d'après même le plus ancien manuscrit, n'ont point marqué ni le jour ni le mois.

Cet Acte porte que les deux Abbés, avec leurs Moines, se jurent une amitié sincère & réciproque, & qu'ils se promettent des assistances, en prières seulement, soit en santé, soit en maladie, & pour les morts de chacune de ces deux Maisons.

La signature des Abbés est placée avant celle des Moines, & il y a lieu de croire que chaque Moine observa le temps de sa réception pour placer ensuite la sienne, car on trouve le nom de Moines qui n'étoient que diacres ou soudiacres, & même laïcs, placé avant d'autres Moines évêques & prêtres: mais ce qui doit étonner, c'est de voir le nom de l'Empereur & celui du roi de Bavière son fils à la tête de cette légende; vrai-semblablement ces deux Princes souscrivirent, comme le dit l'Historien de S.t Denys, en qualité de confrères; la piété leur présentoit dans cette espèce d'affiliation, l'avantage de participer aux mérites de ces saints Solitaires; le désir de s'unir de cœur & d'esprit à ces véritables serviteurs de Jésus-Christ, tenoit lieu de vœux, que d'autres Religieux ont exigé depuis de ceux qu'ils s'affilioient.

DES DIPLOMES.

ANNÉE 839.

23 JANVIER.

DIPLOMA *Ludovici imperatoris pro commutatione quorumdam prædiorum, inter abbatem Dionyſianum, & abbatiſſam Jotrenſem.*

Donné à Attigni.

Rec. des Hiſt. de France, par Dom Bouquet, t. VI, p. 623. De re Diplom. à Mab. p. 525. Hiſtoire de l'abbaye de S.t Denys, par Félibien, pr. p. 59.

Hilduin, abbé de S.t Denys, avoit échangé des terres labourables, des vignes & des prés ſitués dans le diocèſe de Meaux, à un village appelé *Liniacus*, contre des biens de cette nature, avec Ermentrude abbeſſe de Jouarre : les terres de l'Abbeſſe étoient également dans le diocèſe de Meaux, mais elles étoient ſituées au village nommé *Cuciacus*. Hilduin & Ermentrude obtinrent de l'Empereur la confirmation de leur échange, par ce Diplome. Glorius, notaire du Palais, l'expédia, faiſant pour le chancelier Hugues.

17 FÉVRIER.

PRÆCEPTUM *Ludovici imperatoris pro Rabano, abbate Fuldenſi.*

Rec. des Hiſt. de France, par Dom Bouquet, t VI, p. 624.

Le roi de Bavière n'avoit pas montré juſqu'à ce jour ſon mécontentement du royaume que l'Empereur avoit formé pour Charles, le plus jeune de ſes fils, aux dépens de ſes autres enfans, mais apprenant la mort de Pépin ſon frère roi d'Aquitaine, il crut que cet évènement lui offroit une circonſtance favorable pour ſe venger de l'injuſtice qu'il penſoit que ſon père lui avoit faite ; il imagina qu'il ne devoit plus diſſimuler ſon reſſentiment ; il leva alors une nombreuſe armée & entra dans la Franconie ; l'Empereur ne fut pas pluſtôt inſtruit de ces mouvemens, qu'il quitta Aix-la-Chapelle ; il ſe porta à Mayence vers la fin de janvier, & s'avança quelque temps après juſqu'à Francfort, afin d'être plus à portée ou de ramener ſon fils à la paix, ou d'oppoſer une armée à la ſienne : ce Diplome, qui eſt reconnu pour authentique par tous les Savans, prouve que ce Prince étoit encore vers la fin de février dans cette dernière place ; l'Auteur de l'hiſtoire de ſa vie a fait une erreur ſur ce ſujet, car il écrit que ce Prince paſſa les fêtes de Noel & de Pâques à Aix-la-Chapelle, & qu'il y demeura tout le temps intermédiaire.

L'Empereur étoit donc à Francfort le 17 février, & Raban, abbé de Fulde, vint l'y trouver & ſollicita ce Diplome, pour faire agréer de ce Prince l'échange qu'il avoit fait avec un certain Helmérich, vaſſal du Roi. Raban avoit donné des biens en fonds de terre, avec trois Vaſſaux & ſeize Serfs à Helmérich, le tout ſitué dans le duché d'Allemagne dans les cantons de Stephen & d'Hamarſtat : Helmérich de ſon côté avoit donné à Raban une très-grande étendue de terres qui étoient alors en friche & ſituées dans un canton appelé Zimbra. L'Empereur ratifia cet échange, par ce Diplome, que Bartholomée, notaire du Palais, expédia, faiſant pour le chancelier Hugues.

Dom Bouquet n'a imprimé que la formule & les notes chronologiques de cette Charte, que l'on trouve entière *apud Schannatum in trad. Fuld. p. 176*, & dans l'ouvrage critique de *Raſterus, in vindic. Diplom.*

22 FÉVRIER.

LITTERÆ *Ludovici imperatoris pro nonnullis Judæis in Septimaniâ.*

Donné à Francfort.

Hiſtoire de Languedoc, t. I, pr. col. 76. Rec. des Hiſt. de France, par Dom Bouquet, t. VI, p. 624.

Les repréſentations contre les priviléges des Juifs, qu'Agobard archevêque de Lyon avoit faites au commencement du règne de Louis le Débonnaire, & dont j'ai ci-devant parlé, n'avoient eu ſans doute aucun ſuccès ; peut-être étoit-il de l'intérêt de l'État d'uſer de ménagement avec cette Nation infidelle, qui avoit formé nombre d'établiſſemens dans toutes nos provinces méridionales ; il eſt certain au moins que le Gouvernement avoit permis à ces Juifs d'acquérir & de poſſéder des terres dans le royaume & de les tranſmettre à leurs enfans. Je ne ſais à quelle occaſion on avoit troublé dans leurs poſſeſſions quelques-uns de ceux qui étoient répandus dans les diocèſes du Languedoc ; mais le chancelier Hugues, évêque de Metz, l'ayant appris, en repréſenta l'injuſtice à l'Empereur, & obtint de ce Prince ces Lettres, qui rétabliſſent ces Juifs dans tous les priviléges qui leur avoient été précédemment accordés, & leur permettent de poſſéder des biens ruraux ; l'Empereur s'énonce dans des termes qui font honneur à l'humanité, en montrant tous les ſentimens de piété dont il étoit pénétré : « Nous

» rendons hommage, dit-il, au précepte de l'Évangile, qui enjoint d'assister ceux qui
» professent notre foi; mais bien loin de penser que ce précepte défende d'être bienfaisans
» envers ceux qui suivent une autre loi, nous pensons que les secourir, c'est remplir
les vûes de la divine Providence, qui comble de graces tous les hommes ».

1.ᵉʳ MARS.

ANNÉE 839.

Acta electionis Laudonis, episcopi S.ᵗⁱ Pauli Tricastinensis.

Gallia Christ. sec. edit. tom. I, inter instrum. p. 119.
Histoire de l'église de Saint-Paul-trois-châteaux, p. 37.

Les deux églises d'Orange & de S.ᵗ-Paul-trois-châteaux étoient en ce temps gouvernées par le même Évêque, dont le siége étoit à Orange.

Le peuple, suivant cet Acte, avoit quelque part aux élections, & le Clergé beaucoup moins que quelques Écrivains l'ont avancé. Jamais on ne pouvoit y procéder qu'avec l'agrément du Roi; la Cour, après en avoir indiqué le temps, y envoyoit toûjours deux Commissaires, qui étoient ordinairement des Comtes ou des Marquis, dont les fonctions étoient à peu près les mêmes que celles des Intendans de Province de notre temps; & quoique le suffrage du Clergé & du peuple fût en quelque sorte subordonné à celui des Commissaires, il arrivoit quelquefois que celui qui avoit été élû unanimement par le Clergé, par le peuple & par les Commissaires n'étoit pas agréable au Roi; on recommençoit alors à procéder à une nouvelle élection, il y a même beaucoup d'exemples que le Roi en pareil cas nommoit, sans permettre une seconde élection.

1.ᵉʳ MARS.

Charta donationis pro monasterio Glannafoliensi, a comite Roricone.

Histoire des Évêques de Poitiers; par Besli, pag. 29.
Annal. Bened. t. II, p. 490.
Rec. des Hist. de France, par Dom Bouquet, t. VI, p. 311, note (a).

Cette Charte peut être de quelqu'utilité pour l'histoire des Comtes de Touraine; Roricon, qui fit la donation au monastère de S.ᵗ-Maur-sur-Loire portée par cet Acte, occupoit cet emploi & avoit succédé dans cette place à Gauzelin son père; l'épouse de ce Gauzelin est nommée Adeltrude; celle de Roricon, Bilichilde; il paroît encore que Roricon avoit un frère nommé Gauzebert, qui étoit moine dans cette même Abbaye, & un fils appelé comme son aïeul, Gauzelin, auquel il avoit fait prendre l'habit monastique, peut-être pour faire seulement son éducation, comme il étoit assez d'usage en ce temps; toutes ces anecdotes peuvent servir pour établir la généalogie & une suite chronologique des Comtes de Touraine.

La donation que Roricon fit, par cette Charte, à l'abbaye de S.ᵗ-Maur-sur-Loire, consistoit dans une terre qu'il avoit héritée de son père, située dans l'Anjou; je ne connois ni le nom qu'elle porte présentement, ni le canton où elle est assise; on la nomme dans la Charte, *Prædium-Meminias*, & le canton, *Muciacensis*.

18 AVRIL.

Diploma Ludovici imperatoris pro monasterio S.ᵗᵃᵉ Mariæ Campidonensis.

Actum Bodomâ palatio. *(en Allemagne)*.

Apud Mab. t. III veterum Anal. p. 470.
Apud eumdem in annal. Bened. t. II, p. 609.
Rec. des Hist. de Fr. par Dom Bouquet, t. VI, page 625.

L'Empereur continuant toûjours la guerre contre le roi de Bavière son fils, avoit passé le Rhin & s'étoit avancé jusqu'à Tribur, de-là il étoit venu camper sur une rivière appelée en allemand *Der-Boden-see*, sur laquelle nos Rois avoient un palais nommé *Bodoma*, que l'Empereur occupoit; il y donna ce Diplome en faveur du monastère de Kempten: Tatton, qui en étoit abbé, intéressa pour lui Drogon grand-aumônier, & obtint par son crédit cette grace; Tatton fit réunir à son Abbaye un petit Monastère, appelé *Aldrici-cella*, dont on avoit fait autrefois donation à Charlemagne, & que Louis le Débonnaire avoit donné en bénéfice, à titre de récompense, à Ratulfe son chapelain: l'Empereur ne permit cependant cette réunion, que sous la condition que l'abbé de Kempten donneroit à son Chapelain, en dédommagement, l'usufruit d'une certaine quantité de terres.

Hirminmarus, notaire du Palais, expédia ce Diplome, faisant pour le chancelier Hugues.

ANNÉE 839.

ANNÉE 839.

21 AVRIL.

DIPLOMA Ludovici imperatoris pro monasterio Lindaviensi.

Apud Raslerium, in append. ad vindication. contra vindicias, pag. 42. Rec. des Hist. de France, par Dom Bouquet, t. VI, p. 625.

Les Savans sont très-peu d'accord sur l'authenticité de cette pièce; Mabillon, consulté dans cette querelle, a éludé de donner son avis: ceux qui l'attaquent prétendent en démontrer la fausseté, parce que Raban y est qualifié d'archevêque de Mayence, tandis qu'il n'étoit encore en ce temps qu'Abbé de Fulde, & qu'il ne parvint à ce siège que huit ou neuf ans après; les adversaires de ce sentiment soûtiennent que cette méprise est une faute du Notaire qui rédigea le Diplome.

Ces Savans ne sont pas d'accord non plus ni sur le temps de la fondation de ce Monastère, ni sur le lieu où il fut d'abord établi; les uns prétendent qu'un Comte du pays, nommé Adalbert, fit cette œuvre de piété, & le bâtit dans le lieu où il est, & que c'est ce même monastère appelé Lindaw qui a donné à la Ville le nom qu'elle porte; d'autres soûtiennent que le Monastère eut un autre fondateur que le Comte, que la ville de Lindaw portoit ce nom avant qu'il fût fondé, & que son premier établissement fut dans un autre lieu. Il importe plus aux Allemands qu'à nous d'éclaircir ces difficultés; il me suffit de remarquer que cette Abbaye fut d'abord occupée par des Religieuses cloîtrées de l'ordre de S.t Benoît, & que présentement c'est un Chapitre dans lequel on n'admet que des filles nobles.

29 AVRIL.

CHARTA donationis de S.to Desiderio & aliis rebus cœnobio Casauriensi, a Ludovico I.

Donné à Ravenne.

Rerum Italic. Script. a Muratorio, tom. II, col. 2, p. 807.

S'il s'agit de l'Empereur Louis le Débonnaire dans cette Charte, il est évident qu'elle est supposée; car il est certain que ce Prince n'étoit pas en Italie dans le mois d'avril de cette année, il est même très-vrai qu'il n'y alla plus avant que de mourir; ce Monastère d'ailleurs, suivant les meilleurs Historiens, ne fut fondé que vers l'an 874, ainsi il est hors de doute qu'il faut attribuer cette pièce à Louis II, fils de Lothaire & petit-fils de Louis le Débonnaire.

27 JUIN.

DIPLOMA Ludovici imperatoris, quo res quasdam restituit Richardo ostiario suo.

Donné à Worms.

Annal. Bened. t. VI, p. 578. Rec. des Hist. de France, par Dom Bouquet, t. VI, p. 625. Apud Martenium, t. I, ampl. Collect. p. 97.

Les Historiens du siècle de Louis le Débonnaire, & singulièrement l'Auteur de la vie de ce Prince, disent qu'il évita, par sentiment de tendresse pour son fils le roi de Bavière & par humanité pour leurs Sujets, de lui livrer un combat, quoiqu'il lui fût supérieur en forces & campé plus avantageusement; il préféra à une victoire certaine de ramener ce fils mécontent, par la douceur de ses conseils, qu'il lui fit savoir dans son camp: après le succès de ces négociations, les deux armées mirent les armes bas; le roi de Bavière se réconcilia avec l'Empereur, il ratifia le partage qu'il avoit fait de ses États, & se désista de réclamer une portion du royaume de Charles son frère sur laquelle il prétendoit avoir des droits; il rentra dans ses États: l'Empereur, de son côté, prit la route des Ardènes, pour y venir chasser pendant le reste de l'été, ainsi qu'il avoit accoûtumé de faire. Un ancien Officier de sa maison, nommé Richard, vint le trouver à son passage à Worms; il avoit été ou huissier du Cabinet, ou capitaine des Portes; l'Empereur l'avoit disgracié il y avoit quelques années, parce qu'il avoit eu quelque part à la révolte de Lothaire, & ses biens avoient été confisqués: mais Louis le Débonnaire ayant fait grace à son fils & à tous ceux de son parti, Richard n'avoit pas encore recouvré ses biens; il se présenta devant lui, le suppliant de vouloir bien les lui faire rendre; ce Prince le reçut favorablement, & ordonna, par le Diplome, que les Officiers de son Fisc lui restituassent une terre située dans les Ardènes, appelée *Villancia*, dont il l'avoit autrefois gratifié.

Hirminmarus, notaire du Palais, expédia ces Lettres, faisant pour le chancelier Hugues.

Tome I.

ANNÉE 839.

8 JUILLET.

DIPLOMA aliud pro Gerulfo, fideli suo, quo bona ei restituit.

Donné à Creutznak.

<small>Annal. Paderborn. lib. II. p. 118, apud Schatenium.
Rec. des Hist. de France, par Dom Bouquet, t. VI, p. 626.</small>

Dom Bouquet n'a imprimé que la formule & les notes chronologiques de cette Charte. Glorius, notaire du Palais, l'expédia, faisant pour le chancelier Hugues. L'Empereur la data de son palais de Creutznak, situé près le Rhin, entre Bingen & Mayence.

Ce Géraud ou Gérulfe étoit un vassal de l'Empereur, lequel avoit été disgracié & ses biens confisqués pour la même cause que ceux de Richard ; ceux de Giraud étoient situés dans le duché de Frise, au canton appellé *Westracha*.

1.er SEPTEMBRE.

PRÆCEPTUM Ludovici imperatoris pro Tattone, Campidonensi abbate.

Donné à Challon.

<small>Vetera Analecta Mabillon. tom. III, pag. 468.
Rec. des Hist. de France, par Dom Bouquet, t. VI, p. 626.</small>

Les Aquitains croyant que l'Empereur étoit occupé, au-delà du Rhin, de la guerre qu'ils avoient appris que lui faisoit le roi de Bavière son fils, saisirent cette occasion pour mettre sur le trône le jeune Pépin, fils de leur dernier Roi. L'Empereur, suivant quelques Auteurs, avoit disposé tout autrement de cette Couronne ; car aussi-tôt après la mort de Pépin, il fit venir à sa cour les deux enfans de ce Prince ses petits-fils, qui étoient encore en bas âge, & sous ce prétexte, il les dépouilla de ce royaume & le donna à Charles leur oncle ; quelques Écrivains soûtiennent qu'il ne lui en donna que la régence. Il se forma donc à cette occasion des partis en Aquitaine, deux entr'autres, également puissans, faisoient craindre une guerre civile : Ébroin abbé de Saint-Hilaire de Poitiers & qui devint ensuite évêque de cette ville, se hâta de se rendre auprès de l'Empereur, pour l'avertir des mouvemens auxquels les factieux se disposoient. Louis étoit alors dans le duché de Juliers, à une maison de plaisance qui s'appeloit *Flatera*, & que l'on a nommée depuis en allemand *Vlatten*; on y voit encore aujourd'hui les ruines de cet ancien Palais. On étoit alors dans le mois d'août ; ce Prince indiqua, sur cet avis, une assemblée des États à Challon-sur-Saône, & partit dans le moment pour se rendre en France. Il étoit encore dans cette ville, le 1.er de septembre, lorsqu'il accorda ce Diplome à Tatton, abbé de Kempten, par lequel il renouvelle les priviléges de ce monastère, & accorde aux Moines la liberté d'élire deformais leur Abbé.

Hirminmarus, notaire du Palais, expédia ce Diplome, faisant pour le chancelier Hugues.

6 NOVEMBRE.

DIPLOMA Caroli, dicti Calvi, Neustriæ regis, pro Herimanno, Ludovici abbatis vassallo.

Donné à S.t Denys.

<small>Histoire de l'abbaye de S.t Denys, par Félibien, pr. p. 60.
Rec. des Hist. de France, par Dom Bouquet, tom. VIII, pag. 427.
De re Diplom. a Mab. p. 526.</small>

Cette Charte est datée de la II.de année du règne du très-glorieux roi Charles, le VIII des ides de novembre, indiction II. Toutes ces notes reviennent à cette année 839 ; ce qui me donne occasion de remarquer, avec l'Historien de S.t Denys, que le commencement du règne de Charles le Chauve a eu quatre époques, à quoi il faut avoir attention, pour fixer d'une manière précise la date des Diplomes de ce Prince : la première époque commence à l'année 838, temps dans lequel son père le fit couronner & lui donna le royaume de la France occidentale ou Neustrasienne ; la seconde époque se compte du 20 juin de l'an 840, jour de la mort de l'Empereur son père ; la troisième se prend du moment où ce Prince se fit couronner roi de Lorraine, après la mort de Lotaire son frère aîné, ce qui arriva en 869 ; la quatrième époque enfin est fixée au jour de Noel de l'an 875, dans lequel ce Prince fut reconnu roi d'Italie & couronné Empereur.

Cependant il pourroit se faire que l'on eût mis après-coup les dates que l'on trouve à cette Charte ; car Louis, abbé, dont il y est fait mention, ne succéda dans l'abbaye de S.t Denys à Hilduin qu'en 840, qui est l'époque de la mort de ce dernier, & alors il faudroit fixer ici la II.de année du règne de Charles à l'an 841, en comptant de la mort de l'Empereur son père. Mais plusieurs Écrivains objecteront que ce Louis étoit abbé d'un autre Monaſtère que celui de S.t Denys, & cela eſt d'autant plus probable, qu'il paroît certain que c'eſt le même qui eſt placé le troiſième, avec cette qualité, dans la liſte des Moines de S.t Denys dans l'Acte d'aſſociation qu'ils firent, en 838, avec ceux de S.t Remi de Reims. Il ne s'agit plus que de ſavoir d'où il étoit abbé, & s'il eſt vrai qu'il eût été auparavant moine de S.t Denys ; les Mabillon, les Félibien & les autres Bénédictins qui ont écrit l'hiſtoire de leur Ordre, n'ont point approfondi ces deux anecdotes ; Mabillon a ſeulement remarqué que ce Louis, qui fut abbé de S.t Denys après Hilduin, étoit fils naturel de Charlemagne, & qu'il avoit été élevé dans le monaſtère de S.t Germain d'Auxerre, où probablement il avoit pris l'habit de moine ; peut-être en fut-il auſſi abbé : mais il n'étoit donc pas moine de S.t Denys, & conſéquemment ce ne ſeroit pas celui dont on trouve le nom dans la liſte dont j'ai parlé. Je ne pouſſerai pas plus loin mes réflexions ſur cette difficulté ; il doit être réſervé à quelque ſavant Bénédictin de l'approfondir & d'en donner le dénouement.

Charles, par cette Charte, donne à un particulier nommé Hériman, l'un de ſes vaſſaux, & qui l'étoit auſſi de l'abbé Louis, une métairie ſituée dans le territoire de Paris, à un lieu nommé *Buxidello*. Cette métairie dépendoit ci-devant du Fiſc, & le Roi la donna à Hériman en toute propriété, avec la faculté de la vendre, de l'échanger ou de la tranſmettre à ſes héritiers.

Jonas, notaire du Palais, expédia ce Diplome, faiſant pour Louis chancelier.

16 NOVEMBRE.

Année 839.

DIPLOMA Ludovici imperatoris pro eccleſiâ Cenomannenſi.

Donné à Poitiers.

Miſcellanea Baluzii, t. III, pag. 171. Rec. des Hiſt. de France, par Dom Bouquet, t. VI, p. 627.

Baluze a imprimé, dans ſon *Miſcellanea*, t. III, p. 170, un Acte dont ce Diplome ne peut être que la confirmation ; mais il paroît certain qu'il y a erreur dans les dates de cet Acte, car il eſt marqué qu'il fut paſſé à Poitiers le 24 janvier, la XXVII.e année du règne du très-glorieux empereur Louis ; ce qui revient à l'an 840 : or comment concilier la date du Diplome de l'Empereur, qui eſt de l'an 839, avec cet Acte qui eſt d'un an plus tard, & qui doit cependant être antérieur au Diplome ? car le Diplome ratifie la reconnoiſſance ou l'aveu porté par l'Acte, que le comte Agbert, conſeiller de l'Empereur, rend à Aldric évêque du Mans, d'une terre appelée *Caliſamen*, qu'il reconnoît tenir de l'égliſe du Mans à titre de bénéfice, avec la charge d'une redevance annuelle de 25 ſols, payable à la Saint-Martin d'hiver, & de la dixme accoûtumée. Ainſi, comme cet aveu fut rendu à Poitiers, & que le Diplome eſt également daté de cette ville, il y a lieu de préſumer que l'un & l'autre ſont de la même année, à quelques jours de différence ; en effet l'Empereur, après l'aſſemblée de Challon, étoit venu en Aquitaine, afin d'y pacifier les troubles que la préférence qu'il ſembloit donner à Charles ſur les fils de Pépin, pour gouverner ce royaume, avoit occaſionnés. Ce Prince avoit amené avec lui en France toute ſa Cour, & de Châlons il prit ſa route par Clermont pour venir en Aquitaine ; il ſe ſépara alors de l'impératrice Judith & de ſon fils Charles, & envoya l'un & l'autre à Poitiers, il entra enſuite dans le Limoſin, pour y ſoûmettre les plus rebelles de la faction, qui s'étoient fortifiés dans les châteaux de Cartilat & de Turenne : après ces deux expéditions, qui durèrent peu de temps, il vint à Poitiers, il en chaſſa Émenon qui en étoit comte, & diſpoſa de cet office en faveur de Ramnulfe, fils de Géraud comte d'Auvergne ; il diſgracia en même temps beaucoup d'autres Comtes, & donna, dans une eſpèce de promotion, le comté d'Angoulême à Turpion, celui de Limoges à Ratier, celui de Bordeaux à Siguin, & celui de Saintes à Landric. Les comtés n'étoient donc pas encore héréditaires ! L'armée étant fatiguée, elle prit ſes quartiers dans le Poitou, & la Cour ſe fixa à Poitiers & y paſſa l'hiver : l'Empereur y donna pluſieurs autres Diplomes. Méginaire, notaire du Palais, expédia celui-ci, faiſant pour le chancelier Hugues.

27 NOVEMBRE.

DIPLOMA Ludovici imperatoris pro monaſterio Deenſi.

Donné à Poitiers.

Hiſt. de l'abbaye de Tournus, par Chifflet, pr. p. 194. La même, par Juenin, pr. p. 81. Rec. des Hiſt. de France, par Dom Bouquet, t. VI, p. 628.

Les moines de Noirmoutiers, fuyans les Normans, s'étoient retirés à un lieu du diocèſe de Nantes appelé Dée (*Deas*), & y avoient tranſporté les reliques de ſaint Filibert ; c'étoit-là qu'exiſtoit alors ce fameux Monaſtère fondé par cet illuſtre Confeſſeur,

Tome I.   M m m ij

& Helbold en étoit abbé. L'Empereur lui donna, par cette Charte, & en toute propriété, un village appelé *Scrobit*, avec l'église dédiée à saint Vital. Nous avons lieu de croire que ce village de Scrobit étoit situé en bas Poitou sur les bords de la mer, parce qu'il y avoit dans ses dépendances & dans son voisinage des salines; il étoit enclavé dans un canton que la Charte nomme *Vicaria-Racensis*. Le monastère de Dée est présentement un prieuré dépendant de Tournus, que l'on appelle *Grand-lieu*.

Meginaire expédia ce Diplome, faisant pour le chancelier Hugues.

ANNÉE 839.

29 Décembre.

DIPLOMA Ludovici imperatoris pro fideli suo Heccardo.

Rec. de Pérard, page 24.
Rec. des Hist. de France, par Dom Bouquet, t. VI, p. 628.

Les Chronologistes s'accordent tous à fixer la mort de Louis le Débonnaire au mois de juin de l'année 840, ils ne différent que dans le jour. Jean Bosc a publié un manuscrit fort ancien de Bède, qui a pour titre les *Six âges du Monde*, dans lequel cet évènement est placé au 6 de ce mois; d'autres Historiens le reculent jusqu'au 23 : le plus grand nombre des anciens Écrivains (& qui ont été suivis par nos modernes) prétendent qu'il arriva le 20 : mais Pérard est sans autorité pour faire vivre ce Prince jusqu'au mois de décembre de cette année 840, date à laquelle il place ce Diplome. Il est certain d'ailleurs que l'Empereur partit de Poitiers aussi-tôt après la fête de la Purification pour se rendre en Allemagne, où les mouvemens de Louis, roi de Bavière, son fils, l'avoient obligé de passer avec célérité; il n'est pas moins certain encore que ce Prince célébra à Aix-la-Chapelle les fêtes de Pâques: ainsi Pérard a fait une double faute en datant cette Charte du mois de novembre de l'année 840, puisque l'Empereur n'étoit plus en Aquitaine au mois d'avril de cette même année, & qu'il mourut au mois de juin suivant.

Pépin, en 838, avoit donné à cet Heccard les fonds de terre dont il s'agit ici; l'Empereur ne fit que confirmer cette donation par son Diplome. Glorius, notaire du Palais, l'expédia, faisant pour le chancelier Hugues.

Sans autre date.

DIPLOMA Pippini II, Aquitaniæ regis, pro monasterio Solemniacensi.

Rec. des Hist. de France, par Dom Bouquet, t. VI, p. 355.

Donné à Figeac.

Il y a lieu de croire que D. Bouquet a fait une faute en plaçant cette Charte sous cette année; ce Savant auroit dû s'apercevoir qu'il n'est pas possible de concilier les évènemens de ce temps, remarqués de tous les Historiens, avec la date de cette pièce; l'indiction 11, sous laquelle il paroit qu'elle fut donnée, revient à la vérité à cette année 839; mais comme il est certain que la formule, *Anno Incarnationis D. N. J. C. DCCCXXXIX*, que l'on y lit, y a été ajoûtée par quelque Copiste indiscret, il devoit présumer que la note de l'indiction l'avoit été aussi. En effet, tous nos Auteurs conviennent que l'Empereur fit venir à sa cour, vers la fin de l'année 838, les deux fils de Pépin roi d'Aquitaine, prétendant que Pépin l'aîné, qui est celui auquel on attribue ce Diplome, étoit encore trop jeune pour monter sur le trône de son père; que ce Prince, conduit par les conseils de l'impératrice Judith sa femme, convoqua une diète à Worms, dans laquelle il se réconcilia avec Lothaire, son fils aîné, au moyen du nouveau partage qu'il fit de ses États entre lui & Charles le plus jeune de ses fils. Lothaire eut le choix de deux lots qui furent faits de toute la Monarchie, si on en excepte la Bavière, qui demeura à Louis. Le premier lot étoit composé de la France orientale, du royaume d'Italie, d'une partie de celui de la Bourgogne, de toute l'Austrasie & de la Germanie. Charles eut le second lot, qui consistoit dans les royaumes de Neustrie & d'Aquitaine, avec sept comtés qui furent détachés du royaume de Bourgogne; ils étoient situés le long du Rhône & de la Saône; la Provence y fut jointe, avec la Septimanie & les marches d'Espagne. Les Écrivains de ce temps assurent que quelques Seigneurs d'Aquitaine, mécontens, comme je l'ai observé plus haut, de ce que les fils de leur dernier Roi étoient privés, par ce partage, de la succession de leur père, se soûlevèrent, & proclamèrent Roi l'aîné, nommé Pépin; que l'Empereur, instruit de ces troubles, se rendit dans l'Aquitaine vers la fin de l'année 839, qu'il y fit reconnoître Charles son fils, & qu'il retourna en Allemagne au mois de mars de l'année suivante, emmenant avec lui Pépin son petit-fils, qu'il avoit toûjours retenu à sa cour depuis la mort de son père. Or comment concilier tous ces faits avec cette Charte, dans laquelle ce Pépin prend la qualité de roi d'Aquitaine en 839, marquant cette année pour être la 1.re de son règne! il faut nécessairement reculer sa date au plus tôt à l'année 841, car ce jeune Prince ne se montra en Aquitaine que dans cette année, soûtenu de Lothaire son oncle, qui feignoit de le défendre contre Charles le Chauve, pour s'emparer plus aisément, par cette division, de toute la Monarchie.

Ce Diplome, au surplus, ne contient rien de bien intéressant; il porte confirmation seulement des priviléges du monastère de Solignac, & permet aux Moines d'élire à l'avenir leur Abbé.

Année 840.

9 FÉVRIER.

Charta Lantfridis & conjugis ejus Teutgildis, pro monasterio Sandionysiano.

De re Diplom. a Mab. p. 517. Histoire de l'abbaye de S.t Denys, par Félibien, preuv. page 60.

Fait à Villiers-le-Bel.

Lantfroid & sa femme Teutgilde donnent, par cette Charte, au monastère de S.t Denys, dont Hilduin étoit abbé, une très-grande quantité de terres labourables, divisées en plusieurs pièces, avec des Serfs, le tout situé à Villiers-le-Bel dans le territoire de Paris.

Les bornes de chacune de ces pièces de terre sont désignées dans cette pièce par le nom des possesseurs des autres terres auxquelles elles confinoient.

15 FÉVRIER.

Præceptum Ludovici imperatoris pro ecclesiâ Cenomannensi.

Ann. Eccl. Fr. Cointii, t. VIII, pag. 388. Rec. des Hist. de France, par Dom Bouquet, t. VI, p. 629. Miscellanea Baluzii, t. III, p. 173.

Donné à Poitiers.

Aldric, évêque du Mans, occupoit une place dans le Conseil de l'Empereur. Ce Prélat étoit observateur religieux des devoirs de son état; il représenta à Louis le Débonnaire que sa conscience lui reprochoit depuis long-temps de ne point résider dans son diocèse; que les peuples confiés à ses soins réclamoient sa présence, les uns n'ayant pas encore reçû le sacrement de la Confirmation, & d'autres étant à peine instruits des premiers élémens du Christianisme; qu'il le supplioit de considérer que les obligations de son ministère étant de précepte divin, toute affaire temporelle devoit céder à la nécessité de les remplir; que voulant desormais s'occuper de ce devoir, il le prioit de lui permettre de se retirer de la Cour & de choisir, parmi son Clergé ou parmi les Laïcs, soit à la Cour, soit ailleurs, un Intendant, qui prît le soin d'administrer le temporel de son évêché, & qui satisfît en sa place aux devoirs dont il étoit tenu envers le Roi. L'Empereur qui n'avoit point encore trouvé de Prélat qui ne saisît avidement le prétexte le plus léger pour s'absenter de son diocèse & pour vivre à la Cour, fut édifié des sentimens de celui-ci, & lui permit, par ce Diplome, de se retirer au Mans, & de choisir l'Économe qui lui convîendroit par-tout où il le trouveroit. Ceci prouve, entr'autre chose, que nos Rois avoient la *grande-main* sur l'administration du temporel des biens ecclésiastiques; que les Titulaires des évêchés & des autres bénéfices de fondation royale leur devoient des services temporels sous cette considération, & qu'ils usoient du droit de retenir auprès de leur personne, & pour leur service, les Évêques qu'ils jugeoient à propos de choisir dans leur Clergé.

Méginaire, notaire du Palais, expédia ces Lettres, faisant pour le chancelier Hugues.

1.er MARS.

Diploma Ludovici imperatoris, quo res suas omnes restituit ecclesiæ Cenomannicæ.

Miscellanea Baluzii, t. III, p. 38. Rec. des Hist. de France, par Dom Bouquet, t. VI, p. 630.

Donné à Poitiers.

L'Empereur confirme, par cette Charte, l'église du Mans dans la jouissance des monastères & de tous les biens qui composoient alors ses revenus; le détail en est fort long & les noms me sont inconnus: il seroit à desirer que quelqu'homme de Lettres de la province du Maine voulût se livrer à la recherche de ces mêmes lieux, & qu'il nous apprît le nom que portent ceux qui existent encore, en remarquant ceux qui sont détruits. Ce travail paroît intéresser bien directement les Chanoines de la cathédrale du Mans & les Monastères de l'ordre de S.t Benoît de ce diocèse.

Méginaire, notaire du Palais, expédia ce Diplome, faisant pour le chancelier Hugues.

ANNÉE 840.

11 Mai.

DIPLOMA Lotharii imperatoris pro ecclesiâ Placentinâ.

Ann. Eccl. Fr. Cointii, t. VIII, p. 639 & 640.

Donné à Pavie.

Sofrède, évêque de Plaisance, se plaignit à Lothaire que plusieurs particuliers de mauvaise foi élevoient des contestations mal fondées pour envahir les biens de son église, & il demanda à ce Prince qu'il voulût bien arrêter ce désordre. Lothaire fit en conséquence expédier ce Diplome, qui contient une espèce de sauve-garde accordée à cet Évêque contre les chicaneurs, & enjoint aux Juges d'examiner avec attention & de soûmettre à la disposition des Ordonnances tous les procès que ce Prélat sera désormais obligé de soûtenir.

Draco, vice-chancelier & notaire du Palais, expédia ces Lettres, faisant pour le chancelier Egilmanus.

12 Mai.

DIPLOMA Ludovici imperatoris pro quodam nomine Heli.

Apud Rastrerum, in append. ad vindication. contra vindicias, pag. 35.

Actum Ketzicha.

L'Empereur fait grace, par ces Lettres, à un de ses Vassaux nommé Héli, qui avoit eu quelque part dans la révolte de Lothaire, & ordonne que ses biens, qui avoient été confisqués, lui seroient rendus par les Officiers du domaine.

Méginaire, notaire du Palais, expédia ces Lettres, faisant pour le chancelier Hugues.

Ketzicha, d'où ce Diplome est daté, est peut-être le nom de la petite isle du Rhin située au dessus de Mayence, près Ingelheim, où l'Empereur se fit transporter de Francfort, dans l'espérance d'y respirer un air qui seroit favorable à son rétablissement. Il étoit attaqué d'un gros rhume lorsqu'il partit de Poitiers au mois d'avril, sur la nouvelle de la révolte du roi de Bavière son fils. Il se rendit précipitamment en Allemagne, & se mit, sans prendre de repos, à la tête de l'armée que ses Généraux avoient rassemblée en attendant son arrivée. Ce bon Prince, sacrifiant sa santé à la tranquillité de ses peuples, fit des marches forcées, & usa d'une si grande diligence, qu'il empêcha les Bavarrois de se fortifier dans les places qu'ils avoient surprises; il les en délogea & força son fils à rentrer avec précipitation dans ses États. Mais les fatigues de ce voyage & de cette expédition, loin de dissiper ce gros rhume, l'irritèrent, il se fixa sur la poitrine, & faisoit craindre les suites les plus fâcheuses lorsque ce Prince se fit transporter à Ketzicha. Sa santé d'ailleurs s'altéroit chaque jour à vûe d'œil par les chagrins domestiques, par des scrupules que sa conscience timorée, & peut-être trop peu éclairée, lui faisoit naître, & par des infirmités qui avoient prévenu l'âge avancé. Le mal enfin s'accrut au point que l'on désespéra de sa vie : en effet, après quarante jours de maladie, il mourut le 20 de juin de cette année, dans la soixante-quatrième année de son age, & la XXVII.ᵉ de son empire. Il ne fit point écrire ses dernières volontés : au surplus, il ne lui restoit à disposer que des meubles qui étoient à son usage ; il en abandonna le partage à ses enfans, pour être fait entr'eux après sa mort, excepté une couronne ornée de pierreries, un sceptre d'or & une riche épée, dont il disposa en faveur de Lothaire, & sous la condition néanmoins qu'il observeroit les conventions faites depuis peu entre lui & Charles son frère.

Drogon, évêque de Metz & frère naturel de ce Prince, ne le quitta pas dans les derniers jours de sa maladie; le dimanche, veille de sa mort, il célébra la Messe dans sa chambre, pendant laquelle le malade ne cessa de faire des signes de croix sur son front & sur sa poitrine; c'étoit les seules marques de piété & de pénitence que ses forces mourantes lui permissent de donner; ce Prélat enfin lui ferma les yeux & fit la cérémonie de ses obsèques dans l'église de S.ᵗ Arnoul de Metz, où on le transporta. On croit que depuis il a été transféré dans l'église de l'abbaye de Campten *ou* Kempten en Souabe, dans l'Algou.

Ainsi finit Louis I.ᵉʳ, & le second roi de France empereur d'Occident. Son zèle pour la religion, & la protection qu'il accorda aux Ecclésiastiques lui firent donner le surnom de *Pieux*; il obtint celui de *Débonnaire* par la douceur de son caractère & par la bonté de son cœur. Son règne cependant fut malheureux, quoique toutes ses inclinations dénotassent qu'il étoit né pour le bonheur de ses sujets; mais il ne sut pas allier les qualités qui font en même temps aimer & craindre les Rois.

DES DIPLOMES. 463

Ce Diplome, en faveur d'Héli, est le dernier que Louis le Débonnaire ait donné D. Bouquet a ajoûté à son recueil cinquante-quatre pieces, qui sont des formules d'Actes & des Règlemens ou Ordonnances de ce même Prince: ce Savant les a imprimées d'après M. Carpentier, qui le premier en a publié un grand nombre, avec des notes très-utiles; il en a formé un petit ouvrage, sous le titre d'*Alphabetum Tironianum*; j'ai placé dans cette collection les plus importantes à l'article de leur date.

26 JUILLET.

ANNÉE 840.

DIPLOMA Lotharii imperatoris pro monasterio Morbacensi.

Rec. des Hist. de France, par Dom Bouquet, t. VIII, p. 366.

Donné à Strasbourg.

Lothaire roi d'Italie, le fils aîné de Louis le Débonnaire, tarda peu à apprendre la mort de son père. Ce Prince, dont le cœur fut toûjours rempli de desirs ambitieux, forma le dessein, sur cette nouvelle, d'envahir les États de ses frères, ou au moins de les forcer à les tenir sous sa vassalité, comme feu son père & ses oncles, sous le règne de Charlemagne, lui-même & ses frères, sous celui de l'Empereur leur père, avoient possédé les royaumes d'Italie, de Bavière & d'Aquitaine. Sans contredit, dans le premier partage que l'Empereur avoit fait de ses États avant la naissance de Charles le Chauve, ce Prince avoit donné l'Empire à Lothaire, & en se l'associant dès-lors à cette dignité, il lui avoit donné sur ses frères non-seulement un titre de prééminence, mais même de souveraineté. C'étoit à cette époque qu'il prétendoit faire remonter ses prétentions; cependant il ne pouvoit se dissimuler que son père l'avoit déclaré déchû de ses droits, en punition de sa révolte, & si en mourant il lui rendit l'Empire, il ne lui donna qu'un titre d'honneur; ses frères ainsi que lui devoient, conformément aux derniers partages, règner chacun dans leurs États indépendans les uns des autres, en sorte que l'Empire étoit alors, dans la personne de Lothaire, ce qu'il est aujourd'hui dans la maison de Lorraine, relativement aux rois de France, d'Espagne, de Naples & de Sardaigne.

Enfin Lothaire, enivré de ses desseins, leva à la hâte une armée, à la tête de laquelle il passa les monts, & prit la route d'Allemagne, pour aller combattre d'abord son frère Louis, roi de Bavière; comptant sur le succès de cette entreprise, il remit à une seconde expédition la conquête de la France, de l'Aquitaine & des autres pays qui formoient les États de Charles son autre frère: il alla asseoir son camp à Worms, & passant par Strasbourg, il donna ce Diplome en faveur de l'abbaye de Morbac. Sigimar, qui en étoit alors abbé, représenta à ce Prince que Pépin le Bref avoit fait donation à cette maison d'un petit monastère, appelé *Luciariæ*, avec cinq Vassaux; il produisit en même temps les Chartes de confirmation de cette donation, qui avoient été successivement accordées par Charlemagne & par le feu Empereur; dans cette considération, Lothaire accorda celle-ci, qui confirme également l'abbaye de Morbac dans la jouissance du Monastère & des Vassaux.

Ce petit monastère, appelé *Luciariæ*, a donné son nom à la ville de Lucerne, qui s'y est formée depuis; elle est la principale d'un canton Suisse situé dans l'Argou, sur un lac nommé le lac de Lucerne.

Eichard, notaire du Palais, expédia ce Diplome, faisant pour le chancelier Agilmar.

25 AOÛT.

PRÆCEPTUM Lotharii imperatoris, quo Ebboni sedem Remensem restituit.

Donné au palais d'Ingelheim.

Apud Flodoard, lib. II. Histor. Rem. cap. 20; a Colvenerio, p. 273; a Sirmondo, p. 150. Cap. Reg. Fr. a Baluzio, t. II, col. 341. Ann. Eccl. Fr. Cointii, t. VIII, pag. 616. Hist. de l'Église Gallicane, t. V, p. 478. Gallia Christ. pr. edit. tom. I, pag. 483; & sec. edit t. X, instr. col. 6 Rec. des Hist. de France, par Dom Bouquet, t. VIII, p. 366. Hist. Ecclés. Rem. à Marlot, tom. I, p. 385.

Cette Charte se trouve ainsi datée dans le manuscrit sur lequel tous les Auteurs cités à la marge l'ont publiée: *Actum in Engilenheim palatio publico, in mense junii VIII kal. julii, regnante & imperante domno Lothario Cæsare, anno reversionis ejus primo, successor factus patris in Franciâ, indictione III.*

Mais le père Pagi & le Cointe ont très-bien remarqué qu'il y avoit une faute dans les mois, & qu'il falloit nécessairement lire, *in mense augusto VIII kal. septembris*. En effet il paroit, d'après Nithard & quelques autres Historiens contemporains, que Lothaire demeura en Italie près d'un mois après avoir appris la mort de l'Empereur son père, & qu'il voulut, avant de se rendre en Allemagne pour combattre son frère, s'assurer du succès qu'auroient les promesses avantageuses qu'il avoit envoyé faire de sa part aux Seigneurs du royaume de Bavière, pour se les attacher: il est certain d'ailleurs que l'Empereur ne mourut que le 20 de juin ; peut-on supposer que Lothaire, qui étoit alors en Italie, ait eu le temps en quatre jours de recevoir des courriers qui lui apprissent cette nouvelle, & de se rendre en Allemagne au palais d'Ingelheim ! Cette Ordonnance est donc au plus tôt du 25 août de cette année, & non pas du 24 juin, comme le portent les notes chronologiques du manuscrit.

Il faut se rappeler le portrait désavantageux qu'Éghinard fait d'Ebbon, où il dit que ce Prélat étoit de la plus basse naissance & d'un mérite assez médiocre; qu'il devoit uniquement à la bonté de Louis le Débonnaire sa haute fortune; qu'il se montra le plus ingrat de tous les hommes envers ce Prince; qu'il fut comme le chef de la conjuration formée contre lui par Lothaire. L'Empereur, étant remonté sur le trône, fit juger canoniquement ce Prélat. Son crime, suivant la loi, méritoit la peine de mort; mais par une bonté qui a peu d'exemples, Louis le Débonnaire se contenta de l'exiler dans plusieurs monastères, d'où il avoit trouvé le moyen de s'évader; il s'étoit réfugié dans le royaume de Lothaire, qui lui avoit donné asile, & où il étoit demeuré jusqu'à la mort de l'Empereur. Aussi-tôt qu'il eut appris cet évènement, il se fit présenter à Lothaire par Boson, abbé de S.ᵗ-Benoît sur-Loire, & le supplia de le rétablir dans son siége. L'Empereur, ayant alors beaucoup d'Évêques à sa cour, leur fit examiner la cause d'Ebbon, seulement pour observer les formes; ces Prélats, dans la crainte de déplaire à Lothaire, furent d'avis qu'il pouvoit le rétablir dans son siége, d'autant que d'un côté le clergé & le peuple de son diocèse le demandoient, & qu'il paroissoit d'un autre côté, que l'exil que cet Évêque avoit souffert étoit une pénitence bien proportionnée à la faute qu'il avoit commise. Lothaire, en conséquence, fit expédier ces Lettres, par lesquelles il accorde la grace d'Ebbon & le rétablit dans son siége: il étoit demeuré vacant depuis la déposition de ce Prélat. Lothaire fit signer ces Lettres de tous les Prélats dont il avoit pris l'avis.

ANNÉE 840.

10 OCTOBRE.

PRÆCEPTUM Lotharii imperatoris pro Duserensi monasterio.

Rec. des Hist. de France, par Dom Bouquet, t. VIII, p. 367.

Donné au palais de Ver.

Hildegise, abbé du monastère de Donzère, situé dans le diocèse d'Orange, obtint de l'Empereur, par ce Diplome, l'exemption des droits de voierie, de péage & autres, que le Fisc percevoit alors pour deux bateaux, dans lesquels ce Monastère pouvoit faire conduire sur le Rhône toutes les provisions nécessaires à la vie.

Eichard, notaire du Palais, expédia ce Diplome, à la place du chancelier Agilmar.

Même date.

PRÆCEPTUM Lotharii imperatoris pro monasterio Elnonensi.

Rec. des Hist. de France, par Dom Bouquet, t. VIII, p. 568.

Donné au palais de Ver.

Adaléold, abbé de S.ᵗ Amand dans le Tournaisis, obtint de Lothaire ce Diplome, qui confirme la donation que le roi Childéric avoit faite autrefois à cette Abbaye, d'un lieu situé dans le Laonois, où on avoit bâti dans la suite une église & un petit monastère; depuis cet établissement, on appeloit ce lieu Barisi. Adaléold représenta des Chartes des rois de France, successeurs de Childéric, & nommément une de Louis le Débonnaire, signée de ce Prince & de Lothaire, donnée avant qu'il eût été déchû de son association au trône de l'Empire, qui ratifioient la première donation de Barisi à l'abbaye de S.ᵗ Amand.

Eichard, notaire du Palais, expédia ce Diplome, faisant pour le chancelier Agilmar.

OCTOBRE, sans quantième.

PRÆCEPTUM Caroli Calvi pro monasterio Miciacensi.

Cap. Reg. Fr. a Baluzio, t. II, col. 1439. Rec. des Hist. de France, par Dom Bouquet, t. VI, p. 427.

Charles le Chauve confirme, par ce Diplome, celui de Louis le Débonnaire son père, par lequel ce Prince avoit accordé aux Moines de l'abbaye de S.ᵗ Mémin près Orléans, l'exemption des droits de péage; de douane, de voierie, & tous autres droits que l'on payoit au Fisc pour trois bateaux, sur lesquels ils pouvoient faire conduire, par la Loire, à leur Monastère, toutes les provisions de bouche & autres nécessaires pour leur consommation. Ce Diplome fut accordé à la prière du vénérable Pierre, alors abbé de S.ᵗ Mémin.

ANNÉE 840.

ANNÉE 840.

23 NOVEMBRE.

PERMUTATIO *terrarum inter Ingelrannum episcopum, & Madalgerium, pro monasterio S.ti Benigni Divionensis.*

Rec. de Pérard, page 22.

Fait à Dijon.

Ingelran prend le titre d'Évêque & d'Abbé ; je ne doute pas qu'il ne fût en même temps évêque de Langres & abbé de S.t Étienne de Dijon : le Particulier, avec lequel ce Prélat fit l'échange dont il s'agit dans cette Charte, ne prend aucune qualité. Les terres qu'ils se cédèrent mutuellement étoient situées dans le même canton, *in pago Uscarense in fine Marcinianense*, c'est-à-dire, dans le petit pays arrosé par la rivière d'Ouche. L'un & l'autre se soûmettent, dans cet Acte, à une amende de deux onces d'or au profit du Fisc, qui seront payés par celui de ces deux qui ne se tiendra pas à l'échange, & à des dommages envers celui qui en aura rempli fidèlement les clauses.

NOVEMBRE, sans quantième.

DIPLOMA *Lotharii imperatoris pro monasterio S.ti Dionysii, de Mercatu in valle Tilliana.*

Histoire de l'Abbaye de S.t Denys, par Félibien, pr. p. 61. Rec. des Hist. de France, par Dom Bouquet, t. VIII, p. 370.

Donné à Soissons.

L'Empereur permet, par ce Diplome, à Hilduin, abbé de S.t Denys, d'établir un marché dans un village de la Valteline situé sur le lac de Cosme, dépendant de cette Abbaye, avec exemption de toute charge publique & d'impôts pour douze Vassaux de l'Abbé, qui avoient leur demeure dans ce même lieu.

Luithade, notaire du Palais, expédia ces Lettres. Le nom du mois & l'année y sont effacés ; mais comme l'abbé Hilduin mourut le 22 de novembre de cette année, & qu'il paroît que Lothaire se trouva à Soissons dans les premiers jours de ce même mois, j'ai adopté, par ces raisons, le sentiment de Dom Bouquet & de Félibien, qui ont placé cette pièce dans cette année, & j'ai pensé que, sans craindre de faire une grande erreur, je pouvois lui assigner le mois de novembre.

15 DÉCEMBRE.

PRÆCEPTUM *Lotharii imperatoris pro monasterio Farfensi.*

Rec. des Hist. de France, par Dom Bouquet, t. VIII, p. 368.

Actum Coliniaco, (dans le Challonois).

L'Empereur ratifie, par ce Diplome, le jugement qu'il avoit prononcé lui-même en 824, en faveur de ce Monastère, dont Sichard étoit actuellement abbé. Ce Monastère, situé dans le duché de Spolète, avoit été richement doté par les rois Lombards, qui avoient en outre donné à ses Abbés de très-grands priviléges. Tous ces avantages avoient excité la jalousie de quelques Papes ; les troubles d'Italie, arrivés dans le temps de la chûte du royaume des Lombards, facilitèrent les desseins ambitieux de ces Pontifes ; ils avoient usurpé la plus grande partie des biens de ce Monastère, & réduit en servitude l'Abbé & les Moines. Lothaire, envoyé en Italie en 824, reçut leurs plaintes & les rétablit dans tous leurs droits. Ce Prince rapporte, dans ce Diplome, toute la procédure & les formes qu'il avoit fait garder dans cette affaire, & confirme ensuite l'Ordonnance ou l'Arrêt qu'il avoit rendu.

Druétemire, notaire du Palais, expédia cette Charte, à la place du chancelier Agilmar.

20 & 21 DÉCEMBRE.

DIPLOMATA *duo Lotharii imperatoris pro monasterio S.ti Michaëlis in pago Virdunensi.*

Rec. des Hist. de France, par Dom Bouquet, t. VIII, p. 370 & 371.

Donné à Gondreville.

Hadegand, abbé de S.t Mihiel dans le diocèse de Verdun, obtint de l'Empereur ces deux Diplomes : par le premier, daté le 20 de décembre, ce Prince accorde une exemption générale de tous droits de douane, de péage & de voïerie pour toutes les voitures par terre & pour les bateaux qui seront chargés de provisions de bouche & autres pour ce Monastère ; il étend même ce privilège sur le sel que l'on prendra dans les salines du pays, destiné pour la consommation de cette maison.

Tome I.

Par le second Diplome, daté du 21 du même mois, Lothaire ratifie le privilége accordé aux Moines de cette Abbaye par Louis le Débonnaire, d'élire leur Abbé.

ANNÉE 840.

Sans autre date.

DIPLOMA Lotharii imperatoris pro monasterio Nantuacensi.

Apud Guichenonem, in probation. Historiæ Sebusianæ, p. 214. Rec. des Hist. de France, par Dom Bouquet, t. VIII, p. 372.

Cette pièce ne porte aucune date, mais comme Fulgerius, abbé de ce Monastère, vivoit encore en cette année, cette raison, que j'adopte, a porté Dom Bouquet à la placer à cette époque.

Mabillon soûtient que l'on a inféré dans cette Charte une fausse anecdote, qui est la dédicace de l'église de cette Abbaye, attribuée au pape Gregoire, sans dire si c'est Gregoire Iᵉʳ, II ou III; mais ce Savant ne donne point la raison de sa critique, il juge d'ailleurs la pièce très-authentique: elle porte que les Moines représentèrent à l'empereur Lothaire, qu'il passoit chez eux un si grand nombre d'Abbés étrangers, auxquels leur Abbé donnoit non-seulement l'hospitalité, mais encore des habits & d'autres meubles, que ces dépenses inconsidérées & souvent répétées empêchoient que les Moines de la maison n'eussent les choses nécessaires à la vie, & que, pour remédier à cet abus, il supplioient ce Prince de leur permettre d'élire deformais leur Abbé. Leur intention étoit sans doute, d'un côté de le choisir parmi eux, & de lui faire promettre, d'un autre côté, en l'élisant, que les libéralités qu'il pourroit faire aux étrangers ne pourroient leur porter aucun préjudice. L'Empereur nomma des Commissaires *(Missi)* qu'il envoya à l'abbaye de Nantua, pour vérifier les faits allégués dans la requête de ces Moines; le rapport des Commissaires leur ayant été favorable, Lothaire leur accorda ces Lettres, par lesquelles il leur permet d'élire deformais leur Abbé.

TABLE
DES NOMS DE LIEUX
Contenus dans ce Volume.

A

AA, (rivière d') année 648, page 70.

ABACI, an. 751, p. 129.

ABBATIS-VILLA, terre appartenante à l'abbaye de St Riquier, an. 831, p. 406.

ABBECOURT, an. 750, p. 129.

ABBEVILLE, an. 797, p. 204.

ABRETS, (les) *Abrici*, proche Vienne, dans le Graisivaudan, an. 805, p. 241.

ABRIEZ *(Birisio)*, dans le comté de Tarentaise, an. 805, p. 240.

ACIACO, an. 567, p. 40.

ACUÇAI, an. 638, p. 65.

ADRIACENSIS (pagus), an. 790, p. 191.

AD-SIGNA, canton dans le comté de Narbonne, où étoient situées des salines, an. 822, p. 354.

ADULFI-CURTEM, terre appartenante à l'abbaye de St Riquier, an. 830. p. 397.

ÆBASSIACO, dans le Mâconnois, (inconnu), an. 805, p. 241.

AESCHENBACH, an. 777, p. 169.

AEYMENBERCH, (canal d') an. 780, p. 174.

AGAUNE, (abbaye d') ou bien St Maurice en Valais, an. 515, p. 24; an. 516, p. 25; an. 655, p. 74; an. 750, p. 128; an. 775, p. 165.

AGDE, an. 500, p. 20; an. 524, p. 26.

AGÉNOIS, an. 679, p. 87.

AGER SISIACENSIS. an. 577, p. 42.

AGIMOTINGAS, an. 763, p. 146.

AGIRA, (fluvium), an. 759, p. 142.

AGONIACUM, an. 745, p. 124.

AGRÉ, (village d') an. 806, p. 250; an. 812, p. 273.

AGUISI, an. 658, p. 76.

AICHSTAT, ou AICRISTET, évêché dans le pays de Nordgaw, suffragant de Mayence, an. 785, p. 181.

AIGLIÈRES, dans le Briançonnois *(Aquislevas)*, an. 805, p. 241.

AIGNE, (l') du diocèse de Cavaillon *(Attanisco)*, an. 805, p. 241.

AIMARGUES. an. 813, p. 276.

AIRES, en Gascogne, an. 587, p. 47.

AISNE (rivière), an. 714, p. 106.

AIX-LA-CHAPELLE, an. 490, p. 16; an. 635, p. 72; an. 752, p. 132; an. 769, p. 151; an. 770, p. 155; an. 775, p. 166; an. 777, p. 170; an. 779, p. 172; an. 781, p. 175; an. 782, p. 178; an. 784, p. 180; an. 789, p. 189; an. 793, p. 196; an. 795, p. 199; an 796, p. 201; an. 797, p. 203 & 204; an. 799, p. 207, 208 & 211; an. 800, p. 212 & 219; an. 801, p. 222, 224 & 225; an. 802, p. 226 & 228; an. 803, p. 229, 230, 231 & 232; an 804, p. 236 & 239; an. 805, p. 242; an. 806, p. 245; an. 807, p. 250 & 252; an. 808, p. 253; an. 809, p. 256; an. 810, p. 259 & 260; an. 811, p. 261, 262 & 263; an. 812, p. 266, 267, 269, 270, 272 & 273; an. 813, p. 278, 279, 280 & 285; an. 814, p. 287, 289, 290, 291, 292, 293, 294 & 295; an. 815, p. 295, 297, 298, 299, 300, 301, 302, 304, 305 & 306; an 816, p. 306, 307, 308, 309, 310, 311, 312, 314, 315 & 316; an. 817, p. 316, 317, 318, 320, 321, 322 & 324; an. 825, p. 373, 374, 375, 376, 378 & 379; an. 827, p. 383; an. 828, p. 386; an. 829, p. 391 & 392; an. 837, p. 440.

Aix en-Provence, an. 418, p. 12; an. 464, p. 14; an. 811, p. 263.

AIX, village. Voyez *ASCIUM*.

ALAMANNI, village, an. 817, p. 317.

ALBARIOSCO (Arbarei), dans le marquisat de Saluces, an. 805, p. 241.

ALBERSTAD, an. 784, p. 180.

ALBIADIS, canton des Alpes, appelé *Dutil*, ou St *Michel-de-la-porte*, an. 805, p. 240.

ALBINIACUM, an. 579, p. 43.

ALBINIACUS, an. 775, p. 167.

ALBI, an. 583. p. 44; an. 587, p 47; an. 804, p. 236.

ALBULFI-VILLA, maison de plaisance de Louis le Débonnaire, située à deux milles de Worms, an. 835, p. 428.

ALERA, rivière, an. 786, p. 181.

ALET, an. 813, p. 286.

ALLEMAGNE, an. 367, p. 6; an. 716, p. 108; an. 720, p. 112 & 113; an. 724, p. 116; an. 744, p. 123; an. 747, p. 126; an. 751, p. 130; an. 752, p. 132; an. 758, p. 141; an. 760, p. 143; an 763, p. 146; an. 766, p. 148; an. 770, p. 156; an. 775, p. 166; an. 776, p. 167; an 777, p. 169; an. 778, p. 171; an. 780, p. 174; an. 781, p. 175; an. 782, p. 177; an. 786, p. 181 & 184; an. 789, p. 190; an. 791, p. 195; an. 794, p. 199; an. 798, p. 206; an. 800, p. 212; an. 801, p. 224; an. 806, p. 245 & 246; an. 807, p. 252; an. 810, p. 258; an. 811, p. 262; an. 829, p. 395.

ALLEVARD *(Aravardo)*, dans le Graisivaudan, an. 805, p. 240.

ALLIACUS, terre appartenante à l'abbaye de St Riquier, an. 831, p. 406.

ALLIER, (l') rivière, an. 815, p. 298; an. 826, p. 379.

ALMINGAS, an. 775, 166.

ALNETUS, an. 775, p. 167.

ALOSEBURCH, abbaye inconnue, an. 817, p. 319.

ALPES, an. 399, p. 9; an. 418, p. 12; an. 496, p. 18, an. 508, p. 22; an. 526, p. 27; an. 588, p. 48; an. 739, p. 120; an. 766, p. 148; an. 806, p. 246.

ALPHEN, an. 711, p. 104; an. 725, p. 116.

ALSACE, an. 660, p. 76; an. 673, p. 82; an. 675, p. 84; an. 683, p. 89; an. 723, p. 114; an. 726, p. 117; an. 727, p. 118; an. 750, p. 128; an. 762, p. 145; an. 765, p. 147; an. 767, p. 149; an. 769, p. 154; an. 770, p. 156; an. 774, p. 161; an. 777, p. 170; an. 787, p. 185; an. 790, p. 192 & 193; an. 806, p. 246.

ALSAT, (l') rivière, an. 690, p. 92.

ALTEIA, terre appartenante à l'abbaye de St Riquier, an. 831, p. 406.

ALTENMUNSTER, abbaye, an. 817, p. 319.

ALTISGNICO, terre appartenante à l'abbaye de St Riquier, an. 831, p. 406.

TABLE DES NOMS DE LIEUX.

ALTREPIS (*pagus*), an. 761, p. 144.

ALTVILLARIS, terre appartenante à l'abbaye de St Riquier, an. 831, p. 406.

ALUWINI-MONS *super fluvium Rusia*, dans le pays de Volges, an. 825, p. 376.

ALZIRIACO, an. 762, p. 145.

AMAVORUM (*pagus*), an. 745, p. 124.

AMBEL, ou MONESTIER D'AMBEL, dans le Diois (*Ambillis*), an. 805, p. 241.

AMBLEF, (bois d') an. 667, p. 80.

AMBLERIEU, dans le Viennois (*Amblariaco*), an. 805, p. 241.

AMIATINUM *monasterium*, dans le territoire de Chiusi en Toscane, an. 816, p. 312.

AMICA, an. 635, p. 62.

AMIENNOIS, an. 750, p. 129; an. 775, p. 165; an. 799, p. 208.

AMIENS, an. 637, p. 64; an. 766, p. 148; an. 799, p. 207; an. 800, p. 211; an. 805, p. 243; an. 809, p. 256; an. 811, p. 263.

AMPURIAS, an. 812, p. 268; an. 816, p. 307.

ANCELLE, dans la plaine de Saure (*Ancilla*), an. 805, p. 241.

ANCIACUM, an. 745, p. 124.

ANCÔNE, an. 787, p. 186.

ANDAGINENSE ou ANDAINENSE MONASTERIUM, ou ANDAGINUM: ce Monastère s'appelle aujourd'hui St *Hubert*, diocèse de Liège, an. 687, p. 91; an. 825, p. 378.

ANDELAW, an. 587, p. 47.

ANDERNACH, 788, p. 188.

ANDRATE, an. 745, p. 124.

ANDRIAC, an. 771, p. 157.

ANDRESI (*Andresiacum*), an. 829, p. 394.

ANDUSE, (château d') an. 810, p. 259.

ANGARIA ou ENGRISGOË, dans l'évêché de Paderborn, an. 821, p. 349; an. 834, p. 423.

ANGEOC, en Angoumois. an. 825, p. 376.

ANGERS, an. 453, p. 14; an. 704, p. 101; an. 769, p. 152; an. 770, p. 155; an. 829, p. 392.

ANGLAS, an. 644, p. 69.

ANGLEIAS, an. 745, p. 124.

ANGLETERRE, an. 601, p. 52; an. 715; an. 790, p. 191; an. 794, p. 198; an. 795, p. 200; an. 796, p. 201; an. 800, p. 219.

ANGOUMOIS, an. 696, p. 97; an. 769, p. 154; an. 771, p. 157.

ANGRESGOWE, an. 790, p. 192.

ANGULARIS-PORTUS, an. 775, p. 167.

ANIANE, (le monastère d') an. 787, p. 185; an. 799, p. 208 & 209; an. 810, p. 259; an. 812, p. 273; an. 813, p. 276 & 277; an. 814, p. 289; an. 815, p. 299 & 300; an. 816, p. 311; an. 817, p. 319; an. 820, p. 346; an. 821, p. 353; an. 822, p. 356.

ANIANE, (rivière d') an. 787, p. 185.

ANJOU, (l') an. 776, p. 168; an. 791, p. 195.

ANISOLENSE MONASTERIUM, ou SAINT-CALEZ, an. 528, p. 27; an. 538, p. 31; an. 547, p. 33; an. 562, p. 38; an. 565, p. 39; an. 636, p. 64; an. 674, p. 83; an. 692, p. 95; an. 712, p. 105; an. 751, p. 129; an. 759, p. 142; an. 774; p. 160.

ANSE, an. 766, p. 148.

ANSIDONIA, an. 805, p. 239.

ANTICIACO, canton où l'abbaye de Conques possédoit des vignes & des terres, an. 822, p. 357.

ANTONEM, an. 745, p. 124.

ANTONI, village dépendant de l'abbaye de St Germain-des-Prés, an. 829, p. 391.

ANTONIACUS, an. 775, p. 167.

ANVERS, an. 725, p. 116; an. 726, p. 117.

AOSTE, (duché d') dans la Savoie, an. 806, p. 247.

APT, an. 739, p. 120; an. 835, p. 429.

AQUILÉE, an. 379, p. 8; an. 425, p. 12; an. 794, p. 198; an. 803, p. 231; an. 811, p. 261.

AQUITAINE, an. 399, p. 9; an. 418, p. 12; an. 508, p. 22; an. 526, p. 27; an. 587, p. 47; an. 644, p. 69; an. 675, p. 84; an. 760, p. 143; an. 767, p. 149; an. 769, p. 154; an. 783, p. 179; an. 786, p. 183; an. 790, p. 191; an. 793, p. 197; an. 795, p. 199 & 200; an. 796, p. 201; an. 797, p. 203; an. 799, p. 207; an. 800, p. 219; an. 806, p. 246, 247 & 248; an. 807, p. 250; an. 808, p. 253; an. 811, p. 266; an. 812, p. 267, 270 & 273; an. 814, p. 287 & 290; an. 815, p. 295; an. 816, p. 320; an. 833, p. 417.

ARAGNE, dans le Gapençois (*Artonosco* ou *Aranosco*), an. 805, p. 241.

ARBAREL (*Albariofo*), dans le marquisat de Saluces, an. 805, p. 241.

ARCIACUM, an. 791, p. 195.

ARCUELLES, faubourg de la ville de Nîmes. an. 813, p. 276.

ARDENNES, (forêt des) an. 635, p. 73; an. 687, p. 91; an. 749, p. 127; an. 776, p. 168.

ARDUNO-CURTE, an. 671, p. 81.

ARDUNUM, an. 667, p. 79; an. 698, p. 99; an. 713, p. 106; an. 720, p. 111; an. 721, p. 113.

AREA (rivière), an. 805, p. 240.

ARELAUNO PALATIO, an. 673, p. 82.

ARESA, an. 642, p. 68.

AREZZO, an. 801, p. 222.

ARGENCE, église dépendante du Chapitre de la cathédrale d'Arles, an. 825, p. 374.

ARGENTARO, an. 805, p. 239.

ARGENT-DOUBLE, (rivière d') an. 793, p. 197.

ARGENTEUIL, an. 824, p. 370.

ARGENTIE, an. 644, p. 69.

ARGENTIÈRES, an. 635, p. 61.

ARGENTON, an. 730, p. 118.

ARLES, an. 142, p. 2; an. 314, p. 3; an. 322, p. 4; an. 397, p. 9; an. 417, p. 11; an. 418 & an. 422, p. 12; an. 425, an. 445 & 450, p. 13; an. 464, p. 14; an. 501, p. 21; an. 508, p. 22; an. 513 & 514, p. 24; an. 535, p. 29; an. 538, p. 30; an. 542, p. 31; an. 543 & 545, p. 32; an. 546, p. 33; an. 550, p. 34; an. 557, p. 35; an. 567, p. 40; an. 593, p. 49; an. 602, p. 72; an. 739, p. 120; an. 744, p. 123; an. 811, p. 263; an. 812, p. 267; an. 813, p. 279; an. 817, p. 318; an. 825, p. 373.

ARMEILLON (*Amalicione*), an. 805, p. 240.

ARMORIQUES, (les) an. 496, p. 17.

ARNOLFESAW ou SCHWARZACH, (monastère d') diocèse de Strasbourg, an. 750, p. 128; an. 826, p. 380.

ARRAGON, an. 813, p. 278.

ARRAS, an. 680, p. 88; an. 691, p. 94; an. 799, p. 207.

ARTIE, ville du Vexin. an. 700, p. 100.

ARTIS, an. 713, p. 105.

ARTIS-LA-VILLE. an. 690, p. 93.

ARTOIS, an. 770, p. 157; an. 791, p. 195; an. 799, p. 208; an. 830, p. 397.

ASCIUM, an. 648, p. 70.

ASNIÈRES, an. 750, p. 129.

ASTANETUM, forêt, an. 827, p. 383.

ASTENIDUM ou SATANACUM, domaine royal, an. 827, p. 383.

ATHIES, an. 516, p. 25.

ATHOARIORUM (*pagus*). an. 745, p. 124. Quelques Auteurs l'appellent le pays d'*Artouer*, & d'autres, de *Bèze*. Voyez BÈZE.

ATONA,

TABLE DES NOMS DE LIEUX.

ATONA, an. 799, p. 207.

ATTAINVILLE, an. 768, p. 151.

ATTEGIAM, terre appartenante à l'abbaye de S.t Riquier, an. 830, p. 397.

ATTIGNI, an. 623, p. 56; an. 682, p. 89; an. 750, p. 128; an. 551, p. 129; an. 755, p. 136; an. 756, p. 139; an. 759, p. 142; an. 769, p. 152; an. 786, p. 181; an. 808, p. 254; an. 822, p. 356 & 359; an. 823, p. 365; an. 834, p. 425 & 426.

AVALENSIS (pagus), an. 745, p. 124.

AVALON, an. 806, p. 246.

AVARON ou AVEIRON, (rivière d') dans le Querci, an. 783, p. 179; an. 767, p. 149.

AUCH, an. 418, p. 12; an. 811, p. 263; an. 817, p. 317.

AUDE (rivière du diocèse de Carcassone), an. 813, p. 286; an. 814, p. 293.

AVERÇAI, an. 638, p. 65.

AVIGLIANE ou VEILLANE, dans la vallée de Suze *(Oviliano)*, an. 805, p. 241.

AVIGNON, an. 450, p. 13; an. 495, p. 16; an. 496, p. 17; an. 822, p. 355.

AUNOI, an. 678, p. 86.

AVRANCHES, an. 587, p. 47.

AVRE, (rivière d') an. 788, p. 187.

AUSBOURG, an. 745, p. 125; an. 773, p. 160.

AUSSOIS, an. 711, p. 104.

AUSSONE, an. 788, p. 187; an. 795, p. 199; an. 827, p. 385.

AUSTRASIE, an. 535, p. 30; an. 539, p. 31; an. 543, p. 32; an. 545, p. 33; an. 550, p. 34; an. 573, p. 41 & 42; an. 577, p. 42; an. 585, p. 45; an. 587, p. 47; an. 588, p. 48; an. 590, p. 49; an. 593, p. 49; an. 613, p. 54; an. 623, p. 56; an. 633, p. 61; an. 644, p. 69; an. 646, p. 69; an. 650, p. 71; an. 663, p. 78; an. 664, p. 78; an. 671, p. 81; an. 676, p. 85; an. 678, p. 86; an. 690, p. 92; an. 706, p. 103; an. 722, p. 113; an. 732, p. 118; an. 735, p. 119; an. 745, p. 124; an. 747, p. 126; an. 759, p. 142; an. 796, p. 201; an. 800, p. 219; an. 806, p. 246; an. 833, p. 419.

AUTANE, aujourd'hui du diocèse de Sisteron *(Altana)*, an. 805, p. 241.

AUTEUIL, an. 697, p. 98.

AUTHIE, rivière, an. 771, p. 157.

AUTRAIN (le pays d') an. 670, p. 81.

AUTREX, an. 714, p. 106.

AUTRICHE, an. 796, p. 203.

AUTUN, an. 599, p. 51; an. 602,

Tome I.

p. 52; an. 635, p. 62; an. 653, p. 73; an. 696, p. 97; an. 721, p. 112; an. 745, p. 124; an. 761, p. 144; an. 775, p. 161; an. 786, p. 183; an. 815, p. 303; an. 818, p. 328.

AUVERGNE, an. 500, p. 20; an. 760, p. 143; an. 766, p. 148, an. 769, p. 154.

AUXERRE, an. 581, p. 44; an. 634, p. 61; an. 670, p. 81; an. 770, p. 155.

AUXERROIS, an. 670, p. 81.

AXEDUS, an. 775, p. 167.

AYGALIÈRES *(Anglarias ou Ayglarias)*, dans le pays d'Arles, an. 805, p. 241.

AZOIS, an. 775, p. 165.

AZY, an. 786, p. 182.

B

BAC-à-BERI, (le) an. 713, p. 105.

BACIVUM, an. 716, p. 108.

BACTILIONE-VALLE, an. 680, p. 88.

BADANAWGH, canton où l'église de Wurtzbourg avoit des biens, an. 820, p. 345.

BAGAI, métairie dépendante de l'abbaye de Farfe, an. 825, p. 374.

BAGNA-VILLA, an. 679, p. 87.

BAGNEUX *(Balneolum)*, an. 829, p. 394.

BAGNOLUM, an. 711, p. 104.

BAGOLOSO, an. 714, p. 106.

BAGORDAS, an. 831, p. 406.

BAGTLONEVALLO, an. 770, p. 155.

BAILLEUL, an. 832, p. 408.

BAIN, ancienne église dans la Bretagne, an. 834, p. 423.

BAION-VILLARE, an. 775, p. 167.

BAISIEU, en Picardie, an. 801, p. 223.

BALDERIAS, an. 745, p. 124.

BÂLE, an. 726, p. 117; an. 811, p. 263.

BALLOUS, dans le Gapençois *(Bullone)*, an. 805, p. 241.

BALME, (village de) an. 806, p. 250.

BAR, village, an. 516, p. 25.

BAR, (rivière de) an. 714, p. 106.

BAR, (duché de) an. 716, p. 107.

BAR-SUR-AUBE, an. 775, p. 165.

BAR-SUR-SEINE, an. 776, p. 167.

BARCELONNE, an. 795, p. 200; an. 793, p. 196; an. 812, p. 268; an. 815, p. 295; an. 816, p. 307; an. 826, p. 381.

BARGES, à deux lieues de Dijon *(Bargus)*, an. 775, p. 164; an. 816, p. 311; an. 817, p. 317.

BARIACUM, an. 573, p. 41.

BARISI (monastère de) an. 661, p. 77; an. 664, p. 78; an. 831, p. 401.

BARISY, village dans le Launois, an. 822, p. 356.

BARSINA, an. 746, p. 126

BASCHARA, terre appartenante à l'évêché de Gironne, an. 817, p. 325.

BASON, dans le Viennois *(Bacconiaco)*, ou BOSSENSIEU *(Baccociaco)*, an. 805, p. 241.

BASSARODE, terre située dans le Brabant, an. 822, p. 356.

BASSE-ALTAICH, monastère, an. 823, p. 304.

BATALIACO, an. 812, p. 268.

BATEMBOURG, an. 817, p. 316.

BAUDREVILLE, an. 783, p. 179.

BAUDRINUS, an. 676, p. 87.

BAVIÈRE, an. 424, p. 12; an. 679, p. 87; an. 744, p. 123; an. 745, p. 125; an. 749, p. 127; an. 758, p. 142; an. 788, p. 188; an. 792, p. 196; an. 794, p. 198; an. 799, p. 209; an. 803, p. 230; an. 806, p. 246 & 248; an. 812, p. 272; an. 815, p. 297; an. 817, p. 320.

BAURAN, an. 725, p. 116.

BAUSETIS, canton des Alpes, appelé *Dutil* ou S.t Michel-de-la-porte, an. 805, p. 240.

BAUX, (monastère de) an. 812, p. 267.

BAYE, monastère dépendant de la cathédrale de Bordeaux, an. 828, p. 388.

BAYEUX, an. 690, p. 92; an. 715, p. 107.

BAYONNE, an. 587, p. 47.

BEAUCE, an. 658, p. 76; an. 783, p. 179.

BEAUMONT, an. 687, p. 92; an. 725, p. 116.

BEAUMONT en Limosin, an. 823, p. 365.

BEAUNE, an. 761, p. 144.

BEAUVAIS, an. 627, p. 57; an. 638, p. 65; an. 766, p. 148.

BEAUVAISIS, an. 658, p. 76; an. 680, p. 88; an. 693, p. 96; an. 695, p. 97; an. 750, p. 126; an. 770, p. 155; an. 775, p. 165.

BEBRONA, an. 807, p. 251.

BÉDARRID *(Bitorritam)*, village, an. 822, p. 355.

BEDENSE-CASTRUM, an. 716, p. 109.

BEISS, village, an. 832, p. 408.

a

BELCHE, (rivière de) an. 670, p. 81.

BELCINAC, (isle de) an. 673, p. 82.

BELCONTUS, an. 775, p. 167.

BELLENAVUM-VICUM, lieu appartenant à l'abbaye de Bèze, an. 830, p. 400.

BELNISSIS (pagus), an. 745, p. 124.

BÉNEVENT, an. 740, p. 120; an. 769, p. 154; an. 774, p. 161; an. 778, p. 171; an. 786, p. 182 & 184; an. 787, p. 185; an. 789, p. 190; an. 810, p. 260.

BERCH, abbaye inconnue, an. 816, p. 319.

BERGUES, (duché de) an. 309, p. 3.

BÉRINGEN, an. 788, p. 188.

BERNEZ, dans le Briançonnois, an. 805, p. 241.

BERNINO-CURTE, an. 799, p. 208.

BERTIEMBACK, (ruisseau de) an. 660, p. 76.

BESANÇON, an. 624, p. 57; an. 652, p. 72; an. 790, p. 193; an. 811, p. 263.

BESAUDUN, dans le Diois (Bosedonc), an. 805, p. 241.

BÉSIERS, an. 462, p. 14; an. 762, p. 145; an. 807, p. 252; an. 810, p. 257; an. 812, p. 268; an. 816, p. 307.

BESSAN, dans la Maurienne (Corvalico), an. 805, p. 240.

BESSIA (Dubiasca), an. 805, p. 240.

BETLINOVILLARE, an. 770, p. 155.

BETTINGEN, an. 788, p. 188.

BÉZALU, an. 812, p. 268.

BÈZE, (pays de) Athoariorum pagus, an. 670, p. 87; an. 715, p. 107; an. 734, p. 119; an. 745, p. 124; an. 775, p. 164; an. 777, p. 169; an. 833, p. 413.

BÈZE ou BÈZE-FONTAINES, monastère, an. 652, p. 72; an. 658, p. 75; an. 664, p. 78; an. 665, p. 79; an. 676, p. 85; an. 830, p. 399.

BIBOSCUM, an. 809, p. 256.

BIDBURG, an. 776, p. 168.

BILÉE, an. 709, p. 103.

BINCHS, an. 743, p. 122.

BINUBHAIME, an. 763, p. 146.

BINUSHAIM, an. 763, p. 146.

BIOCLA, (rivière de), an. 812, p. 272.

BIOLIS, an. 783, p. 179.

BIRSTAT, an. 770, p. 156.

BIVANG, an. 813, p. 277.

BLACHE, (la) ou BLANIEU, dans le Viennois (Blaciaco), an. 805, p. 241.

BLACIACUS, an. 745, p. 124.

BLADALAICUS, an. 775, p. 167.

BLAISOIS, (le) an. 791, p. 195.

BLANDINIENSE monasterium, ou SAINT-PIERRE DE GAND, an. 651, p. 71.

BLANDINIUM, montagne, an. 651, p. 71.

BLANDONECO, an. 745, p. 124.

BLANIEU. Voyez la BLACHE.

BLANZAT, an. 760, p. 143.

BLAZINA, an. 775, p. 177.

BLEZINÆ, an. 777, p. 170.

BLIZENTIA, village dans le territoire d'Auch, an. 817, p. 317.

BOBILAM, seigneurie donnée au monastère de S.t Emmeran de Ratisbonne, an. 820, p. 348.

BODETS, (château des) an. 368, p. 67.

BOHÈME, an. 806, p. 248.

BOLDANE-CURTE, an. 693, p. 96.

BOLDUC, an. 725, p. 116.

BOLLANE, an. 716, p. 109.

BONNEUIL-SUR-MARNE, an. 811, p. 262.

BOORN, an. 726, p. 117.

BORCHKERKE, an. 726, p. 117.

BORNACENSIS (ager), an. 745, p. 124.

BORRE, (vallée de) an. 806, p. 245.

BOSCHOT, an. 725, p. 116.

BOSCUS, an. 543, p. 32.

BOSSENSIEU. Voyez BASON.

BOSSIEU, dans le Viennois, an. 805, p. 241.

BOUILLON, an. 638, p. 67.

BOULOGNE, (bois de) an. 697, p. 98.

BOULOGNE, an. 800, p. 219; an. 808, p. 253; an. 812, p. 270.

BOUNG, (le plan de) dans le Gapençois (Benis), an. 805, p. 241.

BOURBONNOIS, an. 670, p. 80.

BOURDEAUX, an. 418, p. 12; an. 566, p. 39; an. 594, p. 50; an. 675, p. 84; an. 786, p. 184; an. 811, p. 263; an. 814, p. 295.

BOURDONNÉ, an. 768, p. 151.

BOURGES, an. 418, p. 12; an. 453, p. 14; an. 472, p. 15; an. 500, p. 20; an. 630, p. 59; an. 644, p. 69; an. 694, p. 96; an. 697, p. 99; an. 752, p. 132; an. 767, p. 149; an. 786, p. 183; an. 810, p. 259.

BOURGET (le) Briogis, an. 805, p. 240.

BOURGOGNE, an. 495, p. 6; an. 496, p. 17; an. 498, p. 19; an. 500, p. 20; an. 516, p. 25; an. 517, p. 26; an. 573, p. 41; an. 577, p. 43; an. 581, p. 44; an. 584, p. 45; an. 585 & 586, p. 46; an. 587, p. 47; an. 590, p. 49; an. 602, p. 52; an. 606, p. 53; an. 652, p. 72; an. 664, p. 78; an. 674, p. 84; an. 690, p. 93; an. 706, p. 102; an. 721, p. 112; an. 745, p. 124; an. 760, p. 143; an. 775, p. 167; an. 776, p. 168; an. 778, p. 171; an. 792, p. 196; an. 796, p. 201; an. 800, p. 219; an. 802, p. 228; an. 806, p. 246; an. 814, p. 290; an. 815 p. 301.

BOURGOGNE TRANSJURANE, an. 829, p. 395.

BOUXIÈRES, an. 709, p. 103.

BRABANT, an. 746, p. 125; an. 750, p. 129; an. 775, p. 165; an. 779, p. 172; an. 805, p. 239.

BRABANTE, an. 746, p. 126.

BRAGONNUM, an. 791, p. 195.

BRAMEN (Bonesco) an. 805, p. 240.

BRANTÔME, (abbaye de) an. 769, p. 154; an. 817, p. 319.

BRAZ, dans le Graisivaudan (Braccie), an. 805, p. 241.

BREDA, an. 725, p. 116.

BRÉGOU, (forêt de) an. 653, p. 73.

BRÊLE, (la) an. 806, p. 245.

BRÊME, an. 788, p. 187.

BRENNEVAL, an. 750, p. 129.

BRESSE, an. 807, p. 251.

BRETAGNE, an. 795, p. 200; an. 830, p. 397.

BRETIGNI, an. 474, p. 15; an. 792, p. 191.

BRETOT, (forêt de) an. 673, p. 82.

BREUIL, an. 833, p. 413.

BRIANCE, an. 621, p. 55.

BRIE, an. 636, p. 63; an. 678, p. 86; an. 686, p. 91; an. 750, p. 129; an. 775, p. 165.

BRIGOGALUS, an. 775, p. 167.

BRIONNUS, an. 775, p. 167.

BRIOSENSIS (pagus), an. 799, p. 207.

BRIOU, (pays de) an. 769, p. 154.

BRIOUDE, an. 760, p. 143.

BRISCINUM, an. 573, p. 41.

BRISGAW, an. 763, p. 146; an. 777, p. 170; an. 790, p. 192 & 193; an. 810, p. 259.

TABLE DES NOMS DE LIEUX.

BRIXEN, dans le Tirol, an. 814, p. 291.

BROCHEM, terre dépendante de la cathédrale de Liége, an. 826, p. 379.

BROCMAGAD, an. 770, p. 155.

BRONOILO, terre appartenante à l'abbaye de St Riquier, an. 830, p. 397.

BRUNAUT, (village de) an. 806, p. 250; an. 812, p. 273.

BRUNOIS, (*Brunomium*), an. 831, p. 404.

BRUYÈRE-LE-CHÂTEAU ou LE CHÂTEL, (monastère de) *Brogariense monasterium*, an. 670, p. 80; an. 799, p. 209.

BRUYÈRES, an. 714, p. 106.

BRUZOLD, sur le bord du Doux (*Brosiolis*), an. 805, p. 240.

BUAROLAS, an. 812, p. 268.

BUCHAW, an. 747, p. 126.

BUCHEN, an. 747, p. 126; an. 751, p. 130; an. 811, p. 261.

BUCHOLT, an. 725, p. 116.

BUCÔNE, (forêt de) an. 747, p. 126; an. 811, p. 261. & 262; an. 813, p. 277.

BUFINTIS, an. 793, p. 197.

BUGEI, an. 664, p. 79.

BUNIACUS, terre appartenante à l'abbaye de St Riquier, an. 831, p. 406.

BURCHEIM, an. 810, p. 259.

BUREN (abbaye de), an. 817, p. 319.

BUXEI, an. 691, p. 93.

BUXIDUM, an. 625, p. 57.

BUXIÈRES, au Mans, an. 625, p. 57.

BUXIÈRES, proche Bar-sur-Seine, an. 776, p. 167; an. 811, p. 262.

BUXINIANTUS (villa), an. 801, p. 224.

BUXOGILUS, nom d'une terre appartenante à l'abbaye de Manlieu, an. 833, p. 417.

BUXUDIS, an. 831, p. 406.

C

CABRIÈRES, abbaye, an. 817, p. 320.

CACIAC, an. 776, p. 168.

CADONIACUS, an. 745, p. 124.

CADRIACUS, an. 775, p. 167.

CAHORS, (Alpe-*Casianda*), an. 629, p. 58; an. 630, p. 59; an. 632, p. 61; an. 637, p. 64; an. 644, p. 69; an. 646 & 648, p. 70; an. 650, p. 71; an. 673, p. 83; an. 783, p. 179.

CAILLI, an. 788, p. 187.

CAIRATI, (monastère de) an. 742, p. 122.

CAIRE, (le) dans le Gapençois (*Calaico*), an. 805, p. 241.

CALABRE, (la) an. 753, p. 134; an. 774, p. 162.

CALABRE, (la basse) an. 817, p. 327.

CALDINA, an. 746, p. 126.

CALMOTENSE, an. 777, p. 170.

CAMBRAI, (abbaye de), an. 638, p. 64; an. 657, p. 74; an. 671, p. 81; an. 674, p. 83; an. 680, p. 88; an. 697, p. 98; an. 799, p. 207.

CAMBRESIS, an. 660, p. 76; an. 687, p. 91; an. 799, p. 208.

CAMILIACENSIS ager, an. 642, p. 68.

CAMILIACUS, an. 775, p. 167.

CAMPANIANO, (village de) an. 807, p. 252.

CANAGO, lieu situé *in pago Briosense*, an. 834, p. 421.

CANAVENSE, canton près la ville de Dijon, an. 828, p. 387.

CANIACUS, an. 775, p. 167.

CANTORBÉRI, an. 680, p. 88.

CAPOUE, an. 787, p. 184 & 185.

CARAMAGNE INFÉRIEURE, (*Camnite subteriore*), an. 805, p. 240.

CARAMAGNE SUPÉRIEURE, (*Camnite superiore*), an. 805, p. 240.

CARCASSONNE, an. 801, p. 224; an. 812, p. 268; an. 816, p. 307.

CARENTENAGO, petit village où étoit situé un monastère sous l'invocation du Sauveur du monde, an. 817, p. 322.

CARINIACO, an. 745, p. 124.

CARMOLETUS, forêt, an. 697, p. 98.

CARNACO, dans le Mâconnois (inconnu), an. 805, p. 241.

CARPENTRAS, an. 450, p. 13.

CARTHAGE, an. 314, p. 3.

CASA-CAJANI, an. 538, p. 31.

CASENEUVE, petit monastère, an. 815, p. 300.

CASILIACUS, terre appartenante à l'abbaye de St Germain-des-Prés, an. 829, p. 392.

CASSELLAS, an. 745, p. 124.

CASSENEUIL, dans l'Agénois, an. 807, p. 250; an. 827, p. 382.

CASSES-DE-FAUDOU, dans le Gapençois (*Alpe-Cassanda*), an. 805, p. 241.

CASSIACO, an. 745, p. 124.

CASSIÈRES, dans la juridiction du Perse dans le Diois (*Cassies*), an. 805, p. 241.

CASSIN, (mont) an. 746, p. 126; an. 749, p. 127.

CASTANELUS, an. 775, p. 167.

CASTANEUM, métairie appartenante à l'abbaye de St Mémin-sur-Loire, an. 825, p. 374.

CASTHEIM. Voyez CUFSTEIN.

CASTILLON en Médoc, an. 818, p. 328.

CASTRIES, an. 807, p. 252; an. 812, p. 273.

CATALOGNE, an. 788, p. 187.

CAVADADO, lieu appartenant au monastère de Noailié, an. 834, p. 421.

CAVAILLON, an. 450, p. 13.

CAUCINA (locus), an. 807, p. 250.

CAVIGNAC, an. 675, p. 84.

CAUNES, (monastère de) an. 793, p. 197; an. 802, p. 226; an. 817, p. 319; an. 821, p. 349; an. 825, p. 377.

CAUX, (pays de) an. 709, p. 103; an. 751, p. 130.

CÉCION, appartenant à l'abbaye d'Aniane, an. 822, p. 356.

CELLE, (château de) an. 558, p. 36.

CELLE, (la) village dépendant de l'abbaye de St Germain-des-Prés, an. 829, p. 391.

CELLE-NEUVE, an. 799, p. 209.

CENEDA, an. 794, p. 198.

CÉNIS, (mont) an. 739, p. 120; an. 806, p. 246.

CENTELLES, (baronie de) an. 792, p. 196.

CENTRON, village à la source de l'Isère (*Centronius*), an. 805, p. 241.

CERVASQUE (*Cravasca*), an. 805, p. 240.

CÉSANE, dans le Briançonnois (*Aquisiana*), an. 805, p. 241.

CETTE (presqu'isle de) an. 799, p. 209.

CÉVENNES, an. 752, p. 132.

CÈZE, rivière dans le canton d'Usez, an. 815, p. 300.

CHAILLI, an. 710, p. 104.

CHALLON-SUR-SAÔNE, an. 778, p. 171; an. 806, p. 246; an. 813, p. 279.

CHALONNE, (rivière de) an. 607, p. 53.

CHÂLONS, an. 584, p. 45; an. 692, p. 94; an. 766, p. 148; an. 779, p. 172.

CHAMBERLIACUM, village, appartenant à l'église d'Angers, an. 829, p. 392.

TABLE DES NOMS DE LIEUX.

CHAMBÉRI, an. 739, p. 120.

CHAMBLI, proche Nogent-sur-Oise, an. 627, p. 57; an. 692, p. 95.

CHAMBLI-L'AUBERGER, an. 690, p. 93.

CHAMBLIOIS, an. 679, p. 87; an. 695, p. 96.

CHAMBOURG, au confluent du Drac & de la Romance *(Cambe)*, an. 805, p. 240.

CHAMOUX *(Camundis)*, an. 805, p. 240.

CHAMPAGNE, an. 663, p. 78; an. 676, p. 85; an. 677, p. 86; an. 690, p. 93; an. 802, p. 228.

CHAMP-DU-MENSONGE *(Campus-mentitus)*, an. 833, p. 416.

CHAMPEAUX, an. 632, p. 60.

CHAMPIGNI, an. 832, p. 408.

CHANDOL, an. 780, p. 173.

CHANTILLI, (forêt de), an. 716, p. 109.

CHANVAUCOURT, an. 709, p. 103.

CHANVILLE, an. 719, p. 111.

CHARENTE, (la) rivière, an. 769, p. 154; an. 830, p. 400.

CHARITÉ-SUR-LOIRE, (monastère de la) an. 700, p. 100.

CHARLEVANNES. Voyez VANNES.

CHAROS-VILLA (pagus), an. 761, p. 144.

CHARPEIGNE, (pays de) an. 756, p. 139; an. 757, p. 141; an. 782, p. 177; an. 815, p. 299.

CHARROUX, (abbaye de) an. 769, p. 154; an. 789, p. 191; an. 799, p. 211; an. 815, p. 299; an. 817, p. 319; an. 830, p. 400.

CHARTRAIN (pays), an. 788, p. 187; an. 802, p. 228.

CHARTRES, an. 573, p. 41; an. 587, p. 47; an. 696, p. 97; an. 768, p. 151; an. 812, p. 266.

CHARVADON *(Craviosco)*, an. 805, p. 241.

CHASEMAIS, an. 644, p. 69.

CHÂTEAU-BOURGON *(Fano-Borgonis)*: il y a dans la Charte, *Tanno-Borgonis*: an. 805, p. 240.

CHÂTEAUDUN, an. 573, p. 41.

CHÂTEAUFORT, an. 635, p. 62.

CHÂTEAU-LANDON, (abbaye de) an. 545, p. 33.

CHÂTEAUROUX, an. 636, p. 63.

CHÂTEAU-SALINS, an. 775, p. 166.

CHÂTENAI *(Castanedum)*, an. 829, p. 394.

CHÂTRE, an. 636, p. 63.

CHATTOU-SUR-SEINE, an. 526, p. 27; an. 531, p. 28; an. 538, p. 31; an. 567, p. 39; an. 691, p. 93; an. 696, p. 97.

CHAUDES-AIGUES, (église de) dans le Nivernois, an. 825, p. 375.

CHAUMONT, an. 700, p. 100.

CHAUSI, an. 700, p. 100.

CHAUSSE, en Picardie, an. 761, p. 144.

CHELLES, (abbaye de) an. 812, p. 269.

CHELLES, village, an. 632, p. 61.

CHEMINONT, an. 783, p. 178.

CHER (rivière du) an. 815, p. 298.

CHERSONÈSE de Thrace, an. 655, p. 74.

CHESSEI, an. 776, p. 168.

CHEVIGNI-LE-DÉSERT, an. 516, p. 25.

CHEVILLI *(Civiliacum)*, an. 829, p. 394.

CHIAVENNE, (comté de) an. 803, p. 230.

CHIGNI, an. 640, p. 67.

CHIUSI, comté de Toscane, an. 795, p. 200; an. 814, p. 294.

CHOISI, proche Compiegne, an. 658, p. 75.

CHREMS-MUNSTER, (monastère de) an. 791, p. 195.

CIMIEZ, an. 464, p. 14.

CININI-CURTEM, terre appartenante à l'abbaye de St Riquier, an. 830, p. 397; an. 831, p. 406.

CISPIACUM (palatium), dans les Ardennes, an. 814, p. 293; an. 822, p. 357.

CÎTEAUX, (abbaye de) an. 687, p. 92; an. 770, p. 156.

CIVINIACUS (villa), an. 801, p. 224.

CLAIRET, dans le Gapençois *(Kaiari)*, an. 805, p. 241.

CLAISE, (la) rivière, an. 640, p. 67.

CLEHENWANE (abbaye inconnue), an. 817, p. 319.

CLERMONT, (évêché de) an. 472, p. 15; an. 535, p. 30; an. 560, p. 37; an. 832, p. 414.

CLICHI, an. 632, p. 59; an. 635, p. 62 & 63; an. 636, p. 63; an. 638, p. 65 & 66; an. 644, p. 69; an. 653, p. 73; an. 717, p. 110; an. 741, p. 121.

CLICHI-LA-GARENNE, an. 741, p. 121.

CLUDRA, an. 799, p. 207.

CLUNI, (abbaye de) an. 779, p. 172; an. 814, p. 294.

CLUNI, terre où est actuellement bâti l'abbaye du même nom, an. 825, p. 375.

COBLENTZ, an. 721, p. 112; an. 823, p. 365.

COIRE, an. 745, p. 125; an. 766, p. 148.

COLINIACUM, dans le Challonnois), an. 840, p. 465.

COLMAR, an. 660, p. 76.

COLOGNE, an. 319, p. 4; an. 532, p. 29; an. 745, p. 125; an. 751, p. 130; an. 752, p. 132; an. 754, p. 136; an. 775, p. 166; an. 805, p. 239; an. 811, p. 263.

COLOMBIÈRE, (bois de la) an. 831, p. 401.

COLNAGO, an. 799, p. 207.

COMAGENI montes, montagnes situées entre les diocèses de Saltzbourg & de Passaw, an. 829, p. 393.

CÔME, dans le Milanois, an. 803, p. 230; an. 824, p. 366.

COMIERS, dans le diocèse de Grenoble *(Comario)*, an. 805, p. 241.

COMPIEGNE, an. 547, p. 33; an. 629, p. 58; an. 636, p. 63; an. 638, p. 65; an. 658, p. 75; an. 663, p. 78; an. 670, p. 80; an. 675 & 676, p. 83; an. 680, p. 88; an. 682, p. 89; an. 683 & 685, p. 90; an. 686, p. 91; an. 692, p. 95; an. 694, p. 96; an. 695, p. 97; an. 697, p. 98; an. 716, p. 107, 108 & 109; an. 717, p. 110; an. 752, p. 131; an. 754, p. 136; an. 756, p. 139; an. 758, p. 142; an. 760, p. 143; an. 778, p. 170; an. 782, p. 177; an. 815, p. 302; an. 816, p. 311 & 312; an. 823, p. 361; an. 824, p. 366, 367 & 369; an. 827, p. 384 & 385; an. 831, p. 402; an. 833, p. 420.

CONCILIUM, terre appartenante à l'abbaye de St Riquier, an. 830, p. 397; an. 831, p. 406.

CONDÉ, an. 768, p. 151.

CONDÉ-SUR-MOSELLE, an. 674, p. 83; an. 716, p. 107.

CONDROTZ, an. 746, p. 126.

CONQUE (abbaye de), an. 813, p. 277; an. 817, p. 319; an. 822, p. 357.

CONSÉRANS, an. 587, p. 47.

CONSTANCE, an. 745, p. 125; an. 773, p. 160.

CONSTANTINOPLE, an. 588, p. 48; an. 753, p. 135; an. 767, p. 150; an. 773, p. 160; an. 774, p. 162; an. 796, p. 202; an. 810, p. 259; an. 811, p. 263.

CONVIÈRES, an. 768, p. 151.

CORBEIL, an. 766, p. 148.

CORBENI, en Launois, an. 822, p. 356.

CORBIE, (abbaye de) an. 554, p. 35; an. 660, p. 76; an. 661, p. 77; an. 681, p. 89; an. 691,

p. 94.

TABLE DES NOMS DE LIEUX.

p. 94; an. 716, p. 108 & 109; an. 769, p. 152; an. 774, p. 162; an. 809, p. 256; an. 817, p. 319; an. 825, p. 376.

CORBIE (NOUVELLE) en Allemand CORWEY, monastère dans la Saxe, an. 706, p. 102; an. 766, p. 148; an. 823, p. 364; an. 824, p. 371; an. 826, p. 379; an. 832, p. 407 & 410; an. 833, p. 415.

CORBIÈRES, an. 815, p. 297.

CORBIGNI, (monastère de) an. 786, p. 183.

CORÈNE, dans le Graisivaudan (*Corennum*), an. 805, p. 240.

CORMEILLES, an. 832, p. 408.

CORMERI (monastère de) an. 776, p. 167; an. 790, p. 192; an. 791, p. 195; an. 800, p. 211; an. 807, p. 250; an. 820, p. 345; an. 830, p. 403; an. 831, p. 404.

CORNELIS-MUNSTER, ou bien le monastère DE L'INDE, (*Cornelii monasterium*, ou bien *monasterium Indense*), an. 821, p. 349.

CORNETTE ou CORNETO, ville d'Italie, an. 471, p. 15.

CORRÈSE, petite rivière de la Sabine, an. 814, p. 294.

CORSE, (les isles de) an. 817, p. 327.

COSCIACUS, village, an. 837, p. 442.

COSDON, an. 638, p. 65.

COSME, (le lac de) an. 840, p. 465.

COSSANIOLA, an. 745, p. 124.

COSSENAS ou CAUSSENAS, village, an. 837, p. 445.

COTIRACO, an. 642, p. 68.

COUDUN, an. 658, p. 76.

COUGNON, an. 640, p. 67.

COULANGE-SUR-IONNE, an. 670, p. 81.

COURÇAI, an. 644, p. 69.

COURTRAI, an. 746, p. 125.

COUTANTIN, (le) an. 660, p. 76.

COUTAVILLE, an. 636, p. 63.

COUTELLE (bois de) an. 752, p. 131.

COYRE, dans la Suisse, (duché de) an. 806, p. 246.

CRATMULNENSE, ville, an. 816, p. 309.

CRECI, en Ponthieu, an. 660, p. 76; an. 709, p. 109; an. 797, p. 204.

CRECI, proche Bruyères, an. 714, p. 106; an. 744, p. 123.

CREISSELS, en Rouergue, prieuré, an. 806, p. 250; an. 812, p. 273.

CREMS-MUNSTER (abbaye) an. 817, p. 319.

CRESPOL (*Crispiaco*), an. 805, p. 241.

Tome I.

CREUSE, (la) rivière, an. 730, p. 118.

CREYERS (*Crariis*), an. 805, p. 241.

CROIX, (la) an. 750, p. 128 & 129.

CROIX-SAINT-OUEN, (monastère de la) an. 788, p. 187.

CRÔME, an. 752, p. 131.

CROS-DE-DURBON, (le) proche le village de Luzi dans le Gapençois (*Crono-Luciano*), an. 805, p. 241.

CROUI, an. 562, p. 37; an. 642, p. 68.

CRUAS (abbaye de) an. 817, p. 319 & 322.

CRUCILIA, an. 775, p. 167.

CRUDATUS, lieu où a été fondée l'abbaye de Cruas, an. 817, p. 322.

CRUX, dépendance de l'abbaye de St. Riquier, an. 831, p. 406.

CUCHERI, village appartenant à l'abbaye de St. Médard de Soissons, an. 823, p. 361.

CUFSTEIN, par corruption, CASTHEIM (*Capsistanium*), an. 790, p. 192 & 193.

CUISE, (forêt de) an. 638, p. 65.

CUMBIACUM, an. 498, p. 19.

CUMIANE (*Cicimiano*), an. 805, p. 240.

CUPIACO, an. 791, p. 195.

CURBORIUS, an. 751, p. 130.

CURCIACUS, an. 775, p. 167.

CURNIER, du diocèse de Sisteron (*Curenno*), an. 805, p. 241.

CURTE-BOSANE, an. 774, p. 160.

CURTE-CELLA, an. 650, p. 71.

CURTI-CELLA, an. 831, p. 406.

CUSSI en Rouergue, (village de) an. 806, p. 250; an. 812, p. 273.

D

DAGNI, territoire dans lequel étoient situés des biens appartenans au monastère de Sorèze, an. 817, p. 317.

DALFORJANA, terre située dans le territoire de Vaison, an. 815, p. 306.

DANNEMARCK, an. 791, p. 195; an. 814, p. 237; an. 807, p. 252.

DANUBE, (le) an. 496, p. 18; an. 806, p. 246; an. 812, p. 272; an. 829, p. 395.

DARCIACUS, an. 745, p. 124.

DEAS ou DÉE, prieuré situé dans le bas Poitou, an. 826, p. 379; an. 839, p. 459.

DEGANTIACO, an. 745, p. 124.

DELFIACUS, an. 775, p. 167.

DENDAÜS, nom d'une terre appartenante à l'abbaye de Manlieu, an 833, p. 417.

DIE, an. 450, p. 13.

DIESSEN, an. 725, p. 116.

DIEZ, (église de St.) an. 327, p. 5.

DIGNE, an. 739, p. 120; an. 780, p. 139.

DIJON, an. 496, p. 17; an. 762, p. 145; an. 775, p. 164; an. 777, p. 169; an. 783, p. 179; an 791, p. 195; an. 801, p. 223; an. 812, p. 271; an. 814, p. 292; an. 816, p. 309 & 310; an. 822, p. 358; an. 828, p. 387.

DIPPACH, an. 777, p. 161.

DISENTIS (monastère de) an. 766, p. 148.

DISTENSE, canton près la ville de Dijon, an. 828, p. 387.

DISY, an. 662, p. 178.

DOACIACO, an. 812, p. 268.

DOCIACUS, an. 775, p. 167.

DODINIACA, village, an. 822, p. 358.

DODIANA-CURTIS, an. 832, p. 409.

DOÉ ou DOUÉ, en Anjou, palais des rois d'Aquitaine, an. 632, p. 60; an. 814, p. 287.

DOENSBRUG, an. 720, p. 112.

DOLAN ou DOLANE, du diocèse de Carpentras (*Doiana*), an. 805, p. 241.

DOLOMIEUX, an. 653, p. 73.

DOMBASLE, an. 752, p. 133.

DOMINICA-VILLA, village du territoire de Reims, an. 830, p. 398.

DOMPNIPOTRENSE, canton près la ville de Dijon, an. 828, p. 387.

DONCK, an. 746, p. 135.

DONZÈRE, (abbaye de) an. 814, p. 290; an. 817, p. 319; an. 840, p. 464.

DORDOGNE, (la) rivière, an. 675, p. 84; an. 826, p. 379.

DORNATIACO (*monasterio*), an. 652, p. 72.

DORTMAND, an. 789, p. 190.

DOVERNIACO, an. 579, p. 43.

DOUX, (le) rivière, an. 652, p. 72; an. 815, p. 304.

DRAVERNUM, an. 636, p. 63.

DRIPPIO (*palatium*), an. 772, p. 158; an. 805, p. 239.

DRUSIACUM, terre appartenante à l'abbaye de St. Riquier, an. 830, p. 397; an. 831, p. 406.

DUERSTÈDE, an. 831, p. 404.

DUERSTÈDE, (église de) an. 777, p. 169.

TABLE DES NOMS DE LIEUX.

DUISMENSIS (pagus), an. 745, p. 124.

DULGO-FAIACUS, peut-être FAI, an. 632, p. 61.

DULNOSON, rivière, an. 827, p. 383.

DUNOIS, (le) an. 587, p. 47; an. 791, p. 195.

DUNVILLE, an. 746, p. 125.

DUODECIM-PONTES, lieu où il y avoit un oratoire dédié à la S.te Vierge, & un Hôpital pour les Pélerins, an. 815, p. 306.

DURCAPTUM, an. 831, p. 406.

DUREN, an. 774, p. 161; an. 775, p. 166; an. 779, p. 172; an. 785, p. 180; an. 790, p. 193.

DUSMENSIS-VILLA, an. 783, p. 179.

E

EADALLUGO, an. 775, p. 166.

EAUSE, an. 679, p. 87.

EBERSHEIM, (monastère de) an. 683, p. 89; an. 817, p. 319.

EBERSMINSTER, (monastère d') an. 810, p. 258.

EBORIACI (monasterii), an. 632, p. 60.

ECLOUM, an. 808, p. 253.

ÉCIFFEL, an. 775, p. 166.

ÉCLUSE, (l') an. 831, p. 404.

ÉCOUEN, (forêt d') an. 632, p. 59.

ÉGENSHEIM, an. 810, p. 259.

ELBE, an. 804, p. 238.

ELIMONTEM, an. 691, p. 94.

ELNE, ville, an. 816, p. 307; an. 832, p. 408; an. 833, p. 415.

ELNO ou SAINT-AMAND, (monastère de) an. 636, p. 63; an. 638, p. 64; an. 651, p. 71; an. 664, p. 79.

ELST, an. 725, p. 115.

ÉMANT, village dépendant de l'abbaye de S.t-Germain-des-Prés, an. 829, p. 391.

EMBRUN, an. 418, p. 12; an. 464, p. 14; an. 678, p. 86; an. 811, p. 263.

EMILIO, an. 755, p. 138.

EMPIRE, an. 349, p. 5; an. 369, p. 7; an. 376, p. 8; an. 400, p. 10; an. 706, p. 103; an. 747, p. 126; an. 773, p. 160.

EMPURIAS, an. 815, p. 295.

ENGRISGOË. Voyez ANGARIA.

EPAO, village du domaine de la cathédrale de Vienne, an. 831, p. 403.

EPPALINCHOVA, an. 763, p. 146.

EPTERNACK, (monastère d') an. 698, p. 99; an. 706, p. 102; an. 714, p. 106; an. 716, p. 109; an. 725, p. 116; an. 726, p. 117; an. 752, p. 131; an. 790, p. 194.

ÉRAUT, (l') rivière, an. 787, p. 185.

ÉRESBOURG, (monastère d') an. 799, p. 207.

ERMEDONIS, village dépendant de la manse conventuelle de l'abbaye de S.t Denys, an. 833, p. 419.

ERMERAGO, an. 775, p. 166.

ESCAUT, (l') rivière, an. 775, p. 45; an. 687, p. 91; an. 806, p. 246.

ESHEIM-MUNSTER, (abbaye d') an. 762, p. 145.

ESPAGNE, an. 514, p. 24; an. 780, p. 174; an. 788, p. 187; an. 791, p. 196; an. 795, p. 199; an. 795, p. 199; an. 806, p. 246 & 249; an. 807, p. 250; an. 812, p. 267; & 271; an. 815, p. 295.

ESPINAI, an. 635, p. 62.

ESPINAI-SUR-ORGE, an. 829, p. 391.

ESSONE, an. 766, p. 148.

ESTAIGNOLS, (village d') an. 806, p. 250; an. 813, p. 273.

ESTAULES, an. 770, p. 155.

ESTIVAL, an. 658, p. 75; an. 824, p. 379.

ESTREPAGNI, an. 620, p. 55; an. 638, p. 65; an. 661, p. 77.

ÉTAMPES, an. 573, p. 41; an. 587, p. 47; an. 635, p. 63; an. 658, p. 75; an. 690, p. 93; an. 700, p. 100; an. 799, p. 209.

EU, an. 806, p. 245.

EURE, (rivière d') an. 788, p. 187.

ÉVREUX, an. 788, p. 187.

ÉVRON, an. 625, p. 57.

EUROPE, an. 722, p. 113; an. 758, p. 141; an. 789, p. 191; an. 806, p. 246.

EXARTIGAS, village dans le territoire d'Auch, an. 817, p. 317.

EXIDEUIL, an. 577, p. 42.

EXITE, (village d') an. 806, p. 250; an. 812, p. 273.

F

FAI. Voyez DULGO-FAIACUS.

FAIN-LÈS-MOUTIERS, an. 516, p. 25.

FAMARS, an. 671, p. 81; an. 706, p. 102.

FARDIUM, an. 786, p. 81.

FAREMOUTIERS, (abbaye de) an. 610, p. 53; an. 632, p. 60.

FARFE, monastère, an. 705, p. 102; an. 751, p. 129 & 130; an. 775, p. 165; an. 787, p. 186; an. 792, p. 196; an. 795, p. 200; an. 797, p. 204; an. 801, p. 222; an. 803, p. 229; an. 815, p. 303; an. 816, p. 310; an. 820, p. 346; an. 824, p. 370; an. 825, p. 374; an. 829, p. 391 & 392; an. 840, p. 465.

FARINARIO-CADOLAÏCI, an. 710, p. 104.

FASIANA, petit village, an. 815, p. 298.

FAVARIAS, terre dans le diocèse de Carcassonne, an. 820, p. 347.

FAVERNAI, abbaye, an. 817, p. 319.

FAVEROLLES, an. 769, p. 153; an. 771, p. 158; an. 774, p. 161.

FAUX, an. 770, p. 157.

FEISSAL, (village de) an. 806, p. 250; an. 812, p. 273.

FÉROSFELD, an. 826, p. 380.

FERRIÈRES, (abbaye de) an. 508, p. 22; an. 545, p. 33; an. 804, p. 238; an. 817, p. 319.

FERROCO, métairie située dans le territoire de Reims, an. 815, p. 307.

FESCAMP, abbaye, an. 817, p. 320.

FIGEAC, (monastère de) an. 755, p. 138 & 139; an. 822, p. 354; an. 839, p. 460.

FILE-CASTELLUM, lieu aux environs de Dijon, an. 791, p. 195.

FISCALIS, an. 812, p. 268.

FISCINIS, village, an. 830, p. 400.

FIXEI, en Bourgogne (Fisciaco), an. 830, p. 400.

FLANDRE, an. 673, p. 83, an. 746, p. 125; an. 804, p. 238.

FLAVIENNE, (la vallée de) an. 814, p. 294.

FLAVIGNI, (abbaye de) an. 606, p. 53; an. 721, p. 112; an. 745, p. 124; an. 775, p. 165 & 167; an. 786, p. 183.

FLECHITE (pagus), an. 777, p. 169; an. 780, p. 174.

FLEURI, (monastère de) an. 786, p. 182; voyez SAINT-BENOIT-SUR-LOIRE; an. 834, p. 421.

FLEURI ou FLEURIE, seigneurie, an. 706, p. 102.

FLEXO, an. 745, p. 124.

FLIGNI, an. 692, p. 94.

FLOGNI, an. 670, p. 81.

FLORENCE, an. 786, p. 181.

FLORIACUS, an. 623, p. 56.

FONCOUVERTE, terre dans le diocèse de Narbonne, an. 795, p. 200; an. 829, p. 393.

FONCOUVERTE, dans la vallée de Maurienne (Fontana), an. 805, p. 240.

FONTAINE, proche Moutiers en Tarentaise (Fontana), an. 805, p. 240.

TABLE DES NOMS DE LIEUX.

FONTAINE-BÈZE, an. 815, p. 301. V. BÈZE-FONTAINE.

FONTAINES, an. 770, p. 157.

FONTAINES-LIEU, dans le diocèse de Toulouse, an. 832, p. 410.

FONTANUS, an. 711, p. 104.

FONT-COUVERTE (*Fontes*), lisez FONT-JON-COUSE.

FONTEM-LAQUIS, an. 632, p. 60.

FONTENAI, an. 832, p. 408.

FONTENELLE, (abbaye de) an. 673, p. 82; an. 690, p. 92; an. 716, p. 108; an. 734, p. 119.

FONT-JON-COUSE (*Fontes*) au lieu de FONT-COUVERTE, an. 795, p. 199; an. 815, p. 297.

FORESTELLA, (forêt de) an. 691, p. 93.

FORESTE-MONASTERIUM, an. 790, p. 204; an. 831, p. 406.

FORÊT-CHARBONNIÈRE, an. 834, p. 421.

FORÊT-MOUTIERS, (abbaye de) an. 797, p. 204.

FORÊT-NOIRE, an. 762, p. 145.

FORGALAHA (*villa*), an. 785, p. 180.

FOS en Provence, an. 716, p. 109.

FOSSES, an. 716, p. 109.

FRANCE, an. 395, p. 9; an. 464, p. 14; an. 500, p. 20; an. 549, p. 34; an. 562, p. 38; an. 573, p. 42; an. 650, p. 71; an. 652, p. 72; an. 653, p. 73; an. 665, p. 79; an. 697, p. 98; an. 722, p. 113; an. 745, p. 124; an. 749, p. 127; an. 751, p. 129; an. 755 & 756, p. 139; an. 760, p. 143; an. 761, p. 144; an. 763, p. 147; an. 767 & 768, p. 150; an. 772, p. 158; an. 774, p. 162; an. 775, p. 165 & 166; an. 778, p. 171; an. 782, p. 176 & 177; an. 783, p. 179; an. 786, p. 182; an. 788, p. 188; an. 789, p. 190; an. 790, p. 191; an. 793, p. 197; an. 794, p. 198; an. 795, p. 199; an. 796, p. 201; an. 800, p. 211, 212, 219 & 220; an. 802, p. 226 & 228; an. 806, p. 246; an. 809, p. 256. an. 812, p. 270; an. 813, p. 280.

FRANCFORT, an. 793, p. 197; an. 794, p. 198 & 199; an. 796, p. 201; an. 815, p. 303; an. 816, p. 310; an. 822, p. 458; an. 823, p. 362 & 363; an. 832, p. 410.

FRANCHE-COMTÉ, an. 715, p. 106; an. 802, p. 228; an. 813, p. 280.

FRANCONIE, an. 716, p. 108; an. 747, p. 126; an. 777, p. 169; an. 779, p. 173; an. 786, p. 181; an. 807, p. 251.

FRANCONVILLE, an. 832, p. 408.

FRASNE, an. 779, p. 172.

FRAXINEDUS, village dans le Beauvoisis, an. 830, p. 398.

FRAXIUS, an. 745, p. 124.

FREMESHEIM, an. 799, p. 208.

FREMOLENSE, canton près la ville de Dijon, an. 828, p. 387.

FRICIONE-CURTE, an. 799, p. 208.

FRIOUL, (le pays de) an. 786, p. 82.

FRIOULE, ville, an. 811, p. 263.

FRISE, (la) an. 806, p. 246; an. 807, p. 252.

FRISING, an. 799, p. 208.

FRITZLAR, abbaye, an. 817, p. 319.

FRUHÉLINWANE, abbaye inconnue, an. 817, p. 319.

FRUCOLINGÆ, village, an. 822, p. 358.

FULDE, (rivière de) an. 811, p. 261.

FULDE, (monastère de) an. 747, p. 126; an. 749, p. 127; an. 751, p. 130; an. 755, p. 136 & 138; an. 758, p. 141; an. 759, p. 142; an. 774, p. 161; an 775, p. 166; an. 777, p. 169; an. 781, p. 175; an. 785, p. 180 & 181; an. 787, p. 186; an. 788, p. 189; an. 800, p. 220; an. 811, p. 262; an. 812, p. 269 & 273; an. 815, p. 300; an. 816, p. 308; an. 817, p. 319; an. 820, p. 346; an. 824, p. 346.

G

GABRIACH, (village de) an. 806, p. 250; an. 812, p. 273.

GALISE, montagne proche de Novalèze, appelée communément VAL-D'IENNE, an. 805, p. 240.

GARDINE, (palais de) proche Aix-la-Chapelle (*Gardina*), an. 833, p. 417.

GARELIAN, petit monastère, an. 815, p. 306.

GARELIANUS, Celle dépendante du monastère de S.t Hilaire de Carcassonne, an. 816, p. 313; an. 828, p. 388.

GARONNE, (la) rivière, an. 826, p. 379.

GASCOGNE, an. 508, p. 22; an. 587, p. 47; an. 768, p. 150; an. 706, p. 246 & 247.

GASPANNÆ, an. 831, p. 406.

GÂTINOIS, (le) an. 508, p. 22.

GAUGEAC, an. 685, p. 90.

GAULES, an. 327 & 358, p. 5; an. 367 & 368, p. 7; an. 376 & 379, p. 8; an. 397 & 399, p. 9; an. 400, p. 10; an. 417 & 418, p. 11; an. 425, p. 13; an. 462, p. 14; an. 497, p. 18; an. 498,

p. 19; an. 500, p. 20; an. 508, p. 22; an. 510 & 511, p. 23; an. 513, 514 & 516, p. 24; an. 526, p. 27; an. 545, p. 32; an. 546, p. 33; an. 557, p. 36; an. 593, p. 49; an. 596, p. 50; an. 637, p. 64; an. 679, p. 87; an. 742, p. 122; an. 744, p. 123; an. 787, p. 186; an. 794, p. 199; an. 812, p. 266 & 273.

GEDSEIT, an. 813, p. 278.

GELLES, an. 638, p. 65; an. 658, p. 76.

GELLONE, (abbaye de) aujourd'hui SAINT-GUILLEM-DU-DÉSERT, an. 804, p. 236; an. 806, p. 250, an. 807, p. 251; an. 812, p. 272; an. 814, p. 290; an. 821, p. 353.

GENESTANUS, an. 704, p. 101.

GENESTOLALUS, an. 775, p. 167.

GENÈVE, an. 450, p. 13; an. 653, p. 73; an. 829, p. 375.

GENÈVRE, (le mont) *Ingenua*, peut-être *Genua*, an. 805, p. 241.

GENNINIACUS, an. 650, p. 71.

GENSAC, an. 696, p. 97.

GENTILLI, an. 767, p. 150.

GENUILLI, terre située dans le Maconnois, an. 825, p. 375.

GERMANIE, an. 309, p. 3; an. 323, p. 4; an. 327, p. 5; an. 367, p. 6; an. 395, p. 9; an. 497, p. 18; an. 573, p. 42; an. 742, p. 121; an. 769, p. 153; an. 790, p. 194; an. 794, p. 199; an. 833, p. 419.

GERMINI en Champagne, an. 667, p. 80; an. 677, p. 86; an. 816, p. 311.

GERS, rivière sur laquelle étoit un moulin appartenant à l'abbaye de Sorèze, an. 817, p. 317.

GÉVAUDAN, an. 500, p. 20; an. 813, p. 276 & 277.

GIANUTI, (isle de) an. 805, p. 239.

GIGLIO, (isle de) an. 805, p. 239.

GIGNAC, an. 787, p. 185.

GIRONNE, an. 812, p. 268; an. 815, p. 295; an. 816, p. 307; an. 817, p. 321; an. 826, p. 381.

GISORS, an. 661, p. 77.

GISSIACUS, an. 745, p. 124.

GLAISE (*Glafia*), an. 805, p. 241.

GLAISIL, (le) dans le Gapençois (*Galisco*), an. 805, p. 241.

GLANFEUIL ou SAINT-BENOÎT-SUR-LOIRE, an. 833, p. 416; an. 839, p. 456.

GLARE (*Longelanum* ou *Longorium*), dans les Ardennes, an. 821, p. 349.

GLEISOLLES, dans la vallée de

TABLE DES NOMS DE LIEUX.

Barcelonnette *(Juglifione)*, an. 805, p. 241.

GLESTINGABURG, (abbaye de) an. 752, p. 133.

GLONNE, monastère. Voyez SAINT-FLORENT.

GNOLDO *(manso)*, an. 746, p. 126.

GODDINGA-VILLA, an. 778, p. 171.

GONDREVILLE *(Gundulfi-villa)*, an. 726, p. 117; an. 840, p. 465.

GONESSE, an. 832, p. 408.

GORZE, (abbaye de) an. 752, p. 133; an. 756, p. 139; an. 757, p. 141; an. 763, p. 146; an. 765, p. 147; an. 769, p. 154; an. 770, p. 156 & 157; an. 875, p. 299.

GOTHIE, an. 795, p. 199; an. 833, p. 97.

GOTONES-VILLARE, an. 763, p. 146.

GOUDARGUES dans le canton d'Usez, an. 815, p. 300.

GOVILIS, an. 745, p. 124.

GOUSSAINVILLE, an. 832, p. 408.

GOWENHEIM, an. 823, p. 363.

GRADO, an. 802, p. 228; an. 803, p. 229; an. 811, p. 263.

GRAISIVAUDAN, an. 739, p. 120.

GRAIXAMAIRE, (village de) an. 806, p. 250; an. 812, p. 273.

GRAND-CHAMP en Gâtinois, an. 636, p. 63.

GRAND-VILLÉ, an. 658, p. 76.

GRANFEL ou MUNSTERTHAL, (monastère de) an. 769, p. 154.

GRANSONE, an. 745, p. 124.

GRASELLE, (monastère de) an. 682, p. 89; an. 692, p. 96.

GRASSE, (monastère de la) an. 801, p. 223; an. 806, p. 245; an. 814, p. 293, 294 & 295; an. 820, p. 347; an. 827, p. 385.

GRAVASCUS, monastère appartenant à l'église de Plaisance, an. 820, p. 346.

GRAVE, (la) *Agrecianis*, an. 805, p. 241.

GRÉES, (le village de) *Greſſum*, an. 820, p. 347.

GRENOBLE, an. 450, p. 13.

GRENVILLERS, an. 638, p. 65.

GRESSE, (la terre de) *Greſſa*, an. 813, p. 277.

GREZZIBACH, an. 747, p. 126.

GRISONS, (pays des) an. 803, p. 230.

GRUZENHEIM, an. 810, p. 259.

GUELDRES, an. 720, p. 112.

GUÉMOND, an. 706, p. 102.

GUIBRENTIUM, an. 831, p. 406.

GUINES en Picardie, an. 808, p. 253.

GUNDBODO-CURTE *(pagus)*, an. 799, p. 208.

GUIRETTE, an. 632, p. 62.

H

HAGENHEIM, an. 763, p. 146.

HAGUENAU, an. 623, p. 56.

HAIDULFI-CURTIS, an. 831, p. 406.

HAINAUT, an. 671, p. 81; an. 697, p. 98, an. 706, p. 102; an. 743, p. 122; an. 750, p. 128 & 129.

HAIST, an. 746, p. 126.

HALBERSTAD, ville du cercle de la basse Saxe, an. 814, p. 292.

HALEN, an. 746, p. 125.

HAMARSTAT, canton d'Allemagne, an. 839, p. 455.

HAMBOURG, an. 788, p. 187; érigé en archevêché, an. 834, p. 422.

HAMELBOURG, an. 716, p. 108; an. 777, p. 169.

HANNUYE, an. 805, p. 239.

HASBAIN, an. 805, p. 239.

HASBAYE, an. 746, p. 125.

HASBOURG, an. 762, p. 145.

HASELAC, (monastère d') an. 613, p. 54.

HASTINGUES, (port de) an. 795, p. 200.

HÂTIÈRES, (monastère de) an. 656, p. 74.

HAUTVILLIERS, (monastère de) an. 662, p. 78; an. 685, p. 90.

HEBRONA, an. 806, p. 245.

HEIDENGSFEDAM, an. 779, p. 173.

HEILICOBRUNAO *palatio*, an. 823, p. 364.

HEINI, (rivière de) an. 777, p. 169.

HEMLION, lieu appartenant à l'abbaye de la Nouvelle-Corbie en Saxe, an. 834, p. 423.

HENNEBERG, an. 747, p. 126.

HERENSIS-INSULA, an. 801, p. 223.

HÉRENTAL, an. 725, p. 116.

HERFORD, (abbaye de) an. 706, p. 102; an. 838, p. 451.

HÉRISTAL, an. 721, p. 112; an. 725, p. 116; an. 751, p. 129; an. 770, p. 155; an. 771, p. 158; an. 772, p. 159; an. 776, p. 168; an. 777, p. 169 & 170; an. 778, p. 170 & 171; an. 779, p. 172; au. 782, p. 177; an. 785, p. 180; an. 822, p. 357; an. 831, p. 404.

HERMERAI, an. 768, p. 151.

HERMOUTIERS. V. NERMOUTIERS.

HESPÉRIE, an. 724, p. 116.

HESPRES, (rivière d') an. 671, p. 81.

HESSE, (la) an. 745, p. 125; an. 747, p. 126; an. 758, p. 152.

HENRICHE, an. 790, p. 192.

HIELSIO *(villa)*, an. 690, p. 92.

HILTESHEIM, an. 683, p. 89.

HILVARYBEC, an. 725, p. 116.

HODRICIO, an. 799, p. 208.

HOLLANDE, an. 711, p. 104; an. 720, p. 112.

HOLLASVILRE, an. 810, p. 259.

HOLMA, an. 746, p. 26.

HOLOTIAN, *(Holotianus)*, terre sur la rivière de Vernosoubre, an. 826, p. 380.

HOLTEUM, village, an. 837, p. 448.

HOLZKIRICHA, *(Holzkirchense)* (monastère de) an. 775, p. 166.

HONNECOURT, (abbaye de) an. 685, p. 90; an. 687, p. 91.

HONOW, (monastère de) an. 720, p. 112; an. 723, p. 114; an. 770, p. 155.

HOOLTINGAS, an. 763, p. 146.

HORDINIUM, an. 695, p. 97.

HORRÉEN ou OÉREN, (abbaye d') ou SAINTE MARIE D'HORRÉEN, an. 633, p. 61; an. 646, p. 69; an. 678, p. 86; an. 682, p. 89; an. 698, p. 99; an. 774, p. 161.

HOTHEIM, rivière, an. 814, p. 292.

HUISNE, (l') an. 675, p. 85.

HULDONIS - CURTIS, terre dans le Beauvoisis, an. 828, p. 386.

HUNDENSHEIM, an. 810, p. 259.

HUNDSFELD, an. 781, p. 175.

HURBANIACUM, an. 834, p. 424.

HUREPOIX, an. 691, p. 93.

I

JACIACUM, an. 703, p. 197.

JERLES, petit ruisseau voisin de la Garonne, an. 817, p. 326.

JÉRUSALEM, an. 782, p. 176; an. 799, p. 211.

ILL, (rivière d') an. 683, p. 89.

ILLYRIE, an. 379, p. 8.

IMBRAGUM, an. 660, p. 76.

INDE, (monastère de l') an. 821, p. 349. V. CORNELIS-MUNSTER.

INDRE, (rivière d') an. 800, p. 211.

INGELHEIM,

TABLE DES NOMS DE LIEUX.

INGELHEIM, (palais d') an. 788, p. 188; an. 794, p. 198; an. 807, p. 252; an. 820, p. 346; an. 823, p. 364; an. 826, p. 379 & 380 & 381; an. 831, p. 404 & 405; an. 840, p. 463.

INGLINDONUM, an. 660, p. 76.

INGOALDI-CURTIS, an. 831, p. 406.

INGOLSTADT, an. 817, p. 321; an. 823, p. 364.

INGURIACA, village, an. 822, p. 358.

INTONIACUM, an. 791, p. 195.

JOAC, près Limoges, an. 793, p. 197; an. 832, p. 410.

JOGUNSAC, an. 793, p. 197.

JONANTIS, an. 755, p. 138.

JONCELLES, (abbaye de) an. 762, p. 145; an. 817, p. 319.

JOPIL, an. 687, p. 91; an. 713, p. 105; an. 760, p. 143.

JOUARRE, abbaye, an. 839, p. 455.

JOUAURENNA, an. 799, p. 207.

JOUI, an. 770, p. 157.

IPSALAS, an. 762, p. 145.

ISCA, village, an. 832, p. 408.

ISCOMODIACO, an. 642, p. 68.

ISEMBOURG, an. 822, p. 357.

ISERETIUS (pagus), an. 806, p. 245.

ISIODORO, an. 762, p. 145.

ISLE-BARBE, (l') monastère, an. 640, p. 67; an. 815, p. 304; an. 816, p. 312.

ISSEL, (rivière d') an. 720, p. 112.

ISSERICUS, an. 807, p. 251.

ISSI, (Fisc d') an. 558, p. 36.

ISTRIE, an. 803, p. 230.

ITALIE, an. 379, p. 8; an. 445, p. 13; an. 471, p. 15; an. 496 & 497, p. 18; an. 508, p. 22; an. 511, p. 23; an. 526, p. 27; an. 535, p. 30; an. 539, p. 31; an. 550, p. 34; an. 700, p. 100; an. 741, p. 122; an. 751, p. 129; an. 753, p. 134; an. 754, p. 135; an. 774, p. 162; an. 775, p. 166; an. 776, p. 167 & 168; an. 780, p. 174; an. 781, p. 175 & 176; an. 786, p. 182, 183 & 184; an. 787, p. 185 & 186; an. 790, p. 191 & 194; an. 793, p. 197; an. 794, p. 198; an. 795, p. 199 & 200; an. 797, p. 203; an. 799, p. 207, 208 & 210; an. 800, p. 220; an. 801, p. 222, 223, 224 & 225; an. 803, p. 229; an. 805, p. 240; an. 806, p. 246 & 248; an. 808, p. 253; an. 810, p. 258, 259 & 260; an. 811, p. 266; an. 812, p. 270; an. 813, p. 276; an. 814, p. 287; an. 834, p. 423.

ITEVILLE (Steevilla), an. 829, p. 394.

ITON, (rivière d') an. 788, p. 187.

JULIERS, (duché de) an. 714, p. 105; an. 744, p. 161; an. 775, p. 166.

JUMAGRAS-TUILLA, an. 799, p. 208.

JUMIÉGE, (abbaye de) an. 690, p. 92; an. 753, p. 135; an. 794, p. 198; an. 801, p. 223; an. 838, p. 451.

JUMIÉGES, (forêt de) an. 716, p. 108.

JUNCTURÆ, an. 671, p. 81.

JURENSIS, (abbaye de) an. 790, p. 193.

JURIS, (forêt de) an. 790, p. 193.

JUSSANENSE, monastère de Filles situé dans la ville même de Besançon, an. 624, p. 57.

JUVIGNAC, an. 799, p. 209.

K

KEMPTEN, (monastère de) an. 773, p. 160; an. 817, p. 319; an. 834, p. 423; an. 839, p. 456 & 458.

KETZICHA, an. 840, p. 462.

KIERSI. Voyez QUERCI.

KIRCHAIM, an. 613, p. 54.

L

LABAULME, (abbaye de) an. 817, p. 319.

LABROCINSE, an. 774, p. 160.

LACUS, village dans le canton de Bèze, an. 828, p. 387.

LAGELENHEIM, an. 810, p. 259.

LAGNI-LE-SEC, an. 686, p. 91; an. 710, p. 104; an. 748, p. 126.

LAI (Laïacum), an. 829, p. 394.

LAIMAHA, (rivière de) an. 774, p. 161.

LAMPURDAM, an. 812, p. 268.

LANEBOURG dans la Maurienne, (Lucemone), an. 805, p. 240.

LANGRADUS, an. 831, p. 406.

LANGRES, an. 482, p. 16; an. 516, p. 25; an. 658, p. 75; an. 679, p. 87; an. 715, p. 107; an. 770, p. 157; an. 775, p. 164; an. 791, p. 195; an. 801, p. 223; an. 815, p. 272; an. 814, p. 292; an. 815, p. 301; an. 830, p. 399; an. 834, p. 424.

LANGUEDOC, an. 508, p. 22; an. 787, p. 185; an. 793, p. 196; an. 806, p. 245, 246, 247 & 250; an. 812, p. 267 & 273.

LANIACUS (locus), an. 807, p. 250.

LAON, an. 530, p. 28; an. 640, p. 67; an. 661, p. 77; an. 664, p. 78; an. 671, p. 81; an. 722, p. 113; an. 749, p. 127; an. 761, p. 144.

LARÉ, an. 627, p. 58.

LATISCENSIS (pagus), an. 632, p. 60; an. 695, p. 97.

LAVAIGNE, an. 812, p. 273.

LAVARENNE-SAINT-MAUR, an. 638 & 640, p. 67.

LAVARGS, dans le district d'Apt (Lavarioscum), an. 805, p. 241.

LAVAUR, an. 664, p. 79; an. 752, p. 132.

LAUBACUM, an. 697, p. 98.

LAUBES, (monastère de) an. 638, p. 64; an. 691, p. 94; an. 697, p. 98.

LAUNAS, (village de) an. 806, p. 253; an. 812, p. 273.

LAURISHAM, ou LAURESHAM, (abbaye de) an. 743, p. 146; an. 770, p. 156; an. 772, p. 158; an. 776, p. 168; an. 779, p. 172; an. 779, p. 173; an. 811, p. 263; an. 815, p. 298; an. 817, p. 319.

LAUSIACUS, an. 775, p. 167.

LAUTÉO, (rivière de) an. 675, p. 84.

LAUTERBOURG, an. 675, p. 85.

LAUVARDIACA, an. 660, p. 76.

LAYE dans le Gapençois (Latiomaüs), an. 805, p. 241.

LECK, (rivière de), an. 777, p. 169; an. 780, p. 174.

LEIPSIC, an. 691, p. 94; an. 697, p. 98.

LÉLEZ, rivière, an. 640, p. 67.

LEMAUSUM. V. LIMEUX ou LIMOURS.

LEMS (Licentiaco), an. 805, p. 241.

LENIONE, an. 746, p. 126.

LEONIO, nom d'un port de la ville de Marseille, an. 822, p. 357.

LÉRIDA en Catalogne, an. 524, p. 26.

LÉRINS, an. 633, p. 61; an. 652, p. 72; an. 775, p. 165.

LERO, (rivière de) aujourd'hui Lamousson, an. 799, p. 209.

LÈS, an. 805, p. 239.

LESTINES, an. 743, p. 122.

LÉTHERNAU, an. 746, p. 125.

LEVASTE, an. 567, p. 40.

LEYDE, an. 711, p. 104.

LIANCOURT, an. 832, p. 408.

LIBANIA, (pays de) an. 812, p. 271.

LIDUM, rivière, an. 815, p. 298.

TABLE DES NOMS DE LIEUX.

LIÉGE, an. 657, p. 75; an. 687, p. 91; an. 745, p. 125; an. 746, p. 125 & 126; an. 805, p. 239; an. 808, p. 255; an. 811, p. 263; an. 812, p. 268; an. 826, p. 379.

LIGNEROLLE, an. 750, p. 129.

LIGNI, an. 832, p. 408.

LIMAGNE-D'AUVERGNE, an. 760, p. 143.

LIMEUX, LIMOURS ou LE MANS, (*Lemausum*), ancien monastère, an. 697, p. 99.

LIMOGES, an. 621, p. 55; an. 644, p. 69; an. 767, p. 149; an. 769, p. 154; an. 793, p. 197.

LIMOSIN, an. 500, p. 20; an. 661, p. 55; an. 627, p. 57; an. 632, p. 60; an. 760, an. 143; an. 769, p. 154; an. 793, p. 197.

LIMOURS, (monastère de) an. 697, p. 99; an. 702, p. 101; an. 788, p. 187. V. LIMEUX.

LINARIAS, an. 799, p. 208.

LINCH, an. 673, p. 83.

LINDAW, monastère, an. 839, p. 457.

LINIACUS, village, an. 839, p. 455.

LITUANIAS, seigneurie située en Auvergne, an. 825, p. 375.

LIVRI, (forêt de) an. 741, p. 121.

LIXINIACUS, terre dépendante de l'abbaye de S.ᵗ Germain-des-Prés, an. 829, p. 392.

LODÈVE, (église de) an. 422, p. 12; an. 762, p. 145; an. 804, p. 236; an. 806, p. 250; an. 807, p. 252.

LOEGEAPEM, an. 673, p. 83.

LOGNI, lieu où l'abbaye de la Nouvelle-Corbie en Saxe avoit des biens, an. 834, p. 423.

LOIR (le), rivière, an. 713, p. 105.

LOIRE, (rivière de) an. 498, p. 19; an. 508, p. 21; an. 670, p. 81; an. 672, p. 82; an. 696, p. 97; an. 749, p. 127; an. 766, p. 148; an. 771, p. 157; an. 772, p. 159; an. 774, p. 161; an. 800, p. 211 & 219; an. 806, p. 246; an. 812, p. 271; an. 815, p. 298; an. 826, p. 379.

LOIRET, (le) rivière, an. 498, p. 19; an. 508, p. 21.

LOMBARDIE, an. 751, p. 129; an. 774, p. 161; an. 775, p. 164; an. 781, p. 175 & 176; an. 782, p. 178; an. 786, p. 181 & 182; an. 790, p. 194; an. 796, p. 202; an. 801, p. 222; an. 803, p. 230; an. 814, p. 287.

LOMBEZ dans le Toulousain, an. 810, p. 257 & 258.

LOME, pays sur la Meuse, an. 761, p. 144.

LONGANE, an. 790, p. 192.

LONGA-VILLA, an. 831, p. 406.

LONGONIANA, canton dans le voisinage de Dijon, an. 828, p. 387.

LONGORET, an. 640, p. 67. Voyez SAINT-CIRAN.

LOONA, an. 775, p. 167.

LORÉDO, an. 776, p. 167.

LORRAINE, an. 673, p. 83; an. 679, p. 87; an. 691, p. 94; an. 697, p. 98; an. 782, p. 177; an. 788, p. 188.

LORWIN, abbaye inconnue, an. 817, p. 319.

LOUDUN en Poitou, an. 800, p. 219.

LOUVAIN, an. 805, p. 239.

LOUVRE, en Parisis, an. 632, p. 61.

LUCDUNUM ou LUGDUNUM, an. 625, p. 57; an. 838, p. 449.

LUESDEN, an. 777, p. 169; an. 780, p. 174.

LUGGOGALUS, an. 775, p. 167.

LUGUNIACUM, an. 745, p. 124.

LUMNIACUM, an. 498, p. 19.

LUNAS, (vallée de) an. 762, p. 146.

LUNDENUVIC, (port de) an. 790, p. 191.

LUNEL, an. 762, p. 145.

LUPIACUS, an. 775, p. 167.

LUQUES, an. 700, p. 100; an. 755, p. 137.

LURE, abbaye, an. 817, p. 319.

LUSARCHES, an. 680, p. 88; an. 692, p. 95; an. 697, p. 98; an. 775, p. 164.

LUTTRAOF, an. 817, p. 321.

LUXEMBOURG, (duché de) an. 640, p. 67.

LUXEUIL (monastère de) an. 620, p. 55; an. 640, p. 67; an. 641, p. 68; an. 773, p. 160; an. 775, p. 165.

LUZ en Languedoc, an. 801, p. 223.

LYON, an. 319, p. 4; an. 545, p. 33; an. 586, p. 46; an. 599, p. 51; an. 602 & 607, p. 53; an. 653, p. 73; an. 694, p. 96; an. 798, p. 206; an. 799, p. 208; an. 811, p. 263; an. 813, p. 286; an. 828, p. 390; an. 829, p. 395.

LYONNOIS, an. 739, p. 120; an. 766, p. 148; an. 806, p. 246.

LYONS, (forêt de) an. 637, p. 64.

LYTHA, lieu dans l'ancien pays des Avares, an. 832, p. 412.

M

MACERIAS, an. 745, p. 124.

MÂCON, an. 584, p. 44; an. 750, p. 128; an. 802, p. 228; an. 814, p. 299; an. 815, p. 303; an. 816, p. 307.

MACONIACO, petit village, an. 805, p. 241.

MÂCONNOIS, an. 739, p. 120; an. 806, p. 246.

MADALBODI-SPERARIUM, an. 834, p. 423.

MADIÈRES, (village de) an. 806, p. 250; an. 812, p. 273.

MADRIE, (pays & comté de) an. 751, p. 129; an. 788, p. 187.

MADRIE, (rivière de) an. 788, p. 187.

MADVALLE, an. 528, p. 27.

MAFLERS, an. 832, p. 408.

MAGARANTIATIS, (village de) an. 807, p. 252; an. 821, p. 350 & 401.

MAGITTUS, an. 775, p. 167.

MAGNENO-CURTE, an. 799, p. 248.

MAGUELONNE, an. 787, p. 185.

MAJOCCH, an. 831, p. 406.

MAINE, an. 658, p. 76; an. 671, p. 81; an. 675, p. 85; an. 716, p. 108; an. 751, p. 129; an. 774, p. 160; an. 796, p. 201; an. 802, p. 228.

MAISIÈRES, an. 671, p. 81.

MAISONCELLE, an. 678, p. 86.

MALINES, an. 746, p. 125.

MAJACUS, an. 635, p. 63.

MALMEDI, monastère, an. 650, p. 71; an. 653, p. 73; an. 667, p. 80; an. 674, p. 83; an. 677, p. 86; an. 681, p. 88; an. 692, p. 95; an. 719, p. 111; an. 744, p. 123; an. 746, p. 125 & 126; an. 814, p. 293; an. 827, p. 383.

MAMERS (*Memiana*), an. 805, p. 241.

MANCHE, (la) rivière, an. 806, p. 245.

MANCINI, (village de) dans la Brie, an. 824, p. 369.

MANLIEU, abbaye, an. 818, p. 329; an. 833, p. 417.

MANS, (le) an. 526, p. 26; an. 531, p. 28; an. 538, p. 31; an. 565, p. 39; an. 567, p. 39 & 40; an. 572, p. 41; an. 615, p. 54; an. 625, p. 57; an. 636, p. 64; an. 642, p. 68; an. 658, p. 75; an. 667, p. 79; an. 671, p. 81; an. 674, p. 83; an. 675, p. 84; an. 676, p. 85; an. 685, p. 90; an. 697, p. 98 & 99; an. 712 & 713, p. 105 & 106; an. 719 & 720, p. 111; an. 721, p. 113; an. 770, p. 160; an. 797, p. 203; an. 802, p. 226; an. 832, p. 412.

MANSÉE, abbaye, an. 817, p. 319.

MARCA, (forêt de), an. 774, p. 161.

MARCAS, an. 763, p. 146.

MARCIAGUS, village près Clermont en Auvergne, an. 828; p. 387.

MARCILLAC, Celle dépendante de l'abbaye de Moissac, an. 818, p. 328.

MARCILIACO, lieu aux environs de Dijon, an. 791, p. 195; an. 834, p. 424.

MARCILLANUM, an. 817, p. 317.

MARCINIANENSIS (pagus), pays arrosé de la rivière d'Ouche, an. 840, p. 465.

MARCK, (comté de la) an. 309, p. 3.

MARCOMANIA, an. 745, p. 124.

MAREUIL-SOUS-MARLI, an. 748, p. 127.

MARENTIUS, an. 704, p. 101.

MARIONALLUS, an. 813, p. 277.

MARIS, terre appartenante à l'abbaye de S.t Riquier, an. 830, p. 397; an. 831, p. 406.

MARITHAIME, an. 725, p. 116.

MARLEN, an. 763, p. 146; an. 764, p. 147.

MARLI, an. 613, p. 54; an. 748, p. 127.

MARMERIVILLE, terre dans le territoire de Reims, an. 815, p. 306.

MARMOUTIERS, abbaye, an. 814, p. 293; an. 832, p. 411.

MARNE, rivière, an. 640, p. 67; an. 685, p. 90.

MARNIACO, terre située dans le territoire de Reims, an. 816, p. 306.

MAROILLES, (monastère de) an. 671, p. 81; an. 706, p. 102; an. 750, p. 128 & 129.

MAROLLES, dépendant de l'abbaye de S.t Germain-des-Prés, an. 786, p. 182; an. 829, p. 391.

MARSAL, an. 709, p. 103.

MASENAI-LES-BOIS, en Bourgogne (Marcennacum), an. 830, p. 400.

MARSEILLE, an. 397, p. 9; an. 450, p. 13; an. 596, p. 50; an. 635, p. 62; an. 652, p. 72; an. 682, p. 89; an. 716, p. 108; an. 739, p. 120; an. 780, p. 173 & 174; an. 817, p. 318.

MARTIS-TOTUM, an. 520, p. 26.

MARZILLERIAS, canton près la ville de Dijon, an. 828, p. 387.

MASCE, abbaye, an. 817, p. 319.

MASCIACUM, an. 632, p. 60.

MASCO, (Maconiaco), an. 805, p. 241.

MAS-D'ASILE ou MAS-D'AZIL, (abbaye du) an. 817, p. 320 & 326.

MASLAI, an. 627, p. 58.

MASMUNSTER. Voyez MOISEVAUX.

MASSACIA, terre considérable donnée à l'abbaye d'Aniane, an. 820, p. 344.

MASSAI, (abbaye) an. 817, p. 319.

MASSIEU, proche Vienne, (Macciaco), an. 805, p. 241.

MASSOUPE, an. 708 & 709, p. 103; an. 772, p. 158.

MATRY, an. 627, p. 57.

MATRONECUM, an. 745, p. 124.

MATTÉGAN, (source de) an. 794, p. 198.

MAUBEC, (abbaye de) an. 632, p. 61.

MAUBEUGE, an. 646, p. 70.

MAUMAQUES, an. 706, p. 102; an. 710, p. 103 & 104; an. 711, p. 104; an. 713, p. 105 & 106.

MAURIENNE, (pays de) an. 739, p. 120; an. 806, p. 246.

MAUR-MUNSTER, abbaye, an. 724, p. 115; an. 817, p. 319.

MAUZAC en Auvergne, abbaye, an. 833, p. 414.

MAYENCE, an. 627, p. 58; an. 633, p. 61; an. 635, p. 62; an. 719, p. 111; an. 724, p. 116; an. 744, p. 123; an. 745, p. 124 & 125; an. 747, p. 126; an. 749, p. 127; an. 751, p. 130; an. 752, p. 132 & 133; an. 760, p. 143; an. 764, p. 147; an. 770, p. 156; an. 785, p. 180; an. 786, p. 181; an. 788, p. 189; an. 790, p. 192; an. 800, p. 220; an. 811, p. 262 & 263; an. 812, p. 269 & 273; an. 813, p. 279; an. 828, p. 390; an. 829, p. 395.

MAYENNE, (Meduana), rivière, an. 815, p. 298.

MAYNA, (rivière de) an. 794, p. 198.

MAZOÏALUS, an. 775, p. 167.

MEAUX, an. 587, p. 47; an. 610, p. 53; an. 632, p. 61; an. 635, p. 62; an. 660, p. 76; an. 678, p. 86; an. 761, p. 144; an. 775, p. 164.

MEDELOC. Voyez METHLOK.

MEERHOUT, an. 746, p. 125.

MEGINENSIS (pagus), an. 774, p. 161.

MEIMAC, an. 577, p. 42.

MEIN, (le) an. 779, p. 173; an. 790, p. 192; an. 815, p. 300; an. 829, p. 395.

MELCIACUS, an. 775, p. 167.

MELUN, an. 538, p. 31; an. 558, p. 36; an. 786, p. 182.

MEMBRIOLAS, an. 775, p. 167.

MENAT, abbaye, an. 817, p. 319.

MENEGESBURG, ville, an. 829, p. 393.

MENONVILLE, an. 709, p. 103.

MENPISCUS, pays où le monastère de S.t Amand avoit des biens, an. 821, p. 356.

MENTHEARENSE, territoire, an. 586, p. 46.

MERCERVILLAM, an. 651, p. 71.

MERILA, an. 775, p. 167.

MERVEL, dans le Gapençois, (Maurovilla), an. 805, p. 241.

MERVILLE, an. 832, p. 408.

MESONIA, an. 746, p. 126.

MESSI, an. 775, p. 164.

MESSIN, (pays) an. 715, p. 107; an. 752, p. 133; an. 775, p. 166.

METHLOK ou MITHLACH, MEDELOC ou MITTACH, (monastère de) an. 813, p. 278; an. 824, p. 371.

METTEN, abbaye inconnue, an. 817, p. 319.

METZ, an. 550, p. 34; an. 587, p. 47; an. 615, p. 54; an. 622, p. 55; an. 637, p. 64; an. 656, p. 74; an. 657, p. 75; an. 690, p. 92 & 93; an. 691, p. 94; an. 708 & 709, p. 103; an. 715, p. 107; an. 724, p. 115; an. 750, p. 128; an. 752, p. 133; an. 753, p. 134 & 135; an. 756, p. 139 & 140; an. 757, p. 141; an. 763, p. 146; an. 765, p. 147; an. 769, p. 152 & 154; an. 770 p. 157; an. 775, p. 163; an. 776, p. 168; an. 777, p. 170; an. 783, p. 178; an. 787, p. 185; an. 799, p. 210; an. 805, p. 242; an. 815, p. 300; an. 824, p. 369; an. 829, p. 393.

MEUSE, (la) rivière, an. 656, p. 74; an. 687, p. 91; an. 690, p. 92; an. 713, p. 105; an. 717, p. 110; an. 746, p. 126; an. 752, p. 133; an. 761, p. 144; an. 805, p. 239.

MEZAGE (Mezatico), village, an. 805, p. 240.

MEZIHILDAM, seigneuries données au monastère de S.t Emmeran de Ratisbonne, an. 820, p. 348.

MICHLINSTAU, village, an. 815, p. 298.

MICI. Voyez SAINT-MÉMIN.

MILAN, an. 397, p. 9; an. 400, p. 10; an. 742, p. 122; an. 781, p. 175 & 176; an. 790, p. 191; an. 810, p. 258; an. 811, p. 262 & 263.

MILANOIS, an. 700, p. 100.

MILÈZE. Voyez MILIZE.

MILIACUS, au diocèse de Béfiers, an. 807, p. 252; an. 822, p. 353.

MILICANO, (village de) an. 807, p. 252; an. 821, p. 353.

Table des Noms de Lieux.

MILIZE ou bien MILÈZE, (abbaye de) an. 783, p. 178; an. 800, p. 220.

MILLENGEN, an. 720, p. 112.

MILLI, village, an. 627, p. 57.

MIMIGERNEFORD, an. 805, p. 239.

MIOSON, rivière (*Miltio-fluviolus*) an. 830, p. 400.

MISCARIA, domaine situé dans la Saintonge, an. 814, p. 291.

MISOEN, dans le Graisivaudan, (*Missoriano*), an. 805, p. 240.

MITHLACH. Voyez METHLOK.

MITIGANNA, an. 634, p. 61.

MITTACH. Voyez METHLOK.

MITRI, proche Dammartin, an. 833, p. 415.

MODANE, (*Missoltano*), an. 805, p. 240.

MODÈNE, an. 781, p. 175; an. 782, p. 177; an. 806, p. 247; an. 821, p. 253; an. 823, p. 352.

MODOLINGO, village, an. 817, p. 317.

MOINVILLE, an. 658, p. 76.

MOISEVAUX ou MASMUNSTER, an. 823, p. 363.

MOISSAC, (monastère de) an. 673, p. 83; an. 679, p. 87; an. 783, p. 179; an. 817, p. 319; an. 818, p. 328.

MOLIÈRE, (forêt de) an. 825, p. 374.

MOLINE (*Mulliaricus*), an. 805, p. 241.

MOLINIACO, an. 667, p. 40.

MOLÔME, (monastère de) an. 817, p. 324.

MONARVILLE, an. 635, p. 63.

MONESTIER D'AMBEL. V. AMBEL.

MONFENSESHAIM, an. 673, p. 82.

MONROUSAI, an. 644, p. 69.

MONTAGNIACUS-VILLA, an. 815, p. 301.

MONTALCINO, an. 814, p. 294.

MONTCALM, château, an. 815, p. 300.

MONT-CASSIN, an. 799, p. 210.

MONTDIDIER, an. 770, p. 155.

MONTECELLIS, an. 745, p. 124.

MONTE-DI-SANT-ORESTE, an. 762, p. 146.

MONTE-EBRETANO, an. 774, p. 160.

MONTEFIASCONE, an. 471, p. 15.

MONTEM-VIVONEM, an. 757, p. 141.

MONTFORT, an. 768, p. 151.

MONTIER-EN-DER, (abbaye de) an. 663, p. 78; an. 672, p. 82; an. 683, p. 90; an. 692, p. 94; an. 815, p. 299; an. 816, p. 311; an. 827, p. 382; an. 832, p. 409.

MONTIER-NEUF, (monastère de) an. 781, p. 176; an. 814, p. 291.

MONTIER-RAUSEILLE, (monastère de) an. 674, p. 84; an. 752, p. 132.

MONTINIACO, village dans la Brie, an. 830, p. 398.

MONTJOUI, an. 793, p. 197.

MONT-JURA, an. 807, p. 251.

MONTLIEU, village dans le territoire d'Auch, an. 817, p. 317.

MONTOLIEU, monastère, an. 815, p. 305; an. 817, p. 319; an. 828, p. 387.

MONTPELLIER, an. 785, p. 185; an. 799, p. 209; an. 814, p. 290.

MORBAC ou MURBAC, (monastère de) an. 726, p. 117; an. 727, p. 117 & 118; an. 752, p. 133; an. 775, p. 165; an. 816, p. 310; an. 840, p. 463.

MORCOURT, an. 711, p. 104.

MORENATUS, terre donnée à l'abbaye d'Aniane, an. 822, p. 354.

MORLAC, an. 678, p. 86.

MORNAC, an. 769, p. 152.

MORTNAU, an. 777, p. 170.

MORVANT, an. 786, p. 183.

MOSAC, an. 644, p. 69.

MOSELLE, rivière, an. 620, p. 55; an. 690, p. 92; an. 708, p. 103; an. 732, p. 118; an. 769, p. 154; an. 806, p. 245 & 246.

MOULINAS, an. 811, p. 262.

MOURS, an. 832, p. 408.

MOUSON, (église de) an. 512, p. 23.

MOUSSON. (la) Voyez LÉRO.

MOUSTIERS-EN-FAIGNE, an. 657, p. 74.

MOUSTIERS-LA-CELLE, communément CELLENSÉ, (monastère de) an. 657, p. 74.

MOUTIERS, village, an. 697, p. 98.

MOUTIERS, abbaye du diocèse d'Auxerre, an. 817, p. 319.

MOUTIERS-SAINT-JEAN, (abbaye de) an. 482, p. 16.

MOYEN-MOUTIERS, en Voge, (abbaye de) an. 803, p. 230.

MOYENVIC (abbaye de) an. 661, p. 77.

MOYENVILLERS, an. 638, p. 65.

MOYNECGOWE, an. 758, p. 141.

MUCIACENSIS (*pagus*), an. 839, p. 456.

MULCIEN, canton de la Brie, an. 775, p. 165.

MULINHEIM (le bas) an. 815, p. 298.

MULINHEIM (le haut) an. 815, p. 298.

MULZACQ, an. 783, p. 179.

MUNDAR (le) petit pays, an. 675, p. 85.

MUNSTER, en Grégoriental, (monastère de) an. 660, p. 76. an. 673, p. 82, an. 769, p. 152; an. 817, p. 319; an. 823, p. 362; an. 826, p. 380.

MUNSTERTHAL. V. GRANFEL.

MURE (la) dans le Mâconnois (*Mura-maracena*) an. 805, p. 241.

MUSAGELLUM, village dans le territoire de Carcassonne, an. 827, p. 385.

MUSIACUM, village situé dans le territoire de Carcassonne, an. 827, p. 385.

N

NAMUR, an. 656, p. 74; an. 692, p. 95; an. 711, p. 104; an. 746, p. 126.

NANCI, an. 775, p. 166; an. 815, p. 302.

NANOSCES. Ce lieu a changé son ancien nom; on l'appelle présentement S.t Julien, an. 805, p. 24.

NANTES, an. 880, p. 219.

NANTEUX (monastère de) an. 664, p. 79.

NANTUA (monastère de) an. 664, p. 79; an. 756, p. 139; an. 817, p. 319 & 326; an. 840, p. 466.

NAPLES, an. 716, p. 109; an. 815, p. 302.

NAPSINIACUM, an. 694, p. 96.

NARBONNE, an. 417, p. 11, an. 418 & 422, p. 12; an. 462, p. 14; an. 752, p. 132; an. 782, p. 176; an. 788, p. 187; an. 793, p. 197; an. 795, p. 199; an. 799, p. 208; an. 801, p. 224; an. 802, p. 226; an. 806, p. 245; an. 811, p. 263; an. 812, p. 268; an. 814, p. 294; an. 815, p. 297; an. 876, p. 307.

NARBONNOISE, an. 399, p. 9; an. 514, p. 24.

NARBONNOISE (première) an. 417, p. 11; an. 418, p. 12; an. 508, p. 22.

NARBONNOISE (seconde) an. 399, p. 10; an. 417, p. 11; an. 418, p. 12.

NARNI, an. 753, p. 135.

NARROI, an. 690, p. 92.

NASSAU (fort) an. 746, p. 125.

NAVARRE,

TABLE DES NOMS DE LIEUX.

NAVARRE, grande province de l'Espagne, an. 807, p. 250.

NAZARUDA, abbaye inconnue, an. 817, p. 319.

NÈCRE (le) rivière, an. 829, p. 395.

NEPI, duché en Italie, an. 767, p. 150.

NERISIO-PALATIO ou NERVISIO, an. 834, p. 425.

NERMOUTIERS, HERMOUTIERS ou SAINT-FILIBERT, abbaye, an. 817, p. 319; an. 826, p. 379; an. 830, p. 398.

NESLE-LA-REPOSTE, monastère, an. 817, p. 319.

NEVACHE, dans le Briançonnois (*Annevafca*), an. 805, p. 241.

NEVERS, an. 650, p. 71; an. 792, p. 196; an. 806, p. 246.

NEUFCHÂTEL, an. 749, p. 127.

NEUILLI (*Nobiliacum*), an. 801, p. 223; an. 644, p. 69.

NEUSTRIE, an. 573, p. 41 & 42; an. 577, p. 43; an. 664, p. 78; an. 670, p. 80; an. 671, p. 81; an. 676, p. 85, an. 698, p. 99; an. 735, p. 119; an. 749, p. 127; an. 760, p. 143; an. 796, p. 201; an. 800, p. 219; an. 806, p. 246; an. 833, p. 419.

NEUSTAT, NEWSTADT ou NEUWENSTADZ (monastère de) an. 786, p. 181; an. 794, p. 198; an. 813, p. 284.

NEUVILLE-SUR-ORNE (la) an. 716, p. 107.

NEUVILLE, terre appartenante à l'église cathédrale du Mans, an. 833, p. 413.

NIBLES, dans le Gapençois, (*Nobridio*), an. 805, p. 241.

NICE, an. 464, p. 14.

NIDER-ALTAICH, (abbaye de) an. 812, p. 272. Voyez SAINT-MAURICE.

NIGELLE, (rivière de la) an. 788, p. 187.

NIMÈGUE, an. 777, p. 169; an. 780, p. 174; an. 806, p. 245 & 246; an. 815, p. 304; an. 830, p. 398; an. 831, p. 402; an. 832, p. 407.

NISMES, an. 658, p. 75; an. 664, p. 78; an. 810, p. 259; an. 813, p. 276 & 277; an. 814, p. 293; an. 815, p. 303.

NITRE, an. 720, p. 112.

NIVIELLAM, terre appartenante à l'abbaye de S.' Riquier, an. 830, p. 397.

NOAILLÉ, (monastère de) an. 793, p. 197; an. 799, p. 207; an. 830, p. 400; an. 834, p. 421.

NOENTUS, an. 775, p. 167.

NOGENT, en Limosin, an. 644, p. 69.

NOGENT-L'ARTAUD, an. 829, p. 391.

NOIRMOUTIERS, (monastère de) en bas Poitou, an. 801, p. 223. Voyez NERMOUTIERS.

NOIRONS, an. 801, p. 223.

NOISI, an. 692, p. 95; an. 697, p. 98; an. 811, p. 262.

NOLIACUM, an. 809, p. 256.

NONANTOLA, abbaye, an. 814, p. 291.

NORCIA, dans l'Ombrie, an. 821, p. 350.

NORMANDIE, an. 637, p. 64; an. 673, p. 82; an. 690, p. 93; an. 709, p. 103; an. 800, p. 219; an. 802, p. 228; an. 806, p. 245.

NORONTES, an. 769, p. 153; an. 771, p. 158; an. 774, p. 161.

NORTGAW, dans la Bavière, an. 806, p. 246.

NORTHUSEN, an. 810, p. 259.

NORVÈGE, an. 800, p. 219.

NORVIENSIS, (*villa*) an. 776, p. 167.

NOT, village situé en Berri, an. 644, p. 69.

NOTRE-DAME, (église de) dans le diocèse de Nismes, an. 810, p. 258.

NOTRE-DAME, (église de) près Baux, an. 812, p. 267.

NOTRE-DAME, (église de) dans le territoire d'Auch, an. 817, p. 317.

NOTRE-DAME-DE-CAMBRAI, an. 590, p. 49; an. 817, p. 317.

NOTRE-DAME-DE-LA-DEHORS, an. 670, p. 81.

NOTRE-DAME-DE-LA-GRASSE, diocèse de Carcassonne, an. 817, p. 320.

NOTRE-DAME-DE-LIMOGES, (abbaye de) an. 767, p. 149.

NOTRE-DAME-D'ORBIEUX, (monastère de) an. 778, p. 170.

NOTRE-DAME-DE-SOISSONS, an. 706, p. 102; an. 817, p. 319.

NOTZ, an. 636, p. 63; an. 644, p. 69.

NOVALÈZE, (monastère de) an. 739, p. 120; an. 770, p. 156; an. 779, p. 172; an. 789, p. 190; an. 805, p. 240; an. 817, p. 319.

NOVALIAS, an. 778, p. 170.

NOVA-VILLA, an. 775, p. 167.

NOVAM-VILLAM, terre appartenante à l'abbaye de S.' Riquier, an. 830, p. 397; an. 801, p. 406.

NOVEM-POPULANIE, ancienne province de France, sur les frontières de l'Espagne, an. 399, p. 9; an. 418, p. 12.

NOVERIDUS, terre dépendante de l'abbaye de S.' Étienne de Dijon, an. 829, p. 392.

NOVIANT, an. 769, p. 154.

NOVIENTUS, an. 775, p. 167.

NOVILIACUS, an. 704, p. 101.

NOUVELLE-CORBIE, monastère, dans la Saxe, an. 823, p. 364; an. 824, p. 371; an. 826, p. 379; an. 832, p. 407 & 410; an. 833, p. 415; an. 834, p. 422.

NOYON, an. 500, p. 20; an. 562, p. 37; an. 563, p. 38; an. 575, p. 42; an. 660, p. 76; an. 706, p. 102; an. 713, p. 105; an. 769, p. 151.

NOYONNOIS, an. 660, p. 76.

O

ODER-ALTAICH, monastère, an. 817, p. 319.

OISE, (rivière d') an. 671, p. 81; an. 679, p. 87; an. 692, p. 95; an. 725, p. 116.

OLISMA, an. 746, p. 126.

OLIVOLA, an. 802, p. 228.

OLONA, (rivière d') an. 742, p. 122.

OLONNA, (palais d') dans le Milanois, an. 825, p. 374.

OLS, an. 781, p. 175.

OMBRIE, an. 751, p. 129; an. 795, p. 200.

OMENESTAK, an. 758, p. 141.

ONEMHAIM, an. 673, p. 82.

OPATINACO, an. 526, p. 26.

OPTANNACUS, terre située dans le Nivernois, an. 825, p. 375.

ORANGE, an. 450, p. 13.

ORATORIO, an. 745, p. 124.

ORBASSAN, dans la vallée de Suze, sur le chemin qui conduit à Turin (*Orbano*), an. 805, p. 240.

ORBITELLE, an. 805, p. 240.

ORLÉANS, an. 498, p. 19; an. 500, p. 20; an. 508, p. 21; an. 511, p. 23; an. 524, p. 26; an. 551, p. 35; an. 584, p. 45; an. 623, p. 56; an. 635, p. 63; an. 638, p. 66; an. 640, p. 67; an. 690, p. 93; an. 746, p. 125; an. 739, p. 141; an. 766, p. 148; an. 783, p. 179; an. 786, p. 182 & 183; an. 800, p. 219; an. 803, p. 235; an. 809, p. 257; an. 811, p. 263; an. 815, p. 300; an. 832, p. 409; an. 834, p. 423.

ORLÉANS, (église d') an. 816, p. 312.

ORLÉANNOIS, an. 783, p. 179; an. 802, p. 228.

ORLI, (*Aureliacum*) an. 829, p. 394.

ORMESSON, an. 832, p. 408.

ORREVILLE-SUR-L'AUTHIE, an. 769, p. 152 & 153.

ORTLUCUS, an. 775, p. 167.

Tome I.

d

Table des Noms de Lieux.

Os, village, an. 812, p. 273.
Oscarense, canton où étoient situées des terres acquifes par l'abbé Erlegaud, an. 762, p. 145; an. 816, p. 309; an. 828, p. 386.
Osnabruck, an. 803, p. 230; an. 804, p. 236.
Ostende, an. 746, p. 125.
Osterhoven, an. 832, p. 412.
Osterwick, an. 814, p. 292.
Ostilia, village dans le comté de Vérone, an. 830, p. 399.
Otte (le bois d') dépendant de l'abbaye de S.t Germain-des-Prés, an. 829, p. 391.
Ouche, (rivière d') an. 762, p. 145.
Oulle, dans le Graifivaudan (*Olonna*), an. 805, p. 240.
Oulx, (*Exorationis*) an. 805, p. 241.

P

Paccionaco, an. 812, p. 277.
Paderborn, an. 777, p. 169; an. 790, p. 193; an. 799, p. 208 & 209; an. 815, p. 303; an. 822, p. 354.
Palairacus, (*villa*) an. 801, p. 224.
Palatinat, an. 758, p. 142.
Palatiole ou Palz (monaftère de) an. 732, p. 118; an. 745, p. 124; an. 746, p. 126.
Palme (étang de la) an. 814, p. 293.
Palme (prieuré de la) dans le diocèfe de Narbonne, an. 814, p. 293.
Palnat, (monaftère de) an. 804, p. 236.
Pampelune, an. 807, p. 250.
Pandentigni, an. 644, p. 69.
Pannonie, an. 742, p. 122.
Paraclet, an. 725, p. 116.
Parçai, an. 644, p. 69.
Paris, an. 358, p. 5; an. 424, p. 12; an. 500, p. 20; an. 508, p. 22; an. 538, p. 31; an. 545, p. 33; an. 551, p. 35; an. 557 & 558, p. 36; an. 565, p. 38; an. 567, p. 40; an. 573, p. 41 & 42; an. 584, p. 45; an. 587, p. 47; an. 590, p. 49; an. 601, p. 52; an. 615, p. 54; an. 620, p. 55; an. 632, p. 60; an. 635, p. 61 & 62; an. 636, p. 63; an. 638, p. 64 & 65; an. 640, p. 67; an. 642, p. 68; an. 652, p. 72; an. 653, p. 73; an. 664, p. 79; an. 690, p. 92 & 93; an. 692, p. 95; an. 693, p. 96; an. 697, p. 99; an. 713, p. 107; an. 716, p. 109; an. 717, p. 110; an. 741, p. 121; an. 749, p. 127;
an. 758, p. 142; an. 766, p. 148; an. 768, p. 151; an. 769, p. 152; an. 775, p. 166; an. 788, p. 187; an. 790, p. 194; an. 798, p. 205; an. 800, p. 219; an. 802, p. 228; an. 803, p. 232; an. 809, p. 257; an. 811, p. 262; an. 814, p. 294; an. 828, p. 390; an. 829, p. 395; an. 832, p. 407 & 410.
Parisis, (le) an. 686, p. 91; an. 717, p. 110; an. 753, p. 134; an. 775, p. 164.
Parmesan (le) an. 830, p. 399.
Parriciacus, an. 775, p. 167.
Paschelles, an. 644, p. 69.
Paternacus locus, an. 791, p. 195.
Patrimoine, province d'Italie, an. 471, p. 15.
Patry, an. 627, p. 57.
Pavie, an. 526, p. 27; an. 700, p. 100; an. 742, p. 122; an. 744, p. 160; an. 774, p. 162; an. 780, p. 175; an. 786, p. 183 & 184; an. 789, p. 190; an. 801, p. 222; an. 840, p. 462.
Pauliaco, an. 695, p. 97; an. 711, p. 104.
Pechereau, an. 636, p. 63.
Péléun, an. 644, p. 69.
Pennes, dans le Gapençois (*Pentus*), an. 805, p. 241.
Pentapole, (la) an. 755, p. 138; an. 817, p. 327.
Péquigni, an. 637, p. 64.
Perche, an. 788, p. 187.
Perenisol, an. 795, p. 200.
Périgord, an. 500, p. 20.
Périgueux, an. 767, p. 154; an. 804, p. 236.
Permacicus, (*Promociano*) an. 805, p. 240.
Pertois, (le) an. 685, p. 90.
Pessan, abbaye, an. 817, p. 319.
Petronico, an. 813, p. 277.
Peyrault, petit canton dans le territoire d'Auch, an. 817, p. 317.
Peyrolles, dans le canton de Marfeille (*Pero*), an. 805, p. 241.
Pfésers (*monafterium Fabarienfe*), an. 831, p. 405.
Philisbourg, an. 623, p. 56.
Picardie, an. 637, p. 64; an. 679, p. 87; an. 761, p. 144; an. 800, p. 219; an. 802, p. 228; an. 806, p. 245; an. 830, p. 397.
Piémont, an. 739, p. 120; an. 806, p. 247.
Pierrefite, en Poitou, an. 826, p. 379. Il y avoit encore deux lieux de ce nom, l'un dans le haut Languedoc, l'autre dans le Berri; an. 833, p. 417.
Pieyga (*Opaga*), an. 805, p. 241.
Pincerais, an. 711, p. 104; an. 802, p. 228.
Pinet, dans le Graifivaudan, (*Piniaco*), an. 805, p. 240.
Pinodilla, an. 790, p. 191.
Pirennées, (les monts) an. 806, p. 246; an. 812, p. 271.
Placicium, monaftère, an. 775, p. 166.
Plaisance, an. 790, p. 191; an. 808, p. 253; an. 820, p. 346.
Plaisantin, (le) an. 830, p. 399.
Plaisir, village (*Placicium*), an. 775, p. 166.
Planitium, château, an. 815, p. 300.
Pleysian (*Placiano*), dans le Vénaiffin, an. 805, p. 241.
Plindenfeld, abbaye, an. 817, p. 319.
Pociacus, an. 775, p. 167.
Podentiniacus, an. 775, p. 167.
Poincy, an. 632, p. 61.
Poissi, an. 788, p. 187.
Poitiers, (S.t Hilaire de) an. 524, p. 26; an. 559, p. 37; an. 587, p. 47; an. 590, p. 49; an. 667, p. 79; an. 768, p. 150 & 151; an. 790, p. 191; an. 793, p. 197.
Poitou, an. 573, p. 42; an. 587, p. 47; an. 632, p. 60; an. 667, p. 79; an. 698, p. 99; an. 713, p. 106; an. 720, p. 111; an. 769, p. 154; an. 791, p. 195; an. 799, p. 211.
Pologne, an. 781, p. 175.
Pompeïana, métairie appartenante à l'abbaye de Farfe, an. 825, p. 374.
Pontanense, canton dans le voifinage de Dijon, an. 828, p. 387.
Ponthieu, an. 660, p. 76; an. 709, p. 103; an. 744, p. 123; an. 797, p. 204.
Ponthion, an. 679, p. 87; an. 725, p. 116; an. 762, p. 145; an. 769, p. 153.
Pontias, an. 831, p. 406.
Pontpierre, fur le Mouzon, an. 577, p. 43.
Popiliaco, an. 567, p. 40.
Poppel, an. 725, p. 116.
Porcarias, an. 799, p. 209.
Pordig (*Intomæ*), an. 590, p. 191.
Portenau, an. 786, p. 182.
Portien, (le) an. 530, p. 28.
Portinevillare, an. 799, p. 208.

Table des Noms de Lieux.

POSCIACUM, an. 632, p. 60.

POSQUIÈRES, (seigneurie de) an. 810, p. 258.

POTIUS-APIDUS, an. 567, p. 40.

POUILLE (la) province, an. 753, p. 134.

POUILLI, an. 670, p. 81.

POULIAC (*Pauliacum*), terre appartenante à l'abbaye de Bèze, an. 830, p. 400.

POUZANNO, (isle de) an. 805, p. 240.

PRATELLUS, an. 642, p. 68.

PRISCINIACUM, aujourd'hui BREGNIES, an. 602, p. 53.

PRISCINIACUS, (peut-être différent de *Prisciniacum*) an. 775, p. 167.

PRONOTE, an. 746, p. 126.

PROVENCE, an. 508, p. 22; an. 526, p. 27; an. 535, p. 30; an. 543, p. 32; an. 558, p. 36; an. 570, p. 40; an. 716, p. 109; an. 780, p. 174; an. 796, p. 201; an. 800, p. 219; an. 806, p. 246 & 247; an. 814, p. 290; an. 815, p. 295.

PROVISO, canton dans le voisinage de Dijon, an. 828, p. 387.

PRUIM, (abbaye de) an. 722, p. 113; an. 761, p. 144; an. 764, p. 147; an. 770, p. 155; an. 775, p. 166; an. 776, p. 168; an. 790, p. 192; an. 797, p. 203; an. 806, p. 244; an. 807, p. 250; an. 815, p. 298; an. 816, p. 312; an. 822, p. 357; an. 823, p. 364; an. 831, p. 401; an. 834, p. 421 & 423.

PRUINIACUM, an. 745, p. 124.

PRUMACUS, an. 745, p. 124.

PSALMODI, (abbaye de) en Languedoc, an. 812, p. 267; an. 813, p. 277; an. 815, p. 303 & 305; au. 817, p. 319.

PUCIALES, an. 799, p. 208.

PUISIEUX, an. 768, p. 151.

PULTEAUX, an. 635, p. 62.

Q

QUASELLÆ, métairie appartenante à l'abbaye de S.t Mesmin, an. 825, p. 374.

QUERCI, an. 500, p. 20; an. 674, p. 83; an. 687, p. 91; an. 702, p. 101; an. 721, p. 113; an. 741, p. 121; an. 755, p. 138; an. 767, p. 149; an. 775, p. 163, 164 & 165; an. 781, p. 175; an. 782, p. 176 & 177; an. 783, p. 179; an. 820, p. 248; an. 826, p. 380; an. 827, p. 384 & 385.

QUET ou EYGUYAN (*Laquatico*), an. 805, p. 241.

QUÉTIGNI, an. 801, p. 223.

QUEYLANE, dans le Vénaissin, sur la petite rivière de l'Eyque (*Quonaone*), an. 805, p. 241.

QUINCEI (*Quinciacus*), terre dépendante de l'abbaye de Saint Germain-des-Prés, an. 829, p. 392.

QUINCIEU, dans le Graisivaudan (*Quinciaco*), an. 805, p. 240.

QUOYE, dans le district d'Apt, (*Quoffis*), an. 805, p. 241.

R

RADALENIS-PONS, an. 834, p. 424.

RAGENISBURG ou REGENSPURG, an. 792, p. 196; an. 829, p. 393; an. 830, p. 398.

RAMBOUILLET, an. 768, p. 151.

RAMNACO, an. 833, p. 414.

RANSI, an. 663, p. 78.

RASEZ, (comté de) an. 788, p. 167.

RATISBONNE, an. 742, p. 121; an. 743, p. 122; an. 788, p. 189; an. 797, p. 204; an. 798, p. 206; an. 803, p. 230.

RAVENNES, an. 399, p. 9; an. 539, p. 31; an. 740, p. 120; an. 751, p. 129; an. 753, p. 134 & 135; an. 755, p. 138; an. 757, p. 141; an. 767, p. 150; an. 773, p. 160; an. 801, p. 222 & 225; an. 811, p. 263; an. 817, p. 326.

RAVENSBOURG, an. 706, p. 103.

RAYNAREN, en Hollande, an. 720, p. 112.

RÉ, (isle de) an. 760, p. 43.

REBAIS, (monastère de) an. 635, p. 62.

REBELLIS-MONS, an. 831, p. 406.

REGENSPURG. V. RAGENISBURG.

REGGIO, an. 781, p. 175; an. 806, p. 247.

RÈGLE, (la) à Limoges, abbaye, an. 817, p. 319.

REIGNE, (village de la) an. 806, p. 250.

REIMS, an. 366 & 367, p. 6; an. 481, p. 15; an. 496, p. 17; an. 508, p. 22; an. 512, p. 23; an. 514, p. 24; an. 530, p. 28; an. 550, p. 34; an. 563, p. 38; an. 569, p. 40; an. 573, p. 41; an. 590, p. 49; an. 600, p. 51; an. 662, p. 78; an. 667, p. 80; an. 685, p. 90; an. 692, p. 94; an. 767, p. 149; an. 772, p. 159; an. 790, p. 193; an. 811, p. 263; an. 812, p. 269; an. 813, p. 279; an. 816, p. 310 & 311.

REIMS, (église cathédrale de) an. 817, p. 327; an. 829, p. 395.

REMIREMONT, (abbaye de) an. 620, p. 55; an. 646, p. 70; an. 648, p. 70; an. 727, p. 118.

RENAI ou RONCEN, ville de Flandre, an. 831, p. 401.

REOMAUS, *monasterium*, (Réomé) an. 496, p. 17; an. 516, p. 25.

RESTIS, an. 775, p. 167.

RÉTHIE, an. 829, p. 395.

RETIACO, an. 695, p. 97.

REVEL, an. 752, p. 132.

REUILLI, (prieuré de) an. 638, p. 65 & 66.

REYS, (village de) an. 806, p. 250; an. 812, p. 273.

REZBAC-SUR-LE-MEIN, an. 815, p. 300.

REZI, (*pagus*), an. 759, p. 142.

RHIN, fleuve, an. 323, p. 4; an. 367, p. 6; an. 675, p. 85; an. 716, p. 108; an. 720, p. 112; an. 735, p. 119; an. 747, p. 126; an. 750, p. 128; an. 762, p. 145; an. 774, p. 161; an. 778, p. 171; an. 780, p. 174; an. 790, p. 192; an. 799, p. 208; an. 806, p. 245 & 246; an. 810, p. 258; an. 812, p. 266 & 271; an. 829, p. 395.

RHÔNE, rivière, an. 515, p. 24; an. 526, p. 27; an. 814, p. 290; an. 815, p. 303.

RHUDIS, an. 746, p. 126.

RICHENAUW ou REICHENAW, (monastère de) *Augiense ou Insulense monasterium*, an. 800, p. 221; an. 813, p. 285.

RIDREFELD, an. 795, p. 200.

RIETI, an. 751, p. 129; an. 795, p. 200.

RIEZ, an. 739, p. 120.

RISSEL, an. 802, p. 226.

RIZE, petite rivière qui s'appeloit autrefois *Jerles*. Voyez JERLES.

ROCCONIS-MONTEM, terre appartenante à l'abbaye de S.t Riquier, an. 830, p. 397; an. 831, p. 406.

ROCHASTEN, an. 746, p. 125.

RODENACUM ou ROTNACUM, an. 831, p. 401.

RODEZ, an. 804, p. 236.

RODONICUS, (*pagus*), an. 807, p. 250.

ROGATIONIS (*Reconis*), an. 805, p. 240.

ROLLIÈRES, dans le Briançonnois (*Ralis*), an. 805, p. 241.

ROMAGNE-FLORENTINE, an. 803, p. 230.

ROMANINCHORA, an. 763, p. 146.

ROME, an. 314, p. 3; an. 417, p. 11; an. 422, p. 12; an. 445, p. 13; an. 526, p. 27; an. 545, p. 32; an. 550, p. 34; an. 554, p. 35; an. 638, p. 66; an. 650, p. 71; an. 740, p. 120; an. 745, p. 124; an. 753, p. 134 & 135;

an. 754, p. 135; an. 755, p. 138; an. 757, p. 140 & 141; an. 761, p. 144; an. 769, p. 154; an. 774, p. 162; an. 781, p. 175; an. 784, p. 183; an. 786 & 787, p. 185; an. 796, p. 202; an. 798, p. 206; an. 799, p. 210; an. 800, p. 211 & 220; an. 801, p. 222 & 225; an. 804, p. 239; an. 805, p. 240; an. 806, p. 246 & 249; an. 811, p. 263; an. 813, p. 283; an. 814, p. 288; an. 824, p. 372; an. 829, p. 392; an. 834, p. 421.

ROMETTE, aujourd'hui un prieuré considérable dans le Gapençois, (*Roma*), an. 805, p. 241.

RONCEN. Voyez RENAI.

RONCEVAUX, an. 813, p. 278.

ROS, terre appartenante à l'abbaye de S.t Mélaine de Rennes, an. 834, p. 423.

ROSALINSE, an. 777, p. 170.

ROSANS, dans le Gapençois, (*Radanone*), an. 805, p. 241.

ROSIÈRES ou ROUZIÈRES, (*Rosarias*), an. 814, p. 292; an. 815, p. 303.

ROTHONENSE, (Rédon) monastère du diocèse de Vannes, an. 831, p. 405.

ROTNACUM. V. *RODENACUM*, an. 831, p. 401.

ROTOVOLLO, an. 647, p. 64.

ROUEN, an. 583, p. 44; an. 653, p. 73; an. 690, p. 92; an. 715, p. 107; an. 802, p. 228; an. 811, p. 263; an. 829, p. 395.

ROUERGUE, an. 760, p. 143; an. 762, p. 145; an. 767, p. 149; an. 813, p. 277.

ROULET, sur la gauche de Pignerol (*Raude*), an. 805, p. 240.

ROVRAI, (forêt de) an. 717, p. 110.

ROURE, (la) an. 774, p. 161.

ROUSSILLON, an. 812, p. 268; an. 815, p. 295.

ROUVRAI, village, an. 832, p. 408.

RUDIS, an. 746, p. 126.

RUFFEC, an. 714, p. 106; an. 735, p. 119.

RULLI, an. 634, p. 61.

RUSCINONENSIS (*pagus*), an. 803, p. 229. V. ROUSSILLON.

RUTILIANO, fauxbourg de la ville de Nîmes, an. 813, p. 276.

RYEN, an. 726, p. 117.

S

SAARBRUCK, an. 706, p. 102; an. 813, p. 278.

SABINE, (la) an. 817, p. 327.

SABONARIAS, an. 774, p. 160.

SACI, an. 750, p. 129.

SACLÉ, an. 635, p. 62.

S'ADOBRIA, an. 775, p. 167.

SAINT-AIGNAN, abbaye, diocèse de Saint-Pons-de-Tommières. Voyez SAINT-CHIGNAN.

SAINT-AIGNAN d'Orléans, (monastère de) an. 786, p. 182; an. 816, p. 313; an. 821, p. 351.

SAINT-ALBIN, Celle dépendante de l'église de S.t Vincent du Mans, an. 832, p. 411.

SAINT-AMABLE, (église de) diocèse de Langres, an. 834, p. 424.

SAINT-AMANT, dans le Tournaisis, (abbaye de) an. 661, p. 77. au. 664, p. 78; an. 822, p. 355; an. 840, p. 464.

SAINT-AMBROISE de Milan, monastère, an. 831, p. 402.

SAINT-ANDÉOL, (oratoire de) an. 558, p. 36.

SAINT-ANDOCHE, (monastère de) an. 602, p. 52; an. 721, p. 112.

SAINT-ANDRÉ, (monastère de) an. 762, p. 146.

SAINT-ANDRÉ, bourg, (*Obleciacis*), an. 805, p. 240.

SAINT-ANDRÉ de Bourdeaux, monastère, an. 828, p. 388.

SAINT-ANDRÉ de Vienne, (monastère de) an. 831, p. 403 & 404.

SAINT-ANTHÈME, monastère du diocèse de Sienne, au comté de Chiusi, en Toscane, an. 814, p. 294.

SAINT-ANTHÈME, monastère dans la Sabine, à vingt milles de Rome, an. 814, p. 294.

SAINT-ANTONIN en Rouergue, (monastère de) an. 767, p. 149; an. 817, p. 319; an. 832, p. 412.

SAINT-ARNOULD de Metz, (abbaye de) an. 690, p. 92 & 93; an. 706, p. 102; an. 715, p. 107; an. 717, p. 110; an. 783, p. 178.

SAINT-AUBIN d'Angers, (monastère de) an. 769, p. 152.

SAINT-BENIGNE de Dijon, (monastère de) an. 579, p. 43; an. 627, p. 58; an. 632, p. 60; an. 679, p. 87; an. 695, p. 97; an. 715, p. 106; an. 734 & 735, p. 119; an. 761, p. 144; an. 762, p. 145; an. 775, p. 164; an. 776, p. 167; an. 777, p. 169; an. 783, p. 179; an. 817, p. 317; an. 820, p. 345 & 348; an. 828, p. 387.

SAINT-BENOÎT-SUR-LOIRE ou GLANFEUIL, (abbaye de) an. 623, p. 56; an. 768, p. 151; an. 817, p. 319; an. 833, p. 416; ou FLEURI, an. 834, p. 421.

SAINT-BERTIN, (monastère de) an. 661, p. 76; an. 676, p. 83; an. 682, p. 89; an. 723, p. 115; an. 746, p. 125; an. 791, p. 195; an. 816, p. 310; an. 830, p. 396.

SAINT-CALEZ, (abbaye de) *Anisolense monasterium*, an. 526, p. 26; an. 697, p. 98; an. 713, p. 105; an. 808, p. 226; an. 814, p. 291. Voyez *ANISOLENSE*.

SAINT-CHIGNAN ou SAINT-AIGNAN, (monastère de) diocèse de Saint-Pons, an. 793, p. 197; an. 817, p. 320; an. 826, p. 380.

SAINT-CLAUDE, abbaye, présentement évêché, année 817, p. 319.

SAINT-CLOUD, an. 692, p. 95; an. 695, p. 96; an. 697, p. 98.

SAINT-CORNEILLE, (abbaye de) an. 838, p. 65.

SAINT-COUAT, prieuré dans le diocèse de Carcassonne, an. 814, p. 293.

SAINT-CYRAN ou LONGORET, an. 640, p. 67.

SAINT-DENYS en France, (abbaye de) an. 620, p. 55; an. 627, p. 57; an. 628 & 629, p. 58; an. 632, p. 60; an. 635, p. 61, 62 & 63; an. 636, p. 63; an. 637, p. 64; an. 638, p. 65 & 66; an. 642, p. 68; an. 644, p. 69; an. 652, p. 72; an. 653, p. 73; an. 658, p. 75; an. 670, p. 80; an. 671, p. 81; an. 678, p. 86; an. 679, p. 87; an. 686, p. 91; an. 690, p. 93; an. 691, p. 93 & 94; an. 692, p. 95; an. 693 & 694, p. 96; an. 695, p. 97; an. 697, p. 98; an. 700, p. 100; an. 706, p. 102; an. 710, p. 103 & 104; an. 716, p. 107 & 108; an. 717, p. 110; an. 723, p. 114; an. 725, p. 116; an. 741, p. 121; an. 748, p. 126; an. 749, p. 127; an. 750, p. 128; an. 751, p. 129 & 130; an. 752, p. 131 & 133; an. 754, p. 135 & 136; an. 755, p. 138; an. 756, p. 139; an. 757, p. 140; an. 758, p. 142; an. 761, p. 144; an. 763, p. 146; an. 766, p. 148; an. 767, p. 149; an. 768, p. 150 & 151; an. 769, p. 151, 152 & 153; an. 770, p. 155; an. 771 & 772, p. 158; an. 772, p. 159; an. 774, p. 161, an. 775, p. 164 & 166; an. 777, p. 170; an. 778, p. 171; an. 780 & 781, p. 175; an. 782, p. 177; an. 784, p. 180; an. 786, p. 182; an. 790, p. 191, 192 & 193; an. 791, p. 195; an. 795, p. 200; an. 797, p. 204; an. 798, p. 205; an. 799, p. 207, 208 & 209; an. 800, p. 211; an. 802, p. 228; an. 805, p. 239; an. 806, p. 245; an. 810, p. 260; an. 812, p. 270; an. 813, p. 285; an. 814, p. 294; an. 815, p. 302; an. 817, p. 320 & 323; an. 823, p. 366; an. 824, p. 369; an. 827, p. 385; an. 828, p. 388; an. 386, p. 386; an. 832, p. 407 & 410; an. 833, p. 413 & 419.

SAINT-DENYS, *in Metheloch. ad Sarram*, (monastère de) an. 646, p. 69.

SAINT-DENYS, sur la rivière de Sarte, an. 829, p. 393.

SAINT-DENYS,

TABLE DES NOMS DE LIEUX. xix

SAINT-DENYS, village près Paris, an. 832, p. 408.

SAINT-DIÉ en Vofge, (monaftère de) an. 671, p. 81; an. 769, p. 151.

SAINT-EMMERAN, (monaftère de) an. 798, p. 206; an. 820, p. 348; an. 831, p. 405.

SAINT-ÉTIENNE, (église de) près Baux, an. 812, p. 267.

SAINT-ÉTIENNE, petit monaftère appartenant à l'abbaye de Farfe, an. 829, p. 392.

SAINT-ÉTIENNE fur le mont S.t Orefte, (monaftère de) an. 762, p. 146.

SAINT-ÉTIENNE d'Angers, (monaftère de) an. 770, p. 155.

SAINT-ÉTIENNE de Banioles, (monaftère de) an. 822, p. 356; an. 823, p. 365.

SAINT-ÉTIENNE de Choifi, prieuré dans le diocèfe de Noyon, an. 817, p. 384.

SAINT-ÉTIENNE de Dijon, (monaftère de) an. 791, p. 195; an. 801, p. 223; an. 814, p. 292; an. 822, p. 358.

SAINT-ÉTIENNE de Lyon, (église de) an. 813, p. 286.

SAINT-ÉTIENNE de Paffaw, an. 832, p. 412.

SAINT-ÉTIENNE de Rome, (monaftère de) an. 757, p. 141.

SAINT-ÉTIENNE de Tornac, monaftère, an. 814, p. 294.

SAINT-EUCHAIRE, (monaftère de) an. 653, p. 72; an. 679, p. 87; an. 788, p. 188; an. 824, p. 368.

SAINT-EUVERTE, monaftère, à Orléans, an. 783, p. 179.

SAINT-FARON, monaftère, à Meaux, an. 660, p. 76; an. 761, p. 144; an. 817, p. 319.

SAINT-FÉLIX, (église de) an. 806, p. 245; an. 807, p. 252; an. 812, p. 273.

SAINT-FERRÉOL, an. 721, p. 112; an. 834, p. 424.

SAINT-FILIBERT, (monaftère de) an. 801, p. 223. V. NERMOUTIERS.

SAINT FIRMIN & S.t RUSTIQUE, (église de) dans le comté de Vérone, an. 830, p. 399.

SAINT-FLORENT ou GLONNE, monaftère, an. 824, p. 367.

SAINT-FRIDIEN de Luques, (monaftère de) an. 700, p. 100; an. 755, p. 137.

SAINT-GALE, (monaftère de) an. 756, p. 140; an. 761, p. 144; an. 774, p. 162; an. 800, p. 221.

SAINT-GENEZ, dans le Quercì, an. 823, p. 364; an. 824, p. 369.

Tome I.

SAINT-GENGOUT de Chiffy, an. 802, p. 228.

SAINT-GENIEZ de Leuz, an. 806, p. 250; an. 813, p. 273.

SAINT-GEORGE de Lyon, (monaftère de) an. 798, p. 206.

SAINT-GÉRI, (monaftère de) an. 632, p. 41.

SAINT-GERMAIN-l'Auxerrois, (monaftère de) an. 687, p. 92; an. 816, p. 307.

SAINT-GERMAIN de Cortarno, an. 791, p. 195.

SAINT-GERMAIN-EN-LAIE, (forêt de) an. 775, p. 166.

SAINT-GERMAIN-DES-PRÉS, V. SAINT-VINCENT.

SAINT-GILLES, abbaye, an. 814, p. 294; an. 817, p. 319.

SAINT-GRÉGOIRE de Rieti, (monaftère de) an. 751, p. 129.

SAINT-GUILLEM-DU-DÉSERT. Voyez GELLONE.

SAINT-HERMES, (église de) an. 542, p. 31.

SAINT-HILAIRE de Carcaffonne, abbaye, an. 803, p. 229; an. 815, p. 306; an. 816, p. 313; an. 817, p. 320; an. 828, p. 388.

SAINT-HILAIRE de Poitiers, (abbaye de) an. 768, p. 150; an. 790, p. 191; an. 793, p. 197; an. 799, p. 207; an. 834, p. 420.

SAINT-HILAIRE de Sens, abbaye, an. 822, p. 355.

SAINT-HILAIRE de Trèves, (monaftère de) an. 653, p. 72; an. 824, p. 368.

SAINT-HUBERT de Liége, monaftère. V. ANDAGINENSE.

SAINT-HYPOLITE, en Alface, an. 774, p. 161.

SAINT-JACUT, abbaye, an. 816, p. 307.

SAINT JEAN, (église de) dans le territoire d'Auch, an. 817, p. 317.

SAINT-JEAN, (église de) dépendante d'un village nommé Vaccaria. an. 817, p. 317.

SAINT-JEAN de Bournai, dans le Viennois, (Bornaco). an. 805, p. 241.

SAINT-JEAN de Chaffanies, dans le Graiffivaudan (Caffaniola), an. 805, p. 241.

SAINT-JEAN d'Hérans (Derauso), an. 805, p. 241.

SAINT-JEAN de Lyon, (église de) an. 813, p. 286.

SAINT-JEAN-LE-GRAND, (monaftère de) an. 602, p. 52.

SAINT-JEAN & SAINT-LÉGER, (églifes de) an. 632, p. 60.

SAINT-JEAN de Sens, abbaye, an. 822, p. 355.

SAINT-JOSSE-SUR-MER, an. 800, p. 219; an. 831, p. 404.

SAINT-JULIEN. V. NANOSCES.

SAINT-JULIEN d'Auxerre, (monaftère de) an. 634, p. 61.

SAINT-JULIEN de Brioude, (église de) an. 825, p. 376.

SAINT-JULIEN, (montagne de) Brifcofis, an. 805, p. 240.

SAINT-LANDELIN, (monaftère de) an. 638, p. 64.

SAINT-LAURENT, (église de) dans le comté de Vérone, an. 830, p. 399 & 400.

SAINT-LAURENT, proche Rieti, en Ombrie, an. 795, p. 200.

SAINT-LIFARD de Meun, (monaftère de) an. 786, p. 182.

SAINT-LOUP de Troyes, (abbaye de) an. 804, p. 239.

SAINT-LUCIEN de Beauvais, (monaftère de) an. 583, p. 44 & 46; an. 770, p. 156.

SAINT-MAIXANT en Poitou, (monaftère de) an. 815, p. 302; an. 817, p. 319; an. 825, p. 376; an. 827, p. 382 & 384.

SAINT-MARCEL, (abbaye de) an. 584, p. 45; an. 779, p. 172.

SAINT-MARTIAL de Limoges, an. 804, p. 236; an. 828, p. 387.

SAINT-MARTIAL du Sauzai, an. 644, p. 69.

SAINT-MARTIN (Campanienfi), an. 791, p. 195.

SAINT-MARTIN, (église de) dans le pagus Meginenfis, an. 774, p. 161.

SAINT-MARTIN, (église de) dans le Touloufain, an. 783, p. 179.

SAINT-MARTIN, petit monaftère, an. 815, p. 306.

SAINT-MARTIN, petit monaftère fur la rivière de Lampi, an. 815, p. 305.

SAINT-MARTIN, église fituée dans un des fauxbourgs de Reims, an. 817, p. 328.

SAINT-MARTIN, (église de) dépendante d'un village nommé Marcilianum, dans le territoire d'Auch, an. 817, p. 317.

SAINT-MARTIN, (église de) an. 802, p. 228.

SAINT-MARTIN, (église de) an. 807, p. 252.

SAINT-MARTIN, Celle dépendante du monaftère de S.t Hilaire de Carcaffonne, an. 816, p. 313; an. 828, p. 388.

SAINT-MARTIN-AUX-CHÊNES, aujourd'hui Longueville, an. 587, p. 47.

SAINT-MARTIN d'Autun, (monaftère de) an. 602, p. 52.

e

TABLE DES NOMS DE LIEUX.

SAINT-MARTIN près Baux, (église de) an. 812, p. 267.

SAINT-MARTIN de Caux, (église de) dans le comté d'Agde, an. 823, p. 364.

SAINT-MARTIN de Chaufi, (église de) an. 690, p. 93.

SAINT-MARTIN de Mizère (*Miſicaſiana*), peut-être *Miſeriacum*, ſur la rive droite de l'Iſère, an. 805, p. 240.

SAINT-MARTIN de *Quintiniaco*, an. 791, p. 195.

SAINT-MARTIN de Tours, (monaſtère de) an. 577, p. 42; an. 587, p. 47; an. 625, p. 57; an. 674, p. 84; an. 712, p. 105; an. 775, p. 167; an. 782, p. 176; an. 786, p. 184; an. 790, p. 192 & 193; an. 791, p. 195; an. 796, p. 201; an. 800, p. 219; an. 803, p. 235; an. 804, p. 238; an. 806, p. 245; an. 807, p. 250; an. 811, p. 263; an. 816, p. 311; an. 817, p. 320, 323 & 324; an. 828, p. 387; an. 831, p. 403 & 405; an. 832, p. 409 & 410.

SAINT-MAUR-DES-FOSSÉS, (abbaye de) an. 638, 640 & 642, p. 67; an. 717, p. 110; an. 768, p. 151; an. 816, p. 309; an. 817, p. 319.

SAINT-MAUR-SUR-LOIRE, (monaſtère de) an. 543, p. 32; an. 717, p. 110.

SAINT-MAURICE, (monaſtère de) an. 788, p. 188.

SAINT-MAURICE, (église de) *in valle Verona*, an. 830, p. 400.

SAINT-MAURICE, église cathédrale de Vienne, an. 831, p. 403.

SAINT-MAURICE d'Angers, an. 816, p. 311.

SAINT-MAURICE ou NIDERALTAICH, monaſtère dans la Bavière, an. 817, p. 319; an. 821, p. 350; an. 830, p. 398.

SAINT-MAXIMIN de Trèves, (abbaye de) an. 764, p. 147; an. 774, p. 161; an. 790, p. 193; an. 808, p. 253; an. 821, p. 349; an. 824, p. 368.

SAINT-MÉDARD de Soiſſons, (abbaye de) année 562, p. 37; an. 594, p. 50; an. 638, p. 65; an. 817, p. 320; an. 827, p. 384; an. 833, p. 418; an. 834, p. 421.

SAINT-MÉDARD ſur le Rhin, an. 761, p. 144.

SAINT-MÉEN, (abbaye de) an. 816, p. 307.

SAINT-MÉLAINE de Rennes, an. 834, p. 423.

SAINT-MÉMEN, abbaye de Sens, an. 822, p. 355.

SAINT-MESMIN de Mici, près Orléans, an. 498, p. 19; an. 508, p. 21; an. 815, p. 298; an. 825, p. 374; an. 828, p. 386; an. 840, p. 464.

SAINT-MIHIEL, (abbaye de) an. 674, p. 83; an. 709, p. 103; an. 716, p. 107; an. 754, p. 136; an. 772, p. 158; an. 775, p. 116; an. 777, p. 170; an. 805, p. 239; an. 809, p. 256; an. 815, p. 301 & 302; an. 816, p. 308, 309, 310 & 313; an. 817, p. 319; an. 824, p. 369; an. 840, p. 465.

SAINT-NABORD ou SAINT-AVOLD, (abbaye de) an. 787, p. 185.

SAINT-NAZAIRE, (église de) an. 653, p. 73; an. 805, p. 245.

SAINT-NICETTE de Lyon, (église de) an. 813, p. 286.

SAINT-OMER, an. 648, p. 70; an. 661, p. 77.

SAINT-ORESTE, (iſle de) an. 805, p. 240.

SAINT-OUEN, (monaſtère de) an. 713, p. 105.

SAINT-OYEN de Joux ou SAINT-CLAUDE, (monaſtère de) an. 790, p. 193.

SAINT-PAPOUL, abbaye, préſentement évêché, an. 817, p. 320.

SAINT-PARAGOIRE, (église de) an. 806, p. 250; an. 807, p. 252; an. 812, p. 273.

SAINT-PAUL, (monaſtère de) an. 545, p. 33; an. 813, p. 286.

SAINT-PAUL d'Eſtival, (église de) an. 823, p. 365.

SAINT-PAUL de Narbonne, monaſtère, an. 814, p. 294.

SAINT-PAULIN, (Celle de) an. 774, p. 161.

SAINT-PIERRE, (chapelle de) an. 783, p. 179.

SAINT-PIERRE, (église de) an. 783, p. 179.

SAINT-PIERRE, (patrimoine de) an. 806, p. 247.

SAINT-PIERRE, petit monaſtère, *conſtructum in Mauratica*, an. 815, p. 305.

SAINT-PIERRE, prieuré ſitué dans la vallée Flavienne, an. 814, p. 294.

SAINT-PIERRE de Cabreſpine, dans le diocèſe de Carcaſſonne, an. 814, p. 293.

SAINT-PIERRE de Caſſeach, an. 761, p. 144.

SAINT-PIERRE de la Couture, (abbaye de) an. 615, p. 54; an. 642, p. 68.

SAINT-PIERRE de Gand, monaſtère (*Blandinienſe prope Gandavum*), an. 651, p. 71; an. 815, p. 301.

SAINT-PIERRE de Lunas, (monaſtère de) an. 762, p. 145.

SAINT-PIERRE de Lyon, (monaſtère de) an. 586, p. 46; an. 653, p. 73; an. 813, p. 286.

SAINT-PIERRE de Metz, (abbaye de) an. 782, p. 177.

SAINT-PIERRE en Querci, (monaſtère de) an. 767, p. 149.

SAINT-PIERRE de Trèves, an. 623, p. 56.

SAINT-PIERRE-LE-VIF de Sens, (monaſtère de) an. 500, p. 20; an. 657, p. 74; an. 695, p. 97; an. 711, p. 104; an. 822, p. 355.

SAINT-PIERRE & SAINT-PAUL, (église de) an. 774, p. 161.

SAINT-PIERRE & SAINT-PAUL, (église de) dans le diocèſe de Vienne, an. 824, p. 367.

SAINT-PONS, an. 793, p. 197.

SAINT-PRIVAT de Salone, prieuré, an. 822, p. 359.

SAINT-PROJECT, dans le Querci (église de) an. 823, p. 365.

SAINT-REMBERT, an. 807, p. 251.

SAINT-REMI, (abbaye de) an. 714, p. 106.

SAINT-REMI, abbaye de Sens, à préſent Vareilles, année 822, p. 355; an. 833, p. 418.

SAINT-REMI de Reims, an. 812, p. 269; an. 816, p. 311.

SAINT-RIQUIER, (abbaye de) an. 797, p. 204; an. 800, p. 211 & 219; an. 811, p. 263; an. 830, p. 397.

SAINT-ROMAIN, (église de) dépendante de la cathédrale de Vienne, an. 831, p. 404.

SAINT-ROMAIN de Blaie, monaſtère, an. 814, p. 295.

SAINT-RUSTIQUE, paroiſſe dans le voiſinage de la Baronnie de Caſtelnau d'Eſtrettefons, an. 817, p. 326.

SAINT-SATURNIN (église de) an. 812, p. 273.

SAINT-SATURNIN près Baux, (église de) an. 812, p. 267.

SAINT-SAVIN, abbaye, diocèſe de Poitiers, an. 817, p. 319.

SAINT-SAVIN, abbaye, diocèſe de Tarbes, en Gaſcogne, an. 817, p. 320.

SAINT-SEINE, abbaye, an. 817, p. 319.

SAINT-SEINE, (église de) appartenante à l'abbaye de Bèze, an. 830, p. 400.

SAINT-SERGE d'Angers, (monaſtère de) an. 704, p. 101.

SAINT-SERVAT d'Utrecht, monaſtère, an. 821, p. 351.

SAINT-SEVERIN de Bordeaux, monaſtère, an. 814, p. 291 & 295; an. 828, p. 388.

SAINT-SILVESTRE (monaſtère de) an. 762, p. 146.

TABLE DES NOMS DE LIEUX.

SAINT-SIXTE, abbaye, an. 817, p. 320.

SAINT-SIXTE, église située dans un des fauxbourgs de Reims, an. 817, p. 328.

SAINT-SULPICE de Bourges, monastère, an. 821, p. 352.

SAINT-SYMPHORIEN, monastère dépendant de l'église cathédrale de Vienne, année 815, p. 298.

SAINT-TIBÉRI, (abbaye de) an. 810, p. 258; an. 817, p. 319.

SAINT-TRON, (abbaye de) an. 657, p. 75; an. 746, p. 125.

SAINT-VALLERI, an. 797, p. 204.

SAINT-VALLERI, (monastère de) an. 830, p. 397.

SAINT-VANDEL, an. 622, p. 55.

SAINT-VANDRILLE (abbaye de) an. 673, p. 82; an. 700, p. 100; an. 781, p. 175; an. 814, p. 290; an. 815, p. 304; an. 817, p. 320; an. 831, p. 407.

SAINT-VANNE, (monastère de) an. 815, p. 305.

SAINT-VICTOR de Marseille, (abbaye de) an. 682, p. 89; an. 780, p. 173; an. 790, p. 191; an. 817, p. 317; an. 822, p. 357.

SAINT-VICTOR sur le mont S.t Oreste, (monastère de) année 762, p. 146.

SAINT-VINCENT, (abbaye de) aujourd'hui S.t Germain-des-Prés, an. 558, p. 36; an. 565, p. 38; an. 615, p. 54; an. 636, p. 63; an. 690, p. 93; an. 697, p. 99; an. 702, p. 101; an. 730, p. 118; an. 768, p. 151; an. 772, p. 159; an. 778, p. 170; an. 786, p. 182; an. 788, p. 187; an. 811, p. 263; an. 817, p. 320 & 323; an. 828, p. 391 & 392.

SAINT-VINCENT de Metz, (abbaye de) an. 809, p. 256.

SAINT-VINCENT & S.t LAURENT du Mans, (monastère de) an. 572 & 573, p. 41; an. 642, p. 68; an. 675, p. 85; an. 832, p. 411.

SAINT-VINCENT sur le Vulturne (monastère de) an. 715, p. 107; an. 778, p. 171; an. 787, p. 184; an. 815, p. 302; an. 816, p. 308; an. 830, p. 397; an. 831, p. 404.

SAINT-WAAST, (abbaye de) an. 672, p. 82; an. 674, p. 83; an. 685, p. 90.

SAINT-YRIER de la Perche, (abbaye de) an. 577, p. 42; an. 674, p. 84; an. 752, p. 132; an. 780, p. 174.

SAINTE-CANDIDE, (église de) an. 806, p. 245.

SAINTE-COLOMBE de Sens, (monastère de) an. 636, p. 63; an. 658, p. 75; an. 822, p. 355; an. 833, p. 416.

SAINTE-CROIX de Poitiers, abbaye, an. 817, p. 319; an. 825, p. 374.

SAINTE-CROIX, (oratoire de) an. 706, p. 102.

SAINTE-EUGÉNIE, abbaye, an. 817, p. 320.

SAINTE-EULALIE, (monastère de) an. 545, p. 33; an. 813, p. 286.

SAINTE-GENEVIÈVE, (monastère de) an. 636, p. 63; an. 817, p. 323.

SAINTE-GRATE, monastère, an. 823, p. 363.

SAINTE-MARIE, (monastère de) an. 696, p. 97.

SAINTE-MARIE, près les murs d'Aquilée, an. 830, p. 399.

SAINTE-MARIE, près du Mans, (monastère de) an. 531, p. 28; an. 676, p. 85.

SAINTE-MARIE d'Aix-la-Chapelle, (monastère de) an. 779, p. 172; an. 882, p. 178.

SAINTE-MARIE d'Arles, dans le Valespir, année 820, p. 347; an. 832, p. 408.

SAINTE-MARIE de Bethléem, an. 508, p. 22.

SAINTE-MARIE d'Horréen. Voyez HORRÉEN.

SAINTE-MARIE de Lome, an. 761, p. 144.

SAINTE-MARIE de Lyon, an. 813, p. 286.

SAINTE-MARIE d'Organo, (monastère de) an. 804, p. 236.

SAINTE-MARIE & S.te COLOMBE, (monastère de) an. 641, p. 68.

SAINTE-RADEGONDE, monastère, à Poitiers, an. 831, p. 402.

SAINTE-REINE, an. 721, p. 112.

SAINTE-SOPHIE, (monastère de) an. 774, p. 161.

SAINTES, an. 566, p. 39; an. 799, p. 207.

SALA, (la) rivière, an. 786, p. 181.

SALAS, lieu appartenant à l'abbaye de S.t Hilaire de Carcassonne, an. 815, p. 306; an. 816, p. 313; an. 828, p. 388.

SALE, (la) dans le Briançonnois (Saliaris), an. 805, p. 241.

SALICURTEM, an. 691, p. 94.

SALIGNAC, dans le Gapençois (Allionicos), an. 805, p. 241.

SALIGNAC, an. 813, p. 277.

SALIGNÈLES, an. 813, p. 277.

SALINES IN VIU, SALINES IN ALTERNETO, COSTOROSCO, LEONIO, ce sont des noms tout-à-fait inconnus à présent, an. 805, p. 241.

SALONE, (prieuré de) an. 815, p 302.

SALONIENSE, an. 777, p. 170.

SALTZ, (palais de) an. 803, p. 229 & 230; an. 804, p. 237; an. 832, p. 410.

SALTZBOURG, an. 424, p. 12; an. 811, p. 263.

SAMBRE, rivière, an. 697, p. 98.

SAMOUCI, an. 769, p. 152 & 153; an. 771, p. 158; an. 774, p. 161; an. 816, p. 311; an. 830, p. 398.

SANCI, an. 678, p. 86.

SANCTÆ-CHRISTIANÆ, apud Insubres (monasterium), an. 822, p. 357.

SANCTI AUDOËNI CELLA, Celle dépendante de l'église de S.t Vincent du Mans, an. 832, p. 411.

SANCTI LUPICINI, (monasterium), an. 790, p. 193.

SANCTI SICARII (monasterium). Voyez BRANTOSME.

SANCTI ZENONIS (cœnobium), an. 807, p. 253; an. 815, p. 305; an. 830, p. 399.

SANCTO-COLONICA ou BERGIS, an. 777, p. 169; an. 820, p. 345.

SANCTUS-MEDARDUS, lieu appartenant à l'abbaye de S.t Riquier, an. 831, p. 406.

SAÔNE, rivière, an. 766, p. 148; an. 815, p. 302.

SARCHINIO (villa), an. 746, p. 125.

SARDAIGNE, (les isles de) an. 817, p. 327.

SARE-ALBE, an. 706, p. 102.

SARE, (la) rivière, an. 706, p. 102.

SARLOUIS, an. 622, p. 55.

SARRAGOSSE, an. 558, p. 36; an. 826, p. 381.

SARRAZAC, dans le Querci, an. 823, p. 365.

SARTE, (la rivière de) an. 676, p. 85; an. 800, p. 211; an. 815, p. 298.

SATANACUM. V. ASTENIDUM.

SAVEL-SUR-LE-DRAC, dans le Gapençois (Savelis), an. 805, p. 241.

SAVERNE, an. 613, p. 54; an. 724, p. 115; an. 790, p. 192.

SAVIGNI, (monastère de) dans le Lyonnois, sur la Bresle, an. 809, p. 255; an. 817, p. 319.

SAUL, (rivière de) an. 777, p. 169.

SAULIEU, (collégiale de) an. 606, p. 53.

SAUMUR, an. 670, p. 80; an. 800, p. 219.

SAVOIE, an. 464, p. 14; an. 806, p. 246.
SAVONIÈRE, an. 474, p. 15.
SAURICIAGORE, an. 638, p. 65.
SAXE, an. 690, p. 92; an. 749, p. 127; an. 758, p. 142; an. 763, p. 146; an. 764, p. 147; an. 782, p. 177; an. 784, p. 180; an. 786, p. 181; an. 788, p. 187; an. 789, p. 190; an. 790, p. 193; an. 799, p. 207; an. 800, p. 212; an. 804, p. 237 & 238; an. 805, p. 239 & 244; an. 806, p. 246; an. 812, p. 271 & 273.
SCARPONENSE, an. 777, p. 170.
SCHAFFEN, an. 746, p. 125.
SCHELESTAT, an. 683, p. 89.
SCHEWANE, abbaye inconnue, an. 817, p. 319.
SCHONPRUN, an. 832, p. 412.
SCHWARZACH ou ARNOLFESAW, diocèse de Strasbourg. Voyez ARNOLFESAW.
SCHWARZACH, diocèse de Wurtzbourg, an. 826, p. 380.
SCKUTERN, abbaye, an. 781, p. 319.
SCODONIS-VILLA (palatio regio), an. 815, p. 301.
SCOVENOVA, abbaye inconnue, an. 817, p. 319.
SCREONAS, an. 775, p. 167.
SCULTURBURA, abbaye inconnue, an. 817, p. 319.
SÈGRE, (la) rivière, an. 813, p. 278.
SEINE, (rivière de) an. 717, p. 110; an. 786, p. 182; an. 788, p. 187; an. 800, p. 219.
SELERCIACUM, an. 660, p. 76.
SELNECTENSIS (pagus), an. 770, p. 155, peut-être le territoire de Senlis.
SEMUR, an. 516, p. 25; an. 606, p. 53.
SENELI, an. 763, p. 179.
SENLIS, an. 587, p. 47; an. 740, p. 67; an. 680, p. 88; an. 755, p. 137; an. 770, p. 155.
SENONA, village, an. 704, p. 101.
SÉNONES, (abbaye de) an. 661, p. 77.
SENS, ville, année 500, p. 20; an. 508, p. 22; an. 538, p. 31; an. 545, p. 33; an. 634, p. 61; an. 640, p. 67; an. 657, p. 74; an. 658, p. 75; an. 661, p. 77; an. 670, p. 81; an. 695, p. 97; an. 711, p. 104; an. 786, p. 182; an. 802, p. 228; an. 810, p. 259; an. 811, p. 263; an. 829, p. 395; an. 833, p. 418.
SENTOLATUS, lieu où est bâtie l'église de S.t Pierre & S.t Paul, diocèse de Vienne, an. 824, p. 367.
SEPTEM-MOLÆ, (monastère de) an. 751, p. 129.

SEPTIMANIE, an. 425, p. 13; an. 526, p. 27; an. 752, p. 132; an. 787, p. 185; an. 799, p. 209; an. 806, p. 246; an. 812, p. 267; an. 813, p. 277; an. 814, p. 290; an. 815, p. 295.
SERARIO, an. 746, p. 126.
SERGÉ, au Maine, an. 658, p. 76.
SERNAI, an. 768, p. 151.
SERRES, dans le Viennois (Senorio), an. 805, p. 241.
SERRES, abbaye, an. 817, p. 320.
SERVAIS, (palais de) an. 830, p. 398.
SÈVES, an. 697, p. 98.
SEYRAS, (village de) an. 806, p. 250; an. 812, p. 273.
SIBRI, an. 751, p. 129.
SICILE, (les isles de) an. 817, p. 327.
SIDRUTEM, terre appartenante à l'abbaye de S.t Riquier, an. 830, p. 397; an. 831, p. 406.
SIENNE, (pays de) an. 795, p. 200; an. 801, p. 222; an. 805, p. 239.
SIGAYER (Ciconiola), an. 805, p. 241.
SIGOLTHESHEIM, an. 810, p. 259.
SIGRAMNOCURTE, village, an. 822, p. 358.
SILCINAGA, village, an. 822, p. 358.
SILÉSIE, an. 781, p. 175.
SILIACENSE, an. 774, p. 160.
SILVA AAGRA, lieu donné à Ararius, abbé du Mas d'Azil, an. 817, p. 326.
SILVESTRI, an. 719, p. 111.
SILVIACO, Servais, près la Fère, an. 820, p. 348.
SILVILIACUS, an. 704, p. 101.
SIMORRE, abbaye, an. 817, p. 320.
SINEVINEAS, an. 745, p. 124.
SINTELEOHESUNA, an. 813, p. 285.
SIRISIDUM VICUS, an. 833, p. 418.
SISTERON, an. 812, p. 267.
SITA, métairie du diocèse d'Agde, an. 814, p. 290.
SITHIEU ou SAINT-BERTIN, (abbaye de) an. 648, p. 70; an. 680, p. 88; an. 683, p. 90; an. 691, p. 93; an. 700, p. 100; an. 718, p. 110; an. 721, p. 112; an. 723, p. 115; an. 744, p. 123; an. 746, p. 125; an. 769, p. 153; an. 771, p. 157; an. 788, p. 186; an. 806, p. 245; an. 807, p. 251; an. 808, p. 253.
SIXIACUS, terre dépendante de l'abbaye de S.t Germain-des-Prés, an. 829, p. 392.

SLECHDORF, (monastère de) an. 799, p. 209.
SOGRADE, (monastère de) an. 799, p. 209.
SOISSONS, an. 516, p. 25; an. 557, p. 36; an. 562, p. 37; an. 584, p. 45; an. 594, p. 50; an. 638, p. 65; an. 706, p. 102; an. 721, p. 112; an. 744, p. 123; an. 756, p. 139; an. 769, p. 151; an. 812, p. 270; an. 827, p. 384.
SOLANIA, an. 746, p. 126.
SOLÈME, an. 706, p. 102; an. 750, p. 128 & 129.
SOLIGNAC, (monastère de) an. 621, p. 55; an. 817, p. 322; an. 839, p. 460.
SOLIGO, fleuve, an. 794, p. 198.
SOLONE, (monastère de) an. 775, p. 166; an. 777, p. 170.
SOLUSTRIACUS, an. 775, p. 167.
SOMOI, (rivière de) an. 782, p. 67.
SONARCIAGA, an. 782, p. 177.
SONNATE, canton où l'abbaye de Conques possédoit des terres & des vignes, an. 822, p. 357.
SOO, (rivière de) an. 652, p. 132.
SORÈZE, (monastère de) an. 752, p. 132; an. 817, p. 317 & 320; an. 829, p. 394.
SOUABE, (la) an. 758, p. 142; an. 773, p. 160.
SOULEMONT, territoire dans le diocèse d'Arles, an. 817, p. 318.
SOURIVES, proche Sisteron, (Subtus-ripas), an. 805, p. 241.
SPESHART, (forêt de) an. 794, p. 198.
SPICARIAS, an. 775, p. 167.
SPILUG, canton dans la Bretagne, an. 834, p. 423.
SPIRE, an. 675, p. 84; an. 745, p. 125; an. 751, p. 130; an. 752, p. 132; an. 788, p. 187.
SPOLETTE, an. 705, p. 102; an. 740, p. 120; an. 751, p. 129 & 130; an. 787, p. 186; an. 795, p. 200; an. 801, p. 222; an. 806, p. 257; an. 814, p. 287.
STADO, vers la petite ville d'Aiguebelle, (Lastadio), an. 805, p. 240.
STAMPENS (pagus), an. 670, p. 80.
STASFURT, an. 784, p. 180.
STAVELOT & MALMÉDI, (monastères de) an. 650, p. 71; an. 653, p. 73; an. 667, p. 80; an. 674, p. 84; an. 677, p. 86; an. 681, p. 88; an. 692, p. 95; an. 719, p. 111; an. 744, p. 123; an. 746, p. 125 & 126; an. 814, p. 293; an. 817, p. 319; an. 827, p. 383.

STENAI,

Table des Noms de Lieux.

STENAI, sur la Meuse, an. 680, p. 88; an. 827, p. 383.

STILLA, terre appartenante aux évêques de Strasbourg, an. 816, p. 310; an. 817, p. 323.

STIVALE (locus), an. 807, p. 250.

STRASBOURG, an. 590, p. 49; an. 662, p. 77; an. 683, p. 89; an. 720, p. 112; an. 724, p. 115; an. 726 & 727, p. 117; an. 745, p. 125; an. 750, p. 128; an. 762, p. 145; an. 770, p. 156; an. 816, p. 310.

STRATELLA-VILLA, an. 822, p. 355.

STURNI (pagus), an. 786, p. 181.

SUBRICAS, village appartenant à l'église de S.t Pierre & S.t Paul, diocèse de Vienne, année 824, p. 367.

SUCI en Brie, an. 811, p. 262.

SUÈDE, an. 788, p. 187.

SVESTRE, (monastère de) an. 714, p. 106.

SUGENTENSE (pagus) an. 708, p. 103.

SUIPPE (la) an. 677, p. 86.

SUISSE, (la) an. 804, p. 238.

SULBICHI, lieu appartenant à l'abbaye de la Nouvelle-Corbie, en Saxe, an. 834, p. 423.

SULLI-SUR-LOIRE, an. 573, p. 41.

SULZHA, an. 810, p. 259.

SUSTEREN, an. 714, p. 106.

SUZE, (marquisat de) an. 739, p. 120.

SUZE, (le val de) an. 806, p. 246.

SWARZACH, abbaye, an. 817, p. 319.

T

TAILERNION, rivière, an. 827, p. 383.

TALARD, dans le Gapençois, (Talarna), an. 805, p. 241.

TALSINIACUS, an. 775, p. 167.

TARENTAISE, an. 450, p. 13; an. 739, p. 120; an. 806, p. 246; an. 811, p. 263.

TARN, (le) rivière, an. 788, p. 179.

TARRAGONE, an. 817, p. 325.

TAUCIACUS, an. 775, p. 167.

TAVERNI, an. 753, p. 134; an. 775, p. 165.

TAUNUCUM, rivière, an. 815, p. 298.

TAUNUCUS, village, an. 704, p. 101.

TECTIS ou TRECTIS (palatium), dans le pays de Liége, an. 827, p. 383.

Tome I.

TEGNAUSER, abbaye, an. 817, p. 319.

TEICO. Voyez TOSOLA.

TELARCIACUM (fundus in agro Vironensi), an. 817, p. 326.

TELLAU ou TELLAO (pagus), an. 709, p. 103; an. 750, p. 129; an. 751, p. 130; an. 782, p. 177.

TERMIGON, dans la Maurienne (Trebocis), an. 805, p. 240.

TERNAI, an. 515, p. 24.

TERNODRENSIS (pagus), an. 745, p. 124.

TÉROUANNE, ancienne ville épiscopale, an. 661, p. 77; an. 723, p. 115.

TESIN, an. 806, p. 247.

TEU, rivière (Tectum), an. 827, p. 383.

THIÉRACHE, an. 657, p. 74.

THILLE-LA-VILLE, an. 711, p. 104.

THININGA, an. 759, p. 142.

THIONVILLE, an. 490, p. 16; an. 770, p. 155; an. 772, p. 158; an. 775, p. 165, 166 & 167; an. 783, p. 178; an. 805, p. 242 & 244; an. 806, p. 244, 245, 246 & 247; an. 807, p. 250; an. 821, p. 352; an. 831, p. 405; an. 834, p. 423.

THOLEI, (abbaye de) an. 622, p. 55.

THOROUT, an. 746, p. 125.

THOURI (châtellenie de) an. 635, p. 63; an. 658, p. 75.

THURINGE, an. 559, p. 37; an. 716, p. 107; an. 749, p. 127; an. 758, p. 142; an. 785, p. 180; an. 806, p. 246.

TURPFILUM, an. 824, p. 366.

TICIACUS, terre dans le Poitou, an. 825, p. 376.

TILLEMONT, an. 805, p. 239.

TIROL, an. 751, p. 130.

TIVAUCHE, an. 516, p. 25.

TIVOLI, an. 471, p. 15.

TOFINO, an. 719, p. 111.

TOLBIAC, an. 496, p. 17 & 18; an. 760, p. 143.

TOLÈDE, an. 794, p. 199.

TONGERLO, an. 725, p. 116.

TONGRES, an. 512, p. 23; an. 687, p. 91; an. 745, p. 126; an. 751 & 752, p. 130; an. 831, p. 404.

TONNEROIS, an. 670, p. 81; an. 711, p. 104.

TONTARINCHOVA, an. 763, p. 146.

TORNACENSIS (le Tournaisis), an. 822, p. 356.

TOR, (le) dans le district d'Apt (Torrido), an. 805, p. 241.

TORTONE, dans le Milanois, an. 810, p. 258; an. 834, p. 421.

TOSCANE, an. 795, p. 200; an. 805, p. 240; an. 806, p. 247.

TOSOLA ou TEICO (Tollatecus), an. 805, p. 240.

TOUCHEI, an. 801, p. 223.

TOUL en Lorraine (Tullensis urbs), an. 550, p. 34; an. 808, p. 254.

TOULON, an. 450, p. 13; an. 570, p. 40; an. 739, p. 120.

TOULOUSE, an. 752, p. 132; an. 807, p. 251; an. 828, p. 390; an. 829, p. 395.

TOURAINE, an. 653, p. 73; an. 791, p. 193; an. 800, p. 219; an. 806, p. 246.

TOUR-DU-PIN, (la) an. 653, p. 73; an. 805, p. 241.

TOURI en Beauce, an. 658, p. 76; an. 832, p. 408.

TOURLI, an. 690, p. 93; an. 700, p. 100.

TOURNAI, an. 500, p. 20; an. 575, p. 42; an. 586, p. 46; an. 636, p. 63; an. 638, p. 64; an. 651, p. 71; an. 817, p. 324.

TOURNUS en Bourgogne, (monastère de) an. 801, p. 223; an. 814, p. 290.

TOURS, an. 453, p. 14; an. 472 & 474, p. 15; an. 498, p. 19; an. 508, p. 22; an. 559, p. 37; an. 563, p. 38; an. 567, p. 40; an. 579, p. 43; an. 587, p. 47; an. 615, p. 54; an. 674, p. 84; an. 712, p. 105; an. 776, p. 167; an. 786, p. 184; an. 791, p. 193; an. 800, p. 211, 212 & 219; an. 807, p. 250; an. 811, p. 263; an. 813, p. 279; an. 829, p. 395; an. 832, p. 409.

TOUSSOUVAL, (monastère de) an. 687, p. 92; an. 695, p. 96; an. 697, p. 98.

TRACI, an. 634, p. 61.

TRECTIS (palatio). Voyez TECTIS.

TREMOLEDO, an. 791, p. 195.

TRÉMOLOIS, an. 801, p. 225.

TRENTE, (le pays de) an. 830, p. 399.

TRÈVES, (église cathédrale de) an. 327, p. 5; an. 750, p. 128; an. 760, p. 143; an. 771, p. 158; an. 774, p. 160; an. 811, p. 263.

TRÈVES, ville, an. 369 & 371, p. 7; an. 376, p. 8; an. 646, p. 69; an. 678, p. 86; an. 679, p. 87; an. 698, p. 99; an. 722, p. 113; an. 750, p. 128; an. 788, p. 188; an. 813, p. 278.

TRÉVISANNE, an. 794, p. 198.

TRIBUR près Mayence, an. 822, p. 361; an. 829, p. 393.

TRINICROBUS, an. 775, p. 167.

TRISGODROS, an. 761, p. 144.

Table des Noms de Lieux

TROGNON, an. 709, p. 103.

TROIS-CHÂTEAUX, an. 450, p. 13.

TROIS-FONTAINES, (monaftère de) an. 805, p. 239.

TROYES, an. 640, p. 67; an. 657, p. 74; an. 775, p. 165.

TUFFÉ, (monaftère de) an. 675, p. 85.

TULINO, an. 831, p. 406.

TUNNINJUM, an. 660, p. 76.

TURGAU, (pays de) entre le lac de Conftance & celui de Zurich, an. 806, p. 246.

TURICAS (locus), an. 817, p. 250.

TURIN, an. 501, p. 21; an. 739, p. 120.

TURLAI, an. 516, p. 25.

TURMACIACUS, an. 812, p. 268.

TYVERNON, village dans l'Orléanois, an. 635, p. 63.

V

VACCARIA, village dans le territoire d'Auch, an. 817, p. 317.

VAHAL, (le) rivière, an. 780, p. 174.

VAIVRE, an. 690, p. 92.

VAL-SUR-OISE, (le) an. 687, p. 92.

VALAHPAH, an. 763, p. 146.

VALENCE, an. 450, p. 13; an. 792, p. 196.

VALENCIENNES, an. 693, p. 96; an. 698, p. 99; an. 706, p. 102; an. 719, p. 111; an. 723, p. 114.

VALENTON, terre dépendante de l'abbaye de S.t Germain-des-Prés, an. 829, p. 391.

VALERIOS, an. 831, p. 406.

VALERNE, dans le Gapençois (Valeriguiaca), an. 805, p. 241.

VALESPIRE, abbaye, an. 817, p. 320.

VALESPIRE, (le) an. 833, p. 418.

VAL-LOUISE, (la) dans le Briançonnois (Valle-Gerentonis), année 805, p. 241.

VAL-DE-MONTS, dans le Briançonnois (Valle-Moceenfe), année 805, p. 241.

VALLE-JONANTIS, terre où étoit fituée l'abbaye de Figeac, an. 822, p. 354.

VALLES, terre appartenante à l'abbaye de S.t Riquier, année 830, p. 397; an. 831, p. 406.

VALLIS, village appartenant à l'abbaye de S.t Bertin, an. 660, p. 76.

VALLIS, lieu près les murs d'Aquilée, où étoit bâti le monaftère de Sainte-Marie, an. 830, p. 399.

VALLIS-STARIA, dans le comté de Chiufi en Tofcane, an. 814, p. 294.

VALTELINE, province, an. 775, p. 164; an. 780, p. 175.

VALVASCOIS, (village de) an. 635, p. 63.

VANNES ou CHARLEVANNES, lieu fur la Seine, où l'abbaye de S.t Germain-des-Prés avoit droit de pêche, an. 817, p. 323.

VANOU, an. 763, p. 146.

VARAGES. V. la VERDIÈRE.

VARANGEVILLE, an. 770, p. 157.

VARCHINE, (ruiffeau de) an. 650, p. 71.

VAREILLES, (abbaye de) V. SAINT-REMI, abbaye de Sens.

VATICAN, (églife du) an. 723, p. 115.

VATLENA, canton dans l'Anjou, an. 827, p. 385.

VAUMEIL, dans le Gapençois (Venavella), an. 805, p. 241.

VAUSUME, an. 660, p. 76.

VAUX en Berri, an. 635, p. 61; an. 644, p. 69.

UDINE, petite ville du Frioul, an. 802, p. 228; an. 811, p. 261.

VEILLANE. V. AVIGLIANE.

VELAI, an. 813, p. 277.

VELLAÜS (pagus), an. 812, p. 268.

VELPES, an. 746, p. 125.

VENAUX, proche Novalèze (Venexio), an. 805, p. 240.

VENCE, an. 464, p. 14; an. 545, p. 32; an. 739, p. 120.

VENDÔME, an. 573, p. 41; an. 587, p. 47.

VENERQUE, abbaye préfentement détruite, an. 817, p. 320.

VENISE, an. 776, p. 167; an. 786, p. 182; an. 794, p. 198; an. 802, p. 228.

VER, (palais de) an. 840, p. 464. Voyez VERN.

VERBERIE, an. 751, p. 129; an. 752, p. 131 & 133; an. 753, p. 134; an. 759, p. 142; an. 808, p. 254.

VERCELLES, an. 812, p. 269.

VERCULF, terre appartenante à l'abbaye de S.t Riquier, an. 830, p. 397.

VERDEN en Saxe, an. 810, p. 258.

VERDIÈRE ou VARAGES, dans le diocèfe de Riez (Verdacellis), an. 805, p. 241.

VERDUN, an. 366, p. 6; an. 498,
p. 19; an. 508, p. 21; an. 632, p. 61; an. 701, p. 101; an. 709, p. 103; an. 716, p. 107; an. 752, p. 133; an. 754, p. 135; an. 771, p. 157; an. 772, p. 158.

VERICIACO, an. 567, p. 40.

VERMANDOIS, an. 660, p. 76; an. 799, p. 208.

VERN, ancien palais de nos Rois, an. 710, p. 104; an. 748, p. 126; an. 823, p. 361; an. 820, p. 347; an. 755, p. 137; an. 833, p. 413.

VERNEUIL-fur-Oife, an. 755, p. 137. V. VERN (château de).

VERNEUIL (Vernogilus), an. 829, p. 392.

VERONA, village dans le canton de Bèze, an. 828, p. 387.

VÉRONE, an. 782, p. 177; an. 804, p. 236; an. 807, p. 251; an. 815, p. 305; an. 823, p. 362.

VERSEILLES dans le Milanois, an. 806, p. 247.

VERVINS, an. 366, p. 6.

VÉSER, (le) rivière, an. 811, p. 261.

VÉSILIO, proche Novalèze, (Velaucis), an. 805, p. 240.

VETULLA, an. 813, p. 277.

VEXIN, an. 661, p. 77; an. 690, p. 93; an. 700, p. 100; an. 775, p. 165.

VEYER, (le) dans le Briançonnois (Vendanum), an. 805, p. 241.

VÉZELAI, monaftère, an. 821, p. 352.

VIC, an. 709, p. 103; an. 775, p. 166; an. 788, p. 187.

VIENNE, (la) rivière, an. 793, p. 197; an. 800, p. 211; an. 815, p. 298; an. 826, p. 379.

VIENNE, an. 142, p. 2; an. 397, p. 9; an. 450, p. 13; an. 496, p. 17; an. 501, p. 21; an. 513 & 515, p. 24; an. 517 & 520, p. 26; an. 602 & 607, p. 53; an. 641, p. 68; an. 696, p. 97; an. 744, p. 123; an. 775, p. 167; an. 796, p. 203; an. 811, p. 263; an. 812, p. 268; an. 822, p. 355; an. 823, p. 362.

VIENNE, (églife cathédrale de) an. 322, p. 4; an. 417, p. 11; an. 697, p. 98; an. 752, p. 131; an. 790, p. 194; an. 805, p. 244; an. 815, p. 298 & 306.

VIENNOIS, an. 739, p. 120.

VIENNOISE, ancienne province des Gaules, an. 399, p. 10; an. 418, p. 12; an. 514, p. 24.

VIGI, an. 715, p. 107.

VIINECHEM, an. 726, p. 117.

VILARET, (le) Jutole ou Vitole, an. 805, p. 241.

VILLA-BUSLANA, terre dépendante de l'abbaye de S.t Germain-des-Prés, an. 829, p. 392.

VILLA-MARTIS, an. 717, p. 110.

Table des Noms de Lieux.

VILLA-NOVA *(locus)*, an. 807, p. 250.

VILLA-ORBANA, an. 894, p. 96.

VILLARCEAUX, an. 768, p. 151.

VILLARE-CELLA-CARBONILIS, terre située dans le pays de Corbières, an. 815, p. 297.

VILLARS, an. 761, p. 144.

VILLEMAGNE, abbaye, an. 817, p. 319.

VILLE-NEUVE *(Villa-nova)*, dans le comté de Roussillon, année 833, p. 417.

VILLENEUVE-St GEORGE, an. 778, p. 171.

VILLEPINTE, an. 752, p. 132.

VILLEPINTE, dépendance de l'abbaye de St Denys, an. 832, p. 408.

VILLEPREUX, (rivière de) an. 788, p. 187.

VILLERS, an. 768, p. 151; an. 832, p. 408.

VILLE-VIEILLE, dans le Briançonnois *(Vetus-villa)*, an. 805, p. 241.

VILVORDE, an. 779, p. 172.

VIMEUX, (pays de) an. 750, p. 129; an. 775, p. 165.

VINAI, dans le Graisivaudan *(Viennatico)*, an. 805, p. 240.

VINCELLE-SUR-IONNE, an. 634, p. 61.

VINCIACUM, an. 708, p. 103.

VIPLAIX, an. 670, p. 80.

VIQUEVILLE, (monastère de) an. 685, p. 90.

VISBÈKE *(Fischeckenfe monasterium ou Vischeckenfe)*, an. 821, p. 350. Anciennement monastère, & présentement paroisse dépendante de l'évêché de Munster.

VISNOIO, rivière dans la Bretagne, an. 834, p. 423.

VITRI, près Paris, an. 565, p. 38; an. 832, p. 408.

VIVIERS, (église de) an. 450, p. 13; an. 815, p. 302.

ULTONE, rivière dans la Bretagne, an. 834, p. 423.

UNTRUTH, (rivière d') an. 785, p. 180.

VOBRIDIUS, an. 775, p. 167.

VÔGE, an. 671, p. 81; an. 714, p. 106; an. 769, p. 151.

VOGELAIRE, an. 775, p. 116.

VOLDE, an. 711, p. 104.

VOLS, terre aux environs de Paris, an. 827, p. 385.

VOLTORNO, (il) rivière, en françois le VULTURNE, an. 715, p. 107; an. 815, p. 302.

VOUGLÉ en Poitou, an. 498, p. 19.

VOUSIER, an. 714, p. 106.

UREINES *(Heteriacum)*, an. 829, p. 394.

URGEL, an. 794 & 795, p. 199; an. 799, p. 208.

VRIGNI, an. 366, p. 6.

UTRECHT, an. 638, p. 64; an. 650 & 651, p. 71; an. 664, p. 79; an. 667, p. 80; an. 692, p. 95; an. 698, p. 99; an. 706, p. 102; an. 711, p. 104; an. 714, p. 105; an. 716, p. 108; an. 720 & 721, p. 112; an. 725, p. 116; an. 726, p. 117; an. 745, p. 125; an. 751, p. 130; an. 752, p. 131 & 132; an. 754, p. 136; an. 770, p. 155; an. 777, p. 169; an. 780, p. 174; an. 815, p. 301; an. 821, p. 351; an. 824, p. 366.

VUALDRASSIM *(pagus)*, an. 775, p. 166.

VULPILION, an. 832, p. 408.

USEZ, an. 462, p. 14; an. 813, p. 276 & 277; an. 815, p. 300 & 303; an. 823, p. 364.

W

WALEMARESTHORPF *(villa)*, an. 806, p. 244.

WARCHINE, (ruisseau de) an. 660, p. 76.

WADALINO, an. 746, p. 126.

WAISON, an. 450, p. 13; an. 682, p. 89; an. 692, p. 96.

WALCOURT, (monastère de) an. 656, p. 74.

WALERS, (monastère de) an. 657, p. 74.

WALIN, an. 799, p. 208.

WALTSAZZI, an. 779, p. 173.

WARSIPIO, an. 746, p. 126.

WASIDIO (villa), an. 746, p. 126.

WASTINGAS, an. 775, p. 167.

WATCURTE, village, an. 823, p. 358.

WAURE, (forêt de) an. 812, p. 269.

WEIMODO, an. 726, p. 117.

WEISSEMBOURG, (monastère de) an. 623, p. 56; an. 675, p. 84.

WEISSEMBOURG, ville, an. 623, p. 56; an. 805, p. 300.

WESBRUCH, abbaye inconnue, an. 817, p. 319.

WESTPHALIE, an. 774, p. 161; an. 789, p. 190.

WILLENEUVE-SUR-CHER, an. 702, p. 101.

WLUISANGAR, an. 813, p. 277.

WOINVILLE, an. 709, p. 103.

WORMS, année 627, p. 58; an. 745, p. 125; an. 751, p. 130; an. 752, p. 132; an. 763, p. 146; an. 769, p. 153; an. 772, p. 158 & 159; an. 782, p. 177; an. 786, p. 182; an. 790, p. 191; an. 791, p. 195; an. 803, p. 232 & 234; an. 809, p. 256; an. 829, p. 295; an. 833, p. 415 & 416.

WURTZBOURG, an. 747, p. 126; an. 751, p. 130; an. 755, p. 137; an. 779, p. 173; an. 786, p. 181; an. 786, p. 181; an. 794, p. 198; an. 807, p. 251; an. 820, p. 345; an. 822, p. 358.

Y

YLER, (rivière d') an. 773, p. 160.

YORC, an. 680, p. 88.

YSEURE ou SAINT-PIERRE d'YSEURE, monastère, an. 832, p. 409.

YVELINE, (forêt de) an. 768, p. 151; an. 769, p. 153; an. 774, p. 161.

Z

ZUTPHEN, an. 720, p. 112.

ZULPICH, an. 760, p. 143.

TABLE
DES NOMS DES PERSONNES
Dont il est fait mention dans ce Volume.

A

ABBON, poëte & historien, année 358, page 5.

ABBON, évêque de Metz, an. 637, p. 64.

ABBON, patrice, an. 789, p. 190; an. 805, p. 240.

ABBON, comte, an. 793. p. 197.

ABDÉRAM, gouverneur en Espagne pour les Sarrazins, an. 826, p. 381.

ACFRED, comte de Bourges, an. 803, p. 229.

ACHEUS, diacre de l'église de Dijon, an. 822, p. 358.

ADAGULDE, fille de Gammone, an. 702, p. 101.

ADALALD, particulier, an. 821, p. 349.

ADALAON, évêque : on ignore le nom du siége, an. 820, p. 346.

ADALARD, parent de Charlemagne, an. 766, p. 148; an. 814, p. 287; an. 825, p. 376; an. 828, p. 389.

ADALBERON, évêque de Metz, an. 659, p. 74.

ADALBERT, duc dans l'Allemagne, an. 720, p. 112.

ADALBERT, évêque d'Auvergne, an. 744, p. 123.

ADALBERT, abbé de Savigni, an. 809, p. 256.

ADALBERT, comte, an. 822, p. 360; an. 839, p. 457.

ADALÉOLD, diacre, an. 830, p. 398.

ADALÉOLD, abbé de S.t Amand dans le Tournaisis, an. 840, p. 464.

ADALGAUD, abbé de Fleuri ou S.t Benoit-sur-Loire, an. 818, p. 328.

ADALGISE, fils de Didier, an. 774, p. 162; an. 796, p. 202.

ADALGISE, abbé de Paunac, an. 804, p. 236.

ADALGISE, abbé de S.t Calez, an. 814, p. 291.

ADALOCH, évêque de Strasbourg, an. 816, p. 310; an. 817, p. 323.

ADALRAM, archevêque de Saltzbourg, an. 829, p. 393.

ADALRIC, duc dans la Champagne, an. 676, p. 85.

ADALRIC, duc Saxon, an. 813, p. 276.

ADALRIC, abbé de l'abbaye de la Grasse, an. 820, p. 347.

ADALSINDE, abbesse, an. 652, p. 72.

ADALSINDE, femme du comte Wisoalde, an. 709, p. 103.

ADALTRUDE, abbé de S.t Victor de Marseille, an. 780, p. 173.

ADALVARANE, fille de Grimalfroi, an. 770, p. 155.

ADALULF, diacre & notaire du Palais, an. 816, p. 311; an. 820, p. 346; an. 823, p. 366; an. 827, p. 386.

ADALUNG, abbé de Lauresham, an. 811, p. 263.

ADELAÏDE, fille de Pépin I.er an. 812, p. 269.

ADELARD, comte de Challons, an. 766, p. 148.

ADELARD, *Missus* nommé par l'Empereur pour juger la contestation de l'abbé de Farfe & du duc de Spolète, année 821, p. 350.

ADÈLE, fille de Dagobert II, an. 732, p. 118.

ADELERDE, abbé de S.t Amand, an. 822, p. 355.

ADELRAN, évêque de Mâcon, an. 815, p. 303.

ADEMAR, moine de Charroux, an. 799, p. 191; an. 801, p. 223.

ADEMAR, comte de Narbonne, an. 812, p. 268.

ADÉODAT. Voyez DIEUDONNÉ.

ADHELLE, père d'une pieuse dame nommée Willswinde, année 763, p. 146.

ADILBERT ou ÉDILBERT, roi d'Angleterre, an. 601, p. 52.

ADON, évêque de Vienne, an. 607, p. 53.

ADON, abbé de S.t Remi, an. 774, p. 106.

ADON, avoué de S.t Denys, an. 782, p. 177.

ADON, auteur d'un Martyrologe, an. 807, p. 251.

ADRIEN, empereur, an. 675, p. 84.

ADRIEN I.er pape, an. 757, p. 149; an. 772, p. 158 & 159; an. 773,
p. 160; an. 774, p. 162 & 163; an. 775, p. 163; an. 780 & 781, p. 175; an. 784, p. 181; an. 786, p. 182, 183 & 184; an. 787, p. 184; an. 796, p. 202 & 203; an. 799, p. 209.

ADROALD, an. 648, p. 70.

ÆLIDE, fille de Fédéric, duc de la Lorraine Mosellane, an. 813, p. 278.

AËTIUS, maître des deux milices & patrice, an. 445, p. 13.

AGAPET I.er pape, an. 535, p. 29.

AGARNUS ou AUVARNUS, évêque de Cahors, an. 673, p. 83; an. 783, p. 179.

AGERARD, évêque de Chartres, an. 696, p. 97.

AGILBERT, vidame de Narbonne, an. 821, p. 349.

AGILBERTUS, abbé de S.t Benigne de Dijon, an. 579, p. 43.

AGILBURGE, femme de Rainald, an. 823, p. 364.

AGILIS, abbé de la Grasse, an. 827, p. 385.

AGILOÏS, femme de Lempteüs, an. 824, p. 367.

AGIUS, évêque d'Orléans, an. 783, p. 179.

AGNÈS, an. 567, p. 40; an. 590, p. 49.

AGOBARD, archevêque de Lyon, an. 821, p. 351; an. 822, p. 359; an. 824, p. 367; an. 828, p. 389; an. 830, p. 399.

AGOMAR, évêque de Senlis, an. 640, p. 67.

AGONAUVALA, an. 790, p. 191.

AGRICOLA, préfet du Prétoire des Gaules, an. 418, p. 11.

AGRICOLA, neveu de saint Remi, an. 530. p. 28.

AGRIMUS, évêque de Langres, an. 812, p. 272.

AIGLIBERT, évêque du Mans, an. 674, p. 83; an. 675 & 676, p. 85; an. 685, p. 90.

AIGUE, femme du comte Raoul, an. 823, p. 365.

AIGULPHE, abbé de S.t Denys, an. 638, p. 65; an. 653, p. 73; an. 670, p. 80.

AIGULPHE, abbé de Solignac, an. 817, p. 322.

AIMARUS,

TABLE DES NOMS DES PERSONNES.

AIMARUS, prétendu évêque de Bourges, an. 767, p. 149.

AIMERIC DE PEYRAT, abbé de Moissac, an. 818, p. 328.

AIMOIN, an. 508, p. 21; an. 584, p. 45; an. 751, p. 129 & 130.

AIRARD, an. 816, p. 309.

AIZON, comte dans la marche d'Espagne, an. 826, p. 381.

ALAIN, homme illustre, an. 625, p. 57.

ALARIC, roi des Visigots, an. 498, p. 19; an. 508, p. 22.

ALBAIN, roi des Lombards, an. 563, p. 38.

ALBANE, comtesse, an. 825, p. 375.

ALBÉRIC, an. 657, p. 75.

ALBÉRIC, évêque d'Utrecht, an. 780, p. 174.

ALBÉRIC, évêque de Langres, an. 822, p. 360; an. 828, p. 386; an. 830, p. 399 & 400.

ALBERT, homme de naissance illustre, an. 586, p. 46.

ALBERT, abbé d'Epternack, an. 752, p. 131.

ALBO, an. 807, p. 250.

ALBOFLÈDE, sœur de Clovis I.er an. 497, p. 18.

ALBOIN, abbé de S.t Calez, an. 825, p. 374.

ALBON, comte de Poitiers & de Tours, an. 813, p. 278.

ALBRIC, fameux financier, an. 827, p. 383.

ALCUIN, poète, an. 685, p. 90; an. 799, p. 207.

ALCUIN, abbé de S.t Martin de Tours, an. 796, p. 201; an. 800, p. 211 & 219; an. 803, p. 235; an. 804, p. 238; an. 815, p. 306; an. 820, p. 345; an. 828, p. 386.

ALDEGONDE, (sainte) an. 646, p. 70.

ALDO, prêtre, frère d'Orsus archevêque de Vienne, an. 812, p. 268.

ALDO, particulier, an. 815, p. 301.

ALDRIC, évêque du Mans, an. 807, p. 251; an. 839, p. 459.

ALDRIDE, an. 822, p. 355.

ALEDRAND, comte, an. 821, p. 350.

ALEGRECUS, abbé de S.t Germain d'Auxerre, an. 816, p. 307.

ALEXANDRE VI, pape, an. 653, p. 56.

ALLAIN, abbé de Cormeri, an. 790, p. 192.

ALMALAIRE, diacre de l'église de Metz, an. 816, p. 315.

ALMER, (saint) an. 820, p. 347.

ALPADE, comte dans l'Alsace, an. 790, p. 192.

ALPAIDE, seconde femme de Pepin II, an. 690, p. 93; an. 788, p. 187.

ALTEFRÈDE, notaire, an. 808, p. 253.

AMADE, comte dans la Bourgogne, an. 820, p. 349.

AMALARIC, roi des Visigots, an. 526, p. 27.

AMALARIUS, corévêque de Metz, an. 825, p. 376.

AMALA-SUNTHE, mère d'Athalaric & fille de Théodoric, deux rois de la nation des Gots, an. 526, p. 27.

AMALBARDUS, an. 817, p. 317.

AMALBERT, abbé de S.t Denys, an. 757, p. 140.

AMALBERT, notaire, an. 804, p. 236; an. 807, p. 250; an. 808, p. 253.

AMALGARIUS, an. 652, p. 72.

AMALRIC, comte, an. 824, p. 369.

AMALTRUDE, femme d'Étienne, comte, an. 811, p. 262.

AMALUNG, comte, an. 811, p. 261.

AMAND, (saint) évêque de Tournai, an. 635, p. 63; an. 638, p. 64; an. 650 & 651, p. 71; an. 661, p. 77; an. 664, p. 78 & 79; an. 726, p. 117.

AMBLUF, abbé de Novalèze, an. 770, p. 156.

AMBROISE, (saint) an. 810, p. 258.

AMELIUS, évêque d'Usez, an. 823, p. 364.

AMICHO, évêque de Murbach, an. 775, p. 165.

AMMIEN-MARCELLIN, an. 349, p. 5; an. 367, p. 6; an. 399, p. 9.

AMPSUAIRES, peuples de la Germanie, an. 23, p. 1.

ANAFLÈDE, femme de Théodoric, an. 526, p. 27.

ANANIAS, an. 625, p. 57.

ANASTASE II, pape, an. 497, p. 18.

ANASTASE, empereur d'Orient, an. 517, p. 26.

ANASTASE le bibliothécaire, an. 753, p. 134; an. 754, p. 135; an. 755, p. 138; an. 800, p. 221.

ANASTASE, abbé de Figeac, an. 822, p. 354.

ANASTASE, abbé de Conques, an. 822, p. 357.

ANDOALDE, abbé d'*Amiatino*, dans le territoire de Chiusi en Toscane, an. 816, p. 312.

ANDRÉ, abbé de Barisi, an. 664, p. 78.

ANDRÉ, (saint) an. 815, p. 298.

ANDULPHE, avoué de l'abbaye de Faise, an. 821, p. 350.

ANEMOND, (saint) an. 813, p. 286.

ANGELBERT, comte, an. 812, p. 269.

ANGELHELME, évêque d'Auxerre, an. 819, p. 336.

ANGELRAM, évêque de Metz, an. 752, p. 133; an. 769, p. 152; an. 770, p. 157; an. 775, p. 163; an. 787, p. 185; an. 799, p. 210.

ANGILA, femme du comte Cancor, an. 770, p. 156.

ANGILBERT, abbé de S. Riquier, an. 797, p. 204; an. 800, p. 211, an. 811, p. 263.

ANGLEBERT, archidiacre de Verdun, an. 701, p. 101.

ANGLINUS, abbé de Stavelot & de Malmedi, an. 744, p. 123; an. 746, p. 125 & 126.

ANGURLINE, an. 813, p. 277.

ANIEN, abbé de S.t Jean & de S.t Laurent, an. 793, p. 197.

ANJOU, (Charles d') comte de Provence & de Naples, an. 716, p. 109.

ANNE, fille du duc Loherus, an. 788, p. 188.

ANNE, fille du duc Frédéric, an. 813, p. 278.

ANNE, fille du duc de Bavière, seconde femme du duc Frédéric, an. 819, p. 336.

ANNEBERT, évêque de Sens, an. 640, p. 67.

ANNEMOND, (saint) évêque de Lyon, an. 586, p. 46; an. 653, p. 73.

ANSBERT, abbé de Fontenelle, an. 673, p. 82.

ANSBERT, évêque d'Autun, an. 696, p. 97.

ANSE, femme de Didier roi des Lombards, an. 774, p. 162.

ANSEGAUD, an. 775, p. 164.

ANSLEUBANE, femme d'Ansemond, an. 520, p. 26.

ANSELME, comte, an. 815, p. 305.

ANSEMOND, an. 520, p. 26.

ANSEMOND, fondateur du monastère de Nantua, an. 817, p. 326.

ANSIPERGE, fille de Didier, an. 781, p. 176.

ANTENER, patrice de Marseille, an. 780, p. 173.

ANTONIN, empereur, an. 366, p. 6; an. 675, p. 84.

ANTONIUS, préfet du Prétoire des Gaules, an. 376, p. 8.

Tome I.   xxvij   g

TABLE DES NOMS DES PERSONNES.

ANTONIUS-MARCELLUS, préfident dans les Gaules, an. 319, p. 4.

APOLLINAIRE, abbé de S.t Anthême, an. 814, p. 294.

ARARIUS, abbé du Mas d'Azil, an. 817, p. 326.

ARBOGASTE, évêque de Strasbourg, an. 662, p. 77.

ARCADIUS, empereur, an. 391, p. 8; an. 397 & 399, p. 9; an. 400, p. 10.

ARECATE, comte, an. 817, p. 317.

AREDIUS, évêque de Vaison, an. 682, p. 89; an. 692, p. 96.

AREFRÈDE, chancelier d'Alardois ou Adelard; an. 766, p. 148.

ARGON, évêque d'Orléans, an. 640, p. 67.

ARIANNA, fille d'Hamalfride, abbesse de Honnecourt, an. 685, p. 90; an. 687, p. 91.

ARIBERT, évêque d'Arrezzo, an. 801, p. 222.

ARIDIUS, évêque de Lyon, an. 607, p. 53.

ARIGISE, duc de Bénevent, an. 774, p. 161.

ARLMANNUS, comte, an. 820, p. 346.

ARMATIUS, préfet du Prétoire des Gaules, an. 425, p. 12.

ARMONIUS, évêque de Verdun, an. 701, p. 101.

ARNALDE, notaire du Palais, an. 816, p. 307.

ARNAULD, comte de Béfiers, an. 822, p. 356.

ARNOALD, an. 587, p. 47.

ARNON, archevêque de Saltzbourg, an. 811, p. 263.

ARNOULD, (saint) évêque de Metz, an. 587, p. 47; an. 679, p. 54; an. 779, p. 87; an. 829, p. 393.

ARNOULD, duc, an. 623, p. 56; an. 646, p. 69.

ARNOULD, fils de Drogon, an. 690, p. 92; an. 706, p. 102; an. 715, p. 107; an. 716, p. 109.

ARNOULD, abbé de Noirmoutiers ou Nermoutiers, an. 817, p. 318; an. 819, p. 334.

ARODIUS, conseiller de Gondebaud roi de Bourgogne, an. 495, p. 16 & 17.

ASAGISE, duc de Bénevent, an. 786, p. 182.

ASCARIC, chef ou roi des Francs, an. 309, p. 3.

ASIG ou ADALRIC, fils d'Aldaric duc Saxon, an. 813, p. 276.

ASPREMONT, (Jean) évêque de Metz, an. 657, p. 75.

ASSUÉRUS, abbé de Pruim, an. 775, p. 166; an. 776, p. 168.

ASTOLPHE, roi des Lombards, an. 753, p. 134; an. 755, p. 138; an. 801, p. 222; an. 813, p. 278.

ATHALARIC, roi d'Italie, an. 526, p. 27.

ATILION, abbé de S.t Tiberi, an. 810, p. 258.

ATHON, évêque de Saintes, an. 793, p. 197; an. 799, p. 207 & 209.

ATON, abbé de Noaillé, an. 830, p. 400.

ATTALA, abbé de la Grasse, an. 814, p. 293 & 295.

ATTICUS, évêque de Constantinople, an. 810, p. 259.

ATTUAIRES, peuples de la Germanie, an. 309, p. 3.

AUBERT, évêque de Paris, an. 640, p. 67; an. 642, p. 68.

AUDACHER, notaire de Charles le Chauve, an. 801, p. 223.

AUDEGUAIRE, moine de Luxeuil & abbé de Kempten, an. 663, p. 73.

AUDIGISELUS, an. 632, p. 60.

AUDIR, corévêque de Lyon, an. 824, p. 367.

AUDON, abbé des monastères de Stavelo & de Malmedi, an. 827, p. 383.

AUDULFE, comte de Wurtzbourg, an. 807, p. 251; an. 811, p. 263.

AVITE, évêque de Vienne, an. 496, p. 17; an. 501, p. 21; an. 517, p. 26.

AUMER, évêque des Morins, an. 648, p. 70.

AUNACHARIUS, évêque d'Auxerre, an. 581, p. 44.

AURELIAN, évêque d'Arles, an. 546, p. 33; an. 550, p. 34; an. 596, p. 51.

AUSSINDE, abbesse d'Aniane, an. 810, p. 259.

AUSTREBERT, abbé de S.t Zénon de Vérone, an. 815, p. 305; an. 830, p. 399.

AUSTRUDE, veuve de Berchaire, an. 690, p. 92.

AUSTRUDE, dame pieuse, an. 814, p. 292; an. 815, p. 303.

AUTARIS, an. 588, p. 48.

AUTBERT, évêque de Cambrai, an. 657, p. 74; an. 697, p. 98.

AUTBERT, comte, an. 786, p. 182.

AUTCHAIRE, duc, an. 753, p. 135.

AUTLAND, abbé de S.t Martin de Tours, an. 775, p. 167.

AUTPERT, (saint) abbé, an. 778, p. 171.

AUXANIUS, évêque d'Aix, an. 464, p. 14.

AUXANIUS, évêque d'Arles, an. 543 & 545, p. 32; an. 546, p. 33; an. 557, p. 36.

AYMARD, abbé de Figeac, an. 822, p. 354.

B

BABOLÊME, (saint) abbé de S.t Pierre-des-fossés, an. 640, p. 67.

BADILON ou BADDILON, chancelier de Pépin, an. 756, p. 140; an. 761, p. 144.

BADURAD, évêque de Paderborn, an. 822, p. 354; an. 824, p. 371.

BAGON, prêtre, an. 762, p. 145.

BALACTERIUS, substitut du comte Hildegarde, année 815, p. 301.

BALDEBERT, abbé de Morbac, an. 752, p. 133.

BALDERIC, an. 671, p. 81.

BASINE, princesse du sang de France, an. 590, p. 49.

BATHILDE, reine de France, an. 660, p. 76; an. 664, p. 78.

BATURIC, abbé, & évêque de Ratisbonne, an. 820, p. 348.

BAUDOMELLA, femme dévote, an. 567, p. 40.

BAUGULFE, abbé de Fulde, an. 787, p. 186.

BÉBELINE, femme de Rodhingue, an. 726, p. 117.

BÉGON, comte de Paris, an. 816, p. 309.

BÉKA, an. 752, p. 131.

BÉLIZAIRE, général de l'empereur Justinien, année 539, p. 31; an. 550, p. 34.

BELLARMIN, an. 806, p. 246.

BELTO ou BETTON, évêque de Langres, an. 791, p. 195; an. 801, p. 223; an. 814, p. 292; an. 815, p. 301.

BÉNÉDICTINE, femme de David, an. 804, p. 236.

BENIGNE, abbé de Fontenelle, an. 716, p. 108.

BENNIL, comte, fils du comte Amalung, an. 811, p. 261; an. 813, p. 276.

BENOÎT, d'Aniane, an. 791, p. 208; an. 814, p. 290; an. 815, p. 299; an. 817, p. 318; an. 818, p. 330; an. 819, p. 333; an. 821, p. 349; an. 822, p. 355.

BENOÎT, abbé de Farfe, an. 803, p. 229; an. 814, p. 287; an. 815, p. 303; an. 816, p. 310.

BENOÎT, (saint) an. 811, p. 265; an. 812, p. 274; an. 818, p. 332.

BENOÎT, évêque d'Angers, an. 818, p. 330.

TABLE DES NOMS DES PERSONNES. xxix

BERA, comte de Barcelonne, an. 811, p. 263; an. 812, p. 268.

BERA, fils de Guillaume comte de Touloufe, an. 813, p. 286.

BERACHARIUS, évêque du Mans, an. 658, p. 75.

BERARD, évêque du Mans, an. 674, p. 83; an. 698, p. 99.

BERARD II, évêque du Mans, an. 712, p. 105.

BERCHAIRE, abbé de Montier-en-der, an. 662 & 663, p. 78; an. 672, p. 82; an. 685, p. 90.

BERCHAIRE, maire du Palais, an. 686, p. 91; an. 690, p. 92.

BÉRÉGISE, moine, an. 687, p. 92.

BÉRENGER, comte, an. 822, p. 360.

BÉRENGER, duc de Touloufe, an. 825, p. 375.

BÉRENGER, comte de Brioude en Auvergne, neveu du précédent, an. 825, p. 375.

BERNAIRE, évêque de Worms, an. 820, p. 345.

BERNALT, évêque de Strafbourg, an. 826, p. 380.

BERNARD, abbé d'Aniane, an. 810, p. 259.

BERNARD, fils de Pépin, roi d'Italie, an. 810, p. 260; an. 813, p. 277; an. 814, p. 287; an. 816, p. 312 & 313; an. 817, p. 325.

BERNARD, (faint) an. 811, p. 265.

BERNARD, comte de Ribagozza, an. 813, p. 278.

BERNARD, comte de Befalu, an. 813, p. 278.

BERNARD, archevêque de Vienne, an. 815, p. 298, 302 & 306; an. 824, p. 367; an. 830, p. 399.

BERNARD, duc de Septimanie, an. 823, p. 363; an. 829, p. 393 & 395.

BERNARD II, comte de Poitiers, an. 825, p. 376.

BERNERARD, abbé d'Epternach, an. 790, p. 194.

BERNOIN, archevêque de Befançon, an. 811, p. 263.

BERSVINDE, femme d'Adalric, an. 810, p. 258.

BERTECARIUS, évêque du Mans, an. 675, p. 84.

BERTEFRED, abbé de Molome, an. 817, p. 324.

BERTHA, reine d'Angleterre, an. 601, p. 52.

BERTHAULD, an. 795, p. 200.

BERTHE, ducheffe de Bavière, an. 679, p. 87.

BERTHE, femme de Gérard comte de Rouffillon ou de Provence, an. 821, p. 351.

BERTHE, fille de Charlemagne, an. 823, p. 361.

BERTHEGONDE, nièce du Prélat qui fuit, an. 594, p. 50.

BERTHERAMNE, évêque de Bordeaux, an. 594, p. 50.

BERTHERIUS, évêque de Vienne, an. 775, p. 163.

BERTHOALD, abbé de S.t Denys, an. 723, p. 114.

BERTHOENDUS, évêque de Châlons-fur-Marne, an. 692, p. 94.

BERTIN, (faint) abbé de Sithieu, an. 648, p. 70; an. 660 & 661, p. 76; an. 680, p. 88; an. 685, p. 90; an. 687, p. 91; an. 691, p. 93.

BERTIN, abbé de S.t Hilaire de Poitiers, an. 758, p. 150.

BERTRADE, femme de Pépin le Bref, an. 722, p. 113; an. 754, p. 135; an. 761, p. 144; an. 786, p. 181; an. 794, p. 198; an. 812, p. 269.

BERTRAND, évêque du Mans, an. 615, p. 54.

BERTRAND, abbé de Sorèze, an. 816, p. 317.

BERTRAND, bénéficiaire de la cathédrale de Laon, année 822, p. 357.

BETHTA, religieufe, an. 573, p. 41.

BETTON. Voyez BELTO.

BIGNON, (Jérôme) an. 665, p. 79.

BILEHILDE, Franque, an. 635, p. 62.

BLIDÉGISILLE, diacre de l'églife de Paris, an. 640, p. 67.

BOBOLÈNE, abbé de S.t Benigne de Dijon, an. 715, p. 107.

BODALUS, fils de Hugues, an. 748, p. 114.

BOLESLAS, duc de Pologne, an. 781, p. 175.

BOLONÉUS, abbé de S.t Benigne de Dijon, an. 579, p. 43.

BONALDE, premier abbé de Cruas, an. 817, p. 322.

BONELDE, femme d'Adalaire, an. 817, p. 318.

BONIFACE I.er pape, an. 422, p. 12.

BONIFACE, ou WINFRID, (faint) évêque de Mayence, an. 722, p. 113 & 114; an. 723, p. 115; an. 724, p. 116; an. 744, p. 123; an. 745, p. 124; an. 747, p. 126; an. 749, p. 127; an. 751, p. 130; an. 752, p. 131 & 133; an. 754, p. 136; an. 755, p. 137; an. 775, p. 166; an. 785, p. 180; an. 786, p. 181; an. 800, p. 220; an. 812, p. 273.

BONIFACE, fils du duc Lohérus, an. 788, p. 188.

BONIL, particulier dont les libéralités avoient fervi à fonder le monaftère de S.t Étienne de Bannioles, an. 822, p. 356.

BOREL, fils de Bernard, an. 813, p. 278; an. 829, p. 393.

BORONUS, neveu du duc Albert, an. 723, p. 114.

BORREL, (Jean) comte d'Auffonne, an. 795, p. 199.

BOSON, abbé de S.t Benoît-fur-Loire, an. 840, p. 464.

BRAIDINGUE, an. 813, p. 276.

BRUCTÈRES, peuples de la Germanie, an. 23, p. 1; an. 309, p. 3.

BRUNEHAUT, reine de France, an. 573, p. 42; an. 579, p. 43; an. 585, p. 45; an. 587, p. 47; an. 588, p. 48; an. 602, p. 52; an. 607, p. 53; an. 827, p. 384.

BURCHARD, évêque de Wurtzbourg, an. 751, p. 130; an. 755, p. 137; an. 786, p. 181; an. 794, p. 198.

BURCHARD, comte, an. 811, p. 263.

BURGOARD, avoué de l'évêque de Langres, an. 815, p. 301.

C

CAÏOLDE, évêque de Vienne, an. 697, p. 98.

CALEZ, (faint) an. 528, p. 27; an. 538, p. 31; an. 547, p. 34; an. 565, p. 39.

CAMPION, abbé de l'Ifle-Barbe, an. 815, p. 304; an. 816, p. 312.

CANCOR, comte, an. 763, p. 146; an. 770, p. 156; an. 776, p. 168.

CANDIDUS, an. 816, p. 308; an. 827, p. 382; an. 828, p. 387.

CARLOMAN, roi de France, an. 715, p. 107; an. 719, p. 114; an. 741, p. 121; an. 743, p. 122; an. 745, p. 124; an. 746, p. 125 & 126; an. 747, p. 126; an. 749, p. 127; an. 752, p. 131; an. 754, p. 135; an. 755, p. 136 & 138; an. 769, p. 151, 152, 153 & 154; an. 770, p. 155 & 157; an. 771, p. 158; an. 774, p. 161; an. 776, p. 168; an. 783, p. 178; an. 786, p. 181; an. 790, p. 194; an. 806, p. 247; an. 811, p. 262; an. 812, p. 269; an. 814, p. 287.

CASSIODORE, an. 496, p. 18; an. 526, p. 27.

CASTELLANUS, abbé de S.te Marie d'Arles, an. 820, p. 347.

CASTUS, abbé de Visbèke, an. 821, p. 350.

CATO, an. 560, p. 37.

Table des Noms des Personnes.

CAUTINUS, an. 560, p. 37.

CÉCILE, femme d'Anfemond, an. 817, p. 326.

CÉCILIEN, évêque de Carthage, p. 314, p. 3.

CENTULE, (Loup) duc des Gascons, an. 825, p. 375.

CÉSAIRE, (saint) évêque d'Arles, an. 508, p. 22; an. 514, p. 24; an. 535, p. 29; an. 538, p. 30; an. 542, p. 31; an. 567, p. 40; an. 624, p. 57.

CÉSAR, (Jules) an. 800, p. 219.

CHADOALDE, comte du Palais, an. 658, p. 75.

CHAINON, abbé de S.t Denys, an. 678, p. 86; an. 692, p. 95; an. 697, p. 98.

CHAMAVES, peuples de la Germanie, an. 23, p. 1; an. 309, p. 3.

CHAMNETRUDE, an. 700, p. 100.

CHARDERIC, abbé de S.t Denys, an. 697, p. 98.

CHARIBERT I.er roi de France, an. 565, p. 38; an. 566, p. 39; an. 567, p. 39 & 40; an. 573, p. 41; an. 584, p. 45; an. 586, p. 46; an. 587, p. 47; an. 590, p. 49; an. 601, p. 52.

CHARIVIUS, an. 721, p. 113.

CHARLEMAGNE, roi de France, an. 482, p. 16; an. 545, p. 33; an. 565, p. 38; an. 715, p. 107; an. 777, p. 114 & 115; an. 780 & 781, p. 114; an. 724, p. 115; an. 739, p. 120; an. 769, p. 152, 153 & 154; an. 770, p. 155 & 156; an. 771, p. 157 & 158; an. 772, p. 158 & 159; an. 773, p. 160; an. 774, p. 160, 161, 162 & 163; an. 775, p. 163, 164, 165, 166 & 167; an. 776, p. 167 & 168; an. 777, p. 169 & 170; an. 778, p. 170 & 171; an. 779, p. 172 & 173; an. 780, p. 173, 174 & 175; an. 781, p. 175 & 176; an. 782, p. 176, 177 & 178; an. 783, p. 178 & 179; an. 784 & 785, p. 180; an. 786, p. 181, 182, 183 & 184; an. 787, p. 184 & 185; an. 788, p. 185, 187, 188 & 189; an. 789, p. 189, 190 & 191; an. 790, p. 191, 192, 193 & 194; an. 791, p. 195; an. 792, p. 196; an. 793, p. 196 & 197; an. 794, p. 198 & 199; an. 795, p. 199 & 200; an. 796, p. 201, 202 & 203; an. 797, p. 203, 204 & 205; an. 798, p. 206; an. 799, p. 207, 208, 209, 210 & 211; an. 800, p. 212, 218, 219, 220 & 221; an. 801, p. 222, 223, 224 & 225; an. 802, p. 226, 228 & 229; an. 803, p. 230, 231 & 235; an. 804, p. 236, 237, 238 & 239; an. 805, p. 239, 240, 242 & 244; an. 806, p. 244, 245, 246, 248 & 250; an. 807,

p. 250, 251 & 252; an. 808, p. 253, 254 & 255; an. 809, p. 255, 256 & 257; an. 810, p. 258, 259 & 260; an. 811, p. 261, 262 & 264; an. 812, p. 266, 267, 268, 269, 270, 272, 273 & 275; an. 813, p. 277, 278, 281, 282, 283, 285 & 286; an. 814, p. 287, 290, 292, 293, 294 & 295; an. 815, p. 295, 297, 299, 300 & 305; an. 816, p. 307 & 308; an. 817, p. 322 & 323; an. 818, p. 328; an. 819, p. 336 & 339.

CHARLES, fils du duc Lohérus, an. 788, p. 188.

CHARLES, comte du Mans, fils de Charlemagne, an. 797, p. 203; an. 799, p. 208; an. 806, p. 246; an. 807, p. 252; an. 812, p. 270.

CHARLES LE CHAUVE, roi de France, année 773, p. 160; an. 783, p. 179; an. 786, p. 183; an. 793, p. 196; an. 795, p. 199; an. 801, p. 223; an. 803, p. 229; an. 804, p. 239; an. 805, p. 243; an. 815, p. 304; an. 816, p. 314; an. 819, p. 334; an. 821, p. 352; an. 829, p. 395; an. 839, p. 458; an. 840, p. 464.

CHARLES LE GROS, empereur, an. 720, p. 112; an. 803, p. 229; an. 804, p. 239; an. 812, p. 269.

CHARLES LE SIMPLE, empereur, année 788, p. 187; an. 800, p. 219; an. 819, p. 334.

CHARLES-MARTEL, an. 690, p. 92; an. 716, p. 109; an. 719, p. 111; an. 720, p. 112; an. 721, p. 112 & 113; an. 722, p. 113 & 114; an. 725, p. 116; an. 730, p. 118; an. 735, p. 119; an. 739 & 740, p. 120; an. 741, p. 121; an. 746, p. 125; an. 752, p. 131; an. 754, p. 135; an. 755, p. 138; an. 758, p. 141; an. 759, p. 142; an. 768 & 769, p. 151; an. 772, p. 159; an. 788, p. 187; an. 796, p. 202; an. 805, p. 240; an. 817, p. 323.

CHARLES-QUINT, empereur, an. 819, p. 335.

CHÂTELIN, (l'abbé) an. 809, p. 256.

CHATTES, peuples de la Germanie, an. 23, p. 1.

CHÉRUSQUES, peuples de la Germanie, an. 309, p. 3.

CHILDEBERT I.er roi de France, an. 490, p. 16; an. 526, p. 26; an. 528, p. 27; an. 531, p. 28; an. 532, p. 29; an. 538, p. 31; an. 545, p. 32 & 33; an. 546 & 547, p. 33; an. 549 & 550, p. 34; an. 551 & 554, p. 35; an. 557 & 558, p. 36; an. 562, p. 38; an. 565 & 567, p. 39; an. 577, p. 43; an. 583, p. 44; an. 585, p. 45; an. 587, p. 47; an. 590, p. 49; an. 593, p. 49 & 50; an. 674, p. 83; an. 697, p. 98; an. 712, p. 105.

CHILDEBERT II, roi de France; an. 532, p. 29; an. 586, p. 46; an. 588, p. 48; an. 593, p. 49; an. 594, p. 50; an. 724, p. 115; an. 725, p. 116.

CHILDEBERT III, roi de France, an. 586, p. 47; an. 694, p. 96; an. 695, p. 96 & 97; an. 697, p. 98; an. 698, p. 99; an. 700, p. 100; an. 702 & 704, p. 101; an. 706, p. 102; an. 709, p. 103; an. 710, p. 103 & 104; an. 711, p. 104; an. 713, p. 106; an. 716, p. 108; an. 719, p. 111; an. 721, p. 113; an. 769, p. 152; an. 827, p. 384.

CHILDEBRAND, an. 788, p. 187.

CHILDÉRIC I.er roi de France, an. 579, p. 43; an. 674, p. 83.

CHILDÉRIC II, roi de France, an. 660, p. 76; an. 661, p. 77; an. 663, p. 78; an. 664, p. 78 & 79; an. 667, p. 79 & 80; an. 670, p. 80; an. 671, p. 81; an. 673, p. 82; an. 674, p. 84; an. 681, p. 88; an. 683, p. 90; an. 691, p. 93; an. 692, p. 95; an. 698, p. 99; an. 700, p. 100; an. 710, p. 103; an. 713, p. 106; an. 716, p. 108; an. 744, p. 122.

CHILDÉRIC III, roi de France, an. 721, p. 112; an. 747 & 748, p. 114; an. 744, p. 123 & 124; an. 745, p. 124; an. 748, p. 126; an. 751, p. 129; an. 754, p. 135; an. 760, p. 143; an. 769, p. 152.

CHILLARD, abbé de S.t Denys, an. 757, p. 140.

CHILPÉRIC I.er roi de France, fils de Clotaire, an. 562, p. 38; an. 565, p. 39; an. 567, p. 39 & 40; an. 573, p. 41; an. 575, p. 42; an. 579, p. 43; an. 580, p. 43 & 44; an. 583, p. 44; an. 584, p. 45; an. 586, p. 46; an. 587, p. 47.

CHILPÉRIC II, roi de France, an. 583, p. 44; an. 700, p. 100; an. 716, p. 107, 108 & 109; an. 717, p. 110; an. 719, p. 111; an. 721, p. 112 & 113; an. 724, p. 115; an. 726, p. 117; an. 735, p. 120; an. 750, p. 128; an. 827, p. 384.

CHILPING, comte d'Auvergne, an. 766, p. 148.

CHLODASVINSE, fille de Clotaire I.er an. 563, p. 38.

CHORSON, duc d'Aquitaine, an. 812, p. 273.

CHRAMLIN, évêque d'Embrun, an. 678, p. 86.

CHRISTIAN, évêque de Nimes, an. 814, p. 293.

CHRISTIENNE, an. 748, p. 127.

CHRODEGANG, évêque de Metz, an. 752, p. 133; an. 753, p. 134 & 135; an. 756, p. 139; an. 757, p. 141; an. 763, p. 146; an. 765, p. 147; an. 769, p. 154; an. 776, p. 168; an. 816, p. 315.

CHRODELIN,

TABLE DES NOMS DES PERSONNES.

CHRODELIN, abbé de S.t Pierre de Sens, an. 711, p. 104.

CHRODIELDE, princesse du sang de France, an. 590, p. 49; an. 602, p. 52.

CHROTBERT, évêque de Tours, an. 674, p. 84; an. 712, p. 105.

CHROTILDE, dame de considération & fondatrice du monastère de Bruyère-le-château, an. 670, p. 80.

CIXILANE, vidame du comté de Narbonne, an. 802, p. 226.

CLAUDE, empereur, an. 584, p. 45.

CLAUDE, évêque de Turin, an. 815, p. 305.

CLAUDIEN, prêtre, an. 751, p. 130.

CLÉMENCÉ, religieux bénédictin, an. 680, p. 88.

CLÉMENT, prêtre Écossois, an. 744, p. 123.

CLODION, roi des Francs, père de Mérouée, an. 309, p. 3; an. 481, p. 16.

CLODION II, prétendu roi des Francs, an. 309, p. 3.

CLODION, Missus sous le ministère de Pépin le Bref, an. 750, p. 128.

CLODOMIR, prétendu roi des Francs, an. 309, p. 3; an. 323, p. 4; an. 532, p. 29; an. 547, p. 34; an. 567, p. 39; an. 577, p. 43.

CLODULPHE, fils du duc Arnould, an. 646, p. 69; an. 651, p. 71.

CLOTAIRE I.er, roi de France, an. 490, p. 16; an. 516, p. 25; an. 532, p. 29; an. 538, p. 31; an. 545, p. 33; an. 555, p. 35; an. 559, 560 & 562, p. 37; an. 567, p. 39 & 40; an. 577, p. 43; an. 593 & 595, p. 50; an. 627, p. 57; an. 766, p. 148.

CLOTAIRE II, roi de France, an. 395, p. 9; an. 532, p. 29; an. 593, p. 49; an. 595, p. 50; an. 615, p. 54; an. 620, p. 55; an. 625, p. 57; an. 627, p. 58; an. 638, p. 65 & 66; an. 642, p. 68; an. 691, p. 93; an. 712, p. 105; an. 811, p. 262.

CLOTAIRE III, roi de France, an. 620, p. 55; an. 627, p. 58; an. 632, p. 60; an. 657, p. 74; an. 658, p. 75; an. 660, p. 76; an. 661, p. 77; an. 664, p. 78; an. 665, p. 79; an. 692, p. 95; an. 698, p. 99; an. 700, p. 100; an. 716, p. 108 & 109; an. 819, p. 337.

CLOTILDE, fille de Gontran, an. 587, p. 47.

CLOTILDE, fille du duc Lohérus, an. 788, p. 188.

CLOUD, (saint) autre que le petit-fils du grand Clovis, année 679, p. 87.

CLOVIS I.er, roi de France, surnommé le Grand, année 395, p. 9; an. 481, p. 15; an. 482, 490 & 495, p. 16; an. 496, p. 17 & 18; an. 497, p. 18; an. 498, p. 19; an. 500, p. 20; an. 508, p. 21 & 22; an. 510 & 511, p. 23; an. 514, p. 24; an. 516, p. 25; an. 524, p. 26; an. 526, p. 27; an. 547, p. 34; an. 559, p. 37; an. 566, p. 39, an. 586, p. 46.

CLOVIS II, roi de France, an. 632, p. 60; an. 635, p. 62; an. 638 & 640, p. 67; an. 642, p. 68; an. 644, p. 69; an. 653, p. 73; an. 655 & 657, p. 74; an. 680, p. 88; an. 691, p. 93; an. 692, p. 95; an. 694, p. 96; an. 704, p. 101; an. 712, p. 105; an. 716, p. 108; an. 725, p. 116; an. 766, p. 148.

CLOVIS III, roi de France, an. 690, p. 92; an. 691, p. 93; an. 692, p. 95 & 96; an. 693, p. 96; an. 697, p. 98; an. 700, p. 100, an. 710, p. 103; an. 716, p. 108; an. 760, p. 143; an. 769, p. 152; an. 775, p. 166; an. 782, p. 177; an. 798, p. 206.

COLOMBAN, (saint) an. 607, p. 53; an. 624, p. 57; an. 818, p. 331.

COLVENIER, (George) an. 530, p. 28.

COMRODOBALD, comte du Palais de Thierri IV, année 725, p. 116.

CONDÉDO, moine de Fontenelle, an. 673, p. 82.

CONDIDUS, moine, bibliothécaire de Charlemagne, an. 803, p. 235.

CONRODOBALD, comte du palais de Thierri III, année 679, p. 87. Peut-être le même que celui sous Thierri IV.

CONSTANCE, empereur, an. 343, p. 5.

CONSTANT, empereur, an. 343, p. 5; an. 655, p. 74.

CONSTANTIN, empereur, an. 309 & 314, p. 3; an. 319, p. 4; an. 349, p. 5; an. 638, p. 66; an. 775, p. 163.

CONSTANTIN II, empereur, an. 319, p. 4.

CONSTANTIN, pape, an. 767, p. 149; an. 796, p. 203; an. 810, p. 258.

CONSTRAN, abbé de S.t Denys, an. 756, p. 139.

CORBAN, père de Waré, an. 745, p. 124.

COTELLE DE CRAON, baron de Centelles, an. 792, p. 196.

CROTEAIRE, économe de S.t Denys, an. 691, p. 93.

CUNAUD, abbé de S.t Denys, an. 638, p. 66.

CUNIBERT, roi des Lombards, an. 700, p. 100.

CUNON, fils du duc Lohérus, an. 788, p. 188.

CYRILLE, évêque de Trèves, an. 679, p. 87.

D

DADANE, fille de Dadila, an. 813, p. 277.

DADILA, comte de Nîmes, an. 813, p. 277; an. 815, p. 303.

DADO, abbé de Wafers, an. 657, p. 74.

DADON, abbé de S.t Denys, an. 620, p. 55; an. 635, p. 62.

DAGALAISE, maître de la Milice, an. 366, p. 6.

DAGOBERT, prétendu roi des Francs, an. 395, p. 9.

DAGOBERT I.er, an. 613, p. 54; an. 620, 621 & 622, p. 55; an. 623, p. 56; an. 627, 628 & 629, p. 58; an. 630, p. 59; an. 632, p. 59, 60 & 61; an. 633 & 634, p. 61; an. 635, p. 61, 62 & 63; an. 636, p. 63 & 64; an. 637, p. 64; an. 638, p. 64, 65 & 66; an. 640, p. 67; an. 642, p. 68; an. 644 & 646, p. 69; an. 652, p. 72; an. 674, p. 83; an. 675, p. 84; an. 686, p. 91; an. 692, p. 95; an. 716, p. 108; an. 752, p. 131.

DAGOBERT II, roi de France, an. 613, p. 54; an. 646, p. 69; an. 661, p. 77; an. 675, p. 84; an. 676, p. 85; an. 677 & 678, p. 86; an. 680, p. 88; an. 682, p. 89; an. 691, p. 94; an. 692, p. 95; an. 695, p. 97; an. 698, p. 99; an. 712, p. 105; an. 732, p. 118.

DAGOBERT III, an. 706, p. 102; an. 712, p. 105; an. 712, p. 105 & 106; an. 716, p. 108; an. 721, p. 113; an. 741, p. 121; an. 754, p. 136; an. 758, p. 142; an. 769, p. 152.

DANIEL, archevêque de Narbonne, an. 782, p. 176.

DARDANUS, préfet des Gaules, an. 400, p. 10.

DATHERIUS, évêque de Nice, an. 570, p. 40.

DAVID, syndic de S.t Benigne de Dijon, an. 783, p. 179.

DAVID, évêque de Bénevent, an. 787, p. 185; an. 789, p. 190.

DAVID, abbé de Charroux, an. 789, p. 191.

DAVID, riche particulier, fondateur de Punac, an. 804, p. 236.

DAUMERUS, abbé de S.t Calez, an. 547, p. 34.

DENYS (saint) évêque de Vienne, an. 197, p. 2; an. 813, p. 278.

Tome I. h

TABLE DES NOMS DES PERSONNES.

DESIDÉRATE, princesse, fille de Didier, roi des Lombards, an. 774, p. 162.

DIANE, fausse divinité, an. 650, p. 71.

DIDANE, épouse de Silvius, an. 812, p. 268.

DIDIER, (saint) évêque de Vienne, an. 602 & 607, p. 53.

DIDIER, trésorier de Dagobert & évêque de Cahors, an. 629, p. 58; an. 630, p. 59; an. 632, p. 61; an. 637, p. 64; an. 644, p. 69; an. 647 & 648, p. 70; an. 650, p. 71.

DIDIER, roi des Lombards, an. 757, p. 141; an. 774, p. 162; an. 796, p. 202; an. 801, p. 222.

DIDIERS, évêque de Toulon, an. 570, p. 40.

DIDON, évêque de Poitiers, an. 667, p. 79.

DIÉ (saint) évêque & abbé de Saint-Dié-en-Vosge, an. 671, p. 81.

DIEUDONNÉ, pape, an. 674, p. 84.

DIEUDONNÉ ou ADÉODAT, abbé de S.t Marcel de Châlons, an. 818, p. 329.

DIEUDONNÉ ou ADÉODAT, évêque de Modène, année 821, p. 353.

DIEUDONNÉE, femme de Hunald, an. 675, p. 84.

DINANE, femme de Siclande, an. 711, p. 104.

DODALENUS, particulier qui fait un legs à S.t Benigne de Dijon, an. 816, p. 310.

DODO, an. 816, p. 310; an. 817, p. 317.

DOMINIQUE, abbé de Charroux, an. 789, p. 191.

DOMNOLE (saint) évêque du Mans, an. 567, p. 39; an. 572, p. 41; an. 676, p. 85.

DOMNOLE, évêque de Mâcon, an. 750, p. 128; an. 815, p. 303.

DOMNOLINE, abbesse de S.t Grégoire, an. 751, p. 129.

DONAT, comte, an. 822, p. 360.

DONATUS, évêque de Besançon, an. 624, p. 57.

DOTALIA, archi-prêtre, an. 819, p. 336.

DRACO, vice-chancelier & notaire du Palais, an. 840, p. 462.

DROCTEGAN, abbé de Jumiéges, an. 753, p. 135.

DROGON, duc de Bourgogne, an. 690, p. 92 & 93; an. 697, p. 98; an. 706, p. 102; an. 715, p. 107; an. 716, p. 109.

DROGON, fils naturel de Charlemagne, an. 822, p. 359.

DROGON, évêque de Metz, an. 840, p. 462.

DRUCTESINDE, abbé de Saint-Mémin ou de Mici, près Orléans, an. 815, p. 298.

DUBOS, (l'abbé) an. 469, p. 17; an. 497, p. 18; an. 498, p. 19.

DUCANGE, an. 775, p. 163; an. 777, p. 169; an. 783, p. 179; an. 808, p. 254; an. 812, p. 266; an. 817, p. 318.

DUNGALE, moine reclus, an. 810, p. 259.

DURAND, diacre & notaire du Palais sous Louis le Débonnaire, an. 814, p. 290, 294 & 295; an. 815, p. 297, 298, 299, 300, 303, 304, 305 & 306; an. 816, p. 308, 309, 310, 311 & 312; an. 817, p. 317, 322, 323 & 324; an. 818, p. 329; an. 819, p. 333, 334, 336 & 337; an. 820, p. 344, 345, 346, 347 & 348; an. 821, p. 349, 353 & 354; an. 822, p. 355, 356, 357 & 358; an. 823, p. 362, 363, 364 & 365; an. 825, p. 374 & 375; an. 826, p. 379 & 380; an. 827, p. 383; an. 829, p. 392; an. 830, p. 397, 398 & 399.

DYNAMIUS, préfet des Gaules, an. 596, p. 50.

E

EBBON, (saint) évêque de Sens, an. 695, p. 97; an. 711, p. 104.

EBBON, patrice, an. 739, p. 120.

EBBON, archevêque de Reims, an. 817, p. 327; an. 822, p. 360; an. 827, p. 383.

ÉBERARD, comte, fils du duc Albert, an. 723, p. 114; an. 726, p. 117; an. 727, p. 118; an. 779, p. 173; an. 837, p. 448.

ÉBÉRULFE, assassin du roi Chilpéric, an. 587, p. 47.

EBOLATUS, bienfaiteur de l'abbaye du Mas-d'Azil, an. 817, p. 326.

ÉBORAND, seigneur des Pays-bas, an. 725, p. 116.

ÉBROGÈRE, prieur de Bébrona, an. 807, p. 151.

ÉBROIN, abbé de S.t Yrier-de-la-Perche, an. 674, p. 84.

ÉBROIN, maire du palais de Neustrie, an. 676, p. 85.

ÉBROIN, comte, an. 720, p. 112.

ÉBROIN, archevêque de Bourges, an. 810, p. 259.

ÉBROIN, abbé de S.t Hilaire de Poitiers, an. 839, p. 458.

EDDIUS-STEPHANUS, auteur du VII.e siècle, an. 680, p. 88.

EDDON, comte, an. 811, p. 263.

ÉDELBERT, greffier de la Cour ou du Conseil sous le règne de Charlemagne, an. 812, p. 267.

ÉDOALDE, (saint) archevêque de Vienne, an. 713, p. 106.

ÉDRON, particulier qui avoit fait une rente au monastère de Saint-Denys, an. 716, p. 108.

EGBERT, évêque de Trèves, an. 679, p. 87.

ÉGINHARD, abbé de S.t Pierre de Gand, &c. auteur de l'Histoire de Louis le Pieux, an. 749, p. 127; an. 780, p. 174; an. 784, p. 180; an. 788, p. 188; an. 800, p. 221; an. 806, p. 246; an. 811, p. 262; an. 815, p. 298 & 300; an. 816, p. 313; an. 819, p. 335; an. 821, p. 351; an. 824, p. 370; an. 828, p. 388.

EGREMARUS, particulier; il fait une donation à S.t Benigne de Dijon, an. 776, p. 167.

EIGIL, abbé de Fulde, an. 820, p. 346.

EIMOND, comte, an. 822, p. 360.

EINHARD, abbé de Sainte-Marie d'Aix-la-Chapelle, année 779, p. 172.

EINCHILT ou EINCHILDE, abbesse de Milize, an. 783, p. 178.

ÉLIANE, abbesse d'Argenteuil, an. 769, p. 153.

ÉLIPAUD, archevêque de Tolède, an. 794, p. 199.

ÉLISABETH, fille du duc Fédéric, an. 813, p. 278.

ÉLISACHAR, chancelier d'Aquitaine & abbé de Saint-Maximin de Trèves, an. 807, p. 250; an. 808, p. 253; an. 814, 290, 291, 294 & 295; an. 815, p. 297, 298, 299 & 301; an. 819, p. 334; an. 821, p. 349; an. 828, p. 389.

ELMÉTRUDE, femme du comte Oliba, an. 820, p. 347.

ÉLOI, (saint) évêque de Noyon, an. 596, p. 50.

ELPODORIUS, fils d'Éribert, comte de Viviers, an. 817, p. 322.

ÉMELTRUDE, femme du comte Éberard, an. 727, p. 118.

EMERIUS, évêque de Saintes, an. 566, p. 39.

EMMON, évêque de Sens, an. 657, p. 75.

ENGELBERT, an. 711, p. 104.

ENNODIUS, évêque de Pavie, an. 526, p. 27.

EPHIBIUS, abbé de Vienne, an. 696, p. 97; an. 697, p. 98.

EPIPHANIUS, abbé de Saint-Vincent-sur-le-Vulturne, an. 820, p. 344.

ERAGLUS, particulier qui fait un legs à Saint-Benigne de Dijon, an. 817, p. 317.

TABLE DES NOMS DES PERSONNES.

ERARDUS, abbé de Tolei, an. 673, p. 83.

ERCAMBAUD, chancelier, an. 774, p. 160; an. 790, p. 192; an. 799, p. 208; an. 802, p. 226; an. 803, p. 230; an. 804, p. 236; an. 807, p. 250 & 251; an. 808, p. 253; an. 810, p. 259; an. 811, p. 261 & 262.

ERCHANCHAIRE, comte dans l'Allemagne, an. 811, p. 263.

ÉREMBERT, abbé de Corbie, an. 681, p. 89.

ÉREMBERT, archevêque de Bourges, an. 786, p. 183.

ÉRIBERT, comte de Viviers, an. 817, p. 322.

ERKEMBOD, évêque de Térouanne, an. 723, p. 115.

ERLALD, sénéchal du Roi, an. 828, p. 386.

ERLEBERT, abbé de S.t Benigne de Dijon, an. 828, p. 387.

ERLEGAUD, abbé de S.t Benigne de Dijon, an. 816, p. 309 & 310; an. 820, p. 344 & 348; an. 828, p. 387.

ERLIN, marquis de Gironne, an. 812, p. 268.

ERMANGARIUS, marquis du Lampurdan, an. 812, p. 268.

ERMÉGUNDE, femme de Dadila, an. 813, p. 277; an. 815, p. 303.

ERMENA, femme de Riccolène, an. 761, p. 144.

ERMEMBERT, particulier qui fait une donation à S.t Benigne de Dijon, an. 632, p. 60.

ERMENFROID, comte, an. 820, p. 345.

ERMENOALDUS, abbé, an. 692, p. 95.

ERMENOARA, an. 715, p. 107; an. 735, p. 119.

ERMENOLDUS, an. 818, p. 329.

ERMENT, an. 725, p. 116.

ERMENTAIRE, moine de Jumiége, an. 801, p. 223.

ERMENTRUDE, femme de Nizezius, an. 679, p. 87.

ERPSUNID, an. 808, p. 253.

ETHINGHUS, an. 819, p. 336.

ÉTIENNE II ou III, pape, an. 752, p. 131; an. 753, p. 134; an. 754, p. 135 & 136; an. 755, p. 137, 138 & 139; an. 757, p. 140 & 141; an. 761, p. 144; an. 788, p. 188; an. 796, p. 203.

ÉTIENNE III ou IV, pape, an. 767, p. 150; an. 768, p. 151; an. 769, p. 154; an. 772, p. 159; an. 788, p. 188; an. 796, p. 203.

ÉTIENNE IV, an. 816, p. 311 & 312.

ÉTIENNE, fils du duc Lohérus, an. 788, p. 188.

ÉTIENNE, comte de Paris, an. 802, p. 228; an. 803, p. 232; an. 811, p. 262 & 263; an. 816, p. 309.

ÉTIENNE, (saint) martyr, an. 802, p. 229.

ÉTIENNE DE NICEI, abbé de Tonnerre, an. 817, p. 324.

ÉVARISTE, (saint) pape, an. 806, p. 249.

EUCHARIE, femme de Dynamius, an. 596, p. 50.

EUCHER, (saint) évêque d'Orléans, an. 746, p. 125.

EUDES, comte, an. 720, p. 112.

ÈVE, femme d'Egremarus, an. 776, p. 167.

EUFRASIS, épouse du comte Roger, an. 769, p. 154.

EUGÈNE, empereur tyran, an. 23, p. 1.

EUGÈNE I.er, pape, an. 655, p. 74.

EUGÈNE II, pape, année 824, p. 373; an. 825, p. 374.

EULADIUS, prêtre, an. 567, p. 40.

EUMENIUS, an. 309, p. 3.

ÉVRARD, ministre de Louis le Débonnaire, an. 828, p. 389.

ÉVROUL (saint) abbé de S.t Lucien de Beauvais, an. 583, p. 44.

EUSÈBE, an. 142, p. 2.

EUSEBIUS, évêque d'Orléans, an. 508, p. 21.

EUSPICIUS, évêque de Verdun, an. 428, p. 19.

EUTHARIC, descendant de Thorismond, an. 526, p. 27.

EUTICHÈS, exarque, an. 753, p. 135.

EUTROPIUS, an. 799, p. 210.

F

FABIEN, pape, an. 806, p. 249.

FALCO, évêque de Tongres, an. 512, p. 23.

FARAMOND, notaire du Palais, an. 814, p. 290; an. 817, p. 325; an. 818, p. 331; an. 821, p. 350.

FARDULPHE le Lombard, abbé de S.t Denys, an. 795, p. 200; an. 797, p. 204; an. 798, p. 205; an. 799, p. 208; an. 802, p. 228; an. 805, p. 239.

FARE, (sainte) abbesse de Farmoutiers, an. 632, p. 60.

FAROALDE, duc de Spolette, an. 705, p. 102.

FARON, (saint) évêque de Meaux, an. 610, p. 53.

FASTRADE, reine de France, an. 791, p. 195; an. 797, p. 203.

FAULUS, maire du palais de Flavius Cunipert roi des Lombards, an. 755, p. 138.

FAUSTUS, abbé de Lérins, an. 652, p. 72.

FÉDÉRIC ou FRÉDÉRIC, duc de la Lorraine Moséllane, an. 813, p. 278.

FÉLICIEN, évêque d'Urgel, an. 794, p. 199; an. 799, p. 208.

FÉLICITÉ, comtesse de Salm, femme de Fédéric, an. 813, p. 278; an. 819, p. 335.

FÉLIX, prêtre, an. 749, p. 125.

FÉRIC, fils du duc Lohérus, an. 788, p. 188.

FERRÉOLE, évêque d'Autun, an. 635, p. 62.

FERRI, fils du duc Fédéric, an. 813, p. 278.

FESTUS-POMPEÏUS, romain & historien, an. 799, p. 210.

FILIBERT, (saint) moine de Jumiége, an. 801, p. 223.

FISENUS, an. 656, p. 74.

FLAVIA, mère de Donatus, an. 614, p. 57.

FLAVIGNI, (Hugues de) an. 775, p. 165; an. 801, p. 223.

FLEURI, (l'abbé) prieur d'Argenteuil, an. 769, p. 153.

FLODEGAIRE, évêque d'Angers, an. 829, p. 392.

FLODOARD, auteur de l'Histoire de l'église de Reims, an. 837, p. 448. Voyez FRODOARD.

FLORENTIUS, préfet du Prétoire des Gaules, an. 367, p. 6.

FLOSBERT, abbé de S.t Florent, an. 824, p. 368.

FOLCHET, an. 812, p. 276.

FOLQUIN, an. 685, p. 90; an. 717, p. 110; an. 721, p. 112; an. 807, p. 251.

FOLRAD, an. 827, p. 383.

FORTUNAT, évêque de Poitiers, historien, an. 559, p. 37.

FORTUNAT, évêque de Grado, an. 803, p. 229.

FORTUNAT, abbé de Médeloc, an. 824, p. 371.

FRANCON, évêque du Mans, an. 796, p. 201; an. 802, p. 226; an. 814, p. 291.

FRÉDÉGAIRE, surnommé le Scholastique, historien, an. 584, p. 45; an. 593, p. 50; an. 607, p. 53; an. 690, p. 93; an. 788, p. 187.

FRÉDÉGONDE, reine de France, an. 583, p. 44; an. 584, p. 45; an. 590, p. 49.

FREDELUS, homme libre, an. 818, p. 328.

FRÉDÉRIC I.er, empereur, an. 804, p. 239.

xxxiv   TABLE DES NOMS DES PERSONNES.

FRÉDÉRIC II, empereur, an. 770, p. 156; an. 804, p. 239.
FRÉDÉRIC, duc. V. FÉDÉRIC.
FRIDEGISE ou FRIDUGISE, abbé de Saint-Martin de Tours, an. 807, p. 250; an. 811, p. 263; an. 817, p. 323; an. 820, p. 344 & 345; an. 828, p. 386; an. 830, p. 397.
FRIULFE, an. 716, p. 108.
FRODIN ou FRODOIN, abbé de Novalèze, an. 770, p. 156; an. 789, p. 190; an. 805, p. 240.
FRODOARD ou FLODOARD, an. 630, p. 59; an. 714, p. 106; an. 772, p. 159; an. 802, p. 228; an. 812, p. 269.
FRODOBERT, an. 657, p. 74.
FROTAIRE, évêque de Périgueux, an. 804, p. 236.
FROTHAIRE, évêque de Toul, an. 817, p. 325; an. 824, p. 371; an. 828, p. 388.
FULCAIRE, père de Wlfric, an. 783, p. 179.
FULCARIUS, évêque de Liége, an. 826, p. 379.
FULCO, abbé de S.t Aignan, an. 786, p. 181.
FULERIC, particulier, an. 827, p. 385.
FULGERIUS, abbé de Nantua, an. 840, p. 466.
FULQUIN, homme distingué dans l'État, du temps de Louis I.er, an. 821, p. 349.
FULRAD, abbé de S.t Waast, an. 672, p. 82.
FULRAD, abbé de S.t Denys, an. 750, p. 128; an. 751, p. 129 & 130; an. 752, p. 133; an. 753, p. 134; an. 754, p. 136; an. 755, p. 138; an. 756, p. 139; an. 757, p. 140; an. 758, p. 142; an. 763, p. 146; an. 766, p. 148; an. 767, p. 149; an. 768 & 769, p. 151; an. 772, p. 159; an. 774, p. 161; an. 775, p. 164 & 166; an. 777, p. 170; an. 782, p. 177; an. 790, p. 193; an. 795, p. 200; an. 798, p. 205; an. 799, p. 208; an. 812, p. 270.

G

GAÏON, particulier Bavarois & très-riche, an. 799, p. 209.
GALINDE, comte d'Arragon, an. 813, p. 278.
GALLUS (l'abbé) année 565, p. 39.
GALSVINDE, sœur de la reine Brunehaut, an. 827, p. 384.
GAMMOND, an. 697, p. 99; an. 702, p. 101.
GARIBALDE, évêque de Liége, an. 808, p. 255.

GARNIER, évêque de Langres, an. 812, p. 272.
GAUCELME, comte de Roussillon, an. 812, p. 268; an. 829, p. 394.
GAUTIER, an. 730, p. 118.
GAUZEBERT, moine de Glanfeuil, fils du comte Gauzelin, an. 839, p. 456.
GAUZELIN, comte de Touraine, an. 839, p. 456.
GAUZELIN, fils de Roricon, an. 839, p. 456.
GÉDÉON, seigneur Aquitain, an. 760, p. 143.
GÉMELLE, vicaire du préfet des Gaules, an. 508, p. 22.
GEMINIANUS, évêque de Modène, an. 782, p. 177.
GÉNEBAUD, duc des Thuringiens, an. 323, p. 4.
GENEZ, an. 799, p. 208; an. 802, p. 226.
GEOFFROI, duc & fils de Drogon, an. 690, p. 92; an. 706, p. 102; an. 715, p. 107.
GEORGE, abbé d'Aniane, an. 818, p. 331; an. 821, p. 351; an. 822, p. 359.
GÉRALT, comte, an. 811, p. 263.
GÉRARD, comte de Paris, an. 758, p. 142; an. 778, p. 171.
GÉRARD DE ROUSSILLON, comte de Nevers, ou de Provence, an. 821, p. 352.
GERBERGE, femme de Carloman, an. 786, p. 181.
GERBERON, jésuite, an. 767, p. 149; an. 782, p. 177.
GERBERTE, abbesse de S.te Croix de Poitiers, an. 825, p. 374.
GERFROID, comte de Paris, an. 814, p. 294.
GERMAIN, évêque de Paris, an. 500, p. 20; an. 565, p. 38; an. 567, p. 40; an. 573, p. 42.
GERMAIN, bénédictin, an. 778, p. 171; an. 793, p. 197; an. 801, p. 223.
GERMOND, bénédictin, an. 799, p. 207 & 208.
GERTRUDE, (sainte) princesse, an. 786, p. 181; an. 813, p. 285.
GERTRUDE, fille du duc Lohérus, an. 788, p. 188.
GÉRULFE, favori de Louis le Débonnaire, an. 839, p. 458.
GILBERT, comte de Narbonne, an. 752, p. 132.
GILBERT, archevêque de Rouen, an. 822, p. 360.
GILLES, évêque de Reims, an. 573, p. 41; an. 590, p. 49.
GIMBERGE, épouse de Girard, an. 586, p. 46.

GIRARD, particulier, an. 586, p. 46.
GISÉLAFRED, comte de Béfiers, an. 812, p. 268.
GISÈLE, sœur de Charlemagne, an. 799, p. 207 & 208; an. 812, p. 269; an. 813, p. 285.
GISELLE, fille de Charlemagne, an. 781, p. 175.
GLORIUS, notaire du Palais, an. 839, p. 458 & 460.
GODE, femme de Gautier, an. 730, p. 118.
GODEAU, évêque de Vence, an. 545, p. 32.
GODEBERT, an. 807, p. 250.
GODEFROI, jurisconsulte, an. 319, p. 4; an. 367, p. 6; an. 425, p. 13.
GODEFROI, comte, an. 802, p. 228.
GODEFROI, roi de Dannemark, an. 804, p. 237; an. 807, p. 252.
GODEFROI, évêque de Chartres, an. 812, p. 266.
GODEFROI, évêque de Vendôme, an. 812, p. 266.
GODEFROI, abbé de Munster en Grégoriental, an. 823, p. 362.
GODEFROI ou GOZEFRID, comte de Chartres, an. 824, p. 369.
GODÉGISÈLE, roi de Bourgogne, an. 495 & 496, p. 17; an. 586, p. 46.
GODELSADE, abbé de Nantua, an. 817, p. 326.
GODIN, homme de considération, an. 579, p. 43.
GODINUS, abbé de S.t Benigne de Dijon, an. 734, p. 119.
GODOBALD, abbé de S.t Denys, an. 725, p. 116.
GODOMAR, roi de Bourgogne, an. 602, p. 52.
GODUIN, an. 681, p. 88.
GOÉLANE, an. 679, p. 87.
GOMATRUDE, femme de Dagobert, an. 741, p. 121.
GOMBAUD, abbé de Charroux en Poitou, an. 830, p. 398 & 400.
GONDEBAUD, roi de Bourgogne, an. 482 & 495, p. 16; an. 496, p. 17; an. 498, p. 19; an. 508, p. 22; an. 517, p. 26; an. 585, p. 45; an. 586, p. 46.
GONDEBERT, ci-devant archevêque de Sens, an. 661, p. 77.
GONDELAND, abbé de Lauresheim, an. 772, p. 158; an. 776, p. 168.
GONDOALDE, évêque de Meaux, an. 610, p. 53.
GONTHIER, an. 725, p. 116.
GONTIER, abbé, an. 769, p. 152.
                              GONTRAN,

TABLE DES NOMS DES PERSONNES.

GONTRAN, roi d'Orléans & de Bourgogne, année 567, p. 40; an. 577, p. 43; an. 584, p. 44 & 45; an. 585, p. 45; an. 586, p. 46; an. 587, p. 47; an. 588 & 589, p. 48; an. 589, p. 49; an. 593 & 596, p. 50; an. 602, p. 52; an. 627, p. 58; an. 692, p. 95; an. 827, p. 384.

GOSBALD, abbé de la Basse-Altaich, an. 823, p. 364; an. 830, p. 398.

GOSBERT, archevêque de Bourges, an. 813, p. 286.

GOTFROID, abbé de Munster en Grégoriental, an. 826, p. 380.

GOTS, peuples barbares établis en Italie, an. 526, p. 27; an. 535, p. 30.

GOTZELME, comte, an. 807, p. 252.

GOYLIANE, an. 734, p. 119.

GOZELIN, chancelier de Charles le Chauve, an. 801, p. 223.

GOZEFRID. V. GODEFROI.

GRATIEN, empereur, an. 366, p. 6; an. 369, 370 & 371, p. 7; an. 376 & 379, p. 8.

GRATIEN, évêque de Toulon, an. 570, p. 40.

GRÉGOIRE de Tours, an. 23, p. 1; an. 142, p. 2; an. 309, p. 3; an. 495, p. 17; an. 497, p. 18; an. 498, p. 19; an. 508, p. 21; an. 516, p. 25; an. 554, p. 35; an. 559 & 560, p. 37; an. 566, p. 39; an. 567, p. 40; an. 573, p. 41 & 42; an. 583, p. 44; an. 584, p. 45; an. 586, p. 46; an. 587, p. 47; an. 588, p. 48; an. 590, p. 49; an. 724, p. 115.

GRÉGOIRE (saint) le Grand I.er, pape, an. 590 & 593, p. 49; an. 594 & 596, p. 50; an. 599, p. 51; an. 601 & 602, p. 52; an. 664, p. 79; an. 799, p. 210.

GRÉGOIRE II, pape, an. 719, p. 111; an. 721 & 722, p. 113; an. 723, p. 115; an. 724, p. 116; an. 753, p. 135.

GRÉGOIRE III, pape, an. 721, p. 113; an. 740, p. 120; an. 753, p. 135; an. 772, p. 159; an. 796, p. 202 & 203.

GRÉGOIRE IV, pape, an. 829, p. 391.

GRÉGOIRE, évêque d'Utrecht, an. 770, p. 155.

GRÉGOIRE, père de Dadila, an. 813, p. 277.

GRETSERUS, jésuite, an. 796, p. 203.

GREWOLDUS, an. 812, p. 272.

GRIMALFROI, an. 770, p. 155.

GRIMBERT, an. 771, p. 157.

GRIMOALD, maire du Palais, an. 640, p. 67; an. 653, p. 73; an. 710, p. 104; an. 775, p. 165.

GRIMOALD, duc de Bénevent, an. 789, p. 190; an. 810, p. 260; an. 818, p. 330.

GRINIO, abbé de S.t Tron, an. 746, p. 125.

GRIPHON, le plus jeune des trois fils de Charles-Martel, an. 749, p. 127.

GUALDEBERT, abbé de S.te Marie d'Organo, an. 804, p. 236.

GUI, comte, an. 818, p. 329.

GUICHINGE, an. 750, p. 128.

GUILLAUME, duc de Toulouse, fondateur de Gellone, an. 804, p. 236; an. 806, p. 250; an. 807, p. 251; an. 812, p. 272; an. 814, p. 290; an. 815, p. 300.

GUILLAUME LE PIEUX, frère de la comtesse Albane, fondateur de l'abbaye de Cluni, année 825, p. 375.

GULFOCUS, prêtre, an. 824, p. 370.

GUNDULPHE, évêque de Mâcon, an. 815, p. 303.

H

HADALBOLD, archevêque de Cologne, an. 822, p. 360.

HADINGAN, vidame de l'évêque du Mans, an. 719, p. 111.

HADO, abbé de Corbie, an. 769, p. 152.

HADOUIN, évêque du Mans, an. 624, p. 57; an. 642, p. 68.

HADRIEN ou ADRIEN, pape, an. 814, p. 292. V. ADRIEN I.er

HAGADÉE, an. 775, p. 166.

HAICON, frère du duc Albert, an. 723, p. 114.

HAILLAN, (du) historien, an. 420, p. 12.

HALITGARIUS, évêque de Cambrai, an. 825, p. 377.

HALTA, abbé de S.t Waast, prédécesseur de Fulrad, an. 672, p. 82.

HAMALFRIDE, homme de considération, an. 685, p. 90; an. 687, p. 91.

HARDRAD, abbé de Sithieu, an. 769, p. 153.

HATTON, comte d'Hasbourg, an. 762, p. 145.

HATTON, comte de Mayence, an. 811, p. 263.

HAUTO, abbé de Montier-en-Der, an. 815, p. 299; an. 827, p. 383.

HECCARD, particulier, an. 839, p. 460.

HECFRED, comte dans la Bourgogne, an. 824, p. 369.

HÉDA, an. 752, p. 131.

HEDDO, évêque de Strasbourg, an. 750, p. 128; an. 762, p. 145.

HÉDEN ou HÉTEN, duc de Thuringe, an. 716, p. 108.

HEIMOND, abbé de Manlieu, an. 818, p. 329.

HEISTOLFE, archevêque de Mayence, an. 820, p. 346; an. 822, p. 360.

HÉLÉGRINE, femme de Folrad, an. 827, p. 383.

HÉLI, an. 840, p. 462.

HELMERIC, abbé de Lauresheim, an. 779, p. 173.

HÉLOGAR, abbé de S.t Méen, an. 816, p. 307.

HÉMÉHILT ou ÉMÉHILDE, fille de Charlemagne, an. 800, p. 220.

HÉMERI, fils de Cancor, an. 776, p. 168.

HENRI II, roi de France, an. 774, p. 160.

HENRI IV, empereur, an. 773, p. 160.

HENRI V, empereur, an. 781, p. 175.

HÉPIDANUS, moine de S.t Gale, an. 774, p. 162.

HÉRACLIUS, évêque de Paris, an. 500, p. 20.

HERCHENEFRÈDE, mère de Rustique, évêque de Cahors, & de Didier, trésorier du roi Dagobert I.er, an. 629, p. 58.

HERCHENRAD, évêque de Paris, an. 776, p. 166; an. 820, p. 348.

HÉRIBERT, comte dans le pays de Trèves, année 722, p. 113; an. 761, p. 114.

HÉRIMAN, historien, an. 584, p. 45; an. 839, p. 459.

HÉRIMER, roi des Francs, an. 23, p. 1.

HERLEMAND I.er évêque du Mans, an. 674, p. 83; an. 698, p. 99; an. 713, p. 105 & 106; an. 719, p. 111; an. 721, p. 113.

HERMAN, comte, gendre du roi Dagobert II, an. 678, p. 86.

HERMANGARDE, fille du duc Loherus, an. 788, p. 188.

HERMELINDE, femme de Loup duc de Spolète, an. 751, p. 129.

HERMEMBERT, abbé de Noaillé, an. 799, p. 207.

HERMENFROI, roi de Thuringe, an. 559, p. 37.

HERMENFROI, particulier, an. 787, p. 186.

Tome I.

HERMENGARDE, impératrice, première femme de Louis le Débonnaire, an. 816, p. 308, 311 & 313; an. 818, p. 330 & 331.

HERMENGARDE, ou HERMANGARDE, femme de l'empereur Lothaire & mère de Louis roi d'Italie, année 816, p. 314; an. 822, p. 355.

HERMENRIC, an. 819, p. 337.

HERMÈS, diacre de Rustique évêque de Narbonne, ensuite évêque de Béfiers, & successeur de Rustique, an. 462, p. 14.

HÉRON, an. 696, p. 97.

HÉROUVAL, (M. d') an. 805, p. 240.

HÉTEN. Voyez HÉDEN.

HETTON, évêque de Bâle, an. 811, p. 263; an. 813, p. 285.

HETTUS ou HETTON, archevêque de Trèves, année 817, p. 325; an. 822, p. 360; an. 824, p. 371.

HIDULPHE, duc de Lorraine, an. 697, p. 98.

HIÉRÉMIE, chancelier de France & abbé de Marmoutiers, an. 813, p. 277; an. 814, p. 293.

HIÉRÉMIE, archevêque de Sens, an. 822, p. 355 & 360; an. 828, p. 388.

HILAIRE, évêque d'Arles, an. 417, p. 11; an. 445, p. 13.

HILAIRE, évêque de Narbonne, an. 422, p. 12.

HILAIRE, pape, an. 462 & 464, p. 14; an. 501, p. 21.

HILARIE, (Bénédicte) diaconesse, an. 530, p. 28.

HILDEBALDE, chapelain & archichapelain, an. 789, p. 190.

HILDEBALDE, archevêque de Cologne, année 811, p. 263; an. 816, p. 312.

HILDEBALDE, évêque de Mâcon, an. 814, p. 292; an. 815, p. 303; an. 816, p. 307; an. 825, p. 375.

HILDEBERTA, an. 808, p. 253.

HILDEBOLDE, abbé de Nermoutiers ou Saint-Filibert, an. 826, p. 379.

HILDEGARDE, femme de Charles-Martel, an. 773, p. 160; an. 780, p. 175; an. 783, p. 178; an. 790, p. 194; an. 793, p. 197; an. 797, p. 203.

HILDEGARDE, comte dans une partie de la Bourgogne, an. 815, p. 301.

HILDGERN, comte, an. 811, p. 263.

HILDEGISE, abbé de Donzère, an. 840, p. 464.

HILDERIC, an. 797, p. 204; an. 799, p. 210.

HILDERIN, évêque d'Halberstad, an. 814, p. 292.

HILDIERNUS, comte dans la Bourgogne, an. 816, p. 310.

HILDIPERT, duc de Spolète, an. 787, p. 186.

HILDUIN, abbé de S.t Denys & de S.t Médard de Soissons, an. 754, p. 135; an. 814, p. 294; an. 818, p. 329; an. 819, p. 337; an. 820, p. 347 & 348; an. 822, p. 358; an. 823, p. 361 & 365; an. 824, p. 369; an. 827, p. 385 & 386; an. 828, p. 388; an. 829, p. 391; an. 840, p. 465.

HILDULF, an. 822, p. 358.

HILPRAND, roi des Lombards, an. 820, p. 346.

HILTRUDE, sœur du roi Pépin, an. 794, p. 198.

HIMILTRUDE, an. 797, p. 203.

HIMNECHILDE, reine, an. 664, p. 78.

HINCMAR, archevêque de Reims, an. 496, p. 17; an. 530, p. 28; an. 652, p. 72; an. 812, p. 267; an. 814, p. 287; an. 834, p. 426.

HINGUETIN, abbé de S.t Jacut, an. 816, p. 307.

HIRMINMARUS, diacre & notaire du Palais, an. 822, p. 356 & 358; an. 823, p. 362; an. 825, p. 376; an. 826, p. 380; an. 827, p. 383; an. 830, p. 398; an. 839, p. 457 & 458.

HIRMINUS, évêque de Lausanne, an. 822, p. 360.

HIRMION, abbé de S.t Germain-des-Prés, an. 811, p. 263; an. 817, p. 323. V. IRMINON.

HITHIER, diacre, an. 813, p. 277.

HITIER, chancelier de Charlemagne & abbé de Saint-Mattin de Tours, an. 772, p. 158; an. 774, p. 160; an. 775, p. 167; an. 782, p. 176; an. 786, p. 183; an. 790, p. 192 & 193; an. 791, p. 195; an. 800, p. 211; an. 820, p. 345.

HODE, (M. de la) an. 495, p. 17.

HODING, an. 803, p. 230.

HOEL III. Voyez JUTHAEL.

HOLFAM, an. 806, p. 245.

HOLSTENIUS, an. 797, p. 204.

HONORIUS, empereur, an. 399, p. 9; an. 400, p. 10; an. 418, p. 11.

HORMISDAS, pape, an. 514, p. 24.

HORTMAN, comte dans une partie de l'ancien royaume d'Austrasie, an. 815, p. 300; an. 817, p. 324.

HRUOCULF, comte, an. 817, p. 325.

HRUOTMARUS, comte, an. 819, p. 336.

HUBERT, (saint) évêque de Tongres, an. 687, p. 91.

HUBERT, évêque de Châlons, an. 779, p. 172.

HUBERT, chantre & chanoine de Sainte-Croix d'Orléans, an. 816, p. 313.

HUGUES, évêque de Rouen, de Paris & de Bayeux, an. 690, p. 92; an. 715, p. 107.

HUGUES, de la famille du duc Adalbert, an. 747, p. 114.

HUGUES, fils naturel de Charlemagne, an. 770, p. 156; an. 789, p. 190; an. 822, p. 359.

HUGUES, fils du duc Loherus, an. 788, p. 188.

HUGUES, (le comte) an. 807, p. 250; an. 823, p. 363.

HUGUES CAPET, roi de France, an. 812, p. 269.

HUMBERT, abbé de Mafilles, an. 671, p. 81.

HUNALD, particulier bienfaiteur de l'église du Mans, an. 675, p. 84.

HUNDRADE, femme de Wandalbert, an. 809, p. 256.

HUNOLD, duc d'Aquitaine, an. 760, p. 143.

HUNON, homme de confidération, an. 671, p. 81.

I

JASTON, comte du Palais, an. 827, p. 383.

IBBAS, duc, an. 508, p. 22.

IBROLE, abbé de S.t Calez, an. 692, p. 95; an. 697, p. 98; an. 712, p. 105.

IBBON, vassal du Roi, an. 695, p. 97.

IBBON, archevêque de Tours, an. 712, p. 105.

IBBON, notaire du Palais, an. 810, p. 259; an. 815, p. 302.

IDDANA, dame de confidération, an. 700, p. 100.

JEAN I.er pape, an. 818, p. 330.

JEAN II, pape, an. 818, p. 330.

JEAN III, pape, an. 562, p. 37; an. 818, p. 330.

JEAN IV, pape, an. 641, p. 68; an. 648, p. 70; an. 660, p. 76; an. 818, p. 330.

JEAN V, pape, an. 680, p. 88; an. 818, p. 330.

JEAN VI, pape, an. 818, p. 330.

JEAN VII, pape, an. 705, p. 102; an. 818, p. 330.

JEAN VIII, pape, an. 818, p. 330.

JEAN XXII, pape, an. 810, p. 258.

JEAN, moine, an. 496, p. 17.

TABLE DES NOMS DES PERSONNES.

JEAN, empereur tyran, an. 425, p. 13.

JEAN, fameux guerrier, général d'armée de Charlemagne, an. 793, p. 196; an. 795, p. 199; an. 815, p. 297.

JEAN, archevêque d'Arles, an. 811, p. 263; an. 812, p. 267; an. 816, p. 312.

JEAN, évêque de Sisteron, an. 812, p. 267.

JEAN, évêque de Nîmes, an. 813, p. 277.

JEAN, évêque de Lyon, an. 813, p. 286.

JEAN, abbé de Caune, an. 821, p. 349; an. 825, p. 377.

JEPPRON, abbé de S.t Hilaire de Poitiers, an. 793, p. 197.

JERMBIRGA, femme de Lindolde, an. 831, p. 401.

JESSÉ, évêque d'Amiens, an. 800, p. 211; an. 805, p. 243; an. 809, p. 256; an. 811, p. 263.

ILDOBALD, prétendu évêque de Reims, an. 767, p. 149.

IMBOLDUS, an. 824, p. 370.

IMMA, femme d'Éginhard, an. 815, p. 298; an. 819, p. 335.

IMMÈNE, fille de Raoul, comte de Turenne & de Querci, an. 823, p. 365; an. 824, p. 369.

INCHADE, évêque de Paris, an. 811, p. 262; an. 820, p. 347 & 348; an. 829, p. 394.

INGELRAM, évêque de Langres & abbé de S.t Étienne de Dijon, an. 840, p. 465.

INGENUUS, évêque d'Embrun, an. 464, p. 14.

INGERTRUDE, mère de Berthegonde, an. 594, p. 50.

INGOALDE, abbé de Farfe, an. 801, p. 222; an. 820, p. 346; an. 821, p. 350; an. 824, p. 370; an. 825, p. 374.

INGOARA, sœur de saint Ebbon, an. 711, p. 104.

INGOBERT, comte, an. 817, p. 324; an. 822, p. 360.

INGOBERT, seigneur habitant dans le Maine, an. 675, p. 85; an. 711, p. 104.

INGULFRÈDE, an. 813, p. 277.

INNOCENT, évêque du Mans, an. 526, p. 26; an. 567, p. 40.

INNOCENT IV, pape, an. 770, p. 156.

JODOCUS-COCCIUS, écrivain, an. 586, p. 47.

JONAS, écrivain, année 607, p. 53.

JONAS, notaire du Palais, an. 839, p. 459.

JONAS, évêque d'Orléans, an. 815, p. 305; an. 818, p. 319; an. 825, p. 374.

JOSEPH, archevêque de Tours, an. 829, p. 391.

JOSUÉ, abbé de S.t Vincent sur le Vulturne, an. 815, p. 302; an. 816, p. 308; an. 819, p. 333; an. 820, p. 344.

JOVIN, maître de la Cavalerie dans les Gaules, an. 367, p. 6; an. 370, p. 7.

IRÉNÉE, (saint) évêque de Vienne, an. 586, p. 46.

IRMINE, veuve du comte Herman, fille de Dagobert II, fondatrice de l'abbaye d'Oeren, an. 678, p. 86; an. 682, p. 89; an. 698, p. 99.

IRMINON ou HIRMION, abbé de S.t Germain-des-Prés, an. 565, p. 38; an. 817, p. 324. Voyez HIRMION.

ISMOND, abbé de Médeloc, an. 824, p. 371.

ITIER, abbé de S.t Martin de Tours, an. 828, p. 386.

JUDITH, fille de Guelfe, duc de Bavière, seconde femme de Louis le Débonnaire, an. 819, p. 337; an. 827, p. 384; an. 828, p. 388; an. 829, p. 395; an. 839, p. 460.

JULIEN, proconsul & gouverneur général des Gaules, an. 358, p. 5.

JULIEN, prêtre du Clergé de l'église de Modène, an. 821, p. 353.

JULIOFRÈDE, abbé de S.t Guillem-du-Désert, année 806, p. 250; an. 807, p. 251; an. 812, p. 272 & 273.

JUST, (saint) évêque de Vienne, an. 155, p. 2.

JUSTINIEN, empereur, an. 535, p. 30; an. 539, p. 31; an. 550, p. 34; an. 565, p. 39.

JUSTUS, abbé de Charroux, an. 815, p. 299.

JUTHAEL ou HOEL III, prétendu roi de Bretagne, an. 816, p. 307.

K

KARISSIMA, fille d'Eudes roi de Bourgogne, an. 674, p. 84; an. 752, p. 132.

L

LABBE, jésuite, an. 630, p. 58.

LACARRI, jésuite, an. 367, p. 6.

LAMBECIUS, an. 802, p. 226.

LAMBERT, fils du duc Lohérus, an. 788, p. 188.

LAMBERT, comte, an. 795, p. 200.

LAMBERT, archevêque de Lyon, an. 814, p. 290.

LANCELOT, an. 739, p. 120; an. 805, p. 240.

LANDEBERT, abbé de S.t Germain-l'Auxerrois, an. 687, p. 92.

LANDEL, abbé de Sithiu, an. 788, p. 186.

LANDELIN, (saint) an. 638, p. 64; an. 657, p. 74, an. 697, p. 98.

LANDOARIUS, successeur de Berlanus, évêque de Bourges, an. 767, p. 149.

LANDRAN, archevêque de Tours, an. 822, p. 360.

LANDRI, (saint) évêque de Paris, an. 652, p. 72; an. 653, p. 73; an. 749, p. 127; an. 768, p. 151.

LANTFRÈDE, particulier, an. 828, p. 386.

LANTFROI, abbé de S.t Germain, an. 772, p. 159.

LANTFROI, an. 840, p. 461.

LANTRUDE, mère de Godin, an. 579, p. 43.

LAUDON, évêque de S.t Paul-trois-châteaux, an. 839, p. 456.

LAUNOI, écrivain & critique, an. 558, p. 36; an. 565, p. 38; an. 755, p. 136; an. 786, p. 184.

LEBTRUDE, an. 808, p. 253.

LEDVARD, évêque de Mâcon. Voyez LINDVARD.

LÉGER, (saint) an. 632, p. 60; an. 653, p. 73.

LEIBULFE, comte de Carcassonne, an. 812, p. 268.

LEIBULFE, commissaire pour les Salines situées dans le comté de Narbonne, an. 822, p. 354.

LEIBULFE, comte d'Arles, an. 825, p. 373.

LEIDRAD, évêque de Lyon, an. 545, p. 33.

LEIDRAD, ou LAIDRADE, archevêque de Lyon, année 798, p. 206; an. 799, p. 208; an. 811, p. 263; an. 813, p. 286.

LEMPTEUS, particulier, an. 824, p. 367.

LÉOBAFARE, prétendu abbé de S.t Denys, an. 638, p. 65 & 66.

LÉOBALDE, abbé de S.t Aignan d'Orléans, an. 623, p. 56.

LEOBARDUS, fondateur de Maur-munster, an. 586, p. 46; an. 724, p. 115.

LÉON I.er, pape, an. 445 & 450, p. 13; an. 464, p. 14; an. 501, p. 21; an. 557, p. 36.

LÉON II, pape, an. 682, p. 89; an. 796, p. 202.

LÉON III, pape, an. 798, p. 205 & 206; an. 799, p. 207, 208 & 210; an. 800, p. 211 & 220; an. 805, p. 239; an. 806, p. 245; an. 809, p. 256; an. 812, p. 270.

LÉON, évêque de Bourges, an. 443, p. 14.

LÉON, évêque de Sens, an. 538, p. 31.

LÉON, riche habitant de la ville de Rietti dans l'Ombrie, an. 814, p. 287.

LÉON, *Missus* nommé par l'Empereur pour juger la contestation de l'abbé de Farfe & du duc de Spolète, an. 821, p. 350; an. 829, p. 391.

LÉON, évêque de Côme dans le duché de Milan, an. 823, p. 362; an. 824, p. 366.

LÉON, nomenclateur, an. 824, p. 372.

LEONIUS, abbé de S.t Hilaire de Carcassonne, an. 827, p. 388.

LEONTIUS, évêque d'Arles, an. 464, p. 14.

LEONTIUS, évêque de Bordeaux, an. 566, p. 39.

LÉOTADE, abbé de Moissac, an. 679, p. 87.

LEOTARDUS, particulier d'extraction noble, an. 815, p. 306.

LÉOTGIS, vicomte de Dijon, an. 828, p. 386.

LEOTHERIA, sœur de saint Ebbon évêque de Sens, an. 695, p. 97.

LETTES, peuples de la Germanie, an. 727, p. 118.

LEUDESINDE, abbesse d'Argenteuil, an. 697, p. 98.

LEUTFRÈDE, duc, an. 727, p. 118.

LIBERIUS, préfet des Gaules, an. 526, p. 27.

LICINIUS, abbé de l'Isle-Barbe, an. 640, p. 67.

LINDENBROGE, an. 424, p. 12.

LINDGARDE, reine de France, femme de Charlemagne, an. 800, p. 219.

LINDGER, évêque de Mimigernesford, an. 805, p. 239.

LINDOLDE, an. 831, p. 401.

LINDVAR, évêque de Mâcon, an. 802, p. 228; an. 815, p. 303.

LINTFRÈDE, fils du duc Albert, an. 723, p. 114.

LIULWIN, fils d'Adalbert duc d'Alsace, an. 823, p. 363.

LOBICINUS, serf du Roi, forêtier de la forêt de S.t Cloud, an. 717, p. 110.

LOGIER, historien, an. 802, p. 228.

LOHÉRUS, duc de la Lorraine Mosellane, an. 788, p. 188.

LONGIS, (saint) an. 625, p. 57.

LOPPA, fondatrice du monastére de Tuffé, an. 675, p. 85.

LOPPIUS DE WAUREA, (Gislebert) jurisconsulte, an. 752, p. 131.

LOTHAIRE, duc de la Mosellane, an. 813, p. 278.

LOTHAIRE, empereur, fils de Louis le Débonnaire, année 816, p. 313; an. 817, p. 320 & 325; an. 818, p. 332; an. 819, p. 337; an. 821, p. 354; an. 822, p. 361; an. 823, p. 362; an. 824, p. 370 & 372; an. 825, p. 374 & 376; an. 826, p. 379 & 380; an. 827, p. 382, 383 & 385; an. 828, p. 386 & 390; an. 829, p. 391, 392 & 394; an. 830, p. 398 & 399.

LOUIS I.er fils de Charlemagne, roi d'Aquitaine & ensuite de France, dit le DÉBONNAIRE ou le PIEUX, an. 706, p. 102; an. 724, p. 115; an. 754, p. 135; an. 769, p. 154; an. 770, p. 156; an. 773 & 774, p. 160; an. 777, p. 170; an. 781, p. 175; an. 793, p. 197; an. 795, p. 199; an. 797, p. 203; an. 799, p. 207; an. 803, p. 229; an. 804, p. 236; an. 806, p. 246; an. 807, p. 250 & 251; an. 811, p. 263; an. 812, p. 270, 272 & 273; an. 813, p. 278; an. 814, p. 289, 290, 291, 292, 293, 294 & 295; an. 815, p. 295, 297, 298, 299, 300, 301, 302, 303, 304, 305 & 306; an. 816, p. 306, 307, 308, 309, 310, 311, 312, 313, 314, 315 & 316; an. 817, p. 316, 317, 318, 320, 321, 322, 323, 324, 325, 326 & 327; an. 818, p. 328, 329, 330, 331 & 332; an. 819, p. 333, 334, 336 & 337; an. 820, p. 344, 345, 346, 347 & 348; an. 821, p. 349, 350, 351 & 352; an. 822, p. 353, 354, 355, 356, 357, 358, 359 & 361; an. 823, p. 361, 362, 363, 364, 365 & 366; an. 824, p. 366, 367, 368, 369, 370, 371 & 372; an. 825, p. 374, 375, 376, 377 & 378; an. 826, p. 379, 380 & 381; an. 827, p. 382, p. 383, 384 & 385; an. 828, p. 386, 387, 388, 389 & 390; an. 829, p. 391, 392, 393, 394 & 395; an. 830, p. 396, 397, 398, 399 & 400; an. 831, p. 401, 402, 403, 404 & 405; an. 832, p. 408, 409, 410, 411 & 412; an. 833, p. 413, 415, 416, 417, 419 & 420; an. 834, p. 422, 423, 424, 425, 426 & 427; an. 835, p. 430, 431, 432 & 433; an. 836, p. 434, 435, 436, 437 & 439; an. 837, p. 440, 441, 442, 444, 445 & 448; an. 838, p. 449, 451 & 452; an. 839, p. 455, 456, 457, 458 & 459; an. 840, p. 461, 462, 463 & 464.

LOUIS, fils de Louis le Débonnaire, an. 816, p. 313; an. 817, p. 320; an. 829, p. 393; an. 830, p. 398.

LOUIS, roi d'Italie, de Provence & de Bourgogne, fils de Bozon, an. 822, p. 355; an. 823, p. 362.

LOUIS LE BÈGUE, an. 652, p. 72; an. 814, p. 287.

LOUIS VII, roi de France, an. 807, p. 252.

LOUIS, abbé de S.t Denys, an. 839, p. 458.

LOUP, duc de Spolète, an. 751, p. 129 & 130.

LOUVET, an. 583, p. 44.

LUDOLPHE, archevêque de Trèves, an. 813, p. 278.

LUITHADE, notaire du Palais, an. 840, p. 465.

LUITPRAND, rois des Lombards, an. 740, p. 120.

LUITWARD, évêque de Vercelles, an. 812, p. 269.

LULLUS, évêque de Mayence, an. 752, p. 133; an. 760, p. 143; an. 785, p. 180 & 181.

M

MÂCON, (Hugues de) évêque d'Auxerre, an. 670, p. 81.

MACROBIUS, préfet des Espagnes, an. 399, p. 9.

MADALENUS, serf, an. 818, p. 328.

MADEGAND, abbé de S.t Mihiel, an. 840, p. 465.

MADELGAUT, (le comte) an. 802, p. 228.

MADOALDE, évêque de Trèves, an. 732, p. 118.

MAGENAIRE, archevêque de Rouen, an. 802, p. 228.

MAGINAIRE, abbé de S.t Denys, an. 772, p. 159; an. 790, p. 191; an. 797, p. 204; an. 798, p. 205.

MAGNOALDE, abbé de Toussonval, an. 687, p. 92; an. 697, p. 98.

MAGNUS, archevêque de Sens, an. 802, p. 228.

MAGOALD, abbé de Flavigny, an. 745, p. 124.

MAINGAUD ou MAGNIGAUD, abbé de Neuwestadz, an. 786, p. 181; an. 794, p. 198.

MAIOLE, (saint) abbé de Cluni, an. 818, p. 330.

MAJORIEN, riche particulier, an. 816, p. 310.

MAJORIN, évêque schismatique, an. 314, p. 3.

MALDAVEUS, évêque de Verdun, an. 771, p. 157.

MANASSÈS, comte, an. 812, p. 272.

MANCIO, prêtre, an. 821, p. 349.

MANGULPHE, évêque de Metz & abbé de Gorze, an. 815, p. 300.

MANIGONDE, princesse de la maison du roi des Lombards, an. 742, p. 122.

MAPPINIUS,

TABLE DES NOMS DES PERSONNES. xxxix

MAPPINIUS, évêque de Reims, an. 550, p. 34; an. 569, p. 40.

MARCOARD ou MARCWARD, abbé de Pruim, an. 831, p. 401; an. 834, p. 423; an. 835, p. 428 & 432.

MARCULFE, écrivain, an. 547, p. 34; an. 569, p. 40; an. 638, p. 66; an. 665, p. 79.

MARIUS, écrivain, an. 516, p. 25.

MARQUARD-FREHERD, an. 496, p. 17.

MARTIN, bénédictin, an. 547, p. 34; an. 562, p. 38; an. 640, p. 67; an. 712, p. 105; an. 716, p. 108; an. 770, p. 155; an. 806, p. 244.

MARTIN, (saint) évêque de Tours, an. 563, p. 38; an. 602, p. 52; an. 811, p. 265.

MARTIN I.er, pape, an. 650 & 651, p. 71; an. 655, p. 74.

MARTIN, duc de la Lorraine Mosellane, an. 673, p. 83; an. 679, p. 87.

MARTIN, nièce de Charlemagne, prévôt de S.t Denys, an. 716, p. 108.

MARTIN, fils du duc Fédéric, an. 813, p. 278.

MARTMONOC, abbé de Landevenech, an. 818, p. 331.

MATFRID, comte d'Orléans & du Palais, an. 815, p. 300; an. 823, p. 363.

MATHILDE d'Alsace, femme de Sadiger, duc de la Lorraine Mosellane, an. 829, p. 393.

MATHUSALA, chanoine de la cathédrale de Limoges, an. 817, p. 322.

MAURICE, empereur, an. 588, p. 48.

MAURINUS, serf, an. 818, p. 328.

MAURIOLE, évêque d'Angers, an. 770, p. 155.

MAURONTE, évêque de Marseille, an. 780, p. 173.

MAURUS, abbé de Maur-munster, an. 724, p. 115.

MAXENCE, patriarche d'Aquilée, an. 830, p. 399.

MECHTILDE, femme de Dagobert II, an. 678, p. 86.

MÉDARD, (saint) évêque de Noyon, an. 500, p. 20; an. 562, p. 37; an. 563, p. 38.

MEEN, (saint) an. 816, p. 307.

MÉGINAIRE, comte dans l'Aquitaine, an. 811, p. 263.

MÉGINARD, comte, an. 811, p. 263; an. 839, p. 460; an. 840, p. 461.

MEGINARIUS, notaire du Palais, an. 827, p. 385; an. 829, p. 392 & 393.

MÉGINFROI, serf & moine de l'abbaye de S.t Servat d'Utrecht, an. 821, p. 351.

MERCORALIS, abbé de S.t Étienne de Banioles, an. 822, p. 356; an. 823, p. 365.

MÉROLD, évêque du Mans, an. 774, p. 160.

MÉROUÉE, fils de Clodion, roi des Francs, an. 309, p. 3.

MÉROVÉE fils de Chilpéric I.er, an. 579, p. 43.

MESIANUS, disciple de saint Césaire, an. 542, p. 31.

MESMIN, neveu d'Euspicius, an. 498, p. 19.

MILON, comte, an. 782, p. 176; an. 793, p. 197.

MISDONIUS, écrivain, an. 789, p. 190.

MODESTA, abbesse d'Horréen, an. 682, p. 89.

MODOALDE, évêque de Trèves, an. 622, p. 55; an. 623, p. 56; an. 653, p. 72.

MODULN, évêque d'Autun, an. 815, p. 303.

MOMIANA, nièce de Charlemagne, an. 812, p. 269.

MOMMOLE, (saint) évêque de Noyon, an. 660, p. 76.

MONELLUS, abbé de S.t Hilaire de Carcassonne, an. 815, p. 306; an. 816, p. 313.

MONOGOLDE, comte, an. 822, p. 360.

MOISE, prophète, an. 761, p. 144.

MONSNIER, écrivain, an. 786, p. 184.

MUMANE, femme d'Hermenric, fondateur du prieuré d'Argenteuil, an. 819, p. 337.

MURMAN, chef des Bretons, an. 818, p. 329.

N

NADELHAR, moine de Saint-Denys, an. 790, p. 191.

NAMPION, abbé de S.t Hilaire de Carcassonne, an. 816, p. 313.

NANTHAIRE, abbé de Sithieu, an. 746, p. 125; an. 806, p. 245; an. 807, p. 251; an. 868, p. 253.

NANTECHILDE, seconde femme de Dagobert, année 642, p. 68; an. 741, p. 121.

NATHANAËL, an. 803, p. 235.

NAZARE, moine, an. 757, p. 140.

NÉBELONG I.er, comte, an. 788, p. 187; an. 805, p. 239.

NEBRIDIUS ou NIFRIDIUS, archevêque de Narbonne, an. 778, p. 170; an. 799, p. 208; an. 801, p. 224; an. 806, p. 245; an. 814, p. 294; an. 817, p. 325; an. 821, p. 351; an. 822, p. 356 & 359.

NECTARIUS, abbé de S.t Calez, an. 759, p. 142.

NICÉPHORE, empereur d'Orient, an. 810, p. 259.

NICÈTE, (saint) an. 815, p. 298.

NICETIUS, évêque de Trèves, an. 550, p. 34; an. 563, p. 38; an. 565, p. 39.

NIGDOZ, particulier, an. 824, p. 366.

NITHARD, abbé de Corbie, an. 823, p. 361; an. 840, p. 463.

NITLLEB, fils d'une Dame que Duchesne croit avoir été comtesse de Guines, au commencement du IX.e siècle, an. 808, p. 253.

NIVARDUS, évêque de Reims, an. 662, p. 78.

NIZEZIUS, an. 679, p. 87.

NOMINOÉ, gouverneur de la ville de Vannes, an. 818, p. 329.

NORDEBERT, an. 725, p. 116.

NOTON, archevêque d'Arles, an. 825, p. 373.

NUMERIANUS, archevêque de Trèves, an. 671, p. 81.

O

ODARIC (Odaricus) monétaire, an. 814, p. 288.

ODILBERT, archevêque de Milan, an. 810, p. 258; an. 811, p. 262.

ODILON, duc de Bavière, an. 719, p. 127.

ODILON, comte de Bésalu, an. 812, p. 268; an. 822, p. 356.

ODILON, moine, an. 827, p. 385.

ODVIN, prêtre, an. 804, p. 238.

OFFA, roi anglo-saxon ou des Merciens, an. 774, p. 162; an. 790, p. 191; an. 795, p. 200; an. 796, p. 201.

OLDRADUS, évêque de Milan, an. 810, p. 258.

OLEMOND, abbé de Montolieu, an. 815, p. 305.

OLIBA, comte de Carcassonne, an. 820, p. 347; an. 827, p. 385.

OMER, (saint) an. 661, p. 76.

ONNALDE, an. 817, p. 317.

OONIUS, évêque d'Arles, an. 501, p. 21.

OPTARIUS, abbé de Gorse, an. 815, p. 299.

ORSUS, archevêque de Vienne, an. 812, p. 268.

OTHON I, empereur, an. 773, p. 160.

OTHON II, empereur, an. 819, p. 334.

OTHON III, empereur, an. 661, p. 77.

OUEN, (saint) an. 635, p. 62; an. 638, p. 65.

OUSTRIL, (saint) évêque de Bourges, an. 500, p. 20.

P

PAGI, franciscain & écrivain, an. 418, p. 11; an. 498, p. 19; an. 508,

Tome I. k

TABLE DES NOMS DES PERSONNES.

p. 21; an. 565, p. 39; an. 775, p. 163; an. 796, p. 202 & 203.

PALLADIUS, évêque d'Auxerre, an. 634, p. 61.

PANGOLF, abbé de Fulde, an. 785, p. 181.

PAPPOLE, évêque de Chartres, an. 573, p. 41.

PASCHAL, pape, an. 816, p. 308; an. 817, p. 326, an. 822, p. 354; an. 824, p. 372.

PASCHAL, lévite & moine de la Graffe, an. 820, p. 347.

PATROCLE, évêque d'Arles, an. 422, p. 12.

PATUINUS, abbé de S.t Vincent du Mans, an. 573, p. 41.

PAUL I.er, pape, an. 752, p. 131; an. 757, p. 141; an. 761, p. 144; an. 762, p. 146; an. 788, p. 189; an. 796, p. 202 & 203; an. 799, p. 210.

PAUL III, pape, an. 819, p. 335.

PAUL, évêque de Verdun, an. 632, p. 61.

PAUL, abbé de S.t Vincent fur le Vulturne, an. 787, p. 184.

PAUL, (saint) apôtre, an. 803, p. 235.

PAUL, nom d'un particulier qui, conjointement avec Taffila fa femme, avoit donné des biens à l'abbaye de Farfe, an. 821, p. 350.

PAULETTE, fille de Dadila, an. 813, p. 277.

PAULIN le Grammairien, an. 776, p. 168.

PAULIN, patriarche du Frioul, an. 802, p. 228; an. 803, p. 231.

PÉLAGE I.er, pape, an. 557, p. 35 & 36.

PÉLAGE II, pape, an. 581, p. 44.

PÉLAGIE, mère de faint Yrier, an. 557, p. 35 & 36.

PÉPIN D'HÉRISTAL II, maire du Palais, an. 679, p. 87; an. 687, p. 92; an. 690, p. 92 & 93; an. 691, p. 94; an. 697, p. 98; an. 701, p. 101; an. 706, p. 102; an. 714, p. 106; an. 715, p. 107; an. 716, p. 109; an. 722, p. 113; an. 725, p. 116; an. 744, p. 122; an. 745, p. 124; an. 746, p. 125; an. 748, p. 126; an. 749, p. 127; an. 750, p. 128; an. 751, p. 129; an. 779, p. 172; an. 788, p. 187.

PÉPIN LE VIEUX, maire du Palais, an. 691, p. 94.

PÉPIN I.er, roi de France, an. 751, p. 129 & 130; an. 752, p. 131, 132 & 133; an. 753, p. 134; an. 754, p. 135 & 136; an. 755, p. 136, 137, 138 & 139; an. 756, p. 139 & 140; an. 757, p. 141; an. 758, p. 141 & 142; an. 759, p. 142; an. 760, p. 143; an. 761, p. 144; an. 762, p. 145 & 146; an. 763, p. 146; an. 764, p. 147; an. 766, p. 148; an. 767, p. 149 & 150; an. 768, p. 150 & 151; an. 769, p. 151, 152, 153 & 154; an. 770, p. 155; an. 774, p. 160, 161 & 162; an. 775, p. 164, 165 & 166; an. 776, p. 168; an. 777, p. 170; an. 779, p. 173; an. 780, p. 174; an. 789, p. 190; an. 790, p. 192 & 194; an. 798, p. 206; an. 800, p. 220; an. 806, p. 244, 246, 247 & 249; an. 807, p. 251; an. 808, p. 253; an. 810, p. 258; an. 811, p. 262 & 263; an. 812, p. 269 & 275; an. 813, p. 281; an. 814, p. 287 & 290; an. 815, p. 299; an. 816, p. 307 & 308; an. 817, p. 322, 323 & 325.

PÉPIN, fils de Charlemagne, roi d'Italie, an. 781, p. 175; an. 786, p. 183 & 184; an. 787, p. 185; an. 790, p. 194; an. 791, p. 195; an. 793, p. 197; an. 795, p. 200; an. 797, p. 203; an. 799, p. 207; an. 801, p. 224; an. 806, p. 246; an. 807, p. 251; an. 810, p. 259 & 260; an. 812, p. 269; an. 813, p. 277; an. 815, p. 305.

PÉPIN, furnommé le Bossu, an. 797, p. 203.

PÉPIN, fils de l'empereur Louis le Débonnaire, roi d'Aquitaine, an. 816, p. 315; an. 817, p. 320; an. 818, p. 328 & 331; an. 819, p. 334; an. 825, p. 374 & 376; an. 826, p. 379; an. 827, p. 382 & 385; an. 828, p. 387 & 388.

PERPETUUS, évêque de Tours, an. 472 & 474, p. 15.

PEUTINGER, ancien géographe, an. 366, p. 6.

PHARAMOND, roi des Francs, an. 23, p. 1; an. 420 & 424, p. 12; an. 490, p. 16.

PHILIPPE LE LONG, roi de France, an. 673, p. 82.

PHILIPPE-AUGUSTE, roi de France, an. 716, p. 109.

PHILIPPE LE BEL, roi de France, an. 755, p. 138.

PHILIPPE II, roi d'Espagne, an. 819, p. 335.

PICHARD, (le père) an. 812, p. 268.

PIE I.er, pape, an. 142 & 155, p. 2.

PIERRE, archevêque de Milan, an. 790, p. 191.

PIERRE, abbé de Nonantola, an. 814, p. 291.

PIERRE d'Amiens, écrivain, an. 816, p. 316.

PIERRE, abbé du monaftère de S.te Chriftine dans le Milanois, an. 822, p. 357.

PIERRE, abbé de S.t Mémin, an. 840, p. 464.

PINAUD, an. 802, p. 226.

PIRMINIUS, abbé de Morbac, an. 726, p. 117.

PITHOU, écrivain, an. 532, p. 29; an. 798, p. 206; an. 806, p. 246.

PLECTRUDE, femme de Pépin II, maire du Palais, an. 687, p. 92; an. 690, p. 93; an. 701, p. 101; an. 706, p. 102; an. 779, p. 172.

PODALUS, an. 756, p. 140.

PODO, évêque de Plaifance, an. 820, p. 346.

PONCE, abbé de Savigni, an. 809, p. 256.

PONTANUS, an. 530, p. 28.

POSSEDONIUS, évêque d'Urgel, an. 823, p. 363.

PRINCIPIUS, évêque du Mans, an. 567, p. 39.

PROCLIANUS, Vicaire des Cinq provinces, an. 399, p. 9.

PROCOPE, hiftorien, an. 496, p. 17; an. 516, p. 25; an. 535, p. 30.

PROCULUS, archevêque de Vienne, an. 752, p. 131.

PROCULUS, évêque de Marfeille, an. 397, p. 9.

PROMOTUS, évêque de Châteaudun, an. 573, p. 41.

PROSPER l'Aquitain, an. 422, p. 12; an. 425, p. 13.

PYRMIN, (faint) an. 750, p. 128.

Q

QUATREMAIRE (D. Robert) an. 565, p. 38.

R

RABAN, archevêque de Mayence, an. 816, p. 308; an. 839, p. 457.

RABENUS, comte de Formignano, an. 787, p. 186.

RABIGAUD, abbé de S.t Calez, an. 774, p. 160.

RADOARD, abbeffe de S.te Julie, an. 781, p. 176.

RODOBERT, évêque de Sienne, an. 801, p. 222.

RADON, chancelier de France, an. 772, p. 158; an. 779, p. 172; an. 790, p. 192.

RADULPHE, roi des Thuringiens, an. 647, p. 70.

RAGANE, abbeffe de *Septem-miolæ*, an. 751, p. 129.

RAGENAIRE, évêque de Noyon, an. 822, p. 360.

RAGNEBERT, (faint) an. 807, p. 251.

RAGNESINDE, homme de diftinction, an. 711, p. 104.

RAGONFRÈDE, comte, an. 817, p. 325.

RAIMOND, fils de Bernard, an. 813, p. 278.

RAINAL, particulier, peut-être comte d'Ufez, an. 823, p. 364.

RAINARD, abbé de S.t Maixent, an. 825, p. 377.

Table des Noms des Personnes.

RAMNINCUS, abbé de Saint-Sulpice de Bourges, an. 821, p. 352.

RAMPON, comte de Gironne, an. 814, p. 287; an. 823, p. 365.

RANCHON, comte, an. 766, p. 148.

RANGUAIRE, abbé de Moissac, an. 818, p. 327.

RAOUL, abbé de Montier-neuf, Voyez RODULPHE.

RAOUL, comte, an. 820, p. 345; an. 837, p. 448.

RAOUL, comte de Turenne & de Querci, an. 823, p. 365; an. 824, p. 369.

RAOUL, fils du précédent & archevêque de Bourges, année 823, p. 365; an. 824, p. 369.

RATBERT, comte du Palais, an. 711, p. 104.

RATCHIS, moine, an. 757, p. 140.

RATGUAIRE, (Ratgarius) abbé de Fulde, année 811, p. 262; an. 812, p. 269 & 273; an. 814, p. 300; an. 816, p. 308.

RATHIER, comte, an. 734, p. 119.

RAVENGER, évêque de Térouanne, an. 723, p. 115.

RAVENNIUS, évêque d'Arles, an. 652, p. 72.

RAUZACIUS, évêque de Nevers, an. 650, p. 71.

RAYMOND, surnommé RAFINEL, duc d'Aquitaine, an. 810, p. 258.

REGAISE, chef ou roi des Francs, an. 309, p. 3.

RÉGIMBERT, moine, an. 799, p. 269.

RÉGINAIRE, évêque de Passaw, an. 829, p. 393.

RÉGINON, écrivain, an. 769, p. 154.

REMACLE (saint) évêque d'Utrecht, an. 621, p. 55; an. 650, p. 71; an. 653, p. 73; an. 692, p. 95.

RÉMILE, fille d'Ansemond, an. 520, p. 26.

REMI, (saint) évêque de Reims, an. 481, p. 15; an. 497, p. 18; an. 508, p. 22; an. 512, p. 23; an. 514, p. 24; an. 530, p. 28; an. 563, p. 38.

RÉOLE, archevêque de Reims, an. 685, p. 90.

RESPECTA, abbesse de Saint-Cassien, an. 526, p. 51.

RESTOIN, abbé de Munster en Grégoriental, an. 769, p. 152.

RICBOD, abbé de Sénone, an. 825, p. 376.

RICCOLÈNE, particulier qui fait une donation à Saint-Benigne de Dijon, an. 761, p. 144.

RICHARD, comte, an. 822, p. 360.

RICHARD, officier de la Maison de Louis le Débonnaire, an. 839, p. 457.

RICHOMER, comte & maître des deux milices, an. 391, p. 8.

RICHWIN, comte, an. 811, p. 263.

RIEUFFE, archevêque de Mayence, an. 811, p. 263; an. 812, p. 269.

RIFERON, (le comte) an. 782, p. 177.

RIGIBERT, archevêque de Mayence, an. 635, p. 62.

RIGOBERT, particulier, an. 723, p. 115.

RIGOBERT, archevêque de Reims, an. 772, p. 159.

RIMBERT, évêque de Limoges, an. 817, p. 321 & 322.

RINDBERT, an. 772, p. 158.

ROBERT, comte de Hasbaye, an. 746, p. 125.

ROBERT, abbé de S.t Germain-des-Prés, an. 778, p. 170.

ROBERT, marquis d'Angers, an. 821, p. 352.

ROBERT, comte, an. 822, p. 360.

ROBERT, surnommé le FORT, gendre de l'empereur Louis le Débonnaire, an. 836, p. 434.

ROCH, comte du Frioul, an. 811, p. 263.

ROCULF, comte, an. 811, p. 263.

RODARD, comte, an. 790, p. 192.

RODHINGUE, comte, an. 726, p. 117.

RODOBERT, fondateur de Maroilles, an. 671, p. 81.

RODOLANE, femme d'Onalde, an. 817, p. 318.

RODULPHE ou RAOUL, abbé de Montier-neuf, an. 814, p. 291.

ROGER, comte dans le Poitou, fondateur de l'abbaye de Charroux, an. 769, p. 154; an. 789, p. 191; an. 799, p. 211.

ROGER, abbé de Methlok, an. 813, p. 278.

ROGER, comte de Foix, an. 818, p. 331.

ROMAIN, abbé de Murbac, an. 727, p. 118.

ROMARIC, comte d'Advent, an. 620, p. 55.

ROMILLE, épouse de Bera, an. 812, p. 287.

RORICON, comte de Touraine, an. 839, p. 456.

ROSIÈRES, écrivain, an. 622, p. 56; an. 824, p. 368.

ROTADE, évêque de Soissons, an. 822, p. 360.

ROTALD, évêque de Vérone, an. 807, p. 251; an. 815, p. 305; an. 830, p. 399.

ROTARD, évêque de Cambrai, an. 672, p. 82.

ROTELIN, comte, an. 826, p. 380.

ROTFROID, comte, an. 822, p. 360.

ROTGAIRE, avoué de S.t Denys, an. 748, p. 127.

ROTGUAIRE, comte du Mans, an. 721, p. 113.

ROTHAIDE, fille de Pépin I.er, an. 812, p. 269.

ROTHARD, comte, an. 750, p. 128.

ROTRUDE, femme de Folchet, frère d'un Seigneur qui fit un legs à l'abbaye d'Aniane, an. 813, p. 276.

RUINART, bénédictin, an. 23, p. 1; an. 554, p. 35; an. 630, p. 59.

RUOTBERT, comte, an. 822, p. 360.

RUSTICUS, évêque de Cahors, an. 629, p. 58.

RUSTIQUE, évêque de Narbonne, an. 462, p. 14.

RUTHARD, comte, an. 826, p. 380.

S

SABELLIUS, hérésiarque, an. 583, p. 44.

SADIGER, fils du duc Fédéric, an. 813, p. 278; an. 819, p. 336; an. 824, p. 368; an. 829, p. 393.

SADRAGÉSILLE, duc d'Aquitaine, an. 644, p. 69.

SAFFARACUS, évêque de Paris, an. 557, p. 35.

SAINT-JULIEN, (Pierre de) an. 802, p. 228.

SAINTE-MARTHE, (les frères) an. 577, p. 42; an. 630, p. 59; an. 769, p. 154; an. 780, p. 174; an. 782, p. 177; an. 786, p. 184.

SALACUS, an. 812, p. 266.

SALIENS, peuples de la Germanie, an. 309, p. 3.

SALOMON, roi du Peuple de Dieu, an. 761, p. 144.

SALOMON, avoué d'Aniane, an. 810, p. 259.

SAMSON, (saint) archevêque de Dôle, an. 816, p. 307.

SANCHE, prêtre, an. 818, p. 329.

SANNICHILDE, mère de Griphon, an. 749, p. 127.

SAPAUDUS, évêque d'Arles, an. 557, p. 35.

SAPHIRA, épouse d'Ananias, an. 625, p. 57.

SAXBODUS, diacre & Notaire du Palais, année 825, p. 379; an. 827, p. 382 & 385; an. 828, p. 386 & 387.

SCHIWARD, homme de considération, an. 673, p. 82.

SÉBASTIEN, abbé de Corbie, an. 716, p. 109.

SECUNDINUS, évêque de Lyon, an. 602, p. 53.

SEGBIN, notaire du Palais, an. 812, p. 269.

Table des Noms des Personnes

SEGUIN, comte de Guines, an. 813, p. 278.

SÉNÉGILDE, abbé d'Aniane, an. 815, p. 300.

SÉRAPHIM, abbé de Bèze, an. 828, p. 387.

SERGIUS I.er, pape, an. 696, p. 97; an. 754, p. 136.

SEVERUS, particulier, an. 637, p. 64.

SEXTUS-RUFUS, écrivain, an. 399, p. 10.

SIAGRIUS, évêque d'Autun, an. 599, p. 51; an. 602, p. 52.

SIBERT, moine de Gemblours, an. 773, p. 160.

SICHAIRE, archevêque de Bordeaux, année 814, p. 295; an. 828, p. 388.

SICHARD, abbé de Farfe, an. 840, p. 465.

SICHELIN, duc dans la Bourgogne, an. 664, p. 78.

SICLANDE, particulier, an. 711, p. 104.

SICO, duc de Bénévent, an. 818, p. 330.

SIDONIUS APOLLINARIS ou SIDOINE, évêque de Clermont en Auvergne, an. 418, p. 11; an. 472, p. 15.

SIGEBAUD, évêque de Metz, an. 708, p. 103.

SIGEBERT I.er, roi d'Austrasie & de France, an. 545, p. 33; an. 562, p. 37; an. 567 & 569, p. 40; an. 573 & 574, p. 41; an. 577, p. 43; an. 585, p. 46.

SIGEBERT II, roi de France, an. 640, p. 67; an. 644 & 646, p. 69; an. 647 & 648, p. 70; an. 650, p. 71; an. 653, p. 72 & 73; an. 662, p. 77; an. 667, p. 80; an. 674, p. 84; an. 677, p. 86; an. 681, p. 88; an. 692, p. 95.

SIGEBERT, notaire du palais, an. 821, p. 350.

SIGEFROI, archevêque de Mayence, an. 770, p. 156.

SIGEFROI, abbé de S.t Emmeran de Ratisbonne, an. 820, p. 348.

SIGIMAR, abbé de Morbac, an. 840, p. 463.

SIGISMOND, roi de Bourgogne, an. 515, p. 24; an. 516, p. 25; an. 517, p. 26.

SIGOBALD, évêque de Metz, an. 787, p. 125.

SIGOBALDE, abbé de S.t Calez, an. 751, p. 129.

SIGONIUS, écrivain, an. 782, p. 177; an. 800, p. 221; an. 801, p. 224; an. 802, p. 228.

SIGRIN, an. 790, p. 191.

SILVAIN, comte & maître de la Cavalerie & de l'Infanterie, sous l'empereur Constantin, an. 349, p. 5.

SILVESTRE, (saint) pape, an. 322, p. 4; an. 327, p. 5; an. 658, p. 66.

SILVIUS, particulier, an. 812, p. 268.

SIMÉON, diacre, an. 823, p. 364; an. 824, p. 368.

SIMPLICIUS, archevêque de Bourges, an. 472, p. 15.

SISEBUT, évêque d'Urgel, an. 819, p. 336.

SISEGUT, abbé de Sorèze, an. 829, p. 394.

SMARAGDE, abbé de S.t Mihiel, an. 815, p. 301 & 302; an. 816, p. 308 & 313; an. 818, p. 332; an. 824, p. 371.

SONICHILDE, comte de Paris, an. 814, p. 294.

SONNATIUS, évêque de Reims, an. 600, p. 51.

SPELMAN, (Henri) écrivain, an. 775, p. 163; an. 806, p. 249.

STABILIS, évêque de Laon, an. 822, p. 357.

STAGIRUS, abbé d'Agaune, an. 755, p. 74.

STRANGEFOLIUS, écrivain, an. 789, p. 190.

STURMIUS ou STURMION, moine, abbé de Fulde, an. 747, p. 126; an. 745, p. 138; an. 775, p. 167; an. 777, p. 169.

SUAVIUS, an. 811, p. 261 & 262.

SUÈVES, peuples de la Germanie, an. 323, p. 4.

SULPICE, archevêque de Bourges, an. 630, p. 59.

SULPICE-SÉVÈRE, écrivain, an. 602, p. 52.

SUNIFRED, comte d'Urgel, an. 795, p. 199; an. 819, p. 333 & 336; an. 829, p. 393.

SYAGRIUS, officier des Romains, an. 516, p. 25.

SYAGRIUS, abbé de Nantua, an. 756, p. 140.

SYMMAQUE, pape, année 501, p. 21; an. 513 & 514, p. 24; an. 535, p. 29.

T

TACITE, historien, année 803, p. 232; an. 807, p. 250; an. 810, p. 260.

TALEPÉRIAN, évêque de Lucques, an. 755, p. 137.

TANCMARUS, abbé de Corbie, an. 819, p. 336.

TANCRADE ou TANCRÈDE, abbé de Pruim, an. 806, p. 244; an. 807, p. 250; an. 815, p. 299; an. 823, p. 365.

TARIK, chef des Sarazins, an. 792, p. 196.

TASSILA, femme de Paul, bienfaiteur du monastère de Farfe, an. 821, p. 350.

TASSILON, duc de Bavière, an. 788, p. 188; an. 792, p. 196; an. 794, p. 198; an. 815, p. 297; an. 817, p. 321.

TATTON, abbé de Kempten, an. 839, p. 456 & 458.

TELLON, évêque de Coire, an. 766, p. 148.

TÉRENCE, fils d'Astolphe, roi des Lombards, an. 788, p. 188.

TÉRENCE, femme de Lothaire, duc de la Mosellane, an. 813, p. 278.

TETBERT, abbé de S.t Maixant en Poitou, an. 815, p. 302.

TETRADIUS, évêque de Bourges, an. 500, p. 20.

TEUTGILDE, femme de Lantfroid, an. 840, p. 461.

TEUTSINDE, abbé de Fontenelle, an. 734, p. 119.

THÉOBALDE, roi d'Austrasie, an. 550, p. 34.

THÉOBRAND, père de Braidingue, an. 813, p. 276.

THÉODALD, comte, an. 797, p. 203 & 204; an. 799, p. 209.

THÉODBERT, évêque de Marseille, an. 822, p. 357.

THÉODEBERT, roi d'Austrasie, an. 535, p. 30; an. 538 & 539, p. 31; an. 543, p. 32; an. 567, p. 39.

THÉODEMAR, riche particulier, an. 815, p. 299.

THÉODEMIRE, abbé de Psalmodi, an. 815, p. 305.

THÉODETRUDE ou THÉODILLE, bienfaitrice du monastère de Saint-Denys, an. 627, p. 57; an. 632, p. 60.

THEODOARIUS, particulier, an. 820, p. 347.

THÉODORE, duc, an. 774, p. 162.

THÉODORE le Nomenclateur, an. 817, p. 327.

THÉODORIC, roi des Ostrogoths, an. 496, p. 18; an. 498, p. 19; an. 508, p. 22; an. 510, p. 23; an. 526, p. 27.

THÉODORIC, duc dans la Saxe, an. 812, p. 273.

THÉODORIC, comte, an. 818, p. 318.

THEODORUS, évêque de Marseille, an. 652, p. 72.

THÉODOSE, empereur, an. 379 & 391; p. 8; an. 418, p. 11; an. 425, p. 12; an. 445, p. 13.

THÉODRADE, abbesse d'Argenteuil, fille de Charlemagne, an. 819, p. 337; an. 824, p. 370.

THÉODULFE, évêque d'Orléans, an. 786, p. 183; an. 803, p. 235; an. 809, p. 257; an. 811, p. 263; an. 816, p. 312 & 313.

THEUDEBERT, chambellan du roi Pépin, an. 753, p. 134.

THEUDELINDE,

TABLE DES NOMS DES PERSONNES. xliij

THEUDELINDE, épouse de Godégifele, roi de Bourgogne, an. 586, p. 46.

THIBAULT, abbé d'Eberfminfter, an. 810, p. 258.

THIERRI I.er, roi d'Auftrafie, fils ainé de Clovis I.er, an. 508, p. 22; an. 573, p. 41; an. 730, p. 118.

THIERRI II, roi de France, an. 573, p. 41; an. 602 & 606, p. 53; an. 671, p. 81; an. 691, p. 93.

THIERRI III, roi de France, an. 672 & 673, p. 82; an. 674, p. 83 & 84; an. 675 & 676, p. 85; an. 678, p. 86; an. 679, p. 87; an. 680 & 681, p. 88; an. 681 & 682, p. 89; an. 683, p. 89 & 90; an. 685, p. 90; an. 686, p. 91; an. 687, p. 91 & 92; an. 690, p. 92; an. 691, p. 94; an. 692 & 695, p. 95; an. 700, p. 100; an. 704, p. 101; an. 710, p. 103; an. 716, p. 108; an. 719, p. 111; an. 725, p. 116; an. 734, p. 119; an. 745, p. 124; an. 769, p. 152; an. 810, p. 258.

THIERRI de Chelles ou IV, roi de France, année 586, p. 46; an. 606, p. 53; an. 674, p. 83; an. 720, p. 112; an. 721, p. 112 & 113; an. 722, p. 113; an. 723 & 726, p. 114; an. 724, p. 115; an. 725, p. 116; an. 726, p. 117; an. 730, p. 118; an. 734 & 735, p. 119; an. 744, p. 123.

THIERRI, fils naturel de Charlemagne, an. 822, p. 359.

THOMAS, archevêque de Milan, an. 781, p. 175.

THOMAS, évêque de Viviers, an. 815, p. 302.

THORISMOND, roi des Vifigoths, an. 526, p. 27.

THOU, (M. de) écrivain, an. 712, p. 105; an. 774, p. 162; an. 784, p. 180; an. 790, p. 192.

THURINGIENS, peuples de la Germanie, an. 323, p. 4.

TILLEMONT (M. de) écrivain, an. 418, p. 11; an. 464, p. 14.

TILPIN ou TURPIN, fucceffeur d'Abel, archevêque de Reims, an. 767, p. 149; an. 772, p. 159; an. 812, p. 268; an. 813, p. 286.

TINGULFE, an. 812, p. 266.

TITIANUS, préfet des Gaules, an. 343, p. 5.

TOTA, femme de Bernard, comte de Ribagorza, an. 813, p. 278.

TOTA, femme de Bernard, comte de Befalu, an. 813, p. 278.

TOTON, duc de Nepi, an. 767, p. 150.

TRASAIRE, abbé de S.t Vandrille, an. 815, p. 304.

TRASULPHUS, an. 789, p. 190.

TRITHÈME, (Jean) écrivain, an. 623, p. 56; an. 788, p. 189.

Tome I.

TRIVIER, (faint) moine anachorète, an. 602, p. 52.

TROANDUS, an. 775, p. 166.

TRON, (faint) an. 657, p. 75; an. 746, p. 125.

TRUCTESINDE, abbé d'Aniane, an. 821, p. 351; an. 822, p. 353 & 359.

TRUDON, avoué d'Aniane, an. 810, p. 259.

TRUTMANNUS, comte, an. 789, p. 190.

V

VADALDE, évêque de Marfeille, an. 817, p. 317.

VALACH, comte, fils de Bernard, an. 811, p. 263.

VALCAND, fils du duc Fédéric, an. 813, p. 278.

VALDRADE, mère de Walram, archevêque de Mayence, an. 788, p. 189.

VALENS, empereur, an. 366 & 367, p. 6; an. 368, 369, 370, p. 7; an. 376, p. 8; an. 799, p. 210.

VALENTINIEN, empereur, an. 366 & 367, p. 6; an. 368, 369, 370 & 371, p. 7; an. 376 & 379, p. 8; an. 395, p. 9; an. 425, p. 12; an. 445, p. 13; an. 799, p. 210.

VALOIS, (M. de) écrivain, an. 367, p. 6; an. 508, p. 21; an. 562, p. 38; an. 632, p. 60; an. 638, p. 65; an. 652, p. 72; an. 762, p. 145; an. 793, p. 197; an. 809, p. 256.

VALTON, abbé de S.t Denys, an. 824, p. 366.

VARNON, comte du Palais, an. 716, p. 108.

VAUDEBERT, abbé de S.t Denys, an. 653, p. 73; an. 658, p. 76.

VENDICUS, évêque d'Arras, an. 672, p. 82.

VERANUS, évêque de Vence, an. 464, p. 14.

VÈRE (faint), évêque de Vienne, an. 142, p. 2.

VÉRONE, épouse d'Ebolatus, an. 817, p. 326.

VERTOT, (l'abbé de) écrivain, an. 806, p. 247.

VICTOR, pape, an. 197, p. 2.

VICTURUS, évêque dont on ignore le fiège, an. 464, p. 14.

VIGILE, pape, an. 538, p. 30; an. 543 & 545, p. 32; an. 546, p. 33; an. 550 & 557, p. 34.

VIGILIUS, évêque d'Auxerre, an. 670, p. 81.

VILAFRED, abbé de Montolieu, an. 828, p. 387.

VILLICUS, évêque de Metz, an. 550, p. 34.

VINCENT, préfet du Prétoire des Gaules, an. 397, p. 9; an. 399 & 400, p. 10.

VINDICIANUS, évêque de Cambrai, an. 674, p. 83; an. 680, p. 88.

VIRE, (faint) évêque de Vienne, an. 142, p. 2; an. 607, p. 53.

VIRGILE, évêque d'Arles, an. 593, p. 49.

VIVENTIUS, préfet du Prétoire des Gaules, an. 368, 369 & 371, p. 7.

VIVENTIUS, évêque, an. 542, p. 31.

ULFALDE, an. 675, p. 85.

ULTROGOTHE, reine de France, femme de Childebert I.er, an. 545, p. 33.

VOLFÈRE, archevêque de Vienne, an. 805, p. 244.

VOLPHANG-LAZIUS, an. 812, p. 269.

VOLUSIEN, évêque de Tours, an. 498, p. 19.

URBAIN II, pape, année 755, p. 139; an. 812, p. 267.

URSEMARE, (faint) abbé de Laubes, an. 691, p. 94.

UTILRAD, abbé de Saint-Maximin de Trèves, an. 764, p. 147.

VULFARD, abbé de S.t Martin de Tours, an. 711, p. 104.

VULFRAMNUS, ferf, an. 824, p. 370.

W

WAGBALDE, évêque de Girone, an. 817, p. 325.

WAIFRE, duc d'Aquitaine, an. 760, p. 143; an. 768, p. 150; an. 825, p. 376.

WAIMAR, abbé de S.t Bertin, an. 744, p. 123.

WALA, an. 706, p. 102.

WALA, frère d'Adalard, abbé de Corbie, an. 828, p. 389 & 390.

WALCHRAME, abbé de S.t Benigne de Dijon, an. 579, p. 43; an. 696, p. 97.

WALDANDUS, an. 776, p. 168.

WALDERIC, abbé de S.t Benigne de Dijon, an. 775, p. 164; an. 777, p. 169; an. 783, p. 179.

WALKAND, évêque de Liége, an. 687, p. 91.

WALPRAND, évêque de Lucques, an. 755, p. 137.

WALRAM, archevêque de Mayence, an. 788, p. 189.

WALTGAUD, évêque de Liége, an. 811, p. 263.

xliv TABLE DES NOMS DES PERSONNES.

WALTON, abbé d'Agaune, an. 800, p. 221.

WANDALBERT, particulier, an. 809, p. 256.

WANDEMIRE, an. 696, p. 93.

WANDILON, général de l'armée de Théodoric, an. 508, p. 22.

WANILLON, serf de S.ᵗ Denys, an. 795, p. 200.

WARACTON, maire du palais, an. 673, p. 82; an. 690, p. 92.

WARIN, comte d'Auvergne, an. 825, p. 374.

WARMARIUS, prieur de Novalèze, an. 770, p. 157.

WARRÉ, fondateur de l'abbaye de Flavigni, an. 606, p. 53; an. 721, p. 112; an. 745, p. 124.

WENDILMAR, évêque de Tournai, an. 817, p. 324; an. 818, p. 330.

WERDON, abbé de Saint-Galé, an. 800, p. 221.

WÉRINFRÈDE, an. 817, p. 325.

WÉRINOLPHE, abbé de Saint-Maximin de Trèves, année 790, p. 193; an. 808, p. 253.

WICARD ou WICHARD, évêque de Mâcon, année 802, p. 228; an. 815, p. 303.

WICBALDE, comte de Wultzbourg, an. 822, p. 358.

WICBODUS, particulier, an. 825, p. 376.

WIDERIC, comte, an. 656, p. 74.

WIDILON, père d'Ambluf, an. 770, p. 156.

WIDO, abbé de Shwarzach, an. 826, p. 380.

WIDOLAIC, abbé de S.ᵗ Vandrille, an. 781, p. 175.

WIFRÈDE le Velu, I.ᵉʳ du nom, comte de Barcelonne, an. 803, p. 229; an. 829, p. 393.

WIGBALD, an. 779, p. 172.

WIGBERT, abbé de Glestingaburg, an. 752, p. 133.

WIGGER, évêque de Strasbourg, an. 727, p. 117; an. 762, p. 145.

WIGGER, comte, an. 777, p. 169; an. 780, p. 174.

WIHON, évêque d'Osnabruch, an. 804, p. 236.

WILFRÈDE, (saint) évêque d'Yorck, an. 680, p. 88.

WILGARIUS, moine de S.ᵗ Benigne de Dijon, an. 820, p. 345.

WILISWINDE, mère de Cancor, an. 763, p. 146; an. 770, p. 156; an. 776, p. 168.

WILLEHADUS, évêque de Brême, an. 788, p. 187.

WILLERAN, évêque de Carcassonne, an. 803, p. 229.

WILLIBALD, évêque d'Aichstat ou Aichstet dans le Nordgaw, suffragant de Mayence, an. 785, p. 181.

WILLIBRORD, évêque d'Utrecht, an. 706, p. 102; an. 711, p. 104; an. 714, p. 106; an. 716, p. 108; an. 720 & 721, p. 112; an. 725, p. 116; an. 726, p. 117; an. 754, p. 136.

WITTIZA, (Benoît) fils du comte de Maguelone, an. 787, p. 185.

WIMAR, an. 833, p. 417 & 418.

WIMARD, chancelier de Pépin, an. 759, p. 142.

WINERAD, chancelier de Gisèle, an. 799, p. 208.

WINFRID, archevêque de Mayence, an. 719, p. 113; an. 725, p. 115. Voyez saint BONIFACE.

WINNERADE, homme noble, an. 829, p. 392.

WIOMAD, évêque de Trèves, an. 774, p. 160.

WIRNIT, gouverneur des Pages, an. 827, p. 383.

WIRONDE, abbé de Stavelot & de Malmedi, an. 814, p. 293.

WITGAUD, an. 748, p. 127.

WITICHIND, duc des Saxons, an. 774, p. 162; an. 791, p. 195.

WITICHIND, moine, an. 789, p. 190; an. 797, p. 204.

WITIGÈS, roi des Goths, an. 535, p. 30.

WLFARIUS, comte dans l'Albigeois, an. 819, p. 333.

WLFRIC, an. 783, p. 179.

WOLDON, abbé de S.ᵗ Denys, an. 810, p. 260.

WOLFAIRE, archevêque de Reims, an. 811, p. 263; an. 812, p. 269.

WOLFGAIRE, évêque de Wurtzbourg, an. 820, p. 345; an. 822, p. 358.

WOLFOALD, comte, année 674, p. 83; an. 708 & 709, p. 103; an. 716, p. 107; an. 754, p. 136.

WOLFSGARIUS, évêque de Weissembourg, an. 815, p. 300.

WOLMÈRE, (le comte) avoué de S.ᵗ Nabor, an. 787, p. 185.

Y

YRIER, (saint) an. 577, p. 42.

Z

ZACHARIE I.ᵉʳ, pape, an. 744, p. 123; an. 749, p. 127; an. 751, p. 130; an. 752, p. 132; an. 753, p. 135; an. 755, p. 136; an. 786, p. 181; an. 796, p. 203.

ZACHARIE, particulier, an. 816, p. 309.

ZILLESIUS, an. 808, p. 253.

ZIZIME, rival d'Eugène à la papauté, an. 824, p. 373.

ZOSIME, pape, an. 417, p. 11.

TABLE DES MATIÈRES.

A

ABBAYES. Les abbayes de fondation royale étoient regardées, sous nos deux premières Races, comme faisant partie du domaine de la Couronne; & c'est principalement à ce titre que nos Rois y nommoient des Abbés. Quelquefois au lieu de les donner en titre & pour toujours, ils les donnoient en *bénéfice*, année 863, page 230.

ABBÉS réguliers. Exemple de partage des biens de l'abbaye entre l'Abbé & les Moines. Carloman donne aux monastères de Stavelot & Malmédi des biens-fonds, & l'usufruit à Anglinus, abbé de ces deux abbayes, an. 746, p. 126. Les Abbés sont compris dans la défense faite en général aux Clercs de porter les armes & d'aller à la guerre, par les Capitulaires de Carloman & de Pépin le Bref, an. 742, p. 121; an. 755, p. 137. Théoton, abbé de Marmoutiers, commandoit cependant un corps de troupes dans l'armée de Lothaire, & il fut tué dans un combat, mais c'est une exception, an. 834, p. 425. Les Abbés & les Moines pouvoient encore hériter de leurs parens dans le VIII.ᵉ siècle, ils avoient par conséquent des immeubles propres, an. 777, p. 170. Ils sont personnellement dispensés, par le Capitulaire de l'année 797, du service militaire, mais il leur est enjoint d'être exacts à fournir le contingent d'hommes armés qui sera réglé pour chaque Abbaye, an. 797, p. 205. Il est défendu aux Abbés, par un Capitulaire de Charlemagne de l'année 802, d'exiger ni de recevoir aucune somme d'argent de ceux qui prendront l'habit de Moine, an. 802, p. 228. Il n'étoit pas sans doute nécessaire que les Abbés, quoique réguliers, fussent prêtres; Alcuin, abbé de Ferrières, de Saint-Loup de Troies & de Saint-Martin de Tours, ne fut que diacre, an. 804, p. 238. Charlemagne évoque, par un Édit, les causes des Abbés à sa Cour, an. 812, p. 275.

Abbés séculiers & Abbés réguliers, distingués dans le Capitulaire d'Aix-la-Chapelle de l'année 825. Les Réguliers professoient la vie monastique, ils présidoient dans les Monastères, & vivoient dans la retraite; les Séculiers tenoient la première place dans des Collégiales qui avoient été autrefois occupées par des Moines, comme à Brioude, à Saint-Martin de Tours, à Saint-Aignan d'Orléans, &c. an. 825, p. 378.

ABBESSES. Il est défendu aux Évêques, par le sixième article d'un Capitulaire du roi Pépin le Bref, de l'année 755, de permettre aux Abbesses de sortir de leurs Monastères, à moins que le Roi ne leur ordonne de se rendre à sa cour, an. 755, p. 137; cette défense est renouvelée par un Capitulaire de Charlemagne, an. 802, p. 228 & 229.

ABBON, évêque de Metz, écrit à Didier, évêque de Cahors, pour qu'il engage le roi Dagobert I.ᵉʳ à ratifier une donation que ce Prince avoit précédemment faite à l'église cathédrale de Metz, an. 637, p. 64.

ABBON, comte de Poitiers, fait tenir un Plaid dans cette ville, où l'on juge que le lieu nommé *Jaciacum* sera restitué au monastère de Noaillé, an. 793, p. 197.

ABBON, comte de Vienne en Dauphiné, & peut-être étoit-il en même temps Avoué de la Cathédrale de cette ville : il tint en bénéfice une terre nommée *Epao*, qui étoit de l'ancien domaine de cette église; on doit croire que l'empereur Louis le Débonnaire la lui avoit assignée pour lui tenir lieu des gages attachés à l'office de Comte, an. 831, p. 403 & 404. Peut-être ce comte Abbon est le même que celui qui tenoit du Roi en bénéfice le droit de pêche dans le Véser, dont Louis le Débonnaire fit donation à l'abbaye de Corbie en Saxe, an. 832, p. 410.

ABDÉRAM, gouverneur en Espagne pour les Sarazins : il donna des troupes à Aison, comte dans les marches de ce royaume, qui se révolta, an. 826, p. 381.

ABEILLES. La culture des Abeilles étoit en grande considération sous le règne de Charlemagne; il veut par l'article XVII de son Ordonnance sur le domaine, que ses Officiers apportent tous leurs soins à cultiver les abeilles qui sont dans ses domaines, an. 800, p. 214 & 217, art. LXII.

ABODRITES. Ces peuples habitoient dans la Pomeranie supérieure, le long de la mer Baltique; Charlemagne les transféra dans la Saxe, au canton qui étoit occupé principalement par les Holsates, an. 804, p. 237 & 238.

ABREUVOIR. Règlement de police fait par les empereurs Valentinien II & Théodose, pour que les abreuvoirs soient placés hors des villes, an. 391, p. 8.

ABSA, (*terra absa*). Cette expression paroît signifier, lorsqu'elle est jointe au substantif *terra*, terre en valeur, terre cultivée, & non pas une mesure, an. 827, p. 385.

ACFRED, comte de Bourges : il vivoit vers l'an 883, an. 805, p. 229.

ACHEUS, diacre de l'église de Saint-Étienne de Dijon, fait donation aux Prêtres qui la desservent, de plusieurs fonds de terres, dont une pièce étoit située dans l'enceinte même de cette ville, an. 822, p. 358.

ACTORES Regis. On nommoit ainsi les bas Officiers de la bouche, dans le Palais de nos Rois de la première & seconde Race, an. 813, p. 289.

ACUÇAI, seigneurie située dans le Beauvaisis, & donnée à l'abbaye de Saint-Denys en France par le roi Dagobert I.ᵉʳ, an. 638, p. 65.

ADAGULDE, fille de Gammon, fondateur du monastère de Limours, plaide à la cour du roi Childebert III, contre l'abbé de Saint-Germain-des-Prés, pour faire casser l'Acte par lequel son père avoit soumis ce Monastère à cette abbaye : elle perd son procès, an. 701, p. 101.

ADALAIRE, particulier, habitant du diocèse d'Arles, prend à bail à vie & pour ses enfans & ses petits-enfans, des biens dépendans de l'abbaye de Saint-Victor de Marseille, an. 817, p. 317 & 318.

ADALALD, abbé de Caune, fait plaider une cause par son Avoué, dans un Plaid tenu à Narbonne, & la gagne, an. 821, p. 349.

ADALAON, évêque, mais dont le nom du siège

n'est point connu, nommé commissaire pour juger un procès de l'évêque de Plaisance, an. 820, p. 346.

ADALARD, abbé du monastère de Corbie en France, surnommé le VIEUX, pour se distinguer d'un autre Adalard, abbé de la Nouvelle-Corbie dans la Saxe. Ce premier obtient un Diplome en faveur de son monastère, de l'empereur Louis le Débonnaire, an. 825, p. 376. Il fut un des exécuteurs testamentaires du chancelier Fridugise, an. 831, p. 407.

ADALARD ou ADALHARD, abbé & fondateur de la Nouvelle-Corbie en Saxe; il est douteux si c'est lui ou un guerrier nommé Adelard qui fit une donation au monastère de Saint-Denys, an. 766, p. 148. Il est envoyé en Italie par Charlemagne avec le titre de Missus; il tient des Plaids dans ce royaume, an. 813, p. 287. Il écrit un livre sur l'ordre du Palais de Charlemagne, & sur le rang & les fonctions de ses Officiers, an. 813, p. 288.

ADALARD, particulier, fait un échange, conjointement avec deux de ses frères, contre Smaragde, abbé de Saint-Mihiel, an. 824, p. 369.

ADALBERT, abbé de Savigni, reçoit une donation de biens, & il les rend aux donateurs en bénéfice ou en fief, an. 809, p. 256 & 257.

ADALBERT, comte, & en outre l'un des deux Missi dans le département de Trèves, an. 822, p. 360. Louis le Débonnaire fait donation à ce Comte, en considération de ses services, de la terre de Fontaines, située dans le Touloufain, an. 832, p. 410. Diplome de ce même Prince en faveur de ce Comte, an. 834, p. 425. Ce Comte tenoit en bénéfice de la part du Roi, une terre qui appartenoit à l'église du Mans, l'Empereur desira qu'elle fut restituée à cette Cathédrale, Adalbert y consentit, an. 838, p. 450. Quelques Savans prétendent qu'il fonda le monastère de Lindaw, an. 839, p. 457.

ADALÉOLD, abbé de Saint-Amand dans le Tournaisis, obtient de l'empereur Lothaire un Diplome qui confirme la donation que le roi Childéric II avoit faite autrefois à ce Monastère, du prieuré de Barisi, an. 840, p. 464.

ADALGAUD, abbé de Fleuri ou Saint-Benoît-sur-Loire, obtient deux Diplomes de l'empereur Louis le Débonnaire, en faveur de son Monastère, an. 818, p. 328.

ADALGISE, fils de Didier, dernier roi des Lombards. Après que Charlemagne eut fini la conquête de ce royaume, ce Prince infortuné se réfugia à Constantinople; cette Cour feignit de se laisser perfuader fur l'intérêt qu'elle avoit de retirer la ville de Rome & toute l'Italie de dessous la domination des François, & l'Empereur fit mine de faire marcher une armée, dont il donna le commandement à Adalgise: ce dessein n'eut aucune suite, an. 796, p. 202.

ADALGISE, abbé de Paunac ou Palnac, dans le diocèse de Périgueux, gouvernoit ce Monastère en 849, an. 804, p. 236.

ADALGISE, abbé de Saint-Calez du Mans, vient à la Cour, & obtient de Louis le Pieux un Diplome qui confirme tous ceux que ses Prédécesseurs avoient obtenus en faveur de ce Monastère, an. 814, p. 201.

ADALHELINUS, évêque de Châlons-sur-Marne, assiste au Concile de Sens de l'année 833, & souscrit l'Acte de translation du monastère de Saint-Remi de cette ville dans le lieu nommé Vareilles, an. 833, p. 418.

ADALOCH, évêque de Strasbourg, obtient de l'Empereur la confirmation d'une donation que Charlemagne avoit faite à sa Cathédrale, an. 817, p. 323.

ADALRAM, archevêque de Saltzbourg, veut étendre son diocèse aux dépens de celui de Passaw; cette contestation est terminée dans un Plaid tenu à Ratisbonne par Louis, roi de Bavière, an. 829, p. 393.

ADALRAM, particulier, habitant de la ville de Dijon, fait un échange avec les Moines de l'abbaye de Saint-Benigne de Dijon, an. 837, p. 441.

ADALRIC, duc dans la Champagne, ennemi d'Ébroin, maire du Palais de Thierri III, & dont ce ministre ambitieux fit confisquer les biens; il se retira en Austrasie, an. 676, p. 85.

ADALRIC, fils d'un duc des Allemands, conjointement avec la duchesse Bersvinde sa femme, fonda le monastère d'Eberninster, an. 810, p. 258.

ADALRIC, duc Saxon, auquel Charlemagne donna, pour récompense de sa fidélité, un bénéfice situé dans la forêt de Bucône; son fils Asig en obtint la propriété, an. 813, p. 276.

ADALRIC, abbé de la Grasse, reçoit de la part du comte Oliba la donation de la terre de Favarias, qu'il lui rend quelque temps après à titre seulement de bénéfice, an. 820, p. 347; an. 837, p. 441.

ADALSINDE, fille d'Amalgarius, gouverneur de la Bourgogne sous le règne de Dagobert I.er, fonde un Monastère près la ville de Besançon, & l'unit à celui de Bèze, fondé par Valdalène son frère, an. 652, p. 72.

ADALTRUDE, fille d'un riche particulier, nommé Girard & de Gimberge, prend le voile dans le monastère de Saint-Pierre de Lyon; ses père & mère font une donation considérable à cette abbaye en cette considération; ils réservent néanmoins pour eux & pour Adaltrude, leur vie durant, l'usufruit des biens légués. Ceci prouve que le cloître n'excluoit pas alors dans ceux qui s'y étoient consacrés, le droit de propriété, an. 586, p. 46.

ADALUNG, abbé de Lauresham, est un des quatre Abbés qui signent le testament de Charlemagne, an. 811, p. 263.

ADASIANE, épouse d'un seigneur de Languedoc nommé Théobrand, & mère de Braidingue, qui fit un legs considérable au monastère d'Aniane, an. 813, p. 276.

ADASIUS, moine. Bertrand, comte de Bazas, qui retenoit depuis long-temps l'abbaye & les biens de la Réole, les restitue, & en investit Adasius, qui en fut abbé, an. 836, p. 439.

ADDON, particulier, fils d'un autre particulier nommé Liudgber, fait conjointement avec son père, une donation à la cathédrale de Mimigneford dans la Saxe, an. 805, p. 239.

ADÉLAÏDE, princesse du Sang de France & fille de Louis le Débonnaire: elle épousa Robert le Fort, qui fut duc & marquis de France, comte d'Anjou, d'Orléans, &c. C'est de cette alliance que sont issus nos Rois de la troisième Race, an. 736, p. 434. Cette Princesse étoit veuve d'un seigneur nommé Conrad, lorsqu'elle épousa le comte Robert, an. 837, p. 446.

ADELARD, comte de Challon, grand guerrier sous le règne de Pépin le Bref, est soupçonné d'avoir fait une riche donation au monastère de Saint-Denys, an. 766, p. 148. L'évêque de Paris prétend que cet Adelard avoit fait donation à sa Cathédrale du village nommé Plaisir, situé dans la forêt de Saint-Germain-en-Laie, an. 775, p. 166.

ADELARD, autre comte & nommé Missus en Italie par Louis le Débonnaire; il tient un Plaid à Norcia, an. 821, p. 351.

ADELBERT, comte dans un canton de l'Allemagne: Charlemagne le traite de son parent, & il l'institue Avoué de l'abbaye de Richenaw, an. 813, p. 285.

ADÈLE,

TABLE DES MATIÈRES.

ADÈLE, fille de Dagobert II, fonde un monastère de filles, qu'elle appelle *Palatiole*, parce qu'elle le bâtit sur les ruines d'un vieux palais ; elle le dota du lieu où ce palais étoit situé : elle l'avoit eu en partage des biens de son père, an. 732, p. 118.

ADÉLERDE, abbé de Saint-Amand, obtient le rétablissement de son monastère, avec des biens considérables de la pieuse libéralité de l'empereur Louis le Débonnaire, an. 822, p. 355.

ADELTRUDE, femme de Gauzelin, comte de Touraine, an. 839, p. 456.

ADEMAR, premier abbé du monastère de Baux, situé dans le diocèse de Sisteron : il vivoit du temps de Charlemagne, an. 812, p. 267.

ADEMAR, comte de Narbonne, connu par une ordonnance rendue en faveur des Espagnols réfugiés dans le Languedoc, &c. an. 812, p. 268.

ADEMAR, moine de Charroux. Il écrit que Roger, comte dans le Poitou, a fondé l'abbaye de Charroux, & qu'il y a déposé une portion de la vraie Croix, qui lui avoit été envoyée par un Moine de la part de l'empereur de Constantinople, an 799, p. 211.

ADHALARD, fils du comte Éberard & de la princesse Gisèle, fille de Louis le Débonnaire. Il eut en partage, des biens de la succession de son père, la terre de Cisoing en Flandre, an. 837, p. 446.

ADON, évêque de Vienne, adresse à son Clergé une lettre sur la mort & le martyre de saint Didier, l'un de ses prédécesseurs, an. 607, p. 53.

ADON, abbé de Saint-Remi de Reims, fait donation à ce Monastère de deux villages appelés Autrei & Creci, an. 714, p. 106.

ADON, avoué de l'abbaye de Saint-Denys en France ; il soutient un procès pour ce Monastère, contre le comte Riferon, à un Plaid général tenu par les Officiers du Roi, & il le gagne, an. 782, p. 177.

ADRAMIRE, expression employée par les anciens Francs dans la rédaction de la loi Salique, qui signifie, *De la manière d'instituer un héritier.* Voyez INSTITUTION.

ADREVALDE, abbé de Novalèze, assiste au Concile de Sens de l'année 833, & souscrit l'Acte de translation du monastère de Saint-Remi de cette ville dans le lieu nommé Vareilles, an. 833, p. 418.

ADRIEN I.er Ce Pape est élu cette année le 9 février ; il accorde aussi-tôt une Bulle en faveur du monastère de Saint-Denys en France, qui confirme celle du pape Étienne III, qui permet à l'Abbé & aux Moines d'avoir un Évêque particulier & de l'élire, an. 772, p. 159. Il envoie le *Pallium* à Turpin, archevêque de Reims, & le confirme dans son droit de Métropolitain, *ibid.* Bref de ce Pape adressé à Charlemagne, mais supposé, an. 773, p. 160. Il écrit une Lettre en vers à Charlemagne, par laquelle il le complimente à l'occasion de ses victoires sur les Lombards ; il lui rend en même temps des actions de graces de tous les bienfaits qu'il a accordés à l'église de Rome, an. 774, p. 162. Brefs de ce Pape à Charlemagne & aux Évêques de ses États, sur différens sujets, an. 774, p. 163. Il accorde une Bulle, par laquelle il confirme la donation que Charlemagne avoit faite à l'abbaye de Saint-Denys, de la Valteline, an. 780, p. 175. Autre Bulle de ce même Pape, par laquelle il confirme des priviléges de cette Abbaye, an. 784, p. 180. Autre Bulle de ce Pontife en faveur de cette même Maison & pour le même sujet, mais soupçonnée de fausseté, an. 786, p. 182. Adrien, à la tête de son Clergé, reçoit Charlemagne, qui fait son entrée à Rome ; il baptise Pépin & Louis, les deux plus jeunes des enfans de Charlemagne, & les couronne ensuite, le premier roi d'Italie, & le second roi d'Aquitaine ; an. 781, p. 175. Il fait présent au Roi de colonnes de marbre, pour orner la Chapelle que ce Prince faisoit bâtir à Aix-la-Chapelle, an. 782, p. 178. Il confirme, par un Bref, les priviléges accordés par ses prédécesseurs à l'abbaye de Saint-Denys, an. 784, p. 180. Ce Pape donne une autre Bulle en faveur de cette même Abbaye ; cette pièce est critiquée, an. 786, p. 182. Il écrit à Charlemagne & le prie de donner des ordres à ses Comtes afin qu'ils fassent transporter à Rome les matériaux que ce Prince & quelques Seigneurs avoient donnés pour la reconstruction de l'église de Saint-Pierre, *ibid.* Autre Lettre de ce Pape à Charlemagne, par laquelle il lui marque qu'il a accordé, à sa prière, le *Pallium* à Ermenbert archevêque de Bourges, an. 786, p. 183. Il confirme, en faveur des Moines de Saint-Martin de Tours, le privilége qu'ils avoient d'élire un Évêque attaché à leur Monastère, pour conférer les Ordres aux Moines, pour bénir les autels & les saintes-huiles, an. 786, p. 184.

ADROALD, homme riche, se convertit à la foi par les soins de saint Omer, évêque des Morins. Il donne le lieu & la seigneurie de Sithieu, pour y bâtir un monastère, que l'on a appelé dans la suite Saint-Bertin, & où est établie présentement la Cathédrale de Saint-Omer, an. 648, p. 70.

ADULTÈRE. Voyez au mot CRIME.

ADVOCATUS. Voyez AVOUÉ.

ÆLIDE, fille de Fédéric, duc de la Lorraine Mosellane, parent de Charlemagne ; elle épousa Alboin comte de Poitiers, an. 813, p. 278.

ÆLIDE, (*Élisabeth*) fille de Fédéric, duc de la Lorraine Mosellane, prince du Sang de France ; elle épousa Seguin, comte de Guines, an. 813, p. 278.

ÆTHICUS, comte dans l'Alsace, fonde le monastère du mont S.te-Odile dans le château de Hohemburc : ce Monastère fut dans ces premiers temps occupé par des Religieuses qui suivoient la règle de saint Benoît ; Odile, fille de ce Comte, en fut la première Abbesse, an. 837, p. 440.

AETIUS, patrice & général de l'une & de l'autre Milice dans les Gaules, favorise Jean le Tyran, an. 425, p. 13. Ce Général fut chargé par l'empereur Théodose de l'exécution d'une Ordonnance contre l'évêque d'Arles, an. 445, p. 13.

AFFATOMIE ou AFFETUMIÆ. Voyez ADRAMIRE.

AFFRANCHIS. Il fut défendu aux Affranchis de l'un & de l'autre sexe, d'ester en justice, par l'Ordonnance de Childéric III, an. 744, p. 124. On distinguoit deux sortes d'Affranchis ; ce que n'étoit que ceux appelés *Libellarii* ou *Cartulati*, an. 801, p. 222. Les biens des Affranchis de l'une & de l'autre espèce ne pouvoient passer à leurs enfans qu'à la troisième génération, an. 803, p. 233. L'affranchissement devoit, suivant la Loi, avoir un objet déterminé ; c'est-à-dire, qu'un Maître ne pouvoit pas affranchir les enfans d'un Serf avant qu'ils naquissent, an. 803, p. 234. Les Affranchis formoient le Tiers-état ; les amendes & les compositions fixées par les Ordonnances pour les Affranchis, étoient beaucoup moindres que pour les Libres, & beaucoup plus fortes que pour les Serfs, an. 804, p. 238. Les Affranchis Chartulaires étoient ceux que l'on appeloit *Ingenuus*, & ils jouissoient de plus de considération que les autres espèces d'Affranchis ; ils étoient obligés cependant, comme les autres, de se recommander. Si ces Affranchis Chartulaires décédoient avant que le Roi, ou leur Maître, leur eût délivré la Charte de leur affranchissement, ils étoient censés mourir dans la servitude, & leurs enfans demeuroient Serfs, an. 813, p. 280. Louis le Débonnaire

Tome I. m

interprète la loi Salique par rapport aux Serfs frauduleusement affranchis, an. 819, p. 340. La profession de Moine & l'émission des vœux n'affranchissoient point ; on pouvoit être Moine sans cesser d'être Serf ; & lorsque l'Abbé jugeoit convenable de faire promouvoir un Serf, moine de son Abbaye, à la Cléricature, il lui donnoit des Lettres d'affranchissement ; cet affranchissement se faisoit au coin de l'autel ; formule de ces Lettres, an. 821, p. 351.

AFFRANCHISSEMENT. Voyez AFFRANCHIS. Forme des affranchissemens, & du droit que le Maître retenoit sur le pécule de l'Affranchi, an. 813, p. 282.

AGAPET, pape, adresse à saint Césaire, évêque d'Arles, un Bref, par lequel il renouvelle la disposition des anciens Décrets, qui défendent aux Clercs d'aliéner les biens de l'Église, an. 535, p. 29.

AGARIN ou AVARIN, évêque de Cahors, fait une riche donation à l'abbé & aux moines de Moissac, an. 673, p. 83 ; an. 783, p. 175.

AGAUNE ou SAINT-MAURICE-EN-VALLAIS. Ce Monastère reçoit une très-riche dot de Sigismond, roi de Bourgogne, an. 515, p. 24. Stagrius, abbé de ce Monastère, obtient du pape Eugène I.er une Bulle de confirmation des donations que les rois Bourguignons & François avoient faites à cette Abbaye, an. 655, p. 74. Cette Abbaye étoit exempte de la juridiction de l'Évêque diocésain, & les Moines avoient obtenu la liberté d'élire leur Abbé, an. 775, p. 165.

AGBERT, comte, tenoit en bénéfice ou à bail, de l'église du Mans, une terre appelée *Califamen*, pour laquelle il donna une reconnoissance à Aldric, évêque de cette ville, an. 839, p. 459.

AGDE. Le Comte de cette ville & les habitans jouissoient d'ancienneté, du temps de l'empereur Louis le Débonnaire, du droit d'usage dans une forêt qui étoit du domaine royal, située le long de l'étang de l'Éraut, an. 822, p. 353 & 354. On ne trouve point dans l'Histoire le nom d'aucun comte d'Agde & d'Usez pendant le IX.e siècle ; on voit cependant par une Charte, une nouvelle preuve qu'il y avoit des Comtes en ce temps dans ces deux villes, an. 823, p. 364.

AGE. L'âge de raison suffisoit, par la loi Salique, suivie un Capitulaire de Louis le Débonnaire, pour qu'un enfant accusé de vol pût être traduit devant le Juge ; mais lorsqu'il étoit âgé au-dessous de douze ans, il ne pouvoit être condamné qu'à la restitution de la chose volée, sans frais, ni dommages, ni intérêts. Il falloit avoir atteint l'âge de douze ans, pour être assigné en matière civile ; on pouvoit à cet âge, par ce même Capitulaire, défendre soi-même sa cause, an. 819, p. 341.

AGÉRAD, évêque de Chartres, accorde une Charte en faveur d'un Monastère situé dans une ville de ce diocèse, mais dont le nom est effacé dans la pièce, an. 696, p. 97.

AGILA, abbé de la Grasse obtient de Pépin, roi d'Aquitaine, un Diplome qui confirme ce Monastère dans la jouissance de ses biens & de ses privilèges, an. 838, p. 453.

AGILANE, abbé de la Grasse, fait bail pour vingt-deux années de la terre de *Favarias*, à la comtesse Richilde, veuve d'Oliba comte de Carcassonne, an. 837, p. 441.

AGILBERT, vidame de Narbonne, tient un Plaid dans cette ville, où il fait juger un procès en faveur de l'abbaye de Caune, an. 821, p. 349.

AGILBURGE, femme de Rainald, comte d'Agde, fait, conjointement avec son mari, donation à Amelius, évêque d'Usez, de l'église & des dixmes de la paroisse de Saint-Martin de Caux, dans le comté d'Agde, an. 823, p. 364.

AGILIS, abbé de la Grasse, obtient de Pépin, roi d'Aquitaine, un Diplome qui ratifie une donation qu'Oliba, comte de Carcassonne, avoit faite depuis peu à ce Monastère, an. 827, p. 385.

AGILMAR, chancelier de Lothaire lorsqu'il étoit roi d'Italie : il exerça cette charge lorsque ce Prince parvint au trône de l'Empire, an. 840, p. 364.

AGILOIS, femme d'un particulier nommé Lemptetis, fonde & dote, conjointement avec son mari, une Église paroissiale dans le diocèse de Vienne en Dauphiné, & appelle Audir, corévêque de Lyon, pour en faire la dédicace, an. 824, p. 367.

AGILVARDE, évêque de Wurtzbourg, capitale de la Franconie, fait un échange de terres dépendantes de son église, avec Audulfe, comte dans ce même pays, an. 807, p. 251.

AGINULFE, vassal du Roi, obtient de Louis le Débonnaire, en récompense de ses services & de sa fidélité, des fonds de terre que ce Prince détache de son domaine, & desquels il lui fit donation en toute propriété, an. 832, p. 408.

AGIUS, évêque d'Orléans. Il obtient un Diplome de Charlemagne dans le séjour que ce Prince fit cette année à Orléans, par lequel il donne à l'abbaye de Saint-Euverte des biens situés en Beauce, an. 783, p. 179.

AGNALDUS, seigneur dans le Poitou. Il s'étoit emparé à main armée d'une terre & d'une petite forêt appartenantes à l'abbaye de Noaillé ; Gratien, avoué de ce Monastère, le traduit au Plaid, & il est condamné par Agnarius, qui y présidoit, à restituer la terre & le bois, an. 834, p. 421.

AGNARIUS. Ce Seigneur étoit Envoyé ou *Missus* dans l'Aquitaine sous le règne de Pépin, fils de Louis le Débonnaire : il jugea en faveur de l'abbaye de Noaillé, un procès entre un seigneur du canton nommé Agnaldus, & Gratien, avoué de cette Abbaye, an. 834, p. 421.

AGOBARD, archevêque de Lyon, nommé Commissaire par l'empereur Louis le Débonnaire pour présider, avec Nebridius, archevêque de Narbonne, à l'élection de l'abbé d'Aniane, an. 821, p. 350 & 351 ; an. 822, p. 359. Ce Prélat a la commission de rédiger les actes du Concile de Paris, sur le culte des Images, assemblé par les empereurs Louis & Lothaire, an. 825, p. 377. Ce Prélat écrit deux Lettres aux Ministres de l'Empereur, afin de faire révoquer une Ordonnance qui défendoit aux Prêtres d'administrer le baptême aux Juifs & à leurs Serfs, an. 828, p. 389. Il préside au Concile de Langres, an. 830, p. 399. Il écrit une Lettre à l'Empereur dans des termes peu ménagés, sur le nouveau partage que ce Prince avoit fait de ses États en 829, an. 833, p. 420. Ce Prélat préside au Concile de Compiegne, où ce Prince fut déposé, *ibid.* Il est accusé de félonie, pour quoi il est cité aux États ; il refuse de comparoître après trois monitions : il fut jugé & déposé à l'assemblée de Thionville de 836, an. 835, p. 427.

AGRICULTURE protégée sous le règne de Charlemagne, & envisagée comme la source principale des richesses & de la force de l'État, an. 813, p. 280.

AGRIMUS, évêque de Langres, an. 812, p. 272.

AGUISI. Le monastère de Saint-Denys en France est maintenu dans la propriété de cette seigneurie, située dans le Beauvaisis, par des Lettres du roi Clotaire III, an. 658, p. 75.

AIGLIBERT, évêque du Mans & archichapelain du

TABLE DES MATIÈRES.

roi Thierri III, plaide contre deux Seigneurs du pays, pour la propriété du monastère de Tuffé situé dans ce diocèse. Ce Prince décida l'affaire en faveur du Prélat, an. 675, p. 85. Aiglibert ratifia la Charte de fondation d'un Monastère d'hommes établi par l'évêque Domnole, l'un de ses prédécesseurs, & en obtient la confirmation par un Diplome de Thierri, an. 676, *ibid.* Il obtient de ce même Prince, pour lui & pour ses successeurs, le droit de battre monnoie dans la ville du Mans, an. 685, p. 90.

AIGUE, femme de Raoul, comte de Turenne & de Cahors, dotte, conjointement avec son mari, un de leur fils, aussi nommé Raoul, qu'ils avoient engagé dans la Cléricature; & Immène leur fille, qu'ils avoient vouée dans un monastère de Religieuses, an. 823, p. 365.

AIGULPHE, abbé de Solignac, obtient de l'empereur Louis le Débonnaire la confirmation des priviléges & franchises accordés à son Monastère par les Rois ses prédécesseurs, an. 817, p. 322.

AYMARD prend l'habit de Moine, & est envoyé par le pape Paschal dans le Querci pour rétablir l'abbaye de Figeac, an. 822, p. 354.

AIMERIC DE PEYRAT, abbé de Moissac, en 1372, tira une copie d'un Diplome de Pépin, roi d'Aquitaine, en faveur de cette Abbaye, an. 818, p. 328.

AIMOND, abbé de Manlieu, obtient en faveur de son Monastère, de Pépin roi d'Aquitaine, la donation de deux terres appelées *Dendaüs* & *Buxogilus,* que les comtes Landri, Gerbert & Berenger avoient eues autrefois en bénéfice, an. 833, p. 417.

AJOURNER, AJOURNEMENT, c'est-à-dire, assigner un jour à quelqu'un dans une forme judiciaire pour comparoir devant le Juge & répondre à une demande: Du temps de nos Rois des deux premières Races, comme on comptoit encore par nuit, suivant la loi des anciens Germains, on ajournoit à un certain nombre de nuits pour comparoître devant le Juge; les Ordonnances fixoient à trois défais les ajournemens avant de juger, dans le cas où la Partie ajournée ne répondoit ni en personne, ni par Procureur, an. 812, p. 266; an. 813, p. 283. Nouveau Règlement sur le délai des ajournemens, an. 816, p. 314 & 315; an. 819, p. 340.

AIRARD, nom d'un particulier qui vendit des fonds de terres, situés sur l'Ouche, à Erlegaud, abbé de Saint-Bénigne de Dijon, an. 816, p. 309.

AIX en Provence. Cette ville n'est pas comptée au nombre des Métropoles du royaume dans l'énumération que Charlemagne en fait dans son testament, an. 811, p. 262 & 263.

AIZON, comte dans la marche d'Espagne, sous le règne de Louis le Débonnaire; il se révolte, il demande des troupes à Abdéram qui commandoit pour les Sarazins en Espagne, & avec le secours qu'il obtient de ce Général il prend Barcelonne, Gironne & Sarragosse, an. 826, p. 381.

ALAIN, particulier: lui & sa femme donnent tous leurs biens & leur personne à l'église du Mans, an. 625, p. 57.

ALARIC, roi des Visigots, exile saint Volusien, ce qui excite Clovis le Grand à lui déclarer la guerre. Son entrevue avec ce Prince, suivant le sentiment de Grégoire de Tours, an. 498, p. 19.

ALBANE, épouse de Warin, comte d'Auvergne, échange, conjointement avec son mari, le lieu & la seigneurie de Genuilli dans le Mâconnois, avec l'église de Chaudes-Aigues dans le Nivernois, & un autre lieu en Auvergne nommé *Lituanias,* & donna ces trois terres à l'évêque de Mâcon pour celle de Cluni. Cette Dame n'ayant point d'enfans de son mariage avec Warin, légua par testament au comte Guillaume surnommé le Pieux, son frère, la terre de Cluni, an. 825, p. 375.

ALBÉRIC, évêque d'Utrecht, obtient de Charlemagne une Charte par laquelle ce Prince fait donation à l'église Cathédrale de cette ville, du village de Leusden, an. 780, p. 174.

ALBÉRIC, évêque de Langres, l'un des deux *Missi* dans le département de Lyon, an. 822, p. 360. Ce Prélat rétablit le monastère de Bèze-Fontaine; il restitue aux Moines tous les biens que les évêques de Langres ses prédécesseurs leur avoient usurpés, & il ajoute à ce bienfait un legs considérable, an. 830, p. 399 & 400. Albéric fit ratifier par l'Empereur la Charte par laquelle il fit toutes ces œuvres de piété en faveur de l'abbaye de Bèze, *ibid.* Ce Prélat, conformément aux Ordonnances du royaume & aux décisions des Conciles, établit des Écoles dans sa ville Épiscopale; il fit aussi bâtir un cloître pour ses Chanoines, & il partagea avec eux les revenus de la Cathédrale, après quoi il obtient un Diplome de l'Empereur qui ratifie tous ces établissemens, an. 834, p. 424. Il permet que les Moines de l'abbaye de saint Benigne de Dijon fassent un échange avec un particulier nommé Adalram, an. 837, p. 441.

ALBÉRIC, Clerc, exerçoit à la Cour de Pépin, roi d'Aquitaine, l'office de Notaire du Palais; il expédioit les Diplomes pour le Chancelier, an. 838, p. 451 & suiv.

ALBERT, abbé d'Eptermack, obtient du roi Pépin le Bref des priviléges en faveur de son Monastère, & une donation de l'église & du lieu de Crome, avec la forêt de Contelle, an. 752, p. 131.

ALBOIN, prince des Lombards, qui le premier quitta, vers l'an 569, la Pannonie, & vint fonder un nouveau royaume en Italie, an. 742, p. 122.

ALBOIN, abbé de Saint-Calez, obtient de l'empereur Louis le Débonnaire un Diplome, par lequel ce Prince permet aux Religieux de ce Monastère d'élire désormais leur Abbé, an. 825, p. 374.

ALBON, comte de Poitiers & de Tours. Il épousa Ælide, fille de Fédéric, duc de la Lorraine Moseslane, an. 813, p. 278.

ALBRIC, financier & l'un des Régisseurs du domaine du Roi, dispute à l'abbé de Stavelot & Malmédi le droit d'usage dans la forêt de Stenai-sur-Meuse; le procès fut jugé au Conseil du Roi, & l'Abbé fut maintenu dans la jouissance de ce droit, an. 827, p. 383.

ALCUIN, abbé de Saint-Martin de Tours. Charlemagne accorde un Diplome en faveur de ce Monastère, à la sollicitation d'Alcuin, an. 796, p. 201. On lui attribue un Poëme qui doit être considéré comme le journal de la vie & des actions de Charlemagne, an. 799, p. 207. Il obtient de Charlemagne deux Diplomes en faveur du Monastère de Cormeri, qui étoit sous sa dépendance, en qualité d'abbé de Saint-Martin de Tours, an. 800, p. 211. Il en obtient un autre en faveur de son abbaye de Saint-Martin, an. 800, p. 219. Il écrit deux Lettres, l'une à des Moines de son Monastère qui résidoient à la Cour & qui y avoient quelque office; l'autre à Charlemagne, au sujet d'une rebellion faite aux ordres de l'Empereur par les Moines qui demeuroient dans l'abbaye de Saint-Martin de Tours, an. 803, p. 235. Abrégé de l'histoire de cet Abbé, qui fut célèbre par ses vertus & par sa science: il mourut en 804; il ne fut jamais ordonné prêtre, quoiqu'il eût trois Abbayes, an. 804, p. 238. Il dote un Hôpital pour les Pélerins, an. 815, p. 306.

TABLE DES MATIÈRES.

ALDEGONDE (Sainte) fonde le Monaſtère de filles de Maubeuge, qui ſont préſentement des Chanoineſſes, an. 646, p. 70.

ALDIONES (Aldions), eſpèce d'Affranchis connus ſeulement en Italie par la loi des Lombards; ce que c'étoit & à qui ils pouvoient être comparés en France ſuivant la loi Salique, an. 801, p. 222 & 225.

ALDIARICIIS, AMASSARICIIS, ces expreſſions barbares paroiſſent ſignifier les outils & inſtrumens néceſſaires pour le labour & la culture des terres, an. 829, p. 392.

ALDO, prêtre, & frère d'un ancien archevêque de Vienne, nommé Orfus, fait un legs conſidérable à cette Cathédrale, an. 812, p. 268.

ALDO, particulier qui avoit fait une donation en faveur de l'abbaye de Fontaine-Baiſe. Les héritiers attaquèrent cet Acte, & ſoutinrent à ce ſujet un procès contre l'évêque de Langres, qui ſe fit repréſenter par Burgoar, avoué du Monaſtère, an. 815, p. 301.

ALDRIC, chancelier de Pépin, roi d'Aquitaine. Il fut le premier qui occupa cette place ſous le règne de ce Prince, an. 826, p. 379.

ALDRIC, archevêque de Sens. Il ſigne le partage qu'Hilduin, abbé de Saint-Denys, fait entre lui & ſes Moines, de la manſe commune des biens de cette Abbaye, an. 832, p. 408. Il préſide au Concile tenu dans cette ville en 833, & préſente aux Évêques qui y aſſiſtèrent la Charte de tranſlation & de donation de l'abbaye de Saint Remi de Sens dans le lieu nommé Vareilles. Les Évêques, à la réquiſition d'Aldric, ſignèrent cette Charte, an. 833, p. 418. Ce Prélat obtient de l'Empereur un Diplome qui confirme ce nouvel établiſſement, an. 835, p. 432 & 433.

ALDRIC, évêque du Mans, réclame contre les prétentions des Officiers du Fiſc la juſtice ſur trois Monaſtères de ſon diocèſe, qui ſont Saint-Vincent, Saint-Aubin & Saint-Ouen; l'affaire fut diſcutée par un Commiſſaire que le Roi nomma, le procès fut jugé en faveur de l'Évêque, an. 832, p. 411. Ce Prélat obtient vers le même temps, de Louis le Débonnaire, une Charte en faveur de ſa Cathédrale, an. 832, p. 412. Il obtient de l'Empereur un ſecond Diplome, par lequel il fait reſtituer à l'égliſe du Mans des terres uſurpées par les Officiers du Fiſc, an. 833, p. 413. Aldric aſſiſte au Concile de Sens de l'année 833, & ſigne l'Acte de tranſlation de l'abbaye de Saint Remi de cette ville, dans le lieu nommé Vareilles, an. 833, p. 418. Il obtient en faveur de ſon égliſe la reſtitution de pluſieurs fonds de terre, que les Régiſſeurs du Domaine retenoient injuſtement, an. 835, p. 499. Il obtient l'année ſuivante trois Diplomes, par leſquels l'Empereur accorde de nouvelles graces à ſa Cathédrale, an. 836, p. 436. Ce Prélat fait donation au Chapitre de ſa Cathédrale, d'un ancien palais Épiſcopal de cette ville, avec des fonds de terre, ſous la condition que chaque Chanoine célébrera trois Meſſes par an pour le repos de ſon ame, an. 837, p. 440. Il fait le même jour une autre donation de pluſieurs fonds de terre au monaſtère de Saint-Sauveur, ibid. & il obtient de l'Empereur, un Diplome qui confirme ce legs, an. 837, p. 441. Ce Prélat réclame ſa mouvance & ſa juriſdiction ſur le monaſtère de Saint Calez; il ſoutient à ce ſujet un grand procès contre l'Abbé & les Moines de cette abbaye, & obtient un jugement favorable, an. 837, p. 442 & ſuiv. Aldric donne une grande Charte, par laquelle il ratifie toutes les donations qu'il avoit faites tant à ſon égliſe Cathédrale, qu'aux Monaſtères de ſon diocèſe, an. 837, p. 446. Il obtient dans le cours de cette année ſix Diplomes en faveur de ſa Cathédrale, an. 838, p. 449. Aldric ſe retire de la Cour, on croit qu'il y occupoit une place, & va réſider dans ſon diocèſe, an. 839, p. 461.

ALDRIDE. Il étoit comte ſans doute. L'Empereur le nomma Commiſſaire pour le rétabliſſement de l'abbaye de Saint-Amand, an. 822, p. 355.

ALDUIN, évêque de Verdun, aſſiſte au Concile de Sens de l'année 833, & ſouſcrit l'Acte de tranſlation du monaſtère de Saint-Remi de cette ville dans le lieu nommé Vareilles, an. 833, p. 418

ALEDRAND, comte, & nommé Miſſus en Italie par l'empereur Louis le Débonnaire; il fait tenir un Plaid à Norcia, an. 821, p. 350.

ALEGRECUS, abbé de Saint Germain d'Auxerre, obtint de Louis le Débonnaire une Charte qui portoit confirmation de tous les priviléges que Pépin & Charlemagne avoient ſucceſſivement accordés à ce Monaſtère, an. 816, p. 307.

ALET. Ce Monaſtère, fondé par le comte Bera, fut ſoumis d'une manière ſpéciale à l'égliſe de Rome; les Abbés étoient tenus de payer tous les trois ans une redevance d'une livre d'argent peſant au Pape. Il fut érigé en évêché dans le XIV.ͤ ſiècle, an. 813, p. 286 & 287.

ALEXANDRE. Suivant quelques Auteurs, l'empereur Louis le Débonnaire eut un Chancelier ou un Archichancelier de ce nom; mais il paroît certain que la Charte qui eſt ſouſcrite du chancelier Alexandre, ne doit point être attribuée à ce Prince, an. 823, p. 362.

ALIÉNATION des biens dépendans des Égliſes, défendue par les Canons, permiſe dans quelques circonſtances par les Ordonnances royaux. Voyez BIENS ECCLÉSIASTIQUES.

Aliénation du Domaine royal: premier exemple en faveur de Clotilde, fille unique de Gontran, roi d'Orléans & de Bourgogne. Voyez DOMAINE ROYAL.

ALLAIN, abbé de Saint-Martin de Tours & de Cormeri, ſucceſſeur immédiat d'Itier, obtient de Charlemagne un Diplome, par lequel ce Prince lui permet d'augmenter le nombre des Moines de cette dernière Abbaye, an. 790, p. 192.

ALLEMAGNE. Ce grand pays fait partie des États de Charles le Chauve, par le nouveau partage que fait Louis le Débonnaire en 835, p. 434, an. 835.

ALLEUX ou TERRE ALLODIALE, n'étoit tenue par le Seigneur ou le Propriétaire, que de Dieu & de ſon épée, pour quoi les alleux étoient poſſédés en toute franchiſe, & pour leſquels on ne devoit rien, ni au Roi, ni à tout autre, an. 765, p. 147 & 148; an. 817, p. 321.

ALPAD, comte dans l'Alſace, prend les armes contre le Roi; ſes biens ſont confiſqués au profit du Fiſc, & Charlemagne quelque temps après en fait donation à l'abbaye de Pruim, an. 790, p. 192.

ALPES MARITIMES. Cette province, ſous l'empire Romain, fit partie du gouvernement des Cinq provinces, l'un des deux dans leſquels toutes les Gaules étoient diviſées, an. 399, p. 9 & 10. Embrun étoit la ville capitale de cette province, an. 418, p. 12.

ALTAICH, deux Abbayes de ce nom ſituées dans la Bavière, & diſtinguées en haute & baſſe Altaich. Goſbald, abbé de la baſſe Altaich, obtint de Louis roi de Bavière, le fiſc d'Ingolſtat en toute propriété; ce Monaſtère n'en jouiſſoit auparavant qu'à titre de bénéfice, an. 823, p. 364. Goſbald obtient du même Prince un nouveau Diplome en faveur de cette Abbaye, an. 836, p. 436 & 437.

ALTMAR, ſénéchal de l'impératrice Judith, femme de Louis le Débonnaire, & comte en même temps du

TABLE DES MATIÈRES.

du Palais. Il est nommé par l'Empereur l'un des Commissaires pour juger le procès d'Aldric, évêque du Mans, contre l'abbé & les moines de Saint-Calez, an. 837, p. 442 & suiv.

ALTUAD, évêque de Genève, assiste au Concile de Sens de l'année 833, & souscrit l'acte de translation du monastère de Saint-Remi de cette ville, dans le lieu nommé Vareilles, an. 833, p. 418.

AMADE, comte dans le duché de Bourgogne, reçoit ordre de l'empereur Louis le Débonnaire, de prendre des deniers royaux chez les Officiers qui en faisoient la collecte, les sommes nécessaires pour la réédification de l'église de Saint-Benigne de Dijon, an. 820, p. 348.

AMALAIRE, archevêque de Trèves, est envoyé par Charlemagne, aux extrémités de la Saxe, pour prêcher l'Évangile aux peuples barbares & encore payens qui y habitoient, an. 834, p. 422.

AMALAIRE, diacre de l'église de Metz, est chargé de la part de l'empereur Louis le Débonnaire, de travailler à une nouvelle collection de Statuts pour le régime & la réforme des Chanoines & des Chanoinesses du royaume, an. 816, p. 315. Amalaire est fait dans la suite corévêque de Metz; il est député avec l'évêque de Cambrai, & un autre des Évêques qui avoient célébré le Concile à Paris, sur le culte des Images, pour en présenter les actes aux empereurs Louis & Lothaire, an. 825, p. 377.

AMALA-SUNTHE, mère d'Athalaric roi des Gots d'Italie, prend la régence, & gouverne pendant huit ans, sous le nom de son fils, an. 526, p. 27.

AMALBARDUS, particulier qui fait, conjointement avec ses deux frères, donation à l'abbaye de Saint-Benigne de Dijon, de biens situés au lieu de Barges, an. 816, p. 317.

AMALGARIUS, Gouverneur de la Bourgogne sous le règne de Dagobert Ier, & père de Valdalène, fondateur du monastère de Bèze, & d'Adalsinde, fondatrice d'un autre Monastère de fille, situé près Besançon, an. 652, p. 72.

AMALRIC, comte, peut-être de Meaux, fait donation, conjointement avec Sénégonde sa femme, du village de Mancini, situé dans la Brie, au monastère de Saint-Denys; mais cette donation doit être reculée au règne de Louis IV, dit d'Outremer, an. 824, p. 369.

AMALTRUDE, femme d'Étienne, comte de Paris, fait donation à Inchade, évêque de cette Capitale. Voyez ÉTIENNE, comte de Paris. Elle donna sa terre de Suci, an. 829, p. 394.

AMALUNG, comte, d'une race Saxonne très-ancienne, demeure fidèle aux Traités que sa Nation avoit fait avec Charlemagne, & obtient pour récompense une partie de la forêt de Bucône en bénéfice à vie. Son fils Bennit l'eut après sa mort en toute propriété, an. 811, p. 261.

AMATHILDE, nom d'une pieuse Dame qui avoit fait donation de deux villages à l'abbaye de Saint-Denys en France, an. 644, p. 69.

AMBLEF, forêt qui appartenoit ci-devant aux rois d'Austrasie, & de laquelle un de ces Princes fit en partie donation aux monastères de Stavelot & de Malmédi. Childéric ordonne qu'il sera fait un bornage & un mesurage de cette forêt, afin qu'il se connoisse, & les Moines de ces deux Abbayes, ce qui appartenoit à chacun d'eux, an. 667, p. 80.

AMENDE. Il étoit d'usage, sous les deux premières Races de nos Rois, d'établir une amende en monnoie d'or ou d'argent à laquelle ces Princes condamnoient les personnes, même leurs Officiers de Justice & de Finance, s'ils troubloient les Gens d'église dans la jouissance des biens ou des privilèges qu'ils leur accordoient : cette amende le plus souvent étoit appliquée, partie au profit de la Chapelle du Roi, & partie au profit de l'Abbaye ou de l'Évêque, en faveur duquel le Roi donnoit le Diplome ; exemple de ce cas, an. 782, p. 176; an 800, p. 219 & 220. Il y avoit beaucoup d'autres cas où les amendes étoient au profit du Roi, & l'Intendant de chaque Domaine royal étoit obligé d'en compter tous les ans à Noel, article LXII de l'Ordonnance du Domaine, an. 800, p. 217. Les Comtes étoient chargés spécialement du recouvrement des amendes, & ils en comptoient aux *Missi*, an. 811, p. 266. Ces *Missi* apportoient au trésor royal les amendes, an. 812, p. 276. Fixation des amendes envers le Roi pour des monastères, an. 813, p. 282.

AMICA, lieu situé en Provence, dans le territoire de Marseille, donné en échange de Saclé à l'évêque d'Autun, par le roi Dagobert Ier, an. 635, p. 62.

AMICHO, qualifié de Vénérable, il étoit abbé de Murbach, & obtint une Charte de Charlemagne en faveur de son Monastère, an. 775, p. 165.

AMIENS. Cette ville & le diocèse furent compris dans le département de Cambrai, qui faisoit le sixième lorsque l'empereur Louis le Pieux divisa ses États entre les *Missi*, an. 822, p. 360.

AMIENNOIS (l'). Ce pays fit partie des États de Pépin, roi d'Aquitaine, par le partage de l'année 835, p. 434, an. 835.

AMORTISSEMENT. Ce droit semble avoir eu lieu dès la première Race de nos Rois ; un des premiers exemples se trouve dans le Diplome du roi Childebert III, qui fait remise à l'évêque & aux chanoines de l'église de Vienne, des droits qu'ils devoient au Fisc, à raison d'un legs de biens en fonds de terre qui leur avoit été fait, an. 697, p. 98. Autre exemple de l'établissement du droit d'Amortissement sous la seconde Race de nos Rois, an. 836, p. 436 & 437.

AMPSUAIRES, l'une des tribus des Francs ; ces Peuples ne sont connus sous ce nom de *Francs* que vers l'an 242. Les Ampsuaires se réunirent aux Chattes, aux Bructères, & à d'autres tribus pour dévaster l'empire Romain. Pharamond qui commandoit toutes ces peuplades de Barbares, paroît être le premier qui les ait gouverné en Monarque, & qui ait pris le titre de Roi, an. 23, p. 1.

ANASTASE II, pape, écrit à Clovis Ier à l'occasion de son baptême, & exhorte ce Prince à mettre sous sa protection la Religion chrétienne qu'il vient d'embrasser, an. 497, p. 18. Il reçoit des Lettres des évêques des Gaules & de Germanie sur leurs privilèges qu'il vouloit attaquer, *ibid.*

ANASTASE, abbé de Figeac, sous le règne de Pépin le Bref, an. 822, p. 354.

ANASTASE, abbé de Conques, fait un échange avec Stobilis, évêque de Laon, & un particulier nommé Bertrand, an. 822, p. 357.

ANCEINGIA ou ANCINIA, ANZINGA, ACCINGIA, ou enfin ENCENGIA. Ces différentes expressions de la basse latinité sont prises par les Auteurs, tantôt pour les corvées ou les journées de travail dont les Serfs & les Colons étoient tenus envers leur Seigneur, tantôt pour une mesure de terre, an. 765, p. 147.

ANDOALDE, abbé d'un monastère appelé *Amiatinum*, situé dans le territoire de Chiusi en Toscane, obtient par un Diplome de Louis le Débonnaire la confirmation des privilèges de cette Abbaye, an. 816, p. 312.

ANDRÉ, moine, fut le premier abbé de Barisi, an. 664, p. 78.

ANDRESI près Paris, étoit du domaine de l'église de Paris dès le IXe siècle ; Inchade, évêque de

Tome I. n

cette Cathédrale, donne cette terre avec beaucoup d'autres à ses Chanoines dans le partage qu'il fit avec eux, an. 829, p. 394. Voyez BAGNEUX.

ANDULPHE, avoué de l'abbaye de Farfe, gagne un procès contre le duc de Spolete dans un Plaid tenu à Narcia, an. 821, p. 350.

ANETES, espèces de canards sauvages. Charlemagne veut, par l'article XL de son Ordonnance du Domaine, que l'on en élève dans ses Domaines, an. 800, p. 216.

ANGELBERT, comte, tenoit, suivant une Charte soupçonnée de fausseté, en *Fief* de Charlemagne la forêt de Waure, dont il fit donation à l'abbaye de Saint-Remi de Reims, an. 812, p. 268 & 269.

ANGELHELME, évêque d'Auxerre, fait donation aux Chanoines de sa Cathédrale de plusieurs villages situés dans les environs de cette ville, an. 819, p. 336.

ANGELRAM, évêque de Metz, souscrit la donation du lieu de Dombasle en faveur de l'abbaye de Gorze, mais cette Charte est soupçonnée de fausseté, an. 752, p. 133. Cet Évêque obtient de Charlemagne un Diplome qui confirme les privilèges de son église, an. 775, p. 163. Il invite Paul, diacre, à composer une histoire des Évêques de Metz, an. 799, p. 110. Ce Prélat fait une donation à l'abbaye de Saint-Nabor *ou* Saint-Avold, an. 787, p. 185. Ce Prélat fut Grand-aumônier & Chancelier de Charlemagne, il mourut vers l'an 818, an. 836, p. 438.

ANGERS. L'empereur Louis le Débonnaire confirme tous les privilèges de cette Cathédrale, an. 816, p. 311. Ce Prince passe par cette ville en allant en Bretagne pour soumettre cette province qui s'étoit révoltée; au retour de cette expédition il fit quelque séjour à Angers, pendant lequel Benoît, qui en étoit évêque, en obtint un Diplome en faveur de ses Chanoines. L'impératrice Hermengarde y meurt; elle est inhumée dans l'église Cathédrale, an. 818, p. 330. Pépin, roi d'Aquitaine, ratifie un Diplome par lequel Charlemagne avoit donné à la Cathédrale de cette ville la moitié de tous les droits de douane & de péage que l'on payoit au Fisc pour les marchandises qui entroient dans le port, an. 838, p. 450.

ANGILBERT, archevêque de Milan, confirme le monastère de Saint-Ambroise de cette ville dans la jouissance des biens qui lui avoient été légués, & exempte les Moines de la juridiction épiscopale, an. 831, p. 402.

ANGILBERT, abbé en même temps de Saint Riquier & de Forest-Moutiers, Charlemagne réunit en sa faveur ces deux Monastères & donne une Charte par laquelle il déclare qu'ils seront désormais gouvernés par le même Abbé, an. 797, p. 204. Il accompagne Charlemagne dans son voyage de Rome & obtient du pape Léon III, une Bulle en faveur de son Abbaye, an. 800, p. 211. Angilbert est un des quatre Abbés qui signent le testament de Charlemagne, an. 811, p. 263.

ANGILBERT, seigneur & Grand-maître de la maison du roi sous le règne de Charlemagne; quelques Auteurs prétendent qu'il épousa Berthe l'une des filles de ce Prince, & que du vivant même de sa femme il prit l'habit de Moine dans l'abbaye de Corbie, an. 823, p. 361.

ANGLAS village, Clovis II, confirme la donation que le roi Dagobert son père en avoit fait à l'abbaye de Saint-Denys, an. 644, p. 69.

ANGLINUS, abbé des deux monastères de Stavelot & de Malmédy, réclame dans un plaid tenu à Dunville par Carloman la terre de Léthernau, léguée à ces deux Monastères, par Pépin Heristal, & usurpée par Charles Martel, an. 746, p. 125. Ce même Abbé reçoit un legs de biens considérables fait à ces deux Abbayes par ce même Carloman, dont lui & son neveu doivent avoir l'usufruit leur vie durant, an. 746, p. 126.

ANGLO-SAXONS, peuples sortis de la Germanie; ils passent la mer & vont dans l'Armorique établir leur demeure, ils y forment plusieurs Royaumes, les *Merciens* étoient une colonie de ces peuples, & ils avoient un Royaume, an. 799, p. 191.

ANGRAIRES, l'une des trois nations Saxonnes; ces peuples encore barbares sous le règne de Charlemagne étoient alors divisés en Saxons orientaux, en Saxons agraires & en Saxons occidentaux, an. 797, p. 204.

ANGURLINE, petite fille d'un seigneur de Septimanie, que les Historiens croient avoir été comte de Nîmes, an. 813, p. 277.

ANIANE, Monastère situé en Languedoc dans le diocèse de Montpellier, sur une petite rivière dont il a pris le nom, Benoît fameux Moine, fils du comte de Maguelonne, le fonde & obtient un diplome de Charlemagne qui confirme cet établissement, & accorde de grands privilèges aux Moines, an. 787, p. 185. Donation de biens situés près le château d'Anduse, faite à ce Monastère par Aufsinde, abbesse dans le Languedoc, an. 810, p. 259. Autre donation d'une maison avec ses dépendances, située dans un faubourg de Nîmes, faite à ce Monastère avec une seigneurie au village d'Aimargues par un Seigneur nommé Braidingue, le tout en pure & franche aumône, an. 813, p. 276. Dadila lègue la terre de *Petronico* située dans le diocèse d'Uzès à cette Abbaye, an. 813, p. 277. Louis le Débonnaire confirme tous les privilèges de ce Monastère, & il lui fait donation de celui de Gellone avec des terres, &c. an. 814, p. 289 & 290. Ce Prince confirme les échanges que Benoît avoit fait en faveur de ce Monastère & ceux que l'on fera dans la suite, pourvu qu'ils soient utiles aux Moines, an. 815, p. 299. Donation du petit monastère nommé Caseneuve, faite à cette Abbaye par ce même Prince, an. 815, p. 300. Lettres de ce Prince, par lesquelles il autorise l'Avoué de ce Monastère à poursuivre la restitution des biens usurpés & dépendans des Moines, an. 816, p. 311. Diplome de ce Prince, & donation d'une terre en faveur de cette Abbaye, an. 820, p. 346. Extension des privilèges de cette Maison par une Charte de cet Empereur, an. 822, p. 353. Donation à cette Abbaye du petit monastère de Gellone par ce Prince avec la terre de Montcalm, une grande étendue de pêche dans l'étang de l'Érault, avec quelques fiscs situés dans le diocèse de Béziers, l'usage dans la forêt, &c. *ibid.* Donation faite à ce Monastère du lieu de *Cecion*, confirmée par l'Empereur, an. 822, p. 356. Ce Prince accorde de nouveaux privilèges à ce Monastère, an. 835, p. 430. Il confirme un bénéfice qu'il avoit donné à Benoît, an. 837, p. 444 & 445. Diplome de ce Prince qui confirme les privilèges & les donations faites à cette Abbaye, tant par Charlemagne que par lui-même & par tout particulier, an. 837, p. 445.

ANIEN, abbé & fondateur de deux Monastères dans le Languedoc; l'un appelé *Caunes*, du diocèse de Narbonne; l'autre Saint Chignan, du diocèse de Saint-Pons, obtient un Diplome de Charlemagne, par lequel il prend sous sa garde spéciale ces deux Abbayes, & confirme la donation du lieu de *Caunes* que le comte Milon avoit faite pour contribuer à cet établissement, an. 793, p. 197.

ANNE, fille du duc de Bavière, elle épousa Fédéric ou Frédéric, duc de la Lorraine Mosellane, il étoit veuf; elle n'eut point d'enfans de ce second mariage, an. 819, p. 335 & 336.

ANNE, fille de Fédéric, duc de la Lorraine Mosellane, Prince du Sang de France; elle fut religieuse à Cologne, an. 813, p. 278.

ANNÉE. L'année civile n'a commencé que sous le règne de Charlemagne, au 1.er de janvier, an. 806, p. 248.

ANNEMOND, évêque de Lyon, fait son testament & lègue des biens considérables à l'abbaye de Saint-Pierre de Lyon. Cette pièce est critiquée, an. 586, p. 46; an. 654, p. 73.

ANNON, clerc du diocèse de Costances, obtient de son évêque des *Lettres formées* pour l'évêque de Strasbourg, an. 832, p. 412.

ANNON, corévêque de la cathédrale de Passaw sous le pontificat de Régimaire, le roi de Bavière lui avoit donné en bénéfice des biens que ce Prince donne en toute propriété à cette église, an. 836, p. 437.

ANSBERT, évêque d'Autun, fait un legs par testament en faveur des Chanoines de sa Cathédrale, an. 696, p. 97.

ANSBERT, troisième abbé de Fontenelle, auquel Condedo, moine de son Abbaye, fit donation de l'île de Belcinac, an. 673, p. 82.

ANSCHAIRE est nommé à l'évêché de Hambourg par Louis le Débonnaire; il est le premier évêque de ce siège. Drogon de Metz le sacra, an. 834, p. 422.

ANSCHAIRE, Saxon, obtient de Charlemagne, en bénéfice à vie, le village de Neuilli-Saint-Front, à la charge d'en payer la redevance à l'église de Reims, an. 834, p. 426.

ANSEGAUD, riche particulier, fait donation à l'abbaye de Saint-Benigne de Dijon, de plusieurs fonds de terre, situés dans différens cantons de la Bourgogne, an. 775, p. 164.

ANSELME, comte de Véronne, coopère au rétablissement du monastère de Saint-Zenon de Véronne, & y fait des donations, an. 815, p. 305.

ANSEMOND donne, conjointement avec Ansleubane sa femme, une Charte en faveur du monastère de Saint-André, près la ville de Vienne, dont Rémilie, leur fille, fut la première Abbesse, an. 520, p. 26; an. 831, p. 403.

ANSEMOND, particulier, fait donation, conjointement avec Cécile son épouse, d'une terre & de quelques héritages à l'abbaye de Nantua, an. 817, p. 326.

ANSIPERGE, princesse de Lombardie, & fille du roi Didier, elle s'étoit retirée dans le temps que les États de son père furent conquis par Charlemagne, dans le monastère de Sainte-Julie à Milan; elle en devint Abbesse dans la suite, an. 781, p. 176.

ANSLEUBANNE. Voyez ANSEMOND.

ANTENER, patrice de Marseille, abuse de son autorité pour vexer les Moines de l'abbaye de Saint-Victor de Marseille; il oblige l'Abbé de lui apporter tous les titres de cette Maison, ensuite il les fait brûler, & se met en possession de ses biens; il en est dépouillé dans un Plaid tenu à Digne par les *Missi* de Charlemagne, an. 780, p. 173 & 174.

ANTONI, près Paris, appartenoit à l'abbaye de Saint-Germain-des-Prés sous le règne de Louis le Débonnaire; Hilduin, abbé de ce Monastère en ce temps, fit un partage avec ses Moines, & il leur donna cette seigneurie, an. 829, p. 391.

APAMEA, ancien nom de la ville de Pamiers; pourquoi elle fut ainsi appelée. Voyez PAMIERS.

APENSATES, expression usitée dans la basse latinité pour désigner le plus ou le mieux, lorsqu'elle est placée pour adjectif à toute espèce de monnoie & au compte que l'on en fait, elle exprime la monnoie de bon aloi & le compte exact, an. 763, p. 147.

APOCRISIAIRE, *APOCRISARIUS* ou ARCHICHAPELAIN, premier Officier du Palais de nos Rois, ses droits & ses fonctions, an. 813, p. 288.

APOLLINAIRE, abbé du monastère de Saint-Anthème, situé dans le diocèse de Sienne au comté de Chiusi, obtient en faveur de cette Maison un Diplome de Louis le Débonnaire, an. 814, p. 294.

APRISIO, signification de cette expression qui est un nom générique, an. 815, p. 297.

AQUITAINE. Cette province a été divisée sous l'empire Romain en première & seconde; l'une & l'autre firent partie du gouvernement des cinq provinces, an. 399, p. 9. Bourges étoit la ville capitale de la première Aquitaine, & Bordeaux celle de la seconde, an. 418, p. 12. Charlemagne rétablit ce royaume, & le donne à Louis, le plus jeune de ses fils, il le fait couronner à Rome par le pape Adrien, an. 781, p. 175; an. 806, p. 246. Louis étant parvenu au trône de l'Empire après la mort de Charlemagne, fait couronner roi d'Aquitaine Pépin, son fils, an. 816, p. 315. Ce Prince est confirmé dans la possession de ce royaume par le partage que l'Empereur fait de ses États, an 817, p. 320. Louis le Débonnaire assemble les États à Orléans, il y mande Pépin son fils, roi d'Aquitaine, qui ne s'y trouve point; pour cette désobéissance, & pour d'autres sujets de mécontentement, il le déclare dans l'Assemblée déchu de ce trône, & il le donne à Charles, le plus jeune de ses fils, qu'il avoit eu de son mariage avec Judith, an. 832, p. 410. Pépin conserve néanmoins un parti considérable en Aquitaine, & ne cesse pas d'être regardé par les Grands comme maître de ce royaume, an. 834, p. 421. Par le partage de l'année 835, Louis le Débonnaire rend le royaume d'Aquitaine à Pépin, & le borne par la Seine du côté de la Bourgogne, & par la Loire du côté de la Neustrie, an. 835, p. 434. Après la mort de Pépin, l'Empereur donna le royaume d'Aquitaine à Charles le Chauve, le dernier de ses fils, an. 839, p. 460.

ARARIUS, abbé du Mas-d'Azil, reçoit un legs considérable fait par un seigneur nommé Ébolatus, & par Vérone son épouse, an. 817, p. 326.

ARBITRAGE. Règlement pour les causes que les Parties mettoient en arbitrage, an. 813, p. 286.

ARBOGASTE, évêque de Strasbourg, fait un miracle en ressuscitant le jeune Sigebert, fils de Dagobert II, roi d'Austrasie, & obtient en récompense de grands biens de ce Prince pour sa Cathédrale, an. 662, p. 77.

ARC avec des flèches, en usage du temps de Charlemagne, article LXIV de l'Ordonnance du Domaine, an. 800, p. 218.

ARCADIUS, constitution de cet Empereur concernant la Police dans les villes, adressée au Général de l'une & l'autre Milice dans les Gaules, an. 391, p. 8.

ARCHIDIACRES. Il est défendu, par un Capitulaire de Charlemagne, aux Laïcs d'exercer auprès des Évêques l'office d'Archidiacre, an. 805, p. 240. Il est défendu aux Archidiacres, par un Capitulaire de Louis le Pieux, d'exiger aucunes rétributions, ni de lever aucuns droits sur les revenus des fabriques des églises, an. 822, p. 360. Les Archidiacres doivent également veiller sur la conduite des Curés & sur celle des maîtres d'École, an. 825, p. 378.

ARCHICHANCELIER, l'une des premières charges du Palais sous les deux premières Races de nos Rois. Voyez CHANCELIER.

ARCHICHAPELAIN. Voyez APOCRISIAIRE & GRAND-AUMÔNIER. Il étoit de la charge de l'Archichapelain de voir & d'examiner toutes les requêtes des particuliers, & principalement celles des Gens d'église, avant qu'elles fussent présentées au Roi ou à son Conseil, an. 825, p. 375.

ARCHIPRÊTRES, doyens ruraux. Ils ont succédé pour l'office & la dignité aux Chorévêques, an. 803, p. 231.

ARCOLA. Cette expression se trouve dans quelques Chartes anciennes; on présume qu'il y a faute, & que c'est *Arcella* ou *Accola*, an. 762, p. 145.

ARDÈNES. Le pays des Ardènes, compris alors dans la forêt Noire, fait partie du royaume de Bavière par le partage que Louis le Débonnaire fait de ses États en 835, p. 434, an. 835.

ARDOUIN, comte, est nommé par l'empereur Louis le Débonnaire Commissaire pour faire exécuter un Arrêt du Conseil dans l'affaire de l'évêque du Mans contre l'Abbé & les Moines de Saint-Calez, an. 837, p. 442 & suiv.

ARDUNUM. Ce lieu avec la seigneurie furent donnés en bénéfice à l'église cathédrale du Mans, par le roi Childéric II. Il paroît que cette terre étoit située en Poitou, an. 667, p. 79. Confirmation de ce bénéfice en faveur de cette même église, an. 671, p. 81. Autre Diplome de confirmation accordé par le roi Childebert III, an. 698, p. 99. Dagobert III accorde une Charte qui confirme celles de Childéric & de Childebert III, qui faisoient remise à l'église du Mans de la redevance stipulée en faveur du Fisc pour ce bénéfice, an. 713, p. 106.

ARÉDIUS, évêque de Vaison, fonde dans un fauxbourg de cette ville le monastère de Graselle, an. 682, p. 89.

ARESA, village situé dans le diocèse du Mans, & qu'Hadoinde, évêque de cette ville, légue aux Chanoines de sa Cathédrale, an. 642, p. 68.

ARGENCE, en Languedoc, est donné à l'église d'Arles en échange contre d'autres fonds de terre, an. 825, p. 373 & 374.

ARGENTEUIL, Abbaye de fille à laquelle le roi Childebert III fait donation d'une forêt dépendante du Fisc, que l'on appeloit *Carmoletus*, an. 697, p. 98. Ce Monastère occupé d'abord par des hommes, le fut dans la suite par des femmes; il fut réuni au Fisc, on ne sait comment; Charlemagne le donne pour dot, en bénéfice seulement, à sa fille Théodrade, & il ordonne qu'après la mort de cette Princesse il seroit réuni au domaine de l'abbaye de Saint-Denys: les empereurs Louis & Lothaire confirment cette disposition, an. 819, p. 337.

ARGENTIE, village en Berry, est donné avec toutes ses dépendances à l'abbaye de Saint-Denys en France par le roi Clovis II, an. 644, p. 69.

ARGENTIÈRES, situé dans le Berry, donné par le roi Dagobert I au monastère de Saint-Denys. La Charte est soupçonnée de faussèté, an. 635, p. 61.

ARIANA, fille d'un seigneur nommé Hamelfride, fut la première abbesse du monastère d'Honnecourt, fondé & doté par son père, an. 685, p. 90.

ARIBERT, évêque d'Arezzo en Italie, obtient de Charlemagne un Diplome en faveur de sa Cathédrale, an. 801, p. 222.

ARIMANNIS. C'étoit le nom que l'on donnoit en Italie à des bas Commis qui levoient des impôts publics, an. 808, p. 253.

ARLES. Le Concile de Turin, célébré en 397, décide que l'église d'Arles étoit Métropolitain; prérogative attachée à son Siége, an. 397, p. 9. Trois Brefs du pape Zosime en faveur de l'évêque d'Arles; le premier accorde à ce Prélat le droit de donner les *Lettres formées*, à l'exclusion de tous les autres évêques des Gaules, & d'ordonner les évêques de la province de Vienne; le second étend la métropole d'Arles sur la première Narbonnoise; le troisième ajoute au district de cette Métropole la Viennoise & la seconde Narbonnoise, an. 417, p. 11. Constitution des empereurs Honorius & Théodose, qui défère la Primatie des Gaules à la ville d'Arles, an. 418, *ibid*. L'assemblée des sept provinces se tient dans cette ville, *ibid*. Le pape Hilaire I.er resserre dans des limites plus étroites l'étendue de la Métropole du siége d'Arles, an. 422, p. 12. Le pape Léon se plaint des entreprises d'Hilaire, évêque d'Arles, qui prétend porter les bornes de sa Primatie jusqu'au delà des Monts. Le Pape à ce sujet donne un Bref auquel Hilaire refuse de se conformer. Ordonnance des empereurs Théodose & Valentinien pour le contraindre à obéir, an. 445, p. 13. Dispute entre les Évêques des métropoles d'Arles & de Vienne; les Évêques de cette première Métropole écrivent au pape Léon, & le prient de rétablir leur Métropolitain dans ses droits: le Pape donne un Bref par lequel il désigne les suffragans de chacune de ces deux Métropoles, an. 450, p. 13. Prétentions de la métropole d'Arles sur la ville de Nice, an. 464, p. 14. Le pape Symmaque juge le différend qui étoit entre les évêques d'Arles & ceux de Vienne, an. 513, p. 24. Fixation de l'étendue de la légation de l'évêque d'Arles ; diversité d'opinion sur ce sujet, an. 514, p. 24; an. 543, p. 32. L'évêque d'Arles est le premier évêque des Gaules auquel le *pallium* ait été conféré, an. 545, p. 32. On croit que la légation des évêques d'Arles étoit personnelle, & non pas attachée à leur Siége, an. 546, p. 33. L'évêque d'Arles ne réclame point lorsque le pape Zacharie nomme Boniface son Légat dans toutes les Gaules, an. 544, p. 123. Cette ville est comptée au nombre des Métropoles du royaume dans le testament de Charlemagne, an. 811, p. 262 & 263. L'Archevêque acquiert pour sa Cathédrale le lieu & la paroisse d'Argence avec le terrain où l'on a bâti depuis la ville de Beaucaire, an. 825, p. 374.

ARLMANNUS, comte dans l'Italie, nommé Commissaire pour juger un procès de l'évêque de Plaisance, an. 820, p. 346.

ARMÉE. Il est établi par une Constitution de l'empereur Constantin, adressée à Silvain, général des troupes dans les Gaules, que les Officiers payeront une somme d'argent pour chaque Soldat qui quittera l'armée, soit par congé, soit par désertion, an. 349, p. 5. Les rois de France, sous nos deux premières Races, & encore dans les premiers temps de celle-ci, ne tenoient point d'armée à leur solde; lorsque le Souverain jugeoit qu'il y avoit nécessité de déclarer la guerre à une Nation voisine, il en proposoit la cause & les motifs aux Grands de la Nation, assemblés au champ de Mars ou de Mai; c'étoit-là que l'on publioit d'abord le ban, il étoit envoyé ensuite aux Comtes & aux Ducs qui le publioient chacun dans leur district. Nous ne savons pas si ce ban contenoit quelque chose de semblable à nos Manifestes, si le Roi y paroit seul, & s'il y exposoit les motifs de la guerre que l'on alloit faire; on indiquoit par ce ban un ou deux endroits où chacun, capable de porter les armes, étoit obligé de se rendre. Les *Séniéurs* y conduisoient leurs vassaux, & ils étoient obligés d'avoir chacun les armes convenables, & le plus souvent ils apportoient la quantité de vivres suffisante pour tout le temps que duréroit la campagne. C'étoit ainsi que se formoient les armées. Charlemagne condamne à soixante sous d'amende d'amende ou à la fervitude tout homme libre qui ne fe trouvera pas à l'armée dans le temps marqué & annoncé par la publication du ban, an. 812, p. 270. On pouvoit s'exempter d'aller à l'armée en payant une taxe fixée par le ban; les Comtes en faifoient la levée au profit du Roi, an. 812, p. 270 & 271. Il eft ordonné, par rapport aux vaffaux du Roi, de faire abftinence de vin & de chair dans tous les jours pendant lefquels ils différeront de fe rendre à l'armée après la publication du ban, *ibid.* L'Ordonnance porte la peine de mort contre celui qui quittera l'armée avant que la campagne foit faite, *ibid.* Lifez cette Ordonnance en entier, elle contient beaucoup d'autres règlemens par rapport à l'armée, ainfi qu'une autre Ordonnance à la page 274, & aux pages 281 & 283. Les Seigneurs eccléfiaftiques, comme les laïcs, étoient tenus de fournir l'étape & le fourrage aux troupes lorfque l'armée marchoit dans l'intérieur du royaume, an. 830, p. 397.

ARMES. On ne voulut plus fur la fin de la première Race de nos Rois que les Clercs & les Moines allaffent à la guerre, & même à la chaffe, occupation la plus familière de la nation des Francs; ce fut par cette raifon que dans des Capitulaires de Carloman & de Pépin le Bref, on leur défendit de porter toute forte d'armes, an. 742, p. 121; & an. 755, p. 137. Il eft défendu, par un Capitulaire de Charlemagne, de mettre des armes en dépôt dans les Monaftères de filles, an. 804, p. 237. Ce même Prince défend aux Marchands de porter dans les pays étrangers des armes pour les y vendre ou traliquer, an. 805, p. 242. Le Capitulaire de l'année 806, défend à quiconque le port des armes offenfives & défenfives dans le lieu de fa réfidence, & même lorfqu'il va au Plaid, an. 806, p. 248. Les procès entre particuliers fe décident par le combat des armes; c'eft auffi par les armes que l'on prouve la vérité du ferment prêté devant les Juges dans les caufes, an. 809, p. 257; an. 816, p. 314; an. 837, p. 448. Il y a des taxes perfonnelles qui pouvoient fe payer par évaluation en armes de différentes efpèces, an. 812, p. 271. Il eft enjoint aux Comtes de faire mettre bas les armes aux vaffaux du Roi onze nuits après qu'ils feront de retour de la guerre, an. 829, p. 396.

ARMONIUS, évêque de Verdun, fait un échange des biens dépendans de fa Cathédrale avec Pépin d'Hériftal & Plétrude fon époufe, an. 701, p. 101.

ARNAUD, fils de Bertrand, comte de Bazas; il foufcrit une Charte en faveur de l'abbaye de la Réole, an. 836, p. 439.

ARNAULD, comte de Béfiers, fait donation en mourant à l'abbaye d'Aniane du lieu de Cécion, an. 822, p. 356.

ARNOALD, père du grand Arnould, évêque de Merz, & fondateur du monaftère de Longeville, an. 587, p. 47; an. 836, p. 438.

ARNOLFESAW ou SCHWARZACH. Ce Monaftère, fitué dans le diocèfe de Strafbourg, fut d'abord bâti dans la baffe Alface au-delà du Rhin, & dans la fuite en deçà de ce fleuve. Saint Pyrmin, chorévêque de Trèves, le fonda vers l'an 727, & un comte nommé Rothard le dota richement en même temps que Heddo, évêque de Strafbourg lui accorda plufieurs priviléges, an 750, p. 128. Bernalt, évêque de Strafbourg, & Wido, abbé de ce Monaftère, obtiennent en faveur des Moines un Diplome, an. 826, p. 380 & 381.

ARNOLFESAW, autre Monaftère de ce nom, fitué dans le diocèfe de Wirtzbourg, an. 826, p. 380.

Tome I.

ARNOULD, évêque de Metz, envoie la démiffion de fon évêché au roi Clotaire II, & le prie d'y nommer, an. 615, p. 54. Ce Prélat étoit proche parent de Pépin d'Hériftal, an. 829, p. 393.

ARNOULD, fils de Drogon, duc de Bourgogne & de Champagne, petit-fils de Pépin d'Hériftal, fait donation de la feigneurie de Fleuri au monaftère de Saint-Arnould de Metz, an. 706, p. 102. Ce Seigneur fait donation à l'abbaye d'Epternack d'une ter e appelée Boltane, an 716, p. 109.

ARNOULD, abbé de Noirmoutiers, eft nommé Commiffaire par l'empereur Louis le Débonnaire, pour établir la réforme dans l'Ordre monaftique, an. 817, p. 318. Arnould pour éviter la perfécution des Normands qui menaçoient de faire une de cente dans l'île de Noirmoutiers, bâtit le monaftère de Grand-lieu dans le diocèfe de Nantes, an. 819, p. 334.

ARNOULD, archevêque & métropolitain de Saltzbourg, figne le teftament de Charlemagne, an. 811, p. 263.

ARODIUS, confeiller de Gondebaud roi de Bourgogne, demande la paix au nom de fon Maître que Clovis tenoit affiégé dans Avignon; critique de cette pièce, an. 495, p. 16.

ARTIE, ville autrefois confidérable fituée dans le Vexin, & dans laquelle Mabillon & d'autres Savans laiffent à douter qu'il y eût dans le feptième fiècle un Monaftère, an. 700, p. 100.

ARTIS-LA-VILLE, ce village fitué dans le Vexin normand, eft légué au monaftère de Saint-Denys en France, an. 690, p. 93.

ARTIS, village fitué fur le Loir près la ville du Mans, donné à l'ancien monaftère appelé SaintOuen, auquel le Séminaire de cette même ville a été fubftitué, an. 713, p. 105.

ARTOIS. Cette province fait partie du royaume de Bavière par le partage que Louis le Débonnaire fait de fes États en 835, p. 434, an. 835.

ASAGISE, duc de Bénévent, grand vaffal de Charlemagne. Comme roi de Lombardie il fe révolte, il en eft bien-tôt puni, an. 786, p. 182.

ASCARIC, l'un des deux rois que diverfes nations barbares de Germanie avoient au commencement du quatrième fiècle; ces Barbares, fous le nom de Francs, faifoient depuis long-temps la guerre aux Romains. Conftantin les battit, & fit prifonnier Afcaric qu'il fit mourir à Rome vers l'an 307, an. 309, p. 3.

ASIG, fils d'Adalric duc Saxon, obtient de Charlemagne, à perpétuité & à titre héréditaire, un bénéfice fitué dans la forêt de Bucone, que ce Prince avoit donné à fon père pour récompenfe de fes bons fervices & de fa fidélité, an. 813, p. 276 & 277.

ASSIGNER, donner affignation à quelqu'un pour comparoître devant le Juge. Voyez AJOURNER.

ASSUERUS, premier abbé de Pruim, il obtient de Charlemagne une Charte en faveur de fes Moines, an. 775, p. 166. Il en donne une par laquelle il leur fait un legs, an. 776, p. 168.

ASYLE, ou droit de fauve-garde accordé aux églifes par le roi Clotaire I.er, an. 532, p. 29. Exemple du refpect que l'on avoit pour les afyles dans une Lettre écrite par le roi Chilpéric I.er à l'évêque de Tours à l'occafion du jeune prince Mérovée fon fils, qui s'étoit réfugié dans l'églife de faint Martin de cette ville, an. 579, p. 43. Ordonnance de Childebert II, qui porte que toutes les églifes auront le droit d'afyle pour toutes fortes de criminels, même pour les parricides, an. 594, p. 50.

o

TABLE DES MATIÈRES.

Charlemagne abroge cette loi, & restreint le privilége des asyles; le huitième article de son Capitulaire de l'an 779, porte que les églises n'auront plus le droit d'asyle pour les criminels qui auront encouru la peine de mort, an. 779, p. 172. Il paroit que les Églises & les Monastères ne jouissoient point du droit d'asyle lorsque le Roi faisoit expédier des Lettres pour réclamer les criminels qui s'y étoient retirés, an. 803, p. 235.

ATHALARIC, roi d'Italie, écrit à Libérius, préfet dans les Gaules, pour lui faire part de son avènement au trône, & l'exorter à maintenir ses sujets dans l'obéissance. Il conclut un Traité avec Amalaric, roi des Visigots, où sont marquées les limites des États de ces deux Princes, an. 526, p. 27. Il écrit au Sénat de Rome sur l'élévation du pape Félix, que Théodoric son prédécesseur avoit nommé, *ibid.*

ATHON, capitaine des Gardes de la porte sous le règne de Charlemagne, auquel Louis le Débonnaire donna pour récompense en bénéfice la seigneurie de Neuilli-Saint-Front, an. 834, p. 426.

ATILION, abbé de Saint-Tibéri, envoie une colonie de Moines de son Abbaye au lieu de Lombez, dont la donation lui fut faite par un particulier, & il y fonde un Monastère, an. 810, p. 357.

ATON, abbé de Saint-Hilaire de Poitiers, allié de Charlemagne, parce qu'il étoit parent de la reine Hildegarde, épouse de ce Prince, obtient un Diplome de Louis, roi d'Aquitaine, qui confirme les donations faites par les évêques de Poitiers, & par lui-même, au monastère de Noaillé; il en fut le restaurateur, an. 793, p. 197. Il fut nommé à l'évêché de Saintes par ce même Prince, an. 799, p. 207.

ATON, abbé de Noaillé, peut-être neveu du précédent. Ce dernier n'étoit que diacre quand il obtint de l'Empereur ce Diplome en faveur de son Abbaye. Il fut dans la suite archevêque de Sens, an. 830, p. 400.

ATON, abbé de Saint-Denys en Bavière, & depuis évêque de Frising, reçoit une donation en faveur de son Monastère, an. 799, p. 209.

ATTALA, abbé de la Grasse, obtient de Louis le Débonnaire un Diplome qui porte confirmation de tous ceux qui avoient été précédemment accordés en faveur de ce Monastère, an. 814, p. 293. Cet Abbé obtient dans le même temps un second Diplome de ce même Prince en faveur de son Monastère, *ibid.*

ATTOAIRES ou ATTUAIRES, peuples de la Germanie, dont le pays fait partie du royaume de Bavière par le partage que Louis le Débonnaire fait de ses États en 835, p. 434, an. 835.

ATTON, évêque de Nantes, assiste au Concile de Sens de l'année 833, & souscrit l'Acte de translation du monastère de Saint-Remi de cette ville, dans le lieu nommé Vareilles, an. 833, p. 418.

AVALON (le comté d') entra dans le partage de Louis roi d'Aquitaine, fils de l'empereur Louis le Pieux, an. 817, p. 321.

AVARES. Ces peuples, Scytes d'origines, quittèrent leur pays, avec les Huns leurs compatriotes, à peu près dans le même temps; ces premiers vinrent habiter la partie méridionale de la Russie, tandis que les Huns s'emparèrent de la Hongrie, région que l'on appeloit auparavant la Pannonie : ces deux Nations furent toujours unies, & elles faisoient de temps à autres des incursions dans l'Allemagne. Ce fut pour les contenir dans les bornes de leur pays que Charlemagne leur fit la guerre, an. 791, p. 195 &

196; an. 836, p. 437. Ils fournirent des troupes à Tassillon, duc dans la Bavière, lorsqu'il se révolta contre Charlemagne, an. 788, p. 188. Charlemagne enfin les subjugua, il les réduisit à la servitude, & réunit au domaine de sa Couronne toute l'étendue de pays qu'ils habitoient, an. 830, p. 398.

AUBAINE. Règlement sur le droit d'aubaine. Ce droit étoit en usage dès le règne de Charlemagne, an. 813, p. 280.

AUCTIONARIUS. C'étoit le nom que portoient dans le royaume de Lombardie certains Officiers qui étoient préposés pour la police du commerce. an. 787, p. 185.

AUCTIONARIUS ou ACTIONARIUS. C'étoit également un Officier en France, mais celui-ci étoit chargé de la levée des impôts & des droits de voieries dûs au Fisc, an. 816, p. 309.

AUDIGISELE, seigneur, il fait un échange avec une dame nommée Théodille ou Théodrude, les biens de l'un & de l'autre étoient situés dans le Limousin, an. 632, p. 60.

AUDIR, chorévêque de Lyon sous l'épiscopat d'Agobard, va dans le diocèse de Vienne en Dauphiné, & fait la dédicace de l'église d'une paroisse nommée *Sentolatus*, an. 824, p. 367.

AUDITOIRE, ou prétoire des Évêques & des Abbés. On y jugeoit sous la seconde Race de nos Rois, soit en première instance, soit par appel, toutes sortes d'affaires civiles : Ordonnance de Charlemagne qui donna lieu à cet usage, an. 801, p. 224.

AUDOBERT ou AUBERT, évêque de Paris, donne une Charte par laquelle il exempte de la Jurisdiction épiscopale le monastère de Saint-Maur-des-Fossés, an. 641, p. 68.

AUDON, abbé des monastères de Stavelo & de Malmedi, fait juger contre Albric, régisseur des domaines du Roi, un procès qu'il avoit au sujet du droit d'usage qu'il réclamoit dans la forêt de Stenai-sur-Meuse, an. 827, p. 383.

AUDULFE, comte de Wurtzbourg en Franconie, fait un échange avec Algilvarde, évêque de cette ville, an. 807, p. 251. Ce Seigneur est un des quinze Comtes qui signent le testament de Charlemagne, an. 811, p. 263.

AVÈNEMENT. Tous les Évêques & les Abbés étoient obligés de solliciter des Diplomes à l'avènement de nos Rois au trône, portant confirmation des priviléges & des immunités que leurs prédécesseurs leur avoient accordés, sans quoi ils n'en auroient pas joui; ils devoient encore des droits au Fisc à chaque avènement, dont le Roi souvent faisoit la remise, an. 815, p. 301.

AVERÇAI, seigneurie située dans le Beauvaisis, est donnée à l'abbaye de Saint-Denys en France par le roi Dagobert I*er*, an. 638, p. 65.

AVEU, DÉNOMBREMENT, DÉCLARATION, ACTE DE FOI. Ces mots, sous les deux premières Races de nos Rois, étoient synonymes; exemple d'un dénombrement portant déclaration de la quotité de terre tenue en bénéfice ou à cens, & de l'espèce de redevance fournie par les vassaux d'une terre nommée *Ardunum*, qui appartenoit à l'évêque du Mans, an. 720, p. 111. Autre Acte d'aveu ou reconnoissance rendu à l'abbaye de Caune, an. 802, p. 226.

AUGUSTUS, abbé du monastère de Tholei, il reçoit la donation que Clodulphe, duc d'Austrasie, fait à cette Abbaye d'une terre appelée *Merceryllam*, an. 651, p. 71.

TABLE DES MATIÈRES.

AVIGNON. Le pape Léon I décide que l'église d'Avignon sera désormais sous la métropole d'Arles, an. 450, p. 13. Louis le Débonnaire donne une Charte par laquelle il ordonne aux Officiers de son Fisc de restituer à la Cathédrale de cette ville un domaine nommé Bedarrid, situé dans le Comtat, an. 822, p. 355.

AVITUS, évêque de Vienne, écrit à Clovis I.er pour le féliciter sur son baptême, an. 496, p. 17. Son différend avec Oonius, évêque d'Arles, au sujet du droit de Primatie, an. 501, p. 21. Il est chargé par Sigismond, roi de Bourgogne, d'écrire à Anastase, empereur d'Orient, pour lui demander la dignité de Patrice en faveur de ce Prince, an. 517, p. 26.

AUMÔNE. Biens donnés au monastère de Solone & à celui de Saint-Martin de Tours par Charlemagne, en *franche-aumône*, an. 775, p. 166; an. 790, p. 193. Voyez BIENS ECCLÉSIASTIQUES. Même donation faite au monastère de Saint-Denys, an. 799, p. 208.

AUNIS. Les Normands menacent de faire une descente sur les côtes de cette province, an. 819, p. 334.

AVOCAT, officier établi pour défendre les causes, tant en matière civile que criminelle, an. 819, p. 338. Voyez *ADVOCATUS* & AVOUÉ.

AVOUÉ *(ADVOCATUS)*. Premiers exemples de l'avouerie : les Avoués dans les premiers temps ne pouvoient être institués qu'avec l'agrément du Roi; leurs fonctions principales étoient de répondre devant les Juges, & de défendre les causes des Cathédrales & des Monastères dont ils étoient les Avoués. Dagobert I.er établit le duc Arnould avoué de la cathédrale de Trèves, an. 623, p. 56. Clotaire III approuve le choix que l'Abbé & les Moines de Bèze avoient fait d'un Avoué, an. 665, p. 79. L'Avoué a été remplacé dans les Justices seigneuriales par le Procureur Fiscal; il étoit bien différent du *Ministerialis*, c'étoient deux offices différens, an. 765, p. 147 & 148. Règlement de Charlemagne pour les Avoués & autres Officiers des Gens d'église exerçans leur Justice seigneuriale, an. 802, p. 226 & 227. Charlemagne assigne des honoraires à Adelbert qu'il institue Avoué de l'abbaye de Reichenaw, an. 813, p. 285. Louis le Débonnaire accorde à l'abbaye de Moisevaux le privilège de faire juger par l'Avoué de ce monastère toutes les causes de ses vassaux. Cet Avoué ressembloit aux Baillis de nos hautes justices, an. 823, p. 363. Ce Prince donne l'avouerie de l'abbaye de Saint-Maximin de Trèves à Sadiger son cousin, fils du duc d'Austrasie, an. 824, p. 368. Tous les Gens d'église sont obligés d'avoir des Avoués pour plaider & défendre les causes qui étoient de nature à être portées devant les Juges laïcs; ils sont obligés de se conformer aux Ordonnances dans le choix qu'ils font de leurs Avoués, an. 837, p. 448 & 449.

AVOUERIE, garde des biens ecclésiastiques confiée à un Laïc, pour laquelle on lui assignoit une partie des revenus. Voyez AVOUÉ. *Beneficium Advocatis.* Salaire de l'avouerie. Voyez BÉNÉFICE.

AURÉLIAN, évêque d'Arles, est déclaré par le pape Vigile son Légat dans les Gaules, & obtient le *pallium*, an. 546, p. 33. Il reçoit des Lettres du Pape pour engager Childebert à agir auprès de Totila, roi des Gots, à protéger l'église de Rome, an. 550, p. 34.

AUSBERT, fils de Bertrand, comte de Bazas; il souscrit une Charte en faveur de l'abbaye de la Réole, an. 838, p. 439.

AUSSINDE, abbesse d'un monastère situé dans le diocèse de Nîmes, & que les Historiens disent être détruit depuis long-temps, fait une donation de biens situés près du château d'Anduse, à l'abbaye d'Aniane, an. 810, p. 256.

AUSSONNE, ancien comté situé dans les Marches d'Espagne, pays appelé aujourd'hui la Catalogne : jusqu'au règne de Charlemagne ce Comté avoit fait partie de celui de Narbonne, ce Prince l'en détacha pour en former un particulier, mais il ne cessa pas d'être du diocèse. Dans le siècle suivant on rétablit à Aussonne l'évêché qui avoit été détruit depuis plus de deux cents ans, an. 788, p. 187.

AUSTRASIE. Cette partie de la France fut ainsi appelée, parce qu'elle étoit plus proche du nord : elle forma un royaume lorsqu'elle échut en partage à l'aîné des fils du grand Clovis; ce royaume, tandis qu'il a subsisté sous le nom de royaume d'Austrasie, a éprouvé les révolutions auxquelles les Empires sont sujets; il a été plus ou moins étendu, suivant le caprice de la fortune, suivant les hasards des combats, la force des États voisins, & le plus ou le moins de sagesse dans les Conseils des Souverains qui l'ont gouverné. Théodebert, fils de Thierri I.er & petit-fils du grand Clovis, étoit sur le trône d'Austrasie en 535 : la ville de Metz fut, sous le règne de ce Prince, la capitale de ce royaume, comme elle l'avoit été sous celui de Thierri, an. 535, p. 30. Sigibert I.er règne en Austrasie après la mort de Clotaire son père, arrivée à la fin de l'année 561, p. 33, an. 545. Théobalde étoit sur le trône d'Austrasie en 550, p. 34, an. 550. Chilsebert régnoit en Austrasie en 577, p. 43, an. 577. Dagobert I.er commence à régner en Austrasie en 622, p. 54, an. 613. Sigibert II succède à Dagobert I.er dans le royaume d'Austrasie, an. 644, p. 69. Childéric II règne en Austrasie, an. 665, p. 78. Dagobert II règne en Austrasie, an. 675, p. 84. L'Austrasie est gouvernée par des Maires du Palais; Pépin s'y érige en souverain, an. 690, p. 92; an. 706, p. 103. Charles Martel règne en Austrasie sous le titre de Duc, an. 722, p. 113. Carloman succède à Charles Martel, & règne en Austrasie également sous le titre de Duc des François, an. 742, p. 121. Pépin dit le Bref, qui régna dans la suite sur toute la Monarchie avec le titre de Roi, succède à Carloman son frère, au royaume d'Austrasie qu'il gouverna dans les premiers temps sous le même titre de Duc, an. 749, p. 127. Charlemagne, par le premier partage qu'il fit de ses États, donne le royaume d'Austrasie à Charles l'un de ses fils, an. 806, p. 246. L'Austrasie fut ensuite partagée, la partie qui étoit audelà de la Meuse fut appelée l'Austrasie Mosellane, & elle commença à être gouvernée par des Ducs dès le septième siècle, an. 646, p. 69; an. 650, p. 17; an. 673, p. 83, &c.

AUSTREBERT, abbé de Saint-Zénon de Véronne, obtient de Louis le Débonnaire un Diplome par lequel ce Prince confirme toutes les donations faites à son Monastère, an. 815, p. 305. Ce Prince accorde un nouveau Diplome de confirmation des legs faits à cette Abbaye, & il fait par le même Acte une donation à l'abbé Austrebert, an. 830, p. 399.

AUSTRUDE, pieuse dame, prend le voile de Religieuse, & remet entre les mains de Charlemagne la terre de Rosière, afin que ce Prince la donne à la cathédrale de Mâcon, an. 814, p. 292; an. 815, p. 303.

AUTBERT, comte sous le règne de Charlemagne, il avoit eu en usufruit la terre de Marolle, après sa mort elle rentra au Domaine, & le Roi la donna aussi-tôt à l'abbaye de Saint-Germain-des-Prés, an. 786, p. 162.

AUTBERT ou AUTPERT, lecteur de Charlemagne, il composa plusieurs ouvrages; Charlemagne lui donna l'abbaye de Saint-Vincent sur le Vulturne, & accorda, à sa considération, un Diplome en faveur de cette Abbaye, année 778, page 171.

AUTCHAIRE, duc, envoyé en ambassade par Pépin le Bref au pape Étienne II; ce fut l'époque de la guerre que nos Rois ont portée en Italie, & celle des biens qu'ils ont donnés au siège de Rome, an. 753, p. 135.

AUTLAND, abbé de Saint-Martin de Tours & prédécesseur immédiat d'Hitier, avoit légué des terres dont le revenu étoit uniquement destiné pour l'entretien du réfectoire de cette Abbaye, an. 775, p. 167.

AUTREY. Ce village situé sur un ruisseau dans le pays de Vôge, appartenoit à Adon, abbé de Saint-Remi de Reims, il en fit donation aux Moines de ce Monastère, an. 714, p. 106.

AUTUN (évêché d'), à quelle époque il faut remonter pour trouver la première origine des priviléges dont jouit l'Evêque de ce siège pendant la vacance de celui de Lyon, an. 599, p. 51. Saint Léger, évêque de cette ville, fait un testament en faveur des Chanoines de sa Cathédrale : cette pièce est taxée de fausseté, an. 653, p. 73. Ansbert, évêque de cette Cathédrale, fait également un legs par testament à ses Chanoines, an. 696, p. 97. Moduin, évêque de ce siège, obtient en faveur de cette Cathédrale un Diplome de Louis le Débonnaire à son avènement à l'Empire, qui confirme tous les priviléges & toutes les immunités accordées par les Rois ses prédécesseurs, an. 815, p. 303.

AUTUN (le comté d'), entra dans le partage de Louis, roi d'Aquitaine, fils de l'empereur Louis le Pieux, an. 817, p. 321.

AUXANIUS, évêque d'Arles, a un différend avec l'évêque d'Embrun, qui est jugé par trois évêques des Gaules, an. 464, p. 14. Un autre évêque de ce siège, du même nom, est Légat du saint Siège dans les Gaules; il demande au Pape le *pallium* & l'obtient, an. 543 & 545, p. 32.

AZY, port sur la Seine vers Melun, dont Charlemagne fit donation à l'abbaye de Saint-Germain-des-Prés, an. 786, p. 162.

AZIRIACA-VILLA. Cette terre étoit située dans le pays de Bèze, & elle appartenoit au Domaine royal : Louis le Débonnaire l'en détache pour en faire donation au fils du comte Fulbert pour récompenser les services qu'il avoit reçus de son père, an. 836, p. 439.

B

BABILANUS, abbé de Sainte-Marie d'Arles dans le Valespire au diocèse d'Elne, présente requête aux Juges ordinaires, pour fixer les bornes des biens de son Abbaye, an. 832, p. 408.

BABOLÈNE conduit de Luxeuil au monastère de Saint-Pierre ou Saint-Maur-des-Fossés, une colonie de Moines dont il est le premier Abbé, an. 640, p. 67.

BACS sur la rivière, & situés dans les domaines du Roi, produisoient une recette dont l'Intendant du domaine étoit obligé de compter tous les ans à Noël, article LXII de l'Ordonnance du domaine, an. 800, p. 217; an. 821, p. 352.

BADURAD, évêque de Paderborn, obtient de l'empereur Louis le Débonnaire un Diplome en faveur de sa Cathédrale, an. 822, p. 354. Ce Prélat avoit la commission de *Missus* dans la Saxe; l'Empereur le chargea par cette raison de notifier aux Comtes du pays les priviléges qu'il avoit accordés au monastère de la Nouvelle-Corbie, & d'en faire jouir les Moines, an. 824, p. 371.

BAGAI, nom d'une métairie située dans le patrimoine de Saint-Pierre, léguée au monastère de Farfe par le pape Eugène II; Ingoald qui étoit alors abbé de Farfe, supplia l'Empereur de lui accorder par une Charte la confirmation de ce legs; ce qui prouve la souveraineté de ce Prince sur l'Église, même de Rome, an. 825, p. 374.

BAGNEUX, près Paris, appartenoit à l'église cathédrale de Paris dans le commencement du IX.e siècle; Inchade, évêque de cette ville, donna cette terre à ses Chanoines dans le partage qu'il fit avec eux des biens de la manse de cette église, dont les Évêques & les Chanoines avoient joui en commun jusqu'à cette époque, an. 829, p. 394.

BAGON, prêtre du diocèse de Langres, fait donation au monastère de Saint-Benigne de Dijon, de fonds de terres situés dans un pays arrosé de la rivière d'Ouche, an. 762, p. 145.

BAIL EMPHYTÉOTIQUE en usage sous le règne de Charlemagne : ce Prince fait défense aux Moines de Saint-Arnould de Metz de donner à bail emphytéotique la seigneurie de Cheminton qu'il venoit de léguer à cette Abbaye, an. 783, p. 178. Il permet aux Gens d'église de donner à bail emphytéotique les biens de leurs bénéfices, an. 799, p. 209 & 210. Le Capitulaire de l'année 837, ordonne que tous les baux emphytéotiques de biens ecclésiastiques qui préjudicieront aux églises, seront cassés, an. 837, p. 449.

Bail simple de cinq années de durée, moyennant un prix annuel payable en argent dans un terme fixé; ces sortes de baux étoient en usage dès le temps de Charlemagne, an. 812, p. 268. Exemple d'un bail pour vingt-deux années, an. 837, p. 441.

Bail à vie, & même pour deux générations, usité du temps de Louis le Débonnaire, an. 817, p. 317 & 318.

BAILLEUIL. Cette seigneurie appartient d'ancienneté à l'abbaye de Saint-Denys, elle entra dans le lot des Moines lorsque l'abbé Hilduin partagea avec eux les biens de ce Monastère, an. 832, p. 408.

BAIN. Ce lieu situé en Bretagne dépendoit du Domaine royal; Nominoé, comte ou duc dans cette province, y avoit bâti le monastère de Redon, & ensuite l'Empereur confirma cet établissement, & fit donation de cette seigneurie à l'Abbé & aux Moines, an. 834, p. 425 & 426.

BAINS, terre dont Hidulphe, duc de Lorraine, fait donation à l'abbaye de Laubes, an. 697, p. 98.

BAISIEU (peut-être *Bacivum*). Les Moines de Saint-Denys ayant acquis cette seigneurie d'un particulier nommé Édron, Friulfe son gendre leur fit un procès, prétendant y rentrer; la propriété fut confirmée aux Moines dans un Plaid tenu à Compiegne, an 716, p. 108.

BALACTERIUS, officier public, peut-être substitut d'Hildegarde, comte dans la Bourgogne, il procède à une enquête dans un procès que Burgoar, avoué de l'abbaye de Fontaine-Baise, soutenoit pour la restitution de quelques biens usurpés, an. 815, p. 301.

BALDEBERT, abbé de Morbac, obtient de Pépin le Bref, à son avènement au trône, un Diplome en faveur de son Monastère, par lequel ce Prince confirme toutes les donations faites jusqu'à ce jour aux Moines, & les maintient dans la jouissance de tous les priviléges que les Rois leur avoient ci-devant accordés, an. 752, p. 133.

BALDRIC,

TABLE DES MATIÈRES.

BALDRIC, général de l'armée que Louis le Débonnaire envoie contre les Sclaves de Silésie & de Bohême, il est battu dans la campagne de 832, page 413, année 833.

BAN. Ce mot est pris dans une addition faite par Charlemagne au Code des Lombards pour l'annonce ou publication de guerre, an. 801, p. 225. Charlemagne condamne à soixante sous d'amende ou à la servitude tout homme libre qui ne se rendra pas à l'armée dans le temps marqué après la publication du ban, an. 812, p. 270.

Ban (Bannum), amende; différentes espèces de Bannum, an. 808, p. 255; an. 812, p. 271.

Ban, on se servoit encore de cette expression pour dire que les biens des particuliers seront saisis & mis sous les mains de la Justice, an. 816, p. 314.

BANNISSEMENT, appelé dans les Capitulaires *Meziban*; cette peine étoit établie principalement pour les voleurs, & il paroît que le bannissement étoit toujours hors le royaume & à perpétuité, an. 809, p. 257.

BAPTÊME. Le Concile d'Aix-la-Chapelle défend aux Prêtres d'exiger aucune rétribution pour administrer ce Sacrement, & même les six autres, an. 801, p. 225. Il est défendu aux Prêtres, par un Capitulaire de Charlemagne, d'administrer le baptême à qui que ce soit, hors le temps de Pâques & de Pentecôte, excepté aux malades en danger de mort, an. 804, p. 237. Il fut permis dans la suite de l'administrer dans le temps des autres grand'fêtes, an. 808, p. 255. Cérémonies que l'on observoit dans l'administration de ce Sacrement le IX.ᵉ siècle, an. 804, p. 238. En quoi consistoit l'instruction que les Évêques & les Prêtres devoient faire aux Adultes avant de leur conférer ce Sacrement, an. 808, p. 255. Lettre de Charlemagne à tous les Évêques métropolitains de ses États, touchant les cérémonies du baptême, an. 811, p. 262. Ce Prince ordonne aux Évêques de lui exposer clairement les obligations qu'un Chrétien contracte en recevant le baptême, an. 811, p. 264 & 265.

BARICY. Ce lieu situé près Coucy, dans le diocèse de Laon, étoit du Domaine royal; Childéric II le donna à Saint Amand abbé, pour y fonder un Monastère; ce n'est présentement qu'un Prieuré dépendant de l'abbaye de Saint-Amand, an. 661, p. 77. Ce Monastère est remis par Saint Amand à André pour le gouverner; ce Moine en fut le premier Abbé, an. 664, p. 78; an. 822, p. 356. Il n'avoit que le titre de Prieuré sous le règne de Louis le Débonnaire; Léo qui le gouvernoit alors, obtient de ce Prince que les Commis qui régissoient les Fiscs du canton lui restituassent le bois de la Colombière, comme étant un domaine de sa première dotation, année 831, p. 401. L'empereur Lothaire confirme la donation que Childéric avoit faite de Baricy à Saint Amand, an. 840, p. 464.

BARONIE. Cette dignité a pris naissance avec les fiefs, son établissement est postérieur au règne de Charlemagne, an. 792, p. 196.

BARTHOLOMÉE, archevêque de Narbonne, assiste au Concile de Sens de 833, & signe l'Acte de translation de l'abbaye de Saint-Remi de cette ville, au lieu nommé Vareilles, an. 833, p. 418.

BARTHOLOMÉE, officier de la Chancellerie, il expédie des Diplomes en qualité de Notaire du Palais, an. 839, p. 455.

BÂTARDISE. Les Bâtards, sous la première Race de nos Rois, partageoient la Couronne avec les Princes légitimes, mais il falloit que le père les appellât de son vivant à la succession; on pensoit encore sous le règne de Charlemagne que la bâtardise ne donnoit point l'exclusion au partage de la Couronne, an. 797, p. 203 & 204. On pensoit encore de même sous le règne de Louis le Débonnaire, an. 822, p. 359.

BATAVES, *Batavi*, peuples de la Germanie; ils tirent leur origine des Cattes, an. 816, p. 316.

BATEMBOURG. Louis le Débonnaire fonde & dote une église Cathédrale dans cette ville, an. 816, p. 316.

BATHILDE, reine de France, femme de Clovis II, & mère de Clotaire III; elle fonde & dote richement l'abbaye de Corbie, an. 660, p. 76.

BATURIC, abbé de Saint-Emmeran de Ratisbonne, & évêque de cette ville en même temps, reçoit de Sigefroi, son coadjuteur dans l'Abbaye, une donation en faveur des Moines, an. 820, p. 348. Ce Prélat fait lui-même donation à cette Abbaye de plusieurs fonds de terre, mais il s'en réserve l'usufruit & à Erchamfred son ami, chapelain du roi de Bavière, an. 831, p. 405.

BAUDRINUS. Voyez BAURAN. Nom d'une terre située dans la Picardie au pays du Chambliois sur l'Oise, dont les Moines de Saint-Denys en France avoient fait l'acquisition, & dans la propriété de laquelle ils furent maintenus par un arrêt du roi Thierri III, an. 679, p. 87.

BAUGULFE, abbé de Fulde, établit une école dans son Monastère où l'on commence à enseigner les Lettres humaines & les saintes Écritures; cet établissement venoit d'être ordonné aux Évêques & aux Abbés par Charlemagne, an. 787, p. 186.

BAVIÈRE. Cette province, gouvernée sous Charlemagne par des Ducs & par des Comtes, fut érigée en royaume par son fils Louis le Débonnaire; ce Prince, dans le partage qu'il fit de ses États entre ses trois fils, en forma le lot de Louis, an. 817, p. 320 & 321.

BAVON, vassal du Roi, tenoit en bénéfice, peut-être de la part de Charlemagne, une terre appelée *Tridentem*, dépendante de l'église du Mans, il la restitue, an. 838, p. 450.

BAURAN. Ce village situé sur l'Oise proche Beaumont, fut acheté anciennement de deux particuliers par Godebald, abbé de Saint-Denys; Ermont, héritier de ces deux vendeurs, en disputa la propriété après leur mort à Godobald, qui y fut maintenu par un arrêt rendu au Plaid de Ponthion, tenu sous Thierri III. Dans la suite les Moines de Saint-Denys donnèrent ce lieu aux Religieuses qui s'y établirent, an. 725, p. 116.

BAUX, monastère fondé & doté par Jean, évêque de Sisteron, & situé dans le diocèse sur la montagne de *Baux*, dont il prit le nom, an. 812, p. 267.

BAUZELEBEC, comte & marquis dans la Saxe, tenoit du Roi en bénéfice une terre appelée *Lugdunum*, qui appartenoit à l'église du Mans; Pépin le Bref s'en étoit mis en possession pour des besoins de l'État, & dans la suite Charlemagne ou Louis le Débonnaire l'avoit donnée à des Comtes pour leur tenir lieu d'appointemens; Bauzelebec en jouissoit à ce titre, mais Louis le Débonnaire voulant qu'elle fût restituée à l'église du Mans, ce Comte céda ses droits & rendit la terre, an. 838, p. 449.

BEAUCAIRE. Le terrain où cette ville a été bâtie fut acquis pour les Chanoines de la cathédrale d'Arles par Noton qui en étoit alors archevêque, avec la terre d'Argence; c'est la raison pourquoi ces Prélats ont été regardés pendant plusieurs siècles comme seigneurs de Beaucaire & d'Argence, an. 825, p. 373 & 374.

BEAUVAIS. Cette ville & le diocèse furent compris dans le département de Reims, lorsque l'empereur Louis le Pieux assigna des départemens aux *Missi*, an. 822, p. 360.

Tome I.   P

TABLE DES MATIÈRES

BÉBELINE, comtesse, épouse du comte Rodhingue. Voyez RODHINGUE.

BEGON, comte de Paris, successeur d'Étienne, contribua au rétablissement du monastère de Saint-Maur-des-fossés, & obtint en faveur de cette Maison, deux Diplomes de Louis le Débonnaire, an. 816, p. 309.

BEGON, intéressé dans les domaines du Roi, fait un faux serment pour attester que Neuilli-Saint-Front appartient au Fisc, an. 834, p. 420.

BELCINAC (île de) située près Caudebec sur la rive gauche de la Seine, est donnée à Condedo, moine de Fontenelle, qui y bâtit un petit Monastère ; l'un & l'autre furent ensuite donnés par ce Moine à Ansbert, abbé de Fontenelle. La Seine inonda cette île vers le XIIe siècle ; au commencement du précédent elle retira ses eaux & laissa presque l'île à sec, an. 673, p. 82.

BÉLIER. Le Seigneur, dans sa terre, avoit droit exclusif d'avoir des béliers, des taureaux, des verrats, des étalons, & tous les Vassaux payoient un droit pour les femelles de ces animaux qu'ils faisoient couvrir, an. 765, p. 147.

BÉLIZAIRE, général d'armée de l'empereur Justinien, écrit à Theodebert, roi d'Austrasie, pour l'engager à retirer ses troupes d'Italie, an. 539, p. 31. L'Empereur cesse de lui envoyer des secours ; il va se justifier à Constantinople, an. 550, p. 34.

BELLE-CELLE. Cette Abbaye fut fondée vers l'an 812, par Benoît, abbé d'Aniane, dans un lieu légué à cet effet par Wlfarius, comte dans l'Albigeois ; l'Empereur donne une Charte par laquelle il approuve cet établissement, an. 819, p. 333.

BÉNÉDICTINE, pieuse dame, épouse d'un riche particulier nommé David ; ils fondèrent conjointement, sous le règne de Charlemagne, l'abbaye de Paunac ou Palnat, an. 804, p. 236.

BÉNÉDICTION. Formule de bénédiction d'eau chaude, d'eau froide & des personnes qui devoient subir l'une ou l'autre de ces deux épreuves, an. 825, p. 377.

BÉNÉFICE. Le mot *Beneficium* est pris généralement, par les Auteurs du moyen âge, pour toutes sortes de biens dont on ne donnoit que l'usufruit. C'est dans ce sens qu'il faut l'entendre dans la Lettre de Saint Remi archevêque de Reims, à Clovis Ier roi de France, an. 481, p. 15. Sous les deux premières Races de nos Rois, les bénéfices, tant des biens Ecclésiastiques que des Laïcs, étoient purement à vie, & les Beneficiaires rendoient annuellement aux Propriétaires une redevance ; de plein droit, après la mort du Bénéficiaire, 'le Propriétaire rentroit en jouissance des biens donnés en bénéfice, an. 719 & 720, p. 111. Exemple d'un usufruit donné à un Abbé & à son neveu, leur vie durant, la propriété léguée au Monastère de l'Abbé, avec la clause que l'Abbé & le neveu reconnoîtroient tenir en *bénéfice* de l'Abbaye les biens légués, an. 746, p. 126. La loi des bénéfices avoit lieu en Angleterre, an. 790, p. 191. Les bénéfices n'étoient point encore héréditaires à la fin du huitième siècle, an. 796, p. 201. Nos Rois donnoient à leurs Officiers des domaines en bénéfice pour leur tenir lieu d'appointemens. Ordonnance du Domaine, article L, an. 800, p. 216. Réglement pour les bénéfices royaux, an. 819, p. 342.

Beneficium Advocatiæ. Biens, terres, &c. donnés en bénéfice à un Avoué. C'est ce que l'on appeloit en Italie *feudum Castaldiæ*, & quelquefois en France *fiessum*, an. 832, p. 409. Différence des bénéfices à vie pour les gens de main-morte & les particuliers. Le bénéfice à vie, donné à ces premiers, duroit autant que vivoit le donateur, & le bénéfice à vie, donné à un particulier, duroit autant que vivoit le donataire, an. 837, p. 444 & 445.

Bénéfice Ecclésiastique. Le concile d'Arles, de 314, décide que les Évêques & les autres Clercs demeureroient attachés, pendant leur vie, aux bénéfices pour lesquels ils auroient été ordonnés, an. 314, p. 3. Il paroît que nos Rois de la première & de la seconde Race nommoient aux bénéfices, principalement aux Évêchés, année 630, p. 59 ; an. 813, p. 286. Les Ecclésiastiques qui possèdent un bénéfice sont obligés de prélever sur les revenus de quoi en entretenir les bâtimens & fournir les ornemens nécessaires de l'église, an. 813, p. 279.

Bénéfice Militaire. Réglement pour que les terres données en bénéfice aux Soldats vétérans ne demeurent pas incultes dans le cas d'une longue absence du possesseur, an. 370, p. 7.

BÉNÉFICIER ou BÉNÉFICIAIRE. Voyez BÉNÉFICE.

BÉNÉVENT. David évêque de Bénevent, ville du royaume de Lombardie, obtient de Charlemagne un Diplome qui confirme les biens & les privilèges de cette Cathédrale, an. 787, p. 185.

BENIGNE, abbé de Saint-Vandrille, obtient un Diplome du roi Chilpéric II, en faveur de son Abbaye, an. 716, p. 108.

BENNIT, fils d'un comte Saxon nommé Amalung, obtient de Charlemagne, en fief ou en bénéfice héréditaire, une partie de la forêt de Bucone, avec d'autres biens qui n'avoient été donnés qu'à vie à son père, an. 811, p. 261.

BENOÎT, évêque d'Angers, obtient de Louis le Débonnaire un Diplome qui porte confirmation de tous les privilèges de la Cathédrale de cette ville, an. 816, p. 311. Il obtient une Charte de ce Prince en faveur des Chanoines de sa Cathédrale, an. 818, p. 330.

BENOÎT, fameux solitaire, regardé comme le restaurateur de l'Ordre monastique en France ; il étoit fils de Wittiza comte de Maguelone, Visigot d'origine : son père l'envoya à la Cour de Pépin où il fut élevé parmi les Pages de la Reine ; Charlemagne prit de l'amitié pour lui dès sa jeunesse, il le considéra dans un âge plus avancé ; ce Prince seconda par des bienfaits l'établissement qu'il fit du monastère d'Aniane, an. 787, p. 185. Il obtient de ce même Prince un Diplome en faveur de son Monastère & de quelques autres petits établissemens monastiques qu'il avoit faits, an. 799, p. 208 & 209. Il reçoit la donation de biens faite à son Monastère par Aussinde abbesse, an. 810, p. 258 & 259. A peine Louis le Débonnaire fut-il monté sur le trône, que Benoît le sollicita d'accorder en faveur de son Monastère le Diplome de confirmation de biens & de privilèges que les Abbés ne manquoient pas de demander à l'avènement de chaque Roi ; Benoît l'obtient avec deux autres Chartes, an. 814, p. 289 & 290. Il obtient de l'Empereur une nouvelle Charte qui confirme des échanges qu'il avoit faits, & il ratifie ceux que l'on fera dans la suite, pourvu qu'ils soient utiles à ce Monastère, an. 815, p. 299. Benoît est chargé par l'empereur Louis le Débonnaire de travailler à une réforme de l'Ordre monastique dans le Royaume, an. 817, p. 318. Quelque temps après il se démet de l'abbaye d'Aniane, an. 818, p. 351. Il obtient de l'Empereur un Diplome en faveur de l'abbaye de Belle-celle dont il étoit le fondateur, an. 819, p. 333. L'Empereur fonde, en faveur de Benoît qu'il avoit fait venir à sa Cour, un Monastère près son palais d'Aix-la-Chapelle, dont il le fait Abbé, an. 821, p. 349. Cet Abbé

TABLE DES MATIÈRES.

qui s'étoit rendu célèbre par ses vertus & par la confiance qu'il avoit obtenue de Charlemagne & de Louis le Débonnaire, meurt vers la fin de l'année 821, page 351, année 821.

BENOIT, autre moine, abbé de Farfe, obtient un Diplome de Charlemagne qui confirme son Monaſtère dans la poſſeſſion des biens dont il jouiſſoit alors, an. 803, p. 229. Il gagne un procès en faveur de son Monaſtère dans un Plaid tenu à Spolète par Adalhard qui avoit le titre de *Miſſus*, an. 813, p. 287. Il obtient une Charte de Louis le Débonnaire à son avénement à l'Empire, qui maintient son Monaſtère dans la jouiſſance de ses priviléges & de ses immunités, an. 815, p. 303 Il obtient de ce Prince des Lettres qui portent que les Officiers du Domaine reſtitueront à son Monaſtère des biens qui lui avoient été légués par Charlemagne, & qu'ils retenoient injuſtement, an. 816, p. 310.

BERA, comte de Barcelonne, eſt un des quinze qui ſignent le teſtament de Charlemagne, an. 811, p. 263. On porte à la Cour des plaintes contre ce Comte, an. 812, p. 268. Il fonde le monaſtère d'Alet & le ſoumet à l'égliſe de Rome, an. 813, p. 286 & 287.

BÉRARD, évêque du Mans, obtient du roi Thierri III un Diplome qui confirme les priviléges de ſa Cathédrale & des Monaſtères de son dioceſe, an. 674, p. 83.

BERCHAIRE, évêque du Mans, plaide à la Cour du roi Clotaire III, contre l'Abbé & les Moines de Saint-Denys en France, & ſoutient, en qualité d'héritier de son père, la validité d'une donation qui lui avoit été faite des ſeigneuries de Touri en Beauce, d'Eſtampes & d'Eſtival; il eſt débouté & perd son procès, an. 658, p. 75. Ce Prelat avoit donné en bénéfice le village de Cavignac, ſitué dans le territoire de Bordeaux, aux nommés Humald & Dieudonnée ſa femme, an. 675, p. 84.

BERCHAIRE, moine de Luxeuil, vient à Reims & obtient de Nivard, évêque de cette ville, un lieu appelé *Altum-villare* pour y fonder un Monaſtère; on a appelé cette Abbaye par cette raiſon, *Hautvilliers*; Berchaire en fut le premier abbé, an. 662, p. 78. Il fonde encore l'abbaye de Montier-en-Der dans un lieu de la forêt appelée *Dervum*, qu'il avoit obtenu du roi Childéric II, en. 663, p. 78. Il lègue en faveur de ce Monaſtère, dont il fut le premier Abbé, tout l'héritage qu'il avoit de ſes parens, an. 672, p. 82. Il fonde à Gaugeac un Monaſtère de filles; ce lieu appartenoit à l'évêque de Reims qui lui en fit donation à cet effet, & le Monaſtère s'appela par cette raiſon Viqueville, *Epiſcopi-villa*, an. 685, p. 90.

BÉRÉGISE, moine & premier fondateur du monaſtère de Saint-Hubert dans les Ardènes, an. 687, p. 91.

BÉRENGER, empereur, avoit été auparavant roi d'Italie, il étoit fils du comte Eberard qui avoit épouſé Giſèle, fille de Louis le Débonnaire, il eut en partage de la ſucceſſion de son père le comté d'Anappe, ſitué dans la châtellenie de Lille, an. 837, p. 446.

BÉRENGER, comte dans le Valeſpire, fait procéder à une enquête pour borner contradictoirement les biens dépendans du monaſtère de Sainte-Marie d'Arles, an. 832, p. 408. Ce Comte avoit eu en bénéfice, pour lui tenir lieu de gages, deux terres dépendantes du Domaine, l'une appelée *Dendaüs*, & l'autre *Buxogilus*, dont Pépin, roi d'Aquitaine, fit donation au monaſtère de Manlieu, an. 833, p. 417.

BÉRENGER, comte en Auvergne, avoit été envoyé par Pépin le Bref contre Waifre, duc des Gaſcons; il étoit frère d'un autre Bérenger, duc de Touloufe, an 825, p. 375 & 376.

BÉRENGER, celui-ci étoit ſans doute fils du précédent il avoit un Comté, mais on ne ſait pas où il étoit ſitué : il eſt nommé l'un des deux *Miſſi* dans le ſixième département, compoſé des dioceſes de Noyon, Amiens, Térouane & Cambrai, an. 822, p. 360. L'Empereur dans la ſuite lui donne un ſecond Comté, qui eſt celui de Brioude en Auvergne : il poſſédoit dès-lors de grands biens dans cette province; il en donna de conſidérables à l'égliſe de Saint-Julien de cette ville, & obtint de l'Empereur la confirmation de ce legs, an. 825, p. 375 & 376.

BÉRENGER, duc de Touloufe, reçoit ordre de Louis le Débonnaire de lever une armée & de marcher avec Warin comte d'Auvergne, contre Loup Centule, duc des Gaſcons, qui s'étoit révolté, an. 825, p. 375.

BERNALD, évêque de Straſbourg, fait donation du terrain où eſt bâti le monaſtère de Schwarzach, qui s'appeloit auparavant Armolſeſaw, an. 826, p. 380 & 381. Il obtient de l'Empereur un Diplome en faveur des Chanoines de ſa Cathédrale, an. 831, p. 404.

BERNARD, archevêque de Vienne en Dauphiné, obtient de Louis le Débonnaire un Diplome qui porte confirmation de toutes les Charies données en faveur de cette Cathédrale par les Rois ſes prédéceſſeurs, an. 815, p. 298. Il obtient une autre Charte de ce même Prince qui exempte de tous droits cinq bateaux ſur le Rhône, deſtinés à voiturer les denrées, & les autres choſes néceſſaires à la vie pour les Chanoines de la cathédrale de Vienne, an. 815, p. 302. Ce Prélat obtient encore de l'Empereur des Lettres par leſquelles ce Prince ordonne aux Officiers qui régiſſent les Fiſcs de ſe deſaiſir d'une terre appelée *Daiſorjana*, & de la reſtituer à l'égliſe de Vienne, an. 815, p. 306. Ce Prelat aſſiſte au Concile de Langres, an. 830, p. 399. Il obtient deux Diplomes de l'Empereur, l'un par lequel ce Prince ordonne que le monaſtère de Saint-André de Vienne ſera reſtitué à ſa Cathédrale; & l'autre qui déclare que le village nommé *Epao*, que le comte Abbon avoit tenu en bénéfice, étoit de l'ancien domaine de cette égliſe, an. 831, p. 403. Il eſt accuſé d'avoir eu part dans la conſpiration formée contre Louis le Débonnaire, an. 835, p. 427.

BERNARD, fils de Bertrand, comte de Bazas, il ſouſcrit une Charte en faveur de l'abbaye de la Réole, an. 836, p. 439.

BERNARD, comte de Ribagorza en Catalogne, conjointement avec la comteſſe Totar ſa femme, fonde le monaſtère de Notre-Dame d'Orvarra, & lui aſſigne pour dot des alleux, an. 813, p. 278.

BERNARD, comte de Beſalu, différent de Bernard comte de Ribagorza, an. 813, p. 278.

BERNARD, particulier qui vivoit vers la fin du onzième ſiècle, il fit donation à l'évêque d'Urgel d'une égliſe que l'on croit avoir été l'abbaye de Sainte-Grate qui ſubſiſtoit du temps de Louis le Débonnaire, an. 823, p. 363.

BERNARD, fils de Pépin roi d'Italie, & petit-fils de Charlemagne; il vient à la cour d'Aix-la-Chapelle où l'Empereur le fait proclamer, dans l'aſſemblée des Grands, roi d'Italie après la mort de son père; il part auſſi-tôt pour aller se faire reconnoître dans ſes États, an. 810, p. 260. Ce Prince croit avoir des prétenſions à l'Empire dont il ſe vit fruſtré par l'inauguration de Lothaire fils aîné de l'Empereur;

il prit les armes pour foutenir fon droit, an. 817, p. 325. Ce Prince mourut du fupplice qu'on lui fit éprouver de lui crever les yeux; ce fut la peine de fa révolte, an. 822, p. 359.

BERNARD I.er, duc de Septimanie, Grand-chambellan & premier Miniftre de l'empereur Louis le Débonnaire ; il étoit parent de l'impératrice Judith; il eft foupçonné d'être l'amant de cette Princeffe; ils forment l'un & l'autre un parti confidérable à la Cour, & après avoir gagné la confiance de l'Empereur, ils s'emparent du gouvernement, an. 829, p. 395. Bernard eft accufé par les Princes d'entretenir un commerce avec Judith leur belle-mère ; il s'enfuit en Efpagne de peur de tomber entre leurs mains, an. 831, p. 402. Ce Seigneur eft rappelé à la Cour & il eft déclaré innocent dans l'affemblée des États tenue à Thionville, an. 831, p. 405.

BERNARD II, comte de Poitiers, donne avec l'agrément de Pépin roi d'Aquitaine, à l'abbaye de Saint-Maixant un bénéfice appelé *Ticiacus*, qu'il tenoit du Domaine royal, an. 825, p. 376.

BERNARD, abbé d'Epternac, repréfente à Charlemagne que fon Monaftère avoit perdu le titre d'une donation que Carloman fon frère lui avoit faite, & en obtient un autre qui confirme ce legs, an. 790, p. 194.

BERNOIN, métropolitain & archevêque de Befançon, figna le teftament de Charlemagne, an. 811, p. 263.

BERNOIN, évêque de Chartres, affifte au concile de Sens de l'année 833, & figne l'Acte de tranflation de l'abbaye de Saint-Remi de cette ville au lieu appelé *Vareilles*, an. 833, p. 418.

BERTA, femme d'Édilbert roi d'Angleterre, convertit fon mari à la foi catholique, an. 601, p. 52.

BERTE, cette dame tenoit en bénéfice à vie une feigneurie dépendante de la cathédrale d'Angers, an. 829, p. 392.

BERTEFRED, abbé de Molome, reçoit la donation de quelques fonds de terre qui eft faite à fon Monaftère par deux particuliers, & enfuite il les donne à *bail* à vie à ces mêmes particuliers, moyennant une redevance annuelle, an. 817, p. 324.

BERTÉNINGUE, homme de diftinction, fut exécuteur teftamentaire de Fridugife, chancelier de l'empereur Louis le Débonnaire, & abbé de Saint-Vandrille, an. 831, p. 407.

BERTHAD, vaffal du Roi, il tenoit en bénéfice des fonds de terres qui appartenoient à la cathédrale du Mans, & que les Régiffeurs du domaine lui avoient mal à propos donnés à ce titre, an. 835, p. 429.

BERTHAULD, duc Anglois, fait une donation à l'abbaye de Saint-Denys en France, mais la Charte eft accufée de fuppofition, an. 795, p. 200.

BERTHE, ducheffe de Bavière ou fille du duc de Bavière, époufe le duc Martin maire du palais d'Auftrafie, an. 679, p. 87.

BERTHE, femme de Pépin le Bref. Voyez BERTHRADE.

BERTHE, femme de Gérard de Rouffillon, fonde, conjointement avec fon mari, l'abbaye de Vézelai, an. 821, p. 351.

BERTHE, princeffe du Sang de France, fille de Charlemagne, fait donation à l'abbaye de Saint-Médard de Soiffons, de la terre & feigneurie de Verneuil-fur-Oife. Quelques Auteurs prétendent qu'elle fut mariée à un feigneur nommé Angilbert, qui étoit Grand-maître de la maifon du roi fous le règne de Charlemagne, an. 823, p. 361.

BERTHE, femme de Bertrand comte de Bazas; elle foufcrit une Charte en faveur de l'abbaye de la Réole, an. 836, p. 439.

BERTHOENDE, évêque de Châlons-fur-Marne, fe trouve au concile de Reims, & donne une Charte par laquelle il exempte de la jurifdiction de l'ordinaire les Moines de l'abbaye de Montier-en-Der, & un Monaftère de filles fitué alors à Fligny, an. 692, p. 94.

BERTIN, abbé de Saint-Hilaire de Poitiers, obtient de Pépin le Bref un Diplome par lequel ce Prince confirme les privilèges de cette Abbaye, & exempte de tous impôts les denrées & les autres chofes néceffaires à la vie des Moines, an. 768, p. 150.

BERTRADE, mère d'Héribert, feigneur du canton de Trèves, à laquelle on attribue mal à propos la fondation du monaftère de Pruim, an. 722, p. 113.

BERTRADE ou BERTHE, femme de Pépin le Bref & mère de Charlemagne, à laquelle on attribue mal à propos une Charte de l'année 722 en faveur de l'abbaye de Pruim, an. 722, p. 113. Cette Princeffe eft couronnée à Saint-Denys par le pape Étienne III, an. 754, p. 135. Elle fait réédifier le monaftère de Pruim & y fait de nouveaux legs, an. 761, p. 144. Elle meurt l'an 783, p. 181; an. 786. Mal à propos on dit dans une Charte que cette Princeffe fit donner dans cette année l'abbaye de Neuftat à Magnigaud, *ibid*. La critique de cette Charte eft répétée à l'article de l'année 794; p. 198. Nom des enfans que cette Princeffe eut de fon mariage avec Pépin le Bref, an. 812, p. 269.

BERTRAND, comte de Bazas, s'étoit autrefois emparé du monaftère de Squirs ou de la Réole avec tous les biens qui en dépendoient; ce Seigneur, pour fatisfaire à une Ordonnance de Louis le Débonnaire, reftitua les biens & le Monaftère, & le donna à un moine nommé Adafius qui en fut l'Abbé, an. 836, p. 439.

BERTRAND, évêque du Mans, lègue par fon teftament fes biens à plufieurs Cathédrales & à différens Monaftères, an. 615, p. 54.

BERTRAND, abbé de Sorèze, reçoit la donation que l'Empereur lui fait & à fon Monaftère, de biens fitués dans le dioceze d'Auch, an. 817, p. 317.

BERTRAND, particulier, tenoit en bénéfice de la cathédrale de Laon des biens dans l'Auvergne qu'il échangea, du confentement de Stabilis évêque de Laon, avec Anaftafe abbé de Conques, an. 822, p. 357.

BESANÇON. Cette ville eft comptée au nombre des Métropoles du royaume dans le teftament de Charlemagne, an. 811, p. 262 & 263. Elle étoit, fous le règne de Louis le Débonnaire, le Chef-lieu du département & la réfidence des *Miffi*, an. 822, p. 360.

BETTO ou BETTON, évêque de Langres, fait donation des dixmes de plufieurs paroiffes à l'abbaye de Saint-Étienne de Dijon, an. 791, p. 195. Autre donation de ce Prélat à cette même Abbaye, an. 801, p. 223. Il obtient de Louis le Débonnaire un Diplome qui confirme tous ceux qui avoient été ci-devant accordés en faveur de l'églife de Langres, an. 814, p. 292. Il fait reftituer des biens ufurpés à l'abbaye de Fontaine-Baife, an. 815, p. 301.

BEURRE. Celui que l'on confommoit dans les cuifines du Roi étoit fait dans fes domaines, & les *Manfionnaires* ou les *Domeftiques* l'apportoient ou l'envoyoient au Palais. Ordonnance du Domaine, article XXXIV, an. 800, p. 215.

BÈZE-FONTAINE

TABLE DES MATIÈRES.

BÈZE-FONTAINE, monastère d'hommes fondé par Valdelène, fils d'Amalgarius gouverneur de la Bourgogne sous le roi Dagobert I.er; une Abbaye de filles située près Besançon y est réunie, an. 652, p. 72. L'Abbé de ce Monastère obtient de Clotaire III un Diplome qui confirme toutes ses possessions; le nom des terres est énoncé dans la Charte, an. 658, p. 75; an. 664, p. 78. L'Abbé de ce Monastère fait faire une description ou un terrier des biens qui en dépendent, & le fait ratifier par un Diplome du roi Clotaire III, an. 664, p. 78. Diplome de ce Prince qui confirme le choix que l'Abbé & les Moines avoient fait d'un Avoué, an. 665, p. 79. Donation en faveur de cette Abbaye par le roi Thierri III, d'une partie des biens d'Adalric duc dans la Champagne, que ce Prince avoit fait confisquer, an. 676, p. 85. Séraphin, abbé de ce Monastère, échange des terres situées près Dijon, contre Erlebert abbé de Saint-Benigne, pour d'autres terres situées dans les villages appelés *Lacus* & *Verona*, très à portée de l'abbaye de Bèze, an. 828, p. 387. Ce Monastère étoit tombé en ruine autant par le malheur des guerres que par les usurpations de ses biens que les évêques de Langres avoient faites pendant environ le cours de deux siècles; Albéric, successeur de ces Prélats, le rétablit, & non-seulement il restitua les biens usurpés, mais il en légua d'autres, an. 830, p. 399 & 400.

BIENS ECCLÉSIASTIQUES. Il est défendu aux Clercs, par un Concile de Rome, de les aliéner pour quelque cause que ce soit, an. 535, p. 29. Ils sont taxés au tiers de leur revenu par Ordonnance de Clotaire I.er pour les besoins de l'État, an. 555, p. 35. Ce Prince fait ensuite remise des taxes imposées sur les biens ecclésiastiques, an. 559, p. 37. Ordonnance du roi Thierri IV, par laquelle il est permis aux Gens d'église d'aliéner, pour les besoins de l'État, une partie des biens de leurs bénéfices, en se réservant un cens ou une redevance, an. 730, p. 118. La disposition de cette Ordonnance confirmée dans la Diète de 743, tenue à Lestines par Carloman, an. 743, p. 122.

Biens donnés aux églises en franche aumône, sont possédés avec les mêmes franchises que les alleux, an. 790, p. 193; an 799, p. 208.

Biens ecclésiastiques ne peuvent être aliénés: Charlemagne permet d'en faire des baux emphytéotiques, an. 799, p. 209 & 210. Ce Prince en défend de nouveau l'aliénation, an. 803, p. 231; an. 813, p. 284; an. 818, p. 332. Sans l'autorité du Roi, an. 822, p. 358. Charlemagne permet aux Évêques & aux Abbés de vendre le mobilier des églises pour en distribuer le prix aux pauvres, an. 813, p. 279. Les Évêques ont la pleine & entière disposition de tous les biens ecclésiastiques de leur diocèse; ils sont administrés sous leurs ordres, excepté néanmoins ceux qui sont exempts, an. 813, p. 284; an. 818, p. 332. L'article V d'une Ordonnance de Louis le Débonnaire, publiée dans la Diète de Worms en 829, déclare nuls tous les Actes d'échanges des biens d'église, faits par les Ecclésiastiques, à moins qu'il ne soit bien prouvé qu'ils sont utiles aux bénéfices, an. 829, p. 396. Exemple d'une déclaration de biens ecclésiastiques exigée par l'Empereur, an. 831, p. 406. Les biens ecclésiastiques sont administrés dès la seconde Race de nos Rois sous leur autorité, an. 836, p. 436 & 437. Voyez AMORTISSEMENT.

BIÈRE. Cette boisson étoit en usage du temps de Charlemagne; tout ce que l'on en consommoit dans son Palais étoit façonné dans ses Domaines: Ordonnance du Domaine, article XXXIV, an. 800, p. 215. Quelquefois on faisoit venir des Domaines les Brasseurs pour façonner la bière au palais, article LXI, p. 217.

BILÉE. Ce village appartenoit au comte Wifoade, il en donna la meilleure partie au monastère de Saint-Mihiel, an. 709, p. 103.

BILEHILDE, franque & nièce de Rigibert archevêque de Mayence, fonde un Monastère de filles dans cette ville; la Charte est soupçonnée de fausseté, an. 635, p. 62.

BILICHILDE, femme de Roricon comte de Touraine; elle fait, conjointement avec son mari, une donation à l'abbaye de Saint-Maur-sur-Loire, an. 839, p. 456.

BLASPHÉMATEUR. Peine contre ceux qui se trouveront coupables de ce crime. Voyez CRIME.

BLAYE. Sichaire, archevêque de Bordeaux, obtient de l'empereur Louis le Débonnaire un Diplome en faveur du monastère de Blaye, an. 828, p. 388.

BLÉS de différentes espèces dont Charlemagne fixe le prix, qui ne sera pas plus haut dans un temps de disette que dans une année d'abondance, an. 794, p. 199. Ce Prince fait défense d'acheter & de faire magasin de blé dans le temps de la moisson, dans le dessein d'en augmenter le prix en le rendant rare: il fixe par la même Ordonnance le prix de chaque espèce de blé dans une année de disette, an. 806, p. 249. Le muid de blé ne pesoit, du temps de Louis le Débonnaire, que quarante-quatre livres, an. 829, p. 391.

BLIDEGISILLE, diacre de l'église de Paris, fonde le monastère de Saint-Maur-des-Fossés dans un lieu dont Clovis II lui fait donation à ce dessein, avec les fossés & les ruines de l'ancien château des Bodets & la Varenne de Saint-Maur, an. 638, p. 67. Acte par lequel Blidegisille met en possession Babolène premier abbé de Saint-Maur-des-Fossés & du Monastère, & des biens qui lui avoient été donnés par le roi Clovis II, *ibid.* an. 640.

BODEGISLE ou BODEGISILE, mal à propos dit le père du grand Arnould, évêque de Metz, an. 836, p. 438.

BODON, vassal du Roi; il tenoit en bénéfice des fonds de terres qui appartenoient à la Cathédrale du Mans, & que les Régisseurs du Domaine lui avoient mal à propos donnés à ce titre, an. 835, p. 429.

BŒUF GRAS. L'article XXXV de l'Ordonnance de Charlemagne du Domaine, porte que dans les troupeaux de chacun de ses Domaines, on tiendra toujours au moins deux bœufs gras pour être conduits dans son palais quand on en demandera l'ordre, an. 800, p. 215.

BOLESLAS, duc de Pologne, gagne une bataille en 1109 sur l'empereur Henri V, à Hundsfeld en Silésie, an. 781, p. 175.

BONALDE, premier abbé du monastère de Cruas, fondé par Éribert comte de Viviers, sous le règne de Louis le Débonnaire, an. 817, p. 322.

BONELDE, épouse d'Adalaire, elle prend, conjointement avec son mari, à bail à vie, & pour leurs enfans & petits-enfans, des biens dépendans de l'abbaye de Saint-Victor, an. 817, p. 317 & 318.

BONIFACE I.er, pape, rend à l'évêque de Narbonne les droits de sa Métropole, dont le pape Zosime l'avoit dépouillé pour les donner à l'évêque d'Arles, an. 422, p. 12.

BONIFACE (saint), archevêque de Mayence. Voyez WINFRID.

BONIL, riche particulier, fonde, avec l'agrément du comte Odilon, le monastère de Saint-Étienne de Banioles sous le règne de Charlemagne, an. 822, p. 356.

Tome I.

BONNEUIL-SUR-MARNE. Cette terre est du plus ancien domaine de la Couronne de nos Rois ; Charlemagne en avoit donné la jouissance à Étienne comte de Paris, pour lui tenir lieu d'appointemens, an. 811, p. 262.

BONS-HOMMES. C'étoit les *Pairs* d'une communauté, ils jugeoient les causes civiles & criminelles avec les Échevins & les Rachimburges, an. 780, p. 173 & 174. Ils étoient les seuls Juges dans les villages & dans les campagnes où il n'y avoit point d'Échevins ; il falloit que les Actes fussent signés des Bons-hommes pour être authentiques, an. 815, p. 299 ; an. 831, p. 401.

BORDEAUX. Cette ville est comptée au nombre des Métropoles du royaume dans le testament de Charlemagne, an. 811, p. 262 & 263. Louis le Débonnaire accorde à Sichaire, archevêque de Bordeaux, un Diplome qui confirme tous les priviléges & les immunités que Charlemagne avoit accordés à cette Cathédrale, an. 814, p. 295.

BORDERIE, petit manoir diminutif de métairie ; l'article XIX de l'Ordonnance du Domaine de Charlemagne porte un règlement pour la quantité de poules & d'oies qu'il juge à propos qu'on élève dans les borderies de son Domaine, an. 800, p. 214.

BOREL, fils de Bernard comte de Ribagorza, souscrit la Charte de fondation de l'abbaye de Notre-Dame d'Ovarra, faite par son père & par Tota sa mère, an. 813, p. 278.

BORREL (Jean). Ce seigneur étoit Visigot d'origine ; Charlemagne lui fait donation de la terre de Fontjoncouse : quelques Savans prétendent que c'est le même à qui Louis roi d'Aquitaine avoit, peu de temps auparavant, donné le comté d'Aussonne. Borrel fut père de Sunifred comte d'Urgel, qui fit la tige des marquis de Gothie, an. 795, p. 199.

BOSON, abbé de Saint-Benoît-sur-Loire, assiste au Concile de Sens de l'année 833, & signe l'Acte de translation de l'abbaye de Saint-Remi de cette ville au lieu appelé Vareilles, an. 833, p. 418. Il obtient de Louis le Débonnaire une Charte qui porte que plusieurs villages qui faisoient autrefois des dépendances de la terre de Sonchamp seront restituées à son Monastère, an. 835, p. 431. Après la mort de Louis le Débonnaire, Boson présente à Lothaire Ebbon archevêque de Reims, qui avoit été déposé, & contribue par son crédit au rétablissement de ce Prélat sur son siège, an. 840, p. 464.

BOUILLICARIIS. Cette expression est interprétée, ainsi que celle de *Vaccariciis*, pour les étables à bœufs & à vaches, les charrues, le joug, &c. an. 829, p. 392.

BOULOGNE. Louis le Débonnaire comprend cet évêché dans le royaume de Bavière par le partage qu'il fait en 835 de ses États, an. 835, p. 434.

BOURGEOISIE. Ce droit qui n'est en lui-même qu'une sauve-garde établie sous la troisième Race de nos Rois, à peu près dans le même temps que les fiefs, tire son origine d'un Capitulaire de Charlemagne, publié en 788 dans l'assemblée de Ratisbonne, an. 788, p. 189. La Clientelle des Affranchis peut encore avoir donné lieu à l'établissement des Bourgeoisies, an. 813, p. 280 & 281 ; an. 815, p. 305.

BOURGES. Cette ville est comptée au nombre des Métropoles du royaume dans le testament de Charlemagne, an. 811, p. 262 & 263.

BOURGOGNE. Les comtés d'Autun, d'Avalon & de Nevers faisoient partie de cet ancien royaume, même du temps qu'il étoit possédé par Gontran, an. 817, p. 321.

Bourgogne. Tous les pays qui composoient cet ancien royaume dans l'étendue que les derniers Rois des Bourguignons le possédoient, font partie des États que Louis le Débonnaire assigna à Charles le Chauve pour son partage de 835, p. 434, an. 835.

BOUTEILLER. Cet Officier a été sans doute remplacé par l'Échanson ; il tenoit un des premiers rangs entre les Officiers du Palais sous Charlemagne, article XVI de l'Ordonnance du Domaine, an. 800, p. 214 ; article XLVII, p. 216.

BOUXIÈRES. Cette terre située dans l'Austrasie avoit fait partie de la dote que Charlemagne avoit donnée à Hildegarde en l'épousant ; cette Princesse la légua à l'abbaye de Saint-Arnould de Metz, an. 783, p. 178.

BOZON, comte & ensuite roi de Provence, père de Louis roi d'Italie ; il étoit frère de la belle Richilde que Charles le Chauve épousa, an. 822, p. 355 ; an. 823, p. 362.

BRAIDINGUE, ce seigneur étoit fils de Theobrand & d'Adasiane, il naquit à Nîmes ; il avoit des terres considérables dans le Languedoc ; il en donna deux en pure & franche-aumône au monastère d'Aniane, an. 813, p. 276.

BREGOU, forêt dans le Dauphiné, léguée avec la paroisse de ce nom au monastère de Saint-Pierre de Lyon par saint Annemond, archevêque de cette ville, an. 653, p. 73.

BRÊME, capitale d'une grande région de l'Allemagne, avec titre de Duché ; Charlemagne établit par un Diplome, un siège épiscopal dans cette ville, an. 788, p. 187.

BRETAGNE. Cette province se révolte ; Murman chef des rebelles est proclamé roi des Bretons ; Louis le Débonnaire lève une armée & marche en personne en Bretagne ; il bat Murman, & la province se soumet, an. 818, p. 329. Les Normands menacent de faire une descente sur les côtes de cette province, an. 819, p. 334.

BRETIGNY, lieu situé dans la Touraine, qui étoit du patrimoine de Perpetuus évêque de Tours ; ce Prélat en fit donation à sa Cathédrale, an. 474, p. 15. Ce domaine appartenoit au commencement du VIII.e siècle au monastère de Limours, & après la destruction de cette maison arrivée vers la fin du IX.e siècle, il fut réuni aux biens de l'abbaye de Saint-Germain-des-Prés, an. 701, p. 101.

BRIE (la). Cette petite province fut ajoutée au lot de Pépin roi d'Aquitaine, par le partage de 835 que Louis le Débonnaire fit entre ses enfans, an. 835, p. 434.

BRIOUDE. Louis le Débonnaire nomme Bérenger comte de Brioude ; ce Seigneur fit un legs considérable à l'église de Saint-Julien de cette ville qu'il fit réédifier, & où il rétablit trente-quatre Chanoines avec un Abbé ; il leur laisse la liberté de l'élection : Louis le Débonnaire ratifie le legs de Bérenger & son établissement, sous la condition que les Chanoines lui présenteroient annuellement & aux Rois de France ses successeurs, un cheval, une épée & une lance, an. 825, p. 375 & 376. Pépin exempta cette Collégiale de la justice royale ; il permet aux Chanoines de se choisir leur Avoué, & évoque leurs causes devant le Comte du Palais, an. 835, p. 428. Cette même pièce est répétée à l'année 836, p. 436.

BRUCTAIRES, peuples de la Germanie, connus sous le nom de *Francs* dès le commencement du troisième siècle. Voyez AMPSUAIRES. Ces peuples occupoient au-delà du Rhin le pays dont on a formé depuis le comté de la Marck, an. 309, p. 3.

TABLE DES MATIÈRES.

BRUYÈRE-LE-CHÂTEAU, monastère qui fut fondé pour des filles par une pieuse Dame ; c'est présentement un Prieuré simple dépendant de l'abbaye de Saint-Florent de Saumur, an. 670. p. 80.

BRUNEHAUT, femme de Sigebert roi d'Austrasie, reçoit des Lettres de saint Germain évêque de Paris, pour détourner le Roi son mari du dessein qu'il avoit de faire la guerre à son frère Chilpéric, an. 573, p. 42. Cette princesse, après la mort de son mari, conclut un Traité de paix avec Gontran roi de Bourgogne & Childebert roi d'Austrasie, an. 587, p. 47. = Un autre avec Maurice empereur de Constantinople & Childebert, an. 588, p. 48. Elle fait assassiner saint Didier évêque de Vienne, an. 607, p. 53.

BRUNOIS. Ce village est situé en Touraine ; Fridugise, chancelier de Louis le Débonnaire & abbé de Saint-Martin de Tours, en fit don au monastère de Cormeri, an. 831, p. 404.

BURCHARD, *comes stabuli imperatoris* (peut-être cette dignité revient-elle à celle de grand Écuyer), est un des quinze Comtes qui signent le testament de Charlemagne, an. 811, p. 263.

BURCHARD, évêque de Wurtzbourg, l'un des deux Ambassadeurs envoyés par Pepin le Bref au pape Zacharie. Voyez FULRAD. Ce Prélat mourut en 753, an. 786, p. 181. Ce Prélat avoit fondé le monastère de Neuwenstadz, an. 794, p. 198.

BURGOAR, avoué de l'abbaye de Fontaine-Baise, réclame des biens usurpés, & obtient un jugement qui en ordonne la restitution en faveur de ce Monastère, an. 815, p. 301.

BUXEY, village situé dans le Hurpoix, dans la propriété duquel l'Économe de l'abbaye de Saint-Denys en France fut maintenu par Arrêt rendu à la Cour du roi Clovis III, an. 691, p. 93.

BUXIÈRES, monastère. Sa fondation ; c'est présentement une église paroissiale dans la ville du Mans, an. 625, p. 57.

BUXOGILUS. Cette terre étoit située dans l'Aquitaine, & elle avoit été en premier lieu détachée du Domaine royal, & tenue en bénéfice par le comte Bérenger pour lui tenir lieu d'appointemens ; dans la suite Pépin I.er la donne au monastère de Manlieu, an. 833, p. 417.

C

CABRIÈRES, monastère de Septimanie, employé sur l'état de Louis le Débonnaire pour devoir seulement des prières, an. 817, p. 320.

CADASTRE, rôle des impositions. Voyez IMPOSITIONS.

CAÏOLDE, évêque de Vienne en Dauphiné, reçoit un legs fait à son église, & en obtient l'agrément du roi Childebert III, an. 697, p. 98.

CAIRATI, petite ville dans le Milanois sur la rivière d'Olona, où une pieuse dame nommée Manigonde fonda un Monastère de filles, & auquel elle donna pour dot le lieu même de Cairati, an. 742, p. 122.

CALABRE (la basse). Cette province qui faisoit autrefois partie du royaume des Lombards en Italie, fut, dit-on, donnée au saint Siége par Pépin : on rapporte des Chartes de confirmation de cette donation de Charlemagne & de Louis le Débonnaire, mais il y a lieu de douter de leur authenticité, an. 817, p. 327.

CALASTUS, abbé du Mas d'Azil & prédécesseur immédiat de Ararius ; ce dernier vivoit sous le règne de Louis le Débonnaire, an. 817, p. 326.

CALMILIUS, sénateur Romain, est réputé pour avoir fondé le monastère de Mauzac en Auvergne, an. 833, p. 414.

CAMBRAI (Notre-Dame de). Bulle du pape Grégoire le Grand, portant excommunication contre les usurpateurs des biens de cette église, an. 590, p. 49. Les priviléges de la cathédrale de Cambrai sont confirmés par une Bulle du pape Jean V, an. 680, p. 88. Pépin le Vieux fait une donation à cette église, mais on taxe la Charte de fausseté, an. 691, p. 94. Louis le Débonnaire confirme les priviléges & les immunités de cette Cathédrale, an. 816, p. 308 ; an. 817, p. 317. Ce diocèse est compris dans le sixième département des *Missi* formé par Louis le Débonnaire, an. 822, p. 360. La ville de Cambrai & le Cambresis furent compris dans les États de Louis roi de Bavière, par le dernier partage de Louis le Débonnaire, an. 835, p. 454.

CAMERIER ou CHAMBELLAN. Cet Officier étoit le quatrième de la Couronne ; quelles étoient ses fonctions sous le règne de Charlemagne, an. 814, p. 289.

CANCOR, comte dans le pays de Worms, fait donation, conjointement avec Wilsuinde sa mère, du village d'Hagenheim au monastère de Laurisham, an. 736, p. 146. Ce Seigneur fait une seconde donation à ce même Monastère, du consentement de la comtesse Angila sa femme, an. 770, p. 156.

CAPITATION. L'empereur Constance exempte de la capitation les personnes employées pour les affaires de l'État, an. 343, p. 5. Les empereurs Valentinien & Valens comprennent dans cette exemption les femmes veuves & les enfans mineurs, an. 368, p. 7.

Capitation ou cens royal imposé en France, du temps de Charlemagne, sur les personnes, an. 805, p. 243.

CAPITULAIRES. C'étoit le résultat des décisions des États assemblés aux champs de Mars ou de Mai ; c'étoit aussi des réglemens faits dans le Conseil du Roi. Voyez ORDONNANCE.

CARCASSONNE. Le district de cette ville étoit fort étendu & formoit un comté sous le règne de Louis le Débonnaire ; ce Prince le joint au royaume d'Aquitaine dans le partage qu'il fait de ses États entre ses trois fils, an. 817, p. 321.

CARDINAL. } Dignité ecclésiastique. Ordonnance qui porte pour condamner un Diacre de l'église de Rome, s'il est Cardinal, il faut trente-sept témoins, an. 806, p. 249.
CARDINALAT.

CARISSIMA, fille d'Eude comte de Bourges, étoit propriétaire d'un monastère appelé Montier-Roseille, elle en fait donation à l'abbaye de Saint-Yrier-de-la-Perche, an. 752, p. 132.

CARLOMAN, fils de Charles Martel, partage toute la monarchie, après la mort de son père, avec son frère Pépin : la Germanie & l'Austrasie forment sa portion ; il assemble une Diète à Ratisbonne, an. 742, p. 121. Il en assemble une autre à Lestines près Binchs en Hainaut, an. 743, p. 122. Ce Prince tient un Plaid à Dunville, dans lequel on juge que la terre de Lethernau, dont Charles Martel s'étoit autrefois emparé, seroit restituée aux monastères de Stavelot & de Malmédy, an. 746, p. 125. Carloman se retire à la fin de cette même année au mont Cassin où il prend l'habit de Moine ; mais avant de se résoudre à ce parti si extraordinaire, il dispose de plusieurs terres considérables en faveur de ces deux mêmes Monastères ; il en donne cependant la jouissance à l'abbé Anglinus & à son

TABLE DES MATIÈRES.

Neveu, leur vie durant, sous la condition qu'ils reconnoîtroient les tenir en bénéfice de ces deux Monastères, an. 746, p. 126. Il publie un Capitulaire sur la discipline ecclésiastique : le Collecteur qui place cette piece sous cette année, fait une faute contre la Chronologie, an. 752, p. 131.

CARLOMAN, fils de Pépin le Bref; il reçoit l'onction royale à Saint-Denys par le pape Étienne II, en même temps que son frère Charles, an. 755, p. 137. Ce Prince se fait de nouveau sacrer à Soissons aussi-tôt qu'il apprend la mort du Roi son père, an. 769, p. 151. Il donne en même temps une Charte par laquelle il confirme quelques priviléges de l'abbaye de Saint-Denys, an. 769, p. 152. Il en accorde une au mois de mars de cette année en faveur de l'abbaye de Munster en Grégoriental, *ibid.* Il confirme les priviléges du monastère d'Argenteuil près Paris, an. 769, p. 153. Il accorde la même grâce à celui de Gransfel, an. 769, p. 154. A ceux de Honow, dans la basse Alsace, & de Pruim, an. 770, p. 155 & 156. Il fait un legs à l'abbaye d'Epternach, an. 790, p. 194. Ce Prince fait une donation de plusieurs terres au monastère de Saint-Denys, & meurt le 4 décembre de cette même année, an. 771, p. 158.

CARLOMAN, fils de Charlemagne & de la reine Hildegarde; il fut sacré roi d'Italie par le pape Adrien, & il prit dans cette cérémonie le nom de Pépin qu'il ne quitta plus, an. 790, p. 194. Voyez PÉPIN.

CARMOLETUS, ancienne forêt qui appartenoit au Domaine royal ; on croit qu'elle s'étendoit depuis Saint-Cloud jusqu'à Argenteuil, & que le bois de Boulogne en faisoit partie ; le roi Childebert en fit donation à Leudesinde abbesse d'Argenteuil, an. 697, p. 98.

CARVILT, évêque de Bayeux, assiste au Concile de Sens, & souscrit l'Acte de translation du monastère de Saint-Remi de cette ville dans le lieu nommé Vareilles, an. 833, p. 418.

CASE-NEUVE, petit monastère situé en Languedoc au canton d'Uzès sur la rivière de Cèze, fondé par le comte Guillaume ; ce Seigneur l'avoit légué à Charlemagne, & Louis le Débonnaire en fait don à l'abbaye d'Aniane, an. 815, p. 300.

CASTALDII. C'étoient des Officiers publics en Italie; on peut les comparer à nos anciens Châtelains, & maintenant aux Gouverneurs des villes ou aux Malles, an. 787, p. 185.

CASTELLANUS, abbé de Sainte-Marie d'Arles dans le Valespir, obtient un Diplôme de l'Empereur par lequel il met sous sa garde ce Monastère, an. 820, p. 347.

CASTUS, abbé d'un ancien Monastère qui ne subsiste plus, situé dans l'évêché d'Osnabruck ; il obtient un Diplôme de Louis roi de Bavière, en faveur de cette Maison, an. 821, p. 350.

CATHOLIQUES. Ordonnance qui défend aux Catholiques de donner leurs biens à bail emphytéotique, ou à autres conditions, aux Juifs, aux Payens, & même aux Hérétiques, an. 818, p. 332.

CATTES (Catti). C'étoit une peuplade de la Germanie qui fit avec d'autres Barbares des invasions dans les Gaules sous le règne des Empereurs Romains : les Cattes habitèrent en dernier lieu le pays situé entre le Rhin, le Vahal & la Meuse : on croit que les Bataves tiroient leur origine des Cattes, an. 817, p. 316.

CAVIGNAC, village situé dans le territoire de Bordeaux, donné en bénéfice aux nommés Hunald & Dieudonnée sa femme, par Bercaire évêque du Mans : ces derniers firent donation à perpétuité à cette Cathédrale, de quelques héritages situés dans ce village de Cavignac, an. 675, p. 84.

CAUNES. Ce lieu situé dans le diocèse de Narbonne sur la rivière d'Argent-double, fut légué à l'église par le comte Milon du temps de Charlemagne ; l'abbé Anien y bâtit un Monastère sous l'invocation de saint Jean, an. 793, p. 197. Ce Monastère est seulement employé sur l'état de Louis le Débonnaire, pour devoir des prières, an. 817, p. 319. L'Abbé gagne un procès pour un legs qui avoit été fait à cette Maison, an. 821, p. 349. Une pieuse Dame fait un legs de tous ses biens à cette Abbaye, an. 825, p. 377.

CAUSENAS. Cette terre, située en Languedoc, fut donnée en bénéfice par Louis le Débonnaire lorsqu'il n'étoit que roi d'Aquitaine ; ce Prince étant parvenu à l'Empire confirma cette donation sans changer l'espèce de Contrat, an. 837, p. 444.

CECION, lieu situé dans le Languedoc, fut légué à l'abbaye d'Aniane par Arnauld comte de Béfiers, an. 822, p. 356.

CELLA-MONACORUM. Voyez ESHEIN-MUNSTER.

CELLE-NEUVE. Ce monastère fut bâti par Benoît, abbé d'Aniane, dans un lieu appelé anciennement Fontagricole, situé sur la Mousson, proche de Montpellier : Benoît avoit obtenu du Roi cet héritage & la permission d'y fonder ce petit Monastère qu'il unit à son abbaye d'Aniane, an. 799, p. 209.

CENS ROYAL imposé en France sur les personnes & sur les biens, sous le règne de Charlemagne, an. 805, p. 243. Voyez CAPITATION.

CENSUELLES (terres), *Terra censuales*. Ce que c'étoit sous les deux premières Races de nos Rois que les terres censuelles ; elles différoient beaucoup des terres appelées *Terræ tributariæ*, an. 819, p. 343.

CENTAINE. ⎫
CENTENIERS. ⎭ Suivant l'usage établi sous les deux premières Races de nos Rois, les Centeniers étoient des Officiers publics dont l'Office étoit de rendre la justice aux habitans de leur *centaine* ou canton ; ils ne connoissoient pas cependant des cas royaux, & ils ne jugeoient aucune cause en dernier ressort ; ils étoient subordonnés au Comte ; le Comté étoit divisé en *pagus*, & le *pagus* en centaine, an. 764, p. 147; an. 800, p. 217. Ordonnance qui concerne la jurisdiction des Centeniers, an. 810, p. 260. Suivant une autre Ordonnance les Centeniers ne peuvent connoître des causes criminelles, ni de celles qui concernent la liberté, ni les biens des Serfs, an. 812, p. 275. Il est défendu aux Évêques, aux Abbés & aux Abbesses d'avoir un Centenier pour leur Avoué, an. 819, p. 343.

CENTIÈME-DENIER. Ce droit, tel qu'il est établi présentement en France, se percevoit de même sur les biens provenans des successions collatérales en Italie lorsque ce royaume étoit gouverné par la loi des Lombards, an. 789, p. 190.

CÉSAIRE (saint), évêque d'Arles, fait son testament ; ses différens Ouvrages ; époque de sa mort, an. 508, p. 22. Il reçoit une Lettre du pape Symmaque sur les priviléges de son siége, an. 514, p. 24. Il en reçoit une autre du pape Agapet sur l'aliénation des biens de l'église, an. 535, p. 29.

CETTE, situé dans le comté d'Agde, étoit un Fisc ; Louis le Débonnaire en fait donation à l'abbaye d'Aniane, an. 822, p. 354.

CHADOALDE, comte du Palais sous le roi Clotaire III, fait les fonctions de Procureur général, ou remplit le ministère public dans un Plaid tenu au Palais du Roi, an. 658, p. 75.

CHÂLONNOIS.

TABLE DES MATIÈRES.

CHÂLONNOIS. Ce Comité, par le dernier partage de Louis le Débonnaire, fit partie des États de Charles, le plus jeune de ses fils, an. 835, p. 434.

CHÂLONS-SUR-MARNE. Ce diocèse est compris dans le département de Reims, formé par Louis le Débonnaire, an. 822, p. 360.

CHAMBELLAN. Office de la Couronne. *Voyez* CAMERIER.

CHAMPS DE MARS, DE MAI. *Voyez* ASSEMBLÉE DES ÉTATS, DIÈTE & PARLEMENS.

CHANCELIER. Il paroît que dès le temps de la première Race de nos Rois, ces Princes avoient un Officier qui portoit ce nom *Cancellarius*, lequel étoit souvent Ecclésiastique ; sa principale fonction consistoit à signer & à faire expédier les Diplomes & les Ordonnances : dans la suite, nous voyons que les grands Seigneurs, tant Ecclésiastiques que Laïcs, avoient également un Officier de ce nom avec les mêmes fonctions ; Winerad étoit le chancelier de Chisèle sœur de Charlemagne ; il signe & expédie une Charte de cette Princesse en faveur de l'abbaye de Saint-Denys, an. 799, p. 207 & 208. Remarques sur les fonctions de l'office du Chancelier sous le règne de Charlemagne, an. 814, p. 288. Il est défendu aux Ducs, aux Comtes & à tous autres Officiers de mettre à exécution les Ordonnances & les Règlemens, à moins qu'ils ne leur soient adressés par le Chancelier, an. 825, p. 378.

CHANOINES. Avant Charlemagne, les Prêtres qui desservoient les églises Cathédrales, & même les Collégiales ou Abbayes, prenoient le titre de Chanoines : les Moines de Saint-Martin de Tours se disoient Chanoines au commencement du IX.e siècle, an. 803, p. 235. Louis le Débonnaire fait faire des Règlemens & des Statuts pour les Chanoines, an. 816, p. 315 & 316. Ce même Prince fait défenses aux Chanoines de partager entr'eux les biens de leur église, il veut qu'ils en jouissent en commun puisqu'ils vivent en commun, an. 818, p. 332. Ordonnance qui enjoint aux Comtes d'assigner un terrain convenable aux Chapitres qui se trouvent dans les villes de leur district, pour que les Chanoines y fassent bâtir des cloitres afin d'y vivre en commun, an. 819, p. 343. Exemple du partage des biens de la cathédrale de Langres entre les Chanoines & Albric qui en étoit alors évêque ; jusqu'à cette époque les Chanoines & les Évêques avoient joui en commun des revenus de leur église, an. 834, p. 423 & 424.

CHAPELLE DU ROI. On entendoit dans le VII.e siècle par la Chapelle du Roi, une crypte ou reliquaire contenant des reliques de plusieurs Saints : cette Chapelle étoit portative, & nos Rois la portoient avec eux dans leurs voyages : on faisoit quelquefois jurer sur les reliques contenues dans cette Chapelle, dans des procès qui se jugeoient à la Cour du Roi, an. 680, p. 88.

Chapelle domestique. Il est défendu d'y faire célébrer la Messe avant la bénédiction de l'Évêque, sous peine de confiscation de la maison dans laquelle sera la Chapelle, an. 826, p. 382.

CHARDERIC, abbé de Saint-Denys, fonde & dote le petit monastère de Toussonval, an. 697, p. 98.

CHARIBERT, roi de France, condamne Léontius, évêque de Bordeaux, à une amende de mille sous d'or, pour avoir fait déposer l'évêque de Saintes dans un Concile qu'il avoit assemblé à cet effet, an. 566, p. 39.

CHARITÉ-SUR-LOIRE (la). Critique du manuscrit qui fixe la fondation de ce Monastère à la fin du VII.e siècle, an. 700, p. 100.

Tome I.

CHARLES MARTEL, fils de Pépin Héristal, maire du palais & puis duc d'Austrasie : ce Seigneur tient un Plaid à Cranville, dans lequel on juge que les monastères de Stavelot & de Malmédy rentreront dans la jouissance de deux domaines que leurs Abbés avoient précédemment donnés en bénéfice, an. 719, p. 111. Il s'étoit emparé de la souveraineté en Austrasie, & il donna ensuite tout ce qui appartenoit au Domaine royal dans la ville d'Utrecht à cette Cathédrale, an. 721, p. 112. Le pape Grégoire II lui écrit & le traite de Souverain, an. 722, p. 114. Il donne à Boniface des Lettres pour aller remplir sa mission dans certaines contrées de l'Allemagne, il les adresse aux Évêques, aux Ducs & aux Comtes, & prend le titre d'*Illustris* pour ne point effrayer les Peuples ni indisposer les Grands à cause de l'usurpation du trône d'Austrasie qu'il avoit faite, an. 722, p. 114. Il fait une nouvelle donation en faveur de l'église d'Utrecht, de la terre d'Elst donnée à Pépin son père par le roi Childebert, an. 725, p. 116. Il publie une Ordonnance sous le nom du roi Thierri IV, par laquelle il est permis aux Gens d'église d'aliéner dans des besoins publics des fonds de leurs bénéfices, en se réservant un cens ou une rente, an. 730, p. 118. Il ne fut jamais proclamé Roi, an. 735, p. 119. Il reçoit deux Lettres successivement du pape Grégoire III, pour l'engager à prendre la défense du saint Siège & du duc de Spolette contre Luitprand roi des Lombards ; le saint Père lui fit offrir par ses Ambassadeurs de le reconnoître Consul & Patrice ; il meurt avant de prendre un parti sur ces offres, an. 740 & 796, p. 120 & 202. Il fait donation, étant à l'article de la mort, de la seigneurie de Clichy-la-Garenne à l'abbaye de Saint-Denys, an. 741, p. 121. Il meurt à Kiersy le 22 octobre 741, *ibid.*

CHARLEMAGNE. Charte de ce Prince en faveur du monastère de Saint-Vincent sur le Vulturne, placée mal à propos à cette époque, an. 715, p. 107. Charles & Carloman son frère reçoivent l'onction royale à Saint-Denys par le pape Étienne II, an. 755, p. 137. Il paroît par un Diplome de Pépin, que Charles son fils s'étoit déclaré l'Avoué & le défenseur du monastère de Saint-Calez, an. 759, p. 142. Aussi-tôt que Pépin meurt, Charles se fait sacrer de nouveau à Noyon : il donne la *Celle de Saint-Dié* au monastère de Saint-Denys, an. 769, p. 151. Il confirme les privilèges de l'église de Metz, an. 769, p. 152. Il accorde la même grâce à Hado abbé de Corbie, *ibid.* A Gontier évêque d'Angers, pour l'abbaye de Saint-Aubin de cette ville, *ibid.* Charles convoque une assemblée des Grands de ses États à Worms, au mois de mai, & il y publie sa première Ordonnance ou Capitulaire, an. 769, p. 153. Il donne une Charte en faveur du monastère de Saint-Bertin, *ibid.* Une autre en faveur de celui de Saint-Denys, *ibid.* Une autre pour celui de l'abbaye de Gorze, an. 769, p. 154. Une autre en faveur de la cathédrale d'Utrecht, an. 770, p. 155. Une autre en faveur de celle d'Angers. Une autre pour Saint-Lucien de Beauvais, an. 770, p. 156. Une autre pour Saint-Bertin an. 771, p. 157. Une pour la cathédrale de Trève, an. 771, p. 158. Une autre pour l'abbaye de Lauresheim, & une autre pour celle de Saint-Mihiel, an. 772, p. 158. Une pour le monastère de Saint-Vincent, présentement Saint-Germain-des-Prés, an. 772, p. 159. Charles tient à Worms les États cette année, suivant Goldaste : cet Auteur n'a imprimé qu'un article du Capitulaire que le Roi publia ; cet article porte que les Clercs accusés seront renvoyés aux Évêques pour être jugés, *ibid.* Ce Prince par concession du pape Adrien acquiert le droit de confirmer l'élection des Papes, avec celui de donner les investitures des Archevêchés & Évêchés, & la dignité de Patrice ; cette pièce est soupçonnée de supposition, an. 773, p. 160. Charles confirme les priviléges de l'abbaye de Kempten, *ibid*. Il ratifie un échange fait entre l'évêque du Mans & l'abbé de Saint-Calez. Il donne une Charte en faveur de la cathédrale de Trèves, an. 774, *idem*. Il fait une donation au monastère de Saint-Hippolyte en Alsace, qui dépendoit de l'abbaye de Saint-Denys, an. 774, p. 161, Il donne un Diplome pour l'abbaye de Fulde, & il confirme un legs fait à celle de Saint-Denys par le feu roi Pépin son père, *ibid*. Ce Prince reçoit une Lettre de remerciment du pape Adrien, avec des présens par reconnoissance pour les biens immenses qu'il venoit de donner à l'église de Rome de la dépouille du roi des Lombards, an. 774, p. 162. Il écrit dans le même temps à Offa, l'un des quatre rois d'Angleterre, pour lui faire part de ses victoires sur Didier roi des Lombards & sur Witichinde duc des Saxons, *ibid*. Charles finit la conquête de la Lombardie par la prise de Pavie ; il y fait prisonnier le roi Didier, auquel il fait couper les cheveux & le relègue ensuite dans le monastère de Corbie, *ibid*. Charles confirme l'Évêque & les Chanoines de la cathédrale de Metz dans la possession de leurs biens & de leurs priviléges, an. 774, p. 163. Il avoit fini de rebâtir l'église de Saint-Denys, commencée par Pépin son père ; le jour de la bénédiction il fait donation à ce Monastère de Luzarches en Parisis, & de Messy en Brie, an. 775, p. 164. Quelques jours après cette cérémonie, il donne deux Diplomes en faveur de cette même Abbaye, *ibid*. Dans différens temps de cette même année, ce Prince accorde des Chartes en faveur des abbayes de Murbac, de Flavigny, d'Againe & de Saint-Denys, an. 775, p. 165. Il juge un procès entre l'Abbé de ce dernier Monastère & l'évêque de Paris, an. 775, p. 166. Il confirme les donations & les priviléges de l'abbaye de Pruim. Il lègue des biens au prieuré de Solone, & fait donation à l'abbé de Fulde d'un petit monastère appelé Holzkiricha situé en Allemagne, *ibid*. Il donne dans le même temps un Diplome en faveur du monastère de Saint-Martin de Tours, an. 775, p. 167 ; & un autre pour l'abbaye de Cormeri, an. 776, *idem*. Charles protecteur des Arts & le restaurateur des Sciences, donne une riche récompense à Paulin le grammairien, *ibid*. p. 168. Il adjuge le monastère de Lauresheim à Gundeland, & en confirme les priviléges, *ibid*. Il détache de son patrimoine des métairies, & en fait donation tant à l'abbaye de Fulde qu'à la cathédrale d'Utrecht, an. 777, p. 169. Ce Prince tient les États à Paderborn, & il y reçoit les soumissions & le serment de fidélité des chefs des Saxons, *ibid*. Il confirme les priviléges de l'abbaye de Solone & ceux de l'abbaye de Saint-Germain-des-Prés, & approuve la fondation de l'abbaye de la Grasse, faite par Nebridius archevêque de Narbonne, an. 778, p. 170. Il ratifie les priviléges du monastère de Saint-Vincent sur le Vulturne, dont Aupert son lecteur qui en étoit abbé, & il agrée toutes les donations faites jusqu'à ce jour à l'abbaye de Saint-Denys, *ibid*. p. 171. Charles tient l'assemblée des États dans le mois de mai à Duren, an. 779, p. 172. Il confirme les immunités de l'abbaye de Saint-Marcel de Châlons. Il donne un autre Diplome en faveur de l'église de Sainte-Marie d'Aix-la-Chapelle ; & deux Chartes, l'une pour l'abbaye de Novalèze, & l'autre pour celle de Lauresheim, *ibid*. Il accorde une autre Charte en faveur de cette dernière Abbaye, p. 173 ; & une pour Saint-Yrier de la Perche, an. 780, p. 174.

Il fait une donation à l'église d'Utrecht, an. 780, p. 174. Il accorde de nouvelles franchises à l'abbaye de Saint-Denys. Il célèbre les fêtes de Noel à Rome, & fait baptiser & sacrer par le pape Adrien I.er ses deux fils, Pépin roi d'Italie, & Louis roi d'Aquitaine, an. 781, p. 175. Il va à Pavie, & dans le séjour qu'il y fait il y tient un Plaid dans lequel il publie un Capitulaire & donne un Diplome en faveur de la cathédrale de Reggio, *ibid*. Il va de-là à Milan, & il y accorde une Charte en faveur du monastère de Sainte-Julie, an. 781, p. 176. Il revient en France & il va à Kiersi, il y fait une donation à l'abbaye de Fulde, & il confirme les priviléges & les immunités de celle de Saint-Martin de Tours, an. 780, p. 175 ; an. 781, p. 176. Le roi va à Worms, il y donne une Charte en faveur de l'église de Modène ; il en part pour aller à Héristal où il confirme un échange de fonds de terres fait entre l'abbé de Saint-Denys & l'abbesse de Saint-Pierre de Metz ; il vient de-là à Kiersi où il fait tenir un Plaid dans lequel on juge, en faveur de l'abbaye de Saint-Denys, un procès contre le comte Riferon, an. 782, p. 177. Il donne la terre & seigneurie de Cheminote à l'abbaye de Saint-Arnould de Metz, an. 783, p. 178 ; & les villages de Seneiy & de Baudreville à celle de Saint-Euverte d'Orléans, an. 783, p. 179. Charlemagne publie une Ordonnance à Aix-la-Chapelle, concernant la discipline ecclésiastique : ce Prince écrit des Lettres circulaires aux Évêques & aux Abbés qui lui devoient le service militaire, pour qu'ils eussent à fournir incessamment leur contingent, an. 784, p. 180. Il fonde la cathédrale de Verdun, & la met sous la métropole de Mayence ; il accorde trois Diplomes en faveur de l'abbaye de Neustat, an. 786, p. 181. Un autre par laquelle il confirme les donations faites à la collégiale de Saint-Aignan d'Orléans & ses priviléges, & il augmente le patrimoine de l'abbaye de Saint-Germain-des-Prés, de la terre de Marolle, an. 786, p. 182. Il tient à Pavie une assemblée des États où il publie un Capitulaire, an. 786, p. 183. Ce Prince permet par une Charte l'établissement du monastère de Corbigny, *ibid*. Il écrit au pape Adrien pour obtenir le *Pallium* en faveur d'Érembert archevêque de Bourges, & en reçoit réponse, *ibid*. Ce Prince donne un second Capitulaire à Pavie dans le courant de cette année, *idem*, p. 184. Il confirme les priviléges de l'église de Bénévent, & il accorde une Charte à Benoît abbé d'Aniane, an. 787, p. 185. Il écrit une Lettre circulaire à tous les Archevêques, Évêques & Abbés de ses États pour qu'ils établissent des Colléges afin d'enseigner les Arts & les Belles-lettres. Il accorde une Charte à l'Abbé & aux Moines de Saint-Bertin, an. 788, p. 186. Charlemagne passe de France en Allemagne, il séjourne à Spire, il y publie une Ordonnance sur les dixmes ecclésiastiques, & il donne un Diplome pour l'établissement d'un évêché dans la ville de Brême, an. 788, p. 187. Il juge Tassillon, duc de *Bavière*, qui s'étoit révolté, *ibid*. p. 188. Il publie plusieurs Capitulaires, l'un sur la célébration de l'office divin, un autre qui regarde le gouvernement de la Bavière, & un troisième pour la réformation des mœurs, ce dernier est pour tous ses États, *idem*, p. 189. Il donne des Lettres patentes pour l'établissement d'un Comte dans la Saxe, an. 789, p. 190 ; & une Charte en faveur du monastère de Novalèse, *ibid*. Il confirme les donations & les priviléges de l'abbaye de Charroux ; ceux de l'abbaye de Saint-Victor de Marseille, an. 789 & 790, p. 191 ; & la Charte de Pierre archevêque de Milan, en faveur du monastère de Saint-Ambroise de cette ville, *ibid*. & p. 192. Il permet à l'abbé de Saint-Martin de Tours, d'augmenter le nombre des Moines de l'abbaye de Cormery, qui étoit sous sa dépendance. Il fait une donation à l'abbaye de Fulde, & confirme une vente de biens faite à celle de Saint-Denys, an. 790, p. 192. Ce Prince donne dans ce même mois d'août & dans le courant de septembre suivant, quatre Chartes en faveur des abbayes de Saint-Maximin de Trèves, de Saint-Denys & de Saint-Martin de Tours, *idem*, p. 193. Il rend une Ordonnance pour l'établissement d'une École publique à Paris, c'est ce qui a donné naissance à l'Université, *idem*, p. 194. Il ratifie les donations faites à l'abbaye d'Epternach par Carloman son frère; il dote l'église de Vienne en Dauphiné qui avoit été presque détruite; il publie une Ordonnance par laquelle il exempte les Clercs d'aller à l'armée & d'y faire le service militaire, *ibid*. Charlemagne se trouve dans les premiers jours de janvier à Worms, & il y accorde une Charte en faveur de l'abbaye de Chremsimunster; au mois de mars suivant il se trouve en France à Saint-Bertin, où il accorde aux Moines de cette Abbaye le droit de chasser à la grosse bête dans leurs propres forêts. Il remporte dans cette même année une victoire signalée sur les Huns & sur les Avares, dont il fait part à la reine Fastrade son épouse en lui marquant de faire faire des prières publiques en action de grâces, an. 791, p. 195. Il fait donation d'une baronie à Cotelle de Craon, mais cette pièce est soupçonnée de supposition; il accorde un Diplome en faveur de l'abbaye de Farfe; il fait des additions au Code des Bavarois, & accorde une récompense à un Général de ses armées qui avoit battu les Sarazins dans plusieurs rencontres, an. 792, p. 196. Ils confirme les donations faites à Anien abbé, par le comte Milon, an. 793, p. 197. Il accorde une Charte en faveur de la cathédrale de Ceneda en Italie, & il dote l'abbaye de Neuwenstadz qu'il avoit fondée depuis peu, an. 794, p. 198. Charlemagne tient une assemblée à Francfort dans le courant de cette année 794, & il y publie un Capitulaire qui concerne les matières de police, de finance & la discipline ecclésiastique, *idem*, p. 198 & 199. Il donne à perpétuité la terre de Fontjon-couse en Languedoc à Jean Borrel l'un de ses vassaux, an. 795, *idem*. Il accorde une Charte en faveur de l'église du Mans, & donne une Ordonnance pour faciliter le commerce des Marchands étrangers dans ses États; il confirme les priviléges & les immunités de l'église de Saint-Martin de Tours, an. 796, p. 201. Il fait réponse au pape Léon qui lui avoit écrit au sujet de son élection; il paroît par cette Lettre que Charlemagne avoit la souveraineté de la ville de Rome, *idem*, p. 202. Ce Prince donne une Charte en faveur du monastère de Fulde, & des Lettres par lesquelles il rétablit Théodald, seigneur de sa Cour, dans ses biens & lui rend la liberté; on avoit formé une conjuration contre le Roi, il y avoit environ cinq ans, & Théodald avoit été accusé mal à propos d'y avoir quelque part, an. 797, p. 203. Il réunit les deux abbayes de Saint-Riquier & de Forêt-Moutiers; il donne des Lettres par lesquelles il nomme un Commissaire pour la restitution des biens usurpés sur l'abbaye de Fulde; il publie un Capitulaire pour les Saxons, *idem*, p. 204; & il renouvelle l'Ordonnance qui exempte les Clercs personnellement du service militaire, *idem*, p. 205. Charlemagne revoit la Lôi salique, & ajoute au Code attribué à Clovis I.er un grand Capitulaire contenant soixante-douze titres; dans ce même temps il donne une Charte en faveur de l'abbaye de Saint-Emmeran de Ratisbonne, an. 798, p. 206. Il bâtit un Monastère sur les ruines d'un temple de Mars, à Eresburg dans la Saxe, an. 799, p. 207.

Il confirme une donation faite au monastère de S.t-Denys par la princesse Chisele sa sœur, an. 799, p. 208. Il ordonne qu'il sera tenu un Concile à Urgel pour y juger les erreurs de Félix évêque de cette ville, & nomme pour arbitres aux archevêques de Lyon & de Narbonne, & à Benoît abbé d'Aniane d'y présider; il fut satisfait de la conduite de cet Abbé, & il lui accorda à ce sujet un Diplome en faveur de son abbaye d'Aniane, *ibid*. Il donne une Ordonnance par laquelle il interprète celle de l'année 797, touchant le service militaire, dont il exempte les Clercs, *idem*, p. 209. Il rend une seconde Ordonnance qui renvoie au Synode de la province le jugement des Clercs accusés de crimes, & qui fait défense d'ordonner à l'avenir des chorévêques, *idem*, p. 210. Il accorde un Diplome en faveur de l'abbaye de Charroux, *idem*, p. 211; & deux autres en faveur de celle de Cormery, an. 800, p. 211. Il publie une Ordonnance pour régler les limites de la jurisdiction des Officiers royaux en matière de discipline ecclésiastique, *idem*, p. 212. Charlemagne donne une fameuse Ordonnance qui contient soixante-dix articles sur toutes les parties de l'administration des Domaines de la Couronne, *ibid*. Autre Ordonnance de ce Prince, concernant les Officiers qui servent près de sa personne & dans ses palais, *idem*, p. 218. Les Normands font des tentatives pour descendre sur les côtes de la Bretagne & de la Picardie; Charlemagne vient en France aussitôt qu'il apprend cette nouvelle, il visite tous les ports de la Picardie, & il revient à Paris pour aller ensuite en Bretagne; dans ce dessein il prend sa route par Orléans, de-là il va à Tours, & la Reine qui mourut le quatre ou le cinquième jour de sa maladie, il la fit inhumer dans l'église de Saint Martin, & incontinent après il se remit en marche; il fit séjour à Loudun, place forte en ce temps, & il y donna un Diplome en faveur de l'abbaye de Saint-Martin de Tours, par lequel il ratifie toutes les donations qui ont été faites jusqu'à ce jour à cette Maison, *idem*, p. 219. Après que Charlemagne eut donné ses ordres pour mettre tous les ports de la Bretagne à couvert des insultes des Normands, il retourna en Allemagne, & alla ensuite à Rome où le Pape & le Sénat l'appeloient pour juger un différend entr'eux; il y fut couronné Empereur dans le même temps; serment exigé de ce Prince dans son couronnement par le Pape, mais cette pièce est soupçonnée de supposition, *idem*, p. 220. Charlemagne passe une partie de l'hiver à Rome; il y accorde un Diplome en faveur de l'abbaye de Farfe; il confirme le jugement du Pape, rendu sur des prétentions réciproques des évêques d'Arezzo & de Sienne par un autre Diplome daté de Rome le 4 mars, an. 801, p. 222. Ce Prince, suivant quelques Auteurs, repassa à la fin de l'hiver en Allemagne, & il vint en France au commencement du printemps; il étoit à Baisseu en Picardie dans le mois de mai, où il accorda un Diplome en faveur du monastère de Noirmoutiers; mais ce sentiment est contredit, & il paroît certain que ce Diplome doit être attribué à Charles le Chauve: Charlemagne confirme par une Charte l'abbaye de la Grasse dans la jouissance de tous ses biens; cette pièce est soupçonnée de supposition, an. 801, p. 223. Charlemagne se trouve en automne dans l'Allemagne, & il assemble les États au mois d'octobre à Aix-la-Chapelle; il y rend un Decret par lequel il commet les Evêques & les Comtes pour juger sur les lieux certaines causes dont l'appel se portoit à son Conseil; il écrit une Lettre à Pépin son fils, roi d'Italie, par laquelle il lui enjoint de réprimer les vexations des Officiers royaux, an. 801, p. 224. Il publie une Ordonnance qui sert d'addition au Code des Lombards, *idem*, p. 225. Il rétablit l'évêque du Mans dans le droit d'exercer sa jurisdiction sur les Moines de l'abbaye de Saint-Calez, & il confirme à cette Cathédrale dans la jouissance de toutes les donations qui lui ont été faites, an. 802, p. 226. Charlemagne tient les États à Aix-la-Chapelle, & il y publie deux Capitulaires; il fait dresser dans cette assemblée une formule de serment de fidélité qu'il se fait prêter par tous ses sujets, exemptant seulement les enfans qui n'auroient pas atteint l'âge de douze ans : après l'assemblée finie il nomme des *Missi* qu'il envoie aussi-tôt dans les départemens qu'il leur assigna, & il les charge de l'exécution des deux Capitulaires, *idem*, p. 226, 227 & 228. Il reçoit une Lettre du Clergé de Venise qui réclame son autorité pour venger le meurtre de l'évêque de Grado, commis par le Duc de cette capitale : il donne deux Ordonnances concernant la discipline ecclésiastique & l'administration de la Justice, *idem*, p. 228. Il accorde un Diplome en faveur de l'abbaye de Farfe, & un à Fortunat évêque de Grado, an. 803, p. 229. Il fait la même grâce à l'évêque de Come dans le Milanois, *idem*, p. 230. Charlemagne subjugue encore une fois les Saxons, & il stipule dans le Traité qu'il conclut avec les Chefs de ces peuples indociles, qu'ils abandonneroient le culte de leurs Idoles pour se faire Chrétiens; sous cette condition, ce Prince les affranchit des tributs & des impôts, il les assujétit seulement à payer aux églises la dixme de tous les fruits de la terre, & il établit en ce temps un Évêque à Osnabruck, *ibid*. & un dans le même temps, à Mimigerneford, an. 805, p. 239. Il publie huit Ordonnances ou Capitulaires sur des matières mixtes qui concernent la discipline ecclésiastique & le gouvernement civil, année 803, p. 231 *& suiv*. Il écrit une Lettre à Alcuin abbé de Saint-Martin de Tours, dans laquelle il lui fait des reproches de la vie licentieuse des Moines de cette Abbaye, *idem*, p. 235. Il accorde un Diplome en faveur d'un Monastère d'hommes situé dans un faubourg de Vérone, an. 804, p. 236; & il fait donation d'une forêt à l'évêque d'Osnabruck, *ibid*. Charlemagne tient cette année l'assemblée des États en Franconie dans son palais de Salz, & il y publie trois Capitulaires, an. 804, p. 237. Il publie un Édit qui fixe le siége de l'Empire d'Occident dans la ville d'Aix-la-Chapelle, *idem*, p. 239. Ce Prince accorde une Charte en faveur de l'abbaye de Saint-Mihiel, & une pour le monastère de Trois-fontaines en Italie, an. 805, p. 239. Il tient cette année les États à Thionville, & il y publie trois Capitulaires qui contiennent, comme les précédens, des règlemens sur la discipline ecclésiastique & sur les branches les plus importantes du gouvernement civil, *idem*, p. 242. Il donne séparément une Ordonnance par laquelle il enjoint à toute personne de porter le respect dû à la dignité du ministère sacerdotal, *idem*, p. 244. Charlemagne accorde des Diplomes en faveur de plusieurs Monastères, & un pour l'abbaye de Pruim, an. 806, p. 244; un pour l'abbaye de la Grasse, p. 245; & un pour celle de Saint-Denys, *ibid*. Charlemagne tient une assemblée cette année à Thionville, où il convoque tous les Grands & les Évêques de ses États; il y publie son testament qui contient le partage de ses États entre ses fils, & des conseils pour bien gouverner après sa mort, *idem*, p. 246. Il donne dans cette même assemblée trois Capitulaires, le premier fut ajouté au Code de la loi Salique, *idem*, p. 248. De Thionville, ce Prince alla à Nimègue, & il publia deux nouvelles Ordonnances pendant le séjour qu'il y fit, an. 806, p. 248 *& suiv*. Il fait une donation à l'abbaye de Pruim, an. 806, p. 250. Il confirme un échange fait par l'évêque de Wurzbourg en Franconie, an. 807, p. 251. L'Empereur tient au mois de mai de cette année 807, l'assemblée des États à Aix-la-Chapelle, & il y publie une Ordonnance concernant la guerre qu'il se disposoit de faire aux Danois, *idem*, p. 252. Il donne un Diplome par lequel il affranchit l'église de Plaisance de payer aucun impôt ni tribut au Fisc, an. 808, p. 253. Il accorde une Charte en faveur de l'abbaye de Saint-Maximin de Trèves, *ibid*. Il donne trois Ordonnances, *idem*, p. 254. Il écrit deux Lettres circulaires aux Évêques de ses États, l'une par laquelle il leur enjoint de faire instruire les Adultes avant de leur administrer le baptême, & la seconde pour qu'ils fassent faire les prières publiques qu'il a ordonnées, *idem*, p. 255. Il écrit au pape Léon III pour le consulter sur quelques passages obscurs de l'Écriture sainte; le Pape lui répond d'une manière peu satisfaisante, an. 809, p. 256. Dans le courant de cette année 809, Charlemagne assemble les États à Aix-la-Chapelle, & il y publie deux Capitulaires, l'un & l'autre sont mixtes, ils contiennent des règlemens pour la discipline ecclésiastique & pour le gouvernement civil, *idem*, p. 257. Il confirme à l'archevêque de Milan les droits régaliens sur cette ville, qui avoient été autrefois accordés à ce Prélat par le grand Constantin, mais cette Charte est taxée de supposition; & il donne un Diplome en faveur de l'abbaye d'Éberminster, an. 810, p. 258. Il fait un nouveau Traité d'alliance avec Nicéphore, empereur d'Orient, *idem*, p. 259. Il consulte le moine Dungale, fameux Astronome, sur deux éclipses de soleil qu'il croit être arrivées cette année, *ibid*. Charlemagne convoque une Diète à Aix-la-Chapelle, au mois de novembre de cette année, où il fait proclamer roi d'Italie son petit-fils Bernard; il y publie en même temps trois Capitulaires, *idem*, p. 260. Il confirme des privilèges de l'église d'Aquilée, & lui fait une donation en toute propriété de biens qu'il n'avoit ci-devant donnés qu'à vie, an. 811, p. 261. Il accorde un Diplome à Ratgaire abbé de Fulde; il écrit des Lettres circulaires à tous les Évêques de ses États pour les engager à remplir avec exactitude les devoirs de leur ministère, & il fait son testament par lequel il dispose de tout son mobilier, tant de l'or & de l'argent monnoyé, que de ses pierreries & des meubles de sa garde-robe; il en laisse la meilleure part aux pauvres, & il charge les Évêques d'en faire la distribution, *idem*, p. 262 & 263. Dans ce même temps il tint l'assemblée des États à Aix-la-Chapelle, & il y publie trois Capitulaires, *idem*, p. 264 *& suiv*. Il assiste en personne à un jugement qu'il fait rendre dans un Plaid très-nombreux, tenu à sa Cour, *idem*, p. 266. Il donne une Ordonnance pour maintenir les Espagnols réfugiés en Aquitaine dans la propriété & la franchise des terres qu'il leur avoit accordées, an. 812, p. 267. Il accorde un Diplome en faveur de l'église de Saint-Remi de Reims, mais cette pièce est accusée de supposition, *idem*, p. 268. Il fait une donation à l'abbaye de Saint-Denys, mais l'acte est accusé de fausseté; il publie une Ordonnance sur la guerre & sur d'autres objets du gouvernement civil, *idem*. Il accorde un Diplome en faveur de l'abbaye de Nider-Altaich, *idem*, 272. Il reçoit les plaintes des moines de Fulde contre leur Abbé, & nomme des Commissaires pour juger leurs différends; il publie deux Ordonnances, l'une concernant la guerre, & l'autre portant des règlemens pour abréger les procédures & accélérer le jugement des procès, *idem*, p. 273 *& suiv*.

& *suiv*. Il accorde à un Saxon des fonds de terre à perpétuité qu'il lui avoit ci-devant donnés en bénéfice, an. 813, p. 276. Charlemagne, au mois de septembre de cette année 813, tient une grande assemblée à Aix-la-Chapelle; il y publie plusieurs Ordonnances sur les objets les plus intéressans du gouvernement, *idem*, p. 278, 279 & *suiv*. Il fait venir à cette assemblée Louis son fils, roi d'Aquitaine; il se l'associe & le fait reconnoître pour son successeur à l'Empire, *ibid*. Il confirme une Charte donnée par une Princesse de son sang, nommée Gertrude, & lui est l'associe & mal-à-propos indiquée pour être sa sœur, *idem*, p. 284. Il donne un Diplome en faveur de l'abbaye de Richenaw, & un en faveur de celle de Saint-Denys, *idem*, p. 285. Il donne une Ordonnance pour abréger les procédures dans les affaires contentieuses, *idem*, p. 286. Ce Prince meurt au mois de février de l'année 814; son portrait & les remarques particulières sur les Officiers qui composoient sa maison, an. 814, p. 287 & *suiv*.

CHARLES, fils aîné des enfans légitimes de Charlemagne, il naquit du mariage de ce Prince avec la reine Hildegarde; il eut le comté du Mans, c'est-à-dire que Charles son père le regardant comme présomptif héritier du royaume de France, il lui donna la jouissance de tous les Domaines de la Couronne, situés dans l'étendue de la province du Maine qui formoit un Comté, tandis qu'il donna à ses deux frères cadets le royaume d'Italie & celui d'Aquitaine, an. 797, p. 203. Ce Prince signa la Charte de donation que Chisele sa tante fait au monastère de Saint-Denys, an. 799, p. 207. Il eut, par le partage que Charlemagne publia dans la diète de Thionville en 806, le royaume de France avec une partie de celui de la Neustrie & de l'Austrasie, & quelques autres provinces, an. 806, p. 246.

CHARLES LE CHAUVE donne un Diplome en faveur du monastère de Noirmoutiers, cette pièce est mal-à-propos attribuée à Charlemagne, an. 801, p. 223. Ce Prince étoit fils de Louis le Débonnaire, & né d'un second mariage avec Judith; l'Empereur lui forme un royaume, & il en est reconnu Souverain dans une assemblée générale des Grands, tenue à Worms, an. 829, p. 395. L'Empereur retire le royaume d'Aquitaine des mains de Pépin, frère aîné de Charles, & le donne à celui-ci, an. 833, p. 413. Les frères de Charles méditent de le tondre & de le reléguer dans un cloître, an. 833, p. 419. Tant que dura la déposition de Louis le Débonnaire, Charles demeura enfermé dans l'abbaye de Pruim, an. 833, p. 421. Charles eut par le dernier partage que Louis le Débonnaire fit, le royaume de Neustrie; il fut couronné, & reçut le serment des Seigneurs de ce royaume dans l'assemblée des États tenue à Querci, an. 837, p. 448. Il assiste à la diète de Nimègue tenue par l'Empereur son père, an. 838, p. 451. Il fait don à un de ses Vassaux d'une seigneurie située près Paris, an. 839, p. 458 & 459. Il confirme les privilèges de l'abbaye de Saint-Mémin près Orléans, an. 840, p. 464.

CHARLES V, empereur, transfère dans la ville de Gand le monastère de Saint-Bavon, situé auparavant à l'embouchure de la Lis dans l'Escaut; ce Prince, au lieu de Moines de saint Benoît, engagea le pape Paul III de faire occuper cette maison par des Chanoines réguliers, année 819, p. 334 & 335.

CHARROUX. Ce monastère situé dans le Poitou sur la Charente, est fondé & doté par Roger, comte de Limoges & de Poitou, an. 769, p. 154. David abbé de ce Monastère, obtient de Charlemagne une Charte qui en confirme les donations & les priviléges, an. 789, p. 191. Le comte Roger obtient de

Tome I.

Charlemagne une portion de la vraie Croix, & il la dépose dans l'église de ce Monastère, & il obtient en même temps de ce Prince un nouveau Diplome qui exempte les Moines de toutes impositions & de la juridiction des Officiers royaux, année 799, p. 211. Louis le Débonnaire confirme tous les priviléges de ce Monastère, an. 815, p. 299. Ce Monastère n'est employé sur l'état des charges de Louis le Débonnaire que pour des prières, an. 817, p. 319. Ce Prince fait un legs considérable à cette Abbaye, an. 830, p. 398; & il accorde un privilége aux Moines, an. 830, pp. 400 & 401.

CHARTULARII. C'étoient des Serfs affranchis par une Charte, il jouissoient de plus de considération que les autres espèces d'Affranchis. Voyez aux mots AFFRANCHIS, AFFRANCHISSEMENT & SERFS.

CHASEMAYS, village en Berry, est donné avec toutes ses dépendances à l'abbaye de Saint-Denys en France par le roi Clovis II, an. 644, p. 69.

CHASSE à la grosse bête. Il paroît que cette chasse étoit, sous les deux premières Races, réservée au Roi, non-seulement dans les forêts de son Domaine, mais même dans les bois qui appartenoient à des particuliers. Pépin le Bref avoit fait donation de la forêt d'Yveline au monastère de Saint-Denys, & quoiqu'il n'eût point fait de réserve de la chasse à la grosse bête, le droit commun d'alors en défendoit l'usage aux Moines; ce qui se prouve par la Charte de Charlemagne, par laquelle ce Prince en confirmant la donation de Pépin son père, accorde à l'Abbé & aux Moines de Saint-Denys le droit de chasser à la grosse bête dans cette forêt, an. 769, p. 153. Ce même Prince accorde à l'Abbé & aux Moines de Saint-Bertin, la chasse à la grosse bête dans les bois qui appartenoient à leur Monastère, an. 788, p. 186. Par l'Ordonnance du Domaine de l'année 800, le Roi enjoint à ses Intendans de faire payer exactement la somme d'argent fixée pour obtenir la permission de chasser à la grosse bête dans les forêts, an. 800, p. 217.

CHÂTEAUDUN. Sigebert veut y rétablir un Siège épiscopal, an. 573, p. 41.

CHÂTEAU-LANDON. Charte de Sigebert, roi d'Austrasie, en faveur de ce Monastère, an. 545, p. 33.

CHAUMONT dans le Vexin. Il y avoit autrefois dans cette ville un Monastère qui n'est plus qu'un petit Prieuré: Mabillon doute si ce n'est pas l'Abbaye à laquelle un Seigneur, dont on ignore le nom, fit un legs, an. 700, p. 100.

CHAUSSE. Ce lieu est appelé dans les anciennes Chartes *Cadussa*, il est situé dans le diocèse de Laon, Charlemagne en fait donation en 867 à l'abbaye de Saint-Denys, an. 761, p. 144.

CHAUSY, prieuré dépendant de Saint-Vandrille, situé dans le Vexin, étoit un Monastère auquel un Seigneur, dont on ignore le nom, fait un legs, an. 700, p. 100.

CHAUVANCOURT, village en Lorraine, où le comte Wifoade avoit des héritages qu'il donna au monastère de Saint-Mihiel, an. 709, p. 103.

CHIENS de chasse. Ordonnance du roi Gontran, par laquelle il défend aux Évêques d'avoir des chiens de chasse & des oiseaux de proie, an. 589, p. 48. Ordonnance pour le Domaine, dans laquelle il est enjoint aux Valets de chiens du Roi, & à ceux qui ont soin des meutes de chiens, de les bien nourrir & de les dresser pour la chasse, an. 800, p. 212 & *suiv*.

CHILDEBERT I.er, roi de France, donne une Charte en faveur du monastère de Saint-Calez, diocèse du Mans, an. 526, p. 26. Il prend, par une autre

Charité, ce Monastère sous sa protection, an. 528, p. 27. Il donne une autre Charte en faveur du monastère de Sainte-Marie du Mans, an. 531, p. 28. Ordonnance de ce Prince, donnée à Cologne le premier mars, an. 532, p. 29. Autre Ordonnance, *ibid.* Une autre Charte de ce Prince en faveur du monastère de Saint-Calez, an. 538, p. 31. Il veut établir un siége épiscopal à Melun, & reçoit à ce sujet des Lettres de Léon évêque de Sens, *ibid.* Il fonde les monastères de Saint-Paul & de Sainte-Eulalie dans la ville de Lyon, an. 545, p. 33. Il rend une Ordonnance en faveur de la Religion, an. 549, p. 34. Une autre sur la décence qu'il veut être observée dans la célébration des fêtes, an. 554, p. 35. Il donne une Charte en faveur de l'église de Paris, an. 558, p. 36. Une autre pour la fondation de l'abbaye de Saint-Germain-des-Prés, *ibid.* Une autre pour le monastère de Saint-Martin du Mans, an. 567, p. 38.

CHILDEBERT II, roi d'Austrasie & ensuite roi de France, est déclaré par Gontran, roi de Bourgogne, son successeur, an. 577, p. 43. Il fait un Traité de paix avec ce Prince, an. 585, p. 45. Il en conclut un second avec la reine Brunehaut & Gontran, an. 587, p. 47. Il en fait un troisième avec l'empereur Maurice contre les Lombards; son armée est battue au-delà des Alpes, an. 588, p. 48. Il fait quelques conventions de paix avec Clotaire, an. 593, p. 49. Il rend un jugement au sujet de la succession de Berthcramne évêque de Bordeaux, an. 594, p. 50. Il rend une Ordonnance au sujet des criminels qui se réfugieroient dans les églises, *ibid.*

CHILDEBERT III succède à Clovis III son frère, dans le royaume d'Austrasie; ce Prince rachete une rente de trois cents sous, dont le fisc étoit chargé pour l'entretien du luminaire de l'abbaye de Saint-Denys, en donnant à ce Monastère un domaine situé dans le Berry, que l'on appelloit *Villa Napsiniacum*, an. 694, p. 95. Il exempte l'abbaye de Toussonval de toute jurisdiction séculière & des impôts que les Moines payoient ci-devant au fisc, an. 695, p. 96. Il fait juger dans un Plaid tenu à Compiègne un procès que les Moines de Saint-Denys avoient pour une terre appellée *Hordinium*, qui étoit située dans le Beauvoisis, an. 695, p. 97. Ce Prince tient un Plaid à Compiègne, dans lequel il fait juger un procès entre Drogon fils de Pépin Héristal & Magnoald abbé de Toussonval, an. 697, p. 98. Il fait donation à Leudesinde, abbesse d'Argenteuil, de la forêt appelée *Carmoletus, ibid.* Il confirme une donation faite à l'église de Vienne, & exempte l'Évêque & les Chanoines des droits dûs au fisc à raison de ce legs, *ibid.* Il confirme en faveur de l'Évêque & du Clergé de la ville du Mans, le droit de nommer le Comte ou le Duc, an. 698, p. 99. Ce Prince fait juger dans un Plaid tenu à sa Cour, que l'abbaye de Limours est de la dépendance de l'abbaye de Saint-Germain-des-Prés, an. 701, p. 101. Il donne un Diplome en faveur du monastère de Saint-Serge d'Angers, *ibid.* Il tient un Plaid en personne à Creci en Ponthieu, an. 709, p. 103. Il en tient deux autres à Maumaques où il juge un procès en faveur du monastère de Saint-Denys, an. 710, p. 103 & 104. Il juge un autre procès entre particuliers, an. 711, p. 104. Ce Prince meurt.

CHILDEBRAND, frère de Charles Martel & père du Comte Nebelong; on croit que la postérité de Childebrand s'est perpétuée jusque vers la fin du XIII.e siècle, an. 788, p. 187. Il fait donation de plusieurs fonds de terre au monastère d'Yseure, an. 832, p. 409.

CHILDÉRIC II, roi d'Austrasie, ensuite de toute la France, & fils de Clovis II, fonde le monastère de Munster en Grégoriental, an. 660, p. 76. Ce Prince détache de son fisc le lieu de Barisi près Cousi, & le donne à saint Amand pour y fonder un Monastère, an. 661, p. 77. Ce Prince dote l'abbaye de Senones, *ibid.* Il donne au moine Berchaire une grande étendue de terrain dans la forêt appelée *Dervum*, pour y fonder l'abbaye de Montier-en-Der, an. 663, p. 78. Diplome de ce Prince en faveur d'un Monastère appelé *Nantua*; cette pièce est taxée de supposition, an. 664, p. 79. Il fait une donation en faveur de la cathédrale du Mans, an. 667, p. 79. Il donne deux Diplomes en faveur du monastère de Stavelot & de Malmédy, an. 667, p. 80. Il exempte par un autre Diplome le monastère de Saint-Denys, les Colons & les Serfs du territoire de ce lieu de la jurisdiction des Officiers royaux, an. 670, p. 80. Autre Diplome de ce Prince par lequel il fait une donation à ce même Monastère, mais cette pièce est taxée de supposition, an. 670, p. 80. Il confirme la cathédrale du Mans dans la possession du lieu appelé *Ardunumcurte*, an. 671, p. 81. Il fait donation à l'abbaye de Munster en Grégoriental, de la haute justice & des droits qui en dépendent sur deux villages, an. 673, p. 82.

CHILDÉRIC III, fils de Thierri IV de Chelles, est mis sur le trône par Pépin, parce qu'il croit régner plus aisément sous le nom de ce Prince : il tient à Soissons une assemblée qui fut convoquée sous son nom & sous celui de Pépin, an. 743, p. 122. Il accorde à Waimar, abbé de Saint-Bertin, un Diplome qui confirme son Monastère dans la jouissance de tous ses priviléges & de toutes ses immunités, an. 744, p. 123. Il accorde la même grâce à Anglinus, abbé de Stavelot & de Malmédy: ce Prince tient cette année une assemblée dans laquelle on publia un Capitulaire ou Ordonnance, an. 744, p. 124. Ce malheureux Prince est le dernier de la race Mérovingienne; Pépin le fait déposer & enfermer dans un Monastère, an. 751, p. 129.

CHILLARD est placé par quelques Auteurs dans la liste des abbés de Saint-Denys; d'autres Écrivains prétendent qu'il n'y a point eu d'Abbé de ce nom de ce Monastère, an. 757, p. 140.

CHILPÉRIC I.er, roi de Soissons & fils de Clotaire I.er, donne une Charte en faveur du monastère de Saint-Calez, an. 562, p. 38. Autre Charte de ce Prince pour le même Monastère, an. 565, p. 39. Il fait donation à la cathédrale de Tournai de plusieurs droits qui se levoient pour le Fisc sur l'Escaut : il rend une Ordonnance sur les asiles au sujet de son fils Mérovée qui s'étoit réfugié dans l'église de Saint-Martin pour éviter sa colère, an. 579, p. 43. Loi établie par ce Prince contre les Évêques homicides, parjures & adultères, an. 580, p. 43. Il fonde le monastère de Saint-Lucien de Beauvais, an. 583, p. 44. Il rend une Ordonnance par laquelle il dresse une formule de foi sur la Sainte-Trinité, *ibid.* Il veut ajouter des lettres à l'alphabet, an. 584, p. 45. Il est assassiné par un de ses Officiers, nommé Eberulfe, an. 587, p. 47.

CHILPÉRIC II. Ce Prince accorde un Diplome en faveur du monastère de Saint-Bertin : cette pièce est soupçonnée de fausseté, an. 700, p. 100; an. 718, p. 110. Il confirme tous les priviléges & les immunités du monastère de Saint-Denys en France, an. 716, p. 107. Il exempte en outre des droits de douane & de péage les Moines de cette même Abbaye pour toutes les denrées qu'ils faisoient venir de Marseille, an. 716, p. 108. Il tient un Plaid à Compiègne dans lequel il fait juger en faveur de ce même Monastère un procès que les Moines soutenoient contre un particulier nommé Friulfe, an. 716, p. 108. Il confirme la donation faite à cette Maison par plusieurs Rois ses prédécesseurs, de cent vaches par an à prendre sur le fisc du Maine : il ratifie les Chartes de donation faite également par ses prédécesseurs à l'abbaye de Saint-Vandrille, de plusieurs fonds de terre dépendans du fisc, & notamment d'une partie de la forêt de Jumièges, *ibid*. Il fait donation en même temps à l'abbaye de Corbie d'une quantité prodigieuse de denrées de différentes espèces à prendre sur le fisc de *Fosses* en Provence, an. 716, p. 109. L'année suivante il donne à l'abbaye de Saint-Denys la forêt de Saint-Cloud appelée alors de *Rovrai*, an. 717, p. 110. Il accorde une Charte en faveur des Moines de Saint-Maur-des-Fossés, *ibid*. Il fait un legs à l'abbaye de Saint-Arnould de Metz, *ibid*.

CHISELE ou GISELE, sœur unique de Charlemagne. Cette Princesse fait donation à l'abbaye de Saint-Denys d'une partie des biens qui formoient sa dote ; ces héritages étoient situés dans le territoire d'Arras, d'Amiens & de Cambrai, an. 799, p. 207 ; elle fut Abbesse de Chelles, an. 812, p. 269 & 285.

CHLODASVINSE, fille de Clotaire I.er roi de France, & femme d'Alboin roi des Lombards, reçoit une Lettre de Nicétius évêque de Trèves, qui l'exhorte à engager son mari à embrasser la religion Catholique, an. 563, p. 38.

CHORÉVÊQUE. Il paroît que le nombre des Chorévêques étoit fort grand en France sous Charlemagne : ce Prince rend une Ordonnance qui défend d'en établir désormais, quoiqu'ils fussent en ce temps attachés à un diocèse, & qu'ils fussent établis pour exercer le ministère conjointement & sous les ordres de l'Évêque titulaire. Souvent ils conféroient les Ordres sans son agrément, il résultoit de-là les plus grands abus auxquels Charlemagne voulut remédier par son Ordonnance, an. 799, p. 210. Autre Ordonnance qui renouvelle la disposition de la précédente. Deux sortes de Chorévêques, an. 803, p. 231. Un Chorévêque gouverne l'église de Reims pendant l'exil de l'Archevêque, ce qui prouve que ce Chorévêque avoit l'ordre d'Évêque, an. 835, p. 427.

CHORSON, duc ou comte de Toulouse, Charlemagne l'en dépouilla & le donna à Guillaume, an. 812, p. 273 ; an. 835, p. 432.

CHRAMLIN, évêque d'Ambrun, convaincu de haute trahison est déposé, le Roi lui fait grâce de la vie & le relègue dans le monastère de Saint-Denys, an. 678, p. 86.

CHRISTIAN, évêque de Nîmes, obtient de Louis le Débonnaire un Diplôme en faveur de sa Cathédrale, an. 814, p. 293 & 294.

CHRISTIAN, abbé de Saint-Germain d'Auxerre, assiste au Concile de Sens & souscrit l'Acte de translation du monastère de Saint-Remi de cette ville dans le lieu nommé Vareilles, an. 833, pp. 418 & 419. Il obtient de Louis le Débonnaire, en faveur de ses Moines, le droit d'élire désormais leur Abbé, an. 835, p. 431.

CHRISTIENNE, fille d'un particulier nommé Witgaud, elle attaque une donation que son père avoit faite au monastère de Saint-Denys. Voyez SAINT-DENYS & WITGAUD.

CHRODEGAND, évêque de Metz, fonde l'abbaye de Goze ; il la dote, il se réserve & à ses successeurs la jurisdiction sur les Moines & le droit de confirmer l'élection de l'Abbé, an. 756, p. 139. Ce Prélat fait une nouvelle donation à ce Monastère, an. 757, p. 141. Il donne dans un autre temps à ce même Monastère la terre de Vanou, avec quelques héritages situés dans le canton, an. 763, p. 146. Chrodegand avoit rétabli l'abbaye de Laurisham ; il reçoit, sous le titre de restaurateur de cette Maison, une donation faite aux Moines par une pieuse Dame, an. 763, p. 146. C'est ce Prélat qui rétablit la discipline parmi le Clergé séculier de son diocèse, an. 816, p. 315.

CHROTBERT, évêque de Tours, exempte le monastère de Saint-Martin de cette ville de la jurisdiction épiscopale, an. 674, p. 48.

CHROTILDE, pieuse dame, fonde un Monastère de filles à Bruyère-le-château, an. 670, p. 80.

CIRCADA. Ce mot est dérivé de *circum-itio*, usité dans le dixième siècle, & particulièrement pour signifier le droit de visite que les Évêques exigeoient des Curés & des Monastères en faisant leurs visites diocésaines, an. 652, p. 72.

CISOING. Eberard, comte & gendre de Louis le Débonnaire, fonde l'église collégiale de cette ville, située en Flandre dans le diocèse de Tournai, an. 837, p. 446. Un Vassal de ce Comte fait un legs à cette collégiale, art. 837, p. 447.

CITOU. C'est le premier nom de l'abbaye de Saint-Chignan, diocèse de Saint-Pons. Voyez SAINT-CHIGNAN.

CLAMECI donné au monastère de Saint-Julien d'Auxerre par Palladius évêque de cette ville, an. 634, p. 61.

CLAUDIEN, prêtre, fait donation à l'abbaye de Farfe, d'un petit Monastère qu'il avoit fondé & doté, & soutient dans un plaid tenu à Spolette la validité de cette donation contre les collatéraux, présomptifs héritiers de ses autres biens, an. 751, p. 130.

CLEENWANC, monastère d'Allemagne présentement inconnu, placé par Louis le Débonnaire dans la classe de ceux qui ne devoient à l'État que des dons gratuits, an. 817, p. 319.

CLERCS. Loi des empereurs Gratian, &c. qui permet aux Clercs des Gaules de faire le commerce sans payer les impositions auxquelles les Commerçans laïcs étoient assujétis, an. 379, p. 8. Privilèges accordés aux Clercs par la Constitution des Empereurs Théodose & Valentinien, an. 425, p. 12. Lettre de l'archevêque de Bourges aux évêques de la troisième Lyonnoise, par laquelle il leur marque qu'il a été décidé au Concile, tenu dans cette année à Angers, que les Clercs qui porteroient aux Tribunaux séculiers les causes que les Canons ont décidées de la Jurisdiction ecclésiastique, encoureroient la peine d'excommunication, an. 453, p. 14. Il est décidé dans une diète tenue à Rastibonne par Carloman, que les Clercs & les Moines n'iront plus désormais à la guerre pour combattre ; il est cependant réglé en même temps que chaque fois que le Roi fera campagne il sera accompagné d'un ou de deux Évêques, & que chaque Colonel aura un Prêtre attaché à sa troupe, afin d'administrer les Sacremens aux Soldats : cette même Ordonnance leur défend d'aller à la chasse, an. 742, p. 121. Ordonnance de Childéric III, qui défend aux Clercs de friser leurs cheveux, & d'instituer pour leurs légataires autres que les églises auxquelles ils sont attachés, an. 744, p. 124. Premier Capitulaire de Charlemagne publié à Worms, dans lequel il fait défense aux Clercs d'aller désormais à la guerre en qualité de combattans, an. 769, p. 153. Autre Ordonnance qui leur défend de porter les armes, an. 813, p. 281. Ce Prince, dans un autre Capitulaire, renvoie aux Évêques les Clercs accusés, pour être jugés, an. 772, p. 159. Leurs contestations en matière civile seront également jugées par les Évêques, an. 813, p. 283. Charlemagne donne de nouvelles Lettres par lesquelles il exempte personnellement les Clercs du service militaire qu'ils lui devoient, an. 790, p. 194; mais il les assujétit à fournir le nombre d'hommes armés qui sera réglé par le ban pour chaque Évêque & chaque Abbé, an. 797, p. 205. Il renvoie au Synode de la province, par une autre Ordonnance, le jugement des Clercs accusés de crimes, an. 799, p. 210. Ordonnance sur la forme des procédures dans les jugemens des Clercs accusés de crimes, an. 803, p. 231. Il est défendu par une Ordonnance de ce même Prince, d'entrer dans la Cléricature, sans en avoir auparavant obtenu l'agrément, ou de lui ou de ses Officiers, an. 805, p. 242 & 243. Le Capitulaire de l'année 809 renvoie aux Évêques pour dégrader les Prêtres lorsqu'ils seront trouvés coupables de profanation, & aux Juges royaux pour leur faire subir une peine corporelle, an. 809, p. 257. Ordonnance qui porte que les Clercs seront en tout regardés comme *Francs*, (Franci) & qu'ils jouiront des mêmes droits & priviléges, an. 813, p. 282. Autre Ordonnance de ce Prince qui contient plusieurs réglemens pour les Clercs, an. 813, p. 283. Louis le Débonnaire fait défense aux Clercs, soit séculiers, soit réguliers, de recevoir des donations de biens au préjudice des enfans ou des proches parens, an. 816, p. 316. Ordonnance qui défend aux Clercs d'entrer dans le lieu où les Juges séculiers rendent la Justice, an. 837, p. 448.

CLICHY, (le haut) *Clippiacum superius*, situé dans le Parisis près la forêt de Livri, & légué à l'abbaye de Saint-Denys par le roi Dagobert I.er, an. 741, p. 121.

CLICHY (le vieux *ou* la Garenne) *Clippiacus vetus*. Nos Rois de la première Race avoient un palais dans ce lieu; Charles Martel qui avoit usurpé l'autorité royale s'étoit en même temps emparé de presque tout le domaine de la Couronne, il retenoit la seigneurie de Clichy-la-Garenne lorsqu'il en fit donation à l'abbaye de Saint-Denys, an. 741, p. 121.

CLODION II, roi de la Tribu des Francs, au commencement du IV.e siècle; ce Prince, suivant une constitution rapportée par Goldaste, mais que l'on attaque comme supposée, laissa des enfans qui ne succédèrent point au trône parce qu'ils n'avoient pas l'âge requis, la Nation élut à la place de l'un d'eux, un grand seigneur nommé Clodomir, an. 309, p. 3.

CLODION, nom d'un particulier nommé Commissaire dans un procès qu'avoit Fulrad abbé de Saint-Denys. Voyez GUICHINGE.

CLODOMIR, autre que Clodomir roi d'Orléans qui règnoit dans le VI.e siècle, fut élu par la Nation des Francs pour succéder à Clodion II au préjudice des enfans de feu Roi, parce qu'ils n'avoient pas l'âge compétent; mais la constitution rapportée par Goldaste qui établit ces faits est accusée de supposition, an. 309, p. 3.

CLODULFE, duc d'Austrasie & fils du duc Arnould; ce seigneur donne une Charte en faveur du monastère de Saint-Denys dans l'Austrasie, & prend le titre de Prince du Sang des rois de France qui tirent leur origine des fameux Troyens, an. 644, p. 69. Ce Seigneur fait donation au monastère de Tolai d'une terre appelé *Mercervilla*, an. 651, p. 71.

CLOÎTRES. Voyez CHANOINES.

CLOTAIRE I.er, roi de France, donne une Charte en faveur du monastère de Saint-Jean-de-Réomé, an. 516, p. 25. Il fait la guerre à Hermenfroy, roi de Thuringe; il prend sainte Radegonde, sa fille, prisonnière; il l'épouse peu de temps après; il répudie ensuite cette Princesse, & lui écrit pour lui permettre de prendre le voile de religieuse, an. 559, p. 37. Ordonnance de ce Prince pour le bon ordre de ses États, *ibid*. Il fait un Traité de paix avec Childebert, an. 593, p. 49. Il rend une Ordonnance concernant les vols, an. 595, p. 50.

CLOTAIRE II écrit à Arnould évêque de Metz, sur la démission que ce Prélat vouloit donner de son évêché, an. 615, p. 54. Il donne une Charte en faveur de l'abbaye de Saint-Denys, an. 620, p. 55. Il confirme par un Diplome la donation du lieu nommé Larré, faite par un de ses prédécesseurs au monastère de Saint-Bénigne de Dijon, an. 627, p. 58.

CLOTAIRE III, fils de Clovis II, confirme la donation que son père avoit faite d'un fonds de terre à l'abbaye de Moustiers-la-Celle près Troies, an. 657, p. 74. Ce Prince confirme par un Diplome toutes les possessions de l'abbaye de Beze, an. 658, p. 75; an. 664, p. 78. Deux autres Diplomes de ce Prince en faveur du monastère de Saint-Denys en France, *ibid*. Lettres de ce même Prince par lesquelles il confirme Vandebert, abbé de ce Monastère, dans la possession de plusieurs terres qui lui avoient été disputées, *ibid*. Autres Lettres de ce Roi, par lesquelles il confirme un échange fait entre Mommole évêque de Noyon & saint Bertin, an. 660, p. 76. Il confirme la fondation & dote de nouveau le monastère de Corbie, ci-devant fondé par la reine Batilde sa mère, *ibid*. Ce Prince exempte ce même monastère de tous droits de péages, an. 662, p. 77. Il confirme par un Diplome le terrier des biens & des droits du monastère de Beze, an. 664, p. 78. Il donne un autre Diplome par lequel il confirme le choix que l'Abbé & les Moines avoient fait d'un Avoué, an. 665, p. 79.

CLOVIS I.er, surnommé le Grand, ajoute quelques articles à la loi Salique, an. 490, p. 16. Il assiège à Avignon Gondebaud roi de Bourgogne, an. 595, p. 16. Il se fait Chrétien, & donne le même jour une Charte en faveur du monastère de Réome; critique de cette pièce, an. 496, p. 17. Il reçoit une Lettre d'Avitus évêque de Vienne, qui le félicite de son baptême, *ibid*. Une autre de Théodoric roi des Ostrogoths, sur la victoire qu'il a remportée contre les Allemands à la bataille de Tolbiac, an. 496, p. 18. Une troisième du pape Anastase II, à l'occasion de son baptême, an. 497, p. 18. Une autre de saint Remi au sujet de la mort de sa sœur Alboflède, *ibid*. Une autre de Théodoric au sujet de la guerre qu'il méditoit contre Alaric roi des Visigots; son entrevue avec ce Prince, an. 498, p. 19. Il fait venir à Orléans Eusspicius évêque de Verdun, & lui donne le lieu de Micy pour y établir un Monastère auquel il accorde plusieurs priviléges, *ibid*. Il fonde le monastère de Saint-Pierre-le-vif de Sens; critique de la Charte de cette fondation, an. 500, p. 20. Il adresse à Eusebius évêque d'Orléans, des Lettres sur les priviléges de l'abbé de Micy, & lui ordonne d'en faire jouir les Moines, an. 508, p. 21. Ce Prince soumet les Visigots dans l'Aquitaine & la Gascogne, & vient à Paris délibérer avec Thierri, son fils aîné, sur les moyens de continuer la guerre contre les Ostrogoths, an. 508, p. 22. Il donne un Diplome en faveur du monastère de Sainte-Marie de Bethléem, aujourd'hui *Ferrières*; critique de cette Charte, *ibid*. Il fait la paix avec Théodoric, & écrit une Lettre circulaire aux Évêques de ses États sur les ordres qu'il a donnés à ses troupes errant le point d'entrer dans les provinces des Gaules possédées par les Visigots; diversité de sentimens sur la date de cette Lettre, an. 510, p. 23. Époque de sa mort, an. 514, p. 24. Il donne une Charte en faveur de l'église de Saint-Hilaire de Poitiers; critique de la date de cette pièce, an. 524, p. 26.

CLOVIS II,

TABLE DES MATIÈRES.

CLOVIS II, roi de Neustrie & de Bourgogne, donne à Blidegisile les fossés & les ruines de l'ancien château des Bodets avec la Varenne de Saint-Maur, pour fonder le monastère que l'on a appelé depuis *Saint-Maur-des-Fossés*, an. 638, p. 67. Ce même Prince fait donation à Licinius, abbé de l'Isle-Barbe, près Lyon, de plusieurs églises situées dans le territoire de Troies; on croit cette Charte supposée, an. 640, p. 67. Diplome de ce Prince en faveur de l'abbaye de Saint-Cyran, appelée en ce temps le monastère de Longoret, *ibid*. Il prie le pape Jean IV d'exempter par une Bulle l'abbaye de Luxeuil de la jurisdiction épiscopale, an. 641, p. 68. Il donne un Diplome en faveur de l'abbaye de Saint-Denys, dont on ne sait pas au juste le sujet, *ibid*. Il en donne un autre, par lequel il confirme une donation faite à ce monastère par une pieuse Dame, an. 644, p. 69. Autre Charte de ce Prince, par laquelle il confirme certaines donations faites au monastère de Saint-Denys par le roi Dagobert son père; il en fait de nouvelles par ce même acte à cette abbaye, *ibid*. Il confirme la Charte de Landri, évêque de Paris, par laquelle ce Prélat affranchit l'abbaye de Saint-Denys de la jurisdiction épiscopale, an. 653, p. 73. Ce Prince donne en même-temps un Diplome en faveur de cette même abbaye, contre des prétentions de l'archevêque de Rouen, *ibid*. Ce Prince meurt vers le mois de Septembre de l'année 655, an. 655, p. 74. Il accorde un Diplome en faveur du monastère de Saint-Bertin, cette pièce est soupçonnée de fausseté, an. 680, p. 88.

CLOVIS III. Ce Prince étoit fils de Thierri III & de Crothilde, dès qu'il fut parvenu au trône, il confirma tous les priviléges & les immunités des églises, il commença par l'abbaye de Sithiu, an. 691, p. 93. Il fait rendre à sa Cour un arrêt qui maintient l'abbaye de Saint-Denys dans la propriété du village de Buxey dans le Hurepoix, *ibid*. Il fait juger un autre procès entre Chainon, abbé de ce monastère, & Ermenoalde, abbé d'un autre monastère dont on ne sait pas le nom, an. 692, p. 95. Il donne des lettres confirmatives de tous les priviléges & exemptions accordés à l'abbaye de Saint-Denys par les rois ses prédécesseurs, *ibid*. Il ratifie une échange fait anciennement entre Childeric II son ayeul, & Saint-Remacle, abbé de Stavelo & de Malmedy, *ibid*. Il confirme les immunités du monastère de Saint-Calez, *ibid*. Il fait juger dans un plaid tenu à sa Cour, que Noisy-sur-Oise est de l'ancien domaine de l'abbaye de Saint-Denys; il confirme la fondation & la dotation du monastère de Grafelle, an. 892, p. 96. Il fait juger dans un plaid où il assiste, que le monastère de Saint-Denys est propriétaire d'une terre appelée *Baldanecurtis*, an. 693, p. 96. Ce Prince meurt après avoir régné cinq ans.

CLUNY. Ce lieu & la seigneurie appartenoient anciennement à la cathédrale de Mâcon, Warin, comte d'Auvergne l'eut en échange pour d'autres terres qu'il donna à Hildebald, évêque de cette ville. Albane, épouse du comte Warin, le légua au duc Guillaume son frère, qui y fonda ensuite un Monastère: on croit qu'avant la fondation du duc Guillaume, il y avoit dans Cluny une collégiale de Chanoines, an. 825, p. 375.

COLLÉGES ou ÉCOLES PUBLIQUES, dans lesquels on doit enseigner les Arts & les Belles-Lettres, dont l'établissement est ordonné par Charlemagne, par une ordonnance en forme de Lettre circulaire adressée aux Archevêques, Évêques & Abbés de ses États, an. 787, p. 186. Voyez ÉCOLES.

COLMAR (forêt de). Louis le Débonnaire fait donation en partie de cette forêt, en pure aumône, à Godefroy, abbé de Munster en Grégoriental, an. 823, p. 362.

COLOGNE. Cet Evêché est mis par le pape Zacharie, sous la métropole de Mayence, an. 751, p. 130; an. 752, p. 132. Cette ville est le chef-lieu d'un département de deux *Missi*, dans la division que Louis le Débonnaire fit de la France, année 822, p. 360.

COME. Cette Cathédrale, située dans le Milanois, obtient un Diplome de l'empereur Lothaire, an. 823, p. 362. Autre Diplome de ce même Prince en faveur de cette Cathédrale, an. 824, p. 366.

COMÉDIENS. Règlement qui fixe le cas dans lequel les Prêtres doivent administrer les Sacremens aux Comédiens. Cette même Loi défend aux Comédiens de retourner au théatre après avoir une fois participé aux saints Mystères, an. 371, p. 7. Il est défendu aux Comédiens de faire aucune représentation pendant la solemnité des fêtes de Pâques & de Noël, an. 554, p. 35. Louis le Débonnaire interdit aux Prêtres la comédie, & même les concerts de musique, an. 818, p. 332.

COMMERCE. Les Soldats vétérans, sous les empereurs Romains, pouvoient commercer dans l'étendue des terres de l'Empire, sans payer d'impôts pour leur commerce, an. 366, p. 6. Règlement qui fixe le commerce que les Clercs pouvoient faire dans les Gaules, sans être assujétis aux impositions des autres Commerçans, an. 379, p. 8. Charlemagne donne une Ordonnance pour faciliter le commerce que les étrangers faisoient en France, année 796, p. 201. Autre Ordonnance de ce Prince, qui défend d'acheter dans les foires & marchés, de qui que ce soit, toute espèce de marchandise, à moins qu'on ne connoisse le vendeur, ou que l'on ne sache son pays & son domicile, an. 806, p. 248.

COMPOSITION. La loi des Francs & des Ripuaires ne portoit peine de mort presque aucun crime, elle prononçoit des amendes pécuniaires envers le Roi, & des dommages envers la partie civile, c'est ce que l'on appeloit composition. Voyez les Ordonnances de l'année 532, p. 29, & d'autres, p. 204, 212, 213, 225, 227, 228, 282, 314, 337. Elles fixent les compositions relativement aux personnes & aux crimes.

COMTE (*Comes*). Voyez MINISTÈRE PUBLIC. Les Comtes, chacun dans leur district, étoient chargés de la levée des droits de Voierie & de Péage que l'on payoit au fisc sous les deux premières races de nos Rois, an. 752, p. 131. Les Comtes, en France, comme en Italie, ne jugeoient point les causes & les affaires contentieuses des Particuliers, à moins qu'ils n'eussent des commissions particulières: les fonctions principales de leur office étoient tout ce qui concernoit la police générale & les affaires du Domaine du Roi dans leur district, année 786, p. 183. Ils remplissoient encore le ministère public, & ils provoquoient aux plaids le jugement des causes qui concernoient le Roi, ou qui devoient être jugées en dernier ressort, an. 786, p. 184; an. 813, p. 282; & celles des veuves, des orphelins & des gens d'église, an. 783, p. 190; an. 819, p. 338: ils étoient singulièrement chargés de faire tenir les plaids, an. 806, p. 252. Exemple que les Comtes, dans un plaid tenu à la cour du Roi, ont été du nombre des Juges dans un procès, ils signèrent l'Arrêt avec les autres assesseurs, an. 812, p. 267. Pour éviter les vexations que les Officiers de justice exercent quelquefois sur les Provinces sur les peuples, Charlemagne défend par une Ordonnance, que les Comtes & tous Juges acquièrent des biens des Particuliers, à moins que les conventions ne soient stipulées & le contrat passé à l'audience, ou en présence de l'Évêque, an. 813, p. 279. Les Comtes, chacun dans leur district, sont chargés de faire publier le ban & passer les troupes en revue, an. 813, p. 281. Le Comte pouvoit en même-temps être *Missus*, an. 819, p. 343.

COMES-STABULI. Cet Officier, sous le règne de Charlemagne, paroît remplir l'emploi de grand ou de premier Écuyer, an. 811, p. 263.

COMITES-PALATII, différens dans tous les temps des simples Comtes, l'office des Palatins les attachoit à la cour du Roi, & il semble qu'ils faisoient les fonctions de Procureurs généraux, an. 812, p. 266; an. 814, p. 289.

COMTE DU PALAIS. Cet Officier étoit le second de la Couronne, quelles étoient les fonctions de son office sous le règne de Charlemagne, an. 814, p. 288.

COMTÉS. Les Comtés avoient pour l'ordinaire, sous les deux premières races de nos Rois, la même étendue que les Diocèses, an. 788, p. 187.

CONCILE. Constantin le Grand donne des ordres pour assembler un Concile à Arles; il en fixe le jour de l'ouverture, & après qu'il est fini il commande aux Évêques de se retirer dans le lieu de leur résidence, an. 314, p. 3. Sigebert II, roi d'Austrasie, fait défendre à l'archevêque de Bourges d'assembler des Conciles ou de tenir des Assemblées d'Évêques sans avoir auparavant obtenu son agrément : ce Prince établit pour chose constante, qu'en France, il n'appartient qu'au Roi de juger de la nécessité d'y tenir de ces sortes d'assemblées, an. 644, p. 69. Il est décidé dans la Diète tenue à Ratisbonne par Carloman l'année 742, que les évêques de la Germanie s'assembleroient en Concile tous les ans, an. 742, p. 121. Charlemagne ordonne que l'on assemblera des Conciles dans les principales villes de ses États; il s'en fait présenter les Canons, & il fait choix de ceux qu'il juge à propos d'approuver & de faire publier, an. 813, p. 279. Non-seulement nos Rois entroient autrefois dans les Conciles & y présidoient, mais leurs Officiers, comme les *Missi*, les *Ducs* & les *Comtes* y étoient aussi admis, parce qu'on y traitoit également des matières qui concernoient la religion, la discipline & le gouvernement civil, an. 828, p. 390.

Concile de Rome, sur la célébration de la Pâque, an. 197, p. 2.

Concile d'Arles, sur le même sujet, assemblé par les ordres de l'empereur Constantin, an. 314, p. 3.

Concile de Turin, dans lequel on décide la contestation qui étoit entre les évêques de Marseille, d'Arles & de Vienne, sur leur prétention respective à la Primatie, an. 397, p. 9.

Concile d'Orléans, assemblé par les ordres de Clovis le Grand, dans lequel les Évêques qui le composèrent reconnurent dans la personne du Roi le droit d'ajouter ou de retrancher à leurs décisions; droit plus grand que celui de Protecteur des Canons, an. 510, p. 23.

Concile de Lérida, dans lequel on renouvela tous les Canons de discipline arrêtés dans les Conciles d'Agde & d'Orléans; on y décida en outre que désormais les Évêques ne pourroient conférer les Ordres sacrés aux Moines sans l'agrément de leur Abbé, ni exiger aucune part des offrandes faites aux Monastères par les Fidèles, an. 524, p. 26.

Autre Concile de Rome, par lequel il est défendu aux Clercs d'aliéner les biens de l'église pour quelque cause que ce soit, an. 535, p. 29.

Concile de Clermont en Auvergne, par lequel les Évêques qui le composèrent, supplient le roi Théodebert de permettre aux Clercs & aux Laïcs sujets d'un autre Prince, de jouir des biens qui leur appartiennent & qui se trouvent situés dans l'étendue de son royaume, en payant néanmoins les droits au Seigneur dont ils releveront, an. 535, p. 30.

Concile de Toul, convoqué par les ordres de Théobalde roi d'Austrasie, pour arrêter les désordres que les mariages incestueux, alors très-fréquents, occasionoient dans son royaume, an. 550, p. 34.

Concile de Paris, assemblé pour la déposition de Saffaracus évêque de Paris, an. 551, p. 35.

Concile de Tours, qui décide entr'autres choses que le monastère de Sainte-Radegonde seroit gouverné déformais, pour le temporel & le spirituel, conformément aux statuts de saint Césaire d'Arles, an. 567, p. 40.

Autre Concile de Paris, dans lequel les Prélats qui le composent écrivirent deux Lettres; l'une à Égidius évêque de Reims, pour lui faire des reproches d'avoir obéi trop aveuglément à Sigebert en sacrant Promotus qui n'étoit point son suffragant; & l'autre au roi Sigebert, pour lui représenter que ce seroit agir contre les Canons & les usages de l'église Gallicane, que d'établir un siége épiscopal sans l'agrément de l'Évêque diocésain & du Métropolitain; ils supprimèrent en outre ce nouvel évêché, an. 573, p. 41.

Concile de Mâcon, assemblé par ordre de Gontran, par lequel il est ordonné que les Fidèles célébreront la solennité des fêtes de Pâques pendant six jours, avec défenses de vaquer à aucune œuvre servile, an. 584, p. 44.

Autre Concile de Paris. On trouve dans les actes de ce Concile le plus ancien titre sur lequel l'église Gallicane puisse appuyer le droit de juger ses Clercs en matière civile, c'est-à-dire d'avoir un prétoire & d'exercer une juridiction ordinaire & contentieuse, an. 615, p. 54.

Concile d'Arles, dans lequel on décide la contestation entre Théodorus évêque de Marseille, & Faustus abbé de Lérins, à l'occasion de la juridiction que l'évêque de Marseille prétendoit exercer sur les Moines de cette Abbaye, an. 652, p. 72.

Concile de Vern ou Vermeuil-sur-Oise, dans le palais de Pépin, auquel ce Prince présida; on y fit trente Canons qui roulent tous sur la discipline ecclésiastique, an. 755, p. 137.

Concile de Francfort où assista Charlemagne, & dans lequel on dressa une censure contre les erreurs de Félicien évêque d'Urgel, & contre les Iconoclastes, an. 794, p. 199.

Concile d'Urgel, assemblé par ordre de Charlemagne, où l'on juge les erreurs de Félix évêque de cette ville, an. 799, p. 208.

Autre Concile de Paris, assemblé par ordre des empereurs Louis & Lothaire, où l'on décide le culte des Saints & le respect dû à leurs images, an. 825, p. 377.

Conciles de Paris, de Mayence, de Lyon & de Toulouse, assemblés la même année par les ordres de Louis le Débonnaire, pour la réforme des mœurs, &c. Nous n'avons de ces quatre Conciles que les Actes de celui de Paris, an. 828, p. 390; an. 829, p. 394 & 395.

Concile de Sens, assemblé par les ordres de Louis le Débonnaire, auquel assistèrent les Évêques ou leurs Députés des métropoles de Sens, de Reims, de Tours, de Narbonne, de Vienne, de Besançon & de Mayence, an. 833, p. 418.

CONDÉ-SUR-MOSELLE. Cette ville n'étoit

TABLE DES MATIÈRES.

qu'un petit village lorsque le comte Wolfoade en fit donation à l'abbaye de Saint-Mihiel, an. 716, p. 107.

CONDEDO, moine de Fontenelle, bâtit un petit Monaftère dans l'île de Belcinac, dont le roi Thierri III lui avoit fait donation, & il donne ensuite à Aubert, abbé de Fontenelle, l'île & le Monaftère, an. 673, p. 82.

CONDUN. Le monaftère de Saint-Denys en France est maintenu, par les Lettres du roi Clotaire III, dans la propriété de cette seigneurie, située dans le Beauvoisis, an. 658, p. 75.

CONGRÉGATION DE PIÉTÉ. Ordonnance de Charlemagne qui défend qu'elles soient multipliées & trop nombreuses, an. 805, p. 242.

CONJECTUM, en Teutonique *Verschat*. Contribution à laquelle tous les sujets du Roi étoient tenus, qui consistoit à fournir à ses Ambassadeurs, lorsqu'ils étoient en marche, des logemens, des vivres, des chevaux, &c. an. 824, p. 367.

CONQUES, monaftère d'Aquitaine, employé seulement pour des prières sur l'état de Louis le Débonnaire, an. 817, p. 319. Ce Prince fait un legs considérable à cette Abbaye, & la prend en outre sous sa garde spéciale : l'histoire de la fondation de cette Maison se trouve dans cette Charte, an. 819, p. 334. L'Abbé de ce Monaftère fait un échange avec l'évêque de Laon, an. 822, p. 357.

CONRAD, comte. Quelques Auteurs assurent qu'il épousa Gisèle, fille de Louis le Débonnaire; & d'autres avancent que ce fut avec une Princesse nommée Adelaïde, & sœur de cette première, qu'il se maria, an. 837, p. 446.

CONRODOBALD, comte du Palais du roi Thierri III, fait les fonctions de Procureur général dans un procès que les Moines de Saint-Denys soutenoient à la Cour du Roi, an. 679, p. 87.

CONSEIL DU ROI, sous les deux premières Races, & singulièrement sous le règne de Charlemagne, étoit la même chose que ce que l'on appeloit *Cour du Roi*, & différent des États ou du champ de Mars & de Mai : on pourroit le comparer au Conseil privé du Roi sous la troisième Race, an. 814, p. 289. Voyez COUR DU ROI.

CONSTANTIN, pape, donne à Édoalde un reliquaire d'argent contenant des reliques précieuses; c'étoit un morceau de l'éponge de la Passion, avec quelques lambeaux de la tunique sans couture de Notre-Seigneur, & quelques autres pièces aussi rares, an. 713, p. 106.

CONSTANTIN, intrus ou antipape, écrit à Pépin le Bref, deux Lettres sur son élection ; il ne demeura sur le saint Siége qu'environ treize mois, après quoi il fut enfermé dans un Monaftère où il se fit Moine, an. 767, p. 149 & 150.

CONSTRAN, abbé de Saint-Denys, obtient de Pépin le Bref un Diplome en faveur de son Monaftère : on croit cette pièce supposée, an. 756, p. 139.

CONVOION, abbé de Redon, va à l'assemblée des États tenue à Attigni, & obtient de l'Empereur un Diplome qui confirme toutes les donations faites à ce Monaftère, an. 834, p. 425 & 426.

CORBIE. La reine Bathilde, femme de Clovis II & mère de Clotaire III, avoit fondé depuis peu cette fameuse Abbaye, & l'avoit dotée du lieu de Corbie avec tout le territoire où elle fit cet établissement : son fils donne un Diplome qui ratifie cette fondation, & par lequel il augmente cette première dot de quatorze villages, an. 660, p. 76. Les Moines de cette Abbaye font exemptés de tous les droits que l'on payoit au Fisc pour le transport des denrées, an. 661, p. 77. Thierri III approuve l'élection qu'ils ont faite d'Érembert pour leur Abbé, & il leur accorde la liberté d'élire désormais à cette dignité, an. 691, p. 94. Sébaftien, abbé de ce Monaftère, obtient de Chilpéric II, en faveur de ses Moines, la confirmation d'un Diplome de Clotaire III, par lequel ce Prince leur accorde une grande quantité de différentes espèces de denrées à prendre dans un de ses Fiscs de la Provence, année 716, p. 109. Cette Abbaye est placée dans l'état que Louis le Débonnaire fit dresser des Monaftères de ses États, dans la classe de celles qui devoient à l'État des dons gratuits & des hommes de milice, an. 817, p. 319. Les empereurs Louis & Lothaire accordent un Diplome en faveur de cette Abbaye, an. 825, p. 376.

CORMERI. Cette Abbaye, située dans le diocèse de Tours sur les frontières du Poitou, fut fondée par Hitier abbé de Saint-Martin de Tours ; Charte de Charlemagne qui approuve cet établissement, mais cette pièce est sous une fausse date, an. 776, p. 167. Le successeur d'Hitier, qui avoit comme lui sous sa dépendance le monaftère de Cormeri, obtient de Charlemagne l'agrément d'y mettre un plus grand nombre de Moines : cette Charte est, comme la précédente, sous une fausse date, an. 790, p. 192. Charte de donation faite à cette Abbaye par Hitier abbé de Saint-Martin de Tours, considéré comme le fondateur, an. 791, p. 195. Alcuin obtient de Charlemagne deux Diplomes en faveur de ce Monaftère, an. 800, p. 211. Fridegife abbé de Saint-Martin, obtient de Louis roi d'Aquitaine, un Diplome par lequel il est permis aux Moines de Cormeri d'avoir plusieurs bateaux sur toutes les rivières de l'Aquitaine, sans payer aucuns droits, an. 806, p. 250. Ce Monaftère qui jusqu'à cette époque n'avoit été qu'une Celle dépendante de Saint-Martin de Tours, est érigé en Abbaye par Fridegife ou Fridugise ; usage singulier que les Moines de Cormeri ont pratiqué anciennement à l'occasion de l'élection de leur Abbé, an. 820, p. 345. Privilége accordé à cette Abbaye par Pépin roi d'Aquitaine, an. 831, p. 403. Le chancelier Fridugise fait donation à cette Maison d'un village nommé Brunois, an. 831, p. 404. Louis le Débonnaire confirme une donation faite anciennement à cette Abbaye par le chancelier Hitier, an. 837, p 442. L'Abbé obtient du roi d'Aquitaine la confirmation de tous les legs faits à cette Maison, an. 838, p. 453.

CORNELIS-MUNSTER. Ce Monaftère, situé près d'Aix-la-Chapelle, s'appeloit dans les premiers temps de la fondation *Indense*, du nom de la rivière d'Inde sur laquelle il est bâti ; Benoît d'Aniane le fonda, & il obtient un Diplome de Louis le Débonnaire en faveur de ses Moines, an. 821, p. 349.

CORNETTE ou CORNETO. Donation de biens faite à l'église Cathédrale de cette ville, dont la plupart font situés dans l'évêché de Tivoli en Italie, an. 471, p. 15.

CORVÉE. Loix des empereurs Valentinien, &c. qui obligent certaines gens d'arts & de métiers, habitans des villes, d'aller à la corvée, & qui en exemptent les Cultivateurs, an. 369, p. 7. Charlemagne exempte de corvées les Colons de ses Domaines, an. 800, p. 212. Louis le Débonnaire défend à ses Officiers d'exiger des corvées pour ses Domaines, il veut qu'elles ne puissent avoir lieu que pour les ouvrages publics, an. 821, p. 352.

CORWEY ou NOUVELLE-CORBIE, en Saxe. Ce Monaftère est fondé par Adhalard vers l'an 822 ; Louis le Débonnaire accorde à cette Abbaye tous les priviléges & les immunités dont jouissoient les plus célèbres Monaftères de la France, an. 823,

p. 364. Lettres de ce Prince, afin de maintenir les Moines de cette Abbaye dans la jouiſſance de leurs privilèges, an. 824, p. 371. Nouveaux privilèges accordés à cette Maiſon par les empereurs Louis & Lothaire, an. 825, p. 376. Ces deux Princes font en commun une donation à cette Abbaye, an. 826, p. 379. Droit de pêche dans le Weſer, accordé aux Moines de cette Maiſon par Louis le Débonnaire, an. 832, p. 410. Ce Prince leur accorde le droit de battre monnoie, & leur fait don à perpétuité de la quantité de ſel néceſſaire pour leur conſommation, an. 833, p. 415 & 416.

COSDON, ſeigneurie ſituée dans le Beauvoiſis, & donnée à l'abbaye de Saint-Denys en France par le roi Dagobert I, an. 638, p. 65.

COTELLE DE CRAON, à qui Charlemagne fait donation de la baronnie de Centelles en Eſpagne dans le royaume de Valence, pour récompenſer les ſervices qu'il en a reçus dans la guerre qu'il a ſoutenue contre les Viſigots : cette pièce eſt taxée de ſuppoſition, an. 792, p. 196.

COUGNON *(Caſegonguidinenſe monaſterium)*. Prieuré ſitué ſur la rivière de Somoy, entre Chigny & Bouillon, fondé par Sigebert II, roi d'Auſtraſie, an. 640, p. 67.

COULAVILLE, ſeigneurie léguée, par le teſtament du roi Dagobert I.er, à l'abbaye de Saint-Germain-des-Prés, an. 636, p. 63.

COUR DU ROI, compoſée de l'Apocriſiaire, du Grand-ſénéchal, du Chancelier, des Comtes du Palais, des Ducs, les *Miſſi* y aſſiſtoient quelquefois, on y jugeoit en dernier reſſort les cauſes d'appel; cette Cour, ſuivant quelques Savans, eſt repréſentée aujourd'hui par les Parlemens, elle étoit certainement différente des champs de Mars, de Mai, & enſuite des États, an. 693, p. 96; an. 812, p. 267. La cour du Roi eſt ce que nous appelons aujourd'hui le Conſeil privé : forme des Procédures & des Arrêts de la Cour, an. 815, p. 299 & 300.

COURÇAY, village en Berry, eſt donné avec toutes ſes dépendances à l'abbaye de Saint-Denys en France, par le roi Clovis II, an. 644, p. 69.

COUVIÈRES. La forêt d'Yveline s'étendoit autrefois juſqu'à ce village, Pépin le Bref fait donation de la forêt & du village au monaſtère de Saint-Denys, an. 768, p. 151.

CRAON (Maiſon de). Illuſtre par ſon ancienneté & par ſes alliances. Voyez COTELLE DE CRAON.

CRECY, proche Bruyeres, ſitué ſur une petite rivière qui ſe joint à l'Aiſne au-deſſus de Vouſier, ce village appartenoit à Adon, abbé de Saint-Remi de Reims, qui le donna aux Moines de ce Monaſtère, an. 714, p. 106.

CREMS-MUNSTER, abbaye de la Bavière, placée par Louis le Débonnaire dans la claſſe de celles qui ne devoient à l'État que des dons gratuits, an. 817, p. 319.

CRIME *de trahiſon à la Patrie*. Les Germains accrochoient à un arbre ceux qui en étoient convaincus, an. 23, p. 1.

Crime de félonie envers le Roi. Suivant la loi des Francs (*lege Francorum*), ceux qui en étoient coupables étoient condamnés à mort, mais ils s'en rachetoient en abandonnant au Roi une partie de leurs biens, an. 754, p. 136. Du temps de Charlemagne ils étoient décapités, an. 788, p. 188.

Crime d'homicide, pour la réparation duquel le roi Childebert I.er prononce dans une Ordonnance la peine de mort ; avant ce Prince les loix n'avoient ſtatué que des amendes pécuniaires contre ceux qui en ſeroient convaincus, an. 532, p. 29. On étoit dépouillé de ſes biens pour ce crime, ſuivant la loi des Lombards, an. 787, p. 186. Charlemagne rétablit les compoſitions ſtatuées par la loi Salique contre ceux qui commettront ce crime ; même peine contre les parricides & les fratricides, an. 802, p. 226 & 227. Loi qui fixe la compoſition en faveur ſeulement des Francs qui commettront des homicides dans la perſonne des Évêques, des Prêtres & des autres Clercs, an. 803, p. 232. Nouvelle loi qui porte que l'on ſuivra la diſpoſition des Ordonnances par rapport aux Bavarois, pour la punition de ce crime, an. 806, p. 248. Interprétation du titre de la loi Salique, *de homicidiis & expoliationibus ſervorum*, an. 819, p. 341.

Crime de vol. L'Ordonnance de Childebert I.er ne prononce qu'une peine pécuniaire ou une compoſition qui ſera réglée ſuivant la nature du vol, an. 532, p. 29. Même peine portée par les Ordonnances de Charlemagne ; il y eſt ajouté que le témoin du vol qui n'avertira pas le Juge, ſera condamné à payer la valeur de la choſe volée, an. 800, p. 212 ; an. 801, p. 225. Nouvelle loi qui porte que l'on ſuivra, pour la punition des vols, la diſpoſition des Ordonnances pour les Bavarois, an. 806, p. 248. Cas où le banniſſement a lieu pour la punition du vol, an. 809, p. 257. Diſpoſition ſingulière d'une Ordonnance de Charlemagne contre les voleurs, an. 813, p. 282. Diſpoſition d'une Ordonnance de Louis le Débonnaire pour ſe juſtifier de l'accuſation du vol, an. 819, p. 338 & 339. Interprétation de la loi Salique ſur les vols commis par des enfans qui n'ont pas atteint l'âge de douze ans, an. 819, p. 341. Vol de biens d'égliſe réputé ſacrilège, an. 826, p. 381.

Crime de parricide dans la perſonne du Roi, pour la réparation duquel l'Ordonnance du roi Gontran condamne le coupable & ſes parens juſqu'au neuvième degré à être mis à mort, an. 587, p. 47. Parmi ceux qui ſont convaincus d'avoir eu part à la conjuration formée contre Charlemagne, les uns ſont décapités, d'autres pendus, on crève les yeux à quelques-uns, & les biens de tous ſont confiſqués au profit du Roi, an. 799, p. 203 & 204. Loi qui porte peine de mort généralement contre quiconque tuera ſon père, ſa mère ou tout autre proche parent, an. 803, p. 232. Autre Ordonnance qui ne porte pour ce crime que la pénitence publique, avec confiſcation de biens, an. 829, p. 396.

Crime du mépris des Ordonnances royaux, de la part des Juges qui ſont ſpécialement chargés de les faire exécuter ; Édit du roi Clotaire qui prononce la peine de mort contre ceux qui en ſeront convaincus, an. 595, p. 50. Confiſcation de biens & autres peines contre ceux qui mépriſent les ordres particuliers du Roi, an. 819, p. 339.

Crime d'adultère & de ſéduction. Les Prêtres & les Diacres qui en ſeront convaincus, ſeront ſeulement dépoſés, an. 742, p. 121. Un évêque nommé Adalbert eſt dépoſé & dégradé à l'aſſemblée tenue à Soiſſons ſous Childéric III, pour avoir publiquement enſeigné que l'adultère & la fornication n'étoient pas des péchés, an. 744, p. 123. Nouvelle loi qui porte que l'on ſuivra, pour la punition de ce crime, la diſpoſition des Ordonnances pour les Bavarois, an. 806, p. 248. Ce qui eſt ordonné par les loix pour ſe juſtifier de l'accuſation de ce crime lorſqu'il n'y a pas eu de conviction, an. 830, p. 402 ; an. 831, p. 405.

Crime de fauſſe monnoie. Ordonnance de Childéric III, qui condamne ceux qui en ſeront convaincus à avoir une main coupée, an. 744, p. 124.

Crime d'inceſte. Le Capitulaire du mois de mars de l'année 753, condamne à des peines pécuniaires les perſonnes de condition libre qui ſeront coupables de de ce crime, & à des peines afflictives les serfs, an. 753, p. 134. Nouvelle loi qui porte que l'on suivra, pour la punition de ce crime, la disposition des Ordonnances pour les Bavarois, an. 806, p. 248.

Crime de rapt, pour lequel il y avoit peine de mort, suivant la loi des Lombards, an. 787, p. 186. Disposition particulière sur ce crime, portée par une Ordonnance de Louis le Débonnaire, an. 819, p. 338. Ordonnance de ce même Prince qui interprète le titre de la loi Salique, *de raptu ingenuorum*, an. 819, p. 340. Peine pour le rapt d'une Religieuse, an. 826, p. 382.

Crime de parjure. Composition pour le faux témoin; s'il n'a pas de quoi payer la somme fixée, il est condamné à perdre une main, an. 808, p. 255. Une Ordonnance de Louis le Débonnaire porte que ce sera la main droite, an. 816, p. 314.

Crime de violence, avec maltraitement, calomnie grave & dommages dans les biens. Pour ces crimes commis contre les Laïcs, même avec fracture & mutilation de membre, les Ordonnances, sous les deux premières Races de nos Rois, n'ont prononcé que des compositions; si ces crimes étoient commis contre des Clercs, il y avoit une peine plus grande, an. 825, p. 381.

Crime de blasphême. Les Ordonnances portent que ceux qui seront convaincus de ce crime seront emprisonnés, & y demeureront jusqu'à ce que l'Évêque ou un Prêtre les ait réconciliés avec l'Église, an. 826, p. 382.

Crime de bigamie. Ceux qui seront convaincus de ce crime, seront condamnés à ne jamais porter les armes, &c. an. 829, p. 396.

CRIMINELS jugés à la mort, & auxquels le Roi fait grâce de la vie : Ordonnance qui fixe leur état après la rémission, année 809, p. 257. Voyez CRIME.

CROIX. Jugement de la croix. Voyez JUGEMENT.

CROUY, lieu situé près Soissons, où Clotaire & Dagobert avoient un Palais; ce premier y fit l'établissement du monastère de Saint-Médard, & fit donation de la plus grande partie de ce Fisc, an. 641, p. 68.

CRUAS, monastère du diocèse de Viviers, placé par Louis le Débonnaire dans la classe de ceux qui ne doivent à l'État que des prières, an. 817, p. 319. Ce Prince accorde une Charte en faveur de cette Maison, an. 817, p. 322.

CUISE (forêt de), où étoit situé un lieu que le roi Dagobert I.er donna à saint Ouen pour bâtir un Monastère : l'église & le bâtiment ne subsistent plus; les biens en ont été unis à l'abbaye de Saint-Médard de Soissons, an. 638, p. 65.

CUNIBERT, roi des Lombards, accorde un Diplome en faveur du monastère de Saint-Vincent & Saint-Fridien de Luques, rétabli & doté par Faulus maire de son palais, an. 700, p. 100.

CURES. L'origine de ce bénéfice vient de *Cura animarum*; il paroît qu'il étoit un titre perpétuel dès le règne de Charlemagne, par la défense que ce Prince fait, dans son Ordonnance du mois de septembre de l'année 813, aux Seigneurs laïcs de chasser les Prêtres qu'ils y auront nommés, an. 813, p. 279. Il est également défendu, par la même Ordonnance, aux Collateurs des Cures de rien exiger, & même de rien recevoir à titre de présent de la part de ceux qu'ils y auront nommés, *ibid*. Il est encore défendu de placer des Prêtres dans les Cures sans l'agrément de l'Évêque diocésain, an. 829, p. 395.

Tome I.

CURTECELLA, lieu situé dans le diocèse de Cahors, où l'église de Nevers avoit des biens, an. 650, p. 71.

D

DADANE, pieuse dame, fait une donation, conjointement avec Leonald son frère, à l'abbaye de Saint-Benigne de Dijon, an. 777, p. 169.

DADANE, autre dame de ce nom; elle fait Dadila son frère, son légataire, an. 813, p. 277.

DADILA, seigneur très-riche de la Septimanie, fait des legs considérables aux abbayes de Psalmodi, d'Aniane & de Conques : il dispose, par le même Acte, de l'usufruit de quelques fonds de terre & de tout son mobilier en faveur d'Ermegonde sa femme, pourvu qu'elle vive après sa mort dans la viduité, an. 813, p. 277.

DADO, abbé de Walers. Ce Monastère ayant été détruit dès le deuxième siècle sans avoir été rétabli, il n'a eu qu'un très-petit nombre d'Abbés, celui-ci, suivant Mabillon, est le seul que l'on connoisse, an. 657, p. 72.

DADO, fondateur ou au moins bienfaiteur de l'abbaye de Conques, an. 819, p. 334.

DADON, abbé de Saint-Denys, mort avant le commencement du règne de Clotaire II, an. 620, p. 55.

DAGOBERT I.er, roi de France, fonde le monastère d'Haselac, an. 613, p. 54. Il soumet l'abbaye de Tholei à la juridiction de l'évêque de Trèves, an. 622, p. 55 & 56. Lettre de ce Prince touchant la fondation du monastère de Veissembourg, an. 623, p. 56. Il donne un Diplome en faveur de l'église de Saint-Pierre de Trèves, *ibid*. Il met, par un autre Diplome, les biens de la cathédrale de Trèves sous sa protection, *ibid*. Il fait une donation à l'église de Worms, an. 627, p. 58. Charte de ce Prince en faveur du monastère de Saint-Denys en France, an. 628, p. 58. Il établit un marché à Saint-Denys, & permet aux Moines de lever certains droits pour les denrées que l'on y vendra, an. 629, p. 58. Ce Prince punit sévèrement les meurtriers de Rusticus évêque de Cahors, *ibid*. Il nomme à cet évêché Didier son Trésorier & frère de Rusticus, & écrit à Sulpice archevêque de Bourges de le sacrer, année 630, p. 59. Il fait travailler à la rédaction d'un nouveau Code des anciennes loix des Francs, des Ripuaires, des Allemands & des Bavarois, *ibid*. Il donne au monastère de Saint-Denys le lieu & la forêt d'Écouen, an. 632, p. 59. Il soumet à l'abbé de ce Monastère plusieurs églises qu'il fonde dans l'Anjou & dans le Poitou : la Charte est critiquée, an. 632, p. 60. Il donne une Charte en faveur du monastère de Saint-Denys, par laquelle il accorde le droit d'asile & de sauve-garde pour toutes sortes de crimes dans l'étendue de tout le territoire de ce Monastère : cette Charte est soupçonnée de fausseté, *ibid*. Il donne une Charte en faveur de l'abbaye de Maubec, an. 632, p. 61. Une autre en faveur de l'abbaye de Saint-Maximin de Trèves, an. 633, p. 61. Une autre par laquelle il donne au monastère de Saint-Denys des biens situés dans le Berry, an. 635, p. 61. Il échange un héritage situé en Provence, & nommé *Amica*, avec Ferréole évêque d'Autun, contre un autre bien appelé *Saclé* ou *Sarclai*, & il le donne au monastère de Saint-Denys, an. 635, p. 62. Il donne la seigneurie de Purteau à Dodon abbé de Saint-Denys : cette Charte est critiquée, *ibid*. Il donne à ce même Monastère le village de Giurette situé en Berry, *ibid*. Il fonde le monastère de Rebais, dans le diocèse de Meaux, conjointement avec saint Ouen, *ibid*. Il fait donation à l'abbaye de Saint-

u

Denys des villages de Thouri, de Tivernon, de Rouvrai, de Monarville & de Valvafçois, an. 635, p. 63. Il donne dans le même temps à cette Abbaye le village de Maillet proche la rivière de Creufe, *ibid.* Diplome de ce Prince qui confirme l'établissement d'un Monaftère fait par faint Amand évêque de Tournai, dans un lieu nommé *Elno*, an. 636, p. 63. Voyez SAINT AMANT. Deux autres Diplomes de ce Prince en faveur de l'abbaye de Saint-Denys, par lefquels il lui fait donation de plusieurs feigneuries fituées dans le Berry & dans le Limofin : ces deux pièces font foupçonnées de fauffeté, *ibid.* Teftament de Roi : raifon de préfumer que ce Prince en fit deux ; Eckard a publié le premier, le P. Bouillard a imprimé le fecond ; ce Prince, par ce dernier, fait des legs aux monaftères de Saint-Germain-des-Prés, de Sainte-Geneviève & de Sainte-Colombe de Sens, *ibid.* Ce Prince apprend qu'une armée de Huns a fait une irruption dans fes États, que les Flamands fe font joints à ces Barbares, & que les Picards ont faifi cette occafion pour fe révolter; il lève à la hâte une armée, il la commande, & marche contre les Huns qu'il taille en pièce près la forêt de Lyons en Normandie : il entre enfuite en Picardie pour punir les rébelles de cette province ; il emporte de Péquigni les reliques de faint Firmin évêque d'Amiens, & vient les placer dans l'églife de Saint-Denys en France, an. 637, p. 64. Dagobert donne à faint Landelin un fonds de terre fitué dans le diocèfe de Cambrai, pour fonder le monaftère nommé *Waftlainfe* ou *Guaftarenfe*, il ne fubfifte plus, an. 638, p. 64. Il donne à faint Amand, évêque de Maftricht, un fonds de terre fitué entre la Scarpe & l'Elnone pour y bâtir un Monaftère, *ibid.* Ce Diplome eft le même que celui placé fous l'année 636, p. 63. Il donne une Charte qu'il fait foufcrire par un grand nombre d'Évêques, par laquelle il exempte l'abbaye de Saint-Denys de la jurifdiction de l'Évêque diocéfain & de tous autres Prélats, an. 638, p. 65. Autre Charte de ce Prince, par laquelle il donne à cette Abbaye une immenfité prodigieufe de terrain, mais cette pièce paroît entièrement fuppofée, *ibid.* Il donne dans le même temps à cette Abbaye les feigneuries d'Acuçai, Cofdon, Grenvillers, Moyenvillers, Gelles & Averçai, fituées dans le Beauvoifis, *ibid.* Autre Charte de ce Prince par laquelle il donne à cette même Abbaye le village d'Eftrepagni, *ibid.* Il donne à faint Ouen un lieu fitué dans la forêt de Cuife pour y bâtir un Monaftère, *ibid.* Il affujetit à la fervitude les enfans des Serfs qui appartiennent à l'abbaye de Saint-Denys : cette Charte eft critiquée, an. 638, p. 66. Ce Prince donne aux Moines de cette Abbaye le lieu & la feigneurie de Saint-Denys, & s'oblige de n'y plus tenir fa Cour plénière les jours de fêtes de peur de troubler le fervice Divin : cette Charte eft foupçonnée de fauffeté, *ibid.* Il donne à cette même Abbaye la feigneurie de Reuilli avec vingt-deux villages fitués en Berry, mais on croit également cette Charte fuppofée, *ibid.* Diplome en faveur du monaftère de *Longoret*, appelé depuis Saint-Cyran, mal-à-propos attribué au roi Dagobert I.", ce Prince étoit mort avant l'année 640, p. 67.

DAGOBERT II, roi d'Auftrafie, fils de Sigebert II, fait une riche donation à l'églife de Strafbourg, an. 662, p. 77. Ce Prince fait donation à l'abbaye de Weiffembourg des bains chauds que les empereurs Antonin & Adrien avoient fait conftruire auprès de Spire, an. 675, p. 84. Il confirme les donations que le roi Sigebert II avoit faites en faveur des monaftères de Stavelo & de Malmédi, an. 677, p. 86. Il ratifie la fondation de l'abbaye de filles d'Oeren, faite par la princeffe Irmine fa fille, année 678, p. 86. Époque de la mort de ce Prince que l'on a honoré depuis comme Saint à Stenai, an. 680, p. 88.

DAGOBERT III. Charte de ce Prince pour la fondation du monaftère de filles d'Herfort, dans le diocèfe de Paderborn : cette pièce eft foupçonnée de fauffeté, an. 706, p. 102. Ce Prince confirme les priviléges & les immunités accordés par les Rois fes prédéceffeurs au monaftère de Saint-Calez, an. 712, p. 105. Il ratifie l'aveu qu'Ibbolène, abbé de ce Monaftère, avoit rendu à Bérard II, évêque du Mans, *ibid.* Il confirme en faveur d'Herlemond, fucceffeur de Bérard, tous les priviléges & les immunités des autres Monaftères de ce diocèfe, an. 713, p. 105. Il ratifie les Chartes de Childeric II & de Childebert III, également en faveur de ce Prélat, par lefquelles ces Princes faifoient remife à cette Cathédrale de la redevance dûe au Fifc pour le bénéfice *Ardunum*, an. 713, p. 106.

DALMATIE, pays fitué le long du golfe de Venife, compris autrefois dans le royaume de Bofnie, il étoit gouverné par des Ducs fous le règne de Louis le Débonnaire ; il eft préfentement partagé entre l'État de Venife & la République de Ragufe, an. 818, p. 330.

DANIEL, archevêque de Narbonne. Ce Prélat fait un pélerimage à Jérufalem, pendant lequel le comte Milon ufurpe les biens de cette Cathédrale, an. 782, p. 176.

DANSES. Voyez COMÉDIENS.

DAVID, abbé de Charroux ; il fut le fecond, an. 789, p. 191.

DAVID, particulier, fonde, de concert avec Bénédictine fa femme, le monaftère de Panrac ou Polnat dans le diocèfe de Périgueux, an. 804, p. 236.

DÉE *(Deas)*, monaftère fondé par les Moines de faint Filibert de Noirmoutiers ; Louis le Débonnaire fait une donation à cette Maifon, an. 839, p. 459. Voyez GRAND-LIEU.

DÉIDON, abbé de Saint-Remi de Reims, affifte au Concile de Sens, & foufcrit l'acte de tranflation du monaftère de Saint-Remi de cette ville dans le lieu nommé Vareilles, an. 833, p. 418 & 419.

DÉLAI. Les Ordonnances fous nos Rois des deux premières Races, fixioient à un certain nombre de nuits les délais pour répondre aux ajournemens ou affignations ; il y avoit trois délais, & le dernier étoit de quarante-deux nuits pour comparoître, fi on paffoit ce dernier délai fans fe préfenter devant les Juges, la loi dans ce cas ordonnoit que le procès fût jugé par forclufion, an. 812, p. 266.

DELLON, comte & père de Gifelafred, qui fut, à ce que l'on croit, comte de Carcaffonne : Dellon fut employé pour faire faire le bornage des biens du monaftère de Saint-Couat, qui étoient fitués fur la rivière d'Aude, an. 838, p. 453.

DELRIC, évêque de Bafle, affifte au Concile de Sens, & foufcrit l'acte de tranflation de l'abbaye de Saint-Remi de cette ville dans le lieu nommé Vareilles, an. 833, p. 418 & 419.

DEODATA ou DIEUDONNÉE, femme d'Hunald. Voyez HUNALD.

DEODATUS ou DIEUDONNÉ, faint moine, fonde l'abbaye de Saint-Dié-en-Vofge, an. 671, p. 81.

DEODATUS, pape, il donne une Bulle en faveur du monaftère de Saint-Martin de Tours, an. 674, p. 84.

DÉPARTEMENT, ARRONDISSEMENT & GOUVERNEMENT, font, ce femble, la dénomination propre de l'arrangement que Louis le Débonnaire fit en 822, par lequel il divifa la France

TABLE DES MATIÈRES.

en plusieurs districts, & assigna un chef-lieu de résidence à deux *Missi* ou Gouverneurs, leur marquant les lieux sur lesquels ils auroient droit d'inspection, an. 822, p. 360.

DÉPARTEMENT. Ce mot est pris aussi pour la visite ou tournée que les *Missi* faisoient annuellement dans tous les lieux de leur district ; Ordonnance qui règle les vivres que l'on fournira aux *Missi* lorsqu'ils feront leur département ; le temps qui suit immédiatement l'octave de Pâques est le terme dans lequel ils doivent le commencer, an. 829, p. 396.

DÉSERTEURS. Ordonnance de Charlemagne, qui porte peine de mort & confiscation de biens contre les déserteurs en temps de guerre, an. 801, p. 225. Autre Ordonnance touchant les déserteurs, an. 811, p. 260. Nouvelle Ordonnance qui porte peine de mort pour les déserteurs de l'armée durant la campagne, an. 812, p. 271.

DESHÉRENCE (droit de). Voyez AUBAINE.

DEXTRI, terme dont on se servoit anciennement pour exprimer une mesure, en quoi consistoit cette mesure, an. 817, p. 318.

DIACRE. Ordonnance de Charlemagne qui défend de promouvoir à l'Ordre de prêtrise les Diacres avant qu'ils aient atteint l'âge de trente ans, an. 813, p. 283 ; an. 818, p. 332.

DIDANE, épouse d'un particulier nommé Silvius, prend, conjointement avec son mari, pour un bail de cinq années, des fonds de terre appartenans à la cathédrale de Vienne en Dauphiné, an. 812, p. 268.

DIDIER (saint), évêque de Vienne, est assassiné pour avoir reproché à Brunehaut ses crimes, an. 607, p. 53.

DIDIER, trésorier du roi Dagobert I.ᵉʳ ; il demande à ce Prince justice contre les assassins de Rusticus son frère évêque de Cahors, an. 629, p. 58. Il est nommé par le Roi pour succéder à son frère dans ce siége, an. 630, p. 59. Il écrit à Paul, évêque de Verdun, pour l'inviter de se trouver à la bénédiction de l'église du monastère de Saint-Geri dont il fut le restaurateur, an. 632, p. 61. Il fait testament par lequel il établit les Chanoines de sa Cathédrale ses Légataires universels, an. 648, p. 70.

DIDIER, dernier roi des Lombards, est détrôné par Charlemagne ; il est fait prisonnier à Pavie, & relégué ensuite dans l'abbaye de Corbie, où on croit qu'il se fit Moine, an. 774, p. 162.

DIÈTE. Voyez CHAMP DE MARS ou DE MAI, ÉTATS & PARLEMENS. Une Ordonnance de Louis le Débonnaire porte que lorsque le Comte ira à la Diète générale, il sera accompagné de douze Échevins de son Comté, &c. an. 819, p. 339.

DISCIPLINE ECCLÉSIASTIQUE. Nos Rois avoient, dès les premiers temps de la fondation de la Monarchie, une grande part dans les règlemens que les Évêques faisoient sur la discipline ecclésiastique ; ces règlemens étoient toujours publiés & exécutés sous leur autorité. Règlement de Childéric III, par lequel il est défendu aux Clercs de friser leurs cheveux, an. 744, p. 124. Règlemens de Charlemagne sur la discipline ecclésiastique, an. 742, p. 121 ; an. 752, p. 131. Autre Règlement de Charlemagne qui fait défense de donner le voile de Religieuse aux filles avant qu'elles aient atteint l'âge suffisant pour connoître toutes les obligations de l'état monastique, an. 781, p. 176. Ordonnance de Charlemagne qui enjoint aux Évêques & aux Abbés de se servir, dans la célébration de l'office Divin, des livres d'himnes, de pseaumes & de cantiques qu'il a fait composer & recueillir par Paul diacre, an. 788, p. 189. Autre Ordonnance de ce Prince qui règle les limites de la juridiction des Officiers royaux en matière de discipline ecclésiastique, an. 800, p. 212. Ce Prince donne deux Ordonnances ; l'une qui fait défense aux Abbés de recevoir les Novices à la profession avant le temps de probation prescrit par la règle de saint Benoît, & d'exiger d'eux aucune somme d'argent ; & l'autre qui fait également défense aux Évêques de permettre aux Abbesses de sortir de leur Monastère, sans en avoir auparavant obtenu l'agrément du Roi, an. 802, p. 228. Il donne une Ordonnance qui défend d'admettre les Clercs à l'Ordre de prêtrise sans que les Évêques leur aient fait subir auparavant un examen sur leur science, an. 803, p. 232. Autre Ordonnance de ce Prince, qui défend de se livrer aux œuvres serviles les jours de Dimanche, an. 803, p. 234. Autre Ordonnance sur plusieurs points de discipline ecclésiastique, an. 804, p. 237 ; an. 805, p. 242, Charlemagne défend de tenir foires & marchés les jours de Dimanche, excepté dans les lieux où ils se tiennent d'anciennneté, an. 809, p. 257. Il donne deux Capitulaires en forme de Mémoires sur les matières les plus importantes de la discipline ecclésiastique, an. 811, p. 264 & 265. Les Officiers du Roi sont chargés de faire exécuter les Règlemens & les Canons de la discipline ecclésiastique, an. 812, p. 272. Règlemens sur des principaux points de la discipline ecclésiastique, publiés par Charlemagne, an. 813, p. 283. Ordonnance de Louis le Débonnaire, par laquelle il assujétit les Moines de l'abbaye de Landevenech à se conformer aux usages & aux pratiques de la discipline monastique établis par la règle de saint Benoît, an. 818, p. 331 & 332. Autre Ordonnance de ce Prince sur plusieurs points intéressans de la discipline ecclésiastique, an. 818, p. 332. Ordonnance de ce Prince, qui enjoint aux Moines apostats de l'abbaye de Farfe, de rentrer dans leur Monastère ; l'exécution en est confiée aux Ducs & aux Comtes, an. 820, p. 346.

DISCIPLINE MILITAIRE. Ordonnance de Gontran roi de Bourgogne, pour que les Soldats ne commettent dans leurs marches aucuns ravages, an. 588, p. 48.

DISENTIS, ce Monastère, situé à la descente des Alpes, reconnoît Tellon, évêque de Coire, pour son fondateur ; ce Prélat donne par une Charte des biens considérables aux Moines, an. 766, p. 148.

DISY, village de Champagne qui fut donné en dot à l'abbaye d'Hautvilliers dans le temps même de sa fondation par Nivard évêque de Reims, an. 662, p. 78.

DIXMES ECCLÉSIASTIQUES. Ordonnance de Charlemagne pour la Saxe, par laquelle il est enjoint à tous les Saxons de payer aux Évêques & aux Curés la dixme de tous les fruits de la terre, an. 788, p. 187. Ordonnance du Domaine, par laquelle ce Prince veut que les Colons payent exactement aux églises paroissiales la dixme de tous les fruits, an. 800, p. 213. Ordonnance de ce Prince, qui oblige les Ecclésiastiques qui possèdent des dixmes à entretenir & réparer les églises, an. 805, p. 242 ; an. 819, p. 343. Il donne un Règlement sur le partage qui doit être fait des dixmes entre l'évêque de Clèves, &c. an. 805, p. 243. Les Laïcs qui tenoient en bénéfice des fonds de terres dépendans des églises, en payoient la dixme, an. 816, p. 307. Toutes les dixmes du district où l'on établira une paroisse, appartiendront à l'église du lieu, an. 816, p. 316. Ordonnance qui laisse au choix des Évêques de recevoir la dixme en nature ou de l'apprécier en argent, an. 825, p. 378.

DODALENUS & DODO, deux particuliers, font une donation à l'abbaye de Saint-Benigne de Dijon,

& qu'Erlegaud évêque de Langres fait confirmer, an. 816, p. 210.

DODO, particulier, fait, conjointement avec deux de ses frères, une donation à l'abbaye de Saint-Benigne de Dijon, an. 817, p. 317.

DODOBERT, prêtre du diocèse de Bourges, obtient de son Archevêque des Lettres formées (appelées présentement *Exeat*) pour l'Archevêque de Sens, an. 810, p. 259.

DODON, évêque d'Angers, fait confirmer par Pépin roi d'Aquitaine, une concession faite à sa Cathédrale par Charlemagne, an. 838, p. 450.

DOLOMIEUX, village en Dauphiné, où étoient situées quelques métairies léguées au monastère de Saint-Pierre de Lyon par saint Annemond archevêque de cette ville, an. 653, p. 73.

DOMAINE ROYAL ou DOMAINE DE LA COURONNE, soit conquis, soit faisant d'ancienneté partie du patrimoine de la Couronne, pouvoit, sous les deux premières Races de nos Rois, s'aliéner. Premier exemple de pareille aliénation en faveur de Clotilde fille unique de Gontran, roi d'Orléans & de Bourgogne, an. 587, p. 47. Dagobert II avoit détaché des biens de la Couronne pour former la dot de sa fille Adèle ; cette Princesse les lègue en faveur d'un Monastère, an. 732, p. 118. Charlemagne avoit de même formé la dot de Chisèle sa sœur unique, du Domaine qui appartenoit à sa Couronne, an. 799, p. 207. Suivant la loi Salique (*Lege Francorum*), les biens que l'on abandonnoit pour se racheter du dernier supplice, étoient réunis au Domaine de la Couronne, an. 754, p. 136. Fameuse Ordonnance contenant soixante-dix articles pour l'administration de toutes les parties du Domaine royal, an. 800, p. 212. Il paroît que les Colons & les Tenanciers du Domaine du Roi, payoient uniquement en denrées toutes leurs redevances, an. 800, p. 213, 214 & *suiv*. Ordonnance de Charlemagne, qui enjoint aux Vicaires & aux Centeniers, de réclamer au nom du Roi & de réunir au Domaine de la Couronne les biens des particuliers dont les héritiers ne demeureront point dans le royaume, an. 813, p. 280. Il paroît, par une Ordonnance de ce Prince, qu'il étoit de son temps de droit commun que les biens des Serfs du Roi étoient, après leur mort, réunis au Domaine de la Couronne, *ibid*. Dans tous les procès pour cause de succession, jugés par un *Missus*, la dixième partie des biens de l'héritage étoit acquise au Fisc & réunie au Domaine du Roi, année 813, p. 281.

DOMBÂLE, ce lieu situé dans le pays Messin, étoit du Domaine royal ; Pépin le Bref l'en détache pour en faire donation à l'abbaye de Gorze qui ne le possède plus aujourd'hui, an. 752, p. 133.

DOMESTIQUE. Ordonnance de Charlemagne qui fixe le nombre de domestiques que les Comtes & autres gens de distinctions peuvent avoir pour leur service, les obligeant à payer une grosse taxe par chaque valet qu'ils voudront avoir au-delà du nombre porté par l'Ordonnance, an. 812, p. 271.

DOMINIQUE, premier abbé de Charroux, il vivoit du temps du comte Roger, qui est regardé comme le fondateur de cette Abbaye, an. 789, p. 191.

DOMNOLE (saint), évêque du Mans, donne par son testament des biens aux monastères de Saint-Vincent & de Saint-Laurent, an. 572, p. 41. Il avoit fondé le petit monastère de Sainte-Marie qui ne subsiste plus, & l'avoir soumis aux Évêques de cette ville, an. 676, p. 85.

DOMNOLE, évêque de Mâcon, obtient une Charte en faveur de sa Cathédrale, de Pépin le Bref, tandis qu'il n'étoit encore que Maire du palais, an. 750, p. 128. Un Auteur avance mal-à-propos que ce Prélat l'obtint de Louis le Débonnaire en 814, puisqu'il étoit mort dès l'an 769, page 303 ; an. 815.

DOMNOLINE, première Abbesse d'un monastère de filles, fondé par Loup duc de Spolète, dans un faubourg de la ville de Riéti, an. 751, p. 129.

DONAL, vassal du Roi & comte de Melun, obtient en bénéfice de l'Empereur, par surprise, un bien appartenant à l'église de Reims ; il avoit favorisé le parti de Lothaire, & l'Empereur l'ayant appris le dépouille du bénéfice & du Comté, année 834, p. 426.

DONATION entre vifs ; Charlemagne réforme le Code des Lombards sur l'article des donations entre vifs, qui pouvoient auparavant être rétractées à la volonté des donateurs, & il établit que désormais elles seront stables, & que les donateurs ne pourront se réserver, leur vie durant, que l'usufruit des choses données, an. 801, p. 225. Disposition particulière sur les donations entre vifs en faveur de ceux qui font profession des armes, an. 803, p. 232. Pour que les donations entre vifs soient irrévocables, une Ordonnance de Louis le Débonnaire porte qu'elles seront faites en présence de témoins irréprochables, sans en fixer le nombre, an. 819, p. 338.

Donation de biens aux églises, pour être valide doit être faite en présence de témoins irréprochables, an. 863, p. 232. Elle ne peut être faite en faveur du Clergé au préjudice des enfans ou des proches parens, an. 816, p. 316.

DOTALIA, archiprêtre d'Urgelle, souscrit l'Acte de la dédicace de cette Cathédrale, année 819, p. 336.

DONZÈRE, ancienne abbaye située sur les bords du Rhône au diocèse d'Orange, détruite depuis long-temps ; Louis le Débonnaire accorde un Diplome en faveur de cette Maison, an. 814, p. 290. Elle est placée par ce même Prince dans la classe des Monastères qui ne doivent à l'État que les prières, an. 817, p. 319. Donation faite à cette Abbaye & confirmée par l'Empereur, an. 835, p. 427 & 428.

DOT. L'usage parmi les Germains étoit que le mari dotoit sa femme ; cette coutume avoit encore lieu dans ce royaume, au moins parmi les Francs, sous les deux premières Races de nos Rois, an. 578, p. 86 ; an. 783, p. 178 ; an. 827, p. 383. Les filles au moyen d'une dot, suivant la loi des Lombards, ne partageoient point avec les mâles dans la succession du père & de la mère, an. 786, p. 184. Ordonnance dont la disposition est particulière aux Saxons pour la dot des femmes, an. 804, p. 238.

DOTER. On devoit anciennement les garçons qui entroient dans la cléricature, comme les filles dans le cloître : on conjecture que c'est ce qui a donné lieu au titre clérical actuellement en usage, an. 823, p. 365.

DOUAIRE, appelé par les anciens Francs, *Morganegiba*, pratiqué en France dès le temps des premiers Rois, comment il s'assignoit, & en quoi il consistoit, an. 827, p. 383 & 384.

DOUANE, droit royal imposé par nos Rois, même de la première Race, tant sur les marchandises & les denrées qui entroient dans le royaume & qui en sortoient, que sur celles que l'on exportoit dans l'intérieur du royaume. Il est ordinairement exprimé dans les anciens Actes par ce mot latin *Teloneum*, quelquefois, mais rarement, par *Fredum*. Clovis II exempte les Moines de l'abbaye de Saint-Maur-des-Fossés, de payer au Fisc aucun droit de douane, an. 538, an. 538, p. 67. *Voyez la pièce en entier.* Dagobert I.er avoit accordé cette même grâce au monastère de Saint-Denys en 629, p. 58 ; ce qui fut confirmé par Clovis III en 692, p. 95 ; par Chilpéric II en 716, p. 107 ; par Pépin le Bref en 752, p. 131. Clotaire III exempte de même des droits de douane l'abbaye de Corbie, an. 661, p. 77. Charlemagne exempte également des droits de douane l'abbaye de Saint-Germain-des-Prés, an. 778, p. 170.

Doué en Anjou. Églises de ce lieu, fondées par le roi Dagobert I.er: la Charte est critiquée, an. 632, p. 60.

Doux, village en Bourgogne qui confine au territoire d'Autrain ; fut donné par Vigilius, évêque d'Auxerre, à l'abbaye de Notre-Dame-de-dehors, an. 670, p. 81.

Doyen (*Decanus*). On trouve au commencement du IX.e siècle le Doyen au nombre des dignitaires de Chapitre de cathédrale, an. 833, p. 414.

Draco, vice-chancelier sous Lothaire, apparemment qu'Égilmanus, alors chancelier de ce Prince, ou étoit trop vieux pour exercer cet Office, ou étoit exilé ; ce Draco paroît être le premier vice-chancelier, an. 840, p. 462.

Dravernum, seigneurie située dans la Brie, léguée à l'abbaye de Sainte-Geneviève de Paris par le testament du roi Dagobert I.er, an. 636, p. 63.

Droctegan ; abbé de Jumièges, est envoyé à Rome par Pépin le Bref pour assurer le pape Étienne de la protection de ce Prince contre les entreprises du roi des Lombards, an. 753, p. 135.

Drogon, fils de Pépin Héristal & de Plectrude, duc de Bourgogne & comte de Champagne, fait donation à l'abbaye de Saint-Arnould de Metz, de la seigneurie de Mareüil ; époque de la mort de ce Seigneur, an. 690, p. 93.

Drogon, l'un des trois enfans naturels de Charlemagne ; après la mort de ce Prince Louis le Débonnaire força Drogon de prendre l'habit de Moine ; il fut dans la suite évêque de Metz, an. 822, p. 359. Il signe en cette qualité le partage fait entre l'abbé de Saint-Denys & ses Moines, des biens de l'abbaye, an. 832, p. 408. Il sacre le premier évêque d'Hambourg, an. 834, p. 422. Il obtient l'office de Grand-aumônier de l'Empereur ; il préside à une assemblée d'Évêques pour juger un fameux procès entre l'évêque du Mans & l'abbé de Saint-Calez, & prononce le jugement, an. 837, p. 444. Il se trouve à la Cour lorsque l'Empereur meurt, il fait les obsèques de ce Prince, an. 840, p. 462.

Droit romain, suivi en Languedoc sous le règne de Louis le Débonnaire, an. 816, p. 311. La loi des Visigots y étoit aussi en vigueur, an. 822, p. 353 ; an. 832, p. 408. Ordonnance de Louis le Débonnaire, qui porte que les Ordres ecclésiastiques seront désormais régis suivant le Droit romain, an. 837, p. 449.

Dructesinde, abbé de Saint-Mesmin près Orléans, obtient des priviléges de Louis le Débonnaire, en faveur de son Monastère, an. 815, p. 198.

Duc.
Duché. } Les Duchés, sous les deux premières Races de nos Rois, comprenoient plusieurs Comtés ; on pourroit les comparer à ce qui forme de nos jours les grands Gouvernemens ; les Ducs étoient des Officiers amovibles, & leurs fonctions étoient à peu près les mêmes que celles des Gouverneurs de provinces, an. 788, p. 188.

Duché, titre d'honneur donné à de grands Seigneurs sous la première Race de nos Rois ; il semble, suivant un passage d'un Historien contemporain, qu'il falloit la réunion de douze Comtés pour former un Duché, an. 749, p. 147.

Dungale, moine riche, & fameux Astronome, est consulté par Charlemagne sur un phénomène, & il en rend raison dans une Lettre qu'il écrit à ce Prince, 810, p. 259.

Duren, ancienne ville du territoire des Francs Ripuaires, située entre Cologne & Aix-la-Chapelle, les Rois de cette tribu y avoient un palais qui subsistoit encore du temps de Charlemagne ; ce Prince y faisoit quelque séjour dans le courant de chaque année, an. 775, p. 166.

E

Ebbon, patrice, fonde & dote richement le monastère de Novalèse ; il le bâtit dans le Piémont au bas du mont Cénis, an. 739, p. 120.

Ebbon, archevêque de Reims, obtient de Louis le Débonnaire un emplacement dans l'enceinte de cette ville proche le cloître des Chanoines, pour y bâtir une nouvelle Cathédrale, an. 817, p. 327. Ce Prélat est nommé *Missus* par Louis le Débonnaire dans le département de Reims, an. 822, p. 360. Il est nommé Commissaire par ce Prince pour le rétablissement & la réédification de l'abbaye de Montier-en-Der, an. 827, p. 382 & 383. Il assiste au Concile tenu à Saint-Denys pour la réforme de cette Abbaye, & signe l'Acte de partage des biens de cette Maison, convenu alors entre l'Abbé & ses Moines, an. 832, p. 408. Il seconde la révolte des enfans de Louis le Débonnaire, an. 833, p. 420. Ce Prélat étoit de basse extraction ; il est cité à l'assemblée de Thionville où il comparut, il avoue son crime ; ses confrères, pour prévenir les suites du procès qu'on alloit lui faire, le portent à se démettre de son siége, après quoi des Auteurs écrivent que l'Empereur le fit enfermer dans le monastère de Fulde, an. 835, p. 427. Il s'évade de prison & se réfugie dans le royaume de Lothaire ; aussi-tôt que ce Prince est parvenu à l'Empire, Ebbon est rétabli dans son siége, an. 840, p. 464.

Éberard, comte & fils d'Adelbert, duc dans l'Alsace, dote le monastère de Murbac établi par Pirminius, & obtient un Diplome du roi Thierri IV, qui confirme cette bonne œuvre, an. 726, p. 117. Il institue, du consentement de la comtesse Émeltrude sa femme, ce même Monastère pour son légataire universel, & Romain qui en étoit abbé accepta le legs, an. 727, p. 118.

Éberhard ou Éberard, autre comte, nommé Commissaire par Charlemagne pour établir les limites du territoire de Wurtzbourg sur le Mein, an. 779, p. 173. Quelques Auteurs pensent qu'il épousa Gisèle fille de Louis le Débonnaire. Testament de ce Seigneur dont les dispositions nous apprennent beaucoup d'usages de ces temps reculés, an. 837, p. 446.

Ébersheim, monastère. Voyez Ébersminster.

Ébersminster ou Ébersheim. Ce monastère, situé sur la rivière d'Ill dans l'évêché de Strasbourg, est exempté par le roi Thierri III des devoirs de vassalité & autres droits, pour les biens qu'il a acquis dans l'étendue de la seigneurie de Hiltesheim dépendante du Fisc, an. 683, p. 89. Diplome de Charlemagne, portant des immunités en faveur de cette Abbaye, an. 810, p. 258. Cette Abbaye est comprise dans l'état que Louis le Débonnaire fit dresser des Monastères de l'Empire, dans la classe

Tome I.

de celles qui ne lui devoient que des prières, an. 817, p. 319.

ÉBÉRULFE, assassin de Chilpéric Iᵉʳ, condamné à mort, s'enfuit dans l'église de Saint-Martin, d'où on n'ose le tirer pour lui faire subir la peine de son crime, an. 587, p. 47.

EBHÉRARD, particulier, fait un échange de fonds de terre avec Marcward abbé de Pruim, an. 835, p. 432.

ÉBOLATUS, seigneur qui habitoit dans la Marche d'Espagne, fait, conjointement avec Vérone son épouse, la donation d'une terre à l'abbaye du Mas d'Azil, an. 817, p. 326.

ÉBROGÈRE, abbé ou prieur d'une Celle nommée *Bebrona*, dépendante de l'abbaye de Saint-Bertin, acquert des fonds, au profit de son Prieuré, d'un particulier appelé Erlhaire, an. 807, p. 251.

ÉBROIN, maire du palais du roi Thierri III ; il fut un Ministre injuste & ambitieux ; il abusa de son crédit pour persécuter les Seigneurs, & il fit confisquer à son profit les biens d'un grand nombre ; il porta son Maître à faire une guerre injuste à Dagobert roi de Neustrie, an. 676, p. 85.

ÉBROIN, différent de celui qui étoit Maire du Palais, celui-ci étoit fils du comte Eudes ; il fit donation à Willibrorde de plusieurs héritages situés dans le duché de Gueldres, an. 720, p. 112.

ÉBROIN, archevêque de Bourges, donne des lettres formées au prêtre Dodobert, adressées à l'archevêque de Sens, an. 810, p. 259.

ÉBROIN, évêque de Poitiers & abbé de Saint-Hilaire de cette ville, est nommé Commissaire par Louis le Débonnaire pour juger un différend entre l'évêque du Mans & l'Abbé & les Moines de l'abbaye de Saint-Calez de cette ville, an. 837, p. 443. Ce Prélat vient à la Cour de Louis le Débonnaire l'avertir des mouvemens qui se faisoient en Aquitaine à l'occasion du choix que l'Empereur faisoit de Charles son fils pour succéder à Pépin dans ce royaume, par préférence au fils de Pépin, an. 839, p. 458.

ÉCHEVINS (*Scabini*, *Echeveni* ou *Escapinii*). C'étoit ainsi que l'on nommoit les Juges ou les Assesseurs des Tribunaux de chaque canton ou district ; il y avoit cependant des Échevins, même à la Cour du Roi, c'étoient ceux que l'on appeloit Échevins Palatins (*Scabini Palatii*) ; ceux-ci ne jugeoient pas non plus en dernier ressort, mais peut-être n'étoient-ils destinés que pour juger les causes des Commensaux du Roi, an. 780, p. 174. Ordonnance qui défère aux *Missi* la nomination des Échevins dans les Justices royales, an. 803, p. 233. Autre Ordonnance qui porte que le Comte prendra le suffrage de la communauté pour nommer les Échevins, an. 809, p. 257. Il falloit être sans reproches pour pouvoir parvenir à l'échevinat, *ibid.* Les Échevins de chaque Comté, au nombre de douze seulement, étoient obligés d'aller aux Diètes ou assemblées générales, an. 819, p. 339.

ÉCOLE. Charlemagne protecteur des Arts & des Sciences, publie une Ordonnance pour que les Évêques & les Abbés établissent des Écoles ou Collèges où on enseignât les Lettres humaines, an. 787, p. 186. Il fait une fondation en faveur de l'église d'Osnabruck sous la condition que l'Évêque établira une double École où on enseigne la langue latine & la langue grecque, an. 804, p. 236. Alcuin établit une École dans le monastère de Saint-Martin de Tours qui fut fameuse dès son commencement, an. 804, p. 238. Leydrade, archevêque de Lyon, établit dans cette ville des Écoles où l'on enseigne publiquement les saintes Écritures & le chant, an. 813, p. 286. Louis le Débonnaire enjoint, dans une Ordonnance, à tous les Évêques de ses États, d'établir des Écoles publiques dans les principaux lieux de leurs diocèses, an. 822, p. 360. Nouvelle injonction aux Évêques, par ce même Prince, sur l'établissement des Écoles pour l'instruction des Clercs & des Laïcs, an. 825, p. 378. Inchade, évêque de Paris, est un des premiers Prélats qui, en vertu de l'Ordonnance de l'Empereur, établit des Écoles publiques dans cette capitale, an. 829, p. 394. Alberic, évêque de Langres, en établit aussi pour son Clergé & pour le Peuple de cette ville, an. 834, p. 424.

ÉCOUEN. La seigneurie de ce lieu, avec la forêt, sont donnés au monastère de Saint-Denys par le roi Dagobert Iᵉʳ, an. 632, p. 59.

ÉCUYER, appelé sous le règne de Charlemagne, *Comes stabuli* ; c'étoit un des grands Officiers de la Couronne ; il avoit une surintendance générale sur tous les autres Officiers employés aux Écuries du Roi : il y a des Auteurs qui prétendent que ce fut ce même Officier qui devint sous la troisième Race le Connétable, an. 814, p. 289.

EDDON, comte, dont on ignore le nom & la situation du Comté, fut un des quinze qui signèrent le testament de Charlemagne, an. 811, p. 263.

ÉDELBERT, Officier de la Cour du roi, sous le règne de Charlemagne ; il paroit probable qu'il en étoit le Greffier ; c'étoit celui qui expédioit les Arrêts, an. 812, p. 267.

ÉDOALDE, archevêque de Vienne, fait une nouvelle dédicace de cette Métropole ; elle étoit auparavant sous l'invocation des sept Machabées, il la mit sous celle de saint Maurice, & plaça sur le maître-hôtel un fameux reliquaire qu'il obtint du pape Constantin, an. 713, p. 106.

ÉDUCATION. Les Empereurs Romains faisoient attentivement veiller à l'éducation des enfans. Ordonnance des empereurs Valens, &c. qui porte que l'on distribuera annuellement, des greniers publics, une certaine quantité de blé & autres denrées aux Professeurs d'Éloquence & de Grammaire établis dans les grandes villes, an. 376, p. 8.

ÉGIDIUS, évêque de Reims, sacré, par ordre de Sigebert, Promotus évêque de Châteaudun, & reçoit à ce sujet des reproches des Évêques qui composèrent le quatrième Concile de Paris, an. 573, p. 41.

ÉGILMANUS, chancelier de Lothaire roi d'Italie, & depuis Empereur, an. 840, p. 462.

ÉGINHARD, neveu de Charlemagne, écrivit l'histoire du règne de Louis le Débonnaire, fonde de concert avec Imma son épouse, le monastère de Mulinheim dans le diocèse de Mayence, an. 815, p. 298. Il est accusé de fomenter la discorde dans la famille royale, il s'en excuse dans une Lettre qu'il adresse à l'impératrice Hermengarde, an. 816, p. 313. Il eut l'abbaye de Saint-Bavon de Gand, en faveur de laquelle il obtint de Louis le Débonnaire un Diplome, an. 819, p. 334. Éginhard & sa femme font conjointement un legs à l'abbaye de Lauresham, an. 819, p. 335. Il eut encore l'abbaye de Saint-Servat d'Utrecht, an. 821, p. 351. Il fait un échange avec l'Abbesse d'Argenteuil, an. 824, p. 370.

ÉGLISES (les) ont le droit d'asile pour toutes sortes de crimes, an. 594, p. 50. Voyez ASILE. Ordonnance de Childeric III, qui défend aux Laïcs d'entrer dans le sanctuaire des églises, an. 744, p. 124. Les compositions sont doubles à cause du respect dû aux églises pour les rixes qui y arrivent avec effusion de sang, an. 819, p. 338. On ne peut aliéner les biens de l'église sans l'agrément du Roi, an. 822, p. 358. Il étoit encore d'usage, sous Louis le Débonnaire, que les Laïcs fussent propriétaires des églises paroissiales & des monastères, & qu'ils les missent dans le commerce, an. 823, p. 363 & 364; an. 826, p. 380. Ordonnance qui porte que les Laïcs qui seront propriétaires d'églises les entretiendront & y feront célébrer l'office divin, sinon qu'ils seront tenus de les remettre aux Évêques, an. 829, p. 395. Les églises ou paroisses situées dans les Domaines du Roi, n'étoient desservies que par des Clercs tirés de sa chapelle, ou qui avoient été ses Serfs, Ordonnance sur le Domaine, article VI, an. 800, p. 213. Règlement sur la nécessité ou l'inutilité de bâtir des églises, an. 803, p. 232. Autre Règlement pour que l'on ne bâtisse ni églises ni chapelles à moins qu'elles ne soient suffisamment dotées pour être desservies, an. 803, p. 232. Ordonnance qui porte que la prescription de trente années aura lieu en faveur des églises, an. 829, p. 396.

ÉGREMAR, particulier, fait, conjointement avec Eve sa femme, une donation en faveur de Saint-Benigne de Dijon, an. 776, p. 167.

EIGIL, abbé de Fulde, il en fit rebâtir l'église, & obtint de Louis le Débonnaire un Diplome qui confirme tous les priviléges que les Rois de France avoient ci-devant accordés à cette Maison, an. 820, p. 346.

EIMOND, comte, est nommé *Missus* par Louis le Débonnaire dans le département de Cologne, an. 822, p. 360.

EINARD. Voyez ÉGINHARD.

EINHARD, abbé de Sainte-Marie d'Aix-la-Chapelle, obtient de Charlemagne un Diplome qui confirme toutes les donations que ce Prince & ses prédécesseurs avoient faites à ce Monastère, année 779, p. 172.

EINHILT ou EINHILDE, princesse du Sang de France, fondatrice & première Abbesse du monastère de Mize; elle lègue en outre à ses Religieuses sa bibliothèque, an. 783, p. 178.

ÉLECTIONS. Dans le v.º siècle, les Évêques des Gaules faisoient approuver leur élection par les Papes : peine infligée à Hermès, archevêque de Narbonne, parce que le Pape juge que son élection n'a pas été faite suivant les Canons, an. 462, p. 14. Exemple du droit de suffrage dans les élections dont les Laïcs usoient encore à la fin du v.º siècle, an. 472, p. 15. Les élections aux Évêchés n'eurent presque pas lieu en France sous les deux premières Races de nos Rois, an. 630, p. 59. Les élections aux Abbayes étoient, du moins pour celles de fondation royale, de pures concessions de la part de nos Rois : les Moines étoient tenus d'envoyer l'acte de l'élection au Roi, qui le confirmoit ou le rejetoit à son gré, an. 681, p. 89; an. 821, p. 351. Le pape Étienne III permet aux Moines de Saint-Denys, d'élire parmi eux un Évêque pour l'intérieur de leur Monastère, an. 772, p. 159. Charlemagne accorde aux Moines de Farfe le droit d'élire leur Abbé, an. 775, p. 165. Ce privilége est confirmé par Louis le Débonnaire, an. 815, p. 303. Ce Prince accorde le même privilége aux Moines de l'abbaye de Saint-Hilaire de Carcassonne, an. 815, p. 306. Il l'accorde aussi à ceux de l'abbaye de Saint-Mihiel, an. 816, p. 313. Ordonnance de cet Empereur, publiée en conséquence des règlemens qu'il fit faire dans l'assemblée d'Aix - la - Chapelle en 816, par laquelle il accorde au Clergé de ses États le droit d'élire les Évêques, an. 816, p. 316. Privilége de l'élection de l'Abbé, accordé par ce Prince aux Moines de Belle-celle, an. 819, p. 333. Ce même privilége avoit été ci-devant accordé par ce Prince aux Moines de l'abbaye d'Aniane, sous la réserve du droit de confirmer l'abbé d'Aniane, & même de nommer des Commissaires pour présider à l'élection chaque fois qu'elle auroit lieu : il paroit que ce fut toujours avec cette même réserve lorsque nos Rois se départirent de leur droit de nommer aux Évêchés & aux Abbayes pour en permettre l'élection, an. 822, p. 359. Privilége d'élire l'Abbé, accordé par Louis le Débonnaire aux Moines de la Nouvelle-Corbie, an. 823, p. 364. Exemple de la liberté que nos Rois, en permettant les élections, s'étoient réservée d'exclure l'élu & de faire procéder à une nouvelle élection en présence des Commissaires qu'ils envoyoient sur les lieux, & de la nécessité où étoit celui qui avoit été élu de faire confirmer son élection, an. 828, p. 388. Nos Rois exigeoient le serment des principaux habitans des villes, sur les mœurs & la science des Évêques avant de confirmer leur élection, an. 834, p. 427. Forme de l'élection de l'évêque de Saint - Paul - trois - châteaux ; cette même forme fut communément usitée pour toutes les élections des Évêques sous le règne de Louis le Débonnaire, an. 839, p. 456. Lothaire accorde aux Moines de l'abbaye de Nantua le privilége d'élire désormais leur Abbé, an. 840, p. 466.

ÉLIANE, abbesse d'Argenteuil, obtient un Diplome de Carloman, qui confirme tous les priviléges de son monastère, an. 769, p. 153.

ÉLIE, évêque de Troies, souscrit l'acte de translation du monastère de Saint-Remi de Sens dans le lieu de Vareilles, an. 833, p. 418 & 419.

ÉLIPAND, archevêque de Tolède, adopte les erreurs de Félix évêque d'Urgelle, & est condamné au Concile de Francfort, an. 794, p. 199.

ÉLISACHAR fut chancelier de l'empereur Louis le Débonnaire, il avoit rempli cet Office sous ce Prince lorsqu'il n'étoit que roi d'Aquitaine, année 814, p. 290. Il se retire de la Cour & remet sa Chancellerie ; l'Empereur lui donna l'abbaye de Saint-Maximin de Trèves, en faveur de laquelle il obtint un Diplome de ce Prince, an. 821, p. 349. Il eut aussi celles de Saint-Riquier, de Saint-Aubin d'Angers & de Jumiège, & ayant eu part à la révolte des trois enfans de l'Empereur, il fut envoyé en exil, an. 831, p. 406. Il est rappelé de son exil, & nommé Commissaire par l'Empereur pour terminer un procès de l'évêque du Mans, an. 835, p. 429.

ELMETRUDE, femme d'Oliba comte de Carcassonne, fit donation, conjointement avec son mari, à l'abbaye de Grasse de la terre de *Favarias*; elle la reprit ensuite en bénéfice de la part des Moines, an. 820, p. 347.

ELNONENSE monasterium. Voyez SAINT-AMAND.

ÉLOI (saint), évêque de Noyon, bâtit le monastère appelé aujourd'hui Solignac, & lui donne un fisc de ce nom, an. 621, p. 55.

ÉMANT, terre de l'ancien domaine de l'abbaye de Saint-Germain-des-Prés, on en ignore la situation; Hilduin, abbé de ce Monastère, faisant un partage entre lui & ses Moines, l'abandonna pour faire partie de la manse conventuelle, an. 829, p. 391.

EMBRUN. Contestation entre l'Évêque de cette Métropole & celui d'Aix au sujet de la ville de Nice, an. 464, p. 14.

ÉMELTRUDE, femme du comte Éberard, fondatrice du monastère de Morbac. Voyez ÉBERARD.

ÉMENON, comte de Poitiers, fut disgracié & privé de son Office par Louis le Débonnaire pour avoir eu part à la révolte des Aquitains, arrivée après la mort de Pépin fils de cet Empereur ; ce qui prouve que les Comtés n'étoient pas encore héréditaires en ce temps, an. 839, p. 459.

ÉMÉRIUS, évêque de Saintes, est déposé dans un Concile assemblé par Léontius évêque de Bourdeaux, & rétabli par Charibert, an. 566, p. 39.

ÉMILIE, petit pays d'Italie, voisin de l'exarchat de Ravenne, & que des Auteurs prétendent y avoir été autrefois compris : Pépin le Bref le conquit sur les Lombards, il en fit donation à l'église de Rome, an. 755, p. 138.

EMMON ou ÉMMENON, évêque de Sens, exempte de sa jurisdiction le monastère de Saint-Pierre de cette ville, il se réserve seulement le droit de bénir l'Abbé après que les Moines en auront fait l'élection, an. 657, p. 74. Il accorde le même privilége au monastère de Sainte-Colombe de cette ville, an. 658, p. 75.

EMPIRE d'Occident, rétabli par Charlemagne, an. 801, p. 220. L'Empire est assuré à Louis roi d'Aquitaine fils de Charlemagne, dans une assemblée générale des États, an. 813, p. 278 & 279. Louis fait choix de Lothaire son fils aîné, pour lui succéder à l'Empire ; droits de l'Empereur sur les royaumes de Germanie, d'Aquitaine & d'Italie, réglés par le partage de 817, p. 320 & 321. Lothaire est couronné Empereur à Rome par le pape Paschal I.er : Paul diacre avance qu'alors ce Prince recouvrit la souveraineté sur la ville de Rome qui avoit été autrefois le siége de l'Empire d'Occident, an. 823, p. 362. Ce sentiment est prouvé par un jugement que l'empereur Lothaire rendit à Rome entre le pape Étienne II & Ingoade abbé de Farfe, an. 824, p. 370. Autre preuve de ce sentiment tirée du serment de fidélité que les Romains prêtèrent à l'empereur Lothaire, & de l'Ordonnance que ce Prince publia à Rome, portant des règlemens de police & des peines contre ceux qui y contreviendroient, an. 824, p. 372 & 373. Louis le Débonnaire, en qualité d'Empereur, envoie de France des *Missi* à Rome pour y faire observer ses Ordonnances & pour y juger en dernier ressort les causes d'appel des Tribunaux inférieurs ; ses *Missi* jugèrent dans cette occasion un grand procès entre le pape Grégoire IV & l'abbé de Farfe, où le pape y fut condamné, an. 829, p. 391 & 392. Après la mort de Louis le Débonnaire l'Empire ne fut, dans la personne de Lothaire son fils, qu'un titre d'honneur sans souveraineté sur les royaumes de France, de Bavière & d'Aquitaine, possédés par ses frères, an. 840, p. 463.

ENCENGIA, terme de la basse latinité. Voyez ANCEINGIA.

ENGELBERT, franc salien, c'est-à-dire homme noble, & ce que nous appelons aujourd'hui *homme de qualité*, fait une riche donation à l'église cathédrale d'Utrecht, an. 711, p. 104.

ENGILBERGE, fille de Théodebert comte de Madrie, épousa Pépin roi d'Aquitaine fils de Louis le Débonnaire ; cette Princesse eut plusieurs enfans de son mariage, an. 838, p. 454.

ENGILBERT, abbé de Saint-Maur-des-Fossés, détache de son Abbaye une colonie de Moines qu'il conduit à celle de Saint-Maur-sur-Loire, qui étoit déserte depuis quelque temps ; en cette considération Louis le Débonnaire régla par des Lettres, que ce Monastère seroit désormais & à perpétuité sous la conduite & l'obéissance de l'Abbé de Saint-Maur-des-Fossés, an. 833, p. 416.

ÉPAO, nom ancien d'un village considérable, qui étoit du domaine de l'église de Vienne en Dauphiné ; les Chanoines & l'Évêque de cette cathédrale avoient donné à vie en bénéfice cette seigneurie à Abbon comte de Vienne, après sa mort ils en recouvrèrent la jouissance, & en obtinrent la confirmation de la propriété par un Diplôme de Louis le Débonnaire, an. 831, p. 403.

ÉPHIBIUS, que l'on croit avoir eu une dignité dans la cathédrale de Vienne en Dauphiné, fait donation à cette église de la terre de Gensac, située en Angoumois, qu'il avoit héritée de ses parens, an. 696, p. 97.

ÉPIPHANIUS, abbé de Saint-Vincent sur le Vulturne, obtient de Louis le Débonnaire un Diplôme qui confirme toutes les donations qui avoient été faites à cette maison, an. 831, p. 404.

ÉPREUVE de l'eau chaude & de l'eau froide, en usage encore sous Louis le Débonnaire, pour découvrir la vérité, an. 825, p. 377. Ce Prince rend une Ordonnance dans la suite par laquelle il abolit cette épreuve, an. 829, p. 396.

EPTERNAC, ce monastère d'hommes de l'Ordre de saint Benoît, situé dans le diocèse de Trèves, regarde Irmina, fille du roi Dagobert II, comme sa fondatrice, parce que cette Princesse fit donation aux Moines de la moitié du domaine de ce lieu, an. 698, p. 99. Charte de Pépin & de Plectrude son épouse, par laquelle ils ratifient toutes les donations faites en faveur de cette Abbaye, an. 706, p. 102. Le duc Arnould, petit-fils de Pépin Héristal, fait donation à cette Abbaye d'une terre appelée Bollanc, an. 716, p. 109. Willibrord évêque d'Utrecht, donne aux Moines, par son testament, plusieurs terres considérables, an. 724, p. 116. Donation en faveur de cette Abbaye par Pépin le Bref, de l'église & du lieu de Crome, avec la forêt de Contelle, située dans les environs, an. 752, p. 131. Les Moines de cette Abbaye avoient perdu le titre des donations que Carloman leur avoit faites, ils en obtiennent un nouveau de Charlemagne qui les ratifie, an. 790, p. 194.

ERCAMBAUD, chancelier de France sous le règne de Charlemagne, an. 799, p. 208.

ERCHAMRADE, évêque de Paris, assiste à une fameuse assemblée d'Évêques, tenue à Saint-Denys pour la réforme de cette Abbaye ; il signe l'acte de partage qui fut convenu alors entre l'Abbé & les Moines, an. 832, p. 408. Ce Prélat souscrit encore l'acte de translation du monastère de Saint-Remi de Sens dans le lieu appelé Vareilles, an. 833, p. 418 & 419. Il est nommé Commissaire par Louis le Débonnaire pour terminer un différend entre l'Évêque du Mans & l'Abbé & les Moines de l'abbaye de Saint-Calez de cette ville, an. 837, p. 443.

ERCHANGAIRE, comte dans l'Allemagne, est un des quinze qui signèrent le testament de Charlemagne, an. 811, p. 263.

ÉREMBERT est élu abbé de Corbie, le roi Thierri III confirme par un Diplôme l'acte de son élection, an. 681, p. 89 ; an. 691, p. 94.

ÉRIBERT, comte dans le Vivarais, fonde l'abbaye de Cruas, an. 817, p. 322.

ERKEMBOD, évêque de Térouanne & abbé de Saint-Bertin, fait donation à son Monastère d'une terre qu'il avoit acquise d'un particulier nommé Rigobert, an. 723, p. 115.

ERLALD, sénéchal du Roi, prend en bénéfice de l'abbaye de Saint-Martin de Tours, une terre située en Auvergne que l'on appeloit *Marciagus*, an. 828, p. 386.

ERLEBERT, abbé de Saint-Benigne de Dijon & corévêque de Langres, fait un échange d'héritage avec Séraphim abbé de Bèze-Fontaine, an. 828, p. 387.

ERLEGAUD, abbé de Saint-Benigne de Dijon, fait une acquisition de fonds de terre au profit de son Abbaye, année 816, p. 309. Jugement

obtenu

TABLE DES MATIÈRES. lxxxvij

obtenu par cet Abbé qui maintient son Monastère dans la possession de biens qui lui avoient été légués, an. 816, p. 310. Cet Abbé reçoit une donation faite en faveur de son Monastère par trois particuliers qui étoient frères, an. 817, p. 317. Il fait lui-même un legs à son Abbaye de plusieurs fonds de terres en vignes, en prés, &c. situés sur la rivière d'Ouche, an. 820, p. 344.

ERLHAIRE, particulier, vend des fonds de terre à l'abbé de Saint-Bertin, avec réserve de l'usufruit pour lui & ses enfans, an. 805, p. 245. Il en vend aussi à Ébrogère abbé d'une Celle dépendante de l'abbaye de Saint-Bertin, an. 807, p. 251.

ERMEDONIS, seigneurie qu'Hilduin, abbé de Saint-Denys, ajouta à la manse de ses Moines après le partage qu'il avoit fait avec eux, sous la condition qu'ils rétabliroient dans ce Monastère l'office continuel de jour & de nuit, an. 833, p. 419.

ERMEGUNDE, épouse d'un Seigneur de Septimanie nommé Dadila; il lui laissa en mourant l'usufruit de grands biens & d'un mobilier considérable sous la condition qu'elle garderoit sa viduité, an. 813, p. 277. Elle prend à bail à vie, des Moines de Psalmodie, des biens que son mari avoit légués à ce Monastère, an. 815, p. 303.

ERMEMBERT ou ÉREMBERT, obtient, à la prière de Charlemagne, le *Pallium* du pape Adrien I, parce qu'il étoit archevêque de Bourges & métropolitain de l'Aquitaine, an. 786, p. 183.

ERMENA fait, conjointement avec son mari Riccolène, donation à l'abbaye de Saint-Étienne de Dijon, de la seigneurie de Villars avec ses dépendances, an. 761, p. 144.

ERMENALD ou ERMENALDE, abbé d'Aniane, obtient de l'empereur Louis le Débonnaire, un Diplome en faveur de son Abbaye, année 835, p. 430. Il obtient une Charte de ce Prince, qui confirme la donation du village de Caussenas qu'il avoit faite à cette Abbaye n'étant encore que roi d'Aquitaine, an. 837, p. 444 & 445. Ce même abbé obtient de ce Prince, deux jours après, une seconde Charte en faveur de son Abbaye, *ibid.*

ERMENARD, particulier, est condamné dans un plaid tenu à Carcassonne, de restituer à l'abbaye de Saint-Hilaire de cette ville, un fonds de terre nommé *Nitolarias*, situé dans le Roussillon, an. 803, p. 229.

ERMENBERT. Ce Seigneur fait donation de trois métairies au monastère de Saint-Étienne de Dijon, an. 632, p. 60.

ERMENFROID, comte dans la Franconie, étoit en outre *Missus*, il fut nommé Commissaire, par Louis le Débonnaire, dans un procès que soutenoit à la Cour de ce Prince l'évêque de Vurtzbourg, il fit le rapport, & l'Empereur jugea, an. 820, p. 345.

ERMENOARA fait donation à l'abbaye de Saint-Benigne de Dijon, d'un domaine nommé *Rufiacus*, situé dans le pays de Bèze, diocèse de Langres, an. 715, p. 107; an. 735, p. 119.

ERMENTRUDE, abbesse de Jouarre dans le diocèse de Meaux, fait un échange de biens avec Hilduin, abbé de Saint-Denys, & en obtient la confirmation de Louis le Débonnaire, an. 839, p. 455.

ERMENTRUDE, épouse de Nizezius, riche particulier du Querci. Voyez NIZEZIUS.

ERMINSUL ou ERMUNSUL, expression composée de la langue Saxonne, sa signification, an. 799, p. 207.

ERTHEL, terre située près d'Hamelbourg, dépendante autrefois du fisc, elle en fut détachée par Charlemagne qui en fit donation à l'abbaye de Fulde, an. 777, p. 169.

ESCAUT (l'), fleuve. Chilpéric cède à l'église de Tournai plusieurs droits de pontage & de péage qu'il avoit sur ce fleuve, an. 575, p. 42.

ESCLAVONS, anciens peuples barbares, colonie de nation Germanique, ils habitoient vers les rives du Danube dans la Hongrie, & leur contrée s'appeloit de leur nom, l'*Esclavonie*; ils rompirent, sous le règne de Louis le Débonnaire, leur Traité d'alliance avec les Bulgares, & se sentant plus foibles, ils envoyèrent des Ambassadeurs vers ce Prince lui demander du secours, an. 818, p. 330. Ces peuples dans la suite font des tentatives pour s'emparer de la Pannonie; Louis le Débonnaire est contraint de mettre des troupes sur pied pour les en chasser, an. 821, p. 349 & 350.

ESHEIN-MUNSTER. Ce monastère, situé dans la basse Alsace, a eu pour fondateur Hatton comte d'Hasbourg; Heddon évêque de Strasbourg le rétablit & lui donna de grands biens, an. 762, p. 145.

ESPAGNE. Les provinces de ce royaume, conquises par Charlemagne, ainsi que les pays limitrophes que l'on appeloit alors les Marches, firent partie du royaume d'Aquitaine qui échut à Louis par le partage de Charlemagne, an. 806, p. 246.

ESPAGNOLS. Ces peuples, Gots d'origine, sont chassés de leurs demeures par les Sarazins; Charlemagne en reçut un très-grand nombre dans ses États, & leur donna des terres en alleu; la plupart formèrent leurs nouveaux établissemens dans le Roussillon, dans le Lampurdan, dans l'ancien comté de Bezalu, dans les diocèses de Narbonne, de Carcassonne & de Béziers, & dans le marquisat de Gironne; ils se plaignent des vexations que les Officiers du Roi exerçoient sur eux, année 812, p. 267 & 268. Ordonnance de l'empereur Louis le Débonnaire, qui fixe l'état de ces étrangers en France, an 815, p. 295. Lettres patentes de ce Prince en interprétation de la précédente Ordonnance, année 816, p. 306.

ESPAVES (*rasica*). Droits en usage dès la seconde Race de nos Rois, & qui appartenoient au Seigneur dans l'étendue de son alleu & de sa justice; Louis le Débonnaire donne un Diplome par lequel il maintient l'évêque d'Elne dans la possession de partager avec le fisc les droits de voieries & d'épaves dans cette ville, an. 836, p. 435.

ESPINAI-SUR-ORGE est de l'ancien domaine de l'abbaye de Saint-Germain-des-Prés; Hilduin qui en étoit Abbé du temps de Louis le Débonnaire, faisant un partage entre lui & ses Moines, abandonna cette terre pour faire partie de la manse conventuelle, an. 829, p. 391.

ESSONE, près Corbeil dans le territoire de Paris, fut donné à l'abbaye de Saint-Denys par le roi Clotaire I.er; Clovis II ratifia cette donation dans la suite; cette seigneurie fut retirée à ce Monastère & donnée en bénéfice à des Comtes; Fulrad abbé de Saint-Denys fit revivre l'ancienne donation qui en avoit été faite à son Monastère, & obtint un Diplome de Pépin le Bref, qui ordonne qu'elle sera restituée à l'abbaye de Saint-Denys, année 766, p. 148.

ESTAMPES. Le monastère de Saint-Denys en France est maintenu dans la propriété de cette seigneurie par un jugement rendu à la Cour du roi Clotaire III, contre les prétentions de Berchaire évêque du Mans; Letres de ce Prince qui ratifient ce jugement, an. 658, p. 75.

ESTAULES, village ou bourg dans le Beauvaisis; un particulier, nommé Grimalfroi, possédoit des biens

Tome I. y

dans ce lieu, il les légua à l'abbaye de Saint-Denys, an. 770, p. 155.

ESTIVAL. Le monaſtère de Saint-Denys en France eſt maintenu dans la propriété de cette ſeigneurie par un jugement rendu à la Cour du roi Clotaire III, contre les prétentions de Berchaire évêque du Mans ; Lettres de ce Prince, qui ratifient ce jugement, an. 658, p. 75.

ESTIVAL, autre terre ſituée en Limouſin, appartenante à Raoul comte de Turenne, il la donne à Raoul ſon fils qui s'étoit fait Moine, & à Immène ſa fille, Religieuſe de Saint-Geniez en Querci, pour en jouir par indivis, voulant qu'elle reſte au ſurvivant des deux, an. 824, p. 369.

ESTREPAGNI. Ce village eſt donné à l'abbaye de Saint-Denys en France par le roi Dagobert I, an. 638, p. 65.

ÉTALON tenu dans les haras du Roi, ſoins que l'on en doit prendre, &c. Ordonnance ſur le Domaine, article XIII, an. 800, p. 213.

ÉTAPES. Tout ce que nous entendons préſentement ſous le nom d'étapes militaires, comme le pain, le vin & la viande pour le ſoldat; la paille, le foin & l'avoine pour ſon cheval, étoit exprimé par le mot latin *foderum*, *fodrum* ou *fodrium* ; ſous les deux premières Races de nos Rois, lorſque des troupes marchoient dans l'intérieur du royaume, les Abbayes & les Seigneurs de terre étoient tenus chacun, ſuivant ſa taxe, de contribuer pour l'étape, année 830, p. 397.

ÉTAT ECCLÉSIASTIQUE. Voyez CLERCS. Ordonnance de Louis le Débonnaire, qui porte qu'il convient, ſoit aux parens, ſoit aux tuteurs, de laiſſer aux garçons la plus grande liberté pour ſe décider à entrer dans l'état eccléſiaſtique, & aux filles pour prendre le voile de Religieuſe; la loi en conſéquence condamne le père, ou le tuteur, à payer le triple de la compoſition réglée pour la vie du jeune homme ou de la fille que l'on aura forcé d'entrer dans l'état eccléſiaſtique, an. 819, p. 339.

ÉTATS. Aſſemblée des Grands de la Nation, convoquée par nos Rois de la première Race, dans le mois de mars, & c'eſt ce qu'on appelloit *Champ de Mars* ſous la ſeconde Race; le temps de cette aſſemblée changea, elle fut fixée au mois de mai, & on l'appela le *Champ de Mai* : on y décidoit de la guerre comme de toutes les affaires qui concernoient le gouvernement intérieur du royaume ; les Comtes, les Ducs, les *Miſſi* y aſſiſtoient, & ils étoient accompagnés des Rachinburges & des Bons-hommes de leurs diſtricts ; le Clergé y députoit les Évêques & les Abbés. Ces aſſemblées reſſembloient beaucoup aux États tenus ſous la troiſième Race ; je ne crois pas que l'opinion de quelques Auteurs modernes, qui ont voulu perſuader que les Parlemens d'à préſent reſſemblent ou tiennent lieu des Champs de Mars ou de Mai, ſoit bien fondée ; les Parlemens reſſembleroient pluſtôt au Tribunal que l'on appeloit *la Cour du Roi*, qui étoit compoſée en ce temps du Grand-ſénéchal, des Ducs & des Comtes attachés auprès du Roi, des *Miſſi* & des Échevins Palatins ; le Roi quelquefois préſidoit à cette Cour, & quoique l'on jugeât en ſon abſence, les Arrêts étoient toujours intitulés de ſon nom. Cette Cour eſt tout-à-fait différente des Champs de Mars & de Mai, & des aſſemblées des États, an. 769, p. 153.

ÉTHING, particulier que l'on croit Saxon, ſes biens avec ceux de deux de ſes compatriotes avoient été confiſqués au profit du Roi, Louis le Débonnaire les leur fait rendre, an. 819, p. 336.

ÉTIENNE II ou III, pape, s'étoit-adreſſé à Pépin le Bref pour le défendre contre les uſurpations & les vexations d'Aſtolphe roi des Lombards ; Pépin lui promit de le protéger, ainſi que la ville de Rome, en conſéquence Étienne écrit deux Lettres de remercîmens, l'une à Pépin & l'autre aux Seigneurs François qui l'avoient ſervi auprès de ce Prince, an. 753, p. 134. Ce Pape, l'année ſuivante, vient en France, il y tombe malade, & prétend qu'il ſe fait en ſa faveur un miracle dans l'égliſe de Saint-Denys pour ſa guériſon ; on croit que ce fut pendant ſon ſéjour à Saint-Denys qu'il y ſacra Pépin, la reine Bertrade & leurs deux enfans Charles & Carloman, an. 754, p. 135. Il avoit engagé Pépin à porter ſes armes en Italie, & il eut une très-bonne part des conquêtes que ce Prince fit ſur les Lombards ; il en écrit beaucoup de Lettres de remercîmens, tant au Roi qu'aux Princes ſes enfans & aux grands Seigneurs, an. 755, p. 138. Il donne une nouvelle Bulle en faveur de l'abbaye de Fulde, *ibid.* Il en donne également une pour l'abbaye de Figeac, mais celle-ci eſt ſoupçonnée de fauſſeté, an. 755, p. 139. Il accorde à l'abbaye de Saint-Denys le privilége d'avoir un Évêque particulier pour le Monaſtère, an. 757, p. 140. Étienne reconnoiſſant des ſervices rendus à l'égliſe de Rome par l'abbé Fulrad, lui fait donation en bénéfice, à vie ſeulement, d'un hoſpice & d'une maiſon ſitués à Rome : ce Pape meurt le 26 avril de cette année, an. 757, p. 140 & 141.

ÉTIENNE III monte ſur la chaire de ſaint Pierre en 767, & eſt élu à la place de Conſtantin qui eſt traité d'antipape par quelques Auteurs, an. 767, p. 149 & 150. Ce Pape accorde deux Chartes en faveur de l'abbé & des moines de Saint-Denys, an. 768, p. 151. Il adreſſe pluſieurs Lettres aux rois Charles & Carloman, dans leſquelles il leur fait part de l'état des affaires des Lombards en Italie & du duché de Bénévent, an. 769, p. 154. Ce Pape confirme le privilége accordé par Étienne II aux moines de Saint-Denys, d'élire un Évêque pour l'intérieur de leur Monaſtère, an. 772, p. 159.

ÉTIENNE IV eſt élu à la Papauté après la mort du pape Léon III ; il envoie des Ambaſſadeurs à l'empereur Louis le Débonnaire, pour le prier de confirmer ſon élection ; il obtient en même temps l'agrément de venir en France ; il ſacre de nouveau l'Empereur & l'Impératrice dans l'égliſe de S.t Remi de Reims, an. 816, p. 311. Ce Pape meurt à Rome le 25 janvier de l'an 817, p. 326.

ÉTIENNE, comte de Paris, aſſemble les autres Comtes de cette province avec les Évêques & les Abbés, & tous réunis aux Échevins de cette ville, qui compoſoient alors ſeuls le corps de la Magiſtrature, il leur propoſa de la part du Roi des Ordonnances qu'ils vérifièrent, & qu'Étienne fit enſuite exécuter, an. 803, p. 232. Ce Comte fait, de concert avec Amaltrude ſa femme, une riche donation à l'égliſe de Paris, an. 811, p. 262. Il eſt un des quinze Comtes qui ſignent le teſtament de Charlemagne, an. 811, p. 263.

ÉTIENNE, archevêque de Bourges, ſouſcrit l'Acte de la tranſlation du monaſtère de Saint-Remi de Sens dans un lieu nommé Vareilles, an. 833, p. 419.

EUCHER (ſaint), évêque d'Orléans ; il fut accuſé d'avoir parlé contre l'uſurpation de Charles Martel, & ce Prince par cette raiſon l'exila au monaſtère de Saint-Tron où il mourut, an. 746, p. 125.

EUDES, comte de Bourges, ſe trouve dénommé dans un Acte du VIII.e ſiècle, an. 752, p. 132.

EVE, épouſe d'un particulier nommé Égremar. Voyez ÉGREMAR.

ÉVÊQUES. Loi portée par Chilpéric I.er contre les Évêques qui ſeront coupables d'homicide, d'adultère, ou de parjure, an. 580, p. 43. Il leur est défendu, par une Ordonnance de Gontran roi de Bourgogne, de nourrir des chiens de chasse chez eux, an. 589, p. 48. Capitulaire de l'année 755, qui enjoint aux Évêques de suivre la disposition des Canons sur l'obéissance qu'ils doivent à leur Métropolitain, an. 755, p. 137. Il est réglé par ce même Capitulaire, que les Évêques auront toute jurisdiction sur les Monastères de leur diocèse, sans distinction d'exempts & non exempts, *ibid*. Le premier Capitulaire que Charlemagne publie, défend aux Évêques d'aller à l'armée en qualité de combattans, an. 769, p. 153. Il est défendu aux Évêques, par un autre Capitulaire de ce même Prince, de recevoir dans leur diocèse des Clercs étrangers sans un *exeat* de leur Évêque, an. 788, p. 189. Il leur est enjoint, dans un autre Capitulaire, de résider dans leur diocèse, an. 794, p. 198 & 199. Ordonnance de Charlemagne, qui d'un côté exempte les Évêques d'aller en personne à l'armée, mais qui d'un autre côté les oblige de fournir un contingent d'hommes armés, année 797, p. 205; an. 813, p. 280 & 281. Autre Ordonnance de ce même Prince, qui renvoie aux Évêques assemblés en Synode la connoissance & le jugement des Prêtres accusés de crimes, & contre lesquels on n'a point de preuves, an. 799, p. 210; an. 803, p. 231. Autre loi qui porte par attribution la connoissance des causes des Prêtres, en matière criminelle, pardevant les Évêques, an. 801, p. 225. Il est défendu aux Évêques de permettre aux Abbesses de sortir de leur cloître, sans l'agrément du Roi, an. 832, p. 229. Le Roi décide que le jugement d'un Évêque contre un de ses Clercs, en matière de correction, doit être exécuté par provision, malgré l'appel à sa Cour, an. 803, p. 235. Il est enjoint aux Évêques, par une Ordonnance de Charlemagne, de faire les Ordinations dans les temps marqués par les Canons, année 804, p. 237. Ordonnance qui défend aux Évêques de changer de siège à moins que ce ne soit par un décret des Comprovinciaux assemblés, an. 806, p. 249 : cette Ordonnance porte qu'il faut soixante-douze témoins pour condamner un Évêque, *ibid*. Ordonnance qui permet aux Évêques de vendre les ornemens des églises dans un temps de calamité pour en distribuer le prix aux pauvres, an. 813, p. 279. Cette même Ordonnance permet d'inhumer dans les églises les Évêques, les Abbés, & ceux des simples Prêtres & Curés qui mourront en odeur de sainteté, *ibid*. Ordonnance qui porte que les Évêques jugeront toutes les causes réelles entre Ecclésiastiques, an. 813, p. 283. Cette même Ordonnance fait défense aux Évêques d'admettre à la Cléricature les Serfs, sans l'agrément de leurs Maîtres, *ibid*. Autre Ordonnance qui accorde aux Évêques la pleine administration des biens dépendans des églises de leur diocèse, an. 813, p. 284; an. 818, p. 332. Cette même Ordonnance charge les Évêques de faire exécuter les legs de piété faits par quelques particuliers que ce soit, *ibid*. Il est encore enjoint aux Évêques de faire chaque année leur visite diocésaine, & de rendre compte au Roi des crimes qui ne sont pas de leur compétence, *ibid*. Les Évêques ne peuvent s'absenter de leur diocèse, & même demeurer attachés à la Cour, sans que le Roi l'exige pour le bien de son service, an. 840, p. 461.

EUFRASIA, cette dame étoit l'épouse de Roger, comte de Limoges, elle souscrit la Charte de son mari, par laquelle ce Seigneur fonde le monastère de Charroux en Poitou, an. 769, p. 154.

EUGÈNE I, pape, succède à Martin, il donne aussitôt après son élévation, une Bulle en faveur du monastère d'Agaune, an. 655, p. 74.

EUGÈNE II succède au pape Paschal I, il eut un contendant à la Papauté, nommé Zizime, mais l'empereur Lothaire donna l'exclusion à ce dernier, & Eugène demeura paisible possesseur, année 824, p. 373. Il fait une donation à l'abbaye de Farfe, an. 825, p. 374.

ÉVOCATION. Pépin le Bref, dans la première année de son règne, évoque par privilège à son Conseil privé, les causes du monastère de Saint-Calez ; ce Conseil paroît n'avoir été autre chose que le plaid ou la Cour du Roi ; dans ce dernier le Roi n'y assistoit pas toujours en personne ; il paroît cependant probable que le Roi, quand il jugeoit les causes dans son Conseil, étoit assisté des mêmes Officiers que ceux qui tenoient son plaid, an. 751, p. 129. Autre exemple d'évocation à la Cour du Roi, des causes mêmes en première instance des grands Seigneurs, des Évêques & des Abbés, an. 812, p. 275. Cas particulier où l'évocation à la Cour du Roi avoit lieu par rapport à tous les ordres de l'état ecclésiastique, an. 819, p. 341.

ÉVRARD, l'un des Ministres de Louis le Débonnaire ; il avoit dans son département tout ce qui concernoit les Juifs qui faisoient en ce temps un gros commerce en France, & qui y avoient des établissemens considérables ; il paroît qu'Évrard favorisoit les Juifs dans les discussions qu'ils avoient quelquefois avec les Évêques, an. 828, p. 389.

ÉVRINVILLE, village de la dépendance de la terre de Sonchamp, léguée par Charlemagne à l'abbaye de Saint-Benoît-sur-Loire, an. 835, p. 431.

EUSPICIUS, évêque de Verdun, bâtit par l'ordre de Clovis le monastère de Micy, an. 498, p. 19.

EXCOMMUNICATION. Les Évêques de Germanie & d'Austrasie tenoient pour maxime, sous le règne de Louis le Débonnaire, que le Pape ne pouvoit prononcer des excommunications dans l'étendue de la France, ni des autres États de ce Prince, an. 833, p. 419.

EXEAT. Voyez LETTRES FORMÉES. Il est défendu aux Évêques de recevoir des Clercs dans leur diocèse, s'ils n'ont pas d'*exeat* de leur Évêque, an. 788, p. 189.

EXOINE, excuse légale, dénoncée suivant une forme prescrite par les Ordonnances, pour n'avoir pas comparu à une citation devant le juge ; l'exoine étoit en usage du temps de Louis le Débonnaire, il falloit donner un exoine après un seul défaut pour empêcher le jugement par forclusion ; cette loi fut trouvée trop sévère, l'Empereur la modifia, année 819, p. 340.

F

FABRIQUE. Ordonnance qui destine la quatrième partie des dixmes ecclésiastiques pour l'entretien des fabriques, an. 805, p. 243.

FAISANS. Charlemagne jugea qu'il est de sa dignité d'avoir dans ses maisons de plaisance des faisans ; il enjoint en conséquence à ses Intendans d'y en faire élever ; Ordonnance du Domaine, article XL, an. 800, p. 216.

FALCO, évêque de Tongres, ordonne un Prêtre pour une église du diocèse de Reims, & reçoit à ce sujet des Lettres de saint Remi, an. 512, p. 23.

FARDULFE, abbé de Saint-Denys, surnommé le Lombard, gagne un procès contre un particulier nommé Wanilon, an. 795, p. 200. Il découvrit une conjuration formée contre Charlemagne, & obtint en récompense l'abbaye de Saint-Denys, an. 797, p. 204. Il est nommé *Missus* avec Étienne comte de Paris, dans l'île de France, le pays Chartrain & le Pincerais, an. 802, p. 228. Fardulfe obtient en faveur de son Monastère une donation de la part de Nebelong comte de Madrie, de biens considérables situés dans le pays de Liége, an. 805, p. 239.

FAREMOUTIERS, abbaye de filles située dans le diocèse de Meaux ; sainte Fare sa fondatrice lui a donné son nom ; Charte de saint Faron, frère de sainte Fare, en faveur de ce Monastère : cette pièce est soupçonnée de supposition, an. 610, p. 53. Sainte Fare lègue par testament, à ses Religieuses, des biens situés à Champeaux, à Louvres en Parisis, à Celles, à Poinci & dans un lieu nommé *Fai*, an. 632, p. 60.

FARFE. Ce monastère est situé dans la Sabine, & est du diocèse de Magliano ; Faroalde duc de Spolette, un de ses premiers bienfaiteurs, obtient du pape Jean VII, une Bulle qui ratifie toutes les donations que l'on avoit faites à cette Maison, an. 705, p. 102. L'acte de donation faite en faveur de cette Abbaye, par un prêtre nommé Claudien, d'un petit Monastère situé dans le Tirol, est jugé valide dans un plaid tenu à Spolette par le duc Loup, an. 751, p. 130. Charlemagne accorde des franchises & le droit d'élection de l'Abbé aux Moines de cette Abbaye, an. 775, p. 165. Cette Abbaye reçoit une donation de la part d'Hildipert duc de Spolette, an. 787, p. 186. L'Abbé de ce Monastère fait un échange de biens avec celui de Saint-Laurent de Rieti, an. 695, p. 200. Diplome de Charlemagne afin de faire rentrer cette Abbaye dans les biens qui lui avoient été usurpés, an. 797, p. 204. Autre Diplome de ce Prince, par lequel il confirme les priviléges qui avoient été accordés à cette Maison par Astolphe & Didier rois Lombards, an. 801, p. 222. Benoît, qui en étoit Abbé, obtient encore une Charte de Charlemagne, qui confirme toutes les possessions de cette Abbaye, an. 803, p. 229. Ce Monastère gagne un procès dans un plaid tenu à Spolette pour un legs dont on lui disputoit la validité, an. 814, p. 287. Diplome de Louis le Débonnaire, portant confirmation des priviléges & immunités de cette Abbaye ; ce Prince accorde de plus aux Moines le droit d'élire leur Abbé, & un autre privilége singulier, an. 815, p. 303. Lettres de ce même Prince, en faveur de ce Monastère, an. 816, p. 310. Les Moines de cette Abbaye apostasient ; Ordonnance de Louis le Débonnaire pour les contraindre à retourner dans le Monastère, an. 820, p. 346. Donation de fonds de terre faite à cette Abbaye, attaquée de nullité par le duc de Spolette, le procès fut porté devant les *Missi* de l'Empereur qui le jugèrent en faveur des Moines, an. 821, p. 350. L'Abbé de ce Monastère soutenoit un procès contre le pape Eugène II, Lothaire le juge en faveur de l'Abbaye, an. 824, p. 370. L'Abbé obtient un Diplome de l'empereur Lothaire, qui confirme une donation faite par le Pape en faveur de ce Monastère, an. 825, p. 374. Jugement en faveur de cette Maison, rendu contre le pape Grégoire II, par les *Missi* de l'Empereur, an. 829, p. 391. Ce Prince, conjointement avec Lothaire son fils, fait donation à cette Abbaye d'un petit Monastère appelé Saint-Étienne, situé près la ville de Chiuti au royaume de Naples, an. 829, p. 392.

FAROALDE, duc de Spolette, écrit au pape Jean VII, pour l'engager de ratifier par une Bulle toutes les donations qu'il avoit faites au Monastère de Farfe, an. 705, p. 102.

FASTRADE, reine de France, épouse de Charlemagne, reçoit une Lettre de ce Prince par laquelle il lui annonce ses conquêtes dans la Saxe, & il la prie en conséquence de faire faire des prières publiques en action de grâces, an. 791, p. 195 & 196. Portrait de cette Princesse, an. 797, p. 203.

FAVA, évêque de Challon-sur-Saône, souscrit l'acte de translation du monastère de Saint-Remi de Sens dans le lieu de Vareilles, an. 833, p. 418 & 419.

FAVARIAS, terre située dans le val de Daigne au diocèse de Carcassonne, elle fut léguée par le comte Oliba & sa femme à l'abbaye de la Grasse, & reprise par eux-mêmes en bénéfice pour vingt-deux années, an. 820, p. 347. Nouveau bail de cette terre pour vingt années, donné à une seconde femme du comte Oliba, an. 837, p. 441.

FAUCON, évêque de Wormes, souscrit l'acte de translation du monastère de Saint-Remi de Sens dans le lieu de Vareilles, an. 833, p. 418 & 419.

FAUCONNIER, cet Officier avoit soin des faucons & des éperviers, & son service étoit auprès de la personne du Roi ; Charlemagne enjoint aux Intendans de ses maisons de campagne, d'y recevoir ses Fauconniers, & de les bien traiter lorsqu'ils auront eu ordre d'y aller pour chasser, Ordonnance sur le domaine, article XLVII, an. 800, p. 216.

FAVEROLLES, ce village ou seigneurie est détaché du Domaine royal, & donné à l'abbaye de Saint-Denys par Carloman, an. 769, p. 143 & 154 ; an. 771, p. 158. L'abbaye de Saint-Denys est confirmée dans la propriété de ce village, an. 774, p. 161.

FAVERNAI, cette abbaye située dans le diocèse de Besançon, étoit occupée par des filles sous le règne de Louis le Débonnaire ; ce Prince la comprit dans l'état qu'il fit dresser de tous les Monastères du royaume, & la mit dans la classe de ceux qui lui devoient des dons gratuits & des hommes de milice, an. 817, p. 319.

FAULUS, maire du palais de Cunibert roi des Lombards, rétablit & dote le monastère de Saint-Vincent & Saint-Fridien de Luques, an. 700, p. 100.

FAUSTUS, abbé de Lérins, conteste la juridiction sur les Moines de son Abbaye à l'évêque de Marseille, la cause est jugée dans un Concile d'Arles, an. 652, p. 72.

FÉDÉRIC ou FRÉDÉRIC, de la race du vieux Pépin d'Héristal, étoit duc de la Lorraine Mosellane ; il fait une donation à l'Abbé & aux Moines de l'abbaye de Methlok, an. 813, p. 278. Ce Seigneur fait une donation à l'abbaye de Saint-Eucher, an. 819, p. 335.

FÉLICITÉ, fille du comte de Salm, épouse de Fédéric duc de la Lorraine Mosellane, fait une donation, conjointement avec son mari, à l'abbaye de Methlok, an. 813, p. 278.

FÉLIX, évêque d'Urgel, avoit écrit contre la divinité de Jésus-Christ & contre le culte des images, il fut condamné dans le Concile de Francfort, an. 794, p. 199.

FÉLIX, prêtre vénérable, fonde un Monastère hospitalier dans un lieu de la Flandre que l'on croit être Roxem, ce lieu s'appeloit en ce temps Rochasheim, & le Monastère fut soumis à celui de Saint-Bertin, an. 746, p. 125.

FERREOLE, évêque d'Autun, échange avec le roi Dagobert I.er le lieu de Saclé ou Sarclai, contre un autre héritage appelé *Amica*, an. 535, p. 62.

FERRIÈRES ou SAINTE-MARIE DE BETHLÉEM. Clovis donne à ce Monastère tous les fiscs qu'il possédoit dans le Gâtinois, an. 508, p. 12. Charte de Sigebert roi d'Austrasie, en faveur de ce Monastère, an. 545, p. 33. Cette Abbaye est placée dans l'état dressé par Louis le Débonnaire, dans la classe de celles qui doivent à l'État des dons gratuits & des hommes de milice, an. 817, p. 319.

FÊTES,

FÊTES, sanctification du Dimanche, ordonnée par le XXIII.ᵉ article du Capitulaire de Childéric III, an. 744, p. 124. Fêtes, même solemnelles, dont la célébration est défendue par une Ordonnance de Charlemagne, dans la campagne, de peur que l'Agriculture n'en souffre, an. 806, p. 249.

FIEF. On croit que l'on peut remonter jusqu'au règne de Charlemagne pour fixer l'époque des fiefs, an. 809, p. 255 & 256. Autre preuve de ce sentiment, an. 811, p. 261. Mais ce nouveau genre de possession, quoiqu'introduit équivalemment dès le règne de Charlemagne, n'est guère connu sous le nom de *fief* que vers la fin du règne de Charles le Gros, année 812, p. 269; an. 815, p. 297. Comment les fiefs se font formés, an. 815, p. 303, 304 & 305; an. 817, p. 324. Quoique l'on trouve dans quelques actes de Louis le Débonnaire le substantif *fiessum*, il ne s'ensuit pas que les fiefs fussent alors établis, an. 832, p. 409.

FIESSUM signifie-t-il *fief* dans les actes qui sont du règne de Louis le Débonnaire & antérieurs! ce mot a-t-il la même signification que *feudum*! an. 832, p. 409.

FIGEAC. Cette Abbaye fut d'abord fondée dans un lieu du Querci, nommé *Jonantis*, Pépin la transféra dans celui de Figeac où il s'est élevé depuis une ville; Pépin, par ce Diplome, accorde beaucoup de priviléges à ce Monastère, an. 755, p. 138. L'Abbé obtient une Bulle du pape Étienne II, en faveur de cette Maison, mais la pièce est soupçonnée de fausseté, an. 755, p. 139. Le lieu où cette Abbaye fut d'abord située s'appeloit *Valle Jonantis*; depuis le règne de Pépin le Bref, elle étoit tombée en ruine, parce que les Moines y ayant introduit le plus grand relâchement avoient fini par en dissiper les biens, & ensuite apostasier; le pape Paschal I donne une Bulle pour la rétablir, & y envoie un Moine entreprenant & fertile en ressources, nommé Aymard, pour remplir ce dessein, an. 822, p. 354.

FILLES DE FRANCE, portoient anciennement le titre de Reines, *Reginæ*, comme celles des rois de Lombardie; peut-être cet usage étoit-il général dans toute l'Europe, an. 788, p. 188. Les filles des Comtes portoient également le nom de *Comtesses*, an. 813, p. 278.

Filles, celles qui recevoient une dot de leurs père & mère, n'avoient pas droit d'entrer en partage dans leur succession, an. 786, p. 184. Ordonnance qui interprète le titre XIV de la loi Salique; elle porte qu'une fille libre qui épousera un serf deviendra serve, & que ses biens seront au pouvoir du Maître de son mari, an. 819, p. 340.

FISCALIN, officier rural dont la commission consistoit à cultiver les fiscs ou domaines du Roi; il est enjoint aux Intendans de tenir la main à ce que les Fiscalins n'exigent aucuns gages en argent, devant se contenter du produit des terres en bénéfice que le Roi leur donnoit pour leur salaire, Ordonnance du domaine, article L, an. 800, p. 216. Pour l'ordinaire les Fiscalins étoient serfs, il s'en trouvoit cependant de condition libre, an. 805, p. 243.

FLANDRE. Louis le Débonnaire attache cette province au royaume de Bavière par son partage de 835, & il la confirme à Louis son second fils auquel il le donna, an. 835, p. 433 & 434.

FLAVIGNI. Le duc Geoffroi fait donation de cette seigneurie à l'abbaye de Saint-Arnould de Metz; la Charte est critiquée, an. 690, p. 92.

FLAVIGNI, ce monastère situé en Bourgogne, est fondé par Warré ou Widrad qui le dote richement par son premier testament, an. 606, p. 53; an. 721, p. 112. Ce lieu de Flavigni avoit appartenu autrefois au fisc, le roi Thierri III en avoit disposé en faveur de Corban père de Warré, qui le légua par son second testament, avec beaucoup d'autres héritages, au Monastère qu'il y avoit bâti, an. 745, p. 124. Charlemagne accorde des franchises à cette Abbaye, an. 775, p. 165.

FLAVIUS CUNIBERT, roi des Lombards. Voyez CUNIBERT.

FLEURI ou FLEURIE, seigneurie léguée au monastère de Saint-Arnould de Metz, par Arnould, fils de Drogon duc de Bourgogne & de Champagne, an. 706, p. 102.

FLEURY, monastère. Voyez SAINT-BENOÎT-SUR-LOIRE.

FLIGNI, éloigné d'environ deux lieues de Montier-en-Der; il paroit par une Charte, donnée par Berthoende évêque de Châlons-sur-Marne, qu'il y avoit autrefois dans ce lieu un Monastère de filles, an. 692, p. 94.

FLODEGAIRE, évêque d'Angers, fait un échange utile à sa Cathédrale, avec un homme noble nommé Winnerade, & en obtient la ratification des empereurs Louis & Lothaire, an. 829, p. 392.

FLOGNI, ce lieu situé dans le Tonnerois, fut donné par Vigilius évêque d'Auxerre, à l'abbaye de Notre-Dame-de-la-Dehors, an. 670, p. 81.

FLOSBERT, abbé de Saint-Florent-lès-Saumur, ou sur Loire, fut envoyé en Italie avec tous ses Moines par Louis le Débonnaire; on ne sait à quel dessein: ce Prince le rappela, & lui fit don du monastère de Saint-Florent, avec exemption de tous les impôts dont il étoit tenu envers le fisc, an. 824, p. 368.

FODERUM, FODRIUM & *FODRUM*, c'est ce que l'on appelle encore dans quelques-unes de nos provinces, *les feurs*, c'est-à-dire les pailles, les chaumes & quelques autres fourrages. Voy. ÉTAPE.

FOLCRADE, vassal du Roi, a une commission pour faire exécuter un jugement rendu au Conseil de l'empereur Louis le Débonnaire, contre l'abbé de Saint-Calez du Mans, an. 837, p. 443.

FOLRAD, particulier, épouse une fille nommée Hélégrine; le contrat de ce mariage nous transmet l'usage d'alors sur la dot & le douaire, an. 827, p. 383 & 384.

FONDS BAPTISMAUX. Il paroit que dans tous les temps il n'y a eu des fonds de baptême que dans les églises Cathédrales & dans les Paroisses; par un privilége spécial le pape Zacharie accorda aux Moines de Saint-Denys d'en avoir dans leur église, & ce fut ensuite où l'on baptisoit les enfans de nos Rois, an. 749, p. 127.

FONTAGRICOLE, nom ancien du lieu appelé présentement *Juvignac*, c'étoit un domaine dépendant du fisc; lorsqu'il étoit encore inculte, Charlemagne le donna à Benoît, abbé d'Aniane, qui y bâtit un petit monastère qu'il appela *Celle-neuve*; ce lieu est situé à une lieue de Montpellier sur la Mousson, an. 799, p. 209.

FONTAINE-BÈZE, monastère. Voyez BÈZE-FONTAINE.

FONTAINES, lieu situé dans le Touloufin, dépendant du fisc, dont Louis le Débonnaire fait donation en toute propriété à Adalbert, en considération des bons services qu'il en avoit reçus, année 832, p. 410.

FONTENAI près Paris. Il paroit par un partage fait sous le règne de Louis le Débonnaire, entre Hilduin abbé de Saint-Denys & ses Moines, que cette seigneurie étoit alors du domaine de cette Abbaye, an. 832, p. 408.

FONTENELLE, abbaye du diocèse de Rouen. Voyez SAINT-VANDRILLE.

Tome I.   *z*

FONTJONCOUSE *(Fontes)*. Cette terre, située dans le pays de Corbières au diocèse de Narbonne, fut détachée du fisc par Charlemagne, & donnée en toute propriété & en alleu à un de ses Officiers nommé Jean Borel, an. 794, p. 199. Louis le Débonnaire étant parvenu à l'Empire, accorde un Diplome en faveur de Borel, par lequel il confirme la donation que Charlemagne lui avoit faite de cette terre, an. 815, p. 297.

FORÊT-MOUTIERS. L'histoire de ce Monastère, situé dans la forêt de Créci en Ponthieu, se trouve dans le Diplome de Charlemagne, par lequel ce Prince en donne l'administration à l'abbé de Saint-Riquier, an. 797, p. 204.

FORESTIER. C'étoit un office de la Couronne, celui qui en étoit pourvu avoit le soin de veiller à la conservation des forêts du Roi; il paroît qu'il avoit droit de visite sur les forêts appartenantes aux Gens d'église, & qu'ils étoient tenus de lui payer un honoraire, an. 667, p. 80. Cette charge, quoiqu'importante, étoit quelquefois occupée par un Serf; il avoit du Roi, pour lui tenir lieu de gages, des terres qu'il cultivoit, an. 717, p. 110. Il en payoit annuellement le cens, ce qui étoit une preuve qu'il les tenoit précairement, Ordonnance du domaine, article X, an. 800, p. 213.

FORMULE d'offrande ou de consécration d'un jeune enfant dans un Monastère pour y professer la vie monastique; on doute si l'enfant offert par ses parens, avec les formalités solennelles, pouvoit dans un âge avancé quitter la vie monastique & entrer dans le monde, an. 770, p. 156 & 157.

Formule de serment prêté par Charlemagne, de défendre & protéger l'église de Rome & les droits du Pape, lorsqu'il fut couronné empereur d'Occident, an. 800, p. 220.

Formule d'inféodation; c'est à cette époque qu'il faut se fixer pour le commencement des fiefs, an. 809, p. 255 & 256.

Formule de lettres formées, données par les Évêques diocésains à leurs Clercs lorsqu'ils alloient s'établir dans un autre diocèse, ce qui revient à l'*exeat* actuellement en usage, an. 810, p. 259.

Formule d'affranchissement d'un Serf destiné à la Cléricature, soit qu'il fût Moine, soit qu'il fût dans le monde, an. 821, p. 351.

Formule d'exorcisme de l'eau froide & chaude, pour les épreuves anciennement usitées dans les procès afin de découvrir la vérité lorsque l'on manquoit de preuves testimoniales, an. 825, p. 377.

FORTUNAT, évêque de Grado & patriarche de l'île de Venise, soutient la révolte des Vénitiens contre l'empereur d'Orient, & se réfugie à la Cour de Charlemagne, sous la puissance duquel il s'étoit mis; ce Prince lui donna pour un temps seulement, & en bénéfice, l'abbaye de Moyen-Moutiers en Vôge, an. 803, p. 230.

FORTUNAT, abbé de Médeloc, refusant de donner à ses Moines les secours nécessaires à la vie, fut contraint, par une Ordonnance de l'empereur Louis le Débonnaire, de leur assigner des revenus pour fournir à leurs besoins, an. 824, p. 371.

FOULQUE, comte du palais sous le règne de l'empereur Louis le Débonnaire, est chargé de faire exécuter un jugement rendu à la Cour du Roi, contre l'abbé de Saint-Calez du Mans, an. 837, p. 443.

FOURBISSEURS. Nos Rois avoient anciennement des manufactures d'armes dans toutes leurs maisons, ce qui les dispensoit d'en acheter pour armer les troupes qui étoient à leur solde; Charlemagne enjoint à ses Intendans de tenir, chacun dans les terres dont ils ont l'administration, les meilleurs Fourbisseurs, Ordonnance du domaine, article XLV, an. 816, p. 216.

FRANCE. Le Pape & le Sénat de Rome reconnoissent le roi de France, dans la personne de Charles Martel, pour leur souverain, an. 740, p. 120; an. 796, p. 202. Le pape Léon III reconnoît Charlemagne, qui n'étoit encore que roi de France, pour son souverain, an. 800, p. 220. Ce Prince exerce la souveraineté dans la ville de Rome; il y publie une Ordonnance, an. 801, p. 225. L'empereur Louis le Débonnaire publie une Ordonnance pour régler la forme dans laquelle on procédera à l'élection des Papes, & il veut que chaque Pape, après son élection, envoie des Ambassadeurs aux Rois de France ses successeurs, pour les prier de confirmer leur élection & renouveler les Traités, suivant l'usage établi depuis Charles Martel, an. 817, p. 326 & 327.

FRANCHISE. Charlemagne ordonne, sous peine d'amende, que les Évêques & les Abbés, ou leurs Vidames, seront tenus de rendre les homicides & les voleurs, qui se seroient retirés dans leurs franchises, aussitôt que le Comte les réclamera; l'article de l'Ordonnance porte de plus, que le Comte rompra la franchise si l'Évêque, ou l'Abbé, ou leurs Officiers refusoient, après une troisième sommation, de rendre les criminels, an. 803, p. 232. Voyez ASILE.

FRANCON, évêque du Mans, obtient de Charlemagne une Charte fort intéressante pour cette Cathédrale, an. 796, p. 201. Il en obtient une autre de ce même Prince, qui le confirme dans l'exercice de la juridiction sur l'abbaye de Saint-Calez, an. 802, p. 226. Cet évêque obtient de Louis le Débonnaire un Diplome qui confirme toutes les donations faites à sa Cathédrale, an. 814, p. 291.

FRANCON, surnommé le jeune, aussi évêque du Mans, succède au précédent, & meurt le 6 de novembre de cette année, an. 832, p. 411.

FRANCONVILLE, près Paris. Il paroît par un partage fait sous le règne de Louis le Débonnaire, entre Hilduin abbé de Saint-Denys & ses Moines, que cette seigneurie étoit du domaine de cette Abbaye, an. 832, p. 408.

FRANCS. Époque à laquelle on peut fixer l'adoption du nom de *Franc*, que firent plusieurs nations de la Germanie : les Chefs de ces différentes nations ne prirent le nom de *Roi* que vers l'an 392. Supplice auquel les Germains-francs condamnoient les Traîtres à la patrie : ceux parmi ces nations qui s'établirent en deçà du Rhin, adoptent le gouvernement Monarchique, & proclament Pharamond roi, an. 23, p. 1; an. 420, p. 12. La loi des Francs ne permet pas aux fils de leurs Rois de monter sur le trône avant d'avoir atteint l'âge de vingt-quatre ans, an. 309, p. 3. Plusieurs nations de ces peuples se liguent pour faire la guerre aux Romains; elles passent le Rhin, mais Constantin les arrête & les défait sur les bords de ce fleuve, & fait mourir Ascaric & Rigaise, deux de leurs Rois qu'il avoit fait prisonniers, *ibid*. Les Francs habitoient dans la Germanie vers l'embouchûre du Rhin, an. 323, p. 4. Quelques tribus des Francs avoient, au milieu du quatrième siècle, des établissemens fixes dans les Gaules : les plus distingués parmi ces peuples occupoient à la Cour de l'Empereur des charges honorables dans l'ordre militaire & civil, an. 349, p. 5. On donne mal-à-propos le nom de Dagobert à un roi des Francs en l'année 395 : le reserit sous le nom de ce Prince est soupçonné de fausseté, an. 395, p. 9. L'état d'un Franc étoit encore différent dans les Gaules de celui des anciens Naturels sous le règne de Charlemagne, Ordonnance sur le domaine, article IV, an. 800, p. 213. Ce même Prince veut, par une Ordonnance de l'an 803, que les Francs soient jugés selon la loi Salique, & les autres peuples de ses États, chacun suivant son ancienne loi, an. 803, p. 234. La loi des Francs portoit que les biens d'un Franc, condamné à mort, devoient être confisqués au profit du Roi, an. 809, p. 257. Le Franc étoit libre, c'étoit encore sous le règne de Charlemagne le premier état, tout Franc étoit de la condition la plus distinguée, an. 810, p. 260; an. 825, p. 378. Les Francs comptoient le temps par nuits lorsqu'ils habitoient la Germanie, ils conservèrent cet usage dans les Gaules jusqu'au XII.e siècle, an. 812, p. 266. Les mésalliances étoient, dans les siècles reculés, si contraires à l'honnêteté publique, que le Franc devenoit serf en épousant une serve, année 819, p. 340 & 341. La loi des Francs autorisoit le duel; un Franc accusé pouvoit envoyer un cartel à son accusateur, & si ce premier étoit vainqueur, ou si son cartel ou défi étoit refusé, la loi, dans ces deux cas, portoit qu'il seroit déclaré innocent, an. 831, p. 405.

FRÉDÉGONDE, reine de France, veuve de Chilpéric I.er envoie à Gontran, roi de Bourgogne, des Ambassadeurs pour lui offrir le royaume de Paris, an. 584, p. 45.

FRÉDELAI, ancien nom du monastère de Saint-Antoine, situé dans le Touloufin. Voyez SAINT-ANTOINE.

FRÉDELON, comte de Toulouse, étoit fils de Fulcoalde ou Fulgualde, comte dans le Rouergue. Voyez FULCOALDE.

FREDELUS, franc, plaide devant les Échevins de la ville d'Autun, contre un certain Maurinus pour fait de servitude; Fredelus réclame Maurinus pour être son serf, & celui-ci qui se prétendoit affranchi est condamné, an. 818, p. 328.

FREDUM ou FAIDUM. Cette expression se trouve souvent répétée dans la loi Salique, & dans une infinité de Diplomes de nos Rois des deux premières Races; elle signifie tantôt les frais d'un procès, quelquefois les dommages & intérêts seulement adjugés à la partie lésée, souvent confiscation au profit du Domaine royal, & même redevance envers le fisc, taxe, droits de gîte pour la personne du Roi, pour ses Ambassadeurs ou pour ses *Missi*. C'est dans cette dernière acception que le *fredum* est pris dans le Diplome de Louis le Débonnaire, en faveur de l'église d'Utrecht, an. 824, p. 366 & 367. Voyez le Commentaire d'Eckard sur la loi Salique, *fol. 34 & 170*; & le Glossaire de Ducange, au mot *Fredum*.

FRIDEBERT, évêque de Poitiers & abbé de Saint-Hilaire de cette ville, étoit Grand-aumônier de Pépin roi d'Aquitaine, il obtint un Diplome de ce Prince en faveur de son Abbaye, année 834, p. 425.

FRIDEGISE ou FRIDUGISE, abbé de Saint-Martin de Tours, obtient de Louis roi d'Aquitaine, un Diplome en faveur du petit monastère de Cormeri qui dépendoit de son Abbaye, an. 807, p. 250. Cet Abbé signe le testament de Charlemagne, an. 811, p. 263. Il partage l'office de Chancelier de l'empereur Louis le Débonnaire avec Élisachar, an. 816, p. 311. Il obtient un Diplome en faveur de son abbaye de Saint-Martin, an. 817, p. 323. Il eut aussi celle de Saint-Bertin, à laquelle l'Empereur le nomma sans prendre le suffrage des Moines, an. 820, p. 344. Il établit en titre d'Abbaye le monastère de Cormeri, qui n'avoit été jusqu'à ce temps qu'une Celle dépendante de Saint-Martin de Tours, an. 820, p. 345. Il obtient de Louis le Débonnaire, un Diplome qui exempte de tous droits & redevances envers le fisc l'abbaye de Saint-Bertin, an. 830, p. 396 & 397. Il obtient de Pépin un privilége en faveur de l'abbaye de Cormeri, an. 831, p. 403. Fridugise détache un fonds de terre de son abbaye de Saint-Martin de Tours, pour en faire don au monastère de Cormeri, & il en obtient l'agrément de l'Empereur, an. 831, p. 404. Il obtient de l'Empereur, à la recommandation de l'impératrice Judith, l'exemption de la juridiction de l'archevêque de Tours en faveur de son abbaye de Saint-Martin, an. 831, p. 405 & 406. Fridugise avoit encore l'abbaye de Saint-Vandrille, à laquelle il fit des legs considérables par son testament, qu'il écrivit cette année après être tombé en paralysie, an. 831, p. 407. Il quitte la Cour & remet son office de Chancelier, an. 832, p. 410. Il se retire dans son abbaye de Saint-Martin de Tours, & obtient de Louis le Débonnaire un Diplome en faveur de cette Maison, *ibid.* p. 411.

FRISONS. Ces peuples formoient anciennement une tribu ou nation Germanique, ils occupoient un pays très-vaste entre l'Ems, le Rhin & l'Océan, on les distingua dans la suite entre grands & petits Frisons; il paroît qu'il s'agit de ces derniers dans la Charte de Dagobert; ils avoient leur demeure au couchant des grands Frisons, entre le lac Flevo, l'Océan & le Rhin; ce pays comprend aujourd'hui toute la partie du comté de Hollande située au nord du Rhin, & la plus grande partie de la seigneurie d'Utrecht: il y avoit dans cette ville une église du temps de Dagobert, ce Prince qui avoit intention que ces Frisons, alors Payens, se fissent Chrétiens, donna cette église à l'évêque de Cologne, sous condition qu'il iroit y faire des missions, année 754, p. 136. La partie du pays des Frisons qui s'étend jusqu'à l'embouchure de l'Escaut, échue à Charles par le partage de Charlemagne, an. 806, p. 246. Louis le Débonnaire, par son partage de l'année 835, réunit la Frise au royaume de Bavière, qu'il confirma à Louis son second fils, an. 835, p. 433 & 434.

FRITZLAR, abbaye au-delà du Rhin, du diocèse de Paderborn, est comprise dans l'état que fit dresser Louis le Débonnaire, des monastères de l'Empire, dans la classe de ceux qui ne lui doivent que des dons gratuits, an. 817, p. 319.

FRIULFE, particulier & gendre d'un autre particulier nommé Édron, perd un procès dans un plaid tenu à Compiegne, contre les moines de Saint-Denys qui furent maintenus, malgré ses prétentions, dans la propriété de la seigneurie de Besieu, an. 716, p. 108.

FRODOIN ou FRODIN, abbé de Novalèse, prédécesseur immédiat d'Amblulf, an. 770, p. 156. Il obtient de Charlemagne une Charte en faveur de ce Monastère, an. 789, p. 190; & une copie authentique du testament du patrice Abbon, an. 805, p. 240.

FRONDEURS. Le service des frondes, même du temps de Charlemagne, étoit employé dans les siéges & dans les batailles, il tenoit lieu en partie de notre artillerie, Ordonnance pour les Frondeurs & pour les munitions nécessaires pour leur service, an. 813, p. 281.

FROTAIRE, évêque de Périgueux, rétablit le monastère de Paunac, situé dans son diocèse, que les Normands ont ruiné en 849, an. 804, p. 236.

FROTHAIRE, évêque de Toul, reçoit une Lettre de Hettus archevêque de Trèves son métropolitain, pour qu'il envoie à l'armée les hommes de milice qu'il devoit à l'Empereur, an. 817, p. 325. Il écrit une Lettre au Roi sur les contestations de l'abbé de Médeloc avec ses Moines, an. 824, p. 371. Il écrit

TABLE DES MATIÈRES.

plusieurs Lettres à la Cour à l'occasion de l'élection de l'archevêque de Sens, an. 828, p. 388. Il obtient de l'Empereur une Charte pour le rétablissement du monastère de Saint-Curé, an. 836, p. 439.

FROUVILLE, village de la dépendance de la terre de Sonchamp, léguée par Charlemagne à l'abbaye de Saint-Benoît-sur-Loire, an. 835, p. 431.

FRUHELINWANC, abbaye dans l'Allemagne, présentement inconnue ; elle est comprise dans l'état que Louis le Débonnaire fit dresser des monastères de l'Empire, dans la classe de ceux qui ne lui doivent que des dons gratuits, an. 817, p. 319.

FRUITS, poires & pommes, & autres espèces ; soin que les Officiers du Roi doivent prendre pour cueillir & conserver les fruits de chaque maison royale, Ordonnance sur le domaine, article XX, an. 800, p. 214.

FULBERT, fils du comte Fulbert, obtient de l'empereur Louis le Débonnaire, en toute propriété, une terre que ce Prince détache de son domaine ; ce fut la récompense des services que ce Comte rendit à l'Empereur, dans la guerre que les Princes ses fils lui avoient faite les années précédentes, an. 836, p. 439.

FULCARIUS, évêque de Liége, reçoit une donation de Louis le Débonnaire en faveur de sa Cathédrale, an. 826, p. 379.

FULCHRODO, bourg situé dans l'Angoumois ; on ignore le nom que ce lieu porte présentement, il étoit autrefois du domaine de l'abbaye de Sainte-Croix de Poitiers, les Religieuses y avoient droit de marché, an. 825, p. 374.

FULCO, abbé de Saint-Aignan d'Orléans, obtient de Charlemagne un Diplome, qui porte confirmation de tous les legs & dons faits à cette église : on croit que dès-lors il n'y avoit plus de Moines, qu'elle étoit desservie par des Chanoines, an. 786, p. 182.

FULCOALDE ou FULGUALDE, comte, & nommé *Missus* dans la Septimanie par Charlemagne ; il fit faire le bornage des pâturages appartenans à l'abbaye d'Aniane, situés sur les confins du Rouergue & du diocèse de Nîmes ; ce Fulcoalde étoit comte dans le Rouergue, & quelques Auteurs pensent qu'il fut la tige des Comtes héréditaires de Toulouse, an. 837, p. 445.

FULDE, fameuse abbaye d'Allemagne, située dans le diocèse de Wartzbourg, est fondée par Boniface archevêque de Mayence, dans un lieu qu'il dit avoir acheté de Carloman qui étoit ci-devant roi de France : ce Prélat en jeta les premiers fondemens en 743, an. 747, p. 126. Boniface écrit au pape Zacharie pour mettre ce Monastère sous la juridiction immédiate du saint Siége, an. 749, p. 127. Bulle du pape Zacharie qui met l'abbaye de Fulde sous la juridiction immédiate du saint Siége, an. 751, p. 130. Pépin le Bref confirme cette Bulle, *ibid*. Les Moines de cette Abbaye obtiennent de Pépin le Bref un Diplome qui confirme leurs priviléges ; mais la pièce est accusée de supposition, an. 755, p. 136. Ils obtiennent du pape Étienne II, une Bulle qui leur en accorde de nouveaux, an. 755, p. 138. Nouvelle donation faite à cette Abbaye par Pépin le Bref, an. 759, p. 142. Diplome de Charlemagne en faveur de cette Abbaye ; mais on croit cette pièce supposée, an. 774, p. 161. Autre donation de ce même Prince à cette Abbaye, du lieu de Hundsfeld, situé en Silésie dans le duché d'Ols, an. 781, p. 175. Cette Abbaye reçoit un legs considérable de la part de Lullus archevêque de Mayence, an. 785, p. 180. Autre legs fait à cette Abbaye par Willibald évêque d'Aichstat, an. 785, p. 181 ; & par Walram, père du fameux Roban archevêque

de Mayence, an. 788, p. 189. Emehilde, fille de Charlemagne, fait aussi une donation à ce Monastère, an. 800, p. 220. Inventaire des Chartes & autres titres de cette Maison, *ibid*. Diplome de Charlemagne, portant confirmation de tous les legs faits en faveur de ce Monastère, an. 811, p. 262. Procès entre les Moines de cette Abbaye & leur Abbé, an. 812, p. 269. Requête en forme de complainte présentée au Roi par douze Moines de cette Abbaye contre leur Abbé, an. 812, p. 273. Procès-verbal de bornage entre l'évêque de Weissembourg & l'abbé de Fulde, dont les biens étoient contigus, an. 815, p. 300. Diplome de l'empereur Louis le Débonnaire, portant confirmation des priviléges & des immunités de ce Monastère, an. 816, p. 308. Ce Prince place cette Abbaye dans l'état qu'il fit dresser des monastères de l'Empire, dans la classe de ceux qui ne lui devoient que des dons gratuits, an. 817, p. 319. Un particulier nommé Nigdaz fait une donation à cette Maison, an. 824, p. 366. Diplome de Louis le Débonnaire en faveur de ce Monastère, an. 836, p. 435. Autre Diplome de ce Prince, qui confirme un échange fait au profit de ce Monastère, an. 839, p. 455.

FULERIC, particulier, il fait un échange de biens avec Hilduin abbé de Saint-Denys, qui est ratifié par des Lettres des empereurs Louis & Lothaire, an. 827, p. 385.

FULGERIUS, abbé de Nantua, est accusé de dissipation de la part de ses Moines, ils se plaignent qu'il les laisse manquer des choses les plus nécessaires à la vie pour recevoir splendidement les hôtes, an. 840, p. 466.

FULQUIN, franc, fait un dépôt en partant pour la guerre que l'Empereur avoit déclaré aux Esclavons, à son retour il réclama le dépôt, & sur le refus que le dépositaire fit de le rendre, Louis le Débonnaire donna une Ordonnance qui l'y oblige, an. 821, p. 349.

FULRAD, abbé de Saint-Denys, présente une Requête à Pépin le Bref, encore Maire du palais sous Childéric III, par laquelle il expose que l'on a usurpé plusieurs seigneuries appartenantes à son Monastère ; sa requête est appointée, & on juge dans un plaid tenu à Attigni, que les terres réclamées par Fulrad lui seront restituées, an. 750, p. 128. Pépin envoie Fulrad à Rome avec Burchard évêque de Wurtzbourg, en qualité d'Ambassadeurs, pour négocier une réponse du Pape qui favorise le dessein qu'il avoit formé d'usurper le trône de Childéric, an. 751, p. 130. Fulrad obtient un Diplome en faveur de son Abbaye, par lequel il fait exempter les Moines de tous les droits de voierie & de péage qu'ils payoient ci-devant au fisc, an. 752, p. 131. Il fait rentrer son Monastère dans la propriété du village de Taverni, an. 753, p. 134. Fulrad avoit accompagné Pépin dans son expédition contre les Lombards ; ce Prince le laisse en Italie pour prendre possession des places qu'il avoit conquises, & le charge de porter à Rome, sur le tombeau des Apôtres, la donation qu'il faisoit aux Papes de l'exarchat de Ravenne, de la Pentapole & de l'Émilie, an. 758, p. 138. Fulrad élu à l'abbaye de Saint-Denys en 750, la gouverne jusqu'à sa mort arrivée en 784, an. 756, p. 135. Il obtient une nouvelle Bulle du pape Etienne II, en faveur de son Abbaye, an. 757, p. 140. Il gagne un procès contre Gérard comte de Paris, an. 758, p. 142. Il fait des acquisitions considérables, pour son Monastère, du comte Chrodard, an. 763, p. 146. Il obtient de Pépin le Bref un Diplome qui ordonne la restitution de la terre d'Essone en faveur

de

de son Abbaye, année 766, p. 148. Il avoit des biens de patrimoine dont il fit donation à Pépin, & ce Prince les lui rend; il en fit dans la suite donation à son Abbaye, an. 767, p. 149. Il obtient des priviléges du pape Étienne III, an. 768, p. 151; & une église de Charlemagne, an. 769, p. 151. Fulrad avoit fondé le monastère de Saint-Hippolyte en Alsace, & il obtient un Diplome de Charlemagne en faveur de cette Maison, an. 774, p. 161. Il obtient de ce Prince la confirmation de la donation des villages de Faverolles & Noronte en faveur de l'abbaye de Saint-Denys, *ibid.* & la confirmation de tous les priviléges & immunités accordés à ce Monastère par les prédécesseurs de ce Prince, an. 775, p. 164. Il gagne à la Cour du Roi un procès contre l'évêque de Paris, an. 775, p. 166. Il est le fondateur du prieuré de Solone, *ibid.* Il avoit des biens considérables qui lui étoient échus de la succession de ses parens, & d'autres qu'il avoit reçus de la libéralité de Pépin & de Charlemagne, il les légua tous à son Abbaye par son testament qu'il fit quelques jours avant sa mort, an. 777, p. 170. Il fait un échange avec l'abbesse de Saint-Pierre de Metz, an. 782, p. 177. Il reçoit une Lettre de Charlemagne pour qu'il fournisse le contingent d'hommes de guerre que devoit au Roi son Abbaye, an. 784, p. 180. Cet Abbé obtient un Diplome pour son Abbaye; mais cette pièce est soupçonnée au moins d'avoir été interpolée dans sa date, parce que Fulrad mourut en 784, an. 790, p. 193.

G

GAÏON, riche particulier Bavarois, fait donation au monastère de Saint-Denys en Bavière, de tous ses biens, & en prend ensuite une petite portion qu'il reconnoît tenir en bénéfice de cette Abbaye, an. 799, p. 209.

GALINDE, comte d'Arragon; il eut une fille nommée Tota, qui épousa Bernard comte de Ribagorza, laquelle fonda, de concert avec son mari, un Monastère dans les marches d'Espagne, an. 813, p. 278.

GAMMON, fonde le monastère de filles, nommé *Lemausum*, an. 697, p. 99.

GARELIAN, petit monastère situé en Languedoc, est uni à celui de Saint-Hilaire de Carcassonne, an. 815, p. 306.

GARELIANUS (peut-être le même que Garelian), nom d'une Celle qui étoit sous la dépendance de l'abbaye de Saint-Hilaire de Carcassonne, l'empereur Louis le Débonnaire met cette Celle avec l'Abbaye sous sa garde, an. 816, p. 313. Elle avoit été donnée à l'abbaye de Saint-Hilaire, & Pépin roi d'Aquitaine en ratifie la donation, an. 828, p. 388.

GARIBALDE, évêque de Liége, reçoit deux Lettres de Charlemagne, l'une par laquelle il lui est enjoint de faire instruire les adultes avant de leur conférer le Sacrement de baptême, & l'autre pour faire faire des prières publiques dans son diocèse, an. 808, p. 255.

GARNIER, évêque de Langres, tient un synode à Dijon, & y juge, sur les conclusions du comte Manassès, un procès entre trois Curés qui s'étoient fait des entreprises réciproques sur l'étendue de leurs paroisses, an. 812, p. 271 & 272.

GARRICIS, *TERRÆ GARRICÆ* ou *GARRICIÆ*. Cette expression employée dans un très-grand nombre de vieux monumens, signifie généralement *terres incultes*, quelquefois on s'en est servi pour spécifier des champs où il y croît du serpolet & quelques autres plantes odoriférantes, an. 813, p. 276.

Tome I.

GARUMNUS, particulier, fait confirmer, par des Lettres du Roi, un échange qu'il avoit fait avec Hilduin abbé de Saint-Denys, an. 819, p. 337.

GASCONS, GASCOGNE. Voyez VAIFRE. Par le partage de Charlemagne, la Gascogne fut comprise dans le royaume d'Aquitaine qui échut à Louis, an. 806, p. 246. Cette même province fut encore attachée à ce royaume dans le premier partage fait par Louis le Débonnaire, an. 817, p. 320 & 321. Les Gascons se révoltent en 819; ils avoient pour duc Loup Centule, an. 825, p. 375.

GAUCELIN, évêque du Mans; il paroît que ce Prélat, qui vivoit sous le règne de Pépin le Bref, eut des contestations avec ce Prince, & qu'il fut privé, par cette raison, des droits de juridiction qu'il exerçoit sur l'abbaye de Saint-Calez de cette ville, an. 837, p. 442.

GAUCELME, comte dans le Roussillon, étoit fort attaché au service de l'empereur Louis le Débonnaire; ce Prince, à sa recommandation, avoit accordé une Charte en faveur de l'abbaye de Sorèze: il lui demeura toujours fidèle; il commandoit dans Chalon-sur-Saône lorsque Lothaire prit cette place, il lui fit trancher la tête, an. 829, p. 393 & 394.

GAUGEAC, monastère de filles situé dans les Pertois sur la Marne, qui ne subsiste plus. Voyez VIQUEVILLE.

GAULES. Cette grande province de l'empire Romain est divisée en deux gouvernemens, an. 399, p. 9. Les Évêques de cette province écrivent au pape Anastase II, pour la conservation des libertés de l'église Gallicane, an. 497, p. 18. Clovis défend à ses troupes le pillage dans les cantons des Gaules qui appartiennent aux Visigots, an. 510, p. 23.

GAUSELIN, comte de Touraine, eut un fils nommé Roricon qui eut aussi ce Comté. Peut-être ces premiers Comtes qui n'étoient que de simples Officiers révocables, ont-ils été la souche des Comtes héréditaires de Touraine, an. 839, p. 438.

GAUSELME, comte du Roussillon, assista au plaid tenu par Louis roi d'Aquitaine, dans lequel on statua sur les plaintes que les Espagnols réfugiés en France avoient portées à Charlemagne des vexations exercées par les Comtes & les autres Officiers, an. 812, p. 267 & 268.

GAUTIER, particulier, fonde, de concert avec Gode sa femme, un Monastère de filles auquel il donne pour dot le lieu d'Argenton en Berri, & il le soumet, pour le spirituel & le temporel, à l'Abbaye de Saint-Germain-des-Prés, an. 730, p. 118.

GÉDÉON, seigneur Aquitain, avoit usurpé à l'église de Brioude une métairie dont il garda la jouissance pendant très-long-temps; touché dans la suite de repentir de cette injustice, il la répare en restituant la métairie, & en faisant donation à cette église d'une autre métairie pour les non-jouissances de celle qu'il avoit retenue injustement, an. 760, p. 143.

GELLE, seigneurie située dans le Beauvaisis, & donnée à l'abbaye de Saint-Denys en France par le roi Dagobert I.er, an. 638, p. 65. Cette Abbaye est maintenue dans la propriété de cette terre par Lettres du roi Clotaire III, an. 658, p. 75.

GELLONE, abbaye située dans le Languedoc, elle prit cet ancien nom de la vallée où elle fut située, on l'a depuis appelée *Saint-Guillain-du-désert*. Voyez SAINT-GUILLAIN.

GEMINIANUS, évêque de Modène, obtient de Charlemagne un Diplome qui confirme les possessions de sa Cathédrale, & l'exempte des impôts que les Chanoines payoient ci-devant au fisc, an. 782, p. 177.

GENESTANNUS, nom d'un domaine appartenant autrefois au Roi, & donné avec d'autres héritages en bénéfice au monaſtère de Saint-Serge d'Angers, moyennant une redevance de douze ſous d'argent, an. 704, p. 101.

GENNINIACUS, lieu donné aux monaſtères de Stavelot & Malmédy, par Grimoald maire du palais d'Auſtraſie, an. 650, p. 71.

GENSAC, terre ſituée dans l'Angoumois, léguée à la cathédrale de Vienne en Dauphiné, par Éphibius, an. 696, p. 97.

GEOFFROI, prétendu duc des Saxons, fait donation à l'abbaye de Saint-Arnould de Metz, de la terre de Flavigni: la Charte eſt taxée de fauſſeté, an. 690, p. 92.

GEORGE, moine d'Aniane, eſt nommé par l'Empereur à cette Abbaye ſur la démiſſion du fameux Benoît, an. 818, p. 331. Il meurt, & les Moines, de l'agrément de l'Empereur, élurent un autre Abbé, an. 821, p. 350 & 351.

GERALTH, comte, qui prit dans la ſuite l'habit de Moine dans le monaſtère de Corbie, eſt un des quinze qui ſignent le teſtament de Charlemagne, an. 811, p. 263.

GÉRARD, comte d'Auvergne, épouſa une des filles de Pépin roi d'Aquitaine: on ne ſait pas le nom de cette Princeſſe; ſa mère s'appeloit Engilberge, an. 838, p. 454.

GÉRARD, comte de Paris, ſoutient au nom du Roi un procès contre Fulrad abbé de Saint-Denys, à l'occaſion de certains droits que ce Comte prétendoit faire percevoir ſur des marchandiſes que l'on portoit vendre à Saint-Denys: Pépin aſſiſta à ce jugement qui fut favorable à l'Abbé, année 758, p. 142.

GÉRARD, comte de Rouſſillon, il eut en même temps le comté de Provence; c'eſt mal-à-propos que quelques Auteurs ont avancé qu'il vivoit ſous le règne de Louis le Débonnaire, & qu'il avoit eu le comté de Nevers; il ne vécut que du temps de Charles le Chauve, & ce fut vers la fin de ſon règne que ce Seigneur fonda le monaſtère de Vézelai, an. 821, p. 351 & 352.

GÉRAUD ou GÉRULFE, vaſſal du Roi, ce Seigneur avoit été accuſé d'avoir eu quelque part à la révolte de Louis roi de Bavière; il fut, pour cette raiſon, envoyé en exil, & on confiſqua ſes biens; ſon innocence dans la ſuite fut reconnue, & l'Empereur, par cette Charte, lui rend tous ſes biens, an. 839, p. 458.

GERBERTE, abbeſſe de Sainte-Croix de Poitiers, obtient de Pépin roi d'Aquitaine, un Diplôme en faveur de ſon Monaſtère, an. 825, p. 374.

GERFRED, évêque de Nevers, ſouſcrit l'acte de tranſlation du monaſtère de Saint-Remi de Sens dans le lieu de Vareilles, an. 833, p. 419.

GERFROID, comte de Paris, eut un procès avec les Moines de Saint-Denys; il réclamoit, en faveur du fiſc, les droits impoſés ſur les marchandiſes que l'on tranſportoit même dans l'intérieur du royaume, dont quelques-uns de nos Rois avoient accordé à cette Abbaye la levée dans le jour de la foire qui ſe tenoit à Saint-Denys le jour de la fête de ce ſaint, an. 814, p. 294.

GERLON, franc & laïc, ami du chancelier Fridugiſe, eſt un de ſes exécuteurs teſtamentaires, an. 831, p. 407.

GERMAIN (ſaint) évêque de Paris, accorde pluſieurs priviléges à l'abbaye de Saint-Vincent, an. 565, p. 38. Il ſuit pluſieurs dons au même Monaſtère, idem. Il écrit à la reine Brunehault pour détourner le roi Sigebert ſon mari, de la guerre qu'il vouloit faire au roi de Neuſtrie ſon frère, an. 573, p. 42.

GERMAINS. Loix des empereurs Valentinien & Valens, dont la diſpoſition fait préſumer que les Romains faiſoient des traités d'alliance avec quelques nations Germaniques, an. 367, p. 6. Les Germains avoient pour uſage de doter les filles qu'ils épouſoient, ils l'apportèrent dans les Gaules lorſqu'ils y vinrent fonder le royaume de France, an. 783, p. 178.

GERMANIE. Les Évêques de cette province écrivent au pape Anaſtaſe II, pour la conſervation de leurs droits, an. 497, p. 18. Ce qui appartenoit à Louis le Débonnaire dans cette vaſte région, fit partie du royaume de Louis ſon fils par le partage de 817, p. 321, an. 817.

GERMINI, dans le diocéſe de Reims: le roi Sigebert, aïeul de Childéric II, avoit légué ce lieu au monaſtère de Stavelot & Malmédy; Childéric confirme cette donation, an. 667, p. 80. Dagobert II ratifie également la donation faite par Sigebert de ce lieu à ces mêmes Monaſtères, an. 677, p. 86.

GERTRUDE, princeſſe de la maiſon de France, mais que des Écrivains ont mal-à-propos dit être ſœur de Charlemagne, fait un legs au monaſtère de Newſtade, an. 813, p. 284.

GESCHOT, expreſſion de la langue Teutonique, qui ſignifie en françois droit de gîte, & en latin c'eſt ce qui eſt appelé dans les vieux monumens conjectum, an. 824, p. 367. Voyez le Gloſſaire de du Cange, au mot CONJECTUM.

GILBERT, comte de Narbonne, ſe trouve dénommé dans un acte du VIII.e ſiècle, an. 752, p. 132.

GILBERT, archevêque de Rouen, eſt nommé Miſſus par Louis le Débonnaire dans le département de Rouen, qui s'étendoit à tous les cantons qui compoſent aujourd'hui la Normandie, an. 822, p. 360.

GILLES, évêque de Reims, eſt dépoſé & exilé à Strasbourg, an. 590, p. 49.

GIMBERGE, épouſe de Girard, & mère d'Adaltrude religieuſe de Saint-Pierre de Lyon. Voyez ADALTRUDE.

GIRARD, homme riche, fait une donation, de concert avec Gimberge ſa femme, à l'abbaye de Saint-Pierre de Lyon, & ils y conſacrent Adaltrude leur fille unique. Voyez ADALTRUDE.

GIRONE. Wimar, évêque de cette ville, obtient de Louis le Débonnaire un Diplôme qui confirme ſa Cathédrale dans la jouiſſance de ſes biens & de ſes anciens priviléges, an. 834, p. 426.

GISELAFRED, comte de Carcaſſonne & fils du comte Délion, fait faire le hommage des biens dépendans du monaſtère de Saint-Couat, qui étoient ſitués le long de la rivière d'Aude, année 838, p. 453.

GISÈLE, princeſſe de France, ſœur de Charlemagne. Voyez CHISÈLE.

GISLHAIRE, vaſſal du Roi, tenoit en bénéfice du fiſc, la terre de Sonchamp & ſes dépendances, lorſque Charlemagne fit donation du tout à l'abbaye de Saint-Benoît-ſur-Loire; procès à ce ſujet entre les héritiers de Giſlhaire & l'abbé de Saint-Benoît, an. 835, p. 431.

GÎTE (paratæ ou paradæ). Nos Rois des deux premières Races ne levant preſque point d'impôts ſur le peuple, exerçoient le droit de gîte pour leur perſonne lorſqu'ils faiſoient des voyages, & pour leurs Ambaſſadeurs & leurs autres Officiers; quelquefois on appréciait le gîte en argent, & on le payoit aux Comtes qui en faiſoient la levée pour le fiſc, an. 815, p. 295 & 296.

GIURETTE, village ſitué dans le Berry, donné à l'abbaye de Saint-Denys par le roi Dagobert I.er, an. 635, p. 62.

GIZELLE, princesse de France, fille de Charlemagne, elle reçoit le baptême à Milan, des mains de Thomas archevêque de cette ville, an. 781, p. 175.

GIZELLE, autre princesse de France, fille de Louis le Débonnaire & de Judith ; on croit qu'elle se maria au comte Éberard, an. 837, p. 446.

GLANDÉE (aller à la glandée). Le Roi permettoit de mener & conduire dans ses forêts autant de cochons que l'on vouloit, sous la condition de lui en payer la dixme ; cela s'appeloit *aller à la glandée*, parce que l'on conduisoit les cochons pour leur faire paître du gland ; Ordonnance sur le domaine., article XXXVI, an. 800, p. 215.

GLANFEUIL. Voyez SAINT-MAUR-SUR-LOIRE.

GLARE ou *LONGOLANUM*. Quelques Historiens prétendent que Clotaire II bâtit un palais dans ce lieu ; ce n'étoit plus qu'une petite maison du temps de Louis le Débonnaire où ce Prince faisoit des haltes de chasse ; il y expédia cependant un Diplome en faveur de l'abbaye de Saint-Maximin de Trèves : ce lieu est situé dans les Ardennes près Saint-Hubert, an. 821, p. 349.

GLONNE, monastère situé sur la Loire près Saumur. Voyez SAINT-FLORENT.

GODE, épouse d'un particulier nommé Gautier. Voyez GAUTIER.

GODEBERT, particulier dont les biens furent confisqués au profit du Roi pour crime d'inceste, an. 807, p. 250.

GODEFROI, comte, est nommé par Charlemagne Commissaire ou *Missus* avec l'Archevêque de Sens dans l'Orléanois, la Picardie, la Champagne, la Bourgogne & la Franche-comté, an. 802, p. 228. Ce Comte est chargé par Louis le Débonnaire de faire exécuter un jugement rendu à la Cour du Roi contre l'abbé de Saint-Calez du Mans, an. 837, p. 443.

GODEFROI, roi de Danemarck, se ligue avec les Holsates, nation Saxonne, contre Charlemagne ; cette guerre fut sans succès pour les Alliés, & Godefroi rentra dans ses ports avec la flotte qu'il avoit armée, sans en venir aux mains avec les François, an. 804, p. 237. Ce Prince fait de nouveau la guerre à Charlemagne, an. 807, p. 252..

GODEFROI ou GOTFROI, abbé de Munster en Grégoriental, obtient de Louis le Débonnaire la donation, en faveur de son Abbaye, d'une partie de la forêt de Colmar, an. 823, p. 362. Il obtient un Diplome de ce même Prince, portant des priviléges en faveur de son Monastère, an. 826, p. 380.

GODEFROI, évêque d'Urgel, reçut la donation, de la part d'un particulier nommé Bernard, du monastère de Sainte-Grate situé dans les marches d'Espagne ; ce Prélat l'unit à sa Cathédrale, an. 823, p. 363.

GODEFROI ou GOZEFRID, comte de Chartres, il vivoit sous le règne de Charles le Simple, & signa une donation faite à l'abbaye de Saint-Denys par le comte Smaragde & Sénégonde sa femme, an. 824, p. 369.

GODESALDE, n'étant que diacre, étoit moine & abbé du monastère de Nantua, il reçoit un legs fait à cette Abbaye, an. 817, p. 326.

GODIN, homme de considération, fait, conjointement avec Lantrude sa mère, une donation en faveur de l'abbaye de Saint-Benigne de Dijon, an. 579, p. 43.

GODINUS ou GOINUS, abbé de Saint-Benigne de Dijon, il reçut la donation que fit une pieuse dame nommée Goyliane, en faveur de cette Abbaye, an. 734, p. 119.

GODOALD, abbé de Farfe, obtient de l'empereur Louis le Débonnaire, des Lettres en faveur de son Abbaye, an. 816, p. 310.

GODOALD, vicomte sous les ordres du duc Guillaume, avoit réglé ses limites, où fait le procès-verbal de bornage de la seigneurie de Magnianac dépendante de l'abbaye de Montolieu, an. 835, p. 432.

GODOBALD, abbé de Saint-Denys, obtient un arrêt à un plaid tenu par le roi Thierri IV à Ponthion, qui maintient son Monastère dans la propriété du lieu de Bauran, contre les prétentions d'un particulier nommé Erment, an. 725, p. 116.

GODUIN, abbé des monastères de Stavelot & Malmédy, obtient du roi Thierri III un Diplome en faveur de ces deux Abbayes, an. 681, p. 88.

GOËLANE ou GOYLIANE, pieuse dame qui fait une donation au monastère de Saint-Benigne de Dijon, an. 679, p. 87; an. 734, p. 119.

GOMBAUD, abbé de Charroux en Poitou, reçoit une donation en faveur de son Monastère, de la part des empereurs Louis & Lothaire, an. 830, p. 398. Cet Abbé obtient un Diplome de ce Prince en faveur de son Monastère, an. 830, p. 400.

GOMBAUD, moine de l'abbaye de Saint-Médard de Soissons, il servit efficacement Louis le Débonnaire dans le temps de sa détention, & ayant fomenté la division entre les trois fils de ce Prince qui l'avoient détrôné, il contribua par-là à le faire rétablir sur son trône, an. 831, p. 402.

GONDEBAUD, roi de Bourgogne, assiégé par Clovis I.er dans Avignon, an. 495, p. 17. Il reçoit des Lettres de Théodoric au sujet de la guerre qui se préparoit entre Clovis & Alaric, il se rend médiateur de ce différend, an. 498, p. 19.

GONDEBERT, chorévêque de Sens, fonda le monastère de Senones, & obtint du roi Childéric II, des terres pour le doter, an. 661, p. 77.

GONDELAND, abbé de Lauresheim, obtient de Charlemagne un Diplome qui affranchit son Monastère de toutes les impositions qu'il payoit ci-devant au fisc, an. 772, p. 158. Il gagne à la Cour du Roi un procès contre un seigneur Allemand nommé Hemery, an. 776, p. 168.

GONNESSE près Paris. On voit par un partage fait sous le règne de Louis le Débonnaire, entre Hilduin abbé de Saint-Denys & ses Moines, que cette seigneurie étoit du domaine de cette Abbaye, an. 832, p. 407 & 408.

GONTALD, homme de considération, légua le village de Taverny en faveur du monastère de Saint-Denys, an. 753, p. 134.

GONTIER, abbé de Saint-Aubin d'Angers, obtient de Charlemagne, à son avènement au trône, la confirmation des donations & des priviléges de son Monastère, an. 769, p. 152.

GONTRAN, roi de Bourgogne, déclare Childebert roi d'Austrasie son successeur, an. 577, p. 43. Il rend une Ordonnance pour la célébration des fêtes de Pâques, an. 584, p. 44. Il fonde l'abbaye de Saint-Marcel près de Châlons, an. 584, p. 45. Il reçoit de la part de Frédegonde des Ambassadeurs qui lui offrent le royaume de Paris, ibid. Il fait la paix avec Childebert son neveu, an. 585, p. 46. Ce Prince conclut un autre Traité avec Childebert roi d'Austrasie & la reine Brunehaut, an. 587, p. 47. Il publie une Ordonnance contre ceux qui seroient coupables du crime de leze-majesté humaine au premier chef, à l'occasion du meurtre du roi Childéric son frère, ibid. Il publie une autre Ordonnance concernant la discipline des troupes, année 588, p. 48. Autre Ordonnance qui défend aux Évêques de nourrir des chiens de chasse chez eux, an. 589, p. 48.

GORZE. Chrodegand évêque de Metz fonda cette Abbaye, Pépin le Bref lui fit donation, par une Charte, du lieu de Dombale ; mais la pièce est soupçonnée de fausseté, an. 752, p. 133. Chrodegand fait approuver la fondation de cette maison & l'acte de sa dotation par le Concile de Compiegne, an. 756, p. 139. Ce Monastère reçoit de nouvelles donations de l'évêque Chrodegand, an. 757, p. 141 ; an. 763, p. 146 ; an. 765, p. 147. Les Moines de cette Abbaye obtiennent de Charlemagne la confirmation de leurs privilèges, an. 769, p. 154. Ils reçoivent deux legs qu'Angelram évêque de Metz leur fait successivement, an. 670, p. 158. Arrêt de la Cour du Roi en faveur de ce Monastère, an. 815, p. 299 & 300.

GOSBALD, abbé du monastère de la basse Alsaich, obtient de Louis roi de Bavière, la propriété du domaine d'Ingolstat, dont lui & ses Moines n'avoient ci-devant joui qu'à titre de bénéfice, an. 823, p. 364. Il fut Grand-aumônier & Chancelier en même temps de Louis le Débonnaire ; il obtint de ce Prince la confirmation d'une donation faite en faveur de son Abbaye par Charlemagne, an. 830, p. 398. Il eut aussi l'évêché de Wurtzbourg ; il obtient un second Diplome en faveur de son Abbaye, de Louis roi de Bavière, an. 836, p. 436 & 437.

GOUDARGUE, lieu situé dans le canton d'Uzès, où Charlemagne transféra le petit monastère de Caseneuve, fondé par le duc Guillaume ; Louis le Débonnaire en fait donation à l'abbaye d'Aniane : c'est présentement un Prieuré simple de la collation de l'abbaye d'Aniane, an. 815, p. 300.

GOUSSAINVILLE dans l'île de France. On voit par un partage fait par Hilduin abbé de Saint-Denys & ses Moines, sous le règne de Louis le Débonnaire, que seigneurie étoit du domaine de cette Abbaye, an. 832, p. 407 & 408.

GRAFION (*Grafio* ou *Graphio*). C'étoit un Officier subalterne de justice, son nom est connu dans la loi Salique & dans celle des Ripuaires, mais il ne paroit pas bien facile de dire en quoi consistoient les fonctions de son office. Charlemagne défend même à ses Graffons de troubler les Moines de Saint-Martin de Tours dans la jouissance des privilèges & des immunités qu'il leur accorde, an. 800, p. 219.

GRAND-AUMÔNERIE. Cette charge étoit remplie, sous les deux premières Races de nos Rois, par des Archichapelains, ils avoient toute jurisdiction sur les Clercs de la chapelle du Roi, an. 685, p. 90. Voyez ARCHICHAPELAIN.

GRAND-CHAMP dans le Gâtinois. Le roi Dagobert I.er lègue cette terre par testament au monastère de Sainte-Colombe de Sens, an. 636, p. 63. Louis le Débonnaire confirme ce legs par une Charte, an. 833, p. 416.

GRAND-LIEU, monastère qui prit le nom d'un lac près duquel il fut fondé sous le règne de Louis le Débonnaire ; ce n'est plus qu'un Prieuré dépendant de l'abbaye de Tournus, an. 819, p. 334.

GRANFEL ou MUNSTERTHAL. Ce monastère situé dans la haute Alsace, obtient de Charlemagne un Diplome qui confirme ses privilèges, an. 769, p. 155.

GRASELLE. Ce Monastère qui n'est plus qu'un Prieuré simple dépendant de l'abbaye de Saint-Victor, fut fondé dans un faubourg de Vaison par Aredius évêque de cette ville, an. 682, p. 89. Le privilège accordé à ce Monastère, ainsi que l'acte de sa fondation, sont confirmés par Clovis III, an. 692, p. 96.

GRASSE (la), monastère de Septimanie ; Nebridius archevêque de Narbonne, sous le règne de Charlemagne en fut le fondateur, & obtint de ce Prince un Diplome qui confirmoit les donations & les legs pour ce pieux établissement, an. 778, p. 170. Autre Charte de ce même Prince en faveur de cette Abbaye, an. 801, p. 223. Donation de la vallée de Borre située dans le comté de Narbonne, avec trois églises, à l'abbaye de la Grasse par Charlemagne, an. 806, p. 245. Diplome de Louis le Débonnaire, qui porte confirmation des privilèges & des immunités de cette Abbaye, an. 814, p. 293. Autre Diplome de ce même Prince, par lequel il accorde de nouvelles immunités à ce Monastère, an. 814, p. 295. Cette Abbaye est comprise dans l'état que Louis le Débonnaire fit dresser des Monastères du royaume, dans la classe de celles qui ne lui doivent que des prières, an. 817, p. 320. Legs fait à cette Abbaye par le comte & la comtesse de Carcassonne, de la terre de *Favarias*, an. 820, p. 347. Diplome de Pépin, qui confirme une donation faite en faveur de cette Abbaye par Odila comte de Carcassonne, an. 827, p. 385. Autre Diplome de ce même Prince en faveur de cette Abbaye, année 838, p. 453.

GRATIEN, avoué de l'abbaye de Noaillé, qui n'étoit alors qu'une dépendance du fameux monastère de Saint-Hilaire de Poitiers, cité au plaid tenu devant un *Missus* de Pépin roi d'Aquitaine, un Seigneur, & l'accuse d'avoir usurpé des biens dépendans de cette Abbaye ; le jugement est favorable à Gratien, an. 834, p. 421.

GRAVASCUS, ancien monastère d'Italie, il fut réclamé par l'évêque de Plaisance comme étant une dépendance de sa Cathédrale, & Louis le Débonnaire le lui adjugea, an. 820, p. 346.

GRÉGOIRE I.er pape, excommunie les usurpateurs des biens de l'église de Cambrai, an. 590, p. 49. Il écrit à Virgile évêque d'Arles, lui envoie le *Pallium* & le fait son Légat dans les Gaules, an. 593, p. 49. Il donne une Charte en faveur du monastère de Saint-Médard de Soissons, an. 594, p. 50. Ce Pape écrit à Siagrius évêque d'Autun, lui envoie le *Pallium* & lui accorde divers autres privilèges, an. 599, p. 51. Il écrit à Berthe femme d'Édilbert roi d'Angleterre, pour qu'elle engage son mari à embrasser la religion Catholique, & à la faire embrasser à tout son royaume, an. 601, p. 52. Il écrit à la reine Brunehaut pour lui marquer qu'il a accordé différens privilèges à plusieurs Monastères de la ville d'Autun, an. 602, p. 52.

GRÉGOIRE II, ce pontife commence la fortune du moine Winfrid en lui donnant commission d'annoncer l'Évangile dans quelques régions de l'Allemagne qui étoient encore idolâtres, an. 719, p. 111. Lettre de Grégoire III à Charles Martel, mal-à-propos attribuée à Grégoire II, an. 721, p. 113. Ce pape (Grégoire II) écrit à Charles Martel, & le traite de Souverain en lui demandant son agrément pour que Winfrid ou Boniface aille faire des missions dans quelques contrées de l'Allemagne, an. 722, p. 113. Il écrit à Boniface pour le complimenter sur les succès de sa mission qu'il avoit commencée dans la partie occidentale de l'Allemagne, an. 724, p. 116.

GRÉGOIRE III, ce pape écrit deux Lettres à Charles Martel pour l'engager à prendre la défense de l'église de Rome contre Luitprand roi des Lombards ; il offre à ce Prince, au nom du peuple de Rome, de le reconnoître pour Consul & Patrice, an. 740, p. 120.

GRÉGOIRE IV est cité par l'abbé de Farfe au plaid que les *Missi* de l'empereur Louis le Débonnaire tenoient

TABLE DES MATIÈRES.

tenoient à Rome, dans lequel ce Pape fut condamné à restituer à l'Abbé des biens dont ses prédécesseurs s'étoient injustement emparés, an. 829, p. 391. Ce Pape entre dans la conjuration des fils de Louis le Débonnaire contre leur père, il manque à la fidélité qu'il devoit à ce Prince en favorisant la révolte de ses enfans ; il fait des efforts & des menaces pour engager les Évêques de France & d'Allemagne dans son parti : ceux d'Austrasie & de Germanie demeurent fidèles à l'Empereur, & ils lui marquent que s'il persiste dans sa révolte contre son Souverain ils procéderont à sa déposition, an. 833, p. 419 ; an. 834, p. 421 & 422.

GRÉGOIRE XIII. Ce Pape unit à l'évêché de Strasbourg les biens de l'ancien monastère du mont Sainte-Odile ; un Évêque de ce siège, dans le siècle dernier, en fit rétablir les bâtimens, & y mit des Prémontrés en leur rendant une partie des revenus de l'Abbaye, an. 837, p. 440.

GRÉGOIRE DE TOURS refuse de signer la formule de foi qu'avoit dressée Chilpéric I.er sur la Sainte-Trinité, an. 583, p 44.

GRENVILLERS ou GRANDVILLE, seigneurie située dans le Beauvaisis, & donnée à l'abbaye de Saint-Denys en France par le roi Dagobert I, an. 638, p. 65. Ce Monastère est maintenu dans la propriété de cette terre par Lettre du roi Clotaire III, an. 658, p. 75.

GRIMALFROI, ce particulier fait un legs considérable, conjointement avec Adalvarane sa fille, au monastère de Saint-Denys, an. 770, p. 155.

GRIMBERT, particulier, il fait une donation à la cathédrale de Verdun de fonds de terre qu'il possédoit en alleu, après quoi il reprit ces mêmes biens de la cathédrale de Verdun pour les posséder en bénéfice à perpétuité sous l'obligation d'une redevance, an. 770, p. 157.

GRIMO, abbé de Saint-Tron ; c'est le premier qui ait pris ce titre, tous ses prédécesseurs ne prennent que celui de Prieur : il reçoit une riche donation faite à ce Monastère par le comte Robert, an. 746, p. 125.

GRIMOALD, duc de Benevent, exempte un particulier de payer le centième denier imposé sur les biens dont on hérite, an. 789, p. 190. Il est assassiné dans une conjuration formée par un seigneur Beneventin nommé *Sico*, qui fut Duc à sa place, an. 818, p. 330.

GRIMOALD, maire du palais de Sigebert II roi d'Austrasie, fait donation aux monastères de Stavelot & Malmédy, nouvellement fondés, du lieu nommé *Genniniacus*, an. 650, p. 71.

GRIMOALD, autre maire du palais de ce même nom sous Childebert III, il plaide contre les moines de Saint-Denys à l'occasion d'un moulin situé sur un étang dans la vallée de Chaalis, les Moines prétendoient qu'il dépendoit de Lagny-le-sec qui leur appartenoit ; Grimoald soutenoit que c'étoit une dépendance du château de Vern dont il jouissoit, il perdit, an. 710, p. 104.

GRIPHON, l'un des trois fils de Charles Martel, il étoit d'un autre lit que Carloman & Pépin ; ces deux derniers étoient du premier mariage : Griphon ne fut point admis au partage que Charles Martel fit de son vivant de ses Etats. Les Auteurs de ce temps n'en disent point la raison ; ce fut la cause de sa révolte après la mort de son père ; conduite que tint Pépin à son égard ; sa mort tragique, an. 749, p. 127.

GUADELBERT, abbé du monastère de Sainte-Marie de Organo, situé à Vérone, obtient de Charlemagne un Diplome portant, en faveur de ses Moines,

Tome I.

exemption des droits de douane, & autres privilèges, an. 804, p. 236.

GUELDRE. Louis le Débonnaire unit, par son partage de l'année 835, ce pays au royaume de Bavière, qu'il confirme à Louis son second fils, an. 835, p. 433 & 434.

GUELY, duc de Bavière & père de Judith seconde femme de l'empereur Louis le Débonnaire, an. 819, p. 337.

GUERRE. Comment se faisoit la déclaration de guerre, de quelle manière on décidoit de la nécessité de faire la guerre. Voyez ARMÉE. Ordonnance qui enjoint à tous ceux qui tiennent des bénéfices du fisc d'aller à la guerre, an. 807, p. 252. Autre Ordonnance sur le fait de la guerre, il y est réglé entr'autres choses, que ceux qui doivent marcher porteront les vivres nécessaires pour le temps de la campagne, & que ceux qui voudront s'exempter de ce service, payeront une certaine somme d'argent, an. 812, p. 271. Règlement qui fixe les cas d'exemptions d'aller à la guerre, année 812, p. 274. Ordonnance qui autorise le droit de la guerre dans la punition des habitans qui refusent de se soumettre au vainqueur après la reddition de leur ville, an. 819, p. 339 & 340.

GUET. Les vassaux du Roi, comme ceux de chaque Seigneur, étoient tenus de faire le guet, & ce n'étoit qu'en payant une somme d'argent que l'on s'exemptoit de ce service ; Ordonnance adressée aux Comtes sur la manière de faire la levée des taxes pour le guet, an. 812, p. 270 & 271.

GUI, comte du Mans, obtient de Louis le Débonnaire le commandement & la garde des frontières de la Bretagne pour contenir cette province qui s'étoit révoltée depuis peu, & qui à cette occasion avoit couronné Murman chef des rébelles, an. 818, p. 328 & 329. Il fut nommé Commissaire par ce même Prince pour instruire un procès entre l'évêque du Mans & les Régisseurs du domaine royal, à l'occasion d'une réclamation réciproque de vassalité sur l'abbaye de Saint-Vincent de cette ville, an. 832, p. 411. Il fut encore choisi par l'Empereur pour terminer un autre procès que l'évêque du Mans soutenoit contre des vassaux du Roi, an. 835, p. 429.

GUICHINGE, nommé Commissaire par Pépin le Bref pour vérifier sur les lieux, les faits allégués par Fulrad abbé de Saint-Denys, qui réclamoit plusieurs seigneuries que l'on avoit usurpées sur son Monastère, an. 750, p. 128.

GUILLAUME, surnommé *au court-nez*, étoit fils d'un Comte allemand de la race de Charles Martel, nommé Théodoric ; les anciens Romanciers ont débité beaucoup de fables sur le compte de Guillaume, auxquelles il ne faut point ajouter foi ; il se rendit néanmoins l'un des plus célèbres de son temps par un grand nombre d'exploits militaires ; il obtint des emplois distingués à la Cour, & dans la suite Charlemagne lui donna l'office de duc d'Aquitaine ou de Toulouse : fatigué des honneurs & méprisant les richesses, il quitta le monde pour se livrer à la prière & à des œuvres de piété dans le monastère de Gellone qu'il fonda ; il paroit même qu'il y prit l'habit de Moine : par la considération qu'il eut toujours à la Cour, il obtint de Louis roi d'Aquitaine, un Diplome en faveur de ce nouvel établissement, an. 807, p. 251. Guillaume meurt ; cet évènement est constaté par un acte de Juliofrede abbé de Gellone, dans lequel il fait l'énumération des bienfaits dont ce Seigneur avoit enrichi ce Monastère, an. 812, p. 272.

GULFOCUS, prêtre, avoit été, suivant les apparences, serf, il cultivoit un héritage du domaine de l'abbesse

b b

d'Argenteuil ; elle fit un échange de cet héritage avec Éghinard abbé de Saint-Vandrille, contre deux serfs, an. 824, p. 370 & 371.

H

HADABOLDE, archevêque de Cologne; Louis le Débonnaire le nomme *Missus* au département de cette Métropole, an. 822, p. 360.

HADEGAND abbé de Saint-Mihiel, obtient de l'empereur Lothaire deux Diplomes en faveur de son Abbaye, an. 840, p. 465.

HADINGAN, vidame de l'évêque du Mans dans la terre nommée *Ardunum* en Poitou ; il oblige les tenanciers & les bénéficiers de lui payer les cens & les redevances des terres qu'ils cultivoient, dépendantes de cette seigneurie, & de donner de nouvelles déclarations, an. 720, p. 111.

HADO, abbé de Corbie, obtient de Charlemagne un nouveau Diplome qui porte confirmation de toutes les Chartes de priviléges & immunités accordées à ce Monastère par les Rois prédécesseurs de ce Prince, an. 769, p. 152.

HADOUINDE, évêque du Mans, lègue par son testament plusieurs villages à sa Cathédrale, à l'abbaye de Saint-Pierre-de-la-Couture, à celle de Saint-Vincent, & des fonds de terre à plusieurs églises de son diocèse, an. 641, p. 68.

HAGAN, vassal du Roi, est nommé Commissaire par l'Empereur pour juger si la réclamation qu'un particulier faisoit du bois de la Colombière, comme ayant été usurpé sur les domaines du prieuré de Barisi, étoit juste & fondée en preuve, an. 831, p. 401.

HAGENHEIM, domaine situé dans le territoire de Worms ; cette seigneurie est léguée au monastère de Laurisham, par une pieuse dame nommée Willisinde & son fils Cancor, qui étoit Comte dans ce pays, an. 763, p. 146.

HALBERSTAD. Charlemagne transfère dans cette ville, située dans la basse Saxe sur la rivière de Hotheim, le monastère d'Osterwick, & il y érigea peu après en une église cathédrale, année 814, p. 292.

HALITGARIUS, évêque de Cambrai, assiste au Concile de Paris sur le culte des images, & est député de l'assemblée pour en présenter les actes aux empereurs Louis & Lothaire, an. 825, p. 377.

HAMALFRIDE, homme de grande considération, fonde & dote le monastère d'Honnecourt, Ariana sa fille en fut la première Abbesse, an. 685, p. 90.

HAMBOURG, le siége épiscopal de cette ville y a été transféré de la ville de Brême où Charlemagne l'établit vers la fin du VIII.e siècle, an. 788, p. 187. Louis le Débonnaire y en avoit établi un en 834, p. 422.

HARDRAD, abbé de Sithiu, obtient de Charlemagne un Diplome de confirmation de tous les priviléges & immunités de son Monastère, an. 769, p. 153.

HARAS. Nos Rois des deux premières Races avoient des haras dans presque tous leurs domaines pour peu qu'ils fussent considérables ; règlement pour les étalons dans les haras ; Ordonnance du domaine, articles XIII, XIV & XV, an. 800, p. 213 & 214.

HASBANIUS PAGUS. On croit que c'étoit cette contrée des Pays-bas, appelée anciennement la *Hasbaie*, & qui forme aujourd'hui le comté de Hasbain ou de Haspengon ; description géographique de ce Comté, an. 805, p. 239.

HASELAC (monastère). Charte de fondation de cette Abbaye par Dagobert I.er, an. 613, p. 54.

HATIÈRES. Ce monastère, fondé par Wideric comte de Namur, est situé dans l'évêché de cette ville sur la Meuse ; un siècle après son établissement il passa dans les mains des Laïcs ; Wigeric, père d'Adalberon évêque de Metz, en hérita de son père, an. 656, p. 74.

HATTA, abbé de Saint-Vast d'Arras, auquel Vendicus évêque de cette ville avoit accordé, pour lui & pour ses successeurs, l'exemption de toute juridiction épiscopale, an. 672, p. 82.

HATTON, comte d'Asbourg, jette les premiers fondemens du monastère de Eshein-Munster vers la fin du VII.e siècle, an. 762, p. 145.

HATTON, petit-fils du précédent, étoit évêque de Strasbourg, rétablit le monastère de Eshein-Munster situé dans ce diocèse, dont son aieul étoit le fondateur, an. 762, p. 145.

HATTON, comte de Mayence & de Worms, signa le testament de Charlemagne, an. 811, p. 263.

HAUTO ou HAUDON, abbé de Montier-en-Der, obtient de Louis le Débonnaire un Diplome qui confirme tous les priviléges de son Monastère, an. 815, p. 299. Il obtient de ce même Prince des Lettres pour réédifier les lieux claustraux de ce Monastère, pour contraindre les Moines qui en étoient sortis & qui menoient une vie vagabonde d'y rentrer, & enfin pour y rétablir la régularité, an. 827, p. 382. Il fait approuver de ce Prince les statuts de réforme qu'il avoit dressés pour son Monastère, an. 832, p. 409.

HATVILLIERS. Ce monastère fut fondé par Berchaire moine de Luxeuil, & doté par Nivard évêque de Reims ; il prit le nom du lieu appelé *Altumvillare*, où il fut bâti, an. 662, p. 78.

HECCARD, vassal de Pépin roi d'Aquitaine, il reçoit de ce Prince une donation. On pense qu'il étoit comte d'Autun, an. 838, p. 451. Louis le Débonnaire confirme cette donation, an. 839, p. 460.

HECFRED, comte dans la Bourgogne sous le règne de Louis IV, dit d'Outre-mer : on l'a mal-à-propos placé sous celui de Louis le Débonnaire, an. 824, p. 369.

HEDDO, le même que Dato ou Doto, évêque de Strasbourg, confirme par une Charte la fondation du monastère d'Arnolfesaw, & accorde aux Moines plusieurs priviléges, an. 750, p. 128.

HEIMON, abbé du monastère de Manlieu en Auvergne, obtient de Louis le Débonnaire une Charte qui confirme ses Moines dans la jouissance de leurs priviléges, an. 818, p. 329.

HEISTOLPHE ou HEISTULPHE, archevêque de Mayence, fait la consécration de la nouvelle église de l'abbaye de Fulde, rebâtie sous le règne de Louis le Débonnaire, an. 820, p. 346. Il est nommé *Missus* par ce Prince, qui lui assigna le département de cette Métropole, an. 822, p. 360.

HELMERIC, abbé de Lauresheim, obtient de Charlemagne une Charte qui confirme ce Monastère dans la jouissance de ses biens & de tous ses anciens priviléges, an. 779, p. 173.

HEDEN ou HETEN, duc de Thuringe, fait donation de biens situés à Hamelbourg, à Villebrod évêque d'Utrecht, dont les revenus devoient servir à l'entretien des Prêtres que ce Prélat avoit envoyés dans cette partie de l'Allemagne pour y annoncer l'évangile, an. 716, p. 108.

HELEGRINE. Conventions matrimoniales de cette fille qui étoit belle suivant l'acte, stipulées à son profit par son mari Folrad, an. 827, p. 383.

HELMERIC, vassal du Roi, fait un échange avec l'abbé de Fulde, & il en obtient la confirmation de Louis le Débonnaire, an. 839, p. 455.

TABLE DES MATIÈRES.

HELOGAR, moine, obtient de Charlemagne une Charte qui lui permet de rétablir le monastère de Saint-Meen en Bretagne, détruit depuis quelques années, & il en devient Abbé, an. 816, p. 307.

HEMEHILT, l'une des filles de Charlemagne, elle fonde le monastère de Milèze, & elle en fait donation ensuite à l'abbaye de Fulde, an. 800, p. 220.

HEMERY, seigneur Allemand, dispute à Gundeland la propriété de l'abbaye de Lauresheim, la cause est portée à la Cour du Roi; Hemery, quoique fils & héritier de Cancor fondateur du monastère, perd son procès, parce que Cancor & Wissvinde sa mère en avoient fait donation entre-vif à l'évêque de Metz, qui lui-même l'avoit donné à Gundeland, an. 776, p. 168.

HERCHENEFRÈDE, dame de considération, mère de Didier trésorier du Roi Dagobert Ier & de Rusticus évêque de Cahors; elle écrit à ce premier pour qu'il obtienne du Roi justice contre les assassins de Rusticus son frère, an. 629, p. 58.

HERCHENRAD, évêque de Paris, soutient à la Cour du Roi un procès contre Fulrad abbé de Saint-Denys; ce Prélat réclamoit la propriété d'un petit monastère situé dans la forêt de Saint Germain-en-Laie au village de Plaisir : deux différens particuliers en avoient fait don, l'un à l'église de Paris, & l'autre à l'abbaye de Saint-Denys; Herchenrad perdit le procès, an. 775, p. 166.

HEREMBERT, vassal du Roi, auquel les Régisseurs du domaine avoient donné en bénéfice deux terres qu'ils avoient usurpées sur l'église du Mans; Louis le Débonnaire étant informé de ce fait oblige Herembert de restituer les deux terres à Aldric évêque de cette ville, an. 833, p. 413.

HÉRÉTIQUES. Constitution des empereurs Théodose & Valentinien, qui bannit hors des villes les hérétiques & les Schismatiques qui persévèrent dans leurs erreurs, an. 425, p. 12.

HERFORT. Ce monastère est situé dans le diocèse de Paderborn; Charte de sa fondation par le roi Dagobert III : cette pièce est soupçonnée de fausseté, an. 706, p. 102. Louis le Débonnaire augmente considérablement les biens de cette Maison, an. 838, p. 451.

HERIBERT, comte dans le pays de Trèves, père de Bertrade qui épousa le roi Pépin le Bref : critique de la généalogie de ce Seigneur, an. 722, p. 113.

HÉRIMAN, vassal du roi Charles le Chauve, obtient en toute propriété de ce Prince une terre qu'il détache de son fisc, an. 839, p. 458.

HÉRIMER. Goldaste avance qu'un Prince de ce nom étoit Roi des Francs en l'année 23 de J. C. & qu'il rendit l'Ordonnance que l'on trouve dans le recueil de cet Auteur : critique de ce sentiment, an. 23, p. 1.

HÉRITIERS, comment ils s'instituoient. Voyez INSTITUTION.

HERLEMOND, évêque du Mans, obtient du roi Childebert III, la confirmation du privilège de choisir le Comte ou le Duc de cette ville, accordé à l'Évêque & au Clergé de cette Cathédrale par Clotaire III, an. 698, p. 99. Ce Prince confirme le même jour à ce Prélat la donation que le roi Childeric II avoit faite à l'évêque Bérard son prédécesseur, de la redevance dûe au fisc pour une terre nommée *Ardunum*, qui avoit été donnée en bénéfice à l'église du Mans, *ibid*. Ce Prélat fait donation à un monastère de Saint-Ouen, du village d'Artis situé sur le Loir, an. 713, p. 105. Il obtient du roi Dagobert III la confirmation des Chartes de Childeric II & de Childebert III, qui faisoient remise à la cathédrale du Mans de la redevance dûe au fisc pour le bénéfice *Ardunum*, an. 713, p. 106. Il obtient du roi Thierri IV un Diplome qui confirme tous les Diplomes des prédécesseurs de ce Prince en faveur de cette Cathédrale, an. 721, p. 113.

HERMELINDE, femme de Loup duc de Spolette, fonde un Monastère de filles, conjointement avec son mari. Voyez LOUP.

HERMENBERT, moine de Saint-Hilaire de Poitiers fut le premier abbé de Noaillé, an. 799, p. 207.

HERMENFROI, particulier sujet du duc de Spolette, ravit la femme du comte de Formignano, & est assassiné par ce Seigneur après avoir reçu le pardon de cette insulte, an. 787, p. 186.

HERMENGARDE, l'une des filles de Lothaire duc de la Lorraine mosellane, an. 788, p. 188. Il y a lieu de penser qu'elle épousa Louis le Débonnaire, & que ce fut cette même Princesse qui reçut la couronne Impériale dans l'église de saint Remi de Rejms, an. 816, p. 311. Elle reçoit une Lettre d'Éginhard qui s'excuse des reproches que cette Princesse lui avoit faits, an. 816, p. 313. Cette Princesse accompagne l'Empereur dans le voyage qu'il fait en Bretagne; elle tombe malade à Angers où elle meurt; elle est inhumée dans l'église Cathédrale de cette ville, an. 818, p. 330.

HERMENGARDE, on ignore le nom des parens & la patrie de cette Princesse; elle fut l'épouse de l'empereur Lothaire fils de Louis le Débonnaire, an. 835, p. 428.

HÉRON, évêque de Langres, protège Wichram abbé de Saint-Benigne de Dijon, auprès du pape Serge Ier & lui fait obtenir une Bulle en faveur de son Abbaye, an. 596, p. 97.

HETTON, évêque de Bâle, signe le testament de Charlemagne, an. 811, p. 263. Il étoit abbé de Richenaw, qui a été unie à l'évêché de Constance dans le seizième siècle, & il obtient de l'Empereur une riche donation en faveur de ce Monastère, an. 813, p. 285.

HETTUS ou HETTON, archevêque de Trèves, écrit à Frotaire évêque de Toul son suffragant, pour qu'il avertisse les Abbés & les Abbésses de son diocèse, de tenir prêts les hommes de milice qu'ils devoient à l'État, parce qu'il étoit averti que l'Empereur alloit porter ses armes en Italie, an. 817, p. 325. Ce Prélat est nommé *Missus* par Louis le Débonnaire qui lui assigne le département de Trèves, an. 822, p. 360. Il assiste au sacre d'Anscharie premier archevêque de Hambourg, année 834, p. 442.

HIATAFRED, vend à l'évêque de Limoges une terre appelée *Ramnaco*, dont ce Prélat fait donation ensuite à sa Cathédrale, an. 833, p. 414.

HIDULPHE, duc de Lorraine, fait donation à l'abbaye de Laubes des villages de Moutiers & de Bains, an. 697, p. 98.

HIÉRÉMIE, abbé de Marmoutiers, obtient de Louis le Débonnaire, après son avènement à l'Empire, un Diplome qui confirme les biens & les privilèges de ce Monastère, & le met sous la garde royale, an. 814, p. 293.

HIÉRÉMIE, archevêque de Sens, est nommé *Missus* par Louis le Débonnaire, qui lui assigne le département de cette Métropole, an. 822, p. 360. Ce Prélat meurt vers la fin de 827, ou au commencement de l'année suivante, an. 828, p. 388.

HILDEBALD, archevêque de Cologne, signe le testament de Charlemagne, an. 811, p. 263.

HILDEBALDE, évêque de Mâcon, obtient de Louis le Débonnaire la restitution de la terre de Rosières en faveur de sa Cathédrale, année 814, p. 292; an. 815, p. 303. Il obtient des Lettres de ce Prince, qui l'autorisent à lever les dixmes & les autres redevances de ceux qui tenoient des bénéfices de son église, an. 816, p. 307. Ce Prélat échange le lieu de Cluni qui avoit été donné à sa Cathédrale par Charlemagne, avec le comte Warin, & il fait approuver l'échange par Louis le Débonnaire, an. 825, p. 375.

HILDEBOLD, abbé de Nermoutiers, obtient de Pépin roi d'Aquitaine, un Diplome qui confirme les privilèges accordés à ce Monastère par Louis le Débonnaire, an. 826, p. 379.

HILDEFRID, homme de distinction & vassal de l'impératrice Judith, obtient, par le crédit de cette Princesse, des Letres de Louis le Débonnaire, qui confirment en sa faveur l'acte d'un bénéfice à vie qu'un Abbé lui avoit passé d'un bien dépendant de son Monastère, an. 831, p. 401.

HILDEGARDE, princesse de la nation des Suèves, reine & épouse de Charlemagne, fait donation à l'abbaye de Saint-Arnould de Metz, d'une terre qui faisoit partie de la dot qu'elle avoit reçue de son mari, an. 782, p. 178. Cette Princesse meurt au commencement de l'année 783, & Charlemagne la fait inhumer dans l'église de cette Abbaye, an. 783, p. 178.

HILDEGARDE, comte dans la Bourgogne, exerce le ministère public dans un procès entre l'évêque de Langres & les héritiers d'un particulier nommé Aldo, an. 815, p. 301.

HILDEGERN, comte, mais dont on ne sait pas le nom du Comté, signe le testament de Charlemagne, an. 811, p. 263.

HILDEGISE, abbé de Donzère, obtient de Lothaire à son avènement à l'Empire, une Charte de confirmation des privilèges de son Abbaye, an. 840, p. 464.

HILDEMAN, évêque de Beauvais, est un des exécuteurs testamentaires du chancelier Friduigie, abbé de Saint-Martin de Tours & de Saint-Vandrille, an. 831, p. 407. Ce Prélat est accusé d'avoir favorisé la révolte de Lothaire contre l'Empereur son père, an. 835, p. 427.

HILDERIC, Missus sous le règne de Charlemagne, il fut commis, en vertu des Letres de ce Prince, pour faire restituer à l'abbaye de Farfe les biens qu'on lui avoit usurpés, an. 797, p. 204.

HILDERIN, évêque d'Halberstad, obtient de Louis le Débonnaire la confirmation des legs & des privilèges accordés à cette Cathédrale par Charlemagne, an. 814, p. 292.

HILDIERNUS, comte de Dijon, en remplissant le ministère public, fait faire à sa requête les procédures usitées en ce temps, pour maintenir l'abbaye de Saint-Bénigne de Dijon dans la possession de certaines terres, an. 816, p. 310.

HILDIPERT, duc de Spolette, fait une donation au monastère de Farfe : il paroît par la Charte de cette donation que le comté de Formignano, dans la marche d'Ancône, étoit dépendant du duché de Spolette, an. 787, p. 186.

HILDUIN, abbé de Saint-Denys, obtient de Louis le Débonnaire deux Diplomes en faveur de son Monastère, an. 814, p. 294. Il se rend à Paris dans le temps que ce Prince y passoit pour aller soumettre les rebelles dans la Bretagne, & il lui fait des présens, an. 818, p. 329. Cet Abbé avoit obtenu depuis peu l'office d'Archichapelain de l'Empereur; ce Prince lui accorda encore la confirmation d'un échange qu'il avoit fait en faveur de son Abbaye, an. 819, p. 337. Cet Abbé obtient de ce même Prince la confirmation d'un autre échange fait également au profit de son Abbaye, an. 820, p. 347. Il fait un échange au profit du prieuré de Salone dépendant de son Abbaye, an. 822, p. 358. Il fut en même temps abbé de Saint Germain-des-Prés & de Saint Médard de Soissons ; il reçoit, en faveur de cette dernière Abbaye, une donation faite par la princesse Berthe, sœur de Louis le Débonnaire, an. 822, p. 361. Et une autre par l'Empereur & par Judith son épouse, an. 827, p. 384. Il fait confirmer un échange en faveur de l'abbaye de Saint-Denys, an. 827, p. 385. Il partage avec ses moines de l'abbaye de Saint Germain-des-Prés, les biens qui avoient été jusqu'alors en commun entr'eux & leurs Abbés, an. 829, p. 391. Il obtient de Pépin roi d'Aquitaine, un Diplome en faveur de cette dernière Abbaye, an. 829, p. 392. Il est accusé d'avoir part à la conjuration des trois princes Lothaire, Pépin & Louis, & l'Empereur l'exile au monastère de Corbie en Saxe ; peu de temps après il le fait venir à son abbaye de Saint-Denys où il reste disgracié ; il s'y occupe du rétablissement de la régularité, & il fait un partage avec ses Moines, an. 832, p. 407. Il obtient de l'Empereur la terre de Mitri en faveur de son abbaye de Saint-Denys, an. 833, p. 413. Il rétablit dans ce Monastère l'office de jour & de nuit, an. 833, p. 419. Il vivoit encore en 839, p. 455.

HILDUIN, abbé de Saint-Mihiel, peut-être le même que celui qui étoit abbé de Saint-Denys ; il pouvoit bien, comme Éginhard & beaucoup d'autres, avoir plusieurs Abbayes : celui-ci obtient de Louis le Débonnaire la confirmation d'un échange qu'il avoit fait au profit du monastère de Saint-Mihiel, an. 824, p. 369.

HILDULF, homme de distinction du pays Messin, connu par un échange qu'il fit avec Hilduin abbé de Saint-Denys, an. 822, p. 358.

HILTRUDE, princesse du Sang de France, elle étoit sœur de Pépin le Bref ; elle se maria à un seigneur Bavarois dont on ne sait pas le nom ; elle eut de ce mariage le fameux Tassillon duc de Bavière, que Charlemagne fit renfermer dans l'abbaye de Jumiège à cause de sa révolte, an. 794, p. 198.

HIMILTRUDE, femme du second ordre de Charlemagne ; c'est ce qui a fait nommer cette Princesse Concubine par quelques Historiens. Voyez l'Abrégé de l'histoire de France de M. le président Hénault, sur ces femmes d'un ordre inférieur, dont l'usage étoit commun du temps de Charlemagne : ce Prince eut un enfant de ce mariage, & il fut appelé Pépin & surnommé le Bossu, an. 797, p. 203.

HINGUETIN, abbé de Saint-Jacut, rétablit pour la seconde fois, vers le commencement du onzième siècle, l'abbaye de Saint-Méen qui avoit été ravagée par les Normands, an. 816, p. 307.

HIRMINON, abbé de Saint-Germain-des-Prés, signe le testament de Charlemagne, an. 811, p. 263. Il obtient de Louis le Débonnaire le droit de la pêche dans la rivière de Seine à Ruel, an. 817, p. 323. Il est nommé Commissaire par l'Empereur pour examiner le plan que l'évêque de Tournai avoit présenté à ce Prince, de bâtir un cloître pour loger les Chanoines de sa Cathédrale, an. 817, p. 324.

HIRMINUS, évêque de Lausanne, est nommé Missus par Louis le Débonnaire, & est employé en cette qualité dans le département de Besançon, an. 822, p. 360.

HITIER ou ITIER, chancelier de France dès l'an 772, étoit en même temps abbé de Saint-Martin de Tours, il obtient de Charlemagne un Diplome en faveur de son Abbaye, an. 775, p. 167. Il obtient de ce même Prince un second Diplome, portant confirmation des biens & des privilèges de cette même Abbaye, an. 782, p. 176. Il fonde l'abbaye de Cormeri, an. 790, p. 192. Une Charte

porte

porte qu'il n'en fut que le restaurateur, an. 791 ; p. 195.

HOBA. Cette expression est différemment interprétée par les Glossateurs ; l'avis du plus grand nombre se réunit à en faire le synonyme de *mansus*, ce qui revient à l'idée que nous avons présentement de *métairie*, an. 823, p. 364.

HODBERT, comte dans l'Allemagne, fait une riche donation au monastère de Saint-Fron, situé dans le diocèse de Mastricht, an. 837, p. 442.

HOHEMBURC, monastère de filles. Voyez MONT SAINTE-ODILE.

HOLATIAN, *Holatianus locus*, c'est le nom ancien du lieu où le diacre Durand fonda l'abbaye de Saint-Chignan, dans l'ancien diocèse de Narbonne, an. 826, p. 380. Voyez SAINT-CHIGNAN.

HOLSATES. Ces peuples étoient une des nations Saxonnes, ils habitoient près le Danube vers les frontières du Danemark ; ils se révoltent, Charlemagne les soumet & leur fait quitter leur pays ; il les transplante dans la Flandre & dans la Suisse, an. 804, p. 237 & 238.

HOLZKIRICHA, monastère d'Allemagne ; il fut légué à Charlemagne par celui qui l'avoit fondé, & ce Prince en fit donation à Sturmion abbé de Fulde, an. 775, p. 166 & 167.

HOMICIDE. Voyez CRIME.

HONECOURT (*Hunulficurtis monasterium*). Ce Monastère fut d'abord occupé par des filles, & mis sous la dépendance de l'abbaye de Sithieu ; époque de sa fondation, an. 685, p. 90.

HONOR, est pris souvent dans la basse latinité pour *alleux*, *fief*, *bénéfice*, *héritage*, *office* & *charge*, an. 753, p. 134.

HONOW, ancien monastère fondé par Adalbert duc d'Alsace, & situé sur le Rhin dans le diocèse de Strasbourg ; Thierri IV nomma Benoît à cette Abbaye ; elle ne subsiste plus, les biens en ont été unis à la collégiale de Saint-Pierre de Strasbourg, an. 720, p. 112. Quatorze Chartes données par les Princes & par différentes personnes de considération, portant des legs en faveur de cette Abbaye, an. 723, p. 114 & 115. Les Moines de cette Abbaye obtiennent un Diplome de Charlemagne qui confirme leurs privilèges, an. 770, p. 155 & 156.

HORDINIUM. Nom d'une terre située dans le Beauvaisis, qui appartenoit à un Vassal du Roi ; elle fut donnée en nantissement à l'abbé de Saint-Denys, qui dans la suite en devint propriétaire, an. 695, p. 97. Voyez NANTISSEMENT.

HORMISDAS, pape, donne une Bulle par laquelle il établit saint Remi, évêque de Reims, son Légat dans toute l'étendue des États de Clovis le Grand : critique de cette pièce, an. 514, p. 24.

HORRÉEN ou OÉREN, abbaye de femmes dans le diocèse de Trèves ; Charte de sa fondation : critique de la date à laquelle D. Calmet & Berthollet rapportent cette pièce, an. 646, p. 69. Dagobert II confirme les riches donations que la Princesse Irmina sa fille avoit faites à cette Abbaye, & en ajoute lui-même de nouvelles, an. 678, p. 86. Bulle du pape Léon II, qui confirme cet établissement, ainsi que les privilèges que le Roi a accordés aux Religieuses, an. 682, p. 89.

HORTMAN, comte dans le pays de Metz, soutient un procès à la Cour du Roi contre Mangulphe abbé de Gorze, & il le gagne, an. 815, p. 299 & 300. Il est nommé Commissaire pour examiner le plan que l'évêque de Tournai avoit présenté à l'Empereur pour bâtir un cloître afin d'y loger les Chanoines de sa Cathédrale, an. 817, p. 324.

HOTBERT, comte dans le pays des Ripuaires, le même que Robert le Fort, année 838, p. 452. Voyez ROBERT.

HUBA, terme de la basse latinité, qui revient à ce que nous appelons présentement *ferme*, *village* ou *terre*, an. 762, p. 145. Voyez du Cange, au mot *Huba* ou *Hoba*.

HUBERT, évêque de Châlons & abbé de Saint-Marcel de cette ville, obtient de Charlemagne une Charte qui confirme les immunités & les privilèges accordés à cette Abbaye par les Rois prédécesseurs de ce Prince, an. 779, p. 172.

HUBERT, évêque de Meaux, assiste au Concile de Sens tenu en 833, & signe l'acte de translation du monastère de Saint-Remi dans le lieu nommé Varcilles, an. 833, p. 418 & suiv.

HUGUES, fils de Drogon & petit-fils de Pépin Héristal, fut en même temps archevêque de Rouen, évêque de Paris & de Bayeux, & probablement abbé de Saint-Arnould de Metz, il fait donation à ce Monastère du village de Vigy situé dans le pays Messin, an. 715, p. 107.

HUGUES, fils naturel de Charlemagne ; l'éducation de ce Prince est confiée à Frodoin, abbé de Novalèze, an. 770, p. 156. Il paroît que Charlemagne eut un autre fils de son second mariage, auquel il donna aussi le nom de Hugues, an. 789, p. 190. Le premier est fait Chancelier de France par l'empereur Louis le Débonnaire, dont il étoit le frère naturel, an. 834, p. 425. Il fut abbé de Saint-Bertin & évêque de Metz, an. 835, p. 431 ; an. 839, p. 456.

HUGUES, l'un des fils de Lothaire, duc de la Lorraine moselane, an. 788, p. 188.

HUGUES, comte dans les marches d'Espagne, est disgracié par Louis le Débonnaire, pour des fautes de négligence & contre la prévoyance que doit avoir un Officier général, dans la guerre que ce Prince soutenoit contre les Sarazins, an. 823, p. 363. Il est rappelé à la Cour, & l'Empereur le nomme Commissaire avec Jonas évêque d'Orléans, dans un procès entre les Moines de Saint-Bertin & un Vassal du Roi, an. 835, p. 431.

HUMBERT, abbé de Maroilles, est réputé par quelques Auteurs pour le fondateur de ce Monastère, il n'en est que le bienfaiteur, an. 671, p. 81.

HUNALD & Dieudonnée sa femme prennent en bénéfice de l'église du Mans le village de Cavignac dans le territoire de Bordeaux, & donnent à perpétuité à la cathédrale du Mans des héritages qu'ils possédoient dans le même village, an. 675, p. 84.

HUNOLDE, duc d'Aquitaine, prince très-irréligieux, il porte par ses conseils Gédéon, seigneur Aquitain, à usurper un domaine appartenant à l'église de Saint-Julien de Brioude, an. 760, p. 143.

HUNON, ce particulier fit donation à un moine nommé *Deodatus*, d'un lieu appelé *Junctura* pour y fonder le monastère de Saint-Dié-en-Vosge, an. 671, p. 81.

HUNS (les). Barbares & Scytes d'origine, se joignent aux Flamans, & font des ravages en France sous le règne de Dagobert Ier ; ce Prince lève une armée & la commande, il rencontre celle des Huns près de la forêt de Lyons en Normandie, elle fut taillée en pièce par les François, an. 637, p. 64.

I

JACOB, moine de Cormeri lorsque cette maison n'étoit qu'une Celle dépendante de l'abbaye de Saint-Martin de Tours, fut le premier abbé de ce Monastère après que Fridugise, abbé de Saint-Martin, l'eut retiré de sa dépendance : cette élection se fit de

c c

l'agrément de Louis le Débonnaire, an. 820, p. 345. Il obtient de ce Prince la confirmation d'une donation faite en faveur de son Monastère, an. 831, p. 404.

JASTON, comte du Palais, est commis par Louis le Débonnaire pour rendre compte au Conseil d'une contestation entre l'abbé de Stavelot & Malmédi, & Albric gros financier de ce temps, an. 827, p. 383.

IBBAS, général de l'armée de Théodoric roi des Ostrogots, est envoyé par ce Prince au secours des Visigots, an. 508, p. 22.

IBBOLÈNE ou IBBOLE, abbé de Saint-Calez, donne une Charte par laquelle il reconnoît tenir son Monastère en bénéfice des évêques du Mans, an. 697, p. 98.

IBBON, archevêque de Tours & successeur immédiat de Chrotbert, confirme tous les priviléges & exemptions que ce Prélat avoit accordés au monastère de Saint-Martin de cette ville, & fait néanmoins les mêmes réserves, nn. 712, p. 105.

JEAN III, pape, donne une Bulle en faveur du monastère de Saint-Médard de Soissons, an. 562, p. 37.

JEAN IV, pape, exempte de la juridiction épiscopale deux Monastères, l'un d'hommes, l'autre de femmes, que l'on croit avoir été dans la ville de Vienne en Dauphiné, an. 641, p. 68. Ce Pontife accorde le même privilége à l'abbaye de Luxeuil, à la prière du roi Clovis II, ibid. ainsi qu'au chapitre de Rémiremont qui étoit alors un monastère de Religieuses qui vivoient voilées & cloîtrées sous la règle de saint Benoît, an. 648, p. 70. Bulle de ce Pape en faveur du monastère de Saint-Faron de Meaux, an. 660, p. 76.

JEAN V, pape, confirme par une Bulle les priviléges de l'église cathédrale de Cambrai, an. 680, p. 88.

JEAN VII, pape, accorde une Bulle à la prière de Faroalde duc de Spolete, par laquelle il confirme toutes les donations faites au monastère de Farse, an. 705, p. 102.

JEAN, archevêque d'Arles, signe le testament de Charlemagne, an. 811, p. 263.

JEAN, vassal de Louis le Débonnaire, obtient de ce Prince un Diplome qui lui confirme la possession allodiale de la terre de Font-joncouse en Languedoc, an. 815, p. 297.

JEAN, abbé de Caunes, gagne un procès en faveur de son Monastère, au plaid tenu à Narbonne par le Vidame de cette ville, an 821, p. 349.

JEAN, abbé de Pfefers en Suisse, obtient, en faveur de son Monastère, un Diplome de Louis le Débonnaire, an. 831, p. 405.

JEPRON, abbé de Saint-Hilaire de Poitiers, soutient un procès en faveur de l'abbaye de Noaillé, qui n'étoit alors qu'une Celle dépendante de l'abbaye de Saint-Hilaire, an. 793, p. 197.

JERMBIRGA, épouse d'un particulier nommé Lindolde. Voyez LINDOLDE.

JESSÉ, évêque d'Amiens, signe le testament de Charlemagne, an. 811, p. 263.

IDOBALD, archevêque dont on ignore le siège, ne le fut jamais de la métropole de Reims, an. 767, p. 149.

IMAGE. Pépin le Bref convoque à Gentilly une grande assemblée d'Évêques & des Grands de la Nation, dans laquelle l'on décide que l'on rendra un culte aux images des Saints, an. 767, p. 150.

IMMA, c'est le nom de l'épouse du fameux Éginhard, il paroit que quoique son mari eût plusieurs abbayes, après s'être retiré de la Cour, elle ne laissa pas de vivre maritalement avec lui; ils firent conjointement une donation à l'abbaye de Lauresham, an. 819, p. 335.

IMMÈNE, fille de Raoul comte de Turenne, elle étoit Religieuse dans le monastère de Saint-Geniez en Querci; elle reçut une dot considérable, & il paroit qu'elle en jouit sa vie durant: ceci prouve que les personnes cloîtrées ne faisoient pas en ce temps vœu de pauvreté, an. 824, p. 369.

IMPOSITION. Règlement de l'empereur Constantin I." adressé à Marcellin président de la première Lyonnoise, par lequel l'imposition du tribut est réelle & non personnelle. Moyen sûr pour que l'État ne perde jamais la cote de l'imposition, dans le cas même de mutation de propriétaire, an. 319, p. 4. Godefroi attribue ce règlement à Constantin II: critique du sentiment de cet Auteur, ibid. Loix des empereurs Valentinien & Valens, qui exempte d'impositions le commerce que les Soldats vétérans feront dans l'étendue des terres de l'Empire, an. 366, p. 6. Règlement pour la décision des contestations qui surviennent entre les Officiers de l'Empereur & les particuliers, à l'occasion de la levée des différentes impositions, an. 367, p. 6. Règlement pour que la répartition du tribut & des impositions se fasse avec équité, an. 399, p. 10.

INALIÉNABILITÉ des droits du Roi & de son domaine, faits en faveur des cathédrales & des monastères, & même des particuliers, prouvée par l'usage dans lequel on étoit sous les deux premières Races de nos Rois, d'obtenir à chaque avènement au trône un Diplome de confirmation, an. 772, p. 159.

INCESTE. Peine contre ceux qui sont convaincus de ce crime. Voyez CRIME.

INCHADE, évêque de Paris, reçoit la donation que le comte Étienne fait à la Cathédrale de cette ville, de plusieurs fonds de terre situés à Sucy, à Noisy, à Moulins & à Buxières, an. 811, p. 262. Il obtient de Louis le Débonnaire le droit de faire rendre la justice à ses Vassaux dans le cloître de Notre-Dame, an. 820, p. 347. Il fait confirmer les possessions de son église par ce même Prince, an. 820, p. 348. Il fait un partage avec ses Chanoines, an. 829, p. 394.

INFÉODATION. Exemple d'une espèce d'inféodation sous le règne de Charlemagne, faite par le monastère de Savigni, an. 809, p. 255.

INGELNON, évêque de Séez, assiste au Concile de Sens, tenu cette année, & signe l'acte de translation du monastère de Saint-Remi dans le lieu nommé Vareilles, an. 833, p. 418 & 419.

INGELRAN, évêque de Langres & abbé de Saint-Benigne de Dijon, fait un échange avec le curé de cette Abbaye, avec un particulier nommé Madalgère, an. 840, p. 465.

INGENUI ou les INGENUS. C'étoit le nom que l'on donnoit aux Affranchis sous les deux premières Races de nos Rois; ils formoient le tiers-état, an. 797, p. 204 & 205. Voyez les Glossaires de Spelman & de Ducange, au mot Ingenuus.

INGOALDE, abbé de Farse, obtient de Charlemagne la confirmation de deux Diplomes, donnés en faveur de son Monastère par Astolphe & Didier, deux rois Lombards, an. 801, p. 222. Ingoalde se plaint à Louis le Débonnaire qu'un grand nombre de ses Moines avoient apostasié ; il obtient une Ordonnance par laquelle il leur est enjoint de retourner dans leurs cloîtres, an. 820, p. 346. Cet Abbé réclame l'autorité de Lothaire contre le Pape, qui retenoit injustement des biens appartenans à son Monastère, an. 824, p. 370. Il obtient de Lothaire la confirmation d'un legs fait à son Abbaye par le pape Eugène II, an. 825, p. 374.

INGOARA, sœur de saint Ebbon évêque de Sens, fait donation au monastère de Saint-Pierre de cette ville, de trois villages situés dans la Bourgogne, an. 711, p. 104.

TABLE DES MATIÈRES.

INGOBERT, seigneur du pays du Maine. Voyez ULFADE.

INGOBERT, comte, peut-être le même que le précédent, est nommé Commissaire pour examiner le plan que l'évêque de Tournai avoit présenté à Louis le Débonnaire, pour bâtir un cloître afin d'y loger les Chanoines de sa Cathédrale, an. 817, p. 324. Il est nommé *Missus* au département de Rouen par Louis le Débonnaire, an. 822, p. 360.

INGULFREDE, parent de Dadila, en faveur duquel ce Seigneur dispose par testament du plus grand nombre de ses serfs, an. 813, p. 277.

INSTITUTION d'héritiers. Forme de cet acte réglée par un Capitulaire de Charlemagne, an. 803, p. 233.

INSULA GERMANICA. Voyez MOUSTIERS-LA-CELLE.

INTENDANS des fiscs du Roi. Ordonnance qui leur prescrit tout ce qui convient pour la gestion & la manutention des domaines, qui assigne le terme dans lequel ils en rendront compte, & qui fixe leur salaire qui étoit toujours pris des fruits mêmes de la terre, an. 800, p. 212 & suiv.

INTERSTICES. Temps intermédiaire pour la réception des Ordres sacrés dont l'usage est très-ancien, an. 546, p. 33.

JOCUNDIACUM. Lieu où les anciens rois d'Aquitaine avoient un Palais : sentimens des Auteurs sur le nom françois de ce lieu & sur sa situation, an. 793, p. 197.

JONAS, évêque d'Orléans, assiste au Concile de Sens tenu en cette année, & signe l'acte de translation du monastère de Saint-Remi dans le lieu nommé Vareilles, an. 833, p. 418 & suiv. Il est nommé Commissaire par Louis le Débonnaire, dans un procès entre les Moines de Saint-Bertin & un Vassal du Roi, an. 835, p. 431.

JONCELLE, situation de ce monastère, il s'appeloit avant le règne de Pépin le Bref, *Saint Pierre-de-Lunas*, parce qu'il étoit bâti dans la vallée de Lunas; ce Prince donne le lieu de Joncelle, & on y transfère le Monastère ; il fait en outre des legs d'héritages aux Moines, an. 762, p. 145 & 146. Ce Monastère est compris dans l'Ordonnance de Louis le Débonnaire au nombre de ceux qui ne doivent à l'État que des prières, an. 817, p. 319. La Charte de l'année 762 est attribuée par quelques Auteurs, à Pépin roi d'Aquitaine, & placée à l'année 838, p. 452.

JOSUÉ, abbé de Saint-Vincent sur la Vulturne, obtient de Louis le Débonnaire la confirmation de tous les Diplomes donnés par les Rois ses prédécesseurs en faveur de ce Monastère, an. 815, p. 302. Il étoit proche parent de l'impératrice Hermengarde, il obtient, par cette considération, de l'Empereur une somme d'argent considérable pour bâtir une nouvelle église, & la confirmation des legs & des donations faites à son Monastère, an. 816, p. 308. Il obtient encore de ce même Prince une Charte de confirmation des privilèges accordés à cette maison par les rois Lombards & par Charlemagne, an. 819, p. 333.

IRMINE ou IRMINA. Cette Princesse étoit fille de Dagobert II & de Micthilde, elle épousa un comte nommé Herman, dont elle devint veuve ; elle fit de si riches donations au monastère de filles d'Horréen dans le diocèse de Trèves, qu'elle en est regardée comme la fondatrice, an. 678, p. 86. Elle donne en outre au monastère d'hommes d'Epternac la moitié du domaine de ce même lieu qu'elle avoit eu de la succession de son père, an. 698, p. 99.

IRMION ou IRMINON, abbé de Saint-Germain-des-Prés. Voyez HIRMINON.

ISCOMODIACO, village qu'Hadoinde, évêque du Mans, lègue par son testament au monastère de Saint-Pierre-de-la-Couture, an. 641, p. 68.

ISERETIUS PAGUS, situé en Normandie sur les frontières de la Picardie ; cette contrée étoit arrosée d'une rivière nommée anciennement *Isère*, & dont ce *pagus* avoit pris son nom ; elle s'appelle présentement *la Brêle*, an. 806, p. 245.

ISLE-BARBE (l'), monastère situé près la ville de Lyon, auquel Clovis II fait donation de plusieurs églises dans le territoire de la ville de Troyes : on croit cette Charte supposée, an. 640, p. 67. Louis le Débonnaire ratifie tous les privilèges & les immunités de cette Abbaye, an. 816, p. 312.

ISMON, abbé de Médeloc, vexe ses Moines au point de leur refuser des alimens ; ils en portent leurs plaintes à l'Empereur qui leur fait justice, an. 824, p. 371.

ISSERICUS ou ISSERETIUS PAGUS, est peut-être le même que le précédent, an. 807, p. 251.

ITHIER, chancelier de France. Voyez HITIER.

JUDITH, d'une admirable beauté, fille de Guelfe duc de Bavière, est choisie par Louis le Débonnaire entre un grand nombre d'autres Princesses pour être son épouse ; son mariage est déclaré dans une diète tenue à Aix-la-Chapelle, an. 819, p. 337. Cette Princesse fait avec son mari un pèlerinage à S. Médard de Soissons, & à cette occasion elle fait, conjointement avec lui, une riche donation à ce Monastère, an. 827, p. 384. Elle se rend absolument maîtresse de l'esprit de Louis le Débonnaire, & elle le porte à former un état à son fils Charles aux dépens de ses beaux-fils ; ce coup d'autorité, qui néanmoins étoit un acte de justice, fut la cause des brouilleries entre la famille royale, & des troubles qui arrivèrent dans l'État, an. 829, p. 395. Cette Princesse est accusée d'adultère, & ses beaux-fils ont le crédit de lui faire prendre le voile dans le monastère de Sainte-Radegonde de Poitiers, alors occupé par des filles ; mais les charmes & la douceur de son caractère avoient fait une si forte impression sur l'Empereur qu'il tarda peu à la rappeler ; elle parut d'abord dans l'assemblée des Grands & des Évêques, convoquée à Aix-la-Chapelle, pour s'y purger, suivant l'usage de ce temps, par serment, du crime dont elle étoit accusée ; ses voeux y furent déclarés nuls comme ayant été faits par violence, an. 831, p. 402. Cette Princesse obtient de l'Empereur plusieurs Diplomes en faveur d'un grand nombre de Monastères, & notamment pour Saint-Martin de Tours, an. 831, p. 405. Pour Marmoutiers, an. 832, p. 411. Pour l'abbaye de filles du mont Sainte-Odile, an. 837, p. 440.

JUGE. Il étoit permis par les Ordonnances, dès le règne de Louis le Débonnaire, de prendre les Juges à partie, mais les cas ne sont pas clairement désignés, an. 819, p. 339.

JUGER. Charlemagne règle dans un Capitulaire que tous les peuples, sous son obéissance, seront jugés chacun suivant sa loi, an. 803, p. 234. Les Francs ne pourront être jugés que suivant la loi Salique, an. 816, p. 314.

JUGEMENT DE LA CROIX encore en usage sous les règnes de Charlemagne & de Louis le Débonnaire, an. 806, p. 247 ; an. 816, p. 314. Voyez CROIX. Règlement pour accélérer le jugement des procès en matière civile, an. 812, p. 275. Ordonnance qui concerne la forme judiciaire, an. 813, p. 282. Règlement pour les jugemens par la voie de l'arbitrage, an. 813, p. 286.

JUIFS. Ils sont exclus des charges militaires & de judicature par la Constitution des empereurs Théodose & Valentinien; il leur est fait défense, par la même Ordonnance, d'avoir des Esclaves chrétiens, an. 425, p. 12. Ils sont tolérés en France sous les deux premières Races de nos Rois : Louis le Débonnaire donne deux Ordonnances qui leur sont favorables, an. 828, p. 389; an. 839, p. 455.

JULIEN, prêtre de l'église de Modène, est envoyé par Adeodat évêque de cette ville, vers Louis le Débonnaire, duquel il obtient un Diplome qui confirme les donations faites à cette Cathédrale, an. 822, p. 353.

JULIOFRED, abbé de Saint-Guilain-du-désert, fait une description des biens dont le duc Guillaume avoit doté ce Monastère, an. 812, p. 272.

JUMIÉGE. Ce Monastère possédoit des fonds de terre dans le Poitou qui lui furent usurpés; Pépin roi d'Aquitaine, ordonne qu'ils lui seront restitués, an. 838, p. 450.

JURER. Il est défendu par un Capitulaire de Charlemagne, de jurer par la vie du Roi & des Princes, an. 803, p. 233. Formalités qui doivent être observées par les témoins qui jurent, & par les Juges avant de prendre leur serment, an. 809, p. 257.

JURIDICTION. Règlement des empereurs Arcadius & Honorius, pour que l'ordre des juridictions soit exactement observé, an. 397, p. 9.

Juridiction ecclésiastique, contentieuse en matière civile, avec un prétoire où les Clercs seulement peuvent être jugés; le plus ancien titre que l'église Gallicane puisse apporter de ce droit, est le quatrième article de l'Ordonnance de Clotaire II, publiée dans une assemblée tenue à Paris, an. 615, p. 54. Les Évêques continuent de juger les Clercs réguliers comme séculiers, an. 692, p. 95. Ordonnance de Charlemagne qui établit les Archevêques & les Évêques pour juger, conjointement avec les *Missi*, les Comtes & les Ducs, certaines causes des laïcs dans la province, c'est ce qui donna lieu dans la suite à l'abus où à la trop grande extension que les Évêques donnèrent à leur juridiction, an. 801, p. 224.

JUSSANENSE MONASTERIUM. Monastère situé dans la ville de Besançon; Saint Donat compose une règle pour les religieuses de ce Monastère, an. 624, p. 57.

JUSTICE (droit de) haute, moyenne & basse, sauf le ressort & l'appel à la cour du Roi, donnée aux moines de Saint-Denys par le roi Childéric II, dans le lieu & le territoire de Saint-Denys, an. 670, p. 80; accordée au monastère de Saint-Bertier, par le roi Chilpéric II, an. 700, p. 100; an. 718, p. 110.

Justice royale. Il y avoit justice royale dans tous les chefs-lieux des seigneuries dépendantes du domaine du Roi; elle étoit exercée par des Officiers pris ordinairement dans les lieux mêmes & nommés par le Roi; le Comte, dans le district duquel se trouvoient une ou plusieurs justices royales, y exerçoit les fonctions du ministère public; l'étendue de la seigneurie déterminoit celle du ressort de chaque justice, & tous les vassaux & autres particuliers qui se trouvoient enclavés dans les limites de la seigneurie, étoient justiciables des Officiers royaux; il falloit un privilége particulier pour en être exempt, souvent encore le Roi faisoit réserve de certains cas pour lesquels le privilége n'avoit pas lieu. Exemple de cette exception à l'occasion des vassaux de l'église de Metz, an. 775, p. 163.

JUSTINIEN, empereur, écrit à Théodebert roi d'Austrasie, pour l'engager de s'unir à lui contre les Gots d'Italie, an. 535, p. 30. Il reçoit une lettre de Nicétius évêque de Trèves, qui l'exhorte à quitter la secte des Phantasiastes, an. 565, p. 39.

JUSTUS, abbé de Charroux, obtient de Louis le Débonnaire la confirmation des priviléges & des immunités de son monastère, an. 815, p. 299.

JUTHAEL ou HOEL III, duc de Bretagne, & qui prenoit le titre de *Roi*, dote le monastère de Saint-Meen, an. 816, p. 307.

K

KARISSIMA, fille d'Eudes duc de Bourgogne, & petite nièce de Saint-Yrier fondateur du monastère d'hommes, appelé de son nom *Saint-Yrier-de-la-Perche*, & de celui de filles, nommé *Montier-Rauseille*, avoit eu ce dernier de l'héritage de ses parens; comme cette pieuse dame en étoit propriétaire, elle en fit donation à Ebroin abbé de Saint-Yrier qui le mit sous sa dépendance, avec une quantité prodigieuse de fonds de terre, an. 674, p. 84.

KEMPTEN. Ce Monastère est situé dans la Souabe, sur la rivière d'Yler; Hildegarde, aïeule de Charlemagne, le fonda; ce Prince lui accorda une charte qui porte conservation des legs qui lui avoient été faits & des priviléges qu'on lui avoit accordés, an. 773, p. 460. Ce Monastère est compris dans l'Ordonnance de 817, pour devoir à l'État des hommes de milice & des dons gratuits, an. 817, p. 319. Louis le Débonnaire donne trois Diplomes en faveur de cette abbaye, an. 834, p. 423; an. 838, p. 451; an. 839, p. 456.

L

LAGNY-LE-SEC, cette seigneurie étoit, de toute ancienneté, dépendante du domaine du Roi; Dagobert I.er l'en détacha pour la donner à l'abbaye de Saint-Denys; Thierri III ratifie cette donation, an. 686, p. 91. Il est jugé, dans un plaid tenu à Maumaques en la cour du roi Childebert III, que le Moulin, situé sur un étang dans la vallée de Chaalis, est une dépendance de Lagny-le-Sec, an. 710, p. 104.

LAMBERT, l'un des fils de Lothaire duc de la Lorraine mosellane, an. 788, p. 188.

LAMBERT, différent de ce premier; celui-ci étoit comte de Paris sous le règne de Charlemagne, ce fut en cette qualité qu'il provoqua le jugement d'un procès pour cause de servitude, entre l'abbé de Saint-Denys & un particulier nommé *Wanillon*, an. 795, p. 200.

LANCE. Chaque soldat, du temps de Charlemagne, devoit être armé d'un bouclier, d'une lance, d'un sabre, d'une baïonnette, &c; l'usage de la lance s'est perpétué en France, plusieurs siècles encore après, an. 784, p. 180.

LANDELIN, moine & disciple de Saint-Autbert évêque de Cambrai, est réputé le fondateur de l'abbaye de Lobbes ou Laubes, an. 697, p. 98.

LANDOARIUS, archevêque de Bourges, vivoit sous le règne de Pépin le Bref, an. 767, p. 149.

LANDON, moine de Saint-Vandrille, est un des exécuteurs testamentaires de Fridugise, chancelier de France, abbé de ce Monastère & de l'abbaye de Saint-Martin de Tours, an. 831, p. 407.

LANDRAN, archevêque de Tours, est nommé *Missus*, par Louis le Débonnaire, au département de cette Métropole, an. 822, p. 360. Il assiste au Concile de Sens, an. 833, p. 418 & *suiv.*

LANDRI, évêque de Paris. Charte de ce Prélat par laquelle il exempte de la juridiction de son siége

TABLE DES MATIÈRES.

siége, le monastère de Saint-Denys en France: cette pièce est critiquée par grand nombre de Savans, an. 652, p. 72.

LANGUEDOC. Cette province fut du partage de Louis roi d'Aquitaine, an. 806, p. 246.

LANTFRID, particulier, fait un échange avec Hilduin abbé de Saint-Denys, lequel est ratifié par les empereurs Louis & Lothaire, an. 828, p. 386. Il fait ensuite une donation à cette même Abbaye, an. 840, p. 461.

LANTFROI, abbé de Saint-Germain-des-Prés, obtient de Charlemagne une Charte qui confirme toutes les donations faites à ce Monastère, par les Rois prédécesseurs de ce Prince, an. 772, p. 159.

LAPIDAIRES. Il est défendu à cette espèce de marchands, ainsi qu'aux Orfèvres & aux Maquignons, d'exercer leur commerce pendant la nuit, c'est-à-dire, qu'il ne leur étoit pas permis de rien vendre à la chandelle, an. 803, p. 233.

LAUDON, évêque de Saint-Paul-trois-châteaux: Acte de l'élection de ce Prélat, an. 839, p. 456.

LAURISHAM ou LAURESHAM, dans le diocèse de Worms. Chrodegand fut le bienfaiteur & le restaurateur de cette Abbaye; il reçut une donation qu'une pieuse dame nommée Wilswinde fit, du consentement de Cancor son fils, à ce Monastère, an. 763, p. 146. Le même seigneur, nommé Cancor, fait aussi, du consentement de sa mère & d'Angila sa femme, une riche donation à cette Abbaye; les biens étoient situés au pays de Birstat, année 770, p. 156. Les moines de ce Monastère obtiennent de Charlemagne un Diplome qui les exempte de toutes espèces d'impositions, an. 772, p. 158. Un seigneur Allemand dispute aux Moines la propriété de cette Abbaye, & il perd son procès, an. 776, p. 168. Charlemagne donne une Charte en faveur de cette Maison, an. 779, p. 172. Cette Charte paroît être la même que celle placée sous cette même année, mais sans date de mois, par quelques auteurs, an. 779, p. 173. Ce Monastère est compris dans l'Ordonnance de Louis le Débonnaire, au nombre de ceux qui devoient à l'État des dons gratuits & des hommes de milice, an. 817, p. 319. Eginhard abbé de ce Monastère, & Imma sa femme, font conjointement une donation à cette Maison, an. 819, p. 335.

LEBTRUDE, pieuse dame, fait une donation au monastère de Saint-Bertin, des biens qu'elle avoit, situés au lieu de Guines, an. 808, p. 253.

LEGS PIEUX. Les Évêques sont spécialement chargés de faire exécuter, dans leurs diocèses, les legs de piété que des particuliers feront à leurs paroisses, ou en faveur des Monastères, an. 818, p. 332.

LÉGER (saint), évêque d'Autun. Testament en faveur de son église Cathédrale: cette pièce est jugée fausse par de bons Critiques, an. 653, p. 73.

LEIBULF, comte d'Arles, fait un échange avec Noton archevêque de cette ville, & il en obtient l'agrément de l'empereur Louis le Débonnaire, an. 824, p. 373.

LEIDRAD, archevêque de Lyon, rétablit dans sa ville deux Monastères, l'un appelé de Sainte-Eulalie, qui ne subsiste plus, & où l'on a depuis établi une paroisse; & l'autre de Saint-Paul, qui est présentement occupé par des filles, an. 798, p. 206. Ce Prélat est nommé par Charlemagne pour aller tenir un Concile à Urgel, au sujet des hérésies de Félix évêque de cette ville, an. 799, p. 208. Il signe le testament de ce Prince, an. 811, p. 263. Il rend compte à ce Prince des établissemens & réédifications d'églises & de monastères qu'il a faits dans la ville de Lyon depuis qu'il en étoit Archevêque, an. 813, p. 286.

LE MANS. Voyez LEMAUSUM.

LEMAUSUM. Ce Monastère qui ne subsiste plus, fut fondé pour des filles par un homme de piété nommé Gommon, & mis sous la dépendance de Saint-Germain-des-Prés: les Savans ne sont point d'accord ni sur le nom françois qu'on lui a donné, ni sur sa situation; Bouillard, dans son Histoire de l'abbaye de Saint-Germain-des-Prés, dit que c'est Limeux, dans le diocèse de Bourges; le père Labbe, dans son Pouillé, le nomme le Mans; Mabillon, Limours, an. 697, p. 99. Il est jugé dans un plaid tenu à la Cour du roi Childebert III, que ce Monastère est de la dépendance de l'abbaye de Saint-Germain-des-Prés: il fut détruit dans le IX.ᵉ siècle, & les biens réunis à cette Abbaye, an. 702, p. 101.

LEMPTEUS. Ce particulier fonde, conjointement avec Agiloïs sa femme, une paroisse appelée Sentolatus, dans le diocèse de Vienne en Dauphiné, an. 824, p. 367.

LÉO, particulier & laïc, tient en bénéfice de l'Empereur le prieuré de Barisi, & fait rentrer dans les domaines de ce bénéfice, le bois de la Colombière qu'un Régisseur des domaines du Roi avoit usurpé, an. 831, p. 401.

LEOBARDINA-CELLA. Voyez MAURMUNSTER.

LÉODEBALDE, abbé de Saint-Aignan d'Orléans, bâtit le monastère de Saint-Benoît-sur-Loire, appelé dans son origine le monastère de Saint-Pierre, an. 623, p. 56.

LÉON II, pape, il donne une Bulle en faveur du monastère d'Horréen, par laquelle il en confirme la fondation & les priviléges, an. 682, p. 89.

LÉON III. Ce Pape succède à Adrien I."; aussi-tôt qu'il est élu, il écrit à Charlemagne & lui prête serment de fidélité: Charlemagne fait réponse à sa Lettre, an. 796, p. 202. Bulle de ce Pape en faveur de l'abbaye de Saint-Denys, accusée de fausseté, an. 798, p. 205. Autre Bulle de ce même Pape, par laquelle il confirme l'établissement d'un Monastère fait par Charlemagne à Éresburg dans la Saxe, an. 799, p. 207. Autre Bulle de ce Pape en faveur de l'abbaye de Saint-Denys, accusée de fausseté, an. 800, p. 211. Autre en faveur du monastère de Saint-Riquier, ibid. Ce Pape se brouille avec le Sénat de Rome & est accusé de grands crimes; Charlemagne se transporte à Rome pour juger ces querelles; le Pape se justifie, an. 800, p. 220. Il accorde un privilége à l'abbaye de Trois-fontaines en Italie, an. 805, p. 239. Il donne une Bulle qui confirme tous les priviléges de l'église de Saint-Martin de Tours, an. 806, p. 245. Ce Pontife répond à Charlemagne qui lui avoit demandé l'explication de trois passages de l'Écriture-sainte, année 809, p. 256.

LÉON, évêque de Sens, écrit à Childebert au sujet du siège épiscopal que ce Prince vouloit établir à Melun, an. 538, p. 31.

LÉON, évêque de Come en Italie dans le duché de Milan, obtient de Louis le Débonnaire une Charte en faveur de sa Cathédrale, an. 823, p. 362. Il en fait confirmer toutes les possessions par l'empereur Lothaire, an. 824, p. 366.

LÉONIUS, abbé de Saint-Hilaire de Carcassonne, obtient de Pépin roi d'Aquitaine la confirmation des priviléges de son Abbaye, & celui en outre de l'élection de l'Abbé, an. 828, p. 388.

LÉONTIUS, évêque de Bordeaux, fait déposer Émérius évêque de Saintes dans un Concile, & est condamné par Charibert, roi de France, à une amende de mille sous d'or, an. 566, p. 39.

LÉOTADE, abbé de Moissac, reçoit une riche donation faite à son Monastère par un particulier

Tome I.   d d

TABLE DES MATIÈRES

nommé Nézézius, de concert avec Ermentrude sa femme, an. 679, p. 87.

LÉOTALDE, prêtre de Dijon, fait un échange de terre avec les Doyen & Chanoines de l'église de Saint-Benigne de cette ville, an. 836, p. 435.

LÉOTGIS, vicomte de Dijon, fait un échange en faveur de l'église de Saint-Étienne de cette ville, avec Albéric évêque de Langres, an. 828, p. 386.

LÉOTHERIA, sœur de saint Ebbon évêque de Sens, choisit sa sépulture dans le monastère de Saint-Pierre de Sens, & fait donation aux Moines, par cette considération, de deux métairies situées *in Pagus Latisensis*, an. 695, p. 97.

LÉRINS. Les Moines de cette Abbaye étoient tenus, par leur règle, de promettre avec serment à leur Abbé une obéissance aveugle, an. 633, p. 61. Il est réglé dans un Concile d'Arles, que l'Abbé aura toute juridiction sur les Moines-laïcs de ce Monastère, & que l'Évêque de Marseille en ordonnera les Clercs, & qu'aucun Prêtre externe ne pourra y célébrer les saints mystères sans l'agrément de ce Prélat, an. 652, p. 72.

LETHERNAU. Cette terre avoit anciennement été léguée au monastère de Stavelot & Malmédy par Pépin Héristal, mais Charles Martel, peu dévot dans les premières années de son gouvernement, se mit peu en peine de la donation de son père, il réunit à son domaine la terre; Carloman son fils la fit restituer, an. 746, p. 125.

LETTRES FORMÉES. Formule de ces Lettres qui équivaloient à ce que nous avons appelé depuis *exeat*, an. 810, p. 259.

LEUDESINDE, abbesse d'Argenteuil, obtient du roi Childebert III, en faveur de son Monastère, la forêt nommée *Carmoletus*, que l'on croit avoir occupé le terrain de Saint-Cloud & d'Argenteuil, an. 697, p. 98.

LÈZE-MAJESTÉ humaine au premier chef. Voyez CRIME.

LIANCOURT. Cette seigneurie étoit de l'ancien domaine de l'abbaye de Saint-Denys; elle fut comprise dans le partage des Moines que l'abbé Hilduin fit entr'eux & lui des biens de cette Maison, an. 832, p. 408.

LIBELLARIS, INGENUI. Ce que c'étoit que ces sortes d'Affranchis; ils étoient différens de ceux qui étoient affranchis à l'église ou dans l'église, an. 801, p. 222.

LIBÉRIUS, préfet dans les Gaules pour les Gots d'Italie, an. 526, p. 27.

LIBERI, FRANCI, sont synonymes pour le règne des deux premières Races de nos Rois; les libres composoient le premier état, ce que nous appelons présentement *les gens de qualité, les nobles*; il étoit des cas, cependant, où ces hommes libres perdoient leur état, ou au moins dans lesquels il demeuroit suspendu; une Ordonnance de Charlemagne porte que les hommes libres qui ne se trouveront pas à l'armée, après que le ban aura été publié, payeront soixante sols d'amende, & que celui dont les facultés ne lui permettront pas de payer cette amende, deviendra serf du Roi, an. 812, p. 270; an. 813, p. 282.

LIDI. Voyez LITUS.

LIMEUX. Voyez LEMAUSUM.

LIMOURS. Voyez LEMAUSUM.

LINDOLDE, particulier, fait, conjointement avec Jermbirga sa femme, un échange avec Marcoard abbé de Pruim, & ils obtiennent de l'Empereur des Lettres confirmatives, an. 831, p. 401.

LITUS, LITI. C'étoient les colons ou serfs attachés à la glebe, on les appelloit *lides*; ils formoient le dernier état sous les deux premières Races de nos Rois, an. 797, p. 204 & 205. Voy. les Glossaires de Spelman & de Ducange, au mot *litus* ou *lidus*; règlement pour la composition des lides, an. 813, p. 282.

LIUDGARDE, femme de Charlemagne. Cette Princesse tombe malade à Tours, & elle y meurt; elle fut enterrée le 4 du mois de juin de l'année 800, dans l'église de Saint-Martin de cette ville, an. 800, p. 219.

LIUDGHER. Il fut le premier évêque de Mimigerneford en Saxe; un des parens de ce Prélat, du même nom, fait une donation à cette Cathédrale, an. 805, p. 239.

LIUDVAR ou LIUTVAR, évêque de Mâcon & archi-chancelier de Charlemagne, obtient de ce Prince une riche donation en faveur de sa Cathédrale, an. 802, p. 228. De bons Critiques pensent que ce Prélat ne vécut que sous le règne de Charles le Gros, an. 812, p. 269.

LOBES ou LAUBES. Pépin Héristal fait une donation à ce Monastère fondé par le roi Dagobert II, & le met sous sa protection spéciale, an. 691, p. 94. On lit dans cette Charte, que Landelin, moine & disciple de Saint-Aubert, fonda cette Abbaye. Pépin Héristal confirma la donation des villages de Moutiers & de Bains, faite en faveur des Moines, par Hidulphe duc de Lorraine, an. 697, p. 98.

LOHERUS ou LOTHAIRE, duc de la Lorraine mosellane, fit des traités d'alliance avec les Lombards, à cause de son mariage avec Térence fille d'Astolphe roi de ces Peuples, il fut célèbre par ses vertus & par ses crimes, il finit par se réconcilier avec Dieu, & fit de grandes œuvres de piété, an. 788, p. 188.

LOIX SALIQUES. Goldaste avance que Pharamond publia le code des loix saliques, dans un comice qu'il tint à Saltzbourg; ce sentiment est critiqué, an. 424, p. 12. Clovis I.er ajoute quelques articles au premier code des loix saliques, dans un champ de Mars tenu à Aix-la-Chapelle, an. 490, p. 16. Rédaction d'un nouveau code des loix saliques, des loix des Ripuaires, des Allemands & des Bavarois, par Dagobert I.er, an. 630, p. 59. Charlemagne fait une addition à la loi salique, an. 803, p. 232.

Loi des Lombards. Jugement rendu dans un plaid tenu par Loup duc de Spolette, qui développe la forme à laquelle cette loi assujettissoit les actes publics, pour qu'ils fussent valides, année 751, p. 130. Voyez LOMBARDS.

Loi des Visigots. Elle étoit encore en vigueur dans toutes les provinces méridionales du royaume, sous Louis le Débonnaire: ces Peuples étoient gouvernés, suivant sa disposition, dans tous les cas qui n'étoient pas contraires à la disposition particulière des Ordonnances du royaume, an. 822, p. 353.

Loi diocésaine (*Lex diœcesana*). Il étoit permis, par cette loi, aux Évêques d'exiger une part dans les offrandes faites aux Monastères par les fidèles; elle fut abrogée dans le Concile de Lérida, an. 524, p. 26.

LOMBARDS. Ces Peuples sortis, comme beaucoup d'autres nations, du fond de la Germanie, furent appelés par les Romains, pour les secourir contre les Gots, dans des temps bien postérieurs, ils revinrent une seconde fois en Italie, & renversèrent le royaume que les Gots avoient fondé sur les débris de l'empire Romain, ils devinrent très-puissans, leurs Rois faisoient des traités de temps en temps avec le sénat de Rome & le Pape, & enfin, sous le pape Étienne III, les Lombards finirent la conquête de l'Italie, an. 753, p. 134. Astolphe leur roi fait un traité avec Pépin le Bref, & il lui cède l'exarchat de Ravenne, la Pentapole & l'Émilie ; ce démembrement du royaume des Lombards fut donné à l'église de Rome, par Pépin, an. 755, p. 138. Charlemagne finit la conquête du royaume des Lombards, par la prise de Pavie, où Didier, le dernier roi de ces peuples, s'étoit réfugié : ce fut là le terme de cet Empire qui avoit commencé vers l'an 568, année 774, p. 162. Les rois de France, étant devenus souverains de la Lombardie, y laissent subsister les loix établies par les rois Lombards, ils en ajoutèrent seulement quelques-unes, suivant que les temps l'exigeoient, à l'ancien Code publié par ces Princes : celle qui statuoit une peine pour les Ravisseurs, étoit renfermée dans cet ancien Code, an. 787, p. 186.

LOMBEZ. Raymond Rafinel, duc d'Aquitaine, fait donation de ce lieu, avec ses dépendances & d'autres biens, à l'abbaye de Saint-Tibéri ; l'Abbé y fit bâtir un petit Monastère ou Celle : c'est-là l'origine de cette Abbaye, fameuse dans la suite, & qui a été érigée en Cathédrale par le pape Jean XXII, an 810, p. 257.

LONGEVILLE ou SAINT-MARTIN-AUX-CHÊNES. Fondation de ce Monastère par Arnoald, an. 587, p. 47. Charte de Louis le Débonnaire en faveur de ce Monastère ; mais cette pièce est accusée de fausseté, an. 836, p. 437.

LONGIS (Saint), prêtre & moine, bâtit le monastère de Buxières, an 625, p. 57.

LONGORET (*Longoretense monasterium*). Voyez SAINT-GRAN.

LOPPA, pieuse dame, fondatrice du monastère de Tuffé, occupé d'abord par des filles, an. 675, p. 85.

LORWIN. Ce monastère est présentement inconnu, soit qu'il ait changé de nom, soit qu'il ait été totalement détruit ; il fut compris dans l'Ordonnance de Louis le Débonnaire, au nombre de ceux qui ne devoient à l'État que des prières, an. 817, p. 319.

LOTHAIRE, fils aîné de Louis le Débonnaire & de l'impératrice Hildegarde ; il est associé à l'Empire par son père, qui lui donne en outre le royaume d'Italie, an. 817, p. 320. Il reçoit la Couronne impériale dans une assemblée tenue à Thionville, an. 821, p. 352. Il préside avec l'Empereur son père à celle qui fut tenue sur la fin de cette même année à Tribur près Mayence, an. 822, p. 361. Ce Prince va à Rome, il est de nouveau couronné Empereur par le pape Paschal, & nommé *Auguste* par le Sénat ; il commence à cette époque à compter les années de son Empire, quoique son père fût encore vivant & qu'il ne lui fût qu'associé ; pendant son séjour à Rome il accorda une Charte en faveur de l'église de Come, an. 823, p. 362. Ce Prince confirme toutes les donations faites par les rois Lombards en faveur de la cathédrale de Come, an. 824, p. 366. Ce Prince condamne le Pape dans un plaid général qu'il tint à Rome, à restituer à l'abbaye de Farfe les biens qu'il retenoit injustement, an. 824, p. 370. Ce Prince donne une Ordonnance pour la ville de Rome, ou plutôt pour son royaume d'Italie, & il la fait publier à Rome qui en étoit la capitale ; formule du serment de fidélité que les Romains & ses autres sujets lui prêtèrent, an. 824, p. 370 & *suiv.* Il fait, conjointement avec l'Empereur son père, une donation au monastère de Saint-Mémin, & il accorde aux Moines le droit d'élir leur Abbé, an. 825, p. 374. Il confirme un legs fait à l'abbaye de Farfe par le pape Eugène II, *ibid.* Ce Prince donne, conjointement avec l'Empereur son père, des Chartes en faveur de l'abbaye de Corbie, de celle de Senones & de la nouvelle Corbie en Saxe, an. 825 & 826, p. 376 & *suiv.* Il en donne de même pour les monastères de Saint-Chignan, de Munster en Grégoriental, de Montier-en-Der, de Stavelot & Malmédy, an. 826 & 827, p. 380 & *suiv.* Quelques Auteurs attribuent à ce Prince une Charte en faveur de l'abbaye de Saint-Maixant en Poitou, que d'autres prétendent être de Pépin son frère, roi d'Aquitaine, an. 827, p. 385. Il donne, conjointement avec l'Empereur son père, une Charte en faveur du monastère de Saint-Mémin ; mais la pièce paroît supposée, an. 828, p. 386. Il signe, avec l'Empereur son père, des Lettres adressées aux Comtes & aux Ducs pour la convocation de quatre Conciles, avec l'Ordonnance qui règle les matières qui doivent y être traitées, an. 828, p. 390. Il ratifie le partage que Hilduin, abbé de Saint-Germain-des-Prés, fait des biens de son Abbaye avec ses Moines, an. 829, p. 391. Quelques Auteurs pensent que ce fut dans ce temps que Louis le Débonnaire découvrit la conjuration que ce Prince avoit formée contre lui, & qu'après lui avoir retiré le titre d'*Auguste*, il l'avoit éloigné de sa personne, & lui avoit donné ordre de se retirer en Italie, & que c'est là la raison pour laquelle on ne trouve plus d'Actes qui soient signés, ni de Diplomes donnés au nom des deux Empereurs, an. 829, p. 393. Ce sentiment est démenti par plusieurs Diplomes postérieurs à cette époque, qui sont signés de Louis & de Lothaire, l'un en faveur du monastère de Nermoutiers, de celui de Charroux & de la cathédrale d'Aquilée, an. 830, p. 398 & *suiv.* Ce Prince, néanmoins, engage ses frères dans une conjuration qui est sans succès ; l'Empereur, après l'avoir découverte, l'oblige de quitter sa Cour & de se retirer en Italie, an. 831, p. 402. Lothaire se ligue une seconde fois avec ses deux frères les rois de Bavière & d'Aquitaine, dans le dessein de détrôner leur père ; il assemble une armée nombreuse & passe les Alpes, an. 833, p. 415. Ces trois Princes réunissent leurs troupes & vont asseoir leur camp près de celui de Louis le Débonnaire ; Lothaire commandoit en chef ; il engage son père de venir dans son camp sous prétexte d'accommodement, & il le fait prisonnier, an. 833, p. 416. Il fait donation d'une terre située dans le Roussillon, à un de ses vassaux nommé Wimar ; mais on croit que la Charte est d'un autre Prince, an. 833, p. 417. Ce Prince avoit mis dans son parti le pape Grégoire IV, & l'avoit engagé à se révolter lui-même contre l'Empereur, en sortant de Rome pour venir dans ses Etats sans en avoir obtenu l'agrément, an. 833, p. 419. Lothaire, infidèle au Traité qu'il avoit fait avec ses frères, s'empare de la meilleure portion de l'Empire & se brouille avec eux ; cette division occasionne le rétablissement de Louis le Débonnaire sur son Trône, an. 834, p. 420 & *suiv.* Ce Prince ne met les armes bas qu'après avoir vu qu'il ne pouvoit plus tenir la campagne ; il obtient grâce de l'Empereur son père, & il se retire dans son royaume d'Italie, an. 834, p. 423. Ce Prince, de retour dans ses Etats, s'occupe de faire quelques œuvres de piété ; il fait donation au monastère de Saint-Ambroise de Milan, d'une terre située près cette ville, an 835, p. 428 : & il confirme un legs que l'Archevêque de cette ville avoit fait en faveur de cette même Abbaye, *ibid.* Lothaire n'est point appelé au dernier partage que l'Empereur fait, an. 835, p. 434. Il confirme les privilèges & les immunités du monastère de Sainte-Christine dans le Milanois, an. 838, p. 449. Lothaire se réconcilie avec l'Empereur son père par les bons offices de Judith sa belle-mère ; il se rend à sa Cour, & partage avec le plus jeune de ses frères nommé *Charles*, fils de Judith, les Etats de Pépin, mort l'année précédente, an. 839, p. 460. Il succède à l'Empire par la mort de Louis son père, & dans le même moment il déclare la guerre au roi de Bavière son frère, il passe par Strasbourg à la tête d'une armée qu'il fait entrer en Allemagne, & séjournant dans cette place il donne un Diplome en faveur de l'abbaye de Morbac, an. 840, p. 463. Il n'avoit pas cessé de protéger secretement l'Archevêque de Reims, qui lui avoit été si utile dans sa révolte contre son père, & ce Prince, plus ambitieux que juste, le rétablit sur son siège aussitôt qu'il eut succédé à l'Empire, *ibid.* Il accorde une Charte de confirmation des privilèges de l'abbaye de Donzère, an. 840, p. 464. Il ratifie la donation du prieuré de Barisi en faveur de l'abbaye de Saint-Amand, an. 840, p. 464. Il donne une Charte en faveur du monastère de Saint-Denys, an. 840, p. 465. Il ratifie les privilèges de l'abbaye de Farfe, *ibid.* Il accorde la même grâce à celle de Saint-Mihiel par un Diplome, & par un second qu'il donne dans le même temps, il accorde des immunités aux Moines, *ibid.* Il se démet de son droit de nommer à l'abbaye de Nantua, & il permet aux Moines d'élire leurs Abbés, an. 840, p. 466.

Louis I.er dit le Pieux & le Débonnaire, second fils de Charlemagne, étoit encore enfant lorsqu'il fut sacré à Rome roi d'Aquitaine, le 15 avril 781, an. 780, p. 175. Description des provinces & des pays qui formèrent le royaume de ce Prince, par le partage que Charlemagne fit de ses États entre Louis & ses deux autres frères, an. 806, p. 246. Louis, après que son père eut réglé les pays qui devoient former ses États, retourne en Aquitaine, & il donne une Charte en faveur du monastère de Cormeri, an. 807, p. 250. Il fait une donation considérable à l'abbaye de Saint-Guillem-du-Désert, an. 807, p. 251 & 252. Louis est associé à l'Empire; cérémonial observé dans le couronnement de ce Prince qui se fit à Aix-la-Chapelle, an. 813, p. 278. Ce Prince succède à l'Empire après la mort de Charlemagne son père, & prend les rênes du gouvernement peu de jours après son arrivée à Aix-la-Chapelle, an. 814, p. 287. Il accorde, à la sollicitation de Benoît abbé d'Aniane, trois Diplomes en faveur de ce Monastère; les deux premiers contiennent des immunités, le troisième porte donation du monastère de Gellone, dont l'Empereur étoit propriétaire, an. 814, p. 290. Il accorde dans ce même temps aux Moines de l'abbaye de Donzère, le privilége d'élire leurs Abbés, *ibid.* Il fait donation d'un fisc appelé *Miscaria*, à l'abbaye de Saint-Severin de Bordeaux, an. 814, p. 291. Il confirme un échange entre Pierre abbé de Nantola & Raoul abbé de Montier-neuf, *ibid.* Il accorde à Francon évêque du Mans, un Diplome par lequel il confirme cette Cathédrale dans toutes ses possessions, *ibid.* Et maintient par un autre Diplome l'abbaye de Saint-Calez dans ses privilèges & immunités, *ibid.* Il ratifie les donations faites à l'évêque & à la cathédrale d'Halberstad par Charlemagne, an. 814, p. 292. Il accorde la même grâce à l'évêque de Langres, *ibid.* Et il fit restituer à l'évêque de Mâcon la terre de Rosière que les Régisseurs de son fisc retenoient injustement, *ibid.* Ce Prince accorde en même temps deux Diplomes aux monastères unis de Stavelot & de Malmédi, an. 814, p. 293. Un autre la même année pour Marmoutiers, monastère situé dans la ville de Poitiers, un autre en faveur de l'abbaye de la Grasse: & un qui maintient l'Évêque & les Chanoines de la cathédrale de Nîmes dans ses privilèges & immunités, *ibid.* Il accorde deux autres Diplomes à Hilduin abbé de Saint-Denys, l'un pour maintenir cette Abbaye dans ses privilèges, l'autre pour le confirmer dans la jouissance des droits qu'il étoit accoutumé de percevoir sur toutes les marchandises que l'on conduisoit à la foire de Saint-Denys,

an. 814, p. 294. Il confirme également les immunités de l'église de Narbonne; & il fait une donation au monastère de Saint-Anthême au diocèse de Sienne en Toscane, *ibid.* Il accorde à Sichaire archevêque de Bordeaux, la confirmation des immunités & des privilèges anciens de sa Cathédrale, & il lui en donne de nouveaux, an. 814, p. 295. Il exempte l'abbaye de la Grasse des droits de péage, de douane & de voirie, *ibid.* Ce Prince rend une Ordonnance en faveur des Espagnols réfugiés dans la Septimanie, qui fixe l'état & assure les possessions de ces étrangers, *ibid.* Il confirme un de ces vassaux nommé *Jean*, dans la possession allodiale de la terre de Font-joncouse en Languedoc, an. 815, p. 297. Il accorde aux Moines de Saint-Mémin, proche Orléans, la franchise de trois bateaux, an. 815, p. 298. Il fait donation à Éginhard & à Imène sa femme, de deux seigneuries considérables pour fonder un Monastère, *ibid.* Il confirme l'église de Vienne dans la jouissance de ses privilèges, & il la met sous sa garde royale, *ibid.* Il ratifie une Charte de Charlemagne en faveur de l'abbaye de Pruim, an. 815, p. 299. Il confirme les anciens privilèges de l'abbaye de Charroux, & accorde aux Moines celui d'élire leurs Abbés, *ibid.* Benoît abbé d'Aniane avoit fait quelques échanges utiles à son Monastère, Louis le Débonnaire les ratifie, *ibid.* Il confirme les privilèges de l'abbaye de Montier-en-Der, *ibid.* Il juge un procès en faveur du comte Hortman, contre les prétentions de Mangulphe évêque de Metz & abbé de Gorze, *ibid.* Ce Prince avoit hérité de Charlemagne un petit monastère nommé *Caseneuve*, il en fait donation par ce Diplome à l'abbaye d'Aniane, an. 815, p. 300. Il accorde à l'abbaye de Saint-Pierre de Gand la confirmation de ses privilèges, an. 815, p. 301. Il renouvelle ceux de Saint-Mihiel, *ibid.* Il accorde la franchise pour cinq bateaux sur le Rhône en faveur de l'église de Vienne, an. 815, p. 302. Il confirme tous les Diplomes que l'abbé de Saint-Vincent-sur-le-Vulturne avoit obtenus, tant des rois Lombards que de Charlemagne, *ibid.* Il permet aux Moines de l'abbaye de Saint-Maixant en Poitou, d'élire désormais leurs Abbés, *ibid.* Il fait donation à l'abbaye de Saint-Mihiel du prieuré de Salone, qui dépendoit ci-devant de l'abbaye de Saint-Denys, *ibid.* Il renouvelle tous les privilèges de la cathédrale d'Autun, an. 815, p. 303. Il accorde la même grâce aux moines de l'abbaye de Farfe, avec le droit d'élire désormais leurs Abbés, *ibid.* Il renouvelle les immunités de l'abbaye de Saint-Vandrille, & accorde la franchise pour trois bateaux à l'abbaye de l'Ile-Barbe, an. 815, p. 304. Il ratifie les donations faites en faveur du monastère de Saint-Zénon de Véronne, & permet aux Moines d'élire leurs Abbés à l'avenir, an. 815, p. 305. Il accorde une haute justice aux moines de Psalmody, & le privilège en outre d'élire leurs Abbés, *ibid.* Il confirme dans le même temps le monastère de Montolieu dans ses anciennes immunités, *ibid.* L'archevêque de Vienne produit à ce Prince des titres qui prouvoient qu'une terre, qui étoit présentement unie au domaine royal, avoit été usurpée sur l'église, & l'Empereur la lui fit restituer, an. 815, p. 306. Ce Prince ratifie les anciens privilèges de l'abbaye de Saint-Hilaire de Carcassonne, & accorde aux Moines celui d'élire désormais leurs Abbés, *ibid.* Il donne des Lettres qui interprètent celles qu'il avoit accordées l'année précédente en faveur des Espagnols réfugiés dans ses États, *ibid.* Il en accorde également à l'évêque de Mâcon, qui le maintiennent dans le droit de lever la dixme sur tous les Bénéficiaires de son église, an. 816, p. 307. Il confirme les privilèges de l'abbaye de Saint-Germain d'Auxerre, *ibid.* & la Charte de Charlemagne

en

TABLE DES MATIÈRES.

en faveur de l'abbaye de Saint-Meen en Bretagne, an. 816, p. 307. Il met sous sa garde royale la cathédrale de Cambrai, an. 816, p. 308. Il arrive une révolte dans l'abbaye de Fulde, occasionnée par les mauvais traitemens que l'Abbé faisoit souffrir aux Moines; ceux-ci s'adressent à l'Empereur pour avoir justice, il nomme des Commissaires qui déposent l'Abbé, *ibid.* Il accorde ensuite la confirmation des immunités de l'abbaye de Saint-Mihiel, *ibid.* Il ratifie tous les Diplomes des rois Lombards en faveur de l'abbaye de Saint-Vincent sur le Vulturne, *ibid.* Il maintient l'église de Viviers dans l'exercice de sa haute justice, an 816, p. 309. Il accorde le même privilége à l'abbaye de Saint-Maur-des-Fossés, & en outre celui d'élire ses Abbés, *ibid.* Il donne des Lettres pour contraindre les Bénéficiers de l'abbaye de Saint-Mihiel de payer les dixmes & les redevances qu'ils devoient à cause de leurs bénéfices, *ibid.* Il accorde d'autres Lettres à l'abbé de Farfe, qui règlent quelques contestations que les Régisseurs du domaine avoient eu avec son Monastère, an. 816, p. 310. Il donne deux Diplomes en faveur de l'abbaye de Morbac, par l'un desquels il cède aux Moines le droit d'élire leurs Abbés, *ibid.* Il confirme la cathédrale de Strasbourg dans la possession d'une terre que les anciens rois de France lui avoient léguée, *ibid.* Il accorde une franchise pour les bêtes de somme & pour les voitures de l'abbaye de Saint-Mihiel, *ibid.* Il donne des Lettres pour procurer à l'abbaye d'Aniane la restitution des biens qu'on lui avoit usurpés, an. 816, p. 311. Il ratifie toutes les immunités accordées par les Rois ses prédécesseurs à la cathédrale d'Angers, *ibid.* Le pape Étienne IV vient en France, & Louis le Débonnaire se fait couronner avec l'Impératrice son épouse dans l'église de Reims; & en mémoire de cette cérémonie, il donne à l'Archevêque & aux Chanoines de cette Cathédrale l'abbaye de Saint-en-Der, *ibid.* Il ratifie les Diplomes de ses prédécesseurs en faveur de l'abbaye de Pruim, an. 816, p. 312. Il accorde la même grâce au monastère de l'Ile-Barbe, *ibid.* & à un Monastère d'Italie situé dans le territoire de Chiusi en Toscane, *ibid.* Il met sous sa garde royale l'Évêque, les Chanoines, & les biens de la cathédrale de Sainte-Croix d'Orléans, *ibid.* Théodulphe alors évêque de cette ville & abbé de l'église de Saint-Agnan, qui étoit dès le temps occupée par des Chanoines, obtient de ce Prince, en leur faveur, deux Diplomes, dont l'un confirme leurs anciennes immunités, & l'autre leur en accorde de nouvelles, an. 816, p. 313. Il accorde également à l'abbaye de Saint-Hilaire de Carcassonne la confirmation de ses priviléges, *ibid.* Il remet aux Moines de l'abbaye de Saint-Mihiel le droit de nommer l'Abbé & leur permet de l'élire, *ibid.* L'Empereur fait revoir le Code de la loi Salique, & il y ajoute de nouveaux réglemens, an. 816, p. 314 & 315. Il fait assembler un Concile à Aix-la-Chapelle, dans lequel il fait approuver une Collection de statuts pour les Chanoines & les Chanoinesses, & il les adresse à tous les Métropolitains de ses États avec des Lettres circulaires, an. 816, p. 315. Il donne une Ordonnance pour l'exécution de ces statuts, an. 816, p. 316. Il dote la cathédrale de Batembourg, *ibid.* Il confirme les priviléges & les immunités de l'église de Cambrai, an. 817, p. 317. Il fait une riche donation à l'abbaye de Sorèze, *ibid.* Ce Prince fait faire des statuts pour reformer les Moines qui étoient tombés dans un grand relâchement, & il donne une Ordonnance dans le même temps, par laquelle il fixe le contingent, soit en hommes de milice, soit en dons gratuits, soit même en prières que chaque Monastère devoit payer à l'État, an. 817, p. 318. Louis le Débonnaire

Tome I.

forme le dessein de prendre désormais peu de part au gouvernement, & pour l'exécuter il partage ses États entre ses trois fils; il associe à l'Empire Lothaire, il donne le royaume d'Aquitaine à Pépin, & celui de Bavière à Louis, an. 817, p. 320. Deux Diplomes de ce Prince en faveur de la cathédrale de Limoges, an. 817, p. 321 & 322. Autre Diplome de Louis le Débonnaire, qui confirme l'établissement & les donations de l'abbaye de Cruas, *ibid.* Il confirme les priviléges & les immunités de l'abbaye de Solignac, *ibid.* Il ratifie une donation faite à la cathédrale de Strasbourg, an. 817, p. 323. Il fait donation à l'abbaye de Saint-Germain-des-Prés du droit de pêche à Ruel, *ibid.* Il accorde une Charte fameuse en faveur du monastère de Saint-Martin de Tours, *ibid.* Et le même jour il confirme la franchise des droits de douane & de voirie accordés par Charlemagne à cette Abbaye, an. 817, p. 324. Il fait donation à l'évêque de Tournai d'un terrain situé près de la Cathédrale pour y bâtir un cloître destiné à en loger les Chanoines, *ibid.* Il montre du mécontentement au sujet de l'élection du pape Paschal, qui n'avoit pas été faite dans les formes ordinaires, & néanmoins il reçoit ses Ambassadeurs & confirme toutes les donations faites à l'église de Rome par les rois de France ses prédécesseurs, an. 817, p. 326 & 327. Ce même Prince fait expédier deux Chartes en faveur de l'église de Reims, l'une par laquelle il fait donation à l'Archevêque & aux Chanoines de cette Cathédrale d'une partie des murs & des fossés de cette ville pour y bâtir une église plus grande & plus commode que l'ancienne, & par l'autre Charte il ordonne qu'il sera fait restitution à cette Cathédrale de deux églises avec leurs dépendances, an. 817, p. 327 & 328. Il accorde deux Diplomes pour le monastère de Fleuri ou Saint-Benoît-sur-Loire, dans le séjour qu'il fit à Orléans en allant en Bretagne pour y pacifier les troubles que les Gouverneurs & les Comtes de cette province y avoient excités, an. 818, p. 328 & 329. Étant à Angers il donne une Charte pour confirmer les priviléges de l'abbaye de Maulieu, *ibid.* Il en donne une autre dans le même temps pour confirmer ceux de la cathédrale d'Angers, an. 818, p. 330. Il fait une donation à l'abbaye d'Aniane, an. 818, p. 331. Il confirme un legs fait au monastère de Saint-Antonin par l'impératrice Hermengarde, *ibid.* Ce Prince donne une Ordonnance par laquelle il enjoint à l'Abbé & aux Moines de Landevenech de se conformer à la Règle de saint Benoît & d'en suivre les statuts, *ibid.* Il publie un Capitulaire touchant la discipline ecclésiastique, an. 818, p. 332. Il permet aux Moines de l'abbaye de Saint-Mihiel d'élire désormais leurs Abbés, *ibid.* Il confirme les priviléges de l'abbaye de Saint-Vincent sur le Vulturne, an. 819, p. 333. Il ratifie la fondation & les donations de l'abbaye de Belle-celle, *ibid.* Et il accorde deux Diplomes en faveur de l'église de Maguelonne, *ibid.* Il permet à Arnoul abbé de Noirmoutiers, de construire un canal qui conduise des eaux de la rivière de Bouloigne à un nouveau Monastère qu'il venoit de bâtir, an. 819, p. 334. Il fait des donations considérables à l'abbaye de Conques, *ibid.* & confirme les priviléges de celle de Saint-Bavon de Gand, *ibid.* Il ratifie la donation que l'évêque d'Auxerre fait aux Chanoines de sa Cathédrale, an. 819, p. 336. Il donne une fameuse Charte, souscrite par Lothaire son fils, en faveur du monastère d'Argenteuil près Paris, an. 819, p. 337. Il confirme un échange fait par Hilduin abbé de Saint-Denys, *ibid.* Il publie plusieurs Capitulaires dans une célèbre assemblée qu'il tient à Aix-la-Chapelle, & il y déclare son mariage avec Judith, princesse d'une admirable beauté,

e e

fille du duc de Bavière, an. 819, p. 337. L'Empereur passe l'automne dans son palais d'Ingelheim, & il y tient une diete où il publie deux Capitulaires, an. 819, p. 343. Louis le Débonnaire accorde une Charte en faveur de l'abbaye de Pruim, *ibid.* Il donne une Ordonnance pour faire restituer à la cathédrale de Wurtzbourg des biens usurpés, an. 820, p. 345. Il confirme de nouveaux statuts pour l'abbaye de Cormeri, *ibid.* Il fait un legs à l'abbaye d'Aniane, an. 820, p. 346. Il confirme des donations & les priviléges de l'église de Plaisance, *ibid.* Il donne une Ordonnance par laquelle il est enjoint à tous les Moines apostats de l'abbaye de Farfe de rentrer incessamment dans leur cloître, & il fait de riches présens à celle de Fulde, *ibid.* Il met sous sa garde le monastère de Sainte-Marie d'Arles, & accorde aux Moines d'élire désormais leurs Abbés, an. 820, p. 347. Il ratifie un échange fait par Hilduin abbé de Saint-Denys, *ibid.* Ce Prince accorde à l'évêque de Paris le droit de faire rendre la justice à ses vassaux dans l'intérieur du cloître, *ibid.* Autre Charte de Louis le Débonnaire, qui ratifie un nouvel échange fait par Hilduin abbé de Saint-Denys, an. 820, p. 348. Il confirme aussi l'église de Paris dans la jouissance de tous ses biens, *ibid.* Il approuve le projet qu'Erlegaud, abbé de Saint-Benigne de Dijon avoit formé de bâtir une nouvelle église, & il ordonne aux Comtes d'y contribuer, *ibid.* Il affranchit de toutes impositions l'abbaye de Cornelis-Munster, qu'il avoit fondée près d'Aix-la-Chapelle, an. 821, p. 349. Il accorde la même grâce au monastère de Saint-Maximin de Trèves, *ibid.* Ce Prince donne une Ordonnance pour que l'on restitue à un de ses vassaux un dépôt, *ibid.* Il met sous sa garde le monastère de Saint-Maurice en Bavière, & évoque à son Conseil les causes de cette Maison, an. 821, p. 350. Il accorde la même grâce à un ancien monastère nommé *Visbeke* situé dans l'évêché d'Osnabruck, qui n'est plus qu'une paroisse, *ibid.* Il donne des Lettres patentes aux Moines d'Aniane, pour confirmer une nouvelle élection d'Abbé qu'ils venoient de faire, an. 821, p. 350 & 351. Il maintient l'église de Saint-Aignan d'Orléans dans les immunités que Pépin le Bref lui avoit accordés, *ibid.* Il donne un Diplome par lequel il accorde la même grâce à l'abbaye de Saint-Sulpice de Bourges, an. 821, p. 352. Il tient cette année plusieurs assemblées, & fait couronner Lothaire empereur dans celle de Thionville, & y publie un Capitulaire, *ibid.* Il confirme les priviléges de la cathédrale de Modène, & permet au Clergé d'élire à l'avenir leur Évêque, *ibid.* Il accorde la même grâce à l'abbaye d'Aniane, an. 822, p. 353. Il fait, par une autre Charte, de riches donations à ce même Monastère, *ibid.* Il met sous sa garde royale l'église & les prêtres de Paderborn, an. 822, p. 354. Il fait faire une restitution à l'église d'Avignon, an. 822, p. 355. Il confirme un decret de l'archevêque de Sens, qui porte que ce Prélat & ses successeurs n'auront plus que la juridiction spirituelle sur trois Monastères de cette ville, *ibid.* Il fait un legs à l'abbaye de Saint-Amand, *ibid.* Il ordonne que celui fait à l'abbaye d'Aniane, par Arnauld comte de Béfiers, lui sera délivré, an. 822, p. 356. Ce Prince permet que l'Abbé & les Moines de Banioles se recommandent de lui & des Rois ses successeurs, *ibid.* Il accorde la même grâce au monastère d'Olona dans le duché de Milan, an. 822, p. 357. Il confirme quelques priviléges de l'abbaye de Pruim, *ibid.* Et il confirme celle de Saint-Victor de Marseille dans la jouissance de certains droits sur les navires qui abordoient dans ce port, que Charlemagne lui avoit autrefois accordés, *ibid.* Ce Prince fait expédier trois Chartes en faveur de l'église de Wurtzbourg, an. 822, p. 358. Une autre pour le monastère de Saint-Denys, *ibid.* Il maintient par une Charte le monastère d'Aniane dans le privilége d'élire ses Abbés, an. 822, p. 359. Louis le Debonnaire tient cette fameuse assemblée d'Attigny, où après avoir fait une confession générale de ses péchés, il s'imposa lui-même une pénitence publique, *ibid.* Il convoque une autre assemblée à son palais de Tribur près Mayence, où il donne une Ordonnance en faveur du Clergé, an. 822, p. 361. Il confirme de nouveau les priviléges de l'église de Modène, an. 823, p. 362. Donation faite par ce Prince d'une partie de la forêt de Colmar, à Godefroi abbé de Munster-en-Grégoriental, an. 823, p. 362. Il ratifie les priviléges du monastère de Sainte-Grate, & accorde aux Moines la liberté d'élire désormais leurs Abbés, an. 823, p. 363. Il accorde de nouvelles immunités à l'abbaye de Moisevaux occupée par des filles, *ibid.* Il accorde deux Diplomes en faveur de la Nouvelle-Corbie, par le premier il fait donation à ce Monastère de plusieurs domaines, par le second il lui accorde les mêmes priviléges que ceux des autres Monastères de France, & il ajoute l'election de l'Abbé, an. 823, p. 364. Ce Prince, dans le même temps, confirme ceux de l'abbaye de Pruim, an. 823, p. 365. Il accorde la même grâce à Saint-Étienne de Banioles, & il permet aux Moines d'élire désormais leurs Abbés, *ibid.* Il exempte, conjointement avec son fils Lothaire, le monastère de Saint-Denys d'une redevance annuelle qu'il payoit au fisc, an. 823, p. 365 & 366. Il confirme la cathédrale d'Utrecht dans la jouissance de ses immunités, *ibid.* Il fait donation à l'abbé Flosbert & à ses Moines qu'il rappelle d'Italie, du monastère de Saint-Florent-sur-Loire, an. 824, p. 367. Et à l'archevêque de Trèves de l'abbaye de Saint-Maximin de cette ville, an. 824, p. 368. Il confirme un échange fait par Hilduin abbé de Saint-Mihiel au profit de son Monastère, an. 824, p. 369. Il écrit à l'évêque de Paderborn de faire jouir les Moines de la Nouvelle-Corbie de leurs priviléges & immunités, an. 824, p. 371. Il confirme un échange fait entre l'archevêque d'Arles & Leibulfe comte de cette ville, an. 824, p. 373. Il fait une donation à l'abbaye de Saint-Mesmin, & il permet aux Moines d'élire désormais leurs Abbés, an. 825, p. 374. Il accorde également cette dernière grâce au monastère de Saint-Calez, *ibid.* Il confirme un échange fait entre Hildebalde évêque de Mâcon & Warin comte d'Auvergne, an. 825, p. 375. Il ratifie une donation faite à l'église de Brioude, *ibid.* Il accorde des immunités à l'abbaye de Corbie avec le privilége aux Moines d'élire désormais leurs Abbés, an. 825, p. 376. Il permet que l'évêque de Metz donne en bénéfice à l'abbaye de Sénone, une Celle dépendante de sa Cathédrale, *ibid.* Ce Prince publie une Ordonnance pour les épreuves de l'eau froide & de l'eau chaude, an. 825, p. 377. Et un Capitulaire sur différens sujets de la discipline ecclésiastique & sur la police de l'État, an. 825, p. 378. Il fait une donation à l'église de Liége, an. 826, p. 379. Et une au monastère de la Nouvelle-Corbie, *ibid.* Il fait expédier un Diplome par lequel il accepte la donation du monastère de Saint-Chignan, & l'exempte d'impôt, & permet aux Moines d'élire leurs Abbés, an. 826, p. 380. Il accorde cette dernière grâce à ceux du monastère de Munster-en-Grégoriental, *ibid.* Il permet la démolition du monastère d'Arnolfesaw en-deçà du Rhin, & consent qu'on le transporte au-delà, & lui donne le nom de *Schwarzach*, *ibid.* Ce Prince adresse une Lettre aux Comtes & aux Gouverneurs des marches d'Espagne au sujet de la révolte d'Aizon, an. 826,

p. 381. Il tient les États à Ingelheim, & il y publie un Capitulaire, *ibid.* Il rétablit le monastère de Montier-en-Der, an. 827, p. 382. Il fait expédier des Lettres en faveur des Abbayes unies de Stavelot & Malmédi, an. 827, p. 383. Il fait avec l'impératrice Judith un pélerinage à Saint-Médard de Soissons, & ils font conjointement une riche donation à ce Monastère, an. 827, p. 384. On attribue à ce Prince une Charte en faveur du monastère de Saint-Maixant en Poitou, qui peut-être a été donnée par Pépin son fils, roi d'Aquitaine, an. 827, p. 385. Il donne, conjointement avec Lothaire son fils, une Charte en faveur de l'abbaye de Saint-Mémin; mais la pièce paroît supposée, an. 828, p. 386. Autre Charte donnée par ce Prince, aussi conjointement avec Lothaire son fils, pour l'abbaye de Saint-Denys. Il accorde des Letres à l'abbé de Saint-Bénigne de Dijon, pour la réédification de l'église de son Monastère, an. 828, p. 387. Il ratifie les priviléges & les immunités accordés par ses prédécesseurs à la cathédrale de Bordeaux, an. 828, p. 388. Il décide qu'il sera tenu quatre Conciles, & il en donne avis aux Comtes & aux Ducs par des Letres signées de lui & de Lothaire son fils, an. 828, p. 390. Il donne ensuite une Ordonnance qui fixe les matières qui doivent être traitées dans chacun de ces Conciles, *ibid.* Il donne une Ordonnance favorable aux Juifs, Agobard archevêque de Lyon en sollicite inutilement la révocation, parce que le Ministre qui avoit dans son département toutes les affaires qui concernoient les Juifs s'y opposa, an. 828, p. 389. Il approuve par une Charte le partage que l'Abbé de Saint-Germain-des-Prés avoit fait, avec ses Moines, des biens de cette Abbaye, an. 829, p. 391. Il fait tenir un plaid général à Rome dans lequel on juge entr'autres procès celui du pape Grégoire contre l'abbé de Farfe, *ibid.* Il ratifie un échange fait par un évêque d'Angers, an. 829, p. 392. Ce Prince fait, conjointement avec Lothaire son fils, une donation à l'abbaye de Farfe, *ibid.* Il ratifie celle de la terre de Font-joncouse que Charlemagne avoit faite à l'un de ses Officiers, an. 829, p. 393. Il confirme les priviléges de l'abbaye de Sorèze, & accorde aux Moines celui d'élire désormais leurs Abbés, *ibid.* Il tient une diète générale à Worms, dans laquelle il déclare le nouveau partage qu'il avoit fait de ses États à cause du jeune prince Charles qui étoit survenu de son second mariage avec Judith, depuis le premier partage qu'il avoit fait dans l'assemblée d'Aix-la-Chapelle en 817 : ce Prince donne en outre quatre Ordonnances dans cette même assemblée, an. 829, p. 395 & suiv. Il accorde une nouvelle Charte d'immunités en faveur de l'abbaye de Saint-Bertin, an. 830, p. 396, & une pareille pour l'abbaye de Saint-Riquier, an. 830, p. 397. Il ratifie les priviléges accordés par les rois Lombards à celle de Saint-Vincent sur le Vulturne, *ibid.* Il accorde des immunités au monastère de Nermoutiers en considération des dommages que les Moines avoient soufferts des pirateries des Normands, an. 830, p. 398. Il fait dans le même temps une Ordonnance en faveur de Charroux, *ibid.* Il donne des Lettres pour la réunion des biens d'un Monastère à la cathédrale d'Aquilée dans le Frioul, an. 830, p. 399, & il confirme toutes les donations faites à l'abbaye de Saint-Zénon dans le diocèse de Vérone, *ibid.* Il accorde la même grâce à celle de Bèze-fontaine, an. 830, p. 400, ainsi qu'à celle de Noaillé, *ibid.* Il accorde encore à l'abbaye de Charroux l'affranchissement de plusieurs bateaux sur la Charente, *ibid.* Il ratifie un échange fait par l'abbé de Pruim, an. 831, p. 401, & donne des Lettres pour que la restitution du bois de la Colombière soit faite au prieuré de Barisi, *ibid.* Il ratifie un arrangement fait entre un particulier & l'Abbé d'un ancien Monastère situé en Flandre dans le diocèse de Malines, *ibid.* Il découvre les desseins ambitieux de ses enfans, lesquels pour s'emparer du Trône plus aisément, avoient accusé l'Impératrice d'un commerce avec Bernard premier ministre ; ce Prince les ayant cru trop légèrement, avoit consenti que Judith fût reléguée dans le monastère de Sainte-Radegonde de Poitiers, & qu'elle y prît le voile ; il convoque une assemblée des Grands & des Évêques à Aix-la-Chapelle, où il fit comparoître l'Impératrice dans le dessein qu'elle s'y justifiât par serment, suivant l'usage, après quoi il lui rendit tous ses droits d'épouse ; il éloigne ses enfans de sa Cour & les oblige de se retirer chacun dans leur royaume, an. 831, p. 402. Louis le Débonnaire ordonne que le monastère de Saint-André de Vienne sera restitué à l'Archevêque de cette ville, an. 831, p. 403. Il donne un autre Diplome en faveur de cette même Cathédrale, *ibid.* Il confirme une donation faite au monastère de Cormeri, an. 831, p. 404. Il accorde la même grâce en faveur du monastère de Saint-Vincent sur le Vulturne, *ibid.* Il fait expédier un Diplome en faveur de l'église cathédrale de Tongres, *ibid.* Il accorde des priviléges & des immunités à l'Évêque & aux Chanoines de Strasbourg, *ibid.* Il fait faire des restitutions en faveur de l'abbaye de Pfefers en Suisse, an. 831, p. 405. Il exempte les Chanoines de Saint-Martin de Tours de la juridiction de l'Archevêque de cette ville, & leur permet d'élire désormais un Abbé qui sera choisi parmi eux ; & dans le cas où aucun ne se trouveroit avoir les qualités requises pour remplir cette place, l'Empereur se réserve le droit de le nommer, an. 831, p. 405 & 406. Ce Prince oblige les Moines de Saint-Riquier de lui fournir une déclaration de leurs biens, tant meubles qu'immeubles, *ibid.* Il ratifie le partage qu'Hilduin abbé de Saint-Denys avoit fait avec les Moines, an. 832, p. 407 & suiv. Il accorde une Charte honorable en faveur d'un de ses Officiers nommé Adalbert, & il récompense les services, an. 832, p. 408. Il confirme les statuts de réforme dressés par l'abbé Haudon pour les Moines de Montier-en-Der, an. 832, p. 409. Il donne à l'abbaye de Corbie en Saxe le droit de pêche dans le Weser, an. 832, p. 420. Il accorde deux Diplomes en faveur de celle de Saint-Denys, *ibid.* Il fait donation de la terre de Fontaine en Languedoc à un de ses vassaux nommé Adalbert, *ibid.* Ce Prince fait rentrer en jouissance les Chanoines de Saint-Martin de Tours, de plusieurs domaines donnés en bénéfice par leurs Abbés, *ibid.* Il confirme un legs fait à l'abbaye de Marmoutiers, an. 832, p. 411. Il juge une contestation entre l'évêque du Mans & les Régisseurs de son domaine par rapport à l'abbaye de Saint-Vincent du Mans ; il déboute ses Officiers de leurs prétentions sur ce Monastère, & maintient l'évêque du Mans dans le droit d'y exercer toute juridiction, *ibid.* Il fait expédier en même temps un Diplome en faveur de cette Cathédrale, an. 832, p. 412. Il lui fait restituer deux seigneuries dont ses Officiers s'étoient mal-à-propos mis en possession : ce dernier Diplome est donné à Bèze en Bourgogne ; ce Prince revenoit d'Aquitaine où il avoit conduit le jeune Charles pour en être reconnu Roi au lieu de Pépin, auquel il avoit retiré ce royaume ; son dessein étoit de retourner en Allemagne afin de donner les ordres nécessaires pour la guerre qu'il vouloit continuer l'année suivante contre les Sclaves de Silésie & de Bohême, an. 833, p. 413. Il fait donation à l'abbaye de Saint-Denys du village de Mitri près Dammartin, *ibid.* Il accorde une Charte d'immunités à l'évêque d'Elne, an. 833, p. 415. Ce Prince, sur la nouvelle que ses trois fils du premier lit ont pris les armes, & que leur deſſein eſt de lui faire la guerre, quitte ſon palais d'Aix-la-Chapelle, parce qu'il ne pouvoit s'y défendre dans le cas où on viendroit l'y attaquer; il ſe porta à Worms, place forte, & il y fit toutes ſes diſpoſitions pour faire face à ſes ennemis; il y accorda deux Diplomes à l'Abbé de la Nouvelle-Corbie, l'un par lequel il lui donne droit de battre monnoie, & par l'autre il fait donation d'une ſaline aux Moines de cette maiſon, *ibid.* Il confirme en même temps, par une Charte, des donations faites à l'abbaye de Sainte-Colombe de Sens, an. 833, p. 416. Il met le monaſtère de Saint-Maur-ſur-Loire ſous la dépendance de celui de Saint-Maur-des-Foſſés; mais cette Charte doit être placée à une autre date que celle du mois d'août de cette année : ce Prince alors étoit détrôné & renfermé dans une cellule au monaſtère de Saint Médard de Soiſſons, ſes enfans qui l'y tenoient ſous une garde étroite l'avoient fait priſonnier le 24 juin, *ibid.* On attribue mal-à-propos à ce Prince une Charte portant donation d'une terre, ſituée dans le Rouſſillon, à un de ſes vaſſaux nommé Wimar, an. 833, p. 417. Il eſt conduit à Compiegne où ſes trois fils avoient convoqué un Concile, il ne s'y trouve que des Evêques de leur parti; ce malheureux Prince craignant pour ſa vie, crut que pour ſe la conſerver il ne lui reſtoit que d'abdiquer la Couronne, il ſe laiſſe donc dépoſer dans cette tumultueuſe aſſemblée où l'archevêque de Reims préſida, homme qui ne devoit ſon élévation qu'à ſes intrigues, & qui ſacrifia dans cette occaſion, comme en mille autres, à ſon ambition ce que l'honneur & la religion ont de plus ſacré, an. 833, p. 420. Louis & Pépin mécontens de Lothaire ſe détachent de ſon parti, & tournent leurs armes contre lui en faveur de leur père; il ſe tient une diète à Compiegne où ce Prince fut rétabli ſur ſon Trône, an. 834, p. 420 *& ſuiv.* Charte de ce Prince en faveur de l'abbaye de Saint-Benoît-ſur-Loire : cette pièce eſt ſoupçonnée de fauſſeté, an. 834, p. 421. Il établit un ſiége épiſcopal à Hambourg, an. 834, p. 422. Il fait un legs à l'abbaye de Corbie en Saxe, an. 834, p. 423. Il accorde une Charte en faveur de celle de Kempten en Souabe, *ibid.* Il ſe met à la tête des deux armées combinées des rois de Bavière & d'Aquitaine, & pourſuit Lothaire; il le force de ſe rendre à ſa diſcrétion, il reçoit les marques de ſon repentir, lui fait grâce & le renvoie en Italie ; étant à Thionville il accorde un Diplome en faveur de l'abbaye de Pruïm, & un autre pour l'égliſe cathédrale de Langres, *ibid.* Il approuve la translation de l'abbaye de Saint-Remi de Sens dans le lieu nommé Vareilles, an. 834, p. 424 & 432. Il donne un ſecond Diplome en faveur d'un de ſes Officiers nommé Adalbert, an. 834, p. 425. L'Empereur tient l'aſſemblée des Etats à Atigni, il y donne un Diplome en faveur de l'abbaye de Redon, par lequel il confirme les donations que le comte Nominoé avoit faites à cette Maiſon, *ibid.* Il en accorde un autre pour la cathédrale de Girone, qui porte confirmation de ſes priviléges, an. 834, p. 426. Il diſpoſe de la terre de Neuilli-Saint-Front à titre de bénéfice en faveur du comte de Melun, *ibid.* Il publie une Ordonnance qui porte que les Evêques ſeront tenus de produire des certificats de vie, mœurs & capacité pour obtenir de l'Empereur la confirmation de leur élection, an. 834, p. 427. Il tient l'aſſemblée des Etats à Thionville, où ſont cités les Evêques qui s'étoient joints l'année précédente au parti de Lothaire; l'archevêque de Reims, dont l'ame étoit baſſe, crut trouver le pardon de ſon crime dans l'aveu qu'il en fit, mais les autres Evêques qu'il deshonoroit, l'obligèrent à ſe démettre de ſon Siége, & il fut envoyé en exil ; l'Empereur accorde pluſieurs Chartes pendant le cours des Etats, une entr'autres à l'abbé de Donzère, par laquelle il ratifie des donations faites à ſon Monaſtère, an. 835, p. 427. L'Empereur tient les Etats à Worms, pendant leur durée il fait une donation à l'abbaye de Pruïm, an. 835, p. 428. De-là il va à Cremieux & y donne un Diplome en faveur de l'évêque d'Urgel, an. 835, p. 429. Il fit faire dans ce même temps pluſieurs reſtitutions à l'égliſe du Mans, *ibid.* Il accorde des priviléges à l'abbaye d'Aniane, an. 835, p. 430. Il confirme des legs faits par le comte Warin en faveur de l'égliſe de Châlons-ſur-Marne, *ibid.* Il renouvelle en même temps, en faveur des Moines de l'abbaye de Saint-Germain-d'Auxerre, le privilége d'élire leurs Abbés, an. 835, p. 431. Il ratifie toutes les immunités de celle de Saint-Bertin, *ibid.* Il confirme une donation faite par Charlemagne en faveur du monaſtère de Saint-Benoît-ſur-Loire, *ibid.* Il approuve un échange fait par l'abbé de Pruïm, an. 835, p. 432. Il cède au Pape le droit de ſouveraineté dans la ville de Rome : cette Charte eſt accuſée de fauſſeté, an. 835, p. 433. On porte le même jugement de la Lettre de ce Prince à Hilduin abbé de Saint-Denys, *ibid.* Ce Prince convoque les Etats; on eſt, pour ainſi dire, incertain du lieu; il y fait de nouveaux partages qui annullent celui de l'année 817, an. 835, p. 434. Il détache de ſon domaine des terres conſidérables, dont il fait donation à Robert ſurnommé le Fort, pour récompenſer ſes ſervices & ſa fidélité, an. 836, p. 434. Il fait expédier une Charte en faveur de Raban abbé de Fulde, *ibid.* Il accorde une autre pour l'abbaye de Saint-Mémin; mais cette dernière eſt accuſée de fauſſeté, an. 836, p. 435. Il met ſous ſa garde royale la cathédrale d'Elne, & confirme ſes priviléges anciens, *ibid.* Il donne quatre Chartes en faveur de la cathédrale du Mans, par la troiſième il rétablit l'Evêque de cette ville dans le droit qu'il avoit anciennement de faire battre monnoie, an. 836, p. 436. Il confirme, par une autre Charte, les poſſeſſions du monaſtère de Sainte-Colombe de Sens, an. 836, p. 437. Il fait expédier un Diplome en faveur de l'abbaye de Longueville; mais cette pièce eſt accuſée de fauſſeté, *ibid.* Pour récompenſer les ſervices d'un de ſes vaſſaux nommé Fulbert, il lui donne à perpétuité une terre qu'il détache de ſon domaine, an. 836, p. 439. Il accorde des immunités au monaſtère du mont Sainte-Odile, an. 837, p. 440. Il confirme toutes les diſpoſitions d'une Charte de fondation donnée par l'évêque du Mans, an. 837, p. 441. Il ratifie également une donation faite à l'abbaye de Cormeri, an. 837, p. 442. Il accorde la même grâce en faveur de la cathédrale du Mans, *ibid.* Il confirme le jugement d'un fameux procès entre l'évêque du Mans & l'abbé de Saint-Calez, il en avoit ordonné l'inſtruction, an. 837, p. 442 *& ſuiv.* Il donne deux Diplomes en faveur de l'abbaye d'Aniane, an. 837, p. 444 *& ſuiv.* Louis le Débonnaire tient les Etats à Querci; les rois de Bavière & d'Aquitaine, avec tous les Grands de ſes Etats y ſont mandés; il y fait confirmer le partage qu'il avoit réglé, & fait prêter ſerment de fidélité à Charles le dernier de ſes fils, en faveur duquel il avoit rétabli le royaume de Neuſtrie; il publie dans cette célèbre aſſemblée un Capitulaire, an. 837, p. 448 *& ſuiv.* Il fait expédier ſix Diplomes, dont les uns portent confirmation des priviléges & des donations faites en faveur de l'égliſe du Mans, & par les autres, l'Empereur ordonne des reſtitutions au profit de cette même Cathédrale, an. 838, p. 449 *& ſuiv.* Ce Prince convoque une aſſemblée à Nimègue, & on y réſout d'équiper une flotte pour faire la guerre aux Normands; dans ce temps il accorde un ſupplément

de

de dot au monastère de Herford en Saxe, an. 838, p. 451. Il confirme, par un autre Diplome, celui qu'il avoit donné en 834 en faveur de l'abbaye de Kempten, *ibid*. Les Moines de Saint-Remi de Reims font un acte d'affociation avec ceux de Saint-Denys, & il est signé des Abbés & des Moines de ces deux Monastères; Louis le Débonnaire le souscrit aussi, an. 838, p. 454. Il confirme un échange fait entre l'abbé de Saint-Denys & l'abbesse de Jouarre, an. 839, p. 455. Il accorde la même grâce à l'abbé de Fulde, *ibid*. Ordonnance de ce Prince qui maintient les Juifs domiciliés dans le royaume, dans leurs priviléges, *ibid*. Il fait la guerre à Louis son fils roi de Bavière; tandis qu'il campoit au-delà du Rhin près Tribur, il donna une Charte en faveur de l'abbaye de Kempten, an. 839, p. 456; & une autre pour celle de Lindaw, an. 839, p. 457. Il se réconcilie avec son fils le roi de Bavière, & il fait grâce à un de ses vassaux nommé *Richard*, auquel il rend ses biens qui avoient été confisqués, *ibid*. Il traite avec la même bonté un autre de ses vassaux nommé *Géraud*, an. 839, p. 458. Il se fait des mouvements en Aquitaine à cause de la mort du roi Pépin; l'Empereur indique à cette occasion l'assemblée des États à Challon-sur-Saône où il vient; pendant son séjour dans cette ville, il donne un nouveau Diplome en faveur de l'abbaye de Kempten, *ibid*. Il va à Poitiers où il accorde une Charte pour l'église du Mans, & une autre pour le monastère de Noirmoutiers, an. 839, p. 459. Il se réconcilie avec Lothaire, & par les conseils de Judith il appelle ce Prince auprès de lui; il partage entre lui & Charles, le plus jeune de ses fils, le royaume de Pépin, an. 839, p. 460. Il permet à l'évêque du Mans, qui avoit une charge à la Cour, de se retirer dans son diocèse, & il lui accorde la liberté de choisir un Avoué, an. 840, p. 461. Il confirme en même temps l'église Cathédrale de cette ville dans toutes ses possessions & ses priviléges, *ibid*. Ce Prince quitte la France & retourne en Allemagne, il va dans une petite île du Rhin appelée *Ketzicha*, où il avoit un palais, dans le dessein de rétablir sa santé; la fluxion de poitrine, dont un gros rhume qu'il gardoit depuis long-temps le menaçoit, se déclara, & il mourut; quelques jours auparavant il accorde la grâce à un de ses vassaux nommé *Héli*, qui avoit suivi le parti de Lothaire, & il donne des Lettres pour que ses biens, qui avoient été confisqués, lui fussent rendus. Ainsi finit Louis I.er du nom; son portrait, an. 840, p. 462.

LOUIS II, fils de Louis le Débonnaire & de l'impératrice Hildegarde; son père lui donne le royaume de Bavière, an. 817, p. 320 & 321. Ce Prince fait donation au monastère de la Basse-Altaich du lieu appelé *Ingolstat*, an. 823, p. 364. Il juge un différend entre l'archevêque de Saltzbourg & l'évêque de Passaw, au sujet des limites de leur diocèse, an. 829, p. 393. Il confirme une donation faite par Charlemagne en faveur du monastère de la Basse-Altaich, an. 830, p. 398. Ce Prince se ligue avec ses frères contre Judith leur belle-mère & contre Bernard premier ministre de l'Empereur leur père; mais Louis le Débonnaire découvre leur dessein, & celui-ci a ordre, ainsi que ses frères, de quitter la Cour; il se retire dans son royaume de Bavière, an. 831, p. 402. Il confirme un legs fait en faveur du monastère de Saint-Emmeran dans la ville de Ratisbonne, an. 831, p. 405. Il se ligue une seconde fois avec ses deux frères. Voyez LOTHAIRE. Il se brouille avec Lothaire, & contribue au rétablissement de son père sur le trône de l'Empire, an. 834, p. 420 & *suiv*. Ce Prince est appelé au dernier partage de l'Empereur son père;

Tome I.

son royaume fut accru de quelques provinces, an. 835, p. 434. Il permet à l'Abbé & aux Moines de la Basse-Altaich de faire des échanges de biens, sous la condition néanmoins qu'ils seront utiles au Monastère, an. 836, p. 436 & 437. Il fait une donation à la cathédrale de Passaw, année 836, p. 437.

LOUIS, roi de Provence, fils de Bozon, accorde en 909 un Diplome en faveur de l'église d'Avignon, que des Auteurs ont mal-à-propos attribué à Louis le Débonnaire, an. 823, p. 362.

LOUP, duc de Spolete, conjointement avec Hermelinde son épouse, fonde un Monastère de filles dans un faubourg de la ville de Rieti dans l'Ombrie, & en nomment la première Abbesse; l'intention des fondateurs étoit de n'admettre dans cette Maison que des filles de distinction, an. 751, p. 129. Ce Seigneur tient un plaid à Spolete, dans lequel on plaide sur la validité de deux actes, la forme décida le jugement, an. 751, p. 130.

LUITPRAND, roi des Lombards, fait la guerre aux ducs de Spolete & de Benevent; ces deux Seigneurs se réfugient à Rome & se mettent sous la protection du Pape; mais Luitprand fait sommer le Pape de les lui livrer; Grégoire III qui siégeoit alors sur la chaire de saint Pierre, les refusa; & Luitprand ne tenant aucun compte du respect dû à ce Pontife, confisqua le patrimoine de saint Pierre situé dans le territoire de Ravenne, & ravagea tous les environs de Rome, an. 740, p. 120.

LULLUS, Hessois d'origine, il s'étoit attaché dès son enfance à saint Boniface archevêque de Mayence, il fut son Chorévêque; Pépin le Bref le nomma dans la suite son Coadjuteur, an. 752, p. 133. Lullus succéda enfin à son bienfaiteur, & quelque temps après son installation sur ce siége, il fait une riche donation à l'abbaye de Fulde, an. 785, p. 180. Ce Prélat porte Charlemagne à établir un Évêché dans la ville de Verdun, & il le fait mettre sous sa Métropole, an. 786, p. 181.

LURE, ce monastère situé dans le diocèse de Besançon, est compris dans l'Ordonnance de Louis le Débonnaire au nombre de ceux qui ne doivent à l'État que des prières, an. 817, p. 319.

LUZARCHES en Parisis. Cette seigneurie étoit autrefois du domaine royal; Charlemagne l'en détacha pour en faire une donation à l'abbaye de Saint-Denys le jour de la dédicace de l'église que ce Prince acheva de bâtir; Pépin son père l'avoit commencée, an. 775, p. 164.

M

MÂCON (église cathédrale de). Le Garde des Archives de cette église en laisse brûler par négligence quelques titres importans, dans le nombre desquels étoit la Charte d'exemption des péages & autres droits que l'on payoit alors au fisc; Dominole évêque de cette Cathédrale, obtient une autre Charte de Pépin le Bref n'étant encore que Maire du Palais, portant les mêmes priviléges, an. 750, p. 128. Cette ville & la province du Mâconnois furent du partage de Louis roi d'Aquitaine, an. 806, p. 246.

MADALGER, particulier, fait un échange avec Ingelran évêque de Langres & abbé de Saint-Benigne de Dijon, an. 840, p. 465.

MADELGAUD, Comte & *Missus*. Voyez MAGENAIRE.

MAFLERS, MERVILLE & MOURS, Ces trois seigneuries étoient de l'ancien domaine de l'abbaye de Saint-Denys; Hilduin dans le partage qu'il fit entre les Moines & lui, leur assigna des redevances

ff

en argent à prendre sur ces domaines, an. 832, p. 408.

MAGENAIRE, archevêque de Rouen, est nommé *Missus* conjointement avec un comte appelé *Madelgaud*, & le Roi leur assigne la Normandie & le Maine pour leur département, an. 802, p. 227 & 228.

MAGINAIRE, abbé de Saint-Denys, députe un Moine vers Offa l'un des rois Anglo-Saxons, pour obtenir de ce Prince la confirmation d'une donation qu'il avoit faire à cette Abbaye, an. 790, p. 191.

MAGISTRAT. Règlement des empereurs Valentinien, &c. pour obliger les Magistrats de fixer leur demeure dans les villes de leur siège, leur défendant d'avoir des *petites maisons*, sous peine d'être confisquées, an. 369, p. 7.

MAGNIGAUD, abbé de Neustat en Franconie; la Charte qui porte que ce fut la reine Bertrade qui lui fit donner cette Abbaye, est fausse, an. 786, p. 181.

MAGNOALDE, abbé d'un ancien monastère appelé *Toussonval*, détruit dès le XII.e siècle ; il fait un échange avec l'abbé de Saint-Germain-l'Auxerrois, an. 687, p. 92. Il soutient un procès à la Cour du Roi contre Drogon fils de Pépin Héristal, & obtient un arrêt qui le maintient dans la possession de Noisi, contre les prétentions de ce Seigneur, an. 697, p. 98.

MAGNUS, archevêque de Sens, est nommé *Missus*, & Charlemagne lui assigne un département, an. 802, p. 227 & 228.

MAINGAUD, successeur de Barchard dans un évêché d'Angleterre, est mal-à-propos nommé abbé de Newstadz : la Charte qui atteste que Charlemagne lui avoit donné cette Abbaye est taxée de fausseté, an. 794, p. 198.

MAIRES DE VILLE. On les appeloit en Italie, sous le règne des Lombards, *Castaldii*, an. 787, p. 185.

MAISIÈRES en Picardie. Le père de Humbert abbé de Maroilles, étoit propriétaire en totalité de cette ville, ses enfans la partagèrent entr'eux après sa mort, & Humbert fit donation à son Monastère de la portion qui lui échut, an. 671, p. 81.

MALMAN, MAALMAN & MUNDMAN, expression que l'on trouvé dans une Charte de Charlemagne pour la fondation de l'évêché d'Osnabruck, elle signifie en Saxon tout autre chose qu'en Anglois & en Allemand, an. 803, p. 230 & 231.

MALMÉDI, monastère d'hommes. Voyez STAVELO.

MANCINI, nom d'un village situé dans la Brie, dont le comte Amalric fait donation à l'abbaye de Saint-Denys; mais cet acte est du règne de Louis d'Outre-mer, & par conséquent mal placé sous celui de Louis le Débonnaire, an. 824, p. 369.

MANGULPHE, évêque de Metz & abbé de Gorze, fait un procès en cette dernière qualité au comte Hartman pour le dépouiller d'un bien qu'il tenoit en bénéfice à vie, dépendant de cette abbaye, le procès est jugé à la Cour du Roi, & Mangulphe le perd, an. 815, p. 299 & 300.

MANIGONDE, pieuse dame, & que l'on croit de la race des premiers rois Lombards, étoit propriétaire du lieu de Cairati dans le Milanois sur la rivière d'Olano, elle y fonde un Monastère de filles, & leur donne en doie la seigneurie même de Cairati, an. 742, p. 122.

MANLIEU, monastère d'Aquitaine compris dans l'Ordonnance de Louis le Débonnaire au nombre de ceux qui ne doivent à l'État que des prières, an. 817, p. 319. Ce Prince confirme les priviléges de cette Abbaye, an. 818, p. 329. Pépin accorde à cette Abbaye la même grâce, an. 833, p. 417.

MANNIRE, expression usitée chez les anciens Francs, elle signifioit *assigner* ou *ajourner* quelqu'un devant le Juge ; Louis le Débonnaire interprète dans un Capitulaire l'article de *Mannire* de la loi Salique, an. 819, p. 340.

MANS (l'église cathédrale du). Voyez SAINT-GERVAIS & SAINT-PROTAIS.

MANSIE. Ce Monastère situé dans le diocèse de Saltzbourg, est compris dans l'Ordonnance de 817, pour devoir à l'État des dons gratuits & des hommes de milice, an. 817, p. 319.

MANSIONARII, Officiers de la Maison du Roi, Voyez MARESCALLI.

MANUMISSION, l'action d'affranchir les serfs; on appela par cette raison les Lettres d'affranchissement *Manumissio*, an. 821, p. 351. Voyez AFFRANCHI.

MAPPINIUS, évêque de Reims, écrit à Villicus évêque de Metz, & le prie de lui faire savoir le prix des porcs de son canton, an. 550, p. 34.

MAQUIGNON ou marchand de chevaux. Voyez LAPIDAIRES.

MARCA, nom latin d'une forêt en Alsace, dont Charlemagne fit donation au monastère de Saint-Hypolite, aussi situé dans cette province, an. 774, p. 161.

MARCOARD ou MARCWARD, abbé de Pruim, obtient de Louis le Débonnaire la confirmation d'un échange qu'il avoit fait avec un particulier nommé *Lindolde*, an. 831, p. 401. Il obtient, par la part de ce même Prince, un legs en faveur de son Abbaye, an. 835, p. 428.

MARENTIUS, nom d'un domaine dépendant autrefois du fisc, & donné avec d'autres héritages en bénéfice au monastère de Saint-Serge d'Angers, moyennant une redevance de douze sous d'argent, an. 704, p. 101.

MARESCALLI ou MARSCALLI REGIS. Il semble que ces Officiers étoient subordonnés au Grand-écuyer, & que leurs fonctions se bornoient à avoir soin des chevaux, des équipages du Roi & de ses logemens lorsqu'il alloit en campagne; ils sont chargés par une Ordonnance de Charlemagne de faire voiturer à la guerre les pierres nécessaires pour le service des Frondeurs, an. 813, p. 280 & 281. Ces Officiers étoient encore appelés *Mansionarii*, ils étoient directement sous les ordres du *Comes stabuli*, an. 814, p. 289.

MAREUIL. Cette seigneurie étoit située dans l'Austrasie, Drogon fils de Pépin Héristal en fit donation à l'abbaye de Saint-Arnould de Metz, an. 690, p. 93.

MAREUIL, autre seigneurie située près Marli, où il y avoit des biens qui occasionnèrent un procès entre l'abbé de Saint-Denys & une dame nommée *Christienne*, la cause fut jugée au plaid du Roi sous Pépin le Bref maire du palais de Childeric III ; Christienne qui réclamoit ces biens fut déboutée de sa demande, & les Moines maintenus dans la jouissance, an. 748, p. 126.

MARIAGES incestueux défendus par une Ordonnance de Childebert, an. 532, p. 29. Le pape Vigile écrit à saint Césaire sur la question que lui avoit faire le roi Théodebert, pour savoir quelle sorte de pénitence devoient faire ceux qui étoient coupable de ce crime, an. 538, p. 30. Ils deviennent si fréquens que Théobalde roi d'Austrasie convoque à ce sujet le Concile de Toul, an. 550, p. 34. Ordonnance de Pépin le Bref sur le fait du mariage; il y est entr'autres choses statué qu'un Prêtre qui aura épousé sa nièce se séparera d'elle, & qu'elle ne pourra plus passer à un second mariage, an. 752, p. 133. Capitulaire de Pépin le Bref qui défend les mariages clandestins, an. 755, p. 137. Usage sur les conventions matrimoniales différent sous nos Rois des deux premières Races qu'il l'avoit été avant que les Francs se fussent établis dans les Gaules, an. 827, p. 383.

MARMERIVILLE, terre située dans le territoire de Reims, étoit dépendante du domaine royal, Louis le Débonnaire l'en détacha & en fit donation au monastère de Saint-Martin de Tours, année 815, p. 306.

MARMOUTIERS. Ce monastère situé dans un fauxbourg de la ville de Tours, avoit pour abbé Hiérimie sous le règne de Louis le Débonnaire; il obtient de ce Prince un Diplome qui confirme tous les priviléges de cette Abbaye, & qui la met sous sa garde royale, an. 814, p. 293. Ce même Prince confirme un legs fait par une pieuse dame en faveur de ce Monastère, an. 833, p. 411.

MAROILLES. Ce monastère situé sur la rivière d'Hespres en Haynault dans le diocèse de Cambrai, subsistoit déjà lorsque Humbert qui en étoit abbé fit donation aux Moines d'une partie de la ville de Maisières: on croit qu'un homme de grande considération, nommé *Rodobert*, l'avoit fondé dès le commencement de ce siècle, an. 671, p. 81.

MAROLLES. Cette seigneurie située dans le canton de Melun *(in pago Meledunensi)*, étoit anciennement du domaine de la Couronne, Charlemagne l'en détacha pour en faire donation à l'abbaye de Saint-Germain-des-Prés, an. 786, p. 182.

MARQUIS. C'étoient sous les deux premières Races de nos Rois des Officiers comme les Comtes & les Ducs, ils étoient cependant inférieurs à ceux-ci; il paroît que leurs emplois étoient plus militaires que de judicature & de finance, ils veilloient principalement à la sûreté des frontières que l'on appelloit les *Marches*, ce qui les faisoit appeler *Marquis*; ils étoient chargés sous Louis le Débonnaire de faire tenir les plaids dans l'étendue de leur Marquisat, an. 816, p. 315.

MARSAL en Lorraine, lieu où il y avoit des eaux salantes, lesquelles furent données à l'abbaye de Saint-Mihiel par le comte Wifonde, an. 709, p. 103.

MARTIN I.er pape, écrit à saint Amand évêque de Mastreich, pour l'engager à ne point se démettre de son Évêché, lui représentant que le bon exemple de la régularité de sa vie étoit nécessaire pour rappeler le Clergé de son diocèse qui étoit tombé dans le dérèglement, an. 650, p. 71. Ce Pape accorde l'exemption de la juridiction épiscopale au monastère de Saint-Pierre de Gand, an. 651, p. 71; & au monastère de Saint-Amand, *ibid*. Ce Pontife meurt le 16 de septembre de l'année 655 en exil dans la Thrace où l'empereur Constant le retenoit, an. 655, p. 74.

MARTIN, duc de l'Austrasie Mosellane & maire du palais d'Austrasie, fait une riche donation à l'abbaye de Tolei, an. 673, p. 83. Ce Seigneur en fait également une au monastère de Saint-Euchaire, an. 679, p. 87.

MARTMONOC, abbé de Landevenech en Bretagne, vient faire sa cour à Louis le Débonnaire tandis que ce Prince étoit dans cette Province, il en reçut des réprimandes parce qu'il s'écartoit des règles & des statuts de saint Benoît pour gouverner ses Moines, an. 818, p. 331.

MAS D'ASILLE. Ce Monastère situé en Languedoc dans le diocèse de Rieux, est compris dans l'Ordonnance de Louis le Débonnaire au nombre de ceux qui ne doivent à l'État que des prières, an. 817, p. 320. Un seigneur du pays, nommé *Éboiatus*, fait une riche donation à ce Monastère, an. 817, p. 326.

MASCE, monastère dans la Bavière, il fut compris dans l'Ordonnance de Louis le Débonnaire au nombre de ceux qui devoient à l'État des dons gratuits, an. 817, p. 319.

MASSA, MASSUM, MASA, MASADUM. Ces expressions signifient une *métairie*, an. 825, p. 375.

MASSAI. Ce monastère situé dans le diocèse de Bourges, est compris dans l'Ordonnance de Louis le Débonnaire pour ne devoir à l'État que des prières, an. 817, p. 319.

MATFRED, comte d'Orléans, vient à Vitry au devant de Louis le Débonnaire qui alloit en Bretagne pour soumettre les rébelles de cette province: ce lieu de Vitry est situé dans la forêt d'Orléans, où quelques Auteurs pensent que nos Rois des deux premières Races avoient un palais, année 818, p. 329.

MATFRED, comte dans les marches d'Espagne, protège son ami l'évêque d'Urgel auprès de l'empereur Louis le Débonnaire, & lui fait obtenir un Diplome en faveur du monastère de Sainte-Grate situé dans son diocèse; ce Matfred étoit peut-être le même que le précédent; comme les comtés n'étoient pas encore héréditaires, & que ce n'étoit que de simples offices ou commissions, il peut se faire que ce Matfred ayant servi dans l'Orléanois, il aura été envoyé avec ce même titre pour servir dans les marches d'Espagne, an. 823, p. 363.

MATHILDE D'ALSACE, fille du comte de Haynault, épouse Sadiger duc de l'Austrasie Mosellane, an. 829, p. 393.

MAUBEC en Berry, abbaye réunie à la cathédrale de Quebec; Charte du roi Dagobert I.er en faveur de cette Abbaye, an. 632, p. 61.

MAUBEUGE. Le chapitre des Chanoinesses de ce lieu étoit autrefois un Monastère où les Religieuses vivoient sous la Règle de saint Benoît, voilées & cloîtrées: sainte Aldegonde est leur fondatrice, an. 646, p. 70.

MAURICE, empereur de Constantinople, fait un Traité avec la reine Brunehaut & Childebert, an. 588, p. 48.

MAURIENNE. Le pays de ce nom fut du partage de Louis roi d'Aquitaine, an. 806, p. 246.

MAURIOLE, évêque d'Angers, obtient de Charlemagne un Diplome qui porte confirmation des priviléges accordés à cette Cathédrale par les Rois prédécesseurs de ce Prince, an. 770, p. 155.

MAURMUNSTER. Ce monastère situé près de Saverne dans le diocèse de Strasbourg, s'est appelé long-temps *Cella Leobardina*, du nom de *Leobardus* son fondateur: Childebert II légua à cette Abbaye une grande étendue de terrain, & Thierri IV confirma cette donation, an. 724, p. 115. Elle est comprise dans l'Ordonnance de Louis le Débonnaire au nombre des Monastères qui ne doivent à l'État que des prières, an. 817, p. 319.

MAUSAC. Ce monastère, très anciennement fondé, est situé en Auvergne; Pépin roi d'Aquitaine confirme la Charte de son établissement fait sous le règne de Thierri III; mais cette pièce est soupçonnée de fausseté, an. 833, p. 414.

MAXENCE, patriarche & archevêque d'Aquilée, obtient des empereurs Louis & Lothaire la réunion d'un petit Monastère de filles à sa Cathédrale, an. 830, p. 399.

MAYENCE. Monastère de filles fondé dans cette ville par une Franque nommée *Bilehilde*, & nièce de Rigibert évêque de cette ville; la Charte est soupçonnée de fausseté, an. 635, p. 62. Le pape

Zacharie érige cette Cathédrale en Métropole en faveur de Winfrid, que l'on appeloit dès-lors *Boniface*, & assigne pour suffragans les évêques de Tongres, de Cologne, de Worms, de Spire & d'Utrecht, an. 751, p. 130. Ce Pape donne une seconde Bulle qui confirme la précédente, an. 752, p. 132.

MÉDECINE. Charlemagne donne une Ordonnance pour que l'on cultive la Médecine dans tous ses États, & que l'on exerce de bonne heure les enfans que l'on destine à cet Art, an. 805, p. 242.

MÉGINAIRE, comte dans l'Aquitaine, signe le testament de Charlemagne, an. 811, p. 263.

MÉGINARD, autre comte dont on ignore le nom du Comté, signe également ce testament, *ibid*.

MELUN. Le territoire de cette ville faisoit partie du comté de Paris sous le règne de Charlemagne, an. 811, p. 263.

MÉNAT, monastère d'Aquitaine situé dans le diocèse de Clermont, est compris dans l'Ordonnance de Louis le Débonnaire pour ne devoir à l'État que des prières, an. 817, p. 319.

MENONVILLE en Lorraine, lieu où étoient situé des héritages donnés au monastère de Saint-Mihiel par le comte Wlfoade, an. 709, p. 103.

MERCERVILLA, nom d'une terre dont Clodulphe duc d'Austrasie, fait donation au monastère de Tolei, an. 651, p. 71.

MERCORALIS, est le second abbé du monastère de Banioles, situé dans le diocèse de Gironne en Catalogne, il obtient de l'empereur Louis le Débonnaire un Diplome qui met ce Monastère sous sa garde & sous celles des Rois ses successeurs, an. 822, p. 356.

MÉROLD, évêque du Mans, fait un échange de biens avec Rabigaud abbé de Saint-Calez, & en obtient la confirmation par un Diplome de Charlemagne, an. 773, p. 160.

MÉROVÉE, fils de Chilpéric I.er, quitte la Cléricature, épouse la reine Brunehaut, & se retire dans l'église de Saint-Martin pour éviter la colère de son père, an. 579, p. 43.

MESIANUS, disciple de saint Césaire, fait à Viventius le détail de l'apparition de saint Augustin & de saint Hermet, an. 542, p. 31.

MESSE. Le Capitulaire de l'année 818, défend de célébrer la sainte messe dans les maisons des particuliers, an. 818, p. 332; & même dans les Chapelles, à moins que l'évêque diocésain ne les ait fait bénir, an. 826, p. 338.

MESURES. Il est enjoint aux Intendans des fiscs du Roi, d'avoir dans les domaines qu'ils gèrent des mesures étalonnées sur celles du Palais, pour payer & recevoir les redevances, soit en blé, soit en vin; Ordonnance du domaine, article IX, an. 800, p. 213.

METHLOK ou MITHLACH. Ce monastère situé sur la Sarre, entre Sarbruck & Trèves, avoit été fondé par Ludolphe archevêque de Trèves; Fréderic duc de Lorraine lui fait donation d'une terre par une Charte, an. p. 278. Les Moines de cette Abbaye se pourvoient à la Cour de l'Empereur contre les vexations de leur Abbé, an. 824, p. 371.

METTEN. Ce monastère situé dans la Bavière, est compris dans l'Ordonnance de Louis le Débonnaire au nombre de ceux qui ne devoient à l'État que des prières, an. 817, p. 319.

MÉZIBAN. Voyez BANNISSEMENT.

MICHEL, empereur de Constantinople, invite Louis le Débonnaire à assembler un Concile en France, pour faire des décisions qui pussent régler les disputes que le culte des images occasionnoit parmi les évêques d'Orient, an. 825, p. 377.

MICY. Charte de fondation de cette Abbaye dans le diocèse d'Orléans, par Clovis I., qui lui accorde différens privilèges: critique de cette pièce, an. 498, p. 19. Second Diplome de Clovis en faveur de cette Abbaye, par lequel il ordonne à Eusebius évêque d'Orléans, de faire jouir en paix ce Monastère des privilèges portés dans le premier Diplome: sentiment de différens Auteurs au sujet de cette pièce, an. 508, p. 21. Voyez SAINT-MESMIN.

MILEZE, petit monastère de filles situé dans un canton de l'Allemagne dont on ne sait pas le nom; il fut fondé par Hemehilt, l'une des filles de Charlemagne, & cette Princesse en fit donation à l'abbaye de Fulde, an. 800, p. 220.

MILICE. Loi de l'empereur Constantin, qui ordonne que l'Officier payera au Trésor royal une somme d'argent pour chaque Soldat de sa troupe qui désertera ou qui se retirera du service en temps de guerre par congé, an. 349, p. 5. Loi des empereurs Valentinien & Valens, concernant les Soldats de recrue pour remplacer les vieilles milices, an. 367, p. 6.

MILITES PALATINI. Les vassaux du Roi composoient cette troupe, qui étoit encore du temps de Charlemagne destinée pour la garde de sa personne, an. 814, p. 289.

MILON, comte de Narbonne, profite de l'absence de Daniel archevêque de cette ville, qui étoit allé en pélerinage à Jérusalem, pour envahir quelques biens dépendans de cette église; l'Avoué de l'Archevêque l'ayant su les réclama; Charlemagne nomma des Commissaires pour juger le procès; le comte Milon le perdit, an. 782, p. 176.

MILON MONTAN, prétendu comte d'Apt, de Glandève & de Sénez, fait une donation à la cathédrale d'Apt; mais cette Charte paroît absolument supposée, an. 835, p. 429.

MINEURS. La prescription n'a lieu contre eux, an. 532, p. 29.

MINIGERNEFORD. Charlemagne avoit établi un Évêché dans cette ville de Saxe, & il l'avoit soumis à la métropole de Cologne; donation faite à cette église par un particulier nommé *Liudgher*, an. 805, p. 239.

MINISTÈRE PUBLIC, rempli aujourd'hui par les Avocats & Procureurs généraux du Roi dans les Parlemens & Cours souveraines, & par leurs Substituts dans les Bailliages & autres Juridictions royales. Ce ministère étoit rempli, sous les deux premières races de nos Rois, quelquefois par le Comte du Palais, & ordinairement par les Ducs, les Comtes & les *Missi* dans les provinces, an. 658, p. 75. Rempli à la Cour du roi Thierri III, par Conrodobald comte du palais, dans un plaid que les Moines de Saint-Denys soutenoient pour la validité d'une acquisition qu'ils avoient faite, an. 679, p. 87. Par un Comte du Palais dans un plaid tenu à Crecy en Ponthieu par le roi Childebert III, an. 709, p. 103. Par Ingobert à la place de Ratbert comte du palais & absent, dans un plaid tenu à Maumaques par le roi Childebert III, an. 711, p. 104. Par Varnon comte du palais, dans un plaid tenu à Compiegne sous le roi Chilpéric II, an. 716, p. 108. Par Comrodobald comte du palais, dans un plaid tenu à Ponthion sous le roi Thierri IV, an. 725, p. 116. Un Capitulaire de l'année 802, fournit de nouvelles preuves que l'office des Comtes consistoit principalement dans l'exercice du ministère public, an. 802, p. 228 & 229. Les Comtes employés à la garde des ports ne seront pas dispensés d'exercer le ministère public, an. 816, p. 315.

MINISTERIALIS.

TABLE DES MATIÈRES.

MINISTERIALIS. Ce serviteur étoit différent de celui que l'on appeloit *Advocatus*; l'office de ce premier étoit de juger les Vassaux du Seigneur, ce qui revient à celui de nos Baillis actuellement en usage, an. 765, p. 147 & 148. Quelquefois aussi il étoit l'Agent, le Régisseur, l'homme d'affaire, an. 769, p. 155.

MISCARIA, nom d'une seigneurie dépendante du domaine royal, située en Saintonge, donnée au monastère de Saint-Severin de Bordeaux, an. 814, p. 291.

MISSUS, ou MISSI DOMINICI, ou MISSI REGALES, an. 764, p. 147. Voyez les Glossaires de Spelman & de Ducange, au mot *Missus*. Dès le temps de Grégoire de Tours les *Missi dominici* ou *Regales*, étoient des Commissaires ou Officiers de la Cour du Roi, qui alloient faire exécuter dans les provinces les Ordonnances royaux en matière de police & de finance; ils jugeoient aussi les causes d'appel en matière civile & criminelle dans les plaids ou assises qu'ils tenoient dans les lieux principaux de leur département (*Greg. Turo. lib. V, cap. XXVIII*). C'est sous cette acception principalement qu'il faut entendre dans presque tous les actes de nos Rois des deux premières races le mot de *Missus* ou *Missi*, an. 792, p. 196. Les *Missi* avoient beaucoup de rapport aux Commissaires départis dans les provinces que l'on appelle *Intendans*. On les choisissoit dans le Conseil, & on leur donnoit, à peu de chose près, les mêmes fonctions; il y avoit cette différence, au moins jusqu'au règne de Louis le Débonnaire, c'est que les *Missi* n'avoient point de résidence dans les départemens que la Cour leur assignoit, ils ne faisoient que passer, & revenoient rendre compte de leur tournée. On voit que dans la suite les Évêques eurent la commission de *Missi dominici* dans leur diocèse, & quelques Comtes dans l'étendue de leur Comté avec résidence; les *Missi* alors ressemblèrent encore plus à nos Intendans, an. 822, p. 228. Au surplus le mot *Missus*, dans le sens générique, toujours relativement à nos anciens actes, signifioit tout homme qui étoit chargé d'une commission, ou qui représentoit un autre homme, ou qui le remplaçoit dans les fonctions de sa charge; c'est ce qui fait que l'on trouve des *Missi Comitum* aussi bien remplacés par des Vicomtes, comme des *Missi dominici* ou *Regales*, qui tenoient la place du Roi, p. 147, &c. Voyez sur l'office des *Missi* un jugement rendu entre l'archevêque de Narbonne & le comte Milon sous le règne de Charlemagne, an. 782, p. 176. Il est spécialement enjoint aux *Missi*, par un Capitulaire de l'année 802, de veiller à l'administration des domaines royaux, an. 802, p. 228 & 229. On ne peut appeler des sentences des *Missi* qu'à la Cour du Roi; ordre judiciaire que les *Missi* doivent observer dans l'instruction des procès, an. 806, p. 248. Ils ont inspection sur les Monastères d'hommes & de filles, an. 806, p. 249. Ils leur est enjoint, par une Ordonnance, de veiller à l'entretien des bâtimens ecclésiastiques, an. 807, p. 252 & 253. Deux Ordonnances de Charlemagne qui contiennent des réglemens pour les différentes fonctions des *Missi*, soit par rapport à la guerre, soit pour l'administration de la justice; le temps dans lequel ils doivent faire leurs départemens y est fixé, an. 812, p. 274 *& suiv.* L'office de *Missi* étoit supérieur à celui du Comte; les *Missi* avoient seuls la commission de lever le ban, an. 813, p. 284. Ordonnance qui fixe la dépense des *Missi* lorsqu'ils sont en exercice, an. 819, p. 343. Ils sont spécialement chargés de faire observer les Canons & les nouveaux Règlemens de la discipline ecclésiastique, an. 819, p. 343 & 344. Ordonnance de Louis le Débonnaire sur les principales fonctions des *Missi*, article XXVI, an. 825, p. 378. Autre Ordonnance sur le même sujet, an. 829, p. 395 *& suiv.*

MITIGANNA, domaine dépendant du fisc, situé dans le territoire de Sens, donné à Palladius évêque d'Auxerre; ce Prélat le lègue au monastère de Saint-Julien de cette ville, an. 634, p. 61.

MODOALDE, archevêque de Trèves, obtient de Sigibert II roi d'Austrasie, un Diplome en faveur de sa Cathédrale, an. 653, p. 72.

MODUIN, évêque d'Autun, obtient de Louis le Débonnaire un Diplome qui confirme tous ceux que les Rois ses prédécesseurs avoient accordés à cette Cathédrale, an. 815, p. 303.

MOINES. Sous les deux premières races de nos Rois, il paroît que les Moines héritoient de leurs parens, & qu'ils étoient capables de recevoir des donations, & d'avoir par conséquent des propres, an. 777, p. 170. Il est défendu dans un article du Capitulaire de l'année 802, aux Moines de recevoir leurs Novices à faire profession avant que le temps de probation fixé par la Règle de saint Benoît fût expiré, an. 802, p. 228. Règlement pour les Moines & pour les Monastères, an. 805, p. 242. L'état de Moine n'affranchissoit point de la servitude, an. 821, p. 351.

MOINVILLÉ. Voyez MOYENVILLERS.

MOISEVAUX ou MASMUNSTER. Ce Monastère situé dans le diocèse de Basle, fut fondé pour des filles qui l'occupent encore aujourd'hui; vers l'an 720, l'empereur Louis le Débonnaire accorde une Charte en faveur de cette Maison, an. 823, p. 363.

MOISSAC (*Musciacense* ou *Moissacense*). Cette Abbaye située dans le diocèse de Cahors sur le Tarn, fut fondée sous le règne de Clovis II par deux hommes de piété appelés *Ansbert & Léotade*; Agarin ou Avarain, évêque de Cahors, fait une riche donation à l'Abbé & aux Moines de cette Maison, an. 673, p. 83; an. 783, p. 179. Nizézius & sa femme Ermetrude, vendent à Léotade abbé de ce Monastère, des biens considérables situés dans l'Agénois, & lui remettent en pur don le prix de cette acquisition, an. 679, p. 87. Avarnus évêque de Cahors, fait un legs considérable à cette Abbaye, an. 783, p. 179. Elle est comprise dans l'Ordonnance de Louis le Débonnaire pour ne devoir à l'État que les prières, an. 817, p. 319. Ce Monastère est confirmé dans la jouissance de ses priviléges par le roi Pépin, an. 818, p. 328.

MOLOME, bail d'un bénéfice à vie fait à deux particuliers, de biens qu'ils avoient précédemment légués à cette Abbaye, an. 817, p. 324.

MOMIANA ou MOMIANE, que l'on dit être nièce de Charlemagne, fait une riche donation à l'abbaye de Saint-Rémi de Reims; mais la Charte est accusée de fausseté, an. 812, p. 268.

MOMMOLE, évêque de Noyon, fait un échange avec saint Bertin abbé de Sithieu, an. 666, p. 76.

MONARVILLE au-dessus d'Étampes; cette seigneurie est donnée par le roi Dagobert I.er au monastère de Saint-Denys, an. 635, p. 63.

MONASTÈRES. Ces lieux furent dans tous les temps une marque de la piété des personnes qui les fondèrent, parce qu'ils étoient destinés pour la retraite & pour la pénitence dont faisoient vœu ceux qui s'y retiroient; de-là vient qu'on appela *Moines* les hommes qui quittèrent le monde, & *Monastère* la solitude où ils se réunirent pour vivre hors la société: comme les vœux que les Moines faisoient & la vie qu'ils professoient ne les attachoient point à la Cléricature, ils ne cessoient pas, pour être pénitens & solitaires, d'être dans l'état laïc; c'est aussi par cette

Tome I.

raison que le Monastère & les biens qui en dépendoient n'étoient pas censés être des biens ecclésiastiques ; souvent celui qui fondoit & dotoit un Monastère en demeuroit le propriétaire, & les Moines qu'il y établissoit n'étoient que des espèces de Bénéficiaires ; le Monastère enfin jusqu'à ce que le fondateur l'eût légué ou en eût fait une donation entre-vifs, soit aux Moines même, soit à une église Cathédrale, faisoit partie de ses biens, & il étoit compris dans ses héritages, an. 674, p. 84; an. 769, p. 151; an. 775, p. 166 & 167; an. 776, p. 168; an. 826, p. 380. Charlemagne donne des Lettres qui occasionnent un grand accroissement dans les biens des Monastères, en permettant à ceux qui prendroient l'habit de Moine de donner leurs biens aux Maisons où ils feront profession, an. 778, p. 171. Il est défendu aux Clercs & aux Laïcs d'entrer dans les Monastères de filles, excepté les cas de nécessité & sans l'agrément de l'Évêque diocésain, an. 804, p. 237. Ce même Capitulaire défend de mettre des enfans de l'un & de l'autre sexe dans les Monastères pour former leur éducation, *ibid.* Les Monastères d'hommes & de filles sont soumis à la visite des *Missi*, an. 806, p. 249.

MONELLUS, abbé de Saint-Hilaire de Carcassonne, obtient un Diplome de Louis le Débonnaire en faveur de son Monastère, an. 815, p. 306.

MONOGOLDE, comte dans la Franche-comté, est nommé *Missus* au département de Besançon par Louis le Débonnaire, an. 822, p. 360.

MONROUSAI, village en Berry, est donné avec toutes ses dépendances à l'abbaye de Saint-Denys en France, par le roi Clovis II, an. 644, p. 69.

MONT-SAINTE-ODILE. Ce Monastère de filles qui fut fondé dès le VIIe siècle, prit le nom de *Hohemburc*, de celui du château dans lequel un Comte en fit l'établissement, il s'appela ensuite *Sainte-Odile*, parce que c'étoit le nom de sa première Abbesse ; Louis le Débonnaire confirma toutes ses possessions en 837 ; il a passé à des Prémontrés qui l'occupent depuis le commencement du siècle dernier, an. 837, p. 440.

MONTCALM, ancien château dépendant du domaine des rois d'Aquitaine, Louis le Débonnaire l'en détacha pour en faire donation à l'abbaye d'Aniane, il étoit situé dans l'ancien diocèse de Maguelonne, an. 822, p. 353.

MONTIER-EN-DER (*Dervense monasterium*). Ce Monastère prit son nom de la forêt de *Dervum*, où il fut établi par la piété de Childeric II roi d'Austrasie, qui le dota, & par les soins de Berchaire moine de Luxeuil, qui le fonda, an. 663, p. 78. Ce pieux Abbé légua à ce Monastère tout l'héritage qu'il eut de ses parens, an. 672, p. 82. Le roi Thierri III confirme cet établissement, & exempte les Moines des droits de voirie, an. 683, p. 90. Berthoendus évêque de Châlons les exempta aussi de la juridiction de l'ordinaire, année 692, p. 94; & Louis le Débonnaire confirme tous leurs priviléges, an. 815, p. 299. Ce Prince fait don de cette Abbaye à l'archevêque de Reims & aux Chanoines de cette Cathédrale, an. 816, p. 311. Lettres de Louis le Débonnaire pour le rétablissement de la régularité dans ce Monastère, an. 827, p. 382.

MONTIERS-RAUSEILLE (*Rosolitense monasterium*). Ce Monastère occupé par des filles est donné par Karissima fille du duc de Bourgogne, qui en étoit la fondatrice, à Ébroin abbé de Saint-Yrier-de-la-Perche, pour être sous la dépendance de cette Abbaye, avec une redevance payable à l'Abbé & aux Moines à la fête de saint Julien, an. 674, p. 84; an. 752, p. 132.

MONTOLIEU, monastère situé dans le Languedoc diocése de Carcassonne ; Olemond qui en étoit abbé obtient de Louis le Débonnaire la confirmation de toutes les Chartes que les Rois ses prédécesseurs avoient accordées à cette Maison; il la met en outre sous sa garde royale, an. 815, p. 305. Elle fut comprise dans l'Ordonnance de ce Prince au nombre des Abbayes qui ne devoient à l'État que des prières, an. 817, p. 319. Diplome de Pépin roi d'Aquitaine, par lequel ce Prince confirme ce Monastère dans la possession de la terre de Magniarac, il le met en outre sous sa garde royale, année 835, p. 432.

MOSAC, village situé en Berry, est donné avec toutes ses dépendances à l'abbaye de Saint-Denys en France, par le roi Clovis II, an. 644, p. 69.

MOSTALIA, cette expression dans les anciens actes paroît signifier des terres à cens ou à rente, an. 813, p. 276.

MOUSTIERS-SAINT-JEAN. Ce Monastère ne fut pas fondé par Clovis en 496, comme quelques Auteurs l'ont dit, s'appuyant de l'autorité d'une Charte qu'ils attribuent à ce Prince : critique de la Charte, an. 482, p. 16; an. 496, p. 17. Il est compris dans l'Ordonnance de Louis le Débonnaire au nombre de ceux qui ne devoient à l'État que des prières, an. 817, p. 319. Ce Monastère n'est plus qu'un Prieuré simple à la collation de l'Abbé de Saint-Germain d'Auxerre.

MOUTIERS-LA-CELLE, *Cellense* ou *Insula Germanica*, du lieu où ce Monastère fut bâti; Clovis II fit une donation en faveur des Moines, que Clotaire III son fils ratifie, an. 657, p. 74.

MOUTIERS, terre dont Hidulphe duc de Lorraine fait donation à l'abbaye de Laubes, année 697, p. 78.

MOYENVILLERS, seigneurie située dans le Beauvaisis, & donnée à l'abbaye de Saint-Denys en France, par le roi Dagobert Ier, an. 638, p. 65. Cette Abbaye est maintenue dans la propriété de cette terre par Lettres du roi Clotaire III, an. 658, p. 75.

MULCIEN, petit pays de l'île de France, limitrophe de la Brie, faisoit partie du comté de Paris sous le règne de Charlemagne, an. 811, p. 263.

MULINHEIM. C'étoit une seigneurie dépendante du domaine royal, elle est située dans le diocése de Mayence; Louis le Débonnaire en fit donation avec beaucoup d'autres terres à Éginhard & à Imma sa femme, pour y fonder le Monastère qui a pris depuis le nom de ce lieu, an. 815, p. 298.

MUNSTER-EN-GRÉGORIENTAL, dans l'Alsace, (*Monasteriolum confluentis*). Ce Monastère est fondé par Childeric II, roi d'Austrasie, an. 660, p. 76. Donation par le même Prince, en faveur de cette Abbaye, de la haute justice & des droits qui y sont joints sur deux villages, an. 673, p. 82. Les Religieux de ce Monastère obtiennent de Carloman une Charte d'exemption de certains droits que les gens de main-morte payoient des-lors au fisc pour les acquisitions qu'ils faisoient, an. 769, p. 152. Ce Monastère est compris dans l'Ordonnance de Louis le Débonnaire, au nombre de ceux qui ne devoient à l'État que des prières, an. 817, p. 319. Les Moines de ce Monastère obtiennent des empereurs Louis & Lothaire la confirmation de leurs priviléges, & en outre celui d'élire désormais leurs Abbés, an. 826, p. 380.

MUNSTER-HAL, monastère de la haute Alsace. Voyez GRANFEL.

MURBAC ou MORBAC. Ce Monastère fut établi dans un lieu appelé *Vivarium peregrinorum*. Le moine Pirminius en fut le premier Abbé, & il fut doté par le comte Éberard, fils d'Adalbert, duc dans l'Alsace ; Pirminius en mit l'église sous l'invocation de saint Léger évêque, par considération pour Éberard, parce qu'il étoit parent de ce saint Évêque. Thierri IV approuva cet établissement par un Diplome, an. 726, p. 117. L'évêque de Strasbourg accorde une exemption pleine & entière de toute juridiction épiscopale aux Moines de cette Abbaye, an. 727, p. 117. Fameuse Charte du comte Éberard, souscrite par la comtesse Emeltrude sa femme, par laquelle ils instituent le monastère de Murbac leur légataire universel ; l'abbé Romain accepta le legs, an. 727, p. 118. Pépin confirme par une Charte cet établissement & donne des franchises à l'Abbaye, an. 732, p. 133. Confirmation des privilèges & des immunités de cette Abbaye, accordée par Charlemagne, année 775, p. 265. Même grâce de la part de Louis le Débonnaire ; ce Prince, par un second Diplome, donné en même temps que le précédent, permet aux Moines d'élire à l'avenir leurs Abbés, an. 816, p. 310.

MUTATION. Dans les mutations, soit en ligne directe ou collatérale, soit par acquisition, donation ou échange, on payoit un droit au seigneur, dans la mouvance duquel les biens qui changeoient de propriétaire, se trouvoient situés, an. 765, p. 147 & 148.

MUTILATION de membres. La barbarie des siècles reculés sembloit autoriser ces inhumanités pour satisfaire la vengeance, alors permise par les loix : les mutilations furent cependant défendues sous les Rois de nos deux premières races, mais leurs Ordonnances ne portoient que des peines pécuniaires contre ceux qui se laissoient aller à ces excès de cruauté : Charlemagne fixe la composition pour une mutilation des membres principaux, dans une Ordonnance qu'il fit ajouter au Code des Lombards, an. 801, p. 225.

N

NADELHARD, moine de Saint-Denys, est envoyé en Angleterre par Maginaire son abbé, pour solliciter auprès d'Offa roi des Merciens, une Charte de confirmation d'un legs que deux particuliers frères, avoient fait à ce Monastère, année 790, p. 191.

NANTAIRE, abbé de Saint-Bertin, acquert au profit de son Monastère une métairie, dont il laisse l'usufruit aux propriétaires, an. 806, p. 245. Il confirme une acquisition faite au profit d'une Celle qui étoit de la dépendance de l'Abbaye, an. 806, p. 251.

NANTISSEMENT ou gage pour emprunt, autorisé par notre droit ancien ; Ibbon vassal du Roi, emprunte de l'abbé de Saint-Denys une somme de six cents sous, donne en nantissement une terre sous la condition que si dans un temps marqué le remboursement de la somme empruntée n'étoit pas fait, l'Abbé demeureroit propriétaire de la terre ; Ibbon ne remboursa point dans le terme stipulé, il mourut, & son fils réclama la terre ; il intervint à la Cour du Roi un arrêt qui ratifia le contrat d'emprunt, & la terre demeura à l'abbé de Saint-Denys, an. 693, p. 97.

NANTUA. Ce monastère situé dans le Bugey, fondé par saint Amand évêque d'Utrecht, n'est pas, suivant Mabillon, celui qui est nommé dans d'autres Chartes *Nantense monasterium* ; ce Savant taxe de supposition le Diplome attribué par Guichenon au roi Childeric II, en faveur du monastère de *Nantua*, an. 664, p. 79. Ce Monastère est exempté de la juridiction des Officiers royaux & de l'ordinaire, & mis sous la garde du Roi, an. 756, p. 139 & 140. Il est compris par l'Ordonnance de 817 dans la classe de ceux qui doivent à l'État seulement un don gratuit, an. 817, p. 319. Un particulier nommé *Ansemond*, fait donation à ce Monastère d'une terre appelée *Telarciacum*, & de plusieurs héritages situés dans le Lyonnois, le Mâconnois & l'Auxerrois, an. 817, p. 126. Les Moines obtiennent de Lothaire une Charte qui leur permet d'élire désormais leurs Abbés, an. 840, p. 466.

NAPSINIACUM-VILLA. Ce domaine situé dans le Berry avoit appartenu anciennement à l'église de Lyon ; un Évêque l'échangea avec le roi Clovis II, pour un autre plus à sa portée que l'on nommoit *Villa Orbana* ; Childebert le détacha de son domaine & le donna à l'abbaye de Saint-Denys pour amortir une rente de trois cents sous qu'il payoit pour l'entretien du luminaire de l'église, an. 694, p. 96.

NARBONNE. Le pape Hilaire I.er rétablit le siége épiscopal de Narbonne dans les droits de métropolitain, an. 422, p. 12.

NARROY, village situé dans le territoire de Vaivre, entre la Meuse & la Moselle, donné à l'abbaye de Saint-Arnould de Metz par Pépin Héristal, an. 690, p. 92.

NAZARE, moine, avoit un hospice ou Celle dans la ville de Rome, situé près l'église de saint Pierre, qui appartenoit en propre aux Papes ; Étienne III en fit donation à Fulrade abbé de Saint-Denys, an. 757, p. 140.

NAZARUDA, monastère d'Allemagne présentement inconnu, il étoit compris par l'Ordonnance de 817 dans la classe de ceux qui ne doivent à l'État que des dons gratuits, an. 817, p. 319.

NÉBELONG I.er comte de Madrie, étoit du Sang royal ; ce Prince fait donation du village de Cailly au monastère de la Croix-Saint-Ouen, an. 788, p. 187. Il fait une autre donation à l'abbaye de Saint-Denys à la prière de Fardulfe qui en étoit abbé, an. 804, p. 239.

NEBRIDIUS, archevêque de Narbonne, fonde avec l'agrément de Charlemagne, l'abbaye de la Crasse dans le diocèse de Carcassonne, dans un lieu appelé alors *Novalias*, sur la rivière d'Orbieu ; il en mit l'église sous l'invocation de la Vierge, ce qui fit appeler ce Monastère dans les premiers temps, *Notre-Dame d'Orbieu*, an. 777, p. 170. Il obtient de Charlemagne un Diplome qui confirme toutes les donations qu'il avoit faites en faveur du même Monastère, an. 801, p. 224. A quelques années de là, il engagea ce même Prince à faire une riche donation à cette Abbaye, an. 806, p. 245. Il sollicite de l'Empereur Louis le Débonnaire un Diplome en faveur de sa Cathédrale & du monastère de Saint-Paul, situé hors les murs de Narbonne, an. 814, p. 294. Il est nommé Commissaire pour assister de la part du Roi à l'élection de l'abbé d'Aniane, an. 822, p. 359.

NECTAIRE, abbé de Saint-Calez, obtient de Pépin le Bref, une Charte de confirmation de tous les privilèges de son Abbaye, an. 758, p. 142.

NESLE-LA-REPOSTE. Ce Monastère est taxé par l'Ordonnance de 817, à fournir un don gratuit & des hommes de milice, an. 817, p. 319.

NEUILLI, village, Clovis II confirme la donation que le roi Dagobert son père en avoit faite à l'abbaye de Saint-Denys en France, an. 644, p. 69.

NEUILLI-SAINT-FRONT, est reconnu pour être de l'ancien domaine de la cathédrale de Reims, an. 834, p. 426.

NEUSTAT ou NEWTADT. Ce Monastère est situé dans le diocèse de Wurtzbourg, dans le cercle de la Franconie ; l'Abbé obtient trois Diplomes de Charlemagne : les bons critiques taxent de fausseté ces

TABLE DES MATIÈRES.

trois pièces, an. 786, p. 181. Il fut bâti & doté par Charlemagne, an. 794, p. 198. Donation faite à ce Monastère par la princesse Gertrude, & confirmée par Charlemagne; mais la Charte est accusée de fausseté, an. 813, p. 284.

NICE. Cette Ville est unie à l'évêché de Cimiez par le Pape Léon, & se trouve par cette raison sous la métropole d'Embrun : l'évêque d'Arles réclame contre cette union, & surprend un bref du Pape Hilaire, qui la désunit & permet d'y établir un Évêque qui deviendra suffragant d'Arles : l'évêque d'Embrun porte ses plaintes au Pape Hilaire, duquel il est écouté; Nice est une seconde fois réunie à l'évêché de Cimiez : époque de sa dernière désunion, an. 464, p. 14.

NICEPHORE, empereur de Constantinople, renouvelle des Traités avec Charlemagne, an. 810, p. 259.

NICETIUS, évêque de Trèves, écrit à Clodasvinde fille de Clotaire & femme d'Alboin roi des Lombards, pour l'engager d'exhorter son mari à embrasser la religion Catholique, an. 563, page 38, & à l'empereur Justinien, pour le retirer du phanatisme où il étoit tombé, an. 565, p. 39.

NIDER-ALTAICH. Ce Monastère situé dans la basse Bavière, obtient de Charlemagne un legs considérable, an. 812, p. 272. Il est compris par l'Ordonnance de 817, dans la classe de ceux qui doivent à l'État seulement un don gratuit, an. 817, p. 319. Chartes de Louis le Débonnaire en faveur de ce Monastère, an. 821, p. 350; & an. 830, p. 398.

NISMES. Christian, évêque de cette Ville, obtient en faveur de sa Cathédrale, un Diplome de Louis le Débonnaire, an. 814, p. 293.

NIVARD, évêque de Reims, donne à Berchaire, moine de Luxeuil, le lieu appelé *Altum-villare*, pour y fonder le monastère que l'on a appelé depuis *Haut-villiers* : ce Prélat en dota encore du village de Dify & de plusieurs autres héritages dans les environs, an. 662, p. 78.

NIZEZIUS & Ermetrude sa femme, vendirent des biens considérables qu'ils possédoient dans l'Agénois, à Léotade abbé de Moissac, & ils lui firent ensuite remise en pur don du prix de cette acquisition, an. 679, p. 87.

NOAILLÉ. Ce Monastère situé dans le Poitou, prit son nom du lieu où il fut bâti, appelé *Nobiliacus*; c'étoit originairement une Celle de l'abbaye de Saint-Hilaire de Poitiers; Aton, abbé de ce Monastère sous le règne de Charlemagne, y mit un plus grand nombre de Moines, & dota la Maison, en sorte que depuis cette époque on doit considérer Noaillé comme une abbaye, dont l'Abbé put bien encore quelque temps après être sous la dépendance de celui de Saint-Hilaire, mais qui n'eut rien autre chose de commun, an. 793, p. 197, & an. 799, p. 207. Jugement en faveur de ce Monastère, rendu dans un plaid tenu à Poitiers par les *Missi* de Louis, roi d'Aquitaine, *ibid*. Les donations faites à cette Abbaye sont confirmées par un Diplome de ce même Prince, donné à son avènement à l'Empire, an. 830; p. 400.

NOBILIACUS. Lieu où fut fondé le monastère de Saint-Wast d'Arras. Voyez SAINT-WAST.

Nobiliacus, autre lieu situé en Bourgogne, dont Betton, évêque de Langres, fit donation au monastère de Saint-Étienne de Dijon, an. 801, p. 223.

NOGENT, village dans le Limosin; Clovis II confirme la donation que le roi Dagobert son père en avoit faite à l'abbaye de Saint-Denys en France, an. 644, p. 69.

NOGENT-L'ARTAUD. Cette terre tomba dans le lot de la manse des moines de Saint-Germain-des-Prés, par le partage entre eux & Hilduin leur Abbé, an. 829, p. 391.

NOIRMOUTIERS, quelques Auteurs disent *Nermoutiers*, ou le monastère de *Saint-Philibert*. Ce Saint étoit moine de Jumiège, & il donna son nom au Monastère qu'il vint établir dans une île en bas Poitou, appelée *Herensis insula*. Charlemagne rétablit ce Monastère, il fait des legs considérables aux Moines, & accorde des privilèges à leur avoué, an. 801, p. 223. Il est compris par l'Ordonnance de 817, dans la classe de ceux qui ne doivent à l'État que des prières, an. 817, p. 319. Cette Abbaye obtient un privilége de Louis le Débonnaire, an. 826, p. 379. Les Moines de cette Abbaye élèvent, avec la permission de ce Prince, une forteresse pour se défendre des insultes des Normands, an. 830, p. 398.

NOISY-SUR-OISE. Ce lieu est déclaré par un Arrêt rendu à la cour du roi Clovis III, pour être de l'ancien domaine de l'abbaye de Saint-Denys en France, an. 692, p. 95. Il fut donné depuis par Charderic abbé de Saint-Denys, à l'abbaye de Toussonval, & conservé à ce Monastère, par arrêt rendu dans un plaid que le roi Childebert III tint à Compiegne, contre les prétentions de Drogon fils de Pépin Héristal, an. 697, p. 98.

NOMINATION aux Bénéfices; le roi Thierri IV nomme à l'abbaye de Honow; on reconnoissoit sous les deux premières races de nos Rois, que ce droit leur appartenoit, an. 681, p. 89; an. 720, p. 112. Il paroît qu'ils nommoient quelquefois même aux Évêchés, an. 752, p. 133; an. 813, p. 286. Louis le Débonnaire accorde aux moines de Saint-Martin de Tours, qui s'étoient sécularisés depuis peu, le droit d'élire leurs Abbés, se réservant cependant celui de le nommer dans certains cas, année 831, p. 404 *& suiv*.

NOMINOÉ, *Missus* dans la Bretagne sous Louis le Débonnaire, fait une donation en faveur du monastère de Saint-Mélaine de Rennes, an. 834, p. 423.

NONANTOLA. Monastère d'Italie situé dans le duché de Modène; il s'y est établi une petite Ville depuis qu'il a été fondé & à laquelle il a donné son nom; Pierre en étoit Abbé sous le règne de Louis le Débonnaire, obtient de ce Prince un Diplome en faveur de ses Moines, année 814, p. 291.

NOT, village situé en Berry, est donné avec toutes ses dépendances au monastère de Saint-Denys en France par le roi Clovis II, an. 644, p. 69.

NOTON, archevêque d'Arles, fait un échange avec Lubulfe comte de cette ville, & il le fait confirmer par Louis le Débonnaire, an. 825, p. 373.

NOTRE-DAME-DE-LA-DEHORS. Ce monastère est fondé & doté par Vigilius évêque d'Auxerre, & situé hors des murs de cette ville, an. 670, p. 81.

NOTRE-DAME DE LA SANHE ou DE LA PAIX. Voyez SORÈZE.

NOTRE-DAME DE LIMOGES. Charte de Pépin en faveur de ce Monastère; mais cette pièce est soupçonnée de fausseté, an. 767, p. 149.

NOTRE-DAME D'ARGENTEUIL. Pépin le Bref donne à ce Monastère un canton de la forêt d'Yveline, an. 768, p. 151. Cette Abbaye obtient de Charlemagne des immunités : elle étoit alors occupée par des femmes, an. 769, p. 153. Elle avoit été fondée sous le règne de Clotaire III pour des hommes; Louis & Lothaire la restituent aux Moines de Saint-Denys, an. 819, p. 337.

NOTRE-DAME

TABLE DES MATIÈRES.

NOTRE-DAME D'ORBIEUX. Voyez LA GRASSE.

NOTRE-DAME DE SAINT-PRIVAT, prieuré. Voyez SOLONE.

NOTRE-DAME DE SOISSONS. Ce monastère est taxé par l'Ordonnance de 817 à fournir à l'État un don gratuit & des hommes de milice, an. 817, p. 319.

NORONTES. Charlemagne fait donation de cette seigneurie au monastère de Saint-Denys, an. 769, p. 153. La donation de cette même terre est faite, par Carloman, suivant une Charte de l'année 771, p. 158.

NOVA-CELLA ou HILARIACENSE. Voyez SAINT-NABOR.

NOVALÈSE, situé dans le Piémont, au bas du mont Cénis, est fondé par le patrice Ebbon, il le dota richement; les Moines de Saint-Benoît l'occupèrent d'abord; il appartient présentement aux Feuillans, an. 739, p. 120. Ce Monastère obtient un Diplôme de Charlemagne, an. 776, p. 172; & une Charte de confirmation des legs faits en sa faveur par le patrice Abbon; mais on croit cette pièce supposée, an. 789, p. 190. Confirmation du testament d'Abbon avec une nomenclature des lieux où étoient situés les biens légués, an. 805, p. 240 & suiv. Ce Monastère est compris par l'Ordonnance de 817 dans la classe de ceux qui doivent à l'État des hommes de milice & un don gratuit, an. 817, p. 319.

NOVIANT-SUR-MOSELLE. Pépin le Bref fit donation de cette seigneurie à l'abbaye de Gorze; Charlemagne la confirme, an. 769, p. 154.

NOVILIACUS. Nom d'un domaine dépendant autrefois du fisc; & donné avec d'autres héritages en bénéfice au monastère de Saint-Serge d'Angers, moyennant une redevance de douze sous d'argent, an. 704, p. 101.

NOVUM CASTELLUM. C'étoit ainsi que l'on appeloit Aix-la-Chapelle du temps de Pépin le Bref, an. 779, p. 172.

NOYON & TOURNAI ne forment qu'un seul & même diocèse, dont Chilpéric dote l'église, an. 575, p. 42.

NUIT. Les Germains comptoient le temps par les nuits & non par les jours, comme faisoient les autres nations du Monde; ces peuples apportèrent dans les Gaules presque tous leurs usages, & celui-ci subsistoit encore sous le règne de Charlemagne, plus de trois siècles après la fondation de leur empire en-deçà du Rhin; Ordonnance pour le domaine, article VII, p. 213. Les délais pour les assignations ou ajournemens sont fixés à un certain nombre de nuits par une Ordonnance de Charlemagne, an. 813, p. 283. Ordonnances de Louis le Débonnaire sur cette même matière, an. 816, p. 314 & suiv. an. 819, p. 340.

NUMERIANUS, archevêque de Trèves, exempte de sa juridiction le monastère de Saint-Dié-en-Vosge, an. 671, p. 81.

O

OBÉISSANCE promise avec serment par les Moines de Lérins à leur Abbé : la Règle de saint Isidore ordonnoit une obéissance aussi entière que celle des Moines de Lérins, an. 633, p. 61.

ODILON, comte de Bézalu; auquel Charlemagne adresse un Règlement pour les Espagnols réfugiés dans ce Comté, an. 812, p. 267 & suiv.

ODOACRE, évêque de Limoges, fait donation aux Chanoines de sa Cathédrale, d'une terre nommée Ramnaco, an. 833, p. 414.

Tome I.

OFFA règne en Angleterre sur les Anglo-Saxons appelés Merciens; ce Prince vivoit en bonne intelligence avec Charlemagne, an. 774, p. 162.

OFFERTI, OBLATI, DONATI. Ces mots sont en quelque sorte synonymes; il ne faut pas cependant en faire ici l'application aux Oblats dont il est parlé dans la règle de saint Benoît : ces derniers étoient des enfans encore au berceau que les parens, & même les Tuteurs, offroient à un Abbé ou à une Abbesse, & les vouoient pour être Moines ou Religieuses; aussi-tôt que l'Abbé les avoit reçus, ces enfans étoient engagés, & ils ne pouvoient plus retourner dans le siècle : de célèbres Auteurs ont écrit contre cet abus dans le temps même où il se pratiquoit; mais les Oblats & les Donnés dont il s'agit dans cette Charte, c'étoient la plupart des hommes mariés qui se donnoient avec leur famille & leurs biens aux Monastères; ils en devenoient en quelque sorte les serfs, à moins qu'il ne fût différemment énoncé dans l'acte d'oblation qu'ils retenoient & entendoient conserver leur liberté; néanmoins les uns & les autres vouoient obéissance à l'Abbé; ils étoient au nombre des hommes, des colons ou des vassaux du monastère, & c'étoit sous la garde & la protection de l'Abbé qu'ils jouissoient des privilèges que le Roi leur accordoit, an. 801, p. 222.

OFFICE DIVIN. Nos Rois de la première & de la seconde Race étoient dans l'usage de donner des Ordonnances touchant la célébration de l'office divin; Charlemagne fait composer des recueils de pseaumes d'hymnes, & il ordonne aux Évêques de les publier dans leurs diocèses, an. 788, p. 189.

OFFRANDES. Il est défendu aux Évêques d'exiger aucune part dans celles faites aux Monastères par les fidèles, an. 524, p. 26.

OGLATÆ TERRÆ. Voyez OUCHES.

OIES. Charlemagne enjoint, dans son Ordonnance du domaine, à ses Intendans de faire élever des oies dans les moulins de son fisc, art. XVIII, p. 214.

OLDRADE, archevêque de Milan, obtient de Charlemagne une Charte en faveur de sa Cathédrale; mais cette pièce est taxée de fausseté, an. 810, p. 258.

OLEMOND, abbé de Montolieu, après avoir rebâti ce Monastère, le mit sous la recommandation de Charlemagne, & dans la suite il obtient des privilèges de Louis le Débonnaire, an. 815, p. 305.

OLIBA, comte de Carcassonne, fait donation à l'abbaye de la Grasse d'une terre qu'il reprend ensuite des Moines, seulement à bail ou en bénéfice : ceci est le type des fiefs, an. 820, p. 347.

OLIVOLA dans l'état de Venise, où fut d'abord établi le siège épiscopal de la République, on le transféra dans la suite à Grado, & enfin à Venise avec le titre de Patriarchale, an. 802, p. 228.

OLONA. Les rois Lombards fondèrent un Monastère sur les bords de cette rivière qui arrose le duché de Milan; il s'y établit dans la suite une petite ville, laquelle prit, comme le Monastère, le nom de la rivière; Louis le Débonnaire confirme tous les privilèges de l'Abbaye, an. 822, p. 357.

ONALDE, particulier, prend avec sa femme, conjointement avec un autre particulier de son voisinage, à bail pour leur vie & celle de leurs enfans seulement, des fonds de terre dépendans de l'abbaye de Saint-Victor de Marseille, an. 817, p. 318.

OONIUS, évêque d'Arles; sa dispute avec Avitus évêque de Vienne, sur le droit de Primatie, an. 501, p. 21.

ORBANA-VILLA. Ce domaine fut donné à l'évêque de Lyon par le roi Clovis II, en échange d'un autre appelé Napsiniacum, situé en Berry, an. 694, p. 96.

h h

ORDONNANCES, forme usitée sous nos Rois de la première & de la seconde Race, pour donner la publicité nécessaire aux Ordonnances ; cette forme ressemble beaucoup à celle des enregistremens dans les Parlemens, & aux publications qui se faisoient précédemment dans les assemblés des États, sous la troisième race, an. 803, p. 232.

Ordonnance de Childebert roi de France, sur les successions, les représentations, si elles ont lieu entre les neveux & les oncles, à la succession de l'aïeul, sur les mariages incestueux, les excommuniés qui négligent de se faire absoudre, la prescription, si elle doit avoir lieu entre les mineurs, & sur le vol & l'homicide, an. 532, p. 29. Autre Ordonnance de ce Prince, concernant le droit de sauve-garde accordé aux églises, & les compositions pour plusieurs espèces de vols, ibid. Sur la religion, an. 549, p. 34. Sur la décence qui doit être observée dans la célébration des fêtes, an. 551, p. 35. Autre de Clotaire I.er, par laquelle il taxe au profit du fisc, les revenus des biens ecclésiastiques, au tiers, an. 555, p. 35. Pour le bon ordre de ses États, an. 559, p. 37. Sur l'élection & la déposition des Évêques, an. 560, p. 37. Autre de Chilpéric I.er, qui prescrit une formule de foi sur le mystère de la Sainte-Trinité, an. 583, p. 44. Autre de Gontran, roi de Bourgogne, sur la discipline des troupes, an. 588, p. 48. Autre de ce même Prince, qui défend aux Évêques de nourrir des chiens chez eux, an. 589, p. 48. Autre de Childebert II, qui veut que les églises soient des asiles assurés pour les criminels, même les parricides, an. 594, p. 50. Autres de Clotaire, qui portent diverses peines contre les vols, an. 595, p. 50. Autre de Thierri IV, qui permet aux gens d'église d'aliéner une partie des biens de leurs bénéfices, en se réservant un cens ou une redevance, an. 730, p. 118. Autre de Pépin le Bref sur le fait du mariage comme sacrement & comme contrat civil, & sur quelques autres points de la discipline ecclésiastique, an. 752, p. 133. Autre du même Prince, dont l'objet est mixte, an. 753, p. 134. Autre de ce même Prince sur différens sujets aussi mixtes, an. 756, p. 140. Autre de Charlemagne de 769, par laquelle il règle que les comités où l'assemblée des États se tiendroit désormais dans le mois de mai, elle se tenoit ci-devant dans le mois de mars ; c'est ce que l'on appeloit Champ de Mars, & ce qui se nomma dans la suite Champ de Mai : cette Ordonnance contient en outre des règlemens sur la discipline ecclésiastique, an. 769, p. 153. Autre par laquelle les causes personnelles des clercs sont renvoyées aux Évêques pour être instruites & jugées par eux, an. 772, p. 159. Pour des prières publiques & sur divers points de discipline ecclésiastique, an. 779, p. 172. Concernant l'ordre judiciaire, an. 780, p. 174. Pour le royaume d'Italie, sur des objets de police ecclésiastique & civile, an. 781, p. 175 & 176. Sur la discipline ecclésiastique, an. 784, p. 180. Sur des matières mixtes, an. 786, p. 183. Sur une nouvelle forme de gouvernement, tant pour le civil que pour la discipline ecclésiastique que Charlemagne & Pépin son fils établissent en Italie, an. 786, p. 184. Sur les livres d'hymnes & de pseaumes destinés pour le service divin, dont l'on doit se servir désormais dans toutes les églises du royaume ; ils avoient été composés par Paul diacre, en vertu d'une autre Ordonnance de ce même Prince, an. 788, p. 189. Pour les Bavarois, qui enjoint à chaque particulier de ces peuples de se recommander ou du Roi ou de quelque Seigneur, ibid. Sur la discipline ecclésiastique, adressée aux Évêques, an. 789, p. 189. Autre de Pépin roi d'Italie, qui sert d'addition au Code des loix, divisé en trois livres, que Charlemagne avoit publié depuis la destruction du royaume des Lombards, an. 790, p. 194. Autre addition par ce même Prince, an. 793, p. 197. Nouvelle Ordonnance de Charlemagne, par laquelle il exempte les Clercs personnellement du service militaire, an. 790, p. 194 ; an. 797, p. 205. Il ajoute cette Ordonnance au Code des Bavarois, an. 792, p. 196. Autre Ordonnance sur le prix des grains, & concernant les monnoies, an. 794, p. 198. Édit touchant l'exécution des Canons du Concile de Francfort, ibid. Sur le commerce avec les étrangers, an. 796, p. 201. Ordonnance pour les Saxons, an. 797, p. 204. Ordonnances sur les compositions, an. 798, p. 206. Sur le renvoi des Clercs aux Évêques pour être jugés lorsqu'ils sont prévenus de quelques crimes, an. 799, p. 211. Sur l'institution canonique qui ne pourra être donnée que par les Évêques aux Curés présentés par des Collateurs laïcs, an. 800, p. 212. Sur les fiscs & tout ce qui compose en général le domaine royal, ibid. Nouvelle Ordonnance de Charlemagne qu'il fait ajouter au Code de la loi des Lombards, an. 801, p. 225. Deux Ordonnances sur le gouvernement en général, que Charlemagne fait ajouter aux Capitulaires, an. 802, p. 226 & suiv. Deux autres Ordonnances de ce même Prince sur la discipline ecclésiastique & pour l'administration de la justice, an. 802, p. 228 & suiv. Huit Capitulaires ou Ordonnances publiés dans différentes assemblées que Charlemagne tint cette année sur toutes les branches du gouvernement, an. 803, p. 231 & suiv. Deux autres Ordonnances de ce Prince, l'une sur la discipline ecclésiastique, l'autre qui fixe les compositions relativement à la différence des états, an. 804, p. 237. L'année suivante il parut trois autres Ordonnances, la première fixe des points de discipline ecclésiastique, la seconde contient des réglemens sur le commerce, la troisième prescrit l'obéissance aux Prélats sur le fait de la spiritualité, an. 805, p. 244. Trois Ordonnances publiées à Thionville, la première roule sur les compositions, & elle fut ajoutée au Code de la loi Salique ; la seconde contient des règlemens de police sur le port des armes & contre les receleurs ; la troisième est purement criminelle, an. 806, p. 248. Deux autres Ordonnances données à Nimègue, la première qui contient des règlemens sur la police que les Missi ont droit de mettre dans les Monastères d'hommes & de femmes, sur les fabriques des églises, sur le prix qu'il convient d'assigner aux blés ; la seconde prescrit l'observation des Canons sur les assemblées fréquentes des Synodes, ibid. Ordonnance de Charlemagne, qui porte que les Missi ou Commissaires départis dans les provinces, renverront les voleurs dans le lieu de leur domicile pour y être punis, an. 806, p. 249. Ordonnance concernant la guerre que Charlemagne porta en Danemarck, & sur le service militaire dû par différens Ordres du royaume, an. 807, p. 252. Plusieurs Ordonnances publiées dans cette année sur différentes matières, an. 808, p. 254. On publie dans l'assemblée d'Aix-la-Chapelle deux Ordonnances en 809, l'une & l'autre traitent des matières de la police civile & ecclésiastique, an. 809, p. 257. Trois Ordonnances données à Aix-la-Chapelle en cette année, l'une sur la compétence des premiers juges & sur les déserteurs, une autre sur ce qui est du ministère des Missi & des Intendans du domaine du Roi ; nous n'avons de la troisième que le titre des articles, année 810, p. 260 & 261. Il paroît cette année trois Ordonnances sur divers sujets, la troisième traite principalement de l'ordre des juridictions, an. 811,

p. 264 & *suiv.* Ordonnance publiée à Bologne-sur-mer, sur le fait de la guerre, an. 812, p. 270. Deux autres Ordonnances publiées dans cette même année, l'une concernant l'office des *Missi* employés pour la levée des milices & la conduite des troupes, & la seconde pour abréger les procédures en matière civile, an. 812, p. 274. Huit Ordonnances, dont trois furent publiées dans le cours de cette année, soit à l'assemblée d'Aix-la-Chapelle, soit ailleurs : on ignore précisément le temps & le lieu de la publication des cinq autres ; elles contiennent des règlemens sur toutes les différentes branches du gouvernement, an. 813, p. 278 & *suiv.* Autre Ordonnance de cette même année sur les arbitrages, an. 813, p. 286. Ordonnance de Louis le Débonnaire, qui fixe l'état des Espagnols réfugiés en France, & auxquels Charlemagne avoit donné des terres, an. 815, p. 295. Lettres de ce Prince qui interprètent quelques articles de la précédente Ordonnance, an. 816, p. 306 & *suiv.* Deux Ordonnances sur les matières civiles & criminelles, pour être jointes au Code de la loi Salique, an. 816, p. 314 & *suiv.* Ordonnance sur la discipline ecclésiastique, laquelle prescrit l'observation des Canons du Concile d'Aix-la-Chapelle, an. 816, p. 316. Autre Ordonnance qui enjoint aux Moines de se réformer, & qui fixe le tribut que chaque Monastère doit payer à l'État, an. 817, p. 318 & *suiv.* Nouvelle Ordonnance sur la discipline ecclésiastique, an. 818, p. 332 & *suiv.* Six nouvelles Ordonnances sur toutes les branches du gouvernement, publiées à la diète d'Aix-la-Chapelle de l'année 819, & qui sont ajoutées à la loi Salique, an. 819, p. 337 & *suiv.* Ordonnance sur les péages & les corvées pour l'entretien des chemins publics & des maisons royales, an. 821, p. 352. Fameuse Ordonnance d'Attigny, où il est principalement défendu à tous les Comtes, Ducs, Marquis & autres Officiers, de mettre à exécution aucunes Lettres du Roi, si elles ne leur sont directement adressées par le Chancelier, an. 822, p. 360. Règlement de police pour la ville de Rome, an. 824, p. 372. Ordonnance concernant l'épreuve de l'eau froide & de l'eau chaude, an. 825, p. 377. Autre Ordonnance par laquelle il est enjoint aux Évêques d'instruire leurs diocésains par des prédications, & d'établir des écoles publiques, an. 825, p. 378. Addition à l'Ordonnance criminelle, an. 826, p. 381. Lettres patentes pour la célébration de plusieurs Conciles provinciaux, an. 828, p. 390. Quatre Ordonnances pour la réformation de tous les Ordres du royaume, an. 829, p. 395. Nouveau règlement pour être joint au Code de la loi Lombards sur les matières civiles & ecclésiastiques, an. 837, p. 448.

ORDRES sacrés. Il est défendu par le Concile de Lérida, de les conférer à aucun Moine sans le consentement de son Abbé, an. 524, p. 26.

ORLÉANS. Clovis le Grand assemble un Concile à Orléans en 511, ce qui prouve que les Romains ne possédoient plus alors dans les Gaules qu'une très-petite étendue de pays, an. 511, p. 23. Cette ville devient la capitale d'un royaume qui fut formé après la mort de Clovis par le partage de toute la monarchie entre ses enfans ; jusqu'à Gontran ses Rois y résidèrent ; ce Prince alla à Châlons-sur-Marne établir le siège de ce même royaume qui ne change point de nom, an. 584, p. 45. Plusieurs Évêques de cette ville ont eu le *Pallium*, & alors on les appeloit *Archevêques* ; l'empereur Louis le Débonnaire mit ces Prélats & leur Cathédrale sous sa protection spéciale, an. 816, p. 312.

ORMESSON. Cette seigneurie étoit de l'ancien domaine de l'abbaye de Saint-Denys ; elle échut dans le lot des Moines par le partage qui fut fait pour la première fois entr'eux & l'Abbé Hilduin, an. 832, p. 407 & *suiv.*

OSCARIENSIS PAGUS. La rivière d'Ouche qui arrose ce canton de la Bourgogne lui avoit donné son nom ; c'est aux Géographes à en marquer l'étendue, an. 762, p. 145.

OSNABRUCK dans la Saxe. Charlemagne fonde & dote un siège épiscopal dans cette ville, & accorde des priviléges au nouvel Évêque & à ses successeurs, an. 803, p. 230. Ce Prince fait une donation à cette Cathédrale sous la condition que l'Évêque établira une double école pour enseigner aux Clercs, dans l'une la langue latine, & le grec dans l'autre, an. 804, p. 236.

OTAGE. Il est ordonné par le quatrième Capitulaire de l'année 803, que celui qui n'aura pas la somme à laquelle sera fixée la composition pour le crime qu'il aura commis, se donnera en ôtage & demeurera au pouvoir de celui à qui la composition sera dûe, jusqu'à ce qu'il l'ait payée, an. 803, p. 233.

OUCHES, terres entourées d'eau, que l'on croit être appelées dans la basse latinité *Oglatæ terræ*, an. 813, p. 276.

P

PAGANISME. Loi des empereurs Arcadius & Honorius, adressée aux Préfets des Espagnes & des cinq provinces dans les Gaules pour détruire les restes du Paganisme, an. 399, p. 9. Les Payens sont exclus des charges militaires & de judicature ; il leur est en outre défendu, par une constitution des empereurs Théodose & Valentinien, d'avoir des Esclaves chrétiens, année 425, page 12. Il est ordonné aux Évêques & aux Magistrats, par un Règlement arrêté à la diète de Ratisbonne, sous Carloman, de donner tous leurs soins pour abolir dans l'Allemagne & en Austrasie les pratiques de religion superstitieuses, qui pourroient entretenir dans l'esprit du peuple le souvenir du Paganisme, an. 742, p. 121.

PALAIS. Il paroît que dans tous les temps les palais de nos Rois ont imprimé le respect, & que l'entrée n'en étoit pas permise indifféremment à toutes personnes. *Voyez* l'Ordonnance de Charlemagne sur les différentes fonctions des Officiers de l'intérieur du palais, an. 800, p. 218.

PALLADIUS, évêque d'Auxerre, dote le monastère de Saint-Julien de cette ville, de plusieurs héritages appelés *Mitigiana*, *Vincelle-sur-Yonne*, *Traci*, *Rulfi* & *Clameci* : ce Monastère étoit alors occupé par des filles, an. 634, p. 61.

PALLIUM. L'usage de ne donner cet ornement qu'aux Métropolitains est très-ancien ; les Papes avoient encore coutume de ne le conférer aux Métropolitains de France, sous les deux premières races de nos Rois, qu'après qu'il leur avoit été demandé par le Roi, an. 786, p. 183.

PALZ. Cette collégiale de Chanoines réguliers, située sur la Moselle, fut autrefois un Monastère de filles, dont Adelle, fille du roi Dagobert II, fut la fondatrice & la première Abbesse : elle se bâtit sur les ruines d'un vieux château, & on l'appela par cette raison *Palatiole*, *Palatiolum*, an. 732, p. 118.

PANGOLF, abbé de Fulde, reçoit une donation faite par Willibalde, an. 785, p. 181.

PAONS. Charlemagne enjoint à ses Intendans d'élever de ces sortes d'oiseaux dans toutes ses maisons de campagne ; Ordonnance du domaine, article XL, p. 216.

PAPES. Démission faite par les successeurs de Théodoric roi d'Italie, en faveur du clergé de Rome, du droit de nommer le Pape, an. 526, p. 27. Origine de la souveraineté des Papes dans la ville de Rome & en Italie, an. 753, p. 134. & 135. Pépin fait la conquête de l'exarchat de Ravenne, de la Pentapole avec l'Émilie, & il en fait donation aux Papes, an. 755, p. 138. Acte par lequel le pape Adrien I reconnoît que Charlemagne a le droit de nommer les Papes, an. 773, p. 160. Les Papes sont tenus de faire confirmer leur élection par les Rois d'Italie, an. 796, p. 202. Les Papes reconnoissent la souveraineté des Rois d'Italie dans Rome; Léon III demande justice à Charlemagne contre des calomniateurs domiciliés dans cette capitale, an. 800, p. 220. Le pape Étienne IV fait confirmer son élection par Louis le Débonnaire, an. 816, p. 311. Ce Prince remet aux habitans de Rome le droit d'élire le Pape, an. 817, p. 126 & suiv. Le pape Grégoire IV se reconnoît pour sujet de l'empereur Louis le Débonnaire, en obéissant à une sentence que les *Missi* de ce Prince rendirent dans un plaid tenu à Rome, an. 829, p. 391 & suiv.

PAQUE. Il est décidé dans un Concile tenu à Rome, que cette fête seroit solennisée, non pas le quatorze de la Lune, comme le vouloient les Asiatiques, mais le Dimanche après le quatorze : le pape Victor fait part à saint Just évêque de Vienne, de cette décision, & l'exhorte à s'y conformer, an. 197, p. 2. La décision de l'église de Rome sur la célébration de la Pâque est confirmée dans un Concile tenu à Arles en 314, p. 3.

PARÇAI, village; Clovis II confirme la donation que le roi Dagobert son père en avoit faite à l'abbaye de Saint-Denys en France, an. 644, p. 69.

PARIS. (église de) Charte de Childebert, par laquelle il fait une riche donation à cette Cathédrale, an. 558, p. 36. Un particulier nommé *Vandemire* fait également un legs considérable à cette Cathédrale, qui étoit alors sous l'invocation de saint Étienne premier martyr, an. 690, p. 93. Étienne comte de Paris, fait une donation considérable, conjointement avec Amaltrude sa femme, à la Cathédrale de cette ville, an. 811, p. 262. Titre du Bailliage des Évêques de Paris, an. 820, p. 347. Louis le Débonnaire accorde un Diplome qui confirme toutes les donations faites à cette Cathédrale, an. 820, p. 348.

Paris. Description de cette capitale des Gaules, par Julien l'Apostat, an. 358, p. 5. Ordonnance de Charlemagne pour l'établissement des écoles publiques dans cette Capitale : c'est l'époque de la première fondation de l'Université, an. 790, p. 194.

PAROISSES, tant de la ville que de la campagne, étoient limitées dès le règne de Charlemagne; exemple de la nécessité du concours des deux Puissances pour apporter du changement dans l'étendue d'une paroisse, an. 812, p. 271 & suiv. Ordonnance qui défend aux Seigneurs de paroisse, Patrons des cures, de chasser les Curés après les-avoir nommés & établis, an. 813, p. 279; an. 829, p. 395.

PARRICIDE. Ordonnance de Gontran roi de Bourgogne, contre les parricides, à l'occasion du meurtre du roi Chilpéric son frère. Voyez CRIME.

PARTAGE. Premier exemple du partage des biens du Monastère entre l'Abbé & les Moines; c'est de-là que l'on a distingué les Manses, an. 829, p. 391. L'Abbé de Saint-Denys tarde peu à suivre l'exemple de celui de Saint-Germain-des-Prés, il partage entre lui & ses Moines comme celui-ci avoit fait des biens de l'Abbaye, an. 832, p. 407. Alberic évêque de Langres, paroît aussi être le premier qui ait partagé les biens de sa Cathédrale

entre lui & ses Chanoines, an. 834, p. 423 & suivantes.

PASCHAL. Ce Pape succède à Étienne IV; il n'attend pas la confirmation de son élection de la Cour de France pour se faire installer; différend qu'il a avec Louis le Débonnaire à ce sujet, année 817, p. 126 & suiv.

PASCHELLES, village. Clovis II confirme la donation que le roi Dagobert son père en avoit faite à l'abbaye de S.t Denys en France, an. 644, p. 69.

PASSAW. Louis roi de Bavière fait donation de fonds de terres situés dans le pays des Avares, à la Cathédrale de cette ville, an. 836, p. 437.

PÂTURAGE. Les Communautés des villes & bourgs situées près les forêts, y exerçoient le droit de pâture & de chauffage; mais il paroît par une concession de ce double droit, faite aux Moines d'Aniane dans la forêt d'Agde, que l'on ne pouvoit le tenir que du Roi, an. 822, p. 353 & suiv. Les Moines de Stavelot & de Malmédi sont maintenus dans la jouissance de ce droit dans les forêts du Roi contre les prétentions des Régisseurs du domaine royal, an. 827, p. 383.

PATRONAGE. Ce droit, presque toujours attaché à la fondation, est exprimé dans les vieilles Chartes par le mot *Patrocinium;* on le trouve établi dès le règne de Louis le Débonnaire, an. 824, p. 367.

PAUL I.er n'étoit encore que diacre lorsqu'il fut élu Pape, il étoit frère d'Étienne son prédécesseur; aussitôt après son élection il en fait part à Pépin le Bref, il lui en demande la confirmation en lui prêtant une espèce de serment de fidélité, an. 757, p. 141. Ce Pape écrit plusieurs Lettres à ce même Prince pour l'engager de prendre sa défense, tant contre l'empereur d'Orient que contre Didier roi des Lombards, *ibid.* Il donne à ce Prince le monastère de Saint-Silvestre avec trois autres qui en dépendoient, an. 762, p. 146. Ce Pape meurt à la fin de cette année, an. 767, p. 149.

PAUL, abbé de Saint-Vincent-sur-le-Vulturne, obtient, en faveur de ses Moines, des privilèges de Charlemagne, notamment celui d'élire leur Abbé, an. 787, p. 184.

PAUL, diacre, moine du mont Cassin & écrivain célèbre; il eut ordre de Charlemagne de recueillir des hymnes & des pseaumes pour former les livres de chant dont ce Prince voulut que l'on se servît dans toutes les églises du royaume, an. 788, p. 189. Il compose un livre dans lequel il donne une description de la ville de Rome, qu'il dédia à Charlemagne, an. 799, p. 210.

PAULIN, célèbre grammairien, acquiert par sa réputation l'estime de Charlemagne; ce Prince lui fit donation à perpétuité de fonds de terres considérables, qui avoient été confisqués au profit du domaine royal, an. 776, p. 168.

PAVOIS. Pharamond est élevé sur le pavois lorsque les Francs l'élisent pour leur Roi, an. 420, p. 12.

PAUVRES. Ordonnance de Charlemagne qui permet aux Évêques de vendre les ornemens & les reliquaires des églises pour secourir les pauvres dans des besoins extrêmes, an. 813, p. 279.

PAYENS. Voyez PAGANISME.

PÉAGES. Ce droit étoit établi en France dès la seconde race de nos Rois, & se percevoit à peu près de la même manière que présentement; Louis le Débonnaire publie une Ordonnance sur le fait des péages, an. 821, p. 352.

PÉLAGE I.er, pape, donne le *Pallium* & le Vicariat des Gaules à Sapaudus évêque d'Arles, an. 557, p. 35.

PÉLAGE II, pape, écrit à Aunacharius évêque d'Auxerre, pour détourner les rois d'Austrasie & de de Bourgogne de faire aucun Traité avec les Lombards, an. 581, p. 44.

PÉLAGIANISME. Constitution des empereurs Théodose & Valentinien, adressée à Armatius préfet du prétoire des Gaules, par laquelle ils donnent ordre à l'évêque d'Arles de déposer les Évêques qui seront infectés de Pélagianisme, année 425, p. 13.

PÉLÉUN, village en Berry, est donné avec toutes ses dépendances à l'abbaye de Saint-Denys en France par le roi Clovis II, an. 644, p. 69.

PENDENTIGNI, village, Clovis II confirme la donation que le roi Dagobert son père en avoit faite à l'abbaye de Saint-Denys en France, an. 644, p. 69.

PÉNITENCE publique, en usage sous le règne de Louis le Débonnaire; ce Prince, par ses Ordonnances, y assujettit seulement les pécheurs publics an. 818, p. 332.

PÉPIN LE VIEUX, père de Pépin Héristal, fait une donation à l'église de Cambrai; mais on soupçonne la Charte d'être supposée, an. 681, p. 94.

PÉPIN HÉRISTAL ou HÉRISTEL, duc d'Austrasie & maire du palais, fonde le monastère de Saint-Hubert; la Charte est taxée de fausseté, an. 687, p. 91. Ce Seigneur fait donation à l'abbaye de Saint-Arnould de Metz, du village appelé *Narroy*, an. 690, p. 92. Il fait une donation à l'abbaye de Laubes, & la met sous sa garde spéciale, an. 691, p. 94. Il confirme une donation faite en faveur de ce même Monastère par Hidulphe duc de Lorraine, an. 697, p. 98. Il fait un échange, conjointement avec Plectrude son épouse, & l'évêque de Verdun, an. 701, p. 101. Ils donnent également l'un & l'autre une Charte par laquelle ils confirment toutes les donations faites au monastère d'Epternac, an. 706, p. 102.

PÉPIN *dit* LE BREF, fils de Charles Martel, règne dans la Neustrie & en Bourgogne sous le nom du roi *Childéric III*; il avoit partagé la monarchie avec son frère Carloman après la mort de Charles Martel leur père, an. 742, p. 121. Il convoque une assemblée des États à Soissons, dans laquelle il fait faire le procès à un Évêque accusé d'enseigner des erreurs, année 744, page 122. Il assemble, de concert avec Carloman son frère, un Concile en Austrasie, dans lequel on dépose l'archevêque de Mayence; il fait donner ce siège à Boniface, parce qu'il espère en tirer de grands secours pour seconder ses desseins ambitieux, an. 745, p. 124. Il renferme Griphon son frère dans la tour de Neufchâtel, d'où ce Prince s'évade; Pépin le poursuit en Bavière, le fait prisonnier, & lui donne ensuite un Duché composé de douze Comtés, an. 749, p. 127. Pépin accorde une Charte à l'église de Mâcon pour lui tenir lieu d'une autre qui avoit été brûlée par accident, an. 750, p. 128. Pépin voyant son crédit assez affermi pour n'avoir rien à craindre de la part des Grands qui seroient fidèles au Roi, envoie à Rome des Ambassadeurs avec de riches présens pour le Pape qui se laissa corrompre, & protégea l'usurpateur: Pépin, après avoir renfermé Childéric dans un Monastère, se fait proclamer & sacrer par Boniface archevêque de Mayence, an. 751, p. 130. Il confirme dans ce même temps la Bulle donnée par le pape Zacharie à l'abbaye de Fulde, *ibid.* Il fait une donation & accorde par la même Charte des privilèges à l'abbaye d'Epternac, an. 752, p. 131. Il donne en même temps deux Diplomes en faveur de l'église d'Utrecht, *ibid.* & un en faveur de l'abbaye de Saint-Denys, ce dernier est soupçonné de fausseté, *ibid.* Il fonde & dote l'abbaye de Sorèse, & en

donna le Diplome en Allemagne, mais on croit qu'il avoit formé ce pieux dessein étant en Languedoc occupé de la guerre contre les Sarazins, an. 752, p. 132. Il fait donation à l'abbaye de Gorze du lieu de Dombasle, an. 752, p. 133. Il nomme à l'archevêque de Mayence un Coadjuteur, *ibid.* Il donne un Diplome en faveur de l'abbaye de Morbac, *ibid.* Il publie deux Ordonnances dans l'assemblée de Verberie, l'une sur le fait des mariages, l'autre contre les adultères & les incestes, *ibid.* Au commencement du mois de mars de l'année suivante, Pépin tient l'assemblée des États à Metz, dans laquelle il donne une Ordonnance pour réformer les abus que la licence occasionnée par la guerre avoit introduite dans le gouvernement, an. 753, p. 134. Il juge un procès en faveur de l'abbé de Saint-Denys, qu'il maintient dans la propriété du village de Taverni, *ibid.* Il envoie des Ambassadeurs au pape Étienne, & l'invite à venir en France, *ibid.* Pépin se fait sacrer de nouveau à Saint-Denys, avec Bertrade sa femme, par le pape Étienne, & fait inaugurer Carloman & Charles ses deux fils, p. 135. Il fait donation de l'église, du château & de la seigneurie de Saint-Mihiel à l'abbé de Saint-Denys, an. 754, p. 136. Il donne un Diplome pour confirmer les donations & les privilèges de l'abbaye de Fulde; mais cette pièce est critiquée comme supposée, an. 755, p. 136. Il publie une Ordonnance sur la discipline ecclésiastique dans l'assemblée qu'il tient au mois de juillet au palais de Vern, an. 755, p. 137. Il donne un Diplome en faveur de l'abbaye de Figeac, an. 755, p. 138. Astolphe lui cède, par un traité, plusieurs petites provinces de l'Italie, dont il fait donation au saint Siège, *ibid.* Il donne un Diplome en faveur du monastère de Saint-Denys, an. 756, p. 139. Et un autre pour l'abbaye de Nantua. Il tient dans cette même année une assemblée à Metz, où il publie une Ordonnance contenant des règlemens sur toutes les branches du gouvernement, an. 756, p. 140. Pépin reçoit le serment de fidélité du pape Paul I, & ensuite plusieurs lettres de ce Pontife, par lesquelles il le prie de le protéger contre les persécutions des Lombards, an. 757, p. 141. Au commencement de l'année suivante il donne un Diplome en faveur de l'abbaye de Fulde, an. 758, p. 141. Un autre en faveur de l'abbaye de Saint-Denys, an. 758, p. 142. Un autre pour celle de Saint-Calez & un second pour celle de Fulde, an. 759, p. 142. Il confirme toutes les riches donations que les Rois ses prédécesseurs avoient faites à l'église de Trèves, an. 760, p. 143. Il ordonne des prières publiques, & fait expédier des lettres circulaires à tous les Évêques sur ce sujet, *ibid.* Pépin, alternativement occupé du gouvernement de ses États & de faire des œuvres de piété, finit de bâtir l'abbaye de Pruim, & la dote richement, de concert avec la reine Bertrade, an. 761, p. 144. Il reçoit une Lettre de remercîment du pape Paul I, à l'occasion d'une table qu'il avoit donnée à l'église de saint Pierre, *ibid.* Il fait rééedifier dans le lieu de Jourcelle l'ancienne abbaye de Lunas, détruite par les Sarazins, & ajoute des biens à son ancienne dote, an. 762, p. 145. Il reçoit en présent, de la part du Pape, quatre Monastères situés en Italie, an. 762, p. 146. En 764, Pépin accorde deux Diplomes, l'un en faveur de l'abbaye de Saint-Maximin de Trèves, & l'autre en faveur de celle de Pruim, an. 764, p. 147. Il tient un plaid à Orléans, dans lequel il décide que la terre d'Essone près Corbeil sera restituée au monastère de Saint-Denys, an. 766, p. 148. Il accorde deux Chartes, l'une au monastère de Saint-Antonin en Rouergue, l'autre à

TABLE DES MATIÈRES.

l'abbaye de Notre-Dame de Limoges, an. 767, p. 149. Il reçoit des Lettres de l'anti-pape Constantin, portant le même serment que celui du pape Étienne, ibid. Il tient une assemblée à Gentilly, où l'on traite des affaires de la Religion & de l'État, an 767, p. 150. Pépin finit heureusement la guerre qu'il faisoit depuis long temps aux Gascons; après quoi il revient en France, en passant par Poitiers il donne une Charte en faveur du monastère de Saint-Hilaire de cette ville : à la fin de cette même année il va à Saint-Denys où il meurt d'une hydropisie; il emploie les derniers instans de sa vie à faire expédier des Chartes en faveur de cette Abbaye, an. 768, p. 150.

PÉPIN, fils aîné de Charlemagne, est baptisé à Rome par le pape Adrien I, & sacré en même temps roi d'Italie, an. 781, p. 175. Il publie deux Ordonnances qu'il ajoute au Code des loix, suivant lesquelles Charlemagne avoit statué que le royaume d'Italie, nouvellement soumis à la puissance des François, seroit gouverné, année 790, p. 194; an. 793, p. 197. On donne à ce Prince, dans les actes publics, le titre de *Patrice*, an. 795, p. 200. Étendue des États de ce Prince fixée par le testament de Charlemagne son père, publié dans l'assemblée de Thionville à laquelle Pépin assista avec ses deux autres frères, & après laquelle il retourna en Italie, an. 806, p. 246 *& suiv*. Il dote de nouveau & rétablit le monastère de Saint-Zénon de Vérone, an. 807, p. 251. Ce Prince meurt au mois de juillet de cette année, an. 810, p. 260.

PÉPIN, second fils de Louis le Débonnaire, obtient le royaume d'Aquitaine par le partage que l'Empereur son père fit de ses États en 817, p. 320. Ce Prince accorde un Diplome en faveur du monastère de Moissac, année 818, p. 328. Et un en faveur de celui de Saint-Hilaire de Poitiers, an. 825, p. 374. Un autre pour l'abbaye de Saint-Maixant, an. 825, p. 376. Et un pour celle de Noirmoutiers, an. 826, p. 379. Un autre pour celle de la Grasse, année 827, page 385. Deux pour Saint-Martin de Tours & de Montauleu, an. 828, p. 386 & 387. Il se ligue avec Lothaire & Louis ses frères, an. 831, p. 402. Et ils détrônent l'Empereur leur père, an. 833, p. 413. Il est dépouillé de son royaume en punition de ce crime, ibid. Son père le lui rend bientôt après, an. 833, p. 417, 420, 433, 434 *& suiv*. Il meurt en 838, p. 429, 453 & 454, an 835 & 838. Ce Prince laisse deux fils, l'un nommé comme lui *Pépin*, & l'autre *Louis*; ils ne règnent ni l'un ni l'autre; Charles le Chauve leur oncle leur dépouille de l'Aquitaine, an. 839, p. 460.

PÉPIN, surnommé *le Bossu*, fils naturel de Charlemagne, il étoit né d'Himeltrude que les Historiens appellent *Concubine*; il forme une conjuration contre le Roi son père & contre ses frères; son crime est découvert; Charlemagne lui fait grâce en lui conservant la vie, mais il le confine dans le monastère de Prum, où on lui fait prendre l'habit de Moine, an. 797, p. 203.

PERPETUUS, évêque de Tours, prédécesseur immédiat de Grégoire, lègue une partie de ses biens, & singulièrement la terre de Savonière à son église Cathédrale, & le surplus de ses biens aux Monastères de son diocèse, an. 474, p. 15.

PESSAN. Ce monastère du diocèse d'Auch est compris, par l'Ordonnance de 817, dans la classe de ceux qui ne doivent à l'État que des prières, an. 817, p. 320.

PFESERS. Ce monastère situé dans le canton de Coire en Suisse, obtient par un Diplome de l'Empereur, la restitution de ses biens & de ses droits, an. 831, p. 405.

PHANTASIASME, secte. Voyez PHANTASIASTIME.

PHANTASIASTIMÆ. Explication de cette erreur; Justinien s'y abandonne, an. 565, p. 39.

PHARAMOND. Ce Prince est élu roi des Francs, an. 420, p. 12. Il publie le Code des loix Saliques dans les comices qu'il tient à Saltzbourg, an. 424, p. 12.

PHILIPPE I, monte sur le Trône de France en 1060, & il règne jusqu'en 1108, année 755, p. 139.

PIERRE, évêque de Vaison, met sous la dépendance de l'abbaye de Saint-Victor le monastère de Grasselle, fondé par un de ses prédécesseurs dans sa ville Épiscopale, an. 682, p. 89.

PIERRE, archevêque de Milan, fait des legs considérables au monastère de Saint-Ambroise de cette ville, sous la condition que les Moines demeureront à perpétuité sous sa juridiction & sous celle de ses successeurs, & qu'ils ne pourront élire pour leur Abbé qu'un Chanoine de sa Cathédrale, an. 790, p. 191.

PIGEON. Charlemagne enjoint à ses Intendans d'élever des pigeons dans toutes ses maisons de campagne; Ordonnance du domaine, article XL, p. 216.

PINAUD, particulier, il prétendoit posséder en alleux un fond de terre qu'il ne tenoit qu'à bénéfice de l'abbaye de Caunes; il est condamné à en passer reconnoissance, an. 802, p. 226.

PIRMINIUS ou PIRMIN, moine très-zélé, qui est reconnu pour saint par l'Ordre de Saint-Benoît, établit le monastère de Murbac dont il est le premier Abbé, & obtient de grands biens du comte Éberard pour le doter, an. 726, p. 117. Il fut Corévêque de Trèves, & fonda encore le monastère d'Arnolfesaw, an. 750, p. 128.

PLAISANCE, l'Évêque de cette Cathédrale nouvellement fondée, obtient de Charlemagne des immunités, an. 808, p. 253. Elle obtient un Diplome de Louis le Débonnaire, qui confirme les donations & les privilèges que les rois Lombards lui avoient accordés, an. 820, p. 346. Lothaire donne un Diplome par lequel il met sous sa garde les biens & les Chanoines de cette église, an. 840, p. 462.

PLAISIR (*Placicium*), lieu situé dans la forêt de Saint-Germain-en-Laye; il y avoit du temps de Charlemagne un petit Monastère sous l'invocation de la Vierge & de saint Pierre; on porta à la Cour de ce Prince le procès que des prétentions réciproques de propriété de ce Monastère avoient fait naître entre l'évêque de Paris & l'abbé de Saint-Denys; la cause fut jugée en faveur de ce dernier, an. 775, p. 166.

PLECTRUDE, épouse de Pépin Héristal, accède à un échange que Pépin fait avec l'évêque de Verdun, an. 701, p. 101.

PLIDINFELD. Ce monastère du diocèse de Spire est compris, par l'Ordonnance de 817, dans la classe de ceux qui ne doivent à l'État que des prières, an. 817, p. 319.

PODALUS, particulier, il fait une donation au monastère de Saint-Galle, an. 756, p. 140.

PODO, évêque de Plaisance, obtient de Louis le Débonnaire un Diplome en faveur de sa Cathédrale, an. 820, p. 346.

PONTAGIUM, PONTAICUM, PONTALICUM, PONTONAGIUM. Suivant les Glossaires de Spelman & de Ducange, ces expressions que l'on trouve souvent dans les vieilles Chartes, ont la même signification; elles sont employées pour exprimer une sorte d'impôt, comme aujourd'hui, sous la dénomination du droit de péage que l'on paye lorsque l'on passe sur un pont, an. 775, p. 163.

POSSIDONIUS, évêque d'Urgel, obtient un Diplome de l'empereur Louis le Débonnaire, par lequel il fait restituer à sa Cathédrale des biens usurpés & des privilèges dont les Officiers du fisc l'empêchoient de jouir depuis quelque temps, an. 835, p. 429.

POUILLY. Ce village situé sur la Loire dans l'Auxerrois, fut donné à l'abbaye de Notre-Dame-de-la-Dehors, par Vigilius évêque d'Auxerre, an. 670, p. 81.

POULETS. Charlemagne ordonne à ses Intendans de faire élever des poulets dans ses domaines, & singulièrement dans ses moulins; Ordonnance du domaine, article XVIII, p. 214. Il leur enjoint en outre d'être exacts à se faire payer les poulets de redevances que ses tenanciers lui doivent annuellement, article XXXIX, p. 216.

PRATELLUS, nom d'un village qu'Hadoinde évêque du Mans légua par testament au monastère de Saint-Vincent de cette ville, an. 641, p. 68.

PRESCRIPTION de trente années entre majeurs, établie par notre Droit dès le VII.e siècle, an. 680, p. 88. Elle est de même autorisée en faveur de l'église, an. 829, p. 396.

PRÉSENT DU MATIN. C'étoit le douaire appelé sous les deux premières races de nos Rois, *Morganegiba*. Voyez DOUAIRE.

PRÊTRE. Il est défendu, par une Ordonnance de Pépin le Bref, aux Prêtres d'épouser leurs nièces sous peine de dégradation, an. 752, p. 133. Charlemagne renvoie dans une Ordonnance qu'il fait ajouter au Code des Lombards, le jugement des Prêtres & des Diacres aux Évêques, an. 801, p. 225. Cette même Ordonnance défend aux Prêtres d'exiger aucune rétribution pour administrer les Sacremens, *ibid.* Suivant une autre Ordonnance de ce même Prince, les Diacres ne peuvent être admis à la prêtrise qu'à l'âge de trente ans, an. 813, p. 283; an. 818, p. 332. Cette même Ordonnance défend aux Prêtres l'usage des armes offensives & défensives, *ibid.*

PRIÈRES pour les morts, ordonnées pendant trente jours, à compter de celui de leur décès, par le second article du Capitulaire de Childéric III, an. 744, p. 124.

Prières publiques & générales. Pépin le Bref ordonne par des Lettres circulaires adressées aux Évêques, que l'on fasse des prières publiques en action de grâces de la moisson abondante de cette année 760, p. 143. Charlemagne écrit à la reine Fastrade, & lui fait part d'une victoire qu'il a remportée sur l'armée combinée des Huns & des Avares, & il lui marque qu'elle fasse faire à cette occasion des prières publiques & des jeûnes, comme il en avoit ordonné dans son camp, an. 791, p. 195. Ce Prince donne une Ordonnance pour que l'on fasse des prières publiques dans toute l'étendue du royaume à l'occasion d'une espèce de famine, an. 779, p. 172.

PRIMATIE des Gaules est déférée à la ville d'Arles par les empereurs Honorius & Théodose, an. 418, p. 11. Différend entre les évêques d'Arles & de Vienne au sujet de ce droit; an. 501, p. 21. Le pape Symmaque décide la question, an. 513, p. 24; en quoi il consiste, an. 543, p. 32; il doit être plutôt regardé comme attaché à la personne de l'évêque d'Arles qu'à son siége, année 545, p. 33.

PRISONS. Il est enjoint, par une Ordonnance de Charlemagne, à tout Comte d'avoir une prison dans l'étendue & le ressort de son Comté; c'est-là l'origine des prisons royales, an. 813, p. 281.

PRIVILÉGES, PRÉROGATIVES, &c. dont jouissoient les Francs qui composoient le premier ordre de l'État, accordés aux Ecclésiastiques par une Ordonnance de Charlemagne, année 813, p. 282.

PROCULUS, évêque de Vienne, reçoit une Lettre d'Étienne II, par laquelle ce pape lui marque qu'il a écrit à la Cour de France pour obtenir le rétablissement des droits de son église, an. 752, p. 131.

PROMOTUS, sacré évêque de Châteaudun par Égidius évêque de Reims, supprimé par le quatrième Concile de Paris, an. 572, p. 41.

PROVENCE. Cette province dépend du royaume des Gots d'Italie, an. 508, p. 22.

PROVINCES. En quoi consistoit le district des sept provinces dans les Gaules à la fin du quatrième siècle & au commencement du cinquième: l'assemblée des sept provinces est l'image des États de Languedoc; les empereurs Honorius & Théodose ordonnèrent qu'elle se tiendroit dans la ville d'Arles, an. 399, p. 9; an. 418, p. 11.

PRUM ou PRUIM, fameuse abbaye du diocèse de Trèves; Charte de la fondation de ce Monastère par Bertrade, soupçonnée de fausseté, an. 722, p. 113. On croit que les premiers fondemens de cette Abbaye furent jetés par l'aïeule de cette Princesse; elle lui fait, de concert & avec l'agrément du roi Pépin son mari, de riches donations après avoir rebâti l'église & les lieux claustraux, an. 761, p. 144. Ce Monastère est affranchi de la juridiction des Officiers royaux & de tous impôts envers le fisc, an. 764, p. 147. Les donations faites en sa faveur par les Rois, sont ratifiées par Charlemagne, an. 770, p. 155; an. 775, p. 166. Ce Monastère acquiert la terre de Caciac en Anjou *(Caciacum)*, par la donation que lui en fait Assuerus qui en étoit alors Abbé, an. 776, p. 168. Donation de Charlemagne en faveur de ce Monastère, an. 790, p. 192. Autres donations de ce même Prince en faveur de ce Monastère, an. 805, p. 244; an. 807, p. 250. Louis le Débonnaire en confirme les priviléges après son avènement au Trône, an. 816, p. 312. Autres Diplomes de ce Prince en faveur de ce même Monastère, année 820, p. 344; an. 822, p. 357; an. 823, p. 365; an. 831, p. 401; an. 834, p. 423; an. 835, p. 428 & 432.

PSALMODI, ancien monastère de Septimanie situé dans le diocèse de Montpellier; les Moines reçoivent une donation d'un Seigneur de ce pays, nommé *Dadila*, an. 813, p. 277. Ermegonde, veuve de Dadila, prend en bénéfice ou à bail les mêmes biens légués à ce Monastère par son mari, an. 815, p. 303. Ce Monastère obtient des priviléges de l'empereur Louis le Débonnaire, celui entr'autres d'en élire l'Abbé, an. 815, p. 305. Il est compris, par l'Ordonnance de 817, dans la classe de ceux qui ne doivent à l'État que des prières, an. 817, p. 319.

PSALMODIE perpétuelle *(Officium perenne)*, autrefois en usage dans certains grands Monastères, comme à Luxeuil, à Saint-Maurice en Vallais, à Saint-Denys en France, &c. les Moines de cette dernière Abbaye s'étoient relâchés sur ce point, Thierri IV en rétablit l'usage, an. 723, p. 114.

PUISIEUX. Pépin le Bref fait donation de cette seigneurie à l'abbaye de Saint-Denys, an. 768, p. 151.

PUTEAU, ce lieu situé dans l'élection de Paris, est donné par le roi Dagobert I, à Dodon abbé de Saint-Denys: la Charte est critiquée, an. 635, p. 62.

R

RABAN, il fut d'abord Moine à Fulde, il devint ensuite Abbé de ce Monastère, & enfin Archevêque de Mayence; il étoit sorti de parens riches, on sait combien cet homme se rendit célèbre, an. 788, p. 187. Il obtient de Louis le Débonnaire un Diplome en faveur de son Monastère, an. 836, p. 435. Il obtient du roi de Bavière une Charte qui confirme un échange qu'il avoit fait avec un particulier, an. 839, p. 455.

RABENNO, comte de Formignano dans la Marche d'Ancône; cause singulière pour laquelle ses biens furent confisqués; le duc de Spolette, dont il étoit sujet, en fit un legs en faveur de l'abbaye de Farfe, an. 787, p. 186.

RACHIMBURGES, *RACHIMBURGII, RATHIMBURGII, REGENBURGII, &c.* Ces Officiers sont souvent appelés *Comitis assessores.* Voyez la loi Salique, titre LIX; la loi des Ripuaires, titre XXXII & LV, & Eckhard sur cette première loi, *fol. 96*; & encore les Glossaires de Spelman & de Ducange. Les Rachimburges étoient les Juges ordinaires des lieux, & tenoient les plaids avec le Comte, ce que l'on appeloit sous la première race de nos Rois *Mallum*, & ensuite *Placitum.* Le nombre de ces Rachimburges n'étoit point fixé, on a lieu de croire qu'il étoit plus ou moins grand, relativement au plus ou moins d'étendue de leur district ou canton; ils étoient au nombre de cinq dans un plaid tenu à Digne par les *Missi* de Charlemagne, dans lequel on jugea un procès qui intéressoit l'abbaye de Saint-Victor de Marseille, an. 780, p. 173 *& suiv.*

RADEGONDE (sainte), fille d'Hermenfroi roi de Thuringe, faite prisonnière par Clotaire I.er roi de France, qui l'épousa peu de temps après; elle se retire dans un Couvent, année 559, p. 37. Elle écrit aux Évêques du Concile de Tours pour leur demander la confirmation de l'institut de Saint-Césaire d'Arles, qu'elle avoit adopté dans le Couvent dont elle étoit la fondatrice, an. 567, p. 40. Elle fait son testament en faveur du monastère de Sainte-Croix de Poitiers, an. 587, p. 47.

RADOARD, abbesse d'un Monastère d'Italie, nommé anciennement *Sainte-Julie*, & depuis *Montierneuf*, obtient de Charlemagne la confirmation des priviléges accordés à cette Maison par les rois Lombards, an. 781, p. 176.

RADOBERT, évêque de Sienne, a des contestations avec l'évêque d'Arezzo, qui sont jugées en premier ressort par le Pape, & enfin terminées par les Lettres de Charlemagne, an. 801, p. 222.

RADON, nom d'un Chancelier de France au commencement du règne de Charlemagne, an. 779, p. 172; an. 790, p. 192.

RADULPHE, roi des Thuringiens, avoit fait la guerre à Sigebert II roi d'Austrasie; époque de la paix entre ces deux Princes, an. 647, p. 70.

RAGANE, abbesse d'un monastère appelé *Septemmolæ*; elle perd un procès contre l'abbé de Saint-Denys dans un plaid tenu à Attigni, an. 751, p. 129.

RAGNEMOND, abbé de Saint-Calez, assiste au Concile de Sens de l'année 833, & signe l'acte de translation du monastère de Saint-Remi dans le lieu de Vareilles, an. 833, p. 419.

RAIMOND surnommé *Rasinel*, duc d'Aquitaine, fonde le monastère de Lombez, qui depuis a été érigé en Évêché, an. 810, p. 257.

RAINALD, peut-être comte d'Uzès, fait donation, conjointement avec Agilburge sa femme, de plusieurs héritages à la Cathédrale de cette ville, an. 823, p. 364.

RAINARD, archevêque de Rouen, assiste au Concile de Sens de l'année 833, & signe l'acte de la translation du monastère de Saint-Remi dans le lieu de Vareilles, an. 833, p. 418.

RAMNINCUS, abbé de Saint-Sulpice de Bourges, fait confirmer, par Louis le Débonnaire, tous les priviléges & les droits de son Monastère, an. 821, p. 352.

RAMNO, évêque d'Elne, obtient de l'empereur Louis le Débonnaire une Charte de liberté & d'immunités en faveur de sa Cathédrale, année 833, p. 415.

RAMNULFE, obtient de l'empereur Louis le Débonnaire le comté de Poitiers, dont ce Prince dépouilla Emmenon pour cause d'infidélité, an. 839, p. 459.

RAMPON, comte de Gironne, s'intéresse pour le monastère de Saint-Étienne de Bagnioles, & obtient de Louis le Débonnaire un Diplome par lequel ce Prince met l'Abbé & les Moines sous sa garde spéciale, an. 823, p. 365.

RANCHON, comte dans le duché de France, tenoit en bénéfice du Roi, pour lui tenir lieu des gages de son office, la seigneurie d'Essone près Corbeil; cette terre qui avoit été autrefois détachée du domaine royal par Clotaire I.er pour la donner à l'abbaye de Saint-Denys, étoit rentrée, je ne sai comment, dans les mains des Financiers; Pépin oblige ce Comte de la restituer à l'abbé Fulrad, an. 766, p. 148.

RANGUAIRE, abbé de Moissac, obtient de Louis le Débonnaire, non-seulement la confirmation des anciens priviléges de son Monastère, mais de nouveaux encore, an. 818, p. 328.

RAOUL, comte dans le canton de Vurtzbourg, est condamné à la Cour du Roi de restituer à la Cathédrale de cette ville des terres qu'il lui avoit usurpées, an. 820, p. 345.

RAOUL, comte de Cahors, constitue, conjointement avec la comtesse Aigue sa femme, une dote au jeune Raoul leur fils qu'ils ont engagé dans la Cléricature, & à Inimène leur fille à laquelle ils ont fait prendre le voile de Religieuse, an. 823, p. 365; an. 824, p. 369.

RAOUL, évêque de Lisieux, assiste au Concile de Sens de l'an 833, & signe l'acte de translation du monastère de Saint-Remi dans le lieu de Vareilles, an. 833, p. 419.

RAOUL, fils d'Eberard comte du Frioul, est admis dans le testament de son père pour partager les biens de sa succession, an. 837, p. 446 *& suiv.*

RAPT, peine de ce crime. Voyez CRIME.

RATCHIS, moine, avoit un hospice ou Celle dans la ville même de Rome, situé près l'église de Saint-Pierre, dont les Papes étoient propriétaires, Étienne III en fit donation à Fulrad abbé de Saint-Denys, an. 757, p. 140.

RATGAIRE, abbé de Fulde, fait un échange avec Riculfe archevêque de Mayence, an. 812, p. 269. Autre échange fait par cet Abbé avec l'évêque de Weissembourg, an. 815, p. 300. L'Empereur le punit en le déposant pour les mauvais traitemens qu'il faisoit à ses Moines, an. 816, p. 308.

RATHIER, comte dans la Neustrie, obtient en bénéfice des biens considérables pour une modique redevance, dépendans de Saint-Vandrille, de la part de Theutsinde qui en étoit abbé, an. 734, p. 119.

RATIER, obtient de Louis le Débonnaire le comté de Limoges, an. 839, p. 459.

RAURACIUS, évêque de Nevers, écrit à Didier évêque

évêque de Cahors, & lui recommande deux particuliers nommés *Mammole* & *Garimond*, qui étoient, suivant les apparences, les économes de l'évêché de Nevers, & qui alloient dans le Quercy pour soigner des biens situés dans un lieu de cette province appelé *Curticella*, & qui appartenoient à l'église de Nevers, an. 650, p. 71.

REBAIS. Ce Monastère situé dans le diocèse de Meaux, fut bâti par saint Ouen sur un terrain donné par le roi Dagobert I; il s'appeloit dans les premiers temps de sa fondation *Jérusalem*; il prit dans la suite le nom de *Rebais*, qui étoit celui du ruisseau sur lequel il est situé, an. 635, p. 62.

RECOMMANDER, RECOMMANDATION. Quelques Auteurs prétendent que cet usage de se recommander à un plus puissant que soi, étoit établi dès la première race de nos Rois, & qu'il a donné lieu dans la suite à l'établissement des fiefs: d'autres croient y trouver l'origine des bourgeoisies, qui ne prirent naissance que sous la troisième race. Dans le principe, ce ne fut qu'une espèce de piraterie & un goût de vol presque naturel à toutes les différentes nations Germaniques, qui fit naître le besoin de s'appuyer de quelqu'un plus fort que soi pour défendre ses possessions; dans la suite on en fit une loi, & peut-être doit-on regarder l'Ordonnance de Charlemagne pour les Bavarois, comme un Édit bursal, par lequel il veut que tout particulier qui ne se sera pas recommandé d'un Seigneur, se recommande du Roi; on payoit une somme d'argent, soit au Roi, soit au Seigneur pour sa recommandation, an. 788, p. 189. Les Monastères se recommandoient le plus souvent du Roi, an. 815, p. 305.

RÉCUSATION. Cas dans lesquels les Ordonnances permettent de récuser des témoins, tant en matière civile que criminelle, an. 816, p. 314.

REDON. Ce monastère situé en Bretagne, fut fondé vers l'an 822 par un saint Prêtre nommé *Couvoyon*. Ralville, comte de Vannes, contribue à ce pieux établissement en léguant des fonds de terres, an. 831, p. 405. Louis le Débonnaire confirme par un Diplome cette fondation, an. 834, p. 425.

REGGIO, ville d'Italie, chef-lieu d'un Duché de ce nom dans les États du duc de Modène; Charlemagne confirme les privilèges accordés, par les rois Lombards, à l'église Cathédrale de cette ville, an. 781, p. 175.

RÉGINAIRE, évêque de Passau, soutient un procès à la Cour de Louis roi de Bavière, contre Adalram évêque de Saltzbourg; ce Prince jugea en personne leur différend, an. 829, p. 393. Ce Prélat obtient dans la suite de ce même Prince une donation de fonds de terre en faveur de sa Cathédrale, an. 836, p. 437.

REGNIER, évêque d'Amiens, assiste au Concile de Sens de l'année 833, & signe l'acte de la translation du monastère de Saint-Remi dans le lieu de Vareilles, an. 833, p. 419.

REGRESSIS (cum Exiis & Regressis). Voyez le Glossaire de Ducange; ce Savant cite un grand nombre de vieux monumens dans lesquels on trouve ces expressions, il semble qu'elles signifient un droit que l'on percevoit pour donner la faculté au Public de passer sur un terrain, & celui que l'on exigeoit pour permettre de mener paître des bestiaux dans des pâturages, an. 783, p. 179.

REIMS (église de). Formule de cession & de confirmation de cession faite par le roi Sigebert à cette Métropole, an. 569, p. 40. Statuts synodaux de cette église, an. 600, p. 51.

REIPOSSE (de). Cette expression tout-à-fait barbare est un titre de la loi Salique, ce qu'il signifie, suivant l'opinion des Glossateurs, an. 819, p. 341.

RELIGIEUSES. Ordonnance de Charlemagne, qui défend de donner le voile de Religieuse aux filles avant qu'elles aient atteint l'âge d'une raison assez développée pour connoître les obligations du cloître, an. 781, p. 175 & 176. Cet âge est fixé à vingt-cinq ans par une autre Ordonnance, an. 813, p. 283.

REMI (saint), évêque de Reims, écrit à Clovis au sujet de la mort de sa sœur Albofléde, an. 497, p. 18. Il écrit à Falcot évêque de Tongres, sur ce que celui-ci avoit ordonné un Prêtre pour une église qui étoit de son diocèse, an. 512, p. 23. Il est nommé par une Bulle du pape Hormisdas, son Légat dans toute l'étendue des États de Clovis; critique de cette pièce, an. 514, p. 24. Son testament; époque de sa mort, an. 530, p. 28.

REMILA, première abbesse du monastère de Saint-André près la ville de Vienne, an. 520, p. 26.

REMIREMONT, abbaye; Charte de sa fondation par Romaric comte d'Advent; au jugement d'habiles Critiques, cette pièce est supposée, an. 620, p. 55. Le pape Jean IV exempte de la juridiction épiscopale cette maison qui n'étoit encore qu'un Monastère où les Religieuses vivoient voilées & cloîtrées, an. 648, p. 70.

RENVOI. Cas dans lesquels on peut, suivant les Ordonnances, demander le renvoi au Juge des lieux, tant en matières criminelles que civiles, an. 816, p. 314.

RÉOLE, évêque de Reims, fonde un Monastère de filles dans un lieu appelé *Gaugeac* ou *Episcopivilla*, qui dépendoit de son église, année 685, p. 90.

RÉOLE. Ce Monastère situé dans les Marches d'Espagne, s'appeloit très-anciennement *Squirs*, un Comte se l'étoit approprié au commencement du neuvième siècle, dans la suite il le restitua aux Moines, an. 836, p. 439.

REPRÉSENTATION. Elle a lieu, par une Ordonnance de Childebert, entre les neveux & les oncles pour partager la succession de leur aïeul, an. 532, p. 29.

RÉPUDIATION. Elle n'étoit pas la même dans notre Droit ancien que chez les Romains; une Ordonnance de Charlemagne suppose la répudiation permise & établie, mais elle défend à une femme répudiée, également qu'au mari, de passer à de secondes nôces du vivant de l'un & de l'autre; cette manière de répudier ressemble à la séparation de corps & de biens qui est actuellement en usage, an. 813, p. 283.

RÉSIDENCE. Constantin ordonne aux Évêques, par un rescrit adressé au Concile d'Arles, de résider dans leur diocèse, an. 314, p. 3.

RESTOIN, abbé de Munster-en-Grégoriental, obtient de Carloman l'exemption, en faveur de son Monastère, des droits que l'on payoit au Roi lorsque l'on faisoit des acquisitions dans l'étendue de ses seigneuries, an. 769, p. 152.

RETINGEN, nom d'une terre dont le duc Martin, maire du palais d'Austrasie, fit donation à l'abbaye de Saint-Euchaire, an. 679, p. 87.

REUILLI. Le roi Dagobert I.er fait donation de cette seigneurie avec vingt-deux villages situés en Berry, au monastère de Saint-Denys en France: on croit la Charte supposée, an. 638, p. 66.

RICBOD, abbé de Sénone, acquiert à titre de donation une Celle en faveur de son Monastère, & en obtient la confirmation de Louis le Débonnaire, an. 825, p. 376.

RICCOLÈNE, particulier, fait, conjointement avec Ermena sa femme, donation de la seigneurie de

Tome I.

k k

Villars avec ses dépendances, à l'abbaye de Saint-Benigne de Dijon, an. 761, p. 144.

RICHARD, huissier du cabinet de l'empereur Louis le Débonnaire, prend part à la révolte des fils de ce Prince; ses biens sont confisqués, & l'Empereur dans la suite les lui rend, an. 839, p. 457.

RICHENAW ou REICHENAW. Ce Monastère situé dans la Souabe ne subsiste plus, il a été uni à l'évêché de Constance; Charlemagne détacha une seigneurie de son domaine & en fit donation à Hetton qui en étoit abbé, an. 813, p. 285.

RICHEWIN, ce comte dont on ignore le nom, du Comté, signe le testament de Charlemagne, an. 811, p. 263.

RICHILDE, veuve d'Oliba comte de Carcassonne, renouvelle avec l'abbé de la Grasse le bail que son mari avoit fait d'une terre qu'il avoit lui-même léguée à ce Monastère, an. 837, p. 441.

RICULFE, archevêque de Mayence, signe le testament de Charlemagne, année 811, p. 263. Il est nommé Commissaire par Charlemagne pour instruire le procès entre l'abbé de Fulde & ses Moines, an. 812, p. 269.

RIÉTI, ville dans l'Ombrie, dans un faubourg de laquelle Loup, duc de Spolette, fonda un Monastère de filles, destiné pour celles qui naîtront de parens libres & distingués, an. 751, p. 129.

RIPATICUN. Ce droit faisoit partie de ceux de la Voirie, il se percevoit aux passages des rivières & dans les ports; il avoit été établi principalement pour dédommager le Roi ou le Seigneur de la terre où il se payoit des frais de bac & de l'entretien des chaussées. Voyez le Glossaire de Ducange. Charlemagne fait donation à la cathédrale d'Utrecht de ce droit établi sur une rivière nommée *Lecca*, an. 780, p. 174.

RISSEL, lieu situé près l'abbaye de Caune & de son ancien domaine, un particulier nommé *Pinaud* le tenoit en bénéfice, & il en passe reconnoissance, an. 802, p. 226.

ROBERT, comte d'un canton appelé *la Hasbaye* dans le pays de Liége; ce Seigneur fait des legs considérables au monastère de Saint-Tron, an. 746, p. 125.

ROBERT, abbé de Saint-Germain-des-Prés, obtient de Charlemagne un Diplome par lequel ce Prince confirme tous les priviléges & les immunités de ce Monastère, an. 778, p. 170.

ROBERT, l'un des vassaux du Roi le plus illustres, obtient de Louis le Débonnaire des terres considérables en propriété, situées sur les bords du Rhin dans l'ancien royaume des Ripuaires: quelques bons Historiens prétendent que ce Seigneur avoit la même origine que Charlemagne, & que c'est ce Robert le Fort dont sont issus nos Rois de la troisième race, an. 836, p. 434 & *suiv*. Il fait un legs au monastère de Saint-Tron, an. 838, p. 452.

ROCH, comte du Frioul, signe le testament de Charlemagne, an. 811, p. 263.

ROCHASHEM. Voyez ROXEM & FÉLIX.

ROCULFE, comte dont on ignore le nom du Comté, signe le testament de Charlemagne, année 811, page 263.

RODARD, comte dans l'Alsace, vend des terres au monastère de Saint-Denys, situées dans le Brisgaw, an. 790, p. 192.

RODERIC, comte dans le canton de Coire en Suisse, avoit usurpé les droits & les biens du monastère de Pfefers, l'Empereur l'oblige à les restituer, an. 831, p. 405.

RODHINGUE, comte dans le royaume d'Austrasie, fait une double donation à l'église d'Utrecht, conjointement avec Bébeline sa femme, par deux actes différens, an. 726, p. 117.

RODOBERT, homme de considération, fonde le monastère de Maroilles, an. 671, p. 81.

ROGER, seigneur Franc d'origine, s'étoit distingué dans la guerre que Pépin le Bref & Charlemagne soutinrent contre les Gascons; ce dernier par récompense lui donna le comté de Limoges; il fonda & dota le monastère de Charroux, la comtesse Eufrasia sa femme en signe l'acte, année 769, p. 154.

ROGER, abbé de Metlock en Lorraine, reçoit du duc Fédéric une donation en faveur de son Monastère, an. 813, p. 278.

ROMARIC, comte d'Advent, fonde l'abbaye de Remiremont, an 620, p. 55.

ROME est prise par Totila roi des Gots; Vigile qui siégeoit alors sur la chaire de saint Pierre, écrit à l'évêque d'Arles, afin d'engager Childebert roi de France à le protéger auprès de ce Conquérant, année 550, p. 34. Le pape Grégoire III offre, de la part du Sénat, à Charles Martel la souveraineté de Rome, an. 740, p. 120. Rome cesse d'être le siége de l'empire d'Occident par un Édit de Charlemagne qui le fixe à Aix-la-Chapelle, an. 804, p. 239. Louis le Débonnaire exerce tous les droits de la souveraineté dans Rome, an. 824, p. 370. Il se fait prêter serment de fidélité par les habitans de cette ancienne capitale du Monde, & il y fait exécuter ses Ordonnances, an. 824, p. 372. Ses *Missi* y tiennent un plaid, & ils rendent un arrêt contre le pape Grégoire IV, an. 829, p. 391 & *suivantes*. Pièce accusée de fausseté, de laquelle les Ultramontains se sont autorisés pour avancer que Louis le Débonnaire avoit donné aux Papes la souveraineté de Rome, an. 835, p. 432.

ROMILLE, comtesse de Toulouse, de concert avec Béra son mari, soumet à perpétuité au Pape le monastère d'Alet qu'ils avoient fondé, an. 813, p. 286.

RORICON, comte de Touraine, fait une donation au monastère de Saint-Maur-sur-Loire, an. 839, p. 456.

RORLACHA Voyez NEUSTAT.

ROSARIAS, ROSIÈRES ou ROUZIÈRES en Lyonnois, ou ROUZIERS dans le Forés, terre donnée à la cathédrale de Mâcon par une Charte de Louis le Débonnaire, an. 814, p. 292; an. 815, p. 303.

ROTALD, évêque de Vérone, détache des biens de sa Cathédrale pour en faire donation au monastère de Saint-Zénon, an. 807, p. 251. Il contribue avec Pépin roi d'Italie, à rétablir le monastère de cette ville, qui avoit été détruit dans les guerres des Lombards, an. 815, p. 305. Ce Prélat obtient dans la suite de l'empereur Louis le Débonnaire, une Charte en faveur de cette même Abbaye, an. 830, p. 399.

ROTHARD, comte dans l'Alsace, dote richement le monastère d'Arnolfesaw, fondé par saint Pirmin archevêque de Trèves, an. 750, p. 128.

ROTHLA. Cette dame est qualifiée de Comtesse, il y a lieu de croire qu'elle étoit veuve d'un Comte de Sens dont je n'ai point trouvé le nom; cette Comtesse avoit légué au monastère de Saint-Remi de Sens, la terre de Vareilles, où ils fut transféré en 833, an. 834, p. 432 & *suiv*.

ROTOVALLO, nom d'une métairie achetée par le roi Dagobert I, d'un particulier appelé *Severus*, & léguée ensuite par ce même Prince à l'église cathédrale de Metz, avec la réserve néanmoins de cinquante sous de rente, an. 637, p. 64.

TABLE DES MATIÈRES. cxxxiij

ROTRUDE fait, de concert avec Braidingue son mari, une donation à l'abbaye d'Aniane, an. 813, p. 276.

OTUALDE, évêque de Soissons, assiste au Concile de Sens de l'an 833, & signe l'acte de translation du monastère de Saint-Remi dans le lieu de Vareilles, an. 833, p. 419.

ROUVRAI. Cette seigneurie située dans l'Orléanois, est donnée au monastère de Saint-Denys par le roi Dagobert I, an. 635, p. 63. Elle échut dans cette lot des Moines par le partage des biens de l'Abbaye fait pour la première fois entr'eux & l'abbé Hilduin, an. 832, p. 407 & suiv.

ROXEM, bourgade de la Flandre, proche de l'ancienne ville de Thorout, éloignée de Courtrai de quatre lieues : on croit que c'est dans cette bourgade où un Prêtre vertueux, nommé *Félix*, fonda le monastère nommé dans les anciens actes *Rochashem*, an. 746, p. 125.

RUFIACUS, nom d'un domaine situé dans le pays de Bèze, diocèse de Langres, qu'une pieuse dame nommée *Ermenoara*, légua à l'abbaye de Saint-Benigne de Dijon, an. 715, p. 106; an. 735, p. 119.

RULLI donné au monastère de Saint-Julien d'Auxerre par Palladius évêque de cette ville, an. 634, p. 61.

RUTHARD, comte dans l'Alsace, avoit fondé le monastère d'Arnolfesaw, situé dans le diocèse de Strasbourg, an. 826, p. 380.

S

SABELLIUS, hérétique du III.e siècle; ses erreurs sont renouvelées par Chilpéric I.er, année 583, page 44.

SACLÉ ou SARCLAI, situé sur la Guine dans la châtellenie de Châteaufort, acquis par Charlemagne de l'évêque d'Autun, & donné au monastère de Saint-Denys par le roi Dagobert I.er, an. 635, p. 62.

SACREMENS. Ordonnance de Charlemagne, qui défend aux Prêtres d'exiger aucune rétribution pour administrer les Sacremens, an. 801, p. 225.

SADIGER, duc de l'Austrasie Mosellane & de Bouillon, fait donation d'une seigneurie au monastère de Saint-Denys de Tolei, an. 829, p. 393. Autre donation faite par ce même Seigneur à l'abbaye de Saint-Euchaire, an. 834, p. 424.

SADRAGÉSILLE, duc d'Aquitaine, est assassiné par des scélérats; ses enfans négligent de venger sa mort; leurs biens sont confisqués pour les punir de cette bassesse, an. 644, p. 69.

SAFFARACUS, évêque de Paris, est déposé dans un Concile tenu dans cette Capitale, année 551, page 35.

SAINT-AIGNAN d'Orléans, ancien Monastère, & qui n'étoit plus occupé par des Moines dès le temps de Charlemagne, des Chanoines leur avoient déja succédé; Charlemagne confirme cette Abbaye dans la possession de tous ses biens, an. 786, p. 182. Et Louis le Débonnaire en confirme tous les privilèges accordés par Pépin le Bref, année 821, page 351.

SAINT-AMAND, évêque de Mastreich ou d'Utrecht, veut abdiquer son siège à cause du déréglement du Clergé de son diocèse, an. 650, p. 71. Il fonde le monastère de Saint-Pierre de Gand, an. 651, p. 71; & celui qui s'est appelé depuis de son nom, *ibid*. Il établit un autre Monastère à Barisy, qui étoit un fisc, & que Childeric II lui avoit donné à ce dessein, an. 661, p. 77. Ce Prélat remet au moine André le monastère de Barisy pour le gouverner, an. 664, p. 78.

SAINT-AMAND. Ce Monastère est fondé par un évêque de Mastreich dont il a pris le nom : il s'appeloit dans les premiers temps de son établissement du nom du lieu où il est situé, *Elno, Elnonense monasterium*; le roi Dagobert I.er approuve cette œuvre de piété par un Diplome, an. 636, p. 63; an. 638, p. 64. Donation faite & privilèges accordés à cette Abbaye par Louis le Débonnaire, an. 822, p. 355.

SAINT-AMBROISE de Milan. Diplome de Lothaire empereur & roi d'Italie, en faveur de cette Abbaye, an. 835, p. 428.

SAINT-ANDOCHE d'Autun, monastère; époque de sa fondation; le pape Grégoire I lui accorde différens privilèges, an. 602, p. 52. Il est doté par le premier testament de Widrad, an. 721, p. 112.

SAINT-ANDRÉ, près la ville de Rome. Charte donnée par Ansemond, conjointement avec sa femme Ansleubanne, en faveur de ce Monastère, dont Rémila leur fille fut première Abbesse, an. 520, p. 26. Louis le Débonnaire confirme cette Charte, an. 831, p. 403.

SAINT-ANTHÈME, petit Monastère situé dans la Sabine en Italie, très-ancien, différent d'un autre Monastère du même nom, situé en Toscane dans le diocèse de Chiusi; Louis le Débonnaire fit une donation à ce dernier, année 814, p. 294.

SAINT-ANTONIN dans le Rouergue. Ce Monastère obtient du roi Pépin le Bref la réunion de la petite abbaye de Saint-Pierre en Quercy, an. 767, p. 119. Il est placé, par l'Ordonnance de Louis le Débonnaire, dans la classe des Abbayes qui ne doivent à l'État que des dons gratuits, an. 817, p. 319. Donation faite à cette Abbaye par l'impératrice Hermengarde, confirmée par Louis le Débonnaire, an. 818, p. 331. Description des biens de ce Monastère, an. 832, p. 412.

SAINT-ARNOULD de Metz, don de la seigneurie de Flavigny fait à ce Monastère par Géoffroi duc de Saxe; cette Charte est critiquée, an. 690, p. 92. Pépin Héristal fait donation à cette même Abbaye du village de Narroi, *ibid*. Drogon duc de Bourgogne & comte de Champagne, fils de Pépin, fait une donation à cette Abbaye de la seigneurie de Mareuil, an. 690, p. 93. Arnould fils de Drogon, duc de Champagne & de Bourgogne, fait donation à ce Monastère de la seigneurie de Fleuri, an. 706, p. 102. Hugues fils de Drogon & petit-fils de Pépin Héristal, fait donation à cette Abbaye du village de Vigi situé dans le pays Messin, an. 715, p. 107. Chilpéric II fait donation à ce Monastère d'une terre nommée en latin *Villa Marte*, que quelques Savans traduisent par *Martille*, an. 717, p. 110. Terre de Bouxières léguée à cette Abbaye par la reine Hildegarde, an. 783, p. 178; & celle de Cheminont par Charlemagne, *ibid*.

SAINT-AUBAIN d'Angers. Ce Monastère obtient de Charlemagne un Diplome qui confirme les donations & les privilèges qui lui avoient été accordés par les prédécesseurs de ce Prince, an. 769, p. 152. Il étoit dans anciennement sous l'invocation de la Sainte Vierge, an. 770, p. 155.

SAINT-AVOLD. Ce Monastère situé dans le pays Messin, est appelé dans quelques vieux monumens *Hilariacense* ou *Nova Cella*; on le nomma dans la suite *Saint-Nabor* ou *Saint-Avold*; privilège de ses Abbés; un évêque de Metz lui fait une donation, an. 787, p. 185.

SAINT-BENIGNE de Dijon. Charte par laquelle

un nommé *Godin*, homme de confidération, conjointement avec Lantrude fa mère, fait une donation en faveur de ce Monaftere; critique de cette pièce, an. 579, p. 43. Un Seigneur nommé *Ermenbert* lègue à ce même Monaftere trois métairies, an. 632, p. 60. Bulle du pape Serge I.er en faveur des Moines de cette Abbaye, an. 696, p. 97. Legs fait à cette Abbaye d'un domaine nommé *Rafiacus* fitué dans le pays de Bèze, par une pieufe dame appelée *Ermenoara*, an. 715, p. 106 & 107. Autre legs fait à ce Monaftere de plufieurs héritages fitués dans le même canton de Bèze, par une pieufe dame nommée *Goytiane*, an. 734, p. 119. Autre donation faite à cette Abbaye par une autre dame pieufe nommée *Ermenoara*, *ibid.* Deux particuliers, mari & femme, font encore donation à cette Abbaye de la feigneurie de Villars avec toutes fes dépendances, an. 761, p. 144. Deux autres donations de plufieurs héritages faites à ce même Monaftere, l'une par Bagon, & l'autre par Anfegaud, an. 762, p. 145 ; an. 775, p. 164. Nouvelles donations faites à ce Monaftere, an. 776, p. 167; an. 777, p. 169; an. 783, p. 179; an. 816, p. 309 & 310; an. 817, p. 317; an. 820, p. 344 & 345. Echange fait par les Doyen & Chanoines de cette églife, an. 836, p. 435 *& fuiv.* Autres échanges faits en faveur de cette même églife par Alberic évêque de Langres, an. 837, p. 441 ; & par Ingelrand aufli évêque de ce fiége, an. 840, p. 465.

SAINT-BENOÎT fur Loire, monaftere appelé auparavant *Saint-Pierre d'Orléans*; fa fondation, an. 623, p. 56. Il eft placé par l'Ordonnance de Louis le Débonnaire dans la claffe des Abbayes qui doivent à l'État des dons gratuits & des hommes de milice, an. 717, p. 319. Ce même Prince accorde deux Diplomes aux Moines de cette maifon, an. 818, p. 328 *& fuiv.* Lettres de ce Prince qui portent que plufieurs domaines, formant des dépendances de la terre de Sonchamp, feront reftitués à cette Abbaye, an. 835, p. 431.

SAINT-BERTIN, abbé de Sithieu ; il donne fon nom à ce Monaftere, an. 660, p. 76.

SAINT-BERTIN, monaftere. Voyez SITHIEU.

SAINT-CALEZ (*Anifolenfe*), monaftere du dioecèfe du Mans; Charte donnée en faveur de cette Abbaye, par Childebert I.er roi de France, confirmative des donations à elle précédemment faites par Innocent évêque du Mans, an. 526, p. 26. Autre Charte de Childebert, qui prend ce Monaftere fous fa protection; critique de cette pièce, an. 528, p. 27. Autre Charte de ce Prince en faveur de ce Monaftere, confirmative de ces priviléges, an. 538, p. 31. Quatrième Charte de Childebert en faveur de ce Monaftere, par laquelle il déclare qu'il le prend fous fa protection avec tout ce qui lui appartient à préfent, & tout ce qui lui pourra appartenir par la fuite, an. 547, p. 33. Charte de Chilpéric roi de Soiffons, portant confirmation de la précédente, an. 563, p. 38. Charte du même Prince, portant ratification d'un nouvel aveu rendu à l'Évêque & aux Chanoines de l'églife du Mans par l'abbé Gallus, an. 565, p. 39. Le roi Dagobert I.er ratifie cette Charte, an. 636, p. 64. Confirmation des priviléges de cette Abbaye par le Diplome de Thierri III, an. 674, p. 83. Ratification de ces mêmes priviléges par Clovis III, an. 692, p. 95. La propriété de ce Monaftere appartenoit aux évêques du Mans, les Abbés le tenoient en bénéfice, an. 697, p. 98. Les priviléges & les immunités accordés par les Rois de France à cette Abbaye, font confirmés par Dagobert III, an. 712 & 713, p. 105 ; de même que l'aveu rendu à l'évêque du Mans par l'abbé Ibbole, *ibid.* Les caufes de ce Monaftere font évoquées par privilége au Confeil du Roi, an. 751, p. 129 ; & fes priviléges confirmés, an. 759, p. 142. L'Abbé de ce Monaftere fait un échange avec l'évêque du Mans, & en obtient la confirmation du Roi, an. 774, p. 160. Ce Monaftere qui s'étoit fouftrait à la jurifdiction de l'évêque du Mans, y eft ramené par une Ordonnance de Charlemagne, an. 802, p. 226 Il obtient de Louis le Débonnaire une confirmation de fes priviléges, an. 814, p. 291 ; & la liberté d'élire déformais fes Abbés, an. 825, p. 374. Les Moines de cette Abbaye font des tentatives pour fe fouftraire à la jurifdiction de l'évêque du Mans ; ils foutiennent dans cette vue un procès à la Cour du Roi, & ils le perdent, an. 837, p. 442.

SAINT-CASSIEN de Marfeille, connu aujourd'hui fous le nom de *Saint-Sauveur de Marfeille*. Voyez SAINT-SAUVEUR DE MARSEILLE. an. 596, p. 50.

SAINT-CHIGNAN. Voyez SAINT-LAURENT. Ce Monaftere eft placé, par l'Ordonnance de Louis le Débonnaire, dans la claffe de ceux qui ne doivent à l'État que des prières, an. 817, p. 320.

SAINT-CYRAN, abbaye fituée fur la rivière de Claife en Berry ; on l'a appelée long-temps *Longoret*, du nom du lieu où elle fut fondée ; le roi Clovis II donne une Charte en faveur de ce Monaftere, an. 640, p. 67.

SAINT-CLAUDE. Ce Monaftere a été érigé au commencement de ce fiècle en Évêché ; il fe trouve placé, par l'Ordonnance de Louis le Débonnaire, dans la claffe des Abbayes qui doivent à l'État des dons gratuits & des hommes de milice, an. 817, p. 319.

SAINTE-COLOMBE de Sens. Le roi Dagobert I.er lègue à cette Abbaye, par teftament, la feigneurie de Grand-champ en Gâtinois, an. 636, p. 63. Emmon évêque de cette ville, exempte cette Abbaye de fa jurifdiction, an. 658, p. 75. Confirmation du legs de Dagobert & de la Charte de l'Évêque, par un Diplome de Louis le Débonnaire, an. 833, p. 416. Defcription ou déclaration des biens de ce Monaftere préfentée à l'Empereur, qui les exempte de toutes fortes de tributs & d'impôts, an. 836, p. 437.

SAINT-COUAT, Prieuré ou Celle fitué dans le dioecèfe de Carcaffonne, dépendant anciennement de l'abbaye de Graffe, an. 814, p. 293.

SAINTE-CHRISTIANE. Ce Monaftere fitué en Lombardie, obtient de Louis le Débonnaire la confirmation de tous fes priviléges, année 822, p. 357. Ce Monaftere eft préfentement uni au collége des Allemands à Rome ; Lothaire confirme le Diplome de l'Empereur fon père, an. 838, p. 449.

SAINTE-CROIX de Poitiers, monaftere de filles bâti par fainte Radegonde reine de France ; teftament de cette Princeffe en fa faveur, an. 587, p. 47. Cette Abbaye eft placée, par l'Ordonnance de Louis le Débonnaire, dans la claffe des Monafteres qui ne doivent à l'État que des prières, an. 817, p. 319. L'Abbeffe obtient un nouveau privilége de ce même Prince, an. 825, p. 374.

SAINT-CURÉ (*Sancti Apri Cænobium*). Rétabliffement de ce Monaftere par Frothaire évêque de Toul ; ce Prélat fe réferve, par fa Charte, le droit de nommer l'Abbé, & toute jurifdiction fur l'Abbaye, an. 836, p. 439.

SAINT-DENYS. Apparition de ce faint Évêque au pape Étienne III, pendant le féjour qu'il fait à l'abbaye de Saint-Denys en France, année 754, p. 135.

SAINT-DENYS

SAINT-DENYS DE TOLAY ou SAINT-MAURICE. Ce Monaſtère étoit ſitué ſur la Sarte dans le royaume d'Auſtraſie, le duc Sadiger en augmenta les biens par un legs, an. 829, p. 393.

SAINT-DENYS en France (abbaye de). Charte de Clotaire II, en faveur de cette Abbaye, confirmative d'une donation de biens à elle précédemment faite par un particulier nommé *Jean*, an. 620, p. 55. Donation de Théodetrude en faveur de ce Monaſtère, an. 627, p. 57. Charte de Dagobert I.ᵉʳ accordée aux Moines, an. 628, p. 58. Ce Prince établit un marché dans le lieu de Saint-Denys, & accorde aux Moines de l'Abbaye de faire des levées ſur les marchandiſes que l'on y apporteroit vendre, an. 629, p. 58. Il donne à ce même Monaſtère le lieu & la forêt d'Écouen, an. 632, p. 59. Il ſoumet à ce même Monaſtère, pluſieurs égliſes qu'il fonda dans l'Anjou & dans le Poitou; cette Charte eſt critiquée, *idem*, p. 60. Droit de ſauve-garde accordé par ce même Prince, dans toute l'étendue du territoire de ce Monaſtère, pour toutes ſortes de crimes; la Charte eſt ſoupçonnée de fauſſeté, *ibid.* Dagobert I.ᵉʳ donne aux Moines des biens ſitués dans le Berry; cette charte eſt auſſi ſoupçonnée de fauſſeté, an. 635, p. 61. Ce même Prince donne à ce Monaſtère le lieu de Saclé ou Sarclay, an. 635, p. 62. Ce Prince donne Putteaux près Paris, à Dodon abbé de Saint-Denys, *ibid.* Le village de Giurette ſitué en Berry, eſt donné à ce Monaſtère par ce même Prince, *ibid.* Autre donation par ce Roi, des villages de Toury, de Tyvernon, de Rouvray, de Monarville & du Valvaſçois, an. 635, p. 63. Il donna encore dans le même temps, le bourg de Maillet près la Creuſe, *ibid.* L'année ſuivante les moines de ce Monaſtère obtiennent de ce Prince deux Chartes de donation de pluſieurs ſeigneuries, ſituées dans le Berry & dans le Limouſin; mais ces deux pièces ſont réputées par les Savans, pour être entièrement ſuppoſées, an. 638, p. 63. Ce Prince apporte de Picardie les reliques de Saint-Firmin, évêque d'Amiens, & il les place dans l'égliſe de ce Monaſtère, an. 637, p. 64. Il fait ſouſcrire par un grand nombre d'Évêques, une Charte qui exempte cette abbaye de la juriſdiction Épiſcopale, an. 638, p. 65. Autre Charte de ce Prince, par laquelle il fait donation d'une étendue prodigieuſe de terrain à cette Abbaye; cette Charte paroit entièrement ſuppoſée, *ibid.* Vers le même temps, cette abbaye acquiert les ſeigneuries d'Acuçay, Coſdon, Grenvillers, Moyenvillers, Gelles & Averçay dans le Beauvoiſis, par la donation que Dagobert en fait aux Moines, *ibid.* Il leur donne par une autre Charte, le village d'Eſtrepagny, *ibid.* Les enfans des ſerfs qui appartiennent à cette Abbaye ſont aſſujettis à la ſervitude par une Charte de ce même Prince; cette pièce eſt critiquée, an. 638, p. 66. Le lieu & la ſeigneurie de Saint-Denys en France ſont donnés aux moines de ce même Abbaye par le roi Dagobert; on croit cette Charte ſuppoſée, *ibid.* Ce même Prince donne à cette abbaye la ſeigneurie de Reuilly, avec vingt-deux villages ſitués en Berry; mais on croit de même cette Charte ſuppoſée, *ibid.* Diplome du roi Clovis II en faveur de ce monaſtère, mais on n'en ſait pas l'objet, an. 641, p. 68. Autre Diplome de ce même Prince, par lequel il confirme la donation de deux villages, qu'une dame nommée *Amathilde* avoit léguée à cette Abbaye, an. 644, p. 69. Certaines donations faites à cette Abbaye, par le roi Dagobert I.ᵉʳ, ſont confirmées par une Charte de Clovis II, & ce Prince fait de nouvelles donations à ce Monaſtère par ce même acte, *ibid.* Privilèges accordés à cette Abbaye, par la Charte de Landry

Tome I.

évêque de Paris; mais de bons critiques ſoutiennent cette pièce ſuppoſée, an. 652, p. 72. La Charte de Landry eſt confirmée par un Diplome du roi Clovis II, an. 653, p. 73. Autre Diplome de ce Prince en faveur de cette Abbaye, contre les prétentions de l'archevêque de Rouen, *ibid.* Ce Monaſtère eſt maintenu par deux jugemens rendus à la cour du roi Clotaire III, dans la poſſeſſion des villages de Toury, d'Eſtampes, d'Eſtival & de pluſieurs autres, an. 658, p. 75. Lettres de ce Prince, qui confirment Vandebert abbé de ce Monaſtère, dans la propriété des villages de Sergé, de Toury, d'Aguiſi, de Coſdon, de Grandvillé, de Moyenvillé & de Gelles, an. 658, p. 76. Childeric II ayant réuni toute la Monarchie ſur ſa tête, vient à Compiegne & donne un Diplome en faveur de l'abbaye de Saint-Denys, par lequel il cède à l'Abbé & aux Moines la haute, moyenne & baſſe juſtice dans le lieu & dans le territoire de Saint-Denys, an. 670, p. 80. Autre Diplome de ce Prince, par lequel il fait donation à ce même Monaſtère du village de Viplaix en Bourbonnois; mais on ſoupçonne cette pièce de ſuppoſition, *ibid.* Les métairies que ce Monaſtère poſſède aujourd'hui dans le territoire de Maiſoncelle, de Sancy & d'Aunoy en Brie, ſont données par le roi Thierry III, an. 678, p. 86. Les moines de cette Abbaye obtiennent un arrêt à la cour du Roi, qui les maintient dans la propriété de la terre appelée *Baudrinus* dont ils avoient fait l'acquiſition, an. 679, p. 87. Lagny-le-ſec avoit été donné à cette Abbaye par le roi Dagobert I.ᵉʳ; Thierri III ratifie la donation, an. 686, p. 91. Un Seigneur, dont on ignore le nom, fait donation à cette Monaſtère, des lieux de Tourly & d'Artis-la-ville, ſitués dans le Vexin normand, avec un autre legs pour l'entretien du luminaire de l'égliſe, an. 690, p. 93. L'économe de cette Abbaye eſt maintenu dans la propriété du village de Buxey dans le Hurepoix, par arrêt rendu à la cour du roi Clovis III, an. 691, p. 93. Autre jugement rendu à la cour du Roi, en faveur de Chainon abbé de ce Monaſtère, an. 692, p. 95. Clovis III accorde un Diplome aux moines de cette Abbaye qui confirme leurs privilèges & leurs immunités, *ibid.* Ce Monaſtère eſt maintenu dans la propriété de Noiſy-ſur-Oiſe, *ibid;* ainſi que dans la propriété d'une terre appelée *Baldanecurtis*, an. 693, p. 96. La rente de trois cents ſols due à ce Monaſtère par le Domaine, pour l'entretien du luminaire de l'égliſe eſt étrite par la donation que Childebert III fait d'un domaine ſitué en Berry appelé *Napſiniacum*, an. 694, p. 96. L'abbé de Saint-Denys eſt déclaré propriétaire du domaine appelé *Hordinium*, qu'il avoit eu ci-devant en nantiſſement d'Ibbon vaſſal du Roi pour une ſomme de ſix cents ſous qu'il lui avoit prêté, an. 695, p. 97. Le village de Tourly eſt légué aux moines de cette Abbaye, par un Seigneur dont on ignore le nom, an. 700, p. 100. Donation faite à ce Monaſtère, par le roi Childebert III, du village de Soleſmes ſitué près Valenciennes, avec un petit oratoire de Sainte-Croix dans le même canton, an. 706, p. 102. Ce Prince maintient cette Abbaye dans la jouiſſance des droits que l'on percevoit autrefois ſur toutes les marchandiſes qui ſe vendoient au marché de Saint-Denys, an. 710, p. 103. Il maintient les Moines contre les prétentions de Grimoalde maire du Palais, dans la jouiſſance d'un moulin, comme dépendant de Lagny-le-ſec qui leur appartenoit, an. 710, p. 104. Les privilèges & les immunités de cette Maiſon ſont confirmés par un Diplome du roi Chilpéric II, an. 716, p. 107. L'abbé de ce Monaſtère obtient l'exemption des

ij

droits de douane & de péage, pour toutes les denrées que cette Maison faisoit venir de Marseille, an. 716, p. 108. Martin moine de cette Abbaye, gagne un procès dans le plaid tenu cette année à Compiegne, & est maintenu dans la propriété du lieu & de la seigneurie de Baisieu, *ibid*. Les moines de cette Maison obtiennent du roi Chilpéric II, la continuation du don que plusieurs rois de France leur avoient fait, de prendre annuellement cent vaches sur le fisc du Maine, *ibid*. Donation faite par ce même Prince, à ce Monastère, de la forêt de Saint-Cloud appelée alors *de Rovray*, an. 717, p. 110. Berthoald abbé de ce Monastère, obtient un Diplome du roi Thierri IV, par lequel il confirme tous ceux que les Rois ses prédécesseurs avoient accordés aux moines de cette Abbaye, sous la condition néanmoins que les Moines reprendront l'usage de la psalmodie perpétuelle, qu'ils avoient interrompu depuis quelque temps, an. 723, p. 114. Charles Martel fait donation à cette Abbaye de Clichy-la-Garenne, an. 741, p. 121. Ce Monastère est maintenu dans la jouissance des biens situés au village de Mareuil près Marly, an. 748, p. 126. Privilége d'avoir des fonds baptismaux, accordé à ce Monastère, par le pape Zacharie avec confirmation de la Charte de Landry évêque de Paris, an. 749, p. 127. Ce Monastère obtient dans un plaid tenu à Attigny, la restitution de plusieurs fonds de terre situés dans la seigneurie de Solesme, détenus par l'abbé de Maroilles & par plusieurs autres particuliers, an. 750, p. 128 & 129. Il se tint l'année suivante un plaid à Verberie, dans lequel l'abbé Fulrad fit encore faire de nouvelles restitutions à son Monastère, an. 751, p. 129. Le lieu nommé *Carbonius* est adjugé à ce Monastère, dans un plaid tenu à Attigny, contre les prétentions de Ragane abbesse d'un monastère appelé *Septem-molæ*, an. 751, p. 129. Pépin fait ordonner dans un plaid tenu à Verberie, que le village de Taverny sera restitué à cette Abbaye, an. 753, p. 134. Ce Prince fait donation aux moines de cette même Abbaye, de l'église & du château de Saint-Mihiel, an. 753, p. 136. Ce Monastère obtient un nouveau Diplome de Pépin, portant des priviléges, an. 756, p. 139. Le pape Étienne II accorde aux moines de cette Maison, d'avoir un Évêque particulier pour leur conférer les Ordres, pour bénir les saintes huiles & consacrer les Autels, an. 757, p. 140. Fulrad, abbé de Saint-Denys gagne un procès contre Gérard comte de Paris, qui prétendoit dépouiller ce Monastère du droit de percevoir les impositions mises sur les denrées que l'on portoit vendre au marché de Saint-Denys, an. 758, p. 142. Ce même Abbé fait des acquisitions au profit de son Monastère, de plusieurs fonds de terre situés dans le Brisgaw, an. 763, p. 146. Cette Abbaye rentre dans la jouissance de la terre d'Essone près Corbeil, par la restitution que Pépin ordonne qu'on en fasse à l'abbé Fulrad, an. 766, p. 148. Donation faite à ce Monastère, par un comte nommé *Adalard* ou *Adelard*, de biens situés dans le Brisgaw, *ibid*. Fulrad lègue aux moines de cette Abbaye les biens que Pépin lui vendit après les avoir eus par donation entre vifs, an. 767, p. 149. Les donations & les priviléges accordés à ce Monastère, depuis sa fondation sont confirmés par trois Diplomes de Pépin, an. 768, p. 150. Nouvelle donation faite par ce Roi, quelques jours après que ces trois Diplomes furent expédiés, de la forêt d'Yveline en faveur de cette même Abbaye, qu'il choisit pour le lieu de sa sépulture, an. 768, p. 151. Le petit monastère de Saint-Dié, qui avoit été ci-devant du patrimoine de Pépin échut, après sa mort dans le partage de Charlemagne son fils; celui-ci le légua à l'abbaye de Saint-Denys, sous la condition qu'il y seroit inhumé comme son père, an. 769, p. 151. Ordonnance du roi Carloman, qui maintient cette Abbaye dans la jouissance de quelques-uns de ses priviléges qu'on lui contestoit, *idem*, p. 152. Les moines de ce Monastère obtiennent des priviléges de Charlemagne, celui entre autres de faire chasser à la grosse bête dans la forêt d'Yveline, *idem*, p. 153. On leur lègue des héritages situés au village d'Estanles dans le Beauvoisis, an. 770, p. 155. Donation faite à ce Monastère, par Carloman, an. 771, p. 158. Deux Bulles du pape Adrien I.er, en faveur de cette Abbaye, dont la première est soupçonnée de fausseté, an. 772, p. 158 *& suiv*. & an. 786, p. 182. Charlemagne confirme des donations faites à ce Monastère, par Pépin son père, an. 774, p. 161. Ce Prince finit de bâtir l'église de cette Abbaye que Pépin avoit commencée, & le jour de la dédicace, il fait donation aux Moines de la seigneurie de Luzarches, an. 775, p. 164. Ils obtiennent peu de temps après trois Chartes de priviléges de ce même Prince, *ibid*. Et sur la fin de la même année, ils s'engagent à détacher de son Domaine royal la seigneurie de Taverny & à la leur donner, an. 775, p. 165. Ils gagnent un procès à la cour du Roi, qui leur adjuge, contre les prétentions de l'archevêque de Paris, un petit Monastère situé au village de Plaisir, dans la forêt de Saint-Germain-en-Laye, *idem*, p. 166. Ils sont légataires de leur abbé Fulrad, qui laisse une riche succession, an. 777, p. 170. Ils acquièrent des biens considérables en peu de temps à la faveur d'un privilége que Charlemagne leur accorde, an. 778, p. 171. Ils obtiennent une Bulle du pape Adrien I.er, qui confirme la donation que Charlemagne leur avoit faite de la Valteline, an. 780, p. 175. Ce même Prince affranchit dans le même temps leurs biens de tous impôts, *ibid*. Ils obtiennent à un plaid général, la restitution d'une terre située dans le pays de Caux, an. 783, p. 177. Confirmation d'un legs fait à cette Abbaye par deux Anglois qui y étoient venus en pèlerinage, an. 790, p. 191. Elle acquiert du comte Rodard des biens situés dans le Brisgaw; & la confirmation de ceux qu'elle possédoit en Alsace, *idem*, p. 192 & 193. Bulle du pape Léon III, en faveur de ce Monastère; mais cette pièce est entièrement supposée, an. 798, p. 205. La princesse Gisèle fait des legs considérables à cette Abbaye, an. 799, p. 207. Les Moines obtiennent de Charlemagne, la confirmation de cette donation, & un autre legs du comte Théodalde, *idem*, p. 208 & 209. Donation faite à ce Monastère par le comte de Madrie, de tous ses biens de patrimoine, an. 805, p. 239. Autre donation attribuée à Charlemagne; mais la Charte est taxée de fausseté, an. 812, p. 270. Autre Charte donnée en faveur de cette Abbaye, & également taxée de fausseté, an. 813, p. 285. L'abbé Hilduin obtient en faveur de ce Monastère, deux Diplomes de Louis le Débonnaire, qui le maintiennent dans leur privilége & dans leurs immunités, an. 814, p. 294. Le prieuré d'Argenteuil est restitué à cette Abbaye, an. 819, p. 337. Diplome des empereurs Louis & Lothaire, en faveur de ce Monastère, an. 824, p. 365. Donation faite à cette Abbaye, du village de Mancini en Brie, *idem*, p. 369. Confirmation d'un échange fait au profit de cette Maison, entre l'Abbé & celui de Saint-Médard de Soissons, an. 827, p. 385. Autre Charte portant confirmation d'un autre échange, an. 828, p. 386. Premier partage des biens de cette Abbaye, entre l'Abbé & les Moines, an. 831, p. 407. L'Empereur ratifie ce partage, an. 832, p. 410; & fait ensuite une donation à l'Abbé, de la terre & seigneurie de Mitry, an. 833, p. 413. La psalmodie de jour & de nuit est rétablie & fondée dans ce Monastère, par Hilduin qui en étoit Abbé, *idem*, p. 419. Les moines de cette Abbaye s'associent avec ceux de Saint-Remi de Reims, an. 838, p. 454. L'Abbé fait l'année suivante un échange avec l'abbesse de Jouarre, an. 839, p. 455. Donation faite en faveur de cette Maison, par un particulier nommé *Lantfroid*, an. 840, p. 461. Lothaire, Empereur, accorde un Diplome à Hilduin, abbé de Saint-Denys, *idem*, p. 465.

SAINT-DENYS, Monastère situé dans l'Austrasie, en faveur duquel Cléodulphe, fils du duc Arnould donne une Charte, an. 646, p. 69.

SAINT-DENYS. Ce Monastère situé dans la Bavière, s'appeloit autrefois *Slechdorf*; il reçoit une donation, an. 799, p. 209.

SAINT-DIÉ-EN-VOSGE, fut fondé par un Moine nommé *Deodatus*, & bâti sur un terrain appelé *Junctura*, donné à cet effet par un particulier nommé *Hunon*. L'Archevêque de Trèves, dans le diocèse duquel il est, l'exempte de sa juridiction, an. 671, p. 81. Charlemagne ou ses auteurs en acquirent la propriété, & ce Prince le donne à l'abbaye de Saint-Denys, an. 769, p. 151.

SAINT-EMMERAN. Ce Monastère situé proche les murs de Ratisbonne, est mis sous la protection spéciale du Roi, & ses biens avec les privilèges ratifiés par une Charte de Charlemagne, & par une Bulle du pape Léon III, an. 798, p. 206. Sigefroi, abbé de ce Monastère, fait une donation en faveur des Moines, an. 820, p. 348. Le roi de Bavière ratifie un autre legs fait à ce Monastère, an. 831, p. 405.

SAINT-ÉTIENNE. Monastère situé dans la ville même d'Angers; il subsistoit du temps de Charlemagne. Ce Prince en fait donation à l'Évêque de cette ville; on ignore l'époque de sa destruction, an. 770, p. 155.

SAINT-ÉTIENNE, petit Monastère situé près la ville de Chieti au royaume de Naples. Les empereurs Louis & Lothaire qui en étoient propriétaires en font donation à l'abbaye de Farfe, an. 829, p. 392.

SAINT-ÉTIENNE de Dijon. Donation des dîmes de plusieurs paroisses situées près cette ville, faite en faveur de cette église, par Betton évêque de Langres, an. 791, p. 195; an. 801, p. 223. Autre donation faite à cette Collégiale par un Diacre nommé *Achaus*, an. 822, p. 358.

SAINT-ÉTIENNE de Limoges. C'est l'église cathédrale de cette ville. Louis le Débonnaire accorde deux Chartes en faveur des Chanoines, an. 817, p. 321 *& suiv.*

SAINT-ÉTIENNE de Tornac. Celle ou petit Monastère dépendant anciennement de l'évêque de Nîmes, an. 814, p. 293 *& suiv.*

SAINT-EUCHAIRE (*Sancti-Eucharii*). Celle du diocèse de Trèves. Diplome de Sigebert II, roi d'Austrasie, en faveur de ce Monastère, an. 653, p. 72. Donation en faveur de ce même Monastère, faite par le duc Martin, an. 679, p. 87. Autre donation en faveur de cette Abbaye, faite par le duc Sadiger, an. 834, p. 424.

SAINT-EUGÉNIE. Ce Monastère situé dans le diocèse de Narbonne, est placé par l'ordonnance de Louis le Débonnaire, dans la classe de ceux qui ne doivent à l'État que les prières, an. 817, p. 320.

SAINTE-EULALIE. Monastère fondé dans la ville de Lyon, par le roi Childebert, an. 545, p. 33. Le Monastère étoit tombé en ruine, & il n'y avoit plus de Religieuses; Leidrad archevêque de cette ville en fit réédifier l'église, qu'il mit sous l'invocation de Saint George, & il y établit une paroisse, an. 798, p. 206.

SAINT-EUVERTE. Monastère situé à Orléans, obtient de Charlemagne une donation, an. 783, p. 179.

SAINTE-FARE, fonde le Monastère appelé de son nom *Faremoutiers*, dans le diocèse de Meaux; elle lègue aux Religieuses des biens situés à Champeau, à Louvre en Parisis, à Chelles, à Fay, & à Poincy, an. 632, p. 60.

SAINT-FARON, évêque de Meaux, donne une Charte en faveur du monastère de Faremoutiers; critique de cette pièce, an. 610, p. 53.

SAINT-FARON. Monastère situé dans un faubourg de la ville de Meaux, en faveur duquel le Pape Jean IV donne une Bulle, an. 660, p. 76. Il est placé par l'ordonnance de Louis le Débonnaire, dans la classe des Abbayes qui doivent à l'État des dons gratuits & des hommes de milice, an. 817, p. 319.

SAINT-FERREOL, ancien monastère en Bourgogne, doté par le premier testament de Widrad; on croit qu'il étoit situé dans le diocèse d'Autun, dans le même lieu où la paroisse est sous l'invocation de Saint Ferreol, an. 621, p. 112.

SAINT-FILIBERT. Ce nom est commun dans quelques vieux monumens aux monastères de Noirmoutiers & de Tournus. *Voyez l'un & l'autre*.

SAINT-FIRMIN, évêque d'Amiens. Le roi Dagobert I.er transféra de Péquigny les reliques de ce Saint dans l'église de Saint-Denys-en-France, an. 637, p. 64.

SAINT-FLORENT. Il paroît que ce Monastère situé sur la Loire, étoit fondé long-temps avant le règne de Louis le Débonnaire; ce Prince y plaça des Moines qu'il fit venir d'Italie, & leur accorda des privilèges, an. 804, p. 268.

SAINT-GAL. Ce Monastère s'agrège à celui d'Agaune; ils forment l'un avec l'autre une association de prières pour les vivans & pour les morts, an. 800, p. 221.

SAINTE-GENEVIÈVE de Paris. Le roi Dagobert I.er donne par testament à cette Abbaye un lieu appelé *Dravernum*, situé dans la Brie, an. 636, p. 63.

SAINT-GEORGE, église paroissiale de la ville de Lyon. *Voyez* SAINTE-EULALIE.

SAINT-GERMAIN d'Auxerre. L'abbé de ce Monastère obtient des privilèges de Louis le Débonnaire, an. 816, p. 307. Ce Monastère avoit obtenu de Charlemagne le privilège d'élir ses Abbés; Louis le Débonnaire le confirme, an. 835, p. 431.

SAINT-GERMAIN-DES-PRÉS ou SAINT-VINCENT près Paris. Charte de fondation de cette Abbaye, donnée par Childebert, an. 558, p. 36. Privilèges accordés à ce Monastère par Saint-Germain, Évêque de Paris, an. 565, p. 38. Don fait par le même Prélat de quelques biens situés à Vitry près Paris, *ibid*. Testament du roi Dagobert I.er en faveur de cette Abbaye, an. 636, p. 63. Il est jugé dans un plaid tenu à la cour du roi Childebert III, que le monastère de Limours est sous la dépendance de cette Abbaye; les biens, comme Ville-neuve-sur-Cher & Bretigny qui appartenoient à la maison de Limours, détruite dans le XI.e siècle, furent réunis à Saint-Germain-des-Prés, an. 702, p. 101. Un particulier nommé *Gautier & Gode* sa femme, fondent un Monastère de filles dans le Berry près Argenton, & en font donation à l'abbaye de Saint-Germain-des-Prés, an. 730, p. 118. Cette

Maison obtient de Charlemagne la confirmation de tous ses priviléges, an. 772, p. 159; le péage de Villeneuve-Saint-George, an. 778, p. 170; la seigneurie de Marolles avec un droit de pêche dans la Seine, entre Melun & Sens, année 786, p. 182; & de Louis le Débonnaire, un droit de pêche dans la même rivière, mais dans un autre endroit, an. 817, p. 323. Premier partage des biens de cette Maison, entre l'Abbé & les Moines, an. 829, p. 391. Charte de Pépin, roi d'Aquitaine, en faveur de cette Abbaye, *idem,* p. 392.

SAINT-GERVAIS & SAINT-PROTAIS, église cathédrale du Mans. Donation faite à cette église par Alain & sa femme, an. 625, p. 57. Don du lieu & de la seigneurie nommée *Ardunum*, en faveur de cette Cathédrale, par le roi Childeric II, an. 667, p. 79. Cette Cathédrale est confirmée dans la propriété de cette terre, an. 671, p. 81. Les priviléges de cette église, & ceux des Monastères du diocèse, sont confirmés par un Diplome de Thierri III, an. 674, p. 83. Cette église étoit propriétaire du village de Cavignac, situé dans le Bourdelois. Bercaire le donna en bénéfice à un particulier nommé *Hunald*, lequel fit donation à perpétuité à cette Cathédrale de plusieurs hériages, situés dans le village même de Cavignac, an. 675, p. 84. Le roi Clotaire III & Bathilde sa mère avoient accordé à l'Évêque au Clergé de cette cathédrale, de choisir le comte ou le duc de la ville du Mans; Childebert III confirme ce privilége, an. 698, p. 99; & an. 720, p. 111. Confirmation en faveur de cette Cathédrale par le même Prince, de la seigneurie nommée *Ardunum, ibid.* Confirmation de ce dernier Diplome par le roi Thierri IV, an. 721, p. 113.

SAINT-GERY, Monastère rééedifié par Didier, évêque de Cahors, an. 632, p. 61.

SAINT-GILLES. Ce Monastère situé dans le diocèse de Nîmes, est placé par l'Ordonnance de Louis le Débonnaire, dans la classe de ceux qui ne doivent à l'État que des prières, an. 817, p. 319.

SAINTE-GRATE. Ce Monastère situé dans le diocèse d'Urgel, dans les Marches d'Espagne, obtient des priviléges de Louis le Débonnaire, entr'autres celui d'élire ses Abbés, an. 823, p. 353.

SAINT-GUILLAIN du désert ou Gellone. Guillaume duc de Toulouse, fonde ce Monastère & le dote richement, an. 804, p. 236. Ce Seigneur s'y retire, & y prend l'habit de Moine, donations nouvelles qu'il y fit en cette circonstance, année 806, p. 250. Autres donations faites à cette Abbaye, par Louis le Débonnaire, an. 807, p. 260.

SAINT-HILAIRE de Poitiers. Donation faite par Clovis le Grand, en faveur de cette Église, an. 524, p. 26. Priviléges accordés à ce Monastère, par Pépin le Bref, an. 768, p. 150. Les *Missi* du Roi adjugent dans un plaid tenu à Poitiers, des fonds de terre réclamés par cette Abbaye, an. 790, p. 191. Autre jugement rendu dans un plaid, en faveur de cette Abbaye, an. 833, p. 420. Les priviléges & les immunités de cette Abbaye sont confirmés par une Charte de Pépin, roi d'Aquitaine, an. 834, p. 425.

SAINT-HILAIRE de Carcassonne; on fait à cette Abbaye la restitution d'un petit Monastère situé dans le Roussillon, an. 803, p. 229. Les Moines obtiennent de Louis le Débonnaire des immunités & le privilége d'élire leur Abbé, an. 815, p. 306; & an. 816, p. 313. Ce Monastère est placé par l'Ordonnance de Louis le Débonnaire, dans la classe de ceux qui ne doivent à l'État que des prières, an. 817, p. 320. Ce même Prince confirme les priviléges & les immunités de cette Abbaye, an. 828, p. 388.

SANCTI-HILARII, Celle du diocèse de Trèves; Diplome de Sigebert II, roi d'Austrasie, en faveur de ce Monastère, an. 653, p. 72.

SAINT-HYPPOLITE, Monastère situé en Alsace, est fondé par Fulrad, abbé de Saint-Denys; Charlemagne fait don à cette Maison d'une forêt, avec un droit de pêche, an. 774, p. 161.

SAINT-HUBERT *(Fanum Sancti Huberti)*; on l'appeloit plus-anciennement *Andainum* & *Audoinum*. Sa situation, époque de sa fondation par le moine Berigin : critique de cette Charte, an. 687, p. 91.

SAINT-JEAN de Réomé. Charte de Clovis le Grand en faveur de ce Monastère: critique de cette pièce, an. 496, p. 17. Autre Charte de Clotaire I.er confirmative de la précédente; critique de cette seconde pièce; situation de cette Abbaye, an. 518, p. 25.

SAINT-JEAN-LE-GRAND d'Autun, Monastère; époque de sa fondation; Grégoire I.er, Pape, lui accorde différens priviléges, an. 602, p. 52.

SAINT-JEAN, petit Monastère situé dans le diocèse de Narbonne; il fut appelé dans la suite *Caunes;* Charlemagne le mit sous sa protection royale, an. 793, p. 197.

SAINTE-JULIE. Monastère de filles en Lombardie, appelé dans la suite *Montier-neuf;* il obtient des priviléges de Charlemagne, an. 781, p. 176.

SAINT-JULIEN d'Auxerre. Ce Monastère occupé anciennement par des filles, est richement doté par Palladius évêque de cette ville, an. 634, p. 61.

SAINT-JULIEN de Brioude. *Voy.* BRIOUDE.

SAINT-LAURENT, près la ville du Mans; Saint Domnole laisse par son testament, une partie de son bien à ce Monastère, an. 572, p. 41.

SAINT-LAURENT ou SAINT-CHIGNAN, que l'on appeloit autrefois *Citou;* Monastère situé dans le diocèse de Saint-Pons. Anien qui en étoit abbé, obtient de Charlemage la confirmation d'un legs, que le comte Milon lui avoit fait, an. 793, p. 197. Ce Monastère est légué à Louis le Débonnaire, qui l'accepte; & néanmoins il permet aux Moines d'élire leur Abbé, an. 826, p. 380.

SAINT-LAURENT ou SAINT-SAUVEUR. Ce Monastère situé proche la ville de Rieti en Ombrie, fait un échange avec celui de Farfe, année 795, page 200.

SAINT-LUCIEN de Beauvais. Fondation de ce Monastère par Chilpéric, an. 583, p. 44. Charlemagne donne un Diplome en faveur de cette Abbaye, par lequel il la confirme dans ses possessions, & la maintient dans ses priviléges, an. 770, p. 156.

SAINT-MAIXANT. Cette Abbaye située en Poitou, étoit autrefois comprise dans le royaume d'Aquitaine; elle est placée par l'Ordonnance de Louis le Débonnaire, dans la classe des Monastères qui ne doivent à l'État que des prières, an. 817, p. 319. Elle acquerre, à titre de donation, un fonds de terre, avec l'agrément de Louis le Débonnaire, an. 825, p. 376. Lettres patentes de ce Prince, qui prouvent que ce Monastère avoit été donné en bénéfice à un comte de Poitiers, année 827, p. 382 & 385.

SAINT-MARCEL, près Châlons. Fondation de cette Abbaye, année 584, page 45. Charlemagne confirme les priviléges & les immunités de cette Maison, an. 779, p. 172. Bulle d'un Pape Jean, qui accorde des priviléges étranges à cette Abbaye; mais la pièce est taxée de fausseté. Saint-Marcel n'est plus qu'un prieuré, dépendant de Cluny, an. 818, page 329. Cette Maison étoit occupée par des Chanoines, sous le règne de Louis le Débonnaire; ce Prince leur accorde une Charte, année 835, page 430.

SAINTE-MARIE

TABLE DES MATIÈRES.

SAINTE-MARIE de Bethléem. *Voyez* FERRIÈRES.
SAINTE-MARIE du Mans. Ce Monaſtère qui ne ſubſiſte plus, & dont les biens ſont préſentement unis aux Chapelains de la cathédrale du Mans, fut fondé par Domnole évêque de cette ville ; il étoit ſitué ſur la Sarte, au-delà des murs de cette même ville ; Domnole l'avoit ſoumis à ſa juridiction & à celle de ſes ſucceſſeurs ; Aiglibert confirme cet établiſſement, & en obtient la ratification du roi Thierri III, an. 531, p. 28 ; an. 576, p. 85.
SAINTE-MARIE d'Arles, dans le Valeſpir, du diocéſe d'Elne. Ce Monaſtère obtient pluſieurs priviléges de Louis le Débonnaire ; entr'autres celui d'élir ſes Abbés, an. 820, p. 347. Terrier général des biens de cette Abbaye, an. 832, p. 408.
SAINTE-MARIE de Organo. Ce Monaſtère étoit ſitué dans un fauxbourg de Vérone ; Charlemagne lui accorde des priviléges, an. 804, p. 236.
SAINTE-MARIE. Petit Monaſtère dans le Frioul, uni par les empereurs Louis & Lotaire, à la cathédrale d'Aquilée, an. 830, p. 393.
SAINT-MARTIN. Petit Monaſtère dans l'enceinte de la ville du Mans, reçoit de Childebert I.er une Charte, qui confirme les donations qui lui avoient été précédemment faites, an. 567, p. 39.
SAINT-MARTIN d'Autun. Époque de la fondation de ce Monaſtère. Grégoire I.er pape, lui accorde différens priviléges, an. 602, p. 52.
SAINT-MARTIN de Tours. Bulle du pape Dieudonné, qui confirme le privilége d'exemption de la juridiction épiſcopale, accordé à ce Monaſtère par Chrotbert évêque de Tours, année 674, p. 84. Ibbon, ſucceſſeur de ce Prélat, confirme cette Charte, & fait les mêmes réſerves, an. 712, p. 105. Autland abbé de ce monaſtère avoit aſſigné des fonds pour la dépenſe du réfectoire ; Hitier ſon ſucceſſeur, obtient de Charlemagne une Charte qui confirme cette diſpoſition, année 775, page 167 ; & une autre à quelques années de là, qui ratifie tous les priviléges accordés par les Rois, prédéceſſeurs de ce Prince, an. 782, p. 176. Ce Monaſtère obtient, comme l'abbaye de Saint-Denys, le privilége d'avoir un Évêque particulier, pour conférer les Ordres aux Moines de la maiſon, & bénir les ſaintes Huiles & les Autels, an. 786, p. 184. Il obtient un Diplome qui le confirme dans la puiſſance de pluſieurs héritages, ſitués dans le Briſgaw, qui lui avoient été reſtitués, an. 790, p. 193. Un Savant prétend, que dès le règne de Charlemagne, les Moines de cette abbaye s'étoient ſéculariſés, & qu'ils vivoient comme des Chanoines ; ils obtinrent ſous ce titre, des priviléges de ce Prince, an. 796, p. 201 ; an. 800, p. 219. Il paroit cependant, par une Lettre de ce même Prince, que ces Moines menoient une vie très-licentieuſe, & qu'au beſoin ils ſe diſoient, tantôt Chanoines, tantôt Moines ; ce Prince leur en fait des reproches, & ils les cite à ſa Cour, pour rendre compte de leur conduite, an. 803, p. 235. Priviléges accordés à cette Abbaye par le pape Léon III, an. 806, p. 245. Toutes les immunités & les priviléges de cette Maiſon, ſont confirmés par Louis le Débonnaire, an. 817, p. 323 & 324. Ce Monaſtère donne une rente en bénéfice à un des premiers Officiers de l'Empereur, ſous certaines conditions, qui ſont approuvées par une Charte du Prince, an. 828, p. 386. Cet Empereur, par un Diplome, affranchit cette Abbaye de la juridiction de l'Ordinaire, il la met ſous ſa garde & protection royale, an. 831, p. 405 *& ſuiv.* Il donne une Charte, pour que quelques reſtitutions ſoient faites aux Chanoines, an. 832, p. 410 *& ſuiv.*
SAINT-MARTIN. Monaſtère. *Voy.* SAINT-YRIER DE LA PERCHE.

Tome I.

SAINT-MARTIN-AUX-CHÊNES *Voy.* LONGEVILLE.
SAINT-MARTIAL-DU-SAULZAY, village en Berry, eſt donné avec toutes ſes dépendances, à l'abbaye de Saint-Denys en France, par le roi Clovis II, an. 644, p. 69.
SAINT-MAUR-SUR-LOIRE ou GLANFEUIL. Charte de Théodebert roi d'Auſtraſie, en faveur de ce Monaſtère, qui en confirme la fondation, & par laquelle il fait don aux Moines de quelques terres ſituées dans leur voiſinage, an. 543, p. 32. Ce Monaſtère qui avoit été preſque détruit, fut rétabli par les ſoins & la piété du comte Rorigon ; & le Roi le mit ſous la dépendance de l'abbé de Saint-Maur-des-Foſſés de Paris, an. 833, p. 416.
SAINT-MAUR-DES-FOSSÉS. Ce Monaſtère eſt fondé par Blidegiſile diacre de l'égliſe de Paris, proche les foſſés & les ruines de l'ancien château des *Bodets*, dans un lieu que le roi Clovis II donna à ce deſſein, année 638, page 67. Ce Monaſtère eſt exempté de la juridiction épiſcopale, par Aubert ou Audabert évêque de Paris, an. 641, p. 68. Les Moines de cette abbaye obtiennent de Chilpéric II, la confirmation du privilége d'élire leur Abbé, accordé par quelques-uns des prédéceſſeurs de ce Prince, an. 717, p. 110. Cette Abbaye eſt placée par l'Ordonnance de Louis le Débonnaire, dans la claſſe des Monaſtères qui ne doivent à l'État que des prières ; année 817, page 319.
SAINT-MAURICE-EN-VALOIS. *Voyez* AGAUNE.
SAINT-MAURICE. L'égliſe cathédrale de Vienne en Dauphiné, eſt ſous l'invocation de ce Saint. *Voyez* VIENNE.
SAINT-MAXIMIN de Trèves. Dagobert I.er accorda un Diplome en faveur de ce Monaſtère, par lequel il confirme tous les priviléges que ſes prédéceſſeurs rois d'Auſtraſie lui avoient donnés, an. 633, p. 61. Pépin le Bref, accorde des priviléges à cette Abbaye, an. 864, p. 147. Elle eſt miſe ſous la garde royale par Charlemagne ; & ce Prince accorde aux Moines le droit d'élir leurs Abbés, an. 740, p. 193 ; an. 808, p. 253. Ces priviléges ſont confirmés par Louis le Débonnaire, an. 821, p. 349.
SAINT-MÉDARD de Soiſſons. Bulle du pape Jean III en faveur de ce Monaſtère, par laquelle il accorde aux Abbés différens priviléges ; entr'autres celui de prédication dans leur égliſe, & de bénir le peuple pendant la célébration de la meſſe, an. 562, p. 38. Autre privilége accordé à ce Monaſtère, par le pape Grégoire le Grand, année 594, p. 50. Ce Monaſtère eſt fondé par le roi Clotaire II, dans le lieu de Crouy, où ce Prince avoit un palais ; il détacha la meilleure partie du territoire de ce fiſc, pour doter cette Abbaye, an. 641, p. 68. Autre donation faite à ce Monaſtère par Louis le Débonnaire, conjointement avec l'impératrice Judith ſa femme, an. 827, p. 384.
SAINT-MÉEN. Ce Monaſtère ſitué en Bretagne, dans le diocéſe de Saint-Malo, paroit avoir été fondé dès le ſixième ſiècle, & détruit dans le huitième ; Charlemagne en permit le rétabliſſement, & accorda des priviléges aux Moines ; Louis le Débonnaire les confirme, an. 816, p. 307.
SAINT-MESMIN d'Orléans. *Voyez* MICY.
SAINT-MIHIEL (*Saint Michel*). Donation faite à cette Abbaye par le comte Wlfoade ; cet acte eſt ſoupçonné de ſuppoſition, année 674, p. 83. Autre Charte de ce même Comte, par laquelle il dote ce Monaſtère de la terre de Woinville, de la plus grande partie du village de Bilée, de pluſieurs héritages à Menonville & à Chauvancourt, avec les villages de Bouxières, de Vic, de Trognon & une ſource d'eau ſalée à Marſal, an. 709,

m m

p. 103. Donation en faveur de cette Abbaye, du village de Condé, qui est présentement la ville de Condé-sur-Mozelle, par Wlfoade, an. 716, p. 107. Il paroît que ce Monastère n'appartenoit pas encore aux Moines qui le désservoient en 747, lorsque Pépin confisqua tous les biens du comte Wlfoade; il se trouve compris parmi, & ce Prince en fit alors donation à Fulrade abbé de Saint-Denys, an. 754, page 136. Ce même Monastère obtient cependant confirmation de ses priviléges par un Diplome de Charlemagne, an. 772, p. 158; an. 805, p. 239. Il obtient la même grâce de Louis le Débonnaire, an. 815, p. 301; & l'union du prieuré de Solone à son Abbaye, qui dépendoit ci-devant de celle de Saint-Denys, an. 815, p. 302. Confirmation des priviléges de cette Maison par Louis le Débonnaire, an. 816, p. 308 & suiv. Ce Prince ajoute le privilége de l'élection de l'Abbé, an. 816, p. 313. Cette Abbaye est placée par l'Ordonnance de Louis le Débonnaire, dans la classe des Monastères qui ne doivent à l'État que des dons gratuits, année 817, p. 319. Les Moines obtiennent du même Prince le privilége d'élir leurs Abbés, an. 818, p. 332. Échange des biens, fait par l'Abbé ; confirmé par une Charte de Louis le Débonnaire, année 824, p. 369. L'empereur Lothaire confirme tous les priviléges de cette Abbaye, an. 840, p. 465.

SAINT-NABOR. Monastère situé dans le pays Messin, appelé autrefois *Saint-Hilaire* ; & présentement *Saint-Avold*. Voyez SAINT-AVOLD.

SAINT-NAZAIRE de Laurisham. *Voy.* LAURISHAM.

SAINT-OMER, évêque de Térouanne, convertit à la foi un Seigneur du pays des Morins, qui lui donna des fonds de terres pour bâtir & doter le monastère de Sithieu, an. 648, p. 70. Ce Prélat établit une église dans le voisinage de l'abbaye de Sithieu, pour être sa sépulture & celle des Moines; il exempte l'Abbaye & cette église de la juridiction de ses successeurs, an. 661, p. 76.

SAINT-OMER. Cette ville a pris son nom du saint évêque de Térouanne appelé *Omer*; elle s'est accrue peu à peu autour de l'ancien monastère de Sithieu; l'église bâtie au milieu du Cimetière, fut dans la suite desservie par quarante Moines, que l'on séculairisa dans le neuvième siécle; cette Collégiale est devenue la Cathédrale de cette ville, depuis qu'on y a transféré l'évêché de Térouanne, année 661, p. 76.

SAINT-OUEN, évêque de Rouen, obtient du roi Dagobert I.er, un fisc situé dans l'évêché de Meaux, sur un ruisseau appelé *Rebais*, & y fonda un monastère principalement destiné pour les Pélerins, an. 635, p. 62.

SAINT-OUEN, ancien monastère situé dans l'enceinte de la ville du Mans, fondé par Herlemand évêque de cette ville, au commencement du huitième siécle, & destiné pour les Pélerins; ce Prélat le dota du village d'Artis, situé sur le Loir; il ne subsiste plus, le Séminaire est à son lieu & place, an. 713, p. 105.

SAINT-OUEN ou LA CROIX-SAINT-OUEN. Ce Monastère étoit situé dans le comté de Madrie, & fut réuni, sous Charles le simple, à l'abbaye de Saint-Germain-des-Prés, le comte Nebelong, Seigneur, du Sang de nos Rois, lui fit donation de la seigneurie de Cailly, située dans le même Comté, année 788, page 187.

SAINT-PAUL. Monastère dans la ville de Lyon, fondé par le roi Childebert & Ultrogothe sa femme, an. 545, p. 33.

SAINT-PAUL, petit monastère situé hors des murs de la ville de Narbonne, anciennement dépendant de l'Archevêque de cette ville, an. 814, p. 294.

SAINT-PAUL. Apparition de cet Apôtre au pape Étienne III, pendant son séjour à l'abbaye de Saint-Denys, an. 754, p. 134.

SAINT-PIERRE, église cathédrale de Trèves; Charte de Dagobert, par laquelle il confirme à cette cathédrale la propriété du monastère de Saint-Maximin, an. 623, p. 56. Autre Charte de ce Prince, par laquelle il met sous sa protection les biens de cette église, an. 623, p. 56. Confirmation des biens de cette cathédrale par Sigebert II roi d'Austrasie, an. 653, p. 72. Pépin le Bref confirme également cette cathédrale dans ses biens & ses priviléges, an. 760, p. 142.

SAINT-PIERRE, église cathédrale de Worms. Charte de Dagobert I.er, par laquelle il fait donation à cette église des biens situés *in pago Landemburgensi*, année 627, page 58.

SAINT-PIERRE, paroisse du diocèse de Genève, donnée avec les biens qui en dépendent, au monastère de Saint-Pierre de Lyon, par saint Annemond archevêque de cette ville, an. 653, p. 73.

SAINT-PIERRE, petit Monastère situé au village de Plaisir dans la forêt de Saint-Germain-en-Laye, la propriété en fut adjugée à l'abbaye de Saint-Denys, contre les prétentions de l'archevêque de Paris, an. 775, p. 166.

SAINT-PIERRE, petit Monastère situé dans la vallée Flavienne en Languedoc, dépendant anciennement de l'évêché de Nîmes; il est présentement uni à l'abbaye de Saint-Gilles, an. 814, p. 293 & *suivantes.*

SAINT-PIERRE. *Voyez* SAINTE-GENEVIÈVE DE PARIS.

SAINT-PIERRE dans le Quercy. *Voy.* SAINT-ANTONIN.

SAINT-PIERRE de Cabrespine, Celle ou Prieuré situé dans le diocèse de Carcassonne, dépendant de l'abbaye de Grasse, an. 814, p. 293.

SAINT-PIERRE de la Couture, Monastère du diocèse du Mans, auquel Hadoinde évêque de cette ville, lègue un village nommé *Iscomodiaco*, an. 641, page 68.

SAINT-PIERRE de Gand, fondé par saint Amand évêque d'Utrecht, sur une montagne appelée *Blandinium*. Le pape Martin accorde aux Moines l'exemption de la juridiction épiscopale, an. 653, p. 71. L'Abbé obtient de Louis le Débonnaire, une confirmation de ses priviléges & immunités, année 815, page 301.

SAINT-PIERRE de Lunas. *Voy.* JONCELLES.

SAINT-PIERRE de Lyon. Charte de donation en faveur de ce Monastère ; cette pièce peut servir pour fixer l'époque de la fondation de cette maison, & marquer le lieu où elle fut d'abord située, an. 586, page 46. Donation faite à ce Monastère par saint Annemond archevêque de Lyon, an. 653, p. 73. Ce Monastère est entièrement réédifié par Leidrad archevêque de cette ville, an. 798, p. 206.

SAINT-PIERRE de Metz, Monastère de filles dont l'Abbesse fait un échange avec l'abbé de Saint-Denys; ils le font confirmer par Charlemagne, an. 782, p. 177.

SAINT-PIERRE d'Orléans. *Voyez* SAINT-BENOÎT-SUR-LOIRE.

SAINT-PIERRE-LE-VIF, de Sens. Fondation de ce Monastère attribuée mal-à-propos à Clovis le Grand ; critique de cette Charte, année 500, p. 20. Emmenon archevêque de cette ville exempte les Moines de cette Abbaye de sa juridiction, an. 657, p. 74. Une Charte d'une pieuse dame nommée *Leoteria*, par laquelle elle fait donation à cette Abbaye de deux métairies, prouve qu'Ebbon évêque de Sens en étoit le fondateur, année 695, page 97. Ce Monastère acquerre à titre de donation, faite par une autre dame de piété, les villages appelés *Fontanus, Pauliacum* & *Bagnolum*, an. 711, p. 104.

SAINT-PIERRE d'Yseure. Ce Monastère est situé près de la ville de Moulins en Bourbonnois, & d'une fondation très-ancienne ; le comte Childebrand qui étoit l'Avoué de l'abbesse & des religieuses de cette Abbaye, leur fait une donation, an. 832, p. 409.

SAINT-PIERRE. Apparition de cet Apôtre au pape Étienne III, pendant son séjour en l'abbaye de Saint-Denys, an. 754, p. 135.

SAINTE-REINE. Ce Monastère est doté par le premier testament de Widrad, an. 721, p. 112.

SAINT-REMACLE obtient de Sigebert II, roi d'Austrasie, un fonds de terre & des biens pour fonder & doter les monastères de Stavelot & Malmédy, an. 650, p. 71.

SAINT-REMI de Reims. Adon abbé de ce Monastère fait donation à ses Moines de deux villages, l'un nommé *Autrey*, dans le pays de Vôges, & l'autre appelé Crecy, proche Bruyères, an. 714, p. 106. Confirmation d'un legs fait à ce Monastère, mais la Charte est taxée de fausseté, an. 812, p. 268. Cette Abbaye fait un contrat d'association & d'union de prières avec celle de Saint-Denys, an. 838, p. 454.

SAINT-REMI de Sens, ancien Monastère situé autrefois au dedans des murs de cette ville; il est transféré dans un lieu de ce même diocèse appelé *Vareilles*, an. 833, p. 418. L'Évêque qui avoit fait ce nouvel établissement, avoit en même temps fait une donation à l'Abbaye; l'Empereur confirme l'un & l'autre, an. 834, p. 424; an. 835, p. 432.

SAINT-RIQUIER. (*Centulense Monasterium*). Ce Monastère fondé très-anciennement, étoit uni à celui de Forêt-Moutiers sous le règne de Charlemagne, & tous les deux étoient gouvernés par un même Abbé ; ils avoient été séparés depuis quelque temps ; le Prince les réunit & ordonna que l'abbé de Saint-Riquier seroit désormais & à perpétuité, abbé en même temps de Forêt-Moutiers, an. 797, p. 204. Cette Abbaye est exemptée par le pape Léon III, de la juridiction de l'Ordinaire, an. 800. p. 211 *& suiv*. Et par Louis le Débonnaire, de toutes les charges publiques, an. 830, p. 397. Les Moines fournissent au Roi une déclaration de tous leurs biens, tant meubles qu'immeubles, an. 831, p. 406.

SAINT-ROMAIN de Blaye, petit Monastère dépendant anciennement de la cathédrale de Bordeaux, année 814, page 295.

SAINT-SAVIN en Poitou. Ce Monastère compris autrefois dans l'Aquitaine, est placé par l'Ordonnance de Louis le Débonnaire, dans la classe de ceux qui ne doivent à l'État que des prières, année 817, page 319.

SAINT-SAVIN dans le diocèse de Tarbes. Ce Monastère est placé par l'Ordonnance de Louis le Débonnaire, dans la même classe que le précédent, an. 817, p. 320.

SAINT-SAUVEUR ou SAINT-CASSIEN de Marseille. Sa fondation. Différens privilèges sont accordés aux Moines par le pape Grégoire I.", an. 596, p. 50.

SAINT-SAUVEUR du Mans. Ce Monastère, près la ville du Mans, étoit situé dans un lieu que l'on appeloit *le Breuil*. Aldric évêque de cette ville, lui fait une donation de plusieurs fonds de terre, situés dans le Maine, an. 837, p. 440. L'Empereur ratifia cette donation, an. 837, p. 441.

SAINT-SEINE. Cette Abbaye, de fondation très-ancienne, se trouve placée par l'Ordonnance de Louis le Débonnaire, dans la classe des Monastères qui ne doivent à l'État que des dons gratuits, année 817, page 319.

SAINT-SERGE d'Angers. Monastère d'hommes dont on ignore l'époque de la fondation ; le roi Childebert III confirme l'Abbé & les Moines dans la jouissance de plusieurs domaines, dépendans anciennement du fisc, par lesquels il paroit par des Chartes des rois Thierri III & Clovis II, qu'ils ne doivent au domaine royal, pour toute redevance & autres droits, que douze sous d'argent, an. 704, p. 101.

SAINT-SERVAT d'Utrecht, dans la classe des Monastères avoit pour Abbé, sous Louis le Débonnaire, Égirard ; ce qui est prouvé par l'acte d'affranchissement d'un Serf nommé *Meginfroid*, an. 821, p. 351.

SAINT-SEVERIN. Ce Monastère, l'un des plus anciens du royaume, étoit situé dans un faubourg de la ville de Bordeaux ; Louis le Débonnaire fait une donation en faveur des Moines, & leur accorde des privilèges, an. 814, p. 291. Autre Diplome de ce même Prince en faveur de ce Monastère, an. 814, p. 295. Il est déclaré pour être de la juridiction de l'archevêque de Bordeaux, an. 828, p. 388.

SAINT-SILVESTRE, abbaye située sur le Monte-di-Sant-Oreste, de la dépendance de l'État ecclésiastique ; le pape Paul I." la donna à Pépin le Bref avec trois autres petits Monastères qu'il avoit mis sous la dépendance de l'Abbé, an. 762, p. 146.

SAINT-SIMPHORIEN, petit monastère, dépendant autrefois de l'archevêché de Vienne en Dauphiné, année 815, page 298.

SAINT-SIXTE. Ce Monastère situé dans le diocèse d'Auch, est placé par l'Ordonnance de Louis le Débonnaire, dans la classe de ceux qui ne doivent à l'État que des prières, an. 817, p. 320.

SAINTE-SOPHIE, monastère d'hommes, situé dans la ville de Benevent ; le duc de Benevent fait une donation en faveur de cette Maison, an. 774, p. 161.

SAINT-SULPICE de Bourges. Ce Monastère obtient de Louis le Débonnaire, une Charte de confirmation de ses privilèges, an. 821, p. 352.

SAINT-TIBÉRY. Ce Monastère existoit avant celui de Lombez, qui a été dans la suite érigé en Évêché ; le lieu même de Lombez fut donné aux Moines de Saint-Tibéry, qui y bâtirent dans les commencemens une Celle, an. 810, p. 257. Cette Maison est placée par l'Ordonnance de Louis le Débonnaire, dans la classe des Abbayes qui ne doivent à l'État que des prières, an. 817, p. 319.

SAINT-TRON, (*Sarchininense Monasterium*). Monastère du diocèse de Liége, qui prit le nom de son fondateur.; acte de la première dédicace de l'église, an. 657, p. 75. Le lieu où il fut bâti s'appeloit *Villa Sarchinio* ; ce qui fait qu'on le trouve nommé dans quelques actes anciens, *Monasterium Sarchinienfe* ; le comte Robert fait donation de plusieurs héritages à Grimo qui en étoit Abbé, année 746, p. 125. Autres donations faites à cette Abbaye par un comte nommé *Hodbert*, an. 837, p. 442. Et par le comte Robert surnommé le Fort, an. 838, p. 452.

SAINT-VANDRILLE. Ce Monastère s'appeloit anciennement Fontenelle, *Fontanellense*, du lieu de sa situation, entre deux montagnes, à la chute de plusieurs sources d'eau ; l'Historien de cette Abbaye rapporte la teneur de sa fondation à l'année 648, sous le règne de Clovis II, roi de Bourgogne & de Neustrie ; il dit, que le lieu où saint Vandrille bâtit le Monastère, avoit appartenu autrefois au Fisc ; que Dagobert I.ᵉʳ le donna à un de ses Officiers nommé *Rolma*, qui le rendit à saint Vandrille & à son neveu Godon, car ils firent tous les deux, à frais communs, cet établissement ; cet Écrivain ajoute que le contrat de vente fut passé le premier des kalendes de mars à Compiegne la onzième année du règne de Clovis, & que l'année suivante & le même jour, tandis que ce même Prince étoit également à Compiegne, il ratifia le contrat de cette acquisition; cependant le premier acte concernant cette Abbaye, autrefois si fameuse, qui soit venu jusqu'à nous, est le Diplome du roi Thierri III, par lequel il fait donation à Condedo moine de Fontenelle, de l'île de Belcinac. Condedo après y avoir bâti un petit Monastère, le donna avec l'île à Ansbert abbé de Fontenelle, an. 673, p. 82. L'Abbé de ce monastère obtient du roi Chilpéric II la confirmation de plusieurs donations, faites des fonds de terres détachés du fisc, & notamment d'une partie de la forêt de Jumiéges, année 716, page 108. Le nombre des Moines est réduit, & les biens de ce Monastère sont dissipés par l'abbé Teutfinde; il en donne de considérables pour une redevance modique, au comte Rathier, an. 734, p. 119. Louis le Débonnaire confirme les privilèges de cette Abbaye, année 815, page 304.

SAINT-VESTRE. Ce Monastère situé dans le duché de Juliers, s'appele présentement *Susteren*, & est une Collégiale de chanoinesses; Pépin le soumet à Willibrod évêque d'Utrecht & abbé d'Epternack, année 714, page 106.

SAINT-VICTOR de Marseille. Ce Monastère gagne un procès contre un Officier municipal de cette ville, dans un plaid tenu à Digne par les *Missi* de Charlemagne, an. 780, p. 173. Ce Prince accorde des franchises & des immunités aux Moines de cette abbaye, an. 790, p. 191. Et Louis le Débonnaire les confirme, année 822, page 357.

SAINT-VINCENT & SAINT-FRIDIEN. Monastère situé dans la ville de Luques, est rebâti & doté par Faustus Maire du palais de Cunibert roi des Lombards, an. 700, p. 100.

SAINT-VINCENT sur le Vulturne, dans le royaume de Naples: Charte de Charlemagne en faveur de cette Abbaye, placée mal-à-propos à cette époque, an. 715, p. 107. Ce Prince fait des donations à cette maison & en confirme les privilèges, an. 778, p. 171, Les Moines de cette Abbaye obtiennent de Charlemagne le privilége d'élire leurs Abbés, an. 787, p. 184. Ils obtiennent d'autres priviléges de Louis le Débonnaire, an. 815, p. 302; an. 816, p. 308. Ils font confirmer par ce même Prince ceux qu'ils avoient obtenu anciennement des rois Lombards, année 819, p. 333; an. 820, p. 344; an. 830, p. 397; & 831, p. 404.

SAINT-VINCENT, abbaye. *Voyez* SAINT-GERMAIN-DES-PRÉS.

SAINT-VINCENT, monastère d'hommes dans la ville du Mans, auquel Hadoinde évêque de cette ville légue un village nommé *Pratellus*, an. 641, p. 68. Ce Monastère est déclaré être sous la juridiction & dépendance de l'Évêque de cette ville, an. 832, p. 411.

SAINT-VINCENT de Mâcon, église cathédrale de cette ville; Charlemagne ratifie une donation que lui avoit faite un de ses Évêques, an. 802, p. 228. *Voyez* MÂCON.

SAINT-WAST d'Arras, fondé dans un lieu qui étoit auparavant appelé *Nobiliacus*. Diplome du roi Thierri III, par lequel il confirme l'exemption de la juridiction épiscopale, accordée à cette Abbaye par Vendicus évêque de Cambrai, an. 672, p. 82. La Charte de l'Évêque est soupçonnée de supposition, année 674, page 83. Autre Diplome de ce même Prince, en faveur de cette Abbaye, taxée également de fausseté, an. 685, p. 90.

SAINT-YRIER DE LA PERCHE, monastère, ou *Saint-Martin*, du nom de saint Yrier son fondateur, qui lui laissa une partie de ses biens par son testament, an. 579, p. 42. Donation faite à cette Abbaye, du Monastère de filles de Montier-Rauseillo, avec une quantité prodigieuse de fonds de terre, par Karissima fille d'Eudes duc de Bourgogne, an. 674, p. 84; an. 752, p. 132. Il paroît par une Charte de Charlemagne, que long-temps avant le règne de ce Prince, des Chanoines avoient pris dans cette Abbaye, la place des Moines; mais cette pièce est soupçonnée de fausseté, an. 780, p. 174.

SAINT-ZÉNON de Vérone. Ce Monastère dont l'origine est très-ancienne, avoit été presque détruit pendant les guerres que Charlemagne fit aux Lombards; Pépin petit-fils de ce Prince, le rétablit & le dota de nouveau, an. 815, p. 305. Louis le Débonnaire confirme toutes les donations faites à cette Maison par ses prédécesseurs, année 830, page 399.

SALONE, ancien monastère; il est détaché de l'abbaye de Saint-Denys, & uni par l'autorité de Louis le Débonnaire à celle de Saint-Mihiel, an. 815, p. 302.

SANCHE. Un Prêtre de ce nom légue au monastère de Simorre en Gascogne, la terre de Seignan située dans le même pays, an. 818, p. 329.

SAPAUDUS, évêque d'Arles, reçoit du pape Pélage le *Pallium* & le Vicariat des Gaules, année 557, page 35.

SARCHINIENSE (*Monasterium*). Cette Abbaye nommée aujourd'hui *Saint-Tron*, est située dans le diocèse de Liége. *Voyez* SAINT-TRON.

SARRAZINS. Pièce qui peut fixer l'époque de l'entrée de ces barbares dans la Provence, an. 570, p. 40. Autre pièce qui marque l'époque d'une seconde invasion de ces barbares dans cette Province, an. 716, p. 109. Pépin leur fait la guerre en Languedoc; il les force jusqu'à Narbonne, qui fait leur dernière place, an. 752, p. 132. Charlemagne continue de leur faire la guerre en Languedoc; Borrel, l'un de ses Généraux, les poursuivit jusque dans les Marches d'Espagne; il leur livre bataille dans un lieu avantageux, près de Barcelonne: il en fit un grand carnage, & mit en fuite le petit nombre qui échappa à ses armes, an. 795, p. 199 *& suiv.*

SAVIGNY. Ce monastère étoit fondé avant le neuvième siécle; mais il y a lieu de croire qu'il fut presque détruit par les Sarrazins, qui avoient fait des courses dans ce pays, au commencement du règne de Pépin le Bref; l'Abbé reçoit une donation, an. 808, p. 255. Il est placé par l'Ordonnance de Louis le Débonnaire, dans la classe des Abbayes qui ne doivent à l'État que des prières, an. 816, p. 319.

SAULIEU, collégiale. C'étoit anciennement un Monastère que Warré fonda, & auquel il légua de grands biens, an. 607, p. 53.

SAVOIE (la), étoit une Province enclavée dans les États de Clovis; il l'unit à l'Aquitaine, lorsqu'il rétablit ce royaume en faveur de Louis son fils, année 806, page 246.

SAVONIÈRES. Perpetuus évêque de Tours, avoit des biens dans ce lieu, qu'il légua à sa Cathédrale, année 474, page 15.

SAUVE-GARDE. Droit accordé aux Églises. Ordonnance de Childebert touchant ce privilége, an. 532, p. 29. *Voyez* FRANCHISE.

SAXE. Après que Charlemagne eut conquis cette contrée, il la réduisit en Province, & il l'unit au royaume de Bavière, qu'il donna à Charles l'un de ses fils, année 806, page 246.

SAXONS. Ces peuples étoient encore, vers la fin du septième siécle, dans la Barbarie, que les Francs avoient

avoient quitté en passant le Rhin; les Historiens nous assurent que cette nation, quoique constamment attachée au culte de ses Dieux, étoit perfide, & peu religieuse dans ses traités & dans ses sermens: le Dieu Mars qu'ils appeloient *Irmensul*, étoit la divinité à laquelle ils sacrifioient par préférence, ce qui prouve que cette nation étoit principalement adonnée au métier des armes. Il paroît que Pépin-Héristal après s'être emparé du gouvernement de l'Austrasie, fit la guerre aux Saxons, & qu'il eut des succès sur eux; peut-être qu'il les assujettit à lui payer un tribut; mais ils continuèrent d'être gouvernés par les Chefs de leur nation, an. 690, p. 92. Griphon frère de Pépin le Bref, & mécontent de n'avoir point eu de part à la souveraineté, prend les armes, & engage les Saxons à lui fournir des troupes; ce qui prouve que ces peuples n'étoient point encore à cette époque, sous la domination des rois d'Austrasie, année 749, p. 127. Charlemagne fatigué des courses que les Saxons faisoient de temps à autres sur ses frontières, prit enfin la résolution de les soumettre; il entre dans leur pays, & il demeure plusieurs années à les guerroyer, an. 782, p. 177; an. 784, p. 180. Ce Prince enfin devenu maître de tous les cantons de la Saxe, réduisit en Province ce vaste pays, an. 786, p. 181. Les Saxons sont assujettis à payer la dîme des fruits de la terre, aux églises que Charlemagne avoit établies dans leur pays, depuis qu'il les avoit soumis, an. 788, p. 187. Witikind, un de leurs chefs, s'étoit après sa défaite, retiré en Danemarck; il y forme le dessein de rentrer dans son pays, & pour y parvenir, il tâche d'engager les Danois à déclarer la guerre à Charlemagne; ce projet n'a point de suite, an. 791, p. 195. Il paroît que les Saxons se gouvernoient comme toutes les autres nations Germaniques, on distinguoit chez eux, comme parmi les Francs, avant même que ces derniers fussent établis dans les Gaules, les Nobles, *Nobiliores*, les Affranchis, *Ingenui*, les Colons ou Serfs, *Liti*. Charlemagne après avoir conquis la Saxe, laisse subsister cette différence d'états parmi les Saxons, & il leur donne des loix qui y sont relatives, an. 797, p. 204; an. 804, p. 237 & *suiv*. Ces peuples indociles se révoltent, & forcent Charlemagne d'entrer dans leur pays les armes à la main; ils furent battus dans plusieurs combats qu'ils soutinrent durant cette campagne, & enfin ils furent encore une fois vaincus & soumis à la puissance de ce Prince, an. 799, p. 207 & *suiv*. Cette paix dura peu, il s'écoula à peine deux années que les Chefs des Saxons supportant avec peine le joug que Charlemagne leur avoit imposé, ils excitèrent toute leur Nation à une révolte générale; ce Prince accoutumé à les vaincre entre dans leur pays à la tête d'une armée formidable, & avant la fin de la campagne il les auroit tous défaits & se seroit rendu maître de toutes leurs places, si leurs Généraux n'eussent eu recours à sa clémence; ils offrent de mettre les armes bas, & proposent un Traité de paix que Charlemagne accepte, an. 803, p. 230. Cependant quelques cantons des plus mutins de la Saxe excitent de nouveaux troubles l'année suivante, les Holsates qui habitoient vers les extrémités de cette province, engagent le roi de Danemarck à les soutenir dans leur révolte, mais l'arrivée de Charlemagne répand l'effroi par-tout, les Danois se retirent avec précipitation, & les Holsates ne cherchent leur salut que dans la bonté du Roi; il leur pardonne, mais se méfiant avec raison de leur fidélité, il les fit sortir de leur pays, & leur donna des habitations dans la Suisse & dans la Flandre; cette guerre fut la dernière que Charlemagne fit aux Saxons, an. 804, p. 237 & *suiv*. Le duché de Saxe est compris dans le royaume de Bavière, par le dernier partage de Louis le Débonnaire, an. 835, p. 434.

SCHEWANE. Ce Monastère étoit situé au-delà du Rhin, peut-être dans la personne du Bavière; il m'est inconnu. Louis le Débonnaire le place, par son Ordonnance, dans la classe de ceux qui ne doivent à l'État que des prières, an. 817, p. 319.

SCHWARZACH ou SWARZACH, monastère du diocèse de Strasbourg. *Voyez* ARNOLFESAW. Il est compris parmi ceux qui ne doivent que des dons gratuits à l'État, an. 817, p. 319.

SÉBASTIEN, abbé de Corbie, obtient du roi Chilpéric II, en faveur de son Monastère, la confirmation d'un Diplôme donné par Clotaire III, an. 716, p. 109.

SEIGNAN. Cette terre située dans la Gascogne, fut léguée à l'abbaye de Simorre par un Prêtre nommé *Sanche*, an. 818, p. 329.

SÉNÉCHAL. Le service de cet Officier l'attachoit près de la personne du Roi; il paroît que sous le règne de Charlemagne il faisoit l'office d'un premier Maître-d'hôtel, p. 214, Ordonnance du Domaine, article XVI & *suiv*. an. 814, p. 289.

SENONA, nom d'un village dépendant autrefois du fisc, & donné avec d'autres héritages en bénéfice au monastère de Saint-Serge d'Angers, moyennant une redevance de douze sous d'argent, an. 704, p. 101.

SENONES. Gondebert chorévêque de Sens fonda ce Monastère, & obtint de Childéric II roi d'Austrasie, une grande quantité de fonds de terre pour le doter, an. 661, p. 77.

SEPTEM-MOLÆ, monastère de filles dont j'ignore la situation & le nom françois; Ragane qui en étoit abbesse perdit un procès contre l'abbé de Saint-Denys, pour le lieu nommé *Curborius*, an. 751, p. 129.

SÉPULTURE. Ordonnance de Childéric III, qui défend d'ensevelir deux cadavres dans la même fosse, an. 744, p. 124.

SÉRAPHIM, abbé de Bèze, fait un échange avec Erlebert abbé de Saint-Benigne de Dijon, an. 828, p. 387.

SERFS DE CORPS. Le droit commun sous les deux premières races de nos Rois, étoit que les enfans des serfs appartenans aux gens d'église, comme aux laïcs, étoient de la même condition que leurs pères; les uns & les autres ne pouvoient être affranchis que par leur Maître & Seigneur, an. 638, p. 66; an. 803, p. 230.

SERGE I.er pape. Il donne une Bulle en faveur de l'abbaye de Saint-Benigne de Dijon, an. 696, p. 97. Il érige un Évêché à Utrecht, an. 754, p. 136.

SERGE dans le Maine. Le monastère de Saint-Denys en France est confirmé dans la propriété de cette seigneurie, par Lettres du roi Clotaire III, an. 658, page 75.

SERMENT. On faisoit prêter serment aux parties, sur la Chapelle du Roi, dans les procès qui se jugeoient au Conseil, an. 680, p. 88. Il est défendu aux Juges de faire prêter serment à des témoins, & même aux parties plaidantes, à moins que ce ne soit dans une église ou sur des reliques, an. 803, p. 233.

Serment de fidélité. Formule de celui que Charlemagne exige, par une Ordonnance, de la part de tous ses sujets, an. 802, p. 227. Formule de celui que les Romains prêtèrent aux empereurs Louis & Lothaire, an. 824, p. 373.

SERRES. Ce Monastère situé dans le diocèse d'Auch, est placé, par l'Ordonnance de Louis le Débonnaire, dans la classe de ceux qui ne doivent à l'État que des prières, an. 817, p. 320.

SERVICE MILITAIRE. Les Évêques, les Abbés

& les Abbesses devoient, comme citoyens & comme propriétaires de seigneuries & d'héritages, un service militaire, sous la première race de nos Rois, & quelquefois même sous les premiers Rois de la seconde, on voit que les Évêques & les Abbés rendoient en personne ce devoir ; depuis ils y satisfirent en chargeant de la conduite & du commandement de leur contingent en hommes de milice, leurs Avoués ou Barons ; en quoi consistoit principalement ce service militaire, an. 784, p. 180.

SERVUS CASATUS, le même que adscriptus Glebæ ; celui-là n'habitoit que la campagne, il cultivoit la terre dépendante de la métairie appelée Casata ; il prenoit du produit ce qui étoit nécessaire pour le faire vivre & sa famille ; il rendoit le surplus au Maître, an. 711, p. 104. Un Franc ou homme libre pouvoit devenir serf, an. 803, p. 232. Différentes manières dont les serfs pouvoient être affranchis, an. 803, p. 234. Ordonnance sur les Serfs affranchis, année 813, p. 280. Interprétation du titre XI de la loi Salique, *de Servis vel Mancipiis furatis*, an. 819, p. 340.

SIAGRIUS, évêque d'Autun, reçoit le *Pallium* du pape Grégoire I.*er*, qui lui accorde aussi divers autres privilèges, an. 599, p. 51.

SIAGRIUS, abbé de Nantua, obtient de Pépin le Bref l'exemption de la juridiction de l'Évêque diocésain & de celle des Officiers royaux, an. 756, p. 139 *& suiv.*

SICHAIRE, archevêque de Bordeaux, obtient de Louis le Débonnaire un Diplôme qui confirme les privilèges & les immunités de sa Cathédrale, an. 828, p. 388.

SICHELIN, duc dans la Bourgogne sous le règne de Clotaire III, autorise l'abbé de Bèze à faire faire un terrier des biens de son Monastère, & le protège auprès du Roi pour faire confirmer ce titre par un Diplôme, an. 664, p. 78.

SIÈCLE, *quitter le siècle*, expression usitée dès le règne de Charlemagne, pour signifier l'entrée des Laïcs dans l'état ecclésiastique. Reproche que ce Prince fait au Clergé de ne pas remplir l'idée qu'il s'est proposée de donner de la sainteté de son état en quittant le siècle, an. 811, p. 265.

SIGEBAUD, évêque de Metz, échange la terre de Massoupe avec le comte de Wlfoade, pour une autre terre appelée *Vinciacum*, située sur la Moselle, an. 708, p. 103.

SIGEBERT I.*er*, roi d'Austrasie, donne une Charte en faveur des monastères de Château-Landon & de Ferrière en Gâtinois, an. 545, p. 33. Formule de cession & de confirmation de cession faite par ce Prince à l'église de Reims, an. 569, p. 40. Il reçoit des Lettres des Évêques qui composèrent le quatrième Concile de Paris, au sujet d'un siège épiscopal qu'il avoit voulu établir à Châteaudun, an. 573, p. 41. Il veut faire la guerre au roi de Neustrie son frère, an. 573, p. 42.

SIGEBERT II, roi d'Austrasie, fils de Dagobert I.*er* fonde le prieuré de Cougnon, situé sur la rivière de Somoi entre Chigni & Bouillon, an. 640, p. 67. Ce Prince écrit à Didier évêque de Cahors, & lui ordonne de défendre de sa part à l'archevêque de Bourges de convoquer désormais des Conciles sans son agrément, an. 644, p. 69. Époque de la fin de la guerre entre Sigebert & Rodulphe roi des Thuringiens, an. 647, p. 70. Ce Prince donne un Diplôme en faveur de l'église de Trèves, an. 653, p. 72. Il fait donation aux monastères de Stavelot & Malmédi, de plusieurs fonds de terre & de quelques droits de péage qui se levoient dans quelques endroits du Berri & de la Touraine, an. 653, p. 73.

SIGEFROY, coadjuteur de Baturic pour l'abbaye de Saint-Emmeran, fait un legs en faveur des Moines de cette Maison, an. 820, p. 348.

SIGISMOND, roi de Bourgogne, dote le monastère d'Agaune, an. 515, p. 24. Il fait demander à Anastase empereur d'Orient, la dignité de Patrice, an. 517, p. 26.

SIGISMOND, abbé de Saint-Calez, soutient à la Cour du Roi un procès contre l'évêque du Mans, pour se soustraire à sa juridiction, an. 837, p. 442 *& suiv.*

SIGOBALDE, abbé de Saint-Calez du Mans, obtient de Pépin le Bref l'évocation au Conseil Privé du Roi, de toutes les causes qui intéressent son Monastère, an. 751, p. 129.

SIGRIN, nom d'un Anglois qui avoit fait, conjointement avec son frère, une donation à l'abbaye de Saint-Denys, an. 790, p. 191.

SILVILIACUS, village dépendant autrefois du fisc, & donné en bénéfice au monastère de Saint-Serge d'Angers, avec d'autres héritages moyennant une redevance de douze sous d'argent, an. 704, p. 101.

SIMORRE. Ce Monastère, situé dans le diocèse d'Auch, est placé par l'Ordonnance de Louis le Débonnaire, dans la classe de ceux qui ne doivent à l'État que des prières, an. 817, p. 320. Donation faite à cette maison, de la terre de Seignan, par un prêtre, nommé *Sanche*, an. 818, p. 329.

SISEBUT, évêque d'Urgel ; il étoit sur le siège de cette Cathédrale, lorsqu'elle fut bâtie de nouveau sous le règne de Louis le Débonnaire ; il en signe l'acte de la consécration, an. 819, p. 336.

SISEGUT, abbé de Sorèze, obtient de Louis le Débonnaire, un Diplôme qui autorise la translation de ce Monastère dans un autre lieu, année 829, page 394.

SITHIEU ou SAINT-BERTIN. Adroald converti à la foi par saint Aumer évêque des Morins, lui fait donation du village & de la seigneurie de *Sithieu*, pour y fonder un monastère, qui prit le nom dans la suite de Saint-Bertin, parce que le premier abbé s'appeloit *Bertin*, an. 648, p. 70. L'Abbé de ce monastère fait un échange de biens avec Mommole évêque de Noyon, année 660, page 76. Saint Omer établit un cimetière proche cette Abbaye, pour être le lieu de sa sépulture & celle des moines ; il y bâtit une église, qui est présentement la Cathédrale de la ville de Saint-Omer, il exempte par cette même Charte l'église & le cimetière de la juridiction des Évêques de Térouanne ses successeurs, an. 661, p. 76. Cette Abbaye obtient du roi Thierri III, la confirmation des donations de biens qui dépendoient ci-devant du fisc, & l'exemption du service & des autres charges où elle étoit tenue envers le Roi, an. 676, p. 85. Clovis II exempte cette Abbaye de tous les impôts & de toutes les charges envers l'État ; ce Diplôme est soupçonné de fausseté, an. 680, p. 88. Diplôme de Thierri III en faveur de ce Monastère, par lequel les Moines sont exemptés des devoirs de vassalité pour les biens qu'ils ont acquis dans la dépendance de la seigneurie d'Attigni, qui étoit du domaine royal, an. 682, p. 89. Le monastère de Honecourt est soumis à cette Abbaye par Hamalfride qui le fonda ; année 685, page 90. Le roi Thierri III ratifie la Charte d'Hamalfride, an. 687, p. 91. Les privilèges & les immunités de cette Abbaye sont confirmés par Clovis III, an. 691, p. 93. Diplôme du roi Chilpéric II en faveur de ce monastère, an. 700, p. 100 ; & an. 718, p. 110. Cette pièce est soupçonnée de fausseté, *ibid.* Et néanmoins confirmée par une Charte du roi Thierri IV, an. 721, p. 112. Donation faite à ce monastère par Erkembod évêque de Térouanne qui en étoit abbé, an. 723, p. 115. Wainmar abbé de ce monastère obtient de Childéric III la confirmation de ses priviléges & immunités, an. 744, p. 123. Ce Monastère obtient la même grâce de Charlemagne, an. 769, p. 153; an. 771, p. 157. Ce Prince accorde aux Moines de cette abbaye, de pouvoir faire chasser dans leurs forêts, an. 788, p. 186. Les biens de ce monastère sont accrus par l'acquisition d'une terre que fait l'Abbé, année 806, page 245; an. 807, p. 251. Et par les donations d'une pieuse dame nommée *Lebtrude*, an. 808, p. 253. Louis le Débonnaire passe à Saint-Bertin, & dans le séjour qu'il y fait, il accorde des priviléges à l'Abbé & aux Moines, an. 830, p. 396. Il les confirme par un autre Diplome, an. 835, p. 431.

SMARAGDUS, abbé de Saint-Mihiel, est chargé de la part de Charlemagne, d'écrire au Pape une lettre dogmatique, sur la doctrine des Évêques de ses États, touchant la procession du Saint-Esprit, année 809, page 256.

SOLÈMES ou SOLEMMES. Ce lieu situé sur la rivière de Selle dans le Cambresis, étoit anciennement du domaine de nos Rois; partie de cette seigneurie est démembrée & léguée au monastère de Saint-Denys, par le roi Childéric III, an. 806, p. 102. L'abbé de Maroilles, sous quelque prétexte que l'on ignore, s'en étoit mis dans la suite en possession, mais les moines de Saint-Denys ayant réclamé ces biens dans un plaid tenu à Attigni, sous Charles III; l'abbé de Maroilles fut condamné à les leur restituer, an. 750, p. 128.

SOLIGNAC en Limosin. C'est aujourd'hui le nom d'un Monastère bâti par saint Éloi évêque de Noyon; Dagobert détacha de son domaine cette seigneurie, & la donna pour cette œuvre de piété, an. 721, p. 55. Louis le Débonnaire confirme tous les priviléges de cette maison, an. 817, p. 322. Pépin roi d'Aquitaine en accorde de nouveaux, an. 838, p. 453; an. 839, p. 460.

SOLLICITEURS de Procès. Cette espèce d'hommes que les Tribunaux devroient condamner au dernier supplice, vendoient, du temps de Charlemagne, comme aujourd'hui, leurs services au plus offrant des plaideurs; ce Prince rend une Ordonnance qui enjoint à ses *Missi* de faire payer une amende à ces hommes vils & mercenaires qui auront voulu séduire les Juges, & faire prévaloir l'injustice de la cause dont ils auront entrepris la défense, an. 810, p. 261.

SOLONE. Ancien Monastère de l'Austrasie. *Voyez* NOTRE-DAME de Saint-Privat.

SONCHAMP. Terre considérable ayant de grandes dépendances, située dans l'Orléanois, étoit du domaine royal; Pépin le Bref en fit donation à l'abbaye de Saint-Benoît-sur-Loire, année 835, page 431.

SONNATIUS évêque de Reims, donne des Statuts à son Église, an. 600, p. 51.

SOREZE. Ce Monastère situé en Languedoc, dans le diocèse de Lavaur, est fondé par Pépin le Bref, an. 752, p. 132. Il reçoit une riche donation de Louis le Débonnaire, an. 817, p. 317. Il est transféré dans un autre lieu avec l'agrément de l'Empereur, an. 829, p. 393 *& suiv.*

SOULEMONT. Terre considérable située sur la Durance dans le diocèse d'Arles; il paroit par un bail que Vadalde évêque de Marseille signa, que cette terre étoit de l'ancien domaine de Saint-Victor de Marseille, an. 817, p. 318.

SQUIRS. Monastère dans la Gascogne. *Voyez* LA RÉOLE.

STAGIRUS abbé d'Agaune, obtient une Bulle du pape Eugène I.er en faveur de son monastère, an. 655, p. 74.

STAVELOT & MALMÉDY. Ces deux Monastères situés l'un auprès de l'autre, sont fondés par saint Remacle, auquel Sigebert II roi d'Austrasie donne un terrain & des biens pour cette œuvre de piété, an. 650, p. 71. Donation faite à ces deux monastères du lieu de *Geniniacus*, par Grimoald maire du palais d'Austrasie, *ibid.* Autre donation de plusieurs fonds de terre, & de plusieurs droits de péage dans certains endroits du Berri & de la Touraine, faite par le roi Sigebert, an. 653, p. 73. Les donations faites à ces deux Monastères, sont confirmées par un Diplome de Childéric II, qui porte en outre, qu'il sera fait un bornage & mesurage des bois de la forêt d'Amblef, qui appartenoit au Roi & aux Moines de Stavelot & de Malmédy; ce Prince donne un autre Diplome dans le cours de cette même année, par lequel il confirme singulièrement la donation que le roi Sigebert son aïeul avoit faite à ces deux Monastères de la terre de Germigny, située dans le diocèse de Reims, an. 667, p. 80. Les priviléges & les donations faites à ces Monastères, sont confirmées par le roi Thierri III, an. 674, p. 84. Autre donation du village de Germigny en Champagne, faite à ces deux Abbayes, par Sigebert II, avec un vignoble, situé aux environs, & des moulins sur la Suippe, dont le roi Dagobert II accorde la confirmation, an. 677, p. 86. Les donations faites à ces deux Monastères, tant par des Rois que des particuliers, sont confirmées par le roi Thierri III, an. 681, p. 88. L'échange fait entre le roi Childéric II, & saint Remacle abbé de ces monastères, est confirmé par Clovis III, an. 692, p. 95. Ces Monastères rentrent dans la jouissance de deux domaines donnés en bénéfices, après la mort des bénéficiaires, an. 719, p. 111. Les priviléges & les immunités accordés ci-devant à ces deux Abbayes, par tous nos Rois, sont confirmés par un Diplome de Childéric III, an. 744, p. 123. Anglinus qui en étoit abbé, obtient dans un plaid tenu par Carloman à Duuville, que ces deux Monastères rentreront dans la jouissance de la terre de Léthernau, que Pépin-Héristal leur avoit léguée, & dont Charles Martel les avoit injustement dépouillés, an. 746, p. 125. Ce même Prince fait à ces deux Monastères, une donation de plusieurs terres considérables, situées dans le Condrotz, évêché & pays de Liége, an. 746, p. 116. Ils obtiennent également de Louis le Débonnaire, des legs & des priviléges, an. 814, p. 293. L'abbaye de Stavelot est placée par l'Ordonnance de Louis le Débonnaire, dans la classe des Monastères qui doivent à l'État des dons gratuits & des hommes de milice, an. 817, p. 319. Procès jugé à la Cour du Roi, en faveur de ce monastère, contre les prétentions d'un Régisseur du domaine royal, an. 827, p. 383.

STRASBOURG. Dagobert II roi d'Austrasie, donne de grands biens à la Cathédrale de cette ville, an. 662, page 77.

STURMIUS, anachorète, est choisi par Boniface archevêque de Mayence, pour fonder l'abbaye de Fulde; il en fut le premier Abbé, an. 747, p. 126.

SUCY en Brie. Cette terre appartenoit à Étienne comte de Paris; il en détacha une partie du domaine, pour en faire donation à la Cathédrale de cette ville; mais il seroit contre l'expression de cette Charte, de dire que ce Seigneur donna la seigneurie de Sucy, année 811, page 262. Les terres de Sucy, échurent aux Chanoines de la cathédrale de Paris, dans le partage que l'évêque Incade fit avec eux, des biens de la manse commune de cette église, an. 829, p. 394.

SUNIFRED, comte d'Urgel. Ce Seigneur a fait la tige des marquis de Gothie, an. 795, p. 199. Il fait une donation à l'église d'Urgel, an. 819, p. 333. Il obtient de Louis le Débonnaire, la confirmation d'une donation que Charlemagne avoit faite en faveur de Borel son père, an. 829, p. 393.

SUSTEREN. Ville & Collégiale de Chanoinesses, dans le duché de Juliers. *Voyez* SUESTRE.

SYMMAQUE pape, écrit à Avitus évêque de Vienne, au sujet du différend qui étoit entre lui & Oonius évêque d'Arles, pour le droit de Primatie, an. 501, p. 21. Aux évêques des Gaules, pour régler ce différend, an. 513, p. 24. A saint Césaire évêque d'Arles, sur les priviléges de son Siége, an. 514, p. 24.

T

TABELLION, Officier de Justice, nommé dans une Ordonnance de Louis le Débonnaire, *Tabellio*; il écrivoit les actes publics, an. 818, p. 332.

TANCMARUS, abbé de Corbie en Saxe, fait donation à ce monastère de biens qu'il avoit hérités de Tancmarus son père ; ces mêmes biens avoient été confisqués au profit du Roi ; Ordonnance de Louis le Débonnaire, par laquelle il veut que ses Régisseurs s'en désaisissent, an. 819, p. 336.

TANCRADE ou TANCRÈDE, abbé de Prum, obtient de Charlemagne une donation en faveur de son Monastère, an. 805, p. 244. Il obtient un second legs de ce même Prince ; & par le même Diplome, la confirmation d'un acquêt, an. 807, p. 250. Il fait confirmer les priviléges de son Monastère par Louis le Débonnaire, an. 815, p. 299.

TASSILON, duc de Bavière, du Sang de Charlemagne, se révolte, & est condamné pour ce crime, suivant la loi des Francs, à perdre la vie ; Charlemagne cependant lui fait grâce ; mais après avoir confisqué tous ses biens, il le relègue dans l'abbaye de Jumiège ; il ne fit plus gouverner ce pays par un seul Officier, à cause que cette place lui acquéroit trop de crédit ; il y établit, au lieu d'un Duc, plusieurs Comtes, an. 788, p. 188 ; an. 794, p. 198.

TATTON, abbé de Kempien, obtient de Louis le Débonnaire, la réunion d'un petit Monastère à son Abbaye, an. 839, p. 456.

TAVERNI. Cette seigneurie, léguée de toute ancienneté au monastère de Saint-Denys, lui est disputée par Theudbert chambellan de Pépin le Bref ; la cause est portée à la Cour de ce Prince, & l'Abbaye fut maintenue, par jugement solennel, dans la propriété de cette terre, an. 753, p. 134 ; an. 775, p. 165.

TAUNUCUS, nom d'un domaine dépendant autrefois du fisc, & donné avec d'autres héritages en bénéfice au monastère de Saint-Serge d'Angers, moyennant une redevance de douze sous d'argent, an. 704, p. 101.

TEGNAUSER. Cette Abbaye située dans la Bavière, fut placée par l'Ordonnance de Louis le Débonnaire, dans la classe des Monastères qui devoient à l'État des hommes de milice & des dons gratuits, an. 817, p. 319.

TEINTURES. Nos Rois faisoient autrefois cultiver dans leurs maisons de campagne des plantes propres à la teinture ; Charlemagne enjoint aux Colons de ses fiscs d'être exacts à fournir annuellement à ses Manufactures royales, la quantité de pastel, de garance & autres drogues nécessaires pour la teinture auxquelles on les a assujettis, p. 216, article XLIII.

TÉLONAIRES. *Voyez* les Glossaires de Spelman & de Ducange, au mot *Thelonearius*. Ces Officiers étoient subordonnés au Comte & au Vicomte ; ils étoient chargés principalement de la levée des droits de douane, an. 815, p. 304 ; an. 816, p. 309.

TÉMOIGNER, jurer devant le Juge. Cet acte se faisoit anciennement sur des reliques & dans des lieux saints ; un Capitulaire de Charlemagne enjoint aux Comtes de choisir les plus honnêtes gens du canton pour témoigner dans les cas où il est nécessaire d'avoir recours au serment, an. 808, p. 255. *Voyez* SERMENT.

TÉMOIN. Peines portées par les anciennes Ordonnances contre les faux témoins. *Voyez* CRIME. Cas dans lequel on peut récuser des témoins, an. 816, p. 314.

TÉROUANE. Cet Évêché est compris dans le royaume de Bavière par le dernier partage de Louis le Débonnaire, an. 835, p. 434.

TETTA, abbesse de Herfort en Saxe, obtient de Louis le Débonnaire un legs considérable en faveur de son Monastère, an. 838, p. 451.

THÉODALDE, comte, est soupçonné d'avoir eu part à la conjuration formée contre Charlemagne ; ses biens sont confisqués ; son innocence est reconnue dans la suite, & ce Prince lui rend ses biens, an. 797, p. 203. Ce Seigneur fait un legs à l'abbaye de Saint-Denys, an. 799, p. 209.

THÉODEBERT, roi d'Austrasie, reçoit des Lettres des Évêques qui assistèrent au Concile de Clermont, au sujet des biens que possédoient dans son royaume les Clercs & Laïcs sujets d'un autre Prince, an. 535, p. 30. Il reçoit une Lettre de l'empereur Justinien, qui l'engage à s'unir à lui contre les Gots d'Italie ; il envoie des Ambassadeurs à Witigès roi de ces peuples, & fait un Traité avec eux, qu'il rompt peu de temps après pour en faire un autre avec l'Empereur, *ibid*. Il écrit au pape Vigile pour savoir quelle sorte de pénitence devroit faire celui qui seroit convaincu d'inceste, an. 538, p. 30. Il donne une Charte en faveur du monastère de Saint-Martin-sur-Loire, an. 543, p. 32.

THÉODEMARE, riche particulier du pays Messin, fait une donation à l'abbaye de Gorze, de biens situés en Lorraine dans le pays de Charpaigne, an. 815, p. 299.

THÉODEMIRE, abbé de Psalmodi, obtient de Louis le Débonnaire des immunités & des priviléges en faveur de son Abbaye, entr'autres celui d'élire ses successeurs, an. 815, p. 305.

THÉODETRUDE ou THÉODILLE, donne au monastère de Saint-Denys plusieurs villages d'un revenu considérable, an. 627, p. 57. Elle fait un échange avec un seigneur nommé *Audigisèle*, de biens situés dans le Limosin, an. 632, p. 60.

THÉODORIC roi des Ostrogoths, écrit à Clovis I.er, à l'occasion de la bataille de Tolbiac, gagnée par ce Prince sur les Allemands, an. 496, p. 18. A Alaric, roi des Visigoths ; à Gondebaud, roi de Bourgogne ; à d'autres Rois ; & une seconde Lettre à Clovis I.er, au sujet de la guerre que ce Prince méditoit contre le roi des Visigoths, an. 498, p. 19. Écrit à ses Généraux, au Préfet des Gaules & à d'autres ; envoie des troupes aux Visigoths, qui secouroient la ville d'Arles ; assiégée par les François ; les défait, an. 508, p. 22.

THÉODORUS, évêque de Marseille, conteste la juridiction sur l'abbaye de Lérins, à l'Abbé de ce monastère ; la cause est jugée dans un Concile tenu à Arles, an. 652, p. 72.

THÉODRADE. Charlemagne donna en bénéfice, à cette Princesse sa fille, le monastère d'Argenteuil, près Paris ; cette Princesse en obtient la confirmation de Louis le Débonnaire son frère, an. 819, p. 337.

THÉODULFE,

TABLE DES MATIÈRES.

THÉODULFE, évêque d'Orléans ; il est qualifié d'*Archevêque*, parce que suivant la coutume ancienne, tous les Prélats qui étoient décorés du *Pallium*, s'appeloient *Archevêques* ; celui-ci obtient de Louis le Débonnaire, la confirmation de tous les privilèges de sa Cathédrale, an. 816, p. 312 *& suiv.*

THEUTSINDE, abbé de Saint-Vandrille, fut regardé comme un grand dissipateur des biens de ce Monastère ; il fait un bail à longues années ou bail à bénéfice, en faveur d'un Comte nommé *Ratier*, de plusieurs terres de grands revenus, pour une redevance très-modique, an. 734, p. 119.

THIERRI III, fils de Clovis II, & frère de Clotaire III, rétabli depuis peu sur le trône de Bourgogne & d'Austrasie, fait une donation à l'abbaye de Saint-Waast d'Arras, & confirme le fameux privilège de l'exemption de la juridiction épiscopale, que Vendicus évêque de Cambrai avoit donné à Hatta, abbé de ce Monastère, an. 672, p. 82. Il fait donation à Condedo, moine de Fontenelle, de l'île de Belcinac, an. 673, p. 82. Il confirme les privilèges accordés par les Rois ses prédécesseurs, à la cathédrale du Mans & aux Monastères de ce diocèse, an. 674, p. 83. Autre Diplome de ce Prince, en faveur de l'abbaye de Saint-Calez : Dom Bouquet l'attribue mal-à-propos à Thierri de Chelles, *ibid.* Ce Prince donne un semblable Diplome en faveur des monastère de Siavelot & Malmédi, an. 674, p. 84. Il adjuge à l'évêque du Mans la propriété du monastère de Tuffé, contre les prétentions de deux seigneurs nommés *Ulfald & Ingobert*, an. 675, p. 85. Il donna l'année suivante un Diplome, par lequel il ratifia la Charte de fondation du petit monastère de Sainte-Marie situé au Mans, qui ne subsiste plus, an. 676, p. 85. Ce Prince, après avoir fait confisquer les biens du duc Adalric, en donne une partie au monastère de Bèze, an. 676, p. 85. Il confirme les donations faites à l'abbaye de Saint-Bertin, & cède aux Moines du service qu'ils lui devoient pour des terres qu'ils tenoient du fisc, *ibid.* Ce Prince ne fut pas moins dévot envers Saint-Denys que ses prédécesseurs, il donna par une Charte à ce fameux Monastère, de grosses métairies que les Moines possèdent encore aujourd'hui dans le territoire de Maisoncelle, de Sanci & d'Aunoi dans la Brie, année 678, page 86. Thierri se contente d'exiler Chramlin évêque d'Ambrun, convaincu de haute trahison ; il lui laisse en outre la faculté de disposer de ses biens, au lieu de les confisquer comme il étoit dès-lors d'usage, *ibid.* Il fait rendre un Arrêt à sa Cour, qui déclare valide l'acquisition d'une terre que les Moines de Saint-Denys avoient faite, an. 679, p. 87. Il donne un Diplome par lequel il confirme toutes les donations faites aux monastères de Siavelot & Malmédi, tant par les Rois que par des particuliers, an. 681, p. 88. Il donne des Lettres par lesquelles il confirme l'élection d'Érembert à l'abbaye de Corbie, an. 681, p. 89. Il exempte les Moines de Saint-Bertin des devoirs de vassalité pour les fonds qu'ils ont acquis dans l'étendue de la seigneurie d'Attigni, qui dépendoit du domaine royal, an. 682, p. 89. Il accorde la même exemption aux Moines de l'abbaye d'Éberfminster, pour les biens qu'ils possédoient dans l'étendue de la seigneurie d'Hilteshéim, an. 683, p. 89. Il confirme les donations faites à l'abbaye de Montier-en-Der, & l'exempte des droits de voirie, an. 683, p. 90. Ce Prince accorde à Aiglibert évêque du Mans, & à ses successeurs, le droit de battre monnoie dans cette ville, an. 685, p. 90. Il donne un Diplome en faveur de l'abbaye de Saint-Waast d'Arras ; mais cette pièce est accusée de supposition, *ibid.* Il confirme la donation que Dagobert I.er avoit faite au monastère de Saint-Denys, du lieu & de la seigneurie de Lagni-le-Sec, an. 686, p. 91. Il ratifie la donation faite par Hamalfride, du monastère de filles appelé *Honnecourt*, à l'abbaye de Sithieu, an. 687, p. 91. Il donne des Lettres qui confirment un échange fait entre l'abbé de Saint-Germain-l'Auxerrois & Magnoalde abbé de Toussonval, an. 687, p. 92. Thierri meurt, & le dernier Diplome est l'élection d'Érembert, & donne aux Moines la liberté d'élire désormais leur Abbé, an. 691, p. 94.

THIERRI IV, *dit* DE CHELLES, fils de Dagobert III, nomme Benoît à l'abbaye d'Honow, située dans le diocèse de Strasbourg, an. 720, p. 112. Il confirme une Charte donnée en faveur du monastère de Saint-Bertin, par Chilpéric II, an. 721, p. 112. Il confirme tous les Diplomes donnés par ses prédécesseurs, en faveur de l'église du Mans, an. 721, p. 113. Il accorde la même grâce au monastère de Saint-Denys en France, an. 723, p. 114. Il ratifie la donation que le roi Childebert II avoit faite d'une grande étendue de terrain au monastère appelé alors *Cella Leobardina*, & depuis *Maurmunster*, an. 724, p. 115. Il tient un plaid à Ponthion, dans lequel Gondobalde, abbé de Saint-Denys, fut maintenu dans la propriété de la terre de Bauran, contre les prétentions d'un particulier nommé *Erment*, an. 725, p. 116. Il approuve une donation faite en faveur du monastère de Murbac, par Pirminius qui en étoit alors abbé, an. 626, p. 117. Il donne une Ordonnance par laquelle il est permis aux Gens d'église d'aliéner une partie des fonds de leurs bénéfices dans les besoins publics, en se réservant un cens ou une redevance, an. 730, p. 118. Il confirme la Charte de fondation d'un Monastère de filles situé en Berry, *ibid.* Ce Prince, après avoir prêté son nom à Charles Martel pour régner, mourut en 736.

THOLEI. Ce Monastère est mis, par Dagobert I.er, sous la juridiction de l'évêque de Trèves, an. 622, p. 55. Cloduphe fait donation à ce Monastère d'une terre appelée *Mercervilla*, an. 651, p. 71. Donation d'une terre avec les dixmes, en faveur de cette même Abbaye, par Martin duc de l'Austrasie Moséllane, an. 693, p. 83. *Voyez* SAINT-DENYS DE THOLEI.

THOURI en Beauce. Cette seigneurie est donnée au monastère de Saint-Denys, par le roi Dagobert I.er, an. 635, p. 63. Ce même Monastère est maintenu dans la possession de cette seigneurie, par deux jugemens rendus à la Cour du roi Clotaire III, contre les prétentions de Berchaire évêque du Mans, & par des Lettres de ce Prince, an. 658, p. 75. Hilduin abbé de Saint-Denys, assigne à ses Moines, par le partage qu'il fait avec eux, des redevances en grains à prendre sur les Fermiers de cette terre : ceci prouve qu'elle est de l'ancien domaine de cette Abbaye, an. 832, p. 408.

THURINGIENS. Ces Peuples habitent dans la Germanie aux sources du Rhin ; ils sont en guerre avec les Suèves, autres peuples Germains, an. 323, p. 4. La Thuringe étoit encore adonnée aux erreurs du Paganisme au commencement du VIII.e siècle ; Heten qui en étoit Duc y fit annoncer l'Évangile par des Prêtres qu'il obtint de Willibrode évêque d'Utrecht, an. 716, p. 108. Cette province est comprise dans le royaume de Bavière, par le dernier partage de Louis le Débonnaire, an. 835, p. 434.

TINGULFE, particulier, est assigné trois fois pour comparoître à la Cour du Roi, & ne s'étant point présenté, ni personne de sa part, il est jugé par forclusion, an. 812, p. 266.

Tome I.

o o

TONGRES. Louis le Débonnaire accorde un Diplome en faveur de la Cathédrale de cette ville ; l'Évêché a été depuis transféré à Liége, an. 831, p. 404.

TOTA, fille de Galinde comte d'Arragon, fonde, de concert avec Bernard son mari, comte de Ribagorza, un Monastère dans le chef-lieu de ce même Comté, an. 813, p. 278.

TOTILA, roi des Gots, assiége Rome, an. 550, page 34.

TOTON, duc de Népi, forme une faction, & place par violence sur la chaire de saint Pierre, son frère qui prend le nom de *Constantin*, année 767, p. 149 *& suiv*.

TOULON. Pièce qui peut servir pour établir une suite chronologique des Évêques de ce siége, an. 570, p. 40.

TOUR-DU-PIN (la), dans le Viennois. Saint Annemond lègue au monastère de Saint-Pierre de Lyon, des fonds de terres situés dans les limites de cette seigneurie, & non pas la seigneurie même, comme le prétend Mabillon, an. 653, p. 73.

TOURLI. Ce village, situé dans le Vexin normand, est légué au monastère de Saint-Denys en France, an. 690, p. 93 ; an. 700, p. 100.

TOURNAI & NOYON ne forme qu'un seul diocèse que Chilpéric dote, an. 575, p. 42. Louis le Débonnaire donne à l'évêque de Tournai un terrain situé près la Cathédrale, pour y bâtir un cloître à ses Chanoines, an. 817, p. 324.

TOURS (église de). Perpetuus évêque de Tours, lègue à sa Cathédrale des terres situées à Savonnières, avec le lieu de Bretigni, an. 474, p. 15. Cette ville est désignée, par une Ordonnance de Louis le Débonnaire, pour être le chef-lieu d'un département des *Missi*, an. 822, p. 360.

TOUSSONVAL (*Tunsonis Vallis*), ancien monastère détruit dès le XII.e siècle, & sur les ruines duquel on croit que fut bâti celui du Val-sur-Oise, occupé d'abord par des Bernardins, & présentement par des Feuillans ; Magnoalde abbé de ce Monastère, fait un échange avec l'abbé de Saint-Germain-l'Auxerrois, & en obtient la confirmation du roi Thierri III, an. 687, p. 92. Charte du roi Childebert III, par laquelle il exempte ce Monastère de toute juridiction séculière & d'impôts, an. 695, p. 96. Ce Monastère est maintenu dans la propriété de Noisy, an. 697, p. 98.

TRACI, dans le territoire d'Auxerre, légué au monastère de Saint-Julien d'Auxerre, par Palladius évêque de cette ville ; le roi Dagobert I.er l'avoit détaché ci-devant de son domaine, & en avoit fait donation à ce Prélat, an. 634, p. 61.

TRACTAIRE, évêque (on ignore le nom de son Évêché), assiste à une assemblée d'Évêques qui se tient à l'abbaye de Saint-Denys en France, & signe l'acte de partage qu'Hilduin, abbé de ce Monastère, fait avec ses Moines, année 832, page 408.

TRAITEURS, HÔTELIERS & TAVERNIERS. Il leur est permis, par une Ordonnance de Charlemagne, de tenir leurs boutiques & leurs maisons ouvertes le soir, & de vendre aux flambeaux leurs marchandises, an. 803, p. 233.

TREMBLAI, dans la Beauce. Hilduin abbé de Saint-Denys, assigne à ses Moines, par le partage qu'il fait avec eux, des redevances sur les Fermiers de cette terre ; ce qui prouve qu'elle est de l'ancien domaine de cette Abbaye, an. 832, p. 408.

TRÈVES. Bulle du pape saint Silvestre, qui accorde à l'Évêque de cette ville la Primatie sur toutes les Gaules : cette pièce est soupçonnée de fausseté, an. 327, p. 5. Cette Cathédrale est sous l'invocation de saint Pierre ; Pépin ratifie toutes les donations que les rois d'Austrasie y avoient faites, an. 760, p. 143. Les privilèges de cette église sont confirmés par Charlemagne, an. 771, p. 160 *& suiv*. Les pays qui forment présentement l'électorat de Trèves, furent compris dans le royaume de Charles le Chauve, par le dernier partage de Louis le Débonnaire son père, an. 835, p. 434.

TROGNON, village dans la Lorraine, donné au monastère de Saint-Mihiel, par le comte Wlfoade, an. 709, p. 103.

TRUTMAN est nommé à l'office de Comte par Charlemagne, dans le cerle de Westphalie ; ses fonctions sont détaillées dans son Brevet, an. 789, p. 190.

TUFFÉ (*Tuffiacum*). Une pieuse dame nommée *Loppa*, avoit fondé ce Monastère, dont le roi Thierri III adjuge la propriété à l'évêque du Mans, contre les prétentions de deux seigneurs nommés *Ulfald* & *Ingobert* : c'est présentement un Prieuré conventuel dépendant de Saint-Vincent du Mans, an. 675, p. 85.

TURPIN ou TILPIN (*Tilpinus*, ainsi nommé dans un grand nombre de vieux monumens), étoit sur le siége de la Métropole de Reims en 767, p. 149. Ce Prélat reçoit le *Pallium* du pape Adrien I.er, an. 772, p. 159. La Charte accordée par Charlemagne, à la prière de l'archevêque Turpin, en faveur de l'église de Reims en 812, paroît fausse, parce que ce Prélat mourut en 800, an. 812, p. 268 *& suiv*.

TYVERNON. Cette seigneurie est donnée au monastère de Saint-Denys, par le roi Dagobert I.er, an. 635, p. 63.

V

VADALDE, évêque de Marseille, passe un bail avec un particulier, pour des terres dépendantes de l'abbaye de Saint-Victor, an. 817, p. 317 *& suivantes*.

VAGABONDS, pélerins, gens sans aveu & sans domicile ; Charlemagne enjoint aux Comtes, par son Ordonnance de l'année 803, de les arrêter & de l'instruire exactement, après les avoir interrogés, du lieu de leur naissance & de celui où ils ont dessein d'aller, an. 803, p. 233.

VALACH, comte dans l'Allemagne, signe le testament de Charlemagne, an. 810, p. 263.

VALCAND, fils de Fédéric duc de la Lorraine Mosellane & de Félicité de Salm, fut évêque de Liége dans le IX.e siècle, an. 813, p. 278.

VALDALÈNE, fils d'Amalgarus gouverneur de la Bourgogne, est le fondateur du monastère de Bèze-Fontaine, an. 651, p. 72.

VALENTON près Paris, est compris dans le lot des Moines de l'abbaye de Saint-Germain-des-Prés de Paris, par le partage fait entr'eux & Hilduin leur abbé, sous le règne de Louis le Débonnaire, an. 829, p. 391.

VALESPIRE. Cette Abbaye située dans l'ancien diocèse d'Elne, fut placée par l'Ordonnance de Louis le Débonnaire, dans la classe des Monastères qui ne devoient à l'État que des prières, an. 817, p. 320.

VALTELINE. Comme la Charte de donation que Charlemagne fit à l'abbaye de Saint-Denys n'est point venue jusqu'à nous, on ne sauroit dire si ce Prince donna tout le canton ou seulement une partie de la Valteline ; le Pape confirme par sa Bulle ce legs tel qu'il soit ; ce pays étoit dès-lors compris dans les limites de l'Italie, il a fait depuis partie du duché de Milan ; François I.er l'en détacha pour le donner aux Grisons auxquels il appartient aujourd'hui ; c'est une vallée d'environ vingt lieues de long, qui est arrosée de la rivière d'Addor, & qui s'étend de l'orient à l'occident, an. 780, p. 175.

VALVASÇOIS, village du territoire d'Étampes, donné au monastère de Saint-Denys, par le roi Dagobert Ier, an. 635, p. 63.

VANDEBERT, abbé de Saint-Denys, obtient un Diplome de Clovis II, en faveur de son Monastère, contre les prétentions de l'archevêque de Rouen, an. 653, p. 73.

VANDEMIR, nom d'un Seigneur qui fit, de concert avec sa femme, des donations à la cathédrale de Paris & à plusieurs Monastères de ce diocèse, an. 690, p. 93.

VANOU. Cette terre est léguée à l'abbaye de Gorze, par Chrodegand évêque de Metz, année 736, page 146.

VAREILLES. Le monastère de Saint-Remi de Sens est transféré dans ce lieu, qui est éloigné d'environ quatre lieues de cette ville, an. 833, p. 418. Cette translation est confirmée par une Charte de Louis le Débonnaire, an. 834, p. 424; an. 835, p. 432. Cette terre avoit été léguée à l'abbaye de Saint-Remi, par une Comtesse de Sens, ibid.

VARNIER, comte en Provence, fit autrefois une donation au monastère de Donzère, année 835, p. 427 & suiv.

VARNOM, comte du Palais. Voyez MINISTÈRE PUBLIC.

VAUX en Berri, situé sur le Cher, donné au monastère de Saint-Denys par le roi Dagobert Ier; la Charte est soupçonnée de fausseté, an. 635, p. 61. Cette donation est confirmée par le roi Clovis II, an. 644, p. 69.

VENDICUS, évêque de Cambrai, avoit accordé aux abbés de Saint-Wast le privilège de l'exemption de la juridiction épiscopale, que le roi Thierri III confirme, an. 672, p. 82. La Charte de l'Évêque est soupçonnée de fausseté, an. 674, p. 83. Ce Prélat obtient du pape Jean V une Bulle qui confirme les privilèges de sa Cathédrale, année 680, page 88.

VENERQUE. Cette abbaye située dans le diocèse de Toulouse, est détruite depuis long-temps ; elle fut placée, par l'Ordonnance de Louis le Débonnaire, dans la classe des Monastères qui ne doivent à l'État que des prières, an. 817, p. 320.

VERDEN, ou FERDE, ou FERDEN (*Verda, Verdunensis Episcopatus*). Charte de la fondation de l'Évêché de cette ville par Charlemagne ; ce Prince dans le même temps plaça ce siège sous la métropole de Mayence, sous laquelle il est toujours demeuré jusqu'à présent : cette ville est située dans la basse Saxe sur la rivière d'Aller, qui va se perdre à quelques lieues delà dans le Veser, année 785, page 181.

VERDUN. Troubles de cette ville ; sa révolte, an. 508, p. 21.

VERINOLPHE ou WERINOLFE, obtient une Charte de Charlemagne en faveur du monastère de Saint-Maximin de Trèves, dont il étoit Abbé, an. 790, p. 193. Cette même pièce est placée sous différentes dates par les Écrivains ; je la crois fausse, & il y a lieu de croire que Werinolfe n'étoit point abbé du Monastère de Saint-Maximin à cette dernière époque, an. 808, p. 253.

VERMANDOIS. Cette province est comprise dans le royaume de Bavière, par le dernier partage de Louis le Débonnaire, an. 835, p. 434.

VERNEUIL-SUR-OISE. Cette terre dépendoit autrefois du fisc, la princesse Berthe, fille de Charlemagne, la lègue à l'abbaye de Saint-Médard de Soissons, an. 822, p. 361.

VÉRONNE. Roialde, évêque de cette ville, donne deux Chartes par lesquelles il fait des legs à sa Cathédrale, an. 813, p. 277.

VÉZELAI. Ce Monastère, qui est présentement un Collégiale, fut fondé par Gérard de Roussillon, comte de Provence, mais dans un temps différent de celui fixé par le manuscrit de Duchêne, an. 821, p. 351.

VIC, dans la Lorraine. Ce village fut donné en dot au monastère de Saint-Mihiel, par le comte Wlfoade, an. 709, p. 103.

VICAIRE. Voyez VICOMTE.

VICOMTE, VIDAME, VICAIRE, VIGUIER. Il faut consulter les Glossaires de Spelman & de Ducange sur l'étymologie de ces offices, & sur l'étendue & l'objet de leur district. Il paroît par toutes les anciennes Chartes dont j'ai donné la notice, où il est parlé des Vicomtes, qu'ils étoient comme les Lieutenans des Comtes, c'est-à-dire qu'il y avoit un Vicomte dans chaque *Pagus*, qui y faisoit les fonctions du Comte dans son absence ; le Comte avoit sous lui autant de Vicomtes qu'il y avoit de *Pagi* dans son Comté : ces mêmes Officiers faisoient la levée des impôts, & la recette particulière des cens & autres redevances des fiscs du Roi. Sous la troisième Race, ces Officiers qui étoient auparavant autant d'épée que de robe, n'ont eu d'autres fonctions que de rendre la Justice ; leur district s'est appelé *la Vicomté*, & leur siège a été établi dans de petites villes.

Vidame, dans quelques vieilles Chartes, étoit le Régent ou le Lieutenant général du royaume ; il est nommé par cette raison *Vice Dominus* ; mais communément dans ces vieux actes on entend un Officier qui représente ou le Comte, ou le Vicomte, ou le premier Magistrat, ou l'Officier municipal d'une ville. Les Gens d'église appeloient encore *Vidames* les Officiers auxquels ils confioient la garde de leurs châteaux, an. 832, p. 409.

Vicaire, le même que *Viguier*; dans quelques Capitulaires de nos Rois de la seconde race, ces Officiers sont nommés *Villici* ou *Majores Villarum* ; ceux-ci étoient encore inférieurs aux Vicomtes, & comme eux subordonnés aux Comtes ; ils n'avoient précisément pour district que le territoire du lieu où ils résidoient, & ils ne connoissoient que des causes qui étoient du ressort de la moyenne & basse Justice : il étoit encore de leur ministère de faire la levée des deniers royaux, an. 787, p. 185 ; an. 810, p. 260.

VIDAME. Voyez VICOMTE.

VIDAMIE, titre de dignité présentement. On croit qu'originairement c'étoit une ou plusieurs seigneuries dépendantes d'une Cathédrale, confiées à la garde d'un homme libre ; ces seigneuries pour les Cathédrales ont formé les Vidamies, & les Avoueries pour les Abbayes, an. 832, p. 409.

VIDUITÉ. Il étoit de l'honnêteté publique qu'une femme gardât sa viduité pendant un certain temps avant que de passer à de secondes nôces ; une Ordonnance de Louis le Débonnaire condamne à une grosse amende celui qui épousera une veuve avant que les trente jours de sa viduité soient expirés, an. 819, p. 338.

VIENNE. Saint Vère n'est point évêque de cette ville en l'année 142, la Lettre du pape Pie à cet Évêque, datée de cette année, est soupçonnée de fausseté : on n'a point de preuves de son martyre. Les actes du premier Concile d'Arles, célébré au commencement du IVe siècle, font mention d'un *Vère* qui occupoit en ce temps ce siège, an. 142, p. 2. Lettre du pape Pie à saint Just évêque de

Vienne : cette pièce est sans authenticité ; sa date est fausse, an. 155, p. 2. Lettre du pape Victor à saint Denys évêque de Vienne ; le Pape instruit cet Évêque du temps dans lequel il convenoit de célébrer la Pâque : le Lièvre a mal-à-propos observé qu'il y relevoit les avantages de cette ville, an. 197, p. 2. Bulle du pape saint Silvestre, qui accorde aux Évêques de Vienne la Primatie sur toutes les Gaules : cette Bulle est soupçonnée de fausseté, an. 322, p. 4. Le titre & les droits de métropolitain sont conservés au siége épiscopal de cette ville par le Concile de Turin célébré en 397, p. 9. Le pape Léon décide que cette Metropole sera composée de cinq églises, an. 450, p. 13. Le pape Simmaque règle le différend qui étoit entre l'Évêque de ce siége & celui d'Arles, an. 513, p. 24. Éphibius, que l'on croit avoir eu une dignité dans cette Cathédrale, fait donation en faveur des Chanoines, de la terre de Gensac située dans l'Angoumois, an. 696, p. 97. Ce legs est confirmé par un Diplome du roi Childebert III, lequel en outre exempte l'Évêque & les Chanoines de cette église, des droits qu'ils devoient à raison de cette donation, an. 697, p. 98. Cette Cathédrale étoit sous l'invocation des saints Machabées avant le pontificat d'Édoalde ; ce Prélat en fit une nouvelle dédicace à saint Maurice, & plaça sur le maître Autel, un fameux reliquaire d'argent qu'il obtint du pape Constantin, contenant une collection de reliques les plus précieuses & les plus rares, an. 713, p. 106. Le pape Adrien confirme les priviléges accordés à cette église par le pape Léon I.er, an. 175, p. 163. La Cathédrale de cette ville est réédifiée par Charlemagne ; ce Prince lui fait des donations, an. 790, p. 194. Les statuts de cette église sont dressés par un de ses Prélats, & approuvés par cet Empereur, an. 805, p. 244. Les Chanoines de cette Cathédrale donnent à bail le fonds de terres dépendans de leur église, an. 812, p. 268. Privilége accordé aux Archevêques de cette ville par Louis le Débonnaire, an. 815, p. 302. Ce Prince donne une nouvelle Charte en faveur de cette Cathédrale, an. 815, p. 306.

VIEUX-MOUTIERS *(Vetus Monasterium)*. C'étoit le nom ancien de l'abbaye de Saint-Mihiel. *Voyez* SAINT-MIHIEL.

VIGI, village situé dans le pays Messin, & légué à l'abbaye de Saint-Arnould de Metz, par Hugues fils de Drogon, an. 715, p. 107.

VIGILE, pape, écrit à saint Césaire évêque d'Arles, an. 538, p. 30, & à Auxanius successeur de ce Prélat, qui lui demandoit le *Pallium*, an. 543, p. 32. Autre Lettre de ce Pape à Auxanius, au sujet d'un Évêque qui avoit donné les Ordres à un Laïc contre les règles des Canons, an. 543, p. 31. Deux autres à Aurélian, successeur d'Auxanius au siége d'Arles, par lesquelles il le déclare son Légat dans les Gaules, an. 546, p. 33. Une troisième à Aurélian, pour engager Childebert à recommander au roi des Gots, qui assiégeoit Rome, l'honneur de la religion & les intérêts de l'église, an. 550, p. 34.

VIGILE ou VIGILIUS, évêque d'Auxerre, fonde & dote le monastère de Notre-Dame-de-la-Dehors, situé dans un faubourg de cette ville, année 670, page 81.

VIGUIER. *Voyez* VICOMTE.

VILAFRED, abbé de Montolieu, obtient de Pépin roi d'Aquitaine, une Charte de confirmation des priviléges accordés à cette Abbaye par Louis le Débonnaire, an. 828, p. 387.

VILLARCEAUX. Cette seigneurie, située dans l'île de France, est léguée au monastère de Saint-Denys, par Pépin le Bref, an. 768, p. 151.

VILLEMAGNE. Cette Abbaye située dans le diocèse de Béfiers, fut placée par l'Ordonnance de Louis le Débonnaire, dans la classe des Monastères qui ne devoient à l'État que des prières, année 817, page 319.

VILLENEUVE-SUR-CHER, appartenoit au monastère de Limours ; après qu'il fut détruit, ce domaine fut réuni à celui de l'abbaye Saint-Germain-des-Prés, an. 701, p. 101.

VILLEPINTE, dans l'île de France. Hilduin abbé de Saint-Denys, assigne à ses Moines une redevance en argent à prendre sur le Fermier de cette terre, par le partage qu'il fait avec eux : ceci prouve que cette seigneurie est de l'ancien domaine de l'abbaye de Saint-Denys, an. 832, p. 408.

VILLERS. Cette seigneurie, située dans l'île de France, est léguée à l'abbaye de Saint-Denys par Pépin le Bref, an. 768, p. 151. Hilduin abbé de cette Abbaye, assigne à ses Moines une redevance en argent à prendre sur le Fermier de cette terre, par le partage qu'il fait avec eux, année 832, page 408.

VILLES. Règlement de police pour les abreuvoirs publics dans les villes. *Voyez* ABREUVOIR. Ordonnance des empereurs Arcadius & Honorius, qui oblige les habitans des villes, qui les avoient laissées désertes, d'y retourner & d'y continuer leur domicile, an. 400, p. 10.

VINCELLE-SUR-YONNE, dans le territoire d'Auxerre, légué au monastère de Saint-Julien d'Auxerre, par Palladius évêque de cette ville ; le roi Dagobert I.er l'avoit détaché ci-devant de son domaine, & en avoit fait donation à ce Prélat, an. 634, p. 61.

VIPLAIX, village en Bourbonnois, donné à l'abbaye de Saint-Denys par le roi Childeric II, an. 670, p. 80.

VIQUEVILLE *(Episcopi-Villa)*. Ce lieu s'appeloit *Gaugeac*, & appartenoit à la cathédrale de Reims ; Réole évêque de cette ville, y fonda un Monastère de filles : il ne subsiste plus ; les biens en sont unis à l'abbaye de Hautvilliers, an. 685, p. 00.

VIRGILE, évêque d'Arles, reçoit le *Pallium* du pape Grégoire I.er, & est nommé par le saint Père son Légat dans les Gaules, an. 593, p. 49.

VISBEKE. Cette paroisse, de l'évêché de Munster, étoit autrefois un Monastère dépendant de l'évêché d'Osnabruck ; Louis le Débonnaire donne une Charte à la considération de Castus, qui en étoit l'Abbé sous son règne, par laquelle il met l'Abbaye & les Moines sous sa garde spéciale, an. 821, p. 350.

VITRY près Paris. Saint-Germain, évêque de cette capitale, étoit propriétaire d'une maison & de plusieurs pièces de terres situées dans ce lieu ; il en fait donation au monastère de Saint-Vincent, appelé aujourd'hui *Saint-Germain-des-Prés*, an. 565, p. 38.

VITRY. Hilduin abbé de Saint-Denys, assigne à ses Moines des redevances sur les Fermiers de cette terre, par le partage qu'il fait avec eux ; ce qui prouve que cette seigneurie est de l'ancien domaine de cette Abbaye : ceci m'en porte à croire que ce Vitry est différent de Vitry-sur-Seine ; peut-être s'agit-il ici de celui qui est situé dans l'Orléanois, an. 832, p. 408.

VIVARIUM PEREGRINORUM. C'étoit le nom du lieu où l'on bâtit l'abbaye de Murbac ; elle prit dans la suite ce dernier nom de la petite rivière qui l'arrose, & que de tout temps on a nommé *Murbacum* ou *Morbacum*. *Voyez* MURBAC.

VIVIER, espèce d'étang où l'on met du poisson : il est enjoint, par l'Ordonnance du domaine, publiée par Charlemagne, à tous les Intendans ou Régisseurs

des

des fiscs royaux, d'entretenir un vivier dans chaque maison royale, & s'il ne s'y en trouve point, de choisir un lieu propre pour y en pratiquer un, p. 214, article XXI.

VIVIERS. Louis le Débonnaire confirme les possessions, les privilèges & les immunités de la Cathédrale de cette ville, an. 815, p. 302; an. 816, p. 309.

ULFALD & INGOBERT, deux seigneurs du pays du Maine; ils plaidoient à la Cour du Roi contre Ingobert évêque du Mans, pour la propriété du monastère de Tuffé; elle fut adjugée au Prélat, an. 675, p. 85.

VOL. Ordonnance contre ceux qui en sont convaincus. *Voyez* CRIME.

VOLFAUDE ou WLFOADE, comte dans l'Austrasie, fait une donation à l'abbaye de Saint-Mihiel; mais la Charte est soupçonnée de fausseté, an. 674, p. 83. Il fait un échange avec Sigebaud évêque de Metz, an. 708, p. 103. Charte de ce Seigneur, par laquelle il donne en dote au monastère de Saint-Mihiel la terre de Woinville, la plus grande partie du village de Bilée, des terres à Menonville & à Chauvancourt, avec les villages de Bouxières, de Vic, de Trognon & une source d'eau salée à Marsal, an. 709, p. 103. Ce Seigneur fait donation à cette même Abbaye du village de Condé, où s'est établi depuis la ville de Condé-sur-Moselle, an. 716, p. 107. Il est accusé à la Cour de Pépin de haute trahison, & jugé par les Pairs; il abandonne ses biens pour sauver la vie qu'il étoit condamné de perdre; an. 754, p. 136.

VOLUSIEN (saint), évêque de Tours, soupçonné d'entretenir des liaisons secretes avec Clovis I.er, est exilé; sa mort souleve ce Prince contre Alaric, an. 498, p. 19.

URCINES (*Heleriacum*). Cette seigneurie fut cédée aux Chanoines de l'église de Paris, par l'évêque Incade, lorsque sous Louis le Débonnaire il partagea avec eux les biens de leur manse, qui avoit été commune jusqu'alors, an. 829, p. 394.

URGEL. L'église Cathédrale de cette ville avoit été détruite par les Sarrazins dans le temps de Charles Martel; lorsqu'elle vint au pouvoir de Charlemagne, ce Prince donna des fonds pour la rebâtir, & elle fut bénite sous le règne de Louis le Débonnaire, an. 819, p. 336.

UTILRAD, étoit abbé de Saint-Maximin de Trèves, lorsque Pépin le Bref confirma tous les privilèges de cette Abbaye, an. 764, p. 147.

UTRECHT. La Cathédrale de cette ville fut fondée au commencement du VIII.e siècle; Willibrode en fut le premier évêque; elle étoit alors desservie par des Moines; plusieurs Seigneurs & des Princes lui donnèrent de grands biens; Charles Martel lui fait donation de tout ce qui appartenoit au fisc situé dans la ville même d'Utrecht, an. 720, p. 112. *Voyez* WILLIBRODE. Ce Prince légua encore à cette Cathédrale la terre d'Elst, située dans un lieu appelé alors *Marithaime*, an. 725, p. 116. Deux donations faites à cette Cathédrale, par deux actes différens, par le comte Rodhingue, conjointement avec Bébeline sa femme, an. 726, p. 117. Pépin le Bref confirme toutes ces Chartes par deux Diplomes, an. 752, p. 131. Cette Cathédrale est maintenue, par le pape Étienne II, sous la Métropole de Mayence, contre les prétentions de l'archevêque de Cologne, an. 754, p. 136. Les immunités & les privilèges de cette Cathédrale sont confirmés par Charlemagne, an. 770, p. 155. La seigneurie de Leusden est léguée par ce même Prince à cette Cathédrale, an. 780, p. 174. Louis

Tome I.

le Débonnaire en confirme les immunités & les privilèges, an. 824, p. 367.

W

WACTA ou WACTÆ, le même que *Guetta*. *Voyez* GUET, & les Glossaires de Spelman & de Ducange.

WAGBALDE, évêque de Girone, gagne un procès jugé par les *Missi* du Roi, en faveur de sa Cathédrale, an. 817, p. 325.

WAIFRE, duc d'Aquitaine, Gascon d'origine, se révolte contre Pépin le Bref; il lève une armée, & marche vers la Bourgogne, an. 760, p. 143. Il soutient courageusement une guerre de sept années contre Pépin, & finit par être tué par ses propres Soldats, an. 767, p. 150.

WALDAND, vassal du Roi, ses biens sont confisqués pour crime de félonie, & Charlemagne en donne une partie à Paulin le grammairien, an. 776, p. 168.

WALDRIC, abbé de Saint-Bénigne de Dijon, reçoit une donation faite aux Chanoines de cette église, an. 777, p. 169. Il reçoit un autre legs fait en faveur de cette même église, an. 783, p. 179.

WALGUAIRE, prêtre, fait un legs à l'abbaye de Cisoing, avec l'aveu & l'agrément du comte Éberard dont il étoit vassal, an. 837, p. 447.

WALTGAUD, évêque de Liège, signe le testament de Charlemagne, an. 810, p. 263.

WALTON, abbé d'Agaune, fait un acte d'association de prières seulement avec Werdon abbé de Saint-Gal; c'étoit alors tout ce que les Monastères, quoique du même Ordre, eussent de commun, an. 800, p. 221.

WALPRAND, évêque de Lucques, prend partie dans la guerre des Lombards contre Pépin le Bref; avant d'entrer en campagne ce Prélat fait son testament, dans lequel il dispose d'une grande partie de ses biens en faveur de sa Cathédrale, an. 755, p. 137.

WALURAM, ce particulier fait une donation à l'abbaye de Fulde, an. 788, p. 189.

WANDALBERT, particulier du Lyonnois, fait une donation, de concert avec Hunlrade son épouse, à l'abbaye de Savigny; Wandalbert reprit à cens de l'abbé de Savigny les mêmes fonds dont il venoit de lui faire donation; ce second acte ressemble à une inféodation, an. 809, p. 255 *& suiv*.

WANILON, serf de l'abbaye de Saint-Denys, se prétend libre, & perd le procès qu'il soutenoit à ce sujet, an. 795, p. 200.

WARESCAPIUM, WARISCAPIUM, WATERSCAPIUM. Ces expressions, d'une latinité tout-à-fait barbare, paroissent synonymes; Ducange les interprète par ce composé *Aquæ-Ductus*, année 837, p. 442.

WARIN, comte d'Auvergne, échange une terre avec l'évêque de Mâcon, pour la seigneurie & le lieu de Cluni; Louis le Débonnaire ratifie cet acte, an. 825, p. 375.

WARIN, comte de Châlons & avoué de l'abbaye de Saint-Marcel de cette ville, obtient de Louis le Débonnaire un Diplome qui confirme les legs faits à ce Monastère, an. 835, p. 430.

WARIN, abbé de Corwei en Saxe, que l'on appeloit la *Nouvelle Corbie*, obtient de Louis le Débonnaire le droit de pêche dans le Wéser, an. 832, p. 410; & peu après des fonds de terres que ce Prince détacha du domaine de sa Couronne, an. 832, p. 423.

WARRÉ, fondateur de Flavigny, lègue par son testament plusieurs fonds de terres à ce Monastère;

P p

la date de cette pièce est renvoyée à l'année 721, an. 606, p. 53. *Voyez* WIDRAD.

WASLAIENSE ou GUASLARENSE *Monasterium*. Ce Monastère qui ne subsiste plus s'appeloit *Walers*, il étoit situé dans le diocèse de Cambrai, dans un lieu nommé *Vallare*, que le roi Dagobert Ier donna à saint Landelin pour faire cet établissement, an. 638, p. 64. Aubert évêque de Cambrai confirme par une Charte cette fondation, année 657, page 74.

WEISSEMBOURG. Ce Monastère situé dans la basse Alsace est fondé par Dagobert I., an. 623, p. 56. Dagobert II lui fait donation des bains chauds que les empereurs Antonin & Adrien avoient fait construire aux environs de Spire, année 675, page 84.

WENDILMAR, évêque de Tournai, obtient de Louis le Débonnaire un terrain proche la Cathédrale pour y bâtir un cloître à ses Chanoines, an. 817, p. 324; an. 818, p. 330.

WERDON, abbé de Saint-Gal. *Voyez* WALTON, abbé d'Agaunes.

WESBRUCH. Cette Abbaye située dans la Bavière, fut placée par l'Ordonnance de Louis le Débonnaire, dans la classe des Monastères qui devoient à l'État des dons gratuits & des hommes de milice, an. 817, p. 319.

WICARD, évêque de Mâcon & archichancelier de Charlemagne, obtient de ce Prince une Charte en faveur de sa Cathédrale, an. 802, p. 228.

WIDEGERNE, évêque de Strasbourg, accorde aux Moines de Murbac une exemption pleine & entière de toute juridiction épiscopale, an. 727, p. 117.

WIDERIC, comte de Namur, fonde dans ce diocèse sur la Meuse, le monastère de Hatière, & le dote de la seigneurie de ce lieu avec toutes ses dépendances, an. 656, p. 74.

WIDILON. Ce particulier offre un de ses fils qui étoit encore au berceau, à Frodoin abbé de Novalèze, & le voue pour être Moine dans cette Abbaye; formule usitée par ces sortes de vœux qui étoient alors fort communs, an. 770, p. 156 *& suiv*.

WIDO, abbé de Schwarzach, qui s'appeloit anciennement *Arnolfesow*, en obtient de l'empereur Louis le Débonnaire, la translation dans le lieu où il est situé présentement, an. 826, p. 380.

WIDRAD ou WARRÉ, homme distingué par ses vertus, fonde le monastère de Flavigni en Bourgogne, & le dote richement par son premier testament; il fait aussi des legs aux abbayes de Saint-Andoche, de Sainte-Reine & de Saint-Ferreol, an. 721, p. 112. Warré fait un codicile sur son second testament, par lequel il dispose uniquement en faveur du monastère de Flavigni, de tous les biens dont il se trouvoit alors possesseur, an. 745, p. 124.

WIGGER, évêque de Strasbourg, finit l'établissement de l'abbaye de Eshein-Munster, commencée par Hatton comte d'Hasbourg, an. 762, p. 145.

WIGGER, comte d'un canton arrosé par un bras du Rhin, tenoit du Roi en bénéfice la seigneurie de Leusden; après la mort de cet Officier, Charlemagne en fit donation à la cathédrale d'Utrecht, an. 780, p. 174.

WIHON, évêque d'Osnabruck, obtient de Charlemagne la donation d'une forêt en faveur de sa Cathédrale, an. 804, p. 236.

WILGARIUS, prêtre, fait un legs à Saint-Benigne de Dijon, an. 820, p. 345.

WILISWINDE ou WILSWINDE, nom d'une pieuse dame, elle fait un legs considérable à l'abbaye de Laurisham, an. 763, p. 146.

WILLAFRED, abbé de Montolieu, obtient de Pépin roi d'Aquitaine, la confirmation d'un legs qu'Oliba comte de Carcassonne avoit fait à son Monastère, an. 835, p. 432.

WILLEHAD, premier évêque de Brême. Ce siége fut fondé par Charlemagne, an. 788, p. 187.

WILLERIC, évêque de Brême, est un des consécrateurs d'Auschaire, archevêque de Hambourg, année 834, page 422.

WILLIBROD, évêque d'Utrecht, reçoit une donation faite en faveur de sa Cathédrale par un Franc salien nommé *Engelbert*, an. 711, p. 104. Ce Prélat envoie des Missionnaires dans la Thuringe, dont les peuples étoient encore payens, année 716, page 108. Il reçoit une donation de plusieurs héritages situés dans le duché de Gueldre, faite par un Seigneur de la Cour de Charles Martel, nommé *Ebroin*, an. 720, p. 112. Charles Martel, qui s'étoit emparé de la souveraineté en Austrasie, fait donation à ce Prélat de tout ce qui appartenoit au fisc dans la ville d'Utrecht; il établit par son testament le monastère d'Epternac son légataire universel, an. 725, p. 116.

WIMAR. Ce particulier étoit d'Aquitaine, & vassal du Roi; Lothaire & Louis le Débonnaire accordent des Chartes en sa faveur; ces deux pièces sont critiquées, an. 833, p. 417 *& suiv.*

WIMAR, évêque de Girone, obtient une Charte de Louis le Débonnaire en faveur des Chanoines de sa Cathédrale, an. 834, p. 426.

WINERAD, chancelier de Ghisèle sœur de Charlemagne; il souscrit en cette qualité une Charte donnée par cette Princesse en faveur de l'abbaye de Saint-Denys, an. 799, p. 208.

WINFRED ou WINFROI, dit depuis *Boniface*, étoit Anglois de basse naissance & Moine; il se rendit célèbre par son zèle pour la propagation de la foi & par d'autres vertus; il devint Archevêque de Mayence & Légat du saint Siége, & après sa mort il a été mis au rang des Saints. Le pape Grégoire II commence sa fortune en lui donnant la mission de prêcher l'Évangile dans quelques parties de l'Allemagne encore idolâtres, an. 719, p. 111. Il vient en France à la Cour de Charles Martel avec des Lettres de recommandation de ce Pape; il en obtient d'autres de Charles, par lesquelles il lui permet de remplir sa mission, an. 722, p. 113 & 114. Il commence par la partie occidentale de l'Allemagne que les Romains appeloient alors *Hesperie*, parce qu'elle étoit à leur couchant; le Pape lui écrit pour le féliciter de ses succès & pour l'exhorter à continuer, an. 724, p. 116. Il assiste, en qualité de Légat du saint Siége, à l'assemblée de Soissons en 744, où l'évêque Adalbert & un Prêtre, accusé des mêmes erreurs, furent condamnés; il envoie au pape Zacharie ce jugement pour l'approuver, an. 744, p. 123. Peu de temps après le Pape étend la Légation de Boniface sur toutes les Gaules; elle se bornoit auparavant à la Bavière & à quelques autres contrées de l'Allemagne, *ibid*. Il assiste & préside au Concile assemblé en Austrasie par les ordres de Carloman & de Pépin, dans lequel on dépose l'archevêque de Mayence; il obtient peu de temps après ce siége, an. 745, p. 124. Il fonde l'abbaye de Fulde, an. 747, p. 126. Il écrit au pape Zacharie afin de l'engager à mettre l'abbaye de Fulde sous la juridiction immédiate du saint Siége, an. 749, p. 127.

WINNERAD, homme noble, fait un échange avec l'évêque d'Angers, & en obtient la confirmation par une Charte de Louis le Débonnaire, an. 829, p. 392.

TABLE DES MATIÈRES. cliij

WIOMAD, archevêque de Trèves, obtient de Charlemagne de nouveaux privilèges & la confirmation des anciens accordés à cette Cathédrale par les prédécesseurs de ce Prince; mais cette pièce est accusée de supposition, an. 774, p. 160 & suiv.

WIRNIT, gouverneur des Pages de Louis le Débonnaire, est nommé Commissaire par ce Prince dans une affaire contentieuse entre l'abbé de Stavelot & les Régisseurs du domaine royal, année 827, p. 383.

WIRONDE, abbé de Stavelot & de Malmédi, obtient de Louis le Débonnaire de nouveaux privilèges en faveur de ses Monastères, & fait confirmer les anciens, an. 814, p. 293.

WITGAIRE, évêque de Turin, assiste à une assemblée d'Évêques qui se tient à l'abbaye de Saint-Denys en France, & signe l'acte de partage que Hilduin, qui étoit alors abbé de ce Monastère, fait avec ses Moines, an. 832, p. 408.

WITGAUD, particulier, fait donation à l'abbaye de Saint-Denys, de biens situés à Mareuil sous Marly; Christienne sa fille, après sa mort, attaque cette donation dans un plaid tenu à la Cour du Roi, mais elle perd son procès, an. 748, p. 126.

WITICHIND, duc des Saxons, commande en personne une armée nombreuse composée de toutes les tribus de cette Nation, dans la guerre qu'elle soutient contre Charlemagne; après plusieurs combats, Witichind est vaincu & ses troupes mises en fuite, an. 774, p. 162. Il est dépouillé de ses États, après quoi il se retire en Danemarck, & tâche inutilement d'engager le Roi à faire la guerre à Charlemagne, an. 791, p. 195.

WITTIZA, nom de famille du fameux Benoît d'Aniane Archimandrite. Voyez BENOÎT.

WLCHRAM, abbé de Saint-Benigne de Dijon, se plaint au pape Serge I.er, que les Clercs de cette ville enlevoient dans l'enceinte du territoire de son Abbaye les offrandes que les fidèles faisoient pour les morts; il obtient une Bulle qui arrête cet abus, an. 696, p. 97.

WLFARIUS, comte dans l'Albigeois, fonde un monastère près Castelnau de Brassac, que l'on nomma Belle-Celle; il fut détruit, & ses biens réunis à l'évêché de Castres, an. 818, p. 333.

WLFRIC, particulier de Bourgogne, fait donation à l'abbaye de Saint-Benigne de Dijon d'une partie des biens qu'il avoit hérités de son père, an. 783, page 179.

WOINVILLE. Terre située près Verdun, donnée à l'abbaye de Saint-Mihiel par le comte Wlfonde, année 709, page 103.

WOLCADE, évêque de Tongres, obtient de Louis le Débonnaire un Diplome en faveur de sa Cathédrale, an. 831, p. 404.

WOLDON, abbé de Saint-Denys, est chargé de la part de Charlemagne de remettre à un moine reclus nommé Dungale, qui s'occupoit de l'Astronomie, des questions que ce Prince lui faisoit sur deux éclipses de soleil arrivées dans la même année, an. 810, p. 259 & suiv.

WOLFAIRE, archevêque de Rheims, signe le testament de Charlemagne, an. 812, p. 263.

WOLFGARIUS, évêque de Weissembourg, fait un procès-verbal de bornage avec l'abbé de Fulde, année 815, page 300.

WOLMERE, comte dans le pays Messin, est nommé Avoué de l'abbaye de Saint-Avold, année 787, page 185.

WORMS (Église cathédrale de). Voy. SAINT-PIERRE DE WORMS.

WRTZBOURG. Acte par lequel on constate l'étendue & les limites du territoire de cette ville, an. 779, page 173. Diplome de Charlemagne en faveur de l'église cathédrale de cette ville, an. 807, p. 251. Louis le Débonnaire fait restituer à cette Cathédrale des fonds de terre qu'un Comte avoit usurpés, année 820, p. 345. Ce même Prince donne trois chartes en faveur de cette église, année 822, page 358.

Y

YVELINE. Description de cette forêt royale, l'étendue en paroit immense par l'éloignement des lieux où elle confinoit; Pépin en fait donation à l'abbaye de Saint-Denys, an. 768, p. 151. Cette donation est ratifiée par Charlemagne, an. 769, p. 153.

Z

ZACHARIE, pape. Ce Pontife adresse à Boniface, son Légat dans la Bavière, un Bref par lequel il approuve le jugement porté dans l'assemblée de Soissons, contre l'évêque Adalbert & un prêtre nommé Clément, an. 744, p. 123. Peu de temps après Zacharie étend, par un nouveau Bref, la Légation de Boniface dans tout l'empire des François, sans réclamation de la part des évêques d'Arles & de Vienne qui se prétendoient Légats nés du saint Siége, ibid. Ce Pape confirme par une Bulle la Charte de Landri évêque de Paris, en faveur du monastère de Saint-Denys, & accorde par cette même Bulle à ce Monastère d'avoir des fonts baptismaux, an. 749, p. 127. Ce Pape écrit deux Lettres en même temps, l'une aux Évêques de France, par laquelle il les engage de réconcilier Pépin & Griphon, tous deux fils de Charles Martel; & l'autre Lettre à Griphon, l'un de ces deux Princes, qui s'étoit jeté dans l'Allemagne à la tête d'un parti considérable, par laquelle il lui recommande les intérêts de l'église & ses Ministres, ibid. Bref de ce Pontife, par lequel il met sous la juridiction immédiate du saint Siége l'abbaye de Fulde, an. 751, p. 130. Il érige en métropole la cathédrale de Mayence, ibid. Il est gagné par les présens que Pépin lui envoie, & favorise le dessein ambitieux que ce Prince avoit formé de détrôner le roi Childéric III, ibid. Bref de ce Pape, par lequel il assigne des Suffragans à la métropole de Mayence, an. 752, p. 132.

CATALOGUE DES LIVRES

Dans lesquels on trouve les Pièces contenues dans ce Volume.

A

ABELARDI & HELOI...............	Opera.
ACHERY (d').......................	Spicileg.
ACTA SS. Ord. Benedict.	
ANNAL. Trevir.	
AUBERT LE MIRE.................	{ Opera Diplom. Rerum Belgic.
AUDOUL............................	Traité de la Régale.
AVENTINUS (Joannes)............	Annal. Boiorum.
AUSSI. Chronol. Ecclef.	

B

BALDERICUS.......................	Chron. Camera.
BALUZIUS..........................	{ Capitul. Reg. Franc. Miscellanea. Hist. Tutel.
BARONIUS.........................	Annal.
BARRÉ..............................	Histoire d'Allemagne.
BELLEFOREST.....................	Annales de France.
BERTHOLET........................	Histoire de Luxembourg.
BESLY...............................	{ Histoire des Comtes de Poitou, &c. Histoire des Évêques de Poitiers.
BETHLÉEM.........................	Histoire de la Chapelle de.
BEUF (le)..........................	Éclaircissemens sur l'histoire de France.
BIBLIOT. Cluniacensis.	
BONFONS...........................	Antiquités de Paris.
BOS (du)...........................	Établissemens des Francs dans les Gaules.
BOUCHE............................	Histoire de Provence.
BOUCHET...........................	{ Annales d'Aquitaine. Histoire de Clotaire.
BOUCHET (du)....................	Origine de la Maison de France.
BOUGES.............................	Histoire de Carcassonne.
BOUILLARD........................	Histoire de l'Abbaye de Saint-Germain-des-Prés.
BOUQUET...........................	Recueil des Historiens de France.
BRETAGNE.........................	Mémoires pour servir de preuves à l'histoire de.
BRUTUM Fulmen Pap. Sixti V.	
BUCHERIUS........................	Belgium Roman.
BZOVIUS...........................	Annal.

C

CALMET............................	Histoire de Lorraine.
CAMUZA...........................	Prompt. Antiqui. Tricassi.
CARPENTIER.......................	Histoire de Cambrai.
CATEL..............................	Mémoires de Languedoc.
CHIFFLETII........................	{ Opera. Histoire de l'abbaye de Tournus.

CHOPPINI.

CHOPPINI	Opera.
COCCIUS	Dagobert. Argenti.
COINTE (le)	Annal. Eccl. Franc.
COLVENERIUS	Hist. Flodoardi.
CORPS Diplomatique.	
CORPUS Juris Canon.	
CORPUS Franc. Hist. Vetera.	
COUSTANT (Pierre)	Epist. Roman. Pontif.

D

DANIEL	Histoire de France.
DORMAY	Histoire de Soissons.
DOUBLET	Antiquités de Saint-Denys.
DUBREUIL	Antiquités de Paris.
DUCHESNE	Hist. Franc. script.
DUPLEX	Histoire générale de France.

E

ECHARD. (Georgius)	Corpus Histor.
ECHARD. (Laurentius)	Franc. oriental.

F

FAUCHET	Œuvres de.
FÉLIBIEN	Histoire de Paris. / Histoire de l'abbaye de Saint-Denys.
FLANDRE	Histoire des trois États du Comté de.
FRANCE	Monarchie Sainte de.
FREHERUS	German. rerum script.

G

GALLIA CHRISTIANA	1.ᵉ edit. à Sammarth. / 2.ᵉ edit. à Monachis ord. Sancti Benedicti.
GALLICANE	Histoire de l'Église.
GENDRE DE SAINT-AUBIN (le)	Antiquités de la Maison de France.
GÉRARD DU BOIS	Hist. Ecclef. Parif.
GERMOND	De veterib. reg. Franc. Diplom.
GOLDASTUS	Constit. Imper.
GRAMMOYE	Antiq. Brab.
GRETSERUS	Epist. Rom. Pontif.
GUIBERTI Abb. Opera	
GUICHENON	Histoire de Bresse & Bugey.
GUINES	Histoire généalogique de la Maison de.

H

HÆREUS	Annal. Brab.
HAILLAN (du)	Histoire de France.
HAMBOURG	Origines de.
HARDOUIN. (Joannes)	Acta Concil. & Epist. &c.
HODE (la)	Histoire des révolutions de France.
HUGUES MATHOUD	De vera Senon. orig. Christ.

I

JAULNAY (Charles)	Vie de Saint Rieule.
ILLUSTRE ORBANDALE (l').	

Tome I.

JOANNES COLOMB.................. *Episc. Vivar.*
ITALIC. MUSÆ.
JUENIN........................... *Histoire de l'abbaye de Tournus.*
JUSTEL........................... *Histoire générale de la Maison de Turenne.*

L

LABBE............................ { *Éloges historiques des rois de France.*
                                   Bibliot. manusc.
                                   Alliance chronologique des rois de France. }
LALANDE.......................... *Concil. Gall. supplem.*
LAUNOII.......................... *Opera.*
LIEVRE (le)...................... *Antiquités de Vienne.*
LOISEL........................... *Mémoires du pays, ville & comté de Beauvais, &c.*

M

MAAN............................. *Eccles. Turon. hist.*
MABILLONIUS...................... { *De rerum Diplom.*
                                    Vetera Analecta.
                                    Annal. Benedicti. }
MALBRANCHIUS..................... *De Morinis.*
MARCA............................ { *Histoire de Béarn.*
                                    Hispanica. }
MARE (la)........................ *Traité de la Police.*
MARLOT........................... *Hist. Eccles. Rem.*
MARMOUTIERS...................... { *Histoire de l'abbaye de.*
                                    Autre.
                                    Histoire de l'abbaye de Saint-Martin. }
MARSEILLE........................ *Antiquités de.*
MARTENIUS........................ { *Ampliss. collect.*
                                    Thesaurus anecdot. }
MAUPERTUIS....................... *Histoire de l'Église de Vienne.*
MAURICE.......................... *Preuves de l'histoire de Bretagne.*
MÉMOIRES......................... *de Saint-Remi de Reims.*
MÉMOIRES......................... *sur les trois Dagoberts.*
MÉMOIRES......................... *du Clergé.*
MÉNAGE........................... *Histoire de Sablé.*
MÉNESTRIER....................... *Histoire de Lyon.*
MEURISSE......................... *Histoire des Évêques de Metz.*
MONARCHIA Sancti Imper.
MURATORIUS....................... { *Rerum Ital. script.*
                                    Droits de l'Empire. }

O

OLDOINUS......................... *Vita Pontif. Roma.*

P

PAGIUS........................... *Chronol.*
PAPIRE MASSON.................... *Masures de l'île Barbe.*
PARISI........................... *Hist. Universit.*
PÉRARD........................... *Recueils de pièces servant à l'histoire de Bourgogne.*
PERRY............................ *Histoire de Challon-sur-Saône.*
PETRI SAXII...................... *Pontific. Aurelat.*
PETRUS JULIANUS.................. *Hist. de orig. Burg.*

PLANCHET	*Histoire de Bourgogne.*
PLESSIS (du)	*Histoire de Meaux.*
PREUVES des libertés de l'Église Gallicane.	
PROTESTATION de Henri roi de Navarre, contre la Bulle de Sixte V.	

R

RASLERUS	*In appendice ad vind. contra vindic.*
REGNAULT	*Histoire de Soissons.*
REOMA. *Monast. Hist.*	
RICHERIUS	*Deffens. libel. de Eccl. Potest.*
ROBERTUS	*Gallia Christ.*

S

SAINT-AMABLE	*Histoire de S.t Martial.*
SAINT-ARNOULD de Metz	*Histoire de l'abbaye de.*
SAINT-DIEZ	*Apologie de l'Église de.*
SAINTE-FARE	*Vie de.*
SAINT-MARTIN de Tours	*Recueil de pièces sur.*
SANCTI MARTINI Turonens.	{ *Jura.* / *Status.* }
SAINT-MESMIN	*Titres de l'abbaye de.*
SAINT-PAUL-TROIS-CHÂTEAUX	*Histoire de l'Église de.*
SAINTE-REINE	*Histoire du corps de.*
SAVARON	*Histoire des États généraux.*
SAUNIER	*Autun Chrétien.*
SCHANNAT	*In Tradit. Fuld.*
SIRMOND	{ *Conc. antiq. Gall.* / *Opera varia.* }
SOREL	*Histoire de la Monarchie Françoise.*
STEMMATA *Lothar. ac Barri Ducum.*	

T

TARAUD	*Annales de France.*
TORNAC. *civit. Nervio Hist.*	
TRITHEMII	*Annal.*

V

VERGI	*Histoire généalogique de la Maison de.*
VESSETTE	*Histoire du Languedoc.*
UGHELLUS	*Ital. sacr.*
VIGNIER	*Origine de la Maison d'Alsace.*
VOSGE	{ *Antiquités de la.* / *Hist. Mediani in monte Vosago.* }
WASSEBOURG	*Antiquités de la Gaule Belgique.*

ERRATA.

Page 31, ligne 8, Clotaire, lisez Childebert.
33, en marge à l'année 546, Pontif. Arr. lisez Arelatenses.
43, ligne 8, plus le roi de Neustrie que celui d'Austrasie, lisez plus le roi d'Austrasie que celui de Neustrie.
Ibid. ligne 10, Sigebert, lisez Childebert.
61, ligne 21, à l'année 633, Cathédrale, lisez Abbaye.
67, en marge à l'année 640, tome IV, page 663, lisez 633.
76, ligne 2, de Tours, lisez Toury.
82, ligne 17, évêque d'Arras, lisez de Cambrai.
109, ligne 19, mo, lisez mot.
122, ligne 49, à l'année 744, Childerici II, lisez III.
128, ligne 18, Chilperici, lisez Childerici.
Ibid. ligne 36, imprimée, lisez imprimé.
165, ligne 2, qui, lisez qu'ils.
183, ligne 19, qui étoient, lisez étoit.
189, ligne 25, Roban, lisez Raban.
195, ligne 25, Belto, lisez Betto.
198, ligne 20, l'année 785, lisez 786.
199, ligne 37, Foncouverte, lisez Fontjoncouse. Ibid. ligne 42, idem; & à la marge, D. Vaisset, tome I, pr. p. 27, lisez col. 29.
200, ligne 35, l'an 750, lisez 784.
204, ligne 5, les desseins, lisez le dessein.

Page 263, ligne 12, Fridogise, lisez Fridegise.
269, ligne 2, avoit faits, lisez avoit faite.
277, ligne 14, Septimanie, lisez Psalmodi.
278, ligne 31, Saliger, lisez Sadiger.
279, ligne 37, de Canons, lisez des Canons.
291, ligne 20, Nantola, lisez Nonantola.
295, à la marge à l'année 815, D. Bouquet, tome V, lisez tome VI.
297, ligne 31, possédée, lisez possédé.
302, ligne 13, Valturnum, lisez Vulturnum.
308, ligne 11, Charpentier, lisez Carpentier.
328, ligne 50, Flaviacensi, lisez Floriacensi. Ibid. ligne 52, Adalgand, lisez Adalgaud.
335, ligne 1, de fondation, lisez de sa fondation.
343, lignes 32, 33 & 39, Centenaire, lisez Centenier.
358, lignes 4 & 12, Wultzbourg, lisez Wurtzbourg.
360, ligne 53, Elbon, lisez Ebbon.
367, ligne 35, Barnard, lisez Bernard.
379, ligne 35, il y bâtissoient, lisez ils.
393, ligne 18, Fontcouverte, lisez Fontjoncouse.
399, ligne 23, Austerbet, lisez Austrebert.
416, ligne 48, S.' Benoît, lisez S.' Maur.
430, ligne 47, Avou, lisez Avoué.
441, ligne 16, S.' Étienne, lisez S.' Benigne.

www.ingramcontent.com/pod-product-compliance
Lightning Source LLC
Chambersburg PA
CBHW071149230426
43668CB00009B/892